孩子读得懂的

资治通鉴 1

王萍 - 编　　刘颖 张振伟 - 绘

北京理工大学出版社
BEIJING INSTITUTE OF TECHNOLOGY PRESS

图书在版编目（CIP）数据

孩子读得懂的资治通鉴. 1/ 王萍编；刘颖，张振伟绘. — 北京：北京理工大学出版社，2020.12（2022.8）

ISBN 978-7-5682-9080-7

Ⅰ. ①孩… Ⅱ. ①王… ②刘… ③张… Ⅲ. ①中国历史－古代史－编年体 ②《资治通鉴》－青少年读物 Ⅳ. ①K204.3-49

中国版本图书馆CIP数据核字（2020）第179900号

出版发行 / 北京理工大学出版社有限责任公司
社　　址 / 北京市海淀区中关村南大街 5 号
邮　　编 / 100081
电　　话 /（010）68914775（总编室）
（010）82562903（教材售后服务热线）
（010）68948351（其他图书服务热线）
网　　址 / http: //www.bitpress.com.cn
经　　销 / 全国各地新华书店
印　　刷 / 三河市九洲财鑫印刷有限公司
开　　本 / 880 毫米 × 1230 毫米　1/16
印　　张 / 13.5
字　　数 / 120千字
版　　次 / 2020 年 12 月第 1 版　2022 年 8 月第 8 次印刷
定　　价 / 276.00元（全4册）

责任编辑 / 宋成成
文案编辑 / 李文文
责任校对 / 刘亚男
责任印制 / 施胜娟

序言
PREFACE

司马光砸缸的故事相信大家都听说过。故事中的司马光是北宋时期著名的政治家、历史学家，他不但砸缸救过小朋友，还主编过一部非常著名的历史著作呢！这部书的名字叫《资治通鉴》，它是我国古代规模最大、成绩最高的史学典籍之一。这部书总共 294 卷，大约 300 多万字，它讲述的历史跨度共包含了 16 个朝代，记录了从周威烈王二十三年（公元前 403 年）到五代后周世宗显德六年（公元 959 年）的历史，前后跨越了 1362 年，司马光和他的助手们花了 19 年的时间才编写完成！

这部书按朝代分为十六纪，即《周纪》五卷、《秦纪》三卷、《汉纪》六十卷、《魏纪》十卷、《晋纪》四十卷、《宋纪》十六卷、《齐纪》十卷、《梁纪》二十二卷、《陈纪》十卷、《隋纪》八卷、《唐纪》八十一卷、《后梁纪》六卷、《后唐纪》八卷、《后晋纪》六卷、《后汉纪》四卷、《后周纪》五卷。北宋神宗皇帝说这部书可以“鉴于往事，有资于治道”，意思就是说借鉴过去的事情，然后帮助现在的统治者治理国家，所以这部书的名字就叫《资治通鉴》。这部书成为后世历代皇帝及太子必读的“第一治国教材”。

面对《资治通鉴》这一部 300 多万字的鸿篇巨作，即便是成年人读起来也会非常吃力！因此，编者从儿童的视角出发，用儿童的语言把这些精彩的历史故事写出来，让孩子们看得懂并喜欢它，于是就有了这套儿童版的《孩子读得懂的资治通鉴》。

目录
CONTENTS

目录
CONTENTS

目录
CONTENTS

三家分晋

放声朗读

赵襄子使张孟谈潜出见二子，曰：“臣闻唇亡则齿寒。今智伯帅韩、魏以攻赵，赵亡则韩、魏为之次矣。”

——《资治通鉴》周纪一·周威烈王二十三年

译文

赵襄子派家臣张孟谈秘密出城约见韩康子、魏桓子二人，说：“我听说过唇亡会齿寒。现在智瑶率领你们两家前来攻我赵家，等赵家灭亡后就该轮到你们两家了。”

经过春秋时期长期的争霸战争，许多小的诸侯国被大国吞并了。到了春秋末期，一向称霸中原的晋国内部发生了政变，大权渐渐落在了智、赵、韩、魏这四家手里。

一直以来，这四大家族各居一地，倒也相安无事。智家的智宣子去世以后，他的儿子智瑶当了大夫。这个智瑶心高气傲，总是喜欢嘲笑、戏弄其他大夫。

智瑶的家臣智国劝他说：“主公，您要多加小心，不然会有灾祸降临的。”

谁知智瑶听了，却摇着头说：“他们的生死福祸都掌握在我的手里，我不给他们降灾降祸就算不错了，谁还敢兴风作浪？”

智国说：“事情不是您说的这样。《夏书》中说：‘一个人多次犯错，结下的仇怨可能不会在明处，应该在它没有表现出来的时候就小心提防。’贤德的人能够谨慎地处理小事，所以才能没有大的祸患。今天主公在宴会上得罪了人家的国君，事后又不加以防范，还说：‘不敢对我兴风作浪！’没有什么是不可能的，蚊子、蚂蚁、蜜蜂、蝎子都能害人，何况是一个国家的国君呢！”

无论智国怎样劝说，智瑶一点儿也听不进去。他觉得三家大夫软弱无能，日子久了，就产生了吞灭他们的想法。他对韩康子说：“你要交一万户居民的

土地给我！”

韩康子听了非常生气，想要拒绝，国相段规说：“智瑶不但贪图利益，而且还固执任性。如果不给，他一定会来攻打我们，不如答应给他。他得到地后会更加狂妄，还会继续向别家索要，别人若是不给，他一定会对他们进行讨伐，这样我们就可以免于祸患而静待事情的发展了。”

韩康子点点头说：“嗯，这是个好主意！”说完，便派使者把一块有着一万户居民的封地送给了智瑶。

智瑶收到土地，心里十分高兴，他马上又向魏桓子提出了索地要求。

魏桓子想要拒绝，国相任章问：“为什么不给他呢？”

魏桓子说：“无缘无故索要土地，所以不给。”

任章说：“智瑶无缘无故索要土地，各家大夫心里一定十分惧怕。如果我们把地给他，他就会骄傲。骄傲会导致轻敌。这时内心惧怕的各家大夫会团结起来。用团结的军队去攻打轻敌的智瑶，智家的命运就长不了了。《周书》说：‘要想打败它，就要先帮助它；要想得到它，就要先给予它。’主公不如先把地给他，以助长他的骄傲，然后我们就可以选择盟友共同对抗智家，何必让我们单独成为智瑶的箭靶呢？”

魏桓子听了，连声说：“好！好！”随即也把有着一万户居民的土地割让给智瑶。

接连收到两块各有万户居民的封地，智瑶高兴坏了，他又向赵襄子索要蔡和皋狼这两个地方。没想到，赵襄子毫不犹豫地拒绝了他。

智瑶非常生气，他立刻联系了魏家和韩家，兵分三路前去攻打赵家。赵襄子看到他们来势凶猛，只好带着兵马准备出逃。

赵襄子问：“我们能到哪里去呢？”

随从答：“长子城离这儿最近，而且城墙厚实、完整，我们可以躲到那儿去。”

赵襄子又问：“老百姓才用尽力气修好了城墙，再让他们舍生入死地去守城，谁还会和我同心呢？”

随从又答：“邯郸城里仓库充实，可以躲到那里去。”

赵襄子说：“从老百姓身上搜刮粮食充实仓库，再让他们因战争而送命，谁还会和我同心呢？还是投奔晋阳去吧，那是先主嘱托过的地方，尹铎又待百姓宽厚，那里的百姓一定会和我们同舟共济的。”于是，他们便前往晋阳去了。

赵家兵马刚进晋阳，就被智家、韩家和魏家团团包围住了。赵襄子向将士们下达了只准守城、不许交战的命令，智、韩、魏三家竟也无能为力，因为晋阳城内粮草充足，根本就不会受到影响。但只要他们一攻城，城头的箭立刻像马蜂一样飞射下来。

这样坚守了两年多，三家兵马始终没有攻下晋阳城。

有一天，智瑶去城外察看地形，当他看到东北方向的晋水时，立刻想出了一个好主意。他吩咐士兵们在晋水旁边挖沟建渠，一直通到晋阳城。

雨季来了，水坝里的水满了。智瑶命人打开闸门，洪水如猛兽一般冲向晋阳城。城里的房子被水淹了，锅灶浸泡在水里，青蛙四处乱跳，但晋阳的百姓仍然没有背叛的念头。

有一天，魏桓子和韩康子陪着智瑶查看水势。智瑶说：“我今天才知道水可以让人亡国呀！”听了这话，魏桓子用胳膊肘轻轻碰了一下韩康子，韩康子也悄悄踩了一下魏桓子的脚背。他们心里十分清楚：汾水可以灌入魏家的安邑，绛水可以灌入韩家的平阳。

回去后，谋士絺疵（chī cī）对智瑶说：“韩、魏两家一定会反叛的。”

智瑶问：“你是怎么知道的？”

絺疵说：“我是以人之常理推断出来的。我们联合韩、魏两家攻打赵家，一旦赵家灭亡，下一个就会轮到韩家和魏家了。我们约定打败赵家后三家分割其领地，如今赵家身陷危机，他们二人并不高兴，反而有忧虑的神色，这不是要反叛吗？”

第二天，智瑶就把絺疵的话告诉了韩康子、魏桓子两人，两人急忙说：“这一定是小人在为赵家游说，让您怀疑我们而放松对赵家的进攻。难道我们会放着就要到手的赵家土地不要，而去做危险又不能成的事情吗？”

韩康子和魏桓子出去了，絺疵进来说：“主公为什么把我的话告诉他们呢？”

智瑶惊奇地问：“你是怎么知道的？”

絺疵回答：“因为他们知道被我看穿了心思，所以神色慌张地看我一眼就匆忙离开了。”他见智瑶不知悔改，就请求出使齐国了。

赵襄子派家臣张孟谈秘密出城约见韩康子、魏桓子二人，说：“我听说过唇亡会齿寒，现在智瑶率领你们前来攻我赵家，等赵家灭亡后就该轮到你们两家了。”

二人说：“我们知道会是这样，只怕事情还没办成而计谋先被泄露出去，那样就大祸临头了。”

张孟谈说：“计谋出自您二位之口，进入我一人耳朵，有什么可担心的？”

于是，韩、魏二人和张孟谈商量好起事的日期后就送他离开了。

这天夜里，赵襄子派人杀掉看守河堤的官吏，改变河口使大水反灌进智瑶的军营。顿时，智瑶的军队乱作一团，韩、魏两家从两侧出击，赵襄子率领士兵从正面进攻，果然打败了智家。他们杀死智瑶和他的族人，瓜分了智家剩余的封地，这就是历史上“三家分晋”的故事。

人物介绍

智瑶：又叫智伯瑶，谥号“襄子”，所以又叫智襄子，春秋末年晋国四卿之一。

历史关键点

春秋末期，晋国被智、赵、韩、魏四家把持，其中智家最强大。智宣子去世之后，智瑶当了智家大夫。这个智瑶心高气傲，不可一世，他无缘无故地向韩、魏、赵家索要土地。在遭到赵襄子的拒绝后，他就胁迫韩家和魏家一起出兵攻打赵家。赵襄子没有办法，只好退到晋阳固守。

智瑶围困了两年，都没有把晋阳攻下，他便引晋水灌入晋阳城内。情急之下，赵襄子派家臣张孟谈去说服韩康子和魏桓子，把水倒灌进智瑶军营，于是，韩、魏、赵三家联合起来打败了智家军，并瓜分了他家的封地。晋国灭亡了，战国七雄中的韩、魏、赵三国产生了，中国从此进入战国时代。

魏文侯求贤若渴

放声朗读

文侯问于群臣曰："我何如主？"皆曰："仁君。"任座曰："君得中山，不以封君之弟而以封君之子，何谓仁君？"文侯怒，任座趋出。次问翟璜，对曰："仁君也。"文侯曰："何以知之？"对曰："臣闻君仁则臣直。向者任座之言直，臣是以知之。"文侯悦，使翟璜召任座而反之，亲下堂迎之，以为上客。

——《资治通鉴》周纪一·周威烈王二十三年

译文

魏文侯问群臣："我是什么样的君主？"大家都说："您是仁德的君主！"只有任座说："国君您得了中山国，不封给您的弟弟，却封给自己的儿子，这算什么仁德君主？"魏文侯勃然大怒，任座快步离开。魏文侯又问翟璜，翟璜回答说："您是仁德的君主。"魏文侯问："你凭借什么知道的呢？"翟璜回答说："我听说国君仁德，他的臣子就敢直言。刚才任座的话很耿直，我因此而知道您是仁德的君主。"魏文侯大喜，派翟璜去追任座回来，还亲自下殿堂去迎接，奉为上宾。

魏文侯，名叫魏斯，是三家分晋后魏国的第一位君主。魏文侯一心想使魏国变得更加强大，因此，他特别注重人才的挖掘与培养。只要听说谁是有贤之士，他一定礼贤下士地将人家请来。

为了把刚从秦国抢夺过来的西河地区打造成魏国的文化高地，他特意拜了孔子的弟子子夏为师，请他来这里讲学。在子夏的影响下，西河地区成了中原最重要的文化中心，各地学者纷纷来到这里求学讲学。因此，这里出了很多有学识的人才，他们大都成了魏国大臣，为国效力。

魏文侯听说子夏有个最得意的学生叫段干木，他长期隐居乡下，不愿意出来做官。魏文侯几次派人去请，都没能请他出来。没办法，魏文侯只好亲自去请，希望他能出来做魏国的相国。于是，魏文侯坐着马车，带着随从，向段干木家驶去。谁知到了他家，怎么敲门也不见有人来开门。原来，段干木一听到马车的声音，就赶紧从后院翻墙出去了。

从此以后，魏文侯每天都要到段干木家去上一趟，每次都在离段干木家很远的地方就停下来，然后步行到他家门口去敲门。可是段干木坐在家里，就是不肯出来开门。随从们忍不住发牢骚说：“这个段干木实在太狂妄了，大王来了这么多次，他都不给开门，真是不识抬举。”

魏文侯却不以为然地说：“人家段先生德高望重，学问渊博，又不想依附于我，这正是我所尊重他的地方呀！再说我又有什么值得人家尊重的地方呢？我只不过是有钱有势，而人家段先生有品德、有节操，轻视我也是应该的呀！”

此后，魏文侯的马车每次经过段干木家附近，他都要扶住车厢前面的横木站立凝望，以此来表达对段干木的敬意。时间久了，段干木看出了魏文侯的诚心诚意，终于答应与他相见，可提出的条件是——不能强迫他当相国。魏文侯自然满口答应，每次段干木前来讲学，魏文侯都请他坐下，自己站着听。有时，魏文侯站得又困又累，可也硬撑着不敢休息，生怕段先生一不高兴，就再也不来了。

经过这件事情，魏文侯求贤若

渴的名声传播开来，四方的贤士知道后，纷纷前来投奔。没过多久，魏国的朝堂上就聚集了一大批有志之士和有才之人，如善于发现人才的翟璜，公而忘私、能征善战的乐羊，善理民政、精通水利的西门豹，大政治家、大军事家吴起，精于法治的李悝，等等。他们都为魏国的发展壮大贡献出了自己的力量。

魏文侯不仅求贤若渴，而且特别守信。有一次，他在和大臣们饮酒，兴致正浓的时候突然下起了大雨，魏文侯急急忙忙命人准备马车，要前往郊外。大臣们都跑来劝说："这酒正喝在兴头上，雨又下这么大，国君这是要去哪儿呀？"魏文侯说："我与虞人（指管理山林的官员）约好了今天下午要去打猎，现在天气有变，显然是去不成了。喝酒虽然高兴，但我不能因此而失约呀！"于是，魏文侯立即动身，亲自来到约定地点，告诉虞人打猎取消了。

因此，魏文侯守信的美誉也广为传播，各国诸侯都愿意与他结交。一天，韩国使臣来到这里，要向魏国借兵去攻打赵国。魏文侯说："我和赵国情同手足，不能借兵给你去打我兄弟。"韩国使臣听了，气呼呼地走了。过了几天，赵国使臣也来到这里，要向魏国借兵攻打韩国。魏文侯说："我与韩国像亲兄弟一样，我怎么会借兵让你去打我的兄弟呢？"赵国使臣听了，生气地离开了。不久，韩、赵两国知道了魏文侯与自己的友好态度，心里充满了感激，全都带了礼物前来朝拜，以表达自己对文侯的敬意。从此，魏国成为三晋之首，其他诸侯国没有一个能够与它争锋的。一时间，魏文侯成了中原的英雄人物。

魏文侯并没有因为自己身居高位而沾沾自喜，他鼓励大臣们说真话、说实话，也乐意接受大臣们的谏言。魏文侯派乐羊打下中山国后，把它封给了自己的儿子魏击。魏文侯向大臣们询问："在你们眼里，我是一个什么样的君主呢？"大臣们异口同声地说："您是一位仁德的君主。"只有任座走到他跟前说："您得了中山国不封给自己的弟弟，却

封给自己的儿子，算什么仁德的君主！”魏文侯听了刚要发怒，任座却一溜烟地跑远了。魏文侯心里很不痛快，他又问翟璜：“你说我算不算仁德的君主？”翟璜不假思索地说：“当然算咯！”魏文侯接着问：“那为什么算呢？”翟璜不紧不慢地说：“我听说如果君主仁德，臣子就敢直言。刚才任座讲的话非常耿直，所以我就知道您一定是位仁德的君主。”魏文侯听了这话，心里的不痛快一扫而光。他赶紧让翟璜去把任座请回来，并亲自下殿堂去迎接，从此以后，把任座奉为上宾。

当时，魏国已成为一个大国，却还没有定下相国的人选。于是，魏文侯向李克求助，他说："先生曾经说过：'家贫思良妻，国乱思良相。'我想在魏成和翟璜这两人当中选一个做相国，您认为这两个人怎么样？"李克说："卑下的人不参与立尊长的事情，疏远的人不参与关系密切者的事情，我在宫外当职，不敢参与议选当朝相国的事情。"魏文侯说："在重要的事情面前，先生就不必推让了。"李克说："这是君主您没有仔细观察的缘故。您只要看一个人平常的时候和什么人亲近，富贵的时候和什么人交往，显赫的时候会推荐什么人，穷困的时候不屑于做什么事，贫寒的时候会不会贪取财物，只凭这五条就可以断定出相国的人选了，何必要等我指明呢？"魏文侯根据李克提出的用人标准，果然选出了一心为公的魏成做相国。在魏成的辅佐下，魏国日益发展壮大了起来。

人物介绍

魏文侯：名叫魏斯，安邑（今山西夏县）人，魏桓子的孙子。公元前445年成为晋国魏氏领袖，是战国时期魏国百年霸业的开创者。

历史关键点

魏文侯在位时礼贤下士，曾拜儒家子弟子夏、田子方、段干木等人为师，任用李悝、翟璜为相，改革弊政；用乐羊、吴起等人为将，攻掠中山国、秦国、楚国；以李悝教授《法经》，依法治国。魏国呈现出蒸蒸日上的旺盛局面。

魏文侯对所有人都一视同仁，从来不会因为对方的身份低下而不尊重他。即使是与小官员约会，他也会按时守约，哪怕下着很大很大的雨，也会去赴约。由于魏文侯对任何人都言而有信、尊重在先，因此身边的人也都尊重他、信赖他，这样他获取成功也是自然而然的事情了。在这些出身不高的平民的帮助下，魏文侯在军事和政治方面都取得了极高的成就。

吴起之死

放声朗读

吴起者，卫人，仕于鲁。齐人伐鲁，鲁人欲以为将，起取齐女为妻，鲁人疑之，起杀妻以求将，大破齐师。或谮之鲁侯曰：“起始事曾申，母死不奔丧，曾申绝之；今又杀妻以求为君将。起，残忍薄行人也！且以鲁国区区而有胜敌之名，则诸侯图鲁矣。”起恐得罪，闻魏文侯贤，乃往归之。文侯问诸李克，李克曰：“起贪而好色，然用兵，司马穰苴弗能过也。”于是文侯以为将，击秦，拔五城。

——《资治通鉴》周纪一 · 周威烈王二十三年

译文

吴起，卫国人，在鲁国做官。齐国攻打鲁国，鲁国想任吴起为大将，但吴起娶了齐国女子为妻，鲁国人猜疑吴起。于是吴起杀死了自己的妻子，求得大将军之职，带兵大破齐国。有人对鲁国国君说：“吴起在跟随曾申时，他母亲死了也不回去治丧，曾申因此与他断交。现在他又杀死妻子来求得大将军职位。吴起是一个残忍的人。况且如果鲁国战胜齐国的名声传出去，那各个国家都要来算计我们了。”吴起怕被鲁国治罪，又听说魏文侯贤明，于是前去投奔。魏文侯征求李克的意见，李克说：“吴起为人贪婪而好色，但如果说到他的用兵之道，就连齐国的名将司马穰苴也比不上他。”魏文侯任命吴起为大将，吴起一连攻下秦国五座城。

吴起从小出生在一个富裕的家庭里，为了在政治上寻求发展，他把千万家产全花光了，也没得到一官半职。为此，他的母亲狠狠把他骂了一顿，他在自己胳膊上咬了一口，暗暗发誓：“不取得功名，绝不回家！”

吴起到了鲁国，拜孔子弟子曾参的儿子曾申为师。他没日没夜地研究学问，没过多久，就成了曾申门下小有名气的学生。齐国大夫田居见他如此刻苦，认定他日后会有大作为，就把女儿许配给他。有一天，老师曾申问他：“你在这儿读书也有五六年了，为什么一次也没有回家看望你的母亲呢？”吴起叹息道：“我曾经在母亲面前发过誓，不取得功名，绝不回家！现在我功名未取，有什么脸面回家呢？”

“做儿子的怎么能向母亲发这样的誓言呢？”曾申忍不住责备。这事之后，曾申就开始瞧不起他了。没过几天，吴起接到了母亲去世的书信，他捧着书信，仰头冲着天空大哭了三声后，又继续回去念书了。曾申看到，忍不住大骂：“你母亲死了，还不赶紧回去奔丧？我倡导孝道一辈子，竟收了你这么个不孝的学生。”说完，就开除了吴起，并吩咐其他学生都不许跟他来往。

吴起被开除后，索性扔掉儒学，用了三年时间专门研究兵法。他在兵法上取得了一定的造诣，并得到鲁国相国公仪休的赞赏。公仪休把他推荐给鲁穆公，可鲁穆公并不想用他。当时，齐国相国田和正带着齐兵攻打鲁国，鲁国只有招架之功，没有还手之力。在这危急时刻，公仪休说："要想打退齐国，非用吴起不可。"可鲁穆公还是不肯把兵权交给吴起，他说："我也知道吴起能够击败齐兵，可他毕竟是齐国田家的女婿呀，这叫我怎么能放心呢？"听到鲁穆公这么说，公仪休也不敢担保，只好退下了。

他一回到家，吴起就跑过去问："齐国军队攻势这么紧，主公为什么还不派兵抵御呢？不是我夸海口，要是让我带兵，一定能打败齐军！"公仪休把鲁穆公的话原封不动地讲了一遍，吴起不屑地说："哪个国家没有别国的女婿？要这么说，咱谁都不能相信了。"过了些日子，他的妻子得病死了。那些反对他的人就到处造谣，说他是为了当将军才把妻子杀掉的。

吴起的妻子死后，他跑到鲁穆公面前，说："我立志要为主公出力，主公却因我的妻子而对我产生怀疑，现在她死了，主公这下没有什么可疑心的了吧！"

鲁穆公听了，不知道该怎么办才好，他只好请吴起先回去，然后再跟公仪休商议。公仪休说："吴起现在求功名心切，主公不如先利用他打败齐国，之后可以再免了他。一旦齐国先用了他，那可就糟了。"于是，鲁穆公就封吴起为大将军，让他带领两万兵马前去抵挡齐国的军队。

吴起把军队驻扎好后，却一直不跟齐国开战。田和实在等不及了，就想了个办法，假意派张邱前去议和，了解情况。吴起得到信儿后，立刻把精锐的兵马全部隐藏起来，让一些上了年纪的瘦弱士兵守在那里，然后恭恭敬敬地接待张邱。

张邱问："听说将军杀了自己的夫人，真的有这回事吗？"

吴起摇头回答："怎么说我也做过曾申的学生，受过孔子的教诲，哪儿能做出这么残忍的事情呢？只是在我动身之前，妻子碰巧得病死了，就被不明就里的人给造了谣。"

张邱又问：“这么说来，将军还是我齐国的女婿呢！一家人不说两家话，我们和好怎么样？”

吴起高兴地说：“那我求之不得。如果您能给说和一下，可真是比什么都强！”在送张邱离开的时候，吴起又再三嘱托，请他务必成全这件事情。

张邱回去之后，把这里的一切向田和做了详细的汇报。田和听了非常高兴，打算第三天进行总攻击。谁知第二天一早，鲁国的兵马就打过来了，没有一个如张邱所说的年老瘦弱，士兵们全是粗壮大汉和一个个不怕死的小伙子。他们来得太突然了，以致齐国兵士还没穿好盔甲，就已经死伤无数了。

田和打了败仗，把张邱好一顿臭骂。张邱委屈地说：“我亲眼所见，谁知道上了吴起的当呢？”田和叹着气说：“吴起用兵神出鬼没，只要有他在，我们谁都别想过安稳日子。”张邱说：“别着急，我会想办法的。”

这天，张邱扮成买卖人的样子，给吴起送了很多金子，央求他不要再攻打齐国了。吴起说：“只要齐国不来侵犯鲁国，我就不再攻打齐国。”张邱走后，故意把给吴起送礼的事情四处传扬开来。鲁穆公知道了以后，就要将他查办，吓得吴起连夜向魏国逃去。

吴起逃到魏国，住在翟璜家里。翟璜向魏文侯推荐他到西河做太守。吴起到了西河，又拿出他那苦干的劲头来了。他修理城门，加固城墙，训练兵马，还带领当地百姓修建了吴城，不但能抵挡秦国，而且能转守为攻，打到秦国去。

自从吴起当上了将军，就天天和士兵们待在一起。士兵吃什么，他就吃什么；士兵在哪里睡，他就在哪里睡；士兵步行，他决不坐车；士兵扛粮草，他也一起帮忙；有人生了病，他就去煎药；有人身上长了疖子，他就用嘴巴给他吸脓，并亲手上药。所有的士兵都把他当作父亲一样看待，死心塌地为他卖命。

秦国接连吃了败仗，被夺走了五座城池。一时间，魏国的名气越来越大，吴起的威望也越来越高。

魏文侯去世后，太子击做了国君，也就是魏武侯。魏武侯同样很尊重他。但相国田文死了之后，新的相国一心想要抓住大权，不停地在魏武侯面前说他坏话，以至魏武侯起了疑心。吴起害怕魏武侯害他，就想办法逃到楚国去了。

楚悼王早就听说了吴起的才干，当时就拜他为相，吴起为了感谢楚悼王的知遇之恩，在楚国实施了吴起变法：制定出明确的赏罚章程；把多余的和挂名的官员全部裁掉；大臣家的子弟不能仗着父兄的势力当官吃俸禄；功臣五代以后的子孙不能靠着祖宗的功劳来继承爵位；不到五代的功臣子孙必须按照等次减少俸禄，出了五代之后将自食其力，不再享受国家的供养。

经过变法之后，楚国的国力日渐强大，楚国的士兵很感激他，全都愿意为国效力。他们向南收服了百越，向北打退了韩、魏、赵的进攻，向西征讨秦国，中原列国没有再小看楚国的了。尽管吴起帮助楚国争得了威名，但是被裁减俸禄

的贵族和大臣们无不咬牙切齿地咒骂他。

公元前 381 年，楚悼王刚死，那些贵族和大臣们就一起造了反，他们把吴起团团围住，用弓箭对准了他。吴起想：“这帮人若得了势，那楚国岂不又要回到贫弱的路上去？怎样才能将他们全都消灭呢？”在这危急时刻，吴起抱起了楚悼王的尸体。这时，乱箭飞射过来，吴起中箭而亡，楚悼王的尸体也中了好几箭。

依照楚国的法律，伤害国王的尸体属于重罪，将被诛灭三族。楚肃王

即位后，下令把射杀吴起并射中楚悼王尸体的人全部处死，受到牵连被灭族的有七十多家。吴起的尸身也被处车裂之刑，吴起死后，他的变法也被废止。

人物介绍

吴起：卫国左氏人，战国初期军事家、政治家、改革家和兵家代表人物。他一生历仕鲁、魏、楚三个诸侯国，通晓兵、法、儒三家思想，在内政、军事上有极高的成就。

历史关键点

吴起的军事思想主要集中在《吴子兵法》中，他主张把政治和军事结合起来，对内修明文德，对外做好战备，二者必须并重，不可偏废。在政治、军事并重的前提下，吴起更加重视政治教化，用道、义、礼、仁治理军队和民众。

《汉书·艺文志》兵家权谋论著中记载吴起著有《吴起》48篇，现存《吴子兵法》仅有六篇，包括《图国》《料敌》《治兵》《论将》《应变》《励士》。《吴子兵法》在中国古代军事典籍中占有重要地位，后世将它与《孙子兵法》合称“孙吴兵法”，北宋时期将《吴子兵法》列入《武经七书》中。

邹忌劝齐威王

放声朗读

齐威王召即墨大夫，语之曰："自子之居即墨也，毁言日至。然吾使人视即墨，田野辟，人民给，官无事，东方以宁。是子不事吾左右以求助也！"封之万家。召阿大夫，语之曰："自子守阿，誉言日至。吾使人视阿，田野不辟，人民贫馁。昔日赵攻鄄（juàn），子不救；卫取薛陵，子不知。是子厚币事吾左右以求誉也！"是日，烹阿大夫及左右尝誉者。

——《资治通鉴》周纪一·周烈王六年

译文

齐威王召见即墨大夫，对他说："自从你到即墨任官，每天都有指责你的话传来。然而我派人去即墨察看，情况却是田土开辟整治好了，百姓丰足，官府无事，东方因而十分安定。于是我知道这是你不巴结我的左右内臣谋求内援的缘故。"于是齐威王封赐即墨大夫一万户的食邑。齐威王又召见阿地大夫，对他说："自从你到阿地镇守，每天都有称赞你的好话传来。但我派人前去察看阿地，只见田地荒芜，百姓贫困饥饿。当初赵国攻打鄄地，你不救；卫国夺取薛陵，你不知道。于是我知道你用重金买通我的左右近臣来替你说好话！"当天，齐威王下令烹死阿地大夫及替他说好话的左右近臣。

齐桓公去世之后，他的儿子齐威王继承了王位。可齐威王整天只知道贪图享乐，对国家政事不管不问。

一天，有个叫邹（zōu）忌的琴师前来献艺，可邹忌调好弦后只摆出一副要弹的样子，却一动不动。齐威王催促他说：“你的琴弦已经调好，那就快弹吧！”邹忌说：“我不光会弹琴，我还知道弹琴的道理。”

齐威王寻思：“琴弹着好听就行了，还有什么弹琴的道理吗？”于是让邹忌说来听听。邹忌海阔天空地说了一通，齐威王听得一头雾水，不耐烦地问：“你说的这些都对，可你为什么不弹给我听呢？”

邹忌说：“大王看我拿着琴不弹，就有点不乐意。那大王拿着齐国这把大琴，九年来不曾弹过一次，齐国的百姓是不是也会不乐意呢？”

齐威王听了这话，赶紧站起身来，恭恭敬敬地说：“先生原来是在劝我呀，我明白了。”说

完，就叫人把琴撤下，和邹忌谈论起了国家大事。邹忌劝他重用有才能的人，增加生产，节省财物，训练兵马，建立霸业。这几句话就像在漆黑的夜里点亮的一盏明灯，唰地一下就让齐威王看清了方向。齐威王当即就拜邹忌为相国，加紧整顿朝政。

有个叫淳（chún）于髡（kūn）的大臣见邹忌只凭一张嘴就轻而易举地当上了相国，非常不服气，于是带了几个门生前来找他。只见淳于髡大模大样地往椅子上一坐，问："我有几个疑问，想向相国请教！"邹忌谦逊地说："还请大人赐教。"

淳于髡问："做儿子的不离开自己的母亲，做妻子的不离开自己的丈夫，对不对？"

邹忌回答："对。我这个做臣下的也不敢离开自己的君王。"

淳于髡又问："车轱辘是圆的，水是往下流的，是不是？"

邹忌回答："是。方的不能转悠，河水不能逆流。我也不敢不顺应人情、不亲近万民。"

"貂（diāo）皮衣服破了，绝不能拿黄狗皮去补，对不对？"

"对。我定不会让小人占居高位。"

"造车必须算准尺寸，弹琴必须定准高低，对不对？"

"对。我一定注意法令，整顿纪律。"

淳于髡站起身来，行了个礼就出去了。门生疑惑地问："老师进去的时候趾高气扬，为什么出来的时候却行起礼来了？"

淳于髡说："想不到我只是提个头，他就能脱口接个尾，可见这个人不简单，我怎么能不向他行礼呢？"从那以后，邹忌的名声就更大了。

有一天早上，邹忌穿上一件新衣服，他对着镜子左瞧瞧、右看看，怎么看都好看。他向妻子询问："我跟北门的徐公比起来，你觉得谁更俊美？"

妻子说："当然是你更俊美了！"

要知道城北的徐公可是有名的美男子，邹忌听了妻子的话，有点儿不相信。他又向使唤丫头询问："我跟徐公比，哪一个更俊美？"

使唤丫头说："徐公哪里比得上您呢！"

第二天，外面来了一位客人，两人坐下聊天，聊着聊着，邹忌问："我跟徐公相比，谁更俊美？"客人说："徐公比不上您。"

真巧，这客人刚一走，徐公就来拜访了，邹忌偷偷照了照镜子，再瞅瞅徐公，越看越觉得徐公真的比自己帅气多了。到了晚上，邹忌躺在床上翻来覆去睡不着，他想："妻子赞美我是因为她对我有偏爱，使唤丫头赞美我是因为她害怕我，客人赞美我是因为他有求于我。因此，他们才都说了有失公正的话。"

于是，邹忌把这件事跟齐威王说了一遍，他说："齐国的土地方圆一千多里，城邑一百二十多个。王宫里的美女和伺候大王的人也没有一个不偏爱大王的；朝廷里的大臣没有一个不是惧怕大王的；国内的百姓没有一个不是有求于大王的。要这样的话，您的耳朵也一定被蒙蔽得非常厉害。"

齐威王听了，立刻下了一道命令："不论朝廷大臣，还是地方官员、百姓，只要能指出我错误的地方，就能得到最高奖赏。"

邹忌不但这样规劝齐威王，在私底下也做了细致的调查。他向朝廷大臣询问各地官员的情况，他们都说："官员里面最好的地方官要数阿城大夫，最差的就是即墨大夫。"邹忌把这件事告诉了齐威王，请他派人暗中调查。

一天，齐威王也在大臣面前问起这个问题，大臣们纷纷说阿城大夫是太守里面数一数二的大好人，即墨大夫却是一个贪官污吏。他们心里都在盘算："阿城大夫准是要高升了，他被提升了，我们也有好处。这就叫'与人方便，自己方便'，让那个不懂人情世故的即墨大夫被拿去革职查办去吧！”

果然时隔不久，齐威王就召了两位大夫回来。文武百官看到大锅里煮着一锅滚烫的开水，就知道即墨大夫要受刑了，不禁替他捏了一把汗。

齐威王对即墨大夫说：“自从你到即墨以后，几乎天天有人告你，说你这儿也不好，那儿也不好。我派人过去察看，见地里长着绿油油的庄稼，老百姓也都安分守己，全都很幸福的样子，这都是你的功劳。像你这种一心一意为人民、没有半点虚言假意、不拍马屁又不吹牛的太守，咱们齐国能找出几个呢？所以，我封赏你一万户的食邑！”

他又对阿城大夫说：“自从你到了阿城，天天有人夸你，说你聪明能干。可我派人察看，阿城的地里全都长满了野草，百姓们面黄肌瘦、叫苦连天，这都是你的罪恶。你把搜刮来的财物装进自己腰包，再给我的大臣们送礼，让他们替你说好话。像你这种不干实事、专门贿赂人心又巴结上司的贪官污吏，还留着干什么？来人，把他给我扔进大锅！”军士把阿城大夫扔进锅里。

那些受过阿城大夫好处的官员们吓坏了，扑通一声跪在了地上。齐威王骂道：“我在宫里怎么能知道外面的事情呢？就是靠你们给我当眼睛、耳朵，可你们昧着良心贪污受贿，把好的说成坏的，把坏的说成好的。你们这是要让我变成瞎子、聋子吗？那我还要你们干什么？来人，把他们也都给我煮了！”

几十个官员跪在地上不停地磕头，苦苦哀求也无济于事。从此以后，官员们不敢再弄虚作假，都尽力做事，齐国真正的国富民强了。

人物介绍

邹忌：也称“驺忌”，后被尊称为“驺子”，战国时期齐国人。齐威王时，邹忌任相国。他主张革新政治，选拔人才，处罚奸吏，并劝诫齐威王广开言路，使齐国渐强。

历史关键点

齐威王刚即位时，只想着自己吃喝玩乐，对国家政事不管不问，也没人敢指责一句。邹忌站出来，巧妙地劝说齐威王要弹好齐国这把大琴。可见邹忌是一个足智多谋、善于表达，又对国家尽忠的真正的谋士。在齐威王决定要治理国家之后，他又向齐威王提出要修订法律、选拔人才、奖励贤臣，并制定了处罚贪官奸吏的细则。

在妻子、使唤丫头与宾客的赞美中，邹忌没有得意忘形，而是冷静地思考，进一步比较，从而做出正确的判断。他从生活中的点滴小事联想到治理国家的大事，然后毫不犹豫地向君王进谏，让齐威王重贤臣、弃奸吏，终于使齐国逐渐强盛起来。

商鞅变法

放声朗读

令既具未布，恐民之不信，乃立三丈之木于国都市南门，募民有能徙置北门者予十金。民怪之，莫敢徙。复曰：“能徙者予五十金！”有一人徙之，辄（zhé）崐（kūn）予五十金。乃下令。

——《资治通鉴》周纪二·周显王十年

译文

变法的法令已详细制定但尚未公布，公孙鞅怕百姓不相信，于是在国都的集市南门立下一根长三丈的木杆，下令说要是有人能把它搬到北门去就赏十金。百姓们觉得此事很古怪，没人动手去搬。公孙鞅又说：“能搬过去的赏五十金。”于是有一个人半信半疑地把木杆搬到了北门，立刻获得了五十金的重赏。这时，公孙鞅才下令颁布变法法令。

春秋战国时期，经过旷日持久的争霸战争，诸侯国的数量大大减少，最终形成七国争雄的局面，它们是秦、楚、齐、燕、赵、魏、韩。

七国中，属秦国的政治、经济、文化最落后。公元前362年，秦国

新君秦孝公即位，他下定决心改变眼前的落后局面。于是，他发布了求贤令：“现在的群臣宾客中，只要能献出计策，让秦国强盛起来，我就可以封他为高官，赐给他封地。”

求贤令一出，果然吸引了许多有才干的人。卫国的公孙鞅听到这个消息，也背着行李来到了秦国。他的好朋友景监看见了，高兴地说：“您来得太巧了，我们主公正在寻求贤能的人。您的知识渊博，一定会得到重用的。”

公孙鞅说：“我千里迢迢来到这里，正是为了这件事情，请您带我去见主公吧！”说完，就跟着景监去见了秦孝公。

一见面，公孙鞅就对秦孝公谈了三皇五帝以来，尧舜禹汤以王道治国的方式，曾使天下一片兴盛，他称这样的治国方式为“人治”。

第二次见面，公孙鞅谈了鲁国儒家孔子的礼制：以礼仪为国家根本，以仁义来体恤万民，用仁爱来教育人们，在世俗中推行礼制，使国家的君臣和子民和谐一心，就达到理想社会的最高境界了。

可秦孝公却认为这种儒家的思想不适合现在的争霸局面。

第三次见面，公孙鞅根据当时三大强国魏、齐、楚变法的利与弊，总结出自己的《强秦九论》：

一、《田论》：实行废除土地国有制，允许人们开垦无主的荒地，土地可以买卖的制度。

二、《赋税论》：抛弃无定数的缴税制度，使农民按照田地亩数、作坊按照生产规模、商人按照交易数量来纳税。这样人民可以富裕起来，国家也可以富强起来。

三、《农爵论》：努力耕种并多缴纳粮税的农民，可以获得国家爵位。这么做能够激励农民勤奋耕耘，是一个国家聚粮的根本方法。

四、《军功论》：凡是上阵杀敌的将士，都以斩获敌人首级数量为依据则予爵位。举国上下的百姓都以从军为荣耀，上战场的士兵都能奋勇杀敌，还愁战争不能取得胜利吗？

五、《郡县论》：取缔秦国旧时的自治封地，设郡、县两级官府，直接受国府管辖，使全国的政权统一，如同胳膊指使手指一样。

六、《连坐论》：县级以下设里、村、甲三级小的官吏，百姓以十户为一甲，一户犯法，其余九户都要受到惩罚。这样，老百姓就不敢私下争斗了。

七、《度量衡论》：通行的长度、重量和容器都由国家来制定统一标准，杜绝奸商小吏们对平民百姓的剥夺和欺骗。

八、《官制论》：对各级官员手中的权力都要有一定的限制，避免只让一家把持政务。

九、《齐俗论》：严格取缔愚昧百姓的野蛮粗俗行为，如不吃热饭、一家人不分老幼睡在一起、男人死后让妻妾殉葬等。

秦孝公听完，兴奋地说：“《强秦九论》真是一字千金呀！”

公孙鞅以《强秦九论》获得了秦孝公的信任和尊重。他们谈了三天三夜，最终决定实行变法。秦孝公为了使公孙鞅安心，握着他的手说：“我们永远相互信任，绝不做辜负对方的事情。”正是由于这句誓言，公孙鞅从此对秦国死心塌地，舍弃生命也要成就变法。

可是，变法还未推出，就遭到了一些贵族和大臣们的强烈反对。秦孝公觉

得自己刚刚即位，害怕他们闹出乱子，就将改革的事情暂时搁置了。

过了两年，秦孝公的国君之位坐稳后，就拜公孙鞅为左庶长，说：“从今天开始，改革的事情全权交给左庶长处理。”

公孙鞅制定改革的法令后，担心老百姓不信任他，不去按照新的法令做，就叫人在都城的南门立了一根三丈高的木杆，并贴出告示：“能把木杆从南门搬到北门的，就赏黄金十镒。”

老百姓看着告示议论了半天，也没有人敢去搬动木杆。公孙鞅又宣布说：“有能把木杆扛到北门去的，就赏黄金五十镒！”这时，终于有个人忍不住了，他半信半疑地把木杆从南门扛到了北门，公孙鞅立即赏给这个人五十镒黄金。老百姓见了，这才后悔错过了机会。这事一传十，十传百，一时间，秦国上下全都知道了。老百姓说：“左庶长真的是说话算数，以后不管他说什么，我们都听。”这时，公孙鞅的变法才得以公布出来。

可是，变法实施以后，秦国的太子触犯了法律，公孙鞅说：“新法之所以不能够顺利进行，就是上层人员不能遵守的原因。太子是国君的继承人，不能施以刑罚，但他的老师管教不严，必须严惩！”于是，便将他的老师公子虔（qián）割了鼻子，公孙贾脸上刺字，以示惩戒。

第二天，秦国人们都听说了这件事情，全都小心翼翼地遵守法令。此后，秦国一片太平景象，路不拾遗，也没有盗贼出现，家家户户都非常富裕。人民都愿意为国家征战，而不为自己打架斗殴，乡村和城市都得到了很好的治理。当初那些说新法不好的人中，又有一些跑来说新法好的，公孙鞅说这些全都是乱法的刁民，把他们全部驱赶到边疆去了。

从此，再也没有人敢议论法令的是非了，人们都非常乐意遵守新的法令。很快，秦国就变得民富国强，秦孝公也兑现了“求贤令”中的承诺：封公孙鞅为大良造，由于战功显赫又封给他商等十五座城，从此号为“商君”。

人物介绍

商鞅：公孙氏，名鞅，卫国人，故又称“卫鞅”。后来在河西之战中立功封为商君，被称为商鞅。战国时期政治家、改革家、思想家，法家代表人物。

历史关键点

商鞅变法是战国时期一次较为彻底的改革运动，它大大地推动了社会的进步和历史的发展。通过改革，秦国废除了旧的制度，创立了适应社会经济发展的新制度。改革促进了秦国经济的发展，推动了社会的进步，壮大了国力，也实现了秦国国富兵强的目标，为后来秦统一六国奠定了良好的基础。他成功地把法家思想带进上层建筑，影响了中国两千多年。

孙膑忍辱装疯

放声朗读

初，孙膑与庞涓俱学兵法。庞涓仕魏为将军，自以能不及孙膑，乃召之。至，则以法断其两足而黥之，欲使终身废弃。

——《资治通鉴》周纪二·周显王十六年

译文

起初，孙膑与庞涓一起学兵法。庞涓在魏国做将军，他估量自己的才能不如孙膑，便召孙膑前来魏国。孙膑到了以后，设计砍断孙膑的双脚，并在他脸上刺字，想使他终身成为残疾人。

在战国时期，有一个非常厉害的人物，他通天彻地、智慧卓越，无人能及，因长期隐居鬼谷（山谷名称），所以自称“鬼谷先生”。庞涓、孙膑、苏秦、张仪都是他的学生，学成之后，便相继下山去谋生路。

一天，墨子的门生禽滑（gǔ）釐（xǐ）云游到鬼谷，他见孙膑的言谈举止，觉得非常喜欢，就对他说：“你的学问已经达到了一定的水平，应该出去做点事情了。”

孙膑说：“我的同学庞涓在下山时跟我约定，只要他有机会，就会替我引荐的。”

禽滑釐说：“庞涓在魏国已经做了将军，我到那边去给你打听一下吧！”

禽滑釐到了魏国，对魏惠王讲了孙膑的事情。禽滑釐走后，魏惠王就向庞涓询问：“听说将军有个叫孙膑的同学，他的手里有兵法十三篇，将军何不把他请来？”

庞涓回答：“可孙膑是齐国人，万一他吃里扒外怎么办呢？”

魏惠王反问：“难道因为他不是本国人，我就不能

用了吗？”

庞涓不好推辞，只好写信去请孙膑下山。孙膑到魏国后，魏惠王要拜他为副将，庞涓说：“孙膑是我的兄长，才干也在我之上，怎么能做我的手下呢？不如先请他做个客卿，等立了功，我情愿做他的助手。”于是，魏惠王就拜孙膑做了客卿。为此，孙膑非常感激庞涓。

有一天，庞涓问：“你一家人都在齐国，为何不把他们都接来呢？”

孙膑听了，伤心地说：“唉！你我虽是同学，但有些事情你不知道呀！我父母早亡，从小就住在叔叔家里。后来叔叔家遭了变故，叔叔带着我和哥哥孙平、孙卓逃到洛阳，再后来我们就走散了。现在，我哪里还有什么家人呀？”庞涓听了，也是不停地叹息。

大概半年之后，孙膑收到哥哥孙平和孙卓的来信，上面写着他们从洛阳到了宋国，叔叔早已去世，希望他能够回到齐国重建家业。孙膑看到信后伤心地哭了一场，然后又写了一封回信。

谁知孙膑的回信辗转到了魏惠王手里，魏惠王问庞涓：“孙膑想回齐国怎么办？”

庞涓说：“孙膑要是回到齐国，做了齐国将军就糟了。不如我劝劝他，就说大王要重用他，给他增加俸禄，让他留在这里。”

庞涓从魏惠王那里出来，立刻去见了孙膑，换了另一套说辞：“你离开家也好些年了，为什么不向大王请几天假，回去上了坟再马上回来？”

孙膑说：“我也这么想啊，可就怕大王起疑心。”

庞涓说：“有我在呢！怕什么？”

孙膑听了庞涓的话，就跟魏惠王请假，说要回齐国上坟。魏惠王果然起了疑心，当场就骂他私通齐国，要拿他问罪。过了一会儿，庞涓慌慌张张地跑来说：“大王十分恼怒，非要把你定为死罪。我再三请求，总算保住了你的性命，但必须脸上刺字，砍断双脚才行。”

孙膑哭着说：“你这么出力帮我，我绝不会忘记你的大恩。”

孙膑受了刑后，就只能爬行，依赖庞涓度日，心里总觉得对不起他。有一天，庞涓对他说：“你那祖传的兵法十三篇能不能凭着记忆写出来？不但能让我拜读一番，还能流传后世呢！”

孙膑恨不得能为庞涓做点事情，那兵法十三篇他早已烂熟于心，就答应了下来。可他现在写字可没以前那么方便，再加上他天天唉声叹气，一天也写不了几个字。庞涓非常着急，天天让伺候他的老头催他快写。有一天，老头儿忍不住对孙膑说：“将军就是为了得到兵书才留你性命的。如果兵书写完了，你的命也就完了。”

孙膑这才如梦初醒，他想：“我真是眼瞎了，竟交了这么个人面兽心的东西。我若不写，他一定不会留我性命，怎么办呢？”突然，他把写好的兵书全部扔进火里，然后大喊大叫地砸屋子里的东西。吓得老头儿赶紧去告诉庞涓：“不好了，孙先生疯了！”

庞涓赶紧跑来，看到孙膑趴在地上哈哈大笑，笑完了又号啕大哭，就叫了他一声。孙膑拉着庞涓的衣裳，揪着不撒手，嘴里胡乱地说着什么。庞涓怕他是在装疯，就叫人把他扔进猪圈里，并暗中派人送饭去试探他。可孙膑把送来的饭菜全都倒在地上，骂骂咧咧地说：“谁要吃你这些脏东西？我自己做的要比你那些好吃多了。”说完，他抓了一把猪粪就往嘴里塞。庞涓知道以后就说：“他可能真的疯了。”

从那以后，孙膑就住在了猪圈里。有时他爬到外面晒会儿太阳；有时他自己又哭又笑；有时他爬进猪圈里去睡觉；有时他在街上爬来爬去。庞涓就派人天天在后面盯着，然后向他报告孙膑一天都干了什么。孙膑平时总是在街上躺着，到了晚上他就爬回猪圈睡觉，有时也在外面过夜。街上的人都知道他是个疯子。有人可怜他，给他一口吃

的，他高兴起来就吃掉，不高兴的时候就把吃的全部倒在身上，嘴里嘟囔一阵子。

一天下半夜，有个人坐在他的身边哭着说：“孙先生，你还认识我吗？你怎么变成这样了？我是禽滑釐呀！你放心，我已经和齐国使臣安排好了，这就带你回齐国去。”

孙膑一听禽滑釐来了，眼泪就像断了线的珠子一样滚落下来，叮嘱他说：“你们可得小心，庞涓天天让人盯着我。”禽滑釐给孙膑换好衣裳，把他抱上了车，然后把脏衣裳让手下人穿上，让他把头发散开，假扮孙膑，继续抱着脑袋躺在那里。

第二天，魏惠王招待了齐国使臣，送给他一些礼物，并叫庞涓护送他出境。监视孙膑的人来报，孙膑还在街上躺着呢！庞涓这才放下心来，齐国使臣和他聊了一会儿，便告辞离开了。

过了两天，假扮孙膑的人脱掉脏衣服，偷偷地跑回去了。等到监视他的人发现，就只剩下一堆衣服还在，人早已不知去向。庞涓害怕魏惠王追查，就撒谎说孙膑淹死了。后来，孙膑打发人去打听哥哥孙平和孙卓的消息，可哪里打听得到呀？他这才知道根本就没有什么家书和上坟的事情，这全是庞涓使出的诡计。

人物介绍

孙膑：本名孙伯灵，出生于阿、鄄之间（今山东省菏泽市鄄城县北），战国时期军事家，是孙武的后代。

历史关键点

孙膑和庞涓同是鬼谷子的弟子，却因为庞涓的嫉妒心，两人走向完全相反的方向。

庞涓为人阴沉而具野心，学业未成，便离开老师鬼谷先生投奔魏国去了，在魏国显赫一时。嫉妒心重的庞涓想把才能在自己之上的孙膑控制于掌中，于是给孙膑设下一个又一个的陷阱，最终害人终害己。

围魏救赵

放声朗读

田忌欲引兵之赵。孙子曰："夫解杂乱纷纠者不控拳，救斗者不搏撠，批亢捣虚，形格势禁，则自为解耳。今梁、赵相攻，轻兵锐卒必竭于外，老弱疲于内。子不若引兵疾走魏都，据其街路，冲其方虚，彼必释赵以自救：是我一举解赵之围而收弊于魏也。"田忌从之。十月，邯郸降魏。魏师还，与齐战于桂陵，魏师大败。

——《资治通鉴》周纪二·周显王十六年

译文

田忌准备率兵前往赵国。孙膑说："排解两方的斗殴，不能用拳脚将他们打开，更不能上手扶持一方帮着打，只能因势利导，乘虚而入，紧张的形势受到阻禁，就自然化解了。现在两国攻战正酣，精兵锐卒倾巢而出，国中只剩老弱病残；您不如率军急袭魏国都城，占据交通要道，冲击他们空虚的后方，魏军一定会放弃攻赵而回兵救援。这样我们一举两得，既解了赵国之围，又给了魏国国内以打击。"田忌听从了孙膑的计策。十月，赵国的邯郸城投降了魏国。魏军又急忙还师援救国内，在桂陵与齐国军队发生激战，魏军大败。

禽滑釐把孙膑藏在车里带回了齐国。齐国大臣田忌把孙膑迎回家里好好招待，还把他推荐给了齐威王。齐威王想向孙膑学习兵法，于是就请他当了自己的老师。

公元前354年，魏惠王派庞涓进攻赵国，他们把赵国的都城邯郸围了个水泄不通。情急之下，赵王派出使者去齐国求救，并许诺解围之后将中山作为谢礼送给齐国。齐威王知道孙膑的才能，便想派他做大将军前去救援。可孙膑说："不行，我是个有残疾的人，当大将军会让敌人笑话，还是请田大夫来当大将军吧！"齐威王采纳了孙膑的建议，便拜田忌为大将军，孙膑为军师，让孙膑坐在挂着帘子的车里，为田忌出谋划策。

田忌想率领军队去赵国，孙膑说："要想解决这两方的战争，一

不能用拳脚将他们分开，二不能帮着一方去攻打另一方。只有依据形势乘虚而入，才能阻止他们之间的争斗。现在魏国和赵国打得激烈，他们的精兵强将都出来了，国内只剩些老弱病残。你现在率军去突袭魏国都城，占据他们的交通要道，朝着他们空虚的后方进攻，魏军一定会放弃攻赵而回兵救援的。”

田忌按照孙膑的计策，果然一举两得，魏国的军队由于赶回来救援而放弃了攻打赵国，这样既解了赵国的围，又给魏国以沉重打击。

几年后，魏国大将军庞涓又率领军队前去攻打韩国，眼看就要打到韩国都城了，韩国招架不住，只好接连不断地向齐国求救。

齐威王召集大臣们商议：“救还是不救呢？如果救，那是早一点救好呢，还是晚一点救好呢？”

邹忌说：“韩国跟我们平时交往一般，不如不救。”

田忌说：“如果我们不救，韩国很快就会灭亡，被魏国吞并掉，我们还是早日出兵救援才好。”

而孙膑却说：“如今韩国、魏国的士气正是最旺的时候，我们这时候去，正是代替韩国承受了魏国军队的打击，反而让韩国坐收渔翁之利。魏国既然有了吞并韩国的野心，等到韩国迫在眉睫的时候，一定会再次向我国求救。那时我们再发兵，一来可以加深我们与韩国的亲密关系，二来可以趁魏国军队疲惫的时候给以痛击，这样才能名利双收、一举两得呀！”

齐威王听了，连声夸赞：“说得好，就这么办！”

于是，齐威王暗中答应韩国使者，让他先回去，援军随后就到。

韩国自以为能立刻得到齐国的帮助，便奋起反抗。但在经过第五次的大战失败后，援军还是没有来，他们只好再次派出使者求救。这个时候，他们已经把自己国家的命运全都寄托在齐国身上了。

这时，齐威王才派田忌、田婴、田盼为大将军，孙膑为军师，前去救援韩国。他们采用老办法，直接袭击魏国的都城。庞涓得到本国告急的消息后，立刻放弃了对韩国的进攻，急急忙忙地回救都城。同时，魏国也集中了全部兵力，派太子申为将军全力抵抗齐国军队。

孙膑对田忌说：“魏、赵、韩三国的士兵向来勇猛彪悍，看不起我们的士兵，不过齐国士兵的名声确实也不算太好。善于指挥作战的将军必须做到因势利导，扬长避短。《孙子兵法》上说：‘若从一百里外的地方赶去袭击，前面的主将必会受到挫折。若从五十里外的地方赶去袭击，则只有一半的士兵能够到达。’”于是，他下令让齐国的军队到达魏国之后，第一天修建做饭用的炉灶够十万人吃饭用，第二天减少到够五万人用，第三天减少到够两万人用就可以了。

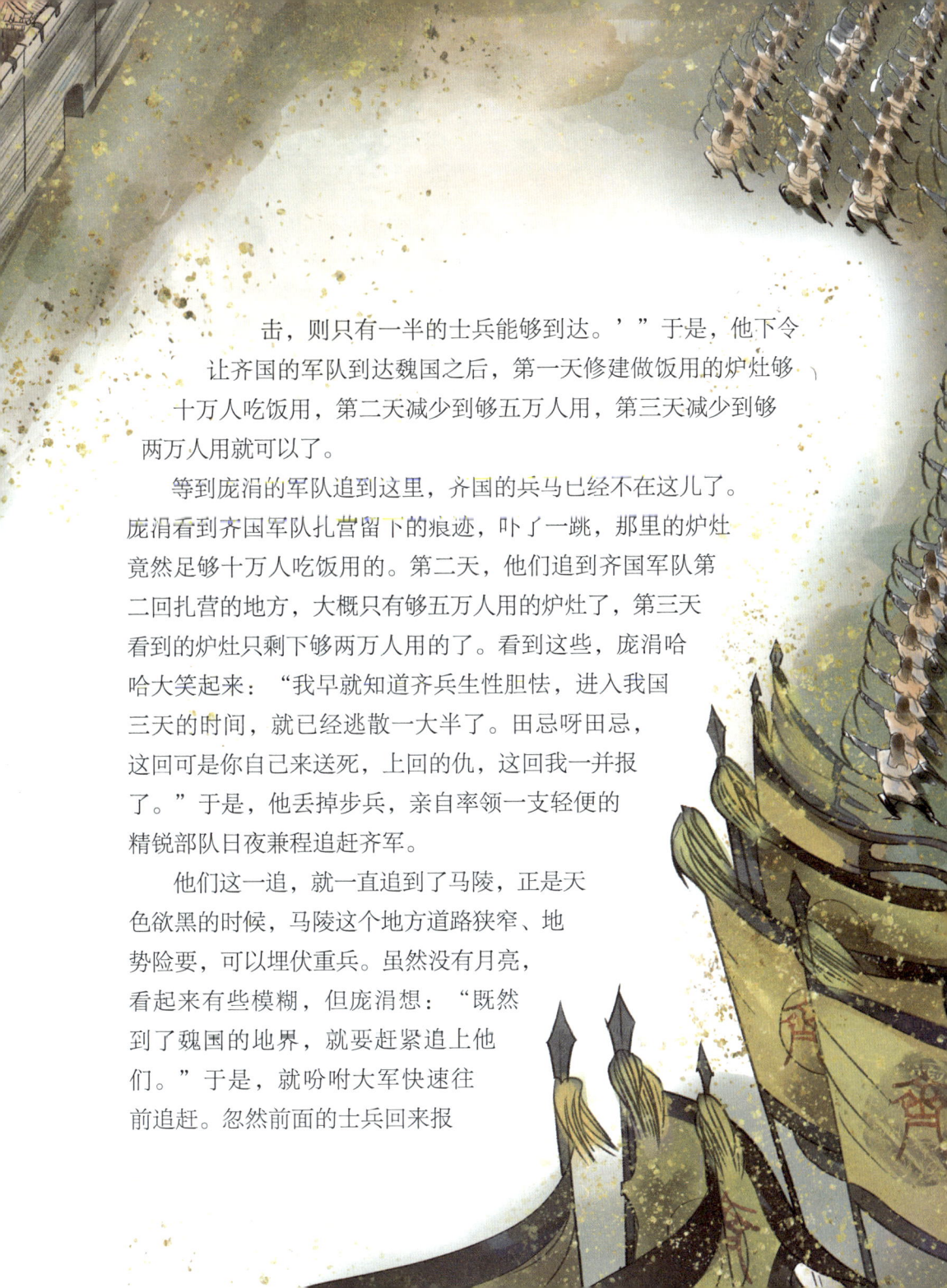

等到庞涓的军队追到这里，齐国的兵马已经不在这儿了。庞涓看到齐国军队扎营留下的痕迹，吓了一跳，那里的炉灶竟然足够十万人吃饭用的。第二天，他们追到齐国军队第二回扎营的地方，大概只有够五万人用的炉灶了，第三天看到的炉灶只剩下够两万人用的了。看到这些，庞涓哈哈大笑起来：“我早就知道齐兵生性胆怯，进入我国三天的时间，就已经逃散一大半了。田忌呀田忌，这回可是你自己来送死，上回的仇，这回我一并报了。”于是，他丢掉步兵，亲自率领一支轻便的精锐部队日夜兼程追赶齐军。

他们这一追，就一直追到了马陵，正是天色欲黑的时候，马陵这个地方道路狭窄、地势险要，可以埋伏重兵。虽然没有月亮，看起来有些模糊，但庞涓想：“既然到了魏国的地界，就要赶紧追上他们。”于是，就吩咐大军快速往前追赶。忽然前面的士兵回来报告："前面的山道被木头堵住了。"庞涓急得大骂："这么点小事也值得大惊小怪？把堵着道路的木头搬开不就行了！"

孙膑在庞涓追来的必经之路上派人刮去一棵大树的树皮，在白白的树干上写上大字："庞涓死于此树下！"然后，他又挑选出一万名优秀的射箭手沿路埋伏，约定天黑以后看到火光就万箭齐发。

果然，庞涓在夜里赶到了那棵大树底下。他隐隐约约地看到树干上有字，就跑过来查看，可怎么看也看不清楚，他令身边的小兵点燃火把照亮。"庞涓死于……"还没读完，两边的箭就像下雨一样飞射下来。顿时，魏国军队乱成一团，他们伤的伤、亡的亡。庞涓自知大势已去，便拔剑自刎了。他临死前说："到底还是败在了孙膑的手下。"

齐军乘胜追击，彻底打败魏国军队，俘虏了魏国太子申。

人物介绍

庞涓：战国时期军事家、魏国名将。庞涓与孙膑同拜于隐士鬼谷子门下，因嫉妒孙膑的才能，恐其贤于己，设计断其两足。后来庞涓中伏大败，自杀而死。

历史关键点

孙膑的军事思想主要集中在《孙膑兵法》一书中。在战争方面，孙膑主张慎重地对待战争，不可不用，也不可滥用。他强调战争是国家政治生活中解决问题的一种重要手段，只有以强有力的武力为保障，国家才能够安定、富强。

孙膑主张积极地做好战争的准备工作来获得胜利，这样才能做到以战争来抑制战争。他指出政治和经济条件是决定战争胜负的基础，“强兵”必先“富国”，只有以强有力的政治和经济做后盾，才能做到“事备而后动”。他又指出民心、军心是取得战争胜利的重要因素，所以必须要顺应民心、军心，做到“得众”“取众”。

苏秦游说六国

放声朗读

初，洛阳人苏秦说（shuì）秦王以兼天下之术，秦王不用其言。苏秦乃去，说燕文公曰：“燕之所以不犯寇被甲兵者，以赵之为蔽其南也。且秦之攻燕也。战于千里之外；赵之攻燕也，战于百里之内。夫不忧百里之患而重千里之外，计无过于此者。愿大王与赵从亲，天下为一，则燕国必无患矣。”

——《资治通鉴》周纪二 · 周显王三十六年

译文

当初，洛阳人苏秦向秦王进献兼并天下的计划，秦王却不采纳。苏秦于是离去，又游说燕文公说：“燕国之所以没遭受侵犯和掠夺，是因为南面有赵国做挡箭牌。秦国要想攻打燕国，必须远涉千里之外；而赵国要攻打燕国，只需行军百里以内。现在您不担忧眼前的灾患，反倒顾虑千里之外，办事情没有比这更错的了。我希望大王您能与赵国结为亲密友邦，两国一体，那么燕国就可以无忧无虑了。”

苏秦家里以务农为生，早年，他到齐国求学，跟张仪一同做鬼谷子的学生。学成之后，他打算凭借能说会道的嘴，弄个一官半职。他想去见周显王，可是显王左右侍臣一向了解苏秦的为人，都瞧不起他，因而周显王也不信任他，他只好改变主意，落魄地回家去了。

母亲见他这样，心疼地骂道："当初叫你去做买卖，还能赚个二分利回来。可你偏偏不听，非得要去做什么官，这下倒好，弄得人不人、鬼不鬼地回来。"苏秦听着母亲的埋怨，一句话也说不出来，回头看到媳妇正坐在机杼跟前织帛，却头也不抬，就跟没瞧见他似的。他只好对里屋的嫂子说："嫂子，我饿了，给我弄点吃的吧！"谁知嫂子眼睛一翻，说了一句“没有柴火”就走开了。

当天晚上，苏秦流着泪说：“我在穷困的时候，母亲不把我当儿子待；媳妇不把我当丈夫待；就连嫂子，也对我冷眼相待。我苏秦非要争这口气不可！”从此，苏秦天天钻研兵书，累了，就拿锥子扎一下大腿。他看着流出来的鲜血，就想起受过的屈辱。在这种持续的刺激下，他不仅读完了兵书，还研究了各国地形、政治情况、兵马情况和诸侯的心态等。

苏秦去了秦国。

见到秦王之后，苏秦说：“秦国兵力强盛，地势优越，应该一步一步地将六国兼并……”谁知苏秦的话还没说完，就被秦王打断了。他说：“我的翅膀还没长硬，哪能飞得那么高呢？不过先生的话很有道理，我先准备几年，等到翅膀硬了，再向先生请教。”苏秦张着嘴巴，一句话也说不上来，只好先离开了。

苏秦并不死心，还想秦王能够用他，就详详细细写了一本怎样兼并列国的书。可他把书献上后，秦王只是草草地翻了几下，就搁在一边了。可怜苏秦左等右等，等得他盘缠都花完了，衣服也穿破了，还是没等来秦王的回音。

苏秦心想：“七国当中，属秦国最强，可秦王不用我，不如我到六国去走走，联合他们一起对抗秦国。”想到这里，他带上俩兄弟凑的盘缠，来到了燕国国都。可燕文公底下的人不给通报，他只好在客店里住了下来。眼看盘缠要花完了，正在没有办法的时候，客店掌柜对他说燕文公的车辇驶来了，苏秦赶紧趴到路上求见。

燕文公问明白他的名字之后，把他带回宫里。苏秦对燕文公说：“燕国虽有土地二千里、士兵几十万、兵车六百辆、骑兵六千多，但要跟西边的赵国、南边的齐国比起来，力量可就差远了。这几年来，强大的国家总是打仗，弱小的燕国反而太平，您知道这是为什么吗？”

燕文公摇着头说：“不知道。”

“燕国没有受到秦国的侵略，是因为中间隔着赵国，秦国不会越过赵国前来攻打燕国。但是赵国要来攻打燕国，那简直太容易了。所以大王您不跟邻近的赵国交好，反倒把土地送给较远的秦国，这样做很不妥当！”苏秦分析说，“不如大王采用我的计策，先去跟邻近的赵国订立盟约，再去联络其他诸侯共同抵御秦国。只有这样，燕国才能真正的安稳呀！”

燕文公想了想，觉得这个主意确实不错，只是担心赵国不会同意。苏秦说：“大王不用担心，联络赵国的事情就交给我来做。赵国与秦国只有一山之隔，想必他们更愿意接受联盟呢！”燕文公听了非常高兴，当即送给苏秦一大批钱财宝物、马车和下人，请他去跟赵国联系。

苏秦来到赵国都城邯郸。赵肃侯听说燕国的客人到了，亲自跑到台阶下面迎接，他问："贵客大老远赶来，有什么要紧的事情呢？"

苏秦说："如今赵国物产丰富、人口众多，虽然无法与秦国相比，但是秦国也不敢发兵来犯，您知道这是为什么吗？"

赵肃侯奇怪地问："这是为什么呀？"

苏秦指着地图说："这是因为在赵国和秦国之间有韩国和魏国的牵制。这两个国家没有高山和大河作为防守，很容易就会被秦国攻破，如果真是那样，那赵国可就保不住了。我研究过政治和地形，赵、韩、魏、燕、齐、楚的土地加起来是秦国的五倍，估计军队是秦国的十倍。要是六国联合起来，一同抵抗西方的秦国，秦国必被攻破。为什么一个一个的国家都情愿割地求和，也不愿联合起来呢？要知道六国的土地是有限的，而秦国的贪心是无限的。要是六国大王结为兄弟，订立盟约，不论秦国侵犯哪一国，其余五国都一同前去抵抗，还怕打不赢吗？"

听了苏秦的话，赵肃侯非常赞同，立刻拜苏秦为赵国相国，并把相印交给了他，同时还给他一百辆车马、一千金、一百双玉璧和一千匹绸缎作为活动经费，去联络各国诸侯。

苏秦带着财物、马车和随从先后去了韩、魏、齐、楚，向各国诸侯详详细细说明了向秦国割地求和的坏处以及联合抗秦的好处，各国诸侯听了连连点头，纷纷表示愿意听从他的安排，都送了很多金钱和随从给他，并约定好时间到赵国去商谈具体细则。

苏秦带着队伍，一路前呼后拥、威风凛凛地往回走，沿途的官员个个都赶着出来拜见。路过家门口时，苏秦看到老母亲拄着拐杖，难以置信的样子。媳妇低着头，不敢抬起头来看他。嫂子趴在地上，吓得直打哆嗦。苏秦问："嫂子，你以前是个多么高傲的人呀，现在怎么恭敬起来了？"嫂子说："叔叔如今做了大官，发了大财，不得不叫人恭敬！"苏秦感叹道："唉！难怪人人都想升官发财。"

苏秦在家里住了几天，就动身回了赵国。这时，燕、韩、魏、齐、楚五国的国君也都按照约定到齐了。他们依次落座后，苏秦说："在座的诸君都是大国的国君，诸国全都土地广大、人口众多、兵力雄厚，难道愿意低三下四地把土地一块一块地送给秦国吗？今天，我们在这里结为兄弟国，歃血为盟！"

说完，苏秦就请六国君王歃血为盟。六国君王把六国的相印都交给他。也就是说，苏秦做了六国的相国，实现了人生中的完美跨越。秦王不知该怎样应对六国联盟，所以一直按兵不动，十五年没有出兵函谷关。

人物介绍

苏秦：字季子，洛阳人，战国时期著名的纵横家、外交家和谋略家。

历史关键点

苏秦的合纵说首先是基于一种对地缘政治的分析。他深谙天下山川地形，熟知各国力量的现状，因此，他每到一国就向君主详述该国形势，提醒他们要先明确各自的安全状况，并反复告诫他们要小心西方侧翼的秦国。因为秦国享有得天独厚的地理优势，将来必定能凌驾于六国之上，所以每一个国家都不能与秦国单独结合。摆在他们面前的路只要一条，那就是"合纵抗秦"。

"合纵抗秦"是围绕战国七雄之间的政治关系而产生的宏伟战略，以维护均势为宗旨，以地缘政治论为认知基础，以联盟战略为应对手段。苏秦以地缘政治因素作为判断诸侯间形势、制定应对策略的主要依据，这种分析方法无疑具有现代意义。

孟尝君田文

放声朗读

孟尝君聘于楚，楚王遗之象床。登徒直送之，不欲行，谓孟尝君门人公孙戌曰：“象床之直千金，苟伤之毫发，则卖妻子不足偿也。足下能使仆无行者，有先人之宝剑，愿献之。”

——《资治通鉴》周纪二·周显王四十八年

译文

孟尝君代表齐国前往楚国访问，楚王送给他一张象牙床。楚王派登徒直负责运送象牙床，登徒直不愿意去，对孟尝君门客公孙戌说：“象牙床价值千金，如果有一丝一毫的损伤，我就是卖了妻子儿女也赔不起啊！你要是能让我躲过这趟差使，我有一把祖传的宝剑，愿意送给你。”

田文的母亲生下他时刚好是五月初五，拥有四十多个儿子的父亲说：“这个月份生下来的孩子不好，不能养活，得把他丢掉！”可田文的母亲却舍不得，于是把他寄养在不远处的一个大户人家里，等他稍大一点儿，就帮着人家放牛。

在他十几岁的时候，母亲把他带到父亲面前，想让父亲看看这个即将长大成人的孩子。谁知父亲一看到他，就生气地对母亲说：“我让你把他扔掉，你却敢养活他，为什么？”

还不等母亲回答，田文就磕头跪拜，问田婴：“父亲，您不让养五月生的孩子，是什么原因呢？”

父亲说：“五月出生的孩子长大后跟门户一样高，会害死父母的。”

田文又问：“人的命运是由上天安排的，还是由门户安排的呢？”田婴不知道怎么回答，只好沉默不语。

田文说：“如果是由上天安排的，您又何必担忧呢？如果是由门户安排的，那加高门户就可以了，谁还能长到那么高呢？”

这话说得田婴面红耳赤，不好意思地走开了。

过了些日子，田文又碰到他，问：“父亲，儿子的儿子叫什么？”

田婴答：“孙子。”

“那孙子的孙子呢？”

“玄孙。”

“那玄孙的孙子呢？”

“这个……我也不知道了。”

田文说：“您执掌大权担任相国已历经三代君王了，如今齐国的领土没有增加，而您的财产却积累得无比丰厚。您的妻妾们可以脚踏绫罗绸缎，而贤能的志士却穿不上粗布短衣；您的奴仆有剩

余的饭食肉羹，而贤能的志士却连糠菜都吃不饱。您现在还努力地积累财富，留给那些连称呼都叫不上来的人。我听说将军的家里必出将军，宰相的家里必有宰相。面对家财万贯，子孙们还会努力进取吗？”

田婴觉得田文说得很有道理，就让他去做主持家政、接待宾客的工作。从此，家中宾客日益增多、来往不断，田文的名声也随之传播到各个国家，各国诸侯都派人来请求田婴让田文继承爵位，田婴答应了。田婴去世后，追加谥号“靖郭君”，田文继承了父亲的爵位，这就是孟尝君。

有一年，孟尝君出访楚国，受到楚王的热情接待。楚王为了显示楚国的富有和强大，送了一张象牙床给他。这张床是用象牙雕刻而成的，做工精美绝伦、世间罕见，是一件非常贵重的礼物。

负责运送的登徒直见象牙床如此贵重，就不想去送。要知道，从楚国到齐国不但路途遥远，还要跋山涉水，要有一点点损伤，那可是掉脑袋的事情，可楚王的命令又不敢违抗，怎么办呢?

妻子对他说：“天下人都知道，孟尝君的门下有很多宾客，如果能有一个出来劝他不要接受这份礼物就好了。”

登徒直说：“象牙床雕饰精美，价值连城，任何人见了都会想要得到，怎么可能拒绝呢？”

妻子说：“你不去试试怎么知道？如果成功那可就皆大欢喜了。”

登徒直没有别的办法，只好去求门客们帮忙。可门客中没有一个愿意去说的，登徒直刚刚点燃的希望小火苗瞬间熄灭了。正在沮丧时，公孙戍（xū）出现了，登徒直赶紧向他求救说：“公孙先生，公孙先生，请您救救我吧！只要先生能让田相国拒收象牙床，我就将家传的宝剑赠予您。”

公孙戍略一思考，就去对孟尝君说：“恳请相国不要接受楚王赠送的象牙床。”孟尝君却说：“礼尚往来是人与人之间正常的交往，怎么能够拒绝呢？”

公孙戌说："天下人都知道相国仁爱正义，乐善好施，散尽家财养三千门客，为薛地百姓焚烧债券，各国诸侯都敬重您的道义，钦佩您的廉洁。可您一到楚国就接受了这么贵重的礼品，以后再到其他国家，肯定也会接受其他的礼品。这样就会给人留下话柄，说您是贪财的人，留下永世的骂名啊！"

孟尝君听了，连忙向公孙戌道谢："多亏了先生提醒，我才能够及时醒悟，不然可就酿成大错了。"

公孙戌见劝谏成功，就兴高采烈地往外走，孟尝君叫住他问："等等，我拒绝接收楚国的象牙床，你怎么那么高兴？"

公孙戌说："我高兴的事情有三件。第一，众多门客中，只有我来劝阻相国拒收象牙床，证明我有胆量；第二，您听了我的谏言，及时纠

正过失，避免了大祸的发生；第三，只要您能拒收象牙床，登徒直就把家传宝剑赠送给我。”

孟尝君听到这里，不但没有发怒，反而高兴地问：“那你拿到宝剑了吗？”

公孙戌说：“没有经过相国同意，我不敢拿。”

孟尝君笑着说：“那就快点儿去拿吧！”

公孙戌走后，孟尝君立刻参见了楚王，婉言谢绝了楚王的厚礼。他还告诉门客，只要能指出他的错误或有好的建议，都可以来找他。孟尝君的事情传到了秦国，秦昭襄王让自己的弟弟泾（jīng）阳君到齐国来做人质，换孟尝君到咸阳走一趟。孟尝君不想到秦国去，就在家里接待了泾阳君。

可没过多久，齐宣王死了，他的儿子齐湣（mǐn）王即位，齐湣王不愿得罪秦国，便催着孟尝君到秦国去。随后，把留下来做人质的泾阳君也送回去了。

孟尝君带着他的一大帮门客来到咸阳，秦昭襄王亲自迎接了他。孟尝君奉上一件名贵的狐白裘，秦昭襄王非常喜欢，穿着向宫里的人们夸耀了半天。只是天还不冷，就放在库房里收了起来。

秦昭襄王打算找个吉祥的日子封孟尝君为相国，樗（chū）里疾说：“田文是齐国人，他若当了秦国相国，难免日后不为齐国打算。”秦昭襄王觉得有理，便将孟尝君和他的门客软禁起来，只等找个借口杀掉。

泾阳君知道后，立刻去找秦王最宠爱的燕姬，燕姬说：“要想救孟尝君不难，只要把狐白裘送给我……”

泾阳君把燕姬的话告诉了孟尝君，孟尝君一听犯了愁：“狐白裘已经送给秦王，哪里还能再有一件呀？”一个门客拍着胸脯说：“我有办法。”

当天晚上，他从狗洞爬进宫里，找到了放狐白裘的库房，正待开门

秦

进去的时候，看守库房的人醒了。他赶紧学了两声狗叫，等到看守库房的人睡着，他才进去把狐白裘偷了出来。燕姬得到这件宝贝，便想方设法地劝秦昭襄王放弃了杀孟尝君的念头，并发下过关文书。

孟尝君害怕秦昭襄王反悔，拿着文书急急忙忙地向函谷关赶去。可到了函谷关，正赶上半夜。依照秦国规矩，要等到鸡叫的时候才能开关放人。这时，有个门客捏住鼻子学起了公鸡打鸣，他一声接着一声，好像有好几只公鸡在叫。紧接着，关里的公鸡全都叫了起来。关上的人打开城门验了文书，就放他们出了关。秦昭襄王果然后悔了，等他派人追到了函谷关，孟尝君早已跑远了。

孟尝君的一生坎坎坷坷，留下很多生动的故事，正如宋朝徐钧所说：

诞当五月命于天，齐户风谣恐未然。
若使当时真不举，吾门安得客三千。

人物介绍

孟尝君：战国时期齐国贵族，齐威王田因齐之孙，靖郭君田婴之子，名文，袭其父爵于薛，又称“薛公”。“战国四公子”之一。孟尝君倚仗父亲留下的丰厚资产，在薛邑广招各国人才，门下有食客数千人。

历史关键点

孟尝君在薛邑时，广泛招纳门客三千多人。秦昭襄王听说孟尝君非常贤德，便想见他。孟尝君到秦国之后，秦昭襄王打算封他为相国。可后来秦昭襄王又听信樗里疾的谗言，软禁并预谋要杀害他。孟尝君在门客们的帮助下，顺利逃回齐国。

孟尝君回到齐国之后，被任为齐相。他坚持主张联合韩、魏牵制楚国，并发展合纵抗秦的势力。后来遭人诬告而为齐湣王所怀疑，谢病归老。后因日益骄奢的齐湣(mǐn)王仍想除掉他，只得又逃到魏国，被魏昭王任命为魏相。他主张联合秦国、赵国与燕国，共同讨伐齐国，使战国形势为之一变。齐湣王死后，齐襄王即位，孟尝君返回齐国，中立于各诸侯国之间。

孟子学说

放声朗读

齐王问孟子曰：“或谓寡人勿取燕，或谓寡人取之。以万乘之国伐万乘之国，五旬而举之，人力不至于此；不取，必有天殃。取之何如？”孟子对曰：“取之而燕民悦则取之，古之人有行之者，武王是也。取之而燕民不悦则勿取，古之人有行之者，文王是也。以万乘之国伐万乘之国，箪食壶浆以迎王师，岂有他哉？避水火也。如水益深，如火益热，亦运而已矣！”

——《资治通鉴》周纪三·赧（nǎn）王元年

译文

齐宣王请教孟轲说：“有人劝我不要占领燕国，有人劝我占领它。以一个拥有万辆兵车的国家去攻打同样拥有万辆兵车的国家，五十日就攻下来了，只是光凭人力是做不到的呀，（一定有天意在其中）；如果不占领，一定会有天灾。占领燕国会怎么样？”

孟轲回答说：“占领后如果燕国人民很高兴，那就占领吧，古代有这样做的，比如周武王。占领而使燕国人民气愤，就不要占领，古代也有这样行事的，比如周文王。齐国以万辆兵车大国征讨另一个大国，那里的百姓都捧着食品、茶水来迎接齐军，没有别的原因，就是为了跳出水深火热的战祸啊！如果新统治下水更深，火更热，百姓又将转而投奔别的国家了。”

孟轲很小的时候，父亲就去世了，全靠母亲日夜不停地纺纱织布，才得以勉强度日。一天，孟母看到孟轲跟邻居家的小孩在一起打架，她觉得这里的环境不利于孟轲的成长，就搬到了墓地的附近。可孟轲一放学，就跟邻居家的小孩一起学着大人的样子跪拜、哭号，玩起办理丧事的游戏。

孟母看到后，又带着他搬到了集市旁边去住。可是，孟轲又学着生意人的样子招待客人、和客人讨价还价，学得像模像样。母亲看到后，又把家搬到了学校的附近。学校里每天都传出孩子的琅琅读书声，孟轲也学孩子们的样子摇头晃脑地读。孟母见了非常高兴，就把他送进学校去读书。

有一次，孟母知道孟轲逃学，非常生气。等到孟轲玩够了回来，就把他叫到身边说：“你不好好学习，就像这布被剪断了一样，永远也成不了才。”说完，孟母就拿起剪刀把快要织好的布全部剪断了。孟轲吓坏了，从此刻苦努力，认真学习。长大以后，孟轲成了著名的大思想家。

那个时期由于战争连年不断，百姓流离失所。孟轲见了，决心将儒家的仁政学说运用到国家的治理中来。于是，他开始周游列国，去劝说那些好战的君王。

他来到魏国，见了好战的梁惠王，梁惠王热情地接待了他，并问：“我对我们国家，可真是尽心尽力。黄河北岸遭了灾，我就让那里的百姓迁到河东，把粮食运到黄河以北去赈灾。要是河东遭了灾，我也这样做。我考察过邻近的国家，没有一个君王像我这么用心的。可是为什么邻国的百姓并不减少，我国的百姓也不增多呢？”

孟轲回答说：“大王喜欢战争，请让我以战争来比喻，战鼓咚咚咚地响着，兵器时不时地碰撞到一起，在这危急时刻，有的军士扔掉了盔甲开始逃跑。有人跑出了一百步才停下来，有人跑到五十步的时候停下来，凭着自己只逃了五十步就嘲笑那些跑一百步的人贪生怕死，逃了五十步的人这样做对吗？”

梁惠王说：“不对，都是逃跑，只不过他没有逃一百步而已，怎么能去嘲笑别人呢？”

孟轲笑着说：“大王既然懂了这个道理，就不要再希望自己的百姓比邻国多了。只要不耽误百姓的农时，就会有吃不完的粮食。别再用细密的渔网去水塘捕鱼，这样就会有吃不尽的鱼鳖。按一定的时令采伐山林，就会有用不完的木材。这样百姓就不用再为生活而担心了，这才是王道的开始。在五亩地的大宅院里种上桑树，可以养上一些小鸡、小猪和小狗，人们就可以穿帛吃肉了。别耽误了几百亩田地耕种的季节，就不会有挨饿的百姓，还要对人们进行孝敬父母、敬爱兄长的教育。如果能做到这些，天下的百姓就都来归顺了。”

梁惠王听了满口答应，但他又觉得这全都是些不实用的大道理，就没有采用。孟轲还不死心，一个劲儿地劝说。直到第二年梁惠王去世，他的儿子魏襄王即位。孟轲见他不像一个好国君，就离开了魏国。

孟轲来到齐国，受到了齐宣王的最高礼遇。他问："如果大王有一个臣子要到楚国去，于是就把妻子和孩子交给朋友来照顾。可他回来却发现妻子和孩子一直在忍冻挨饿，面对这个没有尽到责任的朋友，应该怎么办？"

齐宣王回答："和他绝交！"

孟轲又问："一个执行法纪的长官连自己的部下都管不了，这该怎么办？"

齐宣王回答："撤他的职！"

最后孟轲问道："国家的治理混乱，人民不能安居乐业，又该怎么办呢？"

"换……"刚要脱口而出的齐宣王立刻闭上了嘴巴。他看了看左右两旁的随从和大臣，赶紧扯向其他话题。

"先生可以讲一下齐桓公和晋文公称霸的事情吗？"齐宣王问。

孟轲回答说："孔子的学生中不曾谈论过齐桓公、晋文公称霸的事情，因此后世失传了，我也没听说过，如果真要我说，那就说说行王道的事吧！"

齐宣王吃惊地问："要有什么样的道德才可以统一天下呢？"

孟轲说："只要您所做的一切都是为了百姓安居乐业，就没人能阻挡您统一天下。"

齐宣王问："像我这样的人能让百姓安居乐业吗？"

孟轲说："能！我听说过这样一件事：有一天，大王看到一个人牵着头牛，这头牛要被杀掉祭祀，您不忍心看到牛害怕的样子，就像毫无罪过的人被判处死刑一样，就请牵牛人用羊来代替。有这回事吗？"

齐宣王说："是有这么回事。"

孟轲说："就凭大王这颗仁慈的心，就可以统一天下了。可老百姓看到您把大牛换成了小羊，只认为您是因为吝啬，哪里知道其中的道理呢？但是，如果大王是因为怜悯它没有犯罪而被宰杀，那牛和羊又有什么区别呢？"

齐宣王笑着说："是呀，我也不知道自己到底是什么心理，我确实不是因为吝啬钱财才去用羊代替的。"

孟轲说："因为您亲眼看到了牛的恐惧，而没有看到羊的恐惧，所以才会对牛产生怜悯而对羊没有怜悯。只要是有道德的人就都不忍心看到活着的动物死去，听到动物的叫声就不忍心去吃它们的肉，所以说有道德的人总是远离厨房的。"

在一次战争中，齐国战胜了燕国，但无法决定是否要占领它。齐宣王问孟轲："有人劝我不要占领燕国，有人劝我占领它。以一个拥有万辆车兵的国家去攻打同样万辆车兵的国家，五十日就攻下来了。只是光凭人力是做不到的呀，一定有天意在其中。如果不占领，一定会有天灾。占领会怎么样？"

孟轲回答说："如果占领后燕国的百姓高兴，那就去占领它，古代有这样做的，比如周武王。如果占领后燕国的百姓不高兴，那就不要占领，古人也有这样做的，比如周文王。齐国以万乘兵车大国征讨另一个实力相当的大国，那里的百姓都捧着食品、茶水来迎接齐军，没有别的原因，就是为了跳出水深火热的战祸啊！如果新统治下水更深，火更热，百姓又将转而投奔别的国家了。"

齐宣王听了，不停地点头称赞。他见孟轲见解独特，就聘请他到稷下学宫为大家讲

学。学宫里的弟子非常敬重他，都尊称他为“孟子”。他将希望寄托在齐宣王身上，可齐宣王只把他当作一位德高望重的长者来尊重，而不推行他的政治主张。他的希望落空后，便离开齐国去了宋国、鲁国……

孟子一生过着长期的私人讲学生活，中年以后怀揣政治抱负，带着学生周游列国。他每到一个国家，就推行他的“仁政”思想，甚至直言不讳地批评国君。但他的政治主张一直不被接受。到了晚年，孟子回到故乡，带着弟子们写成《孟子》一书。

人物介绍

孟子：名轲，字子舆（yú），战国时期邹国人。伟大的思想家、教育家，儒家学派的代表人物，与孔子并称“孔孟”。

历史关键点

孟子是儒家学派最重要的代表人物之一，属于孔子的第四代弟子，他继承并发扬了孔子的伟大思想。孔子被后人尊称“至圣”，孟子被称为“亚圣”，他们的思想被称为“孔孟之道”。

孟子曾经效仿孔子，带领门徒周游列国，却不被各国君王所接受，隐退后与弟子一起写成了《孟子》一书。他的文章气势充沛并专于论辩，逻辑严密又尖锐机智。在明清两代，科举考试的八股文题目必须从《孟子》《论语》《大学》《中庸》这四书中选取，因此，《孟子》便成了明清两代学子的必读书目之一了。

张仪利诱楚怀王

放声朗读

张仪佯堕车，不朝三月。楚王闻之，曰："仪以寡人绝齐未甚邪？"乃使勇士宋遗借宋之符，北骂齐王。齐王大怒，折节以事秦，齐、秦之交合。

——《资治通鉴》周纪三·赧王二年

译文

张仪回国后，假装从车上跌下来，三个月没有上朝。楚王听说后自言自语道："张仪是不是觉得我与齐国断交做得还不够？"便派勇士宋遗借了宋国的符节，北上到齐国去辱骂齐王。齐王大怒，立即降低身份去讨好秦国，齐国、秦国两国于是和好。

早年，张仪与苏秦一同跟着鬼谷子学习游说之术，学业完成后，就去游说诸国。他先是去了楚国。有一天，令尹昭阳得到楚威王奖赏的玉璧，就在水池旁的亭子里宴请张仪和大臣们喝酒。这时，有人提议说想看一下玉璧，昭阳就让下人拿出来让他们传看。见到玉璧的大臣无不惊奇、称赞，甚至连水池里的大鱼都想跳出来看上一眼，可能是那条大鱼没能看仔细，就又跳了一遍。紧接着，又跳出了几条。

不一会儿，乌云遍布天空，眼看就要下雨了。昭阳担心客人们淋雨，就草草地散了席。可匆忙之间，不知道玉璧传到谁手里了。他们手忙脚乱地找了一通，也没有找到。俗话说“人爱富的，狗咬穷的”，他们见张仪这么穷，就纷纷指向他说：“玉璧一定是被他给偷走了。”此时，昭阳对他也起了疑心，就叫人鞭打张仪，逼他招认。张仪被打得浑身是伤，眼看就要活不成了，昭阳只好放了他。

妻子看他被打成这样，就哭着说：“你要不去做官，哪儿能被人打成这样？”张仪不想让妻子伤心，就逗她说：“快来帮我看看，我的舌头还在不在？”妻子果然笑了，说：“被人打成这样，还有心思开玩笑，舌头当然在了。”张仪说：“那我就放心了。”他调养了几天，就

回魏国去了。

张仪听说好朋友苏秦（字季子）在赵国当了相国，就打算去投奔他。有个叫贾舍人的买卖人把他带到赵国，说：“我家住在城外，就在这里跟您告别了。相国府旁边有一家客店，您可以住到那里，等我有工夫再去拜访您。”张仪谢别贾舍人，独自进城去了。

第二天一早，张仪就来拜见苏秦，可看门的人不给他通报。过了好几天，张仪的盘缠都花完了，看门的人才把他从大门旁的小门里领了进去。张仪耐着性子等了一上午，苏秦也没搭理他，直到中午吃饭的时候，随从才把张仪带到堂下，给他端来奴仆吃的饭菜。张仪看到苏秦坐在堂上，面前摆了满满一桌子山珍海味。他本不想吃，可无奈早已饥肠辘辘，只好耐着性子吃完。

吃完饭后，苏秦连屁股都没挪就把张仪叫了上去，笑着对他说：“我知道你比我有才干，应该比我早得富贵，哪知你竟穷到这个地步。我要把你推荐给赵王，万一你没志气，做不成什么大事，这不是连累我吗？”说完，就叫仆人给张仪十两金子。

张仪扔掉金子，气呼呼地回到客店，却发现自己的铺盖、行李全被扔到外面了。掌柜说：“先生不是要当大官了吗？那把欠的房钱、饭钱都结了吧！”张仪哪里有钱呀，心里急得不知怎么办好。正在这时，贾舍人来了，他问明情况后说：“我要到秦国亲戚家走一趟，不如您跟我一同去吧！”

贾舍人帮张仪还了账，为他买了新衣裳后，就坐着马车往西去了。到了秦国，贾舍人又拿出钱财替张仪打点。那时，秦惠文王正在后悔失去苏秦，一听左右推荐，立刻封张仪做了客卿。张仪一心想要报答贾舍人，贾舍人却说：“帮助您的人不是我，是苏相国。他怕您得了一官半职就不思进取，特地用了激将法，好让您到秦国执掌大权，破坏秦国攻打赵国的计划。”

张仪听了，叹息道：“唉！我自以为聪明、谨慎，却还是没有比过季子呀，请您替我转告，只要季子当权，我决不让秦王攻打赵国。”

果然，在苏秦当权的时候，秦军没有出过函谷关一步。就在这时，齐宣王和楚怀王订立了盟约，这两个大国一联合起来，对秦国形成了强烈的威胁。秦惠文王不甘心，就派张仪到楚国去实行“连横”，想办法破坏楚国跟齐国的联盟。

张仪到了楚国，先拿出贵重的礼物送给一个叫靳（jìn）尚的大臣，然后再去拜见楚怀王。楚怀王问：“这次先生到我国来，有什么重要的事情吗？”

张仪笑着说：“这次我是奉了秦王命令，特意来与楚国交好的。”

楚怀王撇着嘴说：“秦王总是向别人索要土地，如果不给他，他就会率军来打，谁愿意跟他交好呀！”

张仪说：“如今天下最强的国家当属秦、楚两国了，秦王看在跟大王的交情上，愿意与楚国联手，平分天下。只要大王能与齐国绝交，他就把商於一带的六百里土地送给大王。请问大王您是愿意联合弱小的齐国，还是愿意联合强大的秦国呢？”

楚怀王听张仪这么一说，就有点动心了。他说：“若先生说的都是真的，我又何必拉着齐国不放呢？”

楚国的大臣们听说能得到六百里土地，都纷纷向楚怀王庆贺。客卿陈轸（zhěn）却说：“如果是真的，你们哭都来不及，有什么值得庆贺呢？”

楚怀王问：“为什么？”

陈轸说：“秦国之所以送六百里土地给大王，是因为大王跟齐国订了联盟，楚国有了齐国的帮衬，秦国就不敢来欺负楚国，大王一旦跟齐国断了来往，就如

同砍断了一条胳膊，秦国肯定会来侵犯的。到时候，秦国这边不给土地，齐国那边断了来往，我们岂不是孤立了吗？大王不如先派人去接收商於，等到六百里土地到了我们手中，再跟齐国绝交也不晚呀！”

靳尚反对他说：“不跟齐国断了来往，秦国哪儿能给咱们土地呢？”

楚怀王早就被六百里土地迷昏了头，他一边派人去跟齐国断交，一边打发使者跟着张仪去接收商於。一路上，张仪跟使者有说有笑，到了咸阳城外，张仪突然从马车上摔了下来。随从把他搀扶起来，说：“坏了，骨头断了，赶紧进城去找医生吧！”他们请使者住进客店，就匆匆忙忙地进了城。

张仪这一受伤就是三个月，使者等得不耐烦，就派人报告了楚怀王。楚怀王想：“秦国至今不交割土地，难道是嫌我跟齐国断得不够彻底吗？”于是，他又派了一个姓宋的勇士，把齐宣王好一顿臭骂。齐宣王气坏了，他不仅断了同楚国的关系，还派人去见秦惠文王，约他一同攻打楚国。

张仪看到楚、齐联盟彻底破裂，这才见了楚国使者，他假装惊讶地问：“将军怎么还在这儿？”

楚国使者说：“大王交给我接收土地的任务还未完成，我怎么能离开呢？”

张仪假惺惺地指着地图说：“从这儿到那儿，一共是六里。这是我自己的土地，情愿献给楚王。”

楚国使者大吃一惊，急忙问：“不是六百里吗？怎么变成六里了？”

张仪哈哈大笑起来，说：“商於一带是秦国土地，我怎么敢随便许给别人呢？当初我许给楚王的就是自己的六里土地，将军怎么说是六百里呢？恐怕是你们听错了吧！”

楚国使者见张仪翻脸不认账，急忙回去向楚怀王报告。楚怀王这才发现张仪欺骗了他，由于咽不下这口窝囊气，就派屈匄（gài）带领十万大军去攻打秦国。秦惠文王命令魏章带领大军在丹阳迎战。结果，楚军一败涂地。秦军乘胜追击，又夺取了楚国大片土地。

人物介绍

张仪：魏国安邑人，魏国贵族后裔，战国时期著名的纵横家、外交家和谋略家。早年入于鬼谷子门下，学习纵横之术。出山之后，得到秦惠文王赏识，封为相国，奉命出使游说各国，以“横”破“纵”，促使各国亲善秦国，游说六国入秦。

历史关键点

张仪凭借着出众的才智，被秦惠文王封为相国，位居百官之首。他运用雄辩的口才、诡诈的谋略，游说诸侯，建立了许多功绩，成为秦国政治、外交和军事上举足轻重的人物。孟子的弟子景春称赞说：“公孙衍、张仪，岂不诚大丈夫哉！一怒而诸侯惧，安居而天下息。”张仪使用军事和外交手段，使得秦国“东拔三川之地，西并巴、蜀，北收上郡，南取汉中”，这对秦国的霸业和将来的统一六国起了积极的作用。

连横亲秦

放声朗读

秦惠王使人告楚怀王，请以武关之外易黔中地。楚王曰：“不愿易地，愿得张仪而献黔中地。”张仪闻之，请行。

——《资治通鉴》周纪三·赧王四年

译文

秦惠王派人通知楚怀王，想用武关以外的地方换黔中之地。楚王说：“我不愿换地，只想用黔中之地来换张仪。”张仪听说后，请求秦王同意让他去。

楚怀王在得知被张仪欺骗之后，气得直翻白眼，恨不得扒了他的皮、抽了他的筋。他拜屈匄为大将，逢侯丑为副将，率领十万兵马去攻打秦国。秦惠文王拜魏章为大将，甘茂为副将，也发了十万兵马去跟楚国对战。同时，他还请了齐国前去助战。

楚军受不了他们的两面夹击，接连败了几仗。屈匄、逢侯丑都已战死，十万兵马也只剩下不到三万，连楚国汉中六百多里的土地也被夺了过去。魏国和韩国一看楚国打了败仗，都赶紧趁火打劫。楚怀王急坏

了，只好派客卿陈轸到秦国去求和，并情愿再割让两座城池。

秦惠文王说："不用再割让两座城池，愿意的话用商於的土地来调换楚国黔中。"

陈轸将秦惠文王的话告诉了楚怀王，楚怀王说："用不着调换，只要秦王能把张仪交出来，我情愿把黔中的土地奉上！"

陈轸将楚怀王的话转告给秦惠文王后，那些恨透了张仪的大臣说："拿一个人的性命来换几百里的土地，够划算了。"

秦惠文王看了看张仪，又看了看大臣，为难地说："这……这恐怕不行。"

谁知张仪却说："这有什么不行的？死我一个人，换来黔中的土地，我已经够体面的了，再说我还未必会死呢！"

秦惠文王见他信心满满的样子，就让他去了。张仪到了楚国，楚怀王就把他关了起来，只等挑个吉利日子来行刑了。张仪买通狱卒，让他去找大臣靳尚，靳尚又跑去对楚怀王最宠爱的美人儿郑袖说："秦王十分宠爱张仪，想用上庸的土地和美女来把他赎回去。大王看中土地，又喜欢美人儿，到时恐怕您就要遭到冷落了。"

郑袖害怕了，在楚怀王面前不分日夜地啼哭哀求："当年的事情，只不过是各为其主。现在土地还没有给秦国，秦国就让张仪来了，这是极为尊重大王的，若是现在杀了张仪，秦国必定震怒。大王，您还是让我们母子迁到江南去吧，免得成为秦国的刀下冤魂。"

楚怀王觉得郑袖说得有理，就赦免了张仪，还和过去一样对他以礼相待。张仪趁机劝楚怀王说："倡导各国联合起来抵抗秦国，那无疑是在赶着羊群去攻击猛虎。现在大王您不肯跟秦国交好，等秦国联合了韩国、魏国再来攻打楚国，那就危险了。秦国西部有巴、蜀（shǔ）两地。如果备好船只和粮食，沿着岷江而下，一天能够行驶五百多里，不到十天时间就可以到达扦关，那么黔中、巫郡便不再是您的了。这时秦国再出兵武关，向南进攻，楚国的北部就变成绝境了。秦军攻打楚国，在三

个月之内，楚国就会灭亡了，从这一形势来看，根本来不及。而等到其他国家救援，起码要在半年以上，何况那都只是些弱国呢！大王若诚心听我意见，就跟秦国结为兄弟之国。”

楚怀王虽然得到了张仪，但又舍不得拿黔中的地来换，就同意了张仪的建议，放他回去。张仪不但平安归来，还劝楚国亲秦成功。秦惠文王非常高兴，赏了张仪六座城，封他为武信君，让他继续周游列国，推行“连横”计策。

张仪来到韩国，对韩王说："韩国地势险恶，所产的粮食也无非是些杂麦而已，国家口粮基本存不上两年，军中士兵也不超过二十万，还要披上盔甲才能参战。而秦国一百多万的甲兵赤着胳膊就能上阵杀敌，秦国用孟贲（bēn）、乌获这些勇士去进攻不肯臣服的弱国，就像在鸟蛋上面压上一块石头，没有一个可以幸免的。如果大王不肯与秦国交好，等到秦国的甲兵攻来，鸿台的宫殿、桑林的园苑，您可就不能再享用了。为了大王着想，您最好与秦国交好。"韩国本来就很弱小，禁不起这样的连哄带吓，韩王只好同意了张仪的意见。

张仪向东游说齐王说："那些主张联合抗秦的人，一定会对您说齐国地广人多，兵强马壮，即使有一百个秦国，也奈何不了齐国。大王您不能光听这样的说法而不考虑一下实际情况。现在秦、楚已经联姻，是兄弟之国；韩国的宜阳、魏国的河外、赵国的河间都已作为示好的礼物献给秦国。大王如果不迎合秦国，秦国就会驱使韩国、魏国进攻齐国南部；再逼迫赵兵渡过清河，直取博关，那么临淄、即墨就不会是您的了。等到齐国遭受攻击的那天，您再想要讨好秦国，可就来不及了。"齐王同样采纳了张仪的建议。

张仪离开齐国，又向西游说赵王说："当年大王带头联合各国抵抗秦国，使秦国十五年不敢出兵函谷关。大王在崤（xiáo）山以东可是名扬千里，我们秦国也很害怕，因此，我们时时刻刻都在操练兵马、积蓄粮草，不敢有丝毫的放松，生怕您来兴师问罪。不过幸好有这些年的养精蓄锐，我们才能一举攻下巴、蜀，吞并汉中，抵达白马津口。我们秦国虽然地处偏远，但对赵国的愤怒可不是一天两天了。现在秦国有一支精良部队驻扎在渑池，随时等候着进军邯郸，秦惠文王特地派我来通知您。现在楚国和秦国结为兄弟之国，韩国、魏国也都俯首称臣，齐国又献出了盛产鱼、盐的海滨之地，这就像砍断了赵国的右臂呀！只剩下左臂的国家再去跟别人争斗，又没有同党能来支援，这样的国家不是坐等灭亡

吗？这个时候，秦国要是派出三支大军，一支据守纵横交贯的要道，通知齐国渡过清河，在邯郸的东面驻扎；一支驻扎成皋（gāo），驱使韩国和魏国的军队进军河外；另一支驻扎在渑池，约定四国联合攻赵，攻破后再来平分。我为大王着想，不如与秦王当面亲口立下约定，成为永久的兄弟之国。”赵王生怕他们这样攻来，赶紧接受了张仪的劝说。

最后，张仪向北到达燕国，对燕王说：“赵王已经去朝见秦王，他愿意献出河间来与秦国交好。大王您也快跟秦国结盟吧！不然秦国就会派兵来攻打燕国，您也别指望其他国家来帮忙，现在的齐国、赵国就像秦国的郡县一样，根本不会倒戈相向。大王您归顺秦国，也可以免除齐国、赵国常年的威胁了。”燕王听了，赶紧把恒山脚下的五座城献给秦王来议和。

张仪终于通过三寸不烂之舌完成了“连横”任务，可他还没回到咸阳，秦惠文王就去世了。他的儿子秦武王即位，秦武王从做太子的时候就不喜欢张仪，加上很多大臣都来告状，他们之间的矛盾就更大了。各国君王听说后，纷纷放弃了对秦国的承诺，再次联合抗秦。

人物介绍

秦惠文王：嬴姓，名驷，战国时期秦国国君，十九岁即位，公元前 325 年称王，是秦国第一位君王。在位期间为秦国统一六国打下了坚实基础。

历史关键点

从公元前 328 年开始，张仪运用纵横之术，游说于魏、楚、韩、齐等国之间。他利用诸侯各国之间的矛盾，或为秦国拉拢，使其归附于秦；或拆散其联盟，使其力量削弱。但总的来说，他是以秦国的利益为出发点的。在整个秦惠文王时期，他不仅使秦国在外交上连连取得胜利，而且帮助秦国开拓了疆土，为秦国的强大和以后统一六国立下了汗马功劳。

尽管张仪不讲信义，在外交场上运用欺骗伎俩，为人们所不齿，但从一个使者的角度来看，他每次都能出色地完成任务。作为纵横家的一代鼻祖，他开创了一个全新的局面，也为今后的外交家在辞令和外交技巧等方面做出了一定的典范。

胡服骑射

放声朗读

赵武灵王北略中山之地，至房子，遂至代，北至无穷，西至河，登黄华之上。与肥义谋胡服骑射以教百姓，曰："愚者所笑，贤者察焉。虽驱世以笑我，胡地、中山，吾必有之！"遂胡服。

——《资治通鉴》周纪三·赧王八年

译文

赵武灵王向北进攻中山国，大兵经过房子城，抵达代地，再向北直至无穷无尽的大漠，向西攻到黄河，登上黄华山顶，与相国肥义商议让百姓穿短衣胡服，学骑马与射箭。他说："愚蠢的人会嘲笑我，但聪明的人会明白的。即使全天下的人都嘲笑我，我也会这么做，一定能把北方胡人的领地和中山国都夺过来！"于是，他带头穿上了胡服。

公元前326年，赵肃侯去世，十五岁的赵武灵王继承了王位。魏惠王联合了楚国、秦国、燕国和齐国以参加葬礼的名义寻找机会侵犯，赵武灵王采取了声东击西的应对措施。他要求五国军队不准进入赵国边境，只许五国的国君带着礼品前来吊唁（yàn），并由赵国大臣专门负责接送。

五国的国君进入赵国后，看到赵国的精英部队都在那里，更加不敢有一丁点儿的差错，安葬完赵肃侯后，便匆匆离开了。各国国君无不被赵武灵王的胆识和魄力所震慑。他们见图谋不成，便开始致力于弥补与赵国的关系，并在次年带了礼物去祝贺赵武灵王登基。

两年后，赵武灵王率领军队向北进攻中山国，他们经过房子城，到了代郡，再向北到了数千里的大漠，向西进攻到黄河，登上黄华山顶。他望着脚下的山河，说：“中山国在我们腹心，北有燕国，东有东胡，西有林胡、楼烦、秦、韩。这四面八方全是敌人，如果我们不发奋图强，随时都有可能被人家消灭。我打算让老百姓穿胡人那样的衣服，学习他们骑马和射箭的本领。”

大臣楼缓惊讶地问：“穿胡

人那样的衣服？”

赵武灵王说：“对！你看我们的衣服，袖子太长，腰太肥，领口太宽，下摆又太大。”

楼缓恍然大悟道：“对，对，这多浪费布料呀！”

赵武灵王说：“浪费布料是小事，穿着长袍大褂不但走起路来摇摇摆摆，而且做起事来也慢慢吞吞的。我打算把它们改成胡人那种小袖的短褂，腰上扎根皮带，脚上穿上皮靴。我想这样穿戴走起路来一定灵活，做起事来也很方便。”

楼缓非常赞同赵武灵王的想法，他高兴地说：“咱们穿上那种衣服，就可以像他们那样骑马打仗了。咱们打仗只知道用车推、用马拉、用脚跑，哪儿比得上骑在马上灵活呢？”

第二天，赵武灵王就向大臣们宣布了这件事情。可大臣们听了，纷纷表示反对。

有的说：“我们的长袍大褂不光是为了遮挡身体，更是一种礼节。”

有的说：“这可是咱们古代圣贤流传下来的，不能随意改变。”

还有的说：“应该用我们的文化去改变胡人的风俗才对，哪儿能让胡人的风俗来改变我们的文化呢？”

……

赵武灵王见没有人支持，他的叔叔公子成更是谎称自己有病不来上朝。这时，他改革的想法就产生了动摇。相国肥义说：“只要是对国家、对人民有益处的，我们就要下定决心，将改革进行到底。反对改革的人看不到未来。如果都照他们这么顽固，说不定咱们到现在都在山洞里住着呢，哪儿还有衣服穿呢？”

“愚蠢的人会嘲笑我，但是聪明的人会明白的。即使全天下的人都嘲笑我，我也会这么做，一定能把北方胡人的领地和中山国都夺过来！”赵武灵王说完，就穿上了胡服。他又派人转告叔叔公子成说：

“家事听从父母，国事听从国君。现在我要人民改穿胡服，而叔叔您却不穿，恐怕别人说我徇私，要我依法治罪。所以，我希望叔叔能够做个榜样，帮我完成改穿胡服的功业。”

第二天上朝时，赵武灵王、楼缓、肥义和公子成都穿着小袖子的短衣出来了。大臣们一看没了辙，只好也换上了胡服。没过几天，全国的老百姓也都穿起了胡服。他们觉得胡服实在方便得多，反而流行起来了。接着，赵武灵王亲自带领士兵们学习骑马、射箭的技术。不到一年时间，一支骁勇善战的赵国骑兵队就练成了。

赵武灵王带领骑兵队收服了很多地方，他还打算去跟秦国争个高低。可是他总在外面打仗，国内的事情交给谁呢？赵武灵王见小儿子赵何聪明能干，就将王位传给了他，即赵惠文王。他自己为主父，肥义为相国，李兑为太傅，公子成为司马，大儿子赵章为安阳君。他把一切布置妥当后，就扮成一个叫赵招的使臣，去秦国访问了。

他带着手下的人，一边沿途察看地形，一边画成地图，一直到了咸阳。他见到秦昭襄王，向他说了很多事情，包括赵武灵王传位的消息。

秦昭襄王奇怪地问："你们国王很老了吗？"

"使臣赵招"说："不，不，年轻力壮得很呢！"

"那为什么要传位呢？"

"我们主父想让赵惠文王先练习，大权仍然掌握在主父的手里。"

秦昭襄王没什么要说的了，就跟"使臣赵招"随便聊起来，他问："你们怕不怕秦国？"

"使臣赵招"说："怕呀！如果不怕，能这么努力地进行服装改革、学习骑马射箭的技术吗？不过好在我国的兵力强盛起来，大概跟贵国不相上下了吧！"

秦昭襄王听了这话，对"使臣赵招"立刻敬重起来，并安排他到客馆休息。当天晚上，秦昭襄王想起"使臣赵招"的言谈、举止和态度，越想越觉得他不像一个普通的人。第二天一早就派人去请"赵招"，可"赵招"的手下却说："使臣生病了，过几天再去见大王吧！"

过了几天，秦昭襄王又派人去请，可客馆里只有一个人了，而这个人自称是赵国使臣赵招。

他们把他带到秦昭襄王面前，秦昭襄王问："既然你是使臣赵招，那上次见我的人是谁呢？"

赵招说："那是我们的主父。主父一直想见一见大王，特意扮成使臣的样子，他让我留在这里跟大王赔罪。"

"你们主父骗了我！"秦昭襄王恨得咬牙切齿，他立刻叫泾阳君带着三千精兵，连夜追去。可赵武灵王早已走远了。秦昭襄王没有办

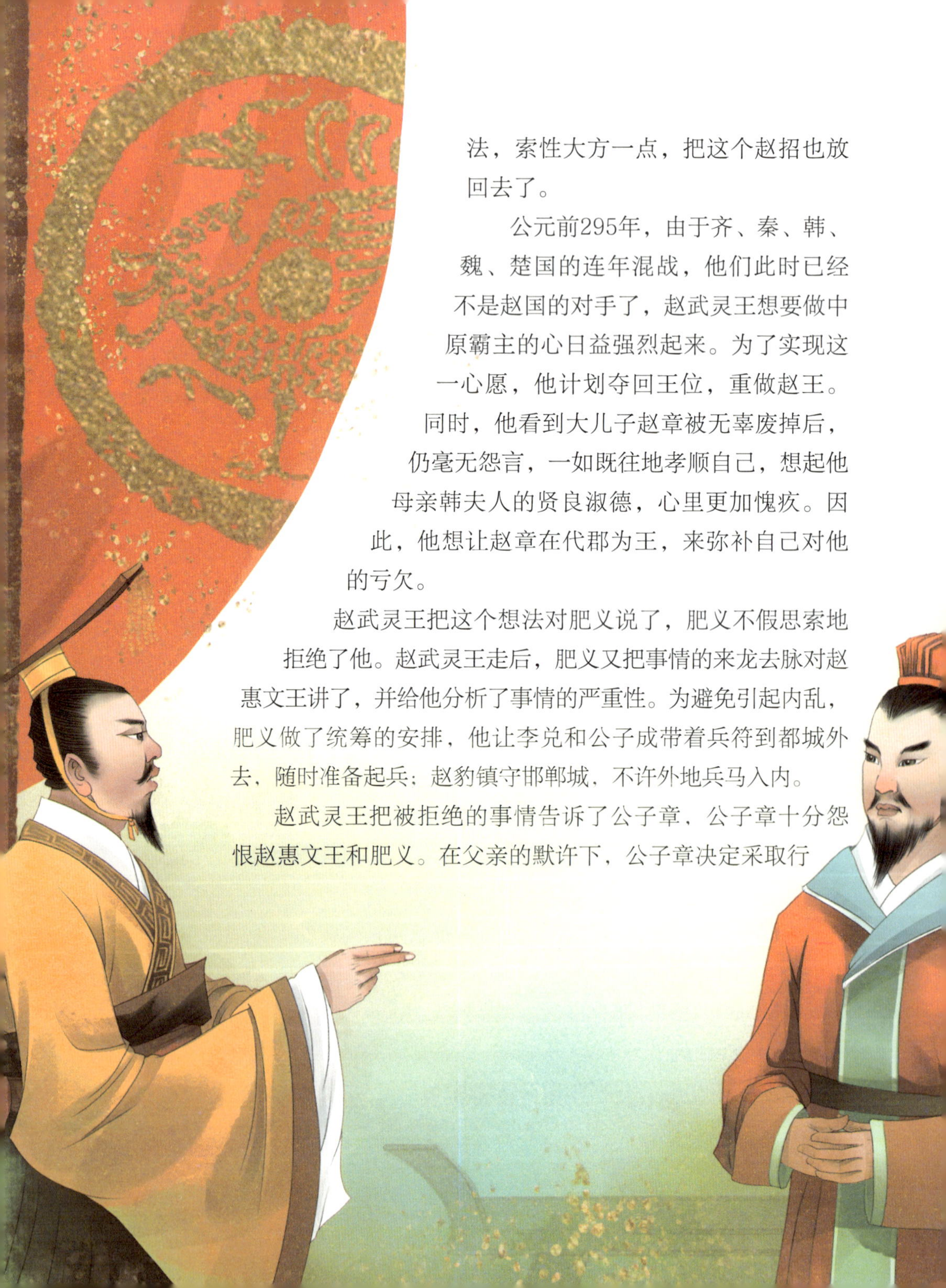

法，索性大方一点，把这个赵招也放回去了。

公元前295年，由于齐、秦、韩、魏、楚国的连年混战，他们此时已经不是赵国的对手了，赵武灵王想要做中原霸主的心日益强烈起来。为了实现这一心愿，他计划夺回王位，重做赵王。同时，他看到大儿子赵章被无辜废掉后，仍毫无怨言，一如既往地孝顺自己，想起他母亲韩夫人的贤良淑德，心里更加愧疚。因此，他想让赵章在代郡为王，来弥补自己对他的亏欠。

赵武灵王把这个想法对肥义说了，肥义不假思索地拒绝了他。赵武灵王走后，肥义又把事情的来龙去脉对赵惠文王讲了，并给他分析了事情的严重性。为避免引起内乱，肥义做了统筹的安排，他让李兑和公子成带着兵符到都城外去，随时准备起兵；赵豹镇守邯郸城，不许外地兵马入内。

赵武灵王把被拒绝的事情告诉了公子章，公子章十分怨恨赵惠文王和肥义。在父亲的默许下，公子章决定采取行动。可赵豹对邯郸城的防卫非常严密，根本无法下手。此时，赵武灵王已经不把赵惠文王看作自己的儿子，而当成最大的对手了。

这天，赵武灵王以在沙丘选看墓地为名，约公子章和赵惠文王一同前去。赵惠文王无法拒绝，只好让相国肥义和近卫军将领信期陪同。到了沙丘，公子章用计将肥义杀死，正要杀赵惠文王时，信期与他们展开了激烈的搏斗。与此同时，李兑和公子成也率军赶到。他们诛杀了公子章及其党羽，把赵武灵王围困在宫中，不许他出门一步。在对他断粮三个月后，英武一时的赵武灵王就这样被活活饿死了。

人物介绍

赵武灵王：名雍，政治家、军事家、改革家，赵国第六位国君。在位期间推行了“胡服骑射”的政策，修建“赵长城”，使赵国得以强盛。

历史关键点

赵武灵王是一位很有作为的君王。年少时，他就在肥义的帮助下，智退了五国的敌兵。他根据赵国的实际情况，让人们脱掉长袍大褂，换上小袖短褂的胡服，又让将士们全部练习骑射技术，组建成一支英勇威武的骑兵队。这一系列的改革让赵武灵王收服了很多周边国家，夺得了大好牧场，使赵国一跃成为一个超强大国，赵武灵王也成了北方的一代霸主。

楚怀王被困秦国

放声朗读

楚王患之，欲往，恐见欺，欲不往，恐秦益怒。昭睢曰：“毋行而发兵自守耳！秦，虎狼也，有并诸侯之心，不可信也！”怀王之子兰劝王行，王乃入秦。秦王令一将军诈为王，伏兵武关，楚王至则闭关劫之，与俱西，至咸阳，朝章台，如藩臣礼，要以割巫、黔中郡。楚王欲盟，秦王欲先得地。楚王怒曰：“秦诈我，而又强要我以地！”因不复许。秦人留之。

——《资治通鉴》周纪三·赧王十六年

译文

楚王十分为难：去吧，怕被欺骗；不去吧，又怕秦王更加愤怒。大臣昭睢说：“不能去！现在赶紧调兵守住国土。秦国是虎狼之地，早就有了吞并各国的野心，绝不能相信！”楚怀王的儿子芈兰却劝怀王去，于是怀王前往秦国。秦王让一位将军假扮自己，在武关伏下重兵，楚怀王一到便被劫持到了咸阳。又令楚怀王朝拜秦国章台宫，行属国使臣的礼节，并逼迫楚怀王割让巫郡和黔中郡。楚怀王要求举行盟誓，秦王却坚持楚国先交出割地。楚怀王十分愤怒地斥责说：“秦王欺骗了我，还想强行逼迫我割地！”秦国便把他扣留下来。

楚国派太子横到秦国去做人质。可是太子横到了秦国后，因为一件小事跟秦国大夫吵了起来，他们越吵越凶，最后竟将人家给活活打死了。由于秦国的律法非常严格，太子横非常害怕，为了逃避罪责，便偷偷地逃回了楚国。

太子横回到楚国后，整天躲在宫里不敢出来，生怕秦国的士兵会突然来把他抓走。可没过多久，秦国的士兵没有来，齐国、魏国、韩国的士兵反而来了。他们对楚国发起了进攻，把楚军打得连连败退，占领了大片土地。

楚国一下子遭到了三个国家的攻击，与秦国的关系又出现了裂缝，楚怀王急得不知道怎么办才好，只好去向齐国求救，并且答应将太子横留下做人质。同时，齐、魏、韩在全部要求得到满足后，撤出了楚国。

齐国和楚国联合起来，秦昭襄王可不高兴了，他派人给楚怀王送了一封信，信上说："起初咱俩在黄棘结盟为兄弟之国，你派太子横到我这里做人质，彼此的关系都非常融洽。想不到太子横杀我大臣后竟不辞而别，这令我非常生气。现在听说你让太子横到齐国去当人质，以求和解。其实，咱们两国的距离最近，结为联姻亲家最合适不过了。

要是咱们两国的关系不好，怎么能号令其他国家呢？所以，我希望能与你在武关一见，当面结成同盟之好，这是我的愿望啊！”

楚怀王见了信后非常为难：去吧，怕被欺骗；不去吧，又怕秦王更加愤怒。大臣昭睢说：“大王不能去，应该赶快调兵固守。秦国是虎狼之国，早就有了吞并各国的野心，决不能相信！”

可靳尚说：“秦国本来就是咱们的亲戚，现在愿意跟我们和亲，更是亲上加亲。咱们如果推辞，万一秦王发了火，再向我们大举进攻，那岂不就糟了？”

楚怀王的小儿子公子兰说：“对呀，对呀，我姐姐嫁给了秦国的太子，秦王的女儿又要嫁给我。我们之间都已经这么亲近了，怎么好不去呢？”

楚怀王就像是长在墙头的草，风往哪边吹就往哪边倒。有靳尚这么一煽风，再加上公子兰在旁边一点火，楚怀王就下了决心去跟秦昭襄王见面。他带着靳尚和几个随从来到武关，秦国的一个大臣出来迎接，说：“秦王已经在这儿等你三天三夜了，快请上车吧！”

可楚怀王上了马车，却发现车里坐的不是秦王，刚想下车，那人却说：“大王不必疑惑，我是秦王的弟弟泾阳君，因为秦王有点不舒服，特地派我迎接您，请您到咸阳去跟秦王见上一面吧！”

楚怀王一听说要到咸阳去，心里更加不乐意了，他下车就要往回走。突然，一队士兵把他围了起来。楚怀王脸色一变，问：“我是应约来跟你们秦王见面的，你叫士兵把我围起来算怎么回事？”

“哪里哪里，您误会了，他们是来保护您去见秦王的。”泾阳君说完，就派人把他带上了车，一路“保护”着往咸阳去了。靳尚一看不好，逮着个机会就溜回了楚国。

楚怀王被劫持到咸阳后，被秦王命令像属国使臣一样去向他行朝拜礼。楚怀王哪里受得了这份侮辱，他扯着嗓子喊：“我把你当亲戚，信了你的话才去武关跟你会面。你先是假装有病，现在又不按诸侯之间的

礼节对我，你这是想干什么？”

秦昭襄王说：“嘿嘿……我想，只要你把巫郡、黔中郡的土地割让给我，我就派人把你送回去。”

楚怀王没有办法，只好答应他的要求，说：“好的，你派人跟我到楚国交接吧！”

秦昭襄王却说：“这么办吧，你先派人回去把巫郡、黔中郡的土地交割清楚，等我们接收完后再送你回去。”

楚怀王气得破口大骂：“你使出这么下三烂的手段，把我骗到这里，逼我割让土地，真是太欺负人了！告诉你，我不答应，你就是把我杀了，我也不答应！”秦昭襄王见楚怀王不同意，就把他留在咸阳，让楚国拿地来换。

楚国大臣得到消息后非常震惊，于是相互商量说：“大王被扣在秦国不能回来，太子又在齐国当人质，如果齐、秦两国联合起来算计我们，那楚国就连个君王也没有了。”

靳尚说：“那咱们再立一个太子怎么样？”

昭睢反对说：“太子是大王立的，哪能说立就立，说废就废的。如果大王回来，说你自作主张，违背他的命令，这个罪名你担得起吗？还是打发人到齐国去，就说大王去世，请太子赶紧回来即位。”

靳尚说：“我没能保护好大王，自己觉得十分惭愧，就把迎接太子的差事交给我去做吧！”

于是，靳尚来到齐国，把接太子横回去即位的事情告诉了齐湣王。齐湣王召集群臣商议，有大臣说：“我们把太子横扣在这里，让他们拿淮河以北的土地来换怎么样？”田文说：“这可不行！楚王的儿子有的是，如果他们另立一个，我们不但得不到好处，反而落得一个不好的名声。”齐湣王觉得有理，就把太子横送了回去。

太子横即位后，楚国的大臣照样正常办事。秦昭襄王知道后很生气，他派将军白起和蒙骜（ào）带领十万大军去攻打楚国，这一仗把楚国打得落花流水、死伤无数，被占领了十六座城。楚怀王得知这个消息后，急得直掉眼泪，他趁看守不注意，就找了个机会，偷偷逃了出去。

他打算逃回楚国，谁知看守的人发现他逃跑后就报告给了秦昭襄王，秦昭襄王一边派人去追，一边通知边界上的将士把通往楚国的道路封住。楚怀王一听楚国去不了，很害怕，就抄小路跑到了赵国边界上。哪知赵惠文王害怕得罪秦国，硬是不让楚怀王进去。无奈，楚怀王只好继续往西跑去，他想逃到魏国去。可就在这时，秦国的追兵赶到了，楚怀王又被抓回了咸阳。

楚怀王再次被抓回来，气得口吐鲜血，后来生了重病，没过多久就死在了秦国。秦国把他的尸首送回了楚国，楚国人十分悲痛。各国的诸侯也都觉得秦王太不讲理了，又重新联合到了一起。

人物介绍

楚怀王：熊氏，名槐，战国时期楚国国君。继位早期，他任用屈原等人进行改革，使楚国成为当时最大的国家。可到了中期，他误信秦国宰相张仪，毁掉齐楚联盟，楚国最终走向衰亡。

历史关键点

楚怀王执政早期，他任用昭阳、昭雎、屈原、上官大夫、靳尚等官员，对楚国进行积极变法，发誓要将楚国治理得强大兴盛。他恢复了楚悼王、吴起时期的许多法令，抑制了楚国的贵族力量，触动了权贵阶层的利益，遭到他们的抵抗，导致改革失败。

到了中期，他误信秦国说客张仪，毁掉与齐国的联盟，导致悲剧接连发生。这与他对大势认识不清、用人不当有很大关系，也与楚国权力和人才制度的弊端有关。楚怀王被秦国挟持后，抱着宁死不屈的态度，使人们对他的人格进行了重新的审视，肯定了他的可取之处，他忠于社稷，表现出不愿割地出卖主权而苟且偷生的决绝，赢得了后人的尊敬。

燕昭王纳贤

放声朗读

燕王悉起兵，以乐毅为上将军。秦尉斯离帅师与三晋之师会之。赵王以相国印授乐毅，乐毅并将秦、魏、韩、赵之兵以伐齐。

——《资治通鉴》周纪四·赧王中三十一年

译文

燕王动用了全部的兵力，任命乐毅为上将军。秦国中级武官斯离率领军队与赵国、魏国、韩国的军队会合到一起。赵王任命乐毅为相国，并把相印传授给他。乐毅同时领导着秦、魏、韩、赵四国的兵马讨伐齐国。

燕易王去世后，燕王哙即位。他立下雄心壮志，要把燕国变成一个国富民强的国家，好使自己受到万民敬仰。别看燕王哙的志向远大，能力却非常有限，相比起来，相国子之的才干反而更出众。

一天，大臣鹿毛寿蛊惑燕王哙说：“当年尧帝想将天下共主的位置让给许由，许由虽然没有同意，但天底下的人都知道尧帝的美誉了。您如果把国君的位子禅让给子之，子之一定不敢接受，不过这样可以表明

您和尧帝有同样高尚的品德。”

燕王哙一心想要成为有名的贤君，加上自己治国无望，果然就要将王位禅让给子之。子之虽然没有接受，但在众臣面前，俨然一副君王的架势了。没过多久，燕王哙把太子平手下俸禄三百石以上官员的官印全收上来，交给子之重新任用。这时，子之已经坐到宝座上，正式行使君王的权力了。

看到这些，太子平可不高兴了。他想：“这天下本来就是我的，怎么能让给一个不相干的人呢？”于是，他联合了将军市被一起攻打子之。齐宣王趁着燕国内乱，一举攻破了燕国。可怜的燕王哙在禅位的美誉里还没享受多久，就惨死在战乱中了。子之在逃亡的过程中也被杀死。

邻国君王担心燕国的灭亡会影响到自己的国家，就商量着要扶持一位傀儡君王。他们选中了一直在韩国当人质的公子职，就让赵武灵王去把他接回来，做了燕王，这就是燕昭王。

谁也没有想到，看起来胆小懦弱的燕昭王即位以后，竟展现出卓越的政治才能。他决心将燕国发展成为繁荣富强的国家，因此，他决定向全天下广招人才。可是过了很久，也没有人来报名。就连之前的大臣有的也藏匿起来，有的逃往别国。为此，他向相国郭隗请教。

郭隗说："从前，有个国君特别喜欢千里马，他就拿出黄金千镒派人去买，那个人跑了好多地方也没有买到。后来，他在半路上看到很多人围着一匹死掉的马叹息，他奇怪地问：'这匹马有什么特别的吗？为

什么你们都觉得可惜？’有人说：‘这可是匹千里马，活着的时候能值一千金，死了可就不值钱了，唉！’那人听了，掏出五百金说：‘这匹马的骨头我买了。’旁边的人都吓了一跳，说：‘哇！死了的千里马都这么值钱，那活的就更不用说了。’那人带着千里马的骨头就回去了。这件事很快就传扬开来。渐渐地，就有人带着千里马往这儿来了。不到一年时间，他们得到了三匹千里马。如果大王愿意把我当作死马，那么活的千里马很快就会跑来。”

燕昭王听了郭隗的建议，二话没说就为他修建了一座精美的住宅，并对他以师礼相待，悉心听从他的教诲。紧接着，又在易水的旁边建了一座高台，上面堆满了黄金，专门用来招纳天下贤士，人们都称它为“黄金台”。这事一传十、十传百，很快国内国外的人都知道了，果然来了很多有才干的人。有赵国来的剧辛、洛阳来的苏代、齐国来的邹衍（yǎn）、卫国来的曲庸（yōng）、魏国来的乐毅……真可谓“人才济济”！燕昭王把他们全部拜为客卿，其中最受重用的要算乐毅了。

乐毅是当初替魏文侯攻取中山的乐羊的后代，这次本是为了魏国的事情出使燕国，可一到这里，燕昭王就把他当成了知己好友，把所有的心事和委屈全告诉了他。乐毅听了很受感动，决定留下来帮燕昭王完成心愿。

可在当时，齐国的国力非常强大，向南战胜了楚国，向西打垮了魏、赵两国，各诸侯国都打算前来依附齐国。可是齐湣王骄傲自大，百姓再也无法忍受他的暴政了。燕昭王对乐毅说：“燕国报仇的机会来了。这二十八年来，我天天带着仇恨起床，夜夜带着仇恨入睡，我无时无刻不想着给先王报仇。如今齐湣王失了民心，又跟其他诸侯国结下冤仇，我想带上所有军队去跟齐国以死相拼，您看怎么样？”

乐毅说：“齐国土地广阔、人口众多，咱可不能单独去打，必须联合赵国、魏国、韩国一起去打，才能有必胜的把握。”

于是，燕昭王就请乐毅去联系赵国，赵惠文王很痛快地答应了。正巧秦国使者也在，乐毅向他讲了攻打齐国的好处，秦国使者回去报告了秦昭襄王，秦昭襄王也爽快地答应了。同时，剧辛去见了魏国公子魏无忌，魏国公子不仅赞同发兵，还帮忙约好了韩国。

公元前284年，燕王动用了全部的兵力，任命乐毅为上将军。秦国中级武官斯离率领军队与赵国、魏国、韩国的军队会合到一起。赵王任命乐毅为相国，并把相印传授给他。乐毅带领着燕、秦、魏、韩、赵国的兵马共同讨伐齐国。

齐湣王听说五国的军队一齐来打齐国，就亲自带着大队人马赶到济水西边应战。上将军乐毅每次都是冲到最前面，带着将士们拼命向前，直打得齐国军队死的死、伤的伤，剩下的也都逃回去了。齐湣王逃到淄博，连夜派人到楚国去求救，并许诺将淮北一带的土地全部送给楚王。

赵、韩、魏、秦四国的将士打了胜仗之后，各自占领了齐国的几座城池，就不再继续攻打了。只有乐毅带着燕国的军队继续追击，他一路宣扬燕国的军队纪律，安抚齐国百姓，一直打到齐国的都城临淄。齐湣王没有办法，带着几个亲近的文武大臣从后门逃到了莒城。

乐毅打下临淄后，燕昭王亲自赶来为将士们鼓劲。他把昌国城封给乐毅，封号为昌国君。燕昭王带着齐国库房里的金银财宝回去后，乐毅又接连打下了齐国七十多座城。同时，他对当地百姓实行减少赋税、废除齐王制定的苛刻法令、尊重人们的风俗习惯、保存齐国固有的文化等政策，老百姓们终于过上了平安喜乐的日子，燕国也前所未有地强盛了起来。

人物介绍

燕昭王：姓姬，名职，早年在韩国为人质，子之之乱后，由赵武灵王护送回国继承王位。即位之后，他招贤纳士，在上将军乐毅的协助下，占领齐国七十多座城，造就了燕国的一时盛世。

历史关键点

一个人若想成就大业，人才非常重要。燕昭王的求贤若渴、礼贤下士为他打败齐国打下了坚实的基础。只有尊重人才、推崇人才、优待人才，才能招揽人才，才能做到集思广益，把力量凝聚起来成就伟大事业。燕昭王是如此，汉高祖刘邦也是如此，他之所以能够一统天下，最主要的原因是他招揽了最好的人才，并且把这些最好的人才都放在最合适的位置上。

完璧归赵

放声朗读

赵王得楚和氏璧，秦昭王欲之，请易以十五城。赵王欲勿与，畏秦强；欲与之，恐见欺。

——《资治通鉴》周纪四·赧王中三十二年

译文

赵王得到楚国宝玉和氏璧，秦昭襄王想要，愿意用十五座城来交换。赵王不想给他，又畏惧秦国的强大；给他，又怕被秦王欺骗。

公元前283年，赵国得到了楚国的国宝——和氏璧，赵王高兴坏了，整天乐得合不拢嘴。可是没过几天，赵王就收到了秦王的来信，信上说他愿意把十五座城送给赵国，只求换取和氏璧。

赵王看到书信，高兴不起来了，他想：“这个秦王一向是只占便宜不肯吃亏的人，这次为什么这么大方？”赵王想来想去，怎么也拿不定主意，只好召集大臣们一起商议。

大臣们知道后，顿时议论纷纷：

“若是答应吧，害怕中了秦王的圈套。”

“若是不答应吧，又怕秦王会带兵前来攻打。”

“应该找个人去跟秦王谈判一下。”

“可是让谁去呢？”

“你去吧！”

“我？不行不行，还是你去吧！”

“啊？我也不行……”

大臣们摆着手，没有一个人敢去秦国。赵王看着他们惊恐的样子，

深深地叹了口气。

这时，一个叫缪贤的大臣说：“我家门客蔺相如，是个智勇双全的谋士，他一定会有办法。”赵王听了，赶紧召蔺相如前来相见。

蔺相如来了以后，赵王问：“秦王打算用十五座城来换我的和氏璧，你说我该答应吗？”

蔺相如说：“秦国强大，赵国弱小，不能不答应啊！”

赵王又问：“那如果他拿了和氏璧，不给我城邑，怎么办？”

蔺相如想了想，说：“大王，让我带着和氏璧去见秦王吧，到那里我见机行事。如果秦王不肯用十五座城来跟我交换，我一定把和氏璧完整地带回来。”

赵王知道蔺相如是个机智勇敢的人，就同意他去了。

蔺相如来到秦国王宫，将和氏璧献给了秦王。秦王接过来后左看右看，非常喜爱。他看完后又传给大臣们挨个地看，大臣看完后又交给后宫的妃子们去看。

得到价值连城的和氏璧，秦国王宫上下一片欢呼：“秦王万岁！秦王万岁！”丝毫不理站在旁边的蔺相如，也不提割让十五座城的事情。看到这里，蔺相如就知道秦王根本就没有要交换的诚意。

他走上前去，对秦王说：“这块和氏璧看着虽然很好，但是还有一点小瑕疵，请让我指给您看看吧！”

秦王一听和氏璧有瑕疵，赶紧叫人把和氏璧取来交给蔺相如。蔺相如接过和氏璧，立刻退到了柱子边上，怒气冲冲地对秦王说：“当初秦王派人给赵王送信，说要拿十五座城来换和氏璧，赵国大臣都说您是骗人的。可我不这么想，我说老百姓都还讲信义呢，更何况是秦国的大王呢，赵王这才派我把和氏璧送来。没想到秦王接了和氏璧，随便拿给下人们传看，一点儿也不提交换十五座城的事情。这样看来，秦王确实没有交换的诚心！现在和氏璧在我手里，秦王若是硬要逼我，我就把脑袋和这和氏璧一同撞碎在柱子上！”说完，他举起和氏璧就要往柱子上摔。

秦王想叫武士去抢，可又怕他真的把和氏璧撞碎，连忙向他赔着不是：“不要着急，我说的话怎么能不算数呢？”说着，让人把地图拿了过来，秦王指着地图假惺惺地说：“从这里到那里的十五座城都划给赵国。”

蔺相如心想：“秦王最擅长耍鬼把戏了，我可别再上了他的当。”于是，他对秦王说：“这和氏璧可是天下闻名的宝贝，赵王送它来秦国的时候，

可是斋戒了五天，还在朝廷上举行了隆重的赠送仪式。现在大王要接受和氏璧，也应该斋戒五天，在朝廷上举行接受和氏璧的仪式，我才能把和氏璧献上。”

秦王根本不想这样做，可蔺相如的态度坚决，只好无奈地说：“好，就按你说的办吧！”说完，就派人送蔺相如到旅店去休息。

蔺相如来到旅店后，叫一个随从打扮成商人的模样，带上和氏璧，悄悄返回赵国去了。等到秦王发现，已经来不及了。他想发兵前去追讨，又怕赵国已经在军事上做了充分的准备。秦王欣赏蔺相如的机智勇敢，也就没有为难他，放他回赵国去了。这就是历史上“完璧归赵”的典故。

人物介绍

蔺相如：今保定市曲阳县相如村人，战国时期赵国上卿，赵国著名的政治家、外交家。与他相关的最重要的有三个事件：完璧归赵、渑池之会和负荆请罪。

历史关键点

蔺相如奉命带和氏璧来到秦国。到了秦国，蔺相如发现秦昭襄王没有诚心以十五座城来换，他在献和氏璧时，跟秦昭襄王机智周旋，最终也没有让秦昭襄王的阴谋得逞，还完成了完璧归赵的使命，让我们不得不为有勇有谋的蔺相如竖个大拇指。

渑池相会

放声朗读

会于渑池。王与赵王饮，酒酣（hān），秦王请赵王鼓瑟，赵王鼓之。蔺相如复请秦王击缶，秦王不肯。相如曰：“五步之内，臣请得以颈血溅大王矣！”

——《资治通鉴》周纪四·赧王中三十六年

译文

渑池相会，秦王与赵王饮酒。酒意酣畅之间，秦王请赵王表演鼓瑟，赵王便演奏了。蔺相如也请秦王表演敲击瓦盆的音乐，秦王却不肯。蔺相如厉色说道：“在五步之内，我就可以血溅大王！”

公元前279年，秦昭襄王想集中兵力攻打楚国，为了免除后顾之忧，他派使者告诉赵惠文王，愿意与他交好，并请他在黄河外的渑（miǎn）池相会。

可赵惠文王怕像当初的楚怀王一样，当了秦国的“肉票”，就不想去。将军廉颇和上大夫蔺相如都对赵惠文王说：“大王如果不去，就会显得

赵国特别懦弱、胆怯，会让秦国看不起的。”赵惠文王没有办法，只好硬着头皮前去赴会。他安排蔺相如一同随行，廉颇留在国内辅助太子。

平原君赵胜说：“最好能挑选出五千精兵作为随从，再把大队兵马驻扎在三十里外的地方作为接应。”

于是，赵惠文王又安排了李牧将军带领五千精兵、平原君带领几万大军一起前去。

到了约定的日子，廉颇把他们送到边境，分别时说：“这次大王到秦国去，是吉是凶谁也不能断定。我想，这一路行程加上会面仪式全部结束，最多不会超过三十天。如果三十天之后您还没有回来，能不能仿照楚国的办法，把太子立为赵王，这样也好叫秦国死了心，不能以此来要挟赵国。”赵惠文王觉得有理，就同意了廉颇的建议。

秦昭襄王和赵惠文王在渑池见了面。他们一边喝酒一边闲谈，彼此都觉得十分合得来。他们左一杯右一杯地喝着，不知不觉，就有点儿醉眼迷离了。这时，秦昭襄王醉醺醺地说：“听说赵王很喜欢音乐，弹得一手好瑟，我这儿有一把宝瑟，赵王要不要露两手，给大伙儿凑个热闹？”

赵惠文王本不想弹，可又不好推辞，只好弹了一曲。秦昭襄王听了，不停地拍着手说：“好！好！赵王的曲子弹得这么好，真是没有想到呀！”谁知，秦国的史官当场就把这件事记录了下来，并大声念道：“× 年 × 月 × 日，秦昭襄王和赵惠文王在一起饮酒，赵惠文王为秦昭襄王弹瑟。”

赵惠文王听了，气得差点吐血，不禁在心里暗暗嘀咕：“我还好端端地在赵国的君王之位上坐着呢，你就把我当臣下看待，让我喝酒我就喝酒，让我弹瑟我就弹瑟，你还让人把这件事记录下来，简直太欺负人了，这让我以后还怎么见人呀！”

可赵惠文王只能在心里想想，却没有能力进行反抗，只好把这件屈辱的事和着眼泪一起咽进了肚子里。

这时，只见蔺相如拿出一个瓦盆，跪在秦昭襄王面前，说：“听说秦国敲瓦盆的音乐美妙绝伦，没有任何一个国家能与之相媲（pì）美。秦王正好擅长演奏本地的乐曲，这儿正好有个瓦盆，不如请秦王敲一敲，让我们来欣赏一下吧！”

秦昭襄王听了，脸上青一阵紫一阵，他强忍着怒气说：“大胆，你算什么，竟敢对我如此无礼！还不赶紧退下。”

没想到蔺相如不仅没有退下，反而拿着瓦盆上前一步，义正词严地说：“大王太欺负人了，虽说秦国的兵力强大，但在五步之内，我就可以把自己的血溅到大王身上！”

秦王身边的侍卫跑过来，想要杀了他。蔺相如愤怒地瞪着他们大声呵斥道：“都不许动！”侍卫们被吓得倒退。秦王没办法，只好接过瓦盆，不情愿地敲了一下。蔺相如回过头去，让赵国的史官把这件事情记录下来，然后高声

说：“× 年 × 月 × 日，赵惠文王和秦昭襄王在渑池相会，秦昭襄王为赵惠文王敲瓦盆助兴。”

秦国的大臣看到蔺相如伤了秦昭襄王的颜面，就觉得很不服气。有几个大臣忍不住站起来说：“今天是我们秦王的生辰，请赵国割让十五座城来给秦王献礼。”

没想到蔺相如也站起来说：“真巧得很，今天也是我们赵王的生辰，请秦国大王割让咸阳城来给我们大王贺寿！”

秦国大臣见蔺相如这么嚣张，正想以多欺少、恃强凌弱时，一个士兵来报：“报告大王，赵国大军在咸阳城外已经安营扎寨，根据他们的营垒来看，大概有十万兵马。”听到这个消息，秦国大臣瞬间闭上了嘴巴，秦昭襄王的心里也吃了一惊，赵惠文王则如释重负地松了一口气，只有蔺相如仍然一副泰然自若的样子。

秦昭襄王知道今天动用武力也讨不到任何便宜了，只好用眼神制止大臣们的行为，又请蔺相如坐下，换上一副和颜悦色的面容说：“今天是两位君王欢聚在一起的喜庆日子，哪儿能因为一些小事败坏了雅兴？来来来，我们继续喝酒！”说着，他就给赵惠文王倒了一杯酒，赵惠文王也回敬了他一杯，两下里一来二去的，就商定好了以后谁也不侵犯谁。

秦昭襄王虽然表面醉得一塌糊涂，心里却清醒得很，他知道赵国有实力、有人才，一时半会儿还真不好欺负，索性跟他们拉拢好关系。于是，秦昭襄王对赵惠文王说：“今天见到赵王打心眼儿里高兴呀，高兴得都舍不得分手了。”听到这里，赵惠文王的心里又是一惊。秦昭襄王接着说：“我决定从今天起，咱俩结为兄弟，有福同享，有难同当。”

赵惠文王表面这样听着，心里却在盘算着这句话的真伪，因此他一声也不吭。秦昭襄王见赵惠文王不说话，知道他还有所怀疑。为了证明自己的诚意，他说：“既然我们成了兄弟，那我就拿出做兄弟的诚意来，秦国太子安国君的儿子异人，是我最疼爱的王孙，让他到赵国去当人质，赵王还有什么不放心的吗？”

赵惠文王听了，脸上这才露出笑容，他连忙说：“放心、放心，秦王讲话一向一言九鼎，哪儿能不放心呢！来，敬兄长一杯。”

他们继续你来我往地喝了起来。那驻扎在咸阳城外的军

队就像一根刺，卡在秦昭襄王的喉咙里，吐不出又咽不下。本来想占些便宜，没想到竟赔了孙子，秦昭襄王这酒喝得真叫一个嘴里笑、心里苦。直到酒宴结束，他也没再对赵国提出一点非分的要求，只好眼睁睁地目送他们离开。

赵惠文王回到赵国，对蔺相如在渑池的表现做了封赏，封他为上卿，地位比大将廉颇还要高。

人物介绍

秦昭襄王：姓嬴，名稷。秦惠文王之子，战国时期秦国国君，是中国历史上在位时间最长的国君之一。

历史关键点

蔺相如为了维护国家的尊严，机智勇敢地同秦国君臣进行了针锋相对、不屈不挠的斗争，挫败了秦国的阴谋。在这个故事中，蔺相如的智勇双全被表现得淋漓尽致。此时秦国也知道赵国有大军驻扎在边境上，要是真的动用武力得不到什么好处，便只好恭恭敬敬地送赵国君臣回国。之后，秦、赵两国之间暂时停止了战争。

负荆请罪

放声朗读

廉颇曰："我为赵将，有攻城野战之功。蔺相如素贱人，徒以口舌而位居我上，吾羞，不忍为之下！"宣言曰："我见相如，必辱之！"相如闻之，不肯与会。

——《资治通鉴》周纪四·赧王中三十六年

译文

廉颇不满地说："我作为赵国大将，有率军攻城作战的功劳，蔺相如原本不过是下层小民，只以能说善辩而位居我之上，我实在感到羞耻，不能忍受位居他之下！"便宣称："我遇到蔺相如，一定要羞辱他一番！"蔺相如听说后，不愿跟他遇见。

渑池相会结束以后，赵惠文王和蔺相如返回赵国。由于蔺相如在渑池之会上的特殊表现，赵惠文王封他为上卿，地位比廉颇还要高。

这可把廉颇气坏了，他回到家里，满脸通红，喘着粗气对自己的门客说："我拼命为赵国打过多少胜仗，立下多少功劳，才赢得了上将军之位。而蔺相如呢？他只不过靠着能说会道的嘴皮子立下一点点功劳，就爬到我上头去了。更何况他本来就是一介平民，我真为自己感到羞耻，在他之下简直让我难以忍受。”

门客们听了廉颇的话，你看看我，我看看你，都不知道说什么好。廉颇见门客们不说话，就以为大家全都认同了他的观点。他接着说：“不要让我碰到他。如果让我碰到，哼，我一定好好地羞辱他。”

门客们心里好像装了十五个吊桶打水——七上八下的。他们不敢附和，又不敢反对。在廉颇发完牢骚离开之后，也陆陆续续地散开了。

很快这话传到了蔺相如的耳朵里。蔺相如听了，心里觉得很委屈：“在那种情况下，我也是冒着生命

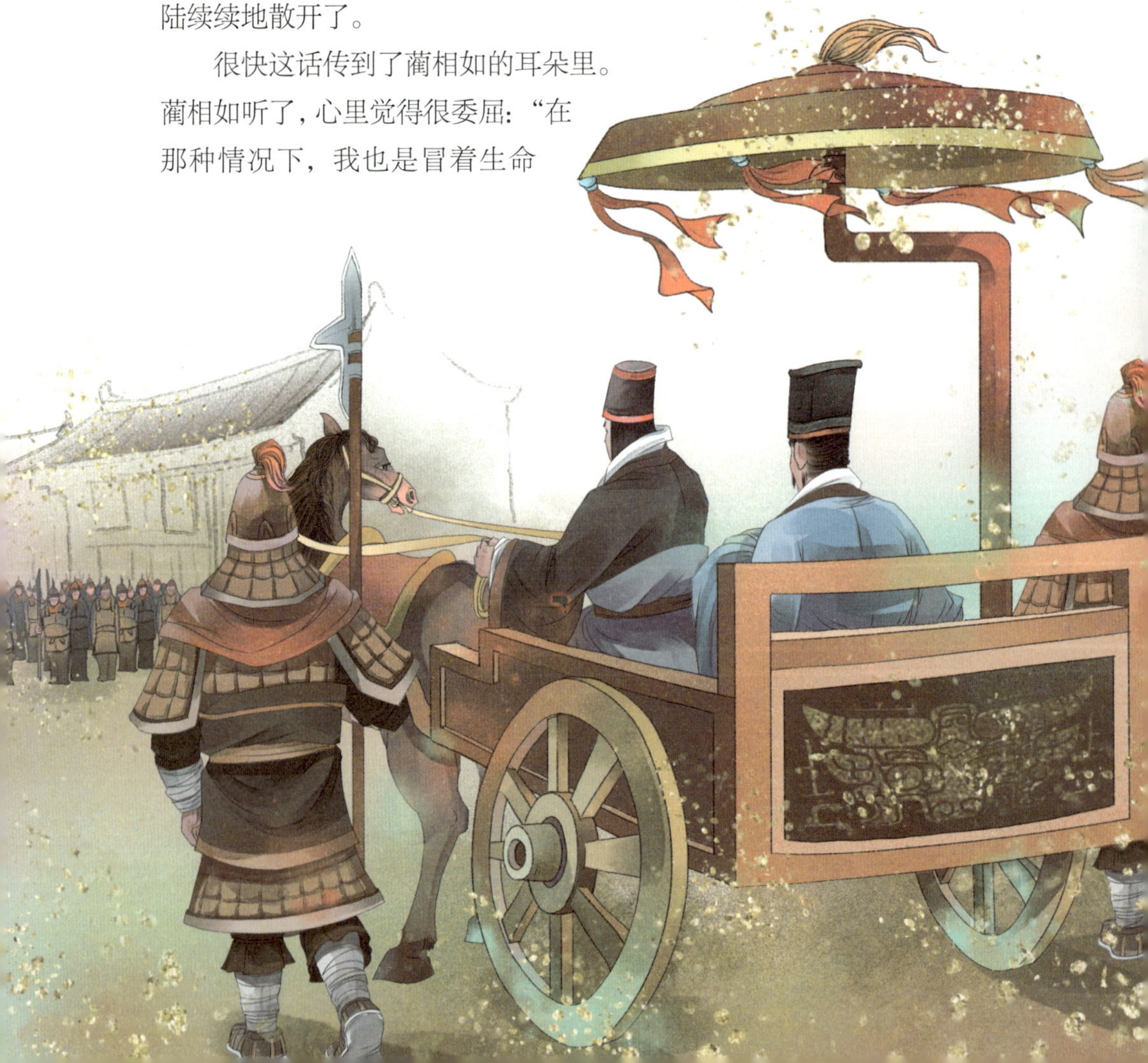

危险，也是凭着急中生智才做成的。何况你廉颇做的就是带兵打仗的事情，我靠的就是嘴皮子功夫，咱俩之间根本就没有可比性呀！”蔺相如左思右想，决定还是不跟他见面的好。因此，每到上朝的时候，蔺相如都推说自己有病，这样就避免了去跟廉颇争位置先后的烦恼。就算有公事，他也回避着不跟廉颇见面，让手下的人代为转告。

有一天，蔺相如带着一群随从出去，他走到邯郸城，远远就看到廉颇的马车迎面驶来。真是冤家路窄。廉颇也瞧见了对面的蔺相如，他命车夫把车停在马路中间，不给蔺相如留丝毫的缝隙。蔺相如赶紧叫车夫向东走另一条道儿。等他们来到东面，却看见廉颇的马车也从这条道儿上驶了过来。蔺相如只好叫车夫再去走西边那条道，可没想到廉颇的马车很快又把西边道给堵住了。蔺相如没有办法，只好耐着性子，叫随从和车夫把车赶到旁边的小巷子里躲起来，等到廉颇的马车都过去了，他们才出来继续赶路。

这一来，可把门客们气坏了，他们私下里一商量，就去找蔺相如说：“我们之所以远离家乡投奔在您的门下，就是因为仰慕您高尚的节义呀！如今您和廉颇共同为官，他对您恶语相向，而您反而害怕他、躲避他，您怕得也太过分了。就连我们这些平庸的人都会感到羞耻，何况身为上卿的您呢？那我们这些人还有什么出息呢？还是让我们离去吧！”

蔺相如拦住他们，坚定地问：“诸位认为廉老将军和秦王相比，哪个厉害？”

门客们异口同声地说：“当然是秦王厉害啦！”

蔺相如说：“对呀，天下的诸侯哪个不害怕秦王，哪个敢反对他呀？可我蔺相如就敢在朝堂上呵斥他，羞辱他的大臣。即便是我蔺相如无能，难道还会怕了廉颇将军吗？我考虑的是：强大的秦国之所以不敢来攻打我们赵国，就是因为有我和廉老将军在。如果今天我们两人斗起来，势必会两败俱伤。秦国知道后，一定会前来进犯。因此，我才会忍气吞声。

你们想想，是国家危难重要，还是私人恩怨重要？”

门客们听了蔺相如的话，这才恍然大悟，不仅一肚子的气全都消了，而且更加佩服蔺相如的高风亮节了。再后来他们碰到廉颇的门客时，也都能理解主人的心意，总会有意识地谦让他们几分。可是，不明就里的廉颇知道后，反而以为蔺相如和门客们都害怕他，因此，就更加自高自大了。

这件事情让赵国的虞（yú）卿知道了，就去为他们做和事佬。虞卿

见了廉颇，先夸奖他立下诸多的汗马功劳，夸得廉颇就像一个吹足了的气球，不自觉地总往上飘。

虞卿接着说：“要论起功劳来嘛，蔺相如是比不上将军；可要论起气量来嘛，将军可就差远了。”

廉颇听了，那股蛮横的劲头儿又犯了，他不服气地问：“他有什么气量呀？”

虞卿笑了笑，就把蔺相如跟门客们说的话原封不动地跟他讲了一遍，廉颇听了就脸红了。虞卿接着说：“秦王独霸天下，列国诸侯哪个不害怕他呀？蔺相如却敢当着面骂他，这是一个多么勇敢的人啊！可他为了国家的安危，为了共同对付敌人，胆小地躲开将军，这才是真正有勇有谋的人呢！将军却把他看作胆小鬼，错了！还说他没有什么气量，那更是大错特错了！”

廉颇蹲在地上，羞愧得抬不起头来，他回想起自己对蔺相如说的那些话，做的那些事，真是把自己杀一百遍都不足以抵消罪过。他举起拳头，狠狠地敲打着自己的脑袋，惭愧地说：“我可真是个粗人，为了争一口气，竟然不顾国家的利益安危。唉！我真是太不应该了。”

廉颇赶紧脱下战袍，露出赤裸的上身，背上荆棘来到蔺相如家门前请罪。他跪在地上，对蔺相如说：“我就是一个粗人，见识少，气量小。没想到大人您如此宽宏大量啊！我对您那么无礼，您还一直谦让着我。我真是没有脸面来见您呐！”

蔺相如也连忙跪下，拉着廉颇的手说：“将军能够体谅我，我就已经感激不尽了，怎么还敢让您来请罪呢？”廉颇惭愧地说不出话来，只是一个劲儿地流泪。两人不仅冰释前嫌，还结为生死好友。

人物介绍

廉颇：嬴姓，廉氏，名颇，中山苦陉（今河北定州市邢邑镇）人。战国末期赵国名将，与白起、王翦、李牧并称“战国四大名将”。

历史关键点

“完璧归赵”“渑池相会”“负荆请罪”这三个故事赞扬了蔺相如勇敢机智、不畏强暴的斗争精神，也赞扬了他以国家利益为重，顾大局、识大体的可贵品质和政治远见。廉颇作为赵国的大将，在几次讨伐齐国和卫国的征战中都取得了胜利，为赵国立下了汗马功劳，可谓功勋卓著，他勇于改过的精神确实很了不起！

田单复国

放声朗读

田单兵日益多，乘胜，燕日败亡，走至河上，而齐七十余城皆复焉。乃迎襄王于莒；入临淄，封田单为安平君。

——《资治通鉴》周纪四·赧王中三十六年

译文

田单的军队越来越多，乘胜而入，燕军望风而逃，逃到黄河边，齐国失去的七十多座城全部复归。田单于是前往莒城迎齐襄王回国都临淄，襄王册封田单为安平君。

当燕国军队攻打齐国安平的时候，临淄城里的一个小官田单正在城中，他让家族的人们提前用铁皮包裹起车轴头。燕军攻破安平，人们纷纷涌出城门逃难。由于人多车乱，车轴之间互相碰撞，车辆损坏没法继续前行，就被燕军俘虏了。只有田单一族由于车轴被铁皮包着，顺利逃到了即墨。

当时，除了莒城和即墨，其他地区都已经被燕军占领了。燕国大将乐毅集中右军、前军包围了莒城，集中左军、后军包围了即墨。由于即墨大夫在战争中身亡，即墨的人就想让田单来做他们的带头人，他们说："安平之战中，只有田单一族用铁皮包裹车轴得以保全，可见田单是个足智多谋、熟悉兵事的人。"于是共同拥立他为守将，抵御燕军。

乐毅围攻这两座城，一年也没能攻下，便下令解除了围攻，退到城外九里的地方修筑营垒。他下令说："城中的百姓出来不要抓捕他们，有穷困饥饿的要赈济，让他们继续操持旧业，以安抚新占地区的人民。"

过了三年，城还没有攻下，有人就在燕昭王跟前说："乐毅智谋过人，一口气能攻下七十多座城，现在他三年都攻不下两座城，他就是想收服齐国的人心，好自己称王。如今人心都已收服，他还不采取行动，就是因为他妻子和儿子还在燕国。况且齐国美女那么多，他早晚会忘记自己的妻子，还请大王早做准备。"

燕昭王听了斥责他说："先王倡导人们对贤明的人要以礼相待，并不是为了多留土地给后代。他不幸遇到缺少德行的继承人，不仅未完成大业，还惹得人们怨愤。无道的齐国趁

着我们国家动乱，夺我疆土，害我先王。谁能为我报仇，我就愿意与谁一起分享燕国的大权。现在乐毅大破齐国，摧毁齐国宗庙，报了我的血海深仇，齐国本来就该归乐先生所有，如果乐先生能够坐拥齐国，与燕国结为友好邻邦，共同抵御外国侵犯，这才是燕国的福气，才是我的心愿呐！你竟然还敢说这种话！”

燕昭王说完，就将挑拨的人给处死了。接着，他又赏赐乐毅的妻子王后服饰，赏赐他的儿子王子的服饰。配备好君王用的鸾车和上百辆跟随的车，派宰相送到了乐毅那里，立乐毅为齐王。乐毅十分惶恐，不敢接受，一再拜谢，写下辞书，并宣誓以死效忠燕昭王。

所以，想要打败乐毅，实在是太难了。田单心想：“如果硬拼，我一定会失败，不如等待时机。”于是，他安排将士们做好防守工作，并告诉百姓们要耐心等待。果然，机会很快就来了，宠信乐毅的燕昭王死了，新继位的燕惠王不喜欢乐毅。

田单欢喜地说：“除掉乐毅的时候到了！”他派人混入燕国，到处散播谣言：“乐毅早有做王的野心，只是先王对他恩重如山，才没有背叛。现在先王去世了，他打算自立为王。”燕惠王本来就怀疑乐毅，现在听了谣言，更是信以为真。他派骑劫接了乐毅的兵权，召他回国。乐毅知道此刻燕王换将居心不良，就乔装打扮逃到了赵国。

乐毅一去，田单的复国梦就能事半功倍了。他站在城头，向即墨城的居民宣布：“昨夜梦到神明指示，将有神人来做军师，协助我们打败燕军，齐国马上就能复国。”

这时，一个小兵开玩笑说：“我可以做神人军师吗？”

没想到，田单竟然点头说可以，还毕恭毕敬地请他上坐，并给他磕头跪拜。小兵吓得赶紧起来，惶恐地说：“将军，我是开玩笑的，您可千万不要当真。”

“没关系，你只要坐在这里就好。”田单胸有成竹地说。然后他宣

布，神人军师已经到了。

从此，田单每次发号施令都说是受神人的指示，军民们也都信以为真，对复国的信心更加坚定了。他还下了一道命令，让即墨城的居民，在每次吃饭之前，都要先把食物摆放在庭院中祭祀祖先。

结果，引得许多鸟儿从城外飞来觅食。燕军看到后，感到非常奇怪，就派人混进城里去打探情况，这才知道即墨城里来了神人。

为了让百姓们更加痛恨燕军，田单又派人到燕军的阵营里去散布消息：齐国人最害怕被割掉鼻子了，还害怕祖先的坟墓被人挖开，用这两种方法威胁他们，即墨城的军民一定会开城投降的。

燕军果然信以为真，马上把虏获的齐人的鼻子全部割掉，把城外齐国人的祖坟刨开，让尸骨暴露在外面。

可燕军的行为并没有产生传说中的震慑作用，反而激起即墨军民同仇敌忾的心理，他们个个咬牙切齿。田单看到军民们的决心和斗志都被激发出来，便决定大反攻。

他先安排穿着盔甲的勇士在城里埋伏起来，然后派老弱妇孺到城墙上去防守，以此来削弱燕军的戒备心理。同时，他还拿出很多金银珠宝送给燕军大将，表示即将献城投降，请他们多多关照。

对此，燕军大将高兴得哈哈大笑，立刻答应了。他们对齐军的戒备心理彻底放松了。

然而，田单在城楼上自言自语地说："哼！等会儿让你们尝尝火牛阵的滋味！"他让人把一千多头牛的角上绑了尖刀，身上披了大红绸衣，绘上五彩天龙花纹，尾巴上绑着浇了油脂的苇草。

深夜里，只听田单一声令下，将士们点燃了绑在牛尾巴上的苇草，一千多头牛一边疼痛得惨叫，一边拼了命地向燕军大营冲去。睡梦中的燕军被突如其来的怪牛惊醒，吓得他们不知所措，纷纷抱头鼠窜。

疯狂的火牛横冲直撞，燕军被撞得死伤无数；牛尾上的火把点燃了

帐篷，整个军营瞬间变成火海。跟在牛群后面的五千壮士乘胜追击，趁乱杀死主将骑劫。

田单率领将士一一收复了被燕国攻占的七十多座城池，然后前往临淄，迎接齐襄王返都。因为他拯救了齐国，功劳最大，齐襄王就封他为安平君。

人物介绍

田单：临淄（今山东临淄）人，战国时期齐国名将，为齐国收复失地七十多座城，齐襄王封他为安平君。后又往赵国为相，封号为都平君。

历史关键点

田单原本只是一个微不足道的官员，并没有受到朝廷的重视。但是，在国家面临危亡之际，他能挺身而出，并且运用高超的智慧以寡敌众，使国家转危为安。在这次战争中，田单自知硬拼不过，便安抚士兵寻找机会。终于在燕昭王死后，田单巧妙地运用反间计，借燕惠王的手撤掉了难以对付的乐毅。又针对燕军警惕性不高、士气不振的弱点，以诈降手段造成敌人的错觉，使之松懈麻痹。然后实施夜间突袭，出其不意地击破了围攻即墨城的燕军主力，打好了反攻初期的关键性一仗，取得了战争中的主动权。接着，他乘胜追击，不给敌人一点儿喘息的机会，在齐国民众的支持下，最终取得复国的胜利。

阏与之战

放声朗读

秦伐赵，围阏与。赵王召廉颇、乐乘而问之曰：“可救否？”皆曰：“道远险狭，难救。”问赵奢，赵奢对曰：“道远险狭，譬犹两鼠斗于穴中，将勇者胜。”

——《资治通鉴》周纪五·赧王下四十五年

译文

秦国进攻赵国，围困阏（yù）与城。赵王召见廉颇、乐乘问道：“可以援救吗？”两人都说：“道路遥远，又很险峻，所以难救。”再问赵奢，赵奢回答说：“道路遥远险峻，就好比两只老鼠在洞穴中咬斗，将是勇敢者取胜。”

赵奢，本来只是赵国一个征收田租的小官。有一天，他到平原君赵胜家里去收租，可平原君家怎么也不肯缴纳，赵奢便依法处置了他们家里九个管事的人。平原君知道后，气得想杀死赵奢。

赵奢语重心长地对平原君说：“您是赵国的贵公子，如果纵容家人违反法纪，而不好好奉公执法的话，那就会大大削弱国家的法纪，法纪削弱国家就会衰弱，国家衰弱就会惹得其他国家来侵略。赵国一旦不存在了，您还能享受到这些现成的富贵吗？以您现在的尊贵地位，应该带头奉公守法，百姓才会上下一心、团结一致，赵国才会繁荣富强，赵国江山才会稳固。而作为王公贵族的您，自然会受到人们的尊重。”

抛开私人仇怨不谈，平原君认为赵奢是一个很贤明的人。于是，他强忍住心中的愤怒，不仅留下赵奢性命，还把他推荐给赵王。赵王觉得他在征收赋税这方面有很大的才能，就让他管理全国的赋税。平原君将这件事情传扬开后，国家的赋税征收得非常顺利，因此，赵国人民都过上了富足的生活，国库也很充实。

公元前270年，秦国军队进攻赵国，他们围困了阏与城。赵王明知解围困难，却又不想放弃，于是就召见大将廉颇来商议：“阏与现在被困，可以去救援吗？”

廉颇摇摇头说：“这里距离阏与路途遥远，并且艰险狭窄，很难救援啊！”赵王听了脸色一沉，没再吭声。然后他把武襄君乐乘召过来问，武襄君乐乘也是这样回答的。赵王不死心，又召赵奢来问，赵奢说：“这里与阏与之间虽然道路遥远险峻，但好比是两只老鼠掉进了一个洞穴里厮斗，我想敌我双方——狭路相逢时勇者会胜！”赵王听了立刻眉开眼笑，赵奢的话终于说到了他的心坎里。于是，便派赵奢率领军队前去救援。

赵奢率领着军队离开邯郸城才三十里，就下令军队安营扎寨，命令兵士加固营垒，在营区周围又修筑了许多屏障，故意做出一副毫不进取的消极状态。同时，他又在军中下令说：“军中不许议论军事，如果有人敢来为军事进谏，一律处死。”

这个时候，秦国军队分成两支，一支继续围困阏与城，一支驻扎在了武安城的西边，他们拉开阵势对着赵奢的军队叫嚣，想要引诱赵军前去援救武安，以便能够牵制住赵军。他们击鼓呐喊，武安城中的屋瓦都为之震动了。可赵奢早已获悉他们的阴谋，因此不为所动。可是，赵军的一个军吏忍不住了，他跑到赵奢面前，请求急速救援武安城。由于他违反了军令，赵奢立即把他杀掉了。在接下来的日子里，赵奢不仅没有拔营出发，反而命令士兵继续增固营垒，以造成赵军胆小懦弱，只想保住邯郸的假象。到了第二十八天，秦国将领终于忍不住了，他让一个间谍悄悄潜入赵国军营，来探听他们的虚实。赵奢假装不知道他是秦国间谍，嘱咐属下不要干扰他的行为，并且让他自由活动，又好饭好酒地招待了一顿，就把他送回去了。

间谍把侦察到的情况向秦军将领做了详细的汇报，秦军将领听了，果然是想象中的样子，就高兴地说：“援军离开国都三十里就按兵不动了，还在继续增修营垒，看来他们是放弃救援了，那么阏与一定不再属于赵国了！”于是，就彻底放松了对赵国援军的戒备。

赵奢在放走了秦国间谍以后，立刻下令让军队悄悄行军一天一夜，在离阏与城五十里的地方停了下来。他吩咐士兵们安营扎寨，修筑营垒。秦国士兵发现后，立刻报告了秦军将领。秦军将领心里一惊，暗叫不好，赶紧让士兵前去迎战。

这时，军中有个叫许历的将士求见，赵奢召他进来，问：“你有什么事情要来见我？”

许历说：“秦国将士没有想到赵国军队会突然出现在这里，他们迅速赶来迎战，必定来势凶猛，盛气凌人。将军您一定要有所防范，列好阵势准备应对，不然一定会失败的。”

赵奢一听，就知道这人心里一定有对策，他颇感兴趣地说：“我愿意接受你的指教。”

许历以为自己违反了军纪，赶紧跪下说：“我违反了军纪，请求将军把我处死！”

赵奢连忙把他扶起来，说：“军纪是为以前定的，现在不存在了。”

得到了赵奢的允许，许历继续说道：“根据我的观察，先占领北山的必胜，后到的必败。”

赵奢想：“北山的情况确实是这样的，先占的一定会赢，后到的一定会败。”于是，他立刻派出一万士兵前去北山，并做好了周密的部署。秦军果然随后赶到，他们也想争夺北山，可是无法攻上山去。于是赵奢指挥赵军全力出击。秦国军队从下往上一边攀登一边进攻，不仅体力上受到影响，而且在战斗中也不占优势。即使有再多的兵马，也是有劲儿使不出来。赵军就地取材，山上的石块、木头全都成了他们的武器。秦国兵士几乎成了赵军的活靶子，他们被砸得人仰马翻，死伤过半，剩下的也都逃走了。

赵奢带领军队乘胜追击，击退了包围阏与的秦国剩余军队，阏与终于得以解困。赵奢班师回朝，赵王见他们得胜归来，高兴得合不拢嘴。封赵奢为马服君，与廉颇、蔺相如地位同等，又任命许历为国尉。

人物介绍

赵奢：嬴姓，赵氏，名奢，赵国邯郸(今河北邯郸)人，战国后期赵国名将。

历史关键点

阏与之战的过程包含出奇制胜的战争谋略。赵奢本来要去解阏与之围，却在离邯郸三十里的地方驻军二十八天。他修筑工事，做出畏惧秦军、无心救援阏与、仅求保住都城的消极姿态。在利用敌方间谍迷惑敌军的同时，又以迅雷不及掩耳之势率军前进至离阏与五十里的地方驻扎。赵奢此前为了确保作战意图不被泄露，命令士兵不准议论军事，违令者斩。此后又适时听取了部下许历的建议，迅速占据有利地形，开始变被动为主动，最终得以战胜秦军，阏与之围也就此解除。其精妙之处在于，通过超出常规的行动来调动对方，从而打破原来的格局，别开生面，使敌来就我，而我不必就敌。古代军事家的智慧在此真是表现得淋漓尽致、炉火纯青。

范雎远交近攻

放声朗读

今王不如远交而近攻，得寸则王之寸也，得尺亦王之尺也。今夫韩、魏，中国之处而天下之枢也。王若用霸，必亲中国以为天下枢，以威楚、赵，楚强则附赵，赵强则附楚，楚、赵皆附，齐必惧矣，齐附则韩、魏因可虏也。

——《资治通鉴》周纪五·赧王下四十五年

译文

现在大王不如采取远交而近攻的方针，得一寸地就是大王的一寸，得一尺地就是大王的一尺。魏国、韩国位于中原，是天下的中枢。大王如果想称霸，必须接近中原之地控制天下枢纽，以威逼楚国、赵国，楚国强就去收服赵国，赵国强则收服楚国，楚国、赵国一旦归附您，齐国就会惊慌失措了。齐国再归附，韩国、魏国便是秦国的掌中之物了。

战国时期，秦国经常发动战争来扩大自己的领地，国力日渐强盛起来。可到了秦昭襄王继位时，秦国的实权落在了太后和她的兄弟穰

（ráng）侯魏冉手里。

公元前270年，大权独揽的魏冉不顾大臣们反对，要派兵前去攻打齐国。正在这时，谒（yè）者（官名）王稽（jī）向他推荐了一个叫张禄的人，说有重要的事情求见。

这个张禄原来是魏国人，真名叫范雎。他本来是魏国大夫须贾的门客。有一次，他出使齐国，齐襄王听说他能言善辩，便私下赠给他许多金子和牛肉美酒，试图把他留下，可范雎想都没想就拒绝了。

须贾却以为范雎把魏国的秘密告诉了齐国，回去后便向魏国相国魏齐告发了他。魏齐听说后十分震怒，下令对他进行严刑拷问。范雎被打得肋骨断了，牙齿也脱落了，他没有办法脱身，只好躺在地上装死。之后，他被卷进竹席，扔到了厕所里，魏齐还派喝醉了酒的宾客向他身上撒尿，来警告人们不许乱说话。

天黑以后，范雎才从昏迷中清醒过来，他看到只有一个士兵在看守自己，便悄悄地对他说：“你放了我吧，我一定会好好感谢你的。”善良的士兵见他可怜，就偷偷地放走了他，回去向魏齐报告，说范雎已经死了。

范雎逃出来后，为了避免魏齐的追捕，就改名叫张禄。这时，在秦国担任谒者之职的王稽正好出使魏国，范雎深夜求见，央求他带自己一起回去。王稽把他装进车里，一起带回了秦国，将他推荐给了秦昭襄王。此时，秦昭襄王正在为是否派兵攻打齐国的事情烦恼，便决定在离宫召见范雎。

在宫门口，范雎假装不认识到离宫的路，故意走进了宫中的巷道，碰到秦昭襄王迎面而来的轿子也不避让。惹得护驾侍从大声吆喝："大胆，阻挡大王的车驾，你不怕死吗？"

谁知范雎却故意说："秦国还有大王吗？我只听说秦国有太后和穰侯，哪里有什么大王呀？"这话正说到了秦昭襄王的心坎上，他急忙屏退左右，下跪请求道："先生有什么要指教我的？"

范雎说："我哪儿敢呀！我是一个在外逃亡的人，和大王没有什么交情，而且这关系到您的骨肉至亲，我即使愿意为您效忠却不知道您的真心。我知道今天一说出来，明天就有被处死的可能，但我还是不得不说。如果我的死能对秦国有所帮助，那我就死而无憾了。只怕我被处死以后，全天下的贤士都闭口不言，裹足不前，不敢再来投奔秦国了。"

秦昭襄王开门见山地说："恳请先生指教治国之道。无论事情大小，也不管是谁，上自太后，下至文武百官，都可以说。"

于是范雎下拜，秦昭襄王也赶紧回拜。范雎这才说："以秦国的强大，士兵的勇猛，统一天下并不是难事。可秦国却坐守关外十五年，不敢出兵攻击崤（xiáo）山以东，可见穰侯魏冉为秦国的谋划没有忠心，而我向您陈述的又都是纠正您失误的大事，大王也有失策的地方。"

秦昭襄王惊讶地问："我失策在什么地方呀？"

范雎刚想全盘托出，但看到有随从在侧耳偷听，就不再提及内政，便从外事开始说起，借机看看秦昭襄王的兴致如何。于是他说："首先，齐国离秦国很远，中间隔着韩、魏两国，出兵攻打齐国是下下策。就算把它打败了，也没有办法把齐国和秦国的领地连接起来。要我说最好的方法是远交近攻，就是对远距离的齐国要先友好交往着，对近距离的国家逐个攻破，这样才能有效地扩大秦国地盘。现在我们要做的是先把韩、魏两国吃掉，那齐国就如囊中之物，唾（tuò）手可得了。”

秦昭襄王频频点头，赞赏道：“秦国若真能统一六国，先生远交近攻的计策可是功不可没。”

“谢大王！我愿为秦国的千秋霸业尽绵薄之力。”范雎深深作揖。然后，秦昭襄王拜范雎为客卿，按照他的计策，重新调整战略布局，把韩国、魏国作为主要的进攻目标。

很快，范雎就辅佐秦昭襄王巩固了政权，相国魏冉被撤职，太后不再参与朝政，他也被正式拜为秦国相国，开始做开疆拓土的准备。魏国最先受到秦国的威胁，魏王十分惊慌。

相国魏齐听说秦国的相国是魏国人后，就派须贾到秦国去求和。范雎听说须贾到了秦国，故意换上破旧的衣服前去见他。

“啊！你是人还是鬼？怎么会在这儿？”须贾差点吓疯了。

范雎说：“我没死，在这儿给人当下人。大夫怎么会在秦国？”

须贾说：“听说秦王非常重用相国张禄。我很想见他，可还没找到给我引荐的人。”

范雎说：“我的主人跟相国认识。大夫要见他，让我伺候你去见吧！”

须贾听了非常高兴，他留下范雎一起吃饭，又拿出一件丝绵袍给他披上。范雎便为须贾驾车去了相国府。到了门口，范雎说：“您先等会儿，我去向相国通报。”

过了好一会儿，须贾也没见范雎出来，就问守门侍卫：“刚才进去通报的范雎怎么还不出来？”

“什么范雎？”侍卫惊愕地说，“那可是我们秦国的相国！”

须贾吓得跪着爬进去，给范雎磕头，惶恐地说：“是我瞎了眼睛呀，得罪了相国，请治我的罪吧！”

范雎把须贾狠狠地数落了一顿，说道：“我念你赠送丝袍还有一点故人的情分上，就饶了你的性命。可你要回去告诉魏王，让他杀了魏齐，秦国才答应割地求和。”

须贾惊魂未定地回到魏国，把范雎的话报告给魏王。魏王只好让魏齐自杀，然后割地求和。从此，秦国更加强大，开始了统一六国的步伐。

人物介绍

范雎：字叔，魏国芮城(今山西芮城)人，著名的政治家、军事谋略家，秦国相国，因封地在应城，所以又称为“应侯”。

历史关键点

所谓“远交近攻”，就是结交离得远的国家，进攻邻近的国家，这是秦国用以吞并六国、统一天下的外交策略。秦国在经过商鞅变法以后，势力发展很快，秦昭襄王开始有了吞并六国的野心。公元前270年，秦昭襄王准备兴兵伐齐，范雎向他献上了“远交近攻”的策略。秦昭襄王觉得有理，便拜范雎为客卿，并按照他的计策，重新调整战略布局，派使者主动去与齐国结交，把韩、魏两国作为主要的进攻目标。其后四十余年，秦国统治者继续使用“远交近攻”的策略，最终吞并六国，完成统一天下的大业。

触龙说赵太后

放声朗读

左师触龙愿见太后，太后盛气而胥（xū）之入。左师公徐趋（qū）而坐，自谢曰："老臣病足，不得见久矣，窃自恕；而恐太后体之有所苦也，故愿望见太后。"

——《资治通鉴》周纪五·赧王下五十年

译文

左师触龙求见赵太后，太后气冲冲地等他进来。触龙却慢吞吞地走过来坐下，道歉说："老臣我腿脚不好，很久没来看望太后了，常常以此自我宽恕，又担心太后的身体有什么不适，所以还是希望能见到太后。"

在中国历史上，出现过一个多国并存的战国时代。当时，秦国最强大，经常发兵征讨其他国家，意图称霸天下。

公元前266年，赵国的赵惠文王去世，幼子赵孝成王继位，赵太后摄政。秦国得到这个消息，决定趁他们的政权不稳定时发起进攻。

秦军攻势迅猛，一口气就占领了三座城池。情急之下，赵国派出使

臣请求齐国救援，可齐国说要赵国把太后的小儿子长安君送去做人质。赵太后最宠爱这个小儿子，说什么也不肯答应，以致齐国拒绝发兵，让国家陷入危险的境地。

“太后，请您将长安君送去齐国吧！”

“是呀！只有齐国出兵，我赵国才能无忧。”

“恳请太后送长安君去齐国。”

赵国大臣们纷纷谏言，让赵太后以国家为重，忍痛割爱，将小儿子送去齐国，以换取援兵救国家于危难之中。

“不要再说了！”赵太后斥责道，“长安君还是个乳臭未干的小孩子，你们非要送他去齐国当人质，怎么忍心？谁要再提这拆散我们母子的事，我就往他脸上吐口水！”

眼看国家陷入危难之中，大臣们万分焦急却没有办法。这时，左师触龙求见太后。

赵太后一猜就知道他是来劝自己送儿子去做人质的，她站在宫门口，气呼呼地想：“哼！这个左师触龙胆敢提让我送长安君去齐国的事，我就吐他一脸口水。”

左师触龙慢吞吞地走到赵太后跟前坐下，赔着不是说：“老臣的腿有毛病，走路不方便。好久没来给太后请安，心里总惦记着，担心您的身子有什么不适，今天特意过来探望。”

赵太后说：“我的腿也不行了，要走动就只能坐车。”

触龙问：“您每天的饮食怎么样？”

“唉！也就喝点稀粥罢了。”太后回答。

触龙点点头，说：“老臣最近也是没有食欲，不想吃东西。不过为了身体，我每天坚持走上三四里地，竟然有点食欲了。现在，身体变强壮了，太后您也试试？”

赵太后摇摇头，说：“不行不行，我老婆子走不动啦！”

触龙见赵太后的态度缓和了一些，又说：“太后，我非常疼爱我的小儿子舒祺，他的年纪还小，又没多大本事。我老了，身子骨差了，也不能再照顾他了。我希望太后能够开恩，让他补一个黑衣卫士的空缺，好保卫王宫，在磨砺中长大。”

赵太后说：“可以。你小儿子多大了呀？”

触龙回答：“十五岁了。岁数虽然不大，但我总想在没死之前把他给托付好。”

赵太后听了，笑着问："做父亲的也疼爱小儿子吗？"

"当然咯，还比做母亲的要疼得多呢！"触龙说，"不过照老臣看来，太后疼燕后可比疼长安君多得多呢！"

"不不不！你说错了，我对燕后的疼爱可没有长安君多。"赵太后说。

触龙摇着头说："做父母的都疼爱自己的儿女，我们不要只为眼前打算，更要为长远考虑。想当年燕后出嫁的时候，太后拉着她直掉眼泪，想到她要到遥远的燕国去，十分哀伤。后来您心中也一直在牵挂着，可每次祭祀时都祈祷她健康平安，千万不要被夫家赶回来。您希望她的子孙继续做燕王，这不是在为她长远打算吗？”

赵太后轻轻颔首道：“唉！一点儿也不错呀！”

触龙继续问：“咱们赵国君主的子孙，三代以后还有继续封侯的吗？”

赵太后摇着头说：“没有。”

“那么其他国家被封侯的子孙中，他们的后人还有在的吗？”触龙又继续追问。

赵太后说：“我还真没听说过。”

“这就是说，近的灾祸殃及自身，远的灾祸殃及其子孙，只是因为他们地位尊贵，并没有为国家做出一点贡献就拥有很多金玉珠宝。”触龙说，“正如现在的长安君，太后提高他的地位，封给他肥沃的土地，赐给他许多珍宝，

却不让他为赵国立功，等有朝一日失去太后的庇护，他要靠什么在赵国安身立命呢？您是不是疼燕后比长安君多呢？”

赵太后明白了触龙的良苦用心，叹了口气说：“就依你所言，送长安君到齐国做人质，为自己的国家出一份力吧！”于是，赵太后下令为长安君备一百乘车，去齐国做人质。齐国信守承诺，发兵解了赵国之危。

人物介绍

触龙：战国时期赵国大臣，官至左师，因此又被称为“左师触龙”。触龙进谏赵太后，劝说赵太后把最小的儿子长安君送到齐国做人质，赵太后被说动。

历史关键点

触龙跟其他大臣不一样，他既关心国家利益，又关心长安君的利益，并把二者结合起来。他是真心实意地为赵太后和长安君着想。赵太后不只是被他所说的道理折服，也被他的真诚所打动。他擅长做思想工作，先从寒暄请安入手，消除紧张的气氛；接着，他又提出共同关心的“爱子”问题，提出“爱子则为之计深远”的道理；再用历史事实说明爱长安君就应该“及今令有功于国”，把“爱子”与“爱国”统一起来，层层开导，步步深入，有理有情，终于说服了赵太后，让她的小儿子去齐国为人质，来换取救兵，解除了国家的危难。本文歌颂了触龙以国家利益为重的品质和擅长做思想工作的才能。

纸上谈兵

放声朗读

应侯又使人行千金于赵为反间，曰：“秦之所畏，独畏马服君之子赵括为将耳！廉颇易与，且降矣！”赵王遂以赵括代颇将。蔺相如曰：“王以名使括，若胶柱鼓瑟耳。括徒能读其父书传，不知合变也。”王不听。初，赵括自少时学兵法，以天下莫能当；尝与其父奢言兵事，奢不能难，然不谓善。

——《资治通鉴》周纪五·赧王下五十五年

译文

应侯范雎又派人用千金去赵国施行反间计，散布谣言说：“秦国所怕的，只是马服君赵奢的儿子赵括做大将。廉颇好对付，而且他也快投降了！”赵王中计，便用赵括代替廉颇为大将。蔺相如劝阻说：“大王因为赵括有些名气就重用他，这就像是粘住了调弦的琴柱在弹琴呀！赵括只知道死读他父亲的兵书，不知道随机应变。”赵王仍是不听。起初，赵括从小学习兵法时，就自以为天下无人可比。他曾与父亲赵奢讨论兵法，赵奢也难不倒他，但终究不说他有才干。

公元前264年，秦国攻打韩国，沿着黄河北岸向东挺进，一路攻城略地，势头迅猛，两年就把韩国北方的领土和上党郡切隔开了。上党郡太守为了寻求保护，只好归顺赵国了。因此，赵国不费一兵一卒就接收了上党郡。

已经到手的土地白白让别人拿走，秦王不高兴了。于是，他派大将军王龁（hé）向上党郡发起猛烈的进攻。上党郡太守冯亭带着军队拼死坚守了两个月，也不见赵国的救兵到来。将士和老百姓们实在没有办法，只好打开城门，拼命地向赵国跑去，一直跑到了长平关，才碰到赵国大将廉颇带来救援的二十万大军，可惜这时上党郡已经丢了。

廉颇和冯亭会合一处，打算进行反攻。同时，秦军也并没有罢手，仍以锐不可当的攻势向赵国领地猛追。很快，两军就相遇了，负责抵御的老将廉颇节节败退，最后又退回长平关。他命将士们增高堡垒，加深壕沟，坚守不出。

深谙兵法之道的廉颇认为，秦国的军队远道而来，粮草补给困难，不会打持久战的。等到他们撤退的时候，再向他们发起迅猛的袭击，肯定能一举破敌，收复失地。

可是，他的意图被秦军主将看出来了，他派人向秦王报告了这件事情。秦王请范雎来想办法，范雎说：“要想打

败赵国，必须先把廉颇调回去，我们不妨这样……”

过了几天，赵国百姓都在流传这样一句话：“廉颇太老了，哪儿还敢跟秦国打仗呀！要是让年轻力壮的赵括去，早就把秦兵打散了。”

赵王听了流言，就问赵括：“你能把秦兵打退吗？”

赵括说：“秦国如果派的是白起，我不敢说。不过打起王龁来，那就像秋风扫落叶，一扫而光。”

赵王听了赵括的话，就免了廉颇的职，任命赵括为上将军。赵括是赵国名将赵奢的儿子，他非常聪明，口才也好，从小就跟着父亲学习兵法；能将《鬼谷子》《孙子兵法》等用兵奇书读得滚瓜烂熟，甚至倒背如流。因此，赵括自诩他的军事才能天下无双，能所向披靡。

实战经验丰富的赵奢，也常常被儿子辩得哑口无言。有人夸赞：“将门出虎子，大器早成。”赵奢却说：“战场上的势态瞬息万变，难以预测，做将领的要有冷静的思维、强大的应变力才可以带兵。赵括把领军打仗的事情说得太轻松了，如果由这样缺乏实战经验的人领兵出征，一定会失败的。”

听到赵括被任命为抗秦大将军的消息，他的母亲急忙跑去对赵王说：“他父亲临死前再三嘱咐：‘赵括一谈起兵法就眼空四海、目中无人、夸夸其谈。若是将来当了大将，连累我们一家事小，恐怕连国家都要断送呀！’因此，我请求大王千万不要用他。”可赵王以为老人家是谦让，没当回事。

赵括当了大将军，立刻高傲起来，走到哪儿都威风凛凛的，军营里没人敢不仰视他。赵王赏赐的财物，他没有像父亲那样全部分给兵士，而是都运回了家。

见此情景，赵母想起赵奢临死前说“赵括为将，国必遭殃”的话，就跌跌撞撞地去求赵王：“大王呀！如果一定要用他，万一有个三长两短，请不要连累我们一家大小。”

赵王爽快地答应了她。

赵括领着二十万兵马来到长平关，他先请廉颇验过兵符，办了移交手续。接着换了新的命令：“要是秦兵来战，必须打回去。要是敌人败退，就要追下去，定将他们杀得片甲不留。”

这时，刚好有三千秦兵前来挑战，赵括立刻派出一万士兵迎战，打得秦兵败退了几十里。第二天，赵括带着大队人马又追了上来，可王龁只守不攻。赵括得意扬扬地说：“王龁也不过如此嘛！”

正在这时，一位将军跑来报告：“后队的大军被秦军切成两截，过不来了！”

不一会儿，又有一位将军跑来报告：“西边全是秦国军队，东边一个人也没有了。”

赵括只好领着队伍向长平关撤退。突然，一支秦军横杀过来，带队的将军蒙骜冲他喊：“赵括，你中武安君的计了，快投降吧！”

一听“武安君”的名字，赵括脸都白了。他哪里知道范雎早就派了武安君白起来指挥。他带领士兵停下来，吩咐他们在半道上安营驻扎。这时，白起已经悄悄地把他们包围了。

被困的赵括走投无路。他守了四十六天，眼看粮草接济不上，又不见救兵到来，他只好把大军分成四队轮番进攻，到第五次仍未能突围。慌乱中利箭就像狂风暴雨一般射了过来，赵括被射死，活着的士兵都投降了。

这些被俘的士兵怎么也想不到，会将性命断送在只会纸上谈兵、狂妄自大的赵括手上。白起把这四十万降兵赶进长平关附近的一个深谷里，然后将两端堵死，让预先埋伏在山顶的秦兵往下推土和石头，将他们都活埋了。

后人把赵括说起来头头是道、做起来一败涂地的现象叫作——“纸上谈兵”，比喻空谈理论，却不能解决实际问题。

人物介绍

赵括：战国时期赵国人，赵国名将马服君赵奢之子。赵括虽然熟读兵书，但缺乏战场经验，不懂得随机应变。最后被秦军射杀而死。

历史关键点

赵括从小熟读兵书，张口闭口谈的都是兵法，别人往往说不过他。因此他很骄傲，自以为很会打仗，将来在战场肯定会天下无敌。然而赵奢却认为他只是死搬兵书上的条文，不过是纸上谈兵，因此很为他担忧。最后，赵括果然败在了他熟读的那些军事理论中。

毛遂自荐

放声朗读

毛遂自荐于平原君。平原君曰：“夫贤士之处世也，譬若锥之处囊中，其末立见。今先生处胜之门下三年于此矣，左右未有所称颂，胜未有所闻，是先生无所有也。先生不能，先生留！”

——《资治通鉴》周纪五·赧王下五十七年

译文

这时有个叫毛遂的人向赵胜自我推荐。赵胜说：“贤良人才为人处世，好比锥子在口袋中，锥尖立即能露出来。如今先生来到我赵胜门下已经三年了，我左右的人没有谁称赞过你，我也从未听说过你的作为，说明先生没有什么长处，干不了这件差事，还是留下吧！”

战国时期，秦王在长平关大获全胜之后，又派郑安平带领五万精兵前去帮助王龁，命令他们一定要把赵国都城邯郸打下来。赵王吓坏了，急忙派平原君去楚国请求救兵。

平原君打算带着二十个文武双全的人一起去，于是，就在他的三千

多门客中挑选。可选来选去，只选出了十九个。平原君失望地说：“我辛辛苦苦养了三千多人，却连二十个人也挑不出来。”

这时，那些爱表现的门客们都羞愧得抬不起头来。忽然，坐在最后的一个门客说："可以让我去凑个数吗？"

门客们都瞪大了眼睛，平原君也冷冷地问："你叫什么名字？来这儿几年了？"

毛遂回答："我叫毛遂，是大梁人，来这儿三年了！"

"有本事的人就像装在口袋里的锥子，锐利的锥尖儿是藏不住的，一定会显露在人的视野中。"平原君奚落他说，"可这三年里，我从来没听说过你，这是不是说明锥子不够锋利呀？"

面对平原君犀利的语言，毛遂坦然淡定地说："我是今天才请求放到先生兜里的。再说，时间不在早晚，能用在要紧的时候才最好。"

毛遂的这番话把平原君吓了一跳，他佩服毛遂的胆识与口才，于是，便决定带他一起到楚国陈都去。

到了楚国，平原君和楚王在朝堂上展开激烈的辩论。任凭平原君说破了嘴巴，楚王对合纵抗秦的事情仍然犹豫不决。他们从太阳出来一直谈到太阳落山，也没辩论出什么结果。

终于，站在台阶底下等候的毛遂忍不住了，他走上朝堂问："合纵不合纵，就是一句话的事，你们从早晨说到现在，难道是在给秦国争取打我们的时间吗？"

楚王问平原君："这人是干什么的？怎么如此无礼？"

平原君说："这是我的门客，名叫毛遂。"

楚王生气地骂道："放肆！我同你的主人商量国家大事，你一个小小的门客多什么嘴？还不快点滚下去！否则，本王斩了你。"

谁知，毛遂不但没有害怕，反而手握宝剑向前走了一步，他理直气壮地说："合纵抗秦是天下大事，天下大事天下人都有说话的份儿，这怎么能叫作多嘴呢？你这样对我难道是因为楚国人多势众吗？我现在离你不到十步，随时都可以要了你的性命，就算人多又能怎样？"

楚王见他奔了过来，心里有些害怕，马上换了副笑脸问：“那先生有什么话要说呢？”

毛遂说：“楚国原来是个大国，它有方圆五千多里的土地和一百多万甲兵，这都是称霸图强的资本啊。可自从秦国一来，楚国接二连三地打了败仗，就连君王都当了秦国的俘虏，这是楚国的耻辱。还有白起，夺走楚国城池，侮辱大王先祖，这天大的仇恨就连小孩子听了都不能忍受，难道大王就不想报仇吗？今天平原君来与大王商议合纵抗秦的事情，这哪里是为了赵国，分明是为了楚国啊！”

毛遂说的每一句话都像锥子一样刺在楚王的心头。他红着脸说：

“是，是！先生说得对。为了楚国，我们应该合纵抗秦。”

毛遂问：“大王真的决定了吗？”

楚王说：“决定了，真的决定了。我国愿意与赵国签订合纵盟约，共同抗秦。”

事情出现这样的转机，是平原君和另外十九位门客万万没有想到的。他们纷纷竖起大拇指，称赞毛遂智勇双全，仅凭一己之力，就实现了合纵抗秦的大计。这时，毛遂吩咐楚王左右侍从准备好鸡血、狗血和马血，他把三种血全部倒在一个铜盘子里，然后捧着铜盘子跪在楚王跟前说：“大王作为合纵的盟约长，请先歃血。”

楚王接过铜盘子，当场就和平原君歃血为盟。毛遂提议让站在堂下的十九位门客一起签盟，门客们羞愧不已，来了半天，大事全让毛遂一个人干了。

签好“合纵”盟约之后，平原君回到赵国，他感慨自己选尽了天下英才，却唯独漏掉了毛遂这个惊世奇才。

在合纵抗秦的谈判中，毛遂仅用三寸不烂之舌，就让赵国的威望高于九鼎和大吕，他的一席话竟然胜过百万军队的征伐。从此，毛遂成了平原君的上等宾客，常常为赵国的安定献计献策。

人物介绍

毛遂：魏国大梁（今河南开封）人，战国时期著名说客。

历史关键点

“毛遂自荐”这个故事告诉我们，在机会面前不要等着别人去推荐，只要有才干就要主动站出来，更好地展现自己，以实现自身价值。如果毛遂不能及时地把握机会，那么他的旷世奇才也只能永远收在囊中了。把握时机，要对社会生活有深刻的洞察力，掌握并能解决好人际关系，才能具备完成某项事业的能力，才能得到“天时、地利、人和”的支撑，从而走上成功之路。

魏无忌救赵

放声朗读

及秦围赵，赵平原君之夫人，公子无忌之姊也，平原君使者冠盖相属于魏，让公子曰：“胜所以自附于婚姻者，以公子之高义，能急人之困也。今邯郸旦暮降秦而魏救不至，纵公子轻胜弃之，独不怜公子姊邪！”公子患之，数请魏王敕晋鄙令救赵，及宾客辩士游说万端，王终不听。公子乃属宾客约车骑百余乘，欲赴斗以死于赵。

——《资治通鉴》周纪五·赧王下五十七年

译文

这时秦兵围困赵国都城邯郸，赵国平原君赵胜的夫人是魏无忌的姐姐。赵胜派到魏国求救的使者车马接连不断，指责魏无忌说：“赵胜我之所以与您联成姻亲，就是仰慕您的高尚道义，能够急人之危。现在邯郸早晚要落入秦国手中而魏国援兵裹足不前，即使您看不起我赵胜，鄙弃我，难道不可怜您的姐姐吗？”魏无忌十分焦急，多次请魏王命令大将晋鄙领兵救赵，又派门下能说善辩的宾客百般游说，然而魏王始终不为所动。魏无忌只好聚集门下宾客百余乘车马，准备赴赵国以死相拼。

公元前258年，秦国军队包围了赵国都城邯郸，赵王急得像热锅上的蚂蚁，不知道怎么办好。在这个危急时刻，平原君说："大王，我的妻子是魏国信陵君魏无忌的姐姐，请允许我向魏国求援。"赵王想了想，也只有这个办法了，于是便派平原君立即启程。

魏国国君安釐王接到求救，立刻派晋鄙将军带领军队前去救援。晋鄙领兵前脚刚走，秦国使臣后脚就到了，他威胁安釐王说："你要是胆敢帮助赵国，就会成为秦国下一个攻打的目标。"

秦国使臣离开后，安釐王害怕了，马上派人通知晋鄙，把军队停在邺城扎营驻守，名义上说是出兵救赵，实际上却躲起来隔岸观火，根据战局形势的发展再做最后决定。

赵国的形势越发危急了，平原君只好再派使者去给魏无忌送信，说："我跟魏国联姻结亲，是因为信陵君仁义高尚，有助人解困的善心。如今邯郸危在旦夕，魏国的救兵却迟迟不见。世人都说你是连斑鸠都不愿辜负的仁人义士，可如今赵国有难，你的仁义在哪里？善良又在哪里？就算你不把我赵胜看在眼里，难道连自己的亲姐姐也不顾吗？"

其实，魏无忌正在为这件事发愁呢。他不仅自己多次请求安釐王赶快让晋鄙出兵，还让宾客和谋士们不停地劝说。可安釐王由于惧怕秦国，怎么也不肯答应。

为此，魏无忌感到非常失望，他仰天长叹："难道我就自己偷生，却眼睁睁地看着赵国灭亡吗？"无奈之下，他把自己的宾客和谋士召集起来，凑了一百多辆战车，准备带领他们去和秦军决一死战。

临行前，他去东门向门客侯生说明了去赵国的心意。侯生冷淡地说："公子请多保重，我的年纪大了，就不跟你们一起去了。"魏无忌怔怔地看着他，希望他能再说几句，或许这是最后一次见面了。魏无忌见侯生不再说话，只好走了。

在去的路上，他越想越不痛快：“我拿侯生当个知心人，他倒眼睁睁地看我去送死，不替我出个主意也就算了，连句送别的话都没有。”他自言自语地说，“不行，我得回去问问，到底是哪里亏欠他了。”

门客们纷纷劝他：“这么讨厌的老头子，公子别回去见他了！”

可魏无忌执意要回去问个清楚。他去了之后，发现侯生站在门外等着，还笑着说：“我就知道公子会回来的。”

魏无忌惊讶地问：“为什么呀？”

侯生说：“公子对我这么好，我倒看着您前去送死，连一句暖心的话都没有，您一定会感到奇怪，会回来追问原因的。”

魏无忌听出侯生话里有话，急忙向他行礼，并恳切地说：“请先生指教。”

侯生说：“公子供养门

客几十年，光吃饭的就有三千多，怎么就没有一个替您想想办法的呢？你们就这样到秦国的兵营里去，那还不是羊入虎口，白白送死吗？”

魏无忌无奈地说：“我知道没什么用处，可也总算尽了力呀！”

侯生叹了口气说：“公子请进来坐吧！”

进到屋里，侯生支开了旁人，对魏无忌说：“听说咱们大王最宠爱如姬是不是？”

魏无忌连连点头说：“是，是。”

侯生接着说：“当初如姬的父亲被人害死，大王没找到仇人。后来是您帮她找到，给她报了杀父之仇，对不对？”

魏无忌点着头说：“对，对。”

侯生说：“如姬为了感谢您，做什么事情都是愿意的。只要公子请她把兵符偷出来，就能去夺取晋鄙的兵权，领着这支大军北上抗击秦国，总比这样空手送死强多了呀！”

魏无忌听了侯生这番话，立刻恍然大悟，他赶紧拜别侯生，去找如姬商量去了。

当天半夜，如姬趁安釐王熟睡的时候，把兵符偷了出来。魏无忌接过兵符后，再次来到侯生家向他辞行，侯生说：“万一晋鄙看到兵符，也不把兵权交出来怎么办？”

听了这话，魏无忌心里一凉，惊问道：“如果真是这样，那怎么办？”

侯生说：“我朋友朱亥是个大力士，公子可以带他一起去。如果晋鄙不把兵权交出来，就让朱亥杀了他。”

魏无忌听了，流着眼泪说：“晋鄙老将军并没有做错事，他不答应我，也在情理之中。可我要把他杀了，这叫我怎么能不痛心呢？”

侯生说：“杀了他一人，拯救一国人。谁轻谁重，还用得着思考吗？”

他们来到朱亥家，向他说明来意。朱亥激动地说：“我不过是一个宰猪的下人，承蒙公子屡次照顾，也是该我回报您的时候了。”说完，

就跟着魏无忌上路了。

魏无忌带着朱亥和一千多门客来到邺下，向晋鄙奉上兵符，说："大王体谅将军辛苦，特地派无忌前来接替。"晋鄙接过兵符，往自己带的那一半上一合，果然成了老虎形状。可晋鄙又说："请公子暂缓几日，我得把将士们的名册整理出来，再把军队里的事务处理一下，才能清楚地交出来。"

魏无忌说："邯郸形势危急，必须连夜前去救援，一刻也耽误不得。”

可晋鄙还是不肯交出兵权，非得向大王请示一下。朱亥走过去，生气地说：“你不听大王的命令，就是反叛！”说着，从袖子里拿出一个四十斤重的大铁锤，就朝晋鄙的脑袋砸下去了。

“大王命我接替晋鄙救援邯郸，你们不用害怕，只管服从命令，奋勇杀敌，回来都有重赏。”魏无忌拿出兵符对将士们说，“有父亲和儿子都在军中的，父亲可以回去；哥哥和弟弟都在军中的，哥哥可以回去；是家中独子的，可以回去。”

这时，从队伍里走出两万士兵，魏无忌打发他们走后，重新编排了一支八万的精良部队。魏无忌冲在最前面，指挥队伍向秦军杀去。秦国将军王龁没有想到魏国军队会突然打来，手忙脚乱地抵挡着。

这时，平原君也带着赵国军队杀了出来。他们两面夹击，把秦国军

队杀得死伤过半，剩下的都投降了。赵王为了感谢魏无忌，封城五座给他。魏无忌由于不敢回国，只把兵符和军队让魏国将军带了回去，自己便留在了赵国。

人物介绍

魏无忌：即信陵君，魏国公子，与春申君黄歇、孟尝君田文、平原君赵胜并称“战国四公子”，是战国时期魏国著名的军事家、政治家。

历史关键点

公元前258年，秦国围困赵国都城邯郸，眼看赵国危在旦夕，赵王只好派平原君去向魏国求救。魏国由于惧怕秦国，不敢出兵救赵。信陵君魏无忌以唇亡齿寒的道理劝说魏王，请求魏王发兵救援赵国，可魏王还是犹豫不决。情急之下，信陵君魏无忌听取门客侯生之计，以国家利益为重，将生死置之度外，同时借魏王宠妃如姬之手盗得了兵权虎符，夺取了魏国兵权，不仅解了赵国的危难，也巩固了魏国的地位。

吕不韦奇货可居

放声朗读

阳翟大贾吕不韦适邯郸，见之，曰："此奇货可居！"乃往见异人，说曰："吾能大子之门！"异人笑曰："且自大君之门！"不韦曰："子不知也，吾门待子门而大。"异人心知所谓，乃引与坐，深语。

——《资治通鉴》周纪五·赧王下五十七年

译文

阳翟（dí）有个大商人吕不韦去邯郸，见到嬴异人，说："这是可以囤积起来卖好价钱的奇货呀！"于是前去拜见异人，说："我可以提高你的门第！"异人笑着说："你先提高自己的门第吧！"吕不韦说："你不知道，我的门第要靠你来提高。"异人心中知道他有所指，便邀他一起坐下深谈。

阳翟有个大商人吕不韦去邯郸，见到嬴异人，说："这是可以囤积起来卖好价钱的奇货呀！"于是前去拜见异人，说："我可以提高你的门第！"异人笑着说："你先提高自己的门第吧！"吕不韦说："你不知道，我的门第要靠你的门第来提高。"异人知道他另有所指，便邀他一起坐下深谈。

吕不韦是赵国的商人，头脑聪明，善于捕捉商机。他经常到繁华的闹市去转悠，寻找赚钱发财的机会。因此，他的产业庞大，富可敌国。

有一天，吕不韦走在都城邯郸的大街上，遇到一个非常奇怪的人。这人浓眉大眼，唇红齿白，样貌十分俊美，隐约中又透露着贵人气质，可穿的衣服却很平常。

“小二哥，那个人是谁？”吕不韦忍不住向路旁的小贩打听。

小贩回答说，他是异人，秦国送来的人质，是秦国太子安国君和小妾夏姬生的孩子，在秦赵渑池会盟上，被当作人质留下来的。可他来了，秦国照旧攻打赵国，气得赵王每次都想把异人杀了。平原君说：“秦国太子有二十几个儿子，异人是最不重要的一个，你把他杀了又能怎样呢？不如留着，以后或许能有用。”赵王这

才没有杀他，却不再供给他吃穿，并把他关起来，让大夫公孙乾寸步不离地看守着他。可怜的异人整日里郁郁寡欢，过着无依无靠、枯燥乏味的落魄生活。

听完小贩的介绍，深谙经商之道的吕不韦满心欢喜，认为这位贫困的王孙是个可以囤积的奇货，等到将来行情好时，一定能卖上个好价钱。

他于是去问父亲："种地能够得到几倍利润呢？"

父亲说："十倍。"

"做珠宝生意呢？"

"一百倍。"

"如果拥立一个国王，平定一个国家呢？"

"那就说也说不完了。"

吕不韦听了父亲的话，立刻花了一些金子，去结交看守异人的公孙乾，又通过他认识了异人。

有一次，他们三个在一起喝酒，趁公孙乾上厕所之际，吕不韦问异人："秦王年纪大了，您的父亲眼看就要即位。即了位，他就要立太子，他最宠爱的华阳夫人没有儿子，您何不趁这个时候，回去好好孝敬一下她呢？要是华阳夫人收了您做儿子，您可就是未来的太子呀！"

异人伤心地说："我做梦都想回国，可受人看管，逃不走呀！"

吕不韦说："我出钱想办法让太子和华阳夫人来把您接回去。"

异人听了，连忙给吕不韦跪下，说："要是你能救我回去，将来得到荣华富贵，你我共享！"

吕不韦到了咸阳，先带礼物去拜见了华阳夫人的姐姐。又拿出一大包金玉珠宝，托她转送给华阳夫人，他说："这些都是王孙异人托我带给夫人和姨母的。"

华阳夫人的姐姐一见到这些珠宝，高兴得合不拢嘴，赶紧问："异人这孩子挺好的吧？”

吕不韦说：“由于秦国不断攻打邯郸，气得赵王几次要把王孙杀掉，幸亏赵国大臣一个劲儿地给他说情，才得以保住性命。”

华阳夫人的姐姐奇怪地问：“赵国大臣怎么对他这么好呢？”

吕不韦说：“王孙的孝心在赵国是没有人不知道的，因为每逢太子和夫人过生日，王孙都要向着西方磕头拜寿，所以赵国的人都说他是大孝子。加上他平日里喜欢结交好友，各国的诸侯和大臣差不多都跟他有交情，哪能让赵王杀了他呢？”

吕不韦见她满脸欢喜，就继续说：“您的妹妹能得太子宠爱，可真是有福气。可惜眼前没有儿子，以后要依靠谁呢？如今王孙既孝顺又有才学，夫人若是收他做了儿子，以后的福气还会少吗？”

华阳夫人的姐姐非常赞同吕不韦的主意，马上跑到妹妹那里添枝加叶地说了一

番。华阳夫人果然愿意，当即逼着安国君前去接人。安国君架不住华阳夫人软磨硬泡，只好答应立异人为继承人，并让吕不韦想尽办法也要把异人接回来。

吕不韦回到邯郸，把安国君要立他为继承人的喜讯告诉了异人。异人听了，像是快要蔫死的花被浇上了水，立刻精神百倍了，并欢喜地娶了吕不韦给他找来的姑娘赵姬。十个月后，赵姬生下了一个儿子，因为生在赵国，就取名赵政。

赵政两岁时，秦国兵马又围困了邯郸。吕不韦对王孙异人说："我看赵国跟秦国这次一时半会儿和解不了，万一赵王把气撒在您身上怎么办？我们还是逃跑吧！"

于是，吕不韦买通守城官吏，带着异人一家连夜逃跑了。跑到天刚刚亮时，被秦国的哨兵给逮住了。哨兵把他们送到秦昭襄王那里，秦昭襄王见到自己的孙子异人非常高兴，他捋着花白的胡子问："你是怎么逃出来的？"

异人把吕不韦怎样救他出来的事情草草说了一遍。秦昭襄王欣慰地说："太子总是挂念你，赶紧回咸阳去吧！"

吕不韦带着异人来到咸阳，他先叫人去告诉安国君，又叫异人换上楚国的衣服。异人一见到安国君和华阳夫人，就抽泣着说："儿子不孝，不能在身边伺候二老……"

华阳夫人看到他身上的衣服，奇怪地问："你在赵国住着，怎么穿着楚国的衣服呢？"

异人说："我日日思念母亲，特地做了这身衣服穿着，就好像母亲在我身边一样。"

华阳夫人听了，心里乐开了花，她说："好，好，我是楚国人，你又喜欢如此打扮，真是我的亲儿子呢！"

安国君为了讨夫人欢心，就对异人说："好！从今天起，你就是夫

人的亲生儿子，以后你就叫子楚吧！”子楚听了，立刻向安国君和华阳夫人磕头：“子楚拜见父亲、母亲。”

安国君转身对吕不韦说：“多谢先生救回我的儿子，请先生回到住所好好歇息歇息，我重重有赏。”吕不韦拜谢后，子楚就在华阳夫人的宫殿里住了下来。

没过多久，秦昭襄王去世，安国君继位为王，为秦孝文王。立华阳夫人为王后，子楚为太子。秦孝文王去世后，子楚即位，为秦庄襄王。秦庄襄王封华阳夫人为华阳太后，自己的生母夏姬为夏太后，拜吕不韦为相国，封他为文信侯，把洛阳十万户作为他的食邑。

人物介绍

吕不韦：姜姓，吕氏，名不韦，卫国濮阳(今河南省滑县)人。战国末年商人，秦国相国，政治家、思想家。

历史关键点

吕不韦是阳翟的大商人，他来往各地，四处兜售货物，以低价买进，高价卖出，积累起万金的产业。当他看到公子异人时就觉得这是一件奇货，可以囤积居奇，以待高价卖出。果然，他先是赢得了异人的信任，然后算计到华阳夫人能够为了自己的利益认异人为秦国未来的继承人，他又以长远的利益说服赵王送异人回去。最后，他又在异人的服饰上下功夫，使秦王立异人为太子。吕不韦在两国间穿针引线，巧妙安排，运筹得当，步步迭进，最终达到自己想要的结果。

蔡泽说范雎

放声朗读

应侯遂延以为上客，因荐于王。王召与语，大悦，拜为客卿。应侯因谢病免。王新悦蔡泽计画，遂以为相国。泽为相数月，免。

——《资治通鉴》秦纪一·昭襄王五十二年

译文

范雎于是将蔡泽奉为上宾，并把他推荐给秦昭襄王。秦王召见蔡泽，与他交谈，十分喜爱他，便授予他客卿的职位。范雎随即以生病为借口辞去了相国之职。秦昭襄王一开始就赞赏蔡泽的计策，便任命他为相国。但蔡泽任相国几个月后，即被免职。

战国时期有个叫蔡泽的燕国人，他才华横溢，能言善辩，曾经周游列国，拜师学习，是个非常了不起的人物。秦昭襄王在位的时候，他担任秦国的相国。后来，又在秦孝文王、秦庄襄王和秦始皇时期担任很重要的职务。蔡泽真的可以说是官位显赫，享有无限的富贵荣华了。

可是刚开始的时候，蔡泽生活得很落魄，连个住的地方都没有。蔡泽的长相也很一般，鼻子朝天，额头凸出，鼻梁塌陷，两腿向内弯曲。他想谋个一官半职来赚点俸禄，但屡次遭到各国的拒绝。无奈，他便想去赵国碰碰运气，可在赵国也没得到发展的机会。他对自己说：“不要着急，不要放弃，你这块金子总有一天会大放异彩的！”于是，他又打算去韩国和魏国试试，可在路上，他随身带的炊具都被别人抢走了，蔡泽只好就近转身向西去了秦国。

蔡泽到了秦国，准备去见秦昭襄王，可苦于没有人帮他引荐，只好找个地方先住了下来。他想找相国范雎帮他引荐，可找了几次范雎都避而不见。因为秦国当时有一条法律：被举荐人能为国家建立功勋，举荐的人也有功劳；如果被举

荐人犯罪，举荐的人也会受到牵连。所以，尽管范雎知道蔡泽很有才华，但听说他狂妄自大，恃才傲物，为了不给自己招惹无端的祸事，就不答应帮他引荐。

蔡泽见范雎不理睬他，就四处散播一些言论，试图激怒范雎，逼他露面。蔡泽说：“我是燕国人蔡泽，是天底下最有智慧、最有见识的人，我的治国本领举世无双。只要能见到秦昭襄王，他一定会让我担任相国之位，而那个才疏学浅的范雎立刻会被大王罢免的。”

范雎听了这些话后，果然非常生气。他大骂蔡泽狂妄自大，目中无人。可当他把怒火发泄完后，又转念一想：“或许蔡泽真的是一个不可多得的谋士，真的拥有才华和学问，不管怎么样，先和他见上一面再说。”

于是，他就派人把蔡泽请到了府上。谁知蔡泽进来后，见到范雎，只行作揖之礼而不跪拜，并且态度十分傲慢。范雎大不为悦，但毕竟是堂堂一国之相，和一介草民斤斤计较，传出去会被

人笑掉大牙的。

范雎斥责他说：“蔡泽，听说你要代替我做秦国之相，真有这样的事情吗？”

谁知蔡泽听了脸不红气不喘，仍然一副泰然自若的样子：“是的，相国大人，这话都是我说的。”

范雎没有想到他回答得这样坚定，并且理直气壮。他平复了一下自己的心情，继续说：“既然这样，那就把你的高见说来听听吧！如果你真像自己说的那样才智过人、举世无双，我会考虑帮你举荐的。”

蔡泽听到范雎这样说，立刻收起傲慢的态度，婉转地说：“相国大人，我认为您的学识是有限的，对待问题的看法也非常迟钝，不善于变通。大家都知道，春夏秋冬的变化是不断代替更迭的，变则通，通则达，所有有学识的人都应该知道这个道理。”

接着，蔡泽一一列举了秦国的商鞅、楚国的吴起、越国的大夫文种的英勇事迹，问：“这些都是历史上有名的贤臣能将，他们为国家倾其一生，却落得悲惨的结局，这些有什么值得人羡慕的吗？”

范雎料到蔡泽是故意引出这三个人的故事，来堵住他的嘴，于是就辩解道：“怎么就不可以？他们三人本来就是仁义的极致、忠诚的标准。商鞅为使秦国强盛起来，制定出《强秦九论》，他对秦国死心塌地，舍其性命也要成就变法。他一心为公、不图私利、赏罚分明、治理有方，因此，秦国才得以民富国强，才得以开疆拓土。对于这些成就，商鞅功不可没。

“吴起辅佐楚悼王在国内进行大刀阔斧的改革，提出了‘使私不得害公，馋不得蔽忠，言不取苟合，行不取苟容，行义不顾毁誉’的主张。他始终坚持正义，最终完成霸业，使楚国变得强大无比，而完全不顾个人的生命安危与得失。

“大夫文种辅佐越王，在越王勾践遇到围困和侮辱的时候，他依然全心全意地为越国奔波操劳。三年后，勾践回国，文种与他一起卧薪尝胆，励精图治，使越国再次强大起来。他一生立下很多功劳，却从来不曾骄傲过。像这样的贤良谋士，都是我们学习的楷模。”

蔡泽点头承认，说：“商君、吴起、大夫文种作为臣子，做得非常对，而那些君主却做错了。世人都知道这三个人尽了忠孝而不得好报，难道学习他们那样不得善终白白死掉吗？”

范雎说：“君子为了保持节义可以以身殉难，视死如归。如果活着受到辱没，还不如为节义死去感到荣耀呢！士人本来就应该有为正义捐弃生命而赢得美名的志向，只要是为了仁义，即便死了又有什么不可以的？”

蔡泽摇了摇头，说：“性命和功名都能够成全，这才是最上等的愿望。功名为后世所敬仰而性命失去的，这就次了一等。性命虽然苟活，但名声蒙受侮辱的，这是下等的。出现这种情况，究其根

本是因为君王没有体察臣子的心，才会酿成如此结果。如果等到身死了才可以树立忠诚的美名，那么微子就不能称为仁人，孔子就不能称为圣人，管仲也不能称为伟人。”

这几句话说得范雎心服口服，他赶紧把蔡泽请入上座，奉为上宾。他满意地看着蔡泽，决定把他引荐给秦昭襄王，让他为治理国家建言献策，为百姓谋福祉，以实现自己的理想与抱负。

过了几天，范雎上朝的时候，把蔡泽的情况向秦昭王做了详细的禀报。秦昭襄王听了，立刻召见蔡泽过来谈话。他听了蔡泽的见地后心里非常高兴，马上授予他客卿的称呼。又过了几天，范雎辞去相国一职，秦昭襄王便命蔡泽做了相国。

人物介绍

蔡泽：燕国纲成（今河北万全）人，号为纲成君。在哲学上倾向于道家，着重发挥道家“功成身退”的思想。

历史关键点

在蔡泽和范雎两人的对话中，折射出对人情世故的解析和判断以及处理事情的智慧和勇气。蔡泽逻辑之缜密，思维之清晰，是值得我们深深体味和学习的。

谋略家之所以高明，在于能看到日常事件背后隐秘的机会，能通过观察事物的本质，谋划出自己的深远计划和安排。正如蔡泽说的“日中则移、月满则亏、物盛则衰、事极必反”是自然界中铁定的规律，也是蔡泽留给我们的最大财富。

李牧破匈奴

放声朗读

习骑射，谨烽火，多间谍，为约曰：“匈奴即入盗，急入收保。有敢捕虏者斩！”

——《资治通鉴》秦纪一·庄襄王三年

译文

李牧指挥部队练习射箭和骑马，小心谨慎地把守烽火台，多派出侦察人员打探敌情，同时申明约束，号令说：“如果匈奴兵侵入边境进行掠夺，我军应立即收拾起人马、牛羊、物资等退入堡垒中固守，有胆敢逞强捕捉俘虏的，一律处斩！”

李牧，战国时期赵国人，是与白起、王翦、廉颇齐名的大将军，具有非常了不起的指挥才能。在对国家的管理方面，他也很有才能，因此，百姓们都过着幸福宁静的生活。可是，这样的生活被渐渐强大起来的匈奴部落打破了。匈奴部落骑兵数目众多，又骁勇善战，经常到赵国的边境地界烧杀抢夺。驻守在那里的赵国军队根本不是他们的对手，赵王只好派李牧长期驻守北疆的代地和雁门郡，来抵御匈奴的入侵，并授予他有任命地方官员的权利，可以在那儿征收地税、商税来作为士兵的伙食费用。

按说赵王这样对李牧，可真是恩比天高、情比地厚了，他该立马把来边境进犯的匈奴人打得落花流水才是。可他去了以后，每天只为士兵们杀牛宰羊改善伙食，然后带着士兵们训练骑射功夫。

李牧修建了很多可以报警的烽火台，他每天派出很多侦察小队，深入敌军内部去探查他们的动静，并给士兵们立下严格的规矩：“只要匈奴前来抢夺，就让老百姓们迅速躲进城里，还要把所有的物资也都拿进城里守好。如果有人敢出去和匈奴人打仗，就立刻斩首。”

得到这样的命令，将领和士兵们都一头雾水，怎么也想不明白，不禁私下里议论纷纷。李牧对他们的抱怨既不斥责，也不发火，只是偷偷地笑。

匈奴人知道后就取笑李牧，说他是老鼠胆，不敢和他们的骑兵对抗，更加肆无忌惮地对赵国边境进行侵略抢夺。可他们每次刚一出兵，就会被侦察兵发现，接着就点起烽火台上的狼烟。

每次李牧看到狼烟，都会下令让士兵们放箭，掩护老百姓进城，而他们自己却从来不去迎战。匈奴人什么也抢不到，也攻不进城里来，每次都是又气又急。这样的情景重复了好多年，李牧的军队和百姓也没有受到一点儿损失。可是匈奴认为李牧胆小，即使是赵国守边的士兵，也认为自己的主将怯战。赵王责备李牧，李牧依然如故。赵王一气之下撤了他的职，派了别的将领前去镇守。

新任将军实行了和匈奴交战的策略。此后一年里屡战屡败，伤亡众多，损失惨重，百姓也不能再种田放牧。这时，赵王想起了李牧，下令让他官复原职。李牧却说自己生了

重病，不能前去上任。

赵王没有别的办法，只好强行逼他前去上任。李牧趁机说道：“大王，你要让我去，就得答应我还像以前那样做。”

“本王答应，依大将军的意，快去镇守代地和雁门郡吧！”赵王痛快地答应了他的请求。

李牧到了边关，还是像以前那样约束士兵，不准和匈奴人交战。匈奴一来，他就命令士兵保护老百姓回城。匈奴人更加认定了李牧是个胆小鬼，可是他不出战，就抢不到任何东西，一连几年，他们都在赵国的边境上白忙活。但李牧并没有放松对军队的训练，士兵们个个骑射精良，勇猛善战。

这时，总是受到奖赏的士兵忍受不了了，他们纷纷前来请愿，愿意和匈奴决一死战。于是，李牧命人打造出一千三百多辆

坚固的战车，挑选出战马一万三千多匹，又挑选出曾获过百金之赏的勇士五万名，能拉硬弓射箭的兵士十万名。

他把这些人、马、车辆组织起来，进行阵法演练和作战训练。然后，又动员许多百姓赶着猪、马、牛、羊在边境上放牧。匈奴人看到后欣喜若狂，立刻派出小队兵马来抢。

这回，李牧带兵出去迎战了。打了一会儿，他装作打不过转身便退，把老百姓和牛羊马匹全丢下了。匈奴的首领单于听说后，迫不及待地带兵闯进赵国边境，抢牛羊，占地盘。

但是，李牧早就有所准备，他用一支部队引诱匈奴大军深入，派主力大军在前方摆下“二龙出水阵”。当小股诱导部队和敌军拉开距离时，迅速从左右两侧包抄。

刹那间，匈奴大军就被围得铁桶一般，陷入上天无路、入地无门的绝境。不等他们反应过来，如蝗的利箭暴雨般从天而降。紧接着，嘶鸣的战马、飞驰的战车旋风似的冲入敌阵。

李牧率领勇猛的大军以迅雷不及掩耳之势，把匈奴大军杀得丢盔弃甲。然后他又乘胜追击，消灭依附匈奴人的襜褴族，打垮东胡族，还降服了林胡族，单于只得逃得远远的。

这一仗，打得匈奴人十多年都不敢再来进攻赵国边境，也让赵国边境的百姓们过上了安稳太平的日子。李牧破匈奴的故事，也被后人口耳相传到今天。

人物介绍

李牧：战国时期的赵国名将、军事家，与白起、王翦、廉颇并称“战国四大名将”。战国末期，李牧是赵国赖以支撑危局的唯一良将，素有“李牧死，赵国亡”之称。

历史关键点

赵国良将李牧保卫边疆，不急功，不近利，一切以护边战事为重，最后大破匈奴，使得此后的十余年里，匈奴不敢靠近赵国边城。李牧让敌人误以为他胆怯，以一种麻痹敌人的奇谋，战胜了匈奴。此后，李牧对匈奴依旧采取预防为主的策略。

荆轲刺秦王

放声朗读

荆轲奉图以进于王，图穷而匕首见，因把王袖而揕之；未至身，王惊起，袖绝。

——《资治通鉴》秦记二·始皇帝下二十年

译文

荆轲手捧地图进献给秦王，图卷全部展开，露出藏在里面的匕首，荆轲抓住秦王的袖子，举起匕首刺向他的胸膛。只是还不等荆轲靠近，秦王就吓得跳了起来，袖子也被挣断了。

燕国太子丹留在秦国做人质期间，秦国屡次侵犯燕国，夺去燕国大片土地。太子丹在得知秦王想要兼并列国的意图后，就换上一身破衣裳，脸上涂满泥巴，装扮成一副穷人的样子，悄悄逃离了咸阳。

太子丹回燕国后，一心想要找秦王报仇，为此他征求太傅鞠（jū）武的意见。可他不想着发展生产、操练兵马，也不想着联络诸侯、共同抗秦，他只想寻找一个能刺杀秦王的刺客。太傅鞠武劝他说：“您现在应该与西面的韩国、赵国、魏国签订盟约，南面与齐国、楚国联合，北面与匈奴结合，来实现共同抗秦的

大计。”

太子丹却说：“太傅的计策听起来很好，但要实现起来太漫长了，我内心烦闷，焦急狂躁，一刻也不想再等下去了。”

没过多久，太子丹救了一个叫秦舞阳的杀人犯，太子丹佩服他的胆量，就把他收在了自己门下。这样一来，燕国太子丹优待勇士的名声就传了出去，连躲在深山里的樊（fán）於（wū）期也知道了，他就是在秦国煽动长安君造反的那个将军。他来投奔太子丹后，太子丹不仅大方地接纳了他，还把他作为上宾看待，在易水东边给他盖了一所房子，取名樊公馆。

鞠武说：“仅凭着秦王的残暴和他对燕国积存的怨恨，就足以让人担心了，您还把得罪了他的樊将军留下来，这不是把肉放在饥饿的老虎的嘴边吗？我看您还是将樊将军送到匈奴去躲一躲吧！”

太子丹说：“樊将军是走投无路了来投奔我，我怎么能把他送到蛮荒的地方去呢？太傅还是再想想其他办法吧！”

“我是想不出什么办法来了。”太傅失望地闭上眼睛，摇着头说，“田光老侠士既有智慧又有胆量，您不如请教一下他吧！”

太子丹听了，就派鞠武赶紧去把田光请来。田光到了之后，太子丹亲自把他扶下车，把他迎进屋子，跪在地上掸（dǎn）好席子，才请他坐下。太子丹跪在田光面前，把要向秦王报仇的事情前前后后讲了一遍，希望他能出个好主意。

田光说：“我老了，不中用了。不过剑士荆轲的胆识和智慧都在我之上，他可能会有办法。只是不知道他肯不肯帮忙。”

太子丹央求道：“恳请老先生帮忙，一定要将他请来。”

田光回去后，对荆轲说：“太子丹跪在我的面前，与我商量国家大事，可是我已经老了，没有力气了，就在太子面前推荐了你，请你去挑下这个担子，可以吗？”

“听从先生吩咐！”荆轲说完，就坐上田光的车去见太子丹了。

太子丹像对待田光一样把他迎进屋里，对他说：“现在秦国已经虏获韩王，还在继续向南进攻楚国，向北逼近赵国。赵国已经无力抵挡，那么灾难马上就要降临到燕国头上了。弱小的燕国一直受战争拖累，根本抵挡不住秦国的攻势啊！”

荆轲问：“那太子打算怎么办呢？”

“我想，如果能找到一位天下最强的勇士，装扮成使者去见秦王。再找到合适的机会，逼迫秦王退还各诸侯国的土地，就像当年曹沫逼迫齐桓公一样。如果不行，就趁机把他杀掉。”太子丹看着荆轲，诚恳地说，“我相信，您就是最强的勇士。”

荆轲想了想，说：“可假如空着手去，不带点使他相信的物件，就很难接近秦王。现在秦王用一千斤金子和一万户人口的封地来换取樊将军的头颅，如果我带着樊将军的首级和燕国督亢的地图献给秦王，他肯定会乐意见我，那时我就可以刺杀他来回报您。”

太子摆着手说：“不行！不行！樊将军是因为走投无路才来投奔我的，怎么能将他杀死呢？”

荆轲知道太子不忍心，就私下里去见了樊於期，说：“秦国对待将军，可以说是残酷到了极点。您的父母、同族都被杀死或没收为官奴了，现在又用一千斤金子和一万户人口的封地来换将军的首级，您觉得怎么办好呢？”

樊於期流着泪说：“每当想起这些，我都恨之入骨，却不知道能做些什么。”

荆轲说：“我倒有个办法，不仅能报将军的深仇大恨，还可以解除燕国的忧患。”

“什么办法？”樊於期急忙问。

“就是将将军的首级献给秦王，秦王一定会高兴而友好地接见我，到时我左手抓住他的衣袖，右手拿匕首刺进他的胸膛。”荆轲边比画边说。

“这是我日日夜夜都渴望实现的事情啊！”樊於期说完，就自杀了。

太子听说了这件事情，坐上马车就往这儿赶，他趴在樊於期的尸体上失声痛哭，可已经没有办法挽回了，只好用匣子把樊於期的首级装了起来。

太子丹取出之前求到的最锋利的匕首，命工匠把它烧红浸入毒药中。只要被这把匕首刺中，只需渗出一点血，人没有不立即毙命的。太子丹把匕首送给荆轲，又派勇士秦舞阳来给他当助手，一切准备好后，便送他们上路了。

太子丹和几个心腹一直把他俩送到易水，然后找了一个僻静的地方摆上酒席。太子丹和心腹们都穿着白衣，戴着白帽为荆轲送行。这时，一个叫高渐离的朋友拿出乐器敲了一首悲哀的曲子。荆轲和着拍子唱道：

“风萧萧兮易水寒，壮士一去兮不复还！”

唱完后，荆轲一口喝掉杯子中的酒，拉着秦舞阳就上了马车，头也不回地向咸阳驶去了。

秦王听说燕国的使臣带了樊於期的首级和督亢的地图来了，立刻叫荆轲去咸阳宫见他。荆轲手捧装着首级的匣子，秦舞阳捧着督亢的地图，一步一步走上了秦国朝堂的台阶。而秦舞阳看到朝堂上这么威严，脸色突变，害怕得直发抖。

有个大臣问道：“喂！你在害怕什么？”

荆轲赶紧磕了个头，说：“他从来没见过大王的威严，免不了心里会有些害怕，还请大王原谅。”

秦王说：“让他下去吧，你一个人上来。”

荆轲只好把木匣先拿给秦王看，再从秦舞阳手里接过地图递给秦王。他一边展开，一边一个地方一个地方地指给秦王看。展开到最后，卷在地图里面的匕首就露了出来。荆轲左手拉住秦王的袖子，右手拿起匕首就刺，只是还不等荆轲靠近，秦王就吓得跳了起来，袖子也被挣断了。

荆轲又赶紧去追，秦王绕着柱子跑。由于事情发生得太突然，殿上的大臣们都没有携带武器，只好赤手空拳地去跟荆轲搏斗。秦王趁机拔出长剑，砍中荆轲的左大腿，荆轲倒下后，将手中的匕首向秦王扔了过去，匕首却掷在了铜柱上。荆轲眼看刺杀不成，便坐在地上说道：“我之所以没成功，是因为我想活捉你，要回抢去的土地来回报燕太子。”

这时，秦王的侍从跑上来，杀死了荆轲。秦王非常生气，派一支军队赶往赵国，随着王翦的大军一同去攻打燕国。公元前226年，秦军占领燕都城蓟（jì），燕王喜逃往辽东，燕国也就名存实亡了。

人物介绍

荆轲：战国末期卫国朝歌（今河南鹤壁）人，战国时期著名刺客。荆轲喜爱读书、击剑，为人慷慨侠义。他游历到燕国后，被田光推荐给了燕国太子丹。

历史关键点

这是一个悲壮的历史故事。荆轲的志向远远不局限于报答太子丹，他更大的志向是恢复家园，让黎民百姓免受秦帝国的欺压。可惜事不如人愿，荆轲没有成功。

假如当时荆轲刺杀成功，以当时秦国的军事实力来说，统一中国的很可能还是继任的秦王。

王翦破楚

放声朗读

王翦取陈以南至平舆。楚人闻王翦益军而来，乃悉国中兵以御之；王翦坚壁不与战。楚人数挑战，终不出。

——《资治通鉴》秦记二·始皇帝下二十三年

译文

王翦率领大军占领了陈丘以南直到平舆一带。楚国人听说王翦增加了兵力向他们攻来，就调动了全国的兵力前来抵挡；而王翦却坚守营寨不跟楚国交战。哪怕楚国人无数次地过来挑战，王翦也始终不肯应战。

公元前225年，秦王嬴政灭了魏国之后，打算去攻打楚国。他向大将军李信询问："拿下楚国，需要多少兵马？"

李信说："二十万足够了。"

秦王嬴政点点头，又问老将军王翦（jiǎn）："老将军觉得呢？"

王翦回答说："非得六十万不可。"

秦王嬴政听了，心里十分不痛快，禁不住在心里嘀咕起来："到底是上了年纪，胆子小。”于是，他拜李信为大将军，蒙恬（tián）为副将军，率领二十万兵马前去进攻楚国。王翦趁机对秦王嬴政说自己年老体弱，身体不好，便辞掉官职回家乡频阳去了。

李信和蒙恬兵分两路，一路负责进攻平舆（yú），一路负责进攻寝城，约定在城父县会合。李信年轻勇猛，一鼓作气就把平舆攻了下来。接着，他又向鄢（yān）陵、郢（yǐng）都继续进攻，并攻占了它们。然后率军向西出发，去与蒙恬会合。没有想到，楚国的大将军项燕一直率兵偷偷地跟随着他们，他把二十万楚兵提前埋伏到七个地方，等两下一交手，七处的伏兵一起围攻上来，秦国军队就像被瓦解的大山一样，轰然倒塌了。

秦军丢掉了两座军营，死了七个都尉，士兵也死伤无数。李信一看打不过，带着剩下的士兵逃回秦国，他们跑了三天三夜，也没有逃出项燕的包围圈。还在赶向城父县会合的蒙恬将军听说李信打了败仗，一面迅速向赵国后退，一面派人去向秦王嬴政报告。

秦王嬴政听了这个消息非常生气，他亲自跑到频阳去对王翦说：“老将军，我来向您赔罪了。当初如果听了您的计谋，就不会由着李信来玷污秦军的声威了。就算将军生了病，也不能丢下我不管呀！还请您再辛苦一趟吧！”

王翦推辞说：“我有病，不能带兵打仗。”

秦王嬴政一个劲儿地向他赔不是，说：“上回的事情是我错了，我们不要再提了。这回非将军出马不可，还请将军千万不要推辞了！”

王翦说：“如果非要用我，一定要六十万人的军队不可。”

秦王嬴政吃惊地问：“打仗从来没有超过十万人的，就算是增加了兵马，也不至于要六十万人吧？”

王翦耐心地解释：“如果围攻一座城，可能要废上几年的时间，夺过来之后还要再派人去驻守，这几十万人哪儿够分配的呀？再说楚国地大人多，楚王一声令下就能召集一百多万人马。这六十万我还怕不够用呢，再少可就不行了。”

听了王翦的分析，秦王嬴政忍不住赞叹道：“将军不愧是经验丰富、见多识广，把这么复杂的问题分析得头头是道，那就按将军的意思来办吧！”

秦王嬴政用自己的马车把王翦接到朝廷里，当即就拜他做了大将军，蒙恬仍为副将军，并将六十万大军的兵权交由他管。出兵那天，秦王嬴政亲自把王翦送到霸上（又叫“灞上”“霸头”，地处霸水西的高原而得名），在那儿摆好酒席为他送行。王翦斟满一杯酒，捧给秦王嬴政说：“请大王干了这杯酒，我有事相求。”

秦王嬴政接过酒杯一饮而尽，然后说：“将军有事但说无妨！”

王翦从袖子里拿出一张单子递给秦王嬴政，说：“请大王将上面所列的赏赐给我。”秦王嬴政看到单子上写着咸阳最好的田地几亩、上等的房子几所后，忍不住笑着说：“等到将军凯旋，跟我一同享受荣华，难道还怕受穷吗？”

王翦说：“我年纪大了，就是得到再多的俸禄也享受不了了。不如趁着大王还信任我时，讨一点田地和房产作为留给子孙的产业，我就感恩戴德了。”

秦王嬴政听了哈哈大笑，心里在想：“这老将军可真是小家子气，心里净想这样的事情。”他心里这样想着，嘴上却答应下来。

这下，王翦终于带着六十万大军浩浩荡荡地向楚国

出发了。可是走着走着，王翦突然想起一件事情，他派一个使者回去，向秦王嬴政请求给他修建一个大花园。过了几天，他又派使者回去，请求秦王嬴政给他修建一个水池子，里面要养上鱼、虾、鸭子和鹅什么的。这样到了武关，王翦又连续五次派使者回去请求赐予良田。

副将军蒙恬笑着问："老将军讨了房屋、田地也就罢了，为什么还要花园、水池子？等打完仗回来，将军还怕不能封侯吗？为什么要像老妈子讨喜一样，讨个没完没了？"

王翦嘿嘿一笑，对蒙恬说："自古以来哪有君王不猜疑的？大王这次把秦国的全部兵力都交给我们了，我左一次又一次地回去请求，就是让他知道我惦记的无非就是这些小事，好叫他放下心来。"

蒙恬这才明白过来，点着头说："老将军果然高见，实在是佩服，佩服！"

王翦率领大军占领了陈丘以南直到平舆一带。楚国人听说王翦增加了兵力向他们攻来，就调动了全国的兵力前来抵挡；而王翦却坚守营寨不跟楚国交战。哪怕楚国人无数次地过来挑战，王翦也始终不肯应战。

王翦每天都让士兵们休息、沐浴、享用好的饮食，安抚慰问他们，并和他们共同进餐。

有一天，王翦向探情报的人询问："楚国军队现在在做什么？"探子回答道："正在玩投石、跳跃的游戏。"王翦听了，一拍大腿，高兴地说："现在可以出兵了！"

然而这时，项燕见仍然无法与秦军交锋，便带领士兵们向东转移。没有想到，王翦带领军队排山倒海似的冲了过来。楚国的士兵好像在梦里就被人家打了一棍子，全被打得晕头转向、手忙脚乱，慌不择路地各自逃命去了。王翦带兵一直追到了蕲县南面，杀死了楚国大将项燕，楚军全部溃败逃亡。王翦乘胜占领了楚国的城邑。

人物介绍

王翦：频阳东乡（今陕西富平）人，战国时期秦国名将，有着杰出的军事指挥才能，与白起、李牧、廉颇并称“战国四大名将”。

历史关键点

王翦是战国末期著名将领，为秦王立下汗马功劳。当秦王亲自请他出征时，王翦为了使秦王放心，故意向秦王讨要田地和房产，好让秦王知道他并没有野心，只是为了让子孙后代过上安稳日子。在跟楚军对战时，他也通过迷惑对方的心理战术，一举战败楚军，夺得楚国各地城邑。这种对人的了解和对战局的洞察力，不是一般武将所能具备的，因此可以说，王翦是一位靠智慧建立起卓越功绩的历史人物。

孩子读得懂的

资治通鉴 2

尤艳芳 - 编　　阿郎 - 绘

北京理工大学出版社
BEIJING INSTITUTE OF TECHNOLOGY PRESS

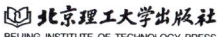

图书在版编目（CIP）数据

孩子读得懂的资治通鉴. 2 / 尤艳芳编；阿郎绘. —北京：北京理工大学出版社, 2020.12（2022.8）

ISBN 978-7-5682-9080-7

Ⅰ. ①孩… Ⅱ. ①尤… ②阿… Ⅲ. ①中国历史—古代史—编年体 ②《资治通鉴》—青少年读物 Ⅳ. ①K204.3-49

中国版本图书馆CIP数据核字（2020）第179901号

出版发行 / 北京理工大学出版社有限责任公司
社　　址 / 北京市海淀区中关村南大街 5 号
邮　　编 / 100081
电　　话 / （010）68914775（总编室）
（010）82562903（教材售后服务热线）
（010）68948351（其他图书服务热线）
网　　址 / http: //www.bitpress.com.cn
经　　销 / 全国各地新华书店
印　　刷 / 三河市九洲财鑫印刷有限公司
开　　本 / 880 毫米 × 1230 毫米　1/16
印　　张 / 13.5
字　　数 / 120千字
版　　次 / 2020 年 12 月第 1 版　2022 年 8 月第 8 次印刷
定　　价 / 276.00元（全 4 册）

责任编辑 / 宋成成
文案编辑 / 李文文
责任校对 / 刘亚男
责任印制 / 施胜娟

图书出现印装质量问题，请拨打售后服务热线，本社负责调换

序言
PREFACE

司马光砸缸的故事相信大家都听说过。故事中的司马光是北宋时期著名的政治家、历史学家，他不但砸缸救过小朋友，还主编过一部非常著名的历史著作呢！这部书的名字叫《资治通鉴》，它是我国古代规模最大、成绩最高的史学典籍之一。这部书总共294卷，大约300多万字，它讲述的历史跨度共包含了16个朝代，记录了从周威烈王二十三年（公元前403年）到五代后周世宗显德六年（公元959年）的历史，前后跨越了1362年，司马光和他的助手们花了19年的时间才编写完成！

这部书按朝代分为十六纪，即《周纪》五卷、《秦纪》三卷、《汉纪》六十卷、《魏纪》十卷、《晋纪》四十卷、《宋纪》十六卷、《齐纪》十卷、《梁纪》二十二卷、《陈纪》十卷、《隋纪》八卷、《唐纪》八十一卷、《后梁纪》六卷、《后唐纪》八卷、《后晋纪》六卷、《后汉纪》四卷、《后周纪》五卷。北宋神宗皇帝说这部书可以“鉴于往事，有资于治道”，意思就是说借鉴过去的事情，然后帮助现在的统治者治理国家，所以这部书的名字就叫《资治通鉴》。这部书成为后世历代皇帝及太子必读的“第一治国教材”。

面对《资治通鉴》这一部300多万字的鸿篇巨作，即便是成年人读起来也会非常吃力！因此，编者从儿童的视角出发，用儿童的语言把这些精彩的历史故事写出来，让孩子们看得懂并喜欢它，于是就有了这套儿童版的《孩子读得懂的资治通鉴》。

目录
CONTENTS

目录

CONTENTS

目录

CONTENTS

秦统一全国

放声朗读

王初并天下，自以为德兼三皇，功过五帝，乃更号曰“皇帝”，命为“制”，令为“诏”，自称曰“朕”。追尊庄襄王为太上皇。制曰：“死而以行为谥，则是子议父，臣议君也，甚无谓。自今以来，除谥法。朕为始皇帝，后世以计数，二世、三世至于万世，传之无穷。”

——《资治通鉴》秦纪二·始皇帝下二十六年

译文

秦王嬴政刚刚兼并六国，统一天下，自认为兼备了三皇的德行，功业超过了五帝，于是便改称号为“皇帝”，把皇帝发布的关于国家大事的规章制度称为“制”，而皇帝针对某件事下达的命令称为“诏”，皇帝自称为“朕”。追尊父亲庄襄王为太上皇，并颁布法令说：“以前在帝王死了以后，根据他生前的行为追加谥号，儿子议论父亲，臣子议论君主，实在太没意思了。从今以后废除追加谥号的制度。朕是始皇帝，后继者以序数计算，称为二世、三世，以至万世，无穷无尽地传下去。”

战国时期，中华大地上有很多诸侯国。其中秦国、楚国、燕国、齐国、赵国、魏国、韩国的国力最强，被人们称为“战国七雄”。

这七个国家为了争夺地盘，经常发动战争。今天你打我，明天我打你，害得老百姓担惊受怕，没有一天安生日子可过。

秦国经过商鞅变法之后，变得非常强大。于是，很多其他国家的人都跑到秦国来做官。这引起了秦国一些大臣的强烈不满。

公元前237年，秦国的一些大臣们向秦王嬴政提议说："来秦国做官的外来人，都是其他诸侯国派来的奸细，是来挑拨大王和我们的关系、破坏我们团结的。请大王把他们统统赶出秦国。"

嬴政听从了大臣们的建议，开始大规模地驱逐外来人。在这些外来人中，有一个叫李斯的楚国人。他临离开前给嬴政写了一封信，信中说："当年，穆公从宋国、晋国等地招揽人才，才使秦国兼并了二十多个封国；孝公任用商鞅实行变法，才使秦国变得强大起来；惠王采纳张仪的策略，才拆散了六国的联盟；昭王有了范雎的辅佐，统治才更加稳固。这四位君王都是依靠客卿建立功业的。如此看来，客卿有什么地方辜负了秦国啊！据我所知，大王您曾经在各地搜罗了许多珍奇异宝供自己享用，对于这些珍奇异宝您从来没有地域的偏见，为什么换成是人就不行了呢？难道大王把金银珠宝看得比人才还重要吗？

“泰山之所以巍峨，是因为它从来不拒绝细小的泥土；海洋之所以辽阔，是因为它从来不拒绝细细的支流；被人们所称颂的圣贤君主能明示他的恩德，是因为从来不抛弃民众。现在您把有才能的外来人都从秦国赶出去，让他们去为其他国家效劳，这不是和那些把武器送给敌人的行为一样傻吗？”

嬴政看了这封信，意识到自己犯了一个错误。于是，他立刻下令不再驱逐外来人，并恢复了李斯的官职。

李斯果然不负众望，他建议秦王嬴政消灭六国，统一全国。嬴政听从了李斯的建议，一方面花钱买通其他国家中的一些人，让他们在自己的国家到处说国君的坏话，让百姓不再信任他们的国君，不再心甘情愿地为他们卖命。另一方面，他又积极地派兵攻打各国。结果，只用了10年的时间，秦国就消灭了其他六国，实现了统一全国的愿望。

秦国从一个小国变成了统一全国的大国，嬴政心里却不踏实起来：国家的人口突然增加了很多，应该怎么管理呢？各国的达官贵族或者诸侯万一不服从管理，起兵造反，那可怎么办？之前每个国家使用的钱币都不一样，会不会影响人们做买卖呢？

这些问题一个接一个地从嬴政的脑袋里冒出来，害得他吃不好睡不着。经过慎重的思考之后，嬴政决定全国从上到下，来一次彻底的改革，把秦国变成一个和以前完全不一样的国家。

首先，他规定皇帝至高无上。他自己是中国历史上的第一个皇帝，所以称为“始皇帝”。国家的大事小情，都是皇帝说了算，所有人都必须服从皇帝，听皇帝的话。

可是国家太大了，皇帝说的话老百姓们听不到怎么办呢？秦始皇也想到了一个好办法：把全国划分为三十六个郡，每个郡从上到下设置一层一层的官员。这样皇帝下达了命令，就能一层一层地传递下去，而关于老百姓的事，也可以一层一层地向上报到皇帝那里。这样管理起来就方便多了，而且还能保证皇帝拥有至高无上的权力。

接着，他又下令统一货币、文字和度量衡。这样一来，全国上下从经济、文化和生活上都实现了统一。大家沟通起来更方便了，看起来更像是一家人了。

实行了这一系列的改革政策以后，秦始皇成了真正的天下霸主，把国家大权牢牢地抓在了自己的手中。他为了让人们世世代代记住自己的功德，便带着文武百官到泰山举行了一场声势浩大的封禅大典。

秦始皇还修建了宫殿，建造了长城。

可是，随着年龄的增长，秦始皇又开始担忧起来。“虽然我现在要风得风，要雨得雨，可是我早晚有一天是要死的。我要是死了，还怎么享受人间的富贵生活啊？”说着说着，他叹起气来，“唉，要是有办法让人长生不老，那该多好啊！”

有一年，秦始皇到海边巡游。几个喜欢炼丹药的人为了讨好秦始皇，就对他说："遥远的东方有一片大海，海中有三座仙山，每座山上都住着神仙。那些神仙有长生不老药，人只要吃上一粒，就不会继续变老，也不会死亡。"

秦始皇听了之后非常高兴，立即派人去寻找长生不老药。可是这个世界上根本没有神仙，被派去的人没有完成任务，害怕受到秦始皇的惩罚，就撒谎说："我们真的看见那三座仙山了，那些老神仙就在三座山之间飞来飞去，真的十分神奇。我们想去找老神仙要长生不老药，谁知，大海中蹿出一条巨龙，把我们赶到了岸上。"

他们说得有鼻子有眼，秦始皇真的信了。从此以后，秦始皇不再关心国家大事，而是把全部的心思都放在寻找长生不老药的事上。

为了见到人们口中所说的神仙，他还亲自带人去东方巡游。公元前210年，秦始皇第五次去东方巡游途中，走到沙丘宫时染上了重病，最后死在了那个地方。

人物介绍

秦始皇：嬴政，是秦庄襄王和赵姬的儿子。公元前230至公元前221年，他消灭了楚、燕、韩、赵、魏、齐六个国家，建立了中国历史上第一个统一的中央集权制国家——秦朝，实现了全国的统一。同时，他也是中国历史上第一个称“皇帝”的君主。

历史关键点

秦始皇能够统一全国，是有历史原因的：其一，在秦国以前，各个诸侯国之间连年混战，百姓们早已经厌倦了这样的生活，盼望着能结束战争。其二，秦国在商鞅变法之后，经济、军事都得到了发展，具备了消灭六国的条件。其三，从李斯的信中可以看出，秦国的国君都十分重视人才，这也是秦国强大起来的重要原因。而其他各国的国君没有意识到这一点，导致人才流失，失去了国家发展的根本。

秦始皇统一文字、货币和度量衡，促进了各地区、各民族之间的融合和发展，为中华民族的发展做出了巨大贡献。因此，秦始皇被人们称为“千古一帝”。

焚书坑儒

放声朗读

……臣请史官非秦记皆烧之；非博士官所职，天下有藏《诗》、《书》、百家语者，皆诣守、尉杂烧之。……

——《资治通鉴》秦纪二·始皇帝下三十四年

译文

……我建议史官把除秦国之外的所有史书全部烧毁；除博士官按职责规定收藏的书以外，天下凡有私藏《诗经》、《尚书》、诸子百家著作的人，一律按照规定的期限，把所藏的书交到郡守、郡尉处，一并焚毁。……

秦始皇统一全国以后，天下并不太平。比如，北方有个叫匈奴的部落，经常在边境上挑起战争。秦始皇可不是忍气吞声的人，他派出秦国最厉害的大将军蒙恬去攻打匈奴人。大将军蒙恬果然没有让人失望，他把匈奴打得落花流水，把他们赶回了老家，并收复了被匈奴人占领的地区。

虽然战争取得了胜利，但秦始皇却很担忧：万一匈奴人再杀回来可怎么办？整天这样打打杀杀也不是个办法呀！他绞尽脑汁想啊想啊，忽然脑子里闪过一道灵光：筑起一座既结实又坚固的长城，把匈奴人挡在外面，让他们攻不进来，问题不就解决了吗？

说干就干！秦始皇立即下令，从全国各地召集了八百多万人，共同修筑长城。基本上，全国只要能干活的男人，都被拉来修长城了。修长城是个苦差事，那时没有先进的工具，所有的工作都必须靠手工完成。笨重的石块压弯了人们的腰，磨破了人们的手指头。很多人受不了这样繁重的劳动，得了重病，或者落下了终身残疾，甚至还因此丢了性命。但皇帝的命令谁敢不听啊！大家虽然不情愿，也只能忍气吞声，默默地工作。就这样，工匠们用了十多年的时间，硬是靠着一双双手，搭建起了一座一万多里长的长城，在北方为秦朝筑起了一座铜墙铁壁。

在人们修建长城的时候，李斯也没闲着。自从写了那封信以后，他便得到了秦始皇的重用，后来还被任命为秦朝的丞相。

有一天，他给秦始皇上书说："现在全国已经统一了，百姓们应该专心耕田做工，好好生活，而读书人应该好好学习朝廷颁布的法令。可我看见的却不是这样的，那些读书人不学习我朝的文化、法典，却到处宣扬效法古代。更过分的是，他们认为我们现在哪里都不如古代好，鼓动百

姓，指责现行制度，并以此教导百姓。那些当了官的读书人，上朝的时候点头哈腰，对陛下的话表示赞同，一出门就处处挑朝廷的毛病。如果这样的情况不加以制止，任由他们胡来，那么以后就没有人信任朝廷、听朝廷的话了，天下肯定又会大乱的。因此，为了维护国家的安定和朝廷的威严，我恳请陛下下令把秦国之外所有记载历史的书全部烧毁。即使秦国此前的书，除了博士官按职责收藏的书和医药、占卜、种植方面的书，其他的书籍也应全部烧毁。如果有人再借用古代的故事来诽谤我朝，一律诛九族。颁布法令后三十天之内不把私藏的书烧毁的，也要判重刑。”

秦始皇非常赞同李斯的建议，于是，立即在全国展开了一场声势浩大的搜书、烧书运动。一个月以后，除了和医药、占卜、种植有关的书以外，秦朝以前的书基本上都烧光了。这个历史事件，就叫作“焚书”。

焚书之后的第二年，秦始皇又做了一件让读书人难以接受的事。

秦始皇已经坐拥天下，享受人间的荣华富贵。可是人总有一天都要死的，死了以后就什么也没有了。秦始皇一想到这个问题，就浑身发冷。好不容易才得来的天下，还没享受够呢，怎么能轻易就死呢！秦始皇很怕死，他希望自己能够像天上的神仙一样长生不老。因此，他派人四处寻找长生不老药。

这时，有两个术士自告奋勇，说自己能找到长生不老药。他们一个叫卢生，一个叫侯生。

秦始皇喜出望外，赏赐给他们许多金银和珍宝，让他们去寻找长生不老药。但世界上根本没有这种药，卢生和侯生只是为了骗取秦始皇的赏赐才撒谎的。时间一长，他们的谎话实在编不下去了，害怕露馅后会被秦始皇杀掉，就偷偷地逃走了。

跑就跑吧，这两个人的嘴巴却不肯闲着，一边逃跑，一边到处散播

秦始皇的坏话：说他独断专行，从来不肯听别人的意见；说他凶狠残暴，动不动就要砍人的脑袋；说他自高自大，眼睛里容不下别人……

这些话传到了秦始皇的耳朵里，秦始皇怒气冲冲地说："我给他们那么丰厚的赏赐，对他们那么好，他们不但欺骗朕，还敢说朕的坏话！来人啊，把咸阳的术士还有读书人都给朕抓起来好好审问，看看还有谁到处妖言惑众，诽谤朕！"

这道命令一出，读书人立刻乱作一团。他们为了保住自己的性命而互相揭发，没用多长时间，朝廷就给四百六十多名读书人定了罪。秦始皇发现竟然有这么多人诽谤自己，心里的怒气更大了，于是，他派人在咸阳城外挖了一个巨大的土坑，把这四百多人全部活埋了。

这个历史事件就是"坑儒"。秦始皇的大儿子扶苏觉得这样做太残

暴了，会引发暴乱。秦始皇不但不听劝，还把扶苏派到边境上，让他去监督蒙恬的军队。

焚书坑儒之后，再也没有人敢反对秦始皇了，秦始皇实现了对人们思想上的统一。可通过这两件事，人们看到了秦始皇残暴专横的本性，在心里对他产生了不满，为后来秦朝的灭亡埋下了祸根。

人物介绍

扶苏：秦始皇的长子，他心地善良，反对秦始皇活埋儒生，因此激怒了秦始皇，被秦始皇派到边境地区，去协助大将军蒙恬修筑长城、抗击匈奴。后来，他被弟弟胡亥迫害，自缢身亡。

历史关键点

秦始皇统一全国，结束了各诸侯国之间互相争斗的战争局面，让百姓过上了安稳的生活。他修筑长城，阻止了匈奴的侵扰；烧毁所有的古书，在思想上达到了统一，也稳固了自己的统治。但秦始皇的一把火，让人们看到了他的专横霸道。同时他还烧掉了数不清的文化瑰宝，造成巨大的损失。

之后的“坑儒”更是让百姓们伤透了心。从此以后，他们对秦始皇的尊敬、爱戴和崇拜，更多地变成了无可奈何的服从和忍耐。这对于一个帝王或者一个国家来说，是非常危险的。

沙丘之变

放声朗读

蒙恬不肯死，使者以属吏，系诸阳周；更置李斯舍人为护军，还报。胡亥已闻扶苏死，即欲释蒙恬。会蒙毅为始皇出祷山川，还至。赵高言于胡亥曰：“先帝欲举贤立太子久矣，而毅谏以为不可；不若诛之！”

——《资治通鉴》秦纪二·始皇帝下三十七年

译文

蒙恬不肯就死，使者只好让官吏治他的罪，把他囚禁在阳周，改置李斯的舍人为护军，然后回报李斯、赵高。胡亥从使者口中听到了扶苏已经死亡的消息，就想释放蒙恬。恰好，这个时候蒙毅代替秦始皇外出祈祷山川神灵求福回来了，赵高便对胡亥说：“先帝早就想立您为太子，是蒙毅一直劝他，认为不能这样，不如把他杀掉算了。”

秦始皇有二十多个儿子，他最喜欢的是小儿子胡亥。有一年，秦始皇带着胡亥、丞相李斯和宦官赵高等人外出巡游。他们先去拜祭舜帝，然后又去拜祭禹帝，一路上奔波劳碌，十分辛苦。秦始皇年纪大了，经受不住这样的奔波，在回来的路上病倒了，而且病得非常严重。

这个时候，一个问题出现了——万一秦始皇就这样死了，谁来继承皇位呢？这可是一件关系到天下的大事。随行的大臣们小心翼翼地询问秦始皇的意见，可他们每次一开口，秦始皇就大发脾气。大臣们害怕惹祸上身，谁也不敢说了，只能在背地里偷偷议论。

秦始皇病得越来越厉害。他知道自己活不了多久了，只好极不情愿地把赵高叫到身边，让他代替自己给大儿子扶苏写诏书，让扶苏负责处理自己的丧事。诏书写好之后，还没有来得及寄出去，秦始皇就死了。那道诏书，就留在了赵高手中。

李斯不知道秦始皇给扶苏下诏书的事，他在担心另外一件事：秦始皇去世的地方距离都城咸阳还很远，如果早早地把消息散播出去，那么他的儿子们肯定会为争夺皇帝的宝座而闹得天下大乱。作为秦朝的丞相，李斯不愿意看见这样的事情发生，因此他决定不把这秦始皇去世的事对外宣布。

李斯偷偷地让人把装秦始皇的尸体的棺材放在能调节冷暖的凉车中，又让几个宦官坐在车中。到了吃饭时间，把饭菜端到马车前，车上的宦官就接过来，装出伺候秦始皇吃饭的样子。要批阅的奏折也是送到马车上，由那几个宦官假扮秦始皇进行批阅。不知道实情的人，还真的以为是秦始

皇坐在马车上呢！

就这样，秦始皇去世的事被瞒了下来，除了李斯、胡亥、赵高以及那几个宦官以外，谁也不知道。

赵高对李斯这样的安排非常满意。因为秦始皇一死，他就在心里打起了小算盘。赵高是个宦官，他能说会道，人很机灵，头脑也很灵活，经常能用三言两语就哄得秦始皇团团转。秦始皇活着的时候特别喜欢他，不但封他做官，还让他给胡亥当老师。因此，胡亥和赵高的关系非常亲密。

有一次，赵高犯了罪，秦始皇把这个案子交给大臣蒙毅审理。蒙毅为人正直，认为赵高犯了死罪，应该处死。但秦始皇不同意，他说："赵高这个人很有才华，杀了怪可惜的，留下来吧！"于是，事情来了个一百八十度的大转弯，赵高不但没有死，反而官复原职，变得越来越嚣张。

这件事以后，赵高对蒙毅恨之入骨，总想找机会报复他。秦始

皇死后，赵高眼前一亮：“嘿嘿，报仇的机会来了！”

蒙毅的哥哥是大将军蒙恬，他平时和秦始皇的大儿子扶苏关系非常好。于是，赵高就利用这一层关系，先是油嘴滑舌地对胡亥说：“陛下临终前，想把皇位传给大公子扶苏，这对您太不公平了。论人品和本领，您比扶苏强上千百倍，凭什么让他当皇帝啊！”

听他这么一说，胡亥心里痒痒的，他不甘心地叹了一口气说：“唉……父王已经留下诏书了，又有什么办法呢！”

赵高眼珠一转：“陛下的诏书在我这里，并且只有我一个人知道。干脆咱们来个瞒天过海，就说陛下临终前指定您为继承人，您看怎么样？”

胡亥早就想着这一天呢，当然乐颠颠地答应了。接着，赵高对李斯说：“大将军蒙恬威望比您高，功劳比您大，而且他和扶苏的关系比您亲近多了。只要扶苏当了皇帝，他肯定任命蒙恬为丞相。到时候，恐怕就没您什么事了！依我看，我们不如扶持胡亥当皇帝。胡亥一定会记住您的恩德，保住您的丞相之位的。”

李斯仔细一思量，觉得赵高说的有道理，便答应了。

赵高、胡亥、李斯三个人先是对外宣布，说秦始皇留下诏书，让胡亥继承皇位。然后，他们又偷偷篡改秦始皇给扶苏的诏书，在诏书中以秦始皇的口气说：“扶苏，你身为朕的长子，不但不帮着朕建功立业，反而处处和朕对着干。让你去驻守边疆，你不情不愿，满肚子牢骚。而大将军蒙恬不但不劝说你，反而在背后挑唆。你们这样做实在太让朕失望了，朕无法原谅你们，你们自杀谢罪吧！”

扶苏看到诏书以后，哭得一把鼻涕一把泪，回到自己的房间就想自杀。这时，蒙恬提醒他：“我觉得这件事没有那么简单，我们先调查清楚再自杀也不晚。”

但使者多次催促他们自行了断，扶苏便不愿意违背“父亲的意

愿”，还是自杀了。蒙恬不肯自杀，被关进了监狱。胡亥和李斯听说扶苏已经死了，认为蒙恬没有什么威胁了，便想放了他。恰好，这个时候蒙毅为秦始皇祈福回来了，赵高担心他们两个见面以后事情会暴露，就对胡亥说：“其实陛下早就想立您为太子了，是蒙毅一直在背后说您坏话，阻止陛下。”

“什么？竟然有这样的事！”胡亥大发雷霆，把蒙毅囚禁了起来。

处理完这些事以后，再也没有后顾之忧了。赵高、胡亥、李斯继续护送着装有秦始皇尸体的马车赶往咸阳。当时正好是一年中最热的时候，秦始皇的尸体散发出一阵阵臭味。为了不让别人怀疑，赵高他们往车上装了一石鲍鱼，骗人们说这股味道是鲍鱼散发出来的，打消了随行军士的疑心。

靠着这样的手段，他们终于到达了咸阳。一到咸阳，他们立刻宣布秦始皇去世的消息，并假传秦始皇的遗诏，扶持胡亥登上皇位，历史上称他为“秦二世”。

安葬了秦始皇后，胡亥下令杀了蒙毅。蒙恬也在他的威逼下，服毒自杀了。

人物介绍

赵高：起初是一名掌管皇帝车马的宦官。秦始皇死后他发动沙丘政变，和李斯合谋篡改秦始皇留下的诏书，逼迫秦始皇的长子扶苏自杀，扶持秦始皇的小儿子胡亥登上皇位，后成为秦朝的丞相。

历史关键点

自古以来，帝王之家就经常发生皇子们争夺皇位的斗争。这样的斗争比国家或民族之间的战争更为残酷，因为他们互相伤害的，都是自己的亲人。

在胡亥争夺帝位的过程中，赵高起到了非常重要的作用。从某一方面来说，赵高的确帮助了胡亥。但他为了报私仇，怂恿（yǒng）胡亥杀害蒙恬和蒙毅两位大臣，无形之中又给胡亥挖了一个深坑，把他引到了暴君的道路上。

陈胜吴广起义

放声朗读

秋，七月，阳城人陈胜、阳夏人吴广起兵于蕲。是时，发闾左戍渔阳，九百人屯大泽乡，陈胜、吴广皆为屯长。会天大雨，道不通，度已失期；失期，法皆斩。陈胜、吴广因天下之愁怨，乃杀将尉，召令徒属曰：“公等皆失期当斩；假令毋斩，而戍死者固什六七。且壮士不死则已，死则举大名耳！王侯将相宁有种乎！”众皆从之。

——《资治通鉴》秦纪二·二世皇帝上元年

译文

秋季，七月，阳城人陈胜和阳夏人吴广在蕲县聚众起兵。当时，秦王朝在闾左征召了900名穷苦的百姓，要发往渔阳戍边。这900个人屯驻在大泽乡，陈胜和吴广都被指派为屯长。恰巧遇上天降大雨，道路不通，他们没办法按规定期限到达渔阳。按照秦朝的法律，如果不能按规定期限到达是要被斩首的。于是，陈胜、吴广借着百姓们为生计愁苦和心中对秦王朝的怨恨，杀死了押送他们的将尉，召集并号令部属说：“你们已经延误了期限，当被杀头。即使不被斩首，因长久在外戍边而死去的人本来也要占到十之六七。何况壮士不死则已，要死就该成就大的名声！王侯将相难道是天生的吗？”众人纷纷响应。

公元前210年，秦始皇去世后，他的儿子胡亥成了秦朝的第二个皇帝，历史上称他为“秦二世”。

这个秦二世简直就是老百姓的噩梦。他一登上皇位，就开始征用各地百姓修建陵墓、建造宫殿。去干活的人，大多数都被饿死或累死了，百姓对秦二世恨得牙痒痒，都盼着能早一天推翻他的残暴统治。

公元前209年，秦二世派官兵押送900多个农民去渔阳防守。这群人当中有两个小头目，一个叫陈胜，一个叫吴广。

这天，他们走到一个叫大泽乡的地方，天突然阴沉下来。雨水像从天上倒下来一样，淹没了道路，根本没办法前进。他们只好找了个避雨的地方，停了下来。

晚上，大雨还在哗哗哗地下着。陈胜急得心里直发毛，他悄悄地把大家召集到一起，忧心忡忡地说：“这场雨一时半会儿停不了，我们肯定不能在规定的时间到达渔阳了。”

“那可就糟了，”吴广吓出了一身冷汗，“按照律法，超过规定的期限是要被砍头的。”

“这可怎么办？你们两个主意多，快想想办法吧！”大家慌了神，齐刷刷地看着陈胜和吴广。

“我有一个办法，”陈胜眼珠一转，“既然不让咱们活，咱们干脆一起造反，自己闯出一条活路来。”

“啊！造反？”

“我的天啊，那可是杀头的大罪啊！”

“还会连累家里人呢。”

“不行不行。”

一群人摇头晃脑，又惊又怕。这时，押送他们的两个官兵被吵醒了，陈胜一不做二不休，嗖地一下蹿过去，把负责押送他们的两个官兵杀死了。

官兵被杀，这900多人就更没有活路了，不想造反也不行了。于是，陈胜抓住这个机会，大声说道：“我们延误了时间，是要被斩首的。就算侥幸保住一条命，秦二世那么残暴，我们早晚有一天也会死在他的手上。男子汉大丈夫，就算死，也要先干出一番大事来！难道那些王公大臣天生就是享福的命，我们就活该受苦受罪吗？”

“不！我们愿意跟着你轰轰烈烈地大干一场，死也死个痛快。”大家的斗志被激发出来，纷纷举起胳膊高声呼喊起来。

起义的事定下来了，但仅凭这几百人，是不可能推翻秦王朝的。要想起义成功，就必须让更多的人加入进来。

怎样才能吸引更多的人呢？陈胜苦苦思索，忽然想到了两个人，一个是秦始皇的大儿子扶苏，他本来应该继承皇位，但被秦二世和赵高设计逼死了。另外一个是楚国的大将军项燕。项燕能征善战，深受人们的敬爱，但他在一次战役中，被秦军杀死了。

陈胜心想：“这两个人很有威望，如果我以他们的名义起义，一定能吸引更多的人加入进来。”

于是，他带领大家搭起一座高台，然后站在上面说：“秦二世昏庸残暴，我现在要以公子扶苏和项燕的名义讨伐他。”

台下的人高声呼喊：“讨伐秦二世，为公子扶苏和项燕报仇！”

陈胜趁热打铁，给起义军起了个响亮的名号——“大楚”，自封为将军，封吴广为都尉。

接下来，陈胜、吴广四处招兵买马，百姓们都主动加入了进来。而之前被秦朝灭亡的几个国家的贵族想趁这个机会报仇，也加入了起义军的队伍。

起义军的队伍像变戏法似的，一眨眼的工夫就从900多人增加到几万人。陈胜、吴广心里有底气了，带领起义军一连攻克了好几个地方，打到了陈地。

陈地有两个好朋友，一个叫张耳，一个叫陈馀（yú）。他们原本都是魏国很有名气的人，在秦始皇消灭魏国以后，隐姓埋名地逃到陈地，吃了不少苦。陈胜攻下陈地以后，张耳和陈馀认为自己翻身的时候到了，便主动来拜见陈胜。陈胜很早以前就听说这两个人很贤能，就把他们留在身边。

这个时候，陈地有声望的人士和乡官纷纷劝说陈胜自己称王。陈胜拿不定主意，就问张耳和陈馀的意见。没想到他的话一出口，张耳和陈馀便摇着脑袋说：“不妥！不妥！您率兵起义是为了把百姓从秦王朝的残暴统治中解救出来，可是现在这个愿望还没有实现呢！如果现在就称王，百姓会认为您起义不是为了他们，而是为了自己，他们就不会再信任您、支持您了，这对您和起义军是非常不利的。所以，您现在不用急着称王，而是应该拉拢其他六国国君的后裔，让自己的队伍强大起来，这样才能打败秦王朝，建功立业。到那个时候，您自然就是天下的王了。”

可是陈胜被胜利冲昏了头脑，根本听不进去。几天以后，他定国号为“张楚”，自己当上了楚王。

不久以后，陈胜派将军周文率兵攻进关中，直逼秦朝的都城咸阳。

秦二世吓坏了，赶紧把在骊（lí）山做苦役的人和关押的犯人放出

来，组成一支队伍对抗起义军。结果，周文打了一个大败仗，自己灰溜溜地逃走了。

与此同时，吴广正率领一支队伍攻打荥阳，但围攻了一段时间，还没有成功。周文打败仗的消息传到军中，士兵们都很担心秦军会派兵来攻打他们，便对吴广说：“我们现在应该留下一小部分兵力继续攻打荥阳，其余人准备迎击攻过来的秦军。”

吴广挥挥手说：“不用，秦军不敢打过来。”

可士兵们越想越害怕，便假传陈胜的命令，杀死了吴广。

从此之后，起义军开始连连败退，大家对陈胜越来越失望。再加上

陈胜自从当上楚王以后，就变得傲慢无礼，还专门派人盯着手下人的一举一动，发现谁不听自己的话，就处死谁。渐渐地，人们不再信任他了。

没过多久，陈胜就被他的车夫杀害了。陈胜和吴广的起义彻底失败了。

人物介绍

陈胜：字涉，秦末农民起义领袖之一。公元前209，陈胜联合吴广率领戍卒发动大泽乡（今安徽宿州市）起义，成为反抗暴秦起义的先驱，后占据陈郡称王，建立政权，最终被车夫庄贾杀害。

历史关键点

时势造英雄。秦王朝的残暴统治，激起了人们的愤慨，陈胜、吴广的起义顺应了历史发展的潮流。但陈胜和吴广都是农民出身，没有战争经验，在指挥上是非常欠缺的。而且，他们的队伍里人员混杂，其他六国国君的后裔加入起义军，是为了复辟自己的国家，因此人心是散乱的。还有一个重要的原因是，陈胜和吴广尝到胜利的甜头以后，就变得飘飘然起来，听不进别人的劝告。陈胜诛杀不听话的人，变得非常残暴。人们甚至从他身上看到了秦二世的影子，怎么会继续拥护他呢？失去了百姓的拥护和支持，起义最终走向失败。

六国复立

放声朗读

张耳、陈馀至邯郸，闻周章却，又闻诸将为陈王徇地还者多以谗毁得罪诛，乃说武信君令自王。八月，武信君自立为赵王，以陈馀为大将军，张耳为右丞相，邵骚为左丞相；使人报陈王。陈王大怒，欲尽族武信君等家而发兵击赵。柱国房君谏曰："秦未亡而诛武信君等家，此生一秦也；不如因而贺之，使急引兵西击秦。"陈王然之。

——《资治通鉴》秦纪二 · 二世皇帝上元年

译文

张耳、陈馀到了邯郸，听到周文兵败撤退的消息，又听说那些为陈胜攻城略地的将领中，有很多人因为小人的谗言而获罪，被诛杀了，便劝说武臣，让他自己称王。八月，武臣自立为赵王，任命陈馀为大将军，张耳为右丞相，邵骚为左丞相，并派人把这个消息告诉了陈胜。陈胜勃然大怒，要灭了武臣等人的全族，并出兵攻打赵王。柱国房君蔡赐劝他说："秦王朝还没有灭亡就要杀害武臣等人的全家。这样的做法，只能让世上又多出一个秦王朝。不如趁机去庆贺他称王，让他迅速率兵向西去攻打秦王朝。"陈胜认为他说的是对的。

秦朝末年，陈胜吴广打着“大楚”的名号率兵起义，得到了很多人的响应，同时也让一些野心勃勃的人燃起了希望。看见陈胜自立为楚王，他们心里想的是：“一个什么都不懂的农民都能自立为王，我为什么不能呢？”这种想法就像春天的野草一样，在统一不久的大地上偷偷露出头来。

陈胜吴广的起义军中有个叫武臣的将军，陈胜给他3 000名士兵，让他去攻打赵地。武臣没有急着进攻，而是苦口婆心地劝说当地比较有威望的人士，让他们加入自己的队伍。通过这样的方法，武臣的队伍很快便从3 000人扩充到了好几万人。

武臣认为时机成熟了，就带着队伍对赵地开始了疯狂的攻击，一口气攻下了赵地十几个城市，但其他的城市都固守不降。这时，有个叫蒯（kuǎi）彻的人给武臣出主意说：“范阳的县令胆子小又贪心，您封他做侯爷，给他丰厚的赏赐和待遇，其他城中的县令看了一定会眼红，也会乖乖投降的。”武臣按照蒯彻说的去做，果然，三十多个城市的县令都乖乖投降了。武臣在当地的威望越来越高，名气越来越大。

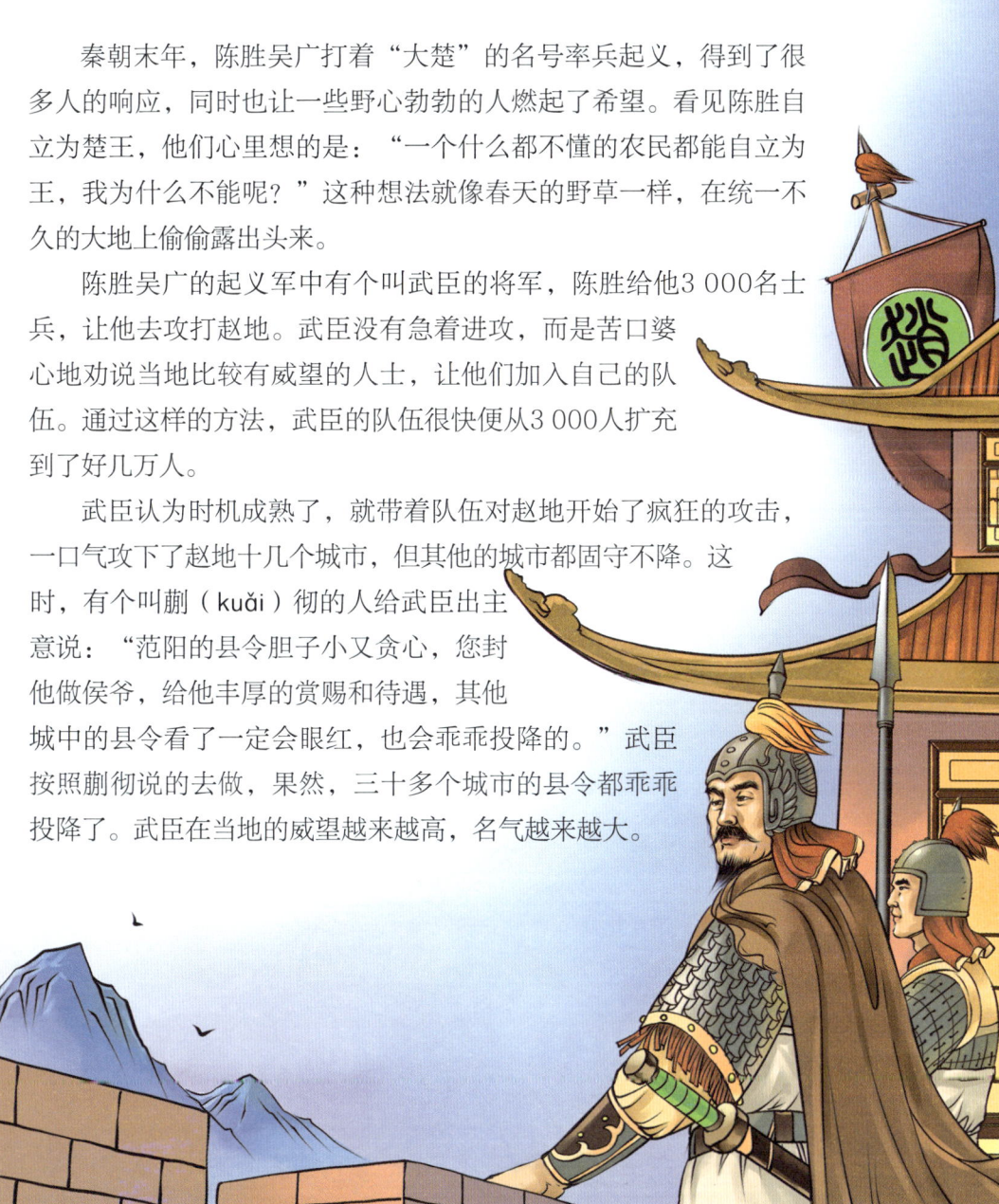

这个时候，张耳和陈馀来到武臣身边。他们俩之前因为陈胜没采纳他们的意见，对他怀恨在心。因此，他们阴阳怪气地对武臣说：“武臣将军真能干，可是这不一定是什么好事。”

“你们这话是什么意思？”武臣纳闷地问。

“我们听说陈胜、吴广把很多能干的将领都杀了，你就算打了胜仗，恐怕也不会有什么好下场。你的本领和实力一点也不比陈胜、吴广差，为什么要听他们的呢？干脆自己称王吧！”

“是啊！您的本领比陈胜高一百倍呢，为什么要听从他的差遣？”

两个人添油加醋地这么一说，武臣真的心动了。他决定留在赵地，自己当“赵王”，并封张耳和陈馀做了大官。

陈胜听说这个消息以后，大声嚷嚷道：“武臣等叛贼太可恨了，把他们的家人全部抓起来杀掉，一个也不留！”

大臣蔡赐说：“大王，您不能这么做。我们讨伐秦王朝的大业还没完成呢，如果这个时候杀了武臣等人的家人，岂不是又多了一个强大的敌人吗？您现在应该派人去

祝贺武臣称王，并说服他快速领兵向西去攻打秦王朝。他毕竟是您的老部下，肯定不会推辞的。”

陈胜压住心头的怒火，派人去恭贺武臣。武臣看见自己以前的老朋友，心里十分高兴。可是当他得知陈胜要他去攻打秦王朝时，他犯难了，既不好意思拒绝，又不愿意去冒这个险。

张耳和陈馀看穿了他的心思，对他说：“陈胜现在用得着您，才派人来祝贺的。等他们攻下秦国之后，肯定第一个会来攻打赵国，到时候您可就没办法收场了，所以您现在不应该帮助陈胜攻打秦国，而应该去攻打燕国的地盘，壮大自己的势力。”

武臣被说服了，派大将韩广去攻打燕国。韩广果然不负众望，成功拿下了燕国。但他没有去向武臣复命，而是在心里打起了小算盘：“武臣攻下赵国，当上了赵王。我攻下了燕国，为什么不能自己当燕王呢？”于是，他学着武臣的样子，自己留在燕国，当起了威风凛凛的燕王。燕国就这样复国了。

当初秦始皇虽然使用武力消灭了其他国家，但那些国家中有很多贵族是非常不服气的。只不过当时的秦始皇气势太盛，他们惹不起，只能忍气吞声，等待着复国的机会。所以，当陈胜、吴广宣布起义后，他们纷纷带兵响应，加入进来。表面上是要和陈胜他们联手，实际上都在寻找机会复国呢！

有一个叫周市的人，原本是魏国人，后来归顺了陈胜。他奉陈胜的命令，攻下了魏国的土地。原来那些魏国的百姓非常高兴，想让周市当他们的魏王，但周市没答应，因为他觉得有一个人比他更合适，这个人就是魏国公子魏咎。魏国被灭以后，魏咎被秦始皇贬为平民，也加入了陈胜、吴广的起义军。周市认为让魏咎当魏王名正言顺，于是就去向陈胜、吴广要人。

陈胜怒气冲冲地说：“这是怎么回事？我的部下竟然都吵着要自立

为王！绝对不行！”

周市被赶了出来，但他没有放弃，而是接二连三地去求陈胜。最后陈胜实在烦透了，便挥挥手说：“好吧，好吧，让魏咎去魏地吧！”

周市欢天喜地地把魏咎迎回了魏地，拥立他当上了新魏王，魏国也复国了。

解决完魏国复国的问题以后，周市继续带兵往东去攻打齐国的狄县。当时，县城中有一个县令，他正在一心一意地率兵抵抗周市的时候，没想到半路杀出一个田儋。田儋是原先齐国的一个贵族。他趁乱杀死县令，打败了周市，自己当上了齐国的大王，也就是齐王。

在响应陈胜、吴广起义的人当中，有一位了不起的人物，他的名字叫张良。张良原本是韩国的贵族，韩国被消灭以后，他心里一直惦记着复国的事。张良的胆子很大，秦始皇活着的时候，他就曾经派人偷袭过秦始皇，

只可惜没有成功。

陈胜起义失败以后，张良本想去投奔新的楚王。没想到，一个偶然的机会，他遇到了一个叫刘邦的年轻人。两个人交谈之后，张良认为刘邦非常不简单，以后肯定能干出一番惊天动地的大事来。于是他改变主意，跟随刘邦了。

不久后，张良又通过刘邦认识了项梁。项梁是原来的楚国大将项燕的儿子。在项梁的帮助下，张良找到了韩国公子韩成，并立他为韩王。到了这个时候，张良才长长地松了一口气，复国的愿望终于实现了。

人物介绍

武臣：陈县人，秦朝末年农民起义的将领，陈胜的部下。公元前209年，他奉命攻打赵地，成功以后在赵地自立为赵王，不再听从陈胜的派遣，后来被自己的部下李良杀害。

历史关键点

秦始皇花了十年时间，好不容易消灭六国，统一了全国。没想到，仅仅过了几年时间，中华大地又变得四分五裂了。由此可见，真正的统一不能仅仅是形式上的。难道全国人民都说相同的话，穿相同的衣服，用相同的货币，就能算真正的统一了吗？

从秦朝的历史变化中可以得出，答案是否定的。利用严苛的规章制度，只能实现表面上的、形式上的统一，并不能让百姓在心里产生认同。统治者只有把百姓放在心里，事事处处为百姓的利益着想，时时刻刻把百姓的需求放在第一位，才能把百姓的心凝聚到一起，自己的江山才能坐得稳、坐得牢，统一全国的大业才能真正实现。

刘邦起兵

放声朗读

刘季被酒，夜径泽中，有大蛇当径，季拔剑斩蛇。

——《资治通鉴》秦纪二 · 二世皇帝上元年

译文

刘邦喝醉了，夜间从小道走进湖沼地，遇到一条大蛇挡在道上，他拔出剑斩杀了大蛇。

秦朝末年，沛县有个叫刘邦的人。他长着高鼻梁、大脑门，两只眼睛像天上的星星一样闪闪发光。生下来的时候，他左侧的大腿上就长着七十二颗黑痣，人们都说他长大后肯定会是个非常了不起的人物。

刘邦性格爽朗大方，从来不斤斤计较，看见别人有困难，总是会热情地给予帮助。因此，当地认识他的人，都很喜欢他。刘邦虽然只是一个普通的老百姓，但他不甘心像其他人那样每天默默无闻地劳动、生活。他心里有个远大的志向，盼望着能干出一番惊天动地的大事来。

后来，刘邦成了一个小小的亭长。有一年，他奉命押送一批人去骊山给秦始皇修陵墓。可是，人们不愿意去干这样的苦差事，半路上逃走了一大半。刘邦心想："照这样的情形发展下去，到了骊山人也都跑光了。自己不但讨不到好处，还会被重重地惩罚，何必去自讨苦吃呢？"想到这里，他改变了主意。

这天晚上，刘邦喝了几杯酒，大手一挥说："人已经逃走了一大半，到了骊山我也没办法交差，干脆你们都走吧，我也不去骊山了。愿意追随我刘邦的，可以留下来，不愿意的就都逃命去吧！"

终于能够回家和家人团聚了，人们高兴极了，说了很多感谢的话，赶紧逃走了。有十来个年轻人觉得刘邦踏实可靠，又有情有义，心甘情愿地留下来跟随他。

刘邦喝得醉醺醺的，带着这些人沿着山间小路往前走。突然，走在前面的人尖叫起来："不好了，前面有一条比腿还粗的大蛇挡住了路，我们还是换一条路走吧。"

人群吵吵嚷嚷着就要往回走，刘邦大喊一声："慢着！比腿还粗的大蛇？我怎么从来没见过？"他

摇摇晃晃地穿过人群，走到前面定睛一看，果然，月光下有一条白色的大蛇横在路中央，吓得人汗毛都竖起来了。

“这条蛇看起来非常凶猛，还是不要招惹它了。”

“是啊！为它丢了性命太不值了，我们绕道走吧！”

大家纷纷劝说刘邦。可刘邦本来胆子就大，现在趁着酒劲儿，更是天不怕地不怕了。“哼，区区一条蛇，怎么敢挡我的路？”说着，他举起手中的剑对准大蛇砍了下去。

“咔！”白蛇断成两半，鲜血喷了一地。在场的人全都吓傻了，刘邦却嘿嘿一笑说：“蛇都死了，有什么可怕的，跟我走。”

大家跟着刘邦往前走了一段，忽然听见一阵凄凄惨惨的哭声。他们仔细寻找，发现

前面不远处，有个老婆婆正坐在石头上哭呢。

刘邦好奇地问：“老人家，天这么黑了，您为什么在这里哭啊？”

老婆婆哭着说：“我儿子被人杀了，我能不哭吗？”

“哦，他是被什么人杀死的？”刘邦又问。

“唉，”老婆婆叹着气说，“我儿子是白帝子。他听说赤帝子要经过这里，就变成一条白蛇挡在路中央，想看看赤帝子的样子，谁知却被那个赤帝子杀了。我儿好可怜啊！”

白帝子和赤帝子都是传说中的神仙，老婆婆的话让所有人大吃一惊：“天啊，原来那条白蛇是白帝的儿子，那么刘邦就是赤帝子喽！”

刘邦更是心花怒放，得意扬扬地想：“嘿嘿，我就知道，我不是普通人！”

大家还想问个清楚，可是一眨眼老婆婆已经消失了。普通的老婆婆怎么可能走这么快？不用说，这个老婆婆不是凡人，而是天上的神仙，来点拨人们的。大家由此认定刘邦是神仙派来解救人们的，对他更加死心塌地了。

出了这么稀奇的事，一定会传得沸沸扬扬的。如果传到秦二世的耳朵里，刘邦的脑袋可就保不住了。于是，刘邦为了活命，带着人逃到一座山里。

果然，天下没有不透风的墙。“刘邦斩白蛇”的故事很快就传了出去，很多年轻人听说后都到山上去寻找刘邦。说来也怪，不管刘邦藏在什么地方，人们总是很容易就找到他。原来，在刘邦藏身的地方，天空中总是有一团紫色的云气围绕着。人们更加坚信刘邦才是真龙天子，追随他的人越来越多了。

陈胜、吴广起义之后，沛县县令也打算带着百姓加入起义军。这时他的部下萧何和曹参提醒他：“您是秦朝的县令，百姓的父母官。如果突然让百姓背叛朝廷，他们恐怕不会听您的。听说刘邦在外面召集了不少人，已经形成了一股不小的力量。如果您把刘邦找回来帮忙，让他出头露面，这件事就容易多了。”

“嗯，这个主意不错。”县令立即派人去找刘邦。可是派去的人刚走，县令又后悔了。因为刘邦的手下这个时候已经有百十来人了，如果这些人回来以后给自己惹麻烦，那岂不是很糟糕吗？想到这里，县令改变了主意，下令紧闭城门，不准刘邦他们进来。同时，为了防止萧何和曹参给刘邦报信，县令还要把他们全都杀死。萧何和曹参得到消息以后，偷偷翻过城墙逃跑了。他们找到刘邦，把事情的来龙去脉告诉他。刘邦非常气愤，亲手给沛县的百姓写了一封信，用弓箭射到了沛县的城墙上。在信中他信誓旦旦地表明了自己反抗秦王朝残暴统治的决心，号召大家携起手来一起行动。百姓之前都听说过刘邦斩蛇的故事，心里早就认定他是大救星，能把人们从苦海中解救出来。于是，他们杀死县令打开城门，热热闹闹地把刘邦迎进了城，拥立他为“沛公”。

这个时候，刘邦也不再推辞，立即带着萧何和曹参四处召集人马，树立旗号，宣布起义了。

人物介绍

刘邦：西汉的开国皇帝，中国历史上著名的政治家、军事家。早期，刘邦只是一个小小的亭长，后来斩蛇起义，名气和势力越来越大。公元前202年，他在垓下之战中打败项羽，建立汉朝。

历史关键点

人们心甘情愿地跟随刘邦，有很多原因。比如，白帝子和赤帝子的传说，给刘邦平添了一丝神秘的色彩。古时候的人们是非常迷信鬼神的，所以他们从心底就认定刘邦是真命天子，是当皇帝的命。既然他是以后的皇帝，那么现在支持他，以后肯定会获得非常丰厚的回报。

有人说白帝子和赤帝子的故事只是传说，是刘邦为了笼络人心编造出来的故事。也许真的是这样。可是抛开这些外在的因素，难道没有斩白蛇的故事，人们就不愿意跟随刘邦了吗？

当然不是。在斩白蛇之前，已经有人因为刘邦的性格自愿跟随他了。可见，刘邦自身的魅力才是人们愿意相信他、跟随他的根本原因。试着想一想，如果刘邦也像秦二世一样，胡作非为，想杀谁就杀谁，那么就算有白帝子和赤帝子的传说，人们也不会对他死心塌地的。

项梁项羽起兵

放声朗读

是时，桓楚亡在泽中。梁曰：“桓楚亡，人莫知其处，独籍知之耳。”梁乃诫籍持剑居外，梁复入，与守坐，曰：“请召籍，使受命召桓楚。”守曰：“诺。”梁召籍入。须臾，梁眴籍曰：“可行矣！”于是籍遂拔剑斩守头。项梁持守头，佩其印绶。门下大惊，扰乱；籍所击杀数十百人，一府中皆慑伏，莫敢起。梁乃召故所知豪吏，谕以所为起大事，遂举吴中兵，使人收下县，得精兵八千人。

——《资治通鉴》秦纪二·二世皇帝上元年

译文

这个时候，桓楚正逃亡在外。项梁对郡守说：“桓楚四处逃亡，只有项羽知道他在哪里。”项梁就嘱咐项羽拿着剑守在外面，自己又进去与郡守同坐，说：“请您召见项羽，让他接受命令去寻找桓楚。”郡守说：“好吧。”项梁便召项羽进去领命。过了一会儿，项梁对项羽使了个眼色，说：“行动吧！”项羽便拔剑斩下了郡守的头。项梁提着郡守的头，把他的官印佩戴在自己身上。侍卫们惊慌失措，被项羽斩杀了百十来个人以后，全都趴在地上不敢动了。项梁于是把从前熟悉的强干官吏召集过来，告诉他们要起兵反秦的事。之后他征集吴中的兵员，命人收取郡下所属各县的壮丁，凑齐了八千精兵。

楚国有一个赫赫有名的大家族，这个家族里祖祖辈辈出了很多有名的将领，其中名望最高的是项燕。项燕有一个儿子，名叫项梁。

有一年，项梁因为杀了人被追杀，不能在当地待了。于是，他带着侄子项羽逃到吴中躲避仇家。到了吴中，项梁凭借自己的才干，很快就赢得了当地人的信任，站稳了脚跟。项梁的日子越过越顺心，只是有一件事让他不太满意，那就是他的侄子项羽。项羽的心里总是像长了茅草一样，毛毛躁躁的，做什么都只有三分钟的热度，没有耐心。

项梁找人教他读书写字，他学了几天就不耐烦地把书本扔在一边，不肯学了。项梁见他不喜欢读书，便找人教他习武练剑，没想到他学了三两招，就又学不下去了。

项羽说："读书，能够用来记名姓就行了！学剑，也不过是能抵挡一人，不值得去学；要学那可以抵抗万人的本事。"项梁无奈地说："不学就不学吧！从明天起，你跟我学习兵法吧。学会了兵法，一个人能抵抗几万大军，本事可大了。"项羽听叔叔说兵法很厉害，兴冲冲地答应了。项梁喜出望外，认真地教了起来。万万没想到，还没过多长时间，在略知兵法大意之后，项羽的老毛病又犯了，说什么也不肯继续学

下去。

项梁觉得项羽从小跟着自己东躲西藏，吃了很多苦，不忍心责备他，只能由着他的性子来。项羽也因此养成了任性、自负的性格。

陈胜、吴广起义以后，会稽郡的郡守想让项梁和桓楚带着兵马参加起义。桓楚是一位大将军，但他当时正逃亡在外。项梁认为这是一个崛起的好机会，便想到一个主意。他让项羽拿着剑守在门外，自己去拜见。他对郡守说："桓楚在会稽很有威望，要想起义必须先把桓楚找回来。"

郡守点点头："我也正想派人去找桓楚呢，可是没人知道他去了哪里。要想找到一个人简直就像是大海捞针啊！"

“这有什么难的，”项梁意味深长地往门外看了一眼说，“我侄子项羽有勇有谋，平时结交了不少朋友，他一定能把桓楚找回来。”

“那可太好了！”郡守不知道这是项梁的计策，便把项羽叫进来，打算和他商量寻找桓楚的事。项梁偷偷朝项羽挤了挤眼睛，项羽立刻冲上去，砍下了郡守的脑袋。侍卫们呼啦一下围了过来，这时项羽拿起郡守的官印说：“官印在此，谁敢乱来！”侍卫们吓得趴在地上，谁也不敢动。

项梁把当地有势力的官员们召集到一起，义正词严地说：“秦二世昏庸无道，害苦了我们这些百姓。现在陈胜和吴广已经宣布起义了，我们应该联合起来，一起推翻秦二世，推翻秦王朝。大家同意吗？”

“同意！”人们纷纷举手响应。

于是，项梁自己当上了郡守，任命项羽为副将。两个人大张旗鼓，拉起了一支八千人的起义军。那一年，项羽二十四岁。

陈胜命令手下召平去攻打广陵，但召平失败了。恰好这个时候，陈胜也吃了败仗，狼狈不堪地逃走了。召平听说秦朝的军队就要攻过来了，心里十分害怕。这个时候，他想到了项梁。

“项梁，恭喜你呀，你扬名立万的机会来了。”召平把项梁叫来，装出一副非常高兴的样子。

项梁纳闷地问：“您为什么这么说呢？”

召平笑眯眯地拿出一道圣旨说：“楚王陈胜传旨，要封你为上柱国，让你去攻打秦军。如果你打败了秦军，就能成为名扬四海的大英雄了。”

项梁信以为真，乐颠颠地接了命令。但项梁可不傻，后来他仔细一琢磨，自己手下只有八千人，怎么能打得过秦军的千军万马呢？得找个帮手才行啊！于是，他找到了陈婴。

陈婴最初只是东阳县的一个小官，但他为人非常谨慎，在当地很有

威望。东阳县的一个年轻人杀死了县令，召集了两万人，想让陈婴当他们的首领。陈婴的母亲知道了这件事，语重心长地对他说："据我所知，陈家祖祖辈辈都没有当大官的。现在你什么也没干，却突然得到这么大的荣耀，这可不是一件好事。当统帅指挥千军万马，看起来风光无限，却要承担相当大的风险，一不小心就会身败名裂。不如找一个合适的人当统帅，你给他当下属。如果事情成功了，你能跟着升官发财。要是失败了，人们责怪的也是你的上司，而不是你。"

在这个节骨眼儿上，项梁恰好找到了陈婴。陈婴喜出望外，对将士们说："项梁是名门之后，项家世世代代都是顶天立地的英雄，在楚国有很高的威望。只有让项梁当统帅，大家才能信服，才能齐心合力打败秦国。所以，我们应该拥护项梁。"就这样，项梁当上了大将军，领导了轰轰烈烈的起义。

陈胜被杀以后，众位将领商量着要立一个新的楚王。这时，范增对项梁说："陈胜当初起义的时候既然打着楚国的旗号，就应该拥立楚国国君的后裔为王，但他偏偏要自己称王，结果失去了民心，早早地就失败了。如今我们需要一个新的楚王，您是楚国的名门之后，又是起义军的领袖，拥立新楚王的事，您来决定是最能令人信服的。"

项梁认为范增说得很对，就找到了楚怀王的孙子芈（mǐ）心。当时芈心正在荒山野岭放羊呢，十分落魄。项梁把芈心接回去，拥立他为新的楚怀王，以顺应百姓的愿望。陈婴跟随项梁，成为楚国的功臣，被封为上柱国。项梁则自号为武信君。

人物介绍

项梁：秦朝末年起义军的领袖，西楚霸王项羽的叔叔。公元前209年，项梁杀死会稽郡的郡守，正式宣布起义。在反抗秦朝的过程中，他起了非常重要的作用。后来他由于轻视敌人，被秦军打败，战死在沙场上。

历史关键点

"性格决定命运"，这一道理在故事中的三个主人公身上得到了很好的印证。项梁受家族的影响，心怀大志，做事果断，有谋略，因此，能在乱世之中占据一席之地；陈婴胆小谨慎，就算机会来了，也会瞻前顾后，白白浪费机会，所以没有人能记得他的名字；项羽从小被叔叔宠溺娇惯，养成了眼高手低、自满自大的性格，为以后的人生埋下了隐患。

丞相李斯

放声朗读

赵高使其客十余辈诈为御史、谒者、侍中，更往覆讯斯，斯更以其实对，辄使人复榜之。后二世使人验斯，斯以为如前，终不敢更言。辞服，奏当上。二世喜曰：“微赵君，几为丞相所卖！”

——《资治通鉴》秦纪三·二世皇帝下二年

译文

赵高派他的门客十多人冒充御史、谒者、侍中，轮番对李斯进行审讯。李斯则翻供以真实的情况来对答，他们就让人再次拷打他。后来，秦二世派人去验证李斯的供词，李斯以为还和之前的一样，终究不敢更改口供。李斯认罪屈服。供状呈上去给秦二世，秦二世高兴地说：“如果没有赵高，朕差点儿就被李斯出卖了。”

宦官赵高仗着秦始皇和秦二世的恩宠，干了不少坏事。他害怕大臣们在奏折中告自己的状，眼珠一转，想到了一个馊主意。

一天，他对秦二世说：“陛下，天子之所以尊贵，是因为他像天上的龙一样高高在上，人们只能听见他的声音，看不见他的样子。您是

真龙天子，不应该每天出头露面。更何况您现在还年轻，对天下的事还不是很了解。如果您下错一个命令，办错一件事，不光大臣们会看不起您，就连老百姓都会嘲笑您没有治理国家的本事，会对您失望的。您可千万不能出错啊！”

秦二世问：“那要怎么做才能保证不出错呢？”

“很简单，”赵高说，“您以后就安安心心地住在您的深宫里，别来上朝了。朝廷中的事都让我和侍中们替您办。这样就能保证您永远不会出错了。”

秦二世正被国家大事愁得头疼呢，一听这话赶紧躲到深宫里去享清福了。从此以后，国家大事全由赵高做决定，赵高的权利比丞相还大！所有的奏折都由赵高批阅，那些本来想弹劾赵高的人，也不敢弹劾他了。

丞相李斯对此非常不满。赵高认为李斯是一颗定时炸弹，随时会把自己炸得粉身碎骨。于是，他便想方设法要除掉李斯。

有一天，赵高一见李斯，就摇着脑袋叹起气来。李斯好奇地问：“好端端的，叹什么气呀？”

“唉，别提了，”赵高故意皱着眉头说，“关东地区的盗贼十分猖獗，陛下不派兵去剿匪，却只想着吃喝玩乐。我想规劝陛下，但我只是一个宦官，说话没有分量，陛下听不进去。李大人，您是德高望重的老丞相，如果您去规劝陛下，他一定会听的。”

李斯“哼”了一声，没好气地说：“我倒是想劝，可陛下每天都躲在深宫里，根本不上朝，我连他的面都见不到，怎么劝啊？”

“这样吧，”赵高说，“这几天我留心观察，等陛下有空闲的时候，我来通知您，您再去见陛下就行了。”

“嗯，就这么办！”李斯满心欢喜地答应了。

这天，秦二世正和美女们饮酒作乐，玩得非常高兴。这时赵高悄

悄派人去把李斯找来，并告诉他："陛下现在正好有空，赶紧去上奏吧！"

李斯信以为真，来到宫门口，请求拜见秦二世。秦二世玩得正在兴头上，哪有工夫理会他呀，没好气地说："不见！"

李斯不愿意放弃这个机会，赖在门口不走。秦二世勃然大怒，板着脸吼道："丞相为什么偏偏在我玩乐的时候来上奏？真是气死人了！"

赵高阴阳怪气地说："丞相一直对您心存不满呢。"

"什么？"秦二世气急败坏地跳了起来。

赵高趁机添油加醋地说："当初伪造遗诏，扶持您坐上皇位的事，也有丞相李斯的功劳。可是，您即位后，对他没有任何封赏，他当然不满了。我听说，丞相的儿子背地里还和反贼陈胜偷偷有来往呢。"

“竟然有这样的事？立刻派人去查！”秦二世气得暴跳如雷。

这件事很快就传到了李斯的耳朵里，李斯气得浑身发抖，立即上奏书揭发赵高，说赵高依仗着秦二世的恩宠，独揽国家大权，是秦国的祸害，请求秦二世杀死赵高。

秦二世十分信任赵高，他听了李斯的话，满脸不高兴地说：“赵高对我忠心耿耿，对国家大事鞠躬尽瘁。这样精明能干又忠心的人，难道不应该得到重用吗？你这样诽谤他、冤枉他，又是为什么呢？”李斯气得一句话也说不出来。

秦二世担心李斯会偷偷对赵高动手，就把李斯说的话告诉了赵高，让他小心提防。这时，赵高又装成一个可怜虫，委屈巴巴地说：“我是李斯的绊脚石，要是我死了，他就打算取代您了。”短短几句话，就让秦二世更加痛恨李斯了。

这个时候，各地的盗贼越来越多。李斯和另外两位官员对秦二世说：“关东盗贼越来越多，是因为百姓的徭役赋税太重，生活太艰难了。恳请陛下暂时停止修建阿房宫，同时减轻赋税，以减轻百姓的负担。百姓的生活好了，自然就不会去当盗贼了。”

秦二世听完这些话，脸色特别难看。他气呼呼地反驳道：“朕是皇帝，天下都是朕的，朕想干什么就干什么。先皇统一六国，平定天下，是个盖世英雄。他在世的时候，就主张修建宫殿，天底下没有一个人反对。现在朕当了皇帝才短短两年，百姓就都变成了盗贼。你们身为朝廷命官，不想办法镇压盗贼，反而以修宫殿为借口数落起朕来了。你们这群大臣，既对不起先皇的重托，又不能为国家效忠，还有什么资格当官？”秦二世一怒之下，赐死两位官员，李斯被关进了监狱，交给赵高处理。

在监狱之中，李斯给秦二世写了一封奏书，表明自己的忠心，但这封信被赵高丢弃了。接着，赵高派手下人轮番审讯，逼迫李斯认罪。李斯不肯，他们就拿着厚厚的板子打他。李斯实在忍受不住，只能万般无奈地在认罪书上签字画押。秦二世看到认罪书后，感叹道：“哎呀，原来李斯真是个卑鄙的小人啊！多亏了赵高，要不然朕还被蒙在鼓里呢！”

不久以后，李斯和他的儿子一起被押解到刑场上，他老泪纵横地说：“孩子，我多么想像从前一样，和你牵着狗去郊外打野兔啊！可惜，这样的事再也做不到了。”在场的人们，都流下了眼泪。李斯和他的家人就这样全部被杀了。

李斯死后，赵高成了丞相，权力比秦二世还大呢！

人物介绍

李斯：秦朝时期的政治家，秦始皇就是听了他的建议，才下决心消灭六国、统一全国的。秦始皇统一天下后，他又帮助秦始皇设立郡县，统一文字、度量衡和货币，并建议秦始皇烧毁秦朝以前的书籍，对全国的统一起到了重要的推动作用。

历史关键点

李斯劝说嬴政灭六国，统一天下，献计献策。全国统一以后，李斯又协助秦始皇统一文字、度量衡和货币等，为秦王朝的统一和发展做出了巨大的贡献。那个时候，秦始皇是信任李斯的。所以，当李斯劝说秦始皇时，秦始皇真的会听取他的意见。李斯的远大志向也实现了。

可是，秦二世和秦始皇不同。秦二世信任的是赵高，而赵高又是个阴险毒辣的人。“一山不容二虎”，赵高是不会允许比自己有才干的人在秦二世身边的。所以，李斯才落得个家破人亡的下场。

破釜沉舟

放声朗读

项羽已杀卿子冠军，威震楚国，乃遣当阳君、蒲将军将卒二万渡河救钜鹿。战少利，绝章邯甬道，王离军乏食。陈馀复请兵。项羽乃悉引兵渡河，皆沈船，破釜、甑，烧庐舍，持三日粮，以示士卒必死，无一还心。于是至则围王离，与秦军遇，九战，大破之；章邯引兵却。

——《资治通鉴》秦纪三 · 二世皇帝下三年

译文

项羽已经杀了“卿子冠军”宋义，名声威震楚国。他派当阳君英布和浦将军领兵两万渡过黄河，援救钜鹿。战事稍稍有利，他就又截断了章邯修的甬道，让王离的军队没有粮食吃。陈馀再次请求兵力增援。项羽率领全军渡过黄河，把所有船只凿沉，炊具砸烂，把营帐全部烧毁，规定每个人只能携带三天的口粮，以此来表示军队将决一死战、毫不退缩的决心。因此，楚军一到钜鹿就包围了王离，与秦军大战，经过九次交锋，终于大败秦军。章邯领军退却。

秦军中有一员大将名叫章邯，他的本领十分高强，不但把陈胜、吴广的起义军打得落花流水，还打败了项梁率领的楚国大军。项梁也在战争中送了命。

打败项梁之后，章邯一鼓作气，又率兵攻打赵国。赵王和他的部下被迫离开邯郸，逃到了钜鹿城，但很快又被秦军包围了。赵王实在没有办法，只好向楚国求援。

楚怀王认为应该派人去解救赵王，可是派谁去呢？楚怀王左右为难。此时，齐国的使者正在出访

楚国，就对楚怀王说："我给您推荐一个人吧。"

"哦？他是谁？快说来听听。"楚怀王激动地说。

使者回答："我说的这个人叫宋义。我在来楚国的路上曾经遇见过他，他告诉我项梁骄纵轻敌，很快就会打败仗。结果，不出几天项梁真的打了败仗，还战死了。由此可见，宋义这个人对兵法是非常有研究的。"

楚怀王满意地点点头，立即下令让宋义和项羽一起去解救赵国。宋义为上将军，项羽为次将。

宋义和项羽带着队伍浩浩荡荡地出发了。可是，走到半路宋义却让大军原地休息，不肯往前走了。项羽因为叔叔项梁被杀，对秦军恨之入骨，想早一点为叔叔报仇。但他只是一个次将，必须得听从宋义的命令，只能干着急。

转眼，四十多天过去了，宋义对解救赵国的事只字不提，好像完全把这件事忘记了。项羽实在忍不住了，便对宋义说："赵军被秦军围困这么长时间了，情况十分危急，我们应该立即前去支援。到时候和赵军来个里应外合，把秦军打得满地找牙，要多痛快有多痛快！"

项羽话音刚落，宋义摇摇头说："现在还不是时候。秦军和赵军打得正火热呢，先让他们打。如果秦军打胜了，他们的力气也快耗尽了，想打也打不动。到那个时候，我们再去攻打他们，不费吹灰之力就能把他们全部拿下。如果秦军打败了，那么他们的兵力和气势都会减弱，再对付起来也就容易多了。所以，现在我们就在这里按兵不动，乖乖地等着。要论在战场上杀敌的功夫，你可能比我高，但要说起兵法来，你还比我差得远呢！"说完，他还下了一道命令："凡是不听从指挥者，一律斩首。"

很明显，这道命令是说给项羽听的，项羽气得脸色发青，窝了一肚子火。

然而，很快又发生了一件事，更加让项羽对宋义产生了强烈的不满。士兵们长时间驻扎在外面，军营里的粮食已经所剩不多了，士兵们经常饿肚子。而宋义却大摆筵席，庆祝自己的儿子当上了齐国的宰相。

当时，天气寒冷，大雨哗啦啦地下个不停，士兵们的日子非常难过。项羽气愤地说："这叫什么事啊！本来是要攻打秦军，结果却在半路停下来。士兵吃不饱肚子，跟着宋义在这里受苦。宋义却不顾士兵们的死活，大摆筵席，还口口声声地说是在等待时机！他也不用脑子想想，秦军那么强盛，攻下赵国以后，只会变得更加强大。到时候咱们哪里还有攻打他们的机会？依我看，宋义根本不配做这个大将军。"

他越想越生气，第二天早晨，他来到宋义的营帐中，趁他不注意，砍下了他的脑袋。然

后，他把士兵们召集到一起，编了个谎言说：“宋义和齐国人合谋，要背叛楚国。楚怀王命令我把他杀了，并让我当主将，率领你们去营救赵王。”士兵们心里都明白是怎么回事，但他们都怕项羽，于是一齐说：“当年拥立新楚王的就是项家的人，现在您又亲手除掉了奸臣，您是楚国的功臣，我们都愿意拜您为上将军，追随您。”项羽担心宋义的儿子会找他报仇，便把他也杀死了。他把事情告诉了楚怀王，楚怀王下令让项羽担任上将军。项羽志得意满，率领大军出发了。

当时率兵围困钜鹿的是秦国的大将军王离。章邯率兵驻扎在距离钜鹿城不远的地方，专门派人修建了一条长长的甬道，为王离的军队运送粮食。

项羽经常带兵打仗，当然知道粮草对于军队来说有多么重要。于是，他先派人暗中破坏了章邯所修的甬道，断了王离他们的粮食供给。

这天，项羽带着士兵渡过了黄河。在黄河边上，他让士兵们大口吃肉，大碗喝酒，饱饱地吃了一顿。等士兵们酒足饭饱以后，项羽站起来，啪的一声把手中的碗摔了个粉碎。士兵们吓了一跳，直愣愣地看着他。

项羽下令说：“从现在起，每人带上三天的粮食，然后把船全部砸烂，把锅碗瓢盆全部摔碎，一个也不能留。”

“这是要干什么？没有锅碗瓢盆，我们还怎么吃饭啊？”士兵们你看看我，我瞅瞅你，小声议论起来。

项羽解释道：“我们这次要和秦军决一死战，必须全力以赴往前冲，绝对不能给自己留后路！”

士兵们恍然大悟：原来项羽是在用这种方式表示决一死战的决心呢！他们被项羽的气势鼓舞着，浑身上下充满了斗志。

在项羽的激励下，士兵们仿佛全都变成了勇猛无比的野兽，不顾一切地冲向了秦军。在经过一次又一次地厮杀之后，他们终于打败秦军，

成功地把赵王解救了出来，大将军章邯也只得灰溜溜地撤军了。

这次战役之后，项羽的名字就像长了翅膀一样，传遍大江南北。很多将领都带着士兵投奔项羽，项羽很快就从一个没有什么名气的小人物，成长为赫赫有名的西楚霸王，开启了他的称霸之路。

人物介绍

项羽：秦朝末年起义军领袖，起初跟着叔叔项梁起义，钜鹿之战中他率兵打败了秦军的主力，因此名声大振，后来自称为“西楚霸王”。之后他和刘邦展开了长达四年的楚汉之争，失败以后在乌江自刎。

历史关键点

但凡能够被载入史册、被人们称颂的人，身上总有很多闪光点。比如项羽，他虽然有很多缺点和毛病，但投入战斗的时候，他果断坚决，具有破釜沉舟、绝不回头的勇气。这种勇气和态度可以激发出士兵们的斗志，在战场上是非常重要的。正是因为有了他的激励，士兵们才能万众一心、毫无顾忌地投入战斗，最终取得了战争的胜利。

成语“破釜沉舟”就是从这个故事演化而来的，比喻下定决心干一件事、不达目的誓不罢休的志气。

鸿门宴

放声朗读

范增数目项羽，举所佩玉玦以示之者三；项羽默然不应。范增起，出，召项庄，谓曰：“君王为人不忍。若入前为寿，寿毕，请以剑舞，因击沛公于坐，杀之。不者，若属皆且为所虏！”庄则入为寿，寿毕，曰：“军中无以为乐，请以剑舞。”项羽曰：“诺。”项庄拔剑起舞。项伯亦拔剑起舞，常以身翼蔽沛公，庄不得击。

——《资治通鉴》汉纪一·太祖高皇帝上之上元年

译文

范增不停地向项羽使眼色，并三次举起自己佩戴的玉玦暗示项羽杀了刘邦。但项羽却默然不语。范增起身出去招呼项庄，对他说：“项王为人心慈手软，你进去上前给他们敬酒，然后请求为他们舞剑助兴，乘势在座席上袭击刘邦，杀了他。不然的话，你们这些人都将成为他的俘虏。”项庄于是进去敬酒，敬完酒说：“军中没有什么可以用来取乐的，请让我为你们舞剑吧。”项羽说：“好的。”于是，项庄拔剑起舞。项伯也拔剑起舞，并时时用身体遮护刘邦，项庄根本没办法行刺。

陈胜、吴广起义失败以后，全国各地的英雄豪杰们，像雨后的小草一样，纷纷冒出了头儿。在这些人当中，本事最大的两个人是项羽和刘邦。

这一年，楚怀王与众人约定谁先占领咸阳，谁就称王。项羽和刘邦约定，各自带领着自己的队伍从两个不同的方向攻打秦朝的都城咸阳。

结果，刘邦率先攻下了咸阳。但刘邦的谋士们认为现在还不是称王的时候，刘邦听取了谋士的意见，只是把咸阳城里的财物清点了一下，封存起来，并派人把守函谷关，然后自己带着士兵返回了霸上。

项羽一直忙着打仗，没有听说这个消息。等他攻到函谷关的时候，才发现把守函谷关的人不是秦军，而是刘邦的士兵，这才知道自己晚了一步，气得抓耳挠腮，立即下令让部下把函谷关攻了下来。

恰恰在这个时候，有个人来火上浇油了。这个人是刘邦的部下，名叫曹无伤。

曹无伤认为项羽的实力比刘邦强，以后肯定会是胜利的一方，于是，他想要投靠项羽，给自己找个靠山。

他阴阳怪气地对项羽说："刘邦霸占了咸阳城中的奇珍异宝，很快就要称王了，您得赶快采取行动啊！"

"哎呀，气死我了！"项羽气得眼珠通红，大声命令道，"让士兵们今天大吃一顿，明天攒足了力气，去把刘邦打个落花流水。"

项羽身边有个足智多谋的人，名叫范增。他觉得刘邦这个人非常不简单，便趁机对项羽说："刘邦头上有一团云气，形状像龙虎，出现五彩。这说明他有当天子的命，留着他一定会对您不利。所以，您千万不能手软，要尽快想办法把他铲除。"项羽答应了。

项羽有个叔叔名叫项伯，他和刘邦的部下张良关系非常好。项伯不忍心让张良在第二天的战争中受到伤害，于是他悄悄来到刘邦的军营中，对张良说："明天项羽就要来攻打你们了，他有四十万大军，你们只有十万，怎么能打得过他呢。你还是赶快逃走吧，不要跟着刘邦白白送命了。"

"这怎么行呢？"张良摇摇头说，"我是刘邦的部下，怎么能在遇到危险的时候自己逃走呢？这样做太不讲义气了。"张良没有逃走，而是赶紧把这件事告诉了刘邦。

刘邦大吃一惊，赶紧摆上一桌好酒好菜，亲自端起酒杯向项伯行礼说："不瞒您说，我根本没有称王的打算，所以我到了咸阳以后，只是把城中的财物清点了一下，封存起来了。我这么做，就是为了迎接项羽呀！我担心出现盗贼或其他紧急情况，才派兵把守函谷关，没想到让将军误会了。请您把我的心思告诉将军，让他不要因为误会而伤了我们之间

的和气。”

“既然是这样，”项伯低着头想了想说，“那我给你们牵个线，你明天亲自来向项羽解释吧！”

项伯回去以后，把刘邦的话一字不落地告诉项羽，并劝他说：“如果不是刘邦率先攻下咸阳，您怎么能这么轻松就进来呢？刘邦立了大功，如果您无缘无故地把他杀了，天下人肯定会认为您残暴不仁，这对您夺取天下是非常不利的。既然刘邦已经答应当面向您赔礼道歉了，您就大度一点儿，不要再计较了。”

项羽觉得项伯说的有道理。于是，第二天在鸿门大摆筵席，招待

刘邦。

刘邦一见项羽，立刻笑眯眯地说："哎呀，也不知道是哪个小人在背后瞎编乱造，害得你我之间出现这么大的误会。不管怎么说，这件事都是因我而起，我先向你赔罪了。"说完，刘邦干了一杯酒。

项羽见刘邦这么有诚意，也赶紧找了个台阶说："是你的部下曹无伤说你要称王，我才着急的，要不然怎么会发生这么不愉快的事！"说着，他端起酒杯，和刘邦你一杯我一杯，痛快地喝起来。

在一旁陪着的范增可坐不住啦！他最怕项羽在这个节骨眼儿上会心软，于是不停地朝项羽挤眉弄眼，提醒他赶快找机会杀死刘邦。

可是项羽下不去手，就假装没看见，继续和刘邦喝酒。范增急得像热锅上的蚂蚁，他实在等不下去了，便找了个借口从酒席上溜出来，对大将项庄说："你进去给他们舞剑助兴，找机会杀掉刘邦，不然你们迟早都会死在他的手上。"

项庄按照范增的吩咐，一边舞剑一边靠近刘邦。项伯看出了项庄的心思，便假装要和项庄一起舞剑为大家助兴，趁机挡在项庄面前，不让他杀死刘邦。

聪明的张良把宴席上的事情看得明明白白。他溜出门外，对守候在外面的大将樊哙说："项庄要杀沛公，快去阻止他。"

樊哙是个火暴脾气，二话不说，提着剑和盾牌就冲了进去。

他咬牙切齿地看着项羽，两只眼睛瞪得像灯泡一样大，脑袋上的头发都竖起来了，看了就叫人害怕。

项羽被樊哙的气势吓住了，问道："你是谁？"

樊哙粗声粗气地说："我是刘邦的部下樊哙。"

"哦！"项羽一惊，"原来是樊将军啊，上酒！"

随从们端来一杯酒，樊哙仰脖"咕咚"一口就喝光了。项羽又让人送来一条生猪腿，樊哙把盾牌往地上一扔，把猪腿放在上面，拔出剑来切切，就狼吞虎咽地吃了起来，还一边吃一边嘟囔：“我家主公率先攻下了咸阳，按照约定，他是应该称王的。可是，他没有那么做，而是把咸阳城中的财物封存起来，等着您的到来。没想到，您不但不表扬他，反而要杀了他，这叫什么事啊！太不讲理了！”

项羽听了十分羞愧，就让樊哙坐在张良身边，和刘邦一起饮宴。

刘邦知道再继续待下去，自己的命就保不住了，于是撒谎说要去上厕所，一出门，就带着他的部下溜之大吉了。

人物介绍

樊哙：早年靠贩卖狗肉为生，后来投靠刘邦，跟随他南征北战，立下了不少功劳，被封为大将军。鸿门宴上，他冒着生命危险帮助刘邦脱困，后来被封为舞阳侯。

历史关键点

鸿门宴是一个非常精彩的历史片段。故事中的每一个角色都有鲜明的人物特点。刘邦知道自己现在不是项羽的对手，真的打起仗来对自己不利，于是他选择后退一步，退到了霸上，并主动去向项羽道歉。这不是软弱，而是能屈能伸，懂得在合适的时候隐藏自己的锋芒，为自己谋取发展的时间。

项羽的武功和实力都远远超过刘邦，鸿门宴上他是有机会杀死刘邦的。但他犹豫不决，反而给对方提供了机会。而机会一旦失去就再也不会回来了。

火烧宫殿

放声朗读

居数日，项羽引兵西，屠咸阳，杀秦降王子婴，烧秦宫室，火三月不灭。收其货宝、妇女而东。秦民大失望。

——《资治通鉴》汉纪一·太祖高皇帝上之上元年

译文

隔了几天，项羽领兵西进，在咸阳城大肆屠杀，杀了已投降的秦王子婴，放火焚烧秦朝宫室，大火燃烧了三个月都没有熄灭。然后，他们还搜取了很多的金银珠宝和女人，向东而去。秦朝的百姓对此大失所望。

刘邦从鸿门宴上逃走之后，范增气得把杯子摔到地上，大声吼道：“以后夺取天下的一定是刘邦，我们这些人就等着变成他的俘虏吧！”

范增的话让项羽打了一个激灵，他意识到自己错过了一个杀掉对手的好机会，又气又急，心里生出一团怒火来。

那团怒气在项羽的身体里上蹿下跳，弄得他烦躁不安。他吃不下睡不香，只想尽快找个出口把怒气发泄出来。可是找谁撒气呢？刘邦已经有所防备了，再想杀他已经没有那么容易了。

这时，项羽想到了咸阳城。他认为自己这一肚子闷气，全都是因为咸阳城引起的。于是，他把心一横，带着将士们冲进了咸阳城。

咸阳城是秦朝的皇帝和王公大臣们居住的地方，里面有数不清的金银珠宝，都十分名贵。刘邦攻下咸阳的时候，只是把这些东西进行清点，然后全部封存起来了，并没有动。并且，他还和咸阳城中的百姓约法三章，对杀人、伤人以及抢劫的人都要重重地惩罚。咸阳城中的百姓因此受到了很好的保护，对刘邦赞不绝口。

但项羽被怒气冲昏了头脑，在咸阳城里看见好东西就抢，见到有人反抗就杀，简直就像一个恶魔，使百姓们又恨又怕。该抢的抢了，该杀的杀了，项羽还是觉得不解气。这天，他站在秦朝的宫殿外，怒气冲冲地盯着宫殿，心想："刘邦不是想称王吗？那我就一把火把这些宫殿统统烧掉，看他还敢不敢称王！"

"放箭！把这些宫殿全部烧光！我得不到的东西，谁也别想得到。"

项羽一声令下，成千上万支燃烧的火箭射进了宫殿中。顷刻间，浓烟滚滚，熊熊大火就这样燃烧起来了。火光把咸阳城照得灯火通明，让人们分不清白天和黑夜，胆小的孩子们被吓得哇哇大哭。这一把火整整烧了三个月。

咸阳城中的百姓们可遭殃了。他们本来已经受尽了秦王朝的虐待，正热切地盼望着有人能把他们从水深火热的生活中解救出来呢。好不容易盼来了个项羽，没想到他是这样的残暴。大家失望透顶，每日每夜都在唉声叹气。咸阳城变得死气沉沉，没有一点生气。

这时，一个叫韩生的人对项羽说："关中土地肥沃，资源丰厚，是个顺风顺水的好地方，您可以先在这里称霸，然后再慢慢消灭其他的势力，统一天下。"

项羽看着被烧得黑不溜秋的宫殿，一百个不愿意。但他不愿意说出心里话，便找了个冠冕堂皇的理由说：“我现在发达了，应该衣锦还乡，让家乡的人瞧瞧。所以，我决定返回家乡，到那里做一个霸王。”

韩生撇了撇嘴，小声嘟囔了一句：“人人都说楚国人是戴上帽子的猴子，只是样子长得像人而已，根本做不成大事，没想到还真是这样。我今天可是亲眼见识到了。”

韩生的声音不大不小，恰好被项羽听见了。项羽气得暴跳如雷，二话不说，立即下令把韩生烹杀了。

项羽带着自己的队伍回到彭城，想在彭城称王。但他毕竟是楚国人，称王这种大事，他不敢私自拿主意，便派人把自己想称王的事告诉楚怀王，请他批示。没想到楚怀王不同意，只说了一句：“你们当初起兵时，既然已经约定谁先攻下咸阳谁就当王，那么就按照这个约定办吧！不要再招惹事端了。”

“哎呀，楚怀王这么说是什么意思？”项羽气得团团转，他说，“想当年，是我和叔叔项梁把楚怀王扶持起来的。要是没有我们的帮助，他还在外面流浪呢！就凭他的力量，能当上楚国的君王？想都别想！可是，他现在把王位坐稳了，尾巴却翘起来了！讨伐秦朝，平定天下，是我们带着将士们出生入死，用自己的血汗换来的，这全都是各位将相和我的功劳，他什么也没干，凭什么对我指手画脚？我项羽现在就宣布，我要当天下的霸王。”

项羽给自己起了个响当当的名号——西楚霸王。然后他把全国的土地重新划分，分给了当初和他一起攻打秦朝的诸侯军头领，并把他们全部封为侯王。大家得到了封赏，都乐颠颠地回到了自己的封地上。

这个时候，范增问项羽：“刘邦怎么办呢？这个人野心勃勃，是一只猛虎，非常危险。”

项羽无奈地说：“我和刘邦之前是有矛盾，但天下人都知道，我们已经在鸿门宴上把矛盾解开了，天下人还因为此事夸我大度呢！如果我现在封赏了所有人，却不理会刘邦，那天下人就会嘲笑我小肚鸡肠，是个伪君子。所以，我必须封赏他。”

“那您准备把哪里的土地封给刘邦呢？”范增又问。

项羽想了想，忽然眼前一亮：“把蜀地给他！蜀地地势险恶、人烟稀少，居住的都是一些被秦王朝流放的人。刘邦这条小鱼，到了那里绝对翻不出多大的浪花来。”

范增非常赞同项羽的安排，于是，项羽封刘邦为汉王，把他派到了蜀地。

至于楚怀王嘛，项羽对他有满肚子怨气，但他是一个要面子的人，不愿意和楚怀王撕破脸皮，便摆出一副对楚怀王十分尊敬的样子，称他为义帝，对他说：“自古以来，凡是能有一番作为的君王，都是居住在河流的

上游地带。为了您的千秋大业着想，我给您挑选了一块好地方。”

项羽说的好地方，是长沙郡的郴县。楚怀王虽然很不情愿，但项羽的势力太大了，他不敢招惹项羽，只好忍气吞声，答应迁都了。

直到这个时候，项羽才终于实现了自己的愿望，成了威风凛凛的西楚霸王。

人物介绍

范增：为项羽出谋划策的谋士，被项羽尊称为“亚父”。鸿门宴上，他多次暗示项羽杀死刘邦，但没有成功。后来，项羽中了陈平的离间计，对他不再信任，范增一怒之下辞官回家，半路上病死了。

历史关键点

有人说项羽用火烧掉的是阿房宫，也有人说他烧掉的是咸阳宫。不管他烧掉的是哪一座宫殿，最终他烧掉的是民心，是老百姓们对他的期盼和信任。

老百姓拥戴一位帝王，不是看他有多么高深的武功、有多少军队，而是看他是不是真正把百姓放在心上。从这一点上来说，项羽彻彻底底地输了。

胯下之辱

放声朗读

居一二日，何来谒王。王且怒且喜，骂何曰：“若亡，何也？”何曰：“臣不敢亡也，臣追亡者耳。”王曰：“若所追者谁？”何曰：“韩信也。”王复骂曰：“诸将亡者以十数，公无所追；追信，诈也！”何曰：“诸将易得耳；至如信者，国士无双。王必欲长王汉中，无所事信；必欲争天下，非信无可与计事者。顾王策安所决耳！”

——《资治通鉴》汉纪一·太祖高皇帝上之上元年

译文

过了一两天，萧何来拜见汉王。汉王又惊又喜，骂萧何道：“你为什么逃走啊？”萧何说：“我不敢逃走，我是去追逃走的人啊。”“你追赶的人是谁呀？”汉王问。萧何回答：“是韩信。”汉王又骂道：“将领们逃跑的数以十计，你不去追，说去追韩信。我看你在撒谎。”萧何解释道：“那些将领很容易得到，而韩信是举世无双的人才呀！大王您如果只是想长久地做个汉王，那么韩信就没什么用处。可是如果您想争夺天下，那么只有韩信能够帮助您实现宏图大业。关键要看大王怎样选择了。”

韩信是刘邦手下的一位大将军，他在战场上威风八面，立下了很多功劳。但韩信早期的生活可不是这样的。

韩信年轻的时候家境贫寒，他自己又没有什么赚钱养家的本领，就到别人家蹭吃蹭喝，大家都不喜欢他。有一次，韩信的肚子太饿了，就到河边钓鱼。可他等了半天，鱼也没有上钩。他饿得头晕眼花，眼前一黑，倒在了河边。恰好，有个老婆婆正在河边洗衣服，她赶忙跑过去，把韩信扶起来，从家里拿来一碗饭给他吃。

韩信吃了饭，身上有一点力气了，感激地说：“老人家，您这碗饭我会一直记在心里。等我以后飞黄腾达了，我一定会好好地报答您的。”

谁知，老婆婆从鼻孔里哼了一声说：“这么大的人了，连自己都不能养活，还想着飞黄腾达呢？简直就是……唉，

算了算了，我是看你可怜，不忍心让你饿死才给你饭吃的，难道是希图有什么报答吗？”

听完老婆婆的话，韩信的脸唰地一下就红到了脖子。

不久之后，韩信又遇见了一件让自己十分难堪的事。

韩信虽然没有赚钱养家的本事，但他平时喜欢舞刀弄剑，研究兵法。所以，他总是随身带着一把剑。这天，韩信正在大街上闲逛，忽然，一个身材高大的屠夫像堵墙一样挡在他面前。他斜着眼睛看了看韩信腰上的佩剑，嘲笑道：“哎哟，这不是整天去别人家蹭饭的韩信吗？你连饭都吃不上，还有力气耍剑吗？”

韩信不想惹事，一句话也没说，低下头继续往前走。屠夫大声吼道：“韩信，你真是个胆小鬼！”

“我不是！”韩信停住了脚步。

“韩信你要是不怕死，那你就用剑刺我啊，让我看看你的胆子有多大。如果你怕死不敢刺，就从我的胯下钻过去。”屠夫说着，双手叉腰，把两条腿大大地分开站着。看热闹的人们围拢过来，指指点点地说：“这样太侮辱人了，韩信真可怜。”

韩信心里非常明白，如果自己真的用剑把屠夫刺伤，肯定会惹上麻烦。于是，他呆呆地盯着屠夫看了一会儿，长长地出了一口气，把心一横，弯下身子从屠夫的两条腿中间钻了过去。

“原来韩信真的是个胆小鬼啊！”

“太丢脸了。”

屠夫得意地哈哈大笑，看热闹的人们失望地摇摇头，更看不起韩信了。

但韩信在心中憋了一口气，他暗暗发誓：一定要干出一番惊天动地的事来，让人们刮目相看。

项梁渡过淮河北上，韩信投奔了项梁，但他在军营中一直默默无闻，也没有得到重用。项梁死后，韩信又跟着项羽。遗憾的是，韩信几次三番地向项羽献计献策，但项羽觉得他没有什么本事，根本不予采纳。韩信心灰意冷，决心离开项羽，为自己另谋出路。

这个时候，刘邦刚刚被项羽封为汉王，带着军队进入蜀中了。韩信听说刘邦有情有义，就去投奔刘邦。可刘邦手下有很多大将军，个个都是领兵杀敌的高手。韩信在这群人当中，没有显示出特别的本领，因此没有引起刘邦的注意，只能在军营中当一个不起眼的小官。

有一次，韩信犯了法，要被斩首。他想到自己的一腔抱负却没办法施展，便悲愤地仰着头大声慨叹：“汉王要夺取天下，不正是需要人才的时候吗？为什么要把有才干的人杀死呢？”

负责监斩韩信的人名叫夏侯婴，他听到韩信的话大吃一惊，仔细地打量起韩信来：“这个人看起来威武不凡，说不定真是个有才能的人呢！我要是稀里糊涂把他杀了，岂不是白白浪费了一个有用的人才吗？”

于是，夏侯婴把韩信放了，并和他交谈起来。结果，两个人越谈越投机，夏侯婴认定韩信是个人才，把他推荐给了刘邦。

刘邦还是没有看出韩信有什么特别之处，只是封他做了都尉，比原来的官职高了一些，但依然没有要重用他的意思。

后来，韩信认识了萧何。萧何是刘邦的左膀右臂，刘邦非常信任他。萧何和韩信接触几次以后，看出韩信是个了不起的人物，便多次向刘邦推荐韩信，但韩信还是没有得到重用。

韩信心里的希望一次又一次被扑灭，他又失望又

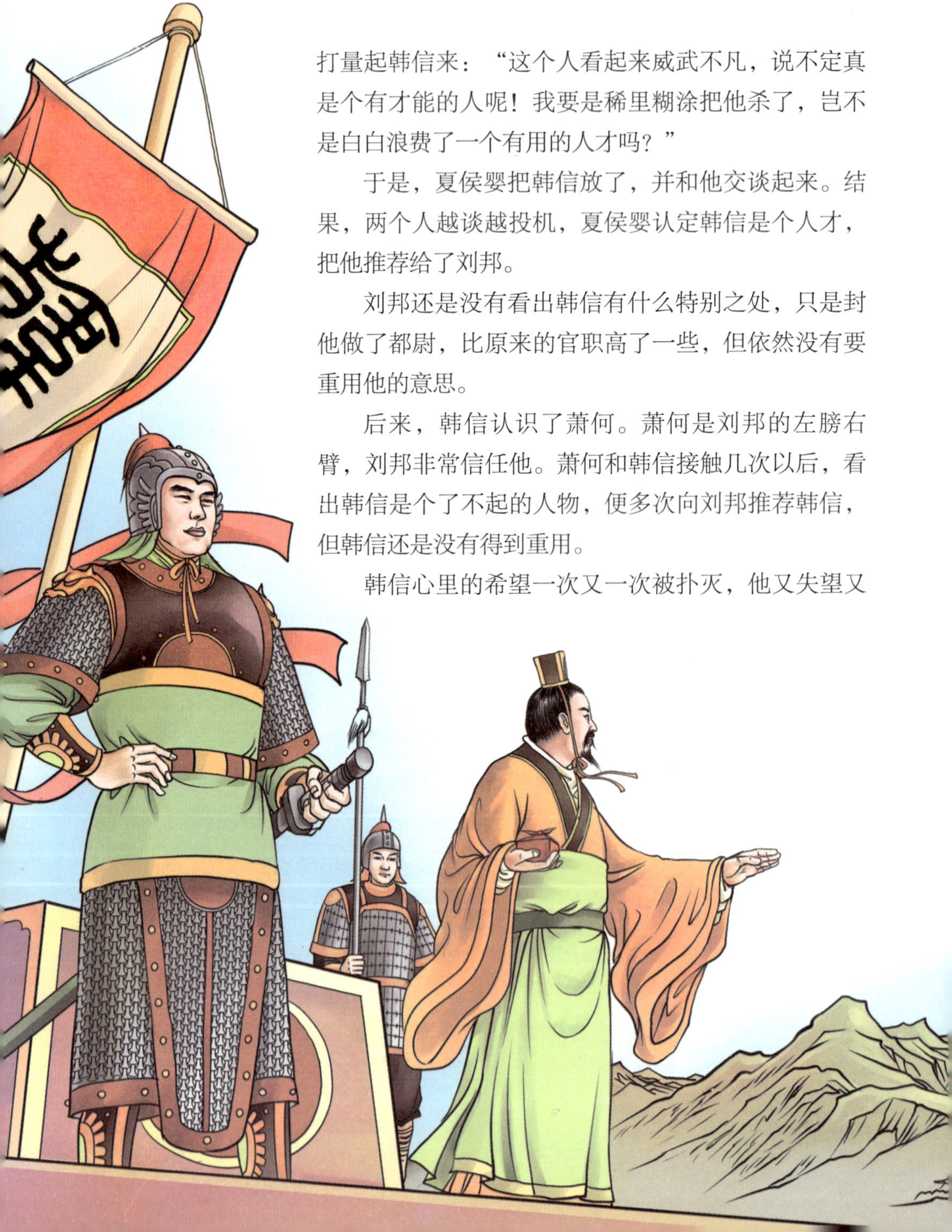

难过，一个人偷偷逃走了。萧何非常爱惜韩信这个人才，听说他逃走之后又急又气，也没顾上向刘邦禀报，就去追韩信了。

部下以为萧何逃走了，就去禀报刘邦，刘邦非常生气。不过，很快萧何又回来了。刘邦一见他，气呼呼地说："你不是逃走了吗？怎么又回来了？"

"我没有逃走，"萧何说，"我是去追那个逃走的人了。"

刘邦问："谁有这么大的本事，值得你去亲自追赶？"

"韩信。"萧何回答。

听到这个名字，刘邦非常吃惊："许多将领因为思念家乡而逃走了，你不去追他们，为什么偏偏去追韩信呢？"

萧何说："韩信是个难得的人才，大王您如果想夺取天下，就必须把韩信留下来，他一定会对您大有帮助。一万个士兵都抵不上一个韩信啊！"

这一次，刘邦终于下定决心，要拜韩信为大将军。

这天，刘邦把士兵们全都召集到广场上，举行声势浩大的拜将仪式。士兵们十分好奇：是哪一位大将军，能有这么高级的待遇呢？大家都忍不住伸直了脖子、瞪大了眼睛，想看个究竟。

等韩信迈着步子走到台上时，所有人都大吃一惊：原来是一直默默无闻的韩信啊！

韩信当上大将军以后，为刘邦贡献了很多非常有用的计策，并且还立了很多大功。刘邦感慨道："韩信这么有才干，我真应该早一点儿拜他为大将军啊！"

人物介绍

韩信：西汉的开国功臣。早期的韩信穷困潦倒，连饭也吃不上，后来受到刘邦的重用，被拜为大将军，军事才能逐渐显露出来。他为大汉朝的建立立下了赫赫战功，与萧何、张良并称为“汉初三杰”。

历史关键点

任何人的成功都不是一帆风顺的。韩信早期受人白眼，遭遇胯下之辱，屡次被轻视，得不到重用。不管中途遭遇什么，他不但没有放弃自己，还努力寻找机会，想一展抱负。最后终于守得云开见月明，他当上了声名显赫的大将军，受万人敬仰。

韩信的经历告诉我们，是金子总会发光的。在机会没有来临之前，不要心急，要一边提升自己，一边耐心等待机会。如果你这么做了，机会总有一天会到来的。

彭城之战

放声朗读

项王闻之，令诸将击齐，而自以精兵三万人南，从鲁出胡陵于萧。晨，击汉军而东至彭城，日中，大破汉军。汉军皆走，相随入谷、泗水，死者十余万人。汉卒皆南走山，楚又追击至灵壁东睢水上；汉军却，为楚所挤，卒十余万人皆入睢水，水为之不流。围汉王三匝。会大风从西北起，折木，发屋，扬沙石，窈冥昼晦，逢迎楚军，大乱坏散，而汉王乃得与数十骑遁去。

——《资治通鉴》汉纪一·太祖高皇帝上之上二年

译文

项王听到这个消息，立即命令众将领继续攻打齐国。自己带着三万精兵，从鲁地出胡陵，直奔萧地。清晨，楚军从萧地突袭汉军，向东一直打到了彭城。中午时分，大破汉军。汉军四处奔逃，涌入谷水、泗水中，死了十多万人。随后，汉军士兵向南往山里逃去，楚军紧追不舍，一直追到了睢河边上。汉军仓皇失措，在楚军逼迫下，十万多士兵全部落入睢河中，把河水都阻断了。楚军拥上来，把他们团团包围。就在这时，一阵狂风从西北方吹过来，树木被折断了，屋子被掀翻了，漫天的黄沙铺天盖地朝楚军扑过来。楚军乱作一团。汉王抓住机会带着几十个人逃走了。

胸怀大志的人，怎么会甘心困在小小的地方呢？刘邦虽然被项羽封到了巴蜀两地和汉中，但他从没有忘记过称霸天下的志向。在韩信、萧何和张良的帮助下，刘邦不断地攻城略地，扩大自己的地盘。同时，因为他对人仁慈宽厚，有很多人都来投奔他。就这样，刘邦的势力越来

越大。

公元前205年，刘邦认为时机成熟了，打算派兵攻打项羽。这天，他带领军队走到洛阳新城，突然，一个老人拦住他说：“汉王，敢问你们是准备去攻打西楚霸王吗？”

“是啊！”刘邦说，“有什么问题吗，老人家？”

“你们这样去打仗可不行啊！”老人家解释道，“自古以来人们行军打仗，都会先找个让人信服的理由，才能鼓舞士兵，赢得百姓们的支持，为自己赢取胜的机会。你们要攻打项羽，总得有个说法吧！”

“嗯，老人家说得有道理。”刘邦煞有其事地点点头。

老人接着说：“项羽这个人凶狠残暴，他把楚怀王放逐到郴县，最后又杀了他。他这是大逆不道，人们对他又怕又恨，早就在心里把他当成残暴的叛贼了。要我说，你们干脆穿上丧服，对天下说要为楚怀王报仇。用这个借口出兵，一定会有很多人来响应你们，并且还会称赞你们攻打项羽是正义的行为。”

于是，刘邦让所有将士穿上丧服，一边大张旗鼓地为楚怀王举行发丧仪式，一边派人给各路诸侯送信，号召大家联合起来，一起攻打项羽，为楚怀王报仇。

果然，在刘邦的号召下，全国各地纷纷起兵，要讨伐项羽。

当初，有个叫田荣的人对项羽分封王的事非常不满，便举兵造反，和项羽成了死对头，并自称“齐王”。田荣死后，他的弟弟田横拥立田荣的儿子田光为齐王，继续对抗项羽。项羽非常生气，想要把他们一网打尽。

这个时候，有人来给项羽报信说：“大事不好，刘邦打着要为楚怀王报仇的旗号，杀过来了。”

“急什么？”项羽不屑一顾，“刘邦根本不是我的对手，等我把齐国这群叛贼全部消灭之后，再去找刘邦算账也不晚。”

项羽的这个决定给刘邦提供了一个非常好的机会。刘邦带着五六十万人浩浩荡荡地来到项羽的地盘，就像黑压压的乌云从天边压过来一样，气势非常浩大。

一路上，还不断地有大将带着自己的队伍加入进来，刘邦的兵力就像吹气球一样，飞速膨胀。除此以外，还有一些人为了投奔刘邦，主动把自己之前占领的郡县交出来。就这样，刘邦几乎没费什么力气，就得到了很多城池。终于，他们来到了目的地——彭城，也就是项羽的根据地。

当时项羽正率领着军队攻打齐国，彭城中只剩下了一些防守的士兵。这些士兵听说刘邦来了，吓得撒腿跑了。这下，彭城就彻底变成了刘邦的地盘。

胜利来得太容易了，刘邦那颗怦怦跳的心不知不觉地飘起来了。进城之后，他四处搜罗美女和钱财，每天都大摆筵席，从天明喝到天黑，没日没夜地庆祝。可他们忘了一件事：项羽还活着呢，并且就在距离彭城不远的齐国。

项羽听说刘邦攻占了彭城，急得像热锅上的蚂蚁。他命令将领继续攻打齐国，自己带着三万士兵，悄悄地南进，抵达萧地，对刘邦发起了猛烈的攻击。项羽不愧是一员猛将，他率领三万人，只用了半天时间，就打败了刘邦的几十万大军。

刘邦和他的将士们抱着脑袋四处逃窜，有的跌进水里，十多万人就这样葬送了性命。活下来的人继续向南逃跑。项羽在后面紧追不舍，把他们赶到了一条大河边。

自从起兵以来，刘邦还从来没有吃过这样的败仗。前面是滔滔奔流的大河，后面是恨不得把自己生吞活剥的敌人，刘邦走投无路，只能带领着狼狈不堪的将士们退到大河中。乌泱泱的一堆人站在水中，就像是一堵墙，把河水都截断了。这时，项羽率军把他们团团围住，准备来个瓮中捉鳖。

就在这个时候，突然，一阵狂风莫名其妙地刮了起来。

呼呼呼——狂风卷起漫天黄沙，遮住了太阳，吹得人睁不开眼睛，脚也站不稳。

“这是怎么回事？”项羽慌忙之中用手遮住眼睛和口鼻。

“大家别慌，冲……”风实在是太大了，项羽刚一张开嘴巴，就灌进了满嘴黄沙，他只好紧紧地把嘴巴闭上。狂风吹了一会儿，终于停了下来。黄沙飘散了，项羽准备对刘邦他们进行最后的攻击，可是，他抬眼一看，惊叫了起来：“哎呀，人呢？”

大河里空空荡荡的，除了奔涌的河水，一个人影儿也没有。原来，刘邦他们早就趁着这阵狂风逃走了。

这一仗，刘邦虽然保住了性命，但士兵们死的死，伤的伤，逃的逃，损失了几十万人。刘邦逃走以后，想去沛县把自己的家人接出来。可是他不知道，项羽也派了人去掳掠刘邦的家人，他家人听说消息以后，全都逃走了。刘邦扑了个空，只好失魂落魄地往回走。

半路上，刘邦遇见了自己的儿子和大女儿，就让他们和自己乘车一

起走，这两个孩子总算是保住了性命。而刘邦的妻子吕雉和父亲逃走之后，一直想办法寻找刘邦，不幸的是，他们没有找到刘邦，却被项羽的人抓走了。

原来追随刘邦的诸侯王见刘邦吃了败仗，以为他再也翻不了身，转身就去投靠项羽了。彭城这一战，让刘邦赔了夫人又折兵，损失实在是太大了。刘邦好像得了场大病一样，好长时间才缓过劲儿来。

人物介绍

田荣：秦朝末年的齐国人，是齐国的宗室贵族。陈胜、吴广起义后，他和哥哥响应起义，趁机恢复了齐国。公元前206年田荣自立为齐王，率兵反抗项羽，后来在逃亡途中被人杀害。

历史关键点

彭城之战是一场以少胜多的战役。项羽用三万人打败了刘邦的五六十万人，给了刘邦重重一击，不但让他损兵折将，还让他的家人成了俘虏，让刘邦尝到了失败的滋味。这场战争足以证明，项羽真的有军事才能，不愧有“西楚霸王”的称号。

然而，刘邦的失败也有自己的原因。他们毫不费力地攻下了彭城，便认为项羽不堪一击，因此放松了警惕。这在战场上是非常危险的。

刘邦东山再起

放声朗读

汉王问群臣曰:“吾欲捐关以东;等弃之,谁可与共功者?”张良曰:“九江王布,楚枭将,与项王有隙;彭越与齐反梁地;此两人可急使。而汉王之将,独韩信可属大事,当一面。即欲捐之,捐之此三人,则楚可破也!”

——《资治通鉴》汉纪一·太祖高皇帝上之上二年

译文

汉王问群臣说:“我想舍弃函谷关以东地区作为封赏,你们看有谁可以与我共同建功立业呀?”张良说:“九江王英布是楚国的一员猛将,但他和楚王之间有矛盾。彭越正和齐国联合起来在梁地一起反抗楚国。这两个人都可以立即利用起来。而大王麾下的将军中,只有韩信能够托付大事,独当一面。如果大王要是能把关东的地方封赏给这三个人,那么楚国就可以打败了。”

彭城之战,让刘邦吃尽了苦头。幸运的是,他从项羽的霸王枪下逃了出来,也算是死里逃生了。找到了落脚的地方之后,刘邦打起精神,打算东山再起。

他把被打散的士兵们召集起来，再加上从关中征来的兵，总算凑齐了十万人。这天，他对大臣们说：“要想打败项羽，需要召集一些既可靠又有本事的人才。为此，我愿意把函谷关以东的地方拿出来，赏给有才干的人。你们认为谁配得上这样的封赏呢？”

“我有三个合适的人选，”张良说，“第一个是韩信，他能够独当一面，是个不可多得的将才。第二个人是彭越，他一直在举兵反抗项羽，容易拉拢过来。第三个人是九江王英布，他虽然在为项羽卖命，但据我所知，他和项羽之间并不和睦，我们可以找人去说服他。只是英布

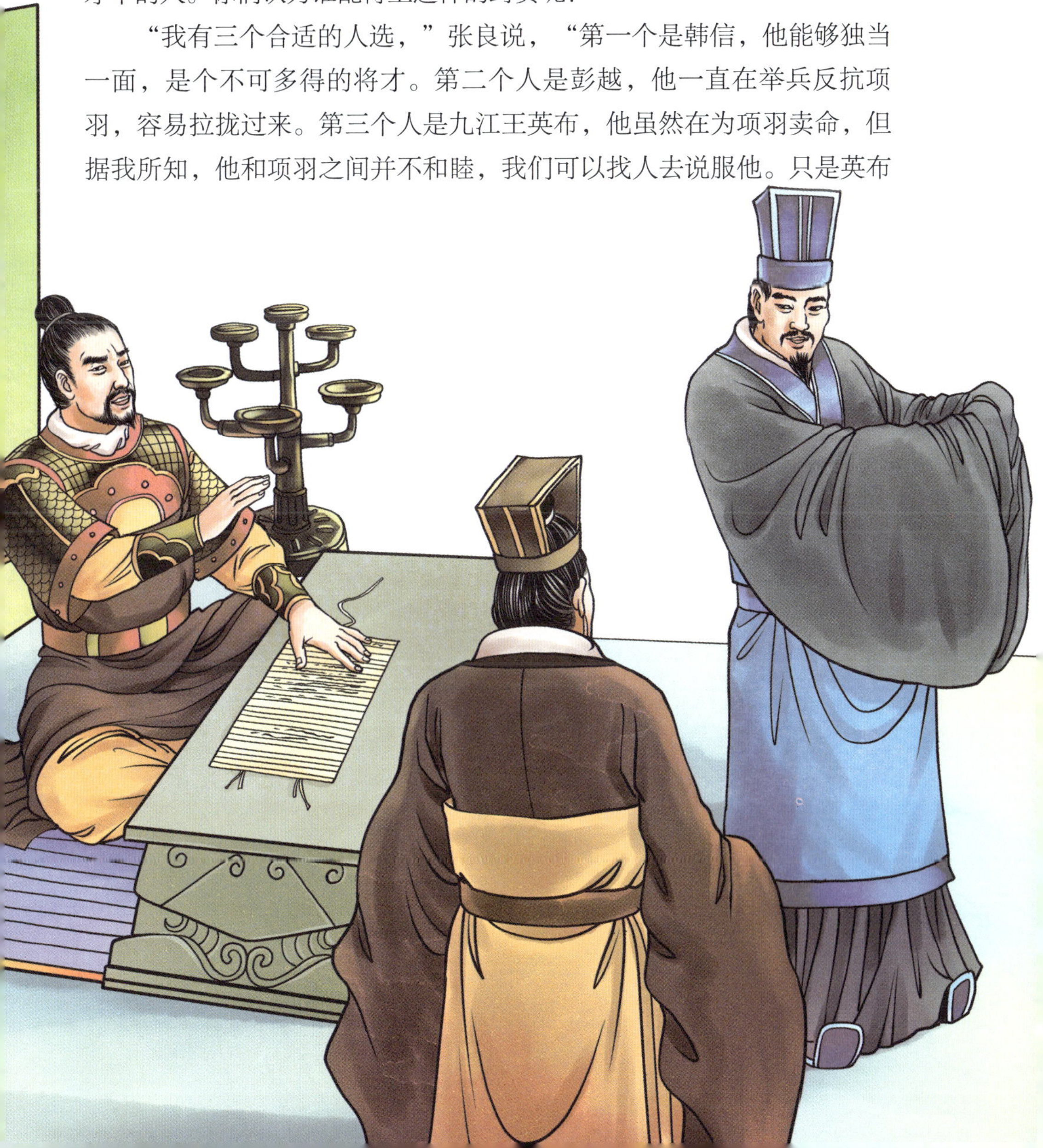

这个人非常固执，得找个可靠的说客才能成功。”

派谁去说服英布呢？刘邦正在为难，随何站出来主动请缨，要去说服英布。刘邦非常高兴，立刻派他出发了。

随何还真有些本事。他到了英布的军营之后，英布根本不愿意接见他。随何并不气馁，而是把楚汉的形势分析了一通，好坏赖话说了几箩筐，最后又把刘邦要给英布封地的事说了，英布这才勉强答应了。但他还是不敢明目张胆地反抗项羽，只答应暗中帮助刘邦。

随何觉得英布的态度一点儿也不坚决，便想出一个主意。这天，他听说楚国的使者来请英布出兵支援西楚霸王，此时正在营帐中督促

英布发兵救援楚军。他突然闯进营帐中，对使者说：“英布将军已经归顺汉王刘邦了，你们说什么也没有用，赶紧走吧！”

使者大吃一惊，英布吓得脸色苍白，语无伦次地说：“没有，不是……你……”

“我可没有说谎，汉王还要给您封地呢，难道您忘了吗？”随何故意抬高了嗓门。

“唉，原来英布是个叛徒啊，我们去告诉楚王。”使者们撇撇嘴，转身就要离开。

这时，随何悄悄对英布说：“如果他们把这件事告诉了项羽，你就活不了啦！还是赶快行动吧！”英布被逼无奈，只好把那几个使者杀了。项羽得到消息以后，派兵攻打英布，战争打了好几个月。英布实在坚持不住了，只好跟着随何投奔刘邦，成了刘邦部下的一名大将军。

说完英布，下面该说说大将军韩信了。自从得到刘邦的重用以后，韩信的军事才能逐渐显露出来了。

有一次，韩信奉命去攻打赵国。赵王和他的亲信成安君陈馀得到消息后，立即集结了二十万大军，准备在井陉口迎击韩信。

这时，赵王部下有一个叫李左车的对陈馀说：“这次韩信来势汹汹，我们必须提早做好准备。井陉的山路弯弯曲曲，非常狭窄，两匹马并排着都站不开。按照这样的情形，我推断韩信他们的粮草一定会在大部队后面。所以，请让我带着一支队伍，从小路上转到他们身后，去截断他们的粮草。您派人把沟壕挖得深深的，把围墙垒得高高的，然后您和赵王就守在兵营里，不管韩信怎么叫骂，都不出来迎战。韩信他们没有办法攻过来，想撤退也会因为山路太窄退不出去，粮草也没有了，他们熬不了几天，就得乖乖投降。”

陈馀也觉得李左车的计策非常好，可他怕李左车抢了自己的功劳，就说：“韩信只有区区三万人，如果我们不出门迎战，其他诸侯王会以为我们赵国胆小，以后肯定会没完没了地来欺负我们。你这个计策行不通！”

韩信知道后欣喜若狂，立即率兵出发，在距离井陉口三十里的一条小河边驻扎下来。吃过晚饭后，将士们都等着韩信的命令，但韩信什么也没说，只是让大家早早睡觉。半夜，将士们睡得正香，韩信突然传令：“出发！”

将士们一骨碌爬起来，迷迷糊糊地向井陉口挺进。这时，韩信挑选

出两千名轻骑兵，让他们每人拿着一面汉军的红旗，悄悄地从山路上绕过去，躲在赵军的营帐后面，并告诉他们：“等赵国的士兵从营帐里冲出来之后，你们迅速攻进他们的大营，拔下赵国的旗帜，换上汉军的红旗。”

安排好以后，韩信信心满满地在距离赵军营帐不远的地方驻扎下来，静静地等待着黎明的到来。

时间一分一秒地过去，东方的天空终于开始发白了。

“击鼓！吹号！”韩信一声令下，鼓声、号角声一齐从四面八方传来，震得地动山摇。

“不好，汉军打过来了！”陈馀立即带着士兵们冲了过去，两支队伍厮杀起来，场面十分壮观。过了一会儿，韩信假装打不过，转身就要逃。陈馀不肯放过这么好的机会，带人就追。赵国的将士们以为自己的队伍马上就要胜利了，都从军营里冲出来，去追韩信。

这个时候，赵军的军营里变得空荡荡的，没有人了。那两千名轻骑兵大摇大摆地来到赵国的军营，取下赵国的旗帜，换成了汉军的旗帜。

韩信逃回了汉军的大营中，陈馀知道已经抓不住他了，就带着将士们往回走。可是，远远的，他们看见自己的军营内到处都是鲜艳的红旗，以为汉军已将赵王的将领全部擒获了，吓得屁滚尿流，抱头鼠窜。最后，陈馀被杀，赵王被活捉，赵军败得一塌糊涂，只有李左车趁乱逃走了。韩信立下了大功。

大将军彭越也不含糊，他一连攻下了十七座城池，使汉军士气大振。

刘邦在这些将士们的帮助下，一路南征北战，汉军的势力就像火苗一样，越来越旺，项羽心头的压力也随之越来越大了。

人物介绍

随何：西汉时期的人，起初是汉军中毫不起眼的小人物。公元前204年，他奉命去劝九江王英布投降汉王，并利用自己的聪明机智取得了成功。

历史关键点

彭城之战让刘邦赔了夫人又折兵，连之前归顺他的诸侯王们也纷纷调头投奔了项羽。可想而知，那个时候的刘邦是从天上重重地摔到了地上。但他没有从此一蹶不振，而是积极寻找出路。

刘邦非常重视人才，并且善于听从部下提出的建议，因此他身边聚集了许多又忠诚又出众的人才，比如萧何、张良、韩信等。正是有了这些人的帮助，刘邦才能打一个漂亮的翻身仗，让项羽一步步败在自己的脚下。

垓下之战

放声朗读

项王笑曰："天之亡我，我何渡为！且籍与江东子弟八千人渡江而西，今无一人还；纵江东父兄怜而王我，我何面目见之！纵彼不言，籍独不愧于心乎！"乃以所乘骓马赐亭长，令骑皆下马步行，持短兵接战。独籍所杀汉军数百人，身亦被十余创。顾见汉骑司马吕马童，曰："若非吾故人乎？"马童面之，指示中郎骑王翳曰："此项王也。"项王乃曰："吾闻汉购我头千金，邑万户；吾为若德。"乃自刎而死。

——《资治通鉴》汉纪三·太祖高皇帝中五年

译文

项羽笑着说："既然上天要亡我，我还渡江做什么！况且我当初是与八千名江东子弟渡江西征的，现在却没有一个人回来。就算江东父老怜惜我，愿意继续称我为王，我又有什么脸面去见他们呢？即便他们不说什么，难道我就不感到心中有愧吗？"说完，他把自己的骏马送给亭长，然后命令他的骑兵全部下马，拿着兵器和汉军交战。项羽一个人杀死了几百个汉军，身上十多处受伤。这时，项羽转身看见了汉骑司马吕马童，就说："你不是我的老朋友吗？"谁知，吕马童却转身指着项羽对王翳说："他就是项王！"项羽说："听说汉王悬赏千金买我的头颅，还要赏赐万户封地，那么就让我把赏赐留给你吧！"说着他的剑挥向自己的脖子，自杀而亡。

刘邦一边壮大自己的队伍，一边对项羽发起攻击。他们来势汹汹，越战越勇，项羽开始有些害怕了。

就在这个时候，刘邦派人来找项羽，请他放了自己的父亲和妻子，项羽答应了。于是，双方商量好时间地点，刘邦带着人亲自来接父亲和妻子。项羽趁机说："刘邦，我们这样打来打去，也分不出胜负来，只会连累百姓们遭殃。我看不如这样吧，这里正好有一条河，咱们就以这条河为界限，把天下分成两半，河的东边归我，西边归你，

你觉得怎么样？”

刘邦也已经打累了，就答应了下来。项羽非常高兴，放了刘邦的父亲和妻子，带着队伍往东去了。刘邦对这样的结果很满意，想按照项羽的安排，回自己的领地。但有两个人把他拦了下来。这两个人就是张良和陈平。

他们恳切地对刘邦说：“项羽之前一直想着夺取天下，气焰多么嚣张啊！要是换作以前，他早就杀过来了，才不会和您平分天下呢。他现在能说出这样的话来，说明楚军遭受了重击，已经兵疲粮绝，实力和以前没法比了。而我军势头强盛，正好是消灭楚军的大好时机啊！项羽就是一只受伤的老虎，您现在把他放走，就是给自己留下一个祸患。等他恢复过来，他一定会卷土重来，和您争夺天下的。到时候您的麻烦可就大了。”

听了张良他们的话，刘邦心里一震，立刻改变主意，对项羽展开了猛烈的攻击。

公元前202年十月，刘邦和韩信、彭越约好，要一起攻打项羽。可是到了约定的时间，韩信和彭越没有来。刘邦非常纳闷，问张良：“韩信和彭越为什么会违反约定呢？”

张良说：“韩信和彭越都立过大功，但他们没有得到您封赏的土地，大概是对您不满了吧！”刘邦恍然大悟，立即下令赐给韩信和彭越封地，果然，他们很快就带着兵来了。

刘邦让大将军们各领一支队伍，从不同的方位对项羽发起攻击。项羽顾得了东边，顾不上西边，被打得团团转，损失非常惨重。最后，他实在没有力量抵抗了，只能带着剩下的将士往东南方向撤退，一直退到一个叫垓下的地方，才停了下来。

可是，他们还没来得及喘口气，又被汉军重重包围了。项羽变成了困在笼子里的巨兽，心里十分煎熬。

一天晚上，项羽刚刚睡着，忽然被一阵熟悉的歌声吵醒了。他腾地一下坐起来，竖起耳朵仔细听了起来。

“这是楚国的歌谣啊！为什么周围会有这么多楚国人？难道汉军已经攻占了楚国的土地，我的父老乡亲们都变成汉军的俘虏了吗？”项羽越想心里越不安，便穿上衣服走出了营帐。

然而，营帐外面的场景更是让项羽大吃一惊：将士们全都望着远方，一起唱歌呢！他们一边唱，一边流泪。项羽看着他们，心里翻江倒海，难受极了。

“兄弟们，我们不能眼睁睁地看着父老乡亲被汉军奴役，拿出你们杀敌的本领，跟我一起冲出去！”说完，项羽飞身上马，带着八百名武艺高强的骑兵冲了出去。

汉军发现后，赶紧派人去追。项羽骑的马可不一般啊，那是一匹真正的千里马，跑起来比闪电还快，普通的马怎么追得上呢？等项羽跑到淮河边的时候，这才发现，八百多名士兵连丢带逃，最后只剩下一百多了。

项羽叹了口气，继续往前跑。跑到一个叫阴陵的地方，他们迷路了，急得团团转。这时，有个农夫从小路上走过来，项羽问他：“我们怎样才能出去呢？”农夫眼睛也不抬一下，冷冷地说：“往左边走！”

项羽带着士兵们不顾一切地往左边跑去，谁知，跑着跑着，马的身体突然一歪，陷进了淤泥里，原来他们跑进了沼泽里。

在这个九死一生的关键时刻，来追他们的汉军赶到了。项羽和手下奋力挣扎，但最后只有二十八个士兵跟着他从沼泽中逃了出去。他们身上沾满了淤泥，马也受了伤，根本跑不快，很快就被汉军团团包围了。

看到这样的情景，项羽心里明白，这次就算是插上翅膀也逃不掉了。于是，他悲愤地说：“我打了八年仗，经历了七十多次战斗，从来没有一次失败过，没想到今天被困在了这里。看来，这不是我的本领不如刘邦，是老天爷不让我项羽活啊！各位兄弟，就让我再带着你们痛痛快快地打完这一场仗吧！”说完，项羽把二十几个人分成四组，分别从东西南北四个方向发起了反击。汉军的将领冲过去拦截项羽，但项羽一瞪眼睛，就把他吓得后退了好几里。就这样，项羽带着士兵一路砍砍杀杀，终于突出重围。

项羽逃到乌江边上，恰好江边停着一条船。划船的是乌江的亭长，他对项羽说：“大王快跟我渡江去江东吧！要是汉军追过来，您就逃不掉了。”

项羽看着波光粼粼的江面，长叹一声：“唉，我带着浩浩荡荡的大军出征，到最后只剩下了二十几个人，我哪里还有脸面去见江东的父老乡亲啊！”不管亭长和士兵们怎么劝说，项羽就是不肯过江。

这个时候，汉军追过来了。项羽把自己的

马交给亭长，冲着汉军的首领冷笑一声：“哼！听说我这颗脑袋值一千两黄金。好吧，今天我就把它献给你们。”说着，他拔出剑，一下就割断了自己的脖子。

不可一世的西楚霸王，最后竟以这样壮烈的方式结束了自己的生命，真是让人叹息啊！

人物介绍

张良：西汉的开国功臣，汉高祖刘邦身边著名的谋士。他帮助刘邦在鸿门宴上脱离险境，并协助他打败项羽。刘邦去世后，他又协助吕后的儿子刘盈当上了皇帝。他是刘邦最得力的助手之一。

历史关键点

项羽的一生是在刀光血影中度过的。论武功、论出身、论打仗时的勇猛，他都比刘邦高出很多。正如他自己所说的那样，一生当中经历了七十多次战争，从来没有打过败仗，可他最后为什么会败给不如自己的刘邦呢？

细细琢磨一下，原因应该有两点：第一，项羽生性残暴，失去了民心。第二，项羽对于忠臣提出的建议，总是听不进去，最后导致他身边没人可用。

这么一对比，刘邦怎能不赢呢？

汉朝建立

放声朗读

上曰："公知其一，未知其二。夫运筹帷幄之中，决胜千里之外，吾不如子房；填国家，抚百姓，给饷馈，不绝粮道，吾不如萧何；连百万之众，战必胜，攻必取，吾不如韩信。三者皆人杰，吾能用之，此吾所以取天下者也。项羽有一范增而不能用，此所以为我禽也。"群臣说服。

——《资治通鉴》汉纪三·太祖高皇帝中五年

译文

汉高祖笑着说："你们是只知其一，不知其二啊。谈到运筹帷幄之中，决胜千里之外，我不如张良；镇守国家，安抚百姓，供给粮饷，保持运粮道路畅通无阻，我不如萧何；统率百万大军，打胜仗，攻克敌军，我不如韩信。他们三位都是人中英杰。我能够很好地任用他们，这就是我取得天下的原因。项羽虽然有一个范增，却不能信任他，这便是项羽被我打败的原因。"大臣们心悦诚服。

打败了项羽之后，刘邦真正成为天下的老大，别提多威风了。这时，诸侯王们请求刘邦称帝。公元前202年二月，刘邦举行了隆重的登基仪式，宣布汉朝建立。他自己从一个普通的老百姓，摇身一变成了人人敬仰的汉高祖。他的妻子吕雉成了皇后，儿子刘盈成了皇太子，一家人全都过起了荣华富贵的生活。

刘邦登基以后，立即颁布了法令：“这些年来天下的战争没有间断过，百姓们为了躲避灾祸，都逃到了深山老林里，有的甚至连户籍也没有。现在天下太平了，藏在深

山里的百姓们可以回到自己的家乡，恢复之前的爵位和田地。”

同时，刘邦不允许官员随意殴打军中官兵，要求官员们依据法律处理纠纷。除此以外，他还减轻了老百姓的赋税。这些政策让百姓们喜笑颜开，大家盼星星盼月亮，终于盼来了和秦二世不一样的皇帝。

凡是国家，不管大小，都得有一个像模像样的都城。刘邦称帝以后，把洛阳定为大汉朝的都城。

这天，他在洛阳大摆筵席，和大臣们一起庆祝。他若有所思地问大臣们：“各位大臣，我有一个问题要向你们请教。你们说，为什么我能得到天下，而项羽却不能呢？我们俩之间有什么不同？”

大臣们回答：“陛下把攻打下来的土地都封给了有功的大臣，心甘情愿地和大臣们分享胜利的成果。而项羽嫉妒、猜疑比他强的人，人们都不愿意跟随他。”

刘邦笑着摇摇头说：“你们只说对了一半。论谋略，我不如张良；论安抚百姓的本领，我不如萧何；论带兵打仗，我不如韩信。但我却有本事让他们为我卖命。项羽虽然拥有一个范增，却不信任他，不肯采纳他的意见，所以才会被我打败。”大臣们听得心服口服，对刘邦更加崇拜和敬重了。

刘邦把都城定在洛阳，有一个人非常不满意。这个人名叫娄敬，他原本是齐国人。这天，他穿着一件羊皮袄去拜见刘邦，直截了当地说：“陛下不应该把都城定在洛阳。洛阳的地理位置不好。在天下太平的时候可能不会有什么问题，可一旦发生战争，就太危险了。秦国的地理位置非常优越，我认为您应该在秦国找一个城作为都城。”

刘邦问大臣们：“你们觉得在哪里定都好呢？”

“当然是洛阳好啊！”

“周朝把都城定在洛阳，统治天下好几百年。这说明洛阳是个好地方。”

“是啊！不管秦始皇有多么厉害，秦朝也只是经历了两代皇帝就灭亡了。这就是都城没有选好的缘故啊！”

大臣们议论纷纷，但是刘邦听出来了，大家都愿意把都城定在洛阳。可是，张良站在人群当中，一直没说话。刘邦觉得很纳闷，便问：“张良，你有什么意见吗？”

张良说：“我认为娄敬说得有道理，洛阳不但面积太小，而且土地也很贫瘠。我们大汉朝是泱泱大国，都城当然要设在土壤肥沃、资源丰富的地方，这样才能显示我们大国的威严和气派。”

张良这番话，说得刘邦心花怒放。他立即下令，把都城设在长安，此外，他还封了娄敬一个官职，并赐给他皇家的姓氏，让他改姓刘了。这可是非常大的荣耀！

刘邦是个聪明人。他知道自己能当上皇帝，离不开身边那些大臣们的帮助，而以后治理国家，也离不开他们的辅佐，因此他决定对这些功臣按照功劳的大小进行封赏。

这天，刘邦把大臣们召集到一起，说：“你们跟着我南征北战、出生入死，都是大汉朝的功臣。今天，我要对你们进行封赏。功劳大的，全都封为侯王，拥有自己的封地。”

听刘邦这么一说，大臣们激动万分，全都竖起耳朵仔细听着自己的名字。刘邦把张良、陈平、曹参等人封为侯，大臣们心里非常服气，全都默默地点头。可是轮到萧何时，气氛突然变得不一样了。

“萧何凭什么封侯？他根本不够资格。”

“我们在战场上杀死了那么多敌人，还差点儿搭上自己的性命，而萧何只是躲在大营里写写文章，一次战场也没上过。凭什么要给他这么大的赏赐？”

“陛下明显是在偏袒萧何。”

大家涨红了脸，都很不服气。

刘邦看出大家的心思，不紧不慢地说：“你们应该都打过猎吧！打猎的时候，猎狗负责追逐猎物，而在背后指挥猎狗的，却是猎人。在战场上，你们好比是猎狗，而萧何就是猎人。他虽然没有在前线冲锋陷阵，但每一场仗该怎么打，应该使用什么样的方法和阵势，全都是他出的主意啊。他一个人指挥千军万马，难道功劳还不大吗？”大臣们低着头，谁也不说话了。

就这样，刘邦把萧何封为酂侯，把最大的封地赐给了他。

封赏结束之后，汉高祖问道：“你们认为谁的功劳最大？”

“曹参！”几个大臣抢着说，“他在战场上立的功最多，身上还多次受伤，他的功劳是最大的。”

“不，你们说错了。”一个大臣说，“萧何的功劳最大。你们在前线打仗，是萧何在背后调度军队，护送粮草。他还为陛下牢牢守住关中地区，给陛下和所有将士们吃下了定心丸，大家才有底气去打仗。所以，萧何一个人保住的是大汉的无数个将士。而曹参就算武功再高，在战场上也只能杀死几个敌人，这样一对比，萧何的功劳可比曹参的大多了。”

“没错！”刘邦高兴地拍着椅子叫道，“萧何的功劳最大，朕重重有赏！”

刘邦不但重赏了萧何和他的家人，连举荐萧何的那位大臣也一并被封赏了。大臣们佩服得五体投地，再也没有人胡乱议论了。

人物介绍

萧何：西汉的开国功臣，刘邦的左膀右臂。他是一个文官，从刘邦刚刚起义时，就为他出谋划策，守好后方的大本营。在战争中，他还负责运送粮草，为刘邦取得战争的胜利提供保障。汉朝建立以后，被刘邦封为酂侯。

历史关键点

刘邦当上皇帝以后，没有把所有的功劳都揽在自己身上，而是分封有功的大臣。大臣们心里高兴，自然会对刘邦更加忠心耿耿，刘邦的皇位才能坐得更稳、更牢。从这件事上可以看出，刘邦的武艺虽然不高，但他非常会用人，并且他从来不依靠自己的威严去打压臣子，做事有理有据，让人信服，这也是他受人尊敬的重要原因。

田横和五百壮士

放声朗读

帝曰："嗟乎！起自布衣，兄弟三人更王，岂不贤哉！"为之流涕，而拜其二客为都尉；发卒二千人，以王者礼葬之。既葬，二客穿其冢傍孔，皆自刭，下从之。帝闻之，大惊。以横客皆贤，余五百人尚在海中，使使召之；至，则闻田横死，亦皆自杀。

——《资治通鉴》汉纪三·太祖高皇帝中五年

译文

汉高祖刘邦感叹道："哎呀，田横兄弟三人从平民百姓相继当上了齐王，这难道不能说明他们是很贤能的人吗？"他为田横流下了眼泪，并让田横的两个门客当都尉，调拨士兵两千人按照安葬王侯的礼仪安葬了田横。安葬完田横之后，两个门客在田横的坟墓旁边为自己挖好墓坑，便挥剑砍向自己的脖子自杀了。汉高祖听说以后，大吃一惊。他认为田横的门客们都十分贤能，余下的五百人还在海岛上，便派使者去招抚他们。使者到了海岛上，那五百人听说田横已经死了，全都自杀了。

田横是齐国的贵族。齐国被秦始皇消灭之后，他和两个兄弟也加入了反秦的队伍，并依靠他们的威望复兴了齐国。

到了项羽和刘邦争夺天下的时候，田横的两个兄弟已经死了，田横成了齐国的领袖。他在项羽和刘邦打得火热的时候，趁他们没有防备，夺回了许多齐国之前丢失的土地，并拥立自己的侄子当上了新的齐王，自己当宰相，管理着国家的一切事务。对于项羽和刘邦之间的斗争，田横一直在中间观望，既不投靠项羽，也不投靠刘邦。

刘邦觉得田横有些本事，就派一个叫郦食其的读书人去劝说田横归顺自己。郦食其能言善辩，把天下的形势给田横仔细分析了一番，田横就改变了主意，要投靠刘邦。这个消息传到了韩信耳朵里，韩信非常不服气："郦食其只是一个柔弱的书生，竟然凭着一张舌头就让齐国投降了，这要是传出去，显得我们这些带兵打仗的将军多没本事啊！"韩信越琢磨，心里越不舒服，于是带着大军对齐国发起了攻击。

田横非常气愤，跳着脚说：“刘邦这个人怎么出尔反尔，不讲信用呢？我已经答应归顺他了，他怎么还派兵来攻打我们？真是欺人太甚。”他一怒之下烹杀了郦食其。

刘邦建立汉朝以后，田横想起之前杀死郦食其的事，害怕刘邦杀害自己给郦食其报仇，便带着五百多个部下逃到了一个小岛上。

刘邦知道以后，在心里盘算起来：“田横这个人威望高，本事也不小，当初项羽都拿他没办法。他要是不归顺我们大汉，迟早会是个隐患。”

想到这里，刘邦立即派使者去小岛上游说田横。使者对田横说：“陛下是个非常仁慈的人，他不但赦免了您之前犯下的所有罪过，还要封您做大官。请您跟我上岸，去面见陛下吧！”

“不，不，我不能去！”田横摇着脑袋说，“我杀了郦食其，陛下怎么能不记恨我呢？而且，我听说郦食其的弟弟现在是汉朝的将军，他要是见了我，肯定会杀了我为他哥哥报仇的。我说什么也不能去。请您替我谢谢陛下的好意，并转告他，我不愿意做官，只想在这个小岛上做一个平民百姓。”

使者回去以后，把田横的话一字不差地告诉刘邦，刘邦还是对田横不放心，便下令说：“我要召田横到这里来，要是有谁敢私自动他一根手指头，就灭掉他的全族！”

使者带着刘邦的命令，再一次来到小岛上。他对田横说：“您要是归顺了朝廷，肯定可以封侯封王。要是再推辞，把陛下惹恼了，您和您的部下恐怕连命都保不住了。”

田横不敢得罪刘邦，就带着两个门客跟着使者出发了。这天，他们来到了一个驿站。吃过晚饭后，田横对使者说：“这里距离洛阳只有三十里远了，很快就能见到陛下了。可这一路上风尘仆仆的，我身上沾满了沙尘，不能这样去拜见陛下呀。请您在这里等我一会儿，我去洗个澡。”他的话说得合情合理，使者没有多想，就让他去了。

过了一会儿，田横洗完澡，换了一身干净的衣服出来了。但他没有来见使者，而是来到了两个门客的房间里。

他眼泪汪汪地说：“两位兄弟，我有一件事要拜托你们。”

“什么事？您尽管吩咐。”

“唉！”田横长叹一声，“我当齐王的时候，刘邦是汉王，我们俩平起平坐，地位是一样的。没想到，这才几年的时间，他成了大汉的天子，而我却要变成他的臣子，这对我来说是多么大的耻辱啊！”

他停顿了一下，接着说：“就算我能忍下这样的屈

辱，可是我怎么能和郦食其的弟弟同朝为官呢？虽然刘邦下令不让他杀我，但我又有什么脸面去面对他呢？”

两个门客都是忠心耿耿的人，他们以为田横要打退堂鼓，便拍着胸脯说：“我们听您的吩咐，您要是不愿意去，我们马上逃回小岛上去。”

田横心里明白，如果自己逃走了，刘邦肯定会派兵攻打小岛，那五百多名跟随自己的部下都会被杀。于是，他笑着摇了摇头说：“我既不能当大汉朝的官，也不能逃走。我苦思冥想，才想到了一个可以两全的好办法。”

“什么办法？”两个门客睁大了眼睛问。

“陛下不是想见我吗？那你们就把我的头砍下来，拿给他看吧！这样既满足了他的心愿，也不会让我为难了。”

田横话音刚落，两个门客扑通一声跪在地上，苦苦哀求田横不要这么做。但田横主意已定，把眼一闭，割下了自己的脑袋。

两个门客痛哭流涕地捧着田横的脑袋来到使者面前，使者大吃一惊，赶紧带着他们来到洛阳。

刘邦看到这个情景，热泪盈眶地感叹道："田横兄弟三人都是非常贤能的人，这样的人白白死了，真是可惜啊！"

刘邦把田横的两个门客封为都尉，让他们管理两千名士兵。然后，他按照安葬王侯的礼仪，隆重地安葬了田横。

出人意料的是，那两个门客竟然在田横的墓地旁边挖了个坑，在里面自杀了。他们要以这样的方式陪伴田横。

听到这个消息，刘邦既震惊又感动。他派使者去小岛上招抚剩下的五百多人，可是使者到了小岛上一看，那五百多人已经全部自杀了。原来，他们听说田横死了，都心甘情愿地跟着他一起死了。

人物介绍

田横：原为齐国贵族，陈胜吴广起义以后，田横和哥哥田儋、田荣先后自立为王。刘邦建立汉朝以后，他带着五百多名部下逃到一个海岛上。刘邦想要招降他，他不愿意归顺刘邦，自杀了。

历史关键点

中国历史上有很多著名的义士，他们有坚定的信仰，对自己信奉的人和事忠心耿耿，始终如一。田横和他的五百个部下就是这样的义士。他们宁死不屈的精神感染了很多人，许多著名诗人都写下了歌颂他们的诗词，而那五百个壮士自杀的小岛也被人们称为"田横岛"。

他们非亲非故，却能心甘情愿地为彼此舍弃性命，凭的全是一个"义"字。

叔孙通定制朝仪

放声朗读

帝悉去秦苛仪，法为简易。群臣饮酒争功，醉，或妄呼，拔剑击柱，帝益厌之。叔孙通说上曰："夫儒者难与进取，可与守成。臣愿征鲁诸生，与臣弟子共起朝仪。"

——《资治通鉴》汉纪三·太祖高皇帝中六年

译文

汉高祖把秦朝时期烦琐的礼仪全部废除，使规矩礼仪全部简单易行。一天，大臣们喝着酒争论功劳，全都喝得酩酊大醉，有的人就胡喊狂呼，拔剑乱砍殿柱，汉高祖渐渐地对这种现象产生了反感。叔孙通对汉高祖说："那些儒生虽然不能和您一起攻打天下，却可以和您共同保守成业坐天下。我愿意去征召鲁地的儒生，和我的弟子一起制定朝廷礼仪。"

汉高祖刘邦统一天下以后，展开了大刀阔斧的改革。他觉得秦朝时期的礼仪太烦琐了，不管是上朝商量国家大事，还是在平时的生活中，都要遵守各种礼仪，简直太麻烦了。于是他下令把秦朝的礼仪全部废除，并告诉文武百官："以后不用动不动就下跪行礼了，大家都随意一点儿，你们舒服，我也自在。”省去了那么多麻烦的礼节，再也不用处处受约束了，文武百官自然是非常高兴。

有一天，刘邦在皇宫中举办酒宴，有头有脸的大臣们全都来了。没有了礼仪的约束，大家觉得特别轻松，一边喝酒一边聊天，就像在自己家里一样。刘邦看着他们其乐融融的样子，心想：“看大家相处得多愉快啊，这说明当初废除礼仪的决定是正确的。”可是过了一会儿，大臣们喝了几杯酒，变得醉醺醺的，说话的声音越来越大，甚至大呼小叫起来。屋子里顿时吵翻了天。

更过分的是，还有人完全忘记了自己的身份，说到高兴的地方，竟然站起来，拿着剑乱砍乱剁，把大殿里的大柱子都砍坏了。

“这些大臣平时都是彬彬有礼的，现在怎么变得这么粗鲁了？”刘

邦的心里越来越不舒服，脸色越来越难看。渐渐地，他意识到自己之前的决定可能是不对的。

叔孙通看出了刘邦的心思，便找机会对他说："陛下，您也亲眼看见了，没有了礼仪规矩，大臣们就会得意忘形，乱了章法。如果百姓们都跟着学，那岂不是会天下大乱吗？"

"嗯，"刘邦若有所思地点点头，"可是，我已经下令废除礼仪了，现在该怎么办？"

叔孙通说："陛下废除的只是秦朝的烦琐礼仪，我们可以重新制定礼仪，让人们去遵守。"

"这恐怕没有那么简单吧？"刘邦顾虑重重。

"陛下不用担心。"叔孙通耐心地解释道，"礼仪和规章制度是根据时代的变化和现实的情况而制定的规范，每一个朝代都应该有所不同。您把这件事交给我吧，我会根据古代和秦朝的礼法，制定一套适合大汉朝的礼仪。虽然这个任务很艰巨，但为了自己的国家，我一定会尽力的。"

"既然这样，那你就试试吧！"刘邦同意了，但他又叮嘱叔孙通，"你制定的礼仪一定要简单明了，让人一看就能明白，而且容易做到，这样人们才愿意去遵守。"

制定一个国家的礼仪法度，是一件非常困难和艰巨的事，需要做的事情非常多。叔孙通一个人没办法完成，于是，他带着刘邦的命令，到鲁地召集读书人一起来做这件事。大多数的读书人都认为这是一件很光荣的事，乐颠颠地答应了。可是，有两个读书人说什么也不肯加入。

叔孙通很是纳闷，问他们："制定国家的礼仪法度，是光宗耀祖的事，多少人挤破了脑袋都要抢着做，你们为什么要拒绝呢？"

其中一个人"哼"了一声说："您从秦朝到汉朝，换了那么多主子，哪一次不是靠阿谀奉承、拍马屁赢得主子的信任？我们可不愿意跟您一样。更何况，经历了这么多年的战争，人们死的死、伤的伤。百姓好不容易有了一个可以喘息的机会，为什么又要用各种各样的礼仪规矩去约束他们呢？等到国家安定了，百姓能够安居乐业的时候再制定礼仪不可以吗？为什么非得现在制定？这么残忍的事，我们可做不出来。”

“就是！”另一个人接着说，“您愿意怎么做，我们管不着，千万不要拉上我们。”

两个人说完，低着头用眼睛悄悄瞄着叔孙通，以为他会大发脾气。没想到叔孙通哈哈大笑起来：“你们这些读书人，是不是读书读傻了？这样的想法太迂腐了，一点儿也不懂得根据时代的发展而变化。既然你们不愿意，那就算了吧！”

叔孙通带着召集来的三十个人走了。随后，他又从刘邦身边挑选了一些有修养、有学识的人，再加上自己的那些弟子，总共凑了一百多人。

叔孙通找了一个空旷的地方，在四周拉起绳子，中间便成了一个天然的小广场。他让人在广场上插上茅草，茅草的位置是根据尊卑顺序排列的。准备好这些道具以后，叔孙通就在这个小广场上教这些人学礼仪，并让他们对着茅草进行练习。

一个多月以后，这些人全都把叔孙通教的礼仪掌握了。叔孙通非常高兴，他把刘邦请到小广场上，对他说：“陛下，礼仪已经制定好了，请您检阅。”

叔孙通一挥手，那些弟子和读书人就走到广场中央，把平时学到的礼仪像演戏一样演了一遍。“这样的礼仪简单好学，实施起来也很容易，真不错啊！”刘邦非常满意，就让所有的大臣们都学习这些礼仪。

那年十月，长乐宫建成了，要举行一个盛大的庆典。到了举行大典那天，大臣和诸侯们按照身份的高低、官职的不同，有秩序地进入大殿，站到自己该站的位置上。侍卫手持兵器，排列在台阶两旁，显得十

分威严。

刘邦乘坐着辇车从整齐地队列中穿过来，大臣、诸侯们都按照次序给刘邦行礼。典礼结束以后，刘邦大宴群臣。

这一次，臣子们都按照次序坐在自己的位子上，规规矩矩地向刘邦敬酒。相互之间敬酒聊天的时候也都彬彬有礼的，再也没有人乱喊乱叫了。宴席结束后，大家没有乱哄哄地离开，而是按照规矩，非常有秩序地退了出去。

刘邦把叔孙通叫到身边，高兴地说："哎呀！我当了这么长时间的皇帝，直到今天才感受到自己有多么尊贵啊！看来，礼仪真的非常重

要。以后，你就负责管理宫廷中的礼仪吧，除此之外，我还要赏赐你五百斤黄金。”叔孙通千恩万谢，心里乐开了花。

人物介绍

叔孙通：原来是秦朝的博士，秦朝快要灭亡的时候，逃到了项梁门下。项梁死后，他又先后跟随过楚怀王、项羽，最后归顺大汉，被刘邦封为博士。后来他召集了一批儒生，制定出了汉朝的礼仪。

历史关键点

君臣之间遵守礼仪，朝廷上下有序，就不会乱了章法。邻里之间遵守礼仪，就会少很多纠纷，相处得更加融洽。国家和国家之间遵守礼仪，就不会发生战争，世界就会太平。但礼仪也要随着时代的发展而变化，才更能被人们接受。叔孙通认识到了这一点，于是根据汉高祖刘邦的要求，把古代的礼仪和秦朝的礼仪进行重新梳理之后，制定出一套新的礼仪，让混乱的宫廷变得更有秩序，也更容易管理。这是让刘邦非常高兴的地方。

匈奴崛起

放声朗读

冒顿乃作鸣镝，习勒其骑射。令曰：“鸣镝所射而不悉射者，斩之！”冒顿乃以鸣镝自射其善马，既又射其爱妻；左右或不敢射者，皆斩之。最后以鸣镝射单于善马，左右皆射之。于是冒顿知其可用；从头曼猎，以鸣镝射头曼，其左右亦皆随鸣镝而射。遂杀头曼，尽诛其后母与弟及大臣不听从者。冒顿自立为单于。

——《资治通鉴》汉纪三·太祖高皇帝中六年

译文

冒顿便制作了可以发出响声的箭，训练士兵们练习骑马射箭。他下令说：“我的响箭射出以后，没有跟我同时射出箭的人，一律斩首！”冒顿随即用响箭射他的骏马，然后又射他的妻子。左右的人有不敢放箭的，全部被斩首了。最后，冒顿又用响箭射头曼单于的好马，手下的人都跟着放箭射它。于是冒顿知道这些人都可以为自己所用了，便带着他们跟头曼一起去打猎。打猎时，他用响箭射向头曼，他的部下也跟着用响箭射向头曼，头曼就这样被杀死了。他死后，冒顿又把他的继母和弟弟，以及不听从自己的大臣全部杀死。之后，冒顿自立为单于。

在古代，我国北方有一个游牧民族，名叫匈奴。匈奴的首领称为单于。从古时候起，匈奴人就经常挑起战争，侵犯中原地区。到了秦朝，大将军蒙恬把匈奴人从中原彻底赶了出去，从那以后的很多年，匈奴人害怕蒙恬，不敢再来惹事了。

匈奴单于头曼有个儿子，名叫冒顿，被封为太子。可是后来，头曼的阏氏（yān zhī）又生了一个小儿子，头曼非常喜欢这个小儿子，便想废掉冒顿，让小儿子当太子。就在这个时候，另外一个民族月氏强大了起来。头曼担心月氏来侵犯匈奴，就对冒顿说："你是匈奴的太子，应该为匈奴的安危做贡献。现在我就派你去月氏当人质，稳住他们的心，他们就不会来攻打匈奴了。"

冒顿答应了。可他刚到月氏，头曼就带着大军杀了过来。月氏的首领非常气愤，要杀掉冒顿。冒顿凭借自己的聪明机智，偷了一匹好马逃回了匈奴。

经过这件事以后，头曼认为冒顿有勇有谋，又开始变得非常器重他，让他统率一万名骑兵。冒顿接受了父亲头曼的安排，但在心里却恨透了他。

他知道自己的力量很弱，没有办法和父亲抗衡，便抓紧时间训练自己的士兵。为了让士兵们听从自己的指挥，他制作了一种可以发出声音的响箭。他的箭射向哪里，士兵们就要立刻跟随着箭发出的声音，同时把箭射出去，不跟着射的人就要被杀死。利用这种严苛的训练方式，士兵们骑马射箭的本领突飞猛进，没过多久全都变成了射箭的高手。

有一天，冒顿和头曼一起外出打猎。冒顿认为这是一个好机会，便让自己的士兵们在四周埋伏起来。趁头曼没有防备的时候，冒顿突然把箭射向了头曼。士兵们听见声音，立刻从四面八方把箭射了过去。头曼连哼都没哼一声，就断气了。接着，冒顿又杀死了头曼宠爱的妃子和她们的儿子，自己当上了匈奴的单于。

匈奴的东边有一个叫东胡的民族。头曼死了以后，东胡的首领心想："匈奴的新单于冒顿年纪轻轻，什么也不懂，正是好欺负的时候，我可不能放过这么好的机会。"于是，他派使者出使匈奴。使者见到冒顿以后，毫不客气地说："我们首领说了，想要头曼骑的那匹千里马。"

冒顿问大臣们："我要不要把马给东胡呢？"

大臣们摇着脑袋说："那匹千里马是头曼最珍爱的宝贝，花多少钱都买不来，怎么能平白无故地给东胡呢？绝对不行。"

冒顿却说："我们和东胡是好邻居，怎么能因为一匹马伤了和气呢！"说完，他让随从把千里马交给使者，使者得意扬扬地走了。

东胡的首领看见千里马，心里乐开了花："哈哈，果然是个小毛孩儿，我要什么他就给什么！既然这样的话……"他眼珠骨碌碌一转，对使者说："听说冒顿的阏氏长得比画中的仙女还好看，你去把她要

过来。”

使者再次来到匈奴，仰着脑袋，用鼻孔冲着冒顿不屑地说：“我们首领说了，让你把你的阏氏送给他。”

“啊？”冒顿大吃一惊，问大臣们，“我应不应该答应他呢？”

“不行！不行！”大臣们气愤地说，“千里马只是一匹马，给就给了！阏氏可是您的人啊，怎么能随便送人呢！东胡这是在明目张胆地欺负我们，我们应该给他们点儿教训，让他们知道匈奴人不是那么好欺负的。”

“这样不太好吧，”冒顿摆摆手，“大家都是好邻居嘛，何必动刀动枪的？就让他们把阏氏带走吧！”

当使者带着阏氏回去以后，东胡的首领高兴得都要飞起来了，但他并没有就此满足，反而变本加厉，今天要珠宝，明天要钱财，想着法地欺负冒顿。冒顿认为这些都是小事，不跟他们计较。但不久以后，发生了一件事，让冒顿实在忍不了了。

匈奴和东胡的中间有一块没人居住的空地。匈奴在空地的西边建了一个哨所，东胡在空地的东边建了一个哨所，中间的地一直空着，既不属于匈奴，也不属于东胡。

其实，东胡的首领早就想霸占那块空地了，只是他害怕头曼，不敢下手。可是现在冒顿对自己有求必应，还有什么好怕的呢！他派使者再一次来到匈奴，使者像以前一样傲慢无礼地说：“我们首领想要那块没人居住的空地。”

这一次冒顿的脸色突然变得难看起来，“东胡想要那块空地，你们有什么意见？”他用低沉的嗓音问大臣们。

大臣们心想那么宝贵的东西，单于都舍得给。这块空地本来也没什么用，他肯定不会拒绝。所以，他们点着头说：“只是一块荒地而已，就给他吧！”

谁知，冒顿突然跳起来，大发雷霆：“土地是国家的根本，怎么能随便送人呢？东胡这么做，是想让我们匈奴亡国吗？真是欺人太甚！”冒顿一气之下把点头答应的那些大臣全都杀死了，然后，他骑上马命令道：“马上跟我出去攻打东胡，谁敢晚半步，我要了他脑袋！”

冒顿带着大军像潮水一样涌入东胡。东胡的首领根本没把冒顿放在

眼里，一点儿防备也没有。让他万万没想到的是，冒顿不仅武艺高强，而且很会用兵，几乎没费什么力气，就把东胡消灭了。

这一仗让冒顿扬眉吐气，也激发了他的好胜心。之后，他带领士兵开疆扩土，先是打跑了其他的小部落，壮大自己的势力，然后又把当年被大将军蒙恬夺走的土地全部收复了。恰好在这个时候，刘邦和项羽打得正激烈，谁也没顾得上抗击匈奴。冒顿就利用这个时机攻城略地、召集兵马，像墙缝里的小草一样，突然之间就变得强大起来，对中原地区造成了巨大的威胁。

人物介绍

冒顿：匈奴单于，是一位出色的军事家。他制作响箭训练士兵，之后用响箭杀死自己的父亲，自己当上匈奴单于。后来他带领士兵开疆扩土，使匈奴变成了北方草原上最强大的国家。

历史关键点

在古代，我国北方地区生活着许多少数民族部落，比如鲜卑、东胡、匈奴等，其中匈奴最为强悍。匈奴的首领冒顿单于在位期间，征服了北方草原上的其他部落，使匈奴帝国达到了鼎盛时期。到了东汉时期，匈奴分裂为南匈奴和北匈奴。后来，南匈奴归顺中原，慢慢地融入汉族。北匈奴逃到了锡尔河流域。

匈奴人身体强壮，擅长骑马射箭，从先秦时期开始，就不断侵扰中原地区。到了西汉时期，汉高祖和汉武帝曾经多次派兵攻打匈奴，在这期间还涌现出了许多杰出的将领，比如卫青、霍去病等。

白登之围

放声朗读

帝先至平城，兵未尽到；冒顿纵精兵四十万骑，围帝于白登七日，汉兵中外不得相救饷。帝用陈平秘计，使使间厚遗阏氏。阏氏谓冒顿曰：“两主不相困。今得汉地，而单于终非能居之也。且汉主亦有神灵，单于察之！”冒顿与王黄、赵利期，而黄、利兵不来，疑其与汉有谋，乃解围之一角。

——《资治通鉴》汉纪三·太祖高皇帝中七年

译文

汉高祖刘邦率先抵达平城，军队还没有全部赶到。冒顿派出四十万骑兵，把汉高祖围困在白登七天。汉军这时内外无法相互救援。于是汉高祖采用陈平的计策，派使者用重金贿赂冒顿的阏氏。阏氏对冒顿说：“两个君主不应该互相伤害。如今就算您得到了大汉朝的土地，也终究不能住在那里。况且，汉朝的君主还有神灵护佑，请您一定要想明白。”冒顿和王黄、赵利约好时间会师，但他们的军队没有按时到来，冒顿因此怀疑他们与汉军互相勾结。于是，他才放开了包围圈的一角。

公元前200年，汉高祖刘邦亲自率领大军攻打匈奴。俗话说“知己知彼，百战不殆”，刘邦身经百战，当然知道这样的道理。于是在进攻之前，他决定先派人偷偷去打探匈奴的情况，看看他们有多少兵马，实力怎么样，现在是不是适合出兵，等等。

冒顿也是靠打仗强盛起来的，早就猜到了刘邦的小算盘，于是，他下令把强壮的士兵、战马全都藏了起来，只留下一些老弱病残的士兵和又瘦又小、风一吹就会倒的羸马在兵营内外溜达。

负责侦察的士兵不知道这是冒顿设下的圈套，看见这个情景，高兴得眉飞色舞，回去以后兴冲冲地对刘邦说："陛下，冒顿的战马瘦得皮包骨头，连路都走不稳。那些士兵也都有气无力的，根本不是咱们的对手。我们应该立刻出兵，杀他们一个片甲不留。"刘邦不放心，又先后派出几拨人去侦察。结果，他们说的都一样。刘邦的心这才踏实了下来。

刘敬也被派去侦察了，但他还没有回来，刘邦等不及了，便带着三十二万士兵一路向北，越过了句注山。

这个时候，刘敬回来了。他对刘邦说：“两个国家交战，为了在气势上威慑对方，都会把自己最强盛的地方展示出来。可我到匈奴走了一趟，发现他们的士兵老的老，病的病，残的残，战马也是瘦弱不堪。匈奴现在已经非常强大了，不可能是这样的兵力。如果我没猜错的话，这是冒顿在故意迷惑我们，引诱我们上钩呢！所以，我认为现在出兵会非常危险，应该等我们摸清情况以后再行动。”

可这个时候大军早就已经出发，战争已经打响，就像离弦的箭，收

不回来了。这场仗想打也得打，不想打也得打。而刘敬这番话如果传扬出去，一定会扰乱军心。于是刘邦故意扯着嗓子对他破口大骂："你这个家伙胡说什么！那么多人去侦察，都说没有问题，怎么偏偏就你说有问题？我看你是故意阻挠，居心不良！来人啊，把刘敬抓起来！"话音刚落，立即过来两个士兵，把刘敬拖走了，关进了广武的监狱里。

刘邦打起精神，带领一支精锐部队，率先到达了平城的白登山。这个时候，大军还没有完全跟上来，刘邦就下令在白登山安营扎寨，等候大军的到来。这天，刘邦他们正在休息，突然，一阵震耳欲聋的击鼓声、马蹄声和呐喊声从四面八方传了过来。刘邦大吃一惊，赶紧派人去察看。很快，部下带来一个坏消息：冒顿派出四十万大军，把白登山围了个水泄不通。

眨眼间，七天过去了。大军还没有赶来，刘邦他们没有办法出去送信，对这里的地形也不熟悉，不敢贸然行动，只能眼巴巴地等着。眼看着随身携带的粮草越来越少，士兵们的士气越来越差，刘邦急得团团转。

这时，陈平对刘邦说："陛下，不要着急。我有一个计策，不知道是否有用。"

"都火烧眉毛了，就不要卖关子了，快把你的计策说出来。"刘邦急切地看着陈平。

陈平说："以我们现在的力量，和冒顿的四十万大军交战，那就是拿鸡蛋碰石头。所以，我们现在不能和他们正面交锋，而应该从匈奴的内部瓦解他们。我听说冒顿的阏氏很喜欢钱财，您可以派使者偷偷去贿赂她，她肯定会帮我们的。"

刘邦也想不出别的办法了，只好让使者冒险走一趟。没想到，冒顿的阏氏真的收下了使者送去的金银珠宝。

这天，她对冒顿说："您和汉朝的君主刘邦都是天子，各自在自己的地盘上称王称霸不是很好吗？为什么要争个你死我活呢？更何况，我

们早就习惯了大草原上的生活，就算您打败了刘邦，您能适应那里的生活吗？我听说刘邦有神灵保护，才能打败项羽建立了大汉王朝，这样的人不是轻易就能打败的。我和匈奴的百姓都怕您吃亏受苦，请您一定要三思啊！”

“我是堂堂的匈奴单于，还能惧怕一个刘邦吗？”冒顿哼了一声，表面上摆出一副天不怕地不怕的样子，但心里已经开始动摇了。

冒顿虽然有四十万大军，但刘邦毕竟是大汉的皇帝，怎么能轻易就消灭呢？冒顿心里也没底，于是在发兵之前，他跟王黄、赵利约好，要在白登山外会师，一举消灭刘邦。可是到了约定的时间，王黄、赵利却没有来。冒顿猜测道：“他们是不是投降汉军了？也许他们正在和汉军商量对策，要攻打我们了，情况不太妙啊！”

这时，冒顿想起了阏氏的话，心里七上八下，更不安稳了。再加上那几天山里大雾缭绕，每天都是阴沉沉的，让冒顿更加不踏实。冒顿左思右想，最后改变主意，要放刘邦一马。可他毕竟是匈奴的单于，假如还没有开战就撤兵，会让百姓和士兵们笑话。那应该怎么办呢？冒顿想到一个好办法：他一边命令士兵们严加防范，一边不声不响地撤掉了一个角上的包围。这样既可以放了刘邦，又可以保住自己的面子。

刘邦是个多么聪明的人啊，他知道这是陈平的计策起作用了，立刻带着士兵们一边放箭一边逃跑，终于逃出了冒顿的包围圈，和大军会合了。刘邦走后，冒顿也收兵了，一场战争还没开始，就这样悄无声息地结束了。

回到广武以后，刘邦想起了被关押的刘敬。他把刘敬从监狱中释放出来，对他说：“我这次被围困在白登山，都是因为没有听从你的意见，我错怪你了。在我派出去侦察的十几批人当中，只有你看出了问题。因此，我要重重地赏赐你。”随后，刘邦把刘敬封为建信侯，把陈平封为曲逆侯。这两个为刘邦献计献策的人，都得到了回报。

人物介绍

刘敬：原名娄敬，是齐国人。大汉朝建立以后，他建议刘邦把都城建在关中地区，刘邦采纳了他的意见，并赐给他刘姓，娄敬因此改名为刘敬。后来，他反对刘邦出兵匈奴，被刘邦囚禁了起来。刘邦因此遭遇了“白登之围”。

历史关键点

“白登之围”之前，刘邦并没有把匈奴放在眼里，甚至有些轻视他们。但七天的“白登之围”，给了刘邦重重一击。他万万没想到，自己连西楚霸王项羽都能打败，却败给了毫不起眼的匈奴。这件事让刘邦意识到匈奴的力量已经十分强大，必须重视起来。同时，陈平的计策也给刘邦提了个醒，告诉他在强大的敌人面前不要硬碰硬，而应该采取一些其他的手段。于是，“白登之围”之后，刘邦采取“和亲”的政策，与匈奴建立起友好和睦的关系，在一段时期里维护了边境的安宁。

南越王赵佗

放声朗读

陆生说佗（tuó）曰："足下中国人，亲戚、昆弟、坟墓在真定。今足下反天性，弃冠带，欲以区区之越与天子抗衡为敌国，祸且及身矣！且夫秦失其政，诸侯、豪杰并起，唯汉王先入关，据咸阳。项羽倍约，自立为西楚霸王，诸侯皆属，可谓至强。然汉王起巴、蜀，鞭笞天下，遂诛项羽，灭之；五年之间，海内平定。此非人力，天之所建也。"

——《资治通鉴》汉纪四·太祖高皇帝下十一年

译文

陆贾劝说赵佗道："您是中原人士，亲戚、兄弟、祖先的坟墓都在真定。现在您却违反天性，抛弃华夏的冠带，想凭借这小小的南越之地与汉朝天子相抗衡成为敌国，大祸就要临头了！再说，秦朝失去德政，引起诸侯、豪强起兵造反，只有汉王率先入关，占据了咸阳。项羽违背约定，自立为西楚霸王，诸侯都成了他的下属，可以说他是相当强大了。但汉王起兵巴、蜀后，便横扫天下，终于诛杀了项羽，消灭了楚军。他用了五年的时间便平定天下，这不是普通人能做成的，而是上天在帮他。"

秦始皇统一六国以后，命令任嚣和赵佗去平定岭南地区。任嚣和赵佗经过几年的努力，终于圆满完成了任务。秦始皇非常高兴，任命任嚣为南海尉，赵佗为龙川县令，让他们驻守在岭南地区。

秦始皇去世以后，秦二世昏庸残暴，引发了人们的强烈不满。各地纷纷起义，要推翻秦王朝的暴政。这个时候，任嚣得了重病。他知道自己活不长了，想找个合适的人接替自己，担任南海尉一职。他想来想去，觉得赵佗最合适。于是，他把赵佗叫到身边，语重心长地说：“秦王朝的残暴统治，已经引起天下大乱。我们这里虽然地理位置十分偏远，但我还是担心那些匪兵盗贼们会趁机杀过来，抢占我们的地盘。我本来想切断通往内地的所有道路，保护这里的百姓。可惜，我病得太厉害了，只能请你替我去做这件事，不知你是否愿意？”

“您太客气了！”看着病床上奄奄一息的任嚣，赵佗难过极了。他强忍住泪水，问道，“您想让我怎么做？请尽管吩咐。”

任嚣说：“我们这个地方前面有海，后面有山，切断和内地之间来往的道路，完全可以在这里建立一个新的国家。这几天我苦苦思索，觉得只有你能担得起这么大的责任。我现在就给你写委任书。”任嚣颤颤巍巍地写下委任书。不久之后，就去世了。

赵佗走马上任，第一件事就是按照任嚣的嘱托，切断了和内地之间的通道。之后，他为了巩固自己的地位，把秦朝派过来的官员全都处死，换成了自己的同党。秦朝灭亡以后，赵佗吞并了相邻的一些土地，建立了南越国，自己当上了南越武帝。

公元前202年，刘邦打败项羽，建立汉朝。这么多年的战争让百姓深受其害。刘邦实在不愿意再打仗了，便想册封赵佗为南越王，让南越和汉朝建立良好的关系。可是赵佗能答应吗？这件事要是办不成，对南部边疆的安定会非常不利，必须找一个口才和学识都非常出众的人。刘邦正在发愁，脑海里突然蹦出一个人来：陆贾！

陆贾从很早以前就跟随刘邦，他学识渊博，能言善辩，没有人比他更合适了。于是，刘邦把陆贾找来，对他说：“你要利用自己这张巧嘴，说服赵佗接受册封，让他安抚百姓，不在边境挑起战争。”

“请陛下放心，臣一定竭尽所能！”陆贾信心满满地答应了。

陆贾来到南越之后，去拜见赵佗。只见赵佗头上着南越族的发髻，身上的装饰打扮也全是南越族的风格，和大汉完全不同。他坐在高高的椅子上，叉着两条腿，向下瞥了陆贾一眼，轻蔑地问：“你来南越国，是为了什么事啊？”

陆贾看到赵佗这副傲慢无礼的样子，摇摇头叹着气说：“您祖上就是中原人，可是您离开中原才几年时间，竟然就把中原地区的风俗全都抛弃了，这是忘祖的做法啊！您不但这么做了，还要凭借这小小的南越国和我们泱泱大汉相抗衡，我看您马上就要大祸临头了。”

听到这里，赵佗的心里打了一个激灵。他竖起耳朵仔细听起来。

陆贾接着说：“想当初，秦王朝实施暴政，各地诸侯、豪强纷纷起兵造反，天下乱作一团。这个时候，陛下脱颖而出，打败西楚霸王项羽，让各路诸侯都归顺。之后，他平定天下，建立了汉朝。这一切，足以说明陛下是个多么伟大的人啊！当朝中的大臣们听到你在南越称王的

消息后，都提议攻打南越国，消灭你们。可是陛下体恤南越的百姓，不愿意让他们忍受战争的煎熬，所以才派我来册封您。陛下对您这么大的恩德，您应该亲自到郊外去迎接我才对。可您却不把大汉放在眼里，对我这样无礼。如果陛下知道您是这样的态度，他一定会下令刨了您的祖坟，灭了您的宗族，还会派兵把南越一举消灭。以我们大汉的实力，剿灭你们易如反掌。”

“哎呀！”赵佗大吃一惊，额头上的汗都冒出来了，赶紧从椅子上站起来，向陆贾行礼说，“这都怪我在南越待得时间太久了，忘记了汉朝的礼仪。你说的这些话我都听懂了，不过我还有几个问题，想向您讨教。”

“什么问题，您尽管问。”

赵佗说：“第一个问题是，我和萧何、曹参、韩信相比，谁更优秀？”

“好像是您。”陆贾回答。

赵佗接着问：“那么我和你们的陛下相比呢？”

陆贾说：“陛下干的是统一中国的大事。中原地区面积广大，人口众多，物产丰富，管理起来哪有那么容易？而陛下却能把政权揽在自己手上，管理着这么大的一个国家，这样的本事和手段可不是普通人能拥有的。您的南越国只有区区几十万人，地理位置偏僻，面积也很小，充其量不过是相当于中原地区的一个郡。陛下和您一个天上，一个地下，您根本没资格和陛下比较。”

赵佗听完哈哈大笑：“你们的陛下之所以那么威风，是因为他占了好位置。要是让我在中原地区称王，我肯定不会比他差。”

说完，赵佗把陆贾留在南越，拉着他痛痛快快地喝酒，这一喝就是好几个月。

有一天，赵佗说：“我虽然是南越的王，但身边却没有一个可以说话的人。你来了以后，让我知道了很多南越国以外的事，我非常感激你。”说着，他赐给陆贾很多金银珠宝。陆贾依照刘邦的命令，拜赵佗为南越王，令他乖乖地向汉朝称臣了。

陆贾回到汉朝，把在南越的事情一字不落地告诉了刘邦。刘邦听得心花怒放，下令封陆贾为太中大夫。

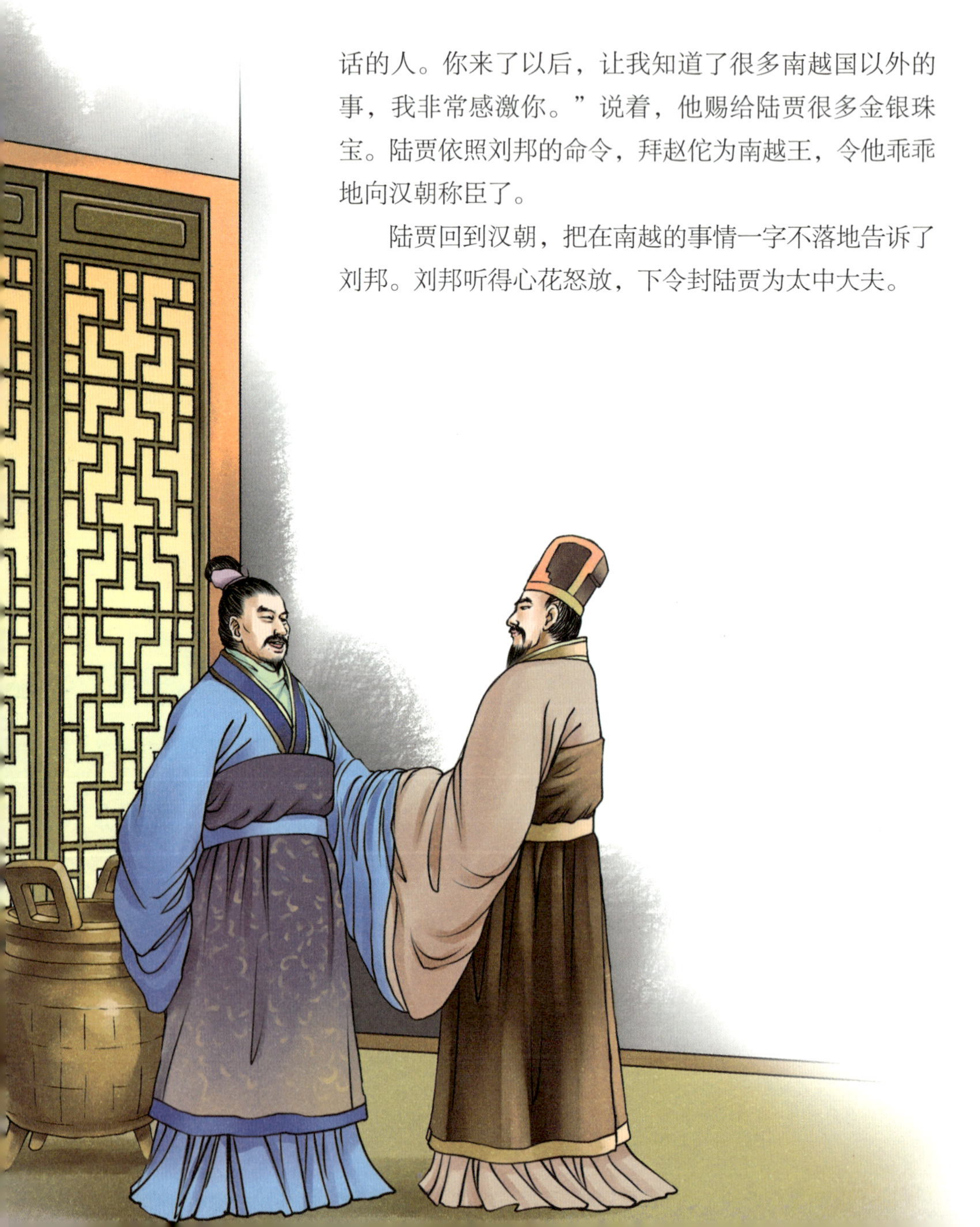

人物介绍

赵佗：原为秦朝将领。秦始皇统一六国以后，赵佗奉命去平定岭南地区。秦始皇死后，赵佗割据岭南，建立南越国，自立为“南越武帝”。公元前196年，赵佗臣服于汉朝。

历史关键点

赵佗被称为开发岭南地区的第一人。他把中原先进的耕作技术和铁制农具引进岭南，改变了岭南地区“刀耕火种”的耕作方法，使那里的粮食产量大大提高，促进了岭南地区的农业发展。他不但在岭南地区推广打井灌溉技术、冶金技术、纺织技术，还大力发展农业、畜牧业、渔业、制陶业、造船业等，使岭南人民的生活水平发生了天翻地覆的变化。

除此以外，他还在岭南地区推广汉字和汉语，号召岭南百姓学习汉族的文化和礼仪，极大地促进了岭南的文化发展和社会进步，并为岭南和汉朝的融合打下了坚实的基础。

萧规曹随

放声朗读

参为相国，出入三年，百姓歌之曰：“萧何为法，较若画一。曹参代之，守而勿失；载其清净，民以宁壹。”

——《资治通鉴》汉纪四·孝惠皇帝二年

译文

曹参做相国，前后三年，百姓唱歌称颂他说：“萧何制法，整齐划一；曹参接替，守而不失；做事清净，百姓安心。”

西汉建立以后，萧何被封为相国。他对刘邦忠心耿耿，对大汉朝鞠躬尽瘁，协助刘邦把全国上下管理得井井有条，深受人们的爱戴与尊敬。

相国是除了皇帝以外最大的官，要风得风要雨得雨，权力非常大。可萧何从来不依仗自己的权势为自己谋福利。他买田地的时候，把富饶的土地留给别人，自己选择贫瘠的土地。他家里没有高墙大院，只是普普通通的房子，不知道的人根本看不出那是相国的家。有人问萧何：“你为什么不多置办一些房子、田产，留给自己的子孙呢？”

萧何回答：“如果我的后代都是很贤德的人，就会和我一样崇尚节俭，用不着那么多的房子和地。如果我的后代不是这样的人，那么他们就会互相争夺我留下的家产，闹得鸡犬不宁，家宅不安。你说，我要那么多的房子和田地有什么用呢！”

这些话传到人们耳中，大家对萧何更加敬重了。

时光飞逝，岁月匆匆。转眼，萧何和刘邦都上了年纪。

有一年，刘邦攻打英布时，被箭射中受了重伤。吕后找来一位医生给他医治，刘邦破口大骂：“朕的生死是上天安排的，就算扁鹊来了也没什么用！”他凶巴巴地把医生轰了出去，不许任何人为他医治。

眼看着刘邦的情况越来越糟，萧何的身体也越来越差，吕后很担心，便问刘邦：“如果萧何死了，谁来担任我们大汉的相国呢？您有没有合适的人选？”

刘邦说：“文武百官之中，没有人比曹参更适合接替萧何的了。”

这话说了没多长时间，刘邦就死了。太子刘盈继承皇位，史称“汉惠帝”。

汉惠帝登基之后的第二年，萧何一病不起。汉惠帝亲自去探望萧何，关切地说：“相国为大汉操劳了一辈子，我们全都记在心上。可眼下有一件事，朕需要问问您的意见。”

萧何有气无力地说：“有什么事陛下尽管吩咐，不用和老臣客气。”

汉惠帝问：“朝廷之中谁能接任相国一职呢？相国这个位子一般人可担不起啊！”

萧何没有直接说出人选，而是委婉地说：“陛下您最了解您的臣子们，心中应该已经有合适的人选了。”

汉惠帝忽然想起了刘邦临终前的遗言，眼前一亮：“曹参怎么样？”

曹参早年间和萧何一起帮助刘邦打下大汉的江山，是大汉朝的功臣。但刘邦封赏功臣的时候，说萧何的功劳最大，引起了曹参的不满。曹参和萧何因为这件事产生了矛盾，关系变得越来越疏远。

可萧何这个人不记仇，他也认为曹参最适合当相国，便立刻给汉惠帝磕头行礼说：“陛下英明，找到了最合适的人选，我就算是死了，也安心了。”

不久以后，萧何去世了。汉惠帝任命曹参为相国。俗话说“新官上任三把火”，一般新上任的官员，为了展示自己的能力，都要制定一些新的规章制度，或者干几件惊天动地的大事。可曹参上任以后，完全沿用萧何生前的规定，没有做出一丁点儿改变。

他从各地挑选了一些老实敦厚的人，担任自己的下属。把那些油嘴滑舌、不老老实实做事的人全部罢免了。然后，他就当起了甩手掌柜，每天什么事也不干，只管逍遥自在地喝酒享乐。

有些老朋友看不惯，便来好心好意地劝曹参。可他们刚一进门，曹参就拉着他们喝酒。每当他们要开口说话时，曹参就热情地向他们敬酒，用美酒佳肴堵住他们的嘴，让他们没机会说。最后，他们只能喝得醉醺醺地回去了。

后来汉惠帝也看不下去了，但曹参是开国元老，他不好意思直接责问，就把曹参的儿子叫过来，向他抱怨说："你父亲自从当上相国以后，只知道喝酒，不理国家大事。你回家问问你父亲，他是不是嫌朕太年轻，不愿意辅佐朕？"

曹参的儿子回家以后，不满地对曹参说："父亲，哪有您这样当相国的？陛下对您非常不满。"没想到，儿子的话还没说完，曹参就大发雷霆，举起鞭子把儿子痛打了一顿，把他赶了出去。

汉惠帝实在忍无可忍，再见到曹参的时候，便当着所有大臣的面对曹参说："你不应该打你的儿子，是朕让他去问你的。"

"陛下不要生气，"曹参说，"老臣只是教训孩子，不是针对您。但我想请问陛下，您和先皇高皇帝相比，谁更英明？"

汉惠帝立刻摇头说："朕何德何能，怎么能跟先皇比呢？"

曹参又问："那么您认为我和萧何，谁更能干？"

汉惠帝说："在战场上，萧何为先皇献计献策；当上相国之后，萧何为国家制定法令制度，操劳了一生。而你这个相国只知道逍遥自在，什么也不干。你比不上萧何。"

"这就对了！"曹参突然抬高了嗓门说，"先皇和萧何平定天下以后，已经制定出了大汉朝适合的法令法规。现在陛下您只需要按照先皇立下的规矩治理国家，而我们这些大臣依据萧相国制定的法令，干好自己分内的事，不就行了吗？"

汉惠帝仔细一琢磨，才明白过来："对啊！法令法规已经有了，大家都遵守就行。更何况这些年国家和平稳定，百姓安居乐业，说明这些法令都是很有用的，为什么要重新制定呢？根本没有必要嘛！”想到这里，他的脸上云开雾散，笑容又露了出来。

曹参当了三年的相国，百姓中间流传出了一首歌，歌词说：“萧何制定的法令整齐划一，曹参接替萧何，谨守这些规矩。曹相国做得逍遥自在，百姓心中无比安定。”

由此可见，这个什么都不做的曹参，维护了国家的稳定，赢得了人心，恰恰是做对了。

人物介绍

曹参：西汉的开国功臣，汉朝的第二任相国。在刘邦起义的过程中，曹参立下了汗马功劳。西汉建立后，刘邦论功行赏，封他为平阳侯。萧何死后，他接替萧何担任汉朝的相国。

历史关键点

不管是一个国家，还是一个机构，制定规则的目的都是为了谋求发展。大汉刚刚建立时，国家百废待兴，萧何制定出一整套的法律法令，稳定了民心，促进了国家的发展。既然这些法令对国家和百姓都有好处，为什么要做出改变呢？

“萧规曹随”后来演化成了一个成语，比喻按照前人的成规办事。但从故事中可以看出，曹参遵循萧何定下的规矩，并不是呆板，也不是故意偷懒，而是结合当时的实际情况做出的决定。

吕后专政

放声朗读

少帝寖长，自知非皇后子，乃出言曰：“后安能杀吾母而名我！我壮，即为变！”太后闻之，幽之永巷中，言帝病。左右莫得见。太后语群臣曰：“今皇帝病久不已，失惑昏乱，不能继嗣治天下，其代之。”群臣皆顿首言：“皇太后为天下齐民计，所以安宗庙、社稷甚深；群臣顿首奉诏。”遂废帝，幽杀之。五月丙辰，立恒山王义为帝，更名曰弘。

——《资治通鉴》汉纪五 · 高皇后四年

译文

小皇帝渐渐长大，知道自己不是惠帝和张皇后的儿子，就发牢骚说：“太后怎么能杀了我的亲生母亲，让别人冒充我的母亲呢！长大后，我一定要报仇！”太后知道以后，就把小皇帝囚禁在永巷之中，并对所有人说小皇帝生病了，谁也不能与小皇帝相见。太后对大臣们说：“如今皇帝生病很长时间了，精神不太正常，不能继承皇位治理国家，应该另立一位皇帝。”大臣们磕头行礼说：“皇太后为天下百姓着想，对于安宗庙、保国家影响很深，我们全听您的旨意。”于是，太后废掉小皇帝，并偷偷把他杀了。五月，太后立恒山王刘义为皇帝，并给他改名为刘弘。

汉高祖刘邦的妻子，名叫吕雉，是大汉朝的皇后。吕雉和刘邦有一个儿子，名叫刘盈，被封为太子。可是刘盈性格懦弱，刘邦对他很不满意，想立他和戚夫人的儿子如意为太子，但没有成功。

刘邦死后，刘盈顺利登基，成了汉惠帝，吕雉成了皇太后。虽然自己的儿子最终继承了王位，但吕后一直对戚夫人和她的儿子刘如意怀恨在心，便把他们母子俩全都迫害致死了。刘盈是个仁慈的人，他非常看不惯吕后这种残暴的做法，气得大病一场。从此以后，他每天喝酒作乐，再也不理朝中事务。

令刘盈对吕后感到十分不满的，还有另外一件事。吕后从别的妃子那里抢来一个小婴儿，冒充是皇后生的，立他为太子，并把他的亲生母亲杀死了。这个小婴儿名叫刘恭。

刘盈心里郁郁寡欢，二十三岁就死了。他死后，吕后让刘恭继承了皇位。可刘恭年纪太小了，什么都不懂，吕后就代替他，处理朝廷中的所有事务。

这天，在文武百官都来上朝的时候，吕后说："我们吕家的人精明能干，我准备册封他们为王。"

大臣们一听，立刻小声议论起来。吕家可是吕后的娘家，如果吕后册封自己娘家的人为王，吕家的势力会越来越大，那么朝廷中的格局就会发生变化。大臣们谁都不赞成，但又不敢说什么。

吕后听得不耐烦了，便问右丞相王陵："你对这件事有什么看法吗？"

王陵说："高皇帝在世的时候，曾经和大臣们用白马的鲜血立下誓约：'在大汉朝能够封为王的，必须是姓刘的人。如果其他家族的人胆敢称王，那么全天下的百姓和王公大臣，就要一起消灭他。'您现在要封吕家的人为王，就是违背高皇帝立下的规矩，百姓和王公贵族们都不会允许您这么做的。"

吕后刚听完，脸唰地一下就耷拉下来了。其他大臣心惊胆战地低着头，大气也不敢出。吕后沉默了一会儿，又用十分低沉的声音问左丞相陈平和太尉周勃："你们也觉得我这样做不对吗？"

陈平和周勃知道吕后的手段毒辣，不敢得罪他，便讨好地说："高皇帝坐江山的时候，把刘家的人都封为王。现在太后掌权了，要封吕家的人为王，说起来也是合情合理的。"吕后听完，脸上立刻堆起了笑容。

退朝之后，王陵气呼呼地斥责陈平和周勃："当初，高皇帝和大臣们立下誓约的时候，你们也在场。可是现在你们却为了讨好吕后，违背高皇帝的誓约。我看你们死后，有什么脸面去见高皇帝！"

陈平和周勃毫不在乎地说："丞相这句话说得不对。您敢在朝廷上当面劝谏吕后，我们俩不敢，在这方面我们确实不如您。可是，替高皇帝保护刘家的天下，您不一定比我们强。"说完，两个人大摇大摆地走了。

王陵气得脸色发白，却拿他们一点儿办法也没有。可是，因为这件事，王陵彻底得罪了吕后。不久以后，吕后就把王陵从右丞相的职位上撤了下来，让他当皇帝的太傅，也就是皇帝的老师。太傅这个职位听起来很威风，实际上一点儿权力也没有。王陵知道吕后这是在故意报复自己，便找了个理由，说自己生病了，不能担任皇帝的老师，被免职回家了。

处理了王陵以后，吕后开始一个接一个地处理身边的绊脚石，把不顺从自己的人统统赶走，给顺从自己或者曾经帮助过自己的人加官晋爵。这样一来，朝廷上下全都换成了吕后的人，再也没有人反对她了，她一手遮天，为所欲为。

吕后大张旗鼓地分封吕家的人。从已经去世的父亲和哥哥到侄子、外甥，总之，吕家的人全都跟着沾了光。

吕后在分封吕家的同时，还不择手段地打压刘家的人。赵王刘友是刘邦的第六个儿子，他娶了一位吕家的女子为王后，但他不喜欢这个王后。王后就跑到吕后跟前，一把鼻涕一把泪地说："太后，刘友对吕家称王的事一直怀恨在心，他说等您死后，他要把吕家的人全部消灭。"

吕后勃然大怒，下令让刘友到京城来。刘友到了以后，吕后并没有接见他，而是把他软禁在一座宅子中，不给他饭吃，还派人看守着。赵国的大臣们有看不下去的，偷偷给刘友送食物，结果全都被吕后抓了起来。没过多长时间，刘友就被活活饿死了。

刘家的人对吕后恨之入骨，但吕后的权力太大，他们什么也不敢说，只能默默地盼望着小皇帝刘恭快点儿长大。因为他长大了，吕后就没有理由再继续处理国家事务了。

后来，刘恭长成了一个少年，他听说了吕后杀死自己亲生母亲的事，气愤地说："太后怎么这么狠毒呢？等我长大后，一定要为我的母亲报仇！"

这句话传到了吕后的耳朵里，吕后非常生气，就撒谎说刘恭生病了，把他软禁在后

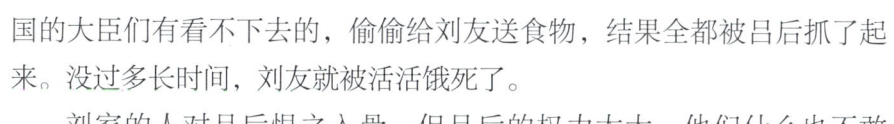

宫的永巷中，不让任何人探望，切断了他和外界的所有联系。之后，吕后装出一副忧心忡忡的样子，对大臣们说：“皇帝病得很重，一时半会儿好不了了，我们应该早做打算，重新拥立一位新皇帝。国不能一日无君啊！”

大臣们纷纷点头说：“太后这样打算，是为了百姓和国家考虑，真是深谋远虑啊！我们都听您的旨意。”

于是，吕后下令废掉刘恭，改立恒山王刘义为皇帝，刘义从此改名为刘弘。刘弘虽然是皇帝，但他手中根本没有权力。

吕后利用手中的权力，建立起一个庞大的吕氏集团，把整个天下牢

牢地握在自己手中，执掌政权整整十五年。吕雉死后，吕家和刘家发生了残酷的战争。最终，吕氏集团被剿灭。大汉的天下重新回到了刘家人的手中。

人物介绍

吕雉：汉高祖刘邦的妻子，是大汉朝的第一位皇后，刘邦死后，被尊为皇太后，通称为“吕后”。吕后也是中国历史上有记载的第一位皇后和皇太后，也是封建王朝第一个掌握国家政权、像皇帝一样管理国家的皇后。

历史关键点

在封建社会，女性连表达自己立场的权力也没有，更别提登上皇位治理国家了！而吕后却能执政十五年，可见她的手段很不一般。

吕雉是中国历史上女子临朝称制的开创者。她执政期间，曾经做过许多利国利民的事，比如：以免除徭役的方式鼓励农业生产，放宽经商政策，使商业得到发展；她治理国家的时候推崇节俭，刹住了铺张浪费的歪风邪气；她还沿用刘邦在位时与匈奴和亲的政策，维护了边疆地区的稳定。但她大力提拔吕家的人，为大汉朝的安定团结埋下了巨大的隐患。

汉文帝刘恒

放声朗读

帝曰："鸾旗在前，属车在后，吉行日五十里，师行三十里；朕乘千里马，独先安之？"于是还其马，与道里费；而下诏曰："朕不受献也。其令四方毋求来献。"

——《资治通鉴》汉纪五·太宗孝文皇帝上元年

译文

汉文帝说："我出行的时候，前面有鸾旗开路，后面有属车做护卫。平时出行，每天的行程不超过五十里，率军出行，每日只走三十里；我乘坐千里马，能去哪里呢？"于是，他把马还给进献者，并赠给他一笔路费。同时，汉文帝还下诏说："朕不接受别人进献的东西，全国上下的人都不用来进献。"

吕后去世以后，大臣周勃联合陈平，一起剿灭了吕氏家族的成员。但这个时候他们又遇到了一个新的难题：让谁来当皇帝呢？

汉朝的江山是汉高祖刘邦打下来的，让他的子孙当皇帝名正言顺。可刘邦的子孙那么多，应该选谁呢？这件事关系重大，周勃和陈平不敢私自拿主意，就把大臣们都召集起来。

他们把刘家的子孙从上到下、里里外外全都仔细查了一下，最后确定了一个人：刘恒。

刘恒是刘邦的第四个儿子，是刘邦和薄姬的儿子。他最初被封为代王，一直居住在自己的封地。刘恒宽厚仁慈，在百姓中间的口碑非常好，而且他也是刘邦在世的众多儿子之中年龄最大的。所以，选他当皇帝，谁也没有理由反驳。这件事就这样定了下来。

不久以后，大臣们派人去把刘恒接到京城来，帮助他顺利登基，史称“汉文帝”。

汉文帝登基以后，按照功劳的大小，封赏了众位大臣。大臣中周勃的功劳最大，被封为右丞相。周勃得到封赏以后，骄傲自满的小尾巴不自觉地翘了起来。每次退朝的时候，别的大臣都是低着头慢慢退出去，而周勃却昂首挺胸，一甩袖子就走了，根本没把汉文帝放在眼里。

看着他傲慢无礼的样子，汉文帝既没有生气，也没有怪罪他，而是彬彬有礼地看着他走远，才微笑着把目光收回来。

可其他的大臣看不惯了，便提醒汉文帝说："臣子不管有多大的功劳都是臣子，应该时时刻刻遵守君臣之间的礼节。周勃这样做，逾越了君臣之间的规矩，太过分了。而陛下您是一国之君，应该保持自己的威严，才能让全国上下信服。"

汉文帝觉得有道理，从此以后，他每次上朝的时候，都会摆出一副特别严肃的样子。周勃见了，再也不敢轻视他，态度也变得恭敬起来，不像之前那样傲慢了。

汉文帝登基以后，施行了很多让老百姓拍手称赞的政策。比如，之前有一个连坐的刑法，一个人犯了罪，他的父母、兄弟、妻子、孩子等都要受到非常严厉的惩罚。汉文帝觉得这样的刑法极其残忍，又会伤害无辜的人，便下令废除了。

除此以外，他还下了一道命令："所有八十岁以上的老人，每个月都可以免费领取一定数量的米、肉和酒；九十岁以上的老人，除了食物，还可以领布匹和棉絮。"

有一次，有个人牵着一匹千里马从很远的地方赶过来，要献给汉文帝。汉文帝说："朕平时出行有鸾旗和属车，也不去多远的地方，要千里马有什么用呢？"

他给了那个人一些返程用的盘缠，让他牵着马回去了。汉文帝觉得人们赶很远的路来进献贡品，太耗费钱财和人力了，于是昭告天下，不让大家来进贡了。

汉文帝不但宽厚仁慈，而且非常贤德。有一次，大臣们提醒汉文帝，应该早一点把太子的人选确定下来。汉文帝却摇摇头说："朕不是一个有德的人。朕早就想好了，等找到一个贤能的人之后，就把皇帝的位子禅让给他呢！这件事还是以后再说吧！"

大臣说："陛下，正是为了天下太平，才应该早一点立下太子啊！这样可以避免很多纷争。"

"你说得非常有道理，可朕的叔叔、兄弟们都还健在，他们都是刘家的子孙，是皇位的继承人。如果朕把自己的儿子立为太子，让他继承皇位，而不考虑朕的叔叔和兄弟们，那天下人一定会认为朕忘记了贤能有德的人，而偏爱自己的儿子，是个自私自利的皇帝，这样的事，我不能做。"汉文帝说什么也不答应。

大臣们没有别的办法，只好搬出前朝早立太子的规矩，好话坏话说了一箩筐，汉文帝这才答应立自己的长子刘启为太子。

吕后执政的时候，曾经派兵攻打过南越，使南越和汉朝的关系变得非常僵。南越王赵佗自称皇帝，要和汉朝的皇帝平起平坐。

俗话说"一山不能容二虎"，一个国家怎么能出现两个皇帝呢！大臣们纷纷猜测，汉文帝一定会派重兵剿灭赵佗。可是汉文帝的做法却让所有人大吃一惊：他不但没有派兵攻打南越国，反而让人把赵佗父母的坟墓进行修整，并安排专门的人看守，一年四季按照时令进行祭祀；而赵佗的兄弟们，也被汉文帝封了官，得到了丰厚的赏赐。

安顿好赵佗的家人后，汉文帝派陆贾带着一封信出使南越国。在信中，汉文帝诚恳地说："您的兄弟们已经做了妥善的安排，您在南越不用惦记。朕已经派人把您父母的坟墓重新修整，并派人专门看守。我听说您最近在边境一带发起了战争，请您仔细想一想，一旦打起仗来，难道只有失败的一方受害吗？当然不是，只要发生战争，交战双方的百姓都要受到牵连，无法正常生活。想想那些在战争中失去亲人的寡妇、孤

儿和无人赡养的老人吧，他们实在太可怜了。想到这样的情景，朕真的不愿意我们之间再发生战争。假如汉朝消灭了南越，又能增加多少土地、多少钱财呢？和百姓受到的伤害相比，这些土地和钱财根本不值一提。所以，朕真心希望大王能够放下心中的仇恨，从今以后，和大汉朝恢复友好的往来关系。”

南越王赵佗被深深地感动了，立刻表示要归顺汉朝，定期向朝廷进贡。接下来，他还亲自给汉文帝写了一封信，表示谢罪，并宣布不再称

帝。南越和汉朝的关系又恢复了平静。

南越和汉朝边境地区的百姓，对这位真心实意为百姓着想的皇帝，更加敬佩和爱戴了。

人物介绍

刘恒：刘邦的第四个儿子，西汉的第五位皇帝，史称“汉文帝”。他待人宽厚，崇尚节俭。登上帝位以后，废除残酷的刑罚，励精图治，使汉朝变得更加富强，开启了“文景之治”的盛世。

历史关键点

汉文帝在位23年，在政治、经济和民族关系上采取了很多利国利民的政策，使汉王朝的统治更加稳定，使国家的经济得到了显著的发展，使民族关系得到缓和，边境地区的百姓也过上了安居乐业的生活。这些措施都为“文景之治”的盛世，打下了坚实的基础。

汉文帝非常注重节俭，他在位的二十多年中，没有为自己添置过新的车辇、马匹。他平时不喜欢穿华丽的装饰，穿的衣服都是用粗糙的丝绸做成的。就连他的陵墓，在帝王当中也是非常简朴的。

像汉文帝这样俭朴勤政、一心为民的皇帝，怎么能不受到百姓的尊敬呢？

张释之执法

放声朗读

释之曰："……廷尉，天下之平也，壹倾，天下用法皆为之轻重，民安所错其手足！唯陛下察之！"

——《资治通鉴》汉纪六·太宗孝文皇帝中前三年

译文

张释之解释说："……廷尉是天下公平的典范，一旦发生倾斜，天下的执法就会凭着自己的意愿加重或者减轻刑罚，到时老百姓也不知道该怎么做了，请陛下深思。"

西汉时期，有一个叫张释之的人。他最初是一名管理骑兵的小官，干了十年一直默默无闻，也没有得到升迁。他觉得做官没有希望，便想收拾行李辞官回家。在这个节骨眼上，他遇见了一个贵人——袁盎。袁盎是朝廷中的一位大臣，汉文帝非常信任他。

袁盎觉得张释之很有才华，就极力向汉文帝推荐他。汉文帝把张释之叫到面前，问了几句话，发现张释之的确是个难得的人才，就封了他一个更大的官，经常把他带在身边。

有一次，张释之跟随汉文帝去观看饲养的老虎。到了地方以后，汉文帝问主管那里的上林尉：“园中现在有多少飞禽走兽？”

“这……”上林尉吞吞吐吐，答不上来，急得满头大汗。

这时，站在他身后的啬夫站出来，将园中飞禽走兽的情况说得头头是道。

“嗯，这才有个官员的样子！”汉文帝非常满意，要提拔啬夫。张释之走过来，对汉文帝说：“陛下，这么做不妥。”

“哦？有什么不妥的地方？”汉文帝问。

张释之解释道：“周勃和张相如都不是能言善辩的人，也有回答不上问题的时候。可他们依然是国家的重臣，受到人们的敬仰。如果帝王仅凭才思是否敏捷来评判一个官员才能的高低，那么臣子们就会挖空心思，只说一些帝王喜欢听的话，这样一来就会影响到国家安危。现在如果您因为啬夫对答如流就提拔他，那么天下人也会争相效仿，不修习自己的真才实学，而只是锻炼自己的口才，来迎合您的需求。这不是非常危险吗？请陛下三思。”

汉文帝仔细想了想，认为张释之的话很有道理，便打消了提拔啬夫的念头。

不久以后，又发生了一件事。

这天，太子和梁王乘着马车入朝。按照朝廷制定的规矩，臣子们乘车经过司马门的时候都要下车。可太子和梁王没把规矩放在眼里，乘着马车大摇大摆地进去了，谁也没有下车。门口的守卫虽然知道这样不合规矩，但他们不敢得罪这两个人，只能睁一只眼闭一只眼，假装没看见。

没想到，这件事被张释之看到了。他追上太子和梁王，把他们拦在殿门外，说什么也不让进，并且公然指责他们：“你们经过司马门不下车，是大不敬！”

这还不算，他还跑到汉文帝面前告太子和梁王的状。汉文帝知道是太子和梁王做得不对，便脱下帽子赔罪，但张释之还是不让太子和梁王进来。

这件事传到了薄太后耳朵里，薄太后下了一道特赦令，张释之这才让太子和梁王进来了。

一个普通的臣子，为了维护朝廷的礼仪法度，竟然敢公开对抗皇子，这样的胆识太让人敬佩了。这件事以后，汉文帝对张释之更加敬佩，又将他连升两级。

张释之性格耿直，说话也像竹筒里放炮仗——直上直下，天不怕地不怕。

有一次，张释之跟随汉文帝视察霸陵。帝王的陵墓之中，总是有很多价值连城的随葬品，引来很多盗墓的人挖坟掘墓。汉文帝不想发生这样的事，便对大臣们说："将来我的陵墓一定要修得坚固无比，用北山的岩石修建外棺，再把麻絮填满缝隙，然后用漆把它们紧紧地黏到一起，筑成一道铜墙铁壁，我看他们谁还能挖开！"

"对！对！陛下英明！"大臣们随声附和。

张释之却打断他们，毫不客气地说："根本没有必要。如果坟墓中塞满金银珠宝，不管多么坚固，人们也会想办法挖开。如果坟墓中没有值钱的东西，谁还会费那么大力气来挖坟掘墓呢？"

话虽然说得很直，但非常有道理。汉文帝连声称赞："说得好啊！"

汉文帝赏识张释之，不仅仅因为他刚正不阿的性格，更重要的是他执法严明公正，永远以律法为判断事务的依据和标准。

有一次，汉文帝乘着马车走上一座桥。突然，有个人从桥下面冲出来，惊动了汉文帝的马。马抬起两只前蹄嘶鸣起来，差点儿把马车掀翻，汉文帝被吓得不轻。他大发雷霆，让侍卫把那个人抓起来，交给张释之处置。这个时候，张释之已经成为管理天下司法的大官——廷尉。

张释之摸清事情的来龙去脉以后，向汉文帝报告说："按照我朝的律法，罚这个人一笔钱，就可以放他回家了。"

"只是罚钱就完了？"汉文帝想起那天的事，心还在"怦怦"乱跳呢，他扯着嗓子喊道："那天要不是拉车的马性格温顺，朕恐怕早就被摔死了。他害得朕差点丢了性命，怎么能只罚一点钱呢？绝对不行！一定要重罚、重判！"

要是换作别的臣子，看见皇帝这么生气，早就顺着皇帝的意思去办了，但张释之认为这样不合乎律法。于是，他冒着被处罚的危险说：“陛下，律法是天下人都要遵守的。根据我朝的律法，这个人让您受了惊吓，应该判罚一定数量的金钱。如果平白无故地加重他的罪责，那么以后谁还相信律法呢？况且，您已经把他交给我处理了，我负责处理刑狱案件，就必须依法办事，不能有一丝一毫的马虎。如果我不能做到公平公正，那么其他的执法者，也会依据自己的意愿行事，想轻判就轻判，想重判就重判，那么以后百姓摊上官司，还能指望谁呢？”

汉文帝听完这番话，气消了一半。他长长地舒了一口气说：“好吧，按照你说的办。”

发生在张释之身上的这些事，被百姓传为美谈。每当提起“张释之”这个名字，人们就会竖起大拇指，赞叹道：“张释之当廷尉，世上就不会有含冤受屈的人了。”

人物介绍

张释之：西汉时期的法学家，执法严明公正。他既敢当面指出皇帝的错误，也敢弹劾不守规矩的太子。百姓都说：“张释之为廷尉，天下无冤民。”

历史关键点

在皇权至上的封建社会，执法者如果想做到公平公正，并没有那么容易。因为，他们时时刻刻会受到来自皇权贵族的压力与挑战，有时还会因此丢了官，甚至丢了性命。在这样的环境下，张释之依然能够遵循法律至上的原则，敢于公开挑战皇家的权威，实在是太可贵了。当然，也是因为他遇到了贤明的汉文帝。可以说，是汉文帝成就了张释之，而张释之也成就了汉文帝“宽厚仁慈”的美名。

七王之乱

放声朗读

吴王悉其士卒，下令国中曰："寡人年六十二，身自将；少子年十四，亦为士卒先。诸年上与寡人同，下与少子等，皆发。"凡二十余万人。南使闽、东越，闽、东越亦发兵从。吴王起兵于广陵，西涉淮，因并楚兵，发使遗诸侯书，罪状晁（cháo）错，欲合兵诛之。

——《资治通鉴》汉纪八·孝景皇帝下前三年

译文

吴王征发了所有士兵，向全国下令说："我今年六十二岁了，亲自担任统帅；我的小儿子十四岁，也要身先士卒。所有年龄上限与我一样，下限与我的小儿子一样的人，都随军出征！"这样一共征发了二十多万人。之后，吴王派使者联络闽和东越，闽和东越也发兵响应。吴王在广陵起兵，向西渡过淮河，与楚军合并后，派使者给各个诸侯送信，指出晁错犯下的罪，希望大家联合起来进兵诛杀晁错。

汉高祖刘邦在位时，为了巩固自己的统治，把自己的兄弟、侄子等刘家的子孙全都封为诸侯王，赐给他们封地，并且允许他们自己管理封地。刘邦这么做是因为他认为诸侯王都是自己的亲戚，管理起来更加方便。可是，这些诸侯王的势力越来越大，内心也越来越膨胀，渐渐地不受朝廷的约束，甚至不把皇帝放在眼里了。

汉文帝在位时，吴王刘濞的儿子和太子刘启一起下棋，两个人争执了起来，刘濞的儿子态度蛮横，对刘启非常不敬，刘启一气之下用棋盘把他打死了。从此之后，吴王刘濞就谎称自己有病，再也不来朝见皇帝。汉文帝派人调查，把刘濞身边的人抓起来审问。刘濞非常害怕，就想起兵造反。不过，汉文帝最后没有责怪刘濞，刘濞也就把造反的念头收了回去。

汉文帝身边有一个叫晁错的大臣，他认为刘濞太骄横了，对朝廷不敬，就建议汉文帝削减刘濞的封地，但汉文帝没有同意。

汉文帝去世后，太子刘启即位，史称“汉景帝”。

晁错又苦口婆心地对汉景帝说：“当初，先皇高祖把刘家的人封为诸侯王，还赐给他们很多封地，光吴国就有五十多座城呢！这是多么大的恩德呀，可吴王刘濞不但不知道感恩，反而想要造反。如果陛下不削减他的封地，任由他发展下去，他早晚有一天会造反的。如果陛下现在削减他的封地，他的实力被削弱了，就算造反，也不会造成太大的危害。因此，臣强烈建议陛下立即采取行动。”

汉景帝一时拿不定主意，削减吴国封地的事就这样被搁置了下来。但晁错没有放弃，依然不停地在汉景帝耳边吹风，提醒他削减诸侯王的封地。功夫不负有心人，汉景帝终于被说动了。不久以后，楚王来拜见汉景帝，晁错就告状说楚王在为薄太后服丧期间犯了错，汉景帝就以这件事为借口，削减了楚国的封地。

而之前，赵王和胶西王也曾经因为犯错被削减了封地。这些消息传到吴王刘濞的耳朵里，刘濞再也坐不住了。他担心自己的封地也被夺走，就打算联合其他诸侯王一起起兵造反。

在这些诸侯王里面，胶西王喜欢兵法，其他诸侯王都很怕他。刘濞想：“要是先把胶西王说服了，其他诸侯王因为害怕胶西王，也会跟着起兵。”因此，他首先派使者去拜见胶西王。

使者对胶西王说：“现在陛下听信晁错的话，已经开始削弱诸侯国的势力了。这阵风一旦吹起来，就会越吹越猛，我们应该提前做打算。我们吴王生病了，不能去拜见陛下，因此得罪了朝廷。尽管他一再向朝廷请罪，但还是怕没有得到朝廷的宽容。吴王为了这件事，一直忧心忡忡。我听说您和其他几位诸侯王因为一点点小事就被削减了封地，这样的惩罚实在太重了。”

“我的封地的确被削减了。”胶西王闷闷不乐地点点头。

使者趁热打铁说：“您和吴王真是难兄难弟，同病相怜啊！看来我们以后都没有好日子过了。”

“是啊！”胶西王叹了口气，无奈地说，“可我们又有什么办法呢？”

“是那个又奸又猾的晁错一直蛊惑陛下，陛下才开始对各位诸侯王动手的。因此，吴王准备逼陛下杀了晁错。我们吴王愿意挑这个头，大王您愿意跟随他吗？”

“这不是造反吗？”胶西王一脸惊讶，他虽然对陛下削减封地的事不满意，但从来没想过要造反。

使者见胶西王犹豫不决，便提出了一个相当有诱惑力的条件。他说：“只要您答应和吴王起兵造反，等夺取天下以后，吴王愿意和您平分天下。”胶西王心满意足地答应了。

之后，吴王和胶西王又说服了楚王、淄川王、胶东王、济南王，共同谋划造反的事。

就在这个时候，朝廷要削减吴国封地的诏书正好送过来了。看到诏书以后，吴王刘濞杀死了朝廷任命的二千石以下官员，打着“清君侧，诛晁错”的名义起兵造反了。

汉景帝得到消息后惊慌失措，赶紧把晁错找来。两个人正在商量对策，袁盎来了，说他有击退叛军的计策，但只能讲给景帝一个人听。于是，汉景帝把晁错支了出去。袁盎说：“七个诸侯王起兵造反，不是针对您，而是痛恨晁错。晁错挑拨您和诸侯王之间的关系，才引发了这场战争。所以，只要您答应诸侯王的要求，杀了晁错，他们自然就会退兵。”

汉景帝虽然很舍不得，但为了早日平息战乱，便听从袁盎的意见，杀了晁错。出人意料的是，晁错死后，诸侯王不但没有退兵的打算，吴王刘濞还要在东方称帝。原来，杀晁错只是诸侯王起兵的一个借口，他们真正的目的是要把汉景帝赶下龙椅，自己当皇帝。汉景帝明白过来以

后，肠子都悔青了。

看来这场仗是必须要打了！汉景帝拿定主意，派大将军周亚夫率兵迎战。周亚夫和吴王刘濞、楚王刘戊的军队碰面以后，只是让士兵加强防御，好多天都不出战。士兵们不知道他的葫芦里卖的是什么药，以为他贪生怕死，对他非常不满。然而，他们不知道，周亚夫早有打算。他知道吴军气势正盛，打起仗来个个勇猛无比，不容易击败。于是，他表面上按兵不动，却偷偷截断了吴军的粮草。

没有了粮食，吴军的士兵们慌了神儿，逃的逃，跑的跑，吴王刘濞无可奈何，只能灰溜溜地撤兵了。这个时候，周亚夫乘胜追击，打得吴

周

军、楚军落花流水。

不久后，吴王刘濞被杀。其他诸侯王要么被抓，要么自杀。“七王之乱”只经历了短短三个月时间，就被平定了。

人物介绍

晁错：西汉时期的文学家、政治家。汉景帝时，他提出“削藩”的政策，建议削减诸侯王的封地，引发诸侯王的不满，成为“七王之乱”的导火索。后来汉景帝为了平息“七王之乱”，杀死了他。

历史关键点

“七王之乱”以后，汉景帝重新分封了诸侯王，他剥夺了诸侯王自己治理封地的权力，也不再允许诸侯王自己任命封地内的官员，官员由朝廷指派。封地内的赋税也由朝廷统一征收。这样一来，诸侯王实际上只相当于是朝廷中的一位臣子，权力大不如前。国家的权力牢牢地把握在汉景帝手里，诸侯王就算有贼心，也没有力量与中央抗衡了。

卫青和霍去病

放声朗读

大将军曰："青幸得以肺腑待罪行间，不患无威，而霸说我以明威，甚失臣意。且使臣职虽当斩将，以臣之尊宠而不敢擅诛于境外，而具归天子，天子自裁之，于以见为人臣不敢专权，不亦可乎？"军吏皆曰："善！"遂囚建诣行在所。

——《资治通鉴》汉纪十一·汉武帝元朔六年

译文

卫青说："我有幸以陛下近亲的身份统领大军，不怕没有权威，周霸劝我杀苏建来显示权威，是很不符合为人臣的本分的。况且，即使我有处决将领的权力，但我是陛下的臣子，地位尊贵又深受皇上宠信，也不能私自在境外斩首将领，而应该把他送回朝廷，让陛下裁决。这样能显示出我作为一个臣子，不会专权独断。这难道不好吗？"部下军官齐声回答："好！"于是，卫青把苏建囚禁起来，送到了汉武帝住的地方。

虽然汉高祖、汉文帝都以与匈奴采取和亲政策来稳定边境的关系，但匈奴始终就像一根刺，时不时地在汉朝的身上扎一下。

汉武帝时期，匈奴变得更加猖狂，三番五次地发动战争。这个时候，汉朝的国力已经相当强盛了。汉武帝雄心勃勃，决定拔掉这根刺。可这是一场硬仗，派谁去呢？汉武帝思来想去，想到了一个人，这个人就是他的妻弟——卫青。

汉武帝的皇后名叫卫子夫，卫青就是卫子夫的弟弟。卫青经常跟着汉武帝一起外出打猎，骑马射箭的本领非常高，汉武帝非常欣赏他。于是，他任命卫青为将军，和其他的将军们一起集结了十几万大军，浩浩荡荡地出发了。

当时，匈奴兵的首领是右贤王。侦察兵把汉军出发的消息告诉右贤王，右贤王毫不在乎地说："从大汉到这里有很远的路呢，他们就算插上翅膀，一两天也飞不过来。大家不用怕，尽管痛痛快快地喝酒吧！"

士兵们放下心来，和右贤王举杯畅饮，一个个喝得酩酊大醉，瘫在地上睡着了。不料，半夜时分，卫青他们突然冲进了军营，把右贤王和他的士兵围了个水泄不通。右贤王从梦中惊醒，吓得丢盔弃甲，带着几百名士兵逃走了。

卫青他们不费吹灰之力，就打了一个漂亮的大胜仗。汉武帝非常高兴，立刻下令封卫青为大将军，让其他的将军都听从卫青的指挥。不仅如此，汉武帝还要封赏卫青的三个儿子。但卫青拒绝了，他说："这次能够打胜仗，全都仰仗陛下的神威和各位校尉的奋力作战，和我的儿子们一点儿关系也没有。陛下还是赏赐各位校尉吧！"于是，汉武帝把各位校尉封为侯爷。

经过这件事以后，汉武帝对卫青更加信任，大臣们也对他更加敬重了。

卫青的权力比以前大了，受到的封赏也多得数不清，但他一直谨守臣子的本分，从来不贪功，更不做违背规矩的事。

有一次，卫青率领六位将军攻打匈奴。其中，有一位叫苏建的将军遇到了匈奴的大部队，结果全军覆没了，他一个人逃回了大营。

这时，部下对卫青说：“苏建丢了自己的部队，应该将他斩首，来显示您的威严。”

卫青摇摇头，意味深长地说：“陛下封我为大将军，让我统率成千

上万的兵马，这难道还不够有威严吗？况且，我只是一个臣子，在国境之外斩杀将军这样的事，应该交给陛下来决定，我怎么能私自处理呢？这不符合臣子的本分。”之后，卫青真的派人把苏建押送给了汉武帝。

就在人们都对卫青赞不绝口的时候，卫青家里又出现了一位了不起的人物。他是卫青的外甥，名叫霍去病。

霍去病受到舅舅的影响，也早早地加入了抗击匈奴的队伍，和卫青

并肩作战。俗话说“初生牛犊不怕虎”，别看霍去病年纪不大，却浑身是胆。有一次在战场上，霍去病自己率领八百名骑兵冲到大部队前面，把敌人打得人仰马翻。汉武帝非常高兴，封他为冠军侯。

公元前121年，霍去病除了消灭八千九百多匈奴士兵以外，还杀死了匈奴的两位大王，活捉了匈奴王子及大大小小的官员，夺走了匈奴人用来祭天的金人。汉武帝喜出望外，又给了霍去病很多封赏。

不久之后，霍去病和公叔敖兵分两路，对匈奴发起了攻击。这一次，霍去病率领士兵深入匈奴地区两千多里，杀了三万多敌人，并捉住了好几位大王，功劳比上一次的还要大。当然，他得到的赏赐也就更多了。

经过几次战争之后，霍去病步步高升，得到的封赏也越来越多。霍去病骑的马、使用的兵器都是军中最好的。那些年龄大、资格老的将士们，虽然使用的马匹和兵器都比不上霍去病，但大家都心服口服。因为，霍去病在战场上实在太勇敢了，没有人能像他那样不顾一切地勇往直前。

说来也怪，霍去病不但是位勇将，还是位福将。他参加了很多次战争，却从来没有打过败仗，好像老天爷也十分偏爱这个勇猛无比的年轻人。没过多长时间，霍去病的地位就和他的舅舅卫青不相上下了。

公元前119年，汉武帝派卫青和霍去病各带五万骑兵攻打匈奴。卫青出塞后，从俘虏的士兵口中知道了匈奴单于的住处，于是他带着大军横穿沙漠，把单于住的地方团团围住，打算来个瓮中捉鳖。单于率领一万名士兵与卫青对战，双方展开了激烈的战斗，卫青越战越勇，渐渐地占了上风。

傍晚时分，忽然刮起了一阵狂风，漫天黄沙遮住了人们的眼睛，士兵们也分不清谁是谁了，只管不停地砍呀杀呀。

卫青在黄沙之中看见了单于的影子，于是，他派士兵从左右两侧去夹击单于。单于大惊失色，骑上马逃走了。然而，当时的沙尘太多了，卫青和士兵们都没看见。直到天黑以后，战争结束了，卫青他们才从匈奴兵口中得知单于逃跑的消息。卫青立即派人去追，但已经太迟了。他们追出去了二百多里，没有抓到单于，但消灭了许多匈奴兵，打赢了这场战役。

而霍去病捉住了三个匈奴王，八十三个头目，一共俘获了七万多匈奴人，功劳也不小。

这场战争结束后，匈奴人元气大伤，逃到了遥远的漠北地区。汉武

帝乐得合不拢嘴，把卫青和霍去病同时封为大司马。舅舅和外甥两人，都成了被人称颂的民族英雄，非常了不起。

人物介绍

卫青：西汉时期抗击匈奴的民族英雄，汉武帝第二任皇后卫子夫的弟弟，霍去病的舅舅。他在战场上屡次大败匈奴，收复失地，为边境地区的安定团结做出了突出的贡献，被汉武帝封为大司马。

历史关键点

凡是能得到世人尊敬和爱戴的人，身上必定有闪光之处。比如卫青，他战功赫赫，又是皇后的弟弟，身份是多么尊贵呀！但是他从来没有忘记自己的责任，在战场上勇猛杀敌，和士兵们同甘共苦；对其他的臣子彬彬有礼，从不张扬跋扈；在皇帝面前，他恭敬守礼，态度谦和。而霍去病呢，在战场上从来不顾自己的生命安危，一门心思要杀敌立功，保卫自己的国家。这样的大英雄，人们怎么可能不敬不爱呢？

我们学英雄，不但要学习他们的本事，更要学习他们身上的优点。要记住：使人尊贵的，从来不是身份地位，而是人格。

苏武牧羊

放声朗读

武骂律曰："汝为人臣子，不顾恩义，畔主背亲，为降虏于蛮夷，何以汝为见！且单于信汝，使决人死生，不平心持正，反欲斗两主，观祸败。南越杀汉使者，屠为九郡；宛王杀汉使者，头悬北阙；朝鲜杀汉使者，即时诛灭；独匈奴未耳。若知我不降明，欲令两国相攻，匈奴之祸从我始矣。"律知武终不可胁，白单于，单于愈益欲降之。

——《资治通鉴》汉纪十三 · 天汉元年

译文

苏武骂卫律说："你是汉朝的臣子，却不讲恩情义气，背叛自己的君主和亲人，投降了蛮夷，我见你干什么？况且，单于信任你，让你决定别人的生死，你不但不公正处理，反而想挑起两国君主之间的斗争，自己却坐在一旁观成败。南越国杀死汉朝的使臣，被汉朝灭掉后变成了九个郡；大宛王杀死汉朝的使臣，他的人头被挂在了长安城的北门上；朝鲜杀死汉朝的使臣，立即招来了灭国之灾；只有匈奴还没有干过这种事。你明明知道我不会投降，却想以此来挑起两国之间的战争。恐怕匈奴的灾难，就要从我这里开始了。"卫律知道苏武终究不会受他胁迫，便禀告给单于。单于被苏武的忠心打动，更想招降他了。

公元前101年，匈奴的新单于继位。他知道自己的根基还不太稳，不敢与大汉朝为敌，便主动讨好汉武帝，不但放回了之前扣留的汉朝使臣，还派匈奴的使臣向汉武帝进贡。汉武帝讲究礼尚往来，看见匈奴单于这么有诚意，自己也想表示一下。于是，他派苏武带着丰厚的礼品，出使匈奴。

本来这是一件好事。万万没想到的是，就在苏武完成任务，打算返回大汉时，匈奴发生了一件大事。有个叫虞常的人想要杀死单于身边的宠臣卫律。可是他被人告发了，行动还没开始，就被单于抓了起来。

糟糕的是，虞常和汉朝的使臣张胜关系非常好。在造反之前，他和张胜私下约定，他负责杀死卫律，而张胜答应帮他照顾家人。

单于抓住虞常以后，顺藤摸瓜，很快便发现这件事和汉朝的使臣有关系。他气得一蹦三尺高，立即下令要把汉朝的使臣统统杀死。但大臣认为他们只是想杀死卫律，并不想加害单于，全部杀死有点太严重了，便提议留住汉朝使臣的性命，让他们归顺匈奴。

单于派卫律去劝说汉朝使臣投降，不料苏武勃然大怒，他义正词严地说：“我们是大汉朝的使臣，怎么能投降呢？如果我们投降了，就算能保住一条命，还有什么脸面回到大汉呢！”苏武越说越激愤，突然拔出佩刀，刺进了自己的身体。一股殷红的鲜血喷射出来，苏武一个趔趄，倒了下去。

卫律没想到苏武会自杀，吓得手忙脚乱，一边抱住苏武，一边喊：“快传医生！”

医生来了之后，让人在地上挖了一个洞，在洞里点上炭火，然后他把苏武放到洞口上，用脚一下接一下地踩在苏武的后背上。鲜血不断地从伤口喷出来，苏武的伙伴们看得心惊胆战。

过了一会儿，医生停下来，说：“他体内的淤血已经排干净，不会死了。”话音还没落，苏武就昏了过去，伙伴们把苏武抬到住的地方，

等了整整半天时间，苏武才苏醒。

卫律把苏武自杀的事告诉了单于，单于非常敬佩苏武的气节，每天早晨和晚上都派人来问候他。

一段时间以后，苏武的身体渐渐康复了。单于又派卫律来劝降，这一次，卫律决定吓唬吓唬苏武。于是，等虞常被处死之后，卫律把张胜五花大绑，带到苏武面前，举着剑对苏武和张胜他们说："你们勾结虞常谋反，现在虞常已经被处死了。你们要是投降匈奴，单于就不怪罪你们。要是不肯投降，结局都和虞常一样。"

张胜真的被吓住了，恳求苏武投降，但他磨破了嘴皮子，苏武就是不答应。卫律一气之下，用剑指着苏武的脖子，逼他投降，但苏武的眼睛连眨都不眨一下。卫律看出苏武真的不怕死，又改变策略，耐心地对他说："苏先生，我当初就是背叛汉朝，来到了匈奴。结果单于不但没有为难我，还重用了我。现在我拥有金山银山，还有数不清的土地和马匹，这都是单于对我的恩赐。您要是投降了，得到的封赏比我还要多。这么好的条件摆在面前，您还犹豫什么呢？赶快投降吧！"

"呸！"苏武厌恶地说，"我苏武就算是死，也绝对不背叛自己的国家！我活着是大汉朝的人，死了也是大汉朝的鬼！你背叛了大汉，不觉得羞耻，反而把它当成一件荣耀的事拿来炫耀，不觉得丢脸吗？现在你既然是匈奴的臣子，就应该为匈奴的安危考虑。自古以来，两国交往都不会斩杀使臣，而你今天却要杀死我们这些使臣，这不是要挑起大汉和匈奴之间的战争，把匈奴的百姓推到火坑里去吗？你这样做，对得起厚待你的单于吗？"

卫律羞得满脸通红，从鼻子里哼了一声，灰溜溜地走了。单于听到苏武不肯投降的事，对他的忠诚赞不绝口，更想把他留在自己身边了。于是，他把苏武囚禁在一个地窖中，不让他吃饭喝水，想逼他归顺自己。

当时正是寒冬腊月，北风卷着鹅毛大雪从天而降，打在人们的身上和脸上。大家都以为苏武会被饿死，出人意料的是，苏武竟然没有死。原来，他是靠着吞食雪花和衣服上的毡毛活过来的。

匈奴人信奉神灵，他们认为苏武在这么艰苦的环境中都没有死，是有神灵在保护他。单于对他又爱又恨，无奈之下，把他流放到遥远的北海去了。

苏武出发之前，单于给他一群羊，说："去北海放羊吧！等到这些羊产奶的时候，你才能回来。"

苏武看了看那些羊，心一下子凉到了底。"这些都是公羊，怎么可能产奶呢？单于这是再也不想让我回来了。"苏武悲伤地叹了一口气，带着羊群出发了。

北海是个十分荒凉的地方，没有人烟，没有庄稼，也没有什么野兽和飞禽。苏武和羊群生活在一起，饿了就只能吃草根、草籽或者老鼠。

虽然条件非常艰苦，但苏武从来没有产生过投降的念头。他时时刻刻都把代表汉朝使者身份的符节拿在手上，就连睡觉的时候也不肯松开。日子一天天过去，符节上的缨子都掉光了，苏武依然把它当成宝贝一样爱护着。

一晃十九年过去了，汉武帝去世了，囚禁苏武的匈奴单于也去世了。匈奴和汉朝和好了，苏武终于又回到了自己日夜思念的故乡。

听到苏武要回来的消息，百姓们都到街上去迎接他。苏武激动得热泪盈眶，离开家乡的时候自己还年轻力壮，回来已经是个白发苍苍的老翁了，怎么能不让人心酸感叹呢！

人物介绍

苏武：西汉时期的政治家、外交家和民族英雄。他奉命出使匈奴，不幸被卷入匈奴的内斗中。面对匈奴的威逼利诱，他坚决不肯投降，后来被匈奴流放到荒无人烟的北海放羊十九年，受尽磨难但忠心不改。

历史关键点

苏武身上有一种大义凛然、视死如归的民族气节。面对敌人的威逼利诱，甚至死亡的威胁，苏武都没有屈服。他一个人在荒无人烟的北海，默默度过了十九年。苏武靠着野草硬生生地挺了过来，那种孤独寂寞不是常人能够忍受的。何况还要忍受饥饿，以及思念家乡和亲人的痛苦！

时过境迁。苏武没有被人们忘记，而是化为一种忠贞不渝的民族精神，永留史册。

王莽改制

放声朗读

莽以刘之为字“卯、金、刀”也，诏正月刚卯、金刀之利皆不得行，乃罢错刀、契刀及五铢钱，更作小钱，径六分，重一铢，文曰“小钱直一”，与前“大钱五十”者为二品，并行。欲防民盗铸，乃禁不得挟铜、炭。

——《资治通鉴》汉纪二十九·王莽中始建国元年

译文

王莽认为刘字是由“卯、金、刀”组成的，因此下诏，正月刚卯、佩饰和金刀钱都不能再使用了。于是，他废除了错刀币、契刀币以及五铢钱，改铸一种小钱。这种小钱直径六分，重量一铢，上面有“小钱值一”的字样，加上以前“大钱五十”的货币，共为两类，同时发行。为了防止民间私自铸造，便下禁令不准挟带铜和炭。

西汉时期，汉成帝的母亲王太后有个侄子，名叫王莽。王莽很小的时候，父亲就去世了，王莽跟随母亲，被孝元皇后接到了东宫。

王莽从小就很懂事，他不像其他的贵族子弟那样整天嬉戏玩耍，而是专心读书，并且尽心尽力地侍奉母亲，照顾嫂子和去世的哥哥留下来的孩子。不仅如此，他对待叔叔伯伯也非常孝顺。有一次，王莽的伯伯王凤得了重病，王莽日日夜夜地照顾他，一连好几个月，都没有好好休息过。每次给王凤喂药时，王莽都会先亲自尝一尝药，确保药的温度合适了，再喂给王凤吃。王凤非常感动，临死前他把王莽照顾自己的事告诉汉成帝，汉成帝深受感动，封王莽为黄门郎。

王莽为自己博了一个好名声，王莽的叔叔伯伯，以及当时一些有名望的人，都在汉成帝面前为王莽说好话。因此，汉成帝对王莽的印象非常好，不断地给他升官晋爵。

王太后有个外甥名叫淳于长，这个人嘴巴很甜，特别会拍马屁，是汉成帝身边的宠臣。公元前8年，朝中的大司马王根年纪大了，打算辞官。淳于长沾沾自喜，觉得自己是接替王根的最佳人选。

这个时候，王莽坐不住了。他一边派人四处打听淳于长做过的坏事，报告给自己的姑姑王太后，一边

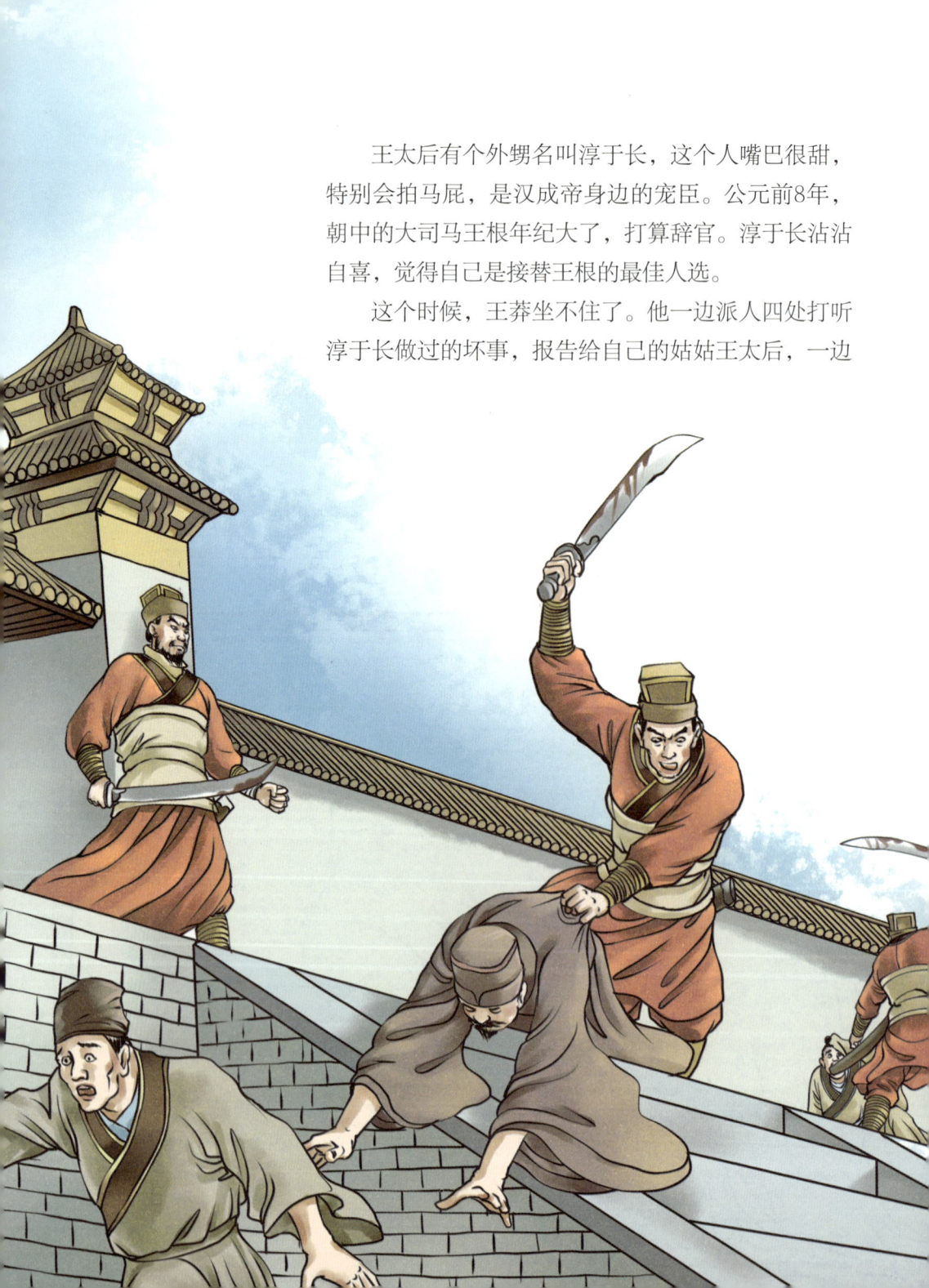

在王根面前说淳于长的坏话。最后，淳于长被处死了，王莽顺利地当上了大司马。

一年以后，汉成帝驾崩了，汉哀帝即位。可汉哀帝的皇位还没坐稳，也驾崩了，并且他去世的时候，一个儿子也没有。

这时，王太后已经变成太皇太后了。她和王莽商量，拥立了一位新皇帝——汉平帝。汉平帝还是一个九岁的孩子，根本不能自己治理国家。于是，王莽代替他处理国事，权力越来越大。

王莽依仗自己的权力，把反对自己的人统统杀掉，把顺从自己、巴结自己的人都提拔起来，在朝廷中建立起一个庞大的权力集团。王莽一方面为自己谋取权力，另一方面又费尽心思收买人心。比如，他用自己的钱救济百姓，带头过简朴的生活。国家发生自然灾害的时候，他赈济灾民、减免税收……他的这些做法既赢得了太皇太后和朝中大臣们的信任，也让百姓对他赞不绝口。因此，王莽的地位越来越稳固了。

公元5年，汉平帝得病死了。王莽为了继续操控朝政，拥立只有两岁的刘婴。他自己依然代理朝政，被称为“假皇帝”。

“假皇帝”这个名号，引起了一些刘家人的不满。他们起兵造反，要推翻王莽的统治。王莽吓坏了，天天抱着小皇帝祈祷，还昭告天下，说自己只是暂时帮助小皇帝治理国家，等小皇帝长大后，就会把权力还给小皇帝。不久之后，造反被平息下来，王莽的内心却无法平静，他想：“当假皇帝有什么意思呢？不如当个真皇帝！”

公元8年，王莽决定再也不隐藏自己的野心了。他说小皇帝把皇位让给了他，逼迫他的姑姑太皇太后交出代表皇帝权力的玉玺。谁都知道，那时的小皇帝还是个只会玩泥巴的小孩儿呢，他连皇帝是什么都不清楚，怎么会做出这样的决定呢！大家心知肚明，这是王莽自己演的一出戏，但王莽代理朝政这么多年，权力和威望实在是太大了，并且朝中的大臣都是王莽的人，因此，也没有人出来反驳。

就这样，王莽坐上龙椅，当上了真正的皇帝。他把国号改为“新”，把都城长安改为“常安”，把之前的官员和郡县的名称都改了一遍。然后他摩拳擦掌，在全国上下开始了一场轰轰烈烈的改革活动。

以前，土地和奴隶是达官贵人的私有财产，害得穷苦的百姓连饭也吃不饱。王莽规定，天下所有的土地都改名叫“王田”，不允许私自买卖。每个男性占有的土地是定量的，超出的土地要分给自己的亲属、邻居或者同乡人。原来没有土地的，也可以按照规定分到一定量的土地。如果有人违反规定，就把他流放到很远的地方去。

随后，他认为原来的钱币使用起来很不方便，又把钱币按照轻重大小分成六类，打造成不同等级的货币。可是百姓却不满意，因为货币的种类实在太多了，出门的时候要随身携带各种各样的钱币，交易的时候还得仔细查找，常常搞得人焦头烂额，大家干脆不再使用钱币了。

没有人使用钱币，钱币就没办法流通。王莽眼珠一转，想到一个好主意。他规定全国上下都要用钱币作通行证，不管是到驿馆住宿，还是出城进城，都要亮出自己的钱币。就连大臣们进入宫殿大门，都要靠钱币通行。这样一来，人们就必须随时把钱币带在身上了。

可百姓还是觉得不方便，便偷偷使用五铢钱进行交易。王莽发现之后，下了一道命令：“凡是使用五铢钱的人，都要流放到荒无人烟的地方去。”百姓们唉声叹气，有苦说不出。

除此以外，王莽还推出了一个让人哭笑不得的政策。当时，国内有东海郡、南海郡、北海郡，却没有西海郡。王莽为了凑齐东西南北四个郡，派兵攻占了青海湖一带，硬生生地设了一个西海郡。可是，青海湖是个十分荒凉的地方，没有人居住。王莽就增加刑罚，将更多的犯人流放到西海郡。

国内的改革还没有完成，王莽又急着改革和其他属国之间的政策。

比如把之前归顺大汉的属国统统降级、更改属国的名称等。

王莽的改革引起了大家的强烈不满，英雄豪杰们纷纷起义了。最后，王莽被起义军杀害，他处心积虑建立起来的新朝也灭亡了。

人物介绍

王莽：西汉时期的改革家，“新朝”的开国皇帝。他是孝元皇后的侄子，小时候聪明好学，谦逊有礼，又非常孝顺。入朝为官后，他当上了大司马，并拥立九岁的小皇帝登基，把国家大权一步步揽在自己手中。公元8年，王莽逼迫太皇太后交出玉玺，自己称帝，改国号为“新”。

历史关键点

王莽本来就是篡位当上的皇帝，根基还不稳，身边也没有可靠的臣子。然而，他不但没有想办法稳固自己的统治，还不管不顾地剥夺了达官贵人的土地，触犯了他们的利益，为自己树立了太多的敌人。

王莽是一个非常有魄力的改革家，但他太急躁了。他改革土地，是为了百姓着想。但之后改革货币、增加刑罚，却又不顾百姓的意愿，把百姓推入了深渊。他用改革的方式，把之前树立起来的好形象及威信全部抹杀了，最终导致了自己的灭亡。

班超投笔从戎

放声朗读

超曰：“不入虎穴，不得虎子。当今之计，独有因夜以火攻虏，使彼不知我多少，必大震怖，可殄尽也。灭此虏，则鄯善破胆，功成事立矣。”众曰：“当与从事议之。”超怒曰：“吉凶决于今日；从事文俗吏，闻此必恐而谋泄，死无所名，非壮士也。”众曰：“善！”

——《资治通鉴》汉纪三十七·显宗孝明皇帝下永平十六年

译文

班超说：“不到老虎的巢穴里去，怎么能找到小老虎呢！如今可行的办法，只有乘着夜色用火进攻匈奴人，对方不知我们到底有多少人马，必定又惊又怕，乱作一团，这样我们便可以把他们一网打尽。除掉了北匈奴的使者，鄯善王肯定会心惊胆战，我们就能成功了。”大家说：“应该和从事商量一下吧。”班超生气地说：“我们的命运全都取决于今天的行动。从事是个平庸的文官，他知道我们的计划后肯定会害怕，计谋就会泄露出去。到时候我们什么也没干就死了，就不是英雄了。”大家说：“好吧！”

东汉时期，有个叫班超的人，他的工作是抄写文书。但他心怀大志，总是想干一番惊天动地的大事，成为一个大英雄。

终于，机会来了。公元73年，班超成了汉朝的一名使者，奉命出使西域。那是一个兵荒马乱的年代，出使外国不但路途遥远，而且极有可能遇到危险，但班超一点儿也不怕。他带着三十六个随从来到鄯（shàn）善国，鄯善王听说他们是从汉朝来的，把他们当成贵宾，态度十分热情，拿出最好的酒菜招待他们。可是，过了两天，鄯善王的态度突然来了个一百八十度大转弯，对他们爱答不理的，脸上的笑容也消失了。

细心的班超发现了鄯善王的变化，问自己的部下：“你们有没有发现鄯善王对我们突然很冷淡了？”

“也许他们这里的人就是这样，您不用在意。”部下没把这件事放在心上。班超却摇摇头说：“恐怕事情没有那么简单。”

班超暗中打探，发现北匈奴的使者也来到了鄯善国，想拉拢鄯善王。一边是实力雄厚的汉朝，一边是骁勇善战的匈奴人，鄯善王两边都得罪不起，又一时拿不定主意，只能和班超他们保持不远不近的距离。

班超心里非常清楚，如果鄯善王归顺了北匈奴，自己和部下就会陷入危险当中。他不能坐以待毙，决定先下手为强。

这天，班超把负责招待他们的鄯善国侍者叫来，板着脸问道：“我知道北匈奴的使者已经来了，他们现在在什么地方？”

侍者被班超的威严吓住了，战战兢兢地说：“在距离这里三十里的地方。”他刚说完，班超的部下就蜂拥而上，把他抓了起来，让他没办法去给鄯善王通风报信。

晚上，班超请三十六个部下喝酒。等大家都喝得醉醺醺的时候，班超趁着酒劲儿说：“我们现在身处遥远的异国他乡，是拴在一根绳子上的蚂蚱，性命安危紧紧地连在一起。这几天你们大家也看得清清楚楚，匈奴使者一来，鄯善王对我们的态度就完全变了。如果鄯善王真的归顺了匈奴，肯定会把我们交出去请功，到时候恐怕我们的脑袋都得搬家。你们愿意在这里等着任人宰割吗？”

“不愿意！”大家慷慨激昂地回答。

班超点点头说：“不入虎穴，焉得虎子。我们今天就趁着夜色冲到匈奴的住处，打他们一个措手不及。打败了匈奴人，看鄯善王还敢不敢怠慢咱们。”

这时，有个部下提醒班超：“这么大的事，我们是不是应该和郭恂大人商量一下？”郭恂也是一名使臣，但他是个文官。

班超说："郭大人胆子小，不会同意我们这么做的，那我们就白白失去这个机会了。大丈夫做事，要抓住时机，当机立断，还是等我们胜利回来再告诉他吧！大家做好准备，听我的指挥。"

半夜时分，天上刮起了大风。班超带领着部下悄悄来到匈奴人住的地方，他让二十几个人拿着刀守在营帐门口的两侧，再让十来个人拿着鼓躲到营帐后面，然后点燃了一堆柴草。躲在营帐后面的人看见火光，立刻击鼓呐喊："冲啊！杀啊！"

火苗趁着风势越烧越旺，直奔着匈奴人的营帐扑了过去。匈奴人被惊醒了，以为营帐外来了很多汉人，吓得抱头鼠窜，结果有的被烧死了，有的被杀死了，一百多个人还没弄明白发生了什么事，就没命了。

第二天，班超把这件事告诉了鄯善王。鄯善王差点儿惊掉下巴，立即表示愿意臣服汉朝，再也不和北匈奴来往了。

这件事让班超名声大震。汉明帝对他的表现非常满意，不久以后又派他出使西域。

这一次，班超又带着之前的三十六个随从，来到了于阗（tián）国。和鄯善王的态度不同，于阗王对班超他们一点儿也不热情。原来，匈奴一直派人监视着于阗国，于阗王不敢和他们太亲近。

班超来于阗国的目的，是要让于阗国臣服大汉。于阗国的人们都信奉巫术，在做决定之前，都要先问问巫师的意见。班超到了于阗国之后，于阗王便请教巫师："我们要归顺大汉吗？"

巫师不敢得罪匈奴人，便说："坚决不行！汉朝使者一踏上这片土地，神已经开始发怒了。我们应该赶快为神奉上祭品，平息神的怒火。"

"什么样的祭品才能让神停止发怒呢？"于阗王问。

巫师说："汉朝使者带来了一匹长着黑嘴唇的黄马，是最合适的祭品。"

于阗王派宰相去找班超要马。班超早就摸清了于阗国和匈奴之间的关系，他对宰相说：“我可以把马给你们，但必须巫师自己来取。”

宰相把巫师叫过来，巫师刚一踏进门槛，班超就把他的脑袋砍了下来。宰相也挨了一顿鞭子，差点儿就没命了。

班超把巫师的脑袋扔到于阗王面前，于阗王吓得双腿发软。其实，他早就听说过班超在鄯善国杀死北匈奴使者的事，心里是害怕班超的。于是，他立刻杀了监视他们的匈奴使者，投降了汉朝。汉明帝给了于阗王和大臣们非常丰厚的赏赐，西域的其他国家知道以后，纷纷效仿于阗王，和汉朝建立起友好的交往关系。

班超就像一座桥梁，把西域和汉朝中断了六十五年的交往关系又重新建立了起来。

然而，班超的贡献还不止这些。

公元80年，班超向皇帝上书，建议平定西域各国，皇帝答应了。从此之后，班超又从使者变成了在战场上冲锋陷阵的一名勇士，收复了西域地区的五十多个国家。这个曾经拿笔杆子写文章的人，终于实现了自己的心愿。

人物介绍

班超：东汉时期的军事家、外交家。他最初只是为官府抄写文书的文官，后来放弃安逸的工作，跟随窦固抗击匈奴、出使西域，利用三十一年的时间，收复了西域境内的五十多个国家，被封为“定远侯”。

历史关键点

从班超出使西域和收复西域的过程中可以看出，他有出色的军事才能。比如，当他知道北匈奴使者来到鄯善国以后，先下手为强，并利用天气特点，使用火攻。在莎车国之战中，他用调虎离山计，调走了莎车国的重兵。他采用“以夷制夷”的策略，巧妙地利用西域属国的力量，收复了一个又一个属国。

由此可见，班超的雄心壮志不是随口说说就能实现的，而是有充分的准备和实力作铺垫的。

孩子读得懂的

资治通鉴 4

蒋文芹 - 编　　周海琳 - 绘

北京理工大学出版社
BEIJING INSTITUTE OF TECHNOLOGY PRESS

图书在版编目（CIP）数据

孩子读得懂的资治通鉴. 4 / 蒋文芹编；周海琳绘. —北京：北京理工大学出版社, 2020.12（2022.8）

ISBN 978-7-5682-9080-7

Ⅰ. ①孩… Ⅱ. ①蒋… ②周… Ⅲ. ①中国历史—古代史—编年体 ②《资治通鉴》—青少年读物 Ⅳ. ①K204.3-49

中国版本图书馆CIP数据核字（2020）第179903号

出版发行 / 北京理工大学出版社有限责任公司
社　　址 / 北京市海淀区中关村南大街5号
邮　　编 / 100081
电　　话 / （010）68914775（总编室）
（010）82562903（教材售后服务热线）
（010）68948351（其他图书服务热线）
网　　址 / http://www.bitpress.com.cn
经　　销 / 全国各地新华书店
印　　刷 / 三河市九洲财鑫印刷有限公司
开　　本 / 880毫米×1230毫米　1/16
印　　张 / 13.5
字　　数 / 120千字
版　　次 / 2020年12月第1版　2022年8月第8次印刷
定　　价 / 276.00元（全4册）

责任编辑 / 宋成成
文案编辑 / 李文文
责任校对 / 刘亚男
责任印制 / 施胜娟

序言
PREFACE

司马光砸缸的故事相信大家都听说过。故事中的司马光是北宋时期著名的政治家、历史学家，他不但砸缸救过小朋友，还主编过一部非常著名的历史著作呢！这部书的名字叫《资治通鉴》，它是我国古代规模最大、成绩最高的史学典籍之一。这部书总共294卷，大约300多万字，它讲述的历史跨度共包含了16个朝代，记录了从周威烈王二十三年（公元前403年）到五代后周世宗显德六年（公元959年）的历史，前后跨越了1362年，司马光和他的助手们花了19年的时间才编写完成！

这部书按朝代分为十六纪，即《周纪》五卷、《秦纪》三卷、《汉纪》六十卷、《魏纪》十卷、《晋纪》四十卷、《宋纪》十六卷、《齐纪》十卷、《梁纪》二十二卷、《陈纪》十卷、《隋纪》八卷、《唐纪》八十一卷、《后梁纪》六卷、《后唐纪》八卷、《后晋纪》六卷、《后汉纪》四卷、《后周纪》五卷。北宋神宗皇帝说这部书可以“鉴于往事，有资于治道”，意思就是说借鉴过去的事情，然后帮助现在的统治者治理国家，所以这部书的名字就叫《资治通鉴》。这部书成为后世历代皇帝及太子必读的“第一治国教材”。

面对《资治通鉴》这一部300多万字的鸿篇巨作，即便是成年人读起来也会非常吃力！因此，编者从儿童的视角出发，用儿童的语言把这些精彩的历史故事写出来，让孩子们看得懂并喜欢它，于是就有了这套儿童版的《孩子读得懂的资治通鉴》。

目 录
CONTENTS

目录
CONTENTS

目录
CONTENTS

玄武门之变

放声朗读

建成、元吉至临湖殿，觉变，即跋马东归宫府。世民从而呼之，元吉张弓射世民，再三不彀，世民射建成，杀之。

——《资治通鉴》唐纪七·高祖神尧大圣光孝皇帝下之上武德九年

译文

李建成与李元吉来到临湖殿的时候，察觉到发生了变故，立即勒转马头，准备向东返回东宫和齐王府。李世民跟在后面喊他们，李元吉拉开弓射李世民，一连射了两三次，都因没有将弓拉满而没有射中。李世民箭射李建成，将他射死。

李渊登基称帝，大唐王朝正式成立。“李氏集团”上上下下一片欢腾。大家都觉得李渊肯定会立次子李世民为太子，因为当时提出起兵反隋的是李世民，战场上出力最多的也是他，而且李世民有勇有谋，德才兼备，最得民心。之前李渊也数次透露过这个意思。可是没想到他把继承权交给了能力和军功都不出众的大儿子李建成，只给了李世民一个秦王的头衔。李世民的心里不免有些失落。他的属下们也为他愤愤不平。

但是李渊已经这么决定了，他们也只能接受。

太子李建成白白捡了个大便宜，却并不知足。他知道自己的威信比不上李世民，不去查找自身原因，奋发图强，做个合格的好太子，却在心里嫉恨李世民。于是他拉拢了弟弟齐王李元吉，一起下绊子使阴招，处心积虑地想要对付李世民。

李渊当上皇帝后开始贪恋美色，后宫里充实了很多年轻的妃子。李建成、李元吉就和这些妃子们套近乎，拍她们的马屁，给她们送各种稀奇古怪的礼物，讨她们的欢心，好让她们在李渊面前吹枕边风，替自己说话。李世民则把心思都放在政事上，从来不屑于做这样的事情。而且他还无意中得罪过这些妃子。平定东都洛阳的时候，收缴了很多隋宫的珍宝。有妃子私下里向李世民索要，李世民以所有物品都已经登记在册、要上交国库为由拒绝了她们。也有妃子找李世民为她们的亲戚求官，李世民一个都没答应。所以，这些妃子们常常在李渊面前讲李世民的坏话，说李建成和李元吉的好处。久而久之，李渊听信了这些话，越来越不喜欢李世民了。

国家刚刚建立，百废待兴，不管是国内还是边境线上经常会发生一些事端。李世民的能力摆在那儿，李渊还是习惯派他去处理。李世民每次都能漂漂亮亮地完成任务，立下功勋。于是李建成和李元吉更嫉恨他了，他们千方百计地想除掉李世民。

一次兄弟三人陪李渊出去打猎。李建成把喜欢尥蹶子的胡马给李世民骑。李世民知道了说："他们想害死我，没那么容易！人的生死老天爷说了算，不是他们能决定的。"他们俩却故意曲解李世民的意思，向李渊打小报告说李世民称自己是老天爷认可的天子。李渊大发雷霆，任李世民怎么解释都听不进去。恰巧这时候边关送来战报，考虑到要依靠李世民去打拼，李渊这才作罢。

有一次李建成沉不住气了，竟然用上了下毒的招数。他请李世民去他那儿喝酒。刚喝了几盅，李世民突然觉得胃里翻江倒海，像刀绞一样痛，呕血不止，身边的人赶紧把他扶回家请太医诊治。调养了好些日子，他才慢慢好起来。

李世民爱惜人才，手下的能人也多。李建成想釜底抽薪收买、笼络他们，私下派人给李世民的手下大将尉迟敬德送去一车金银器物，表示

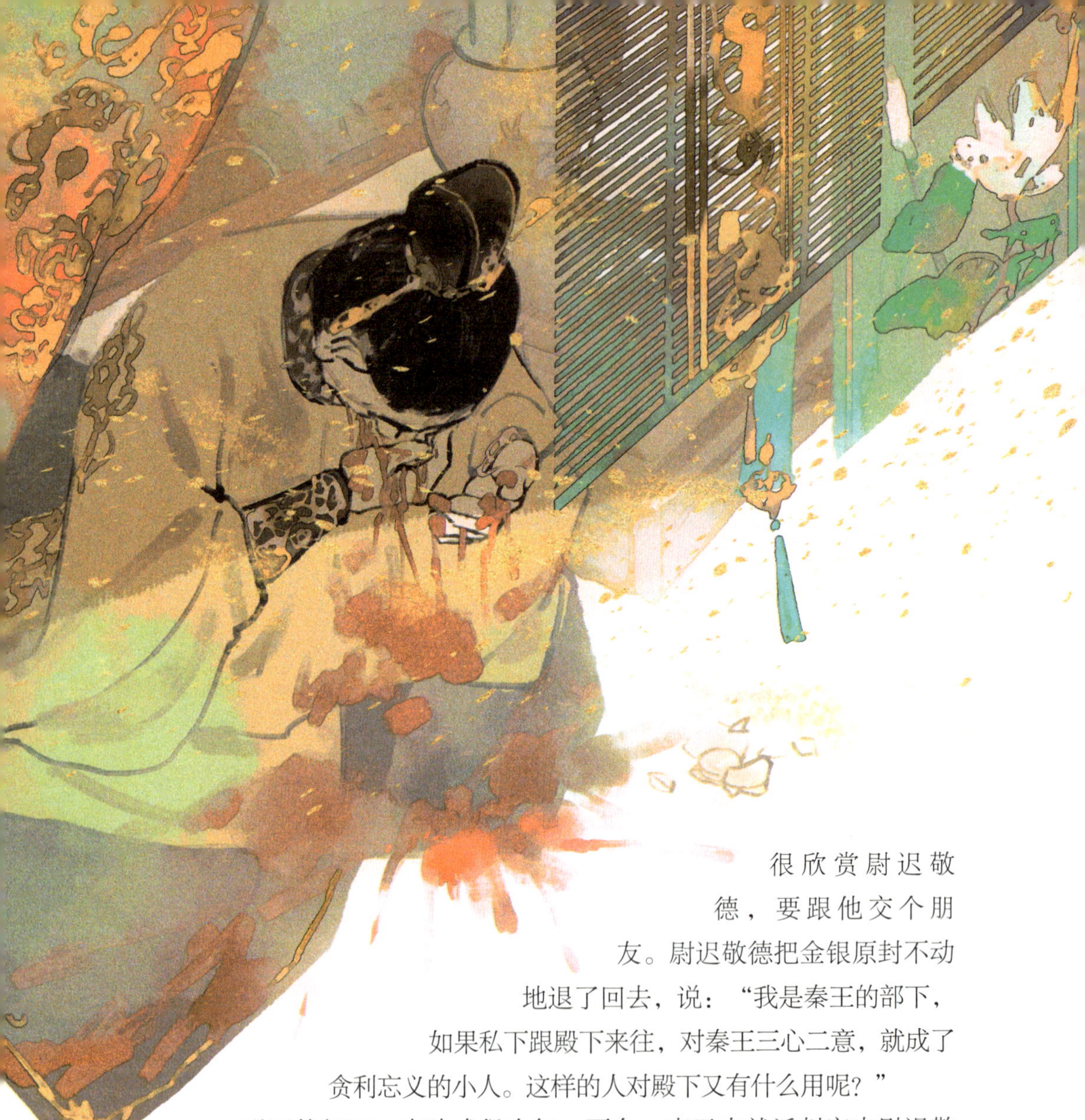

很欣赏尉迟敬德，要跟他交个朋友。尉迟敬德把金银原封不动地退了回去，说：“我是秦王的部下，如果私下跟殿下来往，对秦王三心二意，就成了贪利忘义的小人。这样的人对殿下又有什么用呢？”

碰了软钉子，李建成很生气。不久，李元吉就派刺客去尉迟敬德家行刺。尉迟敬德提早收到了消息，故意敞开大门，让刺客可以轻而易举地溜进来，他自己则安然躺在床上。刺客摸到尉迟敬德窗户底下，用口水打湿窗户纸，抠了个小洞往里看，见尉迟敬德手握长矛斜靠在床上，似乎正等着他呢，吓得撒腿就跑。

不久，突厥侵扰边境，李建成举荐李元吉去迎战。李渊同意了，任命李元吉为帅，不日启程。李建成问他还需要什么，李元吉说：“秦王府兵强马壮，如果二哥肯帮我，一定能凯旋。”他请求尉迟敬德、程知节、段志玄等人一同前往，检阅并挑选秦王军中的精兵划归到他军中。李建成还设下计策，借为李元吉践行的机会，暗中刺杀李世民，再将他的亲信们一举消灭。

有人把这件事密报给了李世民，李世民找来长孙无忌、尉迟敬德等人商量对策。大家都劝李世民不要再忍耐了，要先发制人杀了李建成和李元吉。开始李世民犹豫不决地说：“不想兄弟相残，还是等他们动了手，再来对付他们吧！”亲信们反复劝说，甚至“威胁”李世民，不要任人宰割，他再不下决心，大家都不跟着他干了。李世民终于被说动了。

李世民进宫，先告了李建成和李元吉一状，诉说他们淫乱宫廷，蓄意谋害他。李渊让他先回去，第二天一早，叫兄弟三人一起进宫，查问清楚。

第二天早上，李世民安排人手埋伏在皇宫北面的玄武门，只等李建成和李元吉来自投罗网。李建成、李元吉骑着马大摇大摆地朝玄武门走来了。走到临湖殿的时候，他们似乎感觉到周围的气氛有点儿不对劲，就拨转马头，准备回去。

李世民从玄武门内策马而出，大喊：“殿下、四弟不要走——”元吉转过身来，举起弓箭，想射杀李世民。可他太紧张了，手一直在抖，一连两三次都没有将弓拉满。李世民眼明手快，“嗖——”一支利箭带着呼呼的风声正中李建成的后心，李建成一头栽到马下。紧接着，尉迟敬德带了七十名骑兵一起冲了出来。尉迟敬德去追李元吉，把他射下马来。

李建成和李元吉的部下听说玄武门出事了，赶来和秦王府的兵混战一处。李世民一面指挥应战，一面派尉迟敬德进宫担任警卫。

李渊正泛舟湖上，见尉迟敬德全副武装冲进来，非常震惊。尉迟敬德说：“太子和齐王叛乱，已经被击杀。秦王怕惊动陛下，特地派我来护驾。”

李渊又惊又恐地问身边的大臣：“你们认为应当怎么办？”大臣赶紧说：“太子和齐王本来就没有什么功劳，两人妒忌秦王，用奸计加害秦王。现在秦王已经把他们消灭，且秦王能力出众，百姓们都拥护他，陛下把国事交给秦王，就不会再发生争端了。”

事已至此，也只能这么办了。于是李渊宣布了李建成、李元吉的罪状，改立李世民为太子，命李建成和李元吉的旧部都归李世民指挥。过了两个月，李渊退位，大名鼎鼎的唐太宗登基上位，开启了他彪炳（biāo bǐng）千秋的帝王生涯。

人物介绍

李渊：字叔德，唐朝开国皇帝，庙号高祖。李渊是十六国时期西凉开国君主李暠的后裔，家族世代显贵。李渊的祖父李虎，在西魏时期任太尉，是西魏八柱国之一。北周受禅之后，追封李虎为唐国公。唐朝的国号便由此而来。

历史关键点

“玄武门之变”是唐高祖武德九年六月初四，由当时唐高祖李渊次子秦王李世民在唐王朝的首都长安城（今陕西省西安市）大内皇宫的北宫门——玄武门附近发动的一次流血政变。李世民杀死了自己的长兄和四弟，被立为新任皇太子，不久后继承皇位。

贞观盛世

放声朗读

上又尝谓侍臣曰："君依于国，国依于民。刻民以奉君，犹割肉以充腹，腹饱而身毙，君富而国亡。故人君之患，不自外来，常由身出。夫欲盛则费广，费广则赋重，赋重则民愁，民愁则国危，国危则君丧矣。朕常以此思之，故不敢纵欲也。"

——《资治通鉴》唐纪八·高祖神尧大圣光孝皇帝下之下武德九年

译文

唐太宗曾对身边的大臣说："君主依靠国家，国家仰仗百姓。如果一个国家靠剥削百姓来奉养君主，那就如同一个人在饿了的时候，割下自己身上的肉来填饱肚子。虽然肚子饱了，但人却死了；虽然君主富了，但国家也要灭亡了。所以君主的忧虑，不是来自外部的其他事物，而是常常在于自己身上。凡欲望多则花费大，花费大则赋役繁重，赋役繁重则百姓愁苦，百姓愁苦则国家就会面临危险，国家面临危险则君主的地位也就保不住了。朕常常思考这些问题，所以才不敢放纵自己的欲望啊！"

公元626年，唐高祖李渊将皇位传给了自己的儿子李世民，李世民成为唐朝的第二位皇帝。中国历史上著名的一代明君——唐太宗走上了自己的历史舞台。

李世民从小聪明果断，擅长骑射。在跟随父亲从军后，他又因为擅长带兵打仗，在战场上立下了许多功劳，一直受到将士们的拥戴。就连当初李渊决定率兵起事，最后推翻隋朝、建立唐朝，也是李世民谋划的结果呢！

之前的隋炀帝十分残暴任性、荒淫昏乱，不顾老百姓的死活，最终导致了国破家亡，也使得当时的整个社会民不聊生、人口大量减少。唐朝建立后，虽然战乱少了，社会得到初步的稳定，但整个国家还是一片破败、惨淡的景象。唐太宗即位之时，看到这样的现状，又想到隋炀帝生前的行为，

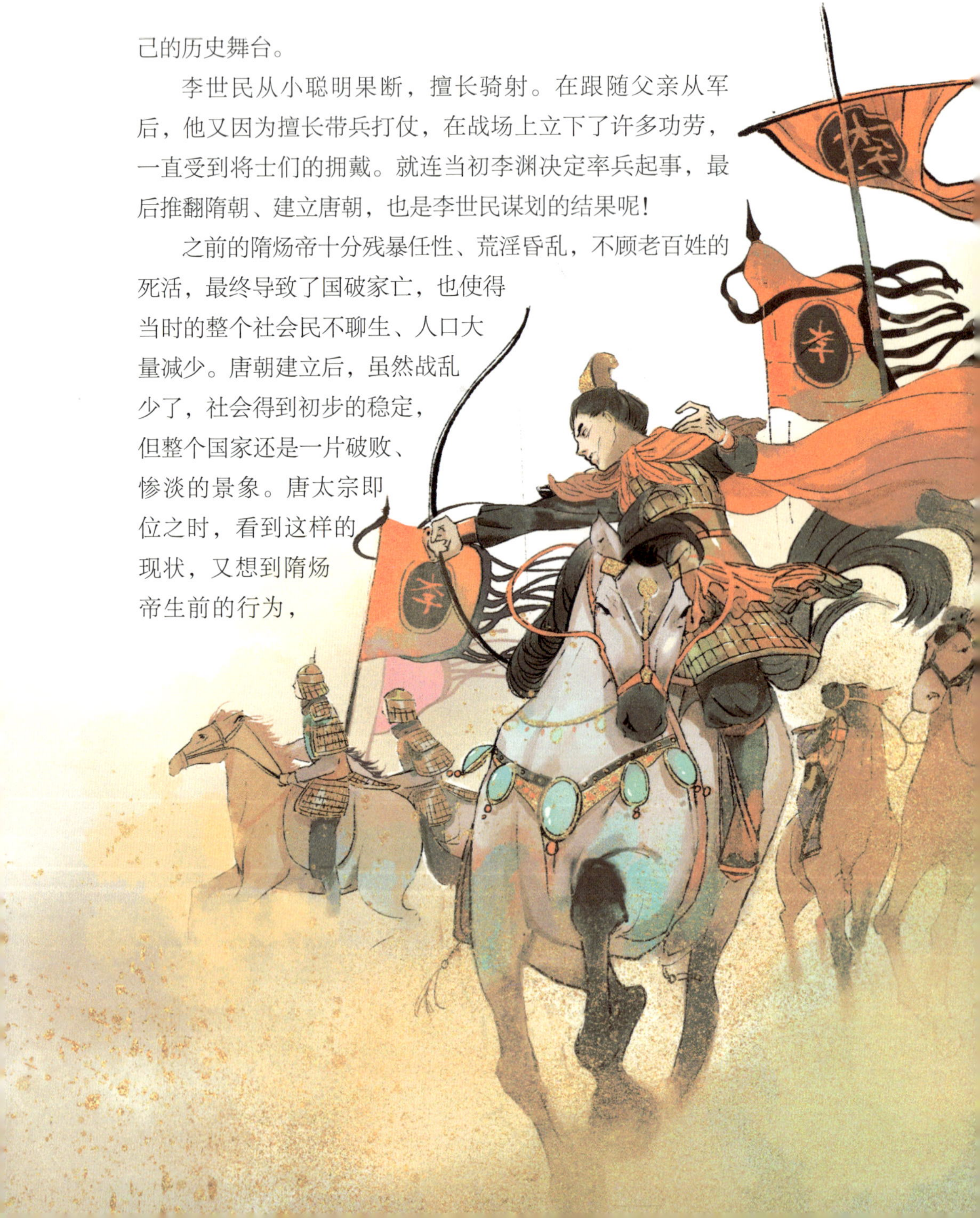

十分想要改变这一切。他暗暗发誓：我一定要当一位圣明的好皇帝，好好治理我的国家，让我的臣民过上太平、安乐、富足的幸福生活！

公元627年，唐太宗改年号为“贞观”。“贞观”的意思，就是指要观察世间万物的规律，要坚持走正确的道路。这两个字体现的正是唐太宗的治国理想。

唐太宗即位后，首先做的就是吸取隋朝灭亡的教训，重视老百姓和他们的生活。他非常认同“水能载舟，亦能覆舟”的说法，多次在朝堂上告诫大臣们：“百姓就像是水，朕就像是水里的舟，所以朕必须好好地对待他们。君王爱民如子，人民才会拥护君王，这才是君民关系的正道！”

于是，唐太宗首先从自己开始，舍弃一些不必要的奢华、安逸的享受，节省朝廷和各级政府的开支，厉行节约；同时广施仁政，下令减轻老百姓的赋税和徭役，让大家安安心心地发展农业生产。这样一来，老百姓的负担减轻了，也有了更多的时间和精力发展生产。没过几年，人民的生活得到极大改善，全国上下呈现出一片欣欣向荣的景象。

当然，要治理好一个国家，光靠皇帝一个人的聪明才智和仁德，那也是远远不够的。所以，唐太宗还特别重视人才的选拔，发掘出了大批有才能的人，帮助他一起治理国家。

有一年天下大旱，一时间，大家都想不出好的对策。一天朝会上，唐太宗对文武百官说：“今日回去，每个人都必须好好想想，写下自己的建议，明日呈交给朕！”中郎将常何是一名武将，那天，他回到家中后，想破脑袋也没想出对策来。这时，住在他家中的一个叫马周的门客听说后，提笔就给他写出了二十多条建议。

第二天，常何把马周写下的建议呈交给唐太宗，唐太宗看了大吃一惊，说：“这些都是你想到的吗？太好了！想不到你一个武将，竟然也有这方面的才能，朕之前可是太小看你了呀！”

常何不敢隐瞒，马上告诉唐太宗说：“臣愧不敢当！这不是臣写的，而是臣家中的门客马周替臣写下的。请陛下饶恕臣的无能之罪！”太宗听了，一点儿也不生气，而是很高兴自己又发现了一个有用的人才。他马上下令召见马周。

唐太宗的确是一个求贤若渴的人，这在他召见马周这件事上也得到了充分的体现。

他见派去召见马周的人还没有同马周一起回来，心中十分焦急，竟然先后派出了四拨人去常何的府上催请。终于，马周来到了宫中，唐太宗赶紧就他写的那些建议，和他进行了详细的交谈，又问了他许多治理国家的办法。马周一一对答，唐太宗十分满意，立

即给了他一个官职，第二年又升他为监察御史。

另外，唐太宗认为常何在举荐马周这件事上也立下了功劳，所以对常何也进行了赏赐。

正是因为唐太宗知人善任，广纳人才，并且虚心听取臣子们的意见，所以在贞观年间，先后涌现出了大批的贤臣良将。他们辅佐唐太宗，各司其职，各显其才，君臣同心协力，使国家的方方面面都得到了很好的治理和改善，社会的经济和文化就此得到了很大的发展。

唐太宗不仅对自己的臣民施以仁政，对依附唐朝的各个少数民族也十分友善。他尊重各个少数民族的习俗和生活方式，还通过和亲政策，进一步加强了与各族的友好关系和文化、经济交流。

另外，随着唐太宗治理下的贞观王朝日渐强盛，都城长安逐渐成了一个世界性的大都会。各国不断派出使者来到长安交流、学习，甚至还有不少外国人留在唐朝做起了官。许多外国商人也来到长安做起了生意，或是把唐朝的货物带回自己的国家进行贸易。

这一时期的唐朝，国力逐渐增强，社会安定，经济繁荣，文化发达，老百姓丰衣足食、安居乐业，整个社会呈现一片繁盛景象。这便是中国历史上著名的“贞观之治”。

人物介绍

李世民：唐高祖李渊次子，唐朝第二位皇帝，被尊为“天可汗”。李世民聪明果断，擅长用兵，为唐朝的统一立下赫赫战功。武德九年发动“玄武门之变”后被立为太子，登基后对内以文治天下，开创贞观之治，对外开疆拓土，为唐朝盛世奠定基础。

历史关键点

唐朝初期，唐太宗李世民的“贞观之治”带来了社会的稳定繁荣，而广大老百姓在经历了长期的战乱之后，也得以享受太平盛世，过上了一段时期安稳、幸福的生活。这些成就的取得，也为后来全盛时期的“开元盛世”奠定了重要的基础，将我国封建社会推向鼎盛时期，使唐朝成为我国整个古代历史上的一颗璀璨明珠。另外，即便与当时全世界的国家相比，无论在政治、经济还是文化上，唐朝都走在了世界的最前列。

与此同时，唐太宗李世民本人也因过人的政绩和影响，作为中国历史上最伟大的君主之一，被后世代代传颂。

魏徵进谏

放声朗读

上问魏徵（zhēng）曰："人主何为而明，何为而暗？"对曰："兼听则明，偏信则暗。昔尧清问下民，故有苗之恶得以上闻；舜明四目，达四聪，故共、鲧、驩（huān）兜不能蔽也。秦二世偏信赵高，以成望夷之祸；梁武帝偏信朱异，以取台城之辱；隋炀帝偏信虞世基，以致彭城阁之变。是故人君兼听广纳，则贵臣不得拥蔽，而下情得以上通也。"上曰："善！"

——《资治通鉴》唐纪八·太宗文武大圣大广孝皇帝上之上贞观二年

译文

太宗问魏徵："君主如何做称为明，如何做称为暗？"魏徵答道："能听取各方面的意见，就是明；偏听偏信，就是暗。从前尧帝体恤下情，详细询问民间疾苦，所以能够知道有苗的恶行；舜帝目明能远视四方，耳聪能远听四方，所以共工、鲧、驩兜不能掩匿罪过。秦二世偏信赵高，造成望夷宫的灾祸；梁武帝偏信朱异，招来台城的羞辱；隋炀帝偏信虞世基，导致彭城阁的变故。所以，君主善于听取各方面意见，则亲贵大臣就无法阻塞言路，下情也就得以上达。"太宗说："你说得很对！"

在李世民即位之前，魏徵原本是太子李建成的幕僚。那时，魏徵曾多次给太子出谋划策，让他早日除掉李世民。李世民当上皇帝后，把魏徵召来，质问他说：“当初你为何要太子除掉我，离间我们兄弟之间的关系？”魏徵一点儿也不害怕，直说道：“要是先太子早点儿听了我的建议，就不会是现在这样的局面了。”

李世民听了，认为魏徵是个有勇有谋的人，并且为人磊落，又有胆识，不仅赦免了他，还任命他为自己的詹事主簿。后来还提拔他为谏议大夫。

此后，魏徵开始尽心尽力地辅佐唐太宗，只要他认为是对的事情，从来都是直言敢谏，甚至常常跟太宗争论起来。不过争论归争论，最后，太宗总是虚心地接纳他的意见。

有一次，朝廷准备征兵，大臣封德彝（yí）上奏说："有些男子虽然还不满十八岁，但身体强壮魁梧的，也是可以一并征召的。"唐太宗同意了。敕令传出，魏徵坚决反对，不肯签署，他对太宗说："治理军队在于方法是否得当，而不取决于人数多少。陛下征召身体健壮的成年男子，只要用正确的方法加以管理，便可以天下无敌了，哪里需要去征召一些年岁不足的人呢？况且，陛下您总是说要以诚信治天下，可是在臣看来，陛下即位没多久就已经多次失信于民了！"

太宗大吃一惊，赶紧问魏徵："朕即位以来，一心为国为民，怎么就多次失信于民了？你倒是说说看！"

魏徵答道："陛下刚即位时，下诏说；'百姓拖欠官家的财物，一律免除。'但是现在有关部门认为，以前拖欠秦王府国司的财物不属于国家财物，不能这样算，还是要向百姓讨要。陛下以前是秦王，现在是天子，秦王府国司的财物不也是官家财物吗？本来百姓们都感念陛下的恩德，现在那些拖欠了秦王府国司财物的，就只能空欢喜一场了。朝廷征兵是要成年男子，现在陛下听信建议，认为百姓使诈，不满十八岁的也要征召——这些，不就是出尔反尔、失信于民了吗？"

太宗听完，紧皱着眉头，一时无话可说。接着，他点点头，对魏徵说道："以前朕还觉得你的性格有些太固执，不懂变通，现在听了你说的这些，的确是有道理的。如果朝廷不讲信用，百姓也就不知如何应对，那么国家也就很难治理得好了。看来，朕的过失的确是不少啊！"

于是，太宗马上采纳了魏徵的建议，下令只要是还没满十八岁的，一律不准征召入伍。

唐太宗从当上皇帝的第一天开始，就励精图治，立志要当一个真正的明君。不过有一天，他得到一只特别可爱的小鹞（yào）鹰，忍不住逗它玩了好一会儿。突然，他看见魏徵远远地走了过来。他担心魏徵要是发现自己在玩鹞鹰，会说他玩物丧志，就赶紧把那小鹞鹰藏进自己的袖子里。魏徵前来跟他奏报国事，一直说了许久。最后，好不容易等魏徵说完走了，他掀开袖子一看——小鹞鹰已经被闷死了！

有一次，太宗问魏徵："一个君主要怎样做才能称为明君呢？"魏徵说："臣以为，要是一位君主能够听取各方的意见，不偏听偏信，不只相信那些谄媚好听的话，那就是明君了。像从前的尧帝常常关心民间疾苦，舜帝则耳听四方，所以那些想要欺瞒他们或是犯下罪行的臣子，都能被他们发现并加以处治，从而成为天下的明君。而那秦二世、梁武帝和隋炀帝，都喜欢偏信身边的小人，结果呢？就都导致了自身和国家的灾难！"

太宗说："你说得非常对，朕就是要广开言路，虚心听取大家的意见！你以后应当继续这样敢说真话、实话，时时监督朕的过失！"

魏徵见太宗这样说了，心中又是欣

慰，又是感动。他赶紧跪下，对太宗拜了拜，说：“臣感谢陛下对臣的宽宏大度，从不计较臣的一些冒犯之言，愿意让臣当一个良臣，而不只是忠臣！”

太宗又问：“这忠臣、良臣都是好臣子呀，有什么区别吗？”

魏徵说：“后稷、契、皋陶，君臣齐心合力，共享荣耀，这就是所说的良臣。龙逄、比干犯颜直谏，结果却是身死国亡，这就是所说的忠臣。虽然他们都是好臣子，但是因为前者进谏的是明君，后者进谏的是昏君，结果就大不一样了啊！”

太宗听完，知道自己也是魏徵心中的明君了，大大地高兴了一场。

人物介绍

魏徵：唐朝宰相，杰出的政治家。以敢于直言进谏闻名，辅佐唐太宗共创“贞观之治”，成为一代名相。

历史关键点

唐太宗李世民在位期间，以善于纳谏著称，大臣魏徵则以直言进谏著称。他们二人之间的君臣关系，在历史上留下了一段千古佳话。正是因为有了魏徵这样的谏臣，不断指出君主和朝廷存在的问题并积极出谋划策，商讨治国良方，才促使了“贞观之治”的出现。

司马光评论说：君主贤明，臣子才敢直言进谏，比如裴矩在隋朝是个佞臣，到唐朝则变成了忠臣。

这就说明，只有君主贤明，才会有更多魏徵这样的谏臣、良臣出现。

灭东突厥

放声朗读

靖使武邑苏定方帅二百骑为前锋，乘雾而行，去牙帐七里，虏乃觉之。颉利乘千里马先走，靖军至，虏众遂溃。唐俭脱身得归。靖斩首万余级，俘男女十余万，获杂畜数十万，杀隋义成公主，擒其子叠罗施。颉利师万余人欲度碛（qì），李世勣（jì）军于碛口，颉利至，不得度，其大酋长皆帅众降，世虏五万余口而还。斥地自阴山北至大漠，露布以闻。

——《资治通鉴》唐纪九・太宗文武大圣大广孝皇帝上之中贞观四年

译文

李靖派武邑人苏定方带领二百名骑兵作为前锋，趁大雾秘密行军，到离突厥牙帐只有七里时，才被突厥兵发现。颉利骑着千里马先逃走了，李靖大军赶到，突厥兵纷纷溃败。唐俭及时脱身回到唐朝。李靖军队杀死突厥兵一万多人，俘虏男女十余万人，得牲畜数十万头，杀掉隋朝义成公主，生俘她的儿子叠罗施。颉利率领一万多人想要渡过沙漠，李世勣的军队守住碛口，颉利到后不能通过，手下的部族首领都率众投降了，李世勣俘虏五万多人后返回。从此，唐朝的土地从阴山向北拓展到了沙漠。很快，战胜东突厥的捷报传到了朝廷。

突厥是漠北地区一个强大的部落联盟国家，后来分裂为东突厥和西突厥两个汗国。唐高祖李渊刚建立唐朝时，因为实力还很薄弱，不得不向东突厥称臣，并订下盟约：唐军在北方攻下的地区、土地和人民归唐朝，金银财产则要归东突厥。

对唐朝来说，这本来就是一条不平等的盟约，为的是两国互不交战。然而，东突厥的颉利可汗即位后，却得寸进尺，多次破坏盟约，派兵袭击唐朝北方边境。公元626年，唐太宗李世民即位后，东突厥再次联合其他部落，率领20万大军向长安城发起进攻。幸运的是，唐军击败了东突厥的左翼军，并抓住了一名突厥大将。于是，双方再次定下盟约后，东突厥退兵。

这次会盟之后，唐太宗李世民决定发愤图强，他对大臣们说："这东突厥就是我们的心腹大患，我们一定要好好壮大兵力，绝不能再让他们一次次前来侵犯了！"

贞观二年（628），由于连年征战，又加上大雪不断，草原上寸草不生，严重影响了以游牧为生的东突厥部落。有大臣对太宗上奏说："现在东突厥百姓饥寒交迫，牲畜瘦弱，正处于天灾人祸之时，这不正是我们发起进攻的好机会吗？"太宗说："朕与他们定下了盟约，现在进攻就是不守信用；况且利用别人的灾祸，这是不仁义、不勇武的行为。虽然东突厥屡次不仁不义，但我大唐却不愿与他们一般行事！朕要等到他们再做出侵犯我朝的行为时，再抓住机会对他们狠狠反击！"

果然，一年之后，不守信用的东突厥就再次侵扰唐朝边境了。唐太宗早就等着这一天了！

此时，唐朝的军队养精蓄锐多时，只待出击。现在正好有了出兵的借口，于是，太宗立即任命兵部尚书李靖为行军总管、张公谨为副总管，二人率领唐朝大军，兵分四路，对东突厥发起了大规模的反击。

贞观四年（630）的正月，李靖亲自率领三千骁骑，在夜里突袭并攻下定襄城。颉利可汗想不到李靖出兵如此神速，大惊失色，心想：“这次唐朝一定是倾尽全国兵力来对付我们，不然，李靖怎么敢孤军深入这里！”于是，赶紧将牙帐迁移到了碛口。

在进军东突厥的同时，李靖又派出间谍，离间颉利可汗的心腹大将，使颉利的亲信投降了唐朝。颉利可汗不敢停留，只得继续撤退，没想到一路上，又遭到了两队唐军的袭击，并且接连失败。这时，这位不可一世的颉利可汗才意识到，自己已经不是唐军的对手了。

颉利可汗到长安向唐太宗谢

罪请降，答应从此东突厥依附于唐。太宗很高兴，接受了颉利可汗的请降，并派出使节到东突厥进行安抚。

不久，李靖率领兵马与大将李世勣会合，二人一起商议："虽然我们这次打败了颉利，但他的兵力还是很强大的。像他这样的人，一有机会，肯定还会侵犯我大唐的。不如我们现在挑选精锐骑兵再去袭击，一定可以擒住他。"

于是，李靖率精兵连夜出发，李世勣紧随其后。当晚，趁着大雾的掩盖，李靖的军队长驱直入，顺利攻下了东突厥牙帐。这一次，唐军歼灭了突厥兵一万余人，并俘虏了十余万人。混乱中，颉利可汗骑上一匹千里马，带领一批人马逃了出去。不过，他们出逃的方向正是李世勣把守的地方。这一次，他可是插翅难飞了！

就这样，颉利可汗被押送到了长安。

太宗见了他，厉声数落道：“你可知道你有多少罪状？第一，你借父兄立下的功业，骄奢淫逸，自取灭亡；第二，你几次与朕订盟，却反复背信弃义；第三，你自恃强大，不断发起战争，所到之处白骨遍野；第四，你践踏我大唐土地，抢掠人口；第五，朕本来原谅了你的罪过，想让你保存你的社稷江山，可你却一直拖延不来朝见！不过，念在这几年你没有发起大规模的侵犯，朕可免你一死。”

颉利听了，知道自己再也没有反击的机会了，只得感激涕零地俯首谢罪。最后，太宗不但没有杀掉他，还封他为右卫大将军，让他在长安

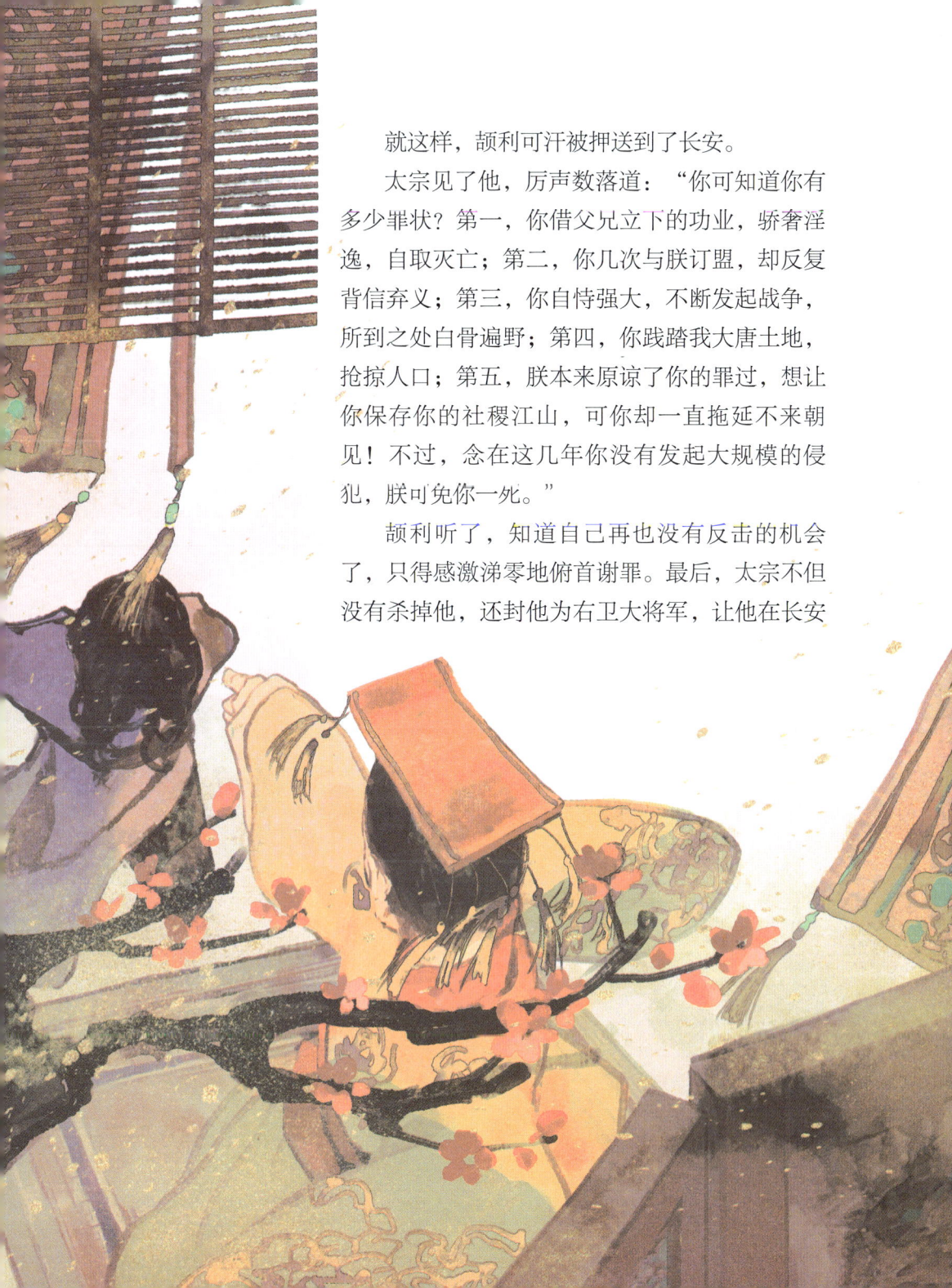

度过余生。

太上皇李渊听说擒住了颉利可汗，灭了东突厥，心中十分欣慰。他感叹道：“想当年汉高祖刘邦被匈奴围困在白登城，没人能帮他报仇。现在，我的儿子却能一举剿灭突厥，也为我当年不得不俯首称臣报了仇。这证明我托付的人是对的，我还有什么忧虑呢！”

人物介绍

李靖：隋末唐初名将，杰出的军事家，在灭东突厥和远征吐谷浑的过程中立下了重大战功，后被册封为卫国公。

历史关键点

在此之前，北方的突厥势力一直是中原地区的威胁。此次在唐太宗李世民的谋划下，李靖等唐朝将领们一鼓作气灭掉了东突厥，不仅从根本上打击了东突厥，同时也对周围的其他少数民族政权起到了极大的震慑作用。

灭东突厥之战是大唐崛起的重要战事。解决了外患，唐朝便可以安心地大力发展经济，从而给“贞观之治”及后来的“开元盛世”创造了安定的环境。

文成公主进藏

放声朗读

丁丑，命礼部尚书江夏王道宗持节送文成公主于吐蕃。赞普大喜，见道宗，尽子婿礼，慕中国衣服、仪卫之美，为公主别筑城郭宫室而处之，自服纨绮以见公主。其国人皆以赭涂面，公主恶之，赞普下令禁之，亦渐革其猜暴之性，遣子弟入国学，受《诗》《书》。

——《资治通鉴》唐纪十二·太宗文武大圣大广孝皇帝中之中贞观十五年

译文

丁丑（十五日），唐太宗命令礼部尚书、江夏王李道宗持旌节护送文成公主到吐蕃。吐蕃赞普非常高兴，见到李道宗，完全按女婿的礼仪行事。他很羡慕唐朝的服装和仪仗之美，将公主安置在特意修建的宫殿之中，自己穿戴着精美的丝绸服装来与公主见面。吐蕃人的脸上都涂着红褐色，文成公主看到了不喜欢，赞普便下令吐蕃人禁止涂面，他还逐渐改变了猜忌粗暴的本性，派遣吐蕃子弟到长安国子监，去学习《诗经》《尚书》等典籍。

唐朝时期，青藏高原有一个名叫吐蕃的藏族政权，其统治者称为赞普。到了唐太宗时期，他们的赞普名叫松赞干布。他统一了青藏高原，使吐蕃发展成为中原边境一个强大的少数民族政权。

那时候，唐朝在唐太宗的治理下变得越来越繁盛，特别是都城长安，成了人人向往的繁华大都市。松赞干布非常仰慕唐朝，一心想要与唐朝建立友好关系。

怎样才能与唐朝发展成友好的关系呢？当时，唐朝为了维护同少数民族政权突厥吐谷浑的关系，把公主嫁给了他们的首领。对此，松赞干布羡慕不已，他想：要是唐朝也能把一位公主嫁与自己为妻，那该多好啊！

贞观八年（634），吐蕃赞普松赞干布派遣使臣来到长安。使臣向太宗进献了许多珍贵的贡品，并转达了他们的赞普想要与唐朝通婚的请求。不过，唐太宗没有答应。

在回吐蕃的路上，这位使臣想着："我没能完成赞普交代的任务，这次回去后，赞普一定会责罚我的！这该怎么办呢？"

终于，他想到了一个主意。

回到吐蕃后，使臣告诉松赞干布说："我向大唐进献贡品后，大唐皇帝很高兴，答应了要选一位公主嫁到咱们吐蕃。可就在这时候，那吐谷浑的首领也来了，他不愿我们吐蕃也跟他们一样得到唐朝的公主，不愿我们与唐朝交好，就挑拨离间，所以最后大唐皇帝又反悔了……"

松赞干布一听，心中愤恨不已，立即下令发兵攻打吐谷浑。吐谷浑的实力不敌吐蕃，很快就败下阵来。

打败吐谷浑后，吐蕃继续一路进攻，一直打到了唐朝边境的松州。松赞干布派人向松州的唐军首领送去一批绸缎，声称求娶唐朝公主；若是不答应，吐蕃就要向唐朝宣战。

唐太宗一听，大发雷霆："小小一个吐蕃，竟敢这样威胁于我！"于是，立即派出一支精锐部队，攻打驻扎在松州城外的吐蕃军队。

吐蕃军队虽然在攻打其他部族时一路凯歌，但是面对强大的唐军，又怎么会是对手呢？很快，还没等唐军的主力出兵，吐蕃军就连连败退。松赞干布又惊又怕，赶紧退兵投降。

贞观十四年（640），松赞干布再次派出使臣前往唐朝。这一次，他向唐太宗献上了五千两黄金和大量的珍宝作为聘礼，诚心诚意地表达了对唐朝的仰慕，请求将唐朝的公主嫁与自己。看到吐蕃如此有诚意，唐

太宗终于同意了，答应将文成公主嫁给松赞干布。

文成公主出嫁的日子选在了第二年的正月十五。那天，在江夏王李道宗的护送下，文成公主带着大队人马和大量唐朝陪嫁物品，同吐蕃迎亲的队伍一起，从长安启程，浩浩荡荡地往吐蕃行进。

一路长途跋涉，文成公主一行来到了黄河河源附近的柏海。这时，松赞干布也早已从吐蕃出发，亲自来到这里迎候。见到文成公主，松赞干布欣喜不已，还以女婿的身份向李道宗恭敬地行礼，感谢大唐将贤淑美丽的文成公主嫁给他。他对李道宗说："我一定会好好地对待尊贵的公主，而且从今以后，一定与大唐世代交好，成为最亲密的朋友和家人。"

松赞干布带着文成公主回到了吐蕃。吐蕃人民载歌载舞，热情欢迎文成公主的到来。

松赞干布十分喜欢文成公主，为她举行了隆重的仪式，册封她为王后；不久，又下令专门为她修建了一座美丽、壮观的宫殿——这就是现在著名的拉萨布达拉宫。

文成公主离开长安时，不仅带了许多丝绸和手工艺品，还带去了一些生产技术、医药典籍。同时，她还带了许多有学识的人和能工巧匠，他们把唐朝的知识文化和生产技术等传到了吐蕃，使吐蕃的经济和文化都得到了很大的发展。对于这些改变，松赞干布非常高兴，后来还特别派遣了一批吐蕃贵族子弟前往唐朝，学习《诗经》《尚书》等典籍。

就连吐蕃人的穿衣打扮，也因为文成公主的到来而有了改变。比如，原本吐蕃人的脸上都喜欢涂上一种红褐色的油彩，文成公主看了不喜欢，松赞干布就下令禁止大家再用油彩涂脸。他还特别喜欢唐朝的丝绸服饰，在文成公主到来之后，他经常会换下吐蕃人粗犷的衣服，穿上精美的唐朝服饰去见公主。

人物介绍

文成公主：唐朝的宗室女，后被唐太宗封为公主。641年，嫁给吐蕃赞普松赞干布，成为王后，也成了唐朝与吐蕃交好的桥梁。

历史关键点

文成公主和松赞干布的通婚，促使唐朝和吐蕃之间的友谊得到了很大发展。文成公主贤淑、博学，将汉民族的文化和技术传播到藏族，不仅加强了民族之间的融合，也使吐蕃的经济、文化得到了长足发展。由于这方面的功绩，从当时的吐蕃到今天的西藏自治区，文成公主一直深受藏族人民的爱戴。

而松赞干布对于唐朝的仰慕和亲近，也进一步巩固了唐朝西陲边防。

征高丽

放声朗读

上欲自征高丽，褚遂良上疏，以为："天下譬犹一身：两京，心腹也；州县，四支也；四夷，身外之物也。高丽罪大，诚当致讨，但命二三猛将将四五万众，仗陛下威灵，取之如反掌耳。今太子新立，年尚幼稚，自余藩屏，陛下所知，一旦弃金汤之全，逾辽海之险，以天下之君，轻行远举，皆愚臣之所甚忧也。"上不听。

——《资治通鉴》唐纪十三·太宗文武大圣大广孝皇帝中之下贞观十八年

译文

唐太宗想要亲自去征伐高丽，褚遂良上奏疏说："天下便如同人的整个身体：长安和洛阳，如同是心脏；各州县如同四肢；四方边境的少数民族，是身外之物。高丽罪大恶极，诚然应当陛下亲去讨伐，然而派几员猛将率领四五万名士兵，仰仗着陛下的神威，攻取高丽也是易如反掌的事。如今太子刚刚封立，还年幼，其他藩王的情况陛下也都清楚。如果离开固守的安全地域到辽海的险境中去，陛下身为一国之主这样远行，这些都是我所深感担心的事。"最后，太宗没有听从他的建议。

高丽是一个古代国家，位于现在我国的东北地区及朝鲜半岛一带。唐朝贞观时期，那里除了高丽之外，还并存着百济和新罗两个国家。其中，新罗和唐朝的关系最为密切。

贞观十七年（643），新罗使节来到唐朝求助说："百济已经攻取了我们新罗四十多座城池，如今，又联合高丽来进攻我们，还想断绝我们新罗到大唐的通道。恳请大唐陛下出兵，援助我们吧！"

唐太宗答应了新罗的请求，派出大臣前往高丽发布诏令："新罗归顺大唐，每年不停朝贡，你们与百济都应该停止进攻，如果再攻打新罗，明年大唐将发兵讨伐你们的国家。"

那时，高丽一个名叫盖苏文的将军杀死了他们的国王，自封为莫离支（高丽国官号），独掌高丽大权。接到唐朝的诏令后，盖苏文生性傲慢，拒不听从唐朝使臣的诏令，继续带兵攻打新罗。

派往高丽的使臣回到长安，向唐太宗报告了盖苏文违抗诏令的事。于是，太宗决定亲自带兵讨伐高丽。

贞观十八年（644）七月，太宗派了营州都督张俭先行出发，率领一批士兵进攻辽东以观察形势。然而，因为正赶上辽水上涨，一直到十一月，张俭的部队都渡不了河。唐太宗几个月都没有得到唐军进攻的消息，想："莫不是张俭畏敌，所以才不敢进攻？"于是急忙派人把张俭召回洛阳询问。

见到太宗后，张俭首先报告了辽水上涨的情况，接着又将自己在那里所看到的山川地势等情况，详细告知了太宗。

张俭说："再过一段时日，只要咱们能渡过辽水，再加上有陛下御驾亲征，大唐攻下高丽，一定易如反掌！"太宗听了很高兴。

前宜州刺史郑元璹（shú）曾跟从隋炀帝讨伐过高丽，此时已经退休在家，太宗特意将他召到行宫，问他讨伐高丽的计策。

郑元璹答道："辽东路途遥远，运粮也比较艰难。并且高丽人擅于守城，所以依老臣看，此次攻城恐怕也不会容易。"

太宗不以为然，自信地说："今日我大唐已非从前的隋朝可比，你就等着听好消息吧！"

太宗任命张亮为平壤道行军大总管，领兵4万及战舰500艘，从莱州渡海直指平壤；又任命李世勣为辽东道行军大总管，率领步、骑兵6万及兰、河二州投降的胡族兵马进逼辽东。

于是，大唐军队水陆并进，一起向高丽攻去。

贞观十九年（645）二月，唐太宗亲自率领一批将士，也从洛阳出发了。

三月，太宗一行到达定州，他对身边的大臣说：“辽东本来就属于中原王朝的地域，隋朝曾四次派兵出征都没能取胜，如今，朕御驾亲征，就是想要为先辈中原人报仇，同时也是为高丽的百姓雪其国王被杀的耻辱。况且，如今我大唐四方边境都已平

定，唯独这里还不安稳，所以趁朕还没有衰老，一定要亲自带领大唐将士，打败他们！”

大臣们听了，莫不欢欣鼓舞。

行军路上，太宗看见士兵生病了，便将他们召到御榻前亲自慰问，还派大夫为他们好好治疗，士兵们都深受感动。沿途中，有些在当地驻守的士兵看到东征队伍，请求自备装备一同前往，他们说：“我们不求得到皇上的封爵赏赐，只愿为陛下效忠，即便是战死辽东也在所不惜。”

太宗听了很是感动，但没有应允。

过了一段时间，张俭率领胡族士兵作为前锋，顺利渡过辽水到达了建安城。李世勣的部队从柳城出发后，一路故意大张声势，假装要通过怀远镇，其实是暗中派了部队北上直趋甬道，出其不意地进攻高丽。

四月初，李世勣顺利从通定渡过辽水，到达高丽境内。高丽人惊恐不安，根本不敢出来应战。

不久，李世勣和李道宗联合起来，一起攻下了盖牟城，俘虏了两万多人。此时，唐太宗的队伍也赶到了盖牟城。太宗告诉他们说：“你们的莫离支生性凶残，如果你们投降我们，为我大唐征战，他必定会下令杀掉你们的妻儿老小。能得到你们的帮助固然是好事，但你们这样做，便会让你们家破人亡。所以，朕不忍心这样做。”后来，这些俘虏都被太宗放了回去。

到了五月，张亮先率领水师攻下了卑沙城，俘虏八千余人。接着，太宗亲率数百骑兵来到辽东城下，和李世勣的部队一起合围攻下了辽东城，并改城名为辽州。六月，唐军又占领了白岩城。

七月，唐军开始攻打安市。他们先是把军营移至安市的城东岭，八月又移到城南。但安市城险兵精，唐军一直久攻不下。这时候，高丽一个叫高延寿的降将向唐太宗献策说：“我们可以放弃安市，先取乌骨

城。这样的话，沿路那些小城必定溃败，我们就可以直接攻下平壤。”长孙无忌说：“此次是天子亲征，如果没有十足的获胜把握，就不能以侥幸的心理去冒险。为了稳妥起见，我们还是应当先破安市，再取建安。”最后，太宗采纳了长孙无忌的建议，继续围攻安市。

然而，唐军依然无法攻下安市。

此时，辽东的天气一天天冷了起来，草木干枯，河水开始结冰，而唐军的粮食也所剩不多了。这样的情况，对唐军的将士来说是很不利的。于是，太宗决定结束这种两军对峙的局面，暂时放弃继续攻打高丽，班师回朝。

人物介绍

李世勣：唐朝名将，原名徐世勣，因被唐高祖赐姓李而改名李世勣、李勣。一生历事唐高祖、唐太宗、唐高宗三朝，深得朝廷信任和重用。

历史关键点

唐太宗此次亲征高丽，因为听从了长孙无忌求稳的建议，又加上天气寒冷、粮草短缺等原因，唐军没能大获全胜，最后不得不中途撤军。不过，这次战役攻下了高丽的十座城池，大大打击了高丽。此后一直到唐高宗时期，唐朝多次派兵讨伐高丽，最终在668年将高丽灭亡。

另外，在征战过程中，唐太宗对于战俘的一些仁义之举，也表现出了其仁政思想。

二圣临朝

放声朗读

初，武后能屈身忍辱，奉顺上意，故上排群议而立之。及得志，专作威福，上欲有所为，动为后所制，上不胜其忿。有道士郭行真，出入禁中，尝为厌胜之术，宦者王伏胜发之。上大怒，密召西台侍郎、同东西台三品上官仪议之。仪因言："皇后专恣，海内所不与，请废之。"上意亦以为然，即命仪草诏。

——《资治通鉴》唐纪十七·高宗天皇大圣大弘孝皇帝中之上麟德元年

译文

当初，皇后武则天能忍辱，顺从唐高宗的旨意，所以唐高宗排除大家的意见，立她为皇后。等到她得志之后，就开始恃势专权，唐高宗想有所作为，也常常被她所牵制，唐高宗感到很愤怒。有一个道士叫郭行真，出入皇宫，曾施行用诅咒害人的"厌胜"邪术，太监王伏胜揭发了这件事。唐高宗大怒，秘密召来西台侍郎、同东西台三品上官仪商议。上官仪进言说："皇后专权自恣，天下人都不说好话，请陛下废黜她。"唐高宗也认为应当这么办，于是命令上官仪起草诏令。

唐高宗李治是唐太宗的儿子，他原本的皇后是王皇后。后来，武则天成了高宗的昭仪。她是一个聪明并且很有权力欲望的人，一心想要高宗废除王皇后，再立自己为皇后。高宗十分喜欢武则天，心里很想按照武则天的愿望去做，但又害怕几位元老大臣不答应。

一天早朝后，高宗又召长孙无忌、李世勣、褚遂良等人进内殿。李世勣称病没去。长孙无忌等人到了内殿，高宗对他们说："皇后没有子嗣，武昭仪有，如今朕想立武昭仪为皇后，你们看怎么样？"

褚遂良答道："皇后出身名门，是先帝为陛下娶的，怎么能够轻易废掉呢！臣要是曲意顺从了陛下，就是违背了先帝的遗愿！"

高宗听了很不高兴，便没再说什么。不过，高宗并不死心，第二天，他又提起了改立武则天为皇后的事。褚遂良说："如果陛下一定要改立皇后，可以在全国的世家望族中来选，何必非要立武氏呢？武氏曾经侍奉过先帝，这是众所周知的事情，愿陛下三思而后行！"

说完，褚遂良跪下，对着高宗一边磕头一边说道："我今日触怒陛下，罪该万死。老臣恳请陛下允准，放我回老家去吧。"

高宗勃然大怒，命人将他带出去。

武昭仪一直藏在隔帘的后面偷听高宗和大臣们的对话。听到这里，她气急败坏地大喊了起来："陛下，何不就地杀了这老东西！"

长孙无忌是高宗的舅舅，他和褚遂良一样，都是唐太宗临终时委以重任的顾命大臣。他赶紧劝说高宗："褚遂良是先帝钦定的顾命大臣，先帝临终时曾拜托臣和他一起为陛下辅政，想必这事陛下也还记得。如今，即便褚遂良有了什么过错，陛下也不能加刑。"

又过了一段时间，有一天，李世勣进宫见高宗，高宗问他："朕想要立武昭仪为皇后，但褚遂良固执己见，一再地反对此事。就算他是先帝委任的顾命大臣，难道只要他反对的事情，就应该停止吗？"

李世勣知道高宗改立武昭仪为皇后的心意已决，便回答道："陛下想立谁当皇后，这也算是陛下的家事呀，何必去问其他人的意见呢？"

李世勣所说的话正合高宗的心意，这让他改立武则天为皇后的主意更加坚定了。于是，在永徽六年（655）十月，唐高宗废掉了王皇后，然后仅隔了七天，又下诏立武则天为皇后。

在这之后不久，高宗将褚遂良贬出了长安，前往潭州任都督。

在这之前，因为身边一直围绕着太宗时期的老臣，很多时候在处理国家大事时，高宗都不得不听从他们的意见，不能自己做主。时间一久，高宗心里就很是不满。武则天成了皇后之后，常常给高宗出主意，教他如何掌握朝政大权。不出几年，他们就把长孙无忌、韩瑗等老臣相继罢了官。高宗开始独掌大权，对自己的皇后武则天也更加信任和依赖了。

过了几年，身体不好的高宗开始生病了。有时候，他觉得自己没有精力处理各地朝臣上奏的那些奏本，就将武则天叫来，让她帮忙处理。有了展示自己才能的机会，武则天感到很高兴，而能像皇上一样处理国家大事，也让她的权力欲望得到了进一步的满足。

一开始，武则天在处理各种事务时，还常常会虚心地询问高宗的意见，并且会按照他的旨意处理。到了后来，渐渐地，武则天就不再完全

听从高宗的旨意，而是按照自己的想法去做了。

“她这样忤逆朕的旨意，到底眼里还有没有朕这个皇帝！”对于武则天的做法，高宗心里很是不满。

有一天，高宗秘密把上官仪召来，询问他对皇后有何看法。上官仪说：“皇后专权自恣，这让大家在朝堂上都不敢说真话、实话，臣斗胆，请陛下废黜武后吧！”

其实，上官仪说的正是高宗心里所想的。于是，他马上命令上官仪起草诏令，准备废黜武则天的皇后之位。然而，废黜的诏令还没有正式发布，武则天就哭着赶到了高宗的寝殿。看到武则天悲悲戚戚的样子，高宗心软了，羞愧地说道：“朕本来没有想要废黜你的，都是那个上官仪给出的主意。你放心，朕不会废掉你的。”

听到这里，武则天放下心来，装出一副深明大义的样子说：“陛下是个好皇帝，一心想要治理好国家，可就是耳根太软，容易听信别人的谗言。这次因为上官仪的调唆，陛下差一点儿就废掉了我，万一下次他再说出一些别的谗言，影响了国家大事和陛下的英明，陛下可怎么办呢？”

就这样，高宗放弃了要废掉武则天的念头。不久，武则天又指使自己一派的许敬宗诬陷上官仪谋反，将他抓捕入狱后处死了。

在这之后，高宗每次上朝，武则天都会坐在后面垂帘听政。高宗和大臣们讨论的所有大事小事，她都要参与并说出自己的意见。此时，高宗对于武则天有着一种既佩服又忌惮的心理，更加放任她处理朝政。可以说，此时的朝堂上下，天下大权都归武则天一人所有。

唐朝时，人们又把皇帝称为“圣人”，所以就将高宗李治和皇后武则天合称“二圣”。而这一时期的朝堂，就是历史上著名的“二圣临朝”。

人物介绍

唐高宗：唐朝第三位皇帝，唐太宗李世民的儿子。他在位期间，先后灭西突厥、百济和高丽，成为唐朝版图最大的时期。后期因身体不佳，逐步将朝政大权交给皇后武则天。

历史关键点

在处理上官仪事件之后，武则天正式垂帘听政，在群臣面前树立了和唐高宗一样尊贵的地位。这也表明，唐高宗在天下臣民面前认可了武则天参与朝堂政务的合法性。从此以后，朝廷的一举一动、一言一行都在武则天的掌握之中。

而在这个过程中，武则天处理政务的能力、经验，以及她在朝堂上的影响力都进一步提高，这些都为她后来登基成为中国历史上唯一的女皇帝而奠定了基础。

武则天治天下

放声朗读

九月丙子，侍御史汲人傅游艺帅关中百姓九百余人诣阙上表，请改国号曰周，赐皇帝姓武氏。太后不许，擢游艺为给事中。于是百官及帝室宗戚、远近百姓、四夷酋长、沙门、道士合六万余人，俱上表如游艺所请，皇帝亦上表自请赐姓武氏。戊寅，群臣上言：有凤皇自明堂飞入上阳宫，还集左台梧桐之上，久之，飞东南去；及赤雀数万集朝堂。

——《资治通鉴》唐纪二十·则天顺圣皇后上之下天授元年

译文

九月初三，侍御史汲县人傅游艺率领关中百姓九百余人到皇宫前上奏表，请求改国号为周，赐皇帝姓武氏。太后没有允许，但提升傅游艺任给事中。于是，百官以及皇室的同宗亲属、远近百姓、四夷的酋长、和尚、道士共六万余人一起上表，提出同傅游艺一样的请求，皇帝也上表请求给自己赐姓武。初五，大臣们进言说：有凤凰从明堂飞入上阳宫，又飞回停在左台的梧桐树上，过了很久，才向东南飞去，还有几万只红色的雀鸟一起向朝堂飞来了。

在唐高宗的坚定支持下，武则天顺利当上了皇后，然而，她对权力的欲望和政治野心并没有就此得到满足。唐高宗上元元年（674），在武则天的建议下，皇帝唐高宗改称天皇，皇后武则天改称天后。如此一来，武则天的地位就更高了，参与朝政大事的热情也更加高涨。

这一年，武则天向高宗上奏，提出了十二条富国强民的政策，历史上称其为“建言十二事”。高宗看了武则天的建议，心中十分赞赏，高兴地对她说：“天后的确有治理天下的大才啊，你提出的这些都非常好！就按你说的做！”

于是，高宗全部采纳了武则天的建议，下令开始执行。同时，还专门下了一道诏书，对武则天进行表扬。

在这些政策中，有不少都是为普通百姓和中下级官员着想的，

比如为百姓减轻赋税和徭役，为官员增加俸禄，为有才能的中下级官员增加晋级提拔的机会，等等。这些政策为他们争得了利益，因而赢得了绝大多数百姓和官员的拥护。大家纷纷感念天后的恩德。另外，她还建议增加为母服丧的时间，进一步提高了唐朝女性的地位。

在这之后不久，高宗的病情越来越重。有一次，他与大臣们商议，想要让武则天代替自己，到朝堂上来处理政事。中书侍郎郝处俊上奏说：“自古以来，就没有皇后代替皇上到朝堂处理政事的先例，臣认为这样不妥，还请天皇三思！”

最后，在郝处俊的极力劝谏下，高宗不得不暂时放弃了让武则天摄政的想法，仍然让她垂帘听政。

683年，唐高宗病逝，太子李显即位，称唐中宗。从此，武则天成为皇太后，同时也成了实际的朝政掌权者。不过，武则天当年就废黜了李显，又立她的另一个儿子李旦为帝，即唐睿宗。当然，实际掌权的仍然还是武则天本人。

成了皇太后的武则天，实际上已经拥有了全天下至高无上的权力。渐渐地，她希望自己不仅要成为实际上的掌权者，同时也要成为名义上的掌权者——真正的皇帝。大臣们自然也知道她的想法。于是，690年，在群臣的奏请下，武则天终于走到了堂前，成了中国历史上第一位也是唯一的一位女皇帝。

武则天称帝后，改国号为周，定都洛阳。同时，她还给自己的儿子、唐睿宗李旦赐姓武。另外，为了彰显武氏一族的特权，武则天还下令，全国所有姓武的人，都可以免除赋税徭役。

自此，武则天成了名正言顺的皇帝，而她的治国之才，也有了更大的舞台，可以尽情施展了。

武则天很认同唐太宗贞观时期的治国方针，在她成了皇帝之后，同样非常重视人才的选拔和任用。她进一步发展了选拔人才的科举制度，不仅增加了考试科目，录取的人数也大大增加。在她称帝的这一年，她还首创了殿试制度，下令每年由朝廷派遣官员到全国各地搜罗人才，送到京城后，再由皇帝——也就是武则天本人亲自考试。到了长安二年（702），除了文人的科考外，她又首次在科举考试中增设了“武举”考试，从而选拔出了大批有武艺的人才，使他们有机会成为更优秀的将才。

另外，为了防止人才的漏选，武则天还下令：“凡是有真才实干的人，不管是文武百官还是普通百姓，都可以自荐。只要你们真正有才能，愿为朝廷贡献力量，都可以得到破格提拔。”

除了人才的选拔，武则天也和唐太宗一样，注重广开言路，鼓励群臣进谏。在她还是太后之时，她就首创了一个特别的举措——在朝堂上放置一个铜匭（guǐ），鼓励群臣投放各种奏本。这个铜匭有四个口：第一个口用于投放自荐书以及促进农业或人民福利一类的建议，第二个口用于投放议论朝政得失一类的奏本，第三个口用于投放申冤一类的奏本，第四个口则用于投放报告天象灾异和军机密谋一类的密奏。同时规定，铜匭里面的所有奏本，只有武则天一人能看。

这一系列措施的有效施行，为武则天选拔出了大量的优秀人才，其中包括姚崇、宋璟、狄仁杰等著名贤臣。不过，在武则天的统治稳定之后，她开始起用一批酷吏，用严酷的手段来帮助自己进一步巩固统治。

来俊臣和周兴是武则天时期著名的两大酷吏。有一次，有人告发周兴谋反，武则天就派来俊臣去审讯周兴。周兴不知道来俊臣的来意，邀他一起吃饭。吃饭时，来俊臣故意问周兴说：“很多犯人都不想认罪，大人可有什么好办法让他们认罪吗？”

周兴答道：“这不难！大人可以弄一个大瓮，然后让人在大瓮四周用大火烤，再命令那些犯人到瓮里去。如此一来，那些人还有什么罪不承认的呢？哈哈哈……”

“果然是妙计啊！”来俊臣笑着称赞道，便让人找来一个大瓮，按周兴说的办法四周烧上火，然后站起来对周兴说，“现在，就请大人您进这大瓮里吧！”

周兴大惊失色，赶紧叩头认罪。随后，周兴被判流放。由于周兴一生作恶多端，残害的人不计其数，在流放途中，他被仇人杀掉了。

后来，武则天看到酷吏制度引起了越来越多的民怨，再加上她自己也明白过来，这样的方式并非治国良策，就把来俊臣也处死了，从而结束了酷吏政治。

武则天67岁登上皇帝之位，到82岁时退位，在位时间15年。在她执掌政权期间，重视农桑经济，农业、手工业和商业都得到了很大发展，全国的人口户数也有了大幅度的增加。

人物介绍

武则天：又名武曌，原为唐高宗李治的皇后，后来称帝，建立了武周，成为中国历史上唯一的女皇帝。

历史关键点

武则天是中国历史上唯一的一位女皇帝，后人把武氏临朝称制到代唐称帝的二十余年统治，统称“武周政治”。在她主政期间，国家政策稳当、兵略妥善、文化复兴、百姓富裕，因此有“贞观遗风”的美誉，也为其孙唐玄宗的“开元盛世”的开创打下了长治久安的基础。

宰相狄仁杰

放声朗读

太后信重内史梁文惠公狄仁杰，群臣莫及，常谓之国老而不名。仁杰好面引廷争，太后每屈意从之。尝从太后游幸，遇风吹仁杰巾坠，而马惊不能止，太后命太子追执其鞚而系之。仁杰屡以老疾乞骸骨，太后不许。入见，常止其拜，曰：“每见公拜，朕亦身痛。”仍免其宿直，戒其同僚曰：“自非军国大事，勿以烦公。”

——《资治通鉴》唐纪二十三·则天顺圣皇后下久视元年

译文

武则天十分信任和推重内史梁文惠公狄仁杰，没有哪一个大臣能比得上。她常常称狄仁杰为“国老”，而不是直呼其名。狄仁杰习惯在朝堂上当面直言规谏，武则天则常常采纳他的建议，即便这样做违背了自己的本意。有一次狄仁杰陪同武则天巡游，途中遇到大风，狄仁杰的头巾被风吹落在地，他的坐骑也因受惊而无法驾驭。武则天让太子李显追上惊马，抓住它的笼头并将它拴好。狄仁杰曾屡次因为年老多病而提出退休的请求，武则天都没有答应。武则天在狄仁杰入朝参见的时候，还常常阻止他行跪拜礼，说：“每当看到您行跪拜礼的时候，朕的身体都会感到痛楚。”武则天还免除了狄仁杰晚上在宫中轮流值班的义务，并告诫他的同僚们说：“如果没有十分重要的军国大事，都不要去打扰狄老先生。”

狄仁杰是唐朝一位杰出的大臣，也是武则天最倚重的宰相。在历史上，他素以擅长断案和为人刚正著称。

在唐高宗仪凤年间，狄仁杰任大理寺寺丞，负责审理刑狱案件。据统计，他在一年时间里，就判决了大量的积压案件，涉及一万七千多人。虽然他处理的案件数量如此之多，并且还包括许多别人总也破解不了的大案、要案，但最终没有一个人因冤屈而上告，每个人都对他的审理心服口服。因此，后人还给了他“神探狄仁杰”的称号。

在武后垂拱四年（688），越王李贞在豫州起兵谋反，被朝廷派兵剿灭。李贞兵败后，朝廷派狄仁

杰出任新的豫州刺史。当时，朝廷正大力惩治李贞的党羽，要判罪的有六七百家，有多达五千人要被判送入官府充当奴婢。

狄仁杰了解情况后，给太后武则天上密奏说：“这些人都是无辜受牵连的，并没有真正参与谋反。我知道我这样替他们求情，听起来像是在为谋反的人申辩，但如果我清楚其中缘由，却不告诉陛下，那么就会有悖于陛下的仁爱之心，所以恳请陛下对这些人从轻发落。”

武则天看了狄仁杰的密奏，决定减轻对他们的处罚，最终将对他们的处罚改为流放。

后来，这些人在流放途中，路过狄仁杰曾经任职过的宁州。宁州百姓问他们：“是我们的狄大人救了你们吧？”

“是呀！多亏了狄大人冒死替我们求情啊！”

他们听说宁州百姓当年曾为狄仁杰立了一座功德碑，便来到那里，痛哭着感谢狄仁杰的功德，斋戒三天后才继续往前走。

那时候，宰相张光辅也率军在豫州平定叛乱。他倚仗有功，纵容军队上下对豫州的百姓肆意勒索抢掠。狄仁杰愤怒地说：“你为了向朝廷报军功，竟然放纵军队抢掠百姓，还杀死已经投降的人，这真是比李贞还不如的卑劣行径！我恨不能有一把天子的尚方宝剑，好杀了你这样的人！”

张光辅恼羞成怒，但也无以反驳。回到京城后，他就上奏弹劾狄仁杰，于是，狄仁杰被降职。

不过，狄仁杰的为人和能力，一直深受武则天的赏识。天授二年（691）九月，也就是武则天正式称帝的第二年，她就将狄仁杰提拔为宰相。

有一天，武则天在与狄仁杰闲谈时，对他说道：“朕听说你在汝南为官时，本来有很好的政绩，但却有人故意诬陷、中伤你。现在你想知道那个人是谁吗？”

狄仁杰答道：“如果陛下认为臣做错了，臣当改过；如果陛下明白臣并无过错，那这是臣的幸运。不过，臣并不想知道诬陷我的是何许人也。”

听完狄仁杰的回答，武则天对他的光明磊落更是大为叹服。

武则天本来是一个自视甚高的人，但他对狄仁杰却总是十分的尊重和信赖，其他的大臣没有一个人可以与他相提并论。她常常尊称狄仁杰为“国老”，而不是直呼其名。而狄仁杰常常在朝堂上对她当面直言进谏，不管大事小事，武则天总会采纳他的建议，有时候甚至还会违背自己的本意——就像当初唐太宗对魏徵一样。

从当上太后起，武则天就喜欢独揽大权，很多时候就连“小权”也要揽在自己身上。有一次，一位太学生要请假回家，给武则天上表，武则天批准了。

狄仁杰知道了这件事，就对武则天说：“我听说做君主的只有生杀的大权不交给别人，其余的权力都会交给有关部门。因此，一般左、右丞不办理徒刑以下的刑罚，左、右相只裁决流放以上的刑罚。这太学生请假，本来应该是国子监丞、主簿管的事，如果作为天子的陛下，还要为这等小事发布敕令，那天下那么多的事，陛下得发布多少敕令才能处理完！这样的事，只需要为他们规范制度就可以了，何须陛下事必躬亲、事无巨细都要自己处理呢？”

武则天说：“国老说得很有道理，朕也不需要这样辛苦自己了。”便下令按照狄仁杰说的去做。

武则天主政时期，全国大兴佛教。有一年，她又想要建造一座大佛像。这项工程需要花费数百万的钱财，因府库不足，武则天便下令让全国的和尚、尼姑每人每天捐出一文钱来。

狄仁杰又上疏说道：“从前，梁武帝、简文帝父子大兴佛寺，等到叛乱迭起的时候，那些寺院、佛塔也无法挽救身危国亡之祸。虽说全国

到处都是和尚、尼姑，却没有勤王救主之师！再说如来佛创立佛教是以大慈大悲为宗旨的，哪里需要劳民伤财，设置那么多浮华而无实际作用的装饰呢？况且如今，水旱灾害时有发生，边境又不安宁，如果为修建大佛像而耗费国库资财，又用尽民力，那么万一哪里发生了灾难，陛下又用什么去救援呢？”

于是，武则天又听从了狄仁杰的劝谏，停止了修建大佛像的工程。

渐渐地，狄仁杰的年岁越来越高，身体也大不如前，就多次向武则天提出退休的请求。武则天不想答应，对他说：“朕的年岁比你还高呢。朕也并非不想体谅你，实在是因为朕需要国老在身边帮助朕啊！”

此后，在狄仁杰入朝参见的时候，武则天便常常阻止他行跪拜礼，还免除了他晚上在宫中轮流值班的义务。武则天还告诫狄仁杰的同僚们说：“如果没有十分重要的军国大事，你们都不要去打扰狄老先生，让他好生休养着。”

久视元年（700），狄仁杰因病去世。武则天听闻噩耗，悲痛地哭道：“狄仁杰不在了，今后在朝堂上，朕就再也没有可以依靠的师长了！”

后来，每当朝廷一有什么群臣无法决断的事，武则天就会想到狄仁杰，叹息道：“唉，老天呀，你为什么要这么早就把朕的国老夺走呢！”

不过，狄仁杰在去世之前，也为武则天推荐了许多优秀人才，可以说为大唐朝廷储备下了一批良臣。

人物介绍

狄仁杰：武则天时期的宰相，为人刚正不阿，且断案如神。晚年力劝武则天重新立李显为太子，最终使大唐社稷得以光复。

历史关键点

狄仁杰是一位杰出的政治家，他一生心系百姓，政绩卓著。身居宰相之位后，他多次向武则天进谏，为辅佐武则天治理天下做出了卓越的贡献。

同时，狄仁杰慧眼识才，他在担任宰相期间，先后举荐了张柬之、姚崇等数十人为官，为后来的朝廷贡献了大批治国之才。这些人后来都成为唐代名臣。

还政于唐

放声朗读

甲辰，制太子监国，赦天下。以袁恕己为凤阁侍郎、同平章事，分遣十使赍玺书宣慰诸州。乙巳，太后传位于太子。

丙午，中宗即位。赦天下，惟张易之党不原。其为周兴等所枉者，咸令清雪，子女配没者皆免之。相王加号安国相王，拜太尉、同凤阁鸾台三品，太平公主加号镇国太平公主。皇族先配没者，子孙皆复属籍，仍量叙官爵。

——《资治通鉴》唐纪二十三·中宗大和大圣大昭孝皇帝上神龙元年

译文

二十三日，武则天颁下制书，决定由太子李显代行处理国政，大赦天下。任命袁恕己为凤阁侍郎、同平章事，派遣十位使者分别携带天子的玺书前往各州进行安抚工作。二十四日，武则天将帝位传给太子李显。

二十五日，唐中宗李显即皇帝位。中宗下诏大赦天下，只有张易之的党羽们不在赦免之列。那些被周兴等人冤枉的人，都进行清理并昭雪，他们的子女中如有被发配流放或者被送入官府做奴婢的，都予以赦免。唐中宗还加相王李旦封号为安国相王，并任命他为太尉、同凤阁鸾台三品；加太平公主封号为镇国太平公主。此外，皇族先前被发配或送入官府为奴的，他们的子孙都恢复皇族身份，并且根据具体情况封授官爵。

在每个工朝，当皇帝死去或退位时，继承皇位的都是他们的儿孙或是兄弟，这些人无一例外都是跟皇帝同一姓氏的。随着武则天的年纪越来越大，她也要开始考虑自己的皇位继承人了。她想：“如果传位于自己的儿子，那么自己好不容易建立的武周王朝，就要重新变回李唐王朝了。可是传给姓武的人吧，他们又不是自己的儿孙。”

该怎么办呢？武则天也拿不定主意。

武承嗣和武三思是武则天的侄子，他们为了谋求太子之位，就常常指使人对武则天说："自古以来，天子没有让外姓人继承皇位的。"

狄仁杰知道了这件事，就劝武则天："高宗皇帝将两个儿子托付给陛下，难道现在陛下却想将皇位传给侄子吗？况且陛下想一想，姑侄与母子的关系相比，哪个更亲？陛下立儿子为太子，则千秋万岁之后，可配祭太庙，代代相承；可是臣却从没听说过，侄子当了天子后，还会让姑姑配祭太庙的。"

武则天还是犹豫不决，她对狄仁杰说："这是朕家里的事，你就不要管了。"

狄仁杰说："君王以四海为家，四海之内，有哪一件事不是陛下家里的事？何况我作为一国的宰相，这样的事哪能不闻不问呢？"

过了几天，武则天做了一个梦，她梦见一只大鹦鹉，但是两只翅膀都折断了。武则天感到有些困惑，便问狄仁杰。狄仁杰说："臣以为，这只鹦鹉代表的是陛下的姓，两只翅膀则是陛下的两个儿子。如果陛下起用他们，那么两只翅膀就会振作起来，重新变得有力了。"

听完这番话，武则天终于打消了立武承嗣、武三思为太子的想法，将自己的儿子李显重新立为太子。

武则天已年过八十，已经不再像以前那样热心朝政，而是沉迷于享乐之中。这一时期，张易之、张昌宗兄弟二人最受武则天的宠爱。他们仗着武则天的宠爱，插手朝政，为所欲为，甚至连太子李显的儿女都被他们害死了。这引起了众人的愤恨，武周政权也处于动荡之中。

到了公元705年，武则天病得非常厉害了，张易之、张昌宗二人在宫中侍奉。此时的宰相张柬之想："现在陛下病重，那张氏兄弟作恶多端，这不正是除掉他们二人的最佳时机吗？"于是，他联同崔玄暐（wěi）、桓彦范等几位大臣，密谋政变，让太子李显早日登上皇位。

为了拉拢右羽林卫大将军李多祚（zuò），张柬之问他：“将军今日的荣华富贵，是谁给的？”

李多祚回答说：“是高宗大帝给的。”

张柬之又问：“现在，高宗大帝的儿子竟然受到张易之和张昌宗这两个小人的威胁，难道将军不想报答大帝的恩德吗？”

李多祚回答：“只要对国家有利，我一切听从相国安排。”

于是，李多祚与张柬之、崔玄暐等人一同定下了铲除张易之和张昌宗的计谋。

不久，另一位宰相姚崇从灵武回朝，张柬之把商量好的计谋告诉了他。随后，大家又把除掉张氏兄弟的计划报告了太子，只是没说让他登基的事。

太子听完，激动地说：“张易之、张昌宗害我多位家人，我恨不得将他们千刀万剐！”

计划实施的这一天终于到了。张柬之等人带着五百余人来到玄武门，又派李多祚等人到东宫去接太子。

太子想：“他们要杀张氏兄弟，请我过去是什么意思呢？”接着，他猜到了他们发动政变的真正目的。出于对母亲武则天的一片孝心，他不愿前去。

这时，太子的女婿王同皎对他说：“先帝把皇位传给太子殿下，殿下却无故遭到幽禁废黜，对此全国上下无不义愤填膺。如今朝臣们同心协力，不顾性命地密谋此事，就是想要诛灭那些凶恶的小人，恢复大唐李氏的江山社稷。希望殿下暂时到玄武门去，不要辜负大家的期望啊！”

太子还是有些犹豫，说：“那两个小人的确应该除掉，但如今陛下圣体欠安，你们这样做岂不会让天子受惊！还请诸位日后再图此事吧。”

通王李谌劝道："诸位将军和宰相为了大唐江山谋划此事，已经把身家性命都赌上了，殿下为什么非要让他们遭受酷刑？如果殿下非要拒绝，那么还请殿下亲自去制止他们好了。"太子这才出来。

王同皎将太子抱到马上，陪同太子来到了玄武门。

此时张柬之等人已经来到了迎仙宫，在走廊里将张易之和张昌宗斩首了。接着，他们冲进了武则天居住的长生殿。

武则天大吃一惊，撑着身子坐起来，问："怎么回事？有人要造反吗？"

张柬之回答说：“是张易之、张昌宗二人阴谋造反，臣等已奉太子的命令将他们杀掉了。因为担心会走漏消息，所以没有向陛下禀告。臣等在皇宫禁地举兵诛杀逆贼，惊动了陛下，臣等罪该万死！”

武则天看见太子李显也在人群之中，便对他说：“这事是你的主意吗？现在那两个小子已经被杀了，你可以回你的东宫去了。”

桓彦范走到武则天面前，对她说：“太子哪能还回东宫去呢？当初天皇把自己心爱的太子托付给陛下，现在他年纪已长，可这么久了还一直在东宫当太子。如今，朝臣和百姓们早已思念李家，群臣不敢忘记太宗和天皇的恩

德，所以才尊奉太子诛灭犯上作乱的逆臣。希望陛下顺从上天与下民的心愿，将皇位传给太子！”

武则天没有办法，只好颁下诏书，将皇位传给了太子李显。

神龙元年（705），李显即位，即唐中宗，恢复大唐国号。自此，武则天建立的武周朝结束，江山终于重新回到了李唐王朝的手中。

人物介绍

张柬之：唐朝大器晚成的一位宰相。因姚崇举荐，在年近八十的高龄成为宰相，后发动“神龙政变”，拥立李显复位，使李唐王朝得以光复。

历史关键点

武则天经过皇后、太后的身份，登上皇位后建立武周政权，中止了李唐王朝。然而到武则天年老之后，她的皇位继承人的人选却是一个难题。终于，武则天经过反复的犹豫和思考，在狄仁杰、张柬之等大臣的努力谋取下，最终将皇位交还到了自己的儿子李显手中。于是，李唐王朝的政权得以延续下去。

“神龙政变”之后，武则天回归大唐太后的身份。

韦后之乱

放声朗读

三思与韦后日夜谮晖等，云："恃功专权，将不利于社稷。"上信之。三思等因为上画策："不若封晖等为王，罢其政事，外不失尊宠功臣，内实夺之权。"上以为然，甲午，以侍中齐公敬晖为平阳王，桓彦范为扶阳王，中书令汉阳公张柬之为汉阳王，南阳公袁恕己为南阳王，特进、同中书门下三品博陵公崔玄暐为博陵王，罢知政事，赐金帛鞍马，令朝朔望。仍赐彦范姓韦氏，与皇后同籍。

——《资治通鉴》唐纪二十四·中宗大和大圣大昭孝皇帝中神龙元年

译文

武三思与韦后天天在唐中宗面前诬陷敬晖等人，说他们："倚仗功劳专擅朝政，将对大唐的江山社稷不利。"中宗相信了他们的谗言。武三思等人趁机为中宗出谋划策："不如封敬晖等人为王，同时罢免他们所担任的职务，这样的话，表面不失为尊宠功臣，而实际上又能剥夺他们的权力。"唐中宗认为这样做很好。十六日，唐中宗封侍中、齐公敬晖为平阳王，谯公桓彦范为扶阳王，中书令、汉阳公张柬之为汉阳王，南阳公袁恕己为南阳王，特进、同中书门下三品、博陵公崔玄暐为博陵王，同时免去他们的宰相职务，赏赐上述五人金帛鞍马，只要求他们于每月初一、十五朝见天子。又赐桓彦范姓韦氏，让他与韦后同族。

683年，唐高宗病逝后，太子李显首次登上了皇位，即唐中宗，当时的太子妃韦氏即被封为皇后。

中宗很喜欢韦后，即位后不久，便打算提拔韦后的父亲为侍中，高居宰相之位。武则天知道后，大为光火，很快就废黜了中宗的皇

位，将他和韦氏一起流放到房陵幽禁了起来。

在幽禁的那段时间里，韦氏和李显一起吃了不少苦，度过了很多艰难的日子。由于得罪了十分厉害的母亲，李显整日里担惊受怕。那时，每当听说朝廷派了使者前来传话，李显就以为是武则天要处死他，害怕得不得了，恨不得自杀，好来个一了百了。

韦氏却不害怕，她鼓励李显说：“老子曾说：‘祸兮福所倚，福兮祸所伏。’虽然现在咱们落难了，但也说不定将来会有转机的。再说，最多不过就是一死，何必着急自断生路呢？”

就这样，在韦氏的陪伴和鼓励之下，李显熬过了那些幽禁的日子，最后还等来了被召回京城、重新立为太子的机会。从此，李显对韦氏更加信任和喜欢了，还信誓旦旦地对她说：“日后我重新当了皇帝，只要是你想要的、想做的，我都答应你！”

神龙元年（705），在张柬之等人的谋划下，年迈的女皇武则天退位，唐中宗李显再次登上了皇帝宝座，韦氏重新成为韦后。中宗也开始兑现自己当初对韦氏的承诺，让韦后拥有了极大的权力。

而韦后呢，自从重新登上了皇后的宝座，也学着武则天在高宗朝所做的那样，开始干预起朝政来。

过了不久，桓彦范上表中宗说：“《尚书》里说过，如果母鸡司晨打鸣，那就预示着这个家庭很快就要败落了。臣发现陛下每次临朝，皇后总是坐在帷帐后面，干预国事的处理。据臣所知，历朝的帝王，没有哪一个与皇后共同执政而没有导致亡国命运的。希望陛下能牢记古今帝王兴衰的教训，时刻想着社稷和百姓，敦促皇后严守皇后的本分，不要再干预国家政事了。”

中宗听完，心中很不高兴，没有理睬他的建议。

中宗和韦后有一个女儿叫安乐公主，由于她是当年中宗和韦后在流放的途中生下的，因此非常受二人宠爱。安乐公主长大后，嫁给了武三思的儿子。渐渐地，武三思和韦后勾结起来，得到了中宗的重用。

因为张柬之等人曾逼武则天退位，将武周政权还给了李唐王朝，武三思一直对此怀恨在心。现在，一有机会，他就和韦后一起在中宗面前陷害他们，说：“他们对陛下确实有功，但也不能倚仗自己的功劳就把持朝政呀！他们这样做，不管是对陛下的权威，还是对大唐的社稷安稳，都是很不利的！”

中宗听信了他们的谗言，果然对张柬之等人防范起来。不久，中宗又听从武三思和韦后的建议，将张柬之、敬晖、桓彦范、袁恕己、崔玄暐五人封为王，但同时剥夺了他们的权力。于是，朝政大权越加掌握在了韦后和武三思的手上。

不过，武三思对此还不满足。不久，他又暗地里派人写下诉状，列出了韦后所做的许多坏事，还请求废黜韦后。他把这件事嫁祸到张柬之等五人的头上，说是他们所为。中宗听后，勃然大怒，下令将五人流放边疆。

当时，张柬之已经八十二岁高龄了，想到自己一心为了大唐江山，最后却落得这样的下场，不禁愤恨不已，就这样被活活气死了；崔玄暐在流放途中，因生病死去；而剩下的敬晖、桓彦范、袁恕己三人到了流放之地后，又被武三思派出的人残忍地杀害了。

除去张柬之等五人后，武三思和韦后更是大权独揽。安乐公主也仗着中宗和韦后的宠爱，越加骄横放纵，贪赃枉法，甚至还生出了取代太子之位的想法。

太子李重俊不是韦后的亲生儿子，所以一直被韦后和安乐公主所讨厌。有一天，安乐公主回到宫中，向中宗撒娇说："父皇何不废掉太子，立女儿为皇太女呢？"

太子一直受到韦后和武三思的排挤，还时常被安乐公主和驸马侮辱，本来就积愤已久。现在知道了这件事，心中更是无法平静。

景龙元年，太子李重俊会同左羽林大将军李多祚等人起兵，将武三思父子杀死在家中。太子这次起兵，本没有谋反篡位的打算，只是希望自己这个太子能得到应有的尊重。不过，中宗还是下令将李多祚等人斩首了。太子见了，赶紧带着一百多骑兵往终南山逃去，没想到，却在路上被自己的手下杀害了。

太子死后，韦后和安乐公主更加肆无忌惮了。

燕钦融是许州的参军，一直心系朝廷，对于韦后和安乐公主的所作所为十分愤恨。有一次，他给中宗发了一份机密奏折，说："韦后淫乱后宫、干预朝政，安乐公主、武延秀、宗楚客朋比为奸，这样下去必将危及社稷。恳请陛下对她们严加惩治，以防发生不测。"

中宗把燕钦融召回京城，当面质问。燕钦融毫不屈服，反而揭发了韦后和安乐公主的更多丑闻。韦后知道了，愤怒不已，命令武士将燕钦融活活摔死在宫殿前的石头上。大臣们见了，也是敢怒不敢言。

安乐公主一心想当皇太女，这样，将来她就能像祖母武则天一样做女皇了。她对韦后说：“难道母后不希望像我的祖母一样，真正地执掌大权吗？”

于是，在母女二人的密谋下，很快，一场惨案发生了。

韦后在中宗最爱吃的一种糕饼里放了毒药，再由安乐公主亲手将糕饼送给中宗。中宗高兴地吃下了糕饼，很快就毒性发作。他看着自己最信任、最亲爱的皇后和女儿，痛苦得说不出话来，很快就死去了……

人物介绍

韦后：唐中宗李显的皇后。唐中宗复位之后，韦后勾结武三思、韦温等人把持朝政，谋杀中宗，试图效法武则天称帝，后来自己也被杀。

历史关键点

唐中宗李显先后两次当上皇帝，韦后也跟着两次当上皇后。韦后有着和武则天一样的野心，企图通过把持朝政来谋取更高的权力和地位，然而，她却不具备武则天一样的政治能力，结果只是以“乱政”的方式，对朝堂造成了极大的破坏。

中宗李显虽两次登上皇位，然而他也缺乏治理国家的能力，识人不清又听信谗言，不但促成了“韦后之乱”，最终还葬送了自己的性命。

唐隆政变

放声朗读

相王子临淄王隆基，先罢潞州别驾，在京师，阴聚才勇之士，谋匡复社稷。初，太宗选官户及蕃口骁勇者，著虎文衣，跨豹文鞯（jiān），从游猎，于马前射禽兽，谓之百骑；则天时稍增为千骑，隶左右羽林。中宗谓之万骑，置使以领之。隆基皆厚结其豪杰。

——《资治通鉴》唐纪二十五·睿宗玄真大圣大兴孝皇帝上景云元年

译文

相王李旦的儿子临淄王李隆基，在此之前已被免去潞州别驾的职务，他在京师私下招集智勇双全的人，谋划匡复大唐社稷。当初唐太宗选拔官户和蕃口中骁勇善战的人员，让他们身穿绘有虎皮花纹的衣服，使用绘有豹皮花纹的马鞍，在太宗巡游狩猎时，就让他们随侍，一同射杀飞禽走兽，这些人被称为百骑；武则天时期逐渐增为千骑，隶属左右羽林军；唐中宗把这支部队称为万骑，并设置官员统领。李隆基对万骑兵中的豪杰之士一直深交。

710年，唐中宗死后，在太平公主和上官婉儿的商议下，温王李重茂被立为太子。韦后宣布自己临朝摄政，相王李旦为太尉，又改年号为“唐隆”。

几天后，年仅十六岁的殇帝李重茂即位，将韦后尊为皇太后。而他自己，却从一开始就成了韦太后的傀儡皇帝。

由韦氏任命的宰相宗楚客一伙，常常劝韦太后说：“太后英明神武，民心所向，何不效仿武则天登基称帝呢？”

他们本来还打算偷偷害死殇帝，只是担心相王李旦和太平公主知道后会从中作梗。相王李旦和太平公主是武则天的儿女，在朝廷内外都有着不小的权势和威望。于是，宗楚客又和安乐公主等一起密谋，打算先除掉李旦和太平公主二人。

李隆基是相王李旦的儿子，他是一个有勇有谋的人。自从韦氏掌权后，他就在京师招募了许多智勇双全的人，秘密地谋划着匡复大唐社稷。

以前，唐太宗曾选拔了一批骁勇善战的人跟随自己巡游狩猎，这些人被称为百骑；武则天时期逐渐发展为千骑，作为左右羽林军中的一支；到了唐中宗时期，这支部队又发展成了万骑，并设有官员统领。李隆基很欣赏万骑兵中的豪杰之士，平时跟不少人都有结交。

兵部侍郎崔日用一向依附于韦后及武氏集团，与宗楚客的交情也不错。有一天，他偶然得知了宗楚客的阴谋，吓了一大跳。他想：“谋杀相王和公主，甚至还有当今陛下，这……这可是诛九族的大罪呀！如果事情败露，必定会牵连到自己身上……”

他想了又想，最后决定将这个消息告诉李隆基，还劝李隆基尽快行动，以便先发制人。

李隆基收到消息，赶紧与太平公主、钟绍京、刘幽求等人商量，谋划先行举兵，彻底铲除韦氏一族。

之前，韦氏集团的人为了树立自己的威信，对万骑兵动不动就进行鞭打、辱骂，因此引起了很多万骑兵的怨恨。有一次，左万骑营长葛福顺和大将军陈玄礼向李隆基抱怨此事，李隆基就暗示他们应当和自己一起起兵，联手铲除韦氏一族的势力。两人听了正中下怀，都表示愿意听从李隆基的安排，为他效命。

当时，有人建议李隆基把打算起兵的事告诉他的父亲相王李旦，李隆基回答说："我们之所以图谋此事，是为了大唐的江山社稷，如果事成，福分自然归相王；可万一事情失败了，我们这些人牺牲也就是了，不必连累相王。但如果告诉了他，他同意这样做，就等于我们把他也牵扯了进来；若是他不同意这样做，那又只会坏了大事。”所以，李隆基没有把这件事告诉他的父亲。

到了行动的这天晚上，李隆基身穿便服进入禁苑。左右羽林军将士都驻扎在玄武门，等待着起事的信号。

将近二更时，夜空中突然流星散落，刘幽求对李隆基说：“看来这便是天意！”于是，李隆基下令，开始行动。

葛福顺提着剑闯进羽林营，直接将长期作威作福、忠于韦氏的那一伙人斩杀了。接着，他对将士们高声喊道：“此前韦后毒死了先帝，现在，她又企图谋杀陛下取而代之，威胁大唐社稷！今晚大家要齐心协力，铲除韦氏一族和他们的同党，拥立相王为帝，如此方可使天下得以安宁。如果有人胆敢投向逆党一方，罪及三族！”羽林军将士们听了，无不高声欢呼，表示从命。

很快，葛福顺带着羽林营的将士们与李隆基会合。接着，李隆基派葛福顺率领左万骑攻打玄德门，派李仙凫率领右万骑攻打白兽门，得胜后在凌烟阁前会师。李隆基自己则率兵守在玄武门外。

到了三更时分，宫中突然传来了鼓噪声。李隆基知道，葛福顺他们已经顺利会合了，便率兵进入宫中。韦太后见势不妙，仓皇逃入飞骑营，被一个飞骑兵杀死。同样，安乐公主也没能逃脱死亡的命运。

接着，李隆基又下令将京城各门及所有宫门关闭，然后派万骑兵分头搜捕韦氏一族的其他人，将他们全部斩首。宗楚客乔装打扮，身穿丧服，骑着一头黑驴，想要混出城外。走到通化门时，一个守门的士兵认出了他，将他就地斩首了。

就这样，长期把握着大唐朝政的韦后、安乐公主及整个韦氏一族的势力，终于被彻底铲除了。

天亮后，李隆基出宫拜见父亲相王李旦，为自己起事之前没有告诉他真相而谢罪。相王李旦听说后，忍不住流下了激动的眼泪，一把抱住儿子说：“大唐社稷得以保全，这都是你的功劳啊！父亲怎么会责怪于你呢？”

过了几天，太平公主传达殇帝旨意，表示要将皇位让给相王李旦，李旦坚决推辞不受。后来，在众人的极力劝说下，他才答应了重登帝位，即唐睿宗。同时，他又恢复了殇帝李重茂的温王身份。

唐睿宗想要立太子，但由于李成器是嫡长子，而李隆基在此次政变中又立有大功，这让他左右为难，不知道该如何确定太子的人选。

李成器知道睿宗在犹豫，就请求睿宗将太子之位让给弟弟

李隆基。他对睿宗说：“儿臣明白，如果是国泰民安之时，自然是应当先立嫡长子，可当今的情形是，朝廷上下一直很不安稳，那就应当将有功的人立为太子。如果父皇在这个问题上处理不当，会让天下人大失所望的。儿臣宁可去死，也不敢贪恋这个太子之位。”

大臣们也都同意李成器的说法，认为李隆基为保全大唐社稷立下了大功，应当被立为太子。刘幽求说：“臣听闻，铲除天下祸患的人应当享有天下的福分。平王使大唐社稷免遭倾覆，又于危难之中将君主和百姓解救了出来，所以论起功劳来，没有谁比他的功劳更大，论德行，他也是最为贤良的，因此，在立他为太子这件事上，陛下实在没什么可疑虑的。”

最终，唐睿宗听从了大家的建议，正式将李隆基立为太子。

人物介绍

李重茂：唐中宗李显第四子。李显被韦后和安乐公主毒死后，李重茂即位，即殇帝（又称“唐少帝”），年号为唐隆。因韦后临朝摄政，李重茂实为傀儡皇帝。

历史关键点

韦后和武三思一党扰乱朝政，在谋害了中宗李显之后，立年少的李重茂为傀儡皇帝。韦后学武则天的方式临朝称制，更是一手掌握了朝政大权。不满韦氏一族称霸朝堂的李隆基，联同万骑兵密谋发动“唐隆政变”，彻底摧毁了韦氏一族的势力。

“唐隆政变”的成功，使得即将倾覆的李唐江山得以重回正轨，混乱的朝堂秩序也得以恢复。此后，唐朝顺利向着更加繁荣的方向继续发展。

开元盛世

放声朗读

姚、宋相继为相，崇善应变成务，璟善守法持正。二人志操不同，然协心辅佐，使赋役宽平，刑罚清省，百姓富庶。唐世贤相，前称房、杜，后称姚、宋，他人莫得比焉。二人每进见，上辄为之起，去则临轩送之。及李林甫为相，虽宠任过于姚、宋，然礼遇殊卑薄矣。

——《资治通鉴》唐纪二十七·玄宗至道大圣大明孝皇帝上之中开元四年

译文

姚崇和宋璟相继为相，姚崇擅长随机应变以圆满地完成任务，宋璟则擅长遵守成法，坚持正道。虽然他们两个人的志向操守不同，却能同心协力辅佐玄宗，使得这个时期赋役宽松平和，刑罚简省，百姓富庶。在唐代的贤相中，前有贞观朝的房玄龄和杜如晦，后有开元朝的姚崇和宋璟，其他人则无法与此四人相提并论。姚崇与宋璟进见时，唐玄宗常常会站起来迎接，他们离开时，唐玄宗便在殿前相送。等到李林甫做宰相时，虽然受到的宠信超过了姚崇和宋璟，但得到的礼遇就太微薄了。

712年，唐睿宗将皇位传给了太子李隆基。李隆基即位，即唐玄宗，第二年改年号为“开元”。他知人善任，励精图治，逐步将唐朝发展到了最鼎盛的时期，史称“开元盛世”。

在唐玄宗开元时期，出现过两位有名的贤相——姚崇和宋璟。他们一心辅助唐玄宗振兴大唐，为“开元盛世”的开创做出了许多贡献。后来，人们将他们二人与唐太宗时期的房玄龄、杜如晦一起，誉为“唐朝四大贤相”。

“唐隆政变”之后，唐睿宗开始执掌朝政。那段时间里，太平公主仗着自己的身份和功劳，时常插手朝政，对还是太子的李隆基也逐步构成了威胁。当时，作为中书令的姚崇和作为吏部尚书的宋璟，就一起秘密上奏睿宗：“太平公主如此做法，实在是不妥，不如让她搬到东都洛阳去住吧！”

谁知，太平公主很快就知道了这件事。结果，太平公主没有搬走，倒是姚崇和宋璟被贬出了京城。这也让李隆基察觉到，必须尽快铲除太平公主的势力。最终，太平公主被赐死。

后来，李隆基当上了皇帝，正式掌权后，很快就把姚崇召回了京城，并让姚崇重新当上了宰相。

比起他的父亲唐睿宗李旦来，唐玄宗更有雄心伟略和治国之才。大唐在经过武则天和韦后掌权之后，太平公主的势力也被铲除，整个朝政大权完全掌握在了玄宗自己的手里。对于大唐今后的发展，玄宗有着很大的抱负，发誓一定要当一位能干的好皇帝，将大唐天下治理得更好。

姚崇重新上任后，很快就针对当前的情况，向玄宗提出了一些很好的建议。他对玄宗说："此前，太平公主就是因为权势太大，才会不断插手朝政，陛下应当吸取教训，珍惜手上的爵禄赏赐，适当削夺受宠权贵之家的权势。还应当学习先祖太宗皇帝的做法，对敢于纳谏的臣子广开言路，听取他们的建议。还不应随便接受臣下进献的贡品……"

对于姚崇提出的这些改革建议，唐玄宗都一一采纳了。

玄宗对姚崇非常信任和尊重。有一次，姚崇又向玄宗进谏说："臣认为，陛下在提拔任用郎吏时，应当依照顺序来。"玄宗听了，什么话也不说，只是盯着宫殿的屋顶看。姚崇觉得奇怪，只得重复了一遍，玄宗还是不说话。姚崇又重复了一遍，可玄宗始终一言不发。

看到玄宗这样的反应，姚崇心里一阵发慌，以为是自己惹得皇上不高兴了，只好赶紧告退。姚崇走后，高力士问玄宗为什么不表明态度，唐玄宗回答说："朕让姚崇担任宰相，总理朝廷事务，若是军政大事，他可以与朕一同商议；可任用郎吏这样的小事，哪里需要来问朕的意见呢！"

后来，高力士将玄宗的话转达给了姚崇。姚崇这才发现，原来玄宗那样做只是因为对自己非常信任。而这也恰好表明了，玄宗是一个知人善任的好皇帝。在此之后，姚崇在处理朝政时就更加尽心尽力了。

开元四年（716），姚崇辞去相位，又向玄宗推荐了宋璟。宋璟为人刚直，在接任宰相后，处理政务从来不徇私情，并且还常常对玄宗犯颜直谏。玄宗对宋璟十分敬畏，有时候，即便宋璟的进谏不合他的心意，他也会曲意接纳。

宋璟上任后的第二年，在他的进谏下，唐玄宗又有了一个重要的举措。

以前在贞观时期，唐太宗曾规定：中书省、门下省以及三品官入朝奏事，必须有谏官和史官随同，不管说了什么，都要原原本本地记录在册。御史如果要弹劾某个官员，也必须对着皇帝的仪仗高声朗读出来。有了这样的规定，大臣们就无法私下里做小动作蒙蔽皇帝了。但是到了后来，这些规定渐渐就被改掉了——朝臣们给皇帝上奏时常常没有谏官和史官在场，而谏官和史官也往往仅凭传闻就上奏议事。这样就使得一些心怀不轨的人欺上瞒下，不是秘密诬告别人，就是互相陷害、弹劾。

宋璟当上宰相后，对于这样的状况很是不满，就向玄宗进谏说："我们现在应当恢复以前贞观时期的制度，这样才能更加公正、清明地处理政事。"

玄宗听从了宋璟的建议，对朝臣们说道："从今往后，你们有任何事要上奏，只要不是必须保密的，都要对着仪仗启奏，史官也要按贞观时的旧例，如实加以记录。"

就这样，在姚崇、宋璟以及众多贤臣的共同辅佐下，唐玄宗采取了一系列积极的举措，使得开元年间的大唐国力空前强盛。这一时期，唐朝的经济更加繁荣，商业发达，长安、洛阳等大城市更是商贾云集，贸易繁忙。

开元十三年（725），在当时的宰相张说的提议下，唐玄宗决定远赴泰山举行封禅大典。封禅这样的活动，是在太平盛世才能举行的大型典礼，意思是皇帝已经把天下治理得非常好，可以通过祭祀天地，将取得的功业报告上天。

玄宗准备出发之前，张说担心突厥会趁机入侵，想要增兵戍守边疆。兵部郎中裴光庭说："现在皇帝正要举行封禅大典，却害怕戎狄入侵，这不是显得咱们大唐皇帝的天威不足吗？不如派一位使臣前去突厥，让他们派一位大臣陪同陛下一同前往泰山封禅，这样他们就不会派兵出战了。而且只要突厥一来，其他少数民族也会派人前来的。这样，咱们不就可以高枕无忧了吗？”

张说觉得这是一个很好的办法，就依照裴光庭的建议进行安排。突厥果然欣然答应，派出大臣随同玄宗前往封禅。

这一天，唐玄宗率领朝臣和浩浩荡荡的侍卫们来到泰山脚下。他命令随从的官员们留在山下，自己骑上一匹马，只带了宰相和掌管祭祀的祠官一同上山。带着一颗荣耀的心，他要将自己治下的这“开元盛世”的繁华，亲口报告给天地……

人物介绍

李隆基：即唐玄宗，是唐高宗李治与武则天的孙子，唐睿宗李旦第三子，也是唐朝在位时间最长的皇帝。他开创了唐朝最繁盛的时期——“开元盛世”。

历史关键点

唐玄宗李隆基有勇有谋，办事干练果断。在韦后当权之时，他发动政变，让唐朝重新回到正轨；在他当上皇帝之后，又励精图治，知人善任。在一系列积极的改革和发展措施下，唐玄宗努力开创了“开元盛世”，让唐朝发展到了一个前所未有的鼎盛时期。

这一时期的唐朝，国力强盛，经济繁荣，人才济济；百姓安居乐业，人口大幅度增长；交通发达，贸易活跃……这样的大唐盛世，是中华民族悠久历史上耀眼而辉煌的篇章。

安史之乱

放声朗读

禄山乘铁轝（yú），步骑精锐，烟尘千里，鼓噪震地。时海内久承平，百姓累世不识兵革，猝闻范阳兵起，远近震骇。河北皆禄山统内，所过州县，望风瓦解，守令或开门出迎，或弃城窜匿，或为所擒戮，无敢拒之者。禄山先遣将军何千年、高邈将奚骑二十，声言献射生手，乘驿诣太原。乙丑，北京副留守杨光翙（huì）出迎，因劫之以去。太原具言其状。东受降城亦奏禄山反。上犹以为恶禄山者诈为之，未之信也。

——《资治通鉴》唐纪三十三·玄宗至道大圣大明孝皇帝下之下天宝十四载

译文

安禄山坐着铁车，精锐步骑兵浩浩荡荡，扬起千里烟尘，鼓角声震天动地。当时唐朝国内长治久安，老百姓几代没有经过战争，猛然得知范阳兵起，都惊骇极了。河北地区都在安禄山的统辖之内，所以叛军经过的州县一见就瓦解了，郡守与县令有的大开城门迎接敌人，有的弃城逃命，有的被叛军俘虏杀害，没有人敢抵抗。安禄山先派将军何千年与高邈率领奚族骑兵二十名，声称向朝廷献射生手，乘驿马到太原。初十，北京副留守杨光翙出城迎接，被劫持而去。太原向朝廷报告了这一情况，东受降城也上奏说安禄山反叛。唐玄宗还认为这是恨安禄山的人故意捏造事实，不相信真有其事。

唐玄宗在位前期，由于他重用贤臣，励精图治，创造了前所未有的“开元盛世”景象。然而到了后期，他却开始沉迷享乐，重用奸臣，整个国家便开始面临由盛转衰的危机。

安禄山原本是一个突厥人，长大后离开了突厥，来到唐朝生活。他骁勇善战，又很会讨巧卖乖、收买人心，很快就在军中步步高升，并逐步获得了唐玄宗的喜欢。天宝元年（742），安禄山被玄宗任命为平卢节度使。

有一次，安禄山为了讨好玄宗，向玄宗上奏说：“去年营州来了很多蝗虫，为了不让蝗虫吃掉禾苗，我就焚香祷告上天，说要是我安禄山心术不正，对陛下不忠，那就让蝗虫吃掉我的心；可如果我没有辜负神灵，那么就请让蝗虫自动散去，不要破坏我大唐朝廷的粮食。我刚说完，一群鸟就从北面飞来，把那些蝗虫全吃掉了！”

玄宗一边听他说着，一边露出了满意的笑容。于是，安禄山接着又说：“希望史官能把这件事记录下来。”对此，玄宗也欣然答应了。

渐渐地，安禄山越来越受到唐玄宗的信任。后来，他又兼任范阳节度使、河东节度使，权势越来越大，兵力越来越多，开始在暗地里秘密谋划叛乱。

天宝十三年（754），安禄山准备入朝觐见玄宗。当时，杨贵妃的哥哥杨国忠担任宰相，他已经发现安禄山打算叛变，就对玄宗说了这件事。安禄山知道后，见到玄宗时，故意装出委屈的样子，哭着说道：“我是一个胡人，只是因为受到陛下的信任才有了今天的地位。现在杨国忠容不下我，我恐怕是难以活命了！陛下……”

玄宗见了他那副可怜的样子，不仅不信杨国忠的话，反而更加信任安禄山了，还对他大大地赏赐了一番。

趁此机会，安禄山又向玄宗提出请求，兼任了闲厩使、群牧使等职位。接着，他就利用这些职位，暗中派亲信挑选了几千匹能征善战的健壮军马另选地方饲养，好为以后的叛乱做准备。同时，为了收买人心，安禄山还向玄宗上奏，请求将自己部下的五百多人任命为将军，另有两千多人任命为中郎将。

到了安禄山向玄宗辞行回范阳的那一天，玄宗竟然还脱下自己的衣服赏赐给他。对于安禄山来说，这可是莫大的信任和荣耀啊！后来，只要有人说安禄山谋反，玄宗就把他们捆绑起来送给安禄山，让他自己处置。由于玄宗的这一行为，此后，即便人们都知道安禄山要谋反，再也没有人敢提起这件事了。

其实，安禄山阴谋作乱已经有将近十年时间了，只是因为玄宗一直待他特别好，所以他才打算等到玄宗死后再反叛。但杨国忠与安禄山不和，多次向玄宗告发，说他要谋反。于是，在天宝十四年（755），安禄山决定正式举兵反叛。

这年十一月，安禄山联同他的部下史思明，率领其所统辖的三镇军队及同罗、奚、契丹、室韦兵共十五万大军，在范阳正式起兵反叛。这时，玄宗才恍然大悟，终于相信了安禄山真有造反之心的事实。

当玄宗紧急召见宰相们前来商议对策之时，杨国忠见自己之前告发的事终于应验了，竟表现出一副得意扬扬的神态。对于安禄山叛乱这件事，杨国忠不但不担心，反而高兴地说道："现在，要反叛的只是安禄山一个人，其他那些将士们肯定是不会反叛的。只要十来天，我们一定能拿下安禄山。"玄宗听后，信以为真。

不久，安西节度使封常清入朝，玄宗问他平叛之计，封常清也自信

满满地回答：“现在是因为天下太平已久，所以人们看见叛军会觉得害怕，但我相信，这种形势很快就会改变的。我请求立刻到东京招募勇士，然后挥师渡过黄河，用不了几天，就可以把逆贼安禄山的头颅取下献给陛下！”玄宗听了，心中大喜。

然而，玄宗和杨国忠、封常清等人的期望并没有如愿。

仅仅用了不到一个月的时间，安禄山就带领叛军攻陷了东京。而在与安禄山的交战中，封常清的军队节节败退，最后和副元帅高仙芝一起，退守到了潼关。此时，安禄山因为留在东京谋划着称帝一事，暂时没有再发起进攻，朝廷这才得以有喘息的机会。

过了几天，玄宗提出要亲自挂帅去征讨安禄山，并让太子监国。杨国忠听说后，心里十分惶恐不安。一直以来，他都与太子不和，他想：“要是陛下出征后太子掌权，这明显对自己不利呀！”于是，杨国忠就劝杨贵妃去阻拦玄宗。最后，玄宗果然听了杨贵妃的话，放弃了亲征的计划。

不久，大将高仙芝奉命率兵东征。有个叫边令诚的监军宦官，以前多次有事相求高仙芝，都被拒绝，因此对高仙芝怀恨在心。这一次，边令诚入朝奏事时，就向玄宗报告了高仙芝、封常清战败的情况，还诬告他们说：“封常清动摇军心，高仙芝又无故丧失了陕郡数百里之地，还盗减军士的粮食和物资。”

玄宗再一次听信了小人的谗言，让边令诚手持敕书来到军中，下令诛杀高仙芝和封常清二人。

边令诚到达军营时，高仙芝出征还没回来，他就先将封常清杀掉了。高仙芝回来后，边令诚向他宣示了玄宗的敕书。高仙芝说：“我没能抵挡住叛军，陛下因为这件事要杀我，我无话可说；但要说我盗减士兵的军粮和物资，我就不服！这是大大的冤枉！”高仙芝的部下们也都大声高呼，为他喊冤，但边令诚还是杀掉了他。

就这样，到了第二年（756）的正月初一，朝廷还没能讨伐安禄山，安禄山就在东京洛阳称帝了。这一年，安禄山自称“大燕皇帝”，改年号为“圣武”。

与安禄山一起发动叛乱还有史思明，史称“安史之乱”。

人物介绍

安禄山：唐朝时期藩镇将领、叛臣。因骁勇善战，屡建功勋，受封为东平郡王，镇抚东北地区。755年发动安史之乱，建立伪燕政权。

历史关键点

“创业易守成难”，唐玄宗在位后期，在治国和用人等多个方面，都没有了开元时期的英明。也可以说，正是唐玄宗的治国无方、识人不清等因素，才促成了安史之乱的发生。李隆基开创了唐朝最繁华的盛世，但唐朝的衰落，也是从他的手上开始的。

安史之乱是唐朝由盛而衰的转折点。它造成唐朝的人口大量丧失，国力锐减，也为唐朝后期的藩镇割据埋下了祸根，对唐朝以后的整个发展方向产生了重大的不利影响。

马嵬坡之变

放声朗读

上使高力士问之，玄礼对曰：“国忠谋反，贵妃不宜供奉，愿陛下割恩正法。”上曰：“朕当自处之。”入门，倚杖倾首而立。久之，京兆司录韦谔前言曰：“今众怒难犯，安危在晷（guǐ）刻，愿陛下速决！”因叩头流血。上曰：“贵妃常居深宫，安知国忠反谋？”高力士曰：“贵妃诚无罪，然将士已杀国忠，而贵妃在陛下左右，岂敢自安！愿陛下审思之，将士安则陛下安矣。”上乃命力士引贵妃于佛堂，缢（yì）杀之。

——《资治通鉴》唐纪三十四·肃宗文明武德大圣大宣孝皇帝上之下至德元载

译文

玄宗又让高力士去问话，陈玄礼回答说：“杨国忠谋反被诛，杨贵妃不应该再侍奉陛下，愿陛下能够割爱，把杨贵妃处死。”玄宗说：“这件事由我自行处置。”然后进入驿站，拄着拐杖侧首而立。过了一会儿，京兆司录参军韦谔上前说道：“现在众怒难犯，形势十分危急，安危就在片刻之间，希望陛下赶快作出决断！”说着跪下来不断地叩头，以致血流满面。玄宗说：“杨贵妃居住在戒备森严的宫中，不与外人交结，怎么能知道杨国忠谋反呢？”高力士说：“杨贵妃确实是没有罪，但将士们已经杀了杨国忠，而杨贵妃还在陛下的身边侍奉，他们怎么能够安心呢？希望陛下好好地考虑一下，将士安宁陛下就会安全。”玄宗这才命令高力士把杨贵妃引到佛堂内，用绳子勒死了她。

安禄山发动叛乱后，先是占领了东京洛阳。不久，他派出一支军队守在陕地，并且故意让他们伪装成一支不足四千人的只有老弱士兵的部队。

玄宗听说了这个消息，就派将军哥舒翰前去攻打。哥舒翰知道这是安禄山的诡计，上奏玄宗说："这一定是安禄山故意引诱我们，如果我们出兵，就正中了他的计。我们现在应当坚守潼关，不能贸然出兵！"郭子仪也认同哥舒翰的说法，建议玄宗让哥舒翰留守潼关，自己率兵北上，去攻打安禄山的老巢范阳。

安禄山阴险狡诈，宰相杨国忠则十分骄横放纵，多年来二人一直不和。安禄山最开始发兵叛乱时，就是打着讨伐杨国忠的借口，因此，很多人都对杨国忠不满，想要杀掉他。现在，杨国忠怀疑哥舒翰也会谋害自己，就对玄宗说："陕地那些叛军本来就是一些没有什么实力的老弱兵，我们可以趁其不备，将他们攻下。哥舒翰故意拖延不去进攻，这会让朝廷失去战机的！"

玄宗听信了杨国忠的话，再次催促哥舒翰出兵。哥舒翰实在没有办法，忍不住痛哭流涕，明知那是个陷阱，他也只得带兵出关了。

到了陕地，果不其然，哥舒翰带领的朝廷部队就陷入了腹背受敌的境地，根本无力抵挡。官兵们死伤大半，最后，哥舒翰也被俘了。

很快，叛军攻进了潼关，玄宗这才感到害怕了，赶紧召集宰相前来商议对策。杨国忠说："十年来，大家一直都在告发安禄山叛变的事，可陛下总是不信。事情发展到了这一步，这不是臣的错。"接着，他又派韩国夫人、虢国夫人入宫，劝说玄宗逃到蜀中去避难，玄宗答应了。

至德元年（756）六月十三日，一大早，玄宗带着杨贵妃、杨国忠、陈玄礼以及一些皇子皇孙、亲信宫人等逃出了长安城。

路上，玄宗一行遇见一位名叫郭从谨的老人。老人向玄宗进言说："很多人都知道那安禄山包藏祸心、阴谋反叛已经很久了。这些年，一直有人到朝廷去告发他，可陛下却一直不相信，还把那些人杀掉，这才使得安禄山奸计得逞，以致现在陛下不得不逃出长安。我还记得宋璟当宰相的时候，大家都敢于犯颜直谏，那时天下多太平啊……可这些年来，朝廷中的大臣只是一味地阿谀奉承陛下，宫门之外到底发生了些什么，陛下根本就不知道啊！我们这些远离朝廷的臣民，早就知道会有今日的局面了，可是有什么办法呢？大家根本没办法将这些实情告诉陛下。要不是现在安禄山叛乱，以致事情到了这种地步，我哪有机会见到陛下，当面向陛下说这些话呢……”

听着老人的话，玄宗懊悔不已，他叹了口气，说道：“这……这一切都是我的过错，可惜现在后悔也来不及了呀！”

不久，玄宗一行逃到了马嵬（wéi）驿。一路上，随从的将士们又累又饿，心里对杨国忠越来越感到愤恨。龙武大将军陈玄礼也认为，如今天下大乱都是杨国忠一手造成的，想联合太子一起杀掉杨国忠。这时，刚好有一群吐蕃使节拦住杨国忠的马，向他讨要一些吃的，杨国忠还没有来得及说话，士兵们就大喊起来：“杨国忠勾结胡人谋反啦！杨国忠谋反啦！”

紧接着，有人对着杨国忠拉开弓箭，想要射死他，射中了杨国忠坐骑的马鞍。杨国忠急忙飞奔逃命，还没走多远，就被士兵追上杀死了。

接着，士兵们又包围了驿站。玄宗听见外面的声音，询问发生了什么事，侍从回答说：“陛下，杨国忠谋反了！”玄宗不信，陈玄礼又说：“杨国忠谋反，已被诛杀，杨贵妃也不能再侍奉陛下了，臣请陛下把杨贵妃处死！”

玄宗十分喜爱杨贵妃，自然不愿处死她。京兆司录参军韦谔劝说道：“现在情况紧急，众怒难犯，希望陛下赶快作出决断！”说着，跪下不断地叩头，直磕到头破血流。

玄宗说：“杨贵妃住在戒备森严的宫中，从不与外人交结，她怎么能知道杨国忠谋反呢？这件事跟她没关系。”

高力士说：“贵妃的确无罪，但将士们已经杀了杨国忠。杨国忠又是贵妃的哥哥，要是贵妃还留在陛下身边，大家怎么能够安心呢？希望陛下三思，只有将士们安全无事，陛下才能保得平安呀！”

听了高力士的话，玄宗这才明白了大家的意思。于是，他只得让高力士出手，将杨贵妃处死了。将士们看到杨贵妃的尸首，这才放下心来。

第二天，当玄宗带领随从离开马嵬坡准备逃往扶风时，一群乡亲拦住了他们的去

路，请求玄宗留下来。而此时的玄宗，早已没有了当年的勇武和斗志，不肯答应大家的请求，命令太子留在后面安慰这些父老乡民。于是，大家只得又转求太子，说：“既然皇上不肯留下，我们愿意率领子弟跟随殿下去讨伐叛军，收复长安。如果太子殿下和皇上都逃到蜀中去了，还有谁能为中原的百姓做主呢？”

太子本想陪在玄宗身边，因此心中有些犹豫，但他的马已被大家团团围住，让他无法动身。于是，太子只得派人向玄宗报告了此事。

玄宗知道后，分出两千士兵和一批最好的马给太子，又对将士们说："太子仁义孝顺，能够继承大唐基业，希望你们以后能好好辅佐他。"

于是，玄宗和太子就此分道而行。玄宗继续往扶风逃去，太子则带领将士往北方的灵武前进。

此时的安禄山根本没想到唐玄宗会丢下长安逃了出去，因此，他的叛军还一直留在潼关，没有向长安发起进攻。直到十天后，安禄山得知玄宗出逃的消息，才派兵进入长安。当这些叛军占领长安后，只是一味地贪图享乐，并没有乘胜追击，这才给了玄宗继续出逃和太子北上的机会。

七月十二日，太子李亨在灵武即位，即唐肃宗，尊玄宗为太上皇，改年号为"至德"。

人物介绍

杨国忠：本名杨钊，是杨贵妃的族兄，在杨贵妃得宠后升任宰相。他专权误国，在"安史之乱"发生后随唐玄宗一起西逃，后在马嵬坡被将士所杀。

历史关键点

"安史之乱"爆发，加上在这之后，玄宗又听信了杨国忠的谗言，误判形势，致使朝廷失去了反击的能力和机会。最后，作为一国之君的唐玄宗，竟然留下国都和百姓不顾，偷偷拖家带口地走上了逃亡之路。

在马嵬驿，在众多军士的发动下，作为"罪魁祸首"的杨国忠被杀，杨贵妃也因受到牵连而被处死。此后，唐玄宗退位，太子李亨即位。曾经英明神武、写下辉煌篇章的唐玄宗，提早退出了历史舞台。

淮西之乱

放声朗读

裴度以蔡卒为牙兵，或谏曰：“蔡人反仄者尚多，不可不备。”度笑曰：“吾为彰义节度使，元恶既擒，蔡人则吾人也，又何疑焉！”蔡人闻之感泣。先是吴氏父子阻兵，禁人偶语于涂，夜不然烛，有以酒食相过从者罪死。度既视事，下令惟禁盗贼，余皆不问，往来者不限昼夜，蔡人始知有生民之乐。

——《资治通鉴》唐纪五十六·宪宗昭文章武大圣至神孝皇帝中之下元和十二年

译文

裴度任用蔡州的士卒为牙兵，有人规劝他说：“蔡州人中间反复不定的人为数还很多，不能不加以防备。”裴度笑着说：“我是彰义节度使，首恶已被擒获，现在蔡州人就是我的人啊，又有什么可怀疑的呢！”蔡州人得知此言，感动得哭了。在此之前，吴少阳、吴元济父子拥兵淮西，禁止人们在道路上相对私语，不许在夜间点燃灯烛，若有人聚在一起喝酒吃饭，便要处以死罪。裴度任职以后，下达命令，只需禁止盗窃，其余一概不过问。人们相互往来，没有白天黑夜的限制，蔡州人第一次感受到了作为普通百姓的快乐。

自从安史之乱发生以来，唐朝就开始走向了下坡路。虽然在马嵬驿之变后，朝廷成功地收复了都城长安和洛阳，但整个国家的实力还是日益衰落。一些地方藩镇的节度使拥兵自重，实力不断加强，威胁着朝廷的统治。

元和九年（814）闰八月，淮西节度使吴少阳死后，他的儿子吴元济向朝廷隐瞒吴少阳的死讯，自立为帅，统领军中事务。吴元济放纵兵马到处侵扰劫掠，到了第二年正月，甚至还让他们跑到了东都洛阳附近滋

扰。唐宪宗忍无可忍，先是削夺了吴元济的官职和爵位，接着又命令宣武等十六道进军讨伐。

然而，几个月过去了，派去讨伐淮西的各路军队，几乎都没有取得什么大的战绩。“究竟是怎么回事？朝廷派出去那么多兵马，竟然都打不过一个吴元济吗？”宪宗觉得很奇怪，决定派御史中丞裴度前去行营抚慰将士，察看实情。

裴度到了前线，先是对将士们进行了一番抚慰，又了解了他们的具体作战情况。回朝后，他告诉宪宗说：“我观察了各位将领，发现李光颜骁勇善战，又深明大义，相信他在接下来的讨伐中，必能立功。”不久后，李光颜果然在时曲大破吴元济军。捷报传至京城，朝臣们都备受鼓舞，宪宗也夸裴度善于识人。

朝廷对淮西的讨伐，让淄青节度使李师道感觉受到了威胁。他竟想出了刺杀朝廷重臣的主意，而宰相武元衡和御史中丞裴度，就是他的首要目标。

这天一大早，天还没亮，武元衡走在去朝廷的路上，就被李师道派出的刺客杀掉了。接着，刺客又赶去刺杀裴度。幸运的是，那天，裴度戴了一顶很厚的毡帽，所以当刺客砍向裴度的头时，那毡帽替他挡了一刀，结果只是受了伤，保住了一条命。

那段时间，京城中的官员们人人自危，每天都要等到天亮以后才敢出门，所以往往宪宗都上殿很久了，那些官员们都还没有到齐。

裴度被刺客砍伤后，一直待在家中养病，宪宗安排了很多卫兵到他家里保护他。这时，有大臣请求免除裴度的官职，以便让李师道他们放下心来，不再刺杀朝廷官员。宪宗生气地说：“倘若免了裴度的官，那些人的奸计不就得逞了吗？我就是要重用裴度，才能震慑他们，打败他们！”

过了些日子，裴度的伤势好些了，宪宗就提拔裴度为宰相。裴度对宪宗说："淮西之乱是朝廷的心腹之患，必须予以根除。况且，现在河南、河北的藩镇，也都在盯着朝廷的这场战事，借此来决定对朝廷的态度。如果朝廷不平定淮西，他们也会举兵叛乱的，到时候朝廷可就危险了。所以，讨伐吴元济这件事，是绝对不能半途而废的。"

宪宗认为裴度的话很有道理，便将平定淮西之乱的战事正式交托给他。

然而，由于各种原因，一直到元和十二年（817），朝廷派去讨伐淮西的各路军队，虽然取得了一些战绩，但还是没有将淮西攻下。长时间

的战事，使得战士们疲惫不堪，百姓的生活也大受影响。宪宗一直为此感到忧虑，便把几位宰相召集起来商议。

李逢吉等人都说：“现在军中士气低落，物资又消耗殆尽，希望朝廷停止用兵。”

裴度站出来，对宪宗说：“陛下，臣请求亲自前去督战。”

宪宗问他有何打算，裴度回答说：“陛下已经派了众军出征，吴元济面临的形势定是不利的。只是这些军队的将领人心不齐，不能够合力出战，所以才没有拿下吴元济。如果我亲自前去，各将领唯恐我夺去他们的功劳，肯定争先进军破敌了。”宪宗很高兴，答应派他去督战。

裴度启程去淮西这天，宪宗亲自前往通化门为他送行。裴度拜别宪宗时，郑重地说道：“倘若这次我们能攻下淮西，臣很快就会回来拜见陛下；若是一直攻不下，臣绝不回来。”听了裴度的话，宪宗不禁热泪盈眶。

裴度到了淮西的郾城后，很快就发现了一个问题。原来，朝廷派来讨伐淮西的各路军队中，都有一个朝廷派的中使负责监督，因此，很多战事上的行动都不能由各路军队的将领做主，常常会耽误战机。不仅如此，一旦打了胜仗，这些中使就向朝廷报捷，将功劳揽在自己的身上；而一旦打了败仗，中使就对将帅们百般辱骂，还把罪责怪在他们头上。这样一来，就大大打击了各路将领作战的积极性。

裴度了解到这一情况后，马上上奏宪宗，将各处监督战事的中使全部罢黜（chù）。在那之后，各将领终于可以自己做主处理军中事务，在战事中取胜的次数也越来越多了。

参与讨伐淮西的各路军中，唐邓节度使李愬（sù）是一个善于用兵的人。淮西军有个叫李祐的投降了李愬，他告诉李愬说：吴元济在蔡州，但现在他把蔡州的精锐兵马全都派到了洄曲，所以防守蔡州城的兵力都是老弱残兵。这是一个攻打蔡州的好机会。

得知这个消息，李愬赶紧派人前往郾城，秘密禀报裴度。裴度认为这是一个很好的计划，让李愬尽快采取行动。于是，在一个雪夜，李愬带领部队，出其不意地大举进攻蔡州。

当晚，还睡在床上的吴元济，怎么也没有料到李愬会这么快就攻进来，只好束手就擒。其他各地的叛军得知吴元济被俘后，也都前来归降。

持续多年的淮西之乱，就这样结束了。

几天后，裴度也到了蔡州。他任用蔡州的士兵为牙兵，有人劝他说："这些人中，恐怕还有没真心归顺的，不能太信任他们，要多加防备啊！"裴度笑笑说："我是彰义节度使，吴元济已经被擒获了，现在，蔡州人就是我的人啊，为什么要怀疑他们呢！"

蔡州人听说了宰相的这番话，都感动得哭了。多年来，他们被吴元济的叛军统治，如今，终于感到了做百姓的快乐……

人物介绍

裴度：唐宪宗时期的宰相、功臣，在帮助唐宪宗削藩、平定淮西之乱的过程中做出了巨大贡献。

历史关键点

经历了安史之乱和马嵬坡之变以后，唐朝的国力急转直下。朝廷的力量一削弱，地方的藩镇割据政权就渐渐地冒了出来，后来竟然嚣张到了跑到京城去刺杀朝廷重臣的地步。

在平定淮西之乱的过程中，裴度发挥了极为重要的作用。裴度是一个勇敢而心怀天下的人，在受到藩镇势力刺杀的威胁后，他依然亲赴战场，带领并督促将士们合力作战，最终成功平定了淮西叛乱，使唐朝重归统一。

甘露之变

放声朗读

壬戌，上御紫宸殿。百官班定，韩约不报平安，奏称：“左金吾听事后石榴夜有甘露，臣递门奏讫。”因蹈舞再拜，宰相亦帅百官称贺。训、元舆劝上亲往观之，以承天贶（kuàng），上许之。百官退，班于含元殿。日加辰，上乘软舆出紫宸门，升含元殿。先命宰相及两省官诣左仗视之，良久而还。

——《资治通鉴》唐纪六十一・文宗元圣昭献孝皇帝中太和九年

译文

二十一日，唐文宗御临紫宸殿。百官列班站定后，左金吾卫大将军韩约不按规定报告平安，却奏称道：“左金吾衙门后院的石榴树上，昨晚发现有甘露降临，这是祥瑞的征兆，昨晚我已通过守卫宫门的宦官向皇上报告。”于是，行舞蹈礼拜了两拜，宰相也率领百官向文宗祝贺。李训、舒元舆乘机劝文宗亲自前往观看，以便承受上天赐予的祥瑞。文宗表示同意。接着，百官退下，列班于含元殿。辰时刚过，文宗乘软轿出紫宸门，到含元殿升朝，先命宰相和中书、门下两省的官员到左金吾后院察看甘露，过了很久才回来。

唐朝后期，宦官的势力越来越大。那些大宦官们不仅参与朝政大事的决断和官员的任免，甚至连皇帝的生死废立，也都操纵在自己手里，简直就是一手遮天。

826年，宦官刘克明杀死唐敬宗，想要立绛（jiàng）王李悟为帝。然而，螳螂捕蝉，黄雀在后——还没等他们的奸计得逞，另一个宦官王守澄又派人杀死了刘克明和绛王，最后拥立江王李昂继位，即唐文宗。

虽然文宗是在王守澄的帮助下才登上皇位的，但他心里十分痛恨这些飞扬跋扈的宦官们，恨不得将他们全部除掉。李训和郑注二人原本是王守澄引荐给文宗的大臣，他们在得知文宗的心思后，便不断地出谋划

策，偷偷和文宗商议起诛杀宦官的计划来。

当初文宗之所以被拥立为皇帝，与一个叫仇士良的宦官也有着很大关系。但王守澄一直压制着仇士良，二人之间一直不和。这时，在李训和郑注的建议下，文宗就将仇士良提拔起来对付王守澄，还逐步削除了王守澄的兵权。

太和九年（835）十月，经文宗下令，王守澄被赐死在家中。按照他们的计划，下一步要对付的，就该是另一个大宦官仇士良了。

十一月二十一日这天，唐文宗御临紫宸殿。文武百官站定之后，左金吾卫大将军韩约忽然上奏道："臣昨晚发现，在左金吾衙门后院的石榴树上，突然有甘露降临，这是祥瑞的征兆啊。昨晚臣已通过守卫宫门的宦官向皇上报告了此事，恭贺陛下！"于是，文武百官一起向文宗祝贺。

"陛下何不亲去查看，以承接上天赐予的祥瑞呢？"李训乘机劝说道。

"好！甘露降临，大家随朕一起去看看吧！"

说着，文宗起身，带领百官来到含元殿。他先让宰相和中书、门下两省的官员去查看甘露。过了很久，李训回来奏报说："我们去查看过了，看起来那不像是真正的甘露，请陛下不要立即向天下宣布此事。"

文宗说："怎么还有这种事？"于是，他又下令让仇士良带着宦官们一起，再次前往左金吾后院查看。

仇士良等人来到后院，韩约紧张得要命，浑身都开始冒汗了。仇士良觉得很奇怪，问他："将军这是怎么了？"还没等韩约回答，忽然，一阵风把院中的帷帐吹了起来，那里埋伏着准备诛杀宦官的士兵们，一下暴露了出来。

仇士良一看，急忙往外跑。守在门边的士兵正想关门，被仇士良大声呵斥，门闩没有关上。

仇士良还以为那些埋伏的士兵是要谋杀皇帝的，正打算向文宗报告此事，李训一看，赶紧招呼说：“快来人，保护皇上，每个人都有重赏！”

仇士良对文宗说：“事出紧急，请陛下赶快回宫！”随即派人抬来一顶软轿，赶紧把文宗扶上轿子，一路向含元殿跑去。“大事不好了！”李训忍不住捶胸顿足地哀叹一声。事情败露了，仇士良肯定不会放过他的。李训赶紧换上一件随从官吏的绿色官服，骑上马逃出城去。

接着，仇士良派了大批禁军出去抓人。这时，王涯等几位宰相在政事堂正要吃饭，忽然有人报告说：“不好了，有一大群士兵从宫中冲了出来，也不知怎么回事，逢人就杀！”王涯等人听了，赶紧狼狈地逃跑。中书、门下两省和金吾卫的官兵们一千多人，都争着向外逃去。不一会儿，大门被关上了，有六百多还没来得及逃出去的人，就这样全被杀掉了。

仇士良又下令关闭各个宫门，继续搜查贼党。各司的官吏、卫兵，还有一些正在里面卖酒的百姓和商人共一千多人，也全部被杀。一时间，到处尸体狼藉，血流遍地，惨不忍睹。

仇士良又命左、右神策军各出骑兵一千多人出城，去追击逃亡的贼党，同时在京城内继续大加搜捕。舒元舆换下官服，一个人骑着马从安化门逃出去，不久就被骑兵追上抓住了。王涯也被抓了，被押送到左神策军中。王涯那时已经七十多岁了，身体实在禁受不住毒打，最后不得不屈打成招，说自己和李训一起参与了谋反，为的是立郑注为皇帝。

王播逃回家中后，立刻关上大门。神策军前来搜捕时，为了骗他出来，大声喊道："王涯一伙谋反了，现在朝廷打算让您当宰相，您快出来吧！"王播信以为真，高兴地开门出来，于是也被抓了。

二十三日这天，百官上朝时，由于宰相和御史大夫都被抓了，没人带领，整个队伍都乱糟糟的。文宗不解地问道："怎么回事？几位宰相怎么没有来？"仇士良回答说："王涯等人谋反，已经被我派人抓进监牢了。"接着，就把王涯的供词递呈给文宗。

文宗一看，心中十分悲愤，不得不说道："如果真有此事，那就罪不容诛！"于是，命人起草制书，将平定李训、王涯等人叛乱一事宣告朝廷内外。

李训逃出城后，打算前往凤翔去投靠郑注。在此之前，按照他们的谋划，已经先让郑注离开京城去了凤翔担任节度使，本来是想在事发那天来个里应外合，将宦官们一举消灭。现在起事失败了，李训也只好去找郑注，却在半路上就被抓住了。

李训被戴上了脚镣、手铐，押送京城。路上，李训猜到自己回到京城后，一定会被仇士良毒打污辱的，就对押送的人说："现在我已经是无路可逃了，如今不管谁抓住我，都会得到重赏而富贵。听说禁军到处搜捕，他们肯定会把我夺走。你们干脆把我杀了，将我的首级送去京城吧！”于是，那些人就将李训的头砍下，送往京城。

随后，仇士良派人带着李训的首级游街示众，还命百官一同前往观看。在一棵柳树下，王涯、舒元舆、王璠等大臣也惨遭杀害了。

人物介绍

仇士良：唐朝大宦官，擅权揽政十二余年，为人骄横残暴，使得朝政更加昏暗混乱。

历史关键点

唐朝中后期，朝廷势力衰败的原因，除了藩镇割据，就是宦官专权了。“甘露之变”原本是唐文宗为了铲除宦官势力而做的谋划，最后却因行动失败，反而让宦官的势力变本加厉，连几位宰相也被他们杀掉了。

此次事件之后，所有朝政大事几乎都由宦官决定，宰相却沦落到只能奉命下达文书的地步。宦官的气焰更加嚣张，他们常常以权逼迫、威胁皇上，鄙视宰相，凌辱百官，朝政更是混乱无比，唐朝一步步走向灭亡的深渊。

黄巢起义

放声朗读

黄巢屯信州，遇疾疫，卒徒多死。张璘急击之，巢以金啖（dàn）璘，且致书请降于高骈（pián），求保奏。骈欲诱致之，许为之求节钺（yuè）。时昭义、感化、义武等军皆至淮南，骈恐分其功，乃奏贼不日当平，不烦诸道兵，请悉遣归。朝廷许之。贼诇（xiòng）知诸道兵已北渡淮，乃告绝于骈，且请战。骈怒，令璘击之，兵败，璘死，巢势复振。

——《资治通鉴》唐纪六十九·僖宗惠圣恭定孝皇帝上之下广明元年

译文

黄巢军驻扎在信州，因为遇到传染病，死了很多士兵。张璘乘机赶紧攻打黄巢军，黄巢以黄金引诱张璘，并向高骈送信请降，请求高骈向朝廷保奏。高骈也想引诱黄巢上钩，于是答应了黄巢，并许诺愿为黄巢向朝廷求得节钺权杖。当时昭义、感化、义武等军队都赶到淮南，高骈担心这些军队会瓜分他的功劳，于是上奏朝廷说黄巢带领的贼军不几日就可以平定，不用麻烦诸道军队，请求将诸道军队全部遣归本镇。朝廷相信了高骈的话，批准了他的奏请。黄巢打探到唐诸道兵已经北渡淮河，于是与高骈绝交，并且出战。高骈得知后怒气冲天，命令张璘向黄巢军进攻，被杀得大败，张璘也战死了，于是黄巢的势力重新得到了振兴。

唐朝末年，经过藩镇叛乱、宦官专权以及朝廷吏治的混乱，整个国家的国力已经变得越来越弱。而这时，朝廷还在加重百姓的税收，又逢接连不断的天灾和战乱，老百姓的日子苦不堪言。于是，全国到处都涌起了想要推翻唐王朝的起义。其中，影响最大的就是王仙芝和黄巢率领的。

乾符五年（878）二月，在与朝廷军队的一次交战中，王仙芝兵败被杀。随后，王仙芝的余部就和黄巢的军队合在了一起，大家都推黄巢为盟主，号称“冲天大将军”。接下来，黄巢率领着更庞大的起义军，继续对朝廷发起进攻。

由于唐军在中原地区布置了强大的兵力，黄巢率军南下，一直打到了广州。第二年，驻守岭南地区的黄巢军队中，士兵们得了严重的瘴疫，死了很多人，他的部下说：“咱们守在这里也不是办法，还是尽快北上去攻打唐军，以图大事！”黄巢听从了他的建议，率军北上。到了潭州，他们只用了一天，就将潭州城攻下了。

接下来，黄巢军继续北上，在襄阳遭遇了山南东道节度使刘巨容率领的唐军埋伏，结果惨败，损失了许多兵力。黄巢带领剩余的兵力被追到长江，再向东转移。有人劝刘巨容乘胜追击，将他们一网打尽，刘巨容却说：“遇上危急的情况，朝廷就善待将士，不惜给你封官；而事情一旦平定下来，就将我们抛到一边不闻不问了，有些人甚至还会因功获罪。我看，此次就不必追赶这些贼军了，留到以后，还能成为我们谋取富贵的资本。”

于是，黄巢的军队得以顺利逃走。不久，他们的势力重新发展了起来，先是攻陷了鄂州，之后又继续在饶州、信州、池州、宣州、歙（shè）州、杭州等十五州进行掠夺。很快，他们的兵力又壮大了起来。

广明元年（880）十一月，黄巢的军队已经攻进了东都洛阳。截制置都指挥使齐克让向朝廷上奏说：“黄巢已进入东都境内，我军退到潼关继续进行抵抗。我们早就缺乏战备物资了，将士们饥寒交迫，兵器又钝又劣，再加上士兵们都开始思念家乡，士气低落，恐怕很容易溃散……恳请朝廷尽早运送军粮物资，派遣援军到来！”

唐僖宗接到上奏，派张承范等带了2800名神策军弓弩手前往潼关，没想到几天后，朝廷派去的军队不堪一击，被黄巢的大军击败，退入潼关边的一个山谷。

张承范又派人给朝廷送去奏表，说："臣率军离京六天，然而再也没有其他的援兵到来，军饷物资更是连影子也没见到。到潼关那天，黄巢已到关下，我以两千余人对抗黄巢六十万大军，在关外的齐克让军也因饥饿早已溃散，被逼得退入山谷……听人说陛下已经考虑要西巡至蜀

中，如果陛下一走，恐怕朝廷上下的将士很快就会土崩瓦解。臣冒死进谏，希望陛下与亲近宦官、宰相大臣们深思熟虑，紧急征兵来救援潼关的关防。如果潼关能守住，我大唐高祖、太宗创立的基业或许还可以扶持，微臣就算战死也心甘情愿！”

此时，黄巢的起义军已是势不可当，没过几天，就攻到了长安城外。慌忙中，唐僖宗带着五百士兵和几位亲王、妃嫔偷偷出了城，往成都方向逃去。而朝廷百官竟无人知晓，谁也不知皇帝去向。

当天傍晚，黄巢坐着一顶用黄金装饰的轿子，率领浩浩荡荡的起义大军进入了长安城。唐金吾大将军张直方竟率领几十个朝廷官员，亲自前往霸上迎接。长安城内的百姓们都站在路旁夹道观看，黄巢的部下尚让一遍遍地宣传：“我黄王起兵是为了百姓，不像唐朝李氏皇帝那样，一点儿也不爱民。你们只管安居乐业，不要恐慌。”

黄巢的部下大都是盗贼出身，进城不久就暴露本性，大肆烧杀抢掠，长安城一片血雨腥风。

十二月十一日，黄巢将留在长安的唐朝宗室一个不剩地全杀光了。十三日，黄巢在含元殿登基称帝，定国号为“大齐”，同时宣布唐朝三品以上的官员全部免职，四品以下的官员则保留原来的官职。

唐僖宗逃到成都以后，一些大臣也相继追随了过来。不久，唐军开始组织反攻。中和二年（882），黄巢部下的朱温在与唐军的一次交战中失败，投降了唐军。

到了中和三年（883），黄巢起义军在与唐军的交战中节节败退，于是黄巢开始考虑撤离长安。

沙陀将领李克用与忠武将军庞从、河中将军白志迁等唐军将领开始组织反攻长安。在渭南，他们与黄巢的军队展开了三次激战，黄巢大败。不久，李克用等人攻入长安。黄巢眼看抵挡不住了，就放火焚烧了宫殿，仓皇逃走。唐军一路紧追不舍。

中和四年（884），黄巢逃到了山东境内的狼虎谷。此时，曾经强大的黄巢起义军已经是强弩之末，再也没有取胜的可能了。黄巢有个外甥名叫林言，他见大势已去，又害怕被唐军抓住后会被处死，便趁机杀了黄巢和他的兄弟、妻子，并把其首级交给唐军将功赎罪。

至此，黄巢领导的唐末农民起义失败。

人物介绍

黄巢：唐末农民起义领袖。他率领起义军进入长安后，于880年即皇帝位，国号“大齐”，后来在唐军的反攻下，被自己身边的亲人所杀。

历史关键点

从乾符五年（878）一直持续到中和四年（884）的黄巢起义，是唐末农民起义中历时最久、范围最广、影响最深远的一场农民起义。黄巢起义采用流动作战的方式，战火遍及山东、河南、安徽、浙江、江西、福建、广东、广西、湖南、湖北、陕西等地，在很大程度上动摇了唐朝的统治，使唐朝的国力更加衰落。

由于长期的流动作战，没有稳定的后方，再加上缺乏经济上的保障和群众基础，黄巢起义最后以失败告终。

朱温灭唐建后梁

放声朗读

甲子，张文蔚、杨涉乘辂（lù）自上源驿从册宝，诸司各备仪卫卤簿前导，百官从其后，至金祥殿前陈之。王被兖（yǎn）冕，即皇帝位。张文蔚、苏循奉册升殿进读，杨涉、张策、薛贻矩、赵光逢以次奉宝升殿，读已，降，帅百官舞蹈称贺。帝遂与文蔚等宴于玄德殿。帝举酒曰："朕辅政未久，此皆诸公推戴之力。"文蔚等惭惧，俯伏不能对，独苏循、薛贻矩及刑部尚书张祎（yī）盛称帝功德宜应天顺人。

——《资治通鉴》后梁纪一·太祖神武元圣孝皇帝上开平元年

译文

十八日，张文蔚、杨涉乘大车自上源驿随从册宝，诸司各备陈仪仗、卫士、车驾在前引路，唐朝的文武百官随后，到金祥殿前排列。梁王朱全忠身披衮袍，头戴冠冕，即皇帝位。张文蔚、苏循捧着册文登殿，进读册文，杨涉、张策、薛贻矩、赵光逢依次捧着印玺登殿，读完册文，下殿，率领文武百官跪拜称颂庆贺。后梁太祖于是同张蔚等在玄德殿宴饮。后梁太祖举起酒杯说："朕辅佐朝政不久，现在这样都是因为诸公拥护爱戴的结果。"张文蔚等惭愧惶惧，俯伏在地，不能回答，只有苏循、薛贻矩及刑部尚书张祎，大肆称赞后梁太祖有功德，需要顺应天命、人心称帝。

唐僖宗乾符年间，黄巢发动了声势浩大的农民起义，朱温便是他部下的一名得力将领。中和二年（882），在和唐军的一次交战中，朱温率领的部队大败，他连续十次向黄巢请求支援，却一直都没有等到黄巢派来援军的消息。朱温很失望，最后决定投降唐军，归顺了大唐。

朱温在黄巢起义的过程中，曾立下很多功劳；归顺朝廷后，朱温又凭着他行军打仗的才能，在唐军反攻黄巢的战斗中立下了很多功劳。唐僖宗很高兴，便给了朱温“左金吾王大将军”“河中行营副招讨使”的官职，还赐给他一个新名字——朱全忠。此后，朱全忠在朝廷的势力越来越大。

当时，宦官专权的现象仍然很严重。在唐昭宗光化三年（900），宦官刘季述把唐昭宗幽禁起来，立太子德王李裕为帝。后来，宰相崔胤杀了刘季述，使昭宗复位，又将朱全忠晋封为东平王，并任命其为宣武、宣义、天平、护国四镇节度使。

刘季述死后，韩全诲成了势力最大的宦官。崔胤一心想要灭掉朝廷宦官的势力，便想办法拉拢朱全忠，而韩全诲则找到了凤翔节度使李茂贞等人为外援。此时的皇帝昭宗，就成了他们互相争夺的对象。

不久，韩全诲将昭宗带到了李茂贞所在的凤翔，朱全忠知道后，召集兵马追到凤翔，要求迎回昭宗。韩全诲以昭宗的名义假传诏令，命朱全忠回去，但朱全忠还是对凤翔进行了很长时间的围攻，并且多次打败李茂贞。

几个月过去了，李茂贞被围攻得没有办法了，悄悄对昭宗说：“朱全忠一直围攻凤翔，这样下去也不是办法。不如杀了韩全诲，同朱全忠议和，然后护送陛下回长安吧！”昭宗早就想回长安了，因此很高兴，立刻下令将韩全诲等几十个宦官斩首，把他们的首级送给了朱全忠。

昭宗出了凤翔，来到朱全忠的军营。朱全忠担心昭宗会责怪自己，就跪在昭宗面前，一边磕头一边流泪。昭宗赶紧把他扶起来，也哭着

说：“大唐朝廷社稷得以重新安定，朕与宗族能够再次逢生，这些都是你的功劳啊！”说完，还解下自己的玉带赐给朱全忠。

回到长安后，朱全忠和崔胤一起上奏昭宗，建议彻底铲除宦官，昭宗听从了他们的建议。当天，朱全忠就下令将宫中的几百个宦官集合到一起，全部杀死了。即便是当时正出使外地的，也派地方官员将他们全

部处死，最后，整个宫中只留下三十个小宦官以备洒扫。至此，唐朝中后期以来的宦官专权现象终于结束了。

为了嘉奖朱全忠的功劳，昭宗赐他“回天再造竭忠守正功臣”的称号，不久又将他晋为梁王。此后，朱全忠的党羽更是遍及皇宫和京城各处。

事情终于告一段落，朱全忠准备离开长安回大梁了。出发时，昭宗不但亲自为他设宴送行，还为他写了几首诗。

此时，朝廷已无宦官专权，而朱全忠已威震天下，就连皇帝也唯他马首是瞻。渐渐地，朱全忠心里就有了篡夺帝位的打算。

宰相崔胤原本与朱全忠处在同一战线，现在也开始顾忌朱全忠的势力，二人渐渐背道而驰。没多久，朱全忠就派人将崔胤杀死在家中。

凤翔节度使李茂贞几次出兵逼近京城，朱全忠怀疑他又要将昭宗劫持到凤翔去，赶紧出兵长安，逼着昭宗迁都到了洛阳。接着，李茂贞和李克用等人组成联盟，倡议天下一同讨伐朱全忠。朱全忠准备率军对他们发动进攻，又担心昭宗会有所举动，于是决定杀死昭宗，另立新君。

天佑元年（904）八月，朱全忠派部下将昭宗杀死，立昭宗年仅十三岁的儿子李柷（zhù）为帝，即唐哀帝。这时候的唐朝皇帝，已经完全成了朱全忠的傀儡，不过，朱全忠还是希望凭借自己的势力统一全国之后，再正式夺取帝位。

那时，朝廷中还有一批大臣忠于李唐皇室，他们成为朱全忠夺取皇位的一大阻碍，于是他大肆贬逐朝官。李振是朱全忠的谋士，以前参加过多次科举考试都没考中，因此对那些科举出身的官员十分痛恨，极力主张将剩余的朝臣全部杀掉。朱全忠采纳了李振的建议，下令将三十余位朝臣杀死在白马驿，又将他们的尸体扔进了河中，这就是历史上的“白马驿之祸”。

至此，唐朝已经名存实亡了。

到了天祐四年（907）的正月，全国大部分藩镇都已经臣服于朱全忠了。这年正月，朱全忠来到魏州，魏博节度使罗绍威担心朱全忠袭击自己，就对他说：“现在还在向您发兵的人，都打着拥戴唐室的名号，您不如直接灭了唐室，这样不就断了他们的希望了吗？”朱全忠虽然没有马上答应，但心里还是很高兴，也有了尽快让哀帝把皇位让给自己的想法。

这时的唐哀帝身边，已经全都是朱全忠的人了。很快，哀帝就颁下

诏书，决定在二月让位给梁王朱全忠，朱全忠却假装不接受。到了二月，朝中的大臣和各地藩镇接连不断地上表奏折，都劝朱全忠接受帝位。三月，哀帝再次颁下让位诏书。

终于，在四月初四这天，朱全忠登上金祥殿，接受唐室文武百官俯首称臣。接着，朱全忠又给自己更名为朱晃。四月十八日，朱晃正式换上了皇帝的衣冠，曾经的朱温、朱全忠，变成了新皇帝朱晃。

四月二十二日，朱晃改国号为“大梁”（史称“后梁”），朱晃即后梁太祖。至此，曾经强大、辉煌的大唐王朝正式灭亡了。

人物介绍

朱温：又名朱全忠、朱晃，后梁太祖。曾参与黄巢起义，后归附唐军，因反攻黄巢起义军有功，被唐僖宗赐名朱全忠。907年，夺取唐哀帝的帝位，建立后梁。

历史关键点

剿灭黄巢起义后，朱温凭借战功成为朝廷的大功臣，随后，他的势力越来越大，逐渐发展为唐末势力最大的割据势力，成了唐王朝最大的威胁力量。终于，朱温在完全控制了唐王朝后，在907年以禅让的形式夺取了唐哀帝的皇位，建立后梁。

朱温称帝建立后梁，使延续近三百年历史、曾经辉煌无比的大唐王朝正式灭亡。同时，中国历史也开始进入唐宋之间的“五代十国”这一大分裂时期。

李存勖建后唐

放声朗读

以魏州为兴唐府，建东京；又于太原府建西京，又以镇州为真定府，建北都。以魏博节度判官王正言为礼部尚书，行兴唐尹；太原马步都虞候孟知祥为太原尹，充西京副留守；潞州观察判官任圜（yuán）为工部尚书，兼真定尹，充北京副留守；皇子继岌为北都留守、兴圣宫使，判六军诸卫事。时唐国所有凡十三节度、五十州。

——《资治通鉴》后唐记一·庄宗光圣神闵孝皇帝上同光元年

译文

李存勖（xù）把魏州升为兴唐府，建东京；又在太原府建西京，同时把镇州升为真定府，建北都。任命魏博节度判官王正言为礼部尚书，兼任兴唐尹；任命太原马步都虞候孟知祥为太原尹，充西京副留守；任命潞州观察判官任圜为工部尚书，兼真定尹，充北京副留守；任命皇子李继岌为北都留守、兴圣宫使，判六军诸卫事。当时的后唐国共有十三个节度、五十个州。

在唐军镇压黄巢起义的过程中，李克用和朱温都立下了大功，后来朱温被封为梁王，李克用被封为晋王。天祐四年（907），朱温灭了唐朝建立梁，成为梁太祖。对此，李克用心中十分愤恨，拒不承认朱温建立的政权。

在那之后，李克用仍旧沿用唐朝的年号天祐，同时一直以复兴唐朝的名义与后梁对抗，成了后梁北方最大的威胁。

908年正月，李克用忽然病重了。临死前，他把儿子李存勖托付给他的弟弟李克宁和监军张承业等人，对他们说：“这孩子志向远大，以后必能成就我复兴唐朝的伟业。现在我把他托付给你们，请你们以后一定要好好帮助他。”

不久，李克用就病死了，李存勖继位，成了新的晋王。当时，因为李存勖还比较年轻，有些人并不服，甚至怂恿他的叔父李克宁夺取王位。张承业知道后，建议李存勖抢先行动，除掉这些图谋不轨的人。于是，张承业设计在府中宴请各位将军，同时事先设好埋伏，把李克宁等人抓住杀掉了。

其实，李存勖从小就是一个聪慧且有勇有谋的人。在他还小的时候，李克用想到朱温的势力越来越强大，心中很担忧，终日忧虑不已。李存勖看到后，就安慰父亲说：“许多事物都是物极必反的，欲使其灭亡必先使其疯狂。朱温奸诈，不断并吞四邻，使得百姓怨恨、天神愤怒，现在他还想控制皇上，抢走帝位，他这就是快走到极点、要灭亡的前兆了！父亲应当暂且忍耐静观，怎么能轻易就灰心丧气，让大家跟着担心失望呢！”李克用想不到自己的儿子能说出这样一番话，马上就重新振作起精神了。

潞州是连接梁晋之间的重要通道，也是双方一直奋力争夺的地方。那时，梁军在潞州派有重兵把守，李克用活着时，晋军就一直久攻不下。到李克用死后，梁军以为李存勖年轻且刚刚继位，必然不敢出兵，因此毫无防备。李存勖也想到了这一点，就跟诸将商议说：“晋梁对立，朱温怕的只是我的父亲，他们听说父亲仙逝了，以为我年轻不懂军事，一定会有骄傲懈怠的心理。如果我们选派精锐部队，出其不意地打他个措手不及，一定能打败梁军！”

于是，李存勖亲自带兵出征。他先让军队埋伏在三垂冈下，然后乘着凌晨的大雾，进兵直达夹寨。梁军没料到晋军会突然出现，都还在睡梦中呢。被惊醒后，梁军只得惊慌而逃，还给晋军留下了大量的粮草和器械等物资。经此一战，晋军兵威大振。

梁太祖朱温听说潞州夹寨失守，顿时大惊失色。过了好一会儿，朱温才长叹了一口气，说道：“生子当如李亚子（李存勖，小字亚子）啊！看来，李克用的家业可以不亡了！和他这儿子比起来，我的那些儿子，简直就是些猪狗一样的东西！”

李存勖得胜后回到晋阳，下令休整军队，养精蓄锐。同时，他还对将士们论功行赏，严肃军纪，又命各州县大力举荐有才德的人。之后，他又罢免了一批贪婪残暴的官吏，下令减轻晋地境内的田租赋税，抚恤孤寡贫民，等等。通过这一系列的措施，李存勖在晋地的威望就更高了，大家都相信，这个年轻的晋王也是一个有能力的好王，是一个值得信赖和追随的人。

在那之后，李存勖带领晋军继续与梁军对抗。渐渐地，他还与其他与梁对抗的藩镇结成了联盟，并成为盟主。大家联合起来，一起对抗后梁。

914年，有人劝赵王王镕说：“大王所称尚书令是梁国的官名，大王既然与梁为敌，就不应当再用梁国的官名。况且自从唐太宗登位以来，还没有其他人敢称这个官名的。现在晋王为盟主，功高位低，不如推举他为尚书令。”王镕想了想，觉得说得很对，于是就推举李存勖为尚书令。李存勖再三推辞，最后还是接受了“尚书令”这个官职。

到了921年，前蜀主、吴主等人多次写信给李存勖，劝他称帝。李存勖把这些信拿给他的僚属们看，说：“以前也有人给我父亲写信，劝他说，唐室已经灭亡了，应当自己称帝，占据一方。但是父亲说，我家世代效忠皇帝，就算是死也不能做这种大逆不道之事。他还告诫我说：‘你以后应当全心全意恢复唐朝社稷，不要效法那些人自己称帝。’先父对我讲过的话，如今好像还在耳边……”

不过，话虽这样说，事实上，李存勖对于称帝这件事还是很动心的。不久，他的左右部下以及藩镇的官吏们，继续不断地在他耳边提起此事。李存勖虽然没有马上答应，但已经私下让人去物色上等的玉石，好拿来制造传国玉玺了。

张承业是李克用的老部下，也是一个对唐朝忠心耿耿的人。他在听说了这件事之后，特意跑到李存勖的身边，对他说：“大王世世代代效忠唐朝，所以老奴我几十年来也尽心尽力地为大王招兵买马，誓死消灭叛逆之人，恢复唐朝社稷。现在黄河以北刚刚安定下来，大王就想着登基称帝，背离了当初的本心，如何取得天下的人心呢？大王何不先灭掉朱氏，报了先王的深仇，然后寻到大唐皇室的后人拥立为帝，再让天下得到统一呢？到那时候，老臣想，就是高祖、太宗起死回生，又有谁敢

位于您之上呢？”

李存勖听了，推脱说：“称帝本不是我的愿望，只是左右大臣全都如此劝我，我也没办法呀！”

张承业知道阻止不了李存勖了，就把自己的封地交还给他。很快，他就病死了。923年四月，李存勖在魏州正式称帝，改年号为“同光”。他仍沿用“唐”为国号，史称“后唐”。同时，他还追赠自己的父祖三代为皇帝，以表示自己是唐朝的合法继承人。

人物介绍

李存勖：小字亚子，沙陀族人，李克用之子。923年称帝，成为五代时期后唐开国皇帝，即后唐庄宗。

历史关键点

在唐军灭黄巢起义军的过程中，李克用和朱温同为有功之臣。而在那之后，朱温以其强大的势力，取代了唐朝最后一位皇帝唐哀帝的帝位，使唐朝正式灭亡。李存勖作为李克用的儿子，在李克用死后，继承了他河东节度使和晋王的身份，也继承了李克用攻伐朱温、复兴唐朝的遗愿。

李存勖骁勇善战，长于谋略，在十几年的征战中，多次击败朱温建立的后梁，实力逐渐强盛。随着李存勖称帝建立后唐，后梁政权也走向了灭亡之路。

后梁之亡

放声朗读

梁主谓皇甫麟曰："李氏吾世仇，理难降首，不可俟（sì）彼刀锯。吾不能自裁，卿可断吾首。"麟泣曰："臣为陛下挥剑死唐军则可矣，不敢奉此诏。"梁主曰："卿欲卖我邪？"麟欲自刭（jǐng），梁主持之曰："与卿俱死。"麟遂弑梁主，因自杀。梁主为人温恭约，无荒淫之失；但宠信赵、张，使擅威福，疏弃敬、李旧臣，不用其言，以至于亡。

——《资治通鉴》后唐记一·庄宗光圣神闵孝皇帝上同光元年

译文

后梁主对皇甫麟说："姓李的是我世世代代的仇人，照理难以投降他们，不能等着让他们来杀害我。如果我不能自杀，你可以把我的头砍下来。"皇甫麟哭着说："我为陛下挥剑抗战死于唐军之手是可以的，但不敢接受这个诏令。"后梁主说："难道你打算出卖我吗？"皇甫麟想自杀，后梁主拉住他说："我和你一起死。"皇甫麟于是只好先杀了后梁主，随后自杀。后梁主为人温和并恭敬，而且简朴，没有荒淫方面的过失，只是因为特别宠信赵岩、张汉杰，使他们独断专行，作威作福，丢弃和疏远了敬翔、李振等旧臣，不听他们的意见，所以最终导致灭亡。

李存勖在潞州之战中打败了后梁，在那之后，双方进行了很长一段时间的交战，形成“梁晋争霸”之势。而与此同时，后梁的内部也接连发生变故。

朱温在当上后梁皇帝之后，性情变得更加暴躁，加上他猜忌心重，很容易听信谗言，对自己的将士臣子肆无忌惮地杀戮。就连以前跟他出生入死、屡次立下战功的大将，也有许多接连被他处死了。这样一来，后梁的战斗实力就开始减弱，人心也不断离散，有的甚至举兵造反。

912年，晋军大将周德威率兵攻到了幽州城下，驻守幽州的刘守光派人向后梁朝廷请求救援。那段时间，朱温刚生过一场病，此时病情有了一些好转，便决定亲自率军前去支援刘守光。

因为大家都知道朱温喜欢随意下令杀人，一路上，随从的官员们都不敢靠他太近，生怕一不小心就惹怒了他而被杀掉。有一天，朱温忽然想赏赐随从的官员们同他一起吃饭，然而好多人都迟迟没来，于是，他

就派了骑兵去催促。最后有三位到得最晚，果然，朱温一怒之下，就将他们处死了。

朱温带着大队人马来到了赵州。那时，晋军的主力都在幽州，赵州兵力比较薄弱。于是，驻扎在赵州的晋军将领、忻州刺史李存审就想了一个办法：他先派人抓了一些后梁兵，将其中几个人砍伤之后，又放他们回去，并让他们报告朱温说晋王的大军到了；接着，他又派了几百个骑兵伪装成后梁军的样子，乘着黑夜混进朱温的营寨实施突袭。

看到这样的情景，朱温又惊又怕，赶紧连夜逃跑。半夜太黑，他们迷了路，转了好久才好不容易逃到了冀州。随后，朱温担心晋军的大队人马追上来，就派骑兵前去侦察晋军的动静。没想到，骑兵回来报告说："其实晋军根本就没有来，更没有什么大部队，我们是中了他们的计了！"

朱温一听，不禁羞愤交加，病情一下子就加重了，不久就到了卧床不起的地步。

朱温回到洛阳后，感觉自己命不久矣，就打算派人把自己的养子朱友文召来。朱友文虽然只是个养子，但深得朱温的宠爱，朱温此次召他前来，就是想嘱咐后事，传位于他。

朱温的亲生儿子朱友珪因为生母身份低微，一直不得朱温喜爱。那时，朱友珪的妻子正在宫中侍奉，她得知朱温即将传位于朱友文，并且还打算将朱友珪调往莱州任刺史，就赶紧将这个消息秘密传报给了朱友珪。朱友珪听到消息，惊恐不安，于是就想抢先杀了朱温和朱友文，抢夺帝位。

朱友珪先找到左龙虎军统军韩勍（qíng），将实情告诉他，请求他的援助。韩勍想："这些年来，许多功臣老将只不过因一些很小的过错，就被皇帝随便杀掉了，说不定下一个也会轮到自己，何不就此答应朱友珪呢？"

于是，这天夜里，韩勍带着牙兵五百人跟随朱友珪一起混进皇宫，杀到了朱温的寝殿。朱温一惊而起，忙问：“谋反的是谁？”

朱友珪走到他的父亲朱温面前，说：“不是别人，是我。”

朱温说：“我本来就怀疑是你这个贼子！只恨我没有早点把你杀死。你如此大逆不道，天地会容你吗？”

朱友珪抽出长剑指向他，大喊道：“少废话，把这老贼碎尸万段！”

于是，朱友珪的马夫走上前去，将朱温刺死在床上。接着，他们直接把朱温埋在寝殿里，并封锁了消息，密不

发丧。随后，朱友珪又派遣供奉官前往东都大梁，命令均王朱友贞把朱友文也杀了。

等朱友文一死，朱友珪就拿出一道假造的朱温诏令，说朱友文谋反，是朱友珪忠诚孝敬，替他杀了逆臣朱友文，所以现在要将皇位传给他。于是，乾化二年（912）六月，朱友珪成了第二任后梁皇帝。

不过，对于朱友珪弑父篡位这件事，其实大家都是心知肚明的，朱友贞等人也很是不满。

杨师厚曾是朱温部下最得力的大将之一，也是后梁的开国功臣，这时也趁机占据了魏博。朱友珪不敢得罪他，只好任命他为魏博节度使。后来，杨师厚又兼任了北面都招讨使，宫中负责警卫的精壮兵士多是他的部下，各藩镇的军队他都能够调发。杨师厚的声威和权势越来越高，什么事都喜欢独断专行。

朱友珪想除掉杨师厚，就下令让杨师厚入朝商议军情，想借机将他铲除，以绝后患。很快，杨师厚就来了，不过是带着上万名精兵而来。朱友珪一看这情形，哪里还敢动手，只得对他毕恭毕敬的，还赏赐了他许多财物。这样一来，杨师厚就更加看不起朱友珪了，从此变得更加骄横起来。

均王朱友贞是朱温的第四子，也想夺取皇位。朱友贞派人去向杨师厚请求支援，答应事成之后，给他五十万缗（mín）劳军钱，并许诺再给他一个藩镇。杨师厚在一番犹豫之后，答应了他。

有了杨师厚的支持，朱友贞便放心大胆地行动起来。他先是煽动左、右龙骧军起兵，掌握了龙骧军的兵权，然后又派人率领禁军冲入宫中。朱友珪眼看逃脱无望，只好命令自己的手下人动手，将他杀死。于是，在乾化三年（913）二月，朱友贞成了后梁第三任皇帝。

朱友贞是依靠禁军将帅和杨师厚才当上皇帝的，所以在他即位之后，只得大肆赏赐以收拢人心，从而花费了巨额钱财。而后梁与晋军

的战争常年不止，军费开支浩大，朝廷便进一步搜刮民财，导致民怨四起。在那之后，后梁在与李存勖的晋军交战的过程中，也越来越处于劣势。

923年，李存勖正式称帝，建立后唐。这年十一月，后唐大军逼近了后梁的国都，朱友贞束手无策，最后自杀而亡。于是，才建立了十几年的后梁，就此灭亡了。

人物介绍

朱友贞：朱温的第四子，后梁末代皇帝。他继位后，在与李存勖的晋军对战中多次战败，最终在923年，身死国亡。

历史关键点

朱温建立的后梁是唐朝之后的第一个中央政权，然而，后梁仅存在了十几年的时间，就在李存勖的后唐大军的攻势之下灭亡了。

然而，后梁的灭亡，并非都是因为受到后唐攻伐，后梁政权自身的混乱也是重要原因。后梁存在的十几年中，先是朱温被儿子朱友珪所杀；随后，朱友珪又被自己的弟弟朱友贞推翻；最后，朱友贞统治的后梁朝廷终于无力招架后唐的攻势，也只得自杀身亡，后梁也因此灭亡。

后唐名将郭崇韬

放声朗读

丙辰，李严引蜀主及百官仪卫出降于升迁桥，蜀主白衣、衔璧、牵羊，草绳萦首，百官衰绖（dié）、徒跣（xiǎn）、舆榇（chèn），号哭俟命。继岌受璧，崇韬解缚，焚榇，承制释罪；君臣东北向拜谢。丁巳，大军入成都。崇韬禁军士侵略，市不改肆。自出师至克蜀，凡七十日。得节度十，州六十四，县二百四十九，兵三万，铠仗、钱粮、金银、缯（zeng）绵共以千万计。

——《资治通鉴》后唐纪三·庄宗光圣神闵孝皇帝下同光三年

译文

二十七日，李严领着前蜀主以及百官、仪仗和卫士在升迁桥投降。前蜀主穿着白衣服，口里含着玉璧，手里牵着羊，用草绳攀绕着头。百官身穿丧服，光着脚，用车子拉着空棺，他们都大声号哭着等待李继岌的命令。李继岌接受了前蜀主的玉璧，郭崇韬解开了前蜀主脖子上的草绳，并把那些空棺都烧掉，按照李存勖的旨意，免除他们的罪过，并释放了他们。前蜀国君臣都向着东北面拜谢了后唐皇帝李存勖。二十八日，后唐军进入成都。郭崇韬禁止士卒进行抢掠，街市上照常贸易往来。从后唐出兵到攻克前蜀国，共用了七十天，攻克十个节度使、六十四个州、二百四十九个县，俘获三万士卒，铠仗、钱粮、金银、缯帛等数以千万计。

郭崇韬原是李克用手下的一名小官，后来，因为他为官清正，做事又干练机敏，擅长谋略，便越来越得到器重。等到李克用病死、李存勖继位为晋王后，郭崇韬又跟随李存勖南征北战，在许多重要的战事中都立下了汗马功劳，成为后唐的开国功臣。

随后，在后唐灭掉后梁和前蜀的两场重要战事中，郭崇韬又立下了大功。

923年，后唐与后梁两军分别驻守在黄河两岸，很长一段时间以来，双方都相持不下。当时，后唐军粮草已经供应不足，加上又听说北方的契丹人在不久之后就会入侵后唐境内……一时间，李存勖忧虑得连饭都吃不下了。

一天，李存勖把众位将领召集起来，让大家一起商议对策。好几位大臣都提议与后梁进行和谈，暂时停止攻打。李存勖不想和谈，便把那些大臣打发了回去，只单独留下郭崇韬。

郭崇韬说："这么多年来，陛下不辞辛劳地四处征战，就是想雪洗国家的深仇大恨，怎么能在这个时候放弃呢？臣曾经详细地了解过黄河以南的情况，日夜盘算，认为机会就在眼前。"

郭崇韬深知"知己知彼，百战不殆"的道理，虽然现在后唐的处境不是很好，但他经过多方了解后发现：后梁的主将段凝是一个不具有大将才能的人，不足畏惧；后梁以为凭借黄河就可以阻挡后唐军，所以没再做过多设防；而从后梁投降过来的人也告诉郭崇韬，其实后梁的军队实力已大不如前。

郭崇韬在进行一番分析之后，又对李存勖说："如果陛下亲自率领精锐部队与郓（yùn）州的军队会合，然后长驱直入汴梁，后梁一定不攻自破。只要他们的皇帝投降或是被杀了，那么他们的将领自然也会投降。不然的话，等我们的军粮断绝，就更难完成陛下的功业了。"

李存勖听从了郭崇韬的建议，亲自率领大军渡过黄河，果然一举消灭了后梁。不久，李存勖为了感激郭崇韬的功劳，又给他加官晋爵。此后，郭崇韬的权力更大了，但他仍然全心全意地辅佐李存勖，继续为他谋划着国家大事。

925年，李存勖计划派兵攻打前蜀，召集大臣们商议统帅的人选。几位大臣先推荐了几个人选，都被郭崇韬否定了，接着，他推荐了李存勖的儿子魏王李继岌。郭崇韬对李存勖说："魏王应当是皇位的继承人，但他还没有立下什么大功，请陛下任命他为讨伐蜀国的都统，以成全他的威名。"

看到郭崇韬一心为自己儿子的将来做打算，李存勖很高兴。但魏王当时年纪还小，没有真正当统帅的才能，李存勖便安排郭崇韬为招讨使（副统帅），让他陪同魏王一同前去攻打前蜀。因而，此次讨伐前蜀，所有的指挥大权都在郭崇韬一人身上。

郭崇韬也不辱使命，他带领后唐大军，仅用了七十天时间，就打得前蜀国毫无招架之力。前蜀皇帝王衍带领百官身穿白衣，还在脖子上绑上草绳，用车子拉着棺材，主动向后唐请降。前蜀由此灭亡。

经过这次战事，后唐又拿下了十个节度使、六十四个州、二百四十九个县，可以说是大功告成。

然而很快，郭崇韬却迎来了他的灭顶之灾，最终导致了杀身之祸。而造成郭崇韬这一悲剧后果的，是他与宦官之间的矛盾。

李存勖派魏王李继岌出征前蜀时，还安排了宦官李从袭等一同前往。虽然魏王是名义上的统帅，但军中的大小事务全部由郭崇韬掌管。因此到了前蜀后，郭崇韬的住处每天都有将士们来来往往，门庭若市，而魏王的住处却是冷冷清清；前蜀投降后，那些贵臣和将领们都争着给郭崇韬和他的儿子郭廷诲送去各种宝物，而魏王李继岌收到的却只有很少的一些不值钱的东西。看到这一切，李从袭感到愤愤不平，便常常在魏王面前挑拨此事。

此时，郭崇韬虽已攻下了前蜀，但蜀中地区盗贼四起，郭崇韬担心如果马上撤离大军，那些盗贼必将成为后患。因此，他决定暂时留在成都，没有马上返回洛阳。而李存勖在洛阳收到捷报后，一直不见魏王和郭崇韬班师回朝，便派宦官向延嗣前去催促。向延嗣到了后，郭崇韬没有前去迎接，见了他又十分傲慢，惹得向延嗣十分生气。

李从袭见了向延嗣，私下里跟他说道："魏王，将来是堂堂太子，这郭崇韬却不将他放在眼里，独断专行。他的儿子郭廷诲也每日和他的同党往来，与军中勇将、蜀地豪杰整日喝酒胡混，近来又听说他劝他父亲郭崇韬留在蜀地为蜀帅。现在，诸军将领都是郭氏的同党，要是哪天发生什么变故，我们都不知道自己会葬身在哪里啊！"

向延嗣回到洛阳之后，把这些情况全告诉了皇后刘氏。刘后便去向李存勖哭诉，说："想不到那郭崇韬是这样的人！求陛下赶快救救我们的儿子，处死郭崇韬吧！"

此前，李存勖就听说蜀人请求郭崇韬做他们的统帅，现在又听到这番话，不禁对郭崇韬怀疑起来。然后，他在查看前蜀府库的账簿时发现数目很少，向延嗣就说："我听说前蜀的那些珍宝都到了郭崇韬父子的手中，所以朝廷所得就很少。"李存勖听了，心里越发觉得气愤，决定派大将孟知祥前往成都查探实情，并对他说："如果郭崇韬有异心，你到了那里，就帮我把他杀掉。如果没有这回事，就送他回来。"

而另一边，刘后见李存勖没有立即下令处死

郭崇韬，竟然自己写了一个告谕，让宦官马彦珪带去成都交给魏王。

不久，马彦珪来到成都，把刘后要求杀了郭崇韬的告谕交给魏王。魏王本来有些犹豫，但在李从袭等人的一再劝说下，也只得依了他们，让他们自己去安排。

于是，这天，李从袭以魏王的名义召见郭崇韬。等郭崇韬一到，便残忍地将他乱棒打死了。为后唐江山立下赫赫功勋的名将谋臣，就这样悲惨地死去了。

人物介绍

郭崇韬：后唐名将、开国功臣、宰相，在灭后梁和前蜀的过程中都立下了大功，后来因遭到陷害而被处死。

历史关键点

郭崇韬是后唐的名将，也是功臣。他先是跟随李克用和李存勖父子征战四方打江山，后唐建立后，又在征伐后梁和前蜀的过程中屡建功勋，对待李氏父子二人又一直忠贞不贰。然而，郭崇韬最后却落得一个因被诬陷而惨死他人之手的结果，可以说是一个非常具有悲剧性的人物。

郭崇韬是死于宦官之手，但进一步的原因则是李存勖在统治后期的昏庸。

邺都兵变

放声朗读

帝至万胜镇，闻嗣源已据大梁，诸军离叛，神色沮丧，登高叹曰：“吾不济矣！”即命旋师。帝之出关也，扈从兵二万五千，及还，已失万余人，乃留秦州都指挥使张唐以步骑三千守关。癸未，帝还过罂子谷，道狭，每遇卫士执兵仗者，辄以善言抚之曰：“适报魏王又进西川金银五十万，到京当尽给尔曹。”对曰：“陛下赐已晚矣，人亦不感圣恩！”帝流涕而已。

——《资治通鉴》后唐纪三・明宗圣德和武钦孝皇帝上之上天成元年

译文

后唐帝到达万胜镇，听说李嗣源已经占据了大梁城，各路军队都叛离了，神色沮丧起来。他登上高处叹息道：“我无法成功了。”于是马上命令回师。后唐帝出关时，随从的部队有二万五千人，等到回师的时候，已失去一万余人，于是他留下秦州都指挥使张唐率领三千骑兵和步兵把守关口。二十七日，后唐帝路过罂子谷，道路狭窄，每逢遇到拿着兵器仪仗的卫士，他就用友好爱惜的话安抚他们说：“刚才有人报告说，魏王又进贡了西川金银五十万两，等到了京师全部分给你们。”士卒们回答说：“陛下的赏赐已经晚了，人们也不会感谢圣恩了。”后唐帝哭了起来。

李嗣源是李克用众多义子中的一个，也是他手下最得力的武将之一。他和郭崇韬一样，在帮助李存勖征战后梁、建立后唐的过程中，都做出了很大的贡献。不过李存勖当上皇帝以后，宠信宦官和伶人，不好好管理国事，渐渐地，他还开始猜忌和嫉恨起那些位高权重的老臣来，郭崇韬和朱友谦就是这样被冤杀掉的。

那段时间，李嗣源也被一些别有用心的人造谣中伤，开始遭到李存

勖的猜忌。有人提醒李嗣源说：“你功高震主，应当早做打算，想办法给自己安排一条后路吧。”不过，李嗣源却回答道：“我的良心对得起天地，我问心无愧，是祸是福，都看老天安排吧！”

天成元年（926）二月，皇甫晖在贝州发动叛乱，推赵在礼为统帅。不久，赵在礼带着乱兵占领了邺都。李存勖先派了归德节度使李绍荣前去招安，但过了很长一段时间，那些叛兵连一点投降的意思也没有。这时，河朔地区的一些州县也接连不断地发生动乱，搞得李存勖焦头烂额。

李存勖本打算亲自率军去讨伐邺都，但被大臣们劝住了。于是，他问：“那怎么办？朕找不到其他可派的人了。”

大家都说：“只要李嗣源出马，肯定没问题。”

李存勖本就想剥夺李嗣源的兵权，便假意说道：“可是朕不想让他再去受累了，他留在宫中担任警卫就好。”

大家又说：“这样的话，那就真是没人可派了呀。”

最后，李存勖看实在是没有可派之人了，便只好把讨伐邺都的重任交给了李嗣源。

三月初六，李嗣源带兵来到邺都城外。初八，李嗣源下达命令，准备第二天一早攻打邺都。谁知这天夜里，从马直军士张破败突然叛乱，带领许多士兵焚烧了营寨。第二天早上，这些乱兵猖狂地逼近中军，连李嗣源的护卫部队也抵挡不住。李嗣源大声斥问他们想干什么，这些人却回答说：“将士们跟随皇上十多年，好不容易为他夺得了天下，现在他却忘恩负义，欺凌我们这些人。现在，大家想和邺都城里的那些人联合起来，击退各路军队，让皇上在河南称帝，请您在河北称帝！”

李嗣源很是吃惊，不肯听从他们的话。于是，叛兵们便拔出刀剑，把李嗣源围了起来，簇拥着他进了城。

此时，李绍荣带着一万士兵正驻扎在邺都城南，李嗣源多次派人去通知他，想和他联合起来消灭乱兵。李绍荣却怀疑李嗣源有诈，根本就不理睬他，反而率兵撤离了。

李绍荣从邺都退到卫州后，给李存勖写了一封奏书，污蔑李嗣源已经叛变，说他与乱兵同流合污。同时，李嗣源也先后派出好几个使者给李存勖呈上自己解释的奏章，以表忠心。一开始，李存勖还相信李嗣源，但不久之后，李嗣源发出的全部奏书都被李绍荣拦截了。想到皇帝本就对自己有了猜忌，如今这种情况，更不知道他会如何猜疑了。因此，李嗣源感到很

担忧。

石敬瑭是李嗣源的女婿，他劝李嗣源说：“岳父大人想一想，陛下早就对你心生猜忌了，如今您又和叛贼一起进了城，在这种情况下，以后您还能安然无恙吗？我们应当果断决定，不能犹豫了。”突骑指挥使康义诚也说：“当今陛下不施行德政，不得人心，早已弄得民怨四起。您要顺从大家的意思，咱们就有出路；若您还是坚守节操，便只会落得和郭崇韬他们一样的下场啊！”

于是，李嗣源终于下定了决心，发出檄文集结自己的部队，向大梁城攻去。

李存勖知道后，最终还是亲自率兵出征了。等他到达万胜镇时，便听说李嗣源已经占据了大梁城的消息，而此时，其他很多军队都投向了李嗣源，连他自己派出的前锋部队也已投降了。李存勖眼看自己没有取胜的机会了，只好长叹一声，命令部队撤回。

半路上，李存勖好声好气地对身边的士兵们说：“刚才有人报告说，魏王又进贡了金银五十万两，等到了京师，朕全部分给你们。”士兵们回答说：“陛下，您的赏赐已经晚了……”

李存勖率军进入洛阳城后，又有一支部队叛变了。这天，乱兵放火烧了兴教门，沿着城墙攻了进来。这时，李存勖身边的大臣和禁卫兵都丢盔弃甲逃跑了，只有十几个人奋力抵抗，保护李存勖。不一会儿，李存勖就被流箭射中，很快就死了。

李嗣源听说后唐皇帝庄宗已死，痛哭了一场，对身边的将领们说：“陛下原本是很得人心的，就是因为被一群小人所蒙蔽迷惑，才到了如今这种地步啊！”

第二天，朱守殷派使者飞速报告李嗣源，说：“京城大乱，诸军烧杀抢掠，希望赶快来解救京城。”

李嗣源赶紧带兵进入洛阳。他下令禁止焚烧抢掠，又在灰烬中拾到

一些李存勖的遗骨，好好安葬了。接着，他又对朱守殷说："你好好巡查，等待魏王回来。等皇上的陵墓修好，国家也有了继承人，我就回到我的藩镇去。"

这一天，豆卢革率领百官劝李嗣源即位，李嗣源说："我是奉陛下之命去讨伐乱贼的，不承想会发生后面这些事情。后来我本想向陛下解释说明实情，又被李绍荣所阻隔，这才走到了今天这一步。我本就没有别的打算，希望大家不要再说了。”豆卢革等坚决请求，李嗣源还是没有答应自己称帝，只是开始担任监国。

而此时，魏王李继岌还在回京的路上。得知京城的消息，他见大势已去，便命令手下的人将自己勒死了。他的部队回京后，将士们全都归顺了李嗣源。

四月二十日，李嗣源穿着用粗麻布做的重丧服，在李存勖的棺材前即位了。这一天，李嗣源成了后唐的第二任皇帝——唐明宗。

人物介绍

李嗣源：李克用的义子。他骁勇善战，在与后梁的众多战事中屡立战功。926年，在邺都兵变后称帝，成为后唐第二位皇帝唐明宗。

历史关键点

李存勖凭借战场上的骁勇和谋略，建立后唐并灭掉后梁。然而在那之后，他治理起自己的国家来，却变得昏庸无能，又嫉贤妒能。他不仅听信小人之言，猜忌身边的有功之臣，对各路军队也诸多猜忌，不尊重、体恤那些为他打下江山、戍守边关的将士们，从而引发邺都兵变。最终，这场兵变蔓延至整个后唐境内，连皇帝身边的亲兵也都纷纷反叛了，李存勖也死在了乱兵的箭下。

李嗣源本来无心反叛，但因受到李存勖的猜忌和排挤被迫起兵，最终在邺都兵变引起的这场战乱中被推上了皇位。

石敬瑭称帝

放声朗读

石敬瑭遣间使求救于契丹，令桑维翰草表称臣于契丹主，且请以父礼事之，约事捷之日，割卢龙一道及雁门关以北诸州与之。刘知远谏曰：“称臣可矣，以父事之太过。厚以金帛赂之，自足致其兵，不必许以土田，恐异日大为中国之患，悔之无及。”敬瑭不从。表至契丹，契丹主大喜，白其母曰：“儿比梦石郎遣使来，今果然，此天意也。”乃为复书，许俟仲秋倾国赴援。

——《资治通鉴》后晋纪一·高祖圣文章武明德孝皇帝上之上天福元年

译文

石敬瑭派使者去向契丹求救，让桑维翰草写表章向契丹主称臣，并且请求用对待父亲的礼节来侍奉契丹主，约定事成之日，划割卢龙一道及雁门关以北的各个州给契丹。刘知远劝谏他说：“称臣就可以了，用父亲的礼节对待他就太过分了。用丰厚的金银财宝贿赂他，自然是足以促使他发兵，不必许诺割给他土地。如果那样做的话，恐怕以后要成中原的大患，那时后悔就来不及了。”石敬瑭不听。表章送到契丹，契丹国主耶律德光非常高兴，告诉他的母亲述律太后说：“孩儿最近梦见石郎派遣使者来，现在果然来了，这真是天意啊。”便给石敬瑭写了回信，答应等到仲秋时节，发动全国人马来支援他。

石敬瑭是后唐明宗李嗣源的女婿，他骁勇善战，一直深得李嗣源的器重。李嗣源还在和李存勖一起南征北战的时候，石敬瑭就一路跟随他们，也立下了许多战功。

李从珂是李嗣源的养子，他和石敬瑭一样，都是因为骁勇善战而备受李嗣源的喜爱。因此，两个人在心里互相较着劲。

934年，李从珂废黜李嗣源的儿子后唐闵帝李从厚，自立为帝，即唐末帝。这时，身为河东节度使的石敬瑭不得不入京朝拜。等到他入京以后，李从珂身边的人就跟李从珂说："石敬瑭一直与陛下不睦，现在他既然来了洛阳，就应当趁此机会把他软禁起来。如果放他回去了，说不定有一天他会谋反的。"

那段时间，石敬瑭因为一直生病，整个人看起来非常瘦弱，李从珂见他这样，便觉得不用担心，还是放他回到了晋阳。

石敬瑭知道李从珂对他有所猜忌，回去以后，便开始暗中谋划如何保全自己。

曹太后是石敬瑭之妻晋国长公主的母亲，石敬瑭便买通了曹太后身边的人，让他们暗中调查李从珂，以便掌握宫中的动向。此外，他为了让朝廷不要猜忌，常常故意在宾客面前说："唉，我现在这身体大不如前了，恐怕都不能领兵为帅啦！"

天福元年（936）正月，李从珂生日那天，晋国长公主进宫为他祝寿。宴会结束后，长公主向李从珂告辞准备回家。李从珂有些喝醉了，忽然问她："长公主怎么不多住些日子？这么急着回去，难不成是准备帮石郎一起造反呀？"长公主心里一惊，赶紧跪下解释。等长公主回到晋阳，把这事告诉石敬瑭，石敬瑭心里更加担心了。于是，他反叛朝廷的打算就更加明确了。

为防止以后朝廷忽然向他出手，打自己个措手不及，石敬瑭决定先试探一下李从珂的意思。他向李从珂上书，请求解除他西北蕃汉马步都

总管和河东节度使的兵权，让他到别的地方任节度使。他想：要是李从珂同意了，那就证明他是真的在怀疑自己；要是他不同意，就说明李从珂对他没有加害之心。

不过，李从珂收到石敬瑭的上书后，和大臣们一商量，竟然真的就答应了他的请求，下令将他调往郓州。这下，石敬瑭彻底慌了。

很快，朝廷就改任张敬达为西北蕃汉马步都部署，并催促石敬瑭赶快到郓州赴任。得知这一消息，石敬瑭又惊又怕，便和他的部下商议说："我第二次来河东时，他曾当面答应我，永远都不会让别人来代替我的位置，现在又忽然有了这样的命令，莫不是真像那次他跟长公主说的那样，怀疑我造反吗？我要是不造反，是不是就只能束手就擒了呢？"

这时，刘知远对他说道："您一直受到将士们的拥护，现在军中的将士和战马都精锐强悍，要是起兵的话，相信一定可以成就大业。"

另一个部下桑维翰也说道："先帝明宗本来是传位给了自己的儿子，皇上却用旁支的庶子取代大位；您本是明宗的爱婿，他却把您当作叛逆之徒看待，您何必还忠于他呢？另外，契丹曾同先帝明宗约为兄弟之邦，现在您如果去讨好他们以请求援助，还担心什么事不能办成呢？"

一番商议之下，石敬瑭终于下定了起兵造反的决心。他直接给朝廷写了一封表章，里面说道："皇帝只不过是先帝明宗的养子，不应该继位，请把皇位传给许王李从益。"李从珂一看，气得把表章撕碎扔在地上，然后立即下令，先是削夺了石敬瑭的官爵，然后又派兵去讨伐他。

很快，朝廷派出的兵就到了晋阳城下，石敬瑭赶紧秘密派出使者前往契丹求救。为了得到契丹的援助，石敬瑭还让使者带去了一封送给契丹国主耶律德光的表章。在这封表章里，石敬瑭不仅向耶律德光称臣，还说要用对待父亲的礼节来侍奉他，同时约定事成之后，可以划割卢龙一道及雁门关以北诸州给契丹。

使者将表章送到契丹之后，耶律德光一看，简直喜出望外，立即答

应等到仲秋时节就出兵去支援石敬瑭。

到了九月，耶律德光果然统领着五万骑兵，号称三十万，从代州扬武谷向南进发了。一路上，契丹兵的旌旗连绵不断长达五十余里，看上去极为壮观。

到达晋阳后，契丹只派了一队三千人的轻骑兵。后唐兵看到契丹兵力单薄，便派了更多的兵力去驱赶，他们不知道这是契丹人故意设下的圈套。很快，事先埋伏好的大量契丹兵忽然一涌而出，打得后唐兵大败。

契丹国主耶律德光见了石敬瑭，对他说："我答应远道而来助你解决危难，就是相信你必能成功。如今一见你气宇轩昂的相貌，还有你的见识气量，我便知道你就应该是中原的国主啊！”

一阵夸赞之后，耶律德光表示，愿意扶持石敬瑭为天子。石敬瑭先是推辞了好几次，接着，他身边的将吏们也不断劝他答应耶律德光的意思，于是，半推半就之下，石敬瑭便答应了下来。

十一月，契丹国主耶律德光解下自己的衣冠亲授给石敬瑭，正式扶持他为皇帝。石敬瑭建立大晋，史称“后晋”。之后，按照事先的约定，石敬瑭割让了幽、蓟、瀛、莫、涿、檀、顺、新、妫、儒、武、云、应、寰、朔、蔚十六

个州（即燕云十六州）给契丹，还答应每年进贡帛三十万匹给契丹。

不久后，石敬瑭的后晋大军攻入洛阳，后唐末帝李从珂带着传国玉玺登上玄武楼，自焚身亡。于是，后唐就此灭亡了。

人物介绍

石敬瑭：后晋开国皇帝，晋高祖。936年起兵造反，在契丹的援助下灭掉后唐，建立后晋。

历史关键点

在邺都兵变中，石敬瑭支持李嗣源称帝。后来，一直与石敬瑭有竞争和矛盾的李从珂废黜李嗣源的儿子自立为帝。于是，石敬瑭和李从珂便从竞争对手变成了君臣的关系，二人之间的关系也变得更加敏感和微妙。最终，在互相试探和猜忌之下，石敬瑭请求契丹出兵援助，发动兵变，建立后晋，夺取了李从珂的皇位，后唐灭亡。

在此次事件中，石敬瑭主动向契丹称臣，还成了历史上颇不光彩的“儿皇帝”。特别是割让“燕云十六州”的行为，更是对后世带来了巨大的影响，为后来契丹、蒙古族、女真南下中原埋下了隐患。

后晋与契丹之战

放声朗读

契丹散卒至阳城东南水上，稍复布列。杜威曰：“贼已破胆，不宜更令成列！”遣精骑击之，皆渡水去。契丹主乘奚车走十余里，追兵急，获一橐（tuó）驼，乘之而走。诸将请急追之。杜威扬言曰：“逢贼幸不死，更索衣囊邪？”李守贞曰：“两日人马渴甚，今得水饮之，皆足重，难以追寇，不若全军而还。”乃退保定州。

——《资治通鉴》后晋纪五·齐王中开运二年

译文

契丹溃散的兵卒到了阳城东南水上，稍微整复了阵列。杜威说：“贼兵已经破胆，不能再让他布成阵列！”于是派出精锐骑兵去追击他们。契丹兵渡水逃去，契丹主乘坐奚车逃了十余里，后来后晋的追兵追来，紧急之下，他捉获一匹骆驼骑上逃走了。晋军诸将请求急速追赶他们。杜威扬言说：“遇上敌人幸而没有死掉，难道还想进一步去索要他们的衣囊吗？”李守贞说：“两天来人和马都渴极了，现在喝饱了水，身子加重，很难再去追击敌寇，不如保全军队还师吧。”于是退守定州。

在契丹的帮助下，石敬瑭灭掉后唐建立了后晋，成为中原地区的新皇帝。为了回报契丹对他的帮助，石敬瑭不仅向契丹称臣，还要尊称年龄比自己小的契丹国主耶律德光为“父皇帝”，自称“儿皇帝”。许多大臣和百姓都为此感到耻辱，有的大臣还拒绝出使契丹。

942年，石敬瑭因病去世，由于当时石敬瑭的儿子还很小，在手握兵权的侍卫马步都虞候景延广的推举下，石敬瑭的侄子石重贵继位，成为后晋第二位皇帝——晋出帝。

先帝驾崩，新皇初即位之际，大臣们聚在一起商议该如何应对契丹的问题。有人说：“按例，我们应当向契丹奉表称臣，报告先帝驾崩的消息。”景延广却说：“我看写封信就行了。还有，以后咱们可以对契丹称孙，但不可再继续称臣了。哪有中原向胡人称臣的道理，简直就是耻辱！”宰相李崧上奏说：“契丹国力强盛，如今咱们屈身事胡也是为了江山社稷，有什么可耻的？如果陛下像你说的那样做，恐怕他日必将亲身上阵去同契丹打仗，到那时，怕是后悔都来不及了……”

大家争论了很久，最后，出帝石重贵还是听从了景延广的意见，决定不再对契丹称臣。

不仅如此，在此之后，后晋还不再允许契丹人在中原贸易往来，杀了很多契丹商人，抢了他们的财物。943年，有个名叫乔荣的牙将要回契丹，临走时，景延广说大话：“回去告诉你的主子，先帝高祖是北朝所扶立，所以向你们称臣上表章。可我们现在的皇帝乃是中原自己所立，没有再向契丹称臣的道理。如果契丹皇帝要来侵犯中原，中原的兵马足以对付你们，到时候吃了败仗，可不要后悔呀！”

乔荣回到契丹，将景延广的话报告给了耶律德光。耶律德光听后勃然大怒，决心发兵攻打后晋。

开运元年（944）正月，耶律德光派赵延寿、赵延照统领五万士兵南下，仅用了几天时间就将贝州攻下了。接着，契丹又攻进了雁门关。

很快，恒州、邢州、沧州等地都传来了契丹入侵的消息。石重贵赶紧派出晋军迎战。

这年三月，双方在澶（chán）州交战，契丹国主耶律德光和后晋出帝石重贵都亲自上阵了，两军相交，都伤亡惨重。耶律德光见久攻不下，率军退兵。然而他们一路经过的地方，无不大肆焚烧抢掠，沿途百姓的财物几乎都被契丹军抢光了。

契丹的入侵，让后晋付出了惨重的代价。由于一开始是景延广坚持认为不能向契丹称臣，才促使了契丹的入侵，因此到了此时，景延广受到所有人的指责，被调离了京城。

这时，主张对契丹友好的桑维翰开始受到重用。

过了一段时间，契丹再次大举入侵。不久，石重贵又亲自出征，命北面行营都招讨使杜威等共同进军。

开运二年（945）三月，有人向杜威报告说："耶律德光本来已经回到虎北口，听说晋兵袭取了泰州，又带了八万多骑兵攻回来了。"杜威听说后，赶紧带着将士们向南撤到了阳城。但很快，契丹兵就追了过来。

三月二十七日这天，晋军在白团卫村停下来安营扎寨。谁知没多久，契丹兵就将他们包围了起来，又派兵断了晋军的粮道。

当天傍晚，突然刮起了大风。耶律德光下令说："此次要将晋军全部擒获，然后向南直取大梁！"于是，契丹军开始袭击晋军，又四处放起火来。火顺风势，扬起漫天的火光和风沙，看起来很吓人。

后晋诸将请求出战，杜威说："此时还不行，等风势稍微变小后，再看是否可以出战。"

李守贞说："敌兵人多我们人少，有了这风沙作掩饰，才看不清谁多谁少，我们便能奋力取胜，这个风正好帮了我们的忙。要是等到风停了才出动，那我们这些人就全完了。"

马军左厢都排陈使张彦泽也召集诸将商议，大家都说："现在对敌方来说是顺风，应该等到风往回吹时，我们再同他交战。"

马军右厢副排陈使药元福说："现在军中缺粮少水，大家都已经十分饥渴，如果等到风回，我们这些人就已经成了俘虏了。敌人以为我们不会逆风出战，我们正好可以出其不意，抓紧时间出兵进攻，这正是用兵之道啊！"

马步左右都排陈使符彦卿也说："我也赞同！与其束手就擒，不如以身殉国！”

于是，大家统一了意见，诸将带领精锐骑兵，从西门进击契丹兵。契丹兵没料到晋军会在这么大的风里出击，措手不及，被击退了几百步。这时，有人又问李守贞：“咱们是拉着队伍在这一片打呢，还是一直向前进击，直到战胜契丹为止？”

李守贞说：“事情已经到了这个地步，怎么能够调马回头？当然是应该乘胜追击，长驱直入啊！”

此时，风势更大了，天地间昏黑一片。符彦卿等率领一万多骑兵横冲契丹军阵，呼声震天。勇猛的晋军让契丹兵完全没有招架之力了。一时间，原本强大的契丹军队兵败如山倒，仓皇四散，只得大败逃走。李守贞命令步兵和骑兵同时进击，继续将契丹兵向北驱逐了二十余里。

看到眼前的大好形势，杜威也下令说："贼兵已经吓破了胆，不能再让他们布成阵列！"于是派出精锐骑兵追击，又将耶律德光追出了十余里。

晋军诸将继续请求急速追赶契丹兵，李守贞说："这两天来，我军将士和马都渴极了，现在又都喝了一肚子水，身子加重，难以继续追奔，还是先保全军队，还师吧。"于是，晋军停止了追赶，退守到定州。

这一次，晋军乘着风势，算是打了以少胜多的漂亮一仗。

耶律德光逃到幽州后，逃散的契丹兵总算又聚集到了一起。因为吃了败仗，看到这些人，耶律德光气不打一处来，下令将酋长们各打了几百军杖，只有赵延寿得以幸免。

人物介绍

石重贵：石敬瑭的侄子，942年，在石敬瑭死后继位，成为后晋第二位皇帝，即晋出帝。因不肯向契丹称臣，引发了后晋与契丹之间的战争。

历史关键点

此前，后晋高祖石敬瑭向契丹称臣，可以说为中原和契丹之间的关系埋下了严重的隐患。手握兵权的景延广不满后晋向契丹称臣，石敬瑭死后，他推举石重贵登上皇位，便主张实行反契丹的政策，从而引发后晋与契丹之间的战争。

景延广和石重贵对契丹的反抗，虽说是一种具有民族气节的行为，然而他们不顾当时的后晋国力薄弱，贸然引发战争。虽然这场战事的前期阶段取得了一些小小的胜利，但由于两国之间实力的悬殊，后晋从此不可避免地走上了灭亡之路。

后晋亡，后汉立

放声朗读

晋主与契丹结怨，知远知其必危，而未尝论谏。契丹屡深入，知远初无邀遮、入援之志。及闻契丹入汴，知远分兵守四境以防侵轶。遣客将安阳王峻奉三表诣契丹主：一，贺入汴；二，以太原夷、夏杂居，戍兵所聚，未敢离镇；三，以应有贡物，值契丹将刘九一军自土门西入屯于南川，城中忧惧，俟召还此军，道路始通，可以入贡。契丹主赐诏褒美，及进画，亲加“儿”字于知远姓名之上，仍赐以木拐。

——《资治通鉴》后汉纪一 · 高祖睿文圣武昭肃孝皇帝上天福十二年

译文

后晋出帝和契丹结下怨隙，刘知远判断他必然凶多吉少，但从未加以劝谏。契丹屡次深入进犯，刘知远全然没有拦击和援助的打算。等到听说契丹已占据大梁，刘知远就分兵守护四方边境来防备契丹侵袭。又派遣客将安阳人王峻向契丹主奉上三道表章：一是祝贺契丹进入大梁；二是因太原是夷、夏人杂居共处之处，守防士卒屯聚，所以不敢离镇前往朝贺；三是本应献上贡品，但正值契丹将领刘九一的军队从土门西入屯于南川，太原城中人心忧虑恐惧，待召还此军，道路畅通，才可以送入贡品。契丹主见表章后赐予诏书，称赞表彰，待亲自审批诏书时，又在刘知远的姓名上方加上“儿”字，并赐给木拐。

944年，契丹入侵后晋，后晋出帝石重贵组织后晋将士们顽强抵抗。在刚开始的两年时间里，后晋虽然遭受了重大的损失，但也在一些战事中取得了胜利。

然而自从945年晋军在阳城获胜之后，石重贵就自以为已经天下太平，开始变得骄横奢侈起来。此时，他整天想着的不再是如何防御契丹，而是怎样更好地享乐。他下令到处搜集奇珍异宝，扩建宫室，还专门建造了织锦楼来编织地毯，毫无节制地赏赐为他歌舞表演的伶人。宰相桑维翰多次对石重贵进行劝谏，但他完全不听。

镇守恒州的杜威是石敬瑭的妹夫，在战场上，他是一个胆小懦弱的人，却又仗着自己是皇亲国戚，常常做出目无法纪的事来。在恒州驻守了一段时间后，杜威上奏石重贵，要求回京做官，石重贵不准，他竟擅自离开了边镇。桑维翰上奏要求罢免杜威的官职，石重贵却不理睬他的建议，任由他去。桑维翰感到很失望，从此便不再议论国事。他想：“既然我说什么皇帝都不听，那我就什么也不管了！”于是，他就以自己有腿疾为由，辞官回家了。

946年，契丹人军

再次南下入侵，石重贵又任命杜威为元帅，派他带兵出征。

这年十一月，契丹国主耶律德光率兵从易州、定州直向恒州袭来。二十七日，杜威带兵来到恒州附近的中度桥，但契丹已占领了这里，后晋兵马便和契丹军队隔着滹（hū）沱河驻扎了下来。不久，契丹又派兵截断了晋军后方的粮道。

奉国都指挥使王清向杜威进言道："现在大军离恒州城只有五里远，咱们守在这里干什么？咱们的军营孤立无援，一旦粮食吃完，就必败无疑了。请让我率两千步兵为先锋，去夺取桥梁，为大军开路，您再率领各军紧随我后前进。只要我们能够进入恒州，就不用担心了。"

杜威答应了。不过，在王清率兵出发后，杜威却不准大军跟着前进。王清独自带着他麾下的将士们在前方奋力作战，又多次派人回来向杜威求救，可杜威竟一个兵也不派。

悲愤之中，王清对士兵们说：“杜威手握重兵，却坐观我们在危险当中不来救援，他一定是有了叛变之意。如今我们孤立无援，但绝不能投降，只当以死报国！”听了他的话，大家都深受感动，一个个不顾性命地往前冲杀。最后，王清和士兵们全都英勇地战死了。

过了几天，契丹派兵从远处包围了后晋军营。这时，晋军与外界断了联系，军中粮食也快吃完了，杜威便起了投降契丹的心思。他还暗中派了心腹找到契丹国主耶律德光，向他邀功求取重赏。耶律德光便骗他说：“如果你真能投降，以后我就让你来当中原的皇帝。”杜威很高兴。

十二月初十，杜威命令全军将士到营外集合。大家以为终于是要出战了，全都积极地跑了出来，没想到，杜威却告诉他们说：“现在粮食吃光了，我们已经无路可走，所以我要想一个大家都能活下去的办法。”接着，他就命令全军将士放下武器，向契丹投降。大家没想到会是这样的结果，都感到十分惊讶，但又不得不听从命令放下武器。看到这一幕，士兵们都忍不住抱头痛哭了起来……

杜威投降后，亲自带着契丹大军进入了恒州。接着，契丹又派兵袭击代州，刺史王晖也开城门投降了。石重贵得知杜威等人投降、契丹已经长驱直入的消息后，心里知道后晋很快就要完了。他召翰林学士范质写下降表，向契丹投降，还说要奉上国宝一枚、金印三枚出城迎接。

947年，正月初一，后晋的文武百官在大梁城北远远地向石重贵辞别，然后改换白衣纱帽，迎接契丹主耶律德光的到来。耶律德光入城后，接受了石重贵的投降，又封他为负义侯；随后又改契丹国号为“辽”。不久，石重贵带着他的妻儿老小以及后宫随从一百多人，在契丹兵的护送下向北迁移，后晋就此亡国了。

刘知远原是石敬瑭的部下，后来成为后晋的河东节度使、中书令和北平王。不过，出帝石重贵对他一直心存猜忌，刘知远便自己私下大量招募士兵，渐渐成为各藩镇中实力最强的一个。

当初，石重贵继位后不向契丹称臣，刘知远便知道他必然凶多吉少，但从未加以劝谏。契丹屡次进犯后晋时，刘知远既不派兵拦击契丹兵，也不出兵去支援晋军。等到契丹占领大梁后，刘知远才下令士兵加强守卫。有人劝他起兵去攻打大梁，刘知远说："用兵要看缓急，现在契丹刚刚招降了晋国的十万兵马，怎能轻举妄动呢？况且据我看，他们所贪图的无非就是一些钱财物品，这些东西到手了，他们一定会回北方去的。到时候我再出手，才可确保万无一失呀。”

刚开始，刘知远手下的部将劝他称帝，以便号令四方，刘知远不同意。不久，听说石重贵被俘虏到北方去了，刘知远的部下们又说：“如今契丹攻陷京城，抓走了皇帝，现在能够做天下君主的，除了我们北平王还有谁！”于是大家都“万岁！万岁！”地高呼起来。

刘知远赶紧制止大家，说：“胡虏的兵力还很强，而我们的兵力还不足以抵抗他们，应当先建功业才是呀！”

郭威说：“现在大家不谋而合，一心推举您为皇帝，这就是天意呀！不趁这个时候取得天下，只怕以后人心就不在您这里了。”

刘知远想了想，觉得这话说得有道理，便在二月十五日这天登上皇位，国号汉，史称后汉。

人物介绍

刘知远：原为后晋的一名大将，任河东节度使，947年称帝，国号汉（史称后汉），即后汉高祖。

历史关键点

契丹再次南下入侵中原，后晋国力衰弱，本身已是抵挡乏力。加上后晋出帝石重贵在前期胜利后便开始志得意满，轻敌，又用人不当，最终使得后晋在契丹的铁蹄之下亡了国。此时的石重贵，主动称臣投降，还成了契丹的俘虏，早已没有一丝一毫的骨气。

而在契丹南下入侵时，作为后晋重臣的河东节度使刘知远，拒不出兵抵抗，抱着“坐山观虎斗”的心理，眼看着后晋被契丹所灭。随后，刘知远便渔翁得利，自己称帝，建立了后汉。

郭威建后周

放声朗读

壬子，郭威渡河，馆于澶州。癸丑旦，将发，将士数千人忽大噪，威命闭门，将士逾垣登屋而入曰："天子须侍中自为之，将士已与刘氏为仇，不可立也！"或裂黄旗以被威体，共扶抱之，呼万岁震地，因拥威南行。威乃上太后笺，请奉汉宗庙，事太后为母。丙辰，至韦城，下书抚谕大梁士民，以昨离河上，在道秋毫不犯，勿有忧疑。

——《资治通鉴》后汉纪四·隐皇帝下乾祐三年

译文

十九日，郭威渡过黄河，寓居澶州驿馆。二十日早晨，将要出发时，将士数千人忽然大声喧哗，郭威即下令关上房门，将士们便翻越墙头登上房顶进入说："天子必须侍中您自己来做，我们已经与刘氏结仇，不可再立刘氏为君！"有人撕裂黄旗披在郭威身上，共同扶抱起郭威，欢呼万岁，震天动地，趁势簇拥着郭威向南行进。郭威于是向太后上奏笺，请求供奉汉宗庙社稷，把太后当母亲一样侍奉。二十三日，郭威到达韦城，发下文告安抚大梁百姓：于昨日离开黄河岸边，一路上秋毫无犯，大家不必担心疑虑。

948年是刘知远称帝建立后汉的第二年，就在这一年，刘知远生病去世了。随后，他的儿子刘承祐继位，即后汉隐帝。那时，刘承祐仅十八岁，因此，刘知远在临死之际，便命宰相苏逢吉、杨邠（bīn）和侍卫马步都指挥使史弘肇（zhào）、枢密使郭威等人为顾命大臣，共同辅佐朝政。

当时，护国节度使李守贞、永兴节度使赵思绾（wǎn）、凤翔节度使王景崇相继拥兵造反，朝廷屡次出兵讨伐，最后都无功而返。于是，刘承祐便派郭威亲自率兵出征。

在后晋与契丹之战中，李守贞曾投降

契丹，到了后汉建立，他又被刘知远任命为护国节度使。等到刘知远一死，李守贞就伙同赵思绾、王景崇一起造反。郭威决定，首先兵分三路进攻河中，去攻打李守贞。

郭威带兵很能体恤部下，士兵们稍有立功就给予赏赐；稍有受伤就亲自前去看望；而只要他们不犯大的过错，他就从不责罚他们。因此，将士们都很拥戴郭威，全心听从他的调遣。

到了河中后，郭威派兵把河中城团团围住，李守贞屡次出兵想突出重围，都战败而归。后来，李守贞又派人用密信向南唐、后蜀、契丹求救，也全都被郭威部下的士兵抓获了。李守贞困在城中，孤立无援，最后落得个和妻儿一起自焚而亡的结果。

知道李守贞死了，赵思绾、王景崇便相继归降了朝廷。叛乱平息，处在危险中的后汉政权就此转危为安。

虽然郭威在这次出战中立下了大功，他却一点也不居功自傲。郭威回到大梁后，前去拜见刘承祐。刘承祐想特别赏赐郭威，郭威却推辞道："臣此次出征，作战的筹谋出于朝廷，发兵运粮依靠藩镇，战场上的冲锋陷阵又全靠将士们，假如陛下要把这些功劳都归到我的头上，臣怎能受得起呢？"

不过，在平息了这次叛乱之后，后汉隐帝刘承祐却是逐渐变得骄奢放纵起来。太后多次劝告他，他也毫不在意。

乾祐二年（949）十月，契丹又一次南下中原，在黄河以北地区到处烧杀抢掠。可是，那些地方的官兵都不敢出来抵抗，朝廷只得又派郭威出征，由他镇守邺都，督率后汉将士们防备契丹的军队。

后汉隐帝刘承祐自继位以来，朝政大权都由几位顾命大臣掌管，渐渐地，随着年岁的增长，他开始讨厌这样的局面，想要把权力夺回自己手中。刘承祐身边的一些宠臣知晓了他的心思，便趁机向他进谗言："郭威、杨邠等人大权在握，肆无忌惮，以后肯定会犯上作乱的，陛下应当趁早除去他们呀！”

刘承祐听信谗言，立刻就派人去杀了杨邠、史弘肇和王章。随后，他又派人去了前线，打算杀掉正在抗击契丹的郭威和监军王峻，同时派出一队人马去了郭威和王峻家里，残忍地杀害了郭、王二人的家人，甚至连小孩儿都没放过。

郭威得知这一消息，心中震惊不已。他把枢密史魏仁浦召来，问他：“这怎么办？”魏仁浦说：“您是国家重臣，素来功勋卓著，加上如今兵权在握，又据守邺都重镇，一旦被小人诬陷，您是说不清楚的。事情到了这个地步，怎么能坐以待毙呢？”

郭威又把众位将军召集到一起，同时把朝廷派来杀他的邺都行营马军都指挥使郭崇威也叫了过来。郭威对大家说：“我与杨邠等人披荆斩棘，跟随先帝夺取天下，又接受托孤的重任，一向尽心竭力保卫国家。如今他们已死，我还有什么心思独自活着！你们现在就可以执行陛下的命令，斩了我的脑袋，拿回去复命吧！”

郭崇威听了，流泪说道：“皇帝年少，这必定是受到了身边小人的蛊惑。假如让这帮小人得志，国家岂能得到安宁？我郭崇威情愿跟随您回京，去肃清朝廷的这些污浊小人！”

一个叫赵修己的对郭威说：“您这样白白送死有什么好处？如今，您不如顺应众人之心，领兵南行，这可是天赐良机啊！”

于是，乾祐三年（950）十一月，郭威留下他的养子郭荣镇守邺都，又命令郭崇威带队在前面开路，随后自己率领大部队往京城赶回去。刘承祐听说郭威要起兵造反了，赶紧派出军队准备应战。不久，两军在刘子陂附近相遇，经过一场激战，朝廷的军队败下阵来。没多久，朝廷军队的大多数将士都投降到了郭威的旗下。

朝廷兵败之后，后汉隐帝刘承祐在慌乱之中，逃到了一户百姓家中。最后，他被追兵杀掉了。几天后，郭威回到了京城大梁。他和王峻一起商议，决定上奏太后，让刘知远的侄子刘赟（yūn）继位。太后同意了他们的提议，派太师冯道等人前去迎接刘赟。

就在这时，镇州、邢州又传来奏报说：契丹国主率领数万骑兵入侵，并且有五百守兵叛变，领着契丹军队入了城，到处屠杀百姓，后来又攻陷了饶阳。于是，太后又命郭威率领大军前去攻打契丹。

十二月十九日，郭威率军到了澶州。二十日早上，当大军准备继续前进时，突然，许多士兵一起喧闹了起来。他们来到郭威面前，对他说：“皇帝该您自己来做，我们大家已经跟刘家结仇了，不能再立刘家的人当皇帝了！”接着，就有人扯下一张黄旗披在了郭威身上，“万岁！万岁！”地高呼起来。

郭威决定顺应民心，便又率领大军往回走。十二月二十五日，郭威到达七里店时，大臣窦贞固率领文武百官出城迎接拜见，也一起劝郭威自己即位当皇帝。

本来马上就要成为新皇帝的刘赟，还没到达京城正式登基就被太后下令废黜了。随后，太后又发布诰令，任命郭威代理国政。接着，文武百官和四方藩镇又都不断上表，劝郭威即帝位。

广顺元年（951）正月初五这天，后汉太后颁下诰令，授予监国郭威传国玺印，郭威正式即皇帝位。自此，后汉便正式灭亡了。

郭威即位后，他说自己是周代宗室的子孙，因此将国号叫作“周”。这就是新的后周政权。

人物介绍

郭威：曾协助刘知远称帝建立后汉，后来因受到后汉隐帝刘承祐猜忌，发动兵变推翻后汉，建立了后周，即后周高祖。

历史关键点

刘知远建立后汉的第二年便因病死去，留下年轻的儿子后汉隐帝刘承祐继位。隐帝因为年轻，没有掌握实权，又对手握兵权的大臣诸多猜忌，因而对他们痛下杀手。最终，隐帝在郭威的起兵反抗之下丢了自己的性命，后汉因此亡国。郭威手握兵权，又是民心所向，随后登上皇位，建立了后周。

而刘知远所建立的后汉政权，也成了五代时期寿命最短的一个。

柴荣亲征北汉

放声朗读

北汉主不知帝至，过潞州不攻，引兵而南，是夕，军于高平之南。癸巳，前锋与北汉军遇，击之，北汉兵却；帝虑其遁去，趣诸军亟进。北汉主以中军陈于巴公原，张元徽军其东，杨衮（gǔn）军其西，众颇严整。时河阳节度使刘词将后军未至，众心危惧，而帝志气益锐，命白重赞与侍卫马步都虞候李重进将左军居西，樊爱能、何徽将右军居东，向训、史彦超将精骑居中央，殿前都指挥使张永德将禁兵卫帝。帝介马自临阵督战。

——《资治通鉴》后周纪二·太祖圣神恭肃文武皇帝中显德元年

译文

北汉主不知后周世宗到达，所以经过潞州时没有进攻，而是领兵向南，当晚，军队驻扎在高平城南。十九日，后周前锋部队与北汉军队相遇，发起攻击，北汉军队后退。世宗顾虑敌军逃跑，催促各路军队急速前进。北汉主率中军在巴公原摆开阵势，张元徽率军在东边，杨衮率军在西边，军队安排得十分严整。这时后周河阳节度使刘词率领的后续部队尚未到达，大家心感危险惧怕，而世宗意志更加坚决，命令白重赞与侍卫马步都虞候李重进率领左路军队在西边，樊爱能、何徽率领右路军队在东边，向训、史彦超率领精锐骑兵居中央，殿前都指挥使张永德率领禁兵保卫世宗。世宗骑着披甲的战马亲临阵前督战。

951年，郭威建立后周不久，后汉的河东节度使刘崇听到消息，也跟着拥兵称帝了。刘崇建立的政权仍旧沿用“汉”国号，史称“北汉”。

显德元年（954）正月，郭威在位三年后去世了。由于当初后汉隐帝刘承祐听信谗言，派人将郭威全家老小都杀害了，因此，郭威死后，便只能传位给自己的养子柴荣。

如今，北汉主刘崇听说郭威去世了，心里很高兴，他想：“后周柴荣刚登基，一定无力征战，这正是灭掉后周的好时机啊！”于是他便派出使者到契丹说明自己的意图，请求契丹出兵相助。

二月，契丹派遣了一万多骑兵和五六万步兵一起到了晋阳。接着，刘崇也亲自率领三万北汉兵和契丹的军队一起南下赶赴潞州。

后周世宗柴荣听说北汉联合契丹入侵的消息，就想亲自率领军队前去抵抗。不过，他的这一决定几乎引起了朝廷所有大臣的反对。大臣们都劝他：“刘崇自从平阳逃跑以来，势力范围不断缩小，士气低下，必定不敢亲自来攻的。而陛下才刚刚登上皇位不久，不宜轻易出动，否则容易引得人心动摇。请陛下派遣几员朝廷大将出征吧！”

柴荣说：“我猜那刘崇就是看到朕刚即位，认为朕年轻，不敢亲自带兵出征，所以这次他必定会亲自前来。朕一定要亲自去，不能让他的阴谋得逞！当初唐太宗平定天下的时候，也会亲自出征，朕又怎能苟且偷安呢？”

大家见柴荣心意已决，便只得任由他亲自带兵出征。

三月十一日，柴荣率领大军，从大梁出发了。

三月十九日，后周的前锋部队与北汉军队相遇了。后周军率先发起攻击，北汉军节节败退。柴荣担心北汉军逃跑，催促各路军队急速前进。刘崇亲自率北汉中军摆开阵势，准备迎战柴荣。

此时，由于后续部队还未到达，所以后周的兵力不算很足，将士们感到有些惧怕。不过，柴荣意志坚决，骑上一匹披甲的战马，亲临阵前督战。

刘崇看到北周军队人数比较少，后悔请来了契丹军。他对众将说：“看这样子，我只需用我汉家军队就可破敌了，何必再用契丹！今天我不但可以战胜周军，而且还要让契丹对我心悦诚服。”众将都对他的说法表示认同。

契丹将领杨衮骑马到前方观望了一下北周的军队，回来对刘崇说：“对方虽然人数不是太多，但他们兵强马壮，看起来可是劲敌啊，不可轻易冒进！”刘崇却扬起两颊长须，自大地说：“机不可失，请您不必多言，且看我出战好了！”杨

衮听了，只得什么也不说了。

两军交战开始了。起初，北汉军队占了上风，没过一会儿，后周有两员大将见打不过，竟带着骑兵逃跑了。接着，士兵们见到将军跑了，便脱下盔甲，向北汉投降了。柴荣又气又急，见形势危急，便自己带着一些贴身亲兵，冒着敌军的流矢、飞石前去督战。

当时正任后周警卫将领的赵匡胤，见柴荣亲上战场，就对他的同伴们说：“皇上正冒着如此危险，我等怎能不拼命呢！”他又对大将张永德说：“贼寇只不过气焰嚣张，我们只要全力作战，一定可以打败他们！您手下有许多能左手射箭的士兵，请您领兵登上高处出击作为左翼，我领兵作为右翼攻击敌军。国家安危存亡，在此一举。”张永德听从了他的建议，于是两人各自率领两千人前去参加战斗。

赵匡胤身先士卒，快马冲向北汉前锋，士兵们也同样拼死战斗，无不以一当百。很快，北汉军队就开始溃败了。

这时，大将马仁瑀（yǔ）也对他的部众说：“让皇上遭受敌军攻击，那还要我们这些人有什么用！”于是跳上战马一路奔腾，一边拉弓射箭，一边大声呼喊，连续击毙了数十人。将士们见此情景，士气愈发振奋了。

刘崇得知后周世宗柴荣亲自上阵，便催促他手下的大将张元徽乘胜进兵，并许以重赏的承诺。张

元徽信心满满地前往攻阵，不料，他的坐骑不小心摔倒了。几个后周士兵一看，赶紧抓住机会，将他杀掉了。张元徽是北汉有名的猛将，他一死，北汉军队马上就丧失了斗志。

这时，后周的将士们奋勇向前，北汉军队大败。

契丹将领杨衮一见后周军队如此强大，便不敢上前救援。他为了保全自己的军队，默默地撤走了契丹军。

随后，后周军一直将北汉军追到了高平，大获全胜。刘崇带着几百骑兵狼狈逃跑，后来忧愤成疾，在几个月后就去世了。

此次征讨北汉大获全胜，柴荣命人将当了逃兵的将领抓住，随后将他们斩首。同时，柴荣又重赏了在战场上立下大功的将领。其中，赵匡胤因战场上智勇过人的表现，被提拔成了殿前都虞候，同时兼任严州刺史。

人物介绍

柴荣：郭威妻子的哥哥柴守礼的儿子，后被郭威收为养子。954年，郭威去世后，柴荣继位，史称后周世宗。

历史关键点

北汉是“十国”中唯一一个在北方的政权，也是一个国力薄弱的小国。后周世宗柴荣初登皇位，北汉便联合契丹一起南下攻打后周，企图以此灭掉后周。然而，北汉国主自身实力不足，却又盲目乐观，战场上轻敌，最终被柴荣带领的后周军队大败于高平。

柴荣当上皇帝后，励精图治，战场上又善于运用谋略。他不但率领部队亲征，多次冒着危险亲自上阵，对待将士也是赏罚分明。这些，都为他打败北汉，以及之后的亲征南唐奠定了成功的基础。

三征南唐

放声朗读

唐主复遣刘承遇奉表称唐国主，请献江北四州，岁输贡物数十万。于是江北悉平，得州十四，县六十。

庚子，上赐唐主书，谕以："缘江诸军及两浙、湖南、荆南兵并当罢归，其庐、蕲、黄三道，亦令敛兵近外。俟彼将士及家属皆就道，可遣人召将校以城邑付之。江中舟舰有须往来者，并令就北岸引之。"辛丑，陈觉辞行，又赐唐主书，谕以不必传位于子。

——《资治通鉴》后周纪五·世宗睿武孝文皇帝下显德五年

译文

南唐主再派刘承遇奉送表章自称唐国主，请求献出长江北面庐、舒、蕲、黄四州，每年献送贡品十万。于是长江以北全部平定，后周得到十四个州、六十个县。

十九日，世宗赐给南唐主书信，对他说："沿长江各支军队和在两浙、湖南、荆南的军队都当撤回，其中庐州、蕲州、黄州三路军队，也下令把军队收回到近郊以外。等到三州城中将吏士兵及其家属上路南归以后，可以派人召唤我军将校并将城市都邑交付给他们。长江的船只有需要来往的，一并让他们到北岸来拉走。"二十日，陈觉告辞上路，世宗又赐给南唐主书信，告诉他不必把君位传给儿子。

南唐是五代十国时期建立在江南地区的一个国家，都城在金陵，国主名叫李璟。那几年，后周因为刚刚建立不久，还没有精力与南唐过多计较，等到后周世宗柴荣征讨北汉获胜后，显德二年（955）十一月，他决定开始出征南唐。

柴荣骁勇善战，又有着统一中原的志向，短短几年时间，他就将后周的军事实力发展得非常强大了。因此，南唐人听说后周军队即将到来，都感到害怕。后周军队一路南下，没多久就攻到了寿州，南唐主李璟赶紧派兵奔赴寿州增援。

当时，负责攻打寿州的后周将领是李重进，由于一直没能攻下寿州，柴荣便让他领兵先去攻打正阳。到了正阳后，李重进顺利大败南唐军。

接着，柴荣又派赵匡胤带兵出击。赵匡胤先派了一百多个骑兵逼进南唐军营，然后又假装逃跑，将南唐军引了出来。这时，埋伏在附近的后周军突然蜂拥而出，打得南唐军措手不及。最后，后周军不仅斩杀了几员南唐大将，还夺取了五十多艘战舰。

显德三年（956）二月，柴荣知道扬州没有防备，又派兵前去袭击扬州。同时，他还告诫士兵们不得伤害扬州百姓。

南唐主李璟屡次失败，害怕继续打下去可能会亡国，赶紧派遣他手下的大臣钟谟、李德明作为使臣去向柴荣求和。柴荣当然知道南唐使臣的来意，所以等他们一到，就命士兵们全副武装地站在一旁，以显示后周军队的强大。

柴荣对使臣们说道：“你们是准备向朕游说，想让朕休战吧？不过，朕岂是你们用口舌就能改变主意的人！回去告诉你们的君主，马上亲自来向朕谢罪！不然的话，朕打算亲自到你们的金陵城看看，再借用金陵国库来慰劳朕的军队，到时候你们群臣可不要后悔！”

李德明等人听了柴荣的话，吓得赶紧回去禀告李璟。李璟害怕了，又派李德明去见柴荣，请求废除帝号，并打算割让寿州、濠州、泗州、楚州、光州、海州等六州给柴荣，并且每年向后周进贡黄金绢帛，以求休兵停战。

柴荣听了南唐的请和条件，心想：“朕现在兵精粮足，已经占领了淮南一半的领地，不如乘机消灭他。”于是，他对李德明说：“只割让这六个州是远远不够的，你们把江北各州全部献来，朕就立即休战。否则，就什么都不要说了！”

李德明便又回去向李璟复命，劝说李璟：“后周军队的确十分可怕，为了阻止他们继续入侵我国，不如就答应他们的要求吧。”李璟听了这话大怒，下令斩了李德明。李德明一死，两国之前的谈判终止，关系又紧张了起来。

时年四月，柴荣带兵出征南唐，赵匡胤在六合与南唐军大战，杀死并抓获南唐兵近五千人。经过这一战，南唐的精锐部队几乎全军覆没。不久后，柴荣结束了对南唐的首次出征，率领大军回到都城大梁。

后周这次出征南唐，绝大部分的战斗都十分顺利，唯独寿州久攻不下。其中最重要的一个原因便是寿州的水军十分厉害。柴荣回到大梁后，就大力加强后周的水军训练。他下令在大梁城西的汴水岸边制造了几百艘战舰，又命令南唐投降过来的士兵们教后周兵水战的方法和经验。过了几个月，后周水军纵横江湖，出没水中，作战能力大大提高了。

显德四年（957）二月，柴荣率领后周军队，开始了对南唐的第二次出征。那天，当看到几千人的后周水军突然出现在南唐境内时，南唐军可真是大大地震惊了！

三月初二的晚上，柴荣带着后周军队渡过淮水，抵达寿州境内的寿春城下。第二天一早，他便下令让赵匡胤攻打南唐的先锋寨以及山北的营寨，全都顺利攻破了。随后，后周军又掐断了南唐军的往来通道，致使南唐军队无法互相救援。

接下来，柴荣又命令水军沿着淮水追击逃跑的南唐军，自己则带着骑兵在岸上追击。在后周军的水陆夹击之下，南唐兵战死、淹死和投降的士兵有近四万人。后周军还缴获了许多船舰和粮食。

在猛烈的攻势之下，很快，柴荣就攻占了寿州城。柴荣下令打开寿州的粮仓救济城内的贫苦百姓，然后返回了大梁。

到了这年十一月，柴荣又开始了他的第三次出征。这一次，他首先攻打的是濠州。

濠州东北十八里有个很大的滩，南唐军在滩上设置栅栏，四周环水。他们想，这里易守难攻，后周军队一定无法渡河过来。谁知这一次柴荣亲自带领几百个士兵乘着骆驼过了河，接着赵匡胤又率领骑兵前来援助，很快攻下了那里。

随后，后周军又先后攻破了濠州南关城、羊马城。这时，柴荣听说涣水东面有几百艘南唐战船准备前来救援濠州，便连夜派出水军和陆军一起前去攻击。两天后，后周军在洞口大败南唐军队，杀死敌军五千余人，又有两千多人投降了后周军。

不久后，在赵匡胤的进攻下，南唐泗州城守将范再遇率全城将士投降了后周。接着，柴荣又下令继续追击南唐军的残余部队，兵分三路——他亲自率领警卫部队从淮水北岸挺进，赵匡胤率领步兵和骑兵从淮水南岸挺进，其余众将率领水军从淮水中流挺进，共同追击。

几天后，后周大军追上了南唐军队，在楚州西北大败南唐军。这一次，战斗力突飞猛进的后周水军发挥了极大的作用，原本最有优势的南唐水军成了他们的手下败将，南唐的所有战舰不是被后周缴获，就是被

他们摧毁了。从此，南唐的军事力量更加衰弱了。

显德五年（958）三月，南唐彻底投降，南唐在长江以北的十四个州、六十个县全部归了后周。

人物介绍

赵匡胤：在跟随后周世宗柴荣征讨北汉、南唐期间屡建战功，之后被任命为后周禁军最高统帅。960年发动“陈桥兵变”，被拥立为帝，建立宋朝，史称宋太祖。

历史关键点

955—958年，后周世宗柴荣先后三次亲征，带兵攻打南唐，最后终于彻底打败了南唐，完全占领了淮南十四州。不过，在南唐表示俯首称臣之后，后周并没有继续攻打南唐以使南唐灭国。

征服了南唐以后，后周的疆域扩大，实力进一步加强，南部的边境也得到了很好的巩固。没有了南部边境的后顾之忧，柴荣便可以放心准备北伐契丹了。

北伐契丹，后周灭亡

放声朗读

世宗以信令御群臣，以正义责诸国，王环以不降受赏，刘仁赡以坚守蒙褒，严续以尽忠获存，蜀兵以反覆就诛，冯道以失节被弃，张美以私恩见疏。江南未服，则亲犯矢石，期于必克，既服，则爱之如子，推诚尽言，为之远虑。其宏规大度，岂得与庄宗同日语哉！《书》曰："无偏无党，王道荡荡。"又曰："大邦畏其力，小邦怀其德。"世宗近之矣！

——《资治通鉴》后周纪五·世宗睿武孝文皇帝下显德六年

译文

后周世宗以信用驾驭群臣，以正义要求各国，王环因不投降而受奖赏，刘仁赡因坚守不屈而得到褒奖，严续因尽忠报国而获得生存，后蜀士兵因朝三暮四而被杀戮，冯道因丧失臣节而被遗弃，张美因私人恩惠而被疏远。江南没有归服，他就亲身冒着飞矢流石，抱定必胜的信念；降服以后，便像对待子女那样爱护，推心置腹地把话说尽，为他们作长远考虑。他的宏伟规划和博大襟怀，哪是后唐庄宗比得了的呢！《尚书》说："不要偏袒不要结党，为王之道浩浩荡荡。"又说："大国畏惧他的实力，小国怀念他的恩德。"后周世宗可谓接近《尚书》上的话了。

在后周世宗柴荣的亲自率领下，后周在征伐北汉、南唐和后蜀的战争中都取得了胜利，国力日益强盛。随后，柴荣又派遣大将戍守北部边境，为北伐契丹做着准备。

显德六年（959）三月，柴荣又一次亲率大军出征了。这一次，他的目的地是北方的契丹。

四月十六日，柴荣先是到达了后周北部边境的沧州。当天，他就率领着几万人的步兵和骑兵大军，从沧州出发，直奔契丹国境。

那时候，契丹正值昏庸无能的皇帝辽穆宗当政，因此，契丹已不像前些年耶律德光在位时那样强大。当柴荣带着后周大军攻进契丹境内时，契丹的宁州刺史王洪放弃抵抗，率众投降了。

紧接着，柴荣命令赵匡胤、韩通分别率领后周水军、陆军一起向契丹进发。柴荣自己也乘坐一艘龙船，沿着水流北上。浩浩荡荡的后周船队在水面上行进，绵延长达数十里之远，看起来十分壮观。

几天后，后周军到达益津关。看到来势汹汹的后周大军，益津关守将终廷辉不禁大惊失色，很快也率众投降了。于是，柴荣率领大军继续前进。不久，水路渐渐变窄，后周水军的大船无法继续通行，柴荣就下令让将士们下船登陆，从陆路前进。

四月二十八日，赵匡胤率先到达瓦桥关，契丹守将姚内斌率城投降。随后，柴荣也顺利进入瓦桥关。第二天，后周大军到达契丹莫州，莫州刺史刘楚信率众投降。接着，李重进等人又率军进入瀛州，瀛州刺史高彦晖也同样率众投降了。

至此，瓦桥关以南的地方，全部都被后周顺利平定了。

当初后晋高祖石敬瑭为了谋求皇位，向契丹求助，称臣并割让了原本属于中原的“燕云十六州”。现在，柴荣一心想要夺回属于中原的土地，实现自己的宏图大志。所以下一步，他想要攻打的便是幽州了。

五月初二这天，后周世宗柴荣在他的行宫里宴请众位将军，打算共

同商议夺取幽州的计划。不过，大家都说："陛下离开京城四十二天，兵不血刃，就顺利取得了燕南之地，这实在是十分罕见的功绩！但如今，契丹的骑兵都集结在幽州以北，如果我们继续深入，恐怕会对我军不利啊……"

柴荣听了，心中很不高兴，他还是想一鼓作气，继续乘胜追击。他对大家说道："众位将军不必再说了！朕此次出征契丹之前就已下了决心，这次一定要夺回属于中原的土地！"

当天，柴荣就下令让刘重进作为先锋，率先带兵出发占据固安。随后，他亲自到达安阳河岸边，命令士兵们架桥，准备渡河。

由于天黑时桥还没有架好，柴荣便先返回瓦桥关休息。谁知，这天夜里，柴荣突然病了，到第二天也不见好转，只得暂时停止进军了。

另一边，辽穆宗听说柴荣正准备向幽州攻来，赶紧派遣使者快马加鞭地赶去晋阳，让北汉发兵骚扰后周边境。于是，虽然有满心的不甘，柴荣也只得决定返回后周。临行之前，柴荣下令将已经成功占领的瓦桥关改名为雄州，将益津关改名为霸州，还征调了几千人来修筑霸州城。

柴荣回到大梁后不久，南唐主李璟派遣他的儿子李从善与大臣钟谟一起到后周进贡。柴荣想知道南唐如今的军事情况，就问钟谟："现在江南也在操练军队，为打仗做准备吗？"钟谟回答说："既然南唐已经归顺了大国后周，就不敢再练兵了。"

柴荣说："你这说得不对。以前我们是仇敌，但现在已成一家，我朝同你们国家的名分已经确定，朕保证不会有其他变故。然而世事难以预料，以后的情况会如何谁都不会知道。你们回去以后，就告诉你家君主可以趁着朕在的时候加固城墙，修缮武器，据守要塞，一定要注意加强军事防备，多为你们的子孙后代着想啊！"

钟谟和李从善回到南唐后，将柴荣的话禀告了南唐主李璟。李璟心中很受感动，于是立即下令修缮金陵城墙，同时下令各州城也要加强整治修理，守卫士兵不足的也进行了补充。

这段时间，柴荣的病情一直不见好转，反而有逐渐加重的趋势。考虑到自己的身体状况，六月初九，柴荣立年仅七岁的儿子柴宗训为梁王。十天后，柴荣的病情突然急剧恶化，年仅三十九岁的后周世宗柴荣，带着壮志未酬的遗憾，永远地离开了人世。

柴荣自即位以来，一开始就力排众议，亲自率军出征。他精通战略，统率军队纪律严明，自己在战场上也十分神武英勇；在治理国家方面，他善于任用人才，让大家各尽其能；在生活方面，他也不像其他皇帝那样奢侈享受，而是注重勤俭治国。因此，在他的治理之下，后周才得以迅速强大起来。若不是突然发病去世，柴荣很可能就实现了他继续

扩大后周版图，继而统一天下的宏愿了。

柴荣死后的第二天，根据遗诏，年仅七岁的梁王柴宗训继位，史称“后周恭帝”。而他，也成了后周的最后一位皇帝。

960年，边境有人奏报说，契丹联合北汉一起南下来攻打后周了，请求朝廷派兵。当时执掌朝政的宰相范质都没有核查这一消息的真假，便立即派赵匡胤率领大军前去抵抗。

赵匡胤领军离开大梁。刚走到陈桥驿，赵匡胤的弟弟赵光义等人便联合起来，鼓动赵匡胤发动兵变，自立为帝。赵匡胤听从他们的建议，发动了“陈桥兵变”，率领大军回到大梁。京城守将石守信、王审琦知道消息后，丝毫不做抵抗，打开城门迎接赵匡胤入城。

后周恭帝退位，赵匡胤顺利登上了皇位，史称“宋太祖”。就这样，后周灭亡，宋朝开始了……

人物介绍

柴宗训：即后周恭帝，是后周最后一位皇帝。他是后周世宗柴荣的儿子，959年柴荣去世后，年仅七岁的柴宗训继位，后于960年禅位于赵匡胤。

历史关键点

后周世宗柴荣自即位以来，为了实现发展壮大、一统中原的宏愿，一直对内励精图治，对外率兵亲征。在先后战胜了北汉、南唐和后蜀之后，于959年开始北伐契丹，也一路凯歌，进展得十分顺利，最后却因突然发病而不得不返回，并在不久后因病而亡。

柴荣的“壮志未酬身先死”，断送了后周继续强大、统一中原的机会。而赵匡胤发动“陈桥兵变”，建立宋朝，不仅直接结束了后周政权，也逐步结束了历史上的整个“五代十国”时期。

孩子读得懂的

资治通鉴 3

崔蕊霞 - 编　　张佳茹 - 绘

北京理工大学出版社
BEIJING INSTITUTE OF TECHNOLOGY PRESS

图书在版编目（CIP）数据

孩子读得懂的资治通鉴. 3 / 崔蕊霞编；张佳茹绘. —北京：北京理工大学出版社, 2020.12（2022.8）
ISBN 978-7-5682-9080-7

Ⅰ.①孩… Ⅱ.①崔… ②张… Ⅲ.①中国历史—古代史—编年体②《资治通鉴》—青少年读物 Ⅳ.①K204.3-49

中国版本图书馆CIP数据核字（2020）第179902号

出版发行 / 北京理工大学出版社有限责任公司
社　　址 / 北京市海淀区中关村南大街 5 号
邮　　编 / 100081
电　　话 / （010）68914775（总编室）
（010）82562903（教材售后服务热线）
（010）68948351（其他图书服务热线）
网　　址 / http: //www.bitpress.com.cn
经　　销 / 全国各地新华书店
印　　刷 / 三河市九洲财鑫印刷有限公司
开　　本 / 880 毫米 × 1230 毫米　1/16
印　　张 / 13.5
字　　数 / 120千字
版　　次 / 2020 年 12 月第 1 版　2022 年 8 月第 8 次印刷
定　　价 / 276.00元（全 4 册）

责任编辑 / 宋成成
文案编辑 / 李文文
责任校对 / 刘亚男
责任印制 / 施胜娟

序言
PREFACE

司马光砸缸的故事相信大家都听说过。故事中的司马光是北宋时期著名的政治家、历史学家，他不但砸缸救过小朋友，还主编过一部非常著名的历史著作呢！这部书的名字叫《资治通鉴》，它是我国古代规模最大、成绩最高的史学典籍之一。这部书总共294卷，大约300多万字，它讲述的历史跨度共包含了16个朝代，记录了从周威烈王二十三年（公元前403年）到五代后周世宗显德六年（公元959年）的历史，前后跨越了1362年，司马光和他的助手们花了19年的时间才编写完成！

这部书按朝代分为十六纪，即《周纪》五卷、《秦纪》三卷、《汉纪》六十卷、《魏纪》十卷、《晋纪》四十卷、《宋纪》十六卷、《齐纪》十卷、《梁纪》二十二卷、《陈纪》十卷、《隋纪》八卷、《唐纪》八十一卷、《后梁纪》六卷、《后唐纪》八卷、《后晋纪》六卷、《后汉纪》四卷、《后周纪》五卷。北宋神宗皇帝说这部书可以“鉴于往事，有资于治道”，意思就是说借鉴过去的事情，然后帮助现在的统治者治理国家，所以这部书的名字就叫《资治通鉴》。这部书成为后世历代皇帝及太子必读的“第一治国教材”。

面对《资治通鉴》这一部300多万字的鸿篇巨作，即便是成年人读起来也会非常吃力！因此，编者从儿童的视角出发，用儿童的语言把这些精彩的历史故事写出来，让孩子们看得懂并喜欢它，于是就有了这套儿童版的《孩子读得懂的资治通鉴》。

目录
CONTENTS

目录
CONTENTS

目录

CONTENTS

黄巾起义

放声朗读

初，钜鹿张角奉事黄、老，以妖术教授，号“太平道”。咒符水以疗病，令病者跪拜首过，或时病愈，众共神而信之。

——《资治通鉴》汉纪五十·孝灵皇帝中光和六年

译文

最初，钜鹿人张角信奉黄帝、老子，以法术和咒语等传授门徒，号称“太平道”。他用念过咒语的符水治病，先让患者下跪，说出自己所犯的错误，然后喝下符水。有些患者竟然就此痊愈，于是，人们将他信奉如神明。

东汉末年，朝廷昏庸腐败，兵役、力役和各种苛捐杂税压得人们透不过气来，加上天灾不断，老百姓的日子过得苦不堪言。不断有人起来造反，但是很快都被镇压了下去。

钜鹿那个地方，有个叫张角的人。他信奉黄帝和老子，觉得可以借宗教的形式把人号召起来。于是张角利用人们迷信、渴望过太平日子的心理，创立了一个叫“太平道”的组织，广收门徒，宣扬神道论，传授“法术”和“咒语”，让大家都信服他，崇拜他。

他把纸符烧成灰，撒在水中，做成符水给人治病。让患者“服药”前先跪下来自我忏悔，把自己犯下的过错、做过的亏心事都说出来。他说心诚则灵，要人们对他虔诚。有些人是因为心理暗示作用，喝完“药”就觉得轻松了。有些人的病本来就是心病，忏悔完心结打开了自然也就好了。还有些头疼脑热的小病本来就会自愈。反正有人被他的神药“治”好了，就信服他，不遗余力地给他做宣传。就这样一传十、十传百……很快张角就出名了，远远近近来求医、想入教的络绎不绝，张角成了大家眼中神明一样的人物。

张角让徒弟们游走四方，一边给人治病，一边进行宣传。他们的组织像滚雪球一样越滚越大。十年后，太平道传遍了青州、徐州、幽州、冀州、荆州、扬州、兖州、豫州八大州，在全国上下遍地开花。“太平道”的名号更是家喻户晓，妇孺皆知。很多人不远千里去投奔他，由于找他的人太多，还经常会出现交通拥堵现象。为了追随他，有的人变卖了家产，有的人抛下了妻儿，有的人尚未到达就死在了路上……当地的官吏不了解真相，反而说太平道是劝人为善、给人治病的教门，张角用善道感化了百姓，所以老百姓才这么崇拜他。官员们没把这件事放在心上。

有位叫杨赐的官员，敏锐地感觉到张角的“善道”来者不善，赶紧上奏皇帝：“张角欺骗百姓，扩展自己的势力，居心叵测。如果现在不追捕、讨伐他，任由他发展下去，将来恐怕要出大事。应该命令刺史、俸禄为二千石的官吏，分散张角的追随者，保护他们各自回到自己的家乡，以削弱张角和他的同党的力量，然后讨伐他们的首领，这样，不必劳师动众，就可以把他们收复。”杨赐递完奏书不久后离职，这件事情就此搁置下来，再无人过问。后来，一位叫刘陶的官员也觉察出了不对劲，上书启奏：“张角等人野心越来越大，民间有传言说张角等人偷偷进入京师，是为了谋权夺位，各州的官员在私底下议论纷纷，但他们不敢把事实报告给朝廷。皇上应该下诏书，招募张角等人，赏赐他们土地，如果他们不来，就说明有反心，到时再治他们的罪。”皇帝心想：“这个刘陶真是小题大做！几个小老百姓能翻起多大的浪头！我看刘陶是闲得没事可做，不如派他去整理《春秋条例》吧！”

从那以后，再也没有人提这件事情了。

就这样，张角的组织畅通无阻地发展壮大起来，拥有了不下几十万的信众。张角把这些人分成三十六个方，大方一万多人，小方六七千人，每个方都有自己的首领，跟军队一样。张角觉得时机差不多了，就暗地里发动道徒们起来反抗朝廷。用“苍天已死，黄天当立；岁在甲子，天下大吉”做号召。“苍天”指东汉王朝，“黄天”当然说的就是他创立的“太平道”。他们约定好起义那天每个人头上裹一块黄巾作为记号，戴黄巾的都是自己人。还在京城各官署及各州、郡官府的大门上，用白土写上“甲子”字样，大造声势。

眼看起义的日子一天天靠近，大家摩拳擦掌，蓄势待发。没想到在这个节骨眼上，张角的弟子唐周突然叛变了，他向朝廷告发了张角要起义的事情。朝廷立刻派人搜捕，抓住了一个叫马元义的大方首领，杀鸡儆（jǐng）猴，把他车裂处死了。皇帝下令：凡是信奉太平道的人，抓住了格杀勿论。

紧接着有一千多名教徒被逮捕并被杀死。朝廷还派兵去追捕张角等人。

张角见事情已经泄露，不能再等下去了，决定提前行动。他让人星夜启程，火速把消息传达到各方。信徒们接到命令后纷纷响应，他们用黄巾裹头，手持器械，气势汹汹地涌上街头，黄巾起义正式爆发。

张角自称“天公将军”，说自己是老天爷派下来拯救黎民百姓的，推翻朝廷是上天的旨意，有老天庇佑，他们的起义一定能成功。他把两个弟弟张宝、张梁分别称作“地公将军”“人公将军”。他们带领教众在各地烧官府、杀官吏，打开监狱放出囚犯，查抄官家财产，开仓放粮。攻下了不少地方。张角战胜的消息传了出去，很快就得到了天下人的响应。一个月内，全国七州二十八郡都发生了战事，黄巾军势如破竹，所过之处州郡失守、吏士逃亡。各地的刺史、郡守纷纷向汉灵帝告急求救。

汉灵帝这会儿也急得像热锅上的蚂蚁，坐也不是，站也不是。他连忙任命河南尹何进为大将军，命令他保卫京师；又派大臣卢植和皇甫嵩（sōng）、朱儁（jùn）各自带兵去攻打黄巾军。还下令让各州郡自己准备人手，加强防御。这样一来，各地的刺史、郡守和地主豪强都趁着这个机会，开始招兵买马，扩充自己的地盘和势力。

刚开始黄巾军势头很猛，官兵被他们杀得节节败退，连大将军皇甫嵩都被他们围困住了。朝廷又派出曹操率军前去救援。皇甫嵩不愧是一代名将，救兵还没赶到，就想到了自救的办法。那天傍晚突然刮起一阵大风，他看着向敌营那边猎猎飘动的战旗，脑中灵光一闪。“天助我也，用火攻！”皇甫嵩让士兵拿着火把悄悄出城，点燃了黄巾军营寨周

边的杂草。火借着风势迅速地燃烧起来，不一会儿就给黄巾军来了个火烧连营。黄巾军慌了神，不知道该救火，还是该逃跑，乱成了一团。皇甫嵩乘机攻击，让城上高举火把，猛敲战鼓，以助声势。黄巾军像没头的苍蝇四处逃窜、溃败。这时候曹操的援军也赶到了。五日，皇甫嵩、朱儁和曹操三面夹击黄巾军，汉军大获全胜，斩杀黄巾军数万人。从那以后黄巾军的气势就弱了下来。

黄巾军到底是杂牌军，粮草、装备，软硬实力都不如官兵，随着各地官兵的围剿，黄巾军渐渐支持不住。后来张角生病死了，他们的“地公将军”张宝、“人公将军”张梁也都相继战死。很快，这支农民起义军被剿灭。

黄巾军就这样轰轰烈烈地开始，凄凄惨惨地收尾。

人物介绍

张角：钜鹿（今河北省巨鹿县北）人。太平道的创始人，中国东汉末年农民起义军“黄巾军”的领袖。

历史关键点

黄巾起义是东汉晚期的农民战争，也是中国历史上规模最大、以宗教形式组织的农民战争之一。黄巾起义虽然以失败告终，但还是对东汉末年的政局产生了深远的影响。

为了尽快平息叛乱，中央把军权下放到地方，在地方的干预下，黄巾起义的浪潮被遏制，黄巾军最终被剿灭，这大大延缓了东汉灭亡的危机。同时，下放军权的政策也导致各地方拥兵自重，各地军队无视中央。最终导致后来三国局面的形成。

董卓之乱

放声朗读

甲戌，卓复会群僚于崇德前殿，遂胁太后策废少帝，曰："皇帝在丧，无人子之心，威仪不类人君，今废为弘农王，立陈留王协为帝。"袁隗解帝玺绶，以奉陈留王，扶弘农王下殿，北面称臣。太后鲠涕，群臣含悲，莫敢言者。

——《资治通鉴》汉纪五十一·孝灵皇帝下中平六年

译文

九月初一，董卓又在崇德前殿召集百官，威胁何太后下诏废黜少帝刘辩，诏书说："皇帝为先帝守丧期间，没有尽到做儿子的孝心，而且仪表缺乏君王应有的威严。如今，废他为弘农王，立陈留王为皇帝。"袁隗把少帝刘辩身上佩带的玺绶解下来，进奉给陈留王刘协。然后扶弘农王刘辩下殿，面向北称臣。何太后哽咽流涕，群臣都心中悲伤，但没有一个人敢说话。

东汉末年有个很奇怪的现象，都是小孩子当皇帝。最小的皇帝登基时只有两岁，大的也不过十二三岁。小皇帝们哪里会处理国家大事？一

切全凭他们的母亲太后和身边的太监做主。太后们凡事又喜欢找娘家人拿主意，娘家人也就是外戚。于是出现了宦官、外戚轮流控制朝政的现象。这两帮人都想操纵小皇帝，为了夺权不断地明争暗斗。

那年汉灵帝驾崩，小皇帝刘辩继位，他的舅舅何进辅政。何进办的第一件事就是剪除宦官势力。为此他还拉帮结派，找了袁绍、袁术等人做帮手。但是何太后优柔寡断、磨磨蹭蹭，导致诛杀宦官的行动迟迟不能进行。袁绍看着着急，建议何进把凉州军阀董卓招进京，助他们一臂之力。

董卓接到何进的命令后，率领军队连夜向洛阳进发。何进写信命令董卓原地待命，先不要带兵进京。董卓好不容易有了靠近中央政权的机会，怎么会放弃？他把何进的书信随手一扔，继续向洛阳进发。

何进还在犹豫不决之时，宦官集团已经听到风声，他们决定先下手为强。这天，宦官们设好埋伏，趁何进入宫时，干净利落地把他给杀掉了，紧接着宦官在宫里暴乱。袁术、袁绍兄弟先后率兵赶到，杀死了宫中所有的宦官。

这时候董卓也进京了。汉少帝刘辩见董卓突然率军前来，吓得哭了起来，他哆哆嗦嗦，语无伦次，一点儿帝王的样子都没有。而一旁的陈留王刘协虽然年纪更小，却显得从容淡定，讲起话来条理清楚，有板有眼。董卓十分高兴，觉得这个刘协很贤能，而且他又是董太后养大的，董卓想他自己也姓董，和董太后应该能攀上点儿亲戚。于是有了废黜少帝，改立陈留王刘协为皇帝的念头。

董卓把这个想法说出来，袁绍不同意。董卓就大声呵斥袁绍："你小子胆敢这样放肆！天下大事，难道不是我说了算？我想怎么做就怎么做！谁要敢不服，就让我董卓的刀跟他说话！"袁绍也很生气地说："天下的英雄豪杰，难道就只有你董公一个人？"袁绍把佩刀横过来，向众人作了一个揖，就气呼呼地走了。袁绍知道董卓什么事都干得出来，回去后就把官印挂在上东门上，逃到冀州去了。尚书卢植也出来反驳，董卓举刀想要杀死他。大家替卢植求情说："卢尚书是全国有名的大儒，受人尊敬。现在杀了他，会让全国都陷入恐怖之中。"董卓这才作罢，恨恨地免去了卢植的官职。

过了些日子，董卓又召集文武百官宣布他的决定：废黜少帝刘辩，立陈留王刘协为帝。这回再也没有人敢反对他了。

董卓立刘协为帝之后，很快毒杀了何太后，自封为太尉，领前将军事，加赐代表皇帝权力的符节和作为依仗的斧钺与虎贲卫士，晋封为郿侯，成了汉室政权实际掌控人。他在洛阳实行恐怖统治。大臣们每天提心吊胆，如履薄冰，不小心说错一句话，或做错一件事就会身首异处。有一次一位官员向他汇报工作，仓促间忘了解下佩剑，董卓二话不说就把他杀了。他还纵容士兵洗劫洛阳城，烧杀抢掠，无恶不作。朝野上下，不管是官员还是百姓都对他恨之入骨。

后来各地的军阀都看不下去了，纷纷举起了讨伐董卓的大旗。大家推举袁绍为盟主，各自率领数万人马，浩浩荡荡地向洛阳进发了。

董卓见他们声势浩大，怕自己抵挡不了，就挟持着小皇帝离开洛阳，迁都长安了。临走前，还放了把火烧毁了洛阳城，挖了皇陵和公卿以下官员的墓地，把里面随葬的珍宝都挖出来带

走了。洛阳城的百姓也被他像赶牛羊一样驱赶着西迁，一路上，被踩死的、病困而死的不计其数，惨不忍睹。

到达长安后，董卓更加肆无忌惮，他让小皇帝拜他为太师，自己用的车马、服饰都和皇帝的一样。他还花费巨资为自己修建了一座和长安城差不多高的郿坞，里面储存了大量的粮食，几十年都吃不完。董卓说：“如果事情成了，我就可以雄霸天下；不成，就在这里养老也不错。”

朝中有个大臣叫王允，他老成持重，心思缜密。王允表面上顺从董卓，私下里一直在寻找机会想除掉这个祸害。可是董卓为人狡诈多疑，出入都有士兵保护，尤其是他那个武艺高强的干儿子吕布，几乎不离左右，旁人根本无法靠近。

怎么办好呢？王允日思夜想，潜心琢磨，终于发现了一个契机。原来董卓和吕布之间的关系并非天衣无缝。董卓性情暴戾，对自己人也毫不手软。有一次，因为一件小事，董卓竟然拿起手中的兵器就狠狠地投向吕布。吕布身手矫健，避开了，然后连连道歉，董卓这才勉强放过他。而吕布也不是个重情重义的人，他曾经为了自己的利益杀死过对他很亲近的上司。而且这个人狂妄自大，有勇无谋。王允还发现了吕布的一个秘密——他和董卓的女婢私通，这件事如果被董卓知道了，那可不得了。于是王允就主动接近吕布，假装很欣赏他，很关心他，巧妙地挑拨他和董卓的关系。最后他说动了吕布，让吕布出手击杀董卓。

这天，上朝的时候，王允让十多个勇士伪装成卫士，埋伏在宫门口，伺机袭击董卓。董卓被飞来的戟击中手臂从马车上跌落下来。他大声呼救：“我儿吕布何在？速来救我。”吕布冲上前，冷笑一声说：“奉诏讨贼！”话音未落，一柄长矛就刺进了董卓的胸口。

董卓的死讯一经传出，全国上下一片欢腾。百姓们张灯结彩，载歌载舞，仿佛在庆祝一个盛大的节日。

人物介绍

董卓：东汉末年的军阀和权臣，其种种暴行使之成为中国历史上总体评价极其负面的人物之一。董卓利用汉末战乱和朝廷势弱而占据了京城，后又挟持汉献帝。他生性凶残，犯下诸多罪行，引发其他割据军阀集体征讨。

历史关键点

董卓之乱造成了东汉末年政权的极度混乱，加速和促进了东汉政权的灭亡，对国家和社会的稳定造成了巨大的破坏。经过这场动乱，关中地区二三年“无复人迹”，社会生产遭到严重摧残。董卓的暴政引发的诸侯讨伐，为群雄割据局势打下了基础，成为东汉末年军阀混战局面的开端。董卓死后，关东联盟解体，群雄混战颠覆、肢解了东汉帝国，而衰微的汉献帝朝廷只是曹操统一北方的工具和幌子。此后，汉室更加衰微，最终灭亡。

曹操起兵

放声朗读

豪杰多归心袁绍者；鲍信独谓曹操曰：“夫略不世出，能拨乱反正者，君也。苟非其人，虽强必毙。君殆天之所启乎！”

——《资治通鉴》汉纪五十一·孝献皇帝甲初平元年

译文

各路豪杰多拥戴袁绍，只有鲍信对曹操说：“现在谋略超群，能拨乱反正的人就是阁下了。假如不是您这种人才，即使强大，也必将失败。您恐怕是上天派来的吧！”

曹操从小就机灵，心眼儿特别多，还喜欢行侠仗义，打抱不平，就是不太注意自己的言行，也不爱钻研学业，看上去有点儿流里流气。所以大家都觉得他将来不会有什么大出息。那时候也只有几个人持不同的看法。太尉桥玄对他说：“天下即将大乱，不是掌握时代命运的杰出人才，不能拯救国家。能够平息这场大乱的人，恐怕就是你了。”南阳人何颙（yóng）见到曹操后盯着他看了一会儿，说：“汉朝就要灭亡，能够重新安定天下的，一定是此人。”曹操去拜访名士许劭（shào），询

问他对自己的评价。许劭不喜欢曹操，于是闭口不答。曹操固执地问许劭，许劭才开口说："你在天下太平时可以成为一个能臣，在天下大乱时会成为一个奸雄。"

"好极了！好极了！哈哈哈……"曹操非常开心，大笑着跑开了，留下许劭在后面摇头叹息。

二十岁那年，曹操当上了洛阳管理治安的官员，这可不是个轻松的差事。洛阳是国都，一块瓦片掉下来能砸出好几个皇亲国戚。这些人平时都横着走路，觉得衙门是他们家开的，他们想干什么就干什么，很难管理。可这怎么行呢？年轻的曹操很想把这个官做好。他一上任，就让人打造了十多根五颜六色的大棒，悬挂在衙门左右，说："国法面前，绝不容情，有犯禁者，皆棒杀之。"

有一次宦官蹇（jiǎn）硕的叔父蹇图违反禁令，夜间出行，被曹操逮了个正着。这个蹇图仗着他侄子是皇帝眼里的红人，整日里为非作歹，衙门里一直没人敢管他。蹇图嚣张地大喊："你们赶快放了我，我是蹇硕的叔父！谁敢动我？小心你们的狗命！"

曹操可不吃他那一套，他大喝道："天子犯法与庶民同罪，蹇硕的叔父比天子还大吗？可以凌驾于律法之上吗？"他下令衙役们："给我打！狠狠地打！谁也不准惜力！"结果蹇图被他们活活打死了。这招杀一儆百很管用，京城里的纨绔子弟再也不敢明目张胆地胡作非为了，治安形势大为好转。

曹操不怕权贵、执法公正的美名也在洛阳城里流传开来。但是曹操得罪了蹇硕等一些当朝权贵，不久就被明升暗降，调到外地做了一名县令。

后来黄巾起义爆发，汉灵帝派曹操去镇压，曹操大败黄巾军，被朝廷提拔，封为济南相。

董卓独揽大权后，想拉拢一些人为自己所用，他看好曹操，上表奏请曹操为骁骑校尉。曹操看不惯董卓的暴行，觉得董卓倒行逆施，恶贯

满盈，早晚有一天要垮台，所以不想跟着他混，就改名换姓逃出洛阳，回到了老家陈留。

回乡后，曹操决心建立一支自己的军队讨伐董卓。他的父亲很支持他，不惜散尽家财帮他招兵买马。乡里有个叫卫兹的豪强也慷慨相助。很快曹操就招到了三千兵马。曹操的亲戚曹洪也带着两千人投奔而来。就这样他们聚集了五千兵马，正式起兵，扯起了讨伐董卓的大旗。

各地州、郡都纷纷起兵。在曹操的召集下，各路诸侯来到离陈留不远的地方集合，组成了一支联军。当时袁绍的实力最强，大家都推袁绍做盟主。只有鲍信私下里对曹操说：“我看现在谋略超群、能拨乱反正的人只有您。没有胆识和才能，势力再强大也注定会失败。恐怕您才是上天派来平定天下的那个人。”

各地起兵的消息传到洛阳，董卓决定把汉献帝和上百万洛阳百姓迁到长安，自己留在洛阳附近对付联军。他怕百姓不肯离开，就放了一把火，把宫室、官府、民房全都烧了。洛阳城被烧成了一片废墟，方圆二百多里鸡犬不留。老百姓拖家带口、扶老携幼走不快，董卓就派骑兵、步兵在后面像驱赶牛羊一样驱赶他们，一路上被踩死的、打死的、饿死的、病死的、累死的不计其数，尸体横陈在路边，惨不忍睹。

然而联合军汇集之后，却一直按兵不动，大家好像都在等待着什么。曹操按捺不住了，对他们说：“大家起兵，不就是为了讨伐董卓吗？董卓劫走天子，还烧毁了皇宫，全国人心惶惶，现在正是消灭他的好机会，咱们为什么不去攻打他呢？”曹操越说越激动，越说声音越高，各路将领却仿佛没听到一样，一脸无动于衷，有的甚至还打起了哈欠。其实他们都想保存自己的实力，让别人去冲锋陷阵，自己在后面捡便宜。

他们这副没出息的样子把曹操气坏了。他愤愤地说：“你们不去，我去！”曹操一怒之下，带着人马讨伐董卓去了。没想到刚走到汴水，他们就遇到了伏击。董卓的手下大将徐荣，带着大队人马拦住了曹操的去路。双方展开了正面交锋。曹军突遭袭击，有些慌乱，再加上双方兵力相差悬殊，很快曹操的人马就招架不住了，军士死伤惨重。

曹操只得下令后退。这时一支利箭“嗖”地一下飞过来，正中曹操的肩膀。曹操赶紧去拍马屁股，想让马跑得快一些。说时迟那时快，又有一支冷箭飞过来，刚巧射在了曹操拍过的马屁股上。战马受了惊，长嘶一声，向上一蹿，把曹操从马背上掀了下来。就在这紧要关头，曹操

曹

的堂弟曹洪把战马让给曹操，保护着他逃了回来。

曹操的人马损失惨重，他带着伤兵赶回营地，看到其他的同盟军正在饮酒作乐。曹操气不打一处来，指责他们说：“大家如果听从我的建议，一起并肩作战，很快就能平定局势。你们以讨伐暴虐、匡扶天下为名，招募兵马，现在却在这里饮酒作乐，等待观望，让天下百姓失望。我真替你们害臊！”

面对曹操的指责，这些人一点也没感到羞愧，他们继续按兵不动。过了不久，几十万兵马把粮食全部吃光，就各自回家了。

经过这件事，曹操觉得这些人实在不靠谱，和他们一起根本成不了大事，还不如自己干。于是他去了扬州，打算在那里招兵买马，养精蓄锐。后来青州黄巾军作乱，曹操将他们击败，把精锐力量收为己用，组成了青州兵，实力大增，终于渐成气候。

人物介绍

曹操：即魏武帝。东汉政治家、军事家、诗人。东汉末年，在镇压黄巾起义军的过程中，逐步扩充军事力量。后来曹操“挟天子以令诸侯”，先后削平吕布等割据势力。在官渡之战大破军阀袁绍后，曹操逐渐统一了中国北部。建安十三年（208），曹操进位为丞相，后封魏王。

历史关键点

曹操起兵之后，形势发生了变化，联军内部开始分裂，袁绍也准备另立皇帝，搞割据分裂。曹操坚决反对联军内部分裂，反对另立皇帝，主张继续攻打董卓。但联军中一些将领都各有打算，不久，他们便回到各自的地盘发展割据势力去了。就这样，又出现了军阀割据、相互混战的局面。

官渡之战

放声朗读

操还军官渡，阎柔遣使诣操，操以柔为乌桓校尉。鲜于辅身见操于官渡，操以辅为右度辽将军，还镇幽土。

——《资治通鉴》汉纪五十五·孝献皇帝戊建安五年

译文

曹操回军官渡，阎柔派遣使者拜见曹操，曹操任命阎柔为乌桓校尉。鲜于辅亲自到官渡拜见曹操，曹操任命他为右度辽将军，回去镇守幽州。

黄巾起义之后，东汉政权已经摇摇欲坠。各地官僚独揽军政大权，豪强们也纷纷组织私人武装，形成了大大小小的割据势力。这些势力都想称霸一方，他们为了抢占地盘，你打我，我打你，战争频频发生。北方以袁绍和曹操两股势力最为强大，袁绍盘踞在黄河以北，曹操占据了黄河以南。

袁绍麾下有数十万兵马，实力之强，风头之盛，无人能及。曹操人马虽然不是很多，但这个人心眼儿很多，以护驾的名义把汉献帝接到身边，手里攥着皇帝这张王牌，相当于掌握了舆论的优势，干什么都是天经地义。他“挟天子令诸侯”“奉天子征四方”，假借着天子之名对群雄发号施令，威势大增。

袁绍觉得曹操不除，将来必定是个祸患，于是调集了十万精兵，南下许都，打算搬掉曹操这块绊脚石。

消息传来，曹操的部将们都吓坏了，觉得以他们的实力根本无法和袁绍大军抗衡。曹操却不这么认为，他觉得袁绍志大才疏，刚愎自用，就是草包一个，不足为惧。曹操制订了一套周密的方案，加强了几个战略要地的防守，集中主力在官渡迎战袁绍。

这时候，刘备趁机反曹，占领下邳，屯据沛县，并和袁绍搭上线，

打算合伙对付曹操。为了防止腹背受敌，曹操决定先消灭掉还不成气候的刘备。他亲自率兵出击，把刘备打了个落花流水。刘备跑得挺快，连老婆孩子都顾不得了，两房夫人都落在了曹操手中。为护嫂嫂们的周全，刘备的结拜兄弟关羽只得暂时留在曹营。

不久袁绍的大军就赶到了，袁绍派出大将颜良进攻黄河南岸一个叫白马的地方。白马一丢，敌军很快就会杀到许都，曹操可不能这么眼睁睁地看着自己丢掉这个屏障，赶紧亲自率兵前去解围。他们知道硬拼打不过袁绍，就想出了声东击西的策略，先派出一支人马在西边的黄河渡口逡巡，假装要渡河攻打袁绍的后方。袁绍信以为真，急忙拉着队伍赶去拦截。曹操乘机率军东进，派张辽、关羽为前锋急攻白马。颜良没有准备，被杀了个措手不及。关羽冲进万军之中将颜良斩杀，袁军大败。

出师不利，痛失爱将，袁绍气得哇哇大叫。他又派出另一员猛将文丑率领骑兵数千人渡河追击曹操。曹军当时只有骑兵五百多名，形势十分危急。

曹操遥望着前方，捋起了胡须，捋着捋着又捋出了一条妙计。他命令将士们解下马鞍，放开战马，把武器随意地丢弃在路边。文丑追兵赶到了，看到这种情况，还以为曹军不战自败，已经仓皇逃散了。

“兄弟们，曹操那厮被咱们吓破了胆，早跑得没影了。哈哈哈……”

“这么多好刀好枪，快下来捡啊！”

“这个马鞍也不错。呀，这里还有一块玉佩呢！”

袁军将士纷纷下马去抢战利品。

曹操暗中窃喜：“差不多了，收网！”一声令下，埋伏在四周的骑兵一齐冲出，又给袁军来了个措手不及。有些士兵还没闹明白怎么回事，就已经身首异处了。主将文丑也在混战中丢了性命。

就这样，袁绍第一个回合就损失了两员大将，非常气愤，他本想依靠兵力优势，一鼓作气打垮曹军的。曹操自知兵力不足，主动退回到官渡，坚守城池。

两军僵持了一段时间，袁绍见曹军死守营地不出来，就让士兵堆起土山、筑起高台，居高临下地向曹军射箭。曹军设计出一种霹雳车，这种车可以射出石块，把袁军的高台砸垮。袁绍一计不成，又生一计。袁军偷偷挖掘了通向曹营的地道，被曹军发现，曹操命人在营前挖了一条大壕沟，切断他们的“工程”。两军就这样对峙了好几个月。

曹军被围困在城中，粮草补给快用完了，士兵们也疲惫不堪，看样子坚持不了多久了，曹操有了退兵的打算。他刚把自己的想法说出来，就遭到手下谋士的反对。大家都劝他不要急着退兵，再坚持坚持，等待机会。

这时候，袁绍那边刚运来一万多车军粮，囤积在四十里外的乌巢。手有余粮心里不慌，袁绍底气十足。他觉得只要再这样僵持下去，用不了多久，曹军就不攻自破了。谋士许攸建议袁绍偷袭曹军。许攸说：“曹军现在没有粮草，士气低落，很容易打败。”袁绍根本听不进去，还把许攸臭骂了一顿。许攸对袁绍很失望，一气之下离开袁绍，投奔了曹操。

曹操听说许攸来了，激动得连鞋都顾不得穿，赤着脚跑出来迎接。他拍手笑着说：“你是老天爷派来的福星啊，你这一来，我就看到希望了。”

许攸问曹操："您军中还有多少粮草？"

曹操偷眼看了看许攸，笑着回答："差不多——应该够用一年吧！"

许攸听完，脸色一变，说："您没有跟我说实话。"曹操笑了笑，轻轻地说了一句："还可用半年。"许攸站起来就走，边走边说："我诚心诚意来投奔您，您却处处提防着我，真让我失望！"曹操赶紧拉住许攸："刚才和您开玩笑呢，您别生气。其实军中的粮食只能维持一个月了，先生有什么好的办法吗？"

许攸略一沉吟，把自己的计策讲给曹操听。曹操激动地一拍大腿说："妙极！妙极！多谢先生，我曹操有救了！"

曹操选出精锐骑兵，假扮成袁军，连夜从小路出发，直奔乌巢。沿途遇到袁军岗哨的盘问时，曹军都说是袁绍派来增援的，岗哨也就没有怀疑，顺利放行。曹军到达乌巢，放大火烧了粮仓。守备的袁军一边忙着抢救粮草，一边忙着和曹军作战，根本顾不过来。曹军偷袭成功，把负责押运粮草的袁军主将淳于琼也杀死了。

袁绍听到曹操偷袭乌巢的消息，不但不着急，还得意地说："曹操偷袭乌巢，那我们就去偷袭曹营，让曹军无家可归！"

他命令大将高览、张郃攻打曹营。想不到的是，这两个人听说袁军粮草被烧，押送粮草的人也都被杀了，心里又惊又怕。两人一商量，干脆倒戈，投降了曹操。这时，曹军发起了进攻，袁军很快战败了。袁绍和他儿子也仓皇逃命去了。

官渡一战击溃了袁绍，北方就没有人能和曹操抗衡了。

人物介绍

袁绍：字本初，汝南汝阳（今河南省周口市商水县袁老乡袁老村）人，东汉末年军阀，汉末群雄之一。曾带兵进宫诛杀十常侍，后被各路诸侯推举为盟主讨伐董卓。官至东汉大将军，为东汉末年最强诸侯之一。但在官渡之战惨败给曹操。

历史关键点

官渡之战是东汉末年“三大战役”之一，也是中国历史上著名的以弱胜强的战役之一。建安五年（200），曹军与袁军在官渡展开决战。官渡之战，在双方经过一年多的对峙后，以曹操的全面胜利而告终。曹操以两万多兵力，出奇制胜，击破袁军十万大军，是中国古代战争史上以弱胜强、以少胜多的著名战例。曹操以其非凡的才智和勇气，写下了他军事生涯最辉煌的一页。官渡之战后，袁绍兵力大大削弱，从此一蹶不振。曹操的胜利则为统一北方奠定了基础。

孙策夺江东

放声朗读

及坚死，策年十七，还葬曲阿；已乃渡江，居江都，结纳豪俊，有复仇之志。

——《资治通鉴》汉纪五十三·孝献皇帝丙兴平元年

译文

孙坚死时，孙策十七岁，他把父亲的棺木送回老家曲阿去安葬。安葬后，他渡过长江，住在江都，结交天下豪杰，立志为父亲报仇。

孙策是长沙太守孙坚的长子。孙坚当年平黄巾，伐董卓，威名赫赫。后来在征讨荆州的时候，中了刘表手下黄祖的冷箭，不幸身亡。那时孙策只有十七岁。孙策生性豁达开朗，长得也英俊不凡，从小就喜欢结交名士，听他们畅谈天下大事，颇有才气和胆识。他把父亲的棺木送回老家曲阿安葬后，来到江都，立志要为父亲报仇。

因为孙坚生前加入了袁术的阵营，死后他的部属大多依附了袁术。孙策打算先去投奔袁术，要回父亲的旧部。

孙策到了袁术那里，袁术观察他的言谈举止，有礼有节，不卑不

亢，对孙策颇为欣赏，但还是舍不得把孙坚旧部还给他，就搪塞说：“我已经给你的舅父、你的堂兄都封了官。他们的属地是出精兵的地方，你可以先去他们那里招些兵马带带看。”

于是孙策去了舅舅吴景那里，招到了几百人。他继续向袁术请求讨还旧部。袁术觉得一点儿都不给也说不过去，就从孙坚旧部中拨出一千多人交由孙策统领。

有了人马，孙策的军事才能很快显现出来。袁术手下的很多将领都敬服他，就连袁术也常感叹：“如果我能生出孙策这样的儿子，我就满足了。”有一次孙策的一名骑兵犯了军规，逃进袁术大营。孙策没打招呼就闯进去，将逃兵揪出来，就地正法了。然后孙策才去拜见袁术，向他道歉。袁术说：“士兵经常有反叛的事情，你做得没错，不用道歉。”从那以后，将士们对孙策也更加敬畏了。

欣赏归欣赏，袁术这个人气量小，没有容人的胸襟。他很担心孙策将来羽翼丰满了，会摆脱他的约束，所以想用孙策又不愿意提携他。一开始他向孙策承诺让他去做九江太守，不久就任用了陈纪担任此职，后来派孙策去攻打陆康时又许诺："如果这次你拿下陆康，庐江郡一定封给你。"结果孙策拿下了庐江，可庐江太守一职归了别人。孙策意识到袁术这个人根本靠不住，开始有了新的打算。

这时候，孙策的舅舅吴景、堂兄孙贲正奉袁术之命讨伐扬州刺史刘繇（yáo）。双方在横江对峙了好长时间也没有结果。孙策一看机会来了，找袁术主动请战。孙策对袁术说："我家旧日对江东人多有恩义，我愿带兵帮舅父征伐横江。夺下横江后，我还可在当地招兵。到时候，我再率领他们助您平定天下，谋成大业。"就这样孙策率领兵马，直奔江东。一路上，很多人来投奔他，很快兵力扩充到五六千人。

孙策又把这个消息写信告诉了好朋友周瑜（yú）。周瑜很高兴，带着队伍出来迎接孙策，还给他赞助了一些军粮和补给，表示愿意帮助孙策干一番大事。

孙策率军渡江后，紧接着进击横江、当利，一路所向披靡，无人能敌，被人称为"小霸王"。他不但打败了刘繇，还收复了许多州县。而且孙策的队伍军纪严明，得到了当地老百姓的拥护和支持。地方上的有志之士知道孙策是孙坚的儿子，都纷纷前来投靠。没几年的时间，孙策就在江东站稳了脚跟。

江东收复，年轻的孙策意气风发，他正想着指点江山，图谋一番霸业时，却发生了一件让人扼腕叹息的事。

早先孙策攻吴郡时，杀了那里的太守许贡。许贡的手下一直想伺机报复孙策。有一次，孙策上山打猎，他们不知从哪里得到了消息，预先在那里设下埋伏，偷袭了孙策。孙策被一支毒箭射中了面部。尽管请来好多名医治疗，最终也无济于事。孙策自己知道命不久矣，就把部下张昭等人找来，托他们好好辅助自己的弟弟孙权。

孙权那年才十九岁。他年纪虽轻，却也颇有口碑。他平时喜欢结交朋友，而且很重视人才。江东官员们提起孙权，也是赞不绝口。孙策让人叫来孙权，把官印交给他，鼓励他说：“论打仗的本事，你比不上我，至于怎么选拔人才，任用贤能，这方面你比我强。你要好好干，保住我们的这份基业。”交代完，孙策就永远闭上了眼睛。

就这样，孙策把江东的接力棒交到了弟弟孙权手中。张昭担心孙权刚刚“上位”压不住阵脚，又火速派人通知了周瑜。周瑜连夜带兵赶回吴中，和张昭一起辅佐孙权。

虽然江东的主要州县都被孙策占领了，但还有一些偏僻的地方没有收服。这些人还在等待观望，看谁实力强大就归顺谁。多亏张昭、周瑜两人，一直感念着孙策的情谊，尽心尽力地辅佐孙权，才把局面给稳定下来。

孙权也一直谨记哥哥的临终嘱咐。哥哥让他发挥自己的长处，重用人才，他就广纳贤士，还让部下不拘一格向他推荐人才。周瑜对孙权说："我有个好朋友叫鲁肃，是个很有见识的人，请他来帮助将军，一定不会错。"

孙权和鲁肃一见如故，谈得非常投机，经常在一起讨论天下大事。孙权问鲁肃："现在天下大乱，群雄割据，我想做一个有作为的大臣，帮助皇帝治理好国家，你看我该怎么做？"

鲁肃说："依我看，汉朝江山要想恢复，那是不可能的事情了。现在各路诸侯都拼命扩大自己的实力，互相吞并，谁也没想真正帮皇帝的忙。您现在第一步是要在江东站稳脚跟，然后趁现在曹操和袁绍在北方征战，没精力注意我们的时候，把势力发展到江北去，这样才能完成统一天下的大业。”孙权听了鲁肃的话，不住地点头。

孙权广泛听取大家的意见，任人唯贤，很快在江东站稳了脚跟。在他的治理下，江东出现了一片繁荣景象。曹操为了笼络孙权，给他封了个大将军的官衔，从此，孙权在江东建立了自己的割据政权，后来还称了帝。他没有忘记自己英年早逝的兄长孙策，追谥其为“长沙桓王”。

人物介绍

孙策：孙坚长子、吴大帝孙权的长兄，汉末群雄之一，三国时期孙吴的奠基者之一，被时人称为“小霸王”。孙权称帝后追谥其为“长沙桓王”。

历史关键点

孙坚战亡后，他的儿子孙策投奔袁术，想收回江东旧部，替父雪耻。袁术多次失信于孙策，使孙策有了自立门户的想法。孙策借帮助舅父攻打刘繇为名，出兵江东，把在江东的诸个割据势力消灭，成功统一江东，为日后孙权建立东吴政权打下了基础。

卧龙出世

放声朗读

备由是诣亮，凡三往，乃见。

——《资治通鉴》汉纪五十七·孝献皇帝庚建安十二年

译文

刘备于是拜访诸葛亮，一共去了三次，才见到诸葛亮。

诸葛亮在隆中隐居的时候，就是个胸怀天下的有志青年，经常把自己比作古时候的管仲和乐毅。大家都觉得他在吹牛，只有徐庶和崔州平等人认为诸葛亮确实有堪比管仲、乐毅的才华。

刘备曾经向襄阳名士司马徽咨询招募人才的事。司马徽说："一般的儒士、才子的眼界、格局都太小，吟诗作赋、舞文弄墨还可以，治国平天下这样的大任他们担当不了。不过襄阳还真有两位大才，一个是卧龙，一个是凤雏。"

"卧龙？凤雏？"刘备很好奇地问，"还请先生告知这两位能人的尊姓大名。"

司马徽捋了捋胡须说："卧龙是诸葛孔明——诸葛亮，现隐居南阳

隆中；凤雏就是庞统。这两个人都是难得的俊杰、奇才，得到他们当中的一个就能平定天下。”

后来，徐庶也向刘备举荐了诸葛亮。刘备很器重徐庶，徐庶也很想辅佐刘备，但他的母亲被曹操挟持了，徐庶只得听命于曹操。

徐庶临走时对刘备说：“我这点儿学问，比诸葛孔明可差远了！他若出山，定能助将军成就一番大业。”

刘备很高兴，问：“请先生带诸葛亮来见我可好？”徐庶说：“诸葛先生那样的大才，不会听从谁的召唤。想要让他辅佐将军，您必须诚心诚意地去请。”

第二天，求贤若渴的刘备就备下礼物，带着两个结义好兄弟关羽、张飞来到南阳卧龙岗，拜访诸葛亮。不巧得很，那天诸葛亮外出游玩去了，书童也不知道他什么时候才能回来。刘备只得悻悻而归。

过了几天，他们再次前往。没想到，还是扑了个空。诸葛亮的弟弟告诉他们，哥哥去朋友家做客了。脾气暴躁的张飞很生气，下山的时候抱怨了一路。他觉得这个诸葛亮很没礼貌，明知道他们还会来找他，不在家等着，还出去乱逛，太不把人放在眼里了。而且一个种田的穷书生，能有什么天大的本事？劳烦他们几次三番来请！刘备却不这么认为，他觉得好事多磨，这是老天爷在考验他的诚心。

新年过后，刘备选了个好日子，带着关羽、张飞第三次登门拜访。这次总算没白跑，诸葛亮在家，可他正在睡觉。张飞唤来书童：“快去告诉你家先生，就说刘皇叔要见他，我们已经第三次来访了，让他赶快起来迎接。”

刘备赶紧制止：“不急不急，不要吵到先生，等他醒来再说。”刘备让关羽、张飞守在门外，他自己静静地站在台阶下等候。这时候天上忽然下起了鹅毛大雪，不一会儿，刘备的头发白了，胡子也白了，身上都落满了雪——可他依然静静地站在那里。也不知过了多久，草堂里终

于传出一声慵懒的哈欠声："啊——这一觉睡得可真舒服！大梦谁先觉，平生我自知。草堂春睡足，窗外日迟迟。"

"久闻先生大名，刘备特来求教。"一见到诸葛亮，刘备就深施一礼，诚恳地向他请教时事，"大汉王朝已经衰败，现在奸臣当道，窃取了大权，各地群雄并起，天下四分五裂。作为刘氏子孙，我很难过。虽然我没有什么才能，却也想尽自己的绵薄之力伸张正义，匡扶天下。可我没有什么谋略，所以屡屡受挫，弄到了现在这步田地。但我还有雄心壮志，请先生赐教，您认为我现在应该怎么做才好？"诸葛亮微微一笑说："现在曹操已经拥有了百万大军，挟天子号令天下。您确实不是他的对手，不能和他硬拼。"见刘备不住地点头，诸葛亮接着说："孙权占据江东，他们孙家已经在那里统治了三代，民心归附，有很好的群众基础，手下的能人也很多，而且江东地势险要，易守难攻。您也不能与他为敌，倒是可以拉拢他，和他结成盟友。"诸葛亮分析得头头是道，刘备心里佩服不已，他不禁又问："北方、江东都不可图，那刘备该往何处图谋？还请先生明示。"

诸葛亮略一沉吟，说："荆州——那个地方不错。北面有汉水、沔（miǎn）水两条江河做屏障，南边直通南海，东边连接着吴郡、会稽（jī），西面通往巴郡、蜀郡。荆州牧刘表没有才能，守不住它。这个地方就是上天赐给将军的资本啊！还有益州——益州西边地势险峻，中间又有沃土千里，盛产粮食。可益州牧刘璋（zhāng）是个昏庸（yōng）懦（nuò）弱之辈。益州北边还有张鲁为邻，百姓富庶，官府财力充足，他却不知道珍惜，贤能之士都在盼望着一个圣明的君主。将军，您是汉朝宗室，又以信义闻名天下，如果能占有荆州和益州，据守险要之地，安抚戎、越等族，到时与孙权结盟一致抗曹，对内修明政治，对外审时度势，等待时机将他们各个击破，一定能完成光复汉室的大业。"

听完诸葛亮的一番分析，刘备佩服得五体投地。他激动地说："先生所言极是，真是听君一席话，胜读十年书。先生乃旷世奇才！刘备恳请先生出山相助，共图大业！”诸葛亮被刘备的诚心打动，爽快地答应了。他说：“孔明等待明主已久，将军这么看得起在下，自当鼎力相助。”

刘备和诸葛亮的关系日益亲密，起初关羽、张飞对此非常不满，经常在刘备跟前发牢骚。刘备对他们说：“我得到诸葛亮是如鱼得水，诸葛先生乃治国平天下的大才、奇才。有先生在，我才有一展抱负、光复汉室的一天。你们要是真心为我好，就要和我一样尊敬先生。”关羽、张飞这才停止了

抱怨。后来诸葛亮用自己的实力彻底征服了关羽、张飞，赢得了他们由衷的敬佩。

诸葛亮出山后屡立奇功，他用自己非凡的智慧、卓越的政治头脑和军事才能，帮助刘备不断地开疆拓土，建立了蜀汉政权，最终形成了“三分天下”的政治局面。因为感念刘备的礼遇和信任，诸葛亮一生都恪守着自己的承诺，兢兢业业地辅佐刘氏父子，鞠躬尽瘁，死而后已。所以后世的人们都很爱戴诸葛亮，不仅敬佩他的才华，也为他的人格魅力所深深折服。

人物介绍

诸葛亮：字孔明，号卧龙（也作“伏龙”）先生，汉族，徐州琅琊阳都（今山东临沂市沂南县）人，三国时期蜀汉丞相，杰出的政治家、军事家、散文家、书法家、发明家。在世时被封为武乡侯，死后追谥“忠武侯”，东晋政权因其军事才能特追封他为武兴王。他的散文代表作有《出师表》《诫子书》等。他曾发明木牛流马、孔明灯等，并改造连弩，可一弩十矢俱发，称作“诸葛连弩”。诸葛亮是中国传统文化中忠臣与智者的代表人物。

历史关键点

官渡大战后，刘备兵败，投靠刘表，后陷入困顿，谋士徐庶也被曹操设计抢走。徐庶临走时向刘备推荐了诸葛亮。刘备求贤若渴，带着大将关羽、张飞去南阳邓县隆中请诸葛亮出山，去了三次才见到诸葛亮。诸葛亮被刘备的诚心打动，为他分析了天下形势，布局谋篇，并答应出山辅佐，自此三国时代初现端倪（ní）。

赤壁之战

放声朗读

时操军众，已有疾疫。初一交战，操军不利，引次江北。瑜等在南岸，瑜部将黄盖曰："今寇众我寡，难与持久。操军方连船舰，首尾相接，可烧而走也。"

——《资治通鉴》汉纪五十七·孝献皇帝庚建安十三年

译文

当时曹操的军队中已发生疾疫。两军初次交战，曹军失利，退到长江北岸。周瑜等驻军在长江南岸，周瑜部将黄盖说："如今敌众我寡，难以长期相持。曹军正把战船连在一起，首尾相接，可以用火攻，击败曹军。"

曹操消灭了袁绍并平定北方之后，继续挥师南下，打算趁热打铁，一举扫平荆州刘表和江东孙权的势力，完成称霸天下的大业。其间刘表病故，他的儿子刘琮（cóng）继位。在手下一众大臣的怂恿、劝说下，刘琮瞒着刘备，向曹操投降。他派人送去代表荆州治理权的"符节"，敞开大门，把曹操迎进了荆州。

刘备得到消息，为时已晚，只得仓皇撤逃，在长坂坡遭遇曹军追杀，险些全军覆没。诸葛亮请命去江东游说孙权，达成了孙刘联合、一同抗曹的共识。

这时候曹操也给孙权下了战书，说自己将统帅八十万水军和孙权一决胜负。江东之地他志在必得，威胁孙权放弃抵抗，老老实实地投诚归顺。

孙权把战书展示给大家看，

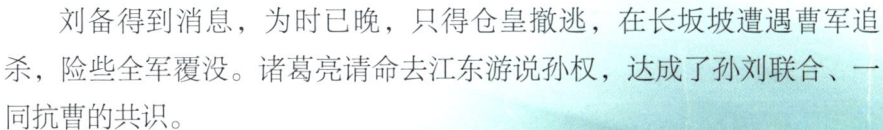

想听听属下们的意见。以张昭为首的一众文官被“八十万大军”吓破了胆，觉得两军兵力相差悬殊，和曹操抗衡简直是以卵击石。为了自保，他们都想让孙权投诚降曹。

只有鲁肃主战，他劝孙权早做决断，不要被那些人的意见扰乱心神，贻误了战机。

在鲁肃的提议下，孙权紧急召回了大都督（dū）周瑜，周瑜也主

张应战。周瑜认为曹操根本没有那么多兵力，所谓八十万水军纯属虚张声势。而且曹操的主力部队都是从北方来的，大多是旱鸭子，不擅长水战。他们又经过了长途跋涉，人困马乏，战斗力早就损失了大半。刘表的军队擅长水战，但他们刚刚归顺曹操，和曹操不是一条心，不会死心塌地为他卖命。所以这场对弈曹操根本没有什么优势。周瑜的话让孙权放了心，孙权决定应战。他任命周瑜和程普为左、右督，各自带领万余军士与刘备合力迎战曹操；任命鲁肃为赞军校尉，协助筹划战略。

周瑜的队伍在赤壁遇上曹军。果然，因为水土不服，加上晕船、不适应南方气候，曹操的队伍里很多人都生了病，状态非常不好。两军初次交战，曹军就吃了败仗，退回到长江北岸。而周瑜的队伍则士气越来越高涨，他们在长江南岸安营扎寨，和曹军隔江相望。

一天过去了，两天过去了，三天过去了……江面上静悄悄的，曹军免战不出，竟然搞起了“建设”，他们把战船首尾相接，左右相连，一行行、一排排都“捆绑”在了一起。

周瑜手下的部将黄盖遥望着对岸，眯起了眼睛：“敌人的兵力是我们的好几倍，长期这样僵持下去，还真不是办法。好在现在机会来了。曹军把战船连在一起，的确能解决他们北方士兵晕船的问题。但也有一个致命的弱点，如果用火攻——一根绳上的蚂蚱谁也跑不了。”周瑜觉得这个想法不错，经过一番商议，他们研究出了一个计策。让黄盖诈降，驾船去曹营“放火”，给他们来个一窝端。

于是，他们准备好了十艘战船，装上易燃的干芦苇和枯柴，在里边浇上油，外面裹上帷幕，上边插上旌旗，又备了一些快艇，系在船尾。然后黄盖派人送信给曹操，说他不想跟着孙权干了，要弃暗投明，投靠曹操。一切都已准备妥当，万事俱备，只欠一场东风。要是这时候能来一场东南大风就好了。周瑜和黄盖生于斯长于斯，熟悉这里的气候，知道最近一定会有一场东南风。他们耐心地等待着……

果然天公作美，不久东南风如约而至。周瑜和黄盖相视一笑。时机已到，是时候给曹军送上一份大礼了。他们依计行事，黄盖带领将士列队出发，让那十艘伪装好的“火种”船一字排开，行驶在船队的最前面。走到江心时升起船帆，战船借着风势，乘风破浪，飞速地向着曹操的阵营驶去……

曹操军中的官兵们都跑出来看热闹，他们指着疾驰而来的船只兴高采烈地议论着：“黄盖来投降了！黄盖来投降了！船上装得满满的，好像有很多补给呢！”

“那还用说，既然来投降总得带份厚礼吧！”

船队离曹营越来越近了，十里、五里、三里……还有二里多远，都看得清对面士兵的面容了。黄老将军一声令下：“点火！”十艘战船被同时点燃，眨眼间火苗飞蹿，烈焰腾空，十艘战船瞬间变成了十个大火团。大火团借着风势，箭一样冲进了曹军的船队。这下曹营里可乱了套，这些“火团”挡也挡不住，推也推不开，刀枪剑戟、弓箭强弩（nǔ），什么兵器都派不上用场。而此刻他们的船只被牢牢地拴在一起，想分也分不开，想撤也撤不了。他们只能眼睁睁地看着大火肆虐，在四周迅速地蔓延、扩散。烈火像狰狞的恶魔，伸出猩红的舌头舔舐着一切，扭动着火红的身躯劲舞、狂欢……不一会儿，就连成了一片遮天蔽日的火海。船上的士兵们有的被活活烧死，跳入水中的也被淹死了。惨叫声、呼救声、呼呼的风声和烈火燃烧的噼啪声混杂、交织在一起，不绝于耳，仿佛一首气势恢宏、悲壮无比的大合唱。烈火在江面上狂舞，江水倒映着熊熊的火光。长江北岸赤红一片，一会儿工夫，曹军的战船就被烧了个精光。火借风势，风助火威，大火还蔓延到了曹军设在陆地上的营寨，烈火浓烟，异常惨烈。曹军人马死伤不计其数。而黄盖他们早就乘着备好的快艇，回到了自己的阵营。

周瑜率领轻装的精锐战士紧随在后，鼓声震天，奋勇向前，曹军大败。曹操率军从华容道步行撤退。道路泥泞，行进异常困难，天又刮着大风，曹操让所有老弱残兵背草铺在路上，骑兵才勉强通过。老弱残兵被人马所践踏，陷在泥中，又死了很多。刘备、周瑜水陆并进，追赶曹操直到南郡。这时，曹军又饿又病，死了一大半。曹操就留下征南将军曹仁、横野将军徐晃镇守江陵，又命折冲将军乐进镇守襄（xiāng）阳，自己率军灰溜溜地返回了北方。这就是历史上赫赫有名的“赤壁之战”。

人物介绍

周瑜：字公瑾，庐江舒县（今安徽庐江县西南）人，三国时期东吴名将。正史上称其“性度恢廓”“实奇才也”，孙权称赞其有“王佐之资”。他21岁起就追随孙策平定江东。208年，周瑜率军与刘备联合，于赤壁之战中大败曹军，由此奠定了“三分天下”的基础。209年，拜偏将军，领南郡太守。210年，病逝于巴丘。宋徽宗时，追尊其为平虏伯，位列唐武庙六十四将、宋武庙七十二将之一。

历史关键点

赤壁之战是第一次在长江流域进行的大规模江河作战，也是中国历史上以少胜多、以弱胜强的著名战役之一，是三国时期“三大战役”中最著名的一场，标志着中国军事、政治中心不再限于黄河流域。

赤壁之战后，曹操退回北方。曹操死后，220年，他的儿子曹丕废掉汉献帝自立，国号为“魏”，都城为洛阳。刘备乘机占据了荆州大部分地方，又向西发展，在221年，也自立为帝，国号为“蜀”，建都成都。孙权则巩固了在长江中下游的势力，222年称王，国号“吴”，都城为建业（今江苏南京）。至此，形成了三国鼎立的局面。

夺嫡之争

放声朗读

于是皆以植多华辞而诚心不及也。植既任性而行，不自雕饰，五官将御之以术，矫情自饰，宫人左右并为之称说，故遂定为太子。

——《资治通鉴》汉纪六十·孝献皇帝癸建安二十二年

译文

因此，大家都认为曹植辞藻华丽而诚心不及曹丕。曹植做事既任性，言行也不加掩饰；而曹丕则施用权术，掩盖真情，自我矫饰。宫中的人和曹操部属大多为他说好话，所以他最终被立为太子。

长子曹昂去世后，曹操就把继承人的人选锁定在了曹丕、曹植两兄弟身上。曹植非常聪明，才华横溢，出口成章，是个不可多得的文学人才。曹操很喜欢他。曹丕虽然才华不及弟弟曹植，但胜在性格沉稳，心思缜（zhěn）密，处事老练。他们各有各的长处，所以曹操心中的那架天平一直在两人之间摇摆不定。

朝中的大臣也分为两派，一派支持曹植，一派拥护曹丕。

丁仪、丁廙（yì）兄弟还有主簿杨修和曹植关系很好。他们多次在曹操面前称赞曹植的才干，希望曹操立他为继承人。

尚书崔琰、尚书仆射毛玠（jiè）等人都认为应该遵循“立长不立幼”的传统礼制，建议曹操立曹丕为太子。

丁廙说：“曹植才华卓越，文章绝伦，全国上下的文人雅士都崇拜他，愿意追随他。”曹操听了很开

心，对丁廙说："我确实很喜欢曹植。如果真像你说的那样，我就传位于他。"从那以后，曹操对曹植似乎更器重了。

曹丕看在眼里，急在心上。他想找他的智囊吴质研究对策，但不能无缘无故招吴质进宫。他们就想了个办法，假装运东西，用马车拉一个大竹箱，让吴质藏在里面混进来。这件事被杨修发现了，马上

向曹操打了小报告。曹操非常生气。要知道在古代王子们拉帮结派、结党营私可是大忌。眼看事情要败漏，曹丕慌了神。没想到吴质却胸有成竹地说："不怕不怕，明天再来一次，把绸缎放进竹箱里就行了。"第二天，曹丕的车子一进入宫中，杨修就报告了曹操，曹操立刻派人去搜查，结果当然搜不出人。曹操认为杨修是为了帮曹植争权，故意诬陷曹丕，因此对曹植也很有意见。

才华出众的人往往会有些恃才傲物，我行我素，不懂得约束自己的言行。曹植也不例外。曹丕和曹植虽然一母所生，性格却大不相同，曹丕很有心计，懂得隐忍，又善于伪装自己。

曹丕曾向太中大夫贾诩（xǔ）请教巩固自己地位的方法。贾诩说："只要您能发扬德行和气度，像平常百姓那样简朴地生活，勤勤恳恳地做事，在魏王面前规规矩矩地做好一个儿子该做的事，就可以了。"曹丕把贾诩的话记在心里，暗暗地磨炼自己。

他知道曹操崇尚节俭，就投其所好，穿带补丁的衣服，床帐破了也不换新的，补一补再用。

待人接物也总是和和气气，给人一种坦诚、仁厚、很大度的感觉。他表面上对曹植也不错，一副手足情深的样子，可暗地里捅起刀子来却又狠又准，曹植根本不是他的对手。有一次，曹操派曹植率兵出征。临行前曹丕故意去大营找曹植喝酒，说要给他送行。曹植在做开拔前的准备，不想喝酒。曹丕就酸溜溜地说："兄弟刚刚当了三军主帅就瞧不起哥哥了，以后兄弟要是接了父亲的班当了魏王，恐怕连哥哥站脚的地方也没有了，还能顾什么同胞手足的情意呀。"说完竟站在那里抽抽搭搭地哭了起来。曹植没办法只好跟着他走，心想少喝一点儿就回来，不会耽误事。哪知道一上酒桌可就由不得他了。曹丕死皮赖脸，软磨硬泡，硬是让曹植多喝。曹植被灌得酩酊大醉，第二天早上日上三竿了也没能爬起来。将士们在校场整装待发，左等右等也等不到主帅的身影。监军只好向曹操做了汇报，气得曹操暴跳如雷。这时曹丕故意出现在曹操面前。曹操责问他：“为什么要把曹植灌醉？难道不知道军情大如天的道理？”曹丕又装出了一副可怜兮兮的样子，满脸委屈地说：“父王冤枉我了，昨天晚上曹植到我那里要酒喝，我不让他喝，他非喝不可。我劝他少喝别耽误了正事，他却威胁我说：‘今天我要喝你一点儿酒，你就这样小气，我这次当了出征的主

帅，等我得胜还朝，将来魏王的位子就是我的。等我当了魏王，看到时我怎么治你。’我实在是没办法啊！”曹操听了立时就要把曹植抓来杀头，程昱等谋士好不容易才把他劝住。

还有一次，曹操要带兵出征，曹丕和曹植一起为曹操送行。曹植出口成章，即兴吟诵诗篇赞美曹操的丰功伟绩。周围的人都为曹植的文采所折服，发出由衷的赞叹。曹操被夸得很受用，而且有这样文采斐然的儿子本身也是一件很光彩的事情。他拍着曹植的肩膀，一脸自豪。一旁的曹丕脸上带着笑，心里却打翻了醋坛子，酸溜溜的很不是滋味。吴质悄悄给他出主意：“魏王即将上路的时候，你只管流泪哭泣就行了。”曹丕心领神会，辞行的时候，双膝跪倒，哭得一把鼻涕一把眼泪，似乎很不舍得曹操走。曹操和部属们都被他感动了。大家都觉得曹丕是个重情重义、有孝心的好孩子。在曹丕的“真心真情”面前，曹植的锦心绣口、华丽辞藻就显得很苍白了。

曹植任性、率真，怎么想就怎么做，不曲意逢迎，不拘泥小节，虽然很有文人的风骨，但难免会得罪人；而曹丕待人谦和，有礼有节，人缘自然就好，宫中的人和曹操的部属大多都喜欢他，都愿意替他说好话。就这样，在曹丕处心积虑、锲而不舍的“钻营”下，曹操越来越不喜欢曹植了。天平开始一点一点地向曹丕那边倾斜。

后来有一次曹植喝醉了酒，竟然驾着马车在只有帝王举行典礼时才能行走的宫门、禁道上纵情驰骋。曹操得知后非常生气，将他训斥了一顿，不久就正式宣告，立曹丕为太子。曹氏兄弟之间的争斗至此结束。

曹丕即位后，一直对曹植耿耿于怀，把他的亲信统统都杀了，而且在政治上不断地限制、打压他。备受冷落的曹植，纵有满腹才华也无处施展，陷入了难以自拔的苦闷之中，在四十一岁的时候就郁郁而终了。

人物介绍

曹植：字子建，是曹操与武宣卞皇后所生的第三个儿子，又称“陈思王”，三国时期著名文学家，建安文学的集大成者与代表人物之一。曹植在太子之争中不敌曹丕，遂不得曹操重用。但他在诗歌与散文方面取得了卓越的成就，著有《洛神赋》《白马篇》《七哀诗》等。

历史关键点

长子曹昂去世后，曹操打算在曹丕和曹植之间选继承人。曹植从小才华出众，性格洒脱，深得曹操喜爱。曹操几次想立曹植为太子。但心思深沉的曹丕很不甘心，经过几番明争暗斗，曹丕终于获得了曹操的信任，夺下太子之位，把曹植狠狠地踩在了脚下。封建制度下的帝王之家，人们注重的是权势和利益，亲情被看得很淡。

蜀汉称王

放声朗读

秋，七月，刘备自称汉中王，设坛场于沔阳，陈兵列众，郡臣陪位，读奏讫，乃拜受玺绶，御王冠。因驿拜章，上还所假左将军、宜城亭侯印绶。立子禅为王太子。拔牙门将军义阳魏延为镇远将军，领汉中太守，以镇汉川。备还治成都，以许靖为太傅，法正为尚书令，关羽为前将军，张飞为右将军，马超为左将军，黄忠为后将军，余皆进位有差。

——《资治通鉴》汉纪六十·孝献皇帝癸建安二十四年

译文

秋季，七月，刘备自称汉中王，在沔阳设坛场，布置军队排列成阵。郡臣都来陪从，读过奏章，跪拜接受汉中王的印玺绶带，戴上王冠。刘备派使者乘驿马车将奏章送呈献帝，归还以前授予的左将军、宜城亭侯的印绶。他立儿子刘禅为王太子，提拔牙门将军义阳人魏延为镇远将军，兼汉中太守，镇守汉川。刘备回到成都主持各项政务，任命许靖为太傅，法正为尚书令，关羽为前将军，张飞为右将军，马超为左将军，黄忠为后将军，其余的人按照等级都有升迁。

赤壁大战后，孙权和刘备结成联盟，乘胜追击，夺取了荆州大部分地区。

眼看刘备的势力日益壮大，孙权心里隐隐有了一种不安的感觉。他担心刘备强大起来后会与自己为敌，就把妹妹嫁给了刘备，希望通过联姻来巩固双方关系。

不久刘备以地盘太小，人马安置不下为借口，去找孙权，请求孙权把他手里的那部分荆州“借”给他，让他统一管理。周瑜极力反

对，并建议孙权软禁刘备。

后来周瑜去世，鲁肃继任了大都督。鲁肃主张把南郡四部“借”给刘备，他认为让刘备站稳脚跟，就是给曹操树立了一个强有力的敌人，能给他们减轻很大一部分压力。而且这样一来，刘备就变成了他们与曹军对峙的盾牌、战略前哨。孙权想想也对，就把南郡“借”给了刘备。

“借”到荆州后，刘备又琢磨上了益州。益州是个美丽富饶的好地方，而益州牧刘璋是个软柿子，似乎谁都可以捏上一把。所以这是一块挂在嘴边的大肥肉。

当初孙权对益州动心思时，刘备曾经极力劝阻，没想到这么快他就自己下手了。这一仗打了整整三年。最后刘备围攻成都数十天，刘璋不忍心百姓们受他所累，开城投降了。

得知刘备占据了益州，孙权派诸葛瑾向刘备索要荆州。刘备的头摇得像拨浪鼓：“不行不行，我正准备夺取凉州，取得凉州以后，才能把荆州还给你们。”诸葛瑾回去后告诉孙权，孙权说：“这是有借无还，他不过是找借口拖延时间罢了。”为了宣示主权，告诉刘备这块地盘是他的，孙权向长沙、零陵、桂阳三个郡派去了地方官，关羽把这些官员全都打跑了。孙权大怒，派吕蒙率兵两万人把这三个地方夺了回来。这下两家的关系闹僵了，摩拳擦掌随时准备开打。

此时却传来了曹操要攻打汉中的消息。刘备担心自己腹背受敌，到时候连益州也丢了，得不偿失，赶紧派使者向孙权求和。双方重归于好，达成协议，以湘水为界重新分割荆州，长沙、江夏、桂阳以东属孙权，南郡、零陵、武陵以西归刘备。

217年，刘备亲自率兵和曹操争夺汉中，派张飞、马超、吴兰等驻军下辨（今甘肃成县西北）。曹军大将曹洪很厉害，他杀了吴兰，张飞、马超也不是他的对手，连连败退。

219年，刘备在定军山和曹军遭遇。曹军大将夏侯渊抢先占领了军事要地定军山，黄忠奉刘备之命，率一队人马前去攻打。可是山势险要，易守难攻，夏侯渊又拒不出战，怎么也打不下来，这可把老将黄忠愁坏了。军师法正给黄忠出主意：“定军山的西面有一座山峰，地势非常险峻，只要登上这座山头，定军山的军事布置就一览无余，

尽收眼底了。将军只要拿下此山，定军山就在咱们的掌握之中。”当天夜里，黄忠就领兵杀上了西山。曹军在西山上只驻扎了几百人，见黄忠带着大队人马杀来，只有仓皇而逃的分儿。黄忠一举夺下西山头，登高一望，果然定军山的情况尽收眼底。这时候，法正又出了一计：“如今将军占了西山，夏侯渊肯定会出战，到时候我领二百人登上山顶，把兵分为两队，一队持白旗，一队持红旗，你就看我的旗语行动。白旗一晃按兵不动，红旗一摇乘势出击，咱们把夏侯渊的军心搅乱，让他们云里雾里，自乱阵脚去吧。”黄忠听了拍案叫好，马上依计行事。

其实以夏侯渊的性子，早就想和黄忠正面交锋，痛痛快快打上一仗了。无奈曹操有令不让他出战，夏侯渊只能一忍再忍。现在黄忠夺了西山，夏侯渊终于有了出战的理由。他再也按捺不住了，带领手下精兵强将，团团围住了西山，准备摩拳擦掌大战一场。法正见他们雄赳赳地杀来，就在山顶举起了白旗，示意蜀军免战。所以任由夏侯渊百般挑衅、辱骂，黄忠就是不搭理他，把夏侯渊急得哇哇大叫。时间一长，他们的斗志被消耗尽了，都放松了警惕。有的下马溜达，有的放下兵器原地休息，有的聚在一起聊天，有的靠在石头上打起了盹儿……一看时机差不多了，法正高举红旗，用力一挥。一时间战鼓、号角齐声响起，喊杀声响彻天地。在黄忠的带领下，蜀军将士以山洪暴发一样的气势冲下山来，夏侯渊猛然醒悟，但为时已晚，根本来不及招架。一声大喊在耳边炸响，黄忠已经杀到他的面前，宝刀一闪，横空劈下，夏侯渊被斩于马下。曹军大败，刘备取得战略要地定军山，由此直驱汉中。

曹操坐不住了，亲自率军进攻刘备。刘备说：“曹公亲自前来，也起不了什么作用，我一定要占有汉川。”他集结军队，把住了险要关口，始终不和曹军正面交战。这天，黄忠率军去夺取曹军的粮草，超过了约定时间还没回来。赵云放心不下，率领骑兵数十人出营查看，结果与曹操大队人马不期而遇。赵云主动出击，边打边退。曹军追到赵云的军营前，赵云进入军营，又大开营门，偃旗息鼓。曹军怀疑营中有埋伏，不敢贸然闯入，犹豫了一会儿后开始撤退。赵云命令擂起战鼓，鼓声震天，却不出兵，只是用强弩弓箭在后面射杀曹兵。曹军士兵惊慌躲避，自相践踏，不少人掉进汉水淹死了。第二天早上，刘备亲自来到赵云的兵营，察看了战场，大赞赵云："子龙一身都是胆啊！"

后来双方又对峙了一个多月，曹军伤亡很大，曹操对夺取汉中失去了信心，带兵撤回了长安。刘备全面占领汉中。

建安二十四年（219）七月，在文武官员的拥戴下，刘备自封汉中王，立儿子刘禅为王太子。三国鼎立的局面正式形成。

人物介绍

刘备：即汉昭烈帝，字玄德，西汉中山靖王刘胜之后，三国时期蜀汉开国皇帝，史家多称其为先主。刘备少年时拜卢植为师，而后参与镇压黄巾起义、讨伐董卓等活动，依附曹操、袁绍、刘表等多个诸侯。刘备于赤壁之战后，先后拿下荆州、益州，建立了蜀汉政权。后因关羽被害，刘备不听群臣劝阻，发动对吴国的战争，结果兵败夷陵。223年，刘备病逝于白帝城，谥号昭烈皇帝。

历史关键点

刘备得到诸葛亮的辅佐后，渐渐扭转了败局，羽翼日益丰满起来。他与孙权联合，大胜曹操于赤壁，终于有了荆州这片根据地。而后他步步为营，不断扩展地盘，在取得益州与汉中之后，自立为汉中王，和曹操、孙权形成三足鼎立之势。

水淹七军

放声朗读

八月，大霖雨，汉水溢，平地数丈，于禁等七军皆没。禁与诸将登高避水，羽乘大船就攻之，禁等穷迫，遂降。庞德在堤上，被甲持弓，箭不虚发，自平旦力战，至日过中，羽攻益急；矢尽，短兵接，德战益怒，气愈壮，而水浸盛，吏士尽降。德乘小船欲还仁营，水盛船覆，失弓矢，独抱船覆水中，为羽所得，立而不跪。

——《资治通鉴》汉纪六十·孝献皇帝癸建安二十四年

译文

八月，天降大雨，汉水泛滥，平地水深数丈，于禁等七路兵马都被大水所淹。于禁和将领们登到高处避水，关羽乘大船前来进攻，于禁等无处可逃，于是投降。庞德站在堤上，身穿铠甲，手挽弓，箭无虚发，自清晨拼力死战，到日过中午，关羽的进攻愈来愈急。庞德的箭射尽了，就短兵相接。庞德愈战愈怒，胆气愈壮，但水势愈来愈大，部下的官员和士兵都投降了。庞德乘上小船，想返回曹仁的军营，小船被大水冲翻，失去了弓箭，只有他一人抱着船沉到了水中，被关羽俘虏，站立而不下跪。

建安二十四年（219）七月，关羽安排两位副将镇守江陵、公安，自己亲率大军，浩浩荡荡杀向襄阳、樊城。那时候襄阳、樊城在曹操手中。樊城由曹操的心腹大将曹仁镇守。关羽赶到后，迅速包围了樊城，展开了一轮又一轮猛烈的进攻。

曹仁奋力抵挡，可他不是关羽的对手，很快就支持不住了，连发战报向曹操告急、求援。曹操不敢轻忽，一边下令让曹仁严防死守，一边紧急调拨人马，派出了由左将军于禁、立义将军庞德为首的增援部队。

援军及时赶到，曹仁长长地舒了一口气。安排他们在城北一个平坦开阔的古河道安营扎寨。这样里应外合、互相呼应，关

羽就没办法攻城了。

果然，于禁和庞德非常骁勇，和关羽的部队大战几场，没分出胜负，一度出现了相持不下的局面。

但是关羽一点儿也不着急，他俯视着敌军的营地，脸上竟不自觉地浮现出了一抹成竹在胸的笑意。这些年来他长期在荆襄地区征战，对当地的地理环境和气候条件了如指掌。他知道这个季节，把军营驻扎在低洼地区，是一个很严重的错误，这个错误会让曹军付出惨重的代价。

转眼进入八月份，雨季来临，连绵秋雨一下就是十几天，汉水及周边的大小河流水位不断上涨，很快淹没堤坝，溢上了岸。河水就像脱缰的野马，沿着汉江故道河床分三路涌向城北洼地；再加上山洪暴发，大水从四面八方涌来，全都汇集到这里，浊浪翻滚，滔滔不绝，于禁、庞德的营地顿时变成了一片汪洋。他们不得不将队伍分散开，向地势高的地方撤退。

时机已到，关羽安排好一批大小船只，向曹军发起了攻击。“快看，那不是敌军主将于禁嘛！”一个眼尖的士兵大叫起来。

“没错，就是他！”

“活捉于禁！冲呀——”蜀军将士为自己的发现兴奋不已，迅速围拢过来。那时于禁被围困在一个小土堆上，正对着四周的大水一筹莫展，就像一片在风雨中飘摇的落叶，叫天天不应，叫地地不灵。看着意气风发的蜀军将士们，再低头看看自己的狼狈样，于禁长叹一声，默默地放下武器，举起了双手。

“于禁投降了！”“于禁投降了！”蜀军将士一片欢腾，士气更加高涨了。此时，庞德带领另一队人马退守在一段旧河堤上。关羽的水军把他们团团围住，船上的弓箭手一起向堤上射箭。这边喊杀震天，那边惨叫连连，不断有人中箭落水。眼看着战友们一个个倒下，庞德手下有个部将害怕了，对庞德说：“将军，我们还是投降吧！待在这里就像笼中困兽，只有任人宰割的分儿。”

庞德气坏了，大骂那个部将：“大丈夫有所为有所不为，你这鼠辈！懦夫！休要胡言乱语，动摇我军心！”说着庞德拔出佩剑，手起剑落，把那个部将砍死在堤上。一旁的将士看到庞德这么坚决，再也不敢有怨言，都跟着他拼死抵抗。

庞德临危不乱，拿起弯弓，箭在弦，弓拉满，向着船上回射，他箭无虚发，蜀军将士被射死不少。从早上到中午，从中午到午后，庞德不停不休，仿佛是一架射箭的机器，直到箭用完。他叫兵士们一起拔出短刀，跟蜀军搏斗。他跟身边的将士说：“我听说良将不会因为怕死而逃命，烈士不会为了活命而失节。堂堂七尺男儿，死又何惧！今天就是我赴死的日子了！”

这时候，大水越涨越高，堤上露出的地面越来越小。蜀军眼看胜利在望，士气大振，进攻更加猛烈了。庞德手下的兵士见大势已去，纷纷缴械投降。庞德趁乱带了三名将士，从蜀军兵士手中抢过一只小船，打算划着小船逃到樊城去。不料，刚驶出不远，一个浪头迎面袭来，小船被掀了个底朝天，庞德落入水中。他穿着厚重的铠甲，根本无法逃生，只好死死地抱住船舷不放。最终，庞德被追过来的关羽水军捉了上来。

将士们把庞德五花大绑带回关羽大营，庞德怒目相向，就是不肯下跪。关羽敬佩庞德是条好汉，好言好语劝他："庞将军骁勇，关羽很是欣赏。不如降了吧，来我帐下，咱们并肩作战。关某一定不会亏待将军。况且你的故主马超、兄长庞柔都在我蜀营，得知将军归顺，他们一定非常高兴。大家一同辅佐汉中王，匡扶汉室，岂不快哉！"庞德瞟了关羽一眼，哈哈大笑，笑够了梗着脖子、扬起下巴，破口大骂："小子！什么叫投降？魏王手里有百万人马，威震天下。你们的主人刘备，

不过是个卖草席的庸碌之辈，怎能和魏王相提并论？真是自不量力！我庞德乃顶天立地的大丈夫，宁可做国家的鬼，也不愿做你们的将军！士可杀不可辱，让我投靠一个卖草席的庸才，简直痴人说梦！哈哈哈……”

关羽大怒，一挥手，命令武士把庞德拖出去斩了。

后来曹操知道了这件事，非常感慨。他说：“我和于禁相识三十年，对他很器重，没想到在危难之时，于禁反而不如庞德对我忠心！”于是曹操重赏了庞德的两个儿子，封他们为列侯。

关羽借助天时、地利消灭了于禁、庞德的七军，这一仗打得相当漂亮。然后他乘胜进攻樊城，把曹操吓出了一身冷汗，甚至动了把大本营搬离许都的念头，以避开关羽的锋芒。这时候，陆浑（今河南嵩县东北）的百姓孙狼发动起义，杀了县里的官员，响应关羽。许都以南，很多人都开始响应，投靠了关羽。关羽的威名震动了整个中原，让敌人闻风丧胆。“水淹七军”成了关羽最辉煌的一场战斗。

人物介绍

关羽：字云长。他忠心辅佐刘备，立下赫赫战功，擒于禁，斩杀庞德，威震华夏，后被东吴吕蒙所杀。关羽去世后，逐渐被神化，被民间尊为“关公”，又称“美髯公”。历代朝廷对他多有褒封。

历史关键点

“水淹七军”讲述了关羽大战曹军的故事。关羽率兵攻取樊城，曹操遣于禁、庞德救援。可是他们不熟悉当地的气候，错把大营扎在了地势低洼的地方。关羽巧借天时、地利，趁敌军被大雨围困之际发起进攻，生擒敌军主将于禁、庞德。这一仗让关羽名声大振。

曹丕代汉

放声朗读

冬，十月乙卯，汉献帝告祠高庙，使行御史大夫张音持节奉玺绶诏册，禅位于魏。王三上书辞让，乃为坛于繁阳。辛未，升坛受玺绶，即皇帝位，燎祭天地、岳渎，改元，大赦。

——《资治通鉴》魏纪一・世祖文皇帝上黄初元年

译文

冬季，十月十三日，汉献帝在高祖庙祭祀，报告列祖列宗，派代理御史大夫张音带着符节，捧着皇帝玺绶以及诏书，要让位给魏王曹丕。曹丕三次上书推辞，然后在繁阳筑起高坛。二十九日，他登坛受皇帝玺绶，登上皇帝位，祭祀天地、山川，更改年号，大赦天下。

东汉末年皇权衰落，群雄并起，天下四分五裂，乱成了一锅粥。曹操打着平定叛乱的旗号，挟持皇帝，四处征讨，统一了北方地区，“被封”为魏王。其实曹操早就大权在握，汉献帝不过是他手里的提线木偶罢了，随时都可以被取代。只是曹操一直没有这么做。

那一年，荆州之战孙权大胜，擒杀了关羽。曹操封孙权为骠骑将军、荆州牧。孙权俯首称臣，上书劝曹操废掉无能的汉献帝，改朝换代，自己做皇帝。曹操把孙权的信展示给大家看，哈哈大笑着说："孙权表面恭维我，实际上是想把我放在火上烤啊，让天下人都骂我是不忠不义之辈。"群臣觉得这是个向曹操表忠心的好机会，争先恐后地恭维他说："虽然孙权别有用心，可他的话也不无道理，只有丞相您的文韬武略才配当皇帝。"

"对呀！不管天下人怎么说，我们都支持您！"

"乱世出英雄，您才是真英雄、真豪杰，是上苍选定的真命天子！"

"是啊，丞相您文治武功天下无双，只有您当皇帝，老百姓才能永享太平！"

曹操被拍得舒服极了，可是他环视四周，却笑着摇了摇头："你们可知——我曹操平生最敬佩周文王。当年纣王无道，文王都没有取而代之，我也不会那么做。一日为汉臣，终生是汉臣。"220年春天，曹操在洛阳病逝。他的儿子曹丕继承了大业。

俗话说，虎父无犬子。曹操那么能干，他的儿子自然也不差。曹丕天资聪颖，勤奋好学，从小就饱读诗书，六岁就学会了射箭，八岁学会了骑马；他十岁起就跟着曹操征战沙场，立下了不少战功，可以说是文武双全，有勇有谋。

一个魏王的头衔当然满足不了曹丕的野心，他觉得天下是他们父子东征西战、辛辛苦苦打下来的，这天下理应是他的。他要名正言顺、堂而皇之地坐上皇帝的宝座。

亲信们早就明白他的心思。经过一番商议，由左中郎将李伏、太史丞许芝带头上书请愿，请求曹丕登基称帝。他们说：“大汉

王朝气运已尽，能人异士们夜观天象，用各种法术推演，都得出了相同的结论——江山要易主，朝代将更替。而您正是那个改天换地的天选之人。”他们接着说，“这是天意！也是民心所向。为天下苍生计，臣等愿冒天下之大不韪，恳请您早日登基，给黎民百姓一个太平盛世！”其他大臣也随声附和，“力劝”曹丕遵从上天的意志，顺应百姓的愿望。曹丕假装生气地说：“这是大逆不道，不可以再说这种话。”

群臣又集体上表劝说汉献帝，让他仿效尧、舜二帝，放弃皇位，主动让贤。这些年来，汉献帝一直小心翼翼地看着曹操父子的脸色生活，早就担心会有这么一天。可当这一天真的来临，他还是有些不知所措，惊慌、恐惧、悲愤、委屈、伤心、绝望……各种难以言说的情绪一起涌上心头，汉献帝什么也不想说，长叹一声，哭着跑回了寝殿。

曹丕趁热打铁，又暗中派人去恐吓他：“你这皇帝做得有什么意思！一个空架子而已。魏王想杀你，比捏死只蚂蚁都容易，禅让是在给你留面子。识时务者为俊杰，你还是乖乖退位，给自己留些体面吧，可不要不识抬举！”汉献帝思来想去，现在说什么也没用了，谁叫自己无能呢！皇位诚可贵，生命价更高，还是保命要紧吧！

十月十三日，汉献帝战战兢兢地捧出玉玺，准备正式禅让帝位。他对曹丕说：“魏王雄韬伟略，英雄盖世，朕想把这皇位禅让于你。”终于可以名正言顺地当皇帝了，曹丕心里乐开了花，恨不得一把把玉玺揽入怀中，可他表面上还要装出一副很吃惊的样子，说：“您怎么能这么做呢？难道是在试探臣的忠心？臣恳请陛下收回成命。”

看着曹丕一脸严肃、煞有介事的样子，汉献帝进也不是，退也不是，心想：“你不是一直虎视眈眈，觊觎（jì yú）着朕的帝位吗？这又是唱的哪一出？”汉献帝也不是傻瓜，转念一想马上明白了曹丕的用意。

又过了几天，献帝再次提出禅让，他说：“我武不能安邦，文不能治国，这皇帝当得心有余而力不足，能者多劳，还请魏王接下这天下大任。"

"不不不，这怎么行，您是君，我是臣，怎么能做这等不忠不义之事！恕臣万难从命！"曹丕再次上书回绝。

"魏王，我大汉气数已尽，如今天下大乱，百姓们需要你这样的贤德明君。你就成全我这一番苦心吧！"面对汉献帝的第三次禅让，曹丕还是义正词严地拒绝："不可不可，万万不可，臣的忠心日月可鉴。辅佐您平战乱、安天下是臣的本分，臣从不敢有非分之想。"

“朕是真心实意要把皇位让于魏王，为了天下苍生你就答应了吧！”

“唉——也罢，既然您都这么说了，我就却之不恭了，为了黎民百姓、天下大义，哪怕背负骂名，我曹丕也认了！”三让三推，曹丕觉得戏做得也差不多了，这才“勉为其难”地接受了汉献帝的禅让，把代表天下皇权的玉玺收入囊中。

二十九日，在曹丕的暗中授意下，汉献帝建了一个禅让台，举行了一个非常隆重的“禅让”仪式。曹丕正式登基当上了皇帝，改年号为大魏。自此，存在了一百九十多年的东汉王朝正式退出历史舞台。曹丕又追尊自己的祖父曹嵩为太皇帝；父亲曹操为武皇帝。历史上称这段政权为“曹魏政权”。

人物介绍

曹丕：即魏文帝，曹操次子，三国时期政治家、文学家，曹魏开国皇帝，与其父曹操和弟曹植，并称“建安三曹”。217年，被立为魏王世子。220年，继任丞相、魏王。同年，受禅登基，建立魏国。226年，病逝于洛阳。

历史关键点

“曹丕篡汉”又称“曹丕废汉称帝”“曹丕代汉”，指的是220年魏王曹丕代汉自立的事件。汉朝末年，皇权衰落，群雄割据。曹操挟天子令诸侯，经数十年征战，统一北方，掌握汉末实权。220年正月，曹操病死，曹丕继位。十月，在曹丕及手下的胁迫下，汉献帝宣布退位，将皇位“禅让”给曹丕。十月二十九日，曹丕登坛受禅称帝，立国号为“大魏”，史称“曹魏”。自此三国时代正式拉开序幕。

七擒孟获

放声朗读

亮笑，纵使更战。七纵七禽而亮犹遣获，获止不去，曰：“公，天威也，南人不复反矣！”

——《资治通鉴》魏纪二·世祖文皇帝下黄初六年

译文

诸葛亮笑了笑，将孟获释放，要他再战，前后把孟获放回七次，又生擒七次。最后诸葛亮仍将孟获释放，孟获却不再走了，对诸葛亮说：“您有天威，南方人不会再反叛了！”

刘备去世后，南中蛮夷部落开始有人叛乱。诸葛亮决定亲自带兵前去平定。临走时，参军马谡（sù）给诸葛亮送行，一直送出几十里。诸葛亮问马谡：“你觉得应该怎么平定南中？”马谡说：“南中地势险要，路途遥远，不服已经很久了。光靠武力征讨，很难平定，今天压下去，明天还会再反叛。要想一劳永逸，彻底解决这个麻烦，攻心是上策，攻城是下策，让他们从心里服气，比武力征服更管用。”

诸葛亮很佩服马谡的见解：“说得对，就按你说的做。”

蜀军进出南中地界,先是斩杀了雍闿和高定。又有人前来挑衅，领头的是一个叫孟获的部落酋长，听说这个人在当地很有威望，人们都听他的。“那么只要收服了这个孟获，让他心甘情愿听命于我，不就等于收服了南中的民心吗？”想到这儿，诸葛亮心里豁然开朗，马上传令下去，要活捉孟获，不可伤他性命。

孟获带着一队人马杀气腾腾地冲了上来。蜀兵们似乎一点儿都不经打，没多久就被他打得连连败退。“兄弟们，冲呀——一鼓作气把他们赶回老家去！”孟获意气风发，大手一挥就带着族人追了上去。不知不觉，他们被引到一个山谷中。这时喊杀声四起，大队人马从两边的山上冲了下来。孟获中了埋伏，寡不敌众，被蜀军俘获。孟获想：“这下小命休矣！”

他被两名士兵押解着来到诸葛亮的帐前。没想到诸葛亮对他很客气，还亲自给他解开了绑绳，和颜悦色地劝他归顺蜀国。孟获才不吃这一套，梗着脖子说：“少啰唆，要杀就杀，要剐就剐！我孟获可不是贪生怕死之辈！”

诸葛亮也不生气，将他放了回去。第二次，诸葛亮又捉住了孟获，他竟然陪着孟获参观起了自己的军营。孟获瞪着大眼睛，左顾右盼，把蜀军大营里里外外、前前后后看了个够。诸葛亮问他：“你看我的军营怎么样？”

孟获毫不客气地说：“以前我不知道你的虚实，所以输给了你。今天看了你的军营，也不过如此。你要是敢放我回去，改日再战，还不一定谁输谁赢呢！”

诸葛亮忍不住笑起来：“哈哈哈……那好，我就放你回去。你要是不服，重整旗鼓，咱们改日再战。”

“此话当真？”

“决不食言，你现在就可以走了。”

相

孟获做梦也没想到，诸葛亮竟然就这么放他走了。

当天夜里，孟获就带人来偷袭了，他们蹑手蹑脚地摸进蜀军大营，心想诸葛亮一定想不到他这么快就杀了回来，这次准能打个漂亮的翻身仗。可奇怪的是，他们在军营里一个人影儿也没见着。这是怎么回事？

孟获正摇晃着大脑袋一脸迷茫，一声号角打破了四周的宁静。蜀军从大营外杀了进来，把他们团团围住了。原来又中计了。人家早就挖好了陷阱，专等他来自投罗网。不一会儿工夫，孟获和他的手下就被捆成了大粽子。

诸葛亮把孟获请进帐中，让他坐下来一起喝酒。他问孟获："这次还是你输了，你服不服气？"

孟获端起酒杯一饮而尽，瓮声瓮气地说："你这个人就喜欢用阴谋诡计，我是不小心才中了你的圈套。不服！还是不服！有本事再战！"于是诸葛亮又把孟获放了。

连吃两次败仗，孟获也总结出了一些经验。他对手下的人说："这回我知道该怎么对付诸葛亮了。打仗不能光靠拼力气，咱们也得学着用点儿计策。"他绞尽脑汁想呀想呀，终于想到了一个好主意。

第二天孟获准备了一些土特产，让他弟弟孟优连夜去给诸葛亮送礼。兄弟俩商量好了，让孟优借机缠住诸葛亮，孟获半夜来突袭，里应外合，杀他们个措手不及。孟获觉得这一次计划得这么周密，他肯定能赢。

算计着时间差不多了，孟获带领三万精兵冲入蜀营，他也想活捉一次诸葛亮，出出胸中这口恶气。可是等他闯进诸葛亮的大帐，看到孟优和他的蛮兵全都倒在地上，烂醉如泥。他这才觉察到，可能又上当了！果然，这时候诸葛亮的手下大将王平、魏延、赵云兵分三路向他们杀来，蛮兵大败。

孟获趁乱逃了出来，正跑得气喘吁吁，发现不远处有一队蛮兵。总算看到自己人了，孟获松了一口气，赶紧招呼他们。"蛮兵"马上跑过来，"热情"地围住了孟获。咦，怎么有点儿不对劲？"蛮兵"们趁孟获不备把他绑了起来。"你们——我是你们的酋长孟获！"孟获大喊。士兵们异口同声地说："没错，绑的就是孟获！"原来这些"蛮兵"都是蜀军假扮的。他们又把孟获押回了蜀营。孟获说这次是弟弟孟优饮酒误事，他仍旧不服。于是诸葛亮第三次放了他。

为了一雪前耻，孟获借来了十万刀牌獠丁军。孟获穿着犀皮铠甲，骑着红色的牦牛。刀牌兵赤身裸体，涂着鬼脸，披头散发，像野人般朝蜀营扑来。诸葛亮却下令关闭寨门不理他们，等待时机。等到

刀牌兵蹦跶累了，诸葛亮才出兵夹击。孟获又败了，逃到一棵树下，看到诸葛亮一个人坐在车上，冲过去便要捉拿，不料脚下一空，掉进了陷阱里。这次孟获还是不服，诸葛亮又把他放了回去。

就这样孟获被诸葛亮捉了七次，放了七次。最后一次，士兵传下诸葛亮的命令：丞相不愿意再见孟获，下令放他回去，让他整顿好人马，再来一决胜负。

孟获垂下头说："七擒七纵，从古至今谁遇到过这样的事情？我虽然没读过多少书，也懂得做人的道理，怎么还有脸再这么回去！"说完他跪在地上，流下了眼泪说："丞相天威，我们再也不反叛了！"

诸葛亮很高兴，赶紧出来把孟获扶起，请他入营帐，设宴款待，还给他任命了官职，让他继续治理南中地区。从那之后，孟获死心塌地归顺了蜀汉，直到诸葛亮去世，他都没有再叛乱。

诸葛亮七擒孟获为蜀汉出兵中原扫清了后顾之忧，也让西南各少数民族部落过上了平和安定的生活。

人物介绍

孟获：三国时期南中一带的首领，曾加入雍闿的叛军，后投降蜀汉，官至御史中丞。

历史关键点

七擒孟获，是三国时期蜀国丞相诸葛亮出兵南方时的故事。蜀军刚到南中就遇到了当地势力的顽强抵抗。为了收服民心，尽快平定叛乱局势，诸葛亮将当地酋长孟获捉住七次，放了七次，使他真正服输，不再与蜀汉为敌。

装病夺权

放声朗读

冬，河南尹李胜出为荆州刺史，过辞太傅懿（yì）。懿令两婢（bì）侍。持衣，衣落；指口言渴，婢进粥，懿不持杯而饮，粥皆流出沾胸。

——《资治通鉴》魏纪七·邵陵厉公中正始九年

译文

冬季，河南尹李胜出任荆州刺史，到太傅司马懿家去辞行。司马懿让两个婢女侍奉着出来接见。让他更衣，他却把衣服掉在地上；指着嘴说口渴，婢女端来了粥，司马懿拿不动碗，就由婢女端着喝，粥从嘴边流出，沾满了前胸。

曹操的孙子魏明帝曹叡没有儿子，收养了本家亲戚的孩子曹芳继承帝位。

曹叡去世时，曹芳还小，曹叡就把小皇帝曹芳托付给了大将军曹爽和太尉司马懿，让他们两个做辅政大臣，辅佐小皇帝处理政务。

曹爽和司马懿成了托孤大臣。曹爽是大将军，掌握着兵权，表面上对司马懿毕恭毕敬，但在用人方面从不谦让，紧要的地方都安排上了自己人。他还给皇帝曹芳上书，说司马懿劳苦功高，应该加封，于是把司马懿封作太傅。这个官职听上去很荣耀，可实际上并没有什么实权，相当于把司马懿给架空了。

曹爽的兄弟们都当了要职，有权有势，威风八面，朝廷上下谁都不敢惹。渐渐地，曹爽的尾巴就翘上了天。他觉得皇帝曹芳还是个小屁孩，什么都不懂，整个国家其实都是他说了算，竟自大起来，吃喝玩乐的标准竟然和皇帝差不多。

曹爽手下有个明白人叫桓范，曹爽的所作所为让桓范很是担心。他对曹爽说：“您现在虽然大权在手，可不能这么随随便便。就说出城打猎吧，兄弟们带着大队人马都出去了，天黑了还不回来。万一有人在城里作乱，到时城门已经关闭，城外的人进不来，那时可怎么办？还是小心点儿为好。”曹爽把嘴一撇说：“谁敢这么做？你也太小题大做了吧！”

曹爽不把满朝文武放在眼里，就只对司马懿还有些忌惮（dàn）。司马懿和他一样都是辅政大臣，而且这家伙老谋深算，不可不防。不过让他开心的是，听说司马懿病了，而且病得很重。曹爽就想派人暗中打探一下司马懿的虚实。

正好河南尹李胜想调回家乡荆州工作，来求曹爽批准。曹爽立刻批准了，让他去做荆州刺史。李胜临走的时候，要去跟司马懿辞行。曹爽让他留神看看司马懿的身体状况到底怎么样。

司马懿让两个婢女搀扶着出来接见李胜。他手里颤颤巍巍地抓着一件衣裳，想要披在身上，可是他的手哆里哆嗦，怎么也拿不稳，衣服掉在了地上。他又指着嘴说“口渴”，婢女端来了粥，司马懿连端碗的力气都没有了，婢女只好把碗凑在他的嘴巴上，喂他喝。粥全从嘴角流了出来，他都浑然不觉。胡子上沾满了粥，胸前的衣服上也湿乎乎的一大片。

李胜说：“大家都说您的中风病旧病复发，没想到您的身体竟然这样糟！我今天来是向您辞行的，蒙皇上恩典，让我到本州做刺史。”司马懿刚要开口说话，突然剧烈地咳嗽起来，又咳又喘，好一会儿才平复下来。然后他才有气无力地说：“辛苦你了，并州靠近胡人，你要多加小心，好好防备呀！唉，我病成这样子，恐怕好不了了。我把我儿子司马师、司马昭托付给你，以后还请你多多照顾他们。”李胜赶紧加大声音说：“我说的是本州，不是并州。”司马懿装聋作哑，故意听错他的话，说："噢，你刚刚去过并州？"李胜的嗓门更大了："我是说本州，就是荆州，不是并州！"司马懿这回才听明白，苦笑着摇摇头："我耳朵也听不清楚了。你这回到了本州，一定能建功立业，大展宏图。我这把老骨头恐怕活不了几天了，你这一走，咱们再也见不着喽！"说着，眼圈一红，老泪纵横。

李胜回去跟曹爽说："司马公只是比死人多了一口气儿，耳背眼花，精神十分不济，恐怕没多少时日了。太傅的样子，看着真让人难受。"这下曹爽放心了，不再忌惮司马懿。

来年正月初六，魏帝曹芳要到高平陵（洛阳城南九十里）去祭祀（sì）魏明帝。曹爽和他的心腹们陪着一块儿去了。

曹爽他们刚出城，“病入膏肓（gāo huāng）”的司马懿就精神抖擞地从床上站了起来。原来司马懿的病全是装出来的，他知道眼下除掉曹爽的机会到了。司马懿让司马师、司马昭率兵关上城门，又夺了曹爽兄弟的军营。接着，他进宫参见太后，说大将军曹爽辜负了先帝的遗嘱，作恶多端，应该免职办罪。郭太后被吓坏了，点头如捣蒜，全凭司马懿摆布。

这头安排好了，司马懿又写了个奏章，派人去高平陵交给皇帝曹芳，让曹爽兄弟马上交出兵权，否则就按军法处置。曹爽得到了司马懿的奏章，这才知道着了司马懿的道，又后悔又害怕。

这时，曹爽的“智囊”桓范从城里逃了出来，给曹爽出谋划策：“现在唯一的办法就是挟持小皇帝去许昌，‘挟天子以令诸侯’调动各地的兵马，来对付司马懿。”曹爽犹犹豫豫，磨蹭了一夜，也没拿定主意。

第二天，司马懿派了两个大臣过来，对曹爽说，只要赶快认个错，交出兵权，就没事了。他还派曹爽信任的殿中校尉尹大目告诉曹爽，说司马懿已经指着洛水发誓，决不加害曹爽。曹爽这下放心了，站起来“哐当”一下把刀扔在地上，说：“好，就听你们的。我不当这个大将军了。反正家里还有田产，当个土财主平平安安地过日子也不错！”桓范听他这么一说，“哇”的一声大哭起来，一边哭一边捶胸顿足，绝望地说：“你们的父亲曹真将军一世英明，怎么就生出你们这群窝囊废，一点儿骨气都没有。我跟着你们算是倒了八辈子霉，这下全家人的性命都要跟着搭上了！”曹爽还嫌他唠叨，拍着胸脯说：“太傅已经发过誓，只要我把兵权交出去，就没有事了，他不会骗我的。”

就这样，曹爽兄弟乖乖地回了洛阳。司马懿让他们回家待着，派兵围住他们的住宅，把他们软禁了起来，后来干脆把粮也给他们断了。眼看全家老少都饿肚子了，曹爽只好写信向司马懿求助。司马懿马上回了信，表现得很热情：“我真不知道您没有粮食了，马上派人送过去。一百斗上好的大米，还有干肉和大豆，请收下。还想要什么您尽管开口。”曹爽看了信很感激司马懿，拍着胸脯对家里人说：“我说得怎么样？听我的没错。司马公不会害我的。”

可是，过了没多久，司马公就给曹爽兄弟扣上了阴谋造反的罪名，全家抄斩。

司马懿杀了曹爽，成了魏国最有权势的人，为以后司马昭篡位扫清了障碍，铺平了道路。

人物介绍

司马懿：三国时期魏国杰出的政治家、军事家，西晋王朝的奠基人。他是辅佐了魏国三代的托孤辅政之重臣，后期成为全权掌控魏国朝政的权臣。平生最显著的功绩是多次亲率大军成功对抗诸葛亮的北伐。死后谥号“舞阳宣文侯”，后被追封为“宣王”“宣皇帝”，庙号“高祖”。

历史关键点

魏明帝临终前，把幼帝曹芳托付给曹爽和司马懿，让他们两个做辅政大臣，辅佐曹芳处理政务。后来曹爽独揽了大权，气焰越来越嚣张。司马懿佯装衰老病弱，让曹爽放松了警惕，之后发动兵变，诛杀了曹爽，夺得大权，为以后他的子孙篡位扫平了障碍。

三国归晋

放声朗读

朝廷闻吴已平，群臣皆贺上寿，帝执爵流涕曰："此羊太傅之功也。"骠骑将军孙秀不贺，南向流涕曰："昔讨逆弱冠以一校尉创业，今后主举江南而弃之，宗庙山陵，于此为墟，悠悠苍天，此何人哉！"

——《资治通鉴》晋纪三·世祖武皇帝中太康元年

译文

晋朝廷听到吴已平定的消息，大臣们都去庆贺，为晋武帝祝寿。晋武帝手持酒杯流泪说："这是太傅羊祜的功劳。"骠骑将军孙秀没有和大家一起庆贺，他面朝南方流泪说："从前，先主孙策刚满二十岁，以一个校尉的身份创下了基业，如今后主把整个江南之地都抛弃了，宗庙陵墓从此将成为废墟，悠悠青天啊，这究竟是谁造成的啊！"

刘备的儿子刘禅投降了魏国，蜀国灭亡。司马昭灭蜀有功，被封为晋王。一些趋炎附势的大臣劝他废黜魏元帝曹奂，自己当皇帝。司马昭满口回绝，却安排他儿子司马炎坐上了副相国的位置，父子俩把大权牢牢地抓在手中。不久司马昭中风去世了，司马昭的长子司马炎接替父亲

做了晋王和相国。刚办完司马昭的丧事，司马炎就把曹奂赶下了皇位，自己取而代之。从曹丕篡汉算起，曹魏政权历时四十五年，五任皇帝，自此正式退出了历史舞台。司马炎改国号为“晋”，史称“晋武帝”。

蜀国已降，曾经成鼎足之势的三国，只剩下了一个东吴。这时候，东吴的当家人是孙权的孙子孙皓。这个孙皓一点儿也不像他的祖父，竟是个十足的败家子。他终日沉迷酒色，日子过得穷奢极欲，还举全国之

力，大兴土木，修建奢华宫殿，把家底都快败光了。而且这个人异常残暴，很喜欢玩杀人的游戏，看谁不顺眼，就一下子把人杀了，剥脸皮，挖眼睛，把人的脑袋割下来当球踢……什么惨无人道的事情他都能做出来。他还经常让大臣们一起喝酒，喝醉了，就让他们相互指出别人的过失。过失大点儿的杀头；过失小点儿的就会用各种酷刑折磨。所以，全国上下不管是百姓还是大臣，对他都是又怕又恨。

晋武帝要一统天下，必须拿下东吴。晋国镇守晋吴边境的大将叫羊祜（hù）。羊祜的见识和眼光很不一般。他知道东吴战斗力很强，凭武力征服时机还不够成熟，就想出了一个“攻心”的办法，想以德服人，慢慢感化吴国人。每次跟吴国交战，他都和他们约定好日期，正面交锋，从不暗中偷袭，也不布置埋伏。有一次士兵们捉住了吴军两名将士的儿子，羊祜马上让人安全地送回去。晋国这边有人割了吴国地界的庄稼，羊祜就用绢折价，赔给人家。打猎的时候，羊祜约束部下，不允许他们越过边境线。吴国人打中的猎物，如果落到晋国这边，羊祜一定让人给他们送回去。羊祜这些做法，让吴人心悦诚服，十分尊重他，都叫他“羊公”。

羊祜的大营跟吴国的大将陆抗（陆逊的儿子）的军营面对面，两军时常往来。陆抗给羊祜送酒，羊祜毫不犹豫地就喝。陆抗病了，听说羊祜有治这种病的药，派人向羊祜求药。羊祜马上派人送过去，陆抗接过药刚想吃，有个属下拦住他说：“这药吃不得，万一他们存心害您怎么办？”陆抗笑了，说：“羊祜不是那种人。”吃了药，陆抗的病果然好了。

时间长了，吴国人都觉得晋国人很仁义，都羡慕起那边的生活。连陆抗都感叹：“晋国注重道义，民心所向；咱们这儿倒是暴虐成性，大失民心。这么下去，不用交战也能分出胜败了。”

后来吴军主帅陆抗病死了，边境线上晋军的实力远远超过了吴军，各项物资也准备充足了，而且吴国境内孙皓的高压统治已经惹得天怒人怨。羊祜觉得时机已到，就上书朝廷请求伐吴。

279年，晋武帝一声令下，晋军兵分多路开始大举讨伐吴国。杜预向江陵进发，王浑从横江出兵，一路上战无不胜，攻无不克。另一边王濬的水军船队也浩浩荡荡地逼向江东。得知这个消息，孙皓吓坏了。他采

纳了一个大臣的建议，打造了百余条铁链横在江面上，还将数万根长铁锥放在江中，想借此阻挡晋国水军。

王濬的队伍从蜀地向东沿江直下，到了吴国的边界，打头的船只忽然停了下来。先锋来报：前路受阻，无法继续前行。王濬上前一看，原来吴军在江里用木桩、铁链、铁锁架了一道“围墙”，还把一丈来高的铁锥放在水里。船一过来，铁锥就像尖刀一样扎在船底。晋国的船给扎漏了不少。

王濬略一沉吟，吩咐下去，让人造了好多木筏。每个木筏长、宽各有一百多步，木筏上面竖满穿着盔甲、拿着刀枪的稻草人。吴军将士见了，以为是晋军打来了，吓得望风而逃。

他们又挑了些水性好的士兵，把这些木筏子划到有铁锥的地方。木筏子不怕漏，戳漏了也沉不下去。铁锥都扎在木筏子上，被清理走，“道路”就平坦了。

对付那道“围墙”，王濬也有妙招。他让人在另一批木筏上安放又粗又长的大火炬，灌满麻油，火把吃足了油，一点就着。带着火的木筏子冲到“围墙”下，别说木桩，那些铁链、铁锁，也被熊熊大火烧断了，这下畅通无阻了。晋军战船长驱直入，一鼓作气地接连打下了西陵、荆门、夷道，跟从北往南打的杜预一路人马会合到了一起。然后杜预接着南下，一路上很多郡县直接开城投降，王濬他们继续往东打，一直打到了吴国的都城建业。

东吴丞相张悌（tì）率军奋力拼杀，死于乱军之中。士兵们投降的投降，逃跑的逃跑，根本没有人愿意为孙皓拼命。东吴将军张象见大势已去，也向王濬投降，王濬让他当先锋。张象到了城下叫开城门，就把晋军放了进去。

城破了，国亡了，一切都完了。孙皓瘫坐在地，呆呆地出了会儿神，然后爬起来拔出身旁一名侍卫的佩剑，颤颤巍巍地横在了自己的脖子上。大臣们知道他不舍得死，就劝他："为什么不学学刘禅，向晋国投降呢？"孙皓正好顺坡下驴，让人给他倒捆双手，抬着棺材率领文武百官走出大殿，递交了降书。东吴灭亡。

捷报传到洛阳，司马炎很开心，大宴群臣。大家举杯欢庆的时候，司马炎却流下泪来，无限感慨地说："这都是羊祜的功劳啊，是他提出了灭吴的对策。可惜他已经去世，不能亲眼看到这胜利的场面了。"

从此三国归晋，天下一统，战火纷飞的三国时代宣告结束。历史又翻开了新的篇章。

人物介绍

司马炎：即晋武帝，晋朝开国皇帝。265年，司马炎袭父爵称晋王，数月后逼迫魏元帝曹奂禅让给自己，国号"晋"，建都洛阳。他革新政治，振兴经济，整个社会呈现出繁荣景象，史称"太康之治"。280年他灭掉孙吴，统一全国。

历史关键点

曹丕去世后，曹家后人一辈不如一辈。魏国军政大权实际掌握在了司马氏手中。263年，司马昭率军伐蜀，进逼成都，迫刘禅投降，灭蜀汉。不久司马昭去世，其子司马炎于265年篡位，曹魏灭亡。司马炎建立晋朝，是为晋武帝，定都洛阳，史称"西晋"。

八王之乱

放声朗读

越檄召四方兵，赴者云集，比至安阳，众十余万，邺中震恐。

——《资治通鉴》晋纪七·孝惠皇帝中之下永兴元年

译文

司马越发布檄文召集各地军队，奉诏赶来的队伍云集起来，行军到安阳，人数有十多万，邺城震惊惶恐。

司马炎当上皇帝后，把他们司马家的亲戚都封成了王，在全国上下设立了27个诸侯国，还允许这些诸侯国养军队，建立自己的小朝廷。他认为曹氏之所以丢掉了江山，就是因为没有强大的亲友团做后盾。他害怕步曹氏的后尘，所以要让亲戚们都强大起来。

后来司马炎死了，他的傻儿子司马衷即位，即晋惠帝。司马炎给他安排了两个辅政大臣，一个是皇后的亲爹杨骏，一个是司马炎的叔叔汝南王司马亮，他本想着一个姥爷、一个叔爷爷都是实在亲戚，一定会好好辅佐小皇帝。哪知道他们各藏私心。杨骏和他女儿一起耍了些阴谋手段，排挤了汝南王司马亮，取得了单独辅政的地位。司马家的诸侯王们心里很不是滋味，凭什么让杨骏独揽大权？他们都认为自己比杨骏更有资格。

晋惠帝无能，但是他的皇后贾南风不是个简单的人物。她可不甘心让杨骏凌驾于自己之上操纵晋惠帝，想把大权牢牢地抓在自己手中。贾南风派人跟汝南王司马亮和楚王司马玮秘密商议，让他们带兵进京，讨伐杨骏。

司马家的人正对杨骏恨之入骨，他们一拍即合。司马玮马上带兵从荆州赶到洛阳。有了他们的武力支持，贾南风的腰杆硬了，宣布杨骏阴谋造反，把他抓起来杀了。

杨骏的势力被铲除了，汝南王司马亮大摇大摆，堂而皇之地进京辅政了。这个司马亮不懂得分享胜利果实，也想独揽大权。司马玮当然不干，两个人闹得水火不容。

走了一个杨骏，又来一个司马亮，贾南风还是不痛快。她又想了个招，假传晋惠帝的密令，让司马玮把司马亮也抓起来杀了。

司马玮自认为已是皇后贾南风的同党，是她最信任的人，心想这下辅政的大权该落在自己手里了吧？哪知在贾南风眼里他只不过是一枚棋子，现在这枚棋子已经没有什么利用价值了。贾南风怕他连杀两王，权力太大，到时候反而会成为自己的绊脚石，所以干脆一并清除。贾南风又宣布楚王司马玮假造皇帝诏书，擅自杀害汝南王，把司马玮也抓了起来。司马玮这才知道上了贾南风的当，大骂她心狠手辣，过河拆桥，可是骂得再响又有什么用呢？

从那以后，朝廷上没有了辅政大臣，晋惠帝成了贾南风一个人的提线木偶。贾南风做了七八年的幕后“皇帝”，不断发展自己的力量，削弱、打压司马氏皇族的权势。司马家的诸侯王们都很恨她。而且她为人跋扈狠毒，在朝野上下也得罪了不少人。

贾南风的外甥和太子司马遹（yù）不和，一直在贾南风面前说太子的坏话。贾南风想，太子不是她亲生的，以后当了皇帝肯定不会听她摆布，说不定还会与她为敌。于是，贾南风决定除掉太子。

她事先让人用太子的口吻给皇帝写了一封信，信上写着：“陛下宜自了，不自了，吾当入了之，中宫又宜速自了，不自了，吾当手了之。”意思是说，让晋惠帝赶紧退位给他腾地方，否则他就要自己动手抢了。圈套设好了，贾南风就把太子叫到她宫里，逼着太子喝酒，左一杯，右一杯，不一会儿就把太子灌醉了。趁太子昏昏沉沉的时候，骗他把那封信抄了一遍。第二天，贾南风把大臣们召集起来，宣布太子要谋反。也有大臣怀疑这封信不是太子写的，可是一对笔迹确凿无疑，他们就无话可说了。就这样，太子被废黜了。

贾南风想：太子活着，难保有一天不会东山再起，一不做二不休，贾南风干脆给太子赐了有毒的食物。太子不肯吃，孙虑就用捣药的木杵把太子打死了。

大臣们对贾南风的狠辣手段本来就很有意见，以前只是睁一只眼闭一只眼，现在她居然私自杀了皇帝唯一的儿子，让皇帝断了后，大家

都很气愤，私下里都在骂她。掌握禁军的赵王司马伦早就想起兵造反，他觉得这是个千载难逢的好机会，就联合齐王司马冏，以为太子雪冤为名，带兵冲进皇宫拿下了贾南风。

嚣张跋扈的贾南风这时候也吓坏了，她大声喊着：“我是皇后！你们谁也别想动我！皇帝——他们要谋反，快来救我——”

司马伦冷笑一声：“我就是奉皇上的诏书来逮捕你的，这些年你也嚣张够了吧！”

“皇上的诏书都是我发的，你们撒谎！你们大逆不道！”贾南风还想再争辩，司马伦一挥手，侍卫们就像拎小鸡一样把她拎走了。贾南风被废为了庶人，六天后，又被勒令喝下一杯毒酒，结束了她“辉煌”的一生。

接下来司马伦掌握了政权。这家伙野心更大，干脆把晋惠帝软禁起来，自己做了皇帝。高高在上的感觉真好！尤其是给手下封官的时候，看着他们受宠若惊的样子，司马伦很享受。他迷恋上了这种感觉。于是，他给身边的人封了各种各样的官职。那时候，官员们的官帽上面都用貂（diāo）的尾巴做装饰。司马伦封的官实在是太多太滥了，国库里收藏的貂尾巴都不够用了，只好找一些狗尾巴来凑数。老百姓们就编了歌谣来讽刺他们“貂不足，狗尾续”。这就是成语“狗尾续貂”的由来。

其他的诸侯王听说司马伦做了皇帝，都不服气。大家红了眼，都想坐坐这个宝座。就这样，他们兄弟叔侄之间展开了一场又一场的厮杀。参加这场混战的有赵王司马伦、齐王司马冏、成都王司马颖、河间王司马颙（yóng）、长沙王司马乂（yì）、东海王司马越。加上已经被杀的汝南王司马亮、楚王司马玮，一共有八个诸侯王，历史上称“八王之乱”。

这场混战一直持续到306年，最后八王中的七个都死了，只剩下了东海王司马越。司马越毒死了晋惠帝，扶晋惠帝的弟弟司马炽坐上了皇位。

人物介绍

贾南风：西晋开国元勋贾充的三女，西晋晋惠帝的皇后，又称“惠贾皇后”“贾后”。贾南风在皇后位十年，其间因惠帝懦弱无能而得以专权，直至在政变中被废杀。

历史关键点

“八王之乱”是发生于中国西晋时期的一场因皇族争夺中央政权而引发的内乱。265年，晋武帝恢复了古代的分封制，却种下了祸根。晋武帝死后，晋惠帝无能力治理朝政，皇后贾南风干政弄权，引发八王争权夺利。最终，晋朝大权落入司马越手中，八王之乱至此结束。八王之乱是中国历史上最为严重的皇族内乱之一，使当时的社会、经济遭到严重的破坏，加剧了西晋的统治危机，成为西晋迅速灭亡的重要因素。

前秦帝国

放声朗读

坚因婆楼以招猛，一见如旧友。语及时事，坚大悦，自谓如刘玄德之遇诸葛孔明也。

——《资治通鉴》晋纪二十二·孝宗穆皇帝中之下升平元年

译文

苻坚根据吕婆楼的意见召来王猛，二人一见如故。谈论到国家当前的大事，苻坚十分高兴，自认为如同刘备遇到了诸葛亮。

氐（dī）族是我国北方一个古老的少数民族。西晋末年，有个叫苻（fú）洪的人当上了氐族首领。那时候他们的势力还比较弱，而另一个少数民族匈奴已经建立了强大的前赵政权，苻洪依附于他们，被封为氐王。后来大将军石勒自立门户，灭掉前赵建立了后赵，氐族继续臣服于后赵，随后苻洪又主动降晋，接受东晋的官爵。

经过多年的苦心经营，氐族的势力慢慢发展壮大起来。苻洪不再掩饰自己的野心，他自封了大将军、大单于、三秦王。可是不久苻洪就被人设计毒死了，他的儿子苻健接替了他的位置。青出于蓝而胜于蓝，这

个接班人比他父亲更有本事。没过两年苻健就带领族人占据长安，建立了前秦帝国。

355年，苻健病逝，帝位又传给了他的儿子苻生。苻生这个人非常残暴，是历史上少有的暴君。每次召见大臣，苻生都让身边的侍卫严阵以待，弓箭上弦，刀剑出鞘，一副虎视眈眈的样子。谁要是不小心说错了话，做错了事，甚至哪个表情、姿势让他看着不舒服了，都会大祸临头。所以大臣们在他面前都战战兢兢，如履薄冰。

于是大家都顺着他，专拣好听的说。这样总该相安无事了吧？也不行，他会觉得你是在糊弄他，在侮辱他的智商，溜须拍马的奸佞小人一律杀死！他即位后，朝里有功的旧臣、亲戚都快被他杀光了。他因为小时候生病少了一只眼睛，忌讳人家说“残、缺、偏、只、少、无、不全”这一类词，因误说了这些字眼被杀死的人，也不计其数。他还喜欢活剥牛、羊、驴、马的皮，用热水退活鸡、活猪、活鹅、活鸭的毛。有时还剥掉人的脸皮，让他们唱歌跳舞，以此作乐。他毫无一点儿人性。

357年，自立为王的羌（qiāng）族人姚襄（xiāng）想夺取关中，就拉拢了前秦境内的羌人一起叛乱。

苻生派他的堂弟苻坚和苻黄眉、邓羌等人率兵前去镇压。姚襄是个有勇有谋的英雄人物，很难对付。将士们经过几番艰苦卓绝的战斗，总算平息了叛乱。大家满以为立了大功，会受到嘉奖，升官发财，风光荣耀。可这个苻生不但不好好嘉奖人家，还横挑鼻子竖挑眼，说苻黄眉指挥不当，要给予处罚。苻黄眉一怒之下扯起大旗造了反。虽然造反最终没有成功，但一石激起千层浪，点燃了人们心中反抗的小火苗。

当时苻坚的声誉和名望都很高，很多将领、大臣都劝他废黜苻生，取而代之。经过一番仔细的权衡，苻坚决定顺应大家的意思。具体要怎么操作，他去征询尚书吕婆楼的意见。吕婆楼给他推荐了一个叫王猛的人。

当时王猛还是一介布衣，隐居于市井间，以贩卖畚箕（běn jī）为

生。他博学多闻，深谋远虑，是个不可多得的人才，一直想寻求一个明主，建一番大业。苻坚找到了他，两人一见如故，讨论起天下大势，很多意见不谋而合，相谈甚是投机，自认为如同刘备遇到了诸葛亮。就这样，王猛正式“出山”，开始辅佐苻坚。

在王猛的精心设计下，苻坚一举诛灭了苻生和他的亲信，顺利坐上了宝座。

其实苻坚接到手的是一副烂摊子。王法基本成了摆设，各地的豪强和贵族们肆意妄为，随处作恶，老百姓怨声载道。

王猛主张进行大刀阔斧的清理整顿，苻坚大力支持。他们订好计划，从当时京城的西北门户平县入手。让王猛去当县令，王猛一到任就开始严查、严打，抓了几个平日里欺压百姓、作恶多端的奸吏。这些人很嚣张，根本没把王猛放在眼里，结果王猛当众对他们实施鞭刑，把他们都给打死了。这下子捅了马蜂窝。这些人党羽众多，他们横行惯了，从来没人敢动他们。难道新皇登基就能改了天了？他们把王猛抓起来，押到长安去向苻坚示威。

苻坚刚称帝不久，根基还不稳，不敢贸然得罪这些人，就装模作样地当众责备了王猛一通，免去他县令的职务。同时也告诫这些人回去后要遵纪守法，否则严惩不贷。苻坚的这招“太极”打得很有水平，这帮人回去后果然不敢再像以前那么放肆了，平县的风气开始逐渐好转。

不久，王猛就被调任京兆尹，相当于首都长安市的市长。京城皇亲国戚众多，更是豪强贵族作恶的高发地。前皇帝苻生的舅舅仗着自己的姐姐是皇太后，平日里欺男霸女，行凶杀人，做尽了坏事。可他是“国舅爷”，大家除了远远地躲着他，背地里偷偷骂几句，谁也拿他没有办法。王猛可不吃那一套。这大“国舅爷”当众行凶，撞到了王猛手里。王猛立刻逮捕了他，判处他死刑，准备押赴刑场。太后听说后，赶紧跑到苻坚那里又哭又闹，逼着苻坚下赦免诏书。苻坚没办法只得满口应允，但是写诏书的时候他故意拖延时间。

结果“国舅爷”的脑袋“咔嚓”落了地，诏书才姗姗来迟。人死不能复生，太后再闹也没有用了。大家一看“国舅爷”都给办了，谁还敢嘚瑟？这一招“杀一儆百”很有震慑力。从那以后京城内外的官僚、豪强贵戚都老老实实地夹起尾巴做人了。社会风气大为好转，出现了路不拾遗、夜不闭户的良好秩序。老百姓安居乐业，大家更拥护苻坚了。

在王猛的运筹帷幄、尽心辅佐下，短短几年时间，苻坚基本统一了北方，成就了华夏大地上风光无二的大秦帝国。它拥有的国土面积是当

时东晋的两倍多。国内也繁荣富强起来，经济和军事实力都得到空前的发展。慢慢地，苻坚开始不满足于现状，有了统一全国的野心。

王猛对苻坚说：“东晋根基深厚，国内的能人很多，很难攻打。即便靠武力拿下，也很难收服人心。而且大秦内部还不稳定，一旦开战，难保各部族不会借机作乱。所以，不可以动图谋东晋的念头。”苻坚觉得他说的有道理，王猛活着的时候，一直没有发动对东晋的进攻。

后来王猛去世了，苻坚依然坚持他们规划好的路线，扩大儒学教育，关心民间疾苦，并迅速灭掉前凉和代国，实现了真正意义上的北方统一。前秦帝国走上了国力的巅峰。

可是到了383年，苻坚的野心又开始膨胀了，这次没有人能劝阻得了他。最终在伐晋途中，淝水之战的失败导致了前秦内部的叛乱，苻坚被昔年的降将姚苌绞死于新平佛寺（今陕西省彬州市南静光寺）内，强大的前秦帝国也分崩离析，走向了灭亡。

人物介绍

苻坚：十六国时期前秦的君主。他在位前期励精图治，重用王猛，推行一系列政策与民休养，加强生产，令国家强盛。他接着消灭北方多个独立政权，成功统一北方，并攻占了东晋的属地。

历史关键点

前秦是东晋十六国时期的政权之一。苻坚崇尚儒学，奖励文教。在他的领导下，前秦繁荣富强起来。前秦强盛后，苻坚有意一统天下，征服了周围的一众小国，统一了北方。后来淝水之战失败导致内乱，前秦帝国走向灭亡。

淝水之战

放声朗读

十一月，谢玄遣广陵相刘牢之帅精兵五千趣洛涧，未至十里，梁成阻涧为陈以待之。

——《资治通鉴》晋纪二十七·烈宗孝武皇帝上之下太元八年

译文

十一月，谢玄派广陵相刘牢之率领五千精兵开赴洛涧，在离洛涧十里的地方，梁成扼守山涧部署兵阵等待刘牢之。

西晋末年，战乱四起，北方少数民族建立了很多小国，后来氐族苻氏把它们一一打败，统一北方，建成了强大的前秦政权。这时候西晋政权已经南迁，进入东晋时代。前秦对东晋一直虎视眈眈，双方战事不断。

太元八年（383）八月，前秦皇帝苻坚从长安出发，亲自率领步兵六十多万，骑兵二十七万，开始大举南侵，打算一举扫平东晋，统一天下。

大军压境，情况十分危急。东晋世家谢氏家族担当起了保家卫国的大任。谢安运筹帷幄，在后面执掌大局。他的弟弟谢石、侄子谢玄统帅八万兵马出征。谢石为征虏将军、征讨大都督，谢玄为前锋都督，并让龙骧将军胡彬带领五千水军援助寿阳，共分三路兵马北上迎击前秦军。

两个月后，前秦阳平公苻融带队攻打寿阳，守城将领们大多被前秦军活捉。苻融继续进军攻打。前秦卫将军梁成等率领五万兵马驻扎在洛涧，沿淮河布防以遏制东面的部队。苻坚被胜利冲昏了头脑，扬扬自得，以为他们的武力天下第一，孱弱的东晋军队根本就招架不住几个回合，肯定早就吓破了胆！于是，苻坚派出尚书朱序前去劝降谢石。这个朱序本来就是东晋的旧臣，当初被迫投降了前秦，其实身在曹营心在汉，心里还念着故土、故人。朱序私下把前秦的军情透漏给了谢石，提示谢石先发制人，只要击溃前秦的先锋部队，就有可能打个翻身仗，取得全盘胜利。谢石原本对这一战没有什么信心，觉得两国的兵力相差太大，如果他正面出击简直就是以卵击石！所以他原本打算坚守不战，等敌人疲惫了再伺机反攻。听了朱序的话，他仔细一琢磨觉得很有道理，就改变了作战方针，决定转守为攻，主动出击。

秋去冬来，转眼间两军已经相持了将近三个月。经过一番周密的部署，谢玄决定派广陵相刘牢之率领五千精兵开赴洛涧。前秦卫将军梁成等人得到消息一点儿也不紧张。区区五千人马在他们眼里根本不算什么，他们正等着敌人自投罗网呢！哪知刘牢之带的这些人都是精挑细选出来的，而且都抱着不把侵略者赶出去誓不罢休的决心，早把生死置之度外。将士们个个争先恐后，奋勇向前，就像一把把利剑直直地刺向前秦军阵营……这一仗打得天昏地暗，最后东晋军将士斩杀了以梁成为首的十名前秦大将，消灭了五万前秦军主力。接下来又乘胜追击阻绝了淮河渡口，歼灭前秦军队一万五千人，还抓获了前秦扬州刺史王显等人。刘牢之率领的五千精兵给这场阻击战画上了圆满的句号。

十一月的时候，谢玄率军来到了淝水河边，与前秦军隔河对峙。这

壽陽

秦

场仗到底该怎么打，其实他的心里也没有底。这天，谢玄像往常一样到岸边巡视。他遥望着对岸浩浩荡荡的前秦军人马，再回头看看自己的军营，不禁皱起了眉头。敌众我寡，要想取胜谈何容易！谢玄想得出神，没注意脚下，差点儿被一块小石头绊倒，“噔噔噔——”倒退了好几步才勉强站稳。这一跤绊出了一个好主意。“退——倒——有了！”谢玄双手一拍，紧拧的眉头松开了，眼中露出一抹欣喜之色。

回营后谢玄马上派人给苻坚传话：“阁下现在紧逼淝水列阵，难道想耗着打持久战吗？这可不是您的作风。如果把阵形略向后移，让

东晋军渡河，大家一决胜负，岂不痛快！”

苻坚接到信后跟前秦军众将商量，前秦军众将都不同意后退。

“后退会影响我军士气，万万不可。”

“万一敌军突袭，后果不堪设想。小心中了他们的计。”

苻坚却固执地说：“小小晋军能奈我何！不要再说了，就这么定了。只要稍稍后退一点儿，等晋军渡河渡到一半，用铁骑压着他们打，把他们堵在河边，没有打不赢的道理。”

就这样苻坚大手一挥，前秦军开始后撤。

“报——前秦军开始撤退了。”

“好！苻坚上钩了！”谢玄下令，“全员出动！”他抓住时机渡水突击，打了前秦军一个措手不及。前秦军见形势不对，赶紧回身迎战。“冲呀——”“杀呀——”两军战士展开博弈，打得不可开交。此时，那个身在曹营心在汉的朱序又在苻坚背后捅上一刀。他带着自己的亲信在后面大喊：“前线的秦军败了！快逃吧！”这下可乱套了，听到的士兵开始掉头逃跑，中间的部队不了解情况，进也不是，退也不是，像没头的苍蝇乱撞一气；前面的部队见后面乱哄哄的，以为后面也遭到袭击，更是乱成了一锅粥，这个绊倒了那个，那个踩到了这个，自相践踏，死伤了很多人。

“快停下，后退者斩！”阳平公苻融还想力挽狂澜，不料战马中箭翻倒，把他也重重地摔在了地上。晋军的一名小兵看到了，冲过来手起刀落，结束了他的性命。

这时候逃跑的前秦兵们早被吓破了胆，他们听见风吹草木的声音、看到后面的树影都以为是追兵赶到了，一个个疑神疑鬼，战战兢兢，哪还有半点儿战斗力！苻坚也受了箭伤，哭着说：“我现今还有何面目去治天下？”

晋军乘胜追击，一直冲过寿阳后，才鸣金收兵。

接到前方战报的时候，谢安正在和朋友下棋，看完信随手就丢在床上，一点儿高兴的样子也没有。客人问他是什么事，谢安轻描淡写地回答：“小孩子们已经攻破了寇贼。”其实他心里早就欢呼雀跃了，下完棋赶紧跑回里屋偷着乐，过门槛的时候连屐齿被折断了都没发现。

淝水之战是中国历史上著名的以少胜多的战役。兵力强大的前秦败给了弱势的东晋。从那以后，前秦开始衰落，北方各民族纷纷脱离了它的统治，分裂为以后秦和后燕为主的几个政权。而东晋则趁势北伐，把边界线推回到了黄河，回光返照般暂时安稳了下来。

人物介绍

谢安：字安石，东晋政治家、名士。谢安早年不愿凭借出身入仕，却因此声望高涨，后谢氏家族在朝中当官的人先后去世，他才应召担任桓温将军司马。他尽心辅佐孝武帝，并在淝水之战中，以少胜多，为东晋赢得了几十年的和平。

历史关键点

淝水之战是东晋时期北方的统一政权前秦向南方东晋发动的一次侵略战争。双方在淝水交战，结果东晋以少胜多大败前秦，八万将士击溃八十余万敌军，淝水之战也因而闻名于世。淝水之战对当时的政治格局产生了很大影响，将中国南北朝对峙的局面推迟了半个多世纪。

拓跋崛起

放声朗读

十二月己丑，魏王珪即皇帝位，大赦，改元天兴。命朝野皆束发加帽。追尊远祖毛以下二十七人皆为皇帝。

——《资治通鉴》晋纪三十二·安皇帝乙隆安二年

译文

十二月初二，魏王拓跋珪正式登皇帝位，实行大赦，改年号为“天兴”。他命令朝廷内外所有官员百姓都必须把头发系在一起，再戴上帽子。他把很遥远的祖先拓跋毛以下的二十七个人都追尊皇帝。

315年，拓跋部首领拓跋（bá）猗（yī）卢接受西晋代王封号，建立了代国。历经几十年的风雨飘摇，终于在第六任国君拓跋什翼犍（jiān）的带领下，发展壮大起来，国力达到了顶峰状态。可是后来西晋灭亡，天下大乱。野心勃勃的前秦世祖苻坚想统一北方，率领二十万大军攻打代国。当时拓跋什翼犍身患重病，他不成器的庶长子突然反叛，带人闯宫，将拓跋什翼犍乱刀砍死，内忧外患齐至，代国就这样灭亡了。

拓跋什翼犍的嫡（dí）长孙拓跋珪逃了出来。那时候他才六岁，但人

小志气大，拓跋珪把国破家亡的惨痛经历牢牢地记在了心里，暗暗发誓总有一天，要让代国重新站起来。

那是一个非常动荡的时代，各个国家，各个部落之间战乱不断，今天你打我，明天我打你。仅仅过了七年，苻坚的前秦大军就在淝水之战中败给了东晋。兵败如山倒，没过多久，不可一世的前秦帝国就灭亡了，中国北方的局势更加混乱。

拓跋珪这时候已经长成了一个健壮的小伙子。复国的火种一直埋在他的心里，从来没有熄灭过。前秦灭亡的消息仿佛一股浩荡春风，让他心里的火苗熊熊燃烧了起来。他觉得这是个难得的好机会，可以趁乱摆脱对前秦的附庸，重新独

立起来。于是在母亲贺兰氏的拼死掩护下，拓跋珪躲开敌人的追杀，收拢鲜卑各部人马，开启了复国模式。终于在386年正月，十六岁的拓跋珪恢复了代国国号，同年，他又将国号改为“魏”。

复国成功，拓跋珪并没有像别人那样急着称帝，坐在皇位上品尝胜利的果实。小伙子很有远见，也很能干，他一方面开始着手收编周围的零散部落，扩充自己的军力；另一方面还大力发展农业生产，鼓励族人多种田，多打粮，保证老百姓们吃得饱、穿得暖，保证军队有足够的补给。他要让自己的国家从里到外真真正正地强大起来。他知道，落后就会挨打，只有自身强大起来才不会受人欺负。事实证明，拓跋珪的决策是正确的。周边的势力都觉得这个年轻人前途不可限量，纷纷前来投奔。拓跋珪一一接纳，以礼相待，对他们都很和气。当然也会有一些目光短浅的人

出尔反尔，屁股还没坐热又反悔了，想逃回去。手下的将士们气不过，想追上去打他们。拓跋珪笑着摆摆手说：“如今我们的事业刚刚开始创建，人心还没有归一，一些人难免犹豫不决，让他们走吧，不用追。”拓跋珪这种宽容的态度，反而为他和他的国家赢得了更高的声誉。没多久，那些逃走的队伍又都回来了，死心塌地地跟着他干了。

拓跋珪建立魏国后，出兵拿下了高车等部落，四周的部落大多都心甘情愿地臣服于他，只有柔然部落始终不肯低头。柔然是匈奴人的后裔，世世代代都臣服于代国，后来在代国败亡的时候叛离，去抱了别人的大腿，现在还时不时地来侵扰魏国。拓跋珪决定使用铁腕手段，把他们打服，于是亲率大军浩浩荡荡地向柔然部杀去。

柔然很有自知之明，知道以他们的实力根本无法和拓跋珪抗衡，就采取了回避的战术，打算拖垮魏军。想着打不过我就跑，你拳头再硬，也没地方施展，急死你。

寸有所长，尺有所短。这帮家伙打仗不行，逃跑的本事还真不赖。拓跋珪的军队在后面追了六百里，愣是连人家的影子都没看到。将士们跑累了，打起了退堂鼓，纷纷向拓跋珪请求说：“贼匪已逃得太远，连个影子都看不到，怎么追呀？我们的粮草也没有了，还是早点儿回去吧。这样追下去也没什么意思。”拓跋珪没有点头，也没有摇头，想了想反问道：“如果把备用的马匹杀了，当作三天的粮食，够不够用？”众将都摸不着头脑，不知道拓跋珪说这话是什么用意，就老老实实地回答：“足够。”

拓跋珪点点头，马上下令杀马充当干粮，然后加快速度继续追击敌人。他们又狂奔了百里，终于前方地平线上出现了影影绰绰的小黑点。

“看到了，看到了，看到他们了！”目标锁定了，大家士气高涨了起来。

“兄弟们快追呀！”

“追呀！”小黑点越来越大，越来越大，看得清人的轮廓了，看得清衣服的颜色了……不久，先遣的轻骑兵追上了柔然主力，牵扯住了他们，随后大部队也赶了上来。拓跋珪和将士们并肩作战，指挥着大家一鼓作气，把敌人杀了个丢盔卸甲。柔然东西两部主将，率众缴械投降了，只有几个小分队趁机逃走，躲到漠北不敢回来了。

旗开得胜，大军往回开拔。微风轻轻地吹拂，喜悦洋溢在每个人的脸上。拓跋珪笑着问身边的部将：“那天我问你们军马充粮够不够吃三天，你们知道是什么意思了吗？”

众将连连摇头说：“不知道。”

“猜不出来。”

“什么意思呀？大王，你就给大家讲讲吧。”

拓跋珪笑着说：“柔

然部落为躲避我们，拖家带口，驱赶着家畜跑了这么多天，到了有水源的地方他们一定会停下来。让牲畜们歇歇脚，喝个饱。那么多牲畜不是一时半会儿能喂饱的。我用轻装骑兵去追赶他们，计算道路的远近，我料定不超过三天一定能赶上他们。”“对呀！大王英明！我们怎么没想到？”众将听后都对他佩服得五体投地。

随后，拓跋珪又跃马横枪，凭借几场战争，扫平了其他敌对势力，还打败了当时北方最强大的国家——后燕，一时间威震中原，成了华夏大地上新的霸主。

398年，拓跋珪终于在群臣的劝谏下宣布称帝，沿用国号“魏”，史称“北魏”，同年迁都平城（今山西大同）。他让官员和百姓都像中原人一样，把头发束起来再戴上帽子，下令效仿中原文明设置百官，划分行署，制定各类典章制度、礼仪等，还大力发展文化教育，把国家治理得井井有条。

人物介绍

拓跋珪：北魏开国皇帝。他重兴代国，定国号“魏”，将国都迁到平城。他积极扩张疆土，将鲜卑政权推进封建社会。于409年在宫廷政变中遇刺身亡，在位二十四年。死后追谥“道武皇帝”。

历史关键点

淝水之战中，前秦被东晋打败，刚统一不久的北方又陷入分裂局面。这时候，被前秦灭国的代国国主的后人——拓跋珪已长大成人，他重整旧部，趁机复国。拓跋珪年轻有为，骁勇善战，在一次次的南征北战中巩固了自己的地位，建立了南北朝时期北朝第一个王朝——北魏。

乱世英豪刘裕

放声朗读

三月，孙恩北趣海盐，刘裕随而拒之，筑城于海盐故治。恩日来攻城，裕屡击破之，斩其将姚盛。

——《资治通鉴》晋纪三十四·安皇帝丁隆安五年

译文

三月，孙恩又回到大陆，向北逼近海盐县。刘裕紧追不放，与他抵抗，在海盐的旧城址上修筑阵地。孙恩几乎每天都来对刘裕的阵地发动进攻，但刘裕几次都把孙恩击败，斩杀了他的将领姚盛。

363年，一个春暖花开的日子，一个健康、漂亮的男婴在彭城郡彭城县绥舆里（今属江苏镇江市）一户人家呱呱坠地。这本来是件让人高兴的事，可是这家的男主人却一脸悲戚，愁眉不展。因为孩子刚一生下来，他的母亲就撒手人寰了，家里也没钱请奶妈，根本养活不了他。孩子的父亲打算把他给扔了，就当没生过这么一个孩子。一位好心的同乡知道了，苦苦相劝才留下了这条小生命，同乡决定自己把他养大。

这个孩子名叫刘裕。刘裕渐渐长大，长成了高大魁梧、仪表堂堂的

帅小伙。可是他不爱读书，就喜欢舞刀弄棒，加上家里太穷，只能靠砍柴、种地、卖草鞋勉强度日。有时为了补贴家用他还会去赌博，所以总是被人看不起。

日子艰辛却也过得飞快，如流水一样“哗啦啦”流过。不知不觉间，刘裕已经36岁，却依旧在为柴米油盐发愁，穷困潦倒的日子似乎一眼望不到头。他觉得再也不能这样混下去了，就“应征入伍”了。由于他身手不错，为人也机灵，很快就在大将军刘牢之手下当上了一名小头目。

这一年，有个叫孙恩的人在南边揭竿而起。刘牢之领命前去镇压。大军抵达后，他派刘裕领着几十个人去打前哨，侦察起义军的动向。不料侦察小分队出师不利，碰上了起义军主力，躲是躲不过了，刘裕只得带领大家血战到底。身边的兄弟们一个接一个地倒下，小分队几乎全军覆没。但刘裕一点儿也没气馁，反而越战越勇，他手中的长刀上下翻飞，前斩后劈，左冲右杀，衣服被鲜血染透了，眼睛也一片血红，整个人战成了一个血人。不久援军赶到，大家都被他英勇无畏的样子震撼了。而此时见到“亲人”的刘裕斗志更高了，最后他们大胜起义军，又乘胜追击，一鼓作气平定了山阴（今浙江绍兴），把孙恩逼得逃到了海上的岛上。刘裕也因此备受刘牢之器重。

后来孙恩又去攻战会稽郡，杀死了驻守在那儿的谢琰。刘裕再次随刘牢之东征，一战打退了孙恩。刘牢之派刘裕镇守句章城（今属浙江宁波）。句章城的城墙很矮，防御不行，人手也不够，只有可怜巴巴的几百名士兵。孙恩觉得这是个软柿子，于是频繁带人去攻打他们。刘裕一点儿也不畏惧，每次开战都冲在最前面，鼓舞士气，指挥大家冲锋陷阵。榜样的力量是无穷的。士兵们纷纷效仿，个个争先恐后，奋勇杀敌。所以每次都把孙恩的队伍打得丢盔卸甲，落荒而逃。

不久，孙恩又回来了，往北去攻打海盐县。刘裕紧追不放，到达海盐后，他让士兵们在海盐的旧城址上修筑起了防御阵地，来抵抗孙恩。孙恩几乎每天都来对刘裕的阵地发动进攻。虽然双方兵力相差悬殊，但刘裕每次都能把他们打退，还在一次战斗中斩杀了孙恩的大将姚盛。可是这样下去也不是办法。刘裕想，城内兵力空虚，长时间对峙肯定不是人家的对手，早晚会失守，得跟他们玩点战术。刘裕当夜就把战旗全部放倒，让精锐部队都埋伏起来，第二天早晨打开城门，让几个老弱残兵登上城墙。孙恩的部队看到了很纳闷，远远地嘲笑："喂，你们城里是不是没人了？弄几个病秧子在上面晃。刘裕到哪里去了？叫他出来，继续打。"他们说："刘裕？他不会来了。昨天夜里已经逃跑了。"孙恩的将士们信以为真。

"刘裕跑了，不用打了，快进城吧。城里的好东西谁抢着就是谁的了——"

刀入鞘，箭入囊，他们把兵器都收了起来，争先恐后地往城里跑，心想打了这么多天，总算可以放松放松了。

这时候突然鼓声震天，刘裕一声令下，埋伏好的人马从四面八方冲了出来，向他们发动了猛烈的进攻。起义军被打得落花流水，溃不成军。孙恩又败给了刘裕。

后来孙恩集结了十余万人突然进军丹徒（今属江苏镇江）。那时候刘牢之的大军还在阴山驻守，一时半会儿无法抵达，满朝文武都慌了神。刘裕接到消息马不停蹄地赶了过来，居然跟敌人同时抵达了丹徒。当时敌众我寡，兵力太悬殊，且刘裕他们长途急行军十分疲惫，再加上丹徒的守军又缺乏斗志。大家都觉得这一次凶多吉少。

没想到，刘裕和他的将士们虽然满身征尘，依然士气不减。老百姓们受到了鼓舞，也都拿起扁担、铁锹准备和他们并肩作战。大家团结一心，众志成城，大败起义军。这一仗让刘裕名声大振。朝廷加封他为建武将军、下邳太守。刘裕紧接着又打了几场漂亮的硬仗，把他出色的军事实力展现得淋漓尽致。他不仅作战勇猛，而且指挥有方，非常有胆识和谋略，治军也整肃、严明。经过朝廷

屡次褒奖、加封，刘裕地位扶摇直上，成了东晋王朝赖以仰仗的中流砥柱，全面控制了东晋的军政大权。

刘裕是一个眼光长远的人。总揽朝政后，他环顾四周，深感北方的南燕、后秦等少数民族政权的存在，会对东晋造成极大威胁，等他们强大起来，迟早会来图谋，不如先下手为强。于是他率兵北征，短短几年时间就把他们一个一个都给收拾了。其间还抽空剿灭了谯（qiáo）纵在四川建立的西蜀政权。这让东晋的实力达到了顶峰，超过六朝时期任何一个时代。

天下太平了，刀枪入库了，该办点儿别的事了。刘裕可不是甘居人下之人。他觉得自己戎马半生，是时候享用胜利的果实了。于是420年，他逼着东晋最后一个皇帝晋恭帝“禅位”，自己当了皇帝，定国号为“宋”，开启了历史的新篇章——南朝。

人物介绍

刘裕：东晋至南北朝时期杰出的政治家、改革家、军事家，南朝刘宋开国皇帝。420年，刘裕代晋自立，定都建康，国号“宋”。他执政期间，集权中央，抑制豪强兼并，整顿吏治，重用寒门。

历史关键点

刘裕自幼家贫，一直生活在社会的最底层，但他这个人很有志气，不想浑浑噩噩地过一辈子。三十六岁那年参军，因为打仗勇猛、有谋略脱颖而出，不断得到晋升。后来对内消灭割据势力，使南方统一；对外消灭南燕、后秦等国，降服仇池，又收复中原地区，光复两都。420年，刘裕代晋自立，建立了刘宋王朝，成了一代帝王。

拓跋焘灭胡夏

放声朗读

魏主行至君子津，会天暴寒，冰合，戊寅，帅轻骑二万济河袭统万。

——《资治通鉴》宋纪二·太祖文皇帝上之上元嘉三年

译文

北魏国主拓跋焘，抵达君子津，正遇天气酷寒，气温急骤下降，黄河冰封。初三那天，拓跋焘亲自统率轻骑兵两万人，踏冰渡过黄河，袭击夏国都城统万。

胡夏国国主赫连勃勃去世，他的儿子们争夺王位起了内讧（hòng），你打我我打你，胡夏国内局势动荡，民心大乱。北魏国主拓跋焘（tāo）得知这个消息，非常高兴。他想正好可以借这个机会铲除胡夏王朝，扩大自己的领地。

他派遣了两路人马，分别去攻打胡夏国的蒲阪和陕城。随后，又亲自率军直逼胡夏国都统万城（今内蒙古乌审旗南）。走到君子津（今内蒙古清水河县西北黄河边）的时候，遇上了强冷空气，气温急骤下降，大河上下千里冰封。拓跋焘就率领两万轻骑兵踏冰而行，渡过黄河。天降奇兵一般来到了离统万城只有三十多里的黑水（今陕西横山西北长城外无定河北岸的支流淖泥河）。那天正好是冬至，新即位的赫连昌正在宫中，大宴群臣，一派歌舞升平的样子。

“报——距皇城三十里处发现了魏军大队人马！”宛如一声惊雷在大殿上炸响，赫连昌和他的大臣们都惊呆了，好一会儿才缓过神来。赫连昌赶紧集合队伍率兵迎战，他们当然无法抵挡杀气腾腾的北魏大军，不一会儿就撑不住了，急忙撤回城中。胡夏国当初建造统万城的时候，动用十万劳力，历时七年建成，把它建得铁桶一般。城墙高约八仞，墙基厚三十步，上面宽十步；宫墙高约五仞，蒸土筑就，铁锥扎不进去，非常坚固，很难攻打。

胡夏军进城后，关闭了所有的城门。没办法，北魏军队只好在城北安营扎寨，等待时机。闲着也没事干，他们就四处抢夺掳掠，斩杀及俘虏胡夏国军民数万人，缴获牛马十多万头。拓跋焘一看收获不小，赫连昌龟缩不出，他们也无从下嘴，就对他手下的各位大将说：“这次统万城恐怕是打不下来了，咱们还是回去吧，以后重整旗鼓再来攻打。胡夏早晚是咱们的囊中之物。”就这样，他们押解着抢来的一万多户胡夏国人，打道回府了。

另外两路人马打得也很顺利。胡夏国镇守弘农的太守曹达听说北魏的军队要来，没等大军压境，就吓得弃城逃走了。北魏军队乘胜长驱直入，迅速深入长安附近的三辅地区。蒲阪守将赫连乙斗听说北魏大军要打过来了，赶紧派使节往都城统万告急求援。使者到统万时，看到北魏的大军已经包围了统万，以为统万已经被攻陷，便返回去报告守将。守将慌了神，放弃蒲阪城，向西逃往长安。镇守长安的赫连助兴听说后，也害怕了，放弃长安，和他一起向西逃往安定。

十二月，北魏军进入长安，胡夏国秦州、雍州所属的氐族部落和羌族部落都来投降。北凉河西王沮渠蒙逊和氐王杨玄听到这个消息，也都

派遣使臣表示归附北魏帝国。

第二年春天，拓跋焘再次发兵统万城。这次他突发奇想，决定留下大队人马，自己只带着骑兵轻装进攻。随行的官员都来劝阻：“统万城十分坚固，不是一天两天就能打下来的。您带轻装部队去讨伐，恐怕不能一时攻破，到时候粮草物资都供应不上怎么办，还是大部队一起去，做长

远打算。”拓跋焘说：“用兵的策略，攻城是最下策；非到万不得已，不可使用。现在我们如果大举开进，敌人见了，一定会做好防御，坚守城池。到时候僵持不下，等补给用完了我们还是得无功而返。先带骑兵攻到统万城下，敌人见到我们的大部队没来，一定不太在意。我们再故意装出疲惫的样子，引诱他们出击，只有这样才能取胜。”

拓跋焘来到统万，把队伍埋伏在山谷中，只派少数人马来到城下。胡夏国的大将狄子玉投降了北魏，他向拓跋焘报告说：“夏王赫连昌听说北魏大军将到，已经调动了外面的人马，准备给您来个内外夹击。”拓跋焘假装很害怕，命令军队撤退，又派人去抢掠老百姓。

北魏军中的士兵有人犯罪逃跑，投降了胡夏军，向胡夏国报告说，“北魏军的粮草已经用尽，每天只能吃野菜充饥，补给还在后方，步兵也没来，应当乘机急速地袭击他们。”赫连昌觉得这个主意很不错，亲自统率三万人马出城，发誓要把侵略者赶回老家。

敌人终于上钩了，拓跋焘心中窃喜，命令部队集结假装逃走，引诱敌人追赶。

胡夏国的军队以为自己胜利在望了，左右追击包抄，鼓声震天，追了五六里路，突然刮起了大风，漫漫尘沙，遮天蔽日。北魏军中有个通晓神道法术的人对拓跋焘说：“如今大风是从敌人那边袭来，我们逆风，敌人顺风，这表明天不助我。更何况我们的将士饥渴交加，希望陛下暂时避开他们的锋锐，等以后再寻找时机。”太常崔浩厉声喝止说：“这是什么话！我们千里而来，自有制胜的策略，一天之内怎么可以说变就变！敌人贪图胜利的战果，不会停止追击，根本没有后继军队。我们应该把精兵隐蔽起来，分别出击，对他们进行突袭。刮风不假，但要看人们怎么利用，怎么就可以妄断对我们不利呢！”拓跋焘很赞成崔浩的观点，于是把骑兵分作两队，来牵制敌军。拓跋焘身先士卒，有一次从马上摔下来差点儿丧命，可是他一点儿也不畏惧。在他的榜样作用下，大家越战越勇，把胡夏国部队打了个落花流水。

他们乘胜追击，把胡夏国残兵逼到了统万城北边，胡夏王赫连昌无法回城，就往上邽（guī）方向逃跑了。仰望着坚不可摧的统万城，拓跋焘心中那股不服输的劲头被激了起来。他换上士兵的服装，打算亲自潜入统万城，一探究竟。

“万万不可！您是一国之主，不能以身犯险！”他的亲随苦苦劝阻，可是拓跋焘心意已决，他们只好跟随他一起潜入城中。后来，夏国人发觉了这件事，把几个城门都关了起来，要给拓跋焘来个瓮中捉

鳌。拓跋焘一行急中生智混进内宫，弄了几件女人穿的裙子接起来当绳索，从城墙上爬出来，总算成功脱险。

因为赫连昌没回来，城里的人都慌神了，连赫连昌的母亲也仓皇逃出了城。

城内没了主事的人，军心已乱，再坚固的城墙也没用。拓跋焘趁势再次攻城，这回轻而易举就拿下了统万，俘虏了胡夏国的亲王、公爵、高级文官、军事将领以及赫连昌后宫的女人等数以万计，还缴获马匹三十余万匹，牛羊几千万头，国库中的珍宝、车辆、旌旗，各种精美的器物，多得不可胜数。拓跋焘把财物按等级分赏给了自己的将士们。

看着富丽堂皇的夏国皇宫，他感叹道："一个巴掌大的国家，竟敢如此滥用民力！如此奢华！怎么能不亡国呢？"

人物介绍

拓跋焘：北魏第三位皇帝，南北朝时期的著名统帅。十二岁时就远赴河套抗击柔然骑兵，迫使柔然不敢入侵。拓跋焘继位后整顿吏治，励精图治。他善用骑兵，曾亲率大军先后攻灭胡夏、北燕、北凉等地，最终统一中国北方。

历史关键点

北魏始光三年（426），胡夏的立国者赫连勃勃病死，其子赫连昌继位。拓跋焘闻知赫连勃勃诸子相攻，关中大乱，遂乘机西伐。他亲率骑兵两万踏冰渡河，在胡夏皇宫冬至大宴那天围攻其都城——统万城。第二次出征胡夏时巧用计谋诱夏军出城，将其击溃，拿下统万城，最终灭掉了胡夏国。

孝文帝改革

放声朗读

魏主自发平城至洛阳，霖雨不止。丙子，诏诸军前发。丁丑，帝戎服，执鞭乘马而出。群臣稽颡（sǎng）于马前。

——《资治通鉴》齐纪四·世祖武皇帝下永明十一年

译文

孝文帝从平城出发，直到抵达洛阳，天一直下雨，没有停过。二十八日，他诏令各路大军继续向南进发。二十九日，孝文帝身穿战服，手持马鞭，骑马出发。文武官员赶紧拦住马头，不断叩拜。

北魏历代君主都喜欢汉族文化，时不时地会借鉴学习一些汉族的礼制、规矩。

时光荏苒，很快孝文帝拓跋宏当上了北魏的当家人。拓跋宏跟着汉族出身的祖母冯太后长大，从小耳濡目染，对汉文化更是推崇备至。

那时候，北魏虽然已经虎步中原，风光无限，可内部形势并不是那么安定团结。拓跋氏本身就是少数民族，北魏也是靠不断地讨伐、收服其他民族，慢慢发展壮大起来的。因为是一个复杂的大家庭，所以经常会产生一些矛盾摩擦，按下葫芦浮起瓢，农民起义时有爆发。拓跋宏觉得镇压不是好办法，要想长治久安，应该全面推行汉制，让各民族尽快融合到一起。于是他大刀阔斧地进行了一系列改革。

为了更好地学习和接受汉族的先进文化，加强对中原地区的统治，拓跋宏决定把国都从平城迁到洛阳去。拓跋宏很了解他手下那帮大臣，老家伙们因循守旧，在这里生活惯了，肯定不愿意挪窝，会找出各种理由反对。他们那么多人，自己就一张口，到时候一次次、一轮轮地和他们辩论是件很麻烦的事。于是他就想了一个指东打西、曲线救国的办法，跟他们斗

斗心眼儿。

这天在朝堂上，百官们汇报完工作，就等着下班回家了。拓跋宏突然很夸张地长叹了一声："唉——"

"皇上，您有什么心事？"大臣们赶紧问。

拓跋宏清了清嗓子无限感慨地说："朕的父皇、爷爷都有一个统一天下的宏愿，可惜他们都没能等到那一天。现在时局也稳定了，我想替他们实现这个愿望，亲自率兵攻打南齐。"

大臣纷纷反对："万万不可啊，天下刚刚太平，现在还不是好时机。"

拓跋宏就让太常卿王谌占卜一下，看看吉凶，得到"革卦"。

拓跋宏说："商汤王和周武王进行变革，是适应上天之命、顺应百姓之心的。这个卦很吉祥。"大家都不说什么了，只有任城王拓跋澄还是强烈反对。

孝文帝很生气，他把龙案拍得啪啪响，说："国家是我的国家，任城王打算阻止我吗？"

拓跋澄也很生气："国家虽然是陛下的，但我是国家的大臣，我有发表意见的权利。明知用兵危险，不劝您就是我的失职！"

拓跋宏沉默了一会儿讪讪地说："好了，谁都有发表意见的权利。"

回到宫里，他派人把拓跋澄找来，拍拍他的肩膀笑了："老实告诉你吧，刚才朕不是真的要向你发火，是为了吓唬大家。要想把国家发展壮大，得改革，移风易俗。朕觉得平城这个地方不适合推行改革。出兵伐齐是骗他们的，实际上朕想借这个机会，带领文武官员迁都洛邑（今河南洛阳），你看怎么样？"

拓跋澄恍然大悟地说："原来是这样啊，陛下英明，陛下英明！"

"那你还反对朕吗？"

"不不不，臣一定鼎力支持，促成此事。"

一切准备妥当，孝文帝拓跋宏带着一众大臣，统率三十多万大军开始南下。从他们出发的那天开始，天就一直在下雨。古代全是泥土路，一下雨就很泥泞。到达洛阳的时候，路况更糟了。一个多月的雨水浸泡，大道小径早就成了烂泥潭。大家都希望拓跋宏能改变主意，但是他根本没有停下的意思。

大臣们拦住他的马头，跪下来磕头恳求："陛下，这路太难走了，咱们还是回去吧。"

拓跋宏严肃地说："这次我们兴师动众，如果半途而废，岂不是让后人看笑话？如果不能南进，就把国都迁到这里好了。诸位认为怎么样？"大家你看看我，我看看你，都低下头装起了哑巴。

拓跋宏扫视了他们一圈，说："怎么都不表态？这样吧，同意迁都的站在左边，不同意的站在右边。"

一个贵族开口了："只要陛下同意停止南伐，那么迁都洛阳就迁都洛阳吧。"

许多文武官员心里都不赞成迁都，但是听说可以停止南伐，也都只好表示拥护迁都了。孝文帝嘴角轻扬，露出了一个满意的微笑。

趁热打铁，安排好洛阳这边，拓跋宏赶紧派任城王拓跋澄回到平城去，向王公贵族们宣传迁都的好处。后来，他又亲自回到平城，召集贵族老臣，讨论迁都的事。平城的贵族中当然有不少反对的。他们提出各种理由，都被拓跋宏驳了回去。最后，那些人实在找不到借口了，就说："迁都是大事，到底是凶是吉，还是卜个卦，算算吧。"

拓跋宏微微一笑："卜卦是为了解决疑难不决的事。迁都的事，都已经决定了，还有什么好卜的。要治理天下的，应该以四海为家，今天走南，明天闯北，哪有固定不变的道理。再说我们祖上也迁过几次都，为什么朕就不能迁呢？"贵族大臣们哑口无言，迁都洛阳的事，就这样定了下来。

中原文化的根在于孔孟之道，拓跋宏迁都洛阳后，立即下令加紧修建孔庙。他又给予孔子后裔土地与银钱，让他们可以继续祭祀这位祖先。

拓跋宏让胡人都讲汉语，穿汉服，下令把鲜卑复杂的姓氏改成汉人那样的单姓。比如把皇族拓跋氏改成元姓，独孤氏改成刘姓，丘穆棱氏改穆姓……鼓励鲜卑贵族与汉族通婚、联姻，让大家都学习汉族的礼法，尊崇孔子，孝敬老人。他还建立了户籍制度，给老百姓上户口，把田地均衡地分给老百姓。

他在朝廷内部严查贪官，凡是受贿一匹布帛的，以及贪污的，无论多少，都处以死刑；还派出检察官，到各地巡视，纠举有贪污行为

的地方官。

秦、益二州刺史李洪之自恃是皇亲国戚，为官残暴，贪赃枉法。实行俸禄制度后，他第一个就被揭发出来。拓跋宏下令给李洪之戴上手铐脚镣，召集文武百官，亲自历数他的罪状，把他处死了。其余有贪污受贿罪的地方官有四十多人，也全都处以死刑。但当官吏和老百姓犯了其他罪时，孝文帝大都酌情给予宽大处理。

孝文帝拓跋宏推行的这一系列汉化改革，缓和了不同民族、阶层之间的矛盾。大家语言相通了，风俗、习惯、礼节也慢慢接近，相处融洽，安定团结。经济、文化、教育……各方面也都有不错的发展。

人物介绍

魏孝文帝：即拓跋宏，是北魏王朝的第六位皇帝，后改名为元宏。北魏杰出的政治家、改革家。即位时年仅5岁，490年亲政。亲政后，进一步推行改革：公元495年孝文帝从平城迁都洛阳；后又改鲜卑姓氏为汉姓，借以改变鲜卑风俗、语言、服饰。此外，鼓励鲜卑和汉族通婚；评定士族门第，加强鲜卑贵族和汉人士族的联合统治；参照南朝典章制度，制定官制朝仪。这些改革措施对各族人民的融合和各族的发展，起了积极作用。

历史关键点

北魏孝文帝改革也称“孝文汉化”，指南北朝时期，北魏孝文帝在位时所推行的政治改革。其主要内容是汉化运动，包括推行均田制、变革官制和律令、迁都洛阳、改易汉俗等。改革使北魏政治、经济有了较大的发展，创造了和平的环境，各族人民交往频繁，民族融合步伐加快，为北方经济的恢复和发展做出了贡献。

宇文氏的荣光

放声朗读

府司马宇文泰自请使晋阳，以观欢之为人，欢奇其状貌，曰：“此儿视瞻非常。”将留之，泰固求复命；欢既遣而悔之，发驿急追，至关不及而返。

——《资治通鉴》梁纪十二·高祖武皇帝十二中大通五年

译文

府司马宇文泰自告奋勇，请求出使晋阳，以便观察高欢的为人到底如何。高欢见了宇文泰，对他的相貌感到惊奇，说道：“这个年轻人的仪表看起来不同寻常。”因此要留下宇文泰，宇文泰坚决要求回去复命；高欢让宇文泰走了之后又觉得后悔，急忙派人骑驿马追赶，一直追到潼关还没有追上，只好返回。

宇文家族早年间并不是什么望门贵族，一直生活在社会的中下层，直到北魏末年他们家诞生了一个叫宇文泰的男孩。这个孩子从小就与众不同。他为人慷慨、仗义，而且聪慧机敏。

宇文泰十八九岁的时候，因为朝廷对驻守边疆的鲜卑旧部待遇不公，北方六镇爆发了武装起义。宇文泰也跟随父亲参加了起义军。后来起义被尔朱荣的“政府军”镇压下去，宇文泰又加入了尔朱荣的队伍，在尔朱荣的部将贺拔岳手下听命。宇文泰骁勇善战，能力出众，很快得到了贺拔岳的赏识，成了他的心腹爱将。后来尔朱荣死了，高欢趁机起兵消灭了尔朱家族的势力，贺拔岳割据关陇与高欢对抗。这时候，贺拔岳已经对宇文泰十分信任了，非常倚重他。贺拔岳手中的政务，基本上都交由宇文泰打理。

532年，高欢改立元脩（xiū）为帝（即孝武帝），实际上真正的大权仍掌握在自己手中，元脩只是傀儡。元脩不甘心被高欢操纵，暗中联系贺拔岳，希望依靠贺拔岳的力量牵制高欢。

知己知彼方能百战不殆，贺拔岳想打探一下高欢的虚实，看看他到底有没有谋反的意思。宇文泰主动请缨，前往晋阳（今山西太原）和高欢“会晤”。

宇文泰留心观察高欢，没想到高欢也在观察他。仪表堂堂、谈吐不俗的宇文泰让高欢眼前一亮，高欢很想把这个小伙子留下来，为自己所用。可是宇文泰断然拒绝了他。

回去后，他把自己看到的情况如实向贺拔岳做了汇报，他说：“高欢对朝廷确有不轨之心。他之所以到现在还没谋权篡位，只是觉得时机还没到，他对你们兄弟还有所顾忌，所以才不敢妄动。”随后他给贺拔岳仔细分析了当时的形势，还提出了一些很成熟的想法和建议。贺拔岳听了非常认同宇文泰的观点，就派宇文泰到洛阳去见孝武帝元脩，把想法直接告诉他。孝武帝听后非常高兴，马上加封宇文泰为武卫将军。

那时秦、陇一带还有一个叫侯莫陈悦的“军阀”，势力很强大。高欢派人拉拢侯莫陈悦，挑拨他和贺拔岳之间的关系，最终侯莫陈悦设计杀害了贺拔岳。

贺拔岳死后，部属们一致推举宇文泰为首领，让他带领大家为贺拔岳报仇。宇文泰当仁不让，他一边带领大家整肃队伍，准备讨伐侯莫陈悦，一边和孝武帝的亲信们结盟，立下誓约，要竭尽全力辅佐王室。孝武帝非常满意，任命宇文泰为大都督，正式接管了贺拔岳所有人马。

随后宇文泰率兵消灭了侯莫陈悦，占据了关中地区，实力很快发展壮大起来。宇文泰扶摇直上，成为北魏王朝仅次于高欢的人物。

534年初夏，孝武帝打算正式起兵讨伐高欢，中军将军王思政对孝武帝说：“高欢的篡逆之心已昭然若揭，洛阳一旦遭到进攻，防守很困难。宇文泰这个人对您忠诚无二，不如把朝廷迁到他那儿去，将来再光复旧的都城，还怕不成功吗？应该从他那里出兵，凭借他的力量与高欢抗衡。”孝武帝觉得这个主意不错，把这个想法告诉了宇文泰。宇文泰马上上书表达了诚意，还派出人马支持孝武帝，热情邀请孝武帝把都城迁过去。

两个月后孝武帝果然率领一众文武官员，把都城迁到了长安，在宇文泰的地盘上安顿下来。宇文泰又被加封为大将军、雍州刺史，兼尚书令，一时间风头无二。那一年宇文泰才二十七岁。

孝武帝迁都后，高欢不承认孝武帝的皇帝位，另立了一个皇帝，继续控制朝政。由于他们的地理位置在东面，历史上称为“东魏”。孝武帝迁都后，在很多事情上都要听宇文泰的安排。孝武帝觉得自己到头来还是受人摆布，皇权受到了严重威胁，渐渐地与宇文泰产生了嫌隙，积

怨一天深似一天。宇文泰对孝武帝也是越来越看不顺眼，不甘心保这么个骄奢淫逸、昏庸无能的皇帝。于是经过思虑一番后，宇文泰派人毒杀了孝武帝，另立元宝炬为帝。宇文泰任丞相，仍旧控制着朝政实权。这个政权在历史上称为“西魏”。北魏就这样正式一分为二了。

接下来宇文泰就开始了与高欢的军事对抗。高欢一心想灭掉西魏，宇文泰也想灭掉他，双方之间大战小战接连不断。虽然西魏兵力远远不及东魏，但宇文泰毫不气馁，顽强地跟他们斗智斗勇，一仗仗打下来，没有让高欢占到半点儿便宜，原本强势的东魏反而越来越衰落。玉壁大战之后，宇文泰彻底扭转了局面，西魏的实力逐渐赶超了东魏，由弱势的一方变成了强势的一方。

宇文泰不但能打天下，还很善于治理国家。他很清楚自己现在执掌的关中地区土地贫瘠，人口稀少，经济也不发达，所以必须采取一些措施，改善现状。他向手下的大臣苏绰征求意见。苏绰说：“首先领导者要多做善事，注重自己的品行，对待百姓要仁慈、包容；还要大力发展农业生产，让大家吃得饱、穿得暖；选拔官吏也不能只看出身，要看他的才华和品行，选有能力的人……做到这些，国家自然会欣欣向荣。”宇文泰非常赞同，让苏绰把这些建议一条一条写下来，时刻提醒自己，并根据这些建议进行了大刀阔斧的改革，使西魏的国力日益强盛起来。

556年，宇文泰突然患病离世，他的儿子宇文觉承袭了他的职位，后晋封为周公。宇文泰的侄子宇文护见篡魏时机已到，逼迫着西魏皇帝禅位给了宇文觉，第二年正月新春，宇文觉代魏称帝，改国号为“周”，史称“北周”。宇文氏终于风风光光地站在了历史的聚光灯下。

人物介绍

宇文泰：鲜卑宇文部后裔，南北朝时期西魏杰出的军事家、改革家、统帅，西魏的实际掌权者，亦是北周政权的奠基者，史称“周文帝”。

历史关键点

北魏末年政局动荡，北方六镇爆发了武装起义。低等军官家庭出身的宇文泰跟随父亲参加了起义军。起义军被剿灭后，宇文泰加入了朝廷的军队，因为能力出众，不断被提拔、重用，成为镇守一方的刺史。他又借机占据了整个关中地区，势力越来越强大。后来高欢和他拥立的“傀儡皇帝”孝武帝元脩反目，元脩投奔了宇文泰。但是元脩这个人昏庸暴虐，不久两人之间就开始发生摩擦。摩擦不断升级，最终宇文泰杀了元脩，拥立元宝炬为魏文帝，建立了西魏，和高欢拥立的东魏分庭抗礼。西魏在宇文泰的治理下日益强大起来。宇文泰死后，宇文氏后人篡魏，建立了北周政权。

玉璧之战

放声朗读

东魏丞相欢攻玉壁，昼夜不息，魏韦孝宽随机拒之。

——《资治通鉴》梁纪十五·高祖武皇帝十五中大同元年

译文

东魏丞相高欢的军队日夜不停地进攻玉壁，西魏的韦孝宽随机应变地抵抗东魏的进攻。

北魏灭亡后分裂成了东魏和西魏两个政权。他们想把对方消灭掉，自己一家独大。所以双方你打我，我打你，大大小小的战争长年不断。

玉壁在两国的交界处，虽然地属西魏，但也是东魏向西魏进发的咽喉要道。所以东魏一直对它虎视眈眈。

542年，为了打赢这一仗，丞相高欢集结了全国的精锐部队，大军浩浩荡荡，摆开了“连营四十里”的恢宏阵势。高欢亲率大军杀到玉壁城下，他环视着自己的军营，心想西魏守将肯定会被他们的气势震慑住，再派人威逼利诱一番，说不定兵不血刃就能轻松愉快地拿下玉壁。

可是令高欢没想到的是，西魏将士都是血性汉子，他们誓与阵地共存亡，宁肯战死也不投降。软的不行只能来硬的，于是高欢下令大军将玉壁城团团围住，展开了一轮又一轮的猛烈进攻，想快速攻下玉壁城。没想到的是，玉壁是块难啃的硬骨头，高欢一连攻打了九天，也没有取得丝毫进展。而且天公也不作美，一场强冷空气突然袭来，寒风呼啸，大雪飘飘。高欢带领的东魏人马都驻扎在野外的帐篷里，军士们自然吃不消，很多战士都冻伤、冻病了。战斗力所剩无几，高欢没办法，只好撤军。

可是不拿下玉壁就没办法挺进西魏，东魏的统治者怎么能甘心呢？四年后他们重整旗鼓，举全国之力再次西伐。

这次东魏的主帅还是高欢，他的对手是西魏的大司空韦孝宽。高欢的军队日夜不停地进攻玉壁，韦孝宽就兵来将挡，水来土掩，随机应变地跟他对抗、周旋。东魏兵用箭弩攻击守城的卫兵，城上的卫兵就全副

武装，戴上铁质面具，让他们无从下手。高欢又找来神射手，专门射他们的眼睛。城内也找来神射手“狙击”他们。两人棋逢对手，见招拆招，打了很久都没分出胜负。

了解到玉壁城中没有水源，城中的日常用水都要从汾河引入，高欢就派人在汾河上游把水掘开，使汾河水远离玉壁城，他们在一个晚上就完成了这项大工程。韦孝宽不慌不忙，再派人悄悄地去把汾河给疏通了。

高欢在玉壁城的南面大搞“建设”，堆起一座土山，想利用这座土山，居高临下攻进城里。玉壁城上正对着土山有两座城楼，韦孝宽就让人在楼顶绑上木头，把楼接高，这样对面的一举一动就尽收眼底了，又掌握了主动权。高欢见到了，派人告诉韦孝宽说：“即使你把木头绑在楼上，让楼高到天上去也没用，我还会凿地打洞攻克你。”

于是，高欢又派人掘地，挖了十条地道，随后调集人马，一齐进攻玉壁城北面。城的北面是山高谷深、地势非常险要的地方。韦孝宽叫人挖了一条长长的大沟，用长沟来阻截高欢军队挖的地道。他挑选了精兵良将驻守在大沟上面，要是有敌人穿过地道来到大沟里，战士们就能把他们抓住或杀掉。韦孝宽又叫人在沟的外面堆积了许多木柴，储备了一些火种，一旦地道里有敌人，便把柴草塞进地道，点上火用皮排使劲吹，浓烟烈火在地道里弥漫，敌人全部被烧得焦头烂额，熏得晕头转向。

高欢弄来一种坚固的攻城战车撞击城墙。这种战车很厉害，无坚不摧，西魏没有一种武器可以抵挡。韦孝宽就想了个以柔克刚的办法，把布匹缝成一条很大的幔帐，顺着攻车撞城的方向张开，晃来晃去扰乱他们的视线。因为布是软的又悬在空中，攻车根本撞不坏它。敌军又把松枝和麻干之类的易燃物品绑在车前的一根长竿上，灌上油，点火烧，想把这些幔帐烧毁，顺便还可以烧毁城楼。韦孝宽马上又想出了对策，他让人制造了一种很长的带刀刃的钩子，把刀刃磨得很锋利，等火竿快要靠近的时候，放下长钩把它们切断，附着在火竿上的松枝和麻干就会纷纷坠落。

东魏军又围着玉壁城墙挖了二十条地道，在地道中放入木柱，抵住城墙，然后放火烧掉这些木柱。这招果然管用，城墙被烧塌了。韦孝宽赶紧在坍塌的地方竖起一些木栅栏，挑选精兵把守，东魏军还是无法攻进城去。

硬的不行再来软的，高欢派说客去劝说韦孝宽：“您一个人守卫着这座孤城，西面又没有救兵，恐怕最后还是保不住。还是投降吧。你这样的人才，到了这边一定给你高官厚禄。”韦孝宽回答说：“我的城池坚固无比，士兵和粮食都绰绰有余，来进攻的人是自讨苦吃，我们一个月之内根本不需要救兵。我倒是担心你们这么多人有回不去的危险。我韦孝宽是个关西男子汉，一定不会做投降的将军的！”

说客一看说不动韦孝宽又对玉壁城里的人说：“韦孝宽享受着朝廷的荣华富贵和功名利禄，他坚持到底是应该的，你们不一样，为什么拼上身家性命跟他一起赴汤蹈火呢？不值！太不值了！”

高欢让人向城里投射“传单”，上面写着：“能斩杀韦孝宽而投降的人，就拜为太尉，并且加封为开国郡公，赏赐万匹绢帛。”韦孝宽微微一笑，提笔在“传单”的背面加了一行字，再射回城外，他写的是：“能杀掉高欢的人，也能得到同样的奖赏。”

东魏的军队围着玉壁城苦苦攻打了五十天，伤亡惨重，损失了七万人。高欢绞尽脑汁，再也想不出什么新花样了。他又气又急，生了一场大病。这时，有颗流星坠落在高欢的军营中，东魏的士兵们都很害怕，觉得是不祥之兆，更没有斗志了。高欢长叹一声，又一次下令撤军。就这样，东魏军队解除围攻，离开了玉壁。

玉壁大战之后，西魏逐渐强盛起来，最终超过了东魏。

人物介绍

高欢：东魏权臣，北齐王朝奠基人，史称“北齐神武帝”。

历史关键点

玉壁之战是东魏武定四年（西魏大统十二年，546），东魏丞相高欢率军围攻西魏玉壁（今山西稷山西南）城池的攻坚战。西魏守将韦孝宽足智多谋，因敌设防，指挥果断，纵使高欢精疲力竭，也未能攻克玉壁。此战是古代城邑保卫战中以少胜多、以弱制强的一个典型战例。

侯景之乱

放声朗读

景绕城既匝，百道俱攻，鸣鼓吹唇（chún），喧声震地。纵火烧大司马、东西华诸门。羊侃使凿门上为窍，下水沃火；太子自捧银鞍，往赏战士。直阁（hé）将军朱思帅战士数人逾城出外洒水，久之方灭。

——《资治通鉴》梁纪十七·高祖武皇帝十七太清二年

译文

侯景将城包围起来后，各处一齐攻城。他们敲着战鼓，吹起了口哨，喧嚣的声音震撼了大地。侯景叫人放火烧大司马以及东华、西华等门。羊侃派人在门上凿出一些洞，用水灌入其中去浇灭火焰。太子亲自捧着银制的马鞍，前去犒赏那些勇敢杀敌的战士。直阁将军朱思率领几名士兵翻过宫墙到外面去洒水。过了很久火才被浇灭。

侯景原本是东魏大将，因为骁勇善战，屡立战功，受到高欢器重。可是高欢的儿子高澄却很不喜欢他。高欢死后，高澄就想收回他的兵权。侯景听到风声后，带着队伍投降了南梁，南梁朝中也有很多反对的声音，梁武帝萧衍却一意孤行接纳了他，并封他为河南王、大将军。

侯景是一个心胸狭窄、睚眦必报的人。他刚到梁国的时候，想请梁武帝给他做媒，和南梁家世最显赫的家族结亲。梁武帝觉得不合适，劝他另选一户门第稍差点的人家。侯景讪笑着点头，心里却想着是梁武帝阻挠了他的好事，从那一刻起，侯景恨上了梁武帝，恨得牙痒痒。一颗仇恨的种子悄悄埋下了。

后来梁国和东魏交战，梁国的贞阳侯萧渊明被东魏俘虏。两国有意借此展开和谈，争取能停止战争。这可是侯景最不愿意看到的结果，因为他是从东魏高澄那边叛

逃过来的。他很担心自己会被梁武帝拿来当筹码，去交换萧渊明。要是再落到高澄手里那他可就完蛋了。于是侯景多次上书梁武帝，劝梁武帝千万不要和他们交好，甚至还主动请缨要求带兵去攻打东魏。梁武帝把他的奏折都驳了回去。

侯景越想越不对劲，越想越不安心，他觉得不能这样坐以待毙，要把主动权握在自己的手中，一旦情形不对就打算扯旗造反。他先伪造了一封东魏给梁武帝的来信，说让梁武帝拿侯景交换萧渊明，两国从此化干戈为玉帛。梁武帝回信说："如果贞阳侯（萧渊明）早上回来，侯景晚上就可以给你们送过去。"

侯景看到信大怒，差点儿把桌子拍碎了，说："我就知道这糟老头子是个薄情寡义之人！"

侯景开始密谋造反，他大肆扩军，让辖区内的男丁都来当兵，还不断向朝廷索要军费、物资，年老智昏的梁武帝竟然一点儿也没有察觉出异样。

548年秋天，壮大起来的侯景在寿阳起兵了，梁武帝还是没把他当回事，笑着说："这些人能成什么事！我折根木棍就能鞭打他！"梁武帝派邵陵王萧纶去征讨侯景。侯景让他的表弟王显贵留守寿阳，自己谎称打猎，率轻骑兵偷偷溜出了城。他大造声势说要攻打合肥，引开梁军的注意力，偷袭并占领了谯州和历阳，来到了长江边。

梁武帝任命萧正德为平北将军，驻扎在江边，以防侯景渡江。哪知萧正德和侯景是一伙的，他们早就暗中勾结。萧正德派出几十艘大船，假装运芦苇，帮助侯景渡江。趁着朝廷军队换防之机，侯景顺利过江，到达采石。紧接着他们兵分两路，攻占了姑孰，俘虏了淮南太守萧宁，然后长驱直入到达慈湖，直逼南梁都城建康。

"叛军已过慈湖，正向我皇都逼近！"这个消息像一枚重型炸弹，在朝野上下炸开了锅。稳如泰山的梁武帝这回也坐不住了，赶紧放权给皇太子，让太子亲自部署防务，全城进入紧急战备状态。怕兵力不够，老皇帝还赦免了狱中的囚犯，让他们都去当兵参加战斗。城外的百姓们听说叛军来了，都争先恐后地往城里跑，官员和百姓混杂在一起，乱成了一团。军队也好不到哪儿去，官兵们都跑去武器库哄抢兵器、盔甲，局面一片混乱。朝中的公卿、大臣们几十年

来也没经历过这种场面，一个个都吓得哆哆嗦嗦，不知该怎么办好。

两天后叛军杀到了建康城下，开始从南面攻城。把守南城门的正是侯景的“盟友”萧正德。他设法让叛军过了护城河，然后敞开大门把侯景迎进了建康城。他们合兵一处，第二天就开始围攻皇城。侯景让人把皇城包围起来，让士兵们一边攻城一边使劲地敲战鼓，吹口哨，大造声势，还让人在各个城门上放火。皇城里的作战总指挥叫羊侃，这个羊侃有勇有谋，临危不乱。他命人在门上凿洞，往里面灌水浇灭火焰，还派人翻墙到外面去洒水。侯景又让人用长柄斧子砍门，羊侃就安排手下在门扇上凿孔，用枪刺他们。侯景制作了几百个木驴用来攻打皇城，城上的人向木驴投掷石块把它们砸碎了。侯景又改制了一种尖顶的木驴，石头无法将它砸破，羊侃让人制作了一种像雉尾形状的火炬，点上火一起投向木驴，很快木驴就全部被烧掉了。侯景又制造了一种攀登城墙的高楼战车，高十多丈，想用它居高临下向城里射箭。羊侃说：“战车很高，地上的壕沟土很虚，战车一来一定会倒下，我们可以埋伏起来看热闹。”等到战车一到壕沟，果然都倒下了……羊侃带领着军民们奋力抵抗，侯景叛军很久都没攻下皇城。

这时候南梁驻守在各地的王爷们得到了消息，都来增援建康。经过一番较量，这些王爷们都不是侯景的对手，全都被打败了。侯景回过头来继续围攻皇城。被围困了几个月，城内的战斗力越来越弱。而侯景的队伍不断扩充，已经发展到了十万多人。

后来羊侃去世了，城里失去了主心骨。太清三年（549）三月，侯景一边引玄武湖水灌台城，一边四面猛攻，终于在这天清晨破城而入，占领了建康全城。梁武帝被侯景活活饿死后，侯景让太子萧纲即位。他控制着梁朝军政大权，萧纲成了他手中的傀儡皇帝。萧纲的女儿溧阳公主也被侯景强娶为妻。侯景还自封为宇宙大将军、都督六合诸军事。

国难当头之际，梁朝诸王没有联手驱赶强盗，收复失地，反而自相

残杀起来，让侯景有机会得以继续扩充势力。551年他自立为帝，定国号“汉”，做起了皇帝梦。不过，这个梦很快就醒了。梁湘东王萧绎肃清其他宗室势力后，于552年起兵，向侯景发起猛攻。侯景战败，仓皇逃出时被部下杀死，至此侯景之乱终于尘埃落定。

人物介绍

侯景：南北朝时期的梁军大将，擅长骑射，自封为“宇宙大将军”，曾起兵进攻南梁，自立为皇帝，改国号为“汉”，称“南梁汉帝”。

历史关键点

“侯景之乱”是指中国南北朝时期，梁朝将领侯景于548年发动的武装叛乱事件，使江南地区的社会、经济遭到毁灭性的破坏。侯景因对梁朝与东魏交好心怀不满，于548年在寿阳（今安徽寿县）起兵叛乱，后自立为帝，国号“汉”。后因梁湘东王萧绎收复建康，侯景被部下杀死，叛乱终于平息。

建康保卫战

放声朗读

甲寅，少霁，霸先将战，调市人得麦饭，分给军士，士皆饥疲。会陈蒨馈米三千斛、鸭千头，霸先命炊米煮鸭，人人以荷叶裹饭，婫以鸭肉数脔，乙卯，未明，蓐食，比晓，霸先帅麾下出莫府山。

——《资治通鉴》梁纪二十二·敬皇帝太平元年

译文

十一日，天才稍稍放晴，陈霸先准备开战，他向商人征调了一些麦子，做成麦饭分给军中士兵，士兵们都已经又饿又疲劳了。正好这时陈蒨送来大米三千斛、鸭子一千只。陈霸先下令蒸米饭煮鸭子，士兵们个个用荷叶包米饭，饭上盖上几片鸭肉，十二日，天还没亮，士兵们都坐在草席上用饭，等到天一亮，陈霸先就率领下属将士从幕府山出发了。

南北朝是我国历史上最混乱的一段时期。今天你当皇帝，明天我坐天下，改朝换代跟走马灯似的。每个政权都是来也匆匆去也匆匆，最长的几十年，短的只有几年光景。刚刚还澎湃汹涌，转眼间就被后浪拍在了沙滩上。

侯景之乱刚刚平息下来，梁元帝又得罪了邻国西魏。西魏出兵攻打南梁，攻破了南梁都城江陵，梁元帝也死了。南梁将领陈霸先和王僧辩商量好，准备拥立十三岁的晋安王萧方智为帝。他们先立萧方智为梁王，打算等局势稳定些再扶他正式继位。

这时候北齐却要把之前俘虏的贞阳侯萧渊明送还南梁，要求萧渊明即位。王僧辩接受了他们的安排，迎萧渊明入建康，即皇帝位。

陈霸先觉得这样一来就等于南梁向北齐俯首称臣，他反复劝说王僧辩不要这么做，可他好说歹说就是劝不住王僧辩。于是他突然出兵，杀了王僧辩，把屁股刚挨到宝座上的萧渊明拉下来，扶十三岁的梁王萧方智坐上了皇位。新皇帝年幼，由陈霸先辅政，就这样陈霸先掌握了南梁的实权。

朝内自然有人不服。这年冬天，王僧辩的弟弟联合了其他两个郡的太守起兵反抗，陈霸先亲自率兵去征讨。他前脚刚一走，后脚又有两个州的刺史投降了北齐，趁机占领了石头城。北齐也公然出兵来犯，占领了姑孰，和石头城里的叛军相互呼应。

内忧外患纷至沓来，情况十分危急。大将韦载给陈霸先出主意，在淮南一带建筑防御攻势，保障与东部联系的运输线，再趁机截断敌军的补给线，切断北齐军的粮草，一定能战胜强敌。陈霸先觉得这个主意不错，先依计行事，活捉了北齐军负责运输物资的将领，烧毁北齐一千多条运输船，破坏了北齐军的补给线。同时在侯景旧营筑城，加强了自己的防御。几场战役下来，果然大胜北齐军。

北齐提出议和，说只要让陈霸先的侄子陈昙朗去北齐做人质，就和梁国交好，以后和平相处，不再刀兵相见。

陈霸先才不相信这些鬼话，他知道北齐根本没把弱小的南梁国放在眼里，不会对他们信守承诺。可建康的朝臣们都想讲和，众意难违，陈霸先只得点头同意。

事情果然和陈霸先预料的一样，仅仅过了两个月，北齐军又卷土重来。这次陈霸先提前做好了防范。

两军相持了些日子，北齐觉得这一次也没有什么胜算，又开始耍花招。北齐突然提出条件，说只要把萧渊明交还给他们就退兵。陈霸先很爽快地答应下来。可是没过几天，陈霸先就告诉北齐，萧渊明突发急症死了。

北齐国君知道被陈霸先戏弄了，很生气。第二天就调动大队人马，走旱路直逼建康，陈霸先立即召回驻扎在梁山的人马，拉开阵势要和他们大战一场。

不久北齐军的先头部队抵达，建康保卫战打响了。趁北齐军行军疲惫立足未稳，陈霸先先发制人，亲自率兵出城迎战，经过一场激烈的厮杀，大挫北齐军锐气，还生擒了北齐军一员大将。另外他还派出一支精兵暗渡长江，偷袭敌人的“后方”，缴获了一百多条船和一万石军粮，让北齐军损失惨重。陈霸先首战告

捷，来了个漂亮的开门红。

北齐军主力赶到了，陈霸先见敌军兵力强大，士气高涨，决定不和他们正面交锋，采取迂回战术，机动灵活地打击他们，不断用游骑骚扰齐军的补给线。

可是很快陈霸先发现，自己的补给线也被切断了，敌军把建康城团团包围了起来。建康成了一座孤城，粮草运不进来，也无法向外面求助。陈霸先一筹莫展。

其实，城外北齐军的情况更糟。那时候正值江南梅雨季节，老天爷仿佛睡着了，任凭大雨和小雨哗啦啦、淅淅沥沥地夜以继日下个不停，城外的积水早就没过了膝盖。北齐的士兵都是北方人，不适应这种气候，整天泡在水里脚趾都泡烂了，一走路钻心地疼。没法生火，吃饭睡觉也成了问题，只能凑合着吃点儿生的食物充饥；睡觉只好互相依靠着打个盹儿，陈霸先的军士还不时地来偷袭，北齐军整天提心吊胆，一个个被折磨得面黄肌瘦，精神萎靡，斗志全无。

陈霸先摸清北齐国的状况后，决定冒险进行大规模的反攻。这天天气终于稍稍放晴了，陈霸先赶紧集合队伍，开了一个战前动员大会。他说："兄弟们，城外的北齐军已经被这江南的天气折磨得筋疲力尽了。他们现在一点儿也不经打。咱们趁这个时候冲出去，一定能把敌人打回老家去！"

"打回——老家去——"断粮好几顿的士兵们，有气无力地应和着。大家饿得前胸贴后背，连说话都费劲，哪有力气打仗！陈霸先叹了口气，他从城里的粮商那里弄了点麦子，煮熟后每人分一点，虽然杯水车薪，好歹也算一餐战前饭。"这是一个绝地反击的好机会，错过了恐怕——唉！难道天要亡梁？难道我多年的努力就这么付诸东流了？"陈霸先仰望苍天，眼里泛出了泪光，他真的好不甘心！

"报——陈蒨（qiàn）少将军来了！他带来了三千斛米、一千只鸭子！”“真——真——真的吗？天——天助我也！”陈霸先激动地说，话都说不利索了。没想到关键时刻宝贝侄子给他解了燃眉之急。

“你小子真是神通广大，记头功一件！”陈霸先拍着陈蒨的肩膀乐得合不拢嘴。炊事兵洗米、宰鸭忙得热火朝天，不多时每位士兵手里都捧上了一团大大的“荷叶鸭肉盖饭”。“真香啊——”士兵们填饱了肚子，精神大振，发誓要把北齐军杀得片甲不留。

吃饱喝足天才刚刚放亮，梁军的骑兵主力静悄悄地出了建康北门。主将一声令下，骑士们猛虎下山一般直扑向

北齐军阵地。北齐军毫无准备，被杀了个措手不及。不少士兵还没明白怎么回事就已经身首异处了。毕竟都是久经沙场的战士，很快北齐军镇定下来，他们仗着人多，团团围住了梁军的骑兵队，似乎扳回了一些局势。这时候陈霸先亲率大部队赶到了，北齐军腹背受敌又是一阵大乱。梁军将士刚吃饱饭，浑身是劲，越战越勇。北齐军越战越没底气，终于大败溃散，互相践踏而死的不计其数。北齐军大将有四五十名被俘，就连他们的统帅大都督萧轨也赫然在列。逃到江边的北齐军将士，发现战船早被梁军烧毁大半。船少人多，为了争着上船，北齐军自相残杀，再加上泅水渡江淹死的，北齐大军已所剩无几。

陈霸先以少胜多，完美地保住了建康城，为他以后建立陈国奠定了坚实的基础。

人物介绍

陈霸先：侯景之乱后，陈霸先带兵勤王，连败侯景部将。梁元帝死后，他拥立萧方智即位，北退齐军，南定萧勃，戡平内乱，挫败王琳，三下广陵，收复失地，功勋卓著，累拜相国，进封陈王。557年受禅称帝。为南北朝时期陈朝开国皇帝。559年驾崩。

历史关键点

南梁是长江岸边的一个小国，一直受西魏和北齐的欺负。梁元帝被杀后，北齐自作主张，给南梁立了个新皇帝——他们俘虏的一个南梁王室。不言而喻，就是想让南梁成为他们的附属国。南梁将领陈霸先坚决不同意。他积极应战，巧用地理、气候优势大败兵力强大的北齐军队，完美地保住了梁国都城建康城。

四海归隋

放声朗读

开府仪同大将军庾季才，劝隋王宜以今月甲子应天受命。太傅李穆、开府仪同大将军卢贲亦劝之。于是周主下诏，逊居别宫。甲子，命兼太傅杞公椿奉册，大宗伯赵煚奉皇帝玺绂，禅位于隋。

——《资治通鉴》陈纪九·高宗宣皇帝下之下太建十三年

译文

北周开府仪同三司庾季才劝说隋王杨坚应该在本月甲子日顺应天命，接受皇位。太傅李穆、开府仪同大将军卢贲也向杨坚劝谏。于是，北周静帝颁下诏书，让位迁居别宫。十四日，北周静帝命令兼太傅杞公宇文椿捧着册书、大宗伯赵煚捧着皇帝的玺印，禅位于隋王杨坚。

隋朝的开国皇帝杨坚出生在一个官宦世家，祖上都是朝廷重臣。他从十四岁开始做官，十六岁被封为骠骑大将军，二十几岁就继承了家传的隋国公爵位，一直都是北周王朝位高权重的大人物。后来他女婿宇文赟（yūn）当了皇帝，他是南北朝时期北周的第四位皇帝，史称“北周宣帝”。

作为皇后的父亲，杨坚更是权倾朝野，无人能及。

杨坚武能安邦，文能治国，励精图治，还懂得体恤百姓，所以不管在朝中还是在民间，都有很高的威望。可是他那个皇帝女婿却昏庸无道，沉湎酒色，整天过着醉生梦死的生活。登基不久就接连立了五个皇后，搞出了五后并立的荒唐事。渐渐地，外面就有了“宰相是好宰相，

皇帝不是好皇帝”的传言。这些话传到宇文赟的耳朵里，他当然很不开心。有一次他和杨坚的女儿闹了点别扭，竟然咬牙切齿地说：“我一定要将你家灭族！”说完就下旨召杨坚入宫，宇文赟告诉左右侍卫：“一会儿杨坚来了，你们仔细看，要是看到他脸上表现出一丁点儿不好的情绪，就动手杀了他。”没想到杨坚进宫后，神情自若，既不紧张也不生气，像没事人一样，宇文赟就没借口杀他了。

杨坚知道皇帝容不下他了，继续待在朝中，说不定什么时候就会招来杀身之祸，于是就让人给皇帝透话，说他想去做地方官。这正合了宇文赟的心意，宇文赟马上任命杨坚为扬州总管，把他打发得远远的。这下宇文赟放心了，杨坚也安心了。

没想到这个没出息的北周宣帝宇文赟觉得当皇帝耽误他吃喝玩乐，不自在，只当了一年皇帝就把皇位传给了他年幼的儿子宇文阐，史称“北周静帝”。宇文赟在他22岁的大好年华时做了逍遥快活的太上皇。可能这一荒唐的行为连老天爷都看不下去了，不久后，这位年轻的太上皇身染重病，去世了。

宇文赟死后，内史上大夫郑译、御正大夫刘昉合伙伪造了诏书，让杨坚以大丞相的身份辅佐年幼的北周静帝宇文阐。那时候杨坚正以患有脚疾为由在家休养，他接到这个消息，脚也不疼了，飞快地跑进了皇宫。

宇文赟死的时候，宇文家族的王爷们都在外地做藩王。杨坚怕宇文家族知道宇文赟的死讯回来夺权。他先是隐瞒了北周宣帝的死讯，以赵王宇文招的女儿要嫁给突厥为借口，把赵王宇文招、陈王宇文纯、越王宇文盛、代王宇文达、滕王宇文逌（yóu）都召了回来，趁机除掉了这五位藩王和宇文家族的皇子皇孙。至此，宇文家族的势力烟消云散，再也不能翻起风浪了。

“杨坚这是要干什么？”

“明明就是要谋反嘛！”他的这一举动引起了朝野上下的轩然大波。大家都觉得杨坚居心叵测，好多人举起了反对的旗帜。反对派以尉迟迥（jiǒng）、司马消难、王谦为首，他们兵分三路，从东、南、西三个方向来讨伐杨坚。杨坚派出了当年玉壁一战名震天下的老帅韦孝宽，还有王谊与高颎（jiǒng）等名将和他们对抗，很快就平息了所有战乱。然后杨坚步步为营，把大权稳稳地抓在了自己手中。他废除了北周宣帝朝一些严苛的法令，施政宽和，躬行节俭，得到了全国上下的一致拥护。

开皇元年（581）二月，杨坚觉得时机成熟了，就逼迫北周静帝宇文阐这个小皇帝把皇位禅让给了他，登基称帝，改国号为“隋”，定都大

兴城（今陕西西安），正式以隋文帝的身份亮相历史舞台。

当上皇帝的杨坚并没有安于现状，他认为这不是他的终极目标。他的心里装着一幅更宏伟壮阔的蓝图——他要平定天下，让四海归一。

北方的突厥和匈奴一直都不是很安分，他们不断派出小股势力在边境线上挑衅滋事，杨坚决定先从他们下手。他发现突厥王族内部不和，就设计挑拨离间，让他们起内讧，变成一团散沙。对待匈奴，杨坚采取的策略就是坚决回击，直到把他们打得俯首称臣。然后，他又找理由扣押了前来朝拜的西梁国国主，直接把西梁给吞并了。

接下来他们开始专心致志对付南方的劲敌陈国。其实杨坚对陈国蓄谋已久。早在坐上皇位的第二年，就试探性地攻击陈国。回来后多次和手下的文臣武将研究对策，制订出了一套详细的伐陈方案。根据这个方案，他们一方面破坏陈国的粮食生产，削弱陈国国力；另一方面大力修造战船，加强精锐水军演练。当然这些都是秘密进行的，陈国根本没有察觉。

经过七八年的潜心准备，时机已然成熟。588年，杨坚决定采取行动。他先命人列出了陈后主陈叔宝的二十条罪行，正式诏告天下，揭露陈后主的罪恶。又派人把这份诏书抄写了三十多万张，散发到整个江南地区，大造舆论声势，好让自己的侵略行为“顺应天时”“符合民意”。

随后杨坚命晋王杨广为行军元帅，秦王杨俊、河清公杨素为副帅、高颎为晋王元帅长史、王韶为司马，兵分三路进攻南陈。他们一路人马从上游沿长江击破陈国的沿江守军，让他们首尾难顾；另一路人马配合主力部队向下游挺进。

就在陈朝欢度春节的时候，杨坚的主力大军悄悄渡江，包围了建康城，活捉了陈国皇帝陈叔宝。

就这样不到四个月的时间，杨坚速战速决，结束了战斗，也结束了西晋以来270多年的南北分裂局面，完成了统一南北的大业。

统一全国后，隋文帝杨坚又大刀阔斧地进行了一系列改革。他减轻赋税，推行均田制，创立了选官制度，大力发展文化、经济……让老百姓安居乐业，人人有田种、有饭吃；让有才华的人都能凭本事出人头地，成为国家建设的参与者。在他的治理下，隋朝渐渐繁荣富强起来。

人物介绍

杨坚：隋朝开国皇帝。杨坚受北周静帝禅让为帝，改元“开皇”，灭陈后结束分裂，统一了中国。在位期间他实行三省六部制，减轻赋税，推行均田制，对各族采取招安与军事防御并行策略，开创了“开皇之治”。

历史关键点

隋朝是五胡乱华后汉族在北方重新建立的大一统王朝，结束了自西晋末年以来长达近三百年的分裂局面。隋文帝杨坚，推行汉化，为后来唐宋汉文化的大发展奠定了基础。隋唐时期是全世界公认的中国最强盛的时期。大隋之盛世在中国乃至世界历史上都是空前的，被称为“开皇之治”。

千秋功过隋炀帝

放声朗读

秋，七月，辛巳，发丁男二十余万筑长城，自榆谷而东。

——《资治通鉴》隋纪五 · 炀皇帝上之下大业四年

译文

秋季，七月，初十，炀帝征发壮丁二十余万人修筑长城，从榆谷向东。

杨广是隋文帝杨坚和独孤皇后的第二个儿子，从小就很聪明，而且人长得也精神，是个不折不扣的帅小伙，颇得杨坚欢心。十三岁的时候就被封为晋王，拜柱国、并州总管。后来又被任命为武卫大将军，进位上柱国、河北道行台尚书令等。

隋文帝虽然比较偏爱杨广，但按照立长不立幼的惯例，最初还是选择了大儿子杨勇做接班人。杨广表面上没有什么意见，心里却一直嫉恨着哥哥。

太子杨勇善良率真，在一些生活琐事上不太在意别人的看法。而杨广就不同了，他很会揣摩父母的心思，投其所好。杨勇喜欢诗词歌赋，是一个有浪漫情怀的人。他给已经很精美华丽的蜀地出的铠甲设计了好看的花纹，隋文帝看见了很不高兴，认为这是奢侈浮华，会带坏朝中风气。独孤皇后讨厌男人宠爱小妾，多情的杨勇拥有很多爱妾。杨勇的太

子妃突然病故了，独孤皇后认为一定是被他小妾害死的，因此对杨勇心生不满。

杨广知道父母的喜好后，每次上朝，车马侍从都俭约朴素，对朝中大臣也很尊重，大家都觉得他谦卑有礼、品德高尚，是个难得的好皇子。杨广只和原配妃子萧妃住在一起，孤独皇后对他的做法大加赞赏，更喜欢杨广这个儿子了。

有一回，隋文帝得知有个叫来和的术士很会相面，就让他悄悄给自己的儿子们相看。来和对隋文帝说："我看晋王（杨广）的面相，日后贵不可言。"隋文帝把这件事记在了心里，决定去杨广府中看看。

对于隋文帝的突然"到访"，杨广一点儿也不惊慌，机会总是留给有准备的人。这些年来他处心积虑，早就给隋文帝准备好了一出苦情"大戏"，正愁没机会上演。他让人把家里的乐器都弄坏，撒上些灰尘，看上去好像很久都没有使用过的样子。隋文帝见了非常满意，还以为这个儿子不喜歌舞淫乐，励精图治，一心只研究安邦治国之道呢！就这样隋文帝心中的天平越来越向杨广这边倾斜。杨广趁势不断地落井下石，设计、陷害杨勇，最后终于把皇太子的位子抢到了手中。

仁寿四年，隋文帝到他的"避暑山庄"仁寿宫散心，突然间生了一场大病，眼看病势越来越严重，就召来了杨素、柳述、元岩三位重臣随身服侍，并让太子杨广过来伴驾，代理政务。杨广觉得隋文帝快不行了，有点儿着急上位，偷偷向杨素打探隋文帝的病情。杨素其实是杨广的心腹，两人早就串通一气。杨素把文帝的情况一条条写下来，让人送给杨广。没想到宫人弄错了，把这封信送到了文帝的寝宫。文帝这才知道原来杨广之前的仁义、孝顺都是装出来的，他这个乖儿子巴不得他早点儿死！隋文帝非常气愤。

没想到更让他生气的事情还在后面。当时独孤皇后已经去世，陪在文帝身边的是宣华夫人和容华夫人。宣华夫人长得很漂亮，杨广对她早就垂涎三尺。那天宣华夫人回到文帝的寝宫，文帝见她心神不宁，紧拧着眉头，脸上好像还有泪痕，便问她怎么了。宣华夫人流着泪说：“太子对臣妾无礼！”原来宣华夫人出去更衣的时候，被太子杨广调戏了。她好不容易才脱身跑了回来。

文帝气坏了，他捶着床大骂：“这个畜生！我绝不能把天下交给他！”他唤来大臣说：“快把我儿子叫来！”大臣回应道：“臣这就去

传太子。”文帝一边咳嗽，一边急切地摇头：“不，不是他，是杨勇，快——”

杨素知道了这件事，立刻向杨广通风报信。杨广迅速调来自己的队伍把守仁寿宫，把后宫人员全部从隋文帝身边赶走，让他的同党张衡进寝宫侍候。张衡进去不一会儿，就宣布隋文帝驾崩了。

杨广继位后，马上对他的兄弟们痛下杀手。先是假传文帝遗嘱，逼迫杨勇自尽。杨勇的儿子们也一个不漏全被他斩草除根了。接着他诬陷蜀王杨秀使用巫蛊诅咒隋文帝，剥夺了杨秀的官爵，把他贬为庶民软禁了起来。汉王杨谅以讨伐杨素为名，在并州起兵。杨广派杨素镇压，杨谅兵败投降，被幽禁至死。

早年间陪他东征西讨、立下过汗马功劳的一些功臣，这时候也碍他的眼了，高颎、宇文弼、贺若弼等人全部被他杀了，连他们的妻子儿女也没有幸免，有的被流放，有的被贬为奴婢，境况十分凄惨。

皇位坐稳了，为满足骄奢淫逸的生活，他开始无休无止地征发徭役，大搞建设，修建各种各样的宫殿、花园、离宫、别馆，把它们打造得像仙境一样美，还搜罗全国各地的奇材异石、奇花异草、珍禽奇兽。不到一年的时间，全国上下能干活的老百姓几乎都被征用了。营建东都洛阳，每月征用劳力多达两百万人；开发各段运河，先后调发河南、淮北、淮南、河北、江南诸郡的农民和士兵三百多万人；在榆林以东修长城，两次调发了一百二十多万人。十余年间被征发扰动的农民不下一千万人次，很多劳工都被累死在工地上，拉尸体的车络绎不绝，造成“天下死于役”的惨象。

为了彰显国威，他每年都要带着大队人马浩浩荡荡地出去巡游，曾经三游扬州，两巡塞北，一游河右，三至涿郡，还在长安、洛阳间频繁往来。所到之处都要提前修建离宫不说，仅一次游江都，就带了一二十万人，船队长达二百余里，沿路的州县，五百里内都要贡献食物。他挥霍浪费，穷奢极欲，再厚的家底也经不起这么折腾。而且在大搞建设的同时，他还没忘记对外扩张，三次征伐高丽，每次都要征兵百万，军需物资更是不计其数。这些都要去压榨老百姓，逼得老百姓没有活路了，各地的农民纷纷揭竿而起，天下大乱。

后来他的护卫军在宇文化及的带领下也造了反，把他给活活勒死了。曾经辉煌一时的大隋王朝就此烟消云散。

其实杨广的政绩和暴政一样突出。他甚至还做了几件功在千秋的大好事。他主持修建的大运河为后世经济、文化的空前繁荣打下了坚实的基础；他重视教育，恢复了国子监、太学以及州县学，开创的科举制度一直沿用到清代；他打通了丝绸之路，实现了和西方国家的经济、文化交流。这样的功绩史上无人能及。

隋炀帝杨广就是这样一个遗臭万年同时又流芳百世的人物。历史的车轮滚滚向前，千秋功过就任人评说吧！

人物介绍

宇文化及：北周上柱国宇文盛之孙，右卫大将军宇文述长子，隋末割据势力首领。618年率护卫军兵变弑君——隋炀帝。

历史关键点

隋炀帝杨广是隋文帝的次子，本无权继承帝位。他采用阴谋手段，获得隋文帝的信任，废黜其兄杨勇而被立为太子，继承帝位。隋炀帝是我国历史上著名的暴虐亡国之君。不过，在他青年时代和登上帝位之初，也做过一些顺应历史发展的事：对政治、经济、文化各方面，进行改革；修造大运河，打通了丝绸之路……他是一位暴政和政绩都很突出的皇帝。

隋炀帝三征高丽

放声朗读

帝谓侍臣曰："高丽小虏，侮慢上国；今拔海移山，犹望克果，况此虏乎！"乃复议伐高丽。左光禄大夫郭荣谏曰："戎狄失礼，臣下之事；千钧之弩，不为鼷鼠发机，奈何亲辱万乘以敌小寇乎！"帝不听。

——《资治通鉴》隋纪六·炀皇帝中大业九年

译文

炀帝对侍臣说："高丽这个小虏，竟敢侮慢我隋朝上国，如今就是拔海移山，也是可以办到的，何况这个小虏呢！"于是又商议出兵征伐高丽。左光禄大夫郭荣劝道："戎狄之国无礼，是臣子应该处理的事情，千钧之弩，不会为小老鼠而发射，陛下何必亲自征讨这样的小小敌寇呢？"炀帝不听。

隋文帝杨坚建立隋朝后，开疆拓土，征服四方。突厥、吐谷浑、契丹等一众周边小国都对他俯首称臣。

东北边境外的高丽（lí）自然也不例外。可是高丽老国王去世后，他的儿子高元继位了。年轻气盛的高丽新皇，初生牛犊不怕虎，开始试探着侵扰大隋边境，挑战隋文帝的权威。隋文帝一怒之下出兵把他狠狠地教训了一顿，高元才重新服帖下来。

可是隋文帝一死，他立刻又有想法了。隋炀帝杨广登基的时候，其他国的国主都亲自前来朝贺，高元却只派出了一名使臣前来。这明明就是没把杨广放在眼里，杨广很生气。身旁的大臣进言："高丽现在居然这么无礼，应该召他们的

国君入朝，让他们懂得尊卑。”杨广觉得很有道理，就命高丽的使者带话回去，让他们的国君高元赶紧到大隋朝见。否则，隋炀帝就要带兵去攻打。

没想到，高元根本没把隋炀帝的威胁当回事，仍然频繁派兵在边境挑衅。这下隋炀帝再也不愿意忍了，他下令征讨高丽，给高元点颜色瞧瞧。

隋炀帝下诏集结全国各地的军队，命人在东莱海口修造战船。杨广是个急性子，恨不得刚下达命令，战船就已经摆在面前了。他催督造的官员，官员们就死命地催促造船的工匠。工匠们没日没夜地泡在水中赶工，皮肤都泡烂了，自腰部以下都长出蛆虫，很多人就这么累死了。隋炀帝还征发了江淮以南的水手一万人，弩手三万人，岭南排镩（cuān）手三万人，又命令河南、淮南、江南等地赶造战车五万辆，征发民夫运送军需物资。运送物资的船只绵延千余里。肩挑背驮的民夫十万人，民夫们夜以继日地负重奔走，累死、病死而倒在途中的不计其数。

各路隋军加起来已经超过了一百一十三万，运输物资的民夫队伍更庞大，直接、间接的参战人员已经超过了五百万，可以说是举全国之力来打这场仗。一切准备就绪，杨广带领大军浩浩荡荡地向高丽进发了。

大业八年（612）三月，隋军抵达辽河。隋炀帝命“工兵”修筑浮桥。浮桥修好后，隋军从西岸渡河进攻高丽。浮桥短，离东岸有一丈多长的距离，就在他们即将上岸的时候，高丽突然发起了猛烈进攻，隋军将士无法靠岸，站在水中进退两难，一时间死伤惨重。后来隋军接长浮桥，利用人多的优势，轮番上阵，经过一番苦战，以牺牲一万多人的代价击败高丽军，成功渡河，乘胜包围了河东岸的辽东城。

隋炀帝为了防止将士们抢军功，把他们划分为三个“单位”，所有进攻行动，必须三个单位之间相互通报，不准单独行动。而且所有行动都要经过他亲自批准。辽东城的高丽军打不过他们，退回城里坚守不出。隋炀帝下令攻城，同时他又命令众将，如果高丽想投降，就停止进攻。辽东城快要被攻陷的时候，城中的高丽军队大喊投降，隋军就不敢再打了，赶紧停下来向隋炀帝请示汇报，等隋炀帝的命令传达下来。然而城里的高丽军已经做好了防御，又开始抵抗了。就这样城内的高丽军摸出了门道，总拿这一招来对付他们，屡试不爽。久而久之，隋军将士

们的斗志都被消磨尽了，僵持了一个多月也没能拿下辽东城。攻打其他地方的隋军境况也差不多，都没能攻下城池。

水军进入高丽地界，在遭遇战中击败了对方水师。主将来护儿觉得形势一片大好，一时轻敌，中了敌人的埋伏，最后惨败收场，浩浩荡荡的队伍，只剩下了几千人。

其余的队伍也被打得丢盔弃甲，当初渡过辽河的三十多万隋军，返回时只剩了两千七百人。隋炀帝第一次大举进攻高丽的行动，就这样轰轰烈烈地开始，凄凄惨惨地结束了。

此时国内形势也乱成了一锅粥。人们被繁重的徭役压得喘不过气来，纷纷起来造反，一时间各地农民军起义此起彼伏。

可是隋炀帝对老百姓怨声载道的情况置若罔闻，他的字典里容不下“失败”二字。他要找回大隋的颜面。大半年后，隋炀帝又开始调集人马、物资，备战高丽。老百姓还没来得及喘口气，沉重的负担又像大山一样压了下来。全国的劳动力几乎都被征去参战，一时间妻离子散、粮田荒芜。曾经在隋文帝杨坚时期盛极一时的大隋王朝，此时却一片萧条。

隋炀帝吸取了上次的教训，不再紧攥着大权不放，允许手下军官见机行事。隋炀帝很快再次兵临辽东城下，可辽东城依然是块难啃的骨头。他们架设飞楼、橦、云梯，挖掘地道，各种方法都用上了，还是没能迅速地攻下辽东城，双方伤亡都很惨重。

隋炀帝下令造百余万个布袋子，里面装满土，堆成一条宽三十步、和城墙一样高的像鱼脊梁一样的坡道，让将士从这里登城；又命人建造了比城墙还要高的八轮楼车，让将士们在上面向城内射箭。攻城的准备工作紧锣密鼓地进行着，这次似乎胜券在握。就在这个节骨眼上，国内却传来了一个坏消息——朝廷负责粮草运输的重臣杨玄感造反了。后院失火，隋炀帝赶紧下令丢掉大批的粮草物资，轻装撤军，回去“救火”。

很快，隋炀帝平定了杨玄感的叛乱，第三次集结军队东征高丽。士兵们厌倦了这种无休止的征战，途中不断有人逃跑。

年年这么打，高丽也打不动了，认输投降。隋炀帝终于找回了面子，班师回朝了。

让他没想到的是，高丽并没有真正屈服，高元依旧不肯奉诏入朝，也没有按约定释放俘虏的隋朝军民。胜利的果实有些酸涩。而此时国内形势已经岌岌可危，反隋势力不断壮大，隋炀帝和他的政权已经走向了覆灭的边缘。

人物介绍

杨广：隋文帝杨坚与文献皇后独孤伽罗的第二个儿子，隋朝第二位皇帝。在位期间，他修隋朝大运河，营建洛阳（东都）、迁都洛阳，改州为郡；他频繁发动战争，三征高丽，滥用民力、穷奢极欲，导致大规模农民起义爆发。

历史关键点

三征高丽是隋炀帝杨广在大业八年（612）至大业十年（614）对高丽进行的三次战争。三次均为隋炀帝御驾亲征。第一次东征，因隋炀帝指挥错误，隋朝遭遇惨败，损失惨重，隋朝国内开始爆发农民起义。第二年正月，隋炀帝就开始筹划第二次东征，但因杨玄感叛乱而退兵。第三次，高丽主动投降。三征高丽给隋朝的统治带来了十分负面的影响，严重损耗了隋朝的国力，造成了百姓民不聊生的局面，严重激发了阶级矛盾，最终导致隋末农民起义的爆发。

瓦岗起义

放声朗读

密因说让曰："今四海糜沸，不得耕耘，公士众虽多，食无仓廪，唯资野掠，常苦不给。若旷日持久，加以大敌临之，必涣然离散。未若先取荥阳，休兵馆谷，待士马肥充，然后与人争利。"让从之，于是破金堤关，攻荥阳诸县，多下之。

——《资治通鉴》隋纪七·炀皇帝下大业十二年

译文

李密就劝翟让说："如今国内沸腾，百姓不能够耕耘，您兵马虽多，但军粮没有仓储，只靠外出抢掠，常常苦于供给不足。若是时间久了，加之大敌临头，部众必然会离散，不如先攻取荥阳，休整军队，建仓储粮，等到兵强马壮，再与他人争夺利益。"翟让听从了他的意见，率军攻破了金堤关，进而攻打荥阳郡各县，大多数县城都被攻破。

隋朝末年，隋炀帝昏庸无道，无尽的徭役让老百姓不堪重负，各地的反抗势力如雨后春笋般冒出来。在不断地争斗、整合中，一支叫瓦岗军的队伍迅速发展壮大，脱颖而出。

瓦岗军是一个叫翟让的人创建的。翟让本来是东都的一名掌管司法的小官，犯了事被判了死刑，收押在狱中。管理监狱的小官黄君汉认为翟让骁勇不寻常，平时很崇拜他。这天晚上，他偷偷对翟让说："现在天下大乱，将来还不知道会怎样。像您这样的人才，难道就这样在监狱里等死吗？"翟让说："我就像是被关在圈里待宰的猪，由不得自己啊，是死是活全靠您了！"黄君汉听了这话，打开翟让身上的枷锁，让他逃跑。翟让感激涕零，他哭着说："您的大恩大德让我怎么报答呀？

可是，我走了，您怎么办？”黄君汉摆摆手生气地说：“我看你是个有抱负的人，将来能干出一番拯救百姓的事业，才不顾个人安危放了你，你怎么哭哭啼啼呢？你只管去干大事，不用为我担心。”

翟让连夜逃回了老家滑县，组织乡亲们发动起义。他在县城东南的瓦岗寨建立了根据地，人们称他的军队为“瓦岗

军”。他们杀富济贫，除暴安良，四周的热血青年纷纷前来投靠，队伍不断发展壮大。

这时候，有个叫李密的人也反叛了朝廷。这个李密可不是一般人，他出生在一个显赫的贵族家庭，年纪轻轻就世袭了家传的蒲山郡公爵位。李密文武双全，志向远大，非常擅长谋略。有个“牛角挂书”的典故讲的就是他。李密当年很用功，赶路的时候都要把书挂在牛角上，边走边学习。

隋炀帝第二次东征高丽的时候，命杨素的儿子杨玄感监理军需运输。杨玄感见天下群雄四起，也想图一番霸业，于是趁机起兵造反。因为杨家和李密一向交好，他暗中派人到长安接来李密，让他主持谋划工作。可是杨玄感刚愎自用，好大喜功，在重要的战略问题上并没有听从李密的意见，最终兵败如山倒。

后来几经辗转，李密投靠了瓦岗军。翟让很信服李密的眼光和谋略，对他言听计从。在李密的谋划下瓦岗军渐成气候。朝廷也对他们有了忌惮，派出了头号名将张须陀前去镇压。翟让吓坏了，想率军撤逃，避其锋芒。

李密微微一笑说：“不必惊慌，这个张须陀有勇无谋，这一仗我们稳操胜券。”翟让按照李密的计策，和他们正面交锋，假装战败，把敌人引进预先设置好的埋伏圈，果然一举歼灭了来犯的全部隋军，张须陀也在这场战役中死亡。瓦岗军趁机攻占了战略要地，给了隋朝政权一个沉重的打击。

后来瓦岗军攻城略地，攻打下隋朝的粮仓后便开仓放粮，赈济百姓。老百姓把瓦岗军当成了救世主，都争先恐后地加入。瓦岗军的队伍又迅速扩大，达到了几十万人，声威大震。虽然其间朝廷也曾屡次派兵镇压，但每次都损兵折将，大败而归。

瓦岗军的战绩越来越辉煌，翟让觉得李密的功劳最大，自己的能力远远不如他，就推举李密坐头把交椅，称“魏公”。李密也不客气，欣然接受了，他让翟让当柱国，就这样他们算是建立起了一个崭新的农民起义政权。接下来他们列举出了隋炀帝的十大罪状，向全天下宣布正式讨伐隋炀帝。那时候他们最得民心，各地大大小小的起义军都纷纷响应、投靠，李密成了中原起义军的领袖。

照这个势头发展下去，眼看大事可成，此时瓦岗军的内部却发生了十分严重的分裂。原来李密一直在暗中拉帮结派，培植自己的力量，翟让的哥哥和一些瓦岗军的“创始人”对这件事早有察觉，他们心生不满。这种不满不断发酵升级，后来大家达成了一致意见：“李密到底是外人，不和咱们一条心。咱们出生入死打天下，不是为了让李密当皇帝的。”

可李密知道了这件事后，心里很不痛快，把翟让当成了眼中钉、肉中刺。那天他借庆贺石子河战役胜利之名，设宴招待翟让和他的属下，暗中埋伏下杀手打算除掉翟让。酒席间他拿出一把上好的弯弓让翟让鉴赏。“好弓！不错！”翟让双膀一较力，把弓拉满，想试试它的力道如何。李密的亲信看准时机，一刀刺进翟让的后心。与此同时，翟让的哥哥、侄子等人也都被杀死。翟让被害以后，将士们这才知道李密原来是个气量狭窄、忘恩负义的人，都不想为他卖命了。瓦岗军的战斗力大不如前，开始走下坡路。

后来隋炀帝杨广的手下大将宇文化及反叛，弑杀了杨广。越王杨侗得到消息后在洛阳称帝。他怕宇文化及掉头来攻打洛阳，招降了李密，封李密为太尉、尚书令、东南道大行台行军元帅等职，让他去讨伐宇文化及。双方遭遇后打得非常激烈，死伤都很惨重。

后来，李密终于击败了宇文化及，在回洛阳请功的路上听说王世充也反了。王世充在李密大战后非常疲惫的状态下，突然向他们发起进攻，瓦岗军大败。过了些日子两军再次对决，由于李密麻痹轻敌，被王世充伏兵围剿，瓦岗军全线崩溃。将领们被俘的被俘，投降的投降，最后李密也率领残兵投靠了李渊。

瓦岗起义就这样结束了，在历史的大潮中化作一缕轻尘，随风消散了。

人物介绍

李密：隋末农民起义中瓦岗军领袖，称“魏公”，率瓦岗军屡败隋军，威震天下。后杀瓦岗军旧主翟让成为瓦岗寨主，引发内部不稳，被隋军屡次击败。被越王杨侗招抚后，又因在与宇文化及的拼杀中损失惨重，后被王世充击败，率残部投降李唐。其后叛唐自立，被唐将盛彦师斩杀于熊耳山。

历史关键点

瓦岗起义是隋朝末年发生的一起农民起义。瓦岗农民起义，在历史舞台上活动了七八年时间，动员了上百万的群众，转战中原，在推翻隋王朝的整个斗争中，做出了不可磨灭的贡献。遗憾的是，这样一支强大的军队及其保护下的政权，并没有维持多久，就走向下坡路，以致最后失败。

大唐建立

放声朗读

戊午，隋恭帝禅位于唐，逊居代邸。甲子，唐王即皇帝位于太极殿，遣刑部尚书萧造告天于南郊，大赦，改元。

——《资治通鉴》唐纪一·高祖神尧大圣光孝皇帝上之上武德元年

译文

十四日，隋恭帝禅位给唐，让出皇宫住在代邸。二十日，唐王在太极殿即皇帝位，派刑部尚书萧造在南郊祭告上天，大赦天下，改换年号为“武德”。

李渊的母亲和隋炀帝的母亲是亲姐妹，李渊是隋炀帝的表哥。李渊家世显赫，祖上都是朝廷大员，七岁就袭封唐国公。然而即使是表兄弟的关系，隋炀帝还是不信任李渊。617年，隋炀帝任命李渊为太原留守，让他负责中原一带的“剿匪”工作。同时，隋炀帝还派出了亲信王威、高君雅给他当副手，暗中监视、窥探。

一开始李渊的工作做得还算顺利，镇压下了一些贼匪和反隋力量。后来突厥人不断地侵犯边境，骚扰太原北面的马邑城，李渊派高君雅和

北京大學《儒藏》編纂與研究中心　編

《儒藏》精華編選刊

四書集註大全（下）

〔明〕胡　廣等　奉敕撰

李暢然　校點

北京大學出版社
PEKING UNIVERSITY PRESS

孟子集註序説

《史記》列傳曰：**孟軻，**趙氏曰：「孟子，魯公族孟孫之後。」《漢書》云字子車，❶一説字子輿。趙氏，名岐，字邠卿，東漢京兆人。**騶人也，**騶亦作鄒，本邾國也。**受業子思之門人。**子思，孔子之孫，名伋。音急。《索隱》云「王劭以『人』爲衍字」，而趙氏註及《孔叢子》等書亦皆云孟子親受業於子思，未知是否。慶源輔氏曰：子思之門人無顯名於後者，而孟子真得子思之傳，則疑親受業於子思者爲是。而《集註》兩存其説。蓋自古聖賢固有聞而知之者，不必待耳傳面命而後得也。又以《中庸》一書觀之，所以傳授心法，開示藴奥，如此其至，則當時門弟子豈無見而知之者？孟子從而受之，愈益光明，亦宜有之也。○西山真氏曰：七篇之書，其出乎《中庸》者非一。其曰「四端」云者，則未發之中、中節之和也。蓋仁、義、禮、知，性也，所謂「大本」也；惻隱、羞惡、辭讓、是非，情也，所謂「達道」也。其曰「禹、稷、顔回同道，孔子仕止久速」者，則「君子而時中」也；其曰「鄉原亂德」者，則「小人而無忌憚」也；其曰「子莫執中」者，「時中之反」也；其曰「曾子、北宫黝之勇」者，「南、北方之强」也；其曰「仁之實，事親；義之實，從兄；禮之實，節文斯二者」，則「仁者人也，親親爲大；義者宜也，尊賢爲大。親親之殺、尊賢之

❶ 按「字子車」説出《漢書・藝文志》顔師古注。

等，禮所生也」；其曰「天下國家之本在身」，則「爲天下國家有九經」也。至於「誠者天之道，思誠者人之道」，一章之義悉本於《中庸》，尤足以見淵源之所自。**道既通，**趙氏曰：孟子通五經，尤長於《詩》、《書》。程子曰：孟子曰：「可以仕則仕，可以止則止，可以久則久，可以速則速。孔子，聖之時者也。」故知《易》者莫如孟子。又曰：「王者之迹熄而《詩》亡，《詩》亡然後《春秋》作。」又曰：「《春秋》無義戰。」又曰：「《春秋》，天子之事。」故知《春秋》者莫如孟子。尹氏曰：以此而言，則趙氏謂孟子長於《詩》、《書》而已，豈知孟子者哉？**游事齊宣王，宣王不能用；適梁，梁惠王不果所言。則見以爲迂遠而闊於事情。**按《史記》：梁惠王之三十五年乙酉，孟子始至梁。其後二十三年當齊湣王之十年丁未，齊人伐燕而孟子在齊，故《古史》謂孟子先事齊宣王，後乃見梁惠王、襄王、齊湣王。獨《孟子》以伐燕爲宣王時事，與《史記》、《荀子》等書皆不合。而《通鑑》以伐燕之歲爲宣王十九年，則是孟子先游梁而後至齊見宣王矣。然《考異》亦無他據。又未知孰是也。新安陳氏曰：謹按《通鑑綱目》：周顯王三十三年乙酉，孟軻至魏。慎靚王二年壬寅，魏君罃卒，孟軻去魏，適齊。五年乙巳，燕君噲以國讓其相子之。赧王元年丁未，齊伐燕，取之。分注但云「齊王」，其下即書「孟軻去齊」。赧王二年戊申，即齊閔王地元年。「閔」即「湣」字。伐燕一事，《史記》以爲齊湣王十年丁未，蓋以顯王四十六年戊戌爲齊閔王元年；《通鑑》以爲宣王十九年丁未，蓋以顯王三十七年己丑爲宣王元年。《史記》、《通鑑》之不同，蓋如此。證以《通鑑綱目》丁未宣王卒，閔王立，戊申方改元，則丁未乃宣王末年，閔王繼位之年。蓋未能的知伐燕之爲先君事與嗣君事也。以淖齒事證之，閔王爲是。《孟子》謂爲宣王，恐傳寫之訛耳。無所折衷，姑以《綱目》爲據云。**當是之時，秦用商鞅，**倚兩反。**楚魏用吴起，齊用孫子、田忌。天下方務於合從連衡，**從，子容反。衡，與「横」同。○新安陳氏曰：蘇秦主合從之説，欲合六國爲一以抗秦；張儀主連衡之説，則離六國之交以事秦。六國，謂楚、燕、齊、韓、趙、魏也。**以攻伐爲賢，而孟軻乃述唐虞三代之德，是以所如者不合。退而與萬章之徒序《詩》、《書》，述仲尼之意，作《孟子》七篇。**趙氏曰：凡二百六十一章，三萬四千六百八十五字。韓子曰：孟軻之書非軻自著。軻既没，其徒萬章、公孫丑相與記軻所言焉耳。愚按，二説不同，《史記》近是。韓子，名愈，字退之，謚文公。唐鄧州人。○問：「《序説》謂《史記》近是，而《集註》於《滕文公》篇首章云『門人不能盡記其辭』，又第四章云『記者之誤』，如何？」朱子曰：前説是，後兩處失之。熟讀七篇，觀其筆勢如鎔鑄而成，非綴緝可就也。《論語》便是記録綴緝所爲，非一筆文字矣。○新安陳氏曰：愚聞：或疑《易·繫辭》有「子曰」字，以爲非孔子作。朱子曰：安知非後人所加？如周子自著《通書》，五峯刊之，每章加「周子曰」字。今讀《孟子》，亦當會此意。

韓子曰：堯以是傳之舜，舜以是傳之禹，禹以是傳之湯，湯以是傳之文、武、周公，文、武、周公傳之孔子，孔子傳之孟軻。軻之死，不得其傳焉。荀與揚也，擇焉而不精，語焉而不詳。程子曰：韓子此語，非是蹈襲前人，又非鑿空撰得出，必有所見。若無所見，不知言所「傳」

者何事？　荀子，名況，戰國時趙人。　揚子，名雄，漢蜀郡人。○朱子曰：此非深知所傳者何事，則未易言也。　堯舜之所以爲堯舜，以其盡此心之體而已。　禹、湯、文、武、周公、孔子傳之以至於孟子，其間相望有或數百年者，非得口傳耳授，密相付屬也。　特此心之體隱乎百姓日用之間，賢者識其大，不賢者識其小，而體其全且盡者則爲得其傳耳。○又曰：**孟氏，醇乎醇者也；荀與揚，大醇而小疵。**　程子曰：韓子論孟子甚善，非見得孟子意，亦道不到。　其論荀、揚則非也。　荀子極偏駁，只一句「性惡」，大本已失。　揚子雖少過，然亦不識性，更説甚道？《荀子・性惡篇》：人之性惡，其善者僞也。今人之性，生而有好利焉，有疾惡去聲。焉，有耳目之欲，好聲色焉。　然則從人之性，順人之情，必出於爭奪，合於犯分亂理而歸於暴。　故必將有師法之化、禮義之道，音導。然後出於辭讓，合於文理而歸於治。然則人之性惡，明矣，其善者僞也。○《揚子・脩身》篇：人之性也，善惡混。　脩其善則爲善人，脩其惡則爲惡人。　氣也者，所適善惡之馬也歟？○朱子曰：韓子謂荀、揚大醇小疵，非是。　由田駢、慎到、申不害、韓非之徒觀之，則荀、揚爲大醇耳。○程子説荀、揚等語，是就分金秤上説下來。○又曰：**孔子之道大而能博，門弟子不能徧觀而盡識也，故學焉而皆得其性之所近。　其後離散分處**上聲。**諸侯之國，又各以其所能授弟子，源遠而末益分。　惟孟軻師子思，而子思之學出於曾子。自孔子没，獨孟軻氏之傳得其宗。　故求觀聖人之道者，必自孟子始。**　程子曰：孔子言參也魯，然顔子没後，終得聖人之道者，曾子也。　觀其啓手足時之言，可以見矣。　所傳者子思、孟子，皆其學也。　問：「『大』是就渾淪處説，『博』是就該貫處説否？」朱子曰：韓子亦未必有此意，但如此看亦自好。問：「學焉而皆得其性之所近。」曰：政事者就政事上學得，文學者就文學上學得，德行言語者就德行言語上學得。○慶源輔氏曰：韓子但言孔門諸子，惟曾子之學獨傳而有子思、孟軻，然不言其所以獨傳之故。故程子又從而發明之，以爲曾子只緣資質魯鈍，故用功於内者深篤確實。觀其啓手足之言，所謂「一息尚存，此志不容少懈」者，此聖道之所以終傳，而有子思、孟子之學也。○又曰：**揚子雲曰：「古者楊、墨塞**先則反。**路，孟子辭而闢之，廓**苦郭反。**如也。」夫**音扶。**楊、墨行，正道廢，孟子雖賢聖，不得位，空言無施，雖切何補？然賴其言，而今之學者尚知宗孔氏，崇仁義，貴王賤霸而已。其大經大法皆亡滅而不救，壞爛而不收，所謂存十一於千百，安在其能廓如也？然向無孟氏，則皆服左衽而言侏**音朱。**離矣。**張存中。曰：《後漢・南蠻傳》云：「衣裳班蘭，語言侏離。」侏離，蠻夷語言不分朗之聲也。**故愈嘗推尊孟氏以爲功不在禹下者，爲**去聲。**此也。**新安陳氏曰：自「大楊、墨行」至「安在其能廓如也」，皆是難辭，揚中之抑。只着「向無孟氏」二句斡轉，而斷之以「孟氏功不在禹下」，盡之矣。孟子闢楊、墨，功不在禹治洪水下者，洪水溺人之身，異端陷溺人心，心溺之禍甚於身溺故也。

或問於程子曰：「孟子還可謂聖人否？」程子曰：未敢便道他是聖人。然學已到至處。愚按，「至」字恐當作「聖」字。朱子曰：若以孟子比孔子時説得高，然孟子道性善，言必稱堯、舜，又見孟子説得實。○慶源輔氏曰：未敢便道他是聖人，以其行處言；學已到聖處，以其知處言也。孟子論「大而化之之謂聖，聖而不可知之之謂神」，與夫聖智巧力之譬，精密切當，非想像臆度之所能及，是其學已到聖處也。然其英氣未化，有露圭角處，故未敢便道他是聖人。此其權度，審矣。○程子又曰：孟子有功於聖門，不可勝平聲。言。仲尼只說一箇「仁」字，孟子開口便說「仁義」。仲尼只說一箇「志」，孟子便說許多「養氣」出來。只此二字，其功甚多。○又曰：孟子有大功於世，以其言性善也。○又曰：孟子性善、養氣之論，皆前聖所未發。慶源輔氏曰：言性善，使資質美者聞之，必求復其本然而充其善；資質不美者聞之，亦知所自警而不流於惡。言養氣，使氣質剛柔不齊者勇猛奮發於道義，而無巽懦怯弱之弊。皆發夫子所未發。其功多蓋在此，此所以有大功於世也。○又曰：學者全要識時。若不識時，不足以言學。顏子陋巷自樂，音洛。以有孔子在焉。若孟子之時，世既無人，安可不以道自任？○又曰：孟子有些英氣。才有英氣，便有圭角。英氣甚害事。新安陳氏曰：「英氣甚害事」，蓋責賢者備之辭。如顏子便渾厚不同。顏子去聖人只毫髮間。孟子大賢，亞聖之次也。或曰：「英氣見形甸反。於甚處？」曰：但以孔子之言比之，便可見。如字。且如冰與水精非不光，比之玉，自是有溫潤含蓄氣象，無許多光耀也。覺軒蔡氏曰：聞之程子又曰：「仲尼，元氣也；顏子，春生也；孟子，并秋殺盡見。仲尼無所不包。顏子示不違如愚之學於後世，有自然之和氣，不言而化者也。孟子則露其材。蓋亦時然而已。仲尼，天地也；顏子，和風慶雲；孟子，泰山巖巖之氣象也。觀其言，皆可見之矣。仲尼無迹，顏子微有迹，孟子其迹著。」「孔子儘是明快人，顔子儘豈弟，孟子儘雄辨。」○慶源輔氏曰：英氣是剛明秀發之氣，此自是好底氣質。若消化未盡，猶有圭角，則有時而發。學要變化氣質，須渾然純是義理，如張子所謂「德勝於氣，性命於德」，方始是成就處。又曰：言，心聲也，德之符也。有德者必有言。若就言上看得分明，則其德無餘藴矣。玉有温潤含蓄氣象，所以爲寶；人有温潤含蓄氣象，所以爲聖也。其理，一也。

楊氏曰：《孟子》一書只是要正人心。教人存心養性，收其放心。至論仁、義、禮、智，則以惻隱、羞惡、辭讓、是非之心爲之端。論邪説之害，則曰生於其心，害於其政。論事君，則曰格君心之非，一正君而國定。千變萬化，只説從心上來。人能正心，則事無足爲者矣。《大學》之脩身齊家治國平天下，其本只是正心誠意而已。心得其正，然後知性之善。故孟子遇人便道性善。朱子曰：「心得其正，然後知性之善」，語若有病。蓋知性之善，然後能正其心；心得其正，然後有以真知性之爲善而不疑耳。○慶源輔氏曰：「人能正心，則事無足爲者」，其語亦失之太快。觀《大學》正心之後，於脩身、齊家、治國、平天下，更有工夫在。**歐陽永叔**名脩，廬陵人。**却言聖人之教人，性非所先，可謂誤矣。人性上不可添一物。堯、舜所以爲萬世法，亦是率性而已。所謂率性，循天理是也。外邊用計用數，假饒立得功業，只是人欲之私。與聖賢作處，天地懸隔。**慶源輔氏曰：此數句判斷二帝三王及漢唐以後爲治之道所以不同，明白詳盡。

孟子集註大全卷之一

梁惠王章句上

凡七章。

孟子見梁惠王，

梁惠王，魏侯罃於耕反。也。都大梁，趙氏曰：按，魏初都安邑，在漢河東郡安邑縣，至惠王徙大梁，在漢陳留郡浚儀縣。僭稱王，謚曰惠。《史記》：惠王三十五年，新安倪氏曰：按《綱目》，周顯王三十三年乙酉爲惠王三十五年。卑禮厚幣以招賢者，而孟軻至梁。問：「孟子不見諸侯，其見惠王，何也？」朱子曰：不見諸侯，不先往見也；見惠王，答其禮也。先王之禮，未仕不得見諸侯。時士鮮自重，而孟子猶守此禮。故所居之國，未仕，必君先就見，然後往見；異國君不得越竟，必以禮先焉，然後往答其禮耳。《史記》得其事之實矣。

王曰：「叟，不遠千里而來，亦將有以利吾國乎？」

叟，長上聲。老之稱。王所謂利，蓋富國彊兵之類。西山真氏曰：當時王道不明，人心陷溺，惟知有利而已。故惠王利國之問，發於見賢之初。

孟子對曰：「王何必曰利？亦有仁義而已矣。

仁者，心之德，愛之理。義者，心之制，事之宜也。朱子曰：仁言心之德，見得可包四者；義者心之制，只是說義。○心之德是混淪說，愛之理方說到親切處。心之制是說義之體，程子所謂「處物爲義」是也；事之宜是就千條萬緒，各有所宜處說，揚雄言「義以宜之」，韓愈言「行而宜之之謂義」。若只以義爲宜，則義有在外意思。須如程子所言，則處物者在心而非外也。事之宜雖若在外，然所以制其宜則在心也。○心之制如利斧，事來劈將去，可底從這一邊去，不可底從那一邊去。○仁兼義言者，是言體；專言者，是兼體用而言。○仁對義爲體用，仁又自有仁之體用，義又自有義之體用。○所謂事之宜，方是指那事物當然之理，未說到處置合宜處也。○問：「人所以爲性者五，獨舉仁義，何也？」曰：天地所以生物，不過陰陽五行，而五行實一陰陽也；人性雖有五，然曰仁義，則大端已舉矣。以陰陽五行言，則木火皆陽，金水皆陰，而土無不在；以性言，則禮者仁之餘，智者義之歸，而信亦無不在也。又曰：禮者仁之著，智者義之藏。又曰：仁存諸心，性之所以爲體也；義制夫事，性之所以爲用也。然以性言之則皆體也，以情言之則皆用也，以陰陽言之則義體而仁用也，以存心制事言之則仁體而義用也。錯綜交羅，惟其所當，而各有條理焉。○疊山謝氏曰：夫子罕言仁，不過於隨事發見處言。孟子「仁，人心」一語直說仁之本體，此朱子於《論》註先言愛而《孟》註先言心，真得孔、孟之要旨。○諸葛氏曰：《語》之「爲仁」猶曰「行仁」，以仁之用言，故《集註》先言愛之理；《孟子》此章以仁之體言，故《集註》先言心之德。○雲峯胡氏曰：心之德是體，愛之理是用；心之制是體，事之宜是用。《孟子》所言「仁義」是包體用而言，《論語》所謂「爲仁」是以仁之用言。此二句乃一章之大指，下文乃詳言之。後多放與「倣」同。此。

「王曰何以利吾國，大夫曰何以利吾家，士庶人曰何以利吾身：上下交征利，而國危矣。萬乘之國，弑其君者必千乘之家；千乘之國，弑其君者必百乘之家。萬取千焉，千取百焉，不爲不多矣。苟爲後義而先利，不奪不饜。乘，去聲。饜，於豔反。

此言求利之害，以明上文「何必曰利」之意也。征，取也。上取乎下，下取乎上，故曰「交征」。國危，謂將有弑奪之禍。乘，車數也。萬乘之國者，天子畿音祈。內地方千里，出車萬乘；千乘之家者，天子之公卿采音菜。地方百里，出車千乘也。千乘之國，諸侯之國；百乘之家，諸侯之大夫也。《前漢・刑法志》：殷、周以兵定天下矣。天下既定，戢藏干戈，教以文德，而猶立司馬之官，設六軍之衆，司馬掌邦政，軍旅屬焉。萬二千五百人爲軍，王則六軍也。因井田而制軍賦：地方一里爲井，井十爲通，通十爲成，成方十里；成十爲終，終十爲同，同方百里；同十爲封，封十爲畿，畿方千里。有稅有賦。稅以足食，賦以足兵。四井爲邑，四邑爲丘。丘，十六井也，有戎馬一疋、牛三頭。四丘爲甸。甸，六十四井也，有戎馬四疋、兵車一乘、牛十二頭、甲士三人、在車上者。卒七十二人，干戈備具。是謂乘馬之法。一井八家，一甸六十四井，計田五百七十六頃、五百一十二家，出士卒七十五人，則殷、周之制，不及七家給一兵也。又兵車一乘有牛馬共十六，計三十二家又出一馬或牛也。一同百里，提封萬井，提，舉也，舉四封之內也。

除山川沈斥、城池邑居、園囿術路，三千六百井，沈斥，水田舃鹵也。沈謂淵深，❶水之下也。斥，鹹鹵之地。術，大道也。定出賦六千四百井，戎馬四百疋、兵車百乘，此卿大夫采地之大者也，采，官也。因官食地，故曰采地。是謂百乘之家。一封三百一十六里，提封十萬井，定出賦六萬四千井，戎馬四千疋、兵車千乘，此諸侯之大者也，是謂千乘之國。天子畿方千里，提封百萬井，定出賦六十四萬井，戎馬四萬疋、兵車萬乘，故稱萬乘之主。戎馬、車徒、干戈素具。**弑，下殺上也。饜，足也。言臣之於君，每十分**扶問反。下同。**而取其一分，**新安陳氏曰：以制地定法言，天子萬乘，諸侯取十之一得千乘；諸侯千乘，大夫取十之一得百乘。**亦已多矣。若又以義爲後而以利爲先，則不弑其君而盡奪之，其心未肯以爲足也。**慶源輔氏曰：《集註》發明「不奪不饜」，最說得人心求利之意出。蓋尚義則循理而有制，徇利則橫流而無節，故不弑逆而盡奪之，其心猶有所不足也。○新安陳氏曰：此章始末兼言仁義，中單言義者，蓋仁有温然慈愛之意，義有截然斷制之意。取其斷制以勝私去利，則義之用爲尤切。兼言仁義，該體用之全也；單言義，取功用之切也。下文仁施於親，義施於君，此對君言之，故單言義，亦通。

「未有仁而遺其親者也，未有義而後其君者也。」

此言仁義未嘗不利，以明上文「亦有仁義而已」之意也。遺，猶「棄」也。後，不急也。言仁者必愛其親，義者必急其君。故人君躬行仁義而無求利之心，則其下化之，自親戴於

❶「淵」，《漢書・刑法志》顏師古注作「居」。

已也。 朱子曰：仁者，人也。其發則專主於愛，而愛莫切於愛親，故人仁則必不遺其親矣。義者，宜也。其發則事皆得其宜，而所宜者莫大於尊君，故人義則必不後其君矣。○慶源輔氏曰：仁義，人心之固有。人君躬行仁義以感之，而無求利之心以誘之，則人心之固有者亦皆興起，而自然尊君親上，有不待外求而勉强爲之也。○雲峯胡氏曰：人性有五，仁義爲先；人倫有五，君親爲先。所以孟子揭此於七篇之首。然此二句本文仁、義二字指下之人而言，《集註》必自人君躬行上説來者，蓋上文先言王而後言大夫士庶，惟上之人求利，而後下皆求利，故《集註》於此揭人君躬行仁義而無求利之心，故其下化之而自有仁義之利也。○新安倪氏曰：孟子謂「何必曰利，亦有仁義而已矣」，是以利對仁義而分言之；《集註》於此節云仁義未嘗不利，是以仁義合利而貫言之，若與《孟子》上文有不同者，何哉？蓋有仁義中之利，有仁義外之利。外仁義以求利，孟子之所戒，此章之大旨也；行仁義而得利，《集註》之所發明，❶亦孟子此節之本意也。不遺其親即是親親之仁，不後其君即是尊君之義，豈非仁義中自然之利乎？

「王亦曰仁義而已矣，何必曰利？」

重平聲。**言之，以結上文兩節之意。○此章言仁義根於人心之固有，天理之公也；利心生於物我之相形，人欲之私也。** 慶源輔氏曰：利心人本無之，只緣有己有物，彼此相形，便生出較短量長、争多競少之意，遂欲己長人短，人少己多，偏詖反側，惟己是徇，故曰「人欲之私」也。**循天理，則不**

---

❶「所」，原漫漶不清，今據四庫本補。

求利而自無不利；徇人欲，則求利未得而害已隨之。慶源輔氏曰：循天理者，無所爲而爲，故不求利，然成己成物，各得其宜，故自無不利；徇人欲者，有所爲而爲，故雖求利而未必得，然妨人害物，招尤取禍，故害常隨之。所謂「毫釐之差，千里之繆」。靡幼反。此《孟子》之書所以造端託始之深意，學者所宜精察而明辨也。覺軒蔡氏曰：學者細玩「而已矣」與「何必」之辭，見孟子語意嚴厲，斬釘截鐵，斷斷然只說仁義，更不向利上去。若董子「正其誼不謀其利，明其道不計其功」，意亦得其傳者歟？○雲峯胡氏曰：子朱子深有取於三山黄登之言，曰：「天下一切人都把『害』對『利』，事事上只見得利害，不問義理。須知『利』字乃對『義』字，明得義利，便自無乖争之事。」《集註》所謂「循天理則不求利而自無不利」，是以「利」字與「義」字對，而利不出乎義之外；「徇人欲則求利未得而害已隨之」，是以「利」字與「害」字對，而害已藏於利之中。○太史公曰：新安陳氏曰：司馬談爲太史令，子遷尊其父，故謂之「公」。遷繼其職，仍稱「太史公」。西漢龍門人。「余讀《孟子》書，至梁惠王問『何以利吾國』，未嘗不廢書而嘆也。曰：嗟乎，利，誠亂之始也！夫子罕言利，常防其源也。故曰：『放上聲。於利而行，多怨。』自天子以至於庶人，好去聲。利之弊，何以異哉？」問：「太史公之嘆，其果知孟子之學耶？」朱子曰：未必知也。以其言之偶得其要，是以謹而著之耳。程子曰：「君子未嘗不欲利，但專以利爲心則有害。惟仁義，則不求利而未嘗不利也。」慶源輔氏曰：利者，民生所不可無者也。故乾之四德曰利，《書》之三事曰利。此所謂君子未嘗不欲利，但專欲求利則不顧義理，專欲利己而必害於人，惟能循仁義而行，則體順有常而自無不利。**當是之時，天下之人惟利是求而不復**扶又反。**知有仁義。故孟子言仁義而不言利，所以拔本塞**先則反。**源而救其弊。此聖賢之心也。**龜山楊氏曰：君子以義爲利，不以利爲利。使其民不後其君親，則國治矣，利孰大焉？故曰：「亦有仁義而已。何必曰利？」○朱子曰：凡事不可先有箇利心。才説着利，必害於義。聖人做處，只向義邊做。然義未嘗不利，但不可先説道利，不可先有求利之心。蓋緣本來道理只有一箇仁義，更無别物事。義是事事要合宜，以利心爲仁義，即非仁義之正，不待有不利然後仁義阻也。○雲峯胡氏曰：孟子之得於子思者，曰仁義所以利之也。及告梁王，則言仁義而不言利。蓋子思所言者，利物之利；梁王所問者，利己之利也。程子以爲「拔本塞源」者，所以救當時流弊之極；朱子以爲「造端託始」者，所以謹夫學者心術之初。○新安陳氏曰：《孟子》一書，以遏人欲存天理爲主。「何必曰利」，遏人欲也；「亦有仁義」，存天理也。自此以後，鮮有不可以此六字該貫章旨者。○東陽許氏曰：君子利己之心不可有，利物之心不可無。孟子不言利，是專攻人利己之心。絶利己之心，然後可行利物之事。然利物乃所以利己也。至於不遺親後君，則己亦無不利矣。但不可假仁義以求利耳。

○孟子見梁惠王。王立於沼上，顧鴻鴈麋鹿，曰：「賢者亦樂此乎？」樂音洛。篇内同。

沼，池也。鴻，鴈之大者；麋，鹿之大者。

孟子對曰：「賢者而後樂此。不賢者雖有此，不樂也。

此一章之大指。新安陳氏曰：揭大指於前而分開照應於後，此《孟子》諸章例也。首章及此章皆如此。

此後當以此法觀之，不一一提掇。○南軒張氏曰：孟子若答云「賢者何樂乎此」，則非惟告人之道不當爾，而於理亦有未完也。今云然，則辭氣不迫而理完矣。又曰：王所謂樂，人欲之私，以自逸爲樂也；孟子所謂賢者樂此，天理之公，與民同樂者也。○雙峯饒氏曰：王意謂賢者未必樂此，自家有慚；孟子説惟是賢者樂此，出王之意外。

「《詩》云：『經始靈臺，經之營之。庶民攻之，不日成之。經始勿亟，庶民子來。王在靈囿，麀鹿攸伏。麀鹿濯濯，白鳥鶴鶴。王在靈沼，於牣魚躍。』文王以民力爲臺爲沼，而民歡樂之，謂其臺曰『靈臺』，謂其沼曰『靈沼』，樂其有麋鹿魚鼈。古之人與民偕樂，故能樂也。亟音棘。麀音憂。鶴，《詩》作「翯」，户角反。於音烏。牣音刃。❶

此引《詩》而釋之，以明「賢者而後樂此」之意。《詩》，《大雅·靈臺》之篇。經，量度待洛反。也。靈臺，文王臺名也。《詩傳》：「國之有臺，所以望氛祲、察災祥，時觀游、節勞佚也。謂之『靈』者，言其倏然而成，如神靈所爲也。」營，謀爲也。攻，治也。不日，不終日也。亟，速也，言文王戒以勿亟也。子來，如子來趨父事也。靈囿、靈沼，臺下有囿，囿，所以域養禽獸。囿中有沼也。麀，牝婢忍反。鹿也。伏，安其所，不驚動也。濯濯，肥澤貌。鶴鶴，潔白貌。於，歎美

---

❶「刃」，原作「刀」，今據四庫本、孔本、陸本及《輯釋》改。

辭。牣，滿也。孟子言文王雖用民力，而民反歡樂之，既加以美名，而又樂其所有。蓋由文王能愛其民，故民樂其樂，而文王亦得以享其樂也。雙峯饒氏曰：自樂便不是仁，同樂便是仁。如文王未嘗無靈臺靈沼，然與民同樂，便是天理。文王畢竟自朝至于日中昃，不遑暇食，用咸和萬民。人必得所，然後有此樂。此所謂「後天下之樂而樂」。

《湯誓》曰：『時日害喪？予及女偕亡！』民欲與之偕亡，雖有臺池鳥獸，豈能獨樂哉？」害音曷。喪，去聲。女音汝。

此引《書》而釋之，以明「不賢者雖有此，不樂」之意也。《湯誓》，《商書》篇名。時，是也。日，指夏桀。害，何也。桀嘗自言：「吾有天下，如天之有日。日亡，吾乃亡耳。」趙氏曰：所引桀語，出《尚書大傳》。**民怨其虐，故因其自言而目之曰：「此日何時亡乎？若亡，則我寧與之俱亡。」蓋欲其亡之甚也。孟子引此，以明君獨樂而不恤其民，則民怨之而不能保其樂也。**龜山楊氏曰：齊王顧鴻鴈麋鹿以問孟子，孟子因以謂賢者而後樂此。至其論文王、夏桀之所以異，則獨樂不可也。世之君子，其賢者乎，則必語王以憂民而勿爲臺沼苑囿之觀，是拂其欲也；其佞者乎，則必語王以自樂而廣其侈心，是縱其欲也：二者皆非能引君以當道。唯孟子之言，常於毫髮之間剖析利善之所在，使人君化焉而不自知。夫如是，其在朝則可以格君心之非，而其君易行矣。○南軒張氏曰：民，一也，得其心則子來而樂君之樂，失其心則害喪而亡君之亡。究其本，則由夫順理與徇欲之分而已。人君常懷不敢自樂之心，則足以遏人欲矣；常懷與民偕樂之心，則足以擴天理矣。○雙峯饒氏曰：《孟子》之書，句句是事實。說仁義，便說「未有仁而遺其親，未有義而後其君」，爲仁義事實；說「賢者樂此，不賢者雖有此不樂」，便說文王靈臺靈沼、《湯誓》「時日曷喪」，爲同樂、獨樂事實。○新安陳氏曰：南軒「遏人欲、擴天理」六字，可斷盡《孟子》七篇，謹提出以示學者。夫同一臺池苑囿、鳥獸魚鼈耳，賢者循天理之公，愛民而與之同樂，則民樂君之樂，而君得享其樂；不賢者徇人欲之私，不恤民而自樂，則民欲君之亡，君安得有此樂？天理、人欲同行異情，詳見後章。

○梁惠王曰：「寡人之於國也，盡心焉耳矣。河內凶則移其民於河東，移其粟於河內，河東凶亦然。察鄰國之政，無如寡人之用心者。鄰國之民不加少，寡人之民不加多，何也？」寡人，諸侯自稱，言寡德之人也。河內、河東，皆魏地。凶，歲不熟也。移民以就食，移粟以給其老稚之不能移者。移粟，民自移其粟耳。

孟子對曰：「王好戰，請以戰喻。填然鼓之，兵刃既接，棄甲曳兵而走。或百步而後止，或五十步而後止，以五十步笑百步，則何如？」曰：「不可。直不百步耳，是亦走也。」曰：「王如知此，則無望民之多於鄰國也。好，去聲。填音田。

填，鼓音也。兵，以鼓進，以金退。直，猶但也。如《詩》「匪直也人」之「直」。言此以譬鄰國不恤其民，惠王能行小惠，然皆不能行王道以養其民，不可以此而笑彼也。楊氏曰：「移民、移粟，荒政之所不廢也。然不能行先王之道而徒以是爲盡心焉，則末矣。」慶源輔氏曰：《周禮·司徒》「以荒政十有二聚萬民」，❶雖無所謂移粟之事，然大荒、大札，則令邦國移民以辟災就賤。

「不違農時，穀不可勝食也；數罟不入洿池，魚鼈不可勝食也；斧斤以時入山林，材木不可勝用也。穀與魚鼈不可勝食，材木不可勝用，是使民養生喪死無憾也。養生喪死無憾，王道之始也。勝音升。數音促。罟音古。洿音烏。

農時，謂春耕、夏耘、秋收之時。凡有興作，不違此時，至冬乃役之也。不可勝食，言多也。數，密也。罟，網也。洿，窊烏瓜反。下之地，水所聚也。古者網罟必用四寸之目。魚不滿尺，市不得粥，余六反。人不得食。山林川澤，與民共之，而有厲禁。《周禮·地官·司徒·山虞》：「掌山林之政令，物爲之厲而爲之守禁。仲冬斬陽木，仲夏斬陰木。或謂陽木，生山南者；陰木，生山北者。凡服耜，斬季材，以時入之。服，牝服，車之材也。季，猶穉也。服與耜宜用穉材，尚柔韌也。令萬民時斬材，有期日。」○「澤虞，掌國澤之政令，爲之厲禁。使其地之人守其材物，以時入之于王府，頒其餘于萬民。」○雲峯胡氏曰：文王治岐，澤梁無禁，此所謂「山林川澤與民共之」，即是澤梁無禁。無禁者，王者愛民之仁也，雖無禁而有厲禁，又王者愛物之仁也。《周禮·山虞》：「掌山林之政令，物爲之厲而爲之守禁。」註：「物爲之厲，每物有藩界也。爲之守禁，爲守者設禁令也。守者，謂其地之民占伐林木者也。鄭

❶「司徒」，按引文出《大司徒》。

司農云：厲，遮列守之也。」以是觀之，澤梁無禁者，不禁民之取，而有厲禁者，禁民之不以時取也。**草木零落，然後斧斤入焉。**《禮記·王制》：「獺祭魚，然後漁人入澤梁。豺祭獸，然後田獵。鳩化爲鷹，然後設罻羅。草木零落，然後入山林。」**此皆爲治**去聲。**之初，法制未備，且因天地自然之利而撙**祖本反。**節愛養之事也。然飲食宮室所以養生，祭祀棺槨所以送死，皆民所急而不可無者。今皆有以資之，則人無所恨矣。王道以得民心爲本，故以此爲王道之始。**慶源輔氏曰：養生、送死乃人世之始終。於是二者皆有以濟之，則人世之始終一無所憾，而民心得矣。此其所以爲王道之始也。○新安陳氏曰：「法制未備」，謂聖人未行井田法以前。「天地自然之利」，謂穀魚材木之類。「撙節愛養」，謂不違農時、不用數罟、斧斤時入之類。「王道之始」，謂王制未備，王道未成，不過初焉事。下一節《集註》云「是王道之成也」，正與此「王道之始」相對。

「五畝之宅，樹之以桑，五十者可以衣帛矣；雞豚狗彘之畜，無失其時，七十者可以食肉矣；百畝之田，勿奪其時，數口之家可以無飢矣；謹庠序之教，申之以孝悌之義，頒白者不負戴於道路矣。七十者衣帛食肉，黎民不飢不寒，然而不王者，未之有也。衣，去聲。畜，許六反。數，去聲。凡有天下者，人稱之曰王，則平聲；據其身臨天下而言曰王，則去聲。後皆倣此。

五畝之宅，一夫所受。二畝半在田，二畝半在邑。田中不得有木，恐妨五穀，故於墻下植桑，以供蠶事。趙氏曰：古者一夫一婦受私田百畝、公田十畝。八家是爲八百八十畝，餘公田二十畝，八家分之，得二畝半以爲廬舍。城邑之居亦各得二畝半。春令民畢出在野，冬則畢入於邑。在野曰廬，在邑曰里。廬各在其田中，而里聚居也。五十始衰，非帛不煖，未五十者不得衣也。畜，養也。時，謂孕字之時，如孟春犧牲毋用牝之類也。《禮記·月令》孟春之月：「命樂正入學習舞，乃脩祭典，命祀山林川澤，犧牲毋用牝。禁止伐木。毋覆巢，毋殺孩蟲、胎、夭、飛鳥。」夭，烏老反。胎，懷孕者；夭，始生者。七十非肉不飽，未七十者不得食也。問：「既曰『魚鼈不可勝食』矣，又言老者始可食肉，何也？」朱子曰：魚鼈，自生之物，養其小而食其大，老幼之所同也。至於芻豢之畜，人力所爲，則非七十之老不得以食之矣。〇南軒張氏曰：衣帛食肉必曰「五十」、「七十」者，民之欲無窮，而桑蠶畜養之利有限。不爲之制，則争逐其欲，而老者或不得衣之食之矣。又使知老者之當養、其老幼之有別，教亦行乎其中矣。日用飲食，無非教也，不待庠序而後教也。百畝之田，亦一夫所受。至此，則經界正，井地均，無不受田之家矣。趙氏曰：古以百步爲畝，今以二百四十步爲畝。古百畝當今之四十一畝也。經界，謂治地分田，經畫其溝塗封植之界也。庠、序，皆學名也。申，重直用反。也，丁寧反覆之意。善事父母爲孝，善事兄長上聲。下同。爲悌。頒，與「班」同，老人頭半白黑者也。負，任在背；戴，任在首。夫音扶。民衣食不足則不暇治禮義，而飽煖無教則又近於禽獸。故既富而教以孝悌，則人知愛親敬長而代其勞，不使之負戴於道路矣。衣帛、食肉但言七十，不言五十。舉重以見形甸反。輕也。黎，黑也。黎民，黑髮之人，猶秦言「黔其廉反。首」

也。《史記・秦紀》：始皇三十四年，丞相李斯上書，有曰「惑亂黔首」。黔首，黑頭也。少去聲。壯之人雖不得衣帛食肉，然亦不至於飢寒也。此言盡法制品節之詳，雙峯饒氏曰：五畝宅、百畝田，是法制；五十衣帛、七十食肉，是品節。有法制無品節，則泛而不足用；有品節無法制，則於何處取用？極財成輔相去聲。之道，以左右民，《易・泰卦・象》曰：「天地交，泰，后以裁成天地之道，輔相天地之宜，以左右民。」〇左、右並去聲。如左右手之「右」，本音有。是王道之成也。慶源輔氏曰：註云「盡法制品節之詳，極財成輔相之道」，則民情之變故已備見，聖人之制作已大成。「以左右民」，則不惟制民之產，使之有以養其生，而又爲之學校之教，使之得以全其性。如帝堯所謂「正之直之，輔之翼之，使自得之」，是爲王道之大成也。〇新安陳氏曰：「極財成輔相」，總言田桑畜養之事；「以左右民」，就富教斯民說，乃王道之終事。應上文「王道之始也」一句。

「狗彘食人食而不知檢，塗有餓莩而不知發。人死則曰非我也，歲也。是何異於刺人而殺之，曰非我也，兵也？王無罪歲，斯天下之民至焉。」莩，平表反。刺，七亦反。

檢，制也。莩，餓死人也。發，發倉廩以賑音震。通作「振」。起也，救也。貸他代反。也。歲，謂歲之豐凶也。惠王不能制民之產，又使狗彘得以食人之食，則與先王制度品節之意異矣。至於民飢而死，猶不知發，則其所移，特民間之粟而已。乃以民不加多歸罪於歲凶，是知刃之殺人，而不知操七刀反。刃者之殺人也。不罪歲，則必能自反而益脩其政，即上文所言王道。「天下之民至焉」，則不但多於鄰國而已。○程子曰：「孟子之論王道，不過如此，可謂實矣。」新安陳氏曰：王道不出農桑教養等實事，豈求之高遠難行者哉？又曰：「孔子之時，周室雖微，天下猶知尊周之爲義，故《春秋》以尊周爲本。至孟子時，七國争雄，天下不復扶又反。知有周，而生民之塗炭已極。當是時，諸侯能行王道，則可以王去聲。矣。此孟子所以勸齊、梁之君也。蓋王者，天下之義主也。聖賢亦何心哉？視天命之改與未改耳。」朱子曰：孔子尊周，孟子不尊周，如冬裘夏葛，飢食渴飲，時措之宜異爾。此齊桓不得不尊周，亦迫於大義不得不然。夫子筆之於經，明君臣之義於萬世，非專爲美桓公也。孔、孟易地，則皆然。得時措之宜，則並行而不相悖矣。○雲峯胡氏曰：不有孔子之論，則在下者不知有尊王之義，而民可以無君矣；不有孟子之論，則在上者不知天命之改不改在民心之向背，而君可以無民矣。○新安陳氏曰：天命之改未改，驗之人心而已。人心猶知尊周，可驗天命未改，則當守天下之經，文王、孔子之事是也；人心不知有周，可驗天命已改，不得不達天下之權，武王、孟子之事是也。司馬温公、李泰伯尚不達此而非孟子，固哉！讀者不可不勘破此義。

○梁惠王曰：「寡人願安承教。」

承上章，言願安意以受教。

孟子對曰：「殺人以梃與刃，有以異乎？」曰：「無以異也。」梃，徒頂反。

梃，杖也。

「以刃與政，有以異乎？」曰：「無以異也。」

孟子又問而王答也。新安陳氏曰：政謂虐政。梃、刃、政殺人，承上章歲、兵之意而敷演之。

曰：「庖有肥肉，廄有肥馬，民有飢色，野有餓莩。此率獸而食人也。

厚斂力驗反。於人以養禽獸，而使民飢以死，則無異於驅獸以食人矣。新安陳氏曰：此因前章狗彘食人食、塗有餓莩之意而究言之，即以虐政殺人也。

「獸相食，且人惡之。爲民父母行政，不免於率獸而食人，惡在其爲民父母也？「惡之」之惡，去聲。「惡在」之惡，平聲。

君者，民之父母也。惡在，猶言「何在」也。

「仲尼曰：『始作俑者，其無後乎？』爲其象人而用之也。如之何其使斯民飢而死也？」俑音勇。爲，去聲。

俑，從去聲。下同。葬木偶人也。古之葬者，束草爲人以爲從衛，謂之「芻靈」，略似人形而已。中古易之以俑，則有面目機發而太似人矣。趙氏曰：木人設機而能踊跳，故名曰「俑」。故孔子惡去聲。下同。其不仁，而言其必無後也。新安陳氏曰：作俑者，殺人殉葬之漸。孔子惡之者以此。○《禮記·檀弓下》：「孔子謂爲明器者，知喪道矣，備物而不可用也。哀哉！死者而用生者之器也，不殆於用殉乎哉？ 其曰『明器』，神明之也。 塗車芻靈，自古有之，明器之道也。 孔子謂爲芻靈者善，謂爲俑者不仁，不殆於用人乎哉？」**孟子言此作俑者但用象人以葬，孔子猶惡之，况實使民飢而死乎？ ○李氏曰：「爲人君者固未嘗有率獸食人之心，然徇一己之欲而不恤其民，則其流必至於此，故以爲民父母告之。** 夫音扶。 **父母之於子，爲**去聲。 **之就利避害，未嘗頃刻而忘于懷，何至視之不如犬馬乎？」** 疊山謝氏曰：此章以人對獸，極言人君不行仁政，視人猶獸也。 天地間難得者人。 象人而用之，猶不免於無後，豈可率獸食人、不行王政，一至於此乎？ ○新安陳氏曰：爲人君者有作民父母之責，固未嘗有率獸食人之心。 惟徇欲而不恤民，則其流至此而不自覺，故以「率獸食人」箴其昏迷之錮習，而以「爲民父母」觸其惻隱之本心。 孟子之言，深切著明如此，而王不悟，亦末如之何也已。 右二章，戒梁王厲民自養，率獸食人，遏人欲也；勉其行王道，以爲民父母爲心，擴天理也。

○梁惠王曰：「晉國，天下莫强焉，叟之所知也。 及寡人之身，東敗於齊，長子死焉，西喪地於秦七百里，南辱於楚，寡人恥之。 願比死者一洒之，如之何則可？」 長，上聲。 喪，去聲。 比，必二反。 洒，與「洗」同。

魏本晉大夫魏斯，與韓氏、趙氏共分晉地，號曰「三晉」，故惠王猶自謂晉國。 惠王，斯之孫也。 **惠王三十年，齊擊魏，破其軍，虜太子申。** 《史記·魏世家》惠王三十年：「魏伐趙，趙告急齊。

齊宣王用孫子計，救趙擊魏。魏遂大興師，使龐涓將，而令太子申爲上將軍。」「與齊人戰，敗於馬陵。齊虜魏太子申，殺將軍涓。軍遂大破。」**十七年，秦取魏少**去聲。**梁。**《史記・魏世家》惠王十七年，魏「與秦戰元里。秦取我少梁」。元里、少梁，皆魏地邑名。**後魏又數**音朔。**獻地於秦。**《史記・商君傳》：秦孝公使衛鞅將兵伐魏。魏使公子卬將而擊之。軍既相距，衛鞅遺魏將公子卬書，曰：「吾始與公子驩，今俱爲兩國將，不忍相攻。可與公子面相見盟，樂飲而罷兵，以安秦魏。」魏公子卬以爲然。會盟已飲，而衛鞅伏甲士襲虜公子卬，因攻其軍，盡破之以歸秦。魏惠王恐，使使割河西之地獻於秦以和，而魏遂去安邑，徙都大梁。**又與楚將**去聲。**昭陽戰敗，亡其七邑。**《史記・楚世家》懷王六年：「楚使柱國昭陽將兵而攻魏。破之於襄陵，得邑八。」○張存中曰：按《史記》，魏襄王十三年，楚敗我襄陵，不言邑數，楚懷王六年得邑八，與《集註》「七邑」不合。未知孰是。**比，猶「爲」**去聲。**也。言欲爲死者雪其耻也。**慶源輔氏曰：惠王之志，疑若剛勇而有爲者。然細考之史，則其敗於三國，皆非義舉也。徒以争城争地，不失之貪，則失之繆。事既如此，猶不知所以自反，乃於見賢之際，歷叙其喪敗，而欲爲死者一洗之。此正如匹夫賤人，勢出無聊，不勝其忿，而求一快者所爲耳。豈有君人之度而知所謂大勇之理哉？

孟子對曰：「地方百里而可以王。

百里，小國也。然能行仁政，則天下之民歸之矣。

「王如施仁政於民，省刑罰，薄税斂。深耕易耨，壯者以暇日修其孝悌忠信，入以事其父兄，

出以事其長上。可使制梃，以撻秦楚之堅甲利兵矣。省，所梗反。斂、易，皆去聲。耨，奴豆反。長，上聲。

省刑罰、薄稅斂，此二者，仁政之大目也。新安陳氏曰：省刑則不伐民生，薄賦則民得養生，所以爲仁政之大目。易，治也。耨，耘也。盡己之謂忠，以實之謂信。君行仁政，則民得盡力於農畝，而又有暇日以修禮義，是以尊君親上而樂音洛。下同。於效死也。朱子曰：魏地迫近於秦，無時不受兵，割地求成無虛日。孟子之言似若容易，蓋當時之人焦熬已甚，率歡欣鼓舞之民而征之，自是見效速。後來公子無忌率五國師直擣至函谷關，可見。○慶源輔氏曰：仁政在於養民而已。省刑罰則民不至無所措其手足，而得以安其生；薄稅斂則民不至有所闕於衣食，而得以保其生。故孟子言仁政，首及此二者，下面數句則又其效驗也。深耕易耨，則薄稅斂之所致也。重稅厚斂則民不聊生，民不聊生則其於農事，亦苟且鹵莽而已。壯者以暇日修其孝悌忠信，入以事父兄，出以事長上，則省刑罰之所致也。嚴刑峻罰則民不樂生，民不樂生則其於人道，亦何暇修爲之哉？

「彼奪其民時，使不得耕耨以養其父母。父母凍餓，兄弟妻子離散。養，去聲。

彼，謂敵國也。

「彼陷溺其民，王往而征之，夫誰與王敵？夫音扶。

陷，陷於阱；通作「穽」，疾郢、才性二反。穿地陷獸也。溺，溺於水。暴虐之意。征，正也。以彼暴虐其民，而率吾尊君親上之民往正其罪，彼民方怨其上而樂歸於我，則誰與我爲敵哉？

「故曰：『仁者無敵。』王請勿疑！」

「仁者無敵」，蓋古語也。以「故曰」二字知之。「百里可王」，以此而已。恐王疑其迂闊，故勉使「勿疑」也。○孔氏曰：孔氏，名文仲，字經父，臨江人。「惠王之志在於報怨，孟子之論在於救民。所謂『唯天吏則可以伐之』，蓋孟子之本意。」南軒張氏曰：惠王憤其軍師之敗，欲一洒之，是乃不勝其忿欲之私耳。孟子所以告之者，乃爲國之常道，其所施爲，皆有實事。夫王政之所以不行者，以時君謀利計功之念深，每每致疑而莫肯力行故也。使其以先王之治爲必可法，以聖賢之言爲必可信而力行之，則孰禦焉？○慶源輔氏曰：註引孔氏之言，蓋怨有當報者，有不當報者。若惠王之事，則所謂不當報者也。不當報而報，則是忿懥者之所爲耳。忿懥者之所爲，則其心熏灼焚燒，愈撲愈熾，不至於大敗極壞而不已。若所謂志於救民，則至誠惻怛，成己以成物，一日有一日之功。其曰「唯天吏則可以伐之」，其所以自治者嚴矣。○勿軒熊氏曰：當時七雄皆大國也，孟子獨惓惓於齊梁者，欲「得志行乎中國」也。若秦楚，則蠻夷戎狄之裔，七篇之書，深鄙外之。蓋其得志，必非天下生民之福。自周之衰，天下大勢，不入于楚，必入于秦，聖賢已逆知其所趨矣。當時孟子止言深耕易耨、孝悌忠信，則可以制梃而撻秦楚，自一等富强而言，豈不大迂闊而不切於事情？然後來秦亡，不過起於揭竿斬木之匹夫，堅甲利兵果可恃乎？孟子之言，不我誣也。○新安陳氏曰：逞忿報怨，私欲也；行仁救民，公理也。行仁則自無敵。不得已而用兵，亦正之之征也。不行仁而惟報私怨，忿争而已矣。豈惟怨不可報？敗亡常必由之。

此章亦所以遏人欲、擴天理也。

○孟子見梁襄王。

襄王，惠王子。名赫。新安倪氏曰：按《通鑑》慎靚王二年壬寅，惠王卒。孟子去魏適齊，是一見襄王後即去也。

出，語人曰：「望之不似人君，就之而不見所畏焉。卒然問曰：『天下惡乎定？』吾對曰：『定于一。』語，去聲。卒，七没反。惡，平聲。

語，告也。不似人君、不見所畏，言其無威儀也。新安倪氏曰：《左氏傳》云：「有威而可畏謂之威，有儀而可象謂之儀。」不似人君，無可象之儀也；不見所畏，無可畏之威也。**卒然，急遽之貌。蓋容貌辭氣，乃德之符。**新安陳氏曰：德存於中，容貌辭氣乃德之符驗可見於外者。**其外如此，則其中之所存者可知。王問列國分争，天下當何所定？孟子對以必合于一然後定也。**

問：「孟子以梁襄王不似人君、不見所畏而譏之，然則必以勢位自高而厲威嚴以待物邪？」朱子曰：不然也。夫有諸中者必形諸外。有人君之德則必有人君之容，有人君之容則不必作威而自有可畏之威矣。曰：「言之急遽，亦何譏邪？」曰：《艮》之六五「以中正」而「言有序」。而吕氏亦曰：「志定者其言重以舒，不定者其言輕以疾。」然則言貌固皆内德之符，不惟可以觀人，學者雖以自省可也。曰：「孔子居是邦，不非其大夫，而孟子誦言其君之失如此，何邪？」曰：聖賢之分，固不同矣。且孔子仕於諸侯，而孟子爲之賓師，其地有不同也。抑七篇之中無復與襄王言者，豈孟子自是而不復久於梁邪？

「『孰能一之？』

王問也。

「對曰：『不嗜殺人者能一之。』

嗜，時利反。甘也。覺軒蔡氏曰：好生不嗜殺，天地生物之心也。必得天地此心，然後可爲天之子，爲民之父母。此言，萬世人牧之龜鑑也。

「『孰能與之？』

王復扶又反。問也。與，猶「歸」也。

「對曰：『天下莫不與也。王知夫苗乎？七八月之間旱，則苗槁矣。天油然作雲，沛然下雨，則苗浡然興之矣。其如是，孰能禦之？今夫天下之人牧，未有不嗜殺人者也。如有不嗜殺人者，則天下之民皆引領而望之矣。誠如是也，民歸之由水之就下，沛然誰能禦之？』」夫音扶。浡音勃。由，當作「猶」，古字借用。後多倣此。

周七八月，夏五六月也。《孟子》內並以周月言，與《春秋左傳》同。油然，雲盛貌；沛然，雨盛貌；浡然，興起貌。禦，禁止也。人牧，謂牧民之君也。領，頸也。蓋好去聲。下同。生惡去聲。死，人心所同。故人君不嗜殺人，則天下悅而歸之。○蘇氏曰：「孟子之言，非苟爲大而已。然不深原其意而詳究其實，未有不以爲迂者矣。予觀孟子以來，自漢高祖，及光武，及唐太宗，及我太祖皇帝，能一天下者四君，皆以不嗜殺人致之。其餘殺人愈多而天下愈亂。秦、晉及隋，力能合之而好殺不已，故或合而復扶又反。分，晉武合之，劉石亂而分王江東。或遂以亡國。秦、隋。孟子之言，豈偶然而已哉？」慶源輔氏曰：「『不嗜殺』之對，以見理勢之當然，非有爲而爲之者也。蓋人君之心誠能不嗜殺人，則舉天下皆在吾仁愛之中，又孰有渙散乖戾而不一歸於我哉？固非以不嗜殺人爲一天下之具也。○新安陳氏曰：嗜殺，人欲之殘虐也；不嗜殺，天理之惻隱也。此亦遏人欲、存天理也。

○齊宣王問曰：「齊桓、晉文之事，可得聞乎？」

齊宣王，姓田氏，名辟音壁。彊。渠良反。○趙氏曰：田氏本陳公子完之後。初以陳爲氏，後改姓田氏。至田和，始簒齊而有之。辟彊，和之曾孫，是爲宣王。諸侯僭稱王也。齊桓公，名小白。晉文公，名重耳。皆霸諸侯者。

孟子對曰：「仲尼之徒，無道桓、文之事者，是以後世無傳焉。臣未之聞也。無以，則王乎？」

道，言也。董子曰：「仲尼之門，五尺童子羞稱五伯，『霸』同。爲去聲。其先詐力而後仁義也。」亦此意也。新安倪氏曰：董子，名仲舒，西漢廣川人。此語見《漢書》本傳，對江都易王問粵有三仁，而曰：「仁人者，正其誼不謀其利，明其道不計其功，是以仲尼之門，五尺童子羞稱五伯，爲其先詐力而後仁義也。」〇西山真氏曰：孟子後能深闢五伯者，惟仲舒爲然。以、已通用。無已，必欲言之而不止也。王，去聲。謂王天下之道。程子曰：得天下之正，極人倫之至者，堯舜之道也；用其私心，依仁義之偏者，霸者之事也。「王道如砥」，本乎人情，出乎禮義，若履大路而行，無復回曲；霸者崎嶇反側於曲徑之中，而卒不可與入堯舜之道。故誠心而王則王矣，假之而霸則霸矣。二者其道不同，在審其初而已。〇龜山楊氏曰：齊宣王見孟子於雪宮，曰：「賢者亦有此樂乎？」而孟子答以晏子之言，則霸者之事非無傳也。孟子務引其君以當道，則桓、文之事特詭遇而已。「大匠不爲拙工改廢繩墨」，故曰：「無已，則王乎？」〇范氏曰：按《論語》，孔子曰：「桓公九合諸侯，不以兵車，管仲之力也。微管仲，吾其被髮左衽矣。」孔子美齊桓、管仲之功如此，孟子言「仲尼之門無道桓、文之事者」。聖人於人，苟有一善，無所不取。齊桓、管仲有功於天下，故孔子稱之。若其道，則聖人之所不取也。〇朱子曰：「無道桓、文之事」，事者，營霸之事，儒者未嘗講求。如桓公霸諸侯、一匡天下，則誰不知？至於經營霸業之事，儒者未嘗言也。

曰：「德何如則可以王矣？」曰：「保民而王，莫之能禦也。」

保，愛護也。慶源輔氏曰：保，如「保赤子」之保。〇新安陳氏曰：王道甚大，其要只在保民。「保民而王」一句，爲此章之綱領。

曰：「若寡人者，可以保民乎哉？」曰：「可。」曰：「何由知吾可也？」曰：「臣聞之胡齕曰：王坐於堂上，有牽牛而過堂下者。王見之，曰：『牛何之？』對曰：『將以釁鐘。』王曰：『舍之，吾不忍其觳觫，若無罪而就死地。』對曰：『然則廢釁鐘與？』曰：『何可廢也？以羊易之。』不識有諸？」齕音核。釁，許刃反。舍，上聲。觳，音斛。觫，音速。與，平聲。

胡齕，下没反。《集註》音核，核字有二音，宜審。齊臣也。釁鐘，新鑄鐘成，而殺牲取血，以塗其釁郄乞逆反。也。觳觫，恐懼貌。孟子述所聞胡齕之語而問王，不知果有此事否？

曰：「有之。」曰：「是心足以王矣。百姓皆以王爲愛也，臣固知王之不忍也。」

王見牛之觳觫而不忍殺，即所謂「惻隱之心，仁之端也」。擴而充之，則可以保四海矣。故孟子指而言之，欲王察識於此而擴充之也。愛，猶「吝」也。雲峯胡氏曰：《孟子》一書言心學甚詳，此是第一箇「心」字。「是心」，何心也？人之本心也。即此本心而推之，所謂「先王有不忍人之心，斯有不忍人之政」者也。須看《集註》「察識」、「擴充」四字。察識屬知，擴充屬行。○新安陳氏曰：「是心足以王矣」一句，最緊切。觀王有此愛物之心，即可知王有仁民之心，而可以保民矣。所以指言王之此心，即是足以王天下之本。真氏云「王道不外乎保民，而保民又不外乎此心」，是也。

王曰：「然，誠有百姓者。齊國雖褊小，吾何愛一牛？即不忍其觳觫，若無罪而就死地，故以羊易之也。」

言以羊易牛，其迹似吝，實有如百姓所譏者。然我之心，不如是也。雙峯饒氏曰：《論語》「小不忍」，朱子兼婦人之仁、匹夫之勇説。婦人不能忍其愛，匹夫不能忍其忿：這箇又是要忍得了。〇雲峯胡氏曰：饒氏發明兩「不忍」字甚好。孟子所謂「不忍」者，如齊宣王見牛之觳觫將死，一念之發，非有所勉强，自然而然者也。君子謂之「仁」。《論語》所謂「小不忍」者，如婦人匹夫一念之發，不能有所禁止，而一聽其自然者也。君子不謂之「義」。〇新安倪氏曰：《論語》之「小不忍」云者，不忍之念發於私小，常人之所不能禁止者也；《孟子》之「不忍」云者，不忍之念出乎正大，君子之所當擴充者也。

曰：「王無異於百姓之以王爲愛也。以小易大，彼惡知之？王若隱其無罪而就死地，則牛、羊何擇焉？」王笑曰：「是誠何心哉？我非愛其財而易之以羊也，宜乎百姓之謂我愛也。」

惡，平聲。

異，怪也。隱，痛也。擇，猶「分」也。言牛羊皆無罪而死，何所分别彼列反。**而以羊易牛乎？孟子故設此難，**去聲。**欲王反求而得其本心。王不能然，故卒無以自解於百姓之言也。**慶源輔氏曰：宣王既無講學之功，不知反求之理，而徒自辯解於百姓之言，故孟子又設此以問難之。蓋欲王反求而得其本心不忍之實，而王猶不能然也。〇東陽許氏曰：上言「臣固知王之不忍」，下言「彼惡知之」。蓋宣王見牛不忍之心雖發，而不自知其爲仁之端，故以「知」與「惡知」相對説，以爲常人雖爲利欲所昏，而本然之善終未嘗泯，但時或發，每不自覺而不能充之爾。故孟子以爲惟君子爲能知之，衆人不能知也。是啓王之心，使凡遇善心發時，便須識得，即就此推充，自小以及大，自近以及遠，即其一端推之至其極，則仁不可勝用矣。

曰：「無傷也。是乃仁術也，見牛未見羊也。君子之於禽獸也，見其生，不忍見其死；聞其聲，不忍食其肉。是以君子遠庖厨也。」遠，去聲。

無傷，言雖有百姓之言，不爲害也。術，謂法之巧者。蓋殺牛既所不忍，釁鍾又不可廢，於此無以處上聲。之，則此心雖發而終不得施矣。然見牛，則此心已發而不可遏；未見羊，則其理未形而無所妨。朱子曰：「見牛未見羊也」，「未」字有意味。蓋言其體則無限量，言其用則無終窮。充擴得去，有甚盡時？故以羊易牛，則二者得以兩全而無害，此所以爲仁之術也。朱子曰：齊王見牛觳觫而不忍之心萌，故以羊易之。孟子所謂「無傷」，蓋乃護得齊王仁心發見處。術，猶方便也。○「術」字本非不好底字，只緣後來把做變詐看了，便道是不好。却不知天下事有難處，須看有箇巧底道理始得。當齊王見牛之時，惻隱之心已發乎中，又見釁鍾事大，似住不得，只得以所不見者而易之。既周旋得那事，又不抑遏了這不忍之心，此心乃得流行。若當時無箇措置，便抑遏了這不忍之心，遂不得而流行矣。此乃所謂「術」也。聲，謂將死而哀鳴也。蓋人之於禽獸，同生而異類。故用之以禮，而不忍之心施於見聞之所及。其所以必遠庖厨者，亦以預養是心，而廣爲仁之術也。朱子曰：君子於物，愛之而已。食以時，用以禮，不身翦，不暴殄，既足以盡吾心矣。其愛之者，仁也；其殺之者，義也。齊王之不忍施於見聞之所及，正合愛物淺深之宜。若仁民之心，則豈爲其不見之故，而忍以無罪殺之哉？○慶源輔氏曰：唯其不忍之心止施於見聞之所及，故古之君子知學問者必遠其庖厨，乃所以預養是不忍之心，不使之見其生、聞其聲，以推廣其爲仁之術，不必屑屑然以其所不見而易其所見也。孟子言此，以見宣王之初心本無不善。以羊易牛，然後仁義之心得以兩全而無害也。○雲峯胡氏曰：一本心也，已發在於擴充，未發在於預養。

王説曰：「《詩》云：『他人有心，予忖度之。』夫子之謂也。夫我乃行之，反而求之，不得吾心。夫子言之，於我心有戚戚焉。此心之所以合於王者，何也？」説音悦。忖，七本反。度，待洛反。「夫我」之夫音扶。

《詩》，《小雅·巧言》之篇。戚戚，心動貌。王因孟子之言而前日之心復扶又反。**萌，乃知此心不從外得。然猶未知所以反其本而推之也。**南軒張氏曰：宣王聞孟子之言有得於心而説，謂己雖行之，及反而求之則有不能以自得者。及孟子抽其端緒以告，則戚然有動於中，當時不忍之意，宛然而形。○慶源輔氏曰：戚戚，心動而有所慘傷也。孟子所言，曲盡其理，故宣王前日之心復動于中，而委蛇曲折之意莫不盡見，而亦莫非吾心本然之善，非從外而得也。向非孟子據理之極、知言之要，深得夫開導誘掖之術，則亦何能使宣王前日不忍之心復萌也哉？宣王此心雖發動，而其端尚微，其體未充，而又未知所以用力推廣之方，故孟子此卜復以「用力」、「用明」、「用恩」之説以曉切之。○雲峯胡氏曰：齊王於其本心畧能察識，自此以下，孟子皆教之以擴充。○新安陳氏曰：「此心之所以合於王者，何也？」王此句亦問得緊切，與孟子「是心足以王矣」一句相照應。

曰：「有復於王者曰：『吾力足以舉百鈞而不足以舉一羽，明足以察秋毫之末而不見輿薪。』則王許之乎？」曰：「否。」「今恩足以及禽獸，而功不至於百姓者，獨何與？然則一羽之不舉，爲不用力焉；輿薪之不見，爲不用明焉；百姓之不見保，爲不用恩焉。故王之不王，不爲也，非不能也。」與，平聲。「爲不」之爲，去聲。

復，白也。鈞，三十斤。百鈞，至重難舉也。羽，鳥羽。一羽，至輕易去聲。下同。舉也。秋毫之末，毛至秋而末鋭，小而難見也；輿薪，以車載薪，大而易見也。許，猶「可」也。「今恩」以下，又孟子之言也。蓋天地之性，人爲貴。故人之與人，又爲同類而相親。是以惻隱之發，則於民切而於物緩；推廣仁術，則仁民易而愛物難。雙峯饒氏曰：《集註》「惻隱之發」是就心上説，「推廣仁術，則仁民易而愛物難」是就術上説。人性靈，所以仁民易；物無知，如何感得他動？所以愛物難。今王此心能及物矣，則其保民而王，非不能也，但自不肯爲耳。南軒張氏曰：「親親而仁民，仁民而愛物」，此天理之大同，由一本而其施有序也。豈有於一牛則能不忍，而不能保民者？蓋方見牛而不忍者，無以蔽之而其愛物之端發見也；其不能加恩於民者，有以蔽之而仁民之理不著也。然即夫愛物之端，可以知夫仁民之理素具，能反而循其不忍之實，則其所謂仁民者固可得也。○慶源輔氏曰：「天地之性人爲貴，而人之與人，又爲同類而相親，故惻隱之發，於民切於物緩」：皆自然而然，雖至愚之人亦莫不然。學者須是臨事體察，看教分曉，不可模糊率畧，聽其自然，事過便休。

若夫「推廣仁術，則仁民易而愛物難」，所以難、所以易者：且以凡人言之。推廣此心，愛及同類者，其勢便，其事易；至於物，則有不得已而資以爲用者，使之皆被吾之愛而無傷，則其勢遠，其事難。自君人者言之。發政施仁，使民得以遂其生者，其事便，其事易；極輔相財成之道，使庶類繁殖，鳥獸魚鼈咸若者，其勢遠，其事難。今王此心既發於見牛之際，而又有以處之，而使是心得以流行矣，則是於其勢遠而事難者既能有以及之，則以是心而施於勢近而事易、與之同類而相親，所謂「保民而王」者，則豈有不能者哉？但自不肯爲耳。○新安陳氏曰：「今恩足以及禽獸，而功不至於百姓者，獨何與」，此二句難得最緊切，乃是一大章文意警策處。下文又以此二句再難以結之。王能其緩且難者，而失之於切且易者，何也？使王能自其不忍之形於愛物者，充廣之以仁民，特舉而措之耳。

曰：「不爲者與不能者之形，何以異？」曰：「挾太山以超北海，語人曰『我不能』，是誠不能也。爲長者折枝，語人曰『我不能』，是不爲也，非不能也。故王之不王，非挾太山以超北海之類也。王之不王，是折枝之類也。語，去聲。「爲長」之爲，去聲。長，上聲。折，之舌反。

形，狀也。挾，以腋持物也。超，躍而過也。爲長者折枝，以長者之命折草木之枝，言不難也。是心固有，不待外求。擴而充之，在我而已，何難之有？

「老吾老，以及人之老；幼吾幼，以及人之幼。天下可運於掌。《詩》云：『刑于寡妻，至于兄弟，以御于家邦。』言舉斯心加諸彼而已。故推恩足以保四海，不推恩無以保妻子。古之人所以大過人者，無他焉，善推其所爲而已矣。今恩足以及禽獸而功不至於百姓者，獨何與？與，平聲。

老，以老事之也。吾老謂我之父兄，人之老謂人之父兄。幼，以幼畜許六反。之也。吾幼謂我之子弟，人之幼謂人之子弟。運於掌，言易去聲。下同。也。《詩》《大雅・思齊》莊皆反。之篇。刑，法也。寡妻，寡德之妻，謙辭也。御，治也。不能推恩，則衆叛親離，故無以保妻子。蓋骨肉之親，本同一氣，又非但若人之同類而已。故古人必由親親推之，然後及於仁民，又推其餘，然後及於愛物，皆由近以及遠，自易以及難。今王反之，則必有故矣。故復扶又反。推本而再問之。新安陳氏曰：末二句再問難以結之，十分精神，文法亦有照應收拾。○和靖尹氏曰：「善推其所爲」，學者最要，推也。因一事則推之，大有所益。「言舉斯心加諸彼」是也。○南軒張氏曰：孟子非使之以其愛物者及人，蓋使之因愛物以循其不忍之實，而反其所謂一本者，以「親親而仁民，仁民而愛物」，此所謂王道也。○慶源輔氏曰：「人之骨肉本同一氣而生，又非但若人之同類而已」，故於心爲至親至切，而行仁必自孝弟始，然後可以推而及民與物也。勢有近遠，當由近以及遠；事有難易，當自易以及難。老吾老、幼吾幼以及人之老幼，刑寡妻，至兄弟，以御于家邦，此皆自然之序，而人所不自已者。若或反此，則必有其故矣。是不可不致其克復之功，使之循序而進。不然，則倒行而逆施之，如無源之水、無根之木，不旋踵而乾涸枯瘁矣。○雙峯饒氏曰：因愛牛之心説到此，欲其因愛物之心反而見得仁民，因愛人之心反而見得親親；又因親親推而至於仁民，由仁民推而至於愛物。運於掌，言其近而易。天下雖大，只由一家老老幼幼推去，又何難且遠之有？「運於掌」與「視諸掌」不同。運屬行，視屬知。那箇是易知，這箇是易行。○西山真氏曰：由親以及民，由民以及物，此古人之善推也；能及物而不能及民，此宣王之不善推也。○魯齋王氏曰：「善推其所爲」一句，是孟子平生功夫受用只在此。○雲峯胡氏曰：須要看《集註》三節議論貫穿處。始言愛物，則曰「人之於禽獸，同生而異類」；繼言仁民，則曰「天地之性，人爲貴，故人之與人，又爲同類而相親」；此言「老老幼幼」，則曰「骨肉之親，本同一氣，又非但若人之同類而已」。曰「同生」，曰「同類」，曰「同氣」，是爲理一而分殊；雖推之有序，然皆不過自吾本心而推之，是爲分殊而理一也。大抵此章凡千餘言，大要只二句。欲其察識此心於方發之初，故曰「是心足以王矣」；欲其擴充此心於已發之後，故曰「善推其所爲而已矣」。

「權，然後知輕重；度，然後知長短。物皆然，心爲甚。王請度之。「度之」之度，待洛反。❶

權，稱去聲。下同。**錘**直垂反。**也；度，丈尺也。度之，謂稱量之也。言物之輕重長短，人所難齊，必以權度度**上如字。下待洛反，下文「不度」，音同。**之而後可見；若心之應物，則其輕重長短之難齊而不可不度以本然之權度，又有甚於物者。今王恩及禽獸而功不至於百姓，是其愛物之心重且長而仁民之心輕且短，失其當然之序而不自知也。故上文既發其端，而於此請王度之也。**朱子曰：物易見，心無形。度物之輕重長短易，度心之輕重長短難。度物差了只是一事，心差了時，萬事差，所以心爲甚。又新安陳氏曰：指「恩足以及禽獸，而功不至於百姓」二句。

❶「待」，原作「持」，今據四庫本及《四書通》改。

曰：愛物宜輕，仁民宜重，此是權度，以此去度。○「本然之權度」亦只是此心。此心本然萬理皆具，應物之時，須是子細看合如何，便是本然之權度也。如齊王見牛而不忍之心見，此是合權度處。及至興甲兵、危士臣、結怨於諸侯，又却忍爲之，便是不合權度，失其本心。○慶源輔氏曰：此指宣王之心偏詖處言之也。必先見得其輕重長短如此分明了，然後究其所以然之故，則吾心之蔽始可去，而本然之理始可復。此孟子所以引物資權度之説，而使王自稱量其心也。

「抑王興甲兵，危士臣，構怨於諸侯，然後快於心與？」與，平聲。

抑，發語辭。士，戰士也。構，結也。孟子以王愛民之心所以輕且短者，必其以是三者爲快也。然三事實非人心之所快，有甚於殺觳觫之牛者。故指以問王，欲其以此而度之也。慶源輔氏曰：孟子恐王不知所以稱量之要，故舉興甲兵、危士臣、構怨於諸侯三事，使王度之。蓋宣王愛民之心所以輕且短者，實以是三者之爲快蔽之也。夫此三事乃人心之所不忍，有甚於殺觳觫之牛者。王若以是爲快，則宜乎愛民之心輕且短也。○雲峯胡氏曰：上一節一「心」字亦指本心而言。蓋謂本心之中有自然之權度，非自外來也。此節一「心」字與後數箇「欲」字，便非本心矣。本心難於擴充，而欲心易於蔽錮，此王道所以不行也。

王曰：「否。吾何快於是？將以求吾所大欲也。」

不快於此者，心之正也；而必爲此者，欲誘之也。欲之所誘者獨在於是，是以其心尚明於他，而獨暗於此。此其愛民之心所以輕短，而功不至於百姓也。慶源輔氏曰：辟土地、朝秦楚、莅中國、撫四夷，是其本志也；興甲兵、危士臣、構怨於諸侯，則末流之禍耳。有是志則有是禍矣。指其末流之禍則以爲不快於此者，心之明也；而卒溺於初志之失而不知反者，欲誘之也。「其心尚明於他」者，謂不忍一牛之觳觫也；「而獨暗於此」者，謂功不至於百姓也。○新安陳氏曰：所大欲者，人欲之横流，所以不能仁民而擴天理之公也。

曰：「王之所大欲，可得聞與？」王笑而不言。曰：「爲肥甘不足於口與？輕煖不足於體與？抑爲采色不足視於目與？聲音不足聽於耳與？便嬖不足使令於前與？王之諸臣皆足以供之，而王豈爲是哉？」曰：「否。吾不爲是也。」曰：「然則王之所大欲可知已。欲辟土地，朝秦楚，莅中國，而撫四夷也。以若所爲求若所欲，猶緣木而求魚也。」與，平聲。「爲肥」、「抑爲」、「豈爲」、「不爲」之爲，皆去聲。便、令，皆平聲。辟，與「闢」同。朝音潮。

便嬖，近習嬖幸之人也。已，語助辭。辟，開廣也。朝，致其來朝也。秦、楚，皆大國。莅，臨也。新安陳氏曰：所大欲在此，所以初發問便欲聞桓、文霸圖事。若，如此也。所爲，指興兵結怨之事。緣木求魚，言必不可得。

王曰：「若是其甚與？」曰：「殆有甚焉。緣木求魚，雖不得魚，無後災；以若所爲，求若所欲，盡心力而爲之，後必有災。」曰：「可得聞與？」曰：「鄒人與楚人戰，則王以爲孰勝？」曰：「楚人勝。」曰：「然則小固不可以敵大，寡固不可以敵衆，弱固不可以敵强。海内之地方千里者九，齊集有其一。以一服八，何以異於鄒敵楚哉？蓋亦反其本矣。「甚與」、「聞與」之與，平聲。

殆、蓋，皆發語辭。鄒，小國；楚，大國。齊集有其一，言集合齊地其方千里，是有天下九分扶問反。之一也。新安陳氏曰：千里者九，齊、楚、燕、秦、趙、魏、韓、宋、中山也。以一服八，必不能勝，即有敗亡之禍。所謂後災也。反本，説見形甸反。下文。

「今王發政施仁，使天下仕者皆欲立於王之朝，耕者皆欲耕於王之野，商賈皆欲藏於王之市，行旅皆欲出於王之途，天下之欲疾其君者，皆欲赴愬於王。其如是，孰能禦之？」朝音潮。賈音古。愬，與「訴」同。

行貨曰商，居貨曰賈。發政施仁，所以王去聲。天下之本也。近者悦，遠者來，則大小彊弱非所論矣。蓋力求所欲，則所欲者反不可得；能反其本，則所欲者不求而至。與首章意同。南軒張氏曰：行王政者，心非欲傾他國以自利也。惟以民困爲己任，爲吾所當爲，而天下自歸心焉。夫欲朝秦楚、莅中國，自世俗言，則以爲有志；自聖賢觀之，苟不本乎公理，特出於忮求矜伐之私耳。齊王惟汲汲於濟其私，非惟不克濟，而禍患隨之。蹈私欲，固危道也。由孟子所言以發政施仁，則公理之所存，可大之業自可馴致。此天理、人欲之分也。○慶源輔氏曰：力求所欲，則徇欲也，有爲而爲之也。

計獲求得，用力雖勞，而所欲者反不如所期。能反其本，則循理者也，無所爲而爲之也。先難後獲、先事後得，而可大之業自爾循至。此天理、人欲之分也。

王曰：「吾惛，不能進於是矣。願夫子輔吾志，明以教我。我雖不敏，請嘗試之。」惛，與「昏」同。曰：「無恒産而有恒心者，惟士爲能。若民，則無恒産，因無恒心。苟無恒心，放辟邪侈，無不爲已。及陷於罪，然後從而刑之，是罔民也。焉有仁人在位，罔民而可爲也？恒，胡登反。辟，與「僻」同。焉，於虔反。

恒，常也。産，生業也。恒産，可常生之業也；恒心，人所常有之善心也。士嘗學問，知義理，故雖無恒産，而有常心。民則不能然矣。罔，猶「羅罔」，欺其不見而取之也。慶源輔氏曰：「恒産，常生之業」，則下文所言「五畝之宅」、「百畝之田」，是也；「恒心，常有之善心」，則下文所言「善」與「禮義」，是也。善又禮義之總名。緣民無常産，所以無常心，故不知禮義而陷於放辟邪侈也。若遂從而刑之，是誠無異於以羅網罔民，「欺其不見而取之也」。○雲峯胡氏曰：此「心」字亦指本心而言，但指其在士民者言之。

「是故明君制民之産，必使仰足以事父母，俯足以畜妻子，樂歲終身飽，凶年免於死亡。然後驅而之善，故民之從之也輕。畜，許六反。下同。

輕，猶「易」去聲。也。此言民有常産而有常心也。

「今也制民之産，仰不足以事父母，俯不足以畜妻子，樂歲終身苦，凶年不免於死亡。此惟救死而恐不贍，奚暇治禮義哉？治，平聲。凡「治」字爲理物之義者，平聲；爲已理之義者，去聲。後皆倣此。

贍，時念反。足也。此所謂無常產而無常心者也。

「王欲行之，則盍反其本矣！

盍，何不也。使民有常產者，又「發政施仁」之本也。新安陳氏曰：「則盍反其本矣」，與前「蓋亦反其本矣」當對觀。「發政施仁」，是所以王天下之本；使民有常產，又是「發政施仁」之本也。說見形甸反。下文。

「五畝之宅，樹之以桑，五十者可以衣帛矣；雞豚狗彘之畜，無失其時，七十者可以食肉矣；百畝之田，勿奪其時，八口之家可以無飢矣；謹庠序之教，申之以孝悌之義，頒白者不負戴於道路矣。老者衣帛食肉，黎民不飢不寒，然而不王者，未之有也。」音見前篇。

此言制民之產之法也。趙氏曰：趙氏，名岐，詳見《序說》中註。「八口之家，次上農夫也。此王政之本、常生之道，故孟子爲去聲。齊、梁之君各陳之也。」楊氏曰：「『爲天下者，『舉斯心加諸彼而已』。然雖『有仁心仁聞去聲。而民不被其澤』者，『不行先王之道』故也。故以制民之產告之。」○此章言人君當黜霸功，行王道，而王道之要，不過推其不忍之心，以行不忍之政而已。齊王非無此心，而奪於功利之私，不能擴充以行仁政，雖以孟子反覆曉

告精切如此，而蔽固已深，終不能悟，是可歎也！ 南軒張氏曰：孟子如對鴻鴈麋鹿之問，及對好樂、好色、好貨，皆徐引之當道，何其辭氣不迫也！ 至於利國之問，則應以何必曰利；桓、文之問，則對以無道、無傳；論管、晏，則曰管仲，曾西之所不爲；言交兵之不利，則曰號則不可：又何其嚴也！ 自後世觀之，後數説比之前數者，宜若未至甚害，而攻之反甚切，何歟？ 蓋前數者，一病爲一事耳，故紬繹其性之端以示之，使之曉然知反躬之要，則天理可明而人欲可遏矣。 至於霸者功利之説，易以惑人，人或趨之，則大體一差，雖有嘉言善道，亦何由入？ 戰國諸侯，其失正在乎此。 故闢之不可不嚴也。○雲峯胡氏曰：此章甚詳，《集註》斷之甚約，蓋欲黜霸功則心之所向者正，能行王道則心之所充者大。「先王有不忍人之心，斯有不忍人之政。」今雖有不忍之心，而不能推之以行不忍之政，無他，奪於功利之私也。「功利」二字，依舊是向霸功上去，入于彼必出於此，世安有不能黜霸功而能行王道者哉？ 此孟子所以斷然以爲仲尼之徒所不道也。

孟子集註大全卷之二

梁惠王章句下

凡十六章。

莊暴見孟子，曰：「暴見於王，王語暴以好樂，暴未有以對也。」曰：「好樂何如？」孟子曰：「王之好樂甚，則齊國其庶幾乎！」「暴見於」之見，音現，下「見於」同。「語」字，去聲。下同。好，去聲。篇內並同。

莊暴，齊臣也。庶幾，近辭也。言近於治。去聲。

他日，見於王，曰：「王嘗語莊子以好樂，有諸？」王變乎色，曰：「寡人非能好先王之樂也，直好世俗之樂耳。」

變色者，慚其好之不正也。東陽許氏曰：「『王語暴以好樂』，蓋論及所好之俗樂。『暴未有以對』，蓋莊暴亦知俗樂之不足好，欲諫而未得其辭，故以告孟子。○王變色，是愧前與暴論者不可聞於孟子，故其下直言之。

曰：「王之好樂甚，則齊其庶幾乎！ 今之樂，由古之樂也。」

今樂，世俗之樂；古樂，先王之樂。

曰：「可得聞與？」曰：「獨樂樂，與人樂樂，孰樂？」曰：「不若與人。」曰：「與少樂樂，與衆樂樂，孰樂？」曰：「不若與衆。」「聞與」之與，平聲。「樂樂」，下字音洛。「孰樂」，亦音洛。

獨樂音洛。下同。不若與人，與少樂不若與衆，亦人之常情也。

「臣請爲王言樂。爲，去聲。

此以下皆孟子之言也。

「今王鼓樂於此，百姓聞王鐘鼓之聲、管籥之音，舉疾首蹙頞而相告曰：『吾王之好鼓樂，夫何使我至於此極也？ 父子不相見，兄弟妻子離散。』今王田獵於此，百姓聞王車馬之音，見羽旄之美，舉疾首蹙頞而相告曰：『吾王之好田獵，夫何使我至於此極也？ 父子不相見，兄弟妻子離散。』此無他，不與民同樂也。蹙，子六反。頞音遏。夫音扶。「同樂」之樂音洛。

鐘、鼓、管、籥，皆樂器也。新安陳氏曰：管，笙也。籥，如笛而六孔，或曰「簫」也。舉，皆也。疾首，頭痛也。蹙，聚也。頞，額也。人憂戚則蹙其額。極，窮也。羽旄，旌屬。趙氏曰：《春秋傳》：「范宣子假羽旄於齊。」「晉人假羽旄於鄭。」註：「析羽爲旌，王者游車所建也。」按，《周禮・司常》：「九旗」之數有「全羽」、「析羽」，釋云：「全羽、析羽，直有羽而無帛。」不與民同樂，謂獨樂其身而不恤其民，使之窮困也。新安陳氏曰：因好樂而及田獵，以王亦好田獵故也。

「今王鼓樂於此，百姓聞王鐘鼓之聲、管籥之音，舉欣欣然有喜色而相告曰：『吾王庶幾無疾病與？何以能鼓樂也？』今王田獵於此，百姓聞王車馬之音，見羽旄之美，舉欣欣然有喜色而相告曰：『吾王庶幾無疾病與？何以能田獵也？』此無他，與民同樂也。「病與」之與，平聲。「同樂」之樂音洛。

與民同樂者，推好樂之心以行仁政，使民各得其所也。雙峯饒氏曰：「庶幾無疾病」，民唯恐君不安樂，有「愛之，欲其生」之意；若「時日害喪」，則「惡之，欲其死」矣。田獵雖非樂，推類而言之。

「今王與百姓同樂，則王矣。」

好樂而能與百姓同之，則天下之民歸之矣。所謂「齊其庶幾者」，如此。○范氏曰：「戰國之時，民窮財盡，人君獨以南面之樂音洛。下「同樂」同。自奉其身。孟子切於救民，故因齊王之好樂，開導其善心，深勸其與民同樂，而謂今樂猶古樂。其實，今樂、古樂何可同也？但與民同樂之意，則無古今之異耳。南軒張氏曰：與民同樂者，固樂之本也。好世俗之樂者，私欲也；與民同樂者，公理也。孟子不遽詆其所好而獨擴之以公理，可謂善啓告者。若必欲以禮樂治天下，當如孔子之言，必用韶舞，必放鄭聲。蓋孔子之言，爲邦之正道；孟子之言，救時之急務：所以不同。」楊氏曰：「樂以和爲主。使人聞鐘鼓管絃之音而疾首蹙頞，則雖

奏以《咸》、《英》、《韶》、《濩》，胡故反。**無補於治**去聲。**也。**《前漢·禮樂志》：「昔黃帝作《咸池》，顓頊作《六莖》，帝嚳作《五英》，堯作《大章》，舜作《招》，讀作《韶》。禹作《夏》，湯作《濩》，武王作《武》，周公作《勺》。讀作《酌》。以上並樂名。《勺》，言能勺先祖之道也；《武》，言以功定天下也；《濩》，言救民也；《夏》，大承二帝也；《招》，繼堯也；《大章》，章之也；《五英》，英華茂也；《六莖》，及根莖也；《咸池》，備矣。」**故孟子告齊王以此，姑正其本而已。**」朱子曰：孟子開導時君，故曰「今之樂猶古之樂」。至於言「百姓聞樂音，欣欣然有喜色」處，則關閉得甚密。如「好色」、「好貨」，亦此類也。○慶源輔氏曰：范氏辨孔子、孟子之説，可謂平正明白，無餘藴矣。而楊氏論樂以和爲主，及與民同樂爲樂之本，又可以足范氏之説。○新安陳氏曰：不卹民而自好世俗之樂，以縱其荒樂，人欲之縱肆也。因賢者之問，而自慚所好之不正，天理之萌動也。齊王慚之，孟子不詆而開導之，戒其縱獨樂之私，而勉其充同樂之公，遏人欲而擴天理也。王道在遏人欲、擴天理而已。

○**齊宣王問曰：「文王之囿方七十里，有諸？」孟子對曰：「於傳有之。」**囿音又。傳，直戀反。**囿者，蕃**音煩。**育鳥獸之所。古者四時之田，皆於農隙，**乞逆反。**以講武事。**《左傳》隱公五年春：公將如棠觀魚者。臧僖伯諫曰：「凡物不足以講大事，大事謂祀與戎。戎，兵也。其材不足以備器用，則君不舉焉。君將納民於軌物者也。故講事以度軌量謂之軌，取材以章物采謂之物。不軌不物，謂之亂政。亂政亟行，所以敗也。故春蒐、夏苗、秋獮、冬狩，四者皆田獵之名。蒐，索，擇取不孕者。苗，爲除害也。獮，殺也。以殺爲名，順秋氣也。狩，圍守也。冬物畢成，獲則取之，無所擇也。皆於農隙以講事也。」**然不欲馳騖**音務。

於稼穡場圃之中，故度待洛反。閒曠之地以爲囿。然文王七十里之囿，其亦三分天下有其二之後也與？音余。○南軒張氏曰：意齊王欲廣其囿，諛佞之徒必有假文王事以逢之者。文王豈崇囿如此？蓋其蒐田所及，民以爲王之囿耳。以芻、雉得往，知其然也。傳，謂古書。慶源輔氏曰：孟子時有之，今不復存。孟子所謂「於傳有之」，亦言據古書有此説耳，然未必其然否也。

曰：「若是，其大乎！」曰：「民猶以爲小也。」曰：「寡人之囿方四十里，民猶以爲大，何也？」曰：「文王之囿方七十里，芻蕘者往焉，雉兔者往焉，與民同之。民以爲小，不亦宜乎？芻音初。蕘音饒。

芻，草也。蕘，薪也。

「臣始至於境，問國之大禁，然後敢入。臣聞郊關之内有囿方四十里，殺其麋鹿者如殺人之罪，則是方四十里爲阱於國中。民以爲大，不亦宜乎？」阱，才性反。

禮，入國而問禁。《禮記·曲禮》：「入境而問禁，入國而問俗，入門而問諱。」國外百里爲郊，郊外有關。阱，坎地以陷獸者。言陷民於死也。新安陳氏曰：前篇「罔民」，與此「爲阱」，皆是借網取禽、阱取獸以諷切時君之禽獸其民。苑、囿，一也。設禁阱民者，人欲之私；與民同利者，天理之公。無非欲遏人欲、擴天理而已。

○齊宣王問曰：「交鄰國有道乎？」孟子對曰：「有。惟仁者爲能以大事小，是故湯事葛，文王事昆夷；惟智者爲能以小事大，故大王事獯鬻，句踐事吴。獯音熏。鬻音育。句音鈎。仁人之心，寬洪惻怛，當葛反。○慶源輔氏曰：寬洪，仁者之量；惻怛，仁者之意。而無較計大小彊弱之私。故小國雖或不恭，而吾所以字之之心自不能已。程子曰：凡人有所計較者，皆私意也。仁者欲人之善而矜人之惡，不計較小大彊弱而事之，故能保天下。犯而不較，亦樂天順理者也。○新安陳氏曰：惟仁者能忘己之大而事鄰國之小。實只字之，若事之耳。智者明義理，識時勢，故大國雖見侵陵，而吾所以事之之禮，尤不敢廢。新安陳氏曰：惟智者爲能安己之小，而事鄰國之大。朱子云：智者不特是見得利害明，道理自合恁地。小之事大，弱之事强，皆是道理合恁地。湯事見形甸反。下同。後篇。文王事見《詩·大雅》。大王事見後章，所謂「狄人」，即獯鬻也。《詩·緜》八章：「肆不殄厥愠，亦不隕厥問，柞子洛反。棫音域。拔蒲貝反。❶矣，行道兑吐外反。矣。混音昆。夷駾徒對反。矣，維其喙吁貴反。矣。」駾，突也。喙，息也。言大王雖不能殄絶混夷之愠怒，亦不隕墜己之聲問。蓋雖聖賢不能必人之不怒己，但不廢其自脩之實耳。然大王始至此岐下之時，林木深阻，人物鮮少。至於其後，生齒漸繁，歸附日衆，則木拔道通，昆夷畏之，而奔突竄伏，維其喙息而已。言德盛而昆夷自服也。蓋已爲文王之時矣。句踐，越王名，事見《國語》、《史記》。《國語·吴語》、《史記·越王勾踐世家》同云：越王勾踐，芈姓。❷興兵伐吴。吴王夫

❶「貝」，原作「具」，今據《四書纂箋》、《經典釋文》卷七改。
❷「芈」，四庫本作「姒」。

差，姬姓。聞之，悉發精兵擊越。敗之夫音扶。椒。今大湖中椒山，是也。越王乃以餘兵五千人保棲於會古外反。稽。山名，在山陰南七里。吴王追而圍之。越王乃令大夫種行成於吴。成者，平也。求平於吴也。膝行頓首曰：「君王亡臣勾踐，使臣種敢告下執事：勾踐請爲臣，妻爲妾。」吴王將許之，子胥言於吴王曰：「天以越賜吴，勿許也。」種還以報。勾踐欲殺其妻子，燔寶器，觸戰而死。種止勾踐曰：「夫吴太宰嚭貪，可誘以利，請行猶「微行」。言之。」❶於是勾踐乃以美女寶器，令種間以獻吴太宰嚭。嚭受，乃見大夫種於吴王。種頓首言曰：「願大王赦勾踐之罪，盡入其寶器。不幸不赦，勾踐將盡殺其妻子，燔其寶器，五千人觸戰，必有當也。」嚭因説吴王曰：「越以服爲臣，若將赦之，此國之利也。」卒赦越，罷兵歸。○朱子曰：仁者自然合理，智者知理之當然而敬以循之，其大概是如此。若細分之，則太王、勾踐意思自不同也。○潛室陳氏曰：仁者無計較之私，忘其孰大而孰小；智者有度量之明，自知小不能敵大。○雲峯胡氏曰：本文「大事小」、「小事大」，《集註》則曰「大字小」、「小事大」，一「字」字，尤見仁人之心。然大之字小，猶未足以見其仁，必小國雖或不恭，而字之之心自不能已，乃見大者之仁；小之事大，猶未足以見其智，必大國雖見侵陵，而事之之禮尤不敢廢，乃足以見小者之智。

「以大事小者，樂天者也；以小事大者，畏天者也。樂天者保天下，畏天者保其國。樂音洛。**天者，理而已矣。大之字小、小之事大，皆理之當然也。自然合理，故曰樂天；不敢違理，**

❶「行」上，陸本及《史記・越王勾踐世家》有「間」字。

故曰畏天。包含徧覆，敷救反。**無不周徧，保天下之氣象也；制節謹度，不敢縱逸，保一國之規模也。**問「樂天」、「畏天」不同：「以仁者而居小國，固不免爲智者之事；使智者而居大國，則未必能爲仁者之舉。何者？智者分別曲直，未必能容忍而不與之較，如仁者之爲也。」朱子曰：得之。○仁者與天爲一，智者聽天所命。與天爲一者嘉人之善，矜人之惡，無所擇於利害，故能以大事小；聽天所命者循理而行，順時而動，不敢用其私心，故能以小事大。○何叔京曰：仁者以天下爲度，一視而同仁，惟欲人各得其所，不復計彼此强弱之勢，故以大事小而不以爲難。如葛與昆夷之無道，湯、文慇懃而厚恤之，及終不可化而禍及於人，然後不得已而征伐之，仁之至也。智者達於事變而知理之當然，故以小事大而不敢忽。然而必自强於政治，期於有以自立。如獯鬻與吴之方强，大王、勾踐外卑躬而事之，内則治其國家，和其民人，終焉或興王業，或刷其恥，此智之明也。使湯、文保養夷、葛，惡極而不能去，是不仁而縱亂也；大王勾踐惟敵之畏，而終不能自强，是無恥而苟安也：又何取於仁智哉？○慶源輔氏曰：「天者，理而已矣」，即程子所謂「夫天，尊言之即道也」。❶以道理言，則大者自當字小，此天之所以覆地也；小者自當事大，此坤之所以承乾也。又曰：「保天下」、「保其國」，言仁、智者之氣象規模有此效也，非謂仁者、智者之心欲其如此也。○雲峯胡氏曰：「字之之心，自不能已」，即是「自然合理」；「事之之禮，尤不敢廢」，即是「不敢違理」。「包含徧覆，無不周徧」，即其「字之之心」，而其氣象愈充拓愈恢宏；「制節謹

---

❶ 「尊」、「即」，元刻本宋程頤《伊川易傳》卷一、宋朱鑒《朱文公易說》卷三作「專」、「則」。

度，不敢縱逸」，即其「事之之禮」，而其規模愈收斂愈嚴謹。《集註》措辭之精微如此。

「《詩》云：『畏天之威，于時保之。』」

《詩》，❶《周頌·我將》之篇。時，是也。新安陳氏曰：引《詩》不及「樂天」一邊，亦偶然耳。○朱子曰：此智者畏天而保其國之事。○雙峯饒氏曰：天理當然，違之則有禍，此便是天威了。

王曰：「大哉言矣！寡人有疾，寡人好勇。」

言以好勇，故不能事大而恤小也。新安陳氏曰：大之事小，善待之而已，非小事之也。《集註》於「大事小」必曰「字小」，又曰「恤小」，而於「事大」不易「事」字，蓋欲發明孟子意，不可不畧易此字也。

對曰：「王請無好小勇。夫撫劍疾視，曰：『彼惡敢當我哉？』此匹夫之勇，敵一人者也。王請大之。「夫撫」之夫音扶。惡，平聲。

疾視，怒目而視也。小勇，血氣所爲；大勇，義理所發。趙氏曰：血氣所爲之勇，如溝澮之水，暴集隨涸，故謂之「小」；義理所發之勇，天開地闢，自不能已，故謂之「大」。

「《詩》云：『王赫斯怒，爰整其旅，以遏徂莒，以篤周祜，以對于天下。』此文王之勇也。文王一怒而安天下之民。

---

❶「詩」，原脱，今據四庫本補。

《詩》，《大雅·皇矣》篇。赫，赫然，怒貌。爰，於也。旅，衆也。遏，《詩》作「按」，止也。徂，往也。莒，《詩》作「旅」。徂旅，謂密人侵阮、徂共音恭。之衆也。篤，厚也。祜，福也。對，答也。以答天下仰望之心也。《詩·皇矣》：「帝謂文王：無然畔援，無然歆羨，誕先登于岸。密人不恭，敢距大邦，侵阮徂共。王赫斯怒，爰整其旅，以按音遏。徂旅，以篤周祜，以對于天下。」密，密須氏，姞姓之國，在今寧州。阮，國名，在今涇州。共，阮國之地名，今涇州共池是也。此言文王征伐之始也，無所畔援歆羨，大能先造道之極。因密人不恭，是以如此。此文王之大勇也。新安陳氏曰：怒者，勇之發也。因「王赫斯怒」一「怒」字，發出「一怒安民」之説。蓋自赫怒舉兵「以對于天下」，而生出此意。

「《書》曰：『天降下民，作之君，作之師。惟曰其助上帝，寵之四方。有罪無罪惟我在，天下曷敢有越厥志？』一人衡行於天下，武王恥之。此武王之勇也。而武王亦一怒而安天下之民。衡，與「横」同。

《書》，《周書·泰誓》之篇也。然所引與今《書》文小異，雙峯饒氏曰：《書》言「寵綏四方」，指君而言；《孟子》言「寵之四方」，指天而言。《書》之「有罪無罪」，指紂而言；《孟子》之「有罪無罪」，指諸侯而言。《書》之「越厥志」，指君而言；《孟子》之「越厥志」，指民而言。二者大段不同。想古人之書與今多不同，多是人記得，人家不常有此本。今且依此解之。寵之四方，寵異之於四方也。有罪者我得而誅之，無罪者我得而安之。我既在此，則天下何敢有過越其心志而作亂者乎？衡

行，謂作亂也。孟子釋《書》意如此，而言武王亦大勇也。慶源輔氏曰：寵異，謂天寵異武王於天下也。「亶聰明」，是以天德寵異之也；「作元后」，是以天位寵異之也。「心志」，謂天下之心志也。人之作亂，皆過越其心志之故耳。若守其心志，無所過越，則何至有作亂之事乎？此武王以天下之重自任也。

「今王亦一怒而安天下之民，民惟恐王之不好勇也。」

王若能如文、武之爲，則天下之民望其一怒以除暴亂，而拯己於水火之中，惟恐王之不好勇耳。○此章言人君能懲小忿，則能恤小事大以交鄰國；能養大勇，則能除暴救民以安天下。慶源輔氏曰：君人者必能懲小忿然後能養大勇，所謂「人能有所不爲，然後可以有爲」也。○新安陳氏曰：《章旨》「能懲小忿」四字，實自「寡人好勇」一句發出。齊王所好之勇，小忿也；孟子所言之勇，大勇也。**張敬夫曰：「小勇者，血氣之怒也；大勇者，理義之怒也。血氣之怒不可有，理義之怒不可無。知此，則可以見性情之正而識天理、人欲之分矣。」**龜山楊氏曰：人君固不可無勇，而齊王以是爲有疾，故孟子告以文武之事，使廓而大之，則安天下無足爲者矣。○雙峯饒氏曰：怒得是便是天理，怒得不是便是人欲。孟子之論，大概要分別天理、人欲於毫釐之間，如同樂、獨樂之類。○雲峯胡氏曰：夫子嘗以智仁勇三者並言，此「勇」字亦當連前「仁」、「智」字並言。仁智中之勇，是謂大勇；小勇者，不仁不智者也。不仁者徒逞血氣，而於義理之勇必無之；不智者不明義理，而於血氣之勇必有之。

○齊宣王見孟子於雪宮。王曰：「賢者亦有此樂乎？」孟子對曰：「有。人不得，則非其上矣。樂音洛。下同。

雪宮，離宮名。言人君能與民同樂，則人皆有此樂。不然，則下之不得此樂者，必有非其君上之心。明人君當與民同樂，不可使人有不得者，非但當與賢者共之而已也。慶源輔氏曰：離猶「別」也。別在其所居宮室之外，故曰「離宮」。「君能與民同樂則人皆有此樂」，此釋「有」之一字。「下不得此樂者必有非君上之心」，此釋「人不得則非其上矣」一句。○雲峯胡氏曰：觀《集註》「非但當與賢者共之」一句，便見得梁惠王問「賢者亦樂此」與齊宣王問「賢者亦有此樂」，兩「賢」字似同而實有不同。孟子答以「賢者而後樂此，不賢者雖有此不樂」，所謂賢者皆指君而言。此則答以「有」之一字者，謂賢者有此樂也。然非特賢者有此樂，凡人皆欲有此樂。「人有不得其樂，則必有非其上之心矣」，是知此樂當與凡人共之，不但當與賢者共之也。如此，則兩處「賢」字不同。又按，饒氏謂朱子云「賢者亦樂此」其辭遜，「賢者亦有此樂」其辭驕。以此觀之，《語録》謂沼上之對其辭遜，雪宮之對其辭夸，傳録之誤明矣。蓋謂之驕者，當以問字言，不當以對字言也。

「不得而非其上者，非也；爲民上而不與民同樂者，亦非也。

下不安分，扶問反。上不恤民，皆非理也。慶源輔氏曰：下不得而非其上者，不知命也，故謂之「不安分」；爲民上而不與民同樂者，不知義也，故謂之「不恤民」。

「樂民之樂者，民亦樂其樂；憂民之憂者，民亦憂其憂。樂以天下，憂以天下，然而不王者，未之有也。

樂民之樂，而民樂其樂，則樂以天下矣；憂民之憂，而民憂其憂，則憂以天下矣。南軒張氏曰：憂樂不以己而以天下，天理之公也。於是舉景公事，蓋道其國故典以告之。○慶源輔氏曰：君以民之樂爲樂，則民亦以君之樂爲樂。如是，則君以民爲體，民以君爲心，天下雖大，兆民雖多，其懽忻愉怡、痒痾疾痛，舉切於吾之身矣。君能體仁如此，則天下之民，其將何往？雖欲無王，不可得也。

「昔者齊景公問於晏子曰：『吾欲觀於轉附、朝儛，遵海而南，放于琅邪。吾何脩而可以比於先王觀也？』朝音潮。放，上聲。

晏子，齊臣，名嬰。轉附、朝儛，皆山名也。遵，循也。放，至也。琅邪，余遮反。齊東南境上邑名。觀，游也。

「晏子對曰：『善哉，問也！天子適諸侯曰巡狩。巡狩者，巡所守也。諸侯朝於天子曰述職。述職者，述所職也。無非事者。春省耕而補不足，秋省斂而助不給。夏諺曰：「吾王不遊，吾何以休？吾王不豫，吾何以助？一遊一豫，爲諸侯度。」狩，舒救反。省，悉井反。

述，陳也。省，視也。斂，收穫也。給，亦「足」也。夏諺，夏時之俗語也。豫，樂音洛。也。巡所守，巡行諸侯所守之土也；述所職，陳其所受之職也：趙氏曰：巡所守者，自上察下也；述所職者，自下達上也。王十二年一巡狩，諸侯六年一朝。皆無有無事而空行者。而又春、秋循行去聲。郊野，察民之所不足而補助之。故夏諺以爲王者一遊一豫，皆有恩惠以及民，而諸侯皆取法焉。不敢無事慢遊以病其民也。新安陳氏曰：以上晏子言先王之法，此下言當時之弊。

「今也不然：師行而糧食。飢者弗食，勞者弗息，睊睊胥讒，民乃作慝。方命虐民，飲食若流。流連荒亡，爲諸侯憂。睊，古縣反。

今，謂晏子時也。師，衆也。二千五百人爲師。《春秋傳》曰：「君行師從。」《左傳》定公四年：劉文公合諸侯于召陵，謀伐楚。衛侯令祝鮀從辭曰：「君以軍行，祓社釁鼓，師出，先有事祓禱於社，謂之宣社。於是殺牲以血塗鼓鼙，謂之釁鼓。祝奉以從，奉社主也。於是乎出竟。若嘉好之事，謂朝會。君行師從，卿行旅從，五百人爲旅。臣無事焉。」糧，謂糗去久反。熬米麥也。又丘救反。糒音備。之屬。睊睊，側目貌。胥，相也。讒，謗也。慝，怨惡烏路反。也。言民不勝平聲。其勞而起怨謗也。方，逆也。命，王命也。若流，如水之流無窮極也。流連荒亡，解見形甸反。下文。諸侯，謂附庸之國、縣邑之長。上聲。○慶源輔氏曰：晏子主言齊事而云「爲諸侯憂」，故知爲「附庸之國、縣邑之長」也。王者之命諸侯，豈固欲其如此哉？不過使之愛養斯民而已。逆王命，則虐必及其民矣。○雙峯饒氏曰：「師行而糧食」，君之行也以師，其食也以糧，一「而」字在中間，見得是兩事。「方命」之「命」是好底命，天子之命必是教他撫一國之民。今也如此，則是逆王命了。又曰：「爲諸侯度」指先王言，「爲諸侯憂」指時君言。

「『從流下而忘反謂之流，從流上而忘反謂之連，從獸無厭謂之荒，樂酒無厭謂之亡。厭，平聲。樂音洛。

此釋上文之義也。從流下，謂放舟隨水而下；從流上，時掌反。謂挽舟逆水而上。從獸，田獵也。荒，廢也。樂酒，以飲酒爲樂也。亡，猶「失」也。言廢時、失事也。雙峯饒氏曰：荒是「廢時」，亡是「失事」。

「『先王無流連之樂、荒亡之行，惟君所行也。』「之行」之「行」，去聲。

言先王之法、今時之弊，二者惟在君所行耳。

「景公說。大戒於國，出舍於郊。於是始興發補不足。召大師曰：『爲我作君臣相說之樂。』蓋《徵招》、《角招》是也。其詩曰：『畜君何尤？』畜君者，好君也。」說音悅。爲，去聲。樂，如字。徵，陟里反。招，與「韶」同。畜，敕六反。

戒，告命也。出舍，自責以省悉井反。民也。興發，發倉廩也。大師，樂官也。君臣，己與晏子也。樂有五聲，三曰角，爲民；四曰徵，爲事。《禮記・樂記》：「宫爲君，商爲臣，角爲民，徵爲事，羽爲物。」注：「宫絃最大，用八十一絲，聲重而尊，故爲君。商屬金，金爲決斷臣事也，絃用七十二絲，次宫，如臣次君者也。角，觸也，物觸地而出，載芒角也，❶絃用六十四絲，聲居宫羽之中，屬木，以其清濁中，民之象也。徵屬夏，夏時正長，萬物皆成形體，事亦有體故配事，絃用五十四絲。羽爲水，聚清物之象，故爲物，絃用四十八絲。」**《招》，舜樂也。其詩，《徵招》、《角招》之詩也。尤，過也。言晏子能畜止其君之欲，宜爲君之所尤，然其心則何過哉？孟子釋之，以爲臣能畜止其君之欲，乃是愛其君者也。**新安陳氏曰：上文引援景公、晏子事實，只末一句是孟子説。○西山真氏曰：《易》之大、小畜皆以止爲義。凡止君之欲者，乃所以爲愛君也；縱君之欲者，其得爲愛君乎？忠臣之心，惟恐其君之有欲；奸臣之心，惟恐其君之無欲。○**尹氏曰：「君之與民，貴賤雖不同，然其心未始有異也。孟子之言，可謂深切矣。齊王不能推而用之，惜哉！」**南軒張氏曰：孟子羞稱管、晏，今乃引晏子之言，何也？蓋羞稱者，其大法也；言與事有可取，亦不可没也。亦見與人爲善，至公至平之心也。○雲峯胡氏曰：齊景能聽晏子之説，而齊宣不能受孟子之説，是可「惜」也。○新安陳氏曰：此章與沼上之對畧相似。大意主於不自樂，而與民同樂耳。「樂民之樂」、「憂民之憂」，雖平説，然憂樂相反而實相關。憂民之憂者，必不暇樂己之樂；樂己之樂者，必不知憂民之憂。惟先「憂以天下」，而後能「樂以天下」也。前一截已盡之，後不過引一段故實耳。不與民同樂，人欲也；憂樂以天下，天理也。「遊豫，爲諸侯度」，天理也；「流連，爲諸侯憂」，人欲也。無非遏人欲、擴天理也。又舜之《韶》，遺音必有在齊者。孔子在齊聞《韶》，景公樂亦名《招》可見。

❶「載」，《漢書·律曆志上》作「戴」。

○齊宣王問曰：「人皆謂我毁明堂，毁諸，已乎？」

趙氏曰：「明堂，泰山明堂。周天子東巡守、去聲。朝音潮。諸侯之處。」漢時遺址音止。尚在。人欲毁之者，蓋以天子不復扶又反。巡守，諸侯又不當居之也。王問當毁之乎，且止乎？慶源輔氏曰：《漢書·郊祀志》武帝元封元年封泰山。泰山東北址古有明堂處。云欲毁明堂，正與子貢欲去告朔餼羊之意同，以其無用故欲去之也。

孟子對曰：「夫明堂者，王者之堂也。王欲行王政，則勿毁之矣。」夫音扶。

明堂，王者所居以出政令之所也。能行王政，則亦可以王去聲。矣。何必毁哉？朱子《明堂説》曰：論明堂制者非一。竊意當有九室，如井田之制。東之中爲青陽太廟。東之南爲青陽右个，東之北爲青陽左个。南之中爲明堂太廟。南之東即東之南，爲明堂左个；南之西即西之南，爲明堂右个。西之中爲總章太廟。西之南即南之西，爲總章左个；西之北即北之西，爲總章右个。北之中爲玄堂太廟。北之東即東之北，爲玄堂右个；北之西即西之北，爲玄堂左个。中爲太廟太室。凡四方之太廟異方所。其左个右个，則青陽之左个乃玄堂之右个，明堂之右个乃總章之左个也；總章之右个乃玄堂之左个，明堂之左个乃青陽之右个也。但隨其時之方位開門耳。太廟太室，則每季十八日天子居焉。古人制事多用井田遺意，此恐然也。新安倪氏曰：此朱子按《禮記·月令》爲説。

王曰：「王政可得聞與？」對曰：「昔者文王之治岐也，耕者九一，仕者世禄，關市譏而不征，澤梁無禁，罪人不孥。老而無妻曰鰥，老而無夫曰寡，老而無子曰獨，幼而無父曰孤。此四者，天下之窮民而無告者。文王發政施仁，必先斯四者。《詩》云：『哿矣富人，哀此煢獨。』」與，平聲。孥音奴。鰥，姑頑反。哿，工可反。煢，音瓊。

岐，周之舊國也。趙氏曰：按，岐山在漢右扶風美陽縣西北，唐屬岐州岐山縣。山之南有周原，蓋周之舊國。九一者，井田之制也。方一里爲一井，其田九百畝。中畫井字，界爲九區，一區之中爲田百畝，中百畝爲公田，外八百畝爲私田。八家各受私田百畝，而同養去聲。公田，是九分扶問反。而稅其一也。世祿者，先王之世，仕者之子孫皆教之，教之而成材則官之。如不足用，亦使之不失其祿。蓋其先世嘗有功德於民，故報之如此，忠厚之至也。關，謂道路之關；市，謂都邑之市。譏，察也。征，稅也。關市之吏察異服異言之人，而不征商賈音古。之稅也。澤，謂瀦水；梁，謂魚梁。與民同利，不設禁也。問：「文王治岐，關市不征，澤梁無禁。成周門關市廛皆有限守，山林川澤悉有厲禁，何也？」潛室陳氏曰：文王因民所利而利之，乃王道之始；成周經制大備，乃王道之成。孥，妻子也。惡惡止其身，不及妻子也。新安陳氏曰：世祿，善善長也；不孥，惡惡短也。先王養民之政，導其妻子，使之養其老而恤其幼。不幸而有鰥寡孤獨之人，無父母妻子之養，則尤宜憐恤，故必以爲先也。《詩》，《小雅·正月》之篇。哿，可也。煢，困悴秦醉反。貌。新安陳氏曰：《正月》末章之意云：亂至於此，富人猶或可勝；煢獨甚矣，其可哀也。○雙峯饒氏曰：都鄙用助法，鄉遂用貢法，此周所以兼二代之法。井田之法，坦平處可行，江南想從古行貢法。關是道路撙節處，市是市井。澤是水所都處，梁是水所通處。耕者九一、仕者世祿，是士農工商皆有所養。惟鰥寡孤獨無所告，故發政施仁必先斯四者。

王曰：「善哉言乎！」曰：「王如善之，則何爲不行？」王曰：「寡人有疾，寡人好貨。」對曰：「昔者公劉好貨。《詩》云：『乃積乃倉，乃裹餱糧，于橐于囊。思戢用光。弓矢斯張，干戈戚揚，爰方啓行。』故居者有積倉，行者有裹糧也，然後可以『爰方啓行』。王如好貨，與百姓同之，於王何有？」餱音侯。橐音託。戢，《詩》作「輯」，音集。

王自以爲好貨，故取民無制，而不能行此王政。公劉，后稷之曾孫也。《詩》，《大雅・公劉》之篇。積，露積也。餱，乾音干。糧也。無底曰橐，有底曰囊，皆所以盛音成。餱糧也。戢，安集也。言思安集其民人，以光大其國家也。戚，斧也。揚，鉞音越。也。爰，於也。啓行，言往遷于豳悲巾反。也。何有，言不難也。孟子言公劉之民富足如此，是公劉好貨而能推己之心以及民也。今王好貨亦能如此，則其於王天下也，何難之有？西山真氏曰：人君豈不事儲峙之富？惟能推此心，使斯民亦有餱糧之積，可也。

王曰：「寡人有疾，寡人好色。」對曰：「昔者大王好色，愛厥妃。《詩》云：『古公亶父，來朝走馬，率西水滸，至於岐下。爰及姜女，聿來胥宇。』當是時也，內無怨女，外無曠夫。王如好色，與百姓同之，於王何有？」大音泰。

王又言此者，好色則心志蠱惑，用度奢侈，而不能行王政也。大王，公劉九世孫。《詩》，《大雅·緜》之篇也。古公，大王之本號，後乃追尊爲大王也。亶父，音甫。大王名也。來朝走馬，避狄人之難去聲。也。新安陳氏曰：來朝，其來以朝也。古人紀事蓋有此例，如《書》曰「王朝步自周」、「周公朝至于洛」。率，循也。滸，呼五反。水厓也。岐下，岐山之下也。姜女，大王之妃也。胥，相也。宇，居也。曠，空也。無怨、曠者，是大王好色而能推己之心以及民也。南軒張氏曰：齊王好貨、好色，孟子以公劉、太王對。但謂公劉好貨、太王好色，而不知實未嘗好也。二君處心平和，無一毫物我之私。如曰「居者有積倉，行者有裹糧」，豈惟欲其國富？而亦欲其民富也。如曰「内無怨女，外無曠夫」，不惟君有室家，而民亦欲其有室家也。「好」字雖同，而所以爲好則異，故孟子曰：「王如好貨、好色，與百姓同之，於王何有？」二君之好，天理也；齊王之好，人欲也。○新安陳氏曰：孟子之言，有因其近似而發揮之以足己意者。如公劉好貨，本無事實，只「乃積乃倉」一句；太王好色亦無事實，只「爰及姜女」一句而已。然欲開導時君，意正辭辯。○楊氏曰：「孟子與人君言，皆所以擴充其善心擴天理。而格其非心，遏人欲。不止就事論事。若使爲人臣者論事每如此，豈不能堯舜其君乎？」愚謂此篇自首章至此，大意皆同。蓋鐘鼓、苑囿、游觀之樂，音洛。與夫音扶。好勇、好貨、好色之心，皆天理之所有，而人情之所不能無者。然天理、人欲，同行異情。循理而公於天下者，聖賢之所以盡其性也；縱欲而私於一己者，衆人之所

以滅其天也。二者之間，不能以髮，而其是非得失之歸，相去遠矣。故孟子因時君之問，而剖普后反。**析於幾**平聲。**微之際，皆所以遏人欲而存天理。其法似疏**平聲。**而實密，其事似易**去聲。**而實難。**慶源輔氏曰：「法似疏而實密，事似易而實難」，蓋不直禁其好勇好色，則似若疏且易矣。然必使爲公劉、太王之事，推己之心以及民，循理而不縱欲，公天下而不私一己，則其實又甚密而且難矣。法指孟子之説，事指公劉、太王之事。非孟子據理之極、知言之要，何能辨析其精微如此哉？**學者以身體之，則有以識其非曲學阿世之言，而知所以克己復禮之端矣。**新安陳氏曰：「克己復禮之端」，即謂天理、人欲二者之間，幾微之際也。○問：「孟子答梁惠王問利，直掃除之，此處却如此引導之，何也？」朱子曰：此處亦自分義利，特人自不察耳。○慶源輔氏曰：鐘鼓、苑囿、遊觀之樂，與夫好勇、好貨、好色之心，固天理、人情之所不能無者，但有理與欲、公與私之異耳。故《集註》舉胡氏天理、人欲同行異情之説而辨析之。夫聖賢之與衆人，其於好貨好色，其行雖同而其情則異。循理而公天下者，聖賢之所以盡其性，此即公劉、太王與民共欲之事也；縱欲而私於一己者，衆人之所以滅其天理，此即齊王自以爲疾之事也。二者同異，不過毫髮之間，而其終之是非得失，則其相去遂有盡性滅天、興王絶世之相反。《集註》言此，不但贊其理之密，正欲使學者因其言以反諸身，至誠體察於所謂毫髮之際，然後力求所以循夫理而克其欲耳。○雲峯胡氏曰：天理、人欲同行異情，出五峯胡氏之言，朱子平日深取之，今引以釋此章者，如齊王好色，太王亦好色，是同行也；齊王是行從人欲上去，太王是行歸天理上來，是異情也。同行則天理人欲之幾若不能以髮，異情則天理人欲之判不啻霄壤矣。凡曲學阿世者，非逢君之惡，則長君之惡；孟子之言，無非止君之惡而誘君於善，無非遏人欲而存天理也。

○孟子謂齊宣王曰：「王之臣有託其妻子於其友而之楚遊者。比其反也，則凍餒其妻子。則如之何？」王曰：「棄之。」比，必二反。

託，寄也。比，及也。棄，絶也。

曰：「士師不能治士，則如之何？」王曰：「已之。」

士師，獄官也。其屬有鄉士、遂士之官，士師皆當治之。已，罷去上聲。也。《周禮・秋官・司寇》：「刑官之屬：士師、鄉士、遂士、縣士。」注：「鄉士，掌六鄉之獄。遂士，掌六遂之獄。縣士，掌縣獄。」

曰：「四境之内不治，則如之何？」王顧左右而言他。治，去聲。

孟子將問此，而先設上二事以發之。及此而王不能答也。其憚於自責、恥於下問如此，不足與有爲可知矣。慶源輔氏曰：顧左右以釋其愧，言他事以亂其辭。有護疾忌醫之心，無責己求言之意。○雙峯饒氏曰：「自責」、「下問」，《集註》自爲他開兩條路。當言：「此則寡人之罪也。」這便是「自責」；又當言：「如何可以治人？」這便是下問。齊王亦無服善之心，故顧左右而言他。後來因孔距心之辭，則不「憚於自責」矣，然亦「恥於下問」。○趙氏曰：「言君臣上下，并王與士師言。各勤其任，無墮許規反。其職，乃安其身。」

○孟子見齊宣王，曰：「所謂故國者，非謂有喬木之謂也，有世臣之謂也。王無親臣矣。昔者所進，今日不知其亡也。」

世臣，累魯水反。世勳舊之臣，與國同休戚者也；親臣，君所親信之臣，與君同休戚者也。此言喬木、世臣，皆故國所宜有。然所以爲故國者，則在此而不在彼也。此謂世臣，彼謂喬木。昨日所進用之人，今日有亡去而不知者，則無親臣矣。況世臣乎？

王曰：「吾何以識其不才而舍之？」舍，上聲。

王意以爲此亡去者，皆不才之人，我初不知而誤用之，故今不以其去爲意耳。因問何以先識其不才而舍之邪？

曰：「國君進賢，如不得已，將使卑踰尊，疏踰戚，可不慎與？平聲。

如不得已，言謹之至也。蓋尊尊親親，用世臣而尊其尊、親其親。禮之常也。然或尊者親者未必賢，則必進疏遠之賢而用之，是使卑者踰尊，非尊尊之常。疏者踰戚，非親親之常。非禮之常，故不可不謹也。朱子曰：孟子言「昔者所進，今日不知其亡」，故王問「何以識其不才而舍之」，而孟子告以「進賢如不得已」，蓋於進退之間，無所不審，非但使之致察於去人殺人也。○慶源輔氏曰：先儒皆以「如不得已」一句連下文說。言不得已則將使卑踰尊，疏踰戚，故不可不謹。雖若可通，然如此，則是國君用人，惟不得已之際，方致其謹，非孟子意也。故《集註》直以「如不得已」一句連上文說。言如不能得已，是至謹之意。人君於進賢之際，皆不可不謹。故於下段結之云「所謂進賢如不得已者如此」。

至於尊者親者未必賢，則又將進其踈遠之賢者而用之，至使卑者踰尊，疏者踰戚，則又非禮之常，尤不可不謹也。

「左右皆曰賢，未可也。諸大夫皆曰賢，未可也。國人皆曰賢，然後察之。見賢焉，然後用之。左右皆曰不可，勿聽。諸大夫皆曰不可，勿聽。國人皆曰不可，然後察之。見不可焉，然後去之。去，上聲。

左右，近臣。其言固未可信。諸大夫之言，宜可信矣，然猶恐其蔽於私也。至於國人，則其論公矣。然猶必察之者，蓋人有同俗而爲衆所悦者，新安陳氏曰：若孟子所論鄉原，「一鄉皆稱原人」是也。亦有特立而爲俗所憎者，新安陳氏曰：若韓子所論伯夷特立獨行而舉世非之是也。故必自察之而親見其賢否之實，然後從而用舍上聲。之，則於賢者知之深，任之重，而不才者不得以幸進矣。所謂「進賢如不得已」者如此。慶源輔氏曰：所謂「察之」，則必因言以察其心，考迹以察其用。如孔子之視所以、觀所由、察所安，然後能親見其賢否之實，從而用舍之。則於賢者非徒知之，知之必深而無所疑；非徒任之，任之必重而不可易。至於不才亦不容於幸進矣。○新安陳氏曰：如此方見進賢謹之之至，如必不得已而然者。要之，用舍之道，參之於衆而察之於獨。不賢者固去之勿疑矣，賢者必任之勿貳，是即君所親信之臣也。此非親信之以己之私，而實親信之以國人之公，所謂「民之所好好之」也。今日爲王之親臣，他日託孤寄命，即爲國家之世臣矣。

「左右皆曰可殺，勿聽。諸大夫皆曰可殺，勿聽。國人皆曰可殺，然後察之。見可殺焉，然後殺之。故曰：『國人殺之也。』

此言非獨以此進退人才，至於用刑，亦以此道。蓋所謂天命、結上文進人才。天討，結此一節。皆非人君之所得私也。南軒張氏曰：既言進退人才之道，復及於可殺者，蓋如舜之於四凶、孔之於少正卯，天討之施，有不可已者也。「曰國人殺之」，言非己殺之，因國人之公心耳。然則其用是人、去是人，亦非吾用之去之，國人用之去之也。蓋「天聰明自我民聰明」，國人之公心，即天理之所存。一毫私意加於其間，則非天之理矣。○新安陳氏曰：因用舍而及刑殺，亦是孟子敷演以明其意。不才者舍之，有罪而甚焉者殺之也。

「如此，然後可以爲民父母。」

傳去聲。曰：《大學》傳文。「民之所好，好之；民之所惡，惡之，此之謂民之父母。」新安陳氏曰：總結上文「用之」、「去之」、「殺之」三節意。

○齊宣王問曰：「湯放桀，武王伐紂，有諸？」孟子對曰：「於傳有之。」傳，直戀反。

放，置也。《書》曰成湯放桀于南巢。

曰：「臣弑其君，可乎？」

桀、紂，天子；湯、武，諸侯。

曰：「賊仁者謂之賊，賊義者謂之殘，殘賊之人謂之『一夫』。聞誅一夫紂矣，未聞弑君也。」

賊，害也；殘，傷也。害仁者凶暴淫虐，滅絶天理，故謂之賊；害義者顛倒錯亂，傷敗彝倫，故謂之殘。一夫，言衆叛親離，不復扶又反。以爲君也。《書》曰：「獨夫紂。」蓋四海歸之則爲天子，天下叛之則爲獨夫。所以深警齊王，垂戒後世也。新安陳氏曰：紂罪浮於桀，故下文單説紂。○朱子曰：傷敗彝倫，只是小小「傷敗常理」，如不以禮食、不親迎之類。若是紾兄臂、踰東家墻，便是「絶滅天理」。《周書》「怠勝敬者滅」，即「賊仁謂賊」之意；「欲勝義者凶」，即「賊義謂殘」之意。賊義是就一事上説，賊仁是就心上説。其實賊義便是賊那仁底，但分而言之則如此。○賊仁是將三綱五常天秩之禮一齊壞了。義隨事制宜，賊義只是於此一事不是，更有他事在。○賊仁者，無愛心而殘忍之謂也；賊義者，無羞惡之心之謂也。○問：「賊仁是害心之理，賊義是見於所行處傷其理。」曰：以義爲見於所行，便是告子義外矣。義在内不在外，義所以度事亦是心度之。然此果何以別？蓋賊之罪重，殘之罪輕。仁義皆是心，仁是天理根本處，賊仁則大倫大法虧滅了，便是殺人底人一般；義是就一節一事上言，一事上不合宜，便是傷義，似手足上損傷一般，所傷者小，尚可以補。○慶源輔氏曰：賊之爲害深，殘之爲害淺。凶暴淫虐指發於中者言，顛倒錯繆指見於事者言。然發於中者必見於外，見於事者實生於心。絶滅天理則是殄闕其本根，傷敗彝倫則是損害其枝葉。衆叛親離，不復君之，此賊仁賊義衆惡皆備之證驗也。此事自君言之則理所當然，自臣下言之則不得已之大變。故《集註》下文舉王勉之語，所以著萬世爲臣者之大戒。○新安陳氏曰：賊仁賊義細分之，有絶本根、傷枝葉之殘，然仁義皆根於心，未有賊仁而不賊義者，所以下文只以殘賊之人總言其惡耳。孟子此言雖意在警齊王，然亦見英氣太露處。○王勉建安人。曰：「斯言也，惟在下者有湯武之仁而在上者有桀紂之暴則可，不然，是未免於篡弑之罪也。」雲峯胡氏曰：無孟子之説無以警後世之爲人君者，無王氏之説無以警後世之爲人臣者。然孟子曰：「有伊尹之志則可，無伊尹之志則篡。」王氏之説未嘗不自孟子中來。

○孟子見齊宣王曰：「爲巨室，則必使工師求大木。工師得大木，則王喜，以爲能勝其任也。匠人斲而小之，則王怒，以爲不勝其任矣。夫人幼而學之，壯而欲行之，王曰『姑舍女所學而從我』，則何如？勝，平聲。夫音扶。舍，上聲。女音汝。下同。巨室，大宮也。工師，匠人之長；上聲。匠人，衆工人也。姑，且也。言賢人所學者大而王欲小之也。

「今有璞玉於此，雖萬鎰，必使玉人彫琢之。至於治國家，則曰『姑舍女所學而從我』，則何以異於教玉人彫琢玉哉？」鎰音溢。璞，玉之在石中者。鎰，二十兩也。趙氏曰：《國語》云「二十四兩爲鎰」。趙岐誤註，《集註》因之。○東陽許氏曰：萬鎰，謂璞玉之價直萬鎰之金也。玉人，玉工也。不敢自治而付之能者，愛之甚也；治國家則徇私欲而不任賢，是愛國家不如愛玉也。雙峯饒氏曰：兩箇譬喻是兩意。前譬是説任賢不如任匠，後譬是説愛國不如愛玉。○范氏曰：「古之賢者常患人君不能行其所學，而世之庸君亦常患賢者不能從其所好。去聲。是以君臣相遇，自古以爲難。孔孟終身而不遇，蓋以此耳。」新安陳氏曰：前譬王欲小用賢者，後譬王不專用賢者。所以不能用賢，皆己之私欲害之。庸君必不能行賢者之所學，賢者必不肯從庸君之所好，此遇合所以難也。

○齊人伐燕，勝之。

按《史記》，燕平聲。王噲音快。讓國於其相去聲。子之而國大亂，齊因伐之。燕士卒不戰，城門不閉，遂大勝燕。《史記·燕世家》：燕王噲用其相子之。蘇代爲齊使於燕，以事激燕王以尊子之。於是燕王大信子之。鹿毛壽謂燕王：「不如以國讓相子之。人之謂堯賢者，以其讓天下於許由。許由不受，有讓天下之名而實不失天下。今王以國讓於子之，子之必不敢受，是王與堯同行也。」燕王因屬國於子之。子之南面行王事，而噲老不聽政，顧爲臣。國事皆決於子之。三年，國大亂。百姓恫恐，將軍市被與太子平謀，將攻子之。諸將謂齊湣王曰：「因而赴之，破燕必矣。」齊王令人告燕太子，太子因與市被圍公宮，攻子之，不克。將軍市被及百姓反攻太子平，市被死以徇。因構難數月，死者數萬，衆人恫恐，百姓離怨。孟軻謂齊王曰：「今伐燕，此文武之時，不可失也。」王因令章子將五都之兵，因北地之衆以伐燕。士卒不戰，城門不閉，燕王噲死，齊大勝燕，子之亡。二年而燕人共立太子平，是爲燕昭王。

宣王問曰：「或謂寡人勿取，或謂寡人取之。以萬乘之國伐萬乘之國，五旬而舉之，人力不至於此。不取，必有天殃，取之，何如？」乘，去聲。下同。

以伐燕爲宣王事，與《史記》諸書不同。已見形甸反。《序説》。何氏曰：萬乘之國，非諸侯之制也。今燕齊互相侵奪而皆有之，故以萬乘之齊伐萬乘之燕，勢均力敵，但以五旬而即舉之。若以人力論之，不能至於如此之易，意者其天乎？「不取必有天殃」，齊王本有利燕之心，特託天而遂其私耳。孟子之對則不歸之天而歸之人。

孟子對曰：「取之而燕民悦，則取之。古之人有行之者，武王是也。取之而燕民不悦，則勿取。古之人有行之者，文王是也。

商紂之世，文王三分天下有其二以服事商。至武王十三年，乃伐紂而有天下。張子曰：「此事間不容髮。一日之間天命未絶則是君臣，當日命絶則爲獨夫。然命之絶否，何以知之？人情而已。諸侯不期而會者八百，武王安得而止之哉？」朱子曰：此亦是齊王欲取燕，故引之於文武之道。非謂文王欲取商，以商人不悦而止；武王見商人悦己，遂取之也。直是論其理如此耳。○慶源輔氏曰：文王、武王豈有一毫利天下之心哉？亦順天命而不敢違焉耳。而張子之説爲尤嚴。所謂間不容髮之際，非理明義精、德至聖人者，孰能處之而無愧哉？纔有一毫利心則失之矣。然其命之絶否則亦不過察於人情，又與孟子之言實相表裏也。

「以萬乘之國伐萬乘之國，簞食壺漿以迎王師，豈有他哉？避水火也。如水益深，如火益熱，亦運而已矣。」簞音丹。食音嗣。

簞，竹器；食，飯也。運，轉也。言齊若更爲暴虐，則民將轉而望救於他人矣。○趙氏曰：「征伐之道，當順民心。民心悦則天意得矣。」新安陳氏曰：齊王言天命，孟子欲其以人心觀天命。欲知天命，當觀人心；欲得人心，當施仁政。燕之可取不可取，决之以此足矣。惟仁可以易暴。燕人避燕之虐，望齊之仁而歸之，齊苟不施仁而益暴，得非以暴易暴而益甚之乎？蓋警之也。

○齊人伐燕，取之，諸侯將謀救燕。宣王曰：「諸侯多謀伐寡人者，何以待之？」孟子對曰：「臣聞七十里爲政於天下者，湯是也，未聞以千里畏人者也。

千里畏人，指齊王也。新安陳氏曰：七十里爲政、千里畏人，立兩句爲柱，下文分兩節應之。

「《書》曰：『湯一征，自葛始。』天下信之。東面而征西夷怨，南面而征北狄怨，曰：『奚爲後我？』民望之，若大旱之望雲霓也。歸市者不止，耕者不變。誅其君而弔其民，若時雨降。民大悦。《書》曰：『徯我后，后來其蘇。』霓，五稽反。徯，胡禮反。

兩引《書》，皆《商書·仲虺許偉反。之誥》文也，與今《書》文亦小異。一征，初征也。天下信之，信其志在救民不爲暴也。奚爲後我，言湯何爲不先來征我之國也。霓，虹也。雲合則雨，虹見形甸反。則止。變，動也。徯，待也。后，君也。蘇，復生也。他國之民皆以湯爲我君而待其來，使己得蘇息也。此言湯所以七十里而爲政於天下也。

「今燕虐其民，王往而征之，民以爲將拯己於水火之中也，簞食壺漿以迎王師。若殺其父兄，係累其子弟，毁其宗廟，遷其重器，如之何其可也？天下固畏齊之彊也，今又倍地而不行仁政，是動天下之兵也。累，力追反。拯，救也。係累，縶縛也。重器，寶器也。畏，忌也。倍地，并去聲。燕而增一倍之地也。齊之取燕若能如湯之征葛，則燕人悦之而齊可爲政於天下矣。今乃不行仁政而肆爲殘虐，則無以慰燕民之望而服諸侯之心，是以不免乎以千里而畏人也。「王速出令，反其旄倪，止其重器，謀於燕衆，置君而後去之，則猶可及止也。」旄，與「耄」同。倪，五稽反。

反，還也。旄，老人也；倪，小兒也。謂所虜略之老小也。猶，尚也。及止，及其未發而止之也。雙峯饒氏曰：當時只是子噲、子之爲亂，燕民自無罪。齊王只當誅子噲、子之，别立君而去，不當取他國，這時只當定亂。「定亂」者取其亂者而誅之，如湯十一征，不是全滅其國；「取之」則是蹊田而奪之牛；齊王殺其父兄、係累其子弟、毁其宗廟、遷其重器，是滅其國了。○新安陳氏曰：此是爲齊畫一策。如此區處，略無所利於燕，庶幾湯誅君弔民，非富天下之爲，則可逆止諸侯之兵矣。○范氏曰：「孟子事齊、梁之君，論道德則必稱堯、舜，論征伐則必稱湯、武。蓋治民不法堯、舜則是爲暴，行師不法湯、武則是爲亂：豈可謂吾君不能而舍上聲。所學以徇之哉？」慶源輔氏曰：范氏發明孟子此意甚好。蓋莫非道也，而堯、舜之道則正道也；莫非師也，而湯、武之師則天討也。《集註》又益以「豈可謂吾君不能而舍所學以徇之哉」一句，尤爲有功於學者，此萬世臣子事君之大法也。

〇鄒與魯鬨。穆公問曰：「吾有司死者三十三人，而民莫之死也。誅之則不可勝誅，不誅則疾視其長上之死而不救，如之何則可也？」鬨，胡弄反。勝，平聲。長，上聲。下同。

鬨，鬭聲也。穆公，鄒君也。不可勝誅，言人衆不可盡誅也。長上，謂有司也。民怨其上，故疾視其死而不救也。

孟子對曰：「凶年饑歲，君之民老弱轉乎溝壑，壯者散而之四方者，幾千人矣。而君之倉廩實，府庫充，有司莫以告。是上慢而殘下也。曾子曰：『戒之戒之！出乎爾者，反乎爾者也。』夫民今而後得反之也。君無尤焉。幾，上聲。夫音扶。

轉，飢餓輾音展。轉而死也。充，滿也。上，謂君及有司也。尤，過也。

「君行仁政，斯民親其上，死其長矣。」

君不仁而求富，是以有司知重斂力驗反。而不知恤民。故君行仁政，則有司皆愛其民而民亦愛之矣。新安陳氏曰：有司所以然者，皆君不行仁政之故。孟子對鄒君言，故畧有司而專勉君，正本之論也。〇范氏曰：「《書》曰：『民惟邦本，本固邦寧。』《夏書·五子之歌》篇。有倉廩府庫，所以爲去聲。民也。豐年則斂之，凶年則散之，恤其飢寒，救其疾苦。是以民親愛其上，有危難去聲。則赴救之，如子弟之衛父兄、手足之捍音汗。頭目也。穆公不能反己，猶欲歸罪於民，豈不誤哉？」南軒張氏曰：有司視民之死而不救，故民視有司之死而亦莫之救，所以爲得反之也。君行仁政而以民爲心，民亦將以君爲心，而親其上、死其長矣。此感應之理也。曾子「戒之戒之」之語非特爲人上者不可須臾忘，檢身者亦當深體之。○新安陳氏曰：上之愛民如父母之於子，則民之衛上如子弟之衛父兄。鄒君知罪民而不知反己，孟子惟以行仁政勉之，而誅不誅忘言焉。得反之之意，凜然可畏，真深切之論。死其長，如「回何敢死」之死，謂忘身救上，死且不避也。平時親其上，當危難則死其長。

○滕文公問曰：「滕，小國也，間於齊、楚。事齊乎，事楚乎？」間，去聲。

滕，國名。

孟子對曰：「是謀，非吾所能及也。無已，則有一焉。鑿斯池也，築斯城也，與民守之，效死而民弗去，則是可爲也。」

「無已」見形甸反。**前篇。一，謂一説也。效，猶「致」也。國君死社稷，**《禮記·曲禮》：「國君死社稷，大夫死衆，士死制。」衆，謂師衆。大夫率師，敗則死之。制，謂命令。士受命，或迫以死，寧死而不可棄君命也。

故致死以守國；至於民亦爲去聲。**之死守而不去，則非有以深得其心者不能也。○此章言有國者當守義而愛民，不可僥倖而苟免。**南軒張氏曰：與其望二國矜己以求安，不若思所以自强而立國。鑿池築城，與民效死以守之，是在我所當爲之事，爲吾所當爲而已。然固國以得民爲本，民心不附，雖有金城湯池，誰與守之？使民效死而不忍去，非得之有素，不能然也。○慶源輔氏曰：築城鑿池、致死以守者，守義也。使民亦爲之死守而不去，則非愛民者不能也。若夫間於二國而徒欲擇强者而事之，以覬一日之安，則是僥倖苟免而已。○雲峯胡氏曰：不守義，不能效死而不去；不愛民，不能使民亦效死而不去。○新安陳氏曰：守義，守死社稷之義以倡其民也。愛民當在平時。○城池，地利也；民弗去，人和也。復致死而守義以倡之，此守國之正法也。

○滕文公問曰：「齊人將築薛，吾甚恐，如之何則可？」

薛，國名。近滕。齊取其地而城之，故文公以其偪與「逼」同，筆力反。已而恐也。

孟子對曰：「昔者大王居邠，狄人侵之，去之岐山之下居焉。非擇而取之，不得已也。邠，與「豳」同。

邠，地名。言大王非以岐下爲善，擇取而居之也。說見形甸反。下章。

「苟爲善，後世子孫必有王者矣。君子創業垂統，爲可繼也。若夫成功，則天也。君如彼何哉？彊爲善而已矣。」夫音扶。彊，上聲。

創，造也。統，緒也。言能爲善，則如大王雖失其地而其後世遂有天下，乃天理也。然君子造基業於前而垂統緒於後，但能不失其正，令平聲。後世可繼續而行耳。若夫成功，則豈可必乎？彼，齊也。君之力既無如之何，則但彊於爲善，使其可繼而俟命於天耳。○此章言人君當竭力於其所當爲，不可徼幸與「僥倖」通。於其所難必。朱子曰：孟子言「若夫成功則天也，君如彼何哉，彊爲善而已矣」，初無望報之心也。「苟爲善，後世子孫必有王者矣」，乃爲太王避狄而言。《易大傳》曰：「積善之家必有餘慶。」《書》曰：「作善降之百祥。」亦豈望報乎？○南軒張氏曰：所謂「爲善」，循天理而不爲己私也。爲善者初不期後世之有王而必有王者，理則然也。開久大之基，爲其可繼者而已，而不必其成功也。若有期於成功之意，則欲速而見利，私意一生，無復可繼之實矣。○雲峯胡氏曰：《集註》兩章皆言「不可僥倖」。大凡僥倖者，不爲夫理之所當爲，而徒覬夫意外之得者也。前章是守義愛民，當盡其在我者而不可僥倖其在人者；此章是勉强爲善，當盡其在我者而不可僥倖其在天者。

○滕文公問曰：「滕，小國也。竭力以事大國，則不得免焉。如之何則可？」孟子對曰：「昔者大王居邠，狄人侵之。事之以皮幣，不得免焉；事之以犬馬，不得免焉；事之以珠玉，不得免焉。乃屬其耆老而告之曰：『狄人之所欲者，吾土地也。吾聞之也：「君子不以其所以養人者害人。」二三子何患乎無君？我將去之。』去邠，踰梁山，邑于岐山之下居焉。邠人曰：『仁人也，不可失也。』從之者如歸市。屬音燭。

皮，謂虎豹麋鹿之皮也。幣，帛也。屬，會集也。土地本生物以養人，今争地而殺人，是以其所以養人者害人也。邑，作邑也。歸市，人衆而争先也。南軒張氏曰：太王之言忠厚不迫，其遷本以全民，不敢必民之歸而强之徙也。曰「二三子何患乎無君」，此天地之心，真保民之主也！民心自不容釋乎太王，戴其仁有素矣。然太王之事，非德盛而達權，不足以與此。○東陽許氏曰：太王自邠遷岐，民從之如歸市。史所謂：「居三月成城郭，一年成邑，三年成都，而民五倍其初。」蓋非獨邠民，近於岐周之民皆歸之也。當時西方地近戎狄，皆間隙之地，非封國之疆界，故太王得優游遷徙。若滕在中國，又介大國之間，無可遷之地。民雖或從之，亦無所往。孟子特舉太王之得民以警文公爾，故下文言「效死」，乃其正也。

「或曰：世守也，非身之所能爲也，效死勿去。

又言或謂土地乃先人所受而世守之者，非己所能專，但當致死守之，不可舍上聲。**去。此國君死社稷之常法，傳**去聲。**所謂「國滅君死之，正也」，正謂此也。**《公羊傳》：襄公六年十有二月，齊侯滅萊。曷爲不言「萊君出奔」？國滅君死之，正也。不書「殺萊君」者，舉滅國爲重。

「君請擇於斯二者。」

能如大王則避之，不能則謹守常法。蓋遷國以圖存者，權也；守正而俟死者，義也。《記・禮運》：故國有患，君死社稷謂之義，大夫死宗廟謂之變。○問：「《集註》『義』字當改作『經』字。」朱子曰：思之誠是。蓋義便近權，或可如此，或可如彼，皆義也。經則一定而不易，既對「權」字，須著用「經」字。**審己量力，擇而處**上聲。**之，可也。**慶源輔氏曰：遷國以圖存者，太王是也；守正而俟死者，國君死社稷是也。在文公唯有此二法，故併舉以告之。然權非大賢以上不能爲，經則人皆當勉也，故使文公審己量力擇而取其一焉。夫太王之事，非文公所能爲。然則孟子之意，固欲文公勉守其常法耳。○

楊氏曰：「孟子之於文公，始告之以效死而已，禮之正也。至其甚恐，則以大王之事告之，

非得已也。然無大王之德而去，則民或不從而遂至於亡，則又不若效死之爲愈，故又請擇於斯二者。」又曰：「孟子所論，自世俗觀之則可謂無謀矣，然理之可爲者不過如此，舍上聲。此則必爲儀、秦張儀、蘇秦。之爲矣。凡事求可、功求成，取必於智謀之末而不循天理之正者，非聖賢之道也。」問：「孟子對滕文公二段皆是無可柰何，只得勉之爲善之辭。想見滕國至弱，都主張不起，故如此。」朱子曰：滕是必亡無可疑者，况王政不是一日行得底事，他又界在齊、楚之間，二國視之如太山之壓雞卵耳。若教他粗成次第，此二國亦必不見容也。若湯、文之興，皆在空間之地，無人來覷他，故日漸盛大。若滕，則實是難保也。

○魯平公將出，嬖人臧倉者請曰：「他日君出，則必命有司所之。今乘輿已駕矣，有司未知所之，敢請。」公曰：「將見孟子。」曰：「何哉，君所爲輕身以先於匹夫者？以爲賢乎？禮義由賢者出，而孟子之後喪踰前喪，君無見焉。」公曰：「諾。」乘，去聲。

乘輿，君車也。駕，駕馬也。孟子前喪父，後喪母。踰，過也。言其厚母薄父也。諾，應辭也。新安陳氏曰：平公將見孟子，必得之於樂克，所以沮於臧倉。後克入見，審問不見之故。

樂正子入見，曰：「君奚爲不見孟軻也？」曰：「或告寡人曰孟子之後喪踰前喪，是以不往見也。」曰：「何哉，君所謂踰者？前以士，後以大夫，前以三鼎而後以五鼎與？」曰：「否，謂棺槨衣衾之美也。」曰：「非所謂踰也，貧富不同也。」「入見」之見音現。與，平聲。

樂正子，孟子弟子也。雙峯饒氏曰：樂正是樂官之長，恐其先世曾作樂官來，子孫遂以爲姓。樂正裘亦是一人，以此見樂正是姓。如司馬，亦是因官以爲姓。**仕於魯。**三鼎，士祭禮；五鼎，大夫祭禮。雙峯饒氏曰：五鼎是大夫之禮，羊豕魚腊膚；三鼎是士之禮，特豕魚腊。

樂正子見孟子，曰：「克告於君，君爲來見也。嬖人有臧倉者沮君，君是以不果來也。」曰：「行或使之，止或尼之，行止非人所能也。吾之不遇魯侯，天也，臧氏之子焉能使予不遇哉？」爲，去聲。沮，慈呂反。尼，女乙反。焉，於虔反。

克，樂正子名。沮、尼，皆止之之意也。言人之行必有人使之者，其止必有人尼之者。然其所以行、所以止，則固有天命而非此人所能使，亦非此人所能尼也。然則我之不遇，豈臧倉之所能爲哉？○此章言聖賢之出處上聲。**關時運之盛衰，乃天命之所爲，非人力之可及。**龜山楊氏曰：孟子之遇不遇，治亂興衰之所繫，天實爲之，非人所能也。夫何怨尤之有？○范氏曰：在孟子可以言天，在魯侯不可以言天。賢者在己者有義，在天者有命，脩其在己而聽其在天。至於人君，則當尊用賢德，奉行天命，不當諉之天也。○慶源輔氏曰：《章旨》之説深得聖賢出處之道。樂正子亦未免以世俗之心窺孟子，故孟子以此發之。○雙峯饒氏曰：孔子有兩説：「道之將行也與？命也；道之將廢也與？命也。」與孟子此章一同，皆取必於天。「天之將喪斯文也，後死者不得與於斯文也；天之未喪斯文也，匡人其如予何？」這是取必於己。言天既欲喪斯文，必不使我得與於斯文；天既使我得與於斯文，則是天必不喪斯文。一說是我之命係乎天，是以天爲主；一說是天命係乎我，是以我爲主：二者相爲賓主。那箇是聖人之言，這箇是賢人之言。孔子告子服景伯是與常人說話，又低得一等。

孟子集註大全卷之三

公孫丑章句上

凡九章。

公孫丑問曰：「夫子當路於齊，管仲、晏子之功，可復許乎？」復，扶又反。

公孫丑，孟子弟子，齊人也。當路，居要地也。管仲，齊大夫，名夷吾，相去聲。桓公，霸諸侯。許，猶「期」也。孟子未嘗得政，丑蓋設辭以問也。慶源輔氏曰：此必丑初見孟子時事。觀其語意，恐孟子不敢以管、晏自許，是全未知孟子也。○西山真氏曰：齊宣既慕桓、文，丑復慕管、晏，蓋霸者功利之説深入人心已久，故不惟時君慕之，而學者亦慕之也。

孟子曰：「子誠齊人也，知管仲、晏子而已矣！

齊人但知其國有二子而已，不復扶又反。知有聖賢之事。慶源輔氏曰：世衰道微，聖學不明。人不知有學問，則亦不復知有聖賢之事業。雖有英才美質，不覺溺於時俗之見聞而已。此齊人之所以但知其國之有二子也。

「或問乎曾西曰：『吾子與子路孰賢？』曾西蹵然曰：『吾先子之所畏也！』曰：『然則吾子與管仲孰賢？』曾西艴然不悦曰：『爾何曾比予於管仲？管仲得君如彼其專也，行乎國政如彼其久也，功烈如彼其卑也！爾何曾比予於是？』」蹵，子六反。艴音拂，又音勃。曾並音增。

孟子引曾西與或人問答如此。曾西，曾子之孫。蹵，不安貌。先子，曾子也。艴，怒色也。「曾」之言「則」也。烈，猶「光」也。桓公獨任管仲四十餘年，是專且久也。管仲不知王道而行霸術，故言功烈之卑也。楊氏曰：「孔子言子路之才曰：『千乘之國，可使治其賦也。』使其見形甸反。於施爲，如是而已，其於九合諸侯、一正天下，固有所不逮也。然則曾西推尊子路如此而羞比管仲者，何哉？譬之御者，子路則範我馳驅而不獲者也；管仲之功，詭遇而獲禽耳。曾西，仲尼之徒也，故不道管仲之事。」問：「聖人分明是大管仲之功而孟子硬以爲卑，如何？」朱子曰：孟子是不肯做他底，是見他做得那規模來低。○慶源輔氏曰：楊氏斷置得極分明。子路之才視管仲誠爲不及，然子路之所學則聖人之道，其於管仲之事蓋有所不屑爲者。或曰：楊氏本説但云：「子路譬之御者，則範我馳驅者，若管仲蓋詭遇耳。」此則是以御而譬其所爲，未説到功效上。今《集註》增益之曰：「子路則範我馳驅而不獲者也，管仲之功詭遇而獲禽耳。」則是并與功都説了。然按孟子，範我馳驅是一人，不獲又是一人；詭遇是一人，獲禽又是一人。今若作一人看，則似以子路爲御之善而射未善，然射、御又非一人所能兼者，恐不若只從其本説之爲得也。曰：非是之謂也。《集註》之意，蓋謂子路是範我馳驅而不遇王者，故不獲；管仲則詭遇以逢桓公之爲，故得禽多耳。○雙峯饒氏曰：使王良得善射者而御之，則範我馳驅，正所以獲禽，即《詩》所謂「不失其馳，舍矢如破」。儻以孔孟之道而遇明主，則治國平天下皆餘事耳。

曰：「管仲，曾西之所不爲也，而子爲我願之乎？」「子爲」之爲，去聲。

曰，孟子言也。願，望也。

曰：「管仲以其君霸，晏子以其君顯。管仲、晏子猶不足爲與？」與，平聲。

顯，顯名也。

曰：「以齊王，由反手也。」王，去聲。由、猶通。

反手，言易去聲。也。

曰：「若是，則弟子之惑滋甚。且以文王之德，百年而後崩，猶未洽於天下。武王、周公繼之，然後大行。今言王若易然，則文王不足法與？」易，去聲。下同。與，平聲。

滋，益也。文王九十七而崩，言「百年」，舉成數也。《禮記·文王世子》：「文王九十七而終。」文王三分天下才有其二。武王克商，乃有天下。周公相去聲。成王，制禮作樂，然後教化大行。東陽許氏曰：武王、周公繼之，然後大行，此言周公制禮作樂之後，雖殷之頑民莫不率化趨善之時也。

曰：「文王何可當也？由湯至於武丁，賢聖之君六七作。天下歸殷久矣，久則難變也。武丁朝諸侯、有天下，猶運之掌也。紂之去武丁未久也，其故家遺俗、流風善政猶有存者。又有微子、微仲、王子比干、箕子、膠鬲，皆賢人也，相與輔相之。故久而後失之也。尺地莫非其有也，一民莫非其臣也。然而文王猶方百里起，是以難也。朝音潮。鬲音隔，又音歷。「輔相」之相，去聲。「猶方」之猶，與「由」通。

當，猶「敵」也。商自成湯至于武丁，中間太甲、太戊、祖乙、盤庚，皆賢聖之君。作，起也。自武丁至紂凡七世。故家，舊臣之家也。雙峯饒氏曰：故家舊臣、遺俗舊民，是說在下底；流風之化、善政之事，是說在上底。

「齊人有言曰：『雖有知慧，不如乘勢；雖有鎡基，不如待時。』今時，則易然也。知音智。鎡音兹。

鎡基，田器也。時，謂耕種之時。

「夏后、殷、周之盛，地未有過千里者也，而齊有其地矣；鷄鳴狗吠相聞而達乎四境，而齊有其民矣。地不改辟矣，民不改聚矣，行仁政而王，莫之能禦也。辟，與「闢」同。

此言其勢之易去聲。也。三代盛時，王畿音祈。不過千里。今齊已有之，異於文王之百里。又雞犬之聲相聞，自國都以至于四境，言居民稠密也。雙峯饒氏曰：「勢」是指事力而言。

有地則有財，有民則有兵。地廣則財富，民衆則兵强。既富且强，所以舉事易。文王百里，地狹民少，所以難。

「且王者之不作，未有疏於此時者也；民之憔悴於虐政，未有甚於此時者也。飢者易爲食，渴者易爲飲。

此言其時之易也。自文、武至此七百餘年，異於商之賢聖繼作；民苦虐政之甚，異於紂之猶有善政。易爲飲食，言飢渴之甚，不待甘美也。

「孔子曰：『德之流行，速於置郵而傳命。』郵音尤。

置，驛也；郵，馹音日。也，新安陳氏曰：如漢五里一置。《左傳》：「楚子乘馹會師。」○東陽許氏曰：《字書》：「馬遞曰置，步遞曰郵。」《漢·西域傳》「因騎置以聞」，師古曰：「即今驛馬也。」《黄霸傳》「郵亭」，師古曰：「書舍，謂傳送文書所止處，如今驛館。」所以傳命也。孟子引孔子之言如此。雙峯饒氏曰：德之流行，即是應前面「文王之德」底「德」字。蓋德是本，全靠時勢不得。有智慧而後可以乘勢，有鎡基而後可以待時。若無德，雖有時勢，何以行之？

「當今之時，萬乘之國行仁政，民之悦之，猶解倒懸也。故事半古之人，功必倍之，惟此時爲然。」乘，去聲。

倒懸，諭困苦也。所施之事半於古人而功倍於古人，由時勢易而德行速也。問：「孟子既卑管仲，使孟子當管仲之時，則如之何？」雙峯饒氏曰：亦只是合諸侯以尊周室。但孟子則真能使王室尊安而諸侯各循王度，管仲不過假尊周之名以蓋其摟諸侯之實，其所爲實文武之罪人也。王霸之分，只在誠僞。孔子作《春秋》，亦不過欲諸侯尊周室、循周制而已。○新安陳氏曰：丑並論管、晏，孟子只及管仲而不及晏。蓋晏之事功又在管之下，不必言也。晏事景公，政在陳氏，晏未嘗當齊政也。晏才不及管而其人稍正於管，其人無可譏，其事無可言，此孟子所以置晏不言而專及管歟？

○公孫丑問曰：「夫子加齊之卿相，得行道焉，雖由此霸、王，不異矣。如此則動心否乎？」孟子曰：「否，我四十不動心。」相，去聲。

此承上章，又設問孟子若得位而行道，則雖由此而成霸、王之業，亦不足怪。任大責重如此，亦有所恐懼疑惑而動其心乎？雙峯饒氏曰：《集註》「恐懼疑惑」四字雖是説心之所以動，然論心之動則以「恐懼」居先，論心之所以不動則又以「無所疑惑」居先。要之，不疑惑，然後能不恐懼，故《集註》「恐懼」字是爲下文「養氣」張本，「疑惑」字是爲下文「知言」張本。**四十彊仕，君子道明德立之時。孔子四十而不惑，亦「不動心」之謂。**朱子曰：盡心知性，無所疑惑；動皆合義，無所畏怯。雖當盛位、行大道，亦沛然行其所無事而已，何心動之有？《易》所謂「不疑其所行」者蓋如此，而孔子之「不惑」亦其事也。公孫丑非謂孟子以卿相富貴動其心，謂霸、王事大，恐孟子擔當不過，有所疑懼而動其心耳。不知霸、王當甚閑事？○雙峯饒氏曰：「道明」屬「知言」，「德立」屬「養氣」。○陵陽李氏曰：明則不疑，立則不懼。然未有不明而能立者，故知言、養氣雖二事並進，而其序必以知言爲先，孔子「不惑」

則自不動矣。○雲峯胡氏曰：孔子「四十而不惑」在「三十而立」之後，德立而道明，「誠而明」者也；孟子所以四十不動心者，先知言而後養氣，道明而後德立，「明而誠」者也。○東陽許氏曰：疑懼即是動心處，《集註》却言「有所恐懼疑惑而動其心」，似疑懼又在動心之外者。蓋心本虛靈静一，能明天下之理者此也，足以應天下之事亦此也。今理有所不能明而疑，事有所不能應而懼，然則疑懼乃動心之目，心因疑懼而動，而疑懼非心之所動也。

曰：「若是則夫子過孟賁遠矣。」曰：「是不難。告子先我不動心。」賁音奔。

孟賁，勇士。賁，齊人，能生拔牛角。秦武好多力士，賁往歸之。**告子，名不害。孟賁，血氣之勇，丑蓋借之以贊孟子不動心之難。孟子言告子未爲知道，乃能先我不動心，則此未足爲難也。**❶朱子曰：孟子是義精理明，天下之物不足以動其心。告子之不動心，是硬把定，是麤法强制而能不動，非若孟子酬酢萬變而不動也。○南軒張氏曰：孟子以集義爲本，告子則以義爲外。故在孟子則心體周流，人欲不萌而物各止其所者也；在告子則心制其欲，專固凝滯而能不動者也。○慶源輔氏曰：告子外義未爲知道，然未四十時已能不動心，其不動心又先於孟子。以此觀之，則不動心未足爲難可知也。○新安陳氏曰：告子强制其心而能不動，孟子有定見、有定力而自然心不動，此處孟子亦姑借告子以淺說耳。

❶「此」下，四庫本、陸本及《四書章句集註》有「亦」字。

曰：「不動心有道乎？」曰：「有。

程子曰：「心有主則能不動矣。」新安陳氏曰：「有主」二字包得闊，下文黝、舍、曾、孟皆是有主，但有精粗之分。

「北宮黝之養勇也，不膚撓，不目逃。思以一毫挫於人，若撻之於市朝。不受於褐寬博，亦不受於萬乘之君。視刺萬乘之君若刺褐夫。無嚴諸侯。惡聲至，必反之。黝，伊糾反。撓，奴效反。朝音潮。乘，去聲。

北宮，姓；黝，名。膚撓，肌膚被刺而撓屈也；目逃，目被刺而轉睛逃避也。挫，猶「辱」也。褐，毛布。以毳織布。寬博，寬大之衣，賤者之服也。不受者，不受其挫也。刺，殺也。嚴，畏憚也。言無可畏憚之諸侯也。黝蓋刺客之流，以必勝爲主而不動心者也。慶源輔氏曰：《集註》云「黝蓋刺客之流」，以其言所謂「視刺萬乘之君若刺褐夫」而知之也。「以必勝爲主」，亦以其言而知之。惟其心以必勝人爲主，故無有尊貴，視之一如匹夫，不受其挫，必反報之。○雙峯饒氏曰：惡聲必反，不專謂諸侯，於褐寬博、萬乘皆然。○東陽許氏曰：一毫挫於人，謂所辱者至小也。不受者，必報之也。不惟必報於賤者，雖貴者亦必報之。惡聲至，必反之，謂不惟辱來必報，雖言小不善亦必報也。

「孟施舍之所養勇也，曰：『視不勝猶勝也。量敵而後進，慮勝而後會，是「畏三軍」者也。舍豈能爲必勝哉？能無懼而已矣。』舍，去聲。下同。

孟，姓；施，發語聲；舍，名也。會，合戰也。舍自言其戰雖不勝，亦無所懼。若量敵慮勝而後進戰，則是無勇而畏三軍矣。**舍蓋力戰之士，以無懼爲主而不動心者也。**朱子曰：量力、慮勝是畏三軍者，此舍譏别人。舍自云我則能無懼而已。問「施，發語聲」。曰：此古註説，後面只稱舍可見。問：「有何例可按？」曰：如「孟之反」、「舟之僑」、「尹公之他」之類。〇慶源輔氏曰：註云「舍蓋力戰之士」，亦以其言而知之也。惟其心以無懼爲主，故不問其徒之衆寡、我之勝否，遇敵則戰也。〇新安陳氏曰：黝、舍皆以心有主而能不動。一則主於必勝，一則主於無懼：蓋是麤猛之不動心。孟子此處且敷演粗説。〇東陽許氏曰：黝、舍不動心，本又在告子之下。公孫丑又以孟賁比孟子，故孟子亦以勇士之類言之。

「孟施舍似曾子，北宮黝似子夏。夫二子之勇未知其孰賢，然而孟施舍守約也。夫音扶。

黝務敵人，舍專守己；慶源輔氏曰：黝務敵人，謂專以必勝於人爲主也；舍專守己，謂專以我無所懼爲主也。**子夏篤信聖人，曾子反求諸己。**問「子夏篤信聖人」。朱子曰：這箇雖無事實，但看他言語，如「日知其所亡，月無忘其所能」、「博學而篤志，切問而近思」，看他此處。又把《孟子》北宮黝來比，便見他篤信聖人處。〇雙峯饒氏曰：曾子反求諸己。便是聖人與他説話，他也未敢便以爲然，必要求諸己以審其理而後信；子夏篤信聖人，則以聖人之言爲必可信，不問説得是與未是便信了。**故二子之與曾子、子夏雖非等倫，然論其氣象則各有所似。賢，猶「勝」也。約，要也。言論二子之勇則未知誰勝，論其所守則舍比於黝爲得其要也。**問：「如何是孟施舍守約處？」朱子曰：北宮黝便勝人，孟施舍却只是能無懼而已矣。如曰「視不勝猶勝也」，此是孟施舍自言其勇如此。孟子言此二子之勇未知其孰勝，但孟施舍所守得其要也。蓋不論其勇之孰勝，但論其守之孰約。且二子之似曾子、子夏，直以其守氣養勇之分量淺深爲有所似耳，豈以其德哉？○雙峯饒氏曰：孟施舍取必於己，其氣象似曾子之反求諸己；北宮黝取必於人，其氣象似子夏之篤信聖人。此是論二子之勇有所似，非論其是非等級也。然將二子所守來比量，則孟施舍守其在我者爲得其所守之要耳。○凡言「守約」，不是「守這約」。約，要也。言所守者得其要也。「守得其約」，則「守」字活；言「守定這約」，則「守」字死了。

「昔者曾子謂子襄曰：『子好勇乎？吾嘗聞大勇於夫子矣：自反而不縮，雖褐寬博，吾不惴焉；自反而縮，雖千萬人，吾往矣。』」好，去聲。惴，之瑞反。

此言曾子之勇也。子襄，曾子弟子也。夫子，孔子也。縮，直也。《檀弓》曰：「古者冠縮縫，今也衡縫。」又曰：「棺束縮二衡三。」衡，與「横」同。引二說證縮爲直。**惴，恐懼之也。往，往而敵之也。**朱子曰：《儀禮》、《禮記》多有「縮」字，每與「衡」字作對。下文「直養」之說蓋本於此，乃一章大指所繫，不可失也。○自反縮與不縮，所以不動只在方寸之間。若仰不愧、俯不怍，看如何大利害皆不足以易之；若有一毫不直，則此心便索然。黝、舍是不畏死而不動心，告子是不認義理而不動心，曾子是自反而縮而不動心。○雙峯饒氏曰：縮不縮指理言，不惴、吾往指氣言。理者氣之主，理直則氣壯，理曲則氣餒。吾之理不直，雖一夫之賤，亦爲之屈；吾之理直，雖千萬人之衆，在所必伸。孟子因丑有「過孟賁」之語，所以先說黝、舍，然後說歸曾子來。○魯齋王氏曰：朱子云：「孟子養氣之論孔子已道了，曰『內省不疚，夫何憂何懼』。」愚謂與此正相表裏。「自反」則「內省」也，「直」則「不疚」矣，「雖千萬人，吾往」，「不憂不懼」也。○新安陳氏曰：此曾子之大勇，以義理之直爲主而不動心者也。孟子之論至此始精細，下文「至大至剛，以直養而無害」之説蓋自此「自反而縮」發之也。

「孟施舍之守氣又不如曾子之守約也。」

言孟施舍雖似曾子，然其所守乃一身之氣，又不如曾子之反身循理，所守尤得其要也。孟子之不動心，其原蓋出於此，下文詳之。朱子曰：孟子説「曾子謂子襄」一段已自盡了，只爲公孫丑問得無了期，故後面有許多説話。此一段爲被他轉換問，所以答得亦周匝。然就前段看，語脉氣象雖無後截，亦自可見前一截已自具得後面許多意思足。○守約只是所守之約，言北宮黝之守氣不似孟施舍守氣之約，孟施舍之守氣又不如曾子所守之約也。孟施舍就氣上做工夫，曾子就理上做工夫。○慶源輔氏曰：論舍之氣象，雖大略有似於曾子，然舍之所守不過是一身之血氣，固未嘗反之於心以自顧其直與不直也。其視曾子之自反以縮不縮爲勇怯，則其所守之要非舍之所能知、所可比也。反身謂「自反」，循理謂「直」。○雙峯饒氏曰：或問：孟子之不動心如何原於曾子？曰：浩然之氣便是大勇，以直養便是自反而縮，行有不慊於心則餒便是自反而不縮。

曰：「敢問夫子之不動心與告子之不動心，可得聞與？」「告子曰：『不得於言，勿求於心；不得於心，勿求於氣。』不得於心勿求於氣，可；不得於言勿求於心，不可。夫志，氣之帥也；氣，體之充也。夫志至焉，氣次焉。故曰：『持其志，無暴其氣。』」「聞與」之與，平聲。「夫志」之夫，音扶。

此一節公孫丑之問，孟子誦告子之言，又斷丁亂反。下同。**以己意而告之也。告子謂於言有所不達則當舍**上聲。**置其言而不必反求其理於心，於心有所不安則當力制其心而不必更求其助於氣：此所以固守其心而不動之速也。**速謂年未四十。○朱子曰：告子之意，以爲言語之失當直求之於言而不足以動吾之心，念慮之失當直求之於心而不必更求之於氣。蓋其天資剛勁有過人者，力能堅忍固執以守其一偏之見，所以學雖不正而能先孟子不動心也。觀其論性數章，理屈詞窮則屢變其說以取勝，終不能從容反覆，審思明辨，因其所言之失而反之於心以求至當之歸，此其不得於言而不求諸心之驗也。○告子只去守箇心得定，都不管外面，是亦得，不是亦得。孟子之意，謂是心有所失則見於言，如肝病見於目相似。**孟子既誦其言而斷之曰：彼謂不得於心而勿求諸氣者，急於本而緩其末，猶之可也；**慶源輔氏曰：「不得於心勿求於氣可」，氣固有時而能動其心，然心之不正則未必皆氣使之。大抵心是本，氣是末。故程子亦曰：「人必有仁義之心，然後有仁義之氣睟然達於外。」此「不得於心勿求諸氣」所以爲急於本而緩其末。「猶之可也」猶言「尚爲可也」。**謂不得於言而不求諸心，則既失於外而遂遺其內，其不可也必矣。**朱子曰：以下文觀之，氣亦能反動其心，則勿求於氣之說亦未爲盡善。但心動氣之時多，氣動心之時少，故孟子取其彼善於此而已。至於言則雖發於口而實出於心，內有蔽、陷、離、窮之病，則外有詖、淫、邪、遁之失。不得於言而每求諸心，則其察理日益精矣。孟子所以知言養氣以爲不動心之本者，用此道也。而告子反之，是徒見言之發於外而不知其出於中，不知言便不知義，所以外義也。其害理深矣，故斷然以爲不可。於此可見告子之不動心所以異於孟子，而亦豈能終不動哉？**然凡曰「可」者，亦僅可而有所未盡之辭耳。若論其極，則志固心之所之而爲氣之將**去聲。**帥，然氣亦人之所以充滿於身而爲志之卒徒者也。**慶源輔氏曰：心有知而氣無知。雖云氣一則能動志，然大抵是氣隨心動，故以志爲氣之將帥，氣從志所使猶卒徒之聽命於將帥也。不言心而言志者，志者心之動而有所之處也。但志則就其動處言，故尤切耳。下文又言「是氣也而反動其心」，亦可見矣。心無形而氣有質，雖云心爲本、氣爲末，然人之所以充滿其身而不至餒之者，實賴氣爲志之卒徒也。志而無氣則志無所使，亦由將帥而無卒徒則亦虚名而已。○新安陳氏曰：呂與叔《克己銘》云：「志以爲帥，氣爲卒徒。」此蓋就「帥」字上生出「卒徒」字。**故志固爲至極，而氣即次之。人固當敬守其志，然亦不可不致養其氣，蓋其内外本末交相培養。此則孟子之心所以未嘗必其不動而自然不動之大略也。**潛室陳氏曰：《集註》謂「致養其氣」即「無暴」。氣發得暴，失養故也。必言「致」者，見養氣之難。須以集義爲本，又無正、忘、助長之弊，方爲能致養也。○雲峯胡氏曰：《集註》於「持志」謂「守其志」可也。必曰「敬守其志」，添入一「敬」字最有意。蓋孟子養氣之功在集義，而所以集義者在敬。敬、義夾持，方爲成德之事。或疑兩「言」字不同。告子「不得於言」，己之言也；孟子「知言」，天下之言也。愚嘗應之曰：理，一而已。告子於己之言且不能反求其理，如何能於天下之言而求其理？孟子於天下之言能究極其理，則於己之言可知也。○新安陳氏曰：下文知言養氣，其根已安於此。告子不得於言即不求其理於心，是不知言也；不得於心即不求其助於氣，是不養氣也。

孟子、告子其不動心之名雖同，而其所以不動心之本則相反而全不同者在此。

「既曰『志至焉，氣次焉』，又曰『持其志，無暴其氣』者，何也？」曰：「志壹則動氣，氣壹則動志也。今夫蹶者趨者，是氣也，而反動其心。」夫音扶。

公孫丑見孟子言志至而氣次，故問如此則專持其志可矣，又言無暴其氣，何也？壹，專一也。蹶，姑衛反，又音厥。**顛躓**音至。**也；趨，走也。孟子言志之所向專一則氣固從之，然氣之所在專一則志亦反爲之動。**慶源輔氏曰：志者心之所之，故可言「向」。氣則做出來底便是，不可以「向」言，只得下「在」字。下文云「氣專在是」，兩「在」字相照應，察理精矣。**如人顛躓、趨走，則氣專在是而反動其心焉，所以既持其志而又必無暴其氣也。程子曰：「志動氣者什九，氣動志者什一。」**程子曰：告子不得於言勿求於心，蓋不知義在內也。志帥氣也。持定其志、無暴亂其氣，兩事也。志專一則動氣，氣專一則動志，然志動氣爲多。且若志專在淫辟，豈不動氣；氣專在喜怒，豈不動志？故蹶者趨者反動其心。○朱子曰：爲告子將氣説得太低了，故説志最緊要，氣亦不可緩。故曰「志至氣次」、「持其志，無暴其氣」，是兩邊做工夫。志即是心之所向，而今欲做一件事，這便是「志」。持其志便是養心，不是持志外別有箇養心。如喜怒，若當喜也須喜，當怒也須怒，這便是持志。若喜得過分一向喜，怒得過分一向怒，則氣便暴了，志却反爲所動。蹶、趨是氣也，他心本不曾動，只忽然喫一跌，氣打一暴，則其心便動了。❶ ○問：「蹶趨反動其心，若是志養得堅定，莫須蹶趨亦不能動得否？」曰：人之奔走，如何心不動？　曰：「蹶趨多遇於卒然不虞之際，所以易得動心。」曰：是。○問：「在車聞鸞和，行鳴佩玉，皆所以無暴其氣。今既無此，不知如何而爲無暴？」曰：凡人多動作，多語笑，做力所不及底事。且如只行得五十里，却硬要行百里，皆是暴其氣。學者須事事節約，莫教過當，此便是養氣之道。志動氣，是源頭濁者，故下流亦濁也；氣動志者，却是下流壅而不泄，反濁了上面也。○問：「《程氏遺書》云『志一動則動氣，氣一動則動志』，《外書》云『志專一則動氣，氣專一則動志』，二説孰是？」曰：此必一日之語。學者同聽之而所記各有淺深，類多如此。「志一動則動氣，氣一動則動志」，此言未説動氣、動志而先言志動、氣動，反添一「動」字了，固不若後一説所記得其本旨。蓋曰志專一固可動氣，而氣專一亦可以動其志也。○問：「持志、養氣之爲交養，何也？」曰：持志所以直其内，無暴所以防於外。兩者各致其功而無所偏廢，則志正而氣自完，氣完而志益正。其於存養之功且將無一息之不存矣。○問：「養氣次第功夫，内外是交盡，不可靠自己自守其志便謂無事。氣纔不得其平，志亦不得其安。故孟子以蹶、趨形容之。告子所謂『不得於心，勿求於氣』是未爲全論。程子所以言『氣動志者什一』，正謂是爾。」曰：然。兩者相夾著，方始德不孤。○雙峯饒氏曰：志，帥也；氣，卒徒也。如周亞夫軍中夜驚，亞夫堅卧不起。不起固是帥之定處，然設或被他驚不已，自家如何睡得安？於此見持其志又不可不養其氣。○君

❶ 「氣打」至「便動了」十字，《語類》卷五二作「氣便一暴則其心已打動了」。

子所以足容重、手容恭、聲容靜、氣容肅，行中鸞和、步中《采齊》，皆是要無暴其氣。○新安陳氏曰：前言心與氣，忽又變心言志者，蓋心以全體言，志以心之動而有所向處言。欲致持之之功，則就其動而有所向處用力。若心則不可言「持」矣，故「志」字尤切。後云「氣壹即動志」，即以是氣也而反動其心證之，可見動其心即是動志矣。程子什九、什一之説，蓋言志動氣之時多，十中常有九，所以志爲至；氣動志之時少，十中亦有一，所以氣亦次焉也。

「敢問夫子惡乎長？」曰：「我知言，我善養吾浩然之氣。」惡，平聲。

公孫丑復扶又反。**問孟子之不動心所以異於告子如此者，有何所長而能然，而孟子又詳告之以其故也。知言者，盡心知性，於凡天下之言無不有以究極其理而識其是非得失之所以然也。**朱子曰：知言便是窮理。不先窮理見得是非，如何養得氣？須是道義一一審處得是，其氣方充大。○孟子論浩然之氣一段，緊要全在「知言」上，所以《大學》許多工夫全在格物致知。格物則能知言，誠意則能養氣。○知言、養氣雖是兩事，其實相關，正如致知格物、正心誠意之類。若知言，便見得是非邪正義理昭然，此浩然之氣自生。○「知」是知得此理，告子便不理會，故以義爲外。○雲峯胡氏曰：《論語》亦曰「不知言，無以知人」，但《論語》爲初學而言，故《集註》但曰「言之得失可以知人之邪正」；孟子則自言也，故《集註》釋之比《論語》尤詳且重。《論語》之「知言」爲知人之端，入德之事；孟子之「知言」爲養氣之本，成德之事。**浩然，盛大流行之貌。氣即所謂「體之充」者，本自浩然，失養故餒。惟孟子爲善養之，以復其初也。**朱子曰：「浩然之氣」乃指其本來體段而言。○酬酢應接舉皆合義，則俯仰並無愧怍，故其氣自然盛大流行。○慶源輔氏曰：盛大言其體，流行言其用。才怯小則便非氣之本體，才鬱塞則便非氣之本用。氣即天地之氣而人之所以充滿其身者。其本然之體用自是浩然，由失其養，故餒乏而不充乎體。○雙峯饒氏曰：孟子之言「善養氣」，是以成德言，非是說做工夫，下文「必有事焉而勿正」以下却是說養氣做工夫處。○雲峯胡氏曰：《集註》、《章句》言「復其初」者凡三：《論語》謂人之性其初本善，學者當「明善以復其初」；《大學》謂人之心其初本自光明，學者當「明之以復其初」；此言人之氣其初本自盛大流行，惟孟子能「善養之以復其初」。然非學以復此心、此性之初者，未必能復此氣之初也。故孟子養氣先之以知言。**蓋惟知言則有以明夫**音扶。下同。**道義而於天下之事無所疑；養氣則有以配夫道義而於天下之事無所懼：此其所以當大任而不動心也。**慶源輔氏曰：《集註》「疑」、「懼」二字以應此章第一節註文「疑惑恐懼」四字也。道，體也；義，用也。言「道義」以該體用也。知言則於道義究極無餘，一事來則以一理應之，夫復何「疑」之有？養氣則於道義襯貼得起，勇猛果決而不留行，夫復何「懼」之有？○雙峯饒氏曰：浩然之氣即達德中之「勇」，不動心即是「勇者不懼」，添一箇知言即是「智者不惑」。○雲峯胡氏曰：章首公孫丑問動心，《集註》以爲「有所恐懼疑惑」，先「懼」而後「疑」者，懼者心之動，疑者心之所由以動也。「恐懼」二字於「動」字最切，而「疑惑」二字已藴「知言」之意。此則釋「知言」、「養氣」二句，故先「疑」而後「懼」。○東陽許氏曰：知言則盡心知性，萬理洞然，何所疑惑；養氣則動皆合義，遇事即行，何有畏怯？二者既全，何能動心？**告子之學與此正相反，其不動心殆亦冥然無覺、悍然不顧而已爾。**問知言養氣之說。朱子曰：孟子之不動心，知言以開其前，故無所疑；養氣以培其後，故無所懾。如智勇之將，勝敗之形、得失之算判然於胸中，而熊虎貔貅百萬之衆又皆望其旌旄，聽其金鼓，爲之赴湯蹈火，有死無二：是以千里轉戰，所向無前。其視告子之不動心，正猶勇夫悍卒初無制勝料敵之謀，又無蚍蜉蟻子之援，徒恃其勇而挺身以赴敵也，其不爲人所擒者，特幸而已。告子之學，他雖無所考證，然以孟子此章之言反覆求之，亦曉然可見矣。先引告子之言以張本於前，後言己之所長以著明於後。今以其同者而比之，則告子所「不得之言」即孟子所知之言，告子所「勿求之氣」即孟子所養之氣也。以其異者而反之，則告子之所以失即孟子之所以得，孟子之所以得即告子之所以失也。是其彼此之相形、前後之相應固有不待安排而不可移易者。○慶源輔氏曰：孟子能知人言之是非，告子乃自以其言爲外而不復考；孟子善養其氣，而告子乃以氣爲末而不知求：此所謂「正相反」也。其不動心者不過是硬把定其心，冥冥然都無知覺，於一切事皆漠然與之扞格而不顧耳，亦豈能終不動哉？然其所以能不動者，亦幸而已。○新安陳氏曰：「冥然無覺」則不能無疑，「悍然不顧」非真能無懼也。

「敢問何謂浩然之氣。」曰：「難言也。

孟子先言知言而丑先問養氣者，承上文方論志、氣而言也。難言者，蓋其心所獨得而無形聲之驗，有未易去聲。以言語形容者。故程子曰：「觀此一言，則孟子之實有是氣可知矣。」問：「浩然之氣與血氣如何？」朱子曰：只是一氣。義理附于其中則爲浩然之氣，不由義理而發則只爲血氣。然人所禀氣亦自不同，有禀得盛者則爲人强壯，隨分亦有立作，使之做事亦隨分做得出；若禀得衰者則委靡巽懦，都不解有所立作。唯是養成浩然之氣則却與天地爲一，更無限量。○孟子先説知言後説養氣，而公孫丑先問氣者，向來只爲他承上文先論志、氣而言也，今看來不然，乃是公孫丑會問處。留得知言在後面問者，蓋知言是末後合尖上事。如《大學》説正心誠意只合殺在「致知在格物」一句，蓋是用功夫起頭處。

「其爲氣也，至大至剛，以直養而無害，則塞于天地之間。

至大，初無限量；去聲。**至剛，不可屈撓。**女巧、女教二反。**蓋天地之正氣而人得以生者，其體段本如是也。**慶源輔氏曰：初無限量便是盛大，不可屈撓便是流行，即所謂浩然之氣也。不言用者，舉體則足以該之矣。**惟其自反而縮，**新安陳氏曰：照應本章上文釋之，「以直」之「直」字即是上文「縮」字意。**則得其所養而又無所作爲以害之，則其本體不虧而充塞無間**去聲。**矣。**新安陳氏曰：充塞彌滿乎天地之間，而無有間斷之者矣。○程子曰：浩然之氣難識，須要識得，當行不歉於心之時，自然有此氣象。○問：「伊川於『至大至剛以直』點句，先生却於『剛』字點句。」朱子曰：若於「直」字點句，則「養」字全無骨力。○至大至剛，氣之本體，以直養而無害是用功處，塞于天地之間乃是效也。○問：「他書不説養氣，只孟子言之，何故？」曰：這源流便在那箇「心廣體胖」、「内省不疚，夫何憂何懼」處來。大抵只是一氣，又不是别將箇甚底去養他。但集義便是養氣，知言便是知得這義。人能仰不愧、俯不怍時，看這氣自是浩然塞乎天地之間。○纔説「浩然」便有剛果意思，如長江大河浩浩然而來也。富貴、貧賤、威武不能淫、移、屈之類皆低，不可以語此。丑本意只是設問孟子能擔當得此樣大事否，故孟子所答只説許多剛勇，故説出浩然之氣。只就問答本文看之，便見子細。○魯齋王氏曰：此所謂「其爲氣也」，氣之體；下文所謂「其爲氣也」，氣之用。**程子曰：「天人，一也，更不分別。**必列切。**浩然之氣乃吾氣也，養而無害則塞乎天地，一爲私意所蔽則欿**音坎。**然而餒，知其小也。」謝氏曰：「浩然之氣須於心得其正時識取。」又曰：「浩然是無虧欠時。」**朱子曰：天地之氣無處不到，無處不透。是他氣剛，雖金石也透過去。人便是稟得這箇氣無欠闕，所以程子曰：「天人，一也，更不分別。浩然之氣乃吾氣也。」○問：「浩然之氣是稟得底否？」曰：只是這箇氣。若不曾養得，剛底便粗暴，弱底便衰怯。○問：「孟子説浩然之氣，却不分稟賦清濁説。」曰：此章孟子之意不是説氣稟，只因説不動心衮説到這處。似今人説「氣魄」相似，有這氣魄便做得這事，無氣魄便做不得。○慶源輔氏曰：浩然之氣本是天地之正氣，然天人一理，故孟子更不分別，直以爲己之氣也。養而無害，則全其本體而塞乎天地；若不務集義而所爲一有私意遮隔了，則便不流行而欿然餒乏不足以充乎身，而失其正大之體也。○雙峯饒氏曰：人得天地之氣以生。天地之氣如此剛大，人之氣亦合如此剛大。其所以不能如此者，不善養之故也。程子曰：「人與天地一氣也，人特自小耳。」且如文武一怒而安天下之民，也只是這氣做出來。他底却與天地一般樣至大至剛，只是善養故耳。○雲峯胡氏曰：此氣是天地之正氣。心得其正，便是不失其所得於天地之正者。○東陽許氏曰：此氣本得於天，故至大至剛。剛、大，天之體段也。聖人生知安行，無非直道，不假乎養；衆人知不明，自害其剛大，故須直以養之。直即義也。塞天地，言其效也。

「其爲氣也，配義與道。無是，餒也。餒，奴罪反。

配者，合而有助之意。慶源輔氏曰：此意本於李先生曰「配是襯貼起來」，朱子謂「襯貼」二字說「配」字極親切。蓋道義是虛底物，本自孤單，得這氣襯貼起來便張大，無所不達。今人做事亦有合於道義者，若無此氣則只是一箇衰颯底人。李先生又曰「氣與道義一衮出來」，朱子謂「一衮出來」說得道理好。孟子分明說「配義與道」，不是兩物相補貼，只是一衮發出來。故朱子用此意而就「配」字說出此句，蓋已極於精切矣。○雙峯饒氏曰：合而有助，譬如妻之配夫，以此合彼而有助於彼者也。蓋理氣不相離，氣以理爲主，理以氣爲輔。大凡人不能爲善，爲是無那氣來襯貼；有那氣來襯貼起，做得定是有力。○雲峯胡氏曰：所謂「合」，即延平所謂「一衮出來」之意；所謂「助」，即延平所謂「襯貼起來」之意也。**義者，人心之裁制；道者，天理之自然。餒，飢乏而氣不充體也。言人能養成此氣，則其氣合乎道義而爲之助，使其行之勇決，無所疑憚。若無此氣，則其一時所爲雖未必不出於道義，然其體有所不充，則亦不免於疑懼而不足以有爲矣。**新安陳氏曰：「疑憚」、「疑懼」四字仍應前註文「疑惑恐懼」字意。憚即恐懼也。○程子曰：浩然之氣，天地之正氣。大則無所不在，剛則無所屈。以直道順理養而無害，則塞乎天地之間。有少私意即是氣虧。無不義便是「集義」，有私意便是「餒」。○率氣在志，養氣在直。内有私意則餒，無不義則浩然。○朱子曰：道、義別而言，則道是物我公共自然之理，義即吾心之能斷制者，所用以處此理者也。○「道」是舉體統而言，「義」是就此一事所處而言。如父當慈，子當孝；君當仁，臣當敬：此義也；所以孝慈、所以仁敬，則道也。故後面只說「集義」。○道義是公共無形影底物事，氣是自家身上底。自家若無這氣，則道義自道義、氣自氣，如何助得他？○兩箇「其爲氣也」，「至大至剛」是説此氣之體段，「配義與道」是説此氣可將如此用，是説氣之功用。○或問：「何以言氣之配義與道也？」曰：道，體也；義，用也：二者皆理也，形而上者也；氣也者，器也，形而下者也。以本體言之，則有是理而後有是氣，而理之所以行又因氣以爲質也；以人言之，則必明道集義然後能生浩然之氣，而義與道又因是氣而後得以行焉。蓋三者雖有上下體用之殊，然其渾合而無間也乃如此。苟不知所以養而有以害之，則理自理、氣自氣，其浩然而充者且將爲慊然之餒矣。或略知道義之爲貴而欲恃之而有爲，亦且散漫蕭索而不能以自振矣。○雙峯饒氏曰：浩然之氣，全靠道義在裏面做骨子。無這道義，氣便軟弱。蓋緣有是理而後有是氣，理是氣之主。如天地二五之精氣，以有太極在裏面做主，所以他底常恁地浩然。

「是集義所生者，非義襲而取之也。行有不慊於心則餒矣。我故曰告子未嘗知義，以其外之也。慊，口簟反，又口劫反。

集義，猶言「積善」，蓋欲事事皆合於義也。襲，掩取也，如「齊侯襲莒」音舉。**之襲。**《春秋》襄公二十三年：「秋，齊侯伐晉。冬，齊侯襲莒。」註：輕行掩其不備曰「襲」。因伐晉，還襲莒。○輕，遣政反。**言氣雖可以配乎道義，而其養之之始乃由事皆合義，自反常直，是以無所愧怍而此氣自然發生於中。非由只行一事偶合於義，便可掩襲於外而得之也。**朱子曰：直只是無私曲，集義只是事事上皆直。仰不愧於天、俯不怍於人，便是浩然之氣。而今只將自家心體驗到那無私曲處，自然有此氣象。○「以直養」是「自反而縮」，「集義」是「以直養」。然此工夫須積漸。集義自然生此浩然之氣，不是行一二件合義底事能搏取浩然之氣也。集義是歲月積久之功，襲取是一朝一夕之事，從而掩取，終非己有也。○此上三句本是說氣，下兩句「是」字與「非」字對，「襲」字與「生」字對。其意蓋曰：此氣乃集義而自生於中，非行義而襲取之於外云爾。○「生」字正與「取」字對。生是自裏面生出，取是自外面取來。○義襲是於一事之義勇而爲之以壯吾氣，然無生底道理，只是些客氣耳，不久則消矣。**慊，快也，足也。言所行一有不合於義而自反不直，則不足於心而其體有所不充矣。然則義豈在外哉？**朱子曰：孟子許多論氣只在「集義所生」一句上。只是件件合宜，無一事不求箇是，自然積得多，則胸中仰不愧、俯不怍。纔有些子不合道理，心下便不足。○新安陳氏曰：集義則浩然之氣生，行有不合義而心不慊則此氣餒，可見義在內非由外矣。**告子不知此理，乃曰「仁內義外」而不復**扶又反。**以義爲事，則必不能集義以生浩然之氣矣。上文「不得於言，勿求於心」即「外義」之意，詳見**形甸反。**《告子上》篇。**問：「『配義與道』是氣助道義而行。」又曰：「『集義所生』是氣又自集義而生。」朱子曰：初下工夫時，集義然後生浩然之氣；氣已養成，又却助他道義而行。○告子之病蓋不知心之慊處即是義之所安，其不慊處即是不合於義，故直以義爲外而不求。○告子直是將義屏除去，只就心上理會。因舉陸子静云「讀書講求義理，正是告子義外工夫」，某曰不然。如子静不讀書，不求義理，只静坐澄心，却是告子外義。○雙峯饒氏曰：先說氣配義與道，後說「集義」而不及「道」者，蓋道是體，義是用。浩然之氣有體有用，其體配道，其用配義，故曰「配義與道」，其體用一也。言用則體在其中，體上無做工夫處，故只説集義。○二「餒」字之分，「無是餒也」是無氣則道義餒，「行有不慊則餒」是無道義則氣餒：所指不同。蓋二者相資，論其用則道義非氣無以行，論其體則氣非道義無以生。○新安陳氏曰：二「是」字亦不同。「無是餒也」，此「是」字指浩然之氣言；「是集義所生」，此「是」字正與下句「非」字相呼喚，猶言是如此非如彼耳。○雲峯胡氏曰：「集義」即是「以直養」，「義襲而取之」即是有所作爲以害之。《集註》訓「慊」字與《大學》音義同，自慊則心廣體胖，不慊則餒。「餒」字正與「廣」字、「胖」字相反。《集註》訓「以直養」則曰「自反而縮」，此則言「自反常直」、「自反不直」，見得孟子養氣之論正自夫子所謂「自反而縮」來也。

「必有事焉而勿正。心勿忘，勿助長也。無若宋人然。宋人有閔其苗之不長而揠之者，芒芒然歸，謂其人曰：『今日病矣，予助苗長矣。』其子趨而往視之，苗則槁矣。天下之不助苗長者，寡矣。以爲無益而舍之者，不耘苗者也；助之長者，揠苗者也。非徒無益，而又害之。」長，上聲。揠，烏八反。舍，上聲。

「必有事焉而勿正」，趙氏、程子以七字爲句，極是。近世或并下文「心」字讀之者亦通。必有事焉，有所事也，如「有事於顓臾」之「有事」。問：「必有事焉當用敬否？」程子曰：敬只是涵養一事。必有事焉，須當集義。只知用敬不知集義，却是都無事也。又問：「義莫是中理否？」曰：中理在事，義在心内。苟不主義，浩然之氣從何而生？○朱子曰：集義是養氣之丹頭，必有事是集義之火法。必有事焉，言養氣者必以集義爲事，須要把做事去做。如主敬也須把做事去主，如求放心也須把做事去求。**正，預期也。《春秋傳》曰：「戰不正勝。」是也。**《公羊傳》僖公二十六年：「夏，齊人伐我北鄙。公子遂如楚乞師。乞者何？卑辭也。曷爲以外内同若辭？重師也。曷爲重師？師出不正反，戰不正勝也。」不正者，不期也。反，復也；勝，捷也。**如作「正心」，義亦同。此與《大學》之所謂「正心」者語意自不同也。此言養氣者必以集義爲事而勿預期其效，其或未充則但當勿忘其所有事，而不可作爲以助其長，乃集義養氣之節度也。閔，憂也。揠，拔也。芒芒，無知之貌。其人，家人也。病，疲倦也。舍之而不耘者，忘其所有事；揠而助之長者，正之不得而妄有作爲者也。然不耘則失養而已，揠則反以害之，無是二者則氣得其養而無所害矣。**朱子曰：勿正，勿待也；勿忘，勿忘以集義爲事也；助長，待之不至而拔之使長也。正者，等待期望之意。如一邊集義，一邊在此等待那氣生，等來等去却便去助長。氣未至於浩然，便作起令張主，❶謂己剛毅無所屈撓，便更發揮去做事，便是「助長」。「必有事焉勿忘」是論集義工夫，「勿正勿助長」是論氣之本體，上添一件物事不得，不要等待，不要催促。○論集義所生則義爲主，論配義與道則氣爲主。一向都欲以義爲主，故失之。○人能集義以養其浩然之氣，故事物之來自有以應之，不可萌一期待之心，少間待之不得，則必出於私意，有所作爲而逆其天理矣，是助之長也。今人之於物，苟施種植之功，至於日至之時則自然成熟。若方種而待其必長，不長則從而拔之，其逆天害物也甚矣。○「養氣」一章在不動心，不

❶「主」，原作「王」，今據陸本改。

動心在勇，勇在氣，氣在集義，勿忘勿助長又是那集義底節度。若告子則更不理會言之得失、事之是非、氣之有平有不平，只是硬制壓那心使不動，恰如說「打硬修行」一般。○問：「此氣是稟得天地底來，是集義方生？」曰：本自浩然，被人自少時壞了，今當集義方能生。曰：「有人不知集義，合下便恁地剛勇，是如何？」曰：此只是麤氣，便是黝、舍之勇，亦終有餒時。此章須從頭節節看來看去，首尾貫通，見得活方是，不可只略涉獵說得去便了。○南軒張氏曰：勿助長者，待其自充，不可强使之充也。此爲循天理之當然而不以人爲加之。然欲不忘則近於助長，欲不助長則或忘之：二者之間，守之爲難。學者多知忘之爲害，不知助長之爲害尤甚，故引揠苗爲喻。閔苗之不長，猶憂氣之未充也；揠以助長，猶作其氣而使之充也。或曰：二程多以「必有事焉」爲有事乎敬，而孟子則主於集義，有異乎？曰：無以異也。孟子所謂持志，即敬之道也。非持其志，其能以集義乎？敬、義蓋相須而成者也。○雙峯饒氏曰：「有事」、「勿忘」是說「以直養」，「勿正」、「勿助」是說「養而無害」。「必有事焉而勿忘勿助長」是集義工夫。正而助長是要「義襲而取」。「集義」、「義襲」兩句乃是一段骨子。以集義爲無益而忘之者，不耘苗者也；以義襲爲心，預期其效而助長者，揠苗者也。惟其是集義所生者，故當必有事焉，心勿忘；惟其非義襲而取之，故當勿正勿助長。以直養而無害是養之之正道，集義所生是養之之成功，有事勿忘是做工夫處。○前說持志、無暴氣是兩事，後說養氣不及持志，言集義則持志在其中。今日集義，明日又集義，則此志全在義上。有事勿忘，念念在集義上。忘便是不能持其志，助長便是暴其氣。○問：「天下之不助苗長者寡矣，其意何謂？」曰：此是說天下之人平時不能養其氣者，皆是臨時助長以暴其氣也。似浩然，却不是自家集義所生底，故乍長乍消，易盈易縮，適足以戕賊其氣而已。不特養氣不可助長，凡事皆不可助長。如看書未通，不能潛心玩索而强探力索之類皆是助長。○雲峯胡氏曰：「必有事焉」是念念必合乎義而無一念之不義也，事事必合乎義而無一事之不義也。謂之「有事」，是集義之外無他事；謂之「必有事」，是此事之外無他念也。但必於此者每有所期於彼，必而勿正則先事後得，集義之心始無間斷；期之不得者，又易忘其所有事，勿正而不忘則集義之心愈無間斷。正、忘、助三字相因，皆是爲害，助之害愈甚。大抵必有事，是集義，是以直養；正、忘、助是義襲，是害。所以孟子始曰「無害」，終曰「害之」。孟子論養氣工夫是一正一反，《集註》亦是一正一反。論「以直養」，正説曰「自反常直」，反説曰「自反不直」；論害之，正説曰「不可作爲以助其長」，又反説曰「正之不得而妄有作爲」：前後相應，學者當字字體認。如告子不能集義而欲彊上聲。制其心，則必不能免於正助之病。其於所謂浩然者，蓋不惟不善養，而又害之矣。慶源輔氏曰：集義而不忘其所事則氣得其義，勿正而不妄作爲則氣無所害。如此則日引月長，而充塞天地之體，沛然流行之用將不期然而然矣。又曰：所謂揠而反害之者，正指告子而言。

「何謂知言？」曰：「詖辭知其所蔽，淫辭知其所陷，邪辭知其所離，遁辭知其所窮。生於其心，害於其政；發於其政，害於其事。聖人復起，必從吾言矣。」詖，皮寄反。復，扶又反。此公孫丑復扶又反。問而孟子答之也。詖，偏陂卑義反。也；淫，放蕩也；邪，邪僻也；遁，逃避也。四者相因，言之病也。蔽，遮隔也；陷，沈俗作「沉」，非。溺也；離，叛去也；窮，困屈也。四者亦相因，則心之失也。人之有言，皆出於心。其心明乎正理而無蔽，然後

其言平正通達而無病。苟爲不然，則必有是四者之病矣。朱子曰：詖、淫、邪、遁，蔽、陷、離、窮，四者相因。心有所蔽，只見一邊，不見一邊。如楊氏爲我、墨氏兼愛，各只見一邊，故其辭「詖」。詖是偏詖。此理本平正，他只說得一邊。字凡從「皮」皆是一邊意。如「跛」是脚一長一短，「坡」是山一邊斜。蔽則陷。陷，深入之義也。是身陷在那裏，如陷溺於水，只見水不見岸了，故其辭放蕩而過，說得迥遮浩瀚，纔恁地陷入深了，於是一向背却正路開去愈遠，遂與正路相離了，故其辭「邪」。既離去了正路，他那物事不成物事，畢竟用不得，遂至於窮。窮是說不去了，故其辭「遁」。遁是既離後走脚底話。如楊子本是不拔一毛以利天下，却說天下非一毛所能利；夷子本說愛無差等，却說施由親始；佛氏本無父母，却說《父母經》：皆是遁辭。○問：「楊、墨似詖，莊、列似淫，儀、秦似邪，佛似遁。」曰：不必如此分別。有則四者俱有，其序自如此。○此一章專以知言爲主。若不知言，則自以爲義而未必是義，自以爲直而未必是直，是非且莫辨矣。然說知言又只說知詖、淫、邪、遁四者。蓋天下事只有一箇是與不是而已。若辨得那不是底，則便識得那是底了。然非見得道理十分明，則不能辨得親切。且如集義，皆是見得道理分明，則動静去處皆循道理，無非集義也。○蔡氏曰：知言則善惡邪正皆當知之。此之所「知」，獨詖淫邪遁之辭，何也？蓋孟子之時，楊、墨之言盈天下，正人心、息邪說莫此爲急。故曰「楊、墨之道不息，孔子之道不著」，此其意也。○慶源輔氏曰：言形於外，故以「病」言；心存於中，故以「失」言。○雙峯饒氏曰：詖淫邪遁雖是四件，却只是兩件。詖淫屬陽，邪遁屬陰。蓋詖尚有一邊是道理，邪則并這一邊亦離了。淫是詖之深，遁是邪之極。如楊墨初以爲我、兼愛爲仁義，雖非仁義之全體，猶自見得仁義之一偏。

其終也至於無父、無君，則其離仁義也遠矣。天下道理好底四件，不好底亦四件。元亨利貞、仁義禮智是好底，詖淫邪遁、意必固我是不好底。好底相因，不好底亦相因。元亨利貞起於元，仁義禮智起於仁；意必固我起於意，詖淫邪遁起於詖。當看四箇「所」字，如看病相似。詖淫邪遁是病證，蔽陷離窮是病源，所蔽所陷所離所窮是病源之所在。墨氏之蔽在於見仁而不見義，楊氏之蔽在於見義而不見仁。其蔽雖同而所以蔽則異。孟子知言如明醫然，纔見病證便説病源在何處。欲治蔽陷離窮之病，在先去其蔽，無所蔽便無下面三件。蔽之源不一，有爲氣稟所蔽，有爲物欲所蔽，有爲學術所蔽，有爲習俗所蔽。問：「去蔽之道當如何？」曰：孔子嘗謂「六言六蔽」，皆基於「不好學」。欲去蔽者，當自好聖賢之學始。○雲峯胡氏曰：《集註》釋「我知言」曰「識其是非得失之所以然」。此所謂「言之病」者，其然也；所謂「心之失」者，即所以然也。特上文汎指天下之言，故兼是非得失而知之；此則似指告子之言，故專於其失者而知之也。○新安倪氏曰：《集註》既釋蔽陷離窮四者，而下文則曰「其心明乎正理而無蔽，然後其言平正通達而無病」，又提出「蔽」之一字者，蓋四者之失必起於蔽。饒氏謂「無所蔽便無下面三件」，亦其深得《集註》之意者歟？　**即其言之病而知其心之失，又知其害於政事之決然而不可易者如此，非心通於道而無疑於天下之理，其孰能之？**　問：「孟子知言處説『生於其心，害於其政』，先『政』而後『事』；闢楊、墨處説『作於其心，害於其事』，先『事』而後『政』。」朱子曰：先事而後政，是自微而至著；先政而後事，是自大綱而至節目。○慶源輔氏曰：孟子之所以能知言也，因其言之病而知其心之失，是即其用而知其體也；又知其害於政事之決然而不可易者如此，是據其始而知其終也。非心與理一，其於天下之事如燭照數計略無所疑者，何能如是哉？不然，則知其用者或不知其體，見其始者或不見其終者有矣。○雙峯饒氏曰：政者事之大體，事者政之條目。心纔不正，到處有害。政、事皆心之所發，於大體既有害則小者可知，故曰「發於其政，害於其事」。後篇說「作於其事，害於其政」，是條目上既有害則大者亦可知。○雲峯胡氏曰：所謂「害」者皆指異端之害而言。詖淫邪遁之言即異端之言也。其害或先政而後事，或先事而後政，但言無大無小，無不有害，不必拘先後也。**彼告子者不得於言而不肯求之於心，至爲義外之說，則自不免於四者之病，其何以知天下之言而無所疑哉？**新安陳氏曰：《集註》於養氣、知言兩節皆解上告子身上，以終前「不得於言」至「勿求於心」不可之說。**程子曰：「心通乎道然後能辨是非，如持權衡以較**音教。**輕重，孟子所謂『知言』是也。」又曰：「孟子知言，正如人在堂上方能辨堂下人曲直。若猶未免雜於堂下衆人之中，則不能辨決矣。」**問：「程子之說，莫直是喻心通於道者否？」新安陳氏曰：此言必有超於衆人之見，然後能知衆人之言也。朱子曰：此只是言見識高似他，方能辨他是非得失。若見識與他一般，如何解辨得他？○雙峯饒氏曰：知言當如何用功？程子「心通乎道」之說便是發明知言之要，亦須格物上做來。道便是箇權衡，以道觀人如持權衡以較輕重，無有能逃之者。知言便是知道，孟子不欲以「知道」自謂，所以只說知言。告子以義爲外，所以只取必於口，全不反求諸心。如杞柳之說孟子闢之，則又移爲湍水之說，第一說用不得又換第二說，是之謂「遁辭」。○新安陳氏曰：此章甚長，頭緒頗多，其要旨未易究也。「知言養氣」下《集註》標出綱領，而未及所以能知言養氣之本。朱子《與郭冲卿帖》云：「孟子之學蓋以窮理集義爲始，不動心爲效。蓋惟窮理爲能知言，惟集義爲能養氣。理明而無所疑，氣充而無所懼，故能當大任而不動心。考於本章次第可見矣。」此章要指惟此帖盡之而無餘蘊。集義故能養氣，孟子所已言；窮理故能知言，孟子所未言。心通乎道而無疑於天下之理，程子固言之，而提綱挈領以示後學，未有如朱子此帖之明的周備者也。明理以「知」言，知之之事；集義以養氣，行之之事：不出乎知行二者而已。此章雖未終於此，而正意止於此。

「宰我、子貢善爲説辭，冉牛、閔子、顔淵善言德行。孔子兼之，曰：『我於辭命則不能也。』然則夫子既聖矣乎？」行，去聲。

此一節，林氏以爲皆公孫丑之問，是也。林氏，名之奇，字少穎，三山人。**説辭，言語也；**説，如字。或讀如「稅」者，非。**德行，得於心而見**形甸反。**於行事者也。三子善言德行者，身有之，故言之親切而有味也。公孫丑言數子各有所長而孔子兼之，然猶自謂不能於辭命。今孟子乃自謂我能知言，又善養氣，則是兼言語、德行而有之，然則豈不既聖矣乎？此「夫子」指孟子也。**問：「善爲説辭則於德行或有所未至，善言德行則所言皆其自己分上事也。」朱子曰：得之。○慶源輔氏曰：知言則在我在人一也。知其如此則於言語辭命何患不能？養氣自集義生，豈非德行乎？**○程子曰：「孔子自謂不能於辭命者，欲使學者務本而已。」**雲峯胡氏曰：此以後因公孫丑提出一「聖」字爲問，故專發明「聖」字。

曰：「惡，是何言也？昔者子貢問於孔子曰：『夫子聖矣乎？』孔子曰：『聖則吾不能，我學不厭而教不倦也。』子貢曰：『學不厭，智也；教不倦，仁也。仁且智，夫子既聖矣。』夫聖，孔子不居。是何言也？」惡，平聲。「夫聖」之夫音扶。

惡，驚歎辭也。「昔者」以下，孟子不敢當丑之言而引孔子、子貢問答之辭以告之也。此「夫子」指孔子也。學不厭者，智之所以自明；教不倦者，仁之所以及物。再言「是何言也」以深拒之。朱子曰：《中庸》「成己，仁也」是體，「成物，智也」是用；此「學不厭，智也」是體，「教不倦，仁也」是用。○潛室陳氏曰：仁、智互爲體用。義精仁熟之後，道理縱看横看皆可。智爲體則仁爲用，仁爲體則智爲用。○雙峯饒氏曰：不厭不倦，須粘上「聖」字說。言學聖人之道而不厭，又以聖人之道教人而不倦。○子貢此言與《中庸》不同，詳見《中庸》第二十五章《章句》、《或問》、《輯釋》論之。

「昔者竊聞之：子夏、子游、子張皆有聖人之一體，冉牛、閔子、顏淵則具體而微，敢問所安？」

此一節，林氏亦以爲皆公孫丑之問，是也。一體，猶「一肢」也；具體而微，謂有其全體，但未廣耳。安，處上聲。下同。也。公孫丑復扶又反。問孟子既不敢比孔子，則於此數子欲何所處也？朱子曰：聖人道大而能博。如游、夏得其文學，子張得其威儀，皆一體也。惟顏淵、冉、閔氣質不偏，理義完具，獨能具有聖人之全體，但未若聖人之大而化之，無限量之可言，故以爲「具體而微」耳。

曰：「姑舍是。」舍，上聲。

孟子言且置是者，不欲以數子所至者自處也。陵陽李氏曰：問：「如《集註》之說，則孟子猶有不足於顏子歟？」天台潘氏曰：孟子之志願學孔子，是誠有不足於顏子者。蓋非不足於顏子，以顏子不幸短命而未至於聖人之域。前輩云「纔遜第一等事與別人做，便是自棄古人之志」，大率如此。然立志之後須要力行以酬其志，不可徒有此志也。

曰：「伯夷、伊尹何如？」曰：「不同道。非其君不事，非其民不使，治則進，亂則退，伯夷也。何事非君，何使非民？治亦進，亂亦進，伊尹也。可以仕則仕，可以止則止，可以久則久，可以速則速，孔子也：皆古聖人也。吾未能有行焉。乃所願，則學孔子也。」治，去聲。

伯夷，孤竹君之長上聲。子。兄弟遜國，避紂隱居，聞文王之德而歸之。及武王伐紂，去而餓死。伊尹，有莘之處上聲。士，湯聘而用之。使之就桀，桀不能用，復歸於湯。如是者五，乃相去聲。湯而伐桀也。三聖人事詳見形甸反。此篇之末及《萬章下》篇。魯齋王氏曰：乃所願則學孔子，後四段盡在此句。〇雲峯胡氏曰：孟子以顏子具聖人之體而未極其大，故欲學其大者；以伯夷、伊尹有聖人之德而未極其全，故欲學其全者。故此以下則專言夫子之聖。

「伯夷、伊尹於孔子，若是班乎？」曰：「否。自有生民以來，未有孔子也。」

班，齊等之貌。公孫丑問而孟子答之以不同也。曰：「然則有同與？」曰：「有。得百里之地而君之，皆能以朝諸侯、有天下。行一不義，殺一不辜，而得天下，皆不爲也。是則同。」與，平聲。朝音潮。有，言有同也。以百里而王去聲。天下，德之盛也；行一不義、殺一不辜而得天下有所不爲，心之正也。問：「伯夷、伊尹之行一不義、殺一不辜而得天下有所不爲，何以言之也？」朱子曰：以其遜國而逃，諫伐而餓，非道義一介不取與觀之，則可見矣。○魯齋王氏曰：此亦是自反而不縮，所以不爲也。聖人之所以爲聖人，其根本節目之大者惟在於此。於此不同則亦不足爲聖人矣。新安陳氏曰：上文德之盛，根本之大也；心之正，節目之大也。大根本節目同而小處不同，皆可以言「聖人」。若大處不同則大本已非，吾何以觀之哉？

曰：「敢問其所以異。」曰：「宰我、子貢、有若智足以知聖人，汙不至阿其所好。汙音蛙。好，去聲。汙，下也。三子智足以知夫子之道。假使汙下，必不阿私所好而空譽平聲。之。明其言之可信也。朱子曰：汙是汙下不平處，或是當時方言。當屬下句讀。○慶源輔氏曰：智足以知聖人則其智識高明矣，阿私所好而空譽之則其識趣汙下矣。高明與汙下正相反，高明則必不至汙下矣。❶反覆

❶「必不」，原作「不必」，今據四庫本、陸本及《四書纂疏》改。

極言之以明三子之言必可信耳。

「宰我曰：『以予觀於夫子，賢於堯舜遠矣。』

程子曰：「語聖則不異，事功則有異。夫子賢於堯舜，語事功也。蓋堯舜治天下，夫子又推其道以垂教萬世。堯舜之道非得孔子，則後世亦何所據哉？」問：「夫子賢於堯舜，有論宰我此言之失者。」南軒張氏曰：殊不思孟子引宰我此言爲甚。曰：「《遺書》謂『語聖則不異，事功則有異』。」曰：便是這箇意思。五峯云「成一時之動業有限，開萬世之道學無窮」，亦是此意。○慶源輔氏曰：「語聖則不異」，以其德言也；「事功則有異」，就其所爲事與成功而言也。「堯舜治天下，夫子又推其道以垂教萬世」，此言事功久遠之不同也；「堯舜之道非得孔子，則後世亦何所據哉」，此言事功始終成就之不同也。○新安陳氏曰：後世聖賢之君不作，異端漸熾。苟非得孔子祖述堯舜以詔後世，則無所據依以入堯舜之道矣。輔氏有言：「當時若無孔子，今人連堯舜也不識。」由此言之，則孔子爲天地立心，爲生民立命，爲往聖繼絶學，爲萬世開太平，其功業豈不賢於堯舜遠哉？宰予此言可謂深知孔子，其得在言語之科宜矣。此孟子所以表而出之於子貢、有若之言之先也歟？

「子貢曰：『見其禮而知其政，聞其樂而知其德。由百世之後，等百世之王，莫之能違也。自生民以來，未有夫子也。』

言大凡見人之禮則可以知其政，聞人之樂則可以知其德。是以我從百世之後，差楚宜反。等百世之王，無有能遁其情者，新安陳氏曰：差等，猶言「品第」。情，實也。以見禮知政、聞樂知德二句鑒之，皆不能逃於洞察之下。**而見其皆莫若夫子之盛也。**問：「見其禮而知其政、聞其樂而知其德是謂夫子，是謂他人？」朱子曰：只是大概如此説。子貢之意蓋言，見人之禮便可知其政，聞人之樂便可知其德，所謂由百世之後等百世之王，莫有能違我之見者。所以斷然謂「自生民以來未有孔子」，此子貢以其所見而知夫子之聖如此也。一説夫子見人之禮而知其政，聞人之樂而知其德，由百世之後等百世之王，莫有能逃夫子之見者，此子貢所以知其爲生民以來未有也。然不如前説之順。

「有若曰：『豈惟民哉？麒麟之於走獸，鳳凰之於飛鳥，泰山之於丘垤，河海之於行潦，類也；聖人之於民，亦類也。出於其類，拔乎其萃。自生民以來，未有盛於孔子也！』」垤，大結反。❶潦音老。

麒麟，毛蟲之長；上聲。下同。**鳳凰，羽蟲之長。垤，蟻封也；行潦，道上無源之水也。出，高出也；拔，特起也。**特，挺然孤特也。**萃，聚也。**衆所聚之中。**言自古聖人固皆異於衆人，**新安陳氏曰：此「聖人」字是汎説從古以來之聖人。**然未有如孔子之尤盛者也。○程子曰：「孟子此章擴前聖所未發，**指養氣與知言而言也。**學者所宜潛心而玩索**色栢反。**也。」**雙峯饒氏曰：孟子要學聖人，故於子游、子夏、子張、冉牛、閔子、顔淵皆曰「姑舍是」；伯夷、伊尹雖是古聖人，然伯夷偏於清，伊尹偏於任，不若孔子之時中，故曰「乃所願則學孔子」。解《孟子》與解《論語》不同。《論語》

❶ 「大」，原作「夭」，今據《四書纂疏》改。

章句短，《孟子》章句長。須要識他全章大指所在，又須看教前後血脉貫通而後可。○雲峯胡氏曰：公孫丑疑孟子動心，孟子遂極言養氣知言之功；公孫丑疑其知言養氣之既聖，孟子遂極言夫子之聖之盛。要之，夫子之聖不假乎養氣知言，孟子之養氣知言乃學而至聖者也。前則深斥告子，闢異端也；後則推尊孔子，承聖道也。前後之言若不相貫而實相貫，學者味之。

○孟子曰：「以力假仁者霸，霸必有大國；以德行仁者王，王不待大。湯以七十里，文王以百里。

力，謂土地甲兵之力。假仁者，本無是心而借其事以爲功者也。霸若齊桓、晉文是也。以德行仁則自吾之得於心者推之，無適而非仁也。朱子曰：以德行仁，德非止謂有救民於水火之誠心。這「德」字説得來闊，是自己身上事都做得來是，無一不備了，所以行出來便是仁。且如湯「不邇聲色，不殖貨利」，至「彰信兆民」，是先有前面底方能彰信兆民，救民水火之中。若無前面底，雖欲救民，不可得也。武王「亶聰明作元后」，是亶聰明方能作元后，救民水火之中。若無這亶聰明，雖欲救民，其道何由？○行仁便自仁中行出，皆仁之德。若假仁便是恃其甲兵之强、財賦之多，須有如是資力方可服人。是假仁之名以欺其衆，非有仁之實也。○以力假仁，仁與力是兩箇；以德行仁，仁便是德，德便是仁。○雙峯饒氏曰：或引「包茅不入，昭王不復」是「假仁」。曰：此是「假義」，不是「假仁」。請問「假仁」。曰：救民，仁也；尊君，義也。湯放桀，武伐紂，以救民爲主，其事屬仁；齊問罪於楚，以尊周爲主，其事屬義。孟子不説「假義」，却説「假仁」，蓋仁包五常，言仁則義在其中。如伐原示信、大蒐示禮皆是假仁處。

「以力服人者非心服也，力不贍也；以德服人者，中心悅而誠服也。如七十子之服孔子也。《詩》云：『自西自東，自南自北，無思不服。』此之謂也。」贍，時驗反。足也。《詩》，《大雅・文王有聲》之篇。王、霸之心，誠、僞不同，故人所以應之者其不同亦如此。慶源輔氏曰：以力假仁者僞也，假而行之，終非己有，非僞而何？以德行仁者誠也。所謂「誠」者，成己成物者也。己以僞感，人以僞應；己以誠感，人以誠應：如形聲影響之相隨，蓋不容於有異也。○鄒氏曰：鄒氏，名浩，字志完。毗陵人。「以力服人者，有意於服人而人不敢不服；以德服人者，無意於服人而人不能不服。從古以來論王霸者多矣，未有若此章之深切而著明者也。」問王霸之別。朱子曰：以力假仁者不知仁之在己而假之也，以德行仁則其仁在我而惟所行矣。以執轅濤塗、侵曹伐衛之事而視夫東征西怨、虞芮質成者，則人心之服與不服可見。若七十子之從孔子，至於流離飢餓而不去，此又非有名位勢力以驅之也。孟子真可謂「長於譬喻」也。○慶源輔氏曰：鄒氏以「有意」「無意」釋「力」與「德」字，最爲簡要。然其所謂無意者，非如木石之無意者，無期必之私意耳。若夫正心脩身之道，則自有不可已者。至論「自古論王霸未有如是之深切著明」者，亦爲得之。其視董子「美玉碔砆」之喻，荀子降禮尊賢、重法愛民與夫曰粹曰駁諸說皆爲優矣。○新安陳氏曰：王道純乎天理，霸之假雜以人欲。崇王道黜霸功，亦擴天理遏人欲也。

○孟子曰：「仁則榮，不仁則辱。今惡辱而居不仁，是猶惡濕而居下也。惡，去聲。下同。

好去聲。**榮辱，人之常情。然徒惡之而不去**上聲。**其得之之道，不能免也。**朱子曰：此亦只是爲下等人言。若是上等人，他豈以榮辱之故而後行仁哉？○蔡氏曰：程子《易·比卦》彖傳曰：「且得他畏危亡之禍而求所以比輔其民，猶勝於全不顧者。」此章近之。

「如惡之，莫如貴德而尊士。賢者在位，能者在職，國家閒暇，及是時明其政刑，雖大國必畏之矣。」閒音閑。

此因其惡辱之情而進之以彊上聲。**仁之事也。**新安倪氏曰：《禮記·表記》云「畏罪者彊仁」，謂勉彊行仁也。「貴德」以下皆彊仁之事目。**貴德，猶「尚德」也。士則指其人而言之。賢，有德者，使之在位則足以正君而善俗；能，有才者，使之在職則足以修政而立事。國家閒暇，可以有爲之時也。詳味「及」字，則惟日不足之意可見矣。**或謂：賢者在位、能者在職，謂賢者有德，但使之在位而不任事；能者有才，所以使之在職而任事。雙峯饒氏曰：如此說則賢者是箇無能底人。蓋凡是賢者，皆當使之在位，然賢者所能却不同。就其間使能敷教者在敷教之位，能治獄者在治獄之位。既有其位，便有其職。天下豈有無職之位，豈有無能之賢？○新安陳氏曰：《春秋傳》云：「及猶『汲汲』也。」及是時而明政刑，即《書》所謂「吉人爲善，惟日不足」之意。此一節應「仁則榮」也。

「《詩》云：『迨天之未陰雨，徹彼桑土，綢繆牖戶。今此下民，或敢侮予？』孔子曰：『爲此詩者，其知道乎？能治其國家，誰敢侮之？』」徹，直列反。土音杜。綢音稠。繆，武彪反。

《詩》，《豳風・鴟處脂反。鴞》吁驕反。之篇，周公之所作也。迨，及也。徹，取也。桑土，桑根之皮也。綢繆，音矛。纏綿補葺七入反。也。牖户，巢之通氣出入處也。予，鳥自謂也。言我之備患詳密如此，今此在下之人或敢有侮予者乎？周公以鳥之爲巢如此，比君之爲國亦當思患而預防之。孔子讀而贊之，以爲知道也。雲峯胡氏曰：「爲此詩者其知道乎」，《孟子》凡兩引之。彼則爲詩者知率性之道，此則爲詩者知治國平天下之道也。

「今國家閒暇，及是時般樂怠敖，是自求禍也。般音盤。樂音洛。敖音傲。

言其縱欲偷安，亦惟日不足也。雙峯饒氏曰：般樂則不暇「明其政刑」，怠敖則不暇「貴德尊士」。○新安陳氏曰：及是時而縱欲偷安，亦《書》所謂「凶人爲不善，惟日不足」之意。此一節應「不仁則辱」也。

「禍福無不自己求之者。

結上文之意。新安陳氏曰：仁榮，福也；不仁之辱，禍也：皆自己求之。

「《詩》云：『永言配命，自求多福。』《太甲》曰：『天作孽，猶可違；自作孽，不可活。』此之謂也。」孽，魚列反。

《詩》，《大雅・文王》之篇。永，長也。言，猶「念」也。配，合也；命，天命也。此言福之自己求者。《太甲》，《商書》篇名。孽，禍也。違，避也。活，生也，《書》作「逭」，音换。逭，猶

「綏」也。此言禍之自己求者。蔡氏曰：及時明政刑，「自求福」也，仁榮者如此；及時而樂敖，「自作孽」也，不仁之辱如此。○新安陳氏曰：《記》云：「仁者安仁，知者利仁，畏罪者彊仁。」此因戰國諸侯惡辱而勉以行仁，正畏罪强仁之事。勉之存天理而享仁之榮，戒之徇人欲以遠不仁之辱，亦遏人欲擴天理也。

○孟子曰：「尊賢使能，俊傑在位，則天下之士皆悦而願立於其朝矣；朝音潮。

俊傑，才德之異於衆者。雙峯饒氏曰：俊傑謂人中之俊傑者，即指賢能而言。「尊賢使能」便是「俊傑在位」。尊非禮貌之虚文，與之共天位、治天職以至去讒遠色、賤貨貴德，皆尊賢之道。

「市廛而不征，法而不廛，則天下之商皆悦而願藏於其市矣；

廛，市宅也。張子曰：「或賦其市地之廛而不征其貨，《禮記・王制》：「古者公田藉而不税，市廛而不税，關譏而不征。」或治以市官之法而不賦其廛。《周禮・地官司徒》：「司市，市官。掌市之治教政刑，量度禁令。以次序分地而經市，以陳肆辨物而平市，以政令禁物靡而均市，以商賈音古。阜貨而行市，以量度教賈「價」同。而微儥，音育。以質劑即隨反。結信而止訟，《爾雅》：「劑，齊也。」質劑，謂兩書一札而别之也。若今「手書」，言保物要還矣。以賈音古。民禁僞而除詐，以刑罰禁虣皮告反。而去盜，以泉府同貨而斂賒。大市日昃「昃」同。而市，百族爲主；朝市朝時而市，商賈爲主；夕市夕時而市，販夫販婦爲主。」蓋逐末者多則廛以抑之，少則不必廛也。」朱子曰：市廛而不征，謂使居市之廛者各出廛賦若干，如今人賃鋪面相似，更不征稅其所貨之物。法而不廛，則但治之以市官之法而已，雖廛賦亦不取之也。問：「古之爲市者以其所有易其所無者，有司者治之耳。此是《周禮》市官之法否？」曰：然。如漢之獄市之類，皆是古之遺制。○問：「市廛此市在何處？」曰：此都邑之市。國都如井田樣，畫爲九區，面朝背市，左祖右社。中一區，君之宮室。宮室前一區爲外朝，朝會藏庫之屬皆在焉。後一區爲市，市四面有門，每日市門開則商賈百物皆入，惟民得入，公卿大夫士皆不得入，入則有罰。市官之法，如《周禮》司市平物價、治爭訟、譏察異服異言之類。左右各三區，皆民所居。外朝一區，左則宗廟，右則社稷。此國君都邑規模之大概也。

「關譏而不征，則天下之旅皆悅而願出於其路矣；

解見形甸反。**前篇。**雙峯饒氏曰：關譏之制，凡衆途所會之地則立關以限之，行旅有節傳方可度關，以此稽考其來歷，以防姦宄。節是使者所持之節，傳如今「脚引」及州縣移文。或用節，或用傳，《周禮》所謂「以節傳出納之」者是也。

「耕者助而不稅，則天下之農皆悅而願耕於其野矣；

但使出力以助耕公田，而不稅其私田也。

「廛無夫里之布，則天下之民皆悅而願爲之氓矣。氓音盲。

《周禮》：「宅不毛者有里布，民無職事者出夫家之征。」鄭氏謂宅不種桑麻者罰之使出一里二十五家之布，民無常業者罰之使出一夫百畝之稅、一家力役之征也。《周禮·地官司徒》載師職：「凡宅不毛者有里布，田不耕者出屋粟，民無職事者出夫家之征。」鄭司農云：「宅不毛者謂不樹桑麻也。里布者，布參印書，廣二寸，長二尺，以爲幣貿易物。《詩》云『抱布貿絲』，貿此布也。或曰：布，泉。」鄭玄曰：宅不毛者罰以一里二十五家之泉。空田者罰以三家之稅粟，以共吉凶二服及喪器也。民雖有閒無職事者，猶出夫稅、家稅也。夫稅者，百畮之稅；家稅者，出士徒車輦，給繇役。

今戰國時一切取之。市宅之民已賦其廛，又令平聲。**出此夫里之布，非先王之法也。氓，民也。**問一里二十五家之布。朱子曰：亦不可考。又問：「民無常產者，罰之如何恁地重？」曰：後世之法與此正相反。農民賦稅丁錢却重，而游手浮浪之民泰然都不管他。○慶源輔氏曰：先王之政，宅不種桑麻與閑民無職事者，上之人皆有法以抑之，此所以當其盛時民皆著業而無游手與貧困者。所謂「窮民」，不過鰥寡孤獨者而已。戰國時如夫里之布一切取之，皆末流之害，縱人欲滅天理者也。❶○雙峯饒氏曰：家征是力役之征，如今庶役；夫征是粟米之征，即百畝之稅，如今輪租；里布是布縷之征，即五畝之稅，如今納絹。

「信能行此五者，則鄰國之民仰之若父母矣。率其子弟攻其父母，自生民以來，未有能濟者也。如此則無敵於天下。無敵於天下者，『天吏』也。然而不王者，未之有也。」

呂氏曰：「奉行天命，謂之『天吏』。廢興存亡，惟天所命，不敢不從。若湯武是也。」雙峯饒氏曰：吏，君所命；天吏，天所命。君所命者可以刑人殺人，凡有罪者得而刑殺之；天所命者可以征人伐

❶「縱」，四庫本作「樂」。

人，凡暴亂之國皆得而征伐之。**○此章言能行王政則寇戎爲父子，不行王政則赤子爲仇讎。**雙峯饒氏曰：「無敵於天下」一句乃是此章之大旨。蓋能行王者之政則可以興王者之治。當時諸侯不得民心，惟務侵人土地，故孟子教之但行王政以恤其民，使吾國之民仰之若父母，則天下之民亦仰之若父母矣。如此則東征西伐，何向不服？不然，吾國之民亦仇敵也，况鄰國乎？○新安陳氏曰：欲除後世過取以奉其私之弊而一行之以先王之法，皆所以遏人欲擴天理也。

○孟子曰：「人皆有不忍人之心。

天地以生物爲心，而所生之物因各得夫音扶。**天地生物之心以爲心，所以人皆有不忍人之心也。**朱子曰：無天地生物之心則没這身，纔有這血氣之身便具天地生物之心矣。○天地以生物爲心。天包著地，别無所作爲，只是生物而已。譬如飯甑蒸飯，從裏面蒸上，到上面又下來，只管在裏面衮，便蒸得熟。天地即是包得許多氣在這裏無出處，衮一番便生一番物。所謂「爲心」者，豈切切然做？似磨子相似，只會磨出這物事。○雙峯饒氏曰：人心慈愛惻怛，纔見人便發將出來，更忍不住，所以謂之「不忍人」。仁之爲德，在天地則爲生物之心，在人則爲不忍人之心。天地能生物，人不能生物，但是愛人之心即是生物之心。程子云「惻隱之心，人之生道也」，正此之謂。○西山真氏曰：天地造化無他作爲，惟以生物爲事。觀夫春夏秋冬，往古來今，生意周流，何嘗一息間斷？天地之心於此可見。萬物從天地生意中出，故物物皆具此理，何况人爲最靈，宜乎皆有不忍人之心也。○新安陳氏曰：不忍即是仁，忍則非仁。性中有此仁，發出來便是不忍人之心。所以後面提起所以謂「人皆有不忍人之心」者，便指出惻隱之心以當之。見孺子將入井而惻隱者何也？蓋不忍見此子之如此也，若見此而不動心則頑忍非人矣。天地之大德曰「生」，人得天地之德曰「好生」。好生之德即所謂「得天地生物之心以爲心」也。

「先王有不忍人之心，斯有不忍人之政矣。以不忍人之心行不忍人之政，治天下可運之掌上。

言衆人雖有不忍人之心，然物欲害之，存焉者寡，故不能察識而推之政事之間。惟聖人全體此心，仁之體。隨感而應，仁之用。故其所行無非不忍人之政也。雙峯饒氏曰：斯，猶「即」也。聖人之心無物欲之蔽，纔有不忍人之心即有不忍人之政，不待充廣而後能也。若衆人，則須待充廣。○西山真氏曰：人有是心而私欲間斷之，故不能達之於用。惟聖人全體此心，私欲不雜，故有此仁心便有此仁政，自然流出更無壅遏。天下雖大，運以此心而有餘矣。

「所以謂『人皆有不忍人之心』者，今人乍見孺子將入於井，皆有怵惕惻隱之心。非所以内交於孺子之父母也，非所以要譽於鄉黨朋友也，非惡其聲而然也。怵音黜。内，讀爲「納」。要，平聲。惡，去聲。下同。

乍，猶「忽」也。怵惕，驚動貌。惻，傷之切也；隱，痛之深也。此即所謂「不忍人之心」也。慶源輔氏曰：怵惕，心驚懼而起念之意。緣卒乍而見，故心驚懼而動也。惻隱，由傷深而痛深。自淺而深，皆所以名狀不忍人之心，可謂善形容矣。内，結。要，求。聲，名也。言乍見之時便有此心

隨見而發，非由此三者而然也。程子曰：「滿腔苦江反。**子是惻隱之心。」**朱子曰：「腔子」猶言「軀殼」耳。「滿腔子」只是言充塞周徧，本來如此。是就人身上指出理充塞處，最爲親切。若於此見得，則萬物一體，更無内外之别；若見不得，却去腔子外尋，則莽莽蕩蕩無交涉矣。又曰：腔子，身裏也。言滿身裏皆惻隱之心。在腔子裏亦只云心在身裏，滿這箇軀殼都是惻隱之心，纔觸著便是這箇物事出來。大感則大應，小感則小應。○勉齋黄氏曰：陵陽李氏謂：「腔子」指人身言，天地間充塞上下，渾然生物之意無有空處。人得此以爲心，則亦四體百骸充塞徧滿，無非此惻隱之心，觸處即是，無有欠缺也。此説極是。**謝氏曰：「人須是識其真心。方乍見孺子入井之時其心怵惕，乃真心也，非思而得，非勉而中，**去聲。**天理之自然也。内交、要譽、惡其聲而然，即人欲之私矣。」**朱子曰：方乍見孺子時也，著手脚不得，縱有許多私意也未暇思量到。問：「心所發處不一，便説惻隱，如何？」曰：惻隱之心渾身皆是，無處不發見。如見赤子有惻隱之心，見一蟻亦豈無此心？○如孺子入井，如何不推得其他底出來，只推得惻隱之心出來？蓋理各有路，如做得穿窬底事，如何令人不羞惡？偶遇一人衣冠而揖我，我便亦揖他，如何不恭敬？事有是非，必辨别其是非。試看是甚麽去感得他何處一般出來。○惡其聲是惡被不救人之名。○西山真氏曰：孺子未有所知而將入于井，乍見之者無問賢愚，皆有傷痛之心。方此心驟發之時，非欲以此内交，非欲以此干譽，非欲以避不仁之名也。倉卒之間，無安排矯飾而天機自動，此所謂「真心」也。○雲峯胡氏曰：《集註》與謝氏皆看得「乍見」二字緊。蓋惟倉卒忽然而見之時，此心便隨所見而發，正是本心發見處。若既見之後，稍涉安排商略，便非本心矣。

「由是觀之，無惻隱之心，非人也；無羞惡之心，非人也；無辭讓之心，非人也；無是非之心，非人也。惡，去聲。下同。

羞，恥己之不善也；惡，憎人之不善也。辭，解使去己也；讓，推吐雷反。以與人也。是，知其善而以爲是也；非，知其惡而以爲非也。人之所以爲心，不外乎是四者，故因論惻隱而悉數上聲。之。言人若無此則不得謂之人，所以明其必有也。問：「上蔡見明道先生，舉史文成誦。明道謂其玩物喪志，上蔡汗流浹背，面發赤色。明道云：『此便是惻隱之心。』公且道上蔡聞得過失，恁地慚惶，自是羞惡之心，如何却説道見得惻隱之心？」久之，朱子曰：惟是有惻隱之心方會動，若無惻隱之心却不會動。惟是先動方始有羞惡，方始有恭敬，有是非，動處便是惻隱。若不會動，却不成人。若不從動處發出，所謂羞惡者非羞惡，所謂恭敬者非恭敬，是非者非是非。天地生牛之理，這些動意未嘗止息，看如何梏亡，亦未嘗盡消滅，自是有時而動。學者只怕間斷了。○羞惡、辭讓、是非雖與惻隱並説，但此三者皆是自惻隱中發出來，因有惻隱後方有此三者。惻隱比三者又較大。○或問：「孟子專論不忍人之心而後乃及乎四端，何也？」曰：不忍之心即惻隱之謂也。性之德爲仁義禮知，而一以包三者仁也；情之發爲四端，而一以貫三者惻隱也。然則其言之安得無先後之别耶？○慶源輔氏曰：人之所以爲心雖不外是四者，然仁則又貫乎三者之中，故此因論惻隱而悉數之也。至於言人若無此心則非人也者，所以明其必有而使人知反求之於己也。○西山真氏曰：孟子始言惻隱之心，至此則兼羞惡、辭讓、是非而言者，蓋仁爲衆善之長，有惻隱則三者從之矣，惻隱不存，三者亦何有哉？然賦形爲人，孰無此心？苟無此心則非人矣。所謂「無」者，豈其固然哉？私欲閉塞而失其本真耳。○莆田黄氏曰：「由是觀之」，「是」字指孺子入井一事説。論惻隱便引箇羞惡、辭讓、是非之心出來。

「惻隱之心，仁之端也；羞惡之心，義之端也；辭讓之心，禮之端也；是非之心，知之端也。

惻隱、羞惡、辭讓、是非，情也；仁、義、禮、知，性也。心，統性情者也。朱子曰：性者心之理，情者心之用，心者性情之主。○性是静，情是動，心兼動静而言。統如「統兵」之統，心有以主宰之也。動静皆主宰，非是静時無所主，及至動時方有主宰也。○新安陳氏曰：性、情字皆從心。心涵養此性，心統性也；心節制此情，心統情也。性如在營之軍，情如臨陣之軍，皆將實統之。心統性情當以是觀焉。又曰：此六字，横渠語。**端，緒**音序。**也。**潛室陳氏曰：端者，端倪也，物之緒也。譬之繭絲，外有一條緒，便知得内有一團絲。若其無絲在内，則緒何由而見於外？○莆田黄氏曰：註謂「端，首也」，疏謂「端，本也」，《集註》以爲緒也。如繅絲然，先尋其緒，則千絲萬絲續續而上。**因其情之發而性之本然可得而見，猶有物在中而緒見**形甸反。**於外也。**問：「『四端』之端，《集註》以爲端緒。向見蔡季通説端乃是尾，如何？」朱子曰：以體用言之，有體而後有用，故端亦可謂之尾；若以始終言之，則四端是始發處，故亦可以端緒言之。二者各有所指，自不相礙也。○問：「孟子説仁、義、禮、智，義在第二；太極圖以義配利，則在第三。」曰：仁、義、禮、智猶言東、西、南、北，元、亨、利、貞猶言東、南、西、北，一箇是對説，一箇是從一邊説起。○問：「元、亨、利、貞自有次第，仁、義、禮、智因感而發，則無次第。」曰：發時無次第，生時自有次第。○四端八箇字，每字是一意。惻是方惻然有此念起，隱是惻然後隱痛，比惻爲深。羞者羞己之惡，惡者惡人之惡。辭者辭己之物，讓者推與他人。是、非自是兩樣分明。但仁是總名，若説仁義便如陰陽，若説四端便如四時，若分四端八字便如八節。○惻隱自是情，仁自是性。性即是這道理。仁本難説，中間却是愛之理，發出來方有惻隱。義却是羞惡之理，發出來方有羞惡。禮却是辭遜之理，發出來方有辭遜。智却是是非之理，發出來方有是非。仁、義、禮、智是未發底道理，惻隱、羞惡、辭遜、是非是已發底端倪。如桃仁、杏仁是仁，到得萌芽却是惻隱。又曰：仁、義、禮、智本體自無形影，要捉摸不著，只得將他發動處看却自見得。程子云「以其惻隱知其有仁」，此八字説得最親切分明。也不道惻隱便是仁，又不道掉了惻隱别取一箇物事説仁。○惻隱、羞惡多是因逆其理而見。惟有所可傷，這裏惻隱之端便動；惟有所可惡，這裏羞惡之端便動。若是事親從兄，又是自然順處見之。○一心之中，仁、義、禮、智各有界限，而其性情體用又各自有分别。須是見得分明，然後就此四者之中又自見得仁、義兩字是箇大界限。如天地造化四序流行，而其實不過於一陰一陽而已。「仁」字是箇生底意思，通貫周流於四者之中。仁固仁之本體，義則仁之斷制，禮則仁之節文，智則仁之分别也。正如春之生氣貫徹四時，春則生之生也，夏則生之長也，秋則生之收也，冬則生之藏也。○北溪陳氏曰：四端之説是説外面可見底以驗其中之所有。惟是有四者之體，故四者端緒自然發見於外。○潛室陳氏曰：性是太極渾然之全體，本不可以各目言。孟子時異端蠭起，往往以性爲不善。孟子苟但曰渾然本體，則恐爲無星之秤、無寸之尺而終不足以曉天下，於是别而言之，界爲四破而四端之説於是乎立。蓋四端之未發也，性雖寂然不動，而其中自有條理，自有間架，不是籠統都是一物。所以外邊纔動，其中便應。如赤子之事感，則仁之理便應而惻隱之心形；如蹴爾嘑爾之事感，則義之理便應而羞惡之心形；如過朝廷、過宗廟之事感，則禮之理便應而恭敬之心形；如妍醜美惡之事感，則智之理便應而是非之心形。蓋由其中間衆理渾然各各分明，故外邊所遇隨感隨應。析而四之以示學者，使知渾然全體之中粲然有條如此，則性之善可知矣。然四端之未發也，渾然全體之理，無聲臭之可言，無形象之可見，何以知其粲然有條如此？蓋是理之可驗，乃依然就他發處驗得。凡物必有本根而後有枝葉，見其枝葉則知其本根。性之理雖無形，而端緒之發則可驗。○雙峯饒氏曰：孟子論性，唯是這一章說得最分曉。

「人之有是四端也，猶其有四體也。有是四端而自謂不能者，自賊者也；謂其君不能者，賊其君者也。

四體，四肢，人之所必有者也。自謂不能者，物欲蔽之耳。

「凡有四端於我者，知皆擴而充之矣，若火之始然，泉之始達。苟能充之，足以保四海；苟不充之，不足以事父母。」擴音廓。

擴，推廣之意；充，滿也。四端在我，隨處發見。形甸反。知皆即此推廣而充滿其本然之量，去聲。則其日新又新，將有不能自已者矣。能由此而遂充之，則四海雖遠，亦吾度內，無難保者；不能充之，則雖事之至近而不能矣。朱子曰：人之一心，在外者要收入來，如「求放心」章是也；在內者又要推出去，此章是也。《孟子》一部書皆是此意。大抵一收一放，一闔一闢，道理森然。○問「推」與「充」字。曰：推是從這裏推將去，如老吾老以及人之老，幼吾幼以及人之幼。到得充，則填得來滿了。如注水相似。推是注水下去，充則注得器滿了。蓋仁義之性本自可以充塞天地，若自不能充廣則無緣得這殼子滿，只是空殼子。○問：「『知』字是重字還是輕字？」曰：不能擴充者，正爲不知，都只是冷過了。若能知而擴充，其勢甚順，如乘快馬、放下水船相似。○問：「兩說『充』字未曉。」曰：上只說「知皆擴而充之」，只說知得了要推廣以充滿此心之量；下云「苟能充之，足以保四海」，是能充滿此心之量。上帶「知皆擴」字說，下就能充滿說。惟擴而後能充，能充則不必說「擴」矣。○此心之量本足以包括天地，兼利萬物。只是人自不能充滿其量，所以推不去。或能推之於一家而不能推之於一國，或能推之於一國而不足以及天下，此皆是未足以盡其本然之量。須是充滿其量，自然足以保四海。○雙峯饒氏曰：《集註》「即此推廣」是釋「擴」字，「滿其本然之量」是釋「充」字。自親親而仁民而愛物，推至於無一民一物之不愛，是充仁之量；自一事之得宜，推至於無一事之不得宜，是充義之量。禮、智皆然。人能充廣則四端之流行發達常如火始然、泉始達，其勢方張而不可遏，便由此而可以燎原赴海。若不能充廣則如火始然而即滅，泉始達而即壅，便只恁地休了。所以《集註》云「日新又新」，「新」字正是發明二「始」字之意。問：「四端衆人皆有，若擴充似非衆人所能。」曰：「知皆擴而充之」，其緊要在「知」字「皆」字。衆人之中若有能知所以擴而充之，又於四者皆能擴而充之，則便是人中之君子，但患人不知不爲耳。○張氏彭老。曰：朱子云若以始終言之則四端是始發處，「端」訓始字尤切，如「發端」、「履端」、「開端」之類皆始也。孟子既言之，凡有四端，「若火始然，泉始達」。始然便是火之端，始達便是泉之端，惻隱羞惡便是仁義之端。此心始動乃是情可爲善處。是心也，人皆有之，然不能無智愚之異，由充與不能充而已。如乍見孺子將入井，看是何等人，皆有惻隱之心，此所謂仁之端。苟能因此廣而充之，其仁將不可勝用。不能充廣，天理纔動，人欲便萌，於是納交等心生，循是而人欲日長，天理日消，而仁之端斬然矣。此「自謂不能」者也。始於充與不能充之分，終乃天壤隔焉。○雲峯胡氏曰：《集註》於《盡心》曰「盡其心之量」，此則曰「充滿其本然之量」，須看朱子如何下一「量」字。蓋體無所不具，用無所不周，此心之量本如是其大也。知性則有以盡此心本然之量，知此性之發而擴充之則有以滿此心本然之量。**○此章所論人之性情、心之體用，本然全具而各有條理如此。學者於此反求默識而擴充之，則天之所以與我者可以無不盡矣。**慶源輔氏曰：《集註》「反求默識」者，格物致知窮理之事也；「擴充之」者，誠意正心力行之事也。既能窮理，又能力行，則天之所以予我仁、義、禮、智之性可以各各充滿其量而無遺憾矣。前言「日新又新，將有不能自已」，所以言其推廣之意於其始也；此言「天之所以與我者可以無不盡矣」，所以言充滿於其後之意也。**○程子曰：「人皆有是心，惟君子爲能擴而充之。不能然者，皆自棄也。然其充與不充亦在我而已矣。」**雲峯胡氏曰：性者心之體，其未發也本然全具；情者心之用，其初發也各有條理。反求默識，知之事；擴充，行之事。至於天之與我者無不盡，即是盡心而知之無不盡，盡性而行之無不盡也。**又曰：「四端不言信者，既有誠心爲四端，則信在其中矣。」愚按，四端之信猶五行之土，無定位，無成名，無專氣，而水、火、金、木無不待是以生者。故土於四行無不在，於四時則寄王**去聲。**焉，其理亦猶是也。**朱子曰：四端不言信，如實是惻隱，實是羞惡，信便在其中。○土於四時各寄王十八日。或謂王於戊、己，然季夏乃土之本宮，故尤王於夏末。《月令》載中央土者以此。○潛室陳氏曰：五行無土位，位在四象之中；五常無信位，位在四端之中。○雲峯胡氏曰：按饒氏云：以四方論之，土無定位，無成名，無專氣；以五方論之，亦未嘗無定位、成名、專氣，不可執一看。愚見朱子之説是就五方看方見得。試以《河圖》看之。五土居中，似有定位。然三八木位乎東，不可以西；一六水位乎北，不可以南。如中間五點，則自具五方而於東西南北無所不該，似有定位而實無定位也。一二三四各因五而後成七八九六，故於四季各寄王十八日。木、火、金、水各專生長收藏之一氣而各成生長收藏之一名，然無土皆不可。是則土無專氣而氣無所不貫，土無成名而名無所不成。就四方看如此，就五方看亦如此，似不必分也。分看則論土於四行之外，是猶論信於四端之外；合看則土實在四行之中，而信在四端之中也。○新安陳氏曰：此章始專以不忍人之仁言，繼因體驗惻隱之心而悉及羞惡、辭讓、是非之心。貫四者，一仁也。惟聖人能以是心行是政，「安而行之」者也；惟君子能知其本有是心而擴充之，「勉而行之」者也；若衆人則不能識察，❶不能擴充，此心雖發，隨發隨泯，真「自棄」也。又按，人皆有不忍人之心，同此天理也。物欲害之則天理之存焉者寡矣。見孺子而惻隱，天理也；内交之類，即人欲矣。四端能充不能充之，分判於擴天理與徇人欲而已。此章亦在於遏人欲擴天理也。

❶ 「識察」，四庫本倒其文。

○孟子曰：「矢人豈不仁於函人哉？矢人惟恐不傷人，函人惟恐傷人。巫、匠亦然。故術不可不慎也。

函，甲也。惻隱之心，人皆有之。是矢人之心本非不如函人之仁也。巫者爲去聲。人祈祝，利人之生；匠者作爲棺槨，利人之死。新安陳氏曰：此只借以術之當擇説起，引上人當擇仁而處之。

「孔子曰：『里仁爲美。擇不處仁，焉得智？』夫仁，天之尊爵也，人之安宅也。莫之禦而不仁，是不智也。焉，於虔反。夫音扶。

里有仁厚之俗者猶以爲美，人擇所以自處上聲。而不於仁，安得爲智乎？此孔子之言也。新安陳氏曰：孔子之意本言擇里，孟子引之以證擇術，微有不同。《集註》於此只以孟子之意釋孔子之言，故與《語》註小異。仁、義、禮、智皆天所與之良貴，而仁者天地生物之心，得之最先而兼統四者，所謂「元者善之長」上聲。也，故曰「尊爵」。問：「『仁，天之尊爵』，先生解曰『仁者天地生物之心，得之最先』，如何是得之最先？」朱子曰：人得那生底道理，所謂心生道也。有是心，斯有是形以生也。○新安陳氏曰：「元者善之長也」，此句出《易・乾卦・文言》，引以爲證。元者，生意之始，爲亨、利、貞之長。在人則爲本心全體之德，有天理自然之安，無人欲陷溺之危。人當常在其中而不可須臾離去聲。者也，故曰「安宅」。此又孟子釋孔子之意，以爲仁道之大如此而自不爲之，豈非不智之甚乎？慶源輔氏曰：五性皆人心之德，而仁則周貫乎四者之中，故爲本心全體之德。天理有則而不流，故有自然之安；人欲横流而無止，故有陷溺之危。克盡人欲，純是天理，方始是仁，此所以有安而無危也。人當常處其中而不可須臾離，即所謂「依於仁」、「造次必於是，顛沛必於是」之意，此聖門學者必以求仁爲先務也。○西山真氏曰：仁乃我所自有，苟欲爲之，誰能止者？乃甘心於不仁，豈非不智乎？故仁智二者常相須焉。不仁斯不智矣，下文言之；不智斯不仁矣，此是也。

「不仁不智，無禮無義，人役也。人役而恥爲役，由弓人而恥爲弓、矢人而恥爲矢也。由，與「猶」同。

以不仁，故不智；不智，故不知禮義之所在。慶源輔氏曰：不仁則頑然不覺，故不智；不智則懵然無知，故不知禮義所在。

「如恥之，莫如爲仁。

此亦因人愧恥之心而引之，使志於仁也。不言智、禮、義者，仁該全體，能爲仁則三者在其中矣。

「仁者如射。射者正己而後發。發而不中，不怨勝己者，反求諸己而已矣。」中，去聲。

「爲仁由己，而由人乎哉？」雙峯饒氏曰：此上三四章皆是爲當時君大夫言之，此章與「仁則榮」二章之意同，皆是教時君因恥辱而勉於仁。言不能行仁則既無尊爵之可貴，又無安宅之可居。安富尊榮皆無之而爲人役不免焉，則不當歸怨於人，但當反求諸己。己能爲仁，大國安能役之？此「役」字即「小國役大國」、「楚六千里爲讎人役」之「役」。○新安陳氏曰：此章以尊爵、安宅論仁，其理甚精微；勉人爲仁，其意甚切至。既言莫之禦而不仁，又言反求諸己，皆言爲仁由己，其機在我不在人也。仁固包義、禮、智，然人所以不爲仁者，由於是非之心不明與羞惡之心不正耳。故孟子先言是不智也，欲人以是非之智而擇爲仁之術；繼言如恥之，欲人以羞惡之義而決爲仁之機也。

○孟子曰：「子路人告之以有過則喜。

喜其得聞而改之，其勇於自修如此。周子曰：「仲由喜聞過，令名無窮焉。今人有過，不喜人規，如諱疾而忌醫，寧滅其身而無悟也。噫！」程子曰：「子路人告之以有過則喜，亦可謂百世之師矣。」南軒張氏曰：聞過則喜，非能克其驕吝者不能。驕則自以爲善而惡人議己，吝則安其故常而不能從人。子路用力於克己，其功深矣。○慶源輔氏曰：人受天地之中以生，本自無過。所以有過者，非出於氣稟之偏，則由乎物欲之誘。人能知而改之，則可以復於本然之善；不知則其過愈深，將陷溺焉而失其所以爲人矣。是豈可不懼哉？人有告我以過，我因得而改之以復於善，則又豈可不以爲喜乎？然非子路之勇於自修，則亦不能然也。○新安陳氏曰：程子深贊子路，欲學者師之以脩身補過也。

「禹聞善言則拜。

《書》曰：「禹拜昌言。」蓋不待有過而能屈己以受天下之善也。慶源輔氏曰：子路，賢者也，故不能無過，但勇於自修，是以喜於得聞而改之。禹則聖人也，其心純是天理本然之善，故不待其有過，但一聞善言則至誠屈己，拜而受之。

「大舜有大焉，善與人同。舍己從人，樂取於人以爲善。舍，上聲。樂音洛。**言舜之所爲又有大於禹與子路者。善與人同，公天下之善而不爲私也。己未善則無所係吝**解「舍」字。**而舍以從人，人有善則不待勉强**上聲。解「樂」字。**而取之於己：此「善與人同」之目也。**程子曰：樂取於人爲善，便是與人爲善。與人爲善乃公也。○問「善與人同」。朱子曰：善者天下之公理，本無在己在人之别。但人有身，不能無私於己者，故有物我之分焉。惟舜之心無一毫有我之私，是以能公天下之善以爲善，而不知其孰爲在己、孰爲在人，所謂「善與人同」也。舍己從人，言其不先立己而虚心以聽乎天下之公，蓋不知善之在己也；樂取於人以爲善，言其見人之善則至誠樂取而行之於身，蓋不知善之在人也。此二者，善與人同之目也。然此二章本一事，特交互言之，以見聖人之心表裏無間如此耳。○大舜樂取諸人以爲善，是成己之善，是與人爲善，也是著人之善。○慶源輔氏曰：禹聞善言則拜，聞之者禹也，言之者人也，以我之聞聞彼之善，拜以受之，猶有人己之分也。至於舜則善與人同耳。善與人同者，蓋善乃天下之公，非人己所得而私者，故曰公天下之善而不爲私也。○雙峯饒氏曰：舜之稱堯，方以舍己從人爲「惟帝時克」。聖人雖生知而不自以爲生知，常虚心以受人之善。己之所爲偶有未盡而人之所見有善於己，即舍而從之，無一毫執吝之意，乃所以見聖人之無我而非人所及也。

「自耕稼陶漁以至爲帝，無非取於人者。

舜之側微，耕于歷山，陶于河濱，漁于雷澤。《史記·五帝紀》：「舜耕歷山，歷山之人皆讓畔；漁雷澤，雷澤之人皆讓居；陶河濱，河濱器皆不苦窳。病也。一年所居成聚，二年成邑，三年成都。」歷山，在河東。雷澤，夏兗州，今屬濟陰。河濱，濟陰定陶西南。

「取諸人以爲善，是與人爲善者也。故君子莫大乎與人爲善。」

與，猶「許」也，助也。取彼之善而爲之於我，則彼益勸於爲善矣，是我助其爲善也。能使天下之人皆勸於爲善，君子之善孰大於此？慶源輔氏曰：舜之取人以爲善，初未嘗有助人爲善之意也。孟子推説其事，故以爲取諸人以爲善是乃助人之爲善也。因吾取人之善以爲善而使天下之人皆勸於爲善，則是聖人成己成物之事，故曰：「君子之善，孰大於此？」**○此章言聖賢樂**音洛。**善之誠，初無彼此之間，**去聲。**故其在人者有以裕於己，在己者有以及於人。**朱子曰：禹聞善言則拜，猶著意做；舜與人同，是自然氣象。聖人之拜固出於誠意，然拜是容貌間，未見得行不行。若舜，則真見於行事處。己未善則舍己之未善而從人之善，人有善則取人之善而爲己之善。人樂於見取，便是許助他爲善也。○慶源輔氏曰：《集註》所謂「聖賢」，兼子路、禹、舜言之。三人雖淺深大小不同，其樂善之誠皆無彼此之間。末二句却單説舜。○新安陳氏曰：舜事優於禹，禹事優於子路。然學者之希賢希聖，未有無其序者。常人徇欲背理，諱過飾非，視子路之心已相背馳，何敢言舜禹事？必先忘私克己，然後能至公而自然無私，故必如子路之克己私，始漸能如聖人之與人爲公耳。○新安倪氏曰：語録云三者本意只是取人但有淺深，而與人爲善乃是孟子再疊一意以發明之。即此條以證《集註》之説，則是三人皆有樂善之誠，子路樂於聞人告之以有過，禹樂於聞人之善言而拜，舜樂取人以爲善：雖有淺深，是皆「在人者有以裕於己」也。末一句所謂「在己者有以及於人」乃是申明孟子再疊之意耳。輔氏謂末二句皆單説舜，竊恐未然。

○孟子曰：「伯夷非其君不事，非其友不友。不立於惡人之朝，不與惡人言。立於惡人之朝，與惡人言，如以朝衣朝冠坐於塗炭。推惡惡之心，思與鄉人立，其冠不正，望望然去之，若將浼焉。是故諸侯雖有善其辭命而至者，不受也。不受也者，是亦不屑就已。朝音潮。「惡惡」上去聲，下如字。浼，莫罪反。

塗，泥也。鄉人，鄉里之常人也。望望，去而不顧之貌。浼，汙去聲。也。屑，趙氏曰：「潔也。」《説文》曰：「動作切切也。」不屑就，言不以就之爲潔而切切於是也。合趙氏、《説文》二説以解一「屑」字。已，語助辭。朱子曰：世之所謂清者，不就惡人耳。若善辭令而來者，固有時而就之。惟伯夷不然，此其所以爲聖之清也。柳下惠不屑之意亦然。○新安陳氏曰：此言伯夷之清嚴於惡惡而不輕與人群也。

「柳下惠不羞汙君，不卑小官。進不隱賢，必以其道；遺佚而不怨，阨窮而不憫。故曰：『爾爲爾，我爲我。雖袒裼裸裎於我側，爾焉能浼我哉？』故由由然與之偕而不自失焉，援而止之而止。援而止之而止者，是亦不屑去已。」佚音逸。袒音但。裼音錫。裸，魯果反。裎音程。「焉能」之焉，於虔反。

柳下惠，魯大夫展禽，居柳下而謚惠也。不隱賢，不枉道也。遺佚，放棄也。阨，困也。憫，憂也。「爾爲爾」至「焉能浼我哉」，**惠之言也。袒裼，露臂也；裸裎，露身也。由由，自得之貌。偕，並處**上聲。**也。不自失，不失其正也。「援**音爰。**而止之而止」者，言欲去而可留也。**朱子曰：進不隱賢，便是「必以其道」。人有所見，不肯發出，尚有所藏，便是「枉道」。○問：「《集註》謂：『不隱賢，不枉道也。』疑與下文『必以其道』意相重。」曰：兩句相承，只作一句讀，文勢然也。○所以不解作「不蔽賢」，謂其下文云「必以其道」。若作「蔽賢」說，則下文不同矣。○不隱賢，謂不隱避其賢。如己當廉却以利自汙，己當勇却以怯自處之類，乃是隱賢，是枉道也。○雙峯饒氏曰：他人不羞汙君、不卑小官必至於苟進，而柳下惠則不隱賢；他人見袒裼裸裎而與之偕則必至於流，而柳下惠則不自失：此其所以爲聖人之和而異乎常人之和也。○新安陳氏曰：此言惠之和，寬以處衆而不輕與人絕也。

孟子曰：「伯夷隘，柳下惠不恭。隘與不恭，君子不由也。」

隘，狹窄側格反。**也；不恭，簡慢也。夷、惠之行**去聲。**固皆造**七到反。**乎至極之地，然既有所偏則不能無弊，故不可由也。**朱子曰：伯夷既清，必有隘處；柳下惠既和，必有不恭處：道理自是如此。孟子恐後人以隘爲清，以不恭爲和，故曰：「隘與不恭，君子不由也。」問：「如伯夷之清而不念舊惡，柳下惠之和而不以三公易其介，此其所以爲聖之清、聖之和也。但其流弊則有隘與不恭之失。」

曰：這也是諸先生恐傷觸二子，所以説流弊。今以聖人觀二子，則二子多有欠闕處，纔有欠闕處便有弊，所以孟子直説他隘與不恭，不曾説末流如此。如不念舊惡、不以三公易其介固是清、和好處，然十分只救得一分，救不得那九分清和之偏處了。○問：「不恭是處己，是待人？」曰：是待人如此。其心玩世，視人如無也。○清、和皆是一偏，學之便有隘、不恭處。使懦夫學和愈不恭，鄙夫學清愈隘矣。「可爲百世師」，謂能使薄者寬，鄙者敦，頑者廉，懦者立。「君子不由」，不由其隘與不恭也。○夷隘惠不恭，不必言效之而不至者其弊如此，只二子所爲已有弊矣。○雲峯胡氏曰：道惟中則無弊。夷、惠不合乎中庸之道，故君子所不由。夫子之道，大中至正之準，故孟子所願學。○新安陳氏曰：《孟子》一書言夷、惠者不一，以「百世之師」稱之，以「聖之清、和」許之，此章則謂其「隘」、「不恭」，❶似若相反。蓋孟子實欲人法夷、惠之得，又恐人不知戒夷、惠之失，其憂學者至矣。吕伯恭曰：「學伯夷者未必得其清而先得其隘，學惠者未必得其和而先得其不恭。」大抵清之極易至於隘，和之極易至於不恭，學之者當法其清和之得而戒其隘不恭之失可也。

❶ 「隘」下，四庫本有「與」字。

孟子集註大全卷之四

公孫丑章句下

凡十四章。自第二章以下，記孟子出處上聲。**行實爲詳。**

孟子曰：「天時不如地利，地利不如人和。

天時，謂時日支干、孤虛王相並去聲。**之屬也。**蔡氏曰：時，四時也；日，日辰也。《史記》注：「六甲孤虛法：甲子旬戌、亥爲孤，辰、巳爲虛。」後五甲倣此。如今人以甲子旬無戌、亥爲空亡，是以空亡爲孤也。辰、巳與戌、亥對，辰、巳爲虛。王相，如東方木，旺相於卯之類。○慶源輔氏曰：時，十二時；日，十日。支，十二支；干，十干也。○雙峯饒氏曰：此大概以五行衰旺言之。五行有孤虛，時有旺相。時，春屬木，甲乙木生丙丁火，便是木旺而火相。「旺」字即是「王」字。相，王之次也。金到這裏衰，所以孤。孤者，無輔助之意，如今說「四廢」。然水爲母，木爲子，子實則母虛，水到此所以虛。或問：「此說『時日』，或是方所？」曰：二者一般，一箇是横，一箇是直。所以天德月德日，亦有天德月德方，大意如此。其間又自有細密處。**地利，險阻城池之固也。人和，得民心之和也。**立兩句爲柱，下文分兩邊自解之。

「三里之城，七里之郭，環而攻之而不勝。夫環而攻之，必有得天時者矣。然而不勝者，是天時不如地利也。夫音扶。

三里、七里，城郭之小者。郭，外城。環，圍也。言四面攻圍，曠日持久，必有值天時之善者。

「城非不高也，池非不深也，兵革非不堅利也，米粟非不多也，委而去之，是地利不如人和也。

革，甲也。粟，穀也。委，棄也。言不得民心，民不爲去聲。守也。趙氏曰：古甲以革爲之，故函人爲攻皮之工。後世始用金曰「鎧」。○雙峯饒氏曰：非謂可以全無天時地利，但不如人和爾。用兵也要天時地利，但人和是本。人心不和，雖有天時地利，亦不可取勝。況時不時屬天，利不利屬地，人心和不和則在我而已。在天地者難必，在我者可恃。

「故曰：域民不以封疆之界，固國不以山谿之險，威天下不以兵革之利。得道者多助，失道者寡助。寡助之至，親戚畔之；多助之至，天下順之。

域，界限也。南軒張氏曰：得道者，順乎理而已。舉措順理，則人心悦服矣。先王之所以致人和者在此，而極夫多助之效，至於天下順之，其王也孰禦？一失道，則違拂人心。心之所睽，雖親亦疎也，不亦孤且殆哉？雖有高城深池，誰與爲守？○雙峯饒氏曰：緊要在「得道」二字上。○新安陳氏曰：封疆山谿兵革，皆末也。不以，不全以此也。其本在得道而已。

「以天下之所順攻親戚之所畔，故君子有不戰，戰必勝矣。」

言不戰則已，戰則必勝。○尹氏曰：「言得天下者，凡以得民心而已。」新安陳氏曰：此章言用兵在得人心，得人心在得道。得道以得人心，則地利之險人爲之守，天時之善人爲之乘。先王之守國家，用天下，本末具舉如此。固以得道得人心爲本而亦不廢天時地利之末。孟子見當時用兵者惟以天時地利爲務，而不知以得道得人心爲本，故發此論。

○孟子將朝王。王使人來曰：「寡人如就見者也，有寒疾，不可以風。朝將視朝，不識可使寡人得見乎？」對曰：「不幸而有疾，不能造朝。」章内「朝」並音潮，唯「朝將」之朝如字。造，七到反。下同。

王，齊王也。孟子本將朝王，王不知而託疾以召孟子，故孟子亦以疾辭也。問：「莫是齊王不合託疾否？」朱子曰：未論託疾。孟子之意只是説他不合來召。爲其賓師，有事則王自來見，或自往見。若王召之，則有自尊之意，故不往見。在他國時，諸侯無越境之理，只得以幣來聘，故賢者受其幣而往見之。答陳代「如不待其招而往何哉」，此以在他國而言；答萬章「天子不召師而況諸侯乎」，此以在其國而言。○孟子於此，處賓師之位未嘗受禄，非齊王所得臣也。王不能見而乃召之，既失禮矣，其托疾又不誠，若何而可往哉？○新安陳氏曰：王託疾以召，孟子亦託疾以辭，欲其稱也。與孔子亦瞰陽貨之亡同意。

明日出弔於東郭氏。公孫丑曰：「昔者辭以病，今日弔，或者不可乎？」曰：「昔者疾，今日愈，如之何不弔？」

東郭氏，齊大夫家也。昔者，昨日也。或者，疑辭。辭疾而出弔，與孔子不見孺悲取瑟而歌同意。慶源輔氏曰：孔子以疾辭孺悲而不見，然又取瑟而歌，使之知其非疾，所以警教孺悲也。孟子以疾辭齊王而不往朝，然又出弔東郭而使之知其非疾者，所以警教齊王也。此皆聖賢至誠應物而得乎時中之義也。

王使人問疾。醫來，孟仲子對曰：「昔者有王命，有采薪之憂，不能造朝。今病小愈，趨造於朝，我不識能至否乎？」使數人要於路曰：「請必無歸而造於朝！」要，平聲。

孟仲子，趙氏以爲孟子之從去聲。昆弟，學於孟子者也。采薪之憂，言病不能采薪，謙辭也。仲子權辭以對，又使人要孟子，令平聲。勿歸而造朝以實己言。新安陳氏曰：王先託疾以召，意本不誠。今問疾醫來，虛文美觀，意亦非誠也。仲子遂權對促朝。

不得已而之景丑氏宿焉。景子曰：「內則父子，外則君臣，人之大倫也。父子主恩，君臣主敬。丑見王之敬子也，未見所以敬王也。」曰：「惡！是何言也？齊人無以仁義與王言者，豈以仁義爲不美也？其心曰『是何足與言仁義也』云爾，則不敬莫大乎是。我非堯舜之道不敢以陳於王前，故齊人莫如我敬王也。」惡，平聲。下同。

景丑氏，齊大夫家也。景子，景丑也。惡，歎辭也。景丑所言，敬之小者也；孟子所言，敬之大者也。慶源輔氏曰：丑之説，擎跽曲拳、奔走承順之敬，敬君以貌，世俗之所知，故曰「敬之小」。孟子所言，陳善閉邪、致君堯舜之敬，敬君以心，聖賢之所行，故曰「敬之大」。〇西山真氏曰：景子但知聞命奔走爲敬其君，不知以堯舜之道告其君。僕隸之臣，唯唯承命，外若敬其君，然心實薄之曰：「是何足與言仁義？」此不敬之大者也。

景子曰：「否，非此之謂也。禮曰：父召無諾，君命召不俟駕。固將朝也，聞王命而遂不果，宜與夫禮若不相似然。」夫音扶。下同。

禮曰：「父命呼，唯以水反。而不諾。」又曰：「君命召，在官不俟屨，官謂朝內。在外不俟車。」並出《禮記·玉藻》篇。言孟子本欲朝王而聞命中止，似與此禮之意不同也。

曰：「豈謂是與？曾子曰：『晉、楚之富，不可及也。彼以其富，我以吾仁；彼以其爵，我以吾義：吾何慊乎哉？』夫豈不義而曾子言之？是或一道也。天下有達尊三：爵一，齒一，德一。朝廷莫如爵，鄉黨莫如齒，輔世長民莫如德。惡得有其一以慢其二哉？與，平聲。慊，口簟反。長，上聲。

慊，恨也，少也。或作「嗛」，字書以爲口銜物也。然則「慊」亦但爲心有所銜之義。其爲快、爲足、爲恨、爲少，則因其事而所銜有不同耳。孟子言我之意非如景子之所言者，因引曾子之言而云：夫此豈是不義而曾子肯以爲言？是或别有一種上聲。道理也。達，通也。蓋通天下之所尊有此三者。曾子之説，蓋以德言之也。今齊王但有爵耳，安得以此慢於齒、德乎？朱子曰：「達尊」之説，達，通也。三者不相值，則各伸其尊而無所屈。一或相值，則通視其重之所在而致隆焉。故朝廷之上，以伊、周之忠聖耆老而祗奉嗣王，左右孺子不敢以其齒、德加焉。至論輔世長民之任，則太甲、成王固拜手稽首於伊、周之前矣。其迭爲屈伸以致崇極之義，不異於孟子之言也。故曰：通視其重之所在而致隆焉。惟可與權者知之。爵也，齒也，蓋有偶然而得之者，是以其尊施於朝廷者則不及於鄉黨，施於鄉黨者則不及於朝廷，而人之敬之也亦或以貌而不以心。惟德得於心，充於身，刑於家，推於鄉黨而達於朝廷者也。曾子曰：「彼以其富、其爵，我以吾義、吾仁。」子思曰：「事之云乎，豈曰友之云乎？」孟子曰：「惡得有其一以慢其二哉？」師弟子間，意見之相合固如此。○雙峯饒氏曰：景子之言是人臣事君之常，孟子之言是人君尊賢之道。○東陽許氏曰：仁者循理樂天、安貧守分，故不知彼之富；義者審度事宜、進退有制，故不羡彼之爵。富只在彼，爵可加我，故用仁義字不同。

「故將大有爲之君，必有所不召之臣，欲有謀焉則就之。其尊德樂道，不如是不足與有爲也。樂音洛。

大有爲之君，大有作爲、非常之君也。程子曰：「古之人所以必待人君致敬盡禮而後往者，非欲自爲尊大也，爲去聲。是故耳。」雙峯饒氏曰：不如是，指謀焉則就之。

「故湯之於伊尹，學焉而後臣之，故不勞而王；桓公之於管仲，學焉而後臣之，故不勞而霸。先從受學，師之也；後以爲臣，任之也。雙峯饒氏曰：何處見得學而後臣？蓋學，師之；臣，相之也。觀尹之辭，無所遜於湯；桓之於管，一則曰「仲父」，二則曰「仲父」，亦可見師之之意。

「今天下地醜德齊，莫能相尚。無他，好臣其所教而不好臣其所受教。好，去聲。醜，類也。尚，過也。所教，謂聽從於己，可役使者也；所受教，謂己之所從學者也。

「湯之於伊尹、桓公之於管仲則不敢召。管仲且猶不可召，而況不爲管仲者乎？」不爲管仲，孟子自謂也。慶源輔氏曰：不爲管仲，孟子到此不得已而直言之。不如是則公孫丑之徒終不足以知此義也。范氏曰：「孟子之於齊，處上聲。賓師之位，非當仕、有官職者，故其言如此。」問：「賓師如何？」朱子曰：當時有所謂「客卿」是也。大概尊禮之而不居職任事，但召之則不往。○新安陳氏曰：若當仕有官職，乃可以其官召之耳。○此章見賓師不以趨走承順爲恭，而以責難陳善爲敬，新安陳氏曰：恭見於外貌者，故於「趨走承順」言之；敬存於中心者，故於「責難陳善」言之。人君不以崇高富貴爲重，而以貴德尊士爲賢，則上下交而德業成矣。南軒張氏曰：孔子膰肉不至而去魯，不知者以爲爲肉，知者以爲爲無禮，皆非知孔子者。孟子不朝而出弔，不知者或以爲要君，知者則以爲太甚矣。公孫、仲子以門人近屬猶不克知，何怪於景丑乎？將朝，禮也；聞王託疾之言而不往，義也。明日出弔，欲王深惟其故，取瑟意也。使仲子知孟子之心，則告之曰：「昔者疾，今日愈而出弔矣。」豈不正大，而何必爲是紛紛哉？王託疾要賢，邪志也；孟子方引以當道，可徇其邪志乎？孟子知人皆可爲堯、舜，故以堯、舜事望王。若以僕僕共命爲敬，則僕妾服役之事耳。孟子於公孫、仲子告之不詳，二子，學者也，欲其深省而自識；於景子陳義著明如此，景子，大夫也，庶幾其有以啓悟王心焉。初不可召而後爲卿於齊，何也？王始不能如湯之於伊尹，猶望其感悟於終也。賢者伸縮變化，皆有深意存焉。○慶源輔氏曰：天地交而後萬物遂，上下交而後德業成，此自然之理也。世衰道微，君不知下賢，惟知恃勢以驕賢者；下不知自重，惟知自屈以諂時君。上日驕而下日諂，上下之情扞格而不接，德之與業渙散而無成。天下日趨於亂，而世俗猶以孟子爲迂闊，亦可悲矣！○新安陳氏曰：上下之交惟不苟合，然後可合耳。

○陳臻問曰：「前日於齊，王餽兼金一百而不受；於宋，餽七十鎰而受；於薛，餽五十鎰而受。前日之不受是則今日之受非也，今日之受是則前日之不受非也，夫子必居一於此矣！」

陳臻，孟子弟子。兼金，好金也，其價兼倍於常者。一百，百鎰音逸。也。

孟子曰：「皆是也。

皆適於義也。慶源輔氏曰：陳臻則就事迹校量，孟子則以義理斷制。

「當在宋也，予將有遠行。行者必以贐。辭曰『餽贐』，予何爲不受？贐，徐刃反。

贐，送行者之禮也。

「當在薛也，予有戒心。辭曰『聞戒，故爲兵餽之』，予何爲不受？「爲兵」之「爲」，去聲。時人有欲害孟子者，孟子設兵以戒備之。薛君以金餽孟子爲兵備，辭曰：聞子之有戒心也。有其辭，則義可受矣。

「若於齊，則未有處也。無處而餽之，是貨之也。焉有君子而可以貨取乎？」焉，於虔反。無遠行、戒心之事，是未有所處上聲。也。未有所處，則無辭而義不可受矣。取，猶致也。朱子曰：「取」是羅致之意。輕受之，便是被他以貨賄籠絡了。問：「『處』字是『處物爲義』之處否？」曰：是。○南軒張氏曰：人於不當受而受，其動於物固也。當受不受，亦是爲物所動。何則？以其蔽於物而見物之大也。聖賢從容不迫，惟義之安，外物何有焉？物有大小，義之所在一耳。○新安陳氏曰：孟子辭受從容，惟義之安。陳臻欲辭則皆辭，受則皆受，而不知隨事以酌其義，固哉！○尹氏曰：「言君子之辭受取予，通作「與」。唯當去聲。於理而已。」慶源輔氏曰：孟子於此無予，尹氏併予言之者，學者觀此，非特可知辭與取之義，亦可知所予矣。

○孟子之平陸，謂其大夫曰：「子之持戟之士，一日而三失伍，則去之否乎？」曰：「不待三。」去，上聲。平陸，齊下邑也。大夫，邑宰也。戟，有枝兵也。士，戰士也。伍，行音杭。列也。去之，殺之也。

「然則子之失伍也亦多矣！凶年饑歲，子之民老羸轉於溝壑，壯者散而之四方者幾千人矣！」曰：「此非距心之所得爲也。」幾，上聲。

子之失伍，言其失職猶士之失伍也。距心，大夫名。對言此乃王之失政使然，❶非我所得專爲也。雙峯饒氏曰：「凶年」說得闊，如水旱疾疫之類，「饑歲」只是五穀不熟。

曰：「今有受人之牛羊而爲之牧之者，則必爲之求牧與芻矣。求牧與芻而不得，則反諸其人乎，抑亦立而視其死與？」曰：「此則距心之罪也！」爲，去聲。「死與」之與，平聲。

牧之，養之也。牧，牧地也；芻，草也。孟子言若不得自專，何不致其事而去？

他日見於王曰：「王之爲都者，臣知五人焉，知其罪者惟孔距心。」爲王誦之。王曰：「此則寡人之罪也！」見音現。「爲王」之「爲」，去聲。

爲都，治邑也。邑有先君之廟曰都。《左傳》莊公二十八年：築郿，非都也。凡邑有宗廟先君之主曰「都」，無曰「邑」。邑曰「築」，都曰「城」。《周禮》：四縣爲都，四井爲邑。然宗廟所在，雖邑曰都，尊之也。孔，大夫姓也。爲王誦其語，欲以風去聲。曉王也。❷○陳氏曰：陳氏，名暘，字晉臣。三山人。「孟

❶「失」，原作「大」，今據四庫本、陸本及《四書章句集註》改。

❷「欲」，原作「所」，今據四庫本及《四書章句集註》改。

子一言而齊之君臣舉知其罪，固足以興邦矣。然而齊卒不得爲善國者，豈非説音悦。而不繹，從而不改故邪？」慶源輔氏曰：孟子一言而齊之君臣舉知其罪者，理明辭達，長於譬喻而能感發於人故也。然齊之君臣雖知其罪而終不能改繹者，志小氣輕。志小則易定，蓋原不曾有大底規模；氣輕則多率，多率則凡事説過便休，都無那自訟自責之意。如此則何緣會改？○雲峯胡氏曰：齊之君臣一時聞孟子之言，皆知其罪，天理之乍明也；終於不改，人欲錮之也。

○孟子謂蚳鼃曰：「子之辭靈丘而請士師，似也，爲其可以言也。今既數月矣，未可以言與？」蚳音遲。鼃，烏化反。爲，去聲。與，平聲。

蚳鼃，齊大夫也。靈丘，齊下邑。似也，言所爲近似有理。可以言，謂士師近王，得以諫刑罰之不中去聲。者。

蚳鼃諫於王而不用，致爲臣而去。

致，猶「還」也。

齊人曰：「所以爲蚳鼃則善矣，所以自爲則吾不知也。」爲，去聲。

譏孟子道不行而不能去也。

公都子以告。

公都子，孟子弟子也。

曰：「吾聞之也：有官守者不得其職則去，有言責者不得其言則去。我無官守，我無言責也，則吾進退豈不綽綽然有餘裕哉？」

官守，以官爲守者；言責，以言爲責者。綽綽，寬貌；裕，寬意也。孟子居賓師之位，未嘗受禄，故其進退之際，寬裕如此。南軒張氏曰：孟子異乎蚳鼃，故得從容不迫，陳善閉邪以俟王之改，可徐處乎進退之宜也。然卒致爲臣而歸，誠意備至，啓告曲盡而王終莫悟，則有去之而已。然三宿出晝，猶庶幾王之改，終從容不迫也。豈悻悻者能識之？○慶源輔氏曰：距心有官守，蚳鼃有言責。鼃雖未自以爲罪，然諫不行能去；距心雖知其罪，然如是而止，不聞其能去也：鼃賢於距心矣。○雙峯饒氏曰：餘裕是寬緩不迫之意。賓師從容規諷，以漸而入，如今朋友相似，少焉不入亦當去，但寬得些子。不如那有官守言責者恁地逼迫，不得其職，不得其言，則目下便著休。或疑孔子不脱冕而行與孟子之説不同。曰：正是一般。蓋孔子有去志久矣，但去得不恁地逼迫。後來膰肉不至，方不脱冕而行。且如衛靈公可謂無道，然亦以賓禮待孔子，故孔子在衛極多時。後來却因問陳，明日遂行，亦是久有去志，因此遂行耳。尹氏曰：「進退久速，當去聲。於理而已。」雲峯胡氏曰：《集註》前引尹氏言「君子之辭受取予，唯當於理而已」，此又引其言曰「進退久速，當於理而已」，蓋天理人欲之幾最不可不辨。當辭而辭是天理，受即非矣；可久而久是天理，速即非矣。如此則當於理，不如此則涉於欲，故惟聖人能審其幾焉。

○孟子爲卿於齊，出弔於滕。王使蓋大夫王驩爲輔行。王驩朝暮見，反齊、滕之路，未嘗與之言行事也。蓋，古盍反。見音現。

蓋，齊下邑也。王驩，王嬖臣也。輔行，副使去聲。下同。**也。反，往而還也。行事，使事也。**慶源輔氏曰：使事，謂弔祭之禮、邦交之儀，凡禮文制數皆是。

公孫丑曰：「齊卿之位不爲小矣，齊、滕之路不爲近矣，反之而未嘗與言行事，何也？」曰：「夫既或治之，予何言哉？」夫音扶。

王驩蓋攝卿以行，故曰「齊卿」。夫既或治之，言有司已治之矣。孟子之待小人，不惡而嚴如此。南軒張氏曰：孟子雖爲卿而實賓師也，則夫禮文制數固可付之於有司。是王驩雖曰輔行，然齊王之意，特欲藉孟子以爲重，有司之事不敢以煩而驩則行之也。孟子特統其大綱於上，而驩則共其事於下。若驩於事上之禮有失，邦交之儀有曠，則孟子固不免有言以正其事之失也。彼既或治之，未見有可正之事，則亦烏用有言哉？○慶源輔氏曰：夫既或治之，正答公孫丑「未嘗與之言行事」一句。孟子言使事有司既已治之而得其宜矣，自不須更與王驩言也。只此句便見孟子之待小人「不惡而嚴」之意。使有司不能治其事，於禮儀制數有曠闕不齊整處，而孟子固不與驩言而正之，則非所謂「不惡」矣。今有司既已能治辦其事而猶與之言，則便有徇之之意，而不可謂之「嚴」矣。然自常情觀之，孟子之不與驩言，不以爲惡之而不欲與之言，則以爲易之而不足與之言矣。夫惡之而不欲與之言則隘，易之而不足與之言則忽。隘與忽，孟子無是心也。但言有司既已能治辦其事而不與之言，則亦是順理之事，而其中自有「不惡而嚴」之意耳。故愚嘗謂君子之待小人，有正己而無屈意，有容德而無過禮。惡惡之心雖不能無，然亦不爲已甚之疾也。○新安陳氏曰：君子以遠小人。「不惡而嚴」，《易·遯卦·大象傳》文。孟子於王驩不欲與言，於弔公行子亦可見。今答丑不過平平説，所以不與言之意未始及也，蓋欲使丑自悟耳。○治之，朱子以爲有司，南軒以爲驩，正是治之者。

○孟子自齊葬於魯，反於齊，止於嬴。充虞請曰：「前日不知虞之不肖，使虞敦匠事。嚴，虞不敢請。今願竊有請也。木若以美然。」

孟子仕於齊，喪去聲。母歸葬於魯。嬴，齊南邑。充虞，孟子弟子，嘗董治作棺之事者也。嚴，急也。木，棺木也。以，已通。以美，太美也。

曰：「古者棺椁無度。中古棺七寸，椁稱之，自天子達於庶人。非直爲觀美也，然後盡於人心。稱，去聲。

度，厚薄尺寸也。中古，周公制禮時也。椁稱之，與棺相稱也。欲其堅厚久遠，非特爲人觀視之美而已。直，但也。○慶源輔氏曰：人子之喪親，所以爲之棺椁者，蓋欲其堅厚以歷久遠而已，非是欲爲人觀視之美也。蓋必如此，然後於人心爲盡耳。「盡於人心」此一句須當自體之。若後世之厚葬，却只是欲爲人觀美之故也。○古者棺椁無度，想只是過於厚。觀《易》「喪葬取之大過」可見。至周公制禮時，始爲七寸之制也。棺七寸則椁亦七寸也。○雙峯饒氏曰：周七寸只如今四寸許。

「不得不可以爲悦，無財不可以爲悦。得之爲有財，古之人皆用之，吾何爲獨不然？

不得，謂法制所不當得。得之爲有財，言得之而又爲有財也。或曰：「爲」當作「而」。慶源輔氏曰：不得、得之，泛説葬禮。如重累之數、牆翣之飾既有定制，則不可得以爲悦，非獨指棺椁而言也。

「且比化者無使土親膚，於人心獨無恔乎？比，必二反。恔音效。**比，猶爲**去聲。下同。**也。化者，死者也。恔，快也。言爲死者不使土親近其肌膚，於人子之心豈不快然無所恨乎？**

「吾聞之也：君子不以天下儉其親。」送終之禮，所當得爲而不自盡，是爲去聲。**天下愛惜此物而薄於吾親也。**問「不以天下儉其親」。朱子曰：以，猶「爲」也。不爲天下惜棺椁之費而儉於其親也。王氏《中説》記太原府君之言：「一布被二十年不易，曰：『無爲費天下也。』」文意畧與此同。○吕氏曰：註云「所當得爲而不自盡」，則便是倒行逆施不順理底。於所厚者薄，則無所不薄矣。墨子之葬，以薄爲道者，即是此意。○新安陳氏曰：此章當味「盡於人心」及「悦」與「恔」字。人子事親，至葬而終，凡附於身與棺，必誠必信，勿之有悔焉。蓋不如是，無以盡於吾心。不爲悦，不爲恔也。必悦且恔，然後於心爲盡。不得爲而僭爲與可爲而不爲，皆非盡於人心。曰「不得不可以爲悦」，則制不得爲者决不敢過；曰「得之有財，何獨不然」，則力所能爲者亦何忍於不及厚？所當厚而不儉於親，無非天理也。盡於人心，盡天理而已矣。

○沈同以其私問曰：「燕可伐與？」孟子曰：「可。子噲不得與人燕，子之不得受燕於子噲。有仕於此而子悦之，不告於王而私與之吾子之禄爵，夫士也亦無王命而私受之於子，則可

乎？何以異於是？」「伐與」之與，平聲。下「伐與」、「殺與」同。夫音扶。

沈同，齊臣。以私問，非王命也。子噲、子之事見形甸反。下一節「解見」音同。前篇。諸侯土地人民受之天子，傳之先君。私以與人，則與者、受者皆有罪也。仕，爲官也；士，即從仕之人也。慶源輔氏曰：沈同問燕可伐否耳，固不問以齊伐燕爲如何也。若是以王命來問，孟子必當詳告之，不但曰可而已也。○註云「與者受者皆有罪」，謂不由其道，妄取妄予如子噲、子之之徒者。由其道，則三聖之授受乃先天而天弗違之事，不可以罪言也。

齊人伐燕。或問曰：「勸齊伐燕，有諸？」曰：「未也。沈同問燕可伐與，吾應之曰可，彼然而伐之也。彼如曰孰可以伐之，則將應之曰爲天吏則可以伐之。今有殺人者，或問之曰人可殺與，則將應之曰可；彼如曰孰可以殺之，則將應之曰爲士師則可以殺之。今以燕伐燕，何爲勸之哉？」

天吏，解見上篇。言齊無道與燕無異，如以燕伐燕也。《史記》亦謂孟子勸齊伐燕，蓋傳聞此説之誤。○楊氏曰：「燕固可伐矣，故孟子曰『可』。使齊王能誅其君、弔其民，何不可之有？乃殺其父兄、虜其子弟而後燕人畔之，乃以是歸咎孟子之言，則誤矣。」朱子曰：孟子言伐燕處有四。燕父子君臣如此，固有可伐之理。然孟子不曾教齊不伐，亦不曾教齊必伐，但曰惟「天吏則可以伐之」。○或謂：「孟子於沈同之問，曷爲不盡其辭以告之？」曰：沈同固非能伐燕者。且其以私來問，又不言齊之將伐燕也，則直以可伐之理告之足矣。若遂探其情而預設辭以伐之，則是猜防險詖之私爾，豈所謂聖賢之心哉？且齊雖無道，若能拯燕之遺民於水火之中而無殺戮繫累之暴，則其伐之也，亦何爲而不可哉？○雙峯饒氏曰：惟士師則可以殺有罪之人，泛泛如何可以擅殺；惟天吏可以伐無道之國，諸侯如何可以擅相征伐？天吏，天所命者；士師，君所命者。天吏以其有道，故天命之征伐，如湯武是也。沈同安曉此理？但知人之可伐而不知己之不可伐人。

○燕人畔。王曰：「吾甚慚於孟子。」

齊破燕後二年，燕人共立太子平爲王。平即昭王。

陳賈曰：「王無患焉。王自以爲與周公孰仁且智？」王曰：「惡！是何言也？」曰：「周公使管叔監殷，管叔以殷畔。知而使之，是不仁也；不知而使之，是不智也。仁智，周公未之盡也，而況於王乎？賈請見而解之。」惡、監皆平聲。

陳賈，齊大夫也。管叔，名鮮。武王弟，周公兄也。武王勝商殺紂，立紂子武庚而使管叔與弟蔡叔、霍叔監其國。武王崩，成王幼，周公攝政。管叔與武庚畔，周公討而誅之。

見孟子，問曰：「周公何人也？」曰：「古聖人也。」曰：「使管叔監殷，管叔以殷畔也，有諸？」曰：「然。」曰：「周公知其將畔而使之與？」曰：「不知也。」「然則聖人且有過與？」曰：「周公，弟也；管叔，兄也。周公之過，不亦宜乎？

言周公乃管叔之弟，管叔乃周公之兄，然則周公不知管叔之將畔而使之，其過有所不免矣。或曰：「周公之處上聲。下同。管叔不如舜之處象，何也？」游氏曰：「象之惡已著而其志不過富貴而已，故舜得以是而全之。若管叔之惡則未著而其志其才皆非象比也，周公詎忍逆探平聲。其兄之惡而棄之邪？周公愛兄，宜無不盡者。管叔之事，聖人之不幸也。舜誠信而喜象，周公誠信而任管叔，此天理人倫之至，其用心一也。」程子曰：象憂亦憂，象喜亦喜，蓋天理人情於是爲至。舜之於象，周公之於管叔，其用心一也。夫管叔未嘗有惡也，使周公逆知其將畔，果何心哉？惟管叔之畔非周公所能知，則其過有所不免矣。故孟子曰：「周公之過，不亦宜乎？」〇問：「周公誅管叔，自公義言之，其心固正大直截；自私恩言之，其情終有不自滿處。所以孟子謂『周公之過不亦宜乎』者以此。」朱子曰：周公豈得已爲此哉？莫到恁地較好。胡氏云：❶象得罪於舜，故封之；管、蔡流言將危周公以間王室，得罪於天下，故誅之。非周公誅之，天下之所當誅。周公豈得而私之哉？舜處其常，周公處其變，此聖人所以同歸於道也。〇慶源輔氏曰：周公不忍料兄之惡而使之，故不免有過，是以孟子亦言「周公之過，不亦宜乎」，不説周公無過也。〇雲峯胡氏曰：「詎忍逆探其兄之惡而棄之」，此一句最見得周公之用心。舜之心誠信而喜象，不忍逆以其弟爲詐，舜爲兄之道盡矣；周公之心誠信而任管叔，不忍逆以其兄爲畔，周公爲弟之道盡矣。故曰：「此天理人倫之至。」人倫

❶ 「胡氏云」，宋蔡模《孟子集疏》卷四作「致堂胡氏曰」，當是另一條。

即是天理，特分而言之。天理，其自然者；人倫，其當然者爾。

「且古之君子過則改之，今之君子過則順之。古之君子，其過也如日月之食，民皆見之；及其更也，民皆仰之。今之君子，豈徒順之，又從而爲之辭！」更，平聲。

順，猶「遂」也。更，改也。辭，辯也。更之則無損於明，故民仰之；順而爲之辭則其過愈深矣。責賈不能勉其君以遷善改過而教之以遂非文去聲。過也。新安陳氏曰：孟子窺賈爲君文過之心於不言之表而責之。○林氏曰：「齊王慙於孟子，蓋羞惡去聲。之心有不能自已者。使其臣有能因是心而將順之，則義不可勝平聲。用矣。而陳賈鄙夫方且爲去聲。之曲爲辯說而沮在吕反。其遷善改過之心，長上聲。其飾非拒諫之惡，故孟子深責之。然此書記事散出而無先後之次，故其說必參考而後通。若以第二篇十章、「齊人伐燕勝之」章。十一章「齊人伐燕取之」章。置之前章之後、此章之前，則孟子之意不待論說而自明矣。」南軒張氏曰：周公於管叔，親愛之而不知其將畔，其過也宜矣。賈爲君文過，過之中又生過焉。○汪氏曰：己富貴而兄弟無位，仁者弗爲也；兄弟惡未萌而以惡逆之，智者弗爲也。自陳賈觀之，以周公爲仁智未之盡；由君子觀之，周公實仁且智者也。不期以畔而卒至於畔，不免於過，乃所遭之不幸也。及其畔也，不以私恩害公義，誅之以安宗社天下，是於過爲能改矣，其不得已而行權也。

○孟子致爲臣而歸。

孟子久於齊而道不行，故去也。

王就見孟子曰：「前日願見而不可得，得侍同朝甚喜。今又棄寡人而歸，不識可以繼此而得見乎？」對曰：「不敢請耳，固所願也。」朝音潮。

新安陳氏曰：謙言得侍賢者，同朝者皆甚喜。

他日王謂時子曰：「我欲中國而授孟子室，養弟子以萬鍾，使諸大夫國人皆有所矜式，子盍爲我言之？」爲，去聲。

時子，齊臣也。中國，當國之中也。萬鍾，穀祿之數也。鍾，量去聲。名，受六斛四斗。矜，敬也；式，法也。盍，何不也。趙氏曰：四豆爲區，區受斗六升；四區爲釜，釜受六斗四升；十釜爲鍾，受六斛四斗。

時子因陳子而以告孟子，陳子以時子之言告孟子。

陳子，即陳臻也。

孟子曰：「然。夫時子惡知其不可也？如使予欲富，辭十萬而受萬，是爲欲富乎？夫音扶。惡，平聲。

孟子既以道不行而去，則其義不可以復扶又反。留。而時子不知，則又有難顯言者，故但言設使我欲富，則我前日爲卿嘗辭十萬之祿，今乃受此萬鍾之餽，是我雖欲富，亦不爲此也。汎本非欲富乎？○慶源輔氏曰：齊王告時子是就人欲中計較。孟子之意，道合則從，不合則去，惡用是多端爲哉？○註云孟子「有難顯言者」，顯言之，則訐揚齊王之失而有戾於我固所願之仁。「季孫曰：『異哉，子叔疑！使己爲政，不用則亦已矣，又使其子弟爲卿。人亦孰不欲富貴？而獨於富貴之中有私龍斷焉！』龍音壟。

此孟子引季孫之語也。季孫、子叔疑，不知何時人。龍斷，岡壟之斷而高也。義見形甸反。下文。蓋子叔疑者嘗不用而使其子弟爲卿，季孫譏其既不得於此而又欲求得於彼，如下文賤丈夫登龍斷者之所爲也。孟子引此以明道既不行，復扶又反。受其祿，則無以異此矣。慶源輔氏曰：舉季孫所譏子叔疑之事以見我不敢傚此之意。辭祿而受饋雖多寡之不同，畢竟是既不得於此而又求得於彼也。

「古之爲市者以其所有易其所無者，有司者治之耳。有賤丈夫焉，必求龍斷而登之，以左右望而罔市利。人皆以爲賤，故從而征之。征商自此賤丈夫始矣！」

孟子釋「龍斷」之說如此。治之，謂治其爭訟。左右望者，欲得此而又取彼也。罔，謂罔羅取之也。雙峯饒氏曰：「左右望」是欲全得之。萬一不得於此，亦可得於彼。不得於此是譬喻辭十萬，得於彼是譬喻受萬。從而征之，謂人惡去聲。其專利，故就征其稅。後世緣此，遂征商人也。慶源輔氏曰：文王關譏不征，是三代之初皆如此。○新安陳氏曰：孟子有引喻以終之而不復說上正意者，此章之類是也。○程子曰：「齊王所以處上聲。孟子者未爲不可，孟子亦非不肯爲國人矜式者。但齊王實非欲尊孟子，乃欲以利誘之，故孟子拒而不受。」新安陳氏曰：齊王固不得待孟子之道，尤爲不知孟子之心。

○孟子去齊，宿於晝。晝，如字。或曰當作「畫」，音獲。下同。晝，齊西南近邑也。

有欲爲王留行者，坐而言。不應，隱几而卧。爲，去聲。下同。隱，於靳反。隱，憑也。客坐而言，孟子不應而卧也。

客不悦，曰：「弟子齊宿而後敢言，夫子卧而不聽，請勿復敢見矣。」曰：「坐，我明語子。昔者魯繆公無人乎子思之側則不能安子思，泄柳、申詳無人乎繆公之側則不能安其身。齊，側皆反。復，扶又反。語，去聲。

齊宿，齊戒越宿也。繆音穆。公尊禮子思，常使人候伺音笥。道去聲。達誠意於其側，乃能安而留之也。泄柳，魯人；申詳，子張之子也。繆公尊之不如子思，然二子義不苟容，非有賢者在其君之左右維持調護之則亦不能安其身矣。問：「『泄柳、申詳無人乎繆公之側則不能安其身』，二子之賢，其心固如是乎？」朱子曰：非謂二子之心倚君側之人也，語其勢則然耳。若二子之心如此，則與世之垢面汙行而事君側便嬖之人者何以異乎？○慶源輔氏曰：繆公好賢之切，惟恐有不當其意者，常使人道達誠意乃能安而留之。泄柳嘗閉門以避繆公，不苟合可見；申詳見《禮記》，與泄柳並稱，其賢可知。繆公待子思，恐子思不察己之誠也；二子非有賢者調護之，則又恐君不察己之誠也。德若子思則自有此應，若只及得二子，則自處又當如此。下此則苟容以徇君者也。

「子爲長者慮而不及子思。子絶長者乎，長者絶子乎？」長，上聲。

長者，孟子自稱也。言齊王不使子來而子自欲爲去聲。下「以爲」同。王留我，是所以爲我謀者不及繆公留子思之事而先絶我也。我之卧而不應，豈爲先絶子乎？ 慶源輔氏曰：孟子之自處不在子思之下，故意或人之爲我謀不及繆公留子思之事也。蓋有欲爲王留行者，雖有愛賢之意而不知待賢者之禮，故孟子告之如此。○新安倪氏曰：孟子之於齊，齊王既不能如繆公之待子思，固無以安孟子矣；次焉而齊之羣臣又無賢者爲之維持調護，孟子亦豈能安其身哉？ 孟子之德無愧子思，齊王如繆公之待子思，宜也。故末又以「不及子思」爲言。泄柳、申詳之事，姑引以言齊之無賢臣耳。

○孟子去齊。尹士語人曰：「不識王之不可以爲湯武則是不明也，識其不可然且至則是干澤也。千里而見王，不遇故去，三宿而後出晝，是何濡滯也？士則茲不悦。」

尹士，齊人也。干，求也。澤，恩澤也。濡滯，遲留也。

高子以告。

高子，亦齊人，孟子弟子也。

曰：「夫尹士惡知予哉？千里而見王，是予所欲也；不遇故去，豈予所欲哉？予不得已也。夫音扶。下同。惡，平聲。

見王，欲以行道也。今道不行，故不得已而去，非本欲如此也。

「予三宿而出晝，於予心猶以爲速。王庶幾改之！王如改諸，則必反予！

所改，必指一事而言，然今不可考矣。

「夫出晝而王不予追也，予然後浩然有歸志。予雖然，豈舍王哉？王由足用爲善。王如用予則豈徒齊民安，天下之民舉安。王庶幾改之，予日望之！

浩然，如水之流，不可止也。楊氏曰：「齊王天資朴實，如好勇、好貨、好色、好世俗之樂，皆以直告而不隱於孟子，故足以爲善。若乃其心不然而謬爲大言以欺人，是人終不可與入堯舜之道矣，何善之能爲？」

「予豈若是小丈夫然哉？諫於其君而不受，則怒悻悻然見於其面，去則窮日之力而後宿哉？」悻，形頂反。見音現。

悻悻，怒意也。窮，盡也。

尹士聞之曰：「士，誠小人也！」

此章見聖賢行道濟時汲汲之本心，愛君澤民惓惓音權。之餘意。慶源輔氏曰：《集註》「本心」

謂其初本欲如此也，「餘意」則後來不得已之意耳。詳玩此兩句，便可見聖賢之心。千里見王，王如用予，豈特齊民安？天下之民舉安：此其行道濟時汲汲之本心；三宿出晝，王庶幾改之，予日望之：此其愛君澤民惓惓之餘意。**李氏曰：「於此見君子『憂則違之』之情，而荷**何可反。**蕢者所以爲果也。」**《易・乾卦・文言》：「樂則行之，憂則違之。」○朱子曰：孟子與荷蕢皆是「憂則違之」，但荷蕢者果於去，不若孟子之遲遲吾行。蓋得時行道者，聖人之本心；不遇而去者，聖人之不得已。此與孔子去魯之心同。蓋聖賢憂世濟時之誠心非若荷蕢之果於去也。○南軒張氏曰：齊王資雖鈍而不敏，然異夫飾非矯情以自欺欺人者。故孟子有望焉，以爲王如用予，天下舉安。蓋其安天下之道已素定於胸中，而其本則在於格君心，故拳拳望王之改之也。若夫諫而不用，去則窮日而後宿者，是私意所發。其諫也固無誠意之感，其去也又無忠厚之氣，真小丈夫哉！○雙峯饒氏曰：方其來也，只望齊王能行其道；及其去也，又望王能改過：此聖賢仁厚之意。蓋決然去者，義也；欲去不去者，仁也。李氏所以說「憂則違之之情」，憂只是不樂違去也，當看「情」字。○雲峯胡氏曰：孟子憂則違之若與荷蕢同，而其憂則違之之情與荷蕢之㮣然忘情者大不同也。○新安陳氏曰：孟子所歷，如滕文雖慕道，然國微弱，道必難行。其次如魯沮於臧倉，又必不行。大國，齊、梁也。梁惠不足與有行，襄尤劣矣。庶幾焉者，其齊宣乎？齊有易以安天下之勢，孟子又有安天下之道。王天資誠朴，若可與有行者，所以拳拳望之有不能自已焉。於此終不遇合，則孟子之道，知其不行矣！

○孟子去齊。充虞路問曰：「夫子若有不豫色然。前日虞聞諸夫子曰：『君子不怨天，不

尤人。』」

路問，於路中問也。豫，悦也。尤，過也。此二句實孔子之言，蓋孟子嘗稱之以教人耳。

曰：「彼一時，此一時也。

彼，前日；此，今日。新安陳氏曰：前日言不怨尤之時與今日所遇之時不同。

「五百年必有王者興，其間必有名世者。

自堯舜至湯、自湯至文武皆五百餘年而聖人出。名世，謂其人德業聞去聲。望可名於一世者爲之輔佐，若臯陶、稷、契、私列反。伊尹、萊朱、太公望、散素亶反。宜生之屬。

「由周而來七百有餘歲矣。以其數則過矣，以其時考之則可矣。

周，謂文、武之間。數，謂五百年之期；時，謂亂極思治、去聲。可以有爲之日。於是而不得一有所爲，此孟子所以不能無不豫也。

「夫天未欲平治天下也。如欲平治天下，當今之世，舍我其誰也？吾何爲不豫哉？」夫音扶。舍，上聲。

言當此之時而使我不遇於齊，是天未欲平治天下也。然天意未可知而其具又在我，我何爲不豫哉？新安陳氏曰：天意或欲平治天下，亦未可知。其具，謂能平治天下之道也。然則孟子雖若有不豫然者而實未嘗不豫也。蓋聖賢憂世之志、樂音洛。天之誠有並行而不悖者，於此見矣。朱子曰：或問文中子曰：「聖人有憂乎？」曰：「天下皆憂，吾獨得不憂。」又曰：「樂天知命，吾何憂？」若孟子不忘天下之憂而亦不害其樂天知命之樂，其庶幾乎！○慶源輔氏曰：不能無不豫，憂世之志也；實未嘗不豫，樂天之誠也。憂樂自常情觀之則相反，自聖賢言之則並行而不悖也。○自「五百年」至「則可矣」觀之則孟子不能無不豫然也，自「夫天未欲平治」以下觀之則孟子實未嘗不豫也。○雙峯饒氏曰：孟子到此亦末如之何，所以只得歸之天。

○孟子去齊，居休。公孫丑問曰：「仕而不受祿，古之道乎？」

休，地名。

曰：「非也。於崇，吾得見王，退而有去志，不欲變，故不受也。

崇，亦地名。孟子始見齊王，必有所不合，新安陳氏曰：道不行於齊，其幾已先見乎此。故有去志。變，謂變其去志。

「繼而有師命，不可以請。久於齊，非我志也。」

師命，師旅之命也。國既被兵，難請去也。新安陳氏曰：恐只是因師旅之事而戒嚴耳。○孔氏曰：「仕而受祿，禮也；不受齊祿，義也。義之所在，禮有時而變。公孫丑欲以一端裁之，不亦誤乎？」南軒張氏曰：孟子之去齊，三宿出晝猶以爲速，而謂初見已有去志、久於齊非我志，何也？蓋孟子雖庶幾齊王之可與有爲，而可去之幾未嘗不先覺也。初見察王之情必有不能受者，又以其質亦有可取，故不受其禄，姑留以觀其感悟與否也。初志雖欲去而猶有望焉，豈徒爲苟留也哉？此篇載孟子於齊始終去就久速之義甚備，學者所宜深究也。○慶源輔氏曰：禮則有常，義則有權。如君命召不俟駕，禮也；有不召之臣，便是義。孔氏謂「仕而受禄禮也，不受齊禄義也」，説得自好。○雙峯饒氏曰：「有見行可之仕，有際可之仕，有公養之仕」，孟子當時見王於崇，便有不合處，難於委質爲臣，所以止爲際可之仕。見行可者，見這道理漸可行也。孟子自崇既退之後，未見其道之可行，所以終於不受禄。○新安陳氏曰：不受卿禄，此孟子最高處。其超然不屈、進退餘裕本全在此。一受其禄則爲禄所縻，是爲禄而仕耳。十萬之禄脱屣而去，齊王猶欲以萬鍾縻之，豈知孟子者？吾意戰國之世高節如許，惟孟子一人而已。庶幾焉者，其魯仲連乎？

孟子集註大全卷之五

滕文公章句上

凡五章。

滕文公爲世子。將之楚，過宋而見孟子。

世子，太子也。

孟子道性善，言必稱堯、舜。

道，言也。性者，人所稟於天以生之理也。渾上聲。然至善，未嘗有惡。人與堯、舜初無少異，但衆人汩音骨。於私欲而失之，堯、舜則無私欲之蔽而能充其性爾。新安陳氏曰：「四端」章雖言性情之理而「性」字未説出，「性」字始見於此而詳見《告子》、《盡心》篇。充其性即「擴而充之」之充。故孟子與世子言每道性善，而必稱堯、舜以實之。欲其知仁、義不假外求，聖人可學而至，而不懈居隘反。於用力也。新安陳氏曰：《集註》已包後面成覸等三説之意。門人不能悉記其辭而撮其大旨如此。慶源輔氏曰：朱子既斷孟子之書以爲孟子自著，則似此處皆當改。此是後來不曾改得。**程子曰：「性，即理也。天下之理原其所自，未有不善。喜怒哀樂**音洛。**未發，何嘗不善？發而中節，即無往而不善；發不中節，然後爲不善。故凡言『善惡』皆先『善』而後『惡』，言『吉凶』皆先『吉』而後『凶』，言『是非』皆先『是』而後『非』。」**問：「孔子言性與天道不可得而聞，孟子乃開口便説性善，是如何？」朱子曰：孟子也只是大概説性善，至於性之所以善處也少説。須是如説「一陰一陽之謂道，繼之者善也，成之者性也」，方是説「性與天道」耳。○《易》言「繼善」是指未生之前，孟子言性善是指已生之後。雖曰已生，然其本體初不相離也。○孟子見滕文公便道性善，他欲人先知得一箇本原，則爲善必力，去惡必勇。○伊川謂「性即理也」一句，直自孔子後惟伊川説得盡，這一句便是千萬世説性之根基。理是箇公共底物事，不解會不善。人做不是自是失了性，却不是壞了著修。又曰：未發之前氣不用事，所以有善而無惡。○性善者以理言之，稱堯、舜者質其事以實之，所以互相發也。其意蓋曰：知性善則知堯、舜之必可爲矣，知堯、舜之可爲則其於性善也信之益篤，而守之益固矣。○問：「『性善』之『性』與『堯、舜性之』之『性』如何？」曰：「性善」之「性」實，「性之」之「性」虚。性之只是合下稟得，自下便將來受用。○性善，故人皆可爲堯、舜；必稱堯、舜，所以驗性善之實。○問：「人未能便至於堯、舜而孟子言必稱之，何也？」曰：「道性善」與「稱堯、舜」二句正相表裏。蓋人之不至於堯、舜者是他力量不至，固無可柰何。然人須當以堯、舜爲法。人到得堯、舜地位，方做得一箇人，無所欠闕。然也只是本分事，這便是「止於至善」。○問：「『孟子道性善』，看來孟子言赤子將入井有怵惕惻隱之心，此只就情上見；如言『孩提之童無不愛其親』，亦只是就情上説。」曰：未發時怵惕惻隱與孩提愛親之心皆在裏面了，少間發出來即是未發底物事，静也只是這物事，動也只是這物事。如孟子所説，正要人於發動處見得是這物事即是静時所養底物事，静時若存守得這物事，則日用流行即是這物事。而今學者且要識得動静只是一箇物事。○問：「『孟子道性善』，蓋謂性無有不善也。明道乃以爲『善固性也，然惡亦不可不謂之性』，其義如何？」潛室陳氏曰：纔識氣質之性，即善惡方各有著落，不然則惡從何處生？以孟子説未備，故程門發此義。孟子專説義理之性則惡無所歸，是「論性不論氣」，孟子之説爲未備；專説氣稟則善爲無别，是「論氣不論性」，諸子之論所以不明夫本也。程子兼氣質論性。○雲峯胡氏曰：孔子亦嘗説性善，曰「繼之者善，成之者性」。但「善」字從造化發育處説，不從人生稟受處説。子思曰「天命之謂性，率性之謂道」，正是從源頭説性之本善，但不露出一「善」字。「性善」之論自孟子始發之。《集註》釋「性者人稟於天以生之理也」，此一句便關倒告子所謂「生之謂性」。蓋生不是性，生之理是性。天地間豈有不好底道理？故曰「渾然至善，未嘗有惡」。古今只是一箇道理，故曰「人與堯舜初無少異」。孟子道性善，言其理也；稱堯、舜以實之，言其事也。天下無理外之事，能爲堯、舜所爲之事便是不失吾所得以生之理。然而人不能皆堯、舜者，氣質之拘、物欲之蔽也。《集註》言「物欲」不言「氣質」，蓋以孟子不曾説到氣質之性，故但據孟子之意言之。程子曰：「『性善』二字，孟子擴前聖之所未發而有功於聖門。」愚亦敢曰：「性即理也」一句，程子擴前聖所未發而有功於孟子。○新安陳氏曰：「性善」是虚説其理，「稱堯、舜」是指能盡性之人以實其説。如朱子著《小學書》，列「立教、明倫」於前，盡是説其理；列「實立教、實明倫」於後，並是實有是人，實有是事，以實前面之説。此之謂「實之」。何以驗人性之善哉？觀堯、舜能盡其性而爲大聖人，則可以知同有是性者之皆可以爲聖人而不懈於學聖人矣。所以「言性善」而「必稱堯、舜」以實之歟？

世子自楚反，復見孟子。孟子曰：「世子疑吾言乎？夫道一而已矣。復，扶又反。夫音扶。**時人不知性之本善而以聖賢爲不可企及，故世子於孟子之言不能無疑而復來求見，蓋恐別有卑近易**去聲。**行之説也。孟子知之，故但告之如此，以明古今聖愚本同一性，前言已盡，無復**扶又反。下同。**有他説也。**朱子曰：當戰國之時，聖學不明，天下之人但知功利之可求，而不知己性之本善、聖賢之可學。聞是説者非惟不信，往往亦不復致疑於其間。若文公則雖未能盡信而已能有所疑矣，是其可與進道之萌芽也。故孟子於其去而復來，迎而謂之曰「世子疑吾言乎」，而又告之曰「夫道一而已矣」。蓋古今聖愚同此一性，則天下固不容有二道。但在篤信力行則天下之理雖有至難，猶必可至，况善乃人之所本有而爲之不難乎？○雲峯胡氏曰：按饒氏謂「道一而已矣」與「性一而已矣」不同，性以所稟言之，道以所由言之。《集註》此處説得「性」字稍重。愚謂《集註》不曰「同一道」而曰「同一性」者，蓋推本而言，欲自上文「性善」説來。性之外也無所謂道，同此性即同此道，又何疑焉？

「成覸謂齊景公曰：『彼，丈夫也；我，丈夫也。吾何畏彼哉？』顔淵曰：『舜，何人也；予，何人也？有爲者亦若是。』公明儀曰：『「文王，我師也。」周公豈欺我哉？』覸，古莧反。**成覸，人姓名。彼，謂聖賢也。有爲者亦若是，言人能有爲則皆如舜也。公明，姓；儀，名：魯賢人也。文王我師也，蓋周公之言。公明儀亦以文王爲必可師，故誦周公之言而**

欺其不我欺也。孟子既告世子以道無二致，而復引此三言以明之，欲世子篤信力行以師聖賢，不當復求他説也。朱子曰：孟子引三段説話，教人如此發憤勇猛向前，日用之間不得存留一毫人欲之私在這裏，此外更無别法。若如此有箇奮迅興起處，方有田地可下工夫。不然則是畫脂鏤冰，無真實得力處。○雲峯胡氏曰：性之本善，堯、舜無異於人；行之不力，人自異於堯、舜。

「今滕絶長補短，將五十里也，猶可以爲善國。《書》曰：『若藥不瞑眩，厥疾不瘳。』」瞑，莫甸反。眩音縣。

絶，猶「截」也。《書》，《商書·説音悦。命》篇。瞑眩，憒古對反。亂。言滕國雖小，猶足爲治。去聲。但恐安於卑近不能自克，則不足以去上聲。惡而爲善也。朱子曰：滕小，不過如今一鄉。孟子只説「可爲善國」，終不成以告齊、梁之君者告之。○人要爲聖賢，須是猛起。如服瞑眩之藥以除深痼之疾，直是不可悠悠。○蔡氏曰：《方言》云：「飲藥而毒，海岱之間謂之瞑眩。」○勉齋黄氏曰：歷引三人之言，所以釋滕文之疑；終以藥瞑眩，所以厲其志。○雙峯饒氏曰：前面文公再去見孟子時，是疑其資禀凡下，不可以爲堯、舜，故孟子以成覸以下三説答之；末後孟子恐文公又自疑其土地狹小，故以瞑眩之説告之。文公後來也能問喪禮、問經界，亦足見其有爲處。○愚按，孟子之言性善，始見形甸反。於此而詳具於《告子》之篇。然默識如字。而旁通之，則七篇之中無非此理。其所以「擴前聖之未發」而「有功於聖人之門」，程子之言信矣。西山真氏曰：「七篇之中無非此理」者，如言仁義，言四端，蓋其大者。至於因齊王之愛牛而勸之以行王政，亦因其性善而引之當道也。以此推之，他可識矣。○新安陳氏曰：林氏於下章言喪禮處謂可驗人性之善，亦當以此意類推之。

○滕定公薨。世子謂然友曰：「昔者孟子嘗與我言於宋，於心終不忘。今也不幸至於大故，吾欲使子問於孟子然後行事。」

定公，文公父也。然友，世子之傅也。大故，大喪也。事，謂喪禮。

然友之鄒，問於孟子。孟子曰：「不亦善乎？親喪，固所自盡也。曾子曰：『生事之以禮，死葬之以禮，祭之以禮，可謂孝矣。』諸侯之禮，吾未之學也。雖然，吾嘗聞之矣。三年之喪，齊疏之服，飦粥之食，自天子達於庶人，三代共之。」齊音資。疏，所居反。飦，諸延反。

當時諸侯莫能行古喪禮而文公獨能以此爲問，故孟子善之。又言父母之喪固人子之心所自盡者，蓋悲哀之情、痛疾之意非自外至，宜乎文公於此有所不能自已也。但所引曾子之言本孔子告樊遲者，豈曾子嘗誦之以告其門人歟？三年之喪者，子生三年然後免於父母之懷，故父母之喪必以三年也。齊，衣下縫音逢。也。不緝七入反。曰「斬衰」，音催。下同。緝之曰「齊衰」。疏，麤也，麤布也。飦，糜也。喪禮，三日始食粥，既葬乃疏食。

音嗣。○《記·喪大記》：「君之喪，子、大夫、公子、衆士皆三日不食，子、大夫、公子食粥，士疏食水飲，夫人、世婦、諸妻皆疏食水飲。大夫之喪，主人室老子姓皆食粥，衆士疏食水飲，室老，其貴臣也。衆士，謂衆臣。

妻妾疏食水飲。士亦如之。既葬，主人疏食水飲，不食菜果，婦人亦如之。君、大夫、士一也，練而食菜果，祥而食肉。」**此古今貴賤通行之禮也。**朱子曰：孟子説制度，皆舉其綱而已。如田之十一、喪之自天子達之類。○孟子答滕文公喪禮，不説到細碎上，只説「齊疏之服、飦粥之食，自天子達於庶人」，這二項便是大原大本。自盡其心，喪禮之大本也；三年、齊疏、飦粥，喪禮之大經也。孟子生戰國，不得見先王全經矣。然其學得孔氏之正傳而於文武之道識其大者，故其考論制度雖若疎闊，而於大本大經之際則有不可得而亂者。以是爲主而酌乎人情世變以文之，則禮雖先王未之有，亦可以義起矣。後世議禮者不明乎此，故常以其度數節文之小不備而不敢爲，卒以就乎大不備而後已，此劉向所以深嘆之也。然無孟子之學而强爲之，如叔孫通、曹褒之流，是又不免乎私意之鑿而已矣。○趙氏曰：「自天子達於庶人」是無貴賤之别，「三代共之」是無古今之異。

然友反命，定爲三年之喪。父兄百官皆不欲，曰：「吾宗國魯先君莫之行，吾先君亦莫之行也。至於子之身而反之，不可。且志曰：『喪祭從先祖。』曰：吾有所受之也。」

父兄，同姓老臣也。滕與魯俱文王之後而魯祖周公爲長，上聲。**兄弟宗之，故滕謂魯爲宗國也。然謂二國不行三年之喪者，乃其後世之失，非周公之法本然也。志，記也。引志之言而釋其意，以爲所以如此者，蓋爲**去聲。**上世以來有所傳受，雖或不同，不可改也。然志所言本謂先王之世，舊俗所傳禮文小異而可以通行者耳，不謂後世失禮之甚者也。**

朱子曰：古宗國如周公兄弟之爲諸侯者，則皆以魯國爲宗。至戰國時，滕猶稱魯爲「宗國」也。○南軒張氏曰：考滕世子問孟子之辭，則三年之喪，其廢也久矣。其在周之末世乎？故曰「吾宗國魯先君莫之行，吾先君亦莫之行也」，又曰「喪祭從先祖，吾有所受之也」，然則其廢也久矣。世之治亂，此豈非其根柢耶？

謂然友曰：「吾他日未嘗學問，好馳馬試劒。今也父兄百官不我足也，恐其不能盡於大事。子爲我問孟子。」然友復之鄒問孟子，孟子曰：「然，不可以他求者也。孔子曰：『君薨聽於冢宰。歠粥，面深墨，即位而哭。百官有司莫敢不哀。先之也。上有好者，下必有甚焉者矣。君子之德，風也；小人之德，草也。草尚之風必偃。』是在世子。」好、爲，皆去聲。復，扶又反。歠，川悅反。

不我足，謂不以我滿足其意也。然者，然其不我足之言；不可他求者，言當責之於己。冢宰，六卿之長上聲。也。歠，飲也。深墨，甚黑色也。即，就也。尚，加也。《論語》作「上」，古字通也。偃，伏也。「必偃」以上皆孔子語。孟子言但在世子自盡其哀而已。慶源輔氏曰：當責之於己，是應前面「固所自盡」之說。在世子自盡其哀，是應上句「不可他求」之意。○雙峯饒氏曰：「君薨」君字統天子諸侯而言，「聽於冢宰」是國家政事皆聽命於冢宰，非「聽政」、「聽訟」之謂。

然友反命，世子曰：「然，是誠在我。」五月居廬，未有命戒，百官族人可謂曰知。及至葬，四方來觀之。顔色之戚，哭泣之哀，弔者大悅。

諸侯五月而葬。未葬，居倚廬於中門之外。居喪不言，故未有命令教戒也。《左傳》隱公元年：「天子七月而葬，同軌畢至。言「同軌」以別四夷之國。諸侯五月，同盟至。同在方嶽之盟。大夫三月，同位至。士踰月，外姻至。」此言赴弔各以遠近爲差，因爲葬節。〇《禮記・喪大記》：「父母之喪，居倚廬不塗，寢苫枕凷，非喪事不言。」「可謂曰知」，疑有闕誤。或曰，皆謂世子之知禮也。慶源輔氏曰：「可」當作「皆」。如作「可」，不成文理。〇林氏曰：「孟子之時，喪禮既壞。然三年之喪，惻隱之心，痛疾之意出於人心之所固有者，初未嘗亡也。惟其溺於流俗之弊，是以喪去聲。其良心而不自知耳。文公見孟子而聞性善、堯舜之說，則固有以啓發其良心矣，是以至此而哀痛之誠心發焉。及其父兄百官皆不欲行，則亦反躬自責，悼其前行去聲。之不足以取信，而不敢有非其父兄百官之心。雖其資質有過人者，而學問之力亦不可誣也。及其斷丁亂反。然行之而遠近見聞無不悦服，則以人心之所同然者自我發之，而彼之心悦誠服亦有所不期然而然者。人性之善，豈不信哉？」西山真氏曰：三年之喪，自唐虞三代未有改者。春秋之世，此禮廢墜。於是宰予欲短喪而孔子責其不仁，子思亦謂自朞以下貴賤有殊，父母之喪則一而已。方滕文用孟子言欲行此禮，父兄百官譁然爭之。及違衆而行，又以爲知禮，何耶？蓋以爲不可行者，蹈常襲故之陋見；而以爲知禮者，秉彝好德之良心也。世降教失，雖以東魯文獻之邦猶不能行，何怪於滕之父兄乎？然文公一以身先之則幡然而悟，天理之在人心者固不可泯也。〇雲峯胡氏曰：前章論性善，此章自是論三年之喪。《集註》引林氏說，首尾必舉性善而言者，蓋喪制，人子之心所自盡者，最可見人性之本善處。文公自悔其前日未嘗學問，而一旦力行其所聞於孟子者，是孟子一開發之際而文公之性善見矣。及其行之而遠近見聞莫不悦服，是文公一感發之頃而遠近之人性善皆見矣。於是益可信人性之無有不善，而堯舜之真可爲也。

○**滕文公問爲國。**

文公以禮聘孟子，故孟子至滕而文公問之。慶源輔氏曰：前云「使然友問」，後云「使畢戰問」，但此言「滕文公問」，則知是文公親問孟子也。蓋文公既即位，固不可越國往見孟子，則必是以禮聘孟子至滕而文公問之也。

孟子曰：「民事不可緩也。《詩》云：『晝爾于茅，宵爾索綯。亟其乘屋，其始播百穀。』綯音陶。亟，紀力反。

民事，謂農事。《詩》，《豳風·七月》之篇。于，往取也。綯，絞古巧反。**也。亟，急也。乘，升也。播，布也。言農事至重，人君不可以爲緩而忽之。故引《詩》言治屋之急如此者，蓋以來春將復**扶又反。**始播百穀而不暇爲此也。**慶源輔氏曰：《詩》言民之趨於農功，自然如此其亟，孟子引之以證民事不可緩之說。然熟玩之，便見得民事真不可緩之意。人君者若能真知民事之不可緩，則於爲國也思過半矣。

「民之爲道也，有恒産者有恒心，無恒産者無恒心。苟無恒心，放辟邪侈無不爲已。及陷乎

罪，然後從而刑之，是罔民也。焉有仁人在位，罔民而可爲也？音義並見前篇。是故賢君必恭儉禮下，取於民有制。

恭則能以禮接下，儉則能取民以制。趙氏曰：「禮下」，所以開世禄及學校之事也；「取民以制」，所以開制民常産及貢助徹之法也。

「陽虎曰：『爲富不仁矣，爲仁不富矣。』」

陽虎，陽貨。魯季氏家臣也。天理人欲不容並立。虎之言此，恐爲仁之害於富也；孟子引之，恐爲富之害於仁也。君子小人每相反而已矣。慶源輔氏曰：先儒多以爲孟子不以人廢言，《集註》則以爲言雖同而所取各異，其説尤的當。

「夏后氏五十而貢，殷人七十而助，周人百畝而徹：其實皆什一也。徹者，徹也；助者，藉也。徹，敕列反。藉，子夜反。

此以下乃言制民常産與其取之之制也。夏時一夫受田五十畝，而每夫計其五畝之入以爲貢。商人始爲井田之制，以六百三十畝之地畫爲九區，區七十畝。中爲公田，其外八家各授一區，但借其力以助耕公田而不復扶又反。税其私田。所謂「助而不税」。周時一夫受田百畝，鄉遂用貢法，十夫有溝。《周禮·夏官司徒·遂人》：「凡治野，夫間有遂，遂上有徑。十夫有溝，溝上有畛。百夫有洫，洫上有涂。千夫有澮，澮上有道。萬夫有川，川上有路以達于畿。」都鄙用助法，八家同井。《周禮·冬官考工記》：「匠人爲溝洫，九夫爲井，井間廣四尺、深四尺謂之溝。方十里爲成，成間廣八尺、深八尺謂之洫。方百里爲同，同間廣二尋、深二仞謂之澮。」此畿内采地之制。九夫爲井，井方一里，九夫所治之田也。耕則通力而作，收則計畝而分，故謂之「徹」。朱子曰：此亦不可詳知，但因洛陽議論中通徹而耕之説推之耳。或但耕則通力而耕，收則各得其畝，亦未可知也。其實皆什一者，貢法皆以十分扶問反。下同。之一爲常數。惟助法乃是九一，慶源輔氏曰：此以「文王治岐，耕者九一」及下文「請野九一而助」知其然也。而商制不可考。周制則公田百畝，中以二十畝爲廬舍。新安陳氏曰：二十畝分爲八家，家各二畝半以爲治田時所居，所謂「二畝半在田」是也。一夫所耕公田實計十畝，通私田百畝爲十一分而取其一，蓋又輕於十一矣。《前漢·食貨志》：「理民之道，地著爲本，地著，謂安土。故必建步立晦，正其經界。六尺爲步，步百爲晦，晦百爲夫，夫三爲屋，屋三爲井。井方一里，是爲九夫。八家共之，各受私田百畝，公田十晦，是爲八百八十晦，餘二十晦以爲廬舍。出入相友，守望相助，疾病相救，民是以和睦而教化齊同，力役生産可得而平也。民受田，上田夫百晦，中田夫二百晦，下田夫三百晦。歲耕種者爲不易，上田休一歲者爲一易，中田休二歲者爲再易，下田三歲更耕之，自爰其處。更，互也。爰，於也。農民户人已受田，其家衆男爲餘夫，亦以口受田如比。比，例也。士工商家受田，五口乃當農夫一人。此謂平土可以爲法者也。若山林藪澤、原陵淳鹵之地，淳，盡也。舄鹵之田不生五穀。各以肥磽多少爲差。民年二十受田，六十歸田。在野曰廬，在邑曰里。」竊料商

制亦當似此，而以十四畝爲廬舍，一夫實耕公田七畝，是亦不過十一也。徹，通也，均也。藉，借也。朱子曰：嘗疑孟子所謂「夏后氏五十而貢，殷人七十而助，周人百畝而徹」，恐不解如此。先王疆理天下之初，做許多畎澮溝洫之類，大段是費人力了。若是自五十而增爲七十，自七十而增爲百畝，則田間許多疆理都合更改，恐無是理。孟子當時未必親見，只是傳聞如此，恐亦難盡信也。○問：「所言井地之法，以《周禮》諸説考之亦未有悉合者，何也？」曰：吾於前章固已論之矣。大抵孟子之言雖曰推本三代之遺制，然常舉其大而不必盡於其細也，師其意而不泥於文也。蓋其疏通簡易，自成一家，乃經綸之活法，而豈拘儒曲士牽制文義者之所能知哉？曰：「三代受田多少之不同，何也？」曰：張子嘗言之矣，陳氏、徐氏亦有説焉，然皆若有可疑者。蓋田制既定，則其溝涂畛域亦有一定而不可易者，今乃易代更制每有增加，則其勞民動衆，廢壞已成之業，使民不得服先疇之田畝，其煩擾亦已甚矣。不知孟子之言其所以若此者果何耶？陳氏云：「夏時洪水方平，可耕之地少，至商而寖廣，周而大備也。」徐氏云：「古者民約，故田少而用足，後世彌文而用廣，故授田之際隨時而加焉。」○南軒張氏曰：楊氏云：「徹者徹也，兼貢、助而通力也。故孟子曰：『請野九一而助，國中什一使自賦。』八家皆私百畝，其中爲公田，所謂九一而助也；國中什一使自賦，則用貢法矣：此周人所以爲徹也。鄭氏謂周制畿内用貢法，邦國用助法，有得於此歟？」

「龍子曰：『治地莫善於助，莫不善於貢。貢者，校數歲之中以爲常。樂歲粒米狼戾，多取之而不爲虐，則寡取之；凶年糞其田而不足，則必取盈焉。爲民父母使民盻盻然，將終歲勤動

不得以養其父母，又稱貸而益之，使老稚轉乎溝壑，惡在其爲民父母也？」樂音洛。盻，五禮反，從目從兮。或音「普莧反」者，非。養，去聲。惡，平聲。

龍子，古賢人。狼戾，猶「狼藉」，言多也。糞，壅於用反。也。盈，滿也。盻，《禮韻》胡計、吾計二反，謂陸音「五禮反」誤。恨視也。勤動，勞苦也。稱，舉也。貸，他代反。借也，取物於人而出息以償之也。益之，以足取盈之數也。稚，幼子也。問：「貢法大禹之遺制，而其不善若此，何也？」朱子曰：蘇氏、林氏嘗言之矣。蘇氏曰：「作法必始於粗，終於精。古之不爲此，非不智也，勢未及也。方其未有貢也，以貢爲善矣。及其既貢，而後知其有不善也。」林氏曰：「禹貢之法，九州之賦有錯出於他等者，不以爲歲之常數。又因遊豫，則視其豐凶而補助之。周制鄉遂用貢法，亦有司稼之官巡野觀稼，視年之上下以出斂法，則其弊未至如龍子之言。乃當時諸侯用貢法之弊耳。」〇雙峯饒氏曰：稱貸而益之，如常年五石納官，凶年折了只納四石，而公家必取盈五石之數，則又貸他人一石來湊納以足其數。此所以見貢法之害。

「夫世禄，滕固行之矣。夫音扶。

孟子嘗言「文王治岐，耕者九一，仕者世禄」，二者，王政之本也。今世禄滕已行之，惟助法未行，故取於民者無制耳。蓋世禄者，授之土田，使之食其公田之入，實與助法相爲表裏，所以使君子小人各有定業而上下相安者也，故下文遂言助法。

「《詩》云：『雨我公田，遂及我私。』惟助爲有公田。由此觀之，雖周亦助也。雨，于付反。

《詩》，《小雅·大田》之篇。雨，降雨如字。也。言願天雨於公田而遂及私田，先公而後私也。當時助法盡廢，典籍不存，惟有此詩可見周亦用助，故引之也。朱子曰：考之《周禮》行助法處有公田，行貢法處無公田。孟子也不曾見《周禮》，只據《詩》裏説，用詩意帶將去。後面説「鄉田同井，出入相友，守望相助，疾病相扶持」，「井九百畝其中爲公田，八家皆私百畝同養公田」，説井田只説得這幾句，是多少好。這也是大原大本處，却不理會細碎。

「設爲庠序學校以教之。庠者，養也；校者，教也；序者，射也。夏曰校，殷曰序，周曰庠，學則三代共之：皆所以明人倫也。人倫明於上，小民親於下。

庠以養老爲義，校以教民爲義，序以習射爲義：皆鄉學也。學，國學也。共之，無異名也。倫，序也。父子有親，君臣有義，夫婦有別，長幼有序，朋友有信：此人之大倫也，庠序學校，皆以明此而已。問：「鄉學如何？」朱子曰：皆是農隙而學。曰：「孰與教之？」曰：鄉大夫有德行而致其仕者教之。○慶源輔氏曰：鄉學有異名，國學無異名。然其明人倫以教之之事則同也。○雙峯饒氏曰：孟子教時君行仁政，只是教與養兩事。井田以養之，學校以教之。告齊王、滕公皆如此。小民親於下者，蓋百姓不親，五品不遜，所以教以人倫，使之君與臣自相親，父與子自相親，長與幼自相親，非「尊君親上」之親。○問：「夫婦有別，如何相親？」曰：夫婦無別則相瀆，瀆便相離了。

「有王者起，必來取法。是爲王者師也。

滕國褊俾淺反。小，雖行仁政，未必能興王業。然爲王者師，則雖不有天下而其澤亦足以及天下矣。聖賢至公無我之心於此可見。朱子曰：孟子語滕文只説「有王者起，必來取法」，不曾説便可以王，是亦要大國方做得。

「《詩》云：『周雖舊邦，其命維新。』文王之謂也。子力行之，亦以新子之國。」

《詩》，《大雅·文王》之篇。言周雖后稷以來舊爲諸侯，其受天命而有天下則自文王始也。子，指文公，諸侯未踰年之稱也。《左傳》僖公九年：「春，宋桓公卒，未葬，而襄公會諸侯，故曰『子』。凡在喪，王曰『小童』，公侯曰『子』。」「子」者，繼父之辭。《春秋》例：凡公侯卒未越一年而有王事，皆稱「子」也。○雙峯饒氏曰：新其國，小大雖不同，可以爲善，便是「新其國」。○東陽許氏曰：文公問爲國，孟子告以教養其民。有養然後可教，故先言分田制禄而後及學校也。自「民事不可緩」至「雖周亦助也」，養之事；「設爲庠序」至「小民親於下」，教之事；下至「新子之國」，總言之。答文公者止此，下答畢戰却只是言分田，蓋畢戰惟掌井田之事也。

使畢戰問井地。孟子曰：「子之君將行仁政，選擇而使子，子必勉之。夫仁政必自經界始。經界不正，井地不均，穀禄不平。是故暴君汙吏必慢其經界。經界既正，分田制禄可坐而定也。夫音扶。

畢戰，滕臣。文公因孟子之言而使畢戰主爲井地之事，故又使之來問其詳也。井地，即井田也。經界，謂治地分田，經畫其溝塗封植之界也。雙峯饒氏曰：溝塗封植之界，經緯錯綜。直者爲經，横者爲緯。只舉「經」字，有「緯」在其中。溝，溝洫之類；塗，道塗；封，土堠；植，種木爲界。此法不修，則田無定分去聲。而豪强得以兼并，去聲。故井地有不均，賦無定法，而貪暴得以多取，故穀禄有不平：此欲行仁政者之所以必從此始，而暴君汙吏則必欲慢而廢之也。有以正之，則分田制禄可不勞而定矣。慶源輔氏曰：度孟子來滕不久便去，故使畢戰往問。○若有仁君欲行仁政，使彼此均平，田無多少之差，則必從經界之事做起。而暴君汙吏貪得務多，只知有我不知有民，只知爲己不知爲人者，則必欲慢而廢之也。凡事須是敬則能立，纔有慢心，事日趨於弊壞也。

「夫滕，壤地褊小，將爲君子焉，將爲野人焉。無君子莫治野人，無野人莫養君子。夫音扶。養，去聲。

言滕地雖小，然其間亦必有爲君子而仕者，亦必有爲野人而耕者。是以分田、制禄之法不可偏廢也。雙峯饒氏曰：分田、制禄雖平説，然却相因。穀禄即井地中公田撥其穀以爲禄，分田始可制禄。○新安陳氏曰：分田以給野人，制禄以待君子。

「請野九一而助，國中什一使自賦。

此分田制禄之常法，所以治野人使養君子也。野，郊外都鄙之地也。九一而助，爲公田而行助法也。國中，郊門之内，鄉遂之地也。《周禮·司徒》：「鄉老，遂人。」百里内爲六鄉，外爲六遂。萬二千五百家爲鄉，六鄉七萬五千家，遂亦如之。遂人主六遂。六遂之地，自遠郊以達于畿，中有公邑、家邑、小都、大都焉。遂謂王國百里外也。田不井授，但爲溝洫，使什而自賦其一，蓋用貢法也。周所謂「徹法」者蓋如此。以此推之，當時非惟助法不行，其貢亦不止什一矣。朱子曰：國中行鄉遂之法。如五家爲比，五比爲閭，四閭爲族，五族爲黨，五黨爲州；又如五人爲伍，五伍爲兩，四兩爲卒，五卒爲旅，五旅爲師，五師爲軍：皆五五相連屬，所以行不得那九一之法，故只得什一使自賦。如都鄙却行井牧之法。鄉遂之法次第是一家出一人兵，且如五家爲比，比有一箇長了；井牧之法次第是三十家方出得士十人、徒十人。○此等亦難卒曉，須以《周禮》爲本而參取孟子、班固、何休諸説訂之，庶幾可見髣髴，然恐終不能有定論。但不可不盡其異同耳。○慶源輔氏曰：都鄙用助法則收公田所入以爲君子之禄，鄉遂用貢法則使什自賦一以充國家所用：此周所謂「徹法」也。前云「徹，通也，均也」，所以釋「徹」字之義，此則正言其法如此。○《集註》以其「請野九一而助」，則知助法之不行；又云「國中什一使自賦」，則當時之貢法亦有强取其賦於什一之外者矣。

「卿以下必有圭田，圭田五十畝。

此世禄常制之外又有圭田，所以厚君子也。圭，潔也。所以奉祭祀也。不言世禄者，滕已行之，但此未備耳。

「餘夫二十五畝。

程子曰：「一夫上父母，下妻子，以五口八口爲率，受田百畝。如有弟，是餘夫也。年十六，別受田二十五畝。俟其壯而有室，然後更受百畝之田。」愚按，此百畝常制之外又有餘夫之田以厚野人也。問：「卿大夫之圭田必有耕之者，豈亦有耕屬可耕乎？」朱子曰：恐圭田只是給公田之在民者。大抵古者田禄皆是助法之公田充，而八家因爲之屬。如「有田一成、有衆一旅」是也。圭田恐亦如此。故《王制》云：「夫圭田無征。」〇雙峯饒氏曰：圭田、餘夫亦是百畝中撥與他，半分則五十畝，四分則二十五畝。問：「各受田百畝，六十歲傳與其子，子養其父，但只是長子受父之田。次子便是餘夫，別請二十五畝。若無子則百畝納之官。」曰：然。問：「人物繁庶，公家安得有許多田分授？」曰：天地間只著得許多物事，少間人物過多，便自有乘除，亦理勢使之然也。

「死徙無出鄉。鄉田同井，出入相友，守望相助，疾病相扶持，則百姓親睦。

死，謂葬也；徙，謂徙其居也。同井者，八家也。友，猶「伴」也。守望，防寇盜也。

「方里而井。井九百畝，其中爲公田。八家皆私百畝，同養公田。公事畢，然後敢治私事。

所以別野人也。養，去聲。別，彼列反。

此詳言井田形體之制，乃周之助法也。公田，以爲君子之禄；而私田，野人之所受。先公後私，所以別君子野人之分去聲。也。不言君子，據野人而言，省文耳。上言野及國中二法，此獨詳於治野者，國中貢法當世已行，但取之過於什一爾。慶源輔氏曰：上既言助法之善，故此下遂言周之助法也。「方里而井，井九百畝，其中爲公田」，便是井田形體之制也。

「此其大略也。若夫潤澤之，則在君與子矣！」夫音扶。

井地之法，諸侯皆去上聲。其籍，此特其大略而已。潤澤，謂因時制宜，使合於人情，宜於土俗，而不失乎先王之意也。或問潤澤之説。雙峯饒氏曰：前面説底是箇硬局子，到這裏須是要會變通，使合人情、宜土俗可也。潤澤非文飾之謂，乃是和軟底意思。不全是硬局子，温潤滑澤方可行得，此朱子善於形容孟子用心處。○呂氏曰：「子張子横渠。慨然有意三代之治。去聲。下言「治」同。論治人先務，未始不以經界爲急。講求法制，粲然備具。要平聲。之可以行於今。如有用我者，舉而措之耳。嘗曰：『仁政必自經界始。貧富不均，教養無法，雖欲言治，皆苟而已。世之病難行者未始不以亟奪富人之田爲辭。然兹法之行，悦之者衆。苟處上聲。之有術，期以數年，不刑一人而可復。所病者特上之未行耳。』乃言曰：『縱不能行之天下，猶可驗之一鄉。』方與學者議古之法，買田一方，畫爲數井，上不失公家之賦役，退以其私正經界，分宅里，立斂去聲。法，廣儲蓄，興學校，成禮俗，救菑與「災」通。恤患，厚本抑末。足以推先王之遺法，明當今之可行。有志未就而卒。」○愚按，喪禮、經界兩章見孟子之學，識其大者，是以雖當禮法廢壞之後，制度節文不可復扶又反。考，新安陳氏曰：喪禮有節文，經界之法有制度。二者皆廢壞，故不可詳考。而能因略以致詳，推舊而爲新，不屑屑於既往之迹而能合乎先王之意，真可謂「命世」、「亞聖」之才矣。南軒張氏曰：井田，王政之本；而經界，又井田之本也。大要在分田、制禄二事而已。田得其分則小民安其業，禄得其制則君子賴其養：上下相須而各宜焉，治之所由興也。人皆知商鞅廢井田、開阡陌，考孟子之言，則井田之廢久矣。蓋孟子時井田之法雖廢而井田之名猶在，暴君雖去其籍，猶不敢易其名也。至鞅始蕩然一泯其迹而掃除其阡陌，併與其名亡之矣！○雙峯饒氏曰：井田之法，黄帝開端便做成了，如何改得？商人七十畝，周人如何便更百畝？至於溝洫塗畛，亦非一朝一夕所能成。朱子亦嘗疑之。《王制》與《周禮》已不同，孟子多是臆度言之。井田可行於中原平曠之地，若是地勢高低，如何可井？恐江南是用貢法。阡陌是田間路。古人車制，一車闊六尺有餘，兩傍又翼之以人，占田太多。商君欲富國，所以鑿開阡陌爲田。前此諸侯欲富其國，井田大綱已自廢了，商君則索性壞却。

○有爲神農之言者許行，自楚之滕，踵門而告文公曰：「遠方之人聞君行仁政，願受一廛而爲氓。」文公與之處。其徒數十人，皆衣褐，捆屨織席以爲食。衣，去聲。捆音閫。

神農，炎帝神農氏，始爲耒耜教民稼穡者也。爲其言者，史遷所謂「農家者流」也。《前漢·藝文志》：「農家者流，蓋出於農稷之官。播百穀，勸耕桑，以足衣食。」許，姓；行，名也。踵，足至門也。仁政，上章所言井地之法也。廛，民所居也。氓，野人之稱。褐，毛布，賤者之服也。捆，扣椓竹角反。之欲其堅也。以爲食，賣以供食也。程子曰：「許行所謂神農之言，乃後世稱述上古之事失其義理者耳，猶陰陽醫方稱黄帝之説也。」問：「許行爲神農之言而有君臣並耕、市不二價之說，何耶？」朱子曰：程子之言盡矣，然以《易》考之，二者皆神農之所爲也。當時民淳事簡，容或有如許行之說者。及乎世變風移，至於唐虞之際，則雖神農復生，亦當隨時以立政，而不容固守其舊矣。况許行之妄，乃欲以是而行於戰國之時乎？○慶源輔氏曰：陰陽醫方所稱黄帝之說，如《素問》、《靈樞》之類是也。使真有神農、黄帝之說傳於世，孔、孟豈得而不稱述之哉？○新安陳氏曰：後世小道必推古聖賢爲宗，以求取信於世故也。

陳良之徒陳相與其弟辛負耒耜而自宋之滕，曰：「聞君行聖人之政，是亦聖人也。願爲聖人氓。」

陳良，楚之儒者。耜，所以起土；耒，其柄也。

陳相見許行而大悦，盡棄其學而學焉。陳相見孟子，道許行之言曰：「滕君則誠賢君也，雖然，未聞道也。賢者與民並耕而食，饔飱而治。今也滕有倉廩府庫，則是厲民而以自養也，惡得賢？」饔音雍。飱音孫。惡，平聲。

饔飱，熟食也。朝曰饔，夕曰飱。言當自炊爨七亂反。以爲食，而兼治民事也。厲，病也。許行此言，蓋欲陰壞音怪。孟子分別必列反。君子小人之法。

孟子曰：「許子必種粟而後食乎？」曰：「然。」「許子必織布而後衣乎？」曰：「否，許子衣褐。」「許子冠乎？」曰：「冠。」曰：「奚冠？」曰：「冠素。」曰：「自織之與？」曰：「否，以粟易之。」曰：「許子奚爲不自織？」曰：「害於耕。」曰：「許子以釜甑爨，以鐵耕乎？」曰：「然。」「自爲之與？」曰：「否，以粟易之。」衣，去聲。與，平聲。

釜，所以煮；甑，所以炊。爨，然火也。鐵，耜屬也。此語八反，皆孟子問而陳相對也。

「以粟易械器者不爲厲陶冶，陶冶亦以其械器易粟者，豈爲厲農夫哉？且許子何不爲陶冶，舍皆取諸其宮中而用之？何爲紛紛然與百工交易？何許子之不憚煩？」曰：「百工之事，固不可耕且爲也。」舍，去聲。

此孟子言而陳相對也。械下戒反。器，釜甑之屬也。陶，爲甑者；冶，爲釜鐵者。新安陳氏曰：厲陶冶、厲農夫之説乃是因行「厲民自養」之言，承其「厲」字而明辯以闢之。○雲峯胡氏曰：樊遲欲學稼，孔子斥之曰：「吾不如老農。」直謂其所學者小人之事，而舉大人之事以答之。孟子闢許行即此意也。但遲之志陋，不過欲自學之；許之學僻，欲以治國家：此孟子所以深闢之也。舍，止也。或讀屬音燭。上句，「舍」謂作陶冶之處也。

「然則治天下獨可耕且爲與？有大人之事，有小人之事。且一人之身而百工之所爲備，如必自爲而後用之，是率天下而路也。故曰：『或勞心，或勞力。勞心者治人，勞力者治於人。治於人者食人，治人者食於人。』天下之通義也。與，平聲。食音嗣。

此以下皆孟子言也。新安陳氏曰：百工之事不可耕且爲，此亦陳相對得理明處，故孟子即此二句以難之。百工之事尚不可耕且爲，而治天下國家乃可耕且爲歟？路，謂奔走道路，無時休息也。治於人者，見治於人也。食人者，出賦稅以給公上也；食於人者，見食於人也。此四句皆古語而孟子引之也。首有「故曰」字，知其爲古語。君子無小人則飢，小人無君子則亂。以此相易，正猶農夫、陶冶以粟與械器相易，乃所以相濟而非所以相病也。治天下者豈必耕且爲哉？南軒張氏曰：滕文亦可謂賢君矣，而不克終用孟子之説，寂然無聞於後，意者許行之言有以奪之也。聽治於人者出力以食其上，而治人者享其食焉，此理天實爲之，萬世所共由者，故曰「天下之通義也」。如許行之説則昧天理之當然，務小惠以妨大德，昵私情以妨正體，卒歸於不可行耳。

「當堯之時，天下猶未平。洪水橫流，氾濫於天下。草木暢茂，禽獸繁殖，五穀不登，禽獸偪人，獸蹄鳥跡之道交於中國。堯獨憂之，舉舜而敷治焉。舜使益掌火，益烈山澤而焚之，禽獸逃匿。禹疏九河、瀹濟漯而注諸海，決汝漢、排淮泗而注之江，然後中國可得而食也。當是時也，禹八年於外，三過其門而不入，雖欲耕，得乎？瀹音藥。濟，子禮反。漯，他合反。天下猶未平者，洪荒之世，生民之害多矣。聖人迭興，漸次除治，至此尚未盡平也。洪，大也。橫流，不由其道而散溢妄行也。氾濫，橫流之貌。暢茂，長上聲。盛也；繁殖，衆多也。五穀，稻、黍、稷、麥、菽也。登，成熟也。道，路也。獸蹄鳥跡交於中國，言禽獸多也。敷，布也。益，舜臣名。烈，熾也。禽獸逃匿，然後禹得施治水之功。疏，通也，分也。九河：曰徒駭，曰太史，曰馬頰，曰覆釜，曰胡蘇，曰簡，曰潔，曰鉤盤，曰鬲音隔。津。新安倪氏曰：蔡氏《書傳》云：按《爾雅》「九河」：一曰徒駭，二曰太史，三曰馬頰，四曰覆釜，五曰胡蘇，六曰簡潔，七曰鉤盤，八曰鬲津，其一則河之經流也。先儒不知河之經流，遂分「簡潔」爲二。此與《集註》小異。《書傳》經朱子晚年訂正，當以爲定也。瀹，亦疏通之意。濟漯，二水名。決、排，皆去上聲。其壅塞也。汝漢淮泗，亦皆水名也。據《禹貢》及今水路，惟漢水入江耳，汝泗則入淮，而淮自入海。此謂四水皆入于江，記者之誤也。朱子曰：「決汝漢、排淮泗而注之江」，此但取其字數足以對偶而云爾，只是行文之失，無害於義理，不必曲爲之説也。○新安陳氏曰：「堯獨憂之」，所憂者大；舉舜、禹、益而用之，所憂在此，何暇於並耕？「雖欲耕，得乎」，是提掇耕事以照應前「獨可耕且爲與」一句。

「后稷教民稼穡，樹藝五穀，五穀熟而民人育。人之有道也，飽食煖衣，逸居而無教，則近於禽獸。聖人有憂之，使契爲司徒，教以人倫：父子有親，君臣有義，夫婦有別，長幼有序，朋友有信。放勳曰：『勞之來之，匡之直之，輔之翼之，使自得之，又從而振德之。』聖人之憂民如此，而暇耕乎？契音薛。別，彼列反。長、放，皆上聲。勞、來，去聲。

言水土平，然後得以教稼穡；衣食足，然後得以施教化。后稷，官名。棄爲之。然言教民，則亦非並耕矣。樹，亦種也；藝，殖也。契，亦舜臣名也。司徒，官名也。人之有道，言其皆有秉彝之性也。然無教則亦放逸怠惰而失之，故聖人設官而教以人倫，亦因其固有者而道去聲。之耳。《書》曰：「天叙有典，勑我五典五惇哉。」此之謂也。慶源輔氏曰：《集註》舉《書》以爲證者，「天叙」即所謂「固有」也，「勑而厚之」即所謂「道之」也。○新安陳氏曰：典者人道之常，天所次序本有此典也。勑，正也。我，謂君也。五典，即父子至朋友五者是也。惇，厚也。勑正自我，即天叙之本然者而品節之，然後有典。別而爲五典，而五者皆惇厚也。「惇典」如言「厚人倫」。放勳，本史臣贊堯之辭，孟子因以爲堯號也。德，猶「惠」也。堯言勞如字。者勞之，來如字。者來之，邪者正之，枉者直之，輔以立之，翼以行之，使自得其性矣，又從而提撕警覺解「振」字。以加惠焉，不使其放逸怠惰而或失之。蓋命契之辭也。問：「振德是施惠否？」朱子曰：是。然不是財惠之惠，只是施之以教化。上文匡、直、輔、翼等事是也。彼既自得之，又從而教之。○慶源輔氏曰：勞者勞之，來者來之，所以安其生也；邪者正之，枉者直之，所以正其德也；輔以立之，翼以行之，所以助其行也。自得，謂自得其性也；振，謂提撕警省也。此乃《大學》「新民」之功也。○新安陳氏曰：「聖人有憂之」，又言堯所憂者大，使契爲司徒以教民，所憂在此，何暇於並耕？「聖人之憂民如此而暇耕乎」，是再提掇耕事以照應「獨可耕且爲與」一句。

「堯以不得舜爲己憂，舜以不得禹、皋陶爲己憂。夫以百畝之不易爲己憂者，農夫也。」夫音扶。易，去聲。

易，治也。堯、舜之憂民，非事事而憂之也，急先務而已。所以憂民者其大如此，則不惟

不暇耕，而亦不必耕矣。慶源輔氏曰：舉農者之所憂以並堯舜之憂，見其小大廣狹之不倫，則不暇耕與不必耕可知矣。○新安陳氏曰：接上文三「憂」字而又發明出三「憂」字在三句中。聖人之憂在不得聖賢而用之，得而用之則足以釋己之憂矣。此《集註》所謂「急先務」也。聖人所以憂民者其大如此，若農夫之憂，憂之小者耳。許行又欲聖人憂百畝之憂，可乎？

「分人以財謂之惠，教人以善謂之忠，爲天下得人者謂之仁。是故以天下與人易，爲天下得人難。爲、易，並去聲。

分人以財，小惠而已；教人以善，雖有愛民之實，然其所及亦有限「人」者對「己」而言。**而難久；**教之者，僅己耳。**惟若堯之得舜，舜之得禹、皐陶，乃所謂「爲天下得人」者，而其恩惠廣大，**應「惠」字句。**教化無窮矣，**應「忠」字句。**此所以爲仁也。**「仁」字可包「惠」字、「忠」字。○慶源輔氏曰：以己之善而教人使人皆爲善，則是有愛民之實矣。然其所及亦止於吾力之所能與吾身之所及而已，故有限而難久也。○堯之得舜，舜之得禹、皐陶，則能廣吾力之所能而俾其恩惠極於廣大，繼吾身之所存而俾教化推於無窮矣，然後可以謂之「仁」。

「孔子曰：『大哉，堯之爲君！惟天惟大，惟堯則之，蕩蕩乎民無能名焉。君哉，舜也！巍巍乎有天下而不與焉。』堯、舜之治天下，豈無所用其心哉？亦不用於耕耳。與，去聲。

則，法也。蕩蕩，廣大之貌。君哉，言盡君道也。巍巍，高大之貌。不與，猶言「不相關」。

言其不以位爲樂音洛。也。新安陳氏曰：「亦不用於耕耳」，至此三提掇耕事以照應收結「獨可耕且爲與」一句。不特辯闢明白痛快，文法亦照顧得好。以上已辯倒許行之說，下文乃責陳相也。

「吾聞用夏變夷者，未聞變於夷者也。陳良，楚産也，悦周公、仲尼之道，北學於中國，北方之學者未能或之先也。彼，所謂豪傑之士也。子之兄弟事之數十年，師死而遂倍之。此以下責陳相倍音佩。師而學許行也。夏，諸夏禮義之教也。變夷，變化蠻夷之人也；變於夷，反見變化於蠻夷之人也。産，生也。陳良生於楚，在中國之南，故北遊而學於中國也。先，過也。豪傑，才德出衆之稱。言其能自拔於流俗也。倍，與「背」同。言陳良用夏變夷，陳相變於夷也。慶源輔氏曰：陳良楚人而北學於中國，則是用夏變夷。陳相素學於陳良，乃爲許行所變，則是變於夷也。

「昔者孔子没，三年之外，門人治任將歸，入揖於子貢，相嚮而哭，皆失聲，然後歸。子貢反築室於場，獨居三年然後歸。他日，子夏、子張、子游以有若似聖人，欲以所事孔子事之。彊曾子，曾子曰：『不可。江漢以濯之，秋陽以暴之，皜皜乎不可尚已！』任，平聲。彊，上聲。暴，蒲木反。皜音杲。

三年，古者爲去聲。師心喪三年，若喪父而無服也。《記・檀弓》：「事師無犯無隱，左右就養無方，服勤至死，心喪三年。」又云：「孔子之喪，門人疑所服。子貢曰：『昔者夫子之喪顔淵，若喪子而無服。喪子路亦然。請喪夫子若喪父而無服。』」任，擔都濫反。也。場，冢上之壇場也。有若似聖人，蓋其言行去聲。氣象有似之者。如《檀弓》所記子游謂「有子之言似夫子」之類是也。《記·檀弓上》：有子問於曾子曰：「問喪於夫子乎？」問，鄭讀爲「聞」。喪，去聲，謂仕失位去國也。曰：「聞之矣。喪欲速貧，死欲速朽。」有子曰：「是非君子之言也。」曾子曰：「參也與子游聞之。」有子曰：「然。然則夫子有爲去聲。言之也。」曾子以斯言告於子游，子游曰：「甚哉，有子之言似夫子也！昔者夫子居於宋，見桓司馬自爲石椁，三年而不成。桓司馬，宋向戌之孫，名魋。夫子曰：『若是，其靡也！死不如速朽之愈也。』死之欲速朽，爲桓司馬言之也。南宮敬叔反，敬叔，孟僖子之子仲孫閱，蓋嘗失位去魯而得反。必載寶而朝。夫子曰：『若是，其貨也！喪不如速貧之愈也。』喪之欲速貧，爲敬叔言之也。」曾子以子游之言告於有子，有子曰：「然，吾固曰非夫子之言也。」曾子曰：「子何以知之？」有子曰：「夫子制於中都，中都，魯邑名。孔子嘗爲之宰，爲民作制。四寸之棺，五寸之椁，以斯知不欲速朽也。昔者夫子失魯司寇，將之荆，將應聘於楚。蓋先之以子夏，又申之以冉有，以斯知不欲速貧也。」所事孔子，所以事夫子之禮也。江漢水多，言濯之潔也；秋日燥烈，言暴之乾音干。也。皜皜，潔白貌。尚，加也。言夫子道德明著，光輝潔白，非有若所能彷妃兩反。彿音弗。也。或曰：此三語者，孟子贊美曾子之辭也。

「今也南蠻鴃舌之人，非先王之道，子倍子之師而學之，亦異於曾子矣。鴃，亦作「鶪」，古役反。鴃，博勞也。惡聲之鳥，南蠻之聲似之。指許行也。

「吾聞『出於幽谷，遷于喬木』者，未聞下喬木而入於幽谷者。

《小雅·伐木》之詩云：「伐木丁丁，中耕反。鳥鳴嚶嚶。出自幽谷，遷于喬木。」新安陳氏曰：譬陳相由高趨下，不如禽能舍下遷喬也。

「《魯頌》曰：『戎狄是膺，荆舒是懲。』周公方且膺之，子是之學，亦爲不善變矣。

《魯頌·閟宫》之篇也。膺，擊也。荆，楚本號也。舒，國名，近楚者也。懲，艾音乂。也。今按此詩爲僖公之頌而孟子以周公言之，亦斷章取義也。斷，都管反，截之使斷也。若自然判絶則「徒管反」。○新安陳氏曰：不善變，謂變於夷也。

「從許子之道，則市賈不貳，國中無僞。雖使五尺之童適市，莫之或欺。布帛長短同則賈相若，麻縷絲絮輕重同則賈相若，五穀多寡同則賈相若，屨大小同則賈相若。」賈音價。下同。

陳相又言許子之道如此。蓋神農始爲市井，故許行又託於神農而有是説也。五尺之童，言幼小無知也。許行欲使市中所粥余六反。之物皆不論精粗美惡，但以長短輕重多寡大小爲價也。慶源輔氏曰：若不以精粗美惡言之，則無由説得通。此義未有人看得出，至《集註》而義始明。○雙峯饒氏曰：長短以丈尺言，輕重以權衡言，多寡以斗斛言：皆是比而同之，與共耕相似，便是「齊物」、「剖斗折衡而民不争」之説。凡託神農、黄帝者，皆老氏之説也。

曰：「夫物之不齊，物之情也。或相倍蓰，或相什伯，或相千萬。子比而同之，是亂天下也。

巨屨、小屨同，賈人豈爲之哉？從許子之道，相率而爲僞者也，惡能治國家？」夫音扶。蓰音師，又山綺反。比，必二反。惡，平聲。

倍，一倍也；蓰，五倍也。什伯、千萬，皆倍數也。比，次也。孟子言物之不齊乃其自然之理，新安陳氏曰：情，實也。自然之理，即所謂物之實理也。其有精粗，猶其有大小也。若大屨、小屨同價，則人豈肯爲其大者哉？今不論精粗使之同價，是使天下之人皆不肯爲其精者而競爲濫惡之物以相欺耳。慶源輔氏曰：物之不齊乃物之情，而實天之理也。物各付物，止於其所，吾何容心於其間哉？若强欲齊之，私意横生，徒爲膠擾而物終不可齊也。故莊周之齊物，强欲以理齊之，猶爲賊夫道；况乎許子遂欲一天下之物而泯其一定之分，其蔽豈不甚哉？孟子應以「物之不齊，物之情也」，斯言足以發明天理之大，不但可以闢許行，而莊周之説併可坐見其偏矣。○東陽許氏曰：此章「孟子曰」以下三大節，自「許子必種粟而後食乎」至「不用於耕耳」，闢其假托神農之言；「吾聞用夏變夷」至「不善變矣」，責其倍師從許子之道；以下陳相之遁辭，故又闢其市賈不貳之説。

○墨者夷之，因徐辟而求見孟子。孟子曰：「吾固願見，今吾尚病。病愈，我且往見。夷子不來！」辟音壁，又音闢。

墨者，治墨翟之道者。夷，姓；之，名。徐辟，孟子弟子。孟子稱疾，疑亦託辭以觀其意之誠否。雲峯胡氏曰：許行與民並耕之説，是欲以其君下同於庶民；墨子兼愛之説，是欲以其親泛同於衆人：皆非聖人之道而自爲一端，此孟子所以深闢之也。

他日又求見孟子。孟子曰：「吾今則可以見矣。不直則道不見，我且直之。吾聞夷子，墨者。墨之治喪也，以薄爲其道也。夷子思以易天下，豈以爲非是而不貴也？然而夷子葬其親厚，則是以所賤事親也。」「不見」之見音現。

又求見，則其意已誠矣，故因徐辟以質之如此。直，盡言以相正也。《莊子》曰：「墨子生不歌，死無服，桐棺三寸而無椁。」《莊子・天下》篇：「古人喪禮貴賤有儀，上下有等。天子棺椁七重，諸侯五重，大夫三重，士再重。今墨子獨生不歌，死不服，桐棺三寸而無椁，以爲法式。」是墨之治喪以薄爲道也。易天下，謂移易天下之風俗也。夷子學於墨氏而不從其教，其心必有所不安者。故孟子因以詰克乙反。之。問：「夷之請見而孟子終不見之，何也？」朱子曰：孟子雖以闢邪說爲己任，然不過講明其說傳之當世，使聞者有以發悟於心而自得之耳，固不輕接其人，交口競辯以屈吾道之尊也。譬如蠻夷寇賊之害，聖人固欲去之，然豈肯被甲執兵而親與之角哉？○慶源輔氏曰：夷子雖師墨氏之教，至於葬親之時，天理自然發動，有不得如其師之說者，故不用其制而凡事從厚也。此於人情固宜有之，故孟子因舉此一事以詰之，而下文又舉喪葬之說以發其意。此正夷子之天理一點明處也。

徐子以告夷子，夷子曰：「儒者之道，古之人『若保赤子』，此言何謂也？之則以爲愛無差等，施由親始。」徐子以告孟子，孟子曰：「夫夷子信以爲人之親其兄之子，爲若親其鄰之赤子乎？彼有取爾也。赤子匍匐將入井，非赤子之罪也。且天之生物也使之一本，而夷子二本故也。夫音扶。下同。匍音蒲。匐，蒲北反。

若保赤子，《周書·康誥》篇文。此儒者之言也。夷子引之，蓋欲援音爰。儒而入於墨，慶源輔氏曰：夷子蓋以儒者「若保赤子」是愛他人子如愛我之赤子，有似於墨子愛無差等之説，故謂其欲引儒家入墨教中去。以拒孟子之非己。又曰愛無差楚宜反。等，施由親始，則推吐灰反。墨而附於儒，新安陳氏曰：之又曰：墨氏兼愛之學，愛其親與愛外人無差等之殊，但施則自親始耳。「施由親始」一句，髣髴竊取儒家立愛自親始之意，是推墨氏而依附於儒家也。以釋己所以厚葬其親之意：皆所謂「遁辭」也。新安陳氏曰：理屈辭窮，强爲此説以自逃遁也。孟子言人之愛其兄子與鄰之子本有差等。《書》之取譬，本爲去聲。小民無知而犯法，如赤子無知而入井耳。慶源輔氏曰：「彼有取爾也」一句，先儒説皆不明白。今斷以爲「《書》之取譬」，方説得通。蓋非謂愛凡人之赤子與兄弟之子一般也，言兄弟之子而不言己子者，蓋兄弟之子即與己之子無異也。且人物之生，必各本於父母而無二，乃自然之理，若天使之然也。故其愛由此立而推以及人，自有差等。今如夷子之言，則是視其父母本無異於路人，但其施之之序姑自此始耳，非「二本」而何哉？然於先後之間猶知所擇，則又本心之明有終不得而息者，此其所以卒能受命而自

覺其非也。問：「愛無差等，夷子既知此説，便當一親疎、合貴賤方得。今却曰施由親始，則是又將親疎對待而言，豈非吾之愛又有差等也哉？其辭秪牾，信乎其遁而窮矣。」朱子曰：夷之所説愛無差等，此其大病。其言施由親始，雖若粗有差別，然亦是施此無差等之愛耳。故孟子但責其「二本」而不論其下句之自相矛盾也。夷之所以卒能感動而自知其非，蓋因下文極言非爲人泚之心，有以切中其病耳。此是緊要處，當着眼目。○「施由親始」一句乃是夷子臨時譔出來湊孟子，却不知「愛無差等」一句已自不是了。他所謂「施由親始」，便是把愛無差等之心施之。然把愛人之心推來愛親，是甚道理？○人之有愛，本由親立，推而及物，自有等級。今夷子先以愛無差等而施之則由親始，此夷子所以「二本」。○事他人之親如己之親，則是兩箇一樣重了，如一木有兩根也。○愛無差等何止「二本」？蓋千萬本也。○問：「夷子學於墨矣，而必推其説以求合於儒，何也？」曰：天下之理，其本有正而無邪，其始有順而無逆。故天下之勢，正而順者常重而無待於外，邪而逆者常輕而不得不資諸人：此理勢之必然也。胡不以近世之佛學觀之？吾所以拒彼者至矣，彼未嘗不求自附於吾儒。蓋不如是則尤反側而無以自安也。其理之悖、説之窮，於此亦可概見。惜世無孟子，無能因其所明以誘之者，是以卒於漂蕩而不反也。○慶源輔氏曰：《書》曰「立愛惟親」，《記》曰「立愛自親始」。蓋愛必始於愛親，因事親以立其愛，即所謂「孝弟爲仁之本」也。然後推以及民及物，自有差等輕重，此仁義所以相爲用也。夷子雖陷於墨教，而其天理一點之明終有不可息滅者，此蓋秉彝之心也。故其先親後疎之際，猶知所擇而不至於逆施。故孟子之言，得因所明而入之，夷子亦得因其明而受之也。○雙峯饒氏曰：夷之引「若保赤子」來證愛無差等，孟子謂其差認了此句意,「彼有取爾也」是説《周書》别有所取譬也。下二句却解《周書》本意。又曰:一本便有厚薄,如木然,根幹枝葉自有大小次第;二本則天下皆是父母,無分根幹枝葉了。蓋親親而仁民,仁民而愛物,各有差等不同。夷子不識,以爲愛無差等。○雲峯胡氏曰:本文云「使之一本」,而《集註》以「自然之理」釋之,蓋纔謂之「使」,便似涉於人爲。今曰「天使之」,則莫之爲而爲。故人物之生萬有不齊,無不一本而生者,若使之然。莫非自然,是之謂「天」。夷子二本,非天矣。《集註》後節釋「掩之誠是也」以爲「若所當然」,正與此「自然」二字相應。蓋凡人事之所當然者,即本於天理之自然者也。

「蓋上世嘗有不葬其親者。其親死,則舉而委之於壑。他日過之,狐狸食之,蠅蚋姑嘬之,其顙有泚,睨而不視。夫泚也,非爲人泚,中心達於面目。蓋歸反蘽梩而掩之。掩之誠是也,則孝子仁人之掩其親,亦必有道矣。」蚋音汭。嘬,楚怪反。泚,七禮反。睨音詣。爲,去聲。蘽,力追反。梩,力知反。

因夷子厚葬其親而言此,以深明「一本」之意。上世,謂太古也。委,棄也。壑,山水所趨也。蚋,蚊屬。姑,語助聲,或曰螻音婁。蛄音姑。也。嘬,攢徂官反。共食之也。顙,額也。泚,泚然汗出之貌。睨,邪視也;視,正視也。不能不視而又不忍正視,哀痛迫切,不能爲心之甚也。非爲人泚,言非爲他人見之而然也。所謂「一本」者,於此見之尤爲親切。蓋惟至親故如此,在他人則雖有不忍之心,而其哀痛迫切不至若此之甚矣。反,覆也。虆，土籠盧紅反。也；梩，土轝音預。也。於是歸而掩覆敷救反。其親之尸。此葬埋之禮所由起也。此掩其親者若所當然，則孝子仁人所以掩其親者必有其道而不以薄爲貴矣。慶源輔氏曰：此又孟子畧其遁辭，而專以其良心之發有不容已處，深明夫惟一本，故其於親之喪哀痛迫切非他人之所可得同者。而因以見先王所制葬埋之禮，必誠必信，勿之有悔者，固皆自然之理；而墨子二本薄葬之說，爲杜譔妄作而不可行也。○雙峯饒氏曰：厚葬其親，發於其心之不能自已，這便是夷子求見孟子之萌芽。孟子就舉上世不葬其親之說，亦見得發於不容已。蓋上世不葬其親，這一人於心有所不安却掩之，葬親之事自此始。若以爲掩得是，則孝子仁人之掩其親亦必自有箇道理，以此觀之，則厚葬其親自有不容已者。葬其親厚，則愛無差等之說不攻自破矣。《集註》「若所當然」四字說「掩之誠是」一句佳。

徐子以告夷子。夷子憮然爲間曰：「命之矣。」憮音武。間，如字。

憮然，茫然自失之貌。爲間者，有頃之間也。命，猶「教」也。言孟子已教我矣。朱子曰：「之」字，夷子名。若作虚字，不成句法。蓋因其本心之明以攻其所學之蔽，是以吾之言易去聲。下同。入而彼之惑易解也。慶源輔氏曰：孟子因夷之本心之明而入之，得《易》「納約自牖」之義。○雲峯胡氏曰：夷子之學墨，非也。而葬其親厚，此一「厚」字猶是夷子行得是處。「愛無差等，施由親始」，夷子之所言非也。然此一「始」字猶是夷子說得是處。所以可因其本心之明而教之也。○新安陳氏曰：驗人性之本善，於此章尤可見焉。

孟子集註大全卷之六

滕文公章句下

凡十章。勿軒熊氏曰：七章言出處之道，二章言仁政，一章言異端。

陳代曰：「不見諸侯，宜若小然。今一見之，大則以王，小則以霸。且志曰『枉尺而直尋』，宜若可爲也。」王，去聲。

陳代，孟子弟子也。小，謂小節也。枉，屈；直，伸也。八尺曰尋。枉尺直尋，猶屈己一見諸侯而可以致王霸，所屈者小，所伸者大也。南軒張氏曰：謂屈己事小，王霸爲大。此自春秋以來風俗習於霸者計較功利之說，而有是言。○新安陳氏曰：孟子平生以不見諸侯自守，故以此爲問。

孟子曰：「昔齊景公田，招虞人以旌。不至，將殺之。『志士不忘在溝壑，勇士不忘喪其元。』孔子奚取焉？取非其招不往也。如不待其招而往，何哉？喪，去聲。

田，獵也。虞人，守苑囿之吏也。招大夫以旌，招虞人以皮冠。《左傳》：景公將殺虞人，虞人辭曰：「臣不見皮冠，故不敢進。」元，首也。志士固窮，常念死無棺槨，棄溝壑而不恨；勇士輕生，常念戰鬬而死，喪其首而不顧也：此二句乃孔子歎美虞人之言。夫音扶。虞人招之不以其物，尚守死而不往，况君子豈可不待其招而自往見之邪？此以上是掌反。告之以不可往見之意。朱子曰：「不忘」二字是活句，須向這裏參取。若果識得此意，辨得此心，則無入而不自得，而彼之權勢威力亦皆無所施矣。○南軒張氏曰：虞人守官，義不敢往，義有重於死故也。使一有畏死之心，應非其招，則見利忘義矣。自常情觀之，必重一死而以非其招爲細事。不知義之所在，事無巨細。苟愛一身之死而隳天命之正，則凡可以避死者無不爲，而弑父與君之所由生也。充虞人之心，「行一不義而得天下不爲」之心也，人紀之所由立也。是以夫子取之。

「且夫枉尺而直尋者，以利言也。如以利，則枉尋直尺而利，亦可爲與？夫音扶。與，平聲。此以下正其所稱「枉尺直尋」之非。夫所謂枉小而所伸者大則爲之者，計其利耳。一有計利之心，則雖枉多伸少而有利，亦將爲之邪？甚言其不可也。和靖尹氏曰：有枉尺而直尋之心，則亦必至於枉尋而直尺矣。○朱子曰：援天下以道。若枉己便已枉道，則是已失援天下之具矣，更説甚事？自家身既已壞了，如何直人？天下事不可顧利害。凡人做事，多要趨利避害。不知纔有利，必有害。吾雖處得十分利，有害隨在背後，不如且在理上求之。○慶源輔氏曰：人一有計利之心則惟利是務。始猶有枉小直大之辨，浸浸不已，其終併大小皆不復計，不至滅天理壞人紀不止也。孟子所以極其流而言之。

「昔者趙簡子使王良與嬖奚乘，終日而不獲一禽。嬖奚反命曰：『天下之賤工也。』或以告王良，良曰：『請復之。』彊而後可。一朝而獲十禽。嬖奚反命曰：『天下之良工也。』簡子曰：『我使掌與女乘。』謂王良，良不可，曰：『吾爲之範我馳驅，終日不獲一；爲之詭遇，一朝而獲十。《詩》云：「不失其馳，舍矢如破。」我不貫與小人乘，請辭！』乘，去聲。彊，上聲。女音汝。爲，去聲。舍，上聲。

趙簡子，晉大夫趙鞅於兩反。也。王良，善御者也。嬖奚，簡子幸臣。與之乘，爲之御也。復扶又反。之，再乘也。彊而後可，嬖奚不肯，彊之而後肯也。一朝，自晨至食時也。掌，專主也。範，法度也。詭遇，不正而與禽遇也。言奚不善射，以法馳驅則不獲，廢法詭遇而後中去聲。下同。也。《詩》，《小雅・車攻》之篇。言御者不失其馳驅之法，而射者發矢皆中而力。今嬖奚不能也。貫，習也。朱子曰：「詭遇」是做人不當做底，「行險」是做人不敢做底。○雙峯饒氏曰：射者是驅禽獸來迎而射之。此禽當中來，則可以正射；若來得不正，則或當左或當右以射之。御者自有法度，射者不過迎而射之，則不中非關御者事。詭遇是詭道以遇禽獸。射者不能迎而射之，而御者以詭遇則得中，非射者之能，乃御者之力也。又曰：前引虞人，明不可往見之意；後引王良，明不可枉尺直尋之意。

「御者且羞與射者比。比而得禽獸，雖若丘陵，弗爲也。如枉道而從彼何也？且子過矣，枉己者未有能直人者也。」比，必二反。

比，阿黨也。若丘陵，言多也。南軒張氏曰：事無巨細，莫不有義利之兩端存焉。曰「比而得禽獸，雖若丘陵弗爲也」，學者要當立此志而後可以守身。**○或曰：「居今之世，出處**上聲。**去就不必一一中**去聲。**節，欲其一一中節則道不得行矣。」楊氏曰：「何其不自重也？枉己其能直人乎？古之人寧道之不行而不輕其去就，是以孔、孟雖在春秋、戰國之時，而進必以正，以至終不得行而死也。使不恤其去就而可以行道，孔、孟當先爲之矣。孔、孟豈不欲道之行哉？」**慶源輔氏曰：欲道之行，仁也；進必以正，義也。仁、義並行而不悖，所以爲聖賢。○新安陳氏曰：揚雄謂孔子見陽貨爲詘身以信道，龜山謂雄「非知孔子者。道外無身，身外無道。身詘矣而可以信道，吾未之信也」。當即此意以讀孟子此章。竊謂陳代以不見諸侯爲小節，殊不知自君子觀之，「守孰爲大？守身爲大」。枉己從人，失身莫大焉，不可以爲所屈者小也。枉己即是枉道，枉道決不能行道。所關之大如此，而可視爲小節乎？戒枉尋直尺而徇利，遏人欲也；守義而不枉道，存天理也。不見諸侯凡三章，此章一也；此篇第七章公孫丑曰「不見諸侯何義」，二也；《萬章下》篇第七章萬章曰「敢問不見諸侯何義」，三也。宜參觀之。

○景春曰：「公孫衍、張儀豈不誠大丈夫哉？一怒而諸侯懼，安居而天下熄。」景春，人姓名。公孫衍、張儀，皆魏人。怒則説音税。**諸侯使相攻伐，故諸侯懼也。**新安陳氏曰：二人皆破六國之從以爲衡者。熄，如火之熄滅，以兵猶火故也。

孟子曰：「是焉得爲大丈夫乎？子未學禮乎？丈夫之冠也，父命之。女子之嫁也，母命之，往送之門，戒之曰：『往之女家，必敬必戒，無違夫子。』以順爲正者，妾婦之道也。焉，於虔反。冠，去聲。「女家」之女音汝。**加冠於首曰「冠」。**去聲。**女家，夫家也。婦人内夫家，以嫁爲歸也。夫子，夫也。女子從人，以順爲正道也。蓋言二子阿諛苟容，竊取權勢，乃妾婦順從之道耳，非丈夫之事也。**雙峯饒氏曰：儀、衍雖使得諸侯懼，不過順其欲耳。諸侯志在土地，二人從而投其所好，説之征伐以得土地，不過妾婦之事爾。丈夫且不可爲，況大丈夫乎？

「居天下之廣居，立天下之正位，行天下之大道。得志與民由之，不得志獨行其道。富貴不能淫，貧賤不能移，威武不能屈：此之謂大丈夫。」

廣居，仁也；正位，禮也；大道，義也。朱子曰：此心廓然無一毫私意，直與天地同量，這便是「居天下之廣居」，便是居仁。到得自家立身，更無些子不當於理，這便是「立天下之正位」，便是立於禮。及推而見於事，更無些子不合於義，此便是「行天下之大道」，便是由義。論上面兩句則居廣居是體，立正位是用；論下面兩句則立正位是體，行大道是用。要之，能居天下之廣居，自然能立天下之正位、行天下之大道。○「居」字就心上説，「立」字就身上説，「行」字就施爲上説。又曰：「正位」就處身上説，「大道」就處事上説。「廣居」是不狹隘，以天下爲一家，中國爲一人，何廣如之？正位、大道只是不偏曲。○雲峯胡氏曰：《集註》於三句雖平説，朱子「廣居」一句極重。仁者之心以天地萬物爲一體。如廣居之内，何所不容？其所立所行，從可知矣。**與民由之，推其所得於人也；**「由」謂與民共由此仁禮義也。「所得」亦即此三者。**獨行其道，守其所得於己也。**「道」即仁禮義之道。**淫，蕩其心也；移，變其節也；屈，挫其志也。**趙氏曰：富貴則求得欲從，故易至蕩其心；貧賤則居約處困，故易至變其節；遇威武又易至隕穫震懼，故多挫懾其志氣。○何叔京名鎬，昭武人。曰：「**戰國之時，聖賢道否，**部鄙反。**天下不復**扶又反。**見其德業之盛。但見姦巧之徒得志横行，氣焰**以念反。**可畏，遂以爲大丈夫。不知由君子觀之，是乃妾婦之道耳，何足道哉？**」朱子曰：「居廣居」以下，惟集義養氣方到此地位。「富貴不能淫，貧賤不能移，威武不能屈」，以浩然之氣對著他，便能如此。○觀孟子答景春之問，直是痛快，三復令人胸次浩然，如濯江漢而暴秋陽也。○問：「大丈夫之説，其詳可得聞乎？」朱子曰：廓然大公，心不狹隘，則所居者真天下之廣居矣；履繩蹈矩，身不苟安，則所立者必天下之正位矣；秉彝循理，事不苟從，則所行者皆天下之大道矣。得志與民由之，則出而推此於人也；不得志獨行其道，則退而樂此於己也。如是則富貴豈能誘而淫其心，貧賤豈能撓而移其志，威武豈能脅而屈其節哉？此其視衍、儀之以睢盱側媚得志於一時，真可謂妾婦之爲，而所謂大丈夫者，其不在彼而在此也決矣。然此數言者，皆以「居廣居」、「立正位」、「行大道」爲主，而夫三言者又以「廣居」爲主也。○南軒張氏曰：公孫衍、張儀持合從連衡之説以動諸侯，景春徒見其言足以捭闔摇撼，而遂以爲大丈夫，其説固爲陋矣。而孟子以衍與儀比妾婦之道者，蓋事君以弼違爲義，不當徇其欲也。衍與儀不知正救其心術，而徒探其意之所欲爲以進其説，此何以異於妾婦之道無違夫子、以順爲正者乎？人受天地之中以生，與天地萬物本無有間。惟其私意自爲町畦而失其廣居，失其廣居則遷奪流蕩，亦無以立於正位而行其大道矣。與民由之，與共由乎此也。雖不得志，此道未嘗不由於己也。不能淫，不能淫此；不能移、不能屈，不能移此屈此也。此者，何也？廣居、正位、大道是也。蓋得乎己而外物舉不足以貳之也。所謂「大丈夫」者蓋如此。○雲峯胡氏曰：當時但見姦巧之人氣焰可畏，豈知聖賢剛大浩然之氣哉？

○周霄問曰：「古之君子仕乎？」孟子曰：「仕。傳曰：『孔子三月無君則皇皇如也。出疆必載質。』公明儀曰：『古之人三月無君則弔。』」傳，直戀反。質，與「贄」同。下同。

周霄，魏人。無君，謂不得仕而事君也。皇皇，如有求而弗得之意。《記》曰：「皇皇焉如有求而弗得。」出疆，謂失位而去國也。質，所執以見人者，如士則執雉也。《周禮·春官·大宗伯》：「以禽作六摯以等諸侯。孤執皮帛，卿執羔，大夫執鴈，士執雉，庶人執鶩，音木。工商執雞。」摯之爲言「至」也，所執以自致也。亦作「贄」。皮帛者，束帛而表以爲之飾。皮，虎豹之皮。羔，小羊，取其羣而不失其類。鴈取其候時而行。雉取其守介而死，不失其節。鶩取其不飛遷。❶雞取其守時而動。出疆載之者，將以見所適國之君而事之也。

「三月無君則弔，不以急乎？」

周霄問也。以、已通，太也。後章放上聲。此。

---

❶「遷」，原作「先」，今據四庫本改。

曰：「士之失位也，猶諸侯之失國家也。禮曰：『諸侯耕助，以供粢盛；夫人蠶繅，以爲衣服。犧牲不成，粢盛不潔，衣服不備，不敢以祭。惟士無田，則亦不祭。』牲殺器皿衣服不備，不敢以祭，則不敢以宴，亦不足弔乎？」盛音成。繅，素刀反。皿，武永反。

禮曰：諸侯爲籍秦昔反。百畝，冕而青紘，音宏。躬秉耒以耕，而庶人助以終畝，收而藏之御廩，以供宗廟之粢盛。《記·祭義》：「昔者天子爲籍千畝，冕而朱紘，纓也。躬秉耒；諸侯爲籍百畝，冕而青紘，躬秉耒，以事天地山川社稷先古。以爲醴酪粢音咨。盛，於是乎取之，敬之至也。」○《周禮·天官·甸師》：「掌帥其屬而耕耨王籍，以時入之以共齍盛。」王以孟春躬耕帝籍。天子一推，三公五推，卿、諸侯九推，庶人終于畝。籍之爲言「借」也。王一耕之而使庶人耘芓終之。齍盛，祭祀所用穀也。粢，稷也。穀以稷爲長。在器曰盛。○《穀梁傳》桓公十四年：「天子親耕以供粢盛，王后親蠶以供祭服。甸粟而内三宮，三宮米而藏之御廩。」甸，甸師，掌田之官也。三宮，三夫人也。宗廟之禮，君親割，夫人親舂之。

使世婦蠶于公桑蠶室，奉繭古典反。以示于君，遂獻于夫人。夫人副褘音暉。受之，繅三盆手，遂布于三宮世婦，使繅以爲黼黻音斧弗。文章，《周禮·冬官考工記》曰：「青與赤謂之文，赤與白謂之章，白與黑謂之黼，黑與青謂之黻，五采備謂之繡。」而服以祀先王先公。《記·祭義》：「古者天子諸侯必有公桑蠶室，近川而爲之。及大昕之朝，君皮弁素積，卜三宮之夫人世婦之吉者使入蠶于蠶室。大昕，季春朔日之朝也。諸侯三宮，半王后也。奉種浴于川，桑于公桑，風戾以食之。風戾之使露氣燥，乃以食蠶。蠶性惡濕。世婦卒蠶，奉繭以示于君，遂獻繭于夫人。夫人曰：『此所以奉爲君服與？』平聲。遂副禕而受之。副禕，王后之服。因少牢以禮之。及良日，夫人繅三盆手，「三盆手」者，三淹也。凡繅，每淹大總，以手振之以出緒也。遂布于三宮夫人世婦之吉者，使繅，遂朱綠之，玄黃之，以爲黼黻文章。服既成，君服以祭先王先公，敬之至也。」**又曰：「士有田則祭，無田則薦。**《記·王制》：「大夫士宗廟之祭，有田則祭，無田則薦。庶人春薦韭，夏薦麥，秋薦黍，冬薦稻。」有田者既祭又薦新。祭以首時，薦以仲月。**黍稷曰「粢」，在器曰「盛」。牲殺，牲必特殺也。皿，**眉永反。**所以覆**敷救反。**器者。**慶源輔氏曰：此先王之制，必如是然後能自盡其心。至於不得奉祭祀，則神不容以自安，而人亦以爲弔焉。古人之重祭祀也如此。○雙峯饒氏曰：三月無君則弔，恐是爲士先有位後失位者言之。畢竟子爲士則祭以士，子爲大夫則祭以大夫。尋常有祭，一旦失位而不得祭。一年有四時之祭，若失位三月，便廢一祭，故可弔之。弔其不得祭，非弔其不得君也。古人重祭祀故如此，不然則如何三月無君便弔？

「出疆必載質，何也？」

周霄問也。

曰：「士之仕也，猶農夫之耕也。農夫豈爲出疆舍其耒耜哉？」曰：「晉國亦仕國也，未嘗聞仕如此其急。仕如此其急也，君子之難仕，何也？」曰：「丈夫生而願爲之有室，女子生而願爲之有家。父母之心，人皆有之。不待父母之命、媒妁之言，鑽穴隙相窺，踰墻相從，則父

母國人皆賤之。古之人未嘗不欲仕也，又惡不由其道。不由其道而往者，與鑽穴隙之類也。」爲，去聲。舍，上聲。妁音酌。隙，去逆反。惡，去聲。

晉國，解見形甸反。首篇。仕國，謂君子遊宦之國。霄意以孟子不見諸侯爲難仕，故先問古之君子仕否，然後言此以風去聲。切之也。男以女爲室，女以男爲家。妁，亦媒也。言爲父母者非不願其男女之有室家，而亦惡其不由道。蓋君子雖不潔身以亂倫，而亦不徇利而忘義也。慶源輔氏曰：周霄亦頗有策士之風。但孟子據道之極，不爲其所動，直述其義理以告之而已。○士之仕，猶男女之願有室家者，此正理也。至於爲人男女而不待父母之命、媒妁之言，鑽穴隙相窺，踰墻相從，則父母國人皆賤之。爲士而仕者，不循天理之正，不俟人君之招，屈己以徇利，枉道以事君，則爲聖賢之學皆賤之，直與兒女子相窺相從者無異。故君子之於仕，未嘗潔身以亂倫而長往不顧，亦未嘗徇利忘義而屈道以伸身也。○雲峯胡氏曰：《集註》末二句與《論語》解「不仕無義」處語意同，而實有不同者。《論語》是從不仕無義處說來，故雖兩句而實一意。《孟子》是從古之人未嘗不欲仕也，又惡不由其道兩句說來，故兩句自是兩意。《論語》蓋謂夫子雖責隱者之不仕，而義之一字雖仕亦有不可苟者，故《集註》謂君子雖不亂倫不仕，而其間亦非不義而仕，故下一非字。《孟子》謂既不可不仕，又惡不由其道，故下一不字。《集註》字字句句精審如此，學者當如此看。

○彭更問曰：「後車數十乘，從者數百人，以傳食於諸侯，不以泰乎？」孟子曰：「非其道，則一簞食不可受於人；如其道，則舜受堯之天下不以爲泰。子以爲泰乎？」更，平聲。乘、從，皆去聲。傳，直戀反。簞，音丹。食音嗣。

彭更，孟子弟子也。泰，侈也。新安陳氏曰：孟子歷聘，徒御衆多，食於諸國。故更以爲泰，陋矣。

曰：「否。士無事而食，不可也。」

言不以舜爲泰，但謂今之士無功而食人之食，則不可也。

曰：「子不通功易事，以羨補不足，則農有餘粟，女有餘布。子如通之，則梓匠輪輿皆得食於子。於此有人焉，入則孝，出則悌，守先王之道以待後之學者，而不得食於子。子何尊梓匠輪輿，而輕爲仁義者哉！」羨，延面反。

通功易事，謂通人之功而交易其事。羨，餘也。有餘，言無所貿。音茂。易而積於無用也。梓人、匠人，木工也。輪人、輿人，車工也。新安陳氏曰：傳先王之道，雖未得行於當時；守先王之道，乃可以傳之來世。此其繼往聖，開來學，有功於吾道甚大。孟子蓋自謂也。

曰：「梓匠輪輿，其志將以求食也。君子之爲道也，其志亦將以求食與？」曰：「子何以其志爲哉？其有功於子，可食而食之矣。且子食志乎？食功乎？」曰：「食志。」與，平聲。「可食而食」、「食志」、「食功」之食皆音嗣，下同。

孟子言自我而言固不求食，自彼而言凡有功者則當食音嗣。之。南軒張氏曰：君子之志固不在食，而爲國者知其有功則當食之。夫王者之祿夫人，爲有以賴其用而可祿耳，豈必以其志之欲而祿之哉？如以其志，是率天下而利也。

曰：「有人於此，毀瓦畫墁，其志將以求食也，則子食之乎？」曰：「否。」曰：「然則子非食志也，食功也。」墁，武安反。子食之食，音嗣。

墁，墻壁之飾也。毀瓦畫墁，言無功而有害也。既曰食功，則以士爲無事而食者，真尊梓匠輪輿而輕爲仁義者矣。雙峯饒氏曰：當時功利之説盛，不知聖道之有用。見孟子所至之國，時君稍見尊禮養其從者，則以爲無事而食。如王子墊問士何事，不素餐兮，皆是此意。畢竟當時之君雖能養之而不能用之，故時人有此疑。然而當時諸侯尚知尊敬儒者，如孔子之適衛，孟子之仕齊，皆有所養，亦是先王之澤未泯。○新安陳氏曰：此章當與《盡心上》「不素餐兮」章參看。君子居是國，君用之則安富尊榮，子弟從之則孝弟忠信，縱未能爲當世開太平，亦足以繼往聖之絶學而爲後世開太平。其有功於道統者爲何如！更等乃以無事而食議之，抑何其無知也。食志，爲人上者不當言。食功，則功之大小輕重所當辨。志可以觀人，非所以食人。專食志，則志貪饕者皆得食矣。食功而不審其大小輕重，則僅有功於器物者，得以加諸有功於吾道者矣。

○萬章問曰：「宋，小國也。今將行王政，齊楚惡而伐之，則如之何？」惡，去聲。

萬章，孟子弟子。宋王偃嘗滅滕伐薛，敗齊、楚、魏之兵，欲霸天下，疑即此時也。《史記·宋世家》：「偃立爲君十一年，自立爲王。東敗齊，取五城；南敗楚，取地三百里；西敗魏軍。乃與齊、魏爲敵國。盛血以韋囊，懸而射之，命曰射天。淫於酒婦人，群臣諫者輒射之。於是諸侯皆曰『桀宋』。宋其復爲紂所爲，不可不誅。告齊伐宋。王偃四十七年，齊湣王與魏、楚伐宋，殺王偃，遂滅宋而三分其地。」

孟子曰：「湯居亳，與葛爲鄰。葛伯放而不祀。湯使人問之曰：『何爲不祀？』曰：『無以供犧牲也。』湯使遺之牛羊。葛伯食之，又不以祀。湯又使人問之曰：『何爲不祀？』曰：『無以供粢盛也。』湯使亳衆往爲之耕，老弱饋食。葛伯帥其民，要其有酒食黍稻者奪之，不授者殺之。有童子以黍肉餉，殺而奪之。《書》曰：『葛伯仇餉。』此之謂也。遺，唯季反。盛，音成。往爲之爲，去聲。「饋食」、「酒食」之食音嗣。要，平聲。餉，式亮反。葛，國名。伯，爵也。放而不祀，放縱無道，不祀先祖也。亳衆，湯之民。其民，葛民也。授，與也。餉，亦饋也。《書》，《商書·仲虺許偉反。之誥》也。仇餉，言與餉者爲仇也。朱子曰：《書》所謂「葛伯仇餉」，若非孟子之言，人孰知其曲折如此哉？

「爲其殺是童子而征之，四海之内皆曰：『非富天下也，爲匹夫匹婦復讎也。』爲，去聲。

非富天下，言湯之心非以天下爲富而欲得之也。

「湯始征，自葛載，十一征而無敵於天下。東面而征，西夷怨；南面而征，北狄怨，曰：『奚爲後我？』民之望之，若大旱之望雨也。歸市者弗止，芸者不變，誅其君，弔其民，如時雨降。民大悅。《書》曰：『徯我后，后來其無罰。』

載，亦始也。十一征，所征十一國也。餘已見形甸反。前篇。新安陳氏曰：此湯行王政而王之事也。

「『有攸不爲臣。東征，綏厥士女。匪厥玄黃，紹我周王見休。惟臣附于大邑周。』其君子實玄黃于匪以迎其君子，其小人簞食壺漿以迎其小人。救民於水火之中，取其殘而已矣。食，音嗣。

按：《周書・武成》篇載武王之言，孟子約其文如此。然其辭時與今書文不類。今姑依此文解之。有所不爲臣，謂助紂爲惡而不爲周臣者。匪，與篚同。玄黃，幣也。紹，繼也，猶言事也。言其士女以匪盛音成。玄黃之幣，迎武王而事之也。商人而曰「我周王」，猶《商書》所謂「我后」也。休，美也。言武王能順天休命，而事之者皆見休也。臣附，歸服也。孟子又釋其意，言商人聞周師之來，各以其類相迎者，以武王能救民於水火之中，取其殘民者誅之而不爲暴虐耳。君子，謂在位之人。小人，謂細民也。

「《太誓》曰：『我武惟揚，侵于之疆，則取于殘，殺伐用張，于湯有光。』

《太誓》，《周書》也。今《書》文亦小異。言武王威武奮揚，侵彼紂之疆界，取其殘賊，而殺伐之功因以張大，比於湯之伐桀又有光焉。引此以證上文取其殘之義。新安陳氏曰：此武王行王政而王之事也。

「不行王政云爾。苟行王政，四海之内皆舉首而望之，欲以爲君。齊楚雖大，何畏焉？」宋實不能行王政，後果爲齊所滅，王偃走死。○尹氏曰：「爲國者能自治而得民心，則天下皆將歸往之，恨其征伐之不早也。尚何彊國之足畏哉？苟不自治，而以彊弱之勢言之，是可畏而已矣。」慶源輔氏曰：尹氏説盡後世爲國而不自彊，但以彊大爲畏者之病。誠能反是道而求之於己，則知仁者之果無敵，而帝王之道，是誠在我而已。○問：「趙氏註修德無小，暴慢無彊。」晁補之曰：修德無小，能修德則小可大。暴慢無彊，遇修德則彊必弱。

○孟子謂戴不勝曰：「子欲子之王之善與？我明告子。有楚大夫於此，欲其子之齊語也，則使齊人傅諸？使楚人傅諸？」曰：「使齊人傅之。」曰：「一齊人傅之，衆楚人咻之，雖日撻而求其齊也，不可得矣；引而置之莊嶽之間數年，雖日撻而求其楚，亦不可得矣。與，平聲。咻，音休。

戴不勝，宋臣也。齊語，齊人語也。傅，教也。咻，讙也。齊，齊語也。莊嶽，齊街里名也。楚，楚語也。此先設譬以曉之也。

「子謂薛居州，善士也。使之居於王所。在於王所者，長幼卑尊，皆薛居州也，王誰與爲不善？在王所者，長幼卑尊，皆非薛居州也，王誰與爲善？一薛居州，獨如宋王何？」長，上聲。

居州，亦宋臣。言小人衆而君子獨，無以成正君之功。南軒張氏曰：衆君子之間置一小人，猶足以蔽主而敗類。一君子而遇衆小人，且不能安其身，如正君何？格君之任有孟子，而戴不勝不能知，他尚何望焉？○慶源輔氏曰：古之大臣欲正其君者，豈特取辦於一人而已哉？必也兼收並蓄，旁求廣取，使忠賢之士畢集于朝，在君之左右前後者無非正人端士，然後可以薰陶漸染以變化其氣質，成就其德性，是豈獨欲趨事赴功而已哉？○雲峯胡氏曰：此篇言宋事者三章，正好通看。前章謂宋不行王政。後章不能十一去關市之征，是得實不能行王政。❶此章言小人衆而君子獨，見宋之所以不能行王政也。

○公孫丑問曰：「不見諸侯何義？」孟子曰：「古者不爲臣不見。

不爲臣，謂未仕於其國者也，此不見諸侯之義也。

「段干木踰垣而辟之，泄柳閉門而不内，是皆已甚。迫，斯可以見矣。辟，去聲。内，與「納」同。

段干木，魏文侯時人。泄柳，魯繆音目。公時人。文侯、繆公欲見此二人，而二人不肯見之，蓋未爲臣也。已甚，過甚也。迫，謂求見之切也。慶源輔氏曰：士固當守義而不往見國君，如二君屈己求見意已誠切，聖賢處此，必將出見。今拒絶之如此，則過甚而非義矣。

「陽貨欲見孔子而惡無禮，大夫有賜於士，不得受於其家，則往拜其門。陽貨矙孔子之亡也，而饋孔子蒸豚；孔子亦矙其亡也，而往拜之。當是時，陽貨先，豈得不見？「欲見」之見，音現。惡，去聲。矙，音勘。

❶「行」，原作「存」，今據四庫本及《四書通》改。

此又引孔子之事，以明可見之節也。欲見孔子，欲召孔子來見己也。惡無禮，畏人以己爲無禮也。受於其家，對使去聲。人拜受於家也。其門，大夫之門也。瞯，窺也。陽貨於魯爲大夫，孔子爲士，故以此物及其不在而饋之，欲其來拜而見之也。先，謂先來加禮也。慶源輔氏曰：陽貨欲見孔子而惡無禮，雖小人，秉彝不可殄。貨既先來加禮於己，則己烏得而不答之。然貨之意則非誠矣，故但往答其禮而不欲見其人，是亦不屑之教誨也。天地之施與萬物者，豈有差忒哉。○新安陳氏曰：往答其禮，禮也。不欲見其人，義也。

「曾子曰：『脅肩諂笑，病于夏畦。』子路曰：『未同而言，觀其色赧赧然，非由之所知也。』由是觀之，則君子之所養可知已矣。」脅，虛業反。赧，奴簡反。

脅肩，竦音悚。體。諂笑，彊上聲，下同。笑。皆小人側媚之態也。病，勞也。夏畦，夏月治畦之人也。言爲此者，其勞過於夏畦之人也。未同而言，與人未合而彊與之言也。赧赧，慙而面赤之貌。由，子路名。言非己所知，甚惡去聲。之之辭也。孟子言由此二言觀之，則二子之所養可知，必不肯不俟其禮之至而輒往見之也。南軒張氏曰：若不當往見而往見，是苟賤以求合，與脅肩、諂笑，未同而言者何以異？○慶源輔氏曰：曾子重厚篤實，故視小人側媚之態，如病于夏畦之人而深憐之。子路剛勇果決，故以未同而言赧赧其色者，爲非己所知而深惡之。二子所守如此，雖各因其資質，然亦是學力所就也。○此章言聖人禮義之中正。過之者傷於迫切而不洪。不及者淪於污音烏。賤而不耻。汪氏廷直曰：君子所養，貴乎中而已。太剛則至於絶物，太柔則至於喪己。干木、泄柳，太剛者也。曾、路所譏，太柔者也。孔子於貨之饋而往拜，則與太剛者異矣。拜之必瞯其亡，則與太柔者異矣。所以無可無不可而爲聖之時也。孟子前言二子之所行以明其過，後述曾、路之所言以明其不及，中舉孔子事以明聖人之用中。然則孟子之不見諸侯，守其分，義之中而已。○慶源輔氏曰：孔子之事禮義之中正也。差以毫釐，則失之矣。干木、泄柳，則過乎禮義之中正矣。故傷於迫切而不洪。曾子、子路之所言，則不及乎禮義之中正者，故淪於污賤而可耻。此君子之行己，所以戰戰兢兢而唯恐有過不及之失也。然與其污賤之可耻，寧失於迫切而不洪。段干、泄柳，猶爲狷者也。○雙峯饒氏曰：觀陽貨事，則不特諸侯不可見。觀曾子、子路之言，則不特不可往見，雖平交之人，亦不可彊與之言，蓋物不可以苟合。○雲峯胡氏曰：士尚志。傷於迫切者，量雖未洪，猶不失爲志之高。淪於污賤者，其志甚卑，無足道矣。

○戴盈之曰：「什一，去關市之征，今兹未能。請輕之，以待來年然後已。何如？」去，上聲。

盈之，亦宋大夫也。什一，井田之法也。關市之征，商賈音古。之税也。已，止也。

孟子曰：「今有人日攘其鄰之雞者，或告之曰：『是非君子之道。』曰：『請損之，月攘一雞，以待來年，然後已。』攘，如羊反。

攘，物自來而取之也。損，減也。

「如知其非義，斯速已矣。何待來年？」

知義理之不可而不能速改，與月攘一雞何以異哉？南軒張氏曰：君子之遠不義也，如惡惡臭。其不敢邇也，如探湯。其不敢須臾寧也，如坐塗炭。而其徙義也，如饑渴之於飲食。蓋見之之明而决之之勇，以爲不如是則不足以自拔而自新也。士之持身，於改過遷善之際而爲盈之之説，則將終身汩没於過失之中。人臣之謀國，於革弊復古之事而爲盈之之説，則終陷於因循苟且之域。故自修身至于治國，知、仁、勇之三德缺一不可也。知以知之，仁以行之，勇以決之，可不務哉。○慶源輔氏曰：天下事，只有義、利兩端。纔出義，便以利言也，焉有兩存之理？若知義理之不可，而猶有吝惜之意，不肯速改，則亦終歸於悠悠，必不能自拔而日新矣。○新安陳氏曰：請輕之，如減日攘爲月攘。不知其非義，不智也。知其非義而不速改，不勇也。不智之罪小，不勇之罪大。

○**公都子曰：「外人皆稱夫子好辯，敢問何也？」孟子曰：「予豈好辯哉？予不得已也。天下之生久矣，一治一亂。**好，去聲，下同。治，去聲。**生，謂生民也。一治一亂，氣化盛衰，人事得失，反覆相尋，理之常也。**徽菴程氏曰：氣化在天者，有盛有衰。盛焉而治，衰焉而亂也。事理在人者，有得有失。得焉而治，失焉而亂也。治不生於治而生於亂，亂不生於亂而生於治，如環無端，此理之常固無足怪。所貴乎聖賢之生斯世，亦惟以理御氣，庶幾反失而得，反衰而盛，反亂而歸於治焉耳。○雲峯胡氏曰：古今一治一亂，只是氣化人事，反覆相尋於無窮。或氣化有盛衰，而人事之得失於是乎生。或人事有得失，而氣化之盛衰於是乎轉。反覆相尋，皆理之常也。○新安陳氏曰：學者當深察孟子所以不得已之心。下文詳之。章末又申言此二句以結之。豈惟孟子，凡聖賢出而任三才扶三綱，皆不得而已也。一治一亂，乃此章綱領，下文節節照應之。

「當堯之時，水逆行，氾濫於中國。蛇龍居之，民無所定。下者爲巢，上者爲營窟。《書》曰：『洚水警余。』洚水者，洪水也。洚音降，又胡貢、胡工二反。

水逆行，下流壅塞，故水倒流而旁溢也。下，下地。上，高地也。營窟，穴處上聲。也。《書》，《虞書·大禹謨》也。洚水，洚胡貢反。洞無涯之水也。警，戒也。此一亂也。慶源輔氏曰：此一亂，純由乎氣化也。○雲峯胡氏曰：自開闢至于堯之時，不知幾治亂。斷自堯起，有徵也。洚水自繫乎氣化而曰警余。未嘗不反而求諸人事也。所以此一亂，即轉而爲一治也。

「使禹治之，禹掘地而注之海，驅蛇龍而放之菹。水由地中行，江、淮、河、漢是也。險阻既遠，鳥獸之害人者消，然後人得平土而居之。菹，側魚反。

掘地，掘去上聲。壅塞也。菹，澤生草者也。地中，兩涯之間也。險阻，謂水之氾濫也。遠，去也。消，除也。此一治也。慶源輔氏曰：此一治，氣化人事相參者也。夫人與鳥獸亦相爲多寡，蓋同稟於氣故也。繁氣盛，則正氣衰。正氣多，則繁氣少。聖人於其間，有造化之用，亦時焉而已。○新安陳氏曰：洪水，乃治世之一亂，禹反其亂而治之，此禹之不得已於有爲者也。

「堯、舜既没，聖人之道衰。暴君代作，壞宮室以爲汙池，民無所安息；棄田以爲園囿，使民不得衣食。邪説暴行又作，園囿、汙池、沛澤多而禽獸至。及紂之身，天下又大亂。壞音怪。

行，去聲，下同。沛，蒲内反。

暴君，謂夏太康、孔甲、履癸，商武乙之類也。宫室，民居也。沛，草木之所生也。澤，水所鍾也。自堯、舜没至此，治亂非一，及紂而又一大亂也。慶源輔氏曰：此一亂，氣化人事相符者也。自堯、舜没，其間夏太康至商武乙等，暴君不一，難以類數。至紂而大敗極亂而無以復加矣，故直推至紂時言之。想見夏桀之時，亦未必有飛廉等惡人與夫虎、豹、犀、象之害也。○雙峯饒氏曰：暴行即上面壞宫室，棄田宅也。暴行，通上下而言。必有邪説糊塗了箇理義，然後暴行始作。

「周公相武王，誅紂，伐奄，三年討其君，驅飛廉於海隅而戮之。滅國者五十，驅虎豹犀象而遠之。天下大悦。《書》曰：『丕顯哉，文王謨！丕承哉，武王烈！佑啓我後人，咸以正無缺。』相，去聲。奄，平聲。

奄，東方之國，助紂爲虐者也。鄒晉昭曰：奄，字書作郁。古通用。衣檢、衣廉二反。《説文》衣檢反。註周公所誅奄國。**飛廉，紂幸臣也。五十國，皆紂黨虐民者也。《書》，《周書·君牙》之篇。丕，大也。顯，明也。謨，謀也。承，繼也。烈，光也。佑，助也。啓，開也。缺，壞也。此一治也。**慶源輔氏曰：此一治，又氣化人事相參者也。舉《書》言文王、武王謀謨之大，功業之光，所以佑助開迪夫後人者莫非正大之道，周全盡美而無一毫缺壞之失也。蓋正可爲也，無缺爲難。無缺，謂禮樂刑政四達而不悖，三千三百之儀與至誠無倚之道並立而不偏，凡所以正德利用厚生之具無一之不備，防僞禁邪正慝之法無一之或隳，夫然後可以爲無缺。至春秋時，則道墜于地而無復有存者矣。○趙氏曰：按，奄國，在淮夷之北。飛廉善走，以材力事紂。周武王伐紂，并殺之。○新安陳氏曰：商末大亂，武王、周公反其亂而治之，此武王、周公之不得已於有爲者也。

「世衰道微，邪説暴行有作，臣弑其君者有之，子弑其父者有之。「有作」之有讀爲「又」，古字通用。

此周室東遷之後，又一亂也。慶源輔氏曰：此一亂，又氣化人事相符者也。前乎此者，雖曰世亂，然但禽獸繁殖，有以戕民之生而猶未至賊人之性。至此以後，則遂至傷壞人倫，將使人盡爲禽獸之歸，其禍又慘矣。此一亂又甚於前日，是亦氣化人事之使然也。

「孔子懼，作《春秋》。《春秋》，天子之事也。是故孔子曰：『知我者其惟《春秋》乎！罪我者其惟《春秋》乎！』」

胡氏曰：胡氏，名安國，字康侯，建安人。**「仲尼作《春秋》以寓王法。厚典、庸禮、命德討罪，其大要皆天子之事也。**新安倪氏曰：《書·皐陶謨》篇云：「天叙有典，勑我五典五惇哉！天秩有禮，自我五禮有庸哉！同寅協恭和衷哉！天命有德，五服五章哉！天討有罪，五刑五用哉！政事懋哉懋哉！」《書》言天子治天下之事，孔子作《春秋》，其大旨正以明此治天下之事而爲後世法也。○「惇典」之惇，《集註》避宋光宗諱而以「厚」字代之。**知孔子者，謂此書之作，遏人欲於橫流，存天理於既滅，爲**去聲。**後世慮至深遠也。罪孔子者，以謂無其位而託二百四十二年南面之權，使亂**

臣賊子禁其欲而不得肆，則戚矣。」愚謂孔子作《春秋》以討亂賊，則致治之法垂於萬世，是亦一治也。問：「孔子作《春秋》，特載之空言，亂賊何緣便懼。恐未足以爲一治。」朱子曰：非説當時便一治，只是存得箇治法，使道理光明粲爛。有能舉而行之，爲治不難。當時史書掌於史官，想人不得見。孔子取而筆削之，而其義大明。孔子亦何嘗有意用某字使人知勸，用某字使人知懼，用某字有甚微詞奥義使人曉不得，足以褒貶榮辱人來。不過如今之史書直書其事，善惡瞭然在目。觀者知所勸懲，故亂臣賊子有所懼而不敢犯耳。○慶源輔氏曰：此一治，又純乎人事者也。雖氣化不應而不使孔子得位以撥亂而反之正，然討亂賊、垂治法，其功又大於舜禹矣。○潛室陳氏曰：此謂聖人以王法繩諸侯，所褒所貶，皆是奉行王法。此聖人大用，非孟子不能知。胡氏發明備矣。○雲峯胡氏曰：《集註》前言禹與周公之功，曰此一治也。此當時之治也。此言孔子《春秋》之功，曰此亦一治也。萬世之治也。○新安陳氏曰：孔子雖不能興治道於當時，而能垂治法於後世。蓋在當時倫紀亂矣，孔子欲反其亂而治之。此孔子之不得已於有言者也。

「聖王不作，諸侯放恣，處士横議，楊朱、墨翟之言盈天下。天下之言，不歸楊則歸墨。楊氏爲我，是無君也；墨氏兼愛，是無父也。無父、無君，是禽獸也。公明儀曰：『庖有肥肉，廐有肥馬，民有饑色，野有餓莩，此率獸而食人也。』楊、墨之道不息，孔子之道不著，是邪説誣民，充塞仁義也。仁義充塞，則率獸食人，人將相食。横、爲，皆去聲。莩，皮表反。楊朱但知愛身，而不復扶又反。知有致身之義，故無君；墨子愛無差楚宜反。等，而視其至親無異衆人，故無父。無父無君則人道滅絶，是亦禽獸而已。公明儀之言，義見形甸反。首篇。充塞仁義，謂邪説徧滿，妨於仁義也。雲峯胡氏曰：不中，則曰横議；不正，則曰邪説。孟子引儀之言，以明楊、墨道行，則人皆無父無君，以陷於禽獸，而大亂將起，是亦率獸食人而人又相食也。此又一亂也。朱子曰：楊、墨只是差些子，其末流遂至於無父無君。蓋楊氏見世人營營於名利，埋没其身而不自知，故獨潔其身以自高，如荷蕢、接輿之徒是也。然使人皆如此潔身而自高，則天下事教誰理會。此便是無君也。墨氏見世間人自私自利不能及人，故欲兼天下之人而盡愛之。然不知有一患難，在君親則當先救之，在他人則後救之。若不分先後，則是待君親猶他人也。此便是無父。此二者之所以爲禽獸也。○楊朱乃老子弟子，其學專於爲己。列子云：伯成子高拔一毛而利天下不爲。其言曰：一毛安能利天下。使人人不拔一毛，不利天下，則天下自治矣。○問：「墨氏兼愛，何遽至於無父？」曰：人也只孝得一箇父母，那愛得許多。能養其父母無缺，則已難矣。想得他之所以養父母者，粗衣糲食必不能堪。蓋他既欲兼愛，則愛父母必踈，其孝不周至，非無父而何哉？墨子尚儉惡樂，所以説「里號朝歌，墨子回車」。想得是箇澹泊枯槁底人，其事父母也可想見。○問：「『率獸食人』，亦深探其弊而極言之，非真有此事。」曰：不然。即他之道，便能如此。楊氏自是箇退步愛身，不理會事底人；墨氏兼愛又弄得没合殺，使天下倀倀然必至於大亂而後已。非「率獸食人」而何？如東晉之清談，此便是楊氏之學。即老、莊之道，少間百事廢弛，遂啓夷狄亂華，其禍豈不慘於洪水猛獸之害！又如梁武帝事佛，至於社稷丘墟，亦其驗也。○慶源輔氏曰：此一亂又氣化人事相符者也。聖人之道非不愛身也，然有致身事君之義，有殺身成仁之時，故不至於無君。非不愛物也，然親親而仁民，仁民而愛物，有自然之序，故不至於無父。無君無父，則人道滅絕，又將視弒父與君而冥然不覺矣。是則人而反與禽獸無異也，故引公明儀之説，以言楊、墨遂行，則人皆無父無君，安爲戕賊以陷於禽獸而大亂將起，是亦與公明儀所謂率獸食人，人將相食者類矣。楊、墨之道不息，則邪説誣民。孔子之道不著，則充塞仁義也。此四句，只是説天理人欲不並立而已。所謂「邪説徧滿，妨於仁義」者，是解「邪説誣民」、「充塞仁義」兩句也。以「徧滿」字解「充」字，以「妨」字解「塞」字，但不曾解「誣民」兩字耳。其實謂邪説誣罔天下之人，其勢至於充盛窒塞人心固有之仁義，使不能發也。夫仁義具於人心，而爲邪説所誣而充塞之，使不能達於外，况能擴充之以全其量乎。○西山真氏曰：楊朱自一身之外截然不恤，故其迹似乎義。墨翟於親疎之間無乎不愛，故其迹似乎仁。殊不知天下之理本一而分則殊，故君子親親而仁民，仁民而愛物，心無不溥而其施有序。心無不溥，則非爲我矣。其施有序，則非兼愛矣。楊朱專於爲我，則昧乎理之一。墨翟一於兼愛，則昧乎分之殊。若是而曰仁義，乃所以賊乎仁義也。○雙峯饒氏曰：墨氏無父之教，便充塞了仁。楊氏無君之教，便充塞了義。有仁義，則天下治。無仁義，則天下亂。今仁義既充塞，則亂將起而率獸食人，人又將相食矣。

「吾爲此懼，閑先聖之道，距楊墨，放淫辭，邪説者不得作。作於其心，害於其事；作於其事，害於其政。聖人復起，不易吾言矣。 爲，去聲。復，扶又反。

閑，衛也。放，驅而遠去聲。**之也。作，起也。事，所行。政，大體也。** 西山真氏曰：事者政之目，政者事之綱。○雙峯饒氏曰：無父無君，乃楊、墨之見於行事者。少焉充塞仁義而至於率獸食人，是害於其政了。**孟子雖不得志於時，然楊、墨之害，自是滅息，而君臣、父子之道，賴以不墜，是亦一治也。**此乃孟子所以不得已而有言也。○慶源輔氏曰：此一治又純乎人事也。雖氣化不應，孟子亦不得志於時，然因其言而異端滅息，吾道至今得以不墜，此孟氏之功所以不在禹下而亞於孔子也。○雲峯胡氏曰：前云此一治也，周公之功與禹同。此云是亦一治也，孟子之功與夫子同。**程子曰：「楊、墨之害，甚於申、韓；佛、老之害，甚於楊、墨。**此就當時之異端言。**蓋楊氏爲**去聲，下同。**我疑於義，墨氏兼愛疑於仁，申、韓則淺陋易**去聲。**見。**《史記》：申不害，故鄭之賤臣，學本於黄老，而主刑名。著書二篇，號曰《申子》。○韓非者，韓之諸公子也。喜刑名法術之學，而其歸本於黄老。善著書。與李斯俱事荀卿，斯自以爲不如非。**故孟子止闢楊、墨，爲其惑世之甚也。佛氏之言近理，又非楊、墨之比，所以爲害尤甚。」**問：「墨氏兼愛，疑於仁，此易見。楊氏爲我，何以疑於義？」朱子曰：楊朱看來不似義，他全是老子之學。只是箇逍遥物外，僅足其身，不屑世務之人。只是他自愛其身界限齊整，不相侵越，微似義耳。然終不似也。又曰：楊、墨只是硬恁地做。佛氏最有精微動得人處。○雙峯饒氏曰：前言生於其心，害於其政。發於其政，害於其事。此言作於其心，害於其事；作於其事，害於其政。亦各有意。前言畢竟政是大體，事是小節。今既生於其心，則必害於大體。既害於大體，則少焉於那小節都壞了。

「昔者禹抑洪水而天下平，周公兼夷狄、驅猛獸而百姓寧，孔子成《春秋》而亂臣賊子懼。

抑，止也。兼，并平聲。**之也。總結上文也。**西山真氏曰：三聖事雖不同，而其救天下之患，立生民之極，則一也。

「《詩》云：『戎狄是膺，荆舒是懲，則莫我敢承。』無父無君，是周公所膺也。

説見形甸反，下「解見」音同。**上篇。承，當也。**雙峯饒氏曰：孟子所以引戎狄荆舒者，以楊、墨乃夷狄之教也。

「我亦欲正人心，息邪説，距詖行，放淫辭，以承三聖者。豈好辯哉？予不得已也。行、好，皆去聲。

詖、淫，解見前篇。辭者，説之詳也。承，繼也。三聖，禹、周公、孔子也。蓋邪説横流，壞音怪。**人心術，甚於洪水猛獸之災，慘於夷狄篡弒之禍，故孟子深懼而力救之。再言「豈好辯哉，予不得已也」，所以深致意焉。然非知道之君子，孰能真知其所以不得已之故哉？**朱子曰：當時如縱横刑名之徒，孟子都不管他。蓋他只害得箇麤底。若楊、墨則害了人心，須著與之辯也。然孟子於當時，❶只在私下恁地説。所謂楊、墨之徒，也未怕他。到後世，却因其言而知聖人之道爲是，知異端之學爲非，乃是孟子有功於後世耳。○問：「孟子欲息邪距詖，而必以正人心爲先，何

---

❶「然」，四庫本作「故」。

也？」曰：此探本之言也。以聖道不明，人心不正，而邪説得以乘間入之也。曰：「然則亦明聖道以正人心而已，何必爲此紛紛而涉好辯之嫌乎？」曰：邪説既入，則人心益以不正，聖道益以不明矣。此又其末之不可不理者也。故孟子道性善，稱堯舜，必使天下曉然知仁義之所在者，此所以正人心而爲息邪距詖之本也。排爲我，斥兼愛，必使天下曉然知邪詖之不可由者，此所以息邪距詖而爲正人心之用也。蓋其體用不偏，首尾相應如此，然後足以撥亂世而反之正。此所以雖得其本，而不免於多言也。然豈其心之所好哉？亦畏天命，悲人窮，不得已而然耳。昔湯伐桀，曰：「予畏上帝，不敢不正。」武王伐紂，曰：「予弗順天，厥罪惟鈞。」夫豈好戰哉？孟子之心，亦若此而已矣。豈得以好辯之小嫌，而遂輟不言哉？○慶源輔氏曰：重言「豈好辯哉？予不得已也」，此又深致其意者，欲人之察其心，而知邪説之真可畏也。○問：「邪説、詖行如何分？」雙峯饒氏曰：説既邪辟，其行必偏詖，其辭愈見淫蕩。詖行淫辭，自邪説上來。放者，放廢距絶。○雲峯胡氏曰：洪水猛獸之災由氣化。夷狄簒弒之禍由人事。邪説爲人心之害，則有甚於此者矣。人之本心未嘗不正，爲邪説所害，易淪胥於不正。故孟子之辯，拳拳欲正人心。其仕也，亦必先於正君心。○新安陳氏曰：洪水猛獸，夷狄簒弒，皆災禍之害人身者，惟有於一時。若邪説，乃災禍之壞人心者，且流於無窮而爲害尤甚慘。此孟子所以不得已，而深排力救之也。

「能言距楊、墨者，聖人之徒也。」

言苟有能爲此距楊、墨之説者，則其所趨正矣。雖未必知道，是亦聖人之徒也。孟子既答公都子之問，而意有未盡，故復扶又反。言此。蓋邪説害正，人人得而攻之，不必聖賢。

如《春秋》之法，亂臣賊子，人人得而誅之，不必士師也。慶源輔氏曰：此義自朱子發之。若朱子，則真可謂以道自任者，故言此以詔天下。使天下人人存此心，則異端之説將無所容，而聖人之道不復有蔽蝕之者矣。豈小補哉？○孟子意謂自今以後，不待有知道者真能息滅楊、墨之害，然後可以繼聖人之事，但能爲説以距，則是亦聖人之徒矣。此可見自任之重，而望人之切也。○西山真氏曰：所以勉天下學者，皆以闢異端，扶王道爲心，庶幾生人之類，不淪胥於禽獸也。**聖人救世立法之意，其切如此。若以此意推之，則不能攻討而又唱爲不必攻討之説者，其爲邪詖之徒，亂賊之黨可知矣。**朱子曰：出邪則入正，出正則入邪，二者之間，蓋不容髮。雖未知道，而能言距楊、墨者，已是心術向正之人，所以以聖人之徒許之。與《春秋》討賊之意同。○纔説道要距楊、墨，便是聖人之徒。如人逐賊有人見之，若説道賊當捉當誅，這便是主人邊人。若説道賊也可恕，這便喚做賊之黨。○不討亂賊而謂人勿討者，凶逆之黨也。不距楊、墨而謂人勿距者，禽獸之徒也。聖賢立法之嚴，至於如此，可不畏哉！○新安陳氏曰：如解攻乎異端爲攻擊，閑先聖之道爲閑習，皆是不必攻討之説。**○尹氏曰：「學者於是非之原，毫釐有差，則害流於生民，禍及於後世。故孟子辯邪説如是之嚴，而自以爲承三聖之功也。當是時，方且以好辯目之，是以常人之心而度**待洛反。**聖賢之心也。」**程子曰：大抵儒者潛心正道，不容有差。其始甚微，其終則不可救。如「師也過，商也不及」。於聖人中道，師只是過於厚些，商只是不及些。然而厚則漸至於兼愛，不及則便至於爲我，其過不及同出於儒者，其末遂至楊、墨。至如楊、墨，亦未至於無父無君。孟子推之便至於此。蓋其差必至於是也。○朱子曰：此段最好看，見諸聖賢遭時之變各行其道，是這般時節，其所以正救之者是這般樣子。這見得聖賢是甚麼樣大力量，恰似天地有缺齾處，得聖賢出來補教周全。過得稍久，又不免有缺，又得聖賢出來補。這見聖賢是甚力量，直有闔闢乾坤之功。○新安陳氏曰：聖賢反世之亂而治之，達而在上，則見於有爲而治功見於當時。窮而在下，則不免於有言而治法垂於後世。孔子曰「予欲無言」，終不能無言也。作《春秋》以爲後法。猶未至於辯者，孔子之時，異端未熾，而孔子之聖，言教易孚故也。至孟子，則時益降，異端益熾，而孟子之亞聖又不及孔子，公孫丑、萬章之徒聞言猶未達，况於外人。則其闢楊、墨，烏得而不言，言烏得而不辯，蓋有大不得已焉者。既以不得已於辯者自致其力，尤以能言距楊、墨望凡爲吾徒者之同致其力焉。非朱子深知孟子之心，孰能發其精微之蘊如此哉？此章於古今世道，聖賢事業關涉甚大，宜精察深思之。○東陽許氏曰：《集註》氣化盛衰，人事得失，反覆相尋。竊謂氣化盛，人事得，則天下治。氣化衰，人事失，則天下亂。是固然矣。然孟子此章答好辯之問，而孟子之辯專爲闢楊、墨而發，則易亂爲治，全賴人事以補天道之不足，反氣化之衰而至於盛也。觀堯、禹之治水，則以人事而回氣化。武王、周公誅紂伐奄，孔子作《春秋》，則以人事而救衰失。所以孟子亦於衰失之時，闢楊、墨以回氣化，正人事也。此正聖賢作用參天地、贊化育之功。讀此章當如此會《集註》之意。

○匡章曰：「陳仲子豈不誠廉士哉？居於陵，三日不食，耳無聞，目無見也。井上有李，螬食實者過半矣，匍匐往將食之。三咽，然後耳有聞，目有見。」於，音烏。下「於陵」同。螬，音曹。咽，音宴。

匡章、陳仲子，皆齊人。廉，有分辨，不苟取也。於陵，地名。螬，音齊。螬蟲也。匍匐，言無力不能行也。咽，吞也。

孟子曰：「於齊國之士，吾必以仲子爲巨擘焉。雖然，仲子惡能廉？充仲子之操，則蚓而後可者也。擘，薄厄反。惡，平聲。蚓，音引。

巨擘，大指也。言齊人中有仲子，如衆小指中有大指也。充，推而滿之也。操，去聲。所守也。蚓，丘蚓也。言仲子未得爲廉也，必若滿其所守之志，則惟丘蚓之無求於世，然後可以爲廉耳。慶源輔氏曰：齊俗奢侈放縱。當戰國時，士之傷廉者必多有之。此匡章所以推仲子之廉，而孟子亦以爲齊人之巨擘也。

「夫蚓，上食槁壤，下飲黄泉。仲子所居之室，伯夷之所築與，抑亦盗跖之所築與？所食之粟，伯夷之所樹與，抑亦盗跖之所樹與？是未可知也。」夫，音扶。與，平聲。

槁壤，乾音干。土也。黄泉，濁水也。抑，發語辭也。言蚓無求於人而自足，而仲子不免居室食粟。若所從來或有非義，則是未能如蚓之廉也。

曰：「是何傷哉？彼身織屨，妻辟纑，以易之也。」辟，音壁。纑，音盧。

辟，績也。纑，練麻也。

曰：「仲子，齊之世家也。兄戴，蓋禄萬鍾。以兄之禄爲不義之禄而不食也，以兄之室爲不義之室而不居也，辟兄離母，處於於陵。他日歸，則有饋其兄生鵝者，己頻顣曰：『惡用是鶂鶂者爲哉？』他日，其母殺是鵝也，與之食之，其兄自外至，曰：『是鶂鶂之肉也。』出而哇之。蓋，音閤。辟，音避。頻，與「顰」同。顣，與「蹙」同，子六反。惡，平聲。鶂，魚乙反。哇，音蛙。世家，世卿之家。兄名戴，食采音菜。於蓋，其入萬鍾也。歸，自於陵歸也。己，仲子也。鶂鶂，鵝聲也。頻顣而言，以其兄受饋爲不義也。哇，吐之也。

「以母則不食，以妻則食之；以兄之室則弗居，以於陵則居之。是尚爲能充其類也乎？若仲子者，蚓而後充其操者也。」

言仲子以母之食、兄之室爲不義而不食不居，其操去聲。守如此。至於妻所易之粟，於陵所居之室，既未必伯夷之所爲則亦不義之類耳。今仲子於此則不食不居，於彼則食之居之，豈爲能充滿其操守之類者乎？必其無求自足，如丘蚓然，乃爲能滿其志而得爲廉耳。然豈人之所可爲哉？○范氏曰：「天之所生，地之所養，惟人爲大。《記·祭義》：「有人，則可參天地而爲三才；無人，則天地亦不能以自立矣。」人之所以爲大者，以其有人倫也。仲子避兄離母，無親戚君臣上下，是無人倫也。豈有無人倫而可以爲廉哉？」朱子曰：温公謂口非之而身享之，一時之小嫌。狷者之不爲，一身之小節。至於父子兄弟，乃人之大倫，天地之大義。❶

❶「大」，原作「人」，今據四庫本、孔本、陸本及《晦菴先生朱文公文集》卷七三改。

一日去之，則禽獸夷狄。雖復謹小嫌，守小節，亦將安所施哉？此孟子絶仲子之本意。余隱之云：仲子之兄，非不友，孰使之避。仲子之母，非不慈，孰使之離。愚謂政使不慈不友，亦無逃去之理。觀舜之爲法於天下者，則知之矣。○問：「温公謂以其兄不以道事君而得禄，不以道取於人而成室，故以爲不義。仲子誠非中，行亦狷者有所不爲也。」曰：仲子齊世家，則禄室非其兄不義而得之矣。設果以不義得之，而非有悖逆作亂之大故，則母子兄弟之間，豈可以是遂滅天性之恩哉。飾小行以妨大倫，是乃欺世亂俗之尤，先王所誅而不以聽者也。所謂狷者，則亦言行之間，小過乎中而已。豈出於倫理之外若是其甚哉？○南軒張氏曰：仲子徒欲潔身以爲清，不知廢大倫之爲惡。原仲子本心，亦豈不知母子之性重於妻，兄之居愈於於陵乎？惟其私見所局，亂其倫類至此極也。衆人惑於其迹，以爲清苦高介而取之，非矣。世之貪冒爲惡者多矣。孟子於仲子獨闢之深者，世之爲惡者其失易見，而仲子之徒，其過難知也。惟其難知，故可以惑世俗而禍仁義。反復闢之，蓋有以也夫。○慶源輔氏曰：以仲子之孤介自守，足以高於一世之俗矣，而孟子所以力闢之者，蓋世衰道微，學者大抵因其資質之偏，而固執一説力行以取名，初不顧義理之如何。如告子、許行、陳仲子之徒，皆是也。況如匡章者，既稱仲子爲廉而傾向之矣。此固以道自任者之所憂也。孟子烏得不排之哉？又曰：仲子之所守，不必驗之他人，只自其身而推之，則已有不能自滿其志者，故孟子直以爲蚓而後能充其操斥之，則仲子之行，是豈人之所能爲哉？聖賢之道，充之則至於與天地同功，仲子之道，充之則至於與丘蚓同操，是豈人理也哉？○雙峯饒氏曰：不要問所從來，只當思量我當食兄之禄與居兄之室否。若問所從來，則室與粟豈必伯夷所築所樹。如諸侯之取人猶禦。然既交以道，接以禮，則孔子受之矣。○或曰：匡章亦黜妻屏子者，故喜仲子孤介之行。新安陳氏曰：不然。匡章以父爲重，故視妻子爲輕。仲子反視母兄爲輕，而於妻則反食。孟子矜匡章而非仲子，有以也。此章當參看《盡心上》篇「仲子不義與之齊國而不受」下文云「以其小者信其大者，奚可哉」，斷盡其人。

孟子集註大全卷之七

離婁章句上

凡二十八章。

孟子曰：「離婁之明，公輸子之巧，不以規矩不能成方員；師曠之聰，不以六律不能正五音；堯舜之道，不以仁政不能平治天下。

離婁，古之明目者。公輸子，名班，魯之巧人也。規，所以爲員之器也。所運以爲圓之筳也。矩，所以爲方之器也。今曲尺也。師曠，字子野。晉之樂師知音者也。六律，截竹爲筩，音同。陰陽各六，以節五音之上下。黃鍾、大音泰。簇、千候反。姑洗、先上聲。蕤儒追反。賓、夷則、無射，音亦。爲陽；大呂、夾鍾、仲呂、林鍾、南呂、應鍾，爲陰也。《前漢・律歷志》云：《十二律》，黃帝之所作也。黃帝使伶倫自大夏之西昆侖之陰，大夏，西戎之國。昆侖，山名也。取竹之解谷生其竅厚均者，斷兩節間而吹之以爲黃鍾之宫。制十二筩以聽鳳之鳴，其雄鳴爲六，雌鳴亦六，比黃鍾之宫而皆可以生之。比，合也。是謂律本。律十有二，陽六爲律，陰六爲呂。律以統氣類物，一曰黃鍾，二曰太簇，三曰姑洗，四曰蕤賓，五曰夷則，六曰亡射。呂以旅陽宣氣，❶一曰林鍾，二曰南呂，三曰應鍾，四曰大呂，五曰夾鍾，六曰仲呂。中讀曰仲。有三統之義焉。○趙氏曰：只言六律者，陽統陰也。**五音，宫、商、角、徵、**展里反。**羽也。**范氏曰：「此言治天下不可無法度。仁政者，治天下之法度也。」雙峯饒氏曰：規矩六律，當來皆是聖人做起，雖離婁、公輸、師曠亦不可無之，况庸匠庸工乎？不以仁政，雖聖人也不能平治天下，况後世乎？

「今有仁心仁聞而民不被其澤，不可法於後世者，不行先王之道也。聞，去聲。

仁心，愛人之心也。仁聞者，有愛人之聲聞於人也。先王之道，仁政是也。范氏曰：「齊宣王不忍一牛之死，以羊易之，可謂有仁心。梁武帝終日一食蔬素，宗廟以麪爲犧牲，斷死刑必爲**去聲。**之涕泣，天下知其慈仁，可謂有仁聞。**《通鑑》：梁武帝天監十六年四月，詔以宗廟用牲牢，有累冥道，宜皆以麪爲之。於是朝野諠譁，以爲宗廟去牲，乃是不復血食，帝竟不從。八座乃議以大脯代一元大武。十月詔以宗廟猶用脯脩，更議代之，於是以大餅代大脯。其餘盡用蔬果。○自天監中用釋氏法長齋，斷魚肉，日止一食，惟菜羹糲飯而已。糲，米之不精者，郎葛、洛盍、力制三反。○每斷重罪，終日不懌。或謀反事覺亦泣而宥之。身衣去聲。布衣，木綿皁帳，後宫貴妃以下，衣不曳地。由是王侯益横，上深知其弊而溺於慈愛，不能禁也。**然而宣王之時齊國不治，**去聲。**武帝之末江**

❶「陽宣」，四庫本作「宣陽」。

南大亂，其故何哉？有仁心仁聞而不行先王之道故也。」問：「孟子告齊宣王曰『是心足以王矣』，則仁心者，固王政之本也。今曰『有仁心仁聞而不行先王之道』，則是所謂仁心者，初不足恃。而所謂先王之道者，又在此心之外也。」朱子曰：是心足以王者，言有是心而能擴充之以行先王之道，如其篇末所論制民之産云者則可以王爾，非謂專恃此心而直可以王也。先王之道，固亦由是而推之以爲法耳。但其盡心知性而無私意小智之累，故其爲法也，盡天理，合人心，雖聖人復起有不能易者。後之人君當因吾心而廣之，以盡夫法制之善，而充吾心之固有者，非謂心外有法而俟於他求也。後人雖有是心而不能無私意小智之累。苟不循是而之焉。則雖有仁心仁聞而未免於徇利妄作之失。譬之蔑棄規矩而欲以手制方員，其器之不至於苦窳者幾希矣。○慶源輔氏曰：齊宣王、梁武帝不能行先王之道則同，若論其所以不能行之故則異。宣王不學無術，奪於功利而不能行先王之道者也。武帝則惑於異端，避罪要福而不能行先王之道者也。宣王有仁心而不能保。武帝有仁聞而非其真。○雲峯胡氏曰：上文云「堯舜之道」，下文云「行先王之道」，道一而已。有仁心，則此道藴於中，是爲美意；有仁政，則能行此道於外，是爲良法。

「故曰：徒善不足以爲政，徒法不能以自行。

徒，猶空也。有其心、無其政，是謂徒善。有其政、無其心，是謂徒法。程子嘗言：「爲政須要有綱紀文章，謹權、審量、去聲。**讀法、平價，皆不可闕。」而又曰：「必有《關雎》、《麟趾》之意，然後可以行《周官》之法度。」**新安陳氏曰：引程子前一説以證徒善謂不可無法。又引後一説以證徒法謂不徒在於法。**正謂此也。**朱子曰：所謂文章者，便是文飾那謹權、審量、讀法、平價之類耳。○須是自閨門衽席之微，積累到薰蒸洋溢，天下無一不被其化，然後可以行《周官》之法度。不然則爲王莽矣。

「《詩》云：『不愆不忘，率由舊章。』遵先王之法而過者，未之有也。

《詩》，《大雅・假《詩傳》讀作嘉。**樂》**音洛。**之篇。愆，過也。率，循也。章，典法也。所行不過差、不遺忘者，以其循用舊典故也。**慶源輔氏曰：過差謂用意過當處，遺忘謂照顧不及處。遵用舊典，則有所循故不過差，有所據故不遺忘。

「聖人既竭目力焉，繼之以規矩準繩，以爲方員平直，不可勝用也；既竭耳力焉，繼之以六律正五音，不可勝用也；既竭心思焉，繼之以不忍人之政，而仁覆天下矣。勝，平聲。

準，所以爲平。繩，所以爲直。覆，敷救反。**被**去聲。**也。此言古之聖人既竭耳目心思之力，然猶以爲未足以徧天下及後世，故制爲法度以繼續之，則其用不窮而仁之所被者廣矣。**慶源輔氏曰：規矩準繩，爲方員平直之法度也。六律，正五音之法度也。不忍人之政，仁天下之法度也。不爲之法度，則聖人之耳目心思止於聖人之身而已，不能徧天下與後世也。故聖人制爲法度以繼續之，使天下之爲方員平直、正五音、仁天下者皆取法焉，所謂不可勝用而仁覆天下也。本止言覆天下，今及後世者，舉大可以該遠也。能覆天下，必能及後世矣。百工之事皆聖人作，故規矩律音與不忍人之政作一統説。耳目言力，心言思者，耳目之視聽以力，而心之官則思也。○雙峯饒氏曰：惟天下不能常有聖人，所以要繼之以不忍人之政。繼字最有意味，不然仁政雖自聖人而始，亦自聖人而止矣。

「故曰：『爲高必因丘陵，爲下必因川澤。』爲政不因先王之道，可謂智乎？丘陵本高，川澤本下。爲高下者因之，則用力少而成功多矣。鄒氏曰：「自章首至此，論以仁心仁聞行先王之道。」

「是以惟仁者宜在高位。不仁而在高位，是播其惡於衆也。仁者，有仁心仁聞而能擴而充之，以行先王之道者也。貫前第二節意。播惡於衆，謂貽患於下也。

「上無道揆也，下無法守也。朝不信道，工不信度，君子犯義，小人犯刑，國之所存者幸也。朝，音潮。

此言不仁而在高位之禍也。道，義理也。揆，度也。度，音鐸。下「度量」之「度」音同。法，制度也。道揆，謂以義理度量事物而制其宜。法守，謂以法度自守。工，官也。度，即法也。君子、小人，以位而言也。由上無道揆，故下無法守。無道揆，則朝不信道而君子犯義。無法守，則工不信度而小人犯刑。有此六者，其國必亡。其不亡者，僥倖而已。朱子曰：上無道揆，則下無法守。雖有奉法守一官者，亦將不能用而去之矣。信道信度，信如憑信之信。此理只要人信得及，自然依那箇行，不敢踰越。惟其不信，所以妄作。如胥吏分明知得條法，只是冒法以爲姦，便是不信度也。

「故曰：城郭不完，兵甲不多，非國之災也；田野不辟，貨財不聚，非國之害也。上無禮，下無學，賊民興，喪無日矣。辟，與「闢」同。喪，去聲。

上不知禮，則無以教民；下不知學，則易去聲。與爲亂。新安陳氏曰：小人學道則易使。若不學，則不識道理。易於犯分而爲亂矣。鄒氏曰：「自是以惟仁者至此，所以責其君。」朱子曰：惟上無教下無學，所以不好之人並起，居高位者執進退黜陟之權，盡做出不好事來，則國之喪亡無日矣。其要只在於仁者宜在高位，所謂一正君而國定。○南軒張氏曰：三綱五常，人類所賴以生而國之所以爲國也。上失其禮，下廢其學，則綱常日以淪棄，國將何恃以立，民將何恃以生乎？然使禮廢於上而學猶傳於下，則庶幾斯道未泯而猶覬其可行也。上既無禮，下復無學，則邪説暴行並作而國隨喪矣。

「《詩》曰：『天之方蹶，無然泄泄。』蹶，居衛反。泄，弋制反。

《詩》，《大雅·板》之篇。蹶，顛覆之意。泄泄，怠緩悦從之貌。言天欲顛覆周室，群臣無得泄泄然不急救正之。

「泄泄，猶沓沓也。沓，徒合反。

沓沓，即泄泄之意。蓋孟子時人語如此。

「事君無義，進退無禮，言則非先王之道者，猶沓沓也。

非，詆毀也。詆，典禮反。

「故曰：責難於君謂之恭，陳善閉邪謂之敬，吾君不能謂之賊。」

范氏曰：「人臣以難事責於君，使其君爲堯舜之君者，尊君之大也；開陳善道以禁閉君之邪心，唯恐其君或陷於有過之地者，敬君之至也；朱子曰：恭與敬，大概也一般。只是恭意思較闊大，敬意思較細密。責難之恭，是先立箇大志，以帝王之道爲必可信、必可行。陳善閉邪，即是做那責難底工夫。○問：「所謂陳善閉邪者柰何？」曰：君有邪心，所當閉也。然不知所以閉之之道而逆閉之，則動有矯拂之患，其言不可得而入矣。故必爲之開陳善道，使之曉然知善道之所在，則所謂邪者亦不難乎閉之矣。孟子與時君論事多類此，其自謂敬王，豈虛語哉！○雙峯饒氏曰：恭有對敬言者，有即是敬者。如《中庸》「篤恭」、《書》「允恭」之類，恭即是敬也。謂其君不能行善道而不以告者，賊害其君之甚也。」問：「人臣固當望君以堯舜。若度其君不足與爲善而不之告，或謂君爲中才可以致小康而不足以致大治，或導之以功利而不輔之以仁義，此皆是賊其君否？」朱子曰：然。人臣之道，但當以極等之事望其君。責以十分，只做得二三分。若只責以一二三分，少間做不得一分矣。若論才質之優劣，志趣之高下，固有不同。然吾所以導之者，則不可問其才智之高下優劣，但當以堯舜之道望他，豈可謂吾君不能而遂不以此望之哉！鄒氏曰：「自《詩》云『天之方蹶』至此，所以責其臣。」○鄒氏曰：「此章言爲治去聲。者，當有仁心仁聞以行先王之政，而君臣又當各任其責也。」南軒張氏曰：此章之意，欲人君推是心以行仁政，而其終則欲人臣知禮義而法先王。蓋言不可以不學也。人臣知學而後人主聞大道，人主聞大道而後王政可行焉。此孟子之意也。○慶源輔氏曰：爲治者固當以仁心仁聞而行先王之政，然非君臣同心各任其責，則亦安能有成哉！○雲峯胡氏曰：君當盡君之責而莫先於仁，臣當盡臣之責而莫先於敬。

○孟子曰：「規矩，方員之至也；聖人，人倫之至也。

至，極也。人倫，説見形甸反。前篇。規矩盡所以爲方員之理，猶聖人盡所以爲人之道。

「欲爲君盡君道，欲爲臣盡臣道。二者皆法堯舜而已矣。不以舜之所以事堯事君，不敬其君者也；不以堯之所以治民治民，賊其民者也。

法堯舜以盡君臣之道，猶用規矩以盡方員之極。此孟子所以道性善而稱堯舜也。朱子曰：規矩是方員之極，聖人是人倫之極。蓋規矩便盡得方員；聖人便盡得人倫。故物之方員者有未盡處，以規矩爲之便見。於人倫有未盡處，以聖人觀之便見。惟聖人都盡，無一毫之不盡，故爲人倫之至。○堯所以治民，舜所以事君，觀二《典》大概可見，是事事做得盡。○人之生也，均有是性，故均有是倫。均有是倫，故均有是道。然惟聖人能盡其性，故爲人倫之至，而所由莫不盡其道焉。此堯舜之爲君臣所以各盡其道而爲萬世之法，猶規矩之盡夫方員而天下之爲方員者莫不出乎此也。○南軒張氏曰：堯舜盡君臣之道，非有所增益也，無所虧焉耳。後之人以堯舜爲不可及，是自誣其性者也。不以舜所以事堯事君，蓋不以厥后爲可聖，是誣其君。不以堯所以治民治民，蓋不以斯民爲有恒性，是誣其民也。○雙峯饒氏曰：人倫不説父子、夫婦、長幼、朋友，而獨舉堯舜君臣做人倫樣子者，其意在當時人君。○新安陳氏曰：君臣之倫，於人倫爲尤大，所以宗主綱維彼四倫者也。孟子以堯舜盡君臣之倫，責望世之爲君臣者取法之，正以人性皆善而皆可以爲堯舜故也。

「孔子曰：『道二：仁與不仁而已矣。』

法堯舜，則盡君臣之道而仁矣；不法堯舜，則慢君賊民而不仁矣。二端之外，更無他道。出乎此，則入乎彼矣。可不謹哉？問：「不仁何以亦曰道？」朱子曰：譬如説有大路，有小路，何疑之有。○慶源輔氏曰：仁與不仁，只是一箇天理與人欲而已。纔出天理，便入人欲，豈復更有他道哉？此古之聖賢所以兢兢業業而不敢不謹也。解「而已矣」三字。

「暴其民甚，則身弑國亡。不甚，則身危國削。名之曰『幽厲』，雖孝子慈孫，百世不能改也。

幽，暗。厲，虐。皆惡謚也。苟得其實，則雖有孝子慈孫愛其祖考之甚者，亦不得廢公義而改之。言不仁之禍必至於此，可懼之甚也。南軒張氏曰：如堯舜之爲，是由仁之道者也。如幽厲之爲，是由不仁之道者也。人君可不審擇其所由哉？○慶源輔氏曰：不仁有淺深，而其禍有大小。以幽、厲視桀、紂，則幽、厲雖未至於身弑國亡，然死蒙惡謚，遺臭後來，孝子慈孫欲改不可，不仁之禍馴至如此，豈不可懼之甚哉？○雙峯饒氏曰：改，是要改其惡謚。古人謚法最公。後世亡國之君皆得美謚，公義廢矣。

「《詩》云『殷鑒不遠，在夏后之世』，此之謂也。」

《詩》，《大雅·蕩》之篇。言商紂之所當鑒者，近在夏桀之世，而孟子引之，又欲後人以幽、厲爲鑒也。新安陳氏曰：此章欲人法堯舜而仁，戒人如幽厲之不仁，遏人欲、擴天理也。

○孟子曰：「三代之得天下也以仁，其失天下也以不仁。

三代，謂夏、商、周也。禹、湯、文、武，以仁得之。桀、紂、幽、厲，以不仁失之。

「國之所以廢興存亡者亦然。

國謂諸侯之國。興存以仁，廢亡以不仁。

「天子不仁，不保四海；諸侯不仁，不保社稷；卿大夫不仁，不保宗廟；士庶人不仁，不保四體。

言必死亡。新安陳氏曰：不保四海以下，皆不免於死亡。非特不保四體者爲然。

「今惡死亡而樂不仁，是猶惡醉而強酒。」惡，去聲。樂，音洛。强，上聲。

此承上章之意而推言之也。慶源輔氏曰：上章第言道二，仁與不仁，與桀、紂、幽、厲之事而已。此章又因其意而推及於諸侯、卿大夫、士、庶人不仁之禍，皆必至之理也。○西山真氏曰：此章明白峻厲，自天子至庶人皆當佩服。然所謂不仁者非他，縱人欲以滅天理而已。人欲縱而天理滅，禍至於此，可不畏哉？○雙峯饒氏曰：社稷宗廟以祭言，四海以土言，四體以身言。○新安陳氏曰：此承上章不仁則身弑國亡而推言之。即前篇惡辱而居不仁之意。又曰：戒人不仁，是亦遏人欲存天理也。

○孟子曰：「愛人不親反其仁，治人不治反其智，禮人不答反其敬。「治人」之治，平聲。「不治」之治，去聲。

我愛人而人不親我，則反求諸己，恐我之仁未至也。智敬放上聲。此。

「行有不得者，皆反求諸己。其身正而天下歸之。

不得，謂不得其所欲，如不親、不治、不答是也。反求諸己，謂反其仁，反其智，反其敬也。如此，則自治益詳，而身無不正矣。「詳」字貼「皆」字，不止上文「三自反」而已。天下歸之，極言其效也。南軒張氏曰：反身則天理明，不能則人欲肆。○慶源輔氏曰：自治詳，則身無不正。身無不正，則天下無不歸。雖極言其效，是亦必然之理也。○新安陳氏曰：是亦遏人欲擴天理也。

「《詩》云：『永言配命，自求多福。』」

解見形甸反。前篇。○亦承上章而言。慶源輔氏曰：爲治本乎自反，多福本乎自求。○雙峯饒氏曰：上面三句包括未盡，所以下面又説皆當反諸己。添箇「皆」字，凡有行不得所欲者，必自反諸身，則我之身無不正，天下亦歸之矣。「皆」字説得闊，不特説上面三者而已。「永言配命」，是常常思量要合理。永，是無間斷之意。此章補前章意。前章説大綱，此章説得密。○新安陳氏曰：承上章得天下以仁而言，因言仁而及智與禮，仁包智、禮也。

〇孟子曰：「人有恒言，皆曰『天下國家』。天下之本在國，國之本在家，家之本在身。」恒，胡登反。

恒，常也。雖常言之，而未必知其言之有序也。故推言之，而又以家本乎身也。本於身，乃恒言之所未及。此亦承上章而推言之，《大學》所謂「自天子至於庶人，壹是皆以脩身爲本」，爲去聲。是故也。慶源輔氏曰：人之常言雖曰有序，而但及其外。君子之論則必究其本而無有或遺，得其本，則末可舉矣。以是而質於《大學》之言，則曾子、子思、孟子相傳之學不可誣矣！〇雙峯饒氏曰：國，王畿之内，天子所治。天下，四方諸侯之國。天下取則於國，國取則於家。家取則於身。〇新安陳氏曰：此章承上章身正而天下歸之意。孟子祖《大學》而言之。曾子以《大學》傳子思，子思以傳孟子，可見矣。

〇孟子曰：「爲政不難，不得罪於巨室。巨室之所慕，一國慕之；一國之所慕，天下慕之。故沛然德教溢乎四海。」

巨室，世臣大家也。得罪，謂身不正而取怨怒也。雙峯饒氏曰：《集註》世臣、大家是兩項。世臣，非一代之臣。大家，是貴宦之家。〇潛室陳氏曰：得罪，謂非理致怨。所謂不得罪者，謂合正理而不致怨於人，非曲法以奉之也。麥丘邑人祝齊桓公曰：「願主君無得罪於群臣百姓。」意蓋如此。劉向《新序·雜事》篇：桓公田至於麥丘，見麥丘邑人。問：「年幾何？」對曰：「八十有三矣。」公曰：「美哉壽乎！子其以子壽祝寡人。」麥丘邑人：「祝主君，使主君甚壽，金玉是賤，人爲寶。」公曰：「善哉！至德不孤，善言必再，吾子復之。」曰：「祝主君，使主君無羞學，無惡下問。賢者在傍，諫者得人。」公曰：「善哉！至德不孤，善言必三，吾子復之。」曰：「祝主君，使主君無得罪於群臣百姓。」公佛然作色曰：「吾聞之，子得罪於父，臣得罪於君，未聞君得罪於臣也。」麥丘邑人拜而起曰：「子得罪於父，可以因姑姊妹叔父而解之，父能赦之。臣得罪於君，可以因便嬖左右而謝之，君能赦之。昔桀得罪於湯，紂得罪於武王，此則君之得罪於臣者也。莫爲謝，至今得罪。」公曰：「善！」扶而載之，自御以歸，禮之於朝，封之以麥丘，而斷政焉。慕，向也。心悦誠服之謂也。沛然，盛大流行之貌。溢，充滿也。蓋巨室之心，難以力服，而國人素所取信。今既悦服，則國人皆服，而吾德教之所施，可以無遠而不至矣。此亦承上章而言。承上章「家之本在身」。蓋君子不患人心之不服，而患吾身之不脩。吾身既脩，則人心之難服者先服，而無一人之不服矣。○林氏曰：「戰國之世，諸侯失德，巨室擅權，如晉六卿、魯三桓等。爲患甚矣。然或者不脩其本而遽欲勝之，則未必能勝而適以取禍。故孟子推本而言，惟務脩德以服其心。彼既悦服，則吾之德教無所留礙，牛代反。可以及乎天下矣。裴度所謂韓洪本名弘，在宋避諱，以洪字代之。輿疾討賊，承宗斂手削地，非朝音潮。廷之力能制其死命，特以處上聲。置得宜能服其心故爾。政此類也。」《唐書·皇甫鎛傳》：鎛，音博。爲司農卿判度支，改户部侍郎。憲宗方伐蔡，急於用度，鎛裒會嚴亟以辦濟師。帝悦，進兼御史大夫。蔡平之明年，遂拜同中書門下平章事，猶領度支。鎛以吏道進，既由聚斂句剥爲宰相，至雖市道皆嗤之。崔群、裴度以聞，帝怒不聽。度乃表罷政事，極語鎛姦邪苛刻，天下怨之將食其肉。且言天下安否繫朝廷，朝廷輕重在輔相。今承宗斂手削地，韓弘輿疾討賊，非力能制之，顧朝廷處置能服其心也。若相鎛，則四方解矣。請授以浙西觀察使。其辭切至，上不聽。○王承宗邊鎮王士真之子。拒命，以常山叛。朝廷歇兵。布衣栢耆杖策詣淮西行營謁裴度，且言願得天子一節馳入鎮，可掉舌下之。度爲言，乃以左拾遺往，既至以大誼動承宗泣下，乃與獻德棣二州，以二子入質。上從之。○韓弘，滑州人。憲宗方用兵淮西，拜淮西諸軍行營都統使，扞兩河。而令李光顔、烏重胤擊賊。弘不親屯，遣子公武領兵二千屬光顔。吴元濟既平，以功加兼侍中，封許國公。入朝再拜司徒中書令。以足疾，命中人掖拜。固願留京師，帝從之。○慶源輔氏曰：此承上章「家之本在身」而言也。君人者不正其身，所爲乖戾，則致人怨怒，其勢必自世臣大家始。故麥丘邑人之言亦先及群臣，而後及百姓也。

○孟子曰：「天下有道，小德役大德，小賢役大賢；天下無道，小役大，弱役强。斯二者，天也。順天者存，逆天者亡。

有道之世，人皆脩德，而位必稱去聲。其德之大小；天下無道，人不脩德，則但以力相役而已。新安陳氏曰：小德小賢者居小位，大德大賢者居大位。位與德相稱，是上之人處之各當，故小德小賢見役於大德大賢，有道之世惟德是視也。若力之小弱見役於力之强大，無道之世惟力是視耳。天者，理勢之當然也。問：「天下無道，『小役大，弱役强』，亦曰『天』，何也？」朱子曰：到那時不得不然，亦是理當如此。○慶源輔氏曰：天下有道則以德爲大小，無道則以力爲强弱。二者皆理勢之所當然也。順其理勢則存，逆其理勢則亡，必然之理也。○雙峯饒氏曰：小德大德、小賢大賢以理言；小大强弱以勢言。蓋天下有理有氣。就事上説，氣便是勢。纔到勢之當然處，便非人之所能爲，即是天了。又曰：賢兼才德，以政事言也。雖曰時勢如此，然有大德者便能回天，便勝這勢。如文王自小至大，由百里而三分有二，不爲紂所役，此可以見德足以勝時勢處。○雲峯胡氏曰：《集註》嘗以天爲理之自然，此以天爲理勢之當然者，彼則純以天理言，此則兼以人事言也。

「齊景公曰：『既不能令，又不受命，是絶物也。』涕出而女於吴。女，去聲。

引此以言小役大、弱役强之事也。令，出令以使人也。受命，聽命於人也。物，猶人也。女，以女如字。與人也。吴，蠻夷之國也。景公羞與爲昏而畏其强，故涕泣而以女與之。

慶源輔氏曰：既不能强於自治以昌其國而出令以使人，又不能因時勢之宜屈己自下以聽人之命，是與物睽絶也。絶物則絶於天矣。景公之言宜若可取。然景公之齊即桓公霸諸侯之齊，雖時勢下衰，苟振起作新之，獨不在我乎？而顧爲是巽言横涕。孟子姑取其説以證小役大、弱役强之事，其萎薾自棄之罪未暇議也。○汪氏曰：當有道而順天爲有義。當無道而順天爲有命。絶物即是逆天。齊景畏天者也。畏天猶保其國。

「今也小國師大國而恥受命焉，是猶弟子而恥受命於先師也。

言小國不脩德以自强，其般音盤。樂怠敖，去聲。皆若效大國之所爲者，而獨恥受其教命，不可得也。

「如恥之，莫若師文王。師文王，大國五年，小國七年，必爲政於天下矣。此因其愧恥之心而勉以脩德也。文王之政，布在方策。舉而行之，所謂師文王也。五年七年，以其所乘之勢不同爲差。楚宜反。○慶源輔氏曰：所乘之勢，指國之大小而言也。蓋天下雖無道，然脩德之至，則道自我行，而大國反爲吾役矣。新安陳氏曰：不師大國而師文王，大國所乘之勢稍易，小國所乘之勢稍難，五七年之餘，人心奮氣勢回，而小可大弱可强，大國反爲吾役矣。程子曰：「五年七年，聖人度待洛反。其時則可矣。然凡此類，學者皆當思其作爲如何，乃有益耳。」慶源輔氏曰：程子之言，所以啓發學者至矣。惟聖人能知時，故曰聖人度其時可矣。學者燭理既明，而經歷之久、思慮之深，則自然見得。

「《詩》云：『商之孫子，其麗不億。上帝既命，侯于周服。侯服于周，天命靡常。殷士膚敏，祼將于京。』孔子曰：『仁不可爲衆也。夫國君好仁，天下無敵。』祼，音灌。夫，音扶。好，去聲。《詩》《大雅·文王》之篇。孟子引此詩及孔子之言，以言文王之事。麗，數也。十萬曰億。侯，維也。助語辭。商士，商孫子之臣也。膚，大也。敏，達也。祼，宗廟之祭，以鬱紆勿反。鬯丑亮反。之酒灌地而降神也。新安倪氏曰：《周禮》有秬鬯，有鬱鬯。以秬米爲酒，名秬鬯，將祭，則築鬱金香草煮之以和鬯，酒名鬱鬯。灌乃用之，取其芬香旁達以降神。鬯者，以其條鬯也。

將，助也。言商之孫子衆多，其數不但十萬而已。上帝既命周以天下，則凡此商之孫子，皆臣服于周矣。所以然者，以天命不常，歸于有德故也。是以商士之膚大而敏達者，皆執裸獻之禮，助王祭事于周之京師也。西山真氏曰：以商之孫子而爲周之諸侯，以商之美士而奔走周廟之祭，天命何常之有哉？成湯惟其仁也，故天命歸于商。紂惟其不仁，故天命轉而歸周。孔子因讀此詩，而言有仁者則雖有十萬之衆，不能當之。故國君好仁，則必無敵於天下也。不可爲衆，猶所謂難爲兄難爲弟云爾。《世說·德行》篇：後漢陳元方名紀。子長文名群。有英才，與季方名諶，元方之弟也。子孝先名忠。各論父功德，爭之不能決，諮於太丘，名寔，嘗除太丘長，乃長文、孝先之祖父也。太丘曰：「元方難其兄，❶季方難其弟。」○朱子曰：兄賢難做他弟，弟賢難做他兄。仁者無敵，難做衆去抵當他。

「今也欲無敵於天下而不以仁，是猶執熱而不以濯也。《詩》云：『誰能執熱，逝不以濯？』」恥受命於大國，是欲無敵於天下也。乃師大國而不師文王，是不以仁也。《詩》，《大雅·桑柔》之篇。逝，語辭也。言誰能執持熱物，而不以水自濯其手乎？○此章言不能自强則聽天所命，脩德行仁，則天命在我。慶源輔氏曰：不能自强，則聽命于天而爲强大所役。使脩

❶「其」，四庫本及《世說新語·德行》作「爲」。下句「其」字同。

德行仁如文王，則與天爲一而小可大弱可强，昔之强大者反爲役於我矣。豈非天命之在我乎？○新安陳氏曰：勢之强弱，亦天所命。不能自强，則聽命於天而爲强大所役，如齊景是也。脩德行仁，則道德足以勝勢力而天命在我，師文王而爲政於天下者是也。

○孟子曰：「不仁者可與言哉？安其危而利其菑，樂其所以亡者。不仁而可與言，則何亡國敗家之有？菑，與「灾」同。樂，音洛。

安其危利其菑者，不知其爲危菑而反以爲安利也。所以亡者，謂荒暴淫虐，所以致亡之道也。不仁之人，私欲固蔽，失其本心，故其顛倒錯亂至於如此，所以不可告以忠言，而卒至於敗亡也。西山真氏曰：自古危亂之世，未嘗無忠言。祖伊嘗諫紂矣，召穆公嘗諫厲王矣，而二君不聽者，蓋其心既不仁，故顛倒迷繆，以危爲安，以菑爲利，以取亡之道爲可樂也。夫人君孰不欲安存而惡危亡，而其反背若此者，私欲蔽障而失其本心故爾。○雙峯饒氏曰：要在看樂其所以亡一句。他只愛那淫荒暴虐所以取亡底事，故雖危自以爲安，雖菑自以爲利。孟子此章説得利害大段甚分明。

「有孺子歌曰：『滄浪之水清兮，可以濯我纓。滄浪之水濁兮，可以濯我足。』浪，音郎。

滄浪，水名。纓，冠系也。新安倪氏曰：漢水東爲滄浪之水，見《禹貢》。後魏酈道元云「武當縣北四十里有洲曰滄浪洲，水曰滄浪水」，是也。

「孔子曰：『小子聽之！清斯濯纓，濁斯濯足矣。自取之也。』

言水之清濁有以自取之也。聖人聲入心通，無非至理。此類可見。慶源輔氏曰：夫不仁之人，則雖忠言至論無自而入。聖人之仁，則雖常言俗語聲入心通。是亦莫非自取之也。○新安陳氏曰：此孔子所以爲耳順也。

「夫人必自侮，然後人侮之；家必自毁，而後人毁之。國必自伐，而後人伐之。夫，音扶。所謂自取之者。雙峯饒氏曰：自侮是不自重，適所以召人之侮。

「太甲曰：『天作孽，猶可違；自作孽，不可活。』此之謂也。」

解見形甸反。前篇。○此章言心存則有以審夫音扶。得失之幾，平聲。不存則無以辨於存亡之著。禍福之來，皆其自取。慶源輔氏曰：人心存則仁，人心不存則不仁。得失之幾至微也，存亡之實至著也。安利樂，得失之幾也。亡國敗家，存亡之實也。禍福之來皆其自取，即所謂禍福無不自己求之者。此亦承上章而言，仁與不仁所取之不同也。○新安陳氏曰：仁者心存則明哲，得失之幾微即能審察之。審侮毁伐之幾於自取之之初是也。不仁者心不存則昏蔽，存亡之已著亦不能辨，安其危，利其菑，樂所以亡是也。心存者存天理。戒心不存者，遏人欲也。

○孟子曰：「桀紂之失天下也，失其民也；失其民者，失其心也。得天下有道：得其民，斯得天下矣；得其民有道：得其心，斯得民矣；得其心有道：所欲與之聚之，所惡勿施爾也。惡，去聲。

民之所欲，皆爲去聲。致之，如聚斂力驗反。然。民之所惡，則勿施於民。鼂音潮。錯蒼故反。所謂「人情莫不欲壽，三王生之而不傷；人情莫不欲富，三王厚之而不困；人情莫不欲安，三王扶之而不危；人情莫不欲逸，三王節其力而不盡」，此漢文帝時鼂錯對賢良策語。此類之謂也。南軒張氏曰：所欲與聚，非惟壽富安逸之遂其志，用舍從違無不合其公願而後爲得也。

〇西山真氏曰：此章之要，在所欲與聚、所惡勿施二言。

「民之歸仁也，猶水之就下、獸之走壙也。走，音奏。

壙，廣野也。言民之所以歸乎此，以其所欲之在乎此也。新安陳氏曰：所欲與聚、所惡勿施，即所以仁民也，故民歸之。

「故爲淵敺魚者，獺也；爲叢敺爵者，鸇也；爲湯、武敺民者，桀與紂也。爲，去聲。敺，與「驅」同。獺，音闥。爵，與「雀」同。鸇，諸延反。

淵，深水也。獺，食魚者也。叢，茂林也。鸇，食雀者也。言民之所以去此，以其所欲在彼而所畏在此也。新安陳氏曰：彼謂湯、武，此謂桀、紂，如魚、雀之可全生者在淵叢，而得免死於獺、鸇也。

「今天下之君有好仁者，則諸侯皆爲之敺矣。雖欲無王，不可得已。好、爲、王，皆去聲。

南軒張氏曰：非利人之爲己敺也，特言其理之必然耳。循夫天理無利天下之心而天下歸之，此三王所以王也。假是道而亦以得天下者，漢、唐是也。故秦爲漢毆，隋爲唐毆，季世之君肆於民上，施施然自以爲安，而不知其爲人毆，哀哉！○新安陳氏曰：好仁之君出，不仁者皆爲毆民以歸之。

「今之欲王者，猶七年之病求三年之艾也。苟爲不畜，終身不得。苟不志於仁，終身憂辱以陷於死亡。王，去聲。

艾，草名，所以灸者，乾音干。久益善。夫音扶。病已深而欲求乾久之艾，固難卒倉没反。辦，然自今畜勑六反。之，則猶或可及；不然，則病日益深，死日益迫，而艾終不可得矣。王氏曰：艾以久爲善，不畜不足以活人之死。仁以久而熟，不積不足以拯國之危。○雲峯胡氏曰：三年之艾，不能畜之平日，而自今畜之猶可也。是故爲仁者，平日既無積久之功，今日不可無必爲之志。

「《詩》云：『其何能淑，載胥及溺。』此之謂也。」

《詩》，《大雅・桑柔》之篇。淑，善也。載，則也。助語。胥，相也。言今之所爲其何能善，則相引以陷於亂亡而已。慶源輔氏曰：至此則雖聖人亦末如之何矣。詳味引詩之言，則令人惕然警省，有不容自已者矣。○新安陳氏曰：此章綱領在一「仁」字。仁民之要，在所欲與聚、所惡勿施。能如是，則可以謂之好仁，而不仁者皆將毆民以歸之，其王天下也孰禦。

○孟子曰：「自暴者，不可與有言也；自棄者，不可與有爲也。言非禮義，謂之自暴也；吾身不能居仁由義，謂之自棄也。

暴，猶害也。非，猶毁也。自害其身者，不知禮義之爲美而非毁之。雖與之言，必不見信也。自棄其身者，猶知仁義之爲美，但溺於怠惰，自謂必不能行，與之有爲必不能勉也。程子曰：「人苟以善自治，則無不可移者，雖昏愚之至，皆可漸子廉反。磨而進也。惟自暴者拒之以不信，自棄者絶之以不爲，雖聖人與居，不能化而入也。此所謂下愚之不移也。」朱子曰：自暴者所言必非詆禮義，説没這道理，是之謂暴戾。我雖言而彼必不肯聽，是不足與言也。自棄者意氣卑弱，志趣凡陋，知有道理，甘心自絶以爲不能。我雖言仁義之美，彼此割斷了不肯做，是不足與有爲也。自暴者剛惡之所爲。自棄者柔惡之所爲。○言非禮義，以禮義爲非而拒之以不信。自暴，自賊害也。吾身不能居仁由義，自謂不能而絶之以不爲。自棄，自棄絶也。

「仁，人之安宅也；義，人之正路也。

仁宅，已見形甸反。前篇。義者，宜也。乃天理之當行，無人欲之邪曲，故曰正路。

「曠安宅而弗居，舍正路而不由，哀哉！」舍，上聲。

曠，空也。由，行也。○此章言道本固有而人自絶之，是可哀也。此聖賢之深戒，學者所當猛省悉井反。也。朱子曰：曠其安宅，則必放僻邪侈而安其所不可安之居矣。舍其正路，則必行險僥倖而由其所不可由之塗矣。安宅正路，人皆有之，而自暴自棄以至於此，是可哀也。○南軒張氏曰：仁言安宅者，謂其安而可處也。義言正路者，謂其正而可遵也。是二者，性之所有也。曠之舍之以自絶其天性，不亦可哀乎。〇雙峯饒氏曰：前面説自暴自棄兩等人，後面説不居不由又只指自棄者言之，何也？蓋非毁禮義之人已不可教誨矣。那不能爲底，只是爲之不勇耳，尚知得可居可由，猶爲可教。所以孟子只説此一項，自歎息那自棄之人有安宅而不居，有正路而不由，是可哀也。〇新安陳氏曰：「哀哉」二字，當令人發深省。夫自暴者，非詆天理，既不可與言，故絶望之。自棄者猶知天理之爲美，特甘於不能，故以本有者開示之。復哀憫以警聳之，猶致望之之意焉。此學者所以不可不猛省也。

〇孟子曰：「道在爾而求諸遠，事在易而求諸難。人人親其親、長其長，而天下平。」邇、爾，古字通用。易，去聲。長，上聲。

親長在人爲甚邇，親之長之在人爲甚易，而道初不外是也。舍上聲。此而他求，則遠且難而反失之。但人人各親其親、各長其長，則天下自平矣。南軒張氏曰：使人各親其親、各長其長，其本在人君親其親、長其長，以倡率之而已。親親，仁也；長長，義也。仁義本之躬而達之天下，豈非道之邇者乎？天下所以平者，實係乎此。豈非事之易者乎？味此數語，堯、舜、三王之治，可得而推矣！〇雲峯胡氏曰：此「道」字是天理之自然。此「事」字是人爲之當然。

〇孟子曰：「居下位而不獲於上，民不可得而治也。獲於上有道：不信於友，弗獲於上矣；信於友有道：事親弗悦，弗信於友矣；悦親有道：反身不誠，不悦於親矣；誠身有道：不明乎善，不誠其身矣。

獲於上，得其上之信任也。誠，實也。反身不誠，反求諸身而其所以爲善之心有不實也。

不明乎善，不能即事窮理，無以真知善之所在也。朱子曰：反身而誠，見其本具是理，而今不曾虧欠了他底。○問：「反諸身不誠？」曰：反諸身是反求於心，不誠是不曾實有此心。如事親以孝，須是實有這孝之心，若外面假爲孝之事，裹面却無孝之心，便是不誠矣。○獲上信友等皆以有道言，蓋有不由其道以求之者矣。若諛悦苟容以求獲乎上，便佞詭隨以求信乎友，阿意曲從以求悦乎親，冥行助長以求誠其身，皆是也。所謂誠身，能實踐其所明之善而有諸身之謂。○慶源輔氏曰：人孰無爲善之心，然隱微之際有一毫自欺之意，則其心便不實矣。人孰不知善之可爲，然不能即夫事以窮其理，而推極吾之知識，則所知者或未必真矣！**游氏曰：「欲誠其意，先致其知；不明乎善，不誠其身矣。**新安倪氏曰：引《大學》以證此章。致知即所以明善也。但誠意則以自脩之始言。誠身則以自脩之成言。誠意正心脩身，皆該於「誠身」二字中矣。**學至於誠身，則安往而不致其極哉。以内則順乎親，以外則信乎友，以上則可以得君，以下則可以得民矣。」**慶源輔氏曰：游氏之説，始則《大學》之次序，終則《中庸》之極功也。

「是故誠者，天之道也。思誠者，人之道也。

誠者，理之在我者皆實而無僞，天道之本然也；思誠者，欲此理之在我者皆實而無僞，人道之當然也。問：「思誠莫須明善否？」朱子曰：明善自是明善，思誠自是思誠。明善是格物致知，思誠是毋自欺謹獨。明善固所以思誠，而思誠上面又更有工夫在。誠者都是實理了。思誠者，恐有不實處，便思去實他。誠者天之道，天無不實，寒便是寒，暑便是暑，更不待使他恁地。聖人仁便真箇是仁，義便真箇是義，更無不實處。常人説仁時恐猶有不仁處，説義時恐猶有不義處，便須着思有以實之始得。○慶源輔氏曰：維天之命，於穆不已，至誠之理，天道之本然也。審思明辨，自强不息，思誠之事，人道之當然也。

「至誠而不動者未之有也。不誠未有能動者也。」

至，極也。楊氏曰：「動便是驗處，若獲乎上、信乎友、悦於親之類是也。」慶源輔氏曰：有感必有應，驗便是應處。極其誠，則合内外，平物我。感與應，皆非自外也。此其所以無有不動也。○雙峯饒氏曰：人要爲君取信，必須朋友稱譽薦進。然朋友所以稱譽，必能脩身齊家，方有可稱者。若是不説於親則何可稱之有。能説親必出於誠心乃可。這是推原誠身效驗如此。若説誠身工夫，則無間於事親、取友、事君、治民之際。誠到至處，自能動物，則以之事親而親悦，以之取友而友信，以之事君而君用，以之治民而民從，初無先後之分矣。**○此章述《中庸》孔子之言，見思誠爲脩身之本，而明善又爲思誠之本。**雲峯胡氏曰：此所謂思誠，即《中庸》所謂「誠之」，其工夫皆兼知行而言。思誠者，脩身之本，是脩身以知行爲先。明善又爲思誠之本，是知行之中又當以知爲先也。**乃子思所聞於曾子，而孟子所受乎子思者。**覺軒蔡氏曰：子思以誠之言人之道，而孟子易之以思誠。子思言形著動變，而孟子止於動者，以思出於心，於學者用功尤爲有力，而動者正指上文「獲上、信友、悦親」而言也。**亦與《大學》相表裏，學者宜潛心焉。**《大學章句》曰：其第五章乃明善之要。第六章乃誠身之本。○慶源輔氏曰：明善者，《大學》之本；誠身者，《中庸》之要。於此可見《中庸》、《大學》之相爲表裏，曾子、子思、孟子之相爲授受者，益不可誣矣。

○孟子曰：「伯夷辟紂，居北海之濱，聞文王作，興曰：盍歸乎來！吾聞西伯善養老者。太公辟紂，居東海之濱，聞文王作，興曰：盍歸乎來！吾聞西伯善養老者。辟，去聲。作、興，皆起也。言文王起而爲方伯。盍，何不也。西伯，即文王也。紂命爲西方諸侯之長，上聲。得專征伐，故稱西伯。太公，姜姓，呂氏，名尚。《史記·齊世家》：太公望呂尚者，東海人，其先祖嘗爲四嶽，佐禹平水土甚有功，虞夏之際封於呂，或封於申，姓姜氏。夏商之時，申呂或封支庶，子孫或爲庶人。尚其後苗裔也，本姓姜氏，從其封姓，故曰呂尚。西伯出獵，遇於渭之陽，曰「自吾先君太公望子久矣」，故號之曰「太公望」。文王發政，必先鰥寡孤獨，庶人之老，皆無凍餒，故伯夷、太公來就其養，非求仕也。慶源輔氏曰：恐人見太公後來佐武王伐商，遂以其來也，爲有求仕之意，故明辨之。太公之初歸周，無是意也。觀孟子以太公與伯夷並言，亦自可見。

「二老者，天下之大老也，而歸之，是天下之父歸之也。天下之父歸之，其子焉往？焉，於虔反。

二老，伯夷、太公也。大老，言非常人之老者。天下之父，言齒德皆尊，如衆父然。既得其心，則天下之心不能外矣。南軒張氏曰：張良歸漢，項氏以亡；孔明在蜀，炎綱幾振，亦庶幾爲當時之老者，其所繫輕重固如此。○慶源輔氏曰：「衆父」二字出《老子》，《集註》借用之，其義則謂衆人之父爾。○雙峯饒氏曰：既有齒又有德，故謂之大老，若常人則是年老而已。**蕭何所謂養民致賢以圖天下者，其意暗與此合**，《通鑑》：漢高帝元年二月，項羽立沛公即高祖。爲漢王，王巴蜀漢中。都南鄭，而分關中王秦，降將章邯等三人，以距漢路。漢王怒，欲攻項羽，周勃、灌嬰、樊噲皆勸之。蕭何諫曰：「雖王漢中之惡，不猶愈於死乎？能詘與「屈」同。於一人之下，而信「伸」同。於萬乘之上者，湯、武是也。臣願大王王漢中，養其民以致賢人，收用巴蜀，還定三秦，天下可圖也。」**但其意則有公私之辨，學者又不可不察也。**慶源輔氏曰：蕭何之説，是欲爲此以圖天下，有爲而爲，所謂私也。文王之爲此，則初無所爲也，行吾義而已，所謂公也。二老之歸，乃其自然之應爾。

「**諸侯有行文王之政者，七年之內，必爲政於天下矣。**」

七年以小國而言也。大國五年，在其中矣。

○孟子曰：「**求也爲季氏宰，無能改於其德，而賦粟倍他日。**

孔子曰：『求非我徒也，小子鳴鼓而攻之可也。』

求，孔子弟子冉求。季氏，魯卿。宰，家臣。賦，猶取也，取民之粟倍於他日也。小子，弟子也。鳴鼓而攻之，聲其罪而責之也。

「**由此觀之，君不行仁政而富之，皆棄於孔子者也。況於爲之强戰？爭地以戰，殺人盈野；**

争城以戰，殺人盈城。此所謂率土地而食人肉，罪不容於死。爲，去聲。

林氏曰：「富其君者，奪民之財耳，而夫子猶惡去聲。之。况爲去聲。土地之故而殺人，使其肝腦塗地，則是率土地而食人之肉。其罪之大，雖至於死猶不足以容之也。」范氏曰：天地大德曰生，聖人所以守位曰仁。孔子曰：「斷一木，殺一獸，不以其時，非孝也。草木鳥獸，殺之不以時，則逆天地之理，猶爲不孝，况於人命，可不重哉？」○和靖尹氏曰：湯、武之征，以正伐不正，救民於塗炭也。戰國之戰，以亂益亂，殘人民耳，而求富之，爲之强戰，是何異於助桀而富桀也？○慶源輔氏曰：率，猶循也，由也。率土地而食人肉，謂以土地之故殺人而使之肝腦塗地，則是由土地而食人之肉也，其罪之大，雖至於死猶不足以容之，言罪大而刑小，如所謂死有餘辜也。

「故善戰者服上刑，連諸侯者次之，辟草萊、任土地者次之。」辟，與「闢」同。

善戰，如孫臏、音牝，齊威王臣。吴起衛人，爲魏文侯將。之徒。連結諸侯，如蘇秦、洛陽人。張儀衛人。之類。辟，開墾口本反。也。任土地，謂分土授民，使任耕稼之責，如李悝枯回反。盡地力，商鞅以兩反。開阡陌之類也。《前漢·食貨志》：戰國時，李悝爲魏文侯作盡地力之教，以爲地方百里，提封九萬，須除山澤邑居參分去一，爲田六百萬畮，治勤謹，則畮益三升。服虔曰：與之三升也。臣瓚曰：當言三斗，謂治田勤則畮加三斗也。不勤則損亦如之。地方百里之增減，輒爲粟八百十萬石矣。又曰：糴甚貴傷民，謂士、工、商也。甚賤傷農。民傷則離散，農傷則國貧。故甚貴與甚賤，其傷一也。善爲國者，使民無傷而農益勸。今一夫挾五口，治田百畮，歲收畮一石半，爲粟百五十石，除十一之稅十五石，餘百三十五石。食，人月一石半，五人終歲爲粟九十石，餘有四十五石。石三十，爲錢千三百五十，除社閭嘗新春秋之祠用錢三百，餘千五十。衣，人率用錢三百，五人終歲用千五百，不足四百五十。不幸疾病死喪之費，及上賦斂，又未與此。此農夫所以常困，有不勸耕之心，而令糴至於甚貴者也。善平糴者，必謹觀歲上中下熟。大熟則上糴三而舍一，中熟則糴二，下熟則糴一，使民適足，價平而止。小飢則發小熟之所藏，中飢則發中熟之所藏，上飢則發上熟之所藏。雖遇飢饉水旱，糴不貴而民不散。○《通鑑》：周顯王十九年，秦孝公十二年也。秦商鞅令民父子兄弟同室内息者爲禁，并諸小鄉聚集爲一縣，縣置令丞。廢井田，開阡陌，路南北曰阡，東西曰陌。平斗甬權衡丈尺。○問：「如李悝盡地力，不過亦教民而已，孟子何以謂任土地者亦次於刑。」朱子曰：只爲他是欲富國，不是欲爲民，但强占地開墾將去，欲爲己物耳，皆爲君聚斂之徒也。○阡陌便是井田，一横一直，如遂上有涂，這便是陌；洫上有路，這便是阡。自阡陌之外有地，則只閑在那裏，先王所以如此者，乃是要正經界，恐人相侵占。今商鞅却破開了，遇可做田處便做田，更不要整齊。這開字非開創之開，乃開闢之開。《蔡澤傳》曰：「破壞井田，决裂阡陌，觀此可見。」○南軒張氏曰：自當時言之，孰不以爲大功，而先王以爲大戮，治世之所誅，而時君之所賞。孟子之言及此，蓋正誼明道，以遏人欲之横流也。○慶源輔氏曰：戰國之時，人君之所求，與士之所以自任者，不過有此三等。故孟子因列之，而言其罪以遏其流，雖是救時之言，然士而以此三者得名，則世德之衰可知矣。

○**孟子曰：「存乎人者，莫良於眸子。眸子不能掩其惡。胸中正，則眸子瞭焉；胸中不正，則眸子眊焉。**眸音牟。瞭音了。眊音耄。

良，善也。眸子，目瞳子也。瞭，明也。眊者，蒙蒙，目不明之貌。蓋人與物接之時，其神在目。故胸中正，則神精而明；不正，則神散而昏。慶源輔氏曰：心正，則安裕完固，故其神之見於目者，精聚而明白。心不正，則驚惕掩覆，故神之見於目者，渙散而昏暗。此其所謂不能掩者也。○自體察之可見。神若不在，則目雖見物，猶無見也。都不能有所識別矣。

「聽其言也，觀其眸子，人焉廋哉？」焉，於虔反。廋音搜。

廋，匿也。言，亦心之所發，故并此以觀，則人之邪正不可匿矣。然言猶可以僞爲，眸子則有不容僞者。南軒張氏曰：聽其言而又參之以眸子，則無所遁矣。此言與孔子「人焉廋哉」之言同，而爲説則異。夫子之言，爲旋觀其人説，孟子之言，一見而欲識其大綱也。若夫睟面盎背，施於四體，四體不言而喻者，則望而知其爲德人，有不待考察者矣。學者讀此，非獨可得觀人之法，又當知檢身之要。私心邪氣，其可頃刻而有邪？一萌諸中，而昭昭然不可掩矣，可不懼哉？○西山真氏曰：目者精神之所發，而言者心術之所形，故審其言之邪正，驗其目之明昧，而人之賢否不可掩焉。此觀人之一法也。○勿軒熊氏曰：孔子之觀人，是觀乎其内，孟子是觀乎其外。二章互看，君子小人之情狀不可逃矣。○新安陳氏曰：趙氏註：「目爲神候，精之所在，存而察之，善惡不隱。」蓋以「在察」解「存乎人」之「存」字。然以《易·繫辭》「存乎其人」、「存乎德行」之類觀之，只輕輕説過，不必訓爲察也。

○孟子曰：「恭者不侮人，儉者不奪人。侮奪人之君，惟恐不順焉，惡得爲恭儉？恭儉豈可以聲音笑貌爲哉？」惡，平聲。

惟恐不順，言恐人之不順己。聲音笑貌，僞爲於外也。雙峯饒氏曰：孟子就侮人奪人上説，見得非泛言恭儉，亦是爲國君言之。當時國君必有名爲恭儉者，但無故而加兵於他人之國，便是侮人。無故而取人之土，便是奪人。安得謂之恭儉？○雲峯胡氏曰：孟子嘗言賢君必恭儉禮下，取於民有制。蓋惟恭者必禮下而不侮人，儉者必取民有制而不奪人，不侮者恭之驗，不奪者儉之驗，否則惟恐人不順己驕侈之欲耳。《書》曰：「恭儉惟德，無載爾僞。」不侮不奪者，恭儉之實事；不以聲音笑貌爲者，恭儉之實德。有是實德，則有是實事。無恭儉之實德，則聲音笑貌載爾僞耳。天理人欲之分，誠實虛僞之判也，其亦擴天理而遏人欲與？

○淳于髡曰：「男女授受不親，禮與？」孟子曰：「禮也。」曰：「嫂溺則援之以手乎？」曰：「嫂溺不援，是豺狼也。男女授受不親，禮也；嫂溺援之以手者，權也。」

淳于，姓。髡，名。齊之辯士。授，與也。受，取也。古禮男女不親授受，以遠去聲。**別**必列反。**也。**禮之經也。○《禮記·内則》：「男不言内，女不言外，非祭非喪，不相授器。其相授，則女授以篚，其無篚，則皆坐奠之，而后取之。」**援，救之也。權，稱**去聲。**錘**直垂反。**也，稱物輕重而往來以取中者也。**此釋「權」字之義。**權而得中，是乃禮也。**朱子曰：事有緩急，理有大小，此等處皆須以權稱之。○北溪陳氏曰：「權」字乃就稱錘上取義，稱錘之爲物，能權輕重以取平，故名曰權。權，變也。在衡有星兩之不齊，權便移來移去，隨物以取平，亦猶人之用權度、揆度事物以取其中相似。又曰：知中然後能權，由權然後得中。中者，理所當然而無過不及者也。權者，所以度事理而取其當然，使無過不及者也。○慶源輔氏曰：若是經禮，更何須權？惟是那經禮有行不得處，故須用權以取中。權而得中，是乃禮也。若權而不得中，則陷乎漢儒權變權術之域矣。豈可謂之權乎？○新安陳氏曰：此乃禮之權而不背乎經者也。

曰：「今天下溺矣，夫子之不援，何也？」

言今天下大亂，民遭陷溺，亦當從權以援之，不可守先王之正道也。

曰：「天下溺，援之以道；嫂溺，援之以手。子欲手援天下乎？」

言天下溺，惟道可以捄與「救」同。之，非若嫂溺可手援也。今子欲援天下，乃欲使我枉道求合，則先失其所以援之之具矣。是欲使我以手援天下乎？○此章言直己守道，所以濟時；枉道徇人，徒爲失己。朱子曰：古人所以捄世，以有道也。既自放倒矣，天下豈一手可援哉？○南軒張氏曰：不授受，固禮之經，嫂溺則遭變矣，援以手者，遭變而處之之道當然也。不援，則失道而陷於禽獸，然則其權也，豈非所以爲不失其經也與？髡因言孟子在今日，似當少貶其道，用權以救世。孟子謂天下之溺當援以道，若道先枉，則將何以援之？孟子之不少貶以求濟，是乃援溺之本，天下之大經也。

○公孫丑曰：「君子之不教子，何也？」

不親教也。

孟子曰：「勢不行也。教者必以正，以正不行，繼之以怒。繼之以怒，則反夷矣。『夫子教我以正，夫子未出於正也。』則是父子相夷也。父子相夷，則惡矣。

夷，傷也。教子者，本爲去聲。愛其子也，繼之以怒，則反傷其子矣。父既傷其子，子之心又責其父曰：「夫子教我以正道，而夫子之身未必自行正道。」則是子又傷其父也。

「古者易子而教之。

易子而教，所以全父子之恩，而亦不失其爲教。朱子曰：易子而教，考之孔子亦然。若孔子自教其子，則鯉所未學必有以知之，又奚問焉？陳亢稱君子遠其子，亦可見也。

「父子之間不責善。責善則離，離則不祥莫大焉。」

責善，朋友之道也。龜山楊氏曰：父子之間雖不責善，豈不欲其爲善？然必親教之，其勢必至於責善。○南軒張氏曰：養恩於父子之際，而以責善望之師，仁之篤而義之行也。○新安陳氏曰：父子主恩，朋友責善，當主恩而行責善，則傷恩而易至於離矣。○王氏曰：「父有爭去聲。下同。子，何也？所謂爭者，非責善也。當不義，則爭之而已矣。父之於子也如何？曰，當不義，則亦戒之而已矣。」慶源輔氏曰：王氏最得孟子之正意。責善，謂責之使必爲善也。責之使必爲善，則便有使之捐其所能、去其所劣之意，故必至於相傷，至其所爲或背理而害義，則豈可坐視而不管？故在子則當爭，在父則亦當戒切之也。○雙峯饒氏曰：王荆公所謂爭，則下氣怡聲和悦以爭之。所謂戒，亦訓敕之而已。○新安陳氏曰：父之於子，正身率之，以責善望師友，固也。然遇不賢之子，不得已亦當自教戒之。若懼傷恩而全不教戒，及其不肖，徒諉曰其子之賢不肖，皆天也。此所謂慈而敗子矣。孟子之言，經也。此所云，權也。權以濟經，非反乎經也。

○孟子曰：「事孰爲大？事親爲大。守孰爲大？守身爲大。不失其身而能事其親者，吾聞之矣；失其身而能事其親者，吾未之聞也。守身，持守其身，使不陷於不義也。一失其身，則虧體辱親，雖日用三牲之養，去聲。亦不足以爲孝矣。新安陳氏曰：初言事君事長，皆事也，事親爲事之大；守國守官，皆守也，守身爲守之大。二者分開平說。繼言不失身則能事親，二貫爲一，分重輕說。不失其身，即是守身。能守身，方能事親。此與前章悦親在於誠身同意。

「孰不爲事？事親，事之本也；孰不爲守？守身，守之本也。事親孝，則忠可移於君，順可移於長。上聲。○新安陳氏曰：此事親所以爲事之本。身正，則家齊國治去聲。而天下平。新安陳氏曰：此守身所以爲守之本。○「事之本」、「守之本」照應章首四句。分二者平説，惟其爲本，所以見其爲大。

「曾子養曾皙，必有酒肉；將徹，必請所與；問有餘，必曰『有』。曾皙死，曾元養曾子，必有酒肉；將徹，不請所與；問有餘，曰『亡矣』。將以復進也。此所謂養口體者也。若曾子，則可謂養志也。養，去聲。復，扶又反。

此承上文事親言之。曾晳，名點，曾子父也。曾元，曾子子也。曾子養其父，每食必有酒肉。食畢將徹去，必請於父曰：「此餘者與誰？」或父問此物尚有餘否？必曰「有」。恐親意更欲與人也。曾元不請所與，雖有言無，其意將以復進於親，不欲其與人也。此但能養父母之口體而已。曾子則能承順父母之志而不忍傷之也。南軒張氏曰：守身所以事親也，身失其道，將何以事親？反復言之，欲人以守身爲事親之本也。若曾子者，可謂能盡守身事親之道者矣。故舉其養志之事，以爲人子之法。○慶源輔氏曰：養父母之口體者，其事淺；承順父母之心志者，其思深。夫子之於父，異體同氣，至親至密。故事之者，當先意承事，必能聽於無聲，視於無形，然後爲至。若必待其言而後從，固已不可，况於先立其意以拂其親之欲，唯口體是養而不恤其心志之虧乎？○雙峯饒氏曰：曾子養志，是承順他好底意思，曾晳不私其口體之奉，常有及物之心，這便是好底意思，曾子便能承順他，蓋緣曾子意思亦是如此。曾元便不然矣。孟子舉必有酒肉以爲養親之法，凡有好底意思，皆要承順而推廣之。若是不好底意思，則不當承順。要喻之使合於道，方謂之孝。孟子舉曾子、曾元，作兩箇例頭。是事親者，須是養志，若養口體，末也。○新安陳氏曰：此章前以守身爲事親之本，所以論其理，及後實之以事，則惟舉曾子之事親而守身不及焉。雖曾子之戰兢臨履，得正而斃，尤善守身，而辭未之及。《集註》於此一節，只曰「此承上文事親言之」。然觀曾子，養志如此，惟恐一毫咈其親之志。欲子之不失其身，尤父之志之大者。一飲食間，尚體承親志如此，則立身行己間。所謂身也者，親之枝也，行父母之遺體，敢不敬乎？ 其能謹守此身以承親志，不言可知矣。 南軒謂「曾子能盡守身事親之道，故舉其養志之事者」，最爲得之云。

「事親若曾子者，可也。」

言當如曾子之養志，不可如曾元但養口體。 **程子曰：「子之身所能爲者，皆所當爲，無過分**去聲。 **之事也。 故事親若曾子可謂至矣，而孟子止曰『可也』，豈以曾子之孝爲有餘哉？」**程子曰：「孟子云事親若曾子可也，吾以爲事君若周公可也。 蓋子之事父、臣之事君，聞有自知其不足者矣，未嘗聞其以爲有餘也。 周公之功固大矣，然臣子之分所當爲也，安得獨用天子之禮乎？」又曰：「子之事父，其孝雖過於曾子，畢竟是以父母之身做出來，豈是分外事？ 若曾子者，僅可以免責耳。臣之於君，猶子之於父也。 假如功業人於周公，亦是以君之人民勢位做出來，而謂人臣所不能爲可乎。」○慶源輔氏曰：孟子只平說去，曰事親若曾子可也。 至程子方看得「可也」二字有深意，以此知讀書不可不熟讀玩味。 ○新安陳氏曰：此章前言守身爲事親之本，後言養志爲養親之大。

○孟子曰：「人不足與適也，政不足間也。 惟大人爲能格君心之非。 君仁莫不仁，君義莫不義，君正莫不正。 一正君而國定矣。」適音謫。 間，去聲。

趙氏曰：「適，過也。 間，非也。 格，正也。」徐氏名度，字孝節，睢陽人。 **曰：「格者，物之所取正也。 《書》曰：『格其非心。』」**朱子曰：格如「合格」之「格」，謂使之歸于正。 ○蔡氏曰：非心，非僻之心也。愚謂「間」字上亦當有「與」字。言人君用人之非，不足過適；與「謫」同。行政之失，不足非間。惟有大人之德，則能格君心之不正以歸于正，而國無不治去聲，下同。矣。新安陳氏曰：仁本義用，正包仁義言之。仁義，所以正也。《集註》所以不提仁義。大人者，大德之人，正己而物正者也。朱子曰：大人格君心之非，此是精神意氣自有感格處，然亦須有箇開導底道理，不但默默而已。伊川解遇主于巷云：「至誠以感動之，盡力以扶持之，明理義以致其知，杜蔽惑以誠其意。」正此意也。○程子曰：「天下之治亂，繫乎人君之仁與不仁耳。心之非，即害於政，不待乎發之於外也。昔者孟子三見齊王而不言事，門人疑之。孟子曰：『我先攻其邪心，《荀子·大略篇》：孟子三見齊王而不言事，門人曰：「曷爲三遇齊王而不言事？」孟子曰：「我先攻其邪心。」心既正，而後天下之事可從而理也。』夫音扶。政事之失，用人之非，知去聲。者能更平聲，下同。之，直者能諫之。然非心存焉，則事事而更之，後復扶又反，下同。有其事，將不勝平聲，下同。其更矣；人人而去上聲，下同。之，後復用其人，將不勝其去矣。是以輔相去聲。之職，必在乎格君心之非，然後無所不正。而欲格君心之非者，非有大人之德，則亦莫之能也。」朱子曰：孔子不能格定哀，孟子不能格齊宣，要之有此理在我，而在人者不可必。○南軒張氏曰：後世道學不明，論治者，不過及於人才政事而已，孰知其本在於君心，又孰知格君之本乃在於吾身乎？○慶源輔氏曰：《集註》解得「格」字義分曉，所謂大人者，道全德備，譽望足以弭其邪心，容色足以消其逸志。非但取辨於頰舌之間、諫争之際而已也。然無大人之德，與學而有言責者，則又不可以是藉口。○雙峯饒氏曰：大人，是伊周之徒，他人當不得。

○孟子曰：「有不虞之譽，有求全之毁。」

虞，度徒洛反。也。吕氏曰：「行去聲。不足以致譽而偶得譽，是謂不虞之譽。求免於毁而反致毁，是謂求全之毁。言毁譽之言未必皆實，脩己者不可以是遽爲憂喜，觀人者不可以是輕爲進退。」慶源輔氏曰：《集註》既得孟子本意，又續以此二言，於人己兩有所益。○雙峯饒氏曰：我去譽他人之譽，平聲，得此譽於他人，去聲。譽本是美人之好處，但對「毁」字説，則二者皆有不得其真之意。○雲峯胡氏曰：毁譽已自是非真，况脩己而遽以是爲憂喜，必至於失己。觀人而輕以是爲進退，必至於失人。

○孟子曰：「人之易其言也，無責耳矣。」易，去聲。

人之所以輕易其言者，以其未遭失言之責故耳。蓋常人之情，無所懲於前，則無所警於後。非以爲君子之學必俟有責而後不敢易其言也。然此豈亦有爲去聲。而言之與？音余。○慶源輔氏曰：謹言語自是君子之庸行，何待於有責而後然。

○孟子曰：「人之患在好爲人師。」好，去聲。

王勉曰：「學問有餘，人資於己，不得已而應之可也。若好爲人師，則自足而不復扶又反。

有進矣。此人之大患也。」新安陳氏曰：不得已者，不自知其有餘，無意於爲人師而人自師之。好云者，自見其有餘，有意於爲人師，而人未必心悦誠服以師之。○雲峯胡氏曰：通上章兩「人」字，爲泛然之衆人而言也，與《大學》「正心」、「脩身」兩章之「人」字不異。

○樂正子從於子敖之齊。

子敖，音遨。王驩字。

樂正子見孟子。孟子曰：「子亦來見我乎？」曰：「先生何爲出此言也？」曰：「子來幾日矣？」曰：「昔者。」曰：「昔者，則我出此言也，不亦宜乎？」曰：「舍館未定。」曰：「子聞之也，舍館定，然後求見長者乎？」長，上聲。

昔者，前日也。館，客舍也。王驩，孟子所不與言者，則其人可知矣。樂正子乃從之行，其失身之罪大矣。又不早見長者，則其罪又有甚者焉。故孟子姑以此責之。新安陳氏曰：從小人爲失身，一罪也。不早見長者，又一罪也。孟子且以後一罪責之。

曰：「克有罪。」

陳氏曰：「樂正子固不能無罪矣，然其勇於受責如此，非好去聲。善而篤信之，其能若是乎？世有强辯飾非，聞諫愈甚者，又樂正子之罪人也。」新安陳氏曰：樂正子，善人也，信人也，所以能好善而篤信之。惟好善篤信，所以勇於服義自以爲罪，亦可尚也。

○孟子謂樂正子曰：「子之從於子敖來，徒餔啜也。我不意子學古之道而以餔啜也。」餔，博孤反。啜，昌悅反。

徒，但也。餔，食也。啜，飲也。言其不擇所從，但求食耳。此乃正其罪而切責之。朱子曰：王驩齊幸臣，蓋欲自託於孟子以取重。使滕王以爲介，孟子未嘗與言。吊公行子，又不與言，絶之深矣。樂正子不察，輕身從之，意特藉其資粮輿馬以見孟子而已，故以餔啜罪之。若孟子所以去齊，其詳雖不可考，疑驩以是積憾而遂去也。○南軒張氏曰：克既館於子敖，則未免制於子敖，故舍館定，始得見其師。觀此二章，則知君子之處已不可以不嚴，而所與不可不謹也。○雙峯饒氏曰：此二章只一件事，樂正子方來，孟子不欲便責之，後卻正其罪，所以分作兩章。樂正子初意只欲來齊見孟子，依王驩來，省粮食之費，視爲無緊要事。殊不知一失身從之，便是因失其親，將來王驩或薦引之，則那時去就愈難處，孟子所以切責之。○趙氏曰：樂正子能勇於受責，然後孟子正其罪而切責之。所謂可與言而後與之言者也。

○孟子曰：「不孝有三，無後爲大。

趙氏曰：「於禮有不孝者三事。謂阿意曲從，陷親不義，一也；家貧親老，不爲禄仕，二也；不娶無子，絶先祖祀，三也。三者之中，無後爲大。」慶源輔氏曰：此必見於古傳記，趙氏時其書尚存，故引之，今則不復存矣。阿意曲從、陷親不義者，懦也。家貧親老、不爲禄仕者，惰也。不娶無子、絶先祖祀，則因循苟且，亂常咈理，不仁之甚也。故於三者之中，最爲不孝之大者。○雙峯饒氏曰：

此三者不是尋常不孝底事。奉順，孝也，但阿意曲從、陷親於不義則不可。非其道不仕，孝也，家貧親老而不祿仕則不可。告而後娶，孝也，但告則不得娶以至無子絶祀則不可。趙氏以意度説自好，所以朱子不破其説。

「舜不告而娶，爲無後也，君子以爲猶告也。」「爲無」之爲，去聲。

舜告焉則不得娶，而終於無後矣。告者，禮也，不告者，權也。新安陳氏曰：告者，禮之正也，經也。不告者，禮之變也，權也。**猶告，言與告同也。蓋權而得中，則不離**去聲。**於正矣。**○**范氏曰：「天下之道，有正有權。正者萬世之常，權者一時之用。常道人皆可守，權非體道者不能用也。**新安陳氏曰：體道，謂全體此道於身，與道爲一者也。**蓋權出於不得已者也。若父非瞽瞍，子非大舜，而欲不告而娶，則天下之罪人也。」**程子曰：舜不告而娶，堯得以命瞽瞍使舜娶，舜雖不告，堯告之也，以君詔之而已。○朱子曰：以事理度之，意其未及告而受堯之命耳。其後固不容不告，而遂娶以歸也。○新安倪氏曰：人之大倫，君親爲重。湯放桀，武王伐紂，而孟子謂聞誅一夫未聞弑君，此處君臣之變而不失其正者也。舜不告而娶，而孟子謂君子以爲猶告，此處父子之變而不失其正者也。然惟聖人體道之至，乃能權而得中。若未能然，而欲引以藉口，則誠得罪於天下萬世矣。故《集註》於前章曰：「惟在下者有湯武之仁，在上者有桀紂之暴則可，不然，是未免於簒弑之罪也。」於此章曰：「若父非瞽瞍，子非大舜，而欲不告而娶，則天下之罪人也。」皆所以補孟子未足之意，嚴萬世之大戒，而扶植君臣父子之綱，《集註》之有功於世教也大矣。

○孟子曰：「仁之實，事親是也；義之實，從兄是也；

仁主於愛，而愛莫切於事親；義主於敬，而敬莫先於從兄。故仁義之道其用至廣，而其實不越於事親從兄之間。蓋良心之發，最爲切近而精實者。有子以孝弟爲爲仁之本，其意亦猶此也。

朱子曰：「實」字，有對名而言者，謂「名實」之「實」。有對理而言者，謂「事實」之「實」。有對華而言者，謂「華實」之「實」。今這「實」字，正是「華實」之「實」。仁之實，本只是事親，推廣之，愛人利物無非是仁。義之實，本只是從兄，推廣之，弟長忠君無非是義。事親從兄便是仁義之實，推廣出去者，乃是仁義之華采。○「實」對「華」而言，凡仁義之見於日用者，惟此爲本根精實之所在，必先立乎此，而後其光華枝葉有以發見於事業之間焉。且如愛親，仁民愛物，無非仁也，但是愛親乃是切近而真實者，乃是仁最先發處，義之實亦然。○覺軒蔡氏曰：有子以孝弟爲爲仁之本，孟子乃以事親屬之仁，從兄屬之義，若不同矣。朱子乃以爲其意亦猶此，何耶？蓋有子言仁，專言之仁也。孟子言仁義，偏言之仁也。事親主乎愛而已，義則愛之宜者也。合而言之，推其事親者以從兄，此孝弟所以爲爲仁之本。分而言之，則事親而孝，從兄而弟，所以爲仁義之實也。○西山真氏曰：仁義之道大矣，而其切實處只在事親從兄。蓋二者人之良知良能，天性之真，於焉發見。欲爲仁義者，惟先體認踐行於此而充廣之，則其道生生而不窮，否則悠悠然、泛泛然，非可據之實地矣。○勿軒熊氏曰：此「實」字之訓，當如果核之實。○新安陳氏曰：洙泗言仁，孟氏始每言仁義。言仁渾淪言之，言其理一者也。故總言孝弟以明親親，見親親爲仁民愛物之本也。言仁義分別言之，言理一中之分殊者也。故以事親爲仁之實，從兄爲義之實也。《集註》謂有子之意亦猶此者，蓋以本立於孝弟，而仁道自此而生，與仁義之實盡於事親從兄，而仁義之道其華采亦皆自此而生，此意有相似者耳。

「**智之實，知斯二者弗去是也；禮之實，節文斯二者是也；樂之實，樂斯二者，樂則生矣；生則惡可已也，惡可已，則不知足之蹈之，手之舞之。**」「樂斯」、「樂則」之樂音洛。惡，平聲。**斯二者，指事親從兄而言。知而弗去，則見之明而守之固矣。節文，謂品節文章。樂則生矣，謂和順從**七容反。**容無所勉强，**上聲。**事親從兄之意油然自生，如草木之有生意也。既有生意，則其暢茂條達自有不可遏者，所謂惡可已也。其又盛，則至於手舞足蹈而不自知矣。**新安陳氏曰：手舞足蹈，天理之真樂形見於動容之間而不自知者也。○**此章言事親從兄，良心真切，天下之道皆原於此。然必知之明而守之固，然後節之密而樂之深也。**朱子曰：此一段緊要在五箇「實」字上，如仁是親親仁民愛物，義是長長貴貴尊賢。然在家時未便到仁民愛物，未事君時未到貴貴，未從師友時未到尊賢，且須先從事親從兄上做將去，這箇便是仁義之實。仁民愛物、貴貴尊賢，便是仁義之英華。若理會得這箇，便知得其他，那分明見得而守定不移，便是智之實。行得恰好，便是禮之實。由中而出無所勉强，便是樂之實。大凡一段中必有緊要處，這一段便是這箇「實」字緊要。○問：「樂則生矣，生則惡可已也？」曰：如今恁地勉强安排，如何得樂？到得常常做得熟，自然浹洽通快，周流不息，油然而生不能自已。只是要到樂處，實是難在。若只恁地把捉安排，纔忘記又斷了，這如何得樂？如何得生？○節者，等級也。文是裝裹得好，如升降揖遜之類也。○蔡氏曰：既曰

「知斯二者」，又曰「弗去者」，《易》曰「貞固足以幹事」。「貞固」二字，朱子云：「知正之所在而固守之，所謂知而弗去是也。」體仁、嘉會、利物皆一意，而「貞固」獨有二字意。貞則知之真，固則守之固。蓋萬物之成始而成終，所以爲貞也。惻隱、羞惡、辭遜皆是一面道理，而是非獨有兩面，則智之爲二可知矣。又推之凡屬北方者皆有二，如五行水、土俱旺於子，五藏心、肝、脾、肺皆一而腎獨二，四方青龍、朱雀、白虎皆一而玄武獨二，造化之妙，莫不皆然。此貞之所以成終而作始，智之所以知之而又弗去也。但孟子此章只以仁義爲本，而又以事親從兄爲行仁義之本，蓋事親從兄，乃良心之發最爲切近而精實者也。智則吾心虛靈知覺之妙，經緯乎其中者也。終之以禮樂，又所以節之樂之，使良心之發油然生生而不能自已者也。若智之知而弗去，與禮之節文，猶是守之也。到得樂則生而不知手舞足蹈，則化之矣。此學問之極功也。○慶源輔氏曰：知既明則自然弗去，如人知水火之不可蹈，則自然不蹈也。人既知親之當愛兄之當敬，孰肯舍其親而不愛、舍其兄而不敬者？其有不愛不敬者，蓋其智爲物昏而知之不明，非智矣。事親自有事親之節文，從兄亦然。粗言之，如溫清定省、徐行後長之類，各有品節文理，便是禮之實。不知手舞足蹈，此聖人之作樂所以必有舞也。樂之之意至於充盛之極，則不假言說，心意自然形見，血脉自然動盪，手舞足蹈皆自然而然，不待心使之然，故不自知也。○和順從容，不待勉强，事親從兄之意油然而生，如草木之有生意，是樂之實。○草木既有生意，則日長月茂無一息之停，孰能遏而止之哉？事親從兄之意油然自生，則亦如草木之有生意，自然日日暢滿茂盛，條理通達，自無一息之停，又烏得而遏之哉？○事親從兄是良心之真切，仁與義是斯道之統會。若便恁地説過，亦只是説話，須是以人體之方可。所謂必知之明而守之固，然後節之密而樂之深者，此正如魚之飲水，冷暖自知，非言語之能盡也。○雙峯饒氏曰：實，如果實包得許多生意在其中，萌芽枝葉皆由此生。初焉五者只在事親從兄兩件內，如兩箇果實然。少焉知得這箇，節文這箇，樂這箇，到生而惡可已，皆此實內萌芽發甲到枝葉蕃茂處。此章與《論語》本立而道生相似，前面事親從兄是爲仁之本，後面智禮樂是道生，但有子說得偏，孟子說得全。○節是限節，文是文章，如及階是節，揖是文，親親之殺，尊賢之等，此節文也。就親親中而言，則又有親疏，迤邐到仁民愛物上，亦是節文。纔到節文處，功用便廣了。天理之節文，作靜字看。節文斯二者，作動字看。此章說得皆活，亦當活看。○禮樂合精粗本末而言，到樂處則道理自然生。○此章不言信者，實則信在其中。○此章有經緯，仁義是經，禮樂智是緯。○莆田黃氏曰：前四箇「是也」字，都是說用工處，到樂處便不說「是也」字了。這處最要看所以樂、所以生者如何。「生」字與「實」字相應，實是箇生生種子，這種子只在人腔殼子裏，驗之吾身，事親從兄，是從源頭發見處說。知弗去，是就體認操存處說。節文，是就纖悉微密處說。樂，是就成熟結果處說。生惡可已，如碩果不食，善端萌蘗更無歇時，足蹈手舞，只是形容枝幹暢茂、花萼敷榮、可玩可悅處。○張氏彭老。曰：孟子所謂實，即有子所謂本，本立而道生，與樂則生矣，此兩「生」字最可觀。譬之果木有根本而後生枝葉，有核實而後生萌芽。生則惡可已也，果木之生惡可已，則不知其枝之繁葉之茂也。人心天理之生惡可已，則不知其足之蹈手之舞也。○雲峯胡氏曰：前兩「實」字是就人本心上說，下三「實」字是就工夫上說。○新安陳氏曰：味「必」字與「然後」字，《集註》實歸重於知而弗去之智，智配貞，貞者正而固也。果能於事親從兄，知之既明，守之又固，然後節之密，樂之深始可言耳。密，與「文理密察」之「密」同，禮之節文，不厭其密，樂至於生，生惡可已，舞蹈而不自知，斯可以謂之深矣。

○孟子曰：「天下大悅而將歸己，視天下悅而歸己猶草芥也，惟舜爲然。不得乎親，不可以爲人；不順乎親，不可以爲子。

言舜視天下之歸己如草芥，而惟欲得其親而順之也。得者，曲爲承順以得其心之悅而已。順，則有以諭之於道，心與之一而未始有違，尤人所難也。爲人，蓋泛言之。爲子，則愈密矣。朱子曰：「人」字只大綱說，「子」字却說得重。固有人承順顏色，看父母做事不問是非，一向不逆其志，這是得親之心，然猶是淺事。惟順乎親，則親之心皆順乎理，必如此而後可以爲子，此所以爲尤難也。○雙峯饒氏曰：順親者，父母所爲合乎道，子所爲亦合乎道，彼此無違逆之謂，非順從之順也。問：「如何可以諭之於道？」曰：所謂先意承志諭父母於道，父母之意未發，我便做道理承順其志而諭之於道。爲人子不特得父母之心，又能諭父母於道，方謂之孝。

「舜盡事親之道而瞽瞍厎豫，瞽瞍厎豫而天下化，瞽瞍厎豫而天下之爲父子者定，此之謂大孝。」

瞽瞍，舜父名。厎，致也。豫，悅樂音洛。**也。瞽瞍至頑，嘗欲殺舜，至是而厎豫焉。《書》所謂「不格姦」、「亦允若」是也。**《書·舜典》：「瞽子，父頑母嚚，象傲，克諧以孝，烝烝乂，不格姦。」

言舜乃瞽瞍之子，不幸遭父頑母嚚，及其異母弟名象者亦驕傲，而能和以孝，使之進進以善自治，而不至於大爲姦惡也。○《大禹謨》：「祗載，見瞽瞍，夔夔齊慄，瞽瞍亦允若。」言舜敬其子之職事以見瞽瞍，夔夔然莊敬戰慄，雖瞽瞍愚頑，亦且信而順之也。**蓋舜至此而有以順乎親矣，是以天下之爲子者知天下無不可事之親，顧吾所以事之者未若舜耳。於是莫不勉而爲孝。至於其親亦厎豫焉，則天下之爲父者亦莫不慈，所謂化也。子孝父慈各止其所，而無不安其位之意，所謂定也。**新安陳氏曰：化以心言，定以分言。**爲法於天下，可傳於後世，非止一身一家之孝而已，此所以爲大孝也。**南軒張氏曰：事親之道，人人具於性中，他人不能盡，而舜能盡之，亦非有所加益於其間也。盡事親之道而瞽瞍厎豫，惟天下之至誠有以感通故耳。又曰：舜爲法於天下，豈特天下之爲父子者定，可傳於後世，萬世之爲人父子者亦莫不定矣。嗟夫！爲人子者苟以大舜爲不可跂及而不取法於舜，是自誣其天性也。欲取法於舜如之何？亦曰反身而誠而已矣。○雙峯饒氏曰：聖人遇此人倫之變，却能回變爲常，返逆爲順，所以可爲法於天下而傳萬世也。**○李氏曰：**名侗，字愿中，延平人。「**舜之所以能使瞽瞍厎豫者，盡事親之道，共**音恭。**爲子職，不見父母之非而已。昔羅仲素語此云：『只爲**去聲。**天下無不是底父母。』了翁聞而善之曰：『唯如此而後天下之爲父子者定。彼臣弑其君、子弑其父者，常始於見其有不是處耳。』**」仲素，名從彥，豫章人，後居延平。了翁，姓陳，名瓘，字瑩中，延平人。○慶源輔氏曰：孝子之心與親爲一，凡親之過皆己之過，順之所以負罪引慝者此也。故孝子自不見父母有不是處。羅氏之語約而盡，質而當，萬世不可易。凡父母之不是，皆己之不是也，己既是，父母豈有不是者哉？陳氏則又推其極而言之，亦事理之實也。○西山真氏曰：舜所值者，至難事之親也。然積誠感動，不以父母爲不是，而自引以爲己之慝，惟見自己之不是而已。世縱有難事之親，豈得有如瞽瞍者，故瞽瞍厎豫而天下之爲人子者皆知無不可事之親，惟患爲子者未盡事親之道耳。孰有不勉於爲孝者哉？是故罪己而不非其親者，仁人孝子之心也；怨親而不反諸己者，亂臣賊子之志也。後之或遇難事之親者，其必以舜爲法。

孟子集註大全卷之八

離婁章句下

凡三十三章。

孟子曰：「舜生於諸馮，遷於負夏，卒於鳴條，東夷之人也。諸馮、負夏、鳴條，皆地名，在東方夷服之地。問：「舜卒於鳴條，則湯與桀戰之地也，而《竹書》有『南巡不反』，《禮記》有『葬於蒼梧』之説，何耶？」朱子曰：孟子之言，必有所據，二書駁雜，恐難盡信。然無他考驗，闕之可也。○趙氏曰：諸馮，在冀州之分。負夏，春秋時衛地。鳴條，在安邑之西。

「文王生於岐周，卒於畢郢，西夷之人也。岐周，岐山下周舊邑，近畎夷。畢郢，近豐鎬。胡老反。○新安陳氏曰：畢在鎬東，非楚都之郢。今有文王墓。

「地之相去也，千有餘里；世之相後也，千有餘歲。得志行乎中國，若合符節。得志行乎中國，謂舜爲天子，文王爲方伯，得行其道於天下也。符節，以玉爲之，篆刻文字而中分之，彼此各藏其半，有故則左右相合以爲信也。若合符節，言其同也。《周禮》六節，守邦者用玉節，守都鄙者用角節。凡邦國之使節，山國用虎節，上國用人節，澤國用龍節，皆金也。門關用符節，貨賄用璽節，道路用旌節。○朱子曰：古人所爲，恰與我相合，只此便是至善。前乎千百世之已往，後乎千百世之未來，只是此箇道理。○古人符節多以玉爲之。如牙璋以起軍旅，又有竹符，又有英簜符。簜，小節竹，使者謂之簜節也。漢有銅虎符、竹使符。銅虎，以起兵。竹使，郡守用之。凡符節，右留君所，左以與其人。有故，則君以其右合其左，以爲信也。《曲禮》曰：「獻粟者執右契，右者取物之券，如徵兵取物徵召，皆以右取之也。」

「先聖後聖，其揆一也。」

揆，度音鐸。下同。也。其揆一者，言度之而其道無不同也。○范氏曰：言聖人之生雖有先後遠近之不同，然其道則一也。南軒張氏曰：聖人純乎天理，舜文父子君臣之際蓋不同矣，其揆一者，所契合者天之理也。舜與文王，易地則皆然。○慶源輔氏曰：孟子未嘗説著「道」字，然曰「行乎中國」，「行」便是道。曰「其揆一」，「揆」亦是道。○雲峯胡氏曰：舜於君臣處其常，而於父子處其變；文王於父子處其常，而於君臣處其變。其事不一也，而最可見其道之一。○新安陳氏曰：先後，以時言。遠近，以地言。道之同，以此心此理言。

○子産聽鄭國之政，以其乘輿濟人於溱洧。乘，去聲。溱音臻。洧，榮美反。

子産，鄭大夫公孫僑音喬。也。溱、洧，二水名也。子産見人有徒涉此水者，以其所乘平聲。之車載而渡之。

孟子曰：「惠而不知爲政。

惠，謂私恩小利。政，則有公平正大之體，綱紀法度之施焉。問：「以《左傳》考之，子産非不知爲政者，孟子姑以其乘輿濟人一事議之。然夫子亦目以惠人，豈子産所爲終以惠勝歟？」朱子曰：東坡云「有及人之小利，無經世之遠圖」，亦説得好。都鄙有章等，只是行惠人底規模。○慶源輔氏曰：惟其恩之出於私，故其利之及者小。又曰：體以理言，本也。施以事言，用也。

「歲十一月徒杠成，十二月輿梁成，民未病涉也。杠音江。

杠，方橋也。徒杠，可通徒行者。梁，亦橋也。輿梁，可通車輿者。周十一月，夏九月也。周十二月，夏十月也。《夏令》曰：「十月成梁。」《夏令》曰：九月除道，十月成梁，營室之中，土功其始。蓋農功已畢，可用民力。又時將寒沍，音互。水有橋梁，則民不患於徒涉，亦王政之一事也。朱子曰：先王之政，細大具舉，而無事不合民心，順天理，故其公平正大之體，紀綱法度之施，雖纖悉之間，亦無遺恨如此。○雙峯饒氏曰：民未病涉，要就「未」字上看，十月徒杠已自成了，所以民未至於病涉，若徒杠到寒時方做，則民已病於涉。

「君子平其政，行辟人，可也。焉得人人而濟之？辟，與「闢」同。焉，於虔反。

辟，辟除也，如《周禮·閽音昏。人》「爲去聲。之辟」之辟。《周禮·天官》：閽人，掌王宮之中門之禁，凡外内命夫命婦出入，則爲之闢。閽人，主晨昏啓閉。闢，闢開左右行者。言能平其政，則出行之際，辟除行人，使之避己，亦不爲過。況國中之水當涉者衆，豈能悉以乘輿濟之哉！ 朱子曰：「辟除」之「辟」，乃趙氏本説，與上下文意正相發明。蓋與「舍車濟人」正相反也。○君子能行先王之政，使細大之務無不畢舉，則惠之所及亦已廣矣。是其出入之際，雖辟除人使之避己，亦上下之分固所宜然，何必曲意行私，使人知己出，然後爲惠。又況人民之衆，亦安得人人而濟之哉？

「故爲政者，每人而悦之，日亦不足矣。」

言每人皆欲致私恩以悦其意，則人多日少，亦不足於用矣。諸葛武侯嘗言「治世以大德，不以小惠」，《蜀志》：諸葛亮之相蜀也，有言公惜赦者，答曰：「治世以大德，不以小惠。」得孟子之意矣。 問：「孔子以子産之惠爲君子之道，而子以私恩小利言之，何也？」朱子曰：孔子之言，通乎巨細，故不害其爲君子之道。此承上文乘輿濟人一事而言，則私恩小利而已。子産之事，可謂有不忍人之心矣。然先王則以不忍人之心，行不忍人之政，是以其體正大而均平，其法精密而詳盡，而其利澤之及人，如天地之於萬物，莫不各足其分而莫知其功之所自。苟有是心而無是政，則不過能以煦濡姑息，苟取悦於目前，其耳目之所不及，不免有所遺矣。況天下國家之大，又安得人人而濟之？ 昔諸葛武侯嘗言治世以大德，不以小惠。而其治蜀也，官府次舍、橋梁道路，莫不繕理，而民不告勞，是亦庶幾乎先王之政矣。曰：子産相鄭，能使都鄙有章，上下有服，田有封洫，廬井有伍，則亦非不知爲政者，橋梁之修尤非難事，乃獨有闕於此耶？ 曰：聞之師曰：「子産之才之學，於先王之政雖有所未盡，然其於橋梁之修，蓋有餘力，而其惠之及人，亦有大於乘輿之濟者矣。」意者此時偶有故而未就，又不忍乎冬涉之艱而爲是爾。然暴其小惠以悦於人，人亦悦而稱之。孟子慮夫後之爲政者，或又悦而效之，則其流必將有廢公道以市私恩，違正理而干虛譽者，故極語而深譏之以警其微，亦拔本塞源之意也。○南軒張氏曰：先王之治，爲之井田，爲之封建，與天下公共，使俱得其平。下至於鰥寡廢疾，皆有所養。而微至於次舍橋梁芻秣之事，亦皆有經制。此豈先王强爲之哉？因事而制法，其法皆循乎天理，而天下之人無不被其澤。後世欲人人而悦，而日亦不足，公義私恩之相去蓋如此。○慶源輔氏曰：此正説子産之用心錯處。夫子産固賢，但以不知聖人之學，是以有時内交要譽之私萌而不可揜。孟子明辨之，所以立教也。

○孟子告齊宣王曰：「君之視臣如手足，則臣視君如腹心；君之視臣如犬馬，則臣視君如國人；君之視臣如土芥，則臣視君如寇讎。」

孔氏曰：「宣王之遇臣下，恩禮衰薄，至於昔者所進，今日不知其亡，則其於群臣，可謂邈莫角反。然無敬矣。故孟子告之以此。手足腹心，相待一體，恩義之至也。如犬馬，則輕賤之，然猶有豢音患。養之恩焉。國人，猶言路人，言無怨無德也。土芥，則踐踏之而已矣，斬艾音乂。之而已矣，其賤惡去聲。之又甚矣。寇讎之報，不亦宜乎？」慶源輔氏曰：此説特爲宣王發，所謂有爲之言也。然臣之報君，視君之所施，常加厚一等。○潛室陳氏曰：孟子此語，是説大都報應如此。若忠臣孝子，不當以此自處，當知天下無不是底君父。

王曰：「禮爲舊君有服，何如斯可爲服矣？」爲，去聲。下「爲之」同。

《儀禮》曰：「以道去君而未絶者，服齊音咨。衰音催。三月。」《儀禮・喪服》篇傳曰：大夫爲舊君何以服齊衰三月也？大夫去君歸其宗廟，故服齊衰三月，言與民同也。何大夫之謂乎？言其以道去君，而猶未絶也。註謂：「三諫不從，待放於郊。未絶者，言爵禄尚有列於朝，出入有詔於國，凡畿内之民皆齊衰三月。」又《子夏傳》云：臣爲君方喪三年。**王疑孟子之言太甚，故以此禮爲問。**雙峯饒氏曰：舊君其恩已絶，尚且爲其君有服，不應見在之君，而待之如此。《集註》所以云「王疑孟子之言太甚」。

曰：「諫行言聽，膏澤下於民；有故而去，則君使人導之出疆，又先於其所往；去三年不反，然後收其田里。此之謂三有禮焉。如此則爲之服矣。

導之出疆，防剽匹妙反。**掠**音畧。**也。先於其所往，稱道其賢，欲其收用之也。三年而後收其田禄里居，前此猶望其歸也。**朱子曰：有故而去，非大義所繫，不必深爲之説。臣之去國，其故非一端，但昔者諫行言聽，而今也有故而去，而君又加禮焉，則不得不爲之服矣，樂毅之去燕近之。○慶源輔氏曰：導之出疆，所以盡防衛之道於在我之境。先於其所往，所以爲其禄仕之地於所往之國。去三年不反，然後收其田里，所以示拳拳屬望之恩義也。○雙峯饒氏曰：諫是閑邪，言是陳善。○問：「諫行言聽，如何又有故而去？」曰：如夫子在其國，道非不行，只因受女樂便去。諫行言聽是平日如此，亦有偶然議論不合而去。

「今也爲臣，諫則不行，言則不聽，膏澤不下於民；有故而去，則君搏執之，又極之於其所往；去之日，遂收其田里。此之謂寇讎。寇讎，何服之有？」

極，窮也。窮之於其所往之國，如晉錮音固。欒盈也。《左傳》襄公二十一年：欒桓子名黶。娶于范宣子，生懷子。名盈。范鞅以其亡也怨欒氏，先是十四年，欒黶强逐范鞅使奔秦。故與欒盈爲公族大夫而不相能。桓子卒，欒祁與其老州賓通，欒祁，桓子之妻，范宣子之女也。老，家臣之長。懷子患之。祁懼其討也，愬諸宣子曰：「盈將爲亂。」范鞅爲之徵。証其有此。宣子使城著晉邑名。而遂逐之。秋，欒盈出奔楚，冬，會於商任，錮欒氏也。禁錮之，使諸侯不得受。○二十二年秋：盈自楚適齊，晏平仲言於齊侯曰：「商任之會，受命於晉，今納欒氏，將安用之？」冬會于沙隨，復錮欒氏也。晉知欒盈在齊，故復錮也。○潘興嗣豫章人。曰：「孟子告齊王之言，猶孔子對定公之意也；而其言有迹，不若孔子之渾上聲。然也。蓋聖賢之别必列反。如此。」新安陳氏曰：《論語集註》釋孔子對定公之語，末一説謂君使臣以禮，則臣事君以忠，此章與之意似。然聖言含蓄不露，此則英氣發露甚矣。孟子亦是述《記·檀弓》篇子思答魯穆公問禮爲舊君反服之意。楊氏曰：「君臣以義合者也。故孟子爲去聲。齊王深言報施詩智反。之道，使知爲君者不可不以禮遇其臣耳。若君子之自處，上聲。下同。則豈處其薄乎？孟子曰『王庶幾改之，予日望之』，君子之言蓋如此。」問：「君臣之義，天倫中却與父子一般，然愛君之心不如愛父，何也？」朱子曰：離畔也只是庶民，君子不如此，因舉「臣罪當誅兮天王聖明」曰：退之此語如何道是好？文王豈不知紂之無道，却如此説。蓋臣子無説君父不是底道理，只得説如此。此是去不得處，便見得君臣之義。○南軒張氏曰：孟子此言，非獨齊宣王所當聞，爲人君者苟知此義，念夫感應施報之可畏，而崇高之勢不可恃，反己端本之不可一日忘，待臣下以禮，養臣下以恩，保臣下以忠信，則上下交通而至治可成矣。若夫在爲人臣者之分，君雖待我者有未至，而我所以事君者不可以不自盡，玩味孟子三宿出晝之心，則庶幾其得之矣。○西山真氏曰：孔孟之言，可以見聖賢氣象之分。雖然，孟子爲齊王言則然，而所以自處則不然。千里見王不遇故去，而三宿出晝，未嘗有悻悻之心，猶幸王一悟而追己也，曷嘗以寇讎視其君哉？

○孟子曰：「無罪而殺士，則大夫可以去；無罪而戮民，則士可以徙。」

言君子當見幾平聲。而作，禍已迫，則不能去矣。南軒張氏曰：非特士大夫當知見幾而作之義，抑將使有國者聞之，悚然不可以失士大夫之心也。使大夫士懷去徙之心，則國之危亡無日矣。《衛・北風》：上爲威虐，下相携而去之。携手同行，又携手同車。則非徒賤者去，貴者亦去矣。未幾衛有狄禍，可不畏哉！○慶源輔氏曰：可以者，在時宜爲可也，失此幾，則有欲去而不能者矣。此明夷之初所以不食而行，遯之初所以有尾厲之戒，而孔子往趙所以及河而復也，然此特言其常理耳。時與位之不同，則所以處之者亦異。若執此一説以爲臣，則凡苟免自私之徒，得以藉口矣。

○孟子曰：「君仁莫不仁，君義莫不義。」

張氏曰：「此章重平聲。出。然上篇主言人臣當以正君爲急，此章直戒人君，義亦小異耳。」慶源輔氏曰：上篇言人臣當以正君爲急，此章言人君當以正己爲先，亦《大學》「其機如此」之説也。

○孟子曰：「非禮之禮，非義之義，大人弗爲。」

察理不精，故有二者之蔽。大人則隨事而順理，因時而處上聲。宜，豈爲是哉？程子曰：

恭本是禮，過恭是非禮之禮也；以物與人爲義，過與是非義之義也。○張子曰：非禮之禮，非義之義，但非時中者皆是也。時中之宜甚大，須精義入神始得。觀其會通，行其典禮，此方是真義理也。行其典禮，而不達會通，則有非時中者矣。○潛室陳氏曰：程門以爲如婦人之仁、宦寺之忠，晦翁以爲凡禮義不可泥陳迹，如可行於昔，而不可行於今；可行於人，而不可行於己。與夫辭之爲禮，亦有不辭之爲禮；受之爲義，亦有不受之爲義。行之人則爲禮，行之我則非禮，惟義亦然。大人者，義理周偏融通，故不爲非禮義之禮義。又曰：大人則道全識周，貫萬變而不膠於其迹，故無此蔽。學未到大人變通處，則必膠於陳迹。○雙峯饒氏曰：此章緊要在「大人弗爲」上，大人對小人而言。大人者，言不必信，行不必果，惟義所在。言必信，行必果，硜硜然小人哉！正是相對説。○雲峯胡氏曰：非禮之禮，非義之義，皆似是而非。大人者，隨事順理，而不爲非禮之禮；因時處宜，而不爲非義之義。蓋不惑於其似，而深得夫時中之道者也。

○孟子曰：「中也養不中，才也養不才，故人樂有賢父兄也。如中也棄不中，才也棄不才，則賢不肖之相去，其間不能以寸。」樂音洛。

無過不及之謂中，足以有爲之謂才。養，謂涵育薰陶，俟其自化也。賢，謂中而才者也。樂有賢父兄者，樂其終能成己也。爲父兄者，若以子弟之不賢，遂遽絶之而不能教，則吾亦過中而不才矣。慶源輔氏曰：中以德言，才以才言，德本於性，才本於氣，賢則兼有才德者也。其相去之間能幾何哉？南軒張氏曰：父兄之於子弟，教之之道，莫如養之。養之云者，如天地涵養萬物，其雨露之所濡、風雷之所振、和氣之薰陶，寧有間斷乎哉？故物以生遂焉，父兄養子弟之道亦當如是也。寬裕以容之，義理以漸之，忠信以成之，開其明以祛其惑，引之以其方而使之。自喻，夫豈歲月之功哉？彼雖不中不才，涵養之久，豈無有萌焉？如其有萌，養道益可施矣。○慶源輔氏曰：《集註》涵育，以天地之生物言，薰陶，以工冶之成物言，此循其理，而彼自成其形焉，無心也。蓋父子兄弟之間，皆難於責善，正其在我者，使之自化而已。○新安陳氏曰：父兄遇子弟之賢，其爲教也易；不幸遇子弟之不賢，其爲教也難，所以貴乎養之也。舜命契曰：「敬敷五教在寬。」寬即養之謂也，若急迫以求之，見其未化遽以爲不可教而舍之，是棄之也。父兄而棄子弟，則我之賢爲過，子弟之不肖爲不及，過猶不及，均之爲失中耳，相去能幾何哉？

○**孟子曰：「人有不爲也，而後可以有爲。」**

程子曰：「有不爲，知所擇也。惟能有不爲，是以可以有爲。無所不爲者，安能有所爲耶？」朱子曰：横渠先生云：「不爲不仁，則可以爲仁。不爲不義，則可以爲義。」○雙峯饒氏曰：凡人既不肯爲惡，則必勇於爲善。上面是有守，下面是有爲，先有守而後有爲。

○**孟子曰：「言人之不善，當如後患何？」**

此亦有爲去聲。**而言。**問：「所謂後患者，謂得罪於其人耶？抑恐其亦言己之不善耶？」朱子曰：是皆有之，然斯言必有爲而發，今不可知其所指矣。○新安陳氏曰：隱惡、忠厚之道，亦遠害之道也。大舜隱惡而揚善，夫子言「誰毁誰譽」，下文但言「如有所譽」，而不言毁可見矣。若當官而行，有姦慝當言，又不可顧後患而緘默也。

○孟子曰：「仲尼不爲已甚者。」

已，猶太也。楊氏曰：「言聖人所爲，本分去聲。之外，不加毫末。非孟子真知孔子，不能以是稱之。」朱子曰：所謂本分者，事理之至當，非苟然而已也，學者宜深察之。一有小差，則流而入於鄉原之亂德矣。○南軒張氏曰：孟子於泄柳、段干木謂「爲已甚」，而舉孔子待陽貨事以爲之準，此「不爲已甚」之證也。夫子非不欲爲已甚，自不至已甚也，何也？聖人範圍天地而不過者，泛應曲當，不過其則，其不爲已甚者，聖人固天則之所存也。世徒見夫子答陽貨、見南子等爲不爲已甚，獨不思靈公問陳則遂行，季桓子受女樂則不脱冕而行，爲魯司寇七日而誅少正卯，聞陳恒弑君則沐浴而請討，此謂之已甚可乎？不深求聖人之權度，徒竊語之近似以文其姦，此賊仁義之甚者也。

○孟子曰：「大人者，言不必信，行不必果，惟義所在。」行，去聲。

必，猶期也。大人言行不先期於信果，但義之所在，則必從之，卒亦未嘗不信果也。○尹氏曰：「主於義，則信果在其中矣；主於信果，則未必合義。」王勉曰：「若不合於義而不信不果，則妄人爾。」龜山楊氏曰：夫子謂：「言必信，行必果，硜硜然小人哉。」故孟子言此以發明孔子之意。○南軒張氏曰：君子不必夫信果，獨精吾義焉耳。義精，則言莫非義，而無不信之言；行莫非義，而無不果之行矣。○慶源輔氏曰：尹氏最得此章之指，而《集註》又述其意而著明之。以必爲期，尤更有功。不然，則無忌憚者或得以藉口，王氏則又有不合於義而必信必果，則爲妄人之説，尤盡其弊。○

雙峯饒氏曰：大人者，篤實而有光輝以上底人。與道爲一，不著安排，隨時施宜，言行何嘗有心於信果耶！○雲峯胡氏曰：信果自是爲士者當然之事，惟至於大人，則言行惟義之在，雖不先期於信果，而自然無不信果也。

○孟子曰：「大人者，不失其赤子之心者也。」

大人之心，通達萬變；赤子之心，則純一無僞而已。然大人之所以爲大人，正以其不爲物誘，而有以全其純一無僞之本然，是以擴而充之，則無所不知，無所不能，而極其大也。朱子曰：大人無所不知，無所不能；赤子無所知，無所能。此二句正相拗，如何？蓋無所不知、無所不能，却是不失其無所知、無所能底做出。赤子之心純一無僞，而大人之心亦純一無僞。但赤子是無知無能底純一無僞，大人是有知有能底純一無僞。○大人事事理會得，只是無許多巧僞曲折，便是赤子之心。○問：「赤子之心，莫是發而未遠乎中，不可作未發時看否？」曰：赤子之心，也有未發時，也有已發時。今欲將赤子之心專作已發看也不得。赤子之心，方其未發時，與老稚賢愚一同，但其已發時，未有私欲，故未遠乎中耳。○赤子之心固無巧僞，但於理義未能知覺，渾然赤子之心而已。大人則有知覺擴充之功，而無巧僞安排之鑿，故曰「不失赤子之心」。著箇「不失」字，便是不同處。○赤子無所知無所能，大人者，是不失其無所知無所能之心。若失了此心，使些子機關，計些子利害，使成箇小底人了。大人心下没許多事。○雙峯饒氏曰：赤子，如飢要乳，便是欲，但飢便啼喜便笑，皆是真情，全無巧僞。大人只是守此純一無僞之心而充廣之。所謂蒙以養正，聖功也。○新安陳氏曰：常人累於私欲，而失其赤子之心；大人不誘於私欲，而擴充其本然之心。孟子言此，亦是欲人遏人欲、擴天理也。

○孟子曰：「養生者不足以當大事，惟送死可以當大事。」養，去聲。事生固當愛敬，然亦人道之常耳；至於送死，則人道之大變。孝子之事親，舍上聲。是無以用其力矣。故尤以爲大事而必誠必信，不使少有後日之悔也。《記・檀弓上》子思曰：「喪三日而殯，凡附於身者，必誠必信，勿之有悔焉耳矣。三月而葬，凡附於棺者必誠必信，勿之有悔焉耳矣。」○王德脩云：親聞和靖説唯送死可以當大事，曰：「親之生也，好惡取舍，得以言焉。及其死也，好惡取舍，不能言矣。」當是時，親之心即子之心，子之心即親之心，故曰「惟送死可以當大事」。朱子曰：「亦説得好。」○雙峯饒氏曰：養生今日不及，明日猶可補，惟送死有不到，爲終身之恨，他日欲爲不可得矣。○新安陳氏曰：生事死葬，皆當以禮，其不可輕忽均也。孟子此言，非謂養生爲輕，但以常變從容急遽校之，則送死比養生爲尤重大耳。趙岐註云：致養未足以爲大事，送終如禮，則爲能奉大事也。按此則以「爲」字訓「當」字，非「擔當」之當。

○孟子曰：「君子深造之以道，欲其自得之也。自得之，則居之安；居之安，則資之深；資之深，則取之左右逢其原，故君子欲其自得之也。」造，七到反。造，詣也。深造之者，進而不已之意。道，則其進爲之方也。資，猶藉也。朱子曰：「資」字，恰似資給、資助一般。左右，身之兩旁，言至近而非一處也。逢，猶値也。原，本也，水之來處也。言君子務於深造而必以其道者，欲其有所持循以俟夫音扶。默識心通，自然而得之於己也。自得於己，則所以處上聲。之者安固而不搖；處之安固，則所藉者深遠而無盡；所藉者深，則日用之間取之至近，無所往而不值其所資之本也。○程子曰：「學不言而自得者，乃自得也。有安排布置者，皆非自得也。新安陳氏曰：有安排布置，便是勉强，而非自然之得。然後潛心積慮，優游厭飫於其間，說深造。然後可以有得。若急迫求之，則是私己而已，終不足以得之也。」程子曰：學者須敬守此心，不可急迫，當栽培深厚，涵泳其間，然後可以自得。○朱子曰：深造者，當知非淺迫所可致。若欲淺迫求之，便是强探力取。深造，只是既下工夫，又下工夫，待其真積力久，則自得之矣。○道，是進爲之方，此是趙岐之說。蓋循此進進不已，便是深造之，猶言以這方法去深造之也。以道是工夫，深造之是做工夫。如博學、審問、愼思、明辨、篤行之次序，即是造道之方法。若人爲學依次序，便是以道；不依次序，便是不以道。能以道而爲之不已，造之愈深，則自然而得之，既自得之而爲我有，則居之安。居之安，則資之深。資之深一句又要人看，蓋是自家既自得之，則所以資藉之者深。取之無窮，用之不竭，只管取只管有，衮衮地出來，自家資他，他又資給自家，如掘地在下，藉上面源頭來注滿。若源頭深，則源源來不竭；若淺，則易竭矣。取之左右逢其原，蓋這件事也撞著這本來底道理，那件事也撞著這本來底道理，事事物物皆撞著這道理，如資之深，那源頭水只是一路來，到得左右逢原，四方八面都來。然這个只在自得上，纔自得，則下面節次自如此。○問學是理而得之於身，不可以强探力取也。必深造之以道，然後有以默識心通，而自然得之。蓋造道之不深者，用力於皮膚之外，而責效於旦暮之間。不以其道者，從事於虛無之中，而安意於言意之表，是皆不足以致夫默識心通而自得之。必也多致其力，而不急其功；必務其方，而不躐其等，則雖不期於必得，而自然得之，將有不可禦者矣。未得之，固無可居之地；得而不出於自然，則雖有所居而不安。惟自得之，則理之在我者，吾皆得以居之。如人有室廬之安，動作起居，種種便適，自眷戀而不去也。○資助既深，看是甚事來，無不湊著這道理，不待自家將道理去應他。且如爲人君，便有那仁從那邊來；爲人臣，便有那敬從那邊來。子之孝，有那孝從那邊來；父之慈，有那慈從那邊來。只是那道理原頭處自家靠著他，左右前後，都見是這道理。○問：「程子之説如何？」曰：必須以道，方可潛心積慮，優游厭飫；若不以道，則潛心積慮，優游厭飫做甚底。○慶源輔氏曰：自得，如子貢悟性天之不可聞，曾子唯吾道一貫之語，此何待於言語而後見，正張子所謂「德性之知，不萌於聞見」者也。豈容更有安排布置哉！蓋其平日潛心積慮，優而游之，厭而飫之，全身在義理之中。及其真積力久，理與心融，物與性合，然後可以有得。若有一毫急迫之意，便是私己，與道便自間斷，更如何得到自得田地。○潛室陳氏曰：君子深造之以道，謂以法度而深造之。優而游之，使自得之，饜而飫之，使自趣之，欲其自得之也。「自得」以下，皆爲學之效驗耳。左右逢原意最好，學至於自得，則理只在左右之近，觸處見本源，此豈我帶來道理，亦只事事物物元有道理森然已具，吾人自得之餘，取之而逢見之耳。○雙峯饒氏曰：這箇「道」字，便是致知力行之方。「之」字是指所得而言，下面居之、資之、取之，皆是指所得言也。○徽庵程氏曰：君子之學，以自得爲貴，然有自得之工夫，有自得之效驗。深造之以道，自得之工夫也。居之安，資之深，取之左右逢其原，自得之效驗也。有是工夫，必有是效驗。效驗有所未至，必工夫有所未盡也。○雲峯胡氏曰：非有所造者，不能有所得；非造之深者，不能自得。然不以其道，則無深造之方法，未易到自得之地步。深造之以道，是未得之先下工夫，居安至逢原，是自得之後見功效。大要在勿忘勿助，《集註》謂有所持循是勿忘，以俟夫默識心通是勿助；所謂潛心積慮是勿忘，優游厭飫是勿助。○新安陳氏曰：「自得之」有二説：朱子謂自然而得之，所附程子説，證己説之出於程子也。一説謂自得之於己，如南軒云，不自得，則無以有諸己，自得而後爲己物也，以其德性之知，非他人所能與，故曰自得。此近乎莊生所謂自得其得，而非得人之得之意，終有弊。不如自然得之之説，有從容優游之味。

○孟子曰：「博學而詳説之，將以反説約也。」

言所以博學於文而詳説其理者，非欲以誇多而鬭靡也；欲其融會貫通，有以反而説到至約之地耳。蓋承上章之意而言，學非欲其徒博，而亦不可以徑約也。程子曰：「博」與「約」正相對，聖人教人，只此兩字。博是博學多識多聞多見之謂，約只是使人知要也。○問：「世間博學之人非不博，却又不知箇約處者，何故？」朱子曰：它合下博得來便不是了，如何會約！他竟不窮究這道理是如何，都見不透徹，只是搜求隱僻之事，鈎摘奇異之説以爲博，如此豈能得約？今世博學之士，大率類此。○約自博中來，通貫處便是約，不是通貫了，又去裏面尋討箇約。某嘗不喜揚子雲言「多聞則守之以約」，多聞了，又要一箇約去守他。○程子説格物云，但積累多後，自脱然有貫通處。積累多，便是博，脱然有貫通處，便是約。○慶源輔氏曰：《集註》所謂文，謂《詩》、《書》六藝之文；理，謂《詩》、《書》六藝所載許多道理也。承上章言，❶博學詳説，則是深造之意；反説約，則是自得之事。但上章以行言，此章以知言，知與行蓋互相發也。○潛室陳氏曰：不博，則約無所施，學到約後，許多博處方有受用。○雙峯饒氏曰：誇多説博學，鬬靡説詳説，所以博學者，非徒誇其多；所以詳説者，非徒鬬其靡，欲人融而會之，貫而通之而已。這物事未曾融時，一箇是一箇；纔融了，便會爲一。約是要約，如思無邪、毋不敬之類。○新安陳氏曰：輔氏謂上章以行言，竊謂亦兼知與行言之耳。此章孟子所謂「博學」，與孔子所謂「博學於文」同，所謂「反説約」，與孔子所謂「約之以禮」不同。蓋約禮以行言，反説約以知言也。○東陽許氏曰：博學詳説以知言，約則會其極，而於行上見。

○孟子曰：「以善服人者，未有能服人者也；以善養人，然後能服天下。天下不心服而王者，未之有也。」

服人者，欲以取勝於人。養人者，欲其同歸於善。蓋心之公私小異，而人之向背音佩。**頓殊。**新安陳氏曰：一則不能服人，人者，對己而言。一則自然能服天下，天下則盡乎人矣。非向背頓殊乎！**學者於此，不可以不審也。**朱子曰：以善服人者，惟恐人之進於善，如張華對武帝，恐吴人更立令主，則江南不可取之類是也。以善養人者，惟恐人不入於善，如湯於葛遺之牛羊，又使人往爲之耕是也。○南軒張氏曰：先王樂與人爲善，欲天下舉在吾化育之中。如春風被物，物蒙其養，無不應者。未

❶「章」，四庫本作「文」。

嘗有意於服人，而天下之心悦誠服，有不期而然者，蓋以善道與人共之耳。若覇者之所爲，其善者不過欲以善服人，齊桓會首止而定王世子，晉文盟踐土率諸侯以朝王是也。學者深見二者霄壤之殊，則王覇之分了然矣。○慶源輔氏曰：以力服人，以德服人，以事言也，其不同易見；以善服人，以善養人，以心言也，其不同則難見也。孟子之言，至此愈密矣。以善服人者，以善爲己私也；以善養人者，以善與天下公也。○雲峯胡氏曰：以德服人，蓋對上文以力服人而言。謂王者之服人，異乎覇者之服人，如子禽疑夫子得聞國政，有以求之，而子貢答以夫子之求之異乎人之求之耳。○新安倪氏曰：按《孟子》二章，皆以王覇對言。前章公私之分在「力」字與「德」字，以力服人者，挾力以行私，而反乎公者也；曰德，則其理純乎公矣。此章公私之分在「服」字與「養」字，以善服人者，認善以爲己私，而害乎公者也；曰養，則其心純乎公矣。○東陽許氏曰：以善養人，謂有善於身，而教化撫字，使民同歸於善也。

○孟子曰：「言無實不祥。不祥之實，蔽賢者當之。」

或曰：「天下之言無有實不祥者，惟蔽賢爲不祥之實。」南軒張氏曰：蔽賢出於媢疾之私，方其欲蔽賢也，私意横起，不祥之氣固已充溢於中矣。天生斯賢以爲人也，蔽賢之人，妨賢病國，不祥孰甚焉？或曰：「言而無實者不祥，故蔽賢爲不祥之實。」二説不同，未知孰是，疑或有闕文焉。」新安陳氏曰：前説二「實」字歸一意，然皆無深意味，不如闕之。

○徐子曰：「仲尼亟稱於水，曰：『水哉水哉！』何取於水也？」亟，去聲。

亟，數音朔。❶也。水哉水哉，歎美之辭。徐子即徐辟。

孟子曰：「原泉混混，不舍晝夜，盈科而後進，放乎四海。有本者如是，是之取爾。舍、放，皆上聲。舍，一讀如字，見《論語》「子在川上」章。

原泉，有原之水也。混混，湧出之貌。不舍晝夜，言常出不竭也。盈，滿也。科，坎也。言其進以漸也。放，至也。言水有原本不已，不舍晝夜。而漸進盈科後進。以至于海；如人有實行，去聲。則亦不已，而漸進以至于極也。新安陳氏曰：水惟其有原本，所以不已而漸進以至歸宿于海。「有本者如是」，孟子自以此句承接上意。「有本者」，指原泉。「如是」，指混混。至「放乎四海」，「是之取爾」，答徐子「何取於水也」之問。謂孔子所以亟稱於水者，此意之是取爾。本文只是説水，「如人有實行」以下，因結語故「聲聞過情，君子耻之」二句，推出孟子借水以箴規徐子之意，而與下一節《集註》「如人無實行，而暴得虚譽，不能長久也」相對言之。

「苟爲無本，七八月之間雨集，溝澮皆盈，其涸也，可立而待也。故聲聞過情，君子耻之。」澮，古外反。涸，下各反。聞，去聲。

集，聚也。澮，田間水道也。涸，乾音干。也。如人無實行而暴得虚譽，不能長久也。新安陳氏曰：水無原本，人無實行之譬也。溝澮皆盈而涸可立待，與上文混混盈科而進，以至放乎四海者相

❶「音」，原作「者」，今據四庫本改。

反，暴得虚譽而不能長久之譬也。**聲聞，名譽也。情，實也。恥者，恥其無實而將不繼也。**新安陳氏曰：《集註》所謂有實行無實行，全從此「情實」之「情」字上發揮出來。**林氏曰：「徐子之爲人必有躐等干譽之病，故孟子以是答之。」○鄒氏曰：「孔子之稱水，其旨微矣。孟子獨取此者，自徐子之所急者言之也。孔子嘗以聞達告子張矣。達者，有本之謂也。聞則無本之謂也。然則學者其可以不務本乎？」**朱子曰：所謂「聲聞過情」，這箇大段務外，更就中間言之，如爲善無真實懇惻之意，爲學而勉强苟且徇人，皆是不實，就此反躬思量方得。○慶源輔氏曰：此章指意，都結在後兩句上，故《集註》只以虚名實行爲言，而引林氏、鄒氏之説以明之。蓋孟子之意，專欲救徐子躐等干譽之病耳。孔子之稱水，固不專在此也。然由是觀之，雖一物具一理，亦隨人所取如何爾，理固無盡也。又曰：達者有本，謂質直好義；聞者無本，謂色取仁而行違。○汪氏曰：水之可觀，其源有本，其流不息。進有漸，則以盈科爲量，行有至，則以四海爲歸。○雙峯饒氏曰：《論》、《孟》二「不舍晝夜」，所指不同。夫子説道體，孟子説有本，所謂微旨，川上之歎是也。孟子只就徐子身上説，取切其病而易曉。

○**孟子曰：「人之所以異於禽獸者幾希，庶民去之，君子存之。幾希，少也。庶，衆也。人物之生，同得天地之理以爲性，同得天地之氣以爲形。其不同者，獨人於其間得形氣之正，而能有以全其性爲少異耳。雖曰少異，然人物之所以分，實在於此。衆人不知此而去之，則名雖爲人，而實無以異於禽獸。君子知此而存之，是以**

戰兢惕他歷反。**厲，而卒能有以全其所受之正也。**朱子曰：人物之所同者，理也。所不同者，心也。人心虛靈，無所不明，禽獸便昏了，只有一兩路子明，如父子相愛、雌雄有別之類。人之虛靈，皆推得去，禽獸便更推不去，人若以私欲蔽了這箇虛靈，便是禽獸。人與禽獸，只爭這些子，所以謂幾希。○飢食渴飲之類，是人與禽獸同者；有親有義之倫，此乃與禽獸異者。存，是存所以異於禽獸之道理。今人自謂能存，只是存其與禽獸同者耳。○西山真氏曰：人與物相去亦遠矣，而孟子以爲幾希者，蓋人物均有一心，然人能存而物不能存，所不同者，惟此而已。人類之中，有凡民者，亦有是心而不能存，無異於禽獸矣。惟君子能存之，所以異於物也。○新安陳氏曰：《集註》「知」之一字，示人以存之之門。「戰兢惕厲」四字，授人以存之之法。

「**舜明於庶物，察於人倫，由仁義行，非行仁義也。**」

物，事物也。明，則有以識其理也。人倫，說見形甸反。**前篇。察，則有以盡其理之詳也。物理固非度外，而人倫尤切於身，故其知之有詳畧之異。在舜則皆生而知之也。由仁義行，非行仁義，則仁義已根於心，而所行皆從此出，非以仁義爲美，而後勉强**上聲。**行之，所謂安而行之也。此則聖人之事，不待存之而無不存矣。**張子曰：明庶物，察人倫，皆窮理也。既知明理，但知順理而行，而未嘗有以爲仁義。仁義之名，但人名其行耳。如天春夏秋冬何嘗有此名，亦人名之耳。○朱子曰：「明物」、「察倫」、「由仁義行」三句，以學言之則有序，猶格物致知而後意誠心正也。自聖人言之，則生知安行，不可以先後言也。○惟舜便由仁義行，他人須窮理，知其爲仁爲義，從而行之。且如仁者安仁，智者利仁，既未能安仁，亦須是利仁。利仁豈是不好底，知仁之爲利而行之，不然，則以人欲爲利矣。○南軒張氏曰：行仁義，猶與爲二物，由仁義行，則如目視耳聽，手持足履，身與理一而非二也。若舜可謂全其所以爲人者而無虧欠矣。未至於舜，猶爲未盡也。人皆可以爲堯舜，其本在乎存之而已。○西山真氏曰：存之者，猶待於用力。舜則身即理，理即身，渾然無間，而不待於用力矣。○雙峯饒氏曰：孟子舉舜做箇存底樣子，孟子言必稱堯舜，直是要人學之。**○尹氏曰：「存之者，君子也。存者，聖人也。君子所存，存天理也。由仁義行，存者能之。」**雲峯胡氏曰：庶民不能存，無以自異於禽獸。君子知此而存之，所以自異於庶民。存之者君子，存者聖人，此又聖人所以異於君子也。○新安陳氏曰：人所以異於禽獸，而皆可爲堯舜，以得形氣之正而能全其性耳。仁義，此性中天理之大者也。人倫之中，仁義行焉，仁於父子，義於君臣是也，君子存之而後存。舜大聖人，不待存之而自存，何以見其不待存之，以其知生知，其行安行見之也。君子必待存之，故不能生知，必學知焉；不能安行，必勉行焉。孟子所謂行仁義，正是存之之君子事也。而知未之言，所以《集註》補之曰：「衆人不知此而去之，君子知此而存之。」不知與知意了然矣。知之而後能存，存之而後能行，知以覺於心言，存以存於心言，行以行於身言，由仁義行，存者能之。即尹氏此言推之，則行仁義，豈非存之者能之歟？

○孟子曰：「禹惡旨酒而好善言。」惡、好，皆去聲。

《戰國策》曰：儀狄作酒，禹飲而甘之，曰「後世必有以酒亡其國者」，遂疏平聲。**儀狄而絶**

旨酒。《書》曰：禹拜昌言。慶源輔氏曰：惡旨酒，則物欲不行。好善言，則天理昭著。

「湯執中，立賢無方。

執，謂守而不失。中者，無過不及之名。方，猶類也。立賢無方，惟賢則立之於位，不問其類也。朱子曰：這「執中」與「子莫執中」不同。湯只是事事恰好，無過不及而已。○慶源輔氏曰：執中，則處義精審。立賢無方，則用人無間。○雙峯饒氏曰：未應事以前，未發之中，如何執得？須是事到面前，方始量度何處是過，何處是不及，方可執而用之。是就事物上執。擇善，固執，也是就事物上擇而執之，若先執定這中待事物來，便是執一，是子莫執中了。

「文王視民如傷，望道而未之見。而，讀爲「如」，古字通用。

民已安矣，而視之猶若有傷；道已至矣，而望之猶若未見。聖人之愛民深而求道切如此，不自滿足，終日乾乾之心也。問：「以而爲如，亦有據乎？」朱子曰：《詩》云「垂帶而厲」，鄭箋：「而亦如也。」此以而爲如也。《春秋》「星隕如雨」，左氏曰：「與雨偕也。」此以如爲而也，則其混讀而互用之久矣。○《易·乾卦》九三爻辭云「君子終日乾乾」。蔡氏曰：「乾乾，行事不息也。」○不顯亦臨，無射亦保，是文王望道如未見之事。又曰：望道而未之見，此句與上文視民如傷爲對。孟子之意曰：文王保民之至，而視之猶如傷；體道之極，而望之猶未見。其純而不已如是。

「武王不泄邇，不忘遠。

泄，狎也。邇者，人所易去聲。下同。狎而不泄。遠者，人所易忘而不忘。德之盛，仁之至也。朱子曰：泄邇忘遠，此通人與事而言，「泄」字，兼有親狎忽畧之意。○慶源輔氏曰：於人所易狎而不泄，則敬心常存；於人所易忘而不忘，則誠心不息。○雙峯饒氏曰：德之盛，言不泄邇；仁之至，言不忘遠。

「周公思兼三王，以施四事。其有不合者，仰而思之，夜以繼日；幸而得之，坐以待旦。」三王，禹也、湯也、文武也。四事，上四條之事也。時異勢殊，故其事或有所不合。思而得之，則其理初不異矣。坐以待旦，急於行也。朱子曰：所舉四事，此必周公曾如此說。○讀此一篇，使人心惕然而常存也。○南軒張氏曰：不合者，思而未得也。未得之，思之惟恐不得。既得之，行之惟恐不及也。凡井田、封建、取士、建官、禮樂、刑政，雖起於上世，而莫備於周，是皆周公心思之所經緯，本諸三王而達之者也。周公之心，此章發明至矣。○潛室陳氏曰：斟酌三王之事而損益之，猶孔子之集大成。○雙峯饒氏曰：施此四者之事，事或有不可行，却當思其理，事雖不同，理却不相遠，故《集註》云其事或有不合，又來照上面一箇「事」字。○此承上章言舜，因歷叙群聖以繼之；而各舉其一事，以見形甸反。其憂勤惕厲之意，蓋天理之所以常存，而人心之所以不死也。雲峯胡氏曰：朱子嘗曰「讀此章，使人心惕然而常存」。蓋聖人之所以爲聖人者，只是憂勤惕厲，須臾毫忽，不敢自逸，理無定在，惟勤則常存，心本活物，惟勤則不死，常人不能憂勤惕厲，故人欲肆而天理亡，身雖存而心已死，豈不大可哀哉？輔氏以爲周公皇皇汲汲不已之誠如此，學者苟能深體而默識之。則聖人之心與理昭昭，常存不死，而在吾心目之間矣。說「常存不死」四字，意與《集註》異。**程子曰：「孟子所稱，各因其一事而言，非謂武王不能執中立賢，湯却泄邇忘遠也。人謂各舉其盛，亦非也，聖人亦無不盛。」**慶源輔氏曰：《集註》恐人執孟子之言，而疑聖人於道互有得失，故發明如此，聖人造道之極，凡有所爲無不各極其至，豈容更以盛不盛言哉？

○孟子曰：「王者之迹熄而《詩》亡，《詩》亡然後《春秋》作。

王者之迹熄，謂平王東遷，而政教號令不及於天下也。《詩》亡，謂《黍離》降爲《國風》而《雅》亡也。《詩·王·黍離》註：申侯與犬戎攻宗周，殺幽王於戲。晉文侯、鄭武公迎太子宜臼於申而立之，是爲平王。以亂故徙居東都王城，於是王室之尊與諸侯無異，其《詩》不能復雅，故貶之。謂之王國之變風。○新安陳氏曰：平王以後，《詩》不入於大小《雅》，而儕爲十五《國風》，其事遂始載於《春秋》，而《詩》終乎此矣。**《春秋》，魯史記之名。孔子因而筆削之。始於魯隱公之元年，實平王之四十九年也。**問：「《黍離》降爲《國風》，恐是夫子删詩時降之。」朱子曰：亦是他當時自如此，要識此詩便如《周南》、《召南》，當初在豐鎬之時，其詩爲二《南》，後來在洛邑之時，其詩爲《黍離》，只是自二《南》進而爲二《雅》，自二《雅》退而爲《王風》，二《南》之於二《雅》，便如登山。到得《黍離》時節，便是下坡了。○緊要在王者之迹熄一句上，蓋王者之政存，則禮樂征伐自天子出。故《雅》之詩自作於上以教天下。王迹滅熄，則禮樂征伐不自天子出。故《雅》不復作於上，而詩降爲《國風》，是以孔子作《春秋》，定天下之邪正，爲百王之大法也。〇潛室陳氏曰：《雅》詩多是王者朝會燕饗樂章，或是公卿大臣規諫獻納之所作。東遷以後，朝廷既無制作，公卿又無獻納，故《雅》詩遂亡。獨有民俗歌謡，其體制聲節與列國之《風》同，故止可謂之《王風》，非聖人能降之也。

「晉之《乘》，楚之《檮杌》，魯之《春秋》，一也。乘，去聲。檮音逃。杌音兀。《乘》義未詳，趙氏以爲興於田賦乘馬之事。或曰：「取記載當時行事而名之也。」檮杌，惡獸名，古者因以爲凶人之號，取記惡垂戒之義也。「春秋」者，記事者必表年以首事。年有四時，故錯舉以爲所記之名也。新安陳氏曰：「必表年」以下，出晉杜預所作《左傳》序文，錯，雜也。雜舉《春秋》二時以該四時也。古者列國皆有史官，掌記時事。此三者皆其所記册書之名也。慶源輔氏曰：古人以善爲常，多不記載，以惡爲反常，故特記之。如《堯典》之末，只載朱、兜共鯀而已，以楚《史記》之名觀之，則楚雖蠻夷，猶有古人遺意。後世之人，負大罪惡於身，而初不知愧恥，及一有小善，❶則佔佔自喜，以爲莫己若者，亦可哀已。

「其事則齊桓、晉文，其文則史。孔子曰：『其義則丘竊取之矣。』」春秋之時，五霸迭興，而桓文爲盛。史，史官也。竊取者，謙辭也。《公羊傳》去聲。作「其

❶ 「一」，原爲空格，今據四庫本、孔本、陸本及《輯釋》、《四書纂疏》、《四書通》補。

辭則丘有罪焉爾」，意亦如此。蓋言斷丁亂反。之在己，所謂筆則筆、削則削，游、夏不能贊一辭者也。《公羊傳》昭公十二年：春秋之信史也，其序則齊桓晉文，其會則主會者爲之也，其辭則丘有罪焉爾。○《史記·孔子世家》：孔子在位，聽訟文辭，有可與人共者，弗獨有也。至於爲《春秋》，筆則筆，削則削，子夏之徒不能贊一辭。尹氏曰：「言孔子作《春秋》，亦以史之文載當時之事也，而其義則定天下之邪正，爲百王之大法。」南軒張氏曰：《春秋》未經聖筆，則固魯之史耳。自其義聖人有取焉，則史外傳心之要典，所以存天理、遏人欲，撥亂反正，示王者之法於將來者也。○蔡氏曰：其義蒙上文王者而言，蓋王者之義也。孔子有德無位，故自以爲竊取王者之義，而定二百四十二年之邪正，所謂爲百王不易之大法者也。○慶源輔氏曰：夫子之作《春秋》，不過以史之文，載當時之事而已。而其竊取之義，則在於定天下之邪正，爲百王之大法也。夫《春秋》之善善惡惡，撥亂世而反之正，上明四代之禮樂，下示百王之法程。聖人之用，備見此書，而夫子之言，則又謙抑如此，畧無自居其功之意，此孟子所以因而述之以繼羣聖之後也。○雙峯饒氏曰：其文則史，元是魯史之《春秋》，其義則某竊取之，方是孔子之《春秋》，以匹夫行天子賞罰，故曰「竊取」。自咎自謙之辭。○汪氏曰：史不止於晉楚，五霸不止於桓文，孟子唯及此者，晉楚爲列國之大者，桓文爲五霸之盛者也。○此又承上章歷叙群聖，因以孔子之事繼之，而孔子之事莫大於《春秋》，故特言之。雙峯饒氏曰：此亦承上章「思兼三王以施四事」而言。周公所行，皆王者之事。來到孔子時，王者之迹滅熄，故孔子出來作《春秋》。○新安陳氏曰：好辯章，述羣聖事，而繼以孔子作《春秋》，此章亦以作《春秋》繼羣聖事不及《易》、《詩》、《書》、《禮》、

《樂》者，孔子之事，莫大於作《春秋》。五經，夫子之教。《春秋》，夫子之政也。○東陽許氏曰：以三國之史同言而曰一也，蓋謂魯之《春秋》，其所紀載非周之典禮，善惡不明，不過記五霸之事，與晉楚之史同爾。至於孔子之《春秋》，則假其事以明義，而非盡舊史之文，故曰「其義則丘竊取之矣」。如此看，方見得中間一節不閑。

○**孟子曰：「君子之澤五世而斬，小人之澤五世而斬。**

澤，猶言流風餘韻也。父子相繼爲一世，三十年亦爲一世。斬，絶也。大約君子小人之澤，五世而絶也。楊氏曰：「四世而緦音思。**服之窮也，五世袒**音但。**免**音問。**殺**所介反。**同姓也，六世親屬竭矣。**《記》疏云：上自高祖，下至己兄弟，同承高祖之後，爲族兄弟，爲親兄弟期，一從兄弟大功，再從兄弟小功，三從兄弟緦麻，共四世而緦服盡也。五世則袒免而無正服，減殺同姓，六世則不復袒免，惟同姓而已。故親屬竭，袒身去飾也。袒免者，肉袒而著免，免狀如冠而廣一寸。冠至尊，不可居肉袒之體，故爲免以代之。又「檀弓免焉」註：以布廣一寸，從頂上而前交於額上，又卻向後繞於髻。禮，朋友在他邦無主人乃袒免，若朋友在家，則弔服加麻。加麻者，素弁上加緦之環經，然則袒免，亦朋友之服也。○新安陳氏曰：此《禮記大傳》全文，共高祖者爲三，從兄弟，相爲服緦麻，服制至此窮也。共高祖之父者爲五世，已無服。但不忍遽絶之，故不襲不冠爲之袒裼，免冠以變其吉。同姓之恩，至此而減殺也。共高祖之祖者爲六世，則親盡矣。窮而殺，殺而竭，不變吉可也，引此以證五世而斬。**服窮則遺澤寖微，故五世而斬。**」南軒張氏曰：五世大概約度如此，自今觀之，孔子之澤，其所浸灌萬世不斬也。○慶源輔氏曰：流風，以風喻之也；餘韻，以聲喻之也。父子五世，經歷百五十年，則君子小人之餘澤皆當絶也，五世則親盡服窮，其澤亦當斬絶矣。蓋親也，服也，澤也，實相因也。

「予未得爲孔子徒也，予私淑諸人也。」

私，猶竊也。淑，善也。李氏以爲方言是也。慶源輔氏曰：孟子又言私淑艾，而他無所見，故疑是方言。人，謂子思之徒也。自孔子卒至孟子游梁時，方百四十餘年，而孟子已老。然則孟子之生，去孔子未百年也。故孟子言予雖未得親受業於孔子之門，然聖人之澤尚存，猶有能傳其學者。故我得聞孔子之道於人，而私竊以善其身。蓋推尊孔子而自謙之辭也。張子曰：孟子蓋謂孔子猶在五世之内，雖不親爲弟子，其餘澤在人，我得私取之以爲善。○雙峯饒氏曰：私淑艾者，私竊其善於人以自治，私淑諸人者，我私取之以善其身。今人或把作教者説，謂以此私淑他人，非矣。道者天下所公共，師下「私」字不得，只弟子私竊取之以自善自治耳。○新安陳氏曰：私竊以善其身，解諸「人」字不順，不若云私竊其善於人，文意方順。○此又承上三章，歷叙舜、禹，至於周、孔，而以是終之。其辭雖謙，然其所以自任之重，亦有不得而辭者矣。新安陳氏曰：韓子謂堯以是傳之舜，舜以是傳之禹，至孔子傳之孟軻，不待退之而後有此言。孟子已自言之矣，此四章相承是也，然猶分爲四章。答好辯章，明言以己承三聖，至七篇之末章，列叙群聖道統之相傳，而明言由孔子至於今，百有餘歲，其自任之重尤章章焉，孟子一身，道統攸繫，蓋如是夫。

○孟子曰：「可以取，可以無取，取傷廉；可以與，可以無與，與傷惠；可以死，可以無死，死傷勇。」

先言可以者，略見而自許之辭也；後言可以無者，深察而自疑之辭也。過取固害於廉，然過與亦反害其惠，過死亦反害其勇，蓋過猶不及之意也。雙峯饒氏曰：傷廉與傷惠、傷勇，是兩般意思。朱子所以上下箇「固」字，下面下兩箇「反」字，過取固傷廉，與本是惠，與之過，則反害其惠；死本是勇，死之過，則反害其勇。○新安陳氏曰：傷廉者，失之不及；傷惠、傷勇者，失之太過。林氏曰：「公西華受五秉之粟，是傷廉也；冉子與之，是傷惠也；子路之死於衛，是傷勇也。」問：「可以取可以無取。」程子曰：如朋友之饋，是可取也。然己自可足，是不可取也。纔取便傷廉矣。曰：「與傷惠何害？」曰：是有害於惠也。可以與，然却可以不與。若與之時，財或不贍，却於合當與者，無可與之，此所以傷惠。○朱子曰：此段正與孔子曰「再斯可矣」相似，凡事初看尚未定，再察則已審矣。便用決斷始得。○問：「取者貪之屬，不取者廉之屬，猶與之爲惠，不與之爲嗇，死之爲勇，不死之爲怯也。今以過取者爲傷廉，則宜以不與爲傷惠，不死爲傷勇矣。而反以與爲傷惠，死爲傷勇，何哉？」曰：過取之傷廉，過於此而侵奪於彼者也。過與之傷惠，過死之傷勇，過於此而反病乎此者也。蓋奪乎彼者，其失爲易見，而病乎此者，其失爲難知，故孟子舉傷廉以例二者，是亦過猶不及之意耳。○問：「可以取，取之傷廉，不難於擇矣。若可與不可與，可死不可死之間，不幸擇之不精者，與其吝嗇，寧過與。與其苟生，寧就死。在學者則當平日極其窮理之功，庶於取舍死生之際，不難於精擇也。」曰：此意極好，但孟子之意却是恐人過子而輕死也。○南軒張氏曰：取與死生之義，有灼然易判者，有在可否之間者，在可否之間，非義精者莫能擇也，蓋其幾間不容髮，一或有偏，則失之矣。是以君子貴存養於平時，而復研幾於審處也。○王氏曰：六「可以」字，疑辭。三「傷」字，決辭。○新安陳氏曰：此章三節，乍看似乎說，審察之，傷廉，所以警中人以下之不及者。傷惠傷勇，所以警賢人之過之者也。

○逢蒙學射於羿，盡羿之道，思天下惟羿爲愈己，於是殺羿。孟子曰：「是亦羿有罪焉。」公明儀曰：「宜若無罪焉。」曰：「薄乎云爾，惡得無罪？逄，薄江反。惡，平聲。羿，有窮后羿也。逢蒙，羿之家衆也。羿善射，篡初患反。夏自立，後爲家衆所殺。《左傳》襄公四年：「羿將歸自田，家衆殺而烹之，以食其子，子不忍食，死於窮。」愈，猶勝也。薄，言其罪差薄耳。楚宜反。

「鄭人使子濯孺子侵衛，衛使庾公之斯追之。子濯孺子曰：『今日我疾作，不可以執弓，吾死矣夫！』問其僕曰：『追我者誰也？』其僕曰：『庾公之斯也。』曰：『吾生矣。』其僕曰：『庾公之斯，衛之善射者也，夫子曰「吾生」，何謂也？』曰：『庾公之斯學射於尹公之他，尹公之他學射於我。夫尹公之他，端人也，其取友必端矣。』庾公之斯至，曰：『夫子何爲不執弓？』曰：『今日我疾作，不可以執弓。』曰：『小人學射於尹公之他，尹公之他學射於夫子。我不忍以夫子之道，反害夫子。雖然，今日之事，君事也，我不敢廢。』抽矢扣輪，去其金，發乘矢而後反。」他，徒何反。「矣夫」、「夫尹」之夫並音扶。去，上聲。乘，去聲。之，語助也。釋二人名中之字。僕，御也。尹公他，亦衛人也。端，正也。孺子以尹公正人，知其取友必正，故度音鐸。庾公必不害己。小人，庾公自稱也。金，鏃作木反。也。扣輪出鏃，令平聲。不害人，乃以射也。乘矢，四矢也。孟子言使羿如子濯孺子得尹公他而教之，則必無逢蒙之禍。然夷羿簒弑之賊，蒙乃逆儔，庾斯雖全私恩，亦廢公義。其事皆無足論者，孟子蓋特以取友而言耳。《左傳》襄公十四年：尹公他學射於庾公差，庾公差學射於公孫丁，孫文子使二子追衛獻公，公孫丁御公。庾公差曰：「射爲背師，不射爲戮，射爲禮乎？」射兩鉤而還。尹公他曰：「子爲師，我則遠矣。」乃反之，公孫丁授公轡而射之貫臂。○程子曰：孺子事，孟子只取其不背師耳，若國之安危，在此一舉，則殺之可也。舍之而無害於國，權輕重可也。何用虛發四矢哉？○南軒張氏曰：使蒙爲夏廷之臣，羿簒夏氏，凡爲臣子得而誅之。蒙以義討賊，雖嘗學射，亦何罪之有？蒙以私意忌而殺之，是則爲殺其師耳。以此而觀，輕重之權衡，可得而推矣。○雲峯胡氏曰：此章雖特以取友而言，然使世之背其師者讀之，亦當有泚。○東陽許氏曰：此章專爲交友發，羿不能取友而殺身，孺子能擇交而免禍。

○孟子曰：「西子蒙不潔，則人皆掩鼻而過之。

西子，美婦人。蒙，猶「冒」也。不潔，汙穢之物也。掩鼻，惡去聲。其臭也。

「雖有惡人，齊戒沐浴，則可以祀上帝。」齊，側皆反。

惡人，醜貌者也。○尹氏曰：「此章戒人之喪去聲。善，而勉人以自新也。」南軒張氏曰：齊桓一執陳轅濤塗，而《春秋》書曰齊人，蓋夷狄之也，其近於蒙不潔者歟？秦穆一有悔過之言，則進《秦誓》於《書》，以其有遷善之意也，其近於惡人齊沐者歟？一自污而喪其美，一自新而洗其惡，勸戒彰矣。○慶源輔氏曰：西子之質本美，而蒙以不潔，則自喪其美，而反致人之惡。言此所以戒人喪其本有之善。惡人之質本醜，而能齊戒沐浴，至誠自潔，則可以事上帝。言此所以勉人以改過自新。深玩尹氏之言，令人惕然而懼，聳然而作。○新安陳氏曰：此章似《詩》六義中之比。

○孟子曰：「天下之言性也，則故而已矣。故者以利爲本。

性者，人物所得以生之理也。故者，其已然之跡，若所謂天下之故者也。《易·繫辭》：「易無思也，無爲也，寂然不動，感而遂通天下之故。」利，猶順也，語其自然之勢也。言事物之理，雖若無形而難知，然其發見形甸反。之已然，則必有跡而易去聲。見。如字。故天下之言性者，但言其故而理自明，猶所謂「善言天者，必有驗於人」也。《荀子·性惡篇》云：「善言天者，必有徵於人。」○董仲舒曰：善言天者，必有徵於人，天道無形而難知，人事有迹而易見。然其所謂故者，又必本其自然之勢，如人之善、水之下，非有所矯揉人久反。造作而然者也。若人之爲惡、水之在山，則非自然之故矣。朱子曰：性自是箇難言底物事，惟惻隱善惡之類，却是已發見者，乃可得而言。此即性之故也，只看這箇，便見得性。故《集註》下箇跡字，若四端，則無不順利。若殘忍之非仁，無恥之非義，不遜之非禮，昏惑之非智，即故之不利者也。○利，是不假人爲而自然者。如水之就下，是其性本就下，只是順他；若激之在山，是不順其性，而以人爲之也。惟智者，是知此理，不假人爲，順之而已。○南軒張氏曰：故者，本然之理也，無是理而强爲之，曰鑿，鑿則失其性，所以惡夫智也。蓋以私智爲智，而非所謂智也。○慶源輔氏曰：性即理也，雖無形而難知，然不能不感發而形見於外，既已形見，則必有跡而易見，如人性之仁雖難知，然見孺子入井，則發見而爲怵惕惻隱之跡，則仁之性自見也。○潛室陳氏曰：善惡皆已然之跡，但順者爲本，則善者其初也，惡者非其初也，水無有不下者，水之本也。若夫搏之使過顙，激之使在山，豈其本也哉！○雙峯饒氏曰：就故說性，亦要就跡之順者言之，如水之下便順，就逆者言不得。孟子說性，就自然上說，如惻隱羞惡等，但看自然發見底便是利，言性便當言故，言故便當言利，如水搏之激之，便不是自然了。

「所惡於智者，爲其鑿也。如智者若禹之行水也，則無惡於智矣。禹之行水也，行其所無事也。如智者亦行其所無事，則智亦大矣。惡、爲，皆去聲。

天下之理，本皆利順，小智之人，務爲穿鑿，所以失之。禹之行水，則因其自然之勢而導之，未嘗以私智穿鑿而有所事，是以水得其潤下去聲。之性而不爲害也。朱子曰：鑿於智者，非所謂以利爲本也。○慶源輔氏曰：人物所得之理，本皆順理，無待於矯揉造作於其間，却緣世人不明吾性之智，而以私意爲智，於是每事務爲穿鑿，而失其順利之理。○雲峯胡氏曰：孟子本欲言智，而必先言性者，智，五性之一也，言智而先言性，猶言水而先言水之原也。「鑿」字與「利」字相反。利者，天理之自然；鑿者，人爲之使然，言性而必本諸天理之自然者，所以言智而深惡夫人爲之使然者也。○新安陳氏曰：所惡於智者，小智也；無惡於智者，大智也。人性必善，水性必下，孟子素以水譬人性，故仍以禹行水譬之，禹之行水，順其自然之勢而導之，使水不失其本然趨下之性而已。智者，順事物自然之理，以無事處事，使物各付物，斯爲大智，而非小智矣。此一節，以治水申言「利」字之意。❶

「天之高也，星辰之遠也，苟求其故，千歲之日至，可坐而致也。」

天雖高，星辰雖遠，然求其已然之迹，則其運有常。雖千歲之久，其日至之度，可坐而得。新安陳氏曰：此又以天度申言「故」字之意，首一節「故」字，言本然之理；此一「故」字，言本然之度也。天高星遠，若因其本然之故而求之，則雖久年日南至之時刻，亦可以坐而推致以得之矣。**況於事物之近，若因其故而求之，豈有不得其理者，而何以穿鑿爲哉？必言日至者，造歷者以上古十一月甲子朔夜半冬至爲歷元也。**《新唐書·曆志》：治曆之本，必推上元，日月如合璧，五星如連珠，夜半朔旦冬至，自此七曜散行，不復餘分，普盡總會如初。○《五代史·司天考》：「夫天人之際，遠哉微矣。而使一藝之士，布算積分，上求數千萬歲之前，必得甲子朔日夜半冬至，而日月五星，皆會于子，謂之上元，以爲曆始。蓋自漢而後，其説始詳見于世，其源所自，止於如此，是果堯舜三代之法歟！皆不可

---

❶「治」，原作「活」，今據四庫本、孔本、陸本改。《輯釋》作「迨」。

得而考矣。然自是曆家之術，雖世多不同，而未始不本於此。」○新安陳氏曰：夜半即甲子時，歲月日時皆甲子爲曆元，蓋以建寅月爲歲首筭之，則是癸亥歲十一月，以建子月爲一歲之最初筭之，則甲子歲之氣候已始於此矣，故云歲亦甲子也。○程子曰：「此章專爲去聲。智而發。」愚謂事物之理，莫非自然。順而循之，則爲大智。若用小智而鑿以自私，則害於性而反爲不智。程子之言，可謂深得此章之旨矣。朱子曰：此章其初只是性上泛説起，不是專説性，但謂天下之説性者，只説得故而已，如荀言性惡，揚言善惡混，但皆説得下面一截，皆不知所以謂之故者如何，不能以利爲本而然也。荀卿只是横説如此，到底没這道理不得，只就《性惡篇》謂塗之人皆可以爲禹，即此自可見「故」字，若不將已然之迹言之，則下文苟求其故之言，如何可推？曆家自今日推筭而上極於太古開闢之時，更無差錯，只爲有此已然之迹可以推測耳。天與星辰，間或躔度少有差錯，久久自復其常，以利爲本，亦猶天與星辰循常度而行，苟不如此，皆鑿之謂也。○歐陽氏曰：天下之大智無所自爲，而常因天下之理，小智不知循理，而常任一己之私。

○公行子有子之喪，右師往弔，入門，有進而與右師言者，有就右師之位而與右師言者。公行子，齊大夫。右師，王驩也。雙峯饒氏曰：「行」字當音杭。《詩》云「殊異乎公行」，是主班行之官，以官爲氏。

孟子不與右師言，右師不悦，曰：「諸君子皆與驩言，孟子獨不與驩言，是簡驩也。」簡，畧也。

孟子聞之，曰：「禮，朝廷不歷位而相與言，不踰階而相揖也。我欲行禮，子敖以我爲簡，不亦異乎？」朝，音潮。

是時齊卿大夫以君命弔，各有位次。若周禮，凡有爵者之喪禮，則職喪涖音利。其禁令，序其事，故云朝廷也。《周禮·春官·宗伯》：「職喪，掌諸侯及卿大夫士，凡有爵者之喪，以國之喪禮涖其禁令，序其事。」言「諸侯」者，謂畿内王子母弟稱諸侯者。歷，更平聲。涉也。位，他人之位也。右師未就位而進與之言，則右師歷己之位矣，右師已就位而就與之言，則己歷右師之位矣，孟子右師之位又不同階，孟子不敢失此禮，故不與右師言也。朱子曰：孟子鄙王驩而不與言固是，然朝禮既然，則當時雖不鄙之，亦不得與之言矣。鄙王驩於出弔處已見，此章意則以朝廷之禮爲重，時事不同，理各有當。○聖賢之言無所苟也，豈爲愧衆人爲已甚，而姑以是答之哉！正所以明朝廷之禮，而警衆人之失也。○問：陳司敗譏孔子有黨，孔子受之不辭，右師以孟子簡己，孟子辨之甚力。聖賢地位，固不同也。使孟子聞右師言，曰「禮也足矣」，無已而曰「朝廷不歷位」而相與言，不踰階而相揖，則已微見圭角矣。又必盡其辭，所以鋒芒發露，而不及孔子之渾然也。○南軒張氏曰：衆與之言，以其嬖於君而諂之也。右師以孟子爲簡己者，以孟子時所尊敬，欲假其辭色以爲榮也。君子之遠小人不惡而嚴，豈有他哉？亦曰禮而已矣。

○孟子曰：「君子所以異於人者，以其存心也。君子以仁存心，以禮存心。

以仁禮存心，言以是存於心而不忘也。問：「我本有此仁禮，只要常存而不忘否？」朱子曰：非也，言君子所以異於小人者，以其存心不同耳，君子則以仁以禮而存之於心，小人則以不仁不禮而存之於心。這箇存心，與存其心養其性不同，只是處心與人不同耳。○慶源輔氏曰：以仁存心而不忘，如造次顛沛必於是也；以禮存心而不忘，如視聽言動必以禮也。○雙峯饒氏曰：「以是存於心」，添「於」字，便可見孟子意，是只把仁禮來存於我心，此心常存仁禮上無頃刻或離。君子異於人，以其能以仁禮存於心，他人便不能，我之心安頓在仁上，即是居天下之廣居。安頓在禮上，即是立天下之正位。

「仁者愛人，有禮者敬人。

此仁禮之施。慶源輔氏曰：由乎内以施外也。

「愛人者人恒愛之，敬人者人恒敬之。

此仁禮之驗，新安陳氏曰：我感而人應，可驗我之得人，不應，可驗我之失。「驗」字已含下文必不仁必無禮之意矣。

「有人於此，其待我以横逆，則君子必自反也：我必不仁也，必無禮也，此物奚宜至哉？横，去聲。下同。

横逆，謂强暴不順理也。物，事也。慶源輔氏曰：强暴，横也；不順理，逆也。○雙峯饒氏曰：《集註》云强暴不順理，順理，是順箇文理。横，是横來。逆，是倒來。皆是不順箇文理。○新安陳氏曰：横逆者，愛敬之反。

「其自反而仁矣，自反而有禮矣，其横逆由是也，君子必自反也：我必不忠。由，與「猶」同。下放此。

忠者，盡己之謂。我必不忠，恐所以愛敬人者有所不盡其心也。慶源輔氏曰：理無窮盡，人有作輟，一息不存，一物不體，便是不盡其心。○新安陳氏曰：忠非出於仁禮之外，仁禮無一毫之不盡其心，即忠也。

「自反而忠矣，其横逆由是也，君子曰：『此亦妄人也已矣。如此則與禽獸奚擇哉？於禽獸又何難焉？』難，去聲。

奚擇，何異也。又何難焉，言不足與之校也。校音教。○南軒張氏曰：雖非所患難，然自反之功則無窮也。學者未勉乎此，遇横逆之來，則曰吾仁矣，有禮矣，且忠矣，遂斷彼以爲妄人，而不復勉反身之道，是則自陷於妄而已矣。

「是故君子有終身之憂，無一朝之患也。乃若所憂則有之：舜人也，我亦人也。舜爲法於天下，可傳於後世，我由未免爲鄉人也，是則可憂也。憂之如何？如舜而已矣。若夫君子所患則亡矣。非仁無爲也，非禮無行也，如有一朝之患，則君子不患矣。」夫音扶。

鄉人，鄉里之常人也。君子存心不苟，趙氏曰：《集註》「不苟」二字，不可淺看，心一不仁，而不自覺，不自强，便是苟且也。○新安陳氏曰：存心照應前存心。不苟，即忠也。四字收拾約而盡。故無後憂。朱子曰：古聖人多矣，獨言舜爲法於天下，何也？法者，人倫而已，他聖人因其常而處之不失，未足見人道之盡，惟舜極其變而不失其常。是以人道之盡，於此固可見焉，故特舉舜而言之。然其所謂法舜，亦循乎天則而已。○問：「楊氏謂孟子三自反，不若顏子之不校，信乎？」曰：自反，所以自脩，學者事也。不校，不見可校，成德事也，淺深之分，信如楊氏之説矣。然自反之説，謹嚴精切，正學者所當用力，若自反未至，而遽以不校爲高，恐其無脩省之功，而陷於苟且頽墮之域矣。○新安陳氏曰：前曰「以仁存心」、「以禮存心」，末曰「非仁無爲」、「非禮無行」，存，謂存之於心，爲與行，謂行之於身，表裏一矣。存之於心者有素，而行之於身者益盡，豈惟無一朝之患者本於此，所以懷終身之憂而欲如舜者，亦不過勉於此而已，何也？舜所以爲舜，亦不外此仁禮也。特舜則安而行之，欲如舜者，則在乎勉而行之耳。

○禹、稷當平世，三過其門而不入，孔子賢之。

事見形甸反。前篇。問：「過門不入，若家有父母，豈可不入？」朱子曰：固是，然事亦須量箇緩急，若只是泛泛底水，未便傾國覆都，過家見父母亦不妨。若洪水之患甚急，有傾國覆都、君父危急之災，也只得奔君父之急，雖不過家見父母，亦不妨也。○雙峯饒氏曰：禹三過其門，稷是帶説。○新安陳氏曰：賢其用世而憂民之憂。

顏子當亂世，居於陋巷。一簞食，一瓢飲。人不堪其憂，顏子不改其樂，孔子賢之。食，音嗣。樂，音洛。

新安陳氏曰：賢其避世而樂己之樂。

孟子曰：「禹、稷、顔回同道。聖賢之道，進則救民，退則脩己，其心一而已矣。慶源輔氏曰：道則以其所行言之也，心則以其所在言之也。救民者，脩己之驗。脩己者，救民之本。有是心，則有是道，有是本，則有是驗。

「禹思天下有溺者，由己溺之也；稷思天下有飢者，由己飢之也，是以如是其急也。由，與「猶」同。

禹、稷身任其職，故以爲己責而救之急也。

「禹、稷、顔子易地則皆然。

聖賢之心無所偏倚，大本之「中」。隨感而應，各盡其道。時中之「中」。故使禹、稷居顔子之地，則亦能樂顔子之樂；使顔子居禹、稷之任，新安陳氏曰：禹、稷有官守，故曰「任」。顔子居陋巷，故曰「地」。亦能憂禹、稷之憂也。慶源輔氏曰：聖賢之心，其本然之體無所偏，無所倚。此其所謂「中者天下之大本也」，然不能不感於物，故隨感而應。有可喜之事感，則喜心便應；有可怒之事感，則怒心便應。如進則便須救民，退則便須脩己，皆吾大本中自然之理。無或過，無或不及，各盡其道，此其所謂「和者天下之達道也」。如是，故使禹、稷居顔子之地，亦能樂顔子之樂。使顔子居禹、稷之任，亦能憂禹、稷之憂，同一大本，同一達道故也。

「今有同室之人鬭者，救之，雖被髮纓冠而救之，可也。

不暇束髮，而結纓往救，新安陳氏曰：遇沐不暇束髮，冒冠於所被髮上，結纓而往救。言急也。以喻禹、稷。

鄉鄰有鬭者，被髮纓冠而往救之，則惑也，雖閉户可也。」

喻顔子也。○此章言聖賢心無不同，事則所遭或異，然處上聲。之各當其理，是乃所以爲同也。尹氏曰：「當其可之謂時，前聖後聖，其心一也，故所遇皆盡善。」程子曰：君子而時中，若三過其門而不入，在禹、稷之時爲中，如居陋巷，則非中矣。居陋巷，在顔子之時爲中，如三過其門而不入，則非中矣。○南軒張氏曰：顔子未見其施爲，遽比之禹、稷，不已過乎？殊不知禹、稷之事功何所自。德者本也，事功末也，本末一致也。故程子曰有顔子之德，則有禹、稷之事功。事功在聖賢，惟其時而已。若墨之兼愛、楊之爲我，皆不知天理之時中，而妄意以守一偏，故如此。蓋墨氏終身纓冠以求救天下之鬭，楊氏則坐視同室之鬭而不顧者。其賊道豈不甚哉？是則人欲而已矣。○慶源輔氏曰：《集註》章旨，所謂聖賢之心無不同，一本也。事則所遭或異，萬殊也。然處之各當其理，是乃所以爲同者，所謂萬殊一本，吾道一以貫之也。又曰，事雖萬殊，心一以貫，則凡所以語默云爲，達道也，皆時中也。

○公都子曰：「匡章，通國皆稱不孝焉。夫子與之遊，又從而禮貌之，敢問何也？」

匡章，齊人。通國，盡一國之人也。禮貌，敬之也。

孟子曰：「世俗所謂不孝者五：惰其四肢，不顧父母之養，一不孝也；博奕好飲酒，不顧父母之養，二不孝也；好貨財，私妻子，不顧父母之養，三不孝也；從耳目之欲，以爲父母戮，四不孝也；好勇鬬狠，以危父母，五不孝也。章子有一於是乎？好、養、從，皆去聲。狠，胡懇反。

戮，羞辱也。狠，忿戾也。新安陳氏曰：五不孝之序，從輕漸說至重。

「夫章子，子父責善而不相遇也。

遇，合也。相責以善而不相合，故爲父所逐也。雙峯饒氏曰：章子得罪於父，與其他得罪不同，章子但不合責善於父，故出妻屏子以示不安之意，先說子父責善，是言子責父之善，下說父子，是泛言。

「責善，朋友之道也；父子責善，賊恩之大者。

賊，害也。朋友當相責以善，父子行之，則害天性之恩也。《孝經》云：「父子之道，天性也。」

「夫章子，豈不欲有夫妻子母之屬哉？爲得罪於父，不得近。出妻屏子，終身不養焉。其設心以爲不若是，是則罪之大者，是則章子已矣。」「夫章」之夫音扶。爲，去聲。屏，必井反，又必正反。養，去聲。

言章子非不欲身有夫妻之配、子有子母之屬，新安陳氏曰：此「屬」字，即「天屬」、「家屬」之屬，本文總夫妻子母而言，《集註》分説，故以「配」字對「屬」字。但爲身不得近於父，故不敢受妻子之養，以自責罰。其心以爲不如此，則其罪益大也。○此章之旨，於衆所惡去聲。而必察焉，可

以見聖賢至公至仁之心矣。慶源輔氏曰：至公，則無私蔽於己；至仁，則不忍苛責於人。○新安陳氏曰：不徇衆見，至公也不輕與絶，至仁也。**楊氏曰：「章子之行，**去聲。**孟子非取之也，特哀其志而不與之絶耳。」**朱子曰：孟子之於匡章，蓋憐之耳，非取其孝也。據章所爲，因責善於父而不相遇，遂爲父所逐，雖是父不是己是，然使至如此出妻屏子終身不養，則豈得爲孝？故孟子言父子責善，賊恩之大者，此便是責之以不孝也。但其不孝之罪，未至於可絶之地爾。然當時人則遂以爲不孝而絶之，故孟子舉世俗之不孝者五以曉之。若如此五者，則誠在所絶爾。後世因孟子不絶之，則又欲盡雪章之不孝而以爲孝，此皆不公不正倚於一偏，必若孟子所處，然後可以見聖賢至公至仁之心矣。○南軒張氏曰：章本心亦欲父之爲善耳，乃或過於辭色，致父之怒，後又不敢安於妻子之養以深自咎責，則章亦可哀者。若章得罪而不知懼，則是終以忿戾之氣行乎其間而可罪矣。○雙峯饒氏曰：章資質自好，但無學力，雖知愛父，而不知愛父之道，既得見孟子，必教他回父之意，未必止於此。章子通國稱其不孝，仲子通國稱其廉，孟子於此二人，所謂衆惡之必察焉，衆好之必察焉。○新安陳氏曰：父子間所以不責善，而惟朋友當責善者，蓋朋友以義合，責善而不從，則交可絶；父子以天合，責善而不相遇，則賊恩而將至於離故也。然責善既不可，則從父之令乎！曰：聖賢自有成規，幾諫之章內則與幾諫相表裏之言皆是也，舜事瞽瞍能致底豫，特患不能如舜耳。若章之出妻、屏子，非徒自咎責於己，亦將以感動於父，子不安而父安焉！其執拗亦可想矣，章既失之初，使能如舜之事親，豈不能回之於後，惜無以考其終何如也。

○曾子居武城，有越寇。或曰：「寇至，盍去諸？」曰：「無寓人於我室，毁傷其薪木。」寇退，

則曰：「脩我牆屋，我將反。」寇退，曾子反。左右曰：「待先生，如此其忠且敬也。寇至，則先去以爲民望，寇退則反。殆於不可。」沈猶行曰：「是非汝所知也。昔沈猶有負芻之禍，從先生者七十人，未有與焉。」與，去聲。

武城，魯邑名。盍，何不也。左右，曾子之門人也。忠敬，言武城之大夫事曾子忠誠恭敬也。爲民望，言使民望而效之。沈猶行，弟子姓名也。言曾子嘗舍於沈猶氏，時有負芻者作亂，來攻沈猶氏，曾子率其弟子去之，不與其難。去聲。言師賓不與臣同。

子思居於衛，有齊寇。或曰：「寇至，盍去諸？」子思曰：「如伋去，君誰與守？」

言所以不去之意如此。子思時仕於衛。

孟子曰：「曾子、子思同道。曾子，師也，父兄也；子思，臣也，微也。曾子、子思易地則皆然。」

微，猶賤也。尹氏曰：「或遠去聲。害，或死難，去聲。○慶源輔氏曰：子思雖無死難之事，然寇至不去，有死難之理。其事不同者，所處之地不同也。君子之心不繫於利害，惟其是而已，是者，理之當然也。故易地則皆能爲之。」○孔氏曰：「古之聖賢，言行去聲。不同，事業亦異，而其道未始不同也。學者知此，則因所遇而應之；若權衡之稱去聲。物，低昂屢變，而不害其爲同也。」南軒張氏曰：君子不避難，亦不入於難，惟當夫理而已。於不當避而避焉，固私也；

於不當預而預，乃勇於就難，是亦私而已矣。夫曾子，師也，父兄也。師之尊，與父兄之義同，以師道居，則寇至而去之，寇退而反，無預其難，在師之義當然也。子思，臣也，微也，委質以服君之事，有難而可逃之乎？與君同守而不去，則爲臣之義當然也。從容乎理之所當然，曾子、子思何殊哉？故曰「易地則皆然」，以天理之時中一而已。

○儲子曰：「王使人瞷夫子，果有異於人乎？」孟子曰：「何以異於人哉？堯舜與人同耳。」

瞷，古莧反。

儲子，齊人也。瞷，竊視也。聖人亦人耳，豈有異於人哉？新安陳氏曰：孟子因有以異於人乎之問，而答之曰：「我何以異於人哉，雖堯舜，亦與人同耳。」《集註》謂「聖人亦人耳，豈有異於人哉」？乃是釋「堯舜與人同耳」一句，與孟子元文「何以異於人哉」所指不同矣。堯舜所以與人同者，非但形體之同，其性善本與人不異，惟聖人能盡其性，常人每汨其性，於是常人與聖人始懸絶耳。堯舜與人同之說，與人皆可以爲堯舜之說，實相表裏，但其意包涵而未盡。使儲子再問難，孟子必傾倒盡發之矣。

○「齊人有一妻一妾而處室者，其良人出，則必饜酒肉而後反。其妻問所與飲食者，則盡富貴也。其妻告其妾曰：『良人出，則必饜酒肉而後反，問其與飲食者，盡富貴也，而未嘗有顯者來，吾將瞷良人之所之也。』蚤起，施從良人之所之，徧國中無與立談者，卒之東郭墦間，之祭者，乞其餘，不足，又顧而之他，此其爲饜足之道也。其妻歸，告其妾曰：『良人者，所仰望而終身也。今若此。』與其妾訕其良人，而相泣於中庭。而良人未之知也，施施從外來，

驕其妻妾。施音迤，又音異。墦音燔。施施，如字。

章首當有「孟子曰」字，闕文也。良人，夫也。饜，飽也。顯者，富貴人也。施，邪施而行，不使良人知也。墦，冢也。顧，望也。訕，怨詈力智反。也。施施，喜悦自得之貌。

「由君子觀之，則人之所以求富貴利達者，其妻妾不羞也，而不相泣者，幾希矣。」

孟子言自君子而觀，今之求富貴者，皆若此人耳。使其妻妾見之，不羞而泣者少矣，言可羞之甚也。○趙氏曰：「言今之求富貴者，皆以枉曲之道，昏夜乞哀以求之，而以驕人於白日，與斯人何以異哉？」南軒張氏曰：意孟子在齊，適見此事，以爲與世之求富貴者無異，故載之。驕妻妾者，徒知以得爲貴，而不知所以得之者可賤也。妻妾知其可賤而已，不知爲欲所蔽故耳。○勉齋黄氏曰：此章形容苟賤之態，殊可賤惡。然流俗滔滔，務爲卑諂，無所不至，摇尾乞憐，自少至老，無一念不在是。未得，則愁憂窮蹙，志氣萷然，甘於不勝其小；既苟得，則志得意滿，驕親戚，傲閭里，哆然自視，不勝其大，可賤甚於乞墦而莫之覺也。學者深明義利之辨，充吾羞惡之心，而養吾剛大之氣，然後知孟子此言，誠末俗之箴砭也。

孟子集註大全卷之九

萬章章句上

凡九章。

萬章問曰：「舜往于田，號泣于旻天，何爲其號泣也？」孟子曰：「怨慕也。」號，平聲。

舜往于田，耕歷山時也。仁覆敷救反。閔下謂之旻天。號泣于旻天，呼去聲。下同。天而泣也。事見形甸反。《虞書・大禹謨》篇。《書》曰：「帝初于歷山，往于田，日號泣于旻天，于父母。」怨慕，怨己之不得其親而思慕也。慶源輔氏曰：父慈子孝，理之常也，何有於怨慕？唯遭事之變，故深思其所以不得於親之故，而自怨咎其在我者有何罪戾而致然，又思慕於親無頃刻忘，必欲得親之歡心而後已，此所謂怨慕也。○新安陳氏曰：「怨慕」二字真得舜之心，亦包盡一章之意。怨非怨親，怨己之不得乎親也。慕則念念不忘而思其親也。「惟順於父母可以解憂」以上，言怨也；「人少則慕父母」以下，言慕也。

萬章曰：「父母愛之，喜而不忘；父母惡之，勞而不怨。然則舜怨乎？」曰：「長息問於公明高曰：『舜往于田，則吾既得聞命矣；號泣于旻天，于父母，則吾不知也。』公明高曰：『是非爾所知也。』夫公明高以孝子之心爲不若是恝。我竭力耕田，共爲子職而已矣，父母之不我愛，於我何哉？惡，去聲。夫音扶。恝，苦八反。共，平聲。長息，公明高弟子；公明高，曾子弟子。于父母，亦《書》辭，言呼父母而泣也。恝，無愁之貌。新安陳氏曰：孟子推明公明高之意，以爲孝子之心既不得乎親，必不若是之恝然無愁也。於我何哉，自責不知己有何罪耳，非怨父母也。楊氏曰：「非孟子深知舜之心，不能爲此言。蓋舜惟恐不順於父母，未嘗自以爲孝也。若自以爲孝，則非孝矣。」

「帝使其子九男二女，百官牛羊倉廩備，以事舜於畎畝之中。天下之士多就之者。帝將胥天下而遷之焉，爲不順於父母，如窮人無所歸。爲，去聲。

帝，堯也。《史記》云：「二女妻去聲。之，以觀其內；觀其齊家。九男事之，以觀其外。」觀其治外。○《史記·五帝紀》：舜年二十以孝聞。三十而帝堯問可用者，四岳咸薦虞舜曰可。於是堯乃以二女妻舜以觀其內，使九男與處以觀其外。舜居嬀汭，內行彌謹，堯二女不敢以貴驕事舜親戚，甚有婦道，堯九男皆益篤。○朱子曰：二女，娥皇、女英也。蓋夫婦之間，隱微之際，正始之道，所繫尤重。故觀人者於此爲尤切。○雙峯饒氏曰：觀者，衆人之所共見。以天子二女來處頑嚚傲之間，看他如何處置。二女和則是處置得是。九男皆帝子，亦難處，若處之得其道亦自安。百官只是百司，如後世典籤涓人之類。又言：「一年所居成聚，《廣雅》云：「聚，居也。」音慈喻反。《漢書音義》云：「小於鄉曰聚。」二年成邑，三年成都。」是天下之士就之也。胥，相去聲。視也。遷之，移以與之也。如窮人之無所歸，言其怨慕迫切之甚也。雲峯胡氏曰：「『如窮人無所歸』六字譬喻，最形容得舜之情不得以自達，身不得以自安，心不得以自釋，其爲怨慕迫切之甚可知。

「天下之士悦之，人之所欲也，而不足以解憂；好色，人之所欲，妻帝之二女而不足以解憂；富，人之所欲，富有天下而不足以解憂；貴，人之所欲，貴爲天子而不足以解憂。人悦之、好色、富、貴，無足以解憂者，惟順於父母可以解憂。

孟子推舜之心如此，以解上文之意，極天下之欲不足以解憂，而惟順於父母可以解憂。孟子真知舜之心哉！慶源輔氏曰：上文是説舜之實事，此又孟子推述舜之心以解上文之意。言舜之心事實有如此者耳。舉天下之所欲不足以解憂者，所性不存焉故也；惟順於父母可以解憂者，性之不可離而亦不可以不盡也。

「人少則慕父母，知好色則慕少艾，有妻子則慕妻子，仕則慕君，不得於君則熱中。大孝終身慕父母。五十而慕者，予於大舜見之矣！」少、好，皆去聲。

言常人之情，因物有遷，釋「人少」至「熱中」。惟聖人爲能不失其本心也。釋「終身慕父母」。艾，美好也。《楚詞》、《戰國策》所謂「幼艾」，義與此同。《楚辭・九歌・大司命》篇：「慫長劍兮擁幼艾，蓀獨宜兮爲民正。」慫，息拱反。○《戰國策・趙孝成王》篇：公子魏牟過趙，趙王迎之，顧反至坐，前有尺帛，且令工人以爲冠。工見客來也，因避。趙王曰：「願聞所以爲天下。」魏牟曰：「王能重王之國若此尺帛，則國大治矣。」趙王不悅，曰：「寡人豈敢輕國若此？」魏牟曰：「請爲王説之。王有此尺帛，何不令前郎中以爲冠？」王曰：「郎中不知爲冠。」魏牟曰：「爲冠而敗之，奚虧於王之國，而王必待工而後乃使之。今爲天下之工或非也。社稷爲虛器，先王不血食，而王不以予工，乃與幼艾！」不得，失意也。熱中，躁急心熱也。言五十者，舜攝政時年五十也。五十而慕，則其終身慕可知矣。○此章言舜不以得衆人之所欲爲己樂，音洛。而以不順乎親之心爲己憂。非聖人之盡性，其孰能之？慶源輔氏曰：心纔有一毫物欲之累，而於其親有一毫之不順，則於吾固有之性便有不盡處。能盡其性，則能不失其本心而爲人倫之至也。○西山真氏曰：五十始衰，聖人純孝之心則不以老而衰。惟充極其天性之至孝而無一毫之不盡，所以能如此。○雙峯饒氏曰：如孝便十分孝，弟便十分弟，忠便十分忠，皆是盡性。○新安陳氏曰：常人變於私情，所以汨其性；聖人無私情之累，所以盡其性。孟子言此，是以遏人欲、擴天理也。

○萬章問曰：「《詩》云：『娶妻如之何？必告父母。』信斯言也，宜莫如舜。舜之不告而娶，何也？」孟子曰：「告則不得娶。男女居室，人之大倫也。如告，則廢人之大倫以懟父母，是以不告也。」懟，直類反。

《詩》，《齊國風・南山》之篇也。信，誠也，誠如此詩之言也。懟，讎怨也。舜父頑母嚚，音銀。常欲害舜。告則不聽其娶，是廢人之大倫以讎怨於父母也。東陽許氏曰：懟父母，言人之常情也；爲廢大倫，則雖子亦不免有讐怨父母之心。舜固非懟父母者，然告則必廢大倫，故不告也。此聖人善處變事處。

萬章曰：「舜之不告而娶，則吾既得聞命矣。帝之妻舜而不告，何也？」曰：「帝亦知告焉則不得妻也。」妻，去聲。以女爲人妻曰妻。去聲。下同。程子曰：「堯妻舜而不告者，以君治之而已。如今之官府治民之私者亦多。」慶源輔氏曰：謂以君命治之，不容瞽瞍之不聽也。官府治民之私，或有理法當然，而牽於私，不肯然者，則官司以法治之，必使之然也。

萬章曰：「父母使舜完廩，捐階，瞽瞍焚廩；使浚井，出，從而揜之。象曰：『謨蓋都君咸我績。牛羊，父母；倉廩，父母；干戈，朕；琴，朕；弤，朕。二嫂使治朕棲。』象往入舜宫，舜在牀琴。象曰：『鬱陶思君爾。』忸怩。舜曰：『惟茲臣庶，汝其于予治！』不識舜不知象之將殺己與？」曰：「奚而不知也？象憂亦憂，象喜亦喜。」弤，都禮反。忸，女六反。怩音尼。與，平聲。

完，治也。補全之。捐，去上聲。也。階，梯也。揜，蓋也。按《史記》曰：「使舜上時掌反。塗廩，瞽瞍從下縱火焚廩，舜乃以兩笠自捍音汗。而下去，得不死。後又使舜穿井，舜穿井爲匿空音孔。旁出。匿空，隱匿之孔穴也。舜既入深，瞽瞍與象共下土實井，舜從匿空中出去。」即其事也。象，舜異母弟也。謨，謀也。蓋，蓋井也。舜所居三年成都，故謂之「都君」。咸，皆也。績，功也。舜既入井，象不知舜已出，欲以殺舜爲己功也。干，盾樹尹反。也。戈，戟也。《周禮》：「掌五兵五楯。」鄭云：「五楯，干魯之屬。」❶《禮圖》云：「今之三鋒戟也。內長四寸半，胡長六寸。」以其與戈相類，故云：「戈，戟也。」琴，舜所彈五弦琴也。弤，琱丁聊反。弓也。《通鑑外紀》云：「舜彈五弦之琴，歌《南風》之詩。」琱弓，漆赤弓，《尚書》「彤弓」是也。象欲以舜之牛羊倉廩與父母，而自取此物也。二嫂，堯二女也。棲，牀也。象欲使爲己妻也。象往舜宮，欲分取所有。見舜生在牀彈琴，蓋既出即潛歸其宮也。鬱陶，思之甚而氣不得伸也。象言己思君之甚，故來見爾。忸怩，慙色也。臣庶，謂其百官也。象素憎舜，不至其宮，故舜見其來而喜，使之治其臣庶也。孟子言舜非不知其將殺己，但見其憂則憂，見其喜則喜，兄弟之情自有所不能已耳。萬章所言，其有無不可知，然舜之心則孟子有以知之矣。他亦不足辨也。程子曰：「象憂亦憂，象喜亦喜，人情天理，於是爲至。」程子曰：萬章言舜完廩浚井之說，恐未必有此事，論其理而已。堯在上而使百官事舜於畎畝之中，豈容象得

❶「魯」，四庫本、陸本及《周禮注疏·夏官·司兵》作「櫓」。

以殺兄而使二嫂治其棲乎？學孟子者，以意逆志可也。○南軒張氏曰：象之憂，疾舜而謀害之也；舜亦憂者，憂己何以使象至此也。象之喜者，彼云思君而以喜來；舜固不逆其詐，亦從而爲之喜也。憂也亦憂，喜也亦喜，是其心與之爲一，親之愛之，不知其他，此仁人之於弟，天理人情之至也。象憂而舜漠然不以爲憂，象喜而舜疑之不以爲喜，則在我之誠先不篤矣。豈聖人之心也哉？○慶源輔氏曰：象日以殺舜爲事，肆人欲以絶兄弟之情者也；象憂亦憂，象喜亦喜，順天理以見兄弟之情者也。象之人欲雖熾，舜之天理常存，卒之象不格姦而源源以來，則舜之天理化其人欲而消之矣。○西山真氏曰：象欲殺舜，其迹甚明，舜豈不知？然見其憂則憂，見其喜則喜，略無一毫芥蔕於其中。後世骨肉之間小有疑隙，則嫌猜萬端，惟恐發之不早、除之不亟。至此然後知聖人之心與天同量也。世儒疑堯在上，二女嬪虞，象無敢殺舜之理。不知孟子但論舜之心，使其有是，處之不過如此，豈必真有是哉？○雙峯饒氏曰：完廩浚井事儻無，則不告而娶亦焉知其非無？孟子於此不辨，下章咸丘蒙之問孟子却責之。蓋下章是説舜身上事。舜爲天子，不受堯與瞽瞍之朝，此決然之理；此章説象與瞽瞍之事，容或有之，是以不辨。大凡看書且看大意。如前章重在「爲不順於父母，如窮人無所歸」兩句，此章重在「象憂亦憂，象喜亦喜」兩句。

曰：「然則舜僞喜者與？」曰：「否。昔者有饋生魚於鄭子産，子産使校人畜之池。校人烹之，反命曰：『始舍之，圉圉焉，少則洋洋焉，攸然而逝。』子産曰：『得其所哉，得其所哉！』校人出，曰：『孰謂子産智？予既烹而食之，曰：得其所哉，得其所哉！』故君子可欺以其方，難罔以非其道。彼以愛兄之道來，故誠信而喜之，奚僞焉？」與，平聲。校音效，又音教。畜，許六反。校人，主池沼小吏也。圉圉，困而未紓音舒。之貌。洋洋，則稍縱矣。攸然而逝者，自得而遠去也。方，亦道也。罔，蒙蔽也。欺以其方，謂誑古况反。之以理之所有；罔以非其道，謂昧之以理之所無。象以愛兄之道來，所謂欺之以其方也。舜本不知其僞，故實喜之，何僞之有？○此章又言舜遭人倫之變而不失天理之常也。新安陳氏曰：不失天理之常，則終可以回人倫之變矣；不格姦、底豫之餘，人倫豈終變也哉？○東陽許氏曰：魚入水有悠然而逝之理，弟有思兄鬱陶之理，故子産與舜皆信之。舜之愛弟自天性，況象又以愛兄之道來感之乎？

○萬章問曰：「象日以殺舜爲事，立爲天子則放之，何也？」孟子曰：「封之也。或曰放焉。」放，猶置也，置之於此使不得去也。萬章疑舜何不誅之，孟子言舜實封之，而或者誤以爲放也。

萬章曰：「舜流共工于幽州，放驩兜于崇山，殺三苗于三危，殛鯀于羽山，四罪而天下咸服，誅不仁也。象至不仁，封之有庳，有庳之人奚罪焉？仁人固如是乎，在他人則誅之，在弟則封之？」曰：「仁人之於弟也，不藏怒焉，不宿怨焉，親愛之而已矣。親之，欲其貴也；愛之，欲其富也。封之有庳，富貴之也。身爲天子，弟爲匹夫，可謂親愛之乎？」庳音鼻。流，徙也。共音恭。工，官名。驩兜，人名。二人比毗至反。周，相與爲黨。三苗，國名，負固不服。殺，殺其君也。殛，誅也。鯀，禹父名。方命圮部鄙反。族，治水無功。新安倪氏曰：「方命圮族」，見《書·堯典》篇。方命者，逆上命而不行也。圮敗族類，言與衆不和，傷人害物也。皆不仁之人也。幽州、崇山、三危、羽山、有庳，皆地名也。趙氏曰：幽州，北裔之地，舜分冀北爲幽州。崇山，南裔之山，在今澧州慈利縣。三危，西裔之地，禹貢在雍州，或以爲燉煌，未詳。羽山，東裔之山，在今海州朐山縣。或曰：今道州鼻亭即有庳之地也，未知是否。《漢書》顔師古註云：「有庳在零陵，今鼻亭是也。」萬章疑舜不當封象，使彼有庳之民無罪而遭象之虐，非仁人之心也。藏怒，謂藏匿其怒；宿怨，謂留蓄其怨。雙峯饒氏曰：仁人之於弟，雖有怒亦不藏之，雖有怨亦不留之，少間便釋然。親之，欲其親近於我，貴之是也；愛之，欲其得遂所欲，富之是也。

「敢問『或曰放』者，何謂也？」曰：「象不得有爲於其國，天子使吏治其國而納其貢税焉，故謂之放。豈得暴彼民哉？雖然，欲常常而見之，故源源而來。『不及貢，以政接于有庳』，此之謂也。」

孟子言象雖封爲有庳之君，然不得治其國。天子使吏代之治而納其所收之貢税於象，有似於放，故或者以爲放也。蓋象全不仁，處上聲。之如此，則既不失吾親愛之心，而彼亦不得虐有庳之民也。源源，若水之相繼也。來，謂來朝音潮。下同。覲也。不及貢，以政接于有庳，謂不待及諸侯朝貢之期而以政事接見有庳之君。蓋古書之辭，新安陳氏曰：以

「此之謂也」四字觀之，知其爲古書之辭。而孟子引以證源源而來之意，見形甸反。其親愛之無已如此也。○吴氏曰：「言聖人不以公義廢私恩，亦不以私恩害公義。舜之於象，仁之至、義之盡也。」朱子曰：封之有庳，富貴之，是不以公義廢私恩，所以爲仁之至；使吏治其國，納貢賦而不得肆暴，是不以私恩害公義，所以爲義之盡。後世如漢文之於淮南，景帝之於梁王，始則縱之太過，不得謂之仁；後又窘治之甚，不得謂之義。皆兩失之。○南軒張氏曰：舜之處象可謂盡矣。象雖不道，而吾之弟也。仁人之於弟，親愛之而已矣。或曰：周公之於管、蔡如之何？蓋管、蔡挾武庚以叛，憂在廟社，孽在生民，周公爲國弭亂也；象之欲殺舜，其事在舜之身耳，固不同也。舜與周公易地則皆然。蓋其存心爲天理人情之至，則一也。

○咸丘蒙問曰：「語云：『盛德之士，君不得而臣，父不得而子。』舜南面而立，堯帥諸侯北面而朝之，瞽瞍亦北面而朝之。舜見瞽瞍，其容有蹙。孔子曰：『於斯時也，天下殆哉岌岌乎！』不識此語誠然乎哉？」孟子曰：「否。此非君子之言，齊東野人之語也。堯老而舜攝也。《堯典》曰：『二十有八載，放勳乃徂落，百姓如喪考妣。三年，四海遏密八音。』孔子曰：『天無二日，民無二王。』舜既爲天子矣，又帥天下諸侯以爲堯三年喪，是二天子矣。」朝音潮。岌，魚及反。

咸丘蒙，孟子弟子也。語者，古語也。蹙，顰蹙不自安也。岌岌，不安之貌也。言人倫乖亂，天下將危也。齊東，齊國之東鄙也。孟子言堯但老不治事，而舜攝天子之事耳。堯在時舜未嘗即天子位，堯何由北面而朝乎？又引《書》及孔子之言以明之。《堯典》，《虞書》篇名。今此文乃見形甸反。於《舜典》。蓋古書二篇，或合爲一耳。言舜攝位二十八年而堯死也。徂，升也。落，降也。人死則魂升而魄降，故古者謂死爲徂落。遏，止也。密，静也。八音，金、石、絲、竹、匏、蒲交反。土、革、木，新安倪氏曰：金，鐘也。石，磬也。絲，琴瑟也。竹，簫篪也。匏，笙竽也。土，塤也。革，鼓也。木，柷敔也。樂器之音也。南軒張氏曰：堯老而命舜攝天子之事，是則堯猶爲君而舜則臣也。堯崩，舜率天下之臣民以爲堯三年喪，是猶以堯之事行於天下也。至於堯三年之喪畢，舜避堯之子而天下獄訟謳歌歸之，不容舍焉，而後舜始踐大子位。此堯、舜相繼之際，《書》、《傳》所載莫詳焉，而不獨見於《孟子》之書也。○雙峯饒氏曰：百姓，是畿內百姓，如「平章百姓」，皆指畿內而言。古者天子崩，畿內百姓爲之斬衰期年之服；諸侯薨，國內百姓爲之斬衰，皆期年也。周制百姓期年，今也百姓爲之三年。至於四海雖無服，亦遏密八音不作樂。

咸丘蒙曰：「舜之不臣堯，則吾既得聞命矣。《詩》云：『普天之下，莫非王土；率土之濱，莫非王臣。』而舜既爲天子矣，敢問瞽瞍之非臣，如何？」曰：「是詩也，非是之謂也，勞於王事而不得養父母也。曰此莫非王事，我獨賢勞也。故説詩者不以文害辭，不以辭害志，以意逆志，是爲得之。如以辭而已矣，《雲漢》之詩曰：『周餘黎民，靡有孑遺。』信斯言也，是周無遺民也。

不臣堯，不以堯爲臣，使北面而朝也。《詩》，《小雅·北山》之篇也。普，徧也。率，循也。此詩今毛氏序云：「役使不均，己勞於王事而不得養去聲。其父母焉。」其詩下文亦云：「大夫不均，我從事獨賢。」乃作詩者自言天下皆王臣，何爲獨使我以賢才而勞苦乎，非謂天子可臣其父也。文，字也。辭，語也。逆，迎也。《雲漢》，《大雅》篇名也。孑，獨立之貌。遺，脱也。言説詩之法，不可以一字而害一句之義，不可以一句而害設辭之志，當以己意迎取作者之志，乃可得之。若但以其辭而已，則如《雲漢》所言，是周之民真無遺種上聲。矣。惟以意逆之，則知作詩者之志在於憂旱而非真無遺民也。朱子曰：逆，是前去追迎之；意，將自家意思去前面等候詩人之志來，如等人來相似。今日等不來，明日又等，須等得來方得。今人却是硬捉他來，便不是「逆志」。所謂逆者，其至否遲速不敢自必，而聽於彼也。大抵讀書，須虚心平氣，優游玩味，徐觀聖賢立言本意所向如何，然後隨其遠近淺深、輕重緩急而爲之説，庶乎可以得之。若便以吾先入之説横於胸次，而驅牽聖賢之言以從己意，設使義理可通，已涉私穿鑿，而不免於郢書燕説之誚。况又義理窒礙，實有所不可行乎？○慶源輔氏曰：以文害辭，是泥一字之文而害一句之辭也；以辭害義，是泥一句之辭而害詩人設辭之意也。意是己意，志是詩人之志。以我之意迎取詩人之志，然後可以得之。

「孝子之至，莫大乎尊親；尊親之至，莫大乎以天下養。爲天子父，尊之至也；以天下養，養之至也。《詩》曰：『永言孝思，孝思維則。』此之謂也。養，去聲。

言瞽瞍既爲天子之父，則當享天下之養。此舜之所以爲尊親養親之至也。豈有使之北面而朝之理乎？《詩》，《大雅·下武》之篇。言人能長言孝思而不忘，則可以爲天下法則也。慶源輔氏曰：上既言讀詩之法以破萬章之惑，此又言尊親養親之至以見舜無使父朝己之理。夫舜既爲天子，則瞽瞍實爲天子之父，備享四海九州之奉，而舜爲尊親養親之至矣。故引《下武》詩以詠歎之，以謂如舜者然後可謂能「長言孝思」而「爲天下法則」者矣。豈有使其父北面而朝之理乎？○雙峯饒氏曰：尊親養親雖是二事，然尊與養相須，養之至乃所以尊之也。

「《書》曰：『祇載見瞽瞍，夔夔齊栗。瞽瞍亦允若。』是爲父不得而子也。」見音現。齊，側皆反。

《書》，《大禹謨》篇也。祇，敬也。載，事也。夔夔齊栗，敬謹恐懼之貌。允，信也。若，順也。言舜敬事瞽瞍，往而見之，蔡氏曰：敬其子之職事也。敬謹如此，瞽瞍亦信而順之也。孟子引此而言瞽瞍不能以不善及其子，而反見化於其子，則是所謂父不得而子者，而非如咸丘蒙之說也。南軒張氏曰：古之君有受教於臣以成德者，如太甲之於伊尹，成王之於周公。謂之君不得而臣亦可也。蓋在子知盡事父之道，在臣知盡事君之道而已。自他人與後世觀之，則見其有不得而臣、不得而子者焉，故云爾也。○雲峯胡氏曰：如咸丘蒙之說，則所謂父不得而子者，以位言也。殊不知古語云「盛德之士」，本自專以德言。「祇載見瞽瞍，夔夔齊栗」，此舜之盛德處；「瞽瞍亦允若」，則反見化於其子。盛德之中而不得以不善及其子也。

○萬章曰：「堯以天下與舜，有諸？」孟子曰：「否。天子不能以天下與人。」

天下者，天下之天下，非一人之私有故也。

「然則舜有天下也，孰與之？」曰：「天與之。」

萬章問而孟子答也。

「天與之者，諄諄然命之乎？」諄，之淳反。

萬章問也。諄諄，詳語之貌。

曰：「否。天不言，以行與事示之而已矣。」行，去聲。下同。

行如字。之於身謂之行，措諸天下謂之事。言但因舜之行事而示以與之之意耳。

曰：「以行與事示之者如之何？」曰：「天子能薦人於天，不能使天與之天下；諸侯能薦人於天子，不能使天子與之諸侯；大夫能薦人於諸侯，不能使諸侯與之大夫。昔者堯薦舜於天而天受之，暴之於民而民受之。故曰：『天不言，以行與事示之而已矣。』」暴，步卜反。下同。

暴，顯也。言下能薦人於上，不能令力呈反。上必用之。舜爲天人所受，是因舜之行與事

而示之以與之之意也。慶源輔氏曰：下薦人於上，公心也；若有必上用之之心，則私意矣。孟子此言不特説得三聖授受明白，而於人臣薦賢之道、大公至正之心亦盡。彼竊位蔽賢者固不足責，而進一善、達一能，上必君之用，下示己之恩者皆非也。上只言天，此又并民而言者，天民一理，天實以民爲視聽也。舜相堯二十八載，固天也；至於朝覲訟獄謳歌，則人耳。而亦曰天者，以天統人，以人證天，天與人一也。

曰：「敢問薦之於天而天受之，暴之於民而民受之，如何？」曰：「使之主祭而百神享之，是天受之；使之主事而事治，百姓安之，是民受之也。天與之，人與之。故曰天子不能以天下與人。舜相堯二十有八載，非人之所能爲也，天也。堯崩，三年之喪畢。舜避堯之子於南河之南。天下諸侯朝覲者不之堯之子而之舜，訟獄者不之堯之子而之舜，謳歌者不謳歌堯之子而謳歌舜，故曰天也。夫然後之中國，踐天子位焉。而居堯之宮，逼堯之子，是篡也，非天與也。治、相，並去聲。朝音潮。大音扶。

南河，在冀州之南。新安倪氏曰：冀州爲帝都，河在其南，故謂之南河。**其南即豫州也。訟獄，謂獄不決而訟之也。**

「《太誓》曰：『天視自我民視，天聽自我民聽。』此之謂也。」

自，從也。天無形，其視聽皆從於民之視聽。民之歸舜如此，則天與之可知矣。南軒張氏曰：聖人之動，無非天也。其相授受之際，豈有我之所得爲哉？故曰天子不能以天下與人。天子而以天下與人，則是私意之所爲，亂之道也。堯之於舜，選於天下而薦之天耳；而舜之卒有天下者，天實爲之，堯豈能加毫末於此哉？舜之相堯歷年如是之久，其薦於天，暴於民者如是其著，此乃天也。堯崩，舜率天下而服堯之喪，堯喪既除，舜避堯之子於南河之南，不敢以己爲天子而聽天所命也。朝覲訟獄謳歌者皆相率而歸，有不容舍焉。夫然後歸而踐位，而從容於天人之際蓋如此。然則舜亦豈能加毫末於此哉？玩此章則聖人所謂「先天而天不違，後天而奉天時」者，殆可得而究矣。○新安陳氏曰：太，《書》作「泰」。《皐陶謨》曰：「天聰明自我民聰明。」《泰誓》之言蓋本於此。天既無民之形體，故其視聽皆從於民，民之所歸即天之所命也。

○萬章問曰：「人有言，至於禹而德衰，不傳於賢而傳於子，有諸？」孟子曰：「否。不然也。天與賢則與賢，天與子則與子。昔者舜薦禹於天，十有七年。舜崩，三年之喪畢。禹避舜之子於陽城。天下之民從之，若堯崩之後不從堯之子而從舜也。禹薦益於天，七年。禹崩，三年之喪畢。益避禹之子於箕山之陰。朝覲訟獄者不之益而之啓，曰：『吾君之子也！』謳歌者不謳歌益而謳歌啓，曰：『吾君之子也！』朝音潮。

陽城，箕山之陰，皆嵩山下深谷中可藏處。啓，禹之子也。楊氏曰：「此語孟子必有所受，然不可考矣。但云『天與賢則與賢，天與子則與子』，可以見堯、舜、禹之心皆無一毫私意也。」南軒張氏曰：堯、舜傳之賢，禹傳之子，而後世遂有至禹而德衰之論，此以私意觀聖人也。禹薦益於天與堯之薦舜，舜之薦禹，其心一也。益避禹之子與舜之在南河、禹之在陽城，其心一也。天而與益則朝覲訟獄謳歌者皆歸之，益踐天子位矣，禹亦豈得而不與之哉；而天則與子也，禹亦豈得而與之哉？使天而與丹朱與舜之子，則舜禹固得遂其終避之意，猶益得遂其終避之志者也，故曰其心一也。

如字。

「丹朱之不肖，舜之子亦不肖。舜之相堯，禹之相舜也，歷年多，施澤於民久。啓賢，能敬承繼禹之道。益之相禹也，歷年少，施澤於民未久。舜禹益相去久遠，其子之賢不肖皆天也，非人之所能爲也。莫之爲而爲者天也，莫之致而至者命也。「之相」之相，去聲；「相去」之相，

堯舜之子皆不肖而舜禹之爲相久，此堯舜之子所以不有天下而舜禹有天下也；禹之子賢而益相不久，此啓所以有天下而益不有天下也。然此皆非人力所爲而自爲，非人力所致而自至者。蓋以理言之謂之天，自人言之謂之命，其實則一而已。朱子曰：大如君，命如令。君命人去做職事，其俸禄有厚薄，歲月有遠近，無非是命。命有兩樣。「得之不得曰有命」自是一樣，「天命之謂性」又自是一樣。雖是兩樣，却只是一箇命。天之命人有命之以厚薄脩短，有命之以清濁偏正，無非是命。且如舜、禹、益相去久遠，是命之在外者；其子之賢不肖，是命之在內者。聖人窮理盡性以至於命，便能贊化育。堯之子不肖，他便不傳與子而傳與舜，本是箇不好底意思，却被他一轉轉得好。○南軒張氏曰：「莫之爲而爲者天也，莫之致而至者命也」，孟子發明天人之際深矣。雖然，人君爲不善而天命去之，則是有所爲而致也，獨不可言天與命歟？孟子蓋嘗論之矣，曰：「盡其道而死者正命也，桎

梏死者非正命也。」蓋如堯、舜、禹、益之事，天理之全而命之正也；若夫爲不善以及於亂亡，則是自絶乎天以遏其命，不得謂之得其正矣。○慶源輔氏曰：天則天理之本體，命則天理之命於人者。○北溪陳氏曰：天與命只一理，就其中則微有分別。爲，以做事言，做事是人；對此而反之，非人所爲便是天。至，以吉凶禍福地頭言，有因而致，是人力；對此而反之，非力所致便是命。天以全體言，命以其中妙用言。其曰「以理言之謂之天」，是專就天之正義言，却包命在其中；其曰「自人言之謂之命」，命是天命，因人形之而後見。故吉凶禍福自天來到於人，然後爲命，乃是於天理中截斷命爲一邊而言，其指歸一爾。若只就天一邊説吉凶禍福，未有人受來，如何見得是命？

「匹夫而有天下者，德必若舜禹而又有天子薦之者，故仲尼不有天下；

孟子因禹益之事，歷舉此下兩條以推明之。言仲尼之德雖無媿於舜禹，而無天子薦之者，故不有天下。

「繼世以有天下，天之所廢必若桀紂者也，故益、伊尹、周公不有天下。

繼世而有天下者，其先世皆有大功德於民。故必有大惡如桀紂，則天乃廢之。如啓及太甲、成王雖不及益、伊尹、周公之賢聖，但能嗣守先業，則天亦不廢之。故益、伊尹、周公雖有舜禹之德而亦不有天下。

「伊尹相湯以王於天下。湯崩，太丁未立，外丙二年，仲壬四年。太甲顛覆湯之典刑，伊尹放之於桐三年。太甲悔過，自怨自艾，於桐處仁遷義三年，以聽伊尹之訓己也。復歸于亳。

相、王，皆去聲。艾音乂。

此承上文言伊尹不有天下之事。趙氏曰：「太丁，湯之太子，未立而死。外丙立二年，仲壬立四年，皆太丁弟也。太甲，太丁子也。」程子曰：「古人謂歲爲年。湯崩時，外丙方二歲，仲壬方四歲惟太甲差初宜反。長，上聲。故立之也。」二說未知孰是。顛覆，壞音怪。亂也。典刑，常法也。桐，湯墓所在。艾，治也。《說文》云「芟師銜反。草也」。蓋斬絶自新之意。亳，商所都也。

「周公之不有天下，猶益之於夏、伊尹之於殷也。

此復言周公所以不有天下之意。朱子曰：仲尼不有天下，益、伊、周不有天下，豈益、伊、周、孔皆有有天下之願，而以無天子薦之，與天意未有所廢而不得乎？直論其理如此耳。○問：「舜、禹避位之說，或者疑之，以爲舜、禹之爲相，攝行天子之事久矣，至此而復往避之，有如天下歸之而朱、均不順，則將從天下而廢其君之子耶，抑將奉其君之子而違天下之心耶？是皆事之至逆而由避有以致之也。至益不度天命而受位矣，避之而天下不從，然後不敢爲，匹夫猶且耻之，而謂益爲之乎？是其說也柰何？」聞之師曰：聖人未嘗有取天下之心也。三年喪畢，去而避之，禮之常，事之宜耳；其避去也，其心惟恐天下之不吾釋也。舜、禹蓋迫於天命人心而不獲已者，若益則求仁而得仁耳。論者紐於利害權謀之習而妄意聖賢之心，蓋以曹操不肯釋兵之心而爲舜、禹、益謀，宜其以爲不當去位而避朱、均；以曹丕屢表陳遜之心而爲舜、禹、益謀，宜其幸舜、禹之得之，而以益之不得爲可耻也。

「孔子曰：『唐虞禪，夏后殷周繼，其義一也。』」禪音擅。

禪，授也。或禪或繼，皆天命也。聖人豈有私意於其間哉？○尹氏曰：「孔子曰：『唐虞禪，夏后殷周繼，其義一也。』孟子曰：『天與賢則與賢，天與子則與子。』知前聖之心者無如孔子，繼孔子者，孟子而已矣。」南軒張氏曰：一者何也？亦曰奉天命而已矣。

○萬章問曰：「人有言，伊尹以割烹要湯，有諸？」要，平聲。下同。

要，求也。按《史記》伊尹欲行道以致君而無由，乃爲有莘氏之媵以證反。臣，負鼎俎以滋味，說音稅。湯致於王道。蓋戰國時有爲此說者。慶源輔氏曰：戰國之時，人不知有義理之學，汲汲然志於功名事業以求其富貴利達，雖枉己辱身有所不顧，故設爲此等議論，上以誣聖賢，下以便一己之私耳。○新安陳氏曰：湯妃，有莘氏女也，所以有隨嫁從臣。負鼎俎，蓋庖人之類。

孟子曰：「否。不然。伊尹耕於有莘之野而樂堯舜之道焉。非其義也，非其道也，祿之以天下弗顧也，繫馬千駟弗視也；非其義也，非其道也，一介不以與人，一介不以取諸人。樂音洛。

莘，國名。趙氏曰：今司州郃陽縣。樂堯舜之道者，誦其《詩》，讀其《書》而欣慕愛樂之也。

新安陳氏曰：《詩》如康衢之謡、舜皐之歌之類，《書》如二典三謨是也。必如此解，此句方實。**駟，四匹也。介，與「草芥」之芥同。言其辭受取與，無大無細，一以道義而不苟也。**龜山楊氏曰：一介之與萬鍾，若論利則有多寡，若論義，其理一也。伊尹惟能一介知所取與，故能禄之以天下弗顧，繫馬千駟弗視。自後世觀之，則一介不以與人爲太吝，一介不以取諸人爲太潔。然君子之取與，適於其義而已。與之嗇，取之微，雖若不足道矣，然苟害於義，又何多寡之間乎？○問：「道義一物，非其義則非其道矣。一介不妄取與，則大者可知矣。既曰非義，又曰非道，既曰一介，又曰天下、千駟，何也？」朱子曰：道、義，兼舉體用而言也；一介、千駟，極其多少而言也。蓋人之氣質不同，器識有異。或務大而忽小，或抱小而遺大。故必兼舉而極言之，然後足以見其德之全耳。○雙峯饒氏曰：孟子説義必説道，如「配義與道」，皆是先義。亘古窮今，只一箇道義，是隨時處事之權，要兩下看。既揆以義，又揆以道，方可處事。有合一時之宜，及揆以古道則有不合處。道是體，義是用。義以事言，道以理言。以事言則得其宜，以理言則得其正，然後爲盡善，故兩言之。

「湯使人以幣聘之。囂囂然曰：『我何以湯之聘幣爲哉？我豈若處畎畝之中，由是以樂堯舜之道哉？』囂，五高反，又户驕反。

囂囂，無欲自得之貌。慶源輔氏曰：伊尹以堯舜之道自樂，故常無欲而自得。涵泳其言，則舉天下之物果何足以累其心哉？

「湯三使往聘之。既而幡然改曰：『與我處畎畝之中，由是以樂堯舜之道，吾豈若使是君爲

堯舜之君哉，吾豈若使是民爲堯舜之民哉，吾豈若於吾身親見之哉？幡然，變動之貌。於吾身親見之，言於我之身親見其道之行，不徒誦説向慕之而已也。朱子曰：或謂飢食渴飲，耕田鑿井，便是樂堯舜之道，此皆不實。「豈若吾身親見之哉」，這箇便是真堯舜，却不是泛説底。道皆堯舜之道。如論「文武之道未墜於地」，此亦真箇指文武之道。而或者便説日用間皆是文武之道，殊不知聖賢之言自實。

『天之生此民也，使先知覺後知，使先覺覺後覺也。予，天民之先覺者也。予將以斯道覺斯民也，非予覺之而誰也？』

此亦伊尹之言也。知，謂識其事之所當然；覺，謂悟其理之所以然。覺後知後覺，如呼去聲。寐者而使之寤也。言天使者，天理當然若使之也。程子曰：「予天民之先覺，謂我乃天生此民中盡得民道而先覺者也。既爲先覺之民，豈可不覺其未覺者？及彼之覺，亦非分我所有以予通作與。之也。皆彼自有此理，我但能覺之而已。」朱子曰：程子云：「知是知此事，覺是覺此理。」如事親當孝，事兄當弟，事也；其所以當孝，所以當弟，理也。今人知得此事，講解得這道理，皆是知之之事。及至自悟，則又自有箇見解處。○中央兩箇「覺」字皆訓唤醒，是我唤醒他。○慶源輔氏曰：知淺而覺深，知有界限，覺無偏全。程子云：「譬之人睡，他人未覺而我先覺，故摇撼其未覺者亦使之覺。及其已覺也，元無欠少，而亦未嘗有增加，適一般耳。」此説説得「覺」字極爲全備。「既爲先覺之民，豈可不覺其未覺者？」此解「非予覺之而誰也」一句。蓋大學之道，既明明德，則必須新民。到此地位，自然住不得。正使不得時與位，亦須着如孔孟著書立言以覺萬世始得。此皆是不容已者。

「思天下之民匹夫匹婦有不被堯舜之澤者，若己推而内之溝中。其自任以天下之重如此。故就湯而説之以伐夏救民。推，吐回反。内音納。説音税。

《書》曰：「昔先正保衡作我先王，曰：『予弗克俾厥后爲堯舜，其心愧耻，若撻于市；一夫不獲，則曰時予之辜。』」孟子之言蓋取諸此。是時夏桀無道，暴虐其民，故欲使湯伐夏以救之。徐氏曰：「伊尹樂堯舜之道。堯舜揖遜而伊尹説湯以伐夏者，時之不同，義則一也。」

「吾未聞枉己而正人者也，况辱己以正天下者乎？聖人之行不同也，或遠或近，或去或不去，歸潔其身而已矣。行，去聲。

辱己甚於枉己，正天下難於正人。若伊尹以割烹要湯，辱己甚矣，何以正天下乎？慶源輔氏曰：辱己實由於枉己，不可以爲未甚而已可枉也；正天下實自正人始，未有不能正人而能正天下者也。遠，謂隱遁與「遯」同。也。近，謂仕近君也。言聖人之行雖不必同，然其要如字。歸在潔其身而已。伊尹豈肯以割烹要湯哉？慶源輔氏曰：或遠而去，或近而不去。所遭之時不同，而在潔其身則同。潔身，不使其身汙辱於不義也。身爲萬事之本，使尹以割烹要湯，則汙其身甚矣。本既不正，事無可爲，而謂尹爲之乎？

「吾聞其以堯舜之道要湯，未聞以割烹也。

林氏曰：「以堯舜之道要湯者，非實以是要之也。道在此而湯之聘自來耳。猶子貢言『夫子之求之異乎人之求之』也。愚謂此語，亦猶前章所論父不得而子之意。」新安陳氏曰：承其要湯之語而正之，謂伊尹所以要湯在堯舜之道而非割烹也。其實伊尹未嘗要求於湯，如夫子之求之，與「父不得而子」語脉相似，故《集註》引以爲證。

「《伊訓》曰：『天誅造攻自牧宮，朕載自亳。』」

《伊訓》，《商書》篇名。孟子引以證伐夏救民之事也。今《書》「牧宮」作「鳴條」。牧宮，桀宮也。造、載，皆始也。伊尹言始攻桀無道，由我始其事於亳也。南軒張氏曰：桀爲不道，伊尹則相湯始於亳而往征之。然則其伐夏也，奉天討有罪而已。○慶源輔氏曰：此伊尹所自言，於此可見其任重之意，則其不肯枉道自汙以要君必矣。事苟理明義正，聖賢初無所揜覆也。

○萬章問曰：「或謂孔子於衛主癰疽，於齊主侍人瘠環，有諸乎？」孟子曰：「否。不然也。好事者爲之也。癰，於容反。疽，七余反。好，去聲。

主，謂舍於其家以之爲主人也。癰疽，瘍音羊。醫也。新安倪氏曰：《周禮·天官》有瘍醫。瘍，瘡癰也。侍人，奄與閹同，音掩。人也。瘠，姓；環，名。皆時君所近狎之人也。好事，謂喜造言生事之人也。

「於衛主顏讎由。彌子之妻與子路之妻，兄弟也。彌子謂子路曰：『孔子主我，衛卿可得也。』子路以告。孔子曰：『有命。』孔子進以禮，退以義，得之、不得，曰有命。而主癰疽與侍人瘠環，是無義無命也。讎，如字，又音犨。

顏讎由，衛之賢大夫也。《史記》作「顏濁鄒」。彌子，衛靈公幸臣彌子瑕也。徐氏曰：「禮主於辭遜，故進以禮；義主於斷丁亂反。制，故退以義。難進而易去聲。退者也。在我者有禮義而已，得之不得則有命存焉。」朱子曰：三揖而進，一辭而退。進以禮，揖讓辭遜；退以義，剛決果斷。○聖人以義處命，本不待斷以命也。所以曰「有命」，對彌子瑕言之也。○南軒張氏曰：聖人非擇禮義而爲進退，聖人之進退無非禮義。禮義之所在，固命之所在也，此所謂義命之合一者也。○新安陳氏曰：上言「禮義」，下只言「義」者，進以禮，亦義所當進，義可以該禮也。

「孔子不悅於魯、衛，遭宋桓司馬將要而殺之，微服而過宋。是時孔子當阨，主司城貞子，爲陳侯周臣。要，平聲。

不悅，不樂音洛。居其國也。桓司馬，宋大夫向式亮反。魋也。司城貞子，亦宋大夫之賢者也。雙峯饒氏曰：司馬、司城皆是宋之官，他國則無。宋是王者後，故倣天子禮有司馬、司城。○新安倪氏曰：宋以武公諱，改司空爲司城。陳侯名周。按《史記》：孔子爲魯司寇。齊人饋女樂以間去聲。之，孔子遂行。適衛月餘，去衛適宋。司馬魋欲殺孔子，孔子去至陳，主於司城貞子。新安陳氏曰：以文勢觀，似是臨去宋時主於司城貞子，適陳爲陳侯周臣。孟子言孔子雖當阨難，去聲。然猶擇所主，況在齊衛無事之時，豈有主癰疽侍人之事乎？慶源輔氏曰：以孔子進禮退義、曰有命觀之，則必無主癰疽、侍人之理；以當阨主司城貞子觀之，則必無主癰疽、侍人之事。「吾聞觀近臣以其所爲主，觀遠臣以其所主。若孔子主癰疽與侍人瘠環，何以爲孔子？」近臣，在朝音潮。之臣；遠臣，遠方來仕者。君子小人各從其類，故觀其所爲主與其所主者，而其人可知。呂氏曰：辭受有義，得不得有命，皆理之所必然。有命有義是有可得可受之理，故舜可受堯之天下；無命無義是無可得可受之理，故孔子不主彌子以受衛卿。二者義命有自合之理，無從而間焉。有義無命，雖有可受之義而無可得之命，安得而受之？是謂義合於命，故益避啓而不受禹之天下。有命無義，雖有可得之命而無可受之義，亦安得而受之？是謂命合於義，故中國授室、養弟子以萬鍾而孟子辭之也。○南軒張氏曰：此泛言觀人之法，豈獨爲人臣者所當知？爲人君者尤當明此義，則遠近交見而不蔽於耳目之私矣。○新安陳氏曰：呂氏所謂無命無義，與孟子本文「是無義無命也」不同。進退以禮義而得之，有命也，於聖賢未嘗加益，惟合於禮義而已，命之得，非所計也；進退以禮義而不得，亦命也，於聖賢未嘗或損，無慊於禮義矣，不得，奚傷哉？安於命而已，故曰「得之不得曰有命」。若有苟得之心而欲因時君近狎之人以進，則是進退不以禮義而不知有命矣。故曰：「是無義無命也。」

○萬章問曰：「或曰百里奚自鬻於秦養牲者五羊之皮，食牛，以要秦穆公，信乎？」孟子曰：

「否。不然。好事者爲之也。食音嗣。好，去聲。下同。

百里奚，虞之賢臣。人言其自賣於秦養牲者之家，得五羊之皮而爲去聲。之食牛，因以干秦穆公也。

「百里奚，虞人也。晉人以垂棘之璧與屈産之乘，假道於虞以伐虢。宮之奇諫，百里奚不諫。屈，求勿反。乘，去聲。

虞、虢，皆國名。垂棘之璧，垂棘之地所出之璧也；屈産之乘，屈地所生之良馬也。乘，四匹也。晉欲伐虢，道經於虞，故以此物借道。其實欲并去聲。取虞。宮之奇，亦虞之賢臣。諫虞公令力呈反。勿許。虞公不用，遂爲晉所滅。百里奚知其不可諫，故不諫而去之秦。《左傳》僖公二年，晉荀息請屈産之乘，與垂棘之璧，假道於虞以伐虢。公曰：「是吾寶也。」對曰：「若得道於虞，猶外府也。」乃使荀息假道於虞，虞公許之。且請先伐虢。宮之奇諫不聽，遂起師。夏，晉里克荀息帥虞師伐虢，滅下陽。虢邑。五年，晉侯復假道於虞以伐虢。宮之奇諫曰：「虢，虞之表也。虢亡，虞必從之。晉不可啓，寇不可翫。習也。一之謂甚，其可再乎？諺所謂『輔車相依，輔，頰輔；車，牙車也。脣亡齒寒』者，其虞、虢之謂也！」弗聽。宮之奇以其族行。十二月，晉滅虢，館於虞，遂襲虞滅之，執虞公。○趙氏曰：虞在漢河東郡大陽縣，虢在漢河南郡滎陽縣。

「知虞公之不可諫而去之秦，年已七十矣，曾不知以食牛干秦繆公之爲汙也，可謂智乎；不可諫而不諫，可謂不智乎？知虞公之將亡而先去之，不可謂不智也。時舉於秦，知繆公之可與有行也而相之，可謂不智乎；相秦而顯其君於天下，可傳於後世，不賢而能之乎？自鬻以成其君，鄉黨自好者不爲，而謂賢者爲之乎？」相，去聲。

自好，自愛其身之人也。孟子言百里奚之智如此，必知食牛以干主之爲汙。其賢又如此，必不肯自鬻以成其君也。新安陳氏曰：成其君，成就其君之霸業也。然此事當孟子時已無所據，孟子直以事理反覆推之而知其必不然耳。○范氏曰：「古之聖賢未遇之時，鄙賤之事不恥爲之。如百里奚爲去聲。人養牛，無足怪也。惟是人君不致敬盡禮，則不可得而見。豈有先自汙辱以要其君哉？莊周曰：『百里奚爵祿不入於心，故飯扶晚反。牛而牛肥。使穆公忘其賤而與之政。』亦可謂知百里奚矣。《莊子·田子方》篇：「百里奚爵祿不入於心，故飯牛而肥。飯，猶食之也。使秦穆公忘其賤而與之政也。有虞氏死生不入於心，故足以動人。」伊尹、百里奚之事皆聖賢出處之大節，故孟子不得不辨。」尹氏曰：「當時好事者之論，大率類此，蓋以其不正之心度待洛反。聖賢也。」范氏曰：虞之將亡，宮之奇諫，百里奚不諫，二人皆是也。宮之奇不忍虞之亡，諫而不聽，然後以其族行，君臣之義盡；百里奚事虞公，年七十矣而無所遇，知其不可諫，不諫而先去之，去就之理明。奇爲忠臣，奚爲智士，故曰皆是也。按《秦本紀》，晉虜虞君與百里奚。奚亡秦走宛，楚鄙人執之。穆公聞其賢，以五羖羊皮贖之，號「五羖大夫」。《商鞅傳》趙良曰：「五羖大夫，荆之鄙人也。聞穆公賢，願見。行而無資，自鬻於秦，被褐飯牛。穆公舉之牛口之下，加之百姓之上。」《史記》所傳自相矛盾，蓋得之好事者。○南軒張氏曰：奚於虞在不必諫之地，又知其不可諫，諫必不聽，故引而去之，所以爲智。使在當諫之地而不諫，是不忠之臣也，可謂智乎？○蔡氏曰：戰國之時，人不知道，惟知以功利爲急，甚者敢誣聖賢欲借以行其私。如伊尹割烹要湯，孔子主癰疽侍人，百里奚自鬻。雖萬章之徒亦不知其爲非，而猶不免於疑問。習俗移人之心如此，孟子安得不歷數而明辨之哉？

孟子集註大全卷之十

萬章章句下

凡九章。

孟子曰：「伯夷目不視惡色，耳不聽惡聲。非其君不事，非其民不使。治則進，亂則退。横政之所出，横民之所止，不忍居也。思與鄉人處，如以朝衣朝冠坐於塗炭也。當紂之時居北海之濱，以待天下之清也。故聞伯夷之風者，頑夫廉，懦夫有立志。治，去聲。下同。横，去聲。朝音潮。

横，謂不循法度。頑者，無知覺；廉者，有分辨。懦，柔弱也。餘並見前篇。見，形甸反。下文「餘見」並同。

「伊尹曰：『何事非君，何使非民？』治亦進，亂亦進。曰：『天之生斯民也，使先知覺後知，使先覺覺後覺。予，天民之先覺者也，予將以此道覺此民也。』思天下之民匹夫匹婦有不與被堯舜之澤者，若己推而内之溝中。其自任以天下之重也。與音預。

何事非君，言所事即君；何使非民，言所使即民。無不可事之君，無不可使之民也。餘見前篇。

「柳下惠不羞汙君，不辭小官。進不隱賢，必以其道；遺佚而不怨，阨窮而不憫。與鄉人處，由由然不忍去也。『爾爲爾，我爲我，雖袒裼裸裎於我側，爾焉能浼我哉？』故聞柳下惠之風者，鄙夫寬，薄夫敦。

鄙，狹陋也。敦，厚也。餘見前篇。問：「夷、惠勝伊尹得些？」朱子曰：伊尹體用較全，夷、惠高似伊尹，伊尹大如夷、惠。○新安陳氏曰：凡言聞其風者，皆道不行於當時，而其流風餘韻，足以聳動後世者也。伊尹道行於當時，有功業可見，不待以風言。夷惠道不行於當時，無功業可見，而其制行之高，足使後世想聞其餘風而興起，所以以風言。夷則風之清，惠則風之和也。或曰：「孔子道亦不行於當時，而不以風言，何也？」曰：孔子如太極元氣之運，風不足以言之也。司馬遷謂講業齊魯之都，觀夫子遺風，亦以風言，特於齊魯之地觀之，則所指者有界限，而所觀者亦然，故亦以風言耳。

「孔子之去齊，接淅而行。去魯，曰『遲遲，吾行也』，去父母國之道也。可以速而速，可以久而久；可以處而處，可以仕而仕，孔子也。」淅，先歷反。

接，猶「承」也。淅，漬疾智反。米水也。漬米將炊而欲去之速，故以手承水取米而行，不及炊也。舉此一端，以見形甸反。其久速、仕止各當其可也。《記》曰：「當其可之謂時。」或曰：

「孔子去魯，不稅與「脫」同。冕而行，豈得爲遲？」楊氏曰：「孔子欲去之意久矣。不欲苟去，故遲遲其行也。膰肉不至，則得以微罪行矣，故不稅冕而行。非速也。」

孟子曰：「伯夷，聖之清者也；伊尹，聖之任者也；柳下惠，聖之和者也；孔子，聖之時者也。張子曰：「無所雜者清之極，無所異者和之極。勉而清，非聖人之清；勉而和，非聖人之和。所謂聖者，不勉不思而至焉者也。」孔氏曰：「任者，以天下爲己責也。」愚謂孔子仕止久速，各當其可，蓋兼三子之所以聖者而時出之，非如三子之可以一德名也。或疑伊尹出處上聲。合乎孔子而不得爲聖之時，何也？程子曰：「終是『任』底意思去聲。在。」朱子曰：夷、惠氣質有偏，比之夫子，終有不中節處，所以《易》中說「中正」，伊川謂「中重於正，正不必中也」言中，則正已在其中，蓋無中，則做正不出來。而單言正，則未必能中也。夷、惠諸子，其正與夫子同，而夫子之中則非諸子所及也。○清、任、和，都是有病痛底聖人。問：「伊尹似無病痛？」曰：五就湯，五就桀，孔子必不肯恁地，只爲他任得太過。所謂任，只就他治亦進亂亦進處看，其自任以天下之重如此，雖云祿之天下，繫馬千駟弗顧弗受，然終是任處多。如柳下惠，不以三公易其介固是介，然終是和處多。問：「三子之德各偏於一，亦盡其一德之中否？」曰：三子之德，但各至於一偏之極。既云偏，則不得謂之中矣。如伯夷雖有善其辭命而至者不受也，此便是偏處。若善其辭命而吾受之亦何妨？只觀孔子便不然。問：「既云一偏，何以謂之聖？」曰：聖只是做到極處，自然安行，不待勉强，故謂之聖，非中之謂也。○三聖是知之不至，三子不惟清不能和，和不能清，但於清處和處亦皆過，如射者皆中，而不中鵠。

問：「既是如此，何以爲聖人之清和？」曰：却是天理中流出無駁雜，雖是過當，直是無纖毫查滓，孔子集大成，無所不該，非特兼三子所長而已。但與三子比並説時，是兼其所長。曰：「三子㫷資禀如此否？」曰：然。○問：「如伯夷之清，而不念舊惡，柳下惠之和，而不以三公易其介，此其所以爲聖之清、聖之和也。但其流弊則有隘與不恭之失。」曰：這也是諸先生恐傷觸二子，所以説流弊。今以聖人觀二子，則二子多有欠闕處，才有欠闕處便有弊，所以孟子直説他隘與不恭，不曾説其末流如此。○問：「伊川云『伊尹終有任底意思在』，謂他有擔當作爲底意思，只這些意思，便非夫子氣象否？」曰：然。然此處極難看，且放那裏，久之看道理熟自見，强説不得。若謂伊尹有這些意思在，爲非聖人之至，則孔孟皇皇汲汲，去齊去魯，之梁之魏，非無意者，其所以異伊尹者，何也？○問：「夫子若處伊尹之地，也如他任，如何？」曰：夫子自是不同，不如此著意。○南軒張氏曰：孔子之速也、遲也，皆道之所在也。曰：「可以速而速，可以久而久。」比《公孫丑》篇易一「則」字，尤見從容不迫與時偕行之意。聖之時云者，非聖人之趍時，聖人之動固無不時也。○慶源輔氏曰：伊尹惟其任底意思在，故未能與天爲一，而不得爲聖之時。若孔子則雖視天下無不可爲之時，在已無不可行之道，然却無伊尹這些意思。曰：「如有用我者，期月而已可也。」「如有用我者，吾其爲東周乎？」多少含蓄意思，此其所以與天爲一，而謂之聖之時也。○東陽許氏曰：此章「聖」字言夷、惠、伊尹處，是以地言，與大而化之之聖不同，只是清任和到極處，故謂之聖。孔子則是大而化之之聖，其行之時中，則清任和時而出之，亦無不到極處。

孔子之謂集大成。集大成也者，金聲而玉振之也。金聲也者，始條理也；玉振之也者，終

條理也。始條理者，智之事也；終條理者，聖之事也。

此言孔子集三聖之事而爲一大聖之事，猶作樂者集衆音之小成而爲一大成也。成者，樂之一終。《書》所謂「簫韶九成」是也。《書・益稷》篇註：簫古文作箾。《箾韶》，蓋舜樂之總名也。九成者，猶《周禮》所謂九變也。金，鐘屬。聲，宣也，如「聲罪致討」之聲。玉，磬也。振，收也，如「振河海而不洩」私列反。之振。始，始之也；終，終之也。條理，猶言「脉絡」，指衆音而言也。智者，知之所及；聖者，德之所就也。蓋樂有八音，金、石、絲、竹、匏、土、革、木。若獨奏一音則其一音自爲始終而爲一小成，猶三子之所知偏於一，而其所就亦偏於一也。八音之中金石爲重，故特爲衆音之綱紀。又金始震而玉終詘渠勿反。然也。《記・聘義》：「昔者君子比德於玉焉，温潤而澤，仁也；縝密以栗，知也；廉而不劌，音鱖，傷也。義也；垂之如隊，直位反。禮也；扣之其聲清越以長，其中詘然，樂也。」越，猶陽也。詘然，絶止之貌。朱子曰：金聲有洪殺，始震終細，玉聲則始終如一，扣之其聲詘然而止。故並奏八音，則於其未作而先擊鎛鐘以宣其聲，鎛，伯各反，鐘名。俟其既闋苦穴反。而後擊特磬以收其韻。新安陳氏曰：特，專也。單擊磬，曰特磬。宣以始之，收以終之，二者之間脉絡通貫，無所不備，則合衆小成而爲一大成，猶孔子之知無不盡而德無不全也。金聲玉振、始終條理，疑古《樂經》之言。故兒研兮反。寬云：「唯天子建中和之極，兼總條貫，金聲而玉振之。」新安倪氏曰：前漢兒寬與武帝論封禪儀，而有是言，必非其自言，又不純舉孟子之言，且簡約精密，故疑其爲古樂書之言也。**亦此意也。**程子曰：金聲而玉振之，此孟子爲學者言終始之義也。始於致知，智之事也。行所知而至其極，聖之事也。《易》曰「知至至之，知終終之」是也。○問「始終條理」。朱子曰：如今樂之始作，先撞鐘，是金聲之也。樂終擊磬，是玉振之也。始終如此，而中間乃大合樂，六律五聲八音，一齊莫不備舉，孟子以此譬孔子。如伯夷聖之清、伊尹聖之任、柳下惠聖之和，都如樂器有一件相似，是金聲底，從頭到尾只是金聲；是玉聲底，從頭到尾只是玉聲。○始條理是知，終條理是行。問：「智之事，聖之事，工夫全在『智』字上。三子所以各極於一偏，緣他合下少致知工夫，看得道理有偏，故其終之成，亦只至一偏之極。孔子合下知得至到，看得道理周偏精切，無所不盡，故其德之成，亦兼該畢備，而無一德一行之或闕。」曰：然。○金聲或洪、或殺，清濁萬殊，玉聲清越和平，首尾如一，故樂之作也，八音克諧，雖若無所先後，然奏之以金，節之以玉，其序亦有不可紊者焉。蓋其奏之也，所以極其變也。其節之也，所以成其章也。變者雖殊，而所以成者未嘗不一。成者雖一，而所歷之變，洪纖清濁亦無所不具於至一之中。聖人之知，精粗大小無所不同；聖人之德，精粗大小無所不備，其始卒相成蓋如此。此金聲而玉振之所以譬夫孔子之集大成，而非三子之所得與也。然即其全而論其偏，則纖而不能洪、清而不能濁者，是其金聲之不備也。不能備乎金聲，而遽以玉振之，雖其所以振之者，未嘗有異，然其所振一全一闕，則其玉之爲聲，亦有所不能同矣。○奏之以金、節之以玉，奏之所以極其變，節之所以成其章也。○南軒張氏曰：條理云者，有倫緒而不紊之謂。始條理者，析衆理於毫釐也；終條理者，備衆理於一貫也。○致知，智之事，行其所知而極其至，聖之事也。據此一節，乃是言學者之事，所以學於聖人者，故因上文金聲玉振而言。言學之序如此，蓋聖人則聖智合一，無始卒之異，學者則必知所先後，然後有以入德也。故孟子於此一節特分而言之，明聖人之智，學者所當先務。必明盡衆理，咸極其至，然後力行以造夫聖人之所以聖者，始終各有條而不可亂也。智之事，聖之事，猶言學智聖之功夫，非便以爲智聖也。○勉齋黄氏曰：孔子之異於三子者，知之至而行之盡；三子之不及孔子者，知有所蔽於始，而行有闕於終也。此孔子所以獨得其全，而三子僅得其偏也。

「智譬則巧也，聖譬則力也。由射於百步之外也，其至，爾力也；其中，非爾力也。」中，去聲。

此復扶又反。**以射之巧、力發明聖、智二字之義。見孔子巧力俱全而聖智兼備，三子則力有餘而巧不足，是以一節雖至於聖，而智不足以及乎時中也。**張子曰：夷、惠智不明於至善，故偏入於清和，然而卒能成性，故雖聖而不智；孔子智既明於至善，故集大成，如清和時任皆有之，無不曲當也。故聖且智，金聲而玉振也。○龜山楊氏曰：伯夷、伊尹、柳下惠，於清任和處已至聖人，但其他處未必皆中，其至與孔子同，而其中與孔子異，只爲不能無偏故也。若隘與不恭，其所偏歟！○問：「以智比聖，智固未可以言聖，然孟子以智譬巧，以聖譬力，力既不及於巧，則是聖必由於智也明矣。而尹和靖乃曰『始條理者，猶可以用智，終條理則智不容於其間矣』，則是以聖智淺深而言，與孟子之意似相戾，惟伊川引《易》『知至至之，知終終之』，其意若曰夫子所以能集三子而大成者，由其始焉知之之深也。蓋知之至，行之必至。三子之智，始焉知之未盡，故其後行之雖各極其至，終未免各失於一偏，非終條理者未到，以其始條理者已差之矣。不知伊川之意，是如此否？」朱子曰：甚好。○問：「孟子既以智爲始，聖爲終，則智者致知之事，聖者極至之名。其終復曰『智巧聖力』，是智反妙於聖矣。南軒以爲論學，則智聖有始終之序，語道則聖之極是智之極者也。此說似可以破前所疑否？」曰：智是見得徹之名，聖是行得到之號，有先後而無淺深也。聖而不智，如水母之無鰕，亦將何所到乎？○以緩急論，則智居先，若把輕重論，則聖爲重。○問：「其至爾力，其中非爾力，還是三子只有力無智否？」曰：不是無智，知處偏，故至處亦偏。如孔子則箭箭中紅心，三子則每人各中一邊，緣他當初見得偏，故至處亦偏。曰：「如此則三子不可謂之聖？」曰：不可謂之聖之大成，畢竟那清是聖之清，和是聖之和，雖使聖人清和，亦不過如此。顏子則巧處工夫已至，點點皆可中，但只是力不至耳。使顏子力至，便與孔子一般。○金玉備，巧力全者，孔子也。若顏子之博文而約以禮，竭才而不能及，則金聲已備而玉有未振；巧足以中，而力有未完者歟！故以所至論之，則顏了不若三子之成；以所期言之，則三子不若顏子之大；以學之序而論之，則三子皆失其所當先。故行愈力而見愈偏，而顏子循序以進，則其所進未可量也，惜不及見其成耳。然就三子而論之，則伊尹之學，又密於夷、惠矣。○東陽許氏曰：此一節以射比四聖人，能挽彊弓，射遠地，此力也。能中其的，乃巧也。必先知的之所在，又知中之之法，然後因力之所至而中之，謂知之明，然後行之從容中道。三子力量雖到，而知有未至，故不及孔子。**○此章言三子之行**去聲。**各極其一偏，孔子之道兼全於衆理。所以偏者，由其蔽於始，是以缺於終；所以全者，由其知之至，是以行之盡。三子猶春夏秋冬之各一其時，孔子則太和元氣之流行於四時也。**雲峯胡氏曰：

此章之旨，《集註》「偏」、「全」二字盡之，譬之樂，則一音自爲始終者偏，而八音相爲始終者全。譬之射，則力而不巧者偏，力而又巧者全。孟子始則皆謂之聖，各以其所行言；末則先智而後聖，統以其知與行言。惟知之偏，故行之所至者各極其偏；惟知之全，則行不期其全而自極於全。

○北宮錡問曰：「周室班爵禄也，如之何？」錡，魚綺反。

北宮，姓；錡，名。衛人。班，列也。

孟子曰：「其詳不可得而聞也。諸侯惡其害己也而皆去其籍。然而軻也，嘗聞其略也。惡，去聲。去，上聲。

當時諸侯兼并去聲。僭竊，故惡周制妨害己之所爲也。慶源輔氏曰：兼并則其國日大，僭竊則其禄日侈。

「天子一位，公一位，侯一位，伯一位，子男同一位，凡五等也。君一位，卿一位，大夫一位，上士一位，中士一位，下士一位，凡六等。

此班爵之制也。五等通於天下，六等施於國中。慶源輔氏曰：位以爵定。

「天子之制，地方千里，公侯皆方百里，伯七十里，子男五十里，凡四等。不能五十里，不達於天子，附於諸侯曰『附庸』。

此以下班禄之制也。不能，猶「不足」也。小國之地不足五十里者，不能自達於天子，因大國以姓名通，謂之附庸。若《春秋》郱儀父音甫。之類是也。《春秋》隱公元年：「三月，公及郱儀父盟于蔑。」○慶源輔氏曰：田以禄分。

「天子之卿受地視侯，大夫受地視伯，元士受地視子男。

視，比也。徐氏曰：「王畿之内，亦制都鄙受地也。」元士，上士也。趙氏曰：食采邑於畿内，禄之多少，以外諸侯爲差，不言中下士，視附庸也。

「大國地方百里。君十卿禄，卿禄四大夫，大夫倍上士。上士倍中士，中士倍下士，下士與庶人在官者同禄。禄足以代其耕也。

十，十倍之也；四，四倍之也；倍，加一倍也。徐氏曰：「大國君田三萬二千畝，其入可食二千八百八十人。卿田三千二百畝，可食二百八十八人。大夫田八百畝，可食七十二人。上士田四百畝，可食三十六人；中士田二百畝，可食十八人；下士與庶人在官者田百畝，可食九人至五人。庶人在官，府史胥徒也。」《周禮·天官冢宰》：「大宰卿一人，小宰中大夫一人，❶府六人，史十有二人，胥十有二人，徒百有二十人。」府，治藏。史，掌書。胥徒，民服徭役者。愚按，君以下所食之禄，皆助法之公田，藉農夫之力以耕而收其租。士之無田

❶「一」，四庫本及《周禮注疏》作「二」。

與庶人在官者，則但受禄於官，如田之入而已。朱子曰：府史胥徒，以《周禮》考之，人數極多，安得許多閑禄給之。嘗疑《周禮》一書，方是起草，未曾得行，蘇子由《古史》，疑府史胥徒太多，當時却多兼官，其實府史胥徒無許多。○古者制國，土地亦廣，非如孟子百里之説。禹會塗山，執玉帛者萬國，後來更相吞噬，到周初只有千八百國，是不及五分之一矣。想得併得來儘大，周封新國，若只用百里之地，介在其間，豈不爲大國所吞，亦緣是誅紂伐奄，滅國者五十，得許多土地，方封得許多人。

「次國地方七十里。君十卿禄，卿禄三大夫，大夫倍上士，上士倍中士，中士倍下士，下士與庶人在官者同禄。禄足以代其耕也。

三，謂三倍之也。徐氏曰：「次國君田二萬四千畝，可食二千一百六十人，卿田二千四百畝，可食二百十六人。」

「小國地方五十里。君十卿禄，卿禄二大夫，大夫倍上士，上士倍中士，中士倍下士，下士與庶人在官者同禄。禄足以代其耕也。

二，即「倍」也。徐氏曰：「小國君田一萬六千畝，可食千四百四十人。卿田一千六百畝，可食百四十四人。」朱子曰：君十卿禄者，猶今之俸禄，蓋君所自得爲私用者，至於貢賦賓客朝覲祭享交聘往來，又別有財儲爲公用，如今太守，既有料錢，至於貢賦公用，又自有錢也。○趙氏曰：由卿而上三等之國異，由大夫而下三等之國同者，蓋卿而上其禄寖厚，苟不爲之殺，則地之所出不足以供。大夫而下，其禄寖薄，苟爲之殺，則臣之所養不能自給也。

「耕者之所獲，一夫百畝。百畝之糞，上農夫食九人，上次食八人；中食七人，中次食六人；下食五人。庶人在官者其禄以是爲差。」食音嗣。差，楚宜反。

獲，得也。一夫一婦佃田百畝，加之以糞。糞多而力勤者爲上農，其所收可供九人；其次用力不齊，故有此五等。庶人在官者其受禄不同，亦有此五等也。○愚按，此章之説與《周禮·王制》不同，蓋不可考，闕之可也。《周禮·地官司徒》：「凡建邦國以土圭土其地，猶言度其地而制其域。諸公之地，封疆方五百里，其食者半。諸侯之地封疆方四百里，其食者參之一。諸伯之地封疆方三百里，其食者參之一。諸子之地封疆方二百里，其食者四之一。諸男之地封疆方百里，其食者四之一。」○《記·王制》：「王者之制禄爵，公、侯、伯、子、男，凡五等。諸侯之上大夫卿、下大夫、上士、中士、下士，凡五等，天子之田方千里，公侯田方百里，伯七十里，子男五十里。不能五十里者不合於天子，附於諸侯，曰附庸。天子之三公之田視公侯，天子之卿視伯，天子之大夫視子男，天子之元士視附庸，制農田百畝，百畝之分，上農夫食九人，其次食八人，其次食七人，其次食六人，下農夫食五人，庶人在官者，其禄以是爲差也。諸侯之下士視上農夫，禄足以代其耕也。中士倍下士，上士倍中士，下大夫倍上士，卿四大夫禄，君十卿禄，次國之卿三大夫禄，君十卿禄，小國之卿倍大夫禄，君十卿禄。」程子曰：「孟子之時去先王未遠，載籍未經秦火，然而班爵禄之制已不聞其詳。今之禮書皆掇拾於煨烏回反。燼徐刃反。之餘，而多出於漢儒一時之傳音附。會，奈何欲盡信而句爲之解乎？然則其事固不可一一追復矣。」問：「孟子與《周禮》不同？」朱子曰：此也難考，畢竟《周禮》底是，《周禮》是全書，經聖人手必不會差。孟子時典籍已散亡，想見没理會，是以諸儒之説紛然，而卒不能得其正也。○慶源輔氏曰：程子之説足以救陋儒泥古之失，但據其所傳而姑存之，使千百世之後，一遇大聖，則必能因其大體而詳其節目，推其既往以爲一時之制，而先代聖王之法，庶乎其可復見矣。○新安倪氏曰：《周禮》一書，劉歆以爲河間獻王得之李氏女子，劉歆以前世無傳習之者，朱子謂《周禮》底是，南軒嘗謂當以孟子爲正，朱子恐非定説。以《周書·武成》分土惟三證之，《周禮》之説恐不可信。若王制則漢文帝使博士諸生刺六經中而作，將以興王者之制度，成於漢儒之手，宜其有與他書不合者。又按朱子謂嘗疑《周禮》一書，方是起草，未曾得行，蔡九峯亦曰：《周禮》首末未備，周公未成之書也。竊意此説爲是，然則冬官之闕，蓋其所未嘗筆者歟？

○萬章問曰：「敢問友。」孟子曰：「不挾長，不挾貴，不挾兄弟而友。友也者，友其德也，不可以有挾也。

挾者，兼有而恃之之稱。慶源輔氏曰：兼夫有與恃二者之意，方謂之挾。但有之而不恃，則未謂之挾也。○新安陳氏曰：有挾，則取友之意不誠，賢者必不與之友矣。三者之中，挾貴尤常情所易犯，下文四節，皆不挾貴者，但有小大之差耳。

「孟獻子，百乘之家也。有友五人焉。樂正裘、牧仲，其三人則予忘之矣。獻子之與此五人者友也，無獻子之家者也。此五人者亦有獻子之家，則不與之友矣。乘，去聲。下同。

孟獻子，魯之賢大夫仲孫蔑莫結反。也。張子曰：「獻子忘其勢，五人者忘人之勢。不資其勢而利其有，然後能忘人之勢。若五人者有獻子之家，則反爲獻子之所賤矣。」慶源輔氏曰：獻子忘其勢，不挾貴也。五人忘人之勢，無獻子之家也。孟子歷舉四人事，首於獻子事詳之，又以見上之友下，固不可有所挾。下爲上所友，亦不可有所利，一有利之之意，則爲人所賤，失其可貴之實，而不足友矣。

「非惟百乘之家爲然也。雖小國之君亦有之。費惠公曰：『吾於子思則師之矣，吾於顔般則友之矣，王順、長息則事我者也。』費音秘。般音班。

惠公，費邑之君也。師，所尊也；友，所敬也；事我者，所使也。

「非惟小國之君爲然也。雖大國之君亦有之。晉平公之於亥唐也，入云則入，坐云則坐，食云則食。雖疏食菜羹，未嘗不飽，蓋不敢不飽也。然終於此而已矣，弗與共天位也，弗與治天職也，弗與食天禄也。士之尊賢者也，非王公之尊賢也。「疏食」之食音嗣。「平公」、「王公」下諸本多無「之」字，疑闕文也。

亥唐，晉賢人也。平公造七到反。之，唐言入公乃入，言坐乃坐，言食乃食也。疏食，糲音厲，又音賴，又郎葛反。飯也。不敢不飽，敬賢者之命也。○范氏曰：「位曰天位，職曰天職，禄曰天禄，言天所以待賢人使治天民，非人君所得專者也。」慶源輔氏曰：平公之於亥唐，則知所敬矣。然不能與之共天位，治天職，食天禄，則是不能推廣是心，以體天而治民以及於國也。○西山真氏曰：天位所以處賢者，天職所以任賢者，天禄所以養賢者，三者皆天所以待賢，必使治天民者也。而晉平公之於亥唐，特虚尊之而已，未嘗處之以位，命之以職，食之以禄也。此豈王公尊賢之道哉？

「舜尚見帝，帝館甥于貳室，亦饗舜，迭爲賓主，是天子而友匹夫也。

尚，上也，舜上而見於帝堯也。館，舍也。禮，妻父曰外舅，謂我舅者吾謂之甥。堯以女妻去聲。舜，故謂之甥。貳室，副宫也。堯舍舜於副宫而就饗其食。

「用下敬上謂之『貴貴』，用上敬下謂之『尊賢』。貴貴尊賢，其義一也。」

貴貴、尊賢，皆事之宜者。然當時但知貴貴而不知尊賢，故孟子曰「其義一也」。○此言朋友，人倫之一，所以輔仁。故以天子友匹夫而不爲詘，曲勿反。以匹夫友天子而不爲僭。此堯舜所以爲人倫之至，而孟子言必稱之也。雲峯胡氏曰：《中庸》五達道，於君臣父子夫婦長幼不言交，獨曰朋友之交，《集註》云：天子友匹夫而不爲詘，匹夫友天子而不爲僭，此《易》之所謂「上下交而其志同也」，即《中庸》所謂「朋友之交」也。朋友居人倫之一，而足以輔仁，則又有裨於人倫者也。孟子言性善必稱堯舜，既稱其盡君臣之倫，又稱其盡父子兄弟之倫，此則又稱其盡朋友之倫。朋友人倫之一，非如堯之友舜，不足以爲朋友人倫之至。

○萬章問曰：「敢問交際何心也？」孟子曰：「恭也。」

際，接也。交際，謂人以禮儀幣帛相交接也。問：「如此者何心也？」新安陳氏曰：所以表見其恭也。

曰：「卻之卻之爲不恭，何哉？」曰：「尊者賜之，曰『其所取之者義乎，不義乎』，而後受之，以是爲不恭，故弗卻也。」

卻，不受而還之也。再言之，未詳。衍文也。萬章疑交際之間有所卻者，人便以爲不恭，何哉？孟子言尊者之賜，而心竊計其所以得此物者未知合義與否，必其合義然後可受，不然則卻之矣，所以卻之爲不恭也。新安陳氏曰：若計其物之初得合義與否而酌其辭受，受其合義者，則卻之者必以爲不合義也，有此心，非恭矣。

曰：「請無以辭卻之，以心卻之，曰『其取諸民之不義也』，而以他辭無受，不可乎？」曰：「其交也以道，其接也以禮，斯孔子受之矣。」

萬章以爲彼既得之不義，則其餽不可受。但無以言辭間去聲。一本作「問」。而卻之，直以心度待洛反。其不義而託於他辭以卻之，如此可否邪？交以道，如餽贐、聞戒、周其飢餓之類；接以禮，謂辭命恭敬之節。孔子受之，如受陽貨烝豚之類也。慶源輔氏曰：他辭卻之，視貪利者固優，然亦失之過，由此而甚之，必至於爲於陵仲子而後已。孔子受之者，得中道也。

萬章曰：「今有禦人於國門之外者，其交也以道，其餽也以禮，斯可受禦與？」曰：「不可。

《康誥》曰：『殺越人于貨，閔不畏死，凡民罔不譈。』是不待教而誅者也。殷受夏，周受殷，所不辭也。於今爲烈。如之何其受之？」與，平聲。譈，《書》作「憝」，徒對反。

禦，止也，止人而殺之且奪其貨也。國門之外，無人之處也。萬章以爲苟不問其物之所從來而但觀其交接之禮，則設有禦人者用其禦得之貨以禮餽我，則可受之乎？《康誥》，《周書》篇名。越，顛越也。今《書》「閔」作「暋」，無「凡民」二字。譈，怨也。言殺人而顛越之，因取其貨，閔然不知畏死，凡民無不怨之。孟子言此乃不待教戒而當即誅者也，如何而可受之乎？「商受」至「爲烈」十四字語意不倫。李氏以爲此必有斷簡或闕文者近之，而愚意其直爲衍字耳。然不可考，姑闕之可也。問：「『殷受夏，周受殷，所不辭也，於今爲烈』，趙氏謂『三代相傳以此法，不須辭問也，於今爲烈烈明法，如之何受其餽也』。或者謂若義在可受，則三代受人之天下而不辭，今禦人者，乃爲暴烈不義如此，如何而可受其餽乎？烈，如《詩序》所謂厲王之烈者，暴虐之意云爾；或又以爲烈，光也，三代相受光烈至今也。是三說者，擇一而從之可也，何至闕而不爲之說乎？」朱子曰：本文十四字，自與上下文不相屬，如趙氏之說，則「辭」、「受」二字與上下文亦不相似，或者二說亦覺費力，不若闕之之愈也。○慶源輔氏曰：孟子既以開曉之如此，萬章猶不能反其意之偏，以味孟子之言，而復爲此問，此正所謂詖辭，蓋陷於卻之之意而不覺也，故孟子又引《康誥》之說以曉之。

曰：「今之諸侯取之於民也，猶禦也。苟善其禮際矣，斯君子受之，敢問何說也？」曰：「子以爲有王者作，將比今之諸侯而誅之乎，其教之不改而後誅之乎？夫謂非其有而取之者盜也，充類至義之盡也。孔子之仕於魯也，魯人獵較，孔子亦獵較。獵較猶可，而況受其賜乎？」比，去聲。夫音扶。較音角。

比，連也。言今諸侯之取於民固多不義，然有王者起，必不連合而盡誅之，必教之不改而後誅之，則其與禦人之盜不待教而誅者不同矣。夫音扶。禦人於國門之外，與非其有而取之，二者固皆不義之類。然必禦人乃爲真盜，其謂非有而取爲盜者，乃推其類至於義之至精至密之處而極言之耳，非使以爲真盜也。然則今之諸侯雖曰取非其有，而豈可遽以同於禦人之盜也哉？又引孔子之事以明世俗所尚猶或可從，況受其賜何爲不可乎？獵較，未詳。趙氏以爲田獵相較，奪禽獸以祭，孔子不違，所以小同於俗也。張氏以爲獵而較音教。所獲之多少也。二說未知孰是。慶源輔氏曰：其教之不改而後誅之乎？於此可見孟子待人之恕。夫謂非其有而取之者盜也，充類至義之盡也，於此又可見孟子析理之精。夫執其充類盡義之說，而欲一概以繩人，幾何而不流於於陵仲子之爲哉？

曰：「然則孔子之仕也，非事道與？」曰：「事道也。」「事道奚獵較也？」曰：「孔子先簿正祭器，不以四方之食供簿正。」曰：「奚不去也？」曰：「爲之兆也。兆足以行矣而不行，而後去。是以未嘗有所終三年淹也。」與，平聲。

此因孔子事而反覆辯論也。事道者，以行道爲事也。事道奚獵較也，萬章問也。先簿正祭器，未詳。徐氏曰：「先以簿書正其祭器，使有定數，而不以四方難繼之物實之。夫音扶。器有常數，實有常品，則其本正矣。彼獵較者將久而自廢矣。」未知是否也。兆，猶卜之兆，蓋事之端也。孔子所以不去者，亦欲小試行道之端以示於人，使知吾道之果可行也。若其端既可行而人不能遂行之，然後不得已而必去之。蓋其去雖不輕，而亦未嘗不決，是以未嘗終三年留於一國也。慶源輔氏曰：以孔子所謂「吾豈匏瓜也哉，焉能繫而不食」之說，與夫「著之空言不如載之行事」之說而觀之，則是乃聖人之心也。又曰：魯人獵較，孔子亦獵較，于以見聖人同物之仁；簿正祭器，不以四方之食供簿正，于以見聖人處事之智；未嘗有所終三年之淹，于以見聖人制行之勇。

「孔子有見行可之仕，有際可之仕，有公養之仕。於季桓子，見行可之仕也；於衛靈公，際可之仕也；於衛孝公，公養之仕也。」

見行可，見其道之可行也；際可，接遇以禮也；公養，國君養賢之禮也。季桓子，魯卿季孫斯也。問：「孔子仕於定公而言於季桓子，何也？」朱子曰：當時季氏執國柄，定公亦自做主不起，孔子相魯，皆由桓子，及桓子受女樂，孔子便行矣。問：「隳三都，季氏何以不怨？」曰：季氏是時自不柰那陪臣何，故假孔子之力以去之，桓子臨死，謂康子曰：「使仲尼之去，而魯終不治者，由我故也。」孔子是時也失了機會，不曾做得成。○慶源輔氏曰：見行可，庶乎道之行也。際可，適其禮之宜也。公養，受其養之義也。衛靈公，衛侯元也。孝公，《春秋》、《史記》皆無之，疑出公輒也。慶源輔氏曰：或是字誤，或是當時人呼出公爲孝公，皆不可考。因孔子仕魯而言其仕有此三者，故於魯則兆足以行矣而不行然後去，而於衛之事則又受其交際問餽而不卻之一驗也。新安陳氏曰：以此釋際可公養之仕，與章首本意，有照應，有收拾。○尹氏曰：「不聞孟子之義，則自好去聲。者爲於音烏。陵仲子而已。聖賢辭受進退，惟義所在。」愚按，此章文義多不可曉，不必强上聲。爲之說。

○孟子曰：「仕非爲貧也，而有時乎爲貧；娶妻非爲養也，而有時乎爲養。爲、養，並去聲。下同。

仕本爲去聲。下同。行道，而亦有家貧親老，或道與時違而但爲祿仕者。如娶妻本爲繼嗣，而亦有爲不能親操倉刀反。井臼，汲臼之事。而欲資其餽養者。新安陳氏曰：下二句不過譬上二句，所以下文不復言此。

「爲貧者，辭尊居卑，辭富居貧。

貧富，謂祿之厚薄。蓋仕不爲道，已非出處上聲。之正，故其所居但當如此。

「辭尊居卑，辭富居貧，惡乎宜乎？抱關擊柝。惡，平聲。柝音託。

柝，夜行所擊木也。蓋爲貧者雖不主於行道，而亦不可以苟禄，新安陳氏曰：卑官雖無行道之責，薄禄亦無苟受之理。故惟抱關擊柝之吏，位卑禄薄，其職易稱，二字並去聲。下同。爲所宜居也。李氏曰：「道不行矣，爲貧而仕者，此其律令也。若不能然，則是貪位慕禄而已矣。」南軒張氏曰：既曰爲貧，則不當處尊與富。若處尊與富，是名爲爲貧而其實竊位也。處尊富，則當任行道之責。

「孔子嘗爲委吏矣，曰『會計當而已矣』；嘗爲乘田矣，曰『牛羊茁壯長而已矣』。委，烏僞反。會，工外反。當，都浪反。乘，去聲。茁，阻刮反。長，上聲。

此孔子之爲貧而仕者也。委吏，主委積子賜反。之吏也；乘田，主苑囿芻牧之吏也。茁，肥貌。言以孔子大聖而嘗爲賤官不以爲辱者，所謂爲貧而仕，官卑禄薄而職易稱也。朱子曰：程先生説孔子爲乘田則爲乘田，爲司寇則爲司寇，無不可者。孟子則必得賓師之位，方能行道。此便是他能大而不能小處，惟是聖人則大小方圓無所不可也。

「位卑而言高，罪也。立乎人之本朝而道不行，恥也。」朝音潮。

以出位爲罪，則無行道之責；以廢道爲恥，則非竊禄之官。此爲貧者之所以必辭尊富而寧處上聲。貧賤也。○尹氏曰：「言爲貧者不可以居尊，居尊者必欲以行道。」問：「位卑而言高，罪也。以君臣之分言之，固是如此。然時可以言而言，亦豈得謂之出位？」朱子曰：前世固有草茅韋布之士獻言者，然皆有所因，皆有次第，未有無故忽然犯分而言者。縱言之，亦不見聽，徒取辱爾。若是明君自無壅蔽之患，有言亦見聽，不然，豈可不循分而徒取失言之辱哉？如《史記》説商鞅、范睢之事，彼雖小人，然言皆有序，不肯妄發。賈誼固有才，文章亦雄偉，只是言語急迫，失進言之序，看有甚事都一齊説了。宜絳灌之徒不説，而文帝謙讓未遑也。《易》曰：「艮其輔，言有序，悔亡。」聖人之意可見矣。○位卑者，人責不加焉，言高則罪矣，故可以姑守其職，此爲貧而仕之法也。若夫立人之本朝，則當以行道爲任，道不行而竊其位，君子之所恥也。○新安陳氏曰：此章始爲爲貧而仕者言，終爲位高禄厚者言。居卑貧者，雖其職易稱，尚必求稱其職，如孔子之爲委吏、乘田，必求會計之當、牛羊之茁是也。豈有位高禄厚，而不求行道以稱其職者？今人於位卑言高，則凜然懼其爲罪而不敢犯，於立朝道不行，則冥然不以爲恥而冒犯之。罪自外至，或以得罪猶可言也；恥自内生，當恥而不知恥，不可言矣。

○萬章曰：「士之不託諸侯，何也？」孟子曰：「不敢也。諸侯失國，而後託於諸侯，禮也；士之託於諸侯，非禮也。」

託，寄也，謂不仕而食其禄也。古者諸侯出奔他國，食其廩餼，許既反。**謂之寄公。**《記·郊特牲》：「諸侯不臣寓公，故古者寓公不繼世。」寓，寄也。○《喪大記》：「君之喪大小斂，爲寄公國賓出。」**士無爵土，不得比諸侯。不仕而食禄，則非禮也。**慶源輔氏曰：諸侯之視諸侯，雖其爵有五等之殊，然其實則皆國君也。且本有爵土，不幸出奔而來適我國，則其國君以廩餼之，是乃禮之所宜也。故可受而謂之寄公。若士之於諸侯，則有尊卑貴賤之不同，又本無爵土，豈可自比於諸侯？故必仕而後當賦以禄。

萬章曰：「君餽之粟，則受之乎？」曰：「受之。」「受之何義也？」曰：「君之於氓也，固周之。」周，救也。視其空去聲。乏，則周卹與「恤」同。之，無常數，君待民之禮也。曰：「周之則受，賜之則不受，何也？」曰：「不敢也。」曰：「敢問其不敢何也？」曰：「抱關擊柝者，皆有常職以食於上。無常職而賜於上者，以爲不恭也。」賜，謂予通作「與」。之禄，有常數，君所以待臣之禮也。新安陳氏曰：未仕爲民，既仕乃爲臣。方爲民，可以受無常數之周救，未爲臣，不敢受有常數之俸禄，士之自處當然也。曰：「君餽之，則受之，不識可常繼乎？」曰：「繆公之於子思也，亟問，亟餽鼎肉。子思不悦。於卒也，摽使者出諸大門之外，北面稽首再拜而不受。曰：『今而後知君之犬馬畜伋。』蓋自是臺無餽也。悦賢不能舉，又不能養也，可謂悦賢乎？」亟，去聲。下同。摽，音杓。使，去聲。亟，數音朔。也。鼎肉，熟肉也。卒，末也。摽，麾也。數以君命來餽，當拜受之，非養賢之禮，故不悦。而於其末後復扶又反。下同。來餽時，麾使者出拜而辭之。犬馬畜許六反。伋，言不以人禮待己也。臺，賤官，主使令平聲。下同。者。《左傳》昭公七年：「王臣公，公臣大夫，大夫臣士，士臣皁，皁臣輿，輿臣隸，隸臣僚，僚臣僕，僕臣臺人。」有十等也。蓋繆公愧悟，自此不復令臺來致餽也。舉，用也。能養者未必能用，况又不能養乎？新安陳氏曰：士之自處固如上文所言，然君待士則有養賢之禮焉。繆公餽子思，使一一拜受，餽之適以勞之，非禮也。

曰：「敢問國君欲養君子，如何斯可謂養矣？」曰：「以君命將之，再拜稽首而受。其後廩人繼粟，庖人繼肉，不以君命將之。子思以爲鼎肉，使己僕僕爾亟拜也，非養君子之道也。初以君命來餽，則當拜受。其後有司各以其職繼續所無，不以君命來餽，不使賢者有亟拜之勞也。僕僕，煩猥烏海反。貌。

「堯之於舜也，使其子九男事之，二女女焉，百官牛羊倉廩備，以養舜於畎畝之中，後舉而加諸上位。故曰：『王公之尊賢者也。』」「女」下字，去聲。能養能舉，悦賢之至也，唯堯舜爲能盡之，而後世之所當法也。慶源輔氏曰：堯之於舜，則尊賢之極，養賢之至，用賢之周也。

○萬章曰：「敢問不見諸侯，何義也？」孟子曰：「在國曰市井之臣，在野曰草莽之臣，皆謂庶人。庶人不傳質爲臣，不敢見於諸侯，禮也。」質，與「贄」同。傳，通也。質者，士執雉，庶人執鶩音木。相見以自通者也。國内莫非君臣，但未仕者與執贄在位之臣不同，故不敢見也。新安陳氏曰：市井草莽之臣，與《詩》率土莫非王臣同，未仕之臣也；傳質爲臣，乃已仕之臣也。

萬章曰：「庶人召之役，則往役；君欲見之，召之，則不往見之，何也？」曰：「往役，義也；往見，不義也。

往役者，庶人之職；不往見者，士之禮。慶源輔氏曰：庶人則當服君之賤事，爲士則知學問崇禮義，不惟士之自處當如此，而人君亦以此望之也。

「且君之欲見之也，何爲也哉？」曰：「爲其多聞也，爲其賢也。」曰：「爲其多聞也，則天子不召師，而況諸侯乎？爲其賢也，則吾未聞欲見賢而召之也。繆公亟見於子思，曰：『古千乘之國以友士，何如？』子思不悦，曰：『古之人有言曰：事之云乎，豈曰友之云乎？』子思之不悦也，豈不曰：『以位，則子君也，我臣也，何敢與君友也？以德，則子事我者也，奚可以與我友？』千乘之君求與之友而不可得也，而況可召與？爲，並去聲。亟、乘，皆去聲。「召與」之與，平聲。

孟子引子思之言而釋之，以明不可召之意。朱子曰：賢與多聞細分，固當有別，亦不必深致意。

○南軒張氏曰：在我則當守庶人之分，在君則當隆事師之禮。

「齊景公田，招虞人以旌，不至，將殺之。『志士不忘在溝壑，勇士不忘喪其元。』孔子奚取焉？取非其招不往也。」喪，息浪反。

説見形甸反。前篇。

曰：「敢問招虞人何以？」曰：「以皮冠，庶人以旃，士以旂，大夫以旌。

皮冠，田獵之冠也。事見形甸反。《春秋》傳。去聲。○《左傳》僖公二十年：十二月，齊侯田于沛，澤名。招虞人以弓，不進，公使執之，辭曰：「昔我先君之田也，旌以招大夫，弓以招士，皮冠以招虞人，臣不見皮冠，故不敢進。」乃舍之。然則皮冠者，虞人之所有事也，故以是招之。庶人，未仕之臣。通帛曰旃。新安倪氏曰：通帛謂周大赤，從周正色無飾。士，謂已仕者。交龍爲旂，新安倪氏曰：畫二龍於其上。析羽而注於旂干之首曰旌。新安倪氏曰：通帛爲旃，交龍爲旂，析羽爲旌，見《周禮·司常》。

「以大夫之招招虞人，虞人死不敢往。以士之招招庶人，庶人豈敢往哉？況乎以不賢人之招招賢人乎？

欲見而召之，是不賢人之招也。以士之招招庶人，則不敢往；以不賢人之招招賢人，則不可往矣。

「欲見賢人而不以其道，猶欲其入而閉之門也。夫義，路也；禮，門也。惟君子能由是路，出入是門也。《詩》云：『周道如底，其直如矢；君子所履，小人所視。』」夫，音扶。底，《詩》作「砥」，之履反。

《詩》，《小雅·大東》之篇，「底」與「砥」同，礪，音厲。石也，言其平也。矢，言其直也。視，視以爲法也。引此以證上文能由是路之義。慶源輔氏曰：以周道爲君子所履，證義路爲賢者所由。

萬章曰：「孔子，君命召，不俟駕而行。然則孔子非與？」曰：「孔子當仕有官職，而以其官召之也。」與，平聲。

孔子方仕而任職，君以其官名召之，故不俟駕而行。慶源輔氏曰：以敬君之命而不敢慢也。徐氏曰：「孔子、孟子，易地則皆然。」○此章言不見諸侯之義，最爲詳悉，更合陳代、公孫丑所問者而觀之，其說乃盡。問：「此章綱領，只在義路禮門？」朱子曰：固是不出此二者，然所謂義禮裏面，殺有節目。如云往役義也，往見不義也；周之則受，賜之則不受之類，都是義之節目。如云廩人繼粟、庖人繼肉，不以君命將之之類，都是禮之節目。又如齊餽金而不受，於宋薛餽而受，此等辭受都是箇義。君子於細微曲折，一一都要合義，所以《易》中說「精義入神以致用」也。義至於精，則應事接物之間，無一非義。不問大事小事，千變萬化，吾之所以應他，如利刀快劍，迎刃而解，件件剖作兩片去。孟子平日受用，便是得這箇氣力。今觀其所言所行，無不是這箇物事。○慶源輔氏曰：觀答陳代章，知不枉道從人之義；觀答公孫丑章，又知不爲臣不見之禮。觀此章，又知賢者有不可召之義。蓋君子之出處進退，一惟禮與義而已，初無適莫也。

○孟子謂萬章曰：「一鄉之善士，斯友一鄉之善士；一國之善士，斯友一國之善士；天下之善士，斯友天下之善士。

言己之善蓋於一鄉，然後能盡友一鄉之善士。推而至於一國天下皆然，隨其高下以爲廣狹也。新安陳氏曰：廣狹有異勢，而善無異理，雖千萬人同此心此理也。惟善蓋一鄉，始能友一鄉之善士，不然，則我所取之友必有所偏，或有所遺，不能盡得而友之矣。一國之善士，即一鄉之善士中其善不止蓋一鄉，❶而足以蓋一國者也，推而至於天下皆如此。友也者，友其善也。善之所在，聲應氣來，自有天然不容不合者，而非可以勉强合也。

「以友天下之善士爲未足，又尚論古之人。頌其詩，讀其書，不知其人，可乎？是以論其世也。是尚友也。」

尚，上同。言進而上也。頌、誦通。論其世，論其當世行事之迹也。言既觀其言，則不可以不知其爲人之實，是以又考其行去聲。也。夫音扶。能友天下之善士，其所友衆矣，猶以爲未足，又進而取於古人。是能進其取友之道，而非止爲一世之士矣。南軒張氏曰：自友一鄉之善士，至於上論古之人，每進而愈上也。所見者愈大，則所取愈廣矣。○雙峯饒氏曰：進善無窮已，故其取善也亦無窮已；取善無窮已，則其進善也亦無窮已。取善之地所以愈廣者，因其善之進進而不已也；取善之心，果曷有窮已乎？之人也，推其所至，殆將生乎千百世之下，而可以繼往者於千百世之上。立乎千百世之上，而可以俟來者於千百世之下。奚止爲一世之士而已哉？○雲峯胡氏曰：人

❶「中」，四庫本作「由」。

性之善，古今所同。孟子論性，必論其故。論尚友，必論其世，皆已然之迹也。論性而不論其已然之迹，性之理易涉於空虚；論古而不論其已然之迹，古之人易涉於遼邈。

○齊宣王問卿。孟子曰：「王何卿之問也？」王曰：「卿不同乎？」曰：「不同。有貴戚之卿，有異姓之卿。」王曰：「請問貴戚之卿。」曰：「君有大過則諫，反覆之而不聽，則易位。」

大過，謂足以亡其國者。易位，易君之位，更立親戚之賢者。新安陳氏曰：古人所謂親戚，並指天屬之親。蓋與君有親親之恩，無可去之義。以宗廟爲重，不忍坐視其亡，故不得已而至於此也。

王勃然變乎色。

勃然，變色貌。

曰：「王勿異也。王問臣，臣不敢不以正對。」

孟子言也。

王色定，然後請問異姓之卿。曰：「君有過則諫，反覆之而不聽，則去。」

君臣義合，不合則去。○此章言大臣之義，親疏不同，守經行權，各有其分。去聲。○新安陳氏曰：親者可以行權，疏者惟當守經。貴戚之卿，小過非不諫也，但必大過而不聽，乃可易位。異姓之卿，大過非不諫也，雖小過而不聽，已可去矣。然三仁貴戚，不能行之於紂；

而霍光異姓，乃能行之於昌邑。此又委任權力之不同，不可以執一論也。《前漢·霍光傳》：昌邑王賀，武帝之孫。昌邑，哀王之子也，即位行淫亂。光憂懣，音滿，又音悶。獨以問所親故吏太司農田延年，延年曰：「將軍爲國柱石，審此人不可，何不建白太后，更選賢而立之。」光曰：「今欲如是，於古嘗有不？」延年曰：「伊尹相殷，廢太甲以安宗廟，世稱其忠。將軍若能行此，亦漢之伊尹也。」光乃引延年給事中，陰與車騎將軍張安世圖計，光與羣臣俱見白太后，具陳昌邑王不可以承宗廟狀。皇太后乃車幸未央承明殿，召昌邑王伏前聽詔。光與羣臣連名奏王，尚書令讀畢，光令王起拜受詔，乃即持其手，解脱其璽組，扶王下殿，送至昌邑邸。○朱子曰：孟子所謂易位者，言其理當如是耳。世或疑此言有以起篡奪之禍者，則孟子豈不嘗曰「有伊尹之志則可，無伊尹之志則篡」也。若三仁之事，則比於箕子，固有所不及爲。若微子之去，亦或其勢之不便也。然觀其引身而去，以全先王之世，則其計慮亦豈苟然者哉？若其力之可爲，則伊尹、霍光固以異姓之卿而行之矣，况有骨肉之親者乎？○南軒張氏曰：貴戚之卿與異姓之卿有親疎之異，故不得而同論也。貴戚之卿任宗社之責，故得更擇其宗族之賢以易之，然非謂貴戚之卿諫君反覆而不從便可以易位，蓋極其理而言之，有可以易位之道也。○慶源輔氏曰：《集註》守經行權，尤足以補孟子之説。蓋行權者，非至於甚不得已則不可爲，守經者則日用常行而須臾不可離者也。⊙西山真氏曰：愚按貴戚易位之説，非後世所得行。君有大過，惟當反覆極言，如屈平、劉向之爲爾。同姓之卿，雖無可去之義，若其君有大惡，而不可諫，易位之事又不得行，宗社將危，豈容坐待，則微子去之，亦有明義存焉。其惡雖未如紂，然非可事之君，義不當食其禄，則魯之叔肹可以爲法。《春秋》

宣十有七年，公弟叔肸卒。《穀梁傳》曰：「叔肸，賢之也，其賢之何也？宣弑而非之也。非之則胡爲不去也？曰兄弟也，何去而之？與之財，則曰我足矣。織屨而食，終身不食宣公之食。」《春秋》貴之，因時制義，初無定法也。又孟子「反覆」二字，最宜深體。前世人臣，固有見君之過失，姑一言以塞責者，曰吾亦嘗諫之云耳。諫而不從，非吾責也，此其用心既欲苟全爵位，又欲厭塞公言，張華之所以見屈於張林，而不能自免也。必反覆而諫，諫而不從，則去。此人臣之正法，孟子之言，胡可易哉！

孟子集註大全卷之十一

告子章句上

凡二十章。勿軒熊氏曰：首章至六章言性，七章至十九章言心，末章言學。

告子曰：「性，猶杞柳也；義，猶桮棬也。以人性爲仁義，猶以杞柳爲桮棬。」桮音杯。棬，丘圓反。

性者，人生所稟之天理也。杞柳，柜居旅反。柳。桮棬，屈木所爲，若巵匜音移。之屬。朱子曰：桮棬，似今棬杉台子。杞柳，恐是今做合箱底柳，北人以此爲箭，謂之柳箭，即蒲柳也。告子言人性本無仁義，必待矯揉人九反。而後成，如荀子性惡之說也。《荀子·性惡篇》：「人之性惡，其善者僞也。」○朱子曰：告子只是認氣爲性，見得性有不善，須拗他方善。○新安陳氏曰：義猶桮棬也，「義」上脱一「仁」字。○魯齋王氏曰：朱子釋「性」字，指性之全體而言，不是解告子所言之性。

孟子曰：「子能順杞柳之性而以爲桮棬乎，將戕賊杞柳而後以爲桮棬也？如將戕賊杞柳而以爲桮棬，則亦將戕賊人以爲仁義與？率天下之人而禍仁義者，必子之言夫！」戕音牆。

與，平聲。夫音扶。

言如此，則天下之人皆以仁義爲害性而不肯爲，是因子之言而爲仁義之禍也。朱子曰：杞柳必矯揉而後爲桮棬，性非矯揉而爲仁義。孟子辨告子數處，皆是辨倒著告子便休，不曾說盡道理。○南軒張氏曰：人之爲仁義，乃其性之本然，自親親而推之，至於仁不可勝用；自長長而推之，至於義不可勝用，皆順其所素有，而非外之也。若違乎仁義，則爲失其性矣，而告子乃以人性爲仁義，則是性別爲一物，以人爲矯揉而爲仁義，其失豈不甚乎？○慶源輔氏曰：不言戕賊人之性，而言戕賊人者，人之所以爲人者，性也。○西山真氏曰：告子之說，蓋謂人性本無仁義，必用力而强爲，若杞柳本非桮棬，必矯揉而後就也，何其昧於理邪？夫仁義即性也。告子乃曰「以人性爲仁義」，如此則性自性，仁義自仁義也，其可乎？夫以杞柳爲桮棬，必斬伐之、屈折之，乃克有成。若人之爲仁義，乃性之所固有，孩提皆知愛親，即所謂仁。及長皆知敬兄，即所謂義，何勉强矯揉之有？使告子之言行，世之人必曰仁義乃戕賊人之物，將畏憚而不肯爲，是率天下而害仁義，其禍將不可勝計。此孟子所以不可不辨也。○雙峯饒氏曰：性者，人所稟之天理。天理即是仁義，順此性行之，無非自然，元無矯揉。《集註》解「性」字，是朱子指性之本體而言，不是解告子所言之性，禍仁義，與楊墨充塞仁義相似。

○告子曰：「性猶湍水也，決諸東方則東流，決諸西方則西流；人性之無分於善不善也，猶水之無分於東西也。」湍，他端反。

湍，波流瀠音螢。**回之貌也。告子因前說而小變之，**慶源輔氏曰：告子本以氣爲性，此說亦然。

故曰「因前説」。但前説以性爲惡，必矯揉而後可爲善，而此説則以性爲本無善惡，但可以爲善，可以爲惡耳，此其爲小變也。近於揚子善惡混之説。《揚子・脩身》篇：人之性也善惡混，脩其善，則爲善人。脩其惡，則爲惡人。氣也者，所適善惡之馬歟？○朱子曰：告子以善惡皆性之所無，而生於習，揚子以善惡皆性之所有，而成於脩，亦有小異，故曰近。

孟子曰：「水信無分於東西。無分於上下乎？人性之善也，猶水之就下也。人無有不善，水無有不下。

言水誠不分東西矣，然豈不分上下乎？性即天理，未有不善者也。朱子曰：觀水之流而必下，則水之性可知；觀性之發而必善，則性之韞善亦可知矣。

「今夫水，搏而躍之，可使過顙；激而行之，可使在山。是豈水之性哉？其勢則然也。人之可使爲不善，其性亦猶是也。」夫音扶。搏，補各反。

搏，擊也。躍，跳也。顙，額也。水之過額在山，皆不就下也。然其本性未嘗不就下，但爲搏擊所使而逆其性耳。謝氏曰：如水之就下，搏擊之非不可上，但非水之性。○此章言性本善，故順之而無不善；本無惡，故反之而後爲惡，新安陳氏曰：反之，猶云逆之，與張子所謂善反之不同，彼乃復之之謂。非本無定體，而可以無所不爲也。南軒張氏曰：伊川先生云：「荀子之言性，杞柳之論也；揚子之言性，湍水之論也。蓋荀子謂人之性也，以仁義爲僞，而揚子則謂人之性善惡混，脩其善，則爲善人，脩其惡，則爲惡人故也。告子不識大本，故始譬性爲杞柳，謂以人性爲仁義，今復譬性爲湍水，謂無分於善不善。夫無分於善不善，則性果爲何物耶？論真實之理，而委諸茫昧之地，其所害大矣。」善乎孟子之言曰：「人無有不善，水無有不下。」可謂深切著明矣。○西山真氏曰：水之性未嘗不就下，雖搏擊之可暫違其本性，而終不能使不復其本性。人之爲不善者，固有之矣，所以然者，往往爲物欲所誘，利害所移，而非其本然之性也。故雖甚愚無知之人，詈之以惡逆，斥之以盜賊，鮮不變色者，至於見赤子之入井，則莫不怵惕而救之，朱子章旨數言盡之矣。○新安倪氏曰：先師謂當看《集註》「本性」之「本」字，雲峰謂須看《集註》「定體」二字，水之定體無有不下，性之定體無有不善，可使過顙在山爲不善。三「使」字皆非定體，竊謂本性者，本然之性定體，即此性本然之定體也。若有使之者，則出於人力之所爲，而非此性本然之定體矣。貫二先生之説而一之，於「本」字「定體」字皆能著眼，則朱子釋孟子之深意可見矣。○東陽許氏曰：告子謂性本無善惡，但可以爲善，可以爲惡，在所引者如何爾。故以水無分東西爲喻，孟子亦就其水以喻之，謂性之必善，譬猶水之必下。告子所謂決之者，人爲之也，非其自然之性也。若人欲拂水之性，甚至可使逆行，況東西乎？人之爲善，順其本性也；水之就下，順其本性也。

○**告子曰：「生之謂性。」**

生，指人物之所以知覺運動者而言。朱子曰：生之謂性，只是就氣上説得，蓋謂人也有許多知覺運動，物也有許多知覺運動，人物只一般，却不知人所以異於物者，以其得正氣，故全得許多道理，如物則氣昏，而理亦昏了。○生之謂氣，生之理之謂性。○問：「氣出於天否？」曰：性與氣皆出於天，性只是理，氣則已屬於形象。性之善，固人所同，氣便有不齊處。○物也有這性，只是稟得來偏了，這性便也隨氣轉了。○慶源輔氏曰：人物之生，則有知覺，能運動，死則無知覺，不能運動也。○雙峯饒氏曰：生，活也，其所以能知覺運動，爲是箇活底物事。有生之初，稟得天地之生氣，所以有這活底在裏面，告子是見得這氣，不曾見得這理，蓋精神魂魄之所以能知覺運動者屬乎氣，其所得於天以爲仁義禮智之性者，則屬乎理。告子認氣爲性，故云生之謂性。問：「知覺運動何分？」曰：總言之，都是精神。分言之，則知覺屬心，運動屬身。**告子論性，前後四章，語雖不同，然其大指不外乎此。**問：「子以告子論性數章，皆本乎『生之謂性』之一言，何也？」朱子曰：告子不知性之爲理，乃即人之身而指其能知覺運動者以當之，所謂生者是也。始而見其但能知覺運動，非教不成，故有杞柳之譬。既屈於孟子之言，而病其說之偏於惡也，又爲湍水之喻，以見其但能知覺運動，而非有善惡之分。又以孟子未喻己之意也，遂於此章極其立論之本意而索言之，至於孟子折之，則其說又窮，而終不悟其非也。其以食色爲言，蓋猶生之云爾，而公都子之所引，又湍水之餘論也。以是考之，凡告子之論性，不外乎「生」之一字明矣。然則告子固指氣質而言歟？曰：告子所謂性，固不離乎氣質，然未嘗知其爲氣質，而亦不知其有清濁賢否之分也。**與近世佛氏所謂作用是性者略相似。**朱子曰：禪家說：「如何是佛？」曰：「見性成佛。」「如何是性？」曰：「作用是性。」蓋謂目之視、耳之聽、手之執捉、足之運奔，皆性也。只說得箇形而下者。且如手能執捉，若執刀胡亂殺人，亦可爲性乎？

孟子曰：「生之謂性也，猶白之謂白與？」曰：「然。」「白羽之白也，猶白雪之白；白雪之白，猶白玉之白與？」曰：「然。」與，平聲。下同。

白之謂白，猶言凡物之白者，同謂之白，更無差初加、楚宜二反。別必列反。也。白羽以下，新安陳氏曰：白羽至輕之白，與白雪不堅之白、白玉堅潤之白，質本不同。孟子再問而告子曰然，則是謂凡有生者同是一性矣。

「然則犬之性，猶牛之性；牛之性，猶人之性與？」

孟子又言若果如此，則犬牛與人皆有知覺，皆能運動，其性皆無以異矣，於是告子自知其說之非而不能對也。朱子曰：犬牛人之形氣既具，而有知覺能運動者生也，有生雖同，然形氣既異，則其生而有得乎天之理亦異。蓋在人則得其全，而無有不善，在物則有所蔽，而不得其全，是乃所謂性也。今告子曰生之謂性，如白之謂白，而凡白無異白焉，則是指形氣之生者以爲性，而謂人物之所得於天者亦無不同矣。故孟子以此詰之，而告子理屈詞窮，不能復對也。○勉齋黄氏曰：告子既不知性與氣之分，而直以氣爲性，又不知氣或不齊，性因有異，而遂指凡有生者以爲同，是以孟子以此語之，而進退無所據也。○愚按：性者，人之所得於天之理也；生者，人之所得於天之氣也。性，形而上者也；氣，形而下者也。朱子曰：形而上者，一理渾然，無有不善；形而下者，則紛紜雜揉，善惡有所分矣。○新安陳氏曰：《易・大傳》曰：「形而上者謂之道，形而下者謂之器。」「上」字，上聲讀，有形以上，便是無形之理。性，即理也。有形以下，便是有形之器，氣有形者也。**人物之生，莫不有是性，亦莫不有是氣。然以氣言之，則知覺運動，人與物若不異也。以理言之，則仁、義、禮、智之稟豈物之所得而全哉？此人之性所以無不善，而爲萬物之靈也。**雲峯胡氏曰：《大學》、《中庸》首章《或問》皆以爲人物之生，理同而氣異，而此則以爲氣同而理異，何也？朱子嘗曰：「論萬物之一原，則理同而氣異；觀萬物之異體，則氣猶相近而理絶不同。氣之異者，粹駁之不齊，理之異者，偏全之或異也。」嘗因是而推之，蓋自大本大原上説，大化流行，賦予萬物，何嘗分人與物，此理之同也。但人得其氣之正且通者，物得氣之偏且塞者，此氣之異也。人物既得此氣以生，則人能知覺運動，物亦能知覺運動，此又其氣之同也。然人得其氣之全，故於理亦全，物得其氣之偏，故於理亦偏，則人與物，又不能不異矣。理同而氣異，是從人物有生之初説；氣同而理異，是從人物有生之後説。朱子之説精矣。**告子不知性之爲理，而以所謂氣者當之，是以杞柳湍水之喻，食色無善無不善之説，縱**將容反。**横繆**靡幼反。**戾，紛紜舛**尺免反。**錯，而此章之誤乃其本根。所以然者，蓋徒知知覺運動之蠢然者，人與物同；而不知仁義禮智之粹然者，人與物異也。孟子以是折之，其義精矣。**朱子曰：氣相近，如知寒暖，識饑飽，好生惡死，趨利避害，人與物都一般。理不同，如蜂蟻之君臣，只是他義上有一點明，虎狼之父子，只是仁上有一點明，其他更推不去。○論人與物性之異，固由氣稟之不同，但究其所以然者，却是因其氣稟之不同，而所賦之理固亦有異，所以孟子分别犬之性、牛之性、人之性有不同者，而未嘗言犬之氣、牛之氣、人之氣不同也。○此章乃告子迷繆之本根，孟子開示之要切，蓋知覺運動者，形氣之所爲；仁義禮智者，天命之所賦。學者於此正當審其偏正全闕，而求知所以自貴於物，不可以有生之同，反自陷於禽獸而不自知己性之大全也。○勉齋黄氏曰：夫性者，人物所得乎天之理也，仁、義、禮、智之屬是也；生者，人物所得乎天之氣也，有知覺而能運動者是也。性者，萬物之一原，有生之類，各得於天，固無少異，但所禀之氣，則或值其清濁美惡之不齊，故理之所賦不能無開塞、偏正之異，此人物之所以分也。然以氣而言，則所稟雖殊，而其所以爲知覺運動者反無甚異；以理而言，則其本雖同，而人之有是四端，所以爲至靈至貴者，非庶物之可擬矣。告子之學，不足以知此，但見其蠢然之生，即以爲性，而又謂凡得此者無有不同，則是不惟不知性，亦不知氣。不惟觀於外者，亂於人獸之别，而其反於身者，亦昧於天理人欲之幾矣。○雙峯饒氏曰：人説孟子論性不論氣，若以此章觀之，未嘗不論氣。

○告子曰：「食色，性也。仁，内也，非外也；義，外也，非内也。」

告子以人之知覺運動者爲性，故言人之甘食悦色者即其性。故仁愛之心生於内，而事物之宜由乎外。學者但當用力於仁，而不必求合於義也。朱子曰：告子先云「仁義猶桮棬」，其意本皆以仁義爲外，皆不出於本性，既得孟子説，方略認仁爲在内，亦不以仁爲性之所有，但比義差在内耳。○告子以生於愛者爲仁，故曰内，以其制是非者爲義，故曰外。○南軒張氏曰：食色固出於性，然莫不有則焉，告子舉物而遺其則，其説行，天理不行而人欲莫遏矣。○慶源輔氏曰：人之甘食者，知其食之美而甘之也；悦色者，知其色之美而悦之也。知即知覺也，甘與悦即運動也。○雙峯饒氏曰：告子雖知以仁爲内，而不知愛是情，仁是性，愛不便是仁，愛之理是仁。今便指愛爲仁，已是不識性了。如義則是心之制、事之宜，事之宜者雖在彼，而其所以裁制而得其宜者全自在我，若非我有箇義，如何處得物，告子認以爲外，可謂全無見識矣。觀告子前面數章之意，則謂性中仁義都無，到這裏又却有仁而無義，皆是遁辭。○雲峯胡氏曰：告子所謂仁内義外者，皆自食色説來，以食色爲性，言性既粗，故言仁義亦粗。甘食悦色，是自家心裏愛那食色，愛便屬仁，便是仁愛之心生於内。至若食色，却有可愛者，有不可愛者，則是事物之宜由乎外也。

孟子曰：「何以謂仁内義外也？」曰：「彼長而我長之，非有長於我也；猶彼白而我白之，從其白於外也，故謂之外也。」長，上聲。下同。

我長之，我以彼爲長也；我白之，我以彼爲白也。朱子曰：告子不知辨别那利害處正是本然之性，所以道彼長而我長之。蓋謂我無長彼之心，由彼長故不得不長之，所以指義爲外也。

曰：「異於白馬之白也，無以異於白人之白也；不識長馬之長也，無以異於長人之長與？且謂長者義乎，長之者義乎？」與，平聲。下同。

張氏曰：「上『異於』二字宜衍。」❶李氏曰：「或有闕文焉。」愚按：白馬白人，所謂彼白而我白之也；長馬長人，所謂彼長而我長之也。白馬白人不異，而長馬長人不同，是乃所謂

❶「宜」，四庫本、陸本及《四書章句集註》、《孟子集疏》卷一一作「疑」。

義也。義不在彼之長，而在我長之之心，則義之非外明矣。朱子曰：白馬白人，我道這是白馬，這是白人，言之則一若長馬、長人則不同，長馬則是口頭道箇老大底馬，若長人則是敬之之心發於中，從而敬之，所以謂義內也。○慶源輔氏曰：人孰以長人之心長馬乎？其所以然者，乃吾心之義有不同耳，義蓋隨事之宜而裁之也。

曰：「吾弟則愛之，秦人之弟則不愛也，是以我爲悦者也，故謂之内；長楚人之長，亦長吾之長，是以長爲悦者也，故謂之外也。」

言愛主於我，故仁在內；敬主於長，故義在外。

曰：「耆秦人之炙，無以異於耆吾炙。夫物則亦有然者也，然則耆炙亦有外與？」耆，與「嗜」同。夫，音扶。

言長之耆之，皆出於心也。林氏曰：「告子以食色爲性，故因其所明者而通之。」南軒張氏曰：長則同，而待吾之長與待楚人之長固有間矣，其分之殊，即所謂義也。觀其義外之説，固爲不知義矣。不知義，則其所謂仁內者，亦烏知仁之所以爲仁哉！○慶源輔氏曰：炙在外而耆之者在我。長在外而長之者在我，初無異也。告子所明者食色，故取譬於耆炙，因其所明通其所蔽，亦「納約自牖」之意也。○自篇首至此四章，告子之辨屢屈，而屢變其説以求勝，卒不聞其能自反而有所疑也。此正其所謂不得於言勿求於心者，所以卒於鹵音魯。莽莫補、莫厚、母黨三反。而不得其正也。雲峯胡氏曰：夫子嘗曰「義以方外」，夫義所以裁制其在外者，而非在外也。告子義外之說，孟子所以深闢之。

○孟季子問公都子曰：「何以謂義内也？」

孟季子，疑孟仲子之弟也。蓋聞孟子之言而未達，故私論之。

曰：「行吾敬，故謂之内也。」

所敬之人雖在外，然知其當敬而行吾心之敬以敬之，則不在外也。

「鄉人長於伯兄一歲，則誰敬？」曰：「敬兄。」「酌則誰先？」曰：「先酌鄉人。」「所敬在此，所長在彼，果在外，非由内也。」長，上聲。

伯，長也。酌，酌酒也。此皆季子問、公都子答，而季子又言，如此則敬長之心，果不由中出也。

公都子不能答，以告孟子。孟子曰：「敬叔父乎，敬弟乎？彼將曰：『敬叔父。』曰：『弟爲尸，則誰敬？』彼將曰：『敬弟。』子曰：『惡在，其敬叔父也？』彼將曰：『在位故也。』子亦曰：『在位故也。庸敬在兄，斯須之敬在鄉人。』」惡，平聲。

尸，祭祀所主以象神，雖子弟爲之，❶然敬之當如祖考也。在位，弟在尸位，鄉人在賓客之位也。庸，常也。斯須，暫時也。言因時制宜，皆由中出也。趙氏曰：因時制宜，所謂義也。兄叔父之當敬，此理之常。若弟在尸位，則祭時暫當裁以視如祖考之義而敬弟，鄉人在賓位，則宴時暫當裁以尊賓之儀而敬鄉人，此皆暫時之敬耳。或常或暫，因時而裁制其宜，皆本於吾心爾，故曰由中出也。

季子聞之，曰：「敬叔父則敬，敬弟則敬，果在外，非由內也。」公都子曰：「冬日則飲湯，夏日則飲水，然則飲食亦在外也？」

此亦上章耆炙之義。雲峯胡氏曰：《集註》以爲此亦耆炙之義者。炙在外，而耆之在乎心，水與湯在外，而斟酌其可飲不可飲在乎心。然則事物之宜在乎外，而所以斟酌事物之宜，則在乎心也。**○范氏曰：「二章問答大指略同，皆反覆譬喻以曉當世，使明仁義之在內，則知人之性善，而皆可以爲堯舜矣。」**慶源輔氏曰：若以義爲外，則便於性之本體偏枯了，安能知人性之本善？既不知人性之本善，則豈能知人皆可以爲堯舜哉？○潛室陳氏曰：禮敬之義在外，如叔父、如弟，如鄉人，皆指外而言，故告子以義爲外。然敬之所施雖在外，而所以行吾敬處却在內。如當敬叔父時則敬叔父，當敬弟時則敬弟，當敬鄉人則敬鄉人，所以權其事宜而爲之差別者，則此理之權度未嘗不在吾心。故公都子以此

---

❶「子弟」，原倒文，今據四庫本、孔本、陸本及《四書章句集註》乙正。

折之，其辭簡而理勝，所謂不迫切而意已獨至也。〇新安陳氏曰：《集註》於此又提挈綱領以示人仁義性也，堯舜性與人同，但能盡其性耳。人惟性善，故皆可以爲堯舜也。

〇**公都子曰：「告子曰：『性無善無不善也。』**

此亦「生之謂性」、「食色性也」之意。 新安陳氏曰：只認能知覺運動甘食悦色者即爲性，而任意爲之，無所謂善惡。**近世蘇氏、胡氏之説蓋如此。** 新安陳氏曰：蘇東坡論性，謂自堯舜以來，至孔子不得已而曰中曰一，未嘗分善惡言也。自孟子道性善，而一與中支矣。胡文定公論性，謂性不可以善言，纔説善時便與惡對，非本然之性矣。孟子道性善，只是贊歎之辭，説好箇性，如佛言善哉善哉。五峯論性，云凡人之生，粹然天地之心，道義全具，無適無莫，不可以善惡辨，不可以是非分。

「或曰：『性可以爲善，可以爲不善，是故文、武興，則民好善；幽、厲興，則民好暴。』 好，去聲。

此即湍水之説也。 新安陳氏曰：謂性可善可惡，惟上所導，如湍水可東可西，惟人所决也。

「或曰：『有性善，有性不善，是故以堯爲君而有象，以瞽瞍爲父而有舜，以紂爲兄之子且以爲君，而有微子啓、王子比干。』

韓子性有三品之説蓋如此。 《韓子·原性》篇：「性也者，與生俱生也。情也者，接於物而生也。性之品有三，而其所以爲性者五；情之品有三，而其所以爲情者七。何也？曰：性之品有上中下三，上焉者，善焉而已矣；中焉者，可導而上下也；下焉者，惡焉而已矣。」○朱子曰：韓子三品之説，只説得氣，不曾説得性。○此章三者，雖同説氣質之性，然兩「或曰」之説，猶知分辨善惡，惟無善無不善之説最無狀。他就此無善無惡之名，渾無分別，雖爲善爲惡，總無妨也。與今世不擇善惡，顛倒是非，而稱爲本性者，何以異哉？○陳氏曰：韓子謂「人之所以爲性者五，曰仁義禮智信」，此語似看得「性」字端的，但分爲三品又差了，三品只説得氣稟，然氣稟不齊或相什百千萬，豈但三品而已哉？**按此文，則微子、比干皆紂之叔父，而《書》稱微子爲商王元子，疑此或有誤字。**

「今曰『性善』，然則彼皆非與？」孟子曰：「乃若其情，則可以爲善矣，乃所謂善也。與，平聲。

乃若，發語辭。慶源輔氏曰：先儒皆訓「若」爲「順」，言順其本然之情，則無不善，恐不必如此説，蓋情自善，不待順之而善也，且此「乃若」正與下文「若夫」字相對，故斷以爲發語辭。**情者，性之動也。人之情，本但可以爲善而不可以爲惡，則性之本善可知矣。**朱子曰：性不可説，情却可説，所以告子問性，孟子却答他情。蓋謂情可爲善，則性無有不善。所謂四端者，皆情也。仁是性，惻隱是情也。惻隱是仁發出來的端芽，如一箇穀種相似，穀之生是性，發爲萌芽是情也。所謂性，只是那仁義禮智四者而已。○北溪陳氏曰：在心裏未發動底爲性，事物觸着便發動出來底是情，這動底只是就性中發出來，不是别物，情之中節，是從本性發來，便是善。其不中節，是感物欲而動，不從本性發來，便有不善。○慶源輔氏曰：情只是性之動，因其情之善，而可以知其性之本善。若程子謂天下之理原其所自，無有不善，喜怒哀樂未發，何嘗不善？發而中節亦何往而不善，此則又因其性之善，而知其情之無不善也。○新安陳氏曰：性渾然全體在中，未發無形象可見，動而爲情，方可見耳。仁義禮智之性，動而爲惻隱羞惡辭遜是非之情，❶所謂「本但可爲善而不可爲惡」者也。因其情之善，而可知其性之本善。蓋遡其流而知其源也。如水之初流出尚清，則可知其末流之先清也必矣。此「乃若其情」，至「乃所謂善也」，已包下文「惻隱之心」至「我固有之也」之意，下文乃盡發此意耳。

「若夫爲不善，非才之罪也。夫，音扶。

才，猶材質，人之能也。人有是性，則有是才，性既善則才亦善。人之爲不善，乃物欲陷溺而然，非其才之罪也。問：「才是以其能解作用底說，材質是合形體說否？」朱子曰：是兼形體說，如說材料相似。○問：「才與『材』字之別？」曰：「才」字是就義理上說，「材」字是就用上說，如人見其濯濯也，以爲未嘗有材，用木旁「材」字，便是指適用底說，非天之降才爾殊，便是就義理上說。○情，是這心裏動出，有箇路脉曲折，隨物恁地去，才是能主張運動做事底，這事有人做得，有不會做得，這處可見其才。○性如水，情如水之流，情既發，則有善有不善，在人如何耳，才則可爲善者也。彼其性既善，則其才亦可以爲善，今乃至於爲不善，是非才如此，乃自家使得才如此，故曰「非才之罪」。○問：「性之所以無不善，以其出於天也。才之所以有善不善，以其出於氣也。要之性出於天，才亦出於天，何故便至如

❶「遜」，四庫本作「讓」。

此？」曰：性是形而上者，氣是形而下者，形而上者全是天理，形而下者只是那查滓。至於形，又是查滓至濁者也。○問：「孟子言情與才皆善如何？」曰：情本自善，其發也未有染污，何嘗不善，才只是資質，亦無不善。譬物之未染，只是白也。又曰：性之本體，理而已，情則性之動而有爲，才則性之具而能爲者也。性無形象聲臭之可形容也，故以二者言之，誠知二者之本善，則性之善必矣。○西山真氏曰：善者性也，而能爲善者，才也。性以體言，才以用言，才本可以爲善，而不可以爲惡。今乃至於爲不善者，是豈才之罪也哉？陷溺使然也。○雙峯饒氏曰：孟子是指那好底才說，如仁之能愛其親，義之能敬其兄，所謂良能是也。❶

「惻隱之心，人皆有之；羞惡之心，人皆有之；恭敬之心，人皆有之；是非之心，人皆有之。惻隱之心，仁也；羞惡之心，義也；恭敬之心，禮也；是非之心，智也。仁義禮智，非由外鑠我也，我固有之也，弗思耳矣。故曰：求則得之，舍則失之。或相倍蓰而無筭者，不能盡其才者也。鑠，式灼反。惡，去聲。舍，上聲。蓰音師。

恭者，敬之發於外者也；敬者，恭之主於中者也。北溪陳氏曰：恭就貌上說，敬就心上說。鑠，以火銷金之名，自外以至內也。筭，數也。言四者之心人所固有，但人自不思而求之耳，所以善惡相去之遠，由不思不求而不能擴充以盡其才也。朱子曰：惻隱羞惡，心也；能惻隱羞

❶「良」，四庫本作「才」。

惡，發揮之至於仁義不可勝用者，才也。○問「不能盡其才」。曰：才是能去恁地做底，性本好，發於情也只是好，到得動用去做也只是好，不能盡其才，是發得略好便自阻隔了，不順他道理做去。若盡惻隱之才，則必當至於博施濟衆。盡羞惡之才，則必當至於一介不取予，禄之天下弗顧，千駟弗視，這是本來自合恁地滔滔做去，止緣人爲私意阻隔，多是有些發動後便遏折了。天便似天子，命便似將告勑付與人，性便似人所受職事，情便似親臨這職事，才便似去動作行做許多事。○人皆有許多才，聖人却做許多事，我不能做得些事出，故謂相倍蓰而無筭者，不能盡其才者也。一性之中，萬善完備，發用出來，事事做得，便是盡其才。○其未發也，性雖寂然不動，而其中自有條理，自有間架，不是儱侗都無一物，所以外邊纔感，中間便應，如赤子入井之事感，則仁之理便應，而惻隱之心於是乎形；於過廟朝之事感，則禮之理便應，而恭敬之心於是乎形。蓋由其中間衆理渾具，各各分明，故外邊所遇隨感而應，所以四端之發，各有面貌之不同，是以孟子析而爲四以示學者，使知渾然全體之中，而粲然有條若此。○慶源輔氏曰：仁義禮智，性也；惻隱至是非，性之動而爲情也。皆謂之心，心統性情者也。四者之心，根於本性，非如火之銷金，自外至内，但人自不思不求耳。○西山真氏曰：物有求而弗得者，在外故也。性求其在我者，何不得之有，思而求之，則得之而全其本善。不思不求，則失之而流於惡，善惡相去之遠，由一倍五倍而極於無筭者，皆不思不求不能擴充以盡其才故也。本然之才初無限量，極天下之善無不可爲，今乃如此，是有才而不能盡其才耳。曰思曰求，而又曰盡，皆孟子喫緊教人處。**前篇言是四者爲仁義禮智之端，而此不言端者，彼欲其擴而充之，此直因用以著其本體，故言有不同耳。**雲峯胡氏曰：前篇於四者言端，欲人充廣；此不言端，而直因用以著其本體，欲人體認。前以辭讓爲禮之端，辭讓皆以發乎外者言。此曰恭敬，則兼以外與内而言，故不必言端。

「《詩》曰：『天生蒸民，有物有則。民之秉夷，好是懿德。』孔子曰：『爲此詩者，其知道乎！故有物必有則，民之秉夷也，故好是懿德。』」好，去聲。

《詩》，《大雅·蒸民》之篇。蒸，《詩》作烝，衆也。物，事也。則，法也。夷，《詩》作彝，常也。懿，美也。有物必有法：如有耳目，則有聰明之德；有父子，則有慈孝之心，是民所秉執之常性也，故人之情無不好此懿德者。新安陳氏曰：於「好」字上見得是情，《集註》：此「情」字，與上文「乃若其情」相應。**以此觀之，則人性之善可見，而公都子所問之三説，皆不辨而自明矣。**蔡氏曰：惻隱等，正是指性之初發動處，以明未發動之理，又舉《蒸民》詩者，當然之則無物不體，而此理之妙，實根於人性之本然。惟人之生，各秉其有常之性，所以應事接物，皆好此美德而不容已也。所謂懿德，即所謂物之則也，其曰「好是」者，即指上文「秉彝」而言。天命之所賦者謂之則，人性之所秉者謂之彝，存於心而有所得者謂之德，實一而已。孔子又加一「必」字於「有則」之上，加一「故」字於「好是」之上，其旨愈明矣。孟子舉此者，蓋謂秉彝懿德，即是常性。心之所好者德，即是情之發動者不外乎性，就性初發動爲情處指出以示人，方見得性之本無不善也。**○程子曰：「性即理也，理則堯、舜至於塗人一也。才稟於氣，氣有清濁，稟其清者爲賢，稟其濁者爲愚。學而知之，則氣無清**

濁，皆可至於善而復性之本，湯、武身之是也。孔子所言下愚不移者，則自暴自棄之人也。」朱子曰：理精一故純，氣粗故雜。○理如寶珠，氣如水。有是理而後有是氣，有是氣則必有是理，但氣稟之清者，爲聖賢，如珠落在清水中；稟氣之濁者爲愚暗，如珠落在濁水中。**又曰：「論性不論氣，不備；論氣不論性，不明，二之則不是。**」朱子曰：論性不論氣，則無以見其生質之異；論氣不論性，則無以見義理之同。孟子之言性善者，前聖所未發也，而此言者，又孟子所未發也。○本然之性只是至善，然不以氣質論之，則莫知其有昏明開塞、剛柔强弱，故有所不備。徒論氣質之性，而不自本原言之，則雖知有昏明開塞、剛柔强弱之不同，而不知至善之原未嘗有異，故有所不明。須是兩邊都説，理方明備。○北溪陳氏曰：只論大本而不及氣稟，則所論有欠闕未備，若只論氣稟而不及大本，便只説得粗底，道理全然不明，千萬世而下，學者只得按他説，更不可改易。○潛室陳氏曰：孟子性善，從源頭上説。及論情論才，只是説善，不論氣質清濁厚薄，是不備也。諸子紛紛之説，各自把氣質分別，便作天性看了，其不明之失，爲害滋甚。孔門性相近、習相遠，却就氣質之性上論清濁，至説上智下愚，乃論得氣清之十分厚者爲上智，氣濁之十分薄者爲下愚，其間相近者，乃是中人，清濁在四六之間，總起是三等氣質，此説乃是與孟子之説互相發明。要知孔子是説氣質之性，孟子是説源頭本然之性，諸子只是把氣質便作本然之性看錯了。○新安陳氏曰：須是論性兼論氣，不判而二之方是。**張子曰：「形而後有氣質之性，善反之，則天地之性存焉。故氣質之性，君子有弗性者焉。**」朱子曰：論天地之性，則專指理而言；論氣質之性，則以理與氣雜而言之。天地之性，則太極本然之妙，萬殊之一本也；氣質之性，則二氣交運而生，一本而萬殊也。氣質之性，即此理墮在氣質之中耳，非別有一性也。○性只是理，然無那氣質則此理没安頓處，但得氣之清明則不蔽固，此理順發出來，蔽固少者，發出來天理勝，蔽固多者，則私欲勝，便見得本原之性無有不善，只被氣質有昏濁則隔了，學以反之，則天地之性存矣。故說性，須兼氣質言之方備。○氣質之說，起於張、程，極有功於聖門，有補於後學。言之使人深有感，如退之說性三品也是，但不曾分明說是氣質之性耳。孟子說性善，但說得本原處，却不曾說得氣質之性，所以亦費分疎，使張、程之說早出，則諸子說性惡與善惡混等，自不用争論。故張、程之說立，則諸子之說泯矣。○孟子雖不言氣質之性，然於告子「生之謂性」之辨，亦既微發其端矣。但告子辭窮無復問辨，故亦不得而盡其辭焉。至周子出，始復推明太極陰陽五行之說，以明人物之生，其性則同。而氣質之所從來，其變化錯糅有如此之不齊者，至程子始明性之爲理，而與張子皆有氣質之說。○氣質之性，便只是這箇天地之性，却從那裏過，好底性如水，氣質之性如殺些醬與鹽，便是一般滋味。○又曰：天地之所以生物者，理也。其生物者，氣與質也，人物得是氣質以成形，而其理之在是者，則謂之性也。○勉齋黄氏曰：學者知理之無不善，則當加存養之功，知氣質之有善，有不善，則當施矯揉之力。○北溪陳氏曰：氣質之性，是以氣禀言之。天地之性，是以大本言之。其實天地之性，亦不離乎氣質之中。只是就那氣質之中，分別出氣質之性，不與相雜而言耳。○雙峯饒氏曰：人未生以前，不喚做性；既生以後，方喚做性。纔喚做性，便衮在氣質中，所以有善有不善，此氣質之性也；然性之本然，惟有善而已，就氣質中，指那本然者說，是則天地之性也。若不分做兩箇性說，則性之與氣鶻突無分曉；若不合做一箇性說，認做兩件物事去了。故程子曰：「二之則不是。」問：「善反之，則天地之性存焉，不知未反以前，此性亦存否？」曰：不曾反時，此性亦未嘗無。且如一鄙吝人，見殘疾也知憐憫，一强梁人，見好人也知恭遜，畢竟有箇性在内，不知不覺忽然發見出來。但人有氣質物欲之累，則此性不能常存，須於善反上做工夫，方存得性之本體。問：「反之之工夫如何？」曰：涵養、體認、克治、充廣，皆是反之之道，譬如水被泥沙混了，若加澄治則本然之清仍在。孟子説夜氣便是要使人涵養，説四端及擴充，便是要體驗充廣，獨有克治一邊，却不曾説。○新安陳氏曰：論性不論氣，是説孟子其論甚正而明，但不曾説破氣質不周備耳；論氣不論性，是説荀、揚則全舛繆，而説理不明，其害大矣。孟子性善之説正而未備，得程子性即理也之説，足以助其甚正者。又得張程氣質之説，足以補其未備者，朱子會萃提掇，盡發其秘而無餘藴，其繼往開來之功大矣哉！○又曰：文勢如君子弗謂性也，君子既善變化其氣質之性，而復其天地之性矣，故氣質之性君子弗以爲性也。**愚按：程子此説「才」字，與孟子本文小異。蓋孟子專指其發於性者言之，故以爲才無不善；程子兼指其稟於氣者言之，則人之才固有昏明强弱之不同矣，張子所謂氣質之性是也。二説雖殊，各有所當。**去聲。**然以事理考之，程子爲密。蓋氣質所稟雖有不善，而不害性之本善；性雖本善，而不可以無省**悉井反。**察矯揉**人九反。**之功，**省察屬知，矯揉屬行。**學者所當深玩也。**問孟子、程子論「才」字同異。朱子曰：才只一般能爲之謂才，才之初，亦無不善，緣他氣質有善惡，故其才亦有善惡。孟子自其同者言之，故以爲出於性；程子則自其異者言之，故以爲稟於氣。大抵孟子多是專以性言，故以爲性善，才亦無不善，到周、程、張子方説到氣上，要之須是兼二者言之方備。○《集註》中以程子爲密，即見得孟子所說未免少有疎處。今但以程子爲主，而推其說以陰補孟子之不足，則於理無遺矣。○雲峯胡氏曰：程子就氣質上說，則情或有不善，不可無省察之功，才或有不善，不可無矯揉之功。《集註》此「矯揉」二字，與此篇首章所謂「矯揉」不同，首章是告子之說以本然之性，必待矯揉而後可以爲善，此則先儒之說以氣質之性，必加矯揉而後可變其不善，二者正相反也。

然也。

○**孟子曰：「富歲，子弟多賴；凶歲，子弟多暴。非天之降才爾殊也，其所以陷溺其心者**

富歲，豐年也。賴，藉慈夜反。**也。豐年衣食饒足，故有所顧藉而爲善；凶年衣食不足，故有以陷溺其心而爲暴。**問：「程子謂『語其才，則有下愚之不移』，與孟子之意不同？」朱子曰：孟子只見得性善，便把才都做善，不知有氣禀之不同，程子說得較密。○新安陳氏曰：天之降才，與《書》所謂「上帝降衷」文意略似。言非天賦以有爲之才如此殊異也，乃阻饑而陷溺其良心，賊其爲善之才而然耳。

「今夫麰麥，播種而耰之，其地同，樹之時又同，浡然而生，至於日至之時，皆熟矣。雖有不同，則地有肥磽，雨露之養，人事之不齊也。夫音扶。麰音牟。耰音憂。磽，苦交反。

麰，大麥也。耰，覆敷救反。**種**上聲。**也。**韻會徐氏曰：布種後以耰摩田，使土之開處復合曰覆種。

磽，瘠音夕。**薄也。**新安陳氏曰：種麥三者多同，雖其間有多寡之**日至之時，謂當成熟之期也。**

不同者，則以地有肥瘠之分，雨露有有無之異，人事有勤惰之不齊故耳。以譬降才同，而養其心與陷溺其心有不同也。

「故凡同類者，舉相似也，何獨至於人而疑之？聖人與我同類者。聖人亦人耳，其性之善無不同也。新安陳氏曰：凡同類，謂凡物之同類者，人性善無不同，此提掇綱領處。

「故龍子曰：『不知足而爲屨，我知其不爲蕢也。』屨之相似，天下之足同也。蕢音匱。蕢，草器也。不知人足之大小而爲之屨，雖未必適中，然必似足形，不至成蕢也。

「口之於味，有同耆也。易牙先得我口之所耆者也。如使口之於味也，其性與人殊，若犬馬之與我不同類也，則天下何耆皆從易牙之於味也？至於味，天下期於易牙，是天下之口相似也。耆，與「嗜」同。下同。

易牙，古之知味者。言易牙所調之味，則天下皆以爲美也。新安陳氏曰：易牙，齊桓公臣，能辨淄、澠二水味。此先得我口之所耆，已爲下文先得我心之所同然者張本矣。

「惟耳亦然。至於聲，天下期於師曠，是天下之耳相似也。

師曠，能審音者也。言師曠所和之音，則天下皆以爲美也。

「惟目亦然。至於子都，天下莫不知其姣也。不知子都之姣者，無目者也。姣，古卯反。

子都，古之美人也。姣，好也。

「故曰：口之於味也，有同耆焉；耳之於聲也，有同聽焉；目之於色也，有同美焉。至於心，獨無所同然乎？心之所同然者，何也？謂理也、義也。聖人先得我心之所同然耳。故理義之悦我心，猶芻豢之悦我口。」

然，猶可也。朱子曰：然，是「然否」之然，人心同以爲然者，義理也。草食曰芻，牛羊是也；穀食曰豢，音患。犬豕是也。程子曰：「在物爲理，處上聲。物爲義，體用之謂也。孟子言人心無不悦理義者，但聖人則先知先覺乎此耳，非有以異於人也。」程子又曰：「理義之悦我心，猶芻豢之悦我口，此語親切有味。須實體察得義理之悦心，真猶芻豢之悦口，始得。」

朱子曰：理是此物上便有此理；義是於此物上自家處置合如此便是義。揚雄言「義以宜之」，韓愈言「行而宜之之謂義」。若以義爲宜，則義有在外意思，須如程子言處物爲義，是則處物者在心而非外也。非「處物爲義」一句，則後人恐未免有義外之見，蓋物之宜雖在外，而所以處之使得其宜者則在内也。○理義人心之同然，如人之爲事，自家處之當於義，人莫不以爲然。無有道不好者，又如人皆知君父之當事，我能盡忠盡孝，天下莫不以爲當然，此心之所同也。如今處一件事，苟當於理，則此心必安，人亦以爲當然。如此，則其心悦乎不悦乎，悦於心必矣。○雲峯胡氏曰：芻豢人之所同耆也耆之，斯悦之矣。理義人之所同然也。然之，斯悦之矣。○新安陳氏曰：此章大意，以人心理義之同，而見人性之皆善也，衆人與聖人同此至善之性，所以同此理義之心，本同而末莫之同者，陷溺其心故也。能以理義養其心，而不至陷溺其心，則心得所養，於理義得無味之味，如悦芻豢有味之味，其於希聖之學，自將勉勉循循，而欲罷不能矣。始與聖人同者，其終何患與聖人不同哉？

○孟子曰：「牛山之木嘗美矣，以其郊於大國也，斧斤伐之，可以爲美乎？是其日夜之所息，雨露之所潤，非無萌櫱之生焉，牛羊又從而牧之，是以若彼濯濯也。人見其濯濯也，以爲未嘗有材焉，此豈山之性也哉？櫱，五割反。

牛山，齊之東南山也。邑外謂之郊，言牛山之木，前此固嘗美矣，今爲大國之郊，伐之者衆，故失其美耳。息，生長上聲。下同。也。雙峯饒氏曰：息，本訓止息，纔息便生，故息又訓生。日夜之所息，謂氣化流行未嘗間去聲。斷，徒玩反。故日夜之間，凡物皆有所生長也，萌，芽也。櫱，芽之旁出者也。濯濯，光潔之貌。材，材木也。言山木雖伐，猶有萌櫱，而牛羊又從而害之，是以至於光潔而無草木也。新安陳氏曰：山以生物爲性，猶曰天地以生物爲心，謂爲無材，「豈山之本性哉」？此全是引起以譬喻下一節。

「雖存乎人者，豈無仁義之心哉？其所以放其良心者，亦猶斧斤之於木也，旦旦而伐之，可以爲美乎？其日夜之所息，平旦之氣，其好惡與人相近也者幾希，則其旦晝之所爲，有梏亡之矣。梏之反覆，則其夜氣不足以存；夜氣不足以存，則其違禽獸不遠矣。人見其禽獸也，而以爲未嘗有才焉者，是豈人之情也哉？好、惡，並去聲。梏，工毒反。

良心者，本然之善心，即所謂仁義之心也。平旦之氣，謂未與物接之時，清明之氣也。好

惡與人相近，言得人心之所同然也。幾希，不多也。梏，械下戒反。**也。**朱子曰：梏，如被禁械在那裏，更不容他轉動。亡，如將自家物失去了。**反覆，展轉也。**朱子曰：反覆，非顛倒之謂，蓋有互換更迭之意。**言人之良心雖已放失，**新安陳氏曰：物欲者，伐良心之斧斤也。**然其日夜之間，猶必有所生長。故平旦未與物接，其氣清明之際，良心猶必有發見**形甸反。下同。**者。但其發見至微，而旦晝所爲之不善，又已隨而梏亡之，如山木既伐，猶有萌蘖，而牛羊又牧之也。**朱子曰：平旦之氣，只是夜間息得許多時節，不與事物接，纔醒來便有得這些清明之氣，此心自恁地虛静。少間纔與物接，依舊又汩没了。**晝之所爲，既有以害其夜之所息，夜之所息又不能勝其晝之所爲，是以展轉相害。至於夜氣之生，日以寖**音浸。**薄，而不足以存其仁義之良心，則平旦之氣亦不能清，而所好惡遂與人遠矣。**程子曰：夜氣之所存者，良知也，良能也。苟廣而充之，化旦晝之所梏，爲夜氣之所存，然後有以至於聖人也。○朱子曰：日夜之所息底是良心，平旦之氣自是氣，夜氣如雨露之潤，良心如萌蘖之生。人之良心雖有梏亡，而彼未嘗不生也。○此段首尾，只爲良心設，夜氣不足以存。蓋以夜氣至清，足以存此良心；平旦之氣亦清，亦足以存此良心。故其好惡與人相近，但此心存得不多時也。梏亡之，人謂梏亡其夜氣，非也，謂梏亡其良心也。○夜氣不足以存，皆是旦晝所爲壞了。所謂好惡與人相近，今只要去這好惡上理會，日用間於這上見得分曉有得力處，夜氣方與你存，夜氣上却未有工夫，只是去旦晝理會。這裏有工夫，日間添得一分道理，夜氣便添得一分。

日間只管進，夜間只管添，這氣便盛。○氣日裏也生，夜間也生，只是日間生底，爲物欲梏亡，隨手又耗散了。夜間生底，則聚在那裏，不曾耗散，所以養得那良心。譬如一井水，終日攪動便渾了，至夜稍静，便有清水出。所謂夜氣不足以存者，如攪動得太甚，則雖有止息時，此水亦不能清矣。○人心每日梏於事物，斲喪戕賊，所餘無幾，唯夜氣静，庶可以少存耳。至夜氣之静，而猶不足以存，則人理都喪，去禽獸不遠矣。前輩皆無明説，某因將孟子反覆熟讀，方看得出，後看程子説夜氣之所存者，良知良能也，與臆見合。以此知觀書須熟讀深思，道理自見。○氣與理本相依，旦晝之所爲，不害其理，則夜氣之所養益厚，夜之所息既有助於理，則旦晝之所爲，益無不當矣。日間梏亡者寡，則夜氣自然清明虚静，至平旦亦然。至旦晝應事接物時，亦莫不然。○夜氣是母，所息者是子，蓋所息者本自微了，旦晝只管梏之，今日梏一分，明日梏一分，所謂梏之反覆，而所息者泯。夜氣亦不足以存，若能存，便是息得仁義之良心。仁義之心，人所固有，但放而不知求，則天之所以與我者始有所汨没矣。是雖如此，然其日夜之所息至於平旦，其氣清明，不爲利慾所昏，則本心好惡猶有與人相近處，至其旦晝之所爲，又有以梏亡之，梏之反覆，則雖有這些夜氣，亦不足以存養其良心。反覆，只是循環。夜氣不足以存，則雖有人之形，其實與禽獸不遠，故下文復云「苟得其養，無物不長；苟失其養，無物不消」，良心之消長，只在得其養與失其養爾。牛山之木嘗美矣，是喻人仁義之心，郊於大國，斧斤伐之，猶人之放其良心。日夜之所息，雨露之所潤，非無萌蘖之生，便是平旦之氣，其好惡與人相近處。旦晝之梏亡，則又所謂牛羊又從而牧之。雖芽蘖之萌，亦且戕賊無餘矣。○此章以仁義之良心爲主，❶其存其亡，皆以心言之。下文引孔子之言，以明心之不可不操，則意益明矣。但「日夜所息」以下，只以好惡相近爲良心之萌蘖，不復更著「心」字，故説者謂氣有存亡，而欲致養於氣，誤矣。○趙氏曰：仁義性也。而《集註》以心言者，統乎性也。良心，即仁義之心，即所謂性也。○雲峯胡氏曰：此章以山木喻人心分爲兩段，每段皆當分六節看。第一節，是説牛山之木本來自美，喻人仁義之良心本來未嘗無。第二節，以斧斤之伐喻良心之放。第三節，萌蘖之生，喻好惡與人相近者幾希，言既伐之後，其發至微，此心之存甚不多，如萌蘖之生甚不多也。第四節，謂萌蘖之生本自不多，而牛羊又牧之，喻夜氣之所存者本自不多，而旦晝所爲之不善又梏之也。第五節，謂向也猶有萌蘖之生，今則濯濯無復存矣，喻良心向也猶有與人相近者，今則去禽獸不遠矣。但木與良心皆有日夜之所息，而惟於人曰夜氣者，木之萌蘖，一絶於牛羊，既牧之後，無復存者。人之良心，夜之所息者，已絶於日之所爲，而夜無所爲，則其氣猶足以存。所謂存者，謂夜氣猶足以存其本然之良心也。至於梏之反覆，則雖有夜氣，亦不足以存矣。第六節，謂人但見其濯濯，而不見其初也未嘗不美，喻人但見其近於禽獸，而不見其存乎人者未嘗無仁義之良心也。「材」字與「才」字不同，朱子以爲「才」字是就義理上説，「材」字，是就用上説。○新安陳氏曰：前言好惡與人近，今遂去禽獸不遠，則與人遠矣。人見其如此，而以爲未嘗有能爲之才者，此豈人性發而爲情之本然者哉？此所謂才與情，與前章乃若其情，天之降才意同，皆發於性者也。

❶「主」，原作「王」，今據四庫本、孔本、陸本及《輯釋》、《四書或問》、《孟子集疏》卷一一改。

「故苟得其養，無物不長；苟失其養，無物不消。長，上聲。山木人心，其理一也。朱子曰：此段緊要在「苟得其養」四句，存是箇保養護衛底意。苟得其養，無物不長。苟失其養，無物不消，見得雖梏亡之餘，有以養之，則仁義之心即存。緣是此心，本不是外面取來，乃是與生俱生，下又説存養之要，舉孔子之言，操則存舍則亡，見此良心其存亡只在眇忽之間，纔操便在這裏，纔舍便失去。若能知得常操之而勿放，則良心常存。夜之所息，益有所養，夜之所養愈深，則旦晝之所爲無非良心之發見矣。○慶源輔氏曰：此總結上二段意。○新安陳氏曰：斧斤伐，牛羊牧，山木之失養而消也。放其良心，所爲梏亡，人心之失養而消也。所以養其心者，不外乎下文之操存而已，此結上二段以起下文所引孔子語之意。

「孔子曰：『操則存，舍則亡；出入無時，莫知其鄉。』惟心之謂與？」舍音捨。與，平聲。孔子言心，操之則在此，捨之則失去，其出入無定時，亦無定處如此。北溪陳氏曰：忽然出、忽然入，無有定時；忽在此、忽在彼，亦無定處，操之便存在此，捨之便亡失了。孟子引之，以明心之神明不測，得失之易，去聲。而保守之難，雲峯胡氏曰：得之易者，謂操則存；失之易者，謂舍則亡。保守之難者，謂出入無時，莫知其鄉。不可頃刻失其養。學者當無時而不用其力，使神清氣定，常如平旦之時，則此心常存，無適而非仁義矣。新安陳氏曰：此《集註》推廣孟子言外意繳上上文，收結一章之義。程子曰：「心豈有出入，亦以操舍而言耳。操之之道，敬以直內而已。」朱子曰：心豈有出入，出只指外而言，入只指内而言，只是要人操而存之耳。非是如物之散失而後收之也。○心是箇活物，須是操守不要放舍，亡不是無，只是走作逐物去了。又見得心不操則舍，不出則入，無閑處可以安頓。「惟心之謂與」，直指而總結之。○孟子大意只在「操則存，舍則亡」兩句上，心一放時便是斧斤之伐、牛羊之牧；一收斂在此，便是日夜之息、雨露之潤，他是要人於旦晝時不爲事物所汩，人心能操則常存，豈特夜半平旦。○問：「范淳夫女讀《孟子》，曰孟子誤矣，心豈有出入？伊川聞之曰：此女雖不識《孟子》，却識心。伊川此語是許之，是不許之？」曰：此女必天資高，見此心常湛然安定無出入，然衆人不能皆如此。若通衆人論之，心却是走作底物。孟子所引夫子之言，是通衆人論耳。○問：「不能操而存之，則其出而逐物於外與其偶存於内者，皆荒忽無常，莫知定處。然所謂入者，亦非此心既出而復自外入也。」亦曰：逐物之心暫息，則此心未嘗不在内耳。學者於此，苟能操而存之，則此心不放，而常爲主於内矣。○孔子此四句，只是狀人之心是箇難把捉底物事，而人之不可不操。出入便是上面操存舍亡。入則是在這裏，出則是亡失了，此大約泛言人心如此，非指已放者而言，亦不必要於此論心之本體也。○心體固本静，然亦不能不動，其用固本善，然亦能流而入於不善。夫其動而流於不善者，固不可謂心體之本然，然亦不可不謂之心也，但其誘於物而然耳。故先聖只說操則存，存則静，而其動也無不善矣。舍則亡，於是乎有動而流於不善者。出入無時，莫知其鄉。出者亡也，入者存也。本無一定之時，亦無一定之處，特係於人之操舍如何耳。只此四句，說得心之體用始終，真妄邪正，無所不備。○新安陳氏曰：敬以直内，本文未有此意，乃程子揭要義以補孟子之意也。○**愚聞之師**延平李先生。

曰：「人理義之心未嘗無，唯持守之即在爾。若於旦晝之間，不至梏亡，則夜氣愈清。夜氣清，則平旦未與物接之時，湛然虛明氣象，自可見矣。潛室陳氏曰：此段境界，乃指示喪失良心者，欲其認取此時體段，從此養去也。孟子發此夜氣之說，於學者極有力，宜熟玩而深省悉井反。之也。」雙峯饒氏曰：此章緊要在三箇「存」字。首說存乎人者，是說此心本來存；次說夜氣不足以存，是說衆人不能存此心；終說操則存，是教人用力以存此心。○雲峯胡氏曰：《集註》論浩氣，則以爲擴前聖所未發，學者所當潛心而玩索。此論夜氣，則以爲於學者極有力，宜熟玩而深省。蓋此兩「氣」字，前此未發，而孟子發之。浩氣謂是氣之體段，人皆得之於天地以生者，夜氣則從浩氣中說。夜間又清明如此，非有二氣也。浩氣是統說，夜氣則爲人之放其良心者說。聖人志氣常清明無放心，故無夜氣，若學者尤宜深省，不但當玩索而已。○東陽許氏曰：浩然章論養氣，而以心爲主；此章論養心，而以氣爲驗。曰「志者氣之帥」，故謂以心爲主。曰「平旦好惡與人相近」，故謂以氣爲驗。集義固爲養氣之方，所以知夫義而集之者，乃心也。養心固戒其梏亡，驗其所息而可致力者則氣也。彼欲養而無暴，以充吾仁義之氣，此欲因氣之息以養吾仁義之心。兩章之持志操心之意，未嘗不同，而氣則有在身在天之異，然未始不相爲用也。

○孟子曰：「無或乎王之不智也。

或，與「惑」同，疑怪也。王，疑指齊王。

「雖有天下易生之物也，一日暴之，十日寒之，未有能生者也。吾見亦罕矣，吾退而寒之者至矣，吾如有萌焉何哉？易，去聲。暴，步卜反。見，音現。

暴，温之也。我見王之時少，猶一日暴之也，我退則諂諛雜進之日多，是十日寒之也。雖有萌蘖之生，我亦安能如之何哉？西山真氏曰：人主之心，養之以義理則明，蔽之以物欲則昏，猶草木然，煖之以陽則生，寒之以陰則悴。孟子於齊王引以當道，王秉彝之心，其端倪亦有時而萌動矣。而進見之時少，理義浸灌之益微，退而蔽之以私欲者何可勝既，雖有如萌芽之發，旋復摧折，雖孟子其如之何哉？○勿軒熊氏曰：此見孟子格心之學，須就有萌上著力，善端之發，正須正人賢士輔翼而開廣之。

「今夫弈之爲數，小數也；不專心致志，則不得也。弈秋，通國之善弈者也。使弈秋誨二人弈，其一人專心致志，惟弈秋之爲聽；一人雖聽之，一心以爲有鴻鵠將至，思援弓繳而射之，雖與之俱學，弗若之矣。爲是其智弗若與？曰：非然也。」夫音扶。繳音灼。射，食亦反。「爲是」之爲，去聲。「若與」之與，平聲。

弈，圍棊也。數，技也。致，極也。弈秋，善弈者名秋也。繳，以繩繫矢而射也。雙峯饒氏曰：心，以所主者言。志，以所向者言。專心，是心之所主專在此。致志，是極其心之所向，直到那田地。○新安陳氏曰：此章前一譬，謂交脩者不得常用其力，後一譬謂自脩者不肯專用其力，意孟子之於齊王，既進見時少，無以勝衆邪之交蔽，而齊王之於孟子又聽信不專，有以分其心於多岐。故設兩譬以言之，前言王之不智，後言智不若，固群邪寒之者之罪，亦自鴻鵠其心之罪也。○程子爲講官，言於上曰：

「人主一日之間，接賢士大夫之時多，親宦官宮妾之時少；則可以涵養氣質，而薰陶德性。」時不能用，識者恨之。范氏曰：「人君之心，惟在所養。君子養之以善則智，小人養之以惡則愚。然賢人易去聲。下同。疏，小人易親，是以寡不能勝衆，正不能勝邪。自古國家治去聲。日常少，而亂日常多，蓋以此也。」南軒張氏曰：物固有生之理，然不養而害，則雖易生之物，亦不能以長，是則物未有不待養而能生者也。一日暴之，十日寒之，則養之也微而害之者深矣。則其生理，焉得而遂哉？是以古之明君，懼一暴十寒之爲害也，則博求賢才寘諸左右，朝夕與處而遠佞人，所以養德也。豈獨人君爲然，一暴十寒之病，爲士者其可一日而獨不念乎？然其要，則在乎專心致志而已，專心致志，學之大方，居敬之道也。○慶源輔氏曰：後世作事無本，知求治而不知正君，知攻過而不知養德，若程子、范氏之說，是乃所謂正君養德之道，必如是，然後君德成而治有本，庶幾三代可復。不然，雖欲言治，亦苟而已。○雲峯胡氏曰：此章首末言智，《集註》不及之，獨紀范氏之言，君子養之以善，則智；小人養之以惡，則愚。然則人主之智與不智，在乎所養之正與不正耳。

○孟子曰：「魚，我所欲也；熊掌，亦我所欲也，二者不可得兼，舍魚而取熊掌者也。生，亦我所欲也；義，亦我所欲也，二者不可得兼，舍生而取義者也。舍，上聲。

魚與熊掌皆美味，而熊掌尤美也。

「生亦我所欲，所欲有甚於生者，故不爲苟得也；死亦我所惡，所惡有甚於死者，故患有所不辟也。惡、辟，皆去聲。下同。

釋所以舍生取義之意。得，得生也。欲生惡死者，雖衆人利害之常情；而欲惡有甚於生死者，乃秉彝義理之良心，是以欲生而不爲苟得，惡死而有所不避也。朱子曰：義在於生，則舍死而取生，義在於死，則舍生而取死。○問：「生，人心；義，道心乎？」曰：欲生，惡死，人心也；惟義所在，道心也。權輕重，却又是義。○慶源輔氏曰：利害之常情，私欲也。秉彝之良心，天理也。孟子只就欲惡二者中分别出天理人欲最明切。○新安陳氏曰：人遇死生之大變，欲全生則害義，欲合義則不得生，與其不義而生，不若合義而死，是義之可欲，有甚於生之可欲，故不爲苟得以偷生。不義之可惡，有甚於死之可惡，故甘死而不肯避死也。

「如使人之所欲莫甚於生，則凡可以得生者，何不用也？使人之所惡莫甚於死者，則凡可以辟患者，何不爲也？

設使人無秉彝之良心，而但有利害之私情，則凡可以偷生免死者，皆將不顧禮義而爲之矣。慶源輔氏曰：偷，謂偷竊。免，謂苟免。此兩字説盡私情之意象，惟其不然，則知秉彝之良心，乃吾所固有，而利害之私情，乃因物而旋生出耳。

「由是則生而有不用也，由是則可以辟患而有不爲也。

由其必有秉彝之良心，是以其能舍生取義如此。慶源輔氏曰：「由是」之「是」，蓋指秉彝之良心而言也。

「是故所欲有甚於生者，所惡有甚於死者。非獨賢者有是心也，人皆有之，賢者能勿喪耳。

喪，去聲。

羞惡之心，人皆有之，但衆人汩音骨。於利欲而忘之，惟賢者能存之而不喪耳。慶源輔氏曰：羞惡之心，即所謂秉彝之良心也。秉彝之良心，是指其全體而言。羞惡之心，則又於全體之中，指其所謂義者言之也。

「一簞食，一豆羹，得之則生，弗得則死，嘑爾而與之，行道之人弗受；蹴爾而與之，乞人不屑也。食音嗣。嘑，呼故反。蹴，子六反。

豆，木器也。嘑，咄當没反。啐七内反。之貌。行道之人，路中凡人也。蹴，踐踏也。乞人，丐乞之人也。不屑，不以爲潔也。言雖欲食之急而猶惡無禮，有寧死而不食者。是其羞惡之本心，欲惡有甚於生死者，人皆有之也。慶源輔氏曰：路人與乞丐人，至微賤者也，簞食豆羹，生死所繫，利害之至急切者也。於此而猶惡無禮，寧舍之而不食，則羞惡之本心，所惡有甚於生死者，可見人無有無是心者也。言羞惡而併及夫欲者，羞惡則固爲惡矣，及反之而不羞。惡焉者，則是所欲也。

「萬鍾則不辨禮義而受之。萬鍾於我何加焉？爲宮室之美、妻妾之奉、所識窮乏者得我與？爲，去聲。與，平聲。**萬鍾於我何加，言於我身無所增益也。**新安陳氏曰：萬鍾對簞豆而言，彼物之微也，尚惡無禮非義不可食而不受，此物之富者，乃不辨禮義而受之。吾身受用，不假萬鍾之富，是萬鍾於吾身，其實何所加益哉！**所識窮乏者得我，謂所知識之窮乏者感我之惠也。上言人皆有羞惡之心，此言衆人所以喪之。由此三者，**新安陳氏曰：人之喪其良心，固不止於成宮室、供妻妾、濟知識三者，姑舉三者，他可類推。**蓋理義之心雖曰固有，而物欲之蔽，亦人所易**去聲。**昏也。**或曰：「萬鍾於我何加焉？」他日或爲利害所昏，當反思其初，則不爲所動矣。朱子曰：此是克之之方，然所以克之者，須是有本領後，臨時方知克去得。不然，臨時比並，又却只是擇利處去耳。

「鄉爲身死而不受，今爲宮室之美爲之；鄉爲身死而不受，今爲妻妾之奉爲之；鄉爲身死而不受，今爲所識窮乏者得我而爲之：是亦不可以已乎？此之謂失其本心。」鄉、爲，並去聲。「爲之」之爲，並如字。

言三者身外之物，其得失比生死爲甚輕。鄉爲身死猶不肯受嘑蹴之食，今乃爲此三者而受無禮義之萬鍾，是豈不可以止乎？本心，謂羞惡之心。東陽許氏曰：三「鄉爲身」，北山先生作一讀，言鄉爲辱身失義之故，尚不受嘑蹴之食，以救身之死，今乃爲身外之物，施惠於人，而受失義之禄乎！可謂無良心矣。**○此章言羞惡之心，人所固有。或能決死生於危迫之際，而不免計**

豐約於宴安之時，是以君子不可頃刻而不省悉井反。**察於斯焉。**朱子曰：此章孟子所論「宮室之美」，「妻妾之奉」，「窮乏得我」，三者或物欲之尤，人所易溺，或意之私，人所不能免者，自非燭理素明，涵養素定，而臨事有省察之功，未有不以此而易彼也。○慶源輔氏曰：羞惡之心，雖人之所固有，但危迫之際，私欲未肆，三者之念，都未萌芽，故天理之發，其不可遏有如此者。至於宴安之時，私欲紛紜，展轉不已，以至計較豐約，都忘義理之心，乃其勢之使然也。人能於此而省察焉，則知所以存天理而遏人欲矣。○新安陳氏曰：此章前一截，反覆發明舍生取義，是說人當託孤寄命之大節時事，中間食羹不受，是說一飲食之小節時事，然其能決一死以全義，則無分於大小也。不食非禮之食，蓋是指此以證人皆有羞惡之心，以實上文人能舍生取義之意。《集註》謂「或能決死生於危迫之際」，亦併前一截舍生取義處論之。古之君子，當舍生取義時，非徒感慨殺身，實能從容就義，如張巡死於睢陽之類。所謂危迫，乃事勢之危迫，非謂舍生就死者之蒼黄失措也。不受非禮之食而死，如齊餓者不受嗟來之食之類。古來真有此等人。然謂其能決死生於危迫之際，而又謂有不免計豐約於宴安之時者。蓋危迫之際，物欲不萌，義理之心，感發有不可遏，故往往能決死生。若宴安之時，物欲易行，私意何極，義理之心多至迷溺，故或不免至於計較豐約，亦勢使然也。人能於此省察之，則知所以遏人欲而擴天理矣。又是亦不可以已乎，最喚醒人，人之不能爲君子，多是不得已而爲之。今此三者，豈不可以已，而乃冒爲之乎？此之謂不失本心，❶尤

❶「不失」，四庫本、陸本及《輯釋》作「失其」。

斷制得明白，失其本心，與前所謂賢者能勿喪耳正相反。賢者惟克去私欲，故能勿喪其良心；衆人惟汩於私欲，故至於失其本心也。

○孟子曰："仁，人心也；義，人路也。

仁者心之德，程子所謂心如穀種，上聲。**仁則其生之性，是也。**朱子曰：生之性，便是愛之理。○勉齋黄氏曰：心，是穀種，心之德，是穀種中生之性也。生之性便是理，謂其具此生理而未生也。若陽氣發動，生出萌芽後已是情，須認得「生」字，不涉那喜怒哀樂去。○潛室陳氏曰：人心是物，穀種亦是物，只是物之有生理者爾，然便指心爲仁則不可，但人心中具此生理。便以穀種爲仁亦不可，但穀種中亦含此生理，穀不過是穀實結成，而穀之所以纔播種而便萌蘖者，蓋以其有生之性。心不過是血氣做成，而心之所以有運動惻怛處，亦以其有生之性。人心之與穀種，惟其有生之性，故謂之仁。而仁則非梏於二者之形也。孟子只恐人懸空去討仁，故即人心而言，程子又恐人以人心爲仁，故即穀種而言。○新安陳氏曰：《遺書》云："「心譬如穀種，生之性便是仁，陽氣發處乃情也。」"**然但謂之仁，則人不知其切於己，故反而名之曰人心，則可見其爲此身酬酢**音昨。**萬變之主，而不可須臾失矣。**此「失」字，即是下文「放」字。○朱子曰：仁無形迹底物事，孟子恐人理會不得，便説道只人心便是，却不是把仁來形容人心，乃是把人心來指示人以仁也。心是通貫始終之物，仁是心體本來之妙，汩於物欲，則雖有是心，而失其本然之妙。惟用功親切者，爲能復之。孟子之言固是渾然，然人未嘗無是心，而或至於不仁，只是失其本心之妙而然耳。則「仁」字、「心」字，亦須畧有分別。○西山真氏曰：仁者，心之德也，而孟子直以爲人心者，蓋有此心，即有此仁，心而不仁，即非人矣。孔門言仁多矣，皆指其功用處而言，此則徑舉全體，使人知心即仁，仁即心，而不可以二視之也。○雲峯胡氏曰：《中庸》言「仁者人也」，此「人」字指人之身而言，此則直指人之心而言。言身則人有此身，便自具此生理，比之他處言仁，已甚親切。此言心，則又見生之理，具於人之身，而心如穀種，又具此生理而未生者也，視《中庸》又親切矣。**義者行事之宜，謂之人路，則可以見其爲出入往來必由之道，而不可須臾舍**上聲。**矣。**朱子曰：仁人心，是就心上言。義人路，是就事上言。○潛室陳氏曰：或問：「孟子謂道若大路然，又曰義人路也，道爲義體，義爲道用，均謂之路，何耶？」曰：道以路言，謂事事物物各有當行之路。義亦言路者，謂處事處物各就他當行路上行，故皆以路言。然道若大路，則取其明白易知，義爲人路，則取其往來必由。不知道之猶路，無目者也；不知義之猶路，無足者也。此孟子言意別處。○雲峯胡氏曰：路在外，出入往來必由乎我；事之宜在外，而所以行事而酌其宜者在乎心；於此見得「仁」字自包得「義」字，故下文「求放心」，但言仁而不及義也。

「舍其路而不由，放其心而不知求，哀哉！舍，上聲。

「哀哉」二字，最宜詳味，令平聲。**人惕然有深省**悉井反。**處。**雲峯胡氏曰：兩「其」字，即是上文兩「人」字，蓋曰人心人路，則禽獸無是心，亦無是路矣。人舍其爲人之路而不由，放其爲人之心而不知求，則不可謂之人矣。不可謂之人，則謂之何哉？此孟子所以深哀之。○新安陳氏曰：上文先仁而後義，由體而及用，此先路而後心，由用而歸之體也。

「人有雞犬放，則知求之；有放心，而不知求。

程子曰：「心至重，雞犬至輕。雞犬放則知求之，心放則不知求，豈愛其至輕而忘其至重哉？弗思而已矣。」朱子曰：雞犬放有未必可求者，惟是心纔求則便在，未有求而不可得者，知其爲放而求之，則不放矣。○存得此心便是仁，若此心放了，又更理會甚仁。今人之心，靜時昏，動時擾亂，便是放了。放心，不獨是走作喚做放，纔昏睡去了便是放。愚謂上兼言仁義，而此下專論求放心者，能求放心，則不違於仁而義在其中矣。慶源輔氏曰：能求其心，則心存，心存，則無適而非天理之流行，而應事接物之際必能合時措之宜，故曰「義在其中」，蓋有體必有用也。

「學問之道無他，求其放心而已矣。」

學問之事固非一端，然其道則在於求其放心而已。蓋能如是則志氣清明，義理昭著而可以上達；不然則昏昧放逸，新安陳氏曰：靜時昏昧，動時放逸。雖曰從事於學，而終不能有所發明矣。朱子曰：學問亦多端矣，而孟子直以爲無他。蓋身如一屋子，心如一家主，有此家主，然後能洒掃門户，整頓事務；若無主則此屋不過一荒屋耳，實何用焉？且如《中庸》言「學問思辨」四者甚切，然使放心不收，則何者爲學問思辨哉？收斂此心，不容一物，乃是用工須就心上做得主定，方驗得聖賢之言有歸著，自然有契。○求放心，也不是在外面求得箇放心來，只是求時便在，如「我欲仁，斯仁至矣」，只是欲仁，便是仁了。○求放心非以一心求一心，只求底便是已收之心，雖放去千萬里之遠，只一收便在此，他本無去來也。○求放心當於未放之前看如何？已放之後看如何？復得了又看是如何？作三節看後自然習熟，此心不至於放。○孟子謂學問求放心，又謂有是四端，知皆擴而充之，説得最好。人之一心，在外者要收入來，在内者又要推出去。《孟子》一部書皆是此意。○蔡氏曰：或者但見孟子有無他而已矣之語，便立爲不必讀書窮理，只要存本心之説，所以卒流於異學，此指陸象山《集註》謂學問之事，固非一端，然其道則在於求放心而已，正所以發明孟子之本意，以示異學之失，學者切宜玩味。**故程子曰：「聖賢千言萬語，只是欲人將已放之心約之，使反復入身來，自能尋向上去，下學而上達也。」**朱子曰：所謂反復入身來，不是將已縱出底依舊收拾轉來。如七日來復，不是已往之陽重新將來復生。蓋舊底已自過去了，這裏自然生出來。只是知求則心便在，便是反復入身來。○上有「學問」二字，不只是求放心便休，看「自能尋向上去」、「下學而上達」二句，這是存得此心，方可做去，必不是塊然空守得這心便了。○徽庵程氏曰：尋向上去者，下學也。能向上去者，上達也。○雲峯胡氏曰：約之使反復入身來，是此心不可爲流蕩忘反之心，自能尋向上去，下學而上達，蓋必由下學而後上達，則此心又不可爲虚空無用之心也。**此乃孟子開示切要之言，程子又發明之，曲盡其指，學者宜服膺而勿失也。**南軒張氏曰：學問之道，以求放心爲主，然心豈遠人哉？知其放而求之則在是矣。所謂放者，其幾間不容息，故君子造次克念，戰兢自持，所以收其放而存之也。存之久則天理寖明，是心之體將周流而無所蔽矣。以堯、舜、禹相授受之際，獨曰「人心惟危，道心惟微」，心豈有二乎哉？放之，則人心之危無有極也，知其放而求之，則道心之微豈外是哉？故貴於精一之而已。○雙峯饒氏曰：上文説「仁人心也」，是把心做義理之心，不應下文「心」字，又別是一意。若把求放心做收攝精神不令昏放，則只説從知覺上去，恐與「仁人心也」不相接了。曩嘗以此質之勉齋，勉齋云：「此章首言仁人心，是言仁乃人之心，次言放其心而不知求，末言學問之道無他，求其放心而已矣。言學問之道，非止一端，如講習討論，玩索涵養，持守踐行，廣充克治，皆是。其所以如此者，非有他也，不過求吾所失之仁而已，此乃學問之道也。三箇『心』字，脉絡聯貫，皆是指仁而言。今讀者不以仁言心，非矣。」○新安陳氏曰：仁者，人之本心也，不仁之人失其本心，放其心故也。本心存則爲仁，放則非仁，非仁則不能居仁以立其體，必不能由義以達其用矣。求放心，即所以求仁也。學問者，求仁之方。求仁者，學問之本。此章歸宿在求放心上，是歸宿在求仁上也。本章有四「心」字，皆是指仁而言，文理血脉甚貫，讀之可見。又按放心，人欲也；求放心，遏人欲而存天理也。

○孟子曰：「今有無名之指，屈而不信，非疾痛害事也，如有能信之者，則不遠秦楚之路，爲指之不若人也。信，與「伸」同。爲，去聲。

無名指，手之第四指也。

「指不若人，則知惡之；心不若人，則不知惡，此之謂不知類也。」惡，去聲。

不知類，言其不知輕重之等也。南軒張氏曰：人與聖人同類，以心之同耳，不同者，陷溺之故也。心不若人而知惡之，必求所以免於惡，蓋有須臾不遑寧處者矣。○新安陳氏曰：此承上章，以雞犬與心分輕重而言，下三章亦以類相方而加切焉。

○孟子曰：「拱把之桐梓，人苟欲生之，皆知所以養之者。至於身而不知所以養之者，豈愛身不若桐梓哉？弗思甚也。」

拱，兩手所圍也。把，一手所握也。桐梓，兩木名。南軒張氏曰：愛其身，必思所以養之。古之人，理義以養其心，以至動作起居、聲音笑貌之間，莫不有養之之法，所以尊德性道問學，以成其身也。於桐梓知所養，則自拱把至合抱，可以馴致。於身知所養，則自士而爲賢爲聖，亦循循可進矣。弗思，則待其身曾一草木之不若，滔滔皆是也。○新安陳氏曰：苟一思之，則思吾之一身，三綱五常繫焉，四端萬善備焉，必思所以養之。養之之道，養心以養其內，謹九容之類以養其外，使吾身爲仁義禮智根心見面盎背之身，非徒養其口體血氣之身而已也。此章「身」字，内包心，外包動容周旋而言。

○孟子曰：「人之於身也，兼所愛，兼所愛，則兼所養也。無尺寸之膚不愛焉，則無尺寸之膚不養也。所以考其善不善者，豈有他哉？於己取之而已矣。

人於一身，固當兼養，新安陳氏曰：無所不愛，曰兼愛。無所不養，曰兼養。無尺寸之膚至不養也，申兼愛兼養意。然欲考其所養之善否者，惟在反之於身，以審其輕重而已矣。趙氏曰：人之於身無所不愛，則固當無所不養，然體有貴賤小大，養其貴且大者則善，養其賤且小者則不善，此豈待他人言之而後知哉！則亦反之於身而審其輕重於心焉，則自知矣。○新安陳氏曰：輕重，即下文所謂貴賤小大是也。

「體有貴賤，有小大。無以小害大，無以賤害貴。養其小者爲小人，養其大者爲大人。

賤而小者，口腹也；貴而大者，心志也。

「今有場師，舍其梧檟，養其樲棘，則爲賤場師焉。舍，上聲。檟音價。樲音貳。

場師，治場圃者。梧，桐也；檟，梓也，皆美材也。樲棘，小棗，非美材也。

「養其一指而失其肩背，而不知也，則爲狼疾人也。

狼善顧，疾則不能，故以爲失肩背之喻。新安陳氏曰：一指肩背有小大之分，故借以旁證小體大體。

「飲食之人，則人賤之矣，爲其養小以失大也。爲，去聲。

飲食之人，專養口腹者也。

「飲食之人無有失也，則口腹豈適爲尺寸之膚哉？」

此言若使專養口腹，而能不失其大體，則口腹之養，軀命所關，不但爲尺寸之膚而已。但養小之人，無不失其大者，故口腹雖所當養，而終不可以小害大，賤害貴也。朱子曰：此章言身則心具焉，「飲食之人無有失也，則口腹豈適爲尺寸之膚哉」？此數句説得倒了，也自難曉。意謂使飲食之人，真無所失，則口腹之養本無害；然人屑屑理會口腹，則必有所失無疑。是以當知養其大體，而口腹底他自會去討喫，不到得餓了也。○雙峯饒氏曰：以身而言，一毫一髮，皆吾所當愛，皆吾所當養，但體有大小，莫專養小體。若才養目，便貪色。才養耳，便貪聲。才養口，便貪味。必至害其大體。又曰：無以小害大，不是教人養其大者，而不養其小者，若養其小者而不失其大者，則小者不爲大者之累，便是不以小害大。○新安陳氏曰：此章言人當以養心志爲重，養口體爲輕，非謂養心志者，不養口體也。養心志，則道心爲主，而人心聽命，雖饑食渴飲與常人同，而食所當食，飲所當飲，自與常人異。若專養口體，則人心愈危，道心愈微，不至於窮口腹之欲而滅天理者鮮矣。孟子於此欲人不養小以失大，蓋所以遏人欲而存天理也。

○公都子問曰：「鈞是人也，或爲大人，或爲小人，何也？」孟子曰：「從其大體爲大人，從其小體爲小人。」

鈞，同也。從，隨也。大體，心也。小體，耳目之類也。新安陳氏曰：心能爲身之主，使耳目從心之令者，大人也。心不能爲身之主，反聽命於耳目而從其欲者，小人也。

曰：「鈞是人也，或從其大體，或從其小體，何也？」曰：「耳目之官不思，而蔽於物，物交物，則引之而已矣。心之官則思，思則得之，不思則不得也。此天之所與我者。先立乎其大者，則其小者不能奪也。此爲大人而已矣。」

官之爲言司也，耳司聽，目司視，各有所職而不能思，是以蔽於外物。既不能思而蔽於外物，則亦一物而已。又以外物交於此物，其引之而去不難矣。問：「蔽是遮蔽，如目之視色，從他去時便是爲他所遮蔽，若能思則視其所當視，不視其所不當視，則不爲他所蔽矣？」朱子曰：然若不思則耳目亦是一物。**心則能思，而以思爲職。凡事物之來，心得其職，則得其理，而物不能蔽；失其職，則不得其理，而物來蔽之。此三者，皆天之所以與我者，而心爲大。**三者謂耳、目、心。**若能有以立之，則事無不思，而耳目之欲不能奪之矣，此所以爲大人也。**朱子曰：「物交物」，上「物」字指外物，下「物」字指耳目，耳目謂之物者，以其不能思。心能思，所以爲大體。君子固當於思處用工，能不妄思，是能「先立其大者」，然後耳目之小者不能奪」，此句最有力，且看他下箇「立」字，謂之立者，是要卓然竪起此心使自立，所謂敬以直内是也。○耳目亦物也，不能思而交於外物，只管引將去。心之官固是主於思，然須是思方得。若不思，却倒把不是做是，是底却做不是，邪思雜慮，便順他做去，却害事。**然「此天」之此，舊本多作「比」，而趙註亦以比方釋之。今本既多作「此」，而註亦作「此」，乃未詳孰是。但作「比」字，於義爲短，故且從今本是。○范浚《心箴》曰：「茫茫堪輿，俯仰無垠。**音銀。**人於其間，眇然有身。是身之微，太倉稊**杜兮反。**米，參爲三才，曰惟心爾。**雲峯胡氏曰：堪輿，謂天地，言天地至大，而人處天地間，此身至小，不過如太倉一粒稊米而已。然人之所以可與天地參爲三才者，惟在此心，心之體豈不甚大？**往古來今，孰無此心？心爲形役，乃獸乃禽。**雲峯胡氏曰：此言此心之大，往古來今，人人有之。若純乎義理，則是從其大體；若役於形氣，則是從其小體。彼禽獸之心，終日役役，不過飲食牝牡而已。人之心而爲形所役，與禽獸何異？嗚呼！人之心，其大也本可以參天地，而役於小者，不能異乎禽獸，亦獨何哉？

可以反而思矣。**惟口耳目，手足動靜，投間**去聲。**抵隙，**乞逆反。**爲厥心病。**雲峯胡氏曰：此言口欲味，目欲色，耳欲聲，四肢欲安佚，本心微有間隙，彼則乘之而入矣。**一心之微，衆欲攻之，其與存者，嗚呼幾**平聲。**希！**雲峯胡氏曰：此言此心之發於義理者甚微，而役於形氣者甚衆，以彼之衆，攻我之微，如國勢方弱，而四面受敵，其不亡者罕矣。**君子存誠，克念克敬，天君泰然，百體從令。」**雲峯胡氏曰：前八句是説小人之從其小體，此四句是説大人之從其大體。曰誠、曰念、曰敬，念即思之謂，而敬即存誠之方也。一誠足以消萬僞，一敬足以敵千邪，所謂先立乎其大者，莫切於此。天君泰然，是先立乎其大者；百體從令，是小者弗能奪。朱子曰：范氏之箴，蓋得其旨，未可易之也。愚故從而釋之云，先師曰「荀卿以耳目爲天官，心爲天君」。又曰「心者形之君也，出令而無所受令」，即此語以看《孟子》此章甚切。「能先立乎其大者」，則此心卓然能爲耳目之君，而從其大體，所謂天君泰然，百體從令者也。不能先立乎其大者，則退然方聽命於耳目；而從其小體，所謂心爲形役者也。立之如何？亦曰操而存之，使得其能思之職而已。

○**孟子曰：「有天爵者，有人爵者。仁義忠信，樂善不倦，此天爵也；公卿大夫，此人爵也。**

樂音洛。

天爵者，德義可尊，自然之貴也。南軒張氏曰：仁義又言忠信，忠信只是誠實此二者。○雙峯饒氏曰：仁義，人人有之，忠信，樂善人所當勉，須忠信樂善，仁義方爲我有，乃爲可貴。○新安陳氏曰：樂善即樂此仁義忠信，不倦者，樂之至也。

「古之人脩其天爵，而人爵從之。

脩其天爵，以爲吾分去聲。之所當然者耳。人爵從之，蓋不待求之而自至也。南軒張氏曰：古之人脩其天爵而已，非有所爲而爲之，人爵從之者，言其理則然也。

「今之人脩其天爵，以要人爵；既得人爵，而棄其天爵，則惑之甚者也，終亦必亡而已矣。」

要，平聲。

要，求也。脩天爵以要人爵，其心固已惑矣；得人爵而棄天爵，則其惑又甚焉，終必并其所得之人爵而亡之也。朱子曰：孟子時人尚脩天爵以要人爵，後世皆廢天爵以要人爵。○問：「脩天爵以要人爵者，雖曰脩之，實已棄之久矣，何待於得人爵而後始謂之棄邪？」曰：若是者，猶五霸之假仁，猶愈於不假不脩者耳。○南軒張氏曰：古之士，脩身於下，無一毫求於其君之心，而人君求賢於上，每懷不及之意，上下皆循乎天理。是以人才衆多而天下治。逮德之衰，在下者假名而要利，在上者徇名而忘實，而人才始壞矣。降及後世，則不復以仁義忠信取士，而乃求之於文藝之間，自孩提之童，則使之懷利心而習爲文辭，則併與其假者而不務矣，則人才何怪其難哉？○新安陳氏曰：無所爲而爲善者，誠也，故堅所守而不移；有所爲而爲善者，僞也，故得所求而遂已。或曰：「脩其天爵，亦有人爵不從之者；棄其天爵，亦有人爵終不亡者，何也？」曰：脩天爵，自有得人爵之理；棄天爵，自有亡人爵之理。其不得者，上之遺賢。其不亡者，下之僥倖。豈常理哉？

○孟子曰：「欲貴者，人之同心也。人人有貴於己者，弗思耳。

貴於己者，謂天爵也。

「人之所貴者，非良貴也。趙孟之所貴，趙孟能賤之。

人之所貴，謂人以爵位加己而後貴也。良者，本然之善也。趙孟，晉卿也。新安倪氏曰：晉趙氏世呼趙孟，如智氏世呼智伯。晉爲盟主，趙氏世卿，故當時謂趙孟能賤貴人。能以爵禄與人而使之貴，則亦能奪之而使之賤矣。若良貴，則人安得而賤之哉？

《詩》云：『既醉以酒，既飽以德。』言飽乎仁義也，所以不願人之膏粱之味也；令聞廣譽施於身，所以不願人之文繡也。」聞，去聲。

《詩》，《大雅·既醉》之篇。飽，充足也。願，欲也。膏，肥肉。粱，美穀。令，善也。聞，亦譽也。文繡，衣之美者也。仁義充足而聞譽彰著，皆所謂良貴也。新安陳氏曰：兩「不願」字，即《中庸》「不願乎其外」之意，充足乎仁義之良貴，則自無所慕乎人爵之貴矣。○尹氏曰：「言在我者重，則外物輕。」南軒張氏曰：人真知其貴於己者，則見外誘之不足慕矣。惟不知在己之自有至貴，是以慕外而求於人也。良貴得之於天，人何預焉？得於天者公理，而求於人者私欲也。令聞廣譽，君子非有欲之之心。飽乎仁義，則聞譽自至，猶言爲善有令名，理之固然者也。○雲峯胡氏曰：上章一「要」字，是内輕而外重，此章兩「不願」字，是内重而外輕。○東陽許氏曰：世人但知公卿大夫之爵爲貴，而不知在我之身皆有貴者，乃天所賦之善，所謂天爵也。天爵人所同有，故思則得之；人爵各有命分，雖求之無益，天爵亦是天命，此則義理之命，人爵乃氣數之命。孟子前章尚有脩天爵，而人爵自至之說。此章則於人爵下兩「不願」字，是不將這箇爲念矣。

○孟子曰：「仁之勝不仁也，猶水勝火。今之爲仁者，猶以一杯水，救一車薪之火也；不熄，則謂之水不勝火，此又與於不仁之甚者也。

與，猶助也。仁之能勝不仁，必然之理也。但爲之不力，則無以勝不仁，而人遂以爲真不能勝，是我之所爲有以深助於不仁者也。朱子曰：仁之勝不仁也，猶水勝火，以理言之，則正之勝邪，天理之勝人慾甚易，而邪之勝正，人慾之勝天理若甚難。以事言之，則正之勝邪，天理之勝人慾甚難；而邪之勝正，人慾之勝天理却甚易。蓋纔是蹉失一兩件事，便被邪來勝將去，若以正勝邪，則須是做得十分工夫方勝得他，然猶自恐怕勝他未盡，正如人身正氣稍不足，邪便得以干之矣。

「亦終必亡而已矣！」

言此人之心，亦且自怠於爲仁，終必并與其所爲而亡之。○趙氏曰：「言爲仁不至，而不反諸己也。」南軒張氏曰：此爲有志於仁而未力者言也。仁與不仁，特係乎操舍之間，而天理人慾分焉。天理存則人慾消，固不兩立也。故以水勝火喻之，然用力於仁，貴乎久而勿舍。若一暴十寒，倏得復失，則暫存之天理，豈能勝無窮之人欲？遂以爲仁不可以勝不仁，而不加勉焉，則同於不仁之甚者，其淪胥以亡也必矣。學者觀此，可斯須而不存是心乎！天理寖明，則人欲寖消，及其至也，人欲消盡，天理純全。以水勝火，其不然乎？○新安陳氏曰：深味「亦終必亡而已矣」，竊以爲此章恐爲戰國之諸侯言之，以時暫一念一事之仁，欲勝彼之殘暴甚不仁，不惟不能勝，遂使人謂仁不能勝不仁，豈非反助其虐，亦終必滅亡而已矣。如此解，則與「天爵人爵」章「終亦必亡而已矣」解爲「終必并所得人爵而失亡」之者相協也。

○孟子曰：「五穀者，種之美者也；苟爲不熟，不如荑稗。夫仁亦在乎熟之而已矣。」荑音蹄。稗，蒲賣反。夫音扶。

荑稗，草之似穀者，其實亦可食，然不能如五穀之美也。但五穀不熟，則反不如荑稗之熟；猶爲仁而不熟，則反不如爲他道之有成。是以爲仁必貴乎熟，而不可徒恃其種上聲。之美，又不可以仁之難熟，而甘爲他道之有成也。○尹氏曰：「日新而不已則熟。」慶源輔氏曰：日新，日進也。不已，無間斷也。必日進於一日，而又無間斷，然後純熟夫仁。○潛室陳氏曰：他道，如百工衆技，百家諸子皆是。○雲峯胡氏曰：此章與上章相因，上章言爲仁之不力，無以勝不仁；此章言仁之熟，由於爲之力，熟無所容力，熟之在乎用力。○新安陳氏曰：「而已矣」者，「熟之」之説盡夫爲仁之功，外此無他也。苟能於孔門求仁之方循而行之，日新不已，由勉而利，利而安，心與仁一，則熟之功效氣象可言矣。

○孟子曰：「羿之教人射，必志於彀，學者亦必志於彀；彀，古候反。

羿，善射者也。志，猶期也。彀，弓滿也。滿而後發，射之法也。學，謂學射。

「大匠誨人，必以規矩，學者亦必以規矩。」

大匠，工師也。規矩，匠之法也。新安陳氏曰：二節兩「學者」字，一謂學射者，一謂學匠者。○**此章言事必有法，然後可成，師舍**上聲。下同。**是則無以教，弟子舍是則無以學。**❶**曲藝且然，况聖人之道乎？**南軒張氏曰：學者之於道，其爲有漸，其進有序，自洒掃應對，至於禮儀之三百，威儀之三千，猶木之有規矩也，亦循乎此而已。至於形而上之事，則在其人所得何如。形而上者，固不外乎洒掃應對之間也，舍是以求道，是猶舍規矩以求巧也。○慶源輔氏曰：射者志於彀，而真積力久，則善中矣；工者守乎規矩，而真積力久，則能巧矣。教者與受教者，舍彀而言中，舍規矩而言巧，皆誣也。○雙峯饒氏曰：聖門教人定法，無如一部《大學》。○雲峯胡氏曰：此章與《離婁》篇首章相似，彼謂治天下不可無法，此謂師之教、弟子之學皆不可無法。

❶「弟子」，原倒文，今據四庫本、陸本及《輯釋》、《四書章句集註》乙正。

孟子集註大全卷之十二

告子章句下

凡十六章。

任人有問屋廬子曰：「禮與食孰重？」曰：「禮重。」任，平聲。

任，國名。趙氏曰：任，薛同姓之國，在齊、楚之間。屋廬子名連，孟子弟子也。

「色與禮孰重？」

任人復扶又反。問也。

曰：「禮重。」曰：「以禮食，則飢而死；不以禮食，則得食。必以禮乎？親迎，則不得妻；不親迎，則得妻。必親迎乎？」屋廬子不能對，明日之鄒以告孟子。孟子曰：「於答是也，何有？迎，去聲。於，如字。

何有，不難也。朱子曰：不親迎則得妻，如古者國有凶荒，則殺禮而多昏。《周禮》「荒政」十二條中，亦有此法。蓋貧窮不能備親迎之禮，法許如此。

「不揣其本而齊其末，方寸之木可使高於岑樓。揣，初委反。本，謂下。末，謂上。方寸之木至卑，喻食色。岑鋤深反。樓，樓之高銳似山者，至高，喻禮。若不取其下之平，而升寸木於岑樓之上，則寸木反高，岑樓反卑矣。慶源輔氏曰：物之不齊，固當揣其本以齊其末，不可只據其末以定其高卑。

「金重於羽者，豈謂一鉤金與一輿羽之謂哉？鉤，帶鉤也。金本重而帶鉤小故輕，喻禮有輕於食色者；羽本輕而一輿多故重，喻食色有重於禮者。慶源輔氏曰：物固有重而有輕，然重者少而輕者多，則輕者反重而重者反輕矣。

「取食之重者與禮之輕者而比之，奚翅食重？取色之重者與禮之輕者而比之，奚翅色重？翅，與「啻」同，古字通用，施智反。

禮食、親迎，禮之輕者也。飢而死以滅其性，不得妻而廢人倫，食色之重者也。奚翅，猶言何但。言其相去懸絕，不但有輕重之差楚宜反。而已。

「往應之曰：『紾兄之臂而奪之食，則得食；不紾，則不得食，則將紾之乎？踰東家牆而摟其處子則得妻；不摟則不得妻，則將摟之乎？』」紾音軫。摟音婁。

紾，戾也。摟，牽也。處上聲。子，處女也。此二者，禮與食色皆其重者，而以之相較，則禮爲尤重也。○此章言義理事物，其輕重固有大分，去聲。然於其中又各自有輕重之別。

彼列反。**聖賢於此，錯綜**子宋反。**斟酌，**錯綜，分經緯。斟酌，量淺深也。**毫髮不差，固不肯枉尺而直尋，亦未嘗膠柱而調瑟。**《史記·廉頗藺相如傳》：趙孝成王七年，秦與趙兵相距長平。時趙使廉頗將兵固壁不戰，王信秦之間言，使趙括爲將代廉頗。藺相如曰：「王以名使括，若膠柱而鼓瑟耳。括徒能讀其父書傳，不知合變也。」註：瑟每一絃有一柱，旋移變而取聲音之和，今以膠定其柱，不使變移而鼓之，豈能聲和？**所以斷**丁亂反。**之，一視於理之當然而已矣。**朱子曰：禮之大體，固重於食色矣。然其間事之大小緩急不同，則亦或有反輕於食色者。惟理明義精者，爲能權之而不失耳。權之不失，是乃所以全禮之重而深明食色之輕也。觀於寸木岑樓之喻，孟子之意可見矣。○南軒張氏曰：食色雖出於性，而其流則以害性。苟無禮以止之，則將何所極哉？禮之重於食色，固不待較而明矣。惟夫汩於人欲而昧夫天性，於是始有禮與食色孰重之疑矣。○慶源輔氏曰：《集註》章旨之說，於聖賢處事之權度，固已得其要矣。苟或義理未精，權度未審，則於凡事膠轕難辨之際，巧者必至於枉尺而直尋，拙者必至於膠柱而調瑟，終不得夫時措之宜也。○新安陳氏曰：飲食男女，人之大欲存焉，禮則天理所以防閑人欲者也。禮本重，食色本輕，固自有大分也。然亦不可拘拘於禮文之微者，又當隨時隨事而酌其中焉。聖賢固不肯枉尺直尋以踰夫禮之經，亦未嘗膠柱調瑟以昧時宜之權也。○東陽許氏曰：敬兄，禮也，雖無食而將死，必不可奪兄之食而違敬兄之禮。婚娶，禮也，雖至於絶嗣，必不可摟人處子而違婚娶之禮。任人，蓋異端之徒，棄蔑禮法而譏侮之者，故孟子止就其所言食色二者，使之自權其輕重而自思之，蓋不屑之教誨也。

○曹交問曰：「人皆可以爲堯舜，有諸？」孟子曰：「然。」

趙氏曰：曹交，曹君之弟也。人皆可以爲堯舜，疑古語，或孟子所嘗言也。朱子曰：孟子道「人皆可以爲堯舜」，何曾道便是堯舜，更不假脩爲耶？

「交聞文王十尺，湯九尺，今交九尺四寸以長，句。食粟而已，如何則可？」

曹交問也。食粟而已，言無他材能也。

曰：「奚有於是？亦爲之而已矣。有人於此，力不能勝一匹雛，則爲無力人矣；今曰舉百鈞，則爲有力人矣。然則舉烏獲之任，是亦爲烏獲而已矣。夫人豈以不勝爲患哉？弗爲耳。

勝，平聲。

「匹」字本作「鳴」，鴨也，從省作匹。《禮記》說「匹」爲「鶩」音木。是也。《記·曲禮》：庶人之摯匹。注：匹讀爲鶩。野鴨曰鳧，家鴨曰鶩。不能飛騰，如庶人之終守耕稼也。烏獲，古之有力人也，能舉移千鈞。趙氏曰：秦武王好以力戲，力士烏獲至大官。◯新安陳氏曰：「爲之」一字，爲此章之要。所謂「弗爲耳」，及下文「所不爲」也，皆與「爲之而已」一句相應。而行堯之行，與歸而求之，行也，求也，皆所以爲之也。舉「烏獲之任，是亦爲烏獲」，以譬能爲堯舜之事，是亦爲堯舜也。

「徐行後長者謂之弟，疾行先長者謂之不弟。夫徐行者，豈人所不能哉？所不爲也。堯舜之道，孝弟而已矣。

後，去聲。長，上聲。弟音悌。先，去聲。夫音扶。

陳氏曰：「孝弟者，人之良知良能，自然之性也。堯舜人倫之至，亦率是性而已，豈能加毫末於是哉？」慶源輔氏曰：堯舜不過率是性而充其量，非有所增益於性分外也。楊氏曰：「堯舜之道大矣，而所以爲之，乃在夫音扶。行止疾徐之間，非有甚高難行之事也，百姓蓋日用而不知耳。」和靖尹氏曰：堯舜之道，止於孝弟，孝弟非堯舜不能盡。○朱子曰：堯舜之道，孝弟而已，這是對那不孝不弟底說。孝弟，便是堯舜之道；不孝不弟，便是桀紂。○南軒張氏曰：人性莫大於仁義，仁莫先於愛親，義莫先於從兄，此孝弟之所由立也。盡得孝弟則仁義亦無不盡，是則堯舜之道，豈不可以一言蔽之乎？人孰無是心哉，顧體而充之何如耳。○慶源輔氏曰：陳氏就孝弟上說，而極於堯舜之聖；楊氏是就堯舜上說，而本於孝弟之近。二說互相發明，所謂百姓蓋日用而不知者，其警發於人尤爲切至也。

「子服堯之服，誦堯之言，行堯之行，是堯而已矣。子服桀之服，誦桀之言，行桀之行，是桀而已矣。」之、行，並去聲。

言爲善爲惡，皆在我而已。詳曹交之問，淺陋麤倉胡反。率，慶源輔氏曰：此指其以身之長短與湯文較也，人皆可以爲堯舜，豈謂是歟？必其進見之時，禮貌衣冠言動之間多不循理，故孟子告之如此兩節云。覺軒蔡氏曰：孟子以人皆可爲堯舜，所以誘曹氏之進也，然亦豈謂不假脩爲而即可爲堯舜耶？勉之以孝弟，又勉之以衣服言行之間，固不以難而沮人，亦不以易而許人，惜乎曹交之不足以進此也。○新安陳氏曰：上一節告以徐行疾行，此一節告以衣服言行，皆是就其病之切處箴教之。

曰：「交得見於鄒君，可以假館，願留而受業於門。」見音現。

假館而後受業，又可見其求道之不篤。慶源輔氏曰：此亦是富貴者之習氣，都未知那居無求安之味在。

曰：「夫道若大路然，豈難知哉？人病不求耳。子歸而求之，有餘師。」夫音扶。

言道不難知，若歸而求之事親敬長上聲。下同。**之間，則性分**去聲。**之內，萬理皆備，隨處發見，**形甸反。**無不可師，不必留此而受業也。**問：「學莫難於知道，故欲脩身者必以致知爲先，今曰道豈難知，而特患於不爲，何哉？」朱子曰：道之精微，固難知也。然自始學言之，則如是而爲孝，如是而爲弟，如是而爲不孝，如是而爲不弟，其大體向背之間，豈不明而易知乎？致知云者，亦曰即其已行之知而推致之耳。○慶源輔氏曰：道若大路然，人所共由者也，初匪難知，但患人蔽於私，役於氣，自暴自棄而不肯求耳。誠能即其孝親弟長之良知良能，而遡其自然之性，則一性之中，萬理皆備，日用之間，隨所感處，無不發見，而察之而體之，則師不必求於外而得，道不必索於外而存矣。**○曹交事長之禮既不至，求道之心又不篤，故孟子教之以孝弟而不容其受業。蓋孔子餘力學文之意，亦不屑之教誨也。**朱子曰：曹交識致凡下，又有挾貴求安之意，故孟子拒之。然所以告之者，亦極親切，非終拒之也。○新安陳氏曰：可爲堯舜在性分，不在形體，交以形體似聖人言，陋矣。孟子所答，全章之要，在爲之而已。中言行堯之行，以躬行言也。末言豈難知，與病不求歸求，以求知言也。求知以開其爲之之端，躬行以盡其爲之之實，則所謂可爲堯舜者，必真能爲之，安有不假偺爲而可安坐以至堯舜之理耶？徐行尤易能，故先只言徐行之弟，而後總以孝弟言之。有餘師，非謂人師也，如先儒所謂學者當以己心爲嚴師之意。

○公孫丑問曰：「高子曰：『《小弁》，小人之詩也。』」孟子曰：「何以言之？」曰：「怨。」弁音盤。

高子，齊人也。《小弁》，《小雅》篇名。周幽王娶申后，生太子宜臼；又得褒姒，音似。生伯服，而黜申后、廢宜臼。於是宜臼之傅爲去聲。作此詩，以叙其哀痛迫切之情也。南軒張氏曰：家國之念深，故其憂苦；父子之情切，故其辭哀。

曰：「固哉，高叟之爲詩也！有人於此，越人關弓而射之，則己談笑而道之。無他，疏之也。其兄關弓而射之，則己垂涕泣而道之。無他，戚之也。《小弁》之怨，親親也；親親，仁也。固矣夫，高叟之爲詩也！」關，與「彎」同。射，食亦反。夫音扶。

固，謂執滯不通也。爲，猶治也。越，蠻夷國名。道，語也。親親之心，仁之發也。新安陳氏曰：《小弁》之事，人倫之大變，宗社傾覆繫焉，如之何勿怨？是其怨，乃所以見親親之心，蓋愛親之仁之發見者也。

曰：「《凱風》何以不怨？」

《凱風》，《邶蒲昧反。風》篇名。衛有七子之母不能安其室，七子作此以自責也。新安陳氏曰：母生七子而寡不能安其室，七子作詩不敢非其母，引罪自責，謂子不能慰母心，使母不安，以感動之也。

曰：「《凱風》，親之過小者也；《小弁》，親之過大者也。親之過大而不怨，是愈疏也；親之過小而怨，是不可磯也。愈疏，不孝也；不可磯，亦不孝也。磯音機。

磯，水激石也。不可磯，言微激之而遽怒也。朱子曰：親之過大，則傷天地之大和，戾父子之至愛，若此而不怨焉，則是坐視其親之陷于大惡，恝然不少動其心，而父子之情益薄矣，此之謂愈疏。親之過小，則特以一時之私心而少有虧于父子之天性，若此而遽怨焉，則是水中不可容一激石，一有激石，則叫號而遽怒矣。此之謂不可磯。故二者均爲不孝也。○南軒張氏曰：《小弁》、《凱風》其事異，故其情其辭異。當《小弁》之事而怨慕不形，是漠然無親。當《凱風》之事而怨心遽形，是歸過於親，皆失親親之義，而賊夫仁矣。故皆以不孝斷之。怨，一也，由《小弁》之所存，則爲天理；由高子之所見，則爲人欲。不可不察也。

「孔子曰：『舜其至孝矣，五十而慕。』」

言舜猶怨慕，《小弁》之怨，不爲不孝也。○趙氏曰：「生之膝下，一體而分。喘尺免反。息呼吸，氣通於親。新安陳氏曰：此由子生之始而推其未生以前。深味之，愛親之心油然生矣。當親而疏，「踈」同。怨慕號平聲。天，是以《小弁》之怨未足爲愆也。」問：「說《詩》者皆以《小弁》之意，與舜怨慕同。竊謂只『我罪伊何』一句與『舜於我何哉』之意同。後面『君子秉心，維其忍之』，『君子不惠，不舒究之』，分明是怨其親，與舜怨慕之意似不同。」朱子曰：作《小弁》者，自是未到得舜地位，蓋亦常人之情耳。只「我罪伊何」上面說何辜于天，亦似自以爲無罪，未可與舜同日語也。○雲峯胡氏曰：七情中，有哀而無怨，怨出於哀，哀之切，故怨之深。雖程子嘗論《小弁》之怨與舜不同，然皆出於人情之至痛，而天理之至真者也。

○宋牼將之楚，孟子遇於石丘。牼，口莖反。

宋，姓。牼，名。石丘，地名。

曰：「先生將何之？」

趙氏曰：學士年長上聲。者，故謂之先生。

曰：「吾聞秦楚構兵，我將見楚王說而罷之。楚王不悅，我將見秦王說而罷之。二王我將有所遇焉。」說音稅。

時宋牼方欲見楚王，恐其不悅，則將見秦王也。遇，合也。按《莊子》書，有宋鈃刑、堅二音。者，禁攻寢兵，救世之戰，上說音稅。下教，强上聲。聒古活反。不舍。上聲。○見《莊子·天下》篇。《疏》去聲。云：「齊宣王時人。」以事考之，疑即此人也。搆，古候反，合也。

曰：「軻也請無問其詳，願聞其指。說之將如何？」曰：「我將言其不利也。」曰：「先生之志則大矣，先生之號則不可。

徐氏曰：能於戰國擾攘之中而以罷兵息民爲説，其志可謂大矣。然以利爲名，則不可也。蔡氏曰：宋牼在當時，想亦是年德之高者，故孟子以先生呼之，而猶不免溺於利害之私蹊，不知仁義之正道，世俗從可知矣。

「先生以利説秦楚之王，秦楚之王悦於利，以罷三軍之師，是三軍之士樂罷而悦於利也。爲人臣者懷利以事其君，爲人子者懷利以事其父，爲人弟者懷利以事其兄，是君臣、父子、兄弟終去仁義，懷利以相接，然而不亡者，未之有也。樂音洛。下同。先生以仁義説秦楚之王，秦楚之王悦於仁義，而罷三軍之師，是三軍之士樂罷而悦於仁義也。爲人臣者懷仁義以事其君，爲人子者懷仁義以事其父，爲人弟者懷仁義以事其兄，是君臣、父子、兄弟去利，懷仁義以相接也，然而不王者，未之有也。何必曰利？」王，去聲。

此章言休兵息民，爲事則一，然其心有義利之殊，而其效有興亡之異，學者所當深察而明辨之也。南軒張氏曰：古之謀國者以義理，不以利害，此天理人欲之所以分，而治忽所由係也。説之以利，使其能從，亦利心耳。罷兵雖息一時之患，而徇利實傷萬世之彝。○西山真氏曰：戰國交兵之禍烈矣，宋牼一言而罷之，豈非生民之福，而仁人之所甚願者哉？顧利端一開，君臣父子兄弟大抵皆見利而動，其禍又有甚於交兵者，是以聖賢不得不嚴其防也。○新安陳氏曰：以利説二王而罷兵，若足爲斯民幸矣。然上下皆懷利以相接，必將有滅亡之禍，是利未得而害已甚矣。以仁義説二王而罷兵，上下皆懷仁義以相接，則仁必愛親，義必急君，雖不言利而仁義之利自在其中矣。此章大意與首篇首章相似，利端一開，利心競熾，而大倫將不暇顧，其禍有甚於交兵者。交兵，不過殺人身耳；言利則必蠱害人心。孟子此章於遏人欲、存天理尤嚴焉。

○孟子居鄒，季任爲任處守，以幣交，受之而不報。處於平陸，儲子爲相，以幣交，受之而不報。任，平聲。相，去聲。下同。

趙氏曰：「季任，任君之弟。任君朝音潮。會於鄰國，季任爲去聲。之居守其國也。儲子，齊相也。不報者，來見則當報之，但以幣交則不必報也。」朱子曰：初不自來，但以幣交，未爲非禮。但孟子既受之後，便當來見而又不來，則其誠之不至可知矣。故孟子過而不見，施報之宜也，亦不屑之教誨也。○慶源輔氏曰：來見則禮意重，幣交則禮意輕也。

他日由鄒之任見季子，由平陸之齊不見儲子。屋廬子喜曰：「連得間矣。」

屋廬子連，其名也。知孟子之處上聲。此必有義理，故喜得其間隙而問之。

問曰：「夫子之任見季子，之齊不見儲子，爲其爲相與？」「爲其」之爲，去聲。下同。與，平聲。

言儲子但爲齊相，不若季子攝守君位，故輕之邪？俗作「耶」。

曰：「非也。《書》曰：『享多儀，儀不及物曰不享，惟不役志于享。』

《書》，《周書·洛誥》之篇。享，奉上也。儀，禮也。物，幣也。役，用也。言雖享而禮意不及其幣，則是不享矣，以其不用志于享故也。蔡氏曰：享不在幣而在於禮，幣有餘而禮不足，亦所謂不享也。

「爲其不成享也。」

孟子釋《書》意如此。新安陳氏曰：幣物有餘而禮儀不足，是有慢上之心，謂其所貪在物，雖禮意不足無妨。乃是雖有享之名，而不成享之禮也。

屋廬子悅。或問之，屋廬子曰：「季子不得之鄒，儲子得之平陸。」

徐氏曰：季子爲去聲。君居守，不得往他國以見孟子，則以幣交而禮意已備；儲子爲齊相，可以至齊之境内而不來見，則雖以幣交而禮意不及其物也。慶源輔氏曰：不得之鄒而不來，則是制於禮者也；得之平陸而不至，則是簡於禮者也。制於禮者欲爲而不可，簡於禮者可爲而不欲，君子之所爲，一視其禮意之輕重而行吾義而已。○覺軒蔡氏曰：此章見孟子於禮意之間，是否之際，權衡輕重，各稱其宜如此。然皆以幣交而皆受之，豈孟子當時亦有幣交之禮，而季子、儲子皆非惡人，亦有可受之理歟？

○淳于髡曰：「先名實者，爲人也；後名實者，自爲也。夫子在三卿之中，名實未加於上下而去之，仁者固如此乎？」先、後、爲，皆去聲。

名，聲譽也。實，事功也。言以名實爲先而爲之者，是有志於救民者也；以名實爲後而不爲者，是欲獨善其身者也。先、後，並如字。名實未加於上下，言上未能正其君，下未能濟其民也。

孟子曰：「居下位，不以賢事不肖者，伯夷也；五就湯，五就桀者，伊尹也；不惡汙君，不辭小官者，柳下惠也。三子者不同道，其趨一也。一者何也？曰：仁也。君子亦仁而已矣，何必同？」惡、趨，並去聲。

仁者，無私心而合天理之謂。慶源輔氏曰：無私心，以存諸心而言；合天理，以行諸外而言。人固有雖無私心而行事不合天理者，唯仁，則內外合、天人備矣。○《論語》於令尹子文、陳文子章註引師說，以爲當理而無私心則仁矣，今又以爲仁者無私心而合天理。其先後不同者，蓋彼就二子之事而言，故以爲當理而無私心；此直指夫仁而言，故曰仁者無私心而合天理。楊氏曰：「伊尹之就湯，以三聘之勤也。其就桀也，湯進之也。湯豈有伐桀之意哉？其進伊尹以事之也，欲其悔過遷善而已。伊尹既就湯，則以湯之心爲心矣。及其終也，人歸之，天命之，不得已而伐之耳。若湯初求伊尹即有伐桀之心，而伊尹遂相去聲。之以伐桀，是以取天下爲心也。以取天下爲心，豈聖人之心哉？」程子曰：五就湯、五就桀，此伊尹後來事。蓋已出了，則當以湯之心爲心，所以五就桀不得不如此。○張子曰：伯夷、伊尹、柳下惠皆稱聖人，出於仁之一端，莫非仁也。三子者各以是成性，故得稱仁。〇雲峯胡氏曰：《集註》於二子之中，引楊氏説獨詳於伊尹者，如夷、惠不屑就，不屑去，其迹甚易明，惟伊尹有去又有就，其心未易識，故詳之。

曰：「魯繆公之時，公儀子爲政，子柳子思爲臣，魯之削也滋甚。若是乎，賢者之無益於國也！」

公儀子，名休，爲魯相。去聲。子柳，泄柳也。削，地見侵奪也。髡譏孟子雖不去，亦未必能有爲也。

曰：「虞不用百里奚而亡，秦穆公用之而霸。不用賢則亡，削何可得與？」與，平聲。

百里奚，事見形甸反。前篇。新安陳氏曰：亡則何止乎削？故曰「削何可得」。魯之不亡，尚以三賢在也，否則如虞之亡，求削而不可得矣。

曰：「昔者王豹處於淇，而河西善謳；緜駒處於高唐，而齊右善歌；華周、杞梁之妻善哭其夫，而變國俗。有諸内，必形諸外。爲其事而無其功者，髡未嘗覩之也。是故無賢者也，有則髡必識之。」華，去聲。

王豹，衛人，善謳。淇，水名。緜駒，齊人，善歌。謳，聲有曲折也。歌，長言也。高唐，齊西邑。華周、杞梁，二人皆齊臣，戰死於莒。音舉。其妻哭之哀，國俗化之皆善哭。《左傳》襄公二十三年：齊侯襲莒，杞殖華胡化反。還音旋。載甲夜入。明日先遇莒子，莒子重賂之，使無死，曰：「請有盟。」華周對曰：「食貨棄命，亦君所惡也。昏而受命，日未中而棄之，何以事君？」莒子親鼓而伐之，獲杞梁。莒人行成。齊侯歸，遇杞梁之妻於郊，梁戰死，妻行迎喪。使弔之。辭曰：「殖之有罪，何辱命焉，若免於罪，猶有先人之故廬在，下妾不得與郊弔。」齊侯弔諸其室。○劉向《説苑》：齊莊公攻莒，杞梁與莒戰，梁遂鬭殺二十七人而死。妻聞而哭，城爲之陁，而隅爲之崩。髡以此譏孟子仕齊無功，未足爲賢也。

曰：「孔子爲魯司寇，不用，從而祭，燔肉不至，不税冕而行。不知者以爲爲肉也。其知者以爲爲無禮也。乃孔子則欲以微罪行，不欲爲苟去。君子之所爲，衆人固不識也。」税音脱。

「爲肉」、「爲無」之爲，去聲。

按《史記》：「孔子爲魯司寇，攝行相去聲。下同。事。齊人聞而懼，於是以女樂遺去聲。魯君。季桓子與魯君往觀之，怠於政事。子路曰：『夫子可以行矣。』孔子曰：『魯今且郊，如致膰音煩。于大夫，則吾猶可以止。』桓子卒受齊女樂，郊又不致膰俎于大夫，孔子遂行。」孟子言以爲爲肉者，固不足道；以爲爲無禮，則亦未爲深知孔子者。蓋聖人於父母之國，不欲顯其君相之失，又不欲爲無故而苟去，故不以女樂去而以燔肉行。其見幾平聲。明決而用意忠厚，固非衆人所能識也。然則孟子之所爲，豈髡之所能識哉？○尹氏曰：「淳于髡未嘗知仁，亦未嘗識賢也，宜乎其言若是。」南軒張氏曰：孔子之去魯，非孟子發明於此，後世固亦未知也。○慶源輔氏曰：觀孟子引孔子之事以答淳于髡，則孟子之去齊，亦必有所爲而不欲言之者矣。○汪氏曰：爲肉爲無禮，皆非知孔子。蓋不能用聖人而耽聲色，君之大罪；燔肉不至，君之微罪。若不以微罪行而著君之罪，則爲不仁。苟去，則爲不義。以微罪行，仁也。不爲苟去，義也。君子之所爲，仁義而已。○新安陳氏曰：髡本辯口滑稽之徒，始謂孟子去齊而未仁，孟子答以夷、惠、伊尹或去或就皆仁也。又謂有賢則必識之，孟子答以夫子之去魯亦豈髡所能識哉？反覆言古人事。末方以君子自擬，以衆人指髡。髡雖譏孟子未立功而去，而孟子所以去齊之故，終不自言以顯齊王之失，亦見幾明決而用意忠厚焉。自謂所願則學孔子，今觀其進退語默，宛然孔氏家法也。

○孟子曰：「五霸者，三王之罪人也；今之諸侯，五霸之罪人也；今之大夫，今之諸侯之罪人也。

趙氏曰：「五霸，齊桓、晉文、秦穆、宋襄、楚莊也。三王，夏禹、商湯、周文、武也。」丁氏曰：丁氏，名公著，唐蘇州人。「夏昆吾，商大彭、豕韋，周齊桓、晉文，謂之五霸。」趙氏曰：丁氏說，本杜預《春秋傳》註。○新安陳氏曰：自王道衰，伯圖盛，人惟知五伯之功，豈敢議五伯之罪？惟孟子崇王賤伯，故以三王律五伯，而名其爲罪人焉，五伯宜從前一說。

「天子適諸侯曰巡狩，諸侯朝於天子曰述職。春省耕而補不足，秋省斂而助不給。入其疆，土地辟，田野治，養老尊賢，俊傑在位，則有慶，慶以地。入其疆，土地荒蕪，遺老失賢，掊克在位，則有讓。一不朝，則貶其爵；再不朝，則削其地；三不朝，則六師移之。是故天子討而不伐，諸侯伐而不討。五霸者，摟諸侯以伐諸侯者也。故曰：五霸者，三王之罪人也。朝音潮。辟，與「闢」同。治，去聲。

慶，賞也，益其地以賞之也。掊克，聚斂力驗反。也。讓，責也。移之者，誅其人而變置之也。討者，出命以討其罪，而使方伯連帥帥上所類反，下所律反。諸侯以伐之也。伐者，奉天子之命，聲其罪而伐之也。摟，牽也。五霸牽諸侯以伐諸侯，不用天子之命也。新安陳氏曰：無王如此，使居三王之世，豈非罪人？自入其疆至則有讓，言巡狩之事；自一不朝至六師移之，言述職之事。南軒張氏曰：天子入諸侯之國，首察其土田，次詢其賢才，蓋爲國之道，莫先於農桑，莫要於人才也。

「五霸，桓公爲盛。葵丘之會，諸侯束牲載書而不歃血。初命曰：『誅不孝，無易樹子，無以妾爲妻。』再命曰：『尊賢育才，以彰有德。』三命曰：『敬老慈幼，無忘賓旅。』四命曰：『士無世官，官事無攝，取士必得，無專殺大夫。』五命曰：『無曲防，無遏糴，無有封而不告。』曰：『凡我同盟之人，既盟之後，言歸于好。』今之諸侯皆犯此五禁。故曰：今之諸侯，五霸之罪人也。」歃，所洽反。糴音狄。好，去聲。

按《春秋傳》去聲。僖公九年：「葵丘之會，陳牲而不殺，讀書加於牲上，新安陳氏曰：威信服人，無事歃血。歃，歠也。壹明天子之禁。」樹，立也。已立世子，不得擅時戰反。易。初命三事，所以脩身正家之要也。《穀梁傳》：僖公九年，九月戊辰。諸侯盟于葵丘。桓盟不日，此何以日？日，謂記其日。美之也。爲見天子之禁，故備之也。葵丘之會，陳牲而不殺。讀書加於牲上，一明天子之禁。曰：「毋雍泉，專水利。毋訖糴，訖，止也。毋易樹子，毋以妾爲妻，毋以婦人與國事。」與音預。○慶源輔氏曰：一明天子之禁，但一意以明天子之禁而已。不孝，是惡之大者，故居首。世子必告於天子而後立。既立，則豈可擅自易之？不孝，是不子；易樹子，是不父。以妾爲妻，則無夫婦之別。賓，賓客也。旅，行旅也。皆當有以待之，不可忽忘也。士世祿而不世官，恐其未必賢也。官事無攝，當廣求賢才以充之，不可以闕人廢事也。取士必得，必得其人也。無專殺大夫，有罪則請命于天子而後殺之也。無曲防，不得曲爲隄防，壅泉激水，以專小利，病鄰國也。無遏糴，鄰國凶荒，不得閉糴也。無有封而不告者，不得專封國邑而不告天子也。新安陳氏曰：五命，即載書之辭。才者育之，亞於尊賢，所以明貴德。言歸于和好，無構怨也。「長君之惡其罪小，逢君之惡其罪大。今之大夫，皆逢君之惡。故曰：今之大夫，今之諸侯之罪人也。」長，上聲。

君有過不能諫，又順之者，長君之惡也；君之過未萌，而先意導之者，逢君之惡也。南軒張氏曰：君有惡，承順而長之，固爲罪矣。逢君惡者，逆探君意而成之，罪尤大也。其詭祕姦譎爲甚，而戕賊蠹害尤深。蓋君萌不善之念，其始必有未安於心，未敢遽達也。已迎而安之，則其發也必果；君以爲己意未形於事而彼能先之，則其愛也必篤。故長君惡於外者，其罪易見；逢君惡於內者，其慝難知。易見者害猶淺，難知者害不可言也。自古姦臣之得君，未有不自逆探君意以成其惡。故君臣之相愛不可解，卒至於俱亡而後已。逢君之惡云者，可謂極小人之情狀矣。○慶源輔氏曰：長君之惡者，無能而巽懦，阿諛之人也；逢君之惡者，有才而傾險，陰邪之人也。○林氏曰：「邵子有言：『治《春秋》者不先治五霸之功罪，則事無統理，而不得聖人之心。《春秋》之間，有功者未有大於五霸，有過者亦未有大於五霸。故五霸者，功之首、罪之魁也。』以上邵子之説。孟子此章之義，其亦若此也與？音余。然五霸得罪於三王，今之諸侯得罪於五霸，皆出於異世，故得以逃其罪。至於今之大夫，宜得罪於今之諸侯，則同時矣。而諸侯非惟莫之罪也，乃反以爲良臣而厚禮之，不以爲罪而反以爲功，何其謬靡幼反。哉！」慶源輔氏曰：孟子雖取桓文之五命，而又以五霸爲三王之罪人，得《春秋》之大指矣。

○魯欲使慎子爲將軍。

慎子，魯臣。

孟子曰：「不教民而用之，謂之殃民。殃民者，不容於堯舜之世。

教民者，教之禮義使知入事父兄、出事長上聲。上也。用之，使之戰也。慶源輔氏曰：能如是而教其民，乃可以即戎。使之敵愾禦侮，臨戰之際，皆如手足之捍頭目，子弟之衛父兄矣。不然，則是陷之於死地也。故謂之殃民。在堯舜之仁政，豈容之哉？

「一戰勝齊，遂有南陽，然且不可。」是時魯蓋欲使慎子伐齊取南陽也。故孟子言就使慎子善戰有功如此，且猶不可。新安陳氏曰：就使僥倖克敵，已驕敵怒，禍方深耳。況未必能，且不免敗乎？

慎子勃然不悦曰：「此則滑釐所不識也。」滑音骨。

滑釐，慎子名。

曰：「吾明告子。天子之地方千里，不千里，不足以待諸侯；諸侯之地方百里，不百里，不足以守宗廟之典籍。

待諸侯，謂待其朝音潮。覲聘問之禮。宗廟典籍，祭祀會同之常制也。慶源輔氏曰：觀此二句，則知先王之制、封國大小，自有意義，豈私意可得而損益之哉？

「周公之封於魯，爲方百里也，地非不足，而儉於百里；太公之封於齊也，亦爲方百里也，地非不足也，而儉於百里。

二公有大勳勞於天下，而其封國不過百里。儉，止而不過之意也。問：「《王制》與孟子同，而《周禮》諸公之地，封疆方五百里，諸侯方四百里，伯三百里，子二百里，男百里。鄭氏以《王制》爲夏商制，爲夏商中國方三千里，周公斥而大之，中國方七千里，所以不同。」朱子曰：鄭氏只文字上説得好看，然甚不曉事情。且如百里之國，周人欲增到五百里，須併四箇百里國地，方做得一國。其所併四國，又當别裂地以封之，如此，則天下諸侯東遷西移改立宗廟社稷，皆爲之騷動矣。且如此趲去，不數大國，便無地可容了。許多國，何以處之？恐其不然。竊意其初只方百里，後來吞併遂漸漸大，如禹會諸侯於塗山，執玉帛者萬國。到周時，只千八百國，自非吞併，如何不見了許多國？武王時，諸國地已大，武王亦不奈何，只得就而封之。當時封許多功臣之國，緣當初滅國五十，得許多空地可封。不然，則周公、太公亦自無安頓處。孟子百里之説，亦只是大綱如此説，不是實攷得見古制。

「今魯方百里者五，子以爲有王者作，則魯在所損乎，在所益乎？

魯地之大，皆并去聲。吞小國而得之。有王者作，則必在所損矣。

「徒取諸彼以與此，然且仁者不爲，况於殺人以求之乎？

徒，空也，言不殺人而取之也。慶源輔氏曰：不殺人而取彼與此，仁者猶且不爲，以其非所當得故也，况於殃民而求廣土地者乎？

「君子之事君也，務引其君以當道，志於仁而已。」

當道，謂事合於理。志仁，謂心在於仁。華陽范氏曰：君子之事上也，引其君於正；小人之事上也，引其君於邪。君子引其君於仁義，引其君於愛民，引其君於納諫，引其君於恭儉，引其君於學問，此君子之所以引其君者，志於仁而已矣；小人引其君於好利，引其君於好戰，引其君於用刑，引其君於拒諫，引其君於驕侈，此小人之所以引其君者，志於不仁而已矣。伊尹以堯、舜之道引成、湯，故成、湯爲堯、舜之君；周公以文、武之道引成王，故成王爲文、武之君，此引其君以當道。榮夷公以專利引周厲王，故周亂；趙高以刑法引秦二世，故秦亡。此引君以當非道也。○西山真氏曰：道之與仁，非有二也。以事之理而言則曰道，以心之德而言則曰仁。心存於仁，則其行無不合道矣。○新安陳氏曰：事合理，必不争己所不當有之地；心存仁，必不殺人以争地。二句不特可斷此一事，實臣事君之法也。殃民者仁之反，欲慎子導君以仁，不殃民而爲不仁也。

○孟子曰：「今之事君者曰：『我能爲君辟土地，充府庫。』今之所謂良臣，古之所謂民賊也。君不鄉道，不志於仁，而求富之，是富桀也。爲，去聲。辟，與「闢」同。鄉，與「向」同。下皆同。辟，開墾口狠反。也。朱子曰：鄉道、志仁，不可分爲二事。《中庸》曰：「脩道以仁。」孟子言不志於仁，所以釋不鄉道之實也。前章務引其君以當道，志於仁而已，亦言志仁之爲當道耳。『我能爲君約與國，戰必克。』今之所謂良臣，古之所謂民賊也。君不鄉道，不志於仁，而求爲之强戰，是輔桀也。約，要平聲。結也。與國，和好去聲。相與之國也。新安陳氏曰：前是爲君富國剥下奉上者，此是爲君强兵戰勝攻取者，暴君之良臣，實治世之民賊，不能引君鄉道志仁，而導以不道不仁，助桀爲虐者也。

「由今之道，無變今之俗，雖與之天下，不能一朝居也。」言必争奪而至於危亡也。南軒張氏曰：此章大抵與前章意同。戰國之臣所以輔君者，徒以能富國强兵爲忠，而其君亦固以此爲臣之忠於我也，而孟子以爲民賊，何哉？蓋君不鄉道，不志於仁，而但爲之富强之計，則君益以驕肆，而民益以憔悴，是上成君之惡而下絶民之命也。當時諸侯乃以民賊爲良臣，豈不痛哉？〇新安陳氏曰：自當時觀之，孟子此論，若迂且激。既而六國吞，暴秦亡，此論豈不深中大驗？此章與上章意實相類，其因譏切慎子而繼發歟？

〇白圭曰：「吾欲二十而取一，何如？」

白圭，名丹，周人也。欲更平聲。税法二十分扶問反。下同。而取其一分。林氏曰：「按《史記》：白圭能薄飲食，忍嗜時至反。欲，與童僕同苦樂。音洛。下同。樂觀時變，人棄我取，人取我與，以此居積致富。其爲此論，蓋欲以其術施之國家也。」勿軒熊氏曰：按《貨殖列傳》，白圭當魏文侯時，李克務盡地力，而白圭樂觀時變，故人棄我取，人取我予，能薄飲食，忍嗜欲，與用事僮僕同苦樂。趨時若猛獸鷙鳥之發，曰：「吾治生猶孫吴用兵，商鞅行法，智不足以權變，勇不足以斷決，仁不能以取予，强不能以有守，雖欲學吾術，皆不告也。」蓋世言治生者祖白圭。

孟子曰：「子之道，貉道也。貉音陌。

貉，北方夷狄之國名也。

「萬室之國，一人陶，則可乎？」曰：「不可，器不足用也。」

孟子設喻以詰契乙反。圭，而圭亦知其不可也。

曰：「夫貉，五穀不生，惟黍生之，無城郭宮室宗廟祭祀之禮，無諸侯幣帛饔飧，無百官有司，故二十取一而足也。夫音扶。

北方地寒，不生五穀，黍早熟，故生之。得及未寒時生成。饔飧，以飲食饋客之禮也。

「今居中國，去人倫，無君子，如之何其可也？

無君臣祭祀交際之禮，是去人倫；無百官有司，是無君子。

「陶以寡，且不可以爲國，況無君子乎？

因其辭以折之。

「欲輕之於堯舜之道者，大貉小貉也；欲重之於堯舜之道者，大桀小桀也。」

什一而稅，堯舜之道也。多則桀，寡則貉。今欲輕重之，則是小貉、小桀而已。慶源輔氏曰：什一，中正之制也，故以爲堯舜之道。三代聖人，雖因時損益有所不同，然一本於中正，則無以異也。惟其中正，所以行之天下而安，傳之萬世而無弊。周衰，王制盡廢，兼并之俗起，而貧富遂以不均。白圭厘身禁欲，樂觀時變，知取知予，以此居積致富，此三代盛時所無有也，其犯先王之禁大矣。顧乃私憂過計，創爲輕賦之説，欲以其術施之國家。故孟子明辨其不可，觀其始則取其事之易辨者以開其智，中則歷陳其不可之實以破其説，末則舉堯舜之道不可得而輕重者，使之有所歸著，亦可謂委曲詳盡矣。〇雲峯胡氏曰：《易》曰：「節以制度，必先言中正以通。」蓋堯舜之道，中而已。重之輕之，皆非中也。可行於夷狄，不可通行於天下；可行於一時，不可通行於萬世。○新安陳氏曰：彼真貉真桀爲大者，此爲小者也。

○白圭曰：「丹之治水也，愈於禹。」

趙氏曰：當時諸侯有小水，白圭爲去聲。之築堤，壅委恐反。而注之他國。

孟子曰：「子過矣。禹之治水，水之道也。

順水之性也。

「是故禹以四海爲壑，今吾子以鄰國爲壑。

壑，受水處也。

「水逆行，謂之洚水。洚水者，洪水也，仁人之所惡也。吾子過矣。」惡，去聲。

水逆行者，下流壅塞，故水逆流。今乃壅水以害人，則與洪水之災無異矣。勿軒熊氏曰：按，白圭自言善治生，有智仁强勇四術。然築堤壅水，不能行所無事則不智；以鄰國爲壑，利己害人則不仁。所謂强勇，亦愚悍自信而已。此戰國富强之術，故深抑之。○新安陳氏曰：禹除天下之害，順水之性而委之於海；圭除一國之害，不順水之性而但委之於鄰。❶是禹爲天下除害，而圭乃爲鄰國之害也，

❶「委」，四庫本、孔本作「壑」。

不仁甚矣。

○孟子曰：「君子不亮，惡乎執？」惡，平聲。

亮，信也，與「諒」同。惡乎執，言凡事苟且，無所執持也。朱子曰：考之《説文》，古無「亮」字，以爲與「諒」通者近之。然諒有二訓：止訓信者，「友諒」之類是也。訓必信者，「貞而不諒」是也。○南軒張氏曰：諒對貞而言，則專於諒者未必貞也，以己之私意爲諒，非諒之正也。孟子之言諒，諒之正也。○慶源輔氏曰：此與《論語》「人而無信」章同意，此以守言，彼以行言也。○汪氏曰：執諒，體常也。不諒，通變也。

○魯欲使樂正子爲政。孟子曰：「吾聞之，喜而不寐。」

喜其道之得行。

公孫丑曰：「樂正子强乎？」曰：「否。」「有知慮乎？」曰：「否。」「多聞識乎？」曰：「否。」知，去聲。

此三者，皆當世之所尚，而樂正子之所短，故丑疑而歷問之。

「然則奚爲喜而不寐？」

丑問也。

曰：「其爲人也好善。」「好善足乎？」好，去聲。下同。

丑問也。

曰：「好善優於天下，而况魯國乎？

優，有餘裕也。言雖治天下，尚有餘力也。趙氏曰：善取於己則有盡，善取於人則無窮，此其所以雖治天下，猶有餘力也。

「夫苟好善，則四海之内皆將輕千里而來告之以善；夫音扶。下同。

輕，易去聲。也，言不以千里爲難也。

「夫苟不好善，則人將曰：『訑訑，予既已知之矣。』訑訑之聲音顔色，距人於千里之外。士止於千里之外，則讒諂面諛之人至矣。與讒諂面諛之人居，國欲治，可得乎？」訑音移。治，去聲。

訑訑，自足其智，不嗜善言之貌。慶源輔氏曰：世間此等人亦甚多，然其所謂智者，是乃所以爲愚也。然原其始，則起於予既已知之之意萌于中而已，可不畏乎？○新安陳氏曰：「距」與「拒」通。《前漢・汲黯傳》「智足以距諫」亦用此「距」字。君子小人，迭爲消長。上聲。直諒多聞之士遠，則讒諂面諛之人至，理勢然也。○此章言爲政不在於用一己之長，而貴於有以來天下之善。南軒張氏曰：好善誠篤，非舍己私者不能，能舍己則中虚，虚則能來天下之善，於爲天下何有？蓋善者，天下之公也。自以爲是，則專己而絶天下之公理，蔽孰甚焉？

○陳子曰：「古之君子何如則仕？」孟子曰：「所就三，所去三。

其目在下。

「迎之致敬以有禮，言將行其言也，則就之。禮貌未衰，言弗行也，則去之。

所謂「見行可之仕」，若孔子於季桓子是也。受女樂而不朝，音潮。則去之矣。

「其次雖未行其言也，迎之致敬以有禮，則就之。禮貌衰，則去之。

所謂「際可之仕」，若孔子於衛靈公是也。故與公遊於囿，公仰視蜚與「飛」同。鴈而後去之。《史記·孔子世家》：孔子反乎衛，入主蘧伯玉家，他日靈公問兵陳，孔子曰：「俎豆之事，則嘗聞之，軍旅之事，未之學也。」明日與孔子語，見蜚鴈，仰視之，色不在孔子。孔子遂行，復如陳。

「其下，朝不食，夕不食，飢餓不能出門户。君聞之曰：『吾大者不能行其道，又不能從其言也，使飢餓於我土地，吾恥之。』周之，亦可受也，免死而已矣。」

所謂「公養之仕」也。君之於民，固有周之之義，况此又有悔過之言，新安陳氏曰：所謂大者，以大節論；所謂又者，以其次言也。所以可受。然未至於飢餓不能出門户，則猶不受也。其曰免死而已，則其所受亦有節矣。朱子曰：孟子言所就三，所去三，其上以言之行不行爲去就，此仕之正也。其次以禮貌衰未衰爲去就，又其次至於不得已而受其賜，則豈君子之本心哉？蓋當是時，舉天下莫能行吾言矣，則有能接我以禮貌而周我之窮困者，豈不善於彼哉？是以君子以爲猶可就也，然孟子蓋通上下言之，若君子之自處，則亦所擇矣。孟子於其受賜之節，又嘗究言之曰：「飢餓不能出門户，則周之亦可受也。」明未至於如是之貧，則不可受；免死而已矣，言受之有限，不求贏餘，明不多受也。○慶源輔氏曰：言將行其言也則就之，爲道而仕也；迎之致敬以有禮則就之，爲禮而仕也。道在彼，至於周之亦可受，此君子之不得已也。《集註》恐後之貪利苟得者，以是藉口而全不顧義，遂流於欲而不知也，故言此以防警之。然使上之賜下止周其身，下受其賜止以免其死，則時可知矣。○雲峯胡氏曰：本文初言去就各有三，至其目則上兩節言去就，末一節獨不言。蓋飢餓不能出門户，是欲去而不能去者，故周之，不曰「可就」，而曰「亦可受」，觀「亦」之辭，見其瀕死不容不受。而曰免死而已，則亦未嘗過受也。君子於去就辭受之際，可謂嚴矣。此孟子答古之君子之問也，今之君子何如哉？

○孟子曰：「舜發於畎畝之中，傅説舉於版築之間，膠鬲舉於魚鹽之中，管夷吾舉於士，孫叔敖舉於海，百里奚舉於市。說音悦。

舜耕歷山，三十登庸。説築傅巖，武丁舉之。膠鬲遭亂，鬻余六反。販方萬反。魚鹽，文王舉之。管仲囚於士官，桓公舉以相去聲。國。孫叔敖隱處上聲。海濱，楚莊王舉之爲令尹。百里奚事見形甸反。前篇。新安陳氏曰：舜，聖人，且君也，故只曰「發」。傅説以下五賢，皆臣也，故皆曰「舉」。

「故天將降大任於是人也，必先苦其心志，勞其筋骨，餓其體膚，空乏其身，行拂亂其所爲，所以動心忍性，曾益其所不能。曾，與「增」同。

降大任，使之任大事也，若舜以下是也。空，去聲。窮也。乏，絶也。拂，戾也，言使之所爲不遂，多背音佩。戾也。動心忍性，謂竦荀勇反。動其心，堅忍其性也。然所謂性，亦指氣禀食色而言耳。朱子曰：動其仁義禮智之心，忍其聲色臭味之性。○慶源輔氏曰：竦動其心則心活，堅忍其性則性定。心活則不爲欲所役，性定則不爲氣所動。○雲峯胡氏曰：或謂：「孟子嘗曰不動心，曰養性，此曰動心忍性，何也？」曰：彼言不動心，是處富貴而富貴不能變動其心也；此言動心，是處貧賤而貧賤有以竦動其心也。譬之水，動心，是浚得源頭活水衮衮出來；不動心，是水之流不爲沙泥所溷，不爲波流所汩也。養性者，養其本然天命之性，不使之有所動於外；忍性者，忍其氣禀食色之性，不使之有所動於中。○新安陳氏曰：分配之苦心志所以動心，動心則善念由此生，勞餓空乏所以忍性，忍性則物慾由此窒。拂亂所爲所以增益前所不能者而能之，則德業由此進。舜大聖人，未必盡由此，而窮苦之迹實如此，履此豈無所警省？若傳説以下所以能當大任，實由乎此也。程子曰：「若要熟，也須從這裏過。」朱子曰：只是要事事經歷過似一條路，須每日從上面往來行得熟了，方認得許多險阻去處。若素不曾行，忽然一旦撞行去，少間定墮坑落塹也。○慶源輔氏曰：人不經憂患困窮頓挫摧屈，則心不平，氣不易，察理不盡，處事多率。故謂人若要熟，須從這裏過。○潛室陳氏曰：更嘗變故多，則閱義理之會熟，熟謂義理與自家相便習，如履吾室中。

「人恒過，然後能改。困於心，衡於慮，而後作；徵於色，發於聲，而後喻。衡，與「横」同。

恒，胡登反。常也。猶言大率也。横，不順也。作，奮起也。徵，知盈反。驗也。喻，曉也。

此又言中人之性，常必有過然後能改。新安陳氏曰：下文所謂「作」與「喻」，即是改過之事。**蓋不能謹於平日，故必事勢窮蹙，以至困於心，橫於慮，然後能奮發而興起；不能燭於幾**平聲。**微，故必事理暴著，以至驗於人之色，發於人之聲，然後能警悟而通曉也。**朱子曰：困心衡慮者，心覺有其過；徵色發聲者，其過形於外。○慶源輔氏曰：舜，大聖人之事。傅說而下，皆上智之事。自人恒過而下，則中人之事也。纔言恒過而後能改，便見是中人之性矣。下兩句只是改過之事，雖是不能謹於平日，至於事勢窮蹙，困心衡慮，始能奮發而興起。然畢竟是其才尚足以有爲，雖是不能燭於幾微，至於事理暴著，徵色發聲，始能警悟而通曉。然畢竟是其智尚足以有察。如此，故亦可以進於善，若至是而猶不之覺焉，則下愚而已。

「入則無法家拂士，出則無敵國外患者，國恒亡。拂，與「弼」同。

此言國亦然也。慶源輔氏曰：上既言上智中人之事矣，故此推言在國亦然。**法家，法度之世臣也；拂士，輔弼之賢士也。**新安陳氏曰：人主爲國，內有守法持正者規諫之，外有敵國外患以警懼之，則不敢縱肆而國可保，否則驕縱而國亡矣。

「然後知生於憂患而死於安樂也。」樂音「洛」。

以上文觀之，則知人之生全出於憂患，而死亡由於安樂矣。新安陳氏曰：憂患未必便生，然憂患則警戒而其慮深，有生全之理，結章首至而「後喻」一截。安樂未必便死，然安樂則多怠肆而其志荒，有死亡之理，結「入則無法家」至「國恒亡」一節。自困而亨，上聖且然，諸賢皆然，中人則待有過而後能然，爲國者亦莫不然也。大概此章言處困苦憂患之意多，安樂，即憂患之反也。○**尹氏曰：「言困窮拂鬱，能堅人之志，而熟人之仁，**雲峯胡氏曰：必堅忍其志，然後自至於熟。堅志，是入德路頭；熟仁，是成德地步。**以安樂失之者多矣。」**南軒張氏曰：知生於憂患而死於安樂，生言生之道，死言死之道也。繼體之君，公侯之裔，生處安樂，無憂患可歷，則如之何？必也念安樂之可畏，思天命之無常，戒謹恐懼，不敢有其安樂，是乃困心衡慮之方，生之道也。死於安樂，非安樂能死之，以溺於安樂而自絶焉耳。故在君子，則雖處安樂而生理未嘗不遂；在小人，則雖處憂患而死亦恐不免，窮斯濫是也。○勉齋黃氏曰：恐懼脩省，常生於憂患；驕奢淫泆，必起於宴安。當阨窮困躓之餘，其操心危，其慮患深，其刻厲奮發以進於善，有不期然者矣。○新安陳氏曰：張子《西銘》云：「富貴福澤，將厚吾之生，貧賤憂戚，庸玉汝於成。」後二句，即孟子此章之意，前二句，孟子所未言也。人能知此，則處憂患者固可生，處安樂者亦不死矣。《盡心上》篇「有德慧」章意與此合，當參看。動心，是充廣道心；忍性，是節制人心。一是擴天理，一是遏人欲。

○**孟子曰：「教亦多術矣，予不屑之教誨也者，是亦教誨之而已矣。」**

多術，言非一端。「屑，潔也。」不以其人爲潔而拒絶之，所謂不屑之教誨也。其人若能感此，退自脩省，悉井反。**則是亦我教誨之也。**朱子曰：趙氏註：「屑，潔也。」考孟子「不屑就」，與「不屑不潔」之言，「屑」字皆當作「潔」字解。「不屑之教誨」，謂不以其人爲潔而教誨之，如坐而言不應，隱几而卧之類。○新安陳氏曰：不屑教，非忍而絶之，實將激而進之，是亦多術中教誨之一術也。孔子於孺悲，孟子於滕更皆是。**○尹氏曰：「言或抑或揚，或與或不與，各因其材而篤之，無非教也。」**

孟子集註大全卷之十三

盡心章句上

凡四十六章。

孟子曰：「盡其心者，知其性也。知其性，則知天矣。心者，人之神明，所以具衆理而應萬事者也。新安陳氏曰：「心者」，神明之舍。「具衆理」，心之體也；「應萬事」，心之用也。《大學章句》釋「明德」，《或問》釋「致知」之「知」字，此釋「心」字，大概三處互相發云。性則心之所具之理，而天又理之所從以出者也。人有是心，莫非全體，然不窮理，則有所蔽而無以盡乎此心之量。去聲。故能極其心之全體而無不盡者，必其能窮夫音扶。理而無不知者也。既知其理，則其所從出亦不外是矣。朱子曰：天者，理之自然，而人之所由以生者也。性者，理之全體，人之所得以生者也。心則人之所以主於身，而具是理者也。天大無外，而性稟其全，故人之本心，其體廓然亦無限量。惟其梏於形氣之私，滯於聞見之小，是以有所蔽而不盡。人能即事即物，窮究其理，至於一日會通貫徹而無所遺焉，則有以全其本然之體，而吾之所以爲性與天之所以爲天者，皆不外此而一以貫之矣。伊川云「盡心然後知性」，此不然，「盡」字大，「知」字零星。性者，吾心之實理，若不知得，却盡个甚？惟就知上積累將去，自然盡心。人能盡其心者只爲知其性，此句文義與「得其民者得其心也」相似，「者」字不可不仔細看。○人之所以盡其心者，以其知其性故也。蓋盡心與存心不同，存心即操存求放之事，是學者初用力處；盡心則窮理之至，廓然貫通之謂。所謂知性，即窮理之事也，須是窮理，方能知性。知性之盡，則能盡其心矣。○性以賦於我之分而言，天以公共道理而言，天便是箇大底人，人便是箇小底天，吾之仁義禮智，即天之元亨利貞，凡吾之所有者，皆自彼而來也。故知吾性，則自然知天矣。○問：「如何是天者理之所出？」曰：天便是那太虛，但能盡心知性，則天便不外是矣。○慶源輔氏曰：知性而盡心者，譬如家主盡識一家所有之物，然後隨取隨有，隨用隨足，方盡得家主之職。知性而知天，如家主既識得家中之物，則自然知此物是何從而來也。○陵陽李氏曰：性與心初無間，而知與盡則有序。性與心無間，則知性故能盡心；知與盡有序，則謂盡之爲先而知之爲後，是失其先後之倫也。**以《大學》之序言之，知性則物格之謂，盡心則知至之謂也。**問：「盡心今既定作知至説，則知天一條當何繫屬？繫之知性之下，盡心之前，與知性俱爲一衮事耶？抑繫之盡心之下，乃知至又精熟底事邪？」朱子曰：知其性則知天矣，據此文勢只合在知性裏説。○問：「四十而不惑，五十而知天命。不惑，謂知事物當然之理；知天命，謂知事物之所以然，便是知天知性之説否？」曰：然。

「存其心，養其性，所以事天也。

存，謂操平聲。**而不舍。**上聲。**養，謂順而不害。事，則奉承而不違也。**朱子曰：先存心而後養性，存得父子之心盡，方養得仁之性；存得君臣之心盡，方養得義之性。存之養之即是事，心性即是天，故曰「所以事天也」。知性是知得性中物事，既知得，須盡知得方始是盡心。存其心，養其性，方始是做工夫處。如《大學》「物格而后知至」，物格者，物理之極處無不到，知性也。知至者，吾心之所知無不盡，盡心也。至於意誠，則存其心，養其性也，聖人說知必說行。○存心者，氣不逐物而常守其至正也。養性者，事必循理而不害其本然也。○心性皆天之所以與我者，不能存養而梏亡之，則非所以事天也。夫心具性，敬以存之，則性得其養而無所害矣。此君子之所以奉順乎天，蓋能盡其心，而終之之事，顏冉所以請事斯語之意。故敬者學之終始，所謂徹上徹下之道也。○問：「盡心存心，盡莫是極至地位，存莫是初存得這心否？」曰：盡心也未說極至，只是凡事便須理會教十分周足，無少闕漏處方是盡。存也非獨是初工夫，初間固是操守存在這裏，到存得熟後，也只是存這「存」字，無始終只存這裏。○慶源輔氏曰：心是活物，須是操則存，不然，便放去矣。性是實理，須當順之而不害。害，謂違悖而戕傷之。性本不可以戕傷，言但爲自家違悖了，便是戕傷之也。奉承之而不違，便只是存心養性事。○問：「盡心知性，存心養性，上是知工夫，下是行工夫。然上一節知性在先，盡心在後，下一節存心在先，養性在後，何也？」潛室陳氏曰：知性，即窮理格物之學，是工夫最先者。盡心，即《大學》知至境界。存心，即誠意正心之謂，養性在其中矣。非存心外別有所謂養性工夫，故養性在存心下。○新安陳氏曰：人能存心養性，然後能事事合理。順事乎天，而無愧於天之所以賦予我者，此《西銘》所以曰「存心養性爲匪懈」，又曰

「存吾順事」，存心養性，即所以順事之本也。

「殀壽不貳，脩身以俟之，所以立命也。」

殀壽，命之短長也。貳，疑也。不貳者，知天之至，脩身以俟死，則事天以終身也。立命，
謂全其天之所付，不以人爲害之。朱子曰：殀壽不貳，不以死生爲吾心之欣戚也。不貳，是不疑，
若一日未死，一日要是當，百年未死，百年要是當，這便是立命。既不以殀壽貳其心，又須脩身以俟，方始
能立命。不以殀壽動心，一向亂做又不可，殀壽不貳，便是知性知天之力。脩身以俟，便是存心養性之
功。立命一句，更用通下章看，此與《西銘》都相貫穿。○殀壽之不齊，蓋氣之所稟有不同者。不以悦戚
二其心，而惟脩身以俟之，則天之正命自我而立，而氣稟之短長非所論矣。○慶源輔氏曰：徇私以賊理，
縱欲以傷生，皆所謂以人爲害之也。○新安陳氏曰：命之短長，此「命」字以氣言。立命，此「命」字兼理
與氣言。**○程子曰：「心也、性也、天也，一理也。自理而言謂之天，自稟受而言謂之性，自**
存諸人而言謂之心。」張子曰：「由太虚，有天之名；由氣化，有道之名；合虚與氣，有性
之名；合性與知覺，有心之名。」朱子曰：由太虚有天之名，由氣化有道之名，此是總説。合虚與氣
有性之名，合性與知覺有心之名，此就人上説。四句本只是一箇太虚，漸細分説得密耳。由太虚有天之
名，便是四者之總體而不雜乎四者之言，由氣化有道之名，氣化者那陰陽造化，金、木、水、火、土皆是。太
虚便是太極圖上面一圓圈，氣化便是陰静陽動。「合虚與氣有性之名」，有這氣便有這理隨在這裏。若無
此氣，這理在甚處安頓？合性與知覺有心之名，知覺又是那氣之虚處，聰明視聽，作爲運用，皆是知覺。

○有是物，則有是理與氣，故有性之名。若無是物，則不見理之所寓。由太虛有天之名，只是據理而言。由氣化有道之名，由氣之化各有生長消息底道理，故有道之名。既已成物，則物各有理，故曰合虛與氣有性之名。○九峯蔡氏曰：橫渠四語，只是「理氣」二字而細分，由太虛有天之名，即無極而太極之謂，以理言也；由氣化有道之名，即一陰一陽之謂道之謂，以氣言也；合虛與氣有性之名，即繼之者善，成之者性之謂，以人物稟受而言也；合性與知覺有心之名，即人心道心之謂，以心之體而言也。○趙氏曰：《集註》並舉程、張二説，正欲學者於三者同處分析得異處分明，於異處體會得同處親切耳。○新安陳氏曰：天者，理而已。惟以理言，則幾於泛。以形體謂之天，惟以形體言，則涉於淺。今曰太虛，則虛空之中有太極之理，此由太虛所以有天之名也。一陰一陽之謂道，所以一陰而又一陽，一陽而又一陰者，氣之化也。化云者，所以然之妙也，此由氣化所以有道之名也。合太虛之虛，與氣化之氣，理寓於氣而具於人，此合虛與氣所以有性之名也。性，理也。知覺，所以知覺此理也。偏言知覺，惟見氣之靈耳。必合性與知覺言之，所以有心之名也。以此剖析之，其庶幾乎？**愚謂盡心知性而知天，所以造**七到反。**其理也；存心養性以事天，所以履其事也。不知其理，固不能履其事；然徒造其理而不履其事，則亦無以有諸己矣。**慶源輔氏曰：不知其理，則冥行妄作而已；不履其事，則必至於妄想空虛。**知天而不以殀壽貳其心，智之盡也；事天而能脩身以俟死，仁之至也。智有不盡，固不知所以爲仁；然智而不仁，則亦將流蕩不法而不足以爲智矣。**朱子曰：盡心者，私智不萌，萬理洞貫，斂之而無所不具，擴之而無所不通之謂也。學至於此，則知性之爲德無所不該，而天之爲天者不外是矣。存者，存此而已；養者，養此而已。死生不異其心，而脩身以俟其正，則不拘乎氣稟之偏，而天之正命自我立矣。○大概此章所謂盡心者，物格知至之事，曾子所以一唯而無疑於一貫之言者是也。所謂事天者，誠意正心脩身之事，曾子所以臨深履薄而無日不省其身者是也。所謂立命者，如是以沒身焉，曾子所以啓手足而知免，得正斃而無求者是也。以是推之，一章之指略可見矣。○節齋蔡氏曰：孟子此章與《大學》、《中庸》相表裏。窮其理以知天，即《中庸》所謂智也；履其事以事天，即《中庸》所謂仁也；殀壽不貳，脩身以俟死，所以立命而不渝，即《中庸》所謂勇也。與《大學》合，前屢言矣。○雲峯胡氏曰：欲造其理者，用工全在知性上。知性有工夫，盡心無工夫。盡是大段見功，知是積累用功。欲履其事者，用工全在存心上。存心有工夫，養性無大工夫。存者，操之而不舍。養，不過順之而不害耳。《集註》分理與事言，又分智與仁言，何也？蓋能知其理，已自是智，然必不以殀壽貳其心，方見其爲智之盡；能踐其事，已自是仁，然必脩身以俟死，方見其爲仁之至。「流蕩不法」四字，讀者多以爲指異端之學言，愚見「流蕩」與「存養」字相反，「不法」與「脩」字相反，能存養，則不至於流蕩矣；能脩身，則所爲無不法者矣。流蕩不法，則是不能全其天之所與，而以人爲害之者也。

○**孟子曰：「莫非命也，順受其正。**

人物之生，吉凶禍福皆天所命。然惟莫之致而至者，乃爲正命，故君子脩身以俟之，所以順受乎此也。「此」字指正命。○朱子曰：「莫非命也」，此一句是活絡在這裏，看他如何來，然在天言之，皆是正命；在人言之，便有正有不正。此「命」字是指氣言，若我無以致之，則命之壽殀皆是合當如此者，如顔子之夭、伯牛之疾是也。○雲峯胡氏曰：莫非命也，凡有生者之所同；順受其正，能脩身者之所獨。○新安陳氏曰：此「命」字，氣也；順受其正，理也。立巖牆下，非理也；盡道而死，理也。桎梏死，非理也。君子必以理御氣。

「是故知命者，不立乎巖牆之下。

命，謂正命。巖牆，牆之將覆者。知正命，則不處上聲。**危地以取覆壓之禍。**慶源輔氏曰：立乎巖牆之下以致覆壓而死，則乃是人所自取耳，非天爲之也。蓋巖牆有傾覆之勢，自家却去下面立地，便是自取其覆壓也。是故君子戰戰兢兢，如履薄冰，非禮勿動。○雲峯胡氏曰：《集註》於此「命」字必曰「正命」者，蓋上文有「莫非命也」一句，故死於巖牆之下亦命也，但非正命爾。惟知正命者，則不立乎巖牆之下。○新安陳氏曰：巖牆下，理不當立，立而壓死，人所自取，非正命也。

「盡其道而死者，正命也。

盡其道，則所值之吉凶，皆莫之致而至者矣。問：「人或死於干戈，死於患難，如比干之類，亦是正命乎？」朱子曰：固是正命。又問：「以理論之，則謂之正命。以死生論之，則非正命，如何？」曰：如何恁地説得？盡其道而死者，正命也；當死而不死，却是失其正命。此處須當活看，古人所以殺身成仁，舍生取義，學者須是於此處見得，臨利害時便將自家斫剉了，直須是壁立萬仞始得。如今小有利害，便生計較，便説道恁地死非正命，如何得？○新安陳氏曰：盡其道，即上章所謂脩身是也。

「桎梏死者，非正命也。」

桎梏，所以拘罪人者。桎，音質，足械也。梏，姑沃反，手械也。**言犯罪而死，**新安陳氏曰：不盡其道而有罪爲犯罪，若在縲紲非其罪者，不謂之犯罪。**與立巖牆之下者同，皆人所取，非天所爲也。**問：「桎梏死者雖非正命，然亦以命言，此乃自取，如何謂之命？」朱子曰：亦是自作而天殺之，但非正命耳。使文王死於羑里，孔子死於桓魋，却是正命。○新安陳氏曰：天之命於人，吉凶禍福，死生壽殀，雖萬變而不齊。人之事乎天，必盡其道，有正無邪，則一定而不易。能盡其道而值其吉且福且壽者，固正命也，此似有以致之，然我惟知自盡其道耳，初非有所覬覦於天而爲之也。盡道而吉福壽自至焉，非天命之正而何？苟盡其道，不幸而值凶禍夭，是我於道理本無愧，不過自值乎凶禍夭耳。非我有以致之而然，是亦命之正也。必不盡其道，自取禍敗喪亡，則自有以致之，始不得爲正命耳。**○此章與上章蓋一時之言，所以發其末句未盡之意。**潛室陳氏曰：凡死雖均是命，但盡道而無憾者爲正。比干雖殺身，正也；盜跖雖永年，非正也。知，謂知此道理；立，謂盡此道理。不惑於死生壽夭，壹是天理排定，是謂知命。既知得了，不成一向委付於命，須是盡了自家身分上道理，無少虧欠方是立命。盡此道理了，恁時死才無憾，是謂正命。○雲峯胡氏曰：前章末句言立命，是全其天之所付而不以人爲害之者也。此所謂桎梏死，及死于巖牆之下，是不知正命，未免流蕩不法而以人爲害之矣。立命是已造聖賢之域，知命是方入聖賢之階。立在知後，知在立先。

○孟子曰：「求則得之，舍則失之，是求有益於得也，求在我者也。舍，上聲。

在我者，謂仁、義、禮、智凡性之所有者。

「求之有道，得之有命，是求無益於得也，求在外者也。」有道，言不可妄求。有命，則不可必得。在外者，謂富貴利達，凡外物皆是。「命」字以氣言。○趙氏曰：「言爲仁由己，富貴在天，如不可求，從吾所好。」去聲。○朱子曰：富貴身外之物，求之惟恐不得。縱使得之，於身心無分毫之益，況不可必得乎？若義理，求則得之，能不喪其所有，可以爲聖爲賢，利害甚明。○南軒張氏曰：言求在我者有益於得，所以擴天理也；言求在外者無益於得，所以遏人欲也。富貴利達，衆人謂已有求之之道，然不知其有命焉，固有求而得之者矣，是亦有命而非求之能有益也。蓋亦有巧求而不得者多矣，以此可見其無益於得也。○新安陳氏曰：此章言仁、義、禮、智根於性，乃所當求。富貴利達制於命，不可必求也。

○孟子曰：「萬物皆備於我矣。此言理之本然也。大則君臣父子，小則事物細微，其當然之理，無一不具於性分去聲。之内也。

「反身而誠，樂莫大焉。樂音洛。誠，實也。言反諸身而所備之理皆如惡去聲。惡臭、好去聲。好色之實然，則其行之不待勉强上聲。而無不利矣，利，順也。其爲樂，孰大於是？朱子曰：萬物，不是萬物之迹，只是萬物之理。如君臣之義、父子之親，這道理本備於吾身。誠是實有此理，檢點自家身上果無欠缺，事君真箇忠，事父真箇孝，莫不各盡其當然而無一毫之不盡，則仰不愧天，俯不怍人，自然是快活。然反之於身有些子不實，則中心愧怍不能以自安，如何會樂？ 橫渠謂反身而誠則不慊於心，此説極有理。○反身而誠，見得本具是理，而今亦不曾虧欠了他底。若不反身而誠，只是天下公共之理，我無與焉。○此乃躬行之至，無一理不實有於吾身，非爲一時見處發也。如仁義忠孝應接事物之理皆真有之，而非出於勉强僞爲也。此是見得透、信得及處，到此地位，則推己及物，不待勉强而仁在我矣。下言强恕而行者，蓋言未至於此，則當强恕以去己私之蔽，而求得夫天理之公也。○潛室陳氏曰：反諸身者既是萬理皆實，即渾身是義理流行，何處不順裕？ 苟於實理無得，即觸處滯礙無往而非逆境，何樂之有？ ○雲峯胡氏曰：此一「反」字，只是自檢點過，不是「湯、武反之」之反。

「强恕而行，求仁莫近焉。」强，上聲。

强，勉强也。恕，推己以及人也。反身而誠，則仁矣，其有未誠，則是猶有私意之隔，而理未純也。故當凡事勉强，推己及人，庶幾平聲。**心公理得而仁不遠也。**朱子曰：强恕不言忠，無忠何以爲恕？ 蓋有心爲恕，則忠固在其中矣。所謂「無忠做恕不出，兩字不容去一」者，正謂此也。若自己心裏元自不實不盡，更將何物推以及人？ 以此見凡説「恕」字，必有「忠」字在源頭了。今人皆不忠之恕，惟務苟且於一時，不復有己可推，亦無復近仁矣。○反身而誠，則恕從這裏流出，不用勉强。未到恁田地，須是勉强。○問「强恕而行」。曰：此是元不曾恕在，故當凡事勉强，推己及人。若反而誠，則無待於勉强矣。强恕而行，是要求至於誠。○雲峯胡氏曰：强恕求仁，即誠之之事。**○此章言萬物**

之理，具於吾身。體之而實，則道在我而樂音洛。**有餘；**聖賢之事。**行之以恕，則私不容而仁可得。**學者之事。○朱子曰：反身而誠，自然循理，所以樂。强恕而行，且恁地把捉勉强做去。萬物皆備於我，下文「反身」、「强恕」皆蒙此句爲義。强恕者，亦是他見得萬物皆備於我了，只争着一箇反身而誠，便須要强恕上做工夫，亦只是要去箇私意而已。私意既去，則萬物自無欠缺處矣。○新安陳氏曰：樂莫大焉，必以無不慊，仰不愧、俯不怍形容，方見樂之味。《集註》雖不用此語，然曰「如惡惡臭、好好色之實然」，則是以《大學》「誠意」章自慊之意言之，而此意已在其中矣。誠與仁，一理耳。實有此理，則曰誠；純乎此理而無私，則曰仁。未有誠而不仁者也，亦未有仁而不誠者也。

○**孟子曰：「行之而不著焉，習矣而不察焉，終身由之而不知其道者，衆也。」**

著者，知之明；察者，識之精。慶源輔氏曰：著則明之而已，察則又加精焉。**言方行之而不能明其所當然，既習矣而猶不識其所以然，**習，謂行之積習既久。**所以終身由之而不知其道者多也。**慶源輔氏曰：所當然，是就事上說；所以然，是就理上說。凡事皆有所當然，必有理之所以然。人能於方行之時，明其事之所當然；既習之後，又識其理之所以然，則能知夫道矣。○勿軒熊氏曰：此與上章通言有此三等人：反身而誠，上也；强恕而行，次也；此承上章而言，下等人也。○新安陳氏曰：天下事物，有當然之則，必有所以然之故。行而不明當然之則，習而不察所以然之故，此爲凡人言也。《易》曰「百姓日用而不知」，終身由之而不知其道，於凡人無責也，學者則不當然矣。孟子斯言，其亦憫凡人而不無望於學者與？

○孟子曰：「人不可以無恥。無恥之恥，無恥矣。」

趙氏曰：人能恥己之無所恥，是能改行去聲。從善之人，終身無復扶又反。有恥辱之累矣。

南軒張氏曰：恥者，羞惡之心所推也。恥吾之未能進於善，則善可遷；恥吾之未能遠於過，則過可消。苟惟漠然無所恥，則爲無所忌憚而已矣。故人當以無所恥爲恥也。○慶源輔氏曰：恥者，改過遷善之機也，人能以己之無恥爲恥，則思去其恥而恥可無，否則安於其恥而恥終不可免。

○孟子曰：「恥之於人大矣。

恥者，吾所固有羞惡去聲。之心也。存之則進於聖賢，失之則入於禽獸。故所繫爲甚大。

慶源輔氏曰：存之則有所不爲，故可進於聖賢；失之則無所不爲，故至入於禽獸。讀之使人凜凜。

「爲機變之巧者，無所用恥焉。

爲機械下戒反。變詐之巧者，所爲之事皆人所深恥，而彼方且自以爲得計，故無所用其愧恥之心也。慶源輔氏曰：陷溺其心於機械變詐之巧，則是無所不爲者也。故人雖以爲深恥而己方自以爲得計，其愧恥之心雖其固有，亦自窒塞而不復發見矣。○雲峯胡氏曰：「爲機變之巧」，此「巧」字便與「恥」字相反，恥則守正而有所不爲，巧則行險而無所不爲。雖其本心未嘗無恥，而彼方自矜其爲之之巧，則無所用其恥矣。周夫子拙賦，正是深貶此一「巧」字。

「不恥不若人，何若人有？」

但無恥一事不如人，則事事不如人矣。或曰：「不恥其不如人，則何能有如人之事。」其義亦通。新安陳氏曰：前説以不恥爲無恥，不如後説之明順。其意蓋曰：恥不如人，則漸能如人；不恥其不如人，則何能如人之有？**或問：「人有恥不能之心，如何？」程子曰：「恥其不能而爲之，可也；恥其不能而掩藏之，不可也。」**慶源輔氏曰：程子是用後説，恥不能而爲之，則終必能，是以貴夫恥也。恥不能而掩藏之，則終不能矣，是不能擴充夫恥也。

○孟子曰：「古之賢王好善而忘勢，古之賢士何獨不然？樂其道而忘人之勢，故王公不致敬盡禮，則不得亟見之。見且猶不得亟，而況得而臣之乎？」好，去聲。樂音洛。亟，去吏反。**言君當屈己以下**去聲，降也。**賢，士不枉道而求利，二者勢若相反，**此「勢」字，不與本文二「勢」字相關。**而實則相成，蓋亦各盡其道而已。**張子曰：不資其力而利其有，則能忘人之勢，若資仰其富貴而欲有所取，則不能矣。○南軒張氏曰：在上者忘其勢而惟恐不得天下之善，在下者忘人之勢而惟義是從，此爲俱得其道。使二者一旦而相合，則上下交而爲泰矣。故王公不致敬盡禮於賢士，雖欲數見之且不得，況可得而臣之？蓋士非以此自高也，其道固當爾也。○慶源輔氏曰：君好善，則不知勢之在己；士樂道，則不知勢之在人。兩盡其道，則雖若相反而實相成。不然，君挾其勢而驕夫士，士懾於勢而徇乎君，則兩失其道矣，尚何足與有爲哉？○雲峯胡氏曰：使爲君者有以成賢士樂道之志，而爲士者肯出而成其君好善之美，則上下交而爲泰矣。此《集註》所謂相成也。新安陳氏曰：致敬，内致敬也；盡禮，外盡禮也。王公必致敬盡禮於賢，是能好善而忘勢，屈己以下賢也；賢士必待君致敬盡禮而後應之，是能樂道忘人之勢，不枉道而求利也。

○孟子謂宋句踐曰：「子好遊乎？吾語子遊。句音鉤。好、語，皆去聲。宋，姓。句踐，名。遊，遊説音稅。也。

「人知之，亦囂囂；人不知，亦囂囂。」

趙氏曰：「囂囂，五高、許驕二反。自得無欲之貌。」慶源輔氏曰：遊説之士，大病是不識義理而惟欲其言之售，故往往以人之知不知爲欣戚，是以孟子語以自得無欲之説。○新安陳氏曰：自得於己而無所欲於人，非内重而外輕者不能也。

曰：「何如斯可以囂囂矣？」曰：「尊德樂義，則可以囂囂矣。樂音洛。

德，謂所得之善。尊之，則有以自重，而不慕乎人爵之榮。義，謂所守之正。樂之，則有以自安，而不徇乎外物之誘矣。慶源輔氏曰：尊，如「尊德性」之「尊」。樂，如「樂天知命」之「樂」。○新安陳氏曰：能如此，則自得無欲之氣象，自然著見而不可掩矣。

「故士窮不失義，達不離道。離，力智反。

言不以貧賤而移，不以富貴而淫，此尊德樂義見形甸反。於行事之實也。新安陳氏曰：尊德樂義，内存於心，無迹可見。必窮有定守而不失義，所謂貧賤不能移；達有實用而不離道，所謂富貴不能淫。此乃尊德樂義著見於行事之實迹也。

「窮不失義，故士得己焉；達不離道，故民不失望焉。得己，言不失己也。不失己，如云「不失其身」。民不失望，言人素望其興道致治，去聲。而今果如所望也。慶源輔氏曰：窮不失義，則在我者得其所守；達不離道，則能興道致治以慰斯民平日之所望。

「古之人，得志，澤加於民；不得志，脩身見於世。窮則獨善其身，達則兼善天下。」見音現。見，謂名實之顯著也。新安陳氏曰：內盡脩身之實，而名自著見於世。蓋實之不可掩者，非君子願乎其外而欲以是自見也。此又言士得己，民不失望之實。新安陳氏曰：得志兼善，此民不失望之實；不得志獨善，此士得己之實也。○此章言內重而外輕，則無往而不善。南軒張氏曰：句踐徇名而外求者，孟子使求之吾身而已。夫士達所不離之道，即其窮所不失之義也。道言體，義言用，互相明耳。窮不失義，則無慕乎外，故有以自得於己。一違於義，則失己矣。達不離道，則凡其注措設施無非道之所在，故有以副民望也。得志澤加於民，其道得行也；不得志脩身見於世，惟義之安也。其曰「得志」、「不得志」云者，蓋澤加於民，雖所性不存焉，而道行，固亦君子本志之所欲也。○雲峯胡氏曰：內重是德義，外輕是窮達，嚴內外輕重之分者，既不失其本性之善，故窮亦善，達亦善，但達則能使民皆歸於善，窮則此身自不失其善耳。

○孟子曰：「待文王而後興者，凡民也。若夫豪傑之士，雖無文王猶興。」夫音扶。

興者，感動奮發之意。凡民，庸常之人也。豪傑，有過人之才智者也。蓋降衷秉彝，人所同得，唯上智之資，無物欲之蔽，爲能無待於教而自能感發以有爲也。南軒張氏曰：興者，興起於善道也。文王，風化之盛者。必待風化之盛、薰陶漸漬而後興起，此衆民耳。若夫豪傑之士，則卓然自立，無待於人，雖無文王，固自興起也。此章勉人使自立耳。○慶源輔氏曰：文武興則民好善，此中人以下之資也。蓋無特立之操，教之善則爲善，否則爲惡矣。唯豪傑之士，無物欲之累以蔽其秉彝之天，有過人之才以致其爲善之力，雖無聖人在上以教率之，自能奮其特立之操以有爲也。孟子此言，蓋欲學者不以凡民自棄，而以豪傑自期耳。

○孟子曰：「附之以韓魏之家，如其自視欿然，則過人遠矣。」欿音坎。

附，益也。韓魏，晉卿富家也。欿然，不自滿之意。尹氏曰：「言有過人之識，則不以富貴爲事。」南軒張氏曰：以外物爲重輕者，不得其欲則不足，得則滿矣。其滿與不足，係乎外物者也。若益以韓魏之家而自視欿然，則是不以外物爲重輕，志存乎道義而已。所進又可量乎？其過人也遠矣。

○孟子曰：「以佚道使民，雖勞不怨。以生道殺民，雖死不怨殺者。」

程子曰：「以佚道使民，謂本欲佚之也，播穀乘屋之類是也；以生道殺民，謂本欲生之也，除害去去聲。惡之類是也。蓋不得已而爲其所當爲，則雖咈符勿反。民之欲而民不怨，其不然者反是。」朱子曰：彼有惡罪當死，吾求所以生之者而不得，然後殺之以安衆而厲其餘，此以生道殺之也，彼亦何怨之有。○慶源輔氏曰：播穀乘屋之類雖不免於勞，然其本意則乃欲佚之而已，故雖勞而不怨；除害去惡之類雖不免於殺，然其本意則乃欲去之而已，❶故雖死而不怨殺者。○不得已者，事也；爲其所當爲者，理也。事雖不得已，而吾但爲其理之所當爲，故雖勞之殺之，可謂咈民之欲矣，而民自不怨。不然，則是私意妄作而已。民之怨怒，其可得而逃乎？君子其亦謹其所謂勞與殺之事哉。○新安陳氏曰：事雖不得已而理實所當爲，則雖咈民之私欲而實契民之公心，故民雖勞且死而自不怨也。

○**孟子曰：「霸者之民，驩虞如也；王者之民，皡皡如也。**皡，胡老反。**驩虞，與「歡娛」同。皡皡，廣大自得之貌。程子曰：「驩虞有所造爲而然，豈能久也？耕田鑿井，帝力何有於我？**《帝王通曆》：帝堯之時，有老人擊壤於路曰：「吾日出而作，日入而息，鑿井而飲，耕田而食，帝力於我何哉？」《風土記》云：擊壤者，以木爲之，長三四寸，形如履，臘節僮少以爲戲。將戲，先側一壤於地，遥於三四十步以手中壤擿之，中者以爲上。**如天之自然，乃王者之政。」楊氏曰：「所以致人驩虞，必有違道干譽之事；若王者則如天，亦不令**力呈反。下同。**人喜，亦不令人怒。」**慶源輔氏曰：霸者，亟民之從，規模狹窄，時下雖得民之歡娛，然豈能久哉？事過意息，則忘之矣。至於王者則如天道之自然，當生則生，當殺則殺，而民自忘其喜怒也。○新安陳氏曰：二「如」字，似「恂恂如」、「踧踖如」之「如」，語助辭也。霸者之民，感上之惠而驩虞如，霸功淺近易悦故也；王者之民，忘上之德而皡皡

❶「去」，四庫本及《四書纂疏》作「生」。

如，王道廣大深遠而無迹故也。

「殺之而不怨，利之而不庸，民日遷善而不知爲之者。此所謂皞皞如也。庸，功也。《周禮》曰：「民功曰庸。」豐氏曰：豐氏，名稷，字相之，四明人。「因民之所惡去聲。而去上聲。之，非有心於殺之也，何怨之有？新安陳氏曰：即上章以生道殺民之意。因民之所利而利之，非有心於利之也，何庸之有？輔其性之自然使自得之，故民日遷善而不知誰之所爲也。」慶源輔氏曰：因民之性，輔其自然使自得夫善，如堯所謂匡之直之，輔之翼之，使自得之是也。惟其如是，故民日遷於善而不知誰之使我如此也。此即程子所謂「耕田鑿井，帝力何有於我」之事。

「夫君子所過者化，所存者神，上下與天地同流，豈曰小補之哉？」夫音扶。君子，聖人之通稱也。所過者化，身所經歷之處，即人無不化。如舜之耕歷山而田者遜畔，陶河濱而器不苦窳音愈。也。所存者神，心所存主處便神妙不測，如孔子之立斯立、道去聲。斯行、綏斯來、動斯和，莫知其所以然而然也。此句釋「神」字。是其德業之盛，慶源輔氏曰：德以其得於己者而言，業以其見於事者而言。乃與天地之化同運並行，舉一世而甄吉延反。陶之，非如霸者但小小補塞先則反。其罅虛訝反。漏而已。此則王道之所以爲大，而學者所當盡心也。程子曰：所存者神，在己也；所過者化，及物也。○朱子曰：經歷，不必爲經行之地。凡其身之所臨，政之所及，風聲氣俗之所被，皆謂經歷。程子直以所過者化爲及物，蓋言所過者化，則凡所經歷，物無不化，不必久於此而深治之，然後物從其化也。其曰「在己」者蓋以化者無意而及物，此則誠於此而動於彼，其感應之速，如影響形聲之召，有不知其所以然者，是則所謂神爾。○問：「所經歷處皆化，如此即是民化之，非『大而化之』之『化』？」曰：作「大化」之「化」有病，只是所經歷處，纔霑著些便化。雷一震而萬物俱生動，霜一降而萬物皆成實，無不化者。《書》曰「俾予從欲以治」，四方風動，亦是此意。○存是自家主意處便神妙不測，亦是人見其如此。○上下與天地同流，重鑄一番過相似。小補，只是逐片逐些子補綴。○自「王者之民，皞皞如也」而下至此，皆說王者功用如此。○南軒張氏曰：霸者之爲利，小而近；目前之利，民歡樂之，王者之化，遠而大。涵養斯民，富而教之，民安於其化由於其道而莫知其所以然也。○新安陳氏曰：過化存神，所存主者其體也。所過者化，以其所存者神也，若此則上下與天地同流矣。言其配化育之流行也，視霸者之區區求以利之者，不亦小乎？夫以王者功用之大，其本在於過化存神而已，而此二者，又存神爲之主焉。○孟子辨王霸屢矣，此又言王霸之民其不同如此。首以霸與王對說，中言王而不及霸，末方以小補繳上霸者之事。

○孟子曰：「仁言，不如仁聲之入人深也。

程子曰：「仁言，謂以仁厚之言加於民。仁聲，謂仁聞，去聲。**謂有仁之實而爲衆所稱道者也。此尤見仁德之昭著，故其感人尤深也。」**慶源輔氏曰：仁言，如《書》所載訓誥誓命之類是也。仁聲，如邠人聞太王爲仁人，伯夷太公聞文王善養老之類是也。

「善政，不如善教之得民也。政，謂法度禁令，所以制其外也。教，謂道去聲。德齊禮，所以格其心也。慶源輔氏曰：善政，亦非徒尚夫法度禁令也，固亦有德行乎其間，但道之以政，齊之以刑，終不若道之以德，齊之以禮者，得民之心感而誠服也。

「善政民畏之，善教民愛之。善政得民財，善教得民心。」得民財者，百姓足而君無不足也；得民心者，不遺其親不後其君也。南軒張氏曰：善政立而後善教可行，所謂「富而教之」者也。孟子論得民心，必歸之善教者，蓋至此而後爲得民之至也。○慶源輔氏曰：百姓足而君無不足者，取之有道，用之有節，故民先自足而君亦無不足也。不遺其親，不後其君，使民之於君，親之如父母，愛之如四體，尊而敬之，則得其財，與無不足又有不足道者矣。○雲峯胡氏曰：孟子之意蓋謂使民畏，不如使民愛；得民財，不如得民心。然「善政得民財」一句，《集註》又恐後世貪君汙吏借此以藉口，訓之曰「得民財者，百姓足而君無不足也」。意謂無善政，則百姓不足，君孰與足矣？然有善政以得民財，孟子猶以爲不如善教之得民心，況後世無善政而取民之財者哉？

○孟子曰：「人之所不學而能者，其良能也；所不慮而知者，其良知也。良者，本然之善也。程子曰：「良知良能皆無所由，乃出於天，不繫於人。」西山真氏曰：善出於性，故有本然之能，不待學而能；本然之知，不待學而知也。

「孩提之童，無不知愛其親也；及其長也，無不知敬其兄也。長，上聲。下同。

孩提，二三歲之間，知孩笑、可提抱者也。愛親敬長，所謂良知良能也。慶源輔氏曰：孩提而下，又所以指其良知良能之在人者曉之，是豈待學而後能，慮而後知哉？○新安陳氏曰：孩提知愛親敬兄，與能愛親敬兄，此蓋指良知良能之先見而切近者以曉人也。

「親親，仁也；敬長，義也。無他，達之天下也。」

言親親敬長，雖一人之私，然達之天下無不同者，所以爲仁義也。朱子曰：「無他，達之天下」，只說達之天下無別道理。○問：「仁義不止於孝弟，而孟子以爲達之天下，還是推孝弟之心以友愛天下，即是仁義否？」潛室陳氏曰：此章無推此及彼之意，所謂達，乃「達道」、「達德」之達，言人心所同然也。親親，仁之發；敬長，義之發。仁義之道無他，人心之所同然耳。○新安陳氏曰：親吾親，敬吾長，雖一人之私，然推而達之天下，則人人皆親親敬長，無不同者，此人心天理之公也。親親，仁之實；敬長，義之實。仁義不待外求，不過即人之本心，可通乎天下之人心，而仁義不可勝用矣。正以愛親敬兄，出於良知良能者，凡人之性無不同此本然之善故也。

○孟子曰：「舜之居深山之中，與木石居，與鹿豕遊，其所以異於深山之野人者幾希；及其聞一善言，見一善行，若決江河，沛然莫之能禦也。」行，去聲。

居深山，謂耕歷山時也。蓋聖人之心，至虛至明，渾上聲。然之中，萬理畢具。新安陳氏曰：此由其感而應之用，而推原其未感未應之體如此。一有感觸，則其應甚速而無所不通。新安陳氏曰：善言善行，皆是感觸我者，聞而急聽之，見而急行之，若決江河沛然莫禦，乃其應之甚速而無不通者矣。**非孟子造**七到反。**道之深，不能形容至此也。**問：「舜聞善言，見善行，若決江河沛然莫能禦，其未有所聞見時，氣象如何？」朱子曰：湛然而已，其理充塞具備，一有所觸，便沛然而不可禦。○南軒張氏曰：所謂善言善行者，豈有外於舜之性哉？惟舜之心純乎天理，故聞善言見善行不待勉强而自趨，沛然若决江河之莫禦也。○新安陳氏曰：孟子又嘗曰：「大舜有大焉，善與人同，舍己從人，樂取諸人以爲善。」與此章實互相發。蓋舜之心，萬善之感會也，聞見天下之善因感觸吾心之善，即勇於從之合而爲一人之善，此大舜之所以爲大歟？

○孟子曰：「無爲其所不爲，無欲其所不欲，如此而已矣。」

李氏曰：「有所不爲不欲，人皆有是心也。至於私意一萌，而不能以禮義制之，則爲所不爲、欲所不欲者多矣。能反是心，則所謂擴充其羞惡去聲。**之心者而義不可勝**平聲。**用矣。故曰如此而已矣。」**華陽范氏曰：君子所當爲者義也，所不可爲者不義也；所可欲者善也，所不可欲者不善也。不爲不義，則所爲皆義；不欲不善，則所欲皆善。君子之道，止於如此而已矣。○朱子曰：人心至靈，其所不當爲不當欲之事，何嘗不知？但初間自知了，到計較利害却自以爲不妨，便自冒昧爲之欲之耳。今既知其所不當爲不當欲者，便要這裏截斷，斷然不爲不欲，故曰「如此而已矣」。○勿軒熊氏曰：此《大學》「誠意」章事，「無爲其所不爲」，是就躬行上克治，所謂「志士厲行，守之於爲」也；「無欲其所不欲」，是就心之發念處克治，所謂「哲人知幾，誠之於思」也。○雲峯胡氏曰：有所不爲，有所不欲，是本來羞惡之心；無爲其所不爲，無欲其所不欲，是能擴充其羞惡之心。爲是一身之動，欲是一念之動，不惟謹其動而且謹其動之幾，是真能擴充其羞惡之心而義不可勝用矣。○新安陳氏曰：李氏之説，上言禮義，下獨言義者。蓋以義制事，則能不爲其所不當爲；以禮制心，則能不欲其所不當欲，故兼以禮義言之。然義者，心之制也，施之斷制，義爲尤切，斷然不爲其所不當爲，不欲其所不當欲，則在充其羞惡之心以達夫義之用而已。

○孟子曰：「人之有德慧術知者，恒存乎疢疾。知，去聲。疢，丑刃反。德慧者，德之慧。術知者，術之知。疢疾，猶災患也。言人必有疢疾，則能動心忍性，增益其所不能也。慧，聰警也。慶源輔氏曰：德之慧，謂慧德也，與昏正相反。術之智，謂智術也。與愚正相反。疢疾，則非真是病，故曰「猶災患也」。人惟有災患竦動其仁義禮智之心，堅忍其食色臭味之性，故能增益其所不能而有夫德慧術智也。

「獨孤臣孽子，其操心也危，其慮患也深，故達。」孤臣，遠臣；孽子，庶子，皆不得於君親而常有疢疾者也。達，謂達於事理，即所謂德慧術知也。獨，惟也，不連「孤」字。南軒張氏曰：人平居無事，漠然不省，唯疢疾加焉，則動心忍性，有所感發，故慧知由此而生。危故專一而不敢肆，深故精審而不敢忽。專精之極，故於事能通達也。處安樂者誦斯言，可不思逸豫之溺人而深戒懼乎？當憂患者誦斯言，可不念其爲進德之地而自勉厲乎？○新安陳氏曰：此章與「舜發畎畝」章互相發，故《集註》及南軒之説，皆引「動心忍性」以釋此章。人苟履憂患之境，處孤孽之勢，當知天以是玉我于成，勿自沮而深自力，于以進其德，益其術，庶幾操心危而卒無危，慮患深而卒免患，而至於達乎！達則德必慧，術必知，而疢疾不能爲吾患矣。

○孟子曰：「有事君人者，事是君則爲容悦者也；阿徇以爲容，逢迎以爲悦，此鄙夫之事、妾婦之道也。慶源輔氏曰：阿徇爲容，謂長君之惡以求容其身者；逢迎爲悦，謂逢君之惡以求君之悦者。

有安社稷臣者，以安社稷爲悦者也；言大臣之計安社稷，如小人之務悦其君，眷眷於此而不忘也。慶源輔氏曰：此即所謂天理人欲同行而異情也，其眷眷不忘雖同，而其情則異，一則務爲容悦之私，一則務安社稷以爲意也。

有天民者，達可行於天下而後行之者也；民者，無位之稱。以其全盡天理，乃天之民，故謂之天民。必其道可行於天下，然後行之；不然，則寧没世不見知而不悔，不肯小用其道以徇於人也。張子曰：「必功覆斯民然後出，如伊、吕之徒。」雲峯胡氏曰：伊尹爲天民之先覺，此則曰「有天民者」，旨意不同。蓋前所謂天民者皆稟氣於天，均之爲天生之民，此則以其全盡天理，乃天之民也。○新安陳氏曰：伊耕莘、吕釣渭之時，可當天民之名，使不遇湯、武，則没世不出必矣。此提天民，主其不輕出而言，非以伊、吕等後來出當大任而言也。

有大人者，正己而物正者也。」

大人，德盛而上下化之，所謂「見形甸反。**龍在田，天下文明」者。**龜山楊氏曰：物正，物自正也。大人，只是正己而已，若物之正，何可必乎？惟能正己，物自然正，此乃篤恭而天下平之意。○慶源輔氏曰：上謂君，下謂民，大人德盛，故君民無不化，大人一出而天下文明，是聖人之事也。○雲峯胡氏曰：《易·乾卦》九二、九五皆稱大人，九二見龍在田，天下文明，在下之大人也。九五飛龍在天，乃位乎天德，在上之大人也。孟子所言四者雖人品不同，然皆在下而爲臣者也，故以乾九二當之。**○此章言人品不同，略有四等。容悅佞臣不足言。安社稷則忠矣，然猶一國之士也。天民則非一國之士矣，然猶有意也。無意無必，唯其所在而物無不化，惟聖者能之。**朱子曰：天民，專指未得位者；大人，則其德已著。○南軒張氏曰：以事是君爲容悅者，慕爵禄而從君者也，以安社稷爲悅，則志存乎功業者也，與爲容悅者固有間矣，然未及乎道義也。蓋志存功業，則苟可就其功業而遂其志，則亦所屑爲矣。古之人，惟守道明義而已。雖有蓋世之功業在前可爲，而在我者有一毫未安，則不敢徇也。天民者，必明見夫達而其道可行於天下而後行之，蓋其所主在道，而非必於行也。謂之天民者，言能全夫天理者也。天之生民也，其理無不具，而人之虧欠者多矣，故程子謂天民爲能踐形者也，以其在下而未達，故謂之民，若伊尹之在莘野是也。正己而物正之者，正己而物自正也，若規規然有意於正物，則其道狹矣。至正而天下之感無不通焉，固有不言而信，不令而從者矣。秦漢而下其間號爲賢臣者，不過極於以安社稷爲悅而已，語夫天民事業則鮮也。○慶源輔氏曰：猶有意，如程子所謂伊尹雖聖人，終是有任底意思在，是也。大人，則聖人矣，如周公、孔子方能當之。周公在上而能使天下文明者也，孔子在下而能使萬世文明者也。至公無私，進退以道，周公之無意無必也；仕止久速，無可不可，孔子之無意無必也。○新安陳氏曰：志於道德者，功名不足以累其心；志於功名者，富貴不足以累其心。事君爲容悦，志於富貴者也；安社稷爲悦，志於功名者也。春秋列國名卿可以當之。若天民者，則志於道德矣，然猶未能純乎道德而無意於功名也。至於大人，則純乎道德之自然，而功名不足以累其心矣。

○孟子曰：「君子有三樂，而王天下不與存焉。樂音洛。王、與，皆去聲。下並同。南軒張氏曰：君子之樂，樂其天也。於下文三者得其樂，則視王天下之事，如太虛中浮雲耳，果何與於我，而況其他哉？

「父母俱存，兄弟無故，一樂也。

此人所深願而不可必得者，今既得之，其樂可知。

「仰不愧於天，俯不怍於人，二樂也。

程子曰：「人能克己，則仰不愧，俯不怍，心廣體胖，其樂可知。有息，則餒矣。」新安陳氏曰：本文無克己之意，此程子推原所以能不愧不怍之由，而示人以其要也。人所以俯仰愧怍，累於己私耳。克去己私，則内不愧於心，所以仰不愧於天，俯不怍於人，心廣體胖之樂，不期其然而然矣。

「得天下英才而教育之，三樂也。

盡得一世明睿俞例反。之才，而以所樂乎己者不愧不怍之樂。教而養之，則斯道之傳，得之者衆，而天下後世將無不被其澤矣。聖人之心所願欲者，莫大於此，今既得之，其樂爲如何哉？慶源輔氏曰：此樂與朋自遠來之樂同，而有大焉。○新安陳氏曰：朋自遠來，其言平而易遂；得天下英才，其言高而難必。孟子之門僅一樂正子，亦恐未足以當此。○韓子曰「軻之死，不得其傳焉」，是孟子於此一樂，亦終不能得也。

「君子有三樂，而王天下不與存焉。」

林氏曰：「此三樂者，一係於天，一樂。一係於人，三樂。其可以自致者，惟不愧不怍而已。學者可不勉哉。」南軒張氏曰：三樂之中，仰不愧俯不怍其本歟？蓋不愧不怍，在我可得而勉者也，使吾胸中多所愧怍，則雖處父母兄弟之間，固亦不得而樂其樂也。所以教育天下之英才者，是吾之不愧不怍者也。自不能無愧怍，則雖得英才，亦何以爲教而有此樂哉？

○孟子曰：「廣土衆民，君子欲之，所樂不存焉。樂音洛。下同。地闢民聚，澤可遠施，去聲。故君子欲之，然未足以爲樂也。

「中天下而立，定四海之民，君子樂之，所性不存焉。其道大行，無一夫不被其澤，故君子樂之，然其所得於天者，則不在是也。朱子曰：此君子，是通聖人而言。○慶源輔氏曰：二者皆施仁之事，但有一國與天下之辨，故所欲未足以爲樂，至於樂則博施濟衆，聖人之事也。所欲極於所樂，固亦非性外事，但於吾性所受之全體，則初無增損也。○雲峯胡氏曰：前章君子三樂，所樂在所性之中；此章君子樂之，所性在所樂之外，何也？曰：中天下而立，達而在上者之事。君子之所性，固不以達而在上有所加也。故君子雖樂乎此，而其所得乎天者，不在此也。或曰：《集註》前謂「斯道傳之者衆，而天下後世將無不被其澤」，此謂「其道大行無一夫不被其澤」，皆曰「道」，曰「澤」而此則「所性不存焉」，何也？曰：斯道傳之者衆，萬世之澤也；其道大行，一時之澤也。況其道大行，必中天下而立者能之，是道有待於位而後行。不如是，則不能行，此君子雖樂乎此，而所性不存焉。若夫盡得一世明睿之才而以所樂乎己者教而育之，以己之天，覺彼之天，聖人之心深樂乎此，而其樂即在性分之內。且孟子於三樂，則曰「王天下不與存」，於中天下而立，則曰「所性不存」，分而言之，固自大有間哉！

「君子所性，雖大行不加焉，雖窮居不損焉，分定故也。分，去聲。

分者，所得於天之全體，故不以窮達而有異。朱子曰：此是說生來承受之性。君子所性，只是這一箇道理，雖達而爲堯舜在上，亦不是加添些子，若窮而爲孔孟在下，亦不是減少些子，蓋這一箇道理，合下都定了，更添減不得。○中天下而立，定四海之民，固是人所欲，與其處畎畝之中，孰若進而得行其道，使天下皆被其澤。要得出行其道者，亦是人之所欲，但其用其舍，於我性分之內，本不相關。進而大行，退而窮居，於我性分之內，無所加損。

「君子所性，仁、義、禮、智根於心，其生色也，睟然見於面，盎於背，施於四體，四體不言而喻。」睟音粹。見音現。盎，烏浪反。

上言所性之分，與所欲所樂不同，此乃言其蘊委粉反，又去聲。**也。仁、義、禮、智，性之四德**

也。四德，即性之蘊蓄者。**根，本也。生，發見**音現。下同。**也。睟然，清和潤澤之貌。盎，豐厚盈溢**音逸。**之意。施於四體謂見於動作威儀之間也。喻，曉也。四體不言而喻，言四體不待吾言而自能曉吾意也。蓋氣禀清明，無物欲之累，則性之四德根本於心，其積之盛，則發而著，見於外者不待言而無不順也。**新安陳氏曰：順，謂順其則也。當玩味「根」字、「生」字，其根深，則其積盛，其積盛，則其生發自不可遏矣。**程子曰：「睟面盎背，皆積盛致然。四體不言而喻，唯有德者能之。」**朱子曰：仁、義、禮、智根於心，便見得四端著在心上相離不得，纔有些子私意，便剗斷了那根，便無生意。譬如木根著在土上方會生，其色也，睟然便從那根上發出來。且「性」字從心，見得有這心，便有許多物在其中。○君子氣宇清明，無物欲之累，故合下生時這箇根便著土，所以生色形見於外。衆人則合下生時，便爲氣禀物欲一重隔了，這箇根未著土，蓋有殘忍底心，便没了仁之根；有頑鈍底心，便没了義之根；有忿狠底心，便没了禮之根；有黑暗底心，便没了智之根。都各有一重隔了。而今人便只要去其氣禀之隔，教四者之根著土而已。○四體不言而喻，是四體不待命令而自如此。如手容恭，不待自家教他恭而手容自然恭；足容重，不待自家教他重而足容自然重。○覺軒蔡氏曰：先師云「看文字要看大意，又看句語中何字最切要」，「仁義禮智根於心」，「根」字甚有意，蓋根於心者培養得厚盛，則發於外者自然睟面盎背，到得手足順，便不覺其所以然。**○此章言君子固欲其道之大行，然其所得於天者，則不以是而有所加損也。**新安陳氏曰：道之大行如堯舜，固所樂也，而於性分亦何加？窮居如孔孟，亦非所戚也，其於性分亦何損？此君子所以惟求盡其性分之在内者，而無所慕於勢分之在外者也。

○孟子曰：「伯夷辟紂，居北海之濱，聞文王作興，曰：『盍歸乎來，吾聞西伯善養老者。』太公辟紂，居東海之濱，聞文王作興，曰：『盍歸乎來，吾聞西伯善養老者。』天下有善養老，則仁人以爲己歸矣。辟，去聲。下同。大，他蓋反。己歸，謂己之所歸。餘見形匈反。下同。前篇。新安陳氏曰：仁人，指伯夷、太公。前篇以爲大老，此以爲仁人。達尊三，齒德居其二，大老以齒言，仁人以德言也。

「五畝之宅，樹牆下以桑，匹婦蠶之，則老者足以衣帛矣。五母雞，二母彘，無失其時，老者足以無失肉矣。百畝之田，匹夫耕之，八口之家可以無饑矣。衣，去聲。

此文王之政也。一家養母雞五，母彘二也。餘見前篇。

「所謂西伯善養老者，制其田里，教之樹畜，導其妻子使養其老。五十非帛不煖，七十非肉不飽。不煖不飽，謂之凍餒。文王之民無凍餒之老者，此之謂也。」

田，謂百畝之田。里，謂五畝之宅。樹，謂耕桑。畜，許六反。謂雞彘也。趙氏曰：「善養老者，教導之使可以養其老耳，非家賜而人益之也。」南軒張氏曰：以伯夷、太公之事觀之，則知天下有善養老者，則仁人必歸之。蓋善養，則其仁心之所存，仁政之所行可知矣。仁人見其然，是以樂從之。○慶源輔氏曰：若無孟子此説，則人將謂文王之養老，只如後世尊養三老五更之禮文而已。

○孟子曰：「易其田疇，薄其税斂，民可使富也。易、斂，皆去聲。易，治也。疇，耕治之田也。教民務本。

「食之以時，用之以禮，財不可勝用也。勝，音升。教民節儉，則財用足也。

「民非水火不生活，昏暮叩人之門户，求水火，無弗與者，至足矣。聖人治天下，使有菽粟如水火。菽粟如水火，而民焉有不仁者乎？」焉，於虔反。水火，民之所急，宜其愛之而反不愛者，多故也。尹氏曰：「言禮義生於富足，民無常産，則無常心矣。」華陽范氏曰：先王養天下之民，非人人衣食之也。唯不奪農時，則皆得治其田疇，恭儉節用，則可以薄其税斂。此二者，使富足之道也。又曰：聖人之治天下，既庶而後富之，既富而後教之，倉廩實而知禮節，衣食足而知榮辱，所謂菽粟如水火，則民無有不仁，堯舜三王之盛，皆由此道也。○新安陳氏曰：禮義常心，即所謂仁也。使菽粟如水火之多，則民皆能推有餘以濟不足，必不至於慳吝不仁矣。有餘，則易公其有，所以無不仁；不足，則各私其有，烏得仁。夫聖人治天下，政事亦多端矣，然其大本，在養民而已。民以食爲天，使民足其食之天，不在乎他，在使民務本以豐財之源，儉約以節財之流而已。孟子言治，鑿鑿皆實如此。

○孟子曰：「孔子登東山而小魯，登太山而小天下。故觀於海者難爲水，遊於聖人之門者難爲言。

此言聖人之道大也。東山，蓋魯城東之高山，而太山，則又高矣。此言所處上聲。益高，則其視下益小；所見既大，則其小者不足觀也。難爲水，難爲言，猶仁不可爲衆之意。慶源輔氏曰：觀於海，則天下之水皆不足以動吾之視，遊於聖人之門，則天下之言皆不足以動吾之聽，亦猶仁則天下之衆皆莫能與之敵，故亦曰難爲衆也。○潛室陳氏曰：仁不可爲衆，言仁者難爲衆，看有幾多人衆來，到仁者面前皆使不得。如太山之前難爲山，大海之前難爲水。

「觀水有術，必觀其瀾。日月有明，容光必照焉。

此言道之有本也。瀾，水之湍急處也。明者光之體，光者明之用也。觀水之瀾，則知其源之有本矣；觀日月於容光之隙乞逆反。無不照，則知其明之有本矣。新安陳氏曰：二者皆是於其用處知其本，承上文以比聖道之所以大者，以其有本也。

「流水之爲物也，不盈科不行；君子之志於道也，不成章不達。」

言學當以漸，乃能至也。成章，所積者厚而文章外見形甸反。也。朱子曰：成章，是做得成片段，有文理可觀。如孝，真箇是做得孝成；忠，真箇是做得忠成。子貢之辨，子路之勇，都是真箇做得成了，不是半上落下，今日做得，明日又休了。達者，足於此而通於彼也。慶源輔氏曰：如自有諸己之謂信，至於大而化之之謂聖，自志學至於從心不踰矩，其間次第皆是足於此而通於彼，須實體之，方知其味，非妄想虛空者所能測識也。○新安陳氏曰：盈科而後進，已見前篇。盈而行者，溢於此而流於彼也。

○此章言聖人之道大而有本，學之者必以其漸乃能至也。朱子曰：此一章如《詩》之有比興。比者，但比之以他物而不説破其事，如鶴鳴于九皐之類是也。此之「觀水有術」至「容光必照焉」，似《詩》之比。興則引物以發其意而終説破其事，如「他人有心，予忖度之」之上，引毚兔柔木之類是也。此之以登山觀海興起遊聖門難爲言；以流水不盈科不行，興起爲道不成章不達，似《詩》之興也。君子之志於道，不成章不達，蓋人之爲學，須是務實，乃能有進。若這裏工夫欠了分毫，定是要透過那裏不得。○慶源輔氏曰：聖道之大，固有其本矣。然自學者言之，則又豈能一蹴而遽至哉？故又以水必盈科而後行，君子之志於道必成章而後達者曉之，以見學者當務實而有漸，不可躐等陵節，懸空妄想，而卒歸於無所得。

○孟子曰：「雞鳴而起，孳孳爲善者，舜之徒也。

孳孳，孳，與「孜」同。**勤勉之意。言雖未至於聖人，亦是聖人之徒也。**

「雞鳴而起，孳孳爲利者，蹠之徒也。

蹠，盗蹠也。蹠，與「跖」同。

「欲知舜與蹠之分，無他，利與善之間也。」

程子曰：「言間者，謂相去不遠，所争毫末耳。善與利，公私而已矣。才出於善，便以利言

也。」問：「這箇利，非是有心於爲利，只是理不明，纔差些便入那邊去。」朱子曰：然。纔差向利邊去，只見利之爲美矣。○「間」是兩者相並在這裏，一條路做這邊去，一條路做那邊去，所以謂之間。○楊氏曰：「舜蹠之相去遠矣，而其分乃在利善之間而已，是豈可以不謹？然講之不熟，見之不明，未有不以利爲義者，又學者所當深察也。」朱子曰：程子嘗言不獨財利之利，凡有利心便不可，如作一事，須尋自家穩便處，皆利心也。如此，則善利之間，相去毫髮，苟辨之不明，其不反以利爲善者鮮矣。此大學之道所以雖以誠意正心爲重，而必以格物致知爲先也。○新安陳氏曰：善與利之間，察之貴乎精；而爲善之力，守之貴乎一。察之精，致知之事也；守之一，力行之事也。察之不精，則認利爲義，認人欲爲天理者有矣；守之不一，則今日爲善，明日怠焉者有矣。必精以察乎善利之間而不雜，一以守其爲善之力而不移，則庶乎不流爲蹠之歸，而人皆可爲舜者，將真可以爲舜矣。此章亦所以遏人欲擴天理也。或問：「雞鳴而起，若未接物，如何爲善？」程子曰：「只主於敬，便是爲善。」慶源輔氏曰：程子又教人以静時工夫也，動静相涵，敬義兩立，孳孳不已，則庶乎可以進於聖人之學矣。○新安陳氏曰：未接物時，敬以直内以立其本；及接物時，義以方外以達其用。此動静交養，内外夾持之功，皆所謂爲善也。必如是而後爲善之功始密矣，不然，則未接物時，爲無所用其爲善之力乎？

○孟子曰：「楊子取爲我，拔一毛而利天下，不爲也。「爲我」之爲，去聲。

楊子，名朱。取者，僅足之意。取爲我者，僅足於爲我而已，不及爲亦去聲。人也。列子稱其言曰「伯成子高，不以一毫利物」，是也。此失之不及者也。○《列子·楊朱》篇：楊子曰：「伯成子高不以一毫利物，舍國而隱；大禹不以一身自利，一體偏枯。古之人，損一毫利天下不與也，悉天下奉一身不取也。人人不損一毫，人人不利天下，天下治矣。」禽子問楊朱曰：「去子體之一毛以濟一世，汝爲之乎？」楊朱曰：「世固非一毛之所濟。」禽子曰：「假濟爲之乎？」楊子弗聽。○朱子曰：莊子數稱楊子，吾恐楊氏之學，如今道流修煉之士，其保嗇神氣，雖一句話不妄與人説，只是箇逍遥物外僅足其身，微似義耳，然不似也。

「墨子兼愛，摩頂放踵利天下，爲之。放，上聲。墨子，名翟。兼愛，無所不愛也。摩頂，摩突其頂也。突，陀没反。觸也。放，至也。此失於太過者也。○南軒張氏曰：摩其頂以至踵，一身之間，凡可以利天下者，皆不惜也。

「子莫執中，執中爲近之，執中無權，猶執一也。子莫，魯之賢者也。❶知楊、墨之失中也，故度待洛反。於二者之間而執其中。近，近道也。權，稱去聲。下同。錘直爲反。也，所以稱物之輕重而取中也。執中而無權，則膠於一定之中而不知變，是亦執一而已矣。程子曰：中無定體，惟達權然後能執之。○龜山楊氏曰：聖人所謂權者，猶權衡之權，量輕重而取中也。用之無銖兩之差，則物得其平矣。今夫物有本重而末輕者，執其中而不知權，則物失其平，非所以用中也。程子曰：「『中』字最難識，須是默識如字。心通。

❶「者」，四庫本、陸本及《四書纂疏》、《四書通》、《孟子集疏》卷一三作「人」。

且試言一廳，則中央爲中；一家，則廳非中而堂爲中；一國，則堂非中而國之中爲中，推此類可見矣。」又曰：「中不可執也，新安陳氏曰：不可如子莫之固執耳。非謂堯舜湯之執中爲不可也。**識得，則事事物物皆有自然之中，不待安排，安排著，**直略反。**則不中矣。」**程子曰：楊子拔一毛不爲，墨子又摩頂放踵爲之，此皆是不得中。至子莫執中，欲執此二者之中，不知怎麼執得。○朱子曰：三聖相授，允執厥中，與子莫執中，文同而意異。蓋精一之餘，無適非中。其曰允執，則非徒然執之也。子莫之執中，其爲我不敢爲楊朱之深，其兼愛不敢爲墨翟之過，而於二者之中，執其一節以爲中耳。故由三聖以爲中，則其中活；由子莫以爲中，則其中死。中之活者，隨時隨事而無不中；中之死者，非學聖人之學，不能有以權之而常適於中也。權者，權衡之權，言其可以稱物之輕重而遊移前却以適其中，蓋所以節量仁義之輕重而時措之者也。程子謂「子莫執中，比楊、墨爲近，而中則不可執也」。當知子莫之執中，與舜、禹、湯之執中不同，則知此說矣。蓋聖人義精仁熟，非有意於執中，而自然無過不及，故有執中之名，而實未嘗有所執也。以其無時不中，故又曰「時中」。若學未至，理未明，而徒欲求夫所謂中者而執之，則所謂中者，果何形狀而可執也，殆見愈執而愈失矣，子莫是也。既不識中，乃慕夫時中者而欲隨時以爲中，吾恐其失之彌遠，未必不流而爲小人之無忌憚也。《中庸》但言「擇善」而不言「擇中」，其曰「擇乎中庸」，亦必繼之曰「得一善」，豈不以善端可求，而中體難識乎？夫惟明善，則中可得而識矣。○慶源輔氏曰：楊氏資質略偏於剛毅，墨氏資質略偏於寬厚。只緣不知至理所在而各流於一偏，淪胥不已，遂至各極其偏，一則爲我，一則兼愛。至於子莫，又自其末流觀之，而知楊墨之皆失中也，乃度於兼愛爲我之間而執其中，其意固善而於道亦近矣。然時有萬變，事有萬殊，物有萬類，而中無定體。若但膠於一定之中而執之，不能如稱錘之因物輕重而前却以取平，則與二子之執一者亦無異矣。若子莫者，是要安排箇中來執之也。○問：「《書》之『允執厥中』與『子莫執中』之説，二者分辨如何？」潛室陳氏曰：允執厥中，乃「時中」之「中」，觸處是道理，活法也；子莫乃執一以爲中，死法也。霄壤之異。○新安陳氏曰：安排者，以私意揣度之而不順其自然也。

「所惡執一者，爲其賊道也，舉一而廢百也。」惡、爲，皆去聲。

賊，害也。爲我害仁，兼愛害義，新安陳氏曰：爲我者，惟知有己，不知有人，似義非義而有害於仁；兼愛者，愛無差等，似仁非仁而有害於義。**執中者害於時中，皆舉一而廢百者也。**南軒張氏曰：爲我，兼愛，皆道也。當爲我則爲我，當兼愛則兼愛，是乃道也。彼墮於一偏者，固賊夫道，而於其間取中者，是亦舉其一而廢其百耳。○雲峯胡氏曰：吾儒亦有所謂中，所謂一，但吾儒之中也，隨時以取中，異端之中也，執中而無權。吾儒之一也，一以貫萬，異端之一也，一而廢百。○新安陳氏曰：舉一偏而廢百端，百者言其多耳。**○此章言道之所貴者中，**問：「中一名而函二義，這箇『中』，要與『喜怒哀樂未發』之『中』異，與『時中』之『中』同。」曰：然。**中之所貴者權。楊氏曰：「禹稷三過其門而不入，苟不當其可，則與墨子無異。顔子在陋巷不改其樂，苟不當其可，則與楊氏無異。子莫執爲我兼愛之中而無權，鄉鄰有鬬而不知閉户，同室有鬬而不知救之，是亦猶執一耳，故孟子以爲賊道。禹稷、顔回易地則皆然，以其有權也。不然，則是亦楊、墨而已矣。」**朱子曰：子莫見楊、墨皆偏在一處，要就一者之中而執之，正是安排尋討也。原其意思固好，只是見得不分明，依舊不是。且如三過其門而不入，在禹稷之時則可，在顏子則不可。居陋巷，在顏子之時則是中，在禹稷之時則非中矣。居陋巷，則似楊氏；三過其門而不入，則似墨氏。要之禹稷似兼愛而非兼愛，顏子似爲我而非爲我。

○孟子曰：「饑者甘食，渴者甘飲，是未得飲食之正也，饑渴害之也。豈惟口腹有饑渴之害？人心亦皆有害。

口腹爲饑渴所害，故於飲食不暇擇而失其正味；人心爲貧賤所害，故於富貴不暇擇而失其正理。朱子曰：饑渴害其知味之性，則飲食雖不甘，亦以爲甘；利欲害其仁義之性，則所爲雖不可，亦以爲可。

「人能無以饑渴之害爲心害，則不及人不爲憂矣。」

人能不以貧賤之故而動其心，則過人遠矣。慶源輔氏曰：人若能不以貧賤動其心，而於富貴辨其所當得而受之，其不當得則不受之，則過於常人遠矣。過人之遠，則不憂其不及人矣。○新安陳氏曰：富貴有當得不當得之正理，知之在心；如飲食有美惡之正味，知之在口。口腹因饑渴而失其正味，人易知之；人心因貧賤而失其正理，人多未知也。孟子因舉人之易知者以曉人之未知者。夫貧賤不與饑渴期而饑渴必至，自非有守之君子，必不能忍饑渴，遂厭貧賤而求富貴以害其心之正理矣。是害口腹者，饑渴也；害心者，亦饑渴也。饑渴能害口之正味，不當以害心之正理，此君子所以可饑可寒、可貧可賤，而不可與爲不義也。人能不以貧賤動其心，不以饑渴之害害其心，則必不厭貧賤以脱饑渴，必不冥受富貴以圖甘肥，而不患不及人矣。凡此皆孟子所以遏人欲而存天理也。

○**孟子曰："柳下惠不以三公易其介。"**

介，有分辨之意。慶源輔氏曰：介有分辨意，則與「界限」之界同。凡事各有界限，甚分明不可踰越。○新安陳氏曰：介有剛介、介特、廉介之意，惟其有分辨，所以能如此，亦如廉本訓廉隅，惟其廉隅分辨，所以清廉廉潔也。**柳下惠進不隱賢，必以其道，遺佚不怨，阨窮不憫，直道事人至於三黜，是其介也。○此章言柳下惠和而不流，**問：「柳下惠不以三公易其介，此與聖人之和互相發明邪，乃所以爲和邪？」龜山楊氏曰：觀惠之和宜若不介，故此特言之。問：「何以知其介？」曰：只不卑小官之意，便自可見。如柳下惠之才，以爲大官，何所不可？而樂於爲小官，則其剛介可知矣。○新安陳氏曰：不以三公之貴移奪其所守之介，和而不流故也。**與孔子論夷齊不念舊惡意正相類，皆聖賢微顯闡**齒淺反。**幽之意也。**汪氏曰：伯夷餓于首陽，伊尹禄以天下不顧，皆能不以三公易其介，獨稱柳下惠何也？以惠之和嫌於不介故也。○雲峯胡氏曰：人皆知夷、齊之清，而不知夷、齊之清而有量；人皆知柳下惠之和，而不知惠之和而不流。孔、孟之言，皆闡幽之意也。「微顯」是帶過説。○新安陳氏曰：「微顯闡幽」四字，出杜預《春秋傳》序，本以言孔子作《春秋》之意，於顯明者則微之，幽昧者則闡之。《集註》以爲孔、孟之論夷、齊、柳下惠，亦得此意。蓋夷、齊之清，惠之和，此其顯而易見者；夷、齊之不念舊惡，惠之介，此其幽而難見者。今則微其顯而闡其幽，聖賢之至公至明如此。

○孟子曰：「有爲者辟若掘井，掘井九軔而不及泉，猶爲棄井也。」辟，讀作「譬」。軔音刃，與「仞」同。八尺曰仞。新安倪氏曰：《集註》於《語》「夫子之牆數仞」下云「七尺曰仞」。愚按《周書》「爲山九仞」，孔安國云「八尺曰仞」，鄭玄云「七尺曰仞」，《集註》兩存其説歟？蔡氏傳從孔説，愚證之《周禮・匠人》：「爲溝洫廣四尺，深四尺謂之溝；廣八尺，深八尺謂之洫；廣二尋，深二仞謂之澮。」蓋其爲溝洫澮，是加一倍之數。尋，八尺也。仞，亦八尺也。度脩廣則計之以尋，度高深則計之以仞，是澮之廣與深各一丈六尺也。以此觀之，則孔説爲是，鄭説恐非。言鑿井雖深，然未及泉而止，猶爲自棄其井也。○呂侍講曰：名希哲，字原明，河南人。「仁不如堯，孝不如舜，學不如孔子，終未入於聖人之域，終未至於天道，未免爲半塗而廢、自棄前功也。」慶源輔氏曰：爲人而未得爲聖人，言治而不及於堯舜，皆爲未及夫泉也。○雲峯胡氏曰：當與《論語》譬如爲山一章通看，學問垂成而不至於成者，可爲戒矣。

○孟子曰：「堯、舜，性之也；湯、武，身之也；五霸，假之也。堯、舜天性渾上聲。全，不假脩習。湯、武脩身體道以復其性。五霸則假借仁義之名，以求濟其貪欲之私耳。程子曰：身之，是身踐履之也。假之者，身不行而假借之也。○張子曰：❶堯、

❶「張子曰」，按引文出自《二程遺書》卷二上，非張子語。

舜固無優劣，及至湯、武則有別。孟子言性之反之，自古無人如此言，惟孟子分出，遂知堯、舜是生知，湯、武學而能之。○龜山楊氏曰：堯、舜性之，由而行者也；湯、武身之，體之者也；五霸則假之而已，非己有也。若管仲責「包茅不入，王祭不共，昭王南征不反」，非謀伐之本意，假此爲說耳。○朱子曰：性之，是合下如此；身之，是做到那田地。○問：「『性善』之『善』與堯舜『性之』之『性』如何？」曰：「性善」之「性」字實，「性之」之「性」字虛。性之，只是合下稟得，合下便得來受用。又曰：反之，是先失著了，反之而后得；身之，是把來身上做起。○性是自然有底，身是從身上做得來底。湯、武固皆身之，但細觀其書，湯「身之」之功恐更精密。湯有慚德，如武王恐未必有此意。○新安陳氏曰：孟子論堯、舜、湯、武曰「堯、舜性者也，湯、武反之也」，與此章爲二而互相發明。反之，即復其性也。論五霸者不一，莫切於假之一辭。曰以力假仁者霸，與此章爲二，乃是以一字斷盡五霸心事，得《春秋》以一字爲襃貶與誅心之法者也。

「久假而不歸，惡知其非有也。」惡，平聲。

歸，還也。有，實有也。言竊其名以終身而不自知其非真有。慶源輔氏曰：其初不過以之欺人，而其終遂至以之自欺。**或曰：蓋嘆世人莫覺其僞者亦通。舊說**趙邠卿註。**久假不歸，即爲真有，則誤矣。**朱子曰：「惡知」二字，爲五霸設，如云五霸自不知也。五霸久假而不歸，安知其亦非己有也。○汪氏曰：舊說之意，謂若能久假而不歸，則固有者將自得之，是爲假者謀。假者之初意全非天理，而以人欲之私行之，合下已差矣。加以久假，則私意纏繞以終其身，虛僞益甚，膠固莫解，其得爲真有之乎？是皆學術心術不正，不能辨公私理欲之幾者之論，宜朱子明辨其誤也。**○尹氏曰：「性**

之者，與道一也；身之者，履之也，及其成功則一也。五霸則假之而已，是以功烈如彼其卑也。」問：「『假之』之事，真所謂幽沉仁義，非獨爲害當時，又且流毒后世。」朱子曰：此孟子所以不道桓、文而卑管、晏也，且如興滅繼絶，誅殘禁暴，懷諸侯而尊周室，百般好事他都做，只是無惻怛之誠心，他本欲他事之行，又恰有這題目入得，故不得不舉行，此邵子所以有功之首、罪之魁之論。○雲峯胡氏曰：性之者，自然而然；身之者，當然而然；假之者，似然而實不然。自然者，所性而有；當然者，能復其有；似然者，不自知其非真有。

○公孫丑曰：「伊尹曰：『予不狎于不順。』放太甲于桐，民大悦。太甲賢，又反之，民大悦。「予不狎于不順」，《太甲》篇文。狎，習見也。不順，言太甲所爲不順義理也。言不欲習見其如此。餘見形甸反。前篇。

「賢者之爲人臣也，其君不賢則固可放與？」平聲。孟子曰：「有伊尹之志則可，無伊尹之志則篡也。」

伊尹之志，公天下以爲心而無一毫之私者也。南軒張氏曰：伊尹之事，志存乎宗祀，變而得其正者也。方是時，太甲在諒陰，故徙之先土墓側，使之動心忍性而深思焉。是伊尹以冢宰攝政，而太甲居憂于桐耳。太甲克終允德，則於練除之際，奉而歸亳焉。其克終雖由其自怨艾以改過，實亦尹之至誠有以感格之。無尹之志，徒以君不賢而放之，是篡亂之所爲耳。後世唯霍光放昌邑王賀而立宣，庶幾乎心存宗祀者。然始也，建立之不審，而至誠敦篤又不加焉。其於尹之志，蓋有愧也。是以嚴延年劾之以爲擅廢立，無人臣禮，而識者有取焉。霍光且爾，況他人本爲一身利害計者乎？所謂元惡大憝，必誅而無赦者也。○慶源輔氏曰：公天下以爲心，豈一朝夕勉强所能爲哉？非道全德備，其素行有以信於人，至誠有以通於天者不能也。○覺軒蔡氏曰：孟子此兩語，不惟見伊尹之心如青天白日，而百世之下姦臣亂賊，亦無所逃其罪矣。味「則可」之辭，亦見處變僅可之意，而非正法也。

○公孫丑曰：「《詩》曰『不素餐兮』，君子之不耕而食，何也？」孟子曰：「君子居是國也，其君用之，則安富尊榮；其子弟從之，則孝弟忠信。『不素餐兮』，孰大於是？」餐，七丹反。

《詩》，《魏國風·伐檀》之篇。素，空也。無功而食禄，謂之素餐，此與告陳相、彭更之意同。南軒張氏曰：《伐檀》之詩，非必欲君子稼穡而後食也。公孫丑以君子不耕而食爲素餐，其爲詩也亦固矣。其弊將至於爲許行之徒之論矣，故孟子告之以「不素餐」之大者。夫君子，仁義脩乎身。居是國也，其君用之，則安富尊榮；如其未用，子弟從之，則亦薰陶乎孝弟忠信之習，而足以善俗。若夫飾小廉而妨大德，徇末流而忘正義，非君子之道也。○新安陳氏曰：君子居人國，用則有功於君而功業建，不用亦有功於人子弟而風俗厚，豈爲無功而食乎？丑之見何陋也？

○王子墊問曰：「士何事？」墊，丁念反。

墊，齊王之子也。上則公卿大夫，下則農工商賈，音古。**皆有所事。而士居其間，獨無所事，故王子問之也。**

孟子曰：「尚志。」

尚，高尚也。志者，心之所之也。士既未得行公卿大夫之道，又不當爲農工商賈之業，則高尚其志而已。朱子曰：此「志」字，與「父在觀其志」之「志」同，未見於所行，方見其所存也。

曰：「何謂尚志？」曰：「仁義而已矣。殺一無罪，非仁也；非其有而取之，非義也。居惡在？仁是也；路惡在？義是也。居仁由義，大人之事備矣。」惡，平聲。

非仁非義之事雖小不爲，而所居所由無不在於仁義，此士所以尚其志也。慶源輔氏曰：士雖未得位以行其道，而其志則須高尚方可。志於仁義則高尚，溺於利欲則卑汙。大人，謂公卿大夫。言士雖未得大人之位而其志如此，則大人之事，體用已全。若小人之事，則固非所當爲也。南軒張氏曰：殺一無罪而非仁，由是而體之，則人之所以能愛者可得而推矣；❶非其有而取之爲非義，由是而體之，則其義之所以爲宜者可得而推矣。居仁由義，居則不違，由則不他。居仁則體立，由義則用行，大人之事，亦不越此而已矣。〇新安陳氏曰：此章因王子問士何所事，對以士志乎仁義已備大人之事。蓋志者事之本，未爲者也；事者志之用，有爲者也。志之所向素高，則事之大本已立。一旦得大人之位，舉而措之耳，何必待有事迹可見，而後始謂之有所事哉？若農工商賈小人之事，不特非所當

❶「人」，四庫本及宋張栻《癸巳孟子說》卷七作「仁」。

爲，亦不屑爲，且不暇爲也。

○孟子曰：「仲子不義與之齊國而弗受，人皆信之，是舍簞食豆羹之義也。人莫大焉亡親戚君臣上下。以其小者信其大者，奚可哉？」舍音捨。食，音嗣。

仲子，陳仲子也。言仲子設若非義而與之齊國必不肯受，齊人皆信其賢，然此但小廉耳。其辟兄離母，不食君禄，無人道之大倫，罪莫大焉。豈可以小廉信其大節，而遂以爲賢哉？南軒張氏曰：仲子飾小廉而廢大倫，其不知義已甚矣。○慶源輔氏曰：觀前篇所論仲子之事，其介然自守如此，則不義而與之齊國必不肯受，此徇名而强矯者或能之，故孟子以爲是特舍簞食豆羹之義而已，蓋未以爲賢也。若夫安於人倫，使之各盡其道，則非盡性而樂循理者不能。故孟子言此以曉齊人，使之勿迷於小，而必察其大耳。○新安陳氏曰：孟子於陳仲子，其對匡章，既深非之，此又申言之，二章當參看。

○桃應問曰：「舜爲天子，皐陶爲士，瞽瞍殺人，則如之何？」

桃應，孟子弟子也。其意以爲舜雖愛父而不可以私害公，皐陶雖執法而不可以刑天子之父，故設此問以觀聖賢用心之所極，非以爲真有此事也。

孟子曰：「執之而已矣。」

言皐陶之心，知有法而已，不知有天子之父也。

「然則舜不禁與？」與，平聲。

桃應問也。

曰：「夫舜惡得而禁之？夫有所受之也。」夫音扶。惡，平聲。

言皐陶之法有所傳受，非所敢私，雖天子之命，亦不得而廢之也。

「然則舜如之何？」

桃應問也。

曰：「舜視棄天下猶棄敝蹝也。竊負而逃，遵海濱而處，終身訢然樂而忘天下。」蹝音徙。訢，與「欣」同。樂音洛。

蹝，韻書音「所爾反」，又「所蟹反」。草履也。遵，循也。言舜之心，知有父而已，不知有天下也。孟子嘗言舜視天下猶草芥，而惟順於父母可以解憂與此意互相發。○此章言爲士者但知有法而不知天子父之爲尊，爲子者但知有父而不知天下之爲大。蓋其所以爲心者，莫非天理之極，人倫之至。雲峯胡氏曰：皐但知有天子之法，天理也。君臣，人倫之至也。舜但知有父，天理也。父子，人倫之至也。學者察此而有得焉，則不待較計論量而天下無難處上聲。之事矣。朱子曰：某嘗問李先生以此事。先生曰：「蒯聵父子只爲無此心，所以爲法律所縛，都轉動不得。若舜之心，則法律縛他不住，終身訢然樂而忘天下，求仁得仁，何怨之有？」然此亦只是言聖賢之心耳。聖賢之心合下是如此，權制有未服論，然到極不得已處，亦須變而通之。蓋法者天下公共，在皋陶亦只得執之而已。若人心不許舜棄天下而去，則便是天也，皋陶亦安能違天？法與理，便即是人心底，亦須是合下有如此底心，方能爲是權制。今人於事合下無如此底心，其初便從權制去則不可。○執之而已矣，非洞見皋陶之心者不能言也。此一章之義，見聖賢所處，無所不用其極，所謂止於至善者也。○南軒張氏曰：舜之有天下，初不以天下與於己，循天理之當然而已。爲瞽瞍殺人而枉其法，則失天下之公；若致辟於瞽瞍，則廢父子之倫，是皆雖有天下，不可一朝居者也。舜寧去天下而存此義耳。舜非輕天下也，義所當去，視天下猶敝蹝也。是故在皋陶則使舜得以伸其竊負之義，在舜則以此而可以終身，夫何求哉？循天理而已。善發明舜之心者，其惟孟子乎？若後世以利害之見論之，則謂天下方戴舜而賴其治，舜乃去之，得無廢成業而孤衆望乎？此不知天命者也。聖人所以爲治，奉天命而已。若汩於利害而失天理之所在，雖舜亦何以治天下哉？或者以爲皋既執瞽瞍，舜烏得而竊之？蓋未之思也。皋既執瞽瞍於前而使舜得伸其竊負之義於後，是乃天理時中，全君臣父子之倫者也，微孟子孰能推之？○汪氏曰：竊負而逃，畏天故也；訢然之樂，樂天故也。孟子之對，示後世爲人臣子之道而已，以天子之父殺人且不可舍，況其卑者乎？以天下之大且可棄，況其小者乎？

○孟子自范之齊，望見齊王之子，喟然嘆曰：「居移氣，養移體。大哉，居乎！夫非盡人之子與？」夫音扶。與，平聲。

范，齊邑。居，謂所處上聲。下同。**之位。養，奉養**去聲。**也。言人之居處，所繫甚大，王子**

亦人子耳，特以所居不同，故所養不同，而其氣體有異也。

孟子曰：

張、鄒張敬夫、鄒志完。皆云羨延面反。文也。

「王子宮室車馬衣服多與人同，而王子若彼者，其居使之然也，況居天下之廣居者乎？

廣居，見形甸反。下同。前篇。謂仁也。尹氏曰：「睟然見於面，盎於背，居天下之廣居者然也。」新安陳氏曰：居仁宅者之氣象，必德潤身而心廣體胖，與王子驕貴之氣習又不侔矣。

「魯君之宋，呼於垤澤之門。守者曰：『此非吾君也，何其聲之似我君也？』此無他，居相似也。」呼，去聲。

垤澤，宋城門名也。孟子又引此事爲證。問：「孟子先言居移氣，養移體，後却只言居。」朱子曰：有是居則有是養。居公卿有公卿底奉養，居貧賤有貧賤底奉養，言居則養在其中。○南軒張氏曰：居天下之廣居，宅乎天理者也。宅之之久，則其氣質變化有不期然而然者矣。夫聖賢相去雖有先後，而玩其氣象如出一人者，以其所居之同故也。○新安陳氏曰：此章重在「居廣居」一句，勢位之居，猶足移氣，與賤者異。廣居之居，其能充吾正氣而與常人異也必矣。

○孟子曰：「食而弗愛，豕交之也；愛而不敬，獸畜之也。食音嗣。畜，許六反。

交，接也。畜，養也。獸，謂犬馬之屬。

「恭敬者，幣之未將者也。將，猶奉也。《詩》曰：「承筐是將。」《小雅・鹿鳴》篇。程子曰：「恭敬雖因威儀幣帛而後發見，形甸反。然幣之未將時，已有此恭敬之心，非因幣帛而後有也。」

「恭敬而無實，君子不可虛拘。」

此言當時諸侯之待賢者，特以幣帛爲恭敬而無其實也。拘，留也。趙邠卿曰：實，謂愛敬也。○慶源輔氏曰：世衰道微，在上者皆不知有恭敬待賢之誠，而惟恃其有幣帛之聘；在下者惟知有幣帛之可慕，而不知察夫上之人所以待之之誠。上下之情，交騖於利而不知有義理焉，故孟子發此論以警之。

○孟子曰：「形色，天性也。惟聖人，然後可以踐形。」

人之有形有色，無不各有自然之理，所謂天性也。踐，如「踐言」之踐。《禮記・曲禮》：「脩身踐言，謂之善行。」蓋衆人有是形而不能盡其理，故無以踐其形；惟聖人有是形而又能盡其理，然後可以踐其形而無歉苦忝反。也。○程子曰：「此言聖人盡得人道而能充其形也。蓋人得天地之正氣而生與萬物不同。既爲人，須盡得人理，然後稱去聲。其名。衆人有之而不知，賢人踐之而未盡。能充其形，惟聖人也。」楊氏曰：「『天生烝民，有物有則』。物者，形色也。則者，性也。各盡其則，則可以踐形矣。」龜山楊氏曰：莫非形也。自聖人言之，目之所視，耳之所聽，以至口之所言，身之所動，不待著意，莫不合則，所謂動容周旋中禮者也。未至於聖，則未免有克焉，若孔子告顏淵「非禮勿視」等語是也。故惟聖人然後可以踐形。○朱子曰：形是耳目口鼻之類，色如一顰一笑，皆有至理。○形色上便有天性，視便有視之理，聽便有聽之理。○問：「形色天性，下却云踐形而不言色，何也？」曰：有此形便有此色，言形則色在其中矣。○踐，猶「踐言」、「踐約」之踐，言聖人所爲便踏著箇形色之性耳。性，即理之謂。伊川說「充其形色」說得好。形，是形體，色，如臨喪則有哀色，介冑則有不可犯之色之類。天之生人，人之得於天，其具耳目口鼻者莫不皆有此理。耳便必當無有不聰，目便必當無有不明，口便必能盡別天下之味，鼻便必能盡別天下之臭，聖人與常人都一般。惟衆人有氣稟之雜，物欲之累，雖同是耳也而不足於聰，同是目也而不足於明，同是口而不足以別味，同是鼻而不足以別臭，雖有是形而不能充踐此形。惟聖人耳則十分聰，目則十分明，口鼻莫不皆然，如此方可以踐此形。○潛室陳氏曰：聖人盡性地位，方償得他本來形色。學未至於聖人，則於性分道理未免虧欠。才於性分有虧欠，即是空具此形色，不能充踐滿足也。○問：「孟子曰『形色天性也』，告子曰『食色性也』，二者之分如何？」曰：形色爲性，是引氣入道理中來。食色爲性，是逐道理出形氣外去，霄壤之分。○新安陳氏曰：程子之說，蓋自「踐」字推廣之，衆人全不能踐者也。賢人雖能踐之而未盡者也。聖人則極能踐之而無不盡者也。如《洪範》五事，則貌言視聽思，極於肅乂哲謀聖，皆踐形之意也。

○齊宣王欲短喪。公孫丑曰：「爲朞之喪，猶愈於已乎？」

已，猶「止」也。新安陳氏曰：丑附其說，謂三年短而爲朞，猶勝於止而不爲者乎？

孟子曰：「是猶或紾其兄之臂，子謂之姑徐徐云爾，亦教之孝弟而已矣。」紾，之忍反。

紾，戾也。教之以孝弟之道，則彼當自知兄之不可戾，而喪之不可短矣。孔子曰：「子生三年，然後免於父母之懷，予也有三年之愛於其父母乎？」所謂教之以孝弟者如此。蓋示之以至情之不能已者，非强上聲。之也。

王子有其母死者，其傅爲之請數月之喪。公孫丑曰：「若此者何如也？」爲，去聲。

陳氏曰：「王子所生之母死，厭一甲反。於嫡母而不敢終喪，其傅爲請於王欲使得行數月之喪也。大功九月，小功五月。時又適有此事，丑問如此者是非何如。按《儀禮》：『公子爲其母練冠、麻衣、縓七絹反，赤黃色。緣，俞絹反。既葬除之。』疑當時此禮已亦去聲。其母所生母。練冠、麻衣、縓緣，爲其妻縓冠廢，或既葬而未忍即除，故請之也。」《儀禮·喪服章》記：公子爲其母練冠、麻衣、縓緣，爲其妻縓冠葛經帶，麻衣、縓緣，皆既葬除之。公子，君之庶子也。

曰：「是欲終之而不可得也。雖加一日愈於已，謂夫莫之禁而弗爲者也。」夫音扶。

言王子欲終喪而不可得，其傅爲請，雖止得加一日猶勝不加。我前所譏，乃謂夫莫之禁而自不爲者耳。○此章言三年通喪，天經地義，不容私意有所短長。示之至情，人心天理之真切處。則不肖者有以企去智反。而及之矣。

○孟子曰：「君子之所以教者五：

下文五者，蓋因人品高下，或相去遠近先後之不同。慶源輔氏曰：如時雨化，品之高者；成德達財，其次也；答問，下者也。私淑艾，有同時而相去或遠，不同時而其生也後，不能及門受業者也。

「有如時雨化之者，

時雨，及時之雨也。草木之生，播種封植，丞職反。人力已至而未能自化，所少者雨露之滋耳。及此時而雨之，則其化速矣。教人之妙，亦猶是也，若孔子之於顔、曾是已。程子曰：待物生，以時雨潤之，使之自化。○朱子曰：時雨化者，不先不後，適當其時而已。○他地位已到，因而發之，如孔子告顔子以四勿，告曾子以一貫，所謂「時雨化之」者。○新安陳氏曰：惟人力已至而後時雨可化，惟顔、曾力到功深而後孔子之化可施。使他弟子而遽以是告之，是猶種植之力未至，雖有時雨，亦不能速行也。

「有成德者，有達財者，

財與「材」同。此各因其所長而教之者也。成德，如孔子之於冉、閔；達財，如孔子之於由、賜。朱子曰：成就其德，德則天資純粹者；通達其材，材是天資明敏者。○雲峯胡氏曰：孔門四科，顔、曾、冉、閔皆以德行稱。孟子五教，《集註》則以夫子之於冉、閔爲成德，而顔、曾爲時雨化之，何也？蓋自顔、曾以下，皆在夫子教之之中，而顔、曾二子獨得夫子化之之妙也。

「有答問者，

就所問而答之，若孔、孟之於樊遲、萬章也。南軒張氏曰：成德、達財、答問固在其中，而又有所謂答問者，此則專爲凡答其來問者也。雖鄙夫之空空，所以答之者亦無非竭兩端之教也。○慶源輔氏曰：樊遲之粗鄙，萬章之淺率，孔、孟皆必俟其問而後告教之是也。

「有私淑艾者，艾音乂。

私，竊也。淑，善也。艾，治也。人或不能及門受業，但聞君子之道於人，而竊以善治其身，是亦君子教誨之所及，若孔孟之於陳亢、夷之是也。孟子亦曰：「予未得爲孔子徒也，予私淑諸人也。」朱子曰：艾，芟草也。自艾、淑艾，皆有斬絶自新之意。懲艾、創艾，亦取諸此。○有答問者，未及師承，只是來相答問而已。私淑艾者，未嘗親見面授，只是或聞其風而師慕之，或私竊傳其善言善行，學之以善於其身，是亦君子之教誨也。

「此五者，君子之所以教也。」

聖賢施教，各因其材，小以成小，大以成大，無棄人也。趙氏曰：君子之教人，如天地之生物，各因其材而篤焉。天地無棄物，聖賢無棄人。

○公孫丑曰：「道則高矣，美矣，宜若登天然，似不可及也。何不使彼爲可幾及而日孳孳也？」幾音機。孟子曰：「大匠不爲拙工改廢繩墨，羿不爲拙射變其彀率。爲，去聲。彀，古候反。率音律。

彀率，彎弓之限也。言教人者皆有不可易之法，不容自貶悲檢反。以徇學者之不能也。

「君子引而不發，躍如也。中道而立，能者從之。」

引，引弓也。發，發矢也。躍如，如踊躍而出也。因上文彀率而言君子教人，但授以學之之法而不告以得之之妙，如射者之引弓而不發矢，然其所不告者已如踊躍而見於前矣。中者，無過不及之謂。中道而立，言其非難非易。去聲。能者從之，言學者當自勉也。朱子曰：引而不發，謂漸啓其端而不竟其說。躍如，謂義理昭著，如有物躍然於心目之間。○躍如，是道理活潑潑地發出在面前，如由中躍出。○引而不發躍如也，須知得是引箇甚麽，是怎生地不發，又是甚麽物事躍在面前。須是聳起這心與他看，教此心精一無些子夾雜，方見得他那精微妙處。○道理散在天下事物之間，聖賢也不是不說，然也全說不得，自是那妙處不容說。然雖不說，只纔撥動那頭了時，那箇物事自跌落在面前，如張弓十分滿而不發箭，雖不發箭，然已知得真箇是中這物事了。○南軒張氏曰：聖人之道，天下之正理，不可過，不可不及也。自卑者視之以爲甚高，而不知其高之爲中也；自隘者視之以爲甚大，而不知其大之爲常也。徇彼而遷就，則非所以爲道矣。能與不能，則存乎其人耳。中道而立，能者從之，此正大之體，而天地之情也。學者循繩墨彀率而勿舍焉，及其久也將自有得。不然，蘄獲助長，爲害秖甚矣。**○此章言道有定體，教有成法；卑不可抗，高不可貶；語不能顯，默不能藏。**汪氏曰：君子雖不貶道以徇人，亦未嘗離人絶物而使人不可幾及也。○雲峯胡氏曰：道有定體，故卑不可抗，高不可貶，是之謂中道而立。教有成法，故語不能顯，默不能藏，而在乎人之能者從之。○新安陳氏曰：道有定體，謂中道而立。教有成法，謂繩墨彀率卑者不可抗之使高，高者不可貶之使卑，中言道有定體也。雖語有不能顯者，謂引而不發，雖默有不能藏者，謂躍如也。熟玩味之，有無窮之妙。

○**孟子曰：「天下有道，以道殉身；天下無道，以身殉道。殉，如「殉葬」之殉，以死隨物之名也。**《記·檀弓下》：陳子車死於衛，其妻與其家大夫謀以殉葬。謀將殺人以殉葬。定而後陳子亢至，以告曰：「夫子疾莫養於下，請以殉葬。」子亢曰：「以殉葬，非禮也。雖然，則彼疾當養者，孰若妻與宰？得已則吾欲已，不得已則吾欲以二子者之爲之也。」於是弗果用。**身出則道在必行，道屈則身在心退，以死相從而不離**去聲。**也。**趙氏曰：道不可離也，雖時有治亂，已有窮達，非道殉身，即身殉道，以死相從，豈可得而離哉？

「未聞以道殉乎人者也。」

以道從人，妾婦之道。華陽范氏曰：君子遭世之治，則身顯而道行，得志澤加於民，故以道從身。遭世之亂，則身隱而道不行，不得志，脩身見於世，故以身從道。以道殉乎人者，陳代所謂枉尺而直尋也。古之聖賢以道殉身，伊尹、周公是也；以身殉道，孔子、孟子是也。君子窮達不離乎道，道可以處則處，道可以出則出。故人君用人，不用其身，唯用其道。以道殉人者，雖得之無所用也。○南軒張氏曰：身與道，不可離也。以道殉人，則是可離矣，烏有所謂道哉？○新安陳氏曰：妾婦以順從爲道，故亦曰道。孟子見有身徒顯而道不行，道不行而身猶不知隱者，故發此論。言當隨時之理亂而酌身之進退，非道殉身，則身殉道。身與道不可須臾離也。使道不殉身，身不殉道，即是以道殉乎人矣。

○**公都子曰：「滕更之在門也，若在所禮而不答，何也？」**更，平聲。

趙氏曰：「滕更，滕君之弟來學者也。」

孟子曰：「挾貴而問，挾賢而問，挾長而問，挾有勳勞而問，挾故而問，皆所不答也。滕更有二焉。」長，上聲。

趙氏曰：「二，謂挾貴、挾賢也。」尹氏曰：「有所挾，則受道之心不專，所以不答也。」慶源輔氏曰：學者之心，須是專一，方有受教之地，有所挾則二三也。○新安陳氏曰：挾者，兼有而恃之之稱。勳勞，己嘗有功勞於師。故，謂己與師有舊好，恃此以來學，望師待以異意而教之，皆所不當答。○此言君子雖誨人不倦，又惡去聲。夫音扶。意之不誠者。南軒張氏曰：受道者，以虛心爲本則能受。有所挾，則私意先橫於中而不能入矣。故空空之鄙夫，聖人必竭兩端之教，而滕更挾二，故不答也。使能思所以不答之故，於所挾致力以消之，是亦誨之矣。

○孟子曰：「於不可已而已者，無所不已；於所厚者薄，無所不薄也。

已，止也。不可止，謂所不得不爲者也。所厚，所當厚者也。此言不及者之弊。朱子曰：厚薄是以家對國言之。又曰：所厚，謂父子兄弟骨肉之恩，理之所當然，而人之不能已者。

「其進鋭者，其退速。」

進鋭者，用心太過，其氣易去聲。衰，故退速。覺軒蔡氏曰：進鋭退速，其病正在意氣方盛之時，已有易衰之勢，不待意氣已衰之後始見其失也。○三者之弊，理勢必然。雖過不及之不同，然

卒同歸於廢弛。施紙反。○慶源輔氏曰：不及者之弊，則愈見其不及，流於欲者之所爲也；過者之弊，則其退也可立而待，役於氣者之所爲也。欲肆則無極，氣過則易衰；循理而行，則有則而可繼也。○勿軒熊氏曰：前二句，則見之處事接物之間；後一句，則本於立心講學之際。○雲峯胡氏曰：前二者，是當用心而不用心之弊；後一者，是過用其心之弊。不用其心，固宜廢弛；過用其心者，亦同歸於廢弛，過猶不及故也。

○孟子曰：「君子之於物也，愛之而弗仁；於民也，仁之而弗親。親親而仁民，仁民而愛物。」

物，謂禽獸草木。愛，謂取之有時，用之有節。新安陳氏曰：當取則取，當用則用，但有時有節，即愛也。若釋氏以不取不用爲愛，則非矣。**程子曰：「仁，推己及人，如『老吾老以及人之老』，於民則可，於物則不可。統而言之則皆仁，分而言之則有序。」**慶源輔氏曰：統而言之，則皆自吾一性之仁；分而言之，則有輕重之序。然在學者言之，則於此三者之序有由之而不知者，有得於此而失於彼者，又有倒行逆施雜亂無次者。要當因聖賢之言，反求之心，涵養於未發之前，體察於已發之後，毋惑於異端，毋汩於私慾，然後是聖學工夫。**楊氏曰：「其分**去聲。下同。**不同，故所施不能無差等，所謂理一而分殊者也。」**問：「孟子言愛與仁，有小大之分。」潛室陳氏曰：親親而仁民，仁民而愛物，所謂一理萬殊，稱物平施，此「仁」字是用。待禽獸只有愛心，不可使失所。若夫牛不穿鼻，楚宜反。

馬不絡首，一以人理奉之，則親民何別，不幾於同人類於牛馬乎？仁者，人心也，有人理存焉。施於人者，不可施於物，乃理一分殊處。○新安陳氏曰：理一，所以爲仁；分殊，所以爲仁之義。**尹氏曰：「何以有是差等？一本故也，無僞也。」**慶源輔氏曰：一本，故無僞而有等差。若無等差，是僞而二本也。○西山真氏曰：凡生於天地間者，莫非天地之子，而吾之同氣者也，是之謂理一。然親者吾之同體，民者吾之同類，而物則異類矣，是之謂分殊。故仁愛之施則有差。○朱氏祖義。曰：不以待人者施之物，以其有貴賤之分也；不以待親者施之他人，以其有親疏之殺也。於無所不愛之中，而不失其貴賤親疏之等差，此聖人之仁所以歷萬世而無弊也。○新安陳氏曰：暴殄者，固非愛物矣。梁武之宗廟不用犧牲，亦非愛物之宜。蓋愛之而仁，是以仁民者仁物也，無怪其於民反不仁也。墨氏之愛無差等，施由親始，亦非仁民之宜。蓋仁之而親，是以親親者親民也，無怪其無父而於親反不親也。是皆倒行逆施之道。無次序，無等差，非仁矣。○東陽許氏曰：「愛之而弗仁」之「愛」，愛惜之義，不輕用物，不暴殄天物之意。「仁民」之「仁」，乃愛之本義，親又重於仁。

○孟子曰：「知者無不知也，當務之爲急；仁者無不愛也，急親賢之爲務。堯舜之知而不徧物，急先務也；堯舜之仁不徧愛人，急親賢也。「知者」之知，並去聲。**知者固無不知，然常以所當務者爲急，則事無不治，**去聲。**而其爲知也大矣；仁者固無不愛，然常急於親賢，則恩無不洽，而其爲仁也博矣。**問：「如舜舉皋陶，湯舉伊尹，所謂親賢者，乃治天下不易之務。若當務之急，是隨其時勢之不同，堯之曆象治水，舜之舉相去凶，湯之伐夏救民，皆所務之急者。」朱子曰：也是如此。然當務之急，如所謂勞心者治人，勞力者治於人，堯舜之治天下，豈無所用其心，亦不用於耕耳。又如夫子言務民之義，應係所當爲者皆是也。又曰：堯以不得舜爲己憂，舜以不得禹、臯陶爲己憂，此聖人之所急也。上好禮則民莫敢不敬，上好義則民莫敢不服，上好信則民莫敢不用情，若學圃學稼則是不急。○新安陳氏曰：上四句，言知仁之理；下六句，舉堯舜之知仁以實之。

「不能三年之喪，而緦小功之察；放飯流歠，而問無齒決，是之謂不知務。」飯，扶晚反。歠，昌悦反。

三年之喪，服之重者也。緦麻三月，小功五月，服之輕者也。察，致詳也。放飯，大飯。流歠，長歠，不敬之大者也。齒決，齧吾結反。**斷乾**音干。**肉，不敬之小者也。**《記·曲禮》曰：「毋放飯，毋流歠。」又曰：「濡肉齒決，乾肉不齒決。」濡，濕也，宜齧斷之。乾肉堅，宜用手。**問，講求之意。**南軒張氏曰：孟子所譬，特言舍大徇小者爲不知務耳。非謂能三年之喪則緦小功有不足察，無放飯流歠則齒決有不必問也。先後具舉，本末畢貫，此所以爲道。○新安陳氏曰：上文言智之知急務，仁之急親賢爲務，乃智仁之大者。此取譬於喪服飲食，以譏不能其大而求其細，非知務者也。不知務，是併結上文「當務」、「親賢爲務」二「務」字。**○此章言君子之於道，識其全體則心不狹，知所先後則事有序。**雲峯胡氏曰：《集註》之意，以爲識智之全體，則其用宜無所不知；識仁之全體，則其用宜無所不愛。然智之用，有當務之爲急；仁之用，當急親賢之爲務。故不識其全體者，知之不周，愛之不廣，狹用其心者也；不知所先後，則知之雖周而精神弊於無用，愛之欲廣而德澤壅於下流，泛用其心也。輔氏以爲識其全體，是言仁；知所先後，則爲智，非《集註》意矣。**豐氏曰：「智不急於先務，雖徧知人之所知，徧能人之所能，徒弊精神而無益於天下之治**去聲。**矣。仁不急於親賢，雖有仁民愛物之心，小人在位，無由下達，聰明日蔽於上，而惡政日加於下，此孟子所謂不知務也。」**新安陳氏曰：當務爲急，與急親賢爲務相對。以臯謨能哲而惠，及「樊遲問仁、智」章之意推之，謂智之所當務者，即是急親賢之爲務。仁之所爲即智之所知，亦儘可通。南軒即此説也，但孟子、朱子之意本不如此。蓋知所當務，所包甚闊，不可竟以親賢當知。此章乃平論智仁，非論智仁相爲用也。

孟子集註大全卷之十四

盡心章句下

凡三十八章。

孟子曰：「不仁哉，梁惠王也！　仁者以其所愛及其所不愛，不仁者以其所不愛及其所愛。」

親親而仁民，仁民而愛物，所謂以其所愛及其所不愛也。

公孫丑曰：「何謂也？」「梁惠王以土地之故，糜爛其民而戰之，大敗，將復之，恐不能勝，故驅其所愛子弟以殉之，是之謂以其所不愛及其所愛也。」

梁惠王以下，孟子答辭也。糜爛其民，使之戰鬬，糜爛其血肉也。復扶又反。之，復戰也。子弟，謂太子申也。即所謂東敗於齊，長子死焉者。以土地之故及其民，以民之故及其子，皆以其所不愛及其所愛也。○此承前篇之末三章之意，雲峯胡氏曰：承所厚者薄，親親仁民，仁者無不愛而言。言仁人之恩，自內及外，不仁之禍，由疏與踈同。逮親。南軒張氏曰：仁者推其愛親者以愛人，不仁者以其忍於他人者忍於其親。仁與不仁之分，其端甚微而其流如此。○慶源輔氏曰：仁人之恩自内以及外者，自本而推之也。惟其自本而推之，故雖無所不愛，而輕重等差蓋不可紊也。不仁之禍由疏逮親者，徇欲而從流者也。惟其徇欲而從流，故横放逆施莫之紀極也。始也糜爛其民人而殘賊其子弟，終不至殺身覆族不已也。

○孟子曰：「春秋無義戰。彼善於此，則有之矣。《春秋》每書諸侯戰伐之事，必加譏貶，以著其擅興之罪，無有以爲合於義而許之者。但就中彼善於此者則有之，如召音邵。陵之師之類是也。《春秋·僖公四年》齊侯伐楚，楚屈完來盟于師，盟于召陵。○南軒張氏曰：春秋無義戰，如齊桓公侵蔡伐楚，如晉文公城濮之戰，在當時其事雖若善。至於不禀王命而擅用其師，則均爲不義而已矣。○雲峯胡氏曰：《春秋》書戰，皆以著諸侯無王之罪。召陵之師，猶知假尊王之義。

「征者上伐下也，敵國不相征也。」

征，所以正人也。諸侯有罪，則大子討而正之。此春秋所以無義戰也。新安陳氏曰：《春秋》以道名分。使征伐自天子出，《春秋》不作矣。惟不自天子出而自諸侯出，《春秋》所以作也。「無義戰」三字，斷盡春秋諸侯兵争之罪。

○孟子曰：「盡信《書》，則不如無《書》。

程子曰：「載事之辭，容有重稱而過其實者，學者當識其義而已；苟執於辭，則時或有害於義，不如無書之愈也。」

「吾於《武成》，取二三策而已矣。

《武成》，《周書》篇名。武王伐紂歸而記事之書也。策，竹簡也。取其二三策之言，其餘不可盡信也。程子曰：「取其奉天伐暴之意，反政施仁之法而已。」張子曰：不以文害辭，不以辭害意，此教人讀《詩》法也。於《武成》取二三策而已，此教人讀《書》法也。

「仁人無敵於天下。以至仁伐至不仁，而何其血之流杵也？」

杵，舂杵也。或作「鹵」，與「魯」同，音魯。楯也。楯，豎尹反。兵器所以蔽身者。《武成》言武王伐紂，紂之「前徒倒戈，攻于後以北，血流漂杵」。孟子言此則其不可信者。然《書》本意，乃謂商人自相殺，非謂武王殺之也。孟子之設是言，懼後世之惑，且長上聲。不仁之心耳。問：「血流漂杵，乃紂之前徒倒戈之所爲。荀子以爲殺之者皆商人，非周人者是也。而孟子不之信，何哉？」朱子曰：此亦拔本塞源之論。蓋雖殺者非我，而亦不忍言也。程子以爲孟子設爲是言，蓋得其微意。余隱之云：「《魯語》曰：『俎豆之事，則嘗聞之矣；軍旅之事，未之學也。』孔子之意可見矣。客有問陶弘景註《易》與《本草》孰先。陶曰：『註《易》誤，不至殺人；註《本草》誤，則有不得其死者。』世以爲知言。唐子西嘗曰：『弘景知《本草》而未知經。註《本草》誤，其禍疾而小；註六經誤，其禍遲而大。』前世儒臣引經誤國，其禍至於伏屍百萬，流血千里。《武成》曰『血流漂杵』，武王以此自多之辭。當時倒戈攻後，殺傷固多，非止一處，豈至血流漂杵乎？孟子深慮戰國之君以此藉口，故曰『盡信《書》則不如無

《書》』，而謂血流漂杵未足爲多，豈示訓之至哉？經訓之禍，正此類也。反以孟子爲畔經，豈不惑之甚邪？」

○孟子曰：「有人曰：『我善爲陳，我善爲戰。』大罪也。陳，去聲。

制行音杭。伍曰陳，交兵曰戰。以帝王之世律之，大罪人也。

「國君好仁，天下無敵焉。南面而征北狄怨，東面而征西夷怨。曰：『奚爲後我？』好，去聲。

此引湯之事以明之。解見形甸反。前篇。

「武王之伐殷也，革車三百兩，虎賁三千人。兩，去聲。賁音奔。

又以武王之事明之也。兩，車數，一車兩輪也。千，《書序》作百。

「王曰：『無畏！寧爾也，非敵百姓也。』若崩厥角稽首。

《書・泰誓》文與此小異。孟子之意當云：王謂商人曰：「無畏我也。我來伐紂，本爲去聲。安寧汝，非敵商之百姓也。」於是商人稽首至地，如角之崩也。

「征之爲言正也，各欲正己也。焉用戰？」焉，於虔反。

民爲暴君所虐，皆欲仁者來正己之國也。南軒張氏曰：戰國之際，以功力相勝。善爲戰者，則謂之能臣矣。而孟子前以爲當服上刑，今又以爲大罪，蓋所謂深救當時之弊，使之循其本也。循其本有道焉，其惟好仁乎？好仁則無敵於天下。若不志於仁而徒欲以功力取勝，則天下孰非吾敵。勝與負，均爲殘民而逆天也。○雲峯胡氏曰：觀此復引《書》而言，則可知前章所謂「盡信《書》不如無《書》」者矣。大抵此四章，亦相承而言。一章以梁王之戰爲不仁；二章以春秋之戰爲無義；三章言武王仁義之師，必無血流漂杵之事；四章言湯、武仁義之師，必不用我善爲戰之人。○東陽許氏曰：孟子之時，皆尚攻戰，能者爲賢臣。而孟子乃以爲大罪。蓋國君苟能行仁政以愛其民，使之飽暖安佚，則下民親戴其上矣。其他國之民受虐於君者，心必歸於此。人既樂歸於我，我以親上之民而征虐民之君，則其民豈肯與我爲敵，故引湯、武之事以證之。

○孟子曰：「梓匠輪輿能與人規矩，不能使人巧。」

尹氏曰：「規矩，法度可告者也。巧則在其人，雖大匠亦末如之何也已。蓋下學可以言傳，上達必由心悟。南軒張氏曰：聖賢之教人，自洒掃應對進退而上，皆規矩也。行著習察，則存乎人聖賢亦豈能使之然哉。然而固不外乎規矩，舍規矩以求巧，無是理也。○新安陳氏曰：巧，即循規矩熟後自得之妙。未有舍規矩而可以得巧者。上達，即下學之覺悟處。未有舍下學而徑可以上達者。但巧與上達，非教者所能致力耳。未嘗以爲出於規矩與下學之外也。○本文如詩六義之比，未嘗説破。此乃以吾道之教者與學者言之也。**莊周所論斲輪之意蓋如此。」**《莊子·天道》篇：桓公齊君。讀書於堂上。輪扁音篇，又如字，匠氏名。斲輪於堂下，釋椎鑿而上問桓公曰：「敢問公之所讀者何言耶？」公曰：「聖人之言也。」曰：「聖人在乎？」公曰：「已死矣。」曰：「然則君之所讀者，古人之糟魄普各反。已夫。」桓公曰：「寡人讀書，輪人安得議乎？有説則可，無説則死。」輪扁曰：「臣也以臣之事觀之。斲輪，徐則甘而不固，疾則苦而不入。不徐不疾，得之於手而應之於心。口不能言，有數存焉。於其間臣不能以喻臣之子。臣之子亦不能受之於臣。是以行年七十而老斲輪。古之人與音余。其不可傳者死矣。然則君之所讀者，古人之糟魄已夫！」❶

○孟子曰：「舜之飯糗茹草也，若將終身焉；及其爲天子也，被袗衣，鼓琴，二女果，若固有之。」飯，上聲。糗，去久反。茹音汝。袗，之忍反。果，《説文》作「祼」，烏果反。

飯，食也。糗，乾音干。**糒**音備。**也；茹，亦食也。袗，畫**俗作畫。**衣也。**趙氏曰：畫，黼黻絺繡之衣也。**二女，堯二女也。果，女侍也。**朱子曰：趙氏以果爲侍。《廣韻》從女、從果者，亦曰侍。

言聖人之心，不以貧賤而有慕於外，不以富貴而有動於中，隨遇而安，無預於己，所性分去聲。**定故也。**南軒張氏曰：若將終身，若固有之，可謂善形容舜者，蓋所欲不存，樂天而安土。窮而在下，則無一毫之虧。達而在上，亦無一毫之加。故無適而不得也。○慶源輔氏曰：所性，謂天所予我之性；分定，謂雖大行不加，雖窮居不損也。夫貧富貴賤，皆外物之儻來寄也。聖人盡性，故湛然無所欣戚於其間。「隨遇而安」，不以物動己也。「無預於己」，不以己隨物也。

○孟子曰：「吾今而後知殺人親之重也。殺人之父，人亦殺其父；殺人之兄，人亦殺其兄。

---

❶「魄」，原作「魂」，今據陸本及《輯釋》、上文改。四庫本作「粕」。

然則非自殺之也，一間耳。」間，去聲。

言吾今而後知者，必有所爲去聲。而感發也。一間者，我往彼來間一人耳。其實與自害其親無異也。范氏曰：「知此則愛敬人之親，人亦愛敬其親矣。」南軒張氏曰：天有顯道，厥類惟彰。感應之理，未有不以類者。方其殺人之親，孰知人殺吾親其機固已在此乎？觀魏晉南北朝之君，互相屠戮。自今觀之，屠戮他人者，實自絕滅而已矣。孟子斯言，欲使時君無動於忿欲，寡怨息争以保其宗廟親族，是仁術也。

○孟子曰：「古之爲關也，將以禦暴。

譏察非常。

「今之爲關也，將以爲暴。」

征税出入。新安陳氏曰：關有譏有征。古者禁異服、譏異言，以譏爲主。今以征爲主而已。○范氏曰：「古之耕者什一，後世或收太半之税，此以賦斂力驗反。爲暴也。文王之囿，與民同之；齊宣王之囿，爲阱國中，此以園囿爲暴也。後世爲暴不止於關。若使孟子用於諸侯，必行文王之政，凡此之類，皆不終日而改也。」南軒張氏曰：古以義理爲國，後世徇利而已。古人創法立制，與天下公共，凡以爲民耳。以利爲國，雖古法之尚存者，亦皆轉而爲一己之計矣。本原不正，無往不失先王之意，豈特爲關之暴而已哉？○慶源輔氏曰：關則一，而古今所以爲關之意則不同，譏察非常，爲義也，天理也。征稅出入，爲利也，人欲也。天下之事莫不然。孟子舉關之一事言之。范氏推言及賦斂苑囿之事，且曰使孟子用於諸侯，必行文王之政者，尤説得孟子之事實。蓋孟子言語，句句是事實，言之則必行之。

○孟子曰：「身不行道，不行於妻子；使人不以道，不能行於妻子。」

身不行道者，以行去聲。言之。不行者，道不行也。使人不以道者，以事言之。不能行者，令不行也。朱子曰：身若不行道，則妻子無所取法，全無畏憚了，然猶可使也。若使人不以道，則妻子亦不可使矣。○問：「不行於妻子，百事不可行，不可使亦在其中。不能行於妻子，却只指使人一事言之否？」曰：然。○南軒張氏曰：順理之事，則人易從。否則雖妻子亦不能使之必從也。前言不躬行，則無以化之。後言使之非道，則不得而强之。然使之以道而躬行未至，彼亦未必信從，均於不行而已。是行道爲本也。然在行道者言之，使人以道，亦行道之見於一事者也。古人謂進德者，必考之於妻子，其是之謂歟。

○孟子曰：「周于利者，凶年不能殺；周于德者，邪世不能亂。」

周，足也，言積之厚，則用有餘。慶源輔氏曰：德貴蓄積，然後有餘用而外物不足以亂之。若夫挾一善一長，而自以爲足而欲以遊於邪世，則鮮有不爲其所亂者矣。故良農不患乎年之有凶，而惟患乎蓄糧之不厚。君子不患乎世之難處，而患乎德之不周。戰兢自持，死而後已，凡皆以周其德也。○新安陳氏曰：積利厚者，豐凶皆給；積德厚者，理亂皆正。孟子不言利而此言之，主周于德而言，借以爲喻而引起耳。

○孟子曰：「好名之人，能讓千乘之國；苟非其人，簞食豆羹見於色。」好、乘、食，皆去聲。見音現。

好名之人，矯情干譽，是以能讓千乘之國；然若本非能輕富貴之人，則於得失之小者，反不覺其真情之發見矣。蓋觀人不於其所勉，而於其所忽，然後可以見其所安之實也。朱子曰：讓千乘之國，惟賢人能之。然好名之人，亦有時而能之，本非真能讓國也，徒出一時之慕名而勉强爲之耳。這邊雖能讓千乘之國，那邊簞食豆羹必見於色。東坡謂人能破千金之璧，而不能無失聲於破釜，正此意也。苟非其人，其人指真能讓國者，非指好名之人也。○常把此一段對鄉爲身死而不受爲義。蓋此段是好名之心勝，❶大處打得過，小處漏綻也。動於萬鍾者，是小處遮掩得過，大處發露也。○千乘之國，辭受之間十目所視十手所指之地也。簞食豆羹，得失之際則微矣，人亦何暇注其耳目於斯哉？此好名之士所以飾情於彼以取美名，而不意其鄙吝之真情實態，乃發露於忽易不虞之地也。○慶源輔氏曰：矯情者，務勉於其大而難久；至誠者，不忽於其小而有常。是以觀人之法，不於所勉而於所忽，人之誠與僞見矣。所安，即誠也。○新安陳氏曰：所安對所勉言。勉强者多矯飾於大而不免發露於小，安焉者則貫小大皆出於真實也。

---

❶「此」，《語類》卷六一作「前」。「段」，四庫本作「固」，孔本作「國」。

○孟子曰：「不信仁賢，則國空虛。

空虛，言若無人然。慶源輔氏曰：仁者，德之首。賢則總言其有德耳。○新安陳氏曰：仁賢，分言則仁，仁人也；賢，有德之人也。合言則仁德之賢人也。

「無禮義，則上下亂。

禮義，所以辨上下，定民志。

「無政事，則財用不足。」

生之無道，取之無度，用之無節故也。○尹氏曰：「三者以仁賢爲本。無仁賢，則禮義政事處上聲。之皆不以其道矣。」南軒張氏曰：信仁賢，則君有所輔，民有所庇，社稷有所託，姦宄有所憚，國本植立而堅固矣。有禮義，則自身以及國，君君臣臣，父父子子，而上下序，所謂治也。有政事，則先後綱目，粲然具舉，百姓足而君無不足焉。此三者，爲國之大要。然信仁賢，其本也。信仁賢而後禮義興，禮義興而後政事脩。雖三王之所以治，亦不越是矣。○新安陳氏曰：禮義由賢者出。爲政在人。三者所以以仁賢爲本也。何代不生賢，在人君能信用之耳。有之而不信用，與無之同。孟子不曰無仁賢，而曰不信仁賢，見仁賢信用之則有，不信用則無，此「不信」二字之深意。

○孟子曰：「不仁而得國者，有之矣；不仁而得天下，未之有也。」

言不仁之人，騁丑井反。其私智，可以盜千乘之國，而不可以得丘民之心。須看「盜」字。鄒氏曰：「自秦以來，不仁而得天下者有矣；秦、隋、五代是也。然皆一再傳而失之，猶不得也。所謂得天下者，必如三代而後可。」南軒張氏曰：不仁而得國，得其土地而已，豈得其民心哉？然是終可保乎？孟子之言，所當深味，不可執辭以害意也。後之取天下而立國差久者，其始所行，亦必庶幾於仁。不然雖得土地於一時，亂亡亦相踵而至，是其得也，適以速其滅亡耳。○慶源輔氏曰：不仁而得天下，如曹操、司馬氏及五代之君皆是也。鄒氏斷以得天下必如三代而後可者，得孟子之旨矣。○雲峯胡氏曰：騁私智，可以盜之於一時。非至仁，不可得之於悠久。

○孟子曰：「民爲貴，社稷次之，君爲輕。社，土神；稷，穀神。建國則立壇壝以水反，又維季反。以祀之。《周禮・地官》大司徒：「設其社稷之壝而樹之田主，各以其野之所宜木，遂以名其社與其野。」○封人掌設王之社壝爲畿封而樹之。聚土曰封。壝謂壇及堳埒也。《白虎通》曰：天子社壇方五丈，取五方五色土封之。諸侯半之，各以其所守之方一色土封之，皆冒以黄土。○《周禮圖》：「社稷壇相並，社壇在東，稷壇在西，各三級。壝在四隅，如矩曲方。」○趙氏曰：社所以祭五土之神；稷所以祭五穀之神。稷非土無以生；土非稷無以見生生之效。以其同功均利以養人故也。蓋國以民爲本，社稷亦爲去聲。民而立。而君之尊，又係於二者之存亡。故其輕重如此。問：「民貴君輕之説，得不啓後世篡奪之端乎？」朱子曰：以理言之則民貴。以分言之則君貴。此固兼行而不悖也。各於其時視其輕重之所在而已爾。若不惟其是，而姑借聖賢之説，則亦何詞之不可借，而所以啓後人之禍者，又豈止於斯乎？○新安陳氏曰：此以理言，非以分言也。

「是故得乎丘民而爲天子，得乎天子爲諸侯，得乎諸侯爲大夫。

丘民，田野之民，至微賤也。然得其心，則天下歸之。天子，至尊貴也，而得其心者，不過爲諸侯耳。是民爲重也。

「諸侯危社稷則變置。

諸侯無道，將使社稷爲人所滅，則當更平聲。立賢君。是君輕於社稷也。

「犧牲既成，粢盛既潔，祭祀以時，然而旱乾水溢，則變置社稷。」盛音成。

祭祀不失禮，而土穀之神不能爲去聲。民禦災捍音汗。患，則毁其壇壝而更平聲。置之。亦年不順成，八蜡助駕反。不通之意，《記·郊特牲》：「天子大蜡八，伊耆氏始爲蜡。蜡也者，索音色。也。歲十二月，合聚萬物而索饗之也。蜡之祭也，主先嗇而祭司嗇也，祭百種以報嗇也。饗農先農。及郵音尤。表畷陟劣反。郵表畷，田官督約農事之所也。禽獸，仁之至，義之盡也。古之君子，使之必報之。迎貓，爲其食田鼠也。迎虎，爲其食田豕也。迎而祭之也。迎其神而祭之。祭坊與水庸，事也。坊以止水，以其事於我而祭之。八蜡以記四方，四方年不順成，八蜡不通，不與諸方相通而祭。以謹民財。順成之方，其蜡乃通。」○雲峯胡氏曰：兩「變置」字不同。《集註》釋之亦異。「變置諸侯」者，改立其人也。「變置社稷」者，改立其祀神之壇壝而非改立其神也。是社稷雖重於君而輕於民也。南軒張氏曰：人君惟恃崇高之勢而忽下民之微，故肆其私欲，輕失人心以危其社稷。使其知民之貴，社稷次之，而己不與焉，則必兢兢業業，不敢自恃，惟懼其失之也，則民心得而社稷可保矣。是以明王畏其民，而闇主使民畏己。畏其民者昌，使民畏己者亡。驕亢自居，民雖迫於勢而憚之，然其心日離。民心離之，是天命去之矣。○慶源輔氏曰：天生民而立之君以司牧之，是君爲民而立也。世衰道微，至戰國時，爲君者不知其職，視民如草芥而不知恤也，故孟子發此輕重之論而并及夫社稷焉。蓋社稷亦爲民立故也。於是反覆明辨之，其丁寧警切之意，可謂仁矣。

○孟子曰：「聖人，百世之師也。伯夷、柳下惠是也。故聞伯夷之風者，頑夫廉，懦夫有立志；聞柳下惠之風者，薄夫敦，鄙夫寬。奮乎百世之上，句。**百世之下，聞者莫不興起也。非聖人而能若是乎，而況於親炙之者乎？」**

興起，感動奮發也。親炙，親近而薰炙之也。餘見形甸反。**前篇。**朱子曰：孟子於二子，論之詳矣。雖以爲聖之清和，然又嘗病其隘與不恭，且以其道不同於孔子而不願學也。及其一旦發爲此論，❶乃以百世之師歸之，而孔子反不與焉。蓋孔子道大德中而無迹，故學之者没身鑽仰而不足。二子志潔行高而迹著，故慕之者一日感慨而有餘也。○問：「孟子學孔子者也，乃屢稱夷、惠而深歎仰之，何耶？」曰：夷、惠之行高矣。然偏勝而易能，有迹而易見。且百世之貪懦鄙薄者衆，一聞其風而興起焉，則其爲效也速，而所及者廣。譬之蓳、桂、大黄之劑，雖非中和，然其去病之功爲捷，而田夫販婦大寒大暑

❶「旦」，原作「日」，今據四庫本、陸本及《輯釋》、《晦菴先生朱文公文集》卷七九改。

之所便也。若孔子之道則廣大而中正，渾然而無迹，非深於道者不能庶幾其萬一，如參苓芝朮之爲藥，平居有養性之益，而緩急伐病之功，未必優於薑、桂、大黄，非所以施於閭巷之間危惡之候也。孟子屢稱夷、惠而不及孔子，其意殆以此耶。○南軒張氏曰：夷、惠稱聖人，以其聖於清、聖於和，而得名也。○潛室陳氏曰：伯夷、柳下惠，皆入聖來，故其清爲聖人之清，和爲聖人之和。作用處與常人萬萬不侔。但比孔子，猶爲小成之聖耳！○汪氏曰：聖人達則澤及當時，窮則風傳後世。於此不及伊尹者，夷、惠不爲政於天下，所可言者風而已。伊尹異於是，故不及之。○雲峯胡氏曰：四時之風，莫和於春，莫清於秋，物無有不動者。然在物，猶有迹也。仲尼元氣也，渾然無迹矣。

○**孟子曰：「仁也者，人也。合而言之，道也。」**

仁者，人之所以爲人之理也。然仁，理也。人，物也。以仁之理合於人之身而言之，乃所謂道者也。○程子曰：「《中庸》所謂『率性之謂道』是也。」朱子曰：此「仁」字不是别物，即是這人底道理。仁是人之道理，就人身上體認出來。及就人身上説，合而言之便是道也。○人之所以得名，以其仁也。言仁而不言人，則不見理之所寓。言人而不言仁，則人不過是一塊血肉耳。必合而言之，方見得道理出來。○如《中庸》「仁者人也」，是對「義者宜也」。意又不同。「人」字是以人身言，人自有生意，脩道以仁便説仁者人也，是切己言之。孟子是統而言之。○仁則性而已矣。道則父子之親，君臣之分，見於人之身而尤著者也。○只仁與人合而言之便是道，猶言公而以人體之便是仁也。**或曰：「外國本，『人也』之下，有『義也者，宜也；禮也者，履也；智也者，知也；信也者，實也』，凡二**

十字。」今按如此，則理極分明，然未詳其是否也。尤延之云：《孟子》「仁也者人也」下，高麗本云云，此説近是。○新安陳氏曰：若據此本，則是合仁、義、禮、智、信而言之皆道也。且又見得仁、義、禮、智兼信而言五常之道，尤爲明備云。

○孟子曰：「孔子之去魯，曰：『遲遲吾行也。』去父母國之道也。去齊，接淅而行，去他國之道也。」

重平聲。出。已見《萬章下》篇。○南軒張氏曰：當其可，即是道。當去魯之時，則遲遲其行爲道。當去齊之時，則接淅而行爲道。孟子學孔子，去齊也，非父母國而有三宿出晝之濡滯何也？孟子於宣王，蓋有望焉，故其去有眷眷不能已者。夫其不能以已，是固道之所存也。

○孟子曰：「君子之戹於陳、蔡之間，無上下之交也。」

君子，孔子也。戹，與厄同。君臣皆惡，無所與交也。慶源輔氏曰：陳、蔡之厄，聖人之極否也。是亦氣數之窮，在聖人則何與焉？

○貉稽曰：「稽大不理於口。」貉音陌。

趙氏曰：「貉姓，稽名，爲衆口所訕。」所晏反。理，賴也。今按《漢書》無俚，音里。《方言》亦訓賴。《前漢・季布》贊：「賢者誠重其死，夫婢妾賤人，感慨而自殺，非能勇也。其畫無俚之至耳。」晉灼曰：揚雄《方言》曰：俚，聊也。許慎曰：賴也。○慶源輔氏曰：大不賴於口者，言大爲衆口所訕也。

孟子曰：「無傷也。士憎茲多口。

趙氏曰：「爲士者益多，爲衆口所訕。」按此則憎當從土，今本皆從心，蓋傳寫之誤。新安陳氏曰：爲士者往往見憎於此多口，如語之屢憎於人。

《詩》云：『憂心悄悄，慍于羣小。』孔子也。『肆不殄厥慍，亦不隕厥問。』文王也。」

《詩》，《邶蒲昧反。風・柏舟》及《大雅・緜》之篇也。悄悄，憂貌。慍，怒也。本言衛之仁人見怒於羣小。孟子以爲孔子之事，可以當之。如見毁於叔孫是也。肆，發語辭。南軒張氏曰：肆猶言遂也。承上起下之辭。隕，墜也。問，聲問也。本言大王事昆夷，雖不能殄絶其愠怒，亦不自墜其聲問之美。孟子以爲文王之事可以當之。如見囚於羑里是也。○尹氏曰：「言人顧自處上聲。如何，盡其在我者而已。」新安陳氏曰：文王、孔子二聖人，尚不免逢人之愠怒。況今能絶衆口之謗訕乎？惟在自反而盡其在我者耳。○東陽許氏曰：此章言文王、孔子雖有聖人之德，亦不免爲衆口所謗訕，而其所以處之者如此。然人雖謗之，終不能損其令名。孟子意謂稽雖爲衆口所訕，但當自脩其德而已。

○孟子曰：「賢者以其昭昭，使人昭昭；今以其昏昏，使人昭昭。」

昭昭，明也。昏昏，闇與暗同。也。尹氏曰：「大學之道，在自昭明德而施於天下國家，其有不順者寡矣。」慶源輔氏曰：以己昭昭使人昭昭者，求之己也。以己昏昏使人昭昭者，求之人也。尹氏引《大學》之説當矣。能明明德，則施於天下國家，其有不順者寡矣。若不自明其德，則如面牆，一物無所見，一步不可移。雖至近如妻子，亦且不順，况他人乎？

○孟子謂高子曰：「山徑之蹊間，句。介然用之而成路。句。爲間不用，則茅塞之矣。今茅塞子之心矣。」介音戞。

徑，小路也。蹊，人行處也。介然，倏然之頃也。用，由也。路，大路也。爲間，少頃也。茅塞，茅草生而塞之也。言理義之心，不可少有間去聲。斷徒玩反。也。趙氏曰：高子，齊人，嘗學於孟子，去而學他術。○慶源輔氏曰：理義之心，人所固有，雖易發而亦易窒。善端發處，體察而力充之，則可以成德。否則内爲氣習所蔽，外爲物欲所誘，而遂窒之矣。○新安陳氏曰：學問漸進，則理義日開；學問纔止，則理義日窒。氣習物欲，皆塞理義之心之茅也。學問廢弛，譬之茅又生而塞子之心矣。高子爲人，如前篇論《小弁》，後章論禹文王樂，其固陋窒塞可見。○東陽許氏曰：山間之小徑，倏然有人行而不斷，即成大路。少頃無人行，則茅長而遂塞之。學問之道，才有間斷，私欲便生，而塞天理之路矣。

○高子曰：「禹之聲尚文王之聲。」

尚，加尚也。豐氏曰：「言禹之樂，過於文王之樂。」

孟子曰：「何以言之？」曰：「以追蠡。」追音堆。蠡音禮。

豐氏曰：「追，鐘紐女九反。也。《周禮》所謂旋蟲是也。趙氏曰：按《周禮·考工記》：「鐘縣平聲。謂之旋。旋蟲謂之幹。」蓋縣鐘之紐也，其形如環，環有盤旋之義。於旋之上爲蟲形以飾之。自漢以來，鐘旋之上，以銅篆作蹲熊及盤龍，獸名辟邪，皆旋蟲之類也。**蠡者，𧓍**倪結反。**木蟲也。言禹時鐘在者，鐘紐如蟲𧓍而欲絶，蓋用之者多。而文王之鐘不然。是以知禹之樂過於文王之樂也。」**

曰：「是奚足哉？城門之軌，兩馬之力與？」與，平聲。

豐氏曰：「奚足，言此何足以知之也。軌，車轍迹也。兩馬，一車所駕也。城中之涂與途同。**容九軌，**《周禮·冬官》下，匠人營國方九里，旁三門，國中九經九緯，經涂九軌。國中，城內也。經緯，謂涂也。經緯之涂皆容方九軌。凡八尺爲軌，廣九軌，積七十二尺，則此涂十二步也。**車可散行，故其轍迹淺。城門惟容一車，車皆由之，故其轍迹深。蓋日久車多所致，非一車兩馬之力能使之然也。**借此以爲鐘歷年久之譬。**言禹在文王前千餘年，故鐘久而紐絶；文王之鐘，則未久而紐全，不可以此而議優劣也。」○此章文義本不可曉。舊説相承如此，而豐氏差**初賣反，較也。**明白，故今存之，亦未知其是否也。**

○齊饑。陳臻曰：「國人皆以夫子將復爲發棠，殆不可復。」復，扶又反。

先時齊國嘗饑，孟子勸王發棠邑之倉以振貧窮。至此又饑，陳臻問言齊人望孟子復勸王發棠，而又自言恐其不可也。華陽范氏曰：孟子在賓師之位，方以仁義説齊王，幸而聽其言，故發棠邑之粟。然而不行王政，孟子言終不合。及再饑，孟子遂不復言，度其不可言也。

孟子曰：「是爲馮婦也。晉人有馮婦者，善搏虎，卒爲善士。則之野，有衆逐虎。虎負嵎，莫之敢攖。望見馮婦，趨而迎之。馮婦攘臂下車。衆皆悦之，其爲士者笑之。」

手執曰搏。卒爲善士，後能改行去聲。爲善也。之，適也。負，依也。山曲曰嵎。攖，觸也。笑之，笑其不知止也。疑此時齊王已不能用孟子，而孟子亦將去矣，故其言如此。南軒張氏曰：世固有勇於爲善事者，不察夫義理之當然與否而必爲之，蓋亦足以悦於流俗。然發不中節，有害於君子之道，是皆馮婦之類耳。學者其無惑於衆之悦而有動哉？審諸己而已矣！○慶源輔氏曰：齊人之所望於孟子者利也。而孟子之所以自守者義也。夫告君以發粟振民，是亦美事，固君子所樂爲者。但是時齊王已不能用孟子，而孟子亦將去矣，故其義不當復有所言耳。君子之所爲與時變化，不主故常，唯義理如何耳？豈徇其常所爲者以取人之屢快哉？○新安陳氏曰：勸王發倉振饑，仁也；知時不可言而不言，智也。

○孟子曰：「口之於味也，目之於色也，耳之於聲也，鼻之於臭也，四肢之於安佚也，性也，有命焉，君子不謂性也。

程子曰：「五者之欲，性也。性之所欲，此即「食、色性也」之性。然有分，去聲。不能皆如其願，則是命也。顧即欲也，命則天理之則也，不可踰越其分限。不可謂我性之所有，而求必得之也。」愚按：不能皆如其願，不止爲貧賤，蓋雖富貴之極，亦有品節限制，則是亦有命也。朱子曰：此「性」字指氣質而言，此「命」字合理與氣而言。五者之欲固是人性，然有命分，既不可謂我性之所有而必求得之，又不可謂我分可以得而必極其欲，如貧賤不能如願，此固分也。富貴之極可以無所不爲，然亦有限制裁節，又當安之於理。如紂之酒池肉林，却是富貴之極而不知限節。若以其分言之，固無不可爲，但道理却恁地不得。今人只説得一邊，不知合而言之未嘗不同也。○新安陳氏曰：此「命」字合理與氣言，貧賤之安於分，此以氣言也。富貴之不過其則，此以理言也。

「仁之於父子也，義之於君臣也，禮之於賓主也，智之於賢者也，聖人之於天道也，命也，有性焉，君子不謂命也。」

程子曰：「仁義禮智天道，在人則賦於命者，所稟有厚薄清濁。然而性善可學而盡，故不謂之命也。」張子曰：「晏嬰智矣，而不知仲尼，是非命邪？」朱子曰：横渠有云：晏嬰智矣，而不知仲尼，是非命歟？此「命」字恐作兩般看，若作所稟之「命」，則是嬰稟得智之淺者；若作「命分」之「命」，則是嬰偶蔽於此，遂不知夫子。此當作兩般看。愚按：所稟者厚而清，則其仁之於父子也至，義之於君臣也盡，禮之於賓主也恭，智之於賢否也哲，聖人之於天道也，無不脗武粉反，一音泯。合而純亦不已焉。薄而濁，則反是。是皆所謂命也。或曰「者」當作「否」，「人」衍字，更詳之。朱子曰：命也有性焉，此「命」字專指氣而言，此「性」字專指理而言。如舜遇瞽瞍固是所遇氣數，然舜惟盡事親之道期於底豫，此所謂盡性。大凡清濁厚薄之稟，皆命也。一以所稟言之，一以所值言之，所造之有淺有深，所感之有應有不應。但其命雖如此，又有性焉，故當盡性。○或説以五者之命皆爲所值之不同，如舜之於瞽瞍，則仁或不得於父子；文王之於紂，則義或不得於君臣；孔子之於陽貨，則禮或不得於賓主；子貢不能聞一知十，則智或不得於賢者；孔子不得堯舜之位，則聖人或不得於天道，此皆命也。然君子當勉其在己者而不歸之命。其義亦通。○雲峯胡氏曰：此「命」字專指氣而言，然氣亦有二，清濁美惡，氣質之不齊也；高下厚薄脩短，氣數之有異也。**○愚聞之師曰：「此二條者，皆性之所有而命於天者也。然世之人以前五者爲性，雖有不得而必欲求之。以後五者爲命，一有不至，則不復**扶又反。**致力。故孟子各就其重處言之，**前重在命，後重在性。**以伸此而抑彼也。**伸後抑前。**張子所謂『養則付命於天，道則責成於己』。其言約而盡矣。」**朱子曰：口之於味五者，此固性之所欲。然在人則有所賦之分，在理則有不易之則，皆命也。是以不謂之性而付命於天。仁之於父子五者，在我則有厚薄之稟，在彼則有遇不遇之殊，是皆命也。然有性焉？君子不謂之命而責成於己。須如此看，意思方圓無欠缺處。○口之於味等固是性，然亦便是合下賦予之命。仁之於父子等固是命，然亦是各得其所受之理便是性。孟子恐人只見得一邊，故就其所主而言。舜、禹相授受，只説人心惟危，道心惟微。論來只有一箇心。人心如口之於味等，若以爲性所當然，一向惟意所欲，却不可。蓋有命存焉？須著安於定分，不敢少過始得。道心如仁之於父子等，若以爲命已前定，任其如何，更不盡心，却不可。蓋有性存焉？須著盡此心以求合乎理始得。上云性也，是氣稟之性，有命焉，是斷制人心，欲其不敢過也。下云命也，蓋其所受氣禀亦有厚薄之不齊，有性焉，是充廣道心，欲其無不及也。此段只要遏人欲長天理。前一節人以爲性我所有，須要必得。後一節以爲命則在天，多委之而不脩。所以孟子到人説性處却曰有命，人説命處却曰有性。○且如嗜芻豢而厭藜藿是性如此，然芻豢分無可得，只得且喫藜藿。如父子有親，有相愛底，亦有不相愛底，有相愛深底，亦有相愛淺底，此便是命。然在我有薄處，便當勉强以致其厚。在彼有薄處，吾當致厚感他，得他亦厚。如瞽瞍之頑，舜便能使烝烝乂不格姦。○問：「仁義禮智天道，此天之所以命於人，所謂本然之性者也。今曰命有厚薄，則是本然之性有兩般也。若曰伊川以厚薄言人氣質禀受於陰陽五行者如此，孟子不應言命，若以氣質厚薄言命，則是天之降才爲有殊矣。」曰：孟子言降才且如此説，若命則誠有兩般，以禀受有厚薄也。又不可謂禀受爲非命也。大抵天命流行物各有得，不謂之命不可也。命，如人有貧富貴賤，豈不是有厚薄。知之於賢者則有小大。聖人之於天道亦有盡不盡處。只如堯舜性之，則是盡天道。湯武身之，則是於天道未能盡也。此固是命，然不可不求之於性。○潛室陳氏曰：世人以上五者爲性，則見血氣而不見道理。以下五者爲命，則見氣數而不見道理。於是人心愈危，道心愈微。孟子於常人説性處却以命言，則人之於嗜慾雖所同有，却有品節限制不可必得而人心安矣。於常人説命處却以性言，則人之於義理，其氣禀雖有清濁不齊，須是著力自做工夫，不可一委之天，而道心顯矣。

○浩生不害問曰：「樂正子，何人也？」孟子曰：「善人也，信人也。」

趙氏曰：「浩生，姓；不害，名，齊人也。」

「何謂善？何謂信？」

不害問也。

曰：「可欲之謂善，

天下之理，其善者必可欲，其惡者必可惡。去聲，下同。其爲人也，可欲而不可惡，則可謂善人矣。朱子曰：可欲是資稟好，別人以爲可欲，是說這人可愛也。只是渾全一箇好人。其爲人處心造事，行己接物，一皆可欲而不可惡，則可謂之善人矣。○有可欲之善，然後有諸己而充實將去。若無可欲者，則充實箇甚物。譬如先討得真實藥材，然後脩製以爲圓、爲散。若是藥材不真，雖百般羅碾，畢竟不是。○問：「可欲之謂善，若作人去欲他，恐與有諸己之謂信不相協。蓋有諸己是說樂正子身上事，可欲却做人說，恐未安？」曰：此便是他有可欲處，人便欲他，豈不是渠身上事？與下句非不相協。○慶源輔氏曰：先儒多以可欲爲己之欲，如《書》所謂「敬脩其可願」之意。獨《集註》不然，可欲是別人以爲可欲。蓋若以爲己之欲，則說得太輕，且人之欲有善惡之不同故也。

「有諸己之謂信。

凡所謂善，皆實有之，如惡去聲。惡臭，如好去聲。好色，是則可謂信人矣。慶源輔氏曰：善固多端，故《集註》言「凡所謂善」以該之。如惡惡臭，如好好色，則表裏誠實，無一毫勉强假托之意也。○張子曰：「志人無惡之謂善。誠善於身之謂信。」朱子曰：善人者，或其天資之美，或其知及之而勉慕焉，未必其真以爲然而果能不失也。必其用力之久，真實有此善於己，而無一毫虚僞意，然後可以謂之信人矣。

「**充實之謂美，**

力行其善，至於充滿而積實，則美在其中而無待於外矣。朱子曰：無待於外，都是裹面流出來。○既信之，則其行必力，其守必固。如是而不已焉，則其所有之善，充足飽滿於其身，雖其隱微曲折之間，亦皆清和純懿而無不善之雜，是則所謂美人也。○有諸己之謂信，是都知得了實是如此做，此是就心上説。心裹都理會得。充實之謂美，是就行上説。事事都行得盡，充滿積實，美在其中而無待於外。○慶源輔氏曰：有諸己，則己是知至意誠之事。然又須見於履踐方得，故云力行其善，至於充滿其量，蓄積成實，然後美在其中而無所待於外矣。

「**充實而有光輝之謂大，**

和順積中，而英華發外，引《記・樂記》云。**美在其中，而暢於四支，發於事業，**引《易・坤卦・文言》。**則德業至盛而不可加矣。**朱子曰：美能充於内而已，未必其能發見於外也。又如是而不已焉，則其善之充於内者彌滿布濩，洋溢四出而不可禦。其在躬也，則睟面盎背而施於四體。其在事也，則德盛仁熟而天下文明。是則所謂大人者也。○慶源輔氏曰：大則形見於外矣，故《集註》以德業至盛不可加言之。

「**大而化之之謂聖，**

大而能化，使其大者泯然無復扶又反。**可見之迹，則不思不勉、從**七容反。**容中**去聲。**道，而非人力之所能爲矣。張子曰：「大可爲也。化不可爲也，在熟之而已矣。」**程子曰：大而化之，只是理與己一。其未化者，如人操尺度量物，用之尚不免有差。至於化，則己便是尺度，尺度便是己。○朱子曰：大而不化，則其大者未能離乎方體形迹之間。必其德之盛者日益盛，仁之熟者日益熟，則向之所謂大者方且春融凍解，混然無迹，而與天地合德，日月合明，四時合序，鬼神合吉凶矣。是則所謂聖人者也。○慶源輔氏曰：大則猶可以目見而指言。至於化則無迹，不可以目見，不可以言傳，無待於思惟，無假於勉强，從容自然與道爲一，而非人之智力所能及矣。

「聖而不可知之之謂神。

程子曰：「聖不可知，謂聖之至妙，人所不能測。非聖人之上又有一等神人也。」朱子曰：至於聖，則造道入德之功至矣盡矣，不可以有加矣。是其盛德至善之極，無聲無臭之妙，必有非耳目所能盡，心思所能測者，是則所謂神者，而非聖人之上復有神人也。夫自可欲而至於大，則思勉之所及也。至於聖且神焉，則非思勉之所及矣。然非思勉之而不已焉，則亦未有至焉者也。○問：「可欲之謂善，至聖而不可知之謂神。」曰：善，渾全底好人，無可惡之惡，有可喜可欲之善。有諸己之謂信，真箇有此善。若不有諸己，則若存若亡不可謂之信。自此而下，雖一節深如一節，却易理會。充實，謂積累。光輝，謂發見於外。化，則化其大之迹。聖而不可知處便是神也。所以明道言仲尼無迹，顔子微有迹，孟子其迹著。或問顔子之微有迹處。曰：如願無伐善、無施勞皆是。○此六位皆他人指而名之之辭。○南軒張氏曰：本領在可欲之善。信者信此者也。美者美此者也。大則充此而有光輝也。化則爲聖，而其不可知則神也。至於聖且神，其體亦不外此而已。又曰：可欲之善，聖神之事備焉。人生而靜，皆具此體。至於化而聖，然後爲全盡純於此者也。

「樂正子，二之中、四之下也。」

蓋在善信之間。觀其從於子敖，則其有諸己者或未實也。問：「樂正子以善名矣，而以餔啜從子敖，先館舍後長者，何也？」朱子曰：言在二者之中，則其餘於善而不足於信矣！○慶源輔氏曰：意者樂正子雖能明善，而亦工夫未到，於善未誠使其誠有諸己，則於從子敖之事，當如惡惡臭而自不嚮邇也。張子曰：「顏淵、樂正子，皆知好去聲，下同。仁矣。新安陳氏曰：樂正子資質純粹，略似顏子，故横渠引此立論。樂正子志仁無惡，而不致於學，所以但爲善人信人而已。顏子好學不倦，合仁與智，具體聖人，獨未至聖人之止耳。」慶源輔氏曰：張子并顏子言之，見學之不可已如此。○程子曰：「士之所難者，在有諸己而已。能有諸己則居之安，資之深，而美且大可以馴音旬。致矣。徒知可欲之善，而若存若亡而已，則能不受變於俗者鮮上聲。矣。」慶源輔氏曰：程子又發明學者只要有諸己。有諸己，則住不得，自然趲將去，故美且大可以馴致。不然，徒知其善而若存若亡，則爲流俗所變而終亦必亡之矣。○新安陳氏曰：此條重在有諸己之信。尹氏曰：「自可欲之善至於聖而不可知之神，上下一理。擴充而至於神，則不可得而名矣。」慶源輔氏曰：尹氏上下一理之説尤得其要，惟其不可得而名，故謂之神也。○雲峯胡氏曰：須看尹氏「上下一理」四字，善者人心之天理，始而爲人之所可欲者此理也，終而人之所不可知者亦此理也。善非粗淺，神非高虚，惟在乎實有此善而力行以充之爾。○新安陳氏曰：自善信至聖神，高下固懸絶矣。然雖聖神之極致，亦不外乎自善信而充之。生知安行之聖人，固不必由科級而進。學知利行以下之希聖，未有不由科級而進者。可欲之善真能有諸己，勉勉循循充而拓之以至於極，雖比性之之聖有生熟之不同，豈有不能如身之之聖者。

○孟子曰：「逃墨必歸於楊，逃楊必歸於儒。歸，斯受之而已矣。

墨氏務外而不情，楊氏太簡而近實，故其反正之漸，大略如此。歸斯受之者，憫其陷溺之久，而取其悔悟之新也。朱子曰：楊、墨皆是邪説，無大輕重。但墨氏之説尤出於矯僞，不近人情而難行，故孟子之言如此。非以楊氏爲可取也。○南軒張氏曰：兼愛者棄本而外馳。爲我者狹隘而私勝。墨之比楊，猶奢之比儉。自爲者固非，猶愈於兼愛之泛也。泛者尤難反耳。

「今之與楊、墨辯者，如追放豚，既入其苙又從而招之。」

放豚，放逸之豕豚也。苙，闌也。招，罥扃縣反。也，羈其足也。言彼既來歸，而又追咎其既往之失也。○此章見聖賢之於異端距之甚嚴，而於其來歸待之甚恕。距之嚴，故人知彼説之爲邪。待之恕，故人知此道之可反。仁之至，義之盡也。雲峯胡氏曰：於異端距之甚嚴者，至正不可以容邪，義之盡也。來歸待之甚恕者，至大可以容小，仁之至也。於此可見聖賢至正至大之心矣。

○孟子曰：「有布縷之征，粟米之征，力役之征。君子用其一，緩其二。用其二而民有殍，用其三而父子離。」

征賦之法，歲有常數。然布縷取之於夏，粟米取之於秋，力役取之於冬，當各以時。若并取之，則民力有所不堪矣。新安陳氏曰：用其二，一時併用二端也；用其三，一時併取三者也。今兩税三限之法，亦此意也。尹氏曰：「言民爲邦本。取之無度，則其國危矣。」慶源輔氏曰：此孟子言之以警夫取民無度者。○問：「布縷、粟米、力役之征，《周禮》皆取之。而孟子言用其一而緩其二，朱子乃有夏秋之辨。夫夏秋之説始出於唐，不知何所據而云。」潛室陳氏曰：緩非廢其征，但不作一時併征之耳。《月令》孟夏蠶畢而獻繭税，孟秋農乃登穀始收穀。布縷征之夏，粟米征之秋，乃古法。若唐分兩税，始於德宗楊炎，非止布縷粟米之征，乃是取大曆十四年應干賦斂之數併而爲兩税。名同實異。失孟子之意矣。

○孟子曰：「諸侯之寶三：土地、人民、政事。寶珠玉者，殃必及身。」

尹氏曰：「言寶得其寶者安，寶失其寶者危。」新安陳氏曰：諸侯寶人民而善政事以治之，則有人有土而常爲吾寶矣。

○盆成括仕於齊。孟子曰：「死矣，盆成括！」盆成括見殺。門人問曰：「夫子何以知其將見殺？」曰：「其爲人也小有才，未聞君子之大道也，則足以殺其軀而已矣。」盆成，姓；括，名也。恃才妄作，所以取禍。徐氏曰：「君子道其常而已。括有死之道焉。設使幸而獲免，孟子之言猶信也。」南軒張氏曰：不聞道則爲才所役。道者，理義之存乎人心者也。於此有聞，則才有所不敢恃矣。人之有才本不足以爲人害，惟無所本而徒用其才，於是才始足以病己，甚至有取死之道。又不若魯鈍無才之愈也。小有才而未聞道者，身且不能保，爲國者乃信而用之，亡國敗家其何日之有。○慶源輔氏曰：才出於氣而有限，才本自小，道原於性而無方，道本自大。况曰小有才，則又才之小者也。不顧義理而惟才是逞，則行險僥倖無所不至，不至於顛覆不已也。孟子之言但述其理之當然耳，不以是爲奇中也。學者不達而以是爲奇，則必以料事爲明，而駸駸然入於逆詐億不信矣。

○孟子之滕，館於上宮。有業屨於牖上，館人求之弗得。館，舍也。上宮，別宮名。業屨，織之有次業而未成者。蓋館人所作，置之牖上而失之也。或問之曰：「若是乎，從者之廋也？」曰：「子以是爲竊屨來與？」曰：「殆非也。夫子之設科也，往者不追，來者不拒。苟以是心至，斯受之而已矣。」從、爲，去聲。與，平聲。夫子，如字，舊讀爲「扶余」者非。或問之者，問於孟子也。廋，與廋同。匿也。言子之從者，乃匿人之物如此乎？孟子答之，而或人自悟其失，因言此從者固不爲去聲。竊屨而來，但夫子設置科條以待學者，苟以向道之心而來則受之耳，雖夫子亦不能保其往也。門人取其言，有合於聖賢之指，故記之。慶源輔氏曰：先儒多讀夫子作夫音扶。予，而以爲孟子自說。朱子獨以爲夫子，而作問者自悟其失而言者，蓋不獨以殆非也，下無「曰」字而知其然。若以爲孟子之言，則不惟露筋骨，且非所以待學者，將使學者不自重矣。惟以爲問者之言則可取。愚嘗謂近世好議論者，往往以學者之失而議先生長者，是其識量又不逮於當時織屨者矣。苟以是心至斯受之者，與人爲善之公也。至於孺悲欲見則辭以疾，滕更在門則不見答，是又義之所當然也。然教亦固在其中矣。

○孟子曰：「人皆有所不忍，達之於其所忍，仁也；人皆有所不爲，達之於其所爲，義也。惻隱羞惡之心，人皆有之，故莫不有所不忍不爲，此仁義之端也。然以氣質之偏，物欲之蔽，則於他事或有不能者，但推所能達之於所不能，則無非仁義矣。慶源輔氏曰：不忍者，惻隱之事也。不爲者，羞惡之事也。是皆本於性發於情而統於心，人之所固有者也。但爲氣稟所拘，物欲所蔽，則心失其正而不能統。夫性與情，故有所當發而不發，亦有所不當發而反發，遂至於其所不忍者或有時而忍，於其所不爲者或有時而爲，而性亦從而梏亡之矣。今教之以推所不忍以達於所忍，推所不爲以達於所爲，如是，則心得其職，情得其正，而性之所以爲仁義者得矣。○西山真氏曰：有所不忍不爲者，此心之正也。能即是心而推之，雖所忍者亦不忍，即仁也。雖所爲者亦不爲，即義也。

「人能充無欲害人之心，而仁不可勝用也；人能充無穿踰之心，而義不可勝用也。勝，平聲。充，滿也。穿，穿穴；踰，踰牆，皆爲盜之事也。能推所不忍，以達於所忍，則能滿其無欲

害人之心，而無不仁矣；能推其所不爲以達於所爲，則能滿其無穿踰之心，而無不義矣。南軒張氏曰：人皆有所不忍，皆有所不爲，此其秉彝之不可泯滅者也。然有所不忍矣而於他則忍之，有所不爲矣而於他則爲之，此豈有異心哉？爲私欲所蔽而生道息故也。若以其所不忍而達之於其所忍，豈非仁乎？以所不爲而達之於其所爲，豈非義乎？自無欲害人之心而充之，則其愛無所不被，仁有不可勝用矣。自無穿踰之心而充之，則其宜無所不得，義有不可勝用矣。蓋其理本具於性，貴於充之而已。○慶源輔氏曰：此一節因前説而教人以充滿其本心之量也。無欲害人之心，即是所不忍，無穿踰之心，即是所不爲。是心也，其量甚大，其用有常。人能推所不忍以達於其所忍，然後能充滿其無欲害人之心量。推所不爲以達於其所爲，然後能充滿其無穿踰之心量。能充滿其心量，則其用有常而仁義不可勝用矣。○新安陳氏曰：達，如導水自畎澮達之川，自川達之海。充，如水達海而充滿於其中也。惟達而後能充，如擴而充之之意。

「人能充無受爾汝之實，無所往而不爲義也。

此申説上文充無穿踰之心之意也。蓋爾汝，人所輕賤之稱。人雖或有所貪昧隱忍而甘受之者，然其中心必有慚忿而不肯受之之實。人能即此而推之，使其充滿無所虧缺，則無適而非義矣。問「充無受爾汝之實」。朱子曰：惡不仁者，其爲仁矣。不使不仁者加乎其身，惡不仁而不能使不仁者不加乎其身，便是不能充無受爾汝之實。○看來「實」字對名字説，不欲人以爾汝之稱加諸我，是惡爾汝之名也。然反之於身而去其有可爾汝之行，是能充其無受爾汝之實也。若我身有未是處，則雖惡人以爾汝相稱，亦自有所愧矣。○新安陳氏曰：朱子此條，乃用趙註之説，與《集註》不同。蓋謂惡爾汝之名，是惡人之輕己也。反身而去其可輕之行，是能充其無受爾汝之實也。人能充滿其無受爾汝之實行，則所爲無往非義矣。意義較明白。○慶源輔氏曰：此一節，事雖微而理愈密。夫人不受爾汝之稱，皆是羞惡之實心。存養之不加，體察之不至，則不受之心雖有得於此而或遂失於彼，亦不能充滿其實心之量，而義有時而不行矣。惟能推所不受，而達之於所受，而無所滲漏，❶然後能充滿其無受爾汝實心之量，無所適而不爲義也。

「士未可以言而言，是以言餂之也；可以言而不言，是以不言餂之也：是皆穿踰之類也。」餂音忝。

餂，探取之也。今人以舌取物曰餂，即此意也。便平聲。**佞**未可以言而言。**隱默**，可以言而不言。**皆有意探取於人，是亦穿踰之類。然其事隱微，人所忽易**，去聲。**故特舉以見**形甸反。**例。明必推無穿踰之心達於此而悉去**上聲。**之，然後爲能充其無穿踰之心也。**朱子曰：餂是鈎致之意。如本不必説，自家却强説幾句，要去動人，要去悦人，是以言餂之也。如合當與他説，却不説，須故爲隱難，要使他來問我，是以不言餂之也。不直心而私意如此，便是穿踰之類。裏面是如此，外面却不如此。外面恁地，裏面却不恁地。○問：「此章先言仁義，後專言義，何也？」曰：仁只是一路，只

❶「漏」，四庫本作「矣」。

是箇不忍之心。苟能充此心便了。義却頭項多。又問：「人能充無穿踰之心，是就至粗處説。未可以言而言，與可以言而不言，是説人至細處否？」曰：然。能充無受爾汝之實處，工夫却甚大了。到這田地時，工夫大段周密了，所以説無所往而不爲義也。使行己有一毫未盡，便不能無受爾汝之實矣。達者推之也，是展開去。充者填滿也，須填塞教滿。○南軒張氏曰：以言取之者，其猶以諂爲悦者乎？以不言取之者，其猶以默爲容者乎？以是爲穿踰之類者，以若有取之之心故耳。此章始言仁義而末獨言義，何也？蓋仁義體用相須者也。人之不仁，以非義害之也。不爲非義而後仁可得而存，故反復再三推而言之，使人知所用力也。○慶源輔氏曰：此一節，事之微而理之密又有甚於前者，故以士言之。夫不爲穿踰、無受爾汝，在士則有所不必道。然一語一默之微，發於計較安排而有意探取於人，則是亦穿踰之類，故《集註》亦以爲其事隱微，人所忽易，故特舉以見例。必推無穿踰之心而達之於此類，至纖至悉處亦不容有不盡，方始能充其無穿踰之心也。其義亦精矣。○雲峯胡氏曰：《孟子》首篇曰「善推其所爲」，欲齊王即其不忍之心而推之也。末篇曰達曰充，欲人皆即其有所不忍不爲之心而達之充之也。擴此心之用無少壅遏，則謂之達。滿此心之量無少欠缺，則謂之充。《集註》論此「達」與「充」二字，而「推」之一字凡五及之。達者推之始，充者推之終也。不推不能達，不達不能充。《集註》可謂能發孟子終始教人之本旨矣。先儒云：孟子平生工夫受用處，只在「善推其所爲」一句，爾非朱子孰能發之哉！○新安陳氏曰：此章後二節單言義。無受爾汝之實，正其行也。戒以言不言餂之，正其言也。正其言行以充其羞惡之心，乃於稱謂語默日用之常事以求義之精焉。《語》曰：「色厲内荏，其猶穿踰與？」《表記》曰：「君子不以色親人，情疎而貌親，在小人則穿踰之盜也與。」皆可以充廣此義，所當參玩。

○孟子曰：「言近而指遠者，善言也；守約而施博者，善道也。君子之言也，不下帶而道存焉。施，去聲。

古人視不下於帶，《記·曲禮》下：「天子視不上於袷，音劫。不下於帶。凡視上於面則傲，下於帶則憂，傾則姦。」**則帶之上，乃目前常見至近之處也。舉目前之近事，而至理存焉，所以爲言近而指遠也。**朱子曰：說言近指遠，守約施博，四方八面皆看得見。此理本是遠近博約如一，而行之則自近約始。道理只是一，但隨許多頭面去，又不可不不逐頭面理會也。○慶源輔氏曰：言近而指遠，故測之而益深，窮之而愈遠，是君子教人之事。

「君子之守，脩其身而天下平。

此所謂守約而施博也。南軒張氏曰：所謂指遠者固存乎近，所謂施博者固存乎約也。不下帶而道存，言近而指遠也。蓋其所言只其身中事，在目前者耳，而至理初不外是也。脩身而天下平守約，而施博也。脩身則本立，由是而家齊國治天下平，皆其所推耳。○慶源輔氏曰：守約施博，故推之而無不準，動之而無不化，是君子治天下之事。

「人病舍其田而芸人之田，所求於人者重，而所以自任者輕。」舍音捨。

此言不守約而務博施之病。朱子曰：不知道者務爲高遠之言，則固荒唐而無餘味。然欲其近，則又鄙淺而無深遠之趣也。不知約之可守，則固泛濫而不切矣。然欲其約，則又狹隘而無廣博之功也。然則所謂善言善道者，非有道之君子其孰能知之乎？○南軒張氏曰：舍其田而芸人之田者，不治其身而治人之譬也。不務在己者而責諸人，其自任亦輕矣。蓋不知一身爲天下之本故也。

○孟子曰：「堯、舜，性者也；湯、武，反之也。性者，得全於天，無所污烏故反。壞，不假脩爲，聖之至也。反之者，脩爲以復其性，而至於聖人也。程子曰：「性之、反之，古未有此語。蓋自孟子發之。」呂氏曰：「無意而安行，性者也。有意利行，而至於無意，復性者也。堯、舜不失其性，湯、武善反其性，及其成功則一也。」程子曰：堯與舜更無優劣，及至湯、武便别。孟子言性之反之，自古無人如此說。只是孟子分別出來，便知得堯、舜是生而知之，湯、武是學而能之。文王之德則似堯、舜，禹之德則似湯、武，要之皆是聖人。○朱子曰：湯、武反之，其反之雖同，然細看來，武王終是疎略，成湯却孜孜向進。如其伐桀，所以稱桀之罪只平說過，又放桀之後惟有慙德。武王數紂至於極其過惡，於此可見矣。朱子曰：呂氏說「性也」，「性」下合添「之者」二字。

「動容周旋中禮者，盛德之至也；哭死而哀，非爲生者也；經德不回，非以干禄也；言語必信，非以正行也。中、爲、行，並去聲。細微曲折，無不中禮，乃其盛德之至。自然而中，而非有意於中也。經，常也。回，曲也。

三者亦皆自然而然，非有意而爲之也。皆聖人之事，性之之德也。問：「信言語以正行，莫無害否？」朱子曰：言語在所當信，若有意以此而正行，便是有爲而然也。○慶源輔氏曰：若有意於中，則必有勉强持守之意，力懈意弛，則必有所不中者矣。又曰：三者特舉聖人之庸行，人所易曉者以例其餘。聖人之動無不時也，豈有意而爲之者哉？故《集註》斷以爲聖人之事，性之之德也。

「君子行法，以俟命而已矣。」

法者，天理之當然者也。君子行之，而吉凶禍福有所不計。蓋雖未至於自然，而已非有所爲去聲。而爲矣。此反之之事，董子所謂「正其義不謀其利，明其道不計其功」，正此意也。○程子曰：「動容周旋中禮者，盛德之至。行法以俟命者，『朝聞道夕死可矣』之意也。」新安陳氏曰：惟聞道，故生順死安，雖夕死，亦可。惟行法，故禍福能一聽天命。其意相類。呂氏曰：「法由此立，命由此出，聖人也；新安陳氏曰：以法與命移上聖人說。聖人從容中道，身即爲度，法出我立。與天爲徒，命由我出。與天地合德，與鬼神合吉凶。如《書》云「自作元命」，唐李泌云「君相造命」是也。行法以俟命，君子也。聖人性之，君子所以復其性也。」朱子曰：聖人是人與法爲一，己與天爲一。學者是人未與法爲一，己未與天爲一，故須行法以俟命也。○行法以俟命，三代以降惟董子嘗言之。而諸葛忠武侯言於其君有曰：「臣鞠躬盡力，死而後已，至於成敗利鈍，非臣之明所能逆覩也。」程子語其門人有曰：「今容貌必端，言語必正，非欲獨善其身以求知於人，但天理當然。亦曰循之而已矣。」❶此三言者所指雖殊，要皆行法俟命之意。○慶源輔氏曰：法者，凡古聖賢之所制皆是也。蓋莫非天理之當然。如爲君而仁，爲臣而敬，子孝父慈皆是也。君子行之，而吉凶禍福聽天所命，我皆在所不計，所謂俟命也。雖未能如聖人之安行自然，已非有爲而爲之矣。

○**孟子曰：「說大人則藐之，勿視其巍巍然。**說音稅。藐音眇。**趙氏曰：「大人，當時尊貴者也。藐，輕之也。巍巍，富貴高顯之貌。藐焉而不畏之，則志意舒展，言語得盡也。」**和靖尹氏曰：藐者，止是不以其貴勢威嚴爲事而慴，非謂便視他作無物也。○朱子曰：說大人則藐之，蓋主於說而言。如曰見大人則藐之，則失之矣。蓋大人固當畏，而所謂藐者乃是藐其堂高數仞之類耳。這爲世人把大人許多崇高富貴當事，有言不敢出口，故孟子云爾。○今人不是畏大人，只是畏其巍巍然者。若能勿視其巍巍然，而不失其畏大人之心，乃是真能畏大人者。○問：「孔子畏大人，而孟子藐之何也？」曰：孟子藐大人，不視其巍巍然者而已，故雖不肯枉尺直尋，而齊人敬王莫如孟子也。特以當世之士以道徇人，内無所守，故特發此以立其志，使其意氣舒展，無所懾懼，而得以盡其所言爾。若君子以禮存心，固將無所不用其敬，豈於大人而反藐之哉？○慶源輔氏曰：若不藐視之，則是爲其巍巍者所動矣！志氣一有所懾怯，則必不能展盡底藴，剛强者有懷或不敢盡，柔弱者則必至於變其所欲言而反徇之矣。

❶「日」，四庫本作「得」。

「堂高數仞，榱題數尺，我得志弗爲也；食前方丈，侍妾數百人，我得志弗爲也；般樂飲酒，驅騁田獵，後車千乘，我得志弗爲也。在彼者，皆我所不爲也；在我者，皆古之制也。吾何畏彼哉？」榱，楚危反。般音盤。樂音洛。乘，去聲。

榱，桷音角。也。題，頭也。食前方丈，饌食列於前者，方一丈也。此皆其所謂巍巍然者，我雖得志，有所不爲，而所守者皆古聖賢之法，則彼巍巍者何足道哉？南軒張氏曰：藐，讀如眇。《左氏》曰：「以是藐諸孤。」藐，小之也。小之者，小其所挾也。視其巍巍然則動於中。動於中，則慕在彼之勢，而屈在我之義矣。使在我不知古制之守，則爲其巍巍然所動矣。故程子曰：「內重則見外之輕，得深則見誘之小。」後之爲士者，惟不知古制之是守，故未得志則有所慕，既得志則行其所慕，逐欲不已以爲天下害。士必寡欲而後能守古制，守古制而後知自重，知自重而後不爲勢所屈。使其身用而道行，則生民受其福矣！○楊氏曰：「孟子此章，以己之長，方人之短，猶有此等氣象。在孔子則無此矣。」慶源輔氏曰：孟子有泰山巖巖然之氣象，便是指此等處言也。若聖人則大而化之，泯然不見其大之迹，故不至如此。然非聖人覺此而不爲也，德盛仁熟，大而化之，則自然不至有此等氣象矣。

○孟子曰：「養心莫善於寡欲。其爲人也寡欲，雖有不存焉者，寡矣；其爲人也多欲，雖有存焉者，寡矣。」

欲，如口鼻耳目四支之欲，雖人之所不能無，然多而不節，未有不失其本心者，學者所當

深戒也。程子曰：「所欲不必沈溺，只有所向便是欲。」周子曰：養心不止於寡而存耳。蓋寡之又寡以至於無，則誠立明通。○蔡氏曰：誠立而實體安固。明通而實用流行。○程子曰：欲寡，則心自誠。荀子言養心莫善於誠，既誠矣，又何養？此已不識誠，又不知所以養。○朱子曰：孟子只是言天理人欲相爲消長分數，其爲人也寡欲，則人欲分數少，故雖有不存焉者寡矣。不存焉者寡，則天理分數多也。其爲人也多欲，則人欲分數多，故雖有存焉者寡矣。存焉者寡，則天理分數少也。蓋「多」字對「寡」字說。若眼前事事貪要時，這心便一齊走出了。未便說到邪僻不好底物事。只是眼前底事纔多欲，本心便都分雜了。只減少，便漸存得此心。問周子之言。曰：語其所至，則固然矣。然未有不由寡欲而能至於無者，語其所至而不由其序，則無自而進。由其序而不要其至，則或恐其安於小成也。周子之說，於此爲有相發之功焉。○伊川教人直是都不去他用其心，只是要得寡欲。存這心最是難。湯、武聖人，孟子猶說湯、武反之也。反，復也。反復得這本心，如不邇聲色，不殖貨利，只爲要存此心。觀旅獒之書，只受一犬而反覆切諫，以此見欲之可畏，無小大皆不可忽。○南軒張氏曰：寡欲爲養心之要。然人固有天資寡欲者，有天資多欲者。其爲人寡欲，則不存者寡。多欲，則存焉者寡。以是知養心莫善於寡欲也。存者，謂其心之不外馳也。雖然天資寡欲之人，不存固寡。然不知存其存，則亦莫之能充也。若學者以寡欲爲要，則當存養擴充，由寡欲以至於無欲，則其清明高遠者爲無窮矣。○勉齋黄氏曰：孟子嘗言求放心矣，又言存其心矣，操之則存，舍之則亡。心之存亡決於操舍。而又曰「莫善於寡欲」何也？操存，固學者之先務。然人惟一心，而攻之者衆。聲色臭味交乎外，榮辱利害動乎内。隨感而應，無有窮已，則清明純一之體，又安能保其常存而不放哉？此孟子發明操存之説，而又以爲莫善於寡欲也。雖然寡欲固善矣，然非真知夫天理人欲之分，則何以施其克治之功哉？故格物致知，又所以爲寡欲之要。此又學者之所當察也。○慶源輔氏曰：程子又極其微而言之。學者須是於欲有所向處便加克治。若待其張王，❶則用力難矣。○雲峯胡氏曰：《孟子》一書，三「養」字皆切要語。曰養氣，曰養性，曰養心，合而觀之，氣生於理，善養氣者在養性；理具於心，善養性者在養心；心汩於欲，善養心者在寡欲；寡之又寡以至於無，則心存而性存，氣不必言矣。

○曾晳嗜羊棗，而曾子不忍食羊棗。

羊棗，實小黑而圓，又謂之羊矢棗。曾子以父嗜之，父没之後，食必思親，故不忍食也。

公孫丑問曰：「膾炙與羊棗孰美？」孟子曰：「膾炙哉！」公孫丑曰：「然則曾子何爲食膾炙而不食羊棗？」曰：「膾炙所同也，羊棗所獨也。諱名不諱姓，姓所同也，名所獨也。」

肉聶而切之爲膾。聶，之涉反。詳見《論語·鄉黨》篇「膾不厭細」章下。**炙，**之夜反。**炙**音隻。**肉也。**勿軒熊氏曰：須看「不忍」字重。母没而杯圈不能飲，不忍故也。○新安陳氏曰：不諱姓，喻食膾炙。諱名，喻不食羊棗。

○萬章問曰：「孔子在陳曰：『盍歸乎來！吾黨之士狂簡，進取，不忘其初。』孔子在陳，何

---

❶「王」，四庫本作「皇」。

思魯之狂士？」

盍，何不也。狂簡，謂志大而略於事。進取，謂求望高遠。不忘其初，謂不能改其舊也。此語與《論語》小異。慶源輔氏曰：志大謂狂，略於事謂簡。如曾點異乎三子者之譔，則志大而略於事可知。直欲躐乎聖人之樂處，則期望高遠可知。終不肯做下學工夫，後至於臨人之喪而歌，不能改其舊可知。「狂簡」二字，又該括得下兩句。進取，即是志大。不忘其初，即是略於事也。

孟子曰：「孔子：『不得中道而與之，必也狂獧乎！狂者進取，獧者有所不爲也。』孔子豈不欲中道哉？不可必得，故思其次也。」獧音絹。

不得中道，至有所不爲，據《論語》亦孔子之言。然則「孔子」字下當有「曰」字。《論語》「道」作「行」，「獧」作「狷」。有所不爲者，知恥自好，去聲。不爲不善之人也。「孔子豈不欲中道」以下，孟子言也。其次，謂狂者。

「敢問何如斯可謂狂矣？」

萬章問。

曰：「如琴張、曾晳、牧皮者，孔子之所謂狂矣。」

琴張，名牢，字子張。子桑户死，琴張臨其喪而歌。事見形甸反，下同。《莊子》。《莊子·太宗師》篇：子桑户、孟子反、子琴張相與爲友。子桑户死，未葬。孔子聞之，使子貢往行事焉。或編曲，或鼓琴，相和而歌曰：「嗟來桑户乎！而已反其真，而我猶爲人猗！」於宜反。子貢趨而進曰：「敢問臨喪而歌禮乎？」二人相視而笑曰：「是惡音烏。知禮義。」**雖未必盡然，要必有近似者。曾晳見前篇。季武子死，曾晳倚其門而歌，事見《檀弓》。**《記・檀弓下》：「季武子寢疾，及其喪也，曾點倚門而歌。」**又言志異乎三子者之撰，事見《論語》。牧皮，未詳。**

「何以謂之狂也？」

萬章問。

曰：「其志嘐嘐然，曰『古之人，古之人』。夷考其行而不掩焉者也。嘐，火交反。行，去聲。**嘐嘐，志大言大也。**重平聲。**言古之人，見其動輒稱之，不一稱而已也。夷，平也。掩，覆**敷救反。**也。言平考其行，則不能覆其言也。**新安陳氏曰：志大言大，動欲慕古，狂故也；平考其行，行不掩言，簡故也。**程子曰：「曾晳言志，而夫子與之，蓋與聖人之志同，便是堯舜氣象也。特行有不掩焉耳，此所謂狂也。」**慶源輔氏曰：曾晳之志，固不止於如此。然其不屑之於事爲，其直欲徑探乎聖人之樂處，則與所謂嘐嘐然，曰「古之人，古之人」之意亦不相遠。而其行有不能掩其言者，則又自有不可誣也。故《集註》取程子之説以釋之。夫子與之者，是與其志大言大也。便是堯舜氣象者，是亦所謂「古之人，古之人」之類也。

「狂者又不可得，欲得不屑不潔之士而與之，是獧也，是又其次也。

此因上文所引，遂解所以思得獧者之意。狂，有志者也；獧，有守者也；有志者能進於道，有守者不失其身。屑，潔也。朱子曰：狂者知之過；獧者行之過。○南軒張氏曰：《中庸》云「智者過之」，其狂者歟？「賢者過之」，其獧者歟？鄉原即所謂小人之中庸也。○慶源輔氏曰：狂者是合下氣質高明，便自有所見者。獧者是合下氣質貞固，便自有所守者。狂者則於知上所得分數多。獧者則於行上所得分數多。聖門學者必皆中與和合德，知與行並進，然後爲貴。所謂中道者是也。此等人既不可得，故不得已而與夫狂獧也。○新安陳氏曰：以不善爲不潔而不屑爲之也。

「孔子曰：『過我門而不入我室，我不憾焉者，其惟鄉原乎！鄉原，德之賊也。』」曰：「何如斯可謂之鄉原矣？」

鄉原，非有識者。原，與「愿」同。《荀子》「原愨」，克角反。字皆讀作「愿」，謂謹愿之人也。《荀子・榮辱篇》：「孝悌原愨以敦比其事業。」○《富國篇》：「其臣主百吏，汙者皆化而脩，悍者先化而原，躁者先化而愨，是明主之功已。」○《正論篇》：「上端誠，則下原愨矣。上公正，則下易直矣。」故鄉里所謂愿人，謂之鄉原。孔子以其似德而非德，故以爲德之賊。過門不入而不恨之，以其不見親就爲幸，深惡去聲。而痛絶之也。以上釋孔子語。萬章又引孔子之言而問也。慶源輔氏曰：先儒皆以原爲善，不惟無所據，又既謂之善人，則不應遂以爲德之賊。故《集註》引《荀子》爲證，以原爲愿，且曰鄉人無知，其所謂愿人，謂之鄉原，「原」字固淺狹，又鄉人以爲愿，則亦非真愿者也。

曰：「『何以是嘐嘐也？言不顧行，行不顧言，則曰：古之人，古之人。行何爲踽踽涼涼，生斯世也，爲斯世也，善斯可矣。』閹然媚於世也者，是鄉原也。」行，去聲。踽，其禹反。閹音奄。

踽踽，獨行不進之貌。涼涼，薄也。不見親厚於人也。鄉原譏狂者曰：何用如此嘐嘐然，行不掩其言，而徒每事必稱古人邪？俗作耶。又譏獧者曰：何必如此踽踽涼涼，無所親厚哉？人既生於此世，則但當爲此世之人，使當世之人皆以爲善則可矣，此鄉原之志也。以上皆釋鄉原之言。閹，如「奄人」之奄，閉藏之意也。《周禮・春官》：「守祧奄八人。」遠廟曰祧。奄，如今之宦者。祧，他凋反。媚，求悦於人也。孟子言此深自閉藏，以求親媚於世，是鄉原之行也。行去聲。 朱子曰：鄉原務爲謹愿，不欲忤俗以取容，專務徇俗，欲使人無所非刺。既不肯做狂，又不肯做獧，一心只要得人説好，更不理會自己所見所得與夫理之是非。彼狂者嘐嘐然，以古人爲志，雖行之未至而所知亦甚遠矣。獧者便只是有志力行，不爲不善，二者皆能不顧流俗汙世之是非，雖是不得中道，却都自是爲己，不爲他人。鄉原反非笑之。鄉原者爲他做得好，使人皆稱之，而不知其有無窮之禍。如五代馮道者，此真鄉原也。〇慶源輔氏曰：閹然媚於世，此是鄉原之隱情匿志。孟子説破其情狀。

萬章曰：「一鄉皆稱原人焉，無所往而不爲原人，孔子以爲德之賊，何哉？」

原，亦謹厚之稱，而孔子以爲德之賊，故萬章疑之。

曰：「非之無舉也，刺之無刺也；同乎流俗，合乎汙世；居之似忠信，行之似廉潔；衆皆悦之，自以爲是，而不可與入堯舜之道，故曰德之賊也。

呂侍講曰：「言此等之人，欲非之則無可擧，欲刺之則無可刺也。流俗者，風俗頹徒回反。靡，如水之下流，衆莫不然也。汙，濁也。非忠信而似忠信，非廉潔而似廉潔。」朱子曰：狂者所見過於高遠而行不到。獧者能力行而見有所不逮。二者皆可收拾入來。至於鄉原，則孟子敢斷然以爲德之賊者。蓋其居之似忠信，行之似廉潔，衆皆悅之。使其回頭來，却未可知，只被他自以爲是，既把來做是了便休，是以終身爲原人，而孟子以爲德之賊也。○南軒張氏曰：此數句極鄉原之情狀，非之無擧，刺之無刺，言其善自矯飾，流俗能同，汙世能合，言其無所執守也。以忠信廉潔曰似，則非真矣。衆皆悅之，則異乎鄉人之善者好之矣。自以爲是，所以卒爲鄉原而不可反也。堯舜之道，大中至正，天理之存乎人心者也。此所謂善也。若鄉原所謂善斯可矣，則出於一己之私，竊善之似而已。異端之於正道，如黑與白，本不足以賊德。惟道之不明，世俗之見易以惑溺，故以爲德之賊也。○慶源輔氏曰：鄉原既欲人以爲謹愿，故同乎流俗而不敢自異。合乎汙世而不能自拔，故衆皆悅之。自以爲是，則又迷而不知反，故不可與入堯舜大中至正真實之道也。

「孔子曰：『惡似而非者：惡莠，恐其亂苗也；惡佞，恐其亂義也；惡利口，恐其亂信也；惡鄭聲，恐其亂樂也；惡紫，恐其亂朱也；惡鄉原，恐其亂德也。』惡，去聲。莠音有。

孟子又引孔子之言以明之。莠，似苗之草也。佞，才智之稱，其言似義而非義也。利口，多言而不實者也。鄭聲，淫樂也。樂，正樂也。紫，間去聲。色。朱，正色也。鄉原不狂不獧，人皆以爲善，有似乎中道而實非也，故恐其亂德。慶源輔氏曰：佞者，有口才能辯說，故以爲才智之稱。惟其能言，則其説多似義而實不然，故以爲害義。巧言之人，徒尚口而初無誠實，故以爲害信。鄉原既譏狂者，故不狂；又譏獧者，故不獧；衆皆悦之，故人皆以爲善而不可與入堯舜之道，故有似乎中道而實非，此聖人所以恐其亂德而深惡之。據《論語》所載，亦與此不同，雖有詳略，然其惡似而非之意則一也。

「君子反經而已矣。經正，則庶民興；庶民興，斯無邪慝矣。」

反，復也。經，常也。萬世不易之常道也。經只是日用常行道理。興，興起於善也。邪慝，如鄉原之屬是也。新安陳氏曰：邪慝，不止是鄉原，如楊墨皆是。以此章言，則指鄉原。故云鄉原之屬。世衰道微，大經不正，故人人得爲異説以濟其私，而邪慝並起，不可勝平聲。正。君子於此，亦復其常道而已。常道既復，則民興於善，而是非明白，無所回互，雖有邪慝，不足以惑之矣。○尹氏曰：「君子取夫音扶。狂狷者，蓋以狂者志大而可與進道，狷者有所不爲，而可與有爲也。所惡去聲。於鄉原而欲痛絶之者，爲去聲。其似是而非，惑人之深也。絶之之術無他焉，亦曰反經而已矣。」問反經之説。朱子曰：經，便是大經。君臣、父子、夫婦、兄弟、朋友，且先復此大經。天下事未有出此五者，其間却殺有曲折。如《大學》亦先指此五者爲言。使大綱既正，則其他節目皆可舉。若不先此大綱，則其他細碎工夫如何做。○問：「經正，還只是躬行不及政事？」曰：這箇不通分做兩件說。如堯舜雖是端拱無爲，只政事便就這裏做出。那曾恁地便了。○孟子論鄉原亂德之害，而卒以君子反經爲說，此所謂上策莫如自治者。況異端邪說，日新月益，其出無窮，蓋有不可勝排者。惟吾學既明，則彼自滅熄耳。此學者所當勉，而不可以外求者也。○經正則庶民興。蓋風化之行，在上之人舉而措之而已。庶民興，則人人知反其本而見善明。見善明，則邪慝不能惑也。既人不之惑，則其道自然銷鑠而至於無也。歐陽永叔云：使王政明而禮義充，雖有佛，無所施於吾民矣。亦此意也。○慶源輔氏曰：《集註》反經之說，實辨異端息邪說之大權也。○雲峯胡氏曰：此章言經正，而下章則以聖人相傳之說繼之，不無意也。

○孟子曰：「由堯、舜至於湯，五百有餘歲，若禹、皋陶，則見而知之；若湯，則聞而知之。

趙氏曰：「五百歲而聖人出，天道之常。然亦有遲速，不能正五百年，故言有餘也。」尹氏曰：「知，謂知其道也。」慶源輔氏曰：天道固有常矣。然亦不能截然整齊，須有先後遲速。○雲峯胡氏曰：《語》、《孟》末皆言堯、舜以來相傳之意。但《論語》以行言，故歷述其政事之實。《孟子》以知言，故歷叙其見聞之真。堯言執中，中之用也。湯言降衷，中之體也。舜自心上發出執中之藴，而六經言心始此。湯自性上推原降衷之初，而六經言性始此。此可見堯、舜、湯明道處。至若見而知之言禹、皋而不言稷、契，何也？或曰：舉禹、皋可例其餘。然考之《書》稷、契不曰「謨」，而禹、皋獨曰「謨」，蓋可見也。況《洪範》九疇，禹發之，天叙天秩、五典五禮，皋發之。其明道之功，固不小也。

「由湯至於文王，五百有餘歲，若伊尹、萊朱，則見而知之；若文王，則聞而知之。

趙氏曰：「萊朱，湯賢臣。」或曰：「即仲虺許偉反。也，爲湯左相。」去聲。○雲峯胡氏曰：舜言精一，而後協于克一，伊尹能發之。堯言執中，而後建中于民，仲虺能發之。曰勇，曰智，曰仁，曰禮，曰義，《中庸》三達德，《孟子》四端，已散見於《仲虺誥》中矣。吾以是知萊朱即仲虺也。○《論語》之末言武不言文，此言文不言武。文王謨，以明道言也。武王烈，以行道言也。《易》之作也，其於中古乎？文王明道之功大矣。○新安陳氏曰：萊朱與伊尹並稱而經傳不他見。仲虺作誥，弘大精微，仁、義、禮、智、信，皆開端言之，而「德日新」一言又首唱之，湯《盤銘》，伊尹《咸有一德》，皆因而述之。伊尹相湯，虺爲左相，同時他誰與之班者？萊朱即仲虺也必矣。

「由文王至於孔子，五百有餘歲，若太公望、散宜生，則見而知之；若孔子，則聞而知之。散，素亶反。

散，氏；宜生，名；文王賢臣也。子貢曰：「文武之道，未墜於地，在人。賢者識其大者，不賢者識其小者，莫不有文武之道焉。夫子焉不學？」此所謂聞而知之也。或曰：「尚父，鷹揚之士也。散宜生，於經傳不多見，亦以爲見文王之道而知之者，何也？」雲峯胡氏曰：敬勝怠，義勝欲之類，非太公孰發之？《書》曰「茲迪彝教」，則彝倫之教，散宜生蓋有助焉。

「由孔子而來至於今，百有餘歲，去聖人之世，若此其未遠也；近聖人之居，若此其甚也，然而無有乎爾，則亦無有乎爾。」

林氏曰：「孟子言孔子至今時未遠，鄒、魯相去又近，然而已無有見而知之者矣；則五百

餘歲之後，又豈復扶又反，下同。**有聞而知之者乎？」**朱子曰：由堯、舜至孔子，率五百餘歲，而聖人一出。所以異世同心，歷聖同道，道統繩繩相續不絶者，實賴同時之見而知之者知之於先，而異世之聞而知之者得以知之於後耳。自孔子至今，方百餘歲。去孔子之時，若此其未遠也。孟子鄒人，近孔子所居之魯又若此其甚也。若使今此已無有見而知之者，則如前所云，五百歲之後，豈復有聞而知之者乎？○禹、臯之徒，本皆名世之士。伊尹、太公，又湯、文之師，非必見其君而後知之。湯、文、孔子，又生知之聖，亦非必聞前聖之道而後得之也。此其曰「見而知之」、「聞而知之」者，蓋以同時言之，則斯道之統，臣當以君爲主。以異世言之，則斯道之傳，後世當以前聖爲師。學者不以辭害意可也。至於章末二句，則孟子之致意深矣。觀其所謂「然而無有乎爾」，則雖若託於不居，而其自任之實可見。觀其所謂「則亦無有乎爾」，則雖若歎其將絶，而所以啓夫萬世無窮之傳者，又未嘗不在於斯也。學者誠能深考其言而自得之，則古人雖遠，而其志意之所存者，蓋無以異乎日相與言而授受於一堂之上也。○雲峯胡氏曰：論先後，則不有見之者而孰有聞之者，是則見而知之者爲先。論難易，則見而知之者聚精會神於一時之頃，而聞而知之者心融神會於異世之遥，是則聞而知之者爲難也。**愚按：此言雖若不敢自謂已得其傳，而憂後世遂失其傳，然乃所以自見其有不得辭者，而又以見夫**音扶，下同。**天理民彝不可泯滅，百世之下，必將有神會而心得之者耳。故於篇終，歷序群聖之統，而終之以此，所以明其傳之有在，**新安陳氏曰：此申言「然而無有乎爾」之意。孟子隱然謂道統之傳在己，但其辭婉，其意深。非詳玩味之，不能見耳。**而又以俟後聖於無窮也。**新安陳氏曰：申言「則亦無有乎爾」之意，以望後世聖賢之能傳道統者。此已爲程子接孟子之絶學者張本矣。**其旨深哉！**雲峯胡氏曰：《集註》「神會心得」四字有深意，蓋爲聞而知之者言也。孟子所謂見而知、聞而知者，知其道也。知其道者，知其心也。時有先後之異，心無先後之間，萬古一理，千聖一心。世遠而心之神明相接，迹異而心之天理相孚。默而成之，不言而信。此其爲神會而心得之者歟？**〇有宋元豐八年，河南程顥伯淳卒。潞公文彦博題其墓曰「明道先生」，而其弟頤正叔序之曰：「周公没，聖人之道不行；孟軻死，聖人之學不傳。道不行，百世無善治；**去聲。**學不傳，千載**音宰。**無眞儒。無善治，士猶得以明夫善治之道，以淑諸人，以傳諸後；無眞儒，則天下貿貿**音茂。**焉莫知所之，人欲肆而天理滅矣。**雲峯胡氏曰：《論語》之末，堯而後終之以武王。孟子之末，終之以孔、孟。道不行，百世無善治，武王以後事。學不傳，千載無眞儒，孔、孟以後事。無善治而下又言道之不明，其害有甚於道之不行者也。**先生生乎千四百年之後，**新安陳氏曰：孟子没至明道生，大約年數如此。**得不傳之學於遺經，以興起斯文爲己任。辨異端，闢邪説，使聖人之道焕然復明於世。蓋自孟子之後，一人而已。**雲峯胡氏曰：朱子贊濂溪先生之言曰：「道喪千載，聖遠言湮。不有先覺，孰開我人。」今言明道而不言濂溪者，二程夫子受學於濂溪先生，見而知之者也。且孟子所述列聖之相傳者，非徒爲其行道而言，實爲其聞知見知有以明斯道而言也。伊川墓述專言學不傳則道不明之害，而又深言夫明道之功，正與孟子之意脗合，故《集註》述之。**然學者於道不知所向，則孰知斯人之爲**

功？不知所至，則孰知斯名「明道」二字。**之稱情也哉？**」稱，去聲。情，實也。名稱其實也。○慶源輔氏曰：《集註》係以程子之説者，見程子果得其傳於遺經，而孟子之説至是而遂驗也。○雲峯胡氏曰：所向者，入道之始事；所至者，造道之極功。學者不知所向，則非有志於斯道者不足以知明道；不知所至，則非深造乎斯道者亦不能真知明道也。趨向之正，造詣之深，庶乎可知明道之所以爲明道矣。真知明道，則真知堯、舜以至於孔、孟者矣。善乎，勉齋黄氏之言曰：「由孔子而後，曾子、子思繼其微，至孟子而始著。由孟子而後，周、程、張子繼其絶，至朱子而始著。朱子出而自周以來聖賢相傳之道，一旦豁然如大明中天，昭晣呈露。」然則《集註》所謂百世而下必有神會而心得之者，朱子亦當自見其有不得辭者矣。○新安陳氏曰：朱子繫以伊川此説者，見得孟子之意，望百世之下將有神會心得其道者，而千四百年後果有如程子者出焉，見孟子之言至是而果驗，孟子不傳之絶學至是而果有傳也。觀韓子所謂「堯以是傳之舜，至軻之死，不得其傳焉」之言，見道統之傳至孟子而絶；察朱子所列明道墓表之意，見道統之傳既絶而後續也。孟子、朱子之意章章明矣。

「《儒藏》精華編選刊」選目

經部

讀書叢説
書傳大全（全二册）
古文尚書攷（與《九經古義》合册）
尚書集注音疏（全二册）
尚書後案
毛詩注疏
詩本義
吕氏家塾讀詩記
慈湖詩傳
詩經世本古義（全四册）
毛詩稽古編
毛詩説
毛詩後箋（全二册）
詩毛氏傳疏（全三册）
詩三家義集疏（全三册）
儀禮注疏

儀禮集釋（全二册）
儀禮圖
儀禮鄭註句讀
儀禮章句
儀禮正義（全六册）
禮記正義
禮記集説（衛湜）
禮記集説（陳澔）（全二册）
禮記集解
禮書
五禮通考
禮經釋例
禮經學
司馬氏書儀
春秋左傳正義
左氏傳説

左氏傳續説
左傳杜解補正
春秋左氏傳賈服注輯述
春秋左氏傳舊注疏證（全四册）
春秋左傳讀（全二册）
公羊義疏
春秋穀梁傳注疏
春秋集傳纂例
春秋權衡（與《七經小傳》合册）
春秋集注
春秋經解
春秋胡氏傳
春秋尊王發微（與《孫明復先生小集》合册）
春秋本義
春秋集傳

春秋集傳大全（全三册）
孝經注解
孝經大全
白虎通德論
七經小傳
九經古義
經典釋文
群經平議（全二册）
新學僞經考
論語集解（正平版）
論語義疏
論語注疏
論語全解
論語學案
孟子注疏
孟子正義（全二册）

四書集編（全二册）
四書纂疏（全三册）
四書集註大全（全三册）
四書蒙引（全二册）
四書近指
四書訓義
四書賸言
四書改錯
四書説
爾雅義疏
廣雅疏證（全三册）
説文解字注

史　部

逸周書
國語正義（全二册）

貞觀政要
歷代名臣奏議
御選明臣奏議（全二册）
孔子編年
孟子編年
陳文節公年譜
慈湖先生年譜
宋名臣言行録
伊洛淵源録
道命録
考亭淵源録
道南源委
聖學宗傳
元儒考略
理學宗傳
明儒學案

宋元學案
四先生年譜
洛學編
儒林宗派
程子年譜
學統
伊洛淵源續録
豫章先賢九家年譜
閩中理學淵源考（全三册）
清儒學案
經義考
文史通義

子部

孔子家語（與《曾子注釋》合册）
曾子注釋

孔叢子
新書
鹽鐵論
新序
説苑
太玄經
論衡
昌言
傅子
大學衍義
大學衍義補
朱子語類
龜山先生語録
胡子知言（與《五峰集》合册）
木鐘集
西山先生真文忠公讀書記

性理大全書（全四册）
居業録
困知記
思辨録輯要
家範
小學集註
曾文正公家訓
勸學篇
仁學
習學記言序目
日知録集釋（全三册）

集部

蔡中郎集
李文公集
孫明復先生小集

直講李先生文集
歐陽脩全集
伊川擊壤集
元公周先生濂溪集
張載全集
温國文正公文集
公是集(全二册)
游定夫先生集
和靖尹先生文集
豫章羅先生文集
梁溪先生文集
斐然集(全二册)
五峰集
文定集
渭南文集
誠齋集(全四册)

晦庵先生朱文公文集
東萊吕太史集
止齋先生文集
攻媿先生文集
象山先生全集(全二册)
陳亮集(全二册)
絜齋集
文山先生文集
勉齋先生黄文肅公文集
北溪先生大全文集
西山先生真文忠公文集
鶴山先生大全文集
閑閑老人滏水文集
郝文忠公陵川文集
仁山金先生文集
静修劉先生文集

雲峰胡先生文集
許白雲先生文集
吴文正集(全三册)
道園學古録　道園遺稿
師山先生文集
曹月川先生遺書
康齋先生文集
敬齋集
涇野先生文集(全三册)
重鐫心齋王先生全集
雙江聶先生文集
歐陽南野先生文集
念菴羅先生文集(全二册)
正學堂稿
敬和堂集
涇皋藏稿

馮少墟集
高子遺書
劉蕺山先生集（全二册）
霜紅龕集
南雷文定
桴亭先生文集
西河文集（全六册）
曝書亭集
三魚堂文集外集
紀文達公遺集
考槃集文録
復初齋文集
述學
揅經室集（全三册）
劉禮部集
籀廎述林

左盦集

出土文獻

郭店楚墓竹簡十二種校釋
上海博物館藏楚竹書十九種校釋（全二册）
秦漢簡帛木牘十種校釋
武威漢簡儀禮校釋

*合册及分册信息僅限已出版文獻。

論語集註大全卷之六

雍也第六

凡二十八章。篇内第十四章以前，大意與前篇同。胡氏曰：此篇前一半與上篇大意同，而《八佾》篇論禮樂亦與《爲政》末相接。大抵記聖人之言多以其類，而卷帙之分特以竹簡之編既盡而止，其篇目則聊舉其首二字以爲之别爾。○新安陳氏曰：亦論古今人物賢否得失。

子曰："雍也，可使南面。"

南面者，人君聽治去聲。**之位。**厚齋馮氏曰：人君聽治之位，必體天地陰陽之嚮背。南面，嚮明也。**言仲弓寬洪簡重，有人君之度也。**問："『寬洪簡重』也是説仲弓資質恁地？"朱子曰：夫子既許他南面，則須是有人君之度。這又無稽考，須見將他言行來看如何。○慶源輔氏曰：惟寬故洪，惟簡故重。寬則有容，故洪；簡則守要，故重。寬與簡，御衆臨下之道也，故有人君之度而可以南面。度，以德量言也。○洪氏曰：語顔淵以「爲邦」，王者之佐也；仲弓「南面」，諸侯之仕也。

仲弓問子桑伯子。子曰："可也，簡。"

子桑伯子，魯人。胡氏以爲疑即莊周所稱「子桑户」者是也。朱子曰：莊子所稱「子桑户」與孟子反、子琴張三人爲友，蓋老氏之流。仲弓以夫子許己南面，故問伯子如何。「可」者，僅可而有所未盡之辭。「簡」者，不煩之謂。朱子曰：仲弓爲人簡重，見夫子許之，以伯子亦是一箇簡底，故以爲問。夫子言此人亦可者，以其簡也。

仲弓曰：「居敬而行簡，以臨其民，不亦可乎？居簡而行簡，無乃大簡乎？」大音泰。

言自處上聲，下同。以敬，則中有主而自治嚴。如是而行簡以臨民，則事不煩而民不擾，所以爲可。若先自處以簡，則中無主而自治疎矣，而所行又簡，豈不失之大簡而無法度之可守乎？慶源輔氏曰：中有主則一，自治嚴則收斂固。事不煩則無鑿出之事，民不擾則無不得所之民。中無主則二三，自治疎則滲漏多。大簡則率易，無法度之可守則或不免於猖狂妄行矣。《家語》記伯子不衣冠而處，夫子譏其欲同人道於牛馬。張存中曰：劉向《説苑》云：孔子見子桑伯子。子桑伯子不衣冠而處。弟子曰：「夫子何爲見此人乎？」曰：「其質美而無文，吾欲説音稅，下同。而文之。」孔子去。子桑伯子門人不説，音悦。曰：「何爲見孔子乎？」曰：「其質美而文繁，吾欲説而去其文。」故曰文質修者謂之君子，有質而無文謂之易野。簡易鄙野也。子桑伯子易野，欲同人道於牛馬，故仲弓曰「大簡」。然則伯子蓋大簡者，而仲弓疑夫子之過許與？朱子曰：居敬則凡事嚴肅。若要以此去律事，凡事都要如此，此便是「居敬而不行簡」也。○今固有居敬底人把得忒重，却反行得煩碎了。臨下以簡，只要揀那緊要底來行。○居敬、行簡是兩件工夫。若謂居敬則所行自簡，則有偏於居敬之意；徒務行簡，老子是也，乃所以爲不簡。○「居敬行簡」，如云内外，不只是盡其内而不用盡其外；如云本末，不只是致力於本而不務乎其末。居敬了，又要行簡，聖人教人爲學皆如此，不只偏説一邊。○居敬行簡是有本領底簡，居簡行簡是無本領底簡。○居敬是自處以敬，行簡是所行得要。○問：「敬是就心上説，簡是就事上説否？」曰：簡也是就心上做出來而令行簡，須是心裏安排後去行，豈有不是心做出來？○問：「『居敬行簡』之『居』如『居室』之『居』？」曰：然。復問：「何謂『簡』？」曰：簡是凡事據見定。又曰：簡静。又曰：「居敬」是所守正而行之以簡。○問：「居簡而行簡，則有志大略小之患。以之臨事，必有怠忽不舉之處。居敬而行簡，則心一於敬，不以事之大小而此敬有所損益也。以之臨事，必簡而盡。」曰：居敬則明燭事幾而無私意之擾，故其行必簡。○葉少藴曰：簡者，臨下之道，而非所以處己也。《書》記舜之德曰「臨下以簡」，此仲弓所以「可使南面」也。○雙峯饒氏曰：敬者，一心之主宰，而萬事之本根也。仲弓之在聖門，以德行稱者也。夫子許之以「可使南面」，是以其有人君之德而然也。仲弓聞夫子之許己，而未知其所以許之之意安在，於是即其氣象之類己如子桑伯子者以爲問。夫子以其「可也，簡」許之，而又曰：「居簡而行簡，無乃大簡乎？」其意以爲：簡出於敬，則其簡爲有本，而每事順理而要直，謂之「可也」固宜；簡出於簡，則其簡爲無本，而遇事不免率意而踈略，無乃簡之過乎？仲弓之簡，敬而簡者也，伯子之簡，簡而簡者也。仲弓之簡固與伯子之簡異矣，然其所以致是者，非特天資之美，亦其學力之至爾。蓋他日嘗問仁於夫子矣，夫子告之曰：「出門如見大賓，使民如承大祭。」此「居敬」之謂也。

又嘗問政於夫子矣，夫子告之曰：「先有司，赦小過，舉賢才。」此「行簡」之謂也。居敬行簡，其得於平日師友之所講磨者如此。則「可使南面」，固有所自來矣。若伯子之不衣冠而處，則有仲弓之資而無仲弓之學者也。「大簡」之失，不亦宜乎？○簡於行事上用得，於治己上用不得。故行簡則可，居簡則不可。○新安陳氏曰：人所以異於馬牛，以衣冠也。伯子惡衣冠煩而去之，簡則簡矣，如不敬何？簡與敬易相反，故《書》曰「簡而無傲」。蓋簡易流於傲，無傲者欲以敬矯簡之流弊也。敬而簡則爲「簡嚴」、「簡易」之「簡」，不然則爲「簡忽」、「簡略」之「簡」。仲弓蓋能居敬行簡者，伯子乃不敬而居簡行簡者也。

子曰：「雍之言然。」

仲弓蓋未喻夫子「可」字之意，而其所言之理有默契焉者，故夫子然之。朱子曰：夫子雖不言其居簡之失，而「可」字已寓未盡善之意；仲弓雖未喻「可」爲僅可，乃能默契其微旨，分别出「居敬」、「居簡」之不同，夫子所以深許之。**○程子曰：「子桑伯子之簡雖可取而未盡善，故夫子云『可也』。仲弓因言内主於敬而簡則爲要直，内存乎簡而簡則爲踈略，可謂得其旨矣。」又曰：「居敬則心中無物，故所行自簡；**雙峯饒氏曰：無物只是無私意，無私意則能循理，所以所行自簡。**居簡則先有心於簡而多一『簡』字矣，故曰『太簡』。」**問：「《集註》何不全用程説？」朱子曰：程子只説得敬中有簡底意，亦有自處以敬而所行不簡，却説不及。聖人所以曰「居敬」，曰「行簡」，二者須是周盡，某所以不敢全用他説。又曰：程子説自不相害。果能居敬，則理明心定，自是簡。又曰：世間有居敬而所行不簡者。如上蔡説吕進伯是箇好人，極至誠，只是煩擾。便是請客，也須臨時兩三番换食次。

又有不能居敬而所行却簡易者，每事不勞擾，只從簡徑處行。如曹參之治齊，專尚清静。及至爲相，每日酣飲，不視事。隔牆小吏歌呼，參亦酣歌以和之。何有於居敬？據仲弓言，自是兩事，程子作一事看了。○此段若不得仲弓下面更問一問，人只道「可也，簡」便道了，故夫子復之曰「雍之言然」。這亦見仲弓有可使南面之基，亦見得他深沉詳密處。論來簡已是好資禀，較之繁苛瑣細使人難事亦煞不同，然是居敬以行之方好。○問：「仲弓之有人君之度，何以知其然耶？」曰：以前篇「不佞」之譏、此章「居敬行簡」之對而有以知其然也。謝氏以爲簡以臨之，「莊以涖之」，蓋近之矣，然其深厚廣博、宜在人上之意則未之發也。然此曰「南面」而不曰「爲政」，則疑其主於德而言也。○問：「居敬、居簡之不同，何也？」曰：持身以敬，則心不放逸而義理著明，故其所以見於事者自然操得其要而無煩擾之患。若所以處身者既務於簡，而所以行之者又一切以簡爲事，則是民理準則既不素明於内，而綱紀法度又無所持循於外也。太簡之弊，❶將有不可勝言者矣。○勉齋黄氏曰：居謂身所自處，行謂見於所行。觀其以「居」對「行」，則是以處身對行事明矣。居敬而後可以行簡。

○哀公問弟子孰爲好學。孔子對曰：「有顔回者好學，不遷怒，不貳過。不幸短命死矣。今也則亡，未聞好學者也。」好，去聲。亡與「無」同。

遷，移也。貳，復扶又反，下同。**也。怒於甲者不移於乙，過於前者不復於後。顔子克己之**

❶「太」，原作「夫」，今據四庫本、陸本及《四書或問》改。

功至於如此，可謂真好學矣。朱子曰：不遷怒、貳過是顏子好學之符驗如此，却不是只學此二事。其學全在非禮勿視、聽、言、動上，乃是做工夫處。不遷不貳是成效處。○怒與過皆自己上來，不遷、不貳皆自克己上來。○勉齋黃氏曰：存養之深，省察之明，克治之力，持守之堅。故其未怒之初，鑑空衡平；既怒之後，冰消霧釋。方過之萌，瑕纇莫逃；既知之後，根株悉拔。此所以爲「好學」，而《集註》以爲「克己之功」也。○慶源輔氏曰：「真好學」「真」字須子細看。○新安陳氏曰：人惟不能克去己私，故遷怒者私意之執滯也，貳過者私意之隱伏也。顏子之學真能克己，故當怒未嘗不怒，既怒則不遷；有過未嘗不知，既知則不留。此皆克己之功效而好學之符驗也。**短命者，顏子三十二而卒也。**《家語》，顏子少孔子三十歲，年二十九而髮白，三十二而早卒。**既云「今也則亡」，又言「未聞好學者」，蓋深惜之，又以見真好學者之難得也。**厚齋馮氏曰：師有父兄之道，故稱受教者爲「弟子」。當是時曾子尚少，好學而可以傳道者唯顏子一人而已。曰「今也則亡」，言好學者無存也。不曰「不聞」而曰「未聞」，不敢以一己之聞見厚誣天下之無人，又焉知來者之不如今也？**○程子曰：「顏子之怒在物不在己，故不遷。『有不善未嘗不知，知之未嘗復行』，**新安陳氏曰：二句，《易·繫辭》文，乃孔子稱顏子語。**不貳過也。」**雲峯胡氏曰：程子兼不遷怒、不貳過說。**又曰：「喜怒在事，則理之當喜怒者也。不在血氣則不遷。若舜之誅四凶也，可怒在彼，己何與**音預。**焉？如鑑之照物，妍媸在彼，**媸，赤之反。妍，美也。媸，醜也。**隨物應之而已，何遷之有？」**雲峯胡氏曰：專說「不遷怒」。怒每自血氣而發，顏子之怒在理不在血氣，故不遷。又曰：「如顏子地位，豈有不善？所謂不善，只是微有差失。纔差失，便能知之；纔知之，便更不萌作。」張子曰：「慊口簟反。於己者不使萌於再。」朱子曰：慊於己，只是略有些子不足於心便自知之，即隨手消除，不復萌作。○許氏曰：心過常小，身過常大。顏子雖有心過無身過。無身過易，無心過難，要當制之於心而已。或曰：「《詩》、《書》、六藝，七十子非不習而通也，而夫子獨稱顏子爲『好學』。顏子之所好，果何學歟？」程子曰：「學以至乎聖人之道也。」雙峯饒氏曰：道者，方法之謂，言學以至乎聖人底方法也。下文言「學之道」與「學之得其道」皆是此意。「學之道柰何？」曰：「天地儲精，得五行之秀者爲人。問「儲精」。朱子曰：精氣流過，儲蓄得二氣之精聚，故能生出人物。其本也真而靜，其未發也五性具焉，曰仁、義、禮、智、信。朱子曰：「本」是本體，「真」是不雜人僞，「静」言其初未感物時。五性便是真，未發便是静。形既生矣，外物觸其形而動於中矣，其中動而七情出焉，曰喜、怒、哀、懼、愛、惡、去聲。欲。慶源輔氏曰：心是活物，故外物觸之而動。上言「其本静」，故於此言「動」。情既熾昌志反。而益蕩，其性鑿矣。朱子曰：性固不可鑿，但人不循此理去傷了他。故覺者約其情，使合於中，正其心，養其性而已。然必先明諸心，知所往，然後力行以求至焉。朱子曰：這一段緊要處只在「先明諸心」上。「明諸心，知所往」，窮理之事；「力行求至」，踐履之事。知所往如識路，力行求至如行路。○雙峯饒氏曰：用工最緊要處在約其情，使合於中。約是工夫，中是準則。「四勿」便是約的工夫，禮便是中的準則。能約其情，使合於中，則心得其正而不蕩，性得其養而不鑿。○雲峯胡氏曰：程子此段議論皆自周子《太極圖說》來。「天地儲精」，此「精」字即是「二五之精」。「其本也真而静」，「真」字即是「無極之真」。特周子自太極説來，故先「真」而後「精」；程子只自天地説起，故先「精」而後「真」。「儲」字即是「凝」字。自古言性未嘗言「五性」，《圖説》謂「五行之生也，各一其性」，故此曰「五性具焉」。《圖説》謂「五性感動而善惡分，萬事出」，此則曰「其中動而七情出焉」。蓋五性感動之後有善有惡，至於情既熾而益蕩，則全失其本來之善矣。《圖説》「定之以中正仁義而主静」，聖人立人極之事；此曰「約其情，使合於中」，學者克己之事也。**若顔子之『非禮勿視、聽、言、動』，『不遷怒、貳過』者，則其好之篤而學之得其道也。然其未至於聖人者，守之也，非化之也。假之以年，則不日而化矣。**雙峯饒氏曰：不遷、不貳皆是守而未化之事。若怒自然不遷，心無過可貳，則化而無事於守矣。**今人乃謂聖本生知，非學可至，而所以爲學者不過記誦文辭之間，其亦異乎顔子之學矣。」**程子曰：小人之怒在己，君子之怒在物。小人之怒出於心，作於氣，形於身，以及於物，以至於無所不怒，是所謂「遷」也。怒在理則無所遷，動乎血氣則遷矣。舜誅四凶，蓋因是人有可怒之事而怒之，聖人之心本無怒也。譬如明鏡。好物來時便見是好，惡物來時便見是惡，鏡何嘗有好惡也？世之人固有怒於室而色於市。○上蔡謝氏曰：顔子不遷怒，不貳過，則其所好乃克己之學也。○朱子曰：顔子因物之可怒而怒之，又安得遷？內有私意而至於遷怒者，「志動氣」也；有爲怒氣所動而遷者，「氣動志」也。或謂不獨遷於他人爲遷，就其人而益之便是遷。曰：此却是「不中節」，非「遷」也。

○問：「『不遷怒』，此是顏子與聖人同處否？」曰：「不遷」字在聖人分上説便小，在顏子分上説便大。蓋聖人無怒，何待於不遷；聖人無過，何待於不貳？所以不遷、不貳者猶有意存焉，與「願無伐善，無施勞」之意同。猶今人所謂「願得不如此」，是固嘗如此而今且得其不如此也。此所謂「守之」，非「化之」也。○問：「人之義理未明而血氣未曾消釋，物來觸著則乘此血氣之動，惟好惡之所之，怒不能得休歇而至於有所移也。若顏子則是磨得心地光明而無一毫物事雜在其間，或喜或怒，皆是物之當喜當怒，隨其來而應之，而在我初無容心，不以此動其血氣而至於有所遷也。但此是顏子克己工夫到後方如此，却不是以此方爲克己工夫也。」曰：夫子當時也是從他克己效驗上説。但克己工夫未到時也須照管，不成道我工夫未到那田地，而遷怒貳過只聽之耶？○問：「顏子不遷怒，亦見得克己工夫否？」曰：固是。然克己亦非一端，如喜怒哀樂皆當克，但怒是粗而易見者爾。○顏子於念慮處少差輒改，而今學者未到顏子地位，且須逐事上檢點。過也不論顯微，如大雷雨也是雨，些子雨也是雨，無大小都喚做過。只是晴明時節，青天白日，更無些子雲翳，這是甚麽氣象！○問：「喜怒發於當然者，人情之不可無者也，但不可爲其所動爾。過失則不當然而然者，既知其非，則不可萌於再，所謂『頻復之吝』也。二者若不相類，而其向背實相對。」曰：聖人雖未必有此意，但能如此看亦好。○顏子只是見得箇道理透。見得道理透，自不遷不貳。○「非禮勿視、聽、言、動」，是夫子告顏子教他做工夫，要知緊要工夫却只在這上。如「無伐善，無施勞」、「不遷怒，不貳過」，是他到處。又曰：顏子到這裏直是渾然，更無些子查滓。不遷怒如鏡懸水止，不貳過如冰消凍釋。如「三月不違」又是已前事，到這裏已自渾淪，都是天理，是甚次第！○問：「顏子之所學者，蓋人之有生，五常之性渾然一心之中，未感物之時寂然不動而已。而不能不感於物，於是喜、怒、哀、樂七情出焉。既發而易縱，其性始鑿。故顏子之學見得此理分明，必欲約其情以合於中，剛決以克其私。私欲既去，天理自明。故此心虚静，隨感而應。或有所怒，因彼之可怒而已無與焉；怒纔過，而此心又復寂然，何遷移之有？所謂『過』者，只是微有差失，張子謂之『慊於己』，只是略有些子不足於心便自知之，即隨手消除，更不復萌作。爲學工夫如此，可謂真好學矣。」曰：所謂「學」者只是學此而已。伊川所謂「性其情」，《大學》所謂「明明德」，《中庸》所謂「天命之謂性」，皆是此理。○勉齋黄氏曰：論顏子之天資則只是明與剛，論顏子之用功則只是敬與義。惟其明且敬也，故幾纔動處便覺；惟其剛且義也，故纔覺便與一刀兩段。既明矣，又持之以敬；既剛矣，又輔之以義。天資、學力兩極，則血氣豈能輕爲之動，念慮豈能再使之差？此所以謂之「不遠復」也，所以謂之「有不善未嘗不知，知之未嘗復行」也。「不遠」是覺得早，「復」是斬斷得猛烈。○問：「顏子之『不遷怒』與『喜怒哀樂皆中節』如何？」潛室陳氏曰：當其怒時，見理而不見怒，故怒所可怒而不遷於他，此克己陽剛工夫，峻潔之甚。其要固歸於中節，但以「中節」言顏子，無起發人意處。○慶源輔氏曰：顏子不遷不貳乃終身學力之所就，固非一旦收其放心便能如此，亦非是學者克己之事，故《集註》以爲「克己之功」。必其平日遇怒則克，不使之流蕩於外以過於物；遇過則克，不使之伏藏於内以爲之根。怒不過於物，則久久自然不遷；過蹙其根，則久久自然不貳。○覺軒蔡氏曰：「不遷怒」，朱子謂「怒於甲者不移於乙」，程子謂「在物不在己」；「不貳過」，朱子謂「過於前者不復於後」，程子謂「只是微有差失便能知之，才知之便更不萌作」，若不同矣。然程子是就怒初發、念初萌而直言之也，朱子是就怒已發、念已萌而橫言之也。其理則一。必兼之方盡其義。○問不遷怒。魯齋許氏曰：是聖人境界之事也。如何便到得？且自忿思難爲始。

○子華使於齊。冉子爲其母請粟。子曰：「與之釜。」請益。曰：「與之庾。」冉子與之粟五秉。使、爲，並去聲。

子華，公西赤也。使，爲去聲。孔子使也。慶源輔氏曰：或使於他邑，或使於外國，不可知也。大夫無私交，此必未爲大夫時事。又，孔子將之荆，先之以子路，❶申之以冉有，皆使之類也。又如蘧伯玉使人於孔子。大夫雖無私交，若此類則無害也。釜，六斗四升；庾，十六斗；秉，十六斛。

子曰：「赤之適齊也，乘肥馬，衣輕裘。吾聞之也：君子周急不繼富。」衣，去聲。

乘肥馬，衣輕裘，言其富也。急，窮迫也。周者，補不足；繼者，續有餘。

原思爲之宰，與之粟九百，辭。

原思，孔子弟子，名憲。宋人。孔子爲魯司寇時，以思爲宰。粟，宰之禄也。九百，不言其量，去聲。不可考。趙氏曰：司寇有采邑，故以思爲邑宰。

子曰：「毋！以與爾鄰里鄉黨乎！」

---

❶ 「路」，四庫本作「夏」，合《禮記·檀弓上》。

毋，禁止辭。五家爲鄰，二十五家爲里，萬二千五百家爲鄉，五百家爲黨。言常祿不當辭，有餘自可推之以周貧乏。蓋鄰里鄉黨有相周之義。○程子曰：「夫子之使如字。子華，子華之爲去聲。下「爲之」同。夫子使，去聲。義也。而冉有乃爲之請。聖人寬容，不欲直拒人，故與之少，所以示不當與也。請益而與之亦少，所以示不當益也，求未達而自與之多，則已過矣，故夫子非之。蓋赤苟至乏，則夫子必自周之，不待請矣。原思爲宰，則有常祿。思辭其多，故又教以分諸鄰里之貧者。蓋亦莫非義也。」張子曰：「於斯二者可見聖人之用財矣。」朱子曰：冉子與之粟五秉，聖人亦不大段責他；而原思辭祿，又謂「與爾鄰里鄉黨」者，看來聖人與處却寬。於斯二者可見聖人之用財，雖是小處，也莫不恰好，便是一以貫之處。○問：「冉子請粟，聖人不與之辨而與之益之。」曰：聖人寬洪，可以予可以無予，予之亦無害，但不使傷惠耳。○南軒張氏曰：子華爲夫子使於齊，使子華而有所不給，則夫子固周之矣，而子華無是之患也；其使也爲師使，以義行之，夫以義行而其資足以給，則可以無與也。冉有爲其母請，疑可以與也，故與之少以見其義，而冉子莫喻也。原思爲宰。宰有常祿，粟雖多，不得而辭也。使原思雖甚有餘，而其常祿亦豈得而辭哉？故聖人於子華謂「周急不繼富」，於原思謂「毋，以與爾鄰里鄉黨」，其義可見矣。蓋取與辭受莫不有其則焉，天之理也。聖人從容而不過，賢者審處而不違。若以私意加之，則失其權度，或與其所不當與，爲傷惠；而或辭其所不當辭，亦反爲有害於廉矣。○覺軒蔡氏曰：楊氏謂君子之於辭受取予之際，苟非其義，一介不以予人；苟以其道，舜受堯之天下亦不爲泰。而士或以嗇與爲吝，寡取爲廉者，皆不知此也。以冉求、原思之賢猶不免是，況世之紛紛者乎？朱子云：「此説固然。子華之富，所不當繼也，而夫子於冉子之請猶與之釜，猶與之庾，不直拒之也；原思之辭，所不當辭也，而夫子未嘗疾之，又教之以有餘則當推之以及鄰里。則聖人寬容，崇奬廉退之意，亦畧可見矣。然則學者未得中行，不幸而過，寧與無吝，寧廉無貪，又不可不知也。」模按：朱子廣楊氏未盡之意，深有補於世教。且使世之吝者不得託於一介不與之説以蓋其陋，貪者不得託於舜受堯天下之説以便其私，而輕財重義、清苦廉遜之人亦將得以自見。故併録之，學者所宜深玩也。○厚齋馮氏曰：子華之使，原思之宰，非必同一時也，記者以其辭受可互相發明，故係於此爾。○新安陳氏曰：一「義」字可斷盡此章。弟子爲師使，義也；自富而請粟請益，非義也；不繼富而與之少，亦義也。宰常禄當與，義也；有餘以周鄉鄰，亦義也。夫子於赤非吝，於思非奢，辭受取予惟視義之當否爾。冉求爲請，自多與以爲惠；原憲甘貧，辭常禄以爲廉：皆察義未精故也。

○子謂仲弓曰：「犂牛之子騂且角，雖欲勿用，山川其舍諸？」犂，利之反。騂，息營反。舍，上聲。

犂，雜文；騂，赤色。周人尚赤，牲用騂。角，角周正，完全端正。**中**去聲。**犧牲也。**潛室陳氏曰：祭天地之牛角繭栗，宗廟之牛角握，社稷之牛角尺。❶以其色既赤，又且角中程度也。**用，用以**

❶「社稷」，四庫本作「賓客」，合《禮記・王制》。

祭也。山川，山川之神也。言人雖不用，神必不舍也。仲弓父賤而行去聲。惡，故夫子以此譬之。言父之惡不能廢其子之善，如仲弓之賢，自當見用於世也。然此論仲弓云爾，非與仲弓言也。○范氏曰：「以瞽叟爲父而有舜，以鯀爲父而有禹，古之聖賢不係於世類，尚矣。子能改父之過，變惡以爲美，則可謂孝矣。」問：「『子謂仲弓曰犂牛之子騂且角』，伊川謂多一『曰』字，意以仲弓爲犂牛子也。考之《家語》，仲弓生於不肖之父，其説可信否？」朱子曰：聖人必不肯對人子説人父不善。○問：「此章前後作用人不以世類。南軒以仲弓言『焉知賢才』之故，故孔子教之用人。此説牽合，然亦似有理脉。」曰：横渠言大者苟立，雖小未純，人所不棄也。今敬夫此説無他，只是要回互，不欲説仲弓之父不肖爾。何不虚心平氣與他看？古人賢底自賢，不肖底自不肖。稱其賢可以爲法，語其不肖可以爲戒。或曰：恐是因仲弓之父不肖而微其辭。曰：聖人已是説了，此亦何害？大抵人被人説惡不妨，但要能改過。過而能改，則前愆頓釋。昔日是不好底人，今日自好，事自不相干，何必要回互？然又要除却「曰」字。此「曰」字留亦何害？如「子謂顔淵曰吾見其進也」，不成是與顔淵説？況此一篇大率是論他人，不必是與仲弓説也。只蘇氏却説此乃是論仲弓之德，非是與仲弓言也。○慶源輔氏曰：犂牛雜文雖不堪作犧牲，然其所生之子，其色則騂，其角則正，則必將取以爲犧牲用矣，固不可以其母之犂而廢其子之騂也。「雖欲勿用」，人之私意也；「山川其舍諸」，理之所不容廢也。

○子曰：「回也，其心三月不違仁，其餘則日月至焉而已矣。」

三月，言其久。朱子曰：「三月」只是言其久爾，非謂三月後必違也。古人三月無君則弔，去國三月則復，《詩》人以「一日不見，如三月兮」，「夫子聞韶，三月不知肉味」，皆久之意。**仁者，心之德。心不違仁者，無私欲而有其德也。日月至焉者，或日一至焉，或月一至焉，能造**七到反。**其域**新安陳氏曰：「造仁之域」，如云「入聖域」。**而不能久也。**朱子曰：仁與心本是一物，被私欲一隔，心便違仁去，却爲二物。若私欲既無，則心與仁便不相違，合成一物。心猶鏡，仁猶鏡之明。鏡本來明，被塵垢一蔽，遂不明；若塵垢一去，則鏡明矣。顔子三箇月之久無塵垢。其餘人或日一次無塵垢，少間又暗；或月一次無塵垢，二十九日暗，亦不可知。○或問：「顔子三月不違仁是無纖毫私欲，則自餘門弟子日至月至者常爲私欲所汩乎？」西山真氏曰：「欲」字有輕重。常人之心無非私欲汩亂之時，若孔門弟子日至月至者，雖未到無纖毫私欲之地，然亦必皆寡欲矣。孟子教人只云「養心莫善於寡欲」，周子又進一步教人曰「由寡以至於無」。顔子三月不違者，已到無欲之地；自餘則寡欲而已，所以未如顔子也。○趙氏曰：「三月」姑借以言其久，「日月」亦借以言其暫。**○程子曰：「三月，天道小變之節，言其久也，過此則聖人矣。不違仁，只是無纖毫私欲，少有私欲便是不仁。」**程子曰：顔子經天道之變而爲仁如此，其能久於仁也；過此則從心不踰矩，聖人也。故孔子惜其未止。○朱子曰：顔子「三月不違」，只是此心常存，無少間斷；自三月後，却未免有毫髮私意間斷在。顔子念慮之間，間有不善處，却能知之而未嘗復行也。○顔子豈直恁虛空湛然，常閉門合眼静坐，不應事，不接物，然後爲不違仁也？顔子有事亦須應，須飲食，須接賓客，但只是無一毫私欲耳。**尹氏曰：「此顔子於聖人未達一間者也，**新安陳氏曰：間，平聲，際也，如《孟子》「其間不能以寸」。此語本揚子《問神》篇「顔淵亦潛心於仲尼矣，未達一間爾」。**若聖人則渾**上聲。**然無間斷矣。**」間，去聲。斷，徒玩反。後凡言「間斷」，音同。○朱子曰：顏子猶不能無違於三月之後，不是三月後一向差去，但只於道理久後畧斷一斷便接續去。若無這些子間斷，便是聖人。所以與聖人未達一間者，以此。○新安陳氏曰：心本仁也。心而違仁，私欲間斷之耳。日月至焉者，私欲間斷之時多，天理純全之時少。顏子克去己私，爲仁漸熟，故能三月之久心不違仁，然猶未免三月之後或至於違仁也。使過此而能渾然無間斷，則與聖人之「純亦不已」者一矣。

張子曰：「始學之要，當知『三月不違』與『日月至焉』内外賓主之辨，使心意勉勉循循而不能已。過此，幾非在我者。」朱子曰：「三月不違」者，仁在内而我爲主也；「日月至焉」者，仁在外而我爲客也。誠知辨此，則不安於客而求爲主於内必矣。○「三月不違」底是仁爲主，私欲爲客；「日月至焉」者是私欲爲主，仁却爲客。然那客亦是主人，只是以其多在外，故謂之客。敬則常不要出外，久之亦是主人。既是主人，自是出去時少也。又曰：「日月至焉」底便是我被那私欲挨出在外，是我勝那私欲不得。○以屋喻之。「三月不違」者，心常在内，雖間或有出時，然終是在外不穩，纔出便入。蓋心安於内，所以爲主。「日月至焉」者，心常在外，雖間或有入時，然終是在内不安，纔入便出。蓋心安於外，所以爲賓。日至者，一日一至此；月至者，一月一至此。自外而至也。「不違」者，心常存；「日月至焉」者，有時而存。此無他，知有至未至，意有誠未誠。知至矣，雖驅使爲不善，亦不爲；知未至，雖軋勒不爲，此意終迸出來。故於見得透，則心意勉勉循循，自不能已矣。「過此，幾非在我」者，猶言過此以往，未之或知。言過此則自家著力不得，待他自長進去。又曰：「三月不違」，主有時而出；「日月至焉」，賓有時而入。

○問「過此，幾非在我者」。曰：這只説循循勉勉便自住不得，便自不由己。只是這箇關難過，纔過得，自要住不得，所謂「欲罷不能」，如水漲舡行，更無着力處。○「幾非在我」如種樹一般，初間栽培灌溉，及既成樹了，自然抽枝長葉，何用人力？問：「莫是過此則聖人之意否？」曰：不然。蓋謂工夫到此，則非我所能用其力，而自然不能已，如車已推而勢自去，如舡已發而纜自行。若不能辨内外賓主，不能循循不已，則有時而間斷矣。孟子所謂「夫仁，亦在乎熟之而已矣」，此語説得盡了。又云：學者無他，只是要理會這道理。此心原初自具萬物萬事之理，須是理會得分明。○勉齋黄氏曰：「仁，人之安宅也」，以宅譬之，「三月不違」則心爲主在仁之内，如身爲主而在宅之内也；「日月至焉」則心爲賓在仁之外，如身爲賓在宅之外也。○北溪陳氏曰：張子内外賓主之辨蓋起於夫子「至」之一辭。知内外賓主之辨，常在天理内而爲主，不逐人欲於外而爲賓，非真知而足目俱到者不能到此田地。主勢日伸，賓勢日屈，其進進自不能已。過此，如車輪運轉，自然不停，非吾力所能與，此即日進無疆地位也。○潛室陳氏曰：提出張子此語，正欲學者於此猛省。若是爲客，乍入復出，則爲無家之人，後來必大可哀。○新安倪氏曰：内外賓主之辨，朱子有二説。定宇陳氏嘗論此，以後説爲優。北溪謂内外賓主之辨起於夫子「至」之一辭，的是如此。所謂「至焉」者，至於仁也。勉齋「仁宅」之説尤精到。以此觀之，朱子《或問》，初説也；《語録》，乃後來定説也。故今編存《或問》之説于前，而列《語録》及黄、陳之説在後，俾觀者即見優劣，一遵先師之意云。

○**季康子問：「仲由，可使從政也與？」子曰：「由也果，於從政乎何有？」曰：「賜也，可使**

從政也與？」曰：「賜也達，於從政乎何有？」曰：「求也，可使從政也與？」曰：「求也藝，於從政乎何有？」

從政謂爲大夫。問：「從政例爲大夫，果何所據？然則子游爲武城宰、仲弓爲季氏宰之類皆不可言政歟？」朱子曰：冉子退於季氏之朝，夫子曰：「其事也！如有政，雖不吾以，吾其與聞之。」亦自可見。○胡氏曰：由、求爲季氏宰久矣，此問「從政」，謂可使爲大夫否也。蓋宰有家事而已，大夫則與聞國政。然康子卒不能與三子同升諸公，此魯之所以不競也。**果，有決斷；**都玩反。**達，通事理；藝，多才能。**雙峯饒氏曰：求也，旅泰山不能救，伐顓臾不能止，是不果也；由也，以正名爲迂，是不達也。唯子貢達於事理，占得地步却闊，使其從政，必不肯爲季氏聚斂，爲衛輒死難。**○程子曰：「季康子問三子之才可以從政乎，夫子答以各有所長。非惟三子，人各有所長。能取其長，皆可用也。」**朱子曰：求也藝，於細微事都理會得。緣其才如此，故用之於聚斂，必有非他人所及者。惜乎其有才而不善用之也。○南軒張氏曰：此可見聖人之用才也。三子者各有所長，故皆可以從政。○勉齋黄氏曰：程子言人各有所長，意則大矣，然如三子之達、果、藝而可以從政，則恐亦非凡人之所可能也。○潛室陳氏曰：冉求有爲政之才，聖人屢許之，且以政事名，想有可觀者。但義理不勝利欲之心，過失處多耳。○問：「孔子以政事稱冉求，比用於季氏，僅能聚斂而已。不知夫子於何取之？」曰：只以政事稱，便於學問上有欠闕，所以孔子常攻其短。○慶源輔氏曰：子路資稟剛勇，故能有決斷；子貢知識高明，故通達事理；冉求雖進道不力，然在政事之科，故多才能。○齊氏曰：季桓子垂殁，有遺言召孔子，而康子止召冉求。然則其先問由、賜也，意故在求，而假之以發端爾。○吳氏曰：善用人者如醫之用藥，雖烏喙、甘遂猶有所取，況其才之美者乎？

○季氏使閔子騫爲費宰。閔子騫曰：「善爲我辭焉。如有復我者，則吾必在汶上矣。」費音秘。爲，去聲。復，扶又反。汶音問。

閔子騫，孔子弟子，名損。魯人。費，季氏邑。汶，水名，在齊南魯北竟與「境」同。上。閔子不欲臣季氏，令平聲。使去聲。者善爲己辭。言若再來召我，則當去之齊。新安陳氏曰：始言「善爲我辭」，辭之之言雖婉，終言去之汶上，絶之之意甚決，真有德行者審於進退之言也。○程子曰：「仲尼之門能不仕大夫之家者，閔子、曾子數人而已。」朱子曰：仕於大夫家爲僕。家人不與大夫齒，那上等人自是不肯做。若論當時侯國皆用世臣，自是無官可做。不仕於大夫，除是終身不出如曾、閔方得。○南軒張氏曰：門人記閔子此事於問由、賜、求之後，其相去可見矣。謝氏曰：「學者能少知內外之分，皆可以樂音洛。道而忘人之勢，況閔子得聖人爲之依歸。彼其視季氏不義之富貴不啻犬彘，又從而臣之，豈其心哉？朱子曰：謝氏説得麤，若不近聖賢氣象，也可以警那懦底人，若常記得這樣在心下，則可以廉頑立懦。在聖人則有不然者。蓋居亂邦見惡人，在聖人則可；自聖人以下，剛則必取禍，柔則必取辱。閔子豈不能早見而豫待之乎？如由也不得其死，求也爲去聲。季氏附益，夫音扶。豈其本心哉？蓋既無先見之知，去聲。○未仕時。又無克亂之才，既仕時。故也。然則閔子其賢乎！」慶源輔氏曰：閔子心雖不欲臣季氏，而不遽形於言，姑令使者善爲己辭，此與人爲善意也。又言若再來召我，則當去之齊，以示其必不從之意。其與人、處己兩盡其道如此。謝氏説由、求之事曰是「豈其本心哉」，却説得好。剛者必取禍，謂子路；柔者必取辱，謂冉求。聖人道全德備，應用無窮，其於先見之知、克亂之才蓋兼有之，故於天下無不可爲之時，亦無不可爲之事。若未至於聖人而欲早見豫待以疑方來之變，則於轇轕紛沓之際，未有不失其本心者。此閔子所以爲賢也。

○伯牛有疾，子問之。自牖執其手，曰：「亡之，命矣夫！斯人也而有斯疾也！斯人也而有斯疾也！」夫音扶。

伯牛，孔子弟子，姓冉名耕。魯人。有疾，先儒以爲癩音賴。也。朱子曰：伯牛之癩以《淮南子》而言耳，其信否則不可知。牖，南牖也。禮，病者居北牖下，君視之則遷於南牖下，使君得以南面視己。《喪大記》：「疾病，外内皆掃。君大夫徹縣，音玄。士去琴瑟。寢東首於北牖下。」疏曰：「病者雖恒在北牖下，若君來視之時，則暫時移向南牖下，東首，令君得南面而視之。」時伯牛家以此禮尊孔子，孔子不敢當，故不入其室而自牖執其手，蓋與之永訣也。慶源輔氏曰：不入其室，避過奉之禮，義也；自牖執手，致永訣之意，仁也。此聖人從容中禮處。命謂天命，言此人不應平聲。有此疾而今乃有之，是乃天之所命也。然則非其不能謹疾而有以致之，亦可見矣。問：「命者，何也？」朱子曰：有生之初，氣稟有一定而不可易者，孟子所謂「莫之致而至者」也。○南軒張氏曰：如顏、冉之死，乃可謂命。於顏曰「短命」，於冉曰「命矣夫」。蓋其修身盡道，謹疾又無憾，而止於是，則曰命而已。若有取死召疾之道，則是有以致之而至，非天命之正矣。○慶源輔氏曰：伯牛非有致疾之道。有以致疾則非正命矣。伯牛非其不能謹而有以致之，故夫子歎其「命矣夫」。然天既與之以是德，而復使之有是疾，則於栽培之理，蓋亦不得其常者矣。○侯氏曰：侯氏，名仲良，字師聖，河東人。「伯牛以德行去聲。稱，亞於顏、閔。故其將死也，孔子尤痛惜之。」

○子曰：「賢哉，回也！一簞食，一瓢飲，在陋巷。人不堪其憂，回也不改其樂。賢哉，回也！」食音嗣。樂音洛。

簞，竹器；食，飯也。瓢，瓠瓠音胡。也。顏子之貧如此而處上聲。之泰然，不以害其樂，故夫子再言「賢哉回也」以深嘆美之。○程子曰：「顏子之樂非樂簞瓢陋巷也，不以貧窶郡羽反。累其心而改其所樂也。故夫子稱其賢。」朱子曰：顏子胸中自有樂，故貧中而亦不以累其心，❶不是將那「不以貧窶累其心」底做樂。又曰：「簞瓢陋巷非可樂，蓋自有其樂爾。『其』字當

❶「中」，四庫本、陸本作「窶」。

玩味，自有深意。」朱子曰：「自有其樂」，「自」字對簞瓢、陋巷言。「其字當玩味」，是元有此樂。又曰：「昔受學於周茂叔，每令平聲。尋仲尼、顏子樂處，所樂何事。」雲峯胡氏曰：欲問顏子所樂何事，當先問顏子所好何學。愚按：程子之言引而不發，蓋欲學者深思而自得之。今亦不敢妄爲之説，學者但當從事於博文約禮之誨，以至於欲罷不能而竭其才，則庶乎有以得之矣。程子曰：所處於貧賤未嘗不樂，不然，雖富貴亦常歉然不自得。故曰：莫大於理，莫重於義。○問：「顏子在陋巷而不改其樂，與貧賤而在陋巷者，何以異乎？」曰：貧賤而在陋巷者，處富貴則失乎本心；顏子在陋巷猶是，處富貴猶是。○鮮于侁問：「顏子何以不改其樂？」伊川曰：君謂其所樂者何也？曰：樂道而已。曰：使顏子以道爲樂而樂之，則非顏子矣。○問：「程子意謂顏子之心無少私欲，天理渾然，是以日用動静之間從容自得而無適不樂，不待以道爲可樂而後樂也。」朱子曰：謂非以道爲樂，到底所樂只是道。蓋非道與我爲二物，但熟後便自樂也。○問：「伊川以爲若以道爲樂，不足爲顏子，又却云顏子所樂者，仁而已。不知道與仁何辨？」曰：非是樂仁，唯仁故能樂爾。是他有這仁，日用間無些私意，故能樂也。而今却不要如此論，須求他所以能不改其樂者是如何。緣得「非禮勿視，非禮勿聽，非禮勿言，非禮勿動」，這四事做得實頭工夫透，自然至此。○問：「程子云『周茂叔令尋顏子、仲尼樂處，所樂何事』，竊意孔顏之學固非若世俗之著於物者，但以爲孔顏之樂在於樂道，則是孔顏與道終爲二物。要之，孔顏之樂只是私意浄盡，天理昭融，自然無一毫繫累耳。」曰：然。但今人説「樂道」説得來淺了，要之，説樂道亦無害。又曰：程子云：「人能克己，則心廣體胖，仰不愧，俯不怍，其樂可知。有息，則餒矣。」○人心各具此理，但是人不見此理，這裏都黑窣窣地。一得富貴，便極聲色之娱，窮四體之奉；一遇貧賤，則憂戚無聊。所謂樂者非其所可樂，所謂憂者非其所可憂也。聖人之心直是表裏精粗無不昭徹，方其有所思，都是這裏流出，所謂「德盛仁熟」，「從心所欲不踰矩」。形骸雖是人，其實是一塊天理，又焉得而不樂？○顏子是孔子稱他樂，他不曾自説道我樂。人自説樂時便已是不樂了。○問：「顏子不改其樂莫是樂箇貧否？」曰：顏子私欲克盡，故樂，却不是專樂箇貧。須知他不干箇貧事，元自有箇樂始得。又曰：道理在天地間，須是直窮到底，至纖至悉，十分透徹，無有不盡，則與萬物爲一，無所窒礙，胸中泰然，豈有不樂？○問：「『不改其樂』與『不能改其樂』如何分別？」曰：「不改其樂」者，僅能不改其樂而已；「不能改其樂」者，是自家有此樂，他無奈自家何。以此見得聖賢地位。○問：「顏子在陋巷而顏路甘旨有闕，則人子不能無憂。」曰：此重則彼自輕，别無方法，别無意思也。要尋樂處，只是自去尋，却無不做工夫自然樂底道理。而今做工夫，只是平常恁地理會，不要把做差異了去做。簞瓢陋巷實非可樂之事，顏子不幸遭之而能不以人之所憂改其樂耳。若其所樂，則固在乎簞瓢陋巷之外也。故學者欲求顏子之樂而即其事以求之，則有没世而不可得者。此明道之説所以爲有功也。○或謂夫子之樂雖在飯蔬食、飲水之中而忘其樂，顏子不以簞瓢陋巷改其樂，是外其簞瓢陋巷。曰：孔顏之樂大綱相似，難就此分淺深。唯是顏子止説「不改其樂」，聖人却云「樂亦在其中」，「不改」字上恐與聖人略不相似，亦只争些子。聖人自然是樂，顏子僅能不改。○顏子之樂亦如曾點之樂，但孔子只説顏子是恁地樂，曾點却説許多樂底事來。點之樂淺近而易見，顏子之樂深微而難知。點只是見得如此，顏子是工夫到那裏了。從本原上看方得。○顔子之樂平淡，曾點之樂勞攘。○南軒張氏曰：顔子非樂簞食瓢飲也。言簞食瓢飲之貧，人所不堪，而不足以累其心而改其樂耳。然則其樂果何所樂哉？安乎天理而已矣。學者要當從事於克己，而後顔子之所樂可得而知也。○勉齋黄氏曰：顔樂之説，《集註》以爲從事於博文約禮，《或問》以爲無少私欲，天理渾然。二説不同，何也？《或問》博文約禮，❶顔子所以用其力於前；天理渾然，顔子所以收其功於後。博文則知之明，約禮則守之固。凡事物當然之理既無不洞曉，而窮通得喪與凡可憂可戚之事舉不足以累其心，此其所以無少私欲，天理渾然。蓋有不期樂而自樂者矣。○潛室陳氏曰：所樂在道，以道爲樂，此固學道者之言，不學道之人固不識此滋味。但已得道人則此味與我兩忘，樂處即是道，固不待以彼之道樂我之心也。孔顔之心如光風霽月，查滓渾化，從生至死都是道理。順理而行，觸處是樂。行乎富貴則樂在富貴，行乎貧賤則樂在貧賤。夷狄、患難，觸處而然。蓋行處即是道，道處即是樂，初非以道爲可樂而樂之也。又曰：心廣體胖，無入而不自得所樂，即是道也。若但以孔顔之樂不可形容而不知其所樂何事，則將有眈空嗜寂之病。聖賢着實工夫豈是欲人懸空坐悟？所以濂溪必令二程尋孔顔所樂何事。○西山真氏曰：《集註》所引程子三説，其一曰不以貧窶改其樂，二曰蓋自有其樂，三曰所樂何事，皆不説出顔子之樂是如何樂。其末却令學者於「博文約禮」上用功。博文約禮亦有何樂？程、朱二先生若有所隱而不以告人者，其實無所隱而告人之深也。有人謂顔子所樂者道，程先生以爲非。

❶ 「或問」，疑衍，宋真德秀《西山讀書記》卷二八引無此二字。

由今觀之，「所樂者道」之言豈不有理？而程先生乃非之，何也？蓋道只是當然之理而已，非有一物可以玩弄而娛悦也。若云所樂者道，則吾身與道各爲一物，未到渾融無間之地，豈足以語聖賢之樂哉？顔子工夫乃是博文約禮上用力。博文者，言於天下之理無不窮究而用功之廣也；文者，言凡物皆有自然之條理也。博者，廣也。如伊川之論格物，自一身性情之理與一草一木之理無不講究，是也。約禮者，言以理檢束其身而用工之要也。如視聽言動必由乎禮，常置此身於準繩規矩之中，而無一毫放逸恣縱之意，是也。博文者，格物致知之事也；約禮者，克己復禮之事也。内外精粗二者並進，則此心此身皆與理爲一，從容游泳於天理之中，雖簞瓢陋巷不知其爲貧，萬鍾九鼎不知其爲富，此乃顔子之樂也。程朱二先生恐人只想像顔子之樂而不知實用其功，雖日談顔子之樂，何益於我？故程子全然不露，只使人自思而得之；朱先生又恐人無下手處，特説出「博文約禮」四字，令學者從此用力。真積力久，自然有得，至於欲罷不能之地，則顔子之樂可以庶幾矣。○雙峯饒氏曰：人之常情，莫不樂富貴而憂貧賤。今孔顔之樂不在於高堂數仞、榱題數尺、食前方丈、侍妾數百人，而乃在於蔬食飲水、曲肱而枕，簞食瓢飲、居於陋巷之際。夫蔬水曲肱、簞瓢陋巷，豈可樂之事哉？是其爲樂固非富貴之謂，而亦非貧賤之云，要必超乎二者之外而别有所謂樂也。謂之「亦在其中」者，言雖當如是之時，而吾之所樂亦未嘗不在於此；謂之「不改其樂」者，言雖處如是之地，而吾之所樂亦不以此而改爾。非謂蔬水曲肱、簞瓢陋巷之爲可樂也。周子於此每令人尋其所樂者何事而程子述之，其所以發人之意，深矣。○博文約禮是仲尼之所以教、顔子之所以學處。於此用功，則孔顔之樂可尋矣。○鄭舜舉曰：道在吾身，日由乎道，則安而樂矣。若以道爲可樂而樂之，則身與道爲二，非所謂

「樂之」者也。

○冉求曰：「非不說子之道，力不足也。」子曰：「力不足者，中道而廢。今女畫。」說音悅。女音汝。

力不足者，欲進而不能；慶源輔氏曰：心欲進而力有所不及也。畫者，能進而不欲。新安陳氏曰：力能進而心有所不肯也。謂之「畫」者，如畫地以自限也。○胡氏曰：「夫子稱顏回不改其樂，冉求聞之，故有是言。然使求說夫子之道誠如口之說芻豢，音患。則必將盡力以求之，何患力之不足哉？畫而不進，則日退而已矣。此冉求之所以局於藝也。」朱子曰：「力不足」者，中道而廢。廢是好學而不能進之人，或是不會做工夫，或是材質不可勉者。「今女畫」，畫是自畫，乃自謂材質不敏而不肯爲學者。○問：「『力不足』者，非干志否？」❶曰：雖非志而志亦在其中。所見不明，氣質昏弱，皆力不足之故。冉求乃自畫耳。○問：「『自畫』與『自棄』如何？」曰：也只是一般。只自畫是就進上說，到中間自住了，自棄是全不做。○雙峯饒氏曰：「力不足」者是氣質弱甚，天理不能勝人欲；「中道而廢」者如人擔重檐行遠路，行到中途，氣匱力竭，十分去不得，方始放下。如此方謂之「力不足」。冉求未嘗用力，❷便說力不足，如季氏旅泰山，且須救他，便說不能，此是畫處。○新安陳氏

❶ 「干」，四庫本、孔本、陸本作「無」。

❷ 「嘗」，原作「常」，今據四庫本及《輯釋》改。

曰：《語》首章《集註》云「説之深而不已焉耳」。説貴乎深。説苟深，必欲罷不能，豈有自畫之患？畫而不進，説之不深故也。求局定於藝而不能充拓，其弊原於畫以自限耳。

〇子謂子夏曰：「女爲君子儒，無爲小人儒。」

儒，學者之稱。程子曰：「君子儒爲去聲，下同。己，小人儒爲人。」〇謝氏曰：「君子小人之分，義與利之間而已。然所謂利者豈必殖貨財之謂？以私滅公，適己自便，凡可以害天理者皆利也。子夏文學雖有餘，然意其遠者大者或昧焉。故夫子語音御。之以此。」朱子曰：聖人爲萬世立言，豈專爲子夏説？此處正要見得義利分明。人多於此含糊去了，不分界限。今自己會讀書、看義理、做文字，便道別人不會，便謂强得人，此便是「小人儒」。毫釐間便分君子小人，豈謂子夏？決不如此。〇君子儒、小人儒同爲此學者也，若不就己分上做工夫，只要説得去，以此欺人，便是小人儒。〇子夏是箇細密謹嚴底人，中間忒細密，於小小事上不肯放過，便有委曲周旋人情、投時好之弊。〇慶源輔氏曰：子夏資質純固，但欠遠大之見而有近小之蔽，恐或溺於私與利也，故以是告之。然此必子夏始見時事。至其言「切問近思，仁在其中」、聖人之道「有始有卒」之説，則必不至此矣。

〇子游爲武城宰。子曰：「女得人焉爾乎？」曰：「有澹臺滅明者，行不由徑，非公事未嘗至於偃之室也。」女音汝。澹，徒甘反。

武城，魯下邑。澹臺，姓；滅明，名。字子羽。徑，路之小而捷者。公事如飲、射、讀法之類。朱子曰：「焉爾乎」三字是語助。聖人之言，寬緩不急迫。〇胡氏曰：言「魯下邑」，非大夫之采邑也。「飲」謂鄉飲酒。周禮，鄉大夫賓賢能飲國中賢者能者。州長習射，黨正蜡祭，皆行鄉飲酒禮。「射」謂鄉射。《周禮》鄉大夫：「以五物詢衆庶：一曰和，二曰容，三曰主皮，四曰和容，五曰興舞。」州長春秋以禮會民，皆行鄉射禮。「讀法」則州長於正月之吉，黨正於四時孟月吉日，族師於月吉，閭胥於既比，皆行讀法禮。以是知爲邑宰者亦然也。其他則凡涉乎公家者皆是也。不由徑，則動必以正，而無見小欲速之意可知；非公事不見邑宰，則其有以自守，而無枉己徇人之私可見矣。胡氏曰：「動必以正」，則非但於行路而已；「有以自守」，則非但不私謁而已。故又以「可知」、「可見」總言之。因小以明大，因兩端以見全體。○楊氏曰：「爲政以人才爲先，故孔子以『得人』爲問。如滅明者，觀其二事之小，而其正大之情可見矣。後世有不由徑者，人必以爲迂；不至其室，人必以爲簡。非孔氏之徒，其孰能知而取之？」問：「楊氏謂爲政以人才爲先，如子游爲武城宰，縱得人，將焉用之？似説不通。」朱子曰：「古者士人爲吏，恁地説也説得通。更爲政而得人講論，此亦爲政之助，恁地説也説得通。○問：「觀其二事之小而正大之情可見矣，非獨見滅明如此，亦見得子游胸懷也恁地開廣，故取得這般人。」曰：「子游意思高遠，識得大體。」愚謂持身以滅明爲法，則無苟賤之羞；取人以子游爲法，則無邪媚之惑。雙峯饒氏曰：持身者不以苟賤爲羞，則枉己徇人，無所不至；取人者苟爲邪媚所惑，則賢否邪正，皆不復能辨矣。○雲峯胡氏曰：「苟賤之羞」、「邪媚之惑」八字與「正大之情」四字相反。然非子游自持身正大者，未必取人如滅明之正大也。

○子曰：「孟之反不伐。奔而殿，將入門，策其馬曰：『非敢後也，馬不進也。』」殿，去聲。

孟之反，魯大夫，名側。胡氏曰：「反即莊周所稱『孟子反』者是也。」朱子曰：《莊子》所謂「孟子反」，蓋聞老氏懦弱謙下之風而悅之者也。**伐，誇功也。奔，敗走也。軍後曰殿。策，鞭也。戰敗而還，**音旋。**以後爲功。反奔而殿，故以此言自揜**與掩同。**其功也。事在哀公十一年。**《左傳》哀公十一年：齊國書帥師伐我。❶孟孺子洩帥右師，冉求帥左師。師及齊師戰于郊，右師奔，齊人從之。孟之側後入以爲殿，抽矢策其馬曰：「馬不進也。」〇朱子曰：這便是「克、伐、怨、欲不行」，與顏子「無伐善」底意思相似。〇南軒張氏曰：奔而爲殿，固已難能。及將入門，是國人屬耳目時也，反非惟不自有其功，又自揜其功，深自抑損如此。故聖人有取焉。爲學之害，矜伐居多，聖人取之，以教門人也。**〇謝氏曰：「人能操**平聲。**無欲上人之心，則人欲日消，天理日明，而凡可以矜己誇人者皆無足道矣。然不知學者，欲上人之心無時而忘也。若孟之反，可以爲法矣。」**

朱子曰：欲上人之心便是私欲。聖人四方八面提起向人說，只要去得私欲。孟之反他事不可知，只此一事，便可爲法。〇問：「人之伐心固難克，然若非先知得是合當做底事，則臨事時必消磨不去。諸葛孔明所謂『此臣所以報先帝而忠陛下之職分也』。若知凡事皆其職分之所當爲，只看做得甚麼樣大功業，亦自然無伐心矣。」曰：也不是恁地。只是箇心地平底人，故能如此。若使其心地不平，有矜伐之心，則雖十分知是職分之所當爲，少間自是走從那一邊去，遏捺不下，少間便說我却盡職分，你却如何不盡職分，便

❶「書」，原無，今據四庫本及《輯釋》、《左傳》補。

自有這般心。孟之反只是箇心地平，所以消磨容得去。○孟之反不伐與馮異之事不同。蓋軍敗以殿爲功。殿於後則人皆屬目歸他，若不恁地説，便是自承當這箇殿後之功。若馮異乃是戰時有功，到後來事定，諸將皆論功，他却不自言也。○雙峯饒氏曰：人所以矜伐，只爲好勝之心蔽了天理。有些小功能，自視不勝其大，容着不得，只管矜伐。若能捺伏此心，則私意消，天理明。便是有莫大功業，亦只如一點浮雲，何足矜伐哉？上蔡平時用力去箇「矜」字，所以説得如此痛切。

○子曰：「不有祝鮀之佞而有宋朝之美，難乎免於今之世矣。」鮀，徒河反。

祝，宗廟之官。鮀，衛大夫，字子魚，有口才。朝，宋公子，有美色。言衰世好去聲。諛悦色，非此難免。蓋傷之也。問：「謝氏疑『而』字爲『不』字。」朱子曰：當從伊川説，謂無鮀之巧言與朝之美色，難免於今，必見憎疾也。○南軒張氏曰：必有巧言令色而後可以免於世，則世衰道微可知。中人已下以利害存心者鮮不爲之變易矣，此聖人所以嘆也。○雙峯饒氏曰：世教明則人知善之可好而不好諛，知德之可悦而不悦色矣。

○子曰：「誰能出不由户？何莫由斯道也？」

言人不能出不由户，何故乃不由此道邪？怪而嘆之之辭。厚齋馮氏曰：莫，不肯也。○雙峯饒氏曰：「何」字中有深意。○洪氏曰：「人知出必由户而不知行必由道。非道遠人，人自遠爾。」朱子曰：但纔不合理處，便是不由道。○「何莫」之云，猶「何莫學夫《詩》耳」。若直以出不能不由户譬夫行之不能不由道，則世之悖理犯義而不由於道者爲不少矣，又何説以該之邪？○南軒張氏曰：

即父子而父子在所親，即君臣而君臣在所嚴，夫婦之有別，朋友之有信，以至於一飲食起居之間莫不有道焉，故曰：「誰能出不由户？何莫由斯道也？」謂未有出而不由户者，何事而不由於道乎？道不可離如此，是以君子敬以持之，顛沛必於是，造次必於是，而惟恐其或失也。○西山真氏曰：事親事長，人人之所同也。然必事親孝，事長弟，然後謂之「道」，不然則非道矣。此嘆世人但能知出必由户而不知行必由道，欲人知行不可以不由道也。○新安陳氏曰：夫子怪嘆時人，蓋曉人以道之當必行，亦以見道之本不難行也。與孟子「夫道若大路然，人病不求」之意相似。

○子曰：「質勝文則野，文勝質則史。文質彬彬，然後君子。」

野，野人，言鄙略也。史掌文書，多聞習事，而誠或不足也。朱子曰：史，掌文籍之官，如二公及王乃問諸史，并《周禮》諸屬各有史幾人。○慶源輔氏曰：史如《周官》太史、小史之屬。太史掌邦之六典，小史掌邦國之志，所謂「多聞」也；太史、小史皆掌喪祭、賓客、會同、朝覲、軍旅之事，所謂「習事」也。先王盛時，史雖多聞習事而誠實固無不足者；世衰道微，習於外者多遺其内，故多聞習事之史或有誠實不足者。下一「或」字，其義備矣。**彬彬，猶「班班」，物相雜而適均之貌。言學者當損有餘，補不足。至於成德，則不期然而然矣。**新安陳氏曰：先有質而後有文，文所以文其質也。文得其中，方與質稱。文不及則爲野，文太過則爲史。故文可損益而質無損益。學者損史之有餘補野之不足，使文質相稱，則有彬彬之氣象矣。《集註》分「學者」與「成德」而言，蓋始焉損有餘補不足乃勉而爲之，到成德之境，則自然純熟，不待損之補之而後文質始相稱也。**○楊氏曰：「文、質不可以相勝。然質之勝**

文，猶之甘可以受和，去聲。白可以受采也；文勝而至於滅質，則其本亡矣，雖有文，將安施乎？然則與其史也，寧野。」程子曰：君子之道，文質得其宜也。○朱子曰：文、質是不可以相勝，纔勝便不好。○慶源輔氏曰：夫子言「文質彬彬」，自然亭當恰好，不少了些子意思。若子貢「文猶質，質猶文」，便說得偏了。○「質勝文則野」，則質有餘而文不足；「文勝質則史」，則文有餘而質不足。學者能於其不足者補之，於其有餘者損之，至於成德，則文質班班然相雜而適相稱，有不期然而然者矣。夫然後可以謂之君子。又曰：野猶近本，史則徇末矣。

○子曰：「人之生也直。罔之生也，幸而免。」

程子曰：「生理本直。罔，不直也，而亦生者，幸而免耳。」龜山楊氏曰：「人之生也直」，是以君子無所往而不用直。直則心得其正矣。古人於幼子常示毋誑，所以養其直也。所謂直者，公天下之好惡而不爲私焉耳。○朱子曰：「罔之生也」之「生」與上面「生」字微有不同。此「生」字是「生存」之「生」。人之絕滅天理，便是合死之人。今而不死，蓋幸免也。○天地生生之理只是直。纔直，便是有生生之理；不直，則是枉天理，宜自屈折也。而亦得生，是「幸而免」耳。○罔只是脱空作僞。做人不誠實，以非爲是，以黑爲白。如不孝於父，却與人説我孝；不弟於兄，却與人説我弟：此便是罔。據此等人合當用死却生於世，是「幸而免」耳。生理本直。如耳之聽，目之視，鼻之齅，口之言，心之思，是自然用如此。若纔去這裏著些屈曲支離，便是不直矣。又云：其粗至於以鹿爲馬也，是不直；其細推至一念之不實，惡惡不如惡惡臭，好善不如好好色，也是不直。○如水有源便流，這只是流出來無阻滯處。如見孺子將入井便有箇惻隱之心，見一件可羞惡底事便有箇羞惡之心，這都是本心自然發出來。若順這箇行，便是直；若是見入井後不惻隱，❶見可羞惡而不羞惡，這便是罔。○此章之説，程伯子之言約而盡矣。兩「生」字雖若不同而義實相足，蓋曰：天生是人也，實理自然，初無委曲。彼乃不能順是而猶能保其生焉，是其免特幸而已耳。○如木方生被人折了，便不直。多應是死，到得不死，幸然如此耳。○南軒張氏曰：天理本直，在人則順其性而不違，所謂直也。直者生之道。循理而行，雖命之所遭有不齊焉，而莫非生道也。罔則昧其性冥行而已。是與「遊魂爲變」者相去幾何？其生特幸免耳。○雙峯饒氏曰：罔，無也。謂滅盡此直道。

○子曰：「知之者不如好之者，好之者不如樂之者。」好，去聲。樂音洛。

尹氏曰：「知之者，知有此道也；好之者，好而未得也；樂之者，有所得而樂之也。」○張敬夫曰：「譬之五穀。知者，知其可食者也；好者，食而嗜之者也；樂者，嗜之而飽者也。知而不能好則是知之未至也，好之而未及於樂則是好之未至也。此古之學者所以自彊而不息者與！」程子曰：學至於樂則成矣。篤信好學，未如自得之爲樂。○知之者，我知之也；好之者，雖篤而未能有之；至於樂之，則爲己之所有。○朱子曰：「知之者不如好之者」，人之生便有此理，然被物欲昏蔽，故知此理者已少。好之者是知之已至，分明見得此理可愛可求，故心誠好之。樂之者是好

❶「後」，四庫本作「而」。

之已至，而此理已得之於己。凡天地萬物之理皆具足於吾身，則樂莫大焉。○問：「『不如樂之者』，此『樂』字與顔子之樂意思差異否？」曰：較其大概亦不争多，但此「樂之者」之字是指物而言，是有得乎此道從而樂之也，猶「樂斯二者」之「樂」，「樂循理」之「樂」。如顔子之樂又較深，是安其所得後與萬物爲一，泰然無所窒礙，非有物可玩而樂之也。○此章當求所知、所好、所樂爲何物，又當玩知之、好之、樂之三節意味是如何，又須求所以知之、好之、樂之之道，方於己分上有得力處。○慶源輔氏曰：尹氏之説即張氏之説。食而知其味，故嗜之，「嗜」即所謂「好」也。然其未至於樂者，則雖嗜之而未能得飽滿饜足，蓋猶有嗜好之意焉。至於樂，則飽滿饜足，自得於心，有不可以語人者矣。張氏以人之食五穀爲喻，其曉人尤更明切，故具載之。然則知而不能好，未能知其味也；好之而未能樂，未能與之爲一也。纔到樂處，則無息無二。學者苟未至於樂，則當益鞭其後，自强不息以求之，必期至於自得而樂之之地，則不能自已耳。○雙峯饒氏曰：論地位則知不如好，好不如樂；論工夫，則樂原於好，好原於知。《大學》「物格知至」是「知之」者，誠意「如好好色」是好之者，意誠而心正、身脩，則「心廣體胖」而樂矣。○雲峯胡氏曰：知不如好，知之深自能好；好不如樂，好之深自能樂。好在未有所得之先，樂在既有所得之後。○新安陳氏曰：學者之於道，當自「知之」而始，又必好且「樂之」而後爲至。非真知之不能好，然既知之，必當求進於好之；非篤好之不能得之而樂，然既好之，必當求進於樂之。果能樂之，則所知所好者方實得於己，其樂有不可以語人者矣。所謂「自强不息」者蓋如此。

○子曰：「中人以上可以語上也，中人以下不可以語上也。」「以上」之上，上聲。語，去聲。

語，告也。言教人者當隨其高下而告語之，則其言易去聲。入而無躐等之弊也。○張敬夫曰：「聖人之道，精粗雖無二致，但其施教，則必因其材而篤焉。蓋中人以下之質，驟而語之太高，非惟不能以入，且將妄意躐等而有不切於身之弊，亦終於下而已矣。故就其所及而語之，是乃所以使之切問、近思而漸進於高遠也。」或問：「中人上下是資質否？」朱子曰：且不裝定恁地。或是他工夫如此，或是他資質如此。聖人只說中人以上、中人以下時便都包得在裏面了。聖人說中人以下不可將那高遠底說與他，怕他時下無討頭處。若是就他地位說時，理會得一件便是一件，庶幾漸漸長進，一日強似一日，一年強似一年，不知不覺便也解到高遠處。○問：「聖人教人不問智愚高下，未有不先之淺近而後及其高深。今中人以上之資遽以上焉者語之，何也？」曰：他本有這資質，又須有這工夫，故聖人方以上者語之。○理只是一致。譬之水也，有把與人少者，有把與人多者。隨其質之高下而告之，非謂理有二致也。又曰：正如告顏淵以克己復禮，告仲弓以持敬行恕，告司馬牛以言之訒。蓋清明剛健者自是一樣，恭默和順者自是一樣，有病痛者自是一樣：皆因其所及而語之也。○西山真氏曰：道德性命者，理之精也；事親事長、洒掃應對之屬，事之粗也。能盡其事親事長之道，則道德性命不外乎此矣。中人以下若驟然告以道德性命，彼將何所從入？想像億度，反所以害道。不若且從分明易知處告之以事親事長、洒掃應對之屬。如此，則可以循序而用力，不期而至於高遠之地。此聖門教人之要法也。使學者外問於人，內思於心，皆先其切近者，則一語有一語之益，一事有一事之功，不比汎然馳騖於外而初無補於身心也。○李氏曰：中人以上雖未及於上智，而於上智爲近，故可以語上；中人以下則於上智爲遠，驟語以上則將妄意躐等，非徒無益，而反有害矣。○雙峯饒氏曰：中人以下非是終不可以語上，且使之切問近思，由下以進於中，則亦漸可以語上矣。○新安陳氏曰：道無精粗，教有等級。資之近上者可教以精深，資之凡下者且當教之以淺近。苟遽以精深語之，則無入精深之漸，終爲凡下之歸而已。孰若且語之以淺近，使由淺近而漸進於精深哉？

○**樊遲問知。子曰：「務民之義，敬鬼神而遠之，可謂知矣。」問仁。曰：「仁者先難而後獲，可謂仁矣。」**知、遠，皆去聲。

民亦人也。獲謂得也。專用力於人道之所宜而不惑於鬼神之不可知，知者之事也；朱子曰：常人之所謂「智」，多求入所不知；聖人之所謂「智」，只知其所當知而已。自常人觀之，此兩事若不足以爲智。然果能專用力於人道之宜而不惑於鬼神之不可知，却眞箇是「知」。○或問：「所謂鬼神，非祀典之正，何以使人敬之？」以爲祀典之正，又何以使人遠之？」曰：聖人所謂「鬼神」，無不正也。曰「遠」者，以其處幽，故嚴之而不瀆耳。若其非正則聖人豈復謂之「鬼神」哉？在上則明禮以正之，在下則守義以絶之，固不使人敬而遠之，然亦不使人褻而慢之也。○雙峯饒氏曰：「務民義」、「敬鬼神而遠之」，兩句當合看。如未病謹疾，既病醫藥，人事所宜也。不務此而專禱鬼神，不知也。爲善去惡，人道所宜也。不務善而專媚神以求福，不務去惡而專媚神以免禍，皆不知也。**先其事之所難而後其效之所得，仁者之心也。此必因樊遲之失而告之。**朱子曰：董子所謂「仁人者，正其義不謀其利，明其道不計其功」，正謂此也。然正義未嘗不利，明道豈必無功？但不先以功利爲心耳。樊遲蓋有先獲之病，故夫子既告以此，又以先事後得告之，警之至矣。○問「知之事」、「仁之心」。曰：務義敬神是就事上説，先難後獲是就處心積慮上説。事也從心裏做出來，然「仁」字説較近裏，「知」字説較近外。○**程子曰：「人多信鬼神，惑也，而不信者又不能敬。能敬能遠，可謂知矣。」**程子曰：務人之義，乃知也。鬼神不敬則是不知，不遠則至於瀆。敬而遠之，所以爲「知」。○慶源輔氏曰：能敬則知人與鬼神二而一之，不可斁；能遠則知人與鬼神一而二之，不可褻。是可不謂之「知」乎？**又曰：「先難，克己也。以所難爲先而不計所獲，仁也。」**問：「既曰『仁者』，則安得有己私而更須克己耶？」朱子曰：仁者雖己無私，然安敢自謂己無私乎？克己正是要克去私心。若又計其效之所得，乃私心也。只此私心，便是不仁。○新安陳氏曰：「先難」所包者闊，本不但言克己。程子謂克己，是於所難之中又舉甚者言之，而求仁之功莫先焉。**呂氏曰：「當務爲急，不求所難知；力行所知，不憚所難爲。」**朱子曰：人之於鬼神，自當敬而遠之。若見得那道理分明，則須著如此。又如卜筮，自伏犧、堯、舜以來皆用之，是有此理矣。今人若於事有疑，敬以卜筮決之，有何不可？如義理合當做底事却又疑惑，只管去問於卜筮，亦不能遠也。蓋人自有人道所當爲之事。今若不肯自盡，只管去諂事鬼神，便是不智。又曰：夫子所答樊遲問仁、知一段正是指中間一條正當路與人。人於所當做者却不肯去做，纔去做時又便生箇計獲之心，皆是墮於一偏。人能常以此提撕，則心常得其正矣。○民者，人也；義者，宜也。如《詩》所謂「民之秉彝」即人之義也。此則人之所宜爲者，不可不務也。此而不務而反求之幽冥不可測識之間，而欲避禍以求福，此豈謂之「智者」哉？○此鬼神是指正當合祭祀者。且如宗廟山川，是合當祭祀底，亦當敬而不可褻近泥著。纔泥著便不是。且如卜筮，用龜所不能免，臧文仲却爲山節藻棁之室以藏之，便是不知也。○先難後獲，仁者之心如是，故求仁者之心亦當如是。○獲，有期望之心。學者之於仁，工夫最難。但先爲人所難爲，不必有期望之心，可也。○後，如「後其君」、「後其親」之意。「哭死而哀，非爲生者；經德不回，非以干禄；言語必信，非以正行」，這是熟底「先難後獲」，是得仁底人；「君子行法以俟命」，是生底「先難後獲」，是求仁底人。○問：「上蔡所説『先難』謂如射之有志，若跣之視地，若臨深、若履薄，皆其心不易之謂。」曰：説得是。先難是心只在這裏，更不做別處去。如上嶺高峻處，不能得上，心心念念只在要過這處，更不思量別處去。過這難處未得，便又思量得某處。這便是求獲。○雲峯胡氏曰：《集註》言「知者之事」，便見「務民之義」一句「務」字最重；「仁者之心」，便見「先難」二字「先」字最要。務者，事之所當爲；先者，心之所當急。○又曰：義者，人之所宜爲。鬼神在幽隱之間，務其所宜爲而不惑於幽隱之間，知者之事也。仁者之心純乎天理，不可有爲而爲之。一有所爲而爲，則非仁者之心矣。

○子曰：「知者樂水，仁者樂山。知者動，仁者静。知者樂，仁者壽。」知，去聲。樂，上二字並五教反，下一字音洛。

樂，喜好去聲。也。知者達於事理而周流無滯，有似於水，故樂水；仁者安於義理而厚重不遷，有似於山，故樂山。動、静以體言，慶源輔氏曰：此「體」字乃形容仁、知之體段，非「體用」之「體」。樂、壽以效言也。動而不括故樂，新安陳氏曰：「動而不括」出《易·繫辭下》。註：「括，結也。動而無結閡「礙」同。❶之患也。」**静而有常故壽。**朱子曰：此不是兼仁、知而言，是各就其一體而言。世自有一般渾厚底人，一般通曉底人，各隨其材有所成就。如顔子之徒是仁者，子貢之徒是知者。是泛説天下有此兩般人耳。○或謂「寂然不動」爲静，非也。此言仁者之人雖動亦静，喜怒哀樂皆是動，仁者豈無此數者？蓋於動中未嘗不静，「静」謂無人欲之紛擾而安於天理之自然耳。若謂仁者静而不動，則知者亦豈動而不静乎？○知者動意思常多，故以動爲主；仁者静意思常多，故以静爲主。今夫水淵深不測是静也，及滔滔而流，日夜不息，故主於動；山包藏發育之意是動也，而安重不遷，故主於静。故知仁動静是體段模樣意思如此。○仁自有壽之理，不可以顔子來插看。如「罔之生，幸而免」，罔亦是有死之理。○仁者雖有動時，其體只自静；知者雖有静時，其體只自動。○仁主發生，知周事物。仁者一身混然全是天理，故静而樂山且壽。壽是悠久之意。知者周流事物之間，故動而樂水且樂。樂是處得當理而不擾之意。○雲峯胡氏曰：《集註》「事理」、「義理」四字，理一而已。一事各具一理，故曰「事理」。「在物爲理，處物爲義」，故曰「義理」。事無定用，含動意；義有定則，含静意。**○程子曰：「非體仁、知之深者**朱子曰：「體仁」謂人在那仁裏做骨子。○雙峯饒氏曰：「體仁」是以身體之，如「君子體仁」之「體」。夫子，體仁、知之深者。**不能如此形容之。」**程子曰：知如水之流，仁如山之安。動静，仁知之體也。動則自樂，静則自壽。○「知者樂水，仁者樂山」，言其體動静如此。「知者樂」，所運用處皆樂；

❶ 「礙」上，《輯釋》有「與」字。

「仁者壽」，以静而壽。仁可以兼知，知不可以兼仁。如人之身統而言之則只謂之身，别而言之則有四支。○朱子曰：惟聖人兼仁知，故樂山樂水皆兼之。自聖人而下，成就各有偏處。○仁静知動。《易》中説「仁者見之」，陽也；「知者見之」，陰也。這様物事大抵有兩様。仁配春，知配冬。《中庸》説成己，仁也；成物，知也。仁在我，知在物。孟子説「學不厭」，知也；「教不倦」，仁也。又却知在我，仁在物。見得這様物事皆有動静。自仁之静、知之動而言，則是成己，仁也；成物，知也。自仁之動、知之静而言，則是學不厭，知也；教不倦，仁也。仁者敦厚和粹，安於義理，故静；知者明徹疏通，達於事變，故動。但詳味仁、知二字氣象，自見得動静處，非但可施於文字而已。○知便有箇快活底意思，仁便有箇長遠底意思。○知者動，然他自見得許多道理分明，只是行其所無事，其理甚簡。以此見得雖曰動，而實未嘗不静也。仁者静，然其見得天下萬事萬理皆在吾心，無不相關，雖曰静，而未嘗不動也。動不是恁地勞攘紛擾，静不是恁地塊然死守。這與「樊遲問仁、知」章相連，自有互相發明處。問：「此是如何？」曰：專去理會人道之所當行而不惑於鬼神之不可知，便是見得日用之間流行運轉，不容止息，胸中曉然無疑，這便是「知者動」處。心下專在此事，都無别慮繫絆，見得那是合當做底事只恁地做將去，是「先難後獲」，便是「仁者静」。○問：「『體』字只作形容仁、知之體段則可，若作『體用』之『體』則不可。仁之體可謂之静，則知之體亦可謂之静。所謂『體』者，但形容其德耳。」曰：所論體用甚善。○南軒張氏曰：動、静者，仁、知之體。樂水樂山，言其體則然也。動則樂，静則壽。行所無事，不其樂乎？常永貞固，不其壽乎？雖然，知之體動而理各有止，静固在其中矣；仁之體静而周流不息，動亦在其中矣。仁、知之義，非深體者莫能識也。○慶源輔氏曰：知者通達，故周流委曲，隨事而應，各當其理，未嘗或滯於一隅。其理與氣皆與水相似，故心所喜好者水。「仁者安仁」，故渾厚端重，外物不足以遷移之。其理與氣皆與山相似，故心所喜好者山。知者隨事處宜，無所礙滯，故其體段常動；仁者心安於理，無所歆羨，故其體段常静。樂、壽以效言。效謂功效，此所以言其功效也。括，結礙也，動而無所結礙，故其效樂；常，悠久也，静而悠久不變，故其效壽。○新安陳氏曰：夫子以「知者」、「仁者」分言，程子以仁、知合言。所謂「體仁知之深」者，蓋指孔子也。全體仁知，渾然兼全。仁中有知，知中有仁。動而無動，静而無静。固得其壽，亦樂其天。豈偏於知與偏於仁者各得其一端而已哉！

○子曰：「齊一變至於魯，魯一變至於道。」

孔子之時，齊俗急功利，喜夸詐，乃霸政之餘習；魯則重禮教，崇信義，猶有先王之遺風焉。雙峯饒氏曰：俗由於政。桓公富國强兵，故其俗急功利；假借仁義，故其俗喜夸詐。魯，周公之後，周禮盡在，其重禮法可知；至漢初猶爲項羽城守不下，其崇信義可知。**但人亡政息，不能無廢墜耳。道則先王之道也。言二國之政俗有美惡，故其變而之道有難易。**慶源輔氏曰：廢其法而衰替者易復，更其法而富强者難變。俗以政革，政以道協。政有美惡，故俗有醇疵。至於變而之道，則盡善盡美，無以復加矣。○雲峯胡氏曰：先儒云王伯之辨莫如孟子，不知夫子此章所以辨王伯者嚴矣。道，王道也。當孔子之時，齊有伯政之餘習，變而之王道極難，變而僅可如孔子之時之魯耳。魯則猶有先王之遺風，一變可至於道。《集註》「政俗有美惡」，美者先王之遺風，惡者伯政之餘習。即此可見尊王賤伯

之意。○程子曰：「夫子之時，齊强魯弱，孰不以爲齊勝魯也？然魯猶存周公之法制，齊由桓公之霸爲從簡尚功之治，去聲。**太公之遺法變易盡矣，**魯齋王氏曰：閔元年，齊仲孫湫謂桓公曰：「魯猶秉周禮。」哀十一年，季孫欲用田賦，使冉有訪諸仲尼。仲尼曰：「且子季孫欲行而法，則周公之典在。」昭二年，晉韓宣子適魯，見《易》象與魯《春秋》，曰：「周禮盡在魯矣！吾乃今知周公之德與周之所以王。」此所謂「猶存周公之法制」也。《國語》：管仲爲政，制國爲二十一都。❶注云：「此非周制。」不立卒伍，不脩甲兵，作内政而寄軍令，則可速得志於天下。注云：「内政，國政也。」此所謂「從簡」也。桓公令官長期而書伐，蓋期年報功，此所謂「尚功」者也。**故一變乃能至魯。魯則脩舉廢墜而已，一變則至於先王之道也。」愚謂二國之俗，惟夫子爲能變之，而不得試。然因其言以考之，則其施爲緩急之序，亦略可見矣。**朱子曰：齊經小白，法度盡壞。今須一變方可至魯，又一變方可至道。魯却不曾變壞，但典章廢墜而已。若得人以脩舉之，則可以如王道盛時也。○太公之封於齊也，舉賢而尚功。孔子曰：「後世必有篡弑之臣。」周公治魯，親親而尊尊。孔子曰：「後世寖微矣。」齊自太公初封，已自做得不大段好，至後桓公、管仲出來，乃大變亂拆壞一番。魯雖是衰弱不振，元舊底却不大段改換。欲變齊，則須先整理已壞了底方始如魯，方可以整頓起來，這便隔了一重。變魯只是扶衰振弱而已。若論魯，如《左傳》所載，有許多不好事，只是恰不曾被人拆壞。恰似一間屋，其規模只在，齊

❶「都」，《國語・齊語》作「鄉」。

則已經拆壞了。這非獨是聖人要如此損益，亦是道理合當如此。○齊、魯初來氣象已自不同。桓公、管仲不能遵守齊之初政，却全然變易了，一向盡在功利上。魯畢竟先世之遺意尚存，如哀公用田賦，猶使人來問孔子。他若以田賦爲是，更何暇問？惟其知得前人底是，所以來問。若桓公、管仲却無這意思，自道他底是了，一向做去不顧。○以地言之，則齊險而魯平；以財言之，則齊厚而魯薄；以勢言之，則齊强而魯弱；以信言之，則齊尚夸詐而魯習禮義。蓋其風氣本不同矣。是以自其本而言之，則雖太公之盛時，已必一變而後可以至於周公、伯禽之王道；自其末而言之，則齊俗益壞之後，又必一變而後可以及魯之衰也。然當是時，非夫子之得邦家，亦孰能成此一變之功哉？○問：「施爲緩急之序如何？」曰：如齊功利之習所當變，魯紀綱所當振，便是急處。變齊則至魯在所急，而至道在所緩。至魯，則成箇樸了，❶就上出光來。❷○潛室陳氏曰：王道猶人之元氣。齊魯之初均有此元氣，只緣中間元氣各受些病。齊求速安，不於元氣調養，便以烏喙投之。一時却得康强，不知元氣已被此壞了。魯未曾用藥，元氣却未壞，聖人與調理出，便自渾然本來箇人；齊元氣已耗於烏喙，醫欲治之，定須先去了烏喙一段毒，始下得調理方法。齊、魯俱是聖賢之後，本都是王道。但魯則中間廢壞，不曾修葺，不曾改易周公法制，故聖人變魯一番，便可復王道之舊。齊自桓公以來，一反爲功利之習，把太公遺法一齊變了。設若變齊，須除去

---

❶ 「了」，《語類》卷三三作「子」。

❷ 「就」上，《語類》卷三三有「方」字。「上」，四庫本作「生」。

許多功利了，重新修葺一番，始可復王道之舊。故變魯只用一許多氣力，變齊須用兩許多氣力。○新安陳氏曰：魯有變易之資，聖人有能變之道，亦嘗用於魯矣。而道終不得行，所以深可爲魯惜也。

○子曰：「觚不觚。觚哉，觚哉！」觚音孤。

觚，棱也。或曰酒器，厚齋馮氏曰：觚，酒器。一升曰爵，二升曰觚。觚，物之有棱者也。○洪慶善曰：古者獻以爵而酧以觚，此夫子因獻酧之際有所感也。或曰木簡，厚齋馮氏曰：顏師古曰：「學書之牘，或以記事，削木爲之。其形或六面或八面，皆可書。孔子嘆即此也。」竊謂觚爲酒器，見於《禮經》；爲木簡，見於漢《急就章》。則謂爲簡屬者，秦漢以後之稱，非孔子所謂也。木簡之「觚」，今文從「觚」。皆器之有棱者也。朱子曰：古人之器多有觚。如酒器便如今花瓶中間有八角者。木簡似界方而六面，即漢所謂「操觚之士」者也。古人所以恁地方時，緣是頓得穩。不觚者，蓋當時失其制而不爲棱也。觚哉，觚哉，言不得爲觚也。○程子曰：「觚而失其形制，則非觚也。正意。舉一器而天下之物莫不皆然。新安陳氏曰：此下及范説皆是推廣夫子言外餘意。故君而失其君之道，則爲不君；臣而失其臣之職，則爲虚位。」范氏曰：「人而不仁則非人，國而不治去聲。則不國矣。」朱子曰：夫子之意本爲觚發，而推之則天下之物皆然也。上「觚」指其器，下「觚」語其制。「觚哉，觚哉」，嘆器之失其制也。○南軒張氏曰：物必有則。苟失其則，實已非矣，其得謂是名哉？聖人重嘆於觚，意所包涵遠矣。

○宰我問曰：「仁者雖告之曰『井有仁焉』，其從之也？」子曰：「何爲其然也？君子可逝也，不可陷也；可欺也，不可罔也。」

劉聘君曰：聘君，名勉之，字致中，❶號草堂，建安人。文公婦翁。「『有仁』之『仁』當作『人』。」今從之。「從」謂隨之於井而救之也。宰我信道不篤而憂爲仁之陷害，故有此問。逝謂使之往救，陷謂陷之於井。欺謂誑古况反。之以理之所有，罔謂昧之以理之所無。蓋身在井上，乃可以救井中之人；若從之於井，則不復扶又反。能救之矣。此理甚明，人所易去聲。曉。仁者雖切於救人而不私其身，然不應平聲。如此之愚也。或問：「『可欺』是繼『可逝』而言，『不可罔』是繼『不可陷』而言否？」朱子曰：也是如此。但「可逝」「不可陷」是就這一事說，「可欺」「不可罔」是總說，不特此事如此，他事皆然。○問：「欺、罔之别，其詳復有可得而言者乎？」曰：欺者，乘人之所不知而詐之也；罔者，掩人之所能知而愚之也。夫人之墜井，世有此理，而其有無，則非君子所能必知。故雖或未必真有，而可欺使往視之也。自入井中而可以救人，則其無是理也。蓋不待智者而知之矣，又安得以此罔之，而使陷於井中哉？孟子之論舜、子產事亦引此語。以彼證之，則明白矣。曰：「往視而井實有人，則如之何？」曰：蘇氏之説，所以處於輕重緩急之間者密矣。蘇氏云：「拯溺，仁者之所必爲也。殺其身無益於人，仁者之所必不爲也。惟君父在險，則臣子有從之之道。然猶挾其具，

❶「中」，原作「仲」，今據四庫本、孔本、陸本及《輯釋》、《宋史》本傳改。

不徒從也。事迫而無具，雖徒從，可也，其餘則使人拯之。要以窮力所至。」○雲峯胡氏曰：愛不足以盡仁，仁者必能愛；覺不可以名仁，仁者必能覺。然則仁者之愛也，可欺之使之往救；仁者之覺也，不可罔之使陷於井也。○新安陳氏曰：好仁不好學，其蔽固愚。然徒有切於救人之心而不察所以救人之理，仁者不當如是其愚。是故貴夫學也。

○子曰：「君子博學於文，約之以禮，亦可以弗畔矣夫！」夫音扶。

約，要去聲。**也。畔，背**音佩。**也。君子學欲其博，故於文無不考；守欲其要，故其動必以禮。如此，則可以不背於道矣。**朱子曰：聖人之教、學者之學，不越博文、約禮兩事。博文是道問學之事，於天下事物之理皆欲其知之；約禮是尊德性之事，於吾心固有之理無一息而不存。○博文所以驗諸事，約禮所以體諸身。如此用工，則博者可以擇中而居之不偏，約者可以應物而動皆有則。內外交相助，而博不至於泛濫無歸，約不至於流遁失中矣。○「禮」字不可只作「理」字看，是持守有節文處。○非博學則無以約禮，不約禮則博學爲無用。「約禮」云者，前之博而今約之使就於禮耳。看「博」、「約」字與「之以」字有一貫意。○勉齋黃氏曰：「博文約禮」語兩言之。以「博」對「約」，則約當爲要。然「約之」謂爲「要之」已覺不順，若謂「約我」爲「要我」，則尤非文理。故或以「約」爲束，文義順矣，又非博、約相對之義。嘗思之。博謂泛而取之以極其廣，約謂反而束之以極其要，則於文義庶皆得之。**○程子曰：「博學於文而不約之以禮，必至於汗漫；博學矣，又能守禮而由於規矩，則亦可以不畔道矣。」**朱子曰：博學於文，考究時自是頭項多；到得行時，却只是一理，所以爲約。若博學而不約之以禮，安知不畔於道；徒知要約而不博學，則所謂「約」者未知是與不是，亦或不能不畔於道也。○博學條目多，事事著去理會。禮却只是一箇道理。如視也是這箇禮，聽也是這箇禮，言也是這箇禮，動也是這箇禮。若博文而不約之以禮，便是無歸宿處，便是離畔於道也。○「博文約禮」是古之學者常事。孔子教顔子亦只是如此。且如行夏之時，如何做得？須是平時曾理會來。若非禮勿視等處，方是「約之以禮」。○問：「『博學於文，約之以禮』與『博我以文，約我以禮』固有淺深不同？」曰：聖人之言本無輕重，但人所造自有淺深。若只是博學於文，能約之以禮則可以弗畔於道，雖是淺底；及至顔子做到欲罷不能工夫，亦只是這箇博文約禮。如梓匠輪輿，但能斲削者只是這斧斤規矩；及至削鐻之神，斲輪之妙者，亦只是此斧斤規矩。○博學是致知，約禮則非徒知而已，乃是踐履之實。侯氏謂博文是致知、格物，約禮是克己復禮，極分曉。○或問：「『君子博學於文，約之以禮』，與孟子『博學而詳説之，將以反説約也』，意相似否？」潛室陳氏曰：博學必約之以禮，是重在約禮；博學正將以反説約，是重在博學。蓋博固不可不反於約，然非博亦不能遽反於約。二者合而後備，乃互相發也。○雙峯饒氏曰：知欲博，守欲約。人能如此用工，縱所得淺，亦當不畔於道。由此深入，雖與道爲一，可也，豈止弗畔而已？又曰：詳味此言，一「博」一「約」相爲開闔，恐人墮於一偏也；因其所博，從而約之，恐人之離爲二也；由博而約，次有先後，恐人之失其序也。蓋必博而能約，則無泛濫支離之失，而博不失之雜；約而能博，則無偏狹固滯之病，而其約不失之陋。此博、約之所以貴於兼盡也。然君子之博學，正欲貫通此理以爲反約之地耳，豈博自博而約自約哉？此博、約之所以相爲用也。然所以爲之之序，則必由博而反約。使事物之理有未究而遽執吾所自得者以爲據依，則所止者未必天下之至善，所執者未必天下之時中，而以非禮之禮爲禮者有之矣，何以能不畔於道哉？此不博而徑約之過也。○新安陳氏曰：徒博文而不約禮，固務博而陷於支離；不博文而欲約禮，亦徑約而流於狂妄。博文屬知，約禮屬行。交勉並進，始可以弗畔於道矣。

○子見南子，子路不説。夫子矢之曰：「予所否者，天厭之！天厭之！」説音悦。否，方九反。

南子，宋女，子姓。**衛靈公之夫人，有淫行。**去聲。**孔子至衛，南子請見，孔子辭謝，不得已而見之。**厚齋馮氏曰：孔子至衛，南子使人謂孔子曰：「四方之君子不辱欲與寡君爲兄弟者，必見寡小君。寡小君願見。」孔子辭謝。不得已而見之。夫人在絺帷中，孔子入門，北面稽首，再拜，環珮璆然。子曰：「吾鄉爲不見。見之，禮答焉。」史之所記如此。○齊氏曰：南子嘗以車聲轔轔，止而復作，知其爲蘧伯玉之賢，況於夫子乎？其欲見之也，秉彝好德之天也。**蓋古者仕於其國，有見其小君之禮。**《春秋》莊公二十四年八月丁丑，夫人姜氏入。戊寅，大夫、宗婦覿，用幣。哀姜，齊襄公女。宗婦，同姓大夫之婦。禮，小君至，大夫執贄以見。莊公欲奢誇夫人，故使大夫宗婦同贄俱見。○或問：「見其小君，禮歟？」朱子曰：是於《禮》無所見。穀梁子以爲大夫不見其夫人，而何休獨有郊迎執贄之説，不知何所考也。然《記》云「陽侯殺繆侯而竊其夫人，故大饗廢夫人之禮」，則大夫見夫人之禮，疑亦久矣不行，而靈公南子特舉之耳。**而子路以夫子見此淫亂之人爲辱，故不悦。矢，誓也。**朱子曰：矢、誓聲相近。《盤庚》所謂「矢言」，亦憤激之言，而近於誓者也。**所，誓辭也。如云「所不與崔慶者」之類。**《左傳》襄公二十五年，齊崔杼弑莊公，立景公而相之，慶封爲左相，盟國人於大音泰。宮曰「所不與崔慶者」，晏子仰天嘆曰：

「嬰所不唯忠於君、利社稷是與，有如上帝！」乃歃。盟書云：「所不與崔慶者，有如上帝！」讀書未終，晏子抄答易其辭，因自歃。**否謂不合於禮，不由其道也。**雙峯饒氏曰：禮是先王之制，道是天下事物當然之理。**厭，棄絶也。聖人道大德全，無可不可。其見惡人，固謂在我有可見之禮，則彼之不善，我何與**音預。**焉？然此豈子路所能測哉？故重**平聲。**言以誓之，欲其姑信此而深思以得之也。**程子曰：古者大享，夫人有見賓之禮。南子雖妾，靈公既以夫人處之，使孔子見，於是時豈得不見？○孔子之見南子，禮當見之也；南子之欲見孔子，亦其善心也。聖人豈得而拒之？○朱子曰：仕於其國，有見其小君之禮。當夫子時想是無人行，所以子路疑之；若有人行時，子路也不疑了。孟子説仲尼「不爲已甚」，這樣處便見。○問：「夫子欲見南子而子路不悦，何發於言辭之間如此之驟？」曰：這般所在難説。如聖人須要見南子是如何？想當時亦無必皆見之理。如衛靈公問陳時，也且可以款款與他説，又却明日便行；齊景公欲以季孟之間待之，也且從容不妨，明日又便行；季桓子受女樂，也且可以教他不得受，明日又便行。看聖人這般所在，其去甚果。不知於南子須欲見之，到子路不説，又費許多説話，又如此指誓，只怕當時如這般去就自是時宜。聖人既以爲可見，恐是道理必有合如此。「可與立，未可與權。」吾人見未到聖人心下這般所在，都難説。○此是聖人出格事，而今莫要理會他。向有人問尹彦明：「今有南子，子亦見之乎？」曰：「不敢見。」曰：「聖人何爲見之？」曰：「能磨不磷、涅不緇，則見之不妨。」○慶源輔氏曰：道大則善惡無所不容，德全則雖磨涅而不能使之磷緇也。故無可無不可，義之與比而已。彼人雖惡，然在我或當見之，則亦行吾之義而已，豈懼彼之能汙我哉？聖人之行非常人所能測識，子路學識不足以知聖人，想其於所不悦必有過甚之辭，故夫子重言以誓之曰：「我之所爲若不合於禮、不由於道，則天必厭之而棄絶我矣。」是其至誠惻怛之意，所以感切子路者至矣。蓋欲啓子路之信以致其思而使之自有得於心耳。○西山真氏曰：居亂邦見惡人，惟聖人爲可。蓋聖人道大德宏，可以轉亂而爲治，化惡而爲善。孔子於南子則見之，於陽貨亦見之，而公山不狃之召、佛肸之召，皆欲往焉。若大賢以下，則危邦不入，亂邦不居，小人則遠之，蓋就之未必能有所濟，而或以自汙焉。故子路仕孔悝不得其死，冉求仕季孫無改於其德，顔子、閔子終身不仕，蓋以此也。子路不悦者，蓋以己之力量觀聖人也。○雙峯饒氏曰：子路氣粗見偏，卒未易回，巽言則不入，故與之矢言，欲姑信此而思得之。○厚齋馮氏曰：君子之於小人，非禮不見。故小人之欲見君子必依乎禮，則君子雖欲辭焉而不可得已。如陽貨、南子，夫子固不得而絶之也。

○子曰：「中庸之爲德也，其至矣乎！民鮮久矣。」鮮，上聲。

中者，無過不及之名也；庸，平常也。至，極也。鮮，少也。言民少此德，今已久矣。慶源輔氏曰：《集註》初本併「不偏不倚」言「中」，後去之。蓋喜、怒、哀、樂未發之中，至子思始著於書，程子因發「中」一名而含二義之説；若孔子之教，只是即事以明理，故《集註》直以「無過不及」言中，又況已有程子不偏之説於後乎？**○程子曰：「不偏之謂中，不易之謂庸。中者，天下之正道；庸者，天下之定理。**朱子曰：不偏者，明道體之自然，即無所倚著之意。言平常，則不易在其中。惟其平常，所以不易。但「不易」二字則是事之已然者，自後觀之，則見此理之不可易。若平常，則日用平常者便是。

自世教衰，民不興於行，去聲。**少有此德久矣。」**朱子曰：「中庸之爲德」，此處無過不及之意多，庸是依本分不爲怪異之事。堯舜、孔子只是庸，夷齊所爲都不是庸了。○「中庸」之中是指那無過不及底說，如《中庸》曰：「君子之中庸也，君子而時中。」「時中」便是那無過不及之「中」。本章之意是如此。○問：「『中者，天下之正道；庸者，天下之定理。』恐道是總括之名，理是道裏面又有許多條目，如天道又有日月星辰、陰陽寒暑之條理，人道又有仁義禮智、君臣父子之條理。」曰：這二句緊要在「正」字與「定」字上。蓋庸是箇當然之理，萬古萬世不可變易底；中只是箇恰好道理，爲見不得是亘古今不可變易底，故更著箇「庸」字。○雙峯饒氏曰：此章與《中庸》之文，大同小異。此章有「之爲德也」四字，以中庸之德言也；《中庸》無「之爲德也」四字，以中庸之道言也。以德言，則不消言能而能在其中，故此章下句無「能」字；以道言，則有能知與不能知、能行與不能行，故《中庸》下句不可無「能」字。此章言民鮮此德，是以世教之衰民不興行而然。《中庸》言民鮮能此道，是以氣質之異有過不及而然。意此是夫子本語，彼是子思檃括語。○雲峯胡氏曰：《書》言「中」不言「庸」。後世以中爲難行，故夫子加以「庸」之一字。然則庸者，常行之理也，而民固有鮮能行之者，何哉？

○子貢曰：「如有博施於民而能濟衆，何如？可謂『仁』乎？」子曰：「何事於仁？必也，聖乎！堯舜其猶病諸！施，去聲。

博，廣也。新安陳氏曰：玩文意，當是「博施於民而又能所濟者衆」。蓋「博施」自我之施恩澤而言，「濟衆」自衆人之被吾恩澤者而言。濟衆難於博施，是進步說。有雖博施而衆不皆被其澤者。**「仁」以理**

言，通乎上下；「聖」以地言，則造七到反。**其極之名也。**朱子曰：「仁」是通上下而言。有聖人之仁，有賢人之仁，有衆人之仁。一事之仁也是仁，全體之仁也是仁。「仁」字直，「聖」字横。○「仁」以道理言，是箇徹頭徹尾物事；「聖」以地位言，也不是離了仁而爲聖，聖只是行仁到那極處。仁便是這理，聖便是充這理到極處，不是「仁」上面更有箇「聖」。○「仁」就心上説，「聖」却是積累得到這田地，索性仁了。❶**乎者，疑而未定之辭。**「乎」字已含下一句意。❷**病，心有所不足也。言此何止於仁？必也，聖人能之乎！則雖堯舜之聖，其心猶有所不足於此也。以是求仁，愈難而愈遠矣。**朱子曰：言博施濟衆之事何止於仁？必是行仁極致之人亦有不能盡，堯舜也做不了。蓋仁者之心雖無窮，而仁者之事則有限，自是無可了之理。○「博施濟衆」，此固是仁，然不是人人皆能做底事。必有聖人之德，又有天子之位，而後可以當此。若必以爲聖人能之，則堯舜亦尚以此爲病。此非言堯舜不能盡仁，蓋勢有所不能耳。○或問：「必聖人而後能之乎？」曰：此正謂雖聖人亦有所不能爾。「必也聖乎」蓋以起下文「堯舜猶病」之意。○問：「博施、濟衆如何分别？」曰：博施是施之多、施之厚，濟衆是及之廣。○「博施濟衆」固仁之極功。譬如東大洋海同是水，但不必以東大洋海之水方爲水，只瓶中傾出來底亦便是水。博施濟衆固是仁，但那見孺子將入井時有怵惕惻隱之心亦便是仁。此處最好看。○「必也

---

❶「仁」，《語類》卷三三作「聖」。

❷「已」，原作「以」，今據《輯釋》改。

聖乎」、「堯舜其猶病諸」，此兩句當連看。蓋云便是聖人也有做不得處，且云堯舜雖曰「比屋可封」，然在朝亦有四凶之惡。又如孔子設教從游者甚衆，孔子豈不欲人人至於聖賢之極？然而人人亦各自皆有病痛。

「夫仁者，己欲立而立人，己欲達而達人。夫音扶。**以己及人，仁者之心也。於此觀之，可以見天理之周流而無間**去聲。**矣。狀仁之體，莫切於此。**朱子曰：「立」字、「達」字之義皆兼内外而言。謂如在此而住得穩便是「立」，如行要到便是「達」。如身要成立亦是「立」，學要通達亦是「達」。事事皆然。若必以博施而後爲仁，則終身有不得仁者矣。○子貢所問只就事上説，却不就心上説，夫子所以就心上指仁之本體而告之。○問：「『立』、『達』二字，以字推之，如何？」曰：「立」是安存底意思，「達」是發用底意思。○問：「『欲立』謂欲自立於世，『立人』謂扶持培殖，使之有以自立也；『欲達』謂欲自遂其志，『達人』謂無遏塞沮抑，使之得以自達也。」曰：此説是。○問：「『立』字、『達』字之義。」曰：此是兼麤細説。「立」是自家有可立，「達」是推將去。聖人所謂「立之斯立，綏之斯來，動之斯和」，亦是這箇意也。○問：「欲立立人，欲達達人，苟有此心，便有博施濟衆底功用。」曰：博施濟衆是無了期底事，故曰「堯舜其猶病諸」。然若得果無私意，己有此心，仁則自心中流出來，隨其所施之大小，自可見矣。

「能近取譬，可謂仁之方也已。」

譬，喻也。方，術也。近取諸身，以己所欲譬之他人，知其所欲亦猶是也，然後推其所欲

以及於人，則恕之事，而仁之術也。於此勉焉，則有以勝其人欲之私而全其天理之公矣。朱子曰：夫子分明說「夫仁者」，則是言仁之道如此；「可謂仁之方」，則是言求仁當如此。「夫仁者」與「可謂仁之方」正相對說。○此章是三節：前面說仁之功用，中間說仁之體，後面說仁之方。○《或問》：凡己之欲即以及人，不待推以譬彼而後施之者，仁也；以己之欲譬之於人，知其亦必欲此而後施之者，恕也。此其從容、勉强，固不同矣。○新安陳氏曰：「博施濟衆」，聖人所難能也。「立人達人」，仁也。「安行此仁」，學者未易能也。「能近取譬」，恕也。「强恕求仁」，學者所可能也。子貢以聖人所難能者爲仁，愈難而愈遠。夫子教其以學者所可能者求仁，切近而可進。**○程子曰：「醫書以手足痿痺爲『不仁』，**痿，於危反。痺音卑。冷濕病也。**此言最善名狀。仁者以天地萬物爲一體，莫非己也。認得爲己，何所不至？**新安陳氏曰：仁者之心，視人、物即己身也。體認得人物皆爲己，則此心之仁周流貫通，何所往而不至乎？**若不屬己，自與己不相干。**新安陳氏曰：又反言之。若視人、物爲人、物而不屬於己，自不相干。**如手足之不仁，氣已不貫，皆不屬己。**新安陳氏曰：雖是己身，然其氣既不周流貫通，則手足亦自不屬己矣。**故『博施濟衆』乃聖人之功用。仁至難言，故止曰『己欲立而立人，己欲達而達人。能近取譬，可謂仁之方也已』，欲**令平聲。**如是觀仁，可以得仁之體。」**問：「程子作一統說，《集註》作三段說，是如何？」朱子曰：程子之說如大屋一般，某說如在大屋下分別廳堂房室一般。○程子合而言之，上下似不相應，不若分兩截看。惟仁者之心如此，故求仁之術必如此也。○勉齋黄氏曰：或以爲痿痺者，不識痛痒之謂也，如此則覺者爲仁。仁其可以覺言乎？曰：所謂仁者，當於氣已不貫上求之。○齊氏曰：手足不屬己，氣之不貫也；天地萬物不屬己，心之不貫也。身與手足，一體也，外邪間之，故與氣不相貫；己與天地萬物，一體也，人欲間之，故與心不相貫。通身與手足之間者，醫必有方；通我與天地萬物之間者，聖人亦必有方。然則恕者，聖人示學者以去間之方也。又曰：「《論語》言『堯舜其猶病諸』者二。夫音扶。博施者，豈非聖人之所欲？然必五十乃衣去聲，下同。帛，七十乃食肉。聖人之心非不欲少去聲。者亦衣帛食肉也，顧其養有所不贍時艷反。爾。贍，足也。此病其施之不博也。濟衆者，豈非聖人之所欲？然治不過九州。聖人非不欲四海之外亦兼濟也，顧其治有所不及爾。此病其濟之不衆也。推此以求脩己以安百姓，則爲病可知。苟以吾治去聲。已足，則便不是聖人。」新安陳氏曰：仁之功用無窮，聖人之心亦與之相爲無窮。吕氏曰：「子貢有志於仁，徒事高遠，謂「博施濟衆」。未知其方。孔子教以於己取之，庶近而可入。新安陳氏曰：吕說欠就「取譬」上説「恕」字分曉。是乃爲仁之方。雖博施濟衆，亦由此進。」程子曰：「聖」則無大小，至於「仁」，兼上下大小而言之。「博施濟衆」亦仁也，「愛人」亦仁也。「堯舜其猶病諸」者，猶難之也；「博」則廣而無極，「衆」則多而無窮。聖人必欲使天下無一人之惡，無一物不得其所，然亦不能，故曰「病諸」。○問：『仁』與『聖』何以異？」曰：人只見孔子言「何事於仁，必也聖乎」，便謂仁小而聖大。殊不知此言是孔子見子貢問博施濟衆，問得來事大，故曰「何止於仁，必也聖乎」。蓋仁可以通上下言之，聖則其極也。「聖人，人倫之至」。倫，理也。既通人理之極，更不可以有加。若今人或一事是仁，亦可謂之「仁」；至於盡仁道，亦謂之「仁」。此通上下言之也。如曰「若聖與仁，則吾豈敢」，此又却仁與聖俱大也。大抵盡仁道者即是聖人，非聖人則不能盡得仁道。又曰：此子貢未識仁，故測度而設問也。惟聖人爲能盡仁，然仁在事不可以爲聖。又問：「『堯舜其猶病諸』，果乎？」曰：誠然也。聖人惟恐所及不遠不廣。四海之治也，孰若兼四海之外亦治乎？是嘗以爲病也。「博施濟衆」事大，故「仁」不足以名之。博施濟衆非聖不能，何曾干仁事？故特曰「夫仁者立人達人，取譬可謂仁之方而已」，使人求之自反，便見得也。雖然，聖人未有不盡仁，然教人不得如此指殺。○語「仁」而曰「可謂仁之方也已」者，蓋若便以爲仁，則反使不識仁，只以所言爲仁也。故但曰「仁之方」，則使自得之以爲仁也。○朱子曰：子貢所問爲仁，便使「中天下而立，定四海之民」如堯舜也做不得，何況蓽門圭竇之士？聖人所以提起「夫仁者，己欲立而立人，己欲達而達人」，正指仁之本體。蓋己欲立則思處置他人也立，己欲達則思處置他人也達，放開眼目，推廣心胸，此是甚氣象！如此，安得不謂仁之本體？若「能近取譬」者，以我之欲立而知人之亦欲立，以己之欲達而知人之亦欲達，如此則止謂之「仁之方」而已，此爲仁則同，但己欲立而立人、欲達而達人是已到底，能近取譬是未到底，其次第如此。○博施濟衆，這箇是盡人之道、極仁之功，非聖人不能。然聖人亦有所不足。在仁固能博施濟衆，然必得時得位方做得這事。然堯舜雖得時得位，亦有所不足。○「何事於仁？必也，聖乎？」不是聖大似於仁。仁只是一條正路，聖是行到盡處。欲立欲達是仁者之心如此，能近取譬是學做仁底如此，深淺不同。但克去己私，復得天理，便是仁，何必博施而後爲仁？若必待如此，則有終身不得仁者矣。孔顔不得位，不成做不得仁？「欲立欲達」即「絜矩」之義。子貢凡三問「仁」，聖人三告之以推己度物。想得子貢高明，於推己處有所未盡。○問：「博施濟衆，恐是子貢見孔子説仁多端，又不曾許一箇人是仁，故揀箇大底來説否？」曰：然。然而夫子答子貢曰「己欲立而立人，己欲達而達人」，至於答顔子則曰「克己復禮爲仁」，分明一箇仁説兩般。諸公試説這兩般説是如何。或曰：一爲心之德，一爲愛之理。曰：是如此。但只是一箇物事，有時説這一面，又有時説那一面。人但要認得是一箇物事。一云：孔子向顔子説，則以「克己」爲仁，此處又以「立人達人」爲仁。一自己上説，一自人上説。須於這裏看得一般方可。如「己欲立而立人，己欲達而達人」，便有那「克己復禮」底意思；「克己復禮」，便包那「己欲立而立人，己欲達而達人」底意思。只要人自分別而已。然此亦是因子貢所問而説。○「立人達人」即子貢所謂「欲無加諸人」，仁之事也；「能近取譬，求仁之方」即孔子所謂「勿施於人」，恕之事也。「博施濟衆」之問與「無加諸人」之説，其先後不可考，疑却因「能近取譬」之言用力有功，而後有「無加諸人」之説也。○問：「博施濟衆與『脩己以安百姓』，乃堯舜儘做得底，夫子猶以爲病，如何？」潛室陳氏曰：堯舜在上，保得天下無窮民否？天地之大，人猶有所憾。見得道理無盡期，聖賢亦未有盡處，安得不反躬自責？○覺軒蔡氏曰：謂此章論仁，子貢是就仁之功效及人處説，夫子是就仁之本體心上説。就功效及人上説，則仁之名雖大而脉絡不貫；就本體心上説，則仁之實雖小而周流莫禦。故子貢問如有博施於民而能濟衆，功效普博如此，而後可以謂之仁乎？夫子答：此何但是仁，必也聖人方能之乎？然聖如堯舜猶且病諸。夫仁者只就己上發出，己欲立即立人，己欲達即達人，此仁者之事也。若未能便至於仁而能近取譬，以己之欲立譬之他人亦欲立而立之，以己之欲達譬之他人亦欲達而達之，如此則雖未即至於仁，而亦可謂求仁之方也已。夫既以仁之本體告之，又以求仁之方術告之，庶乎學者循序而得夫用工之要。回視子貢功效籠罩之説，茫乎無所措手。苟志於仁者，是可不深思而静體之哉！

論語集註大全卷之七

述而第七

此篇多記聖人謙己誨人之辭及其容貌行事之實。凡三十七章。

子曰：「述而不作，信而好古，竊比於我老彭。」好，去聲。述，傳舊而已，作則創始也。故「作」非聖人不能，而「述」則賢者可及。《記》曰：「『作』者之謂『聖』，『述』者之謂『明』。」竊比，尊之之辭；我，親之之辭。老彭，商賢大夫，見賢遍反。《大戴禮》，《虞德》篇有「商老彭」之語，包氏註云：「商賢大夫。」蓋信古而傳述者也。孔子删《詩》、《書》，定禮、樂，贊《周易》，修《春秋》，皆傳先王之舊而未嘗有所作也，故其自言如此。蓋不惟不敢當作者之聖，而亦不敢顯然自附於古之賢人。蓋其德愈盛而心愈下，不自知其辭之謙也。朱子曰：孔子賢於堯舜，非老彭之所及，自不須説。但其謙退不居，而反自比焉。且其辭氣謙遜而又出於誠實，所以爲「盛德之至」也。然當是時，新安陳氏曰：此以下推廣餘意。作者略備，夫子蓋集群聖之大成而折衷之，其事雖述，而功則倍於作矣。此又不可不知也。問：「『述而不作』如何？」程子曰：此聖人不得位，止能述而已。○問：「聖人不得時不得位只如此，聖人得時得位時，更有制作否？」朱子曰：看聖人告顔子四代禮樂只是恁地，恐不大段更有制作。亦因四代有此禮樂而因革之，亦未是作處。○問：「《春秋》恐是作否？」曰：「其事則齊桓、晉文，其文則史，其義則丘竊取之矣」，看來是寫出魯史，中間微有更改爾。○問「信而好古」。曰：既信古，又好古。今人多信而不好，或好而不信。如好之者，他也且恁地說；信之者雖知有箇理恁地，畢竟是欠了箇篤好底意思。○楊氏曰：孔子自謂「述而不作」，孟子言孔子「作《春秋》」。《春秋》雖孔子作，然其事則桓、文，其文則史，孔子自謂「其義則某竊取之」，是亦述而已。○慶源輔氏曰：「作者略備」，觀諸經可見；「集大成而折衷之」，亦於諸經見之。然群聖所作，因時制宜，以成一代之制；夫子折衷，參互訂正，以垂萬世之法。夫子「賢於堯舜」者在是。○雙峯饒氏曰：《春秋》雖因魯史而脩之，然實却是作。蓋賞罰，天子之事。時王不能正其賞罰，故《春秋》爲之褒善貶惡，以誅亂賊於既死之後，是以匹夫而代天子行賞罰也。此事前古所無，孔子始創爲之，故雖述而實作。「集大成」者常見《孟子集註》。《書》述政事，《詩》道性情，禮以正行，樂以養德，各是一事，如樂之小成。夫子合六經而折衷之，如樂之集衆小成而爲大成。○新安陳氏曰：諸家說此章多於「述」、「作」二字著意，「信而好古」一句則忽略之。夫「信而好古」乃「述而不作」之本。夫子嘗自謂「好古敏以求之」，又謂「不如某之好學」。常人之所以不知好古，不能好學，皆信道不篤故爾。惟能篤於信道，所以深好古道；惟篤信好古，所以惟述古而不敢自我作古焉。此朱子「今人多信而不好，或好而不信」一條所以不可無也。

○子曰：「默而識之，學而不厭，誨人不倦，何有於我哉？」識音志，又如字。**識，記也。「默識」謂不言而存諸心也。**朱子曰：非是聽人説後記得，是得於心自不能忘，拳拳服膺而勿失也。○雙峯饒氏曰：默識與道聽塗説者相反。道聽塗説，更不復留爲身心受用；默識，則其所得者深而所存者固矣。《詩》云：「中心藏之，何日忘之？」《易》曰：「默而成之，不言而信，存乎德行。」皆是此意。○勿軒熊氏曰：先言「默識」者，聖門之學以沉潛淵默爲本。**一説：識，知也。不言而心解也。前説近是。**新安陳氏曰：不言而存諸心者其功實，不言而心解者其意玄。**何有於我，言何者能有於我也。三者已非聖人之極至，而猶不敢當，則謙而又謙之辭也。**朱子曰：「默而識之」至「誨人不倦」，是三者雖非聖人之極至，在學者亦難。如平時講貫，方能記得；或因人提撕，方能存得。若「默而識之」，乃不言而存諸心。非心與理契，安能如此？「學不厭」，在學者久亦易厭。視人與己若無干涉，誨之安能不倦？此三者亦須是心無間斷方能如此。又曰：今學者須是將此三句時時省察，我還能默識否？我學還不厭否？我教還不倦否？如此乃好。○「默而識之」便是得之於心，「學不厭」便是更加講貫，「誨不倦」便是施於人也。○問「何有於我哉」。曰：此語難説。聖人是自謙，言我不曾有此數者。聖人常有慊然不足之意。衆人雖見他是仁之至熟、義之至精，他只管自見得有欠闕處。○此必因人稱聖人有此，聖人以謙辭承之。記者失却上一節，只做聖人自話記了。○南軒張氏曰：「默識」非言意所可及，蓋森然於不覩不聞之中者也。在己則學不厭，施諸人則教不倦：成己成物之不息也。此亦是作知識説。○雲峯胡氏曰：學貴自得，故在「默識」；自得而不自以爲得，故「學而不厭」；自得而必欲人之同得，故「教而不倦」。

○子曰：「德之不脩，學之不講，聞義不能徙，不善不能改，是吾憂也。」

尹氏曰：「德必脩而後成，勉齋黃氏曰：脩，治也。謂去其疵纇而全其善也。學必講而後明，上蔡謝氏曰：學須是熟講。學不講，用盡工夫只是舊時人。見善能徙，改過不吝。此四者，日新之要也。苟未能之，聖人猶憂，況學者乎？」朱子曰：脩德是本。如有害人之心，便是仁不脩；有穿窬之心，便是義不脩。德是理之得於吾心者，已是我有底物事了。更日日磨礲，勿令間斷。徙義、改不善須與分別。義是事之宜，我做這事覺未甚合宜，須徙令合宜，此却未有不善處。不善便是過惡，須速全體改之始得。有輕重之別。○須實見得是如何：德是甚麼物事，如何喚做「脩」，如何喚做「不脩」。人而無欲害人之心，這是德得之於吾心也；然害人之心或有時而萌者，是不能脩者也。德者，道理得於吾心之謂；脩者，好好脩治之謂。更須自體之。須把這許多說話做自家身上說，不是爲別人說。○問：「『德之不脩』可以包下三句否？」曰：若恁地，夫子但說一句便了，何用更說四句？「徙義」、「改過」略似「脩德」裏面事，然也別是箇頭項。講學自是講學，脩德自是脩德。如致知、格物是講學，誠意、正心、脩身是脩德。博學、審問、謹思、明辨是講學，篤行是脩德。又曰：不善，自家做得淫邪非僻底事。徙義，是雖無過惡，然做得未恰好，便是不合義。若聞人說如何方是恰好，便當徙而從之。聖人說這幾句，淺深輕重盡在裏面。聞義不能徙底罪小，不善不能改底罪大。但聖人不分細大，都說在裏面，學者皆當著工夫。○問：「先知德不可不脩，方知學不可不講；能講學，方能徙義；能徙義，方能改不善。如此看如何？」曰：

脩德是本。脩德，恰似說「入則孝，出則弟，謹而信，汎愛衆而親仁」；學不可不講，恰似說「行有餘力則以學文」。遷善、改過是脩德中緊要事。蓋只脩德而不遷善改過，亦不能得長進。○「德之不脩」至「是吾憂也」，這雖是聖人以此教人，然「學不厭」之意多見於此。使有一毫自以爲聖，任其自爾，則雖聖而失其聖矣，此是聖人自憂也。聖人固無是四者之憂。所以然者，亦自貶以教人之意。○南軒張氏曰：夫德不脩則無以有諸躬，學不講則無以明夫善，聞義不能徙則何有於義？不善不能改則安於不善而已。是豈不可憂乎？○勉齋黄氏曰：德以脩而日新，學以講而日明。徙義則善日益，改不善則過日損。四者，脩身之大要也。不此之務，可無憂乎？○雲峯胡氏曰：德必脩而後新，學以講而益新，徙與改皆是自新，故尹氏以爲「日新之要」。○新安陳氏曰：脩德而繼以講學，如「尊德性而道問學」是也。脩德爲大本，講學爲實功；徙義、改不善，脩德之條目而講學之效驗也。脩德而能講學，則行己應事始能知其孰爲義孰爲非義，孰爲善孰爲不善；必徙之改之，始可以爲脩德，始無負於講學矣。不然，德之不脩自若也，學亦徒虛言之講耳。聖人不自聖，猶以是爲憂，此聖所以益聖；常人不知憂聖人之憂，此愚所以益愚也。

○子之燕居，申申如也，夭夭如也。

燕居，閒音閑。**暇無事之時。楊氏曰：「申申，其容舒也；夭夭，其色愉也。」**胡氏曰：「申」有展布之意，「夭」有和悅之意。惟身可言舒布，故知以「容」言；惟顔貌可言和悅，故知以「色」言。○洪氏曰：易於形容所不能言者，必曰「如」。至《鄉黨》一言之不足則復言之，與此義同。**○程子曰：「此弟子善形容聖人處也。爲**去聲。**『申申』字說不盡，故更著**陟畧反，作「着」非，下同。**『夭夭』字。**

今人燕居之時，不怠惰放肆，必大嚴厲。嚴厲時著此四字不得，怠惰放肆時亦著此四字不得。惟聖人便自有中和之氣。」上蔡謝氏曰：善觀聖人者可以得之於儀刑。蓋「周旋中禮者」，必其「盛德之至」。是以二三子無時不觀省於斯焉。燕居非鞠躬如不容之時，是以其容申申；非蹴踖屏氣之時，是以其色夭夭。此之謂「中節」。○朱子曰：「申申」是言其不局促，是「心廣體胖」後恁地。所謂「色愉」，只是和悅底意思。但此只是燕居如此，在朝及接人又不然。○問：「申申、夭夭，聖人得於天之自然。若學者，有心要收束則入於嚴厲，有心要舒泰則入於放肆。惟理義以養其氣，養之久則自然到此否？」曰：亦須稍嚴肅則可。不然，則無下手處。又曰：但得身心收斂，則自然和樂，不是別有一箇和樂。纔整肅則自和樂。○胡氏曰：程子以「怠惰放肆」對「嚴厲」而言。於「嚴厲」上加「大」字，蓋嚴厲亦不可無，大嚴厲則不可耳。○南軒張氏曰：燕居時，在衆人易以怠肆，君子則未免矜持，安有此氣象？○慶源輔氏曰：燕居，閒暇無事之時，故其容儀得以遂其舒緩而無迫遽之意，其顏色得以全其愉怡而無勃如之變。申申夭夭，聖人燕居容色自然之符也。○新安陳氏曰：雖閒居時，其德容亦自然中和如此，此所以爲聖人也。聖人閒居中和之氣，乃德性中和之符，程子所謂「自有中和之氣」。自，自然也。

○子曰：「甚矣，吾衰也！久矣，吾不復夢見周公！」復，扶又反。

孔子盛時，志欲行周公之道，故夢寐之間如或見之。至其老而不能行也，則無復扶又反，下同。**是心而亦無復是夢矣。故因此而自歎其衰之甚也。**朱子曰：據文勢，「甚矣，吾衰也」是一句，「久矣，吾不復夢見周公」是一句。惟其久不夢見，所以見得是衰。○新安陳氏曰：此亦道不行之符兆自見於吾身者。○程子曰：「孔子盛時，寤寐常存行周公之道；及其老也，則志慮衰而不可以有爲矣。蓋存道者心，無老少之異；而行道者身，老則衰也。」朱子曰：夫子夢寐周公，正是聖人至誠不息處。然時止時行，無所凝滯，亦未嘗不灑落也。故及其衰，則不復夢亦可見矣。若是合做底事，則豈容有所忽忘耶？○問：「伊川以爲不是夢見人，只是夢寐常存行周公之道耳，《集註》則以爲如或見之。不知果是如何？」曰：想是有時而夢見。既分明說「夢見周公」，全道不見，恐亦未安。程子之意蓋嫌於因思而夢者，故爲此說，其義則精矣，然恐非夫子所言之本意也。○問：「孔子夢周公，若以聖人欲行其道而夢之耶，則是心猶有所動；若以壯年道有可行之理而夢之耶，則又不應虛有此朕兆也。」曰：聖人曷嘗無夢？須看他與周公契合處如何。不然，又不見別夢一箇人也。聖人之心自有箇勤懇惻怛、不能自已處，自有箇脱然無所繫累處，要亦正是以此卜吾之盛衰。○問：「夢周公是真夢否？」曰：當初思欲行周公之道時必亦是曾夢見。曰：「恐涉於心動否？」曰：心本是箇動物，怎教他不動？夜之夢猶晝之思也。思亦是心之動處，但無邪思可矣；夢得其正，何害？心存這事，便夢這事。○問：「夫子未嘗識周公，烏得而夢之？」曰：今有人夢見平生所不識之人云是某人者，蓋有之。○不是孔子衰，是時世衰。聖人與天地相應。若天要用孔子，必不教他衰。如武王、大公皆八九十歲。○戴少望謂顔淵死，聖人觀之人事；鳳不至、圖不出，聖人察之天理；不夢周公，聖人驗之吾身：然後知斯道之果不可行，而天之果無意於斯世也。這意思也好。○吾不復夢見周公，自是箇證兆如此。當聖人志慮未衰，天意雖定，八分猶有兩分運轉，故也做得周公事，遂夢見之，非以思慮也。要之，聖人精神血氣與時運相爲流通。到鳳不至、圖不出，明主不興，其證兆自是恁地。○胡氏謂聖人誠存，則其夢治；他人思慮紛擾，則所夢亦亂。或邪或正，與旦晝之所爲等爾。善學者既謹其言動，而又必驗諸夢寐之間也。○南軒張氏曰：夫子夢見周公之心，「周公思兼三王」之心也。

○子曰：「志於道，

志者，心之所之之謂；新安陳氏曰：「所之」之，往也。**道則人倫日用之間所當行者，是也。**朱子曰：志道如講學、力行皆是。**知此而心必之焉，則所適者正，而無他岐之惑矣。**朱子曰：「志於道」，「志」字如有向望求索之意。《大學》格物致知，即其事也。又曰：「志於道」不是只守箇空底，須是至誠懇惻，念念不忘。所謂「道」者只是日用當然之理。事親必要孝，事君必要忠，以至事兄而弟，與朋友交而信，皆是道也。「志於道」者，正是謂志於此也。○胡氏曰：「道」猶「路」也，故「適」字、「他岐」字皆自「路」言之。○新安陳氏曰：「知此」二字是朱子說志道以前事。必知道而後志向在道，即「知止而後有定」，知至善之所在而後志有定向也。

「據於德，

據者，執守之意；德則行道而有得於心者也。得之於心而守之不失，則終始惟一，而有日新之功矣。朱子曰：「德」是得這物事於我，故事親必孝，必不至於不孝；事君必忠，必不至於不忠。若今日孝明日又不孝，今日忠明日又不忠，是未有得於我，不可謂之「德」。惟「德」是有得於我者，故可「據守」之也；若是未有得於我，則亦無可據者。○問「據於德」。曰：如孝便是自家元得這孝道理，非從外旋取來。「據於德」乃是得這基址在這裏。〇「德」是心得此道，如欲爲忠而得此忠，欲爲孝而得此孝。既得之，亦會失了，須當照管，不要失了。〇新安陳氏曰：未得之，志在必得之，既得之，方有可據守，但又在守之固耳。

「依於仁，

依者，不違之謂；仁則私欲盡去而心德之全也。工夫至此而無終食之違，則存養之熟，無適而非天理之流行矣。朱子曰：「依」如「依乎中庸」之「依」，相依而不捨之意。此心常在，不令少有走作，無物欲之累而純乎天理。道至此亦活，德至此亦活。〇德是逐件上理會底，得寸守寸，得尺守尺；仁是全體大用，常依靠處。志道據德而有一息之不仁，便間斷了。〇「據德」是因事發見，如因事父有孝，因事君有忠；「依仁」是本體不可須臾離底，又是「據於德」底骨子。〇陳氏曰：「志道」是一心向聖人路上行；「據德」是志道工夫成，向之所志者，今皆實得於己，如有物可執據；「依仁」則「據德」工夫熟，天理與心爲一矣。「據」如手執杖，「依」如身著衣。杖容有時而離手，衣則不容須臾離身。一節密一節也。〇西山真氏曰：道者衆理之總名，德則行衆理而得於心者，仁則心之全德也。志乎道而弗他，可謂知所嚮矣；仁則歸宿之地，而用功之親切處也。

「游於藝。」

游者，玩物適情之謂；胡氏曰：「玩物」本非美辭，然以六藝爲物而玩之，非「喪志」之物也。〇陸氏曰：「游」如人之游觀，有時而爲之。**藝則禮樂之文，射御書數之法，皆至理所寓而日用之不可**

闕者也。朝夕游焉以博其義理之趣，則應務有餘，而心亦無所放矣。胡氏曰：藝亦日用之不可無者，乃是理之妙散於日用間；苟有未通，亦爲全體之累。**○此章言人之爲學當如是也。蓋學莫先於立志。志道則心存於正而不他，據德則道得於心而不失，依仁則德性常用而物欲不行，**慶源輔氏曰：天理、人欲不兩勝，一盛則一衰也。**游藝則小物不遺而動息有養。**慶源輔氏曰：不外物以求理，而常玩物理以養性。**學者於此有以不失其先後之序、輕重之倫焉，則本末兼該，内外交養，日用之間無少間**去聲。**隙，**乞逆反。**而涵泳從**七容反。**容，忽不自知其入於聖賢之域矣。**慶源輔氏曰：「先後之序」謂道、德、仁、藝之序；「輕重之倫」謂志、據、依、游之倫。先者重，後者輕也。「本」與「内」謂道、德、仁，「末」與「外」謂藝。在彼之序雖有先後，在我之倫雖有輕重，而未嘗偏廢，所謂「兼該」而「交養」也。日用之間如是用功，無少間隙，涵泳從容於義理事物之間，則將優游饜飫，而忽不知其入於聖賢之域矣。○朱子曰：「志於道」方是要去做。方是事親欲盡其孝，事兄欲盡其弟，方是恁地。至「據於德」，則事親能盡其孝，事兄能盡其弟，便自有這道理了，却有可據底地位。雖然如此，此只是就事上逐件理會。若不依於仁，則不到那事時，此心便没頓放處；依於仁，則自朝至暮，此心無不在這裏，連許多德總攝貫穿都活了。雖然，藝亦不可不去理會。如禮、樂、射、御、書、數，一件事理會不得，此心便覺滯礙；惟是一一去理會，這道理脉絡方始一一流通，無那箇滯礙。因此又却養得這道理，以此知大則道無不包，小則道無不入。小大精粗皆無滲漏，皆是做工夫處。故曰：「語大，天下莫能載；語小，天下莫能破。」○志者，心之所之；道者，當爲之理。爲君有君之理，爲臣有臣之理。「志於道」，留心於此理而不忘也。德者，得也。既得之，則當據守而弗失。仁者，人之本心也。既有所據守，又當依於仁而不違，如所謂「君子無終食之間違仁」，是也。「游於藝」一句比上三句稍輕，然不可大段輕説。如上蔡云「有之不害爲小人，無之不害爲君子」，則是太輕了。古人於禮、樂、射、御、書、數等事，皆至理之所寓。游乎此則心無所放，日用之間本末具舉而内外交相養矣。○自「志道」至「依仁」是從粗入精，自「依仁」而「游藝」是自本兼末。○藝是小學工夫。若論先後，則藝爲先，三者爲後；若論本末，則三者爲本而藝爲末。習藝之功固在先，游者，從容潛玩之意，又當在後。《文中子》云：「聖人志道、據德、依仁，而後藝可游也。」此説得自好。○問：「『道』爲義理之總名，何也？」曰：道以人所共由而得名，若父子之仁、君臣之義者，是也。曰：「德者，己之所自得，何也？」曰：若爲父子而得夫仁，爲君臣而得夫義者，是也。曰：「其『志之』『據之』，何也？」曰：潛心在是而期於必至者，志也；既以得之而謹守不失者，據也。曰：「不違仁者奈何？」曰：吾於顔子之事既言之矣。「敢聞六藝之目與所以游之之説。」曰：五禮，吉、凶、軍、賓、嘉也；六樂，《雲門》、《大咸》、《大韶》、《大夏》、《大濩》、《大武》也；五射，曰白矢、參連、剡注、襄尺、井儀也；五馭，鳴和鸞、逐水曲、過君表、舞交衢、逐禽左也；六書，象形、會意、指事、轉注、假借、諧聲也；九數，方田、粟米、差分、少廣、商功、均輸、方程、贏不足、旁要也。是其名物度數皆有至理存焉，又皆人所日用而不可無者。游心於此，則可以盡乎物理，周於世用，而其雍容涵泳之間，非僻之心亦無自而入之矣。蓋志、據、依、游，人心之所必有而不能無者也；道、德、仁、藝，人心所當志、據、依、游之地而不可易者也。以先後之次言之，則志道而後德可據，據德而後仁可依，依仁而後藝可游；以疎密之等言之，則志道者未如德之可據，據德者未如仁之可依，依仁之密乎內，又未盡乎游藝之周於外也。詳味聖人此語而以身體之，則其進爲之序，先後踈密，皆可循序以進；而日用之間，心思動作，無復毫髮之隙漏矣。○勉齋黄氏曰：道者，義理之總名；德者，吾身所學而有得之善；仁者，本心之德；藝者，六藝之事。是四者皆人所不可不留意者，但三者最重而藝稍輕。四者之序，則志者向之而不忘，據者守之而不失，依者隨之而不離，是三者皆不可須臾捨也；游則若用力若不用力而已。上三者則互舉並行而不相悖，游藝則有不必專心致志耳。○問：「『志於道』一章，古者八歲即教之以六藝之事，明爲學之所當先也，今於此章末言之，而朱子復以爲學者於此當求其先後之序、輕重之倫，似以藝爲可後。抑志道、據德、依仁是大學之事，而游藝乃大學之極功耶？」潛室陳氏曰：此却有首尾本末，與前章別。教之六藝，小學之初事；游於藝文，成德之餘功。小學之初習其文，成德之游適於意。生熟滋味迥別。○胡氏曰：道、德、仁所當先，藝可以少後；志、據、依所當重，游可以少輕。務本而不廢其末，事內而不忽乎外。以其先後輕重之倫序而言，固不無差別；以其本末兼該、內外交養而言，則又未嘗不相資也。○雙峯饒氏曰：「志道」如人行路，「據德」如行路而有宿泊處，「依仁」則又就宿泊處漸漸立得家計成，却安居了；「游藝」如居家有時出游，也須游於藝，若游從別處去，則出乎道德仁之外而爲「放心」矣。○新安陳氏曰：志道、據德而依於仁，則本之立於內者既粹；由此而復游於藝，則末之該於外者不遺。能深用功於本而以餘功及其末，則內外交養而體用益貫矣。

○子曰：「自行束脩以上，吾未嘗無誨焉。」

脩，脯也。十脡他鼎反。**爲束。古者相見，必執贄以爲禮，**《禮・曲禮下》：凡摯，與「贄」同。天子鬯，諸侯圭，卿羔，大夫鴈，士雉，庶人之摯匹。鄭氏音木。匹即鶩也。童子委摯而退。摯之言至也。童子委摯而退，不與成人爲禮也。野外、軍中無摯，以纓拾矢可也。纓，馬繁纓也。拾，射韝也。婦人之摯，椇榛、脯脩、棗栗。**束脩，其至薄者。**胡氏曰：在《禮》，無以束脩爲贄，惟《記・檀弓》曰「束脩之問不出境」，《少儀》曰「其以乘壺酒束脩一犬」，《穀梁傳》曰「束脩之問不行境中」，則是亦有以此爲禮，不但婦人用脯脩爲贄也。然比羔、鴈爲薄，故云「至薄」。○邢氏曰：此禮之薄者，厚則有玉帛之類，故云「以上」以包之。○齊氏曰：漢諸王致禮於其傅，猶曰「束脩」，蓋古禮也。**蓋人之有生，同具此理，故聖人之於人，無不欲其入於善。但不知來學，則無往教之禮；**《記》曰：「禮聞來學，不聞往教。」**故苟以禮來，則無不有以教之也。**問：「束脩，始相見之禮也。人苟以禮來，聖人未嘗不誨之。蓋辭氣容色之間，何莫非誨也？固不保其往耳。」朱子曰：「『誨』之一字恐未説到辭氣容色之間，亦未有『不保其往』之意，恐不應於此遽及之也。當詳玩之。○胡氏曰：「人之有生，同具此理」，雖以氣禀物欲之累而趨於惡，然皆可反而之善。聖人仁天下之心曷嘗不欲啓其爲善之塗哉？惟自暴自棄，在聖人亦無如之何，故有「不往教」之禮。執贄而來，禮雖至薄，意則可取，故未嘗不教之也。○慶源輔氏曰：聖人之教，雖不輕棄人，亦不苟授人，仁、義並行而不相悖也。但聖人之心，其愛人也，終無窮已；而其責人也，終不至於大甚爾。

○**子曰：「不憤不啓，不悱不發。舉一隅，不以三隅反，則不復也。」**憤，房粉反。悱，芳匪反。復，扶又反。

憤者，心求通而未得之意；悱者，口欲言而未能之貌。慶源輔氏曰：心求通而未得通，則其意憤然而不能自已。「憤」有鬱懣之意。口欲言而未能言，則其貌悱然而不能自伸。悱者，屈抑之貌。**啓謂開其意，發謂達其辭。**雙峯饒氏曰：「啓」如「啓户」，畧開之也；「發」如弩之張，而爲之發其機。**物之有四隅者，舉一可知其三。反者，還以相證之義。復，再告也。**華陽范氏曰：憤則其慮也深，悱則其進也勇。因而啓發之，則其人必自得矣。孟子曰「君子之所以教者五」，「有如時雨之化者」，顏子是也；「有成德者，有達材者，有答問者」，憤、悱之類是也；「有私淑艾者」，「舉一隅」之類是也。○朱子曰：「悱」非全不曉，也曉得三五分，只是説不出。學者至憤悱時，其心已畧畧通曉，但心已喻而未甚信，口欲言而未能達，故聖人於此啓發之。舉一隅，其三隅須是學者自去理會；舉一隅而不能以三隅反，是不能自用力者，夫子所以不再舉也。○南軒張氏曰：此聖人教人之方也。學貴於思，思而後有得。憤悱者，思慮積久，鬱而未暢，誠意懇切，形於外也。憤則見於辭氣，悱則見於顏色。於是而啓其端，發其蔽，則庶幾其聽之之專而感之之深也。然告之亦舉一隅耳，必待其以三隅反而後復之，此古之教者所以爲從容而使人繼其志之道也。若不以三隅反，則是未能因吾言而推類。苟遽以復之，則於彼亦無力矣。

上章已言聖人誨人不倦之意，因并去聲。**記此，欲學者勉於用力以爲受教之地也。**新安陳氏曰：聖人固不倦於教，亦不輕於教。學者無受教之地，教之必不入也。**○程子曰：「憤、悱，誠意之見**賢遍反。**於色、辭者也。**顏色、辭氣。**待其誠至而後告之，既告之，又必待其自得，**以三隅反。**乃復告爾。」**朱子曰：憤悱便是誠意到，不憤悱便是誠不到。**又曰：「不待憤悱而發，則知**

之不能堅固；待其憤悱而後發，則沛然矣。」問：「程子云『待憤悱而後發，則沛然矣』，如何有沛然底意思？」朱子曰：此正所謂「時雨之化」。譬如種植之物，人力隨分已加，但正當那時節欲發生未發生之際，却欠了些子雨。忽然得這些子雨來，生意豈可禦也？○慶源輔氏曰：不待憤悱而發，是强聒之耳；必待憤悱而發，則猶水之流壅遏於此，有以決之，則沛然而往，莫能禦矣。○新安陳氏曰：不憤悱則不啓發，不以三隅反則不復。朱子作兩節對説，程子只作一串説。

○子食於有喪者之側，未嘗飽也；

臨喪哀，不能甘也。朱子曰：「未嘗飽」有食不下咽之意。○厚齋馮氏曰：《檀弓》記此，蓋古禮然也。是書所記禮儀多合禮經，當世不行而夫子舉行之，故門人以爲記耳。

子於是日哭，則不歌。

哭謂弔哭。一日之内，餘哀未忘，自不能歌也。朱子曰：聖人不成哭了便驟去歌？如四時，也須漸漸過去。聖人之心如春夏秋冬，不遽寒燠，故哭之日自是不能遽忘。○「子於是日哭則不歌」，不要把一箇「誠」字包却，須要識得聖人自然重厚，不輕浮底意思。○南軒張氏曰：臨喪則哀，食何由飽？哭者，哀之至；歌者，樂之著。一日之間，二者不容相襲若此也。學者法聖人而勉之，亦足以養忠厚之心也。**○謝氏曰：「學者於此二者，可見聖人情性之正也。能識聖人之情性，然後可以學道。」**慶源輔氏曰：在聖人分上，二者皆自然安行。其情性之正，莫非道也。識之者可以學道。○新安陳氏曰：是日歌，或遇當哭，哀不能已也；是日哭，縱或遇歌，樂可以已也。

○子謂顔淵曰：「用之則行，舍之則藏，惟我與爾有是夫！」舍，上聲。夫，音扶。

尹氏曰：「用、舍無與音預。**於己，**朱子曰：用、舍由在別人，不由得我。**行、藏安於所遇，**新安陳氏曰：遇用我則安於行，遇舍我則安於藏，無固、必也。**命不足道也。**朱子曰：「命」只是尹氏添此一脚，本文非有此意。**顔子幾**平聲。**於聖人，故亦能之。」**程子曰：孔子謂顔淵曰：「用之則行，舍之則藏，惟我與爾有是夫！」「君子所性，雖大行不加焉，雖窮居不損焉」，「不爲堯存，不爲桀亡」者也。「用之則行，舍之則藏」，皆不累於己爾。○朱子曰：「用之則行，舍之則藏」，此八字極要人玩味。若他人，用之則無可行，舍之則無可藏。惟孔子與顔淵，先有此事業在己分内，若用之則見成將出來行，舍之則藏了。他人豈有是哉？故下文云「惟我與爾有是夫」。「有是」二字當如此看。「用舍無預於己，行藏安於所遇，命不足道也」，蓋只看義理如何，都不問那命了。雖使前面做得去，若義去不得，也只不做，所謂「殺一不辜，行一不義而得天下，有所不爲」。若中人之情，則見前面做不得了方休，方委之於命；若使前面做得，他定不肯已，所謂「不得已而安之命」者也。此固賢於世之貪冒無耻者，然實未能無求之之心也。聖人更不問命，只看義如何。貧富貴賤，惟義所在，謂安於所遇也。如顔子之安於陋巷，他那曾計較命如何？○問：「『用之則行，舍之則藏』，竊意漆雕、曾、閔亦能之。」❶曰：舍之則藏易，用之則行難。若開，用之未必能行也。聖人規模大，藏時不止藏他一身，煞藏了事。譬如大船，有許多器具寶貝，撑去則許多物便都

---

❶「竊」，原作「切」，今據四庫本、孔本、陸本及《語類》卷三四改。

藏了。衆人便没許大力量。然聖人行藏自是脱然無所係累。救世之心雖切，然得做便做，做不得便休。他人使有此，若未用時則切切於求行，舍之則未必便藏。耿直之向有書云：「三代禮樂制度盡在聖人，所以用之則有可行。」某謂此固其可行之具，但本領更全在無所係累處。有許大本領，則制度點化出來都成好物，故在聖人則爲事業；衆人没那本領，雖盡得他禮樂制度，亦只如小屋收藏器具，窒塞都滿，運轉都不得。○此章專在兩箇「則」字上，如「可以仕則仕，可以止則止」之類。孔顔於用舍行藏之間，如霽則行，潦則止。○常人用之則行，乃所願；舍之則藏，非所欲。舍之則藏，是自家命恁地，不得已，不柰何。聖人無不得已、不柰何底意，何消更言「命」？到得無可奈何處始言「命」。聖人説「命」只爲中人以下説。如「道之將行、將廢，命也」，此爲子服景伯説；「得之、不得曰有命」，是爲彌子瑕説。下一等人不知有命，又一等人知有命，猶自去計較；中人以上便安於命，到聖人便不消言命矣。○厚齋馮氏曰：道本期於用，非獨善其身而已也。然時不我用，則有退藏而已。用之而欲藏，不仁也；舍之而欲行，不知也。是時，欲扶世立功名者知行而不知藏，欲潔身遺世者知藏而不知行，此夫子所以旁觀一世，惟子淵與己同也。説者乃謂淵不願仕，是以其迹而不知其心也。「爲邦」之問，概可見矣。○勉齋黄氏曰：用之、舍之存乎人，則行、則藏應乎己，則「無意」、「無我」可見矣。用之行矣，至舍之則藏；舍之藏矣，至用之則行，則「無必」、「無固」可見矣。○雲峯胡氏曰：用行、舍藏，玩《集註》及語録，一當就「有」字上看，常人未必有此也；二當就「則」字上看，用舍在人而聖人無所必也；三當合兩句互看，徇物者忘義徇禄，用之雖行而舍之未必藏，絶物者潔身亂倫，舍之雖藏而用之未必行。

子路曰：「子行三軍則誰與？」

萬二千五百人爲軍，大國三軍。子路見孔子獨美顔淵，自負其勇，意夫子若行三軍，必與己同。朱子曰：子路此問雖無私意，然猶有固、必之心。

子曰：「暴虎馮河，死而無悔者，吾不與也。必也，臨事而懼，好謀而成者也。」馮，皮冰反。好，去聲。

暴虎，徒搏；馮河，徒涉。新安陳氏曰：徒，徒手而無所持也。懼謂敬其事，成謂成其謀。言此，皆以抑其勇上三句。而教之。下二句。然行師之要，實不外此，子路蓋不知也。問「子行三軍則誰與」。朱子曰：三軍要勇，行三軍者要謀。既好謀，然須要成事。蓋人固有好謀而事不成者，却亦不濟事。又問：「謀在先，成在後。成非勇亦不能決。」曰：然。○「子行三軍則誰與」，宜作「相與」之「與」，非「許與」之「與」。「好謀而成」，人固有好謀者，然疑貳不決，往往無成者多矣；孔子行三軍，其所與共事者必臨事而懼、好謀而成者也。○「好謀而成」，既謀了，須是果決去做教成；若徒謀而不成，何益於事？所謂「作舍道旁，三年不成」者也。「臨事而懼」，是臨那事時又須審一審。蓋閑時已自思量都是了，都曉得了，到臨事時又更審一審。這「懼」字正如「安而後能慮」底「慮」字相似。此本爲行三軍而發，故就行師觀之，尤見精密。○南軒張氏曰：「臨事而懼」，戒懼於事始，則所以爲備者周矣；好謀者或失於寡斷，「好謀而成」則思慮審而其發也必中矣。敬戒周密如此，古之人所以能成天下之事而不失也，豈獨可行三軍而已哉？○勉齋黄氏曰：臨事而敬懼，則有持重謹畏之心；好謀而圖成，則有周悉萬全之計。敬其事則無忽心，無惰氣，臨事必能戒懼，非怯懦而恐懼也；成其謀則不妄動，不亟取，於事必有一定之謀，既成而不忽于素，自無僥倖速成之弊也。無非抑其血氣之勇，而教之以義理之勇焉。○謝氏曰：「聖人於行藏之間，無意無必。其行非貪位，其藏非獨善也。若有欲心，則不用而求行，舍之而不藏矣。雙峯饒氏曰：用之不行是好遯底人，舍之不藏是好進底人，自有兩樣。謝氏謂「不用求行，舍之不藏」，只說得一邊。是以惟顏子爲可以與音預。於此。子路雖非有欲心者，然未能無固、必也；至以『行三軍』爲問，則其論益卑矣。胡氏曰：子路勇不自遏，故有是問。乃「不用而求行，舍之而不藏」者。夫子之言，蓋因其失而救之。夫音扶。不謀無成，不懼必敗。小事尚然，而況於行三軍乎！」

○子曰：「富而可求也，雖執鞭之士，吾亦爲之；如不可求，從吾所好。」好，去聲。

執鞭，賤者之事。新安倪氏曰：太史公云：「假令晏子尚在，願爲之執鞭。」其言本此。設言富若可求，則雖身爲賤役以求之，亦所不辭。然有命焉，非求之可得也，則安於義理而已矣，何必徒取辱哉？陳氏曰：此章爲中人以下假設言之耳。命所以安中人，義所以責君子。○蘇氏曰：「聖人未嘗有意於求富也，豈問其可不可哉？爲此語者，特以明其決不可求爾。」楊氏曰：「君子非惡去聲。富貴而不求，以其在天，無可求之道也。」朱子曰：上句是假設之辭，下句方是正意。下句說「從吾所好」，便見上句「執鞭之士」非所好矣。更味「而」字、「雖」字、「亦」字，可見文勢重在下句也。須要子細看「富而可求也」一句，上面自是虛意，言「而可求」，便是富本不可求矣。此章最見得聖人言語渾成底氣象，須要識得。○南軒張氏曰：夫子謂富不可求者，正於義不可故耳。言使其於義而可，則雖執鞭之事亦有時而可爲矣，其如義不可求何？則姑從吾所好而已。吾所謂好者，義是也。然則所安以義，而命蓋有不言者矣。○慶源輔氏曰：蘇氏發得此章語脉分明，楊氏又説得聖賢所以不求富貴之理確實。二説相須，其義始備。

○子之所慎：齊，戰，疾。齊，側皆反。

齊之爲言齊如字，下同。**也。將祭，而齊其思慮之不齊者，以交於神明也。**《禮·祭統》：「及時將祭，君子乃齊。側皆反。齊之爲言齊如字，下同。也，齊不齊以致齊者也。」**誠之至與不至，神之享與不享，皆決於此。戰則衆之死生、國之存亡繫焉；疾，又吾身之所以死生存亡者。皆不可以不謹也。**楊氏曰：夫子齊，必變食；行三軍，必臨事而懼；康子饋藥，未達，不敢嘗。觀此，則其慎可見。**○尹氏曰：「夫子無所不謹，弟子記其大者耳。」**慶源輔氏曰：聖人之心不待操而常存，豈有不謹之時、不謹之事哉？特於此三者尤致謹，故弟子記以垂教。

○子在齊聞《韶》，三月，不知肉味，曰：「不圖爲樂之至於斯也！」

《史記》「三月」上有「學之」二字。新安陳氏曰：學之三月，學之久因以忘味之久，否則「三月」字連下文，無意味矣。**不知肉味，蓋心一於是而不及乎他也。曰，不意舜之作樂至於如此之美，**

則有以極其情文之備《記》曰：「知禮樂之情者能作，識禮樂之文者能述。」○慶源輔氏曰：文，聲音也；情，實也。**而不覺其歎息之深也。蓋非聖人不足以及此。○范氏曰：「《韶》盡美又盡善，樂之無以加此也。故學之三月不知肉味而歎美之如此，誠之至，感之深也。」**朱子曰：子聞《韶》音，學之三月，不知肉味。學之一節不知如何，今正好看其忘肉味處。這裏便見得聖人之樂如是之美，聖人之心如是之誠。又曰：聖人聞《韶》須是去學，不解得只恁休了；學之亦須數月方熟，「三月」大約只是言其久，不是真箇足頭九十日，至九十一日便知肉味。想見《韶》樂之美是能感動人，是能使人視端而行直。某嘗謂今世人有目不見先王之禮，有耳不得聞先王之樂，此大不幸也。○問：「孔子聞《韶》，學之三月不知肉味。聖人殆亦固滯不化，當食之時，又不免心不在焉之病。若何？」曰：主一無適是學者之功，聖人行事不可以此求之也。更是舜之樂盡善盡美，而孔子聞之，深有所契于心者，所謂「得志行乎中國，若合符節」，是以學之三月而不自知其忘味也。○問：「心不在焉則食而不知其味，是心不得其正也。然夫子聞《韶》三月，何故不知肉味？」曰：也有時如此。所思之事大，而飲食不足以奪其心也。且如「發憤忘食」、「吾嘗終日不食」，皆非常事，以其所憤所思之大，自不能忘也。○問：「程子改『三月』爲『音』字，如何？」曰：彼以一日聞樂而三月忘味，聖人不當固滯如此，故爾。然以《史記》考之，則習之三月而忘肉味也。既有「音」字，又自有「三月」字，則非文之誤矣。蘇氏說亦得之。蘇氏曰：「孔子之於樂，習其音，知其數，得其志，知其人。其於文王也，見其穆然而深思，見其高望而遠志，見其黯然而黑，頎然而長；其於舜也可知。是以三月而不知肉味。」○慶源輔氏曰：夫子之學《韶》樂，非但有以極其聲容節奏而已，併當與大舜無不幬載之德、當時雍熙平成之治，所謂「盡善盡美」之實而得之，不翅如身有其事，親歷其時也，則其誠意之深而見於嘆息者如此，誠非聖人不足以及是，固非常情之所能測也。〇厚齋馮氏曰：舜之後封於陳，爲之後者得用先代之樂。自陳敬仲奔齊而《韶》樂有傳。當是時，魯具四代之樂，然恐不無差舛。《韶》之來最遠而獨得其傳於今，夫子故曰「《韶》盡美矣，又盡善也」，殆謂是歟？季札在魯觀《韶》，雖極稱贊，未必如在齊之善。夫子是以學之而忘味之久。〇新安陳氏曰：舜以上聖之德，當極治之時，作爲《韶》樂，群聖之樂無以加於此者。故夫子聞其音而學之忘味，而深歎美如此。想如親見虞舜之聖，身在雍熙之時，契之以心而非徒聞之以耳也。又按，《論語》於《韶》凡三言之，意者聞《韶》而學之最先，謂盡美盡善次之，告顏子以《韶》舞其最後歟？

〇冉有曰：「夫子爲衛君乎？」子貢曰：「諾，吾將問之。」爲，去聲。衛君，出公輒也。靈公逐其世子蒯苦怪反。聵，五怪反。公薨而國人立蒯聵之子輒，於是晉納蒯聵而輒拒之。時孔子居衛，衛人以蒯聵得罪於父而輒嫡孫當立，故冉有疑而問之。諾，應辭也。朱子曰：子以兵拒父，是多少不順，自不須疑而問。冉有疑夫子爲衛君者，以嫡孫承重之常法言之，則輒於義或當立也，故疑夫子助之。

入曰：「伯夷、叔齊，何人也？」曰：「古之賢人也。」曰：「怨乎？」曰：「求仁而得仁，又何怨？」出曰：「夫子不爲也。」

伯夷、叔齊，孤竹君之二子。其父將死，遺命立叔齊。父卒，叔齊遜伯夷。伯夷曰：「父命也。」遂逃去。叔齊亦不立而逃之。國人立其中子。其後武王伐紂，夷、齊扣馬而諫；武王滅商，夷、齊耻食周粟，去隱于首陽山，遂餓而死。《史記》：武王載木主號爲「文王」，東伐紂。伯夷、叔齊叩馬而諫曰：「父死不葬，爰及干戈，可謂孝乎？以臣弑君，可謂仁乎？」左右欲兵之。大公曰：「此義人也。」扶而去之。武王已平殷亂，天下宗周。而伯夷、叔齊耻之，義不食周粟，隱於首陽山，即雷首山之陽，在河中府河東縣。采薇而食之，遂餓而死。怨，猶「悔」也。君子居是邦，不非其大夫，況其君乎？《荀子·子道篇》：子路問曰：「魯大夫練而牀，禮耶？」練，小祥也。孔子曰：「吾不知也。」子路出，謂子貢曰：「吾以夫子爲無所不知，夫子徒有所不知。由問魯大夫練而牀禮耶，夫子曰吾不知也。」子貢曰：「吾將爲汝問之。」問曰：「練而牀，禮耶？」孔子曰：「非禮也。」子貢出，謂子路曰：「夫子無所不知，汝問非也。禮，居是邑不非其大夫。」故子貢不斥衛君而以夷、齊爲問，夫子告之如此，則其不爲衛君可知矣。南軒張氏曰：子貢微其辭以測聖人之旨，可謂善爲辭矣。蓋伯夷以父命爲尊，叔齊以天倫爲重，其遜國也皆求所以合乎天理之正而即乎人心之安。雙峯饒氏曰：兼此兩句，方説得「仁」字盡。既而各得其志焉，則視棄其國猶敝蹝所爾反。爾，何怨之有？若衛輒之據國拒父而唯恐失之，其不可同年而語，明矣。問：「二子之遜，使無中子，二子不成委先君之國而棄之？必有當立者。」朱子曰：伊川説叔齊當立。看來叔齊雖以父命，終非正理，恐只當立伯夷。曰：「伯夷終不肯立，奈何？」曰：國有賢大臣，必請於天子而立之，不問其情願矣。看來二子立得都不安。以正理論之，伯夷稍優。○以天下之公義裁之，則天倫重而父命輕；以人子之分言之，則又不可分輕重，但各認取自家不利便處退一步便是。夷、齊得之矣。○蒯聵與輒若有一人識道理，各相避就去了。今蒯聵欲入，子以兵拒父，是多少不順。議者以爲當立公子郢，不知郢不肯做，蓋知其必有紛争也。使夫子爲政，必上告天王，下告方伯，拔郢立之，斯爲得正。輒之逃當在靈公薨而夫人欲立之之時。○「求仁得仁」只是不傷其本心而已。二子不交讓則心不安。心本仁，纔傷著本心，則不仁矣。○雙峯饒氏曰：仁者，天地生物之心，人得之而爲不忍之心。若伯夷以父命爲尊，是不忍違其父；叔齊以天倫爲重，是不忍先其兄。若輒之拒蒯聵，則是忍於抗其父矣，是可忍也孰不可忍也？如何安得！○雲峯胡氏曰：人心誰無天理？能合乎天理之正，方可即乎人心之安，乃謂之「仁」。伯夷以父命爲重，是伯夷之心合乎天理而後伯夷之心方安；叔齊以天倫爲重，是叔齊之心合乎天理而後叔齊之心方安。《集註》下一「安」字，便見夷、齊不怨，若怨則不安矣。輒之拒父，全無人心天理，於心安乎？**○程子曰：「伯夷、叔齊遜國而逃，諫伐而餓，終無怨悔，**新安陳氏曰：兼「諫伐」言，所以廣其不悔之實。**夫子以爲賢。故知其不與輒也。」**問子貢問衛君事。朱子曰：若使子貢當時徑問輒事，不唯夫子或不答，便做答時，亦不能如此詳盡。若只問「伯夷、叔齊何人也」，曰「古之賢人也」，亦未見分曉。所謂「賢人」，如「君子而不仁者有矣」，亦如何便見得出處一時皆當，豈無怨悔處？只再問「怨乎」，便見得子貢善問。纔説道「求仁而得仁，又何怨」，便見得夷、齊兄弟所處無非天理，蒯輒父子所向無非人欲。二者相去奚啻珷玞、美玉？直截天淵矣。○問：「子貢欲知爲衛君，何故問夷、齊？」曰：一箇是父子争國，一箇是兄弟讓國，此是則彼非可知。問：「何故又問怨乎？」曰：此又審一審。所以夫子言「求仁得仁」，是就身上本原處説。凡讓出於不得已，便有怨。夷、齊之讓是合當恁地，乃天理之當然，又何怨？大綱衛君底固爲不是，到此越見得衛君没道理。又問：「子欲正名，是公子郢否？」曰：此又是第二節事。第一節須先正輒父子之名。問：「輒尚在，則如何正？」曰：上有天子，下有方伯，他不當立，如何不正？○問：「子貢有『怨乎』之問，何也？」曰：夫子謂夷、齊是賢人，恐賢者亦有過之者，於是問以決之，看這事是義理合如此否。如其不必讓而讓之，則未必無怨悔之心矣。夫子告以「求仁而得仁」者，謂是合恁地；若不恁地，是「去仁而失仁」矣。若衛君事，則大不然矣。子貢所以知其必不爲也。○問：「伯夷不敢安嫡長之分以違君父之命，叔齊不敢從父兄之命以亂嫡庶之義，這便是『求仁』；伯夷安於逃，叔齊安於讓，而其心舉無隉杌之慮，這便是『得仁』否？」曰：然。衛君便是不能求仁耳。○問：「夫子以夷、齊爲賢，則其不爲衛君之意明矣。而子貢復有『怨乎』之問，至聞『得仁』之語然後知夫子之不爲，何耶？」曰：夷、齊之賢，天下孰不知之？子貢蓋不待夫子之言而知之矣。然意二子雖賢，而其所爲或出於激發過中之行而不能無感慨不平之心，則衛君之爭猶未爲甚得罪於天理也，故問「怨乎」以審其趣。而夫子告之如此，則子貢之心曉然知夫二子之爲是，非其激發之私，而無纖芥之憾矣。持是心以燭乎衛君父子之間，其得罪於天理而見絶於聖人，尚何疑哉？故其所以必再問而後知所決也。○慶源輔氏曰：世俗知其一不知其二，見其一節之或得，而於其大義之乖則不知察也。蒯聵固得罪於父矣，而以輒言之，則子獨可以拒父乎？輒，嫡孫，固在所當立矣，然上不禀命於天王，下不受命於君父，又其可以擅有其國乎？是故爲國家者不可無君子之倫，而世俗之説未可遽以爲信也。○齊氏曰：父子也，兄弟也，君臣也，人之倫也，三才之所以立也。二子之交讓也，所失者國而所得者父子兄弟之紀；其非武王而餓以死也，所舍者生而所取者君臣之義。是皆脱然有見於富貴貧賤、死生之外而一毫私己不與焉，謂非仁乎？冉求有見於夷、齊之仁，必有見夫輒之不仁；知夷齊於人紀爲有功，必知輒爲名教之所不容。

○子曰：「飯疏食，飲水，曲肱而枕之，樂亦在其中矣；不義而富且貴，於我如浮雲。」飯，扶晚反。食音嗣。枕，去聲。樂音洛。

飯，食之也；疏食，麤飯也。聖人之心渾上聲。**然天理，雖處困極，而樂亦無不在焉。**新安陳氏曰：他人視爲困極，聖人樂無不在，自不知其困極。**其視不義之富貴如浮雲之無有，漠然無所動於其中也。**朱子曰：聖人表裏精粗無不昭徹，其形骸雖是人，其實只是一團天理，所謂「從心所欲不踰矩」，左來右去盡是天理，如何不快活？○「樂亦在其中」，此樂與貧富自不相干，是別自有樂處。如氣壯底人，遇熱亦不怕，遇寒亦不怕；氣虛，則爲所動矣。○「樂」字在先。理會得「樂」後，方見「不義而富貴，於我如浮雲」。**○程子曰：「非樂疏食、飲水也，雖疏食、飲水不能改其樂也。不義之富貴，視之輕如浮雲然。」又曰：「須知所樂者何事。」**朱子曰：聖人之心，無時不樂，如元氣流行天地之間，無一處之不到，無一時之或息也，豈以貧富貴賤之異而有所輕重於其間哉？夫子言此，蓋即當時所處以明其樂之未嘗不在乎此而無所慕於彼耳。記此者列此以繼衛君之事，其亦不無意乎？○「富貴」非指天位、天職而言，但言勢位、奉養之盛耳。此等物，若以義而得，則聖人隨其所遇，若固有之，無鄙厭之心焉；但以不義而得，則不易吾飯疏飲水之樂耳。○「如浮雲」只説不義之富貴視之如浮雲，不以彼之輕易吾之重。若義而得富貴便是當得，如何掉脱得？如舜禹有天下，固説道「不與」，亦只恁地安處之。又如「所以長守貴也，所以長守富也」，義當得之，亦自當恁地保守。堯命舜云：「天之曆數在爾躬，允執其中。四海困窮，天禄永終。」豈是不要保守？○孔顔之樂不必分。「不改」是從這頭説入來，「在其中」是從那頭説出來。○南軒張氏曰：「崇高莫大乎富貴」，富貴本非可以浮雲視也。惟其非義，則浮雲耳。○陳氏曰：欲知樂之實味，須到萬理明徹、私欲净盡後，胸中灑然無纖毫窒礙而無入不自得處，庶幾有以得之矣。又曰：「樂在其中」與「不改其樂」誠有間，但程子於此却用「不改」字，主意全別。其添一「能」字而又繫於「疏食飲水」之下者，是雖疏食飲水亦不能改聖人之樂，便見本然渾然之樂元不曾動，比之顔子「不改」繫之「回也」之下，是回不爲簞瓢陋巷所改，語意輕重自不同矣。○雙峯饒氏曰：樂是聖人之所固有，富貴貧賤是時之適然。人不處富貴則處貧賤。聖人之樂，處富貴則在富貴中，處貧賤則在貧賤中。然樂在富貴中見得不分曉，在貧賤中方別出，故多於貧賤處説。○新安陳氏曰：孔顔所樂何事及自有其樂，程子之引而不發者也；從事於博文約禮，庶得其所以樂，朱子發程子之未發者也。必於顔子樂處言而不於孔子樂處言之者，知顔子之樂而後可知孔子之樂，故以孔所以誘顔，顔所以學孔之工夫，於顔樂處言之也。「在中」之云，不求樂而樂在其中，見其樂之安焉；「不以貧窶累其心」而改其所樂，微見其樂之勉焉。

○子曰：「加我數年，五十以學《易》，可以無大過矣。」

劉聘君見元城劉忠定公，名安世，字器之，大名府元城人。**自言嘗讀他《論》，「加」作「假」，「五十」作「卒」。蓋「加」、「假」聲相近而誤讀，「卒」與「五十」字相似而誤分也。愚按，此章之言，《史記》作「假我數年，若是我於《易》則彬彬矣」，「加」正作「假」而無「五十」字。蓋是時孔子年已幾**平聲。**七十矣，「五十」字誤，無疑也。**《孔子世家》：孔子晚而喜《易》，序《彖》、《繫》、《象》、《説卦》、《文言》。讀《易》，韋編三絶。曰：「假我數年。若是，我於《易》則彬彬矣。」**學《易》則明乎吉凶消長**上聲。**之理、進退存亡之道，**胡氏曰：「吉凶消長」以卦體言，「進退存亡」以人事言。**故可以無大過。蓋聖人深見《易》道之無窮而言此以教人，使知其不可不學，而又不可以易**去聲。**而學也。**朱子曰：聖人一生學問，未嘗自説無過。至此境界方言「無大過」，猶似有小過在。雖是謙辭，然道理真實，無窮盡期。説者當看此等爲聖人氣象。○所謂「大過」，如當潛不潛，當見不見，當飛不飛，皆是過。《乾》卦純陽固好，大亨之中須利於貞正，非正則過矣；又如《坤》六二，❶須知「履霜」有「堅冰」之漸，要人恐懼脩省，不知恐懼脩省則過矣。「無大過」者，爲此自謙之辭以教學者，深以見《易》道之無窮。又曰：「無大過」是聖人不自足之意。○聖人學《易》，於天地萬物之理、吉凶悔吝進退存亡皆見得盡，自然無差失。聖人説此數句，非是謾然且恁地説。聖人必是見得是如此，方如此説。○覺軒蔡

---

❶「六二」，按下引文出初六爻辭。

氏曰：進退存亡之正，《易》之道也；知進退存亡不失其正，學《易》之道也。聖人雖曰「生知」，亦必有驗乎《易》。蓋聖人之道即《易》之道也。聖人進退存亡不失其正，所謂「先天而天弗違，後天而奉天時」者也，豈有過差乎？夫子謂「加我數年」，則於學《易》也不敢易；謂「可以無大過」，則合於《易》也無甚差：皆不敢當之謙辭也。謂無甚差，則爲無差矣。○聖人學《易》，明乎天理之吉凶消長，所以進退存亡而不失其正，而人與天合矣，尚何過之可言？要之，聖人所以謙辭者，非是自以爲聖而有意於謙，蓋亦真見《易》道之無窮而有俛焉孳孳之意；又因以教人，使人知《易》道之不可以不學，而又不可以易學。○慶源輔氏曰：《易》道無窮，皆自然而然，非年高德劭，心與理協，默識神會，未易學也。人之處世，履于憂患之塗，又不可以不學《易》。故抑揚其辭以垂教如此。學者察乎二者之間，則知《易》固不可不學。且以夫子之德與年而尚欲假之以數年，則又見其不可以輕易而學耳。○西山真氏曰：聖人作《易》，不過推明陰陽消長之理而已。陽長則陰消，陰長則陽消：一消一長，天之理也。人而學《易》，則知吉凶消長之理。以「陰」「陽」對言，則陽爲善爲吉，陰爲惡爲凶；獨言陽，則陽自有吉有凶。蓋陽得中則吉，不中則凶；陰亦然。以天理言，則爲消息盈虛；以人事言，則爲存亡進退。蓋消則虛，長則盈，如日中則昃，月盈則虧，暑極則寒，寒極則暑，此天道所不能已也。人能體此，則當進而進，當退而退，當存而存，當亡而亡。如此，則人道得而與天合矣。故孔子「可以進則進，可以退則退；可以久則久，可以速則速」，「用之則行，舍之則藏」，此孔子之身，全體皆《易》也。○雲峯胡氏曰：朱子謂夫子言此以教人，使人知夫子老且學《易》。所謂「無大過」者，《易》占辭於「吉」、「凶」、「悔」、「吝」之外，屢以「無咎」言之，大要只欲人無過。故曰「無咎」者，善補過也；「悔」則過能改而至於吉，「吝」則過不改而至於凶。使人人皆知學《易》，則皆可以無大過。此夫子教人之深意也。○新安陳氏曰：「加我數年」，味「我」之一辭，則所謂「無大過」者，夫子自謂之辭耳。

○子所雅言：《詩》、《書》、執禮，皆雅言也。

雅，常也。執，守也。《詩》以理情性，新安陳氏曰：治之使情性得其正。**《書》以道政事，**述帝王之政事。**禮以謹節文，皆切於日用之實，故常言之。禮獨言「執」者，以人所執守而言，非徒誦説而已也。**朱子曰：《詩》、《書》尚是口説得底，惟禮要當執守。「執禮」亦是當時自有此名。○雙峯饒氏曰：禮有五禮。夫子所常言者，只是言人日用所常執守之禮不可闕者爾；若宗廟、郊社、朝覲、會同非常所用者，則講之有時，亦不常及之也。○雲峯胡氏曰：誦説屬知，執守屬行。**○程子曰：「孔子雅素之言止於如此。若性與天道，則有不可得而聞者，要在默而識之也。」**識音式，謂不言而自得之。**謝氏曰：「此因學《易》之語而類記之。」**朱子曰：古之儒者只是習《詩》、《書》、禮、樂。言「執禮」，則樂在其中。如《易》，則掌於太卜，《春秋》掌於史官，學者兼通之，不是正業。只這《詩》、《書》，大而天道之精微，細而人事之曲折，無不在其中；禮則節文度數。聖人教人亦只是許多事。○慶源輔氏曰：《詩》所以吟詠情性，故誦之者可以理情性，「理」猶「治」也；《書》所以紀載政事，故誦之者可以道政事，「道」猶「述」也；禮所以著天理之節文，故執之者可以謹節文，「謹」謂毫釐有所必計也。情性，在內者；政事、節文，在外者。政事、節文雖在外，而又有廣狹之殊，然皆切於日用之實，故夫子常言之。又曰：《詩》、《書》雖假誦讀，然後能知其義而達諸用，禮則全在人執守而行之，故禮獨言「執」也。然《詩》、《書》雖始假於誦讀，然後亦必須見於所行；禮固在於執守而行之，然始亦不可不講讀之也。○厚齋馮氏曰：《易》道精微，《春秋》紀變，樂在有司：非所常言也。《詩》可以興觀羣怨以事君父，《書》乃齊家治國平天下之常道，禮又朝夕之所從事者：皆切於日用常行之實，故常言之。○勿軒熊氏曰：《詩》即樂也。孔子言「興於《詩》，立於禮，成於樂」，語伯魚「學《詩》、學禮」，可見平日常言不過如此。前章學《易》，則其晚年也。

○葉公問孔子於子路，子路不對。葉，舒涉反。

葉公，楚葉縣尹沈諸梁，字子高，僭稱公也。新安陳氏曰：楚子僭王，其臣皆僭。**葉公不知孔子，必有非所問而問者，故子路不對。抑亦以聖人之德實有未易**去聲。**名言者與？**音余。○新安陳氏曰：一則葉公不足以知聖人，一則子路自難以言語形容聖人。

子曰：「女奚不曰：其爲人也，發憤忘食，樂以忘憂，不知老之將至云爾。」

未得則發憤而忘食，已得則樂之而忘憂。以是二者俛焉日有孳孳音茲。**而不知年數之不足，但自言其好**去聲。**學之篤爾。**《禮·表記》：《小雅》曰：「高山仰止，景行行止。」子曰：「《詩》之好仁如此。鄉道而行，中道而廢，忘身之老也，不知年數之不足也，俛焉日有孳孳，斃而後已。」○朱子曰：聖人未必有未得之事，且如此說。若聖人有這般事，他便發憤做將去。○忘食忘憂是逐事上說。一憤一樂，循環代至，非謂終身只此一憤一樂也。逐事上說，故可遂言不知老之將至，而爲聖人之謙辭。若作終身説，則憤短樂長，不可并連下句，而亦不見聖人自貶之意矣。**然深味之，則見其全體至極，「純亦不已」之妙，有非聖人不能及者。蓋凡夫子之自言類如此，學者宜致思焉。**朱子曰：「發憤忘食，樂以忘憂，不知老之將至云爾」，泛説若是謙辭，然聖人之爲人自有不可及處，直要做到底，不做箇半間不界底人。非是有所因，真箇或有所感，發憤而至於忘食，所樂之至而忘憂，蓋有不知其然而不自知其老之將至也。又如「好古，敏以求之」自是謙詞，「學不厭，教不倦」亦是謙詞。當時如公西華、子貢，自能窺測聖人不可及處。蓋聖人處己之謙若平易，而其所以不可及者亦在其中矣。○「發憤忘食」是發憤便能忘食，「樂以忘憂」是樂便能忘憂，更無些小係累，無所不用其極。但見義理之無窮，不知身世之可憂、歲月之有變也。衆人縱如何發憤，也有些無緊要心在；雖如何樂，終有些係累乎其中。「不怨天，不尤人」，樂天安土，安於所遇，無一毫之私意。聖人便是天。聖人有此理，天亦有此理，故其妙處獨與之契合。○聖人直是脱洒，私欲自惹不著。這兩句雖無甚利害，細看來見得聖人超出乎萬物之表。○南軒張氏曰：子路以葉公不知聖人，且欲擬其形容而未知所對也；夫子之意則以爲即其近者告之，斯可矣。夫子所言「發憤忘食，樂以忘憂，不知老之將至」者，亦好學之至者也，然則聖人之所以異於人者，果獨在於好學耶？蓋生知而好學，則是其所爲生知者固亦莫揜矣。謂聖人所以異於人者在於好學，亦豈不可乎？○雙峯饒氏曰：「憤」與「樂」相反。聖人發憤便至忘食，樂便至忘憂，是兩邊各造其極，如寒到寒之極，暑到暑之極，故曰「全體至極」。兩者循環不已，所以不知老之將至。此是聖人之心純乎天理，別無他嗜好，所以自然學之不厭，故曰「純亦不已」。「全體」説憤、樂，「至極」説忘食、忘憂，「純亦不已」説不知老之將至。

〇子曰：「我非生而知之者，好古，敏以求之者也。」好，去聲。

生而知之者，氣質清明，義理昭著，不待學而知也。敏，速也，謂汲汲也。〇尹氏曰：「孔子以生知之聖每云『好學』者，非惟勉人也。蓋生而可知者，義理爾；若夫音扶。禮樂名物、古今事變，亦必待學而後有以驗其實也。」朱子曰：聖人此等語皆是移向下以教人。亦是聖人看得地步闊，自視猶有未滿足處，所以其言如此，非全無事實而但爲設辭也。〇「好古，敏以求之」，聖人是生知而學者，然其所謂「學」，豈若常人之學也？「聞一知十」不足以盡之。〇聖人於義理，合下便恁地。「固天縱之將聖，又多能也。」「敏求」則「多能」之事耳。其義理完具，禮樂等事，便不學，也自有一副當。但力可及，故亦學之。〇聖人雖是生知，然也事事理會過，無一之不講。這道理不是只就一件事上理會見得便了。學時要無所不學，理會時却是逐件上理會去。〇南軒張氏曰：門人見夫子之聖，謂生而知之，不可跂及也，故夫子以是告之。使果能好古敏以求之，則是聖人亦豈不可希？玩味辭氣，其循循然善誘，可謂至矣。〇勉齋黄氏曰：聖人雖生知義理，然其爲道廣大無窮，故未嘗有自足之心。亦必博學審問，參之古人，不能自已，此其所以爲聖人也。〇慶源輔氏曰：孔子以生知之聖每云「好學」者，諸家多以爲勉人之辭，故尹氏辨之，以爲生而可知者，自然昭著之義理耳；若夫禮樂名物、古今事變，亦必待學而後有以驗其實也。又曰：好古敏求非生知者不能。既知其義理，則自然敏於學以驗其實也。故生而知之者，義理也；好古敏求者，事實也。理與事一貫，知與行相資。〇雙峯饒氏曰：生知是合下知得此理，好古敏求是又於事物上參究此理。○勿軒熊氏曰：「信而好古」、「好古敏以求之」，「信」字、「敏」字當玩。

○子不語怪、力、亂、神。

怪異、勇力、悖音佩。**亂之事，非理之正，固聖人所不語；鬼神，造化之迹，**雙峯饒氏曰：「造化之迹」指其屈伸往來之可見者言也。天地造化之妙不可得而見，所可見者，其屈伸往來之迹耳。**雖非不正，然非窮理之至，有未易**去聲。**明者，故亦不輕以語**音御。**人也。**新安陳氏曰：「神」與「怪」不同。故以「怪」、「力」、「亂」總言，表「神」而出之。**○謝氏曰：「聖人語常而不語怪，語德而不語力，語治**去聲。**而不語亂，語人而不語神。」**或問：「夫子於《春秋》紀災異、戰伐、篡亂，於《易》、《禮》論鬼神，今曰『不語』，何也？」朱子曰：聖人平日常言蓋不及是。其不得已而及之，則於三者必有訓戒焉，於神則論其理以曉當世之惑，非若世人之徒語而反以惑人也。然其及之亦鮮矣。○問：「『子不語怪、力、亂、神』，《集註》言鬼神之理難明易惑，而實不外人事。鬼神之理在人事中如何見得？」曰：鬼神只是二氣之屈伸往來。就人事中言之，如福善禍淫，便可以見鬼神道理。《論語》中聖人不曾說此。問：「如動靜語默亦是此理否？」曰：固是。聖人全不曾說這話與人。這處無形無影，亦自難說。所謂「敬鬼神而遠之」，只恁地說。○南軒張氏曰：聖人一語一默之間，莫不有教存焉。語怪則亂常，語力則妨德，語亂則損志，語神則惑聽，故聖人之言未常及此。然就是四者之中，鬼神之情狀聖人亦豈不言之乎？特明其理，使人求之於心而已；若其事，未常言之也。○慶源輔氏曰：異，非常也；勇力，非德也；悖亂，非治也。三者皆非正理，而聖人之心廣大光明，隱惡揚善，自然不語及此。至於鬼神，雖非不正，然乃造化之迹、二氣之良能，其理幽深，非格物致知者而驟以語之，則反滋其惑，故亦不輕以語人。然能知所以爲人，則知所以爲鬼神矣。○齊氏曰：「索隱行怪，吾弗爲之」，故不語怪；「好勇過我，無所取裁」，故不語力；「身爲不善，君子不入」，故不語亂；「務民之義，敬而遠之」，故不語神。○問：「孔子所不語，而《春秋》所紀皆悖亂非常之事。」陳氏曰：《春秋》，經世之大法，所以懼亂臣賊子，當以實書；《論語》，講學之格言，所以正天典民彝，故所不語。

○子曰：「三人行，必有我師焉。擇其善者而從之，其不善者而改之。」

三人同行，其一我也；彼二人者一善一惡，則我從其善而改其惡焉。是二人者，皆我師也。朱子曰：人若以自脩爲心，則舉天下萬物凡有感乎前者無不足以發吾義理之正。善者固可師，見不善者便恐懼脩省，亦吾師也。○雙峯饒氏曰：此姑以「一善」、「一惡」對言，以見善惡皆吾師。或兩人皆善則皆當從，兩人皆惡則皆當改，便是與一人行亦有我師。此則言外之意。南軒張氏云：一人之身有善有不善，亦莫非吾師也。**○尹氏曰：「見賢思齊，見不賢而内自省，則善惡皆我之師，進善其有窮乎？」**汪氏炎昶曰：尹氏以「見賢思齊」章合此章説，蓋取「思齊」、「自省」可足此章之義也。善固當從，然不思與之齊，未必能從；不善固當改，然不内自省，則己有不善未必能改。

○子曰：「天生德於予，桓魋其如予何？」魋，徒雷反。

桓魋，宋司馬向式亮反。**魋也。出於桓公，故又稱「桓氏」。魋欲害孔子。孔子言天既賦我**

以如是之德，則桓魋其奈我何？言必不能違天害己。程子曰：「天生德於予」，此聖人極斷制以理。○問：「聖人見其事勢不可害己，還以理度其不可邪？」朱子曰：若以勢論，則害聖人甚易，唯聖人自知其理有終不能害者。○《史記》：孔子適宋，與弟子習禮大樹之下。魋伐其樹，孔子去之。弟子曰：「可以速矣。」子曰：「天生德於予，桓魋其如予何？」遂之鄭。疑遭伐樹，遂微服去之，弟子欲其速行而以此語之也。聖人雖知其不能害己，然避患未嘗不深；避患雖深，而處之未嘗不閒暇，所謂「並行而不悖」也。○問：「『桓魋其如予何』，此便是聖人樂天知命處。見定志確，斷然以理自信，絕無疑忌顧慮之意。」曰：是聖人自處處驗之已然，而知其決不能害己也。又問：「聖人既知天生德於我，決無可害之理矣，而避患又必周詳謹密者，何耶？」曰：患之當避，自是理合如此。衆人亦然，不必聖人爲然也。○吴氏曰：夫子平日未嘗以聖自居，及遭匡人、桓魋之難，則曰「天生德於予」、「文不在兹乎」，辭氣毅然，無復退託推讓之意。蓋至是亦不能揜其聖矣。一以德言，一以道言。有此德則能任此道，其實一而已矣。○「其如命何」，聽命於天也；「其如予何」，則天命在己，而己與天爲一矣。故其論公伯寮也，猶以廢興不可知之辭道之；若匡人、桓魋，則爲斷斷然自信之説。

○子曰：「二三子以我爲隱乎？吾無隱乎爾。吾無行而不與二三子者，是丘也。」諸弟子以夫子之道高深不可幾平聲。及，故疑其有隱，而不知聖人作止語默，無非教也。故夫子以此言曉之。與，猶「示」也。朱子曰：要緊只在「吾無行不與二三子」處，須子細認聖人無不與二三子處在那裏。凡日用飲食間皆要認得。○所謂「吾無隱乎爾」者，居鄉黨便恂恂，在宗廟便便便，與上大夫言便誾誾，與下大夫言便侃侃，自有許多實事。○新安陳氏曰：「作止語默」四字所包甚闊。「作」與「語」之爲教，人易知之；「止」與「默」之亦爲教，所當知也。○**程子曰：「聖人之道猶天然。門弟子親炙而冀及之，然後知其高且遠也。使誠以爲不可及，則趨向之心不幾於怠乎？故聖人之教常俯而就之如此，非獨使資質庸下者勉思企及，而才氣高邁者亦不敢躐易**去聲。**而進也。」**問：「伊川言『聖人教人常俯就若是』。掠下一著教人，是聖人有隱乎爾，何也？」朱子曰：道有大小精粗。大者精者固道也，小者粗者亦道也。觀《中庸》言「大哉，聖人之道，洋洋乎發育萬物，峻極于天」，此言道之大處；「優優大哉！禮儀三百，威儀三千」，是言道之小處。聖人教人就其小者近者教人，便是俯就，然所謂大者精者亦只在此，初無二致，要在學者下學上達，自見得耳；在我，則初無所隱也。○慶源輔氏曰：庸下者失之不及，易以懈怠而止；高邁者失之過，易以陵躐而進。懈怠者病在苦其難，陵躐者病在忽其易。今夫子自以爲無隱，且曰「無行而不與二三子」，則庸下者不至病其難，而發勉思企及之志；高邁者不敢忽其易，而致謹重密察之功。在我者一施之，在彼者各以其資之高下而有益焉，是即聖道如天垂象昭然，而有目者莫不見之驗也，豈終於高遠而不可冀及耶？**呂氏曰：「聖人體道無隱，與天象昭然，莫非至教。常以示人，而人自不察。」**延平李氏曰：孔子之示人，其道昭然，常存乎動静俛仰視聽嚬笑謦欬之間而未嘗隱也，彼見之者自有淺深。○朱子曰：夫子嘗言「中人以下不可以語上也」，而「言性與天道則不可得而聞」，想是不曾得聞者疑其有隱，而不知夫子之坐作語默無不是這箇道理。風霆流形，庶物露生，無非教也。聖人雖教人洒掃應對，這道理也在裏面。○范陽張氏曰：「天何言哉？四時行焉，百物生焉」，使天徒頽然在上，何足以爲天？惟其不言而四時行、百物生，故凡春生夏長、根荄枝葉，一皆天理之所寓。孔子於日用間視聽言動、出入起居無非道之所在，羣弟子由而不知，習而不察，所以疑聖人爲隱。故夫子指之曰：「吾無行而不與二三子者，是丘也。」觀「是丘」之一言，則知夫子平日機用盡於此而決之。❶當時羣弟子自夫子一指之後，皆知用意以觀聖人，故《鄉黨》所載，上而朝廷下而衣服飲食，莫不屢書特書者，正謂此爾。○新安陳氏曰：「體道」與「鬼神體物而不可遺」之「體」同。道無形體可見，聖人一身渾然此道，動静語默之間無非此道之所呈露。無形體之道於聖人身上形見出來，是所謂與道爲體，而無所隱於人也。○汪氏曰：《鄉黨》一篇是門人有得於此言，故記得詳密如此。

○子以四教：文、行、忠、信。行，去聲。

程子曰：「教人以學文脩行而存忠信也。忠信，本也。」朱子曰：教不以文，無由入。説與事理便是文，《詩》、《書》六藝皆文也。如講説如何是「孝弟」只是文，行所謂「孝弟」方是行。又恐行之未誠實，故又教以忠信。到得爲忠爲信時，全在學者自去做，方是實事。○此是表裏互説。教人之道，自外約入向裏去，故先文後行，而忠信者又立行之方也。○「文行忠信」如説事親是如此，事兄是如此，雖是行之事，也只是説話在；須是自家體此而行之方是行，藴之於心無一毫不實處方是忠信。可傳者只是這

❶「用」，四庫本、孔本、陸本作「栝」。

「文」，若「行忠信」乃是在人自用力始得。雖然，若不理會得這箇道理，不知是行箇甚麽，忠信是箇甚麽，所以文爲先。又曰：其初須是講學。講學既明而後脩於行。所行雖善，然更須反之於心無一毫不實處，乃是忠信。○問：「子以四教，何以有四者之序？」曰：文便是窮理，豈可不見之於行？然既行矣，又恐行之有未誠實，故又教之以忠信也。所以伊川言以忠信爲本。蓋非忠信則所行不誠故耳。因問：「『行有餘力則以學文』，何也？」曰：彼將教子弟而使之知大概也，此則教學者深切用工也。問：「然則彼正合小學之事歟？」曰：然。「文行忠信」是從外做向内，「則以學文」是從内做向外。聖人言此類者多，要人逐處自識得。○西山真氏曰：「行有餘力則以學文」是以力行爲先。「子以四教：文、行、忠、信」。文者，講學之事，主乎知；忠信者，脩身之事，主乎行。此又以知爲先。此二章實相表裏，正當合而觀之。大抵致知、力行，二者不可闕一。既知其理，不可不行其事；既行其事，不可不知其理。二者並進，則爲學之功至矣。○雙峯饒氏曰：聖人施教之序，且先使學者讀書講明義理，故先之以文。既曉得義理，然後可以使之脩行，故次之以行。行是外面行底，外面能行，然後方可責其裏面誠；若外面顯顯見處尚未能行，况裏面隱微之地乎？故忠信是結合處。《中庸》先説「智仁勇」而後終之「誠」，亦是此意。○陳氏曰：學文，所以窮理；脩行，所以體是理於身；存忠信，所以萃是理於心。○勿軒熊氏曰：忠是實心，就己上看；信是實理，就事物上看。○雲峯胡氏曰：教以學文、脩行，知行當俱盡也；教以存忠信，表裏當俱實也。○新安陳氏曰：學文者，致知之事；脩行者，力行之事；存忠信，所以誠實於力行，而忠其體，信其用也。所以謂之「四教」。

○子曰：「聖人，吾不得而見之矣。得見君子者，斯可矣。」

聖人，神明不測之號；君子，才德出衆之名。朱子曰：有德而有才，方見於用。如有德而無才，則不能爲用，亦何足爲君子？

子曰：「善人，吾不得而見之矣。得見有恒者，斯可矣。恒，胡登反。

「子曰」字疑衍文。恒，常久之意。張子曰：「有恒者，不二其心；善人者，志於仁而無惡。」朱子曰：善人是資質好底人，自然無惡；有恒只是把捉得定，又未到善人自然好處在。然善人、有恒皆未知學問者也。○問：「善人是資質大故粹美，其心常在於善道，所以自不至於有惡；有常者則是箇確實底人否？」曰：是。有常底也不到事事做得是，只是有志於爲善而不肯爲惡耳；善人則從來恁地好，事事依本分。但人多等級，善人雖是資質好，雖是無惡，然不踐迹，亦不入於室，緣不甚曉得道理。不可以道聖人只是恁地便住了。○此但爲思其上者而不可得，故思其次之意。○雙峯饒氏曰：聖人是天生底，君子是學而成底；善人是氣質好底，有恒是有常守底。次乎聖人者爲君子，次乎善人者爲有恒。

「亡而爲有，虛而爲盈，約而爲泰，難乎有恒矣！」「亡」讀爲「無」。

三者皆虛夸之事。凡若此者，必不能守其常也。問「亡而爲有」。朱子曰：正謂此皆虛夸之事，不可以久，是以不能常，非謂此便是無常也。○以亡爲有，以虛爲盈，以約爲泰，則不能常。謂如我窮約，却欲作富底舉止，縱然時暫做得，將來無時又做不得。如此便是無常。「亡」對「有」而言，是全無；「虛」是有，但少；「約」是就用度上說。○張敬夫曰：「聖人、君子以學言，善人、有恒者以質言。」新安陳氏曰：以學言者兼乎質，以質言者則未學者也。**愚謂有恒者之與聖人，高下固懸絶矣，然未有不自有恒而能至於聖者也，故章末申言有恒之義。其示人入德之門，可謂深切而著明矣。**朱子曰：聖人也只是這箇道理，但是他理會得爛熟後，似較聖樣，其實只是這道理。君子是事事做得去，所謂「君子不器」。善人則又不及君子，只是知得有善有惡，肯爲善而不肯爲惡耳。有常者又不及善人，只是較依本分。○問此章。曰：吴氏、曾氏説亦得之。吴氏曰：「君子，蓋有賢德而又有作用者，特不及聖人爾；若善人，則粗能嗣守成緒，不至於爲惡而已，非若君子之能有爲也。」曾氏曰：「當夫子時，聖人固不可得而見，豈無君子、善人、有恒者乎？而夫子云然者，蓋其人少而思見之也。及其見，則又悦而進之曰：『君子哉，若人！』凡此類當得意而忘言。善人，明乎善者也；有恒雖未明乎善，亦必有一節終身不易者。若本無一長而爲有之狀，未能充實而爲盈之狀，貧約而爲泰之狀，此亦妄人而已矣，孟子所謂『雨集，溝澮皆盈，其涸可立而待也』，烏能久矣？」曰：「有無、虚實、約泰之分，奈何？」曰：「『無』，絶無也；『虚』則未滿之名耳。二者兼内外學之所至、事之所能而言，『約』之與『泰』則貧富貴賤之稱耳。『爲』之云者，作爲如是之形、作爲如是之事者也。爲而無以繼，則雖欲爲有恒，不可得矣。○南軒張氏曰：聖人者，肖天地者也；君子者，具其體而未能充實者也。故聖人不得而見，得見君子斯可矣。善人，資禀醇篤無惡之稱；有恒者，則能謹守常分而已。故善人不得而見，得見有恒者斯可矣。以善人之資而進學不已，聖蓋可幾；有恒而力加勉焉，亦足以有至也。若夫亡無而以爲有，己虚而以爲盈，在約而以爲泰，則是驕矜虚浮不務實者，其能以有恒乎？未能有恒，況可言學乎？○勉齋黄氏曰：亡爲有，虚爲盈，約爲泰：三者誇大欺妄之意，不實之謂也。人惟實也，則始終如一，故能有常。今其人不實如此，又豈敢望其有常哉？夫子稱聖人、君子、有恒不可得見而卒及乎此，又以明夫有恒者之亦不可見也。○慶源輔氏曰：學至於聖人，則造乎極而無以復加矣；君子雖未及乎聖人，然其才德超出於衆，則其爲學亦以成矣；善人雖未必知學，然其資質之美，自然至於善而不至於惡；至於有恒者，則資質又有不及善人，但亦純固而不務虛誇，守其一端則終身不易者也。○新安陳氏曰：入德有門户，進德有閫奧。自有恒而入學，而充之以造於極，有至聖域之理；虛誇無恒者尚無入德之門户，況敢望進德造於閫奧乎？末三句言不常之失以明有恒之義。學者以希聖爲標準而能以有恒爲入門，其庶幾焉。

○子釣而不綱，弋不射宿。射，食亦反。

綱，以大繩屬音燭。**綱，絶流而漁者也。弋，以生絲繫矢而射也。宿，宿鳥。**勿軒熊氏曰：多能鄙事，此亦可見。**○洪氏曰：「孔子少**去聲。**貧賤，爲養**並去聲。**與祭，或不得已而釣弋，如獵較**音角。**是也。然盡物取之，**絶流而漁。**出其不意，**射宿。**亦不爲也。此可見仁人之本心矣。**慶源輔氏曰：不曰「聖人之本心」而曰「仁人之本心」，據此事只可謂之仁。然曰「本心」，則聖人亦不能加毫末於此矣。○新安陳氏曰：於取物之中有愛物之仁，於此可見其本心。**待物如此，待人可知；小者如此，大者可知。」**南軒張氏曰：聖人之心，天地生物之心也。其親親而仁民，仁民而愛物，皆是心之發也。然於物也，有祭祀之須，有奉養賓客之用，則其取之也有不得免焉。於是取之有時，用之有節。若夫子之不絶流、不射宿，則皆仁之至、義之盡而天理之公也。使夫子之得邦家，則王政行焉，鳥獸魚鼈咸若矣。若夫窮口腹以暴天物者，則固人慾之私也。而異端之教遂至於禁殺茹蔬，殞身飼獸，而於其天性之親、人倫之愛，反恝然其無情也，則亦豈得爲天理之公哉？故梁武之不以血食祀宗廟與商紂之暴殄天物，事雖不同，然其咈天理以致亂亡，則一而已。

○子曰：「蓋有不知而作之者，我無是也。多聞，擇其善者而從之，多見而識之，知之次也。」識音志。

不知而作，不知其理而妄作也。厚齋馮氏曰：《桑柔》詩云「予豈不知而作」，古有此語。**孔子自言未嘗妄作，蓋亦謙辭，然亦可見其無所不知也。識，記也。所從不可不擇，記則善惡皆當存之以備參考。如此者，雖未能實知其理，亦可以次於知之者也。**朱子曰：「知」以心言，得於聞見者次之。聞見皆欲求其多，否則聞見孤寡，不足以爲學矣。「擇」字生於「從」字，「識」則未便有從意，故不言「擇善」。聞見亦是互相發明，不可泥看。○「多聞」，已聞得好話了，故從中又揀擇；「多見」，只是平日見底事都且記放這裏。○問：「『不知而作』，『作』是『述作』，或只是凡所作事？」曰：只是作事。又曰：「聞」、「見」大畧争不多。較所「聞」畢竟多聞，須别識善惡而從；「見」則見得此爲是，彼爲非，則當識之，他日行去不差也。○未擇時則未辨善惡，擇了則善惡别矣。譬如一般物，好惡夾雜在此，須是擇出那好底，擇去那惡底。擇來擇去，則自見得好惡矣。○「聞」是聞前言往行，「從之」是擇其尤善者而從之；「見」是泛泛見得，雖未必便都從他，然也記著他終始首尾得失。○南軒張氏曰：天下之事莫不有所以然。不知其然而作焉，皆妄而已。聖人之動，無非實理也，其有不知而作者乎？雖然，知未易至也，故又言知之次者，使學者有所持循，由其序而至焉。多聞，擇善而從，多見而識其善，雖未及乎知之至，然知之次也。擇焉識焉而不已，則其知將日新矣。○慶源輔氏曰：夫子言此雖是謙辭，然於無所不通之聖自有不可掩者。○新安陳氏曰：《集註》全不説「聞」、「見」二字，其不可拘泥明矣。「學干禄」章亦只總之云「多聞見者，學之博」，未嘗拘拘分别「聞」與「見」也。

○互鄉難與言。童子見，門人惑。見，賢遍反。

互鄉，鄉名。其人習於不善，難與言善。惑者，疑夫子不當見之也。

子曰：「與其進也，不與其退也。唯何甚？人潔己以進，與其潔也，不保其往也。」

疑此章有錯簡。「人潔」至「往也」十四字當在「與其進也」之前。潔，脩治也。與，許也。往，前日也。言人潔己而來，但許其能自潔耳，固不能保其前日所爲之善惡也；但許其進而來見耳，非許其既退而爲不善也。依改正次序釋五句。蓋不追其既往，「不保其往」。不逆其將來，「不與其退」。以是心至，「潔己以進」。斯受之耳。「與潔」、「與進」。「唯」字上下疑又有闕文。「唯」字全無意。大抵亦「不爲已甚」之意。○程子曰：「聖人待物之洪如此。」南軒張氏曰：以互鄉之俗惡，而童子又非得與先生、長者抗禮者，而夫子見之，故門人惑焉。夫子謂其進之志則善，與其進而志善也，而不與其退而不善也。若於進而志善之時，以其退而不善而拒之，則何甚也！聖人之心，天也，其有已甚者乎？則又反復言之，謂凡人潔己以進則當與其潔耳，固不可保其往也。此所謂「顯比，王用三驅」，至公之心也。○慶源輔氏曰：人前日爲不善而今日向善未可知，今日向善而後日爲不善亦未可知。若追其既往，又逆其方來，則已甚而待人狹隘矣。○厚齋馮氏曰：童子年少，未嘗深染於其習俗而不可轉移，聖人何忍遽絶之？孟子「不爲已甚」之説蓋出於此。

○子曰：「仁遠乎哉？我欲仁，斯仁至矣。」

仁者，心之德，非在外也。放而不求，故有以爲遠者；反而求之，則即此而在矣。夫音扶。**豈遠哉？○程子曰：「爲仁由己，欲之則至，何遠之有？」**朱子曰：「欲」有好底，如「我欲仁」、「可欲之謂善」，不是「情欲」之「欲」。○仁本固有，欲之則至；志之所至，氣亦至焉。○問：「『斯仁至矣』，『至』若『來至』之意？」曰：昔者亡之，今忽在此，如自外而至耳。如《易》言「來復」，實非自外而來也。○孔門許多弟子，聖人竟不曾以仁許之。雖以顔子之賢而尚或違於三月之後，而聖人乃曰「我欲斯至」，盍亦於日月體驗：我若欲仁，其心如何；仁之至，其意又如何。又如非禮勿視、聽、言、動，蓋欲每事省察何者爲禮，何者爲非禮，而吾又何以能勿視勿聽。若每日如此讀書，庶幾看得道理自我心而得，不爲徒言也。○南軒張氏曰：仁豈遠於人乎？患人不欲之耳。欲之斯至，不曰「至仁」而曰「斯仁至矣」，蓋仁非有方所而可往至之也。欲仁而仁至，我固有之也。○覺軒蔡氏曰：時人皆以仁道遠而難爲，故夫子以工夫之切近者勉而進之。謂仁豈遠乎哉？我欲仁，斯仁至矣。蓋仁者心之德，纔一收斂，則此心便在。所以甚言其近且易，不待他求也。○慶源輔氏曰：仁者心之德，我固有之，非在外也。如手之執、足之履、目之視、耳之聽，不假外求，欲之則至，何遠之有？而人不知反求而病其遠，此夫子所以發此論也。

○雙峯饒氏曰：欲仁仁至，其至也固易，其去也亦易。須於既至之後常加操存之功，方能不違仁也。○新安陳氏曰：「斯」字甚緊。如「時人斯其惟皇之極」之「斯」，即此二字貼「斯」字。

○陳司敗問：「昭公知禮乎？」孔子曰：「知禮。」

陳，國名。司敗，官名，即司寇也。胡氏曰：《左氏傳》註：「陳、楚名『司寇』爲『司敗』。」昭公，魯君，名稠。音疇。習於威儀之節，當時以爲知禮，故司敗以爲問，而孔子答之如此。

孔子退，揖巫馬期而進之，曰：「吾聞君子不黨，君子亦黨乎？君取於吳，爲同姓，謂之『吳孟子』。君而知禮，孰不知禮？」取，七住反。

巫馬，姓；期，字。孔子弟子，名施。魯人。司敗揖而進之也。相助匿非曰黨。禮，不取同姓。而魯與吳皆姬姓，謂之「吳孟子」者，諱之使若宋女子姓者然。《禮·坊記》：「取妻不取同姓，以厚別也。故買妾不知其姓則卜之，以此坊民。魯《春秋》猶去夫人之姓曰『吳』，其死曰『孟子卒』。」○厚齋馮氏曰：古者男子稱氏，辨其族也；女子稱姓，厚其別也。故制字「姓」從女，百世而婚姻不通者，周道也。稱孔子時孔子在陳，蓋記於陳也。○慶源輔氏曰：婦人稱姓。周女曰「姬」，宋女曰「子」，齊女曰「姜」，楚女曰「羋」，是也。○吳氏曰：「謂」者，何人謂之？《春秋》哀十二年書「孟子卒」，不書「葬」，疑謂之「孟子」者魯人諱之，而謂之「吳孟子」者當時譏誚之語也。○新安陳氏曰：不稱「姬」而冠之以「吳」，終有不可掩者。

巫馬期以告。子曰：「丘也，幸。苟有過，人必知之。」

孔子不可自謂諱君之惡，又不可以取同姓爲知禮，故受以爲過而不辭。○吴氏曰：「魯蓋夫子父母之國，昭公，魯之先君也，司敗又未嘗顯言其事而遽以知禮爲問，其對之宜如此也。及司敗以爲有黨，而夫子受以爲過。蓋夫子之盛德，無所不可也。慶源輔氏曰：且以有過而人知爲幸，又可垂教以警夫護疾忌醫者。然其受以爲過也，亦不正言其所以過，初若不知孟子之事者。可以爲萬世之法矣。」問：「昭公取同姓之事，若天王舉法，則如何斷？」朱子曰：此非昭公故爲之也。當時吴盛强，中國無伯主，以齊景公猶云「既不能令，又不受命」，涕出而女於吴。若昭公亦是藉其勢，不得已之故，非貪其色而然也。天王舉法則罪固不免，亦須原情，自有處置，況不曰「孟姬」而曰「吴孟子」，則昭公亦已自知其非矣。○南軒張氏曰：他國之大夫問吾國之君知禮與否，則但可告之以知禮而已；及巫馬期以司敗之言告，則又豈可謂娶同姓爲知禮乎？若言爲君隱之意，則淺露已甚而失前對之本意矣，故但引己之過而已。然而娶同姓之爲非禮，其義固已在其中矣。聖人辭氣之間，其天地造化與？○吴氏曰：夫子受以爲過，則昭公不得爲知禮可知。隱諱者，臣子之私；是非者，天下之公。夫子答司敗與期，可謂兩盡其旨矣。葉公以證父之惡爲直，司敗以隱君之惡爲黨，彼蓋知直之爲公、黨之爲私，而於父子君臣之義，蔑如也。微夫子，大道其隱乎！○雲峯胡氏曰：使夫子而直指君之非，則自無君臣之禮；使夫子而不自引己之過，則遂無婚姻之禮，何以爲萬世之法哉？

○子與人歌而善，必使反之，而後和之。和，去聲。

反，復也。必使復歌者，欲得其詳而取其善也；而後和之者，喜得其詳而與其善也。朱子曰：子與人歌而善，必使反之而後和之。今世間人與那人説話，那人正説得好，自家便從中截斷，如云「已自理會得，不消説」之類。以此類看聖人是甚氣象！與人歌，且教他自歌一終了，方令再歌而後和之，不於其初歌便和，恐混雜他，不盡其意。此見聖人與人爲善。○若不待其反而後和，則他有善亦不得而知。今必使之反之而後和之，便是聖人不掩人善處。○慶源輔氏曰：「詳」謂首尾節奏之備。○雙峯饒氏曰：「子與人歌」是與之同歌，「反」者使之自歌，「和」則己之自歌也。○新安陳氏曰：《集註》「取」、「與」二字如孟子「取諸人以爲善，是與人爲善者也」。初則取之，既取而許與獎勸之。**此見聖人氣象從**七容反。**容，誠意懇至，而其謙遜審密、不掩人善又如此。蓋一事之微，而衆善之集有不可勝**平聲。**既者焉。讀者宜詳味之。**朱子曰：聖人天縱多能，其於小藝，不待取於人而後足，乃欲得其詳如此，其謙遜謹審可知也。然若不待其曲終而遽和之，則幾於伐己之能以掩彼之善矣，故必俟其曲終以盡見其首尾節奏之善，然後又使復歌而始和之，則既不失其與人爲善之意，而又不掩其善也。然此亦聖人動容周旋自然而中，非有意於爲之也。抑又見其從容不迫，不輕信而易悅之意。○問：「『子與人歌而善，必使反之而後和之』，晦翁云『蓋一事之微而衆善之集有不可勝既者』，如何？」潛室陳氏曰：必使復歌者，既欲彰其善之實，又欲暢其歌之情；而後和之者，示我樂善之無倦，詠歎而淫泆之也。只一歌詩耳，而意思綢繆容與若此，豈非衆善之集乎？○慶源輔氏曰：氣象從容故謙遜，誠意懇至故審密。○雲峯胡氏曰：此不過歌之善者爾，夫子所以取之與之者如此，則凡所以取人之善與人之善者可知矣。

〇子曰：「文，莫吾猶人也；躬行君子，則吾未之有得。」

莫，疑辭。猶人，言不能過人而尚可以及人；未之有得，則全未有得。皆自謙之辭，而足以見言行去聲。之難易去聲。緩急，欲人之勉其實也。慶源輔氏曰：勉人爲其實而不廢其文，但有先後緩急之序耳。〇雙峯饒氏曰：身行君子之道而有得，則爲君子之德矣。〇謝氏曰：「文雖聖人無不與人同，故不遜；能躬行君子，斯可以入聖，故不居。猶言『君子道者三，我無能焉』。」朱子曰：「文莫吾猶人也」，「莫」是疑辭，猶今人云「莫是如此否」。言「文則吾與人一般」，如云「聽訟，吾猶人也」；若「躬行君子，則吾未之有得」，此與「君子之道四，丘未能一焉」之意同。〇問此章。曰：於文，言其可以及人，足見其不難繼之意；言其不能過人，又見其不必工之意。且合而觀之，又見其雖不遜其能，而亦不失其謙也。於行，言其未之有得，則見其實之難焉，見其必以得爲效焉，見其汲汲於此而不敢有毫髮自足之心焉。一言之中而指意反覆，更出互見，曲折詳盡，至於如此，非聖人而能若是哉？〇雲峯胡氏曰：此「文」字輕，不過著於言辭者爾。〇新安陳氏曰：「文不在茲」之文，「文」字重，此以「文」對「躬行」而言，可見「文」爲言而「躬行」爲行，故《集註》以「言行之難易緩急」釋之。

〇子曰：「若聖與仁，則吾豈敢？抑爲之不厭，誨人不倦，則可謂云爾已矣。」公西華曰：「正唯弟子不能學也。」

此亦夫子之謙辭也。聖者，大而化之；仁，則心德之全而人道之備也。勿軒熊氏曰：聖則仁

之熟而至於化矣。聖非出於仁之外也。○新安陳氏曰：此專言之「仁」包義、禮、智，故爲「心德之全」。「立人之道曰仁與義」，仁體而義用，言仁則義在其中，故爲「人道之備」。**「爲之」謂爲仁聖之道，「誨人」亦謂以此教人也。**朱子曰：他也不曾説是仁、聖，但「爲之」畢竟是箇甚麼，「誨人」是箇甚麼。○新安陳氏曰：自「爲」觀「十五志學」章可見，「教人」觀「博文約禮」可見，皆不外乎知行。**然不厭不倦非己有之則不能，所以弟子不能學也。**雲峯胡氏曰：此雖夫子不敢當聖與仁之名，而愈見夫子有聖與仁之實。○新安陳氏曰：夫子雖不居仁、聖之名，而所行所教無非不息於仁、聖之道。「不厭」、「不倦」即「純亦不已」也。非己實有此仁、聖之道，則有時而厭倦矣。○**晁**音潮。**氏曰：**名説之，字以道，清豐人。**「當時有稱夫子聖且仁者，以故夫子辭之。苟辭之而已焉，則無以進天下之材，率天下之善，將使聖與仁爲虛器而人終莫能至矣。**新安陳氏曰：聖仁之道若天下無一人能與於此，是終爲虛器而無人能實之矣。**故夫子雖不居仁、聖而必以爲之不厭、誨人不倦自處**上聲。**也，『可謂云爾已矣』者，無他之辭也。公西華仰而歎之，其亦深知夫子之意矣。」**朱子曰：夫子固多謙辭，到得説「抑爲之不厭，誨人不倦」，公西華便識得，所以有「正唯弟子不能學也」之説，便説道聖人有不讓處。○其他人爲之、誨人不能無厭倦時，惟聖人則不厭不倦。「正唯弟子不能學也」，言止是弟子不能學處。這若不是公西華親曾去做來，親見是恁地，如何解恁地説？○「仁」之與「聖」所以異者，「大而化之之謂聖」，若大而未化之，只可謂之「仁」，此其所以異。○南軒張氏曰：夫子雖不居聖，然玩味辭氣，其所以爲聖者亦可得而見矣。夫盡人道，聖人也；「爲之不厭，誨人不倦」，聖人之仁，天之無疆也。○慶源輔氏曰：「爲之不厭」者，仁、聖之實；「誨人不倦」者，仁、聖之施。非在己者有仁、聖之德，豈能如是？公西華蓋即「爲之不厭，誨人不倦」而見夫子實全仁、聖之道，非學者所能效也。○雙峯饒氏曰：前以「學不厭，誨不倦」爲「何有於我」，此却以二者自任，何也？蓋前章是泛説，所以雖非聖人之極至而亦不敢當；此章是見人以仁、聖歸之己，既遜了第一、第二等，只得且承當第三等底事，所以勉人也。

○子疾病，子路請禱。子曰：「有諸？」子路對曰：「有之。誄曰：『禱爾于上下神祇。』」子曰：「丘之禱久矣。」誄，力軌反。

禱，謂禱於鬼神。有諸，問有此理否？誄者，哀死而述其行去聲，下「素行」同。之辭也。厚齋馮氏曰：士有誄，累生時德行以賜之命則誄。《周官》「六辭」，「六曰誄」是也。禱疾亦誄其功德，故謂之「誄云」。「上下」謂天地。天曰「神」，地曰「祇」。禱者，悔過遷善以祈神之佑也。朱子曰：只是引此古語以明有禱之理，非謂欲禱皇天后土也。禱雖臣子之禮，其辭則述君父悔過遷善之意，以解謝鬼神之譴怒。無其理則不必禱。既曰「有之」，則聖人未嘗有過，無善可遷，其素行固已合於神明，故曰「丘之禱久矣」。問：「『聖人與天地合其德，與鬼神合其吉凶』，我即天地鬼神，天地鬼神即我。何禱之有？」朱子曰：自他人言之，謂聖人如此，可也；聖人之心豈以此自居？惟味「某之禱久矣」一句，語意深厚，聖人氣象與天人之分、「自求多福」之意可見。○雙峯饒氏曰：「誄」如哀公誄孔子，是也。古誄文之意蓋曰：往者疾病時嘗禱爾于神祇矣，而卒莫之救。蓋哀其死之辭也。○新安陳氏曰：聖人素履無愧。少壯迨老，無非對越神明之時，豈待疾病而後禱哉？所謂「禱久矣」乃因子路引「禱爾」而言，蓋不禱之禱也。**又，《士喪禮》：疾病「行禱五祀」。**《儀禮》第十三篇。註云：「謂門、户、竈、行、中霤，盡孝子之情。『五祀』，博言之。士二祀，曰門，曰行。」**蓋臣子迫切之至情有不能自已者，初不請於病者而後禱也。故孔子之於子路不直拒之，而但告以無所事禱之意。**朱子曰：在臣子則可，在我則不可。聖人也知有此理，故言我不用禱，而不責子路之非也。疾病行禱者，臣子之於君父各禱於其所當祭。子路所欲禱，必非淫祀，但不當請耳。○病而與聞乎禱，則是不安其死而諂於鬼神以苟須臾之生，君子豈爲是哉？祈禱卜筮之屬，皆聖人之所作，至於夫子，而後教人一決諸理而不屑於冥漠不可知之間。其所以建立人極之功於是而備。○問：嘗疑《集註》曰：「聖人未嘗有過，無善可遷，其素行固已合於神明，故曰『丘之禱久矣』。」夫自其論聖人所以無事於禱者，其義固如此。然此一句乃聖人自語也，聖人之意豈自謂我「未嘗有過，無善可遷，其素行固已合於神明」哉？曰：聖人固有不居其聖時節，又有直截擔當無所推讓時節，如「天生德於予」、「未喪斯文」之類，蓋誠有不可揜者。○南軒張氏曰：子路請禱而夫子告之以有諸，蓋欲子路深省夫禱之理也。苟知其有是理，則知夫子之何用禱也？而子路未達，獨舉誄以爲證，於是從而告之曰：「丘之禱久矣。」蓋禱者，悔過遷善之意。平日之思慮云爲，神之聽之未嘗斯須離也，一有未順則逆于神理，是則當禱也。若夫聖人之心，則所謂天且弗違，而況於鬼神乎？獨曰「丘之禱久矣」，辭氣謙厚，而所以啓告子路者亦至矣。○慶源輔氏曰：疾病而行禱乃臣子迫切之至情，在周公猶爲之。然周公則可，武王則不可。子路則可，夫子則不可。領子路之至情，明在己之正理，夫子之心即天地神祇之心也。○厚齋馮氏曰：觀夫子答媚竈之問，以爲「獲罪於天，無所禱也」，然則行與天合，禱何所用？在子路爲夫子禱則可，請於夫子而後禱則夫子不爲也。○雲峯胡氏曰：禱自是臣子之至情，無所事禱自是聖人之素行。不必以夫子之言遂謂禱爲無，亦不必以子路之言直謂禱爲有。要之，鬼神之有無不必問，但人之素行自不可失爾。

○子曰：「奢則不孫，儉則固。與其不孫也，寧固。」孫，去聲。

孫，順也；固，陋也。奢、儉俱失中，而奢之害大。 雲峯胡氏曰：「與其奢也，寧儉」是言禮之弊也如此，「與其不孫也，寧固」是言弊之極也，其終必至於此。○新安陳氏曰：奢失之過，儉失之不及，皆非中道。然奢而僭犯爲害甚，儉陋之害止此而已，即「與其奢也，寧儉」之意。**○晁氏曰：「不得已而救時之弊也。」** 問「奢則不孫」。朱子曰：纔奢便是不孫，他自是不戢斂也。且看奢底人意思，儉底人意思。那奢底人便有驕傲底意思，須必至於過度僭上而後已。○問：「奢非止謂僭禮犯上之事，只是有夸張侈大之意便是否？」曰：是。

○子曰：「君子坦蕩蕩，小人長戚戚。」

坦，平也；蕩蕩，寬廣貌。程子曰：「君子循禮，故常舒泰；小人役於物，故多憂戚。」○程子曰：「君子坦蕩蕩，心廣體胖。」 南軒張氏曰：正己而不求諸人，故坦蕩蕩；徇欲而不自反，故長戚戚。「坦蕩蕩」非謂放懷自適，無所憂慮之謂也，謂求之在己而無必於外，故常舒泰云耳。○胡氏曰：循理、役於物，乃蕩蕩、戚戚之所由生也。理本自然，循而行之則坦然而平，不愧不怍，所以舒泰；爲物所役則求名役於名，求利役於利，行險僥倖，患得患失，所以憂戚。○厚齋馮氏曰：「蕩蕩」曰「坦」，其心無適而不寬廣也；「戚戚」曰「長」，無時而不憂慮也。

○子温而厲，威而不猛，恭而安。

厲，嚴肅也。人之德性本無不備，而氣質所賦鮮上聲。有不偏。慶源輔氏曰：德性根於無極之真，所以本無不備；氣質禀於陰陽五行之氣，有剛柔、過不及之分，所以鮮有不偏。惟聖人全體渾上聲。然，陰陽合德，雙峯饒氏曰：「全體渾然」應上文「德性」而言，「陰陽合德」應上文「氣質」而言。故其中和之氣見賢遍反。於容貌之間者如此。朱子曰：「厲」便自有「威」底意思，「不猛」便自有「温」底意思。「温」、「威」、「恭」三字是主，「厲」、「不猛」、「安」是帶説。如伯夷、柳下惠猶未免偏，下惠則温勝厲，伯夷則厲勝温。○問：「《集註》云『陰陽合德』，竊嘗因其言而分之，以上三截爲陽而下三截爲陰，似乎有合；然又以上三截爲陰而下三截爲陽，亦似有合。未知所決。抑聖人渾是一元氣之會，無間可得而指，學者强爲之形容？如且以其説自分三才而言，則温然有和之可挹而不可屈奪，則人之道也；儼然有威之可畏而不暴於物，則天之道也；恭順卑下而恬然無所不安，則地之道也。自陽根陰而言，則温者陽之和，厲者陰之嚴；威者陽之震，不猛者陰之順；恭者陽之主，安者陰之定。自陰根陽而言，則温者陰之柔，厲者陽之剛；威者陰之慘，不猛者陽之舒；恭者陰之肅，安者陽之健。蓋渾然無適而非中正和平之極，不可得而偏指者也。」曰：此説推得亦好。○「温厲」之説，若直以厲爲主，誠可爲一偏之論矣。或恐以氣質之偏而欲矯以趨中，則有當如是者，亦不爲過矣。然聖人之温而厲乃是天理之極致，不勉不思，自然恰好，豪髮無差處。要須見此消息則用力矯揉，隨其所當，自有準則，不至偏倚矣。○此雖是説聖人之德容如此，然學者也當如此舉偏補弊。蓋自舜之命夔已如此，而皐陶陳九德亦然。○初學如何便得安？除是孔子方恭而安。初要持敬，也須勉强，久後自熟。○南軒張氏曰：和順充積者，其發見必温然，「温而厲」也；德盛者，其威必著於外，「威而不猛」也；從容中禮者，其貌必恭，「恭而安」也。温而不厲則和而無制，有害於温矣；威而猛則爲物所憚，有病於威矣；恭而不安則不可以持久，有損於恭矣。從容而全盡者，其惟聖人乎？○新安陳氏曰：常人偏於温則不厲，偏於威則易猛，勉於恭則不安。聖人「温而厲」，陽中有陰也；「威而不猛」，陰中有陽也。「恭而安」，恭者，嚴威儼肅，陰也；安者，和順自然，陽也。亦陰中有陽也。惟其不偏而中，是以不戾而和。惟聖人有中和自然之德性，所以有中和自然之德容也。**門人熟察而詳記之，亦可見其用心之密矣。抑非知**去聲。**足以知聖人而善言德行**去聲。**者不能記。**慶源輔氏曰：用心不密則見其温不見其厲，餘皆然。**故程子以爲曾子之言，學者所宜反復**方服反。**而玩心也。**問：「此章是總言聖人容貌，《鄉黨》是逐事上説否？」朱子曰：然。此章就大體上看。

論語集註大全卷之八

泰伯第八

凡二十一章。

子曰：「泰伯其可謂至德也已矣。三以天下讓，民無得而稱焉。」

泰伯，周大音泰。王之長上聲。下同。子。至德，謂德之至極，無以復扶又反。加者也。三讓，謂固遜也。朱子曰：古人辭讓以三爲節：一辭爲禮辭，再辭爲固辭，三辭爲終辭。無得而稱，其遜隱微，無迹可見也。蓋大王三子，長泰伯，次仲雍，次季歷。大王之時，商道寖衰而周日彊大。季歷又生子昌，有聖德。大王因有翦商之志，而泰伯不從，問：「《詩》云至于大王，『實始翦商』，恐是推本得天下之由如此？」朱子曰：若推本說，不應下「實始翦商」。翦商自是周人說。若無此事，他豈有自誣其祖？《左氏》分明說「泰伯不從」，不知是不從甚事。大王遂欲傳位季歷以及昌。泰伯知之，即與仲雍逃之荆蠻。洪氏曰：仲雍之讓，一也，何以獨稱泰伯？泰伯，當立者也。於是大王乃立季歷。傳國至昌，而三分天下有其二，是爲文王。文王崩，子發立，遂克商而有天下，是爲武王。夫音扶。以泰伯之德，當商周之際，謂二代交會之間。固足以朝音潮。諸侯，有天下矣。乃棄不取，而又泯其迹焉，則其德之至極爲如何哉！蓋其心即夷、齊扣馬之心，而事之難處上聲。有甚焉者，朱子曰：夷、齊諫武王，不信便休。泰伯不從大王翦商，却是一家内事，與諫武王不同。所以謂之難處。○夷、齊處君臣間，道不合則去；泰伯處父子之際，不可露形迹，只得不分不明且去。某書謂大王有疾，泰伯採藥不返，疑此時去也。宜夫子之歎息而贊美之也。泰伯不從事見賢遍反。《春秋傳》。《吴越春秋》：古公三子，古公，周大王之本號，後乃尊爲大王。名亶父。長曰泰伯。次曰仲雍，一名虞仲。少曰季歷。季歷娶大任，生子昌。古公知昌聖，欲傳國以及昌。曰：「興王業者，其在昌乎！」泰伯、仲雍望風知指。古公病，二人託名採藥于衡山，遂之荆蠻。荆者，楚舊號，以州言曰荆。蠻者，南夷之名。《正義》曰：「泰伯奔吴，所居城在蘇州北、常州無錫縣界梅里村。其城及冢見存。而云『亡荆蠻』者，楚滅越，其地屬楚，秦滅楚，其地屬秦。秦諱楚，故通號吴越之地爲荆。及北人書史，加云蠻，勢之然也。」斷髮文身，因其俗爲夷狄之服，示不可用。古公卒，泰伯、仲雍歸赴喪畢，還荆蠻。國民君事之，自號爲勾吴。吴言「勾」者，夷之發聲，猶言「於越」耳。吴名始於泰伯，明以前未有吴號。古公病，將卒，令季歷讓國於泰伯，而三讓不受，故云「泰伯三以天下讓」。○問：「泰伯逃必之荆蠻，斷髮文身者，蓋不示以不可立，則王季之心不安，其位未定，終無以仁天下、遂父志，而成其遠者大者。泰伯之讓，上以繼大王之志，下以成王季之業，無非爲天下之公而不爲一身之私。其事深遠，民莫能測識而稱之。」曰：此意甚好。非惟説得泰伯之心，亦説得王季之心。泰伯之讓，權而不失其正，所以爲時中也。逃父非正，但事須如此，必用權然後得中，雖變而不失其正也。○大王見商政日衰，是以有翦商之志；泰伯惟知君臣之義截然不可犯，是以不從。二者各行其心之所安。聖人未嘗説一邊不是。泰伯之心即夷、齊扣馬之心，天地之常經也；大王之心即武王孟津之心，古今之通義也。於二者中，須見得道並行而不相悖，乃善。○《論語》兩稱「至德」，一爲文王發，是對武王誓師而言；一爲泰伯而發，則是對大王翦商而言。若論其志，則文王固高於武王，而泰伯所處又高於文王；若論其事，則泰伯、王季、文王、武王皆處聖人之不得已，而泰伯爲獨全其心，表裏無憾也。○或問：「其爲至德，何也？」曰：讓之爲德，美矣。至於三，則其讓誠矣。以天下讓，則其讓大矣。而又隱晦其迹，使民無得而稱焉，則其讓非有爲名之累矣。此其德所以至極而不可加也。曰：「大王有立少之意，非禮也。泰伯又探其邪志而成之，至於父死不赴，傷毁髮膚。皆非賢者之事，不合於中庸之德矣。」曰：大王之欲立賢子聖孫，爲其道足以濟天下，非有愛憎利欲之私也，是以泰伯去之不爲狷，王季受之不爲貪。不赴毁傷，不爲不孝。蓋處君臣父子之變而不失乎中庸，所以爲至德也。○陳氏曰：泰伯讓國，人得見其迹；其讓天下，人莫知其心，所以聖人表而出之。蓋其處父子兄弟之變而欲全天性之恩，處商周興亡之際而欲全君臣之義，其事類夷、齊而又泯其迹也。○雙峯饒氏曰：泰伯逃以成父之志，所以上順天命於幾微，而下爲他日開拯民水火之地，非特遜國，而實以天下遜也。○新安陳氏曰：泰伯既不從大王翦商之志，苟不併與仲弟逃之，則大王無由傳之季歷，不得遂其志矣。今日泰伯與仲雍俱逃，遂傳季歷，以及武王而有天下，是周有天下，由於泰伯之逃。人但見泰伯之逃，而不知其實以天下讓。其讓隱微，無迹可見，更涉三世，事幾漫滅，人安得而稱之？必待夫子推原周得天下之由，發其潛德之幽光，而後人始知之歟！

○子曰：「恭而無禮則勞，慎而無禮則葸，勇而無禮則亂，直而無禮則絞。葸，絲里反。絞，古卯反。

葸，畏懼貌。絞，急切也。朱子曰：絞，如繩兩頭絞得緊，都不寬舒。無禮則無節文，故有四者之弊。朱子曰：禮只是理，只是看合當恁地不恁地。若不合恭後却要去恭，則必勞。若合當謹後謹，則不葸；若合當勇後勇，則不亂。若不當直後却要直，如證攘羊之類，便是絞。○南軒張氏曰：恭而無禮則自爲罷勞，慎而無禮則徒爲畏懼，勇而無禮則流於陵犯，直而無禮則傷於急切。然則其弊如此，何所貴於恭、慎、勇、直者哉？蓋有禮以節之，則莫非天理之當然；無禮以節之，則是人爲之私而已。是故君子以「約諸己」爲要矣。○慶源輔氏曰：恭、慎，柔德也；勇直，剛德也。四者雖皆美德，然無禮以爲之節文，則過而爲四者之弊。○雙峯饒氏曰：恭而過則病于夏畦者有之，是謂勞；慎而過則畏首畏尾者有之，是謂葸；勇而過則犯上作亂者有之，是謂亂；直而過則證父攘羊者有之，是謂絞。四德以得中爲貴，禮是中底準則。無準則則失之過，故有弊。

「君子篤於親則民興於仁，故舊不遺則民不偷。」

君子，謂在上之人也。興，起也。偷，薄也。雲峯胡氏曰：「君子不弛其親，故舊無大故則不棄」，周公之言，與此同一忠厚之至也。○新安陳氏曰：親親，仁也，上仁則下興仁；不遺故舊，厚也，上厚則下歸厚。上行下效也。○張子曰：「人道知所先後，則恭不勞、慎不葸、勇不亂、直不絞，民化而德厚矣。」○吴氏曰：「『君子』以下當自爲一章，乃曾子之言也。」愚按：此一節與上文不相蒙，而與首篇「謹終追遠」之意相類，吴説近是。朱子曰：横渠説未敢决以爲定，不若吴氏分作兩邊説爲是。

○曾子有疾，召門弟子曰：「啓予足，啓予手。《詩》云：『戰戰兢兢，如臨深淵，如履薄冰。』而今而後吾知免夫！小子！」夫音扶。

啓，開也。曾子平日以爲身體受於父母，不敢毁傷，見《孝經》。故於此使弟子開其衾而視之。新安陳氏曰：「此」字指今病時，與上「平日」字對。《詩》，《小旻》之篇。戰戰，恐懼；兢兢，戒謹。臨淵，恐墜；履冰，恐陷也。曾子以其所保之全示門人，而言其所以保之之難如此，至於將死而後知其得免於毁傷也。新安陳氏曰：述前日常恐難保此身，幸今日得以全保此身也。小子，門人也。語畢而又呼去聲。之，以致反復方服反。丁寧之意，其警之也深矣。○程子曰：「『君子曰終，小人曰死。』見《記·檀弓》，乃子張將死之言。君子保其身以没，爲終其事也，故曾子以全歸爲免矣。」慶源輔氏曰：終者成其始之辭，死則澌盡泯没之謂。君子平日以保身爲事，故於將没可以言「終」。尹氏曰：「父母全而生之，子全而歸之。曾子臨終而啓手足，爲是故也。非有得於道，能如是乎？」范氏曰：「身體猶不可虧也，况虧其行去聲。以辱其親乎？」新安陳氏曰：此推廣餘意。形體固全受，德性尤全受之大者。身體雖全，德行有虧，不可謂之全歸，尤爲辱親也。《記・祭義》：樂正子春曰：「吾聞諸曾子，曾子聞諸夫子，曰：『父母全而生之，子全而歸之，可謂孝矣。不虧其體，不辱其親，可謂全矣。』」亦謂德行之不可虧也。○朱子曰：曾子云「戰戰兢兢，如臨深淵，如履薄冰」，此乃敬之意。此心不存，則常昏矣。今有人昏睡著，遇身有痛痒，則蹶然而醒。蓋心所不能已，則自不至於忘。《中庸》「戒謹」、「恐懼」，皆敬之意。○曾子奉持遺體，無時不戒謹恐懼，直至啓手足之時，方得自免。這箇身己，直是頃刻不可不戒謹恐懼。如所謂孝，非止是尋常奉事而已。當念慮之微，有毫釐差錯，便是悖理傷道，便是不孝。只看一日之間，内而思慮，外而應接事物，是多多少少，這箇心略不檢點，便差失了。至危者無如人之心，所以曾子常常恁地「戰戰兢兢，如臨深淵，如履薄冰」。○南軒張氏曰：曾子當死生之際，其言如此，與「易簀」之意同。啓手足，示保其身而無傷也；戰兢臨履，曾子平日之心所以爲敬而無失也。至是而知免於戾，所謂「全而歸之」也歟？○慶源輔氏曰：「父母全而生之，子全而歸之」，此《祭義》所載曾子述孔子之言也。今若此，可謂「非苟知之，亦允蹈之」矣。曾子平日見道明，信道篤，故能始終不息如此。○西山真氏曰：曾子之啓手足也，蓋以爲知免矣。而「易簀」一節，猶在其後。使其終於大夫之簀，猶爲未正也。全歸之難如此，學者其可不戰兢以自省歟？○雲峯胡氏曰：范氏正恐學者但以曾子不虧其身而已，則將有僥倖苟免之意，故又特以不虧其行申言之，所以厲中人也。曾子嘗曰：「仁以爲己任，死而後已。」至此，可謂能實踐其言矣。

○曾子有疾，孟敬子問之。

孟敬子，魯大夫，仲孫氏，名捷。問之者，問其疾也。

曾子言曰：「鳥之將死，其鳴也哀；人之將死，其言也善。

言，自言也。鳥畏死，故鳴哀；人窮反本，故言善。慶源輔氏曰：人性本善，其惡者，役於氣、動於欲而陷溺也。至將死，氣消欲息，故反本而言善。此凡人也。曾子平日所言，何嘗不善？自謙云爾。**此曾子之謙辭，欲敬子知其所言之善而識之也。**識音志，記也。

「君子所貴乎道者三：動容貌，斯遠暴慢矣；正顏色，斯近信矣；出辭氣，斯遠鄙倍矣。籩豆之事，則有司存。」遠、近，皆去聲。

貴，猶重也。容貌，舉一身而言。暴，粗厲也。慢，放肆也。朱子曰：暴，剛者之過；慢，柔者之過。人之容貌少得和平，不暴則慢。如人狠戾固是暴，稍不溫恭亦是暴；倨肆固是慢，稍怠緩亦是慢。**信，實也。正顏色而近信，則非色莊也。**朱子曰：正顏色，亦著力不得，須是裏面正後顏色自正。正其顏色即近於信，表裏如一，正顏色而不近信，却是色莊。多見人顏色自恁地而中不恁地者，如色厲而內荏，色取仁而行違，皆外面有許多模樣，所存却不然，便是與信遠了。只將不好底對看，便見。「近」字是對上「遠」字說。○新安陳氏曰：顏色，以見於面者言。**辭，言語；氣，聲氣也。鄙，凡陋也。倍，與「背」同，**倍、背並音佩。**謂背理也。**朱子曰：今人議論，有雖無甚差錯，只是淺陋者，此是鄙；又有說得甚高，而實背於理者，此是倍。○「斯」字來得甚緊。「斯遠暴慢」，猶云「便遠暴慢」。正顏色，便須近信。○動、出都說自然，惟「正」字却似方整頓底意思。蓋緣顏色亦有假做恁地而內實不然者，若容貌之動，辭氣之出，即容僞不得。**籩，竹豆；豆，木豆。**新安陳氏曰：《三禮圖説》籩盛棗、栗、脩、脯、糗、餌之屬，豆盛菹、醢之屬。**言道雖無所不在，**新安陳氏曰：此語甚闊，籩、豆器物皆包在内。**然君子所重者在此三事而已。是皆脩身之要，爲政之本，學者所當操存省**悉井反。**察而不可有造**七到反。**次顛沛之違者也。若夫**音扶。**籩豆之事，器數之末，道之全體固無不該，然其分**扶問反。**則有司之守而非君子之所重矣。**和靖尹氏曰：曾子所謂容貌，乃「睟然見於面」者；出辭氣，如「脩辭立其誠」，「有德必有言」是也。暴慢鄙倍非謂人也，謂己所有爾，故曰「遠」。○朱子曰：「君子所貴乎道者三」，是指夫道之所以可貴者爲説，故云：道之所以可貴者，有三事焉。故下數其所以可貴之實。且看世上人，雖有動容貌者，而便辟足恭，不能遠暴慢；雖有正顔色者，而色取仁而行違，多是虚僞，不能近信；雖有出辭氣者，而巧言飾辭，不能遠鄙倍：這便未見道之所以可貴矣。道之所以可貴者，惟是動容貌自然便會遠暴慢，正顔色自然便會近於信，出辭氣自然便會遠鄙倍：此所以貴乎道者，此也。○以道言之，固不可謂此爲道，彼爲非道。然其本在此則其末在彼，所貴在此則其賤在彼矣。籩豆之事非是説置之度外，不用理會，只去理會「動容貌」三者。蓋此三者却是自家緊要合做底，籩豆是付有司管底，其事爲輕耳。今人於制度文爲一一致察，未爲不是，然於己身都不照管，於大體上欠闕，則是棄本而求末者也。籩豆之事亦道之所寓，但非在所當先而可貴耳。○問：「《集註》舊以三者爲脩身之驗、爲政之本，非其平日莊敬誠實，存省之功積之有素，則不能也，專是做效驗説。如是則『動』、『正』、『出』三字只是閑字。改本以驗爲『要』，『非其』以下，改爲『學者所當操存省察，而不可有造次頃刻之違者也』。如此，則工夫却在『動』、『正』、『出』三字上。某疑『正』字尚可説做工夫，『動』字、『出』字豈可以爲工夫耶？」曰：這三字雖不是做工夫底字，然便是做工夫處。作效驗似有病，故改之。若專以爲平日莊敬持養方能如此，則不成未莊敬持養底人，便不要遠暴慢、近信、遠鄙倍耶？○此章之指，蓋言日用之間，精粗本末，無非道者，而君子於其間所貴者，在此三事而已。然此三者皆其平日涵養工夫至到之驗，而所以正身及物之本也，故君子貴之。若夫籩豆之事，則道雖不外乎此，然其分則有司之守，而非君子之所有事矣。蓋平日涵養工夫不至，則動容貌不免暴慢，正顔色不出誠實，出詞氣不免鄙倍矣。一身且不能治，雖欲區區於禮文度數之末，是何足以爲治哉？此乃聖門學問成己成物着實效驗，故曾子將死，諄諄言之，非如異端揚眉瞬目、妄作空言之比也。○陳氏曰：此章重在「貴」字上。《集註》舊本則平時涵養之説也，改本則臨事持守之説也。舊説雖有根源，却在三言之外起意，其工夫全在日前，而目下則疎闊，任其自爾。不若今本工夫縝密親切，既可以包平日涵養在内，又從目今臨事以至於一息未絶之前，皆無有頃刻之違。其所謂「操存」，則在上三句；所謂「省察」，則在下三句。本末不偏，始終兼貫，其義爲長。○汪氏曰：《集註》合操存、省察爲説，乃朱子欲爲學者計，故以「學者」二字提出。所謂「其分則有司之守」，如《樂記》曰：「鋪筵席，陳尊俎，列籩豆，以升降爲禮者，禮之末節也，故有司掌之。」又如《周禮》有籩人，皆有司也。○新安陳氏曰：所貴乎道，不求之高虚，而在乎容色辭氣之間，可謂切實矣。「操存」即平日涵養於静時者，「省察」即目前致察於動時者。如動容貌，便省察其「斯遠暴慢矣」可也，下二節倣此。内外交盡，動静兼該，工夫周密，始無欠闕。又，此必因敬子之失而告之。其爲人得非忽略於脩身之本，而煩瑣於名物器數之末者乎？程子曰：「動容貌，舉一身而言也。周旋中去聲。禮，暴慢斯遠矣。正顔色則不妄，斯近信矣。出辭氣，正由中出，斯遠鄙倍。此即《集註》舊説。三者正身而不外求，故曰『籩豆之事則有司存』。」尹氏曰：「養於中則見賢遍反。於外。亦即《集註》舊説。曾子蓋以脩己爲爲政之本，若乃器用事物之細，則有司存焉。」勉齋黄氏曰：曾子之意則但欲其在外之無不正，而《集註》之意則以爲未有不正其内而能正其外者也。況夫暴慢也，信也，鄙倍也，皆心術之所形見者也。不正其内，安能使其外之無不正乎？有諸中必形諸外，制於外必養其中，則心可正，理可明，敬可存，誠可固。脩身之要，孰有急於此者乎？此曾子將死之善言，不獨可爲孟敬子之師法而已。○胡氏曰：曾子之疾，見於《語》者二，見於《檀弓》者一。此章最先，前章次之，易簀最後。又曰：曾子是時氣息奄奄，性命僅存須臾，而聲律身度，心與理一乃如此。釋氏坐忘幻語，不誠不敬，豈能倣其萬一哉？

○曾子曰：「以能問於不能，以多問於寡，有若無，實若虚，犯而不校；昔者吾友嘗從事於斯矣。」

校，音教。計校也。友，馬氏融。以爲顔淵是也。厚齋馮氏曰：曾子之亡友多矣，獨以爲顔淵者，非顔子不能以與此。然顔子與曾皙爲輩行，父之執友也。曾子亦可謂之吾友乎？曰：同師門則皆友也。顔子之心，惟知義理之無窮，該「以能」至「若虚」。不見物我之有間，去聲。○此謂「犯而不校」。**故能如此。**王氏曰：二句包盡。上句知之事，下句仁之事。○問「以能問於不能」。朱子曰：想是顔子自覺得有未能處，但不比常人十事曉得九事，那一事便不肯問人。顔子深知義理之無窮，惟恐一善之不盡，故雖能而肯問於不能，雖多而肯問於寡，以求盡乎義理之無窮者而已。○犯而不校，蓋是他分量大。有犯者如蚊蟲過前，自不覺得，何暇與之校耶？○問：「從事於斯，是著力否？」曰：若是著力，却是知自己能自己多，須要去問，不幾於詐乎？曾子是見得顔子如此，非謂其著力也。**○謝氏曰：「不知有餘在己，不足在人；**慶源輔氏曰：以理言也，釋上四句。**不必得爲在己，失爲在人。**慶源輔氏曰：以事言也，釋下一句。**非幾**平聲。**於無我者不能也。」**問「幾」字。朱子曰：聖人全是無我。顔子是不以我去壓人，却尚有箇人與我相對。在聖人便和人、我都無了。○問：「『以能問於不能，以多問於寡，有若無，實若虛，犯而不校』，此聖人之事也，非與天同量者不能。顔子所以未達一間者正在此，故第曰『嘗從事於斯』，非謂已能爾也。」曰：此正是顔子事，若聖人則無如此之迹。有如此説處，便有合内外之意。如舜善與人同，舍己從人，好察邇言，用中於民，必兼言之。惟顔子行而未成，故其事止於如此爾。○或問：「顔子深知義理之無窮，惟恐一善之不盡，非挾其能而故問之也？」雙峯饒氏曰：仁者之心，視人猶己，故人雖有犯，不忍與之校曲直。纔校，則直在己，曲在人，而物我相形矣，便非包含徧覆之意。又曰：分言之，則如上文所云。合言之，則能問不能、犯而不校，皆是無我，故又引謝説以包之。○吴氏曰：子貢多聞，故於顔子見其聞一知十；曾子力行，故又見其如此。○雲峯胡氏曰：聖賢無我之心常如太虛，然能容天下之理而不見己之有餘，能容天下之人而不見人之不是。

○曾子曰：「可以託六尺之孤，可以寄百里之命，臨大節而不可奪也：君子人與？君子人也！」與，平聲。

其才可以輔幼君、攝國政，其節至於死生之際而不可奪，可謂君子矣。朱子曰：託孤寄命，有才者能之；臨大節而不可奪，非有德者不能也。○問君子才德出衆之名。曰：有德而有才，方見於用；如有德而無才，則不能爲用，亦何足爲君子？○新安胡氏曰：《周禮》疏云：「六尺，年十五。」故知爲幼君。《孟子》曰：「公侯皆方百里。」故知爲國政也。才者德之用，節者德之守，二者不可偏廢。有其節無其才，雖無欺人之心，而未足以託，恐不免爲他人所欺也；雖無竊人之心，而未足以寄，恐不免爲他人所竊也。爲人欺、竊而徒死，無益矣，荀息死於奚齊是也。有其才無其節，則大者不足觀矣，霍光奪於妻顯是也。二者雖若概言，而節爲之本。**與，疑辭；也，決辭。設爲問答，所以深著其必然也。**問：「此章本是兼才、節説，然緊要處却在節操上？」朱子曰：不然。三句都是一般説。須是才、節兼全，方可謂之「君子」。若無其才而徒有其節，雖死何益？如受人託孤之責，自家雖無欺之之心，却被別人欺了，也是自家不了事，不能受人之託矣；如受人百里之寄，自家雖無竊之之心，却被別人竊了，也是自家不了事，不能受人之寄矣。自家徒能臨大節而不可奪，却不能了得他事，雖能死，也濟得甚事？故伊川説「君子者，才德出衆之名」。孔子曰：「君子不器。」既曰「君子」，須是事事埋得方可。若但有節而無才，也喚做「好人」，只是不濟得事耳。○問：「託孤寄命，雖資質高者亦可及；臨大節而不可奪，非學問至者恐不能？」曰：資質高底也都做得，學問到底也都做得。大抵是上兩句易，下一句難。譬如説有猷有爲有守，託孤寄命是有猷有爲，臨大節而不可奪却是有守。○新安陳氏曰：既有可託可寄之才，又有不可奪之節，則始之疑其爲君子人者，今決知其爲君子人矣。大意以節爲重，而才以成之。節也者，才之所恃以立；才也者，節之所賴以成者歟？**○程子曰：「節操如是，可謂君子矣。」**雙峯饒氏曰：既以才、節並言，復引程子「節操」之説者，以明重在於節也。○問：「『臨大節而不可奪也』貫上二句，蓋惟臨大節而不可奪，方見得可以託可以寄耳。夫託孤寄命幸而無大變，未見其難也。唯其幾微之間，義理精明，危疑之時，志意堅定，雖國勢搶攘，人心摇兀，猶能保輔幼孤而安其社稷，維持百里而全其生靈，利害不能移其見，死生不能易其守，故曰『臨大節而不可奪』也。斯足以當夫所謂『可以託』、『可以寄』矣。」朱子曰：此段亦好，鄙意正如此説。然「可以」二字，蓋猶以其才言之；「不可奪」處乃見其節，重處正在此也。

○曾子曰：「士不可以不弘毅。任重而道遠。

弘，寬廣也；新安胡氏曰：寬則容受之多，廣則承載之闊。**毅，**魚既反。**强忍也。**新安陳氏曰：强則執守之堅，忍則負荷之久。**非弘不能勝**平聲。下「能勝」同。**其重，非毅無以致其遠。**朱子曰：「弘」只是寬廣，却被人只把做度量寬容看了，便不得。弘是「執德不弘」之弘，是無所不容。心裏無足時，道理事物都著得。若「容民畜衆」也是弘，但是外面事。今人多作「容」字説了，則「弘」字裏面無用工夫處。○「弘」字只對「隘」字看便見得。如看文字只執一説，見衆説皆不復取，便是不弘。若弘底人，便包容衆説。又非是於中無所可否，包容之中又爲判别，此便是弘。○弘乃能勝得箇重任，毅便能擔得遠去。弘而不毅，雖勝得重任，恐去前面倒了。○毅是立脚處堅忍强厲，擔負得去底意。○潛室陳氏曰：弘言其量之容，猶大車之足以載重；毅言其力之勁，猶健馬之足以致遠。○雲峯胡氏曰：惟弘能勝重，不以一善而自足也；惟毅能致遠，不以半途而自廢也。○吕氏曰：自小者無敢爲之心，自怠者無必爲之志：此弘毅之反也。

「仁以爲己任，不亦重乎？死而後已，不亦遠乎？」

仁者，人心之全德。而必欲以身體而力行之，可謂「重」矣。一息尚存，此志不容少懈，居隘反。可謂「遠」矣。朱子曰：須是認得箇仁，又將身體驗之，方真箇知得這擔子重，真箇是難。世間有兩種：有一種全不知者，固全無摸索處；又有一種知得仁之道如此大，而不肯以身任之者。今自家全不曾擔著，如何知得他重與不重。所以學不貴徒説，須要實去驗而行之方知。○慶源輔氏曰：仁包四者，無物不體。「以爲己任」，可謂重矣，非寬洪容受，何以勝其任？且曰「必欲身體而力行之」，則異乎説仁而但欲知之者矣。與生俱生，無有間斷，死而後已，可謂遠矣。非强忍堅決，何以致其遠？且曰「此志不容少懈」，則信乎求仁者不可有造次、顛沛之違矣。○覺軒蔡氏曰：弘毅不可執一而廢一。蓋弘者易失之不毅，毅者易失之不弘。然弘毅之任重道遠又惟歸於仁，何也？蓋仁道最大，孔門傳道莫大於求仁。蓋仁之道，非全體而不息者不足以當之。惟其全體也，則無一理之不該，所以不可不弘；惟其不息也，則無一念之間斷，所以不可不毅。仁之任重而道遠如此，足豈可以易爲哉？曾子平日三省、一貫，致力於《大學》格致誠正脩齊治平，不使有一理之或違，非弘而何？啓手、啓足，猶戰兢而不已，易簀之際得正而斃，非毅而何？此所以卒任傳道之責也。○程子曰：「弘而不毅，則無規矩而難立；毅而

不弘，則隘陋而無以居之。」此是「寬以居之」之居。**又曰：「弘大剛毅，然後能勝重任而遠到。」**朱子曰：曾子言以能問於不能，見曾子弘處；又言臨大節而不可奪，見他毅處。○新安陳氏曰：此章初以弘、毅二者並立對説，細味之，「任重而道遠」，「而」字已作一意貫説下來。又，所謂「死而後已」者何事哉？即是已所以任此仁者身體力行，至死而後已也。程子謂「弘大剛毅然後能勝重任而遠到」，不假訓釋，辭約而意貫矣。

○子曰：「興於《詩》，

興，起也。《詩》本性情，有邪有正。新安胡氏曰：如二《南》之正始爲正，《鄭》、《衛》之淫奔爲邪。**其爲言既易**去聲。下同。**知，**《詩》辭明白而近人情。**而吟詠之間抑揚反覆，**新安陳氏曰：抑揚，謂聲音高下；反覆，謂前後重複翻倒。**其感人又易入，故學者之初，所以興起其好**去聲。**善惡**去聲。**惡之心而不能自已者，必於此而得之。**新安陳氏曰：「此」字指《詩》而言。學者之初，得力在此。

立於禮，

禮以恭敬辭遜爲本，而有節文度數之詳。新安胡氏曰：恭主一身而言，敬主一心而言，處己之道也。辭者，解使去己；讓者，推以與人，接物之方也。節文，品節文章也；度數，制度數目也。既有以爲處己接物之本，而周旋曲折又能纖悉如此。○新安陳氏曰：恭敬辭遜，禮之本也；節文度數，禮之文也。

可以固人肌膚之會，筋骸音斤、諧。之束。出《記·禮運》。○新安胡氏曰：人肌膚本有所會，筋骸本有所束，至此又愈堅固。故學者之中，所以能卓然自立而不爲事物之所摇奪者，必於此而得之。新安陳氏曰：「此」字指禮而言，學者之中，得力在此。○慶源輔氏曰：禮雖本於恭敬辭遜，然規矩森嚴，節目明備，外足以固人之肌膚筋骸，而内足以禁人之非心逸志。學者之中於此固執而允蹈焉，則足踏實地，卓然自立，而外物不足以摇奪之。

「成於樂。」

樂有五聲十二律，更平聲。唱迭和去聲。以爲歌舞八音之節。《前漢志》：「聲，宫商角徵羽也。」《晉志》：「土音宫，其數八十一，爲聲之始。屬土者，以其最濁，君之象也。火音徵，三分宫去一以生，其數五十四。屬火者，以其微清，事之象也。金音商，三分徵益一以生，其數七十二。屬金者，以其濁次宫，臣之象也。水音羽，三分商去一以生，其數四十八。屬水者，以其最清，物之象也。木音角，三分羽益一以生，其數六十四。屬木者，以其清濁中，民之象也。凡聲尊卑，取象五行。數多者濁，數少者清。大不過宫，細不過羽。」○《漢志》：「律有十二。陽律爲律，陰律爲吕。律以統氣類物，曰黄鐘、大簇、姑洗、蕤賓、夷則、無射。吕以旅陽宣氣，曰林鐘、南吕、應鐘、大吕、夾鐘、中吕。皆曰律，陽統陰也。」○《白虎通》曰：「土曰塤，竹曰管，革曰鼓，匏曰笙，絲曰絃，石曰磬，木曰柷敔，金曰鐘鏞：此八音也。」○朱子曰：《書》云「聲依永，律和聲」，蓋人聲自有高下，聖人制五聲以括之。宫聲洪濁，其次爲商；羽聲輕清，其次爲徵；清濁洪纖之中爲角。又制十二律以節五聲。五聲又各有高下，每聲分十二等。謂如黄鍾爲宮，則太簇爲商，姑洗爲角，林鍾爲徵，南呂爲羽；還至無射爲宮，便是黃鍾爲商，太簇爲角，中呂爲徵，林鍾爲羽。然而無射之律，只長四寸六七分，而黃鍾長九寸，太簇長八寸，林鍾長六寸，則宮聲概下而商角羽三聲不過，故有所謂「四清聲」，夾鍾、大呂、黃鍾、太簇是也。蓋用其半數，謂如黃鍾九寸，只用四寸半，餘三律亦然。如此則宮聲可以概之，其聲和矣。看來十二律皆有清聲。只說四者，意其取數之多者言之。**可以養人之性情而蕩滌其邪穢，消融其查滓。**壯里反。○新安陳氏曰：邪穢，謂私欲之汙惡，皆蕩滌而無餘；查滓，謂道理勉强未純熟者，皆消融而無迹也。**故學者之終，所以至於義精仁熟，**《易》曰：「精義入神。」《孟子》曰：「仁在乎熟之而已。」**而自和順於道德者，**《易》曰：「和順於道德而理於義。」**必於此而得之，是學之成也。**新安陳氏曰：「此」字指樂而言。三節當看「始」、「中」、「終」三字及三箇「得之」字，皆學之得力處也。○問：「五聲十二律作者非一人，不知如何能和順道德？」朱子曰：如金石絲竹匏土革木雖是有許多，却打成一片，清濁高下、長短大小，更唱迭和皆相應，渾成一片，有自然底和氣，不是各自爲節奏，歌者歌此而已，舞者舞此而已，所以聽之可以和順道德。學者須是先有興《詩》立禮工夫，然後用樂以成之。○「興於詩」，此三句上一字謂成功而言也；非如「志於道」四句，上一字以用功而言也。○只是這一心，更無他說。興於《詩》，興此心也；立於禮，立此心也；成於樂，成此心也。古之學者必先學《詩》。學《詩》，則誦讀其善惡是非勸戒，有以起發其意，故曰「興」。人無禮以爲規矩，則身無所處，故曰「立」。此禮之文也。中心斯須不和不樂則鄙詐之心入之，不和樂則無所自得，故曰「成」。此樂之本也。古者玉不去身，無故不徹琴瑟。自成童入學，四十而出仕，所以養之者備矣。理義以養其心，禮樂一作「舞蹈」。以養其血氣，故其才高爲聖賢，下者亦爲吉士，由養之至也。○學之興起，莫先於《詩》。《詩》有美刺，歌誦之以知善惡治亂廢興。禮者，所以立也，「不學禮無以立」。樂者，所以成德，「樂則生矣，生則惡可已也？惡可已，則不知手之舞之，足之蹈之」也。○《詩》較感發人，故在先。禮則難執守，須是常常執守得。樂則如太史公所謂「動盪血脉，流通精神」者，所以涵養前所得也。○興於《詩》是小底成於樂，成於樂是大底興於《詩》。初間只是因他感發興起，到成處却是自然恁地與理爲一。凡有毫髪不善，都蕩滌得盡了，這是甚氣象！○慶源輔氏曰：樂雖始於詩歌，而聖人依之以五聲，和之以十二律，更唱迭和而以爲歌舞八音之節。所以合天人之和，以養人之耳目，説人之情性，蕩滌其邪穢而使之不存，消融其查滓而使之盡化。學者於此涵泳而優游焉，則能至義精仁熟之地，而於道德各極其和順，而無一毫勉强拂戾之意也。興則起，立則不反，成則渾全，此三節其間甚闊，學者於此真積而力久焉，則自知之。○吴氏曰：古，詩、樂相表裏，言之不足而歌生焉，歌之不足而舞生焉，歌舞生而樂作矣。聖人以爲未也，又爲之金石絲竹匏土革木以相其歌，羽旄干戚以飾其舞，而樂於是乎大備。君子於樂或親爲其事，或觀聽其聲容，或講習以知其意，内而一心，外而衆體，蓋莫不有養焉。○齊氏曰：十三學樂誦《詩》，則已通於樂章；學舞，則已通於舞節。至「成於樂」，則淪肌浹髓而莫能名，手舞足蹈而不可已。○雲峯胡氏曰：興於《詩》，知之事；成於樂，則知之精，故曰「義精」；立於禮，行之事；成於樂，則行之熟，故曰「仁熟」。○新安陳氏曰：夫子屢以《詩》禮教人，全此則參及於樂。成於樂，所以成就其始焉中焉之興於《詩》、立於禮者也。**按《内則》，十歲學幼儀，十三學樂誦《詩》，二十而後學禮。**

則此三者非小學傳授之次，乃大學終身所得之難易去聲。下同。**先後淺深也。**朱子曰：古人自少時習樂誦《詩》學舞，不是到後來方始學《詩》學禮學樂。興《詩》、立禮、成樂不是說用工次第，乃是得效次第。○《詩》者，樂之章也，故必學樂而後誦《詩》。所謂樂者，蓋琴瑟塤篪，樂之一物，以漸習之而節夫《詩》之音律者也。然《詩》本於人之性情，有美刺風喻之旨，其言近而易曉。而從容詠歎之間，所以漸漬感動於人者又爲易入。故學之所得，必先於此而有以發起其仁義之良心也。至於禮，則有節文度數之詳，其經至於三百，其儀至於三千，其初若甚難强者，故其未學《詩》也，先已學幼儀矣。蓋禮之小者，自爲童子而不可闕焉者也。至於成人，然後及其大者。又必服習之久而有得焉，然後內有以固其肌膚之會、筋骸之束，而德性之守得以堅定而不移；外有以行於鄉黨州閭之間，達於宗廟朝廷之上，而其酧酢之際得以正固而不亂也。至於樂，則聲音之高下、舞蹈之疾徐，尤不可以旦暮而能。其所以養其耳目，和其心志，使人淪肌浹髓而安於仁義禮智之實，又有非思勉之所及者。必其甚安且久，然後有以成其德焉。所以學之最早，而其見效反在《詩》禮之後焉。○潛室陳氏曰：此章先禮而後樂，《內則》先樂而後禮。此章非爲學之序，乃論其終身所得之先後也。學之序，當如《內則》。至其將來得力處，其先善心興起，是於《詩》上得力；其次操守植立，是於禮上得力；至末梢德性純熟，是於樂上得力。○慶源輔氏曰：《詩》易於禮，禮易於樂。興者淺，立者深，成則又其深者也。故其先後之序如此。**程子曰：「天下之英才不爲少矣。特以道學不明，故不得有所成就。**夫音扶。**古人之詩如今之歌曲，雖閭里童稚皆習聞之而知其說，故能興起。今雖老師宿儒尚不能曉其義，況學者乎？是不得『興於**

《詩》也。古人自洒掃並去聲。應對以至冠去聲。昏喪祭，莫不有禮。今皆廢壞，是以人倫不明，治家無法，是不得『立於禮』也。古人之樂，聲音所以養其耳，采色所以養其目，歌詠所以養其性情，舞蹈所以養其血脉。今皆無之，是不得『成於樂』也。是以古之成材也易，今之成材也難。」

問：「成於樂，是古人真箇學其六律八音，習其鍾鼓管絃，方底於成。今人但借其意義以求和順之理，如孟子『樂之實，樂斯二者』，亦可以底於成否？」朱子曰：古樂既亡，不可復學，但講學踐履間可見其遺意耳。故曰：今之成材也難。○此章與「志道據德」章不同。彼就德性上説，此就工夫上説，只是「游藝」一脚意思耳。○西山真氏曰：自周衰，禮樂崩壞，然禮書猶有存者，制度文爲尚可考尋，樂書則盡缺不存。後之爲禮者既不合先王之制，而樂尤甚焉。今世所用，大抵鄭衛之音，雜以夷狄之聲而已，適足以蕩人心，壞風俗，何能有補乎？然禮樂之制雖亡，而禮樂之理則在。故《樂記》謂致禮以治身，致樂以治心：「外貌斯須不莊不敬，而慢易之心入之矣；中心斯須不和不樂，而鄙詐之心入之矣。」莊敬者，禮之本也；和樂者，樂之本也。學者誠能以莊敬治其身，和樂養其心，則於禮樂之本得之矣，亦足以立身而成德也。三百篇之《詩》雖云難曉，今諸老先生發明其義，了然可知。如能反復涵泳，真可以感發興起，則所謂「興於《詩》」亦未嘗不存也。○胡氏曰：程子因世變而歎傷，學者當因其尚存者而深考之，不可以自畫也。○雲峯胡氏曰：無程子之説，後世不知所以成材之難；無真氏之説，後世遂真以成材爲難矣。況《詩》自性情中流出，非吾心外物。天高地下，合同而化，天地間自然之禮樂，禮是敬，樂是和，亦非吾心外物也。

○子曰：「民可使由之，不可使知之。」

民可使之由於是理之當然，而不能使之知其所以然也。朱子曰：民但可使由之耳，至於知之，必待其自覺，非可使也。由之而不知，不害其爲循理；及其自覺此理而知之，則沛然矣。必使知之，則人未知之心勝，而由之不安。甚者遂不復由，而惟知之爲務。其害豈可勝言？由之而自知，則隨其淺深自有安處；使之知，則知之必不至，至者亦過之，而與不及者無以異。此機心惑志所以生也。○所由雖是他自有底，却是聖人使之由，如「道以德，齊以禮」，教以人倫，皆是使之由。不可使知，不是愚黔首，是不可得而使知之，無緣逐箇與他解說。○問：「不知與『百姓日用而不知』同否？」曰：彼是自不知，此是不能使之知。○「不可使」之「知」，謂凡民爾。學者固欲知之，亦須積累涵泳由之而熟，一日脱然自有知處乃可，亦不可使之强知也。○「理之所當然」者，所謂「民之秉彝」，百姓所日用者也。聖人之爲禮樂刑政，皆所以使民由之也。「其所以然」，則莫不原於天命之性。雖學者，有未易得聞者，而況於庶民乎？其曰「不可使知之」，蓋不能使之知，非不使之知也。○潛室陳氏曰：謂政教號令但能使民由行於中，不能使民洞曉其理。非不欲使之曉也，勢有所不能，故曰：「百姓日用而不知。」○陳氏曰：「所當然」，如父當慈，子當孝之類；「所以然」，乃根原來歷，是性命之本處。○新安陳氏曰：此理當然之則，必有所以然之故。當然之理，雖凡民可律以持循；其所以然之妙，在學者難遽求其領會，而況於凡民乎？○雙峯饒氏曰：兩「之」字皆指此理而言。民可使之由此理，不可使之知此理。堯舜帥天下以仁而民從之，桀紂帥天下以暴而民亦從之，以其無知故也。若知得仁爲是，暴爲非，則帥之以暴而不從矣。以此觀之，民不特不曉其所以然，於所當然者亦未易使之曉。○**程子曰：「聖人設教，非不欲人家喻而户曉也。然不能使之知，但能使之由之爾。若曰聖人不使民知，則是後世朝四暮三之術也。**新安陳氏曰：借狙公之愚羣狙，以比後世之愚黔首，不使之知也。**豈聖人之心乎？」**《列子》云：宋有狙公者，善養猿猴之人，故號「狙公」。愛狙，養之成羣。將限其食，先誑之曰：「與若芧，音序，栗也。一云橡子也。朝三而暮四，足乎？」衆狙皆起而怒。俄而曰：「與若芧，朝四而暮三，足乎？」衆狙皆笑而喜。物之以能鄙相籠，皆由此也。○慶源輔氏曰：所謂聖人不使民知者，乃老氏愚民，莊子以智籠愚之説。朝三暮四，朝四暮三，詭譎不誠，聖人而肯爲是哉？使民家喻而户曉者，聖人之本心；不能使之知之，但能使之由之者，聖人之不得已也。○西山真氏曰：聖人之教，惟恐不能開明下民之心。如申、韓、斯、鞅之徒，所以治其國者專用愚黔首之術，不知民可欺以暫，不可欺以久，故卒以此亡，可不戒哉？

○子曰：「好勇疾貧，亂也。人而不仁，疾之已甚，亂也。」

好勇而不安分，去聲。**則必作亂；惡**去聲。**不仁之人而使之無所容，則必致亂：二者之心，善惡雖殊，然其生亂則一也。**程子曰：人而不仁，君子當教養之。不盡教養而惟疾之甚，必至於亂。○慶源輔氏曰：好勇者有果於作亂之資，而又不安分，是不知義也。所謂有勇而無義爲亂，此其亂在我。惡不仁，本善也。惡之過，當使其人無所容，事窮勢迫，彼將以不肖之心應之，肆其不仁之毒以求免，未有不激而生亂者。此其亂在人而致亂亦在我也。○雙峯饒氏曰：好勇而不疾貧，未必遽至於亂；疾貧而不好勇，亦不能爲亂。不仁之人，力能誅則誅之，不能誅而疾之至於無所容身，則致亂必矣。《大學》之屏諸四夷，是力能誅而誅之，如舜之誅四凶是也，何自而致亂乎？

○子曰：「如有周公之才之美，使驕且吝，其餘不足觀也已。」才美，謂智能技藝之美。驕，矜夸；吝，鄙嗇音色。也。朱子曰：誇人所無是驕，挾己所有是吝。○南軒張氏曰：古聖人才藝之多莫如周公，觀其自言多才多藝可見。故借以明之。○雲峯胡氏曰：本文「如」字、「使」字，皆假設之辭。○程子曰：「此甚言驕吝之不可也。蓋有周公之德，則自無驕吝；若但有周公之才而驕吝焉，亦不足觀矣。」慶源輔氏曰：德出於理，才出於氣。世固有優於德而短於才者，然德極其盛，則才亦無不足。若但有其才而無其德，則雖有智能技藝之美，必不能居廣居，立正位，行大道，爲向上一著事。○鄭氏曰：不言周公之德而言才美，蓋有德則必無驕吝，有才美則驕吝容或有之。又曰：「驕，氣盈；吝，氣歉。」苦忝反。愚謂驕吝雖有盈歉之殊，然其勢常相因。蓋驕者吝之枝葉，吝者驕之本根。故嘗驗之天下之人，未有驕而不吝，吝而不驕者也。朱子曰：聖人只是平說。有周公之才美而驕吝，連他才美壞了，況無周公之才美而驕吝者乎？甚言驕吝之不可也。程子所云「有德則自無驕吝」，與驕吝相因，又是發餘意。先說得正意分曉，然後說此方得。○問：「氣歉則不盈，盈則不歉，如何却云『使驕且吝』？」曰：如曉此文義，吝惜不肯與人說，便是要去驕人。非驕無所用其吝，非吝無以爲驕。驕者，吝之所發；吝者，驕之所藏。吝之所有，驕之所恃也。驕而不吝，無以保其驕；吝而不驕，無所用其吝。此盈於虛者所以歉於實，而歉於實者所以盈於虛也。○吝爲主。蓋吝其在我，則謂我有你無，便是要驕人。爲是要驕人，所以吝。○西山真氏曰：程子謂「驕，氣盈；吝，氣歉」，文公曰「驕者吝之枝葉，吝者驕之本根」，「未有驕而不吝，未有吝而不驕」。此一章更當熟思。盈與歉各是一病，文公乃以爲二者相因而生，又謂驕生於吝，何也？蓋吝者，氣不足也。惟其無浩然之氣，所以鄙陋局促，容受不得。内而德善未有少進，便自以爲有餘；外而勢位稍或高人，便有陵忽之意。俗諺所謂「器小易盈」，正此謂也。惟其小而吝，是以易盈而驕。使其有江河之量，無不容受，則雖德至於聖賢而不以爲足，位至於王公不以爲可矜。前章所謂「弘毅」，弘則規模廣大而不吝矣，不吝則不驕矣。正當參玩也。○胡氏曰：驕，張王；❶吝，收縮。姑以驕吝於財觀之。其所以閉藏，乃欲資以矜夸；其所以矜夸，即閉藏者爲之地也。根本、枝葉，相爲貫通。《集註》特發此義以示人，欲人知其病根而藥之。驕之證發於外，吝之病藏於内。發者易見，藏者難知。學者欲翦其枝葉，當先拔其本根也。

○子曰：「三年學，不至於穀，不易得也。」易，去聲。

穀，禄也。至，疑當作「志」。爲學之久而不求禄，如此之人不易得也。朱子曰：此處解不行，作志稍通耳。○慶源輔氏曰：後世之士，求禄之志皆在爲學之先，不然則不學矣。**○楊氏曰：「雖子張之賢，猶以干禄爲問，況其下者乎？然則三年學而不至於穀，宜不易得也。」**

○子曰：「篤信好學，守死善道。好，去聲。

篤，厚而力也。朱子曰：篤信，是信得深厚牢固；守死，只是以死守之。「善道」猶「工欲善其事」之

❶「王」，四庫本、孔本作「大」。

「善」，又如「善吾生」、「善吾死」之善，不壞了道也。**不篤信則不能好學。然篤信而不好學，則所信或非其正。不守死，則不能以善其道。然守死而不足以善其道，則亦徒死而已。蓋守死者，篤信之效；善道者，好學之功。**朱子曰：篤信乃能好學。亦有徒篤信而不能好學者，不好學以明理，愈篤信而愈不正，不可回矣。故篤信又須是好學。守死乃能善道。不能守死，臨利害又變了，則不能善道。然亦有守死而不足以善其道者，如荊軻、聶政之死，徒死而已。比干之死，方能善其道。若不善道，但知守死，也無益，故守死又須是善道。然雖曰篤信，而未能至死不變，則其信亦不篤矣。故能守死，方見篤信之效。雖曰好學而不能推以善道，則其學亦無用矣。故能善道，方見好學之功。能篤信好學，乃能守死善道。而篤信好學，又須要守死善道。數義錯綜，其義始備。此四者之所以更相爲用，而不可有一闕焉者也。○鄭氏曰：許行、陳相非不篤信，曰好學則未也；召忽、荀息非不守死，曰善道則非也。

「**危邦不入，亂邦不居。天下有道則見，無道則隱。**見，賢遍反。**君子見危授命，則仕危邦者無可去之義。在外則不入可也。亂邦未危，而刑政紀綱紊**音問。**矣，故潔其身而去之。**朱子曰：未仕、在外則不入，已仕、在內，見其紀綱亂，不能從吾之諫，則當去之。不早見幾而作，則亂必危亡，不可去矣。○齊氏曰：君子在危之外則不入，在亂之中則不居非徒以遠害也。去就不審以及於難，則其死也，亦死於愚而已，非死於義也。是故貧賤患難之中，君子貴於守死而亦不徒死。守死將以善其道也，徒死豈得爲善哉？**天下，舉一世而言。無道則隱其身而不**

見賢遍反。也。此惟篤信好學、守死善道者能之。朱子曰：有道不必待十分太平然後出，無道亦不必待十分大亂然後隱。有道如天將曉，雖未甚明，然自此只向明去，不可不出爲之用；無道如天將夜，雖未甚暗，然自此只向暗去，知其後來必不可支持，須見幾而作可也。○慶源輔氏曰：好學以善道，則見道明矣；篤信而守死，則信道篤矣。見道明，信道篤，必能審去就出處之宜。守常固必行其道，遇變亦必能守死以善其道也。○雙峯饒氏曰：危亂不入不居，尚有可入可居之邦。若天下無道，則無適而可，惟有隱而已。

「邦有道，貧且賤焉，恥也；邦無道，富且貴焉，恥也。」世治去聲。而無可行之道，世亂而無能守之節，碌碌音碌。庸人，不足以爲士矣，可恥之甚也。慶源輔氏曰：所貴於士者，爲其進而用則有可行之道，退而藏則有能守之節，故退不失己，進不失義。若咸無焉，則是碌碌庸人而不足以爲有亡矣。冒士之名而無士之實，豈不可恥之甚哉？○洪氏曰：邦無道而富貴固可恥，邦有道而貧賤，何足恥乎？蓋有道之邦必用有道之士，無可用之道，所以爲恥也。○晁氏曰：「有學有守，而去就之義潔，出處上聲。之分去聲。明，然後爲君子之全德也。」雙峯饒氏曰：邦有道而貧賤，是無學也；邦無道而富貴，是無守也。○勿軒熊氏曰：學者先須辯得篤信守死底心，又做得好學善道底事，然後於出處去就見得明，守得定，用之有可行，舍之有可藏也。篤信，是知之真；守死，是行之篤。○雲峯胡氏曰：首兩句雖四者相爲用，不可缺一。然《集註》曰「守死者篤信之效，善道者好學之功」，則第一句最重。蓋有學貴乎有守，然必有學然後能有守。學問之深者雖以之處死生之變可也，而况於去就之義、出處之分哉？危邦而入，亂邦而居；雖死不足以爲善。有道，無可見而貧賤；無道，不能隱而富貴：雖生而深爲可恥。此皆無學力者之所爲也。故夫子曰「信而好古」，曰「好古敏求」，曰「好學」，其教人獨於此拳拳焉。

〇子曰：「不在其位，不謀其政。」

程子曰：「不在其位，則不任其事也。若君大夫問而告者，則有矣。」新安陳氏曰：本文不過「思不出其位」之意。問而告，乃推廣餘意也。〇或問「不在其位，不謀其政」。朱子曰：此各有分限。田野之人，不得謀朝廷之政。身在此間，只得守此。〇夫子之言無上下之異，但爲不在此位，則不謀此政耳。自下而推，如士不可侵大夫之職，以至於天子不可過於天道，乃爲備耳。然不止此，又當知前後彼此之間各有分守，皆不可以相踰，乃爲大備而盡得聖人之意。〇慶源輔氏曰：不在其位而謀其政，不義而不可爲也；問而不以告，不仁而不可爲也。〇雙峯饒氏曰：此章本意只當自下而上。不在大夫之位，則不謀大夫之政。不在公卿之位亦然。范氏又自上而下，以爲天子不可治三公之職，三公不可爲卿大夫之事，乃是推説。蓋經筵告君之語也。若又從而旁推之，則左不可侵右，右不可侵左。雖同寮亦有分守。聖人之言，無所不包，故可推而無適不通也。

〇子曰：「師摯之始，《關雎》之亂，洋洋乎盈耳哉！」摯，音至。雎，七余反。

師摯，魯樂師，名摯也。亂，樂之卒章也。《史記》曰：「《關雎》之亂，以爲風始。」洋洋，美盛意。孔子自衛反魯而正樂，適師摯在官之初，故樂之美盛如此。程子曰：「洋洋盈耳」，美也。孔子反魯，樂正，《雅》、《頌》各得其所。其後自太師而下入河蹈海，由樂正，魯不用而放棄之也。○或問：「《關雎》之亂，何謂樂之卒章？」朱子曰：自「關關雎鳩」至「鐘鼓樂之」，皆是亂。想其初必是已作樂，只無此詞。到此處便是亂。○《楚辭》註曰：「亂者，樂節之名。」《國語》云：「以《那》爲首。其輯之亂曰：『自古在昔。』」輯，成也。凡篇章既成，撮其大要以爲亂辭。《樂記》曰：「既奏以文，又亂以武。」古賦「亂曰」，皆卒章也。○師古曰：古賦末有亂。亂，理也。總理一賦之終。○南軒張氏曰：聖人自衛反魯，然後樂正，《雅》、《頌》各得其所。師摯實傳其聲音者也。○新安陳氏曰：據《國語》，則當以《關雎》之末章爲亂。以夫子之聖而正樂，以師摯之賢而任樂，故一時音樂美盛如此。自師摯適齊，繼者皆不能及，所以追思而歎美之。《論語》言魯樂者四章：「語魯大師樂」在先，「自衛反魯」次之，「摯適齊」又次之，此章其最後歟？

○子曰：「狂而不直，侗而不愿，悾悾而不信，吾不知之矣。」侗音通。悾音空。

侗，無知貌。愿，謹厚也。悾悾，無能貌。吾不知之者，甚絶之之辭，亦不屑之教誨也。朱子曰：狂，是好高大，便要做聖賢，宜直。侗，是愚模樣，不解事底人，宜謹愿。悾悾，是拙模樣，無能爲底人，宜信。今皆不然，夫子所以絶之。○慶源輔氏曰：狂者多率直，無知者多謹厚，無能者不解作爲。今乃不然，非常理也。事出非常，則非聖人之所知。此雖是甚絶之之辭，然天地無棄物，聖人無棄人，故又知其爲不屑之教誨也。○新安陳氏曰：狂、侗、悾悾者，氣稟之偏蔽；不直、不愿、不信者，氣習之不美。既拘於氣稟，而氣習又不美如此，真棄才矣。雖曰甚絶之之辭，使其知爲聖人所絶而改焉，則不屑之教誨，是亦教誨之也。○**蘇氏曰：「天之生物，氣質不齊，其中材以下有是德則有是病，有是病必有是德。**新安陳氏曰：此「有是病必有是德」之譬也。**其不善者必馴。**新安陳氏曰：不善走者必馴熟，此「有是德則有是病」之譬也。**故馬之蹄齧**倪結反。**者必善走，有是病而無是德，則天下之棄才也。」**慶源輔氏曰：氣質不齊，中才以上有德而無病，信矣；中才以下有是德必有是病，有是病必有是德，猶可取也；若有是病而無是德，則下之下者，棄才也。以是三者品量天下之才，無餘蘊矣。○潛室陳氏曰：狂者只是說大話，立大論底人，這是狂人。凡心下有事都説出在外，亦無遮蔽，但直行將去也好。今有狂人者，都恁地說大話、立大論，至於到利處，但知有己，反以義責人却不直。侗者凡事只是恁地謹愿，不敢妄動也好。而今侗者却不愿，要妄動。悾悾者，無能爲底人，都一向恁地朴厚也好。而今無能爲底人，也都會用許多詭詐。狂、侗、悾悾，這是得之於氣如此；至於不直、不愿、不信，都却習得如此。有是病而無是德，也是天下之棄人。

○**子曰：「學如不及，猶恐失之。」**

言人之爲學，既如有所不及矣，而其心猶竦荀勇反。**然惟恐其或失之。警學者當如是也。**

朱子曰：「學如不及，猶恐失之。」如今學者却恁地慢了。譬如捉賊相似，須是著氣力精神，千方百計去趕捉他。如此，猶恐不獲。今却只在此安坐熟視他，不管他，如何奈得他何？○新安陳氏曰：爲學之道，當如湯之檢身若不及，成王之夙夜不逮，常如有所不及，然此心尚恐其或失之。苟自謂已至，失之也必矣。一說也。又一說：如追逐然。既如不及矣，尚恐果不能及而竟失之。又一說：如撐上水船之追前船，不可少緩，既如不及而不能前進，又恐失之而反退流也。學貴日新，無中立之理。不日進者必日退。「如不及」者，如不能日進也；「猶恐失之」者，恐其反日退也。○程子曰：「學如不及，猶恐失之，不得放過。才説姑待明日，便不可也。」新安陳氏曰：即是「莫謂今日不學有來日」之意。○朱子曰：此君子所以孳孳焉愛日不倦而競尺寸之陰也。○陳氏曰：此章大意説爲學用工如此之急。程子「不得放過」，又發明「恐失」之義。才放過待明日，便緩，便「失」了。

○子曰：「巍巍乎，舜禹之有天下也而不與焉！」與，去聲。巍巍，高大之貌。不與，猶言不相關。言其不以位爲樂音洛。也。朱子曰：與天下不相關，如不曾有這天下相似。今人纔富貴，便被他勾惹。此是爲物所役，是自卑了。若舜禹直是高，所謂「首出庶物」，故夫子稱其「巍巍」。○問：「舜禹有天下而不與，莫是物各付物，順天之道否？」曰：據本文説，只是崇高富貴不入其心，雖有天下而不與耳。巍巍是至高底意思。大凡人有得些小物事，便覺累其心。今富有天下，一似不曾有相似，豈不是高？○新安陳氏曰：舜禹不以天下動其心，於「不與」上見其「巍巍」。

○子曰：「大哉，堯之爲君也！巍巍乎唯天爲大，唯堯則之，蕩蕩乎民無能名焉。唯，猶「獨」也。則，猶「準」也。蕩蕩，廣遠之稱也。言物之高大莫有過於天者，而獨堯之德能與之準。故其德之廣遠亦如天之不可以言語形容也。朱子曰：「惟天爲大，唯堯則之」，只是尊堯之詞。不必謂堯獨能如此，而他聖人不與也。○雙峯饒氏曰：天之巍巍，以形體言；堯則之，以德言。「則」乃準則，非法則也。「準」如「易與天地準」，言與天地平等也。天如此大，堯德亦如此大，與之平等。若言法天，特賢君之事耳。

「巍巍乎其有成功也，焕乎其有文章！」

成功，事業也。新安陳氏曰：上文「巍巍」言天之高，此「巍巍」言堯功業之高。焕，光明之貌。文章，禮樂法度也。堯之德不可名，其可見者此爾。新安陳氏曰：「此」字指成功與文章而言。堯德之與天同高大者不可得而名，其功業文章猶可得而見；功業文章之可見者，皆其德之不可名者之所發見呈露也。○尹氏曰：「天道之大，無爲而成。唯堯則之以治天下，新安陳氏曰：此似「以爲法則」之「則」，朱子想以末二句取之。故民無得而名焉。所可名者，其功業文章巍然焕然而已。」雲峯胡氏曰：天之德，難名也，所可見者，其四時生成之功、日月星辰之文耳。聖人與天地一也。

○舜有臣五人而天下治。治，去聲。

五人，禹、稷、契、私列反。皐陶、音遥。伯益。勿軒熊氏曰：按《虞書》：命禹宅百揆，禹讓稷、契、皐陶。禹治水，益稷爲有功。舜欲讓位於皐陶，禹欲讓位於益。則功德之著可知矣。○新安陳氏曰：虞廷之臣，五人其尤也。

武王曰：「予有亂臣十人。」

《書·泰誓》之辭。馬氏曰：亂，治也。慶源輔氏曰：《荀子》云：「治亂謂之亂，猶治污謂之污也。」

則「亂」之訓「治」久矣。**十人，謂周公旦、召**實照反。**公奭、**施隻反。**太公望、畢公、榮公、太顛、閎夭、**於沼反。**散**上聲。**宜生、南宮适，其一人謂文母。**新安陳氏曰：此馬融説。文德之母，文王妃大姒也。《雎》詩曰：「亦右文母。」**劉侍讀以爲子無臣母之義，蓋邑姜也。**武王后，太公女。**九人治外，邑姜治内。**南軒張氏曰：邑姜，亦婦人之有聖德者。**或曰：「亂」本作「乿」，古「治」字也。**

孔子曰：「『才難』，不其然乎？唐虞之際，於斯爲盛。有婦人焉，九人而已。

稱「孔子」者，上係武王君臣之際，記者謹之。才難，蓋古語，而孔子然之也。才者，德之用也。西山真氏曰：聖賢言才有與德合言者，「才子」、「才難」是也；有與德分言者，「有才而驕吝」、「小有才而未聞大道」是也。「才子」，以「齊聖廣淵」、「忠肅恭懿」之德言，與此「才難」即德也。然不曰「德」而曰「才」者，德專以本體言，才兼以著於用者言。「才子」、「才難」之才，體用兼全者也。若與德分言，則所謂「才」者專指智能技藝耳。才本於德，雖才未備，不害爲君子；才不本之於德，雖其才可喜，不免爲小人。**唐虞，堯舜有天下之號。**厚齋馮氏曰：堯以唐侯升爲天子。虞，河東太行山西地，舜居之以爲氏，堯封之虞爲諸侯。後升帝位，遂以爲號。**際，交會之間。言周室人才之多，惟唐虞之際乃盛於此。**問：「《集註》此句，恐將『舜有臣五人』一句閑了。」朱子曰：寧將上一句存在這裏。若從元註説，則是「亂臣十人」却多於前，「於今爲盛」却是舜臣五人，不得如後來之盛。○新安陳氏曰：舜即位初，九官多堯舊臣，可見唐虞交會間人才之盛。**降自夏、商，皆不能及。**新安陳氏曰：《集註》補此八字，方解得去。此處必有缺誤。看「三分有二」一節，突起無頭，缺文可見。**然猶但有此數人爾，是才之難得也。**慶源輔氏曰：詳味夫子之言，便使人有敬重愛惜人才之意。○新安陳氏曰：此言人才難得，自古而然。堯、舜以聖聖繼作，而後禹、臯之徒，聖賢之才出焉；文、武亦以聖聖繼作，而後周、召之徒，聖賢之才出焉。此天地間真元會合之運，亘古而僅兩見者也。五人反以爲盛者，即晉「三卿爲主，可謂衆矣」之意。況唐虞人才之尤者五人，豈五人之外無人乎？

「三分天下有其二，以服事殷。周之德，其可謂至德也已矣！」

《春秋傳》曰：「文王率商之畔國以事紂。」蓋天下歸文王者六州：荊、梁、雍、去聲。**豫、徐、揚也。惟青、兖、冀尚屬紂耳。**勿軒熊氏曰：雍，今陝西諸路。后稷、公劉居豳，大王遷岐，文王都豐，武王都鎬京，皆雍州境。《詩》有江、沱、漢廣，則荊、梁州境。殷都朝歌，衛地，則兖、冀固在畿内。青在冀之東，屬紂可知。若徐、揚則未有考。**范氏曰：「文王之德足以代商。天與之，人歸之，乃不取而服事焉，所以爲至德也。孔子因武王之言而及文王之德，且與泰伯皆以『至德』稱之，其指微矣。」**朱子曰：孔子稱「至德」只二人，皆可爲而不爲者也。○問：「三分天下有其二，以服事商。使文王更在十三四年，將終事紂乎？抑爲武王牧野之舉乎？」曰：看文王亦不是安坐不做事底人。如《詩》中言：「文王受命，有此武功。既伐于崇，作邑于豐。文王烝哉！」武功皆是文王做來。《詩》載武王武功却少，但卒其伐功耳。觀文王一時氣勢如此，度必不終竟休了。○又曰：文王之事紂，惟知以臣事君而已，都不見其他，茲其所以爲至德也。若謂三分天下紂尚有其一，未忍輕去臣位，以商之先王德澤未忘，曆數未終，紂惡未甚，聖人若之何而取之？則是文王之事紂，非其本心，蓋有不得已焉耳。若是，則安得謂之至德哉？至於武王之伐紂，觀政于商，亦豈有取之之心？而紂「罔有悛心」，武王灼見天命人心之歸己也，不得不順而應之，故曰「予弗順天，厥罪惟均」。以此觀之，足見武王之伐紂，順乎天而應乎人，無可疑矣。○厚齋馮氏曰：不曰「文王之德」而曰「周之德」，以對殷而言也。○新安陳氏曰：泰伯不從翦商，文王三分有二而事商，其於名分之際嚴矣。宜夫子皆以「至德」稱之。范氏謂「其指微矣」，微指，得非專爲名分言歟？以泰伯、文王爲至德，以武爲未盡善，非微指歟？**或曰：宜斷**音短。**「三分」以下別以「孔子曰」起之而自爲一章。**

○子曰：「禹，吾無間然矣。菲飲食而致孝乎鬼神，惡衣服而致美乎黻冕，卑宮室而盡力乎溝洫。禹，吾無間然矣！」間，去聲。菲音匪。黻音弗。洫，呼域反。

間，罅虛訝反。**隙也。謂指其罅隙而非議之也。菲，薄也。致孝鬼神，謂享祀豐潔。**新安陳氏曰：《書》云「奉先思孝」，此云「致孝」，必廟焉而人鬼享之鬼神。**衣服，常服。黻，蔽膝也，以韋爲之。**朱子曰：韋，熟皮也。祭服謂之黻，朝服謂之韠。○厚齋馮氏曰：黻，其色皆赤。尊卑以深淺爲異：天子純朱，諸侯黃朱，大夫赤。**冕，冠也。**胡氏曰：冕，冠上板，前低後高，因俛以得名。**皆祭服**

也。**溝洫，田間水道，以正疆界備旱潦**音老。**者也。**或問溝洫之制。朱子曰：見於《周禮》遂人、匠人之職詳矣。蓋禹既平水患，又治田間之水，使無水患之災。所謂「濬畎澮距川」是也。○胡氏曰：《匠人》職云：「九夫爲井，井間有溝。十里爲成，成間有洫。洫深、廣皆八尺，溝半之。」夏制當不異也。既用以定經界，又旱則瀦水，潦則泄水也。**或豐或儉，各適其宜，所以無罅隙之可議也。故再言以深美之。○楊氏曰：「薄於自奉，而所勤者民之事，所致飾者宗廟朝**音潮。**廷之禮，所謂『有天下而不與』**音預。**也。夫**音扶。**何間然之有？」**胡氏曰：禹之自奉常薄，而宗廟朝廷之禮、百姓衣食之源，則未嘗不盡心。所以不容於非議也。○雲峯胡氏曰：舜稱禹「克儉」，於此見之。授禹以「執中」，亦於此見其能行之。《集註》以爲「或豐或儉，各適其宜」，即各適其中也。若能儉而不能豐，則墨氏之儉，非中矣。○新安陳氏曰：禹素履儉勤，不以位爲樂，「有天下而不與」之實也。

論語集註大全卷之九

子罕第九

凡三十章。

子罕言利與命與仁。

罕，少也。程子曰：「計利則害義，命之理微，仁之道大：皆夫子所罕言也。」龜山楊氏曰：夫子對問仁多矣。曰「罕言」者，蓋言求仁之方而已，仁之本體則未嘗言。○朱子曰：「罕言」者，不是不言，特罕言之耳。罕言利者，蓋凡做事只循這道理做去，利自在其中矣。如「利涉大川」、「利用行師」，聖人豈不言利？但所以罕言者，正恐人求之則害義矣。○命只是一箇命。有以理言者，有以氣言者。天之所以賦與人者，是理也；人之所以壽夭窮通者，是氣也。理精微而難言，氣數又不可盡委之，而至於廢人事，故聖人罕言之也。仁之理至大，數言之，不惟使人躐等，亦使人有玩之之心。蓋舉口便說仁，人便自不把當事了。○問：「竊謂『夫子罕言』者，乃『放於利而行』之利。若『利用出入』，乃義之所安處。」曰：「利用出入」之利，亦不可去尋討。尋討著，便是「放於利」之利。如言「利物足以和義」，只云「利物」，不言「自利」。又曰：只「元亨利貞」之利，亦不可計較。計較著即害義。爲義之人，只知有義而已，不知利之爲利。○勿軒熊氏曰：《易》六十四卦皆言「利」，尤詳於「性命」之原。「罕言」者，非與門人常言之道。○慶源輔氏曰：義者，天理之公也；利者，人欲之私也。天理人欲不兩立，計於彼則害於此矣。○「命」乃天之所賦予萬物者。以理言之，則聲臭俱無；以氣言之，則雜糅難辨。是其理爲甚微。「仁」乃五性之首，所以包乎四德而無物不體。是其道爲甚大。理之微，則人有所難識。知未及而驟語之，則反滋其惑，且使之棄人事而不脩。道之大，則人有所難盡。德未至而强語之，則反起其妄，且或使之忽庸行而不謹。此夫子所以罕言。○雙峯饒氏曰：夫子有常言者，「《詩》、《書》執禮」是也；有不言者，「怪力亂神」是也；有罕言者，利、命、仁是也。無非教人者，故門人皆謹記之。○新安陳氏曰：《集註》言「命之理微」，則此「命」字以理言。「罕言利」者，防學者趨乎此；罕言命與仁，以學者未易及此也。既慮學者没溺於利欲之卑汙，又慮學者躐等於命與仁之精微弘大，其爲慮遠矣！

○達巷黨人曰：「大哉孔子，博學而無所成名！」

達巷，黨名，其人姓名不傳。博學而無所成名，蓋美其學之博，而惜其不成一藝之名也。

節齋陳氏曰：孟康註《董仲舒傳》「達巷黨人」，乃項槖。○雙峯饒氏曰：黨人見聖人無所不知不能，遂以此爲聖人之大，不知聖人所大，在於道全德備耳。

子聞之，謂門弟子曰：「吾何執？執御乎，執射乎？吾執御矣。」

執，專執也。射、御皆一藝，而御爲人僕，所執尤卑。言欲使我何所執以成名乎？然則吾將執御矣。聞人譽平聲。己，承之以謙也。○尹氏曰：「聖人道全而德備，不可以偏長目之也。達巷黨人見孔子之大，意其所學者博，而惜其不以一善得名於世，蓋慕聖人而不知者也。故孔子曰：『欲使我何所執而得爲名乎？然則吾將執御矣。』」雙峯饒氏曰：六藝，禮、樂爲大，夫子只説射、御。射、御，藝之卑者，御又最卑。○朱子曰：達巷黨人本不知孔子，但歎美其博學而惜其無所成名，謂不以一善得名也。此言至爲淺近。然自察邇言者觀之，則於此便見聖人道德純備，不可以一善名。「愚夫愚婦可以與知」，而其所以然者，「聖人有所不知」。故孔子不欲以黨人所稱者自居，而曰必欲使我有所執而成名，則吾將執御矣。○南軒張氏曰：達巷黨人大孔子之博學，而疑其不能以偏成也。夫豈知本末精粗一以貫之之道哉？故夫子但舉一藝自居，而又於藝之中復居其次者，以見夫道之無乎不在。○厚齋馮氏曰：執射成名，王良、造父是也。大凡專於一善，精於一業者，乃能成名。如信人、善人、惠人，則其善專故也；如稷之穡、羿之射、秋之奕，則其業精故也。學之博雖各極其專且精，不可得以一事名矣。無所成名，乃夫子之所以爲大，而黨人不悟也。堯之民無能名，此堯之所以爲大也歟！○新安陳氏曰：惟道全德備，故不可以一善名。使可以一善名，則所長止於此，不足以爲大矣。黨人惜聖人之大而不以一善得名，豈知聖人之所以爲大，正在於不可以一善名歟！

○子曰：「麻冕，禮也。今也純儉，吾從衆。

麻冕，緇莊持反。布冠也。純，絲也。儉謂省約。緇布冠以三十升布爲之，升八十縷，隴主反。則其經二千四百縷矣。細密難成，不如用絲之省約。朱子曰：八十縷爲升，古尺一幅只闊二尺二寸。如深衣用十五升布，已似如今極細絹一般。這處又曉未得。古尺又短於今尺，若盡一千二百縷，須是一幅闊不止二尺二寸方得。○胡氏曰：麻，績麻爲布；冕，冠上板也。謂之緇布冠者，染布爲赤黑色也。冠者，首服之總名；冕者，冠中之别號。禮，朝服十五升，冠倍之。鄭註：「八十縷爲升，『升』字當爲『登』，登，成也。」○雙峯饒氏曰：《前漢書·食貨志》：「周布幅廣二尺二寸。」程子言古尺當今五寸五分弱，如此則二尺二寸，只是今一尺二寸爾。却用二千四百縷爲經，是一寸布用二百經也。其細密難成可知。

「拜下，禮也。今拜乎上，泰也，雖違衆，吾從下。」

臣與君行禮，當拜於堂下。君辭之，乃升成拜。泰，驕慢也。慶源輔氏曰：按燕禮，君燕卿大夫禮也，「公坐取大夫所酳觶興以酧。賓降西階下再拜稽首。公命小臣辭，賓升成拜」。鄭註：「升成拜，復再拜稽首也。」又《覲禮》：天子賜侯氏以車服。侯氏拜賜，禮亦如之。○雙峯饒氏曰：先已拜於堂下而君辭之，則是不曾受其拜，故升堂再拜以成之。孔子時，君弱臣强，徑自拜於堂上，故孔子云然。人以爲諂，想是此類。**○程子曰：「君子處**上聲。**世，事之無害於義者，從俗可也；害於義，則不可從也。」**范氏曰：衆人之所爲，君子酌焉，或從或違，唯其是而已。以衆爲公義而舉從之，非也；以衆爲流俗而舉違之，非也。聖人之道若權衡，輕重不可以銖兩欺。故純儉雖不及禮而可從。拜上則虧君臣之義，雖舉世而行之，亦不可從也。○尹氏曰：聖人處世可見於此。蓋非有意於從違，合乎義而已。○慶源輔氏曰：君子之於世俗，或從或違，無適無莫，一於義而已。以是而違俗，則人亦不得以爲異也。○

趙氏曰：制度節文之細，猶可以隨時。至於繫乎三綱五常者，萬世而不容易。○雙峯饒氏曰：此聖人處事之權衡，所謂「君子以同而異」。○新安陳氏曰：程子欲學者凡處世事，皆當以義裁之，以此爲例，而推其餘也。

○子絕四：毋意，毋必，毋固，毋我。

絕，無之盡者。毋，《史記》作「無」是也。意，私意也。程子曰：意是發動處。意發而當，即是理也；發而不當，是私意也。問：「聖人莫是任理而不任意否？」曰：是。○胡氏曰：理本於天，意出於己。《大學》以「誠意」爲言，蓋好善惡惡一有不實，則所謂「意」者爲私意。意不可以孤行，必根於理而後可。此獨以「意」言，即私心之發也。**必，期必也。固，執滯也。我，私己也。四者相爲終始，**趙氏曰：四者分之，則各爲一事；合之，則相爲終始。**起於意，遂於必，**遂，謂將成而勢不容已。**留於固，而成於我也。蓋意、必常在事前，固、我常在事後。**胡氏曰：意、必在方有作爲之先，故曰事前；固、我在已有作爲之後，故曰事後。**至於我又生意，則物欲牽引，循環不窮矣。**華陽范氏曰：私意動於內而係於事，則有必；必則守而不移，故有固；固則不能忘己，故有我。是三者皆出於意，故意爲之先。○問：「意如何毋得？」朱子曰：凡事順理，則意自正。毋意者，主理而言。不順理，則只是自家私意。○問「意必固我」。曰：「意」是初創如此。有私意，便到那「必」處。必便到「固」滯不通處。固便到有「我」之私處。○凡人做事必先起意，不問理之是非，必期欲事成而已。事既成，是非得失已定，又復執滯不化，是之謂「固」。三者只成就得一箇「我」。及至我之根源愈大，少間三者又從這裏生出。意又生必，必又生固，固又歸宿於我。○必者迎之於前，固者滯之於後；意是爲惡先鋒，我是爲惡成就。此四字，如元亨利貞循環不已。但元亨利貞是好事，此是不好事。貞是好底成就，我是惡底成就。○「無意」者，渾然天理，不任私意；「無必」者，隨事順理，不先期必也；「無固」者，過而不留，無所凝滯也；「無我」者，大同於物，不私一身也。四者始於「意」而行於「必」，留於「固」而成於「我」。「必」之時淺，「固」之時長。「意」是始，「我」是終，「固」、「必」在中間，一節重似一節也。○黄氏曰：即事而言，❶其別有四。以心而論，其本則一。天理流行，廓然大公，物各付物，泊然順應，此心如鑑空水止，而一毫之繫累無所容焉。此其所以自始至終而絶無四者之病也。○新安陳氏曰：《集註》「四者相爲終始」以下，乃以常人之私欲細分之，有此四者相爲終始。又平分之作兩截，判以事前事後。又翻轉説終而復始，如元而亨、利、貞，貞下又起元。有三節意。皆説常人之累於私如此，非謂夫子之心無私，亦有此三件節數也。聖人之心惟純乎大公而渾然一無私耳。細察之則皆無常人此四者之累也。**○程子曰：「此『毋』字非禁止之辭。聖人絶此四者，何用禁止？」張子曰：「四者有一焉，則與天地不相似。」**新安陳氏曰：天地大公而已。四者才有一，則累於私小，無復大公氣象，何由與天地相似？○問：「横渠説略有疑。」朱子曰：人之爲事，亦有其初未必出於私意，而後來不能化去者。若謂絶私意，則四者皆無。則曰「子絶一」便得，何用更言「絶四」？以此知四者又各是一疵也。○雲峯胡氏曰：心兮本虚。聖人絶此四

❶「事」，原作「是」，今據四庫本、孔本、陸本及《輯釋》改。

者，亦不失其本虛之心而已。意似微雲點翳，我則昏霾之甚矣。大虛中本無一物，聖人此心渾是天理，亦無一物也。楊氏曰：「非知去聲。足以知聖人，詳視而默識之，不足以記此。」

○子畏於匡，

畏者，有戒心之謂。新安陳氏曰：恐人誤以畏爲怵迫懼死，故本《孟子》「予有戒心」訓之。匡，地名。《史記》云：陽虎曾暴於匡，夫子貌似陽虎，故匡人圍之。厚齋馮氏曰：匡，宋邑。陽虎曾暴於匡，夫子弟子顏尅時與虎俱。夫子適陳過匡，顏尅御，匡人識尅，夫子貌又似虎，匡人以兵圍之五日，弟子懼，故子曰如下所云。

曰：「文王既没，文不在兹乎？

道之顯者謂之「文」，蓋禮樂制度之謂。新安陳氏曰：道者，禮樂制度之本；禮樂制度者，道之寓。道無形體，顯設於文而後乃可見爾。不曰「道」而曰「文」，亦謙辭也。兹，此也，孔子自謂。

「天之將喪斯文也，後死者不得與於斯文也；天之未喪斯文也，匡人其如予何？」喪、與，皆去聲。

馬氏曰：「文王既没，故孔子自謂『後死者』。言天若欲喪此文，則必不使我得與於此文；今我既得與於此文，則是天未欲喪此文也。」天既未欲喪此文，則匡人其奈我何？言必不能違天害己也。程子曰：於「天之將喪斯文」下便言「後死者不得與於斯文」，則是文之興喪在孔子，與天爲一矣。蓋聖人德盛，與天爲一，出此等語自不覺耳。○朱子曰：後死者，是對上文「文王」言之，如曰「未亡人」之類，此孔子自謂也。與「天生德於予」意思一般。斯文既在孔子，孔子便做著天在。○南軒張氏曰：文也者，所以述是道而有傳也。文王既没，聖人以斯文爲己任也。己之在與亡，斯文之喪與未喪係焉。是二者，豈人之能爲哉？天也。不曰「喪己」而曰「喪斯文」，蓋己之身即斯文之所在也。○雙峯饒氏曰：天生聖人以任斯道，達則爲天地立心、爲生民立命，窮則繼往聖、開來學，天意如此，人安能違天而害之？有夫子之德，有夫子之道，而後可以如夫子之自任，否則妄也。○雲峯胡氏曰：「文不在茲」之文，即文王之所以爲「文」也。文王接堯、舜、禹、湯之統，夫子接文王之統，皆天也。紂能囚文王，不能違天而害文王；匡人能圍夫子，不能違天而害夫子。

○大宰問於子貢曰：「夫子聖者與？何其多能也！」大音泰。與，平聲。

孔氏曰：「大宰，官名。或吳或宋，未可知也。」與者，疑辭。大宰蓋以多能爲聖也。杜氏曰：按春秋之時，以「大宰」名官者，惟吳、宋與魯耳。吳有大宰嚭。宋有大宰華督，事殤公，其後几世至平公，乃以向帶爲大宰。平公即位之歲，距孔子過宋，歷二公八十餘年，其間或廢或否雖未可知，然《左氏》及《史記》亦不復載，不可考也。況孔子過宋時，遭桓司馬之厄，遂微服而去，豈復有問子貢者歟？疑此大宰即吳嚭也。吳與魯會繒，嚭召季康子，康子使子貢往焉。則此當是吳大宰，而亦當在此年也。魯自公子翬請於隱公，欲殺桓以求大宰。其後不復見。

子貢曰：「固天縱之將聖，又多能也。」

縱，猶「肆」也。言不爲限量去聲。**也。將，殆也。謙若不敢知之辭。**朱子曰：天放縱他作聖得恁地，不去限量他。問：「愚不肖是天限之乎？」曰：也是天限量他一般。如這道理，聖人知得盡。愚不肖要增進一分不得，拘定在這裏。殆，庶幾也。如而今說「將次」。**聖無不通，多能乃其餘事，故言又以兼之。**

子聞之曰：「大宰知我乎！吾少也賤，故多能鄙事。君子多乎哉？不多也。」

言由少賤，故多能，而所能者鄙事爾，朱子曰：鄙事，如釣弋獵較之類。**非以聖而無不通也。且多能非所以率人，故又言君子不必多能以曉之。**朱子嘗問學者曰：大宰云：「夫子聖者歟？何其多能也！」是以多能爲聖也。子貢對以夫子「固天縱之將聖，又多能也」。是以多能爲聖人餘事也。子曰：「吾少也賤，故多能鄙事，君子多乎哉？不多也。」是以聖爲不在於多能也三者之說不同，諸君且道誰說得聖人地位著。諸生多主夫子之言。曰：大宰以多能爲聖固不是，若要形容聖人地位，則子貢之言爲盡。蓋聖主於德，固不在多能，然聖人未有不多能者，夫子以多能不可以律人，故言君子不多，尚德而不尚藝之意。而其實聖人未嘗不多能也。○又曰：「大宰知我乎」以下，煞有曲折意思。聖人不直謂大宰不足以知我，只說大宰也知我，這便見聖人待人恁地温厚。○南軒張氏曰：多能雖不害其爲君子，然爲君子不在乎多能。○慶源輔氏曰：若以多能率人，則人將徇末而忘本，尚才而不務德，卒無以入聖賢之域矣。

牢曰：「子云：『吾不試，故藝。』」

牢，孔子弟子。姓琴，字子開。一字子張。衛人。試，用也。言由不爲世用，故得以習於藝而通之。○吴氏曰：「弟子記夫子此言之時，子牢因言昔之所聞有如此者，其意相近，故并記之。」問「吾不試，故藝」。朱子曰：想見聖人事事會，但不見用，所以人只見小小技藝。若使其得用，便做出大功業來，不復有小小技藝之可見矣。○新安陳氏曰：多能亦聖德無不通之驗。大宰認多能爲聖，知其末不知其本也；子貢謂聖而又多能，知其由本而該末也；孔子自言，與琴牢所聞，皆謙辭耳。

○子曰：「吾有知乎哉？無知也。有鄙夫問於我，空空如也，我叩其兩端而竭焉。」叩音口。

孔子謙言己無知識。但其告人，雖於至愚不敢不盡耳。叩，發動也。趙氏曰：叩，乃叩擊，有發動之意。兩端，猶言「兩頭」。言終始本末，上下精粗，無所不盡。朱子曰：兩端，就一事而言，説這淺近道理，那箇深遠道理也便在這裏。「吾有知乎哉，無知也」，此聖人謙辭。凡聖人謙辭未有無因而發者，這上面必有説話，門人想記不全，須求這意始得。如達巷黨人稱譽孔子博學而無所成名，聖人乃曰吾執御矣，皆是因人譽己，聖人方承之以謙。此處想必是人稱道聖人無所不知，誨人不倦，有這般意思，聖人方道是我無知識，亦不是誨人不倦，但鄙夫來問，我則盡情向他説。若不如此，聖人何故自恁地謙？自今觀之，人無故説謙話，便似要人知模樣。○慶源輔氏曰：「終始」以事言，「本末」以物言；「上下」以道器言，「精粗」以事理言。必如是而後該括得盡。夫子之告人，必發動其兩端而盡告之。○新安陳氏曰：聖人雖謙言己無所知，然教人而竭盡其理如此，非上智周知之者不能也。○程子曰：「聖人之教人，俯就之若此，猶恐衆人以爲高遠而不親也。聖人之道必降而自卑，不如此則人不親；賢人之言則引而自高，不如此則道不尊。觀於孔子、孟子可見矣。」朱子曰：聖人極其高大，人自難企及，若更不俯就，則人愈畏憚而不敢進；賢人有未熟處，人未甚信服，若不引而自高，則人將必以爲淺近不足爲。不是要人尊己，蓋使人知斯道之大，庶幾竦動著力去做。孔子嘗言「如有用我者，期月而已可也」，又言「吾其爲東周乎」，只作平常閑說。孟子言「如欲平治天下，當今之世舍我其誰」，便説得廣，是勢不得不如此。尹氏曰：「聖人之言，上下兼盡。即其近，衆人皆可與音預。知；極其至，則雖聖人亦無以加焉。是之謂『兩端』。如答樊遲之問仁智，兩端竭盡無餘蘊委粉、於問二反。❶矣。雙峯饒氏曰：如答樊遲問仁智，只是眼前事；子夏推之，則舜、湯之治亦不過此。故於兩端爲竭焉。若夫音扶。語上而遺下，語理而遺物，則豈聖人之言哉？」慶源輔氏曰：程子論佛氏之學，如管中窺天，只見上去，不見四旁，是「語上而遺下」也。又曰：言爲無不周徧，實則外於倫理者，是「語理而遺物」也。○問：「『執兩端』與『竭兩端』如何？」朱子曰：兩端也只一般，猶言「頭尾」也。執兩端，方識得一箇中；竭兩端，言徹頭徹尾都盡也。問：「只此是一言而盡這道理如何？」曰：有一言而盡者，有數言而盡者。如樊遲問仁，曰「愛人」，問知，曰「知人」，此雖一言而盡，推而遠之，亦無不盡。如子路「正名」之論，直説到「無所措手足」。如子路問政、哀公問政，皆累言而盡。但只聖人之言，上下本末，始終小大，無不兼舉。○雲峯胡氏曰：大舜是取人之言，「執」其兩端而用其一；夫子是

❶「二」，原作「一」，今據四庫本、孔本、陸本及《輯釋》改。

教人之言，「竭」其兩端而未嘗遺其一也。

○子曰：「鳳鳥不至，河不出圖，吾已矣夫！」夫音扶。鳳，靈鳥。舜時來儀，文王時鳴於岐山。河圖，河中龍馬負圖，伏羲時出。皆聖王之瑞也。已，止也。○張子曰：「鳳至圖出，文明之祥。伏羲、舜、文之瑞不至，則夫子之文章知其已矣。」南軒張氏曰：鳳至圖出，蓋治世之徵也。聖人歎明王之不興，而道之終不行耳。○慶源輔氏曰：聖人之道行，則文章著見於外，禮樂制度之類也。故鳳至圖出，以兆文明之祥。鳳以其文采，圖以其卦畫。文明之祥不至，則夫子之道不行，故知其文章已矣。○新安陳氏曰：吾道文明，必有其應。鳳至圖出，文明祥瑞之應也。夫子有其德無其時，鳳不至，圖不出，天未欲聖道之行可知矣。夫子所以深歎也。麟出似矣而踣焉，《春秋》所以作也。斯歎也，其在獲麟之前乎？

○子見齊衰者、冕衣裳者，與瞽者，見之，雖少必作；過之，必趨。齊音咨。衰，七雷反。少，去聲。齊衰，喪服。邢氏曰：言齊衰，則斬衰從可知也。冕，冠也。衣，上服；裳，下服。冕而衣裳，貴者之盛服也。《禮·玉藻》曰：「衣，正色；裳，間色。」鄭曰：「冕服，玄上纁下。」瞽，無目者。作，起也。趨，疾行也。或曰：少，當作「坐」。○范氏曰：「聖人之心，哀有喪，尊有爵，矜不成人，其作與趨，蓋有不期然而然者。」尹氏曰：「此聖人之誠心，内外一者也。」問：「『作』與

『趨』者，敬之貌也，何爲施之於齊衰與瞽者？」朱子曰：作與趨固是敬，然敬心之所由發則不同。見冕衣裳者，敬心生焉而因用其敬；見齊衰者、瞽者，則哀矜之心動于中而自加敬也。○慶源輔氏曰：聖人之心寂感自然，内外如一。方其未感也，如止水，如明鏡。一有所感，則隨感而應，敬愛之心感於内，而作趨之容見於外，皆自然而然，不知其所以然也。○雙峯饒氏曰：范氏説外面作與趨，皆由其裏面哀有喪，尊有爵，矜不成人而然。尹氏又説他人裏面雖有此，未必便見於外。聖人裏面如此，外面也如此。二説互相發明。蓋裏面不如此，而外面如此者，僞也；裏面如此，而外面不如此者，誠不至也。聖人至誠，所以表裏皆如此。

○顔淵喟然歎曰：「仰之彌高，鑽之彌堅。瞻之在前，忽焉在後。喟，苦位反。鑽，祖官反。

喟，歎聲。仰彌高，不可及；鑽彌堅，不可入。在前在後，恍惚不可爲象。新安陳氏曰：象，形也，初未有的見時如此。**此顔淵深知夫子之道無窮盡，**彌高、堅。**無方體，**在前、後。**而歎之也。**程子曰：仰之彌高，見其高而未能至也；鑽之彌堅，測其堅而未能達也。此顔子知聖人之道而善形容者也。○朱子曰：高、堅，是説難學；前、後，是説聖人之道捉摸不著。皆是譬喻如此。聖人只是一箇中底道理，高堅前後，只是箇「中庸不可能」。蓋聖人之道是箇恰好底道理，不著意，又失了；纔著意，又過了。只是難到恰好處。○顔子仰之彌高，鑽之彌堅，瞻之在前，忽焉在後，不是别有箇物事，只是做來做去，只管不到聖人處。若做得緊，又大過了；若放慢做，又不及。聖人則動容周旋，都是這道理。

「夫子循循然善誘人，博我以文，約我以禮。

循循，有次序貌。朱子曰：所謂「次序」者，非特以博文約禮分先後次序，博文約禮中各有次序先後淺深。誘，引進也。博文約禮，教之序也。言夫子道雖高妙，雙峯饒氏曰：高，説彌高彌堅；妙，説在前在後。而教人有序也。上蔡謝氏曰：顏子學得親切。仰之彌高，鑽之彌堅，無限量也，以見聖人之道大；瞻之在前即不及，忽焉在後又蹉却，以見聖人之道中。觀此一段即知顏子看得親切。博我以文，使知識廣；約我以禮，歸宿處也。○朱子曰：「博我以文，約我以禮」，聖門教人只此兩事，須是互相發明。約禮底工夫深，則博文底工夫愈明；博文底工夫至，則約禮底工夫愈密。○覺軒蔡氏曰：博文條目多，事事著去理會。禮却只是一箇道理，如視也是這禮，聽也是這禮，言也是這禮，動也是這禮，若博文而不約之以禮，便是無歸宿處。詳此數條解釋已極分明，學者合下便有著力處，若更推之，則「文」非特「文章」、「文華」之「文」，凡剛柔之往來，上下之交錯，微而天理之節文，著而法度之焕然者，皆是也。極其博，則貫通融會而天下之理洞然於吾心而無所蔽。「禮」非特「儀禮」、「典禮」之「禮」，凡天理之本然、人心之固有，截然而有定則者，皆是也。極其約，則操持固執，而天下之理渾然於吾身而無所虧。博文近於致知，約禮近於力行。不博則無以造乎約，不約則無以盡乎博。○雙峯饒氏曰：先博我以文，以開廣我之知識；然後約我以禮，使我於視聽言動上，皆由乎規矩準繩而所守得其要。○侯氏曰：「博我以文，致知格物也；約我以禮，克己復禮也。」朱子曰：「博我以文，約我以禮」，與「博學於文，約之以禮」一般。但「博學於文，約之以禮」，孔子是泛言人能博文而又約禮，可以弗畔夫道。而顏子則更深於此耳。侯氏謂博文是致知格物，約禮是克己復禮分曉。○慶源輔氏曰：致知格物，知之事也；克己復禮，行之事也。所行即是所知，非於知之外别有所謂行也。**程子曰：「此顔子稱聖人最切當**去聲。**處。聖人教人，唯此二事而已。」**朱子曰：博我以文，是要四方八面都見得周匝無遺；至約我以禮，又要收向身己上來，無一毫之不盡。兩事須互相發明。若博文而不約以禮，便無歸宿處。○覺軒蔡氏曰：不説「窮理」，又不説「格物」，只説「博文」，蓋文字，上該乎理，而比之理，則尤顯；下該乎物，而比之物，則尤精。不説理只説禮，便是與「復禮」之「禮」同。此「禮」字便有檢束，便有規矩準繩。若只説理便泛了。更味兩箇「我」字，尤見以身體之切實用功處。○雙峯饒氏曰：「博學於文，約之以禮」，是我自去博約，以學言也；「博我以文，約我以禮」，是夫子博我約我，以教言也。○厚齋馮氏曰：博文約禮，夫子教人之法皆然。惟子淵求道之力、認道之真，有以見夫子之爲我設爾。

「欲罷不能。既竭吾才，如有所立卓爾。雖欲從之，末由也已！」

卓，立貌。末，無也。此顔子自言其學之所至也。蓋悦之深，「欲罷不能」。**而力之盡，**「既竭吾才」。**所見益親，**「如有所立卓爾」。**而又無所用其力也。**「欲從末由」。**吴氏曰：「所謂『卓爾』，亦在乎日用行事之間，非所謂『窈**伊小反。**冥昏默』者。」**朱子曰：卓爾，是聖人之大本立於此，以酧酢萬變處。即前曰「高堅前後」底。今看得確定親切，不似向來無捉摸處。不是離「高堅前後」之外，别有所謂「卓爾」者也。○勉齋黄氏曰：吴氏所釋卓爾之意，最爲切實，嘗以其意推之，大聖人之道，固高明廣大不可幾及，然亦不過性情之間，動容之際，飲食起居、交際應酧之務，君臣父子兄弟夫婦之常，出處去就辭受取舍，以至於政事施設之間，無非道之寓。○雙峯饒氏曰：「窈窈冥冥，至道之精；昏昏默默，至道之極」，列子之言也。此章學者易得求之高遠，故引吴氏之説以明之。**程子曰：「到此地位，工夫尤難，直是峻絶，又大段著力不得。」**慶源輔氏曰：地位，指「既竭吾才，如有所立卓爾」之地位也。至此地位，則其理爲至精至微，非淺智浮識之所能知、疾趨大步之所能至也。惟寬以居之，勿忘勿助長，則不日而化矣。夫能爲之謂「才」，竭其才，則是盡其所能爲之才。則其工夫蓋非才所能及矣，此其所以著力不得也。**楊氏曰：「自『可欲之謂善』，充而至於『大』，力行之積也；『大而化之』，則非力行所及矣。」**新安陳氏曰：此將孟子善、信、美、大、聖、神之次第，以配此章。「大」猶是力行積累之功，「化」則久久純熟、自然無迹之妙。**此顔子所以未達一間**如字。**也。**問：「夫子教人不出博文、約禮二事，門人莫不知。惟顔子有所進有所見，故高者有可攀之理，堅者有可入之理，在前在後者有可從而審其的之理。非若其他僅能弗畔而已。此門人所以不可企及也。」朱子曰：得之。○顔子到這裏自覺得要著力而無所容其力。緣聖人不勉而中，不思而得，賢者若要著力不勉不思，便是思勉了，所以大段著力不得。今日勉之，明日勉之，勉而至於不勉；今日思之，明日思之，思而至於不思。自生而至熟。到這裏，直待他自熟。○仰高鑽堅，瞻前忽後，此猶是見得未親切在；如有所立卓爾，方始親切。雖欲從之，末由也已，只是脚步未到，蓋不能得似聖人從容中道也。○潛室陳氏曰：前此猶可以用力，到此則自「大」趨於「化」，自思勉而至「不思不勉」，介乎二者之境，所未達者一間，非人力所能爲矣。但當據其所已然，從容涵養，勿忘勿助，至於日深月熟，則亦將忽不期而自到，而非今日之所預知也。○**程子曰：「此顔子所以爲深知孔子而善學之者也。」胡氏曰：「無上事而喟然歎，**非如孔子因曾點而喟歎。

此顏子學既有得，故述其先難之故，後得之由，新安陳氏曰：先難，指仰鑽瞻忽；後得，指如有所立卓爾。「由」字，指「善誘」、「博約」。而歸功於聖人也。高堅前後，語道體也；仰鑽瞻忽，未領其要也。惟夫子循循善誘，先博我以文，使我知古今、達事變；然後約我以禮，使我尊所聞、行所知，如行者之赴家、食者之求飽。是以欲罷不能，盡心盡力，不少休廢，然後見夫子所立之卓然。雖欲從之，末由也已，是蓋不怠所從，必求至乎卓立之地也。抑斯歎也，其在『請事斯語』之後，『三月不違』之時乎？」問：「程子言『到此大段著力不得』，胡氏又曰『不怠所從，必欲至乎卓立之地』，何也？」朱子曰：末由也已，不是到此便休了不用力，但工夫用得細，不似初間用得許多粗氣力。這處也只是循循養將去，如何大段著力得？只恁地養熟了。因舉橫渠云：「大可爲也，化不可爲也，在熟之而已。」欲罷不能，便只是就這博文約禮中做工夫。合下做時，便是下這十分工夫去做。到得這歎時，便是「欲罷不能」之效。衆人與此異者，只是爭這箇「欲罷不能」。做來做去，不知不覺地又住了。顏子則雖欲罷而自有所不能，不是勉强如此，顏子用功精專，方見得夫子「動容周旋無不中」處，皆是天理之流行，「卓然」如此分曉。到這裏顏子些小未能渾化如夫子，故曰「雖欲從之，末由也已」。○高堅前後，始時之所見也；博文約禮，中間用力之方也；「欲罷不能」以後，後來得力之效驗也。○問：「顏子此説，亦是立一箇則例與學者求道用力處，故程子以爲學者須學顏子有可依據，孟子才大難學者也。」曰：然。○南軒張氏曰：仰之彌高，愈進愈難攀也；鑽之彌堅，愈鑽愈難入也。瞻之在前，則若不及；忽焉在後，則又過之。蓋得其中者爲難也。夫子則循循然善誘人，從容不迫，以其序而進之。博文約禮，使之集衆義於見聞之間，宅至理於隱微之際，使我自不能已，盡吾之才以極其至，則見夫所立卓爾。蓋至此非力之所能爲，此顏子所以喟然而歎歟？反覆詳味，則顏子學聖人始終之功，孔子教人先後之序，與夫聖人之道之至，皆可得而研求矣。○潛室陳氏曰：「雖欲從之，末由也已」，到此際力無所施。乃冰消雪釋，查滓融化之境。雖聖人不能授顏子，顏子亦不能受之於聖人。今欲學顏子，且把博文約禮作依據，日積月累，人十己千，將來不知覺自有豁然融會處。○雙峯饒氏曰：「不怠所從」，是發明「雖欲從之末由也已」，言不是恁地住了。「請事斯語」，是「約我以禮」時事；「三月不違仁」，是「有所立卓爾」時事。○新安陳氏曰：此章顏子初見聖道之無窮盡，無方體，非特不能從之，亦未的於見之也。及夫子博以文，約以禮，知行功深，方「見」聖「道」之「卓」然有立，的於見之，與初之「仰鑽瞻忽」大不同矣。但雖見其「卓爾」者，猶未能進；而從其「卓爾」者，雖欲用力，又無所容力也。使天假之年，則由勉而安，由大而化，不特見到聖人地步，亦進到聖人地步矣。

○子疾病。子路使門人爲臣。

夫子時已去位，無家臣。子路欲以家臣治其喪。其意實尊聖人，而未知所以尊也。胡氏曰：此必夫子失司寇之後，未致其事之前也。若夢奠則子路死於衛久矣。大夫老而致仕後得從其列。無家臣者，無禄故也。

病間，曰：「久矣哉，由之行詐也！無臣而爲有臣。吾誰欺？欺天乎？間，如字。

病間，少差楚懈反。下同。也。病時不知，既差乃知其事。故言我之不當有家臣，人皆知之，不可欺也。而爲有臣，則是欺天而已。人而欺天，莫大之罪。引以自歸，其責子路深矣。朱子曰：久矣哉，不特指那一事，是指從來而言。子路一時不循道理，本心亦不知其爲詐。然子路平日强其所不知以爲知，只有一毫不誠，便是詐也。○慶源輔氏曰：子路之意，以夫子之聖，其喪不可以俯同衆人，必當有以尊異之。而夫子嘗爲大夫有家臣矣，故欲爲家臣治其喪以尊異之也。然不知聖人之喪豈以家臣之有無爲輕重也哉？○既斥子路以行詐，而又自謂其欺天，蓋以見義理之不可犯也如此。

「且予與其死於臣之手也，無寧死於二三子之手乎？且予縱不得大葬，予死於道路乎？」

無寧，寧也。惟有「無」字、「乎」字，故可訓「無寧」爲「寧」。大葬，謂君臣禮葬；死於道路，謂棄而不葬。又曉之以不必然之故。○范氏曰：「曾子將死，起而易簀，音責。曰『吾得正而斃音弊。焉斯已矣』。子路欲尊夫子，而不知無臣之不可爲有臣。是以陷於行詐，罪至欺天。君子之於言動，雖微不可不謹。夫子深懲子路，所以警學者也。」楊氏曰：「非知至而意誠，則用智自私，不知行其所無事，往往自陷於行詐欺天而莫之知也。其子路之謂乎？」《禮記·檀弓》篇：曾子寢疾病。樂正子春曾子弟子。坐於牀下，曾元、曾申曾子二子。坐於足，童子隅坐而執燭。童子曰：「華而睆，華板反。華，畫也。睆，明貌。大夫之簀與？」平聲。子春曰：「止。」曾子聞之，瞿音句。驚貌。然曰呼。虚憊之聲。曰：「華而睆，大夫之簀與？」曾子曰：「然。斯季孫之賜也，我未之能易也。」元起易簀。曾元曰：「夫子之病革矣，革，紀力反，急也。不可以變。變動。幸而至於旦，請敬易之。」曾子曰：「爾之愛我也不如彼。君子之愛人也以德，細人之愛人也以姑息。吾何求哉？吾得正而斃焉斯已矣。」舉扶而易之，反席未安而没。○勉齋黄氏曰：久矣哉，責子路之素行如此也；欺天者，曉之以理之正；「且予」以下則告之以利害之實。聖人之言，委曲詳盡如此。○汪氏曰：《禮記》「易簀」章，一「正」字足以斷此章而責子路，故引之。曾子易簀而死，爲得其正；夫子苟死於家臣之手，不正甚矣。彼執燭之童子，尚知大夫之簀不可不易；子路乃不知無臣之不可爲有臣乎？況夫子席不正且不坐，割不正且不食，況臨死生之際乎？范氏引此見聖人心安於正，生死一而已矣。○新安陳氏曰：有家臣而用家臣，理也；無而用之，非理也。天者，理而已。非理則欺天矣，子路欲尊夫子，豈知陷於欺天？尊夫子者，反所以累夫子歟？

○子貢曰：「有美玉於斯，韞匵而藏諸，求善賈而沽諸？」子曰：「沽之哉，沽之哉！我，待賈者也！」韞，紆粉反。匵，徒木反。賈音嫁。

韞，藏也。匵，匱也。沽，賣也。子貢以孔子有道不仕，故設此二端以問也。孔子言固當賣之，但當待賈而不當求之耳。南軒張氏曰：子貢以美玉爲喻，疑夫子將終藏而不售也。若夫子之意，則以爲君子豈不欲施用於世乎？然其不輕售者，必待其可而後出耳。如子貢所謂求善賈則非矣。待賈者，循乎天理；而求善賈者，則已心先動矣。○慶源輔氏曰：「沽之哉」二句，見理則當沽而意則不求沽也。此亦子貢初年語。至答武叔、子禽之問，必不尚以夫子出處爲疑矣。**○范氏曰：「君子未嘗不欲仕也，又惡**去聲。**不由其道？士之待禮，猶玉之待賈也。若伊尹之耕於野、伯夷太**

公之居於海濱，世無成湯、文王，則終焉而已。必不枉道以從人，衒音眩。**玉而求售**音壽。**也。」**雲峯胡氏曰：子貢嘗答子禽曰：「夫子之求之也，其諸異乎人之求之與？」蓋以子禽之問病在一「求」字也。今子貢之問，亦自病在一「求」字。豈問夫子者在先而答子禽者在後歟？○新安陳氏曰：此章當味「求」字與「待」字。不待賈而求之，則併與本然之美失之矣。待賈者，安於命義之正；求賈者，涉於奔競之私。席珍待聘其可也。

○子欲居九夷。

東方之夷有九種。上聲。○《後漢·東夷傳》：「夷有九種：曰畎夷、于夷、方夷、黄夷、白夷、赤夷、玄夷、風夷、陽夷。」○九種見《書·旅獒》。**欲居之者，亦「乘桴浮海」之意。**

或曰：「陋，如之何？」子曰：「君子居之，何陋之有？」

君子「所居」則「化」，何陋之有？問：「此及『浮海』，莫是戲言否？」朱子曰：只見道不行，偶發此歎，非戲言也。○問：「九夷尚可化，何故不化中國？」曰：當時中國未嘗不被聖人之化。但時君不用，不得行其道耳。○問：「子欲居九夷，使聖人居之，真有可變之理否？」曰：然。○南軒張氏曰：欲居九夷，與「乘桴浮海」之歎同。或人未之諭，則以爲真欲往也，故疑其陋以爲不可居。夫子之所以告之者，乃行乎夷狄之道。蓋忠信篤敬何入而不自得也？○慶源輔氏曰：聖人能必居夷之化，而不能於中國必使其道之行，則天也。○厚齋馮氏曰：箕子封於朝鮮，東夷之地也，何陋之有？雖然，夫子去父母之國，尚遲遲其行，況舍中國而之夷狄乎？是蓋有激而姑云爾，非素志也。○新安陳氏曰：陋在彼，不陋在我。

君子所過者化。若居夷狄，必將用夏變夷，陋習自可化矣。

○子曰：「**吾自衛反魯，然後樂正，《雅》、《頌》各得其所。**」

魯哀公十一年冬，孔子自衛反魯。是時周禮在魯，然《詩》、樂亦頗殘缺失次。孔子周流四方，參互考訂以知其說。晚知道終不行，故歸而正之。 朱子曰：是時王迹熄而《詩》亡，其存者謬亂失次。孔子自衛反魯，復得之他國以歸，定著爲三百五篇，於是《雅》、《頌》各得其所。○南軒張氏曰：聖人未删《詩》以前，篇章交錯，不以其序者亦多矣。故反魯之後，然後樂正，《雅》、《頌》各得其所。獨舉《雅》、《頌》，蓋其大者耳。○陳氏曰：不及《風》者，列國多不正之聲，廟朝所不奏，二《南》亦用之房中耳。故正樂只言《雅》、《頌》。○胡氏曰：聖人雖生知，然於聲音節奏必考而後詳，必驗而後信。在齊聞《韶》，學之三月，亦其事也。○新安陳氏曰：晚知道不行於當時，故歸而正《詩》、樂以傳之來世。《詩》者，樂之章。《詩》得其所而後樂得其正。聖人追言其效，故先樂而後《詩》耳。

○子曰：「**出則事公卿，入則事父兄，喪事不敢不勉，不爲酒困，何有於我哉？**」

説見形甸反。**第七篇。**「默而識之」章亦言「何有於我」。**然此則其事愈卑而意愈切矣。** 新安陳氏曰：彼三者以爲雖非聖人之極至猶不敢當，謙而又謙之辭。此則視前三者事愈卑而其謙謙之意愈切矣。○朱子曰：此説本卑，非有甚高之行。然工夫却愈精密，道理却愈無窮，故曰「知崇禮卑」。○聖人自謙言不曾有此數者，常有慊然不足之意。衆人雖見他仁之至熟、義之至精，他只管自見得有欠缺處。○南軒張氏曰：此章視之若易能，然行之無憾，則未易也。蓋於天理之當爲者求盡其道，而於人情之易動者不踰其則，雖聖人亦極乎是理而已。夫子教人每指而示之近，使人皆可勉焉。○慶源輔氏曰：此章所以警學者使自察於踐履之間，不忽於卑近，不違於微小之意益深切矣。○雙峯饒氏曰：事公卿父兄，事生之禮；喪事，事死之禮。常情多謹於事生而易忽於事死。不特三年之喪，如期、功、緦之輕者，皆不可以不勉。三件皆是大節目。不爲酒困是至小底，然亦甚難。有時被人勸而稍多飲，便能使人神昏氣亂。常人往往忽視以爲小事。聖人之心無時不存。亦因可以勉人耳。

○子在川上曰：「逝者如斯夫！不舍晝夜。」夫音扶。舍，上聲。

天地之化，往者過，來者續，無一息之停。乃道體之本然也。此五句所包甚闊。然其可指而易去聲。見者莫如川流，吴氏曰：「逝者」不指水，「斯」字方指水。○問：「『逝』訓『往』。《集註》謂『往過來續』，似多了『來』字？」雙峯饒氏曰：不説「來」者，無以見往者之無窮。「往」是前面已去底，「來」是後來接續去底。二者皆往也。○新安陳氏曰：必有來者續，方見道體之無窮。使往過而來不續，則其機息而非生道矣。故於此發以示人。欲學者時時省悉井反。察，而無毫髮之間去聲。斷徒玩反。也。朱子曰：天理流行之際，如少有私欲以間之，便如水被些障塞，不得恁地滔滔流去。又曰：才不省察便間斷。○慶源輔氏曰：天理流行，無處不然，無時或已。但隱於人心者，不若形於川流者易見。人能即此而有發焉，則當自强於體察，致力於謹獨，使之無一息之間斷，則庶幾乎不虧其本體矣。○新安陳氏曰：此又發言外意，欲學者於川流上察識道體之自然不息，而法之以自强不息也。○程子曰：「此道體也。天運而不已，日往則月來，寒往則暑來，水流而不息，物生而不窮，皆與道

爲體。運乎晝夜，未嘗已也。朱子曰：此是形容道體。伊川所謂「與道爲體」，此一句最妙。某嘗爲人作《觀瀾詞》。其中有兩句云：「觀川流之不息兮，悟有本之無窮。」道之本然之體不可見，觀此則可見無體之體，如陰陽五行爲太極之體。○日往月來等未是道。然無這道，便無這箇了；有這道，方有這箇。既有這箇，就上面便可見得道，是「與道」做箇骨子。若説天只如此高，地只如此厚，便也無説了。須看其所以如此者如何。○道本無體，此四者非道之體也，但因此可見道之體耳。那無聲無臭底便是道。只於無聲無臭上推究如何見得道。因有四者，方見得那無聲無臭底，所以説「與道爲體」。○道無形體，却是這物事盛載那道出來。所以指物以見道。道之體便在這許多物事上。只是水上較親切易見。○胡氏曰：夫子因所見之一物而言，程子因夫子之説併舉三者而言。夫道體可見，固不專於水，亦不專於四者。大而造化之流行，近而口鼻之呼吸，莫不皆然。○勉齋黄氏曰：夫子所云，蓋合道器、兼體用而言。○新安陳氏曰：「天」之「運」，日月寒暑之往來；「水」之「流」，萬物之生，皆自然不息者。程子雜水流於其中言之，水流蓋其一端耳。道無形體之可見，就此有形體之數端上發見出來，所謂「與道爲」形「體」也。**是以君子法之自强不息。**新安陳氏曰：《易·乾卦·象傳》曰：「天行健，君子以自强不息。」《集註》之意本此，是乃「勉而行之」者。**及其至也，純亦不已焉。」**朱子曰：大抵過去底物不息，猶天運流行不息如此。亦警學者要當如此不息。蓋聖人之心純亦不已，所以能見之。○問：「道無一息之停。其在天地，則見於日往月來，寒往暑來，水流而不息，物生而不窮，終萬古未嘗間斷。其在人，則本然虛靈知覺之體常生不已，而日用萬事亦無非天理流行而無少息。故舉是道之全而言，合天地萬物、人心萬事，統是一無息之體。分而言，則『於穆不已』者，天之所以『與道爲體』也；生生不已者，心之所以『與道爲體』也；『純亦不已』者，聖人之心『與天』道『爲』一『體』也；『自强不息』者，君子之所學聖人存心事天而體夫道也。」曰：此亦得之，但「與道爲體」四字甚精。蓋物生水流非道之體，乃「與道爲體」者也。○覺軒蔡氏曰：夫子川上之歎，有感於道體之無窮，勉人進學以求造乎「純亦不已」耳。○新安陳氏曰：進於此，則「安而行之」矣。又曰：「自漢以來，儒者皆不識此義。此見聖人之心，純亦不已也。純亦不已，乃天德也。有天德便可語王道。其要只在謹獨。」朱子曰：有天德，則便是天理，便做得王道；無天德，則便是私意，是計較。人多無天德，所以做王道不成。○人多於獨處間斷。才不慎獨，便去隱微處間斷了。○能慎獨，則無間斷而其理不窮；若不慎獨，便有欲來參入裏面，便間斷了，如何便會如川流底意？○慶源輔氏曰：人心即天德所寓。天地之道常久而不已也，則「純亦不已」，非天德而何？聖人之心，則全具得此天德者也。即是而推之，便是王道。人心、天德、王道，只是一理。愚按，自此至終篇，皆勉人進學不已之辭。新安倪氏曰：《楚辭辨證·騷經》「忍而不能舍也」：「洪氏註引顏師古曰：『舍，止息也。』『屋舍』、『次舍』皆此義。《論語》『不舍晝夜』，謂曉夕不息耳。今人或音捨非是。」按《辨證》文公著於慶元己未三月，明年庚申四月公易簀矣。《集註》「舍，上聲」者舊音，讀如「赦」者定說也。

○子曰：「吾未見好德如好色者也。」好，去聲。

謝氏曰：「好去聲。好色，惡去聲。惡臭，誠也。好德如好色，斯誠好德矣。然民鮮上聲。能之。」慶源輔氏曰：好色惡臭與好德，皆出於性。然人之常情於好色惡臭則誠實好之惡之，至於好德，則多虚僞不實。故謝氏有此説，而又言「民鮮能之」。大凡至誠而好，則内外表裏如一，而心志容色皆應有不可掩者。○第二乘，次其後。○《史記》：孔子居衛，靈公與夫人南子。同車。使孔子爲次乘，去聲。招摇市過之。孔子醜之，故有是言。朱子曰：「招摇」如「翱翔」。○新安陳氏曰：夫人不翟茀自蔽。公與同車，翱翔過市，無恥孰甚焉？孔子此言，因靈公好色而發也。

○子曰：「譬如爲山，未成一簣，止，吾止也；譬如平地，雖覆一簣，進，吾往也。」簣，求位反。覆，芳服反。

簣，土籠也。韻書「籠」字平聲者，註云「舉土器」，則此合平聲。《書》曰：「爲山九仞，功虧一簣。」夫子之言，蓋出於此。言山成而但少一簣，其止者吾自止耳；平地而方覆一簣，其進者吾自往耳。蓋學者自强不息，則積少成多；中道而止，則前功盡棄。其止其往，皆在我而不在人也。南軒張氏曰：學以成德爲貴也。止者，吾止也；進者，吾往也。進止係乎己，而由乎人哉？○慶源輔氏曰：其止者非有尼之者也，乃吾自止耳；其進者非有趣之者也，乃吾自往耳。反觀内省而自强不息，而爲學之終始，蓋不待外求而得之矣。○新安陳氏曰：其往乃自强，其止乃自棄。自强者，不成不止；自棄者，止而必不成。《語》有三四章，純如《詩》六義之比。此止言爲山而未嘗言爲學，然爲學之義見於言外。此外「松栢」、「驥力」、「苗秀」章是也。

○子曰：「語之而不惰者，其回也與？」語，去聲。與，平聲。

惰，懈居隘反。怠也。范氏曰：「顏子聞夫子之言，而心解力行，造七到反。次顛沛，未嘗違之。如萬物得時雨之潤，發榮滋長，上聲。何有於惰？此羣弟子所不及也。」朱子曰：語之而不惰，惟於行上見得。顏子不惰，如「得一善則拳拳服膺而不失」，「欲罷不能」，皆是其不惰處。又曰：顏子聽得夫子説話自然住不得。若他人聽過了半疑半信，若存若亡，安得不惰？○慶源輔氏曰：心解，謂知得透徹，「聞一知十」是也；力行，謂行得至到，「既竭吾才」是也。○雙峯饒氏曰：惟其「心解」，所以「力行」。夫子稱顏子，所以厲群弟子也。○新安陳氏曰：顏子惟明睿，故聞夫子之言而心解；惟健決，故聞夫子之言而力行。一知一行皆不懈也。又以「物得時雨」比之，此意自「如時雨化之」來，《孟子集註》，謂「孔子之於顏、曾是也」。惟顏子能化於時雨，惟孔子能當其可化之時而化以時雨。發榮滋長，所謂「則苗勃然興之」者也。

○子謂顏淵曰：「惜乎，吾見其進也，未見其止也！」

「進」、「止」二字説見形甸反。上章。顏子既死而孔子惜之，言其方進而未已也。朱子曰：顏子未到那成就結果處。❶蓋他一箇規模許大，若求到成就結果處，必大段可觀。○勉齋黃氏曰：智、愚、賢、不肖之分，惰與不惰、止與不止之間耳。知「逝者如斯」之意，則誠不容於止且惰矣。

○子曰：「苗而不秀者有矣夫，秀而不實者有矣夫！」夫音扶。

---

❶「果」，原作「裹」，今據《語類》卷三六改。下句同。

穀之始生曰「苗」，吐華曰「秀」，成穀曰「實」。蓋學而不至於成有如此者。是以君子貴自勉也。朱子曰：苗須是秀，秀須是實方成。不然何所用？學不至實，亦何所用？此聖人勉人進學意也。○南軒張氏曰：養苗者不失其耘耔，無逆其生理，雨露之滋，日夜之養，有始有卒而後可以臻厥成。或舍而弗耘，或揠而助長，以至於一暴十寒，則苗而不秀，秀而不實矣。學何以異於是？有質而不學，「苗而不秀」者也；學而不能有諸己，「秀而不實」者也。○新安陳氏曰：此章或謂孔子惜顏子，非也。此以比始學而不發達，發達而不成就者。學者不可以方苗而秀自止，當以既秀且實自勉也。

○子曰：「後生可畏，焉知來者之不如今也？四十五十而無聞焉，斯亦不足畏也已。」

孔子言後生年富力彊，方來之年多曰「年富」。**足以積學而有待，其勢可畏，安知其將來不如我之今日乎？然或不能自勉，至於老而無聞，則不足畏矣。言此以警人，使及時勉學也。曾子曰：「五十而不以善聞，則不聞矣。」蓋述此意。**《大戴禮·脩身》篇：曾子曰：「年三十四十之間而無藝，則無藝矣；五十而不以善聞，則不聞矣；七十而未壞，雖有後過亦可以免矣。」○問：「後生可畏，是方進者也；四十五十而無聞，是中道而止者也。」朱子曰：然。○慶源輔氏曰：年富，則進學有餘日；力彊，則進學有餘功。故足以積學而有待。年少而德業進脩，則未易量而可畏；已老而實隕名銷，❶則不足畏而可哀。《集註》謂「警人使及時勉學」爲盡之矣。**尹氏曰：「少**去聲。下同。**而不**

❶「隕」，原作「陰」，今據四庫本、孔本、陸本改。

勉，老而無聞，則亦已矣。自少而進者，安知其不至於極乎？是可畏也。」南軒張氏曰：有至于四十五十而知好學者，如《中庸》所謂困而知、勉而行，聖人猶有望焉。若後生雖有美質而悠悠歲月，則夫所謂「四十五十」者將轉盼而至，可不懼哉！○雙峯饒氏曰：曰「可畏」，期望以勉勵之；曰「不足畏」，絶望以警戒之。尹氏先釋後二句，却轉來釋前二句，見勉勵之意重，不成只説他不足畏了便休？

○子曰：「法語之言，能無從乎？改之爲貴。巽與之言，能無説乎？繹之爲貴。説而不繹，從而不改，吾末如之何也已矣。」

法語陸氏音魚據反，下同。者，正言之也；巽言者，婉而導之也。繹，尋其緒也。新安陳氏曰：如絲有端緒，尋求其端緒而思慮紬繹之也。法言人所敬憚，故必從。然不改，則面從而已。巽言無所乖忤，五故反。故必説。音悦。下同。然不繹，則又不足以知其微意之所在也。朱子曰：如漢武帝見汲黯之直，深所敬憚，至帳中可其奏，可謂「從」矣。然武帝内多欲而外施仁義，豈非面從？如孟子論好色好貨，齊王豈不悦？若不知繹，則徒知古人所謂好色，不知其能使内無怨女，外無曠夫；徒知古人所謂好貨，不知其能使居者有積倉，行者有果糧也。○楊氏曰：「法言，若孟子論行王政之類是也；巽言，若其論好去聲。貨好色之類是也。語之而不達，拒之而不受，猶之可也。新安陳氏曰：謂全不從不説者，此等不足責。其或喻焉，則尚庶幾平聲。其能改繹矣。從且説矣，而不改繹焉，則是終不改繹也已。新安陳氏曰：既曉諭，則有能改繹之機矣，而止於此，此等深可責。**雖聖人其如之何哉！」**朱子曰：巽，謂巽順與他説，都是教他做好事。重處在「不改」、「不繹」。聖人謂如此等人與他説得也不濟事，故曰「吾末如之何也已」。○南軒張氏曰：法言明義而正告之，巽言委曲而開導之也。自非肆於惡而無忌憚者，其聞之能無面從與説意乎？然聞善將以善其身也，苟惟暫説而不改其故，面從而不改其非，則亦何有於己哉？○慶源輔氏曰：從法語，説巽言，秉彝之性也。從而不改者，物欲堅强而不屈就於理；説而不繹者，志氣昏惰而不反求諸心爾。學之不進，德之不脩，家之不齊，國之不治，皆由是基之。若此之人，雖聖人亦莫如之何也已。

○**子曰：「主忠信。毋友不如己者。過則勿憚改。」**重平聲。**出而逸其半。**新安陳氏曰：弟子各記所聞，有詳有略。

○**子曰：「三軍可奪帥也，匹夫不可奪志也。」**

侯氏曰：「三軍之勇在人，匹夫之志在己，故帥可奪而志不可奪。如可奪，則亦不足謂之『志』矣。」此借上句以明下句意。○南軒張氏曰：志者，中有所主也。三軍雖衆，其帥可奪者，資諸人故也；匹夫雖微，其志則不可奪者，存諸己故也。夫使志而可奪，則不得謂之「志」矣。雖然，此所謂「志」，謂守其道而不渝，如虞人非其招不往之類是也。若守認私意而不知徙義，則是失其所主，謂之「任意」則可耳，非志也。○勉齋黄氏曰：共姜，一婦人也，而以死自誓，其志之不可奪如此，況志於仁，志於道，可得而奪乎？○慶源輔氏曰：以三軍之勇而衛一人，宜若不可奪也。然其可奪者，勇非在我也。以匹夫而守其志，宜若可奪也。然其不可奪者，志非在外也。○「志」與「意」不同。意是發動處，志是存主處。

夫子所謂「志士仁人，有殺身以成仁，無求生以害仁」，其可得而奪乎？如可奪，則豈足以爲「志」哉？○洪氏曰：志，氣之帥也。故以爲喻。○雙峯饒氏曰：三軍有千萬箇心，匹夫只是一心。若三軍離心，則帥便被人奪了；匹夫之志在我而已，故不可奪。此是教人立志。○新安陳氏曰：「志」公而「意」私。初守得定，故不可奪，此是「志」；後守不定，爲人所奪，便非「志」矣。志搖奪於私意，只可言「意」耳。李密云：「舅奪母志。」非也。若其志如共姜，可奪乎？

○**子曰：「衣敝緼袍，與衣狐貉者立而不恥者，其由也與？**衣，去聲。緼，紆粉反。貉，胡各反。與，平聲。

敝，壞也。緼，枲想里反。**著**展吕反。**也。袍，衣有著者也。蓋衣之賤者。**勿軒熊氏曰：「緼，枲著」，出《記・玉藻》，云：「纊爲繭，緼爲袍。」鄭云：「衣有著之稱。纊，今之新綿；緼，今之纊及舊絮。」疏：「好者爲綿，惡者爲絮。」朱子云：「袍謂夾衣有綿在胎底。」趙氏曰：「枲著，則雜用枲麻以著袍也。」如今麻苧筋類可置之夾襖中者。○雲峯胡氏曰：《禮韻》「貯」字亦作「著」。通作「褚」作「緒」，以綿裝衣之謂。**狐貉，以狐貉之皮爲裘，衣之貴者。子路之志如此，則能不以貧富動其心而可以進於道矣。故夫子稱之。**厚齋馮氏曰：與美衣服者並立而此心不動，其志足以帥氣而不可奪矣，烏得不與之？然特其立志之初也。

「『不忮不求，何用不臧？』」忮，之豉反。

忮，害也。求，貪也。臧，善也。言能不忮不求，則何爲不善乎？此《衛風・雄雉》之

《詩》。孔子引之以美子路也。呂氏曰：「貧與富交，彊者必忮，弱者必求。」朱子曰：李閎祖云：「忮是疾人之有，求是恥己之無。」推明得呂氏説好。○問「彊必忮，弱必求」。曰：世人見富貴底，不是心裏妬嫉他，便羡慕他。○慶源輔氏曰：忮者，嫉人之有而欲害之也；求者，恥己之無而欲取之也。是皆爲外物之所累者也。能於外物一無所累焉，則何往而不善哉？

子路終身誦之。子曰：「是道也，何足以臧？」

終身誦之，則自喜其能而不復扶又反。下同。求進於道矣。問：「子路終身誦之，此子路所以不及顔淵處，蓋此便是『願車馬衣輕裘，與朋友共，敝之而無憾』底意思。」朱子曰：所謂「終身誦之」，亦不是他矜伐，只是將這箇做好底事，終身誦之要常如此，便別無長進矣。○問：「人惟中無所養，而後飢渴得以害其心也，故不能自安於貧而有慕乎彼之富。此心一動，物欲行焉，故雖可已而不已。孟子所謂『宫室之美，妻妾之奉，所識窮乏者得我』而爲之類。蓋有不可勝窮之私，由是以失其本心，而忌嫉『忮害』生焉。否則諂曲以求之而不自知其爲卑污淺陋之甚也。子路之志，不牽乎外物之誘。夫子稱之欲以進其德，惜乎不能充此而上之，至有『終身誦之』之蔽。不然，簞瓢陋巷之樂當與顔子同之。日用工夫，信乎不可遽已也！」曰：然。○新安陳氏曰：子路能如此，本可進於道。今誦所引《詩》而自喜其能，則不復求進於道矣。夫子所以一揚之一抑之也。故夫子復言此以警之。新安陳氏曰：是道，謂不忮不求之事。何足以臧，承「何用不臧」之語而反之。○謝氏曰：「恥惡衣惡食，學者之大病。善心不存，蓋由於此。子路之志如此，其過人遠矣。然以衆人而能此，則可以爲善矣；子路之賢宜不止此，而終身誦之，則非所以進於日新也。故激而進之。」慶源輔氏曰：義理無窮。此特一事之善，若遽自以爲喜，則不復求進於道。蓋喜心生於自足，而怠心生於自喜，故夫子又言此以警之。○潛室陳氏曰：子路好勇，必無忮求，自足於此而道之，故孔子因其無日新之功而進焉。又曰：子路於世間名利關大界限分明處，已見得破。但其工夫粗疎，未入聖賢閫室，所以聖人常欲抑其所已能，進其所未能。

○子曰：「歲寒，然後知松栢之後彫也！」「彫」字，當作「凋」。

范氏曰：「小人之在治去聲。世，或與君子無異。惟臨利害，遇事變，然後君子之所守可見也。」南軒張氏曰：力量之淺深，平時未易見也。惟當利害艱難之際，則可見其所守者矣。人徒見其臨事之能處也，而不知其所守之有素也。松栢之質堅剛矣，獨於歲寒之時而後人知其後凋耳。○慶源輔氏曰：小人之在世，或被化而彊於爲善，或畏威而覬其免罪，故其迹或與君子無異也。臨利害遇事變，則彊於爲善者，或汩於欲而忘其勉彊之心，則惟利之趨；覬於免罪者，或乘其變而以爲罪之未必及己，則放僻邪侈。故其真情發露而不可揜。惟成德之君子，則素其位而行，雖造次顛沛而未嘗違也，故其所守然後可見。○物之受於天者獨正，故不凋於歲寒；人之得於天者必周，故能不變於邪世。○胡氏曰：小人在治世或與君子無異者，猶春夏之交萬物青葱，雖有堅脆之不齊，然未可辨也。及事變之來，小人則隨時變遷。君子則所守不易，非死生禍福可得而移，亦猶重陰沍寒，生意憔悴，而松栢獨蒼然不變。○厚齋馮氏曰：歲寒，今之建丑月也。木葉無不凋。而是時松栢獨不凋，則知後於衆木之凋也。○新安陳氏曰：松栢在春夏，無異衆木，必經歲寒，方見其後衆木而凋零；以比君子在平時無異衆人，必經事變，方見其異衆人而特立。後凋雖待歲寒而後可見，松栢之有心，則貫四時而有常，托物以比君子，其意深矣！此章如《詩》六義之比。**○謝氏曰：「『士窮見節義』，『世亂識忠臣』。欲學者必『周于德』。」**新安陳氏曰：「士窮乃見節義」，韓退之語。「疾風知勁草，板蕩識誠臣」，❶唐太宗語。孟子曰：「周于德者邪世不能亂。」○雙峯饒氏曰：松栢至春後方易葉，故曰「後凋」。必有松栢之操，然後能不爲歲寒所變，以比必有君子之德，然後能不爲利害事變所移。臨利害，遇事變，是兩件。士窮見節義，以利害言；世亂識忠臣，以事變言。

○子曰：「知者不惑，仁者不憂，勇者不懼。」

明足以燭理，故「不惑」；理足以勝私，故「不憂」；程子曰：仁者不憂，樂天者也。○朱子曰：仁者天下之公，私欲不萌而天下之公在我，何憂之有？○胡氏曰：公理不能勝私欲，則憂患多端。仁者至公無私，與理爲一，理所當然，則貧賤、夷狄、患難皆素其位而行，無往而不自得，所以不憂也。**氣足以配道義，故「不懼」。**朱子曰：孟子說「配義與道，無是餒也」。今有見得道理分曉而反懾怯者，氣不足也。○慶源輔氏曰：勇而謂「氣足以配道義」者，配則合而有助之意，如陰配陽也。有義理之勇，有血氣之勇，氣本驫厲，惟配乎道義，則爲道義之助而可以言勇，所謂「不懼」者非悍然不顧也。主乎義理而言，

---

❶ 「誠」，四庫本、孔本、陸本作「忠」。

故以「配」乎「道義」明之。**此學之序也。**朱子曰：成德以仁爲先，進學以知爲先，此「誠而明，明而誠」也。《中庸》三者之序，亦爲學者言。問：「何以勇皆序在後？」曰：末後做工夫不退轉，此方是勇。○問：「知者不惑，明理便能無私否？」曰：也有人明理而不能去私欲者。然去私欲，必先明理。無私欲，則不屈於物，故勇。惟聖人自誠而明，可以先言仁後言知。至於教人，當以知爲先。○有仁知而後有勇，然而仁知又少勇不得。雖曰「仁能守之」，只有這勇，方能守得到頭，方能接得去。若無這勇，則雖有仁知，少間亦恐會放倒了，所以《中庸》説仁、知、勇三者。勇本是箇没緊要底物事，然仁知不是勇，則做不到頭，半塗而廢。○問：「人之所以憂惑懼者，只是窮理不盡故如此。若窮盡天下之理，則何憂何懼之有？因其無所憂，故名之曰『仁』；因其無所惑，故名之曰『知』；因其無所懼，故名之曰『勇』。不知二説孰是？」曰：仁者隨所寓而安，自是不憂；知者所見明，自是不惑；勇者所守定，自是不懼。夫不憂、不惑、不懼，自有次第。○問：「知之明，非仁以守之則不可；仁以守之，非勇而行之亦不可。三者不可闕一，而知爲先。」曰：此説甚善。正吾人所當自力也。○慶源輔氏曰：仁者知之體統，故論德則以仁爲先；知者仁之根柢，故論學則以知爲首。勇則仁知之發也。未能仁知而勇，則血氣之爲耳。蓋學之序，不惑而後不憂，不憂而後不懼；德之序，不憂則自然不惑，不惑則自然不懼。

○子曰：「可與共學，未可與適道；可與適道，未可與立；可與立，未可與權。」

可與者，言其可與共爲此事也。程子曰：「可與共學，知所以求之也；可與適道，知所往也；可與立者，篤志固執而不變也。權，稱去聲。下同。**錘**直追反。**也。所以稱物而知輕重**

者也。可與權，謂能權輕重使合義也。」程子曰：權，與「權衡」之權同。人無權衡，則不能知輕重。聖人則不以權衡而知輕重矣，聖人則是權衡也。○有求爲聖人之志，然後可與共學，而善思然後可與適道。思而有所得，則可與立。立而化之，則可與權。○朱子曰：可與共學，有志於此；可與適道，已看見路脉；可與立，能有所立；可與權，遭事變而知其宜。此只是大綱如此説。○問：「權便是義否？」曰：權是用那義底。問：「中便是時措之宜否？」曰：以義權之而後得中。義似秤，權是將這秤去稱量，中是物得其平處。○「義」字包得經與權。經自是義，權亦是義。義當守經則守經，義當用權則用權。經是萬世常道，權是不得已而用之，須是合義。如湯、武放伐，伊尹放太甲，此是權。若時時用之，成甚世界？○可與共學底，未必便可與適道。然共學須教可與適道。以下皆然。○慶源輔氏曰：權與物鈞而生衡。而銖兩斤鈞，皆著於衡。物加於衡之首而權移於衡之尾，所以能知其輕重也。○新安陳氏曰：「權」字之得名以此。此推原器物以論理也。**○楊氏曰：「知爲**去聲。**己，則可與共學矣；學足以明善，然後可與適道；信道篤，然後可與立；知時措之宜，然後可與權。**」朱子曰：可與立未可與權，亦是甚不得已，方説此話。然須是聖人方可與權。若以顏子之賢，恐也不敢議此。「磨而不磷，涅而不緇」，而今人才磨便磷，才涅便緇，如何更説權變？所謂未學行先學走也。○權處是道理上面更有一重道理，如君子小人，君子固當用，小人固當去。然方當小人進用時，猝乍要用君子也未得。當其深根固蔕時，便要去他，適爲所害。這裏斟酌時宜，便知箇緩急淺深始得。○雲峯胡氏曰：程子是專就權上説義，朱子只分經與權説義。**洪氏曰：「《易》九卦終於『巽以行權』。**《易・繫辭》：「履以和行，謙以制禮，復以自知，恒以一德，損以遠害，益以興利，困以寡怨，井以辨義，巽以行權。」○潛室陳氏曰：舉《易》一語，見權者聖人之終事。《易》三陳九卦，凡二十七節，道理最微，末一語方以權終之，見得不可驟語。○新安陳氏曰：九卦，謂履、謙、復、恒、損、益、困、井、巽是也。詳見《易·繫辭下傳》。**權者，聖人之大用。未能立而言權，猶人未能立而欲行，鮮**上聲。**不仆**音赴。**矣。」**雲峯胡氏曰：洪氏之説，上文有曰：「可與共學，七十子是也；可與適道，游夏之徒是也；可與立，顏閔之徒是也；權，即孔子是也。」然則權者聖人之大用，非如文王孔子而用權，鮮有不差者矣。**程子曰：「漢儒以反經合道爲權，故有權變、權術之論，皆非也。權只是經也。自漢以下無人識『權』字。」**《公羊傳》桓公十一年：「九月，宋人執祭仲。」「何賢乎祭仲？以爲知權也。權者何？權者反於經然後有善者也。」○韓康伯註《繫辭》云：「權反經而合道，必合乎巽順而後可以行權也。」○程子曰：反經合道爲權，公羊唱之，何休和之。何休註《公羊傳》。其實未嘗反經，古人多錯用「權」字。才説「權」，便是變詐。不知「權」只是經所不及者，權量輕重使之合義。才合義，便是「權」也。**愚按，先儒誤以此章連下文「偏其反而」爲一章，故有「反經合道」之説。程子非之是矣。然以孟子「嫂溺援**平聲。**之以手」之義推之，則「權」與「經」亦當有辨。**朱子曰：「經」與「權」之分，諸人説皆不合。若説權自權，經自經，不相干涉固不可；若説事須用權，經須權而行，權只是經，則權與經又全無分別。觀孔子曰「可與立，未可與權」，孟子曰「嫂溺援之以手」，則權與經須有異處，雖有異而權實不離乎經也。這裏所爭只毫釐。伊川説權只是經，恐也未盡。嘗記龜山云：「權者經之所不及。」這説却好。蓋經者只是存得箇大經大法，正當底道理而已。若精微曲折處，固非經之所能盡也。所謂「權」者，於精微曲折處曲盡其宜，以濟經之所不及耳。所以説中之爲貴者權。權者，即是經之要妙處也。如漢儒説「反經合道」，此語亦未甚病，蓋事也有那反經底時節，只是不可説事事要反經，又不可説全不反經。如君令臣從，父慈子孝，此經也。若君臣父子皆如此固好。然事有必不得已處，經所行不得處，也只得反經，依舊不離乎經耳。所以貴乎權也。孔子曰：「可與立，未可與權。」立便是經。可與立，則能守箇經。有所執立矣，却説未可與權。以此觀之，權乃經之要妙微密處，非見道理之精密透徹純熟者，不足以與權也。○「立」是見得那正當道理分明了，不爲事物所遷惑。「可與立」者，能處置得常事；「可與權」者，能處置得變事。天下之事，有常有變；而處事之方，有經有權。當事之常而守其經，雖聖賢不外乎此，而衆人亦可能。至於遭事之變而處以權，則惟大賢能不失其正。可與立未可與權，蓋言其難如此。○經有不可行處而至於用權，此權所以「合經」也。○君臣父子，定位不易，事之常也。君令臣行，父傳子繼，道之經也。事有不幸而至於不得盡如其常，則謂之「變」，而所以處之之術，不得全出於經矣，是則所謂「權」也。夷、齊、季札之徒，所以輕千乘之國以求即乎其心之所安，寧隕其身、亡其國而不敢失其區區之節者，亦爲此也。又曰：經是已定之權，權是未定之經。○權是時中。不中，則無以爲權矣。○漢儒「反經」之説，只緣將下文誤作一章解，故其説相承曼衍。且看《集義》中諸説，莫不連下文。唯范氏、蘇氏不如此説。程子説漢儒之誤固如此，要之「反經合道」一句思之亦通。緣「權」字與「經」字對説。纔是權，便是變却那箇經，雖謂之「反經」可也。然雖是反那經，却不悖於道。雖與經不同而道一也。○經者道之常，權者道之變。道則是箇體統貫乎經與權。○

漢儒説權是離了箇經説，伊川説權便道權只在經裏面。且如周公誅管、蔡，與唐太宗殺建成、元吉，其推刃於同氣雖同，而所以殺之則異。蓋管、蔡與商遺民謀危王室，此是得罪於天下，得罪於宗廟，不得不誅之。若太宗分明是争天下，故周公可謂之「權」，太宗不可謂之「權」。○伊川見漢儒言反經是權，恐無忌憚者得借權以自便，因有此論。○伊川將經做箇大底物事，經包得權，此説本好。只是據聖人説「可與立未可與權」，須還他是兩箇字。經自是經，權自是權。若如伊川説，便廢了「權」字始得。權只是經之變，這便是「反經」。今須曉得孔子説，又曉得伊川之説，方得。○「權」與「經」固是兩義。然論權而全離乎經，則不是。蓋權是不常用底物事。如人之熱病者當用涼藥，冷病者當用熱藥。此是常理。然有時有熱病却用熱藥發他熱病者，有冷病却用冷藥發他冷病者，此皆是不可常用者。然須下得是方可。若有豪釐之差，便至於殺人。若用得是，便是少他不得，便是合用這箇物事。既是合用兹權也，兹所以爲經也。○勉齋黄氏曰：常者一定之理，變者隨時之宜。遇事之常，但當守一定之理；遇事之變，則不得不移易以適時之宜。此經權不可無變之説然也。然天下之理，惟其當然而已。當經而經，當然也；當權而權，亦當然也。權雖異於經，而以其當然，則亦只是經。此程子「權只是經」之説然也。有有辨之説，則經權之説始明；有程子之説，則經權之義始正。○問「權」、「經」二字如何分别。潛室陳氏曰：經猶秤衡，銖兩斤鈞一成畫定；權即秤錘，隨物低昂以求合於銖兩斤鈞。○陳氏曰：經所不及，須用權以通之。然非理明義精便差却。到用權處，亦看不出。權雖經之所不及，實與經不相悖。柳宗元謂「權者所以達經者也」。蓋經到那裏行不去，非用權不可濟。如君臣定位，經也。桀、紂暴横，天下視爲獨夫，此時君臣之義已窮，故湯、武征伐以通之，所以行權。男女授受不親，此經也。嫂溺不援，便是豺狼，故援之者所以通乎經也。用權須是地位高方可，但非可以常行。如太宗殺建成，是不當用權而用權；王、魏不死於建成而事太宗，是合守經而不守經。魏晉以下，皆於國統未絶而欺人孤寡，託爲受禪，是當守經而不守經，不當用權而用權者也。又如季札終於固遜而不肯立，卒自亂其宗國，是於守經中見義不精者也；張柬之等反正中宗，誅諸武而留一武三思，卒自罹慘禍，是於用權中見義不精者也。○雲峯胡氏曰：程子矯漢儒之弊，而謂權只是經。朱子謂經與權當有辨。無程子之説，則權變、權術之説可行於世矣；無朱子之説，則經權之辨則不復明於世矣。此其説不得不異也。先儒謂朱子每於程子之説，足其所未盡，補其所未圓，實有功於程子，愚於此亦云。

○「唐棣之華，偏其反而。豈不爾思？室是遠而。」棣，大計反。

唐棣，郁李也。朱子曰：此「唐棣」自是一篇《詩》，與今《常棣》詩別。《論語》及《召南》作「唐棣」，《爾雅》作「棠棣」，無作「常」者。而《小雅》「常」字亦無「唐」音。《爾雅》又云：「唐棣，棣。常棣，移。」❶則唐棣、常棣自是兩物，而夫子所引非《小雅》之《常棣》矣。**偏，《晉書》作「翩」。**或問「偏」之爲「翩」。朱子曰：非獨《晉史》爲然。《角弓》之《詩》，固有「翩其反矣」之句矣。**然則「反」亦當與「翻」同。言華**與「花」通。**之搖動也。而，助語也。此逸《詩》也。於六義屬興。**去聲。**上兩句無意義，但以**

❶「移」，四庫本、孔本作「棣」，合《爾雅·釋木》。然《爾雅·釋木》「唐棣棣」作「唐棣移」。

起下兩句之辭耳。其所謂「爾」，亦不知其何所指也。讀「反」爲「翻」，則「遠」字亦叶於圓反。○汪氏曰：韻書「移」下註云：「其華反向後合。《詩》云『翩其反而』。」據此讀如字亦可，尤與「遠」叶。

子曰：「未之思也。夫何遠之有？」夫音扶。

夫子借其言而反之。蓋前篇「仁遠乎哉」之意。○程子曰：「聖人未嘗言易去聲。**以驕人之志，**以爲易，則忽心生而驕。**亦未嘗言難以阻人之進，**以爲難，則畏心生而阻。**但曰『未之思也，夫何遠之有』。此言極有涵蓄，意思**去聲。**深遠。」**慶源輔氏曰：是理之在人，以爲易知乎，則精深微妙，未易可知也；以爲難知乎，則其在人之理本自不隱也。❶若言其易，則驕人之志，而不肯下堅苦之功；若言其難，則阻人之進，而遂生疑畏之意。但曰「未之思也，夫何遠之有」，則只是平鋪地道著，無一毫助長益生之意。所以極有含蓄，意思深遠。極有涵蓄者，該道體之微顯、進學者之工夫，皆寓其中；意思深遠者，令人涵泳之，但覺意味淵永，無有窮盡也。非聖人之言，疇克爾哉？○新安陳氏曰：逸《詩》所謂「爾思」，以思其人言；夫子所謂「未之思」，以思此理言。理之所在，思則得之，何遠之有？不思則不得，始見其遠耳。何以知「爾思」之爲思其人？以「室」字知之。但不知所謂「爾」者，指何人耳。然辭意婉而平和，無褻狎態。東坡以爲思賢之詩，亦或然也。

❶「在人」，《四書纂疏》、《四書通》作「天然」。

論語集註大全卷之十

鄉黨第十

楊氏曰：「聖人之所謂道者，不離去聲。平日用之間也。故夫子之平日一動一静，門人皆審視而詳記之。」尹氏曰：「甚矣，孔門諸子之嗜學也！於聖人之容色言動，無不謹書而備録之，以貽後世。今讀其書，即其事，宛然如聖人之在目也。雖然，聖人豈拘拘而爲之者哉？蓋盛德之至，動容周旋自中去聲。乎禮耳。學者欲潛心於聖人，宜於此求焉。」程子曰：《鄉黨》分明畫出一箇聖人。○朱子曰：《鄉黨》一篇自「天命之性」至「道不可須臾離」皆在裏面。許多道理皆自聖人身上迸出來。惟聖人做得甚分曉，故門人見之熟，是以記之詳。○《鄉黨》説聖人容色處，是以有事時觀聖人；説燕居申申夭夭處，是以無事時觀聖人。學者須知聖人無時無處而不然。○南軒張氏曰：此篇於夫子言語容貌、衣服飲食之際，察之精矣。聖人之道如是其高深也，茫然測度，懼夫泛而無進德之地，故即其著見之實而盡心焉。存而味之，則而象之。於此有得，則内外並進，體用不離，而具高深者可馴致矣。❶ ○慶源輔氏曰：聖人之道無精粗，無本末。大至於平天下治國家，立經陳紀，制禮作樂，小至於容貌辭色，一動一静，皆自此廣大心中流出。但愈細則愈密，愈近則愈實。故《鄉黨》一篇記聖人之容貌辭色如是之詳且悉者，止所以示聖學之正傳，以垂教於後世也。○問：「《鄉黨》一書盡言『孔子』，中間又言『君子』。朱子謂『君子』即孔子。何不便説『孔子』？」潛室陳氏曰：即孔子做底便是衆人合依底，故間稱「君子」。聖人以身爲教，故記者以教法書之。○雲峯胡氏曰：《鄉黨》形容夫子之一動一静，可得而直遂其辭者，曰必，曰不；不可得而直遂其辭者，曰如，曰似。其皆隨時變易，而無非道之所在者歟！

舊説凡一章，今分爲十七節。

孔子於鄉黨，恂恂如也，似不能言者。恂，相倫反。**恂恂，信實之貌。似不能言者，謙卑遜順，不以賢知**去聲。**先人也。鄉黨，父兄宗族之所在，故孔子居之，其容貌辭氣如此。**朱子曰：鄉黨不是不説，但較之宗廟朝廷爲不敢多説耳。○或問「恂恂」。曰：以《詩》、《書》訓詁考之，宜爲信實，然亦有温恭之意。○慶源輔氏曰：似不能言者，所以形容信實之意。大凡人纔信實，則言自簡默，況聖人之表裏如一者乎？謙卑遜順，不以賢智先人，即温恭之意。○吴氏曰：恂恂似不能言，信實在心而訥於發言之貌。人倫之序，自近達遠，由親及疎。家之

❶ 「致」，原作「到」，今據四庫本、孔本、陸本及宋張栻《癸巳論語解》卷五改。

外，則鄉黨矣。生於斯，長於斯，父兄宗族聚於斯，故夫子居之，其貌言如此。

其在宗廟朝廷，便便言，唯謹爾。朝，直遥反。下同。便，旁連反。

便便，辯也。宗廟，禮法之所在；朝廷，政事之所出。言不可以不明辯，總言。**故必詳問**據「入太廟，每事問」而言。在宗廟如此。**而極言之，**在朝廷如此。**但謹而不放爾。**吳氏曰：宗，尊也。尊奉之，故曰「宗」。宗廟、朝廷，皆謂魯也。**○此一節記孔子在鄉黨、宗廟、朝廷言貌之不同。**

胡氏曰：在宗廟而「明辯」，則可以識制度文物之精微，升降揖遜之委折；在朝廷而「明辯」，則上之所布者不悖於理，下之所受者不被其害。○厚齋馮氏曰：古人於言語所不能形容，輒以連綿字狀之。如《詩》之詠文王曰「穆穆」、「亹亹」、「雝雝」、「肅肅」，如見文王之德容心志也。此篇最工於形容。夫子之動容周旋，睟然於言辭之表見之。○雲峯胡氏曰：此篇記夫子之容貌言動。然紀動莫先於紀言，故首一節以言先之。夫子在鄉黨非不言而似不能言，在宗廟朝廷則當言必言而猶謹於言。言，心聲也。此心信實則訥而不發，此心謹慎，雖不訥而亦不輕發。信實謹慎，不足以言夫子之聖，而愈見夫子之所以聖。

○朝，與下大夫言，侃侃如也；與上大夫言，誾誾如也。侃，苦旦反。誾，魚巾反。

此君未視朝時也。胡氏曰：以下文「君在」互觀之，知此爲君未視朝時。既視朝則不當歷位而相與言矣。**《王制》：「諸侯上大夫卿。下大夫五人。」**胡氏曰：《王制》：「上大夫卿。」又云：「大國三卿，下大夫五人。」今合此二節以爲上大夫、下大夫之別也。上大夫曰卿。大國、次國、小國並下大夫五人。○厚齋馮氏曰：夫子仕魯，自下大夫爲上大夫。此當記爲下大夫之時。**許氏《說文》：**後漢許慎，字叔重，著《說文》。「**侃侃，剛直也。**」慶源輔氏曰：侃侃，謂能守理義而無所回屈。「**誾誾，和悦而諍也。**」朱子曰：下大夫位不甚尊，故言可得而直遂。上大夫前雖有所諍，須有含蓄不盡底意，不如侃侃之發露得盡也。○「和悦」則不失事上之恭，「諍」則又不失在己義理之正。○「和悦」終不成一向放倒了，到合當辨處，須辨始得。○内不失其事上之禮而外不至於曲從。如古人用這般字，不是只説字義，須是想象這意思是如此。如「恂恂」，皆是有此意思，方下此字。如《史記》云：「魯道之衰，洙泗之間，齗齗如也。」齗、誾字同。這正見「和悦而諍」意思。○北溪陳氏曰：先言「和悦」後言「諍」，和悦者，事長順也，諍則不詭隨矣。

君在，踧踖如也，與與如也。踧，子六反。踖，子亦反。與，平聲或如字。

君在，視朝也。踧踖，恭敬不寧之貌。與與，威儀中適之貌。南軒張氏曰：此君在位之時。在朝，在廟燕見，皆然也。○胡氏曰：「中」者不至於過，「適」者當其可。○慶源輔氏曰：「踧踖」二字皆從足，蓋心懼而立不寧也。「踧踖」雖是恭敬不寧，「與與」又却威儀中適，此所以爲聖人也。○新安陳氏曰：中適，得其中而且安適也。若作「中節」解，何不曰「適中」乎？**○張子曰：「與與，上聲。不忘向君也。」亦通。**勉齋黄氏曰：下大夫侃侃，接下以嚴；上大夫誾誾，事上以和。敬而「不忘向君」，忠敬之道備矣。○雙峯饒氏曰：「與與」作平聲讀者，威儀中適之貌。言雖恭敬不寧而威儀却皆從容中適，恭敬之中有和意也。作「如」字讀者，與之又與，「不忘向君」之意。踧踖，敬君之至也；與與，愛君之至也。敬有餘而愛不足則疎，愛有餘而敬不足則褻。聖人兩皆具足，蓋莫非中和氣象。○慶源輔氏曰：

「恭敬不寧」如此，而意又不忘「向君」，亦非聖人不能也。○**此一節記孔子在朝廷事上接下之不同也。**齊氏曰：君未視朝，則其待同列也或莊或和，所施各異；君既視朝，則其視君也，一於齊栗專篤而已。觀諸上下之間，而其辭貌各得其當可見矣。

○君召使擯，色勃如也，足躩如也。擯，必刃反。躩，驅若反。**擯，主國之君所使出接賓者。勃，變色貌；躩，盤辟貌。**辟音璧，與「躄」同。○盤辟，乃盤旋曲折之意。**皆敬君命故也。**慶源輔氏曰：擯，人主使之接賓。此見《儀禮》。所以接賓者，盡人主之禮意而欲賓之無違於禮也。勃如，顏色之變；躩如，容止之變。心敬于中則容變於外，自然之符也。聖人固未嘗不敬，但君命之臨則敬心愈至耳。

揖所與立，左右手，衣前後，襜如也。襜，赤占反。**所與立，謂同爲擯者也。擯用命數之半，如上公九命則用五人以次傳命。**《周禮·行人》，上公九介，侯伯七介，子男五介，各隨其命數。賓次於大門之外，主人使擯者出而請事。卿爲上擯，大夫爲承擯，士爲紹擯。主國之君，公則擯者五人，侯、伯四人，子、男三人，各用其命數之强半，下於賓，以示謙也。若其傳命之制，賓立於庫門之外，即大門。直闑西北面，介者以次立於西北東面，每介相去三丈六尺。主君出接，立於庫門之外，直闑西南面，擯者以次立於君之東南西面，每擯相去亦三丈六尺。末擯與末介相對，東西亦相去三丈六尺。主君命上擯請問來故，蓋雖知其來朝，不敢自許其朝己，恐其或爲他事而來，所以示謙也。上擯受君命而傳之承擯，迤邐傳至末擯，末擯傳至末介，末介以次繼傳，上至于賓。賓命上介復命，復以次傳之擯而達於主君。然後主君進而迎賓以入。○朱子曰：古者相見之禮，主人有擯，賓有介。賓傳命於上介，上介傳之次介，次介傳之末介，末介傳之末擯，末擯傳之次擯，次擯傳之上擯，上擯傳之主人，然後賓主方相見。○蔡氏模。曰：賓主各有副。賓副曰介，主副曰擯。**揖左人則左其手，揖右人則右其手。襜，整貌。**《周禮·春官·大宗伯》：「以九儀之命正邦國之位。壹命受職，始見命爲正吏，受職事。再命受服，受祭衣服，爲上士。三命受位，受下大夫之位。四命受器，受祭器，爲上大夫。五命受則，則者，法也，地未成國之名。王之下大夫四命，出封加一等。五命賜之以方百里、二百里之地者。方三百里以上爲成國。六命受官，子男入爲卿，治一官也。此王六命之卿賜官者，使得自置其臣，治家邑。七命賜國，王之卿六命，出封加一等者，就侯伯之國。八命作牧，侯伯有功德者，加命得專征伐於諸侯，爲一州之牧。九命作伯。」上公有功德者，加命爲二伯，得征五侯。九命者，長諸侯，爲方伯。○《秋官司寇·大行人》：「以九儀辨諸侯之命，等諸臣之爵，以同邦國之禮而待其賓客。九儀，謂命者五，公、侯、伯、子、男也；爵者四，孤、卿、大夫、士也。上公之禮，執桓圭九寸，冕服九章，介九人，禮九牢，擯者五人。諸侯之禮，執信圭七寸，信音身。冕服七章，介七人，禮七牢，擯者四人。諸伯執躬圭，其他皆如諸侯之禮。諸子執穀璧五寸，冕服五章，介五人，禮五牢，擯者五人。諸男執蒲璧，其他皆如諸子之禮。」○朱子曰：揖左人，傳命出；揖右人，傳命入也。○慶源輔氏曰：左右手，如賓自南而北，則居東者在賓之右而賓在其左，故用左手以揖賓；居西者在賓之左而賓在其右，故用右手以揖賓。如此，然後兩相向也。又曰：襜如，言其衣之前後襜如其齊整也。

趨進，翼如也。

疾趨而進，張拱端好，如鳥舒翼。慶源輔氏曰：凡人疾走則手易散，臂易掉。今「疾趨而進」，而「張拱端好，如鳥舒翼」，所謂「造次不違」者是也。

賓退，必復命曰：「賓不顧矣。」

紓音舒。**君敬也。**朱子曰：古者賓退，主人送出門外，設兩拜，賓更不顧而去。國君於列國之卿大夫亦如此。○新安陳氏曰：紓，緩也，解也。賓雖退，主君敬猶存。擯告「賓去不顧」，則主君之敬可緩解也。**○此一節記孔子爲**去聲。**君擯相**去聲。**之容。**問：「夾谷之會，孔子相禮，恐即擯相之相。」朱子曰：相自是相，擯自是擯。相是相禮儀，擯是傳道言語。故擯用命數之半，是以次傳說。○勉齋黃氏曰：色勃足躩，被命之初也；揖與趨進，行禮之際也；賓退，禮畢之後也：皆天理之節文所當然。至於揖之左右、衣之前後、手之翼如，皆禮文之至末者。聖人於此動容周旋，無不中禮，盛德之至也。

○入公門，鞠躬如也，如不容。

鞠躬，曲身也。公門高大而若不容，敬之至也。南軒張氏曰：入公門則改容而不敢少肆也。○慶源輔氏曰：高大則宜無所不容矣。今以眇然之身，入之如不容焉，則心小而敬謹可知矣。

立不中門。行不履閾。閾，于逼反。

中門，中於門也，謂當棖除庚反。**闑**倪結反。**之間，君出入處也。閾，門限也。禮，士大夫出入公門由闑右，不踐閾。**見《禮記》。**謝氏曰：「立中門則當尊，行履閾則不恪。」**克各反。○

朱子曰：棖，如今「衮頭」相似。闑，當中礙門者，今城門有之。古人常掩左扉，人君多出在門外見人。當棖闑之間，爲君位。〇或問「中門」之説。曰：疏云：「門中有闑，兩旁有棖。中門，謂棖闑之中。然則門之左右扉各有中，所謂『闔門左扉，立于其中』是也。」〇南軒張氏曰：立不中門，避所尊也；行不履閾，行以度也。非獨入公門爲然，特於此記之耳。〇雙峯饒氏曰：中間有闑，兩旁有棖。棖是大門兩旁之木，如今「壁尺」相似。闑是中間兩扉相合之處，又有一木常設而不動。東西兩扉各有中，君出入則皆由左，出則以東扉爲左，入則以西扉爲左。士大夫出入君門則皆由右，出以闑西爲右，入以闑東爲右。然雖由右，亦不敢正當棖闑之中，但挨闑旁而行，蓋避君出入處也。行既不敢當中，則立亦不可當中，故「立不中門」。〇吴氏曰：按《鄉黨》所記夫子之事有常禮者，有夫子所行不與他人同者。如「入太廟，每事問」，此夫子不與他人同者；如「立不中門，行不履閾」，此常禮也。

過位，色勃如也，足躩如也，其言似不足者。

位，君之虚位，胡氏曰：言「過」，則「虚」可知矣。**謂門屏**音丙。**之間，人君宁**仲吕反。**立之處，所謂「宁」也。**《禮記·曲禮下》：「天子當依上聲。而立，諸侯北面而見天子曰『覲』。天子當宁而立，諸公東面、諸侯西面曰『朝』。」依，狀如屏風，以絳爲質，高八尺，東西當户牖之間，綉爲斧文也。亦曰「斧依」。《爾雅》曰：「門屏之間謂之宁。」〇問：「『過位』註云：『君之虚位，謂門屏之間。』」朱子曰：如今人廳門之内，屏門之外，似《周禮》所謂「外朝」也。〇問：「『過位，色勃如也』，『位，謂門屏之間，人君宁立之處』。」曰：古今之制不同。今之朝儀，用秦制也。古者朝會，君臣皆立，故《史記》謂「秦王一旦捐賓客而不立朝」。君立於門屏之間。

屏者，乃門間蕭牆也，今殿門亦設之。三公九卿以下，設位於廷中，故謂之「三槐九棘」者。廷中有樹處，公卿位當其下也。○雙峯饒氏曰：天子至尊，何以立而不坐？曰：古無坐見臣下之禮。至秦尊君卑臣，始有君坐臣立之制。○門屏之間，謂治朝也。但天子外屏，其屏在路門外；諸侯内屏，其屏在路門内。則宁立之處，天子當在門外屏内，諸侯當在屏外門内，此爲不同爾。問：「屏制何如？」曰：樹小牆於當門，以蔽内外也。**君雖不在，過之必敬，不敢以虛位而慢之也。言似不足，不敢肆也。**

攝齊升堂，鞠躬如也，屏氣似不息者。齊音咨。

攝，摳驅侯反。**也。齊，衣下縫也。**縫，房用反。**禮，將升堂，兩手摳衣使去地尺，恐躡**尼輒反。**之而傾跌**音迭。**失容也。屏，**音丙。**藏也。息，鼻息出入者也。近至尊，「氣容肅」也。**

朱子曰：攝齊者，是畏謹，恐上階時踏着裳，有顛仆之患。○或問：「升堂攝齊，則手無所執歟？」曰：古者君臣所執五玉、三帛、二生、一死，皆以爲贄而已；笏則搢之，插於腰間，用以記事而已，不執以爲儀也。宇文周欲復古，乃不脩贄而執笏，於是攝齊鞠躬之禮廢。升堂而蹴齊者多矣。○胡氏曰：初則身如不容，次則言似不足，又次則氣似不息，君愈近則敬愈加也。至於舒氣解顏，若少放矣，而踧踖餘敬，久猶未忘。則聖人所以存心也，可見矣。○慶源輔氏曰：升則肅，降則舒，氣之有張弛也。○鼻息出入，人之所不能無也。但心敬則氣肅，其息微細，自不覺其出入，一似不息者也。○趙氏曰：古者諸侯之堂七尺，尺一級，使裳之齊去地尺，則升階不躡之也。○兩手摳衣去齊尺，出《記・曲禮上》；氣容肅，出《玉藻》篇，註云：「似不息。」

出，降一等，逞顔色，怡怡如也。没階，趨進，翼如也。復其位，踧踖如也。

陸氏曰：「『趨』下，本無『進』字。俗本有之，誤也。」○等，階之級也。逞，放也。漸遠所尊，舒氣解顔。怡怡，和悦也。没階，下盡階也。趨，走就位也。復位踧踖，敬之餘也。朱子曰：此是到末梢又加整頓。衆人末梢便撒了，聖人則始乎敬，終乎敬。問：「何以知『進』字爲衍文？」曰：降而盡階，則爲趨而退，不得復有「進」字。○南軒張氏曰：出降一等，色始舒也。没階翼如，復其位踧踖，始終以敬也。○此一節記孔子在朝之容。勉齋黄氏曰：此記在朝之容有五節。一入門，二過位，三升堂，四下階，五復位。○雲峯胡氏曰：始入門而如不容，其敬即已可見；至其出也，既怡怡而復踧踖，則其敬愈可見。故《集註》始以爲「敬之至」，末以爲「敬之餘」。○新安陳氏曰：此章當玩「入」與「出」字。自入以至出，始終一於敬也。

○執圭，鞠躬如也，如不勝。上如揖，下如授，勃如戰色，足蹜蹜如有循。勝，平聲。蹜，色六反。

圭，諸侯命圭。聘問鄰國，則使大夫執以通信。《周禮・冬官考工記》：❶「命圭九寸，謂之桓圭，公守之。命圭七寸，謂之信圭，侯守之。命圭七寸，謂之躬圭，伯守之。」命圭者，王所命之圭也。朝覲執焉，居則守之。子守穀璧，男守蒲璧，不言之者，闕耳。○《禮・郊特牲》云：「大夫執圭而使，所以申信也。」○朱子曰：圭

❶「工」，原作「功」，今據四庫本、陸本及《輯釋》改。

自是贄見通信之物。❶只是捧至君前而已，少間仍退還。○或問「命圭」。曰：古者諸侯受封，天子授之以圭，以爲瑞節。**如不勝，執主器，執輕如不克。**出《記·曲禮下》。**敬謹之至也。**慶源輔氏曰：一圭之重，能有幾何，豈有不勝之理？但敬謹之至，容儀一似不勝者耳。**上**上聲。**如揖，下如授，謂執圭平衡，手與心齊，高不過揖，卑不過授也。**問：「執圭『上如揖，下如授』，既曰『平衡』，而又有上下，莫是心與手齊，如步趨之間其手微有上下，但高不至過揖，下不至過授否？」朱子曰：得之。○上如揖，下如授，舊説謂「上階」之上，「下階」之下，亦好。但此方説升堂時其容如此，既升堂納圭於君前，即不復執之以下，故説做下堂不得，所以只用平衡之説言之。上下，謂執圭之高低也。○厚齋馮氏曰：太高則仰，太卑則俯。上下如此，則升降之間得其節矣。**戰色，戰而色懼也。**吴氏曰：臨事而懼，莫過於戰，故以「戰」喻。過位、使擯但言「色勃如」也，此加「戰」字，則莊而且懼矣。**蹜蹜，舉足促狹也。如有循，《記》所謂「舉前曳踵」，**之隴反。**言行不離**去聲。**地，如緣物也。**《禮·玉藻》：「執龜玉，舉前曳踵，蹜蹜如也。」踵，足後跟也。略舉前趾，拖曳後跟，行不離地也。○朱子曰：蹜蹜如有循，緣手中有圭，不得攝齊，亦防顛仆。

享禮，有容色；

---

❶「是」，原作「通」，今據《輯釋》、《語類》卷九一改。

享，獻也。既聘而享用圭璧，有庭實，新安陳氏曰：《記》曰：「庭實旅百，奉之以玉帛。」此云用「圭璧」，即「玉帛」之「玉」，與上文「執圭」不相妨。彼乃命圭也。有容色，和也。《儀禮》曰：「發氣滿容。」問「聘享」之禮。朱子曰：正行聘禮畢而後行享禮。聘是以命圭通信，少間仍舊退還命圭；享是獻其圭璧琮璜，非命圭也，皮幣輿馬之類，皆拜跪以獻。退而又以物獻其卿大夫。凡三四次方畢。所獻之物皆受，但少間別有物以回之。又問「庭實」。曰：皮幣輿馬皆陳於庭，故曰「庭實」。○問：「饗禮有容色，《儀禮》謂『發氣滿容』，何故如此？」曰：聘是初見時，故其意極於恭肅；既聘而享，則用圭璧以通信，有庭實以將其意，比聘時漸紓也。

私覿，愉愉如也。

私覿，以私禮見形甸反。也。愉愉，則又和矣。朱子曰：享禮，乃其君之信；私覿，則聘使亦有私禮物與所聘之國君及其大臣。○私覿，是所遣之大夫既以君命行聘享之禮畢，却行私禮參見他國之君也。○問：「私覿見於《聘禮》，孔子行之，而記禮者以爲非禮，何也？」曰：胡氏以爲若《聘禮》所記，孔子所行者，正也。當時大夫僭於邦君，於是乎有庭實旅百，如享禮然，則非匹矣。故《記》曰：「庭實旅百，何爲乎諸侯之庭？」此説是也。雲峯胡氏曰：非敬無以盡聘問之禮，非和無以通聘問之情。○新安陳氏曰：方聘則專於敬，既聘則漸而和。○此一節記孔子爲去聲。君聘於鄰國之禮也。勉齋黄氏曰：此章言出使，有三節。執圭，禮之正也，享禮則稍輕，私覿則又輕矣。故其容節之不同也如此。晁氏曰：「孔子定公九年仕魯，至十三年適齊，其間絶無朝音潮。聘往來之事。疑使擯、執圭

兩條，但孔子嘗言其禮當如此爾。」厚齋馮氏曰：據《左氏》、《史遷》所載，恐不無軼事。是書出於門人之親記，烏得而疑之？○雙峯饒氏曰：按《史記》定公十四年，孔子去魯適衛，無十三年適齊事，不知晁氏何據而云？以上數節必夫子朝見、擯、聘時，弟子隨從，見而記之。

○君子不以紺緅飾，紺，古暗反。緅，側由反。

君子，謂孔子。紺，深青揚赤色，齊側皆反。**服也。緅，絳色。三年之喪，以飾練服也。飾，領緣**俞絹反。**也。**問：「『緅以飾練服』，緅是絳色，練服是小祥後喪服，如何用絳色爲飾？」朱子曰：便是不可曉。此箇制度差異。絳是淺紅色。紺是青赤色，揚者，浮也，如今人「鴉青」也。○齊服用絳，三年之喪既朞而練其服，以緅爲飾。○雙峯饒氏曰：《集註》本古註說也。然《檀弓》云「練衣縓緣」，古註誤以縓爲緅，疑當闕。○新安陳氏曰：縓，取絹切。縓是淺絳色，緅則赤多黑少之色。古註以緅當縓，殊不相似。至於紺近齊服，考之註疏，亦無明證。要之二色皆似赤非赤，其色不正，故不用爲飾歟？

紅紫不以爲褻服。

紅紫，間去聲。**色，不正，且近於婦人女子之服也。**朱子曰：紅紫非正色。青、黃、赤、白、黑，五方之正色也；緑、紅、碧、紫、騮，五方之間色也。蓋以木之青克土之黃，合青、黃而成緑，爲東方之間色；以金之白克木之青，合青、白而成碧，爲西方之間色；以火之赤克金之白，合赤、白而成紅，爲南方之間色；以水之黑克火之赤，合赤、黑而成紫，爲北方之間色；以土之黃克水之黑，合黑、黃而成騮，爲中央之間色。**褻服，私居服也。言此，則不以爲朝**音潮。**祭之服可知。**朱子曰：自隋煬帝令百官以戎服從，一品賜紫，次朱，次青，後世遂爲朝服。然唐人朝服猶着禮服，京師士人行道間猶着衫帽。南渡後變爲白衫，後來變爲紫衫，皆戎服也。○南軒張氏曰：紺，齊服；緅，練服。不以飾，别嫌疑而重喪祭也。紅紫，間色，不以爲褻服，無時而不居正也。○慶源輔氏曰：朝祭之服，禮服也。○陳氏用之。曰：❶不以飾則不以爲服可知，不以爲褻服則不爲正服可知。○齊氏曰：後世朝祭，服緑、服緋、服紫，蓋不特制度盡變於拓拔魏，而其色已失其正矣。故《集註》有微意焉。

當暑，袗絺綌，必表而出之。

袗，單也。葛之精者曰絺，麤者曰綌。表而出之，謂先著陟略反。**裏衣，表絺綌而出之於外，欲其不見**形甸反。**體也。《詩》所謂「蒙彼縐絺」，是也。**新安陳氏曰：《詩傳》：「蒙，覆也。縐，絺之蹙蹙者。蒙謂加絺綌於褻衣之上，所謂表而出之也。」見《鄘風·君子偕老》篇。

緇衣，羔裘；素衣，麑裘；黄衣，狐裘。麑，研奚反。

緇，黑色。羔裘，用黑羊皮。麑，鹿子，色白。狐，色黄。衣以裼先的反。**裘，欲其相稱。**去聲。○朱子曰：緇衣羔裘，乃純用獸皮而加裏衣，如今之貂裘。○覺軒蔡氏曰：按邢氏云：「中衣外裘，皆相稱也。」緇衣羔裘之上，必用布衣爲裼。緇衣羔裘，是諸侯君臣日視朝之服也；素衣麑裘，視朔之服，卿大夫士亦然。受外國聘享，亦素衣麑裘。黄衣狐裘，則大蜡息民之祭服也。○胡氏曰：古者衣裘不欲

---

❶「氏」，《輯釋》無此字。

其文之著，故必加單衣以覆之。然欲其色之稱，《玉藻》所謂「羔裘，緇衣以裼之」是也。○厚齋馮氏曰：羔裘，朝服。鄭詩刺朝，晉詩刺在位，是也。麑裘，聘享之服，見《聘禮》。狐裘，蜡祭之服，見《郊特牲》。○新安陳氏曰：裘之上加單衣以袒裼見裘之美曰裼，加全衣重襲於裼衣上以充蔽其美曰襲。故《玉藻》曰：「裘之裼也，見美也；服之襲也，充美也。」

褻裘長，短右袂。

長欲其温。短右袂，所以便作事。趙氏曰：此私家所著之裘，長之者，主温也。袂是裘之袖。短右袂者，作事便也。

必有寢衣，長一身有半。長，去聲。

齊側皆反。主於敬，不可解衣而寢，又不可著陟略反。明衣而寢，故別有寢衣，其半蓋以覆足。程子曰：「此錯簡，當在『齊必有明衣，布』之下。」愚謂如此，則此條與明衣、變食既得以類相從，而褻裘、狐貉亦得以類相從矣。南軒張氏曰：程子云：「疑上文當連『齊』而言，故曰『必有』。」蓋齊日不用常日之寢衣，所以致其嚴也。長一身有半，因是而言寢衣之制也。○新安陳氏曰：齊寢不以衾，致嚴也。半以覆足，可寢不可行，專爲齊之寢衣而已。

狐貉之厚以居。

狐貉毛深温厚，私居取其適體。厚齋馮氏曰：《豳》詩云：「一之日于貉，取彼狐狸，爲公子裘。」則從古固然。居不厭溫，故取其厚者以爲燕服。若出，則以輕裘爲便也。

去喪，無所不佩。去，上聲。

君子無故，玉不去身。觿音攜。**礪之屬，亦皆佩也。**南軒張氏曰：異吉凶也，佩亦有所當佩。○慶源輔氏曰：凡佩玉，所以比德，固不可舍。其他如觿礪之屬，亦所當有事而不可闕者。故唯居喪則可去，去喪則無所不佩也。○覺軒蔡氏曰：按《玉藻》云：「古之君子必佩玉，右徵角，左宮羽。凡帶必有佩玉，唯喪則否。佩玉有衝牙。君子無故，玉不去身。君子於玉比德焉。孔子佩象環五寸而綦組綬。」此是明去喪則佩。但曰「無所不佩」，則又不止於玉爾。又按《內則》，子事父母，左右佩用：「左佩紛帨、刀、礪、小觿、金燧，右佩玦、捍、管、遰、大觿、木燧。」❶觿，貌如錐，以象骨爲之。礪，礱也。皆所以備尊者使令也。此是明「無所不佩」，但去喪之時恐不同子事父母之時爾。紛帨，拭物之巾也。觿之大小，以解大小結。金燧可取火於日。捍，謂拾也，言可以捍弦也。管，筆彄也。遰，刀鞞也。木燧，鑽火也。

非帷裳，必殺之。殺，去聲。

朝音潮。**祭之服，裳用正幅如帷，要**與「腰」同。**有襞**音璧。**積而旁無殺**所戒反。**縫。**房用反。**其餘若深衣，要半下，齊倍要，**齊音咨。**則無襞積而有殺縫矣。**問：「襞積，恐若今裙製近要有殺也。要半下，謂近要者狹，半於下面齊也。齊倍要，謂向下者闊，倍於上面要也。不知旁無殺縫如何？

❶「玦」，原作「佩」，今據四庫本、孔本、陸本及《輯釋》、《禮記·玉藻》改。

恐是深衣之制，裳下面是裁布爲之，近要者殺從其小以打半下之法，所以旁有殺縫也。」朱子曰：帷裳，如今之裙是也。襞積即是摺處耳。其幅自全，安得謂近要者有殺縫邪？○慶源輔氏曰：禮服取其方正，故裳用正幅。而人身之要爲小，故於要之兩旁爲襞積，即今衣摺也。○雙峯饒氏曰：要半下，取《深衣》篇「要縫半下」之語；齊倍要，取《玉藻》篇「縫齊倍要」之語。○胡氏曰：裳之如帷者，上衣之裳皆然。惟深衣則以布幅斜裁而易置之，下齊倍於要三之一，不爲襞積。○新安陳氏曰：深衣之裳，以布六幅，斜裁爲十二幅，三分之一皆在上，三分之二皆在下。要狹齊闊，要不用襞積而旁有斜裁之殺縫。惟朝祭之服帷裳用正幅者不殺之，非帷裳而如深衣者必殺之。殺，謂要殺於齊者一半也。

羔裘、玄冠不以弔。

喪主素，吉主玄。弔必變服，所以哀死。李氏曰：羔裘，朝服；玄冠，祭服：用之於吉，故不以弔。○南軒張氏曰：弔必變服，稱其情也。○胡氏曰：吉凶異服，故色之黑者不以弔。○慶源輔氏曰：誠於哀死，故內外如一也。

吉月，必朝服而朝。

吉月，月朔也。孔子在魯致仕時如此。李氏曰：《周禮》云「正月之吉」，又云「月吉，讀邦法」。皆因吉禮以別凶、賓、軍、嘉爾，所謂「月吉」也。○慶源輔氏曰：若未致仕時，乃常禮，有不必記。**○此一節記孔子衣服之制。**勉齋黃氏曰：古人衣服不苟如此。蓋衣，身之章也。輕用之，是輕其身也。後世朝祭之服皆不如古，而士君子之服，其色其制，無一合於禮矣。**蘇氏曰：「此孔氏遺書雜記曲**

禮，❶**非特孔子事也。**」朱子曰：前註「君子謂孔子」，此謂「非特孔子事」，二義兼存，以待學者之自擇。○南軒張氏曰：程子云：「孔子在魯致仕時，月朔朝也。」蓋雖致其事，而猶往月朔之朝，盡爲臣之恭也。○雲峯胡氏曰：此以前紀夫子之容貌，此後紀夫子之衣服飲食。容貌無一定之象，故以「如」字「似」字形容之，而「不」字僅二見焉；衣服飲食有一定之則，故但以「必」字「不」字直言之，而「如」字僅一見焉。○新安陳氏曰：吉月之朝，豈亦雜記曲禮乎？《孟子》曰「君子之戹於陳蔡之間」，君子，亦正謂孔子也。

○齊必有明衣，布。齊，側皆反。

齊必沐浴，浴竟即著陟略反。**明衣，所以明潔其體也。以布爲之。**明衣布，浴衣，見《玉藻》註。○陳氏用之。曰：明衣，以其致精明之德；用布，以其有齊素之心。**此下脱前章「寢衣」一簡。**

齊必變食，居必遷坐。

變食，謂不飲酒，不茹葷。朱子曰：不茹葷，是不食五辛。○今致齊有酒，非也。但禮中亦有「飲不至醉」之説。**遷坐，易常處也。**南軒張氏曰：變食、遷坐，蓋皆變易其常，致敬而不敢違寧也。○慶源輔氏曰：變食必致潔，❷遷坐以易常：君子致敬，無所不用其至也，豈簡細故、一思慮而已哉？○勉齋黄氏曰：或曰：「齊必有明衣，布」并所脱「寢衣」一簡當屬上章，「齊必變食，居必遷坐」當屬下章。則上章

---

❶「氏」，四庫本、孔本作「子」。

❷「必」，四庫本及《四書纂疏》作「以」。

言衣服，下章言飲食，似有倫理，當存之。○此一節記孔子謹齊之事。楊氏曰：「齊所以交神，故致潔明衣。變常變食、遷坐。以盡敬。」

○食不厭精，膾不厭細。食，音嗣。

食，飯也。精，鑿也。雲峯胡氏曰：鑿，通作「糳」，即各反。糲米一斛，舂米九斗。牛羊與魚之腥，聶而切之爲膾。《禮記・少儀》篇注云：「聶之爲言牒也。先藿葉切之，復報切之，則成膾。」《郊特牲》疏云：「先牒而大臠切之，而復報切之。」聶，《少儀》音之涉反，一音泥涉反。牒，《少儀》音直輒反。《郊特牲》註：「聶，本作攝，又作牒。皆之涉反。」食精則能養人，膾麤則能害人。不厭，言以是爲善，非謂必欲如是也。慶源輔氏曰：以是爲善，理也；必欲如是，欲也，其流則爲窮口腹之欲矣。

食饐而餲，魚餒而肉敗不食。色惡不食，臭惡不食。失飪不食，不時不食。「食饐」之食音嗣。饐，於冀反。餲，烏邁反。飪，而甚反。

饐，飯傷熱濕也。餲，味變也。魚爛曰餒，肉腐曰敗。色惡、臭惡，未敗而色臭變也。吳氏曰：餒自內出，敗自外入。臭，氣也。色惡、臭惡，廣言衆物。物壞而食，必害人。常人且謹，況聖人乎？或問：「聖人譏『恥惡食』者，何也？」曰：惡食，謂疏食菜羹之類，以其粗菲，故曰「惡」爾。非謂腐壞之物，不可食而食之也。飪，烹調生熟之節也。不時，五穀不成，果實未熟之類。此數者，皆足以傷人，故不食。《禮・王制》：「五穀不時，果實未熟，不粥於市。」物未成，不利人。粥，音育。○朱子曰：

不時不食，漢詔所謂「穿掘萌芽，鬱養强熟」之類。○慶源輔氏曰：「食饐」以下數者之不食，不使害於身也。

割不正不食，不得其醬不食。

割肉不方正者不食，造七到反。**次不離**去聲。**於正也。漢陸續之母，切肉未嘗不方，斷**音短。**葱以寸爲度。蓋其質美，與此暗合也。**《後漢·陸續傳》：續詣洛陽詔獄。明帝時，楚王英謀反，連及太守尹興。續時爲尹興掾，故坐就獄。續被掠考，肌肉消爛，終無異辭。母遠至京師，覘候消息。獄事特急，無緣與續相聞。母但作饋食，付門卒進之。續雖見考苦毒，而辭色慷慨，未嘗容易，唯對食悲泣，不能自勝。使者怪而問故。曰：「母來不得相見，故泣耳。」使者大怒，以爲獄門吏卒通傳意氣。續曰：「因食餉羹，識母自調和，故知來耳。非人告也。」使者問：「何以知母所作乎？」曰：「母切肉未嘗不方，斷葱以寸爲度，是以知之。」使者問諸謁舍，停主人之舍也。續母果來。於是陰嘉之。上書説續行狀，帝即赦興等事還里，禁錮終身。續以老病卒。**食肉用醬各有所宜，不得則不食，惡**去聲。**其不備也。**《禮記·内則》：「濡豚，包苦實蓼；濡，烹煮之，以汁調和也。以苦荼包豚，殺其惡氣。破開腹，實蓼其中，更縫合也。濡雞，醢醬實蓼；濡魚，卵醬實蓼；卵，鄭氏讀爲鯤。鯤，魚子也。以魚子爲醬。濡鼈，醢醬實蓼。魚膾，芥醬；麋腥，醢醬。」○朱子曰：醬非今所謂醬，如《内則》中數般醬，隨其所用而不同。○雙峯饒氏曰：當看「其」字。「其」是指其所食物而言。醬之爲品非一，飲食各有所宜。如食魚膾，宜用芥醬；食濡魚，用卵醬；食麋腥、濡雞、濡鼈，用醯醬，❶如《内則》所云是也。古之制飲食者，使人食某物則用某醬，必有意義。不是氣味相宜，必是相制。不得之則非特不備，食之亦必有害，故不食也。**此二者無害於人，但不以嗜味而苟食耳。**朱子曰：一言語，一動作，一飲食，都有是有非。是底便是天理，非底便是人欲。如孔子失飪不食，不時不食，割不正不食，無非天理；如口腹之人，不時也食，不正也食，失飪也食，便都是人欲，都是逆天理。

肉雖多，不使勝食氣。唯酒無量，不及亂。食音嗣。量，去聲。**食**如字。**以穀爲主，故不使肉勝食氣。**朱子曰：肉雖多，不使勝食氣。非特肉也，凡蔬果之類，皆不可使勝食氣。○北山陳氏曰：❷聞之老壽者言，人得元氣以生，穀氣以養，肉氣以輔。肉氣勝則滯穀氣，穀氣勝則滯元氣。元氣充行者壽。❸夫子不使多肉勝穀食氣者，養生之理當然也。**酒以爲**去聲。**人合懽，**《樂記》曰：「酒食者，所以懽合也。」**故不爲量，但以醉爲節而不及亂耳。程子曰：「不及亂者，非唯不使亂志，雖血氣亦不可使亂，但浹洽而已可也。」**慶源輔氏曰：酒以爲人合懽，而人之飲量各不同也，故不預爲之量而以醉爲節。雖以醉爲節，而又不及於亂。此亦聖人「從心所欲不

❶「醯」，原作「醢」，今據《四書通》及上文改。
❷「北」，依凡例及全書文例，當作「三」。
❸「充」，《輯釋》作「流」。

踰矩」之一端。○覺軒蔡氏曰：《集註》謂「以醉爲節」，或者猶過疑其或導人於醉也。殊不知「醉」字所以釋經文之「無量」，而繼之以「爲節」二字，而以「不及亂」承之，正所以戒人之溺於醉也。況《詩》中如「既醉如賓」之初筵，未嘗不言醉，但醉甚至於亂威儀，則爲失耳。所謂《集註》一字不可增減移易者，正謂此也。○胡氏曰：亂者，内昏其心志，外喪其威儀，甚則班伯所謂「淫亂之原，皆在於酒」是也。聖人飲無定量，亦無亂態。蓋「從心所欲不踰矩」，是以如此。○新安陳氏曰：無量不及亂，以夫子則可。程子是以「浹洽而已」爲限量，此學者所當法。學者當以有量學聖人之無量，否則恐致亂矣。

沽酒，市脯，不食。

沽、市，皆買也。恐不精潔，或傷人也。與不嘗康子之藥同意。

不撤薑食，

薑通神明，去上聲。穢惡，故不撤。《本草》云：「薑味辛微温，久服去臭氣，通神明。」

不多食。

適可而止，無貪心也。慶源輔氏曰：沽酒，市脯，不食，聖人衛生之嚴也；不撤薑食，聖人養生之周也；不多食，當食者不去，可食者不多，惟理是從，所欲不存也。

祭於公，不宿肉。祭肉不出三日，出三日，不食之矣。

助祭於公所得胙肉，歸即頒賜，不俟經宿者，不留神惠也。家之祭肉則不過三日，皆以分賜，蓋過三日則肉必敗而人不食之，是褻鬼神之餘也。但比君所賜胙可少緩耳。朱子曰：若出三日，則人將不食而厭棄之，非所以敬神惠也。○南軒張氏曰：公家之祭不宿肉，受神惠於公所，欲亟以及人也；家祭之肉不出三日，懼其或敗而起人之褻易，非事神之道也，故或出三日則寧不食焉。

食不語，寢不言。

答述曰語，自言曰言。新安陳氏曰：二字他處通用，此則有辨。○朱子曰：食對人，寢獨居，故即其事而言之。范氏曰：「聖人存心不他，當食而食，當寢而寢，言語非其時也。」楊氏曰：「肺爲氣主而聲出焉。寢食則氣窒而不通，語言恐傷之也。」亦通。《素問・五藏生成》篇：「諸脉者皆屬於目，諸髓者皆屬於腦，諸筋者皆屬於節，諸血者皆屬於心，諸氣者皆屬於肺。」肺藏主氣故也。○新安陳氏曰：范説主理，楊説主氣。范爲優，楊亦不可廢。

雖疏食菜羹，瓜祭，必齊如也。食音嗣。

陸氏曰：「《魯論》『瓜』作『必』。」新安陳氏曰：「瓜」字本《齊論》。然瓜即菜，意重，作「必」爲是。○古人飲食，每種上聲。各出少許，置之豆間之地，新安陳氏曰：古席地而坐，置豆於地，故置祭物於豆間之地。以祭先代始爲飲食之人，不忘本也。齊，嚴敬貌。孔子雖薄物必祭，其祭必敬，聖人之誠也。朱子曰：曰「必祭」則明無不祭之食也，曰「必齊如」則明無不敬之祭也。○此一節記孔子飲食之節。勉齋黄氏曰：飲食以養生，故欲其精；然亦能傷生，故惡其敗。至於失節縱欲，無不致其謹焉。聖人一念之微，莫非天理。學者不可以不戒也。**謝氏曰：「聖人飲食如此，非極口腹之欲，蓋養氣體不以傷生當如此。然聖人之所不食，窮口腹者或反食之，欲心勝而不暇擇也。」**慶源輔氏曰：養氣體不以傷生，聖人飲食之正也；窮口腹以快其欲，常人飲食之流也。

○席不正不坐。

謝氏曰：「聖人心安於正，故於位之不正者，雖小不處。」上聲。問：「『席不正不坐』，此是聖人之心純正，故日用間纔有不正處，便與心不相合，心亦不安。」朱子曰：聖人之心無豪釐之差。謂如事當恁地做時，便硬要恁地做。○慶源輔氏曰：形於外者，雖小不正不處，則存於中者密矣。○覺軒蔡氏曰：此句與「割不正不食」同。○葉少緼曰：席南鄉北鄉，以西方爲上，此以方爲正者也；有憂者側席而坐，有喪者專席而坐，此以事爲正者也。○吴氏曰：危坐爲跪，安坐爲居，凡禮坐皆謂跪也。○雲峯胡氏曰：此曰「不正不坐」，後曰「必正席」。一席之微，亦致嚴於「不」與「必」之二字。聖人之心，無不正也。

○鄉人飲酒，杖者出，斯出矣。

杖者，老人也。六十杖於鄉，未出不敢先，既出不敢後。《禮·王制》：「五十杖於家，六十杖於鄉，七十杖於國，八十杖於朝，九十者，天子欲有問焉，則就其室，以珍從。」○慶源輔氏曰：鄉黨尚齒，故其出視老者以爲節。

鄉人儺，朝服而立於阼階。儺，乃多反。

儺，所以逐疫。《周禮》方相氏掌之。《夏官》：「方相氏，掌蒙熊皮、黃金四目、玄衣朱裳，執戈揚盾，方相，猶言「放想」，如今「魌頭」是也。帥與「率」同。百隸「隸」同。而時難，「儺」同。以索室敺疫。」以索室中疫鬼而驅逐之也。**阼階，東階也。儺雖古禮而近於戲，亦朝服而臨之者，無所不用其誠敬也。或曰：恐其驚先祖五祀之神，欲其依己而安也。**問：「子孫之精神即祖考之精神，故祖考之精神依於己。若門庭户竈之屬，吾身朝夕之所出處，則鬼神亦必依己而存。」朱子曰：一家之主則一家之鬼神屬焉，諸侯守一國則一國之鬼神屬焉，天子有天下則天下鬼神屬焉。看來爲天子者，這一箇神明是多少大，如何有些子差忒得？若縱欲無度，天上許多星辰，地下許多山川，如何不變怪？○問：「『鄉人儺』，古人此禮節目不可考。想模樣亦非後世俚俗之所爲者。」曰：《後漢志》中有此，想亦近古之遺法。○厚齋馮氏曰：《禮·郊特牲》云：「鄉人裼，音傷。夫子朝服立於阼，存室神也。」以其達陽氣，故裼於文從示從昜。以逐疫去難，故儺於文從人從難。蓋鄉人之意主於逐疫，而先王制禮不禁，因以達陽氣也。裼儺，通稱也。儺出於鄉俗，其事幾於戲矣，而儼然朝服以立于阼階，外示其敬，而鄉人亦知所止，不敢升階以驚室神，神亦得以依己而安也。**○此一節記孔子居鄉之事。**

○問人於他邦，再拜而送之。

拜送使去聲。**者，如親見之，敬也。**朱氏曰：❶古人有此禮。遣使問人於他邦，則主人從背後拜而

---

❶「氏」，陸本作「子」。按，引文見《語類》。

送之。❶ ○慶源輔氏曰：使者，所以將我之命。往見其人，拜而送之，則如親見其人矣。不以遠而廢敬也。

康子饋藥，拜而受之。曰：「丘未達，不敢嘗。」

范氏曰：「凡賜食，必嘗以拜。藥未達則不敢嘗，受而不飲則虛人之賜，故告之如此。然則可飲而飲，不可飲而不飲，皆在其中矣。」朱子曰：古者賜之車則乘以拜，賜之衣服則服以拜，賜之飲食則嘗而拜之。蓋今未達，故不敢拜而嘗耳。已而達焉，則可飲而飲，不可飲而不飲，皆在其中矣。**楊氏曰：「大夫有賜，拜而受之，禮也；未達，不敢嘗，謹疾也；必告之，直也。」**南軒張氏曰：於此一事之間而得三善焉。○胡氏曰：孟子謂大夫有賜於士而得受於其家，此必拜其賜之禮也。「未達」者，所用之品、所療之病皆不知也，一有不宜則疾生焉。聖人謹疾，不敢嘗也，受之以禮而告之以實。○龜山楊氏曰：君子之治心養氣、接物應事，唯直而已。直則無所事矣。康子饋藥，孔子既拜而受之矣，乃曰「丘未達，不敢嘗」，此疑於拂人情。然聖人慎疾，豈敢嘗未達之藥？既不敢嘗，則直言之。**○此一節記孔子與人交之誠意。**

○廄焚。子退朝，曰：「傷人乎？」不問馬。

---

❶ 「主」，原作「王」，今據四庫本、孔本、陸本及《輯釋》、《語類》卷三八改。

非不愛馬，然恐傷人之意多，故未暇問。蓋貴人賤畜，許六反。**理當如此。**南軒張氏曰：「仁民」、「愛物」，固有間也。方退朝始聞之時，惟恐人之傷，故未暇及於馬耳。○邢氏曰：孔子家廐也，以退朝知之。○吴氏曰：廐焚問馬，人之常情。聖人恐人救馬而傷，故問人傷否而已，更不問馬。記之所以示教。《雜記》、《家語》皆載此事。《家語》云國廐，恐非。國廐則馬當問，路馬則又重矣。

○君賜食，必正席先嘗之。君賜腥，必熟而薦之。君賜生，必畜之。

食恐或餕音俊。**餘，故不以薦。**《曲禮》曰：「餕餘不祭。」**正席先嘗，如對君也。言「先嘗」，則餘當以頒賜矣。**或問：「『不正不坐』，豈必賜食而後正之？」朱子曰：席固正矣，至此又正，以爲禮也。《曲禮》「主人請入爲席」矣，賓既升，又「跪正席」。豈先爲不正之席，至此然後正之哉？蓋敬慎之至耳。○雙峯饒氏曰：賜食有親，當先以奉親。夫子先嘗，時已孤故也。**腥，生肉。熟而薦之祖考，榮君賜也。畜**許六反。**之者，仁君之惠，無故不敢殺也。**慶源輔氏曰：所賜既殊，所處亦異。如鑑照形，毫釐不差：聖人之時中也。

侍食於君，君祭，先飯。

《周禮》：「王日一舉，古註云：殺牲盛饌曰舉。每日一番盛饌也。**膳**時戰反。**夫授祭，**飲食必祭，授王所祭之物。**品嘗食，**每品物皆先嘗之，示無毒也。**王乃食。」故侍食者，君祭則己不祭而先飯，若爲**去聲。**君嘗食然，不敢當客禮也。**南軒張氏曰：禮，賜之食而君客之，則命之祭然後祭。

今於君之祭，已則先飯，恐君之客己也。必先飯者，以食爲先也。

疾，君視之，東首，加朝服，拖紳。 首，去聲。拖，徒我反。

東首，以受生氣也。 新安陳氏曰：天地生氣始於東方。**病卧不能著**陟略反。**衣束帶，又不可以褻服見君，故加朝服於身，又引大帶於上也。** 問：「疾，君視之方東首，常時首當在那邊？《禮記》自云寢常當東首矣，平時亦欲受生氣，恐不獨於疾時爲然。」朱子曰：常時多東首，亦有隨意卧時節。如《記》云「請席何向，請衽何趾」，這見得有隨意向時節。然多是東首，故《玉藻》云「居常當户，寢常東首」也。常寢於北牖下，君問疾，則移於南牖下。○南軒張氏曰：雖不能興，不忘恭也。○雙峯饒氏曰：君未視疾，容有隨意所適者。但君視，則必正東首之禮。○慶源輔氏曰：一息尚存，不敢廢禮，况有疾而君視之乎？加朝服拖紳，蓋禮之變也，亦禮之宜也。然亦必病不能支，方可如此。

君命召，不俟駕行矣。

急趨君命，行出而駕車隨之。○此一節記孔子事君之禮。

○入太廟，每事問。

重平聲。出。

○朋友死，無所歸，曰：「於我殯。」

朋友以義合。死無所歸，不得不殯。 胡氏曰：朋友，人倫之一。其死也，無父族、母族、妻族，無旁親主之，是「無所歸」也。爲朋友者不任其責，則轉於溝壑而已。故曰「於我殯」。此節獨記一「曰」字，必嘗有是事，人莫知所處而夫子有是言也。古者三日而殯，三月而葬。但曰「殯」而不曰「葬」，則其親者在遠，必訃告之未及故也。○吴氏曰：殯於堂曰「殯」，瘞於野曰「葬」。殷人殯於兩楹之間，周人殯於西階之上。此殯蓋有館於夫子者，故死而就使殯於其館耳。《檀弓》曰：「賓客至，無所館。夫子曰：『生於我乎館，死於我乎殯。』」

朋友之饋，雖車馬，非祭肉，不拜。

朋友有通財之義，故雖車馬之重不拜。祭肉則拜者，敬其祖考同於己親也。 新安陳氏曰：車馬不拜，義也；祭肉必拜，禮也。**○此一節記孔子交朋友之義。** 雲峯胡氏曰：此節《集註》於「義」之一字凡三見之。朋友既「以義合」，當殯而殯，義也；當饋而饋，亦義也。義所當爲不可辭，義所當受不必拜。

○寢不尸，居不容。

尸，謂偃卧似死人也。居，居家；容，容儀。范氏曰：「寢不尸，非惡去聲。**其類於死也，惰慢之氣不設於身體，雖舒布其四體，而亦未嘗肆耳；居不容，非惰也，但不若奉祭祀、見賓客而已，『申申、夭夭』是也。」** 慶源輔氏曰：容儀，謂奉祭祀、見賓客之容貌威儀也。然居家亦自有居家之容，所謂「申申、夭夭」是也，但不若奉祭祀、見賓客之極乎莊敬耳。聖人德盛仁熟，雖寢與居亦有常則也。○厚齋馮氏曰：寢，所以休息，易於放肆也，放肆則氣散而神不聚；居，所以自如，無事乎容儀也，爲容則體拘而氣不舒。蓋寢而尸則過於肆，居而容則過於拘，二者皆非養心之道。

見齊衰者，雖狎必變；見冕者與瞽者，雖褻必以貌。

狎，謂素親狎；褻，謂燕見。貌，謂禮貌。餘見形甸反。前篇。南軒張氏曰：狎，謂與習熟者；褻，謂見之頻數者。○洪氏曰：雖少必作，過之必趨，謂不相識者也；雖狎必變，雖褻必以貌，謂素所親比者也。

凶服者式之。式負版者。

式，車前横木，有所敬則俯而憑之。負版，持邦國圖籍者。式此二者，哀有喪，重民數也。人惟萬物之靈，而王者之所天也。《前漢書》：酈食其音異基。曰：「王者以民爲天，民以食爲天。」天者，人資而生者也。故《周禮》「獻民數於王，王拜受之」。况其下者，敢不敬乎？《周禮·秋官》：「司民，掌登萬民之數，自生齒以上皆書於版。男八月，女七月而生齒。版，今户籍也。歲登下其死生。及三年大比，以萬民之數詔司寇，司寇獻其數于王，王拜受之，登于天府。」

有盛饌，必變色而作。

敬主人之禮，非以其饌也。慶源輔氏曰：變色而作，謂改容而起以致敬也。○新安陳氏曰：主敬客，故爲設盛饌；客敬主，故變色而作，若不敢當也。怡然當之，則爲不敬，不知禮矣。

迅雷風烈，必變。

迅，疾也；烈，猛也。必變者，所以敬天之怒。《詩》變《大雅・板》篇曰：❶「敬天之怒。」《記》曰：「若有疾風迅雷甚雨，則必變。雖夜必興，衣服冠而坐。」問：「有終日之雷、終夜之雨，如何得常如此？」朱子曰：固當常如此，但亦主於疾風迅雷甚雨。若平平底風雨，也不消如此。問：「當應接之際，無相妨否？」曰：有事，也只得應。○王氏曰：迅雷風烈，天之威也。天子當自察於天下，諸侯卿大夫當自察於國，士庶人當自察於身：恐懼修省，何可已哉？○此一節記孔子容貌之變。

○升車，必正立執綏。

綏，挽以上上聲。車之索也。范氏曰：「正立執綏，則心體無不正而誠意肅恭矣。蓋君子莊敬無所不在，升車則見形甸反。於此也。」慶源輔氏曰：正立則身不偏倚，執綏則不忘有事。范氏所謂「心體無不正而誠意肅恭」者得之。○新安陳氏曰：古人乘車必立，惟老人安車則坐，婦人亦坐。

車中不內顧，不疾言，不親指。

內顧，回視也。禮曰：「顧不過轂。」三者皆失容且惑人。問「車中不內顧」一章。朱子曰：「立視五巂，式視馬尾」，蓋「巂」是車輪一轉之地。車輪高六尺，圍三徑一，則闊丈八，五轉則正爲九丈矣。立視雖遠，亦不過此。○南軒張氏曰：三者非獨恐其惑衆也，蓋以其非在車之容故耳。○覺軒蔡氏曰：

---

❶「變」，四庫本、孔本、陸本作「之」。

《曲禮》篇：「車上不廣欬，不妄指。立視五巂，式視馬尾，顧不過轂。」正義曰：「車上不廣欬者，欬，聲也。廣，弘大。車高大也，欬以驕矜，又驚衆也。不妄指者，妄，虛也。在車上無事忽虛以手指，亦爲惑衆也。顧不過轂者，車轂也。轉頭不得過轂，❶過轂則掩人私也。」此三句正與此篇相合。○此一節記孔子升車之容。新安陳氏曰：大夫得乘車，觀瞻所係。夫子謹之，非勉而能。蓋「動容周旋」，自「中」乎「禮」，其見於乘車者如此。

○色斯舉矣，翔而後集。言鳥見人之顔色不善則飛去，回翔審視而後下止。人之見幾平聲。而作，審擇所處，上聲。亦當如此。程子曰：色斯舉矣，不至悔吝；翔而後集，審擇其處。○南軒張氏曰：色斯舉矣，炳先見於幾微也；翔而後集，從容審度而後處之也。如是則悔吝何從生乎？然此上下必有闕文矣。胡氏曰：上不知爲何人之言，下不知爲何事而發，故以爲有闕文也。

曰：「山梁雌雉，時哉時哉！」子路共之。三嗅而作。共，九用反，又居勇反。嗅，許又反。邢氏曰：邢氏，名昺，濟陰人。「梁，橋也。時哉，言雉之飲啄得其時。子路不達，以爲時物而共具之；共，九用反。孔子不食，三嗅其氣而起。」晁氏曰：「石經『嗅』作『戛』，謂雉鳴

❶「轉」，原作「轎」，今據四庫本、孔本、陸本及《禮記注疏·曲禮上》改。

也。」劉聘君曰：「『嗅』當作『狊』，❶古闃反，闃，古璧反。張兩翅也。見形甸反。《爾雅》。」愚按，如後兩説，則「共」居勇反。字當爲「拱執」之義。然此必有闕文，不可强上聲。爲之説。姑記所聞，以俟知者。《爾雅・釋獸》須屬：「獸曰釁，許靳反。獸之自奮迅動作名「釁」。人曰撟，紀小反。人之罷倦，頻伸夭撟，舒展屈折，名撟。魚曰須，魚之鼓動兩頰，若人之欠須，導其氣息者，名「須」。鳥曰狊。」鳥之張兩翅，狊狊然搖動者，名「狊」。此皆氣倦體罷，所須若此，故題云「須屬」也。○慶源輔氏曰：退當見幾，進當審義。○西山真氏曰：色斯舉矣，去之速矣。衛靈公問陳而孔子行，魯受女樂而孔子去，即此義也。翔而後集，就之遲也。伊尹俟湯三聘而後幡然以起，大公、伯夷聞文王善養老而後出，即此義也。古人所謂「三揖而進，一辭而退」，雖相見會聚之間，猶謹諸此，况「仕止久速」之際乎？賈誼賦所謂「鳳縹縹而高逝兮，夫固自引而遠去」，此即「色斯舉矣」之意；又曰「鳳凰翔于千仞兮，覽德輝而下之」，此即「翔而後集」之意。後世如漢穆生以楚王戊不設醴而去，諸葛武侯必待先主三顧而後從之，皆有得乎此者。○新安陳氏曰：此章文義略不順而意亦可通。色舉、翔集即謂雉也。夫子見雉如此，曰：「此山橋邊之雌雉，其見幾而舉，詳審而集，時哉時哉！」蓋謂時當飛而飛，時當下而下，皆得其時也。子路不悟，以爲時物，取雉供之。夫子不食，三嗅而起，聖人寬洪不直拒人也。雉，一禽耳，去就猶得其時如此，君子之去就，何可不得其時哉？若移「山梁雌雉」一句冠於此章之首，則辭意似尤明云。○蔡氏曰：士之脩於身，行乎族里者，至鄉黨而備；

---

❶「狊」，原作「臭」，今據《爾雅注疏・釋獸》改。下同逕改，不一一出校。

立乎朝，行乎天下者，自鄉黨而出。此篇所係，不亦重乎？夫子，萬世之標準也。父兄宗族之間，君臣朋友之際，莫不曲盡其道。非屑屑於是也，蓋其一理渾然而泛應曲當。人見其動容周旋無不中禮，一言語一容貌一舉動無不盡其道者，當知其德盛禮恭，自不期而合也。告曾子「一貫」之説，與此篇相發明。學者可不思學孔子以自立於鄉黨哉？

論語集註大全卷之十一

先進第十一

此篇多評弟子賢否。凡二十五章。厚齋馮氏曰：此篇多評弟子賢否，故以次於夫子言動之後。○趙氏曰：評其賢則能者勸，評其否則不能者勉，無非教也。然此篇稱賢者三倍於否，亦足以見賢之衆矣。胡氏曰：「此篇記閔子騫言行去聲。者四，而其一直稱『閔子』，疑閔氏門人所記也。」

子曰：「先進於禮樂，野人也；後進於禮樂，君子也。

先進、後進，猶言「前輩」、「後輩」。野人，謂郊外之民；君子，謂賢士大夫也。程子曰：「先進於禮樂，文質得宜，今反謂之質朴而以爲『野人』；後進之於禮樂，文過其質，今反謂之彬彬而以爲『君子』。蓋周末文勝，故時人之言如此，不自知其過於文也。」朱子曰：禮樂只是一箇禮樂，用得自不同。如升降揖遜，古人只是誠實行許多威儀，後人便忒好看；古人只正容謹節，後人便近於巧言令色；如古樂雖不可得而見，只如誠實底人彈琴便雍容平淡，自是好聽，若弄手弄脚，譔出無限不好底聲音，只是繁碎耳。○問：「此『禮樂』，還説宗廟朝廷以至州閭鄉黨之禮樂？」曰：也不止是這般禮樂。凡日用之間一禮一樂，皆是禮樂。只管文勝去如何合殺？須有箇變轉道理。

「如用之，則吾從先進。」

用之，謂用禮樂。孔子既述時人之言，又自言其如此，蓋欲損過以就中也。慶源輔氏曰：時俗易得逐流而徇末，聖人常欲損過以就中。聖人之所以轉移時俗者，其過化存神之妙雖未易窺測，至於損過就中之用則有不可易者。○問：「孔子從先進，是夫子無取於文也。然『周監於二代，郁郁乎文』，夫子又從之，何耶？」潛室陳氏曰：從先進，是夫子欲復文、武、周公之舊，即「從周」也。文必以周公之舊方可從，周末文弊已不足爲文矣。從周者，三代損益之勢當然；從先進者，周末文弊救之當然：並行不悖。○問：「夫子用禮樂而從先進，是欲崇質耶，抑欲文質之得中耶？」雙峯饒氏曰：聖人之道，無適不中。用禮樂而從先進，在當時則爲崇質，在理則爲適中。○新安陳氏曰：文、武、周公監夏殷之禮而損益之，夫子稱曰「郁郁乎文」，蓋謂其文質得中，即彬彬之文也。此周盛時之文，即先進之所從事者。此章「從先進」之云，正是厭周末之文過其質而欲從周盛時文質得中，與「從周」之言初不相妨而可互相發。從周，正是欲從先進耳。

○子曰：「從我於陳蔡者，皆不及門也。」從，去聲。

孔子嘗厄於陳、蔡之間，弟子多從之者。此時皆不在門，故孔子思之。蓋不忘其相從於患難去聲。**之中也。**

「德行：顏淵，閔子騫，冉伯牛，仲弓；言語：宰我，子貢；政事：冉有，季路；文學：子游，子夏。」

弟子因孔子之言，記此十人，問：「何以知其爲弟子所記？」朱子曰：吴氏《例》云：「凡稱名者，夫子之辭，或弟子師前相謂之辭。稱字者，弟子自相謂之辭，或弟子門人之辭。」或以此章盡爲夫子所言者，考之不審也。**而并目其所長，分爲四科。孔子教人，各因其材，於此可見。**朱子曰：德者，行之本。君子以成德爲行。言德，則行在其中。德行，是兼内外、貫本末全體底物事。那三件，各是一物見於用者也。○問：「德行不知可兼言語、政事、文學否？」曰：當就逐項上看。如顏子之德行固可以備，若他人，固有有德行而短於才者。○問四科之目。曰：德行者，潛心體道，默契於中，篤志力行，不言而信者也。言語者，善爲辭令者也。政事者，達於爲國治民之事者也。文學者，學於《詩》、《書》、禮、樂之文而能言其意者也。夫子教人，使各因其所長以入於道，然其序則必以德行爲先。誠以躬行實造，具體聖人，學之所貴尤在於此，非若三者各爲一事之長而已也。○勉齋黄氏曰：四科之目，因其所得而稱之，舉其最優者爲言也。○雙峯饒氏曰：聖門之教有大綱領，有小條目。小條目如長於政事者與言政事，長於文學者與言文學是也，如今人能文者告之以作文之法，曉事者告之以處事之法，此是各因其材。然本領不正，能文者無緣做得好文章，曉事者無緣做得好政事，又須示之以大綱領，使之治心脩身，從本領上做將來。**○程子曰：「四科乃從夫子於陳蔡者爾，門人之賢者固不止此。曾子傳道而不與**音預。**焉，故知『十哲』，世俗論也。」**慶源輔氏曰：夫子之門如此十人者，固高矣。然受業身通者凡七十人，則豈獨此十人可名爲「哲」哉？故程子引曾子以爲證而斷「十哲」爲「世俗之論」，所以教學者使求於聖人之門不止此十人也。○新安陳氏曰：曾子，皙之子，是時尚少，不得與陳、蔡之從，故不在列。又如有若雖賢，亦以不從此行而不在列焉。○雲峯胡氏曰：德行，即孟子所謂「有成德者」；言語、政事、文學，即孟子所謂「有達才者」。然孟子於「成德」之上有「如時雨化之者」，《集註》所謂「顏、曾」是也。於此見《論語》「四科」不過門人所記，而孟子「五教」又能發門人之所未發。

○子曰：「回也，非助我者也。於吾言無所不說。」音悦。

助我，若子夏之「起予」，因疑問而有以相長上聲。**也。顏子於聖人之言，默識心通，**釋「悦」字。**無所疑問，**釋「非助」字。**故夫子云然。其辭若有憾焉，其實乃深喜之。○胡氏曰：「夫子之於回，豈真以助我望之？蓋聖人之謙德，又以深贊顏氏云爾。」**慶源輔氏曰：聖人之心，義理昭融，固不因人之問而後有所知，亦不以人之不問而遂有所疑，顧豈有待於學者之助哉？然疑而問，問而益得以發其精微，若子夏之「起予」，則亦不能無也。○胡氏曰：以「非助我」而言，似有不足於顏子之意；謂其「無所不説」，則凡精凡粗，若巨若細，莫不懽然領受而畧無毫髮之疑矣。○厚齋馮氏曰：夫子固無待於助，然於事物之理因人之疑問而遂得以發明之，是亦「助」也。○新安陳氏曰：如「終日不違」、「語之不惰」，皆「無所不説」之驗。

○子曰：「孝哉，閔子騫！人不間於其父母昆弟之言。」間，去聲。

胡氏曰：「父母兄弟稱其孝友，人皆信之無異辭者，蓋其孝友之實，有以積於中而著於外。

故夫子嘆而美之。」吴氏曰：夫子於弟子未嘗稱字，此或集語者之誤。○勉齋黄氏曰：父母昆弟之言或出於私情，人無所非間於其言，是爲公論。夫子所以稱之。○慶源輔氏曰：父母昆弟稱其孝友者，固有之矣。然或溺於愛，蔽於私，則誠否未可知也。至於人皆信之，無有間言，則誠著而德彰矣。○胡氏曰：按《韓詩外傳》，閔子早喪母，父再娶，生二子。繼母獨以蘆花衣子騫。父覺之，欲逐其妻。子騫曰：「母在一子寒，母去三子單。」母得免逐。其母聞之，待之均平，遂成慈母。今誦其言，藹然惻怛之意溢於詞表，故内則有以孚其家，外則有以孚於人。自内及外，無有異詞也。○雲峯胡氏曰：孔門豈獨閔子爲孝而夫子獨稱之？他人之孝，處人倫之常；閔子之孝，處人倫之變。處變而不失其常，此夫子所以稱之歟？○新安陳氏曰：夫子惟稱其孝，《集註》兼及於「友」者，蓋「友于兄弟」，就昆弟之言見其友也。《詩》曰：「兄弟既翕，和樂且湛。」子曰：「父母其順矣乎！」蓋孝、友一理。孝者必友，不友則非孝矣。只觀「三子單」之語，友之實可見。「間」字不必訓非，只訓別異，自明白。外人稱之不異於父母兄弟之言，非孝友之實，積中著外，能如是乎？夫孝，德之本也。人之行莫大於孝。閔子以德行稱亞於顔子，宜哉！

○南容三復「白圭」。孔子以其兄之子妻之。三「妻」，並去聲。

《詩》，《大雅·抑》之篇曰：「白圭之玷，丁忝、丁念二反。**尚可磨也；斯言之玷，不可爲也。」南容一日三復此言，事見**形甸反。**《家語》。蓋深有意於謹言也。**《家語·弟子行》篇云：「獨居思仁，公言仁義。其於《詩》也，則一日三復『白圭之玷』，是宫縚之行也。孔子信其能仁，以爲異士。」○朱子曰：南容三復「白圭」，不是一旦讀此，乃是日日讀之，玩味此《詩》而欲謹於言行也。**此「邦有道所以**

不廢，邦無道所以免禍」，故孔子「以兄子妻之」。此是合《公冶長》篇「子謂南容」章解之。〇范氏曰：「言者行去聲。下同。之表，行者言之實。未有易去聲。其言而能謹於行者。南容欲謹其言如此，則必能謹其行矣。」雙峯饒氏曰：表與裏對，實與華對。言爲表而行爲裏，行爲實而言爲華，各舉其一以互見。免於刑戮，只是不以輕言妄動取禍；若當言而言，雖箕子之囚、比干之死，豈容苟免？

〇季康子問：「弟子孰爲好學？」孔子對曰：「有顔回者好學，不幸短命死矣。今也則亡！」范氏曰：「哀公、康子問同而對有詳畧者，臣之告君，不可不盡；若康子者，必待其能問乃告之，此教誨之道也。」詳見《雍也》篇「不遷怒」章。〇慶源輔氏曰：聖人一言之間，輕重之等，則有截然不可亂者。

〇顔淵死，顔路請子之車以爲之椁。顔路，淵之父，名無繇。音由。少去聲。孔子六歲，孔子始教而受學焉。椁，外棺也。請爲椁，欲賣車以買椁也。

子曰：「才不才，亦各言其子也。鯉也死，有棺而無椁。吾不徒行以爲之椁，以吾從大夫之後，不可徒行也。」

鯉，孔子之子伯魚也。先去聲。孔子卒。言鯉之才雖不及顔淵，然已與顔路以父視之，則

皆子也。孔子時已致仕，尚從大夫之列，言「後」，謙辭。問：「以弟子之年考之，則回之死先於鯉，故有以鯉也爲夫子之設言者信乎？」朱子曰：以人情言之，不應如此。且王肅信《家語》最篤，而亦以此爲年數之錯誤，今安得固守而必信之乎？○南軒張氏曰：聖人正大之情，天地之情也。鯉雖不可以並淵，然在己則子也。無椁則亦已矣。淵雖賢，而父之葬子也，亦稱家之有無而已，又何必强爲之椁乎？夫子視淵，固猶子也。不得舍車於鯉，則亦不得舍車於淵矣。○厚齋馮氏曰：伯魚聞《詩》聞《禮》，未爲不才，視子淵則才不及耳。唯自言其子，故曰「不才」。**○胡氏曰：「孔子遇舊館人之喪，嘗脱驂以賻**音附。**之矣。**《禮·檀弓》篇：「孔子之衛，遇舊館人之喪，入而哭之哀。使子貢説驂音脱參。而賻之。」騑馬曰驂。賻，助也，助喪用也。**今乃不許顔路之請，何邪？**俗作「耶」。**葬可以無椁，驂可以脱而復**扶又反。**求；大夫不可以徒行，命車不可以與人而鬻**余六反。**諸市也。**《王制》曰：「命服命車，不粥與「鬻」同。於市。」○問「命車」。朱子曰：《記禮》云大夫賜命車。❶ **且『爲**去聲。**所識窮乏者得我』而勉强**上聲。**以副其意，豈誠心與直道哉？或者以爲君子行禮，視吾之有無而已。**此蘇氏説。**夫**平聲。**君子之用財，視義之可否，豈獨視有無而已哉？」**慶源輔氏曰：葬之禮，椁周於棺，宜也。然貧不能具，則椁亦可廢。車之制，驂參於服，宜也。然欲輟而用，則驂或可脱。義

❶「記禮」，《語類》卷三九、《四書纂疏》作「禮記」。

之所可，則脱驂以賻舊館人而不吝；義不可，則於顏淵之厚而不從其父爲椁之請：此可見聖人處事之權衡。

○顏淵死。子曰：「噫，天喪予！天喪予！」喪，去聲。

噫，傷痛聲。悼道無傳，若天喪己也。勉齋黄氏曰：顏子在，則夫子雖死而不亡，以道存也；顏子死，則夫子雖存，道固無傳，終亦必亡而已矣。故以顏子之死而爲己之喪也。○新安陳氏曰：夫子之道賴顏子以傳者也。顏子在則道有傳，孔子他日雖死而不死；顏子死則道無傳，孔子今日雖未亡而已亡。故不謂「天喪回」而曰「天喪予」。良可悲矣！○洪氏曰：孔顏一體也。回何敢死，子在故也；天喪予，回死故也。○雲峯胡氏曰：夫子上接文王之傳，則曰「天將喪斯文」；下失顏淵之傳，則曰「天喪予」。然則道統之絶續，皆天也。

○顏淵死。子哭之慟。從者曰：「子慟矣！」從，去聲。

慟，哀過也。

曰：「有慟乎？

哀傷之至，不自知也。

「非夫人之爲慟而誰爲？」夫，音扶。爲，去聲。

夫人，謂顏淵。言其死可惜，哭之宜慟，非他人之比也。○胡氏曰：「痛惜之至，施當其

可，皆情性之正也。」勉齋黄氏曰：以夫子之聖而得顔淵，蓋將相與講明斯道以示天下後世，其爲助大矣。不幸而短命死焉，夫子安得不興「喪予」之嘆而不自知其爲慟耶？○新安陳氏曰：觀不自知其慟，若過也。然哭顔淵而慟，非過也。其哀之發而中節者歟！

○顔淵死，門人欲厚葬之。子曰：不可。

喪具稱去聲。**家之有無。**《禮·檀弓》篇：子游問喪具。夫子曰：「稱家之有無。」**貧而厚葬，不循理也。故夫子止之。**朱子曰：門人，謂回之門人。○潛室陳氏曰：喪禮固有分，亦須兼稱貧富。固有分雖得爲而貧不能舉禮者，故云「稱家之有無」。分不得爲者不在此限。孟子「不得不可以爲悦，無財不可以爲悦」兩言最盡。

門人厚葬之。

蓋顔路聽之。新安陳氏曰：蓋，疑辭。以請車爲椁觀之，疑顔路聽之也。

子曰：「回也，視予猶父也，予不得視猶子也。非我也，夫二三子也。」

嘆不得如葬鯉之得宜，以責門人也。南軒張氏曰：顔子在聖門，門人莫先焉。故於其喪，門人記夫子所以處之者甚詳。仁之至，義之盡也！○勉齋黄氏曰：門人欲厚葬，尊賢之情也；子曰不可，安貧之義也。蓋不以情勝義，所謂愛人以德而不以姑息也。「喪予」之嘆，「有慟」之哀，非厚於顔子也，爲道也；請車却之，厚葬責之，非薄於顔子也，爲道也。聖人之心，無適非道也。○慶源輔氏曰：此與請車弗從事異而理同。顔路請車爲椁，溺於愛也；夫子不遂許之，裁以義也。大子止門人之厚葬，蔽以理也；顔路從而聽之，牽於私也。聖、庸之所以分，天理、人欲之間而已。○雲峯胡氏曰：無臣而爲有臣，非理也，豈所以葬夫子；家貧而厚葬，非理也，豈所以葬顔子？

○季路問事鬼神。子曰：「未能事人，焉能事鬼？」「敢問死。」曰：「未知生，焉知死？」焉，於虔反。

問事鬼神，蓋求所以奉祭祀之意；而死者，人之所必有，不可不知：皆切問也。然非誠敬足以事人，則必不能事神；非原始而知所以生，則必不能反終而知所以死。朱子曰：反，只是推轉來。謂推原於始，却折轉來看其終。「原」字「反」字皆就人說。反，如「回頭」之意。○慶源輔氏曰：死生者，氣之聚散耳。尚不能推原其始而知氣聚故生，必不能反要於終而知氣散故死也。○新安陳氏曰：深意在二「所以」字。《易·繫辭》曰：「原始反終，故知死生之說。」**蓋幽明始終，初無二理。但學之有序，不可躐等。故夫子告之如此。**覺軒蔡氏曰：夫子以「未能」對「焉能」，以「未知」對「焉知」，正欲子路循其序而不躐等也。○新安陳氏曰：由明而幽，由始而終，則爲有序；未能事人而先欲事神，未知生而先欲知死，則爲躐等。**○程子曰：「晝夜者，死生之道也。知生之道則知死之道，**《易·繫辭》曰：「通乎晝夜之道而知。」朱子《本義》曰：「通猶『兼』也。晝夜，即幽明死生鬼神之謂。」**盡事人之道則盡事鬼之道。死生人鬼，一而二，二而一者也。」**問：「一而二二而一，是兼氣與理言之否?」朱子曰：有是理則有是氣，有是氣則有是理。氣則二，理則一。○慶源輔氏曰：晝夜者，氣之明晦也；死生者，氣之聚散也。故晝夜之道即死生之道也。明則有晦，聚則有散，理之自然也。一而二者，人鬼死生雖是一理，而有幽明始終之不同；二而一者，雖有幽明始終之不同，而其理則未嘗有二也。○潛室陳氏曰：死生人鬼，雖幽明之事了不相關，然天地間不過陰陽聚散屈伸，聚則生，散則死，伸爲神，屈爲鬼。有聚必有散，有伸必有屈。理一而分則殊，分殊而理則一，非微昧不可究詰之事也。**或言夫子不告子路，不知此乃所以深告之也。**新安陳氏曰：告之以所當先能先知者，是即所以深告之。○朱子曰：事人事鬼，以心言；知生知死，以理言。○人且從分明處理會去。如事君親盡誠敬之心，即移此心以事鬼神，則祭如在，祭神如神在。人受天所賦許多道理，自然完具無欠闕。須盡得這道理，到那死時，乃知生理已盡，亦安於死而無愧矣。○事人，如出則事公卿，入則事父兄，事其所當事者。事鬼亦然。苟非其鬼而事之，則諂矣。○問「未知生焉知死」。曰：氣聚則生，氣散則死。才說破，則人便都理會得，然須知道人生有多少道理。自稟五常之性以來，所以父子有親、君臣有義者，須要一一盡得這生底道理，則死底道理皆可知矣。○問：「天地之化雖生生不窮，然而有聚必有散，有生必有死。能原始而知其聚而生，則必知其後必散而死；能知其生也得於氣化之日，初無精神寄寓於太虛之中，則知其死也與氣而俱散，無復更有形象尚留於冥漠之內。」曰：死便是都散了。○盡愛親敬長、貴貴尊賢之道，則事鬼之心不外乎此矣；知乾坤變化、萬物受命之理，則生之有死可得而推矣。夫子之言，固所以深曉子路，然學不躐等，於此亦可見矣。○天道流行，發育萬物，人得之以有生。氣之清者爲氣，知覺運動，陽之爲也；氣之濁者爲質，形體，陰之爲也。氣曰魂，體曰魄。高誘註《淮南子》曰：「魂者，陽之神；魄者，陰之神。」以其注乎形氣，❶故曰「神」。人所以生，精氣聚也。人只有許多氣，須有箇盡時，盡則魂氣歸於天，形魄歸於地而死矣。人將死時，熱氣上出，所謂魂升；下體漸冷，所謂魄降也。此所以有生必有死，有始必有終也。夫聚散者，氣也；若理，則泊在氣上。初不是凝結別爲一物，但人分上合當恁地，便是理，不可以聚散言也。然人死，氣雖終歸於散，亦未便散盡，故祭祀有感格之理。先祖世次遠者，氣之有無不可知，然奉祭祀者既是他子孫，畢竟只是一氣，所以可感通。然已散者不復聚，釋氏却謂人死爲鬼，鬼復爲人，如此則天地間常只是許多來來去去，更不由他造化生生，必無是理也。至伯有爲厲，伊川云「別是一般道理」。爲其人氣未盡而强死，自是能爲厲。如子産爲之立後，使有所歸，遂不爲厲，亦可謂「知鬼神之情狀」矣。○雙峯饒氏曰：「未能事人，焉能事鬼」，如人有箇父母活在這裏，尚不會奉事得，死後如何會奉事？○蔡氏曰：事人事鬼，以所能之事言，知生知死，以所知之理言。

○閔子侍側，誾誾如也；子路，行行如也；冉有、子貢，侃侃如也。子樂。 誾、侃，音義見前篇。行，胡浪反。樂音洛。

行行，剛强之貌。子樂者，樂得英才而教育之。 朱子曰：誾誾者，外和內剛，德氣深厚，所謂「和悦而靜」者也；侃侃，則和順不足而「剛直」稍外見矣。前篇之訓，固亦如此。○冉有、子貢侃侃如也，侃

❶「注」，四庫本、孔本、陸本作「主」。

侃，剛直之貌。以二子氣象觀之：賜之達、求之藝，皆是有才底人。大凡人有才，便自暴露，便自然有這般氣象。閔子純於孝，自然有誾誾氣象。○誾誾，是深沉底；侃侃，是發露圭角底；行行，是發露得粗底。○問：「誾誾、行行、侃侃，皆是剛正之意。如冉求平日自是箇退遜之人，如何也解有此意思？」曰：三子皆意思大同小異。求、賜則微見其意，子路則全體發在外，閔子則又全不外見，然此意思亦自在。三子者，皆有疑必問，有懷必吐，無有遮覆含糊之意。○蔡氏曰：此章當以侍側時爲主以觀四子氣象。四子皆無柔佞之失，惟和悦而諍者得事上之宜，剛直則施於敵己以下爲宜，剛强則施於上下皆不當矣。動容各適時中之謂禮。觀四子侍師之禮，可知其得失矣。禮失其宜，則凶悔吝之象可由之而見。子路侍夫子，行行如此，於他人可知。○問：「於行行者有何樂？」雙峯饒氏曰：「樂」字終難説。所以《集註》以爲或是「曰」字之誤。朱子釋經之法，到疑處，且先就本文解，後面却説破。

「若由也，不得其死然！」

尹氏曰：「子路剛强，有不得其死之理，故因以戒之。其後子路卒死於衛孔悝音恢。**之難。」**去聲。○《左傳》哀公十五年：衛孔圉孔文子。取太子蒯聵之姊，孔伯姬。生悝。太子自戚入，適伯姬氏。既食，孔伯姬杖戈而先，太子與五人介，被甲也。輿豭從之。豭，豚也。欲用以盟。迫孔悝於厠，强盟之。孔氏專政，故刼悝，欲令逐輒。遂刼以登臺。欒寧聞亂，使告季子。子路也。時爲孔氏邑宰。召獲奉衛侯輒來奔。季子將入，遇子羔將出，子羔，衛大夫高柴，孔子弟子。將出奔。曰：「門已閉矣。」季子曰：「吾姑至焉。」子羔曰：「弗及，言政不及己。不踐其難。」季子曰：「食焉，不辟『避』同。其難。」子羔遂出，子路入。及門，有使者出，乃入，曰：「太子焉用孔悝？雖殺之，必或繼之。」且曰：「太子無勇，若燔臺，半，必舍孔叔。」太子聞之，懼，下石乞、盂黶敵子路，二人太子之黨。以戈擊之，斷纓。子路曰：「君子死，冠不免。」結纓而死。**洪氏曰：「《漢書》引此句，上有『曰』字。或云上文『樂』字即『曰』字之誤。」**朱子曰：然者，未定之辭。聖人雖謂其不得其死，使子路能變其氣習，亦必有以處此。○問：「由之死，疑其甚不明於大義，豈有子拒父如是之逆而可以仕之乎？」曰：然。仲由之死，也有些没緊要。然誤處不在致死之時，乃在於委質之始。○子路爲人麤，於精微處多未達。其事孔悝，蓋其心不以出公爲非故也。何以見得他如此？如衛君待子爲政，夫子欲先「正名」，他遂以爲「迂」，可見他不以出公爲非。故其事悝。蓋自以爲善而爲之，而不知其爲非義也。○南軒張氏曰：孔悝被刼，子路死之，若不可謂之「不得其死」。然其從孔悝始擇之不善，不幾於不得其死乎？若比干，可謂得其死矣。然則求生害仁者，謂之「不得其生」可也。子路雖不得其死，與此類固不可同日語矣。○新安陳氏曰：夫子初謂由「不得其死然」，只如平常說「死非正命」之謂，未說到不得死所處。先儒云：「感慨殺身者易，從容就義者難。」此是後來處死之得失。使子路能因大子警之而變其粗厲之氣習，使夫子之言不中，上也；若能審義而仕，以義而死，則死得其所。雖不幸中夫子之言，而無負於夫子之教，不可謂之「不得其死」矣。而子路終不能也，惜哉！

○魯人爲長府。

長府，藏去聲。**名。藏**如字。**貨財曰府。爲，蓋改作之。**

閔子騫曰：「仍舊貫，如之何？何必改作？」

仍，因也。貫，事也。王氏名安石，字介甫，臨川人。**曰：「改作勞民傷財。在於得已，則不如仍舊貫之善。」**南軒張氏曰：先儒謂「長府」爲藏貨財之府。貨財之府無故而改爲，得無示人以崇利聚斂之意乎？故閔子以爲當仍舊貫而不必改也。〇慶源輔氏曰：古人改作，必不得已者也。改作府藏，意必有可已而不已者，故子騫以是諷之。

子曰：「夫人不言，言必有中。」夫音扶。中，去聲。

言不妄發，發必當去聲。**理。惟有德者能之。**南軒張氏曰：有中，中於理也。〇雙峯饒氏曰：觀此章，可見閔子誾誾之氣象。始言「仍舊貫如之何」，辭氣雍容，似有商量未決之意，此「和悦」意也。繼之曰「何必改作」，則有確乎不可易者，此「諍」之意也。長府之不必改作，人或能言之。夫子所以稱之者，不特取其言之當理，亦喜其言之發而中節，所謂「有德之言」也。〇新安陳氏曰：《左傳》昭公二十五年「公居於長府」，即此長府也。改作之事，經傳不載。使因閔子而止，則「仁人之言，其利博」矣。閔子本不尚言語，而言必有中，惟有德者能有言也，專事言語者其言未必雍容簡當如此。

〇**子曰：「由之瑟，奚爲於丘之門？」**

程子曰：「言其聲之不和，與己不同也。」《家語》云：「子路鼓瑟有北鄙殺伐之聲。」蓋其氣質剛勇而不足於中和，故其發於聲者如此。覺軒蔡氏曰：按《説苑》：「子路鼓瑟，有北鄙之聲。孔子曰：『南者，生育之鄉；北者，殺伐之地。故舜造南風之聲，其興也勃然；紂爲北鄙之聲，其廢也忽然。』」《家語·辨樂解》篇子路鼓瑟一段，與此小異。

門人不敬子路。子曰：「由也，升堂矣，未入於室也。」

門人以夫子之言，遂不敬子路，故夫子釋之。升堂入室，喻入道之次第。言子路之學，已造七到反。乎正大高明之域，特未深入精微之奧耳，未可以一事之失而遽忽之也。南軒張氏曰：由入室言，則升堂爲未至；由宫牆之外望，則升堂大有間矣。聖人斯言非特以言子路，亦使門人知學之有序也。○慶源輔氏曰：子路剛明而麤率之氣未除。觀其勇於行義，欲車裘共敝，及程子謂其「達却便是堯舜氣象」，則其升堂可知。至於以正名爲「迂」而不知食輒之食爲非義之類，是未入室之驗也。○雲峯胡氏曰：正大高明，形容「堂」字；精微之奧，形容「室」字，精矣。未入於室，是子路已學而未深入精微之奧；亦不入於室，是善人未學而不能入聖人之室者也。

○子貢問：「師與商也孰賢？」子曰：「師也過，商也不及。」

子張才高意廣而好去聲。爲苟難，苟子曰：「君子行不貴苟難。」故常過中；子夏篤信謹守而規模狹隘，故常不及。雙峯饒氏曰：觀答問交一章，及曾子稱其「堂堂」，可見子張才高意廣；觀令尹子文、陳文子之事，可見其好爲苟難。觀「先傳後倦」章，可見子夏能篤信聖人之教而謹守之；觀「可者與之，不可者拒之」之言，可見其規模狹隘。○朱子曰：二子合下資質是這模樣。子張常要將大話蓋將去，子夏便規規謹守。看《論語》中所載子張説話及夫子告子張處，如「多聞闕疑、多見闕殆」之類，如子張自説：「我之大賢歟，於人何所不容；我之不賢歟，人將拒我，如之何其拒人也。」此説話固是好，只是他地位未説得這般話。這是大賢以上聖人之事，他便把來蓋去。其踈曠多如此。孔子告子夏如云「無爲小人儒」，又云「無欲速，無見小利」，如子夏自言「可者與之，其不可者拒之」，小子當「灑掃應對進退」之類可見。二子晚年進德雖不可知，然子張之語終有慷慨激揚之氣，子夏終是謹守規矩也。

曰：「然則師愈與？」平聲。

愈，猶「勝」也。

子曰：「過猶不及。」

道以中庸爲至。賢知去聲。**之過，雖若勝於愚不肖之不及，然其失中，則一也。**慶源輔氏曰：子貢所謂「然則師愈與」者，以才質言也；夫子所謂「過猶不及」者，以義理言也。以才質論之，則賢智之過雖若勝於愚不肖之不及；以義理論之，則過與不及皆爲失中，而於道均爲未至也。**○尹氏曰：「『中庸之爲德也，其至矣乎！』**夫音扶。**過與不及，均也。『差之毫釐，繆以千里。』故聖人之教，抑其過，引其不及，歸於中道而已。」**慶源輔氏曰：過不及生乎氣稟之偏，中則指義理之當然處言也。差之毫釐，即謂「過」與「不及」也，於焉毫釐過乎中與不及乎中耳。❶過而不知所以自抑，則過者愈過，不及乎中而不知所以自勉，則不及者愈不及，積之至久，則相去不啻千里矣。○新安陳氏曰：《集註》不過引《中庸》賢知愚不肖之説以發明過猶不及之旨，非指子夏爲愚不肖也。正文之意只言過不及均失中耳，「聖人之教」以下本文未有此意。説聖人造就二子而欲歸之中道，乃此章言外意。

---

❶「於」，四庫本、孔本、陸本及《輯釋》作「初」。

○季氏富於周公，而求也爲之聚斂而附益之。爲，去聲。

周公以王室至親，武王之弟，成王之叔父。有大功，位冢宰，其富宜矣。季氏以諸侯之卿而富過之，非攘奪其君，刻剥其民，何以得此？冉求爲季氏宰，又爲去聲。之急賦税以益其富。

子曰：「非吾徒也！小子鳴鼓而攻之，可也！」

非吾徒，絶之也。小子鳴鼓而攻之，使門人聲其罪以責之也。聖人之惡去聲。黨惡而害民也如此。然師嚴而友親，故已絶之而猶使門人正之，又見其愛人之無已也。慶源輔氏曰：師道尊嚴而朋友親暱，理固然也。聖人愛人終無已，天地之心也。雖絶之而猶不忘乎愛，雖不忘乎愛而事之當絶者又不但已：此仁之至，義之盡也。○新安陳氏曰：泛觀「鳴鼓攻之」，似是惟罪責棄絶之耳。《集註》謂「猶使門人正救之」，於嚴厲之義氣中有愛厚之仁意焉。孔子之心，微朱子，其孰能知哉？

○范氏曰：「冉有以政事之才施於季氏，故爲不善至於如此。由其心術不明，不能反求諸身，而以仕爲急故也。」新安陳氏曰：使能反身脩德，則知吾身自有良貴而不急於仕矣。○朱子曰：人最怕資質弱，若求之徒，却是自扶不起。如云「可使足民」，而反爲季氏聚斂，故范氏謂「其心術不明」。他這所在，都不自知。他只緣以仕爲急，故從季氏。見他所爲如此，又拔不出，一向從其惡。○問：「冉求學於夫子，於門弟子中亦可謂明達者。今乃爲季氏聚斂，何耶？」曰：冉求之失，不待聚斂而後見，自其仕於季氏則已失之矣。當是時，達官重任，皆爲公族之世官，其下則尺地一民，皆非君之有。士唯不仕則已，仕則未有不仕於大夫者也。使求仕於季氏，能勸之黜其强僭而忠於公室，則庶乎小貞之吉矣。今乃反爲之聚斂，是使權臣愈强而公室愈不振也，故孟子以「無改於其德而賦粟倍他日」言之。蓋不自知其學之未至而以從仕爲士之常，是以流靡而至此耳。曰：「然則夫子曷不於其仕季氏而責之也？」曰：聖人以「不仕無義」，而猶望之以小貞之吉也。○問：「以季氏之富而求也爲之聚斂。」曰：不問季氏貧富。若季氏雖富而取於民有制，亦何害？此必有非所當取而取之者，故夫子如此説。○南軒張氏曰：冉有既爲季氏之臣，所當正救其非，使之由於法度。今既不能正而又順其所爲，私門益以封殖，則公室益以衰弱：此求之所以得罪於聖門爲深也。原求所以至此，蓋不能如閔子見幾而作，因循陵遲而不自知也。○勉齋黄氏曰：聚斂已自不是，况季氏以諸侯之卿而富過於周公，則本富强矣。今又聚斂以附益之，則非義之中又非義矣。聖人所以惡之深也。○厚齋馮氏曰：按《國語》：「季康子欲以田賦，使冉求訪諸孔子。孔子曰：『若季孫行而法，則有周公之籍矣；若欲犯法，則苟而賦，又何訪焉？』季氏卒用田賦。」《左傳》哀公十一年亦載此事。所謂「富於周公」者，此也。夫季氏欲變周公之法以自富，其心猶不安於君子之論而使冉有問之。冉有自止之，可也。不然，聞孔子之言以反命而力止之，可也。又不然，去之，可也。今不惟不能諫止而不能去，反爲之宣力而不辭，此夫子所以切責之也。○雲峯胡氏曰：《春秋》於爲長府不書，必閔子諫止之力；於此事書曰「用田賦」，其爲冉有阿附之罪明矣。朱子以冉求之失不徒見於聚斂，而已見於仕季氏之初，然則閔子之得，豈不在於辭費宰之初歟？

○柴也，愚；

柴，孔子弟子，姓高，字子羔。衛人。愚者，知去聲。不足而厚有餘。《家語》記其足不履影，啓蟄不殺，方長上聲。不折。執親之喪，泣血三年，未嘗見賢偏反。齒；見齒，笑也。避難去聲。而行，不徑不竇。可以見其爲人矣。《家語·弟子行》篇：「高柴自見孔子，出入於户，未嘗越履；往來過之，足不履影。啓蟄不殺，方長不折。執親之喪，泣血三年，未嘗見齒。」是高柴之行也。○《致思》篇：蒯聵之亂，季羔逃之。走郭門，守門者曰：「彼有缺。」季羔曰：「君子不踰。」又曰：「彼有竇。」季羔曰：「君子不隧。」隧，從竇出。又曰：「於此有室。」季羔乃入焉。○朱子曰：不徑不竇，只安平無事時可也。若當有寇盜患難，如何專守此以殘其軀？此柴所以爲愚。觀聖人微服過宋，只守不徑不竇之説不得。然子羔也是守得定。若更學到通變處儘好。正緣他學有未盡處。○柴也是箇謹厚底人，不曾見得道理，故曰愚。

參也，魯；

魯，鈍也。程子曰：「參也，竟以魯得之。」又曰：「曾子之學，誠篤而已。聖門學者，聰明才辨不爲不多，而卒傳其道乃質魯之人爾。故學以誠實爲貴也。」尹氏曰：「曾子之才魯，故其學也確，克角反。所以能深造七到反。乎道也。」朱子曰：曾子魯鈍難曉，只是他不肯放過，直是捱得到透徹了方住。不似別人，只畧綽見得些小了便休。今一樣敏底見得容易，又不能堅守；鈍底捱得到畧曉得處便說道理止此，更不深求。惟曾子不肯放舍。若這事看未透，直是捱得到盡處，所以竟得之。○緣他質魯鈍不便理會得，故著工夫，遂見得透徹。若理會不得便放下了，如何能通透？終於魯而已。○若是魯鈍者，却能守，其心專一。明達者每事要入一分，半上落下，多不專一。○曾子遲鈍，直辛苦而後得之。○問：「『參也魯』，魯却似有不及之意。」曰：「『魯』自與『不及』不相似。魯是質朴渾厚意思，只是鈍。不及底，恰似一箇物事欠了些子。○慶源輔氏曰：遲鈍者，不能便明了，須用工夫方透；聰明者，所見雖快，所造則淺。方涉其藩而自謂入其奥者多矣。曾子之資魯鈍，初若難入，而求之不敢有易心，故其誠篤而無始終作輟之殊，所以其造反深也。

師也，辟；婢亦反。

辟，便平聲。**辟也。謂習於容止，少誠實也。**慶源輔氏曰：子張務外，留意於容儀。

由也，喭。五旦反。

喭，粗俗也。傳去聲。**稱喭者，謂俗論也。**慶源輔氏曰：由粗俗，夫子嘗以爲野。**○楊氏曰：「四者性之偏，語**音御。**之，使知自勵也。」**南軒張氏曰：愚，則專而有所不通；魯，則質而有所不敏；辟，則文煩；喭，則氣俗：此皆其氣禀之偏。夫子言之，使之因所偏，矯厲而擴充也。○問：「柴愚，參魯，師辟，由喭，此乃生質之偏如此，夫子言之，所以欲四子克其偏而歸於全也。然參竟得道統之傳，何也？」勉齋黄氏曰：愚者暗，辟者少誠實，喭者粗俗，若夫魯，則質厚而已，未嘗不明，未嘗不誠實，未嘗粗俗，比之二子已争事，❶況質厚者爲之難，一爲之則確實下丁，直用力到底。如「弘毅」，如「易簀」等處皆可見。安得不傳道耶？○慶源輔氏曰：愚者知不明，魯者才不敏，便辟則遺其內，粗俗則畧乎外。遺乎內則誠不足，畧乎外則文飾不修。此四子情質之偏也。夫子所以言者，欲使之自覺，以治其偏而歸於中耳。○厚齋馮氏曰：柴、參近道，而柴欠疏通，參欠明敏；師、由過中，而師欠誠實，由欠精密。○雙峯饒氏曰：四者皆指其所偏。唯曾子能於偏處用工，故後來一貫之「唯」，至鈍反成至敏。問：「偏於鈍者如何用工？」曰「人一己百，人十己千」而已。**吴氏曰：「此章之首脱『子曰』二字。」**甚是。**或疑下章『子曰』當在此章之首而通爲一章。」**二章語勢不類，恐非。

○子曰：「回也，其庶乎？屢空。

庶，近也，言近道也。慶源輔氏曰：此與《易大傳》「其殆庶幾乎」同。**屢空，數**音朔。**至空匱也。不以貧窶**郡羽反。**動心而求富，故屢至於空匱也。言其近道，又能安貧也。**問：「《集註》中言『近道又能安貧』，『又』字似作兩截。蓋樂道故能安貧，而安貧所以樂道也。」朱子曰：世間亦有質美而安貧者，皆以爲知道，可乎？○空爲匱乏，其説舊矣。何晏始以爲虚中受道，蓋出老莊之説。胡氏嘗非之，謂聖人之言未嘗有是。屢而有間，是頻復耳。方其不空之時，與庸人奚遠哉？且下文以子貢貨殖方之，尤見舊説之不可易也。○潛室陳氏曰：「簞瓢」、「屢空」，到此境界「不改其樂」，是幾於樂天之事。以

❶「事」，四庫本、孔本、陸本作「争些」。

此説顔子事理平實，與下文貨殖正相反而地位峻絶。

「賜不受命而貨殖焉，億則屢中。」去聲。

命，謂天命。天所賦貧富貴賤之命。貨殖，貨財生殖也。《史記》言「子貢好廢舉，與時轉貨貲」。注云：廢舉，停貯也。與時，逐時也。物賤則買而停貯，貴則逐時轉易貨賣。億，意度音鐸。也。言子貢不如顔子之安貧樂音洛。下同。道，新安陳氏曰：貨殖是不如其安貧，不受命是不如其樂道。然其才識之明，亦能料事而多中也。程子曰：「子貢之貨殖，非若後人之豐財，但此心未忘耳。然此亦子貢少去聲。時事，至聞性與天道，則不爲此矣。」程子曰：貨殖便生計較，纔計較便是不受命。不受命者，不能順受正命也。○葉氏曰：或者不喻，乃謂子貢真好利者。夫樊遲學稼圃，夫子猶以爲小人，豈有子貢而無一言以正之乎？○范氏曰：「屢空者，簞食瓢飲屢絶而不改其樂也。天下之物豈有可動其中者哉？貧富在天，而子貢以貨殖爲心，則是不能安受天命矣。其言而多中者，億而已，非窮理樂天者也。慶源輔氏曰：不受命而貨殖，非樂天也；億則屢中，非窮理也。人能樂天安命，則心與理一，自能發言中理，不待億度。若億而後中，雖其才識之明，亦幸而已。其曰屢中，則不中者多矣。夫子嘗曰：『賜不幸言而中，是使賜多言也。』聖人之不貴言也如是。」《左傳》定公十五年：邾隱公邾子益。來朝。子貢觀焉。邾子執玉高，其容仰；公受玉卑，其容俯。子貢曰：「以禮觀之，二君者皆有死亡焉。夫禮，死生存亡之體也。將左右周旋，進退俯仰，於是乎取之；朝祀喪戎，於是乎觀之。今正月相朝而皆不度，不合法度。心已亡矣。嘉事不體，何以能久？高仰，驕也；卑俯，替也。驕近亂，替近疾。君爲主，其先亡乎？」此年公薨，哀七年師宵掠，以邾子益來，獻于亳社。夏五月壬申，公薨。仲尼曰：「賜不幸言而中，是使賜多言者也。」○問：「『回也其庶乎！屢空。』大意謂顏子不以貧窶動其心，故聖人見其於道庶幾。子貢不知貧富之定命，而於貧富之間不能無留情，故聖人見其平日所講論者多出億度而中。」朱子曰：「據文勢也是如此。但顏子於道庶幾却不在此，聖人謂其如此，益見其好。子貢不受命也在平日，聖人亦不因其貨殖而言。」○勉齋黄氏曰：夫子之論回、賜，一則言其得道之不同，二則言其處貧富之有異，蓋舉兩事反覆言之。貨殖則不如屢空，億中則不如其庶也。○雙峯饒氏曰：此章與前章不同。前章是指氣質之偏，此章是言二子造道與用心之異。「庶乎」與「億則屢中」對，造道之異也；「屢空」與「不受命，貨殖」對，用心之異也。子貢好「方人」，故以顏子與之並言，欲其以此自厲也。

○子張問善人之道。子曰：「不踐迹，亦不入於室。」

善人，質美而未學者也。程子曰：「踐迹，如言循途守轍。善人雖不必踐舊迹而自不爲惡，然亦不能入聖人之室也。」○張子曰：「善人，欲仁而未志於學者也。欲仁，故雖不踐成法，亦不蹈於惡，有諸己也；新安陳氏曰：孟子曰：「有諸己之謂信。」此已是進「信」一步而説「善人」矣。由不學，故無自而入聖人之室也。」朱子曰：善人是好底資質，不必踐元本子，亦不入於室，須是要學，方入聖賢之域。○問「善人之道」。曰：如所謂「雖曰未學，吾必謂之學矣」之類。又問：「如太史公贊文帝爲善人意思也是？」曰：然。只爲他截斷只到這裏，不能做向上去，所以説道不依樣子，也自不爲惡，只是不能入聖人之室。○問：「善人者未能有諸己乎？」南軒張氏曰：不能有之，則安得善？然所謂有諸己者，則亦有淺深，故善人謂其不能有諸己則不可，謂其盡夫有諸己之道則亦未也。○慶源輔氏曰：質不美則不可謂之善人，然質美而好學則進進不已，雖「大」與「聖」可以循至，又不止爲「善」人而已也。○雙峯饒氏曰：上一句是善人之所以爲善人，下一句是善人之所以止於善人。所以不踐迹，以其天資之美也；所以不入室，不能進於聖賢之奥，以其無學問之功也。

○子曰：「論篤是與，君子者乎，色莊者乎？」與，如字。

言但以其言論篤實而與之，則未知爲君子者乎，爲色莊者乎？言不可以言貌取人也。

「言」指「論」字，「貌」指「色」字。○程子曰：論篤，言之篤厚者也。取於人者惟言之篤厚者是與，君子者乎，色莊者乎，未可知也。不可以論篤遂與之，必觀其行事乃可也。○雲峯胡氏曰：君子者有德必有言，中篤實，外自然篤實；色莊者有言不必有德，外篤實，中未必篤實。○雙峯饒氏曰：上言「論篤」，下以「論篤」分「君子」與「色莊」。「論篤」亦可謂之「色莊」乎？蓋「色」字所該甚廣。凡形於外者皆可謂之色。經傳中有專指面色言者，「色思温」是也；有該貌而言者，「巧言令色」是也；有該言貌而言者，此章「色莊」是也；有該言貌行事而言者，「色取仁」是也。問：「色取仁，如何見得該行事而言？」曰：「居之似忠信，行之似廉潔」，即所謂「色取仁」也。

○子路問：「聞斯行諸？」子曰：「有父兄在，如之何其聞斯行之？」冉有問：「聞斯行諸？」

子曰：「聞斯行之。」公西華曰：「由也問聞斯行諸，子曰有父兄在；求也問聞斯行諸，子曰聞斯行之。赤也惑，敢問。」子曰：「求也退，故進之；由也兼人，故退之。」

兼人，謂勝人也。張敬夫曰：「聞義固當勇爲。然有父兄在，則有不可得而專者。若不稟命而行，則反傷於義矣。子路『有聞，未之能行，唯恐有聞』，則於所當爲，不患其不能爲矣；特患爲之之意或過，而於所當稟命者有闕耳。若冉求之資稟失之弱，不患其不稟命也，患其於所當爲者逡巡畏縮而爲之不勇耳。聖人一進之，一退之，所以約之於義理之中而使之無過不及之患也。」胡氏曰：勇於行者，使之有所稟命，則所行必審；行之不勇者，不專勉其行，則愈流於退縮。專勉其行者，非不稟命於父兄，稟命自其所必能，不待教之耳。○新安陳氏曰：由、求之問未必同時，亦未必互問。問同答異，赤偶見而疑之。非其能問，則聖人造化二子之心，誰知之哉？前「師、商孰賢」章，尹氏所謂「聖人之教，抑其過，引其不及，歸於中道」之說，與此章參看，正可相發明云。

○子畏於匡，顔淵後。子曰：「吾以女爲死矣！」曰：「子在，回何敢死？」女音汝。

後，謂相失在後。何敢死，謂不赴鬬而必死也。謝氏曰：敢，非「不敢」之敢，乃「果敢」之敢。○鄭氏舜舉。曰：回何敢死，則是死生不在匡人而在子淵矣。蓋匡人之所欲加害者在夫子而不在子淵，故子淵之死生得自爲之也。胡氏曰：「先王之制，『民生於三，事之如一』。惟其所在，則致死

焉』。《國語·晉語》：欒共音恭。子曰：「民生於三，事之如一。父生之，師教之，君食音嗣。之。非父不生，非食不長，非教不知，生之族也。族，類也。謂君之養我、師之教我與生之恩同類也，故壹事之。唯其所在，則致死焉。在父爲父，在師爲師，在君爲君也。報生以死，報賜以力，人之道也。」**況顏淵之於孔子，恩義兼盡，又非他人之爲師弟子者而已。**慶源輔氏曰：顏淵之於孔子，蒙博約之教，得聖道之傳，真所謂受罔極之恩者。恩深則義重，信非他人爲師弟子之比。❶ ○雙峯饒氏曰：孔之於顏，教愛兩極其至。義雖師生，恩猶父子，所以爲「恩義兼盡」。**即夫子不幸而遇難，**去聲。**回必捐生以赴之矣。捐生以赴之，幸而不死，則必上告天子，下告方伯，請討以復讎，不但已也。夫子而在，則回何爲而不愛其死以犯匡人之鋒乎？」**問：「孔子不幸而遇害於匡，則顏子死之，可乎？」程子曰：今有二人相與遠行，則患難有相死之道，況回於夫子乎？曰：「親在，則可乎？」曰：今有二人相與搏虎，其致心悉力，義所當然也。至於危急之際，顧曰「吾有親」則舍而去之，是不義之大者也。其可否當預於未行之前，不當臨難而後言也。曰：「『父母存，不許友以死』，則如此義何？」曰：有可者，遠行搏虎之譬也；有不可者，如游俠之徒以親既亡乃爲人報仇而殺身，則亂民也。○問：「顏路在，顏子許人以死，何也？」朱子曰：事至此，只得死。此與「不許友以死」之意別。不許友以死，在未遇難之前乃可如此處，已遇難却如此說不得。○孔子恐顏回遇害，故曰「吾以汝爲死矣」。顏子答曰「子在，回何敢死」者，謂孔子既得脫

---

❶「信」，四庫本、孔本作「矣」，屬上句。《輯釋》作「言」。

禍，吾可以不死矣。若使孔子遇害，則顔子只得以死救之也。○慶源輔氏曰：孔子遇難則顔淵有致死之義，孔子免焉則顔淵無致死之理。今孔子既免而顔淵相失在後，脱有不知而死，則非義矣。故其既來而孔子迎謂之曰「吾以女爲死矣」者，恐其誤也；而顔淵遽復之曰「子在，回何敢死」者，道其實也。其意若相反而實相承。顔淵之於孔子，雖曰未達一間；至此等語，殆相爲一矣。○趙氏曰：死生亦大矣。云何敢死，則不以死爲重而以不輕於死爲重也。○潛室陳氏曰：朋友同遇患難，有相死之義，謂各盡其扶持救衛之道，無委棄之理。若死不死，則有幸不幸存焉，非必輕死求鬭謂之相死也。○吴氏曰：子在回何敢死，則子不在回何敢不死甚明。子不在，非所當言也，故言子在以見意。讀者第於句内增二「不」字而反正互觀之，則瞭然矣。顔子以德行稱而善於説辭如此，豈諸子所能及哉？

○季子然問：「仲由、冉求可謂大臣與？」平聲。

子然，季氏子弟。自多其家得臣二子，故問之。慶源輔氏曰：二子以聖門高弟而仕於季氏，雖視顔、閔爲慊，然其德望才業，固非常人比。季氏之家其必知所尊敬矣，故子然以此自多而致問。

子曰：「吾以子爲異之問，曾由與求之問。

異，非常也。曾，猶「乃」也。輕二子以抑季然也。慶源輔氏曰：季然自多其家得臣二子而致問，則其言色之間，必有矜大之意。且大臣既非家臣所可當，而二子又不足以盡大臣之道，故特輕以抑之。

「所謂大臣者，以道事君，不可則止。

以道事君者，不從君之欲。不可則止者，必行己之志。朱子曰：不可則止，謂不合則去。○勉齋黄氏曰：以道事君，謂審出處之宜，盡責難之義，必守我之正道而不容悅以苟順君之私欲也。

「今由與求也，可謂具臣矣。」

具臣，謂備臣數而已。勉齋黄氏曰：大臣者，異乎羣臣而超乎其上者也；具臣者，等乎羣臣而混乎其中者也。

曰：「然則從之者與？」平聲。

意二子既非大臣，則從季氏之所爲而已。

子曰：「弑父與君，亦不從也。」

言二子雖不足於大臣之道，然君臣之義則聞之熟矣，弑逆大故，必不從之。蓋深許二子以死難去聲。不可奪之節，而又以陰折季氏不臣之心也。○尹氏曰：「季氏專權僭竊，二子仕其家而不能正也。知其不可而不能止也，可謂具臣矣。是時季氏已有無君之心，故自多其得人，意其可使從己也。故曰『弑父與君，亦不從也』，其庶乎二子可免矣。」問：「孔子言由、求爲『具臣』，曰『弑父與君亦不從也』，由、求如是而已乎？」龜山楊氏曰：弑父與君，言其大者，蓋小者不能不從故也。若季氏旅泰山、伐顓臾而不能救之之事是已。又問：「然則或許其『升堂』，且皆在『政事』之科，何也？」曰：小事之失亦未必皆從，但自「弑父與君」而下或從一事，則不得爲「不從」；若弑父與君，則決不從矣。進此一等，便爲大臣，如孔孟之事君是也。故孔孟雖當亂世而遇庸暗之主，一毫亦不放過。○問：「仲由、冉求氣質不同，恐冉求未必可保，仲由終是不屈。」朱子曰：不要論他氣質，只這君臣大義他豈不知？聖人也是知他必可保，然死於禍難足易事，死於不可奪之節是難事。纔出門去事君，這身已便不是自家底，所謂「事君能致其身」是也。如做一郡太守、一邑之宰、一尉之任，有盜賊之虞，這不成休了？便當以死守之，亦未爲難。惟卒遇君臣大變，利害之際只争些子，這誠是難。○南軒張氏曰：弑君父不從，何必由、求而能之？曾不知順從之臣，始也惟利害之徇而已，履霜堅冰之不戒，馴習蹉跌以至從人弑逆者多矣。如荀彧、劉穆之之徒始從操、裕，豈遂欲弑逆哉？惟其漸漬順長而勢卒至此耳。雖然，自弑逆以下，苟一事不道而苟從之，皆爲失大臣事君之義，如由、求未免乎是也。至如他人因循以陷於大惡，則由、求不至是也。○胡氏曰：方子然欲假由、求以誇人，故夫子極言其失大臣之道；及其欲資由、求以助己，故夫子又言其有人臣之節。應答之頃，可以沮僭竊，扶綱常，真聖人之言也！○厚齋馮氏曰：子然，季孫意如之子。意如，逐昭公者也。子然習於其父之所爲，懷無君之心久矣。今得臣二子，故問夫子，蓋將君魯而以爲大臣也。既抑之以具臣，及其以從之爲問，故明以弑父與君不從折之。○新安陳氏曰：弑逆，非不可之大者歟？平常能「不可則止」者，於弑逆必不從；未能「不可則止」者，未可保其必不從也。由、求於君臣大義固熟聞之，但察之恐未精耳。觀由仕於出公，末爲之死；求於伐顓臾惟知爲季氏子孫憂，於父子君臣之義能精察之否乎？夫子於此實欲折季氏之不臣，故許由、求爲死節之臣耳。

○子路使子羔爲費宰。

子路爲季氏宰而舉之也。

子曰：「賊夫人之子。」夫音扶。下同。

賊，害也。言子羔質美而未學，遽使治民，適以害之。厚齋馮氏曰：成人有其兄死而不爲衰者，聞子羔將爲成宰，遂爲衰。蓋子羔重厚有德，足以化民。子路以費數畔難治，所以特舉之。然子羔雖重厚有德而未學，則理未明而用必窒，遽使之治數畔之邑，非所以全之也。

子路曰：「有民人焉，有社稷焉，何必讀書然後爲學？」

言治民事神，皆所以爲學。

子曰：「是故惡夫佞者！」惡，去聲。

治民事神，固學者事。然必學之已成，然後可仕以行其學。若初未嘗學而使之即仕以爲學，其不至於慢神而虐民者幾平聲。希矣。子路之言非其本意，但理屈詞窮而取辦於口以禦人耳。本前「焉用佞，禦人以口給」而言。故夫子不斥其非而特惡其佞也。朱子曰：佞不是諂佞，是口快底人。事不問是不是，臨時諜得話來也好，可見其佞。○子路當初使子羔爲費宰，意本不是如此。只大言來答，孔子故惡其佞。○范氏曰：「古者『學而後入政，未聞以政學者也』。《左傳》：襄公三十一年，子產曰：「僑聞學而後入政，未聞以政學者也。」蓋道之本在於脩身而後及於治人，其說具於方册。讀而知之，然後能行，何可以不讀書也？子路乃欲使子羔以政爲學，失先後本末之序矣。不知其過而以口給禦人，故夫子惡其佞也。」朱子曰：子路非謂不學而可以爲政，但謂爲學不必讀書耳。上古未有文字之時，學者固無書可讀，而中人以上固有不待讀書而自得者。但自聖賢有作，則道之載於經者詳矣。雖孔子之聖，不能離是以爲學也。捨是不求而欲以政學，既失之矣，况又責之中材之人乎？然子路使子羔爲宰，本意未必及此，但因夫子之言而託此以自解耳。故夫子以爲佞而惡之。○三代以上，六經雖未具，考之《書》、《禮》，則舜之教胄子「敷五典」與成周鄉官、樂正之法，所以教夫未成之才者蓋有道矣。三代而下則既有書，脩己治人之術皆聚於此，學者豈可不之讀而遽自用乎？苟謂不必讀書，將自恃其聰明率易妄作而無忌憚，其失不但卑陋而已。○南軒張氏曰：子羔學未充而遽使爲宰，其本不立而置之於事物酬酢之地，故夫子有「賊夫人」之歎。夫民人社稷，固無非學，然學必貴於讀書者，以夫「多識前言往行」。古之人所以蓄德者，實有賴乎是。德立於己，而後可以言無適而非學也。如子路之言，將使學者以聰明爲可恃而無敦篤潛泳之功，其甚至於廢古而任意，爲弊有不可勝言者。故夫子所以責之之深也。○慶源輔氏曰：學之已成而仕以行其學，猶恐動與静違，用與體乖，而或有失其宜者，况於初未嘗學而可遽使即仕以爲學乎？

○子路、曾皙、冉有、公西華侍坐。才卧反。

皙，曾參父，名點。

子曰：「以吾一日長乎爾，毋吾以也。長，上聲。

言我雖年少長於女，「汝」同。**然女勿以我長而難言。蓋誘之盡言以觀其志，而聖人和氣**

謙德，於此亦可見矣。

「居則曰『不吾知』也，如或知爾，則何以哉？」

言女平居則言「人不知我」，如或有人知女，則女將何以爲用也？東陽許氏曰：夫子之於弟子，於其平日言行問答之間，固知其學力之所至。然其將有所待而欲爲之志，則不能知也。問之者，欲知其自知之如何，使之知有未至而自厲。非獨觀人，亦所以教也。

子路率爾而對曰：「千乘之國，攝乎大國之間，加之以師旅，因之以饑饉。由也爲之，比及三年，可使有勇，且知方也。」夫子哂之。乘，去聲。饑音機。饉音僅。比，必二反。下同。哂，詩忍反。

率爾，輕遽之貌。攝，管束也。二千五百人爲師，五百人爲旅。因，仍也。穀不熟曰饑，菜不熟曰饉。方，向也，謂向義也。民向義，則能親其上、死其長上聲。矣。哂，微笑也。厚齋馮氏曰：子路齒先諸子，又勇於進道，故夫子有問，必先諸子言之。其言與冉有皆以「三年」爲斷，蓋古者三載考績，要其成也。夫子亦曰「三年有成」。○新安陳氏曰：國介居大國間，勢難爲；當兵荒後，時難爲。能致富强且化民使向義，必政教兼舉而後能之。子路蓋以其實才展盡底蘊而言也。

「求爾何如？」對曰：「方六七十如五六十，求也爲之，比及三年，可使足民。如其禮樂，以俟君子。」

求爾何如，孔子問也。下放倣同。此。方六七十里，小國也。如，猶「或」也。五六十里，則又小矣。足，富足也。俟君子，言非己所能。冉有謙退，又以子路見哂，故其辭益遜。朱子曰：了路使民，非若後世之孫、吳；冉有足民，非若後世之管、商。

「赤，爾何如？」對曰：「非曰能之，願學焉。宗廟之事如會同，端章甫，願爲小相焉。」相，去聲。

公西華志於禮樂之事，嫌以「君子」自居，故將言己志而先爲遜辭，言未能而願學也。新安陳氏曰：求云「如其禮樂，以俟君子」，今赤若毅然欲從事於禮樂，則是以君子自居，故必先爲遜辭也。宗廟之事，謂祭祀。諸侯時見形甸反。曰會，衆覜音眺。曰同。《周禮·春官·大宗伯》：「春見曰朝，夏見曰宗，秋見曰覲，冬見曰遇，時見曰會，殷見曰同。此六禮者，以諸侯見王爲文。六服之内，四方以時分來。或朝春，或宗夏，或覲秋，或遇冬，更遞而偏。時見者無常期。諸侯有不順服者，王將有征討之事，則既朝覲，王爲壇於國外，合諸侯而命事焉。《春秋傳》曰「有事而會，不協而盟」是也。殷，猶「衆」也。十二歲王如不巡守，則六服盡朝。朝禮既畢，王亦爲壇，合諸侯以命政焉。所命之政，如王巡守，殷見四方，四時分來，終歲以偏。時聘曰問，殷覜曰視。」時聘亦無常期，天子有事乃聘之焉。竟外之臣，既非朝歲，不敢瀆爲小禮。殷覜，謂一服朝之歲。以朝者少，諸侯乃使卿以大禮衆聘焉。五服朝，在元年、七年、十一年。○慶源輔氏曰：《周禮》所謂「殷」，即「衆」也；「覜」，即「見」也。端，玄端服；章甫，禮冠。慶源輔氏曰：禮有玄端而冕，若《玉藻》天子龍衮以祭，玄端朝日，諸侯玄端以祭是已。有玄端而冠，若朝玄端夕深衣是已；有玄端而章甫，如此章「端章甫」是已；有玄端而委貌，若晏平仲端委立于虎門是已。鄭云「端取其正」，謂「士之衣袂皆二尺二寸而屬幅廣袤等也」。然則玄端之服，古者君臣皆得服之。章甫，緇布冠也。夏曰毋追，音牟堆。商曰章甫，周曰委貌。其制相比，皆以漆布爲之，蓋三代常服行道之冠也。**相，贊君之禮者。言「小」，亦謙辭。**厚齋馮氏曰：會同，諸侯朝於天子之禮也。而兩君相見亦曰「會」，又有同盟。當是時，諸侯朝於天子寡矣，華之言當爲兩君相見而設。夫擯詔，❶禮樂之末也；小相，又擯詔之末也。二子以子路蒙哂，故其辭謙，而子華又謙於冉有也。

「點，爾何如？」鼓瑟希，鏗爾，舍瑟而作，對曰：「異乎三子者之撰。」子曰：「何傷乎？亦各言其志也。」曰：「莫春者，春服既成，冠者五六人，童子六七人，浴乎沂，風乎舞雩，詠而歸。」夫子喟然歎曰：「吾與點也！」鏗，苦耕反。舍，上聲。撰，士免反。莫、冠，並去聲。沂，魚依反。雩音于。

四子侍坐，以齒爲序，則點當次對。以方鼓瑟，故孔子先問求、赤而後及點也。張存中曰：《史記·仲尼弟子傳》：「仲由，字子路，卞人也。少孔子九歲。曾點，字晳，與子參皆侍孔子。冉有，字子有，仲弓之族也。少孔子二十九歲。公西赤，字子華，魯人。少孔子四十二歲。」按《史記》、《家語》載曾參少孔子四十六歲，則曾點必少孔子十餘歲，合居子路之次。**希，間**去聲。**歇也。作，起也。撰，具也。**朱子曰：曾點所見不同。方侍坐之時，見三子言志，想見有些下視他幾箇，作而言曰「異乎三子者

❶「詔」，四庫本、孔本、陸本作「紹」。

之譔」。看其意有「鳳凰翔于千仞」底氣象。**莫春，和煦之時；春服，單袷**音夾。**之衣。**新安陳氏曰：單，單衣；袷，袷衣。至此時則衣無絮也。**浴，盥**音管。**濯也。今上巳祓**音拂。**除是也。**問「浴」之爲「盥濯」、「祓除」。朱子曰：《漢志》：「三月上巳祓除，官民潔於東流水上。」而蔡邕引此爲證是也。韓愈、李翺疑裸身川浴之非禮，而改「浴」爲「沿」，不察此耳。**沂，水名，在魯城南。地志以爲有温泉焉，理或然也。風，乘涼也。舞雩，祭天禱雨之處，有壇墠**音善。**樹木也。詠，歌也。曾點之學，蓋有以見夫**音扶。**人欲盡處天理流行，隨處充滿，無少欠闕，**新安陳氏曰：此等句皆是就本文反復玩味以想像曾點胸次，而於無中形容出有來。**故其動静之際，從**七容反。**容如此。**朱子曰：曾點都不待著氣力説。只是他見得許多自然道理流行發見，觸處皆是，但舉其一事而言之耳。看他「鼓瑟希，鏗爾舍瑟而作」，從容暇豫，悠然自得處，無不是這箇道理。今人讀之，只做等閑説話，當時記者亦是多少仔細！又曰：門人詳記舍瑟事，欲見其從容不迫，灑落自在之意耳。○慶源輔氏曰：理欲不兩立，須是人欲浄盡，然後天理自然流行。隨事隨處，不待勉强用力，自無纖毫欠缺處。然惟聖人心與理一而後能體用兼備，自然而然；若曾晳，則以天資之高而於此有見焉耳。故《集註》著「有以見夫」四字，便自斷得曾晳所學之分量分曉，與後面程子所謂「曾點，狂者，未必能爲聖人之事而能知夫子之志」之説相應。**而其言志，則又不過即其所居之位，樂**音洛。**其日用之常，初無舍**上聲。**己爲**去聲。**人之意。**胡氏曰：「即其所居」至「之常」者，莫春融和之時，沂水祓除之事，與其朋儕游泳自得，乃其分所宜爲而目即所可爲也。初無舍己爲人之意者，如必得國而治之然後見其用，則在我者輕，在人者重。人必知我則有以自見，人不我知則將無所用於世矣。此點所以異於三子也。**而其胸次悠然，直與天地萬物上下同流、各得其所之妙，隱然自見**形甸反。**於言外。**新安陳氏曰：「直與」至於「之妙」作一句。細分之，「上下同流」接「天地」字，「各得其所」接「萬物」字。〇《集註》此一節二十二字，又是自無形容出有來。其言外之妙趣，不可以尋常解書訓詁體貼之例求之。必待學力進，眼目高後，自然默會之，可也。〇慶源輔氏曰：即其所居之位，則無出位之思；樂其日用之常，則無作意之爲。便見得曾點不願乎外，無入而不自得之意。「初無舍己爲人之意」，説得點之事實；「胸次悠然」以下數句，又形容得點之樂處。《集註》此一段凡三次改削，然後見得如此平實。學者當深味之。**視三子規規於事爲之末者，其氣象不侔矣。故夫子嘆息而深許之，而門人記其本末獨加詳焉，蓋亦有以識此矣。**朱子曰：曾點見得事事物物上皆是天理流行。良辰美景，與幾箇好朋友行樂去。日用之間，莫非天理；在在處處，莫非可樂。〇問：「夫子何以與點也？」曰：方三子之競言所志也，點獨鼓瑟其間，漠然若無聞者。及夫子問之，然後瑟音少間，乃徐舍瑟起對焉，而悠然遜避，若終不肯見所爲者。及夫子慰安之，然後不得已而言，而其志之所存又未嘗少出其位，蓋澹然若將終身焉者：此夫子所以與之也。曰：「何以言其與天地萬物同流，各得其所也？」曰：莫春之日，生物暢茂之時也。春服既成，人體和適之候也。冠者五六人，童子六七人，長少有序而和也。沂水舞雩，魯國之勝處也。既浴而風，又詠而歸，樂而得其所也。夫以所居之位而言，其樂雖若止於一身；然以心而論，則固藹然天地生物之心、聖人對時育物之事也；夫又安有物我内外之間哉？程子以爲「與聖人之志同，便是堯舜氣象」者，正謂此也。或曰：「曾晳胸中無一毫事，列子馭風之事近之，然乎？」曰：聖賢之心所以異於佛、老，正以無意必固我之累，而所謂天地生物之心、對時育物之事者，未始一息之停也。若但曰曠然無所倚著而不察乎此，則亦何以異於虚無寂滅之學，而豈聖人之事哉？○這道理處處都是。事父母，交朋友，都是這道理。接賓客是接賓客道理。動静語默，莫非道理。天地之運，春夏秋冬，莫非道理。人之一身便是天地，只緣人爲人欲隔了，自看此意思不見。如曾點，却被他超然看破這意思，夫子所以喜之。○孔子與點「與聖人之志同」者，蓋都是自然底道理。安老懷少信朋友，自是天理流行，觸處皆是。暑往寒來，山川流峙，父子有親，君臣有義之類，無非這道理。如「學而時習之」，亦是窮此理；「孝弟，仁之本」，亦是實此理。所以貴乎「格物」者，是物物上皆有此理。此聖人事，點見得到。蓋事事物物莫非天理，初豈是安排得來？安排時便湊合不著，這處便有甚私意來，自是著不得私意。聖人見得只當閑事，曾點把作一件大事來説，他見得這天理隨處發見，處處皆是天理，所以如此樂。○曾點見得道理大，所以堯舜事業優爲之，視三子規規於事爲之末固有間矣。是他見得聖人氣象如此，雖超乎事物之外而實不離乎事物之中，是箇無事無爲底道理却做有事有爲之功業。天樣大事也做得，鍼樣小事也做得，此所謂「大本」，所謂「忠」，所謂「一」者是也。○曾點氣象固是從容灑落，然須見得他因甚到得如此始得。若見得此意，自然見得他做得堯舜事業處，不可以一事言也。○曾點見道無疑，心不累事，其胸次灑落，有非言語所能形容者。故雖夫子有「如或知爾」之問，而其所對亦未嘗少出其位焉，蓋若將終身於此者，而其語言氣象則固位天地、育萬物之事也。

○曾皙不曾見他工夫，只是天資高。如夫子説「吾黨之小子狂簡，斐然成章，不知所以裁之」，這便是「狂簡」，如莊、列之徒，皆是他自説得恁地好，所以夫子要歸裁正之。若是不裁，只管聽他恁地，今日也浴沂詠歸，明日也浴沂詠歸，却做甚麽合殺？○曾點與三子只是争箇粗細，曾點與漆雕開只是争箇生熟。曾點説得驚天動地，開較穩貼。三子在孔門豈全不理會義理？只是較粗，不如曾點之細。○爲學與爲治只是一統事。他日之所用，不外乎今日之所存，三子却分作兩截看了。如治軍旅，治財賦，治禮樂與凡天下之事，皆學者所當爲。須先教自家身心得無欲，直得「清明在躬，志氣如神」，則天下無不可爲之事矣。○曾點以樂於今日者對，三子以期於異日者對。學者須是有三子之事業，又有曾點之襟懷，方始不偏。蓋三子是就事上理會，曾點是見得大意。曾點雖見大意，又少却事上工夫；三子雖就事上學，又無曾點脱灑意思。○新安陳氏曰：曾點所言，想正對莫春之時。使非對景而言，亦無意思。又按，三子所言者事功，其志實而小；點所言者理趣，其志高而大。點不及三子所行之實，三子不及點所見之高。以一時所言觀之，三子規規於事爲之末而點超然於理趣之高，宜夫子獨與之也。自今而論，學者必有曾點見處之高以立其體，又有三子行處之實以達於用，始爲無弊。不然，鮮不流於狂矣。

三子者出，曾皙後。曾皙曰：「夫三子者之言，何如？」子曰：「亦各言其志也已矣。」曰：「夫子何哂由也？」「夫三」之「夫」音扶。

點以子路之志乃所優爲，而夫子哂之，故請其説。

曰：「爲國以禮。其言不讓，是故哂之。」

夫子蓋許其能，特哂其不遜。朱子曰：禮者，理之顯設而有節文者也。言禮則理在其中矣。

「唯求則非邦也與？」「安見方六七十如五六十而非邦也者？」與，平聲。下同。

曾點以冉求亦欲爲國而不見哂，故微問之。而夫子之答無貶悲檢反。詞，蓋亦許之。

「唯赤則非邦也與？」「宗廟會同，非諸侯而何？赤也爲之小，孰能爲之大？」

此亦曾晳問而夫子答也。孰能爲之大，言無能出其右者，亦許之之詞。○程子曰：「古之學者優柔厭飫，有先後之序。如子路、冉有、公西赤言志如此，夫子許之亦以此，自是實事。後之學者好去聲。高，如人游心千里之外，然自身却只在此。」新安陳氏曰：此條專言三子言志平實，無高遠之弊。又曰：「孔子與點，蓋與聖人之志同，便是堯舜氣象也。誠異三子者之撰，特行去聲。有不掩焉耳，此所謂『狂』也。問：「曾點言志如何是有『堯舜氣象』？」朱子曰：明道言「萬物各遂其性」，此句正好看堯舜氣象。且看莫春時物態舒暢如此，曾點情思又如此，便是各遂其性處。堯舜之心亦只是要萬物皆如此耳。然曾點却只是見得，未必能做得堯舜事，孟子所謂狂士其行不掩焉者也。○行有「不掩」，非言行背馳之謂，但行不到所見處爾。曾點之學無聖人爲之依歸，怕有老、莊意思。也未便做老、莊，只怕其流入於老、莊。○三子所志雖皆是實，然未免局於一君一國之小，向上更進不得；若曾點所見乃是大根大本，使推而行之，則將無所不能。雖其功用之大，如堯舜之治天下亦可爲矣。蓋言其所志者大而不可量也。譬之於水：曾點之所用力者，水之源也；三子之所用力者，水之流也。用力於派分之處，則其功止於一派；用力於源，則放之四海亦猶是也。然使點遂行其志，則恐未能掩其言，故以爲「狂者」也。○潛室陳氏曰：凡狂者，志高而行不副。謂其志高，故見大意而聖人與之；謂其行不副，止於見大意，終不入聖人之室。**子路等所見者小。子路只爲**去聲。**不達爲國以禮道理，是以哂之。若達，却便是這氣象也。**」問：「程子云：『子路只緣不達爲國以禮道理，若達便是這氣象。』如公西赤、冉求二子語言之間亦自謙遜，可謂達禮者矣，何故却無曾點氣象？」朱子曰：二子只是曉得那禮之皮膚，曉不得那禮之微妙處。若曉得禮，便須見得箇「天高地下，萬物散殊而禮制行，流而不息，合同而化而樂興焉」底自然道理矣。曾點却見得這箇氣象，只是他見得了便休。緣見得快，所以不把當事。他若見得了，又從頭去行，那裏得來？○問：「三子皆事爲之末，何故子路『達』得，『便是這氣象？』」曰：子路才氣去得，他雖粗暴些，纔理會這道理，便就這箇「比及三年，可使有勇且知方」上面，却是這箇氣象。求、赤二子雖是謹細，却只是安排來底，又更是他才氣小了。子路是甚麽樣才氣？○問：「子路就使『達』得，却只是事爲之末，如何比得這箇？」曰：若達時，事事都見得是自然底天理。理會得道理，雖事爲之末亦是理也。「莫春者，春服既成」，何嘗不是事爲來？○問：「爲國不循理則必任智力，不任智力則循理，不能出此二途。點有見乎長育流行之體、天地萬物之理，所謂自然而然者，但吾不以私意擾之，則天地順序而萬物各得其所，此堯舜事業也。子路則以才氣之勝，自以爲當敗壞不可支持之處而吾爲之，亦能使之有成。子路誠足以任此矣，然不免有任智力之意，故志氣激昂而氣象勇鋭，不若曾點之間暇平和也。」曰：是。○到「爲國以禮」分上便自理明，自然有曾點氣象。○潛室陳氏曰：爲國以禮，則君君臣臣，父父子子，事各當事，物各當物，終日在天理上，此堯舜氣象。○雲峯胡氏曰：以三子言之，子路未達爲國以禮，求於禮樂不敢當，赤則若有志於禮樂，而所言宗廟會同，禮之末耳。**又曰：「三子皆欲得國而治之，故夫子不取。**新安陳氏曰：以夫子與點分别而言之，故云夫子不取，非謂夫子真不許其得國而治之也。**曾點，狂者也，未必能爲聖人之事而能知夫子之志，故曰『浴乎沂，風乎舞雩，詠而歸』，言樂**音洛。**而得其所也。孔子之志在於『老者安之，朋友信之，少**去聲。**者懷之』，使萬物莫不遂其性。曾點知之，故孔子『喟然嘆曰吾與點也』。」**朱子曰：曾點是他見得到日用之間無非天理流行，無虧無欠，是自然如此。充其見，便是孔子「老者安之，朋友信之，少者懷之」底意思。惟曾點便見得到這裏，聖人便做得到這裏。**又曰：「曾點、漆雕開已見大意。」**朱子曰：他見得這箇大綱意思，於細密處未必便理會得。如千兵萬馬，他只見得這箇，其中隊伍未必知。○曾點見雖高，漆雕開却確實。○點與參相反，父子間爲學大不同。點天資高明，用志遠大，故能先見其本，往往於事爲間有不屑用力者；參也「三省」，隨事用力，旋旋睚去，❶「一貫」之説必待夫子告之而後知，然一「唯」之後，本末兼該，體用全備。一是從下做到，一是從上見得。故傳道之任不在其父而在其子，虛實之分，學者必有以辨之。○問：「孔門英才多矣，何爲不得乎此而點獨得之？回、參不必類乎點也而又獨得斯道之傳，何也？」勉齋黄氏曰：資禀高則不局於卑，志量大則不溺於小，見識明則異

❶「睚」，四庫本、孔本、陸本作「捱」。

説不能惑，趨向正則外誘不能移：此點之學所以人不能及也。人品不同，則學之志亦異。人爲技藝之學者，有一見而超然解悟，有終日矻矻而竟無所得者，亦無怪點之獨得也。若顏子則其資禀志量、見識趨向當無異乎點，而深厚沈潛、淳實中正必有過於點者，故其見雖同而其得則異於點也。點之子參，其見不及乎晳，而其學則近於回。以其用力之篤，則遂與回等而非點所及也。曰：「晳之不及乎回、參而卒未免爲狂者之歸，何也？」曰：天下之理固根於人心，而未嘗不形見於事物。爲學之方固當存養乎德性，而亦不可不省察乎實行。夫是以精粗不遺而表裏相應，内外交養，動静如一，然後可以爲聖學之全功也。點之志則大，質則高，識則明，趣則遠，然深厚沈潛、淳實中正之意有不足焉，則見高而遺卑，見大而畧小，見識有餘而行不足，趨向雖正而行則違，此所以不及乎回、參也。雖然，自回、參而論之，點誠有未至；自學者論之，點之所見，豈可忽哉？規規蓻蓻於文義之間，事爲之末，而胸中無所見焉，恐未易以「狂」語點也。

論語集註大全卷之十二

顔淵第十二

凡二十四章。

顔淵問仁。子曰：「克己復禮爲仁。一日克己復禮，天下歸仁焉。爲仁由己，而由人乎哉？」

仁者，本心之全德。慶源輔氏曰：仁、義、禮、智皆心之德，而仁包義、禮、智，故曰「本心之全德」。**克，勝也。**朱子曰：聖人下箇「克」字，譬如相殺定要克勝得他。○克己亦别無巧法，如孤軍卒遇强敵，只是盡力舍死向前而已。**己，謂身之私欲也。**問：「己私有三：氣質之偏，一也；耳目口鼻之欲，二也；人我忌克之類，三也。孰是夫子所指？」朱子曰：三者皆在裏，看下文「非禮勿視聽」，則耳目口鼻之欲較多。○胡氏曰：耳目口體之欲皆因己而有，故謂之「私」。**復，反也。**慶源輔氏曰：反，猶「歸」也。如行者之反歸於家也。**禮者，天理之節文也。**朱子曰：所以唤做「禮」而不謂之「理」者，有著實處，只説理却空去了。這箇「禮」是那天理節文教人有準則處。所以謂之「天理之節文」者，此理無形影，故作此禮文畫出一箇天理與人看，教有規矩可以憑據。有君臣便有事君底節文，有父子便有事父底節文，其他莫不皆然。○慶源輔氏曰：天理即全德也。節者，其限制等級也；文者，其儀章脉理也。不曰「理」而曰「禮」者，理虛而禮實，以其有品節文章可以依據也。**爲仁者，所以全其心之德也。蓋心之全德莫非天理，而亦不能不壞於人欲。故爲仁者必有以勝私欲而復於禮，則事皆天理而本心之德復全於我矣。**勉齋黄氏曰：心之全德莫非天理，則言仁而禮在其中；事皆天理而心德復全，則言禮而仁在其中：皆以天理爲言。則仁即禮，禮即仁，安有復禮而非仁者哉？其曰「事皆天理」者，以視聽言動之屬乎事也。復歸於禮，則事皆合乎天理矣。○雲峯胡氏曰：《集註》始言「仁者，本心之全德」，至此則「本心之德復全」，此一「全」字即是本來全字，不過能復其本然者耳。○程子曰：克己之私既盡，一歸於禮，此之謂「得其本心」。○朱子曰：一於禮之謂仁。只是仁在内，爲人欲所蔽，如一重膜遮了。克去己私復禮乃見仁，仁、禮非是二物。○問：「『克』、『復』工夫全在『克』字上。蓋是就發動處克將去，必因有動而後天理人欲之幾始分，方知所決擇而用力也。」曰：如此，只是發動方用克。若待發動而後克，不亦晚乎？發時固用克，未發時也須致其精明，如烈火之不可犯始得。○問：「克己復禮如何分精粗？」曰：若以「克去己私」言之，便「克己」是精底工夫，到「禮之節文」有所欠闕，便是粗者未盡。然克己又只是克去私意，若未能有細密工夫，一一入他規矩準繩之中，便未是復禮，如此則復禮却乃是精處。○克，是克去己私。己私既克，天理自復。譬如塵垢既去，則鏡自明；瓦礫既掃，則室自清。○克己是人做工夫，復禮是事事皆落腔窠。克己便能復禮，步步皆合規矩準繩，非是克己之外別有復禮工夫也。○禮是自家本有底物，所以説箇「復」，不是待克己了方去復禮。克得那一分人欲去，便復得這一分天理來；克得那二分底己去，便復得這二分禮來。○克己便要復禮。但克己而不復禮，則墮於空寂矣。然人只有天理人欲兩途，不是天理則是人欲，即無不屬天理又不屬人欲底。且如立如齊是天理，跛倚是人欲。克去跛倚而未能如齊，即是克得未盡，却不是未能如齊之時不係人欲也。須與立箇界限，將那未能復禮時底都把做人欲斷定。○新安陳氏曰：禮有專言者，有偏言者。恭敬辭讓，偏言之禮也；復禮爲仁，專言之禮也。克己復禮，則天理流行而仁在是，專言之禮，仁在其中矣。**歸，猶「與」也。又言一日克己復禮，則天下之人皆與其仁。極言其效之甚速而至大也。**新安陳氏曰：甚速，以一日言；至大，以天下言。○朱子曰：克己復禮，則事事皆是。天下之人聞之見之，莫不皆與其仁也。○天下以仁稱之，非是一日便能如此，只是有此理。人稱不稱，固非我之所急，但言其效，必至於此。○天下皆與其仁，伊川云「稱其仁」是也。此説得實。楊氏以爲皆在吾之度内，謂見吾仁之大如此而天下皆囿於其中，説得無形影，與吕氏「洞然八荒，皆在我闥」同意。○覺軒蔡氏曰：天下之大，人人皆稟受此仁。我真能克復爲仁，即此仁便與天下之人都湊得著，所以天下皆以仁稱之。**又言爲仁由己而非他人所能預。又見其機之在我而無難也。日日克之，不以爲難，則私欲浄盡，天理流行，而仁不可勝**平聲。**用矣。**新安陳氏曰：「日日克之」以下五句，乃朱子補本文之意而究竟言之。恐人謂一日如此便了，須是日日接續用功，如「日三省」之日。日日克己而無少間斷，幾決於己而無所留難，則私欲方浄盡而天理自然流行矣。須玩味「浄」字。「浄盡」者，無一毫不盡之謂也。○朱子曰：今日克復是今日事，明日克復是明日事。克己復禮有幾多大工夫！須日日用工。○爲仁由己，這都是自用著力，使他人不著。到私欲盡後，便粹然是天地生物之心。○雙峯饒氏曰：「一日」之語見於《論語》者二，「一日用力於仁」，指其用功之日而言也；「一日克己復禮」，指其成功之日而言也。何以知之？克者，戰而獲勝之名；復者，失而復還之謂：此皆用力而成功者。故上文以此「爲仁」而下文許以「天下歸仁」，以成功之效言之也。然則欲克己而復禮者，果何所用力耶？曰：「爲仁由己」，用力之機要也；「非禮勿視聽言動」，用力之條目也。欲收克復之功者，其亦勉諸此而已矣。**程子曰：「非禮處便是私意。既是私意，如何得仁？須是克盡己私，皆歸於禮，方始是仁。」又曰：「克己復禮則事事皆仁，故曰『天下歸仁』。」**問：「『歸猶與也』，謂天下皆與其仁，却載程子語天下歸仁謂『事事皆仁』，恰似兩般。」朱子曰：惟其事事皆仁，所以天下歸仁。○於這事做得恁地，於那事亦做得恁地，所以天下皆稱其仁。若有一處做得不是，必被人看破了。○問「克己復禮則事事皆仁」。曰：人能克己，則日間所行，事事皆無私意而合天理耳。○問：「一日之間，如何得事事皆仁？」曰：一日克己復禮了，雖無一事，亦不害其爲「事事皆仁」；雖不見一人，亦不害其爲「天下歸仁」。**謝氏曰：「克己，須從性偏難克處克將去。」**雲峯胡氏曰：能克人欲之私，是理勝欲；能克性質之偏，是德勝氣。《集註》克己説人欲，未曾説氣質，故復引謝氏説以足之。○問：「此性是氣質之性否？」朱子曰：然。然亦無難易。凡氣質之偏處，須從頭克去。謝氏恐人只克得裏面小小不好處氣質而忘其難，故云然。○人之氣禀有偏，所見亦往往不同。如氣質剛底人則見剛處多而處事必失之太剛，柔底人則見柔處多而處事必失之太柔。須先就偏處克治。○跛倚踞傲，未必盡是私意，亦有性坦率者。伊川云「雖無邪心，苟不合正理，乃妄也」，亦須克去。○問顔子問仁與問爲邦先後。曰：有克己復禮工夫，方始做得四代禮樂底事。○「克己」之「己」未是對人物言，只是對「公」字説，猶曰「私」耳。吕氏《克己銘》極口稱揚，遂以爲己既不立，物我並觀，則天下之大莫不皆在吾仁中。説得來恁地大，故人皆喜其快。殊不知未是如此。問：「與叔之意，與下文克己之目全不干涉，此只是自脩之事，未説著外面在。」曰：須是恁地思之。○「初無吝驕，作我蟊賊」，只説得克己一邊，却不到復禮處。

顔淵曰：「請問其目。」子曰：「非禮勿視，非禮勿聽，非禮勿言，非禮勿動。」顔淵曰：「回雖不敏，請事斯語矣。」

目，條件也。顔淵聞夫子之言，則於天理人欲之際際，謂二者界限之間。已判然矣，故不復扶又反。有所疑問而直請其條目也。請克己復禮之條目。非禮者，己之私也。勿者，禁止之辭。是人心之所以爲主而勝私復禮之機也。私勝則動容周旋無不中去聲。禮，而日用之間莫非天理之流行矣。朱子曰：《説文》謂「勿」字似旗脚，此旗一麾，三軍盡退。工夫只在「勿」字上。纔見非禮來，便禁止之，便克去。○問：「顔子地位，有甚非禮處？何待下此四『勿』工夫？」曰：只心術間微有些子非禮處，也須用浄盡截斷了。他力量大，聖人便教他索性克去。○問「非禮勿視聽言動」。曰：目不視邪色，耳不聽淫聲：如此類工夫却易。視遠惟明，纔不遠便是不明；聽德惟聰，纔非德便是不聽：如此類工夫却難。視聽言動但有些箇不循道理處，便是非禮。○視聽言動之間所當爲者，皆禮也；

所不當爲者，皆非禮也。其非禮則「勿」以止焉，則是克己之私而復於禮矣。其「非禮而勿視、聽」者，防其自外入而動於内也；「非禮而勿言、動」者，謹其自内出而接於外也。内外交進，爲仁之功盡矣。所以用力，其機特在「勿」與「不勿」之間而已。自是而反，則爲天理；自是而流，則爲人欲。自是而克念，則爲聖；自是而罔念，則爲狂：特毫忽之間爾。學者可不謹其所操哉？○雲峯胡氏曰：此章緊要在「勿」字，故《集註》喫緊解此一字。蓋心爲一身之主，即將爲三軍之主。一身耳目口體，惟心所令，猶大將之旗一麾而三軍坐作進退，惟其所令也。○新安陳氏曰：非禮者己之私，禮者天理之公。非禮勿視聽言動，即所以「克己」；而所視聽言動皆合禮，即所以「復禮」也。能如是，則日用間莫非天理之流行，而仁在其中矣。**事，如「事事」之事。**《書·説命》篇云：「惟事事乃其有備，有備無患。」○《史記·曹參傳》：「卿大夫已下吏及賓客見參不事事。」不事丞相之事。○新安陳氏曰：事事，上「事」字是用力活字，下「事」字是死字。**請事斯語，顔淵默識其理，又自知其力有以勝**平聲。**之，故直以爲己任而不疑也。**

朱子曰：顔子克己，如紅爐上一點雪。○雙峯饒氏曰：如「吾與回言終日，回於吾言無所不悦」。夫子平日多與講論，皆是「博之以文」；到此「四勿」，正是「約之以禮」。○顔子所克之己私，只是微過，不是顯過。然顯過易見，微過難見也。**○程子曰：「顔淵問克己復禮之目，子曰：『非禮勿視，非禮勿聽，非禮勿言，非禮勿動。』四者，身之用也。由乎中，而應乎外；制於外，所以養其中也。**

朱子曰：「由乎中而應乎外」，乃勢之自然，是推本視聽言動四者皆由中而出，泛言其理如此耳，非謂從裏面做工夫也。「制於外所以養其中」，方是説做工夫處。全是自外而内，自葉流根之意。○問：「克己工夫從內面做去，反説『制於外』，如何？」曰：制却在內。又問：「此是説仁之體而不及用？」曰：制於外便是用。**顔淵事斯語，所以進於聖人，**進，進步幾及之意。**後之學聖人者宜服膺而勿失也。因箴以自警。其《視箴》曰：『心兮本虚，應物無迹。操**平聲。**之有要，視爲之則。**慶源輔氏曰：人心出入無時，莫知其鄉，何有形迹可見？然「操則存，舍則亡」，而「操之之要」則「以視而爲則」而已。蓋人之視最在先。遇不當視者，才起一念要視他，便是非禮，故當以是爲操心之則。○陳氏曰：心虚靈知覺，事物纔觸，即動而應，無蹤迹可尋捉處。○胡氏曰：「心兮本虚」者，體也；「應物無迹」者，用也。體無所窒則用無所滯，此其本然也。○葉氏曰：目者，一身之昭鑒、五行精華之所聚，於心尤切。目動則心必隨，心動則目必注。心之虚靈，千變萬化，欲加檢防，先以視爲準則。**蔽交於前，其中則遷。**陳氏曰：蔽，指物欲之私而言；中，指心之體而言，即天理之謂也。物欲之蔽接於前，則心體逐之而遷矣。**制之於外，以安其內。克己復禮，久而誠矣。』**朱子曰：人之視聽言動，視最在先，爲操心之準則。此兩句未是不好。至蔽交於前，方有非禮而視，故制之於外以安其內，則克己而復禮也。如是工夫無間斷，則久而自從容不勉矣，故曰「久而誠矣」。○陳氏曰：物欲克去於外，則無以侵撓吾內而天理寧矣。○許氏曰：制，是於天理人欲之界上截然限斷，使不正之書、非禮之色不得以接於吾目。克己即制之於外，復禮即以安其內。○胡氏曰：「克己復禮」者，言上文乃所以用力於此也。「久而誠矣」者，非禮勿視未是仁，真積力久自然誠實，則可謂之仁也。○蔡氏曰：始而克復，有以用吾力。久而誠，則私欲浄盡，表裏一貫，自無所容其力矣。**其《聽箴》曰：『人有秉彝，本乎天性。知誘物化，遂亡其**

正。朱子曰：四者惟視爲切，所以先言視，而《視箴》之説尤重於聽也。○物至則智足以知之而有好惡，這是自然如此。到「好惡無節於內，知誘於外」，方始不好去。○慶源輔氏曰：人心所稟之常性乃得之於天，而聽其所當聽，不聽其所不當聽者，即「秉彝」之性也。○胡氏曰：不言「聽」而言「知」者，聽者知之初，知者聽之後。因知而此心爲之動，故以「知」言。其實一也。○陳氏曰：知指形氣之感而言。物欲感而知覺萌，遂爲之引去矣。化則與之相忘如一，而無彼我之間也。**卓彼先覺，知止有定。閑邪存誠，**朱子曰：防閑其邪妄於外，而存其實理於內也。**非禮勿聽。』**朱子曰：視是將這裏底引將去，所以云「以安其內」；聽是聽得外面來，所以云「閑邪存誠」。○視與看見不同，聽與聞不同。如非禮之色若過目便過了，不可有要視之之心；非禮之聲若入耳也過了，不可有要聽之之心。○問：「《視箴》何以特説心？《聽箴》何以特説性？」曰：互換説也得。然諺云：「開眼便錯。」視所以就心上説。人有秉彝，本乎天性，道理本自在這裏，却因雜得外面言語來誘之，聽所以就性上説。○蔡氏曰：或疑《聽箴》之説亦可移爲《視箴》用，殊不知視是自內而引出外，聽是自外而引入內。視爲先，聽次之，所以《視箴》説得尤力。○雲峯胡氏曰：眼在前，不正之色只是前一面來，故曰「蔽交於前，其中則遷」；耳在兩傍，不正之聲左右前後皆可來，故曰「知誘物化，遂亡其正」。目之明在外，故當制之於外以安其內；耳之聰在內，故惟在內者知止有定，乃可爾。**其《言箴》曰：『人心之動，因言以宣。發禁躁妄，內斯靜專。**慶源輔氏曰：躁屬氣，妄屬欲。不爲氣所動，故靜；不爲欲所分，故專。○陳氏曰：外不躁則內靜，外不妄則內專，此一篇關要處。**矧是樞機，興戎出好。**去聲。**吉凶榮辱，惟其所召。**《書》曰：「惟口出好興戎。」

蔡氏傳曰：「好，善也。戎，兵也。言發於口，則有二者之分。」○陳氏曰：門之闔闢，所繫在樞；弩之張弛，所繫在機。人心之動有善惡，由言以宣之而後見於外，是亦人之樞機也。○蔡氏曰：出好則吉則榮，興戎則凶則辱。發於口者甚微，而召於彼者甚捷：可不畏哉？**傷易**去聲。**則誕，傷煩則支。**慶源輔氏曰：易則心不管攝，故必至於妄誕；煩則心不精一，故必至於支離。**己肆物忤，**五故反。**出悖來違。非法不道，欽哉訓辭！』**朱子曰：上四句是說身上最緊切處。須是不躁妄，方始靜專。自家這心自做主不成，如何去接物？下云「矧是樞機，興戎出好」四句，是說謹言底道理。下四句却說四項病痛。「傷易則誕，傷煩則支。己肆則物忤，出悖則來違。」○《言箴》說許多病痛，從頭起至「吉凶榮辱，惟其所召」，是就身上謹；「傷易則誕」至「出悖來違」，是當謹於接物間：都說得周備。○陳氏曰：易者，輕快之謂。躁則傷於易。誕者，欺誕之謂，而易中之病也。煩者，多數之謂。妄則傷於煩。支，猶木之枝從身之旁而迸出者，乃煩中之失也。○蔡氏曰：易則誕，由其妄而不專也；煩則支，由其躁而不靜也。內不靜，故己肆而物忤；內不專，故出悖而來違。○雲峯胡氏曰：易是輕言，煩是多言，肆是放言，悖則純乎不善矣。朱子以爲是四項病。而諸家只解歸躁、妄二字，非矣。**其《動箴》曰：『哲人知幾，**平聲。下同。**誠之於思。志士勵行，**去聲。**守之於爲。順理則裕，從欲惟危。**朱子曰：哲人、志士說兩般人。哲人只於思慮間便見得合做與不做，志士便於做出了方見得。雖是兩般，大抵順理便安裕，從欲便危險。○思是動之微，爲是動之著，這箇是該動之精粗。蓋思於內不可不誠，爲於外不可不守。看文字須得箇骨子。諸公且道《動箴》那箇是緊要？答曰：「順理則裕。」曰：要連「從欲惟危」都是。這是生死路頭。○陳氏曰：結上文。二者之動，雖微顯不同，然循理之公則皆無餒於中，故裕；逐人欲之私則易陷於下，故危。**造**七到反。**次克念，戰兢自持。**慶源輔氏曰：造次克念，不息之誠也；戰兢自持，敬謹之體也。○覺軒蔡氏曰：造次克念，以誠於思言。凡學者動於心，不可不存克念之誠。戰兢自持，以守於爲言。凡學者動於身，不可不加自持之念。○陳氏曰：雖急遽苟且之時，亦必誠之於思，則其涵養之功密矣；常恐懼戒謹守之於爲，則其操存之力篤矣。**習與性成，聖賢同歸。』」**覺軒蔡氏曰：聖，性之也，謂哲人；賢，習之也，謂志士。及其成功，一也，故曰「同歸」。○新安陳氏曰：《商書》曰：「茲乃不義，習與性成。」此伊尹之言本謂習於惡而與性成者。程子引用此句，則言習於善而與性成者也。此「性」字蓋以氣質之性言，與上文「本乎天性」之性不同。天性，乃以天地之性言也。○徽菴程氏曰：物欲之外至，禁防於視聽，俾此仁之全體湛然清明，無一毫之或蔽；私欲之內萌，消弭於言動，俾此仁之妙用剨呼麥反。然中節，無一毫之或乖。見非視，聞非聽。見聞非動，視聽爲動。勿視勿聽，則不動矣。動兼思、貌而言。《洪範》五事，備於此矣，不必以「勿」爲心也。真氏謂「勿」指「心」而言。非禮勿視勿聽，戒謹以存養也。觀「制之於外，以安其內」，及「閑邪存誠」之語可見。所以防其外入而動於內也。聲色之非禮雖甚顯而在外，過其外者不能入。能禁防於視聽，則此仁之全體湛然清明矣。非禮勿言勿動，謹獨以研幾也。觀「人心之動」、「發禁躁妄」，及「誠之於思」、「守之於爲」之語可見。所以謹其自內出而接於外也。念慮之非禮雖甚微而在內，萌於内者不能自已。能警省於言動，則此仁之大用剨然中節矣。**愚按，此章問答乃傳授心法切要之言，非至明不能察其幾，非至健不能致其決，故惟顏子得聞之。而**

凡學者亦不可以不勉也。程子之箴，發明親切，學者尤宜深玩。慶源輔氏曰：非顏子之明睿，則雖告以「克己復禮，天下歸仁」之説，必不能察天理人欲所由動之幾而遂請其條目；非顏子之剛健，則雖告以「爲仁由己」與「四勿」之説，必不能致勇決於此而遂以仁爲己任：此夫子所以獨以是告顏子，而他弟子不與焉。○張氏曰：非至明不能察其幾，是言其致察於「非」字；非至健不能致其決，是言其用功於「勿」字。○趙氏曰：非至明則不能察天理人欲邪正所由動之幾，將有悞認天理爲人欲，人欲爲天理，而不自覺於冥冥之中矣；非至健則不能決天理人欲勝負所由分之勢，將有玩天理而不肯進，戀人欲而不忍割，而依違於二者之間矣。○雙峯饒氏曰：視聽言動四者，横渠《東銘》只云「戲言戲動」，却是二件；《中庸》「非禮不動」，又只是一件：詳略不同，何也？蓋詳言之是四件，約言之只二件，所謂「言行，君子之樞機」是也。言是言，視聽也屬動，是行。又約言之，都只是動。視是目之動，聽是耳之動，言是口之動，動是身之動。故《中庸》只説「非禮不動」一句。聖賢之言，有詳有約。顏子是問「克復」之目，故以詳告之。

○仲弓問仁。子曰：「出門如見大賓，使民如承大祭。己所不欲，勿施於人。在邦無怨，在家無怨。」仲弓曰：「雍雖不敏，請事斯語矣。」

敬以持己，解「出門」、「使民」二句。**恕以及物，**解「不欲」、「勿施」二句。物，即人也。**則私意無所容而心德全矣。**新安陳氏曰：敬以持己，則私意無所容於内；恕以及物，則私意無所容於外。於是公理流行而心德全矣。❶○陳氏曰：敬者，吾心之所主而仁之存也；恕者，吾心之所以達而仁之施也。主

❶ 「公」，四庫本、孔本、陸本作「天」。

敬持己，行恕及物，則内外無私意而仁在是矣。**内外無怨，亦以其效言之，使以自考也。**新安陳氏曰：上章「天下歸仁」，是以克己復禮之效言之；此章「内外無怨」，亦以主敬行恕之效言之。考，驗也。能使内外無怨，可以驗我之能敬恕。若内外尚有怨者，是我於敬恕猶有未至也。此之謂「自考」。○朱子曰：「己所不欲，勿施於人」，緊接著那「出門」、「使民」，「在邦無怨，在家無怨」，緊接著那「己所不欲，勿施於人」，直到這裏，道理方透徹。似一片流水注出來，到這裏方住。中間也間斷不得。效驗到這處方是做得透徹，充足飽滿，極道體之全而無虧欠。内外間纔有一人怨他，便是未徹。便如天下歸仁底，纔有一箇不歸仁，便是有未到處。○己所不欲，勿施於人，如富壽康寧，人之所欲；死亡貧苦，人之所惡。所欲者必以同於人，所惡者不以加於人。○能敬能恕，則仁在其中。世有敬而不能恕底人，便只理會自守，却無溫厚愛人氣象；若恕而無敬，則無以行之。須先主於敬，然後能行其恕。○聖人言語極謹密。說「出門如見大賓，使民如承大祭」，下面又便說「己所不欲，勿施於人」，都無些欠缺處。問：「此意則體用兼備？」曰：只是如此。自家身己上常是持守，到接物上又如此，則日用之間無少間隙，私意直是何所容？可見聖人說得極密。○問：「如以刑加人，豈人所欲？便是不恕始得。」曰：伊川云「恕字須兼忠字說」。忠是盡己，而後推之爲恕。夫以刑加人，其人實有罪，其心亦自以爲當然，故以刑加之而非强所不欲也。其不欲被刑乃其私心。若其真心，既以犯罪，亦自知其當刑矣。今人只爲不理會忠而徒爲恕，其弊只是姑息。○問：「怨有是非，如何都得他無？」曰：此只說怨得是底。○弟子之問多矣，獨二子有「請事」之對，蓋度其能踐此言而後對，記者亦以其克此對而記之也。○慶源輔氏曰：不敬則私欲萬端，害仁之體；不恕則徇己遺人，梍仁之用。必敬以養之，恕以達之，則私意無可萌之時，無可著之處矣。○王氏曰：主敬則内有以全其心之德，行恕則外有以推其愛之理。○雲峯胡氏曰：敬以持己，是收斂此心入來；恕以待人，是推擴此心出去。○程子曰：「孔子言『仁』，只説『出門如見大賓，使民如承大祭』。看其氣象，便須心廣體胖，動容周旋中去聲。禮。新安陳氏曰：程子恐人認「見賓」「承祭」作勉强拘束之敬，故云然。蓋欲如所謂「禮之用，和爲貴」也。唯謹獨，便是守之之法。」新安陳氏曰：又恐人外貌如此而中心不如此，必於一念萌動，己所獨知之處而致謹焉，便是持守此敬之法。○雙峯饒氏曰：「心廣體胖，周旋中禮」，特敬之氣象耳。至於用功，却在「謹獨」上。蓋人但見其出門、使民耳，如見大賓、如承大祭則人所不知而己所獨知者。於此謹之，則得其用功之要。或問：「出門、使民之時，如此可也；未出門、使民之時，如之何？」曰：「此『儼若思』時也。《曲禮》曰：「儼若思。」此静時敬也。有諸中而後見形甸反。於外。觀其出門、使民之時其敬如此，則前乎此者，敬可知矣。新安陳氏曰：觀其動時敬，則其静時敬可知。非因出門、使民，然後有此敬也。」此程子推夫子言外之意而言之。○問：「程子只説作『敬』，先生便説『敬以持己，恕以及物』，看來須如先生説方全。」朱子曰：程子不是就經上説，是偶然摘此二句，所以只説作「敬」。○南軒張氏曰：平日之涵養一於敬，則出門、使民之際皆此心也。○雙峯饒氏曰：平時固是敬謹，出門、使民時尤加敬謹。此只就出門、使民説起，則只是動時事。蓋出門、使民是與人交接之時，於此時有敬謹之心，則交接之間，私意不存，而得以盡其推己及人之恕矣。愚按，克己復禮，乾道也；主敬行恕，坤道也。顔、冉之學，

其高下淺深，於此可見。然學者誠能從事於敬恕之間而有得焉，亦將無己之可克矣。朱子曰：乾道奮發而有爲，坤道静重而持守。觀夫子告二子氣象，各有所類。○仲弓資質温粹，顔子資質剛明。顔子於仁，剛健果决，如天旋地轉，雷厲風行做將去。仲弓則自斂藏嚴謹做將去。伊川曰：「質美者明得盡，查滓便渾化却，與天地同體。其次惟莊敬以持養之。」顔子則明得盡者，仲弓則莊敬以持養之者也。顔子如創業之君，仲弓如守成之君。○克復乾道，是一服藥打疊了這病；敬恕坤道，是服藥調護，漸漸消磨了這病。持敬行恕雖不曾著力去克己復禮，然只一般。若把這箇養來養去，那私意自是著不得。○問：「『克己』工夫與『主敬行恕』如何？」曰：克己復禮，是截然分别箇天理人欲，是則行之，非則去之；敬恕，則猶是保養在這裏，未能保他無人欲在，若將來保養得至，亦全是天理矣。○克己復禮，如内修政事，外攘夷狄；出門使民，如「上策莫如自治」。○問：「持敬、克己工夫相資相成否乎？」曰：做處則一，但孔子告顔子、仲弓隨他氣質地位而告之耳。若不敬則此心散漫，何以能克己？若不克己，非禮而視聽言動，安能爲敬？又曰：敬之至固無己可克，克己之至亦不消言敬。敬則無己可克者，是無所不敬，故不用克己，此是大敬，如「聖敬日躋」、「於緝熙敬止」之敬也。○潛室陳氏曰：顔子工夫索性，豁開雲霧便見青天，故屬乾；仲弓工夫著力，淘盡泥沙方見清泉，故屬坤。此處最難認，須細心玩聖賢氣象便會得。○厚齋馮氏曰：《左傳》云仲尼曰：「古語有之曰：『克己復禮，仁也。』」蓋古有此語，唯顔子可以從事於此。又曰：「出門如賓，承事如祭，仁之則也。」亦古有此語，唯仲弓可以語之。○蔡氏曰：以效言之，亦有不同。顔子底便可「天下歸仁」，其應廣而速；仲弓底只可「邦家無怨」，其應狹而緩。

○司馬牛問仁。

司馬牛，孔子弟子，名犂，向式亮反。魋徒回反。之弟。宋人。

子曰：「仁者其言也訒。」訒音刃。

訒，忍也，難也。仁者心存而不放，故其言若有所忍而不易去聲。下同。發，蓋其德之一端也。朱子曰：仁者之人言自然訒，在學者即當自謹言語以操存此心。如今人輕易言語，是他此心不在，奔馳四出，如何有仁？○此心不放，便存得道理在此。察其言，便可知其本心之存與不存。○雲峯胡氏曰：《集註》於顏淵則曰「心德之全」，此則曰「德之一端」，亦不過「四勿」中之一也。夫子以牛多言而躁，故告之以此。使其於此而謹之，則所以爲仁之方，不外是矣。朱子曰：這是司馬牛身上一項病，去得此病，則方好將息充養爾。○問：「仁者其言也訒，只是『訥於言』意思否？」曰：「訥於言而敏於行」，是怕人説得多後行不逮；「其言也訒」，是説持守得那心定後説出來自是有斟酌，恰似肚裏先商量了方説，底模樣。今人只信口説，方説時他心裏也自不知得。○問：「聖人答司馬牛『其言也訒』，此句通上下言否？」曰：就他身上説又較親切。人謹得言語不妄發，即求仁之端。

曰：「其言也訒，斯謂之仁矣乎？」子曰：「爲之難，言之得無訒乎？」

牛意仁道至大，不但如夫子之所言。故夫子又告之以此。蓋心常存，故事不苟；事不苟，故其言自有不得而易者，非强上聲。閉之而不出也。朱子曰：心存則自是不敢胡亂説話。大率說得容易底，便是他心放了，是實未嘗爲之也。若不敢胡亂做者，必不敢容易説，然亦是存得這心在。○慶源輔氏曰：心存則行自然難而不苟動，言自然訒而不苟發。此心德之自然，豈易能哉？而牛之意則以訒其言爲强閉而不出，故易視之，而以爲仁道之大，不但如此而已也。○新安陳氏曰：言仁以心存爲本。心存則言不易，心存則事不苟。所以《集註》於此章兩以「心存」言之。**楊氏曰：「觀此及下章再問之語，牛之易其言可知。」**朱子曰：仁者心常醒，見這事來，便知要做得合道理，不可輕易。便是知得「爲之難」，故自不敢輕言。若不仁之人，心常如瞌睡相似，都不見這事理。使天來大事，便敢輕輕做一兩句説了。○問：「『爲之難』者，不謂仁之難爲耶？」曰：仁者之言無不訒，蓋知事之無不難也，豈獨仁之難爲而後難於言耶？且必若此，則凡事皆可易言。而獨於言仁爲不可易矣，豈其然乎？**○程子曰：「雖爲**去聲。**司馬牛多言故及此，然聖人之言亦止此爲是。」愚謂牛之爲人如此，若不告之以其病之所切而泛以爲仁之大概語**音御。**之，則以彼之躁必不能深思以去**上聲。**其病，而終無自以入德矣。故其告之如此。蓋聖人之言雖有高下大小之不同，然其切於學者之身而皆爲入德之要，則又初不異也。讀者其致思焉。**朱子曰：司馬牛如何做得顔子、仲弓底工夫？須是逐人理會。仁譬之屋，克己是大門，打透便入來；敬恕是第二門，言訒是箇小門。雖皆可通，然小門迂回得些，是隨他病處説。○陳氏曰：語牛之説又下於雍，非祕其精義而不以語之也。以牛多言而躁，若不語以其病所切，則彼之躁必不自覺，終身爲此心之累而無由可進於仁。必使之先致謹於此，去煩而簡，去躁而静，則心無所放而言每難其出，入德次第方可漸進而仁可求矣。

〇司馬牛問君子。子曰：「君子不憂不懼。」向魋作亂，牛常憂懼，故夫子告之以此。厚齋馮氏曰：內憂其兄，外懼其禍也。

曰：「不憂不懼，斯謂之君子矣乎？」子曰：「內省不疚，夫何憂何懼？」夫音扶。

牛之再問，猶前章之意，故復扶又反。告之以此。疚，病也。言由其平日所爲無愧於心，故能內省悉井反。不疚而自無憂懼，未可遽以爲易去聲。而忽之也。雙峯饒氏曰：無愧是不疚之本，不疚是不憂懼之本。〇晁氏曰：「不憂不懼，由乎德全而無疵，故無入而不自得，非實有憂懼而强上聲。排遣之也。」朱子曰：牛將謂是塊然頑然不必憂懼，不知夫子自說內省不疚，自然不憂懼來。〇有憂懼者，內有所慊也。自省其內而無所病，則心廣體胖，何憂懼之有？〇慶源輔氏曰：不憂不懼者，疑若有之而强排遣之也；何憂何懼，則是自無憂懼耳。蓋君子自然之德也。〇牛之再問雖易於言，然足以發聖人未盡之蘊。使吾德少有疵，則不免憂懼。憂懼，氣象歉索也。內省不疚而何憂懼，與孟子「集義生浩然之氣」，「仰不愧，俯不怍」之意同。

〇司馬牛憂曰：「人皆有兄弟，我獨亡！」

牛有兄弟而云然者，憂其爲亂而將死也。《左傳》哀公十四年：魋入于曹以叛。民叛之。魋奔衛，遂奔齊。〇問：「牛無令兄弟，何也？」朱子曰：以傳考之，桓魋欲弒宋公而欲殺孔子，其惡著矣，而其弟子頎子車亦與之同惡，此牛所以憂也。

子夏曰：「商聞之矣：

蓋聞之夫子。

『死生有命，富貴在天。』

命稟於有生之初，非今所能移；天莫之爲而爲，非我所能必；但當順受而已。陳氏曰：天者，命之所自出；命，則天之所賦於人者。故以理言之謂之天，自人言之謂之命，其實一而已。○慶源輔氏曰：順謂不咈，受謂不拒。只此二字，便是處死生富貴之要訣。

君子敬而無失，與人恭而有禮，四海之內皆兄弟也。君子何患乎無兄弟也？」

既安於命，又當脩其在己者，故又言苟能持己以敬而不間去聲。斷，徒玩反。接人以恭而有節文，則天下之人皆愛敬之如兄弟矣。蓋子夏欲以寬牛之憂而爲是不得已之辭，讀者不以辭害意可也。慶源輔氏曰：既告以安命，又勉以脩身，使兩盡其道。○趙氏曰：若安於命而不脩己，是有命而無義，聽乎天而不盡乎人矣。○雙峯饒氏曰：敬在心，恭在容。敬易能，無失爲難，間斷則失矣；恭易能，有禮爲難。「有節文」，是致恭又能中節；如「足恭」，則恭而無禮矣。○新安陳氏曰：死生富貴，惟當聽其在天；恭敬禮節，則當盡其在己。敬而無失，又恭而有禮之本也。子夏「皆兄弟」之語有疵，《集註》下一「如」字，謂人皆愛敬之如兄弟，則意足而辭當矣。○胡氏曰：「子夏『四海皆兄弟』之言，特以廣司馬牛之意，意圓而語滯者也。唯聖人則無此病矣。且子夏知此而以哭子喪去聲。明，《禮記·檀弓》篇：「子夏喪其子而喪其明。」則以蔽於愛而昧於理，是以不能踐其言爾。」朱子曰：子夏當初只要開廣司馬牛之意，只不合下箇「皆兄弟」字，便成無差等了。○慶源輔氏曰：觀喪明事，則牛之失乃移於商之身而不自知也。○雙峯饒氏曰：此子夏寬牛之憂而推其原以廣之也。人之兄弟共一箇父母，此固是親；若推其原，則人又只是共一箇天地大父母。自共一箇父母觀之，則兄弟爲有限；自共一箇天地觀之，則並生於天地間，皆兄弟也。此意豈不甚廣？然畢竟他人之兄弟，其情安能及得己之兄弟？意雖廣大，語實有病。圓則活，滯則死。凡圓底便活，方底便不動。○新安陳氏曰：喪明事與此不同，然其爲憂愛之情發不中節而過其則，則一耳。○雲峯胡氏曰：《西銘》亦曰「民吾同胞」，曰「皆吾兄弟」，但自乾父坤母説來，句句是説理一而分殊。子夏曰「四海皆兄弟」，似近乎理之一；至曰「何患乎無兄弟」，則不知有分之殊矣。此《集註》所以欲讀者不以辭害意也。

○子張問明。子曰：「浸潤之譖、膚受之愬，不行焉，可謂明也已矣；浸潤之譖、膚受之愬，不行焉，可謂遠也已矣。」譖，莊蔭反。愬，蘇路反。

浸潤，如水之浸灌滋潤，漸如字。又將廉反。漬而不驟也。譖，毁人之行去聲。也。膚受，謂肌膚所受，利害切身，如《易》所謂「剥床以膚，切近災」者也。《易·剥》之六四：「剥床以膚。」《象》曰：「切近災也。」愬，愬己之寃也。毁人者漸漬而不驟，則聽者不覺其入而信之深矣；愬寃者急迫而切身，則聽者不及致詳而發之暴矣。朱子曰：譖是譖人，是不干己底事，纔説得驟，便不能入他，須是閑言冷語掉放那裏，説交來不覺。❶ 愬是愬切己底事，纔説緩慢，人便不將做事，須是説得緊切，要忽然間觸動他。如被人罵，便説被人打；被人打，便説被人要殺。蓋不如此不足以觸動他也。○齊氏曰：水之潤物，其浸以漸。故游揚以誣善者曰「浸潤之譖」。膚受芒刺，痛痒立見，故激以切己利害之言曰「膚受之愬」。**二者難察而能察之，則可見其心之明**指「可謂明」。**而不蔽於近**指「可謂遠」。**矣。此亦必因子張之失而告之，故其辭繁而不殺，**所界反。**以致丁寧之意云。○楊氏曰：「驟而語之與利害不切於身者不行焉，有不待明者能之也。故浸潤之譖、膚受之愬不行，然後謂之明，而又謂之遠。遠則明之至也。《書》曰：『視遠惟明。』」**朱子曰：若事本非實而譖者遽然極言其事，愬者泛然不切於身，則亦不足以惑人矣。故以此二者之相爲反對而互言，若見其事變之不同，而明無不照也。○慶源輔氏曰：浸潤、膚受，皆以巧譎而行其譖愬者也。然使之不行，則非既明且遠者有所不能。子張之爲人，務外好高，於事必有忽略自足之病，而無深潛縝密之功。平日不過觀其皮毛意象以爲有得，於人情之細密、事理之精微則未必能察也。故夫子因其問「明」而姑舉二事以告之，使其反諸身而知有所戒矣。○蘇氏曰：譖愬之言，常行於偏暗而隘迫者。蓋一有所聞而念心應之也。❷ 明且遠者虚以察之，則不旋踵而得其情矣。○雙峯饒氏曰：浸潤者其來舒緩，膚受

---

❶ 「交」，《語類》卷四二作「教」。

❷ 「念」，四庫本、孔本、陸本及《輯釋》作「忿」。

則其來急迫。一緩一急，緩則不暇覺，急則不暇詳。一要覺，一要詳。「覺」與「詳」是兩事，《集註》以「察」字包之。因子張之失而告之，其失果在何處？蓋「必」者，料想之辭。子張是箇易疑易信底人，易疑生譖，易信生愬。○鄭氏舜舉。曰：善形容小人之情狀，無若聖人之言。凡譖愬者使其正言之，則人人皆識之矣。惟其便僻側媚，入人以漸，雖智者或不察也。

○子貢問政。子曰：「足食，足兵，民信之矣。」

言倉廩實而武備修，然後教化行而民信於我，不離叛也。新安陳氏曰：民信之矣，以效言之。民所以信之之本，則孔子未之及，所以朱子推本而以「教化行」言之。如「施信於民」、「與國人交，止於信」皆是也。兵、食既足，然後施教而化行，民斯信之矣。非謂止足食足兵，民便信之也。

子貢曰：「必不得已而去，於斯三者何先？」曰：「去兵。」去，上聲。下同。

言食足而信孚，則無兵而守固矣。

子貢曰：「必不得已而去，於斯二者何先？」曰：「去食。自古皆有死，民無信不立。」

民無食必死。然死者，人之所必不免。無信，則雖生而無以自立，問：「是民自不立，是國不可立？」朱子曰：是民自不立。民不立，則國亦不能以有立。蓋有信則相守以死，無信則相欺相詐而臣棄其君，子棄其父矣。不若死之爲安。朱子曰：「安」字極有味。故寧死而不失信於民，使民亦寧死而不失信於我也。○程子曰：「孔門弟子善問，直窮到底。如此章者，非子貢不能

問，非聖人不能答也。」慶源輔氏曰：非於理有所見而必欲究其精微之蘊者，不能如此問；非據理之極而於膠轕肯綮之際，如燭照數計，無纖毫之疑者，不能如此答之也。**愚謂以人情而言，則兵、食足而後吾之信可以孚於民；以民德而言，則信本人之所固有，非兵、食所得而先也。是以爲政者當身率其民而以死守之，不以危急而可棄也。**朱子曰：此只因足食足兵而後民信，本是兩項事，子貢却做三項事認了。「信」字便是在人心不容變底。○制田里，薄賦斂，使民有常產而不失其時，則倉廩實而足食矣；比什伍，時簡教，使民有勇而知方，則戎備飭而足兵矣。有是二者，則民以信事上而無欺詐離叛之心，所謂「民信之」也。問：「兵之可去，何也？」曰：食足而民信，則民親其上、死其長，如子弟衛父兄，手足捍頭目，「可制挺以撻堅利矣」。必不得已而去，則兵或可無也。問：「食之可去，何也？」曰：以序言之，則食爲先；以理言之，則信爲重。蓋死生常理，人所必不免者。若民無信，則失所以爲民者而無以立乎天地間。是以必有以使民寧無食以死而不失其尊君親上之心，則其政之所以得民心而善民俗者，可得而言矣。○南軒張氏曰：生則有死，人之常理。至於無信，則欺詐傾奪，無復人理，是重於死也。夫食與兵，固爲急務，然信爲之本。無信則雖有粟而誰與食，雖有兵而誰與用哉？○勉齋黃氏曰：夫子初答，爲政之先後也；再問復告，義理之輕重也。所謂「民信」，至此而後民有以全其信也，非謂至是而後方施信於民也。然則教民以信，其可一日緩乎？○覺軒蔡氏曰：五常之信，猶五行之土；「民無信不立」，猶物無土不生。爲政固以兵食爲先，而兵食亦以信而立。子貢兩發必不得已之問，直窮到底，以見信之尤重於死而不可頃刻無也。○雙峯饒氏曰：去食去兵是處變之道。如忽然水旱之餘，食有不繼；猝然寇難之來，防禦不及：然後可去。若爲政常法，如何可使兵食不足？三者俱全，處事之常；二者可去，處事之變。蓋兵食外物，容有時而可無；信是本心之德，故無時而可去。○問：「古者藏兵於農，兵非不足也。三年耕有一年之積，九年耕有三年之積，食非不足也。孔子謂足食足兵，豈亦後世富强之術歟？」齊氏曰：考井田之法，周人常以其地容三百五十萬四千夫，養七十五萬卒。夫以無事而耕者言，卒以農隙教以備有事者言。夫無事則並隸於司徒，有事則隸於司馬也。大率是以五夫養一卒。足食即所以足兵也。民信之矣，信其有養有教，使我「勇且知方」，❶而真可以「敵王所愾」也。愾，苦概反，怒也。「敵王所愾」四字出《左傳》。雖曰三者，其實只是一事。天下未有食足而兵不足，食足兵足而民不信者也。子貢再問而孔子曰去兵，非去兵也，食足而民信，則民固皆兵也；子貢三問而孔子曰去食，苟乎於民，則雖緩急之極，而亦終不忍以飢寒去也。然則亦非去食也，甚言其不可以無恩交義結之素耳。○雲峯胡氏曰：《集註》於「信」字，先謂「教化行而民信於我，不離叛也」，是處常而不失信；末謂「以死守之，不以危急而可棄也」，是處變而不失信。

○**棘子成曰：「君子質而已矣，何以文爲？」**

棘子成，衛大夫。疾時人文勝，故爲此言。

子貢曰：「惜乎！夫子之説，君子也。駟不及舌。

---

❶「我」，四庫本、孔本、陸本作「民」。

言子成之言乃君子之意。崇本質是君子之意。然言出於舌則駟馬不能追之，又惜其失言也。厚齋馮氏曰：鄧析謂「一言而非，駟馬弗追；一言而急，駟馬弗及」，蓋出於此。

「文猶質也，質猶文也。虎豹之鞟，猶犬羊之鞟。」鞟，其郭反。

鞟，皮去上聲。下同。毛者也。言文、質等耳，不可相無。若必盡去其文而獨存其質，則君子小人無以辨矣。慶源輔氏曰：有質斯有文，有文須有質，不可相無。皮譬則質也，毛譬則文也。皮、毛俱在，然後虎、豹、犬、羊可辨；文、質兼存，然後君子、小人可明。若盡去其毛，獨存其皮，譬則盡去其文，獨存其質爾。如是則虎豹犬羊之貴賤、君子小人之賢否，皆不可辨矣。夫音扶。棘子成矯當時之弊，固失之過；而子貢矯子成之弊，又無本末輕重之差：楚宜反。胥失之矣。朱子曰：棘子成全説質，固未盡善；子貢全説文以矯子成，又錯。若虎皮羊皮雖除了毛，畢竟自別，事體不同。使一箇君子與一箇屠販之人相對坐，並不以文見，畢竟兩人好惡自別。大率固不可無文，亦當以質爲本，如「寧儉寧戚」之意。○問：「棘子成之言與夫子之答林放何異，而子貢非之若是耶？」曰：夫子之言，權衡審察而詞氣和平，蓋未始以文爲可盡去也。若子成，則詞氣矯激，而取舍則過中矣，其流之弊，將必至於棄禮滅法如西晉君子之爲者。故子貢惜其言之失而力正之也。曰：「何以言子貢之言有弊也？」曰：子成之説偏矣，而子貢於文質之間又一視之而無本末輕重緩急之差焉，則又矯子成之失而過中者也。蓋立言之難如此。自非聖人，孰能無所偏倚而常適其平也哉？○雙峯饒氏曰：此章當作三樣看。棘子成之意，欲盡去其文而獨存其質；子貢之意，則以爲文質相等；《集註》則謂質爲本，文爲末。本則重末則輕，然盡去其文而獨存其質，其流將有棄禮滅法之弊。文、質相等，則不分本末而無所重輕。故《集註》謂棘子成與子貢胥失之。○雲峯胡氏曰：子成之言固失之，然子貢曰「文猶質，質猶文」，「猶」字無本末輕重之差，亦豈所以論君子？必如夫子曰「質勝文則野，文勝質則史，文質彬彬然後君子」，斯言無弊矣。

○哀公問於有若曰：「年饑，用不足，如之何？」

稱「有若」者，君臣之詞。用，謂國用。公意蓋欲加賦以足用也。齊氏曰：稱名者，庶人對君之禮。孔子嘗爲大夫，故止稱姓。

有若對曰：「盍徹乎？」

徹，通也，均也。周制，一夫受田百畝，而與同溝共井之人通力合作，計畝均收。新安陳氏曰：以「通力」、「均收」二句照應「通也，均也」之訓。大率民得其九，公取其一，故謂之徹。同溝共井之説，詳見《孟子》「滕文公問爲國」《集註》下。○朱子曰：徹，是八家皆通力合作九百畝田，收則計畝均分，公取其一。如助，則八家各耕百畝，同出力耕公田。此助、徹之别也。魯自宣公税畝，又逐畝什取其一，則爲什而取二矣。《春秋》宣公十五年，「初税畝」。公田之法，十取其一。今又履其餘畝，復十取其一，遂以爲常，故曰「初」。《左傳》：「初税畝，非禮也。穀生不過藉，以豐財也。」周法，民耕百畝，公田中畝借民力而治之，故曰「藉」。税不過此，過此則非禮矣。故有若請但專行徹法，欲公節用以厚民也。

曰：「二，吾猶不足，如之何其徹也？」

二，即所謂「什二」也。公以有若不喻其旨，故言此以示加賦之意。

對曰：「百姓足，君孰與不足；百姓不足，君孰與足？」

民富則君不至獨貧，民貧則君不能獨富。有若深言君民一體之意，以止公之厚斂。去聲。下同。爲人上者所宜深念也。朱子曰：未有府庫財非其財者也，百姓既足，不成坐視其君不足？亦無此理。蓋有人斯有土，有土斯有財。若百姓不足，君雖厚斂，亦不濟事。○勉齋黄氏曰：君孰與不足，但言民既皆足矣，則君雖不足，無人與君不足者。無人與君不足，則當竭力以奉其上矣，何不足之患哉？君孰與足，言民既不足矣，則君雖獨足，無人與君足者。無人與君足，則君亦安能保其足哉？○新安陳氏曰：節用則薄取而有餘，民之富即君之富也；侈用則盡取而不足，民既貧，君誰與守其富哉？宣公税畝後，哀公加賦，經傳無聞，仁言之利，博哉！○楊氏曰：「仁政必自經界始。經界正，而後井地均，穀禄平，而軍國之須皆量是以爲出焉。故一徹而百度舉矣，上下寧憂不足乎？以二猶不足而教之徹，疑若迂矣。然什一，天下之中正，多則桀，寡則貉，二語見楊子《法言》，本出《孟子》「白圭曰」章。不可改也。後世不究其本而唯末之圖，故征斂無藝，費出無經，而上下困矣。雙峯饒氏曰：征斂無藝則下困，費出無經則上困。又惡平聲。知盍徹之當務而不爲迂乎？」問：「哀公之不足，非不足也，什取其二不歸於公室而歸於三家也，雖徹而何補於哀公之不足耶？」朱子曰：徹法行，則自一夫百畝等而上之士大夫卿各有差等，以至於「君什卿禄」之制皆可以次第而舉，不惟野人之井地均，而君子之穀禄亦平矣。○慶源輔氏曰：哀公欲加賦，惟末是圖也；有若欲徹，反本之論也。以私意而觀目前，則反本之論爲迂，而圖末者有一旦之效；以理而觀於長久，則一旦之效適重後日之憂，而反本之論實經久之利也。末流之弊愈求諸末，不至於覆亡不止，古今一律耳。○鄭氏舜舉。曰：民之財即上之財，民之力即上之力。車乘民所出，芻粟民所供，板幹力役民所爲。能寬其税斂，則民得遂其生，而出力以供公上者必衆，何患其不足也？不然，室家離散，田萊荒蕪，上何所取以足用乎？○厚齋馮氏曰：古者什取一以給公上，而征役城築皆民自備，上止出令而已，故民足則君足。後世盡取而歸之公上，故民雖不足而君亦未嘗得足。哀公十二年、十三年皆有螽，連年用兵於邾，又有齊警，此所以年饑而用不足也。有若乃告之以徹，此儒生之常談而世笑之以爲迂闊者也，然有國者足食以税，足兵以賦。夫魯之兵甲已數倍於古，季孫以兵不足而欲用田賦，故夫子曰「有周公之典在」。魯之税畝已加倍於古，哀公以二猶不足而欲加税，故有若對曰「盍徹乎」，是知有若之講聞於夫子者有素也。○勿軒熊氏曰：按《論語》有若之言凡四章：一言仁，一言禮，一言信義，皆爲學之大本；一言徹法，亦爲政之大經：體用具矣。

○**子張問崇德辨惑。子曰：「主忠信，徙義，崇德也。**

主忠信則本立，徙義則日新。問：「『崇德辨惑』何以有是目，而子張、樊遲皆以爲問也？」朱子曰：胡氏以爲或古有是言，或世有是名，而聖人標出之，使諸弟子以爲入道之門户也。其説得之矣。曰：「主忠信、徙義之所以爲崇德，何也？」曰：主忠信則其徙義也有地而可據，能徙義則其主忠信也有用而日新：内外本末交相培養，此德之所以日積而益高也。○「主忠信」「主」字須重看，喚做主，是要將這箇做主。「徙義」是自家一事未合義，遷徙去那義上；見得又未甚合義，須更徙去，令都合義。主忠信且先有本領了方徙義，恁地便德會崇。若不先主忠信，即空了，徙去甚處？如何會崇？主忠信而不徙義，却又固執。○主忠信是劄脚處，徙義是進步處，漸漸進去，則德自崇矣。○忠信是箇基本，徙義又是進處。無基本，徙義不得；有基本，不徙義，亦何緣得進？○南軒張氏曰：不主忠信則無徙義之實，不能徙義則其所主者亦有時而失其理矣：二者蓋必相須，然後德之所以崇也。○陳氏曰：主忠信，則存無不誠而本以立；徙義，則動無非理而行以進。互而言之，能主忠信，則所徙者溥博淵泉而時出；能徙義，則所主者篤實光輝而日新：此德所以日新而高，自有不容已者。○雙峯饒氏曰：本，如屋之有基；日新，如土培其基，日至於高也。忠信是德，徙義是崇。「徙義」者，今日所爲未是，明日見得今日未是處，便從不是處遷入是處，愈遷愈高。

「愛之欲其生，惡之欲其死；既欲其生，又欲其死：是惑也。惡，去聲。**愛惡，人之常情也。然人之生死有命，非可得而欲也。以愛惡而欲其生死，則惑矣。既欲其生又欲其死，則惑之甚也。**朱子曰：溺於愛惡之私，而以彼之死生定分爲可以隨己之所欲，且又不能自定，而一生一死交戰於胸中，虚用其力於所不能必之地而實無所損益於彼也，可不謂之「惑」乎？○南軒張氏曰：推此一端，則凡欲之而妄者皆惑也。○問：「辨惑何不教之以辨之之方？」雙峯饒氏曰：使知其所以惑者在此，是即所謂辨也。○齊氏曰：崇德屬行，辨惑屬知。○新安陳氏曰：欲人生死，意子張或有此蔽，故因言之。果能主忠信以立積德之基，徙義以爲進德之地，則德日進於高明而所見亦高明，於以辨惑，何難之有？況欲人生死，又惑之易辨者也。

「『誠不以富，亦祇以異。』」

此《詩·小雅·我行其野》之詞也。舊說：夫子引之以明欲其生死者不能使之生死。如此《詩》所言，不足以致富而適足以取異也。程子曰：「此錯簡，當在第十六篇『齊景公有馬千駟』之上，因此下文亦有『齊景公』字而誤也。」○楊氏曰：「『堂堂乎張也，難與並爲仁矣』，則非誠善補過，不蔽於私者，故告之如此。」慶源輔氏曰：誠善，「主忠信」之事；補過，「徙義」之事；不蔽於私，「辨惑」之事。「堂堂難與並爲仁」，蓋務外不務内者，故告以此。

○齊景公問政於孔子。

齊景公，名杵臼。魯昭公末年，孔子適齊。《史記·世家》：「季平子得罪魯昭公，昭公率師擊平子。平子與孟氏、叔孫氏三家共攻昭公，昭公師敗，奔於齊。齊處昭公于乾侯。魯亂，孔子適齊，爲高昭子家臣，以通乎景公。」

孔子對曰：「君君，臣臣；父父，子子。」

此人道之大經，政事之根本也。南軒張氏曰：爲政以序彝倫爲先。彝倫不叙，則節目雖繁，亦無以順治矣。君君臣臣、父父子子，彝倫所爲叙也。雖堯舜之治亦不越乎此，貴於盡其道而已。○慶源輔氏曰：此三綱之大者，故以爲「人道之經、政事之本」。**是時景公失政，而大夫陳氏厚施**去聲。**於國，**《左傳》昭公三年：晉少姜卒。少姜，齊女，晉侯嬖妾。齊侯使晏嬰請繼室於晉。既成昏，晏子受禮，叔向從之宴。叔向曰：「齊其何如？」晏子曰：「此季世也。吾弗知不知其他。齊其爲陳氏矣。公棄其民而歸於陳氏。齊舊四量：音亮。豆、區、烏侯反。釜、鍾。四升爲豆，各自其四以登於釜，四豆爲區，區斗六升；四區爲釜，釜六斗四升。登，成也。釜十則鍾。六斛四斗。陳氏三量皆登一焉，鍾乃大矣。登，加也。謂加舊量之一也。以五升爲豆，四豆爲區，四區爲釜。以家量貸而以公量收之。貸厚而收薄。山木如市，弗加於山；魚鹽蜃蛤，弗加於海。賈如在山海，不加貴。民參其力，二入於公而衣食其一。言公重賦斂。公聚朽蠹而三老凍餒。三老，謂上壽、中壽、下壽者不見養遇。國之諸市，屨賤踊貴。踊，刖足者屨也。刖足者多，故踊貴。民人疾痛而或燠於位反。休虛位反。之。燠休，痛念之聲，謂陳氏也。其愛之如父母，而歸之如流水，欲無獲民，將焉避之？」○二十六年：齊侯與晏子坐於路寢。公歎曰：「美哉，室！其誰有此乎？」景公自知德不能久有國，故歎也。晏子曰：「敢問何謂也？」公曰：「吾以爲在德。」對曰：「如君之言，其陳氏乎？陳氏雖無大德，而有施於民。豆、區、釜、鍾之數，其取之民也薄，其施之民也厚。公厚斂焉，陳氏厚施焉，民歸之矣。後世若少惰，陳氏而不亡，則國其國也已。」公曰：「是可若何？」對曰：「唯禮可以已之。在禮，家施不及國。民不遷，農不移，工賈不變，守常業。士不濫，不失職。官不滔，滔，慢也。大夫不收公利。」公曰：「善哉！我不能矣。吾今而後知禮之可以爲國也。」**景公又多內嬖，**臂、閉二音。**而不立太子。**《左傳》哀公五年：齊燕姬景公夫人。生子，不成而死。不成，未冠也。諸子鬻姒之子荼嬖。諸子，庶公子也。鬻姒，景公妾。荼，安孺子。諸大夫恐其爲太子也，言於公曰：「君之齒長矣，未有太子，若之何？」公曰：「二三子間音閑。於憂虞，則有疾疢。亦姑謀樂，何憂於無君？」景公意欲立荼而未發，故以此言塞大夫請。公疾，使國惠子、名夏。高昭子名張。立荼，寘羣公子於萊。萊，齊東鄙邑。秋，景公卒。冬，公子嘉、公子鉤、公子黔奔衛，❶公子鉏、公子陽生來奔。皆景公子在萊者。六年八月：陳僖子使召公子陽生而立之，是爲悼公。公使朱毛遷孺子荼於駘，不至，殺諸野幕之下。其君臣父子之間皆失其道，故夫子告之以此。

公曰：「善哉！信如君不君，臣不臣，父不父，子不子，雖有粟，吾得而食諸？」

景公善孔子之言而不能用，其後果以繼嗣不定，啓陳氏弑君簒國之禍。《史記·田敬仲完世家》五世孫：田釐子乞事齊景公爲大夫，其收賦稅於民以小斗受之，其粟予民以大斗。行陰德於民而景公弗禁。由此田氏得齊衆心，本陳氏，改爲田氏。宗族益强。景公太子死，後有寵姬曰芮子，生子荼。景公病，命其相國惠子、高昭子以荼爲太子。景公卒，兩相國、高立荼，是爲晏孺子。而田乞不悅，欲立景公他子陽生。陽生素與乞歡。晏孺子之立也，陽生奔魯，田乞、鮑牧與大夫以兵入公室，攻高昭子，殺之。惠子奔莒，晏孺子奔魯。田乞使人迎陽生至齊，遂立陽生於田乞之家，是爲悼公。乃使人殺孺子荼。田乞爲相，專齊政。四年，田乞卒。子恒立，是爲田成子。鮑牧與悼公有隙，殺悼公。齊人共立其子壬，是爲簡公。田恒與監止一作「闞止」。俱爲左右相。田恒心害監止。監止幸於簡公，權弗能去。於是田恒復修

---

❶「鉤」，四庫本及《左傳》作「駒」。

鰲子之政，以大斗出貸，以小斗收。齊人歌之曰：「嫗乎采芑，歸乎田成子。」田恒擊殺監止，簡公出奔，田氏之徒遂弑簡公於徐州。恒立簡公之弟驁，是爲平公。田恒爲相，言於平公曰：「德施，人之所欲，君其行之；刑罰，人之所惡，臣請行之。」行之五年，齊國之政皆歸於田恒。於是盡誅鮑、晏及公族之强者，而割齊自安平以東至琅耶，自爲封邑。封邑大於平公之所食。田恒卒，子襄子盤代立。襄子卒，子莊子白代立。莊子卒，子太公和立。田和遷齊康公於海上，食一城以奉其先祀。康公之十九年，田和立爲齊侯，列於周室，紀元年。太公和立二年卒，子桓公午立。六年卒，子威王因齊立。二十六年，自稱爲「王」以令天下。**○楊氏曰：「君之所以君，臣之所以臣；父之所以父，子之所以子：是必有道矣。景公知善夫子之言而不知反求其所以然，蓋悦而不繹者，齊之所以卒於亂也。」**問：「景公審能悦夫子之言而繹之，則如之何？」朱子曰：「舉齊政而授之夫子，則君臣父子之倫，正之有餘矣。惜其不能而齊卒於亂也。」○雙峯饒氏曰：「就景公身上言之，則景公自不能盡君之道，致其臣陳氏厚施於國；自不能盡父之道，致内嬖之多而不立太子。故楊氏云「景公知善夫子之言而不知反求其所以然」者，是説景公不能反之於身以盡君父之道也。○厚齋馮氏曰：「聖人之言，各當其分而萬世無弊。信斯言也，謂君則君，臣則臣，父則父，子則子，可也；謂君君則臣臣，父父則子子，亦可也。○雲峯胡氏曰：「履霜，堅冰至」，景公不能謹其幾於先矣，雖善夫子之言，何益哉？

○子曰：「片言可以折獄者，其由也與！」折，之舌反。與，平聲。

片言，半言。折，斷丁亂反。**也。**朱子曰：半言，辭未畢而人已信之也。○胡氏曰：折者，析而二之也。治獄之道，兩辭具備，曲直未分，混爲一區。及乎別其孰爲曲，孰爲直，判然兩途，所謂「折」也。**子路忠信明決，故言出而人信服之，不待其辭之畢也。**慶源輔氏曰：忠信者，折獄之本；明決者，折獄之用。徒明決而不忠信，則無以孚於平昔；徒忠信而不明決，則無以斷於臨時。○覺軒蔡氏曰：忠信所以立於中，明決足以照乎外。忠信則人不忍欺，明決則人不能欺。

子路無宿諾。

宿，留也，猶「宿怨」之宿。急於踐言，不留其諾也。記者因夫子之言而記此，以見形甸反。**子路之所以取信於人者，由其養之有素也。**慶源輔氏曰：片言折獄，非可以取辨於言也。所以養其言之所自發者必有其素，而人之信已在於未言之前也。**○尹氏曰：「小邾射**射音亦。小邾大夫名。**以句繹奔魯，**句繹音溝亦，地名。**曰：『使季路要**平聲。**我，吾無盟矣。』千乘**去聲。**之國，不信其盟，而信子路之一言，其見信於人可知矣。**《左傳》哀公十四年：小邾射以句繹來奔，曰：「使季路要我，吾無盟矣。」使子路，子路辭。季康子使冉有謂之曰：「千乘之國，不信其盟，而信子之一言，子何辱焉？」對曰：「魯有事於小邾，不敢問故，死其城下可也。彼不臣而濟其言，是義之也，由弗能。」**一言而折獄者，信在言前，人自信之故也；不留諾，所以全其信也。」**勉齋黃氏曰：人惟忠信也，不惟可以通天下之務，而又可以釋天下之疑。苟無忠信誠慤之心以涖之，則吾心膠擾昏惑，既無以察人之情僞，吾以詐御彼，彼亦以詐應之，又安能片言而服人哉？故片言折獄而實之以無宿諾也。

○子曰：「聽訟，吾猶人也。必也，使無訟乎？」

范氏曰：「聽訟者，治其末，塞其流也。正其本，清其源，則無訟矣。」○楊氏曰：「子路片言可以折獄而不知以禮遜爲國，則未能使民無訟者也。故又記孔子之言，以見形甸反。**聖人不以聽訟爲難，而以使民無訟爲貴。」**南軒張氏曰：夫人之所以至於争訟者，必有所由，而能於其本而正之，則訟可無也。記者以此承上章，有以見仲由之道爲未弘也。○新安陳氏曰：聽訟者，决民之争；無訟者，躬行化民而民自不争。無訟可聽，非禁之使然，默化潛乎若使之耳。

○子張問政。子曰：「居之無倦，行之以忠。」

居，謂存諸心。無倦，則始終如一。行，謂發於事。以忠，則表裏如一。朱子曰：「居之無倦」在心上説，「行之以忠」在事上説。居之無倦者，便是要此心長在做主，不放倒，便事事都應得去；行之以忠者，是事事要著實，故《集註》云「以忠則表裏如一」，謂心裏要如此，便外面也如此，事事靠實做去也。○行固是行其所居，居是常常恁地提省在這裏，若有頃刻放倒，便不得。○新安陳氏曰：居，如「居敬」之「居」，存諸心，立其本也；行，如「行簡」之「行」，發於事，達諸用也。**○程子曰：「子張少仁，無誠心愛民，則必倦而不盡心，故告之以此。」**慶源輔氏曰：不曰「不仁」而曰「少仁」，正與曾子「然而未仁」之説同。❶ 聖人不輕絶人以不仁，况子張乎？惟其少仁，故慘怛之意不足而無誠心愛民也。○新

---

❶「曾子」，四庫本作「子游」。

安陳氏曰：少仁，或謂其「未仁」，或謂「難與並爲仁」可見矣。政以治民，故以「少仁」言其政之無本，以「無愛民」言其政之不足於用。「無誠心」，其病源也。不息之謂誠。始如是，終不如是，則非不息之誠矣。不欺之謂誠。表如是，裏不如是，則非不欺之誠矣。宜夫子以「無倦」、「以忠」藥子張之病也。○雙峯饒氏曰：此論爲政之心，不說爲政之條目。若爲政之條目，子張想已熟講而知之矣。○陳氏用之。曰：孔子於子張兼「無倦」與「忠」而教之，若子路則教之以「無倦」而已。○厚齋馮氏曰：子路勇於有行，慮其不能繼也；子張多浮少實，易於始勤終怠，故竭兩端而告之。

○子曰：「博學於文，約之以禮，亦可以弗畔矣夫！」

重出。已見《雍也》篇。但彼有「君子」二字。

○子曰：「君子成人之美，不成人之惡。小人反是。」

成者，誘掖奬勸以成其事也。雲峯胡氏曰：「誘掖」以迎之於未成之先，「奬勸」以作之於將成之際。**君子小人所存既有厚薄之殊，而其所好**去聲。**又有善惡之異，故其用心不同如此。**胡氏曰：「所存」以心言，「所好」以情言。君子存心本於厚，故待人亦厚而惟恐人之不厚；小人存心本於薄，故待人亦薄而惟恐人之不薄也。君子之所好在於善，故己有是善而亦欲人之趨於善；小人之所好在於惡，故己有是惡而亦欲人之濟其惡。○南軒張氏曰：君子充其忠愛之心：於人之美，其樂之如在己也。從而扶持之，又從而勸奬之，惟欲其美之成也。於人之惡，則從而正救之。正救之不可，則哀矜之，惟患其惡之成也。若小人則以刻薄爲心，幸人之有過而疾人之勝己。非徒坐視其入於惡，又從而濟之；非徒欲其美之不成，又從而毁之。君子小人之所操存，未嘗不相反也。○勉齋黄氏曰：小人成人之惡，謂迎合容養，以成其爲惡之事也；不成人之美，忌克詆毁，使不得成其善也。○鄭氏舜舉。曰：君子視人之善猶己之善，故開導誘掖以成之；視人之惡猶己之有疾，故規戒掩覆以止之。

○**季康子問政於孔子。孔子對曰：「政者，正也。子帥以正，孰敢不正？」**

范氏曰：「未有己不正而能正人者。」慶源輔氏曰：政之所以得名，以其能以正己者正人也。己不能正，焉能正人哉？○新安陳氏曰：此以通行之理言，圈下以當時之事言。○**胡氏曰：「魯自中葉，政由大夫，家臣效尤，據邑背**音佩。**叛，不正甚矣。故孔子以是告之，欲康子以正自克而改三家之故。**故，謂從前所爲。**惜乎康子之溺於利欲而不能也！」**吴氏曰：《書》曰：「表正萬邦。」上者，表也；下者，影也：表正則影正矣。政之義無切於此。《論語》記康子問政者二章，問患盗、使民各一章，夫子荅之，皆使之反躬自治而已。蓋道理不越如是，此外更無别法也。○雲峯胡氏曰：《集註》釋「爲政」章政字，實本於此。

○**季康子患盗，問於孔子。孔子對曰：「苟子之不欲，雖賞之不竊。」**

言子不貪欲，則雖賞民使之爲盗，民亦知耻而不竊。慶源輔氏曰：上者，下之倡。在上者不貪欲，則民之視之亦知以是爲貴矣。民知以不貪欲爲貴，則雖賞以誘之使爲盗竊，而其心愧耻，自不肯爲之矣，尚何盗之患哉？所謂「雖賞之不竊」，乃假設之言，以見民之必不肯爲耳。○**胡氏曰：「季氏竊**

柄，盜魯國柄。康子奪嫡，民之爲盜，固其所也。『盍亦反其本邪？』俗作耶。孔子以『不欲』啓之，其旨深矣。」奪嫡事見形甸反。《春秋傳》。《左傳》哀公三年：季孫有疾，命正常桓子之寵臣。曰：「無死！欲付以後事，故勑令勿從己死。南孺子之子，男也，則以告而立之；南孺子，季桓子之妻，若生男，則告公而立之。女也，則肥也可。」康子名肥。季孫卒，康子即位。既葬，康子在朝。南氏生男，正常載以如朝，告曰：「夫子有遺言，命其圉臣曰：『南氏生男，則以告於君與大夫而立之。』今生矣，男也，敢告。」遂奔衛。康子請退。退，辭位也。公使共劉魯大夫。視之，則或殺之矣。乃討之。討殺者。召正常，正常不反。畏康子也。❶〇厚齋馮氏曰：夫謂非其有而取之者，盜也。欲心一萌，非其有者必將取之。嫡位可奪也，國政可專也，民獨不爲盜乎？〇雲峯胡氏曰：盜生於欲。康子，魯之大盜也。夫子答其「患盜」之問，不直曰「苟子之不盜」，其辭婉而意深矣。上下三章當通看。不欲，正也；欲善，亦正也。使康子移其欲利之心以欲善，民豈特不爲盜，而且皆爲善矣。此所謂「帥以正，而民無不正」也。

〇季康子問政於孔子曰：「如殺無道以就有道，何如？」孔子對曰：「子爲政，焉用殺？子欲善而民善矣。君子之德，風；小人之德，草。草上之風，必偃。」焉，於虔反。爲政者，民所視效，何以殺爲？欲善則民善矣。上，一作「尚」，加也。偃，仆音赴。也。南軒張氏曰：在上者志存於殺，則固已失長人之本矣，烏能禁止其惡乎？欲善之心純篤發見於政教之間，

❶「畏康子也」，原作經文，今據四庫本、陸本及《輯釋》、杜注改。

則民將率從「丕變」，如風之所動，其孰有不從者？然則民之所以未之從者，則吾欲善之誠不篤而已。○汪氏曰：康子欲殺惡人以成就善人，夫子則欲化惡人亦爲善人。意謂上之所欲者善，非特不待於殺，且化惡爲善矣。《集註》以一「則」字代本文「而」字，而意深切著明，最宜著眼玩味。○尹氏曰：「『殺』之爲言，豈爲人上之語哉？『以身教者從，以言教者訟』，二句見《後漢書·第五倫傳》。而況於殺乎？」西山真氏曰：民性本善，爲上者以善迪之，未有不趨於善者。○厚齋馮氏曰：康子三問，雖非必一時之語，然其意蓋相屬也。夫子所答，皆自其身而求之。○吴氏曰：《書·君陳》曰：「爾惟風，下民惟草。」風草之諭本此。康子殺心如火始然，夫子以清泠之水沃之，有人心者宜於此焉變矣。

○子張問：「士何如，斯可謂之達矣？」

達者，德孚於人而行無不得之謂。問：「達爲所行通達，何也？」朱子曰：其在邦也，事上則獲於上，治民則得乎民；其在家也，父母安其孝，兄弟悦其友。凡吾之見於行者，莫不通達而無所繫礙焉，斯可謂之達矣。

子曰：「何哉，爾所謂達者？」

子張務外，夫子蓋已知其發問之意，故反詰喫吉反。之，將以發其病而藥之也。

子張對曰：「在邦必聞，在家必聞。」

言名譽著聞也。

子曰：「是聞也，非達也。

「聞」與「達」相似而不同，乃誠僞之所以分，學者不可不審也。故夫子既明辨之，下文又詳言之。雙峯饒氏曰：聞是求聞於人，達是人自信己。

「夫達也者，質直而好義，察言而觀色，慮以下人。在邦必達，在家必達。夫音扶。下同。好、下，皆去聲。

內主忠信而所行合宜，審於接物而卑以自牧，皆自脩於內不求人知之事。然德脩於己而人信之，則所行自無窒礙矣。慶源輔氏曰：主忠信，質直也；所行合宜，好義也：此存乎中以應乎外也。審於接物，察言觀色也；卑以自牧，慮以下人也：此審乎外以巽乎內也。內外交相養而厥德脩罔覺，此豈求人知者之所爲哉？然德脩於己而人自信之，則行於邦家者自然無所窒礙矣。○朱子曰：質直只是無華僞。質是朴實，直是無偏曲。○質直好義，便有觸突人底意思。到得察言觀色、慮以下人，便又和順低細，不至觸突人矣。慮，謂思之詳審。常常如此思慮，恐有所不知覺也。聖人說話，都如此周徧詳密。○「質」與「直」是兩件。質就資性上說，直漸就事上說。到得好義，又在事上。直固是一直做去，然至於好義，則事事區處要得其宜。這一項都是詳細功夫。○察人之言，觀人之色，乃是要驗吾之言是與不是。今有人自任己意說將去，更不看人之意是信受他還不信受他。如此，則只是自高，更不能謙下於人，實去做工夫也。大抵人之爲學，須是自低下做將去。纔自高，便不濟事。○察言觀色，只是察人言，觀人色。若照管不及，未必不以辭氣加人。此只做自家工大，不要人知。既有工夫，以之事親則得乎親，以之事君則得乎君，以之交朋友而朋友信，「雖蠻貊之邦，行矣」。此是「在邦在家必達」之理。子張只去聞處著力，聖人此語正中其膏肓。「質直好義」等處，專是就實；「色取仁而行違」，專是從虛。○雙峯饒氏曰：質直忠信底人固難得，但亦有直情徑行，不去隨事裁度而所行容有不合宜處。故忠信又要合義。察言觀色、慮以下人，是一件事。子張常愛居人上，故告以謙退詳審之意。

「夫聞也者，色取仁而行違，居之不疑。在邦必聞，在家必聞。」行，去聲。

善其顏色以取於仁而行實背音佩。**之，又自以爲是而無所忌憚，此不務實而專務求名者，故虛譽雖隆而實德則病矣。**朱子曰：聞者，是箇做作底，專務放出外，求人知而已。如「色取仁而行違」，便是不務實而專務外；「居之不疑」，便是放出外而收斂不得，只得自擔當不放退。此其所以駕虛名而無實行也。○色取仁而行違，不惟是虛有愛憐之態，如「正顏色而不近信」，「色厲而内荏」，皆「色取仁而行違」也。○色取仁而行違、居之不疑，這只是粗瞞將去，專以大意氣加人。子張平日是這般人，故孔子正救其病。此章大意出不得一箇是「名」，一箇是「實」。吕氏謂「德孚於人者必達，矯行求名者必聞」，此説却好。○慶源輔氏曰：使其「色取行違」而中不安焉，則務實之心猶未盡喪也。惟其自以爲是而無所忌憚，此見其專務於名。夫名生於實，則名亦何害？惟無實而徒有虛譽，則驕矜之意日生而進脩之力日怠矣。二者雖若相似，然所行通達者，名譽自然著聞；名譽著聞者，所行未必通達：其實有不同如此。○雙峯饒氏曰：「色取仁」之色與「觀色」之色不同。觀色專主顏色言。色取説得闊，凡發出來可見處皆是色。色者見於外，行者行於己。見於外者皆似合於仁，檢點他行己處却不實，只是欺人而已。居之不疑，示人以不疑也。此乃求名之人要人信己，故自居之不疑。若自居於疑，又誰信之？○齊氏曰：以「質」對「色」，則一真一假；以「直」對「違」，則一順一逆。質直者内有餘而外自見，色取仁而行違者外若有而内實無也。○雲峯胡氏曰：聞者病在「取」字。凡物在外則可取。仁者，吾心之所固有，若曰可取，即是在外而不在内矣。○程子曰：「學者須是務實，不要近名。有意近名，大本已失，更學何事？爲去聲。下同。名而學，則是僞也。今之學者大抵爲名。爲名與爲利雖清濁不同，然其利心則一也。」慶源輔氏曰：程子「務實務名」之論，可謂切當。爲吾之未能事親也，故學事親；爲吾之未能事長也，故學事長；爲吾之未能正心誠意也，故學正心而誠意；爲吾之未能齊家治國也，故學齊家而治國：是之謂「務實」。務實而學，則其脩爲之誠、踐履之功，循序而進，忽不自知其入於聖賢之域矣。欲吾之有孝名也，故勉焉以爲孝；欲吾之有忠名也，故勉焉以爲忠；欲吾之有廉名也，故勉焉以爲廉；欲吾之有信名也，故勉焉以爲信：是之謂「務名」。務名而學，則惟欲其名之有聞而已。所謂「大本」，即實理也。實理根於性，具於心，要在反求而自得。學有向外近名之意，則失之矣。爲名而學則是僞者，謂其不循實理而騖外妄求也。爲名雖若清，爲利雖是濁，然一有爲之之意則便是利心也。尹氏曰：「子張之學，病在乎不務實，故孔子告之皆篤實之事，充乎内而發乎外者也。當時門人親受聖人之教而差失有如此者，況後世乎？」

○樊遲從遊於舞雩之下，曰：「敢問崇德、脩慝、辨惑。」慝，吐得反。

胡氏曰：「『慝』之字從心從匿，蓋惡之匿於心者。」脩者，治而去上聲。之。新安陳氏曰：惡之形於外者易見，匿於心者難知，乃惡之根也。

子曰：「善哉，問！

善其切於爲去聲。**己。**

「先事後得，非崇德與？ 攻其惡，無攻人之惡，非脩慝與？ 一朝之忿，忘其身以及其親，非惑與？」與，平聲。

先事後得，猶言先難後獲也。 爲所當爲而不計其功，則德日積而不自知矣。 慶源輔氏曰：先難，謂先從事於其所難；後獲，謂後其所得而不起計獲之心也。 夫爲所當爲，本非難事。 然自學者言之，則自惰而勤，自利而義，其機生，其勢矯，非勉强則有所不能，故以爲難也。 爲其事者固必有其功，然方其爲事之始而遽欲計其功焉，則是利心也。 爲利之心一萌，則其大本已失。 易盈易涸，輕得輕喜，尚何德之可崇哉？ 故必爲所當爲而不計其功，則不亟不徐，循吾理、行吾義而已，此所以德日積而不自知也。 ○朱子曰：今人做事，未論此事當做不當做，且先計校此事有甚功效。 既有計校之心，便是專爲利而做，不復知事之當爲矣。 德者，理之得於心者也。 凡人若能知所當爲而無爲利之心，這意思便自高遠。 纔爲些小利害討些小便宜，這意思便卑下了。 所謂崇者，謂德自此而愈高也。 ○問：「先事後得，莫是因樊遲有計較功利之心，故如此告之？」曰：此是後面道理。 而今且要知「先事後得」如何可以「崇德」。 蓋做合做底事，便純是天理；纔有一毫計較之心，便是人欲。 若只循箇天理做將去，德便自崇；纔有人欲，便這裏做得一兩分，却那裏缺了一兩分，這德便消削了，如何得會崇？ 聖人千言萬語，正要人來這裏看得破。

專於治己而不責人，則己之惡無所匿矣。朱子曰：須截了外面他人過惡，只去自檢點，方能自攻其惡。若纔檢點他人，自家這裏便踈，心便麤了。○慶源輔氏曰：常情觀人則明，自觀則暗；責人則嚴，自責則輕。故惡常藏匿於心，纔有心去攻人之惡，則於己之惡便鹵莽而不暇鉏治矣。**知一朝之忿爲甚微而禍及其親爲甚大，則有以辨惑而懲其忿矣。**慶源輔氏曰：人本無惑，惟爲忿所蔽而不知利害之所在，故惑。蓋忿心之發，易突兀而横肆。苟不懲之於始，則終或至於忘身及親。此辨惑者所以當懲其忿也。**樊遲麤**亦作「觕」作「粗」。**鄙近利，故告之以此三者，皆所以救其失也。**雙峯饒氏曰：近利則有計較之心而不能先事後得，鄙則吝於責己，粗則暴戾而不能忍小忿，故夫子因其病而藥之。

○范氏曰：「先事後得，上義而下利也。人惟有利欲之心，故德不崇；惟不自省悉井反。**己過而知人之過，故慝不脩；感物而易**去聲。**動者莫如忿，忘其身以及其親，惑之甚者也。惑之甚者必起於細微，能辨之於早則不至於大惑矣，故懲忿所以辨惑也。」**新安陳氏曰：自治其惡與白懲其忿，皆崇德所當爲之事，乃其目也。○問：「子張、樊遲問同答異，何也？」朱子曰：子張，矜夸不實底人，故告以收斂著實做工夫；平日喜怒必有過當，故告以欲人生死之事。樊遲以請學稼圃及夫子答問觀之，是鄙俗粗暴底人。皆是隨其失而告之。

○樊遲問仁。子曰：「愛人。」問知。子曰：「知人。」上「知」字，去聲。下同。

愛人，仁之施；知人，知去聲。下文「知也」、「知者」、「言知」、「仁知」並同。**之務。**問：「愛人、知人是仁知之用，聖人何故但以仁知之用告樊遲，却不告以仁知之體？」朱子曰：體與用雖是二字，本末未嘗相離，用即體之所以流行者也。

樊遲未達。

曾氏曰：曾氏名幾，字吉甫，河南人。**「遲之意，蓋以愛欲其周而知有所擇，故疑二者之相悖**音佩。**耳。」**朱子曰：愛人則無所不愛，知人則便有分別。兩箇意思自相反了，故疑之。

子曰：「舉直錯諸枉，能使枉者直。」

舉直錯倉故反。**枉者，知也；使枉者直，則仁矣。如此則二者不惟不相悖，而反相爲用矣。**朱子曰：每常說「仁知」，一箇是慈愛，一箇是辨別，各自向一路。唯是「舉直錯諸枉，能使枉者直」，方見得仁知合一處。仁裏面有知，知裏面有仁。○愛人、知人，自相爲用。若不論直枉，一例去愛他，也不得。大抵唯先知了，方能頓放得箇仁。聖人只此二句，自包上下。後來子夏所言皆不出此兩句意思，所以爲聖人之言也。○雙峯饒氏曰：樊遲問仁、知是二者平說，夫子亦平答之；及再答以「使枉者直」二句，❶方是串說仁、知。問：「夫子之言何獨歸重於知？」曰：雖歸重在知，然此心所以舉直錯諸枉，依舊是從仁上發來。蓋直者，此心天理之公。能舉直，則是發此天理之公，是亦仁也。直、枉，專指人而言。諸，衆也，謂衆人之枉者，即下文「選於衆」之意。

---

❶「二」，四庫本、孔本作「一」，陸本作「三」。

樊遲退，見子夏，曰：「鄉也吾見於夫子而問知。子曰『舉直錯諸枉，能使枉者直』，何謂也？」鄉，去聲。見，賢偏反。

遲以夫子之言專爲知者之事，又未達所以能使枉者直之理。未曉「能使枉者直」之兼言仁。

子夏曰：「富哉，言乎！

歎其所包者廣，不止言知。新安陳氏曰：一言而該仁知，故曰「富哉」。

「舜有天下，選於衆，舉皋陶，不仁者遠矣；湯有天下，選於衆，舉伊尹，不仁者遠矣。」選，息戀反。陶音遥。遠，如字。

伊尹，湯之相去聲。也。不仁者遠，言人皆化而爲仁，不見有不仁者，若其遠去爾，所謂「使枉者直」也。子夏蓋有以知夫子之兼仁、知而言矣。慶源輔氏曰：子夏一聞其説，便歎聖人之言，所包者富。不墮於一偏，不滯於一隅，即知人之中以見愛人之實，推乎知之用以極乎仁之功。其於仁知之體用，蓋已深體而默識之矣。不然，何其言之明決精審，沛然無疑，而暗與聖人之言相發乎？○新安陳氏曰：「選於衆」而「舉皋陶、伊尹」，此「知人」之知，所謂「舉直錯枉」也；「不仁者皆化爲仁」，即「愛人」之仁，「能使枉者直」矣。夫子二語已包子夏之意，子夏之言益發明夫子之旨。遲問於師，又問於友，其「問之弗知弗措」者歟？○程子曰：「聖人之語，因人而變化。雖若有淺近者，而其包含無所不盡。觀於此章可見矣。非若他人之言，語近則遺遠，語遠則不知近也。」雙峯饒氏曰：此章愛人、知人，是仁知之淺近處；包含無所不盡，則深者遠者亦在其中。深遠，即枉者化爲直處。

尹氏曰：「學者之問也，不獨欲聞其說，又必欲知其方；不獨欲知其方，又必欲爲其事。如樊遲之問仁知也，夫子告之盡矣。樊遲未達，故又問焉。而猶未知其何以爲之也，及退而問諸子夏，然後有以知之。使其未喻則必將復扶又反。問矣。既問於師，又辨於友，當時學者之務實也如是。」雲峯胡氏曰：知人、愛人，是分言知仁之用；舉直錯諸枉，能使枉者直，是合言知仁之相爲用。蓋仁包義、禮、知，仁之中自有知；知藏仁、義、禮，知之中自有仁。知、仁本相爲體用，故見於「舉錯」之際，知、仁又自相爲體用也。

○子貢問友。子曰：「忠告而善道之。不可則止，無自辱焉。」告，工毒反。道，去聲。友所以輔仁，故盡其心以告之，善其說以道之。然以義合者也，故不可則止。若以數音朔。而見疏，子游曰：「朋友數，斯疏矣。」則自辱矣。朱子曰：告之之意固是忠了，須又教道得善始得。○雙峯饒氏曰：忠告者，盡此心之誠。既誠矣，不能善其辭說以道之，恐其未能從。二者俱盡而彼不從，然後宜止。未能忠且善焉而泛然告之道之，遽以彼不從而止，則是在我者猶未盡便欲責人，非交友之道也。○齊氏曰：善道者心平氣和，語明意盡。或從容深遠而有餘味，或清切簡當而可深思，大率欲伸己意而聞者不忤也。如此而猶不見省，數必取疏，知進退者所不爲也。然則非忠告之難，而善道之爲不易爾。○勿軒熊氏曰：忠告是心盡忠，善道是言盡善：內外皆兼到。

○曾子曰：「君子以文會友，以友輔仁。」

講學以會友，則道益明；取善以輔仁，則德日進。慶源輔氏曰：「爲仁由己」，朋友但能輔助我以爲仁而已。○覺軒蔡氏曰：以文會友，致知之方；以友輔仁，力行之事。○新安陳氏曰：人之講學脩德，皆有資於朋友。既資朋友以講學而致其知，尤資朋友以輔仁而力於行，則學進而德亦進。朋友爲吾知行之助如此，其斯所謂「益友」乎？○東陽許氏曰：爲仁而不取友以爲輔，則有孤陋寡聞之固；會友而不以文，則有羣居終日，言不及義之失。○雲峯胡氏曰：上章友之資於我者，不可無「忠告」、「善道」之益；此則我之資於友者，賴其「講學」、「輔仁」之功。

論語集註大全卷之十三

子路第十三

凡三十章。

子路問政。子曰：「先之，勞之。」勞，如字。

蘇氏曰：「凡民之行，去聲。以身先之，則不令而行；凡民之事，以身勞之，則雖勤不怨。」

朱子曰：先，是率他。欲民親其親，必先之以孝；欲民長其長，必先之以弟。勞，是爲他勤勞。如循行阡陌，勸課農桑之類。○雙峯饒氏曰：《集註》以「先之」爲先其行，「勞之」爲勞其事，是又分政之本末而言。行者，政之本，孝弟忠信之類是也；事者，政之末，農畝師役之類是也。行與事雖是分說，其實是政裏面事。

請益。曰：「無倦。」無，古本作「毋」。

吴氏曰：「勇者喜於有爲而不能持久，故以此告之。」○程子曰：「子路問政，孔子既告之矣。及請益，則曰『無倦』而已，未嘗復扶又反。有所告，姑使之深思也。」朱子曰：勞苦亦人之難事，故以「無倦」勉之。○南軒張氏曰：先之勞之，固足以盡爲政之道矣。而子路猶請益焉，則告之以「無倦」，使之敦篤乎是二者而已。○覺軒蔡氏曰：夫子方答以「先之勞之」，子路遽又請益，則其勇躁之意可見。故但告以「無倦」，所以救其勇躁之失也。○雙峯饒氏曰：大凡事使人爲之則易，身親爲之則憚其難。先之勞之，皆是不便於己底事，所以易倦，故夫子以「無倦」勉之。况子路勇者，易得始勤終怠，尤不容不告之以此。○雲峯胡氏曰：子張堂堂，子路行行，皆易鋭於始而怠於終。故答其問政，皆以「無倦」告之。子張少誠心，故又加之以「忠」。

○仲弓爲季氏宰，問政。子曰：「先有司，赦小過，舉賢才。」

有司，衆職也。宰兼衆職，然事必先之於彼而後考其成功，則己不勞而事畢舉矣。朱子曰：先有司，而後紀綱立而責有所歸。○凡爲政，隨其小大各有有司。須先教他理會，自家方可要其成。且如錢穀之事，其出入盈縮之數，須是教他逐一自具來，自家方可考其虛實之成。**過，失誤也。大者於事或有所害，不得不懲；小者赦之，則刑不濫而人心悦矣。賢，有德者；才，有能者。舉而用之，則有司皆得其人而政益脩矣。**新安陳氏曰：黄氏、饒氏云，「先有司」一句是總腦，「赦小過，舉賢才」皆承「先有司」而言。宰，家臣之長。其爲政之要，當以分任有司爲先。既先有司矣，赦有司之小過，故常人可以自勉；舉有司之賢才，故非常之才可以自見。推此心也，豈但爲季氏宰而已？范氏以爲舉在位之賢才，蘇氏以爲舉未用之賢才。須兼言，其義方備。有司中才德有餘而位不足稱者，固當舉而進之上位；如有司之才德不稱其職，則又當別舉有才德者充之。如此，方説得「舉賢才」規模闊。

若專説舉有司之賢才，則狹矣。

曰：「焉知賢才而舉之？」曰：「舉爾所知。爾所不知，人其舍諸？」焉，於虔反。舍，上聲。

仲弓慮無以盡知一時之賢才，故孔子告之以此。程子曰：「人各親其親，然後不獨親其親。新安陳氏曰：「各親其親」及「人不獨親其親」二句本出《記·禮運》，程子引以爲喻，若曰人各舉其所知之賢才，然後不獨舉其所知之賢才。**仲弓曰『焉知賢才而舉之』，子曰『舉爾所知，爾所不知，人其舍諸』，便見仲弓與聖人用心之大小。**❶ **推此義，則一心可以興邦，一心可以喪**去聲。**邦，只在公私之間爾。」**朱子曰：仲弓只緣見識未極其開闊，故如此。人之心量本自大，緣私故小。蔽固之極，則可喪邦矣。○人各舉其所知，則天下之事無不舉矣，不患無以知天下之賢才也。興邦、喪邦，蓋極言之，然必自知而後舉之，則遺才多矣，未必不由此而喪邦也。程子之意，固非謂仲弓有固權市恩之意而至於喪邦，但一蔽於小，則其害有時而至此，亦不爲難矣。故極言之以警學者用心之私也。○雙峯饒氏曰：仲弓之心不如聖人之廣大。仲弓以自己聰明爲聰明，故有「焉知賢才」之問；聖人則以天下之耳目爲耳目，故説「舉爾所知，爾所不知，人其舍諸」。如仲弓之言，則局於所知之有限；如聖人之言，則未嘗求以盡知，自無往而不知，雖合天下之賢才舉而用之，可也。○**范氏曰：「不先有司，則君**

---

❶「弓」，原作「力」，今據四庫本、孔本、陸本及《輯釋》、《四書章句集註》改。

行臣職矣；不赦小過，則下無全人矣；不舉賢才，則百職廢矣。失此三者，不可以爲季氏宰，况天下乎？」慶源輔氏曰：范氏蓋經筵勸講之説，所以推廣其理以感切君心者至矣。○蘇氏曰：有司既立則責有所歸，然當赦其小過，則賢才可得而舉也。惟庸人與姦人爲無小過，張禹、李林甫、盧杞是也。若小過不赦，則賢者避罪不暇，而此等人出矣。○吴氏曰：仲弓、子貢、子路、冉有皆事季氏。仲弓、子貢，夫子未嘗責之；子路之責，又不若冉有之甚。此可以見其優劣矣。惜乎四子不能如閔子之辭，而閔子又不若顏子之賢，而康子不得而知也。嗟乎，若淵、騫者，其孔門之超絶者乎？

○子路曰：「衛君待子而爲政，子將奚先？」

衛君，謂出公輒也。是時魯哀公之十年，孔子自楚反乎衛。

子曰：「必也，正名乎？」

是時出公不父其父而禰乃禮反。其祖，新安陳氏曰：蒯聵乃輒之父也。蒯聵欲入君衛而輒拒之，是「不父其父」。父廟曰禰。輒繼靈公，是「禰其祖」。名實紊音問。矣，故孔子以正名爲先。謝氏曰：「正名雖爲去聲。衛君而言，然爲政之道，皆當以此爲先。」吴氏曰：凡事皆有名，不可不正，亦不特衛輒父子爲然。○齊氏曰：祖非禰也而禰之，父非讎也而讎之，無父之人非君也而君之：名之不正，孰大於是？

子路曰：「有是哉，子之迂也！奚其正？」

迂，謂遠於事情。言非今日之急務也。厚齋馮氏曰：禮莫大於分，分莫大於名。夫子「正名」之論，蓋不與輒也。時輒已立十二年矣，子路之所謂迂者，蓋爲輒也。

子曰：「野哉，由也！君子於其所不知，蓋闕如也。

野，謂鄙俗。責其不能闕疑而率爾妄對也。

「名不正則言不順，言不順則事不成。

楊氏曰：「名不當其實則言不順，言不順則無以考實而事不成。」新安陳氏曰：《集註》於「正名」、「名不正」，凡三以「實」字言。前云「名實紊」，此云「名不當其實」，又云「無以考其實」。蓋名當其實則名正，名實紊則名不正。名者，實之賓；實者，名之主也。「實」字於「名」最緊切。○問：「言與事似不相干涉。」朱子曰：如一人被火，急取水來救始得，却教他取火來，此便是「言不順」，如何得事成？○輒以兵拒父，以父爲賊，是多少不順！其何以爲國，何以臨民？○雙峯饒氏曰：夫子謂「必也正名」，是事事皆要正名。君臣父子固是正名中之大者，然不可專指此。大凡一事才不正名，便開口有礙，說不去了。既說不去，如何行得去？○吴氏曰：名正言順，即下文「禮樂」之本。名正，禮也；言順，樂也。

「事不成則禮樂不興，禮樂不興則刑罰不中，刑罰不中則民無所措手足。中，去聲。

范氏曰：「事得其序之謂禮，物得其和之謂樂。事不成則無序而不和，故禮樂不興。禮樂不興則施之政事皆失其道，故刑罰不中。」朱子曰：事不成，以事言；禮樂不興，以理言。蓋事不成則事上面都無道理了，説甚禮樂？○大凡事須要節之以禮，和之以樂。事若不成，則禮樂無安頓處；禮樂不興，則無序不和；如此，刑罰安得不顛倒？○慶源輔氏曰：無一事無禮樂。禮只是一箇序，樂只是一箇和。事成而有序，則禮樂自興。不然則隳壞乖舛，❶又烏得有禮樂哉？禮樂不興，則凡施於政事者無非私意，率皆倒行逆施，無序而不和，所謂「刑罰不中而民無所措手足」，亦必然之理也。○吴氏曰：此「禮樂」非玉帛鍾鼓之謂，事事物物得其理而後和之謂也。「名不正，言不順」，則事物之間顛倒乖戾，禮樂何由而起乎？事失其理而不和，故慶賞刑威無一中節。獨言「刑罰」者，賞過則濫，利及小人；刑過則淫，禍及君子。舉其害之重者言之。刑罰所及非不善之人，則民莫知趨避之路矣，將安所置其手足乎？自「名不正」推而至於「民無所措手足」，聖人洞燭事情，深達治體如此。

「故君子名之必可言也，言之必可行也。君子於其言，無所苟而已矣。」

程子曰：「名實相須。一事苟，則其餘皆苟矣。」新安陳氏曰：名，指「名之」言；實，指「可行」言，謂行事之實也。「一事苟」，謂言之苟；「其餘皆苟」，謂事不成、禮樂不興、刑罰不中也。夫子所謂「名不正」以下，是反説；「名之必可言」照應前面「名不正則言不順」，「言之必可行」照應前面「言不順則事不成」，此是正説；言「無所苟」，又反説從「名正言順」來。蓋於言苟且，即是名不正言不順，其餘必無往而不苟且矣。**○胡氏曰：「衛世子蒯**苦怪反。**聵**五怪反。**恥其母南子之淫亂，欲殺之。不果，**

❶「舛」，四庫本、孔本、陸本作「戾」。

而出奔。《左傳》定公十四年：衛侯爲夫人南子本宋女。召宋朝。宋公子。太子蒯聵過宋野。野人歌之曰：「既定爾婁豬，求子豬也，喻南子。盍歸吾艾豭？」艾，老也。豭，牡豕也。喻宋朝。太子羞之，謂戲許宜反。陽速曰：太子家臣。「從我而朝少君，少君見我，我顧，乃殺之。」速曰：「諾。」乃朝夫人。夫人見大子。大子三顧，速不進。夫人見其色，啼而走，曰：「蒯聵將殺余。」公執其手以登臺。大子奔宋。盡逐其黨。靈公欲立公子郢，以井反。靈公次子。郢辭。公卒，夫人立之，又辭。乃立蒯聵之子輒，以拒蒯聵。《左傳》哀公二年：初，衛侯游於郊，子南僕。郢御車。公曰：「余無子，蒯聵奔。將立女。」對曰：「郢不足以辱社稷，君其改圖！」衛靈公卒，夫人曰：「命公子郢爲大子，君命也。」對曰：「郢異於他子，言用意不同。且君没於吾手。若有之，郢必聞之。且亡人之子輒在。」乃立輒。晉趙鞅納衛大子于戚。夫音扶。蒯聵欲殺母，得罪於父，而輒據國以拒父，皆無父之人也，其不可有國也明矣。夫子爲政而以正名爲先，必將具其事之本末告諸天王，請于方伯，命公子郢而立之，則人倫正，天理得，名正言順而事成矣。夫子告之之詳如此，而子路終不喻也，故事輒不去，卒死其難。去聲。下同。徒知食焉不避其難之爲義，而不知食輒之食爲非義也。」問：「胡氏説使孔子得政，則是出公用之，即謀逐之，此豈近於人情？意夫子果仕衛，必以父子大倫明告出公，使自爲去就，而後立郢之事可議也。」朱子曰：此説得之。但聖人之權，亦必有非常情所可測度者。○問：「胡氏只是論孔子爲政正名合當如此。設若衛君輒用孔子，孔子既爲之臣，則此説亦可通否？」曰：聖人必不肯北面無父之人。若輒有意改過遷善，則夫子須先與斷約如此做方與他做。若輒不能然，則夫子決不爲之臣矣。○子路爲人粗，於精微處多未達。合下仕衛，便不是了。孔悝即出公之黨，他不以出公爲非，故其事悝自以爲善而爲之，而不知其非義，宜其以正名爲「迂」也。○雙峯饒氏曰：《集註》引胡氏説，蓋以其辭嚴義正，可爲萬世綱常作主，使亂臣賊子知所警懼，故特著之。若真欲行此，須是孔子爲衛世卿而有權力，當靈公初死，輒未立之時，爲之則可。

○樊遲請學稼。子曰：「吾不如老農。」請學爲圃。曰：「吾不如老圃。」

種五穀曰稼，種蔬菜曰圃。朱子曰：役智力於農圃，内不足以成己，外不足以治人，是濟甚事？○新安陳氏曰：兩言「吾不如」，雖不顯闢之，已婉拒之矣。

樊遲出。子曰：「小人哉，樊須也！

小人，謂細民，孟子所謂「小人之事」者也。新安陳氏曰：此「小人」是以位而言者，下文《集註》云「禮義信，大人之事也」，是自此「小人」上推廣而對言之。南軒曰：「孟子所謂『有大人之事，有小人之事』，正本此意。」○問：「古之聖賢若大舜、伊尹，皆躬耕畎畝，習農圃事，何聖人深斥樊遲？」潛室陳氏曰：遇此時則習此事。遊聖人之門，所學者何事？

「上好禮則民莫敢不敬，上好義則民莫敢不服，上好信則民莫敢不用情。夫如是，則四方之民襁負其子而至矣，焉用稼？」好，去聲。夫音扶。襁，居丈反。焉，於虔反。

禮、義、信，大人之事也。好義則事合宜。情，誠實也。敬、服、用情，蓋各以其類而應也。

襁，織縷爲之，以約小兒於背者。慶源輔氏曰：在己者皆盡其道，在下者各以其類應之，所謂「正己而物正」者，非大人之德，其孰能之？○雙峯饒氏曰：居大人之位，有大人之德，四方之民自歸之而爲之耕稼，豈必自耕稼哉？　○楊氏曰：「樊須遊聖人之門而問稼圃，志則陋矣，辭而闢之可也。待其出而後言其非，何也？　蓋於其問也，自謂農圃之不如，則拒之者至矣。須之學疑不及此而不能問，使其疑，則必問矣。『不能以三隅反』矣，故不復。扶又反。下同。　及其既出，則懼其終不喻也，求老農、老圃而學焉，則其失愈遠矣。故復言之，使知前所言者，二「不如」。　意有在也。」勉齋黃氏曰：貧而爲老圃之事，亦未爲過者。樊遲之志，豈亦有爲許行之說者而慕之歟？　故夫子以大人之事告之。

○子曰：「誦《詩》三百，授之以政，不達，使於四方，不能專對。雖多，亦奚以爲？」使，去聲。

專，獨也。《詩》本人情，該物理，可以驗風俗之盛衰，見政治去聲。之得失。其言溫厚和平，長於風去聲。諭，故誦之者必達於政而能言也。問：「誦《詩》三百，何以見其必達於政？」朱子曰：其中所載可見。如小夫賤隸、閭巷之門至鄙俚之事，君子平日耳目所不曾聞見者，其情狀皆可因此而知之；而聖人所以脩德於己，施於事業者，莫不悉備。於其間所載之美惡，讀誦而諷詠之；如是而爲善，如是而爲惡；吾之所以自脩於身者，如是是合做底事，如是是不合做底事；待得施以治人，如是而當賞，如是而當罰：莫不備見，如何於政不達？　若讀《詩》而不達於政，則是不曾讀也。　又問：「如何使四方必能專對？」曰：於《詩》有得，必是於應對言語之間委曲和平。○胡氏曰：《詩》之作也，有邪有正，皆原於人情。其所言，於事物之理，莫不具載。其情合事理之正，則可以知風俗之盛、政治之得；其情背事理之正，則可以知風俗之衰、政治之失。故誦《詩》而有得，則可以達於政矣。《詩》之言，溫厚則不至於薄，和平則不至於訐，長於風諭，則人易曉，故誦《詩》而有得，則能言語。○雙峯饒氏曰：《詩》本人情。人情有好有惡，讀《詩》而有得，則知人情之所好者在甚處，所惡者在甚處。得之於心，施之於政，則必能順民之所好而違其所惡，其政無不善矣。是之謂「達」。《詩》之言辭多宛曲風諭而不直致。使者，所以傳君命，措辭最難。才委靡則流於弱而取侮於人，才剛直則又恐激怒而貽禍於國。若能善其辭命，婉正得體，不辱君命，非誦《詩》而有得於詩人命辭之體者不能也。《春秋》諸國往來，多尚辭令，故夫子併指此爲讀《詩》之驗。問「專對」。曰：使有正有介。正使不能答，則介使助之。如正使自能致辭，不假衆介之助，是謂「能專對」。「達」於「專對」，非誦《詩》時便思量要如此。誦《詩》而有得，則自然有此效驗。「以」訓「用」，「爲」字只語助辭。**○程子曰：「窮經，將以致用也。世之誦《詩》者，果能從政而專對乎？然則其所學者，章句之末耳。此學者之大患也。」**程子曰：今人不會讀書。如「誦《詩》三百，授之以政，不達，使於四方，不能專對」。既誦《詩》後，須達於政，能專對，始是讀《詩》。未讀二《南》時一似面牆，到讀後便不面牆，方是有驗。大抵讀書只是此法。○問：「《詩》三百篇，人未有不讀者也，而達於政能專對者，何其少耶？」勉齋黃氏曰：亦視其所以讀之者何如耳。爲人耶，爲己耶？誦說耶，踐行耶？鹵莽耶，精切耶？二者之不同，而能不能判矣。驗之於心，浹洽而通貫；體之於身，切實而專確：則亦奚不能之足患哉？○厚齋馮氏曰：讀書必明其理，明理必達諸用。讀書不明其理，記誦之末學也；明理而不達諸用，章句之腐儒也。子删《詩》在晚年，而平日兩言「《詩》三百」，則知子之删去者無幾，特釐正之以系於風雅頌之末云耳。○雲峯胡氏曰：習温柔敦厚之教者，必能爲慈祥豈弟之政，必能爲温厚和平之言。要之，三百篇固多，《易》三百八十四爻、《書》五十八篇、禮三千三百、《春秋》二百四十二年之事，皆多也。窮經而不能致用，皆多而無益者也。舉《詩》以例其餘爾。

○子曰：「其身正，不令而行；其身不正，雖令不從。」南軒張氏曰：從違之本不係於令，係於所以示之何如耳。○雙峯饒氏曰：身正，是身教；令，不過言教。以身教者從，以言教者訟。

○子曰：「魯、衛之政，兄弟也。」魯，周公之後；衛，康叔之後：本兄弟之國。而是時衰亂，政亦相似，故孔子嘆之。蘇氏曰：是歲魯哀公七年，衛出公五年也。衛之政，父不父，子不子；魯之政，君不君，臣不臣。卒之哀公孫于邾而死于越，出公奔宋而亦死于越：其不相遠如此。

○子謂衛公子荆：「善居室：始有，曰：『苟合矣。』少有，曰：『苟完矣。』富有，曰：『苟美矣。』」

公子荆，衛大夫。苟，聊且粗坐五反。畧之意。合，聚也。完，備也。言其循序而有節，不以欲速盡美累其心。新安陳氏曰：由「合」而「完」，由「完」而「美」，既見其循序漸進而無欲速之心；

而其合、完、美皆曰「苟」而已，又見其所欲易足而有節，曾無盡美之心。非賢，而能之乎？○**楊氏曰：「務爲全美，則累物而驕吝之心生。**慶源輔氏曰：居室務爲全美，是爲外物所累。得之則驕心生，失之則吝心生。**公子荆皆曰『苟』而已，則不以外物爲心，其欲易**去聲。**足故也。」**新安陳氏曰：楊氏只於「苟」字上見有節、不盡美之意，不見循序不欲速之意。必如上文朱子之説，則該備矣。○問：「公子荆善居室也，無甚高處，聖人稱善，何也？」朱子曰：常人居室，不極其華麗，則牆傾壁倒全不理會。子荆自「合」而「完」而「美」，循循有序而又皆曰「苟」而已，初不以此累其心。在聖人德盛，此等事皆化了不足言；在公子荆能如此，故聖人稱之。○問：「公子荆，夫子止稱其居室之善，如何？」曰：此亦姑舉其一事之善而稱之，又安知其他無所長乎？○長樂陳氏曰：士庶之家多循理，世禄之家多怙侈，其勢然也。荆爲衛之公子，善於居室而未始有累焉，此季札所以謂之「君子」也。

○子適衛，冉有僕。

僕，御車也。

子曰：「庶矣哉！」

庶，衆也。

冉有曰：「既庶矣，又何加焉？」曰：「富之。」

庶而不富，則民生不遂。故制田里，薄賦斂去聲。**以富之。**雙峯饒氏曰：「田」是所耕之田，孟子所謂「百畝之田，勿奪其時」是也；「里」是所居之地，孟子所謂「五畝之宅，樹牆下以桑」是也。田出穀粟，里出布帛。有穀粟則不飢，有布帛則不寒。二者，「富之」之道。

曰：「既富矣，又何加焉？」曰：「教之。」

富而不教，則近於禽獸。故必立學校，明禮義以教之。雙峯饒氏曰：制田里、薄賦斂，立學校、明禮義，各是兩事相因。「田里」是富之之原。不制田里則衣食無所從出，如何可使之富？然田里雖制而不「薄賦斂」，則過取於民，非藏富於民矣。「學校」是教之之地。不立學校則教化無所從施，如何可使之知禮義？然學校雖設而不明禮義以道之，則人心無自而開明，學校亦徒設而已。所以兩兩相因，皆不可廢。○南軒張氏曰：庶矣則當富之，富矣則當教之。聖賢仁民之意無窮，而施之爲有序也。○新安陳氏曰：庶而不富，則民雖繁其生而不厚其生；富而不教，則民雖厚其生而無以養其生。庶而富，則民生厚；富而教，則民德正。此帝王作之君師之事也。後世庶而富之者已少，况富而教之者乎？○胡氏曰：「天生斯民，立之司牧而寄以三事。慶源輔氏曰：父生，師教，君治，爲三事。○或曰：庶、富、教是也。然自三代之後，能舉此職者百無一二。漢之文明、唐之太宗，亦云『庶』且『富』矣。西京之教，無聞焉。前漢文帝都長安，是爲西京。明帝尊師重傅，臨雍拜老，宗戚子弟莫不受學。東漢《禮儀志》：「明帝永平二年三月，上始帥群臣躬養三老五更于辟雍。三老，老人知天地人之事。五更，老人知五行更代之事者。《明帝紀》三老，謂李躬，年耆學明；五更，謂桓榮，授帝《尚書》也。辟雍，天子之學名。三老五更皆齊于大學講堂。其日乘輿先到辟雍禮殿，御坐東廂，遣使者安車迎三老五更。安車，坐乘之車以蒲裹輪，令老者坐而安穩也。天子迎于門屏，交禮，報拜也。道自阼階，一老升自賓階。至階，天子揖如禮。三老升，東面，三公設几，九卿正履，天子親袒割牲，執醬而饋，執爵而酳，音胤，漱也。祝鯁在前，祝饐在後。老人食多鯁饐，故置人於前後祝之，使不鯁饐也。五更南面，三公進供，禮亦如之。明日，皆詣闕謝恩，以見禮遇大尊顯故也。」唐太宗大召名儒，增廣生員，《唐書・儒學傳》：「貞觀六年，詔罷周公祠，初祀周公爲先聖，至此罷。更以孔子爲先聖，顏氏爲先師。盡召天下惇師考德以爲學官。數臨幸觀釋菜，命祭酒博士講論經義，賜以束帛。生能通一經者得署吏。廣學舍千二百區。諸生員至三千二百。自玄武屯營飛騎，皆給博士受經。能通一經者聽入貢限。四方秀艾挾策負素，坌去聲。集京師。文治煟于貴反。勃興。❶於是新羅、高昌、百濟、吐蕃、高麗等群酋長並遣子弟入學，鼓笥踵堂者，凡八千餘人，紆侈袂，曳方履，誾誾秋秋，❷雖三代之盛，所未聞也。」教亦至矣，此下總説二君。然而未知所以教也。三代之教，天子公卿躬行於上，言行去聲。政事皆可師法。彼二君者，其能然乎？」

○子曰：「苟有用我者，朞月而已可也。三年有成。」

朞月，謂周一歲之月也。可者，僅辭，言紀綱布也。有成，治去聲。功成也。朱子曰：聖人爲政一年之間，想見已前不好底事都革得盡。到三年，便財足兵強，教行民服。聖人做時，須一切將許多不

❶「勃」上，四庫本及《新唐書・儒學列傳上》有「然」字。

❷「秋秋」，四庫本及《新唐書・儒學列傳上》作「秩秩」，孔本、陸本作「狄狄」。

好底撤換了，方做自家底，必三年方可有成也。○南軒張氏曰：朞月而大綱立，三年而治功成。然三年之所成者，即其朞月所立之規模也，充之而已矣。○東陽許氏曰：朞月而可，謂興衰撥亂，綱紀粗立；三年有成，謂治定功成，治道大備。

此蓋爲去聲。**衛靈公不能用而發。○尹氏曰：「孔子歎當時莫能用己也，故云然。」愚按《史記》，此書所記先後初無序，亦有一時之言而併記之者，若此編是也。**葉氏少蘊。曰：因衛不用己而言，又論善人、王者之功。此書所謂「用我者」，非嘗試而使之也，舉國委己而聽之也。哀公以夫子爲中都宰，一年而四方則之。夾谷之會，攝行相禮，齊人遂歸魯侵疆。及爲司寇，粥羔豚弗飾賈，男女行者別於塗。每用輒效如此，况委國而聽之，至於三年之久哉？○雲峯胡氏曰：夫子言「有用我者」二，一爲衛不能用，一爲魯不能用。即此亦可見「魯衛之政，兄弟」矣。

○子曰：「『善人爲邦百年，亦可以勝殘去殺矣。』誠哉，是言也！」勝，平聲。去，上聲。

爲邦百年，言相繼而久也。勝殘，化殘暴之人使不爲惡也；去殺，謂民化於善，可以不用刑殺也。蓋古有是言而夫子稱之。程子曰：「漢自高、惠至于文、景，黎民醇厚，幾平聲。**致刑措，庶乎其近之矣。」**問：「善人之爲邦，如何可勝殘去殺？」程子曰：只是能使人不爲不善。善人，不踐跡亦不入於室之人也。○問：「《集註》謂民化於善可以不用刑殺，乃聖人之事，善人未易至此。」朱子曰：聖人比善人自是不同。「綏之斯來，動之斯和」，殺之不怨，利之不庸，民日遷善而不知爲之者，此聖人事。善人定是未便得如此。然他做百年工夫積累到此，自是亦能使人興於善，不陷刑辟。如文景幾致刑措，豈不勝殘去殺？○雙峯饒氏曰：勝殘，是我之善化足以勝其殘暴；去殺，是民無極惡大罪，可以不用刑殺。惟其能勝殘，所以可去殺。謂之「亦可」者，微寓不足之意。似有未能必其殘果盡勝、殺果盡去之意。蓋亦所謂「幾致刑措」者也。善人力量，其極功只到得此地位，以上更去不得。○尹氏曰：「勝殘去殺，不爲惡而已，善人之功如是。若夫聖人則不待百年，其化亦不止此。」新安陳氏曰：上三句說本章，下二句隱然說下章。「聖人」即「王者」，「不待百年」即「一世」，「化不止此」即「仁澤浹」也。

○子曰：「如有王者，必世而後仁。」

王者，謂聖人受命而興也。三十年爲一世。《說文》：「三十年爲一世。從卅而曳長之。」仁，謂教化浹即業反。也。程子曰：「周自文、武至于成王，而後禮樂興，即其效也。」朱子曰：自己之仁而言之，這箇道理浸灌透徹；自天下言之，舉一世之人皆是這箇道理浸灌透徹。○所謂仁者，以其天理流行，融液洞徹，而無一物之不體也。舉一世而言，固無一人之不然，即一人而言，又無一事之不然也。求之《詩》、《書》，惟成、康之世足以當之。○雙峯饒氏曰：此「仁」字是教化浹洽，無一人不貫徹底意思，與其他「仁」字不同。蓋仁者以天地萬物爲一體，須漸民以仁，摩民以義，節民以禮，使其化薰蒸透徹，融液周徧，以至四海之内無一人不歸於善。如人一身之間，生意貫徹，四肢百骸無少痿痺相似。故謂之仁。且如堯舜之世，固是「黎民於變」，「比屋可封」，然苗頑猶未即工，亦是堯舜之化未貫徹處。必三苗既格，然後東漸西被，朔南暨聲教，無處不貫徹，方是堯、舜致治之仁。○或問：「三年、必世，遲速不同，何也？」程子曰：「三年有成，謂法度紀綱有成而化行也。漸將廉反。民以仁，摩民以義，使之浹於肌膚，淪於骨髓，而禮樂可興，所謂仁也。此非積久，何以能致？」南軒張氏曰：使民皆由於仁，非仁心涵養之深、仁政薰陶之久，莫能然也。此則非善人所能及矣。○雲峯胡氏曰：勝殘去殺者，如能去人之疾而使之不至於死者也；仁，則如人元氣渾全而自無疾者也。天下無一人非天理之融徹，無一處非天理之流通，故曰「仁」。

○子曰：「苟正其身矣，於從政乎何有？不能正其身，如正人何？」問：「此章與第六章『其身正，不令而行；其身不正，雖令不從』何異，而復出之？」朱子曰：晁氏以爲此章專爲臣而發，理或然也。○雙峯饒氏曰：「從政」與「爲政」不同。爲政是人君事，從政是大夫事。夫子此言蓋爲大夫而發。

○冉子退朝。子曰：「何晏也？」對曰：「有政。」子曰：「其事也！如有政，雖不吾以，吾其與聞之。」朝音潮。與，去聲。冉有時爲季氏宰。朝，季氏之私朝也。厚齋馮氏曰：臣見君曰「朝」，故其廷謂之「朝廷」。季氏專魯之政，其臣之見季氏亦曰「朝」，僭禮之稱也。晏，晚也。政，國政；事，家事。吳氏曰：政、事，泛言之則通。別言之，則大曰政，小曰事；公朝之事曰政，私家之事曰事。以，用也。禮，大夫雖不治事，猶得與音預。下文「當與」，音同。聞國政。是時季氏專魯，其於國政，蓋有不與同列議於公朝而獨與家臣謀於私室者。故夫子爲不知者而言：此與《記·檀弓下》「夫子爲弗聞也者而過之」同一文勢。此必季氏之家事耳。若是國政，我嘗爲大夫，雖不見用，猶當與聞。今既不聞，則是非國政也。語意與魏徵獻陵之對略相似。《唐書·魏徵傳》：「文德皇后太宗之后。既葬，帝即苑中作層觀以望昭陵，后陵。引徵同升。徵熟視，曰：『臣昏眊，不能見。』帝指示之。徵曰：『臣以爲陛下望獻陵，太宗母陵。昭陵則臣固見之矣。』帝泣爲毀觀。」其所以正名分、扶問反。抑季氏，而教冉有之意，深矣。吴氏曰：以夫子此語推之，意古者大夫雖致仕，國有大政，亦必與之共謀，蓋詢黄髮之意。若小事則不必然爾。冉有仕季氏，無能改於其德，故夫子因其「有政」之語而深譏之，可謂微而顯，婉而嚴矣。夫子哀公十一年冬反魯，年六十九，明年爲告老之年。《左傳》哀公十二年春，「用田賦」，康子使冉有問曰：「子爲國老，待子而行。」蓋至是不復以告矣。

○定公問：「一言而可以興邦，有諸？」孔子對曰：「言不可以若是其幾也。幾，期也。《詩》曰「如幾如式」。見《小雅·楚茨》篇。言一言之間，未可以如此而必期其效。

《詩》「幾」音「機」。

「人之言曰：『爲君難，爲臣不易。』易，去聲。

當時有此言也。

「如知爲君之難也，不幾乎『一言而興邦』乎？」

因此言而知爲君之難，則必戰戰兢兢，臨深履薄，而無一事之敢忽。然則此言也，豈不可以必期於興邦乎？爲去聲。定公言，故不及臣也。不再拈及「爲臣不易」一句。

曰：「一言而喪邦，有諸？」孔子對曰：「言不可以若是其幾也。人之言曰：『予無樂乎爲君，唯其言而莫予違也。』喪，去聲。下同。樂音洛。

言他無所樂，惟樂此耳。

「如其善而莫之違也，不亦善乎？如不善而莫之違也，不幾乎『一言而喪邦』乎？」

范氏曰：「如不善而莫之違，則忠言不至於耳，君日驕而臣日諂，丑驗反。未有不喪邦者也。」○謝氏曰：「知爲君之難，則必敬謹以持之。惟其言而莫予違，則讒諂面諛之人至矣。邦未必遽興喪也，而興喪之源分於此。然此非識微之君子，何足以知之？」胡氏曰：幾，舊說或以爲近，或以爲微。近與「不幾乎」之義同，與「若是其幾」之幾不協；微則其文義皆不可讀，故不可從也。謝氏說邦未必遽興喪，則似以幾爲近。又曰「興喪之源分於此，非識微者不足以知之」，則又似以幾訓微。終取之者，豈以其大旨有所發明歟？○雙峯饒氏曰：聖人說話直是平，無些子高低。謂一言便能興邦喪邦固不可，謂一言不可以興邦喪邦亦不可。又如唯其言而莫予違固不是，然善而莫之違猶自可，故又分兩股說。一輕一重之間，斟酌劑量，不令分毫有偏。○吴氏曰：定公之問，亦可謂有意於治矣。使其能用夫子之言，兢兢業業，以媚己之人爲可畏，三子之徒庶其小悛而魯其或興也。惜乎女樂之事公既欲之，而桓子又助成之，是亦「言不善而莫之違」之類，是以用夫子而不克終也。

○葉公問政。

音義並見形甸反。第七篇。

子曰：「近者說，遠者來。」說音悦。

被其澤則說，聞其風則來。然必近者說而後遠者來也。南軒張氏曰：近者樂其澤，遠者慕其風。然未有澤不及於近而能使人慕之者也。○勉齋黄氏曰：此非有意於求其說且來也。有意於求其說且來，則必有不說不來者矣。行吾之所當行而其效如此，乃所謂政。○「或謂此章言其效而不言其所以致之，何也？」吴氏曰：葉公，楚名臣，或不待贅言。使其再問，夫子必更有說。夫子入楚，接輿輩交議之，葉公雖能問而不能相與反復也，豈不惜夫？○新安陳氏曰：近說遠來，皆政之驗，非媚於民而求其說也。失人心之事不行而所行皆不咈民心之事，近者自說矣。遠者聞其風，即聞近者說之風也。

○子夏爲莒父宰，問政。子曰：「無欲速，無見小利。欲速則不達，見小利則大事不成。」父音甫。

莒父，魯邑名。欲事之速成，則急遽無序而反不達；見小者之爲利，則所就者小而所失者大矣。南軒張氏曰：欲速則期於成而所爲必苟，故反不達；見小利則徇目前而忘久遠之謀，故反害大事。○勉齋黄氏曰：事之久速有自然之次第，事之大小有自然之分量。循其自然之理而無容心，可也。一有欲速、見小利之心，則私心而非正理矣，宜其不達而大事不成也。○雙峯饒氏曰：「見小」與「欲速」相因。纔要速成，便只是見得目前小小利便處，所以急要收效。若是胸中有遠大規模，自然是急不得。

○程子曰：「子張問政，子曰『居之無倦，行之以忠』；子夏問政，子曰『無欲速，無見小利』。子張常過高而未仁，子夏之病常在近小，故各以切己之事告之。」慶源輔氏曰：居之而易得倦，行之而不盡心，此過高而未仁之證也；欲速見小利，此近小而不及之證也。聖人之教人，如良醫之治疾，藥雖不同，效則一也。○新安陳氏曰：過於高者藥之以誠實，不及而近小者藥之以寬大，皆以切己者告之也。○胡氏明仲。曰：聖人之言雖救子夏之失，然天下後世皆可爲法。兩漢以來爲政者，皆未免欲速、見小利之病也。

○葉公語孔子曰：「吾黨有直躬者，其父攘羊而子證之。」語，去聲。

直躬，直身而行者。有因而盜曰攘。

孔子曰：「吾黨之直者異於是。父爲子隱，子爲父隱，直在其中矣。」爲，去聲。

父子相隱，天理人情之至也，故不求爲直而直在其中。○謝氏曰：「順理爲直。父不爲子隱，子不爲父隱，於理順邪？俗作「耶」。瞽瞍殺人，舜竊負而逃，遵海濱而處。上聲。當是時，愛親之心勝，其於直不直何暇計哉？」問父子相隱之說。朱子曰：邢氏引《律》大功以上得相容隱、告言父祖者入「十惡」，以爲得此意。善乎，其推言之也！諸說或本乎情，或本乎理，各有不同。今試以身處之，則所謂情者蓋可體而易見，所謂理者近於汎而不切。然徒徇夫易見之近情而不要之以至正之公理，則人情之或邪或正，初無準則，若之何必順此而皆可以爲直邪？苟順其情而皆可以謂之直，則霍光之夫婦相隱可以爲直，而周公之兄弟、石碏之父子皆咈其情而反陷於曲矣，而可乎？○胡氏曰：是曰是，非曰非，有謂有，無謂無，曰「直」，直之常也；父爲子隱，子爲父隱，權也，故曰「直在其中」，非指隱以爲直也。如「學」以自脩而「禄在其中」亦然。蓋直躬，人之細行；父子，人之大倫。伸一己之細行，傷人道之大倫，非天理也。父子主恩，委曲以全其恩，雖不得正謂之「直」，然亦理所當然，順理而行，不失其爲直也。葉公徒知一偏一曲之異乎人者爲高，夫子則合全體大用而觀之也。夫一偏一曲之高，非不足尚，於正理一有所虧，尚何言哉？○雙峯饒氏曰：父子主恩，於理當相隱，於情亦當相隱，故以是順天理，合人情而直在其中。若是父子相證，則天理人情兩有所乖，何取其爲直？《集註》「順理爲直」是説理，「愛親之心勝」是説情。○問：「父當爲子隱，而石碏涖殺了厚如何？」陳氏曰：證父家之私事，事主恩，故見父而不見他人；除亂國之大事，事主義，故見君而不見其子。道理不可執一，當在父子則父子重，當在君臣則君臣重。爲子止孝，爲臣止忠，地位各不同也。○吴氏曰：直，天理也；父子之親，又天理之大者也。二者相礙，則屈直以伸親，非不貴乎直也。當是時，父子之情勝，而直不直固有所不知也。陳司敗以隱君之惡爲黨，葉公以證父之惡爲直，徒知直之爲公，黨之爲私，而君臣之義、父子之親乃有不察。微夫子，則一偏一曲之説起而仁義塞矣。

○**樊遲問仁。子曰：「居處恭，執事敬，與人忠。雖之夷狄，不可棄也。」**

恭主容，敬主事。恭見形甸反。**於外，敬主乎中。之夷狄，不可棄，勉其固守而勿失也。**朱子曰：發於外者比主於中者校大，蓋必充積盛滿而後發於外。然主於中者却是本。○敬專言，如「脩己以敬」；只偏言，是「主事」。○自誠身而言，則恭較緊；自行事而言，則敬爲切。○問：「如何『雖之夷狄，不可棄』？」曰：「道不可須臾離，可離非道」，須是無間斷方得。若有間斷，此心便死了。在中國是這箇道理，在夷狄也只是這箇道理。○勉齋黄氏曰：居處，指幽獨而言，未有事者也；執事，指應事而言，未涉乎人也；與人，指接物而言，則涉乎人矣。能恭敬而忠，則天理常行而人欲不萌矣；又能無適而不然，則流行而無間斷。仁之爲道，孰外乎此？○陳氏曰：敬工夫細密，恭氣象闊大。敬意思卑屈，恭意思尊嚴。但恭只是敬之見於外者，敬只是恭之存於中者。敬與恭不是二物，如形影然。未有内無敬而外能恭者，亦未有外能恭而内無敬者。○雙峯饒氏曰：無事時，此心無所作爲，只可於容貌上著箇「恭」；及至事來，則此心便要應事，心若不在事上，爲事便鹵莽，所以著箇「敬」；至於接人，則此心須視人猶己，不可容些欺僞，所以著箇「忠」。○天體物而不遺，仁體事而無不在。於居處時容貌恭肅，則仁便在居處上；於執事時此心戰兢惟恐失之，則仁便在應事上；於與人時能盡此而無所欺僞，則仁便在與人上。若能常如此，雖之夷狄而不棄，此仁便無間斷。○新安陳氏曰：此與答仲弓問仁章當參看。彼以敬恕言，此以恭敬忠言。蓋居處恭，静時敬也；執事敬，動時敬也。忠即恕之體，恕即忠之用也：一而已矣。動静恭敬，表裏忠恕，又能持守而無間斷，則私意何所容，而仁豈外是哉？**○程子曰：「此是徹上徹下語。聖人初無二語也，充之則『睟**雖醉反。**面盎背』，推而達之則『篤恭而天下平』矣。」**陳氏曰：徹上徹下，謂凡聖皆是此理。小則樊遲可用，大則堯舜不過。○慶源輔氏曰：聖人之言貫徹上下。此數言，自始學至成德皆不過如此。近而睟盎於一身，遠而治平乎天下，亦不外乎此。皆是「徹上徹下」。

胡氏曰：「樊遲問仁者三，此最先，『先難』次之，『愛人』其最後乎？」朱子曰：胡氏説三者先後雖無明證，看來是如此。若未嘗告以恭、敬、忠，則所謂「先難」者將何從下手乎？至於「愛人」，則又以其發於外者言之。○雙峯饒氏曰：即此三者，便是「先難」底事。至於「愛人」，又是從恭、敬、忠上發出去。○覺軒蔡氏曰：諸子問仁而所答各異者，因其所禀之資而發也；樊遲問仁而所答各異者，因其所學之至而發也。聖人教人，猶化工之妙，物各付物，於此見之。

○子貢問曰：「何如斯可謂之『士』矣？」子曰：「行己有恥，使於四方，不辱君命，可謂士矣。」使，去聲。

此其志有所不爲而其材足以有爲者也。慶源輔氏曰：志存於隱而才見於顯。且志易肆而才難彊，故常人之志，患在於無所不爲，而其才則患在無所能爲。行己有恥，則是其志有所不爲也；使不辱命，則是其才足以有爲也。惟其志有所不爲，然後其才足以有爲也。**子貢能言，故以使事告之。蓋爲使之難，不獨貴於能言而已。**新安陳氏曰：不獨貴於能言，蓋以「行己有恥」爲本也。○朱子曰：行己有恥，則不辱其身；使能盡職，則不辱君命。○雙峯饒氏曰：有恥，士之行；不辱命，士之能。有其行又有其能，全才也，故可爲「士」。

曰：「敢問其次。」曰：「宗族稱孝焉，鄉黨稱弟焉。」弟，去聲。

此本立而材不足者，有孝弟爲本立，此外無材可見。**故爲其次。**朱子曰：孝弟豈不是第一等人？

而聖人未以爲士之上者，僅能使其身無過而無益於人之國，守一夫之私行而不能廣其固有之良心也。○雙峯饒氏曰：行己有恥，是事事不苟且。孝弟固是行之大者，然只是士行中之一端，而又無其能，故以爲士之次。

曰：「敢問其次。」曰：「言必信，行必果，硜硜然小人哉！抑亦可以爲次矣。」行，去聲。硜，苦耕反。

果，必行也。硜，小石之堅確克角反。者。小人，言其識量去聲。之淺狹也。此其本末皆無足觀，然亦不害其爲自守也，故聖人猶有取焉。下此則市井之人，言誕行縱。不復扶又反。可爲士矣。雲峯胡氏曰：須看「本末」二字。蓋士之所以爲士者，行，其本也；才，其末也。志有所不爲而才足以有爲，是本末俱有可觀。其次則但取其本立。又其次則本末皆無足取而猶不失爲自守，故曰：「下此則市井之人，不復可爲士矣。」○朱子曰：硜硜小人亦可爲士者，其識量雖淺而非惡也。至其所守，雖規規於信、果之小節，然與誕謾苟賤之人則不可同日語矣。○厚齋馮氏曰：「言不必信，行不必果」，孟子謂之「大人」；「惟義所在」而不拘執，所應者廣也；言必信，行必果，夫子謂之「小人」，確於自守而不可轉移，所成者狹也。

曰：「今之從政者何如？」子曰：「噫！斗筲之人，何足算也？」筲，所交反。算，亦作「筭」，悉亂反。

今之從政者，蓋如魯三家之屬。噫，心不平聲。斗，量去聲。名，容十升；筲，竹器，容斗二升。斗筲之人，言鄙細也。算，數上聲。也。子貢之問每下，故夫子以是警之。○程子曰：「子貢之意，蓋欲爲皎皎之行去聲。聞於人者，夫子告之，皆篤實自得之事。」問：「程子謂『子貢欲爲皎皎之行』，是如此否？」朱子曰：子貢平日雖有此意思，然這章却是他大段平實了。渠見行己有恥、使不辱命，不是些小事，故又問其次。凡此節次，皆是要向平實處做工夫，每問皆下。到下面問「今之從政者」，却問錯了，聖人便與他截斷。

○子曰：「不得中行而與之，必也狂狷乎？狂者進取，狷者有所不爲也。」

行，道也。南軒張氏曰：中行，謂中道上行者。○胡氏曰：道，猶「路」也，故「行」亦「道」也。狂者，志極高而行去聲。下同。不掩；狷者，知未及而守有餘。朱子曰：狂者，知之過；狷者，行之過。○雙峯饒氏曰：行不掩，非全然行不顧言。如説得十分，只行得五七分，這五七分蓋那十分不過耳。蓋聖人本欲得中道之人而教之，然既不可得而徒得謹厚之人，則未必能自振拔而有爲也。故不若得此狂狷之人，猶可因其志節狂者之志，狷者之節。而激厲裁抑之以進於道，非與其終於此而已也。朱子曰：謹厚者雖是好，又無益於事，故有取於狂狷者，又各墮於一偏。中道之人，有狂者之志而所爲又精密，有狷者之節又不至過激，此極難得之人。○狷者雖非中道，然有筋骨，其志孤介，知善之可爲而爲之，知不善之不可爲而不爲，直是有節操。狂者志氣激昂。聖人本欲得中道而與之，晚年磨來磨去，難得這般恰好底人。如狂狷，尚可因其有爲之資，裁而歸之中道。○雙峯饒氏曰：或解

《集註》「激厲裁抑」以爲激厲狷者，裁抑狂者，是不然。狂者志極高，是過處；行不掩，是不及處。狷者知未及，是不及處；守有餘，是過處。二者各有過不及，於過處裁抑之，使之俯而就中；於不及處激厲之，使之跂而及中。如此則皆近道矣。○狂狷自是病處，聖人所以取之者，以狂者有進取之志，狷者不爲非理之事。雖有病處，亦有好處，尚可教以中道。若徒謹厚者，只是怕事底人，雖不爲惡，亦不足與爲善，反不若狂狷之可取也。○新安陳氏曰：進取，進而有爲以取於善也。狂者，知之過而行不及，狷者行之過而知不及。得聖人「裁抑」之，「激厲」之，使狂者力行以踐之而其見不荒，狷者致知以明之而其守不狹，則中道庶乎可得矣。**○孟子曰：「孔子豈不欲中道哉？不可必得，故思其次也。**次，謂狂者。**如琴張、曾皙、牧皮者，孔子之所謂狂也。其志嘐嘐然曰：『古之人，古之人。』夷考其行而不掩焉者也。**以上皆説狂者。**狂者又不可得，欲得不屑不潔之士而與之，是狷也，是又其次也。」**又次，謂狷者。○勉齋黄氏曰：孔子之門，從遊之士，皆極天下之選，夫子猶歎中行之難得，思狂狷者而與之。蓋進道之難如此。狂狷雖不同，而其力量皆足以進於道者也。今持不逮之資而悠悠以進於學，是皆夫子之所棄也。

○子曰：「南人有言曰：『人而無恒，不可以作巫醫。』善夫！恒，胡登反。夫音扶。

南人，南國之人。恒，常久也。巫，所以交鬼神；醫，所以寄死生。故雖賤役，而尤不可以無常。孔子稱其言而善之。朱子曰：「恒」字古作「恆」，其説象一隻船，兩頭靠岸，可見徹頭徹尾。○慶源輔氏曰：無常之人，則在我者無定守矣，何所用而可？巫醫雖賤役，然必有常乃可爲之。蓋交鬼神而無常，則鬼神不之享；治疾病而無常，則人何敢寄以死生哉？孔子稱其言而善之，其所以警於人者深矣。

「『不恒其德，或承之羞。』」

此《易·恒卦》九三爻辭。承，進也。朱子曰：「承」如「奉承」之「承」，如人送羞辱與之也。○雙峯饒氏曰：「承」字如《儀禮》「皇尸命工祝，承致多福于爾孝孫」之「承」，言奉而進之也。

子曰：「不占而已矣。」

復扶又反。加「子曰」，以别必列反。《易》文也。其義未詳。南軒張氏曰：不占，謂理之必然，不待占決而可知也。○新安陳氏曰：不占，如《易》所謂「不占有孚」，言無常取羞，不待占筮而信然矣。楊氏曰：「君子於《易》，苟玩其占，平聲。則知無常之取羞矣。其爲無常也，蓋亦不占而已矣。」意亦略通。朱子曰：不占而已，此只是不讀書之意。○雲峯胡氏曰：《易》爲占筮之書。「不恒其德，或承之羞」，此《恒》卦九三占辭也。凡其不知不恒之患者，由平日不占而已矣。○新安陳氏曰：此章謂無恒者雖賤役不可爲，且羞辱不可免，以見人決不可以無恒也。

○子曰：「君子和而不同，小人同而不和。」

和者無乖戾之心，同者有阿比毗至反。之意。南軒張氏曰：和者，和於理；同者，同其私。和於理則不苟同，同其私則不能和。○勉齋黄氏曰：和之與同，公私而已。公則視人猶己，何不和之有；惟理是視，何同之有？私則喜狎昵，所以常同；樂忌克，所以不和。○厚齋馮氏曰：和，如和羹，異味而相調爲一也；同，如雷同，隨聲而無分別也。和與同近似而公私不同，如比周、驕泰之類。夫子故辨之。○**尹氏曰：「君子尚義，故有不同；小人尚利，安得而和？」**慶源輔氏曰：義有可否，故有不同；利有爭奪，安得而和？○朱子曰：君子之和，乃以其同寅協恭，而無乖爭忌克之意；其不同者，乃以其守正循理，而無阿諛黨比之風。小人反是。此二者，外相似而內實相反，乃君子小人情狀之隱微。自古至今，如出一軌。如韓、富、范公，上前議論不同，或至失色，至卒未嘗失和氣；王、呂、章、曾、蔡氏，父子兄弟同惡相濟，而其隙無不至。亦足以驗聖言之不可易矣。○君子之心是大家只理會這一箇公當底道理，故常和而不可以苟同；小人是這箇私意，故雖相與阿比，然兩人相聚也便分箇彼己了，故有些少利害，便至紛爭而不和也。○雙峯饒氏曰：《論語》中說小人有數樣。「硜硜然小人哉」，是以其氣量淺狹，故謂之「小人」。「小人哉，樊須也」，是以其所務者小事，故謂之「小人」。「毋爲小人儒」，以其所業雖正而用心則私，此是儒者中之「小人」。至於「小人比而不周」、「驕而不泰」、「和而不同」，❶與夫「窮斯濫」、「長戚戚」之類，是指其心術全然不好底，故每每把對「君子」反說。

○子貢問曰：「鄉人皆好之，何如？」子曰：「未可也。」「鄉人皆惡之，何如？」子曰：「未可也。不如鄉人之善者好之，其不善者惡之。」好、惡，皆去聲。

❶「和而不同」，四庫本、孔本及《四書通》作「同而不和」。

一鄉之人，宜有公論矣。然其間亦各以類，自爲好惡也。故善者好之而惡如字。**者不惡，則必其有苟合之行；**去聲。**惡**如字。**者惡之而善者不好，則必其無可好之實。**勉齋黄氏曰：不以鄉人皆好皆惡而定其人之賢，必取決於善者之好、不善者之惡。蓋善者循理，故所好者如己之循理者也；不善者徇欲，故所惡者必不如己之徇欲者也：此其所以爲賢也。○慶源輔氏曰：鄉人皆好，恐是同流合汙之人；鄉人皆惡，恐是詭世戾俗之人：故皆以爲未可。惟鄉人之善者以其同乎己而好之，則有可好之實矣；不善者以其異乎己而惡之，則無苟容之行矣：方可必其人之賢也。○西山真氏曰：必善者好之，不善者惡之，是其制行之美足以取信於君子，而立心之直又不苟同於小人，其爲賢必矣。○厚齋馮氏曰：子貢方人，故所問如此。夫人自幼及長，知之悉者莫鄉人若也。好惡無異辭，則賢否宜可決矣。然鄉人不能皆善，則好惡不能皆當。唯善不善各以類合，求之於此，一好一惡而賢否定矣。○雙峯饒氏曰：子貢之問，以爲賢者必爲鄉人之所好。今鄉人皆好之，還可以爲賢乎？夫子見有居之似忠信，行之似廉潔，不免媚世以取譽，故謂鄉人皆好，未可遽以爲賢。子貢又問如此，則鄉人皆惡之，還可以爲賢乎？夫子又見有幼而不遜弟，長而無述焉，爲鄉黨所不齒者，亦豈可以鄉人皆惡而遽謂之賢乎？若鄉人之善者皆好之，則以類從類；不善者皆惡之，則其志行不苟同於流俗：可以見其必爲賢者而無疑也。○覺軒蔡氏曰：「不如鄉人之善者好之，其不善者惡之」，乃夫子答子貢「鄉人皆好之」、「皆惡之」之問耳，非謂必欲不善者惡之也。如明道先生狡僞者獻其誠，暴慢者致其恭，雖小人趨向之異，亦必以先生爲君子，則不善者曷嘗惡之耶？

○子曰：「君子易事而難説也：説之不以道，不説也；及其使人也，器之。小人難事而易説也：説之雖不以道，説也；及其使人也，求備焉。」易，去聲。説音悦。器之，謂隨其材器而使之也。君子之心公而恕，公，故難説；恕，故易事。小人之心私而刻。私，故易説；刻，故難事。天理人欲之間，每相反而已矣。朱子曰：君子無許多勞攘，故易事；小人便愛些便宜，人便從那罅縫去處奉他，故易説。○南軒張氏曰：易事者，平恕之心也；難説者，正大之情也。其所説者，義理而已，而非説人之説己也。故説之不以道則不説，與人爲善而取之不求備，故使人則器之。若小人，則徇於一己之私而已。故順己則喜而不察其非道也，勝己則忌而惟欲責其全也。此公私之分也。○厚齋馮氏曰：君子小人，蓋指當時卿大夫之得政者而言。○雙峯饒氏曰：説不以道不説，是難説；器之，是易事。説不以道亦説，是易説；求備，是難事。○慶源輔氏曰：君子持己之道甚嚴而待人之心甚恕，小人治己之方甚寬而責人之意甚刻。君子説人之順理，小人説人之順己。君子貴重人材，隨才器而使之，而天下無不可用之人；小人輕視人才，故求全責備，而卒至無可用之人。

○子曰：「君子泰而不驕，小人驕而不泰。」君子循理，故安舒而不矜肆；小人逞欲，故反是。胡氏曰：循理者，泰之本；逞欲者，驕之根。君子惟理是循，富貴貧賤，安於所遇，無入而不自得，故常舒泰；小人惟欲之逞，貪求苟取，意得志滿，常以自誇，故常驕矜。○南軒張氏曰：泰者心廣而體胖，驕者志盈而氣盛也。驕則何由泰，泰奚驕之有？然而能不驕矣，而未之泰者，亦有之。蓋雖能制其私，而涵養未至，未免乎拘迫者也。○雲峯胡氏曰：驕與泰相似。《大學》曰「驕泰以失之」，《章句》謂「驕者，矜高；泰者，侈肆」。此則以泰爲「安舒」，驕爲「矜肆」。「矜肆」二字，包「矜高侈肆」四字。朱子訓釋之精如此。○新安倪氏曰：此以「泰」與「驕」對言，則泰者驕之反，本乎循理而安舒；《大學》以「泰」與「驕」合言，則「泰」亦「驕」之類，根乎逞欲而侈肆：各隨其旨觀之，可也。

○子曰：「剛、毅、木、訥近仁。」

程子曰：「木者，質樸；訥者，遲鈍。四者，質之近乎仁者也。」楊氏曰：「剛毅則不屈於物欲，木訥則不至於外馳，故近仁。」朱子曰：「剛」是體質堅强，不軟不屈；「毅」却有奮發作興氣象。○「近仁」之説，原聖人之意，非是教人於此體仁，乃是言如此之人，於求仁爲近耳。雖有此質，正須實下求仁工夫，乃可實見近處。未能如此，即須矯揉到此地位，然後於仁爲近，可下工夫。若只守却「剛毅木訥」四字，要想象思量出仁體來，則無是理也。○勉齋黄氏曰：剛，强勁；毅，堅忍。○胡氏曰：剛毅則有堅强不已之意，木訥則無巧令必飾之資，故於仁爲近。然非論其問學工夫，即其資禀而言也。資禀之近，若合於仁矣，未可以爲仁也。蓋仁雖出於天生之本然，唯上智之資氣命於理，自然合於中和而不墮於一偏。其不屈於物欲，固剛毅矣，然待人接物，未嘗不温然而和順也；其不至於外馳，固木訥矣，然威儀文辭，未嘗不粲然而宣明也。若資質之美，則拘於一偏而已。大約言之，固於仁爲近；由學者言之，必庶幾其全體可也。○王氏曰：剛必無欲，毅必能行；木無令色，訥無巧言。○雲峯胡氏曰：四者，天資之近仁者也。加以學力，則不止於近矣。○新安陳氏曰：反觀之，則柔脆華辨之遠於仁，可知矣。

○子路問曰：「何如，斯可謂之士矣？」子曰：「切切偲偲、怡怡如也，可謂士矣。朋友切切偲偲，兄弟怡怡。」

胡氏曰：「切切，懇到也。偲偲，詳勉也。怡怡，和悦也。皆子路所不足，故告之。又恐其混於所施，則兄弟有賊恩之禍，兄弟切偲則易賊恩。朋友有善柔之損，朋友怡怡則失於善柔。故又別必列反。而言之。」朱子曰：切切者，教告懇惻而不揚其過；偲偲者，勸勉詳盡而不强其從：二者皆有忠愛之誠而無勁訐之害。○「懇到」有苦切之意，然一向如此而無浸灌之意又不可。須詳細相勉，如此方有相親之意。○聖人見子路有粗暴底氣象，故告之以此。又恐子路一向和悦去了，又告之以朋友則切切偲偲，兄弟則怡怡。聖人之言是恁地密。○勉齋黄氏曰：所謂「士」者，涵泳於《詩》、《書》禮義之澤，必有温良和厚之氣，此士之正也；至於發强剛毅，則亦隨事而著見耳。子路負行行之氣而不能以自克，則切切偲偲怡怡之意常少，故夫子箴之。○雙峯饒氏曰：「切切偲偲怡怡如也」，只是一句，總言士之爲士，其氣象當如此。下文又分别其義。○覺軒蔡氏曰：黄氏云：「爵有五，士居其列；民有四，士爲之先。謂之『士』者，誠可貴也。」士之爲貴何哉？以其記誦之多，文辭之工耶？則由與賜優爲之矣，而二子乃汲汲然以士爲問，何也？至夫子所以答之者，不過於行己事君、入孝出悌、言信行果與夫處兄弟朋友之間，又何耶？人之大倫五：父子也，君臣也，兄弟也，夫婦也，朋友之交也。舜命契爲司徒，必先於「敷五教」，三代之學所以明人倫，則謂之士者，捨是何急焉？後世則不然。父兄之所告詔、師友之所訓誨、有司之所論選，記誦而已爾。人道之大端不暇講也。如是，則謂之「士」，其果可以當此名耶？謂之「可貴」，未見其真可貴也。

○子曰：「善人教民七年，亦可以即戎矣。」

教民者，教之以孝弟去聲。忠信之行、去聲。務農講武之法。即，就也；戎，兵也。民知親其上、死其長，上聲。故可以即戎。雙峯饒氏曰：善人，即「善人爲邦」之善人，天資好善之人也。教民，不是專教之戰。教之孝悌忠信，則民知尊君親上之義；教之務農，則民知重本。足食足兵，皆「即戎」之本也。「亦可」者，僅可之辭。○新安陳氏曰：善人有忠愛惻怛之心，而其教民又盡本末兼該之法。孝弟忠信，本也；務農，亦本也。講武之法，末也。本末兼盡，且必七年而僅可即戎，兵其可易言哉？○程子曰：「七年云者，聖人度待洛反。其時可矣。如云『朞月』、『三年』、『百年』、『一世』、『大國五年，小國七年』之類，皆當思其作爲如何，乃有益。」問：「『善人教民七年，亦可以即戎矣』，如何恰限七年？」朱子曰：如此等，他須有箇分明界限。如古人謂三十年制國用則有九年之食，至班固則推得出那三十年果可以有九年食處。料得七年之類，亦如此。○慶源輔氏曰：聖人度其時可矣，蓋致知格物之極功，不啻如燭照而數計，非臆度之謂也。○厚齋馮氏曰：古之教士七年謂之「小成」。教民雖不如士之詳，而七年亦教成之節也。如稱「朞月」、「三年」、「百年」、「一世」、「大國五年，小國七年」之類，是皆以其勢之大小、事之難易、時之遲速而言，非臆度也。「亦可以」云者，若王者教民，不待如此之久也。善人政事不足，若能教民則有其政矣，雖無速效，遲之七年亦可也。此言不可以不教之民戰也。○雙峯饒氏曰：欲論其作爲，只前面説底便是。朞月而紀綱布，三年而政化行，一世而教化浹洽，此是聖人作爲久近之效。七年而可以即戎，比之「三年而有勇知方」者有間；百年而可以勝殘去殺，比之「必世而仁」者遠甚。此是善人作爲久近之效。〇雲峯胡氏曰：教民，本非爲即戎而設。教之深，亦可以即戎矣。

〇**子曰：「以不教民戰，是謂『棄之』。」**

以，用也。言用不教之民以戰，必有敗亡之禍，是棄其民也。吴氏曰：《白虎通》云：「教民者，皆里中之老而有道德者爲右師，教里中之子弟以道藝、孝弟、行義。朝則坐於里門，弟子皆出，就農復罷，亦如之。若既成藏，❶皆入教學，立春而就事。故無不教之民。」非謂教之戰也。然其三時務農，一時講武，則金鼓旗物之用、坐作進退之節，亦在所教矣。〇南軒張氏曰：所謂「教」者，教之以君臣父子長幼之義，使皆有親其上、死其長之心，而又教之以節制，如《司馬法》是也。若未之教而驅之戰，則是棄之死地而已矣。〇厚齋馮氏曰：孟子曰：「不教民而用之，謂之殃民。」蓋本諸此。〇新安陳氏曰：此章與上章未必一時之言，記者以類相從，乃承上章之意而反言之也。

❶「成」，《白虎通義》卷四、清光緒元年淮南書局本《白虎通疏證》卷四作「收」。「藏」，四庫本作「歲」。

論語集註大全卷之十四

憲問第十四

胡氏曰：「此篇疑原憲所記。」趙氏曰：「『憲問耻』不書姓而直書名，其爲自記之證一也。他章夫子稱弟子則名之，曾子、有子、冉子門人之所記則以『子』稱，非其師者皆稱字，如原思爲之宰亦以此稱。而此書名，其爲自記之證二也。下章問『克伐怨欲不行』，不別起端而聯書之，其爲自記之證三也。」○勿軒熊氏曰：多記孔門出處言行，内雜論《春秋》人物。❶凡四十七章。

憲問耻。子曰：「邦有道，穀。邦無道，穀，耻也。」

憲，原思名。穀，禄也。邦有道，不能有爲；邦無道，不能獨善而但知食禄，皆可耻也。憲之狷介，雙峯饒氏曰：狷是有執守，介是有分辨。其於邦無道穀之可耻，固知之矣；至於邦有道穀之可耻，則未必知也。故夫子因其問而并言之以廣其志，使知所以自勉而進於有爲

❶「人物」下，四庫本、孔本、陸本有「凡四章」三字。

也。朱子曰：「穀」之一字，有食禄之義。言有道無道只會食禄，畧無建明，豈不可深耻？○問：「憲之狷介安貧，豈不知『邦有道，穀』之可耻？」曰：未可知也。人到用處方見。族黨稱其孝弟，夫子未以爲士之至行者，僅能持身於無過而無益於人國，不足深貴也。邦有道而不能有爲，只小廉曲謹，濟得甚事？邦無道而受禄固不可，有道而苟禄亦不可也。○原憲甘貧守道，其志卓然能有不爲者也。其爲此問，固知邦無道而枉道得禄之爲耻矣，特欲質諸夫子以言其志耳。夫子深知其然，而亦知其學之未足以有爲也，則恐其或當有道之時，雖無枉道之羞而未免於素餐之愧，故以是而并告之，使因其所已知而推之以及其所未知者，庶乎其有以廣其業而益充其所未爲耳。或乃以謂夫子之意止於無道得禄之可耻，以憲能安貧而告之，然則是徒以其已能者而瀆告焉，豈所以進之於日新耶？○梅巖胡氏曰：《論語》中說有道無道凡八出。泛論者三。指其人而論者五：南容、伯玉、武子、史魚、原憲是也。世有道如南容之不廢、武子之知、伯玉之仕、史魚之直，可也，如欲志於穀而不能有爲，不可也。○新安陳氏曰：「邦有道，貧且賤焉，耻也；邦無道，富且貴焉」，耻也，《集註》云「世治而無可行之道，世亂而無能守之節」，其意正與此章同。但彼全是平說，此亦雖是平說，然就原憲分上觀之，則重在「邦有道穀」，微不同耳。雲峯謂：「憲爲夫子之宰，猶辭其所當得之粟，其耻於無道之穀可知。」然狷介者自守常有餘而見於事爲常不足，故夫子猶告之以有道穀之可耻也。

○「克伐怨欲不行焉，可以爲仁矣？」

此亦原憲以其所能而問也。克，好去聲。勝；伐，自矜；怨，忿恨；欲，貪欲。慶源輔氏曰：

克，只訓勝，如克敵、克己之爲勝敵、勝己是也。然單言之則爲好勝，如忮克、克伐是也。伐者，傷殘之意，自矜乃所以自殘也。忿見於外，恨藏於中。内恨外忿則怨。欲有公私，貪欲則欲之私也。○胡氏曰：分言則四事對舉，互言則克伐者，因己所有而生氣盈也；怨欲者，因己所無而生氣歉也。推本言之，又皆由有己而生也。○雙峯饒氏曰：克伐二者只是一病，怨欲二者亦只是一病。四件是兩件，兩件又只是一件。病根在一欲字。有所欲則貪多而求勝。遂其所欲則誇伐，不遂其所欲則怨恨。

子曰：「可以爲難矣，仁則吾不知也。」

有是四者而能制之使不得行，可謂難矣。仁則天理渾上聲。**然，自無四者之累。不行，不足以言之也。**朱子曰：克伐怨欲，只是自就道理這邊看得透，則那許多不待除而自去。若實是看得大底道理，要求勝做甚麽？要去矜誇他人做甚麽？「求仁而得仁，又何怨？」怨箇甚麽？耳目口鼻四肢之欲，惟分是安，欲箇甚麽？見得大處分明，這許多小小病痛都如冰消凍釋，無有痕迹矣。若只是遏在胸中不行，畢竟是有這物在裏。才説無，便是合下掃去，不容他在裏。譬如一株草剗去而留其根，與連其根剗去，此箇意思如何？而今人於身上有不好處，須是合下便剗去。若只是在人面前不行，而此箇根苗常留在裏，便不得。○克伐怨欲不行所以未得爲仁者，如面前有一事相觸，雖能遏其怒，畢竟胸中有怒在，所以未得爲仁。○南軒張氏曰：克伐怨欲不行，亦可謂能制其私欲者矣，然克伐怨欲之根猶在也。若夫仁者之心，則克伐怨欲無自而萌焉，故制之於流未若澄之於源也。○慶源輔氏曰：憲兩問，夫子答之皆是因其所已能而進之以其所未能。**○程子曰：「人而無克伐怨欲，惟仁者能之。有之而能**

制其情使不行，斯亦難能也，謂之仁則未也：此聖人開示之深，惜乎憲之不能再問也。」程子曰：人無克伐怨欲四者，便是仁也。只爲原憲著一箇「不行」，不免有此心，但不行也，故孔子謂「可以爲難」。此孔子著意告原憲處，欲他有所啓發。他承當不得，不能再發問也。孔門如子貢者便能曉得聖人意，且如曰：「女以予爲多學而識之歟？」對曰：「然。」便問曰：「非歟？」孔子告之曰：「非也，予一以貫之。」原憲則不能也。○若無克伐怨欲固爲仁已，唯顔子而上乃能之。○朱子曰：明道説原憲承當不得，所以不復問。他非獨是這句失問，如「邦有道，穀；邦無道，穀，耻也」，也失問。○問：「原憲也不是箇氣昏力弱底人，何故如此？」曰：他直是有力，看他孤潔節介，卒未易及，只是見識自如此。若子路見識較高，他問時須問到底。然教原憲去爲宰從政，未必如子路、冉求之徒；若教子路、冉求做原憲許多孤介也做不得。孟子曰：「人有不爲也而後可以有爲。」原憲却似只要不爲，却不理會有爲一節。○慶源輔氏曰：憲之所以僅能其難，固以其狷介有守，而至於不能復有所問，則亦以狷介之守痼之也。**或曰：四者不行，固不得爲仁矣。然亦豈非所謂克己之事，求仁之方乎？曰：克去**上聲。下同。**己私以復乎禮，則私欲不留而天理之本然者得矣。若但制而不行，則是未有拔去病根之意而容其潛藏隱伏於胸中也，豈克己求仁之謂哉？學者察於二者之間，則其所以求仁之功，益親切而無滲，**所禁反。**漏矣。**朱子曰：克己，如誓不與賊俱生；克伐怨欲不行，如「薄伐玁狁，至于太原」，但逐出境而已。○克己者，是從根源上一刀兩斷，便斬絶了，更不復萌；不行底，只是禁制他不要出來，那欲爲之心未嘗忘也。○雙峯饒氏曰：拔去病根有兩説：一是積漸消磨，一是勇猛決去。平居莊敬涵養，此積漸消磨法也；臨事省視克己，此勇猛決去法也。○胡氏曰：制其情而不行，與顏子「四勿」若相似而實不同。四勿者，分辨於天理人欲之間而一循乎天理；不行者，禁制於人欲已發之後而不徇乎人欲。用力於初分之際者易，用力於已發之後者難。此所以雖不許其仁而亦許其難也。苟志不勝氣，則藏伏於内者勃然而出，其難也有時而不可恃矣。○雲峯胡氏曰：克、伐、怨皆生於欲。仁者純乎天理而無欲者也，無欲則自然無克、伐、怨矣。顏子私欲净盡，可以爲仁；憲之力制其欲者，可以爲難。

○子曰：「士而懷居，不足以爲士矣。」

居，謂意所便安處也。胡氏曰：居以爲居室亦可，然居室一事所該者狹，聖人既斷其不足以爲士，則不止思念其居室之安而已，故以爲「意所便安處」皆是。蓋不循理之安而惟徇情之安，則趨利背義，往往有之，安得謂之士？○慶源輔氏曰：懷吾「意所便安處」便是利心。爲士者正義而不謀利，若於「意所便安」者戀戀而不能忘，則於義之所當爲者必不能知所徙矣，内則損德，外則廢業，是尚足以爲士哉？○雲峯胡氏曰：「懷居」與「小人懷土」相似，與聖人安土樂天相反。安土者，隨其身之所處而安，無所執著，所謂安土敦乎仁，其樂也天；懷居者，戀其身之所便以爲安，有所執著，其累也人。○新安陳氏曰：君子當安安而能遷。私意戀著，是苟安也，若是，則如輔氏所謂「於義所當爲，必不能徙」矣。

○子曰：「邦有道，危言危行；邦無道，危行言孫。」行、孫，並去聲。

危，高峻也；孫，卑順也。陳氏曰：高峻者，廉隅之稱，非詭險也；卑順者，加謙恭之意，非阿諛也。

尹氏曰：「君子之持身不可變也，至於言，則有時而不敢盡，以避禍也。然則爲國者使士言孫，豈不殆哉？」朱子曰：洪氏云：「危非矯激也，直道而已；孫非阿諛也，遠害而已。」吴氏云：言孫者亦非失其正也，特少置委曲，如夫子之對陽貨、王孫賈云爾。○南軒張氏曰：危，高特之意。君子非固欲危其言行，介然守道不徇於世。自世人視之，則見其高特耳。○慶源輔氏曰：行以持身，則終無可變之理；言以應物，則或有當遜之時。○雙峯饒氏曰：行無時而不危，所謂「國有道，不變塞焉；國無道，至死不變」；言有時而或遜，所謂「國有道，其言足以興；國無道，其默足以容」。○新安陳氏曰：制行無時而可變，持身之道也；出言有時而不敢盡，保身之道也。

○子曰：「有德者必有言，有言者不必有德。仁者必有勇，勇者不必有仁。」

有德者，「和順積中，英華發外」。八字出《樂記》。能言者，或便平聲。佞口給而已。仁者，心無私累，見義必爲。勇者，或血氣之强而已。胡氏曰：便佞口給，無德之言也；血氣之强，非仁義之勇也。○尹氏曰：「有德者必有言，徒能言者未必有德也。仁者志必勇，志能帥氣。徒能勇者未必有仁也。」問：「仁與德如何分？」雙峯饒氏曰：隨所得淺深，皆可以爲德，皆可見於言，仁則德之全也。心無私累，故能見義必爲；德未到此田地，未必真能有勇也。

○南宫适問於孔子曰：「羿善射，奡盪舟，俱不得其死。然禹、稷躬稼而有天下。」夫子不答。南宫适出，子曰：「君子哉，若人！尚德哉，若人！」适，古活反。羿音詣。奡，五報反。盪，土浪反。

南宮适，即南容也。羿，有窮之君。善射。滅夏后相去聲。而簒其位。其臣寒浞士角反。又殺羿而代之。奡，《春秋傳》作澆，五吊反。浞之子也。力能陸地行舟。後爲夏后少去聲。康夏后相之子。所誅。《左傳》襄公四年，魏絳曰：「昔有夏之方衰也，后羿自鉏遷于窮石，因夏民以代夏政。恃其射也，不修民事而淫于原獸。用寒浞以爲相。浞行媚于内宫人。而施賂于外，愚弄其民而虞羿于田。虞，樂也。樹之詐慝以取其國家。羿歸自田，家衆殺而亨之。靡奔有鬲氏。靡，夏之臣。浞因羿室生澆及豷。音戲。恃其讒慝詐僞而不德于民，使澆用師滅斟灌及斟尋氏。二國，夏同姓諸侯。靡自有鬲氏收二國之燼，遺民。以滅浞而立少康。少康滅澆，后杼滅豷。后杼，少康子。有窮遂亡。」○新安陳氏曰：羿、奡，皆簒賊而殺誅異辭者。羿當誅，然非浞所得誅也，故云殺。禹平水土，暨稷播種，身親稼穡之事。禹受舜禪時戰反。而有天下，稷之後至周武王亦有天下。适之意蓋以羿、奡比當世之有權力者而以禹、稷比孔子也，故孔子不答。然适之言如此，可謂君子之人而有尚德之心矣，不可以不與，故俟其出而贊美之。問夫子不答南宮适。朱子曰：适雖非問，然其言可取，則亦不應全然不答。疑其實有貶當世而尊夫子之意，夫子不欲承當，故不答爾。○南軒張氏曰：方是時，天下以力相高而不知貴德。南宮适之言，謂强力不可恃而德之爲尊也。夫子不答者，以其有「禹稷」之言，答之則是己當之也。而以其言之善，則從而美之，使學者知尚德之意也。言禹、稷之德而獨稱其躬稼者，舉其見於行事之實也。南宮适亦知言哉！○慶源輔氏曰：适素號能謹言，而以此質於夫子，其所以閔世悼俗，尊尚聖人之意，備見於言外。夫子不答，於出而美之，可見聖人處事之密而取善之周矣。○葉氏少蘊。曰：是時田恒之簒齊、六卿之分晉、三家之專魯，孰非欲爲羿與奡者？○雙峯饒氏曰：此章意味涵深。《集註》「權力」二字，正指三家而言。三家權力盛而有無君之心，故以羿、奡比之；夫子有德而無位，故以禹稷比之。三家無君必至於亡，夫子有德如此，異日造物必有以處之而使之得位，故微其辭以形容之。孔子以其以禹、稷比己已難答，又以羿、奡比三家愈難答，所以不答。适是孟懿子之兄，亦是三家之子孫，❶乃有此等見識，尤所難得，故夫子俟其出而嘆美之。○新安陳氏曰：君子尚德，小人尚力。适戒羿奡，尊禹稷，是尚德不尚力也，故許以「君子」。

○子曰：「君子而不仁者有矣夫！未有小人而仁者也。」夫音扶。

謝氏曰：「君子志於仁矣，然毫忽之間心不在焉，則未免爲不仁也。」朱子曰：君子譬如純白底物事，雖有一點黑，是照管不到處；小人譬如純黑底物事，雖有一兩點白處，却當不得那白也。○潛室陳氏曰：君子容有不仁處，此特君子之過爾，蓋千百之一二；若小人本心既喪，天理已自無有，何得更有仁在？已自頑痺如鐵石，亦無醒覺之理。甚言小人之不仁也。此「君子」、「小人」指心術邪正言。君子存心雖正，猶有私意間發之時；小人本心既無，縱有隙光暫見，決不勝其虺蛇之毒。此章深惜小人之喪失本心也。○雙峯饒氏曰：仁，是純乎天理而無一毫人欲之私，少有間斷，便是不仁。君子之心雖純是

❶「三」，原作「二」，今據四庫本、孔本、陸本及《輯釋》、《四書通》改。

天理，然或少有間斷，故曰「不仁者有矣夫」。小人間有些天理形見，終爲物欲所蔽，决不能到純全田地，故曰「未有小人而仁者也」。○吳氏曰：夫，婉辭。仁非聖人不能盡。小人中雖有天理滅未盡者，亦不得以「仁」稱之。云然者，勉君子而懲小人也。

○子曰：「愛之能勿勞乎？忠焉能勿誨乎？」

蘇氏曰：「愛而勿勞，禽犢之愛也；東漢《楊彪傳》：彪子修爲操所殺。操見彪，問曰：「公何瘦之甚？」對曰：「愧無日磾讀作密低。先見之明，猶懷老牛舐神旨反。犢之愛。」操爲之改容。忠而勿誨，婦寺音蒔。之忠也。《詩·大雅·瞻卬》篇：「匪教匪誨，時惟婦寺。」刺幽王嬖褒姒、任奄人以致亂之詩。寺，奄人也。愛而知勞之，則其爲愛也深矣；忠而知誨之，則其爲忠也大矣。」慶源輔氏曰：愛焉而自不能不勞以成之，忠焉而自不能不誨以益之，此天理人情之至，「莫之爲而爲」者也。觀慈父之於子，忠臣之於君，則可見矣。蘇氏發兩「知」字尤有意味。蓋人之私情往往不知勞之爲愛、誨之爲忠，故又言以明之。○厚齋馮氏曰：人之常情：勞之之事難從，而勞於前者逸於後，豈非愛之深者乎；誨之之語難受，而長其善以救其失，豈非忠之大者乎？

○子曰：「爲命，裨諶草創之，世叔討論之，行人子羽修飾之，東里子產潤色之。」裨，婢之反。諶，時林反。

裨諶以下四人，皆鄭大夫。草，略也；創，造也。謂造爲草藁也。世叔，游吉也，《春秋傳》作「子大叔」。討，尋究也；論，講議也。行人，掌使去聲。之官。子羽，公孫揮也。修

飾，謂增損之。東里，地名，子產所居也。潤色，謂加以文采也。鄭國之爲辭命，必更平聲。**此四賢之手而成。詳審精密，各盡所長，是以應對諸侯鮮**上聲。**有敗事。**《左傳》襄公三十一年：北宮文子相衛襄公以如楚。過鄭，文子入聘，子羽爲行人，馮簡子與子大叔逆客。事畢而出，言於衛侯曰：「鄭有禮，其數世之福也，其無大國之討乎？」子產之從政也，擇能而使之：馮簡子能斷大事，子大叔美秀而文，貌美才秀。公孫揮能知四國之爲，知諸侯所欲爲。而辨於其大夫之族姓班位、貴賤能否，而又善爲辭令。裨諶能謀，謀於野則獲，得所謀也。謀於邑則否。此才性之蔽。鄭國將有諸侯之事，子產乃問四國之爲於子羽，且使多爲辭令；與裨諶乘以適野，使謀可否；而告馮簡子使斷之。事成，乃授子大叔使行之，以應對賓客：是以鮮有敗事。北宮文子所謂有禮也。**孔子言此，蓋善之也。**朱子曰：《春秋》之辭命，猶是說義理。到戰國遊說，則只說利害而已。○洪氏曰：鄭國能慎重其辭命而信任於賢者如此，爲天下者辭命宜益重也而反輕之，討論潤色宜益衆也而獨任於一官，何哉？且古之賢者求辭命之善爾，不有其己也，故世叔討論而裨諶不以爲歉，子產潤色而子羽不以爲羞。後世爲命者反是，此辭命所以有愧於古也。○南軒張氏曰：鄭所以能自保者，亦以辭命之善，而其辭命之善則以夫衆賢之力耳。聖人稱之，以見爲命猶當假衆賢之力，則夫事有大於是者又可知矣。○葉氏少蘊。曰：子產獻入陳之捷於晉，晉人問入陳之罪，子產對焉，士莊伯不能詰，趙文子以爲辭順而受之。子曰：「晉爲伯，鄭入陳，非文辭不爲功，慎辭哉！」辭命之當慎可知矣。○雙峯饒氏曰：裨諶想是素善造謀，故使之草創；世叔熟於典故，故使之討論；子羽，行人之官，熟於應對，故又使之修飾。當時子產當國，事皆由之，然不自用己見，直待三子都了，却潤色之。合四子之長則全美矣。○厚齋馮氏曰：鄭以小國介乎晉、楚争奪之衝，自簡公十二年用子産爲卿，又十年授之以政。子産知辭命之不善，無以交鄰事大、解紛息争也，故用是三人者草創、討論、修飾之，既成乃從而潤色之。是以應對諸侯，鮮有敗事。歷定、獻、聲公，凡五十年間得免兵禍。辭命之有益於人國如此哉！

○或問子産。子曰：「惠人也。」

子産之政不專於寬，然其心則一以愛人爲主。故孔子以爲惠人，蓋舉其重而言也。《左傳》昭公二十年：鄭子産有疾，謂子大叔曰：「我死，子必爲政。唯有德者能以寬服民，其次莫如猛。夫火烈，民望而畏之，故鮮死焉；水懦弱，民狎而翫之，則多死焉。故寬難。」疾數月而卒。大叔爲政，不忍猛而寬，鄭國多盜，取人於萑苻之澤。萑苻音丸蒲，澤名也。於澤中刼人。大叔悔之，曰：「吾早從夫子，不及此。」興徒兵以攻萑苻之盜，盡殺之。及子産卒，仲尼聞之，出涕曰：「古之遺愛也。」○朱子曰：子産心主於寬，雖説道政尚嚴猛，其實乃是要用以濟寬爾，所以爲「惠人」。○胡氏曰：子産爲政，黜汰侈，崇恭儉，作封洫，鑄刑書，惜幣争承，皆以豐財足用、禁姦保民，其用法雖深，爲政雖嚴，而卒歸于愛。故夫子以「惠人」蔽之。然孟子以爲惠而不知爲政，《禮記》以爲能食民而不能教者，蓋先王之政之教，子産誠有所未及也。○雲峯胡氏曰：子産之惠，夫子指其心而言之；孟子所謂惠而不知爲政，不過以其乘輿濟人之一事而言，而其愛人之心，固可知矣。

問子西。曰：「彼哉，彼哉！」

子西，楚公子申，能遜楚國，立昭王，而改紀其政，亦賢大夫也。《左傳》昭公二十六年：楚平王卒。令尹子常欲立子西，子西，平王之長庶子。曰：「太子壬弱，壬，昭王也。子西長而好善。立長則順，建善則治。王順國治，可不務乎？」子西怒曰：「國有外援，謂秦。不可瀆也；瀆，慢也。王有適嗣，不可亂也；敗親速讎，不立壬，秦將來討，是速召讐也。亂嗣不祥。我受其名。惡名。賂吾以天下，吾滋不從也，楚國何爲？必殺令尹！」令尹懼，乃立昭王。○定公六年，吳敗楚師。「楚國大惕，懼亡。令尹子西喜曰：乃今可爲矣。言知懼而後可治。於是乎遷都於鄀，音若。地名也。而改紀其政，以定楚國。」然不能革其僭王之號，昭王欲用孔子，又沮在呂反。止之。新安陳氏曰：夫子非以私外之。《集註》提此，見其不知人，不能爲國進大才耳。其後卒召白公以致禍亂。事見《大學或問》「止至善」章內。則其爲人可知矣。「彼哉」者，外之之詞。吳氏曰：當時有三「子西」：鄭駟夏、楚宜申、公子申也。駟夏未嘗當國，無大可稱；宜申謀亂被誅，相去又遠，宜皆所不論者；獨公子申與孔子同時。

問管仲。曰：「人也，奪伯氏駢邑三百，飯疏食，没齒無怨言。」

人也，猶言「此人也」。問：「管仲曰『人也』，范、楊皆以爲『盡人道』，《集註》以爲猶云『此人也』，如何？」朱子曰：古本如此説，猶《詩》所謂「伊人」，莊子所謂「之人」也。若作盡人道説，除管仲是箇人，他人便都不是人？更管仲也未盡得人道。伯氏，齊大夫。駢邑，地名。厚齋馮氏曰：駢邑三百，伯氏食邑三百家也。齒，年也。蓋桓公奪伯氏之邑以與管仲，伯氏自知己罪而心服管仲之功，故窮約以終身而無怨言。荀卿所謂「與之書社三百，雲峯胡氏曰：《周禮》二十五家爲社。書社，謂以社之户口書於版圖者凡三百社。而富人莫之敢拒」者，即此事也。《荀子·仲尼篇》：「齊桓公見管仲之能足以託國也，是天下之大智也。遂立以爲仲父，是天下之大決也。立爲仲父而貴戚莫之敢妬也，與高國之位而本朝之臣莫之敢惡也，高氏、國氏，齊世卿也。與之書社三百而富人莫之敢距也。距，敵也。言齊之富人莫有敢敵管仲者。貴賤少長，莫不秩秩然從桓公而貴敬之，是天下之大節也。」○雙峯饒氏曰：此篇凡説管仲，夫子每護之；孟子排管仲，皆是救時而然。夫子之時，人不知有王，仲尊王亦是有功，夫子所以護之；孟子之時天下之人皆知尊伯術而賤王道，孟子恐功利之説熾，故於桓文、管晏一切抑之。○或問：「管仲、子産孰優？」曰：管仲之德不勝其才，子産之才不勝其德。然於聖人之學，則概乎其未有聞也。新安陳氏曰：概，平斗斛之物。謂二人平等，皆未有聞於聖學也。○慶源輔氏曰：管仲德不勝才，子産才不勝德，皆以資質言也，故其事業亦各隨其資以爲之。使其知聖賢大學之道，循序而漸進，成己以成物，則子産之德當與顔、閔同科，而仲之才當與伊、吕並駕矣。○陳氏曰：二子皆無大學規模。須是有大學規模乃爲王佐才，而伊、吕、周、召，其人也。○雙峯饒氏曰：子産才不及仲，然却正當過之，如「有君子之道四」之類是也。

○子曰：「貧而無怨難，富而無驕易。」易，去聲。

處上聲。下同。貧難，處富易，人之常情。然人當勉其難而不可忽其易也。朱子曰：貧則無衣可著，無飯可喫，存活不得，所以無怨難；富則自有衣著，自有飯喫，但若知義理、稍能守分，便是無驕，所以易。二者其勢如此。○貧而無怨，不及貧而樂者，又勝似無諂者。○敬夫説亦佳。富而無驕，不矜於外物者能之；貧而無怨，非内有所守者不能也。或謂世有處貧賤而無失，一旦處富貴則失其本心，難易之論，其不然耶？此蓋未知無怨之味也。所謂處貧賤而無失者，特未見失於外耳，又烏保其中之無怨耶？蓋一毫有所不平於中，皆爲怨也，故貧而無諂易，貧而無怨難。無怨則漸進於樂矣。○胡氏曰：貧之境逆而多不足之心，富之境順而多有餘之意。然處不足而心無不足者，非無愧怍而真有得則不能，故難；處有餘而心未嘗有餘者，苟自知收斂、矜誇不萌者能之，故易。聖人因人情事勢而别其難易如此，非謂但當勉其難而易者不必言，故《集註》又申明其不可忽之意。○問：「貧而無怨，即貧而樂否？」雙峯饒氏曰：能安於義命則能無怨，若樂則心廣體胖，非意誠心正身修者不能及此。觀子貢以「無驕」對「無諂」，而夫子以「樂」對「好禮」，淺深可見。

○子曰：「孟公綽爲趙、魏老則優，不可以爲滕、薛大夫。」

公綽，魯大夫。趙、魏，晉卿之家。老，家臣之長。上聲。大家勢重而無諸侯之事，家老望尊而無官守之責。優，有餘也。滕、薛，二國名。大夫，任國政者。滕、薛國小政繁，大夫位高責重。然則公綽蓋廉静寡欲而短於才者也。新安陳氏曰：下章「公綽之不欲」，「廉」則不貪欲也；「静」者，❶恬淡不躁也。惟其「廉静寡欲」，所以優爲趙、魏老；惟其短於才，所以不可爲滕、薛大

---

❶ 「者」，四庫本、孔本、陸本作「則」，則屬下。

夫。○胡氏曰：趙、魏雖晉卿，執國之政而家大如此，故勢尊。爲家臣之長者苟能正己，則居其位有餘矣。滕、薛雖諸侯，孟子言「滕絶長補短，將五十里」，則其國之小可知。征伐朝聘之事所不容已。大夫當國，非才智過人則不足以勝其任。○雙峯饒氏曰：公綽爲魯大夫想不稱職，故聖人謂止可爲趙、魏老。問：「國小如何政繁？」曰：困於事大國，如朝聘、會盟、征伐、貢賦之類，應接不暇。問：「何爲如此？」曰：上無王綱，大陵小，强役弱，故至此。○楊氏曰：「知之弗豫，枉其才而用之，新安陳氏曰：用違其才之所長而納之於其所短，是之謂枉。則爲棄人矣，此君子所以患不知人也。言此，則孔子之用人可知矣。」南軒張氏曰：用人之方，貴於處之得其當而已。○齊氏曰：孔子嘗曰「君子不器」，又曰「其使人也，器之」，則公綽亦器也，而孔子器之者歟？

○子路問成人。子曰：「若臧武仲之知，公綽之不欲，卞莊子之勇，冉求之藝，文之以禮樂，亦可以爲成人矣。」知，去聲。

成人，猶言「全人」。武仲，魯大夫，名紇。下没反。莊子，魯卞邑大夫。言兼此四子之長，則知足以窮理，廉足以養心，勇足以力行，藝足以泛應，而又節之以禮，和之以樂，使德成於内而文見形甸反。乎外，則材全德備，渾上聲。然不見一善成名之迹，兼四子之長而然。中正和樂，音洛。粹然無復扶又反。偏倚駁雜之蔽，新安陳氏曰：節以禮則中正而無偏倚，和以樂則和樂而無駁雜。而其爲人也亦成矣。然「亦」之爲言，非其至者。蓋就子路之所可及而語音御。**之也。若論其至，則非聖人之盡人道不足以語此。**新安陳氏曰：此就「亦」字上推夫子言外之意。○問四子之事。朱子曰：武仲《左氏》詳矣。公綽前章外他無所見。卞莊子事見《新序》，曰：「莊子養母，戰而三北。及母死，齊伐魯，莊子赴鬬，三獲甲首以獻。曰：『此塞三北。』遂赴齊師，殺十人而死。」冉求之藝，則夫子固嘗稱之矣。○知而不能不欲，則無以守其知；不欲而不能勇，則無以決其爲知；不欲且勇矣，而於藝不足，則於天下之事有不能者矣。然而有是四者而又文之以禮樂，始能取四子之所長，去四子之所短。然此聖人方以爲「亦可以爲成人」，則猶未至於「踐形」之域也。問：「若聖人之盡人道，則何以加此？」曰：聖人天理渾全，不待如此逐項説矣。○洪氏以爲特以四子爲言者，四子皆魯人，而莊子與子路皆卞人，冉求又朋友也，其近而易知者爾。胡氏以爲言卞莊子，蓋以況子路爾。言有是一能而不能兼衆子之長，與成於禮樂焉，則亦不足以爲成人矣。○胡氏曰：四子之長各有所偏，故必兼四子之長。四者相資，猶未足以合乎道，又必須文之以禮樂。禮以節之，則其偏倚邪辟者去矣；樂以和之，則其乖戾矯激者消矣。此所以中正和樂，渾然粹然，而至於成人矣。○雙峯饒氏曰：文以禮樂則不好亦成好底。四件都是「質」，須「文」之以禮樂。蓋節之以禮，則凡事都有節制；和之以樂，則中心和平而所發者中節。○雲峯胡氏曰：公綽之不欲，只是德而其才未備；武仲之知、卞莊子之勇、冉求之藝只是才而其德未全。皆有一善成名之迹。至於武仲之要君，公綽之不可爲滕薛大夫，莊子輕死敵而不終於孝，冉有爲季氏聚斂，皆有偏倚駁雜之蔽，非文之以禮樂，固未見其渾然粹然也。

曰：「今之成人者何必然？見利思義，見危授命，久要不忘平生之言，亦可以爲成人矣。」

復扶又反，下同。加「曰」字者，既答而復言也。授命，言不愛其生，持以與人也。久要，如字。舊約也。平生，平日也。有是忠信之實，則雖其才知去聲。禮樂有所未備，亦可以爲成人之次也。雙峯饒氏曰：「忠」指授命，「信」指久要，似遺了「思義」一句。蓋取與不苟，亦非忠信者不能。○南軒張氏曰：見利思義，無苟得也；見危授命，無苟避也；久要不忘平生之言，不食其言也：是雖未有過人之才，而亦毅篤忠信之人，❶故在今日論之，亦可以爲成人。此亦「思狂狷」之意耳。○程子曰：「知之明，信之篤，行之果，天下之達德也。若孔子所謂『成人』，亦不出此三者。武仲，知也；公綽，仁也；卞莊子，勇也；冉求，藝也。須是合此四人之能，文之以禮樂，亦可以爲成人矣。然而論其大成，則不止於此。若今之成人有忠信而不及於禮樂，則又其次者也。」又曰：「臧武仲之知非正也，若文之以禮樂則無不止矣。」慶源輔氏曰：此亦舉武仲要君一事以例其餘耳。人之資禀雖善，然亦不能無偏，須學以成之，然後協于中正而無疵也。又曰：「語『成人』之名，非聖人孰能之？孟子曰『唯聖人然後可以踐形』，如此方可以稱去聲。『成人』之名。」胡氏曰：「『今之成人』以下，乃子路之言，蓋不復『聞斯行之』之勇而有『終身誦之』之固矣。」未詳是否。趙氏曰：「何必然」三字似以前說爲疑。三者皆子路之所能，故胡氏疑

❶「毅」，四庫本、孔本及《癸巳論語解》卷七作「敦」。

其爲子路之言。○胡氏曰：此子路所已能，夫子方進子路於成人之域，豈又取其已能者而重奬之？○厚齋馮氏曰：子路成人之問，夫子蓋以子路之所知者，使之捨短集長，增益其所未至爾，非謂成人之道盡於是也。子路猶以爲此古之成人之道，居今之世有不必盡然者，謂誠能見利思義、見危授命、久要不忘平生之言，雖無禮樂亦云可矣。是三者蓋子路之所優爲，抑以自許也。唯其自許如此，故臺下之役，卒以身徇，終不能明君臣之大義以正衛國之難，則亦不足以爲成人矣。「行行如也」，若「不得其死然」，則以未能「文之以禮樂」故也。○新安陳氏曰：使子路能行夫子之言，始於智以知此理，終合於禮中樂和之理，豈至死於一决之勇而不足以言義乎？胡氏以後一節爲子路之言，極是。

○子問公叔文子於公明賈曰：「信乎，夫子不言，不笑，不取乎？」

公叔文子，衛大夫公孫枝也。公明，姓；賈，名。亦衛人。文子爲人其詳不可知，然必廉靜之士，故當時以三者稱之。新安陳氏曰：不言笑見其靜，不取見其廉。

公明賈對曰：「以告者，過也。夫子時然後言，人不厭其言；樂然後笑，人不厭其笑；義然後取，人不厭其取。」子曰：「其然？豈其然乎？」

厭者，苦其多而惡去聲。之之辭。事適其可，則人不厭而不覺其有是矣，是以稱之或過，而以爲不言、不笑、不取也。然此言也，非禮義充溢於中、得時措之宜者不能。文子雖賢，疑未及此。但君子與人爲善，不欲正言其非也，故曰：「其然？微疑之。豈其然乎？」

深疑之。**蓋疑之也。**問：「夫子疑之，何也？」朱子曰：吳氏云：「文子請享靈公也，史鰌曰：『子富君貪，禍必及矣。』觀此則文子之言豈能皆當，而其取豈能皆善乎？」○惟其人不厭之，所以有不言不笑不取之稱也。蓋其言合節拍，所以雖言而人不厭之，雖言而實若不言也。這「不厭」字，意正如孟子所謂「文王之囿方七十里，民猶以爲小」相似。公叔文子當時人稱之已過，及夫子問之而賈所言又愈甚，故夫子不信。○不言不笑不取似乎小，却難。若真能如此，只是一偏之行。然公明賈却説時然後言，樂然後笑，義然後取，似乎易，却説得大了，蓋能如此則是時中之行也。○南軒張氏曰：公叔文子意者簡默重厚之士，故人稱之如此。聖人質之於其門人，將以察其然也。公明賈之言則善矣，然非公叔文子之所及也。蓋如賈所言，非和順積中，發而中節者莫能。然不直謂不然，而爲之疑辭曰「其然，豈其然乎」，聖人辭氣含洪忠厚如此。○問：「時樂義與廉静相去幾何？」雙峯饒氏曰：廉静是氣質好，時樂義是義理自學問中發出底。賈所稱非仁熟義精者不能，文子氣質雖美，未必能此也。○吳氏曰：稱其主曰「夫子」，意猶對蘧伯玉使者。然公明盛稱文子之賢，人反得以疑之；蘧伯玉使者但爲謙辭以對，益以彰其主之美。爲辭令者亦可以觀矣。

○子曰：「臧武仲以防求爲後於魯，雖曰不要君，吾不信也。」要，平聲。

防，地名，武仲所封邑也。要，有挾而求也。武仲得罪奔邾，自邾如防，使請立後而避邑，以示若不得請則將據邑以叛，是要君也。《左傳》襄公二十三年：季武子無適子。公彌長，即公鉏。而愛悼子，欲立之。訪於臧紇，臧紇爲立之。季氏以公鉏爲馬正。家司馬。孟孫惡臧孫，季孫愛之。孟莊子疾，豐點孟氏之御。謂公鉏：「苟立羯，莊子庶子。請讎臧氏。」孟孫卒。公鉏奉羯立之。孺子秩孟孫長子。奔邾。臧孫入哭，甚哀。出，孟氏閉門，告季孫，曰：「臧氏將爲亂。」季氏不信。臧孫聞之，戒。爲備也。孟氏將辟，婢亦反。藉除於臧氏。辟，穿藏也。於臧氏借人除葬道。臧孫使正夫隧正。助之，除於東門，甲從才用反。己而視之。孟孫又告季孫。怒，命攻臧氏。見其有甲故。臧紇斬鹿門之關以出奔邾。臧賈、臧爲出在鑄。二人，乃宣叔娶鑄國所生，與紇，兄弟也。臧武仲使告臧賈，且致大蔡焉，大龜出蔡，因號大蔡。曰：「紇不佞，失守宗祧，敢告不吊。紇之罪不及不祀，子以大蔡納請，其可。」賈再拜受龜，使爲以納請，遂自爲也。臧孫如防，使來告曰：「紇非能害也，知不足也。言使甲從己，但慮事淺耳。非敢私請。苟守先祀，無廢二勳，文仲與宣叔。敢不避邑？」乃立臧爲。臧紇致防而奔齊。○范氏曰：「『要君者無上』，《孝經》語。罪之大者也。武仲之邑受之於君，得罪出奔，則立後在君，非己所得專也。而據邑以請，由其好知並去聲。而不好學也。」慶源輔氏曰：凡人溺於智而不知學，不鑿以爲私則必蕩而失正。武仲二病皆有之。且意萌於中，迹著於外，雖欲欺人，而人之視己如見其肺肝然。武仲之智而不足以知此，則亦以好智而不好學之故也。楊氏曰：「武仲卑辭請後，其跡非要君者，而意實要之。夫子之言，亦《春秋》誅意之法也。」和靖尹氏曰：據邑以請立，非要君而何？如不知義者將以武仲之存先祀爲賢，故夫子正之。○雙峯饒氏曰：武仲只當請後，不當據邑。夫子不罪其請，罪其據邑也。使武仲請後果以防爲言，則要君之迹彰而易見。唯不以防爲言，則要君之心隱而難知。既用智以要君，又欲逃罪以欺世，此夫子之言所以爲「《春秋》誅意之法」也。

○子曰：「晉文公譎而不正，齊桓公正而不譎。」譎，古穴反。

晉文公，名重平聲。耳；齊桓公，名小白。譎，詭也。二公皆諸侯盟主，攘夷狄以尊周室者也。雖其「以力假仁」，心皆不正。然桓公伐楚，仗義執言，不由詭道，猶爲彼善於此。《左傳》僖公四年春：齊侯以諸侯之師侵蔡，蔡潰，蔡自北杏一與中國之會，而棄諸姬，黨楚國。故齊伐楚而先事侵蔡、潰蔡者，先披楚之黨也。遂伐楚。楚子使與師言曰：「君處北海，寡人處南海，唯是風馬牛不相及也。牝牡相誘曰風。言雖馬牛風逸，亦不相及，喻地遠不相干也。不虞君之涉吾地也，何故？」管仲對曰：「昔召康公命我先君大音太。公曰：『五侯九伯，女實征之，以夾輔周室。』賜我先君履，所踐履之界。東至于海，西至于河，南至于穆陵，北至于無棣。《索隱》曰：「淮南有故穆陵門。無棣，在遼西孤竹。」爾貢包茅不入，包，裹束也。《禹貢》：荆州「包匭菁茅」。蓋取三脊之茅，包裹匭匣，盛之以貢周。王祭不共，音供。無以縮酒，祭祀必束茅而灌之以酒，爲縮酒。寡人是徵。昭王南征而不復，昭王，成王孫，南巡狩，濟漢水，船壞而溺死。寡人是問。」對曰：「貢之不入，寡君之罪也，敢不供給？昭王不復，君其問諸水濱。」昭王時漢非楚境，故楚不服。師進，次于陘。楚地。夏，楚子使屈完如師，使人夫請盟。師退，次于召陵。次于召陵之地以聽楚成。文公則伐衛以致楚，而陰謀以取勝，其譎甚矣。《左傳》僖公二十七年：楚子及諸侯圍宋。宋如晉告急。狐偃曰：「楚始得曹而新昏於衛，若伐曹、衛，楚必救之，則齊、宋免矣。」前年楚申叔戍穀以逼齊。二十八年：晉侯侵曹伐衛。衛人出其君以說于晉。晉侯入曹，執曹伯，分曹衛之田以畀宋人。楚子使子玉去宋，曰：「無從晉師！」子玉使宛春告于晉師曰：「請復衛侯而封曹，臣亦釋宋之圍。」子犯曰：「子玉無禮哉！君取一，以釋宋圍惠晉侯。臣取二，以復曹衛爲己功。不可失矣。」言可伐。先軫曰：「定人之謂禮。楚一言而定三國，我一言而亡之，我則無禮，何以戰乎？不許楚言，是棄宋也。救而棄之，謂諸侯何？言將爲諸侯所怪。楚有三施，去聲。我有三怨，怨仇已多，將何以戰？不如私許復曹衛以携之，私許二國，使告絶于楚而後復之。攜，離也。執宛春以怒楚，既戰而後圖之。」公說，乃拘宛春於衛，且私許復曹、衛，曹、衛告絶于楚。子玉怒，從晉師。欒枝使輿曳柴而僞遁，楚師馳之，原軫以中軍公族公所率之軍。橫擊之。楚師敗績。晉師三日館穀。館，舍也。食楚軍之穀三日。二**君他事，亦多類此。**新安陳氏曰：上引二事以著其實，此即二事以推其餘。**故夫子言此以發其隱。**慶源輔氏曰：桓公責楚以包茅不貢及昭王不復二事，進次而不遂戰，既服而與之盟，是「仗義執言，不由詭道」也。文公始則伐曹、衛以致楚師之救，終則復曹、衛以攜二國之交，是「伐衛以致楚而陰謀以取勝」也。就霸者之中論桓文之事，則文譎而不正，桓正而不譎。若較之王者表裏無疵，粹然一出於正者，固不可同年而語矣。○齊氏曰：二公之伯，皆以勝楚。楚罪莫大於僭王猾夏，孔子於《春秋》書齊曰「侵蔡，蔡潰，遂伐楚」，而於晉僅書曰「及楚戰于城濮」，則晉之有歉於聲罪致討也，亦已著矣。○新安陳氏曰：二公心皆不正，論其彼善於此，則桓稍優於文耳。晉文固譎，齊桓亦非純乎正者。若粹然一出於正，其惟王道乎？

○子路曰：「桓公殺公子糾，召忽死之，管仲不死。」曰：「未仁乎？」糾，居黝反。召音邵。

按《春秋傳》：齊襄公無道，鮑叔牙奉公子小白奔莒。音舉。及無知弒襄公，管夷吾、召忽奉公子糾奔魯，魯人納之未克，而小白入，是爲桓公。使魯殺子糾而請管、召。召忽死之，管仲請囚。鮑叔牙言於桓公，以爲相。去聲。○《左傳》莊公八年：齊侯使連稱、管至父戍葵丘。二人，齊大夫。戍，守也。瓜時而往，及瓜而代。期音基。戍，公問不至，問，命也。請代弗許。故謀作亂。僖公之母弟曰夷仲年，生公孫無知，有寵於僖公，衣服禮秩如適。適，太子。❶襄公絀之。二人因之以作亂。遂殺襄公，而立無知。初，襄公立，無常，政令不常。鮑叔牙曰：「君使民慢，亂將作矣。」奉公子小白襄公庶子。出奔莒。亂作，管夷吾、召忽奉公子糾小白庶弟。來奔。九年春，雍廩齊大夫。殺無知。夏，公伐齊，納子糾。桓公自莒先入。秋，師及齊師戰于乾時，我師敗績。鮑叔帥師來言曰：「子糾，親也，請君討之；管、召，仇也，請受而甘心焉。」甘心，言欲快意戮殺之。乃殺子糾于生竇。魯地。召忽死之。管仲請囚，鮑叔受之。及堂阜齊地。而稅他活反。之。歸而以告曰：「管夷吾治於高傒，音奚。齊卿高敬仲也。言管仲治理政事之才多於敬仲。使相可也。」公從之。**子路疑管仲忘君事讎，忍心害理，不得爲仁也。**問：「《集註》謂『忍心害理，不得爲仁』，『忍心』之忍是『殘忍』之忍否？」朱子曰：傷其惻隱之心，便是忍心，如所謂「無求生以害仁」，害仁，便是忍心也。○慶源輔氏曰：忘君，謂不顧糾死；事仇，謂相桓。忍心，謂心所當爲而忍之使不爲；害理，謂理所當然而咈之使不然。「忘君事仇」即「忍心害理」也。○程子曰：桓公兄而子糾弟，襄公死則桓公當立，此以《春秋》知之。《春秋》書桓公則曰「齊小白」，言當有齊國也；於子糾則止曰「糾」，不言「齊」，以不當有齊也，不言「子」，非君之嗣子也。《公》、《穀》并註四家皆書「納糾」，

❶「太」，原作「犬」，今據四庫本改。

《左傳》獨言「子糾」，誤也。然書「齊人取子糾，殺之」者，齊大夫常與魯盟于蔇，既納糾以爲君，又殺之，故書「子」，是罪魯也。○問：「《春秋》於『糾』上一無『子』字，一有『子』字，何也？」雙峯饒氏曰：始以納之爲非，故去「子」以明其不當納；終以殺之爲非，故又稱「子」以明其不當殺。

子曰：「桓公九合諸侯，不以兵車，管仲之力也。如其仁！如其仁！」

九，《春秋傳》作「糾」，督也，古字通用。《左傳》僖公二十六年：齊孝公伐我北鄙，公使展喜犒師。曰：「昔周公、太公股肱周室，夾輔成王。成王勞之，而賜之盟，曰：『世世子孫無相害也。』載載書。在盟府，大師職之。職，主也。太公爲太師，兼主司盟之官。桓公是以糾合諸侯而謀其不協，彌縫其闕而匡救其災，昭舊職也。」**不以兵車，言不假威力也。如其仁，言誰如其仁者？又再言以深許之。蓋管仲雖未得爲仁人，而其利澤及人，則有仁之功矣。**程子曰：管仲不死，觀其九合諸侯，不以兵車，乃知其仁也。若無此，則貪生惜死，雖匹夫匹婦之諒亦無也。○朱子曰：「九」之爲「糾」，展喜之詞，而「糾合宗族」之類，亦其證也。說者不考其然，乃直以爲「九會諸侯」，至數桓公之會不止於九，則又因「不以兵車」之文而爲之說曰「衣裳之會」九，餘則「兵車之會」也。《公》、《穀》以來皆爲是說，可謂鑿矣。○召忽之失在輔子糾以爭國，而不在於死；管仲之得在九合之功，而不在於不死。仲之可以不死，正以小白兄而子糾弟耳。夫子特以忽之功無足稱而其死不爲過，仲之不死亦未嘗害義而其功有足褒爾，固非予仲之生而貶忽之死也。○「仁」之一字，以德而言，則必心無私而事當理乃能當之。若言其功，則推利澤及人，有恩有惠，便可稱之，初不計德之如何也。○仲之仁是粗處，至精處則顏子三月之後或違之。○如漢高祖、唐太宗未可謂之「仁人」。然戰國至暴秦，其禍極矣，高祖出而平定天下，隋末殘虐尤甚，太宗出而掃除以致貞觀之治：此二君豈非仁者之功耶？仲之功亦猶是也。○慶源輔氏曰：「仁者安仁」，蓋天理渾然無一息之不存，無一物之不體。管仲之於德，其違闕者多矣，顧何足以語此？然使桓公糾合諸侯，攘夷狄，尊周室，不假威力，無所殺傷，則利澤及人，是亦仁者之功效矣。○蔡氏曰：子路舉忽之死，仲之不死，是以忽爲殺身成仁，仲爲未仁。夫子答以仲有仁之功如此，忽豈能如仲之仁乎？是以忽、仲比而言之，非泛許仲以仁也。下章「匹夫婦之諒」亦指忽而言。○新安陳氏曰：仁有以心術之精微言者，非大賢以上之安仁不足以當之；有以事功之顯著言者，如管仲有仁者之功，亦足以爲仁矣。子路好勇，死非所難而處死爲難，故夫子不非仲無死節之義，反取仲有及人之仁，亦所以曉子路而箴之也。

○子貢曰：「管仲非仁者與？桓公殺公子糾，不能死，又相之。」與，平聲。相，去聲。

子貢意不死猶可，相之則已甚矣。慶源輔氏曰：子路，勇者也，故有取於召忽之死而以管仲之不死爲未仁。子貢，智者也，故以仲之不死爲猶可，而以其相桓爲已甚而非仁。

子曰：「管仲相桓公霸諸侯，一匡天下，民到于今受其賜。微管仲，吾其被髮左衽矣！被，皮寄反。衽，而審反。

霸，與「伯」同，長上聲。**也。匡，正也。尊周室，攘夷狄，皆所以正天下也。微，無也。衽，衣衿也。被髮左衽，夷狄之俗也。**問：「令尹子文、陳文子之事，則原其心而不與其仁；至管仲，則以其功而許其仁：若有可疑者。」朱子曰：管仲之功自不可泯沒，聖人白許其仁者之功。且聖人論人功過，自不相掩，功自還功，過自還過，所謂彼善於此則有之矣。若以管仲比伊周，固不可同日語；若以當時大夫比之，則在所當取。當是之時，楚之勢駸駸可畏，治之少緩，則中國皆爲夷狄，故曰：「微管仲，吾其被髮左衽矣。」○南軒張氏曰：只爲子路疑其未仁，子貢疑其非仁，故舉其功以告之。若二子問管仲仁乎，則所以告之者異矣。○厚齋馮氏曰：劉定公稱禹之功曰：「微禹，吾其魚乎？吾與子弁冕端委以治民，臨諸侯，禹之力也。」必推至此，然後見禹之有大功。夫子稱仲之仁至於「被髮左衽」，則仲之功大矣。

「豈若匹夫匹婦之爲諒也？自經於溝瀆而莫之知也。」

諒，小信也。經，縊壹計反。也。莫之知，人不知也。《後漢書》引此文，「莫」字上有「人」字。後漢應邵，字仲遠，獻帝時奏議曰：昔召忽親死子糾之難，而孔子曰「經於溝瀆，人莫之知」。○程子曰：「桓公，兄也；子糾，弟也。前漢淮南厲王長，高帝少子也。驕恣不用漢法，文帝重自切責之。重，難也。時帝舅薄昭爲將軍，尊重。上令昭與厲王書諫數之曰：「昔者周公誅管叔、放蔡叔以安周，齊桓殺其弟以反國，秦始殺兩弟遷其母以安秦。」仲私於所事，輔之以爭國，非義也。桓公殺之雖過，而糾之死實當。去聲。仲始與之同謀，遂與之同死，可也；知輔之爭爲不義，將自免以圖後功，亦可也。故聖人不責其死而稱其功。若使桓弟而糾兄，管仲所輔者正，桓奪其國而殺之，則管仲之與桓，不可同世之讎也。若計其後功而與其事桓，聖人之言無乃害義之甚，啓萬世反覆不忠之亂乎？如唐之王珪、魏徵，不死建成之難去聲。而從太宗，可

謂害於義矣。後雖有功，何足贖哉？」《唐書·王珪傳》：「建成爲皇太子，授中書舍人，遷中允，禮遇良厚。太子與秦王建成弟世民也。有隙。帝高祖。責珪不能輔導，流嶲州。太子已誅，太宗即秦王。召爲諫議大夫。」○《魏徵傳》：太子引爲洗馬。官名。徵見秦王功高，陰勸太子早爲計。太子敗，世民伏兵於玄武門，世民射建成，殺之。王責謂曰：「爾鬩吾兄弟，柰何？」王，即秦王。鬩，鬪也。答曰：「太子早從徵言，不死今日之禍！」王器重也。其直，無恨意。即位，太宗即位。拜諫議大夫。**愚謂管仲有功而無罪，故聖人獨稱其功；王、魏先有罪而後有功，**輔太宗致太平。**則不以相掩可也。**問程子「可也」、「亦可也」二説。朱子曰：前説亦是可，但自勉以圖功，則可之大者。又問：「孟子『可以死，可以無死』，始見其可死。後細思之，又見其可以無死，則前之可者爲不可矣。」曰：便即是此意。○問：「仲始同糾謀，雖有可死之道，而桓兄當立，則無不可事之理。蓋仲雖糾之傅，然非糾之臣，乃齊臣也。桓公當立，則桓乃吾君，所當事也。但仲之罪乃在不能諫糾之争而反輔糾以争耳。是其不死，殆知前之争爲不義，而非求争之比也。故夫子答子路『未仁』之問曰『如其仁』，以爲不死之未仁，不如九合之仁也；答子貢『非仁』之問則曰『豈若匹夫匹婦之爲諒，自經於溝瀆而莫之知』。豈若云者，是以仲之不死過於死也？故嘗以程子之説爲正而以召忽之死爲守節，仲之不死爲改過。」曰：此論甚善。但仲之意未必不出於求生，然其時義尚有可生之道，未至於害仁耳。○雲峯胡氏曰：「管仲相桓公」以下，答子貢所謂「又相之」；「豈若匹夫」以下，答子貢所謂「不能死」。蓋死則於子糾未有君臣之分，當時未足以見其義；相則爲天下正華夷之分，而天下後世皆得以被其仁。仲蓋有以處此矣。

○公叔文子之臣大夫僎，與文子同升諸公。僎，士免反。

臣，家臣。公，公朝。音潮。謂薦之與己同進爲公朝之臣也。

子聞之，曰：「可以爲文矣。」

文者，順理而成章之謂。《謚法》亦有所謂「錫民爵位曰文」者。見《公冶長》篇「孔文子何以謂之文也」章。○胡氏曰：其才德足以爲大夫而薦之爲大夫，順理也；以家臣之賤而與之同列，無慊焉，成章也。彼「錫民爵位」，特其迹爾。○洪氏曰：「家臣之賤而引之使與己並，有三善焉：知人，一也；忘己，二也；事君，三也。」慶源輔氏曰：知人，智也；忘己，公也；事君，忠也。有是三者則理順章成而粲然可觀矣，安得不謂之「文」哉？然文王之文，舉全體而言；此與孔文子之文，取一事而言。○厚齋馮氏曰：文子卒，其子請謚，謚以「貞惠文子」，蓋以修其班列以與四鄰交，衛國之社稷不辱，故謚以「文」，初不爲薦其臣僎，同升諸朝而謂之文也。特夫子稱其可以爲「文」，有以見文子之不愧其謚耳。○雙峯饒氏曰：今之所謂《謚法》，未必果出周公，恐後人因經傳所有而傅會之。如「錫民爵位謂之文」，直無意義。夫子所稱，蓋謂文子所爲如此，是亦無愧於「文」之謚矣，非指此爲文也。孔文子好學下問，是以謂之「文」，却是正説所以爲「文」之義。○新安陳氏曰：説者以文子得謚之故見諸《檀弓》，夫子聞其與家臣同升諸公則是文子薦僎之時，非身後也，《謚法》「錫民爵位曰文」，蓋後人用孔子之意以爲謚爾：此過論也。蓋孔子於其既謚之後，聞其嘗有此薦賢之美事，故稱此一事而謂「可以無愧於文之謚」耳。豈可於其人之身存而預議其謚哉？

○子言衛靈公之無道也。康子曰：「夫如是，奚而不喪？」夫音扶。喪，去聲。下同。

喪，失位也。

孔子曰：「仲叔圉治賓客，祝鮀治宗廟，王孫賈治軍旅。夫如是，奚其喪？」

仲叔圉，即孔文子也。三人皆衛臣，雖未必賢，而其才可用。靈公用之又各當去聲。其才。胡氏曰：圉即敏學好問者，賈即問奥竈者，鮀即以佞免於今世者。如圉幾矣，賈之竊權，鮀之善佞：治世之罪人也。然事神治軍各有所長，而用之使各得以盡其所長耳。○鄭氏舜舉。曰：子適衛者五，蓋有拳拳之意焉，亦以靈公善用人，庶或可以有爲爾。○雙峯饒氏曰：治賓客得其人，則朝聘往來之際無失禮於鄰國，而不至於啓釁召禍；治軍旅得其人，則緩急有備而敵國不敢窺；治宗廟得其人，則籩豆靜嘉，牲牷肥腯，神人胥悦，尤繫屬人心之本也：三者皆國之大本，故得其人，亦可以無喪。○東陽許氏曰：夫子平日語此三人皆所不許，而此章之言乃若此，可見聖人不以其所短棄其所長，至公之心也。用人當以此爲法，但欲當其才耳。○尹氏曰：「衛靈公之無道，宜喪也。而能用此三人，猶足以保其國。而况有道之君能用天下之賢才者乎？《詩》曰：『無競維人，四方其訓之。』」《詩》，《大雅·抑》之篇。競，强也。言莫强於用人，則四方其以爲訓矣。○南軒張氏曰：以衛靈公之無道，然所用得其才，猶足以無喪。雖然，僅能維持使之勿喪而已；若身正於上而用得其人，則孰能禦焉？

○子曰：「其言之不怍，則爲之也難。」

大言不慙，則無必爲之志而自不度音鐸。其能否矣。欲踐其言，豈不難哉？南軒張氏曰：易其言者，實必不至。若聽其言而不怍，則知其爲之也難矣。故「古者言之不出，耻躬之不逮」，而仁者之言必訒。○新安陳氏曰：輕於言者必不務力於行也，此必有爲而言。

○陳成子弑簡公。

成子，齊大夫，名恒。胡登反。簡公，齊君，名壬。事在《春秋》哀公十四年。《左傳》：齊簡公之在魯也，簡公，悼公陽生子壬也。時從其父奔在魯。闞止有寵焉。及即位，使爲政。陳成子憚之，驟顧諸朝。五月壬申，成子殺子我。即闞止。庚辰，執公于舒州。甲午，弑之。孔丘三日齊，而請伐齊三，公曰：「魯爲齊弱久矣，子之伐之，將若之何？」對曰：「陳恒弑其君，民之不與者半。以魯之衆加齊之半，可克也。」公曰：「子告季孫。」孔子辭，辭不告。退而告人曰：「以吾從大夫之後也，故不敢不言。」

孔子沐浴而朝告於哀公曰：「陳恒弑其君，請討之。」朝音潮。

是時孔子致仕居魯。沐浴齊側皆反。戒以告君，重其事而不敢忽也。臣弑其君，人倫之大變，天理所不容，人人得而誅之，况鄰國乎？故夫子雖已告老而猶請哀公討之。張子曰：天子討而不伐，諸侯伐而不討。故雖湯武之舉，不謂之「討」而謂之「伐」。陳恒弑其君，孔子請討之，此必因周制，鄰有殺逆，諸侯當不請而討。

公曰：「告夫三子。」夫音扶。下「告夫」同。

三子，三家也。時政在三家，哀公不得自專，故使孔子告之。

孔子曰：「以吾從大夫之後，不敢不告也。君曰『告夫三子』者。」孔子出而自言如此。意謂弑君之賊，法所必討；大夫謀國，義所當告。君乃不能自命三子，而使我告之邪？

之三子告，不可。孔子曰：「以吾從大夫之後，不敢不告也。」以君命往告，而三子魯之强臣，素有無君之心，實與陳氏聲勢相倚，故沮在呂反。其謀。而夫子復扶又反。下同。以此應之，其所以警之者深矣。問：「當是之時，魯之兵柄分屬三家。哀公雖欲從夫子之言，然不告三子，則兵不可出。而孔子之意，乃不欲往告，何哉？」朱子曰：哀公誠能聽孔子以討齊亂，則亦召夫三子而以大義昭之耳。理明義正，雖或不從，而孰敢違之哉？今無成命而反使孔子往而告之，則是可否之權決於三子而不決於公也。況魯之三家即齊之陳氏，其不欲討之必矣。是則不惟名義之不正，而事亦豈可得而成哉？然夫子以君命之重也，故不得已而一往焉，而冀其萬一之或從也。而三子果以爲不可，則復正言之以明從違在彼，雖不敢必，而君臣大倫所繫之重，雖欲不告而不敢以已，其所以警夫三子者亦深矣。○夫子初告時，真箇欲討陳恒。後人知聖人此言可以警三子，非是聖人託討成子以警三子，聖人之心不如是迂曲。○新安陳氏曰：以吾已致仕從大夫之後，尚激於義不敢不告，則正爲君卿大夫者當何如，警之在此。○程子曰：「《左氏》記孔子之言曰：『陳恒弑其君，民之不予與同。者半。以魯之衆，加齊之半，可克也。』此非孔子之言。誠若此言，是以力

不以義也。若孔子之志，必將正名其罪，上告天子，下告方伯，而率與國以討之。至於所以勝齊者，孔子之餘事也，豈計魯人之衆寡哉？當是時，天下之亂極矣，因是足以正之，周室其復興乎？魯之君臣終不從之，可勝平聲。**惜哉！」**問：「程子以《左氏》所記爲非夫子之言，然則夫子之戰，將不復計其强弱而獨以大義驅之耶？」朱子曰：程子之意以爲夫子告魯，當明君臣之義，以見弑逆大惡，天下所不容，人人得誅之，况在鄰國而可以不討之乎？而其爲計，則必請其君以上告天子，下告方伯，舉天下之兵以誅之。以天下之兵討天下之賊，彼雖衆强，奚以爲哉？固不當區區獨較齊魯之强弱，而以天下之公義爲一國之私也。《左氏》所記蓋傳聞之謬，以衆人之腹爲聖人之心耳。○春秋之時，三綱淪矣。孔子請討弑逆，此天下之大幾也。斯事一正，三綱可整，天下事可次第舉矣。沐浴而朝，敬其事以卜天意也。**胡氏曰：「《春秋》之法，弑君之賊，人得而討之。仲尼此舉，先發後聞可也。」**問：「程子以爲必告之天子，胡氏乃以先發後聞之説，何耶？」朱子曰：考之《春秋》，先王之時疑必自有此法。凡弑君者，人人得而討之，如漢所謂「天下共誅之」者。然事非一概，告與不告，又在乎時義之如何。使其地近於天子而可告，事未迫遽而得以告，力之不足以敵而不得不告，則告之而俟命以行。甚則或不俟命而遂行，皆可也。使其地之相去也遠，其事幾之來也不可少緩，吾之力又足以制之，而乃區區焉徇請命之小節，忘逆賊之大罪，使彼得以植其根，固其黨，或遂奔逸而不可以復得，則任其事者亦不免乎《春秋》之責矣。○雲峯胡氏曰：程子所謂「上告天子」者，經也；胡氏所謂「先發後聞」者，權也。然「先發後聞」謂魯也，非謂孔子也。○厚齋馮氏曰：是年西狩獲麟，《春秋》絶筆焉，而不復書陳恒之事，蓋有所傷感焉，而魯之事不可爲矣。○新安陳氏曰：沐浴而朝，蓋欲齊戒積誠以感君心也。獲麟在哀公十四年之春，請討在是年之夏。使此請聖人得遂其志，則三綱復正，周室復興，《春秋》可不必作矣。惟此請之不遂，此《春秋》所以不得不作也。「《春秋》作而亂賊懼」，雖不得扶植當世之三綱，而可以扶植萬世之三綱焉。

○子路問事君。子曰：「勿欺也，而犯之。」

犯，謂犯顏諫争。去聲。**○范氏曰：「犯非子路之所難也，而以不欺爲難，故夫子告以先勿欺而後犯也。」**問：「子路勇於義，何難於不欺？特其燭理之不明，好强其不知以爲知，是以陷於欺耳。」❶朱子曰：以使門人爲臣一事觀之，子路之好勇必勝，恐未免於欺也。○問：「子路豈欺君者？莫只是勇便解恁地否？」曰：是恁地。子路性勇，凡言於人君要他聽，或至於説得太過，則近乎欺。如唐人諫敬宗遊驪山，謂驪山不可行，若行必有大禍。夫驪山固是不可行，然以爲有大禍，則近於欺矣。要之，雖不失爲愛君，而其言則欺矣。○勉齋黄氏曰：僞言不直謂之「欺」，直言無隱謂之「犯」。欺與犯，正相反也。夫子告子路之辭，推其本意，乃是一戒一勸兩面平説之辭。若反覆以觀，則能無欺而不能犯，則未免有回互之失；能犯矣而不能勿欺，則未免有矯飾之病：此又不可不以爲戒也。○洪氏曰：忠而犯之，所謂有犯無隱；欺而犯之，是犯上也。○雙峯饒氏曰：事君以不欺爲本。然不欺甚難，須是平日於慎獨

❶「欺」，原作「斯」，今據四庫本、孔本及宋刻本《晦菴先生朱文公文集》卷五二改。

上實下工夫，表裏如一，方能如此。今人自家好色好貨，却諫其君勿好色好貨，皆是欺君。

○子曰：「君子上達，小人下達。」

君子循天理，❶**故日進乎高明；小人徇人欲，故日究乎汙**音烏。**下。**朱子曰：上達，是曉得透徹到那總頭處，不特知到這裏，行也到這裏了。○凡百事上皆有達處。惟君子就中得箇高明底道理，小人就中得箇汙下底道理。○君子一日長進似一日，小人一日沈淪似一日。「究」者，究竟之義，言究竟至於極也。初間只差些子，少間究竟將去，越差得多。今人做錯一件事，説錯一句話，不肯當下覺悟便改，却只管去救其失，少間救得過失越大，無不是如此。○胡氏曰：「循天理」，❷「徇人欲」，上達下達之原也；「進高明」，「究汙下」，上達下達之效也。人心萬理皆具，人欲或得以奪之，故有待於反之也。能復乎天理而不以一毫私欲自累，則高矣；不以一毫私欲自蔽，則明矣。苟徇乎耳目口鼻四肢之欲，益趨於貪濁之地，則汙矣；益流於苟賤之域，則下矣。進則升而愈崇，究則沈而愈卑。○南軒張氏曰：上達者，反本窮理也；下達者，趨末徇欲也。皆云「達」者，如「喻義」、「喻利」皆云「喻」也。○雲峯胡氏曰：夫子嘗曰「下學而上達」，其所謂「上」、「下」者，天理人事之貫。此所謂「上達」、「下達」，天理人欲之分也。

○子曰：「古之學者爲己，今之學者爲人。」爲，去聲。

---

❶「循」，原作「反」，今據四庫本、孔本、陸本及《四書章句集註》改。

❷「循」，原作「反」，今據四庫本、孔本、陸本及《四書纂疏》改。

程子曰：「爲己，欲得之於己也；爲人，欲見知於人也。」慶源輔氏曰：爲己、爲人之學，其差只在毫釐之間。唯欲得之於己，則不必見知於人；纔欲見知於人，則不必得之於己。欲得於己者收斂篤實，欲見知於人者輕浮淺露。○程子曰：「古之學者爲己，其終至於成物；今之學者爲人，其終至於喪去聲。己。」問程子兩段不同。朱子曰：前段是低底爲人，只欲見知於人而已；後段是好底爲人，却是真箇要爲人。然不曾先去自家身己上做得工夫，非惟爲那人不得，末後連己也喪了。愚按，聖賢論學者用心得失之際，其説多矣，然未有如此言之切而要者。於此明辯而日省悉井反。下章同。之，則庶乎其不昧於所從矣。朱子曰：今須先正路頭，明辯爲己爲人之别，直見得透，却旋旋下工夫，則意思自通，知識自明，踐履自正，積日累月漸漸熟。若見不透，路頭錯了，則讀書雖多，爲文日工，終做事不得。○雙峯饒氏曰：此章當看「者」字。言同此一箇學，但學之者用心不同。古之學此者，其心要得之於己；今之學此者，其心要求知於人。如三年學已自是了，但志在於禄，則非爲己之學也。若如後世刑名術數、記誦詞章之學，則所學已與古人背馳，何必更論其用心之同異？孔子之時，世教雖衰，其學之陋，尚未至此。○新安陳氏曰：同一學也，爲己爲人之間，古今之不同於此分焉。學者當審其幾於用心之初，可也。

○蘧伯玉使人於孔子。使，去聲。下同。

蘧伯玉，衛大夫，名瑗。于眷反。孔子居衛，嘗主於其家。既而反魯，故伯玉使人來也。

孔子與之坐而問焉。曰：「夫子何爲？」對曰：「夫子欲寡其過而未能也。」使者出。子曰：「使乎！使乎！」

與之坐，敬其主以及其使也。夫子，指伯玉也。言其但欲寡過而猶未能，則其省身克己，常若不及之意可見矣。雲峯胡氏曰：「省身」常若不及，惟恐其身之有過而常加省察也；「克己」常若不及，惟恐其過未改而常加克治也。使者之言愈自卑約而其主之賢益彰，亦可謂深知君子之心而善於詞令者矣。故夫子再言「使乎」，以重直用反。美之。按莊周稱「伯玉行年五十而知四十九年之非」，又曰「伯玉行年六十而六十化」，《淮南子》曰：「蘧伯玉行年五十而知四十九年非。」○《莊子・則陽》篇：「蘧伯玉行年六十而六十化，未嘗不始於是之而卒詘與「屈」同。之以非也。」○朱子曰：化，是舊事都消融，了無固滯。○雙峯饒氏曰：行年五十而知四十九年之非，非是至五十歲頓然有悟也。化者，變化之謂。言氣質變化一年勝似一年，至於行年六十而猶變化未已也。蓋其進德之功，老而不倦，是以踐履篤實，光輝宣著。不惟使者知之，而夫子亦信之也。南軒張氏曰：伯玉之使，其言雖謙，而意義永，事情稱也。夫欲寡過而未能，非篤於進德修業者莫知此味也。則伯玉之賢，可知矣，而其使之才亦可知矣。○慶源輔氏曰：使者不以伯玉之德著見於外者言，而以伯玉之心克治於內者告，且曰「欲而未能」，不獨其言謙抑卑下，而又深有得於聖賢爲己之學常如不及之意，可謂知德而能言矣。○雙峯饒氏曰：「欲寡其過而未能」一句意味深長。學者常存此心，乃進德之本也。○新安陳氏曰：欲寡過則不自是，不謂已能寡過則不自足：此檢身常若不及之心也。進善其有窮乎？非伯玉之賢，不能如此存心；非使者之賢，不能知伯玉此心：宜夫子有味其言而深賞之。○吴氏曰：《論語》中夫子俟其出而稱之者二，南宫适出、伯玉使者出是也；俟其出而斥之者二，宰我出、樊遲出是也。聖人氣象從容，如天地之生物，陽舒陰慘，無非教也。千載而下，猶可想見之。

○子曰：「不在其位，不謀其政。」

重出。 已見《泰伯》篇。

○曾子曰：「君子思不出其位。」

此《艮》卦之《象》辭也。 《易·艮卦·大象傳》辭曰：「兼山艮。君子以思不出其位。」**曾子蓋嘗稱之，記者因上章之語而類記之也。○范氏曰：「物各止其所，而天下之理得矣。故君子所思不出其位，而君臣上下大小皆得其職也。」** 南軒張氏曰：「位」非獨職位，大而君臣父子，微而一事一物，當其時與其地，所思止而不越，皆不出其位也。非有主於中，其能然乎？○勉齋黄氏曰：位，身所處之地也。爲君則思君道，爲臣則思臣道，此「位」也。當食則思食，當寢則思寢，此亦「位」也。越所處而思，則爲出其位矣。○雙峯饒氏曰：上章爲謀政者言，「不在其位」之位指職位而言也；此章泛言君子之所思「不出其位」，「位」字比上章又説得闊。如爲人子則思孝，爲人臣則思忠，「素富貴則思所以行富貴，素貧賤則思所以行乎貧賤」，皆是也。○雲峯胡氏曰：艮，止也。思不出其位，身之所處止其所，心之所思亦止其所也。

○子曰：「君子恥其言而過其行。」行，去聲。

恥者，不敢盡之意；過者，欲有餘之辭。朱子曰：過，猶《易》「喪過乎哀，用過乎儉」之「過」，謂力行也。○勉齋黄氏曰：言放易，故當恥；行難盡，故當過。○胡氏曰：或謂恥其言之過於行，固通，必如《集註》釋爲兩事，斯得夫子立言之本意。○雙峯饒氏曰：「過其行」與「恥其言」對，謂行當過於其言，如云「説七分而行十分」相似。○厚齋馮氏曰：恥之者，恐其言之浮於行也；過之者，欲其行之浮於言也。

○子曰：「君子道者三，我無能焉：仁者不憂，知者不惑，勇者不懼。」知，去聲。

自責以勉人也。三句，解見《子罕》篇。○朱子曰：道體無窮，聖人未嘗見其有餘也。亦有勉進學者之意。

子貢曰：「夫子自道也。」

道，言也。自道，猶云「謙辭」。○尹氏曰：「成德以仁爲先，進學以知爲先，故夫子之言，其序有不同者，以此。」胡氏曰：爲學之序，以智爲先；若德之成，則仁又爲百行之首。○覺軒蔡氏曰：「以仁爲先」，猶自誠而明；「以智爲先」，猶自明而誠。自誠而明，夫子之事，故子貢以爲夫子自道也。上文「我無能焉」乃是謙辭。○新安陳氏曰：覺軒解「自道」與《集註》小異。未必子貢一時聞夫子之言，便以《子罕》篇語先後次序不同來比並，而答以此言也。

○子貢方人。子曰：「賜也，賢乎哉！夫我則不暇。」夫音扶。

方，比也。乎哉，疑辭。比方人物而較其短長，雖亦窮理之事，然專務爲此，則心馳於外而所以自治者踈矣。故褒之而疑其辭，復扶又反。自貶以深抑之。○謝氏曰：「聖人責人，辭不迫切而意已獨至如此。」朱子曰：學者須思量「不暇」箇甚麽，須於自己體察方可見。○齊氏曰：孔子之於道也，未得之則「發憤忘食」，既得之則「樂以忘憂」，而何暇於方人？○厚齋馮氏曰：子貢自視與夫子孰賢，而能爲夫子之所不暇爲耶？○新安陳氏曰：我則無暇及他人，言外之意謂方自治也。

○子曰：「不患人之不己知，患其不能也。」

凡章指同而文不異者，一言而重平聲。出也；文小異者，屢言而各出也。此章凡四見形甸反。而文皆有異，新安陳氏曰：四見者，《學而》篇「不患人之不己知，患不知人也」，《里仁》篇「不患莫己知，求爲可知也」，《衛靈公》篇「君子病無能焉，不病人之不己知也」，與此章爲四。則聖人於此一事蓋屢言之，其丁寧之意亦可見矣。胡氏曰：失於務外，爲學之通患。聖人每欲其反己以自力，故不一言而已也。○雲峯胡氏曰：四見之中，《學而》篇是一意，重在知人；餘三見共是一意，重在「能」字。所以求爲可知者，求諸我之能而已。

○子曰：「不逆詐，不億不信。抑亦先覺者，是賢乎！」

逆，未至而迎之也。億，未見而意之也。詐謂人欺己，不信謂人疑己。抑，反語辭。朱子曰：凡「抑」字，皆略反上文之意。**言雖不逆不億，而於人之情僞自然先覺，乃爲賢也。○楊氏曰：「君子一於誠而已。然未有誠而不明者，故雖不逆詐，不億不信而常先覺也。若夫**音扶。**不逆不億而卒爲小人所罔焉，斯亦不足觀也已。」**朱子曰：逆詐，是那人不曾詐，我先揣摩道那人必是詐我。億不信，是那人未有不信底意，便道那人必是不信我。先覺，則分明是見那人已詐、已不信。○人有詐、不信，吾之明足以知之，是之謂「先覺」。彼未必詐而逆以詐待之，彼未必不信而先億度其不信，此則不可也。○勉齋黃氏曰：未見其事而疑其必欺，故爲逆詐；未見其事而度其必不實，故爲億不信。然詐、不信雖以事見，而可以理知，故雖不逆、不度而以先覺爲賢者，❶理明故也。○雙峯饒氏曰：不逆不億，待物之誠也；先覺，燭理之明也。逆、億是有心，覺是無心。○馮氏曰：逆、億，如人在室外而料室中之虛實；先覺，如明鏡照物而物無遁形，此非格物致知，洞然明知者不能也。○雲峯胡氏曰：逆、億是以意見推之，先覺是以義理照之。○新安陳氏曰：逆、億者，私見之紛擾；先覺者，真見之昭徹。固不先事而預料小人之爲姦，亦不臨事而墮於小人之姦，其斯爲誠明之君子乎。

○微生畝謂孔子曰：「丘何爲是栖栖者與？平聲。**無乃爲佞乎？」**

微生，姓；畝，名也。畝名呼去聲。**夫子而辭甚倨，**居御反。**蓋有齒德而隱者。栖栖，依依也。爲佞，言其務爲口給以悅人也。**

❶「度」，四庫本、孔本作「億」。

孔子曰：「非敢爲佞也，疾固也。」

疾，惡去聲。**也。固，執一而不通也。聖人之於達尊，禮恭而言直如此，其警之亦深矣。**胡氏曰：不恭則失長幼之序，不直則失義理之正。○慶源輔氏曰：爲佞以説人者，失之不及；執一而不通者，失之過。聖人只在中道上行。微生之言雖倨而疑，夫子之言雖恭而決。○雙峯饒氏曰：栖栖，如鳥之栖木而不去。然畝方以退隱爲高，見孔子歷聘，疑其以口給取悦。殊不知聖人「可仕則仕，可止則止」，如天地四時之變化，豈若小丈夫之執一而不通耶？○新安陳氏曰：以夫子而尚謂其栖栖爲佞，則畝之耿介固執可想矣，故夫子因而箴之。夫立身待人，自有中道。聖人萬不爲柔佞之不及，亦不爲固執之太過也。

○子曰：「驥不稱其力，稱其德也。」

驥，善馬之名。德，謂調良也。胡氏曰：調者，習熟而易控御也；良者，順服而不踶齧也。**○尹氏曰：「驥雖有力，其稱在德。人有才而無德，則亦奚足尚哉？」**南軒張氏曰：驥之得稱，爲其德不爲其力，而況於君子，豈不以尚德爲貴乎？苟無其德，雖曰有才，其得謂之君子乎？○慶源輔氏曰：才與德皆本於天。然才出於氣，德根於理，二者雖不可闕一，然出於氣者固不若根於理之爲粹也。○胡氏曰：驥之任重致遠，非力不可，然有力者不足言，必言其調良也。故觀人者不當言其才而當言其德，人亦不可徒恃其才而當以德爲主也。○雙峯饒氏曰：驥者，良馬之稱。馬中之驥如人中之君子。驥非無力，然其所以得「驥」之名者，以德不以力；君子非無才，然其所以得「君子」之名者，以德不以才。○新安陳氏曰：此章與「歲寒松柏」章皆如《詩》六義之「比」，實以木與馬比君子，非專言木、馬也。

○或曰：「以德報怨，何如？」

或人所稱，今見形甸反。《老子》書。德，謂恩惠也。老子《道德經》「恩始」章曰：「大小多少，報怨以德。圖難於其易，爲大於其細。」

子曰：「何以報德？

言於其所怨既以德報之矣，則人之有德於我者，又將何以報之乎？朱子曰：以德報怨不是不好，但上面更無一件可以報德。譬如人以千金與我，我以千金酬之，便是當然。或有人盜我千金，而吾亦以千金與之，却是何理？視與千金者更無輕重，斷然是行不得也。

「以直報怨，以德報德。」

於其所怨者，愛憎取舍上聲。一以至公而無私，所謂直也。於其所德者，則必以德報之，不可忘也。○或人之言可謂厚矣，然以聖人之言觀之，則見其出於有意之私，而怨德之報皆不得其平也。必如夫子之言，然後二者之報各得其所。然怨有不讎，新安陳氏曰：讎，仇也。怨有不必報者，不以仇待之也。而德無不報，則又未嘗不厚也。此章之言明白簡約，而其指意曲折反覆，芳服反。如造化之簡易易並去聲。知，而微妙無窮，學者所宜詳玩也。問：「以德報怨，亦可謂忠且厚矣，而夫子不之許，何哉？」朱子曰：是亦私意所爲，非天理之正也。夫有怨有德，人情所不能忘，而所以報之各有所當，亦天理之不能已也。顧德有大小，皆所當報，而怨則有公私曲直之不同，故聖人教人「以直報怨，以德報德」。「以直」云者，不以私害公，不以曲勝直，當報則報，不必報則止，一觀夫理之當然而不以己之私意加焉。是則雖曰「報怨」，而豈害其爲公平忠厚哉？然而聖人終不使人忘怨而没其報復之名者，亦以見夫君父之仇有不得不報者，而伸夫忠臣孝子之心耳。若或人之言，則以報怨爲薄而必矯焉以避其名，故於其所怨而反報之以德，若忠厚者，而於所德，又將何以報之？以德之上無復可加，若但如所謂報怨者而已，則是所以報德者僅適其平，而所以報怨者反厚於德，且雖君父之仇，亦將有時而忘之也，是豈不反爲逆人情、悖天理之甚哉？曰：「君父之仇，亦有當報不當報之别乎？」曰：《周禮》有之：「殺人而義者令無仇，仇之則死。」此不當報者也；《春秋傳》曰：「父不受誅，子復仇，可也。」此當報者也。當報而報，不當報而止，是即所謂「直」也。周公之法、孔子之言，若合符節，於此可以見聖人之心矣。曰：「然則楊氏所謂『小加委曲，如庾公之斯』者，如何？」曰：此意善矣，而亦有所未盡也。蓋天下之事有公義，有私恩。二者常相得焉，則盡其道而不爲私可也；不幸而或至於相妨，則權輕重而處之，使公義行於上而私恩伸於下，然後可耳。若小加委曲而害天下之公，則亦君子所不爲也。○以德報怨，於怨者厚矣；而無物可以報德，則於德者不亦薄乎？以直報怨則不然。如此人舊與吾有怨，今果賢邪，則引薦之；果不肖邪，則棄之絶之：是蓋未嘗有怨矣。○雙峯饒氏曰：直是直道，當報則報，不當報則不報，是之謂「直」。老氏之説不問道理曲直，只是不欲與人結怨而已。「以德報怨」説殺了，不若「以直報怨」之語，中間有涵蓄。當報而報，與不當報而不報，皆在其中。學者玩味其意，觸類而長，則可爲處事之權衡矣。

○子曰：「莫我知也夫！」夫音扶。

夫子自歎以發子貢之問也。

子貢曰：「何爲其莫知子也？」子曰：「不怨天，不尤人，下學而上達，知我者其天乎？」

不得於天而不怨天，不合於人而不尤人，但知下學而自然上達。此但自言其反己自修，循序漸進耳，無以甚異於人而致其知也。然深味其語意，則見其中自有人不及知而天獨知之之妙。朱子曰：不怨不尤，則不責之人而責之己；下學人事，則不求之遠而求之近：此固無與於人而不駭於俗矣，人亦何自而知之也耶？及其上達而與天爲一焉，則又有非人之所及者，此所以人莫之知而天獨知之也。○勉齋黄氏曰：窮通榮辱，天也；用舍予奪，人也。常人之情，置事於淺近，索理於渺茫，足以惑人之耳目而以爲能，此所以人知之也；聖人渾然天理，窮通榮辱，用舍予奪，皆理之所不能無者，順而受之，又何怨尤之有？人事之中便是天理，又何必捨人事而求之於渺茫哉？如是，則泊然若不見其所長者，然天理流行而聖人與之無間，如此，所以人不知而天知也。○慶源輔氏曰：己與天人只是一理。在己者既盡，則天人無有不應者。聖人與理爲一，自然無所怨尤。蓋在孔門，唯子貢之智幾平聲。足以及此，故特語音御。以發之。惜乎其猶有所未達也。朱子曰：聖門自顏、曾以下，唯子貢儘曉得，聖人多是將這般話與他説。他若未曉，聖人豈肯説與？但他知得箇頭耳，惜乎見夫子説便自住了。如「予欲無言」、「予一以貫之」也只如此住了，只是不曾有默地省悟觸動他那意思處。他若有所默契，須發露出來，不但已也，如曾子聞一貫語，便曰「唯」，子貢便無這處。○程子曰：「『不怨天，不尤人』，在理當如此。」又曰：「『下學上達』，意在言表。」又曰：「學者須守『下學上達』之語，乃學之要。蓋凡下學人事便是上達天理，然習而不察則亦不能以上達矣。」問：「下學而上達者，言『始也下學，而卒之上達』云爾。今程子以爲『下學人事便是上達天理』，何耶？」朱子曰：學者學夫人事，形而下者也；而其事之理，則固天之理也，形而上者也。學是事而通其理，即夫形而下者而得夫形而上者焉，非達天理而何哉？○問：「聖人恐不自下學中來。」曰：不要高了聖人。高後，學者如何企及？說得聖人低，越有意思。聖人雖生知，亦未嘗不學，如「十五志學」、「每事問」，便是學也。○須是下學，方能上達。然人亦有下學而不能上達者，只緣下學得不是當；若下學得是當，未有不能上達者。聖門下學而上達，至於窮神知化，亦不過德盛仁熟而自至耳。如釋氏理須頓悟，不假漸修之云，是只說上達，更不理會下學。然不理會下學，如何上達？○問：「下學只是切近處求否？」曰：也不須揀。事到面前，便與理會。且如讀書，讀第一章便與理會第一章，讀第二章亦然。今日撞著這事來，便與理會這事；明日撞著那事來，便與理會那事。萬事只一理，不是揀那大底要理會，其他却不管。○問：「有一節之上達，有全體之上達否？」曰：不是全體。只是這一件理會得透，那一件又理會得透，積累多便會貫通，不是別有一箇大底上達，又不是下學中便有上達，須是下學方能上達。今之學者於下學中便要求玄妙，則不可。○問：「下學上達，意在言表是如何？」曰：如下學只是下學，如何便會上達？自是言語形容不得。下學上達雖是兩件，理會得透，厮合只是一件。下學是事，上達是理。理在事中，事不在理外。一物之中皆具一理，就那物中見得箇理，便是上達。如「大而化之之謂聖，聖而不可知之之謂神」，然亦不離乎人倫日用之中，但恐人不能盡所謂「學」耳。果能學，安有不上達者？○方其學時，雖聖人亦須下學。如孔子問禮問官名，未識須問，問了也須記。及到達處，雖下愚也會達，便不「愚」了。○孔子當初嘆無有知我者，子貢因問何爲莫知子。夫子所答辭，只是解「何爲莫知子」一句。大凡不得乎天則怨天，不得乎人則尤人。我不得乎天亦不怨天，不得乎人亦不尤人，與世都不相干涉。方其下學人事之卑，衆人所共，又無奇特聳動人處。及其上達天理之妙，忽然上達去，人又捉摸不著，如何能知得我？知我者畢竟只是天理與我默契爾。以此見孔子渾是天理。○問：「子貢不曾問，孔子告之，必有深意。」曰：《論語》中自有如此等處。如告子路「知德者鮮」，告曾子「一以貫之」，皆是一類。此是大節目。要當自得，這却是箇有思量底事，要在不思量處得。○當時不惟門人知夫子，別人也知道是聖人。今夫子却恁地說，是如何？如子貢之聰明，想見也大，故知聖人。但尚有知未盡處，故如此說。子貢曰何爲其莫知子也？子貢也是說他不爲不知夫子，所以怪而問之。夫子便說下面三句，便與葉公問孔子於子路處相似，皆是退後一步説。不怨天，是於天無所逆；不尤人，是於人無所忤。下學只恁地就平易去做，上達便是做後自理會得。只這平易，便是人不能及處。如「發憤忘食，樂以忘憂」，看著似乎只是恁地平說，但是人自不可及。人既不能知，則只有天知者，是道理與天相契合也。○南軒張氏曰：下學人事而上達天理，天理初不外乎人事。知我其天，所謂「天」者，理而已。聖人純乎天理，故其自言如此。○問：「何謂下學上達？」潛室陳氏曰：下學人事，自然上達天理。若不下下學工夫，直欲上達，則如釋氏覺之説是也。吾儒有一分學問則磨得一分障礙去，心裏便見得一分道理；有一分學問工夫則磨得二分障蔽去，心裏便見得二分道理。從此惺惺恬地，不令走作，則心裏統體光明，沓滓浄盡，便是「上達」境界。

○公伯寮愬子路於季孫。子服景伯以告，曰：「夫子固有惑志於公伯寮，吾力猶能肆諸市朝。」朝音潮。

公伯寮，魯人。子服，氏；景，謚；伯，字。魯大夫子服何也。夫子，指季孫。言其有疑於寮之言也。肆，陳尸也。言欲誅寮。《周禮》註：「有罪既殺，陳其尸曰肆。」○吴氏曰：「市朝」不過連言之。《左傳》晉殺三郤，「尸諸朝」，殺董安于，「尸諸市」，賤者在市也。○胡氏曰：大夫以上於朝，士以下於市。○新安陳氏曰：愬，譖譖也。惑志，疑心也。

子曰：「道之將行也與，命也；道之將廢也與，命也。公伯寮，其如命何？」與，平聲。

謝氏曰：「雖寮之愬行，亦命也。其實寮無如之何。」愚謂言此以曉景伯，安子路，而警伯寮耳。聖人於利害之際，則不待決於命而後泰然也。朱子曰：聖人不言命，凡言「命」者，皆爲衆人言也。到無可奈何處始言命。如此章「命也」是爲景伯説，如曰「有命」是爲彌子瑕説。聖人用之則行，舍之則藏，未嘗到無可奈何處，何須説命？如下一等人不知有命，又一等人知有命，猶自去計較。中人以上便安於命，到得聖人，便不消得言命。○問：「或以命爲天理，何也？」曰：命者，天理流行付於萬物之謂也。然其形而上者謂之理，形而下者謂之氣。自其理之體而言之，則元亨利貞之德具于一時而萬古不易；自其氣之運而言之，則消息盈虛之變如循環之無端而不可窮也。萬物受命于天以生，而得其理之體，故仁義禮智之德根於心而爲性；其既生也，則隨其氣之運，故廢興厚薄之變唯所遇而莫逃。此章之所謂命，蓋指氣之所運爲言；以天理釋之，則於二者之分亦不察矣。○吳氏曰：命指氣而言。陰陽之氣運行不齊，治亂皆有定數，如命令然。景伯欲肆寮者，義之激也；夫子歸之於命者，分之安也。疑季氏有惑志，子路遂同子羔仕衛。○齊氏曰：子路非王佐之才，家臣非卿相之位，而孔子以公伯寮之愬爲關於吾道之行止，何也？魯爲公室之蠹者，莫如季氏，孔子爲政於魯，大率欲裁其僭，而勇於承令以出藏甲、墮郈費者，子路也。公伯寮愬子路，固將假以沮孔子也，故孔子不爲子路禍福計而爲吾道興廢計。然子服景伯欲肆寮於市朝，而孔子以爲寮如命何，蓋以吾道行與不行繫於天之祐與不祐，而不繫於寮之愬與不愬也。景伯尤諸人，而孔子委之天。孟氏於臧倉之沮魯侯，亦歸之天焉。○慶源輔氏曰：聖人純是義理。義所當行則行，義所當止則止。處利害之際，唯其義而已，更不問命之如何。今此言命者，以曉景伯、瞥伯寮耳。○新安陳氏曰：天將使道之行，寮不能使之廢；使寮之愬得行，是天未欲道之行耳。聖人不怨天，又何尤於寮哉？

○子曰：「賢者辟世，辟，去聲。下同。

天下無道而隱，若伯夷、太公是也。辟紂而居東北海之濱。

「其次辟地，

去亂國，適治去聲。邦。如百里奚去虞之秦。

「其次辟色，

禮貌衰而去。如衛靈公顧蜚鴈而色不在孔子，遂去之。

「其次辟言。」

有違言而後去也。如衛靈問陳，而孔子遂行。○程子曰：「四者雖以大小次第言之，然非有優劣也，所遇不同耳。」問：「四者固非優劣，然賢者之處世，豈不能超然高舉，見幾而作，乃至發見於言色而後辟之耶？」勉齋黃氏曰：出處之義自非一端，隨其所遇之時而酌其所處之宜可也。衛靈公顧蜚鴈則辟色矣，問陳則辟言矣，豈夫子於此爲劣乎？此所以不可以優劣言也。○厚齋馮氏曰：桀溺謂子路「豈若從辟世之士」，夫子爲之憮然。至是乃賢辟世，則道不行而無仕志也。○吴氏曰：世與地，以地勢廣狹言；色與言，以人事淺深言。若夫子，則辟地、辟色、辟言，而終不忍於辟世。觀其論沮溺可見矣。○雲峯胡氏曰：天下爲大，邦國爲小。辟世、辟地是辟其國，辟色、辟言是辟其人。此程子所謂大小次第，而非以賢者之德爲有優劣也。

○子曰：「作者七人矣！」

李氏曰：「作，起也。言起而隱去者，今七人矣。不可知其誰何，必求其人以實之，則鑿矣。」慶源輔氏曰：凡書所載有當深索者，不深索之則失之畧；有不必過求者，過求之則失之鑿。所謂當深索者，義理是也；所謂不必過求者，此處是也。

○子路宿於石門。晨門曰：「奚自？」子路曰：「自孔氏。」曰：「是知其不可而爲之者與？」與，平聲。

石門，地名。晨門，掌晨啓門。蓋賢人隱於抱關者也。自，從也，問其何所從來也。胡氏曰：「晨門知世之不可而不爲，故以是譏孔子，然不知聖人之視天下，無不可爲之時也。」問：「聖人無不可爲之時。且以人君言之，堯所以處丹朱而禪舜，舜所以處父母弟之間與所以處商均而禪禹。以人臣言之，伊尹所以處太甲，周公所以處管、蔡。可見聖人無不可爲之時。」朱子曰：然。○南軒張氏曰：聖人非不知道之不行，而皇皇於斯世者，天地生物之心也。晨門賢而隱於抱關，知世之不可爲而遂已，而未知道之不可以已。然玩其辭意緩而不迫，所養有過於荷蕢之果者歟？○勉齋黄氏曰：晨門見己而不見聖人，故云然。然無孔子之聖，則寧自處於抱關耳。其言聖人則非，而自處其身則是，亦賢也已。○慶源輔氏曰：賢者之視天下有不可爲之時，才力有限也；聖人視天下無不可爲之時，其道無所不可也。

○子擊磬於衛。有荷蕢而過孔氏之門者，曰：「有心哉，擊磬乎！」荷，去聲。

磬，樂器。荷，擔也。按韻書，「負荷」之「荷」在上聲，下可反。又去聲。蕢，草器也。此荷蕢者，亦隱士也。聖人之心未嘗忘天下，此人聞其磬聲而知之，則亦非常人矣。問：「聞磬聲如何便知夫子之心不忘天下？」朱子曰：他那人煞高。如古人於琴聲中知有殺心耳。

既而曰：「鄙哉，硜硜乎！莫己知也，斯已而已矣。深則厲，淺則揭。」硜，苦耕反。「莫己」之己音紀，餘音以。揭，起例反。

硜硜，石聲，亦專確之意。以衣涉水曰厲，攝衣涉水曰揭。此兩句，《衛風·匏有苦葉》之詩也。譏孔子人不知己而不止，不能適淺深之宜。

子曰：「果哉，末之難矣！」

果哉，嘆其果於忘世也。末，無也。聖人心同天地，視天下猶一家，中國猶一人，不能一日忘也。故聞荷蕢之言而嘆其果於忘世，且言人之出處上聲。若但如此，則亦無所難矣。

慶源輔氏曰：果於忘世，決去不反者能之，何難之有？若聖人之出處，因時卷舒，與道消息，而憂世之心終不能已，濟世之用其出無窮，此豈荷蕢所能與哉？○雙峯饒氏曰：聖人之道有出有處，便如天地有陰有陽。荷蕢之徒見得一邊，遺了一邊，所以只知獨善而果於忘世矣。○新安陳氏曰：聖人之心不能一日忘天下，亦如天地之心不能一日忘萬物。天地生物之心不以閉塞成冬之時而息，聖人道濟天下之心不以天地閉、賢人隱之時而息也。聖人不能忘世之心，荷蕢初聞其磬聲而知之。然觀其「既而曰」以下之言，則非深知聖人之心者。要之，果於忘世之人，豈能深知聖人所以不能忘世之心哉？

○子張曰：「《書》云『高宗諒陰，三年不言』，何謂也？」

高宗，商王武丁也。諒陰，天子居喪之名，未詳其義。問「諒陰」之說。朱子曰：孔氏曰：「諒，信也。陰，默也。」邢氏釋之曰：「信謂信任冢宰。」胡氏釋之曰：「信能默而不言也。」二家皆用孔訓而爲說不同。鄭氏於《禮記》又讀作「諒闇」，言居倚廬。大抵古者天子居喪之名。○覺軒蔡氏曰：《喪服四制》「諒闇三年」，鄭注云：「諒，古作『梁』。楣謂之梁。闇讀如『鶉鵪』之鵪。闇謂廬也。」即「倚廬」之「廬」。《儀禮》「翦屏柱楣」，鄭氏謂：「柱楣，所謂『梁闇』是也。」《書》云「王宅憂，諒陰」，言居喪於梁闇也。按「諒陰」之義，先人得於先師晚年面命者如此。

子曰：「何必高宗？古之人皆然。君薨，百官總己以聽於冢宰三年。」

言君薨則諸侯亦然。總己，謂總攝己職。冢宰，大音泰。宰也。百官聽於冢宰，故君得以三年不言也。○胡氏曰：「位有貴賤，而生於父母無以異者，故三年之喪自天子達。❶子張非疑此也，殆以爲人君三年不言，則臣下無所稟令，禍亂或由以起也。孔子告以聽於冢宰，則禍亂非所憂矣。」問：「胡氏云『以聽冢宰，則禍亂非所憂』，然主少國疑之際，得人如伊、周、霍、葛則可，不幸如莽、操之姦，豈不大可憂邪？」雙峯饒氏曰：使嗣君剛明而冢宰有莽、操之姦，則必能易而置之。如其不能，雖不總己以聽，亦何益哉？且天下之事有常有變，聖人只論其常耳。○新安陳氏曰：居喪而冢宰攝政，則嗣君雖不言，亦無失政矣。

○子曰：「上好禮則民易使也。」好、易，皆去聲。

謝氏曰：「『禮達而分去聲。定』，此句出《禮運》。故民易使。」慶源輔氏曰：達謂達於下也。上好禮則品節分明而誠意退遜，故觀感於下者亦皆安己之分，聽上之命，而易使。○問：「禮何以使之達？」

---

❶「天子達」下，四庫本、孔本、陸本及《四書章句集註》有「於庶人」三字。

雙峯饒氏曰：官府之政、學校之教，皆所以達之。○雲峯胡氏曰：禮也者，所以辨上下而定民志也。民之志定，民之力可使也。○厚齋馮氏曰：聖人言使民曰「上好禮」，曰「小人學道」。使之知上下之分而樂於從命，不以勢力强之也。

○子路問君子。子曰：「脩己以敬。」曰：「如斯而已乎？」曰：「脩己以安人。」曰：「如斯而已乎？」曰：「脩己以安百姓。脩己以安百姓，堯舜其猶病諸？」

脩己以敬，夫子之言至矣盡矣。而子路少之，故再以其充積之盛自然及物者告之，無他道也。人者，對己而言；百姓，則盡乎人矣。堯舜猶病，言不可以有加於此，以抑子路，使反求諸近也。蓋聖人之心無窮，世雖極治，去聲。下同。然豈能必知四海之内果無一物不得其所哉？故堯舜猶以安百姓爲病。若曰吾治已足，則非所以爲聖人矣。朱子曰：「敬」字，聖學之所以成始成終者皆由此，故曰「脩己以敬」，下面「安人」、「安百姓」皆由於此。只緣子路問不置，故夫子復以此答之。要之，只是箇「脩己以敬」，則其事皆了。○問「脩己以敬」。曰：敬者，非但是外面恭敬而已，須是要裏面無一毫不直處方是，所謂「敬以直内」者是也。○「脩己以敬」，語雖至約，而所以齊家治國平天下之本，舉積諸此。子路不喻而少其言，於是告以安人、安百姓之説。蓋言「脩己以敬」而極其至，則心平氣和，静虚動直，而所施爲無不自然各當其理。是以其治之所及者，群黎百姓莫不各得其安也，是皆本於「脩己以敬」之一言，其功效之自然及物者耳。或問：「然則夫子之言，豈其畧無大小遠近之差乎？」曰：脩己以敬，貫徹上下，包舉遠近而統言之也；安人、安百姓，則因子路之問而以功效之及物者言也。然曰「安人」，則脩己之餘而敬之至也；「安百姓」，則脩己之極而安人之盡也。是雖若有小大遠近之差，然皆不離於「脩己以敬」之一言，而非有待於擴之而後大，推之而後遠也。○勉齋黄氏曰：非謂「脩己以敬」之外又有充積之功也。脩己以敬而可謂君子，則是充積之盛在其中矣。特言其功效之遠，則指夫自其充積之盛者而出耳。脩己以安人，猶曰「脩己以敬而可以安人也」；脩己以安百姓，猶曰「脩己以敬而可以安百姓」也。子路疑「脩己以敬」之一言不足以盡君子，故夫子指其效驗之大者而言，以見決非君子不足以當之也。**○程子曰：「君子脩己以安百姓，篤恭而天下平。唯上下一於恭敬，則天地自位，萬物自育，氣無不和，而四靈畢至矣。**《記·禮運》：「四靈以爲畜，許又反。故飲食有由也。何謂四靈？麟鳳龜龍，謂之四靈。」**此『體信達順』之道，聰明睿知**去聲。**皆由是出，以此事天饗帝。」**朱子曰：「上下一於恭敬」，這却是上之人有以感發而興起之。信是實理，順是和氣。體信是致中意，達順是致和意。言能恭敬則能體信達順，「聰明睿智皆由此出」者，言能恭敬，自然心便開明。○體信，是實體此道於身；達順，是發而中節，推之天下而無所不通也。體信是忠，無一毫之僞；達順是恕，無一物不得其所。聰明睿知皆由是出，是自誠而明意思。○敬則自然聰明。人所以不聰不明，止緣身心惰慢，便昏塞了。敬則虛静，自然通達。○問：「『上下一於恭敬，則天地自位，萬物自育，四靈畢至』，如此，則敬之功用又不止於安百姓矣。」雙峯饒氏曰：「天地位、萬物育」，與安百姓也只是一事，初無大小。若陰陽不和，五穀不熟，百姓何由而安？○新安陳氏曰：夫子爲見子路勇躁，輕視脩己以敬之言，故推極其功以抑之。程子此條亦推贊恭敬之極功，以發明夫子之意云。○東陽許氏曰：聖人言「脩已以安百姓」，而程子乃言「上下一於恭敬」，蓋治道非一人所能獨成，必君臣上下皆能恭敬，然後有「天地位」以下之應。然下人能敬，亦在乎上之人有以感之，漸漬而成恭敬以至於天下平。程子此段是推極而言，以見敬之功用無窮。

○原壤夷俟。子曰：「幼而不孫弟，長而無述焉，老而不死，是爲『賊』！」以杖叩其脛。孫、弟，並去聲。長，上聲。叩音口。脛，其定反。

原壤，孔子之故人，母死而歌。《記・檀弓下》：「孔子之故人曰原壤，其母死，孔子助之沐槨。原壤登木曰：『久矣，予之不託於音也！』歌曰：『貍首之斑然，執女手之卷然。』夫子爲弗聞也者而過之。」蓋老氏之流，自放於禮法之外者。夷，蹲踞音存據。也。雙峯饒氏曰：蹲踞，鴟鳥好蹲，故謂之「蹲鴟」，又或謂之「鴟夷」。夷即蹲也。俟，待也。言見孔子來而蹲踞以待之也。述，猶稱也。賊者，害人之名。以其自幼至老無一善狀，而久生於世，徒足以敗常亂俗，則是賊而已矣。脛，按韻書形定反，《集註》云其定反，音小異。足骨也。孔子既責之，而因以所曳之杖微擊其脛，若使勿蹲踞然。朱子曰：胡氏以爲原壤之喪母而歌，孔子爲弗聞者矣，今乃責其夷俟，何舍其重而責其輕耶？蓋數其喪母而歌，則壤當絕；叩其箕踞之脛，則壤猶爲故人。盛德中禮，見乎周旋，此亦可見。○鄭氏舜舉。曰：聖人之接物，各稱其情。惡之而遜其辭，外之也，遇陽貨是也；惡之而斥其罪，親之也，遇原壤是也。○新安陳氏曰：幼壯孝弟，耆耋好禮，則久生可以儀風俗，故敬其爲壽。幼壯無稱，老徒傲惰，則久生適以敗風俗，故名其爲「賊」。壤良可戒哉！

○闕黨童子將命。或問之曰：「益者與？」與，平聲。

闕黨，黨名。童子，未冠去聲。者之稱。將命，謂傳賓主之言。或人疑此童子學有進益，故孔子使之傳命以寵異之也。

子曰：「吾見其居於位也，見其與先生並行也。非求益者也，欲速成者也。」

禮，童子當隅坐隨行。《記·檀弓》：「曾子疾，童子隅坐而執燭。」又《王制》：「父之齒隨行。」孔子言吾見此童子不循此禮，新安陳氏曰：居位是不循隅坐之禮，並行是不循隨行之禮。非能求益，但欲速成爾。故使之給使令平聲。之役，觀長上聲。少去聲。之序，習揖遜之容。蓋所以抑而教之，非寵而異之也。南軒張氏曰：不止乎童子之所而自進於成人之列，有躐等之意，無自卑之心，烏能以求益乎？欲速成而已。如物之生，循序而生理達焉；若欲速成，反害其生矣。故聖門之學先之以洒掃應對進退之事，所以長愛敬之端，防傲惰之萌，而使之循序以進也。○勉齋黃氏曰：禮之於人，大矣。老者無禮則足以爲人害，少者無禮則足以自害。夫子於原壤、童子皆以是教之，述《論語》者以類相從，所以著人無老少，皆不可以無禮儀也。○慶源輔氏曰：求益則浸長而不知，欲速則亟進而無序。聖門之教，雖以敏行爲先，而又以躐等爲戒。○雲峯胡氏曰：原壤老而爲賊，是從幼不遜弟來。今童子得以馴揉其氣而閑習於禮，則庶可以免於原壤之弊也歟？

論語集註大全卷之十五

衛靈公第十五

凡四十一章。

衛靈公問陳於孔子。孔子對曰：「俎豆之事，則嘗聞之矣；軍旅之事，未之學也。」明日遂行。陳，去聲。

陳，謂軍師行音杭。伍之列。俎豆，禮器。尹氏曰：「衛靈公，無道之君也，復扶又反。有志於戰伐之事，故答以未學而去之。」《史記・世家》：「孔子適衛，主蘧伯玉家。他日，靈公問兵陳于孔子。明日，與孔子語，見蜚鴈，仰視之，色不在。孔子遂行，復如陳。是歲，魯哀公三年，孔子年六十矣。」○問：「靈公問陳而夫子遽行，何也？」朱子曰：「爲國以禮。戰陳之事，非人君所宜問也。况靈公無道，夫子固知之矣。特以其禮際之善，庶幾可與言者，是以往來於衛，爲日最久，而所以啓告之者，亦已詳矣。乃於夫子之言一無所入，至是而猶問陳焉，則其志可知矣。故對以未學而去之。然不徒曰未學而已，猶以俎豆之事告之，則夫子之去，蓋亦未有必然之意也。使靈公有以發悟於心而改事焉，則夫子之行，孰謂其不可留哉？○南軒張氏曰：夫子之在衛，靈公雖無道，然亦當側聞夫子之所趣矣。顧乃以問陳爲言，與夫子之意可謂背馳。夫子所以答之者，則以己之所學者在此而不在彼，以其不合也，故明日而行焉。夫自春秋之時言之，諸國以强弱爲勝負，軍旅之事宜在所先，而俎豆之事疑若不急者矣。曾不知國之所以爲國者，以夫天叙天秩者實維持之也。爲國者志存乎典禮，則孝順和睦之風興，叶力一心，尊君親上，其强孰禦焉？不然，三綱淪廢，人有離心，國誰與立？軍旅雖精，果何所用哉？俎豆之於禮教，猶陳之於軍旅，實理之所寓而教之所由興也。使靈公而有志乎俎豆之間，則推而達之，必有不可已也。○勉齋黄氏曰：夫子對靈公以軍旅之事未之學，答孔文子以甲兵之事未之聞。及觀夾谷之會，則以兵加萊人而齊侯懼；費人之亂，則命將士以伐之而費又北。又嘗曰：「我戰則克。」夫子豈有未學未聞者哉？特以軍旅之事非所以爲訓耳。然欲以俎豆之事啓之，則夫子之拳拳於衛，亦可知矣。

在陳絶糧。從者病，莫能興。從，去聲。

孔子去衛適陳。興，起也。問：「明日遂行，在陳絶糧，想見孔子都不計較，所以絶糧。」朱子曰：若計較，則不成行矣。○齊氏曰：孟子曰：「孔子厄於陳、蔡之間。」考《春秋》，則其時陳服楚，蔡服吴，吴、楚交戰無虚歲。孔子蓋爲楚昭王徘徊陳、蔡而絶糧於兵間也。

子路愠見曰：「君子亦有窮乎？」子曰：「君子固窮，小人窮斯濫矣。」見，賢遍反。

何氏曰：「濫，溢也。言君子固有窮時，不若小人窮則放溢爲非。」程子曰：「固窮者，固守其窮。」亦通。或問「固窮」有二義。朱子曰：固守其窮，恐聖人一時答問之辭，未遽及此。蓋子路方問

「君子亦有窮乎」，答曰「君子固是有窮時，不如小人窮則濫耳」。以「固」字答上文「亦有」字，文勢乃相應。○南軒張氏曰：子路之愠，以爲夫子之德之盛，疑其不當窮也。此不幾於不受命乎？夫子答之之意，以爲命之不齊，君子小人皆有窮也。特君子能守而小人失其守也。**○愚謂聖人當行而行，無所顧慮；處**上聲。**困而亨，**《易·困卦》云：「困，亨，貞。」又云：「困而不失其所亨。」**無所怨悔：於此可見。學者宜深味之。**慶源輔氏曰：當行而行，無所顧慮，義之勇也；處困而亨，無所怨悔，義之安也。○胡氏曰：當行而行，惟理是視者；無所顧慮，不計其後也；處困而亨，身雖窮而道則通也；無所怨悔，觀「固窮」之語可見也。學者之進退能於是而取則焉，則不爲利害所奪、窮達所移矣。○雙峯饒氏曰：當行而行，無所顧慮，是説「明日遂行」；處困而亨，無所怨悔，是説「在陳絶糧」以下。顧是顧後，慮是慮前。怨是怨人，悔是自悔。○禮有大於俎豆者，夫子且自謙讓説其小者也。蓋靈公以軍陳爲問，故夫子以禮器爲對。君子，成德之人，安於貧賤。若固守其窮，似下君子一等矣。

○子曰：「賜也，女以予爲多學而識之者與？」女音汝。識音志。與，平聲。下同。

子貢之學，多而能識矣。夫子欲其知所本也，故問以發之。新安陳氏曰：所本，指萬殊之一本處也。

對曰：「然。非與？」

方信而忽疑，蓋其積學功至，而亦將有得也。雲峯胡氏曰：《集註》於曾子曰「夫子知其真積力久，將有所得」，以行言也；此則曰「積學功至，亦將有得」，以知言也。曾子行而「將有所得」，子貢「亦知而將有所得」，「亦」字是從曾子説來。○新安陳氏曰：於能疑，見其「將有得」。

曰：「非也。予一以貫之。」

説見形甸反。第四篇。然彼以行言，而此以知言也。朱子曰：聖人也不是不理會博學多識，只聖人之所以爲聖，却不在博學多識，而在一以貫之。今人博學多識而不能至於聖者，只是無一以貫之。然不博學多識，則又無物可貫。孔子實是多學，無一事不理會過，只是於多學中有一以貫之耳。○曾子領會夫子一貫之旨，發出「忠恕」，是從源頭上面流下來。子貢是從下面推上去。○子貢尋常就知識而入道，故夫子警之曰「予一以貫之」，蓋言吾之多識，不過一理耳。但子貢多是曉得了便了，更没收殺。曾子尋常自踐履入，事親便真箇行此孝，爲人謀則真箇忠，與朋友交則真箇信，故夫子警之曰吾平日之所行者皆一理耳。惟曾子領會於片言之下，故曰「忠恕而已矣」，以夫子之道無出於此也。○新安陳氏曰：彼以「吾道」冠於「一以貫之」之上，此自「多學而識」説起而但云「予一以貫之」，可見彼言行，此言知也。○謝氏曰：「聖人之道大矣。人不能遍觀而盡識，如字。宜其以爲多學而識之也。然聖人豈務博者哉？如天之於衆形，匪物物刻而雕之也。故曰：『予一以貫之。』『德輶如毛，毛猶有倫。上天之載，無聲無臭。』至矣！」問「如天之於衆形，匪物物刻而雕之也」。朱子曰：天只是一氣流行，萬物自生自長，自形自色，豈是粧點得如此？聖人只是一箇大本大原裏出，視自然明，聽自然聰，色自然温，貌自然恭，在父子則爲仁，在君臣則爲義。從大本中流出便成許多道理，只是這箇「一」便「貫」將去。○問：「謝氏解此章，末舉《中庸》引《詩》語，只是贊其理之妙耳。」曰：固是。到此則無可得説了。

然此須是去涵泳，只恁說過，也不濟事。多學而識，也不可謂不是，故子貢先曰「然」，又曰「非與」。固有當多學而識之者，又自有一貫底道理。但多學而識之則可說，到一以貫之則不可說矣。○陳氏曰：此以《中庸》語證，乃形容天理自然流行之妙，無雕刻之迹，即所以結前意耳。**尹氏曰：「孔子之於曾子，不待其問而直告之以此，曾子復**扶又反。**深喻之曰『唯』；若子貢，則先發其疑而後告之，而子貢終亦不能如曾子之『唯』也。二子所學之淺深，於此可見。」愚按，夫子之於子貢，屢有以發之，**新安陳氏曰：如「莫我知也夫」及「予欲無言」之類。**而他人不與**音預。**焉，則顔、曾以下諸子所學之淺深，又可見矣。**或問此章之說。朱子曰：聖人生知，不待多學。子貢以己觀夫子，故以爲亦多學也。夫子以「一貫」告之，此雖聖人之事，然因已以告子貢，使知夫學者雖不可以不多學，然亦有所謂「一以貫之」然後爲至耳。蓋子貢之學，亦博矣，然意其特於一事一物之中各有以知其理之當然，而未能知夫萬理之爲一而廓然無所不通也。聖人以此告之，使之知所謂衆理者本一理也，以是而貫通之，則天下事物之多，皆不外乎是而無不通矣。○問：「語子貢『一貫』之理，謂五常百行，人倫物理，紛紜雜糅，不可名狀，是可謂有萬而不同者矣。然一體該攝乎萬有，而萬殊歸乎一原。循其本而觀之，則固一矣；即其用而驗之，則是其本行乎事物之間，斯所謂『一以貫之』者也。聖人生知，固不待『多學而識』，學者非由多學則固無以識其全也，故必格物窮理以致其博，主敬力行以反諸約。及夫積累既久，豁然貫通，則向之多學而得之者始有以知其一本而無二矣。子貢致知之功已至，其於事物之間，灼然知天理之所在而不疑，特未究夫一之爲妙耳。夫子當其可而問之，發其疑而告之，故能聞言而悟，不逆於心。觀夫子於曾子之外獨以告子貢，則其不躐等而施者，抑可見矣。」曰：此說亦善。○慶源輔氏曰：子貢以通達之資，聞一知二，則其所學固多而能識矣。然務博者多徇外，如方人、屢中之事可見。夫子每有以抑之，無非使之反求其本者。子貢至此，則真積力久，亦將有得矣。故夫子先設爲疑辭以發之，俟其言以觀其志，然後告之。○或問：「夫子告子貢以『一貫』與曾子同，朱子謂告曾子以行言，告子貢以知言。」潛室陳氏曰：既是一貫，本不可分知行。只緣子貢以知識入道，故聖人從他明處點化他，猶自領會不去。以忠恕而明一貫，驗得是行；以知識而明一貫，驗得是知。一貫固不可分，但向人語處入頭各有塗轍。○袁氏曰：曾子聞「一貫」之説，即「唯」而無疑，固已深領聖道之妙。子貢雖未能如曾子之「唯」，而亦未始如門人有「何謂」之問，是則子貢蓋亦默會於言下矣。○雲峯胡氏曰：《集註》於「參乎」章引程子曰「維天之命，於穆不已」，是以「天」字釋「一」字；此章引謝氏曰「天之於衆形，匪物物刻而雕之也」，亦以「天」釋「一」字。蓋天之於萬物，是一氣之貫；聖人之於萬事，是一理之貫。但彼之所謂貫者，曰泛應曲當，用各不同，是以行言；此由博學而識之説來，是以知言。況曾子之篤實能力於行，子貢明達能求其知。所以告之者若不同，而所謂一者未嘗不同也。○新安陳氏曰：顔、曾以下諸子，天資之敏、學問之進皆無如子貢，更觀其「聞性與天道」及《子張》篇末三章稱孔子處，足以見矣。

○子曰：「由，知德者鮮矣！」鮮，上聲。

由，呼去聲。**子路之名而告之也。德，謂義理之得於己者，非己有之，不能知其意味之實也。○自第一章至此，疑皆一時之言。此章蓋爲**去聲。**慍見發也。**南軒張氏曰：知德者鮮，以其踐履之未至，故不能真知其味。夫子以此告子路，使之勉進於德。○慶源輔氏曰：聖門之學不以徒知爲尚，要在實有諸己。○覺軒蔡氏曰：夫子呼子路，告以「知德者鮮矣」之説，謂義理有得於己，則死生、禍福、得喪自不能亂其所守，所以釋其「愠見」之惑。夫子當造次顛沛之中，所以告門人弟子者，各隨其所蔽而開發，無以異於洙泗雍容講論之素。吁，此其所以爲聖人也與？○雙峯饒氏曰：夫子不曰「知道」而曰「知德」，何也？德與道不同，知在行先，曰「知道」；知在行後，則曰「知德」。知在行先，則道未爲我有，猶未親切；知在行後，則此道實爲我有，而知之也深。既知得這裏面滋味，則外面世味自不足以奪之。孟子曰：「飽乎仁義，所以不願人之膏粱之味也。」子路未能實有是德於己，所以纔絶粮便「愠見」。○雲峯胡氏曰：詳《集註》之意，不徒重在「知」字，而重在「德」字。蓋義理之味無窮，必實得於己而後真知其味之實。不然，臆度之知，非真知也。夫苟真知之，區區窮達，豈足爲欣戚哉？

○子曰：「無爲而治者，其舜也與？夫何爲哉？恭己正南面而已矣。」與，平聲。夫音扶。

無爲而治去聲。**者，聖人德盛而民化，不待其有所作爲也。獨稱舜者，紹堯之後而又得人以任衆職，故尤不見其有爲之迹也。恭己者，聖人敬德之容。既無所爲，則人之所見，如此而已。**或問：「『恭己』爲聖人敬德之容，以書傳考之，舜之爲治，朝覲巡狩、封山濬川，舉元凱、誅四凶，非無事也。此其曰『無爲而治』者，何耶？」朱子曰：即《書》而考之，則舜之所以爲治之迹皆在攝政二十八載之間，及其踐天子之位，則《書》之所載不過命九官十二牧而已，其後無他事也。雖《書》之所記簡古稀闊，然亦足以見當時之無事也。○雙峯饒氏曰：《集註》分兩節，一節説聖人德盛而民化，不待其有所作爲，此是衆聖人之所同；一節説舜紹堯之後，又得人以任衆職，故尤不見其有爲之迹，此是舜之所獨。稱舜，與「無憂者，其惟文王乎」相似。〇新安陳氏曰：人不見其有爲之迹，可得見者，臨御敬德之容耳。胡氏謂敬德之容由外而知其内是也。

〇子張問行。

猶「問達」之意也。

子曰：「言忠信，行篤敬，雖蠻貊之邦，行矣；言不忠信，行不篤敬，雖州里，行乎哉？「行篤」、「行不」之行，去聲。貊，亡百反。

子張意在得行於外，故夫子反於身而言之，猶答「干禄」、「問達」之意也。篤，厚也。蠻，南蠻；貊，北狄。《周禮·夏官·職方氏》：「四夷，八蠻，七閩，九貉，五戎，六狄。」鄭司農註：「東方曰夷，南方曰蠻，西方曰戎，北方曰貉狄。」二千五百家爲州。朱子曰：「篤」有重厚深沉之意。敬而不篤，則有拘迫之患。〇南軒張氏曰：篤敬者，敦篤於敬也。言忠信則言有物，行篤敬則行有恒。以是而行，何往不可？〇雙峯饒氏曰：凡事詳審，不輕發，是「篤」底意思。戒謹恐懼，惟恐失之，是「敬」底意思。篤自篤，敬自敬。〇問：「『言思忠』、『言而有信』，此合忠信來言上説，如何？」曰：忠信都訓實，忠是出於心者，信是見於事者。如口裏如此説，心下不如此，是不忠也；口裏如此説，驗之於事却不如此，是不信也。忠是前一截事，信是後一截事。若前一截實，後一截虚，便不可。

「立則見其參於前也，在輿則見其倚於衡也，夫然後行。」參，七南反。夫音扶。

其者，指忠信篤敬而言。參，讀如「毋往參焉」之「參」，《記・曲禮》：「離坐離立，毋往參焉。」離，麗也。謂兩人相附麗而並坐或並立，我毋往參之爲三焉。言與我相參也。衡，軛音厄。也。言其於忠信篤敬，念念不忘，隨其所在，常若有見，雖欲頃刻離去聲。下同。之而不可得。然後一言一行，去聲。自然不離於忠信篤敬，而蠻貊可行也。朱子曰：參前，倚衡，只是見得理如此，不成是有一塊物事光輝輝在那裏？○此謂言必欲其忠信，行必欲其篤敬，念念不忘而有以形於心目之間耳。○問：「參前、倚衡，何物參倚？坐、立所見，何物可見？」潛室陳氏曰：參前、倚衡，不是有箇外來物事，便是忠信、篤敬；坐、立所見，要常常目在之耳。此是學者存誠工夫，令自家實有這箇道理，鎮在眼前，不相離去。○鄭氏舜舉。曰：子張，務外者也，故問干祿、問行，皆以言行告之。忠信篤敬，視「寡尤寡悔」，淺深不侔。子張之學進矣。○新安陳氏曰：忠信篤敬，乃言行當然之理，工夫全在「忠信篤敬，念念不忘」八字上。惟念念不忘於心，而後常如有見於目。忠信篤敬，吾心此理也。州里之人與蠻貊之人，亦皆此心此理也。盡吾之心則通乎人心，雖遠而可行；不盡吾心則無以通乎人心，雖近而不可行矣。

子張書諸紳。

紳，大帶之垂者。書之，欲其不忘也。雙峯饒氏曰：書紳，見他佩服之切。子張到晚年儘切實，如言「執德不弘」之類可見。○新安陳氏曰：書上文夫子所言於紳也。○程子曰：「學要鞭辟音璧。近裏著直略反。己而已。『博學而篤志，切問而近思』，此致知之「鞭辟近裏著己」者。『言忠信，行篤敬』，『立則見其參於前，在輿則見其倚於衡』，此力行之「鞭辟近裏著己」者也。即此是學。質美者明得盡，查滓壯里反。便渾上聲。化却，與天地同體。其次惟莊敬以持養之。及其至，則一也。」朱子曰：鞭辟近裏，此是洛中語。辟，如「驅辟」一般。一處説作「鞭約」，是要鞭督向裏去。今人皆就外面做工夫，下云「切問近思」，「言忠信，行篤敬」，何嘗有一句説向外去？只就身上理會，便是「近裏著己」。○「天地同體」處，是義理之精英。查滓，是私意人欲之未消滅者。人與天地本一體，只緣查滓未去，所以有間隔。若無查滓，便與天地同體。如「克己復禮爲仁」，己是查滓，復禮便是天地同體處。如曾子「不忠、不信、不習」，漆雕開言「吾斯之未能信」，皆是有些查滓處。只是質美者見得透徹，那查滓處便都盡化了。若未到此，須當莊敬持養，旋旋磨擦去教盡，即此是學。只争箇做得徹與不徹耳。○問：「竊謂『切問近思』是主於致知，『忠信篤敬』是主於力行。知與行不可偏廢。而程子謂隨人資質各用其力，而其至則一，如是則亦有行不假於知者，未知如何？」曰：切問忠信只是泛引切己底意思，非以爲致知力行之分也。質美者固是知行俱到，其次亦豈有全不知而能行者？但因持養而所知愈明耳。○胡氏曰：明得盡，查滓化却，天資高，知之即能行之，而私意無所容也。莊主容，敬主心，内外交致其力，常常操守以涵養之，然後可使私意消釋。程子此條專爲學者言，不主於釋經也。

○子曰：「直哉，史魚！邦有道，如矢；邦無道，如矢。

史，官名；魚，衛大夫，名鰌。音秋。如矢，言直也。史魚自以不能進賢退不肖，既死，猶以尸諫。新安陳氏曰：舉此一事，可見其餘。故夫子稱其直。事見形甸反。《家語》。《家語·困誓》篇：「衛蘧伯玉賢而靈公不用，彌子瑕不肖反任之，史魚驟諫而不從。病將卒，命其子曰：『吾在衛朝，不能進蘧伯玉，退彌子瑕，是吾生不能正君，死無以成禮。我死，汝置屍牖下，於我畢矣。』禮，飯於牖下，小斂於户內，大斂於阼，殯於客位也。其子從之。靈公弔焉，怪而問焉。其子以父言告公。公愕然失容曰：『是寡人之過也。』於是命之殯於客位，進蘧伯玉而用之，退彌子瑕而遠之。孔子聞之，曰：『古之諫者，死則已矣，未有若史魚死而尸諫，忠感其君者也。可不謂直乎？』」

「君子哉，蘧伯玉！邦有道，則仕；邦無道，則可卷而懷之。」

伯玉出處，上聲。**合於聖人之道，故曰「君子」。卷，**古轉反。**收也；懷，藏也。如於孫林父、**音甫。**甯殖**常職反。**放弒之謀，不對而出，亦其事也。**《左傳》襄公十四年：衛獻公戒孫文子、甯惠子食，皆服而朝，日旰不召，而射鴻於囿。二子從之，不釋皮冠而與之言。皮冠，田獵之冠也。二子怒。孫文子如戚，孫蒯入使。公飲之酒，使太師歌《巧言》之卒章。蒯懼，告文子，文子曰：「君忌我矣，弗先必死。」并帑於戚，而入見蘧伯玉曰：「君之暴虐，子所知也。大懼社稷之傾覆，將若之何？」對曰：「君制其國，臣敢奸之？雖奸之庸知愈乎？」遂行，從近關出。公使子蟜、子伯、子皮與孫子，盟于丘宮，孫子皆殺之。四月，公出奔齊。衛人立公孫剽，孫林父、甯殖相之。二十年，甯惠子卒。二十六年，衛獻公求復，謂甯喜曰：「苟反，政由甯氏，祭則寡人。」甯喜告蘧伯玉，伯玉曰：「瑗不得聞君之出，敢聞其入？」遂行。五月，甯喜攻孫氏，克之。殺子叔。衛侯剽也。言子叔剽無謚，故書曰「甯喜弒其君剽」，言罪之在甯氏也。孫林父以戚如晉，書曰「入于戚以叛」，罪孫氏也。甲午，衛侯衎復歸于衛。○新安陳氏曰：卷、懷，皆指此道而言。引此事以爲證。○楊氏曰：「史魚之直，未盡君子之道。若蘧伯玉，然後可免於亂世。若史魚之『如矢』，則雖欲『卷而懷之』，有不可得也。」朱子曰：直固好，然一向直便是偏，豈得如伯玉之君子？○南軒張氏曰：史魚只可謂之直，能伸而不能屈，未盡君子之道；若伯玉則能因時屈伸，故謂之「君子」。○胡氏曰：直者，德之一端；君子者，成德之名。○新安陳氏曰：史魚之直，不以有道無道而變。治世雖可行，亂世欲卷而不可得矣。伯玉有道則仕，無道卷懷，近於夫子之「用則行，舍則藏」。《集註》以爲「出處合於聖人之道」，蓋謂此也。

○子曰：「可與言而不與之言，失人；不可與言而與之言，失言。知者不失人，亦不失言。」知，去聲。勉齋黄氏曰：不與之言，不知其可與言也；與之言，不知其不可與言也。故惟知者不失人，亦不失言。○新安陳氏曰：惟智者爲能知人，知其人之可與言或不可與言；不知人則當語而默，當默而語，非失人則失言矣。

○子曰：「志士、仁人，無求生以害仁，有殺身以成仁。」志士，有志之士；仁人，則成德之人也。理當死而求生，則於其心有不安矣，是害其心之德也。當死而死，則心安而德全矣。朱子曰：志士仁人所以不求生以害仁，乃其心中自有打不過處，不忍就彼以害此。所以成仁者，但以遂其良心之所安而已。○仁只是吾心之正理。求生害仁，雖以無道得生，却是抉破吾心中之全理；殺身成仁時，吾身雖死，却得此理完全也。○求生如何便害仁？殺身如何便成仁？只是争箇安與不安而已。○問：「死生是大關節，要之工夫却不全在那一節上，學者須是於日用之間，不問事之大小，皆欲即於義理之安，然後臨死生之際，庶幾不差。若平常應事，義理合如此處都放過，到臨大節，未有不可奪也。」曰：然。○胡氏曰：當死而死，於理爲是，於心始安，故謂之「成仁」。然必曰「志士仁人」者，有志之士，慷慨就死；成德之人，從容就死也。○鄭氏舜舉。曰：志士不以死生爲懼，仁人則明死生之理。唯曰不懼，或未免於徒死，故以「志士、仁人」兼言之。○雙峯饒氏曰：仁人與仁爲一，仁爲我有矣；志士與仁猶二，但有志於爲仁。仁人者自然「無求生害仁，有殺身成仁」，志士亦能勉而爲之。比干是仁人，豫讓、張廵是志士。○新安陳氏曰：志士，志於仁而勉行，不及仁人之安行。然不以生死動心而虧此仁，則一也。**○程子曰：「實理得之於心自別。實理者，實見得是，實見得非也。古人有捐軀隕**羽敏反。**命者，若不實見得，惡**音烏。**能如此？須是實見得生不重於義，生不安於死也，故有『殺身以成仁』者，只是成就一箇『是』而已。」**或問：「『有殺身以成仁，無求生以害仁』，竊謂苟所利者大，一身何足惜也？」程子曰：但看生與仁孰重。夫子曰：「朝聞道，夕死，可矣。」人莫重於生，至於捨得死，道須大段好如生也。曰：「既死矣，敢問好處如何？」曰：聖人只睹一箇「是」。○朱子曰：曾見人解「殺身成仁」，言殺身者，所以全性命之理。人當殺身時，何暇更思量我是全性命之理？只爲死便是，生便不是，不過就一箇「是」，故伊川説「生不安於死」。至於全其性命之理，乃是傍人看他説的話，非是其人殺身時有此意也。或謂殺身者只是要成這仁。曰：若説要成這仁却不是，只是行所當行而已。○或問此章。曰：仁者心之德而萬理具焉，一有不合於理，則心不能安而害於德矣。順此理而不違，則身雖可殺，而此心之全、此理之正，浩然充塞天地之間，夫孰得而亡之哉？曰：「其謂『殺身成仁』而不曰『義』，何也？」曰：仁義體一而用殊，故君子之於事，有以仁決者，有以義決者。以仁決者，此章之言是也；以義決者，孟子謂「欲有甚於生，惡有甚於死」是也。蓋仁人不以所惡傷所好之體，義士不以所賤易所貴之宜。○南軒張氏曰：人莫不重於其生也。君子亦何以異於人哉？然以害仁，則不敢以求生；以成仁，則殺身而不避。蓋其死有重於生故也。夫仁者，人之所以生者也。苟虧其所以生者，則其生也亦何爲哉？曾子所以得正而斃者，正此義也。志士，志於仁者，與仁人淺深雖有間，然是則同也。○慶源輔氏曰：志士於此二者，勉之者也；仁人於此二者，安之者也。心與理一。理當死而以生，則咈於天理，忍於吾心，而傷害於吾仁矣。心之德，即所謂「仁」也。理當死而死，則吾之心順適而無傷，吾之仁亦全而無闕矣。○潛室陳氏曰：謂之「成仁」，則必如是而後天理人倫無虧欠處，生順死安，無可悔憾。當此境界，但見義理而不見己身，更管甚名譽耶？○汪氏曰：程子是因夫子之言，更推出「實見」二字，謂必先能真實見得死便定是，不死便定不是，方肯甘心就死以成就這箇是。曰：志士仁人能得實理於心，方能有實見。實見得是與非，方能殺身成仁，以成就箇是，而不求生害仁以若不曾真實見得定合如此，則必不肯甘心就死矣。此又推聖人所以言此之意以曉人也。○新安陳氏成就箇非也。○問：「殺身成仁與舍生取義何別？」曰：仁義，一理耳。仁以心之全德言，義以身之大節言。成仁包得取義，取義即所以成仁。孔子就本心安適處言，故曰「成仁」；孟子就切身斷制處言，故曰「取義」。其爲成就一箇「是」，則一而已。所以程子於此謂「實見得生不重於義」，可見仁與義，一理也。

〇子貢問爲仁。子曰：「工欲善其事，必先利其器。居是邦也，事其大夫之賢者，友其士之仁者。」

賢以事言，仁以德言。勉齋黄氏曰：大夫言賢，已見於行事者也；士言仁，方見於脩身者也。夫子嘗謂子貢悦不若己者，故以是告之，欲其有所嚴憚切磋以成其德也。《家語》：孔子曰：「吾死之後，則商也日益，賜也日損。」曾子曰：「何謂也？」子曰：「商也好與賢己者處，賜也好與不若己者處。與善人居如入芝蘭之室，久不聞其香，則與之化矣；與不善人居如入鮑魚之肆，久不聞其臭，亦與之化矣。丹之所藏者赤，漆之所藏者黑。是以君子必慎其所與處焉。」〇朱子曰：大夫必要事其賢者，士必要友其仁者，便是要琢磨勉勵以至於仁。如欲克己而未能克己，欲復禮而未能復禮，須要更相勸勉，乃爲有益。〇事賢友仁，也是箇入德之方。問：「事與友孰重？」曰：友爲親切。賢只是統言，友徑指仁上説。〇欲爲仁而先親仁賢，猶工欲善其事而先利其器，欲其取諸仁賢以成其德也。〇慶源輔氏曰：事大夫之賢者，則有所觀法而起嚴憚之心；友其士之仁者，則有所切磋而生勉勵之意，則其所以爲仁者力矣。〇新安陳氏曰：「嚴憚」指「事大夫之賢」，「切磋」指「友士之仁」。〇程子曰：「子貢問爲仁，非問仁也。故孔子告之以爲仁之資而已。」汪氏曰：此專挑「爲」字發明之。問意重在此字，故夫子答之只從此字發明其意也。〇新安陳氏曰：資，助也。

〇顔淵問爲邦。

顔子，王佐之才，故問治天下之道。曰「爲邦」者，謙辭。朱子曰：顔子之問有二，一問仁，一問爲邦。須從克己復禮上來，方可及爲邦之事。

子曰：「行夏之時，

夏時，謂以斗柄初昏建寅之月爲歲首也。天開於子，地闢於丑，人生於寅。故斗柄建此三辰之月，皆可以爲歲首，而三代迭用之。夏以寅爲人正，商以丑爲地正，周以子爲天正也。朱子曰：邵子《皇極經世書》以元統會，十二會爲一元，一萬八百年爲一會；以會統運，以運統世，三十年爲一世，十二世爲一運，三十運爲一會。初間一萬八百年而天始開，又一萬八百年而地始成，又一萬八百年而人始生。邵子於寅上方註一「開物」字。蓋初間未有物，只是氣塞。及天開些子後，便有一塊查滓在其中，漸漸凝結而成地。初則溶軟，後漸堅實。今山形自高而下，便如水漾沙之勢，以此知必是先有天方有地，有天地交感方始生人物出來。邵子言到子上方有天，未有地；到丑上方有地，未有人；到寅上方有人。子丑寅皆天地人之始，故三代建以爲正。夫子以寅月人可施功，故從其時。然「時以作事」，四字出《左氏傳》。則歲月自當以人爲紀。故孔子嘗曰：「吾得夏時焉。」而說者以爲《夏小正》之屬。《記·禮運》：子曰：「我欲觀夏道，是故之杞，而不足證也，吾得夏時焉。」○《夏小正》，夏時書名，今存《戴德註》。蓋取其時之正與其令之善。而於此，又以告顏子也。朱子曰：陽氣雖始於黃鍾，而其月爲建子，然猶潛於地中而未有以見其生物之功也。歷丑轉寅而三陽始備，於是協風乃至，盛德在木而春氣應焉。古之聖人以是爲生物之始、改歲之端，蓋以人之所共見者言之。至商周始以征伐有天下，於是更其正朔，定爲一代之制，以新天下之耳目而有「三統」之說。然以言乎天，則生物之功未著；以言乎地，則改歲之義不明。而凡四時五行之序，皆不得其中正。此孔子所以考論三王之制而必行夏之時也。❶○所謂「行夏時」者，蓋由歷數以來授時之法，如《堯典》教民事者，至夏而悉備也。諸家之歷，久而皆差，惟《夏小正》之書，授時爲無差，故曰「行夏時」也。○問：「《集註》『斗柄初昏建寅之月』，何獨取初昏爲定？」雙峯饒氏曰：天象難捉摸，只有初昏可見。日已落，星初明，於是時推測方有定。若其他時候，周流四方，無可捉摸。凡測星辰都用初昏，測日景却用日中。○「行」字兼令說了。古人每月有政令，觀《夏小正》可見。行夏之時，不特改正朔，乃是兼每月政令行了。所以《集註》說「時之正與其令之善」，以堯曆「日中星鳥，以殷仲春」推之，亦是夏時。想夏之前皆用建寅之月，至湯始改以新天下之觀聽。○問：「《春秋》書『王正月』，是以十一月爲春，如何？」曰：然天時參差，自是周制。夫子不敢擅改王制，但如此書。而於對顏子發此言，則人見得合用夏時，方與天時當對，此是夫子微意。

「乘殷之輅，輅音路。亦作「路」。

商輅，木輅也。輅者，大車之名。古者以木爲車而已，至商而有輅之名，蓋始異其制也。周人飾以金玉，則過侈而易去聲。**敗。不若商輅之朴素渾**上聲。**堅，而等威已辨，爲質而得其中也。**或問：「周輅爲過侈，何也？」朱子曰：輅者，身之所乘、足之所履，其爲用也賤矣；運用震

❶ 此條出宋黄仲元《四如講稿》卷一，非出朱熹。

動，任重致遠，其爲物也勞矣。且一器而工聚焉，其爲費也廣矣。賤用而貴飾之則不稱，物勞而華飾之則易壞，費廣而又增費之則傷財：此周輅之所以爲過侈歟？〇《正義》曰：「路，大也。君之所在，以大爲號。門曰路門，寢曰路寢，車曰路車。」《左氏傳》曰：「大路越席，昭其儉也。」〇勿軒熊氏曰：按《記・明堂位》：「鸞車，有虞氏之輅也；鉤車，夏后氏之輅也；大輅，殷輅也；乘輅，周輅也。」註曰：「漢祭天乘殷之輅，今謂之『桑根車』。」《周禮・春官・巾車》掌「王之五輅：曰玉輅，金輅，象輅，革輅，木輅」。註曰：「金、玉、象以飾諸末。革輅，鞔之以革而漆之。木輅，漆之而已。」〇雲峯胡氏曰：商尚質，亦有過於質者。商之輅則得乎質之中者也。

「服周之冕，

周冕有五，祭服之冠也。冠，上有覆，敷救反。**前後有旒，**音流。**黃帝以來蓋已有之，而制度儀等至周始備。**何晏曰：❶《世本》云：「黃帝作冕。」《周禮》：「弁師掌王五冕。」其制蓋以木爲幹，以布衣之，上玄下朱，取天地之色。阮諶《三禮圖》云：「長尺六寸，廣八寸，天子以下皆同。」前圓後方，前垂四寸，後垂三寸。鄭云：「天子之衮冕十二旒，鷩冕九旒，毳冕七旒，絺冕五旒，玄冕三旒。旒各十二玉。公之衮冕九旒九玉，侯伯七旒七玉，子男五旒五玉，孤三旒三玉，大夫二旒二玉。士以弁，庶人以冠。」〇《周禮・春官・司服》：「王之吉服，祀昊天上帝則服大裘而冕，祀五帝亦如之。享先王則衮服。

❶「何晏」，據引文出邢疏，當作「邢昺」。

享先公，饗射，則鷩冕。祀四望山川則毳冕。祭社稷五祀則絺冕。祭群小祀則玄冕。」「六服同冕者，首飾尊也。大裘，羔裘也。衮冕，卷龍衣也。九章，初一曰龍，次二曰山，次三曰華蟲，次四曰火，次五曰宗彝：皆畫以爲繢；次六曰藻，次七曰粉米，次八曰黼，次九曰黻：皆絺以爲綉。則衮之衣五章，裳四章，凡九章也。鷩畫以雉，謂華蟲也。其衣三章，裳四章，凡七章也。毳畫虎蜼，謂宗彝也。其衣三章，裳二章，凡五章也。絺刺，粉米無畫也。其衣一章，裳二章，凡三章也。玄者，衣無文，裳刺黻而已，是以謂之『玄』焉。凡冕服，皆玄衣纁裳。」❶**然其爲物小而加於衆體之上，故雖華而不爲靡，雖費而不及奢。夫子取之，蓋亦以爲文而得其中也。**或問：「周冕之不爲侈，何也？」朱子曰：加之首則體嚴而用約，詳其制則等辨而分明。此周冕所以雖文而不爲過也。夏、商之制雖不可考，然意其必有未備者矣。○雲峯胡氏曰：周尚文，則有過於文者。周之冕則得乎文之中者也。

「樂則韶舞。

取其「盡善盡美」。問：「顏子問爲邦，孔子止告之以四代之禮樂，却不及治國平天下之道，莫是此事顏子平日講究有素，不待夫子再言否？」朱子曰：固是如此。顏子事事了得了，只欠這些子，故聖人斟酌禮樂而告之。○顏子資禀極聰明，凡是涵養得來都易，如「聞一知十」，如「於吾言無所不説」，如「亦足以發」，如「問爲邦」，一時將許多大事分付與他，是他大段了得。看問爲邦，而孔子便以四代禮樂告之，想是

---

❶「六服」至「皆玄衣纁裳」一段引文，出鄭注，非《周禮·春官·司服》正文。

所謂夏時、商輅、周冕、韶舞，當「博我以文」之時都理會得了。唯是顔子有這本領方做得，若無這本領，禮樂安所用哉？○新安陳氏曰：韶舞，以樂聲兼樂容而言也。

「放鄭聲，遠佞人。鄭聲淫，佞人殆。」遠，去聲。

放，謂禁絶之。鄭聲，鄭國之音。佞人，卑諂辨給之人。殆，危也。雲峯胡氏曰：《集註》前訓「佞」字但謂其「辨給」，此則先之以「卑諂」。蓋辨給在口，卑諂在心，此所謂「巧言令色孔壬」者也。○程子曰：「問政多矣，惟顔淵告之以此。蓋三代之制皆因時損益，及其久也，不能無弊。周衰，聖人不作，故孔子斟酌先王之禮，立萬世常行之道，發此以爲之兆耳。由是求之，則餘皆可考也。」朱子曰：發此爲之兆，兆猶準則也。非謂爲邦之道盡於此四者，略説四件作一箇準則，則餘事皆可依倣此而推行之耳。○雲峯胡氏曰：須看「斟酌」二字。以三代正朔，斟酌之不如夏之時得其正；輅至周而過侈，斟酌之不如從殷之爲得其中；冕自黄帝已有之，至周而其制始備，斟酌之不如從周爲得其中；自堯、舜、湯、武皆有樂，斟酌之不如韶樂之盡善盡美。夫子姑舉此四者以例其餘，皆當如此「斟酌」而行之也。張子曰：「禮樂，治去聲。下同。之法也。放鄭聲，遠佞人，法外意也。一日不謹則法壞矣，虞夏君臣更平聲。相戒飭，意蓋如此。」又曰：「法立而能守，則德可久，業可大。鄭聲、佞人能使人喪去聲。其所守，故放、遠之。」或問：「鄭、衛之音皆爲淫奔，夫子獨欲放鄭，何也？」朱子曰：《衛詩》三十九，淫奔之詩纔四之一；《鄭詩》四十一，淫奔之詩已不啻七之五。《衛》猶男悅女之詞，《鄭》皆女惑男之語。《衛》猶多譏刺懲創之意，《鄭》幾蕩然無復羞愧悔悟之萌：鄭聲之淫甚於衛矣！夫子獨以鄭聲爲戒而不及衛，舉重而言也。○張氏好古。曰：小人之禍國家，柔惡尤可畏於剛惡。剛惡桀黠强暴，中才之主猶畏而遠之，爲害猶淺；惟柔佞者諂諛側媚，使人喜愛親暱，聰明之君猶爲所惑，有覆亡而終不悟者。夫子舉「佞人」，亦以小人之尤者言也。是知有百王之大法，有萬世之大戒。四代禮樂，爲百王立此法也；戒以鄭聲、佞人，爲萬世保此法也。○慶源輔氏曰：治道成於樂。鄭聲，樂之淫者，能摇蕩人之性情以壞其成，故放絶之。治道係於人才。佞人，人才之賊也，利口辨給，能變亂是非以移奪人之心志而喪其所守，故屏絶之。○雙峯饒氏曰：「法外意」者，意在法之表。意，所以立此法，所以用此法，亦所以守此法。「先王有不忍人之心，斯有不忍人之政」。「有《關雎》、《麟趾》之意，然後可以行《周官》之法度」。即此意也。**尹氏曰：「此所謂『百王不易』之大法。孔子之作《春秋》，蓋此意也。孔顔雖不得行之於時，然其爲治之法，可得而見矣。」**程子曰：舉前代之善者，準此以損益之，此成法也。鄭聲使人淫溺，佞人使人危殆，放遠之，然後可守成法。○三王之法各是一王之法，故三代損益，文質隨時之宜。若孔子所立之法，乃通萬世不易之法。孔子於他處亦不見説，獨答顔回云「行夏之時，乘殷之輅，服周之冕，樂則韶舞」，此是於四代中舉這一箇法式，其詳細雖不可見，而孔子但示其大法，使後人就上脩之。又曰：鄭聲、佞人，最爲治之害，放遠亦人之所難。○和靖尹氏曰：孔子告顔子以四代禮樂，而繼以放鄭聲、遠佞人，蓋此事易惑人也。○問：「伊川《春秋傳序》引夫子答『爲邦』之語，『惟顔子嘗聞』《春秋》大法，何也？」朱子曰：此不是孔子將《春秋》大法向顔子説。蓋三代制作極備矣，孔子更不可復作，故告以四代禮樂，只是集百王不易之大法。其作《春秋》，善者則取之，惡者則誅之，要亦明聖王之大法，意亦只是如此，故伊川引之爲樣耳。○南軒張氏曰：聖人監四代之事而損益之，以爲百王不易之典，此其大綱也。其綱見於此而其目則著於《春秋》。以此答顔淵，惟顔子可以與於斯也。放鄭聲、遠佞人，以爲邦之大法也，以其易溺而難防，故重言之。鄭聲淫、佞人殆，聖人每致戒於斯者，非聖人必待戒乎此也，於此設戒，是乃聖人之道也。放鄭聲、遠佞人，而後四代之法度可以興行而無斁矣。○或問：「孔子言王道，只言禮樂，如夏時、商輅、周冕是也；孟子言王道，只言政事，如衣帛食肉、經界井地是也。意者孔子言王道之本，孟子言王道之務。」潛室陳氏曰：孔子爲學者言，止言經世之大綱；孟子爲時君言，當論濟時之急務。

○子曰：「人無遠慮，必有近憂。」

蘇氏曰：「人之所履者，容足之外皆爲無用之地，而不可廢也。故慮不在千里之外，則患在几席之下矣。」程子曰：「人無遠慮，必有近憂。」思慮當在事外。○南軒張氏曰：慮之不遠，其憂必至，故曰「近憂」。《易》於「履霜」即曰「堅冰至」，以見其憂之在近也。慮患於履霜之初，則有以弭憂矣。○覺軒蔡氏曰：按蘇氏之説遠近以地言。若遠近以時言，恐亦可通。如國家立一法度，若不爲長遠之慮，則目前即有近憂矣。○雙峯饒氏曰：蘇氏只説得地之遠近，欠説時之遠近。若云「慮不及千百年之遠，則患在旦夕之近矣」，意方足。○厚齋馮氏曰：慮在事未來之先，憂在事既至之後。慮不遠則備不豫，而憂近矣；慮遠而備豫，則有以弭憂也。

○子曰：「已矣乎！吾未見好德如好色者也！」好，去聲。

已矣乎，歎其終不得而見之也。南軒張氏曰：世之誠於好德者鮮，夫子所以歎也。○慶源輔氏曰：自恐其終不獲見，所以警人使知自勉也。○新安陳氏曰：「吾未見好德如好色者也」，已見《子罕》篇。此加上三字，而警人之意愈切。

○子曰：「臧文仲，其竊位者與？知柳下惠之賢而不與立也。」「者與」之與，平聲。

竊位，言不稱去聲。其位而有愧於心，如盜得而陰據之也。柳下惠，魯大夫，展獲，字禽。食邑柳下，謚曰惠。與立，謂與之並立於朝。音潮。范氏曰：「臧文仲爲政於魯，若不知賢，是不明也；知而不舉，是蔽賢也。不明之罪小，蔽賢之罪大。故孔子以爲不仁，張氏存中曰：見《公冶長》篇「子産有君子之道四焉」章。又以爲竊位。」慶源輔氏曰：爵位，天之所以待人才，有才德者之所宜居也，豈一己可得而私有哉？如盜得而陰據之，則蔽賢抑能，悖天行私，而不自知其非矣。○或謂竊人之物者，惟恐人見而奪之；竊人之位者，惟恐賢者見用而逼己。雙峯饒氏曰：恐有此等意思。竊人物者，恐人見得便證出他來。臧文仲自居上位，亦自有所長，若與柳下惠並立，便被他形出己之短，所以蔽而不進之。○勿軒熊氏曰：公叔文子與大夫僎同升，則稱其「文」；臧文仲知柳下惠而不與立，則譏其「竊位」。蓋在上位以薦賢爲重也。○新安陳氏曰：不明者知識之暗，不智也；蔽賢則心術之私，不仁也。豈非偷竊職位以爲己之私有，而不復以職位爲國家待賢之公器歟？文仲，魯賢大夫，夫子不雷同而賢之，大公至正之心也。

○子曰：「躬自厚而薄責於人，則遠怨矣。」遠，去聲。

責己厚，故身益脩；責人薄，故人易從。所以人不得而怨之。朱子曰：厚，是自責得重，責了又責，積而不已之意。吕伯恭性褊急，只因病中讀《論語》至「躬自厚而薄責於人」，遂一向如此寬厚和易。此可爲變化氣質之法。○新安陳氏曰：此即成湯「檢身若不及，與人不求備」之意。脩己待人，當然之理也，非爲求遠怨而後爲之。遠怨乃自然之效耳。

○子曰：「不曰『如之何，如之何』者，吾末如之何也已矣。」

「如之何，如之何」者，熟思而審處上聲。之辭也。不如是而妄行，雖聖人亦無如之何矣。朱子曰：只是要再三反覆思量。若率意妄行，雖聖人亦無柰他何。○雙峯饒氏曰：上言「如之何」是思而處之，下言「如之何」是思之熟而處之審也。

○子曰：「羣居終日，言不及義，好行小慧，難矣哉！」好，去聲。

小慧，私智也。言不及義，則放辟僻同。邪侈之心滋；好行小慧，則行險僥倖之機熟。難矣哉者，言其無以入德而將有患害也。朱子曰：下三句雖從第一句帶下來，必「羣居終日」而如此，尤見得下二句爲亂道。言不及義，無學識之村人多如此。既言不及義，而惟止「好行小慧」，則其爲邪惡傾險之小輩，審矣。欲免於罪過，難矣哉！○或問：「慧固明智之稱。」曰：小慧則不本於義理而發於計較利欲之私耳。○南軒張氏曰：義者，天理之公；小慧，則繆巧之私而已。小慧之好，義之賊也。○雙峯饒氏曰：此雖兩事，其實相因。○胡氏曰：《集註》所謂滋則其心日甚一日，熟則其機日深一日。所以至此者，以其「羣居」而「終日」如此也。言不及義，故無以入德；好行小慧，故將有患害焉。

○子曰：「君子義以爲質，禮以行之，孫以出之，信以成之。君子哉！」孫，去聲。

義者，制事之本，故以爲質幹。而行之必有節文，出之必以退遜，成之必在誠實。乃君子之道也。○程子曰：「義以爲質，如質幹然。禮行此，孫出此，信成此。此四句只是一事，以義爲本。」朱子曰：義以爲質，是制事先決其當否了。其間節文次第，須要皆具，此是「禮以行之」。然徒知盡其節文而不能「孫以出之」，則亦不可。且如人知尊卑之分，須當讓他，然讓之之時辭氣或不能婉順，便是不能遜以出之。「信以成之」者，是終始誠實以成此一事，却非是「遜以出之」後方「信以成之」也。○義則是合宜。義有剛決意思，然不直撞去。禮有節文度數，故用禮以行之。孫以出之，是用和爲貴。義不和，用禮以行之已自和；然禮又嚴，故遜以出之，使從容不迫。信是朴實頭做，無信則義、禮、遜皆是僞。○問：「禮行」、「遜出」何別？曰：行，是安排恁地行；出，是從此發出。禮而不遜，則不免矯世以威嚴加人。○陳氏曰：事到面前便斷可否，此在先，是「義以爲質」。可否既定，或從或違，所以區處須中節文，無過不及，是「禮以行之」。於其區處或出辭氣，須遜順而無峻厲，方不忤人，是「遜以出之」。其總歸須誠實，則此事之成，無欠缺可悔處，是「信以成之」。四者皆一套事，只於日用間驗之自見。○雙峯饒氏曰：當然處是「義」，「質」是箇坯朴子。君子以義作箇坯朴，却以禮來文這義，擺布教恁地有條理。然義有圭角，又須遜順以出之，使之無圭角。然既如此，又恐失了義之本真，故又須信以成之，不易其當然之則。又曰：義以爲質而非禮行遜出，則質而不文；禮行遜出而不成之以信，則文勝而滅質：皆非君子之道。○雲峯胡氏曰：義不可以直遂行之，出之在禮遜；義不可以僞爲，成之在信實。然非禮遜之後又加以信也，曰義曰禮孫，始終一實而已矣。**又曰：「『敬以直內』則『義以方外』。義以爲質則禮以行之，孫以出之，信以成之。」**朱子曰：義以爲質，便是自「義以方外」處說起。若無「敬以直內」，也不知義之所在。○南軒張氏曰：義以方外，是義爲用也。而此章則以義爲體，蓋物則森然具於「秉彝」之內，此義之所以爲體也。必有是體而後品節生焉，故禮之所以行此者也。其行之也以遜順，則和而不失，故遜所以出此者也。而信者又所以成此者也。蓋義爲體而禮與孫所以爲用，而信者又所以成終者也。信則義行乎事事物物之中，而體無不具矣。○慶源輔氏曰：「敬以直內，義以方外」，是從內說出外；「義以爲質，禮以行之，孫以出之，信以成之」，是由外說入內。○胡氏曰：必敬存而後義立。義者事之質，而敬又義之本，推而上之也。○潛室陳氏曰：敬以直內，則義乃方外，是敬爲體而義爲用；若以義爲質，則禮行此義者也，孫出此義者也，信成此義者也，是義爲體而三者爲用矣。○新安陳氏曰：此章本無「敬以直內」意，程子又推本言之。

○子曰：「君子病無能焉，不病人之不己知也。」

南軒張氏曰：病無能者，非他也，病夫履行之無其實也。○問：「既謂之『君子』，又緣何病其無能？」雙峯饒氏曰：若自以爲有能，則不足以爲「君子」。如云「君子道者三，我無能焉」，「君子之道四，丘未能一焉」，夫子豈是無能者？

○子曰：「君子疾沒世而名不稱焉。」

范氏曰：「君子學以爲去聲。己，不求人知。然没世而名不稱焉，則無爲善之實可知矣。」南軒張氏曰：有是實則有是名。名者，所以命其實也。終其身而無實之可名，君子疾諸，非謂求名於人也。○雙峯饒氏曰：言「没世」者蓋棺事乃定。生前或可干名，没後却粧點不得，公論方定。非有可稱之實者，必不見稱於人。没後有名可稱，則真有善可知。《大學》「没世不忘」亦此意。○厚齋馮氏曰：病之者，病我也；疾之者，疾人也。○齊氏曰：求有爲善之名，固君子之所羞；終無爲善之實，亦君子之所惡。故「長而無述」，孔子責之；「四十五十而無聞」，孔子歎之；「没世而無稱」，孔子疾之。然則學者亦可以勉矣。

○子曰：「君子求諸己，小人求諸人。」

謝氏曰：「君子無不反求諸己，小人反是。此君子小人所以分也。」○楊氏曰：「君子雖不病人之不己知，然亦疾没世而名不稱也；雖疾没世而名不稱，然所以求者亦反諸己而已。小人求諸人，故違道干譽，無所不至。三者文不相蒙而意實相足，亦記言者之意。」或問：「楊氏之説似太巧。」朱子曰：雖巧，而有益於學者。○以好名爲戒，此固然矣。然偏持此論，將恐廉隅毁頓，其弊有甚於好名。故「君子疾没世而名不稱焉」，而又曰「君子求諸己」。詳味此言，不偏不倚，表裏該備，此其所以爲聖人之言歟？學者要當如此玩心，則「勿忘勿助」之間，天理卓然矣。○南軒張氏曰：君子無適而非求諸己，小人無適而非求諸人。求諸己則德日進，求諸人則欲日肆。君子小人之分，蓋如此也。○胡氏曰：范氏合上二章爲一意，楊氏於此又合三章爲一意。文意反覆，互相周備。雖非夫子立言之旨，記者取而相足也。

○子曰：「君子矜而不争，羣而不黨。」

莊以持己曰「矜」。然無乖戾之心，故「不争」。和以處上聲。衆曰「羣」。然無阿比毗至反。之意，故「不黨」。程子曰：君子以矜莊自持，不與人争。○龜山楊氏曰：矜者，「矜莊」之「矜」，非謂「矜伐」也。○朱子曰：矜是自把捉底意思，故《書》曰：「不矜細行，終累大德。」○南軒張氏曰：矜莊自持，易至絶物而失於争；羣居相與，易至徇物而失於黨。君子非與人異也，處己嚴而不失於和，故矜而不争；非不與人同也，待物平而不失於公，故羣而不黨。○慶源輔氏曰：莊以持己理也，然用意或過，則便至乖戾之心生而與人争；和以處衆理也，然用意或過，則便至阿比之意起而與人黨。天理存亡，只在一息之間。夫子言君子如此，所以使學者於持己處衆之際戒謹恐懼，務盡其理，而防私意之或萌也。○新安陳氏曰：矜也忿戾，則矜而争矣。可以羣，羣而不流於黨也。

○子曰：「君子不以言舉人，不以人廢言。」

南軒張氏曰：以言舉人，則行不踐者進矣，此固不可也；然而雖使小人言之而善，亦不害其爲善者也，以人廢之，則善言棄矣。故君子雖不以言舉人，而亦不以人廢言，公心無蔽也。○新安陳氏曰：君子不以其言之善而遽舉用其人，以人之行多不及言故也；亦不以其人之惡而廢其言之善，以一言之善自不可没故也。如孔子因宰予晝寢而「聽言」必「觀行」，孟子不没陽虎「爲富不仁」之言。聖賢之心，公而無蔽，故如此。

〇子貢問曰：「有一言而可以終身行之者乎？」子曰：「其恕乎？己所不欲，勿施於人。」推己及物，其施不窮，故可以終身行之。〇尹氏曰：「學貴於知要。子貢之問，可謂知要矣。孔子告以『求仁之方』也。新安陳氏曰：恕者，求仁之方。《語》曰：「能近取譬，可謂仁之方也已。」孟子曰：「强恕而行，求仁莫近焉。」推而極之，雖聖人之無我，不出乎此。終身行之，不亦宜乎？」問：「言恕必兼言忠，如何此只言恕？」朱子曰：不得忠時不成恕，獨説恕時忠在裏面了。〇問：「『終身行之，其恕乎』，絜矩之道，是恕之端否？」曰：絜矩正是恕。〇南軒張氏曰：人之患，莫大於自私，恕者所以克其私而擴公理也。己所不欲，勿施於人，恕之方也。是所當終身而行之者。極其至，則仁也。忠恕，體用也。獨言行恕者，蓋於其用力處言之。行恕，則忠可得而存矣。〇慶源輔氏曰：推己及物，即「己所不欲，勿施於人」之恕也。非有資於人，在我施之而已，烏有窮盡？故「可以終身行之」。此蓋指其用而言之。又曰：始則推己及物，終則爲聖人之無我，不出乎一「恕」字而已。終身行之，豈不爲宜？此又極其效而言之。「知要」之説，尤爲有警於學者。蓋聖學以仁爲先，而恕則求仁之方也。〇陳氏曰：己所不欲，勿施於人，只就一邊論。其實不止勿施所不欲者，凡己所欲者，須要施於人方可。如己欲孝欲弟，人亦欲孝欲弟。必推己所欲孝欲弟者以及人，使人亦得以遂其欲孝欲弟之心，便是恕。只是推己之心流行到那物而已恕之義甚闊大。自漢以來，「恕」字之義不明。有謂「善恕己量主」，范忠宣亦謂「以恕己之心恕人」，不知「恕」字就己上著不得。據他説「恕」字，只似饒人的意思，恰似今人説且「恕之」、「不輕恕」之意，如此，是己有過且自恕，人有過又併恕人，乃相率爲不肖之歸，豈推己如心之義乎？

○雙峯饒氏曰：此問在未聞「一貫」之先。子貢多學，欲知博中之約，遂發此問。「一言」是一字，所以只以一「恕」字答之。○新安陳氏曰：視人猶己，一視同仁，此聖人之無我也。惟其略無私己，故仁之用自然如此。

○子曰：「吾之於人也，誰毁誰譽？如有所譽者，其有所試矣。譽，平聲。毁者，稱人之惡而損其真；譽者，揚人之善而過其實。夫子無是也。然或有所譽者，則必嘗有以試之而知其將然矣。聖人善善之速而無所苟如此。若其惡惡，則已緩矣。是以雖有以前知其惡，而終無所毁也。朱子曰：「毁」者，人本未有十分惡，將做十分惡説他，便是「毁」。若只據他之惡説之，不謂之「毁」。如一物本完全，今打破了便是毁。若那物元破了，不可謂之毁。「譽」亦是稱獎得過當。有所試者，那人雖未有十分善，我試之，知得將來如此。若毁人，則不如此也。○或問「毁譽」之説。曰：毁者，惡未著而遽詆之；譽者，善未著而亟稱之也。試者，驗其將然之辭。聖人之心，光明正大，稱物平施，無毫髮之差。故人之善惡，稱之未有少有過其實者。然以欲人之善也，故但有試而知其賢，則善雖未顯，已進而譽之矣；不欲人之惡也，故惡之未著者，雖有以決知其不善，而卒未嘗遽詆之也。此所以言譽而不言毁，蓋非若後世所謂恥言人過而全無黑白者。但有先褒之善而無豫詆之惡，則是聖人之心耳。曰：「若有譽而無毁，則聖人之心爲有所倚矣。」曰：有譽無毁，是乃善善速、惡惡緩之意，正《書》所謂「與其殺不辜，寧失不經。罪疑惟輕，功疑惟重」，《春秋傳》所謂「善善長，惡惡短」，孔子「樂道人之善」，「惡稱人之惡」之意，而仁包五常、元包四德之發見證驗也。聖人之心雖至公至平，無私好惡，然此意未嘗不存，是乃天地生物之心也。若以是爲有倚而以恝然無情者爲至，則恐其高者入於老、佛荒唐之説，而下者流於申商慘酷之科矣。○胡氏曰：「毁」云損其真，若叔孫武叔之毁仲尼是也；「譽」云過其實，孟子所謂「聲聞過情」是也。

「斯民也，三代之所以直道而行也。」

斯民者，今此之人也。三代，夏商周也。直道，無私曲也。言吾之所以無所毁譽者，蓋以此民即三代之時所以善其善、惡其惡而無所私曲之民，朱子曰：「所以」字本虛，然意味乃在此。故我今亦不得而枉其是非之實也。新安陳氏曰：此句繳上一截「誰毁誰譽」之意。○尹氏曰：「孔子之於人也，豈有意於毁譽之哉？其所以譽之者，蓋試而知其美故也。斯民也，三代所以直道而行，豈得容私於其間哉？」朱子曰：斯民，是今此之民，即三代之時所以爲善之民。聖人説一句話，便是恁地闊，便是從頭説下來。此民乃是三代時直道而行之民，我今若有所毁譽，亦不得迂曲而枉其是非之實。○南軒張氏曰：誰毁誰譽，謂吾於人初無毁譽之意也。而有所譽者，必有所試也，因其有是實而稱之。春秋之時，風俗雖不美，然民無古今之異，三代所以直道而行者亦斯民也。順理之謂「直」。可毁可譽在彼，循其理而已。先王命德討罪亦若是也。○雙峯饒氏曰：下面「民」字即上面「人」字，但「人」對「己」而言，「民」對「君」而言。緣有「三代」字在上，故言今此之民與三代之民一般。但三代化行俗美，好惡得其真，後世教化不明，風俗不美，直變爲枉，所以有稱人惡而損其真、揚人善而過其實者。吾之於人則不然。蓋視今此之人爲三代直道之民，而不視之爲後世枉道之民也。○雲峯胡氏曰：朱子云所以二字有味，蓋善善惡惡無所私曲，今之民與三代之民皆然，是必有所以然者矣。○新安陳氏曰：尹氏之意略而未明，朱子就其説而發明得精切至到耳。善善惡惡，無所私曲，乃人心天理所在，萬世如一日也。三代之人心如此，今日之人心亦如此，聖人不得容私於其間也。然有先褒之善而無豫詆之惡，善善急、惡惡緩之心未嘗不行乎其間焉。好善忠厚之心與善善惡惡無私曲之心，並行而不相悖也。

○子曰：「吾猶及史之闕文也。有馬者借人乘之，今亡矣夫！」夫音扶。❶**楊氏曰：「史闕文，馬借人，此二事孔子猶及見之。今亡**與「無」通。**矣夫，悼時之益偷也。」愚謂此必有爲**去聲。**而言。**意必偶見有此事。**蓋雖細故，而時變之大者可知矣。**南軒張氏曰：有馬借人乘之，已雖有馬不能乘，則借人乘之。史有闕文以待來者，其意亦猶是也。言始猶及見而今則亡，歎風俗之日趨於薄也。○勉齋黄氏曰：今亡矣夫，歎古人謙厚之意不復見也。○葉氏少蘊。曰：古者六書皆掌於史官。班孟堅言：「古制，書必同文，不知必闕，問諸故老。至於衰世，是非無正，人用其私，故子曰『吾猶及史之闕文也，今亡矣夫』。」雖略去有馬者借人乘之之語，其傳必有自矣。○齊氏曰：三代無乘馬者。所謂乘，如《詩》言「乘乘鴇」、「乘乘黄」，蓋四馬駕車而乘之也。借人乘之，蓋有子路車馬「與朋友共」之意。○雲峯胡氏曰：史闕文，猶不挾己所見以自是；馬借人，猶不挾己所有以自私。○新安陳氏曰：疑以傳疑，物與人共，皆人心近古處。二事雖小，而人心之不古亦可見。**○胡氏曰：**

---

❶「夫」，原脱，今據四庫本、孔本、陸本及《輯釋》、《四書章句集註》補。

「此章義疑，不可强上聲。解。」趙氏曰：二事大小精粗，實不相並，故又載胡氏説于後，亦闕疑之意。

○子曰：「巧言亂德，小不忍則亂大謀。」

巧言變亂是非，聽之使人喪去聲。其所守。小不忍，如婦人之仁、匹夫之勇皆是。或問：「婦人之仁、匹夫之勇，强弱不同，同爲不忍，何也？」朱子曰：「『忍』之義，禁而不發之謂。婦人之仁，不能忍其愛也；匹夫之勇，不能忍其忿也。○慶源輔氏曰：婦人之仁，失於不斷；匹夫之勇，失於輕決。二者之失不同，而皆足以亂大謀。蓋大謀雖斷，而輕決則又失之。○雲峯胡氏曰：亂大謀，彼自亂彼之事；亂德，非惟自亂其心術，且能亂人之心術。是非有定理，而彼以是爲非，以非爲是，使聽者失其所守，爲人心之害莫大焉。婦人之仁，柔惡，爲無斷；匹夫之勇，剛惡，爲强梁。

○子曰：「衆惡之，必察焉；衆好之，必察焉。」好、惡，並去聲。

楊氏曰：「惟仁者能好惡人。衆好惡之而不察，則或蔽於私矣。」南軒張氏曰：天下之善惡有如黑白之易明者，衆之好惡固所同也。至於事若善而其情則有害，事若不善而其情或可取，此衆人之所惑而君子之所察也。孟子於仲子、匡章，是也。○胡氏曰：察者，詳審之謂。非謂衆人之好惡皆非也，特恐其或蔽於私，故加詳審爾。○雙峯饒氏曰：南軒所引仲子、匡章事甚切。齊人皆以仲子爲廉，孟子獨能辨其不廉，此其「衆好必察」處；匡章通國皆稱其不孝，孟子獨不以不孝目之，此是「衆惡必察」處。又曰：衆好惡固當察，然我心無私意，方能察之；若有私意，則衆好惡之得其當者，我反以爲非矣。所以「惟仁者能好、惡人」也。○新安陳氏曰：惟仁者無私心而好惡當於理，方能爲衆人之衡鑑焉。

○子曰：「人能弘道，非道弘人。」

弘，廓苦郭反。而大之也。人外無道，人之身，即道之所寓。道外無人。道即人之所以爲人之理。然人心有覺而道體無爲，故人能大其道，道不能大其人也。○張子曰：「心能盡性，人能弘道也；性不知檢其心，非道弘人也。」問「人能弘道」。朱子曰：道如扇，人如手。手能搖扇，扇如何搖手？○問「性不知檢其心」。潛室陳氏曰：性指道，心指人。○雙峯饒氏曰：此「道」字是就自家心上說，若就道體上說，則道自際天蟠地，何待人弘？又曰：四端甚微，廣而充之則不可勝用，此之謂「人能弘道」。○四如黃氏曰：「弘」有二義。人之得是道於心也，方其寂然而無一理之不備，亦無一物之不該，這是容受之「弘」；及感而通，無一事非是理之用，亦無一物而非是理之推，這是廓大之「弘」。其容受也，人心攬之，若不盈掬而萬物皆備於我，此「弘」之體；其廓大也，四端雖微，火然泉達，充之足以保四海，此弘之用。性分之所固有者，一一盡收入來；職分之所當爲者，一一便推出去：方是「弘」。

○子曰：「過而不改，是謂過矣。」

過而能改，則復於無過。唯不改，則其過遂成而將不及改矣。新安陳氏曰：過而肯改，則過泯於無；過而不改，則過成而有。

○子曰：「吾嘗終日不食，終夜不寢以思，句。無益，句。不如學也。」

此爲去聲。「思而不學」者言之。蓋勞心以必求，不如遜志而自得也。李氏曰：「夫子非思

而不學者，特垂語以教人爾。」朱子曰：思是硬要去做，學是依這本子，小著心，隨事順理去做。○遜志，是卑遜其志，放退一著，寬廣以求之，不忒恁地迫窄，便要一思而必得。○問：「聖人真箇『終日不食，終夜不寢以思』否？」曰：聖人也曾恁地來。聖人説「發忿忘食」，却是真箇。惟横渠知得此意，嘗言孔子煞喫辛苦來。○南軒張氏曰：此章非以思爲無益也，以思而不學，則無益耳。○雲峯胡氏曰：《書·説命》「惟學遜志」一句，六經言學所從始。非特取卑遜之義。不凌節而施之謂「遜」。蓋勉勉循循，其學有自得之益；勞心以必求，徒思而未必有得也。

○子曰：「君子謀道不謀食。耕也，餒在其中矣；學也，祿在其中矣。君子憂道不憂貧。」餒，奴罪反。

耕所以謀食而未必得食，學所以謀道而祿在其中。然其學也，憂不得乎道而已，非爲去聲。**憂貧之故而欲爲是以得祿也。○尹氏曰：「君子治其本而不卹其末，豈以自外至者爲憂樂**音洛。**哉？」**朱子曰：君子謀道不謀食，是將一句統説，中又分兩脚説。耕也，餒在其中；學也，祿在其中。又恐人錯認此意，似教人謀道以求食，故下面又繳一句，謂君子所以爲學者，所憂在道爾，非憂貧而學也。○學固不爲謀祿，然未必不得祿；如耕固不求餒，然未必得食。雖是如此，然君子之心却只見道不見祿。○凡言「在其中」，蓋言不必在其中而在焉者矣。○問：「耕也餒在其中，學也祿在其中，兩句似相反。」潛室陳氏曰：耕本謀食，却有時而餒；學非謀食，却可以得祿。○雙峯饒氏曰：首句重在「謀」字上，末句重在「憂」字上。謀以事言，憂以心言。憂道自然不憂貧。到不憂貧地位，也是難事。

學者縱未能不憂貧，也且以此等意思存之胸中，久久自別。○雲峯胡氏曰：凡學而謀食者，只爲貧富關打不透爾。果不憂貧，自不謀食。○新安陳氏曰：「謀食」之「食」以「食禄」言，與「禄」字相關。「耕也，餒在其中」一句自是引喻。此章夫子始終教學者以審内外之輕重也。君子惟謀學以明道，而不謀食以得禄，譬之耕本不求餒而餒自在其中，是學本不求禄而禄自在其中，學焉而聽禄之自至可也。末又申言之，「憂道」以見其「謀道」，「不憂貧」以見其「不謀食」。憂出於心，謀見於事。憂之深然後謀之熟，無非欲學者知内之重而外之輕耳。

○子曰：「知及之，仁不能守之，雖得之，必失之。知，去聲。

知足以知如字。此理而私欲間去聲。下同。之，則無以有之於身矣。程子曰：知及之，仁不能守之，無得也。○知及之，仁不能守之，此言中人以下也。若夫真知，未有不能守者。○新安陳氏曰：「好學近乎知，力行近乎仁」，學而知之明，則知及而得之矣；不能無私，力行而守之不固，雖得之，必失之也。

「知及之，仁能守之，不莊以涖之，則民不敬。

涖，臨也，謂臨民也。知此理而無私欲以間之，則所知者在我而不失矣。然猶有不莊者，蓋氣習之偏，或有厚於内而不嚴於外者，是以民不見其可畏而慢易去聲。之。下句放上聲。此。張子曰：所謂知及之必欲仁守之者，恐其難得必失耳。「知之非艱，行之惟艱」，此守所以貴乎篤也。○問：「知及之，仁不能守之，固不可。仁既能守之，而猶有不莊之戒。《集註》謂有『氣習之偏』，何耶？」潛室陳氏曰：蓋雖是有仁能持守，然當臨涖之時、舉動之際，此心小懈，即妄念便生。須是逐時照管，令罅縫不開。才有罅縫，便有氣習之偏，此是聖賢點檢身上工夫周密處。雖是本體已造醇美，猶恐節目上有疵，又須逐節照管，要令盡善盡美。

「知及之，仁能守之，莊以涖之，動之不以禮，未善也。」

動之，動民也，猶曰鼓舞而作興之云爾。禮，謂義理之節文。朱子曰：「動」字不是「感動」之「動」，是使民底意思。謂使民去做這件事亦有禮，是使之以禮。下梢「禮」字歸在民身上。○動之，是指民説。如蒐田獮狩，就其中教之少長有序之事，便是使之以禮。蓋使他以此事，此事有禮存也。**○愚謂學至於仁，則善有諸己而大本立矣。涖之不莊，動之不以禮，乃其氣稟學問之小疵，然亦非盡善之道也。**朱子曰：固有生成底，然亦不可專主氣質。蓋亦有學底。○慶源輔氏曰：不莊，氣質之偏也；不以禮，學問之闕也。**故夫子歷言之，使知德愈全則責愈備，不可以爲小節而忽之也。**朱子曰：知及之，如《大學》「知至」；仁守之，如「意誠」。涖不莊、動不以禮，如所謂「不得其正」，所謂「敖惰而辟」之類。知及仁守，是「明德」工夫，下面是「新民」工夫。○問：「知及仁守，到仁是極了，却又要莊涖、動以禮底工夫，如何？」曰：人自有此心純粹不走失，而於接物治民時少些莊嚴意思，自不足以使人敬，此便是未盡善處。又問：「此是要本末工夫兼備否？」曰：固是。但須先有知及仁守做箇根本，方好去檢點其餘，便無處無事不善。若根本不立，又有何可點檢處？○或問：「知及仁守，爲學之事也；莊涖禮動，爲政之事也。然爲學之事雖未及乎爲政，至於接物處家之際，亦非莊涖禮動不能爲也；

爲政者雖不專於爲學，然非知識之明而持守之固，亦無以爲臨政之地矣。」○此一章當以「仁」爲主。所謂「知及之」，所以求吾仁；「涖之」、「動之」，所以持養吾仁者。○或問此章。曰：大抵發明内外本末之序，極爲完備。而其要，以仁爲重。仁能守之則大本已立，雖臨民不以莊、動民不以禮，亦其支節之小失耳。然亦不可不自警省，以求盡善而全其德也。○南軒張氏曰：知及之，仁不能守之，則未能保之也；仁能守之，則在己者實矣；又須莊以涖之，而動之則以禮。動之以禮者，以禮教民，則民作興也。此雖統言爲政之道至此而後「善」，然所以成己，亦一而已。○雙峯饒氏曰：此章六箇「之」字要分别。及之、守之、得之、失之，此四「之」字指「理」而言；涖之、動之，此二「之」字指「民」而言。○雲峯胡氏曰：仁者，心德之全。知及、仁守而猶曰不莊以涖之則民不敬者，德之全而責之備也；知及、仁守、莊涖而猶曰動之不以禮爲未善者，德愈全而責愈備也。大本已立，固足以見其心德之全；小節未善，亦足以爲全德之累。

○子曰：「君子不可小知而可大受也，小人不可大受而可小知也。」

此言觀人之法。知，我知之也；受，彼所受也。蓋君子於細事未必可觀，而材德足以任重；小人雖器量去聲。淺狹，而未必無一長可取。朱子曰：一事之能否，不足以盡君子之藴，然能任天下之重而不懼；小人一才之長，亦可器使，但不可以任大事耳。○吴氏曰：方舜之耕稼時，視之猶人也；一旦受堯之天下，若素有之。小人有立談之間而其材可知者，至委以國則未有不敗。○南軒張氏曰：君子所存者大，故不可以小者測知而可以當其大者；小人局於狹小，其長易見，故不可以任大而可以小知之。大受，如學者之學聖人，有爲者之當大任是也；事而可以小知之，小人用過其量，則敗矣。

○雙峯饒氏曰：君子於小事上有拙處，小人於小事上有長處，所以不可以一節觀之。或問：「君子才全德備，何爲於小事上有拙處？」曰：不可以一概論。君子亦自有等降，但其大體正當，雖細微處有未盡，亦不害其爲君子。又曰：此小人是小有才之人，非庸常之小人。○雲峯胡氏曰：小節可以知小人，不足以知君子；大受可以許君子，不可以許小人。材之所成爲器，德之所充爲量。君子之所以可大受者，材與德俱大；小人之不可大受者，器與量俱小故也。

○子曰：「民之於仁也，甚於水火。水火，吾見蹈而死者矣，未見蹈仁而死者也。」

民之於水火，所賴以生，不可一日無。其於仁也亦然。但水火外物而仁在己。無水火，不過害人之身；而不仁，則失其心，是仁有甚於水火而尤不可一日無者也。況水火或有時而殺人，仁則未嘗殺人，亦何憚而不爲哉？李氏曰：「此夫子勉人爲仁之語。下章放此。」

上聲。問：「夫子言『吾未見蹈仁而死者也』，後又言『志士仁人，有殺身以成仁者』。」潛室陳氏曰：蹈仁，有益無害，人何憚而不爲？此勉人爲善之語。若到殺身成仁處，是時不管利害，但求一箇是而已。學者患不蹈仁爾，蹈仁則心無計較之私，若義所當死而死，雖比干，不害爲「正命」。

○子曰：「當仁，不讓於師。」

當仁，以仁爲己任也。雖師亦無所遜，言當勇往而必爲也。蓋仁者，人所自有而自爲之，非有爭也，何遜之有？○程子曰：「爲仁在己，無所與遜。若善名在外，則不可不遜。」朱子曰：當仁，「擔當」之「當」。這「仁」字是指大處難做處説。這般處須著擔當，不可説道自家做不得，是師長所做底事。○弟子於師，每事必讓而不敢先。至於仁以爲己任，則當自勉而勇爲，不可以有讓也。蓋仁者，己所有而自爲之，非奪諸彼而先之也，何讓之有？所謂「不讓」，猶程子所謂「不可將第一等事讓與別人做」者。其事，則顔子所謂「舜何人也，予何人也？有爲者亦若是」者是已。此與上章皆勉人爲仁之辭。上章爲凡民都不知仁而憚於爲之者發，此章爲學者粗知仁之爲美而不知勇於有爲者發。○南軒張氏曰：夫子嘗曰：「有能一日用其力於仁矣乎？我未見力不足者。」又曰：「我欲仁，斯仁至矣。」又曰：「爲仁由己。」於此又明不讓於師之義。蓋「道不遠人」，爲之在己，雖所尊敬，亦無所與讓。聖人勉學者，使之用其力也。○爲仁在我，雖師不暇遜，此便是「仁以爲己任」。○慶源輔氏曰：遜者，禮之實也，德之善也。凡自外來者固不可不遜，如善名是也；至於爲仁在己，則何遜哉？蓋非不遜也，乃無所與遜也。○雲峯胡氏曰：「當」字大有力量，不弘者當不起，不毅者當不去。「請事斯語」，顔子當之；「仁爲己任」，曾子當之。顔、曾遜於夫子之門，未嘗以「當仁」之事而遜於夫子也。

○子曰：「君子，貞而不諒。」

貞，正而固也；諒，則不擇是非而必於信。問：「君子不諒，可乎？」龜山楊氏曰：惟「貞固」可以「不諒」。所謂「貞」者，「惟義所在」也。○朱子曰：「貞」者見得道理是如此，便只恁地做去，所謂「知斯二者弗去」是也。爲正字説不盡，故更加「固」字，如《易》所謂「貞固足以幹事」。若「諒」者是不擇是非，必要如此。故貞者是正而固守之意，諒則有「固必」之意焉。○南軒張氏曰：貞則信在其中。但執小信而於義有蔽，則失其正而反害於信矣。○覺軒蔡氏曰：「諒」有二訓。有止訓「信」者，「友諒」是也；有訓「必信」者，此「諒」是也。「諒」似「貞」而實非，故夫子特別而言之。○雙峯饒氏曰：「貞」者正而固守，「諒」則固而未必正。「言必信，行必果」而不知「惟義所在」者也。○厚齋馮氏曰：歷萬變而不失其正者，貞也；諒，則固守而不知變者也。故曰：「貞者，事之幹也。」「豈若匹夫匹婦之爲諒也？」

○子曰：「事君，敬其事而後其食。」

後，與「後獲」之後同。 雙峯饒氏曰：此「後」字如「先難後獲」、「先事後得」之「後」。後獲，謂不計其效也。蓋爲人臣者但知盡其職分而已，禄非所計也，所謂「正其誼，不謀其利」之意。 **食，禄也。君子之仕也，有官守者修其職，有言責者盡其忠，皆以敬吾之事而已。不可先有求禄之心也。** 南軒張氏曰：事君者主於敬其事而已。官有尊卑，位有輕重，而敬其事之心則一也。後其食，猶「後獲」之意。然則「爲貧而仕」則柰何？「孔子嘗爲委吏矣，亦曰『會計當而已矣』；嘗爲乘田矣，亦曰『牛羊茁壯長而已矣』。」蓋亦以敬其事爲主也。若曰爲貧而仕，食焉而已，遑恤其事，則失其義矣。○胡氏曰：後其食者，蓋委置之，不存乎念慮之間，非纔任其事而即有得禄之心也。若曰先敬其事而後有計禄之心，則義利雜糅，公私交戰，其不爲利心所勝者幾希。○勉齋黄氏曰：敬事後食，臣之道也；餼禀稱事，君之道也。○慶源輔氏曰：有官守者脩其職，有言責者盡其忠，是皆天理之當然而在人之所當爲者也，豈可有一毫僥求覬幸之意於其先哉？

○子曰：「有教無類。」

人性皆善。而其類有善惡之殊者，氣習之染也。故君子有教，則人皆可以復如字。反也。於善，而不當復扶又反。又也。論其類之惡矣。南軒張氏曰：人所禀之資雖有不同，然無有善惡之類，一定而不可變者。蓋「均是人也」，原其「降衷」，何嘗不善？故聖人有教焉，所以反之於善也。教之行，愚者可使之明，柔者可使之强，豈有氣質之不可變者乎？然堯、舜之子不肖，則氣類又若有異，何也？蓋氣有可反之理，人有能反之道，而教有善反之功。其卒莫之能反者，則以其自暴自棄而已。○慶源輔氏曰：人之性同乎一理而已，然其品類則有善惡之異者何哉？蓋於其始生也，已有氣禀清濁之分；及其少長也，又有習染邪正之異。苟欲合其異而反其同，則在乎教耳。故君師有教化之妙，則人皆可以復其善而自無爲惡之人，豈可復論其類之惡哉？○洪氏曰：聖人之教如雨露之於萬物，夫豈有所擇哉？

○子曰：「道不同，不相爲謀。」爲，去聲。

不同，如善惡邪正之類。南軒張氏曰：君子以義，小人以利。義利之所趨不同，烏能相爲謀乎？○新安陳氏曰：善惡，謂君子小人；邪正，謂吾道異端，如陰陽冰炭之相反。此不能爲彼謀，彼亦不能爲此謀也。

○子曰：「辭達而已矣。」

辭取達意而止，不以富麗爲工。勉齋黄氏曰：此爲學者喜於工言辭者設。然其曰「達而已矣」，則非通於理者亦不能達也。聖人之言未嘗有所偏也。○胡氏曰：富者，欲其贍也；麗者，欲其華也。○新安陳氏曰：惟達理者辭能達意，達意之外而過求之，非以繁多爲富則以華美爲麗，正理反爲所蔽，本意反以不達矣。「達」之一字，命辭之法也。東坡與人論文，每以夫子此言爲主。

見，賢遍反。

○師冕見。及階，子曰：「階也。」及席，子曰：「席也。」皆坐，子告之曰：「某在斯，某在斯。」

師，樂師，瞽者。胡氏曰：《周禮》樂師、太師皆以「師」名，磬、鐘、笙、鎛、靺、籥皆曰「師」。○吳氏曰：古者樂師皆用瞽，以其廢視而聽專，且令天下無廢人也。冕，名。再言「某在斯」，歷舉在坐去聲。之人以詔之。

師冕出。子張問曰：「與師言之道與？」與，平聲。

聖門學者於夫子之一言一動，無不存心省悉井反。察如此。吳氏曰：《論語》中，子張之問比諸弟子爲多。○新安陳氏曰：不可以子張之問作閑語看。聖人一言一動，無非教也。學者善觀之，則見得皆出於聖心天理之流行者矣。

子曰：「然。固相師之道也。」相，去聲。

相，助也。古者瞽必有相，其道如此。《周禮·春官》：「太師，下大夫二人。少師，上士四人。瞽矇，三百人。眡音示。瞭，音了。明目也。三百人。眡瞭掌太師之縣，音玄，鐘磬之類。凡樂事，相瞽。」蓋聖人於此非作意而爲之，但盡其道而已。○尹氏曰：「聖人處上聲。己爲去聲。人，其心一致，無不盡其誠故也。有志於學者求聖人之心，於斯亦可見矣。」范氏曰：「聖人不侮鰥寡，不虐無告，可見於此。推之天下，無一物不得其所矣。」南軒張氏曰：道無往而不存。聖人之動静語默，無往而非道，蓋各止於其所而已。師冕之見，及階則告之階，及席則告之席，既坐則歷告之以在坐者，蓋待瞽者之道當然爾。子張竊窺而有問焉，夫子以爲固相師之道，辭則近而意亦無不盡矣。事事物物，莫不有其道。夫一日之間，起居則有起居之道，飲食則有飲食之道，見是人則有待是人之道，遇是事則有處是事之道：「道不可須臾離也。」夫惟天下之至誠，一以貫之。道之所在，如影之隨形，蓋無往而非是矣。○胡氏曰：瞽必有相，荀子所謂「猶瞽無相」，《春秋傳》所謂「其相曰『朝也』」。冕之來見，適無相者，坐必作，過必趨。哀矜之念，乃聖人之素心。至此自不能已也，故代相者告之。○厚齋馮氏曰：使瞽者若能視然，是謂「相師之道」，豈特與師言之道如此？○新安陳氏曰：瞽者之來，未必無相。夫子自矜之，且敬之，故節節謹告之。有目者待無目者之誠心曲禮也。

論語集註大全卷之十六

季氏第十六

洪氏曰：「此篇或以爲《齊論》。」凡十四章。胡氏曰：疑爲《齊論》，以皆稱「孔子曰」，且三友、三樂、九思等條，例與上下篇不同。然亦無他左驗。○厚齋馮氏曰：上篇首衛靈公，以識諸侯之失，此篇首季氏，以識大夫之失；下篇首陽貨，以識陪臣之失也。此篇季氏而後，即記禮樂征伐、祿去公室之語，乃記者以爲篇次之意。

季氏將伐顓臾。

顓臾，國名，魯附庸也。《春秋傳》曰：「顓臾，風姓也。實司太皞與有濟之祀。」註云：「伏羲之後。在泰山南，武陽縣之東北。」

冉有、季路見於孔子曰：「季氏將有事於顓臾。」見，賢遍反。

按《左傳》、《史記》，二子仕季氏不同時。此云爾者，疑子路嘗從孔子自衛反魯，再仕季氏，不久而復扶又反。之衛也。《左傳》定公十二年：「仲由爲季氏宰，將墮三都。」○《史記》：定公十三年夏，孔子言於公曰：「臣無藏甲，大夫無百雉之城。」使仲由爲季氏宰，將墮三都。○《左傳》哀公十一年：齊師伐我。季孫謂其宰冉求曰：「若之何？」求曰：「一子守，二子從公禦諸境。」孟孺子洩帥右師，冉求帥左師。師及齊師戰于郊。師入齊軍，獲甲首八十。齊人遁。冉有請從之，季孫弗許。○《史記·世家》：哀公三年，孔子年六十矣。在陳。秋，季桓子病，輦而見魯城。喟然嘆曰：「昔此國幾興矣。以吾獲罪於孔子，故不興也。」顧謂其嗣康子曰：「我即死，若必相魯。相魯必召仲尼。」後數日，桓子卒，康子代立。已葬，欲召仲尼。公之魚曰：「昔吾先君用之不終，終爲諸侯笑。今又用之不能終，是再爲諸侯笑。」康子曰：「則誰召而可？」曰：「必召冉求。」於是召冉求。既去，明年，孔子自陳遷于蔡。冉有爲季氏將，與齊戰於郊，克之。康子曰：「子之於軍旅，學之乎，性之乎？」冉有曰：「學於孔子。」康子以幣迎孔子，孔子歸魯。○趙氏曰：魯哀公十年，孔子自楚反乎衛。十一年，魯以幣召之，乃歸。子路從孔子反魯當在此時。十四年，小邾射來奔，曰：「使季路要我，吾無盟矣。」使子路，子路辭。則子路尚在魯也。必是此年復之衛，次年死於孔悝之難。

孔子曰：「求，無乃爾是過與？ 與，平聲。

冉求爲去聲。**季氏聚斂，**去聲。**尤用事，故夫子獨責之。** 問：「獨責求，何也？」朱子曰：想他與謀較多，一向倒在他身上去，亦可知也。

「夫顓臾，昔者先王以爲東蒙主，且在邦域之中矣，是社稷之臣也。何以伐爲？」 夫音扶。

東蒙，山名。 趙氏曰：蒙山，在泰山郡蒙陰縣西南，今沂州費縣也。○厚齋馮氏曰：按《禹貢》有二蒙：

徐州「蒙羽其藝」，東蒙也；梁州「蔡蒙旅平」，西蒙也。○洪氏曰：《魯頌》曰：「奄有龜蒙，遂荒大東。」又云：「乃命魯公，俾侯于東。錫之山川，土田附庸。」謂顓臾也。先王封顓臾於此山之下，使主其祭，在魯地七百里之中。問：「從孟子『地方百里』之說，則魯地安有七百里？」朱子曰：七百里是《禮記》說。每疑百里如何做得侯國，又容得附庸？所謂「錫之山川，土田附庸」，必不止百里。然此處亦難考。社稷，猶云「公家」。是時四分魯國，季氏取其二，孟孫、叔孫各有其一。《左傳》昭公五年春正月：「季孫舍中軍，卑公室也。罷中軍，季孫稱左師，孟氏稱右師，叔孫氏則自以叔孫爲軍名。初作中軍，三分公室而各有其一。各有一軍家屬。季氏盡征之，無所入於公。叔孫氏臣其子弟，以父兄歸公。孟氏取其半焉。復以子弟之半歸公。及其舍之也，四分公室，季氏擇二，二子各一，皆盡征之而貢于公。」獨附庸之國尚爲公臣，季氏又欲取以自益。故孔子言顓臾乃先王封國，則不可伐；在邦域之中，則不必伐；是社稷之臣，則非季氏所當伐也。此事理之至當，去聲。不易之定體，而一言盡其曲折如此，非聖人不能也。慶源輔氏曰：不可伐而伐之則不仁，不必伐而伐之則不智，非所當伐而伐之則悖禮犯義。

冉有曰：「夫子欲之，吾二臣者皆不欲也。」

夫子，指季孫。冉有實與去聲。謀，以夫子非之，故歸咎於季氏。

孔子曰：「求，周任有言曰：『陳力就列，不能者止。』危而不持，顛而不扶，則將焉用彼相矣？任，平聲。焉，於虔反。相，去聲。下同。

周任，古之良史。陳，布也。列，位也。相，瞽者之相也。言二子不欲則當諫，諫而不聽則當去也。朱子曰：相，亦是贊相之義。瞽者之相，亦是如此。○雙峯饒氏曰：冉有真與謀，子路只是不能諫止。危未至於顛，故持之使不至顛。顛則既踣，須扶起之。

「且爾言過矣。虎兕出於柙，龜玉毀於櫝中，是誰之過與？」兕，徐履反。柙，户甲反。櫝音獨。與，平聲。

兕，野牛也。趙氏曰：兕似牛，一角，毛青，皮堅可爲鎧。柙，檻也。櫝，匱也。言在柙而逸，在櫝而毀，典守者不得辭其過。明二子居其位而不去，則季氏之惡，己不得不任其責也。朱子曰：虎在山，龜玉在他處，不干典守者事。今在柙中走了，櫝中毀了，便是典守者之過。○厚齋馮氏曰：二子居其位而不去，夫子稱爲「具臣」者以此。

冉有曰：「今夫顓臾，固而近於費。今不取，後世必爲子孫憂。」夫音扶。

固，謂城郭完固。費，音秘。季氏之私邑。此則冉有之飾辭，然亦可見其實與季氏之謀矣。勉齋黃氏曰：冉有此言但知費爲季氏之邑，而爲季氏子孫謀也，豈復知有魯哉？○齊氏曰：孔子之爲司寇也，使仲由墮費，而求乃謀伐顓臾以益費。是孔子弱三家以强公室，而求反之。故孔子惟深責冉求，以爲非由本意也。

孔子曰：「求，君子疾夫舍曰欲之而必爲之辭。夫音扶。舍，上聲。欲之，謂貪其利。梅巖胡氏曰：求以爲夫子欲之，吾二臣者皆不欲。孔子從「欲」字發明切責之。

「丘也聞有國有家者，不患寡而患不均，不患貧而患不安。蓋均無貧，和無寡，安無傾。寡謂民少，貧謂財乏。均謂各得其分，去聲。安謂上下相安。季氏之欲取顓臾，患寡與貧耳。然是時季氏據國而魯君無民，則不均矣；君弱臣强，互生嫌隙，乞逆反。則不安矣。均則不患於貧而和，和則不患於寡而安，安則不相疑忌而無傾覆之患。朱子曰：不均、不和、不安，在當時有難顯言者，故夫子微辭以告之。語雖畧而意則詳也。○雙峯饒氏曰：「均無貧」以下，文理參差，與上文不相當對，何也？曰：上兩句以「貧」與「寡」對説，下三句又錯綜説。大抵貧多起於不均，均則彼此皆足而無貧，故曰「均無貧」。不和則爭，爭則土地雖廣，人民雖衆，而心常以爲寡。惟和而不爭，則雖寡亦不見其爲寡矣，故曰「和無寡」。傾覆生於不安，人心苟安，則禍亂不作，自無傾覆之患矣，故曰「安無傾」。均無貧而後能和，和無寡而後能安，三者又自相因。○鄭氏曰：有國家者不患民之寡，患無上下之分而至於不均；不患財之乏，而患在失上下之心而至於不安也。均則民志定，定則不貧；和則民志一，一則不寡。不貧不寡則安矣，安則不傾。○厚齋馮氏曰：夫子稱「有國有家」者，正指魯與季氏言之。

「夫音扶。如是，故遠人不服，則脩文德以來之。既來之，則安之。内治去聲。脩，然後遠人服。有不服，則脩德以來之，亦不當勤兵於遠。新安陳氏曰：夫如是，總包括上三句，即所謂「内治脩」也。今不均不安，既與内治脩反矣，又欲興兵黷武，則與「脩文德」反矣。

「今由與求也，相夫子，遠人不服而不能來也，邦分崩離析而不能守也。

子路雖不與音預。**謀，而素不能輔之以義，亦不得爲無罪，故併**去聲。**責之。遠人，謂顓臾。**或曰：「顓臾在邦域中，如何謂之遠人？」雙峯饒氏曰：遠人不特遠夷。《中庸》「柔遠人」在「懷諸侯」之上。夫子以蕭墻對顓臾，則蕭墻近，顓臾遠，其爲「遠人」可知。**分崩離析，謂四分公室，家臣屢叛。**《左傳》定公五年九月：「陽虎囚季桓子及公父文伯。桓子之從父昆弟也。虎欲爲亂，恐二子不從，故囚之。而逐仲梁懷。」「十月丁亥，殺公何藐。季氏族。己丑，盟桓子于稷門之内。魯南城門。庚寅，大詛。逐公父歜即文伯。及秦遄，皆奔齊。」八年：「季寤、桓子之弟。公鉏極、桓子族子。公山不狃費宰。皆不得志於季氏。叔孫輒叔孫氏庶子。無寵於叔孫氏。叔仲志叔孫帶之孫。不得志於魯。故五人因陽虎。陽虎欲去三桓，以季寤代季氏，叔孫輒更叔孫氏，己更孟氏。十月，將享季氏于蒲圃而殺之。陽虎前驅，林楚御桓子，以適孟氏。陽虎劫公與武叔，以伐孟氏。公斂處父帥成人自上東門入，與陽氏戰于南門之内。陽氏敗，陽虎説音脱。甲如公宫，取寶玉、大弓以出。入于讙，陽關以叛。」

「而謀動干戈於邦内，吾恐季孫之憂不在顓臾，而在蕭墻之内也！」

干，楯也；楯，垂尹反，兵器也。正作「盾」。**戈，戟也。蕭墻，屏**音丙。**也。**問「蕭墻」。朱子曰：據鄭註云「諸侯至屏内，當有肅敬之意」，未知是否。○厚齋馮氏曰：蕭，肅也。臣之見君，至屏而加肅，故曰「蕭墻」。言不均不和，内變將作。其後哀公果欲以越伐魯而去上聲。季氏。《左傳》哀公二十七年：「公患三桓之侈也，欲以諸侯去之。欲求諸侯師以逐之。三桓亦患公之妄也，故君臣多間。隙也。公欲以越伐魯而去三桓。秋八月甲戌，公如公孫有陘氏。因孫于邾，乃遂如越。」〇謝氏曰：「當是時，三家强，公室弱，冉求又欲伐顓臾以附益之。夫子所以深罪之，爲去聲。其瘠魯以肥三家也。」洪氏曰：「二子仕於季氏，凡季氏所欲爲，必以告於夫子，則因夫子之言而救止者宜亦多矣。伐顓臾之事不見形甸反。於經傳，去聲。其以夫子之言而止也與？」音余。

〇豫章羅氏曰：昔季氏伐顓臾，孔子曰：「吾恐季孫之憂不在顓臾，而在蕭墻之内也。」其後陽虎果囚季桓子。聖人之言，可不爲萬世法哉？自三代而下，人主不師孔子之言，不戒季氏之事，而被蕭墻之害者，多矣。〇厚齋馮氏曰：聖門紀録問答多單辭隻語，無文章可觀。唯此章數百辭，折難抑揚，優游反覆，所宜深味也。

〇孔子曰：「天下有道則禮樂征伐自天子出，天下無道則禮樂征伐自諸侯出。自諸侯出，蓋十世希不失矣；自大夫出，五世希不失矣；陪臣執國命，三世希不失矣。

先王之制，諸侯不得變禮樂，專征伐。《禮·王制》：「變禮易樂者爲不從，不從者君流放也。革制度衣服者爲畔，畔者君討。有功德於民者，加地進律。」「諸侯賜弓矢，然後征；賜鈇鉞，然後殺。」陪臣，家臣也。吴氏曰：陪，重也。大夫於天子、家臣於諸侯，皆稱「陪臣」。此謂家臣也。逆理愈甚則其

失之愈速。大約世數不過如此。厚齋馮氏曰：先王之時，五禮六樂，掌之以宗伯；九伐之法，掌之以司馬。禮樂征伐之權在上，而下莫敢干也。至自諸侯出，則逆理矣。然苟可自諸侯出，則亦可自大夫出，而逆理甚矣；苟可自大夫出，則陪臣亦可執國命，而逆理愈甚矣。○雙峯饒氏曰：天下無道，先從禮樂上僭起。禮樂亂，則征伐之權亦爲之下移矣。禮樂之中，禮先而樂後。蓋禮者道之節文，有禮則上下之分定，禮亂則便不和，不和則争，争則征伐之所從起。征是上伐下，伐是諸侯互相侵伐。是以治天下者先要於禮上整頓。○吴氏曰：十世、五世、三世，言其極。大約不出此，故稱「蓋」以疑之。下章戒竊權者，此戒失權者。

「天下有道則政不在大夫，

言不得專政。慶源輔氏曰：天下有道，諸侯既不得變禮樂，專征伐，則大夫亦豈得而專國政哉？

「天下有道則庶人不議。」

上無失政，則下無私議，非箝其廉反。**其口使不敢言也。**慶源輔氏曰：下無私議，此有道之極致大驗。使下尚有竊議者，則上之人於道猶有慊。必至於庶人自然不議，方爲有道之極。**○此章通論天下之勢。**南軒張氏曰：禮樂征伐，天子之事也。天下有道，則禮樂征伐自天子出矣。蓋天子得其道，則權綱在己而在下莫敢干之也。所謂「自天子出」者，天子亦豈敢以己意可專而以私意加於其間哉？亦曰奉天理而已矣。此之謂得其道。若上失其道，則綱維解紐而諸侯得以竊乘之，禮樂征伐將專行而莫顧矣。若諸侯可以竊之於天子，則大夫亦可以竊之於諸侯，而陪臣亦可以竊之於大夫矣。其理之逆，必至於此也。所以有十世、五世、三世之異者，尹氏謂「於理愈逆則其亡愈近」是也。天下有道則政不在大夫者，政出于一也；庶人不議者，民志定於下而無所私議也。○止齋陳氏曰：此章備《春秋》之終始。禮樂征伐自天子出，是《春秋》以前時節；自諸侯出，隱、桓、莊、閔之《春秋》也；自大夫出，僖、文、宣、成之《春秋》也；陪臣執國命，襄、昭、定、哀之《春秋》也。○新安陳氏曰：此章自有道及於無道，末又因無道而及於有道。其欲維持名分，挽今而返之古歟？

○孔子曰：「祿之去公室，五世矣；政逮於大夫，四世矣。故夫三桓之子孫微矣。」夫音扶。

魯自文公薨，公子遂殺子赤，立宣公，而君失其政。《左傳》文公十八年：文公二妃，敬嬴生宣公，敬嬴嬖而私事襄仲。公子遂。襄仲欲立之，叔仲惠伯。不可。仲見于齊侯而請之。齊侯新立而欲親魯，許之。冬十月，仲殺惡及視，惡，太子；視，其母弟。而立宣公。夫人姜氏歸于齊。哭而過市，曰：「天乎！仲爲不道，殺適立庶！」市人皆哭。○新安倪氏曰：《春秋》是年書：「冬十月，子卒。」《公羊傳》曰：「子卒者孰謂？謂子赤也。何以不日？隱之也。何隱爾？弑也。」是「子卒」之書，左氏以爲惡，公羊以爲赤。《集註》曰「子赤」，本《公羊傳》也。歷成、襄、昭、定凡五公。逮，及也。自季武子始專國政，歷悼、平、桓子凡四世，而爲家臣陽虎所執。張存中曰：見前章《集註》「家臣屢叛」下。三桓，三家，皆桓公之後。此以前章之說推之而知其當然也。○此章專論魯事，疑與前章皆定公時語。雙峯饒氏曰：此章大意，正接前章「自大夫出」一條而言。蘇氏曰：「禮樂征伐自諸侯出，宜諸侯之强也，而魯以失政；陳氏曰：魯雖無桓文之霸，然征伐亦不無，按《春秋》可見。凡興兵非奉王命，及請命而擅興者，皆謂之「征伐自諸侯出」，魯豈得爲無僭者？**政逮於大夫，宜大夫****之强也，而三桓以微：何也？强生於安，安生於上下之分**扶問反。**定。今諸侯、大夫皆陵其上，則無以令其下矣，故皆不久而失之也。**」或問：「田恒、三晉，何以不失？」朱子曰：孔子之言，常理也。如《書》言「惠迪吉，從逆凶」，《易》言「積善餘慶，不善餘殃」者也。氣數舛戾，則當然而不然者多矣，孰得而齊之？況田恒、三晉，傳世亦皆不過五六。胡氏又以後世簒奪之迹考之，如莽、懿、高歡、楊堅，五胡十國，南朝四姓，五代八氏，皆得之非道，或止其身，或子孫四五傳而極矣。唯晉祚差永，而史謂元帝牛姓，猶吕政之紹嬴。以此論之，常理未嘗不驗也。天定勝人，其此之謂歟？○南軒張氏曰：斯言發於魯定之世。蓋魯自宣公賴襄仲以立，而三家始盛，專制魯國之賦而「禄去公室」矣。又一世而政悉移於大夫。自成公而下，爲國君者拱手聽命而已。孔子於「禄去公室」，「政在大夫」，而知三桓子孫之必微，以理之順逆勢之陵犯而知之也。夫三家視其君而起「不奪不厭」之心，則夫陪臣視之，亦何憚而不萌此心乎？方三家專公室之禄而竊魯國之政，本其私意欲以利其子孫，而豈知子孫之微，實兆於此哉？○慶源輔氏曰：此二章想只是一時之言。分章者，以前章通論天下之勢，後章論魯事，故於其中加「孔子曰」三字而析爲二章爾。○厚齋馮氏曰：昭公之亂，樂祁曰：「魯君必出。政在季氏三世矣，魯之喪政四公矣。」以此知當時智者已有此論，夫子故述之。○洪氏曰：前言十世、五世，理也；今言五世、四世者，實也。非其有而有者必失，不宜大而大者必微。

○孔子曰：「益者三友，損者三友。友直，友諒，友多聞，益矣；友便辟，友善柔，友便佞，損

矣。」便，平聲。辟，婢亦反。

友直，則聞其過；友諒，信也。**則進於誠；友多聞，則進於明。**胡氏曰：直者，責善而無所回互；諒者，固執而無所更易；多聞者，有所參訂而不膠偏見。《集註》言友之之益，所謂「聞過」則真有所聞，所謂「進於誠、明」則猶有待於進也。蓋友諒與多聞未即至於誠明，而誠明可由是而入耳。**便，習熟也。便辟，謂習於威儀而不直；**胡氏曰：便，順適也。字書云：「安也。」順適且安，故云「習熟也」。便辟，《書》註以爲足恭是也。**善柔，謂工於媚悦而不諒；便佞，謂習於口語而無聞見之實：三者損益正相反也。**雙峯饒氏曰：與直者友，則有過必聞；與諒者友，則信實相示；與多聞者友，則多識前言往行，知識日廣：三者雖常情所敬憚，然友之却有益。便辟者，威儀習熟；善柔者，每事阿順；便佞者，語言可聽：三者皆常情所狎悦，而友之却有損。舉三者爲勸，又舉三者爲戒。○**尹氏曰：「自天子以至於庶人，未有不須友以成者。而其損益有如是者，可不謹哉？」**或問：「三友之説，盡於《集註》之説而已矣。」朱子曰：是亦釋其文之正意云爾。若推而言之，則是三者之於人，皆有薰陶漸漬之益焉，皆有嚴憚畏謹之益焉，皆有興起慕效之益焉，不但如彼之所言而已也。曰：「損者之友，其相反柰何？」曰：便辟則無責善之誠矣，善柔則無固守之節矣，便佞則無貫通之實矣。○南軒張氏曰：友者所以輔成己德者：直者有過必聞，諒者忠信相與，多聞者知識可廣。是三者友之則使人常懷進脩而不敢自足，得不日益乎？便辟、便佞，謂便於辟與佞者；善柔，謂善爲柔者。辟則容止足恭，柔則每事畢屈，佞則巧言爲悦。是三者友之則使人日趨於驕惰焉，得不日損乎？自天子至於庶人，皆當謹乎此也。○吴氏曰：益者增其所未能，損者壞其所本有。友道損益，豈止於三？夫子蓋畧言之。從是推之，皆可求也。「三樂」亦然。

○孔子曰：「益者三樂，損者三樂：樂節禮樂，樂道人之善，樂多賢友，益矣；樂驕樂，樂佚遊，樂宴樂，損矣。」樂，五教反。「禮樂」之樂音岳。「驕樂」、「宴樂」之樂音洛。**節，謂辨其制度聲容之節。**新安陳氏曰：禮之制度，樂之聲容。**驕樂，則侈肆而不知節；佚遊，則惰慢而惡**烏故反。**聞善；宴樂，則淫溺而狎小人：三者損益亦相反也。**朱子曰：三樂，惟宴樂最可畏，所謂宴安酖毒是也。三者如驕樂，只是放恣侈靡，最害事。到得宴樂，便是狎近小人，疎遠君子。○或問三者之爲益。曰：君子之於禮樂也，講明不置，則存之熟；是非不謬，則守之正。存之熟，則内有以養其莊敬和樂之實；守之正則外有以善其威儀節奏之文。與夫「道人善」而悦慕勉强之意新，「多賢友」而直諒多聞之士集：樂是三者而不已焉，雖欲不收其放心以進於善，亦不可得矣。其爲益豈不大哉？曰：「損者之相反，奈何？」曰：驕樂則不敬不和矣，佚遊則忌人之善矣，宴樂則憚親勝己矣。○南軒張氏曰：樂節禮樂，則足以養中和之德；樂道人之善，則足以擴忠恕之心；樂多賢友，則足以賴輔成之功：是烏得不日益乎？樂驕樂，則長傲；樂佚遊，則志荒；樂宴樂，則志溺：是烏得不日損乎？損益之原，存乎敬肆而已。○勉齋黄氏曰：節禮樂者，欲其循規蹈矩而不敢縱肆也；道人善者，志於爲善以成其身也；多賢友者，樂於取友以自規正也。驕樂者，恃氣以陵物，則不復循規蹈矩矣；佚遊者，怠惰而自適，則不復志於爲善矣；宴樂者，多欲以求安，則不復望人之規正矣。此其所以相反也。○雙峯饒氏曰：「節禮樂」三句都是天理一邊，「驕樂」三句都是人欲一邊。心向天理上，則德日進而有益；心向人欲上，則德日退而有損。○節禮樂，只是謹之於毫釐之際，不教他過，亦不教他不及。○驕樂，是奢侈，如峻宇雕牆之類；佚遊，如從流上下，博弈田獵之類；宴樂，如飲食聲色之類。○吴氏曰：驕樂，以驕爲樂；宴樂，以宴爲樂。宴，合食也。《易·象》曰：「君子以飲食宴樂。」飲食宴樂之合於禮者，何可廢？但不可以是爲樂而荒淫耳。○尹氏曰：「君子之於好樂並去聲。可不謹哉？」覺軒蔡氏曰：三友，損益之資於外者；三樂，損益之發於中者也。

○孔子曰：「侍於君子有三愆：言未及之而言，謂之躁；言及之而不言，謂之隱；未見顔色而言，謂之瞽。」

君子，有德、位之通稱。胡氏曰：「不亦君子乎」，專以德言；「無君子莫治野人」，專以位言。此章君子兼德、位而言。愆，過也。瞽，無目，不能察言觀色。○尹氏曰：「時，然後言，則無三者之過矣。」朱子曰：聖人此言只是戒人言語以時，不可妄發。○南軒張氏曰：言而當其可，非養之有素者不能然也。不然，鮮不蹈此三愆者矣。○勉齋黄氏曰：言有及未及者。或數人侍坐，長者當先言；不言，則及少者。或君子先有問，則承問者當先對，不以少長拘也。既有及未及，而又有未見顔色者。雖及之而言，亦須觀長者顔色。或意他在，或有不樂，則亦未審言也。○汪氏曰：「時然後言」，斷盡此章。可與言否，各有其時。時未可言而遽言，是躁急而不遜；時可以言而不言，是隱匿而不發；不躁不隱時可以言，而或所與言者意不在是，則亦非可言之時也。不察而强聒之，非惟不入其耳，或反貽其怒矣，謂之「瞽」，可也。○雲峯胡氏曰：言貴乎時中。躁者先時而過乎中，隱者後時而不及乎中，瞽者冥然不知所謂中者也。

○孔子曰：「君子有三戒：少之時血氣未定，戒之在色；及其壯也血氣方剛，戒之在鬭；及其老也血氣既衰，戒之在得。」

血氣，形之所待以生者，血陰而氣陽也。厚齋馮氏曰：血稟於陰，行於脉之内而爲榮；氣稟於陽，行於脉之外而爲衛。得，貪得也。隨時知戒，以理勝之，則不爲血氣所使也。○范氏曰：「聖人同於人者，血氣也；異於人者，志氣也。血氣有時而衰，志氣則無時而衰也。少未定，壯而剛，老而衰者，血氣也；戒於色，戒於鬭，戒於得者，志氣也。君子養其志氣，故不爲血氣所動，是以年彌高而德彌邵也。」朱子曰：人之血氣固有强弱，然而志氣則無時而衰。苟常持得這志，縱血氣衰極，也不由他。又曰：到老而不屈者，此是志氣。血氣雖有盛衰，君子常當隨其偏處警戒，勿爲血氣所役也。人之血氣衰時，則義心亦從而衰。夫子三戒，正爲血氣而言。又曰：氣只是一箇氣，便浩然之氣也只是這箇氣。但只是以道義充養起來，及養得浩然，却又能配義與道也。○南軒張氏曰：人有血氣，則役於血氣；有始終盛衰之不同，則其所役亦隨而異。夫血氣未定則動而好色，血氣方剛則鋭而好鬭，血氣既衰則歉而志得。凡民皆然，爲其所役者也。於此而知戒，則義理存；義理存，則不爲其所役矣。此學者所當警懼而不忘者也。○勉齋黄氏曰：三者自少至老，皆所當戒。然三者之好，又各隨其血氣而有最甚者焉，故各指其最甚者而使之深戒也。血氣未定，不能勝人，而志氣尚銳，歲月尚長，亦未急於貪得，故惟色爲可戒。蓋男女之欲，惟年少爲最甚者也。血氣既剛，則涉歷既深，而貪得之念尚如未定之日，惟其剛强有足恃者，故惟鬭爲可戒。血氣既衰，則色與鬭之念皆無足逞者，而日暮途遠，憂戚百集，故於得爲可戒也。○慶源輔氏曰：人之血氣未定，則常動而易流；方剛，則勇銳而好勝；既衰，則收斂而多貪：此血氣之變也。常動而易流，則戒色；勇銳而好勝，則戒鬭；收斂而多貪，則戒得：此志氣之常也。常者爲主而使變者不得肆焉，此聖賢之學而君子終身之務也。○雙峯饒氏曰：魂者氣之靈，魄者血之靈，心是魂魄之合。氣屬天，血屬地，心屬人。人者，天地之心，心是血氣之主。能持其志，則血氣皆聽命於心；不能持其志，則心反聽命於血氣。○新安陳氏曰：三戒皆隨時而就衆人所易犯者言也。朱子欲以理勝氣，則不爲血氣所使。范氏欲以志帥氣，則不爲血氣所動。意不相遠，志亦定向於理而已。○新安倪氏曰：「年彌高，德彌邵」，出揚雄《法言》。「邵」亦「高」也。

○孔子曰：「君子有三畏：畏天命，畏大人，畏聖人之言。

畏者，嚴憚之意也。天命者，天所賦之正理也。知其可畏，則其戒謹恐懼，自有不能已者，而付畀之重可以不失矣。大人、聖言，皆天命所當畏。知畏天命，則不得不畏之矣。

程子曰：畏聖人之言，則可以進德。○朱子曰：大人，不止有位者，是指有位、有齒、有德之大人。○「畏天命」三字好。自理會得道理，便謹去做不敢違，便是畏之也。如「非禮勿視、聽、言、動」，與夫「戒謹恐懼」，皆所以畏天命。○要緊須是知得天命即是天理。若不先知這道理，自是懵然，何由知其可畏？纔知得，便自不容不畏。

「小人不知天命而不畏也，狎大人，侮聖人之言。」

侮，戲玩也。不知天命，故不識義理而無所忌憚如此。○尹氏曰：「三畏者，脩己之誠當然也。小人不務脩身誠己，則何畏之有？」南軒張氏曰：畏天命，奉順而不敢逆也；畏大人，尊嚴而不敢易也；畏聖人之言，佩服而惟恐違也。然而是三言主於畏天命。蓋其畏大人、畏聖人之言，亦以其知天命之可畏而已。小人不知天命之所存，是以冥行而莫之畏。不畏天命，則其狎大人、侮聖人之言，亦無所不至矣。大人，德與位之通稱也。○孟子謂「說大人則藐之」，與斯言有以異乎？孟子之言謂當正義以告之，不當爲其勢位所動耳。若夫尊嚴之分，則固未嘗不存也。言各有所指耳。○趙氏曰：大人，有德、位者之稱，是天命之所存；聖人之言，謂方册之所載，是天命之所發也。○厚齋馮氏曰：此以上五章皆三事，皆規誨之辭，非必一時之言，記者以類相從耳。○新安陳氏曰：三畏本平說，上一節本無「知」字意。然以「小人不知天命」推之，則見得君子所以畏天命者，以其知天命也。故《集註》於上一節亦兩以「知」字言之。欲知天命者，可不格物以致其知；欲畏天命者，可不誠意以正其心哉？

○孔子曰：「生而知之者，上也；學而知之者，次也；困而學之，又其次也；困而不學，民斯爲下矣。」

困，謂有所不通。言人之氣質不同，大約有此四等。○楊氏曰：「生知、學知以至困學，雖

其質不同，然『及其知之，一也』，故君子惟學之爲貴。困而不學，然後爲下。」朱子曰：生知者，堯、舜、孔子也；學知者，禹、稷、顏回也。困者，行有不得之謂。知其困而學焉，以增益其不能，此困而學之之事也，亦以卑矣。然能從事於斯，則其成猶不在善人君子之後；不能從事於斯，則靡然流於下愚而不知返：均之困耳。而二者相去之間如是之遠，學與不學之異耳。○或問氣質四等之說。曰：人之生也，氣質之禀，清明純粹，絶無查滓，則於天地之性無所間隔，而凡義理之當然有不待學而了然於胸中者，所謂「生而知之」，聖人也。其不及此者，則以昏明清濁正偏純駁之多少勝負爲差。其或得於清明純粹而不能無少查滓者，則雖未免乎少有間隔，而其間易達，其礙易通，故於其所未通者必知學以通之，而其學也則亦無不通矣，所謂「學而知之」，大賢也。或得於昏濁偏駁之多，而不能無少清明純粹者，則必其窒塞不通，然後知學，其學又未必無不通也，所謂「困而學之」，衆人也。至於昏濁偏駁之甚而無復少有清明純粹之氣，則雖有不通，而懵然莫覺以爲當然，終不知學以求其通也，此則下民而已矣。○南軒張氏曰：困學雖在二者下，然而「至則一」者，以其性之本善故爾。困而不學，是「自暴自棄」，則爲「下愚」矣。又曰：《中庸》言「及其知之則一」者，言其終所至之同也；此有三等之分者，言其始所進之異也。○慶源輔氏曰：人之氣質不同，然「及其知之則一」者，蓋以人性之本善故耳。是以君子唯學之爲貴。學則昏濁者可使清明，偏駁者可使純粹。惟其昏濁之甚，自暴自棄而不自知有學焉，此則所謂下愚之民也。○凡心思智慮、行止動作有所窒塞而不得通，則困之謂也。○雙峯饒氏曰：生知、學知、困知屬天質，學不學屬人事。蓋以氣質言之，只有三等，若「民斯爲下」，則全是人事不盡。蓋困是窮而不通之意，四面都窒塞，行不去了，却憤悱奮發，轉來爲學，如此尚可以勉進於中上。若又困而不學，則打入下等去，更無可出時矣。此聖人勉人務學處。○雲峯胡氏曰：以生知爲上，則學知者爲中，困知者爲下矣。而聖人不以品之下者遽絶之，但曰「困而不學，民斯爲下」。蓋困而學，猶可以進於上；困而不學，遂爲下而無復上之望矣。

○孔子曰：「君子有九思：視思明，聽思聰，色思温，貌思恭，言思忠，事思敬，疑思問，忿思難，見得思義。」難，去聲。

視無所蔽則明無不見，聽無所壅則聰無不聞。色，見形甸反。於面者。貌，舉身而言。思問則疑不蓄，思難則忿必懲，思義則得不苟。朱子曰：視不爲惡色所蔽爲明，聽不爲姦人所欺爲聰。若視聽糊塗，是非不辨，則下面諸事，於當思處皆不知所以思矣。有爲氣質所壅蔽，有爲私欲所壅蔽，有爲讒邪所壅蔽。若思明思聰，便須去其壅蔽。○新安倪氏曰：視外明而聽内明。蔽是蔽於外，壅是壅於内。故《集註》於視之明以「無所蔽」言，於聽之聰以「無所壅」言也。○程子曰：「九思各專其一。」朱子曰：九思不是雜然而思，當這一件上思這一件。問：「『各專其一』，是主一之義？」曰：然。○雲峯胡氏曰：事思敬，九思之一。九思各專其一，則皆主乎敬者也。謝氏曰：「未至於『從七恭反。容中去聲。道』，無時而不自省悉井反。察也，『雖有不存焉者，寡矣』。此之謂『思誠』。」朱子曰：視聽如何要得他聰明？如「有物必有則」，只一箇物，自家各有箇道理。况耳目之聰明，得之於天，本來自合如此，只爲私欲蔽惑而失其理。聖人教人做工夫，内外夾持，積累成熟，便會無些子滲漏。○又云：忿思難，如「一朝之忿，亡其身，❶及其親」，此不思難之故也。○問：「人當隨事而思。若無事而思，則是妄想。」曰：若閑時不思量義理，則臨事而思已無及。若只塊然守自家箇軀殼，直到有事方思，閑時却莫思量，這却甚易。只守此一句足矣，何用？❷事事須先理會。何故《中庸》却不先説「篤行之」，却先説「博學之，審問之，謹思之，明辨之」？《大學》何故不先便説「正心誠意」，却先説「致知」，是如何？○南軒張氏曰：九思，當乎此則思乎此，天理所由擴而人欲所由遏也。然是九者，要當養之於未發之前而持之於方發之際，不然，但欲察之於流而收之於暫，則但見其紛擾而無力矣。○勉齋黄氏曰：九思固各專其一，然隨其所當思而思焉，則亦泛然而無統矣。苟能以敬義爲主，戒懼謹獨而無頃刻之失，然後爲能隨其所當思而思矣。○雙峯饒氏曰：九者之目有次第。視聽色貌言，是就自身説；事疑忿得，是就事上説。一身之間，視聽向前，其次則有色貌，又其次言出於口，又其次見之行事。視與聽對，色與貌對，言與事對，疑與忿對，得又是就事上説。三者之中，疑、思、問屬知，忿思難、見得思義屬行。○齊氏曰：孔子曰：「吾嘗終日不食，終夜不寢以思，無益。」而今乃有九思。彼爲思而不學者言，此爲不思者而言也。○新安陳氏曰：君子苟未至於不思而得，當隨時隨處而各致其思，則處己待人，應事接物，莫不各中其則

❶「亡」，四庫本及《語類》卷四六作「忘」。

❷「何」上，《語類》卷三〇有「聖賢千千萬萬在這裏」九字，《四書或問》有「聖人説千千萬萬在這裏」十字。

矣，豈但九者而已哉？馮氏謂「九者，日用常行之要」是也。

○孔子曰：「『見善如不及，見不善如探湯』：吾見其人矣，吾聞其語矣；探，吐南反。**真知善惡而誠好惡**並去聲。**之，顏、曾、冉、閔之徒蓋能之矣。語，蓋古語也。**慶源輔氏曰：見善如不及，則表裏皆好而無一念之不好，不患其不爲之矣；見不善如探湯，則表裏皆惡而無一念之不惡，不患其或爲之矣。此唯知至意誠者能之，故顏、曾、冉、閔之徒足以當之。

「『隱居以求其志，行義以達其道』：吾聞其語矣，未見其人也。」**求其志，守其所達之道也；達其道，行其所求之志也。**南軒張氏曰：其退也，所以安其義之所安；而其進也，所以推其道於天下。蓋其所達之道即其所求之志也。○新安陳氏曰：聞其語，可見四句皆古語也。**蓋惟伊尹、太公之流可以當之。當時若顏子亦庶乎此，然隱而未見，**形甸反。**又不幸而蚤死，故夫子云然。**朱子曰：行義以達其道，所行之義即所達之道也。未行則蘊諸中，行則見諸事也。○問：「《集註》謂『伊尹、太公之流可以當之』。顏子所造所得，二賢恐無以過之，而云『亦庶乎此』，下語輕重抑揚處，疑若於顏子少貶者。若云：『古之人有行之者，伊尹、太公之流是也。若顏子可以當之矣；然隱而未見，又不幸蚤死，故夫子言然。』不知可否？」曰：當時正以事言，非論其德之淺深也。然語意之間，誠有如所論者。○問：「行義以達其道，莫是所行合義否？」曰：志是守所達之道，道是行所求之志。隱居以求之，使其道充足。行義是得時得位而行其所當爲。臣之事君，行其所當爲而已。行所當爲以達其所求之志。又問：「如孔明可以當此否？」曰：也是。如伊尹耕於有莘之野，而樂堯舜之道，是隱居以求志；及幡然而起，使是君爲堯舜之君，使是民爲堯舜之民，是行義以達其道。曰：「如漆雕開之未能自信，莫是求其志否？」曰：所以未能信者，但以求其志，未説行義以達其道。○新安陳氏曰：「惟伊尹、太公可以當之」者，方其耕莘釣渭，則隱居求志也；及遇湯文而大用，則行義達道也。窮達無意，體用相須。當時如顏子之「用則行，舍則藏」，亦庶幾乎此。然夫子雖許顏子以此，而顏子未用且不壽，則於行義達道，未見顏子之如此也。朱子嘗謂以其事言，非以其德之淺深言，是也。前一節真知善惡而誠好惡之者。此知至意誠之事，方篤信自脩，未達於用也。後一節「求志以守所達之道，達道以行所求之志」者，則身脩而推以齊治平之事，體用全而爲大人矣。此夫子所以有見與未見之分歟？賤也。

○齊景公有馬千駟，死之日，民無德而稱焉；伯夷、叔齊餓于首陽之下，民到于今稱之。駟，四馬也。胡氏曰：一車之用，兩服兩驂也。首陽，山名。胡氏曰：在河東蒲阪縣。○新安陳氏曰：富貴而無善可稱，身死而名隨滅；貧賤而有善可稱，世遠而名愈芳：是名之稱不稱，初不繫於富貴貧賤也。

其斯之謂與？與，平聲。

胡氏曰：「程子以爲第十二篇錯簡，『誠不以富，亦祇以異』當在此章之首。今詳文勢，似當在此句之上。言人之所稱不在於富而在於異也。」愚謂此説近是，而章首當有「孔子曰」字，蓋闕文耳。大抵此書後十篇多闕誤。厚齋馮氏曰：夫人必有異於流俗而後稱之，君子所以疾没世而名不稱也。以千駟之馬校首陽之餓夫，貧富貴賤蓋不侔矣，而後世稱之者乃在此而不在彼也。君子之於斯世，其可自同於流俗哉？○葉氏少藴。曰：伯夷、叔齊同隱首陽，而孟子不言叔齊者，制行立教以示天下，爲之始者伯夷也，叔齊則從之而已。孟子論教之所始，故獨舉伯夷；夫子論行之所異，故兼稱叔齊也。

○陳亢問於伯魚曰：「子亦有異聞乎？」亢音剛。

亢以私意窺聖人，疑必陰厚其子。

對曰：「未也。嘗獨立，鯉趨而過庭，曰：『學《詩》乎？』對曰：『未也。』『不學《詩》，無以言。』鯉退而學《詩》。

事理通達而心氣和平，故能言。慶源輔氏曰：《詩》本人情，該物理，故學之者事理通達；其爲教，温柔敦厚，使人不絞不訐，故學之者心氣和平。事理通達則無昏塞之患，心氣和平則無躁急之失，此其所以能言。○新安陳氏曰：「誦《詩》三百而使能專對」，亦「學《詩》能言」之驗。

「他日，又獨立，鯉趨而過庭，曰：『學禮乎？』對曰：『未也。』『不學禮，無以立。』鯉退而學禮。

品節詳明而德性堅定，故能立。慶源輔氏曰：禮有三千三百之目，其序截然而不可亂，故學之者品節詳明；其爲教恭儉莊敬，使人不淫不懾，故學之者德性堅定。品節詳明則義精而莫之惑，德性堅定則守固而莫之揺，此其所以能立。○新安陳氏曰：夫子嘗曰「立於禮」，又「學禮能立」之證。

「聞斯二者。」

當獨立之時，所聞不過如此，其無異聞可知。

陳亢退而喜曰：「問一得三！聞《詩》，聞禮，又聞君子之遠其子也。」遠，去聲。

尹氏曰：「孔子之教其子無異於門人，故陳亢以爲遠其子。」程子曰：聖人之教，未嘗私厚其子。學《詩》、學禮，止可告之若此。學必待其自肯。○朱子曰：陳亢實以私己之心窺孔子，故有此問。及其聞伯魚之説，而又以孔子爲遠其子，則以其私意之未忘，而以爲聖人故推其子而遠之也。殊不知聖人曷嘗有是心哉？但其教人之法不過如此。而自世人之私厚其子者觀之，則亦可以有警云爾。○南軒張氏曰：聖人「竭兩端」之教，於親疎賢愚無以異也。其告門人固嘗曰「興於《詩》，立於禮」，而此語伯魚以先之以學《詩》，次之以學禮，學之序固當然也。不學《詩》無以言，易其心而後能言也；不學禮無以立，謹其節而後有立也。陳亢初疑伯魚之有異聞，及聞斯言乃亦夫子之所以教門人者，故有「遠其子」之言，謂不私其子也。味伯魚答陳亢之辭氣，亦可見其薰陶之所得矣。○潛室陳氏曰：《詩》能興起人心，禮可固人肌膚之會、筋骸之束，於初學爲最近，故聖人以此爲學者門户。○問：「陳亢謂聖人『遠其子』，未免以私意窺聖人。」曰：古者易子而教之，父子之間不責善。乃天理如此，非私意也。○問：「伯魚，聖人之子。陳亢意其有異聞，及止聞《詩》禮之訓，乃知聖人遠其子。愚意伯魚之資稟稍劣，故聖人止以是告也。使其有曾、顔之資，亦當以曾、顔者告之矣。若一以遠其子，則是有心於爲公也，聖人然乎哉？」曰：「父子主恩」，義方之訓，只説到這處。若伯魚天資穎悟，即飲食起居無非教也。「天何言哉？四時行焉，百物生焉。」聖人何隱乎爾？曾、顏可至，伯魚亦可至，自是「日用不知」耳。○新安陳氏曰：得三，謂聞《詩》、聞禮與遠其子，爲三也。夫子固不私其子，亦何嘗遠其子？當其可而教之，教子與教門人一耳。「興《詩》立禮」，「《詩》禮雅言」，與此之「聞《詩》聞禮」，平日教門人如此，教子亦不過如此。陋哉，亢之見也！味伯魚答亢之辭氣雍容詳密，亦可見濡染薰陶之所得矣。惜其不壽而不至大成就耳。

○邦君之妻，君稱之曰「夫人」，夫人自稱曰「小童」；邦人稱之曰「君夫人」，稱諸異邦曰「寡小君」；異邦人稱之，亦曰「君夫人」。

寡，寡德，謙辭。○吳氏曰：「凡《語》中所載如此類者，不知何謂。或古有之，或夫子嘗言之，不可考也。」南軒張氏曰：此「正名」之意也。《春秋》時以妾母爲夫人者多矣，甚則以妾爲夫人，如魯惠、晉平之爲者。名實之乖，一至於此。正其名，所以責其實也。○覺軒蔡氏曰：按《記·曲禮》篇曰：「天子之妃曰后，諸侯曰夫人，大夫曰孺人，士曰婦人，庶人曰妻。公侯有夫人，有世婦，有妻，有妾。夫人自稱於天子曰『老婦』，自稱於諸侯曰『寡小君』，自稱於其君曰『小童』。自世婦以下，自稱曰『婢子』。」孔氏正義曰：「此一節論天子以下妃妾稱謂之法。諸侯曰夫人者，『夫人』之名唯諸侯得稱。諸侯以敵體一人正者爲『夫人』。畿内諸侯之妻，其助祭獻蠶，得接見天子，故自稱曰『老婦』。其自稱於諸侯曰『寡小君』者，諸侯相饗，夫人亦出，故得自稱也。君之妻曰『小君』，而云『寡』者，從君謙也。自稱於其君曰『小童』者，與夫言自謙，若未成人，言無知也。」當夫子時，諸侯僭天子，大夫僭諸侯，家臣僭大夫，非一日矣，以至婢妾亦僭夫人。然正名定分，當自諸侯始。故夫子有志於古禮而嘗言之，記者附見於《衛靈公》之篇末，豈因南子而發歟？ 觀此則知君臣夫婦之經，不可以不正。君臣夫婦之倫正，則名實稱矣。○陳氏用之。曰：國君理陽道，而出命正人於其外，故謂之君；夫人理陰德，而出命正人於其内，故亦謂之君。《易》曰：「其君之袂。」《詩》曰：「我以爲君。」《禮》稱「女君」。《春秋》書「小君」。是也。○厚齋馮氏曰：是時嫡妾不正，稱號不審，必夫子嘗言古禮如此，故記之。

論語集註大全卷之十七

陽貨第十七

凡二十六章。

陽貨欲見孔子，孔子不見，歸孔子豚。孔子時其亡也而往拜之，遇諸塗。歸，如字，一作「饋」。陽貨，季氏家臣，名虎。嘗囚季桓子而專國政。《左傳》定公五年，季平子卒。既葬，陽虎囚季桓子。欲令平聲。孔子來見己，而孔子不往。葉氏少藴。曰：虎與南子異。南子君夫人可以見，而虎可以不見也。貨以禮，大夫有賜於士，不得受於其家，則往拜其門，故瞰苦濫反。孔子之亡而歸之豚，欲令孔子來拜而見之也。朱子曰：貨之歸豚，蓋以大夫自處。

謂孔子曰：「來，予與爾言。」曰：「懷其寶而迷其邦，可謂仁乎？」曰：「不可。」「好從事而亟失時，可謂知乎？」曰：「不可。」「日月逝矣，歲不我與。」孔子曰：「諾。吾將仕矣。」好、亟、知，並去聲。

懷寶迷邦，謂懷藏道德不救國之迷亂。亟，數音朔。也。失時，謂不及事幾平聲。之會。

將者，且然而未必之辭。新安陳氏曰：「將」之一字，其辭活，其意婉。不輕絕之，亦未嘗輕許之。聖人之遠小人，所以不惡而嚴也。**貨語皆譏孔子而諷使速仕，孔子固未嘗如此，而亦非不欲仕也，但不仕於貨耳。故直據理答之，不復**扶又反。**與辯，若不諭其意者。**慶源輔氏曰：君子未嘗不欲仕，曰「吾將仕矣」，此所謂「據理而答之」也。「不復與辯」者，不與辯已固未嘗如此，亦非不欲仕，直不可仕於貨之意也。蓋陽虎雖暴戾，然其與夫子言，亦未嘗悖違乎理也：曰「懷寶」，則貴之矣；曰「亟失時」，則惜之矣；曰「仁」曰「知」，則亦嘗聞其説而非懵然全不曉矣。此固聖人盛德之容儀有以感之，故夫子亦據直理答之。若夫聖人之心事，則非虎之可知而可語也。**○陽貨之欲見孔子，雖其善意，然不過欲使助己爲亂耳。**慶源輔氏曰：觀「懷寶失時」之語，有愛敬聖人之心，知其爲善意。然意欲其助己耳。**故孔子不見者，義也；其往拜者，禮也。必時其亡而往者，欲其稱**去聲。**也；遇諸塗而不避者，不終絕也。隨問而對者，理之直也；對而不辨者，言之孫**去聲。**而亦無所詘**與「屈」同。**也。**新安陳氏曰：言遜則易詘，惟聖人能遜言而無所詘。○問：「陽貨瞰亡，此不足責；孔子亦瞰亡，不幾於不誠乎？」朱子曰：非不誠也。彼以瞰亡來，我亦以瞰亡往，一來一往，禮甚相稱。但孔子不幸遇諸塗耳。○吴氏曰：小人行事，君子豈得效之？非謂禮尚往來欲其相稱。不往不可，往拜則墮小人之計，故權衡如此。又曰：不見，正也；往拜，權也。隨問而答，辭順禮恭，在此無詘而在彼亦無所忤也。貨天資小人，術既狡深，語皆機警，而夫子雍容應之，曲盡其道，貨終無所施其姦也。

非聖人而能若是乎？○慶源輔氏曰：聖人之事雖縱横曲折，千條萬緒，然無非義理之當然。不自往見者，義也；其往拜者，禮也；不終絶者，仁也；隨問而答對而不辯者，知也；四者一出於誠信也。只此一事而五性具焉，夫然後見聖人之全德。**楊氏曰：「揚雄謂孔子於陽貨也，敬所不敬，爲詘身以信**與「伸」同。**道，非知孔子者。**揚子《法言》：或問：「聖人有詘乎？」曰：「有。」曰：「焉詘乎？」曰：「仲尼於南子，所不欲見也；於陽虎，所不欲敬也。見所不見，敬所不敬，不詘如何？」或曰：「衛靈公問陳則何以不詘？」曰：「詘身，將以信道也。如詘道而信身，雖天下，不可爲也。」**蓋道外無身，身外無道。身詘矣而可以信道，吾未之信**如字。**也。」**朱子曰：虎是惡人，本不可見，孔子乃見之，亦近於詘身。却不知聖人是禮合去見他，不爲詘。到與他説話時，只把一兩字答他，辭氣温厚而不自失。非聖人，斷不能如此。○或問此章之説。曰：觀夫子所以告微生畝與夫辨長沮、桀溺之語，則聖人之自言未嘗不正其理而明辨之也。至於告陽貨，則隨其所問，應答如響，而略無自明之意，則亦是陽貨之暴有不足告，而姑孫辭以答之。然味其旨，則亦無非義理之正與其中心之實然者，則是初未嘗詘也。胡、張之説善矣。○胡氏曰：揚氏謂孔子於陽貨爲詘身以信道，雄之意蓋以身與道爲二物也。是以其自爲也，黽勉莽、賢之間，而擬《論語》、《周易》，以自附於夫子。豈不謬哉？○南軒張氏曰：陽貨見孔子一節，不只是遜詞答他，道亦在其中。懷其寶而迷其邦，固不可謂之仁，我却不是迷其邦；好從事而亟失時，固不可謂之知，我却不是亟失時；日月逝矣，歲不我與，我又却不是不仕，只是我仕時却與你別。聖人之言，本末備具。○勉齋黄氏曰：「日月逝矣，歲不我與」，蓋謂夫子既老，可以有爲之日月已過矣。歲運而往，其去甚速，豈復與我而爲我少緩乎？是亦諷使速仕也。○問：「陽貨欲見孔子，孔子不見。至於公山弗擾以費畔，召，子欲往。夫陽貨與此人皆一時叛臣，孔子不見陽貨而欲見此人，何也？」潛室陳氏曰：聖人道大德宏，無可無不可。雖是惡人，苟其一時意向之善、交際之誠，聖人無不與者。陽貨則見之之意不實，交際之禮不誠，故孔子不欲見之。孟子曰：「苟善其禮際，斯君子受之矣。」○雲峯胡氏曰：此一事耳，而見聖人一言一動無非時中之妙。陽貨欲見孔子而遽見之，非中也。既有餽而不往拜之，非中也。不時其亡，則中小人之計，非中也。不幸遇諸塗而又避之，則絶小人之甚，非中也。理之直者其辭易至於不遜，非中也；辭之遜而或有所詘，非中也。聖人不徇物而亦不苟異，不絶物而亦不苟同，愈雍容不迫而愈剛直不詘，此其所以爲時中之妙也。

○子曰：「性相近也，習相遠也。」

此所謂性，兼氣質而言者也。氣質之性固有美惡之不同矣，然以其初而言則皆不甚相遠也。但習於善則善，習於惡則惡，於是始相遠耳。○程子曰：「此言氣質之性，非言性之本也。若言其本則性即是理，理無不善，孟子之言『性善』是也，何『相近』之有哉？」朱子曰：性相近是氣質之性，若本然之性則一般，無相近。○性是天賦予人，只一同，氣質所禀却自有厚薄。人有厚於仁而薄於義，餘於禮而不足於智，便白氣質上來。○先有天理了，却有箇氣。氣積於質而性具焉。○質並氣而言，則是「形質」之質。若生質，則是「資質」之質。○天命之性若無氣質，却無安頓處。如一勺之水非有物盛之，則水無歸着。○禀得木氣多則少剛强，禀得金氣多則少慈祥。推之皆然。○孔子言性雜乎氣質言之，故不曰「同」而曰「相近」。蓋以爲不能無善惡之殊，但未至如所習之遠耳。○「天命之謂性」，則通天下一性耳，何相近之有？言「相近」者，是指氣質之性而言。孟子所謂犬、牛、人性之殊者，亦指此而言也。○南軒張氏曰：原性之理無有不善，人、物所同也；論性之存乎氣質，則人稟天地之精、五行之秀，固與禽獸草木異。然就人之中不無清濁厚薄之不同，而實亦未嘗不相近也。不相近則不得爲人之類矣，而人賢不肖之相去，或相倍蓰，或相什百，或相千萬者，則因其清濁厚薄之不同，習於不善而日遠耳。習者，積習而致也。善學者克其氣質之偏以復其天性之本，而其近者亦可得而一矣。○慶源輔氏曰：性之本，謂不兼乎氣質而言之者也。既不兼乎氣質，則純以理言耳。理則天地人物，一而已矣，何相近之可言哉？○雙峯饒氏曰：此章程子專以爲氣質之性，朱子以爲兼氣質而言。「兼」字尤精。蓋謂之相近，則是未免有些不同處，不可指爲本然之性；然其所以相近者，正以本然之性寓在氣質之中，雖隨氣質而各爲一性，而其本然者常爲之主，故氣質雖殊而性終不甚相遠也。此是以本然之性兼氣質而言之，非專主氣質而言也。問：「如何見得性相近？」曰：如惻隱、羞惡人皆有之，然有惻隱多於羞惡者，亦有羞惡多於惻隱者，雖不盡同，亦不甚相遠，故曰「相近」。○吴氏曰：「習與性成」，言性習始此。中人上下之質，相去本不甚遠。唯習於善則日造乎高明，習於惡則日淪乎汙下，以是而相遠耳。上知生知安行，何事於習？下愚習於惡則有之，習於善則無矣。上知下愚，相去遠矣，又豈待習而然哉？○雲峯胡氏曰：伊尹曰「習與性成」，是專主氣質而言。習如此，性之成也遂如此，所以言性在習之後。夫子曰「性相近，習相遠」，是兼氣質而言。性如此，而習則未必皆如此，所以言性在習之先。若論天命之性，則純粹至善，一而已矣，不可以「相近」言。此所謂性者，兼氣質而言也。天命之性不離乎氣質之性，其初猶未甚相遠，蓋天命之性猶未漓也。赤子之生無有五方，其聲一也，性之相近也如之；長則言語不通，飲食不同，有至死莫能相爲者，習之相遠也如之。○新安陳氏曰：人有此形則有此心，有此心則稟受此理。性者，心中所稟受之理也。纔說「性」字，則已寓於氣質中矣，非氣質則性安所寓乎？性善以天地之性言，非天地之性懸空不着乎氣質而自爲一物也，就氣質中指出天地本然賦予之理，不雜乎氣質而言之耳。然天地之性雖不雜乎氣質，亦不離乎氣質。孟子之言「性善」，指其不雜乎氣質者言之也，乃是純言天地之性也；孔子之言「性相近」，以其不離乎氣質者言之也，乃是兼言氣質之性也。「兼」云者，言本然之性夾帶言氣質之性也。朱子有云：「孔子雜乎氣質言之。」「雜」即「兼」也。輔氏、饒氏推《集註》兼氣質而言之說，終欠透徹，不得已而發此云。

○子曰：「唯上知與下愚不移。」知，去聲。

此承上章而言。人之氣質相近之中，又有美惡一定而非習之所能移者。慶源輔氏曰：二章相承，此必一時之言。○程子曰：「人性本善，有不可移者何也？語其性則皆善也，語其才則有下愚之不移。新安陳氏曰：程子此言「才」字與孟子言「天之降才」不同。孟子以理言，程子以氣言也。所謂下愚有二焉：自暴、自棄也。人苟以善自治則無不可移，雖昏愚之至皆可漸磨而進也。惟自暴者拒之以不信，自棄者絕之以不爲，朱子曰：拒之以不信，只是說沒這道理；絕之以不爲，是知有這道理，自割斷了不肯做。自暴者有强悍意，剛惡之所爲；自棄者有懦弱意，柔惡之所爲也。**雖聖人與居，不能化而入也，仲尼之所謂『下愚』也。然其質非必昏且愚也，往往强戾而才力有過人者，商辛是也。**《史記》：帝乙之子辛，即帝紂。「資辯捷疾，聞見甚敏。材力過人，手格猛獸。」○新安陳氏曰：如商紂强足以拒諫，智足以飾非，固非懵然昏愚，往往爲戾氣所蔽錮而不可與入於善耳。**聖人以其自絶於善，謂之『下愚』，然考其歸則誠愚也。」**朱子曰：「性相近」是通善惡智愚説，「上智下愚」是就中摘出懸絶者説。○問：「《集註》謂『氣質相近之中又有一定而不可易者』，復舉程子無不可移之説，似不合。」曰：且看孔子説底，却自有不移底人，如堯、舜不可爲桀、紂，桀、紂不可使爲堯、舜之類。程子却又推其説。須知其異而不害其爲同。○「習與性成」而至於「相遠」，則固有「不移」之理。然人性本善，雖至惡之人，一日而能從善，則爲一日之善人，豈有終不可移之理？○以聖言觀之，則曰「不移」而已，不曰「不可移」也；以程子之言考之，則以其不「肯」移而後不「可」移耳。蓋聖人之言本但以氣質之稟而言其品第，未及乎「不肯」、「不可」之辨也。程子之言則以稟賦甚異而不肯移，非以其稟賦之異而不可移也。○問：「程子謂語其才則有下愚之不移，與孟子『非天之降才爾殊』，如何？」曰：孟子説與程子小異。孟子專以發於性者言之，故以爲才無不善；程子兼指其稟於氣者言之，則人之才固有昏明强弱之不同矣。以事理考之，則程子爲密。蓋才稟於氣，氣清則才清，氣濁則才濁。如后稷自幼而岐嶷，越椒自幼而惡，是氣稟如此。孟子謂盡得才之善固是好，必竟氣稟有善惡不同。後人看不出，所以引惹得許多「善惡混」等説來。自濂溪《太極圖》始説陰陽五行之變不齊，二程始因其説推出氣質之性來。○雙峯饒氏曰：善底性不肯移而爲惡，惡底性不肯移而爲善。肯不肯雖屬心，其所以肯不肯者，才實爲之也。又曰：性相近是説性，上知下愚是説才。善惡，性也；知愚，才也。性雖相近，而才之等級不齊，有相去甚懸絶者。才既懸絶，則性亦非習之所能移矣。○吴氏曰：下愚以質言，自暴自棄以人事言。質雖可移而自不移者，暴棄之謂也。

或曰：此與上章當合爲一，「子曰」二字蓋衍文耳。

○子之武城，聞弦歌之聲。

弦，琴瑟也。時子游爲武城宰，以禮樂爲教，故邑人皆弦歌也。

夫子莞爾而笑曰：「割雞焉用牛刀？」莞，華版反。焉，於虔反。

莞爾，小笑貌，蓋喜之也。因言其治小邑，何必用此大道也？

子游對曰：「昔者偃也聞諸夫子曰：『君子學道則愛人，小人學道則易使也。』」易，去聲。

君子、小人，以位言之。子游所稱，蓋夫子之常言，言君子小人皆不可以不學。故武城雖小，亦必教以禮樂。朱子曰：君子學道是曉得那「己欲立而立人，己欲達而達人」底道理，方能愛人。小人學道不過曉得那「孝、弟、忠、信」而已，故易使也。○雙峯饒氏曰：君子、小人，以位言。方其學時，君子、小人猶未分也。後來入仕者則用此道以愛人，在閭閻畎畝間者亦自知義，所以易使。

子曰：「二三子，偃之言是也，前言戲之耳！」

嘉子游之篤信，又以解門人之惑也。○治有大小，而其治之必用禮樂，則其爲道一也。

但衆人多不能用而子游獨行之，故夫子驟聞而深喜之。因反其言以戲之而子游以正對，故復扶又反。**是其言而自實其戲也。**朱子曰：禮樂之用，通乎上下。一身有一身之禮樂，一家有一家之禮樂，一邑有一邑之禮樂，以至推之天下，則有天下之禮樂。亦隨其大小而致其用焉，不必其功大名顯而後施之也。○南軒張氏曰：莞爾而笑者，聞弦歌而喜也。割雞焉用牛刀者，謂其治小以大也。君子學道則有以養其仁心，故愛人；小人學道則亦和順以服事其上，故易使。夫子聞子游之語，恐學者疑於前言，以寡國小民爲可忽也，故告二三子以子游之言爲是，而謂前言爲戲之。辭氣抑揚之間，豈弟和平，無非教也。○勉齋黄氏曰：弦歌，弦且歌也。合樂曰歌。人聲絲聲，皆堂上之樂也。教以弦歌而謂之學道者，使人人習於和平中正之音以養其心，而所歌之《詩》又皆温柔敦厚合乎禮義，則自然皆趨於人所當行之道，乃所謂學道也。君子在上者能學道，則知撫乎下矣；小人在下者能學道，則知順乎上矣。上撫乎下，下順乎上，安有不治者乎？○慶源輔氏曰：治之用禮樂，如飢之必用食，渴之必用飲，豈謂小邑寡民而可以無禮樂爲哉？舍禮樂則必將專於刑罰，而民無措其手足矣，豈聖學之所尚邪？○厚齋馮氏曰：古之學者春誦夏弦，蓋御琴瑟，歌詠諷誦之耳。城以武名，乃岩險用武之地。以《左傳》考之可見。夫習俗尚武，子游乃能以道化其民，使習於禮樂，變甲胄之俗爲弦歌之聲，此夫子所以喜之而以戲言發實語也。○雙峯饒氏曰：弦歌如何見得是學道？又弦歌是樂，《集註》如何添「禮」字説？古者教人，春、秋教以禮、樂，冬、夏教以《詩》、《書》。纔教便兼《詩》、《書》、禮、樂，不應只教以弦歌。春習樂，夏習《詩》，秋習禮，冬習《書》，皆因時以爲教。春夏陽氣發達之時，聲屬陽，故教以《詩》、樂。想夫子過武城是春夏時也，聞弦歌便知其以禮樂爲教。學《詩》、《書》、禮、樂即是學道。○勿軒熊氏曰：子游宰武城之事凡兩見，一以人才爲重，一以道化爲先，皆見其知本。○雲峯胡氏曰：所謂道者，仁、義、禮、樂而已。以禮、樂爲教，故上焉教此者，知有撫下之仁；下焉學此者，知有事上之義。

○公山弗擾以費畔，召，子欲往。

弗擾，季氏宰，與陽虎共執桓子，據邑以叛。叛與「畔」同。○厚齋馮氏曰：公山，氏；弗擾，名。一云不狃，字子洩，費邑宰也。與陽虎共執桓子。虎敗出奔，弗擾據邑以叛。○《左傳》定公五年，事見《季氏》篇首章《集註》「家臣屢叛」下。○十二年：「仲由爲季氏宰，將墮三都。叔孫氏墮郈，季氏將墮費，公山不狃、叔孫輒帥費人襲魯。公與三子入季氏之宮，登武子之臺。費人攻之，弗克。入及公側，仲尼命申句須、樂頎下伐之。費人北，國人追之，敗諸姑蔑。」

子路不說，曰：「末之也已。何必公山氏之之也？」說音悅。

末，無也。言道既不行，無所往矣。何必公山氏之往乎？

子曰：「夫召我者，而豈徒哉？如有用我者，吾其爲東周乎？」夫音扶。

豈徒哉，言必用我也。爲東周，言興周道於東方。謂東魯。○邢氏曰：如有用我者，我則興周道於東方，其使魯爲東周乎？○程子曰：「聖人以天下無不可有爲之人，亦無不可改過之人，故欲往。然而終不往者，知其必不能改故也。」程子曰：公山弗擾以費叛，不以召叛人逆黨而召孔子，則其志欲遷善悔過而未知其術耳。使孔子而不欲往，是沮人爲善也，何足以爲孔子？○公山召我而豈徒哉？是孔子意他雖叛而召我，其心不徒然，往而教之遷善，使不叛則已，此則於義直有可往之理，而孔子亦有實知其不能改而不往者。佛肸召亦然。○朱子曰：夫子云「吾其爲東周乎」，興東周之治也。孔子之志在乎東周，然苟有用我者，亦視天命如何耳。聖人胸中自有處置，非可執定本以議之也。○諸家皆言不爲東周，《集註》却言「興周道於東方」，何也？曰：這是古註如此說。「其」字、「乎」字只是閑字，只是有用我便也要做些小事，何處是有不爲東周底意？這處與二十年之後「吴其爲沼乎」辭語一般，亦何必要如此翻轉？文字須寬看，子細玩味，方見得聖人語言。○問：「弗擾果能用夫子，夫子果往從之，亦不過勸得他改過自新，舍逆從順而已，亦如何便興得周道？」曰：聖人自不可測。改過不過臣順季氏而已，此只是常法。聖人須别有措置。○蘇氏曰：孔子之不助畔人，天下之所知也。畔而召孔子，其志必不在於惡矣。故孔子因其有善心而收之，使不自絶而已。弗擾之不能爲東周亦明矣。然而用孔子則有可以爲東周之道，故子欲往者，以其有是道也。卒不往者，知其必不能也。○慶源輔氏曰：魯在周之東，故云爾。蓋聖人無小成苟就之事，如獲用焉，不興周道以繼文、武不已也。○雙峯饒氏曰：當時子路更欠一問：「如何可爲東周？」夫子必告以爲之之道。如問：「衛君待子而爲政，子將奚先？」夫子便告以「正名」。今聖人不曾説出，難爲臆度。○雲峯胡氏曰：門人豈有不説於夫子者，而「子路不説」者二。豈知夫子之於南子，其辭不見者義也；不得已而見，亦有可見之禮也。夫子之於公山弗擾，其欲往者仁也；而卒不往者，蓋有知人之知也。聖人一動一静，莫非適乎時中，而子路未之知也。然非子路之疑，則聖人之心又孰得而知之乎？

○子張問仁於孔子。孔子曰：「能行五者於天下爲仁矣。」請問之。曰：「恭、寬、信、敏、惠。恭則不侮，寬則得衆，信則人任焉，敏則有功，惠則足以使人。」

行是五者，則心存而理得矣。於天下，言無適而不然，猶所謂「雖之夷狄，不可棄」者。五者之目，蓋因子張所不足而言耳。任，倚仗也。又言其效如此。問：「『敏』字於求仁工夫似不甚切。」朱子曰：不敏則便有怠忽，纔怠忽便心不存而間斷多，便是不仁。○「任」是堪倚靠，是能爲人擔當事也。○勉齋黄氏曰：「行五者則心存理得」，何也？曰：心主乎五者，則無非僻之雜，而心之德常存；以五者施之事，則無悖謬之失，而事之理常得。又言其效，通指「不侮」至「使人」五者，欲其以是驗之，如答顔、冉問仁，亦以「歸仁」、「無怨」之效言也。○慶源輔氏曰：五者皆心所具之理而仁之發也。恭則仁之著，寬則仁之量，信則仁之實，敏則仁之力，惠則仁之澤。能行此五者則心存理得而仁不外是也。然是心一有間斷之時則亡矣，是理一有虧闕之處則失矣，故其行是五者必自一家一國以至於天下無適而不然，然後其心公平，其理周遍，而仁之體用備矣。夫仁道無不該，乃萬善之綱領也。今特以此五者言之，故以爲因子張所不足而言。「堂堂乎張」，疑其不足於恭；「愛欲生，惡欲死」，疑其不足於寬；問行而告以「忠信」，疑其不足於信；問政而告以「無倦」，疑其不足於敏；「色取仁而行違」，疑其不足於惠也。○張敬夫曰：「能行此五者於天下，則其心公平而周遍可知矣。然恭其本與？」音余。○慶源輔氏曰：所謂「其心公平而周遍」者，非體仁之深者不知此味也；所謂「恭其本與」者，所以指示學者尤切。蓋恭則此心收斂，不至於放縱；此心收斂不放縱，則夫寬、信、敏、惠自有所不能已者。○胡氏曰：五常百行，何莫非仁，而獨以是言，故疑其爲子張之所不足也。語恭其本者，四者皆以事言而恭則切於身也。併及其效者，欲其因是而驗之。○雙峯饒氏曰：朱子以「心存理得」爲仁，是指能行五者而言；南軒以「公平周遍」爲仁，是兼行於天下而言。二者互相備，必心存理得始能公平周遍。又曰：南軒於五者以恭爲主，亦與胡氏釋「千乘之國」章謂五者以敬爲主同意。恭敬則心存，心存然後理得，故能行下四者。○雲峯胡氏曰：子張平日問「達」問「行」，其志欲得行於彼也，故夫子因其問仁而告之以能行乎此者也。能行此五者則心存而理得，能行之於天下則其心公平而溥遍矣。**李氏曰：「此章與六言六蔽、五美四惡之類，皆與前後文體大不相似。」**朱子曰：六言六蔽、五美等語，雖其意是，然皆不與聖人常時言語一樣。《家語》此樣話亦多。大抵《論語》後數篇，間不類以前諸篇。○厚齋馮氏曰：孔門問仁，無稱「問仁於孔子」者，抑此其《齊論》歟？

○佛肸召，子欲往。佛音弼。肸，許密反。

佛肸，晉大夫趙氏之中牟宰也。中牟，趙氏邑。

子路曰：「昔者由也聞諸夫子曰：『親於其身爲不善者，君子不入也。』佛肸以中牟畔，子之往也，如之何？」

子路恐佛肸之浼汙也。**夫子，故問此以止夫子之行。親，猶「自」也。不入，不入其黨也。**

慶源輔氏曰：所謂「親於其身爲不善而君子不入」者，正恐其汙己也，此固子路之所知也；至於人之不善不能浼聖人，則非子路之所能知也。故引此爲問，欲以止夫子之行耳。○聖人道大德弘，所過者化。人之不善一經聖人照臨之，則大者革心、小者革面之不暇，何至有浼於聖人？若夫昏頑之至，不可以常理化者，則聖人又自有以處之。在上則或若堯、舜之待三苗，在下則若夫子之待陽貨。公山、佛肸亦豈能浼於聖人哉？

子曰：「然，有是言也。不曰堅乎？磨而不磷；不曰白乎？涅而不緇。磷，力刃反。涅，乃結反。

磷，薄也。涅，染皁物。齊氏曰：涅，水中黑土，今江東皁泥。**言人之不善不能浼己。楊氏曰：「磨不磷，涅不緇，而後『無可無不可』。堅白不足而欲自試於磨涅，其不磷緇也者幾**平聲。**希。」**問：「公山之召，子路不悦。夫子雖以東周之意諭之，子路意似有所未安也，故於佛肸之召，又舉所聞以爲問，其自信不苟如此。學者未至聖人地位，且當以子路爲法，庶乎不失其身。不可以聖人體道之權藉口，恐有學步邯鄲之患也。」朱子曰：得之。○南軒張氏曰：子路之説，在子路則當然。蓋子路以己處聖人而未能以聖人觀聖人也。○慶源輔氏曰：「磨不磷，涅不緇，而後無可無不可」者，聖人之事也；「堅白不足而欲自試於磨涅」，則後世不度德，不量力，輕舉妄動，始欲自附於聖人而終則陷其身於不義之流也。○新安倪氏曰：楊氏謂「堅白不足」以下，非夫子所言之本意，乃爲子路輩言也。

「吾豈匏瓜也哉？焉能繫而不食？」焉，於虔反。

匏，瓠音互。**也。匏瓜繫於一處而不能飲食，人則不如是也。**朱子曰：不食，謂不求食，非謂不可食也。今俗猶言「無口匏」，亦此意。○勉齋黃氏曰：匏瓜繫而不食，蓋言匏瓜蠢然一物，繫則不能動，不食則無所知。吾乃人類在天地間，能動作，有思慮，自當見之於用而有益於人，豈微物之比哉？世之奔走以餬其口於四方者往往借是言以自況，失聖人之旨矣。此不可以不辨。**○張敬夫曰：「子路昔者之所聞，君子守身之常法；夫子今日之所言，聖人體道之大權也。然夫子於公山、佛肸之召皆欲往者，以天下無不可變之人，無不可爲之事也；其卒不往者，知其人之終不可變，而事之終不可爲耳。一則生物之仁，一則知人之智也。」**程子曰：佛肸召子必不徒然，其往義也。然不往者，度其不足與有爲也。○朱子曰：公山弗擾、佛肸召而欲往者，乃聖人虛明應物之心，答其善意，自然而發。終不往者，以其爲惡已甚，義不復可往也。此乃聖人體用不偏，道並行而不相悖處。然兩條告子路不同者，即其所疑而喻之爾。子路於公山氏疑夫子之不必往，故夫子言可往之理；於佛肸恐其浼夫子也，故夫子告以不能浼己之意。○夫子於佛肸之召，但謂其不能浼我而已；於公山氏之召，却真箇要去做。○問：「佛肸、弗擾之召，孔子欲往，此意如何？」曰：此是一時善意，聖人之心適與之契，所以欲往。然更思之，則不往矣。蓋二人暫時有尊賢向善之誠心，故感得聖人有欲往之意。然違道叛逆，終不能改，故聖人亦終不往也。譬如雲陰，忽略開霽有些光明，又被重陰遮蔽了。問：「陽貨欲見却終不許他。」曰：貨全無善意，來時便已不好了，故亦不能略感聖人。○慶源輔氏曰：自聖人言之則固無不可爲之時，亦無不可爲之事，無不可教之人，然其所遇，則有不可必者。天未欲平治天下，則在時者有不可爲也；上之人不我用，則在事者有不可爲也；誨之諄諄，聽之藐藐，則在人者有不可教也。

○子曰：「由也女聞『六言六蔽』矣乎？」對曰：「未也。」女音汝。下同。

蔽，遮掩也。胡氏曰：如爲物遮掩，僅得其一偏而不見其全體也。○慶源輔氏曰：謂各隨其意之所向以遮掩其正理。

「居，吾語女。語，去聲。

禮，君子問更平聲。端，則起而對。出《記·曲禮》。故夫子諭子路使還坐而告之。

「好仁不好學，其蔽也愚；好知不好學，其蔽也蕩；好信不好學，其蔽也賊；好直不好學，其蔽也絞；好勇不好學，其蔽也亂；好剛不好學，其蔽也狂。」好、知，並去聲。

六言皆美德，然徒好之而不學以明其理，則各有所蔽。愚，若可陷可罔之類。蕩，謂窮高極廣而無所止。賊，謂傷害於物。朱子曰：固執必信而不好學，必至於賊害物，如證父攘羊便是。○雙峯饒氏曰：信而不明理，則不度事理之可否而欲必踐其言，如此者必至於害事。如尾生之信，是自賊其身者也。勇者剛之發，剛者勇之體。朱子曰：勇只是敢爲，剛有堅强之意。○慶源輔氏曰：人之資禀得於陰陽者，惟有剛有柔。勇則剛之發出者也。○雙峯饒氏曰：剛屬質，體也；勇屬氣，用也。狂，躁率也。慶源輔氏曰：此與「狂狷」之狂不同。躁率則近乎剛惡也，故特釋之。○雙峯饒氏曰：躁率，輕舉妄動之意。○程子曰：六言六蔽，正與「恭而無禮則勞」、「寬而栗，剛而無虐」之義同。蓋好仁而不好學，乃所以愚。非能仁而愚，徒好而不知學乃愚。○南軒張氏曰：學，所以明善也，不知學則徒慕其名而莫知善之所以爲善矣。好仁不好學之蔽，如欲力行自守以爲仁，❶而不知學以明之，則其所行所守未免於私意，適足以爲愚而已。至於好知不好學，則用其聰明而不知約之所在，故其蔽蕩。好信不好學，則守其小諒而不知義之所存，故其蔽賊。好直不好學，則務徑情而不知含蓄，故其蔽絞。絞者，訐而已。好勇不好學，則犯難而不知止，故其蔽亂。好剛不好學，則務勝而不知反，故其蔽狂。是六者本爲達德善行，而不好學，則非所以爲德行而反以自蔽。學，如行大道，日闢而通也；不學如守暗室，終窒而蔽矣。○問：「蔽之爲義，何也？」勉齋黄氏曰：《集註》以爲遮掩，言有所不見之謂也。學，所以明理者。學，謂效之師友之言行，求之方册之紀載，皆學也。所以學欲觀夫理之所當然者而效法之也。○仁、知、信、直、勇、剛皆美德也，又必學以明其理，何哉？六者，德之大目耳。輕重淺深，當施不當施之間，其理固多端也。今但見其大目而好之，不務學以究其理之曲折，則見其一而蔽其一，未有不流於一偏者也。仁主於愛，偏則不分輕重賢否而流於愚。智知人所難知，偏則窮高極遠而流於蕩。信而偏則執一不通而流於賊，直而偏則迫切不舒而流於絞。勇則直徑而亂，剛則堅守而强。是皆得其大目而不學，有所蔽以至於此也。○覺軒蔡氏曰：此皆不明理而惑於所似故也。格物以致其知，則其蔽徹矣。**○范氏曰：「子路勇於爲善，其失之者，未能好學以明之也。故告之以此。曰勇，曰剛，曰信，曰直，又皆所以救其偏也。」**慶源輔氏曰：范氏就子路身上發明尤切。子路好勇，且有「何必讀書」之説，其失正在於

❶「行」，原作「得」，今據四庫本、孔本、陸本及《癸巳論語解》卷九改。

未能好學以明善也。剛勇直信，皆其氣稟之偏，故特告之。○陳用之曰：信直勇剛，子路之所好也。先之以仁知，使之知所好也。或曰：此子路初見夫子之時。

○子曰：「小子何莫學夫《詩》？夫音扶。

小子，弟子也。厚齋馮氏曰：何莫云者，謂弟子何爲而莫之學也。

「《詩》可以興，

感發志意。朱子曰：讀《詩》，見不美者令人羞惡，見其美者令人興起。須是反覆讀，使《詩》與心相乳入，自然有感發處。

「可以觀，

考見得失。勉齋黄氏曰：興、群、怨皆指學《詩》者而言，觀則似指《詩》而言，謂可考詩人之得失也。然以爲觀己之得失亦可通。下文既有「多識」爲以此識彼，則此觀爲觀己，然後四語皆一意也。○新安陳氏曰：觀《詩》所美所刺者之得失，亦因可以考見我之得失。兼此二意方爲盡。

「可以群，

和而不流。新安陳氏曰：和以處衆曰群。和而不流，故可以處衆。若和而流，則失於雷同，非處衆之道矣。

「可以怨。

怨而不怒。慶源輔氏曰：當怨不怨，則失之疏；怨而怒，則又失之過。程子所謂《小弁》、《擊鼓》皆怨而各當乎理者，是也。

「邇之事父，遠之事君。

人倫之道，《詩》無不備。新安陳氏曰：如《關雎》言夫婦，《常棣》言兄弟，《伐木》言朋友之類。二者舉重而言。新安陳氏曰：父子、君臣，人倫中之大者。

「多識於鳥獸草木之名。」

其緒餘又足以資多識。○學《詩》之法，此章盡之，讀是經者所宜盡心也。慶源輔氏曰：《論語》之論及《詩》者多矣，而惟此章爲備。學者苟於此盡心焉，則有以感發其志意而爲善不懈，有以考見其得失而於事無惑，和而不流以處群居之常，怨而不怒以處人情之變。孝父忠君而人倫之大者無愧，博物洽聞而一物之小者不遺。《詩》之爲益，不既多乎？

○子謂伯魚曰：「女爲《周南》、《召南》矣乎？人而不爲《周南》、《召南》，其猶正牆面而立也與！」女音汝。與，平聲。

爲，猶「學」也。厚齋馮氏曰：爲，如「高叟爲《詩》」之「爲」。《周南》、《召實照反。南》，《詩》首篇名。所言皆脩身齊家之事。慶源輔氏曰：二《南》見文王齊家之化，於脩身疑未之及。蓋身者家之本，聖人之化未有不本於身者。文王之化自内及外，則脩身之事固在其中矣。正牆面而立，言即其

至近之地而一物無所見，一步不可行。程子曰：二《南》，人倫之本，王化之基，苟不爲之則無所自入。古之學者必興於《詩》。「不學《詩》無以言。」故「猶正牆面而立」。○朱子曰：不知所以脩身齊家，則不待出門便已動不得了。所以謂之「正牆面」者，謂其至近之地亦行不得故也。○問：「不知脩身齊家，則自然推不去，是一步不可行。如何是一物無所見？」曰：自一身一家已自都理會不得，況其遠者乎？此可見知與行相須之義。《周南》之詩言文王后妃閨門之化，《召南》之詩言諸侯之國夫人、大夫妻被文王后妃之化而成德之事。蓋文王治岐而化行於江漢之域，自北而南，故其樂章以「南」名之。用之鄉人，用之邦國，以教天下後世。誠意、正心、脩身、齊家之道，蓋《詩》之正風也。○厚齋馮氏曰：此疑在伯魚過庭之後已告之學《詩》，恐其未必踐言而復告之也。○新安陳氏曰：《詩》有二《南》，猶《易》有乾坤。學《詩》自此入，而脩齊治平之道皆自此出，誠學《詩》先務也。孔子過庭之傳既以學《詩》居學禮之先，此又以二《南》爲學《詩》之先，所以丁寧其子者，豈有他説哉？○新安倪氏曰：《書·周官》曰「不學牆面」，孔子取譬本此。

○**子曰：「禮云禮云，玉帛云乎哉；樂云樂云，鐘鼓云乎哉？」**

敬而將之以玉帛則爲禮，將如「幣之未將」之「將」。**和而發之以鐘鼓則爲樂。**發如「英華發外」之「發」。**遺其本而專事其末，則豈禮樂之謂哉？**胡氏曰：玉帛，五玉三帛，禮文之重者也；鐘，金聲，鼓，革聲，樂器之大者也。非玉帛無以爲禮，非鐘鼓無以爲樂。然禮樂有本有末，玉帛鐘鼓，末也。禮之本在於敬，假玉帛以將之，樂之本在於和，假鐘鼓以發之。周末文滅其質，但以玉帛鐘鼓爲禮樂耳。

○南軒張氏曰：玉帛固可以行禮也，鐘鼓固可以爲樂也，謂玉帛鐘鼓爲非禮樂則不可，然禮樂豈止乎玉帛鐘鼓之間哉？得其本則玉帛鐘鼓莫非吾情文之所寓，不然，特虚器而已。所謂本者，反之吾身而求之，則知其不遠也。○慶源輔氏曰：敬者，在中之禮，禮之本也；玉帛則禮之器，所以將吾敬而播之於外者也，禮之末也。和者，在中之樂，樂之本也；鐘鼓則樂之器，所以發吾和而播之於外者也，樂之末也。本末具舉，内外兼備，夫然後可謂禮樂之全。苟惟專務其本而不事於末，固爲不可；至於徒事其末而反遺其本，則又豈所謂禮樂者哉？「云乎哉」者，猶言「此不得謂之禮樂」也。○程子曰：「禮只是一箇序，樂只是一箇和。只此兩字，含蓄多少義理。天下無一物無禮樂。且如置此兩倚，一不正便是無序，無序便乖，乖便不和。又如盗賊至爲不道，然亦有禮樂。蓋必有總屬，必相聽順，乃能爲盗。不然則叛亂無統，不能一日相聚而爲盗也。禮樂無處無之，學者要須識得。」胡氏曰：程子欲人知禮樂之理無所不在，學者記其語，雜以方言。至於盗賊亦有禮樂，姑借近且粗者以明之，非真所謂禮樂也。「序」、「和」二字尤親切，又見禮爲樂之本。○慶源輔氏曰：禮樂之本雖細微之事、凶惡之人一皆有之，不特玉帛鐘鼓之間，要之只是箇序與和底道理。人能識得此箇禮樂，則知天下無一物無禮樂，隨處受用。然其實不出「序」與「和」二字。○趙氏曰：朱子以「敬」與「和」言，是就心上説；程子以「序」與「和」言，是就事上説。二説相須，其義始備。○雙峯饒氏曰：「二説相須，其義始備」，如「人而不仁，如禮何」章《集註》舉李氏「人心亡矣」，亦是就人心上説；舉程子「失正理則無序而不和」，亦是就事理上説。○厚齋馮氏曰：復曰「云」者，謂人所常言也；「乎哉」，疑而反之之辭。謂禮樂之所云者，止云玉帛鐘鼓而已哉？蓋禮者，天地之序；樂者，大地之和。玉帛有等差，所以明其序；鐘鼓有聲音，所以發其和。是時禮樂廢壞，皆僭竊其文而不知其本。諸侯僭天子，大夫僭諸侯，則無序矣；征伐相尋，國異政，家殊俗，則不和矣。夫子之言亦必有爲而發也。

○子曰：「色厲而内荏，譬諸小人，其猶穿窬之盜也與？」荏，而審反。與，平聲。

厲，威嚴也；荏，柔弱也。小人，細民也。穿，穿壁；窬，踰牆。言其無實盜名而常畏人知也。朱子曰：不直心而私意如此，便是穿窬之類。又曰：裏面是如此，外面却不如此；外面恁地，裏面却不恁地。○問：「色厲而内荏，何以比之穿窬？」曰：爲他意只在要瞞人，故其心常怕人知，如做賊然。○勉齋黄氏曰：穿窬，内懷爲盜之實而外飾非盜之狀以欺人，故以譬夫内本柔弱而外爲嚴厲以欺人者也。○雙峯饒氏曰：色，不止顔色，凡形見於外者皆是，如前篇以論篤爲「色莊」是也。外示莊厲而内實柔弱，譬如穿窬之人，日間顯顯處與平人無異，而夜間幽暗處則爲盜。○王氏回。曰：此有爲之言。曰「譬諸小人」，則指當時之大人也。○雲峯胡氏曰：《易·泰》卦以内健外順爲君子之道，《否》卦以内柔外剛爲小人之道。此則厲者外爲剛之容，荏者内蘊柔之惡者也。

○子曰：「鄉原，德之賊也。」

鄉者，鄙俗之意。原，與愿同。❶《荀子》「原慤」，❷註讀作「愿」是也。《荀子·正論篇》：「上

---

❶「愿」，原作「原」，今據四庫本、孔本、陸本及《輯釋》改。

❷「原」，原作「愿」，今據四庫本、陸本及《輯釋》、《四書章句集註》改。

端誠則下原慤矣。」謂在上者能端莊誠實，則下知謹愿而純慤也。**鄉原，鄉人之愿者也。蓋其同流合汙以媚於世，故在鄉人之中，獨以愿稱。**勉齋黄氏曰：既以「鄉」爲一鄉，又以爲「鄙俗」者，鄉之得名，本以鄙俗爲言也。故曰「我猶未免爲鄉人也」。亦猶「都鄙」之稱，「都」之爲言美也，「鄙」之爲言俗也。然則「鄉」者亦「鄙俗」之類歟？其稱「原人」而必加之以「鄉」者，以見其鄙俗非公論之所在，故是非錯謬，而稱之以爲「原」也。**夫子以其似德非德而反亂乎德，故以爲德之賊而深惡**烏故反。**之。詳見**形甸反。**《孟子》末篇。**朱子曰：鄉原者爲他做得好，便人皆稱之，而不知其有無窮之禍。如五代馮道者，此真鄉原也。○鄉原最是孟子説得數句好，曰：「生斯世也，爲斯世也，善斯可矣。」此是鄉原本情。○鄉原無甚見識，其所謂「原」，亦未必真愿，乃卑陋而隨俗之人耳。蘇氏謂其近似中庸而非也，故曰「德之賊」。孟子曰：「一鄉皆稱原人，無所往而不爲原人。」與中庸相近，必與狂狷相遠。狂者進取，狷者有所不爲，鄉原者未嘗進取而無所不爲者也。狂狷與中庸相遠，而孔子取其志之彊，可以引而至於道也；鄉原與中庸相近，而夫子惡之，惡其安於陋而不可與有爲也。○勉齋黄氏曰：德者，務合乎理者也。鄉原求媚於世，則不必皆合乎理，而委曲遷就，似乎理而實非理，使人之爲善者莫知乎理之正，是天下之正德反爲鄉原所害也。如廉潔，理之正也，鄉原不以爲廉潔以異俗，故亦同乎流俗而外爲説以自蓋，使人視之似廉潔，然實非廉潔而反以害廉潔之正也。故貪夫不足以害夫廉，似廉非廉者乃所以害夫廉也。此夫子所以深惡之也。○雙峯饒氏曰：一鄉有君子，有小人，鄉原都要他説好。同流合汙，是要媚小人；似忠信，似廉潔，是要媚君子：所以人人道他好。人見以此得名，都去學他，最敗風俗，故曰「德之賊」。

上章言盜，盜猶畏人之知；此章言賊，則肆行無忌矣。○新安陳氏曰：真非不足以惑人，惟似是而非者最易以惑人，故夫子以爲「德之賊」。

○子曰：「道聽而塗說，德之棄也。」

雖聞善言，不爲己有，是自棄其德也。○王氏曰：「『君子多識如字。**前言往行**去聲。**以畜**勑六反。**其德。』**新安倪氏曰：此《易·大畜》卦《大象傳》辭，引以論此甚切。蓋此章所指，正與《易》之說反。**道聽塗說，則棄之矣。」**朱子曰：此二章「賊」字、「棄」字說得重而有力。蓋鄉原只知偷合苟容，似是而非，而人皆稱之，故曰「德之賊」。道聽塗說者，纔聽來便說了，更不能蓄。既不能有之於心，不能行之於身，是棄其德也，故曰「德之棄」。○南軒張氏曰：聞善者存而體之，則其德蓄聚。若徒以資口說而已，則於德何有哉？○勉齋黄氏曰：觀此則輕浮淺露者真不足以爲學也。○胡氏曰：「德之棄」與上章「德之賊」文勢相類。彼以似德而亂德，故云「德之賊」；此可以進德而不進，故云「德之棄」。○鄭氏曰：無所得而竊其名，故曰「賊」；有所聞而不蓄諸己，故曰「棄」。○或云：上章言「德之賊」，此章言「德之棄」，語意似相承。雙峯饒氏曰：是如此，但兩箇「德」字來歷亦自不同。上章所謂德是得之於天者，此章所謂德是得之於人者。有所聞於人而不能蓄之以爲己有，是棄其所得於人者。鄉原之人似德而非德，以人僞亂天理，是害其所得於天者也。所得於天即仁義禮智之謂。○新安陳氏曰：人之聞善，蘊蓄於不言之表者其德固，淺露於輕言之際者其德棄矣。

○子曰：「鄙夫可與事君也與哉？與，平聲。

鄙夫，庸惡陋劣之稱。慶源輔氏曰：庸謂凡常，惡只是惡，陋謂猥瑣，劣謂昏弱：四者皆鄙也。

「其未得之也，患得之；既得之，患失之。

何氏曰：「患得之，謂患不能得之。」胡氏曰：「『患得之』，語急而文省耳。」○新安陳氏曰：得，謂得富貴權利。

「苟患失之，無所不至矣。」

小則吮徂兗反。**癰舐**神紙反，以舌取物也。**痔，**直理反。**大則弒父與君，皆生於患失而已。**《莊子·列禦寇》篇：「秦王有病召醫，破癰潰痤者得車一乘，癰、痤，皆疽之屬也。痤，徂和反。舐痔者得車五乘，所治愈下得車愈多。子豈舐其痔邪？何得車之多也？」○《前漢·佞幸傳》：「文帝常病癰，鄧通常爲上嗽山角反。吮之。上不樂，從容問曰：『天下誰最愛我者乎？』通曰：『宜莫若太子。』太子入問疾，上使太子齰癰，齰，仕客反，齧也。齰出其膿血。太子齰癰而色難之。已而聞通嘗爲上齰之，太子慙，繇是深恨通。」○雲峯胡氏曰：吮癰舐痔是柔惡，弒父與君是剛惡。故《集註》不特曰「庸陋劣」，而且以「惡」之一字加之。

○胡氏曰：「許昌靳居覲反。**裁之有言曰：『士之品大概有三：志於道德者功名不足以累其心，志於功名者富貴不足以累其心，**新安陳氏曰：功名，功業聲名也。今俗人認貴仕爲功名，非矣。**志於富貴而已者則亦無所不至矣。』志於富貴即孔子所謂『鄙夫』也。」**南軒張氏曰：自古亂臣賊子，其初豈敢遽萌簒弒之心？惟患失也蹉跌至此，履霜堅冰，馴致其道也。然則計利自便之萌，是乃弑父與君之原也。○慶源輔氏曰：此解「無所不至矣」一句甚當。夫患得患失，則惟利欲是徇而不復顧理義之所在矣，其可與之事君也哉？然其患得也則求以得之而已，雖行險徼幸，乘間抵巇，❶然其惡猶有止也。至於患失則無不至矣。小則吮癰舐痔，不惜身命；大則弑父與君，禍及國家。○志於道德則功名不必外求而得，其或終無所成，則亦全吾道德而已矣，在我亦何所損哉？若夫志於功名則其心已是謀利計功，幸而得之則已矣。不然則行險徼幸，枉尺直尋，殆將不能免。志於富貴則患得患失，終必至於無所不至矣。其爲庸惡陋劣之態，亦可想而見也。○胡氏曰：靳氏三品之說本非此章正意，然能推見鄙夫之所以若此。志於道德，聖賢之徒也；志於功名，豪傑之士也；志於富貴，即鄙夫也。聖賢非不事功名也，可爲則爲，不得爲則不爲，不害於道德也。豪傑非惡富貴也，視功名爲重，則富貴爲輕也。鄙夫則富貴之外他無所志，故得失之患，其害至此。○厚齋馮氏曰：孟子曰「鄙夫寬」，謂所見隘陋也。所見隘陋之人，知有富貴而已。小用之則敗事，大用之則誤國，豈容一日得志也哉？○齊氏曰：古之君子，未得之則求之性分之所固有，既得之則安於職分之所當然。舜木居鹿遊，若將終身，則得不足以動其心；牛羊倉廩，若固有之，則亦何失之慮？學者以孔子之言觀鄙夫之如彼，以孟子之言觀聖人之如此，亦可以知所鑒矣。

○子曰：「古者民有三疾，今也或是之亡也。」

❶「巇」，四庫本、孔本、陸本作「罅」。

氣失其平則爲疾，故氣稟之偏者亦謂之疾。慶源輔氏曰：氣稟之偏亦謂之疾，此以德言之也。人身之氣當平和而安寧，一失其平則爲疾矣；人之德，氣稟得中則爲善，一失之偏則亦爲疾矣。○陳用之曰：人之陰陽節適則平，偏倚則疾。性之有疾，猶身之有疾也。**昔所謂疾，今亦亡**與「無」通。**之，傷俗之益偷也。**厚齋馮氏曰：或是之亡，不敢爲決然之辭，恐尚亦有之。

「古之狂也肆，今之狂也蕩。古之矜也廉，今之矜也忿戾。古之愚也直，今之愚也詐而已矣。」

狂者，志願太高。肆，謂不拘小節。蕩，則踰大閑矣。禮義爲大閑。**矜者，持守太嚴。**如「不矜細行」之矜，非「矜誇」之矜。**廉，謂稜角陗**與「峭」同。**厲。忿戾，則至於爭矣。**厚齋馮氏曰：君子矜而不爭。矜而忿戾，小人也。**愚者，暗昧不明。直，謂徑行自遂。詐，則挾私妄作矣。○范氏曰：「末世滋僞，豈惟賢者不如古哉？民性之蔽亦與古人異矣。」**朱子曰：廉是側邊廉隅，這只是那分處。所謂廉者，爲是分得那義利去處，譬如物之側稜兩下分去。○問：「智則能詐，愚者無智巧，何故能詐？」曰：如「狂而不直，侗而不愿」之類。○南軒張氏曰：疾生乎氣稟之偏。狂而肆者過於進爲也，矜而廉者廉隅露見也，愚而直者直情徑行也：此雖偏而爲疾，然猶爲疾之常。至於狂而放則流而爲蕩，矜而爭則溢而爲忿戾，愚而銜直則變而爲詐。是蓋世衰俗弊，則習益遠故也。言疾則固爲偏，而今也併與古之疾而亡之，則益甚矣。古者三疾，學則可瘳也。至於今之疾，悖理亂常之甚，蓋難反矣。然困而能學，亦聖人之所不棄也。○問：「『古者民有三疾，今也或是之亡也』，晦翁謂『氣稟之偏者謂之疾』，而取范氏『末世滋僞，豈賢者不如古？民性之蔽亦與古異』。竊謂時固有古今，而氣稟之性亦有古今之異歟？」潛室陳氏曰：氣數有淳漓，故生物有厚薄。只正春時生得物如何，迨春末生物便別。後世生聖賢既與古不同，即生暗蔽愚人亦欲如古不得。○雙峯饒氏曰：《語》中說古今處皆是嘆今之不如古。狂肆、矜廉、愚直是氣質之偏，所謂疾也。肆變而蕩，廉變而忿戾，直變而詐，是習俗所染，乃「習與性成」而爲惡，不止於疾矣。○雲峯胡氏曰：氣稟之性，適乎中則無疾，凡過與不及，皆疾也。狂者知之過，矜者行之過，愚者不能知而徑行不及者也，故古者皆以爲疾。○新安陳氏曰：古之疾已是氣質之偏，今併與古之疾而無之，蓋已流於私欲之僞，去古益遠而復乎善益難矣。夫子所以傷之歟？

○子曰：「巧言令色，鮮矣仁。」

重平聲。出。

○子曰：「惡紫之奪朱也，惡鄭聲之亂雅樂也，惡利口之覆邦家者。」惡，去聲。覆，芳服反。

朱，正色；紫，間去聲。色。新安陳氏曰：朱，南方赤之正色。合赤黑而成紫，北方之間色。雅，正也。利口，捷給。覆，傾敗也。○范氏曰：「天下之理，正而勝者常少，不正而勝者常多，聖人所以惡之也。利口之人以是爲非，以非爲是；以賢爲不肖，以不肖爲賢。人君苟悦而信之，則國家之覆也，不難矣。」朱子曰：紫近黑色，過了那朱，既爲紫便變做朱不得，便是奪了朱。雅樂平淡，鄭便過而爲淫哇，蓋過了雅，便是亂雅。邦家力勢也甚大，然被利口之人説一兩句，便有傾覆之慮，豈不可畏哉？○不正底物事自常易得勝那正底物事。且如以朱染紫，一染了便退不得，朱却不能變得紫也。○南軒張氏曰：以其似是而非，有以惑人之觀聽，是以聖人惡之。利口所以覆邦家者，蓋變其事實，使是非邪正率皆紊亂，邦家之所由傾覆也。○勉齋黄氏曰：是非善惡，最相反也。聖人不之惡者，以人心自有正理，而正不正之相反易辨也。惟夫似是而實非，似善而實惡，則人心疑惑而足以亂正，此孔子所以惡鄉原而又及乎此也。○慶源輔氏曰：氣數難得相值，時節難得常好。故邪正相乘之際，而正常屈於邪。疑似之間，每惡其雜亂而致詳焉。此亦「贊天地」之一端也。○雙峯饒氏曰：紫以間色亂正色，以其能悦人之目也；鄭衛之樂以淫聲亂正聲，以其能悦人之耳也。故聖人惡之。後世果卒爲二者所勝。古人玄衣朱裳，今之朝服直以紫爲上，至於常服亦皆衣紫，所奏之樂莫非鄭衛淫哇之音。人心好惡之失其正如此。況於聽言之際，安得不爲利口者所惑邪？○汪氏曰：辨朱紫以目，辨雅鄭以耳，具耳目者能之，猶未爲甚難。惟利口之覆邦家，則當辨之以心。人主之心常爲所惑而不能辨，故范氏備述其態以曉人。苟非自正其心辨之，豈不難哉？○雲峯胡氏曰：前篇以「佞人」對「鄭聲」言，此又以「利口」對「鄭聲」言。《集註》釋「佞」字曰「辨給」也，釋「利口」曰「捷給」也。捷則顛倒是非於片言之頃，使人悦而信之，有不暇於致詳者，視佞爲尤甚。故覆亡之禍立見，有甚於殆焉者矣。

○子曰：「予欲無言。」

學者多以言語觀聖人，而不察其天理流行之實有不待言而著者，是以徒得其言而不得其所以言，故夫子發此以警之。慶源輔氏曰：此亦有兩意。一是天理流行之實。凡動静語默，皆是初不待言而著。學者惟不察乎此而但以言語觀聖人，是以徒得其言而不得其所以言。故夫子發此以警之。一是以言而教人，固聖人之本心；因言以進道，亦學者之當務。但學者心麤氣暴，其於聖人之言，領略之意常多，體察之意常少，是以徒得其言而不得其所以言。故夫子發此以警之。

子貢曰：「子如不言，則小子何述焉？」

子貢正以言語觀聖人者，故疑而問之。慶源輔氏曰：此語必在未聞性與天道之前。

子曰：「天何言哉？四時行焉，百物生焉。天何言哉？」

四時行，百物生，莫非天理發見形甸反。**流行之實，不待言而可見。**如字。**聖人一動一靜，莫非妙道精義之發，亦天而已，豈待言而顯哉？**慶源輔氏曰：百物生，是天理之「發見」也；四時行，是天理之「流行」也。發見則自其初而言之，流行則併舉其終也。「妙道」言其體，「精義」言其用。夫子但言天之理，更不及己之事，則天人一貫，而天即己，己即天矣，此所以謂聖人之言也。○新安陳氏曰：輔氏即《集註》「天理發見流行之實」而强分之，以發見爲百物生，流行爲四時行。下句雖是，上句實非。發見流行，不必分言也。「一陰一陽之謂道」，陰陽非道，所以一陰一陽者爲道。道，形而上者也，無形之可見也；陰陽，形而下者也，即道之發見於有形者也。四時之氣流行而爲春暖、夏熱、秋凉、冬寒，非發見而何？若以「四時行」、「百物生」之序言之，必四時之氣流行而後百物之品發生。「雲行雨施」，方「品物流形」；「乾道變化」，方「各正性命」。豈有先言百物生而後言四時行之理哉？輔氏過於密察，反成病敗，愚不可以不辨。**此亦開示子貢之切，惜乎其終不喻也。**新安陳氏曰：無曾子之「唯」，亦無領會之言，見其未喻。**〇程子曰：「孔子之道譬如日星之明，猶患門人未能盡曉。故曰『予欲無言』。若顏子則便默識，**如字。**其他則未免疑問，故曰『小子何述』。又曰『天何言哉，四時行焉，百物生焉』，則可謂至明白矣。」愚按，此與前篇「無隱」之意相發，學者詳之。**朱子曰：此語子貢聞之而未喻，故有疑問。到後來自云「夫子之文章可得而聞也，夫子之言性與天道不可得而聞也」，方是契此旨處。顏曾則不待疑問。若子貢以下，又不知所疑矣。〇問：「『予欲無言』一章，恐是言有所不能盡，故欲無言否？」曰：不是如此，只是不消得説，蓋以都撒出來了，如「四時行焉，百物生焉」，天又更説箇甚底？若是言不能盡，便是有未盡處。聖人言處也盡，做處也盡，動容周旋無不盡，惟其無不盡，所以不消得説。〇問：「四時行，百物生，皆天命之流行，其理甚著，不待言而後明。聖人之道亦猶是也。行止語默，無非道者，不爲言之有無而損益也。有言乃不得已爲學者發爾。」曰：甚善。〇問：「『四時行，百物生』兩句，自爲體用。蓋陰陽之理，運行不息，故萬物各遂其生；聖人之心純亦不已，故動容周旋自然中禮。」曰：是此意。〇問：「夫子以子貢專求之言語之間，故告之『予欲無言』以發之。子貢未能無疑，故曰『天何言哉，四時行焉，百物生焉』，蓋欲其察之踐履事爲之實也。程子謂『猶患門人未能盡曉，故曰予欲無言』，夫恐其不能盡曉，當更告之，而曰『欲無言』，何也？或云：『予欲無言』一章實兼『無隱乎爾』之義。蓋『四時行，百物生』，所謂『無隱』也。程子蓋推明夫子所以啓發子貢之意，❶欲

❶「所以」，四庫本無此二字。

其求之於踐履事爲之實者，未知是否。」曰：恐人不能盡曉而反欲無言，疑得甚好。更熟玩之，當自見得分明也。○新安陳氏曰：韜仲之問，文公使更熟玩之。竊謂聖道明如日星，門人猶未能盡曉者，以其徒求之言語之間而不知動作語默無非聖道之形見，此所以聖道雖明而其見滯於言語間，不能盡曉也。苟謂「恐其不能盡曉，當更告之」，聖人方病學者徒求之言語而又益詳於言語，言語愈詳，知識愈滯，未能盡曉者何由而曉邪？使能不徒求之言語，而必察聖人之一動一静莫非妙道精義之發，則能知聖人之動静無非理，必悟聖人之語默無非教也。○南軒張氏曰：四時行，百物生者，天道之流行無息也。天雖不言，而何隱哉？聖人動静語默之間，無非至理之所在，再曰「天何言哉」，所以發之者深矣。○覺軒蔡氏曰：《集註》以此章與前篇「無隱」之意相發。蓋「四時行，百物生，莫非天理發見流行之實」，正所以發夫子之無隱也。學者玩此而有得焉，不惟見聖人一動一静純乎天理之妙，不待言而顯，便當反之於踐履事爲之實，俛焉孶孶，庶幾有得乎希聖希天之事；更玩「四時行，百物生」，尤見其體用一原，陰陽之理運行不息而萬物各遂其生之妙。聖人，亦天而已。○雙峯饒氏曰：「予欲無言」，聖人是要人就他躬行處體認，莫只於他言語上求。蓋就躬行處體認，便件件把作實事看；若只就言語上求，只將作空言看了，無益於得也。此與「吾無隱乎爾」章大同小異。那是説行處無非至理，别無深晦底道理；此是説行處都是實理，不必於吾言語上求。○厚齋馮氏曰：夫子示子貢以一貫之學，此又示以無言之天，卒於聞性與天道。子貢之學，可謂日進無疆者矣。○雲峯胡氏曰：《集註》「妙道精義之發」，妙道，其體也，天理之渾然者也；精義，其用也，天理之粲然者也。朱子《感興》末篇，始曰「玄天幽且默，仲尼欲無言。萬物各生遂，德容自清温」，末曰「曰予昧前訓，坐此枝葉繁。發憤永刊落，奇功收一原」。三復是詩，朱子之學，晚年造詣深矣。學者宜致思焉。○新安倪氏曰：按以「妙道精義」分體用，蓋因輔氏之説而申明之；舉《感興》末篇，則因蔡氏之説而詳言之也。蔡氏説此章，嘗謂先師於《感興》卒章特發其義而收奇功於一原，其所以勉學者深矣。但此能述之尤爲詳明。「萬物各生遂」接「玄天幽且默」而言，「德容自清温」接「仲尼欲無言」而言，即動静無非教之意也。又按，徽庵程氏嘗提掇「欲」之一字而講之曰：「先聖雖欲無言而未得以無言也，未以無言期諸子而獨以無言期子貢，何哉？高於子貢者自能忘言以會道，與回言終日而無所不説，不必示之以無言也；下於子貢者方將因言以求道，但教之以『不知言，無以知人』，『言及之而不言謂之隱』，『可與言而不與之言，失人』，未可示之以無言也。惟天資學力賢如子貢而猶以言語觀聖人，不得不示之以無言耳。」此説就子貢身上發明甚切，謹附于此。

○**孺悲欲見孔子，孔子辭以疾。將命者出户，取瑟而歌，使之聞之。**

孺悲，魯人，嘗學士喪禮於孔子。《記·雜記》：「恤由之喪，魯哀公使孺悲之孔子學士喪禮，士喪禮於是乎書。」**當是時，必有以得罪者，故辭以疾而又使知其非疾，以警教之也。**慶源輔氏曰：聖人之門，來者不拒，儻非有故，未有却之者。然其所以得罪之故，不可知矣。辭之以疾者，義不當見也；歌瑟使聞者，仁不容絶也。夫子於此，仁義並行而不悖，然其愛人之心則終無已也。**程子曰：「此孟子所謂『不屑之教誨』，所以深教之也。」**南軒張氏曰：孺悲之不見，疑在棄絶之域矣。取瑟而歌，使將命者聞之，是亦教誨之而終不棄也。聖人之仁，天地生物之心歟？○胡氏曰：聖人無疾而託以疾，則雖庸人亦能自省其所以見絶之由，是「不屑之教誨」也。〇鄭氏曰：於絶之之中不忘教之之意，聖人之心如天地之不棄物也，仁矣哉！

〇宰我問：「三年之喪，期已久矣。期音朞。下同。

期，周年也。

「君子三年不爲禮，禮必壞；三年不爲樂，樂必崩。

恐居喪不習而崩壞也。慶源輔氏曰：此述宰我之意也。然禮樂自事親從兄而出，不能三年之喪，則禮樂之本蹷矣。宰我慮其崩壞而急之於玉帛鐘鼓之間，則亦不知務甚矣。

「舊穀既没，新穀既升，鑽燧改火，期可已矣。」鑽，祖官反。

没，盡也；升，登也。燧，取火之木也。改火，春取榆柳之火，夏取棗杏之火，夏季取桑柘之火，秋取柞楢音昨由。之火，冬取槐檀之火，亦一年而周也。《周禮·夏官·司爟》：古喚反。「掌行火之政令，四時變國火，以救時疾。行，猶「用」也。變，猶「易」也。鄹子曰：「春取榆柳之火，夏取棗杏之火，季夏取桑柘之火，秋取柞楢之火，冬取槐檀之火。」季夏出火，民咸從之；季秋内火，民亦如之。」已，止也。言期年則天運一周，時物皆變，喪至此可止也。問：「四時取火，何爲季夏又取一番？」朱子曰：土旺於未，故再取之。〇慶源輔氏曰：時物固皆變矣，吾心哀怛之實，自有不能已者，則不可因彼而變也。〇雙峯饒氏曰：四時取火之木不同。榆柳，木之青者，故春取之；棗杏，木之赤者，故夏取之；桑柘黄，柞楢白，槐檀黑，各隨其時之方色取之。蓋五行之中各有五行。火有五色，亦如金有五金之類。古人作事，件件順天時。況水火乃天地間妙用，尤不可不順其性。水失其性則爲水災，火失其性則爲火災。旱暵疾疫，皆是。因時改火以達其氣，亦贊化育之一事也。故《周禮》司爟掌四時變國火以救民疾。後世都不理會，如何得陰陽和，萬物育？尹氏曰：「短喪之説，下愚且恥言之。宰我親學聖人之門而以是爲問者，有所疑於心而不敢强上聲。焉爾。」慶源輔氏曰：尹氏説固忠厚，然宰我之失終在。但其致問之時，猶出於情實，較之後世匿情行詐而口不相副者，則猶爲無隱耳。

子曰：「食夫稻，衣夫錦，於女安乎？」曰：「安。」夫音扶。下同。衣，去聲。女音汝。下同。

禮，父母之喪，既殯，食粥麤衰。音催。既葬，疏平聲。食音嗣。水飲，受以成布。朱子曰：成布，是稍細成布，初來未成布也。八十縷爲一升。古尺一幅只闊二尺二寸，算成斬衰三升，如今漆布一般，所以爲未成布。期音朞。而小祥，始食菜果，練冠縓取絹反。緣，去聲。○朱子曰：縓，今淺絳色。小祥以縓爲緣。一入爲縓。禮有四入之説，亦是漸漸加深色耳。要平聲。絰音迭。不除，無食稻衣錦之理。夫子欲宰我反求諸心，自得其所以不忍者，故問之以此，而宰我不察也。

《記·間傳》：「父母之喪，既殯食粥，未殯之前，勺水不入口。既殯，則三日矣，方食粥。朝一溢米，二十兩爲一溢，以爲粥。莫音暮。一溢米；齊衰之喪，疏食水飲，不食菜果；大功之喪，不食醯醬；可以食菜果矣。小功、緦麻，不飲醴酒。可以食醯醬矣。父母之喪既虞卒哭，疏食水飲，可以不食粥矣。不食菜果；期而小祥，期而服練，謂之小祥。食菜果；又期而大祥，再期而服縞，謂之大祥。食醯醬；中月而禫，大感反。禫而飲醴酒。醴酒味薄，故得飲之。始飲酒者先飲醴酒，始食肉者先食乾肉。」

「女安則爲之。夫君子之居喪，食旨不甘，聞樂不樂，居處不安，故不爲也。今女安，則爲之。」樂，上如字，下音洛。

此夫子之言也。旨，亦「甘」也。旨，美也。初言「女安則爲之」，絶之之辭。又發其不忍之端以警其不察。新安陳氏曰：四「不」字皆是發其不忍之端。而再言「女安則爲之」，以深責之。厚齋馮氏曰：夫子之門，子夏、子張既除喪而見予之琴，和之而或和或不和，彈之而或成聲或不成聲，一則曰「先王制禮，不敢過也」，一則曰「先王制禮，不敢不至焉」：其於三年之喪如此。宰我與二子相處久矣，豈不習聞其概？而安於食稻衣錦也。夫魯莊公之喪，既葬，不入庫門，士大夫既卒哭，麻不入，然則三年之喪不行久矣，至是而夫子舉行之。宰我，門人高流也，日聞至論而猶以期爲安，况斯世乎？其後滕世子欲行三年喪，父兄百官皆不欲，然則三年之喪獨行於孔孟之門，而朝廷未嘗行也。甚至以日易月，無復聽於冢宰、三年不言之制。而三年之喪迄今行之天下者，宰我一問之力也。

宰我出。子曰：「予之不仁也！子生三年，然後免於父母之懷。夫三年之喪，天下之通喪也。予也，有三年之愛於其父母乎？」

宰我既出，夫子懼其真以爲可安而遂行之，故深探他覃反。其本而斥之。言由其不仁，故愛親之薄如此也。新安陳氏曰：不安於食稻衣錦者，由其不忍也。不忍之心，仁也。安則忍，忍則不仁矣。**懷，抱也。又言君子所以不忍於親而喪必三年之故，使之聞之，或能反求而終得其本心也。**新安陳氏曰：予發短喪之問，又以食稻衣錦爲安，是始已失其本心矣。❶今夫子拳拳之意，猶冀其反求而終得其本心也。本心，即愛親之仁心。**○范氏曰：「喪雖止於三年，然賢者之情則無窮也。特以聖人爲之中制而不敢過，故必俯而就之，非以三年之喪爲足以報其親也。**《記·三年問》君子：「三年之喪，二十五月而畢，若駟之過隙。然而遂之，是無窮也。故先王爲之中制。」○《檀弓》：子思曰：「先王之制禮，過之者俯而就之，不至焉者跂而及之，故君子執親之喪，水漿不入口者三日，杖而後能起。」**所謂『三年然後免於父母之懷』，特以責宰我之無恩，欲其有以跂而及之耳。」**問：「宰我遊聖人之門而有短喪之問，不類學者氣象。諸家之説或謂至親以期斷，而宰我欲質其所知，有疑而不敢隱，所以爲宰我，蓋欲文其過也。竊以爲宰我在聖門雖列於言語之科，然哀公問社，而有『使民戰栗』之對；方晝而寢，夫子有『朽木糞土』之譏。觀其地位如此，則宜有短喪之問也。」朱子曰：短喪固是不仁，然其不隱，不害爲忠信。此一事而兼有得失，得失又有重輕。○聖人尋常未嘗輕許人以仁，亦未嘗絶人以不仁。今言「予之不仁」，乃予之良心死了也。○或問：「此章之説，有謂宰我之問，蓋聞禮家至親期斷之言，故以質之夫子，非自執喪而欲斷之也。如何？」曰：此蓋以宰我爲聖人之徒，不應問此，而欲爲之文其過也。其意則忠且厚矣，然三年之喪，生於人心，非由外至，而禮家固亦已有加隆之

❶「始」，四庫本、孔本作「殆」。

說矣。設使宰我實聞期斷之説而不能察其是非，盡其曲折，則其愛親之薄亦可知矣。雖不自斷其喪，然其情亦何以異耶？曰：「又有以宰予爲不察理，不知仁，而不知愛親之道者，信乎？」曰：是。其意若曰：予非不愛親也，特不察理而不知其道也；非不仁也，特不知仁也。是亦爲之文其過之言耳。然人子有三年之愛於父母，蓋心之不能已者，而非有難明之理也。是其存焉則爲仁，失之則爲不仁，其間蓋不容髮，而其存不存又不待於知之而後能勉也，亦係於吾心之厚薄如何耳。宰我食稻衣錦自以爲安，則其無愛親之心可見，而夫子所以斥之者亦明矣。説者乃與曲爲之諱而少減其不仁不孝之罪，是以其説徒爲辭費而不足以掩其實也。曰：「或謂宰我非不知短喪之爲薄，直以有疑，故不敢自隱於夫子。只此無隱，便是聖人作處。如何？」曰：言宰我之心雖薄，而其不敢自隱者，猶有聖門氣象，可也；謂之無隱而直以聖人作處許之，則又激於世俗矯情飾詐之私，而不自知其言之過矣。然此章正意在於問喪，而喪之主於哀者又非自外而至。今不論此而摘其旁支瑣細之説，以爲已死之人文不可贖之過，亦何益哉？曰：「或謂夫子之言『女安則爲之』爲不與人爲僞者，信乎？」曰：是因無隱之説而又失之之甚也。夫聖人固不與人爲僞矣，然不曰不肖者「跂而及之」乎？其曰「安則爲之」者，乃深責而痛絶之之辭也，豈使之真以爲安而遂爲之也哉？若如其言，則聖人之所以垂世立教者，初無一定之則，直徇世俗情意之厚薄，使人自以爲禮，而不慮夫壞法亂紀之原自我始也！〇南軒張氏曰：人子之致哀於其親，蓋其心之不可以已者。先王以禮爲之而斷之以三年，是謂天之則也。宰我論喪禮而欲止乎期，夫子反覆告之以「女安則爲之」。夫其食旨不甘，聞樂不樂，居處不安，果何哉？以其有所不忍於心故也。宰我聞夫子斯言而出，其必有以惻於中矣。○慶源輔氏曰：子生三年然後免於父母之懷，此君子所以不忍於親而喪必三年之故，自天子達於庶人，而爲天下之通喪也。至於使之聞之，或能反求而終得其本心，則聖人之仁也。始也問之以食稻衣錦於女安乎，所以使宰我反求諸心，自得其所以不忍；及宰我不察，則又言君子居喪之禮皆出於自然，以發其不忍於親而喪必三年之故，使之聞之，尚庶幾其能反求而得其本心，不至於終迷而不反也。然則聖人之心所以愛人無已者，於此亦可得而見矣。○范氏發明「非以三年之喪爲足以報其親」之說，尤爲忠厚。所謂喪三年以爲極，亡則弗之忘矣者是也。至於聖人既於此爲之中制，則賢者必當俯而就，不肖者必當跂而及。夫如是，然後其說始圓而宰我之失、夫子之意，始皆坦然明白矣。○厚齋馮氏曰：宰我之所惜者，禮樂也；夫子之所以責者，仁也。仁，人心而愛之理也。孩提之童，生而無不知愛其親者，故仁之實，事親是也。禮所以節文之，樂所以樂之，豈有不仁而能行禮樂者乎？抑聞之，聖人未嘗面折人以其過，其於門人宰我、樊遲之失，皆於其既出而言之，使之有聞焉而改。其長善救失，待人接物忠厚，蓋如此。

○**子曰：「飽食終日，無所用心，難矣哉！不有博弈者乎？爲之猶賢乎已。」**

博，局戲也；弈，圍棊也。魯齋王氏曰：博，《說文》作「簙」：「局戲也，六箸十二棊也。古烏曹作簙。」《說文》弈從廾，言竦兩手而執之。圍棊謂之弈。**已，止也。李氏曰：「聖人非教人博弈也，所以甚言『無所用心』之不可爾。」**朱子曰：心若有用，則心有所主。只看如今纔讀書，則心便主於讀書；纔寫字，則心便主於寫字。若是悠悠蕩蕩，未有不入於邪僻者。○此非啓博弈之端，乃假此以甚彼之辭。○南軒張氏曰：飽食而無所用心，則放越而莫知其極，凡惡之所由生也。博弈雖不足道，然方其爲之，意專乎此，比之放越而莫知其極者，猶爲愈焉。此章大抵言無所用心則長惡爲可畏耳。○或問：「伊川嘗教人靜坐。若無所用心，只靜坐，可否？」雙峯饒氏曰：靜坐時須主敬，即是心有所用；若不主敬，亦靜坐不得。心是活底物，若無所用，則「放僻邪侈，無不爲已」。聖人説「難矣哉」，所該甚廣。

○子路曰：「君子尚勇乎？」子曰：「君子義以爲上。君子有勇而無義爲亂，小人有勇而無義爲盜。」

尚，上之也。君子爲亂，小人爲盜，皆以位而言者也。尹氏曰：「義以爲尚，則其爲勇也大矣。子路好去聲。**勇，故夫子以此救其失也。」胡氏曰：「疑此子路初見孔子時問答也。」**朱子曰：子路之勇，夫子屢箴誨之，是其勇多有未是處。若知勇於義爲大勇，則不如此矣。又其勇有見得到處，便行將去。如事孔悝一事，却是見不到，蓋不以出公之立爲非。觀其謂「正名」爲「迂」，斯可見矣。又曰：若是勇於義，必不仕季氏。○此章言「君子」者有三，其上二者以德言也，其對小人者則以位言耳。○南軒張氏曰：徒知勇之務，至於犯義者有之。尚義，則義所當爲，勇固在其中矣。○慶源輔氏曰：尚義而勇，義理之勇也；勇而無義，血氣之勇也。爲血氣所使而不以義理制之，則其爲害隨所居而爲大小。故在上則逆理而爲亂，在下則肆欲而爲盜。味子路之言，有自負其勇之意而疑聖門或不以勇爲尚也。若後來進德高，必不復以此爲問矣。

○子貢曰：「君子亦有惡乎？」子曰：「有惡。惡稱人之惡者，惡居下流而訕上者，惡勇而無

禮者，惡果敢而窒者。」惡，去聲。下同，唯「惡者」之惡如字。訕，所諫反。

訕，謗毁也。窒，不通也。稱人惡則無仁厚之意，下訕上則無忠敬之心，勇無禮則爲亂，果而窒則妄作，故夫子惡之。朱子曰：勇是以氣加人，故易至於無禮。果敢是率然敢爲。蓋果敢而不窒，則所爲之事必當於理；窒而不果敢，則於理雖不通，然亦未敢輕爲。惟果敢而窒者，則不論是非而率然妄作，此聖人所以惡之也。○問：「果敢與勇相類，如何分別？」雙峯饒氏曰：「果敢」即前章之「剛」。果敢屬性質，勇屬血氣。果敢者有學以開明之，則不窒；勇者有禮以節文之，則不暴。

曰：「賜也，亦有惡乎？」「惡徼以爲知者，惡不孫以爲勇者，惡訐以爲直者。」徼，古堯反。知、孫，並去聲。訐，居謁反。

「惡徼」以下，子貢之言也。徼，伺音笥。察也。訐，謂攻發人之陰私。○楊氏曰：「仁者無不愛，則君子疑若無惡矣。子貢之有是心也，故問焉以質其是非。」侯氏曰：「聖賢之所惡如此，所謂『惟仁者能惡人』也。」朱子曰：夫子所惡以戒人，子貢所惡以自警。○南軒張氏曰：君子者惟其愛人，故惡稱人之惡者，爲其薄也；惟其順德，故惡居下流而訕上者，爲其逆也；惟其循禮，故惡勇而無禮者，爲其陵犯也；惟其達義，故惡果敢而窒者，爲其冥行也。此惡不善之公心，亦天下之通義也。以子貢之有問，恐其專以惡人爲心，則反有害，故又從而叩之。子貢之惡，惡其近似而害於知、勇與直者也。子貢惡乎此，則所以檢身者抑可知矣。○慶源輔氏曰：楊氏說得子貢所以發問之意出，侯氏說得聖賢不能無惡當於理之意明。然夫子因子貢之問而又以「賜也亦有惡乎」發之，使之得以盡其說，又見聖人氣象從容，誠意審密，有以盡人之情如此。○鄭氏曰：子貢雖方人，亦不從事於徼、訐也。疑與子路之問同時，故問答雖切子貢方人之病，而亦有諷子路之勇者。稱惡、訕上，警子貢也；徼、訐，子貢自警也；至於勇而果敢，則爲子路而發。夫聖賢之所惡如此。「唯仁者能惡人」，夫子以之；「惡不仁者，其爲仁矣」，子貢有焉。○雲峯胡氏曰：聖賢之所惡，若有不同，然子貢所謂徼、訐者，因夫子所謂「稱人之惡」與「訕上」者而推之也；所謂「不遜」者，因夫子所謂無禮與窒者而言之也。

○子曰：「唯女子與小人爲難養也。近之則不孫，遠之則怨。」近、孫、遠，並去聲。此「小人」，亦謂僕隸下人也。問：「何以知其爲『僕隸下人』？」朱子曰：若爲惡之小人，則君子遠之唯恐不嚴，怨亦非所恤矣。君子之於臣妾，莊以涖之，慈以畜許六反。之，則無二者之患矣。南軒張氏曰：女子陰質，小人陰類，其所望於人者常深，故難養。知其難養如此，則當思所以待之之道。其惟和而有制與夫不惡而嚴乎？○慶源輔氏曰：此等雖有難養之情，君子則有善養之道。「莊以涖之」則禮有以消其不孫之心，「慈以畜之」則仁有以弭其易怨之意。莊慈，其不近不遠之中道乎？

○子曰：「年四十而見惡焉，其終也已。」惡，去聲。四十，成德之時。見惡於人，則止於此而已。勉人及時遷善改過也。蘇氏曰：「此亦有爲而言，不知其爲誰也。」問：「此章聖人立言之意，固是勉人及時進德，然鄉人之善者好之，其不善者惡之。苟有特立獨行之士，不徇流俗，衆必群嘲共罵，何爲而不見惡？學者亦不可不知也。未知是否。」朱子曰：見惡，亦謂有可惡之實而得罪於能惡人者，非不善者惡之之謂也。○南軒張氏曰：

此又甚於「四十無聞」者。有惡可惡，又下於無善可聞也。〇吴氏曰：終，止也。「其終也已」，哀其不復有進也。〇厚齋馮氏曰：人之血氣，三十而壯，四十而定，過此則神日衰怠，少能精進，故古人以四十爲成德之時。無聞、見惡，皆以是爲斷也。蓋世有晚而知道者，焉得而絶之？故知其爲有爲之言。〇雙峯饒氏曰：古人多説四十。如「四十不惑」、「四十不動心」、「四十五十無聞」之類。蓋至是血氣盛極將衰之年，於此無成，則亦已矣。後生不可不痛自警省也。

論語集註大全卷之十八

微子第十八

此篇多記聖賢之出處。上聲。凡十一章。

微子去之，箕子爲之奴，比干諫而死。

微、箕，二國名。子，爵也。微子，紂庶兄。箕子、比干，紂諸父。伯叔父也。微子見紂無道，去之以存宗祀。箕子、比干皆諫。紂殺比干，囚箕子以爲奴。箕子因佯音羊。狂而受辱。《史記・宋世家》：微子者，殷帝乙之首子，而紂之庶兄也。紂既立，不明，淫亂於政。微子數諫，不聽。度終不可諫，遂亡。箕子者，紂親戚也。紂始爲象箸，箕子歎曰：「彼爲象箸，必爲玉杯，爲玉杯則必思遠方珍怪之物而御之矣。輿馬宮室之漸，自此始，不可振也。」紂淫泆，箕子諫不聽，乃被髮佯狂而爲奴。王子比干者，亦紂之親戚也。見箕子諫不聽而爲奴，則曰：「君有過而不以死爭，則百姓何辜？」乃直言諫紂。紂怒曰：「吾聞聖人心有七竅，信有諸乎？」乃遂殺比干，刳視其心。微子曰：「父子有骨肉而臣主以義屬。故父有過，三諫不聽，則隨而號之；人臣三諫不聽，則其義可以去矣。」於是遂行。周武王伐紂克殷，微子乃持其祭器造軍門。於是武王乃釋微子，復其位如故。

孔子曰：「殷有三仁焉。」

三人之行去聲。不同，而同出於至誠惻怛當葛反。之意，故不咈乎愛之理而有以全其心之德也。楊氏曰：「此三人者，各得其本心，故同謂之仁。」問：「微子之去，欲存宗祀；比干之死，欲紂改行：可見其至誠惻怛處。不知箕子至誠惻怛何以見？」朱子曰：箕子、比干都是一樣心。箕子偶然不衝着紂之怒，不殺他。然見比干恁地死，若更死諫，無益於國，徒使君有殺諫臣之名。他處此最難。微子去却易。比干一向諫死，又却索性。箕子在半上落下，最是難處。被他監繫在那裏，不免佯狂。所以《易》中特說箕子之明夷，可見其難處。故曰：「利艱貞，晦其明也。內難而能正其志，箕子以之。」他外雖狂，心則定也。○或問：❶「按《殷紀》，微子先去，比干乃諫而死，然後箕子佯狂爲奴，爲紂所囚。蓋微子帝乙元子，當以先王宗祀爲重，義當早去。又決知紂之不可諫也，故遂去之而不以爲嫌。比干少師，義當力諫。雖知其不可諫，而不可已也，故遂以諫死而不以爲悔。箕子見比干之死，則知己之不可諫，且不忍復死以累其上也。見微子之去，則知己之不必去，且不忍復去以背其君也。故佯狂爲奴而不以爲辱。此可見三仁之所爲，易地皆然。或以爲箕子天畀九疇未傳而不敢死，則其爲說迂矣。同謂之『仁』者，以

---

❶「或問」下，闕問語，據《四書集編》當有「三子之心同出於至誠惻怛斯可見矣抑何以知其所處之各適其可邪曰」二十九字。

其皆無私而各當理也。無私，故得心之體而無違；當理，故得心之用而不失。此所以全心之德而同謂之仁歟？《史記》三子之事與夫子此言先後不同者，史所書者事之實，此以事之難易爲先後耳。」○張氏庭堅曰：死者非沽名，生者非懼禍，而引身以求去者非要利以忘君。仁之所存，義之所主，其去就死生，不在於一身而在於天下國家也。○勉齋黄氏曰：《或問》言仁與《集註》不同者，先師言仁之義則固以心之德、愛之理爲主矣，言人之所以至於仁，則以爲無私心而皆當理也。《或問》之言指三子之所以至於仁而言也，《集註》之言正指仁之義而言也。然其曰「不咈乎愛之理而有以全其心之德」，曰「全」曰「不咈」，則《或問》之意亦在其中矣。讀者默而識之可也。○慶源輔氏曰：愛之理，分言之仁也；心之德，專言之仁也。「不咈乎愛之理」指「惻怛」而言，「有以全其心之德」指「至誠」而言也。○厚齋馮氏曰：三人者不特爲國大臣，又有親屬之愛存焉。使爲大臣而已也，「以道事君，不可則止」。惟其有親屬之愛，宗祀存亡，寔同休戚，故或死或去或囚而不辭，是以謂之仁。○雙峯饒氏曰：前三句，門人因孔子「殷有三仁」一句，却記上三事爲提頭。然當時所記必有次序。當箕子未奴、比干未死時，微子已有去志。《書》曰：「『我其發出狂？吾家耄，遜于荒？』箕子又勉其去曰：『詔王子出迪，王子弗出，我乃顛隮。』」則微子之去在先無疑。其次箕子之奴、比干之死雖未知孰先孰後，竊意箕子之諫必在先。是時紂尚能容，止囚奴之而已。及比干繼之，則忿嫉已甚，故竟殺之。三人之行雖不同，皆非有所爲而爲之也。《或問》據《史記·殷紀》以爲箕子之奴在比干既死之後，次序與此不同，疑當以《論語》爲正。又曰：《集註》於伯夷、叔齊「求仁得仁」章曰「合乎天理之正，即乎人心之安」，於此則云「不咈乎愛之理」，此處便有差等。蓋「合」字、「即」字是順説，「不咈」則似有所咈而實無所咈。且如微子是紂之兄，箕子、比干是紂之諸父，皆同姓之親。今或去或奴或諫死，皆似傷乎愛之理，然其本心只是愛君憂國，皆有至誠惻怛之意，故曰「不咈乎愛之理」。《中庸》稱舜曰「大德必得其名」，至武王只説「不失天下之顯名」。蓋武王殺紂，似乎失名，其實不失。○雲峯胡氏曰：至誠惻怛，蓋謂三仁愛君憂國，皆非有所爲而爲也。一有所爲而爲之，則雖有惻怛之意，而非出於至誠矣。至誠者，仁之存；惻怛者，仁之發。《集註》特下「不咈」二字，蓋自上文「不同」字生來。三子之行不同，其跡似相違。以去者爲仁，則不去者似咈乎仁矣；以死者爲仁，則不死者似咈乎仁矣。惟其皆有至誠惻怛之意，則其去就死生雖不同，而皆不咈乎愛之理，即所以全其心之德也。

○柳下惠爲士師，三黜。人曰：「子未可以去乎？」曰：「直道而事人，焉往而不三黜；枉道而事人，何必去父母之邦？」三，去聲。焉，於虔反。

士師，獄官。魯齋王氏曰：舜命臯陶：「汝作士。」士之名始見於刑官。《周禮·秋官》司寇之屬有「士師」之職。刑官曰士，其長曰師。故士師之下有鄉士，遂士，縣士，方士，訝士，皆掌獄詞者。**黜，退也。柳下惠三黜不去，而其辭氣雍容如此，可謂「和」矣。然其不能枉道之意，則有確乎不可拔者，是則所謂「必以其道」而「不自失焉」者也。○胡氏曰：「此必有孔子斷**丁亂反。**之之言而亡之矣。」**問：「柳下惠三黜，雖可以見其『必以其道』而『不失焉』者，然亦便有箇『不恭』底意思，故記者以孔子兩事序於其後。觀孔子之事，則知下惠之事亦未得爲中道。」朱子曰：也是如此。惟是孟子説得好，曰：「聖人之行或遠或近，或去或不去，歸潔其身而已矣。」下惠之行雖不比聖人合於中道，然而

「歸潔其身」則有餘矣。○問：「柳下惠三黜而不去，其言若曰：『苟以直道事人，雖適他國終未免三黜；若肯枉道事人，自不至三黜，又何必去父母之邦？』觀其意蓋自信其直道而行，不以三黜爲辱也。此其所以爲和而介歟？若徒知其不去之爲和而不知其所以三黜者之爲有守，未足以議柳下惠也。未知是否？」曰：得之。○或問：「柳下惠仕而屢黜，黜而復仕，至於三黜而又不去焉，❶何也？」曰：「進不隱賢，必以其道，不以三公易其介」，所以屢黜而至於三；「降志辱身」，援而止之而止，雖袒裼裸裎於我側，不以爲浼，所以黜而復仕，既三黜而遂不去也。或曰：「惠知直道之必黜而不去，然則其將枉道以事人乎？」曰：不然也。惠之意若曰：我但能直道事人，則固不必去魯而適他國矣。其言泛然若無所指，蓋和者之氣象如此，而其道則固自信其不能枉道而事人矣。是以三黜之後雖不屑去，然亦意其遂不復仕。故孔子列之於逸民之目。○南軒張氏曰：柳下惠仕則仕，黜則黜，而未嘗枉其道也。若枉道，則害於和之理矣。至於孔子道不行父母之邦，可以去而亦去，雖周行天下而未嘗苟仕也，則與下惠異矣。此篇記柳下惠於「三仁」之後，以明其趨之一。下文又詳著孔子之事，以見聖人之爲至矣。如楚狂、耦耕、荷蓧之徒，則陷於一偏而不足以知聖人者。夷、齊之下，雖各得其道而未盡其至者。終之以孔子之「無可無不可」，蓋於是無以加矣，此孟子「集大成」之意也。○勉齋黄氏曰：列二章於篇首，以見古人出處不同，亦各有義。然後著孔子之事，以見聖人之出處也。○洪氏曰：是時三家漸已用事，其於獄必有以私意行之

❶「三」，原漫漶不清，今據四庫本、孔本、陸本補。

者。禽不曲法以徇之，所以三黜也。然悦佞而惡直者，天下皆是，何必去哉？○雙峯饒氏曰：柳下惠謂「直道事人，焉往而不三黜」，是欺天下無一君之可事，無一國之可往，此便是他不恭處。若夫子，則歷聘侯國，何嘗以天下爲無可有爲之人？但惠辭氣雍容不迫，而不枉道之意自在其中，此所以爲「聖之和」也。胡泳嘗云：「蚳鼃辭靈丘而請士師。士師在邑宰之下，官小可知。惠三爲之，不卑小官可見。三黜亦想因諫諍刑罰不中而然。」○新安陳氏曰：直道難容，雖他國皆然；枉道易合，雖吾國亦可。言終不能枉道以求合，則姑守道而不去也。其三黜不去，雖見其和；而不能枉道，則不失其介。可謂「和而不流」，「强哉矯」者矣。

○齊景公待孔子曰：「若季氏，則吾不能。以季、孟之間待之。」曰：「吾老矣，不能用也。」孔子行。

魯三卿，季氏最貴，孟氏爲下卿。孔子去之事見形甸反。**《世家》。**《史記·孔子世家》：齊景公復問政於孔子，曰：「政在節財。」景公説，音悦。將欲以尼谿田封孔子。晏嬰進曰：「夫儒者滑稽，而不可軌法；《索隱》曰：滑，謂亂也。稽，同也。以言辯捷之人，言非若是，言是若非，能亂同異也。言儒者滑稽而不爲法度也。倨傲自順，不可以爲下；崇喪遂哀，破産厚葬，不可以爲俗；游説乞貸，不可以爲國。自大賢之息，周室既衰，禮樂缺有間。《索隱》曰：息者，生也。言上古大賢生則有禮樂，至周室微而始缺有間也。今孔子盛容飾繁，登降之禮，趨詳之節，累世不能殫其學，當年不能究其禮。君欲用之以移齊俗，非所以先細民也。」後景公敬見孔子，不問其禮。異日景公止孔子曰：「奉子以季氏吾不能，以季、孟之間待之。」齊大夫欲害孔子，孔子聞之。景公曰：「吾老矣，弗能用也。」孔子遂行，反乎魯。**然此言必非面語**音御。**孔子。蓋自以告其臣而孔子聞之爾。○程子曰：「季氏强臣，君待之之禮極隆，然非所以待孔子也。『以季、孟之間待之』，則禮亦至矣，然復**扶又反。**曰：『吾老矣，不能用也。』故孔子去之。蓋不繫待之輕重，特以不用而去爾。」**慶源輔氏曰：景公之言雖實而失於率易。聖人德盛道尊，見者必加敬而盡禮，況景公素知聖人者，必不敢以是言而面瀆之。所謂「自以告其臣而孔子聞之」之說，當矣。○趙氏曰：苟以利心觀，則必以爲聖人之去有繫乎待之輕重也，故程子特釋之。○厚齋馮氏曰：此與其臣議所以處子之辭。子，魯人也，故議以魯君所以待三卿者待之。是時諸侯之賢而國勢富强者宜莫如齊之景公，此子之所以願仕焉者也。晏平仲得政已三世矣。景公至魯，與子語而説之。其後子不得志於魯，遂之齊。景公數問政而説，嬰之所深忌也，所以欲害子而進間言也。方責效於期月之間，而嬰乃謂累世不能殫其學，此景公所以謂吾老而不可俟也。○新安陳氏曰：景公初欲用孔子，蓋本心之暫明；終不能用，乃蔽於私意之昏弱。終於亂亡，宜矣。

○齊人歸女樂。季桓子受之，三日不朝。孔子行。歸，如字，或作「饋」。朝音潮。**季桓子，魯大夫，名斯。按《史記》，定公十四年，孔子爲魯司寇，攝行相**去聲。**事。齊人懼，歸女樂以沮**在吕反。**之。**《史記·世家》：定公以孔子爲中都宰。一年，四方皆則之。由中都宰爲司空。由司空爲大司寇。定公十四年，孔子年五十六，由大司寇攝行相事。於是誅魯大夫亂政者少正卯，與聞國政三月，粥羔豚者弗飾賈，男女行者别於塗。塗不拾遺，四方之客至乎邑者不求有司，有司常供其職，客求而有在也。皆予之以歸。齊人聞而懼曰：「孔子爲政必覇，覇則吾地近焉，我爲之先并矣。盍致地焉？」犂鉏曰：「請先嘗沮之。沮之不可，則致地庸遲乎？」於是選齊國中女子好者八十人，皆衣文衣而舞康樂，文馬三十駟，遺魯君。陳女樂文馬於魯城南高門外。季桓子微服往觀再三。將受，乃語魯君爲周道游觀終日，怠於政事。子路曰：「夫子可以行矣。」孔子曰：「魯今且郊，如致膰於大夫，則吾猶可止。」桓子卒受齊女樂，三日不聽政，郊又不致膰俎於大夫，孔子遂行。**尹氏曰：「受女樂而怠於政事如此，其簡賢棄禮，不足與有爲可知矣，**新安陳氏曰：於用孔子之時而如此，簡賢也；三日不朝，棄禮也。**夫子所以行也。所謂『見幾**平聲。**而作，不俟終日』者與？」**音余。此引《易·繫辭》之語。○問：「《史記》載『魯今且郊，如致膰于大夫，則吾可以止』。設若致膰，則夫子果止否？」朱子曰：也須去。只是不若此之速，必别討一事故去。且如致膰，亦不是大段失禮處。聖人但因此且求去爾。○孔子於受女樂之後而遂行，若言之似顯君相之過，不言則己爲苟去。故因膰肉不至而行，則吾之去國以其不致膰爲得罪於君耳。○南軒張氏曰：去讒遠色，賤貨而貴德，所以勸賢也。今好色而忘敬賢之心，則道之不行可見矣。是以去之。○吴氏曰：夫子嘗適齊矣，已不能用；及反而仕魯，又沮人用之。怠己而忌人，愚不肖之通患也。桓子受制陽貨四五年，幾不免死。一旦得脱虎口而與夫子從事，此其發憤自强之日也。而境順於前，心即驕逸。夫子方欲輔桓子以有爲而桓子所爲若是，固不得不行也。孟子曰：「孔子於季桓子，見行可之仕。」此曰季桓子不朝，孔子行。其仕其行，皆以桓子，而定公徒擁虚名於其上也。悲夫！○雙峯饒氏曰：魯受女樂，夫子已有去志。若遽然便去，非惟顯君之過，且中齊人之計。適然魯郊又不致膰肉，故因此微過，遂不税冕而行。〇齊人歸女樂，只説箇「歸」字，畢竟是歸其女樂於魯，君、相皆有之，不是專獻於桓子。三日不朝，亦是君臣皆不朝。緣當時辭受之權盡出於季氏，想是他既自受，又爲定公受之。又曰：女樂亦説得不一。一説陳女樂於城南，季桓子君臣共往觀之，三日不朝；一説召女樂而受之，三日不朝。這兩説不同，然無可考訂處，未詳孰是。〇新安陳氏曰：萃淫聲美色而爲一者，女樂也。爲國家禍，其有甚於此哉？**〇范氏曰：「此篇記仁賢之出處**上聲。**而折中以聖人之行，**去聲。**所以明中庸之道也。」**慶源輔氏曰：仁謂三仁，賢謂柳下惠及下章逸民之類。夫子於齊魯，非不欲仕，亦未嘗必於仕。但可仕則仕，可止則止，此所以爲中庸之道也。接輿以下，則未免於偏而過之矣。

〇楚狂接輿歌而過孔子曰：「鳳兮鳳兮，何德之衰？往者不可諫，來者猶可追。已而已而，今之從政者殆而！」

接輿，楚人，佯狂避世。邢氏曰：接輿，姓陸，名通。昭王時佯狂不仕，時人謂之楚狂。**夫子時將適楚，故接輿歌而過其車前也。鳳有道則見，**形甸反。**無道則隱。**慶源輔氏曰：鳳，靈物也。有道則見，無道則隱，鳳固然也。至於無道而不隱，則鳳之德衰矣。然以此論君子守身之常法則可，至於聖人體道之大權，則又不可以此例論也。❶〇雙峯饒氏曰：鳳世治則生，亂則不生，即是有道則見，無道則

❶「此」，原作「比」，今據陸本及《四書纂疏》改。

隱之義。蓋麟鳳皆不是有種之物，惟聖王在上，天地泰和，所以元氣之會，鍾爲麟鳳，如鸛生鶴、馬生龍駒之類。**接輿以比孔子，而譏其不能隱爲德衰也。來者可追，言及今尚可隱去。已，止也。而，語助辭。殆，危也。接輿蓋知尊夫子而趨不同者也。**慶源輔氏曰：觀接輿之言，既比之以鳳而又疑其衰，既幸其或止而又慮其殆，語意慇懃諄復，是誠知尊聖人者矣。然其所趨，則在於絶人逃世以遠害全身而已。其與聖人之心，蓋不啻如冰炭白黑之不同也。○胡氏曰：「趨不同」者，接輿有避世之心而無救世之志，有堅持之操而無變通之學也。

孔子下，欲與之言。趨而辟之，不得與之言。辟，去聲。

孔子下車，蓋欲告之以出處上聲。**之意。接輿自以爲是，故不欲聞而辟之也。**問：「楚狂接輿等，伊川謂荷蓧稍高。」朱子曰：以其尚可告語，若接輿則全不可曉。問：「當亂世必如孔子之才可以救世，而後可以出，其他亦何必出？」曰：亦不必如此執定。君子之仕，行其義也，亦不可一向滅跡山林。然仕而道不行，則當去耳。○南軒張氏曰：接輿之意，蓋欲夫子隱居以避世耳。觀其知鳳德之衰，且辭氣舒暢不迫，其爲人天資亦高矣，故夫子意其可以告語而欲與之言。其趨而辟，蓋匿其聲跡而已。

○長沮、桀溺耦而耕。孔子過之，使子路問津焉。沮，七余反。溺，乃歷反。

二人，隱者。耦，並耕也。時孔子自楚反乎蔡。津，濟渡處。吴氏曰：接輿書「楚」，故沮、溺、丈人不復書「楚」，蓋皆楚人。○雙峯饒氏曰：兩耜同隊而耕，謂之耦耕。

長沮曰：「夫執輿者爲誰？」子路曰：「爲孔丘。」曰：「是魯孔丘與？」曰：「是也。」曰：「是

知津矣。」夫音扶。與，平聲。

執輿，執轡在車也。蓋本子路御而執轡，今下問津，故夫子代之也。知津，言數音朔。周流，自知津處。

問於桀溺。桀溺曰：「子爲誰？」曰：「爲仲由。」曰：「是魯孔丘之徒與？」對曰：「然。」曰：「滔滔者，天下皆是也，而誰以易之？且而與其從辟人之士也，豈若從辟世之士哉？」耰而不輟。「徒與」之與，平聲。滔，吐刀反。辟，去聲。耰音憂。

滔滔，流而不反之意。以，猶「與」也。言天下皆亂，將誰與變易之？而，汝也。辟人，謂孔子；辟世，桀溺自謂。耰，覆敷救反。種上聲。也。新安倪氏曰：《韻會》注：「布種後以耰摩田，使土開處復合以覆種。」亦不告以津處。南軒張氏曰：謂當世滔滔一律，誰肯以夫子之道易己所爲？言其徒勞耳。○慶源輔氏曰：桀溺以夫子爲辟人，而天下皆滔滔不反，則世人無一不可避者，故絶人逃世以爲潔，而自謂其能避世。○雙峯饒氏曰：言舉世趨於不善，今雖欲易之，無可與爲善之人也。

子路行，以告。夫子憮然曰：「鳥獸不可與同群。吾非斯人之徒與而誰與？天下有道，丘不與易也。」憮音武。與，如字。

憮然，猶「悵然」。惜其不喻己意也。言所當與同群者，斯人而已，豈可絶人逃世以爲潔哉？天下若已平治，去聲。則我無用變易之。正爲去聲。天下無道，故欲以道易之耳。

程子曰：桀溺言天下衰亂，無道者滔滔皆是也。孔子雖欲行其教，而誰可以化而易之？孔子言如使天下有道，我則無所治，不與易之也。今所以周流四方，爲時無道故也。○慶源輔氏曰：天之生聖賢，欲其平治天下者，理之常也；其或雖生聖賢而未欲平治天下者，理之變也。然既曰聖賢，則必以天地之常者爲心，而其所以平治天下之道又備盡於己，舉而措之，易亂爲治，易危爲安，固必有自然之應。而天果未欲平治天下也，則亦安於理而已。若天下既已平治，則亦何用聖人以易之哉？○新安陳氏曰：沮溺以賢人自守之心而量聖人濟世之心，宜其不足以知聖人也。**故其言如此也。」張子曰：「聖人之仁，不以無道必天下而棄之也。」**○**程子曰：「聖人不敢有忘天下之心，**心固不可，謂聖人視一世未治，常恁地戚戚憂愁無聊過日亦非也。但要出做不得，又且放下其憂世之心。**」**朱子曰：說聖人無憂世之心要出仕者，聖人愛物之仁；至於天命未至，亦無如之何。○雲峯胡氏曰：「聖人不敢有忘天下之心」，則沮、溺，忘天下者也。「聖人之仁，不以無道必天下而棄之」，則沮、溺棄天下者也。仁者以天地萬物爲一體，民胞物與，何忍忘之，又何忍棄之？於此見沮、溺之爲忍，聖人之爲仁；沮、溺之爲過，聖人之爲中歟？

○子路從而後，遇丈人以杖荷蓧。子路問曰：「子見夫子乎？」丈人曰：「四體不勤，五穀不分，孰爲夫子？」植其杖而芸。蓧，徒弔反。植音值。❶

---

❶「值」，四庫本、孔本作「殖」。

丈人亦隱者。蓧，竹器。分，辨也。五穀不分，猶言「不辨菽麥」爾。《左傳》成公十八年：「晉欒書、中行偃使程滑弑厲公，使荀罃、士魴逆周子于京師而立之，悼公周也。生十四年矣。周子有兄無慧，不能辨菽麥，故不可立。」菽，大豆也。豆麥殊形易別，故以爲痴者之候。不慧，蓋世所謂「白痴」。責其不事農業而從師遠遊也。植，立之也。芸，去上聲。草也。

子路拱而立。

知其隱者，敬之也。

止子路宿，殺雞爲黍而食之，見其二子焉。明日，子路行，以告。子曰：「隱者也。」使子路反見之。至則行矣。食音嗣。見，賢遍反。

孔子使子路反見之，蓋欲告之以君臣之義。而丈人意子路必將復扶又反。來，故先去之以滅其跡，亦接輿之意也。

子路曰：「不仕無義。長幼之節，不可廢也；君臣之義，如之何其廢之？欲潔其身，而亂大倫。君子之仕也，行其義也。道之不行，已知之矣。」長，上聲。

子路述夫子之意如此。慶源輔氏曰：夫子所以使子路反見之，豈徒然哉？必有以也。而丈人絕人逃世，藐然不復知有君臣之義，則夫子之欲告之，宜莫先於此也。觀子路所述夫子之意，固可見矣。○趙氏曰：子路所言雖未可即以爲夫子之語，然使之反見，則必授以見之之意矣，故知其述夫子之意無疑也。

蓋丈人之接子路甚倨，居御反。而子路益恭。慶源輔氏曰：此亦子路學力之所至。丈人因見其二子焉，則於長幼之節固知其不可廢矣，故因其所明以曉之。倫，序也。人之大倫有五：父子有親，君臣有義，夫婦有別，長幼有序，朋友有信是也。新安陳氏曰：大倫備於五者。此所謂「潔身而亂大倫」，只是說廢君臣之大倫。仕所以行君臣之義，故雖知道之不行而不可廢。然謂之義，則事之可否、身之去就，亦自有不可苟者。是以雖不潔身以亂倫，亦非忘義以徇祿也。新安陳氏曰：「潔身亂倫」，沮、溺、丈人之儔，過乎中庸者也；「忘義徇祿」，苟仕饕富貴之徒，不及乎中庸者也。福州有國初時寫本，「路」下有「反子」二字，新安陳氏曰：朱子嘗爲福之同安簿，意必自見此寫本也。以此爲子路反而夫子言之也。未知是否。問：「《集註》云『仕所以行義』，末云『亦非忘義以徇祿』，似是兩意。」朱子曰：只是一意。纔說義便是總去就都說。道合則從，不合則去，即是此義。惟是出仕，方見得不仕便無了這義。聖人憂世之心，固是急欲得君行道。到靈公問陳遂行，景公不能用又行，桓子受女樂又行，無一而非義。○或問：「道之不行矣，而徒仕可乎？」曰：仕，所以行義也，義則有可不可矣。義合而從，則道固不患於不行；不合而去，則道雖不行而義亦未嘗廢也。是以君子雖知道之不行而未嘗不仕，然亦未嘗懷私徇祿而苟於仕也。由此觀之，道義之未嘗相離，亦可見矣。○君子之仕也，行其義也，義便有進退去就在裏。如丈人直是截斷，只見一邊。○南軒張氏曰：丈人見二子，是長幼之節不可得而廢也。既不可廢，則夫君臣之義又烏得而廢之乎？彼蓋欲潔其身而不知亂倫之害於人道爲大也。君子之仕，豈爲他哉？行吾義而已道之不行，君子豈不知乎？而汲汲於斯世者，固有不可以已者也。○慶源輔氏曰：丈人之接子路雖倨，而子路益恭，丈人因見其二子。蓋因子路之敬長有以感發其心，而知長幼之節不可廢耳。夫長幼之節、君臣之義，皆天叙之典，人之所不能無也。丈人知長幼之節不可廢而不知君臣之義不可廢，是其心必有所蔽，故一得一失，或明或暗，而不自知其然也。聖人於此，因其所明而曉之。○君臣之義雖本乎天而具乎我者也，道雖存乎我而其行止則繫乎天者也。具乎我者不可廢而繫乎天者則非敢必也，故孔子雖卒老于行，而終不敢深藏固閉以自潔而廢君臣之義。然義之爲言，宜也。既曰義，則事便有可否，身便有去就。可則就之，否則去之，固有截然不可移易者。故聖人之法、君子之行，既不可以潔身而亂倫如隱者之爲，亦不可以忘義而徇禄如世俗之仕者也。○雙峯饒氏曰：前章説天下有道不與易，可見聖人救世之仁；此章説君臣之倫不可廢，可見聖人出仕之義。問：「『行其義』與『道之不行』，道、義如何分？」曰：只一般。道指全體言，義指一事言。如父子親，君臣義至朋友信，總言皆道也。聖人之道行於天下，則人人共由此道。如義，只是君臣有義一件而已。然道必遇賢君而後行，義則是我自家行底。孔子雖知當時道之不行，而自家却不可不行其義。

○范氏曰：「隱者爲高，故往而不返；仕者爲通，故溺而不止。不與鳥獸同群，則決性命之情以饕音叨。**富貴，**《莊子·駢拇》篇：「不仁之人，決性命之情而饕富貴。」決，破壞也。貪財曰饕。○雙峯饒氏曰：爲，是「作爲」之「爲」。隱者專要做那高尚底事，所以甘於長往而不返；仕者專要做那通達底事，所以溺於下流而不止也。爲高者絶物忘世，爲通者患得患失：二者皆非中道。決，如決水。壞了隄防，便走了水。性原於命，發爲情，皆天理發見出來者，所以謂之性命之情。若心貪溺於富貴，必壞了性所發爲四端之情。如決去水之隄防，如何留得水住？**此二者，皆惑也。是以依乎中庸者爲難。惟聖人不廢君臣之義**不潔身以亂倫。**而必以其正，**不忘義而徇禄。**所以或出或處**上聲。**而終不離**去聲。**於道也。**」道，即中庸之道。○問：「接輿歌而過孔子，蓋欲以諷切孔子。❶孔子欲與言之則趨而避之。孔子使子路問津於長沮、桀溺，固將有以發之。而二人不答所問，傲然有非笑孔子之意。至於荷蓧丈人知子路之賢，則止子路宿，殺雞爲黍而食之，見其二子焉，其親之厚之如此。孔子使子路反見之，則先去而不顧見矣。數子者若謂其無德而隱，則佯狂耕耘以避亂世，澹然不以富貴利達動其心，而確然自信不移若有所得者；若謂其無故而隱，則危邦濁世，道既不行，亦未見其必可以仕也。特其道止於歸潔其身而不知聖人所謂『仕止久速』者，知所謂『無可』者矣而未知所謂『無不可』者也。故其規模氣象不若聖人之正大，若以索隱行怪視之，愚意未知是否。」朱子曰：「無道而隱，如蘧伯玉、柳下惠可也；被髮佯狂，則行怪矣。沮、溺、荷蓧亦非中行之士也。○勉齋黄氏曰：列接輿以下三章於孔子行之後，以明夫子雖不合而去，然亦未嘗恝然忘世，所以爲聖人之出處也。然即三章讀之，見此四子者律以聖人之中道則誠不爲無病，然味其言，觀其容止，以想見其爲人，其清風高節，猶使人起敬起慕。彼於聖人猶有所不滿於心如此，則其視世之貪利禄而不知止者不啻若犬彘耳。是豈非當世之賢而特立者歟？以子路之

❶「切」，原漫漶不清，今據四庫本、孔本、陸本及《晦菴集》續集卷九補。

「行行」而拱立丈人之側若子弟然，豈非其真可敬故歟？嘗謂若四人者，惟夫子然後可以議其不合於中道，未至於夫子者未可以妄議也。貪禄嗜利之徒求以自便其私，亦借四子而詆之，欲以見其不可不仕，多見其不知量也。○雙峯饒氏曰：勉齋此段發《集註》之未發。四子皆賢人，他纔見世亂便以避世爲高，是甚次第？但孔子之意則又謂當此世，若人人如此避世，天下誰與治者？故不得不行其義。勉齋又嘗云：「在今日救世之道，正當扶起沮、溺等人。」此真名言！○雲峯胡氏曰：接輿、沮、溺、丈人章，首冠以「楚狂」二字，皆楚之狂者也。狂者志行之過。《集註》此篇之末謂夫子於此四人「有惓惓接引之意」，在陳之歎蓋亦如此。然魯之狂士何幸而得在聖人陶冶之中，楚之狂者又何不幸而自棄於聖人造化之外也哉？

○**逸民：伯夷、叔齊、虞仲、夷逸、朱張、柳下惠、少連。**少，去聲。下同。

逸，遺。逸民者，無位之稱。虞仲，即仲雍，與泰伯同竄荆蠻者。夷逸、朱張，不見形甸反。下同。**經傳。**去聲。**少連，東夷人。**

子曰：「不降其志，不辱其身，伯夷、叔齊與？」與，平聲。

新安陳氏曰：「非其君不事」，不降志可見；「不立惡人之朝」，不辱身可見。

謂柳下惠、少連，降志辱身矣。言中倫，行中慮，其斯而已矣。中，去聲。下同。

柳下惠事見上。李氏曰：惠「不辭小官」，降志也；不羞汙君，辱身也。**倫，義理之次第也。慮，思慮也。中慮，言有意義，合人心。少連事不可考，然《記》稱其「善居喪，三日不怠，三月不**

解，居隘反。**朞悲哀，三年憂」**，《記・雜記下》：孔子曰：「少連、大連善居喪，三日不怠，三月不解，期悲哀，三年憂，東夷之子也。」言其生於夷狄而知禮也。**則行之中慮亦可見矣。**慶源輔氏曰：「慮」對「倫」而言。倫是義理之次第，則慮亦人之正思慮也。中倫謂所言合倫理，中慮謂所行當人心。人心乃人之公心，即義理所在也。或以爲中我之思慮者，誤矣。○雙峯饒氏曰：降志辱身，行似卑污。但其言中倫，行中慮，異乎他人之降志辱身，所可取者如此而已矣。使不中倫慮，則降志辱身便不好了。

謂虞仲、夷逸，隱居放言，身中清，廢中權。

仲雍居吴，斷音短。**髮文身，裸**力果反。**以爲飾。**《左傳》襄公七年，❶子貢曰：「太伯端委以治周禮，仲雍嗣之，斷髮文身，羸以爲飾。」**隱居獨善，合乎道之清；放言自廢，合乎道之權。**慶源輔氏曰：仲雍退處句吴以獨善其身，所以合乎道之清。清即伯夷之清也。放言自示其不可用，所以合乎道之權；放言雖無所考，然觀其斷髮文身之爲，則放言自廢，固宜有之。○雙峯饒氏曰：「中清」、「中權」，是合道理底清、權，故《集註》皆以「合道」釋之。

「我則異於是，無可無不可。」

孟子曰：「孔子可以仕則仕，可以止則止，可以久則久，可以速則速。」所謂「無可無不可」

---

❶「襄」，四庫本、陸本作「哀」，合《左傳》。

也。南軒張氏曰：無可者，不以可爲主也；無不可者，不以不可爲主也。夫子之心，當可則可，當不可則不可。其曰「無」者，言其不存乎心也。若夷、齊之心，則未免有「不可」；下惠、少連，則未免有「可」也。○致堂胡氏曰：「無可無不可」以五字成文，當渾全以會其意，不當分析以求其義。設有人焉，絶世離俗，無一可者，有是理乎？行之而善，亦孤介一隅之士耳。設有人焉，和光同塵，無一不可者，有是理乎？行之而善，亦委隨苟合之人耳。聖人無可而無不可，則非固也；聖人無不可而無可，則非流也。言之如平常，行之實未易。聖人從容中道，無所偏倚，德盛仁熟，自然發諸言語者如此。○雙峯饒氏曰：方其事未定之時，則此心無可無不可；及其事已斷之後，則有可有不可矣。**○謝氏曰：「七人隱遯不汙則同，其立心造行**去聲。**則異。伯夷、叔齊，天子不得臣，諸侯不得友，蓋已遯世離**去聲。**群矣。下聖人一等，此其最高與？**音余。○雙峯饒氏曰：夷、齊遯世離群，與沮、溺之徒不同。遜國而逃，父子兄弟之倫厚矣；其諫伐而餓，君臣之倫厚矣。此便見他不是全然忘世底人。**柳下惠、少連雖降志而不枉己，雖辱身而不求合，其心有不屑也。故言能中倫，行能中慮。虞仲、夷逸隱居放言，則言不合先王之法者多矣。然清而不汙也，權而適宜也。與方外之士害義傷教而亂大倫者殊科：是以均謂之『逸民』。」**慶源輔氏曰：遯世離群，出《乾卦·文言》。伯夷惟於「清」之一德極於聖耳，他固有未盡也，故曰「下聖人一等」。然視數子之性行，則固爲高矣。隱居則非君子庸行，然身中乎清而不汙。然不汙而已，去伯夷之清則有逕庭矣，故「言雖不合先王之法」，然自廢則中乎權而得宜，權而得宜則權不失正也。「方外之士」蓋指接輿、沮、溺、丈人之徒，然此兩言實出莊子所謂「遊方之外」，不可拘於禮法也，故其弊必至於害君臣之義，傷先王之教，而賊亂人之大倫也。**尹氏曰：「七人各守其一節，而孔子則無可無不可，所以常適其可而異於逸民之徒也。**新安倪氏曰：常適其可，如《學記》「當其可之謂時」之「可」，謂合乎理之當然也。**揚雄曰：『觀乎聖人則見賢人。』是以孟子語夷、惠亦必以孔子斷**丁亂反。**之。」**南軒張氏曰：七人者皆爲逸民而制行則異，亦有深淺，固不同也。「不降其志，不辱其身」，其清之至與？下惠、少連，雖立於惡人之朝，未免乎降志辱身，然道則未嘗枉也，故言不失於倫理而行不違其思慮，此所謂「由由然與之俱而不自失」者也。至於虞仲、夷逸，則又其次也。放言，謂其言放而不拘也，異乎中倫者矣。然而其持身亦合於清者之所爲，而其退而廢也亦非索隱行怪之爲，有合於權爲可取也。若夫孔子之無可無不可，則異乎七子者之譔矣。

○大師摯適齊，大音泰。

大師，魯樂官之長。上聲。**摯，其名也。**

亞飯干適楚，三飯繚適蔡，四飯缺適秦。飯，扶晚反。繚音了。

「亞飯」以下，以樂侑食之官。《周禮·春官·大司樂》：「王大食、三宥，皆令奏鐘鼓。」注：「大食，朔日與月半，以樂宥食時也。宥，勸也。」**干、繚、缺，皆名也。**朱子曰：《白虎通》曰：「王者平旦食，晝食，晡食，暮食，凡四飯。諸侯三飯，大夫再飯。」故魯之師官自亞飯以下蓋三飯也。○齊氏曰：魯諸侯故止三飯，然不言「一飯」，豈周公錫天子樂而魯僭之，孔子正樂而去其一邪？記者起數以亞，其仍魯之舊以見其昔之僭邪？❶ ○厚齋馮氏曰：天子諸侯皆以樂侑食，每食樂章各異，各有樂師。

鼓方叔入於河，

鼓，擊鼓者。方叔，名。河，河内。

播鼗武入於漢，鼗，徒刀反。

播，搖也。鼗，小鼓。兩旁有耳，持其柄而搖之，則旁耳還自擊。武，名也。漢，漢中。

少師陽、擊磬襄入於海。少，去聲。

少師，樂官之佐。陽、襄，二人名。襄，即孔子所從學琴者。海，海島也。《史記·世家》：孔子學鼓琴師襄子，十日不進。師襄子曰：「可以益矣。」孔子曰：「丘已習其曲矣，未得其數也。」有間曰：「已習其數，可以益矣。」孔子曰：「丘未得其志也。」有間曰：「已習其志，可以益矣。」孔子曰：「丘未得其爲人也。」有間曰：「有所穆然深思焉，有所怡然高望而遠志焉。」曰：「丘得其爲人，黯然而黑，頎然而長，眼如望羊，望羊，視也。如王四國，非文王其誰能爲此也？」師襄子避席再拜曰：「師蓋云《文王操》也。」○

此記賢人之隱遁以附前章，然未必夫子之言也。末章放上聲。**此。張子曰：「周衰樂廢，**

❶「魯」，四庫本、孔本、陸本作「樂」。

夫子自衛反魯，一嘗治之，其後伶音靈。**人賤工識樂之正。及魯益衰，三桓僭妄，自太師以下皆知散之四方，逾河蹈海以去亂。聖人俄頃之助，功化如此。『如有用我，期月而可』，豈虛語哉？」**勉齋黄氏曰：列此於逸民之後，以嘆魯之末世，决不可以復仕也。○慶源輔氏曰：自太師而下，皆傷時之衰，禮樂僭妄，去而辟亂者，故以記「逸民」之後。○潛室陳氏曰：上失其道，下擅其權。大義不明，正論不行，則禮樂不可作。今也魯既衰矣，三家强僭，王綱爲之掃地，生民且塗炭矣。若是，固可以作禮樂乎？夫既不可以作禮樂，則太師以下諸官尚可以舉其職乎？夫既不可以舉其職，安得不散之四方，逾河蹈海以去亂乎？○雙峯饒氏曰：賢者仕於伶官，已是衰世之事。到夫子時伶官亦不可仕，想是時專尚淫哇之樂，正樂不行，是以皆散之四方。○汪氏曰：記此篇者，先齊歸女樂，後此章，不無微意。蓋魯之君臣惑溺於女樂，樂官失職，盡無所用矣，奔迸駭散，❶無一人留。樂工皆去，樂音絶矣。夫子初心欲定禮樂以示來世，而乃廢絶如此。此章所記雖若汎及，其實深有感也夫！○新安陳氏曰：魯末樂崩，賢人而隱於樂官者皆散之四方，魯之衰微可知矣。夫子自衛反魯而正樂，故師摯之始，有洋洋盈耳之盛，彼一時也。及其末年而樂衰，故自師摯之去，諸賢皆有望望潔身之高，此一時也。諸賢之去，固見魯政衰微之極；然諸賢知出處之義而能去，亦見夫子道化之功也。

○周公謂魯公曰：「君子不施其親，不使大臣怨乎不以，故舊無大故則不棄也，無求備於

---

❶「迸」，四庫本、孔本、陸本作「逃」。

一人。」

施，陸氏本作「弛」，詩紙反。福本同。○魯公，周公子，伯禽也。弛，遺棄也。以，用也。大臣非其人則去上聲。之，在其位則不可不用。大故，謂惡逆。李氏曰：「四者皆君子之事，忠厚之至也。」胡氏曰：不弛其親，親親也；不使大臣怨乎不以，任賢也；故舊無大故不棄，敬故也；無求備於一人，用才也。親親而不違，任賢而不貳，敬故而不忘，用才而不苟：皆忠厚之意。○胡氏曰：「此伯禽受封之國，周公訓戒之辭，魯人傳誦久而不忘也。其或夫子嘗與門弟子言之歟？」勉齋黃氏曰：列此於樂工之後，以嘆周之盛世其待親賢如此，則豈有樂工相率而去也哉？○雙峯饒氏曰：前章逾河蹈海，是魯末世事，此章是魯初立國時。其待親賢也如此忠厚，末後却使樂工不能安其身，豈不可歎？○雲峯胡氏曰：周家以忠厚立國。周公告魯公，字字皆是忠厚之意。使此意無盡，則太師以下何爲而去哉？門人記述相次，固有意也。

○周有八士：伯達、伯适、仲突、仲忽、叔夜、叔夏、季隨、季騧。騧，烏瓜反。

或曰成王時人，或曰宣王時人。蓋一母四乳而生八子也。然不可考矣。乳音孺。《說文》：「人及鳥生子曰乳，獸曰產。」○胡氏曰：謂母孕乳而二人也。古者以伯仲叔季爲長少之次，如仲孫、叔孫之類。今重複命名，故意其四乳也。○雙峯饒氏曰：四乳皆雙生，固爲異事；八子皆賢，尤異事也。故孔子稱之。可見周時氣數之盛。○張子曰：「記善人之多也。」新安陳氏曰：記魯末賢人之隱遯而終以周盛時賢人之衆多，其有傷今思古之心乎？ **愚按，此篇孔子於三仁、逸民、師摯、八士既皆稱贊而品列之，於接輿、沮、溺、丈人又每有惓惓**音權。**接引之意，皆衰世之志也，其所感者深矣。在陳之歎，蓋亦如此。三仁則無間**去聲。**然矣。其餘數君子者，亦皆一世之高士，若使得聞聖人之道以裁其所過而勉其所不及，則其所立豈止於此而已哉？** 新安陳氏曰：所過，謂離人以爲高；所不及，謂不能成物以見於用。○勉齋黄氏曰：此篇多記仁賢之出處，列於《論語》將終之篇，蓋亦嘆夫子之道不行，以明其出處之義也。其次第先後亦有可言者。君子之用於世，其或去或不去，莫不有義焉，三仁、柳下惠是也。孔子於齊、魯知其不可仕而遂行者，義也；知其不可仕也而猶往來屑屑以救斯世，接輿、沮、溺、荷蓧丈人未免有疑焉者，亦義也。列逸民之目而斷之以「無可無不可」，所以見夫子出處之義也。至於樂工相率而去之，則又以明夫決不可以有爲也。稱周公之言，以見古之親親而尊賢，敬故而器使，一出於仁厚之意，則安有望望而去之者哉？此周之人才所以盛。而舉一姓八士以終之，所以傷今思古而嘆夫子之道窮也！

論語集註大全卷之十九

子張第十九

此篇皆記弟子之言，而子夏爲多，子貢次之。勉齋黄氏曰：此篇所記不過五人，曰子張、子夏、子游、曾子、子貢，皆孔門之高第。蓋《論語》一書記孔門師弟子之答問，於其篇帙將終，而特次門人高第之所言自爲一篇，亦以其學識有足以明孔子之道也。○新安陳氏曰：所記五人，子張二章，子夏十一章，子游二章，曾子四章，子貢六章。**蓋孔門自顔子以下，穎悟莫若子貢；自曾子以下，篤實無若子夏。故特記之詳焉。**慶源輔氏曰：穎悟、篤實，皆以資質言。二子資質，次於顔、曾。顔、曾學力，有非二子所能及者。顔之穎悟，知之固徹，行之又至；曾之篤實，行之固至，知之又徹。子貢則穎悟於知而不足於行，子夏則篤實於行而不足於知焉。○胡氏曰：以顔子之明睿，則穎悟不足言；以曾子之純誠，則篤實不足言。故但以稱子貢、子夏也。**凡二十五章。**

子張曰：「士見危致命，見得思義，祭思敬，喪思哀，其可已矣。」

致命，謂委致其命，猶言「授命」也。四者，立身之大節。一有不至，則餘無足觀。故言士能如此，則庶乎其可矣。朱子曰：致命，猶送這命與他，不復爲我之有。○或問「其可已矣」與前篇「可也」之説。曰：可則同。然曰「可也」，則其語抑；曰「其可已矣」，則其語揚。○勉齋黄氏曰：大節固所當盡，然斷之以「其可已矣」，則似失之太快而不類聖人之言。《集註》以爲「庶乎其可」，則固惡其言之太快矣。○潛室陳氏曰：士者，一男子之事。古人説「士」處多如此，不要將君子小人雜看。只此等事豈易？非奇男子不能。子張語病在末梢一句。○西山真氏曰：義、敬、哀皆言「思」，致命獨不言「思」者，死生之際，惟義是徇，有不待思而決也。○新安陳氏曰：見危致命者，處變而決之於一旦也；思義、敬、哀者，處常而思之於平時也。平時能思此三者而行之，則其人好義謹厚，已養之有素矣。一旦臨大變故，庶能於當死而必死焉。否則臨財利而苟得，臨喪祭而苟且，何望其臨變故而能死哉？

○子張曰：「執德不弘，信道不篤，焉能爲有，焉能爲亡？」焉，於虔反。亡，讀作「無」。下同。

有所得而守之太狹，則德孤；有所聞而信之不篤，則道廢。慶源輔氏曰：德孤，言不能兼有衆德而孑然固守一節者也。德得諸己而居之不弘，則輕喜易足，有一善則自以爲天下莫己若矣。道有所聞而信之不篤，則亦或作或輟，鋭始怠終，終亦必亡而已矣。**焉能爲有亡，猶言「不足爲輕重」。**朱子曰：弘是廣大之意。若信道不篤，則容受太廣，後隨人走作，反不能守正理。信道篤而不弘，則是確信其一説，而或至於不通。故須著並説。弘篤，猶言「弘毅」相似。○有此人亦不當得是有，無此人亦不當得是無，言皆不足爲輕重。○弘之爲寬廣，以人之量言也。人所以體道者存乎德，所以執德者存乎量。量有大小之不同，故人所以執德有弘有不弘也。非其量之大，則所以執德者孰能寬廣而不迫哉？信道之貴乎堅確者，此以人之志言也。人所以進德者由乎道，而所以信道者存乎志。志有强弱之不同，故人所以信道者有篤有不篤也。非其志之强，則所以信道者孰能堅確而不移哉？觀此二言，爲學之道，信非褊心狹量、質薄氣弱者所能及也。○問「執德不弘」。曰：❶言其不廣也。纔狹隘則容受不得，故纔有片善必自矜，見人之善必不喜，人告之以過亦不受。從狹隘上生萬般病痛。○問：「如何是執德不弘底樣子？」曰：子貢若只執「貧而無諂，富而無驕」之德，而不聞夫子「樂」與「好禮」之説；子路若只執「不恥緼袍」之德，而不聞夫子「何足以臧」之説：則其志皆未免止於此。蓋義理無窮，心體無限。○雙峯饒氏曰：執德弘者器局大，信道篤者志操堅：如此方是世間一箇卓然底人。若執德既不能弘，信道又不能篤，這般人雖有之，亦不足以爲當世重；無之，亦不足以爲當世輕。如此説方透。○厚齋馮氏曰：觀此二章，皆躬行切己之論，則知子張之學異於前日矣。

○子夏之門人問交於子張。子張曰：「子夏云何？」對曰：「子夏曰：『可者與之，其不可者拒之。』」子張曰：「異乎吾所聞。君子尊賢而容衆，嘉善而矜不能。我之大賢與，於人何所不容？我之不賢與，人將拒我，如之何其拒人也？」「賢與」之與，平聲。

子夏之言迫狹，子張譏之是也。但其所言亦有過高之弊。蓋大賢雖無所不容，然大故亦

❶「曰」，原脱，今據《語類》卷四九補。

所當絶；不賢固不可以拒人，然損友亦所當遠。學者不可不察。和靖尹氏曰：子張所言，泛交之道也；子夏所言，擇交之道也。泛交而不能擇，取禍之道也。○朱子曰：泛交而不擇，取禍之道。子張之言泛交，亦未嘗不擇。蓋初無拒人之心，但其間自有親踈厚薄爾。和靖非以子張爲不擇。○初學大畧，當如子夏之言。然於其不可者，但亦踈之而已，拒之則害交際之道。成德大畧，當如子張之說。然於有大故者，亦不得而不絶也。以此處之，其庶幾乎！○慶源輔氏曰：「可者與之」，言美矣；若曰「不可者拒之」，則傷亟過中而害義理之正矣。迫則不寬，狹則不廣。必如《集註》「大故亦所當絶」、「損友亦所當遠」之說，然後得義之中。無掠虛務高之意，而有切於學者爲己之資。○齊氏曰：拒則太迫，何所不容則幾於無別。○雲峯胡氏曰：子張「容」字、「矜」字，是破子夏一「拒」字。然論交之道，不必拒而拒之，其交也不廣；當拒而不拒，其交也不正。必如《集註》之言，則盡乎交之道矣。○勉齋黄氏曰：以上三章子張之言，皆有過高之病。一章以致命、思義、祭敬、喪哀爲高，故有「其可已矣」之言，則其於察理必有所不周。二章以執德弘、信道篤爲高，故有「焉能爲有亡」之言，則其於待人必有所太薄。三章以能容人爲高，故有不拒人之言，則其於善惡必有所不察。夫子嘗稱其過，曾子嘗稱其難能，又稱其堂堂，則是其資禀趍向，未免有過高之病也。

○子夏曰：「雖小道，必有可觀者焉，致遠恐泥。是以君子不爲也。」泥，去聲。

小道，如農圃醫卜之屬。泥，不通也。○楊氏曰：「百家衆技，猶耳目鼻口皆有所明，而不能相通。《莊子·天下》篇曰：「天下大亂，賢聖不明，道法不一，天下多得一察焉以自好。譬如耳目鼻口皆有所明，不能相通。猶百家衆技也，皆有所長，時有所用。雖然，不該不徧，一曲之士也。」**非無可觀也，致遠則泥矣。故君子不爲也。**」朱子曰：小者，對大之名。正心脩身以治人，道之大者也；專一家之業而治於人，道之小者也。然皆用於世而不可無者。其始固皆聖人之作，而各有一事一物之理焉，是以必有可觀。然能於此或不能於彼，而不可以通於君子之大道也。○勉齋黄氏曰：農、圃、醫、卜，施之目前淺近，不爲無益。然求如聖人之道無所不通，則不可也。「小道」，安知非指楊、墨、佛、老之類邪？曰：小道，合聖人之道而小者也；異端，違聖人之道而異者也。小者猶可以施之近，異端不可以頃刻施也。彼之無父無君，又何待致遠而後不通哉？○新安陳氏曰：大道愈遠而愈通，小道致遠而不通。是以君子於大道盡心焉，而於小道不屑用其心也。

○子夏曰：「日知其所亡，月無忘其所能，可謂好學也已矣。」亡，讀作「無」。好，去聲。**亡，無也。謂己之所未有。○尹氏曰：「好學者日新而不失。」**程子曰：「日知其所亡，月無忘其所能」，此可以爲人師法矣，非謂此可以爲人師道。○朱子曰：「日知其所亡」，便是一日之間知所未知；「月無忘其所能」，便是長遠在這裏。○「知其所亡，無忘所能」，檢校之意。○問：「『月無忘其所能』，還是温故否？」曰：此章與「温故知新」意却不同。温故知新，是温故之中而得新底道理；此却是因知新而帶得温故，漸漸温習，如「得一善則拳拳服膺而弗失之矣」。「子路有聞，未之能行，惟恐有聞」，若是如此，則子路只做得一件事。○欒菴李氏曰：「日知其所亡」者，凡欲學而未至者也；「月無忘其所能」者，已學而得之者也。君子教人，於其所未學則切切然日以爲念，於其所已學則一月之間須常自省也。

如此則學安得不進？○南軒張氏曰：致其知而不舍，故其知日新；保其有而不違，故其有常存。此之謂好學。○勉齋黄氏曰：求之敏則能日新，守之篤則能不失。進學之道，無以復加於此矣。○汪氏曰：此章當與「時習」章參看。此以每日每月言，時習以時時言。朱子有云：「而今學者，今日知得，過幾日又忘了，便是不長在此做工夫，如何會到一月後記得？」由此論之，學者誠不可不時習也。能從事於子夏之言而加以時習之功，其庶幾乎！○雲峯胡氏曰：日者月之積。月無忘其所能，惟恐失其日新之所積者也。○新安陳氏曰：爲學當日有所進而知其所未得，又能月有所守而不忘其所已得。知其所無，則識愈長而日新；保其所有，則得愈堅而不失。既日新而且不失，非好學，能如是乎？

○子夏曰：「博學而篤志，切問而近思，仁在其中矣。」

四者皆學問思辨之事耳，未及乎力行而爲仁也。然從事於此，則心不外馳而所存自熟，故曰「仁在其中矣」。朱子曰：此全未是説仁處，方是尋討箇求仁門路，當從此去漸見効。「在其中」，謂有此理耳。又曰：此四事只是爲學工夫，未是爲仁。必如夫子所以語顔、冉者，乃正言爲仁耳。然人能博學而篤志，切問而近思，則心不放逸，天理可存，故曰「仁在其中」。○問：「博學與近思，亦不相妨否？」曰：博學是都要理會過，近思是注心著力處。博學是箇大規模，近思是漸進工夫。如「明明德於天下」是大規模，其中格物、致知、誠意、正心、脩身、齊家等便是次序。問：「『篤志』未説到行處否？」曰：篤志只是至誠懇切以求之，不是理會不得又掉了。若只管汎汎底外面去博學，更無懇切之志，便成放不知求底心，便成頑麻不仁。惟篤志又切問近思，便有歸宿處，這心便不汎濫走作，仁便在其中。○問：

「『仁在其中矣』，如何謂之仁？」曰：非是便爲仁，大抵如聖人説「在其中矣」之辭。「祿在其中」，「直在其中」，意曰：言行寡尤悔，非所以干祿，而祿在其中；父子相爲隱，非所以爲直，而直在其中。「博學而篤志，切問而近思」，非所以爲仁，然學者用力於此，仁在其中矣。○勉齋黄氏曰：《集註》初本謂「心不外馳而事皆有益」，蓋以博、篤、切、近爲心不外馳，學、志、問、思爲事皆有益。夫以學、志、問、思爲有益於事，乃是有所求而得之，不可以爲求此而得彼也。後乃以所存自熟易之，則事主於心之所存而言。人惟無所用其心，則其心放逸而不收。學之博，則此心常有所繫著而不放逸矣。人惟所志苟簡而不堅也，則其心泛濫而不一。志之篤，則此心常有定向而不泛濫矣。問不切、思不近，則其所用心皆在吾身之外矣。切問、近思，則皆求其在己者，而無復外馳之患矣。人能盡此四者，則雖學問思辨之事，而自有得夫操存涵養之効，所以謂「仁在其中矣」。○潛室陳氏曰：心存，則仁便存。心便唤做仁固不可，但離了心外，更何處求仁？○胡氏曰：力行固所以爲仁，然學問思辨皆所以求爲仁之方。心存乎學問思辨，則雖未見於行，而已不外馳矣。心不外馳，則所存自熟。是乃力行之本，故曰「仁在其中矣」。○西山真氏曰：切問，謂以切己之事問於人也；近思，謂不馳心高遠，就其切近者而思之也。外焉問於人，内焉思於心，皆先其切近者，則一語有一語之益，一事有一事之功，不比汎然馳騖於外，而初無補於身心也。○雲峯胡氏曰：《中庸》以學問思辨爲智之事。此章所謂學問思，未及乎爲仁也，而曰仁在其中者：仁，人之心也。心存於内則爲仁，馳於外則非仁矣。惟學之博而志之篤，問之切而思之近，則心不馳於外矣。不馳於外，則存於中者自熟矣。「夫仁，亦在乎熟之而已矣。」熟之者，力行而爲仁也；自熟云者，未及乎力行而仁自在其中也。○**程子曰：「博學而篤志，切問而近思，何以言仁在其中矣？學者要思得之。了此，便是徹上徹下之道。」**問程子謂「徹上徹下底道理」。朱子曰：於是四者，也見得箇仁底道理，便是徹上徹下之道也。○徹上徹下，是這箇道理，深說淺說都效此。○雲峯胡氏曰：「徹上徹下」，《集註》兩述程子之言。「樊遲問仁」章曰：「徹上徹下，初無二語。」此則曰：「了此便是徹上徹下之道。」彼所言者仁也。言仁是徹下，言粹面盎背、篤恭而天下平是徹上。此章未及力行爲仁之事。學問思是徹下，仁在其中是徹上。○新安陳氏曰：程子欲人思而得之，乃引而不發。朱子謂從事於此，則心不外馳而所存自熟，盡發以示人矣。**又曰：「學不博則不能守約，志不篤則不能力行。切問近思在己者，則仁在其中矣。」**慶源輔氏曰：必先盡乎博，然後有以得其約而守之。不然則寡聞謏見，將何以識其約？必先立其志，則自然住不得，須著去力行。不然則若有若亡，何能見於行？所謂切與近，只是在己之事。**又曰：「近思者，以類而推。」**朱子曰：以類而推，只是傍易曉底挨將去。如親親便推類去仁民，仁民便推類去愛物。如這一件事理會得透了，又因這件事推去理會那一件事。只管恁地挨將去，只管見易，不見其難，前面遠處只管近。如第一級便要跳到第三級，舉步闊了便費力，只見難，只見遠。○或問：「此章以爲心不外馳而事皆有益者，何也？」曰：程伯子之言，心不外馳之謂也；叔子之言，事皆有益之謂也。心不外馳則仁之體無不存，事皆有益則仁之用無不得矣。曰：「如子之言，凡言『在其中』者，皆爲求此而得彼之辭，則此四者亦不爲求仁之事耶？」曰：四者之效雖卒歸於得仁，而其言則講學之事，初非有求仁之意也。聖賢之言，求仁必本於實踐，而非空言之所可與。然於講學之間，能如子夏之云，則於吾之心有所制而不放，於事之理有所當而不差矣。志於講學而可以爲仁，亦何害其爲求此而得彼哉？曰：「然則視聽言動之必以禮，居處執事之必以恭且敬，與人之必以忠，亦其理之所當爲而非有求仁之意也，則亦可以爲求此而得彼乎？」曰：吾固嘗言之矣。彼以踐履之實事告，此以講習爲言，而非本有求仁之心也。蓋亦不得而同矣。**蘇氏曰：「博學而志不篤，則大而無成；泛問遠思，則勞而無功。」**雙峯饒氏曰：「志」字要粘上面「學」字說，「切問」亦須從近處思量起，則可見端的，方不流於虛遠。以序求之，則博學在先，自是一類；篤志、切問、近思在後，自是一類。學博矣，而志不篤、問不切、思不近，則泛濫而不著己，如何可至於仁？○新安陳氏曰：博學先提其綱，篤志、切問、近思是分其目。蓋就所博學者而志之篤，問之切，思之近也。學不博，固失之狹隘；志不篤、問不切、思不近，則又失之泛濫，亦徒博耳。

○子夏曰：「百工居肆以成其事，君子學以致其道。」

肆，謂官府造作之處。致，極也。工不居肆則遷於異物而業不精，君子不學則奪於外誘而志不篤。新安陳氏曰：此重在居肆與學。**尹氏曰：「學，所以致其道也。百工居肆，必務成其事；君子之於學，可不知所務哉？」**新安陳氏曰：此重在成事與致道。**愚按，二說相須，其義始備。**朱子曰：百工居肆，方能做得事成；君子學，方可以致其道。然居肆亦有不能成其事，如閑坐打鬨過日底；學亦有不能致其道，如學小道與「中道而廢」之類。故後說云居肆必須務成其事，學必須務致其道。故必二說相須，而義始備。○慶源輔氏曰：由朱子之說，則見君子之欲致道，不可不由於學；

由尹氏之說，則君子之學必當務致乎道。夫欲致道而不由學，則心志爲外物所遷誘而不能專一，固不足以致其道。然學而不足以致道，則其所學者又不過口耳之習耳。欲致其道，則必由學；既曰由學，則必務致道，然後爲君子之事也。○胡氏曰：前說則重在居肆與爲學，後說則重在成事與致道。一主於用功，一主於立志。然知所以用功而志不立，不可也；知所以立志而功不精，亦不可也。故二說相須而備，非如他章存兩說之比也。○雲峯胡氏曰：工必居肆，則耳目之所接者在此，心思之所爲者在此，而其事即成於此，君子之居於學也亦然。《集註》「二說相須」，然前說尤重。蓋居肆而不務成其事者有之矣，未有不居肆而能成其事者也。學而不知所務者有之矣，未有不學而能致其道者也。○新安陳氏曰：前說是子夏本意，觀二「以」字可見。後說是發子夏餘意，而於警戒學者尤切。

○**子夏曰：「小人之過也，必文。」**文，去聲。

文，飾之也。小人憚於改過而不憚於自欺，故必文以重其過。南軒張氏曰：有過，則改之而已。小人恥過而憚改，故必文。文，謂飾非以自欺。○勉齋黃氏曰：有過，過也；憚改而文以爲欺，又增益其過也：故曰重其過。○胡氏曰：憚於改過而不憚於自欺者，以改悔爲難而自昧其本然之善心，反不以爲難。重其過者，始焉不能審思而遂與理悖，過矣；而又飾之以爲欺，是再過也。○雲峯胡氏曰：此章當與後章子貢所謂「君子之過也」參看。蓋君子有過，幸人知之。非惟不敢自欺，亦不欺人。故其過也，卒改而爲善。小人之過，惟恐人知之。不惟欺人，徒以自欺。其過也，卒流而爲惡。

○**子夏曰：「君子有三變：望之儼然，即之也溫，聽其言也厲。」**

儼然者，貌之莊；温者，色之和；厲者，辭之確。○程子曰：「他人儼然則不温，温則不厲。惟孔子全之。」謝氏曰：「此非有意於變，蓋並行而不相悖也。如良玉温潤而栗然。」《記・聘義》：「昔者君子比德於玉焉：温潤而澤，仁也；縝密以栗，知也。」○南軒張氏曰：望之儼然，敬而重也；即之也温，和而厚也；聽其言也厲，約而法也。夫其望之儼然，若不可得而親也。及其即之，則温焉。即之也温，若可得而親也，而聽其言則厲焉。其爲三變，豈君子之强爲之哉？禮樂無斯須而去身，故其成就發見如此。○勉齋黄氏曰：儼者手恭而足重，温者心平而氣和，厲者義精而辭確。○雙峯饒氏曰：聖人本無三變。但自他人觀之，則遠望是一般，近就之是一般，聽其言又是一般，似乎有三變耳。問：「厲只當訓『嚴』而云『確』，何也？」曰：「厲」也有「嚴」意，但曰嚴，恐人認做猛烈。確者，是是非非，確乎不易之義。形容言「厲」最切。○新安陳氏曰：儼然而温，剛中有柔也；温而厲，柔中有剛也。剛柔不偏，陰陽合德，惟夫子有之。人見其然，以爲三變；聖人自然而然，豈有意於變也？

○子夏曰：「君子信而後勞其民，未信則以爲厲己也。信而後諫，未信則以爲謗己也。」

信，謂誠意惻怛而人信之也。厲，猶「病」也。事上使下，皆必誠意交孚而後可以有爲。南軒張氏曰：信在使民、諫君之先。若使民而民以爲厲己，諫君而君以爲謗己，是在我乎信未篤而已。○慶源輔氏曰：信謂上下交孚。己雖有信而人或未之信，猶未可謂之信也。若上下未交孚，則君之勞民所以安其生也，而反以爲厲己也；臣之諫君所以成其德也，而反以爲謗己也。如湯、武之使民，則可謂信而後勞之矣；如伊、傅之告君，則可謂信而後諫之矣。○雙峯饒氏曰：「誠意惻怛」是説人所以信之之由。

惻怛屬愛。大抵君之於民，臣之於君，皆當以愛爲主。君愛其民，惟恐其有勞，民平日已信之。一旦不得已而勞之，亦何所怨？臣愛其君，惟恐其有過，君平日已信之。一旦不得已而諫之，亦何所嫌？我以誠意惻怛感，彼必以誠意孚，又安有以爲厲謗者乎？

○子夏曰：「大德不踰閑，小德出入可也。」大德、小德，猶言「大節」、「小節」。閑，闌也，所以止物之出入。言人能先立乎其大者，則小節雖或未盡合理，亦無害也。朱子曰：子夏之言，謂大節既是了，小小處雖未盡善亦不妨。然小處放過，只是力做不徹，不當道是「可也」。○問：「伊川謂小德如援溺之事，如何？」曰：援溺事却是大處。嫂溺不援，是豺狼。這處是當做，更有甚麼出入？如湯、武征伐，三分天下有其二，都將做可以出入。恁地都是大處，非聖人不能爲，豈得謂之小德？乃是道之權也。○勉齋黃氏曰：子夏此語，信有病矣。然大德小德皆不踰閑者，上也；大德盡善而小德未純者，乃其次也；若夫拘拘於小廉曲謹，而臨大節則顛倒錯亂者，無足觀也矣。子夏之言，豈有激而云乎？此又學者不可不察。○胡氏曰：《書》以「細行」對「大德」而言。細行即小德。大節小節，蓋以其所關有大小也。父子君臣等之大倫，大德所在也；一動静，一語默，與凡應對進退之文，小德所在也。觀人之道，取大端而畧小失猶可也；若立心自處，但曰謹其大者而小節不必致意，則將併其大者失之矣。○慶源輔氏曰：道理無空缺處，亦無間斷時。一有空缺間斷，便是欠少了。是以君子之學，戰戰兢兢，無時無處不然，豈有大小久近之間邪？子夏篤實次於曾子，而有「小德出入可也」之論，此其所以不及曾子歟？○雙峯饒氏曰：此章用之觀人則可，用之律己則不可。但觀人不可責備，且只看他大節。大節既立，而小小節目或有出入，亦未可瑣屑議之。若律己之道，又與觀人不同。雖一毫亦不可放過，微有背理，便成欠缺，如何聽他出入得？〇吴氏曰：「此章之言，不能無弊，學者詳之。」朱子曰：大節既定，小節有差，亦所不免。然吴氏謂此章不能無弊，學者正不可以此自恕。一以小差爲無害，則於大節必將有枉尋而直尺者矣。〇新安陳氏曰：《書》曰：「不矜細行，終累大德。」畢公「懋德，克勤小物」，「越小大德，小子惟一」。以此律之，此章之言，信不能無弊也。

〇子游曰：「子夏之門人小子，當洒掃、應對、進退，則可矣。抑末也，本之則無。如之何？」洒，色賣反。掃，素報反。

子游譏子夏弟子於威儀容節之間則可矣。然此小學之末耳，推其本，如《大學》正心誠意之事，則無有。雲峯胡氏曰：《集註》推子游之言本末者如此。然小學、大學時節可分先後，不可分本末也。

子夏聞之曰：「噫，言游過矣。君子之道，孰先傳焉，孰後倦焉？譬諸草木，區以別矣。君子之道，焉可誣也？有始有卒者，其惟聖人乎？」別，彼列反。焉，於虔反。

倦，如「誨人不倦」之倦。區，猶「類」也。厚齋馮氏曰：區，丘域也。別，分也。古者以園圃毓草木。蓋植藝之事，各分區域，藝一區畢復藝一區，不相凌躐。言君子之道非以其末爲先而傳之，非以其本爲後而倦教。但學者所至，自有淺深。此二句補足上下文意。如草木之有大小，其類固有別矣。若不量其淺深，不問其生熟，而概以高且遠者强上聲。而語音御。之，此三句又補足上下文意。則是誣之而已。君子之道豈可如此？若夫音扶。始終本末，一以貫之，則惟聖人爲然，豈可責之門人小子乎？朱子曰：非以洒掃應對爲先而傳之，非以性命天道爲後而倦焉。但道理自有先後之殊，不可誣人以其所未至。惟聖人然後有始有卒，一以貫之，無次第之可言耳。須知理則一致，而其教不可缺，其序不可紊。惟其理之一致，是以其教不可缺，其序不可紊也。○子夏對子游之語，以爲譬之草木，區以別矣，何嘗如此儱侗來？惟密察於區別之中，見其本無二致者，然後上達之事亦在其中矣。雖至於堯舜孔子之聖，其自處常只在下學處也。上達處不可著工夫，更無依泊處。日用動静語默無非下學，聖人幾曾離此來？今動不動便先説箇本末精粗無二致，此説大誤。○問「有始有卒」。曰：此不是説聖人教人事，乃是聖人分上事。惟聖人道頭便知尾，下學便上達，不是自做到終，乃是合下便始終皆備。若教學者，則須循其序也。○程子曰：「君子教人有序。先傳以小者近者，而後教以大者遠者。非先傳以近小而後不教以遠大也。」朱子曰：理無大小而無不在，是以教人者不可以不由其序而有所遺。子游不知理之無大小，則以洒掃應對爲末而無本；不知教人之有序，故於門人小子而欲直教之精義入神之事。○若不觀明道説「君子教人有序」四五句，也無緣看得出。○雲峯胡氏曰：此第一條説教人有序，是發子夏之意；後第二至第五條説理無二致，是矯子游之偏也。又曰：「洒掃應對，便是形而上上聲。者，理無大小故也。故君子只在謹獨。」朱子曰：不能謹獨，只管理會大處，小小底事便照管不到。理無大小，小處大處都是理。小處不到，理便不周匝。○洒掃應對，所以習夫形而下之事也；精義入神，所以究夫形而上之理也。此其事之大小固不同矣，然以理言，則未嘗有大小之間而無不在也。程子之言意蓋如此。但方舉洒掃應對之一端，未及乎精義入神之云者，而通以「理無大小」結之。惟理無大小，故君子之學不可不由其序，以盡夫小者近者，而後可以進夫大者遠者耳。故曰其要「只在謹獨」。此甚言小者之不可忽也。其曰「便是」云者，亦曰不離乎是爾，非即以此爲形而上者也。○理無大小，無乎不在，本末精粗，皆要從頭做去，不可揀擇，此所謂教人有序也。非是謂洒掃應對便是精義入神，更不用做其他事也。○洒掃應對是事，所以洒掃應對是理。事即理，理即事。道散在萬事，那箇不是？若事上有毫髮蹉過，則理上便有間斷欠缺。故君子直是不放過，只在謹獨，但不知無事時當如何耳。謹獨須貫動靜做工夫始得。○勉齋黄氏曰：形而上謂超乎事物之表，專指事物之理言也。洒掃應對，事雖至粗，其所以然者便是至精之理。其曰理無大小者，非以洒掃應對爲小，形而上者爲大也。蓋不但至大之事方有形而上之理，雖至小之事亦有之，故曰「理無大小」也。

又曰：「聖人之道更無精粗。從洒掃應對與精義入神貫通只一理。雖洒掃應對，只看所以然如何。」朱子曰：此言洒掃應對與精義入神是一樣道理。洒掃應對必有所以然，精義入神亦有所以然。其曰「貫通只一理」，言二者之理只一般。非謂洒掃應對便是精義入神，固是精義入神有形而上之理，而洒掃應對亦有形而上之理。○洒掃應對、精義入神，事有大小而理無精粗。事有大小，故其教有等而不躐；理無精粗，故惟其所在而皆不可不用其極也。○須是就事上理會道理。非事，何以識理？洒掃應對，末也；精義入神，本也。不可説這箇是末，不足理會，只理會那本。這便不得。又不可説這末便是本，但學其末則本便在此也。○勉齋黄氏曰：精究義理，極其微妙以至於入神。神者，理之妙而不可測者也。所精之義至於入神，義理之至精者。程子引《易》中此語與洒掃應對對言，洒掃應對所以然者，即至精之義也。**又曰：「凡物有本末，不可分本末爲兩段事。洒掃應對是其然，必有所以然。」**朱子曰：治心脩身是本，洒掃應對是末，皆其然之事。至於所以然，則理也。理無精粗本末，皆是一貫。○或問「其然」、「所以然」之説。曰：洒掃應對之事，其然也，形而下者也；洒掃應對之理，所以然也，形而上者也。自形而下者而言，則洒掃應對之與精義入神，本末精粗，不可同日而語矣。自夫形而上者言之，則未嘗以其事之不同，而有餘於此不足於彼也。曰：「其曰『物有本末，而本末不可分』者，何也？」曰：有本末者，其然之事也；不可分者，以其所以然之理也。○勉齋黄氏曰：然，猶云「如此」也。其如此者，洒掃應對之節文；所以如此者，謂有此理，而後其節文之著見者如此也。○雲峯胡氏曰：按朱子謂有本末者，事也；不可分者，其所以然之理也。饒氏却謂已然者爲末，所以然者爲本。蓋朱子解程子之言，以本末爲事而不可分爲兩段事者是理；饒氏解程子之言，以末爲事而本爲理，不可不辨也。**又曰：「自洒掃應對上便可到聖人事。」**問：「聖人事是甚麽樣子？」朱子曰：如云「下學而上達」，當其下學便上達天理，是也。○勉齋黄氏曰：洒掃應對雖至小，亦由天理之全體而著見於事物之節文。聖人之所以爲聖人者，初不外乎此理，特其事事物物皆由此理，而不勉不思從容自中耳。○雲峯胡氏曰：程子此四條，皆所以破子游「抑末也，本之則無」七字。**愚按，程子第一條説此章文意最爲詳**

盡。其後四條皆以明精粗本末，其分扶問反。**雖殊，而理則一。學者當循序而漸進，不可厭末而求本。蓋與第一條之意實相表裏。非謂末即是本，但學其末而本便在此也。**朱子曰：孔門除曾子外，只有子夏守得規矩定。故教門人皆先洒掃應對進退，所以孟子說孟施舍似曾子，北宫黝似子夏。○事有大小，理却無大小。不問大事小事，合當理會處，便用與他理會。不可説箇是粗底事不理會，只理會那精底。又不可説洒掃應對便是精義入神。洒掃應對只是粗底，精義入神自是精底。然道理却一般。須是從粗底小底理會起，方漸而至於精者大者。或曰：洒掃應對非道之全體，只是道中之一節目，合起來便是道之全體。非大底是全體，小底不是全體也。○勉齋黄氏曰：所引程子四段，首言理無大小，以見事有大小而理則一也。次言道無精粗，以見學有精粗而道則一也。又次言是其然必有所以然，所以發明上二段所以無大小無精粗之意。又次言便可到聖人事，則亦以其所以然而無大小精粗者爲之也：亦足以見其編次之意，至精而不苟矣。○慶源輔氏曰：窮理之至，知言之極，則學者所得之淺深，不啻白黑之易見。故如草木之有大有小，其類各不同，而無不昭然在吾之目中，然後循其次第等級而教之。若夫先傳後倦，則君子無是心也，但時其可而已。至於言之未知、知之未至，不察學者淺深生熟之異而一概以子游之所謂本者强而聒之，則學者漫而聽之，實不知其味；勉而行之，終不得其方，則是誣之而已。君子教人之道，豈有誣之之理？○雙峯饒氏曰：子游以正心誠意爲本，洒掃應對爲末。子夏謂小子且當教以洒掃應對，及入大學，却教以誠意正心。就二説觀之，子游欲人於根本上做來，則末底自然中節。施教無序，把大、小學衮作一事，非也。子夏之説，自合聖人之教。但只言事而不及理，則小學、大學分爲兩截而無以貫通之。至程子方以理爲本，事爲末，謂事有小大精粗而理無小大精粗。小子未能窮理謹獨，且把洒掃應對以維持其心。雖學至粗至小之事，而至精至大之理寓焉。年寖長，識既開，却教之窮理以致其知，謹獨以誠其意。前日之習洒掃應對者即爲精義入神之地，今日之精義入神實不離乎洒掃應對之中也。程、朱所論本末不同。朱子以《大學》之正心誠意爲本，程子以理之所以然爲本。朱子是以子游之意而推之。○雲峯胡氏曰：學者之病有二：謂末不當理會，只當理會本者，不知理之一也；謂末即是本，但學其末而本便在此者，不知分之殊也。朱子政慮學者差認程子之意，故有是說。趙氏除去「非謂」二字，却謂學其末而本便在此者，理貫於萬事，不以事之近小而理有不該，則誤矣。○饒氏謂：「小學未能窮理慎獨，❶且把洒掃應對以維持其心，年寖長，却慎獨以誠其意。」蓋以《大學》「誠意」章方有慎獨工夫。然程子第二條云：「君子只在謹獨。」蓋程朱二子之意，政謂小學是至微之事，慎獨正要慎其微。若從念慮之微説，小學洒掃在長者之前能謹，長者不在前不能謹，便是不能慎獨。饒氏此語，切恐有悞後學，不可不辨。○新安陳氏曰：程子此處説謹獨，與《大學》、《中庸》之謹獨小異。此只是謹小事，無「人所不知，己所獨知」之意。饒氏所云「謹獨以誠其意」，與程子此語不相妨，非以解程語也。

○子夏曰：「仕而優則學，學而優則仕。」

優，有餘力也。新安陳氏曰：行有餘力。餘力，猶言「暇日」是也。**仕與學，理同而事異。故當其**

---

❶「學」，上文「雙峯饒氏曰」條下作「子」。

事者，必先有以盡其事，而後可及其餘。慶源輔氏曰：仕所以行其學，而學所以基其仕：故曰理同。然仕則以陳力就列，致君澤民爲事；學則以誦《詩》讀《書》，格物致知爲事：故曰事異。○胡氏曰：仕與學理同者，皆所當然也；事異者，有治己治人之別也。學以爲仕之本，仕以見學之用，特治己治人之異耳。以理言，則學其本也；以事言，則當其事者，隨所主而爲之。緩急必先盡心於所主之事，有暇日則及其餘，非有所輕重於其間也。○新安陳氏曰：仕者先盡仕之事，有餘力則益及於學；學者先盡學之事，有餘力則始及於仕。**然仕而學，則所以資其仕者益深；學而仕，則所以驗其學者益廣。**問：「仕優而不學，則無以進德；學優而不仕，則無以及物。仕優而不學，固無足議者；學優而不仕，亦非聖人之中道也。故二者皆非也。仕優不學，如原伯魯之不説學是也；學優不仕，如荷蓧丈人之流是也。子夏之言，似爲時而發。其言雖反覆相因，而各有所指。或以爲仕而有餘則又學，學而有餘則又仕。如此則其序當云『學而優則仕，仕而優則學』。今反之，則知非相因之辭也。」朱子曰：舊亦嘗疑兩句次序顛倒，今云「各有所指」，甚佳。○南軒張氏曰：「大學之道，在明明德，在新民」，成己成物之無二致也。古之人，學以終其身，故仕優則學，學優則仕，其從容暇裕如此。終始于學而無窮已也。○潛室陳氏曰：學是講此道理，仕是行此道理。學有餘暇則可入仕，仕有餘暇又當講學。主學而言，則仕爲餘用；主仕而言，則學有餘功：互相發也。○慶源輔氏曰：仕而優則學，爲已仕者言也。謂仕有餘力則不可以不學，不學則無知新之益以資其仕。學而優則仕，爲未仕者言也。謂學有餘力則不可以不仕，不仕則無行道之功以驗其學：是終始事。○雲峯胡氏曰：聖賢之言，固自有因上句而生下句者。如夫子本言晉文公譎而不正，因而曰齊桓公正而不譎。若獨言下句，則齊桓豈正而不譎者哉？此亦因當時有仕優而不學者，故以下句意足之。獨言下句，則學之優，固自有可仕、不可仕者矣。○新安陳氏曰：學以明其理者，體也；仕以行其事者，用也。體者用之本，用者體之驗。仕有餘力而不學，則將徇己盡人，是有無體之用；學有餘力而不仕，則將愛身忘世，是有無用之體矣。子夏爲見當世多有仕而不學者。觀孔子以今之從政者爲斗筲之徒，則可想見。故首以「仕優而學」警世人。夫已仕者尚不可以不學，則未仕者必學優而後始可以仕，蓋可知矣。下句人所易知，上句人所易忽，故以人所易忽者先言之。

○子游曰：「喪，致乎哀而止。」

致極其哀，不尚文飾也。楊氏曰：「『喪與其易也寧戚』，『不若禮不足而哀有餘』之意。」愚按，「而止」二字亦微有過於高遠而簡略細微之弊，學者詳之。南軒張氏曰：喪主乎哀。致者，自盡之謂。若毀生滅性，則是過乎哀者也。○勉齋黄氏曰：觀游、夏論學章，胡氏所謂子游脱畧小物者，則宜其言之出乎此。終亦足以見孔門高第重本務實之意可法也。○慶源輔氏曰：子游有簡忽禮文之意。要之喪固貴於哀，而禮之節文亦不可廢。故曰：「直情而徑行，戎狄之道也。」立言之難蓋如此。○雙峯饒氏曰：子游平日却自考究喪禮，不是廢禮而專事哀戚之人，考之《禮記》可見。其意怕人事末忘本，姑爲之抑揚耳。

○子游曰：「吾友張也，爲難能也，然而未仁。」

子張行去聲。**過高，而少誠實惻怛之意。**雙峯饒氏曰：「行過高」解「難能」，「少誠實惻怛」解「未仁」。無誠實則不能全心之德，無惻怛則不能全愛之理。○趙氏曰：不誠實則無真切之意，不惻怛則無隱痛之情。子張務外好高，故於此四字皆有所不足。○新安陳氏曰：行仁，惟務內平實者能之。子張務外好高，此其所以未仁也。

○曾子曰：「堂堂乎張也，難與並爲仁矣。」堂堂，容貌之盛。言其務外自高，不可輔而爲仁，亦不能有以輔人之仁也。新安陳氏曰：堂堂，以貌言；難能，以才言。皆自高之意。並，猶「共」也。○范氏曰：「子張外有餘而內不足，故門人皆不與其爲仁。子曰：『剛毅木訥近仁。』寧外不足而內有餘，庶可以爲仁矣。」程子曰：子張既除喪而見予之琴，和之而和，彈之而成聲，作曰：「先王制禮，不敢不至焉。」推此言之，子張過於薄，故難與並爲仁矣。○南軒張氏曰：仁必深潛縝密，親切篤至，而後可以進。故「如愚」之顔，聖人許其「不違仁」；而「堂堂」之張，曾子以爲「難與並爲仁」也。○勉齋黄氏曰：以上兩章皆言子張之難爲仁，既足以見子張好高之病，又有以見仁之爲德，根於人心，惟求之至近而修其在內者爲足以至之。今也尚難能之行，飾堂堂之容，則其去仁遠矣。孔門以求仁爲先而所言如此，可謂知爲仁之方也已。○慶源輔氏曰：務外好高，則於己無體認密察之功，人不可輔之爲仁；於人無切偲觀感之助，己亦不能輔人之仁也。

○曾子曰：「吾聞諸夫子：人未有自致者也。必也，親喪乎？」

致，盡其極也。蓋人之真情所不能自已者。新安陳氏曰：真情，乃愛親之人心，❶天理所發見者。

○尹氏曰：「『親喪，固所自盡也』。孟子語。於此不用其誠，惡乎用其誠？」《禮記·檀弓》曰：「自吾母而不得吾情，吾惡乎用吾情？」惡音烏。○南軒張氏曰：人於他事未能自盡，於親喪其可不自盡乎？若於此不能自盡，則何事能盡？若於此能自盡，則於其他，亦推是心而已。○胡氏曰：上智之資，於理所當然者，固不待勉强而皆極其至。中人以下則罕能之，惟父母之喪，哀痛慘怛，蓋其真情之不能自已者。聖人指以示人，使之自識其良心，非專爲喪禮發也。○雙峯饒氏曰：「乎」字有感動人底意思。事親莫大於死生之際，人之所當自盡者也。人當如此而猶有不能如此，此聖人所以寓微意而感動之。若不看聖人微意所在，只説箇人人能如此自盡，則聖人之發此言似乎無味。

○曾子曰：「吾聞諸夫子：孟莊子之孝也，其他可能也，其不改父之臣與父之政，是難能也。」

孟莊子，魯大夫，名速。其父獻子，名蔑。獻子有賢德而莊子能用其臣守其政，故其他孝行去聲。雖有可稱，而皆不若此事之爲難。朱子曰：人固有用父之臣者，然稍拂他私意，便自容不得。亦有行父之政者，於私欲稍有不便處，自行不得。古今似此者甚多。如唐太宗爲高宗擇許多人，如長孫無忌、褚遂良之徒，高宗因立武昭儀事，便不能用。又，季文子相三君，無衣帛之妾，無食粟之馬。

❶「親」，四庫本作「敬」。

到季武子便不如此，便是不能行父之政。以此知孟莊子豈不爲難能？○獻子歷相君五十年，魯人謂之「社稷之臣」，則其臣必賢，其政必善矣。莊子年少嗣立，又與季孫宿同朝。宿父文子忠於公室，宿不能守而改之。莊子乃獨能不改父之臣與父之政，而終身焉。是孔子之所謂「難」也。○南軒張氏曰：以爲難能，特曰爲之不易云耳。蓋父之臣與父之政，誠善矣，固當奉而篤之；若不幸而悖於理、害於事，則當察而更之，是乃致其誠愛於親也。孟莊子之所以終不改者，意者其事雖未爲盡善，亦不至於悖理害事之甚，故有取其不忍於改也。○雙峯饒氏曰：夫子以莊子之不改父臣父政爲孝，見得「三年無改於父之道」，正是不改其父道之善處。○雲峯胡氏曰：二章皆曰「吾聞諸夫子」，饒氏以爲曾子尊其所聞如此。尹和靖作《論語解》所謂「愚聞之師曰」亦如此。愚謂朱子得於延平者亦然。

○孟氏使陽膚爲士師，問於曾子。曾子曰：「上失其道，民散久矣。如得其情，則哀矜而勿喜。」

陽膚，曾子弟子。民散，謂情義乖離，不相維繫。謝氏曰：「**民之散也，以使之無道，教之無素。故其犯法也，非迫於不得已，則陷於不知也。故得其情，則哀矜而勿喜。**」朱子曰：生業不厚，教化不脩，内無尊君親上之心，外無仰事俯育之賴，是以恩踈義薄，不相維繫，而日有離散之心。○南軒張氏曰：先王之於民，所以養之教之者，無所不用其極。故民心親附其上，服習而不違。如是而猶有不率焉，而後刑罰加之。蓋未嘗不致哀矜惻怛也。若夫後世，禮義衰微，所以養之教之者皆蕩而不存矣。上之人未嘗心乎民也，故民心亦渙散而不相屬，以陷於罪戾而蹈於刑戮，此所謂「上失其道，民散久矣」。方是時，任士師之職者獄訟之際，其可以得情爲喜乎？蓋當深省所以使民至於此極者，以極其哀矜之意焉可也。能存此心，則有以仁乎斯民矣。○勉齋黄氏曰：得情而喜，則太刻之意或溢於法之外；得情而矜，則不忍之意常行於法之中。仁人之言蓋如此。○慶源輔氏曰：民之犯罪有二：迫於不得已，則使之無其道故也；陷於不自知，則教之無其素故也。後世治獄之官每患不得其情，苟得其情則喜矣，豈知「哀矜而勿喜」之味哉？且人喜則意逸，逸則心放，放則哀矜之意不萌，其於斷獄剖訟之際，必至於過中失入，❶有不自知者。唯能反思夫民情之所以然，則哀矜之意生而喜心忘矣。詳味曾子之言，至誠惻怛而體恤周盡如此，嗚呼仁哉！○雲峯胡氏曰：《集註》「情義乖離，不相維繫」八字釋一「散」字。情相維繫不忍離，義相維繫不可離，上之人何忍使之離而至於犯法也哉？《虞書》曰：「欽哉欽哉，惟刑之恤哉！」欽、恤是形容帝堯好生之心。欽則自然有哀矜之心，恤則自然無喜之意。○新安陳氏曰：後世之民犯刑多，上失其道之所致，未必皆其民之罪。刑獄固在得其情而不可喜得其情。欲得其情，固在於悉其聰明；而哀矜勿喜，尤在於致其忠愛歟？

○子貢曰：「紂之不善，不如是之甚也。是以君子惡居下流，天下之惡皆歸焉。」「惡居」之惡，去聲。

下流，地形卑下之處，衆流之所歸。喻人身有汙賤之實，亦惡名之所聚也。子貢言此，欲

❶「入」，明丘濬《大學衍義補》卷一〇六、明顧夢麟《四書説約》引輔氏作「正」，義長。

人常自警省，悉井反。不可一置其身於不善之地，非謂紂本無罪而虚被惡名也。南軒張氏曰：紂不道極矣，其始亦未至若是之甚。惟其爲不善而天下之惡皆歸之，日累月成以至貫盈，豈不猶川澤居下而衆水歸之乎？○雙峯饒氏曰：子貢非爲紂分踈，其意在下兩句。○厚齋馮氏曰：紂名辛，字受。紂，謚也。後世定謚，謂殘義損善曰紂。

○子貢曰：「君子之過也，如日月之食焉。過也，人皆見之；更也，人皆仰之。」更，平聲。

南軒張氏曰：人皆見之者，君子不文飾掩蔽其過。日月之食旋而復矣，無損其明也。故君子改過不吝而德愈光焉。○勉齋黄氏曰：過也明白而無掩覆，故人皆見；更也瑩徹而無瑕疵，故人皆仰。○雙峯饒氏曰：君子無掩覆之意，有過則人之所共知，既改又脱然更無蔕絆。或問君子如何獨能用心如此？曰：君子所以能如此者，只是純乎天理之公而無人欲之私。若此心猶有分毫私累在人欲上，便做君子事不得。○新安陳氏曰：君子不諱過，故方過而人見；速改過，故無過而人仰。如日月雖或不免於食，而明還何損於明？若小人則諱過而掩匿，不改過而固吝，益重其過而愈晴愈甚矣，豈有日月明白瑩徹之氣象哉？

○衛公孫朝問於子貢曰：「仲尼焉學？」朝，音潮。焉，於虔反。

公孫朝，衛大夫。

子貢曰：「文武之道未墜於地，在人。賢者識其大者，不賢者識其小者，莫不有文武之道焉。夫子焉不學？而亦何常師之有？」識，音志。下「焉」字，於虔反。

文武之道，謂文王、武王之謨訓功烈，與凡周之禮樂文章皆是也。在人，言人有能記之者。識，記也。朱子曰：文武之道，只指先王之禮樂刑政教化文章而已，若論道體則不容如此立言矣。未墜地，只是説未墜落於地而猶在人耳。大者是禮之大綱領，小者是零碎條目。孔子雖生知，然何嘗不學，亦何所不師？然則能無不學、無不師者，是乃聖人所以爲「生知」也。○「在人」之人正指老聃、萇弘、郯子、師襄之儔耳。若入太廟而每事問焉，則廟之祝史，亦其一師也。○問：「仲尼祖述堯舜，憲章文武，如何子貢不説堯舜之道，只説文武之道？」雙峯饒氏曰：堯、舜遠，文、武近，子貢是就其近者而言。要之，道非文、武之所得專，文武之道即堯舜之道，堯舜之道即文武之道。○「不賢者」只指衆人而言，不是不好底人。○新安陳氏曰：「焉學」，問何所從學；「焉不學」，謂何所不從學。此論夫子之學而專言「文武之道」者，蓋列聖道統傳在文、武，而文武之道統傳在孔子故也。文武之道無往不在，夫子於文武之道無往不學。惟善是主，初無常師。此所以備斯文之大全，集列聖之大成歟？

○叔孫武叔語大夫於朝曰：「子貢賢於仲尼。」語，去聲。朝音潮。

武叔，魯大夫，名州仇。朱子曰：「子貢賢於仲尼」，聖人固自難知。如子貢在當時，想是大段明辨果斷，通曉事務，歆動得人。孔子自謂「達不如賜」。○葉氏少蘊。曰：子貢晚見用於魯。懼吳之强大，曉宰嚭而舍衛侯伐齊之謀，詰陳成子而反其侵地，魯人賢之。此武叔所謂「賢於仲尼」者也。

子服景伯以告子貢。子貢曰：「譬之宮牆。賜之牆也及肩，窺見室家之好。

牆卑室淺。朱子曰：古人宮外只是牆，無今人廊屋。

「夫子之牆數仞，不得其門而入，不見宗廟之美、百官之富。七尺曰仞。不入其門則不見其中之所有，言牆高而宮廣也。「得其門者或寡矣。夫子之云，不亦宜乎？」此「夫子」指武叔。或問：「『夫子之牆數仞，不得其門而入』，夫子之道高遠，故不得其門而入也？」朱子曰：不然。顔子得入，故能「仰之彌高，鑽之彌堅」，至于「在前在後，如有所立卓爾」。曾子得入，故能言「夫子之道，忠恕」。子貢得入，故能言「性與天道不可得聞，文章可得而聞」。他人自不能入耳，非高遠也。七十子之徒幾人入得？譬如與兩人説話，一人理會得，一人理會不得。會得者便是入得，會不得者便是入不得。且孔子之教衆人，與教顔子何異？顔子自入得，衆人自入不得，多少分明。○雙峯饒氏曰：聖人之道雖曰難入，然其入亦自有方。且如「仰彌高，鑽彌堅」，此是「數仞」難「入」處。「夫子循循善誘，博我以文，約我以禮」，這便是從入之門。學者須從此門路入，方有所見。○新安陳氏曰：賢人之道，卑淺易見；聖人之道，高深難知。此子貢以「牆」、「室」取譬之意也。要之，觀乎賢人則見聖人。使叔孫果知子貢之所以爲子貢，則亦必畧知孔子之所以爲孔子，豈至爲此言哉？叔孫非特不知孔子，亦不知子貢也。

○叔孫武叔毀仲尼。子貢曰：「無以爲也。仲尼不可毀也。他人之賢者，丘陵也，猶可踰也；仲尼，日月也，無得而踰焉。人雖欲自絶，其何傷於日月乎？多見其不知量也。」量，去聲。

無以爲，猶言「無用爲此」。土高曰丘，大阜曰陵。日月，喻其至高。自絶，謂以毀謗自絶於孔子。南軒張氏曰：子貢善喻，如宮牆、日月之喻者，可謂切矣。夫丘陵固可踰，太山雖高，然猶有可踰之理；至於日月之行天，則孰得而踰之哉？人之議日月者，初何損於日月之明？徒爲自絶於日月而已矣。○胡氏曰：聖人之心如化工之生物，未嘗不欲物物而生之也。彼傾者覆之，物自傾而不得受化工之生也。聖人未嘗有絶人之心，彼毀謗者自絶於聖人耳。多，與「祇」同，適也。不知量，謂不自知其分扶問反。量也。厚齋馮氏曰：量，謂斛斗升合，小大不同也。○新安陳氏曰：聖人有聖人之分量，賢人有賢人之分量，愚人有愚人之分量。州仇不自知其庸愚之分量，宜其不足以知聖人之分量也。孔子之道如日月行天，萬古常明。雖有州仇之毀，何損於明？子貢以「何傷日月」曉譬之，可謂智足以知聖人而警之深矣。

○陳子禽謂子貢曰：「子爲恭也，仲尼豈賢於子乎？」爲恭，謂爲恭敬。推吐雷反。遜其師也。

子貢曰：「君子一言以爲知，一言以爲不知，言不可不慎也。知，去聲。責子禽不謹言。勉齋黄氏曰：一言善爲知，一言不善爲不知。知不知係於一言，不可不謹。

「夫子之不可及也，猶天之不可階而升也。階，梯也。大，可爲也；化，不可爲也。故曰「不可階而升」也。新安陳氏曰：孟子曰：「大而化之之謂聖。」由善、信、美而至於大，乃思勉之所可及，故曰「可爲」，猶可躡階梯而升也。至於化，則非思勉之所可及，故曰「不可爲」，非可躡階梯而升矣。朱子以此發明孔子所以「如天之不可階而升」之實處。然後子貢取譬之意顯然矣。

「夫子之得邦家者，所謂立之斯立，道之斯行，綏之斯來，動之斯和。其生也榮，其死也哀。如之何其可及也！」道，去聲。

立之，謂植其生也。道，引也，謂教之也。行，從也。綏，安也。來，歸附也。動，謂鼓舞之也。和，所謂「於音烏。**變時雍」。**《書・堯典》曰：「克明俊德，以親九族。九族既睦，平章百姓。百姓昭明，協和萬邦。黎民於變時雍。」變，變惡爲善也。時，是也。雍，和也。**言其感應之妙，神速如此。榮，謂莫不尊親；哀，則「如喪考妣」。程子曰：「此聖人之神化，上下與天地同流者也。」○謝氏曰：「觀子貢稱聖人語，乃知晚年進德，蓋極於高遠也。夫子之得邦家者，其鼓舞群動，捷於桴鼓影響。**新安倪氏曰：《禮記》：「土鼓蕢桴。」音浮。《左傳》成公二年：「右援枹而鼓。」枹，鼓槌。音浮。本作桴。《漢書》「枹鼓」之「枹」音桴，風無反。則此「桴」字不音桴。若音桴者，乃「乘桴浮海」之「桴」，桴也。**人雖見其變化，而莫窺其所以變化也。蓋不離**去聲。**於聖而有不可知者存焉，聖而進於『不可知之』之神矣。此殆難以思勉及也。」**問「立之，謂植其生」。朱子曰：「五畝之宅樹之以桑，百畝之田勿奪其時」，便是。問「動謂鼓舞之」。曰：「勞之來之，又從而振德之」，振德便是鼓舞，使之歡喜踊躍，遷善改過而不自知。如《書》之「俾予從欲以治」、「惟動丕應徯志」，皆是「動之斯和」意思。〇此言德盛仁熟，本領深厚，纔做出便自恁地。〇生榮死哀，子貢言夫子得邦家時，其効如此。范氏所謂「生則天下歌誦，死則如喪考妣」者是也歟？〇南軒張氏曰：「立之斯立，道之斯行，綏之斯來，動之斯和」者，「不疾而速，不行而至」，惟天下至神，感無不通也。〇勉齋黄氏曰：立之，謂制其田里。道，謂「道之以德」。綏，謂撫安之，立之固也。動，謂鼓舞之，道之深也。立之、道之、綏之、動之，皆聖人政化之施；斯立、斯行、斯來、斯和，皆天下感動之速。或曰：子貢知足以知聖人，今乃不言其德而稱其得邦家之效，何也？曰：天之德不可形容，即其生物而見其造化之妙；聖人之德不可形容，即其感人而見其神化之速。天下之理，實大則聲宏，本深則末茂。感動之淺深遲速，未有不視其德之所至者。聖人道全德備，高明博厚，則其感於物者如此。因其感於物以反觀聖人之德，豈不曉然而易見哉？〇厚齋馮氏曰：聖門諸子，平日單辭數語形容夫子，平澹涵蓄，莫窺其際。唯孟子所引宰我、子貢、有若之推尊夫子，與此子貢三章之言，蓋激於世之不知者，乃始極口稱之。而夫子之得邦家，尤見其神化之妙也。〇雲峯胡氏曰：此章《集註》當與首篇子禽問於子貢通看。前謂聖人過化存神之妙未易窺測，此則引程子曰「聖人神化，上下與天地同流」。然則聖人過化存神之妙，子貢於是始知之矣。前引謝氏曰「子貢亦可謂善觀聖人矣」，亦可謂善言德行矣。今引謝氏曰：「觀子貢稱聖人語，乃知晚年進德，蓋極於高遠也。」然則前不過謂子貢亦善觀聖人，今則可謂真知聖人矣。讀《集註》者當看其前後相應處，便可見晚年進德處。且子禽之問凡三，始則疑夫子求問政，次疑夫子之私其子，今則疑子貢賢於夫子：所見者每降益下。此篇子貢之稱夫子亦三，始則喻之以數仞之牆，次則喻之以日月，今則喻之以天之不可階而升：其所見每進而益高。若以爲皆孔子弟子也，其所見抑何霄壤之邈如是哉？「其死也哀」，而子貢哀慕之心倍於父母，至廬墓者凡六年之久，則其晚年所得於夫子者，蓋益深矣。○新安陳氏曰：此章前言夫子之不可及，以其德之化不可爲者言也。夫子不幸而不得時、不得位，故其德之化雖妙於吾身，而其神化之用不見於天下。使得時得位，則其神化之功用，真有與天地同流者。終言「如之何其可及」，以其神化之不可測者言也。夫子之道猶天然。天固有目者所共覩，天之所以爲天，則非知天者不能知也。必子貢之知始足以知此。彼陳亢者，其不足以及此，宜哉！

論語集註大全卷之二十

堯曰第二十

凡三章。

堯曰：「咨，爾舜！ 天之曆數在爾躬，允執其中。四海困窮，天禄永終。」

此堯命舜而禪時戰反。**以帝位之辭。咨，嗟歎聲。曆數，帝王相繼之次第，猶歲時氣節之先後也。允，信也。中者，無過不及之名。四海之人困窮，則君禄亦永絶矣。戒之也。**朱子曰：帝王相承，其次第之數，若曆之歲月日時，亦有先後之序。然聖人所以知其序之屬於此人，亦以其人之德知之，非若讖緯之説姓名見於圖籙而爲言也。聖賢言「中」有二義：「大本」云者，喜怒哀樂未發之時之理，其氣象如此也；「時中」云者，理之在事而無過不及之地也。此曰「允執其中」，蓋以其在事者而言，若「天下之大本」則不可得而執矣。且聖人之道，時行時止，夫豈專以塊然不動者爲是而守之哉？○伊川云：允執其中，中作麽執得？❶識得則事事物物上皆天然有箇中在那上，不待人安排。安排著則

❶「作」，四庫本及《論孟精義》卷一〇下作「怎」，義長。

不中矣。○南軒張氏曰：以其德當天心，故知天之曆數在其躬。允執其中，事事物物皆有中，天理之所存也。惟其心無依倚，則能執其中至不失，此所謂「時中」也。君之所爲安榮者，以民故也。「天之視聽自我民視聽」，若四海困窮，則天禄亦永終矣。聖人之相授，凡以天人之際而已。○雙峯饒氏曰：或以「守」字解「執」字。「守」與「執」不同。執是執其要。事事物物各自有中，凡舉一物，便要執定那要處，如執扇須執柄相似。如「擇乎中庸而不能朞月守」，方是守，便易得死殺了。執者，隨事隨物而執其中，不死殺。○新安倪氏曰：按，「執」云者，非執一定之理，蓋於事物上酌其中而執以用之。《中庸》謂舜「用其中」，即用其所執之中也。

舜亦以命禹。

舜後遜位於禹，亦以此辭命之。今見形甸反。**於《虞書・大禹謨》，比此加詳。**朱子曰：「中」只是箇恰好的道理。「允」是真箇執得。堯當時告舜，只説這一句。後來舜告禹，又添得「人心惟危，道心惟微，惟精惟一」三句，説得又較子細。這三句是「允執厥中」以前事，是舜教禹做工夫處。「人心惟危，道心惟微」，須是「惟精惟一」，方能「允執厥中」。堯當時告舜只説一句，舜已曉得那箇了，所以不復更説；舜告禹時，便是怕禹尚未曉得，故恁地説。《論語》後面説「謹權量，審法度，修廢官，舉逸民」之類，皆是恰好當做底事，這便是堯、舜、禹、湯、文、武治天下只是這箇道理。聖門所説也只是這箇，雖是隨他所聞所記説得不同，然却只是一箇道理。如屋相似，進來處雖不同，入到裏面，只是共這箇屋。大概此篇所載，便是堯、舜、禹、湯、文、武相傳治天下之法。雖其纖悉不止此，然大要却不出此，大要於此可見。○雲峯胡氏曰：天下之大，運之在心。此心之用稍有過不及，即非中矣。非中，則四海將至困窮，而天禄亦永終矣。授命之際，天禄方於此乎始也，而即以永終言之，爲戒深矣。○新安陳氏曰：「天禄永終」與「天之曆數在爾躬」相照應。「允執其中」，告以保天禄之本也。「四海困窮」，不能「允執其中」之驗，所以致「天禄」之「永終」也。舜之授禹，謹述此四句，不易一字，但辭加詳而理益明意益盡耳。舜之授禹，具載於《書》；堯之授舜，微弟子記之於此，則三聖人以「一」、「中」相授受之淵源，其孰從而知之哉？

曰：「予小子履敢用玄牡，敢昭告于皇皇后帝：有罪不敢赦，帝臣不蔽，簡在帝心。朕躬有罪，無以萬方；萬方有罪，罪在朕躬。」

此引《商書·湯誥》之辭。蓋湯既放桀而告諸侯也。與《書》文大同小異。「曰」上當有「湯」字。履，蓋湯名。疏：「《世本》云：『湯名天乙。』孔安國云：至爲王改名履。」用玄牡，夏尚黑，未變其禮也。《記·檀弓上》：「夏后氏尚黑，大事斂用昏，大事，謂喪事。戎事乘驪，戎，兵也。馬黑色曰驪。牲用玄。殷人尚白，大事斂用日中，戎事乘翰，牲用白。翰，白色馬也。周人尚赤，大事斂用日出，戎事乘騵，❶牲用騂。」簡，閱也。言桀有罪，己不敢赦；而天下賢人皆上帝之臣，己不敢蔽。簡在帝心，惟帝所命。此述其初請命而伐桀之詞也。又言君有罪非民所致，民有罪實君所

❶「事」，原作「車」，今據《禮記·檀弓上》改。

爲。見其厚於責己，薄於責人之意。此其告諸侯之辭也。朱子曰：簡，閱也。善與罪天皆知之，如天點檢數過。爾之有善也在帝心，我之有惡也在帝心。○南軒張氏曰：「有罪不敢赦」，謂桀得罪於天，不敢稽天命而不討。然凡天下之人，莫非帝之臣，其善惡不可蔽也，則何敢專？顧帝所眷命何如耳。己有罪則不敢以及萬方，萬方有罪則歸之於己，此其自列以聽天命之辭。公天下之心如此，然則其有天下也，亦何與於己哉？○雙峯饒氏曰：湯述其告天之辭以告諸侯。

周有大賚，善人是富。賚，來代反。

此以下述武王事。賚，予也。予，通作「與」。**武王克商，「大賚于四海」，見**形甸反。**《周書・武成》篇。此言其所富者皆善人也。《詩序》曰：「《賚》，所以錫予善人。」**《詩・周頌・賚》：「大封於廟也。賚，予也。言所以錫予善人也。」**蓋本於此。**雙峯饒氏曰：紂爲天下逋逃主，所用皆是惡人。故武王伐商之初，便把「善人是富」做箇打頭第一件事。大賚，是錫予普及四海；其中善人，則錫予又自加厚。《洪範》曰：「凡厥正人，既富方穀。」正人既得其富，則其爲善也篤，故不容以泛然錫賚施之也。

「雖有周親，不如仁人。百姓有過，在予一人。」

此《周書・泰誓》之辭。孔氏曰：孔氏，名安國，西漢曲阜人。**「周，至也。言紂至親雖多，不如周家之多仁人。」**問：「『雖有周親』，注：『紂之至親雖多。』他衆叛親離，那裏有至親？」朱子曰：紂之至親豈不多？　唯其衆叛親離，所以不濟事。　故《書》謂「紂有億兆夷人，離心離德」是也。〇南軒張氏曰：周有大賚，惟善人之是富。　雖有周至親，不如仁賢：如周公雖至親，亦以尊賢之義爲重也。「百姓有過，在予一人」，是武王公天下之心，與成湯無以異也。　此所載帝王之事，孔子之所常言。　門人列於末章，所以見前聖後聖之心，若合符節。　其不得時位而在下，則夫子之道；其得時位而在上，則帝王之業。〇厚齋馮氏曰：微子去之，箕子爲之奴，比干諫而死：雖紂至親，不獲用也。「予小子既獲仁人，祇承上帝」，蓋武王有亂臣十人，皆爲用也。　奉天討罪，以罪己爲本，故曰：「禹、湯罪己，其興也勃焉。」

謹權量，審法度，修廢官，四方之政行焉。

權，稱去聲。**錘**直垂反。**也。量，**去聲。**斗斛也。**古註引《漢·律歷志》云：「權者，銖、兩、斤、鈞、石也，所以稱物平施，知輕重也。　本起黃鍾之重。　一龠容千二百黍，重十二銖。　兩之爲兩，二十四銖爲兩。十六兩爲斤，三十斤爲鈞，四鈞爲石：五權謹矣。　量者，龠、合、升、斗、斛也，所以量多少也。　本起於黃鍾之龠。　用度數審其容，以子穀秬黍中者千有二百實其龠。　合龠爲合，十合爲升，十升爲斗，十斗爲斛：五量嘉矣。」又云：「度者，分、寸、尺、丈、引也，所以度長短也。　本起黃鍾之長。　以子穀秬黍中者一黍之廣爲一分，十分爲寸，十寸爲尺，十尺爲丈，十丈爲引：而五度審矣。」而此不言度者，從可知也。　**法度，禮樂制度皆是也。**

興滅國，繼絶世，舉逸民，天下之民歸心焉。

興滅、繼絶，謂封黃帝、堯、舜、夏、商之後。　舉逸民，謂釋箕子之囚，復商容之位。　三者，

皆人心之所欲也。《禮記》：武王克殷反商，未及下車而封黃帝之後於薊，封帝堯之後於祝，封帝舜之後於陳。下車而封夏后氏之後於杞，投殷之後於宋，封王子比干之墓，釋箕子之囚，使之行商容而復其位。庶民弛政，庶士倍禄。○朱子曰：興滅國，繼絶世，舉逸民，此聖人之大賞。兼弱攻昧，取亂侮亡，此聖人之大罰。○雙峯饒氏曰：謹權量是平其在官之權衡斗斛，使無過取於民。關石和鈞，王府則有，固是要通乎官民，然民間權量關係尚淺，最是官府與民交涉，便易得加增取盈。當今苗斛皆然。當紂之時，必是取民過制，所以武王於此不容不謹。審法度是審度可否因革之宜，是底因之，不是底革之，即此便是審處。修廢官亦只是因其見在之官，而廢者從頭改去。興滅、繼絶，只是一事。黄帝、堯、舜、禹、湯皆有功德於民，合當他子孫有國，如何不繼其絶後。得逸民是有德而隱者亦合當教他有禄。民心皆欲得其如此，而我則興之繼之舉之，此其所以歸心。

所重民：食，喪，祭。

《武成》曰：「重民五教，惟食、喪、祭。」節齋蔡氏曰：五教，君臣、父子、夫婦、兄弟、長幼，五典之教也。食以養生，喪以送死，祭以追遠。五教、三事，所以立人紀而厚風俗，聖人之所甚重焉者。○雙峯饒氏曰：「周有大賚」以下，夫子零碎收拾，或舉其辭，或述其事，湊成武王一段事實。

寬則得衆，信則民任焉，敏則有功，公則説。説音悦。

此於武王之事無所見，恐或泛言帝王之道也。雲峯胡氏曰：帝王之道，不能外一「中」字。堯、舜以禪讓爲中，湯、武以征伐爲中。泛言之，則曰寬，曰信，曰敏，曰公；約言之，曰中而已。○新安陳氏曰：寬者柔之中，敏者剛之中，信者中之實，公者中之體也。○楊氏曰：「《論語》之書，皆聖人微言，而其徒傳守之以明斯道者也。故於終篇具載堯、舜咨命之言，湯、武誓師之意，與夫音扶。施諸政事者，以明聖學之所傳者一於是而已。所以著明二十篇之大旨也。《孟子》於終篇亦歷叙堯、舜、湯、文、孔子相承之次，皆此意也。」朱子曰：此篇，夫子誦述前聖之言，弟子類記於此。○此篇多闕文，當各本其所出而解之。有不可通者，闕之可也。「謹權量」以下，皆武王事。當自「周有大賚」以下至「公則説」爲一章。蓋興滅國、繼絶世、舉逸民，當時皆有其事。○勉齋黄氏曰：《論語》末篇歷叙堯、舜、禹、湯、武王相傳之道，而先之以「執中」，得其要矣。其下泛及賞善罰惡、責己恕人，大綱小紀，本數末度，無不具舉。蓋帝王之道，初無精麤，凡事之合天理、當人心者，是其所以爲道也。所謂「執中」，正以其事事物物無適而非中耳。豈虚空無據而可謂之中乎？○雙峯饒氏曰：通論此章，堯、舜、禹是説相傳之理，湯是説他心事，武王又是兼政事而言。三説固無不同，然累聖相承，只是一「中」字。前面説理處是中道流傳之原，下面亦無一不是「執中」之實。○雲峯胡氏曰：前篇之末，言夫子之得邦家者，其用必如此；此篇之首，則述叙自古帝王之用固如此。以見聖學之所傳者，無非有體有用之學，而凡《論語》二十篇之大旨，皆不外此也。《孟子》篇終即此意，但《孟子》「聞知」、「見知」者，知其道也，是從知上説，此則從行道上説。行無不本於知，知即所以行，固無異也。

○子張問於孔子曰：「何如斯可以從政矣？」子曰：「尊五美，屏四惡，斯可以從政矣。」子張曰：「何謂五美？」子曰：「君子惠而不費，勞而不怨，欲而不貪，泰而不驕，威而不猛。」子張

曰：「何謂惠而不費？」子曰：「因民之所利而利之，斯不亦惠而不費乎？擇可勞而勞之，又誰怨？欲仁而得仁，又焉貪？君子無衆寡，無小大，無敢慢，斯不亦泰而不驕乎？君子正其衣冠，尊其瞻視，儼然人望而畏之，斯不亦威而不猛乎？」費，芳味反。焉，於虔反。○新安倪氏曰：按韻書，「屏」字上聲者，註云：「蔽也。」去聲者，註云：「除也。」「屏四惡」之屏當去聲讀，而舊音丙。

朱子曰：❶謝氏云：「以府庫之財與人，則惠而費矣，又安得人人而給之？惟因四時之和，因原隰之利，因五方之財，以阜物，以厚生，使民不饑不寒，何費之有？勞人以力所不堪，則不免於怨。擇可勞而勞之，以佚道使民，惟喜康共，不常厥邑可也，其究安宅、百堵皆作可也。如此，則又何怨之有？」○問：「『欲仁得仁，又焉貪』，如何？」曰：仁是我所固有，而我得之，何貪之有？若是外物，欲之則爲貪。此正與「當仁不讓於師」同意。曰：「於問政及之，何也？」曰：治己治人，其理一也。○胡氏曰：在人上者，人欲爲多，不能窒之，則其貪無時而已。惟反是心以欲仁，則求諸己而必得，何物足以累其心，夫何貪？泰者，安舒自得之謂，近於驕。然君子心一於敬，不以彼之衆寡大小而貳其心，則其自處未嘗不安，何驕之有？○南軒張氏曰：正衣冠，尊瞻視，臨之以莊也。持身嚴，故人望而自畏之，而非以威加人也，故威而不猛。若有使人畏己之心，則猛而反害於威矣。惠不費，勞不怨，施於人者也；欲不貪，泰不驕，威不猛，

❶「朱子曰」，《輯釋》作「或問」。按，本條並無朱熹語，全見於《論孟精義》卷一〇下。

存於己者也。爲政内外始終之道，亦云備矣。然欲仁，其本歟？

子張曰：「何謂四惡？」子曰：「不教而殺謂之虐。不戒視成謂之暴。慢令致期謂之賊。猶之與人也，出納之吝，謂之有司。」出，去聲。

虐，謂殘酷不仁。暴，謂卒倉没反。遽無漸。致期，刻期也。賊者，切害之意。緩於前而急於後，以誤其民而必刑之，是賊害之也。猶之，猶言「均之」也。均之以物與人，而於其出納之際乃或吝而不果，則是有司之事，而非爲政之體。所與雖多，人亦不懷其惠矣。項羽使人有功當封，刻印刓，吾官反。忍弗能予，通作與。卒以取敗，亦其驗也。《通鑑》：漢高祖元年，韓信問漢王曰：「今争權天下，豈非項王耶？」王曰：「然。」曰：「大王自料勇悍仁彊，孰與項王？」漢王良久，曰：「不如也。」信曰：「信亦以爲大王不如也。然臣嘗事之，請言其爲人。項王喑音。噁烏故反。叱昌力反。咤，竹駕反。《漢書》作「意烏猝嗟」。千人皆廢。然不能任其賢將，此特匹夫之勇耳。項王見人恭敬慈愛，言語嘔嘔，凶于反。悦言也。《漢書》作「姁」，音同。人有疾病，泣涕分飲食。至使人有功當封爵者，刻印刓，訛缺也。忍弗能予。此所謂婦人之仁也。」○朱子曰：猶之，均之也。如言一等是如此，史家多有此般字。此「吝」字説得來又廣，只是戒人遲疑不決，若當賞便用賞，遲疑之間，澀縮靳惜，便誤事機。如李絳勸憲宗速賞魏博將士，謂若待其來請而後賞之，則恩不歸上矣，政是此意。若是有司出納之間，吝惜不敢自專，却是本職當然。人君爲政，大體却不可如此，當與便果决與之。○問「四惡」之説。曰：虐也，暴也，賊也，謝氏得之。有司之説，楊氏爲當。謝曰：「古者以五戒先，後刑罰，所以警昏愚、懲怠慢也。戒之既至，然後可以責成矣。不先戒之，彼且烏知先後緩急之所在？遽以視成，不亦暴乎？令嚴者欲其不犯，聚衆以誓之，垂象以曉之，讀法以諭之。上自慢其令而欲下之嚴，其可得乎？如是而致期焉，期而不至則罪之，是罔民也。」楊曰：「非其義也，一介不以予人而不爲吝；義在可與，而惟出納之吝，在有司則爲善，在爲上則爲惡。天下之事，亦惟當其可而已。」○問：「猶之與人也，出納之吝，何以在四惡之數？」曰：此一惡比上三惡似輕，然亦極害事。蓋此人乃是箇多猜嫌疑慮之人，賞不賞，罰不罰，疑吝不決，正如唐德宗是也。○南軒張氏曰：虐、暴、賊，皆不仁者之爲也；出納之吝，不知者之爲也。○勉齋黄氏曰：惠易費，勞易怨，欲易貪，泰易驕，威易猛。今至於不犯人情之所易，則美之至者也。殺，不可也，甚則不教而殺；視成，不可也，甚則不教而視成；❶致期，不可也，甚則慢令而致期；吝，不可也，甚則與人而亦吝。今至於犯人情之所已甚，則惡之至者也。此一尊一屏，聖人之所以深戒之也。○雙峯饒氏曰：要行一事，須預先告戒，使遵承，而後可。若不先告戒之，猝然要責他成就，豈不是暴？慢令於先，一時却去緊他，是誤而賊之也。當與而吝，易失人心，也是惡。上三者是急迫之惡，下一件是悠緩之惡。○雲峯胡氏曰：四惡，虐爲甚，暴次之，賊又次之，剛惡也；吝如有司不能專決，柔惡也。蓋「吝」之一字，在有司不便謂之惡，從政而謂之有司則惡矣。故特著項羽以吝取敗之事，以示爲政不知大體者之戒。○**尹氏曰：「告問政者多矣，未有如此之備者也。故記之以繼帝王之治。**去聲。**則夫**

❶「教」，四庫本、陸本作「戒」，孔本作「令」。

子之爲政，可知也。」趙氏曰：孔子論爲政之方，莫詳於此，故門人取以附前章之後。夫子之爲政，蓋與帝王若合符節。○雲峯胡氏曰：問政見於《論語》者，齊景公、葉公各一，季康子凡二，仲弓、子路、子張、子夏各一，夫子答之未有如此章之詳者。蓋惠未有不費，勞未有不怨，欲則易貪，泰則易驕，威則易猛。今皆不然，所以爲美也。虐之而不知教，暴之而不知戒，賊之而不知令，吝之而不知與。爲民父母者，奚忍如是哉？此所以爲惡也。

○子曰：「不知命，無以爲君子也。

程子曰：「知命者，知有命而信之也。不知命則見害必避，見利必趨，何以爲君子？」朱子曰：此與五十知天命不同。「知天命」謂知其理之所自來，此「不知命」是説死生、壽夭、貧富、貴賤之命。今人開口亦解説一飲一啄自有分定，及遇小小利害，便生趨避計較之心。古人刀鋸在前，鼎鑊在後，視之如無者，只緣見道理，都不見那刀鋸鼎鑊。○《論語》首云「人不知而不愠，不亦君子乎」，終云「無以爲君子也」，此深有意。蓋學者所以學爲君子，若不知命，則做君子不成。○胡氏曰：一定而不可易者命也。人不知命，常求其所不可得，避其所不可免，斯所以徒喪所守而爲小人也。○慶源輔氏曰：此命指氣而言，謂貧賤、富貴、窮通、得喪一定不可易者。必知此而信之，始見利不苟就，見害不苟避，故全得我之義理，所以爲君子。○雲峯胡氏曰：程子釋「朝聞道」謂知而信者爲難。此亦謂知而信之者。知而不信，知之猶未至也。知之猶未至，則凡見利必趨，見害必避，皆小人之爲也。欲爲君子得乎？首篇「不亦君子乎」，是已到君子地位，此曰「無以爲君子也」，是方做君子根脚。

「不知禮，無以立也。

不知禮，則耳目無所加，手足無所措。雲峯胡氏曰：《集註》十字是形容「無以立」三字。耳目無所加，是懵然不知有可立之地。手足無所措，是茫然卒無可立之地。

「不知言，無以知人也。」

言之得失，可以知人之邪正。慶源輔氏曰：言，心聲也。因言之得失，可以知人之邪正，惟格物窮理之君子能之。○雲峯胡氏曰：孟子「知言」之謂，蓋本於此。但《集註》釋孟子「知言」則曰「凡天下之言，識其是非得失之所以然」，而此不過曰「無以知人之邪正」，❶此爲學者言，彼則孟子自言也。於此亦見《集註》之精。○尹氏曰：「知斯三者，則君子之事備矣。南軒張氏曰：此所論「命」，謂窮達得喪之有命也。不知命，則將徼倖而苟求，何以爲君子乎？知命則志定，然後其所當爲者可得而爲矣。「禮」者，所以檢身也。不知禮，則視聽言動無所持守，其將何以立乎？知禮，則有踐履之實矣。「知言」，如吉人之辭寡，躁人之辭多之類。不知言，則無以知其實情之所存，其將何以知人乎？故知言則取友不差矣。此三者學者之所宜先，切要之務也。必以是爲本，而後學可進。不然，雖務於窮高極遠，而終無所益。門人以此終《論語》之書，豈無旨哉？○勉齋黄氏曰：知命，知其在天者；知禮，知其在己者；知言，知其在人者。知天則利害不能動乎外，而後可以脩諸己；知禮則義理有以養乎內，而後可以察諸人。知

❶「無」，據《四書章句集註》，疑當作「可」。

天而不知己，未必能安乎天；知己而不知人，未必能益乎己。〇慶源輔氏曰：知命，則在我者有定見；知禮，則在我者有定守；知言，則在人者無遁情。知斯三者，則内足成己之德，外足盡人之情，故君子之事備。〇雲峯胡氏曰：學始於致知，終於治國平天下。前篇之末與此篇前二章，皆説治國平天下，聖學之終事。此章復提起三「知」字，是聖學之始事。知斯三者而爲君子，則聖學之體立；遇時而用之，則聖學之用行。弟子記此以終一書，不無意矣。**弟子記此以終篇，得無意乎？學者少**去聲。**而讀之，老而不知一言爲可用，不幾**平聲。**於侮聖言者乎？夫子之罪人也，可不念哉？」**覺軒蔡氏曰：《論語》首章末以「君子」言，末章首以「君子」言。聖人教人，期至於君子而已。詳味兩章語意，實相表裏。學者其合而觀之。〇新安陳氏曰：《論語》一書，夫子以「君子」教人者多矣。首末兩章，皆以「君子」言之，記者之深意。夫子嘗自謂「不怨天，不尤人」。「人不知而不愠」，不尤人也；「知命」，則不怨天，且樂天矣。學者其深玩潛心焉。

目録

上册

中册

校點説明

《大學章句大全》一卷，附《大學章句序》一卷、《讀大學法》一卷、《大學或問》一卷；《中庸章句大全》一卷，附《中庸章句序》一卷、《讀中庸法》一卷、《中庸或問》一卷；《論語集註大全》二十卷，附《讀論語孟子法》一卷、《論語序説》一卷；《孟子集註大全》十四卷，附《孟子序説》一卷。計三十六卷，合稱《四書集註大全》，省稱《四書大全》，明代胡廣、楊榮、金幼孜等四十二人編。永樂十二年（一四一四）十一月，明成祖諭翰林院學士胡廣和侍講楊榮、金幼孜：「五經四書皆聖賢精義要道，其傳註之外，諸儒議論有發明餘藴者，爾等采其切當之言，增附於下。其周、程、張、朱諸君子性理之言，如《太極》、《通書》、《西銘》、《正蒙》之類，皆六經之羽翼，然各自爲書，未有統會。爾等亦别類聚成編。二書務極精備，庶幾以垂後世。」十三年稿成，成祖賜名《五經四書大全》，親爲製序（《明實録》卷一五八、卷一六八）。胡廣（一三七〇—一四一八），字光大，吉水（今江西吉安市吉水縣）人。楊榮（一三七一—一四四〇），初名子榮，字勉仁，建安（今福建建甌市）人。金幼孜（一三六七—一四三一），名善，以字行，新淦（今江西吉安市峽江縣）人。三人同爲建文二年（一四〇〇）進士，胡廣居狀元。成祖入南京，三人俱入館閣，又屢從北征。廣永樂十四年進文淵閣大學士，十六年卒；榮與幼孜十八年進文淵閣大學士，後皆總裁諸朝實録（《明史》三人本傳）。

《五經四書大全》沿用朱熹後學慣用的集疏體，以朱熹《四書章句集註》等某家宋元人註爲主，經文大字頂格，注文大字提行低格，博采註者其他説解材料以及其他學者的説解爲疏，小字羅列於相關大字之下。由於四書在科考中的統治地位，諸書以《四書大全》對後世的影響最廣泛深遠。士人從中學習程朱理學的理念和話語，參照它來寫作科考文章。因此是書不僅翻刻無數，而且屢有依仿其例將後代儒者的相關説解增附於後或另爲一編者，並深深影響到明清四書講章的編纂。

《五經四書大全》歷來評價不高，如顧炎武指責諸書「僅取已成之書抄謄一過」，提出「經學之廢，實自此始」（《日知録》卷十八），《四庫全書總目》更指「由漢至宋之經術於是始盡變」（卷三十六《四書大全》提要）。不過《五經四書大全》以元人何書爲本，各書凡例中均作交代，《四書大全》以詳博著稱之宋末吴真子《四書集成》和以簡約爲特色之元倪士毅《四書輯釋》爲藍本，且非簡單沿襲。事實上，《四書大全》稱引計一百零六家，保留了大量宋元朱熹後學的經説和思想資料，對明人士風有着正面的影響（參高攀龍《崇正學闢異説疏》）。當然《四書大全》排斥了朱熹學脈之外的思想資料（參見凡例首條，其實陸九淵之説亦偶見引用)，在今日是一缺點。

《四書大全》稿本尚有殘存。北京大學圖書館有《論語》卷六、卷七，中國國家圖書館有《大學或問》、《論語》卷八至卷十、卷十三、卷十四，以及《孟子》的序説和卷一、卷二、卷十四。明内府刻本外，翻刻重刻增刻甚夥，明代有天順二年(一四五八)黄氏仁和刻本、弘治十四年(一五〇一)劉氏慶源書堂刻本(增附元王元善《通考》、元黄洵饒《附纂》)、嘉靖八年(一五二九)余氏雙桂堂刻本、十一年魏氏仁實堂刻本、萬曆間周士顯校正留畊堂周譽吾刻《周會魁校正四書大全》十八卷本、德壽堂刻本、趙敬山刻本等，清代有康熙三十七年(一六九八)嘉會堂刻陸隴其點定《三魚堂四書大全》本(增附明蔡清《蒙引》以下著作多種，已另收入《儒藏》精華編)、四十九年仿明内府刻本、康熙刻附明陳仁錫《四書備考》本、乾隆四十一年(一七七六)《四庫全書》寫本、金閶五雲居刻本、劉孔敬較閲夢松軒刻本等，在朝鮮也有一八二〇年、一八六七年豐沛等多箇刻本。經抽樣對勘，校點者能見諸本可分爲三箇系統：一、内府刻本和稿本。二、明萬曆《周會魁校正四書大全》十八卷本、明末趙敬山刻本、清康熙三十七年《三魚堂四書大全》本，後者文字爲精。三、弘治十四年劉氏慶源書堂本(轉據周群、王玉琴《四書大全校註》，武漢大學出版社二〇〇九年)、山東友誼書社一九八九年《孔子文化大全》影印本、文淵閣《四庫全書》本，末者文字較精。

各本俱不及内府本精善，加之前兩箇系統差異不大，兹以北京大學圖書館藏明内府刻本爲底本，以第三系統的影印文淵閣《四庫全書》本（簡稱「四庫本」）爲校本，取分屬三箇系統的三種版本作參校，即北京大學圖書館藏殘稿本（簡稱「稿本」）、《四庫全書存目叢書》影印山東大學圖書館藏清康熙三十七年《三魚堂四書大全》本（簡稱「陸本」）和《孔子文化大全》影印本（簡稱「孔本」）；倪士毅《四書輯釋》是《四書大全》的藍本，故亦取《續修四庫全書》影印明初刻本作參校（簡稱「《輯釋》」）。他校用書除非單獨於首見處註明，否則一律用影印文淵閣《四庫全書》本，《朱子語類》簡稱「《語類》」。校記中資料按著作年代排序，凡四書系統的資料皆省略卷第。

《四書大全》各本一般以《學》、《庸》、《論》、《孟》爲序，唯明萬曆留畊堂本、清劉孔敬較閱夢松軒本和四庫本以《學》、《論》、《孟》、《庸》爲序，當是改依朱熹最常講到之研讀四書的次第，並無必要。各本均無目録，今據篇目補加。

標點主要依據底本和孔本原有之圈點，疑難處參考了王星賢整理本《朱子語類》，周群、王玉琴《四書大全校註》（武漢大學出版社二〇〇九年）；經文標點還參考了孫欽善《論語本解》（生活·讀書·新知三聯書店二〇〇九年）、楊伯峻《孟子譯註》（中華書局一九六〇年），註文標點參考了徐德明校點的《四書章句集註》（上海古籍出版社、安徽教育出版社二〇〇一年）。鑒於每段引文都冠以「〇」之標記，原則上不必另加引號，只於問語加引號，以清眉目；假如是引用先秦兩漢的原始文獻，則原則上只加一層引號。本稿後期，王小婷、許高雅和于周做了大量工作，謹致謝忱。

校點者　李暢然

四書集註大全凡例

一、四書大書，朱子集註諸家之説分行小書，凡《集成》、《輯釋》所取諸儒之説有相發明者，采附其下，其背戾者不取。凡諸家語録、文集内有發明經註而《集成》、《輯釋》遺漏者，今悉增入。

一、註文下凡訓釋一二字或二三句者，多取新安陳氏之説。

一、引用先儒姓氏。

朱子熹。　晦菴。　仲晦。　新安。

鄭氏玄。

孔氏穎達。

周子敦頤。　濂溪。　茂叔。

程子顥。　伯淳。　明道。　頤。　正叔。　伊川。

張子載。　横渠。　子厚。

邵子雍。　康節。　堯夫。

藍田吕氏與叔。　大臨。
和靖尹氏焞。　彦明。
上蔡謝氏良佐。　顯道。
廣平游氏酢。　定夫。　建安。
河東侯氏師聖。　仲良。
龜山楊氏時。　中立。
安定胡氏瑗。　翼之。　海陵。
華陽范氏祖禹。　淳夫。
眉山蘇氏軾。　東坡。　子瞻。
林氏之奇。　少穎。　三山。
致堂胡氏寅。　明仲。
豫章羅氏從彦。　仲素。
沙隨程氏迥。　可久。
延平李氏侗。　愿中。
象山陸氏九淵。　子静。

東萊吕氏祖謙。　伯恭。　金華。
南軒張氏栻。　敬夫。　廣漢。
止齋陳氏傅良。　君舉。
樂菴李氏衡。　彦平。　江都。
山陰陸氏佃。　農師。
北溪陳氏淳。　安卿。　臨漳。
勉齋黄氏榦。　直卿。　三山。
慶源輔氏廣。　潛菴。　漢卿。
三山潘氏柄。　瓜山。　謙之。
節齋蔡氏淵。　伯静。
九峯蔡氏沈。　仲默。
覺軒蔡氏模。　仲覺。
三山陳氏孔碩。　北山。　膚仲。
趙氏
潛室陳氏埴。　器之。　永嘉。

胡氏泳。桐原。伯量。南康。
鄭氏南升。
栝蒼葉氏賀孫。知道。味道。
莆田黃氏士毅。子洪。
格菴趙氏順孫。栝蒼。
丹陽洪氏興祖。慶善。
張氏九成。子韶。范陽。
鄧氏名亞。元亞。
西山真氏德秀。景元。建安。
葉氏夢得。石林。少蘊。
邵氏甲。仁仲。新定。
兼山郭氏忠厚。立之。
蒙齋袁氏甫。廣微。四明。
張氏庭堅。才叔。
江陵項氏安世。平菴。

徽菴程氏

倪氏　雲川。

顧氏元常。平甫。新定。

仁壽李氏道傳。仲貫。

東窗李氏

陵陽李氏

温陵陳氏知柔。體仁。

陳氏　用之。長樂。

譚氏惟寅。高要。

何氏夢貴。北山。新之。嚴陵。

晏氏

天台潘氏時舉。子善。

鄭氏汝諧。東谷。舜舉。古栝。

新安王氏炎。晦叔。

永嘉薛氏

歐陽氏謙之。　希遜。　廬陵。

諸葛氏泰。

朱氏祖義。　子由。　廬陵。

朱氏仲。

梅巖胡氏次焱。　濟鼎。　新安。

張氏彭老。

黄氏淵。

宣氏

汪氏廷直。

張氏好古。

張氏玉淵。

王氏回。

雙峯饒氏魯。　仲元。　廣信。

玉溪盧氏孝孫。

勿齋程氏若庸。　達原。　新安。

劉氏彭壽。
魯齋王氏侗。　金華。
番昜沈氏貴珤。　毅齋。
疊山謝氏枋得。　君直。　廣信。
番昜齊氏夢龍。　節初。
邢氏昺。
蛟峯方氏逢辰。　青陽。
仁山金氏履祥。　吉甫。　金華。
厚齋馮氏椅。　奇之。　南康。
四如黄氏仲元。　莆田。
勿軒熊氏禾。　去非。　建安。
新安吴氏浩。　義夫。
吴氏仲迂。　可堂。　番昜。
番昜李氏靖翁。　思正。
番昜鄒氏季友。　晉昭。

汪氏炎昶。古逸。新安。

魯齋許氏衡。平仲。

臨川吴氏澄。草廬。幼清。

歐陽氏玄。圭齋。原功。

雲峯胡氏炳文。仲虎。

新安陳氏櫟。定宇。壽翁。

張氏存中。德庸。

新安倪氏士毅。

東陽許氏謙。白雲。益之。

一、今奉勑纂脩。

翰林院學士兼左春坊大學士奉政大夫臣胡　廣

奉政大夫右春坊右庶子兼翰林院侍講臣楊　榮

奉直大夫右春坊右諭德兼翰林院侍講臣金幼孜

翰林院脩譔承務郎臣蕭時中

翰林院脩譔承務郎臣陳　循

翰林院編脩文林郎臣周　述

翰林院編脩文林郎臣陳　全

翰林院編脩文林郎臣林　誌

翰林院編脩承事郎臣李　貞

翰林院編脩承事郎臣陳景著

翰林院檢討從仕郎臣余學夔

翰林院檢討從仕郎臣劉永清

翰林院檢討從仕郎臣黄壽生

翰林院檢討從仕郎臣陳　用

翰林院檢討從仕郎臣陳　璲

翰林院五經博士迪功郎臣王　進

翰林院典籍脩職佐郎臣黄約仲

翰林院庶吉士臣涂　順

奉議大夫禮部郎中臣王　羽

奉議大夫兵部郎中臣童　謨

奉訓大夫禮部員外郎臣吴　福
奉直大夫北京行部員外郎臣吴嘉静
承直郎禮部主事臣黄　裳
承德郎刑部主事臣段　民
承直郎刑部主事臣洪　順
承直郎刑部主事臣沈　升
承德郎刑部主事臣章　敞
承德郎刑部主事臣楊　勉
承德郎刑部主事臣周　忱
承德郎刑部主事臣吾　紳
文林郎廣東道監察御史臣陳道潛
承事郎大理寺評事臣王　選
文林郎太常寺博士臣黄　福
修職郎太醫院御醫臣趙友同
迪功佐郎北京國子監博士臣王復原

泉州府儒學教授臣曾　振
常州府儒學教授臣廖思敬
蘄州儒學學正臣傅　舟
濟陽縣儒學教諭臣杜　觀
善化縣儒學教諭臣顔敬守
常州府儒學訓導臣彭子斐
鎮江府儒學訓導臣留季安

讀大學法

朱子曰：《語》、《孟》隨事問答，難見要領。惟《大學》是曾子述孔子説古人爲學之大方，而門人又傳述以明其旨，前後相因，體統都具。玩味此書，知得古人爲學所向，却讀《語》、《孟》便易去聲。入。後面工夫雖多，而大體已立矣。○看這一書，又自與看《語》、《孟》不同。《語》、《孟》中只一項事是一箇道理。如孟子説仁義處，只就仁義上説道理；孔子答顔淵以克己復禮，只就克己復禮上説道理。若《大學》，却只統説，論其功用之極，至於平天下。然天下所以平，却先須治國；國之所以治，却先須齊家；家之所以齊，却先須修身；身之所以修，却先須正心；心之所以正，却先須誠意；意之所以誠，却先須致知；知之所以至，却先須格物。○《大學》是爲學綱目。先讀《大學》，立定綱領。他書皆雜説在裏許，通得《大學》了，去看他經，方見得此是格物致知事，此是誠意正心事，此是修身事，此是齊家治國平天下事。○今且熟讀《大學》作間架，却以他書填補去。○《大學》是通言學之初終，《中庸》是指本原極致處。○問：「欲專看一書，以何爲先？」曰：先讀《大學》，可見古人爲學首末次第，不比他書。他書非一時所言，非一人所記。

又曰：看《大學》固是著逐句看去，也須先統讀傳文教熟，方好從頭仔細看。若全不識傳文大意，便看前頭亦難。

又曰：嘗欲作一説教人，只將《大學》一日去讀一遍，看他如何是大人之學，如何是小學，如何是明明德，如何是新民，如何是止於至善。日日如是讀，月來日去自見。所謂「温故而知新」，須是知新，日日看得新方得。却不是道理解新，但自家這箇意思長長地新。〇讀《大學》，初間也只如此讀，後來也只如此讀。只是初間讀得似不與自家相關，後來看熟，見許多説話須著如此做，不如此做自不得。〇讀書不可貪多，當且以《大學》爲先。逐段熟讀精思，須令了了分明，方可改讀後段。看第二段却思量前段，令文意連屬音燭。却不妨。〇問《大學》稍通，方要讀《論語》。曰：且未可。《大學》稍通，正好著陟略反。下同。心精讀。前日讀時，見得前未見得後面，見得後未見得前面。今識得大綱體統，正好熟看。讀此書功深，則用博。昔尹和靖見伊川半年，方得《大學》、《西銘》看。今人半年要讀多少書？某且要人讀此，是如何？緣此書却不多，而規模周備。凡讀書初一項須著十分工夫了，第二項只費得八九分工夫，第三項便只費得六七分工夫。少間讀漸多，自通貫他書，自著不得多工夫。〇看《大學》俟見大指，乃及他書。但看時須是更將大段分作小段，字字句句不可容易放過。常時暗誦默思，反覆研究。未上口時須教上口，未通透時須教通透，已通透後便要純熟。直待不思索時，此意常在心胸之間驅遣不去，方是。此一段了，又換一段看。今如此數段之後，心安理熟，覺工夫省力時，便漸得力也。

又曰：《大學》是一箇腔子，而今却要填教平聲。他實。如他說格物，自家須是去格物後填教他實著，誠意亦然。若只讀得空殼子，亦無益也。○讀《大學》豈在看他言語？正欲驗之於心如何。如「好好色，惡惡臭」，試驗之吾心果能好善惡惡如此乎？「閒居爲不善」，是果有此乎？一有不至，則勇猛奮躍不已，必有長上聲。進。今不知如此，則書自書，我自我，何益之有？新安陳氏曰：凡讀書之法皆當如此，非但《大學》也。

又曰：某一生只看得這文字透，見得前賢所未到處。温公作《通鑑》，言平生精力盡在此書，某於《大學》亦然。先須通此，方可讀他書。

又曰：伊川舊日教人先看《大學》。那時未解說，而今有註解。覺大段分曉了，只在仔細看。陳氏曰：《大學章句》已示學者一定之準，只直按他見成底熟。就裏面看意思滋味，便見得無窮義理出焉。

又曰：看《大學》且逐章理會。先將本文念得，次將《章句》來解本文，又將《或問》來參《章句》。須逐一令平聲。下同。記得，反覆尋究，待他浹洽。既逐段曉得，却統看温尋過。

又曰：《大學》一書有正經，有《章句》，有《或問》。看來看去，不用《或問》，只看《章句》便了；久之，又只看正經便了；又久之，自有一部《大學》在我胸中，而正經亦不用矣。然不用某許多工夫，亦看某底不出；不用聖賢許多工夫，亦看聖賢底不出。

又曰：《大學》解本文未詳者，於《或問》中詳之。且從頭逐句理會。到不通處，却看《或問》，乃註脚之註脚。○某解書不合太多，又先准備學者爲去聲。他設疑說了，所以致得學者看得容易去聲。了。○人只說某說《大學》等不略說，使人自致思。此事大不然。人之爲學，只爭箇肯與不肯耳。他若不肯向這裏，略亦不解致思；他若肯向此一邊，自然有味，愈詳愈有味。陳氏曰：《大學》約其旨於《章句》，已的確真切；而詳其義於《或問》，又明實敷暢。《章句》中太簡，而或未喻則易枯，必於《或問》詳之；《或問》中太博，而或未貫則易泛，必於《章句》約之。○新安陳氏曰：右二條之說不同，而可互相發明。

大學章句序

《大學》之書，古之大學所以教人之法也。蓋自天降生民則既莫不與之以仁義禮智之性矣，朱子曰：天之生民，各與以性。性非有物，只是一箇道理之在我者耳。仁則是箇溫和慈愛底道理，義則是箇斷制裁割底道理，禮則是箇恭敬撙節底道理，智則是箇分别是非底道理：凡此四者具於人心，乃是性之本體。○雲峯胡氏曰：朱子四書釋「仁」曰「心之德，愛之理」，「義」曰「心之制，事之宜」，「禮」曰「天理之節文，人事之儀則」，皆兼體用，獨「智」字未有明釋。嘗欲竊取朱子之意以補之曰：「智則心之神明，所以妙衆理而宰萬物者也。」番易沈氏云：智者，涵天理動静之機，具人事是非之鑑。○新安陳氏曰：《書》云：「惟皇上帝，降衷于下民，若有恒性。」六經言性自此始。謂「天降生民而與之以性」，亦本《書》之意而言。**然其氣質之禀或不能齊，是以不能皆有以知其性之所有而全之也。**新安陳氏曰：性之所有，即仁、義、禮、智是也。性無智愚賢不肖之殊。惟氣有清、濁，清者能知而濁者不能知，故不能皆知；質有粹、駁，粹者能全而駁者不能全，故不能皆全。知性之所有屬知，全性之所有屬行。知、行二者，該盡一部《大學》意，已寓於此矣。**一有聰明睿智、能盡其性者出於其間，則天必命之以爲億兆之君師，使之治**平聲。下「治人」同。**而教之以復其性。**問：何處見得天命處？朱子曰：此也如何知得？只是才生得一箇恁地底人，定是爲億兆之君師，便是天命之也。他既有許多氣魄才德，決不但己，必統御億兆之衆，人亦自是歸他。如三代已前聖人，都是如此。至孔子方不然。雖不爲帝王，然也閑他不得，也做出許多事來以教天下後世，是亦天命也。○新安陳氏曰：聰明睿智、能盡其性者，是就清濁粹駁不齊中指出極清極粹者言之。聰明睿智，生知之聖也，與「知其性」相應；能盡其性，安行之聖也，與「全之」相應。常人必先知其性，方可望以全其性，故於中下一「而」字。聖人合下生知安行，不待知而方全，故只平説。天必命之以爲億兆君師，君以治之，師以教之，變化其氣質而復還其本性。以上四箇「性」字須融貫看透。三代以前聖賢之君，君、師之責兼盡；三代以後君道有畧得之者，而師道則絶無矣。**此伏羲、神農、黄帝、堯、舜所以繼天立極，而司徒之職、典樂之官所由設也。**《書·舜典》：帝曰：「契，汝作司徒，敬敷五教在寬。」又曰：「夔，命汝典樂，教胄子。」○朱子曰：天只生得許多人物，與你許多道理。然天却自做不得，所以必得聖人爲之脩道立教以教化百姓，所謂「裁成天地之道，輔相天地之宜」是也。○古者教法，禮、樂、射、御、書、數不可闕一。就中樂之教尤親切。夔教胄子只用樂，大司徒之職也是用樂。蓋是教人朝夕從事於此物，束得心長在這上面。蓋爲樂有節奏，學他底急也不得，慢也不得，久之都换了他情性。○雲峯胡氏曰：司徒之職，統教百姓；典樂之官，專教胄子。○新安陳氏曰：上文説其理，此實之以其事。天生民而賦與之，不能教之；聖君代天立標準以主教於上，而設司徒及典樂之官以掌教於下。此時教已立，而教之法未備，學之名未聞也。**三代之隆，其法寖備，然後王宮、國都以及閭巷莫不有學。人生八歲，則自王公以下至於庶人之子弟皆入小學，而教之以洒**上聲，又去聲。**掃**去聲。**應對進退之節、禮樂射御書**

數之文。朱子曰：古者小學已自是聖賢坯樸了，但未有聖賢許多知見。及其長也，令入大學，使之格物致知，長許多知見。○番易齊氏曰：洒掃，《内則》所謂「雞初鳴，洒掃室堂及庭」，《曲禮》所謂「爲長者糞，加帚箕上，以袂拘而退」、「以箕自向而扱之」之類是也。應對，《内則》所謂「在父母之所，有命之，應唯敬對」，《曲禮》所謂「長者負劒辟咡詔之，負，置之於背；劒，挾之於旁。口耳之間曰咡。辟咡詔之，傾頭與語。則揜口而對」之類是也。進退，《内則》所謂「在父母之所，進退周旋慎齊」，《曲禮》所謂「凡與客入者，每門讓於客」之類是也。禮，習於度數之節文，所以教之中也；樂，明於聲音之高下，所以教之和也。射法，一弓挾四矢，驗其中否以觀德行；御法，一車乘四馬，御者執轡立於車上，欲調習不失馳驅之正也。書，書字之體，可以見心畫；數，算數之法，可以盡物變。《周禮》大司徒所以教萬民而賓興之者，始以六德，繼以六行，後及於六藝，非八歲以上者所能盡究其事，不過使曉其名物而已。故上三者言節，有品節存焉；下六者言文，文者名物之謂也，非其事也。○勿軒熊氏曰：按《大戴記·保傅篇》：「古者年八歲出就外舍，學小藝焉，履小節焉；束髮就大學，學大藝焉，履大節焉。」注曰：「小學爲庠門，一作虎闈。大學在王宮之東。束髮，謂成童。《尚書大傳》曰：『公卿之太子，元士之嫡子，年十三入小學，二十入大學。』《白虎通》曰：『八歲入小學，十五入大學。』此太子之禮也。」按年數互有不同，而朱子獨以《白虎通》爲斷。**及其十有五年，則自天子之元子、衆子，以至公卿大夫元士之適**音的。**子，與凡民之俊秀，皆入大學，**新安陳氏曰：凡民惟賢者得入大學。不比小學，則無貴賤賢愚皆得入也。**而教之以窮理正心、脩己治人之道。此又學校之教、大小之節所以分也。**新安陳氏曰：三代有小學、大學之教法，未有書也。天子元子繼世有天下，衆子建爲諸侯，公卿大夫元士適子將有國家之責，皆在所教。民之俊秀，他日亦將用之以佐理天下國家者也。「窮理」，知之事；「正心」以下，行之事。夫音扶。以學校之設，其廣如此；教之之術，術即法也。其次第節目之詳又如此；而其所以爲教，則又皆本之人君躬行心得之餘，不待求之民生日用彝倫之外。新安陳氏曰：上言學校施教之法，此言君身爲立教之本，即所謂爲億兆君師繼天立極者也。躬行心得，謂躬行仁義禮智之道，心得仁義禮智之德，即行道而有得於心也。彝倫，常理也。是以當世之人無不學，其學焉者無不有以知其性分去聲。下同。之所固有、職分之所當爲，而各俛音免。焉以盡其力。雲峯胡氏曰：前説上之所以爲教，此説下之所以爲學。○新安陳氏曰：性分固有，即仁、義、禮、智，是理是體；職分當爲，如子職分當孝，臣職分當忠之類，是事是用。知性分、職分，是知之事；俛焉、盡力，是行之事。與前「知性之所有而全之」相照應。此古昔盛時所以治去聲。下同。隆於上，俗美於下，而非後世之所能及也。

及周之衰，賢聖之君不作，學校之政不脩，教化陵夷，風俗頽徒回反。敗。時則有若孔子之聖而不得君師之位以行其政教，於是獨取先王之法誦而傳之以詔後世。新安陳氏曰：皇、帝生當天地氣運盛時，所以達而在上，以身爲教而道行於當世。孔子當天地氣運衰時，不免窮而在下，以言爲教，傳諸其徒，而道明於後世而已。若《曲禮》、《少去聲。儀》、《内則》、《弟子職》諸篇，固小學之支流餘裔。餘制反。○番昜齊氏曰：《曲禮》、《少儀》、《内則》見《禮記》，《弟子職》見《管子》。此四篇作於春秋時。三代小學之全法僅存其一二，故曰「支流餘裔」。支流，水之旁出而非正流者；餘裔，衣裾之末也。**而此篇者，則因小學之成功以著大學之明法，外有以極其規模之大而內有以盡其節目之詳者也。**問「外有以極其規模之大，內有以盡其節目之詳」。朱子曰：這箇須先識得外面一箇規模如此大了，而內做工夫以實之。凡人爲學，便當以明德、新民、止於至善及明明德於天下爲事。不成只要獨善其身便了，須是志於天下，所謂「志伊尹之所志，學顔子之所學」也。所以《大學》第二句便説「在新民」。○新安陳氏曰：規模之大，指三綱領；節目之詳，指八條目。孔子時，方有《大學》一章之經。○東陽許氏曰：規模、節目，以三綱、八條對言，則三綱爲規模，八條爲節目，謂八條即三綱中事也；獨以八條言之，則平天下爲規模，上七條爲節目。平天下是大學之極功，然須是有上七條節節做工夫，行至于極，然後可以天下平。**三千之徒蓋莫不聞其説，而曾氏之傳獨得其宗，於是作爲傳**去聲。**義以發其意。**曾子方有今《大學》之傳，以發明孔子之意。**及孟子没，而其傳泯**音閔。**焉，則其書雖存而知者鮮**上聲。**矣。自是以來，俗儒記誦詞章之習，其功倍於小學而無用；**朱子曰：自聖學不傳，爲士者不知學之有本，而所以求於書，不越乎記誦訓詁文詞之間。是以天下之書愈多而理愈昧，學者之事愈勤而心愈放，詞章愈麗，議論愈高而其德業事功之實愈無以逮乎古人。○新安陳氏曰：記誦，口耳之學；詞章，枝葉之文。**異端虚無寂滅之教，其高過於大學而無實。**問：「異端何以高而無實？」朱子曰：吾儒便著讀書，逐一就事物上理會道理。異端便都掃了，只恁地空空寂寂，便道事都了。若將些子事付之，便都没柰何。○雲峯胡氏曰：此之虚，虚而有；彼之虚，虚而無；此之寂，寂而感；彼之寂，寂而滅：所以「高」而「無實」。○新安陳氏曰：老氏虛無，佛氏寂滅。**其他權謀術數，一切以就功名之說與夫**音扶。**百家衆技之流，所以惑世誣民、充塞**先則反。下同。**仁義者，又紛然雜出乎其間。**朱子曰：秦漢以來隨世以就功名者，未必自其本而推之。是以天理不明而人欲熾，道學不傳而異端起，人挾其私智以馳騖於一世。○新安陳氏曰：權謀術數，謂管仲、商鞅等；百家衆技，如九流等是也。**使其君子不幸而不得聞大道之要，其小人不幸而不得蒙至治之澤。晦盲**眉庚反。**否塞，**東陽許氏曰：如月之晦，如目之盲，如氣之否，如川之塞。晦盲言不明，否塞言不行。**反覆沈**俗作「沉」，非。**痼，**音固。○東陽許氏曰：反覆，是展轉愈深而不可去底意。沈，如物没於水而不可浮；痼，如病著於身而不可愈。**以及五季**謂梁、唐、晉、漢、周五代季世。**之衰而壞亂極矣。**雲峯胡氏曰：惑世誣民，使斯民昏而不能知；充塞仁義，使斯道壅而不能行。晦盲，全無能知者；否塞，全無能行者：所以爲壞亂之極也。大道之要，是《大學》書中所載者；至治之澤，是自大學中流出者。上之人無能知此大學，故君子不得聞大道之要；上之人無能行此大學，故小人不得蒙至治之澤。

天運循環，無往不復。宋德隆盛，治教休明。於是河南程氏兩夫子出，伯子諱顥，字伯淳，號明道先生；叔子諱頤，字正叔，號伊川先生。**而有以接乎孟氏之傳，實始尊信此篇而表章之，既又爲**去聲。**之次其簡編，發其歸趣。**音娶。○新安陳氏曰：孟子没而其傳泯焉，至二程夫子出而絶學復傳，於是始拔《大學》篇於《戴記》之中而尊信之，又整頓其錯亂之簡而發揮之，但未成書耳。**然後古者**

大學教人之法、此八字收拾序文起句。聖經賢傳去聲。之指，粲然復扶又反。明於世。雖以熹之不敏，亦幸私淑而與去聲。有聞焉。新安陳氏曰：孟子云：「予未得爲孔子徒也，予私淑諸人也。」此用其語，謂聞程子之教於延平李先生諸公。○東陽許氏曰：私淑者，私善於人。孟子不得爲孔子之徒而私善於再傳之子思，朱子不得爲程子之徒而私善於三傳之李氏。此「私淑」字最切。顧其爲書，猶頗放失。是以忘其固陋，采而輯音集。之。間亦竊附己意，補其闕略，謂補傳之第五章。以俟後之君子。極知僭踰，無所逃罪。然於國家化民成俗之意、學者脩己治人之方，則未必無小補云。「脩己治人」四字包盡《大學》體用綱目。淳熙己酉二月甲子，新安朱熹序。新安陳氏曰：此序分六節，精義尤在第二節。曰「知其性之所有而全之」，曰「教之以復其初」是也。朱子論學，必以復性初爲綱領要歸。《論語》首註「學」字，曰「人性皆善」，曰「明善而復其初」；《小學》題辭曰「仁義禮智，人性之綱」，曰「德崇業廣乃復其初」；此書首釋「明明德」亦曰「遂明之以復其初」，與此序凡四致意焉。聖人盡性，盡其本全者也；學者復其性，復而後能全也。欲知性之所有，在格物致知；欲復全其性之所有，在誠意正心脩身以力於行而已。讀此序此書者，其以知性之所有與復其性初爲要領，以知行爲工夫而融貫其旨云。

大學章句大全

大，舊音泰，今讀如字。

子程子曰： 新安陳氏曰：程子上加「子」字，倣《公羊傳》註子沈子之例，乃後學宗師先儒之稱。**《大學》，孔氏之遺書，而初學入德之門也。於今可見古人爲學次第者，獨賴此篇之存，而《論》、《孟》次之。學者必由是而學焉，則庶乎其不差矣。** 龜山楊氏曰：《大學》一篇，聖學之門户。其取道至徑，故二程多令初學者讀之。○朱子曰：《大學》首尾貫通，都無所疑，然後可及《語》、《孟》；又無所疑，然後可及《中庸》。○某要人先讀《大學》以定其規模，次讀《論語》以立其根本，次讀《孟子》以觀其發越，次讀《中庸》以求古人之微妙。○陳氏曰：爲學次序，自有其要。先須《大學》以爲入德之門，以其中說「明明德」、「新民」具其條理，實群經之綱領也。次則《論語》以爲操存涵養之實，又其次則《孟子》以爲體驗充廣之端。三者既通，然後會其極於《中庸》。又曰：《大學》規模廣大而本末不遺，節目詳明而始終不紊，學者所當最先講明者。○新定邵氏曰：他書言平天下本於治國，治國本於齊家，齊家本於脩身者有矣，言脩身本於正心者亦有矣。若夫推正心之本於誠意，誠意之本於致知，致知之在於格物，則他書未之言，六籍之中，惟此篇而已。

大學之道，在明明德，在親民，在止於至善。

程子曰：親，當作「新」。○大學者，大人之學也。明，明之也。明德者，人之所得乎天而

虛靈不昧，以具衆理而應萬事者也。朱子曰：天之賦於人物者謂之命，人與物受之者謂之性，主於一身者謂之心，有得於天而光明正大者謂之明德。○問明德是心是性。曰：心與性自有分別。靈底是心，實底是性。性便是那理，心便是盛貯該載敷施發用底。心屬火，緣他是箇光明發動底物，所以具得許多道理。如向父母則有那孝出來，向君則有那忠出來，這便是性；如知道事親要孝，事君要忠，這便是心。張子曰心統性情，此説最精密。○虛靈不昧，便是心；此理具足於中，無少欠闕，便是性；隨感而動，便是情。○虛靈自是心之本體，非我所能虛也。耳目之視聽，所以視聽者即其心也，豈有形象？然有耳目以視聽之，則猶有形象也；若心之虛靈，何嘗有物？○只「虛靈不昧」四字説「明德」意已足矣，更説「具衆理，應萬事」，包體用在其中，又却實而不爲虛。其言的確渾圓，無可破綻處。○北溪陳氏曰：人生得天地之理，又得天地之氣。理與氣合，所以虛靈。○黄氏曰：虛靈不昧，明也；具衆理、應萬事，德也。具衆理者，德之全體未發者也；應萬事者，德之大用已發者也。所以應萬事者，即其具衆理者之所爲也。未發則炯然不昧，已發則品節不差，所謂「明德」也。○玉溪盧氏曰：明德只是本心。虛者心之寂，靈者心之感。心猶鑑也，虛猶鑑之空，明猶鑑之照。不昧，申言其明也。虛則明存於中，靈則明應於外。惟虛故具衆理，惟靈故應萬事。○東陽許氏曰：「大學之道」是言大學中教人脩爲之方，如「君子深造之以道」之道。**但爲氣稟所拘，人欲所蔽，則有時而昏。然其本體之明，則有未嘗息者。故學者當因其所發而遂明之，以復其初也。**朱子曰：明德未嘗息，時時發見於日用之間。如見孺子入井而怵惕，見非義而羞惡，見賢人而恭敬，見善事而歎慕，皆明德之發見也。雖至惡之人，亦時有善念之發，但當因其所發之端接續光明之。○明德，謂本有此明德也。孩提之童無不知愛其親，及其長也無不知敬其兄。其良知良能本自有之，只爲私欲所蔽，故暗而不明。所謂「明明德」者，求所以明之也。譬如鏡焉，本是箇明底物，緣爲塵昏，故不能照。須是磨去塵垢，然後鏡復明也。○明德，是一箇光明底物事。如一把火，將去照物則無不燭，便是明德。若漸隱微，便暗了。吹得這火著，便是明其明德。○新安吴氏曰：氣禀拘之，有生之初；物欲蔽之，有生之後：不昧者所以昏也。然雖有昏昧之時，而無息滅之理。○雙峯饒氏曰：明之之功有二：一是因其發而充廣之，使之全體皆明；一是因已明而繼續之，使無時不明。○雲峯胡氏曰：《章句》釋明德以心言，而包性情在其中。虛靈不昧是心，具衆理是性，應萬事是情。有時而昏又是説心，本體之明又是説性，所發又説情。當因其所發而遂明之，即孟子言四端而謂「知皆擴而充之」也。○新安陳氏曰：常人於明德之發見，隨發而隨泯；學者於明德之發見處，當體認而充廣之，所謂「遂明之」也。氣禀拘物欲蔽，則明者昏而初者失；致其明之之功以變化其氣質，則昏者明而初者復。○東陽許氏曰：氣禀所拘，就有生之初言之；人欲所蔽，就有知之後言之。**新者，革其舊之謂也。言既自明其明德，又當推以及人，使之亦有以去**上聲。**其舊染之汚**音烏。又去聲。**也。**朱子曰：此理人所均有，非我所得私。既自明其德，須當推以及人。見人爲氣與欲所昏，豈不惻然欲有以新之？○問：「明德、新民，在我有以新之，至民之明其明德却又在他。」曰：雖説是明己德、新民德，然其意自可參見。明明德於天下，自新以新其民可知。○北溪陳氏曰：「新」與「舊」對。明者昏則舊矣。感發開導，去其舊汚，則昏者復明，又成一箇新底，是新之也。○玉溪盧氏曰：新民，是要人人皆明明德。民無不新，則民之明德無不明，而我之明德明於天下矣。○新安陳氏曰：《書》云：「舊染污俗，咸與維新。」《章句》本此以釋「新民」。**止者，必至於是而不遷之意；至善，則事理當然之極也。**朱子曰：說一箇「止」字，又說一箇「至」字，直是要到那極至處而後止，故曰「君子無所不用其極」也。○未至其地則必求其至，既至其地則不當遷動而之他也。未至此便住，不可謂「止」；至此不能守，亦不可謂「止」。○至善，如言「極好」，道理十分盡頭。善在那裏，自家須去止他。止則善與我一，未能止，善自善，我自我。○雲峯胡氏曰：必至於是，「知至至之」也；不遷，「知終終之」也。**言明明德、新民皆當止於至善之地而不遷。蓋必其有以盡夫**音扶。**天理之極而無一毫人欲之私也。**朱子曰：明德、新民非人力私意所爲，本有一箇當然之則，過之不可，不及亦不可。如孝是明德，然自有當然之則。不及固不是，若過其則，必有刲股之事。須是到當然之則處而不遷，方是止於至善。止至善包明德、新民。己也要止於至善，民也要止於至善。在他雖未能，在我所以望他，則不可不如是也。○問：「明明德是自己事，可以做得到極好處；若新民則在人，如何得他到極好處？」曰：且教自家先明得盡，然後漸民以仁，摩民以義，如孟子所謂「勞之來之，匡之直之，輔之翼之，又從而振德之」。如此變化他，自解到極好處。○問：「至善不是明德外別有所謂善，只就明德中到極處便是否？」曰：是。明德中也有至善，新民中也有至善，皆要到那極處。至善只是以其極言，不特是理會到極處，亦要做到極處。如「爲人君止於仁」，固是一箇仁，然亦多般，須是隨處看。如這一事合當如此是仁，那一事又合當如彼亦是仁。若不理會，只管執一，便成一邊去，安得謂之至善？至善只是恰好處。○雙峯饒氏曰：明德以理之得於心者言，至善以理之見於事者言。以明明德對新民，則明明德爲主；以明明德、新民對止至善，則止至善爲重。○新安吳氏曰：止至善爲明明德、新民之標的。「極」盡天理，絶無人欲，爲止至善之律令。然既言「事理當然之極」，又言「天理之極」者，蓋自散在事物者而言則曰「事理」，是理之萬殊處，一物各具一太極也；自人心得於天者而言則曰「天理」，是理之一本處，萬物體統一太極也。❶然一實萬分，故曰「事理」；衆理會萬爲一，則曰「天理」：一理而已。○新安陳氏曰：天理、人欲相爲消長。纔有一毫人欲之私，便不能盡夫天理之極，不得云「止於至善」矣。**此三者，《大學》之綱領也。**新安陳氏曰：綱以「大綱」言如網之有綱，綱舉則目張；領以「要領」言，如裘之有領，領挈而裘順。○朱子曰：明明德、新民、止至善此八字已括盡一篇之意。○玉溪盧氏曰：明明德是下文格物、致知、誠意、正心、脩身之綱領，新民是下文齊家、治國、平天下之綱領；止至善總明明德、新民而言，又八者逐條之綱領。要而言之，則明明德又爲三者之綱領，乃《大學》一書之大綱領也。○番易沈氏曰：《大學》之體在明德，其用在新民，其體用之準則在止至善。要其用力之方，在知與行而已。格物致知，知之事也；誠意正心脩身，行之事也。行以知爲先，知以行爲重。知之精則行愈達，行之力則知愈進。物格而知以至，意誠心正而身以脩，則吾德之本明者極其明，而吾身之所止者極其善矣。由身而家而國而天下，善教行焉，善政施焉，莫不革其舊染而復其性初。天下之明德非一人之明德乎？一人之至善非天下之至善乎？

❶「體統」，四庫本作「統體」。

知止而后有定，定而后能靜，靜而后能安，安而后能慮，慮而后能得。

止者，所當止之地，即至善之所在也。此「止」字即接上文「在止於至善」之「止」字説下來。**知之則志有定向。靜，謂心不妄動。安，謂所處**上聲。下同。**而安。慮，謂處事精詳。得，謂得其所止。**朱子曰：知止，是識得去處。既識得，心中便定，更不他求。如行路知得從這一路去，心中自是定。如求之此又求之彼，即是未定。定、靜、安、慮、得五字，是功效次第，不是工夫節目。纔知止，自然相因而見。○定、靜、安相去不遠，但有淺深耳。與《中庸》動、變、化相類，皆不甚相遠。定以理言，故曰有；靜以心言，故曰能。靜是就心上説，安是就身上説。○既見得事物有定理，而此心恁地寧靜了。看處在那裏，在這裏也安，在那裏也安。安而後能慮，慮是思之精審。今人心中摇漾不定疊，還能處得事否？人處事於叢冗急遽之際而不錯亂，非安不能也。知止，是知事物所當止之理，到臨事又須研幾審處，方能得所止。○知止，只是知有這箇道理，也須是得其所止方是。若要得其所止，直是能慮方是。能慮却是要緊。知止如知爲子而必孝，知爲臣而必忠，能得是身親爲忠孝之事。若徒知這箇道理，至於事親之際，爲私欲所汩，不能盡其孝；事君之際，爲利禄所汩，不能盡其忠：這便不是能得矣。能慮是見得此事合當如此，便如此做。○知止，如射者之於的；得止，是已中其的。○定、靜、安三字雖分節次，其實知止後皆容易進。安而后能慮，慮而后能得，此最是難進處。多是至安處住了。安而后能慮，非顔子不能之。去得字地位雖甚近，然只是難進。挽弓到臨滿時，分外難開。○勉齋黄氏曰：大學之道在於明德、新民，明德新民之功在於至善，至善之理又在於必至而不遷，故此一節但以止爲言。曰知曰得，止之兩端。定者，知所止之驗；慮者，得所止之始。曰静曰安，則原於知而終於得，有必至不遷之意矣。○雙峯饒氏曰：譬之秤，知止是識得秤上星兩，慮是將來秤物時又仔細看，能得是方秤得輕重的當。定、静、安在事未至之前，慮是事方至之際，四者乃知止所以至能得之脉絡。○雲峯胡氏曰：定而能静，則事未來而此心之寂然不動者不失；安而能慮，則事方來而此心之感而遂通者不差。○新安陳氏曰：明德、新民所以得止於至善之由，其緊要處先在知止上。蓋於事事物物皆知其所當止之理，即物格而知至也。下文「致知」、「知至」之知字，已張本於此矣。

物有本末，事有終始，知所先後，則近道矣。

明德爲本，新民爲末。知止爲始，能得爲終。本、始所先，末、終所後。此結上文兩節之意。問：「事、物何分别？」朱子曰：對言則事是事，物是物，獨言物則兼事在其中。知止、能得，如耕而種而耘而斂，是事有箇首尾如此。明德是理會己之一物，新民是理會天下之萬物。以己之一物對天下之萬物，便有箇内外本末。知所先後，自然近道。不知先後，便倒了，如何能近道？○三山陳氏曰：新民者，自明德而推也。己德不明，未有能新民者，此明明德所以爲新民之本。能得者，原於知止而後致也。苟始焉不知止於至善，亦未見其卒於有得矣。此知止所以爲能得之始。○玉溪盧氏曰：物有本末，結第一節；事有終始，結第二節；知所先後則近道矣兩句，再總結兩節。一箇「先」字起下文六箇「先」字，一箇「後」字起下文七箇「後」字。不特結上兩節，亦所以起下文兩節之意。○仁山金氏曰：不曰此是大學之道而曰近道，蓋道者當行之路，知所先後方是見得在面前而未行於道上，所以只曰「近」。

古之欲明明德於天下者，先治其國；欲治其國者，先齊其家；欲齊其家者，先脩其身；欲脩其身者，先正其心；欲正其心者，先誠其意；欲誠其意者，先致其知；致知，在格物。治，平聲。後倣此。

明明德於天下者，使天下之人皆有以明其明德也。新安吴氏曰：由此推之，則治國是欲明明德於一國，齊家是欲明明德於一家也。○新安陳氏曰：本當云「欲平天下者先治其國」，今乃以「明明德於天下」言之，蓋以明德乃人、己所同得。明明德者，明己之明德，體也；明明德於天下者，新天下之民，使之皆明其明德，如此則天下無不平矣，用也。一言可以該《大學》之體用。可見明明德又爲綱領中之綱領也。○東陽許氏曰：不曰「欲平天下先治其國」而曰「明明德」者，是要見新民是明德中事，又見新民不過使人各明其德而已。**心者，身之所主也。誠，實也。意者，心之所發也。實其心之所發，欲其必自慊而無自欺也。**雲峯胡氏曰：《中庸》言「誠身」，是兼誠意、正心、脩身而言，謂身之所爲者實；此但言「誠意」，是欲心之所發者實。《章句》「所發」二字凡兩言之。因其所發而遂明之者，性發而爲情也；實其心之所發者，心發而爲意也。朱子嘗曰：「情是發出恁地，意是主張要恁地。情如舟車，意如人使那舟車一般。」然則性發爲情，其初無有不善，即當加夫明之之功，是體統説；心發而爲意，便有善有不善，不可不加夫誠之之功，是從念頭説。○新安陳氏曰：諸本皆作「欲其一於善而無自欺也」。惟祝氏《附録》本，文公適孫鑑書其卷端云：「四書元本，則以鑑向得先公晚年絶筆所更定而刊之興國者爲據。」此本獨作「必自慊而無自欺」，可見絶筆所更定乃改此三字也。按文公年譜，謂慶元庚申四月辛酉公改

「誠意」《章句》，甲子公易簀。今觀「誠意」章，則祝本與諸本無一字殊，惟此處有三字異，是所改正在此耳。「一於善」之云固亦有味，但必惡惡如惡惡臭、好善如好好色，方自快足於己。如好仁必惡不仁，方爲真切。若曰「一於善」，包涵「不二於惡」之意，似是歇後語，語意欠渾成的當。不若「必自慊」對「無自欺」，只以傳語釋經語，痛快該備，跌撲不破也。況《語録》有云：「誠與不誠、自慊與自欺，只争毫釐之間。自慊則一，自欺則二。」「自慊」正與「自欺」相對。「誠意」章只在兩箇「自」字上用功。觀朱子此語，則可見矣。**致，推極也。**推之以至極處。**知，猶「識」也。推極吾之知識，欲其所知無不盡也。格，至也。物，猶「事」也。窮至事物之理，欲其極處無不到也。此八者，大學之條目也。**朱子曰：六箇「欲」與「先」字，謂欲如此必先如此，是言工夫節次，若致知則便在格物上。「欲」與「先」字差慢，「在」字又緊得些子。○致知、誠意是學者兩箇關。致知，乃夢與覺之關；誠意，乃善與惡之關。透得致知之關則覺，不然則夢；透得誠意之關則善，不然則惡。○格物是夢覺關，誠意是人鬼關。過得此二關，上面工夫一節易如一節了。至治國平天下，地步愈闊，但須照顧得到。○格物是零細説，致知是全體説。○格物致知，於物上窮得一分之理則我之知亦知得一分，物理窮得愈多則我之知愈廣。其實只是一理，纔明彼，即曉此。○格物，十事格得九事通透，一事未通透，不妨；一事只格得九分，一分不通透，最不可，須窮盡到十分處。○因其所已知，推之至於無所不知。○人多把這道理作一箇懸空底物，《大學》不説窮理只説格物，便是要人就事物上理會，如此方見得實體。如作舟行水，作車行陸，今試以衆力共推一舟於陸，必不能行，方見得舟不可以行陸也。此之謂實體。○格物窮理，有一物便有一理，窮得到後，遇事觸物皆撞著這道理。事君便遇忠，事親便遇孝。居處便恭，執事便敬，與人便忠。以至參前倚衡，無往而不見這箇道理。若窮不至，則所見不真，外面雖爲善而内實爲惡。○問：「物者理之所在，人所必有而不能無者，何者爲切？」曰：君臣、父子、兄弟、夫婦、朋友皆人所不能無者，但學者須要窮格得盡。事父母則當盡其孝，處兄弟則當盡其友，如此之類，須是要見得盡。若有一毫不盡，便是窮格不至也。○物，謂事物也。須窮極事物之理到盡處，便有一箇是，一箇非。凡自家身心上，皆須體驗得一箇是非。若講論文字、應接事物，各各體驗，漸漸推廣，地步自然寬闊。如曾子三省，只管如此體驗去。○致知、格物只是一事，非是今日格物，明日又致知。格物以理言也，致知以心言也。○致知格物是窮此理，誠意正心脩身是體此理，齊家治國平天下是推此理：要做三節看。○於格物、致知、誠意、正心、脩身之際，要常見一箇明德隱然流行於五者之間，方分明。○自格物至平天下，聖人亦是畧分箇先後與人看。不成做一件淨盡無餘方做一件，如此何時做得成？○「明明德於天下」以上皆有等級，到致知格物處便親切，故不曰「致知者先格其物」，只曰「致知在格物」也。○北溪陳氏曰：心以全體言，意是就全體上發起一念慮處言。格物必如吾身親至那地頭見得親切，方是格。○玉溪盧氏曰：八者以心爲主。自天下而約之以至於身，無不統於一心；自意而推之以至於萬事萬物，無不管於一心。曰格曰致曰誠，皆正心上工夫；曰脩曰齊曰治曰平，皆自正心中流出。○雲峯胡氏曰：孟子「盡心」章《集註》：「心者，人之神明，具衆理而應萬事。」即《章句》所謂「虛靈不昧，以具衆理而應萬事」。此章《或問》又曰：「知者心之神明，所以妙衆理而宰萬物。」其釋「知」字與釋「明德」相應。蓋此心本具衆理而妙之則在知，此心能應萬事而宰之亦在知。具者其體之立，有以妙之則其用行；應者用之行，有以宰之則其體立。明德中自具全體大用。「致知」云者，欲其知之至而全體大用無不明也。《大學》前分事與物言，若事自事物自物；此獨言物，物猶事也。有一事必有一理，理本非空虛無用之物。《大學》教人即事以窮理，亦惟恐人爲空虛無用之學。所以《章句》釋「明德」則兼理與事，釋「至善」亦曰「事理」，釋「格物」亦曰「窮至事物之理」。心外無理，理外無事。即事以窮理，明明德第一工夫也。「致知在格物」，此「在」字又與章首三「在」字相應。《大學》綱領所在，莫先於「在明明德」；而明明德工夫所在，又莫先於「在格物」。○新安陳氏曰：《大學》八條目，格物爲知之始，致知爲知之極；誠意爲行之始，正心脩身爲行之極；齊家爲推行之始，治國平天下爲推行之極。不知則不能行，既知又不可不行。誠正脩，行之身也；齊治平，行之家國與天下也。知行者，推行之本；推行，其知行之驗歟！

物格而后知至，知至而后意誠，意誠而后心正，心正而后身脩，身脩而后家齊，家齊而后國治，國治而后天下平。治，去聲。後倣此。

物格者，物理之極處無不到也；知至者，吾心之所知無不盡也。知既盡則意可得而實矣，意既實則心可得而正矣。勿軒熊氏曰：「知」字就心之知覺不昧上説，「意」字是就心之念慮方萌處説。○雲峯胡氏曰：《章句》「可得」二字，蓋謂知此理既盡，然後意可得而實，非謂知已至則不必加誠意之功也；意既誠則心之用可得而正，非謂意已誠，則不必加正心之功也。然不曰「知既盡然後實其意，意既實而後正其心」者，蓋知行二者貴於並進，但畧分先後。非必了一節無餘，然後又了一節。是當會於言意之表也。**脩身以上，**上聲。**明明德之事也；齊家以下，新民之事也。**此四句包括上一節。**物格知至，則知所止矣；意誠以下，則皆得所止之序也。**新安陳氏曰：意誠、心正、身脩，明明德所以得止至善之次序；家齊、國治、天下平，新民所以得止至善之次序也。「皆」之一字包明明德、新民而言。此四句包括此一節也。是二節可見三綱之統八目而八目之隸三綱矣。○朱子曰：致知者，理在物而推吾之知以知之也；知至者，理雖在物而吾心之知已得其極也。○問物未格時，意亦當誠。曰：固然。豈可説物未格，意便不用誠？但知未至時，雖欲誠意，其道無由。如人夜行，雖知路從此去，但黑暗行不得，所以要致知。知至則道理明白，坦然行之。今人知未至者，也知道善當好，惡當惡。然臨事不能如此者，只是實未曾見得。若實見得，則行處無差。○問「物格知至」。曰：格物時方是區處理會，到得知至時却已自有箇主宰會去分別取舍。初間或只見得表不見得裏，只見得粗不見得精，到知至時方知得到，能知得到方會意誠。可者必爲，不可者決不肯爲。到心正則胸中無些子私蔽，洞然光明正大，截然有主而不亂。此身便脩，家便齊，國便治，而天下可平。○知至，謂天下事物之理知無不到之謂。若知一而不知二，知大而不知細，❶知高遠而不知幽深，皆非知之至也。須要無所不知，乃爲至耳。○物格知至是一截事，意誠心正身脩是一截事，家齊國治天下平又是一截事。自知至交誠意，又是一箇過接關子；自脩身交齊家，又是一箇過接關子。○知至意誠是凡、聖界分。未過此關，雖有小善，猶是黑中之白；已過

❶「大」，原作「夫」，今據四庫本、孔本、陸本及《語類》卷一五改。

此關，雖有小過，亦是白中之黑。○意誠後推盪得查滓伶俐，心盡是義理。意是指發處，心是指體言。意是動，心該動靜。身對心言則心正是內能如此，身脩是外。若不各自做一節工夫，不成說我意已誠矣，心將自正，恐懼哀樂引將去，又却邪了；不成說心正矣，身不用管，外面更不顧，而心與迹有異矣。須是無所不用其功。○到正心時節已好了，只是就好裏面又有許多偏。如水已淘去濁，十分清了，又怕於清裏面有波浪動盪處。○意未誠時如人犯私罪，意既誠而心猶動如人犯公罪，亦有間矣。○「物格而後知至」至「心正而後身脩」著「而」字，則是先爲此而後能爲彼也。蓋即物而極致其理矣，而後吾之所知無不至；吾知無不至矣，而後見善明，察惡盡，不容有所自欺而意誠；意無不誠矣，而後念慮隱微慊快充足而心正；心得其本然之正矣，而後身有所主而可得而脩。○雙峯饒氏曰：上一節就八目逆推工夫，後一節就八目順推功效。○玉溪盧氏曰：物格則理之散在萬物而同出於一原者無不明矣，知至則理之會在吾心而管乎萬物者無不明矣，此明明德之端也；意誠則明德之所發無不明矣，心正則明德之所存無不明矣，意誠心正而身脩，此明明德之實也。家齊則明德明於一家矣，國治則明德明於一國矣，天下平則明德明於天下矣。「齊」字有整然肅然之意，父父子子、兄兄弟弟、夫夫婦婦，無一不正之謂也。國者家之推，家親而國疎，故曰「治」；天下者國之推，國小而天下大，故曰「平」。所以齊之治之平之，一而已矣。「物格」至「身脩」，則明德明而新民之體立；「家齊」至「天下平」，則民新而明明德之用行。物格知至，則知止之事。意誠則意得所止，心正身脩則心身得所止，是明明德得所止之序也；家齊國治天下平則家國天下各得所止，是新民得所止之序也。自物格以至心正，斂之不外乎方寸；自心正以至天下平，充之彌滿乎六合。八者之條目收來放去，惟一心耳。○東陽許氏曰：凡言「必先」、「而后」，固是謂欲如此必先如此，既如此了然後如此。然而致知力行並行不悖，若曰必格盡天下之物然後謂之知至，心知無有不明然後可以誠意，則或者終身無可行之日矣。聖賢之意，蓋以一物之格便是吾之心知於此一理爲至。及應此事，便當誠其意、正其心、脩其身也。須一條一節逐旋理會，他日湊合，❶將來遂全其知而足應天下之事矣。

自天子以至於庶人，壹是皆以脩身爲本。

壹是，一切也。《漢書·平帝紀》「一切」，顏師古註云：「猶以刀切物，取其齊整。」**正心以上，皆所以脩身也；齊家以下，則舉此而措之耳。**勉齋黄氏曰：天子、庶人貴賤不同，然均之爲人，則不可以不脩身。誠意正心所以脩身，治國平天下亦自齊家而推之。○雙峯饒氏曰：此一段是於八者之中揭出一箇總要處。蓋天下之本在國，國之本在家，家之本在身，是皆當以脩身爲本。前兩段是「詳説之」，此一段是「反説約」也。○新安陳氏曰：「此」字指脩身言。天子諸侯卿大夫士庶人一切皆以脩身爲本，而齊家以下之效不期而必至矣。單提脩身，而上包正心誠意致知格物之工夫，下包齊家治國平天下之效驗，皆在其中矣。

其本亂而末治者，否矣；其所厚者薄而其所薄者厚，未之有也。

本，謂身也；接上文「本」字。末，謂天下國家。**所厚，謂家也。**三山陳氏曰：國、天下本非所薄，自

❶「湊」，原作「揍」，今據四庫本、陸本及元許謙《讀大學叢説》改。

家視之則爲薄也。○新安陳氏曰：以家與國天下分厚薄。**此兩節結上文兩節之意。**雙峯饒氏曰：上一節與此節上一句是教人以脩身爲要，下句是教人以齊家爲要。周子曰：「治天下有本，身之謂也；治天下有則，家之謂也。」得此意矣。○雲峯胡氏曰：以朱子之言推之，經一章中綱領第一節三句說工夫，第二節五句說功效；條目第一節六箇「先」字是逆推工夫，第二節七箇「后」字是順推功效。至此兩節，前節則於工夫中拈出脩身正結，後節則於功效中拈出身與家反結也。○新安陳氏曰：此兩節結八目。前於家言齊，正倫理也；此於家言所厚，篤恩義也。亦如《書》所謂「惇叙九族」，叙即「齊」之意，惇即「厚」之意歟？

右經一章，蓋孔子之言而曾子述之。凡二百五字。**其傳**去聲。**十章，則曾子之意而門人記之也。**「蓋」字，疑辭；「則」字，決辭。**舊本頗有錯簡，今因程子所定而更考經文，別**必列反。**爲序次如左。**凡一千五百四十六字。

凡傳文雜引經傳，若無統紀。然文理接續，血脉貫通，深淺始終至爲精密。熟讀詳味，久當見之。今不盡釋也。新安陳氏曰：傳十章朱子有不盡釋處，然其不可不知者，未嘗不釋也。學者於其所釋者熟讀精思，則其不盡釋者自當得之矣。

《康誥》曰：「克明德。」

《康誥》，《周書》。克，能也。朱子曰：此「克」字雖訓「能」，然比「能」字有力。見人皆有是明德而不能明，惟文王能明之。克只是真箇會底意。○西山真氏曰：要切處在「克」之一字。○新安陳氏曰：《康誥》本文云「克明德慎罰」，此只取上三字。下文引《太甲》「顧諟天之明命」，亦去「先王」字，皆引經之活法。○東陽許氏曰：《康誥》者，周武王封弟康叔於衛而告之之書。「克明德」，言文王之能明其德也。引之解明德。「克」字有力。「明」字即上「明」字。「德」字包「明德」字。

《大甲》曰：「顧諟天之明命。」大，讀作「泰」。諟，古「是」字。

《大甲》，《商書》。顧，謂常目在之也。朱子曰：常目在之，古註語，極好。如一物在此，惟恐人偷去，兩眼常常覷在此相似。**諟，猶「此」也，**從古「是」字之說。**或曰審也。**《廣韻》註也，今不必從。**天之明命，即天之所以與我而我之所以爲德者也。常目在之，則無時不明矣。**朱子曰：上下文都說「明德」，這裏却說「明命」。蓋天之所以與我便是「明命」，我所得以爲性者便是「明德」。命與德皆以「明」言，是這箇物本自光明，我自昏蔽了他。○「顧諟」者，只是長存此心，知得有這道理光明不昧。方其未接物，此理固湛然清明；及其遇事應接，此理亦隨處發見。只要常提撕省察，念念不忘，存養久之，則道理愈明，雖欲忘之而不可得矣。○只是見得道理長在目前，❶不被事物遮障了，不成是有一物可見其形象。○雙峯饒氏曰：靜存動察皆是「顧」。其靜也，聽於無聲，視於無形，戒謹不睹，恐懼不聞；其動也，即物觀理，隨事度宜，於事親見其當孝，於事兄見其當弟：此之謂「常目在之」。○玉溪盧氏曰：天

❶「長」，四庫本、孔本、陸本作「常」。

之明命，即明德之本原。自我之得乎天者言曰「明德」，自天之與我者言曰「明命」，名雖異而理則一。日用動静語默之間，孰非明德之發見，亦孰非明命之流行；日用動静語默之間，孰非顧諟明命之所，亦孰非明明德之所？○新安吴氏曰：言「德」則「命」在其中，故釋「明德」曰「人之所得乎天」；言「命」則「德」在其中，故釋「明命」曰「天之所以與我而我之所以爲德」。○新安陳氏曰：傳引《康誥》、《帝典》之「克明」，皆釋上一「明」字，乃「明之」之明，而明德之本體則未嘗説破，惟以「顧諟天之明命」言之。蓋明命即明德之本原，顧諟即明之之工夫也，貫天命己德而一之。《或問》謂「天未始不爲人，人未始不爲天」，可謂精矣。子思言「天命之謂性」，其亦祖述此意也歟？○東陽許氏曰：顧諟，動静皆顧，一息之頃、一事之毫末放過，便不是顧。天之明命雖是就付與我處言，然此明命即是萬物之理在裏面，故於應事處才有照管不到，便損了此明命。

《帝典》曰：「克明峻德。」峻，《書》作「俊」。

《帝典》，《堯典》，《虞書》。峻，大也。新安陳氏曰：明德，以此德本體之明言；峻德，以此德全體之大言：一也。德之全體，本無限量。克明之，是盡己之性，通貫明徹，無有不明處而全體皆明也。

皆自明也。

結所引書。皆言自明己德之意。雙峯饒氏曰：引三書先後不倫，取其辭意，不以人代之先後拘。後凡引《詩》、《書》，皆當以此例之。○玉溪盧氏曰：自明，是「爲仁由己，而由人乎哉」之意。明者是自明，昏亦是自昏。玩一「自」字，使人警省。要而言之，「克明德」是自明之始事，「克明峻德」是自明之終事，「顧諟明命」之句在中間，是自明工夫。此章雜引三書而斷以一言，其文理血脉之精密如此。○東陽許氏曰：第一節平説明明德；第二節是明之之功，學者全當法此而用功；第三節言明其德以至於大，此明明德之極功；皆自明也，雖結上文，自字有力，明德須是自去明之方可。○臨川吴氏曰：此章《康誥》言文王之獨能明其明德以明人當求所以克明其德，發明明德之端也；《太甲》承上文言欲求所以克明其德者，必常目在乎天所以與我之明德，示明明德之方也；《帝典》承上文言能常目在夫天所以與我之明德而明之，則是能如堯之克明其大德矣，著明明德之效也；而又結之曰此皆自明之事也。蓋自明者所以自新，使民皆有以明其明德者所以新民。然欲使民皆有以明其明德而新民，必先有以自明而自新，故以「自明」二字結上文「明德」之傳而起下章「盤銘自新」之意也。

右傳之首章，釋「明明德」。

此通下三章至「止於信」，舊本誤在「没世不忘」之下。

湯之盤銘曰：「苟日新，日日新，又日新。」

盤，沐浴之盤也。新定邵氏曰：日日盥頮，人所同也；日日沐浴，恐未必然。《内則》篇記子事父母，不過「五日燂湯請浴，三日具沐」而已。斯銘也，其殆刻之盥頮之盤歟？○雲峯胡氏曰：「沐浴之盤」本孔註。邵説雖無關於日新大旨，然於「盤」字或有小補云。**銘，名其器以自警之辭也。苟，誠也。**《論語》「苟志於仁」，「苟」亦訓「誠」。**湯以人之洗濯其心以去**上聲。下同。**惡，如沐浴其身以去垢，故銘其盤，言誠能一日有以滌其舊染之污而自新，則當因其已新者而日日新之，又日新**

之，不可略有間去聲。**斷**徒玩反。**也。**問：「盤銘見於何書？」朱子曰：只見於《大學》。緊要在一「苟」字。首句是爲學入頭處。誠能日新，則下兩句工夫方能接續做去。今學者却不去「苟」字上著工夫。○苟日新，新是對舊染之污而言。日日新、又日新，只是要常常如此無間斷也。○西山真氏曰：身有垢皆知沐浴以去之，心者神明之舍，乃甘爲私欲所污，是以形體爲重、心性爲輕也，豈不謬哉？○雙峯饒氏曰：所新雖在民，作而新之之機實在我，故自新爲新民之本。我之自新有息，則彼之作新亦息矣。所以釋新民先言自新，相關之機蓋如此。○雲峯胡氏曰：盤銘三句，「苟」字是志意誠確於其始，「又」字是工夫接續於其終。○新安陳氏曰：「德日新」之蘊自仲虺發之，湯采之爲此銘，伊尹又本之以告太甲曰：「惟新厥德，終始惟一，時乃日新。」說者謂孟子所言萊朱即仲虺，與斯道之傳者也。明明德爲體，新民爲用，體用元不相離，故於平天下以明明德於天下爲言，由體而達於用，同一明也；於新民之端以日新、又新爲言，因用而原其體，同一新也。移明己德之明字以言明民德，又移新民之新字以言新己德，體用之不相離可見矣。

《康誥》曰：「作新民。」

鼓之舞之之謂作，言振起其自新之民也。朱子曰：鼓之舞之，如擊鼓然，自然能使人跳舞踊躍。上之人之於民，時時提撕警發之，則下之觀瞻感化，各自有以興起同然之善心而不能自已耳。○陳氏曰：自新之民已能改過遷善，又從而鼓舞振作之，使之亹亹不能自已，是作其自新之民也。此正新民用工夫處。○雲峯胡氏曰：前言「顧諟」，是時時提撕警覺其在我者；此所謂「作」，是時時提撕警覺其在民者也。○新安倪氏曰：《易・繫辭》云：「鼓之舞之以盡神。」摘此四字以釋「作」字。振起之，即孟子稱堯「勞來、匡直、輔翼，使自得之，又從而振德之」之意。○東陽許氏曰：第二節《章句》以新民爲自新之民，蓋民心皆有此善，才善心發見，便是自新之機，因其欲新而鼓舞之。「作」字是前「新」字意。

《詩》曰：「周雖舊邦，其命維新。」

《詩》，《大雅・文王》之篇。言周國雖舊，至於文王，能新其德以及於民，此是推本説。**而始受天命也。**「始」字貼「新」字。○朱子曰：是新民之極，和天命也新。○北溪陳氏曰：三節有次第：盤銘言新民之本，《康誥》言新民之事，《文王》詩言新民成效之極。○雙峯饒氏曰：明命是初頭禀受底，以理言；命新是末稍膺受底，以位言。要之只是一箇，天下無性外之物。○東陽許氏曰：第三節言文王明明德而及於民，政教日新，初受天命。

是故君子無所不用其極。

自新、新民，皆欲止於至善也。朱子曰：明明德便要如湯之日新，新民便要如文王之周雖舊邦，其命維新，各求止於至善之地而後已也。○玉溪盧氏曰：前言止至善，此言用其極，二義互相發。止則不紛紛擾擾矣，用則非槁木死灰矣。○雲峯胡氏曰：上章釋「明明德」，故此章之首曰「日新，又新」，所以承上章之意；下章釋「止於至善」，故此章之末曰「無所不用其極」，又所以開下章之端。文理接續，血脉貫通，此亦可見。○臨川吴氏曰：此章盤銘承上章言自明者所以自新，而欲新民者必先自新，是發新民之端也；《康誥》承上文言自新既至，則可推以作興自新之民，示新民之方也；《文王》詩承上文言既能自新而推以新民，則民德皆新而天命亦新，著新民之效也。盤銘言自新，《康誥》言新民，《文王》詩自新新民之極也。極即「至善」之云也。用其極者，求其止於是之謂也。故以「用其極」結上文自新新民之義，而起下章所止之説也。

右傳之二章，釋「新民」。東陽許氏曰：此章釋新民，而章内五「新」字皆非新民之新。盤銘以自新言，《康誥》以民之自新言，詩以天命之新言，然新民之意却只於中可見。

《詩》云：「邦畿千里，惟民所止。」

《詩》，《商頌·玄鳥》之篇。邦畿，王者之都也。止，居也。言物各有所當止之處也。新安陳氏曰：引《詩》謂邦畿爲民所止之處，以比事物各有所當止之處，且泛説「止」字。○東陽許氏曰：王者所居地方千里，謂之王畿。居天下之中，四方之人環視内向皆欲歸止於其地，猶事有至善之理，人當止之也。

《詩》云：「緡蠻黄鳥，止于丘隅。」子曰：「於止知其所止，可以人而不如鳥乎？」緡，《詩》作「綿」。

《詩》，《小雅·緡蠻》之篇。緡蠻，鳥聲。丘隅，岑鋤林反。蔚紆弗反。之處。「岑蔚」二字本古註。○北溪陳氏曰：土高曰丘。隅，謂丘之一角峻處。山岑高而木森蔚，所謂林茂鳥知歸也。「子曰」以下，孔子説《詩》之辭。言人當知所當止之處也。雲峯胡氏曰：此傳不特釋「止至善」，并「知止」至「能得」皆釋之。故首引孔子之言曰「知其所止」，而《章句》於下文亦以知其所止與所以得止至善之由言之。○新安陳氏曰：此比人當知所止，重在「知」字。

《詩》云：「穆穆文王，於緝熙敬止。」爲人君，止於仁；爲人臣，止於敬。爲人子，止於孝；爲人父，止於慈。與國人交，止於信。「於緝」之於音烏。

《詩》，《文王》之篇。穆穆，深遠之意。以德容言。**於，歎美辭。緝，繼續也。熙，光明也。**緝，不容已之誠也；熙，不容掩之明也。**敬止，言其無不敬而安所止也。**朱子曰：緝熙是工夫，敬止是功效。○西山真氏曰：「敬止」之「敬」舉全體言，「無不敬」之「敬」也；「爲人臣止於敬」專指敬君言，敬之一事也。文王之敬，包得仁敬孝慈信。○新安陳氏曰：「安」字見文王安行之氣象，非勉焉用力之比。**引此而言聖人之止，無非至善。五者，乃其目之大者也。學者於此究其精微之蘊**委粉、於問二反。**而又推類以盡其餘，則於天下之事皆有以知其所止而無疑矣。**朱子曰：爲人君止於仁，仁亦有幾多般，須隨處看。這一事合當如此是仁，那一事又合當如彼是仁。爲人臣止於敬，敬亦有多少般，不可止道擎跽曲拳是敬。如陳善閉邪、納君無過皆是敬。若止執一，便偏了，安得謂之至善？○節齋蔡氏曰：「緝熙敬止」者，所以爲止至善之本；仁、敬、孝、慈、信，所以爲止至善之目。○西山真氏曰：理之淺近處易見而精微處難知。若只得其皮膚便以未善爲已善，須窮究至精微處。「推類」者，此說君臣父子而已，夫婦則止於有別，長幼則止於有序。廣而推之，萬事萬物莫不各有當止處也。○雲峯胡氏曰：仁敬孝慈信五者，人所當止莫大於此，故當於此五者之中究其精微之蘊；人所當止不盡於此，故又當於五者之外推類以盡其餘。○新安陳氏曰：「學者於此」以下乃朱子推廣傳文言外之意。

《詩》云：「瞻彼淇澳，菉竹猗猗。有斐君子，如切如磋，如琢如磨。瑟兮僩兮，赫兮喧兮。有斐君子，終不可諠兮。」如切如磋者，道學也；如琢如磨者，自脩也。瑟兮僩兮者，恂慄也；赫兮喧兮者，威儀也。有斐君子終不可諠兮者，道盛德至善，民之不能忘也。澳，於六反。菉，《詩》作「綠」。猗，叶韻，音阿。僩，下版反。喧，《詩》作「咺」；「諠」，《詩》作「諼」，並況晚反。恂，鄭氏讀作峻。

《詩》，《衛風·淇澳》之篇。淇，水名；澳，隈烏回反。也。猗猗，美盛貌。興去聲。也。新安陳氏曰：此於《詩》之六義屬興，借淇竹起興以美衛武公有文之君子也。斐，文貌。雙峯饒氏曰：有斐，是説做成君子之人所以斐然有文者，其初自切磋琢磨中來也。切以刀鋸，居御反。琢以椎直追反。鑿，皆裁物使成形質也；磋以鑢音慮。鍚，他浪反。磨以沙石，皆治物使其滑澤也。治骨角者既切而復扶又反。下同。磋之，治玉石者既琢而復磨之，皆言其治之有緒而益致其精也。切與琢是治之有端緒，磋與磨是益致其精細。瑟，嚴密之貌；僩，武毅之貌。嚴密，不麤疎也；武毅，不怠弛也。〇東陽許氏曰：嚴密是嚴厲縝密，武毅是剛武彊毅。以「恂慄」釋「瑟僩」，而朱子謂恂慄者嚴敬存乎中，金仁山謂所守者嚴密，所養者剛毅，嚴密是不麤疎，武毅是不頹惰，以此展轉體認，則瑟僩之義可見。赫喧，宣著盛大之貌。雙峯饒氏曰：宣著釋「赫」字，盛大釋「喧」字。諠，忘也。道，言也。學，謂講習討論之事；自脩者，省星上聲。察克治之功。新安陳氏曰：學，所以致知。知視行爲易，故以切磋比之。治骨角猶易於治玉石也。自脩，所以力行。行視知爲難，故以琢磨比之。治玉石則難於治骨角矣。**恂慄，戰懼也。**戰懼之意嚴於中。**威，可畏也；儀，可象也。**西山真氏曰：威者，正衣冠，尊瞻視，儼然人望而畏之，非徒事嚴猛而已；儀者，動容周旋中禮，非徒事容飾而已。○蛟峯方氏曰：瑟是工夫細密，僩是工夫强毅，恂慄是兢兢業業。惟其兢業戒懼，所以工夫精密而强毅。○新安陳氏曰：有威而可畏謂之威，有儀而可象謂之儀，本《左傳》語。威儀之美形於外。**引《詩》而釋之，以明**此「明」字謂發明。**明明德者之止於至善。道學、自脩言其所以得之之由，恂慄、威儀言其德容表裏之盛。**恂慄在裏，德也；威儀見於表，容也。**卒乃指其實**謂盛德至善。**而歎美之也。**朱子曰：切而不磋，未到至善處；琢而不磨，亦未到至善處。瑟兮僩兮，則誠敬存於中矣；未至於赫兮咺兮，威儀輝光著見於外，亦未爲至善。至於民之不能忘，若非十分至善，何以使民久而不能忘？○玉溪盧氏曰：切磋則知至善之所止，琢磨則得至善之所止。恂慄見至善之德脩於中，威儀見至善之容著於外。德容表裏之盛，一至善耳。卒指至善之實非盛德之外有至善，亦非明德之外有盛德也。○新安吴氏曰：理在事物則爲至善，身體此理而有所得則爲盛德。如君之至善是仁，能極其仁即君之盛德也。明德是得於稟賦之初者，盛德是得於踐履之後者，亦只一理而已。○新安陳氏曰：此章釋「止至善」，亦有釋「知止能得」之意。於止知其所止，知止也。引《淇澳》而釋之：學與自脩，言明明德所以得止至善之由；恂慄威儀，盛德至善，指其得止至善之實；民不能忘，已開新民得止至善之端，下文方極言之耳。《章句》「所以得之」之「得」字，正與經文「能得」之「得」字相照應。○東陽許氏曰：此節工夫全在切、磋、琢、磨四字上。《章句》謂「治之有緒而益致其精」，治之有緒謂先切琢而後可以磋磨，循序而進，工夫不亂；益致其精謂既切琢而又須磋磨，求其極至，工夫不輟。切磋以喻學，是就知上説止至善。講習討論，窮究事物之理，自淺以至深，自表以至裏，直究至其極處。琢磨是就行上説止至善。謂脩行者省察克治，至於私欲凈盡，天理流行，直行至極處。「瑟兮僩兮」謂恂慄，是德存於中者完；「赫兮喧兮」謂威儀，是德見於外者著。

《詩》云：「於戲，前王不忘！」君子賢其賢而親其親，小人樂其樂而利其利，此以没世不忘也。 於戲，音烏呼。樂音洛。

《詩》，《周頌·烈文》篇。於戲，歎辭。前王，謂文武也；君子，謂其後賢後王；小人，謂後民也。此言前王所以新民者，止於至善，能使天下後世無一物不得其所，所以既没世而人思慕之，愈久而不忘也。 朱子曰：没世而人不能忘，如堯、舜、文、武之德，萬世尊仰之，豈不是賢其賢；如周后稷之德，子孫宗之以爲先祖之所自出，豈不是親其親？○玉溪盧氏曰：此兩節相表裏，上節即此節之本原，此節即上節之效驗。然則新民之至善，豈在明明德、止至善之外哉？○仁山金氏曰：賢其賢者，高山仰止，景行行止，崇其德也；親其親者，敬其所尊，愛其所親，象其賢也。樂其樂者，風清俗美，上安下順，樂其遺化也；利其利者，分井受廛，安居樂業，沐其餘澤也。○新安陳氏曰：後賢賢其賢，後王親其親，下「賢」、「親」二字指前王之身；後民樂其樂而利其利，下「樂」、「利」二字指前王之澤。傳文雖未嘗言新民止於至善之工夫事實，然就親、賢、樂、利上見得前王不特能使當世天下無一物不得其所，而後世尚且如此，可見新民止於至善之效驗矣。**此兩節咏歎淫泆，其味深長，當熟玩之。**《記·樂記》：「咏歎之，淫泆之。」〇雙峯饒氏曰：咏歎言其詞，淫泆言其義。淫泆者，意味溢乎言詞之外也。

右傳之三章，釋「止於至善」。雙峯饒氏曰：明德、新民兩章釋得甚畧，此章所釋，節目既詳，工夫又備，可見經首三句重在此一句上。節目謂仁、敬、孝、慈等，工夫謂學與自脩。〇玉溪盧氏曰：此章凡五節。第一節言物各有所當止之處；第二節言人當知所當止之處，以知止之事而言也；第三節言聖人之止無非至善，以得其所止之事而言也；第四節言明明德之止於至善，乃至善之體所以立；第五節言新民之止於至善，乃至善之用所以行。〇雲峯胡氏曰：此章釋明德、新民之止於至善，兼釋知止能得，又兼釋八者條目。其中學是致知格物之事，自脩是誠意正心脩身之事，親其親以至利其利是化及於家國天下。〇臨川吴氏曰：此章《綿蠻》詩承上文物各有所止之意，以明人當知所止之義，而起下文實指人所當止者之説，此蓋發止於至善之端也。《文王》詩以下承上文人當知所當止之義而實指人所當止之處。《淇澳》切、磋、琢、磨，承上文實指人所當止之處而言求止於所當止者之由，此蓋示止於至善之方也；瑟、僩以下言明明德得止於至善之極而發新民之端。《烈文》詩以下，承上文民不能忘之説而言新民得止於至善之極，以著明明德之效，此蓋極言止於至善之效也。

此章内，自引《淇澳》詩以下，舊本誤在「誠意」章下。

子曰：「聽訟，吾猶人也。必也使無訟乎？」無情者不得盡其辭，大畏民志，此謂知本。

猶人，不異於人也。情，實也。引夫子之言而言聖人能使無實之人不敢盡其虛誕之辭。蓋我之明德既明，此推本言之。明明德爲本，乃傳者言外之意。**自然有以畏服民之心志，**此即新民。**故訟不待聽而自無也。觀於此言，可以知本末之先後矣。**朱子曰：聖人說聽訟我也無異於人，當使其無訟之可聽方得。聖人固不曾錯斷了事，只是他所以無訟者，却不在於善聽訟，在於意誠心正，自然有以薰炙漸染，大服民志，故自無訟之可聽耳。○使民無訟，在我之事，本也，此所以聽訟爲末。○無情者不得盡其辭，便是說那無訟之由。然惟先有以服其心志，所以能使之不得盡其虛誕之辭。○如成人有其兄死而不爲衰者，聞子皐將爲成宰，遂爲衰。子皐又何曾聽訟了致然？只是自有感動人處耳。○雙峯饒氏曰：聽訟，末也；使無訟理，其本也。傳者舉輕以明重，然引而不發，知此則見明德、新民之相爲本末矣。問「無情」。曰：情與僞對。情，實也；僞，不實也。《論語》曰：「民莫敢不用情。」○玉溪盧氏曰：有訟可聽，非新民之至善；無訟可聽，方爲新民之至善。無訟則民新矣。使民無訟，惟明明德者能之。聽訟、使無訟之本末先後，即明德、新民之本末先後也。經文「物有本末」上有「知止」、「能得」一節，前章釋止至善而知止能得之義已在其中。經文「物有本末」下有「終始」、「先後」，又有「脩身爲本」及「本亂末治者否矣」，此言「知本」，則不特終始先後之義在其中，而爲本及本亂末治者否之意亦在其中矣。○東陽許氏曰：本即明明德也。我之德既明，則自能服民志而不敢盡其無實之言。如虞芮争田，不敢履文王之庭，是文王之德大畏民志，自然無訟。○臨川吴氏曰：上章《烈文》以新民之所止言之，而著明明德之效者，是能新民者皆本於明明德也。故此章言聖人能使民德自新，而無實之人不敢盡其虛誕之辭，自然有以畏服其心志，是以訟不待聽而自無者，蓋本於能明其明德也。故朱子曰：「觀於此言，可以知本末之先後矣。」

右傳之四章，釋「本末」。新安陳氏曰：此章釋「本末」，以結句四字知之。知本之當先，則自知末之當後矣。

此章舊本誤在「止於信」下。

此謂知本，程子曰：衍文也。衍，延面反。亦作「羡」。

此謂知之至也。

此句之上，別有闕文，此特其結語耳。

右傳之五章，蓋釋格物致知之義，而今亡矣。

此章舊本通下章，誤在經文之下。

間嘗竊取程子之意以補之曰：所謂「致知在格物」者，言欲致吾之知，在即物而窮其理也。即物，如「即事」、「即景」，隨吾所接之事物也。蓋人心之靈莫不有知，而天下之物莫不有理。惟於理有未窮，故其知有不盡也。是以《大學》始教，須看「始教」字，此是《大學》第一件下工夫處。必使學者即凡天下之物，莫不因其已知之理，已知，即上文「人心之靈，莫不有知」之知。而益窮之以求至乎其極。至於用力之久而一旦豁然貫通焉，則衆物之表裏精粗

無不到，而吾心之全體大用無不明矣。新安陳氏曰：「久」字與「一旦」字相應。用力積累多時，然後一朝脱然通透。吾心之全體，即釋「明德」《章句》所謂「具衆理」者；吾心之大用，即所謂「應萬事」者也。**此謂物格，此謂知之至也。**問：「所補第五章，何不效其文體？」朱子曰：亦嘗效而爲之，竟不能成。○《大學》不説「窮理」而謂之「格物」，只是使人就實處窮究。○格物只是就一物上窮盡一物之理；致知便只是窮得物理盡後我之知識亦無不盡處。○《大學》是聖門最初用功處，格物又是《大學》最初用功處。試考其説，就日用間如此作功夫，久之意思自别。○問：「經文『物格而後知至』，却是知至在後。今乃云因其已知而益窮之，則又在格物前。」曰：知元自有。纔要去理會，便是這些知萌露。若懵然全不向著，便是知之端未曾通。纔思量著，便這箇骨子透出來。且如做些事錯，纔知道錯，便是向好門路，却不是方始去理會箇知。只是如今須著因其端而推致之，使四方八面千頭萬緒無有些不知，無有毫髮窒礙。孟子所謂「知皆擴而充之，若火之始然，泉之始達」，擴而充之便是「致」字意思。○表者人物所共由，裏者吾心所獨得。有人只就皮殼上用工，於理之所以然者全無見處；有人思慮向裏去，多於事物上都不理會，此乃説玄説妙之病。二者都是偏。若到物格知至，則表裏精粗無不盡。○北溪陳氏曰：理之體具於吾心，而其用散在事物。精粗巨細，都要逐件窮究其理。若一事不理會，則此心闕一事之理；一物不理會，則闕一物之理。非揀精底理會而遺其粗，大底理會而遺其小也。頭緒雖多，然進亦有序。先易而後難，先近而後遠，先明而後幽。○西山真氏曰：《大學》教人以格物致知，蓋即物而理在焉。庶幾學者有著實用功之地，不至馳心於虛無之境。若不就事物上推求義理，則極至處亦無緣知得盡。○雙峯饒氏曰：格物窮至那道理恰好閫奥處，自表而裏，自粗而精。然裏之中又有裏，精之中又有至精。透得一重，又有一重。且如爲子必孝，爲臣必忠，此是臣子分上顯然易見之理，所謂表也。然所以爲孝爲忠，則非一字所能盡。如居則致其敬，養致樂，病致憂，喪致哀，祭致嚴，皆是孝裏面節目，所謂裏也。然所謂居致敬，又如何而致敬？如進退周旋慎齊，升降出入揖遊，不敢噦噫嚏咳，不敢欠伸跛倚，寒不敢襲，癢不敢搔之類，皆是致敬中之節文。如此，則居致敬又是表，其間節文之精微曲折又是裏也。然此特敬之見於外者耳，至於洞洞屬屬，如執玉奉盈如弗勝，以至視於無形，聽於無聲，又是那節文裏面骨髓。須是格之又格以至於無可格，方是極處。精粗亦然。如養親一也，而有所謂養口體，有所謂養志。口體雖是粗，然粗中亦有精。養志雖是精，然精中更有精。若見其表不窮其裏，見其粗不窮其精，固不盡。然但究其裏而遺其表，索其精而遺其粗，亦未盡。須是表裏精粗無所不到，方是物格。○玉溪盧氏曰：心外無理，故窮理即所以致知；理外無物，故格物即所以窮理。知者，心之神明，乃萬理之統會而萬事萬物之主宰。言窮理則易流於恍惚，言格物則一歸於真實。表也粗也，理之用也；裏也精也，理之體也。衆理之體即吾心之體，衆理之用即吾心之用。心之全體大用無不明，則明明德之端在是矣。物格、知至雖二事而實一事，故結之曰「此謂物格，此謂知之至也」。

所謂誠其意者，毋自欺也。如惡惡臭，如好好色。此之謂自謙。故君子必慎其獨也。「好」、「惡」上字，皆去聲。謙，讀爲「慊」，苦劫反。

誠其意者，自脩之首也。雙峯饒氏曰：心之正不正，身之脩不脩，只判於意之誠不誠。所以《中庸》、《孟子》只説「誠身」，便貫了誠意、正心、脩身。此章雖專釋誠意，而所以正心、脩身之要實在於此。故下二章第言心不正、身不脩之病而不言所以治病之方，以已具於此章故也。○雲峯胡氏曰：《大學》條目有八，只作六傳。格物、致知二者實是一事，故統作一傳。自正心以下五者，工夫次第相接，故統作四傳。唯誠意獨作一傳，然誠意者自脩之首，已兼正心、脩身而言矣。章末曰潤身，曰心廣，提出身與心二字，意已可見。○新安陳氏曰：前章云「如琢如磨」者，自脩也。誠意、正心、脩身皆自脩之事而誠意居其始，故曰「自脩之首」。**毋者，禁止之辭。「自欺」云者，知爲善以去**上聲。下同。**惡，**此「知」字帶從上章「致知」之「知」字來。**而心之所發有未實也。**雲峯胡氏曰：「毋自欺」三字釋「誠意」二字。「自」字與「意」字相應，「欺」字與「誠」字相反。○新安陳氏曰：自欺，自謾也。○東陽許氏曰：誠意是致知以後事，故《章句》曰「知爲善以去惡而心之所發有未實也」。**謙，快也，足也。**朱子曰：「誠意」章在兩箇「自」字上用功。○新安陳氏曰：「謙」字與「慊」字同音同義，爲「快」字説不盡，又添「足」字。快而且足，方是自謙。**獨者，人所不知而己所獨知之地也。**新安陳氏曰：地，即處也。此「獨」字指心所獨知而言，非指身所獨居而言。**言欲自脩者知爲善以去其惡，則當實用其力而禁止其自欺，使其惡惡則如惡惡臭，好善則如好好色，皆務決去而求必得之，以自快足於己。不可徒苟且以徇外而爲**去聲。**人也。**不求自慊，便是爲人。**然其實與不實，蓋有他人所不及知而己獨知**

之者，故必謹之於此此，指「獨」字。**以審其幾**平聲。**焉。**新安陳氏曰：周子云：「幾善惡。」已所獨知，乃念頭初萌動，善惡誠僞所由分之幾微處。必審察於此，以實爲善去惡。如別歧途之始分處起脚不差，行方能由乎正路。否則起脚處一差，差毫釐而繆千里矣。○朱子曰：「幾者動之微」，是欲動未動之間便有善惡，便須就這處理會。若到發出處，更怎生奈何得？○問：「知至了，如何到誠意又說毋自欺？」曰：到這裏方可著手下工夫。不是知至了，下面許多一齊掃去。下面節節有工夫在。○譬如一塊物，外面是銀，裏面是鐵，便是自欺。須表裏如一，方是不自欺。須是見得分曉，如知烏喙不可食，水火不可蹈，則自不食不蹈；如寒欲衣，饑欲食，則自是不能已。人果見善如饑欲食、寒欲衣，見惡如烏喙不可食、水火不可蹈，則此意自是實矣。烏喙，藥名，食之能殺人。○自欺，是半知半不知底人。知道善我所當爲，却又不十分去爲善；知道惡不可爲，却又自家舍他不得：這便是自欺。不知不識，只喚做不知不識，不喚做自欺。新安陳氏曰：以上語以知爲重，見得物格知至爲意誠之根基也。○纔說不自欺，則其好善惡惡只要求以自快自足，如寒而思衣以自温，饑而思食以自飽，非有牽强苟且，姑以爲人之意也。○如鑄私錢、做官會，此是大故無狀小人，豈自欺之謂耶？此處工夫極細，未便說到粗處。前後學者說差了，緣賺連下文「小人閒居」一節看了，所以差也。○如有九分義理，雜了一分私意，便是自欺。到得厭然揜著之時，又其甚者。○十分爲善，有一分不好底意潛發於其間，便由邪徑以長，這箇却是實，前面善意却是虛矣。○凡惡惡之不真，爲善之不勇，外然而中實不然，或有爲而爲之，或始勤而終怠，皆不實而自欺之患也。○論自欺細處，且如爲善，自家也知得是當爲，也勉强去做，只是心裏又有些「便不消如此做也不妨」底意思；如爲不善也，知得不當爲而不爲，心中也又有些「便爲也不妨」底意思，便是自欺，便是虛僞不實矣。○自謙與《孟子》「行有不慊於心」相類，亦微不同。《孟子》訓滿足意多，《大學》訓快意多。問：「自謙只是真實爲善去惡，無牽滯於己私，只是快底意，方始心下滿足？」曰：是。○自謙是合下好惡時便是要自謙了，非謂做得善了方能自謙。「自謙」正與「自欺」相對。所謂誠其意，便是要毋自欺，非是誠其意了，方能不自欺也。自謙者，外面如此，中心也是如此，表裏一般；自欺者，外面如此，中心其實有些子不願，只此便是二心，誠僞之所由分也。○謹獨，則於善惡之幾，察之愈精愈密。○如與衆人對坐，自心中發一念或正或不正，此亦是獨處。○北溪陳氏曰：誠者，自表而裏真實如一之謂。自欺，誠之反也。大抵此章在自慊而無自欺。首言如好好色、惡惡臭，是就人情分曉處譬之。好色人所同好，好則求，必得之；惡臭人所同惡，惡則求必去之，而後快足吾意。意所快足處是自家表裏真實恁地，非苟且徒爲此也。人之好善惡惡，亦須表裏真實如此，自求快足，方是誠意。如稍有不真實，胸次間便自覺有欠缺處，如何會快足？此便是自欺。果能自表而裏，斷斷然真實恁地，始快足吾意，此便是自謙，便是誠。然自謙自欺，皆自家心裏事，非他人所知而己獨知之，所以君子貴就那獨處便謹審其幾之發也。○徽庵程氏曰：慎不但訓謹，有審之意焉。○問：「毋自欺還是須從戒謹恐懼上做起，抑戒謹恐懼即是毋自欺境界？」潛室陳氏曰：戒謹恐懼與謹獨是兩項地頭。戒謹恐懼是自家不睹不聞之時，存誠養性氣象如此；謹獨是衆人不聞不覩之際，存誠工夫如此。《中庸》兼已發未發説，故動息皆有養；《大學》只就意之所發説，故只防他罅漏處。○雙峯饒氏曰：此章用功之要在謹獨上。凡人於顯然處致謹，其意未必果出於誠。若能於獨處致謹，方是誠意。○雲峯胡氏曰：君子小人所以分，只在自欺與自慊上。兩「自」字與「自脩」之「自」相應。自欺者，誠之反，自脩者不可如此；自慊者，誠之充，自脩者必欲如此。「獨」字便是「自」字，便是「意」字，所以《中庸》論誠首尾言「慎獨」，此章論誠意亦兩言「慎獨」。○東陽許氏曰：誠意只是著實爲善，著實去惡。自欺是誠意之反。毋自欺是誠意工夫。二「如」，是誠意之實。自慊是自欺之反，而誠意之效。慎獨是誠意地頭。○欺、慊皆言「自」，是意之誠不誠皆自爲之。自欺者適害己，不自慊者徒爲人。○惡惡臭、好好色，人人皆實有此心，非僞也。二「如」字，曉學者當實爲善去惡，若惡惡臭、好好色之爲也。

小人閒居爲不善，無所不至。見君子，而后厭然揜其不善而著其善。人之視己，如見其肺肝然，則何益矣？此謂誠於中，形於外。故君子必慎其獨也。閒音閑。厭，鄭氏讀爲「黶」，於簡反。

閒居，獨處上聲。**也。**新安陳氏曰：獨處是身所獨居，與上文「己所獨知」之獨不同。**厭然，消沮**上聲。**閉藏之貌。**雙峯饒氏曰：「黶」字有黑暗遮閉之意。○新安陳氏曰：四字形容小人見君子羞愧遮障之情狀。**此言小人陰爲不善而陽欲揜之，**閒居爲陰，見君子爲陽。**則是非不知善之當爲與惡之當去**上聲。**也，**非不知，乃其秉彝之天不可泯没者。**但不能實用其力以至此耳。然欲揜其惡而卒不可揜，欲詐爲善而卒不可詐，則亦何益之有哉？此君子所以重**去聲。**以爲戒而必謹其獨也。**朱子曰：小人閒居爲不善，是誠心爲不善也；揜其不善而著其善，是爲善不誠也。爲惡於隱微之中而詐善於顯明之地，將虛假之善來蓋真實之惡，自欺以欺人也。然人豈可欺哉？○閒居爲不善，便是惡惡不如惡惡臭；揜不善著其善，便是好善不如好好色。○君子、小人之分，却在誠其意處。誠於爲善便是君子，不誠底便是小人。○雙峯饒氏曰：閒居爲不善，自欺也。厭然則不自慊矣。揜其不善而著其善，是又欺人也。自欺與欺人常相因，始焉自欺，終焉必至於欺人。「此謂誠於中形於外」，此「誠」字是兼善惡説。○「厭然」與「心廣體胖」爲對。厭然是小人爲惡之驗，心廣體胖是君子爲善之驗。○雲峯胡氏曰：前章末分君子小人，此章分別君子小人甚嚴。蓋誠意爲善惡關，過得此關方是君子，過不得此關猶是小人。傳末章「長國家而務財用」之小人，即此「閒居爲不善」之小人也。意有不誠，已害自家心術；他日用之，爲天下國家害也必矣。○玉溪盧氏曰：兩言慎獨，讀上節固當直下承當，讀此節尤當痛自警省。○新安陳氏曰：上一節毋自欺説得細密，乃自君子隱然心術之微處言之；此一節言小人之欺人説得粗，乃自小人顯然詐僞之著者言之。無上一節毋自欺而必自謙之工夫，則爲惡詐善之流弊，其極必將至此。所以君子必先自慎其獨，至此又重以小人爲戒而尤必慎其獨。

曾子曰：「十目所視，十手所指，其嚴乎！」

引此以明上文之意。言雖幽獨之中，而其善惡之不可揜如此。可畏之甚也。朱子曰：此是承上文人之視己如見其肺肝之意，不可説人不知，人曉然共知如此。人雖不知，我已自知，自是甚可皇恐了，其與十目十手所視所指何異哉？○玉溪盧氏曰：實理無隱顯之間，人所不知、己所獨知之地即十目十手共視共指之地。故爲善於獨者不求人知而人自知之，爲不善於獨者惟恐人知而人必知之，其可畏之甚如此！曾子所以戰兢臨履，直至啓手足而後已者，此也。○雲峯胡氏曰：《中庸》所謂「莫見乎隱，莫顯乎微」蓋本諸此。上文「獨」字便是隱、微，此所謂十目十手即是莫見、莫顯。○新安陳氏曰：幽獨之中，勿謂無視之無指之者，當常如十目所共視、十手所共指。可畏之甚，釋「其嚴乎」。

富潤屋，德潤身。心廣體胖。故君子必誠其意。胖，步丹反。

胖，安舒也。言富則能潤屋矣，德則能潤身矣。三山陳氏曰：財積於中則屋潤於外，德積於中則身亦潤於外矣。潤，猶「華澤」也。○新安陳氏曰：此借富潤屋以起下句德潤身之意。德如孟子所謂「仁義禮智根於心」，潤身如所謂「其生色見面盎背」是也。下文心廣體胖，乃申言之。**故心無愧怍則廣大寬平，而體常舒泰，德之潤身者然也。蓋善之實於中而形於外者如此，故又言此以結之。**

朱子曰：「富潤屋」以下是説意誠之驗如此。心本是闊大底物事，只因愧怍便卑狹，被他隔礙了，所以體不能得安舒。○毋自欺是誠意，自慊是意誠。○「小人閒居」以下是形容自欺之情狀，「心廣體胖」是形容自慊之意。○無愧怍是無物欲之蔽，所以能廣大。○三山陳氏曰：心，在內者也，以理之無歉，故能廣大；體，在外者也，以心之既廣，故能舒泰。人之一心少有所歉，則視聽怵迫而舉動跼蹐，雖吾四體將不得其所安矣，皆自然之應也。○上説小人實有是惡，故其惡形見於外；此説君子實有是善，故其善亦形見於外。○雙峯饒氏曰：心不正，何以能廣；身不脩，何以能胖？心廣體胖，即心正身脩之驗。所以能心廣體胖，只在於誠其意，以此見誠意爲正心脩身之要。○玉溪盧氏曰：前兩言必慎其獨，此申言必誠其意。三言「必」字，示人可謂真切。○仁山金氏曰：「小人閒居」以下，自欺敗露之可畏；「德潤身，心廣體胖」，自慊快足之可樂。○雲峯胡氏曰：孟子說浩氣處與此章意合。不自欺，即「自反而縮」；自欺，即「自反而不縮」。厭然，即是「氣餒」；心廣體胖，即是「浩然之氣」。○新安陳氏曰：上文誠於中、形於外，是惡之實中形外者，此是善之實中形外者。

右傳之六章，釋「誠意」。朱子曰：許多病痛都在「誠意」章一齊說了，下面有些小病痛亦輕可。此章最緊切，若透過此一關，此去做工夫便易了。由是而之，便駸駸進於善而決不至下陷於惡矣。○雙峯饒氏曰：傳之諸章釋八事，每章皆連兩事而言，獨此章單舉誠意。蓋知至、意誠固是相因，然致知屬知，誠意屬行。知行畢竟是二事，當各自用力，不可謂知了便自然能行。所以「誠意」章不連致知說者爲此。正心誠意雖皆屬行，然誠意不特爲正心之要，自脩身至平天下皆以此爲要。故程子論天德與王道，皆曰「其要只在謹獨」。天德即心正身脩之謂，王道即齊家治國平天下之謂，謹獨即誠意之要旨。若只連正心說，則其意促狹，無以見其功用之廣大如此也。此章乃《大學》一篇之緊要處，傳者於此章說得極痛切。始言謹獨，誠意之方也；中言小人之意不誠，所以爲戒也；終言誠意之效驗，所以爲勸也。

經曰：「欲誠其意，先致其知。」又曰：「知至而后意誠。」蓋心體之明有所未盡，則其所發必有不能實用其力而苟焉以自欺者。朱子曰：《大學》雖使人戒夫自欺，而推其本則必其有以用力於格物致知之地，然後理明心一而所發自然莫非真實。不然，則正念方萌而私意隨起，亦非力之所能制矣。○若知有不至，則其不至之處，惡必藏焉，以爲自欺之主。雖欲致其謹獨之功，亦且無主之能爲而無地之可據矣。此又傳文之所未發而其理已具於經者，皆不可以不察也。〇新安陳氏曰：此言知不至則意不誠。**然或已明而不謹乎此，則其所明又非己有而無以爲進德之基。**三山陳氏曰：於知已至後，亦非聽之自誠，蓋無一刻不用其戒謹之功。〇新安陳氏曰：此言知至後又不可不誠其意，蓋誠意者進德之基本也。**故此章之指必承上章而通考之，然後有以見其用力之始終。其序不可亂而功不可闕如此云。**玉溪盧氏曰：由致知方能誠意，此序之不可亂；既致知又不可不誠意，此功之不可闕。誠意至平天下，序皆不可亂，功皆不可闕。序不可亂則不可躐等而進，功不可闕則不可半途而廢云。

所謂「脩身在正其心」者，身有所忿懥則不得其正，有所恐懼則不得其正，有所好樂則不得其正，有所憂患則不得其正。忿，弗粉反。懥，敕值反。好、樂，並去聲。

程子曰：「身有」之身當作「心」。〇忿懥，怒也。「懥」字，《廣韻》、《玉篇》並陟利反。〇雙峯饒氏曰：忿者怒之甚，懥者怒之留。**蓋是四者皆心之用而人所不能無者，然一有之而不能察，**三山陳氏曰：《章句》緊要說一「察」字，亦非從外譔來，蓋因下文「心不在焉」一句發出。察者，察乎理也。〇新安陳氏曰：「察」之一字乃朱子推廣傳文之意，使學者有下手處耳。**則欲動情勝，而其用之所行或不能不失其正矣。**問：「有所忿懥、恐懼、好樂、憂患，心不得其正，是要無此數者心乃正乎？」程子曰：非是謂無，只是不以此動其心。學者未到不動處，須是執持其志。〇朱子曰：《大學》格物、誠意都已鍊成，到得正心脩身章都易了。意有善惡之殊，意或不誠則易於爲惡；心有偏正之異，心有不正則爲物欲所動，未免有偏處，却未必爲惡。○四者只要從無處發出，不可先有在心下。須看「有所」二字。如有所忿怒，因人有罪而撻之，纔了其心便平，是不有。若此心常常不平，便是有。○所謂「有所」，是被他爲主於內，心反爲他動也。○心纔繫於物，便爲所動。所以繫於物者有三事：未來先有箇期待之心，或事已應過又留在心下不能忘，或正應事時意有偏重，都是爲物所繫縛，便是有這箇物事。到別事來到面前，應之便差了，如何心得其正？聖人之心，瑩然虛明，看事物來若大若小，四方八面，莫不隨物隨應，此心元不曾有這物事。○如顏子不遷怒，可怒在物，顏子未嘗爲血氣所動而移於人也，則豈怒而心有不正哉？○今人多是才怒，雖有可喜事亦所不喜；才喜，雖有當怒之事來亦不復怒：便是蹉過事理了。蓋這物事纔私，便不去，只管在胸中推盪，終不消釋。使此心如大虛，則應接萬務，各止其所，而我無所與可也。看此一章，只是要人不可先有此心耳。○問：「忿、好自己事，可勉强不爲。憂患、恐懼自外來，不由自家。」曰：便是自外來，須要我有道理處之。事來亦合當憂懼，但只管累其本心，亦濟甚事？孔子畏於匡，文王囚羑里，死生在前，聖人元不動心，處之恬然。○或問：「《大學》不要先有恐懼，《中庸》却要恐懼，何也？」西山真氏曰：《中庸》只是未形之時常常持敬，令心不昏昧而已。《大學》之恐懼却是俗語「恐怖」之類，自與《中庸》有異。○喜怒憂懼乃心之用，非惟不能無，亦不可無。但平居無事之時不要先有此四者在胸中。如平居先有四者，即是私意。人若有些私意塞在胸中，便是不得其正。須是涵養此心，未應物時湛然虛静，如鑑之明，如衡之平。到得應物之時方不差錯，當喜而喜，當怒而怒，當憂而憂，當懼而懼，恰好則止，更無過當。如此，方得本心之正。○玉溪盧氏曰：心者，身之主而明德之所存也。未應物之前，「寂然不動」，無所忿懥恐懼，則心之本體無不正而明德之本體無不明；方應物之際，「感而遂通」，當忿懥而忿懥，當恐懼而恐懼，則心之妙用無不正而明德之妙用無不明；既應物之後，依舊寂然不動，未嘗有所忿懥恐懼，則心之本體終始無不正而明德之本體終始無不明也。人患不識其本心耳。唯虛故靈，纔失其虛便失其靈，此心之所以爲心而明德之所以爲明德也。○雲峯胡氏曰：心之體，無不正。所謂正心者，正其心之用爾。「在正其心」，此「正」字是說正之之工夫。蓋謂心之用或有不正，不可不正之也。「不得其正」，此「正」字是說心之體本無不正而人自失之者也。曰「正其」，曰「其正」，自分體用。心之體本如大虛。或景星慶雲，或烈風雷雨，而大虛自若。人之一心豈能無喜怒憂懼？然可怒則怒，怒過不留；可喜則喜，喜已而休。喜怒憂懼皆在物而不在我。我雖日接乎物而不物於物，此所以能全其本體之虛而無不正也。或疑《中庸》首章先言存養而後言省察，《大學》誠意言省察而欠存養。殊不知此章正自有存養省察工夫。忿懥恐懼等之未發也，不可先有期待之心；其將發也，不可一有偏繫之心；其已發也，不可猶有留滯之心。事之方來，念之方萌，是省察時節；前念已過，後事未來，是存養時節。存養者，存此心本體之正；省察者，惟恐此心之用或失之不正而求以正之也。宜仔細看《章句》之二「察」字及三四「存」字。

心不在焉，視而不見，聽而不聞，食而不知其味。

心有不存，則無以檢其身。是以君子必察乎此而敬以直之，然後此心常存而身無不脩

也。朱子曰：心若不存，一身便無主宰。○敬，是常要此心在這裏；直，是直上直下無纖毫委曲。○問：「視而不見，聽而不聞，只是説知覺之心，却不及義理之心。」曰：才知覺，義理便在此；才昏，便不見了。○雙峯饒氏曰：四「不得其正」，言心不正也；「視不見」以下，言身不脩也。言此而不言所以正心脩身者，已具於「誠意」章故也。聲色臭味，事物之粗而易見者耳。心之精神知覺一不在此，則於粗而易見者已不能見，況義理之精者乎？傳者之意，蓋借粗以明精耳。○蛟峯方氏曰：上一節説有心者之病，「心不在焉」一節説無心者之病。上節説心不可有所偏主，此節説心不可無所存主。不可有者，私主也；不可無者，「主宰」之主也。心有存主則羣妄自然退聽而心正身脩矣。然則中虛而有主宰者，其正心之藥方也歟？○新安陳氏曰：朱子於此。又下一「察」字，且曰「敬以直之」，以足《大學》本文未言之意。提出正心之要法，以示萬世學者。

此謂「脩身在正其心」。

右傳之七章，釋「正心」、「脩身」。

此亦承上章以起下章。蓋意誠則真無惡而實有善矣，所以能存是心以檢其身。朱子曰：意誠然後心得其正，自有先後。○新安陳氏曰：此言意誠而後心可得而正，蓋其序之不可亂者。**然或但知誠意而不能密察此心之存否，則又無以直內而脩身也。**新安陳氏曰：此言誠意又不可不正其心，乃其功之不可缺者。○或謂意誠則心正。朱子曰：不然。這幾句連了又斷，斷了又連，雖若不相連綴，中間又自相貫。譬如一竿竹，雖只是一竿，然其間又有許多節。意未誠則全體是私意，更理會甚正心？然意雖誠了又不可不正其心。○或謂誠意則心之所發已無不實，又何假於正心之功？雲峯胡氏曰：意欲實而心本虛。實其意則好惡不偏於方發之初，虛其心則喜怒不留於已發之後。新安陳氏曰：下一句只說得末一邊，未見得四者心之用，先本自虛中發出。當添一句云：虛其心則本體不偏於未發之先，妙用不留於已發之後。○東陽許氏曰：蓋「意誠」以下言誠意然後能正心，「然或」以下言既誠意又須正心。**自此以下，並以舊文爲正。**

所謂「齊其家在脩其身」者，人之其所親愛而辟焉，之其所賤惡而辟焉，之其所畏敬而辟焉，之其所哀矜而辟焉，之其所敖惰而辟焉。故好而知其惡，惡而知其美者，天下鮮矣。辟，讀爲「僻」。「惡而」之惡、敖、好，並去聲。鮮，上聲。

人，謂衆人。之，猶「於」也。辟，猶「偏」也。朱子曰：古註辟音譬，窒礙不通，只是「辟」字便通。況此篇自有「僻」字，「辟則爲天下僇」是也。**五者在人本有當然之則，然常人之情，惟其所向而不加察焉，**新安陳氏曰：此章朱子亦以「察」字言之。興國本作「察」，他本作「審」者非。**則必陷於一偏而身不脩矣。**西山真氏曰：「偏」之一字爲脩身齊家之深病。○朱子曰：正心脩身兩段，大概差錯處皆非在人欲上，皆是人合有底事，如在官街上差了路。○忿懥等是心與物接時事，親愛等是身與物接時事。○之所親愛，如父子當主於愛。然父有不義，不可以不争；子有不肖，亦不可不知教之。之所敬畏，如君固當敬畏，然若當正救責難，也只管敬畏不得。賤惡固可，惡或尚可教，或有長處，亦當知之。○問：「敖惰恐非好事。」曰：此如明鏡之懸，妍醜隨其來而應之。不成醜者至前，亦唤做妍者，又敖惰是輕，賤惡是重。既賤惡得，如何却不得敖惰？然傳者猶戒其僻，則須檢點，不可有過當處。○哀矜，如有大姦方欲懲之，被他哀鳴懇告又却寬之，這便是哀矜之偏處。○五者各自有當然之則，只不可偏。如人饑而食，只合當食，食纔過些子便是偏；渴而飲，飲纔過些子便是偏。如愛其人之善，若愛之過則不知其惡，便是因其所重而陷於所偏。惡惡亦然。下面説人莫知其子之惡，莫知其苗之碩，上面許多偏病不除，必至於此。○北溪陳氏曰：敖，只是簡於爲禮；惰，只是懶於爲禮。有一等人，上非可愛，次非可敬，只是平平人，接之自令人簡慢。○問：「『人之其所親愛而辟焉』一章，終未見身與物接意思。」潛室陳氏曰：接此五種人，便有此五種辟，豈不是身與物接？○玉溪盧氏曰：好而知其惡，是親愛之不偏；惡而知其美，是賤惡之不偏：二不偏，惟明德無不明者能之。所好且知其惡，則一家孰敢爲惡；所惡且知其美，則一家孰不爲善？如此則明德明於一家矣。○勿軒熊氏曰：親愛、畏敬、哀矜指所愛之人言有此三等，賤惡、敖惰指所惡之人言有此二等。偏於愛則不知其人之惡，偏於惡則不知其人之善。上下文相照應如此。○雲峯胡氏曰：或疑敖惰不當有。殊不知本文「人」字非爲君子言，乃爲衆人言。《章句》曰「衆人」，又曰「常人」，是也。衆人中固自有偏於敖惰之人。如下文「人莫知其子之惡、苗之碩」，亦泛言多溺愛貪得之人也。兩「人」字示戒深矣。

故諺有之曰：「人莫知其子之惡，莫知其苗之碩。」諺，音彦。碩，叶韻，時若反。

諺，俗語也。溺愛者不明，貪得者無厭。是則偏之爲害而家之所以不齊也。雙峯饒氏曰：之其親愛等而辟者，言身之不脩也；莫知其子之惡，言家之不齊也。大意謂惟其溺於一偏，故好不知其惡，惡不知其美。惟其身不脩，故家不齊。當看兩「故」字。人之其所親愛而辟，爲凡爲人者言；莫知子之惡，姑舉家之一端言之。○玉溪盧氏曰：子之惡、苗之碩，皆就家而言。○雲峯胡氏曰：心與物接，唯怒最易發而難制，所以前章以忿懥先之；身與事接，唯愛最易偏，故此章以親愛先之。至引諺曰，只是説愛之偏處。人情所易偏者，愛爲尤甚。況閨門之内，義不勝恩，情愛比昵之私，尤所難克。身所以不脩、家所以不齊者，其深病皆在於此。

此謂「身不脩，不可以齊其家」。

問：「如何脩身專指待人而言？」朱子曰：脩身以後，大概説向接物待人去，又與只説心處不同。要之根本之理則一，但一節説闊一節去。○錢氏曰：上章四箇「有所」字，此章六箇「辟」字，其實皆心之病。但上四者只是自身裏事，此六者却施於人，即處家之道也。○雙峯饒氏曰：身以心爲之主，而心以意爲之機。人所以之其親愛等而辟者，以其心之不正耳；心所以有忿懥等則不得其正者，以其意之不誠耳。意苟誠矣，則忿懥等之必謹其獨而毋敢失其正，親愛等之必謹其獨而毋敢流於僻，是知誠意即正心脩身之要也。《章句》所以丁寧之以密察加察，即謹獨之謂也。有所忿懥等而能密察，是謹獨以正其心也。之其所親愛等而能加察，是謹獨以脩其身也。《章句》於二章「察」之一字凡四言之。省察之工夫，豈非自「誠意」章之謹獨而發哉！不特正心脩身章爲然也，由是而齊家、治國、平天下，無往不自謹獨出焉。傳於釋「齊家治國」章曰「心誠求之」，釋「平天下」章曰「忠信以得之」，曰「誠求」，曰「忠信」，皆誠其意之謂也。誠其意，即謹獨之謂也。故程子論天德王道，皆曰「其要只在謹獨」，論出門使民，亦曰「惟謹獨便是守之之法」，可謂得其要矣。

右傳之八章，釋「脩身齊家」。

所謂「治國，必先齊其家」者，其家不可教而能教人者，無之。故君子不出家而成教於國。孝者，所以事君也；弟者，所以事長也；慈者，所以使衆也。弟，去聲。長，上聲。

身脩，則家可教矣。因家不可教，而推家所以可教之由，實自脩身始。孝、弟、慈，所以脩身而教於家者也。然而國之所以事君、事長、使衆之道，不外乎此。「此」字指孝、弟、慈而言。此所以家齊於上而教成於下也。朱子曰：上面說「不出家而成教於國」，下面便說所以教者如此。此三者便是教之目。○孝者所以事君，弟者所以事長，慈者所以使衆，此道理皆是我家裏做成了，天下人看著自能如此。不是我推之於國。○孝以事親而使一家之人皆孝，弟以事長而使一家之人皆弟，慈以使衆而使一家之人皆慈：是乃成教於國者也。○陳氏曰：在我事親之孝，即國之所以事君者；在我事兄之弟，即國之所以事長者；在我愛子之慈，即國之所以使衆者。能脩之於家，則教自行於國矣。○玉溪盧氏曰：孝、弟、慈三者，明德之大目，人倫之大綱。舉此可該其餘矣。○雲峯胡氏曰：脩身以上皆是學之事，齊家治國方是教之事，所以此章首拈出「教」之一字。然其所以爲教者，又只從身上說來。孝、弟、慈，所以脩身而教於家者也。獨舉三者，蓋從齊家上說。一家之中有父母，故曰孝；有兄長，故曰弟；有子弟僕隸，故曰慈。事君、事長、使衆方從治國上說。○吴氏曰：傳只言治國先齊其家，《章句》并脩身言之，推本之論也。孝、弟、慈體之身，則爲脩其身；行之家，則爲齊其家；推之國，則爲治其國。天理人倫，一以貫之而已。況家有父猶國有君，家有兄猶國有長，家有幼猶國有衆，分雖殊，理則一也。

《康誥》曰：「如保赤子。」心誠求之，雖不中，不遠矣。未有學養子而后嫁者也。中，去聲。

此引《書》而釋之。又明立教之本不假强上聲。**爲，在識其端而推廣之耳。**朱子曰：孝弟雖人所同有，能守而不失者鮮。惟保赤子罕有失者，故特即人所易曉者以示訓，亦與孟子言見孺子入井之意同。○保赤子，慈於家也；如保赤子，慈於國也。保赤子是慈，如保赤子是使衆，心誠求赤子所欲，於民亦當求其不能自達者，此是推慈幼之心以使衆也。○此且只說動化爲本，未說到推上，後方全是說推。○黄氏曰：言但以誠心求之，則自然得赤子之心，不待勉强而後知之也。○三山陳氏曰：赤子有欲不能自言，慈母獨得其所欲，雖不中，亦不遠者，愛出於誠，彼己不隔，以心求之，不待學而後能也。○玉溪盧氏曰：引《書》即慈之道以明孝弟之道也。立教之本，本者，明德是已；在識其端，端者，明德之發見爲孝、弟、慈是已。○仁山金氏曰：此段《章句》本章首「教」字，三者俱作教說，不作推說。立教之本，說孝、弟、慈；不假强爲，說未有學養子而后嫁；在識其端而推廣之，說心誠求之。○雲峯胡氏曰：孝、弟、慈皆人心之天，此獨言慈者，世教衰，孝弟或有失其天者，獨母之保赤子，慈之天未有失者也。大要只在「心誠求之」一句上。舉其慈之出於天者，庶可以觸其孝弟之天。孝弟亦在乎誠而已。○新安陳氏曰：立教之本，總言孝、弟、慈。傳引《書》只言慈幼，《章句》乃總三者言之。蓋因慈之良知良能而知孝弟之良知良能皆不假於强爲，只在識其端倪之發見處而從此推廣去耳。○東陽許氏曰：保赤子是父母愛子之心，如保者是言君養民亦當如父母之保赤子。赤子不能言，父母保之雖不中不遠；況民之能言而意易曉者，所欲與之聚，所惡勿施，雖不中民之心，亦不遠矣。

一家仁，一國興仁；一家讓，一國興讓；一人貪戾，一國作亂：其機如此。此謂「一言僨事，一人定國」。僨音奮。

一人，謂君也。機，發動所由也。僨，覆敗也。此言教成於國之效。朱子曰：「一家仁一國興仁，一家讓一國興讓」，自家禮讓有以感之，故民亦如此興起。自家好争利，却責民間禮讓，如何得他應？○「一家仁」以上是推其家以治國，「一家仁」以下是人目化之也。○雙峯饒氏曰：仁、讓是本上文孝弟而言。仁屬孝，讓屬弟。貪戾者，慈之反也。上言不出家而成教於國底道理，此言不出家而成教於國底效驗。○玉溪盧氏曰：仁讓，善也，接上文孝弟言；貪戾，惡也。貪則不讓，戾則不仁。有善無惡之理雖原於天，而爲善爲惡之機實由於君。仁讓之化，必待行於家而後行於國；貪戾之失，才自於君而即見於國。從善如登，見其難；從惡如崩，見其易。機之所在，可畏如此，可不謹歟？僨事、定國，蓋古語。觀「此謂」二字可見。引以證上文。○仁山金氏曰：定國謂之一人，蓋總一身而論；僨事謂之一言，則不過片言之間。善惡功效之難易，尤爲可懼也已。○新安陳氏曰：一家仁讓而一國仁讓，家齊而國治也；一人才貪戾而一國即作亂，身不脩則家國即不齊不治也。機者弩牙，矢之發動所由。譬仁讓之興，其機由一家；悖亂之作，其機由一人，故總斷云「其機如此」。一言僨事，結「作亂」句；一人定國，結興「仁讓」句。○東陽許氏曰：仁讓必一家方能一國化，貪戾只一人便能一國亂，至於僨事又只在人之一言，以此見爲善難爲惡易，不可忽如此。

堯舜帥天下以仁而民從之，桀紂帥天下以暴而民從之，其所令反其所好而民不從。是故君子有諸己而後求諸人，無諸己而后非諸人。所藏乎身不恕而能喻諸人者，未之有也。好，去聲。

此又承上文「一人定國」而言。新安陳氏曰：民之仁暴，唯上所帥。帥之以所好，則民從；如好暴而令以仁，所令與所好反，民弗從矣。有善於己，然後可以責人之善；無惡於己，然後可以正人之惡：皆推己以及人，所謂恕也。蛟峯方氏曰：此章是如治己之心以治人之恕，「絜矩」章是如愛己之心以愛人之恕。不如是則所令反其所好而民不從矣。喻，曉也。問：「此章言治國乃言帥『天下』以仁，又似説平天下，言有諸己又似説脩身，何也？」朱子曰：聖賢之文簡暢。身是齊、治、平之本。治國平天下自是相關，豈可截然不相入？ ○尋常人若有諸己，又何必求諸人；無諸己，又何必非諸人？如孔子説「躬自厚而薄責於人」、「攻其惡無攻人之惡」。至於《大學》之説，是有天下國家者勢不可以不責他。大抵治國者禁人惡、勸人善，便是求諸人、非諸人。○三山陳氏曰：己有此善然後可以求人有此善，己無此惡然後可以非人有此惡：皆己先之也。○雙峯饒氏曰：無善而欲責人，有惡而欲禁人，是無己可推而欲及人也。此章雖釋齊家治國，然自「一人貪戾」以下，皆歸重人主之身。此乃極本窮原之論。問：「恕者推己及人，却説『所藏乎身』。」曰：恕有首有尾。藏乎身者其首，及人者其尾也。忠是恕之首，治國平天下章皆説恕。此章言「有諸己」、「無諸己」，是要人於脩己上下工夫，其重在首。下章言「所惡於上，無以使下」等，是要人於及人上下工夫，其重在尾。兩章互相發明。○仁山金氏曰：治國者必有法制號令，以禁民爲非而律民以善，雖桀紂之世亦所必有。但其所好則不若此，故民從其所好，不從其所令。所以治國者在反求諸己，乃政令之本。○藏乎身者，自其盡己處言之；恕者，自其推己處言之。「所藏」是指「有諸己」、「無諸己」者也，恕是指「求諸人」、「非諸人」者也。「所藏乎身不恕」，謂所藏於己者未有可推以及人，如何能喻諸人？然所謂「堯、舜帥天下以仁」，以己及物者也，仁也；所謂「有諸己而後求諸人，無諸己而後非諸人」，推己及物者也，恕也。至所謂「桀、紂帥天下以暴」，不仁者也；「所藏乎身不恕」，反上文也。○雲峯胡氏曰：此一「恕」字，人皆知其以推己之恕言，不知「藏乎身」三字已帶盡己之忠言矣。此章「有」、「無」二字，必自「誠意」章相貫説來。天下未有無忠之恕。上文「心誠求之」即是「誠意」之誠，非有二也。誠意者如惡惡臭、如好好色，皆務決去而求必得之。求必得之則有諸己矣，務決去之則無諸己矣。○新安陳氏曰：有善無惡於己，盡己之忠也；推己以責人正人，由忠以爲恕也。忠即恕之藏於内者，恕即忠之顯於外者。所藏乎身不恕，無藏於内之忠而欲爲恕，是乃程子所謂「無忠，做恕不出」者也，其能喻人者無之。

故「治國在齊其家」。

通結上文。

《詩》云：「桃之夭夭，其葉蓁蓁。之子于歸，宜其家人。」宜其家人，而后可以教國人。夭，平聲。蓁音臻。

《詩》，《周南・桃夭》之篇。夭夭，少去聲。**好貌。**少，嫩也。**蓁蓁，美盛貌。興**去聲。**也。**於六義屬興。**之子，猶言「是子」，此指女子之嫁者而言也。婦人謂嫁曰歸。宜，猶「善」也。**

玉溪盧氏曰：可以教國人，應其家不可教而能教人者無之之意。

《詩》云：「宜兄宜弟。」宜兄宜弟，而后可以教國人。

《詩》，《小雅·蓼音六。**蕭》篇。**

《詩》云：「其儀不忒，正是四國。」其爲父子兄弟足法，而后民法之也。

《詩》，《曹風·鳲音尸。**鳩》篇。忒，差也。**問：「父子兄弟足法而後民法之，然堯、舜不能化其子，周公不能和兄弟，是如何？」朱子曰：聖賢是論其常，堯、舜、周公是處其變。如不將天下與其子而傳賢，便是能處變得好。若周公不辟管叔，周如何不亂？是不得已著恁地。而今且理會常底。今未解有父如瞽瞍，兄弟如管蔡，未論到變處。○三山陳氏曰：說正四國及仁帥天下，皆是說到極處。○玉溪盧氏曰：父子兄弟足法，儀之不忒也；民法之，四國之正也。教國人是治國之事，所以明明德於其國；民法之是國治之事，則明德明於其國矣。○新安陳氏曰：足法，家齊而可以示法於人也；民法之，國人取法於己也。

此謂「治國在齊其家」。

此三引《詩》，皆以詠歎上文之事，而又結之如此，其味深長，最宜潛玩。三山陳氏曰：古人凡辭有盡而意無窮者，多援《詩》以吟詠其餘意。○玉溪盧氏曰：此章言治國甚略，言齊家甚詳，所以明齊家之道即治國之道，以人同此心，心同此明德故也。○仁山金氏曰：三引《詩》，首引「之子宜家」，繼引

「宜兄宜弟」，何也？蓋天下之未易化者婦人，而人情之每易失者兄弟。齊家而能使之子之宜家，兄弟之相宜，則家無不齊者矣。宜乎其儀不忒而足以正是四國也。自脩身而齊家，自齊家而治國而平天下，有二道焉：一是化，一是推。化者自身教而動化也，推者推此道而廣充之也。故此一章並含兩意。自章首至成教於國一節是化，三「所以」是推。如保赤子繼慈者使衆而言是推，「一家仁」以下一節是化。「帥天下」一節是化，「有諸己」一節繼「所令反其所好」而言是推。三引《詩》是化。惟化則可推，惟推則皆化。非化則推不行，非推則化不周。○雲峯胡氏曰：《中庸》引《詩》明行遠自邇之意，必先妻子好合而後兄弟既翕。此三引《詩》，首以婦人之宜家人而繼以宜兄弟，蓋家人離，必起於婦人。非「刑於寡妻」者，未易「至于兄弟」，亦未易「御于家邦」也。其示人以治國之在齊其家也益嚴矣。○東陽許氏曰：三引《詩》，自內以至外。婦人女子最難於化，而夫婦之間，常人之情最易失於動不以正。化能行於閨門，則德盛矣。故引《詩》言夫婦爲首，而兄弟次之，總一家言者又次之。

右傳之九章，釋「齊家治國」。

所謂「平天下在治其國」者，上老老而民興孝，上長長而民興弟，上恤孤而民不倍。是以君子有絜矩之道也。長，上聲。弟，去聲。「倍」與「背」同。絜，胡結反。

老老，所謂「老吾老」也。興，謂有所感發而興起也。孤者，幼而無父之稱。絜，度待洛反。**也。矩，所以爲方也。**矩者，制方之器，俗呼「曲尺」。此借以爲喻。**言此三者上行下效，捷**疾業反。**於影響，所謂家齊而國治也。**新安陳氏曰：上行，謂老老、長長、恤孤；下效，謂民興孝、興弟、不倍。此即上章孝、弟、慈所以不出家而成教於國者。《章句》接上章說下來。**亦可以見人心之所同而不可使有一夫之不獲矣。** 新安陳氏曰：可見人同欲遂其孝、弟、慈之心，便當平其政以處之，不可使有一人之不得其所也。**是以君子必當因其所同，推以度物，**物即人也。**使彼我之間各得分**去聲。**願，則上下四旁均齊方正而天下平矣。** 朱子曰：老老、長長、恤孤方是就自家切近處說，所謂家齊也；民興孝、興弟、不倍是就民之感發興起處說，治國而國治之事也。上行下效，感應甚速，可見人心所同者如此。「是以君子有絜矩之道也」，此句方是引起絜矩事，下面方說絜矩而結之云「此之謂絜矩之道」。○絜矩之說不在前數章，却在治國平天下章。到此是節次成了，方用得。○先說上行下效，到絜矩處是就政事上說。若但興起其善心，不使得遂其心，雖能興起，亦徒然耳。如政煩賦重，不得養其父母、畜其妻子，又安得遂其善心？須是推己之心以及於彼，使彼仰足以事、俯足以育方得。○能使人興起者，聖人之教化也；能遂其興起之心者，聖人之政事也。○矩者，心也。我心所欲即他人所欲。我欲孝、弟、慈，必使他人皆如我之孝、弟、慈，不使一夫之不獲方可。只我能如此，他人不能如此，即是不平矣。○絜矩不是外面別有箇道理，只便是前面正心脩身底推而措之。○問：「絜矩之道是廣仁之用否？」曰：此乃求仁工夫，正要著力。若仁者只是舉而措之耳，不待絜矩而自無不平矣。絜矩，正是恕者之事。○興孝、興弟、不倍，上行下效之意，上章已言之矣。此章再舉之者，乃欲引起下文君子必須絜矩，然後可以平天下之意。不然，則雖民化其上以興於善，而天下終不免於不平也。故此一章首尾皆以絜矩之意推之而未嘗復言躬行化下之說。○問：「『上老老而民興孝』下面接『是以君子有絜矩之道也』，似不相續，如何？」曰：這箇便是相續。絜矩是四面均平底道理，教他各得老其老，各得長其長，各得幼其幼。不成自家老其老，教他不得老其老，長其長教他不得長其長，幼其幼教他不得幼其幼，便不得。「是以」二字是結上文，猶言君子爲是之故，所以有絜矩之道。○絜矩，如自家好安樂，便思他人亦欲安樂，當使無老稚轉乎溝壑，壯者散而之四方之患。制其田里，教之樹畜，皆比以推之。○雙峯饒氏曰：絜矩，所以爲方之具也。匠欲爲方，必先度之以矩。欲平天下者以何物爲矩而度之？亦惟此心而已。絜者以索圍物而知其大小，度之義也。匠之度物，以矩爲矩；君子之度人，以心爲矩。○玉溪盧氏曰：矩，猶則也。明德至善，吾心本然之則也。以此齊家，絜矩於家也；以此治國，絜矩於國也；以此平天下，絜矩於天下也。絜矩之道即明明德於天下之道也。○仁山金氏曰：首三句是化，絜矩是推。既有以化之而興其孝弟不倍之心，必有以推之而遂其孝弟不倍之願。推之者莫大於從其所好，勿施所惡。所好在因其利，所惡在奪其利。○雲峯胡氏曰：此章當分爲八節。右第一節言所以有絜矩之道。「夫子十五志學」即此所謂「大學」，「志學」以下分知行，到末節方言「不踰矩」，是生知安行之極致；《大學》「格物」而下亦分知行，到末章亦言「絜矩」，是致知力行之極功。矩者何？人心天理當然之則也。吾心自有此天則，聖人隨吾心之所欲，自不踰乎此則，故曰「不踰矩」；人心同有此天則，學者即吾心之所欲以爲施於人之則，故曰「絜矩」。只是一箇「矩」字，但「不踰矩」之矩渾然在聖人方寸中，是矩之體；「絜矩」之矩，於人己交接之際見之，是矩之用。規、矩皆法度之器，此獨曰矩者，規圓矩方，圓者動而方者止。不踰矩即是明德之止至善，絜矩即是新民之止至善。

所惡於上，毋以使下；所惡於下，毋以事上。所惡於前，毋以先後；所惡於後，毋以從前。所惡於右，毋以交於左；所惡於左，毋以交於右：此之謂「絜矩之道」。惡、先，並去聲。

此覆解上文「絜矩」二字之義。如不欲上之無禮於我，則必以此度下之心而亦不敢以此無禮使之；不欲下之不忠於我，則必以此度上之心而亦不敢以此不忠事之。至於前後左右，無不皆然。則身之所處，上聲。**上下四旁、**上下已見上文，前後左右爲四旁。四旁即四方也。**長短廣狹，彼此如一而無不方矣。彼同有是心而興起焉者，又豈有一夫之不獲哉？**新安陳氏曰：有此絜矩之道以處之，則始焉興起其孝弟不倍之心者，今果得以遂其心矣。**所操**平聲。**者約而所及者廣，**雲峯胡氏曰：只一「矩」字，此心「所操者約」；加「絜」字，此心「所及者廣」。**此平天下之要道也。故章内之意皆自此而推之。**朱子曰：上下前後左右都只一樣心，只是將那頭折轉來比這頭。在我上者使我如此而我惡之，更不將來待在下之人。如此則自家在中央，上面也占許多地步，下面也占許多地步，便均平方正。若下之事我如此而我惡之，我若將去事上，便下面長上面短，不方了。左右前後皆然。○譬如交代官，前官之待我既不善，吾毋以前官所以待我者待後官也。左右如東西鄰，以鄰國爲壑，是所惡於左，毋以交於右可也。上下前後左右做九箇人來看便見。○「己欲立而立人，己欲達而達人」，是兩摺説，只以己對人言。若絜矩，則上之人所以待我，我又思以待下之人，是三摺説。如《中庸》「所求乎子以事父未能」，亦是此意。但《中庸》是言其所好，此言其所惡也。人莫不有在我之上者，莫不有在我之下者。如親在我之上，子孫在我之下。我欲子孫孝於我而我却不能孝於親，我欲親慈於我而我却不能慈於子孫，便是一畔長，一畔短，不是絜矩。○問：「長短廣狹如一而無不方，在人有天子、諸侯、大夫、士、庶人之分，何以使之均平？」曰：非言上下之分欲使之均平，蓋事親事長當使之均平，上下皆得行之。上之人得事其親，下之人也得事其親，但各隨其分得盡其事親事長之意耳。○雙峯饒氏曰：以上下左右前後言，則我當其中。上之使我猶我之使下，下之事我猶我之事上，至於左右前後皆然，故皆不當以所惡者及之。然以上之使我者使下而不以事上，以下之事我者事上而不以使下，則上下之分殊矣；以前之先我者先後而不以從前，以後之從我者從前而不以先後，則前後之分殊矣。是理一之中又有分殊者存，此所以異於墨氏之兼愛、佛法之平等也。○雲峯胡氏曰：右第二節，言此之謂絜矩之道，須看「是以有」、「此之謂」六字。人之心本無間於己，「是以有絜矩之道」；己之心能不間於人，「此之謂絜矩之道」。○新安陳氏曰：下文節節提掇能絜矩與不能絜矩者之得與失，皆是自此一節而推廣之。

《詩》云：「樂只君子，民之父母。」民之所好好之，民之所惡惡之，此之謂民之父母。樂音洛。只音紙。好、惡，並去聲。下並同。

《詩》，《小雅·南山有臺》之篇。只，語助辭。言能絜矩而以民心爲己心，則是愛民如子，而民愛之如父母矣。此言能絜矩之效。○東陽許氏曰：言上之人能如愛子之道愛其民，則下民愛其上如愛父母。然愛民之道，不過順其好惡之心而已。大約言之，民所好者，飽暖安樂；所惡者，饑寒勞苦。使民常得其所好而不以所惡之事加之，則愛民之道也。

《詩》云：「節彼南山，維石巖巖。赫赫師尹，民具爾瞻。」有國者不可以不慎，辟則爲天下僇矣。節，讀爲「截」。辟，讀爲「僻」。「僇」與「戮」同。

《詩》，《小雅·節南山》之篇。節，截然高大貌。師尹，周太師尹氏也。具，俱也。辟，偏也。言在上者人所瞻仰，不可不謹。若不能絜矩而好惡徇於一己之偏，則身弑國亡，爲天下之大戮矣。此言不能絜矩之禍，與上一節正相反者也。

《詩》云：「殷之未喪師，克配上帝。儀監于殷，峻命不易。」道得衆則得國，失衆則失國。喪，去聲。儀，《詩》作「宜」。峻，《詩》作「駿」。易，去聲。

《詩》，《文王》篇。師，衆也。配，對也。配上帝，言其爲天下君而對乎上帝也。監，視也。峻，大也。不易，言難保也。道，言也。引《詩》而言此，以結上文兩節之意。有天下者能存此心而不失，則所以絜矩而與民同欲者自不能已矣。雙峯饒氏曰：未喪師則克配上帝，是得衆則得國，能絜矩而爲民父母者也；喪師則不能配上帝，是失衆則失國，不能絜矩而辟則爲天下僇者也。○玉溪盧氏曰：殷之喪師，紂之失人心也；其未喪師，先王之得人心也。得人心所以配上帝，失人心所以不能。天命之去留判於人心之向背，人心之向背又在君之能絜矩與否而已。得衆得國，應《南山有臺》之意；失衆失國，應《節南山》之意。存此而不失，明德之體所以立；絜矩而與民同欲，明德之用所以行。○雲峯胡氏曰：右第三節，就好惡言絜矩。蓋「好」、「惡」二字已見「誠意」、「脩身」二章。特「誠意」章是好惡其在己者，「脩身」章推之以好惡其在人者，此章又推之以好惡天下之人者也。「誠意」章主慎獨，其爲好惡也一誠無僞；此章主絜矩，其爲好惡也一公無私。「脩身」章是言不能慎獨則好惡之辟不足以齊其家，此章是言不能絜矩則好惡之辟不足以平天下。所謂血脉貫通者，又於此見之，不可不詳味也。慎獨是「敬以直内」，絜矩是「義以方外」。

是故君子先慎乎德。有德此有人，有人此有土，有土此有財，有財此有用。

先謹乎德，承上文「不可不謹」而言。德，即所謂「明德」。有人，謂得衆；有土，謂得國。應上文「得衆則得國」。有國則不患無財用矣。朱子曰：爲國絜矩之大者又在於財用，所以後面只管説財。○自家若意誠心正身脩家齊了，則天下之人安得不歸於我？如湯、武之東征西怨，則自然有人有土。○雙峯饒氏曰：格致誠正脩，所以謹此德也。「此有人」等「此」字，此猶「斯」也。○玉溪盧氏曰：德即明德，謹德即謂明明德。先謹乎德，以平天下之大本而言也。有德則能絜矩，所以得衆而得國。○新安陳氏曰：揭「明德」訓此「德」字，見明明德爲《大學》一書之綱領。此章言財用始於此。財用之有，本於慎德而有之，非私有也。○東陽許氏曰：言爲人上者，明德爲本而財用爲末。財固是國家所必用而不可無者，但當脩德爲本，絜矩而取於民有制。

德者，本也；財者，末也。

本上文而言。新安陳氏曰：有德而後有人有土，有土而後方有財，可見德爲本而財爲末矣。

外本内末，争民施奪。

人君以德爲外，以財爲內，則是爭鬬其民而施之以劫奪之教也。蓋財者人之所同欲，不能絜矩而欲專之，則民亦起而爭奪矣。朱子曰：民本不是要爭奪，惟上之人以德爲外而暴征橫斂，民便效尤相攘相奪，是上教得他如此。○三山陳氏曰：財，人所同欲，上欲專之則不均平，便是不能絜矩。

是故財聚則民散，財散則民聚。

外本內末，故財聚；爭民施奪，故民散。反是則有德而有人矣。栝蒼葉氏曰：爲國者豈可惟知聚財而不思所以散財？此有天下者之大患也。○東陽許氏曰：財聚民散，言不能絜矩，取於民無制之害；財散民聚，言能絜矩，取於民有制之利。散財，不是要上之人把財與人，只是取其當得者而不過。蓋土地所生只有許多數目，上取之多則在下少。

是故言悖而出者亦悖而入，貨悖而入者亦悖而出。

悖，逆也。此以言之出入明貨之出入也。自「先謹乎德」以下至此，又因財貨以明能絜矩與不能者之得失也。問：「絜矩如何只管說財利？」朱子曰：畢竟人爲這箇較多。所以生養人只是這箇，所以殘害人亦只是這箇。○此章大概是專從絜矩上來。蓋財者，人之所同好也，而我欲專其利則民有不得其所好者矣。大抵有國有家所以生起禍亂，皆是從這裏來。○三山陳氏曰：以惡聲加人，人必以惡聲加己；以非道取人之財，人必以非道奪之。言與貨其出入雖不同，而皆歸諸理，其爲不可悖一也。○吳氏曰：慎德而有人有土與財散民聚，能絜矩者之得也；內末而爭民施奪與財聚民散、悖入悖出，不能絜矩者之失也。○東陽許氏曰：此以言之出入比貨出入，不能絜矩、取於民無制之害。

《康誥》曰：「惟命不于常。」道善則得之，不善則失之矣。

道，言也。因上文引《文王》詩之意而申言之，其丁寧反覆之意益深切矣。雙峯饒氏曰：此「得」、「失」字串前「得」、「失」字。以德爲本則善，善則得衆得國矣；以財爲本則不善，不善則失衆失國矣。○玉溪盧氏曰：有德則能絜矩，是之謂善，所以得人心在此，所以得天命亦在此；無德則不能絜矩，是謂不善，所以失人心在此，所以失天命亦在此。人心歸則天命歸，人心去則天命去，是天命之不常乃所以爲有常也。此引《康誥》之書以結前五節之意，與前引《文王》詩相應。命不于常，即「峻命不易」之理。善則得，不善則失，即「得國」、「失國」之意。此所謂善，即「止至善」之善。○雲峯胡氏曰：右第四節，就財用言絜矩。若好惡不能絜矩，任己自私，不可以平天下；財用不能絜矩，瘠民自肥，亦不可以平天下。欲平天下者不可不深自警省也。

楚書曰：「楚國無以爲寶，惟善以爲寶。」

楚書，楚語。三山陳氏曰：楚史官所記之策書也。○古栝鄭氏曰：楚書，楚昭王時書也。**言不寶金玉而寶善人也。**《國語·楚語》：王孫圉聘於晉，定公饗之。趙簡子鳴玉以相，問曰：「楚之白珩猶在乎？其爲寶也幾何矣？」曰：「楚之所寶者曰觀射父，能作訓辭以行事於諸侯，使無以寡君爲口實。又有左史倚相，能通訓典以叙百物，以朝夕獻善敗于寡君，使無忘先王之業。若諸侯之好幣具而導之以訓辭，寡君其可以免罪於諸侯而國民保焉？此楚國之寶也。若夫白珩，先王之玩也，何寶之焉？」王孫圉，楚大夫。趙簡子，名鞅，鳴玉以相，鳴佩玉以相禮也。珩，佩玉之横者。

舅犯曰：「亡人無以爲寶，仁親以爲寶。」

舅犯，晉文公舅狐偃，字子犯。亡人，文公時爲公子名重耳。**出亡在外也。仁，愛也。事見《檀弓》。**《禮記·檀弓》篇：晉獻公之喪，秦穆公使人弔公子重耳，且曰：「寡人聞之：『亡國恒於斯，得國恒於斯。』雖吾子儼然在憂服之中，喪亦不可久也，時亦不可失也。孺子其圖之！」以告舅犯，舅犯曰：「孺子其辭焉。喪人無寶，仁親以爲寶。父死之謂何？又因以爲利，而天下其孰能説之？孺子其辭焉。」重，平聲。「喪亦」、「喪人」之「喪」，並去聲。喪即出亡也。父死而欲反國求爲後，是因以爲利也。説，如字，猶「解」也。○古栝鄭氏曰：文公時避驪姬之讒，亡在翟而獻公薨。秦穆公使子顯弔之，勸之復國。舅犯爲之對此辭也。○四明李氏曰：楚爲《春秋》所惡，舅犯特霸主之佐耳。《大學》參稽格言以垂訓萬世，乃於此乎取，何歟，蓋天下之善無窮，君子之取善亦無窮。猶《書》記帝王而繼之以《秦誓》，故下文及之。**此兩節又明不外本而内末之意。**雙峯饒氏曰：寶者，指財而言。此就財上説來，却接用人説去。蓋天下惟理財、用人二事最大。○玉溪盧氏曰：不以金玉爲寶而以善人爲寶，不以得國爲寶而以愛親之道爲寶，是能内本而外末者也。○雲峯胡氏曰：右第五節，當連上文善與不善看。在我者惟善則得之，在人者亦當惟善是寶。兩「寶」字結上文財用，「惟善」、「仁親」又起下文之意。蓋第三節言好惡，第四節言財用，此則兼財用、好惡言也。

《秦誓》曰：「若有一个臣，斷斷兮無他技。其心休休焉，其如有容焉。人之有技，若己有

之；人之彥聖，其心好之，不啻若自其口出。寔能容之，以能保我子孫黎民，尚亦有利哉！人之有技，媢疾以惡之；人之彥聖，而違之俾不通。寔不能容，以不能保我子孫黎民，亦曰殆哉！」个，古賀反。《書》作「介」。斷，丁亂反。媢音冒。

《秦誓》，《周書》。斷斷，誠一之貌。彥，美士也；聖，通明也。三山陳氏曰：「聖」字專言之則爲衆善之極，對衆善而言則止於通明之一端。○新安陳氏曰：孟子云：「大而化之之謂聖。」此專言之者也。《周禮》六德：「知仁聖義中和。」此對衆善而言之者也。**尚，庶幾**平聲。**也。媢，忌也。違，拂戾也。殆，危也。**問：「絜矩以好惡、財用、媢疾、彥聖爲言，何也？」朱子曰：如桑弘羊聚斂以奉武帝之好，若是絜矩底人，必思許多財物必是侵過著民底，滿得我好，民必惡。言財用者蓋如自家在一鄉之間却專其利，便是侵過著他底，便是不絜矩。言媢疾彥聖者，蓋有善人則合當舉之使之得其所，今則不舉他使失其所，是侵善人之分，便是不絜矩。此不特言其好惡財用之類當絜矩，事事亦當絜矩。○玉溪盧氏曰：一个，挺然獨立而無朋黨之謂。斷斷無他技，德有餘而才不足也。「休休」二字，其義深長，❶有淡然無欲之意，又有粹然至善之意。曰如有容，其量之大不可得而測，亦不可得而名言也。有技若己有之，能容天下有才之人，則天下之才皆其才也。若己有之，不特不媢疾而已。彥聖心好，不啻若自其口出，能容天下有德之人，則天下之德皆其德也。不啻若自其口出，好善有誠而口不足以盡其心也。能以天下之

❶「義」，四庫本、孔本、陸本作「意」。

才、德爲己之才、德，信乎其能容矣。前言「如有容」，此言「寔能容」，二句相應。人君用此人，其有益於人國可知。有技疾惡之，彦聖俾不通，不能以天下之才、德爲才、德，人君而用此人，國家豈不危殆？能容者用之其利如此，不能容者用之其害又如此，人主在擇一相者此也。此又絜矩之先務也。○蛟峯方氏曰：其如有容，其，疑辭也。有甚物似他有容者，言無可比他有容之大。○新安陳氏曰：有容者，能絜矩而人所同好者也；媢疾者，不能絜矩而人所同惡者也。人君能好有容者而用之，惡媢疾者而舍之，是又絜矩之大者。○東陽許氏曰：此專言爲政者好惡之公私。「尚亦有利哉」以上一截，言能絜矩而以公心好人；以下一截，言不能絜矩而以私心惡人。

唯仁人放流之，迸諸四夷，不與同中國。此謂「唯仁人爲能愛人，能惡人」。迸，讀爲「屏」，古字通用。屏，必正反，除也。

迸，猶「逐」也。言有此媢疾之人妨賢而病國，則仁人必深惡而痛絶之。以其至公無私，故能得好惡之正如此也。北溪陳氏曰：此能公其好惡而能絜矩者也。○雙峯饒氏曰：惡人之所同惡，好人之所同好，即舜之去四凶、舉十六相是也。○玉溪盧氏曰：此承上節下一截而言。媢疾之人待之宜如此，謂之「能惡人」可也，而謂之能愛人，何也？蓋小人不去則君子不進，去小人不能絶之則雖進君子而不能安之。去小人固所以進君子，絶小人乃所以安君子。吾之威在媢疾之人，吾之恩在天下後世矣。惟吾心純乎天理之公，故吾之好惡與天下爲公。此仁人所以能愛惡人也。○新安陳氏曰：此引《家語》孔子之言，故以「此謂」冠之。乃引援古語之例。○東陽許氏曰：言能絜矩而惡惡得其正。所謂放流，即媢疾蔽賢之人。朝廷之上，惡人既去，則善人方得通。又以「仁人」總結之，言能絜矩者也。

見賢而不能舉，舉而不能先，命也；見不善而不能退，退而不能遠，過也。遠，去聲。**命，鄭氏云當作「慢」，程子云當作「怠」，未詳孰是。**命、慢聲相近，近是。**若此者知所愛惡矣而未能盡愛惡之道，蓋君子而未仁者也。**朱子曰：先，是早底意，是不能速用之。〇雙峯饒氏曰：見賢而不能舉，見不善而不能退，如漢元帝知蕭望之之賢而不能用，知弘恭、石顯之姦而不能去是也。〇新安陳氏曰：舉不先，未盡愛之道；退不遠，未盡惡之道。上文能愛惡，仁人也，此不能盡愛惡之道，所以爲「君子而未仁者」也。

好人之所惡，惡人之所好，是謂拂人之性，菑必逮夫身。菑，古「災」字。夫音扶。**拂，逆也。好善而惡惡，人之性也；至於拂人之性，則不仁之甚者也。自《秦誓》至此，又皆以申言好惡公私之極，以明上文所引《南山有臺》、《節南山》之意。**朱子曰：斷斷者是能絜矩，媢疾者是不能絜矩；仁人放流之是大能絜矩，好人所惡、惡人所好是大不能絜矩。〇栝蒼葉氏曰：上一節雖未盡好惡之極，猶能知所好惡，尚不至於拂人好惡之常性。今有人焉，於人之所當好所同好者反從而惡之，於人之所當惡所同惡者反從而好之，如此等人，不仁之甚。〇雙峯饒氏曰：好惡與人異，菑必逮夫身，桀、紂是也。〇玉溪盧氏曰：人性本有善而無惡，故人皆好善而惡惡。仁人之能好惡，不過順人之性耳。苟好惡惡善而拂人之性，則失其本心甚矣，非不仁之甚而何？菑必逮身，爲天下僇是也。自古有天下者未嘗不以用君子而興，用小人而亡。能愛惡人則君子進小人退，而天下蒙其利，此能絜矩者之所爲也，好人所惡、惡人所好則君子退小人進，而天下受其禍，此不能絜矩者之所爲也。自《秦誓》至此凡四節。《秦誓》一節見君子小人之分，次節言用舍之能盡其道者，又次節言用舍之不盡其道者，此節則言用舍之全失其道者：皆因絜矩之義而申明好惡公私之極，以申明平天下之要道也。○雲峯胡氏曰：右第六節，就用人言好惡。《大學》於此提出「仁」之一字，而《章句》又以君子之未仁、小人之不仁者言之，蓋絜矩是恕之事，恕所以行仁，故特以「仁」結之。

是故君子有大道，必忠信以得之，驕泰以失之。

君子，以位言之。此謂治國平天下之君子。**道，謂居其位而脩己治人之術。**道，即「大學之道」。脩己，明明德之事；治人，新民之事也。**發己自盡爲忠，循物無違謂信。**朱子曰：發於己心而自盡則爲忠，循於物理而不違背則爲信。忠是信之本，信是忠之發。伊川見明道此語尚晦，故更云「盡己之謂忠，以實之謂信」，便是穩當。**驕者，矜高；泰者，侈肆。此因上所引《文王》、《康誥》之意而言。章内三言得、失而語益加切，蓋至此而天理存亡之幾**平聲。**決矣。**朱子曰：初言得衆失衆，再言善則得、不善則失，已切矣。終之以忠信、驕泰，分明是就心上説出得失之由以決之。忠信乃天理之所以存，驕泰乃天理之所以亡。○北溪陳氏曰：忠信者絜矩之本，能絜矩者也；驕泰者任己自恣，不能絜矩者也。○雙峯饒氏曰：此「得」、「失」字，又申前兩段「得」、「失」字而言。由上文觀之，固知得衆得國而又知善則得之矣，然所以得此善者，亦曰忠信則得善之道，驕泰則失善之道矣。忠信即是誠意，驕泰乃忠信之反也。以此觀之，可見誠意不特爲正心脩身之要，而又爲治國平天下之要。○雲峯胡氏曰：

右第七節。不分言好惡與財用之絜矩，但言「君子有大道」。此「道」字即章首「絜矩之道」也。忠信以得之者，在己有矩之心而發己自盡則爲忠；在物有矩之理而循物無違則爲信。驕泰以失之者，驕者矜高，不肯下同民之好惡，非絜矩之道也；泰者侈肆，必至於橫斂乎民之財用，非絜矩之道也。前兩言「得」、「失」，人心天命存亡之幾也；此言「得」、「失」，吾心天理存亡之幾也。《章句》此一「幾」字當與「誠意」章「幾」字參看。

生財有大道。生之者衆，食之者寡；爲之者疾，用之者舒：則財恒足矣。恒，胡登反。

呂氏曰：呂氏，名大臨，字與叔。藍田人。**「國無遊民則生者衆矣，朝**音潮。**無幸位則食者寡矣；不奪農時則爲之疾矣，量入爲出則用之舒矣。」愚按，此因「有土」、「有財」而言，以明足國之道在乎務本而節用，**新安陳氏曰：務本，謂生者衆，爲者疾，所以開財之源也；節用，謂食者寡，用者舒，所以節財之流也。疾謂速，舒謂緩。**非必外本内末而後財可聚也。自此以至終篇，皆一意也。**陳氏曰：此古人生財之政也。蓋與後世異矣。○雙峯饒氏曰：財者，末也。財雖是末，亦是重事。若要生財，亦自有箇大道理。「生衆」至「用舒」，此四者不可缺一，乃生財之正路，外此皆邪徑也。○玉溪盧氏曰：國無遊民而不奪農時，民之財所以足；朝無幸位而量入爲出，國之財所以足。○仁山金氏曰：天地間自有無窮之利，有國家者亦本有無窮之財。但勤者得之，怠者失之；儉者裕之，奢者耗之。故傳之四語，萬世理財之大法也。

仁者以財發身，不仁者以身發財。

發，猶「起」也。仁者散財以得民，不仁者亡身以殖承職反。**貨。**朱子曰：仁者不是特地散財買人歸己，只是不私其有，人自歸之而身自尊。是言散財之效如此。不仁者只務聚財，不管身危亡也。○雙峯饒氏曰：財散民聚，此以財發身；財聚民散，此以身發財。○新安陳氏曰：紂聚鹿臺之財以亡，武散之以興，即其證也。

未有上好仁而下不好義者也，未有好義其事不終者也，未有府庫財非其財者也。

上好仁以愛其下，則下好義以忠其上，所以事必有終而府庫之財無悖出之患也。問：「如何上仁下便義？」朱子曰：只是一箇道理。在上便喚做仁，在下便喚做義；在父便謂之慈，在子便謂之孝。○陳氏曰：惟上之人不妄取民財而所好在仁，則下皆好義以忠其上矣；下既好義，則爲事無有不成遂者矣。天下之人皆能成遂其上之事，則府庫之財亦無悖出之患而爲我有矣。非若不好仁之人，財悖而入，亦悖而出也。○玉溪盧氏曰：此所謂循天理則不求利而自無不利者也。○新安陳氏曰：此章自「仁人放流」之後，言仁不一，與此節皆當參玩。

孟獻子曰：「畜馬乘，不察於雞豚；伐冰之家，不畜牛羊；百乘之家，不畜聚斂之臣。與其有聚斂之臣，寧有盜臣。」此謂「國不以利爲利，以義爲利」也。畜，許六反。乘、斂，並去聲。

孟獻子，魯之賢大夫仲孫蔑也。畜馬乘，士初試爲大夫者也；伐冰之家，卿大夫以上上聲。**喪祭用冰者也。**新安陳氏曰：孔氏疏曰：「按《書傳》『士飾車駢馬』，《詩》云『四牡騑騑』，大夫以上乃得乘四馬。今下云『伐冰之家』是卿大夫，今別云『畜馬乘』，故知士初試爲大夫者也。《左》昭四年『大夫命婦喪浴用冰』，《喪大記》云『士不用冰』，故知卿大夫也。士若恩賜，亦得用之，但非其常。故《士喪禮》賜冰，則『夷槃可也』。」○《禮・喪大記》：「君設大槃，造冰焉；大夫設夷槃，造冰焉；士併瓦槃，無冰。」造，猶「納」也。禮，自仲春之後，納冰槃中，乃設牀於其上而遷尸焉。秋涼而止。士不用冰，以瓦爲槃，併以盛水耳。○《周禮・天官》：「凌人，掌冰。正歲十有二月，令斬冰，三其凌。春始治鑑，凡內外饔之膳羞鑑焉。凡酒漿之酒醴亦如之。祭祀共冰鑑，賓客共冰，大喪共夷槃冰。」凌，冰室也。鑑，如甀，大口。以盛冰，置食物酒醴于中，以禦熱氣，防失味變色也。甀音縋，今大瓦盆屬。鄭氏曰：「夷之言『尸』也。實冰於盤中，置於尸牀之下，所以寒尸。尸之槃曰『夷槃』，牀曰『夷牀』，移尸曰『夷于堂』，皆依『尸』而言也。」○夷槃，廣八尺，長一丈二尺。

百乘之家，有采地者也。采音菜。采地，臣之食邑也。**君子寧亡己之財而不忍傷民之力，故寧有盜臣而不畜聚斂之臣。「此謂」以下，釋獻子之言也。**朱子曰：如食祿之家又畜牛羊，却是與民爭利，便是不絜矩。所以道以義爲利者，「義以方外」也。○雙峯饒氏曰：此段大意在「不畜聚斂之臣」，見用人與理財相關。○玉溪盧氏曰：「國不以利爲利，以義爲利」，蓋古語，觀「此謂」字可見。引之以證獻子之言也。獻子嘗師子思，能知義利之分，故能知絜矩之道。○東陽許氏曰：言上之人當絜矩，不可侵下之利。雖養雞豚之小利，尚不可與民爭，而況爲君者專事聚斂以虐民乎？○以利爲利，快目前之意而爲禍深；以義爲利，儉目前之用而福自遠。

長國家而務財用者，必自小人矣。彼爲善之。小人之使爲國家，菑害並至。雖有善者，亦無如之何矣。此謂「國不以利爲利，以義爲利」也。長，上聲。

彼爲善之，此句上下疑有闕文誤字。○自，由也。言由小人導之也。此一節深明以利爲利之害而重直容反。**言以結之，其丁寧之意切矣。**玉溪盧氏曰：長國家不務絜矩而務財用，小人導之也。務絜矩者，義也；務財用者，利也。「君子喻義」，人主用君子則能絜矩矣；「小人喻利」，人主用小人則不能絜矩矣。此天下治亂之分也。又曰：財者，天所生而民所欲，事聚斂則失人心而干天怒，故菑害並至。菑由天降，害自人作。既已並至，此時雖用君子亦晚矣，無救於禍矣。所謂徇人欲則求利未得而害已隨之者此也。國不以利爲利，以義爲利，上所引就理上説，固足明絜矩之當務；下所引就利害上説，尤足明絜矩之不容不務。言愈丁寧，遏人欲而存天理之意愈深切矣。自「生財有大道」以後凡四節，前兩節自君身言，後兩節自君之用人言。進君子退小人，乃與民同好惡之大者，是又所以爲絜矩之要道也。故此章言絜矩之道必以進君子退小人終焉既致嚴於君子小人之辨復致嚴於義利、理欲之辨者，乃《大學》反本窮源之意。即本心存亡之幾，決天下治亂之幾，止以明德、新民皆當止於至善故也。○勿軒熊氏曰：指用人而言，又結以務財用必自小人始而深致嚴於義利之辨。用君子則自有義中之利，用小人則利未得而害已隨之。此章前以理財、用人分爲二節，後乃合而言之，其實能用人則能理財，不過一道而已。○雲峯胡氏曰：右第八節。生財大道亦即絜矩之道，能使天下之人皆務本，而上之人自不節用，非絜矩矣。第六節言「仁人」，此節言「仁者」，皆因絜矩而言也。絜矩爲恕之事，恕爲仁之方。好惡不能恕，安能如仁人能愛人、能惡人；財用不能恕，安能如仁者以財發身？末又舉獻子之言者，用人亦當取其絜矩也。於好惡不能絜矩者，媢疾之人也；於財用不能絜矩者，聚斂之臣也：皆小人不仁之甚者也。故曰

《孟子》之書以此始，道學之傳有自來矣。○東陽許氏曰：言有天下者當用善人。若用惡人，至於天災見於上，人害生於下，國勢將崩。此時雖有聖賢欲來扶持，亦不可爲。再三戒用人之詳也。○災，如日食星變、水旱蝗疫皆是；害，如民心怨叛、寇賊姦宄、兵戈變亂皆是。

右傳之十章，釋「治國平天下」。

此章之義，務在與民同好惡而不專其利，皆推廣絜矩之意也。能如是則親賢樂利各得其所，而天下平矣。 朱子曰：「絜矩」章專言財用，繼言用人，蓋人主不能絜矩者皆由利心之起，故徇己欲而不知有人，此所以專言財用也。人才用舍最係人心向背。若能以公滅私，好惡從衆，則用舍當於人心矣，此所以繼言用人也。○陳氏曰：此章之義甚博，大意則在於絜矩。其所以說絜矩之道在於分義利、別好惡。其所惡者利，所好者義，須是能公好惡、別義利如此，則天下均平而無一夫不遂其所矣。○此章反覆援引、出入經傳者幾千言，意若不一。然求其緒，卒不過好惡、義利之兩端；又從而要其歸，則亦不出於絜矩之道而已。絜矩之道，以己知彼，以彼反己，而好惡義利之理明矣。○雙峯饒氏曰：《大學》一書多說好惡。「誠意」章說如好好色、惡惡臭；「齊家」章說好知其惡，惡知其美，所令反其所好；「平天下」章說民之所好好之，所惡惡之，與好人所惡、惡人所好：畢竟天下道理不過善惡兩端。初言格物致知時便要分別此二件分明，自「誠意」章以後只是好其所當好、惡其所當惡而已。又曰：此章大要不過理財、用人二事。自「先愼乎德」以下是說理財，自《秦誓》以下是説用人，自「生財有大道」以下又説理財，二事反覆言之。然所用者君子，則君子之心公，必能均其利於人；所用者小人，則小人之心私，必至專其利於己。所以末後又説長國家而務財用必自小人矣。如此則理財、用人又只是一事。○玉溪盧氏曰：絜矩，所以明明德於天下。親賢、樂利各得其所而天下平，則明德明於天下而無不止於至善矣。○東陽許氏曰：此章大意，治天下在乎絜矩，而絜矩於用人取財處爲要。然得失之幾全在忠信、驕泰上。發於心者忠，接於物者信，則事皆務實，好善惡惡皆得其正而能盡絜矩之道；存於心者矜驕，行之以侈肆，必不能絜矩，則遠正人而讒諂聚斂之人進矣。故忠信、驕泰，治、亂之原也。

凡傳十章：前四章統論綱領旨趣，音娶。**後六章細論條目工夫。其第五章乃明善之要，**格物致知爲明善之要法。**第六章乃誠身之本，**誠正脩皆所以誠身，而誠意爲之本始。**在初學尤爲當務之急。讀者不可以其近而忽之也。**節齋蔡氏曰：明善之要、誠身之本，朱子於篇末尤懇切爲學者言之，何耶？蓋道之浩浩，何處下手？學者用工夫之至要者，不過明善、誠身而已。明善即致知也，誠身即力行也。始而致知，所以明萬理於心而使之無所疑；終而力行，所以復萬善於己而使之無不備。知不致則真是真非莫辨，而後何所從適；行不力則雖精義入神，亦徒爲空言。此《大學》第五章之明善、第六章之誠身所以爲學者用功之至切至要。○玉溪盧氏曰：十章之傳，綱目相維。讀者須即綱領而考其條目，即條目而貫諸綱領，使一書之義了然於胸中，庶幾有受用處。第五章明善之要，是明明德之端；第六章誠身之本，是明明德之實。明善誠身之旨，《大學》、《中庸》所以相表裏者在此，曾子、子思所以授受者亦在此。故朱子揭此以示學者急先之當務云。〇雲峯胡氏曰：明善、誠身，《中庸》言之，孟子又言之，其説元自《大學》致知誠意來。《章句》之末舉此二者，以見曾、思、孟三子之相授受焉。

大學或問

或問：「大學之道，吾子以爲大人之學，何也？」曰：此對「小子之學」言之也。曰：「敢問其爲小子之學，何也？」曰：愚於序文已略陳之。而古法之宜於今者，亦既輯而爲書矣，即今之《小學》書。學者不可以不之考也。曰：「吾聞君子務其遠者大者，小人務其近者小者。今子方將語音御。人以大學之道，而又欲其考乎小學之書，何也？」朱子曰：《小學》書是做人底樣子。○問小學、大學之别。曰：小學、大學只是一箇事。小學是學事親事長，大學便就上面講究委曲其所以事親事長是如何。○古人由小學而進於大學，其於洒掃、應對、進退之間持守堅定，涵養純熟，固已久矣。大學之序，特因小學已成之功。○陳氏曰：《小學》書綱領甚好，最切於日用，雖至大學之成亦不外是。曰：學之大小固有不同，然其爲道則一而已。是以方其幼也，不習之於小學則無以收其放心，養其德性，而爲大學之基本；或曰：放心者，或心起邪思妄念，耳聽邪言，目觀亂色，口談不道之言，以至手足動之不以禮：皆是「放」也。收者，便於邪思妄念處截斷不續，耳目言動皆然，此謂之「收」。既能收其放心，德性自然養得，不是收放心外又養箇德性也。朱子曰：然。○西山真氏曰：德性謂得之於天者，仁、義、禮、智、信是也。德性在心本皆全備，緣放縱其心不知操存，是致賊害其性。若能收其放心，即是養其德性，非二事也。及其長上聲。下同。也，不進之於大學則無以察夫音扶。義理，措諸事業，而收小學之成功。玉溪盧氏曰：察夫義理，大學始事，格致是也；措諸事業，大學終事，齊治平是也。是則學之大小所以不同，特以少去聲。長所習之異宜而有高下淺深、先後緩急之殊。非若古今之辨、義利之分，判然如薰蕕音猶。冰炭之相反而不可以相入也。薰，香草；蕕，臭草。今使幼學之士必先有以自盡乎洒上、去二聲。掃去聲。應對進退之間，禮樂射御書數之習，俟其既長而後進乎明德、新民以止於至善。是乃次第之當然，又何爲而不可哉？曰：「幼學之士以子之言而得循序漸進以免於躐等陵節之病，則誠幸矣。若其年之既長而不及乎此者，欲反從事於小學，則恐其不免於扞格，不勝勤苦難成之患；《記·學記》：「發然後禁則扞格而不勝，時過然後學則勤苦而難成。」扞，胡半反。格，胡客反。勝，平聲。人欲既發而後禁之，則扞拒堅强而不勝也。欲直從事於大學，則又恐其失序無本而不能以自達也：則如之何？」曰：是其歲月之已逝者則固不可得而復扶又反。下同。追矣，若其工夫之次第條目則豈遂不可得而復補耶？朱子曰：古人於小學自能言便有教，一歲有一歲工夫，到二十來歲，聖賢資質已自有二三分，大學只出治光采。而今都蹉過了，不能更轉去做得。只據而今地頭便劄住立定脚跟做去，栽種後來根株，填補前日欠缺。如二十歲覺悟，便從二十歲立定脚跟做去，如三十歲覺悟亦然。便年八九十歲覺悟，亦只據現定劄住硬寨做去。蓋吾聞之，「敬」之一字，聖學之所以成始而成終者也。爲小學者不由乎此，固無以涵養本源，即前所謂「收放心」、「養德性」。而謹夫音扶。下同。灑掃應對進退之節與夫六藝之教；爲大學者不由乎此，亦無以開發聰明，格致之事。進德誠正脩。脩業，齊治平。而致夫明德新民之功也。是以程子發明格物之道而必以是爲説焉。問：「『敬』字當不得小學。」朱子曰：看來小學却未當得敬，敬已自包得小學。敬是徹上徹下工夫。雖做到聖人田地，也只放下這敬不得。○問：「《大學》首云『明德』，却不曾説『主敬』，莫是已具於小學否？」❶曰：然。自小學不傳，伊川却是帶補一「敬」字。○北溪陳氏曰：程子只説一箇主敬工夫，何以補小學之缺。蓋主敬工夫可以收放心而立大本，大本既立然後工夫循序而進，無往不通。大抵主敬之功貫始終、一動静、合内外，小學、大學皆不可無也。○玉溪盧氏曰：敬者定志慮、攝精神而存養本心之道，故爲聖學之始終。百倍其功，只在主敬。篇首三言爲《大學》一書之綱領，「明明德」一句爲篇首三言之綱領，朱子「敬」之一字則又明明德之綱領也。不幸過時而後學者，誠能用力於此以進乎大而不害兼補乎其小，則其所以進者將不患於無本而不能以自達矣。其或摧頽已甚而不足以有所兼，則其所以固其肌膚之會、筋骸之束而養其良知良能之本者，亦可以得之於此而不患其失之於前也。《記·禮運》：「故禮義也者，人之大端也，所以講信脩睦

❶「具」，四庫本作「見」。

而固人之肌膚之會、筋骸之束也。」會，合也，物合其則也，如頭容宜合於直之類。束，收斂也，如手容宜恭之類。**顧以七年之病而求三年之艾，非百倍其功不足以致之。若徒歸咎於既往，而所以補之於後者又不能以自力，則吾見其扞格勤苦日有甚焉，而身心顛倒，眩瞀**務、茂二音。**迷惑，終無以爲致知力行之地矣。況欲有以及乎天下國家也哉？**問：「人於已失學後，須如此勉強奮勵方得。」朱子曰：失時而後學，必著如此趲補得前許多欠缺處。人一能之己百之，人十能之己千之。若不如是，悠悠度日，一日不做得一日工夫，只見没長進，如何要補前面？○今人不曾做得小學工夫，一旦學大學，是以無下手處。今且當自持敬始，使端的純一靜專，然後能致知格物。「敬」字是徹頭徹尾工夫，自格物至平天下皆不外此。**曰：「然則所謂敬者，又若何而用力耶？」曰：程子於此，嘗以「主一無適」言之矣，**程子曰：主一之謂敬，無適之謂一。○朱子曰：主一只是心專一，不以他念雜之。無適只是不走作，如讀書時只讀書，著衣時只著衣，了此一件又做一件。身在這裏，心亦在這裏。○今講學更須於主一上做工夫。若無主一工夫，則講底義理無安著處，都不是自家物事；若有主一底工夫，則外面許多義理方始爲我有，都是自家物事。工夫到時纔主一，便覺意思好，卓然精明。○北溪陳氏曰：主一是心只在此，不二不三；無適是心只在此，不東不西。主一無適只展轉相解釋要分明，非主一外又別有無適之功也。**嘗以「整齊嚴肅」言之矣。**程子曰：只整齊嚴肅則心便一，一則無非僻之干矣。○玉溪盧氏曰：主一無適未易曉，故又就事實上教人，使只就眼前做工夫。如正衣冠、尊瞻視，足容重、手容恭之類，皆是內外一致。外面整齊嚴肅則內面便一，內面才一則外面便無非僻之干。**至其門人謝氏**

之説，則又有所謂「常惺惺法」者焉；上蔡謝氏曰：敬是常惺惺法。○朱子曰：惺惺乃心不昏昧之謂，只此便是敬。整齊嚴肅固是敬，然心若昏昧，燭理不明，雖強把捉，豈得爲敬？○學問須是警省。且如瑞巖和尚每日常自問主人翁惺惺否，又自答曰惺惺。今時學者却不能如此。○或問佛氏亦有此語。曰：其喚醒此心則同，其爲道則異。吾儒喚醒此心，欲他照管許多道理；佛氏則空喚醒在此，無所作爲。異處在此。○心既常惺惺，又以規矩繩檢之，此内外交相養之道也。○今人心聳然在此，尚無惰慢之氣，況曰心常能惺惺者乎？故心常惺惺，自無客慮。○陳氏曰：是就心地上做工夫處。蓋心常惺惺在這裏，便常惺惺恁地活。若不在，便死了。心纔在這裏，則萬理便森然於其中矣。**尹氏之説，則又有所謂其心收斂不容一物者焉。**祈寬問：「如何是主一？」和靖尹氏曰：只收斂身心便是「主一」。且如人到神祠致敬時，其心收斂更著不得毫髮事，非主一而何？○朱子曰：心主這一事，不爲他事攙亂，便是不容一物。○問「心收斂不容一物」。曰：這心都不著一物便收斂。他上文云：「今人入神祠，當那時直是更著不得些子事，只有箇恭敬。」此最親切。今人若能專一，此心便收斂緊密，都無些子空罅。若這事思量未了，又走做那邊去，心便成兩路。**觀是數説，足以見其用力之方矣。**問：「程子、謝氏、尹氏所説敬處。」朱子曰：譬如此屋四方皆入得。若從一方入到這裏，則那三方入處都在這裏了。○問：「敬，諸先生之説各不同。然總而言之，常令此心常存是否？」曰：其實只一般。若是敬時，自然主一無適，自然整齊嚴肅，自然常惺惺，其心收斂不容一物。但程子「整齊嚴肅」與謝氏、尹氏之説又更分曉。○問：「程子、謝氏之説，謝氏尤切當。」曰：如某所見，程子説得切當。整齊嚴肅，此心便存，便能惺惺。未有外面整齊嚴肅而内不惺惺者。人一時間外面整肅便一時惺惺，一時放寬了便昏怠也。新安陳氏曰：朱子深取「整齊嚴肅」之説者，蓋以有著實下手處耳。〇勿齋程氏曰：「整齊嚴肅」及「收斂不容一物」，皆敬之始也；「主一無適」及「常惺惺」者，皆敬之成也。主一無適者敬之純，常惺惺者敬而明也。然主一亦有淺深，以初學言之則欲主乎一，以成德言之則所主者一。〇黄氏曰：且將自家身心去體察，見得如何是主一無適，如何是整齊嚴肅，如何是常惺惺，如何是其心收斂不容一物。是四者皆以有所畏而然。朱子晚年言「敬」字之義，惟「畏」字近之。其意精矣。〇西山真氏曰：持敬之道，合三先生之言而用力焉，然後内外交相養之功始備。曰：「敬之所以爲學之始者然矣，其所以爲學之終也奈何？」曰：敬者，一心之主宰而萬事之本根也。知其所以用力之方，則知小學之不能無賴於此以爲始；知小學之賴此以始，則夫音扶。大學之不能無賴乎此以爲終者，可以一以貫之而無疑矣。蓋此心既立，由是格物致知以盡事物之理，則所謂「尊德性而道問學」；新安陳氏曰：尊德性，持敬以涵養本原也。道問學，窮格以開發聰明也。由是誠意正心以脩其身，則所謂「先立其大者而小者不能奪」；新安陳氏曰：先立其大者，持敬以誠其意正其心也。小者不能奪，百體從心君所令而身脩也。由是齊家治國以及乎天下，則所謂「脩己以安百姓，篤恭而天下平」：是皆未始一日而離去聲。乎敬也。然則「敬」之一字，豈非聖學始終之要也哉？朱子曰：敬者始終之要，未知則敬以知之，已知則敬以守之。若不敬，則其心顛倒昏昧而不自知。未知者非敬無以知，已知者非敬無所守。○陳氏曰：心之爲物，虛靈知覺，所以爲一身之主宰也。身無此以爲之主宰，則四肢百體皆無所管攝矣。然所以爲心者，又當由我有以主宰之。我若何而主宰之乎？所謂敬者是又一心之主宰也。**○曰：「然則此篇所謂『在明明德，在新民，在止於至善』者，亦可得而聞其説之詳乎？」曰：天道流行，發育萬物。其所以爲造化者，陰陽五行而已。**黄氏曰：天道是理，陰陽五行是氣，合而言之，氣即是理，一陰一陽之謂道是也；分而言之，理自爲理，氣自爲氣，形而上下是也。○未有五行，只得喚做陰陽；既有五行，則陰陽在五行之中矣。**而所謂陰陽五行者，又必有是理而後有是氣。及其生物，則又必因是氣之聚而後有是形。故人物之生必得是理然後有以爲健順、仁義禮智之性，必得是氣然後有以爲魂魄、五臟百骸之身。周子所謂「無極之真，二五之精，妙合而凝」者，正謂是也。**問：「必有是理然後有是氣是如何？」朱子曰：此本無先後之可言，然必欲推其氣之所從來，則須説先有是理。然理又非別爲一物，即存乎是氣之中，無是氣則是理亦無掛搭處。氣則爲金、木、水、火，理則爲仁、義、禮、智。○理未嘗離乎氣，然豈無先後？理無形，氣便粗，有查滓。○就原頭定體上説，則未分五行時只謂之陰、陽，未分五性時只謂之健、順；及分而言之，則陽爲木、火，陰爲金、水，健爲仁、禮，順爲智、義。○問陰陽五行、健順五常之性。曰：健是稟得那陽之氣，順是稟得那陰之氣，五常是稟得五行之理。人、物皆稟得健順五常之性。○天地之間，有理有氣。理也者，形而上之道也，生物之本也；氣也者，形而下之器也，生物之具也。故人物之生，必稟此理然後有性，必稟此氣然後有形。其性其形雖不外乎一身，然道器之間分際甚明，不可亂也。○北溪陳氏曰：人始於氣感，則得魂爲先；既而體凝焉，則魄次之。魂主乎動，所以行乎此身之中隨所貫而無不生者也；魄主乎静，所以實乎此身之中隨所注而無不定者也。○節齋蔡氏曰：先有理後有氣者，形而上爲道、形而下爲器之謂也；有則俱有者，道即器之謂也。蓋不分先後則理氣不明，不合理氣則判爲二物。如性之與情，未發已發自有先後，固不可道性情同時也。然情之本實具於性，非先有此性而後別生一情，是有此性即有此情也。○東窗李氏曰：天之運五行，其實陰、陽而已；人之性五常，其實健、順而已。仁之油然生意不可遏，禮之粲然明盛不可亂，健之爲也；義不拂乎可否之宜，智不外乎是非之別，順之爲也。若夫信，則體是理而不易者健也，循是理而不違者順也。○玉溪盧氏曰：魂，陽之靈；魄，陰之靈。五臟，五行之質；百骸，萬物之象也。真以理言而理不雜氣，精以氣言而氣不離理。妙者，理氣之莫測；合者，理氣之無間；凝則有是形而各一其性矣。○周子之言見《太極圖説》。

然以其理而言之則萬物一原，固無人物貴賤之殊；以其氣而言之則得其正且通者爲人，得其偏且塞先則反。**者爲物，是以或貴或賤而不能齊也。**

朱子曰：以理言之則無不全，以氣言之則不能無偏。○人得其氣之正，故是理通而無所塞；物得其氣之偏，故是理塞而無所通。且如人頭圓象天，足方象地，平正端直，以其受天地之正氣，所以識道理、有知識；物受天地之偏氣，所以禽獸横生，草木頭生向下，尾反向上。物之間有知者不過只通得一路。如烏之知孝，獺之知祭，犬但能守禦，牛但能耕而已。人則無不知無不能。人所以與物異，所争者此耳。○論萬物之一原，則理同而氣異；觀萬物之異體，則氣猶相近而理絶不同。方賦與萬物之初，天命流行只是一般，故理同；二五之氣有清濁純駁，故氣異。萬物已得之後雖有清濁純駁之不同，而同此二五之氣，故氣相近。以其昏明開塞之甚遠，故理絶不同。氣相近，如知寒暖、識飢飽，好生惡死、趨利避害，人與物都一般。理不同，如蜂蟻之君臣只是他義上有一點子明，虎狼之父子只是他仁上有一點子明，其他更推不去。○新安倪氏曰：理雖不雜乎氣，而亦不離乎氣。以不雜者言之則理同而氣異，以不離者言之則得氣之正者理亦全，得氣之偏者理亦不全矣。朱子後一條與《或問》之説略有不同者，而亦未嘗不互相發也。**彼賤而爲物者既梏於形氣之偏塞，而無以充其本體之全矣，唯人之生乃得其氣之正且通者，而其性爲最貴。故其方寸之間，虚靈洞徹，萬理咸備。**北溪陳氏曰：此八字只是再詳「虚靈不昧以具衆理」之意。虚靈洞徹，蓋理與氣合而有此妙用耳，非可專指氣。如心恙底人亦有氣存，何故昏迷顛錯無此虚靈洞徹耶？**蓋其所以異於禽獸者正在於此，而其所以可爲堯舜而能參天地以贊化育者亦不外焉：是則所謂「明德」者也。然其通也或不能無清濁之異，其正也或不能無美惡之殊，故其所賦之質清者智而濁者愚，美者賢而惡者不肖，又有不能同者。**朱子曰：人雖皆是天地之正氣，但衮來衮去便有昏明厚薄之異。蓋氣是有形之物，纔是有形之物，便自有美惡也。○問：「智愚賢不肖是所禀之氣有清濁美惡之不同，不歸於所禀而歸於所賦，何邪？」曰：賦，如俗語云「分俵均敷」之意。○問：「有人聰明通曉是禀氣之清矣，然却所爲過差，或流於小人之歸，又有爲人賢而不甚聰明通曉，何也？」曰：《或問》中所謂知愚賢不肖之殊是也。蓋其所賦之質，便有此四樣。聰明曉了者，智也，而或不賢，便是禀賦中欠了清和温恭之德。又有人極温和而不甚曉事，便是賢而不智。爲學便是要克化教此等氣質令恰好耳。○有是理而後有是氣，有是氣必有是理。但禀氣之清者爲聖爲賢，此如寶珠在清泠水中；禀氣之濁者爲愚不肖，此如寶珠在濁水中。所謂「明明德」者，是就濁水中揩拭此珠也。物亦有是理。又如寶珠在至污處，然其所禀有些明處，就上面便自不昧。如虎狼之父子、蜂蟻之君臣是也。○黄氏曰：美惡是有生之初便分了，非以性言，是以氣言。譬如玉之與石則美惡固分，而玉之中又有美惡分焉。○格庵趙氏曰：通塞偏正，判人物之大分而言；其清濁美惡，又就人中分别。**必其上智大賢之資，乃能全其本體而無少不明。其有不及乎此，則其所謂「明德」者已不能無蔽而失其全矣。況乎又以氣質有蔽之心，接乎事物無窮之變，則其目之欲色、耳之欲聲、口之欲味、鼻之欲臭、四肢之欲安佚，所以害乎其德者又豈可勝**平聲。**言也哉？二者相因，反覆深固，是以此德之明日益昏昧，而此心之靈其所知者不過情欲利害之私而已。是則雖曰有人之形，而實何以遠於禽獸；雖曰可以爲堯舜而參天地，而亦不能有以自充矣。然而本明之體，得之於天，終有不可得而昧者。是以雖其昏蔽之極，而介然之頃**介音甲，倏然之頃也。**一有覺焉，則即此空**去聲。**隙之中而其本體已洞然矣。**問：「『介然之頃一有覺焉，則其本體已洞然矣』，須是就這些覺處便致知充廣將去？」朱子曰：然。如擊石之火只是些子，纔引著便可以燎原。若必欲等大覺了方去格物致知，如何等得這般時節？那箇覺是物格知至了大徹悟，到恁地時，事都了。若是介然之覺，一日之間其發也無時無數，只要人識認得操持充養將去。**是以聖人施教既已養之於小學之中，而復**扶又反。**開之以大**

學之道。其必先之以格物致知之説者，所以使之即其所養之中而因其所發以啓其明之之端也；繼之以誠意正心脩身之目者，則又所以使之因其已明之端而反之於身以致其明之之實也。夫音扶。既有以啓其明之之端而又有以致其明之之實，則吾之所得於天而未嘗不明者，豈不超然無有氣質物欲之累而復得其本體之全哉？是則所謂「明明德」者，而非有所作爲於性分去聲。之外也；然其所謂「明德」者，又人人之所同得而非有我之得私也。向也俱爲物欲之所蔽，則其賢愚之分固無以大相遠者；今吾既幸有以自明矣，則視彼衆人之同得乎此而不能自明者，方且甘心迷惑沒溺於卑污音烏。苟賤之中而不自知也，豈不爲去聲。之惻然而思有以救之哉？故必推吾之所自明者以及之，始於齊家，中於治國，而終及於平天下，使彼有是明德而不能自明者亦皆有以自明而去上聲。其舊染之污焉。是則所謂「新民」者，而亦非有所付畀必至反。增益之也。玉溪盧氏曰：非彼本無而我付畀之，非彼本少而我增益之，以其本體之明無不全也。然德之在己而當明與其在民而當新者，則又皆非人力之所爲；而吾之所以明而新之者，又非可以私意苟且而爲也。是其所以得之於天而見形甸反。於日用之間者，固已莫不各有本然一定之則。西山真氏曰：則者，法也。天下之理皆天實爲之，莫不有一定之法，非人力所可增損，故曰「則」。〇玉溪盧氏曰：至善乃太極之異名而明德之本體。得之於天而有本然一定之則者，至善之體，乃吾心體統之太極；見於日用之間而各有本然一定之則者，至善之用，乃事事物物各具之太極也。程子所謂「以其義理精微之極有不可得而名者，故姑以至善目之」，而傳去聲。所謂君之仁、臣之敬、子之孝、父之慈與人交之信，乃其目之大者也。衆人之心固莫不有是，而或不能知；學者雖或知之，而亦鮮上聲。能必至於是而不去。此爲大學之教者所以慮其理雖粗上聲，略也。復而有不純，已雖粗克而有不盡，且將無以盡夫音扶。脩己治人之道，故必指是而言以爲明德新民之標的也。欲明德而新民者誠能求必至是而不容其少有過不及之差焉，則其所以去上聲。人欲而復天理者，無毫髮之遺恨矣。朱子曰：至善只是極好處，十分端正恰好，無一毫不是處，無一毫不到處。且如事君必當如舜之所以事堯而後喚做敬，治民必當如堯之所以治民而後喚做仁。不獨如此，凡理皆有箇極好處。○陳氏曰：所謂「姑以至善目之」者，所以極形容其精微爾，非謂精微之不爲善而借此以形容之也。○又曰：自其大者言之，如仁敬慈孝，即君臣父子所當止之處。自其小者言之，如足容重、手容恭，重與恭即手足所當止之處；視思明、聽思聰，聰與明亦視聽所當止之處。大抵《大學》一篇之指，總而言之不出乎八事；而八事之要，總而言之又不出乎此三者。此愚所以斷都玩反。然以爲《大學》之綱領而無疑也。然自孟子没而道學不得其傳，世之君子各以其意之所便者爲學，於是乃有不務明其明德而徒以政教法度爲足以新民者，又有愛身獨善自謂足以明其明德而不屑乎新民者，又有略知二者之當務，顧乃安於小成、狃女九反。於近利而不求止於至善之所在者：是皆不考乎此篇之過。其能成己成物而不謬者，鮮上聲。矣。朱子曰：不務明其明德而以政教法度爲足以新民，如管仲之徒便是；自謂能明其明德而不屑於新民，如佛、老便是；略知明德新民而不求止於至善，如王通便是。看他於己分上亦甚脩飾，其論爲治本末亦有條理，甚有志於斯世，只是規模淺窄，不曾就本原上著工，便做不徹。須是無所不用其極方是。古之聖賢明明德便欲無一毫私欲，新民便欲人於事事物物上皆是當也。○玉溪盧氏曰：成己謂明德，成物謂新民，不止至善，故不謬者鮮。○曰：「程子之改『親』爲『新』也，何所據？子之從之又何所考而必其然耶？且以己意輕改經文，恐非傳疑之義，奈何？」新安倪氏曰：《春秋·穀梁傳》云：「信以傳信，疑以傳疑。」此「傳疑」二字所本也。曰：若無所考而輒改之，則誠若吾子之譏矣。今「親民」云者，以文義推之則無理；「新民」云者，以傳去聲。文考之則有據。程子於此，其所以處上聲。之者亦已審矣，矧未嘗去上聲。其本文而但曰「某當作某」，是乃漢儒釋經不得已之變例，而亦何害於傳疑耶？若必以不改爲是，則世蓋有承誤踵之隴反。訛，吾禾反。心知非是而故爲穿鑿附會以求其説之必通者矣。其侮聖言而誤後學也益甚，亦何足取以爲法邪？○曰：「『知止而后有定，定而后能静，静而后能安，安而后能慮，慮而后能得』，何也？」曰：此推本上文之意，言明德、新民所以止於至善之由也。蓋明德、新民固皆欲其止於至善，然非先有以知夫音扶。下同。至善之所在，則不能有以得其所當止者而止之；如射者固欲其中去聲。下同。夫正鵠，正音征。鵠音谷。然不先有以知其正鵠之所在，則不能有以得其所當中者而中之也。「知止」云者，物格知至而於天下之事皆有以知其至善之所在，是則吾所當止之地也。能知所止，則方寸之間事事物物皆有定理矣。新安陳氏曰：《章句》云「知之則志有定向」，此云「事物皆有定理」，合二說其義方備。能知所止則此心光明，見得事物皆有定理，而志方有定向。理既有定，則無以動其心而能靜矣。心既能靜，則無所擇於地而能安矣。能安，則日用之間從七恭反。容閒音閑。暇，事至物來有以揆之而能慮矣。能慮，則隨事觀理，極深研幾，平聲。無不各得其所止之地而止之矣。問：「『知止』與『能慮』，先生昨以比《易》中『深』與『幾』，《或問》中却兼下『極深』、『研幾』字，覺未穩。」朱子曰：極深、研幾，是更審一審。當時下得未子細，要之只著得「研幾」字。○陳氏曰：物果格而無一理之不窮，無一見之不盡，則於天下之事所謂至善所當止者，皆灼然有以知之矣。○理既有定則心之所主更無外慕，凡外物皆無以動之而能靜矣；身既能安則向者知所當止之事物或接乎吾前，而吾從容以應之，自能精於慮而不錯亂矣。然既真知所止，則其必得所止，固已不甚相遠。其間四節，蓋亦推言其所以然之故有此四者，非如孔子之「志學」以至「從心」，孟子之善、信以至聖、神，實有等級之相懸，爲終身經歷之次序也。朱子曰：如「志學」至「從心」，中間許多便是大階級，步却闊。「知止」至「能得」，只如志學至立、立至不惑相似。定、靜、安大抵皆相類，只是就一級中間細分耳。○某事當如此，某事當如彼，如君當仁，此是知止；事至物來對著胸中恰好底道理，將這箇去應他，此是得其所止。

○曰：「『物有本末，事有終始，知所先後，則近道矣』，何也？」曰：此結上文兩節之意也。明德、新民兩物而内外相對，故曰「本末」；知止、能得一事而首尾相因，故曰「終始」。誠知先其本而後其末，先其始而後其終也，則其進爲有序而至於道也不遠矣。朱子曰：知工夫先後次第，則進爲有序，不忽近務遠、處下窺高，而其入道爲不遠矣，謂至道之近也。○黄氏曰：知所先後，方是曉得爲學之道，未能遂得夫道也。然既知其進爲之序，則有至之階矣，故云「去道不遠」。

○曰：「『古之欲明明德於天下者，先治其國，欲治其國者先齊其家，欲齊其家者先脩其身，欲脩其身者先正其心，欲正其心者先誠其意，欲誠其意者先致其知，致知在格物』，何也？」曰：此言大學之序其詳如此，蓋綱領之條目也。格物、致知、誠意、正心、脩身者，明明德之事也；齊家、治國、平天下者，新民之事也。格物致知，所以求知至善之所在；自誠意以至於平天下，所以求得夫至善而止之也。朱子曰：格物、致知，是求知其所止；誠意、正心、脩身至平天下，是求得其所止。物格知至，是知所止；意誠、心正、身脩、家齊、國治、天下平，是得其所止。所謂「明明德於天下」者，自明其明德而推以新民，使天下之人皆有以明其明德也。人皆有以明其明德，則各誠其意，各正其心，各脩其身，各親其親，各長上聲。下同。其長，而天下無不平矣。問：「明德之功果能若是，不亦善乎？然以堯、舜之聖，閨門之内或未盡化，況謂天下之大，能服堯、舜之化而各明其德乎？」朱子曰：《大學》明明德於天下，只是且説箇規模如此。學者須有如此規模，不如此便是欠了。且如伊尹思匹夫不被其澤，如己推而納之溝中，伊尹也只大概要恁地，又如何使得無一人不被其澤？又如説「比屋可封」，也須有一家半家不恁地者，只是見得自家規模自當如此，到做不去處却無可奈何。規模自是著恁地，工夫便却用寸寸進。若無規模次第，只管去細碎處走，便入世之計功謀利處去；若有規模而又無細密工夫，又只是一箇空規模。外極規模之大，内推至於事事物物處莫不盡其工夫，此所以爲聖賢之學。○新安陳氏曰：不言各格物致知者，民可使由不可使知之意也。親親長長，即齊家之大者。

然天下之本在國，故欲平天下者必先有以治其國；國之本在家，故欲治國者必先有以齊其家；家之本在身，故欲齊家者必先有以脩其身。至於身之主則心也，一有不得其本然之正則身無所主，雖欲勉强上聲。下同。以脩之，亦不可得而脩矣。故欲脩身者必先有以正其心。而心之發則意也，一有私欲雜乎其中而爲善去上聲。惡或有未實，則心爲所累，雖欲勉强以正之，亦不可得而正矣。故欲正心者必先有以誠其意。若夫音扶。知則心之神明，妙衆理而宰萬物者也。人莫不有而或不能使其表裏洞然無所不盡，則隱微之間真妄錯雜，雖欲勉强以誠之，亦不可得而誠矣。故欲誠意者必先有以致其知。致者，推致之謂，如「喪致乎哀」之致，言推之而至於盡也。朱子曰：「神」是恁地精彩，「明」是恁地光明。○道理固本有，用知方發得出來，所以謂之「妙衆理」。妙猶言「能運用衆理」也，「運用」字有病，故只下得「妙」字。○問：「宰是『主宰』之宰、『宰制』之宰。」曰：主便是宰，宰便是制。○問：「知如何宰物？」曰：無所知覺則不足以宰制萬物，要宰制他也須要知覺。○心之爲物，至虛至靈，神妙不測，常爲一身之主以提萬事之綱，而不可有頃刻之不存者也。一不自覺而馳騖飛揚以徇物欲於軀殼之外，則一身無主，萬事無綱，雖其俯仰顧眄之間，蓋已不自覺其身之所在。○黄氏曰：理是不動底物，不著「妙」字，如何發得許多理出來？○陳氏曰：致知言表裏洞然，以心之内外而言。知不致則無以識是非善惡之真，將從何而趨，從何而捨？必有錯認人欲作天理而不自覺者。○三山陳氏曰：欲意之誠而不始於致知，則有善否未明而誤於所向者多矣。推之而至於盡，有所用力之辭。○玉溪盧氏曰：心之神明，即所得於天而虛靈不昧者也。心固具衆理而應事物，所以妙衆理而宰事物者，非心之神明乎？其表與裏洞然無不盡，則心之用與體無不明矣。「神明」字與「虛靈」字相爲表裏。虛主理言，靈兼氣言。先言「虛」後言「靈」，見心之體不離用。神兼氣言，明主理言。先言「神」後言「明」，見心之用不離體。○新安陳氏曰：心本神明之物，知又心之所以神明者。惟神明，所以妙也。**至於天下之物，則必各有所以然之故與其所當然之則，所謂「理」也。人莫不知，而或不能使其精粗隱顯究極無餘，則理所未窮，知必有蔽，雖或勉强以致之，❶亦不可得而致矣。**朱子曰：所當然之

❶「或」，四庫本、孔本、陸本及《四書或問》、宋趙順孫《四書纂疏》、宋真德秀《四書集編》、元詹道傳《四書纂箋》作「欲」。

則，如君之仁、臣之敬；所以然之故，如君何故用仁，臣何故用敬。如君之所以仁，蓋君是箇主腦，百姓人民皆屬他管，他自是用仁愛，非説是爲君了不得已以仁愛行之。自是合如此，若天使之然。又如父之所以慈、子之所以孝，蓋父子本同一氣，只是一人之身分成兩箇，其恩愛相屬，自有不期然而然者。其他大倫皆然，皆天理使之如此，豈容强爲哉？○玉溪盧氏曰：粗也，顯也，即事物當然之則也；精也，隱也，即事物所以然之故也。○新安陳氏曰：所當然之則，理之實處；所以然之故，乃其上一層，理之源頭也。故致知之道，在乎即事觀理以格夫物。格者，極至之謂，如「格于文祖」之格，見《書·舜典》。言窮之而至其極也。栝蒼葉氏曰：但能隨事觀理，盡與理會，卒之天下事物之理不惟知得一件兩件，若隱若顯，蓋將無所不知矣；一事一物之間不惟知得一分兩分，若精若粗，蓋將無所不知矣。此《大學》之條目，聖賢相傳所以教人爲學之次第，至爲纖悉。然漢魏以來，諸儒之論未聞有及之者。至唐韓子名愈，字退之。乃能援音袁。以爲説而見形甸反。於《原道》之篇，則庶幾其有聞矣。然其言極於正心誠意而無曰致知格物云者，則是不探音貪。其端而驟語其次，亦未免於「擇焉不精，語焉不詳」之病矣，何乃以是而議荀、揚哉？韓《文集》：「荀與揚也，擇焉而不精，語焉而不詳。」○荀子，名況，字卿，戰國時趙人也。揚子，名雄，字子雲，西漢成都人也。各有所著之書，今傳於世。○朱子曰：《原道》舉《大學》，却不説格物致知；蘇氏《古史》舉《中庸》「不獲乎上」，却不説明善誠身：這樣都是無頭學問。○曰：「『物格而后知至，知至而后意誠，意誠而后心正，心正而后身脩，身脩而后家齊，家齊而后國治，國治而后天下平』，何也？」曰：此覆説上文之意也。物格者，事物之理各有以詣其極而無餘之謂也。理之在物者既詣其極而無餘，則知之在我者亦隨所詣而無不盡矣。知無不盡，則心之所發能一於理而無自欺矣。意不自欺，則心之本體物不能動而無不正矣。心得其正，則身之所處上聲。不至陷於所偏而無不脩矣。身無不脩，則推之天下、國家亦舉而措之耳，豈外此而求之智謀功利之末哉？曰：「篇首之言『明明德』以『新民』爲對，則固專以自明爲言矣，後段於平天下者，復扶又反。以『明明德』言之，則似新民之事亦在其中。何其言之不一而辨之不明邪？」曰：篇首三言者，《大學》之綱領也；而以其賓主對待、先後次第言之，則明明德者又三言之綱領也。至此後段然後極其體用之全而一言以舉之，以見形甸反。夫音扶。天下雖大而吾心之體無不該，事物雖多而吾心之用無不貫。蓋必析之有以極其精而不亂，然後合之有以盡其大而無餘。此又言之序也。陳氏曰：天下事物無一之不格，幽明巨細有以洞灼其表裏。其知之至也，瑩萬理於胸中，是極其所真是而不可移，非極其所真非而不容易，善極其本之所由來而無不徹，惡極其幾之所從起而無少遁。物果格，知果至，由是而往，則意極其誠而無一念之或欺，心極其正而無一息之不存，身極其脩而無一動之或偏矣。此書首三言固當無所不盡，而所謂明明德者又通爲一篇之統體。又曰：體具於方寸之間，萬物無所不備而無一物能出乎是理之外；用發於方寸之間，萬事無所不貫而無一理不行乎其事之中：此心之所以爲妙。○玉溪盧氏曰：言「明明德」與「新民」對，則《大學》之體用猶二；言明明德於天下，則《大學》之體用非二矣。吾心之體即明德之虛而具衆理者也，吾心之用即明德之靈而應萬事者也。能析之極其精而不亂，則知吾心之用無不貫矣；能合之盡其大而無餘，則知吾心之體無不該矣。不析之而遽欲合之，則有虛空恍惚之病；徒析之而不能合之，則有支離破碎之病。「必析之極其精，然後合之盡其大」，此二句其義無窮。真西山嘗誦此而繼之曰「小德川流，大德敦化」，又繼之曰「吾道一以貫之」，其旨深矣。○曰：「『自天子以至於庶人，一是皆以脩身爲本，其本亂而末治者否矣，其所厚者薄而其所薄者厚未之有也』，何也？」曰：此結上文兩節之意也。以「身」對「天下」、「國家」而言，則身爲本而天下國家爲末；以「家」對「國」與「天下」而言，則其理雖未嘗不一，然其厚薄之分亦不容無等差楚宜反。矣。故不能格物致知以誠意正心而脩其身，則本必亂而末不可治；不親其親，不長上聲。下同。其長，則所厚者薄而無以及人之親長：此皆必然之理也。孟子所謂「於所厚者薄，無所不薄」，其言蓋亦本於此云。三山陳氏曰：脩身者，自格物致知誠意正心而積也。不如是則身不可脩，身之不脩則其本亂矣。本之既亂，如國家何？事父母而不能孝，事兄長而不能弟，則是於其所厚者薄矣。所厚者猶薄，奚望其親天下之親、長天下之長哉？○曰：「治國平天下者，天子諸侯之事也，卿大夫以下蓋無與音預。焉。今《大學》之教乃例以『明明德於天下』爲言，豈不爲思出其位，犯非其分去聲。而何以得爲如字。爲去聲。己之學哉？」曰：天之明命，有生之所同得，非有我之得私也。是以君子之心豁呼括反。然大公，其視天下無一物而非吾心之所當愛，無一事而非吾職之所當爲。雖或勢在匹夫之賤，而所以堯舜其君堯舜其民者，亦未嘗不在其分去聲。內也。又況大學之教，乃爲去聲。天子之元子衆子、公侯卿大夫士之適音的。子與國之俊選去聲。而設。是皆將有天下國家之責而不可辭者，則其所以素教而預養之者，安得不以天下國家爲己事之當然而預求有以正其本、清其源哉？後世教學不明，爲人君父者慮不足以及此而苟徇於目前，是以天下之治去聲。日常少，亂日常多，而敗國之君、亡家之主常接迹於當世，亦可悲矣！論者不此之監而反以聖法爲疑，亦獨何哉？大抵以學者而視天下之事以爲己事之所當然而爲之，則雖甲兵錢穀籩豆有司之事皆爲去聲。己也；以其可以求知於世而爲之，則雖割股廬墓、弊車羸力爲反。馬，亦爲去聲。人耳。善乎，張子敬夫之言曰：張子，名栻，字敬夫，號南軒，廣漢人。乃朱子同志之友也。「爲己者，無所爲而然者也。」此其語意之深切，蓋有前賢所未發者。學者以是而日自省悉井反。焉，則有以察乎善利之間而無毫釐之差矣。問爲己爲人一條。朱子曰：這須要自看。如一日之間，小事大事只道我合當做便如此做，這便是無所爲。如讀書只道自家合當如此讀，合當如此理會身己，纔說要人知，便是有所爲。如世上人纔讀書，便安排這箇好做時文，此又爲人之甚者。○如甲兵錢穀籩豆有司，到當自家理會便理會，不是爲別人了理會。如割股廬墓，一是不忍其親之病，一是不忍其親之死，這都是爲己者。若因要人知了去恁地，便是爲人。○問：「刲股事如何？」❶曰：刲股固自不是，若誠心爲之，不求人知，亦庶幾。今有以此要譽者。○南軒此言擴前聖所未發，而同於孟子性善、養氣之功者歟！○曰：「子謂正經蓋夫子之言而曾子述之，其傳去聲。後凡言「傳文」、「經傳」之類皆同。則曾子之意而門人記之，何以知其然也？」曰：正經辭約而理備，言近而指遠，非聖人不能及也。然以其無他左佐同。驗，且意其或出於古昔先民之言也，故疑之而不敢質。至於傳文或引曾子之言，而又多與《中庸》、《孟子》者合，則知其成於曾氏門人之手而子思以授孟子無疑也。蓋《中庸》之所謂「明善」即格物致知之功，其曰「誠身」即誠意正心脩身之效也。孟子之所謂「知性」者，物格也；「盡心」者，知至也；「存心」、「養性」、「脩身」者，誠意正心脩身也。朱子曰：知性者，物格也，「物」字對「性」字；盡心者，知至也，「知」字對「心」字。○物理之極處無不到，知性也；吾心之所知無不盡，盡心也。其他如「謹獨」之云、「不慊」口簟、口劫二反。之說、義利之分、常言之序，新安倪氏曰：孟子云：「人有常言，皆曰『天下國家』，天下之本在國，國之本在家，家之本在身。」此「常言之序」也。亦無不脗武粉反，又音泯。

❶「刲」，四庫本、孔本、陸本及《語類》卷一七作「割」。下一「刲」字同。

合焉者。故程子以爲孔氏之遺書、學者之先務，而《論》、《孟》猶處上聲。其次焉，亦可見矣。曰：「程子之先是書而後《論》、《孟》，又且不及乎《中庸》，何也？」曰：是書，垂世立教之大典，通爲去聲。天下後世而言者也；《論》、《孟》應機接物之微言，或因一時一事而發者也。是以是書之規模雖大，然其首尾該備而綱領可尋，節目分明而工夫有序，無非切於學者之日用。《論》、《孟》之爲去聲。人雖切，然而問者非一人，記者非一手，或先後淺深之無序，或抑揚進退之不齊，其間蓋有非初學日用之所及者。此程子所以先是書後《論》、《孟》，蓋以其難易去聲。下同。緩急言之而非以聖人之言爲有優劣也。至於《中庸》，則又聖門傳授極致之言，尤非後學之所易得而聞者。故程子之教未遽及之，豈不又以爲《論》、《孟》既通然後可以及此乎？蓋不先乎《大學》，無以提挈綱領而盡《論》、《孟》之精微；不參之《論》、《孟》，無以融貫會通而極《中庸》之歸趣。然不會其極於《中庸》，則又何以建立大本、盡性也。經綸大經立教也。而讀天下之書、論天下之事哉？以是觀之，則務講學者固不可不急於四書，而讀四書者又不可不先於《大學》，亦已明矣。今之教者乃或棄此不務而反以他説先焉，其不溺於虛空、流於功利而得罪於聖門者幾平聲。希矣。

或問：「一章而下以至三章之半，鄭本元在『没世不忘』之下，而程子乃以次於『此謂知之至也』之文，子獨何以知其不然而遂以爲傳之首章也？」曰：以經統傳，以傳附經，則其次第可知，而二説之不然審矣。○曰：「然則其曰『克明德』者，何也？」曰：此言文王能明其德也。蓋人莫不知德之當明而欲明之，然氣稟拘之於前，物欲蔽之於後，是以雖欲明之而有不克也。文王之心渾上聲。然天理，亦無待於克之而自明矣。然猶云爾者，亦見其獨能明之而他人不能，又以見夫音扶。未能明者之不可不致其克之之功也。問：「『克明德』，克，能也，《或問》中却作『能致其克之之功』，又似『克治』之『克』，如何？」朱子曰：此「克」字雖訓「能」字，然「克」字重，是他人不能而文王獨能之。若只作能明德，語意便都弱了。凡字有文義一般而聲響頓異，如云「克宅心」、「克明德」之類可見。○人所以不能明其德者，何哉？蓋氣偏而失之太剛，則有所不克；氣偏而失之太柔，則有所不克。聲色之欲蔽之，則有所不克；貨利之欲蔽之，則有所不克。不獨此耳。凡有一毫之偏蔽得以害之，則有所不克。唯文王無氣稟物欲之偏蔽，故能有以勝之而無疑。○西山真氏曰：明德，人所同有，其所以爲聖愚之分者，但以克明與不能明之異爾。常人所以不能明者，一則以氣稟昏弱之故，二則以物欲蔽塞之故。雖是蔽塞之餘，若一旦悔悟，欲自明其德，亦無不可者，患在自暴自棄而不肯爲耳。○格庵趙氏曰：文王自誠而明者，故其心渾然天理，表裏澄瑩，不待克之而自明。若大賢而下未能如文王，則不可無克之之功矣。○曰：「『顧諟天之明命』，何也？」曰：人受天地之中以生，故人之明德非他也，即天之所以命我而至善之所存也。是其全體大用，蓋無時而不發見形甸反。於日用之間。陳氏曰：於寂然不動之時則合萬殊爲一本，而渾然之全體常昭融於方寸之間；及感而遂通之際則散一本爲萬殊，而縱橫曲直莫非大用之所流行矣。又曰：天理本體常生生而無一息之已，而其大用亦無一息不流行乎日用之間。**人惟不察於此，是以汩**音骨。**於人欲而不知所以自明。常目在之而真若見其參於前、倚於衡也，則成性存存而道義出矣。**問：「如何是體，如何是用？」朱子曰：體與用不相離。且如身是體，要起行去便是用。赤子匍匐將入井，皆有怵惕惻隱之心，只此一端，體用便可見。如喜怒哀樂是用，所以喜怒哀樂是體。○若見其參前倚衡，此豈有物可見？但凡人不知省察，常行日用每與是德相忘，亦不自知其有是也。今所謂「顧諟」者，只是心裏常常存著此理，一出言，一行事，皆必有當然之則，不可失也。初豈實有一物之可見其形象耶？○問：「『成性存存，道義出矣』，何如？」曰：天之所命，我之所得於己，只是一箇道理，人只要存得這些在這裏。才存得在這裏，則事君必會忠，事親必會孝，見孺子入井則怵惕之心便發，見穿窬之類則羞惡之心便發，合恭敬處便自然會恭敬，合辭遜處便自然會辭遜。須要常存得此心，則便見得此性發出底都是道理。若不存得這些，待做出那箇會合道理？○西山真氏曰：成性者，言天之與我者自有渾成之性，如俗言「見成渾淪」之物是也。我但當存之又存，不令頃刻失之，則天下之道義皆從此出。道義，如事君忠、事親孝之類。○玉溪盧氏曰：天地之中，太極是已。天之命我，此也；我之明德，此也；謂之至善，亦此也。道者體，善者用。成性存存而道義出，則明德之全體大用無不明矣。**○曰：「『克明峻德』，何也？」曰：言堯能明其大德也。**朱子曰：人之爲德未嘗不明，而其明之爲體亦未嘗不大。但人自有以昏之，是以既不能明而又自陷於一物之小。唯堯爲能明其大德而無昏暗狹小之累，是則所謂「止於至善」。○玉溪盧氏曰：能明其大德，只是明明德到十分盡處，非明德之外有峻德也。**○曰：「是三**

者固皆自明之事也，然其言之亦有序乎？」曰：《康誥》通言明德而已，《太甲》則明天之未始不爲人而人之未始不爲天也，《帝典》則專言成德之事而極其大焉。其言之淺深亦略有序矣。問：「『天未始不爲人而人未始不爲天』，何也？」朱子曰：只是言人性本無不善，而其日用之間莫不有當然之則，所謂天理也。人若每事做得是，則便合天理。天人本一理。若理會得此意，則天何嘗大，人何嘗小也？○天即人，人即天。人之始生，得於天也；既生此人，則天又在人矣。凡語言動作視聽，皆天也。顧，是常要看得光明燦爛照在目前。○黄氏曰：本文三引《書》，乃斷章取義以明經文「明明德」之意。其言之序則自淺而深，最爲有用。「克明德」者，泛言之；曰「顧諟」則言明之之功，曰「明命」則言明德之故；次之曰「峻德」，加一「峻」字則又見明德之極，乃所謂「止於至善」者也。

或問：「盤之有銘，何也？」曰：盤者，常用之器；銘者，自警之辭也。古之聖賢兢兢業業，固無時而不戒謹恐懼。然猶恐其有所怠忽而或忘之也，是以於其常用之器，各因其事而刻銘以致戒焉。欲其常接乎目，每警乎心，而不至於忽忘也。曰：「然則沐浴之盤，而其所刻之辭如此，何也？」曰：人之有是德，猶其有是身也。德之本明，猶其身之本潔也。德之明而利欲昏之，猶身之潔而塵垢音茍。污音烏，又去聲。之也。一旦存養省悉井反。察之功真有以去上聲。下同。其前日利欲之昏而日新焉，則亦猶其疏平聲。瀹音藥。澡音早。雪而有以去其前日塵垢之污也。然既新矣，而所以新之之功不繼，則利欲之交將復扶又反。下同。有如前日之昏，猶既潔矣而所以潔之之功不繼，則塵垢之集將復有如前日之污也。故必因其已新而日日新之，又日新之，使其存養省察之功無少間斷，間，去聲。斷，徒玩反。後凡二字相連者並同。則明德常明而不復爲利欲之昏。亦如人之一日沐浴而日日沐浴，又無日而不沐浴，使其疏瀹澡雪之功無少間斷，則身常潔清而不復爲舊染之污也。昔成湯所以反之而至於聖者，正惟有得於此。故稱其德者有曰「不邇聲色，不殖承職反。貨利」，又曰「以義制事，以禮制心」，有曰「從諫弗咈，音佛。改過不吝」，又曰「與人不求備，檢身若不及」：此皆足以見其日新之實。至於所謂「聖敬日躋」牋西反。云者，則其言愈約而意愈切矣。躋，升也。聖人能敬其德，日愈升於高明也。然本湯之所以得此，又其學於伊尹而有發焉，故伊尹自謂與湯「咸有一德」，而於復如字。政太甲之功，復扶又反。下同。以「終始惟一，時乃日新」爲丁寧之戒。蓋於是時，太甲方且自怨自艾音乂。於桐，處上聲。仁遷義而歸，是亦所謂「苟日新」者，故復推其嘗以告于湯者告之，欲其日進乎此，無所間斷，而有以繼其烈祖之成德也。其意亦深切矣。朱子曰：成湯工夫全在「敬」字上。看來大段是箇倐飭底人，故當時人説他做工夫處，如云「以義以禮」、「不邇不殖」等，可見日新之功。《或問》中所以詳載，非説道人不知，亦欲學者經心耳。〇格庵趙氏曰：塵垢之污其害淺，利欲之昏其害深。塵垢之污人知求以去之，而利欲之昏則不知所以去之。唯聖人則以爲德之不可不新，甚於身之不可不潔也。且人之潔身也，既知疏瀹澡雪以去前日塵垢之污矣，然其潔之之功不繼，則塵垢復集將又如前日之污，故必日加疏瀹澡雪之功無少間斷，而後其身常潔而不污。况欲去利欲之昏而復本然之明，則存養省察之功其可一日而有間斷哉？○玉溪盧氏曰：「不邇聲色」等八句是敬之目，「聖敬日躋」一句是敬之綱。合而言之即「顧諟明命」之事也。**其後周之武王踐阼**存故反。**之初，受師尚父丹書之戒曰：**尚父，太公望呂氏，詳見《孟子·離婁上》篇。**「敬勝怠者吉，怠勝敬者滅；義勝欲者從，欲勝義者凶。」**問「從」字意。朱子曰：從，順也。敬便立起，怠便放倒。以理從事是義，不以理從事便是欲。這處敬與義是箇體用。○須是將敬來做本領，涵養得貫通時，纔「敬以直內」，便「義以方外」。義便有敬，敬便有義。如居仁便由義，由義便居仁。敬者，守於此而勿失之謂；義者，施於彼而合宜之謂。○西山真氏曰：武王之始踐阼也，訪丹書於太公，可謂急於聞道者矣，而太公望所告不出敬與義之一言。蓋敬則萬善俱立，怠則萬善俱廢；義則理爲之主，欲則物爲之主。上古聖人已致謹於此矣。武王聞之，若湯之戒懼而銘之器物以自警焉，蓋恐斯須不存而怠與欲得乘其隙也。○新安陳氏曰：敬、義對言，其理甚精。孔子於《坤·文言》曰：「敬以直內，義以方外。」實自此發。**退而於其几席、觴豆、刀劍、户牖莫不銘焉。蓋聞湯之風而興起者。今其遺語尚幸頗見**形甸反。**於《禮》書，願治**去聲。**之君、志學之士皆不可以莫之考也。**張氏存中。曰：《大戴禮·武王踐祚》篇：武王踐祚三日，召師尚父而問焉，曰：「黃帝顓帝之道可得而見與？」曰：「在丹書，王欲聞之則齊矣。」王齊三日，師尚父奉書而入，道書之言曰：「敬勝怠者吉，怠勝敬者滅；義勝欲者從，欲勝義者凶。凡事不强則枉，弗敬則不正。枉者滅廢，敬者萬世。」王聞書之言，惕若恐懼，而爲戒書於席四端爲銘焉。銘曰：「安樂必敬，無行可悔。一反一側，亦不可不志。殷監不遠，視爾所代。」鑑銘曰：「見爾前，慮爾後。」盤銘曰：「與其溺於人也，寧溺於淵。溺於淵猶可游也，溺於人不可捄也。」楹銘曰：「毋曰胡殘，其禍將然；毋曰胡害，其禍將大；毋曰胡傷，其禍將長。」牖銘曰：「隨天之時，以地之財。敬祀皇天，敬以先時。」劍銘曰：「帶之以爲服，動必行德。行德則興，倍德則崩。」倍，與「背」同。銘凡十有四，今摘其辭義之易知者于此。

曰：「此言『新民』，其引此何也？」曰：此自其本而言之，蓋以是爲自新之至而新民之端也。○曰：「《康誥》之言作『新民』，何也？」曰：武王之封康叔也，以商之餘民染紂污俗而失其本心也，故作《康誥》之書而告之以此，欲其有以鼓舞而作興之，使之振奮踴躍以去上聲。其惡而遷於善，舍上聲。其舊而進乎新也。然此豈聲色號令之所及哉？亦自新而已矣。曰：「孔氏小序以《康誥》爲成王周公之書，而子以武王言之，何也？」曰：此五峯胡氏之說也。胡氏，名宏，字仁仲，建安人。文定公安國之子也。其說見《皇王大紀》。蓋嘗因而考之，其曰「朕弟」、「寡兄」云者，皆爲武王之自言，乃得事理之實，而其他証亦多。小序之言不足深信，於此可見。然非此書大義所關，故不暇於致詳。當別爲去聲。讀書者言之耳。○曰：「《詩》之言『周雖舊邦，其命維新』，何也？」曰：言周之有邦，自后稷以來千有餘年，至于文王，聖德日新而民亦丕變，新安陳氏曰：此乃推本言之。《詩》無日新、丕變意，蓋承上文「日新」、「作新」說來。故天命之以有天下，是其邦雖舊而命則新也。蓋民之視效在君而天之視聽在民，君德既新則民德必新，民德既新則天命之新亦不旋日矣。問：「天之視聽在民，與『天視自我民視，天聽自我民聽』若有不同，如何？」朱子曰：天豈曾有耳目以視聽？只是自民之視聽便是天之視聽。如帝命文王，豈天諄諄然命之？只是文王要恁地便是理合恁地，便是帝命之也。又曰：若一件事，民人皆以爲是，便是天以爲是；若民人皆歸往之，便是天命也。○曰：「所謂『君子無所不用其極』者，何也？」曰：此結上文《詩》、《書》之意也。蓋《盤銘》言自新也，《康誥》言新民也，《文王》之詩，自新、新民之極也，故曰「君子無所不用其極」。極即「至善」之云也。用其極者，求其止於是而已矣。朱子曰：觀上文三引《詩》、《書》而此以「無所」二字總而結之，則於自新、新民皆欲用其極可知矣。

或問：「此引《玄鳥》之詩，何也？」曰：此以民之止於邦畿而明物之各有所止也。○曰：「引《緜蠻》之詩而系以孔子之言，孔子何以有是言也？」曰：此夫子説詩之辭也。蓋曰鳥於其欲止之時猶知其當止之處，豈可人爲萬物之靈而反不如鳥之能知所止而止之乎？其所以發明人當知止之義亦深切矣。○曰：「引《文王》之詩而繼以君臣父子與國人交之所止，何也？」曰：此因聖人之止以明至善之所在也。蓋天生烝民，有物有則，是以萬物庶事莫不各有當止之所。但所居之位不同則所止之善不一，故爲人君則其所當止者在於仁，爲人臣則其所當止者在於敬，爲人子則其所當止者在於孝，爲人父則其所當止者在於慈，與國人交則其所當止者在於信：是皆天理人倫之極致，發於人心之不容已者，而文王之所以爲法於天下可傳於後世者亦不能加毫末於是焉。但衆人類爲氣稟物欲之所昏，故不能常敬而失其所止；唯聖人之心表裏洞然，無有一毫之蔽，故連續光明，自無不敬，而所止者莫非至善，不待知所止而後得所止也。新安陳氏曰：學者必先知所止，而後方得所止。聖人安於所止，則不待先知而後得也。故傳引此《詩》而歷陳所止之實，使天下後世得以取法焉。學者於此誠有以見其發於本心之不容已者而緝熙之，使其連續光明無少間斷，則其敬止之功是亦文王而已矣。《詩》所謂「上天之載，無聲無臭」、「儀刑文王，萬邦作孚」，正此意也。曰：「子之説《詩》，既以『敬止』之『止』爲語助之辭，而於此書又以爲所止之義，何也？」曰：古人引《詩》斷音短。章，或姑借其辭以明己意，未必皆取本文之義也。

曰：「五者之目，詞約而義該矣。子之説乃復扶又反。有所謂『究其精微之藴而推類以通之』者，何其言之衍而不切耶？」曰：舉其德之要而總名之，則一言足矣；一言，謂一字，如「仁」字、「敬」字之類。論其所以爲是一言者，則其始終本末豈一言之所能盡哉？得其名而不得其所以名，則仁或流於姑息，敬或墮於阿諛，孝或陷父而慈或敗子，且其爲信亦未必不爲尾生、白公之爲也。《莊子》：「尾生與女子期於梁下，女子不來，水至不去，抱梁柱而死。」梁，橋也。○《左傳》：哀公十六年，鄭人殺子木。楚平王太子建也。因㒩讒出奔而至鄭。其子曰勝在吴，子西欲召之。

楚令尹子西。曰：「吾聞勝也信而勇，不爲不利。」葉公曰：葉音攝。「周仁之謂信，率義之謂勇。吾聞勝也好復言，言之所許，必欲復行，不顧道理。而求死士，殆有私乎？復言非信也，期死非勇也，子必悔之。」弗從，使處吴竟，音境。爲白公。白，楚邑也。邑宰僭稱「公」。請伐鄭，子西許之。未起師，晉人伐鄭，楚救之。勝怒曰：「鄭人在此，讎不遠矣。」勝自厲劍，子期之子平見之曰：「王孫何自厲也？」曰：「勝以直聞。不告女，音汝。庸爲直乎？將以殺爾父。」平以告子西，子西不悛。吴人伐慎，白公敗之，請以戰備獻，許之。遂作亂，殺子西、子期于朝。**又况傳之所陳，姑以見**形甸反。**物各有止之凡例。其於大倫之目猶且闕其二焉，苟不推類以通之，則亦何以盡天下之理哉？**節齋蔡氏曰：所謂得其名而不得其所以名，若細推之，如爲人君止於仁，固同一仁也。然仁亦何止一端？生之育之固仁也，刑之威之亦仁也。若執著其仁之一端，不能隨處止其仁之所止，安得謂止於仁之至善？爲人臣止於敬，固同一敬也。然敬亦何止一端？鞠躬盡瘁固敬也，陳善閉邪亦敬也。若執著其敬之一端，不能隨處止其敬之所止，安得謂止於敬之至善？爲人子止於孝，固同一孝也。然孝亦何止一端？先意承志固孝也，幾諫不違亦孝也。若執著其孝之一端，不能隨處止其孝之所止，安得謂止於孝之至善？以至爲人父止於慈、與國人交止於信，皆當如此。而又推類以及其餘，則凡天下之事無大無小，雖千條萬緒，皆有以知其所當止而無不止於至善矣。**〇曰：「復**扶又反。**引《淇澳》之詩，何也？」曰：上言止於至善之理備矣。然其所以求之之方與其得之之驗，則未之及，故又引此詩以發明之也。**夫音扶。**「如切如磋」，言其所以講於學者已精而益求其精也；「如琢如磨」，言其所以脩於身者已密而益求**

其密也。此其所以擇善固執，擇善，即講學之事；固執，即脩身之事。**日就月將而得止於至善之由也。**朱子曰：「如切如磋」者，道學也；「如琢如磨」者，自脩也。既學而猶慮其未至，則復講習討論以求之。猶治骨角者既切而復磋之，切是切得一箇璞在這裏，似亦可矣，又磋之使至於滑澤，這是治骨角者之至善也。既脩而又慮其未至，則又省察克治以終之。猶治玉石者既琢而復磨之，琢是琢得一箇璞在這裏，似亦得矣，又磨之使至於精細，這是治玉石者之至善也。取此以喻君子之止於至善，既格物以求知所止矣，又日用力以求得其所止焉。○陳氏曰：「切」是窮究事物之理，逐件分析有倫有序；「磋」是講究到純熟處，道理瑩徹：所以如切而又磋。「琢」是克去物欲之私，使無瑕纇；「磨」是磨礲至那十分純粹處：所以如琢而又磨。○學是知止於至善所在，自脩是止於至善所在。○西山真氏曰：如切如磋，道學也，主知而言；如琢如磨，自脩也，主行而言：言致知力行當竝進也。知到十分精處而行處有一分未密，亦未得爲至善。須是知極其至，行亦極其至，方謂之「至善」。**恂慄者，嚴敬之存乎中也；威儀者，輝光之著乎外也。此其所以睟**雖萃反。**面盎背，施於四體，而爲止於至善之驗也。盛德至善，民不能忘，蓋人心之所同然。聖人既先得之，而其充盛宣著又如此，是以民皆仰之而不能忘也。盛德，以身之所得而言也；至善，以理之所極而言也。切磋琢磨，求其止於是而已矣。**問：「切、磋、琢、磨是學者事，而盛德至善乃指聖人言之，何也？」朱子曰：後面説得來大，非聖人不能，此是連上文文王「於緝熙敬止」説。然聖人也不是插手掉臂做到那處，也須學始得。如孔子所謂「德之不脩，學之不講，聞義不能徙，不善不能改，是吾憂也」，此有甚緊要？聖人却憂者，何故？惟其憂之，所以爲聖人。所謂「生而知之」者便只是知得此而已。故曰：「惟聖罔念作狂，惟狂克念作聖。」○盛德至善言聖人事，蓋渾然一理不可得而分者。但以人言則曰德，以理言則曰善，又不爲無辨矣。曰：「切磋、琢磨，何以爲學問、自脩之別彼列反。也？」曰：骨角脉理可尋而切磋之功易，所謂「始條理」之事也；玉石渾上聲。全堅確克角反。而琢磨之功難，所謂「終條理」之事也。問：「切磋是始條理，琢磨是終條理，終條理較密否？」朱子曰：始終條理都要密。講貫而益講貫，脩飭而益脩飭。○問：「琢磨後更有瑟僩赫喧，何故爲終條理之事？」曰：那不是做工夫處，是成就後氣象自如此。○新安陳氏曰：此與《論語》引《詩》之意異。此以比講學之先後難易，又證之以孟子之始終條理，以見二者之當兼盡而不可偏廢也。○曰：「引《烈文》之詩而言『前王』之『沒世不忘』，何也？」曰：賢其賢者，聞而知之，仰其德業之盛也；親其親者，子孫保之，思其覆敷救反。育之恩也；朱子曰：如孔子仰文、武之德，是賢其賢；成、康以後思其恩而保其基緒，便是親其親。樂其樂者，含哺蒲故反。鼓腹而安其樂也；利其利者，耕田鑿井而享其利也：此皆先王盛德至善之餘澤，故雖已沒世而人猶思之，愈久而不能忘也。上文之引《淇澳》以明明德之得所止言之而發新民之端也，此引《烈文》以新民之得所止言之而著明明德之效也。朱子曰：《淇澳》言明明德而可以新民，以見明明德之極功；《烈文》因言非獨一時民不能忘，而後世之民亦不能忘，以見新民之極功。○曰：《淇澳》、《烈文》二節，鄭本元在「誠意」章後，而程子置之卒章之中，子獨何以知其不然而屬音蜀。下同。之此也？曰：二家所繫，文意不屬，音燭。故有不得而從者。且以所謂「道盛德至善，没世不忘」者推之，則知其當屬乎此也。

或問：「『聽訟』一章，鄭本元在『止於信』之後、正心脩身之前，程子又進而寘之經文之下、『此謂知之至也』之上，子不之從而寘之於此，何也？」曰：以傳之結語考之，則其爲釋本末之義可知矣；以經之本文乘之，則其當屬音蜀。於此可見矣。二家之説有未安者，故不得而從也。曰：「然則聽訟無訟，於明德新民之義何所當也？」曰：聖人德盛仁熟，所以自明者皆極天下之至善，故能大有以畏服其民之心志而使之不敢盡其無實之辭。是以雖其聽訟無以異於衆人，而自無訟之可聽。蓋己德既明而民德自新，則得其本之明效也。或不能然而欲區區於分爭辯訟之間以求新民之效，其亦末矣。此傳者釋經之意也。陳氏曰：聽訟，末也；明德，本也。不能明己之德而專以智能決訟者，抑末矣。曰：「然則其不論夫終始者，何也？」曰：古人釋經，取其大略，未必如是之屑屑也。且此章之下有闕文焉，又安知其非本有而并失之也邪？

或問：「『此謂知本』，其一爲『聽訟』章之結語，則聞命矣；其一鄭本元在經文之後、『此謂知之至也』之前，而程子以爲衍文，何也？」曰：以其複音福。出而他無所繫也。曰：「『此謂知之至也』，鄭本元隨『此謂知本』繫於經文之後而下屬音蜀。下同。誠意之前，程子則去上聲。其上句之複而附此句於『聽訟知本』之章，以屬『明德』之上：是必皆有説矣。子獨何據以知其皆不盡然而有所取舍上聲。於其間邪？」曰：此無以他求爲也。考之經文，初無再論「知本」、「知至」之云者，則知屬之經後者之不然矣。觀於「聽訟」之章，既以「知本」結之，而其中間又無「知至」之説，則知再結「聽訟」者之不然矣。且其下文所屬「明德」之章，自當爲傳文之首，又安得以此而先之乎？故愚於此皆有所不能無疑者。獨程子上句之所刪，鄭氏下文之所屬，則以經傳之次求之而有合焉，是以不得而異也。曰：「然則子何以知其爲釋『知至』之結語而又知其上之當有闕文也？」曰：以文義與下文推之而知其釋「知至」也，以句法推之而知其爲結語也，以傳之例推之而知其有闕文也。○曰：「此經之序，自『誠意』以下，其義明而傳悉矣。獨其所謂『格物致知』者字義不明而傳復扶又反。下同。闕焉。且爲最初用力之地而無復上文語緒之可尋也。子乃自謂取程子之意以補之，則程子之言何以見其必合於經意，而子之言又似不盡出於程子，何邪？」曰：或問於程子曰：「學何爲而可以有覺也？」程子曰：「學莫先於致知。能致其知則思日益明，至於久而後有覺爾。《書》所謂『思曰睿，睿作聖』，見《周書·洪範》篇。董子所謂『勉强上聲。下同。學問，則聞見博而智益明』，正謂此也。《西漢書》董仲舒廣川人。以賢良對策曰：「勉强學問，則聞見博而智益明；勉强行道，則德日起而大有功。此皆可使還至而立有效者也。」」學

而無覺，則亦何以學爲也哉？」朱子曰：能致知則思自然明。至於久而後有覺，是積累之多，自有箇覺悟時節。○格菴趙氏曰：知是識其所當然，覺是悟其所以然。○玉溪盧氏曰：覺者，知至之事。「思曰睿」，所以致知；「睿作聖」，則知至矣。勉强學問，所以致知；聞見博、智益明，則知至矣。**或問：「忠信則可勉矣，而致知爲難，柰何？」程子曰：「誠敬固不可以不勉，然天下之理不先知之，亦未有能勉以行之者也。故《大學》之序，先致知而後誠意，其等有不可躐者。苟無聖人之聰明睿知而徒欲勉焉以踐其行事之迹，則亦安能如彼之動容周旋無不中**去聲。**禮也哉？惟其燭理之明，乃能不待勉彊而自樂**音洛。下同。**循理爾。夫**音扶。下同。**人之性本無不善，循理而行，宜無難者。惟其知之不至而但欲以力爲之，是以苦其難而不知其樂耳。知之而至，則循理爲樂，不循理爲不樂，何苦而不循理以害吾樂耶？昔嘗見有談虎傷人者，衆莫不聞，而其閒一人神色獨變。問其所以，乃嘗傷於虎者也。夫虎能傷人，人孰不知？然聞之有懼有不懼者，知之有真有不真也。學者之知道，必如此人之知虎，然後爲至耳。若曰知不善之不可爲而猶或爲之，則亦未嘗真知而已矣。」**朱子曰：今人有知不善之不當爲，及臨事又爲之，只是知之未至。人知烏喙之殺人不可食，斷然終於不食，是真知之也。知不善不可爲而猶或爲之，是特未能真知也。所以未能真知者，緣於道理上只就外面理會，裏面却未理會得十分瑩浄。**此兩條者，皆言格物致知所以當先而不可後之意也。又有問進脩之術何先**

者，程子曰：「莫先於正心誠意。然欲誠意，必先致知；而欲致知，又在格物。致，盡也；格，至也。凡有一物，必有一理。窮而至之，所謂『格物』者也。然而格物亦非一端。如或讀書講明道義，或論古今人物而別彼列反。**其是非，或應接事物而處**上聲。**其當**去聲。**否：皆窮理也。」**朱子曰：格物之理，所以致我之知。○而今且只就事物上格去。如讀書便就文字上格，聽人說話便就說話上格，接物便就接物上格：精粗大小都要格，久後貫通，粗底便是精，小底便是大，這便是理之「一本」處。○陳氏曰：事事物物固皆有理，而聖賢書中又見成理義所萃而皆事物之則也。在初學者窮理工夫，先且就聖賢言語實處爲準則，於幽閒靜一之中虛心而詳玩，隨章逐句一一實下講明工夫。果實有得，則是非邪正大分已明，而胸中權度稍定，然後次而及於論古今人物以相參質，則其褒貶去取方可有定論。最其後也，乃及於應接事物更相證訂，則其裁處剖決方中節而不至於差謬，故以我之見有以照彼之情，而歷練感觸處有以長吾之見，內外交相發，將何所往而非吾窮格之益也？程子之言，其有序矣。**曰：「格物者，必物物而格之耶，將止格一物而萬理皆通邪？」曰：「一物格而萬理通，雖顏子亦未至此。惟今日而格一物焉，明日又格一物焉，積習既多，然後脫然有貫通處耳。」**朱子曰：一日一件者，格物工夫次第也；脫然貫通者，知至效驗極致也。不循其序而遽責其全，則爲自罔；但求粗曉而不期貫通，則爲自畫。○程子此語便是真實做工夫來，不說格一件後便貫通，也不說盡格得天下物理後方始通，只云積習既多，然後脫然有箇貫通處。○問：「一理通則萬理通，其說如何？」曰：伊川嘗云雖顏子亦未到此，天下豈有一理通便解萬理皆通？也須積累將去。如顏子高明，不過聞一知十，亦是大段聰明了。學問却有漸，無急迫之理。○窮理者，因其所已知而及其所未知，因其所已達而及其所未達。人之良知本所固有。然不能窮理者只是足於已知已達而不能窮其未知未達，故見得一截，不曾又見得一截，此其所以於理未精也。然仍須工夫日日增加，今日既格得一物，明日又格得一物，工夫更不住地做。如左脚進得一步，右脚又進一步；右脚進得一步，左脚又進接續不已，自然貫通。○問：「無事時見得是如此，臨事又做錯了，如何？」曰：只是斷置不分明，所以格物便要閑時理會，不是要臨時理會。閑時看得道理分曉，則事來時斷置自易。格物只是理會未理會得底，不是從頭都要理會。如水火，人自是知其不可蹈，何曾有錯去蹈水火？格物只是理會當蹈水火與不當蹈水火，臨事時斷置教分曉。程子所謂「今日格一件，明日格一件」，亦是如此。○積習既多，自然脱然有貫通處，乃是零零碎碎湊合將來，不知不覺自然醒悟。其始固須用力，及其得之也又却不假用力。此箇事不可欲速，欲速則不達。須是慢慢做去。**又曰：「自一身之中以至萬物之理，理會得多，自當豁然有箇覺處。」**朱子曰：一身之中是仁義禮智、惻隱羞惡辭遜是非與視聽言動，皆所當理會。至夫萬物之榮悴與夫動植小大，這底是如何使，那底是如何用，車之可以行陸，舟可以行水，皆當理會。○玉溪盧氏曰：至豁然覺處，則一身之理與夫萬物之理通貫而爲一矣。**又曰：「窮理者非謂必盡窮天下之理，又非謂止窮得一理便到，但積累**魯水反。後凡言「積累」者音同。**多後，自當脱然有悟處。」**問：「知至若論極盡處，聖賢亦難言，如孟子未學諸侯喪禮與未詳班爵之制。」朱子曰：如何要一切知得？然理會得已多，萬一有插一件差異底事來，也識得他破。只是貫通，便不通底亦通將去。某舊亦有此疑。後看程子説「格物非欲窮盡天下之理，積累多後自當脱然有悟處」，方理會得。如十事已窮得八九，其一二雖未窮將來湊合都自見得。○王氏曰：右三條皆要工夫多積，自能貫通覺悟，却自是三樣。第一是漸漸格，第二是合内外格，第三是不泛不漏格。**又曰：「格物非欲盡窮天下之物，但於一事上窮盡，其他可以類推。至於言孝，則當求其所以爲孝者如何。若一事上窮不得，且別窮一事。或先其易**去聲。**者，或先其難者，各隨人淺深。譬如千蹊萬徑皆可以適國，但得一道而入則可以推類而通其餘矣。蓋萬物各具一理而萬理同出一原，此所以可推而無不通也。」**朱子曰：既是教人類推，不是窮盡一事便了。且如盡得箇孝底道理，故忠可移於君，又須盡得忠。以至兄弟、夫婦、朋友從此推之無不盡窮始得。○問：「程子若一事上窮不得且別窮一事之説，與《中庸》弗得弗措相發明否？」曰：看來有一樣底。若弗得弗措，一向思量這箇，少間便會擔閣了。若謂窮一事不得便掉了別窮一事，又輕忽了，也不得。程子爲見學者有恁地底，不得已説此話。○問：「『致』之爲言推而致之以至於盡也。於窮不得處正當努力，豈可遷延逃避別求一事邪？」曰：這是隨人之量，非曰遷延逃避也。蓋於此處既理會不得，若專一守在這裏，却轉昏了。須著別窮一事，又或可以因此而明彼也。○問：「伊川説與延平李先生説如何？」曰：這説自有一項難窮底事。如造化禮樂度數等卒急難曉，只得且放住。李先生説是窮理之要。若平常遇事，這一件理會未透又理會第二件，第二件理會未得又理會第三件，恁地終身不長進。○問：「千蹊萬徑皆可以適國，國是譬理之一原處，不知從一事上便窮到一原處否？」曰：也未解便至如此，只要以類而推。理固是一理，然其間曲折甚多。須是把這箇做樣子，却從這裏推去始得。且如事親固當盡其事之之道，若得於親是如何、不得於親又當如何。以此而推之於事君，則知得於君是如何、不得於君又當如何。推以事長亦是如此。推去莫不皆然。○萬物皆有此理，理皆同出一原。但所居之位不同，則其理之用不一。如爲君須仁，爲臣須敬，爲子須孝，爲父須慈。物物各具此理而物物各異其用，然莫非一理之流行者也。又曰：近而一身之中，遠而八荒之外，微而一草一木之衆，莫不各具此理。如此四人在坐，各有這箇道理，某不用假借於公，公不用求於某。然雖各有這一道理，又却同出於一箇理耳。如排數器水相似，這盂也是這樣水，那盂也是這樣水，各各滿足，不待求假於外。然打破放裏也只是這箇水，此所以可推而無不通也。所以謂格得多後自能貫通，只爲是一理。○玉溪盧氏曰：「一事上窮盡，他可類推」，此貫通覺悟之機也；「如言孝則求其所以爲孝者如何」，此格物致知要法；「一事上窮不得，且別窮一事」，此格物致知活法。「萬物各具一理」，萬物各具之太極也；「萬理同出一原」，萬物統體之太極也。「推而無不通」，則有脱然豁然處矣。**又曰：「物必有理，皆所當窮，若天地之所以高深、鬼神之所以幽顯是也。若曰天吾知其高而已矣，地吾知其深而已矣，鬼神吾知其幽且顯而已矣，則是已然之詞，又何理之可窮哉？」又曰：「如欲爲孝則當知所以爲孝之道，如何而爲奉養**去聲。**之宜，如何而爲溫凊**七性反。**之節：**《禮記》：「凡爲人子者，冬溫而夏凊。」**莫不窮究，然後能之。非獨守夫**音扶。**『孝』之一字而可得也。」**朱子曰：聖人言孝，其實精粗本末只是一理。人皆有良知而前此未嘗知者，只爲不曾推去耳。愛親、從兄誰無是心？於此推去，則溫凊定省之事亦不過是。自其所知推而至於無所不知，皆由人推耳。

○陳氏曰：如事親當孝，非是空守一箇「孝」字，必須窮格所以爲孝之理當如何，凡古人事親條目皆無一不講，然後可以實能盡孝。

或問：「觀物察己者豈因見物而反求諸己乎？」曰：「不必然也。物我一理，纔明彼，即曉此，此『合內外之道』也。語其大，天地之所以高厚；語其小，至一物之所以然：皆學者所宜致思也。」曰：「然則先求之四端，可乎？」曰：「求之情性，固切於身，然一草一木亦皆有理，不可不察。」朱子曰：天地之所以高厚、一物之所以然，只是舉至大與至細者言之。學者之窮理，無一物而在所遺也。○問格物須合內外始得。曰：未嘗不合。自家知得物之理如此，則因其理之自然而應之，便是合內外之理。目前事事物物皆有至理，如一草一木、一禽一獸皆有理。草木春生秋殺，好生惡死，仲夏斬陽木，仲冬斬陰木，皆是順陰陽道理。自家知得萬物均氣同體，見生不忍見死，聞聲不忍食肉，非其時不伐一木，不殺一獸，胎不殀，不覆巢：此便是合內外之道。

又曰：「致知之要，當知至善之所在，如父止於慈、子止於孝之類。若不務此而徒欲汎然以觀萬物之理，則吾恐其如大軍之遊騎，去聲。**出太遠而無所歸也。」**朱子曰：格物之論，伊川意雖謂眼前無非是物，然其格之也，亦須有緩急先後之序。如今爲學而不窮天理、明人倫、論聖言、通世故，乃兀然存心於一草木器用之間，此是何學問？○天下之理偪塞滿前，耳之所聞、目之所見無非物也，若之何而窮之哉？須當察之於心，使此心之理既明，然後於物之所在從而察之，則不至於汎濫矣。○「致知」一章是《大學》最初下手處。若理會透徹，後面便容易。故程子此處說得節目甚多，皆是因人之資質了說，雖若不同，其實一也。見敏者太去理會外事，則教之去父慈子孝上理會，曰若不務此而徒泛觀萬物之理，恐如遊騎出太遠而無所歸；見人專去裏面理會，則教之以求之性情固切於身，然一草木亦皆有理：要之內事外事皆是自己合當理會底。但須是六七分去裏面理會，三四分去外面理會方可。若是工夫中半時亦自不可，况在外面工夫多，在內工夫少邪？此尤不可也。**又曰：「格物莫若察之於身，其得之尤切。」**朱子曰：前既説當察物理，不可專在性情，卒此又言莫若察之於身爲尤切，皆是互相發處。○王氏曰：前數條是推開去用工，此兩條是收歸來用工，皆隨人偏處教他。**此九條者，皆言格物致知所當用力之地與其次第工程也。**玉溪盧氏曰：用力之地者，讀書應接事物之類是也；次第工程者，今日格一物明日又格一物之類是也。**又曰：「格物窮理但立誠意以格之，其遲速則在乎人之明暗耳。」**問：「知至而後意誠，而程子又云『格物窮理但立誠意以格之』，何也？」朱子曰：此「誠」字説較淺，未説得深處。只是確定其志，朴實去做工夫。如胡氏「立志以定其本」，便是這意。此與經文「誠意」之説不同也。又曰：誠意不立，如何能格物？所謂立誠意者只是要著實下工夫，不要若存若亡。遇一物須是真箇即此一物究極得箇道理了，方可言「格」。若「物格而後知至，知至而後意誠」，《大學》蓋言其所止之序。其始則必在於立誠。○玉溪盧氏曰：立誠意，即主敬之謂。**又曰：「入道莫如敬。未有能致知而不在敬者。」**朱子曰：今人將持敬、致知來做兩事。持敬時只塊然獨坐，更不去思量，却是今日持敬，明日去思量道理也，豈可如此？但一面自持敬，一面自思量道理：二者本不相妨。○莫若且收斂身心，盡掃雜慮，令其光明洞達，方能作得主宰，方能見理。**又曰：「涵養須用敬，進學則**

在致知。」朱子曰：學者工夫惟在居敬、窮理二事。此二事互相發。能窮理則居敬工夫日益進，能居敬則窮理工夫日益密。○問「涵養在致知之先」。曰：涵養合下在先。古人從少以敬涵養，父兄漸教之讀書識義理。今若說待涵養了方去致知，也無限期，須兩下用工。○涵養本原，思索義理，須用齊頭做，方能互相發。程子下「須」字、「在」字，便是要齊頭著力。○問：「涵養、體認，致知、力行，雖云互相發明，然畢竟當於甚處著力？」曰：四者不可先後，又不可無先後，須當以涵養爲先。若不涵養而專於致知，則是徒然思索；若專於涵養而不致知，則却鶻突去了。以某觀之，四事只是三事，蓋體認便是致知也。○無事時且存養在這裏，提撕警覺不要放肆；到那講習應接，便當思量義理，用義理做將去；無事便著存養，收拾此心。**又曰：「致知在乎所養，養知莫過於寡欲。」**問：「『養知』是既知後如此養否？」朱子曰：此不分先後。未知之前若不養之，此知如何養得；既知之後若不養，又差了。不可道未知之前便不必如此。○「致知」者，推致其知識而至於盡也；「將致知」者，必先有以養其知。有以養之則所見益明，所得益固。欲養其知者惟寡欲而已矣。欲寡則無紛擾之雜而知益明矣，無變遷之患而得益固者矣。又曰：二者自是箇兩頭說話。本若無相干，但得其道則交相爲養，失其道則交相爲害。○玉溪盧氏曰：欲致知固在有所養，知既至又不可無所養。欲多則心無所養而知昏，欲寡則心有所養而知明。**又曰：「格物者，適道之始。思欲格物則固已近道矣。是何也？以收其心而不放也。」**新安陳氏曰：纔思量要格物，便已近道，只就格物上便可收其放心。此條與上四條微不同。**此五條者，又言涵養本原之功，所以爲格物致知之本者也。凡程子之爲說者不過如此，其於「格物致知」之**

傳詳矣。問程子致知格物之説不同。曰：當時答問，各就其人而言之，今須是合就許多不同處來看作一意爲佳。且如既言不必盡窮天下之物，又云一草一木亦皆有理。今若以一草一木上理會，有甚了期？但其間有積習多後自當脱然有貫通處者爲切當耳。今以十事言之，若理會得七八件，則那兩三件觸類可通；若四旁都理會得，則中間所未通者其道理亦是如此。蓋長短小大，自有準則。如忽然遇一件事來時，必知某事合如此，某事合如彼，則此方來之事亦有可見者矣。聖賢於難處之事，只以數語盡其曲折，後人皆不能易者，以其於此理素明故也。又曰：所謂「格物」者，常人於此理或能知一二分，即其一二分之所知者推之，直要推到十分，窮得來無去處，方是「格物」。○問：「伊川説格物致知許多項當如何看？」曰：説得已自分曉。如初間説知覺及誠敬，固不可不勉。然天下之理必先知之而後有以行之，這許多説不可不格物致知。中間説物物當格及反之吾身之説，却是指出格物箇地頭如此。又曰：此項兼兩意，又見節次格處。自「立誠意以格之」以下，却是做工夫合如此。又曰：用誠敬涵養爲格物致知之本。今也尋其義理既無可疑，考其字義亦皆有據。至以他書論之，則《文言》所謂「學聚問辨」，《易·文言》：「學以聚之，問以辨之。寬以居之，仁以行之。」《中庸》所謂「明善」、「擇善」，《孟子》所謂「知性」、「知天」，又皆在乎固守力行之先，而可以驗夫音扶。《大學》始教之功爲有在乎此也。愚嘗反覆考之而有以信其必然，是以竊取其意以補傳文之缺。不然則又安敢犯不韙之罪，爲無證之言，以自託於聖經賢傳之間乎？韙音偉，是也。「犯不韙」之説出《春秋左氏傳》。曰：「然則吾子之意，亦可得而悉聞之乎？」曰：吾聞之也，天道流行，此以理言。造化發育，此以氣言。凡有聲色貌象而盈於天地之間者，皆物也；既有是物，則其所以爲是物者莫不各有當然之則而自不容已：是皆得於天之所賦而非人之所能爲也。朱子曰：物，乃形氣；則，乃理也。物之理，方爲則。○理之所當爲者自不容已，如孩提之愛，及長知敬，自有住不得處。○問：「人物之生莫不得其所以生者以爲一身之主，是此性隨所生處便在否？」曰：一物各具一太極。「天生烝民，有物有則」，蓋視有當視之則，聽有當聽之則。如是而視，如是而聽，便是；不如是而視，不如是而聽，便不是。謂如「視遠惟明，聽德惟聰」，能視遠謂之明，所視不遠不謂之明；能聽德謂之聰，所聽非德不謂之聰。視聽是物，聰明是則。推之至於口之於味、鼻之於臭，莫不各有當然之則。所謂窮理者，窮此而已。○玉溪盧氏曰：物者形而下之器，則者形而上之道。形而上者不出於形而下者之外，所謂「有物必有則」也。今且以其至切而近者言之，則心之爲物實主於身，其體則有仁、義、禮、智之性，其用則有惻隱、羞惡、恭敬、是非之情，渾上聲。然在中，隨感而應，各有攸主而不可亂也。西山真氏曰：圓外竅中者，心之形體，可以物言；備具衆理、神明不測者，此心之理，不可以物言。然有此形體方包得此理。○玉溪盧氏曰：心之爲物主於身，形而下者也；其體用性情，形而上者也。渾然在中，其體初無仁、義、禮、智之分；隨感而應，其用始有惻隱等四者之別。仁爲惻隱之主，義爲羞惡之主，禮、智爲恭敬、是非之主，而皆不可亂，所謂「則」也。次而及於身之所具，則有口、鼻、耳、目、四肢之用；又次而及於身之所接，則有君臣、父子、夫婦、長幼、朋友之常：是皆必有當然之則而自不容已，所謂「理」也。玉溪盧氏曰：耳、目等乃吾身所具之物，君臣等乃吾身所接之物。「口容止」，口之則也；「氣容肅」，鼻之則也；「聽思聰，視思明」，耳、目之則也；「非禮勿動」，四肢之則也。「君臣有義」，是君臣之則；「父子有親」，是父子之則；「有別」、「有序」、「有信」，是夫婦、長幼、朋友之則：皆所謂有物必有則也。吾心之則乃此身體統一太極，❶吾身所具所接者之則乃物物各具一太極也。其體統者乃各具者之所自出，其各具者初未嘗在體統者之外也。**外而至於人，則人之理不異於己也；遠而至於物，則物之理不異於人也。極其大則天地之運、古今之變不能外也，盡於小則一塵之微、一息之頃不能遺也。**格菴趙氏曰：一塵之微、一息之頃不能遺者，理無物不在，無時不然。大而天地之一開一闔、古今之一否一泰，小而一塵之或飛或伏、一息之或呼或吸，皆此理之所寓也。○新安陳氏曰：天地及一塵是横説，古今及一息是直説。**是乃上帝所降之衷、**《書·湯誥》：「惟皇上帝，降衷于下民。」**烝民所秉之彝，**《詩·烝民》：「民之秉彝。」**劉子所謂「天地之中」、**《左傳》成公十三年：劉康公、成肅公會晉侯伐秦。劉、成，食采之邑名。康、肅，皆其謚也。成子受脤于社不敬，脤，市軫反，宜社之肉也。劉子曰：「吾聞之，民受大地之中以生，所謂命也，是以有動作禮義威儀之則以定命也。能者養之以福，不能者敗以取禍。」**夫子所謂「性與天道」、子思所謂「天命之性」、孟子所謂「仁義之心」、程子所謂「天然自有之中」、**程子曰：楊子拔一毛不爲，墨子又摩頂

❶「體統」，四庫本作「統體」。下二「體統」同。

放蹷爲之，此皆是不得中。至如子莫執中，欲執此二者之中，不知怎麽執得？識得，則事事物物上皆天然有箇中在那上，不待人安排也，安排著則不中矣。**張子所謂「萬物之一原」、**張子，名載，字子厚。家于鳳翔府郿縣横渠鎮。世號「横渠先生」。○《正蒙·誠明》篇：「性者，萬物之一原，非有我之得私也。」**邵子所謂「道之形體」者。**邵子，名雍，字堯夫，諡康節。河南人。○「性者，道之形體」，見《擊壤集·序》。**但其氣質有清濁偏正之殊，物欲有淺深厚薄之異，是以人之與物、賢之與愚相與懸絶而不能同耳。**問：「『降衷』、『秉彛』一段，其名雖異，要之皆是一理。」朱子曰：誠是一理，豈可無分別？須各曉其名字訓義之所以異，方見其所謂同。○「衷」字只是箇無過不及之中，是箇恰好底道理。天生人物，箇箇有一副當恰好無過不及道理降與你。今人言「折衷」，「折衷」者，以中爲則而取其正也。「天生烝民，有物有則」，「則」字却似「中」字。天之生此物，必有箇當然之則，故民執之以爲常道，所以無不好此懿德。「降衷于下民」，緊要在「降」字上，故自天而言謂之「降衷」，自人受此衷而言則謂之「性」，緣各據來處與受處而言也。○問：「彛而言『秉』，何也？」曰：渾然一理具于吾心，不可移奪，若秉執然。○問：「劉子云『天地之中』，程子云『天然自有之中』，此『中』字同否？」曰：天地之中是未發之中，天然自有之中是時中。天地之中是指道體，天然自有之中是指事物之理。○「性與天道」，性便是自家底，天道便是上面腦子。其流行者是天道，人得之爲性。○諸先生説這道理，邵子説得最著實。這道理空虛無形影，惟是説「性者道之形體」，却見得實。只反諸吾身求之，是實有這道理還是無這道理。故嘗爲之説曰：欲知此道之實有者，當求之吾性分之内。邵子忽自於《擊壤集·序》内説出幾句云：「性者，道之形體也；心者，性之郛郭也；身者，心之區宇也；物者，身之舟車也。」此説極好。〇氣質清濁偏正，本《正蒙》中語，亦是將人物賢不肖智愚相對而分言之如此。若大概而論，則人清而物濁，人正而物偏。又細論之，則智乃清之清，賢乃正之正；愚乃清之濁，不肖乃正之偏。而張子所謂物有近人之性者，又濁之清、偏之正者也。物欲淺深厚薄，乃通爲衆人而言。〇陳氏曰：天命即天道之流行而賦予於物者，受於天而爲我所有，故謂之「性」。又曰：道者，事物中所當然之理，人之所共由者也；性，即在我之理具於吾心而道之所總會也。所謂「形體」正如此。〇西山真氏曰：《詩》謂「秉彝」，言衆民皆秉執此常理。孟子謂「仁義之心」，言人既得陰陽之理以爲性，則自然有仁義之心。只舉「仁義」二字者，仁包禮，義包智故也。禮是仁之著，智是義之藏。程子所謂「天然之中」，言凡百事物皆有箇恰好底道理，不可過不可不及也。張子所謂「萬物之一原」，凡人物之性皆自此流出，如百川之同一原也。以其理之同，故以一人之心而於天下萬物之理無不能知；以其稟之異，故於其理或有所不能窮也。理有未窮，故其知有不盡；知有不盡，則其心之所發必不能純於義理而無雜乎物欲之私：此其所以意有不誠，心有不正，身有不脩，而天下國家不可得而治也。昔者聖人蓋有憂之，是以於其始教，爲之小學而使之習於誠敬，則所以收其放心、養其德性者已無所不用其至矣。玉溪盧氏曰：此格物致知之本原。及其進乎大學，則又使之即夫音扶。事物之中，因其所知之理推而究之以各到乎其極，則吾之知識亦得以周遍精切而無不盡也。若其用力之方，則或考之事爲之著，或察之念慮之微；問：關於事爲者不外乎念慮，而入於念慮者往往皆是事爲，此分爲二項，意如何？　朱子曰：固是都相關，然也有做在外底，也有念慮方動底。念慮方動，便須辨别那箇是正，那箇是不正：這只就始末上大約如此説。問：「只就著與微上看？」曰：有箇顯，有箇微。**或求之文字之中，或索**山客反。**之講論之際：**玉溪盧氏曰：此四句，格物致知之條目。**使於身心性情之德、人倫日用之常，以至天地鬼神之變、鳥獸草木之宜，自其一物之中，莫不有以見其所當然而不容已與其所以然而不可易者。**朱子曰：今人未嘗看見當然而不容已者，只是就上較量一箇好惡耳。如真見得這底是我合當爲，則自有所不可已者矣。如爲臣而必忠，非是謾説如此，蓋爲臣不可以不忠；爲子而必孝，亦非是謾説如此，蓋爲子不可以不孝也。○問：「『所以然而不可易者』是指理而言，『所當然而不容已者』是指人心而言否？」曰：下句只是指事而言。凡事固有所當然而不容已者，然又當求其所以然者何故。其所以然者，理也。理如此，故不可易。又如人見赤子入井，皆有怵惕惻隱之心，此其事所當然而不容已者也。然其所以如此者何故？必有箇道理之不可易者。○陳氏曰：在身，謂手容合當恭、足容合當重之類；在心，如體合當寂、用合當感之類；性，如仁合當愛、義合當斷之類；情，如見赤子入井合當惻隱、見大賓客合當恭敬之類；人倫，如君合當止仁、臣合當止敬之類；日用，如居處合當恭、執事合當敬之類；天地，如天合當高、地合當厚；鬼神二氣，如陽合當伸、陰合當屈；鳥獸，如牛合當耕、馬合當乘；草木，如春合當生、秋合當殺等類：皆有理存乎其間也。○西山真氏曰：如爲君當仁、臣當敬之類，乃道理合當如此。不如此則不可，故曰「所當然」；然仁、敬等非是人力强爲，有生之初即稟此理，是乃天之所與也，故曰「所以然」。知所當然是知性，知所以然是知天，謂知其理所自來也。必其表裏精粗無所不盡，而又益推其類以通之，至於一日脱然而貫通焉，則於天下之物皆有以究其義理精微之所極，玉溪盧氏曰：「極」即「至善」之謂。而吾之聰明睿智亦皆有以極其心之本體而無不盡矣。朱子曰：不可盡者心之事，可盡者心之理。理既盡後，謂如一物初不曾識，來到面前便識得此物，盡吾心之理。○新安陳氏曰：此格物致知之效驗。此愚之所以補乎本傳闕文之意，雖不能盡用程子之言，然其指趣要歸，則不合者鮮上聲。矣。讀者其亦深考而實識之哉！曰：「然則子之爲學，不求諸心而求諸迹，不求之内而求之外，吾恐聖賢之學不如是之淺近而支離也。」曰：人之所以爲學，心與理而已矣。心雖主乎一身而其體之虚靈足以管乎天下之理，理雖散在萬物而其用之微妙實不外乎一人之心，初不可以内外精粗而論也。問：「『用之微妙』是心之用否？」朱子曰：理必有用，何必又説是心之用乎？心之體具乎是理，理則無所不該而無一物之不在，然其用實不外乎人心。蓋理雖在物而用實在心也。然或不知此心之靈而無以存之，則昏昧雜擾而無以窮衆理之妙；不知衆理之妙而無以窮之，則偏狹固滯偏，一作「褊」。而無以盡此心之全：此其理勢之相須，蓋亦有必然者。是以聖人設教，使人默識此心之靈而存之於端莊静一之中，以爲窮理之本；使人知有衆理之妙而窮之於學問思辨之際，以致盡心之功：巨細相涵，動静交養，初未嘗有内外精粗之擇。及其真積力久而豁然貫通焉，則亦有以知其渾然一致而果無内外精粗之可言矣。今必以是爲淺近支離而欲藏形匿影，別爲一種上聲。幽深恍惚、艱難阻絶之論，務使學者莽模黨反。然措其心於文字言語之外而曰道必如此然後可以得之，則是近世佛學詖淫邪遁之尤者，而欲移之以亂古人明德新民之實學，其亦誤矣！問：「陸象山不取伊川格物之説，以爲若隨事討論則精神易弊，不若但求之心，心明則無不照。其説亦似省力。」朱子曰：不去隨事討論，便聽他胡做，話便信口説，脚便信步行，冥冥地去都不管他。○節齋蔡氏曰：盡心者，言其心之所存，更無一毫之不盡也。然若要盡得，須先知得，所以學者要先窮理也。又曰：存此心於端莊静一之中以立其本，窮此理於學問思辨之際以達其用，反之於身以踐其實，則巨細相涵，動静交養。及其真積力久而豁然融會，然後可以造乎一之妙。○陳氏曰：古人每言學必欲其博，所以極盡乎此心無窮之量也。所謂「盡心」者，須是盡得箇極大無窮之量，無一理之或遺，方是實能盡得心。○西山真氏曰：存心、窮理二者當表裏用工。蓋知窮理而不知存心，則思慮紛擾，物欲交攻，此心昏亂，如何窮理；但知存心而不務窮理，雖能執持静定，亦不過如禪家之空寂而已。故必二者交進，則心無不正、理無不通。學之大端，惟此而已。○「端莊」主容貌言，「静一」主心言，表裏交正之義。合而言之，則敬而已。○玉溪盧氏曰：存心於端莊静一，主敬之工夫也；窮理於學問思辨，格致之工夫也。「巨」以此心言，「細」以衆理言；「動」以格物工夫言，「静」以主敬工夫言。豁然貫通而果無内外精粗之可言，則明德明矣。○曰：「近世大儒有爲格物致知之説者，曰格猶『扞』音汗。也，『禦』也。能扞禦外物而後能知至道也。問：「温公以格物爲『扞格』之格，不知『格』字有訓『扞』義否？」朱子曰：亦有之，如「格鬭」之「格」是也。又有推其説者，曰人生而靜，其性本無不善，而有爲不善者，外物誘音酉。之也。所謂『格物以致其知』者，亦曰扞去上聲。外物之誘而本然之善自明耳。孔周翰説。是其爲説不亦善乎？」曰：「天生烝民，有物有則」，則、物之與道固未始相離去聲。也。格菴趙氏曰：物與理未嘗相離。若離物以求理，則空虛而無據，豈得一切扞而去之？今曰禦外物而後可以知至道，則是絶父子而後可以知孝慈，離如字。君臣而後可以知仁敬也，是安有此理哉？若曰所謂外物者不善之誘耳，非指君臣父子而言也，則夫音扶。外物之誘人，莫甚於飲食男女之欲，然推其本則固亦莫非人之所當有而不能無者也，但於其間自有天理人欲之辨而不可以毫釐力之反。正作「氂」。差耳。問：「飲食之間，孰爲天理，孰爲人欲？」朱子曰：飲食者，天理也；要求美味，人欲也。惟其徒有是物而不能察於吾之所以行乎其間者孰爲天理，孰爲人欲，是以無以致其克復之功而物之誘於外者得以奪乎天理之本然也。今不即物以窮其原而徒惡去聲。物之誘乎己，乃欲一切扞而去上聲。之，則是必閉口枵虛驕反。腹然後可以得飲食之正，絶滅種上聲。類然後可以全夫婦之别筆列反。也。是雖裔以制反。戎無君無父之教有不能充其説者，況乎聖人大中至正之道而得以此亂之哉？○曰：「自程子以格物爲窮理，而其學者傳之，見形甸反。於文字多矣。是亦有以發其師説而有助於後學者耶？」曰：程子之説，切於己而不遺於物，本於行事之實而不廢文字之功，極其大而不略其小，究其精而不忽其粗。學者循是而用力焉，則既不務博而陷於支離，亦不徑約而流於狂妄；既不舍上聲。其積累之漸，而其所謂豁然貫通者又非見聞思慮之可及也。新安陳氏曰：務博陷於支離，博物洽聞之徒；徑約流於狂妄，禪學頓悟之徒。二句說盡世人爲學之弊。是於說經之意、入德之方，其亦可謂反復芳服反。亦作「覆」。後凡言「反復」，音同。詳備而無俟於發明矣。朱子曰：博學亦非欲求異聞雜學方謂之博。博之與約，初學且須作兩途理會。一面博學，又自一面持敬守約，莫令兩下相靠，須兩路進前用工，塞斷中間，莫令相通，將來成時便自會有通處。若不如此兩下用工，成甚次第？若其門人雖曰祖其師說，然以愚考之，則恐其皆未足以及此也。蓋有以必窮萬物之理同出於一爲格物，知萬物同出乎一理爲知至。如合內外之道，則天人物我爲一；通晝夜之道，則死生幽明爲一；達哀樂音洛。好惡並去聲。之情，則人與鳥獸魚鼈爲一；求屈伸消長上聲。之變，則天地山川爲一者，似矣。呂與叔說。然其欲必窮萬物之理而專指外物，則於理之在己者有不明矣；但求衆物比類之同而不究一物性情之異，則於理之精微者有不察矣。不欲其異而不免乎四說之異，必欲其同而未極乎一原之同，則徒有牽合之勞而不睹貫通之妙矣。其於程子之說何如哉？又有以爲窮理只是尋箇是處，然必以恕爲本而又先其大者，則一處理通而觸樞玉反。處皆通者。謝顯道說。其曰尋箇是處者則得矣，而曰以恕爲本，則是求仁之方而非窮理之務也。又曰先其大者，則不若先其近者之切也。又曰一處通而一切通，則又顏子之所不能及、程子之所不敢言，非若類推積累之可以循序而必至也。朱子曰：謝氏尋箇是處之説甚好，與吕與叔必窮萬物之理同出於一爲格物、知萬物同出乎一理爲知至，其所見大段不同。但尋箇是處者須是於其一二分是處，直窮到十分是處方可。又有以爲天下之物不可勝平聲。窮，然皆備於我而非從外得也；所謂格物，亦曰反身而誠，則天下之物無不在我者：是亦似矣。楊中立説。然反身而誠乃爲物格知至以後之事，言其窮理之至無所不盡，故凡天下之理反求諸身，皆有以見其如目視耳聽、手持足行之畢具於此而無毫髮之不實耳。固非以是方爲格物之事，亦不謂但務反求諸身而天下之理自然無不誠也。《中庸》之言明善，即物格知至之事；其言誠身，即意誠心正之功。故不明乎善則有反諸身而不誠者，其功夫地位固有序而不可誣矣。今爲格物之説，又安得遽以是而爲言哉？又有以今日格一物、明日格一物爲非程子之言者，尹彦明説。則諸家所記程子之言，此類非一，不容皆誤。且其爲説，正《中庸》學問思辨、弗得弗措之事，無所咈音佛。於理者，不知何所病而疑之也？豈其習於持敬之約而厭夫音扶。下同。觀理之煩耶，抑直以己所未聞而不信他人之所聞也？夫持敬、觀理不可偏廢，程子固已言之。若以己偶未聞而遂不之信，則以有子之似聖人，而速貧速朽之論猶不能無待於子游而後定，今又安得遽以一人之所未聞而盡廢衆人之所共聞者哉？《禮記·檀弓》：有子問於曾子曰：「問當作「聞」。喪去聲。於夫子乎？」喪，謂失位去國。曰：「聞之矣。喪欲速貧，死欲速朽。」有子曰：「是非君子之言也。」曾子曰：「參也與子游聞之。」有子曰：「然。然則夫子有爲去聲。言之也。」曾子以斯言告於子游，子游曰：「甚哉，有子之言似夫子也！昔者夫子居於宋，見桓司馬宋向戌之孫，名魋。自爲石槨，三年而不成。夫子曰：『若是其靡也，死不如速朽之愈也。』死之欲速朽，爲桓司馬言之也。南宮敬叔反，魯仲孫閱，嘗失位去國而得反。必載寶而朝。夫子曰：『若是其貨也，喪不如速貧之愈也。』喪之欲速貧，爲敬叔言之也。」曾子以子游之言告於有子，有子曰：「然，吾固曰非夫子之言也。」又有以爲物物致察而宛轉歸己，如察天行以自强，察地勢以厚德者，亦似矣。胡安國說。然其曰物物致察，則是不察程子所謂不必盡窮天下之物也。又曰宛轉歸己，則是不察程子所謂「物我一理，纔明彼即曉此」之意也。又曰察天行以自强、察地勢以厚德，則是但欲因其已定之名、擬其已著之迹，而未嘗如程子所謂「求其所以然與其所以爲者之妙」也。獨有所謂即事即物，不厭不棄，而身親格之以精其知者，爲得「致」字向裏之意。而其曰格之之道必立志以定其本，居敬以持其志，志立乎事物之表，敬行乎事物之内，而知乃可精者：胡仁仲說。又有以合乎所謂「未有致知而不在敬」者之指。但其語意頗傷急迫，既不能盡其全體規模之大，又無以見其從七恭反。容潛玩、積久貫通之功耳。朱子曰：身親格之，說得「親」字急迫，不成是倩人格？〇此段本說得精，然却有病者只說得向裏來，不曾說得外面，所以語意頗傷急迫。

蓋致知本廣大，須説得表裏内外周遍兼該方得。其曰「志立乎事物之表，敬行乎事物之内」，此語極好；而曰「知乃可精」，便有局促氣象。他須要就這裏便精其知，殊不知致知之道不如此急迫，須是寬其程限，大其度量，久久自然通貫。他只説得裏面一邊極精，遺了外面一邊，所以其規模之大不如程子。且看程子所説「今日格一物，明日格一物，積久自貫通」，此言該内外，寬緩不迫，有涵泳從容之意。所謂「語小，天下莫能破；語大，天下莫能載」也。○問「立志以定其本，居敬以持其志」。曰：人之爲事，必先立志以爲本。志不立則不能爲得事。雖能立志，苟不能居敬以持之，此心亦泛然而無主，悠悠終日，亦只是虚言。立志必須高出事物之表而居敬則常存於事物之中，令此敬與事物皆不相違，言也須敬，動也須敬，坐也須敬，頃刻去他不得。**嗚呼，程子之言，其答問反復之詳且明也如彼，而其門人之所以爲説者乃如此！雖或僅有一二之合焉，而不免於猶有所未盡也。是亦不待七十子喪**去聲。**而大義已乖矣，**出《家語·後序》。**尚何望其能有所發而有助於後學哉？**朱子曰：程子説更不可易。某當初於吕、謝、楊、尹説段段録出，句句比對，逐字秤停過，方見程子説攧撲不破，諸説挨著便成粉碎。諸説皆失了程子意。此正是入門欵，於此既差，他可知矣。○程子諸門人説得都差，不曾精曉程子之説，亦緣當時諸公所聞於程子者語意不全，所以多差。後來集諸家語録，湊起衆説，此段工夫方是渾全。然則當時親炙未爲全幸，生先生之後者未爲不幸也。**間獨惟念昔聞延平先生之教，**李先生，名侗，字愿中。延平人。朱子之師也。**以爲：爲學之初且當常存此心，勿爲他事所勝。凡遇一事即當且就此事反復推尋以究其理，待此一事融釋脱落，然後循序少進而别窮一事。如**

此既久，積累之多，胸中自當有洒然處，非文字言語之所及也。詳味此言，雖其規模之大、條理之密若不逮於程子，然其功夫之漸次、意味之深切則有非他説所能及者。惟嘗實用力於此者爲能有以識之，未易去聲。以口舌爭也。格菴趙氏曰：程子言若一事窮未得，且別窮一事，延平則言且就一事推尋，待其融釋脱落然後別窮一事；其言不同。蓋程子以人心各有明處有暗處，若就明處推去則易爲力，非謂一事未窮得而可貳以二、參以三也。若延平則專爲不能主一者之戒。讀者不可以辭害意。

曰：「然則所謂格物致知之學與世之所謂博物洽聞者奚以異？」曰：此以反身窮理爲主而必究其本末是非之極摯，與「至」同。彼以徇外誇多爲務而不覈下革反。其表裏真妄之實。然必究其極，是以知愈博而心愈明；不覈其實，是以識愈多而心愈窒。陟力反。此正爲去聲。下同。己爲人之所以分，不可不察也。潛室陳氏曰：格物致知，研窮義理，心學也；記誦博識，口耳外馳，喪志之學也：二者正相反。

或問：「六章之旨，其詳猶有可得而言者邪？」曰：天下之道二，善與惡而已矣。然揆厥所元而循其次第，則善者天命所賦之本然，惡者物欲所生之邪穢也。是以人之常性莫不有善而無惡，其本心莫不好去聲。下並同。善而惡惡。上去聲，下如字。此後「可惡」、「其惡」、「惡之」、「不惡」、「而惡」、「好惡」，並去聲。然既有是形體之累而又爲氣稟之拘，是以物欲之私得以蔽之而天命之本然者不得而著，其於事物之理固有瞢莫中反。然不知其善惡之所在者，亦有僅識其粗而不能真知其可好可惡之極者。大音扶。下同。不知善之真可好，則其好善也雖曰好之，而未能無不好者以拒之於內；不知惡之真可惡，則其惡惡也雖曰惡之，而未能無不惡者以挽音晚。之於中：是以不免於苟焉以自欺，而意之所發有不誠者。北溪陳氏曰：造化流行，生育賦與，更無別物，只是箇善而已。所謂善者，以實理言。人受得此理以爲善，亦本善而無惡。如外好善而內不好善，外惡惡而內不惡惡，便是不真實。一等未實見道理人，雖分明有好善之心，終是不能徹表裏。須是真知善惡分明，然後有真好真惡之功。夫好善而不誠，則非唯不足以爲善而反有以賊乎其善；惡惡而不誠，則非唯不足以去上聲。惡而適所以長上聲。乎其惡：是則其爲害也徒有甚焉，而何益之有哉？聖人於此蓋有憂之，故爲《大學》之教而必首之以格物致知之目以開明其心術，使既有以識夫善惡之所在與其可好可惡之必然矣。至此而復扶又反。進之以必誠其意之説焉，則又欲其謹之於幽獨隱微之奥以禁止其苟且自欺之萌。而凡其心之所發，如曰好善，則必由中及外無一毫之不好也；如曰惡惡，則必出中及外無一毫之不惡也。夫好善而中無不好，則是其好之也如好好色之真欲以快乎己之目，初非爲去聲。人而好之也；惡惡而中無不惡，則是其惡之也如惡惡臭之真欲以足乎己之鼻，初非爲人而惡之也。新安陳氏曰：「慊」字兼快、足之義。此以快與足分屬好惡言之，蓋對舉而互相備也。所發之實既如此矣，而須臾之頃、纖芥之微，念念相承又無敢有少間斷焉，則庶乎内外昭融，表裏澄澈而心無不正、身無不脩矣。意誠則心正身脩之本皆已在此，故於此便究言之。若彼小人，幽隱之間實爲不善而猶欲外託於善以自蓋，則亦不可謂其全然不知善惡之所在，但以不知其真可好惡而又不能謹之於獨以禁止其苟且自欺之萌，是以淪陷至於如此而不自知耳。此章之説，其詳如此，是固宜爲自脩之先務矣。然非有以開其知識之真，則不能有以致其好惡之實，故必曰「欲誠其意者先致其知」，又曰「知至而后意誠」。然猶不敢恃其知之已至而聽其所自爲也，故又曰「必誠其意」、「必謹其獨」而「毋自欺」焉：則《大學》工夫次第相承，首尾爲一而不假他術以雜乎其間，亦可見矣。後此皆然，今不復扶又反。重平聲。出也。後此皆然，如「意誠而后心正」，意既誠，又不可不正其心，「心正而后身脩」倣此。○曰：「然則『慊』之爲義或以爲少，又以爲恨，與此不同，何也？」曰：「慊」之爲字，有作「嗛」口簟反。者，而字書以爲口銜物也。然則「慊」亦但爲心有所銜之義，而其爲快爲足、爲恨爲少，則以所銜之異而别筆列反。下同。之耳。孟子所謂「慊於心」、樂毅所謂「慊於志」，則以銜其快與足之意而言者也；《史記·列傳》：樂毅遺燕惠王書曰：「自五伯音霸。以來，功未有及於先王者也。先王以爲慊於志。」先王，燕昭王也。孟子所謂「吾何慊」、《漢書》所謂「嗛粟姬」，《史記》《西漢·外戚傳》：景帝立齊粟姬男爲太子，王夫人男爲膠東王。長公主嫖有女，欲與太子爲妃，粟姬謝不許；長公主欲與王夫人，夫人許之。會薄皇后廢，長公主日譖栗姬短。景帝嘗屬諸姬曰：「吾百歲後，善視之。」栗姬怒不肯，應言不遜。景帝心銜之而未發也。長公主日譽王夫人男之美，帝亦自賢之。王夫人知「嗛栗姬」，又陰使人趣大臣立栗姬爲皇后。大臣奏事文曰：「子以母貴，母以子貴。今太子母宜號爲皇后。」帝怒曰：「是乃所當言耶？」遂案誅大臣而廢太子爲臨江王，栗姬以憂死，卒立王夫人爲皇后，男爲太子。**則以銜其恨與少之意而言者也。**朱子曰：字有同一義而二用者，如「銜」字或爲銜恨，或爲銜恩，亦同此義。**讀者各隨所指而觀之，則既並行而不悖矣。字書又以其訓快與足者讀與「愜」同，則義愈明而音又異，尤不患於無別也。**

或問：「人之有心，本以應物，而此章之傳以爲有所喜怒憂懼便爲不得其正，然則其爲心也，必如槁木之不復扶又反。下同。**生、死灰之不復然乃爲得其正邪？」曰：人之一心，湛**丈減反。**然虛明，如鑑之空，如衡之平，以爲一身之主者，固其真體之本然；**真體，乃其本體之不雜於人僞者也。**而喜怒憂懼隨感而應，妍蚩**充之反。**俯仰因物賦形者，亦其用之所不能無者也。故其未感之時，至虛至靜，所謂鑑空衡平之體，雖鬼神有不得窺其際者，固無得失之可議；及其感物之際而所應者又皆中**去聲。**節，則其鑑空衡平之用流行不滯，正大光明，是乃所以爲天下之達道，亦何不得其正之有哉？唯其事物之來有所不察，應之既或不能無失，且又不能不與俱往，則其喜怒憂懼必有動乎中者，而此心之用始有不得其正者耳。**朱子曰：人心如一箇鏡，先未有一箇影象，有物事來方始照見妍醜。若先有箇影象在裏面，如何照得？人心本是湛然虚明，事物之來，隨感而應，自然照得高下輕重。事過便當依前恁地虚，方得。若事未來先有一箇忿懥好樂恐懼憂患之心在這裏，及忿懥好樂恐懼憂患之事到來，又以這心相與袞合，便失其正。事了又只若留在這裏，如何得正？○北溪陳氏曰：感自外入，以彼物之至吾前而言；應由中出，以此心之接彼物而言。○節齋蔡氏曰：鑑之空，方能照人。若先有人形滯其中，則人之繼至者不復可得而照矣。衡之平，方能稱物。若先有物重滯於上，則物之繼至者不復可得而稱矣。以鑑空衡平喻心體之虚明，最爲精切。○陳氏曰：此章只是四者感物而應不中其節，則此心便爲四者所動而不得其正矣。若世俗心慮昏昏莫克主宰，體用動静無復凖則，目隨物視，耳隨物聽，行信足步，言信口説矣。○西山真氏曰：鑑空衡平之體用，切須玩味。蓋未應物時此心只要清明虚静，不可先有一物。如鑑未照物，只是一箇空；如衡未稱物，只是一箇平。此乃心之本體，即喜、怒、哀、樂未發之中，所謂「鑑空衡平之體」也。及事物之來，隨感而應，因其可喜而喜，可怒而怒，在我本未嘗先有此心，但隨物所感而應之耳，故其發無不中節，此所謂「鑑空衡平之用」也。○徽菴程氏曰：未發之前，氣未用事，心之本體不待正而後正；發而中節，則心之用無不正，亦不待正之而後正。夫有不正而後正。心體静而未發，何待於正乎？惟此心之用發不中節，始有不正而待於正耳。《章句》曰「用之所行或失其正」，《或問》曰「此心之用不得其正」，未嘗言體之不正也。惟經之《或問》有曰「不得其本然之正」，曰「心之本體物不能動而無不正」，或者遂執之以爲正心乃静時工夫，如《中庸》未發之中、《太極圖》之「主静」，而經之所謂「定」、「静」、「安」也，傳之「心不在焉」，乃心不在腔子裏時也。殊不知聖人教人多於動處用功。格、致、誠、正、脩皆教人用功於動者，定、静、安亦非但言心之静也。若静時工夫，則戒謹恐懼而已，存之養之守之而已，不待乎正其所不正也。聖賢之動固主乎静，元亨誠之通固主乎利貞誠之復。而誠、正、脩云者，正、誠，通之事；既誠、正而脩矣，始有誠復之明。若當誠意之後，厭動而求静，棄事而冥心，收視反聽而曰「吾將以正心焉」，此乃異端之事，非吾儒事也。況「心不在焉」，亦曰心不在視則視而不見，心不在聽則聽而不聞，豈静在腔中之謂哉？《或問》所謂「本然」、「本體」亦指此心之義理而言，孟子言「本心」亦指仁義之心而言，豈一於静之謂乎？○玉溪盧氏曰：湛然虚明者，心之體；隨感而應者，心之用。如鑑之空，則妍蚩因物而空者自如；如衡之平，則俯仰因物而平者自若。真體之本然，吾心之太極也。隨感而應，則本體之真在在呈露而太極亦無不在矣。未感之時，鬼神不得窺其際，乃天下之大本，是明德之體「寂然不動」者也，寂之中有能感者存；感物之際流行不滯，正大光明，乃天下之達道，是明德之用，「感而遂通」者也，感之中未嘗無寂者存。傳者之意，固非以心之應物便爲不得其正而必如枯木死灰然後乃爲得其正也。惟是此心之靈既曰一身之主，苟得其正而無不在是，則耳目鼻口、四肢百骸莫不有所聽命以供其事，而其動静語默出入起居，唯吾所使而無不合於理。如其不然，則身在於此而心馳於彼，血肉之軀無所管攝，其不爲「仰面貪看鳥，回頭錯應人」者幾平聲。希矣。所引二句乃杜子美詩。孔子所謂「操則存，舍則亡」，孟子所謂「求其放心」、「從其大體」者，蓋皆謂此。學者可不深念而屢省悉井反。之哉？

或問：「八章之『辟』，舊讀爲『譬』，而今讀爲『僻』，何也？」曰：舊音舊説以上章例之而不合也，以下文逆之而不通也，是以間者竊以類例文意求之而得其說如此。蓋曰人之常情於此五者一有所向，則失其好去聲。下同。惡去聲。下「於惡」、「好惡」同。之平而陷於一偏，是以身有不脩，不能齊其家耳。蓋偏於愛則溺焉而不知其惡矣，偏於惡則阻焉而不知其善矣。是其身之所接，好惡取舍上聲。之間將無一當去聲。於理者。而況於閨門之內，恩常掩義，亦何以勝其情愛暱尼質反。比音鼻。之私而能有以齊之哉？北溪陳氏曰：治家非如治國。治國可用刑威，治家則刑威不可得而施，只是公其心而已。○格菴趙氏曰：閨門之內，義常不勝乎恩。情愛暱比之私，尤所難克。使一有偏焉，則長幼親疎，欲其心之齊一，不可得矣。蓋至近至密之地，一毫之僞無所容欺，此常情之所易忽而君子之所甚謹也。曰：「凡是五者，皆身與物接所不能無而亦既有當然之則矣，今曰『一有所向便爲偏倚而身不脩』，則是必其接物之際，此心漠然都無親疎之等貴賤之別，筆列反。然後得免於偏也。且心既正矣則宜其身之無不脩，今乃猶有若是之偏，何哉？」曰：不然也。此章之義實承上章，其立文命意大抵相似。蓋以爲身與事接而後或有所偏，非以爲一與事接而必有所偏。所謂「心正而后身脩」，亦曰心得其正乃能脩身，非謂此心一正則身不待檢而自脩也。朱子曰：《大學》所以有許多節次，正欲教人逐節用功，非如一無節之竹，使人才能格物便知平天下也。人蓋有意誠而心未正者，故於忿懥等誠不可不隨事而排遣；有心正而身未脩者，故於好惡間誠不可不隨人而節制；齊家以下皆是教人省察用功。故經之序但言心正者必自誠意而來，脩身者必自正心而來，非謂意既誠則心無事乎正，心既正則身無事乎脩也。○曰：「親愛賤惡、畏敬哀矜，固人心之所宜有。若夫音扶。敖惰，則凶德也，曾謂本心而有如是之則哉？」曰：敖之爲凶德也，正以其先有是心，不度待洛反。所施而無所不敖爾。若因人之可敖而敖之，則是常情所宜有而事理之當然也。今有人焉，其親且舊未至於可親而愛也，其位與德未至於可畏而敬也，其窮未至於可哀而其惡未至於可賤也，其言無足去上聲。❶取而其行去聲。無足是非也，則視之泛然如塗之人而已爾。又其下者，則夫子之取瑟而歌，孟子之隱去聲。几而卧，蓋亦因其有以自取而非吾故有敖之之意，亦安得而遽謂之凶德哉？又況此章之旨，乃爲去聲。慮其因有所重而陷於一偏者發，其言雖曰有所敖惰而其意則正欲人之於此更加詳審，雖曰所當敖惰而猶不敢肆其敖惰之心也，亦何病哉？

或問：「『如保赤子』，何也？」曰：程子有言，赤子未能自言其意而爲之母者慈愛之心出於至誠，則凡所以求其意者雖或不中去聲。而不至於大相遠矣，豈待學而後能哉？若民則非如赤子之不能自言矣而使之者反不能無失於其心，則以本無慈愛之實而於此有不察

❶「上」，四庫本、孔本作「去」。

耳。傳之言此，蓋以明夫音扶。使衆之道不過自其慈幼者而推之，而慈幼之心又非外鑠式約反。而有待於强上聲。爲也。事君之孝、事長之弟亦何以異於此哉？既舉其細，則大者可知矣。細，謂慈；大，謂孝弟。〇三山陳氏曰：長民者往往不得下之情，蓋亦視之不切於己，不若慈母之心耳。孝弟與慈初無二心，苟自切己推之，則舉慈可以見孝弟矣。〇曰：「仁讓言家，貪戾言人，何也？」曰：善必積而後成，惡雖小而可懼，古人之深戒也。《書》所謂「爾惟德罔小，萬邦惟慶；爾惟不德罔大，墜厥宗」，亦是意爾。朱子曰：惟德罔小，言其不可小也。〇三山陳氏曰：爲惡之効，捷於爲善。仁讓必積而刑於一家，而後可以化一國；貪戾則纔出於一人之身而一國已作亂矣。見爲善者不可無悠久之積，爲惡者不可有斯須之暫也。〇曰：「此章本言上行下效，有不期然而然者，今曰『有諸己而后求諸人，無諸己而後非諸人』，則是猶有待於勸勉程督音篤。察也，勸也。而后化，且内適自脩而遽欲望人之皆有，己方僅免而遂欲責人以必無也。」曰：此爲去聲。治其國者言之，則推吾所有，與民共由，其條教法令之施、賞善罰惡之政固有理所當然而不可已者。但以所令反其所好則民不從，故又推本言之，欲其先成於己而有以責人，固非謂其專務脩己、都不治人而拱手以俟其自化，亦非謂其矜己之長、愧人之短而脅之以必從也。故先君子之言曰：文公父，名松，字喬年，號韋齋先生。「有諸己不必求諸人，以爲求諸人而無諸己則不可也；無諸己不必非諸人，以爲非諸人而有諸己則不可也。」正此意也。玉溪盧氏曰：有諸己而求諸人、無諸己而非諸人者，恕也；求諸人而無諸己則不可、非諸人而有諸己則不可者，必先有忠而後有恕也。曰：「然則未能有善而遂不求人之善，未能去上聲。惡而遂不非人之惡，斯不亦恕而終身可行乎哉？」曰：「『恕』字之旨，以『如心』爲義。蓋曰如治己之心以治人，如愛己之心以愛人，而非苟然姑息之謂也。然人之爲心，必嘗窮理以正之，使其所以治己愛己者皆出於正，然後可以即是推之以及於人，而恕之爲道有可言者。故《大學》之傳最後兩章始及於此，則其用力之序亦可見矣。至即此章而論之，則欲如治己之心以治人者，又不過以强上聲。下同。於自治爲本。蓋能强於自治，至於有善而可以求人之善，無惡而可以非人之惡，然後推己及人，使之亦如我之所以自治而自治焉，則表端景正，「景」即「影」字，古只作「景」，至晉葛洪始加「彡」。源潔流清，而治己治人無不盡其道矣，所以終身力此而無不可行之時也。今乃不然而直欲以其不肖之身爲標準，視吾治教所當及者一以姑息待之，不相訓誥，不相禁戒，將使天下之人皆如己之不肖而淪胥以陷焉，是乃大亂之道，而豈所謂終身可行之恕哉？近世名卿之言有曰：范純仁，字堯夫，謚忠宣公。『人雖至愚，責人則明；雖有聰明，恕己則昏。苟能以責人之心責己，恕己之心恕人，則不患不至於聖賢矣。』此言近厚，世亦多稱之者。但『恕』字之義本以『如心』而得，故可以施之於人而不可以施之於己。今曰『恕己則昏』，則是已知其如此矣，而又曰以恕己之心恕人，則是既不知自治其昏而遂推以及人，使其亦將如我之昏而後已也。乃欲由此以入聖賢之域，豈不誤哉？藉令平聲。其意但爲欲反此心以施於人，則亦止可以言下章愛人之事，而於此章治人之意與夫音扶。《中庸》「以人治人」之説則皆有未合者。蓋其爲恕雖同，而一以及人爲主，一以自治爲主，則二者之間毫釐之異，正學者所當深察而明辨也。若漢之光武，亦賢君也。一旦以無罪黜其妻，其臣郅音質。惲委粉反。不能力陳大義以救其失而姑爲緩辭以慰解之，是乃所謂「不能三年而緦功是察，放飯流歠而齒決是惲」者。光武乃謂惲爲善恕己量主，則其失又甚遠而大啓爲人臣者不肯責難陳善以賊其君之罪。一字之義有所不明，而其禍乃至於此，可不謹哉？《後漢書・郅惲傳》：郭皇后廢，光武之后，以寵衰數懷懟而廢。惲乃言於帝曰：「臣聞夫婦之好，父不能得之於子，況臣能得之於君乎？是臣所不敢言。雖然，願陛下念其可否之計，無令天下有議社稷而已。」帝曰：「惲善恕己量主，知我必不有所左右而輕天下也。」○問「如心爲恕」。朱子曰：如，比也。比自家心上推去，仁之與恕，只争些子。自然底是仁，比而推之便是恕。○問：「范忠宣以恕己恕人，此語固有病。但上文先言以責人之心責己，則連下句亦未害。」曰：上句自好，下句自不好。蓋才恕己便已不是。若横渠云「以愛己之心愛人則盡仁，以責人之心責己則盡道」，語便不同。蓋恕是推去底，我有是善，亦要他人有是善。推此計度之心，此乃恕也。於己不當下「恕」字。○玉溪盧氏曰：心必窮理以正之者，格物致知之事治己愛己皆出於正者，誠意正心脩身之事；即是推之；以及人者，齊家治國平天下之事也。治己愛己皆出於正，是盡己之忠即是推之以及於人，是推己之恕。忠者體，恕者用。表端源潔，忠也；景正流清，恕也。忠者，明德之事；恕者，新民之事：《大學》之道，一忠恕而已。此章言治國，下章言治國平天下，皆明明德之推而恕之事也。此章之義則欲如治己之心以治人，下章絜矩之義則欲如愛己之心以愛人。蓋治國乃平天下之本，故此章以治人言，下章以愛人言，義各有攸當也。〇新安陳氏曰：《大學》傳至「治國平天下」章方言「恕」，觀此言「恕」則隱然見脩身以前之當言「忠」矣。盧氏之説正是即後之言以發明前之所未言者也。〇曰：「既結上文而復扶又反。引《詩》者三，何也？」曰：古人言必引《詩》，蓋取其嗟嘆咏歌、優游厭飫依據反。有以感發人之善心，非徒取彼之文證此之義而已也。夫音扶。以此章所論齊家治國之事，文具而意足矣，復三引《詩》，非能於其所論之外別有所發明也。然嘗試讀之，則反覆吟咏之間，意味深長，義理通暢，使人心融神會，有不知手舞而足蹈者，是則引《詩》之助與音預。爲多焉。蓋不獨此，他凡引《詩》云者，皆以是求之，則引者之意可見而詩之爲用亦得矣。曰：「三《詩》亦有序乎？」曰：首言家人，次言兄弟，終言四國，亦「刑于寡妻，至于兄弟，以御于家邦」之意也。新安陳氏曰：所引《詩》見《大雅·思齊》篇，孟子嘗引之。《集註》云：「御，治也。」於「御」字無音。《詩傳》云：「御，迎也。」於「御」字音牙嫁反，當依《集註》如字讀。

或問：「上章論齊家治國之道，既以孝弟慈爲言矣，此論治國平天下之道而復扶又反。以是爲言，何也？」曰：三者，人道之大端、衆心之所同得者也。自家以及國，自國以及天下，雖有大小之殊，然其道不過如此而已。但前章專以己推而人化爲言，❶此章又申言之以見形甸反。人心之所同而不能已者如此，是以君子不唯有以化之，而又有以處上聲。下同。之也。新安陳氏曰：老老長長、恤孤躬行於上而民興孝弟、不倍於下，是有以化之絜矩，是乃處之之道也。蓋人之所以爲心者，雖曰未嘗不同，然貴賤殊勢，賢愚異禀，苟非在上之君子真知實蹈有以倡尺亮反。之，則下之有是心者亦無所感而興起矣。以上詳説「有以化之」。幸其有以倡焉而興起矣，然上之人乃或不能察彼之心而失其所以處之之道，則彼其所興起者或不得遂而反有不均之歎。是以君子察其心之所同而得夫音扶。絜矩之道，然後有以處此而遂其興起之善端也。以上詳説「有以處之」。曰：「何以言絜之爲度待洛反。下同。也？」曰：此莊子所謂「絜之百圍」、賈子所謂「度長絜大」者也。莊子名周。《人間世》篇：「匠石之齊至于曲轅，見社櫟樹其大蔽牛，絜之百圍。」註：「絜，圍束也。是將一物圍束以爲之則也。」賈子名誼。西漢洛陽人。《過秦論》：「試使山東之國與陳涉度長絜大，比量權力，則不可同年而語矣。」前此諸儒蓋莫之省悉井反。而强上聲。訓以挈，口結反。殊無意謂。先友太史范公名如圭，文公父韋齋之友。乃獨推

❶「前」，原作「首」，今據四庫本、孔本、陸本及《輯釋》、《四書或問》、《四書纂疏》、《四書纂箋》改。

此以言之，而後其理可得而通也。蓋絜，度也；矩，所以爲方也。以己之心度人之心，知人之所惡去聲。下同。者不異乎己，則不敢以己之所惡者施之於人。使吾之身一處乎此，則上下四方、物我之際各得其分，去聲。不相侵越而各就其中。校音教。其所占之地，則其廣狹長短又皆平均如一，截然方正而無有餘不足之處：去聲。是則所謂「絜矩」者也。夫音扶。爲天下國家而所以處心制事者一出於此，則天地之間將無一物不得其所，而凡天下之欲爲孝弟不倍者皆得以自盡其心而無不均之歎矣，大下其有不平者乎？然君子之所以有此，亦豈自外至而强上聲。爲之哉？亦曰物格知至，故有以通天下之志而知千萬人之心即一人之心；意誠心正，故有以勝一己之私而能以一人之心爲千萬人之心：其如此而已矣。格庵趙氏曰：天下之志萬殊，理則一也，物格知至者能燭理，則視衆人之心猶一心而明絜矩之義；公則一致，私則萬殊，意誠心正者能克己，則以一心爲衆人之心而盡絜矩之道。一有私意存乎其間，則一膜音莫。之外便爲胡越，雖欲絜矩，亦將有所隔礙牛代反。而不能通矣。若趙由之爲守則易去聲。尉而爲尉則陵守，王肅之方於事上而好去聲。人佞己，推其所由，蓋出於此。而充其類，則雖桀紂盜跖音隻。之所爲，亦將何所不至哉？《史記·酷吏傳》：周陽由者，其父趙兼以淮南王舅父侯周陽，故因姓周陽氏。由爲郎，事孝文及景帝。景帝時爲郡守。武帝即位，吏治尚循謹甚。然由居二千石中最爲酷暴驕恣，所居郡必夷其豪，爲守視都尉如令，爲令必陵太守，奪之治。由後爲河東都尉時，與其守勝屠公勝屠，即「申屠」也。相告言罪。勝屠公當抵罪，義不受刑，自殺，而由棄市。○《魏志・王肅傳》：肅太和中拜散騎常侍。肅，字子雍。東海郡人。史評曰：「劉寔以爲肅方於事上而好下佞己，此一反也。」曰：「然則『絜矩』之云，是則所謂恕者已乎？」曰：此固前章所謂如愛己之心以愛人者也。夫子所謂「終身可行」，程子所謂「充拓音托。得去則天地變化而草木蕃，音煩。充拓不去則天地閉而賢人隱」，皆以其可以推之而無不通耳。朱子曰：推得去則物我貫通，自有箇生生無窮底意思，便有「天地變化草木蕃」氣象。天地只是這樣道理。若推不去，物我隔絶。欲利於己，不利於人；欲己之富，欲人之貧；欲己之壽，欲人之夭：似這氣象，全然閉塞隔絶了，便似「天地閉，賢人隱」。然必自其窮理正心者而推之，則吾之愛惡取舍上聲。皆得其正，而其所推以及人者亦無不得其正，是以上下四方以此度音鐸。之而莫不截然各得其分。去聲。若於理有未明而心有未正，則吾之所欲者未必其所當欲，吾之所惡者未必其所當惡，乃不察此而遽欲以是爲施於人之準則，則其意雖公而事則私，是將見其物我相侵，彼此交病，而雖庭除之内、跬丘弭反。步之間，亦且參、商參音森。參、商，二星名。矛盾盾，食允反。二者，皆兵器名。而不可行矣，尚何終身之望哉？是以聖賢凡言「恕」者又必以「忠」爲本，而程子亦言「忠恕兩言，如形與影，欲去上聲。其一而不可得」。蓋唯忠而後所如之心始得其正，是亦此篇先後本末之意也。所當先而爲本者，忠也；所當後而爲末者，恕也。然則君子之學，可不謹其序哉？朱子曰：忠是本體，恕是枝葉。非是別有枝葉，乃是本根中發出枝葉。○陳氏曰：大概忠恕只是一物，就中截作兩片則爲二物。蓋存諸中者既忠則發出外來便是恕，應事接物處不恕則是在我者必不十分真實，若發出忠底心便是恕底事，做成恕底事便見忠底心。○曰：「自身而家，自家而國，自國而天下，均爲推己及人之事，而傳之所以釋之者，一事自爲一説，若有不能相通焉者，何也？」曰：此以勢之遠邇、事之先後而所施有不同耳，實非有異事也。蓋必審於接物，好惡二字，並去聲。下同。不偏，然後有以正倫理、篤恩義而齊其家。其家已齊，事皆可法，然後有以立標準、胥教誨而治其國。其國已治，去聲。民知興起，然後可以推己度待洛反。物，舉此加彼而平天下：此以其遠近先後而施有不同者也。然自國以上上聲。則治於内者嚴密而精詳，自國以下則治於外者廣博而周遍，亦可見其本末實一物，首尾實一身矣：何名爲異説哉？格庵趙氏曰：嚴密精詳，所以爲廣博周遍之地。治内者踈畧苟簡，則治外者雖欲廣博周遍，得乎？○曰：「所謂『民之父母』者，何也？」曰：君子有絜矩之道，故能以己之好惡知民之好惡，又能以民之好惡爲己之好惡也。夫音扶。好其所好而與之聚之，惡其所惡而不以施焉，則上之愛下真猶父母之愛其子矣，彼民之親其上豈不亦猶子之愛其父母哉？三山陳氏曰：父母之於子，其所好惡無有不知者，體氣同也。至於民之好惡，其君常有所不知，無他，制於形體之異耳。能絜矩則能以民之心爲心而可以父母斯民，民亦父母之矣。○曰：「此所引《節南山》之詩，何也？」曰：言在尊位者人所觀仰，不可不謹。若人君恣己徇私，不與天下同其好惡，則爲天下僇，如桀紂幽厲也。○曰：「得衆得國、失衆失國，何也？」曰：言能絜矩則民父母之而得衆得國矣，不能絜矩則爲天下僇而失衆失國矣。○曰：「所謂『先慎乎德』，何也？」曰：上言有國者不可不謹，此言其所謹而當先者尤在於德也。「德」即所謂「明德」，所以謹之，亦曰格物、致知、誠意、正心以脩其身而已矣。○曰：「此其深言務財用而失民，何也？」曰：有德而有人有土，則因天分地不患乎無財用矣；然不知本末而無絜矩之心，則未有不争鬭其民而施之以刼奪之教者也。《易大傳》曰：「何以聚人？曰財。」《春秋外傳》曰：即《國語》。「王人者，將以導利而布之上下者也。」故財聚於上則民散於下矣，財散於下則民歸於上矣。「言悖而出者亦悖而入，貨悖而入者亦悖而出」，鄭氏以爲「君有逆命則民有逆辭，上貪於利則下人侵畔」，得其旨矣。○曰：「前既言命之不易矣，此又言命之不常，何也？」曰：以天命之重而致其丁寧之意，亦承上文而言之也。蓋善則得之者，有德而有人之謂也；不善則失之者，悖入而悖出之謂也。然則命之不常，乃人之所自爲耳，可不謹哉？○曰：「其引《秦誓》，何也？」曰：言好去聲。下同。善之利及其子孫，不好善之害流於後世，亦由絜矩與否之異也。曰：「媢疾之人誠可惡去聲。下並同。矣，然仁人惡之之深至於如此，得無疾之已甚之亂邪？」曰：小人爲惡，如字。下「惡人」、「其惡」、「善惡」，並同。千條萬端，其可惡者不但媢疾一事而已。仁人不深惡乎彼而獨深惡乎此者，以其有害於善人，使民不得被其澤，而其流禍之長及於後世而未已也。然非殺人于貨之盜則罪不至死，故亦放流之而已。然又念夫音扶。彼此之勢雖殊而苦樂音洛。之情則一，今此惡人放而不遠，則其爲害雖得不施於此，而彼所放之地其民復扶又反。何罪焉？故不敢以己之所惡施之於人，而必遠而置之無人之境以禦魑抽知反。魅音媚。而後已。蓋不惟保安善人，使不蒙其害，亦所以禁伏凶人，使不得稔其惡。雖因彼之善惡而有好惡之殊，然所以仁之之意亦未嘗不行乎其間也。此其爲禦亂之術至矣，而何致亂之有？曰：「『迸』之爲『屏』，必正反。下同。何也？」曰：古字之通用者多矣。漢石刻詞有引「尊五美、屏四惡」者而以「尊」爲「遵」，以「屏」爲「迸」，則其證也。曰：「仁人之能愛人、能惡人，何也？」曰：仁人者，私欲不萌而天下之公在我，是以是非不謬靡幼反。而舉措得宜也。○曰：「『命』之爲『慢』與其爲『怠』也，孰得？」曰：大凡疑義，所以決之不過乎義理、文勢、事證三者而已。今此二字欲以義理、文勢決之則皆通，欲以事證決之則無考，蓋不可以深求矣。若使其於義理、事實之大者有所鄉許亮反。背音佩。而不可以不究，猶當視其緩急以爲先後。況於此等字既兩通而於事義無大得失，則亦何必苦心極力以求之，徒費日而無所益乎？以是而推，他亦皆可見矣。曰：「好善惡好、惡，並去聲。下同。惡，如字。人之性然也。有拂人之性者，何哉？」曰：不仁之人，阿黨媢疾有以陷溺其心，是以其所好惡戾於常性如此，與民之父母能好惡人者正相反。使其能勝私而絜矩，則不至於是矣。○曰：「忠信、驕泰之所以爲得失者，何也？」曰：忠信者，盡己之心而不違於物，絜矩之本也；驕泰則恣己徇私，以人從欲，不得與人同好惡矣。○曰：「上文深陳財用之失民矣，此復扶又反。言生財之道，何也？」曰：此所謂有土而有財者也。夫音扶。《洪範》八政，食貨爲先；見《尚書・洪範》篇三「八政」疇。子貢問政而夫子告之，亦以足食爲首。蓋生民之道不可一日而無者，聖人豈輕之哉？特以爲國者以利爲利，則必至於剥民以自奉而有悖出之禍，故深言其害以爲戒耳。至於崇本節用，崇本，生之衆、爲之疾也；節用，食之寡、用之舒也。有國之常政，所以厚下而足民者則固未嘗廢也。呂氏之説得其旨矣。呂説已見《章句》中。有子曰：「百姓足，君孰與不足？」孟子曰：「無政事則財用不足。」正此意也。然孟子所謂政事，則所以告齊、梁之君使之制民之産者是已，豈若後世頭會古外反。箕斂、力驗反。厲民自養之云哉？《前漢書・陳餘傳》：秦爲亂政，外内騷動，百姓罷敝。罷音疲。頭會箕斂以供軍費。秦吏到民家計人頭數以箕斂之而供軍需。財匱力盡。○曰：「『仁者以財發身，不仁者以身發財』，何也？」曰：仁者不私其有，故財散民聚而身尊；不仁者惟利是圖，故捐身賈音古。禍以崇貨也。然亦即財貨而以其效言之爾，非謂仁者真有以財發身之意也。曰：「『未有府庫財非其財者』，何也？」曰：上好去聲。下同。仁則下好義矣，下好義則事有終矣，事有終則爲君者安富尊榮而府庫之財可長保矣：此以財發身之效也。上不好仁則下不好義，下不好義則其事不終，是將爲天下僇之不暇，而況府庫之財又豈得爲吾之財乎？若商紂以自焚而起鉅橋、鹿臺之財，德宗以出走而豐瓊林、大盈之積，皆以身發財之效也。《史記》：紂使師涓作新淫聲，北里之舞，靡靡之樂。厚賦税以實鹿臺之財，而盈鉅橋之粟。以酒爲池，縣肉爲林，爲長夜之飲。百姓怨望而諸侯有畔者。周武王於是遂率諸侯伐紂，紂亦發兵距之牧野。甲子日，紂兵敗，紂走登鹿臺，衣其寶玉衣自焚而死。武王遂斬紂頭縣之白旗，又書《武成》篇，此篇記武王功成之事。乃反商政，政由舊。散鹿臺之財，發鉅橋之粟，大賚于四海而萬姓悦服。○《唐書·陸贄傳》：始帝播遷，帝，德宗也。朱泚反，帝出走在外。府藏委棄。至是天下貢奉稍至，乃於行在夾廡署瓊林、大盈二庫，别藏貢物。贄諫以爲今師旅方殷，瘡痛呻吟之聲未息，遽以珍貢私别庫，恐羣下有所觖望，不滿所望。請悉出以賜有功，給軍賞。帝悟，即撤其署。○曰：「其引孟獻子之言，何也？」曰：雞豚牛羊，民之所畜許六反。養以爲利者也。既已食君之禄而享民之奉矣，則不當復扶又反。與之争。此公儀子所以拔園葵、去上聲。下同。織婦，而董子因有「與之齒者去其角，傅之翼者兩其足」之喻，皆絜矩之義也。《史記》：公儀休爲魯相。食茹而美，食其菜曰茹。拔其園葵而棄之。見其家織布好而疾出其家婦，燔其機，云：「欲令農夫工女安所讎其貨乎？」讎，售也。謂食祿者不得與下民爭利。○《西漢書》：董仲舒以賢良對策曰：「夫天亦有所分。去聲。予上聲。之齒者去其角，言天生物賦予有分定。牛無上齒者則有角，其餘無角則有上齒。傅之翼者兩其足，傅，讀曰「附」。附，著也。言鳥不四足。是所受大者不得取小也。古之所予祿者不食於力，不勤於末，末謂工商之業。是亦受大者不得取小，與天同意者也。」聚斂之臣，剥民之膏血以奉上而民被其殃；盜臣，竊君之府庫以自私而禍不及下。仁者之心，至誠惻怛，當葛反。寧亡己之財而不忍傷民之力，所以「與其有聚斂之臣，寧有盜臣」，亦絜矩之義也。昔孔子以臧文仲之妾織蒲而直斥其不仁，事詳見《論語・公冶長》篇。以冉求聚斂於季氏而欲鳴鼓以聲其罪。以聖人之宏大兼容，温良博愛，而所以責二子者疾痛深切，不少假借如此，其意亦可見矣。三山陳氏曰：織紝亦儉矣，而君子疾之，以其主於利也。冉求之聚斂，未必有後世掊克之事。但聚斂藏於季氏之家而不能布之於下，則聖人疾而欲攻之，況剥民力以自富乎？○西山真氏曰：近世所謂善理財者，何其僭乎此也？元元已病而科斂日興，不知皮將盡而毛無所附也。出新巧以籠愚民，苟邀倍稱之入，不知朝四暮三之無益也。孟子曰：「我能爲君充府庫，今之所謂『良臣』，古之所謂『民賊』也。」曰：「『國不以利爲利，以義爲利』，何也？」曰：以利爲利則上下交征，不奪不饜，以義爲利則不遺其親，不後其君，蓋惟義之安而自無所不利矣。程子曰：「聖人以義爲利。義之所安，即利之所在。」正謂此也。孟子分別筆列反。義利，拔本塞源

之意，其傳蓋亦出於此云。朱子曰：只萬物皆得其分便是利。君得其爲君，臣得其爲臣，父得其爲父，子得其爲子，何利如之？這「利」字即《易》所謂「利者義之和」。利便是義之和處。**○曰：「此其言『菑害並至』，『無如之何』，何也？」曰：怨已結於民心，則非一朝一夕之可解矣。聖賢深探其實而極言之，欲人有以審於未然而不爲無及於事之悔也。以此爲防，人猶有用桑羊、孔僅、宇文融、楊矜、陳京、裴延齡之徒以敗其國者。**桑弘羊、楊慎矜，朱子以在宋避諱，故各去一字。○張氏存中。曰：桑弘羊，洛陽賈人之子。漢武帝朝爲治粟都尉，領大司農。盡管天下鹽鐵，後爲御史大夫。昭帝朝與燕王旦謀反，坐誅。○孔僅，漢武帝朝爲大農丞，領鹽鐵事。後爲大農令。○宇文融，辨給多詐。唐玄宗朝爲覆田勸農使，擢兵部員外郎兼侍御史，又兼租地安輯户口使，拜御史中丞。有司劾融交不逞，作威福，貶平樂尉。司農發融在汴州給隱官息錢巨萬，給事中馮紹烈深文推證。詔流嵓州，道廣州。惶恐而卒。○楊慎矜，唐玄宗朝爲御史知雜事，後授御史中丞。以蓄讖緯妖言賜死。○陳京事唐德宗。帝討李希烈，財用屈。京爲給事中，與户部侍郎趙贊請税民屋間架，籍賈人資力，以率貸之。後以事罷爲秘書少監，卒。○裴延齡，唐德宗朝爲司農少卿領度支。取宿姦老吏與謀，以固帝幸。延齡資苛刻，專剥下附上。肆騁譎怪，時人側目。及死，人語以相安，惟帝悼不已。**故陸宣公之言曰：**陸公，名贄，字敬輿。蘇州嘉興人。事唐德宗，謚曰宣。其言見《奏議》。**「民者邦之本，財者民之心。其心傷則其本傷，其本傷則枝幹凋瘁**秦醉反。**而根柢蹶**居月反。**拔矣。」吕正獻公之**

言曰：呂公，名公著，字晦叔，謚正獻。河南人。其言見《奏劄》。「小人聚斂以佐人主之欲，人主不悟，以爲有利於國而不知其終爲害也，賞其納忠而不知其大不忠也，嘉其任怨而不知其怨歸於上也。」嗚呼！若二公之言，則可謂深得此章之指者矣。有國家者可不監哉？格庵趙氏曰：興利之臣不過以聚斂爲長策，以掊克爲善謀，唯求取媚於上而不顧結怨於下。人主以其奉己之欲，悅而寵之，不知其失民心而蠹國脈，菑害並至，匪一朝一夕之可解，有必然之理者。此桑羊之徒所以誤人之天下國家至於極也。陸、呂二公之言可謂當矣。如司馬公闢善理財者不加賦之說，則亦所當知。其言曰：「天地所生財貨百物，止有此數，不在民則在官。譬如雨澤，夏澇則秋旱。」此古今之至言也。後世之臣有以言利媒人主者，其尚以《大學》此章之旨與三君子之言察之！○玉溪盧氏曰：聖賢千言萬語，其論道只在遏人欲以存天理，其論治只在進君子而退小人。○曰：「此章之文，程子多所更平聲。下同。定，而子獨以舊文爲正者，何也？」曰：此章之義博，故傳言之詳。然其實則不過好惡、並去聲。義利之兩端而已。但以欲致其詳，故所言已足而復扶又反。更端以廣其意，是以二義相循，間去聲。見形甸反。下同。層出，有似於易置而錯陳耳。然徐而考之，則其端緒接續，脉絡貫通，而丁寧反復爲去聲。人深切之意，又自別見於言外，不可易也。必欲二說中判，以類相從，自始至終畫爲兩節，則其界辨雖若有餘，而意味或反不足：此不可不察也。

中庸章句序

《中庸》何爲去聲。而作也？子思子憂道學之失其傳而作也。朱子曰：曾子學於孔子而得其傳，子思又學於曾子而得其所傳於孔子者。既而懼夫傳之久遠而或失其真也，於是作爲此書。○雲峯胡氏曰：唐虞三代之隆，斯道如日中天，《中庸》可無作也。至孔子時始曰「攻乎異端」，然其説猶未敢盛行。至子思時則有可憂者矣。憂異端之得肆其説，所以憂道學之不得其傳也。蓋自上古聖神繼天立極，而道統之傳有自來矣。「道統」二字爲此序綱領，後面屢提掇照應。其見形甸反。於經則「允執厥中」者，堯之所以授舜也；「人心惟危，道心惟微，惟精惟一，允執厥中」者，舜之所以授禹也。堯之一言至矣盡矣，而舜復扶又反，又也。後凡遇此字當釋爲又字之義者並同。益之以三言者，則所以明夫音扶。序中除「夫子」之「夫」如字外，並同音。堯之一言，必如是而後可庶幾平聲。也。朱子曰：「中」只是箇恰好底道理，「允」是真箇執得。堯告舜只一句，舜已曉得，所以不復更説；舜告禹又添三句，這三句是「允執厥中」以前事，是舜教禹做工夫處，便是怕禹尚未曉得，故恁地説。○舜禹相傳只就這心上理會，也只在日用動静之間求之，不是去虚空中討一箇物事來。○只是一箇心，有道理底人心，即是道心。○勿齋程氏曰：人生而静，氣未用事，未有人與道之分，但謂之心而已。感物而動，始有人心、道心之分焉。精一執中，皆是動時工夫。○雲峯胡氏曰：六經言道統之傳自《虞書》始。不有《論語》表出「堯曰允執其中」，則後世孰知舜之三言所以明堯之一言哉？朱子於《論語》「執中」無明釋，至《孟子》「湯執中」始曰「守而不失」，意可見矣。堯之執中，不可以賢者之固執例論。自堯之心推之，則聖不自聖，愈見堯之所以爲聖爾。况中無定體，儻不言「執」，人將視之如風如影，不可捕詰矣。然執之工夫只在精一上。堯授舜曰「允執厥中」，如夫子語曾子以一貫；舜授禹必由精一而後執中，是猶曾子告門人必由忠恕而達於一貫也。**蓋嘗論之，心之虛靈知覺，一而已矣。**勿齋程氏曰：虛靈心之體，知覺心之用。○格庵趙氏曰：知是識其所當然，覺是悟其所以然。**而以爲有人心、道心之異者，則以其或生於形氣之私，或原於性命之正，**問：「形氣是耳、目、鼻、口、四肢之屬，未可便謂之私欲。」朱子曰：但此數件事屬自家體段上，便是私有底物，不比道便公共，故上面便有箇私底根本。如飢飽寒燠之類，皆生於吾之血氣形體而他人無與焉，所謂私也。亦未便是不好，但不可一向徇之耳。○形氣非皆不善，只是靠不得。蔡季通曰：形氣之有善，皆自道心出。由道心則形氣善，不由道心，一付於形氣，則爲惡。形氣猶船也，道心猶柂也。船無柂，縱之行，有時入於波濤，有時入於安流，不可一定。惟有一柂以運之，則雖入波濤無害。故曰：「天生烝民，有物有則。」物乃形氣，則乃理也。○西山真氏曰：私，猶言「我之所獨」耳。今人言「私親」、「私恩」之類，非惡也。如六經中「遂及我私」、「言私其豵」，此類以惡言之，可乎？○雲峯胡氏曰：生，是氣已用事時方生。原是從大本上說來，就氣之中指出不雜乎氣者言之。○新安陳氏曰：有形氣之私方有人心，故曰生；自賦命受性之初便有道心，故曰原。○東陽許氏曰：人心發於氣，如耳目口鼻四肢之欲是也。然此亦是人身之所必有，但有發之正不正爾，非全不善，故但云危，謂易流入於不善而没其善也。道心發於理，如惻隱、羞惡、辭遜、是非之端是也。亦存乎氣之中，爲人心之危者晦之，故微而難見。心只是一箇心，上加「人」字、「道」字看，便見不同。若只順讀「人心」、「道心」字，却似有二心矣。謂之道則是天理之公，謂之人則是我身之私。雖我身之私，亦非全是不善。因身之所欲者發而正，即合乎道而爲道心之用矣。大抵人心可善可惡，道心全善而無惡。**而所以爲知覺者不同，**朱子曰：只是這一箇心，知覺從耳目上去便是人心，知覺從義理上去便是道心。○新安陳氏曰：前言「虚靈」、「知覺」，總心之體用而言；此單言「所以爲知覺」者，專以心之用言也。體無不同，用始有不同。知覺從形氣之私而發者曰人心，知覺從性命之正而發者曰道心，所以此只言知覺而不及虚靈。**是以或危殆而不安，或微妙而難見耳。**朱子曰：危未便是不好，只是危險，在欲墮未墮之間，易流於不好耳；微者難明，有時發見些子，使自家見得，有時又不見了。○雲峯胡氏曰：朱子以前多便指人心爲人欲，殊不知氣以成形是之謂人，理亦賦焉是之謂道。非人無以載此道，故言道心必先言人心；非道則其爲人不過血氣之軀爾，故言人心必言道心。如飲食男女，人心也；飲食男女之得其正，道心也。人心之發，危而不安，而發之正者又微而難見，實非有兩心也。**然人莫不有是形，故雖上智不能無人心；亦莫不有是性，故雖下愚不能無道心。**朱子曰：道心是義理上發出來底，人心是人身上發出來底。雖聖人不能無人心，如飢食渴飲之類；雖小人不能無道心，如惻隱之心是。**二者雜於方寸之間，而不知所以治之，**陳氏曰：人心、道心，二者無日無時不發見呈露，非是判然不相交涉，只在人別識之。○新安陳氏曰：不知所以治之者，不知以精一之理治之也。**則危者愈危，微者愈微，**危愈危，流於惡；微愈微，幾於無。**而天理之公卒無以勝夫人欲之私矣。**朱子曰：人心之危者，人欲之萌也；道心之微者，天理之奧也。○雲峯胡氏曰：人心未便是人欲。到不知所以治之，方説得人欲。上文「形氣之私」，與「性命之正」對言，「私」字未爲不好；此云「人欲之私」，與「天理之公」對言，「私」字方是不好耳。**精，則察夫二者之間而不雜也；一，則守其本心之正而不離**去聲。**也。**朱子曰：「精」是精察分明，「一」是要守得不離。○陳氏曰：要分別二者界分分明，不相混雜，專守道心之正而無以人心二之。○雲峯胡氏曰：孟子曰「利與善之間」，所謂「間」者，猶易剖析。此所謂「二者之間」，方雜於方寸，非精以察之不可也。本心之正，即上文所謂「原於性命之正」者，蓋其本也真而靜，其未發也五性具焉。此所謂「性命之正」，即吾心之正也。形既生矣，外物觸其形而動於中，於其發也始有人心、道心之異。必能專一於道心，是即「守其本心之正而不離」也。**從事於斯，**斯指精、一。**無少間**去聲。**斷，**徒玩反。**必使道心常爲一身之主而人心每聽命焉，**問：「人心可以無否？」朱子曰：如何無得？但以道心爲主，而人心每聽道心之區處方可。○有道心而人心爲所節制，人心皆道心也。○人心是此身有知覺嗜欲者，豈能無？但爲物誘而至於陷溺則爲害爾。故聖人以爲，此人心有知覺嗜欲，然無所主宰則流而忘反，不可據以爲安，故曰「危」；道心則是義理之心，可以爲人心之主宰而人心據以爲準者也。然道心却雜出於人心之間，微而難見，故必須精之一之而後中可執。然此又非有兩心也，只是義理與人欲之辨爾。**則危者安，微者著，而動靜云爲自無過不及之差矣。**朱子曰：不待擇於無過不及之間，自然無不中矣。○陳氏曰：如此則日用之間無往非中。凡聲之所發便合律，身之所行便合度。凡由人心而出者，莫非道心之流行。○雲峯胡氏曰：人心本危，能收斂入來則危者安；道心本微，能充拓出去則微者著。中如何執？只精一便是執之之工夫，所以朱子於此不復釋「執」字。然上文曰「守其本心之正而不離」，下一「守」字，便見得執中之功，先在「惟精」而重在「惟一」。○新安陳氏曰：朱子引《禹謨》四句以見《中庸》之宗祖，以標道統之淵源，可謂「考諸三王而不繆，百世以俟聖人而不惑」者矣。**夫堯、舜、禹，天下之大聖也；以天下相傳，天下之大事也。以天下之大聖行天下之大事，而其授受之際，丁寧告戒不過如此，則天下之理豈有以加於此哉？**雲峯胡氏曰：天下之理豈有以加於此者？「中」之一字，聖聖相傳之道莫加於此也；「精」、「一」二字，聖聖相傳之學莫加於此也。**自是以來，聖聖相承。若成湯、文、武之爲君，皋陶、伊、傅、周、召**音邵。**之爲臣，既皆以此而接夫道統之傳，**新安陳氏曰：若《孟子》末章所標列聖之君、聖賢之臣，見而知之、聞而知之者不過只是知此耳。「以此」之「此」指三聖相授受之説，「道統」二字再提出與前相照應。**若吾夫子，則雖不得其位，而所以繼往聖、開來學，其功反有賢於堯、舜者。**雲峯胡氏曰：未論六經之功有賢於堯、舜，只如此「執中」一語，夫子不於《論語》之終發之，孰知其爲堯之言？不於堯曰執中之後而繼之湯、武誓師之意與其施於政事者，又孰知夫堯、舜之授受者此中，而湯、武之征伐者亦此中也哉？姑即此一節言之，其功賢於堯、舜可知矣。**然當是時，見而知之者惟顔氏、曾氏之傳得其宗。**雲峯胡氏曰：夫子以前傳道統者皆得君師之位而斯道以行，夫子以後傳道統者不得君師之位而斯道以明。故明堯、舜、禹、湯、文、武之道者，夫子六經之功；而明夫子之道者，曾子《大學》、子思《中庸》

之功也。○新安陳氏曰：顔子博文，精也；約禮，一也。曾子格致，精也；誠正，一也。**及曾氏之再傳，而復得夫子之孫子思，則去聖遠而異端起矣。子思懼夫愈久而愈失其真也，**發首二句意。**於是推本堯、舜以來相傳之意，質以平日所聞父師之言，更**平聲。**互演**以淺反。**繹，**音亦。**作爲此書以詔後之學者。蓋其憂之也深，故其言之也切；其慮之也遠，故其説之也詳。其曰天命、率性，則道心之謂也；**雲峯胡氏曰：「性」是心未發時此理具於心，「道心」是心已發時此心合乎理。○新安陳氏曰：上文云道心「原於性命之正」，可見天命謂性、率性謂道即是「道心」之謂。○東陽許氏曰：「切」言深要，「詳」言周備。「憂深」，爲道之不明也，故言之深而要；「慮遠」，恐久而復失也，故説之周而備。**其曰擇善固執，則精一之謂也；**朱子曰：「擇善」即「惟精」，「固執」即「惟一」。**其曰君子時中，則執中之謂也。**朱子曰：時中是無過不及底中，執中亦然。○雲峯胡氏曰：「執中」二字堯言之，「時中」二字夫子始言之。道不合乎中，異端之道，非堯舜之道；中不合乎時，子莫之執中，非堯舜之執中。**世之相後千有餘年，而其言之不異如合符節。歷選前聖之書，所以提挈**苦結反。**綱維，開示藴**委粉、於問二反。**奥，未有若是之明且盡者也。自是而又再傳以得孟氏，爲能推明是書以承先聖之統。**此「統」字又指道統言之。○格庵趙氏曰：《中庸》深處多見於孟子，如道性善，原於天命之性也；存心、收放心，致中也；擴充其仁義之心，致和也；誠者天之道，思誠者人之道一章，其義悉本於《中庸》，尤足以見淵源之所自。**及其没，而遂失其傳焉，**新安陳氏曰：惟精以審擇，惟一以固守，此自堯舜以來所傳，未有他議論時先有此言，聖人心法，無以易此，後來孔門教人先後次第皆宗之。《中庸》「博學」至「明辨」，皆「惟精」也；「篤行」，「惟一」也。明善，精也；誠身，一也；顏子擇中庸便是精，得一善服膺便是一。《大學》格物致知非惟精不可，能誠意則惟一矣。學只是學此，孟子以後失其傳亦只是失此。則吾道之所寄，不越乎言語文字之間，而異端之説日新月盛，以至於老、佛之徒出，則彌近理而大亂真矣。朱子曰：便是他那道理也有相似處，只是説得來別。須是看得他那彌近理而大亂真處始得。○陳氏曰：彌近理而大亂真，甚相似而絶不同也。然非物格知至、理明義精者不足以識破。然而尚幸此書之不泯，音閔。故程夫子兄弟者出，得有所考，以續夫千載上聲。不傳之緒；音序。緒，即斯道之統緒。得有所據，以斥夫二家似是之非。老、佛二家彌近理，故似是；大亂真，本全非也。蓋子思之功於是爲大，而微程夫子則亦莫能因其語而得其心也。惜乎其所以爲説者不傳，朱子曰：明道不及爲書，伊川雖言《中庸》已成書，自以不滿其意而火之矣。而凡石氏之所輯音集。録，即石子重《集解》。僅出於其門人之所記，是以大義雖明而微言未析。至其門人所自爲説，則雖頗詳盡而多所發明，然倍音佩。其師説而淫於老、佛者亦有之矣。熹自蚤與「早」通。歲即嘗受讀而竊疑之。沈俗作「沉」，非。潛反復，芳服反。亦作「覆」。蓋亦有年。一旦恍然似有得其要領者，東陽許氏曰：裳之要、衣之領，皆是總會處。然後乃敢會衆説而折其衷。既爲去聲。定著《章句》一篇，以俟後之君子；而一二同志復取石氏書，刪其繁亂，名以《輯略》；且記所嘗論辨取舍上聲。之意，別爲《或問》，以附其後：然後此書之旨支分節解，脉絡貫通，詳略相因，巨細畢舉，而凡諸説之同異得失亦得以曲暢旁通而各極其趣。東陽許氏曰：《章句》、《輯略》、《或問》三書既備，然後《中庸》之書如支體之分、骨節之解，而脉絡却相貫穿通透。雖於道統之傳不敢妄議，雖謙言不敢與道統之傳，實有不容辭其責者。然初學之士或有取焉，則亦庶乎行遠升高之一助云爾。「行遠自邇，升高自卑」，引《中庸》語以結《中庸序》尤切。○雲峯胡氏曰：《大學》中不出「性」字，故朱子於序言性詳焉；《中庸》中不出「心」字，故此序言心詳焉。淳熙己酉公時年六十。春三月戊申新安朱熹序。

讀中庸法

朱子曰：《中庸》一篇，某妄以己意分其章句。是書豈可以章句求哉？然學者之於經，未有不得於辭而能通其意者。南軒張氏曰：《中庸》一書，聖學之淵源也，體用隱顯、成己成物備矣。雖然，學者欲從事乎此，必知所從入而後可以馴致焉。其所從入奈何？子思以「不睹、不聞」之訓著于篇首，又於篇終發明「尚絅」之義，且曰「君子之所不可及者，其惟人之所不見乎」，而推極夫「篤恭」之效，其示來世可謂深切著明矣。○勉齋黄氏曰：《中庸》之書，《章句》、《或問》言之悉矣。學者未有不曉其文而能通其義者也，然此書之作，脉絡相通，首尾相應，子思子之所述非若《語》、《孟》問答之言章殊而指異也。苟徒章分句析而不得一篇之大旨，則亦無以得子思著書之意矣。程子以爲「始言一理，中散爲萬事，末復合爲一理」，朱子以「誠」之一字爲此篇之樞紐，示人切矣。○西山真氏曰：《中庸》始言天命之性，終言無聲無臭，宜若高妙矣，然曰戒慎，曰恐懼，曰謹獨，曰篤恭，則皆示人以用力之方。蓋必戒懼謹獨而後能全天性之善，必篤恭而後能造無聲無臭之境，未嘗使人馳心窈冥而不踐其實也。

又曰：《中庸》，初學者未當理會。○《中庸》之書難看。中間説鬼説神，都無理會。學者須是見得箇道理了，方可看此書將來印證。○讀書之序須是且著力去看《大學》，又著力去看《論語》，又著力去看《孟子》。看得三書了，這《中庸》半截都了，不用問人，只畧畧恁看過。不可掉了易底，却先去攻那難底。《中庸》多説無形影，説下學處少，説上達處多。若且理會文義則可矣。○讀書先須看大綱，又看幾多間架。如「天命之謂性，率性之謂道，脩道之謂教」，此是大綱。夫婦所知所能與聖人不知不能處，此類是間架。譬人看屋先看他大綱，次看幾多間，間内又有小間，然後方得貫通。勉齋黄氏曰：《中庸》自是難看。石氏所集諸家説尤亂雜未易曉，須是胸中有權衡尺度方始看得分明。今驟取而讀之，精神已先爲所亂，却不若子細將《章句》研究，令十分通曉，俟首尾該貫後，却取而觀之可也。○《中庸》與他書不同。如《論語》是一章説一事，《大學》亦然。《中庸》則大片段，須是衮讀方知首尾，然後逐段解釋，則理通矣。今莫若且以《中庸》衮讀，以《章句》子細一一玩味，然後首尾貫通。

又曰：《中庸》自首章以下多對説將來，直是整齊。某舊讀《中庸》以爲子思做，又時復有箇「子曰」字。讀得熟後，方見得是子思參夫子之説著爲此書。自是沈潛反覆，遂漸得其旨趣，定得今《章句》。擺布得來，直恁麽細密。○近看《中庸》，於章句文義間窺見聖賢述作傳授之意，極有條理，如繩貫棊局之不可亂。○《中庸》當作六大節看。首章是一節，説中和。自「君子中庸」以下十章是一節，説中庸。「君子之道費而隱」以下八章是一節，説費隱。「哀公問政」以下七章是一節，説誠。「大哉聖人之道」以下六章是一節，説大德小德。末章是一節，復申首章之義。三山陳氏曰：《中庸》三十三章，其血脉貫通之處，朱子既爲之

《章句》，又提其宏綱。如言某章是援引先聖之言，某章是子思發明之説，具有次序。○王氏曰：是篇分爲四大支。第一支，首章子思立言，下十一章引夫子之言以終此章之義。第二支，十二章子思之言，下八章引夫子之言以明之。第三支，二十一章子思承上章夫子天道人道以立言，下十二章子思推明此章之義。第四支，三十三章子思因前章極致之言反求其本，復自下學立心之始推言戒懼慎獨之事，以馴致其極。

問《中庸》、《大學》之別。曰：如讀《中庸》求義理，只是致知功夫。如謹獨脩省，亦只是誠意。問只是《中庸》直説到「聖而不可知」處。曰：如《大學》裏也。有如前王不忘，便是篤恭而天下平底事。雙峯饒氏曰：《大學》是説學，《中庸》是説道。理會得《大學》透徹，則學不差；理會得《中庸》透徹，則道不差。○東陽許氏曰：《中庸》、《大學》二書規模不同。《大學》綱目相維，經傳明整，猶可尋求。《中庸》贊道之極，有就天言者，有就聖人言者，有就學者言者，廣大精微，開闔變化，高下兼包，巨細畢舉，故尤不易窮究。

中庸章句大全

中者，不偏不倚、無過不及之名。朱子曰：名篇本是取「時中」之「中」。然所以能時中者，蓋有那未發之中在，所以先説未發之中，然後説君子之時中。○北溪陳氏曰：「中和」之「中」是專主未發而言。「中庸」之「中」却是含二義，有在心之中，有在事物之中。所以文公必合内外而言，謂不偏不倚、無過不及，可謂確而盡矣。○雲峯胡氏曰：朱子於《語》、《孟》釋「中」字，但曰「無過不及」，蓋以用言；《中庸》有所謂未發之中與時中，故添「不偏不倚」四字，兼體用言，以釋名篇之義。○新安陳氏曰：不偏不倚，未發之中，以心論者也，中之體也；無過不及，時中之中，以事論者也，中之用也。**庸，平常也。**朱子曰：庸是依本分不爲怪異之事。堯、舜、孔子只是庸，夷、齊所爲都不是庸了。○北溪陳氏曰：文公解「庸」爲平常，非於「中」之外復有所謂「庸」，只是這中底便是日用平常道理。「平常」與「怪異」字相對。平常是人所常用底，怪異是人所不曾見，忽然見之便怪異。如父子之親、君臣之義、夫婦之别、長幼之序、朋友之信，皆日用事，便是平常底道理，都無奇特底事。如五穀之食、布帛之衣，可食可服而不可厭者，無他，只是平常耳。

子程子曰：「不偏之謂中，不易之謂庸。中者天下之正道，庸者天下之定理。」問：「正道、定理，恐道是總括之名，理是道裏面却有許多條目？」朱子曰：緊要在「正」字、「定」字上。中只是箇恰好道理，爲不見得是亘古今不可變易底，故更著箇「庸」字。○東陽許氏曰：程子謂不偏之謂中，固兼舉動靜；朱子不偏不倚，則專指未發者。**此篇乃孔門傳授心法，**北溪陳氏曰：卑不失之污賤，高不溺於空虛，真孔門傳授心法也。**子思恐其久而差也，故筆之於書以授孟子。**新安陳氏曰：於七篇中觀其議論淵源所自，則可知其以此授孟子矣。**其書始言一理，中散爲萬事，末復合爲一理。放之則彌六合，卷**上聲。**之則退藏於密。其味無窮，皆實學也。善讀者玩索**色窄反。**而有得焉，則終身用之有不能盡者矣。**朱子曰：始言一理，指天命謂性；末復合爲一理，指上天之載。始合而開，其開也有漸；末開而合，其合也亦有漸。○中散爲萬事，便是《中庸》所説許多事。如知仁勇許多爲學底道理，與爲天下國家有九經，及祭祀鬼神許多事，中間無些子罅隙，句句是實。○雲峯胡氏曰：《中庸》全體大用之書，首言一理，中散爲萬事，是由體之一而達於用之殊；末復合爲一理，是由用之殊而歸於體之一。放之則彌六合，感而遂通天下之故，心之用也；卷之則退藏於密，寂然不動，心之體也。此乃孔門傳授心法，故於心之體用備焉。

天命之謂性，率性之謂道，脩道之謂教。

命，猶令也。朱子曰：命如朝廷差除。又曰：命猶誥敕。○北溪陳氏曰：命如分付命令他一般。**性，即理也。**朱子曰：有是性便有許多道理總在裏許。在心喚做性，在事喚做理。○北溪陳氏曰：性即理也，何以不謂之理而謂之性？蓋理是泛言天地間人物公共之理，性是在我之理。只這道理受於天而爲我所有，故謂之性。**天以陰陽五行化生萬物，氣以成形而理亦賦焉，猶命令也；於是人物之生，因各得其所賦之理以爲健順五常之德，所謂「性」也。**朱子曰：伊川云：「天所賦爲命，物所受爲性。」理一也，自天所賦予萬物言之謂之命，以人物所禀受於天言之謂之性。○天命與氣質亦相衮同。纔有天命便有氣質，不能相離。若闕一，便生物不得。既有天命，須是有此氣，方能承當得此理。若無此氣，則此理如何頓放？天命之性本未嘗偏，但氣質所禀却有偏處。○天命謂性，是就人身中指出這箇是天命之性，不雜氣禀而言，是專言理。若云兼言氣，便説率性之道不去。如太極不離乎陰陽而亦不雜乎陰陽也。○天命之謂性，此只是從原頭説，萬物皆只同這一箇原頭。聖人所以盡己之性則能盡人之性，由其同一原故也。○若論本原，即有理然後有氣；若論禀賦，則有是氣而後理隨以具。故有是氣則有是理，無是氣則無是理。○問：「『五常之德』何故添却『健順』二字？」曰：五行乃五常也，健順乃陰陽二字。既有陰陽，須添此二字始得。○健順之體即性也。合而言之則曰健順，分而言之則曰仁義禮智。仁禮健而義智順也。○北溪陳氏曰：天固是上天之天，要之即理是也。然天如何而命於人？蓋藉陰陽五行之氣，流行變化以生萬物。理不外乎氣。「氣以成形，理亦賦焉」，便是上天命令之也。○西山真氏曰：自昔言性者曰五常而已，朱子乃益之以「健順」。蓋陽之性健，木火屬焉，在人爲仁禮；陰之性順，金水屬焉，在人爲義智。土則二氣之冲和，信亦兼乎健順。陰陽不在五行外，健順豈在五常外乎？○東窗李氏曰：仁之油然生意不可遏、禮之粲然明盛不可亂，健之爲也；義不拂乎可否之宜、知不外乎是非之別，順之爲也。若夫信則體是理而不易者健也，循是理而無違者順也。○雲峯胡氏曰：孟子性善之論自子思此首一句來，然須看開端一「天」字。程子曰「《中庸》始言一理，末復合爲一理」，所謂「一理」者即此一「天」字；又曰「萬物各具一理，萬理同出一原」，所謂「一原」者即此一「天」字。按朱子曰《穀梁》言天不以地對。所謂天者，理而已，成湯所謂「上帝降衷」，子思所謂「天命之性」是也。是爲陰陽之本，而其兩端循環不已者爲之化焉。○東陽許氏曰：人物之生雖皆出於天理，而氣有通塞之不同，則有人物之異。氣通者爲人而得人之理，氣塞者爲物亦得物之理。雖曰有理然後有氣，然生物之時其氣至而後理有所寓。氣是載理之具也，故《章句》先言「氣以成形」，後言「理亦賦焉」。○健順，本上文陰陽而言也。五常固已具健順之理。分而言之，仁禮爲陽爲健，義智爲陰爲順，信則冲和而兼健順也，錯而言之，則五常各有健順。義斷智明，非健乎？仁不忍而用主於愛，禮分定而節不可踰，非順乎？**率，循也。**北溪陳氏曰：循，猶隨也。**道猶路也。**孟子曰「夫道，若大路然」，本此以釋「道」字。**人物各循其性之自然，則其日用事物之間莫不各有當行之路，是則所謂「道」也。**朱子曰：「率性」非人率之也。「率」只訓「循」，循萬物自然之性之謂道，此「率」字不是用力字。伊川謂便是「仁者人也，合而言之道也」。「循」字非就行道人説，只是循吾本然之性，便自有許多道理。或以率性爲順性命之理則爲道，如此却是道因人方有也。○道之得名，正以人生日用當然之理，猶四海九州百千萬人當行之路爾。○道即理也，以人所共由而言則謂之道，以其各有條理而言則謂之理。其目則不出乎君臣、父子、兄弟、夫婦、朋友之間，而其實無二物也。○性，是箇渾淪底物。循性之所有其許多分派條理，即道也。「性」字通人物而言。但人物氣禀有異，不可道物無此理，只爲氣禀遮蔽，故所通有偏正不同。然隨他性之所通，道亦無所不在也。○

人與物之性皆同。循人之性則爲人之道，循牛馬之性則爲牛馬之道。若不循其性，使馬耕牛馳，則失其性，非牛馬之道矣。○陳氏曰：天命謂性，是説渾淪一大本底；率性謂道，是就渾淪大本裏分別箇條貫脉絡處，隨人物所得之性，皆從大本中流出。如天油然作雲，沛然下雨，此皆大化流行處；隨他溪澗科坎，小大淺深，所得之雨便有許多脉絡之不齊，皆是此雨水也。○如隨物之性則牛可耕，馬可乘，鷄可司晨，犬可司夜，其所發皆有自然之理。如隨草木之性則桑麻可衣，穀粟可食，春宜耕，夏宜耘，秋宜穫，凡物皆有自然之理。○潛室陳氏曰：率性不要作工夫看。人率循其人之性，物率循其物之性，此即人物各各當行道理，故謂之道。○西山真氏曰：朱子於《告子》「生之謂性」章深言人物之異，而於此章乃兼人物而言。生之謂性，以氣言者也；天命之謂性，以理言者也。以氣言之則人物所禀之不同，以理言之則天之所命一而已矣。然則虎狼之搏噬，馬牛之踶觸非道耶？曰：子思之所謂「率性」云者，循其天命之性也。若有搏噬踶觸，則氣禀之所爲而非天命之本然矣。豈獨物爲然？凡人之爲善者，皆循天命之性也；其爲不善，則發乎氣禀之性矣。以是而觀，則此章兼人物而言，尚何疑哉？○雙峯饒氏曰：子思「率性之謂道」一語專爲訓道名義。蓋世之言道者，高則入於荒唐，卑則滯於形氣。入於荒唐則以爲無端倪之可測識，老、莊之論是也；滯於形氣則以爲是人力之所安排，告、荀之見是也。是以子思於此首指其名義以示人，言道者非他，乃循性之謂也。○雲峯胡氏曰：《易》曰：「一陰一陽之謂道，繼之者善也，成之者性也。」子思之論蓋本於此。但《易》先言道而後言性，此「道」字是「統體一太極」；子思先言性而後言道，此「道」字是「各具一太極」也。**脩，品節之也。**三山潘氏曰：品節之者，如親親之殺、尊賢之等，隨其厚薄輕重而爲之制，以矯其過不及之偏者也。雖若出於人爲，而實原於命性道之自然本有者。○雙峯饒氏曰：脩，裁制之也。聖人因人所當行者而裁制之，以爲品節也。**性、道雖同而氣稟或異，故不能無過不及之差。聖人因人物之所當行者而品節之以爲法於天下，則謂之「教」。若禮樂刑政之屬是也。**問：「明道云：『道即性也。若道外尋性、性外尋道，便不是。』如此，即性是自然之理，不容加工。揚雄言『學者所以脩性』，故伊川謂揚雄爲不識性。《中庸》却言『脩道之謂教』，如何？」朱子曰：性不容脩，脩是揠苗。道亦是自然之理，聖人於中爲之品節以教人耳。○「脩道謂教」專就人事上言，就物上亦有品節。先王所以使「鳥獸魚鱉咸若」，周禮掌獸、掌山澤各有官，周公驅虎豹犀象，「草木零落然後入山林，昆蟲未蟄不以火田」之類，各有箇品節使萬物各得其所，亦所謂教也。所以謂之「盡物之性」。但於人較詳，於物較畧；於人較多，於物較少。○黄氏曰：「脩道」二字須就道上及人氣稟上兼看。道是大綱之名。如孝是事父之道，然孝中有多少曲折？人氣稟不同，柔者過於和，剛者過於嚴，則於孝道之曲折必有不中節者，此所以著爲品節，使之盡其道也。○新安陳氏曰：禮樂正是中和之教，刑所以弼教，政亦教之寓。此章命、性、道、教皆當兼人物而言而必以人爲主。然苟不兼及於物，則道理便該不盡。只以此篇後章證之，盡己之性，盡人之性，必説到盡物之性，則可見矣。**蓋人知己之有性而不知其出於天，**就性上移上一級，説己性原於天命。**知事之有道而不知其由於性，**又就道上移上一級，説道由於己之性。**知聖人之有教而不知其因吾之所固有者裁之也，**又就教上移歸一步，説因吾之所固有之道而裁之。**故子思於此首發明之，而董子所謂「道之大原出於天」，亦此意**

也。漢董仲舒策中此語，大意亦可謂知道之原者，故引以爲證。○朱子曰：子思此三句乃天地萬物之大本大根，萬化皆從此出。人若能體察，方見聖賢所説道理皆從自己胸中流出，不假他求。○三山陳氏曰：此章乃《中庸》之綱領，此三句又一章之綱領也。聖賢教人，必先使之知道所自來，而後有用力之地。此三句蓋與「孟子道性善」同意。○王氏曰：此書皆言道之體用。第一句天是體，性是用；第二句性是體，道是用；第三句道是體，教是用。○雙峯饒氏曰：性、道、教，「道」字重。《中庸》一書大抵説道。性原於天，而流行於事物則謂之「道」，脩此道以教人則謂之「教」。所以下文便説「道也者」。如「君子之道費而隱」、「大哉聖人之道」，皆提起「道」字説，以此見重在「道」字。○雲峯胡氏曰：開端雖不露出「中」字，天命謂性即未發之中。因率性之道而品節之即時中之中也。○番昜李氏曰：《大學》入德之書，學者事也，故首曰「大學之道」，而教在其中；《中庸》明道之書，教者事也，故首曰「脩道之謂教」，而學在其中。《中庸》一書，性、道、教三言爲一篇之綱領，而「道」之一字爲三言之綱領。道由性而出，言道而不言性，則人不知道之本原而或索之於淺近；道由教而明，言道而不言教，則人不知道之功用而或索之於高虛。言性於道之先，言教於道之後，而下即繼之曰「道也者，不可須臾離也」，子思子立言之旨可得而識矣。○新安陳氏曰：「道」字上包「性」字，下包「教」字，推其本原必歸之天命。○朱子此總斷之語。元本云：「蓋人之所以爲人，道之所以爲道，聖人之所以爲教，原其所自，無一不本於天而備於我。學者知之，則其於學知所用力而自不能已矣。故子思於此首發明之，讀者所宜深體而默識也。」今以後來本校之，踈密淺深，大有間矣。然「無一不本於天而備於我」，此語亦包括要切。《或問》所謂「其本皆出乎天而實不外乎我」，與此語無異，是仍存之於《或問》中矣。他本多依元本，惟祝氏《附録》從定本耳。蓋嘗論之，前聖如舜，首言道言教而未言命、性；至商湯君臣始言「天之明命」，又曰「上帝降衷于民，若有恒性，克綏厥猷」，雖包涵命性道教之意，未始別白融貫言之。至孔子傳《易》曰「各正性命」、「一陰一陽之謂道，繼善，成性」、「習教事」、「教思無窮」，然言命自命，性自性，道教亦然。至子思子始言性本於命，道率乎性，教脩乎道，發前聖未發之藴以開示後世學者於無窮。朱子於此三言既逐字逐句剖析於先，復融貫會通於後。元本含蓄未盡，至定本則盡發子思之意無復餘藴，故今一遵定本云。

道也者，不可須臾離也，可離非道也。是故君子戒慎乎其所不睹，恐懼乎其所不聞。離，去聲。

道者，日用事物當行之理，皆性之德而具於心。上句言道之用，下句言道之體。**無物不有，**言道之大，橫説。**無時不然，**言道之久，直説。**所以不可須臾離也。若其可離，則豈「率性」之謂哉？**新安陳氏曰：元本作「則爲外物而非道矣」，兩句宜兼存之。云「若其可離則爲外物而非道矣，豈率性之謂哉」，如此尤爲明備。**是以君子之心常存敬畏，**敬謂戒慎，畏謂恐懼。**雖不見聞，亦不敢忽，所以存天理之本然**北溪陳氏曰：未感物時，渾是天理。**而不使離於須臾之頃也。**朱子曰：此道無時無之，然體之則合，背之則離也。一有離之，則當此之時失此之道矣，故曰「不可須臾離」。君子所以戒慎不睹、恐懼不聞，則不敢以須臾離也。○可離與不可離，道與非道，各相對待而言。離了仁便不仁，離了義使不義，公私善利皆然。○戒慎恐懼，不須説得太重，此只是畧畧收拾來便在這裏。伊川所謂道箇「敬」字，也不大段用得力。孟子曰「操則存」，「操」字亦不是著力把持。所「不睹」、「不聞」不是閉耳合眼時，只是萬事皆未萌芽，自家便先恁地戒慎恐懼。不睹不聞之時便是喜怒哀樂未發處，常要提起此心在這裏，防於未然，所謂「不見是圖」也。○戒慎恐懼是未發，然只做未發也不得，便是所以養其未發。只是聳然提起在這裏，這箇未發底便常在，何曾發？或問：「恐懼是已思否？」曰：思又别，思是思索了。戒慎恐懼正是防閑其未發。曰：「即是持敬否？」曰：亦是。○北溪陳氏曰：道是日用事物所當行之路，即「率性」之謂，而得於天之所命者，而其總會於吾心。大而父子君臣夫婦長幼朋友，微而起居飲食，蓋無物不有。自古及今流行天地之間，蓋無時不然。戒謹恐懼只是主敬，是提撕警覺使常惺惺，則天命之本體常存在此。若不戒懼，則易至於離道遠也。○潛室陳氏曰：道只是當行底理。天下事事物物與自家一身凡日用常行，那件不各有當行底道理，那曾一歇走離得？纔離得，便物非物，事非事，吾身日用常行者皆非是矣。故道即路之謂也。之燕之越，無非是路。纔無路，便是荆棘草莽。聖人之道只是眼前當然底，一時走離不得。○問：「當不睹不聞而戒懼，愚謂如鑑之照物，當不照時光自常存，不可欺以妍醜，上蔡惺惺法者豈謂此乎？」曰：若如此説，則是他自常存了，何用戒慎恐懼？道理固自常在，但人須用提撕照管，不可謂目無睹、耳無聞，一齊都放下。須當此時常自惺惺地也。○問：「《大學》不要先有恐懼，《中庸》却要恐懼，何也？」西山真氏曰：《大學》之恐懼與《中庸》之恐懼不同。《中庸》「戒慎乎其所不睹，恐懼乎其所不聞」，只是事物未形之時，常常持敬，令人不昏昧而已。《大學》之「恐懼」只是俗語所謂「怖畏」之意，自與《中庸》有異。○雙峯饒氏曰：君子常存敬畏，雖當事物既往，思慮未萌，目無所睹，耳無所聞，暫焉之頃亦不敢忽。事物既往，是指前面底説，思慮未萌是指後面底説，不睹不聞正在此二者之間。看上文「道不可須臾離」，則是自所睹所聞以至於所不睹不聞，皆當戒懼，而此不睹不聞在事物既往之後；看下文「喜怒哀樂未發」，則此不睹不聞又在思慮未萌之前。故須看此二句，方説得上下文意貫串。緊要在「須臾之頃」四字，於此見得子思所以發「須臾」兩字之意。

莫見乎隱，莫顯乎微，故君子慎其獨也。見音現。

隱，暗處也；微，細事也。獨者，人所不知而己所獨知之地也。問：「謹獨，莫只是十目所視、十手所指處也，與那暗室不欺時一般否？」朱子曰：這「獨」也不只是獨自時，如與衆人對坐，自心中發念或正或不正，此亦是獨處。如一片止水，中間有一點動處，此最緊要着工夫處。**言幽暗之中，細微之事，跡雖未形而幾**平聲。**則已動，人雖不知而己獨知之，則是天下之事無有著見明顯而過於此者。**朱子曰：事之是與非，衆人皆未見得，自家自是先見得分明。○三山陳氏曰：曰隱曰微，則此念已萌矣，特人所未知，隱而未見，微而未顯耳。然人雖未知而我已知之，則固已甚見而甚顯矣。此正善惡之幾也。○三山潘氏曰：幽暗之中、細微之事，其是非善惡皆不能逃乎此心之靈，所以當此之時尤爲昭灼顯著也。若其發之既遠，爲之既力，則在他人十目所視、十手所指雖甚昭灼，而在我者心意方注於事爲，精神方運於酬酢，其是非得失反有不自覺者矣。○雙峯饒氏曰：此又對上文而言。隱暗之地，雖人之所不睹；微密之事，雖人之所不聞，然其幾既動則必將呈露於外而不可掩，昭晰於中而不可欺。是道固不可須臾離，而其形見明顯尤莫有甚於此者。○子思云「道也者」，提起「道」字，見得下面「莫見乎隱，莫顯乎微」，見與顯皆是此道。**是以君子既常戒懼，**指上文一節。**而於此尤加謹焉，**指此一節。**所以遏人欲於將萌，**新安陳氏曰：未發之前私欲不萌，只是存天理而已；幾動之初天理人欲由此而分，此處加謹，則人欲將萌動，便從而遏絕之矣。**而不使其潛滋暗長**上聲。**於隱微之中，**元本只云「滋長」，定本加「潛」、「暗」二字。**以至離道之遠也。**朱子曰：「道不可須臾離」是言道之至廣至大者，「莫見乎隱，莫顯乎微」是言道之至精至密者；道不可離是說不可不存養，「是故」以下是教人戒懼做存養工夫；「莫見莫顯」是說不可不省察，「故君子」以下是教人謹獨察私意起處防之；只看兩「故」字可見。○既言道不可離，只是精粗隱微之間皆不可離，故言戒懼不睹不聞以該之。若曰自其思慮未起之時早已戒懼，非謂不戒懼乎所睹所聞而只戒懼乎不睹不聞也。此兩句是結上文「不可須臾離也」之意。下文又提起說無不戒懼之中，隱微之間，念慮之萌，尤不可忽，故又欲於其獨而謹之，又結上文隱微意。此分明是兩節事，前段有「是故」字，後段有「故」字，且兩提起「君子」字。若作一段說，亦成是何文字？問：「如此分兩節工夫，則致中、致和工夫方各有着落，而天地位、萬物育亦各有歸着？」曰：是。○問：「戒懼是體統做工夫，謹獨是又於其中緊切處加工夫？」曰：然。○戒懼是防之於未然以全其體，謹獨是察之於將然以審其幾。○問：「戒懼者，所以涵養於喜、怒、哀、樂未發之前，當此之時寂然不動，只下得涵養工夫；謹獨者，所以省察於喜、怒、哀、樂已發之時，當此之時一毫放過，則流於欲矣，判別義利全在此時。不知是如此否？」曰：此說甚善。○問：「涵養工夫實貫初終，而未發之前只須涵養，纔發處便須用省察工夫。至於涵養愈熟，則省察愈精矣。」曰：是。又問：「未發時當以義理涵養？」曰：未發時着義理不得。纔知有義理，便是已發。當此時有義理之源，未有義理條件。只一箇主宰嚴肅，便有涵養工夫。○存養是静工夫，省察是動工夫。○陳氏曰：雖是平時已常戒懼，至此又當十分加謹，則所發便都是善，不加謹，則所發便流於惡。○潛室陳氏曰：戒慎恐懼與謹獨，是兩項地頭。戒慎恐懼，是自家不覩不聞之時；謹獨，是衆人不覩不聞之際。○蛟峯方氏曰：戒懼是保守天理，慎獨是檢防人欲。○雙峯饒氏曰：戒慎恐懼，便是「慎獨」之「慎」。詳言之則曰「戒慎恐懼」，約言之只是「慎」之一字。道者，率性之謂，其體用具在吾身；敬者，所以存養其體，省察其用，乃體道之要也。戒懼存養之事，慎獨省察之事。《中庸》始言「戒懼」、「慎獨」，而終之以「篤恭」，皆敬也。《中庸》以「誠」爲一篇之體要。惟其敬，故能誠。○《大學》只言「慎獨」不言「戒」、「懼」，初學之士且令於動處做工夫。○勿軒熊氏曰：按《大學》「誠意」章言「慎獨」，子思傳授蓋本於此。○雲峯胡氏曰：首三句重在一「道」字。天命謂性，是道之體；脩道謂教，是道之用。所以於此獨提起「道也者」三字，下文却分爲兩節言之。「道也者不可須臾離」，所以君子必戒慎所不睹，恐懼所不聞。「不睹」、「不聞」四字，正是釋「須臾」二字。人有目豈不睹，有耳豈不聞？不睹不聞，特須臾之頃爾。「道也者，莫見乎隱，莫顯乎微，所以君子必慎其獨。」此一「獨」字，正是説「隱」、「微」二字。隱微，却是人之所不睹不聞，而我之獨睹獨聞之時之處也。《章句》於《大學》曰「審其幾」，此曰「幾則已動」，一「幾」字是喫緊爲人處。上文曰「君子之心常存敬畏」，一「敬」字是教人用工夫處。戒懼不睹、不聞，是幾未動而敬；慎獨，則幾已動而敬也。曰「常存敬畏，雖不見聞，亦不敢忽」，當看「常」字與「亦」字；曰「君子既常戒懼，而於此尤加謹焉」，當看「常」字與「尤」字；曰「存天理之本然，遏人欲於將萌」，當看「存」字與「遏」字。然皆不離乎敬而已。大抵君子之心常存此敬，不睹不聞時亦敬，獨時尤敬。所以未發時渾是本然之天理，此敬足以存之；纔發時便有將然之人欲，此敬足以遏之也。朱子《敬齋箴》與此無不合。戒懼是靜而敬，慎獨是動而敬；戒懼是惟恐須臾之有間，慎獨是惟恐毫釐之有差。

喜怒哀樂之未發謂之「中」，發而皆中節謂之「和」。中也者，天下之大本也；和也者，天下之達道也。樂音洛。「中節」之中，去聲。

喜怒哀樂，情也；其未發，則性也。無所偏倚，故謂之「中」。發皆中節，情之正也。無所乖戾，故謂之「和」。大本者，天命之性，推本於「天命之謂性」一句。天下之理皆由此出，道之體也；達道者，循性之謂，推本於「率性之謂道」一句。天下古今之所共由，道之用也。此言性情之德，中爲性之德，和爲情之德。以明道不可離之意。延平李氏曰：方其未發，是所謂中也，性也。及其發而中節也，則謂之和；其不中節也，則有不和矣。和不和之異皆既發焉而後見之，是情也，非性也。孟子故曰「性善」，又曰「情可以爲善」，其説蓋出於子思。○朱子曰：喜、怒、哀、樂渾然在中，未感於物，未有倚着一偏之患，亦未有過與不及之差，故特以「中」名之而又以爲天下之大本。程子所謂「中者在中」之義，所謂「只喜、怒、哀、樂未發便是中」，皆謂此也。林擇之謂「在中」之義是裏面底道理，看得極子細。○喜怒哀樂未發，如處室中，東西南北未有定向，不偏於一方，只在中間，所謂「中」也。及其既發，如已出門，東者不復西，南者不復北，然各行所當然，無所乖逆，所謂「和」也。○中和是承上兩節説。中所以狀性之德而形道之體，和所以語情之正，而顯道之用，子思欲學者於此識得心也。心也者，妙性情之德也，所以致中和、立大本而行達道者也，天理之主宰也。○心包性情。性是體，情是用。心字是一箇字母，故「性」「情」皆從「心」。○問：「中和者，性情之德也，寂感者，此心之體用也。此心存則寂然時皆未發之中，感通時皆中節之和；心有不存則寂然木石而已，大本有所不立也，感通馳騖而已，達道有所不行也。故動静一主於敬。戒謹恐懼而謹之於獨，則此心存而寂感無非性情之德也。」曰：是。○問：「惻隱羞惡、喜怒哀樂固是心之發，曉然易見處；如未惻隱羞惡、喜怒哀樂之前，便是寂然而静時。然豈得皆塊然如槁木？其耳目亦必有自然之聞見，其手足亦必有自然之舉動。不審此時喚作如何？」曰：喜、怒、哀、樂未發只是這心未發耳，其手足運動自是形體如此。○静而無不該者，性之所以爲中也，寂然不動者也；動而無不中者，情之發而得其正也，感而遂通者也。静而常覺，動而常止者，心之妙也，寂而感，感而寂者也。○北溪陳氏曰：節者，限制也，其人情之準的乎？只是得其當然之理，無些過不及，與是理不相咈戾，故曰和。○情之中節是從本性發來，其不中節是感物欲而動。須有戒懼工夫，方存得未發之中；須有謹獨工夫，方有已發之和。○問：「發時有中節不中節之分，未發時還有分否？」潛室陳氏曰：既是未發，更有何物可分？但有渾然之理在中不曾倚着耳。○蒙齋袁氏曰：喜、怒、哀、樂未發則渾然在中，及發則有中節不中節，而惟中節者爲和。○雙峯饒氏曰：四者皆中節方謂之和。譬之四時，三時得宜，一時失宜，亦不得謂之和矣。○雲峯胡氏曰：上文説君子主敬之功，見人心之於道不可離；此説在人性情之德，又見道之在人心本不可離也。發而中節之和即是無過不及之中，故周子曰：「中也者和也，中節也，天下之達道也。」達道即率性之道。前言率性之道必自天命上説來，此言達道必自大本說來，體用一源，非知道者，孰能識之？

致中和，天地位焉，萬物育焉。

致，推而極之也。位者，安其所也；育者，遂其生也。自戒懼而約之，以至於至靜之中無所偏倚而其守不失，則極其中而天地位矣；自謹獨而精之，以至於應物之處無少差謬靡幼反。**而無適不然，則極其和而萬物育矣。**黃氏曰：《章句》「無少偏倚」、「無少差謬」是橫致，「其守不失」、「無適不然」是直致。橫致如一箇物打迸了四圍，恁地潔浄相似；直致則是今日如此潔浄，後日亦如此，以至無頃刻不如此。○雲峯胡氏曰：《章句》「精之」、「約之」，只是釋一「致」字。約之則存養之功益密，精之則省察之功益嚴。「至靜之中無少偏倚」，已是約之之至；「而其守不失」，所以約之者愈至；「應物之處無少差謬」，已是精之之至；「而無適不然」，所以精之者愈至。此之謂中和之致也。○新安陳氏曰：收斂近裏貴乎「約」，審察幾微貴乎「精」，二字下得尤不苟。○東陽許氏曰：致中和，是戒懼慎獨推行積累至乎極處，則有天地位、萬物育之效驗。**蓋天地萬物本吾一體，吾之心正**致中。**則天地之心亦正矣，**天地位。**吾之氣順**致和。**則天地之氣亦順矣。**天地氣順則萬物育。**故其效驗至於如此。此學問之極功、聖人之能事，初非有待於外，**不出吾性之外。**而脩道之教亦在其中矣。**陳氏曰：致中，即天命之性；致和，即率性之道；及天地位、萬物育，則脩道之教亦在其中矣。○雲峯胡氏曰：致吾之中，如何天地便位；致吾之和，如何萬物便育？蓋以天地萬物本吾一體故也。朱子此八字是從天命之性說來。性，一而已。天地萬物與吾有二乎哉？**是其一體一用雖有動静之殊，然必其體立而後用有以行，則其實亦非有兩事也。**三山陳氏曰：體之立，所以爲用之行之地；用之行，所以爲體之立之驗。○新安陳氏曰：體静用動，分言也；體立而後用行，合言也。致中則必能致和，中和一理；天地位則必萬物育，位育一機，非兩事也。**故於此合而言之以結上文之意。**問：「『致中和，天地位，萬物育』，與喜、怒、哀、樂不相干。」朱子曰：世間何事不係在喜、怒、哀、樂上？且如人君喜一人而賞之則千萬人勸，怒一人而罰之則千萬人懼，以至哀矜鰥寡、樂育人材，這便是萬物育。以至君臣父子夫婦長幼，相處相接無不是這箇。即這喜怒中節處便是實理流行。○問：「『致中和，天地位，萬物育』，此以有位者言。如一介之士，如何得如此？」曰：若致得一身中和，便充塞一身；致得一家中和，便充塞一家；若致得天下中和，便充塞天下。有此理便有此事，有此事便有此理。如一日克復，如何便得天下歸仁？爲有此理故也。○問：「堯、湯不可謂不能致中和，而亦有水旱之災。」曰：經言其常，堯、湯遇非常之變也。大抵致中和，自吾一念之間培植推廣以至裁成輔相、匡直輔翼，無一事之不盡，方是至處。○「致中和，天地位焉，萬物育焉」，便是形和氣和，則天地之和應。○「天地位，萬物育」便是裁成輔相以左右民底工夫。若不能致中和，則山崩川竭者有矣，天地安得而位；胎夭失所者有矣，萬物安得而育？問：「如此則須專就人主身上說方有此功夫？」曰：規模自是如此，然人各隨一箇地位去做。不道人主致中和，士大夫便不致中和。○西山真氏曰：致中和之所以用功，不過曰敬而已。不睹不聞而戒懼，静時敬也；謹獨，動時敬也。静無不敬，所以致中；動無不敬，所以致和。自然天地位、萬物育。如《洪範》所謂肅、乂、哲、謀、聖，而雨、暘、燠、寒、風之時若應之；董仲舒所謂「人君正心以正朝廷，正百官，正萬民，而陰陽和，風雨時，諸福之物畢至」：皆是此理。○雙峯饒氏曰：致中和而能使天地位、萬物育，是有此理。但所居位有高下，則力之所至有廣狹。如爲一家之主則能使一家之天地位、萬物育，爲一國之主則能使一國之天地位、萬物育，爲天下主則能使天地位、萬物育。父父子子、夫夫婦婦，此一家之天地位也；妻子臣妾人人各得其所，此一家之萬物育也。一國亦然。極而至於天下，然後天地位、萬物育，始充其量。如孔子在當時雖不見位育極功，然道明於萬世，能使三綱五常終古不墜，是即位育之極功也。○雲峯胡氏曰：中和雖有體用動静之殊，然深觀其所從來，則天地萬物之所以位育有不得而析者，故曰「必其體立而後用有以行」，亦非有兩事也。《中庸》一書本只言率性之道，而必推原天命之性；本只言時中之中，而必推原未發之中：皆謂體立而後用有以行也。○新安陳氏曰：由教而入之學者，其於致中和位育之事業雖未敢遽望及此，然學問志向之初，亦所當考而以之爲標的也。○東陽許氏曰：位育以有位者言之，固易曉；若以無位者言之，則一身一家皆各有天地萬物。以一身言，若心正氣順則自然睟面盎背，動容周旋中禮，是位育也；以一家言，以孝感而父母安，以慈化而子孫順，以弟友接而兄弟和，以敬處而夫婦正，以寬御而奴僕盡其職，及一家之事莫不當理，皆位育也：但不如有位者所感大而全爾。

右第一章。子思述所傳之意以立言。首明道之本原出於天而不可易，首三句。**其實體備於己而不可離，**「道不可離，可離非道」二句。**次言存養省**悉井反。**察之要，**戒懼慎獨二節。**終言聖神功化之極。**中和位育三句。○黃氏曰：此章字數不多，而義理本原、功夫次第與夫效驗之大，無不該備。**蓋欲學者於此反求諸身而自得之，以去**上聲。**夫**音扶。**外誘之私而充其本然之善。**新安陳氏曰：中之大本原於天命之性，和之達道即率性之道也。「反求諸身」，身本有之；「自得之」者，即自得乎此也；「去外誘之私」，慎獨以遏人欲而已；「充本然之善」，致大本之中、達道之和也。**楊氏**時。**所謂「一篇之體要」是也。**陳氏曰：此章乃子思總括一篇之義。○新安陳氏曰：《中庸》一書，造聖道之閫奧。其首章，子思子自著之格言也。首三句祖述《湯誥》「惟皇上帝降衷于下民，若有恒性，克綏厥猷惟后」之言，而推明性、道、教三字，血脉貫通，名義精當，則實過之，真是發從古聖賢之所未發。「慎獨」曾子雖嘗言之，然只就意之動處言之耳。前一截靜時工夫未之言也。子思先就戒懼處言靜時之涵養，方就慎獨處言動時之省察。動靜相涵，交致其力，視曾子之言益加密焉，亦本其所已發而盡發其所未發也。自古書中多言無過不及之中，中之用耳。子思則先言未發之中以見中之體，後言時中之中以見中之用。言未發之中，本體淵深，除《中庸》外，他固罕見，豈非亦發前古聖賢之所未發乎？静致其中，動致其和，極其功至於位天地、育萬物、參贊化育之大功，其本原實自存養天理、遏絶人欲者基之。精乎大哉！一章大指，有本原，有工夫，有功用，歷選聖賢之書，無能肩之者。聖師有此賢孫，其有功於道統之傳，萬世實不可磨云。**其下十章，蓋子思引夫子之言以終此章之義。**雙峯饒氏曰：首章論聖人傳道立教之原、君子涵養性情之要，以爲一篇之綱領，當爲第一大節。

仲尼曰：「君子中庸，小人反中庸。

中庸者，不偏不倚、無過不及而平常之理，陳氏曰：中庸只是一箇道理，所以不析開說。**乃天命所當然、精微之極致也。**新安陳氏曰：提掇篇首一句以爲綱領，乃天命所賦當然之理，所謂極至之德也。**唯**與「惟」通。**君子爲能體之。**新安陳氏曰：體之，謂以身當而力行之，如「仁以爲己任」之意。**小人反是。**雲峯胡氏曰：第二章以下十章皆述夫子之說，獨此章與第三十章揭「仲尼」二字。「仲尼曰」，仲尼之言也，所言者中庸也；「仲尼祖述堯、舜」以下，仲尼之行也，所行者皆中庸也。中和之論發於子思，中庸之論本於仲尼，然發而中節之和即是時中之中。子思「中」、「和」二字亦只是說仲尼一「中」字，故曰「中庸」之中兼中和之義。而《章句》必先曰「不偏不倚」而後曰「無過不及」，可謂精矣。

「君子之中庸也，君子而時中；小人之中庸也，小人而無忌憚也。」

王肅本作「小人之反中庸也」，程子亦以爲然，今從之。此是正解說上兩句。**○君子之所以爲中庸者，以其有君子之德而又能隨時以處**上聲。**中也；小人之所以反中庸者，以其有小人之心而又無所忌憚**徒案反。**也。**程子曰：「可以仕則仕，可以止則止；可以久則久，可以速則速」，此皆時也，未嘗不合中，故曰「君子而時中」。君子之於中庸也，無適而不中，則其心與中庸無異體矣；小人之於中庸，無所忌憚，則與戒慎恐懼者異矣，是其所以反中庸也。○朱子曰：「君子」只是說箇好人，「時中」只是說箇做得恰好底事。○爲善者君子之德，爲惡者小人之心。君子而處不得中者有之，小人而不至於無忌憚者亦有之。○當看「而」字，既是「君子」又要「時中」，既是「小人」又「無忌憚」。二「又」字不用亦可，但恐讀者不覺，故特下此字，要得分明。○新安陳氏曰：朱子蓋就兩箇「而」字上咀嚼出意味來。**蓋中無定體，隨時而在，是乃平常之理也。**問：「何謂時中？」程子曰：猶之過門不入，在禹之世爲中也；時而居陋巷，則過門不入非中矣。居於陋巷，在顔子之時爲中也；時而當過門不入，則居於陋巷非中矣。○朱子曰：堯授舜，舜授禹，都是當其時合當如此做，做得來恰好，所謂「中」也。「中」即平常也。湯、武亦然。如當盛夏時須要飲冷衣葛，隆冬時須要飲湯重裘，不如此便失其中，便是差異矣。○「中庸」之中本是無過不及之中，大旨在「時中」上；若推其本，則自喜怒哀樂未發之中而爲「時中」之中。未發之中是體，時中之中是用。「中」字兼中和言之。○南軒張氏曰：「中」字若統體看，是渾然一理也；若散在事物上看，事事物物各有正理存焉。君子處之權其所宜，悉得其理，乃隨時以處中也。○雙峯饒氏曰：中庸之理即率性之謂，而天下之達道也，惟君子爲能體之。中庸之中只是時中，如舜用中于民，亦只是中之用。問：「言『中』而不及『庸』，何也？」曰：庸不在中之外。惟其隨時處中，所以可常行而不可易也。○東陽許氏曰：既曰「隨時以處中」，又曰「中隨時而在」，此「隨時」字含兩意：謂君子每應事之時各隨其事以處乎中，是一日之間事事皆處乎中也；又同此一事，今日應之如此爲中，它日應之乃如彼爲中，凡一事各於時宜不同者處乎中也。**君子知其在我，故能戒謹不覩、恐懼不聞而無時不中；小人不知有此，則肆欲妄行而無所忌憚矣。**蔡氏曰：此章上二句孔子之言，下四句乃子思釋孔子之言。○三山潘氏曰：君子致存養省察之功，是以無時而不中；小人放肆而無忌憚，是以與中庸相反。○新安陳氏曰：前六句已正解此節文義明白，此又推其本而以知此理爲重。如《論語》「三畏」章，君子惟知天命故畏天命，小人惟不知天命所以不畏也。君子惟知此理在我，故能戒懼以存養此中之體，而隨時以裁處此中之用，「戒懼」即畏天命也；小人惟不知有此理，所以縱肆人欲而無忌憚，無忌與戒慎反，無憚與恐懼反，是即不知天命而不畏者也。○魯齋許氏曰：時有萬變，事有萬殊，而中無定體。當此時則此爲中，於彼時則非中矣；當此事則此爲中，於他事則非中矣。是以君子戒慎恐懼，存於未發之前，察於既發之際，大本立而達道行。故堯、舜、湯、武之征讓不同而同於中；三仁之生死不同，顏、孟之語默不同，其同於中則一也。明乎此則可論聖賢之時中矣。

右第二章。　此下十章皆論「中庸」以釋首章之義，文雖不屬音燭。**而意實相承也。變「和」言「庸」者，游氏曰「以性情言之則曰中和，以德行**去聲。**言之則曰中庸」是也。然「中庸」之中，實兼「中」、「和」之義。**「中庸」之中兼已發、未發二義。○陳氏曰：「中和」是分體用動静相對說，「中庸」是兼德性行事相合說。○黄氏曰：性情天生底，德行人做底。性情人人一般，德行人人不同。○雙峯饒氏曰：中庸者，道之準的。古今聖賢所傳只是此理，子思所作《中庸》亦只爲發明此二字。首章中和是性情之德而中庸之根本，蓋特推其所自來耳。游氏所謂「德即性情之德，中和是也；行即見諸行事者，時中是也」。以「中庸」兼此二者而得名，故曰「中庸」之中實兼「中和」之義。然中和以性情言，人心本然純粹之德也；中庸以事理言，天下當然之則，不可過亦不可不及者也。二者雖同此中理，而所指各異。故致中和者則欲其戒懼慎獨以涵養乎性情，踐中庸者則欲其擇善固執以求合乎事理：二者，内外交相養之道也。此下十章是聖人立中庸，使過者俯而就，不肖者企而及，乃變化氣質之方也。○新安倪氏曰：惟君子能因性情之自然而致中和，是以能全德行之當然而踐中庸。究其用功，惟在主乎敬而已。戒謹恐懼，敬也；擇善固執，非主敬者能之乎？若小人則全無主敬之功，宜其無忌憚而反中庸也。饒氏以中和、中庸二者分析而論，故今又以二者融貫而論之云。

子曰：「中庸，其至矣乎！民鮮能久矣！」鮮，上聲。下同。

過則失中，不及則未至，故惟中庸之德爲至。然亦人所同得，初無難事。但世教衰，民不興行，去聲。**故鮮能之，今已久矣。《論語》無「能」字。**北溪陳氏曰：「至」者，天下之理無以加之謂。○仁壽李氏曰：自物則言之，則過與不及皆不可以言至；自末世言之，則過乎則者少，不及乎則者多。學者試以事君之敬、事父之孝、與人交之信反己而自省焉，則其至與否可見矣。○雙峯饒氏曰：此章言中庸之道非特小人反之，而衆人亦鮮能之，以起下章之意。○格庵趙氏曰：此章無「之爲德也」四字，故下句有「能」字。意《論語》是夫子本文，此是子思櫽括。○雲峯胡氏曰：此比《論語》添一「能」字。惟民氣質偏，故鮮能知能行。仍須看下章許多「能」字，方見子思之意。「鮮能知味」是不能知者，「不能期月守」是不能行者；「中庸不可能」，非義精仁熟者不能知、不能行；「惟聖者能之」，是專言聖人知之盡、仁之至，故獨能知能行。至於「人一能之己百之，人十能之己千之」、「果能此道矣，雖愚必明，雖柔必强」，是愚者本不能知，能百倍其功則能知，柔者本不能行，惟百倍其功則能行。後面「至誠能盡其性」是能知之盡，能行之至；「唯至聖爲能聰明睿知」是能知，能「寬裕温柔」以下是能行，「惟至誠爲能經綸天下之大經」是能行，非「聰明聖知，達天德者，孰能知之」又説能知。看許多「能」字，則子思此章添一「能」字，固有旨哉！

右第三章。

子曰：「道之不行也，我知之矣，知者過之，愚者不及也；道之不明也，我知之矣，賢者過之，不肖者不及也。「知者」之知，去聲。

道者，天理之當然，中而已矣。雲峯胡氏曰：只是一「道」字，首章釋「道也者」曰「道者事物當然之理，皆性之德而具於心」，爲下文「不可須臾離」而言也；此章釋「道」字，曰「道者天理之當然，中而已矣」，爲下文「過」、「不及」而言也。然事物當然之理，即是天理之當然；性之德而具於心亦中而已矣。特具於心者是不偏不倚之中，此是無過不及之中。《章句》錙銖不差也。知愚賢不肖之過不及，則生稟之異而失其中也。知者知之過，既以道爲不足行，愚者不及知，又不知所以行，此道之所以常不行也；賢者行之過，既以道爲不足知，不肖者不及行，又不求所以知，此道之所以常不明也。三山陳氏曰：世之高明洞達、識見絶人者，其持論常高，其視薄物細故若浼焉，則必不屑爲中庸之行。如老、佛之徒，本知者也，求以達理而反滅人類，非過乎？至於昏迷淺陋之人，則又蔽於一曲，而暗於大理，是又不及矣。二者皆不能行道。世之刻意厲行，勇於有爲者，其操行常高，其視流俗污世若將浼焉，則必不復求於中庸之理。如晨門荷蓧之徒本賢者也，果於潔身而反亂大倫，非過乎？至於闒茸卑汚之人，則又安於故常而溺於物欲，是又不及矣。二者皆不能明道。○雙峯饒氏曰：此章承上二章明小人所以反中庸，與衆人所以鮮能中庸者，皆以氣質之有偏，以起下六章之意。然專以過不及爲言，似言「中」而不及「庸」。蓋中即所以爲庸，非有二也。或問：「愚者不及知此中，不肖者不及行此中，『費隱』章又云夫婦之愚不肖可以與知能行，何也？」曰：彼以夫婦之事言，此以道之全體言。問：「賢合屬行，知合屬明，夫子却交互説者，何故？」曰：如此則人皆曉得，夫子何以曰我知之矣，緣天下人皆不知，此夫子所以有此嘆。行不是説人去行道，是説道自流行於天下；明不是説人自知此道，是説道自著明於天下。人多差看了，須要見得知行相因。○新安王氏曰：自世俗觀之，過疑勝於不及；自道言之，其不合於中庸則一也。○雲峯胡氏曰：此章分道之不行、不明，而下章即舜之知言道之所以行，即回之賢言道之所以明，兼後面欲説知仁勇，此章爲此三者發端而言。知者知之過，以道爲不足行，不仁也；賢者行之過，以道爲不足知，不智也；愚不肖者安於不及，不能勉而進，不勇也。○東陽許氏曰：道不行者，知之過與不及；道不明者，行之過與不及，是固然矣。然下乃結之曰：「人莫不飲食也，鮮能知味也。」是又總於「知」。蓋二者皆欠真知爾。若真知理義之極至，則賢者固無過，知者亦必篤於行，不徒知之而已矣。

「人莫不飲食也，鮮能知味也。」

道不可離，人自不察，朱子曰：以「飲食」譬日用，「味」譬理。**是以有過不及之弊。**三山陳氏曰：道曷嘗離人哉？特百姓日用而不知耳。○晏氏曰：知者專於明道，或怠於行道；賢者專於行道，或忽於明道。鮮能知味，以喻不能知道。道既不能明，安能行乎？末專言「知味」，以見明道爲先。惟不明，故不行也。○新安陳氏曰：「道不可離」，又提此句以爲頭腦；「人自不察」，如飲食而不知味。是以有過不及之弊，又繳上前一節去。知者氣清而質欠粹，故知之過而行不及；賢者質粹而氣欠清，故行之過而知不及也。

右第四章。

子曰：「道其不行矣夫？」音扶。

由不明，故不行。雙峯饒氏曰：此章承上章「鮮能知味」之知而言道由不明，所以不行。

右第五章。此章承上章而舉其不行之端，以起下章之意。三山陳氏曰：此一句自爲一章，子思取夫子之言比而從之，蓋承上章以起下章之義。若曰道不遠人，猶日用飲食也；由而不知，故「鮮能知味」耳。惟其不知，是以不行，故以「道其不行」之言繼之。蓋所以承上章之義也。必如下章舜之事，則知而行矣。蓋又所以起下章之義。○雲峯胡氏曰：前章民鮮能，是兼知行言；鮮能知味，是指知而言；此章道其不行，又指行而言。

子曰：「舜其大知也與？舜好問而好察邇言，隱惡而揚善。執其兩端，用其中於民。其斯以爲舜乎？」知，去聲。與，平聲。好，去聲。

舜之所以爲大知者，以其不自用而取諸人也。朱子曰：舜本自知，又能合天下之知爲一人之知而不自用其知，此其知之所以愈大也。若只據一己所有，便有窮盡。**邇言者，淺近之言，猶必察焉，**

其無遺善可知。朱子曰：雖淺近言語，莫不有至理寓焉。人之所忽，而舜好察之，非洞見道體無精粗差別，不能然也。孟子曰：「自耕稼陶漁以至爲帝，無非取諸人者。」又曰：「聞一善言，見一善行，若決江河，沛然莫之能禦。」此皆「好察邇言」之實也。○伊川先生曰：造道深後，雖聞常人言語，莫非至理。**然於其言之未善者則隱而不宣，其善者則播而不匿。其廣大光明又如此，則人孰不樂**音洛。**告以善哉？**朱子曰：言之善者播揚之，不善者隱匿之，則善者愈樂告以善，而不善者亦無所愧而不惜言也。求善之心廣大光明如此，人安得不盡言來告，而吾亦安得不盡聞人之言乎？○新安陳氏曰：隱惡，見其廣大能容；揚善，見其光明不蔽。**兩端，謂衆論不同之極致。蓋凡物皆有兩端，如小大厚薄之類。於善之中，又執其兩端而量度**徒洛反。**以取中，然後用之，則其擇之審而行之至矣。然非在我之權度精切不差，何以與**音預。**此？此知**如字。**之所以無過不及，而道之所以行也。**朱子曰：執其兩端而用其中，如天下事，一箇人說東，一箇說西，自家便把東西來斟酌，看中在那裏。○兩端，只是箇「起」、「止」二字，猶云起這頭至那頭也。自極厚以至極薄，極大以至極小，極重以至極輕，於此厚薄大小輕重之中，擇其說之是者而用之，乃所謂「中」。若但以極厚極薄爲兩端，而中摺其中間以爲中，則是「子莫執中」矣。中間如何見得便是中？蓋極厚者說是，則用極厚之說；極薄者說是，則用極薄之說；厚薄之中說是，則用厚薄之中之說。輕重大小莫不皆然。蓋惟其說之是者用之，不是察其兩端不用，而但取兩頭之中者用之也。且如有功當賞，或說合賞萬金，或說合賞千金，或說百金，或説十金。萬金至厚，十金至薄也，則執其兩端自至厚至至薄，而精權其厚薄之中。合賞萬金，便賞萬金；合賞十金，也只得賞十金。合賞千金、百金皆然。若但去兩頭只取中間，則這頭重那頭輕，這頭偏多那頭偏少，是乃所謂不中矣。或曰：「孔子所謂『兩端』與此同否？」曰：「竭其兩端」，是自精至粗，自大至小，自上至下，都與他説無一毫之不盡；「執兩端」，是取之於人者，自精至粗，自大至小，總括以盡，無一善之或遺。又問：「所謂衆論不同，都是善一邊底？」曰：惡底已自隱而不宣了。○葉氏曰：兩端，非如世俗説是非善惡之兩端，乃是事已是而不非，已善而非惡，已皆當爲之事。自斯道之不明，往往以是非善惡爲兩端而執其中，則半是半非、半善半惡之論興，君子不必爲十分君子，小人不必爲十分小人，乃「鄉原賊德」之尤者也，可不辨哉？○雙峯饒氏曰：中無定體，隨時而在。如《萃》之時用大牲吉，則中在那極厚處，如《損》之時二簋可用享，則中在那極薄處。他可類推。執，是執其言；用，亦是用其言。執其兩端，則有以見其寬弘博大，兼總衆善而無遺；用其中，則有以見其精密詳審，極於至當而無偏。○黄氏曰：因道之不行，起於知者之過，愚者之不及。故必知如大舜，而後可以望斯道之行。○雲峯胡氏曰：知仁勇，學者入德之事。下章回之仁、子路之勇，皆學者事。大舜之知，自是聖人事，姑借以爲言耳。故《章句》於回與由，則曰「擇」曰「守」，於舜則曰「擇之審而行之至」，不以「守」言也。然此章正是學者用力之始，正當以聖人自期。擇之審，舜之「精」也；行之至，舜之「一」也。此所以爲舜之中也。顔淵曰：「舜何人也，予何人也？有爲者亦若是。」此章言舜，而下章言回，學者正好將顔淵之語以通看二章云。

右第六章。此章言知之事。

子曰：「人皆曰予知，驅而納諸罟擭陷阱之中而莫之知辟也；人皆曰予知，擇乎中庸而不能期月守也。」「予知」之知，去聲。罟音古。擭，胡化反。阱，才性反。辟，避同。期，居之反。

罟，網也。擭，機檻也。陷阱，坑坎也。皆所以揜取禽獸者也。格庵趙氏曰：此譬禍機所伏。擇乎中庸，辨别彼列反。衆理以求所謂中庸，即上章「好去聲。問」、「用中」之事也。期月，匝作答反。一月也。新安陳氏曰：匝，周也期年，是周一年；期月，是周一月。言知禍而不知辟，以况能擇而不能守，皆不得爲知也。仁壽李氏曰：中不可不擇，又不可不守。擇而不守，終非己物。能擇能守，然後可以言「知」。夫子嘗因「仁」以言「知」矣，曰：「擇不處仁，焉得知？」擇而不處，謂之知不可也。孟子嘗因仁義以言知矣，曰：「知之實，知斯二者弗去是也。」知而去之，謂之知不可也。夫子之所謂「處」、孟子之所謂「弗去」、《中庸》之所謂「守」，其義一也。○雙峯饒氏曰：知屬貞，貞者正而固。「正」、「固」二字，方訓得「貞」字。知得雖是正了，仍舊要固守。所以説「貞者事之幹」。又曰：分而言之，則擇固謂之知；然能擇而不能守，亦不得謂之知。此章雖引起下章仁能守之説，然仍舊重在「知」字。○新安陳氏曰：此章如《詩》之有興，借上一事譬喻，以引起下一事也。

右第七章。承上章大知而言，又舉不明之端以起下章也。雲峯胡氏曰：此章兩「人」字，蓋借知禍而不知辟之人，以况能擇而不能守之人也。上章言舜聖人，下章言回賢人，此章兩「人」

字，衆人也。上章舜能擇爲知，起下章回能守爲仁，此章結上章之所謂「知」，起下章之所謂「仁」。

子曰：「回之爲人也，擇乎中庸，得一善則拳拳服膺而弗失之矣。」

回，孔子弟子顏淵名。拳拳，奉持之貌。服，猶「著」陟略切。**也。膺，胸也。奉持而著之心胸之間，言能守也。顏子蓋真知之，故能擇能守如此。此行之所以無過不及，而道之所以明也。**程子曰：大凡於道，擇之則在乎知，守之則在乎仁，斷之則在乎勇。○朱子曰：「舜大知」章，是行底意多；「回擇中」章，是知底意多。用其中者，舜也；擇乎中庸，得一善拳拳服膺而不失者，顏子也。夫顏子之學所以求爲舜者，亦在乎精擇而敬守之耳。蓋擇之不精，則中不可得；守不以敬，則雖欲其一日而有諸己且將不能，尚何用之可致哉？○雙峯饒氏曰：每得一善，則「著之心胸之間」而不失，不是只守一善，亦不是著意去守這一善。○黃氏曰：道之不明，起於賢者之過，不肖者之不及。故必賢如顏子，而後可以望斯道之明。○雲峯胡氏曰：舜達而在上，擇乎中庸而用之民，聖人之道所以行也；顏淵窮而在下，擇乎中庸而不失於己，聖人之學所以傳也。子思以回繼舜之後，其意深矣。

右第八章。新安陳氏曰：此章言仁之事。擇中庸，知之意；弗失，勇之意也。

子曰：「天下國家可均也，爵祿可辭也，白刃可蹈也，中庸不可能也！」

均，平治也。三者亦知仁勇之事，天下之至難也。陳氏曰：可均似知，可辭似仁，可蹈似勇。**然皆倚於一偏，故資之近而力能勉者，皆足以能之。至於中庸雖若易**去聲。下同。**能，**「天下之至難也」以下，元本云：「然不必其合於中庸，則質之近似者皆能以力爲之；若中庸，則雖不必皆如三者之難。」**然非義精仁熟而無一毫人欲之私者，不能及也。三者難而易，中庸易而難，此民之所以鮮**上聲。**能也。**朱子曰：中庸便是三者之間，非是別有一箇道理。只於三者做得恰好處，便是中庸。○三者亦就知仁勇上說來。蓋賢者過之之事，只是就其所長處著力做去，而不擇乎中庸耳。○三者也是知仁勇之事，只是不合中庸；若合中庸，便盡得知仁勇。○問：「中庸如何『不可能』？」曰：只是說中庸之難行，急些子便過，慢些子便不及，所以難也。○北溪陳氏曰：三者似知仁勇，然亦不必泥說「知」、「仁」、「勇」。大意只謂國家至大，難治也，而資稟明敏者能均之；爵禄人所好，難却也，而資稟廉潔者能辭之；白刃人所畏，難犯也，而資稟勇敢者能蹈之。是三者雖難，而皆可以力爲。至於中庸乃天命人心之當然，不可以資稟勉强力爲之，須是學問篤至，到那義精仁熟，真有以自勝其人欲之私，方能盡得。此所以若易而實難也。○雲峯胡氏曰：即《論語》中如「管仲一匡天下」，是「天下國家可均也」；如晨門荷蓧之徒，是「爵禄可辭也」；如召忽死子糾之難，是白刃可蹈也。然夫子則以爲民鮮能於中庸久矣，蓋深嘆夫中庸之「不可能也」。饒氏謂《章句》言「義精仁熟」，似欠「勇」字意。竊謂擇之審者，「義精」也；行之至者，「仁熟」也。不賴勇而裕如者也。學者於義必精之，於仁必熟之，便是知仁中之勇。故《章句》於此釋中庸之「不可能」，曰「非義精仁熟，無一毫人欲之私者不能及」。於下章言勇處則曰「此則所謂『中庸』之『不可能』者，非有以自勝其人欲之私者不能擇而守之」。反復細玩，朱子之意可見矣。

右第九章。亦承上章以起下章。

子路問强。

子路，孔子弟子仲由也。子路好去聲。勇，故問强。

子曰：「南方之强與，北方之强與，抑而强與？與，平聲。

抑，語辭。而，汝也。新安王氏曰：夫子嘗患不得中行而與之。師堂堂，曾晳嘐嘐，子路行行，皆不合乎中庸。夫子於門人一言一藥。如子路者，嘗以好勇過我儆之，以兼人抑之，以不得其死戒之，以死而無悔責之。然其習氣融釋不盡，以强爲問，則「行行」之勇猶在也。夫子是以設三端問之。○新安陳氏曰：汝之强，謂學者之强也。下文四「强哉矯」，照應結束此句。

「寬柔以教，不報無道，南方之强也。君子居之。

寬柔以教，謂含容巽順以誨人之不及也；不報無道，謂横去聲。逆之來，直受之而不報也。南方風氣柔弱，故以含忍之力勝人爲强。君子之道也。朱子曰：此雖未是理義之强，然近理也。人能「寬柔以教，不報無道」，亦是箇好人，故爲「君子」之事。○三山陳氏曰：既曰「寬柔」，何「强」之云？蓋守其氣質而不變，是亦强也。○雲峯胡氏曰：此「君子」是泛説，下文「君子和而不流」，是説成德之君子。如《論語》首章「不亦君子乎」，是説成德；後章「君子不重則不威」，是泛説也。

「衽金革，死而不厭，北方之强也。而强者居之。

衽，而審反。席也。金，戈兵之屬；革，甲冑直又反。之屬。衽金革如云枕戈。○三山陳氏曰：

卧席曰衽。○倪氏曰：衽，衣衽也。金，鐵也。革，皮也。聯鐵爲鎧甲，被之於身如衣衿然，故曰「衽」。**北方風氣剛勁，故以果敢之力勝人爲强。强者之事也。**雙峯饒氏曰：陽剛陰柔，理之常也。而南方風氣反柔弱，北方風氣反剛勁，何也？蓋陽體剛而用柔，陰體柔而用剛。如坤至柔而動也剛，便見得陰體柔而用剛矣。才説風便是用了。陽主發生，故其用柔；陰主肅殺，故其用剛也。問：「一味含忍，何以爲强？」曰：固是含忍，然却以此勝人，所謂「柔能勝剛」也。此亦未是中道。若是中道，則無道當報亦只著報，所謂「以直報怨」是也。○雲峯胡氏曰：南北之强，固皆非中。然以含忍勝人，猶不失爲君子之道，以果敢勝人，不過爲强者之事。「道」與「事」二字，下得有輕重。然南方豈無果敢者，北方豈無含忍者？亦不過舉其風氣之大概而言耳。要之，氣質之用小，學問之功大。南北之强，氣質之偏也。下文四者之强，學問之正，所以變化其氣質者也。

「故君子和而不流，强哉矯；中立而不倚，强哉矯。國有道不變塞焉，强哉矯；國無道至死不變，强哉矯！」

此四者汝之所當强也。新安陳氏曰：此乃君子之事，中庸之道，是汝之所當强。應「抑而强與」一句。**矯，**舉小反。**强貌。《詩》曰「矯矯虎臣」是也。**《詩·泮水》篇云：「明明魯侯，克明其德。既作泮宫，淮夷攸服。矯矯虎臣，在泮獻馘。」傳云：「矯矯，武貌。」○朱子曰：「强哉矯」，贊歎之辭。**倚，偏著**直略反。**也。塞，**悉則反。**未達也。國有道不變未達之所守，國無道不變平生之所守也，此則所謂「中庸」之「不可能」者。非有以自勝其人欲之私，不能擇而守也。君子之强，孰大**

於是？ 陳氏曰：此「君子」指成德之君子，與前泛言「君子居之」者不同。**夫子以是告子路者，所以抑其氣血之剛，而進之以德義之勇也。** 朱子曰：和便易流。若是中便自不倚，何必又説「不倚」？蓋柔弱底中立，則必欹倒。若能「中立而不倚」，方見硬健。問：「和而不流，中立而不倚，夷惠正是如此。」曰：是。問：「惠和而不流甚分明，夷如何是中立不倚處？」曰：如文王善養老他便來歸，及武王伐紂他又自不從而去，只此便是他中立不倚處。○人多有所倚靠，如倚於勇、倚於智者皆是。中道而立，初縱無倚，把捉不住，久處畢竟又靠取一偏。此所以要硬在中立而無所倚也。○問：「此四者勇之事，必如此乃能擇中庸而守之乎？」曰：此乃能「擇」後工夫。大智之人無俟乎守，只是安行；賢者能擇能守，無俟乎强勇；至此樣資質人，則能擇能守後，須用如此自勝，方能徹頭徹尾不失。○陳氏曰：和則易至於流。和光同塵，易太軟而流蕩。和而不流，方謂之强。中立在無所依倚。弱則易至倒東墜西。惟剛勁底人，則能獨立於中而無所倚也。國有道達而在上，則不變未達時所守，是「富貴不能淫」；國無道窮而在下，守死而不變平生所守，是「貧賤不能移、威武不能屈」。○雙峯饒氏曰：四者亦有次第，一件難似一件。中立不倚，難於和而不流；國有道不變塞，又難於上二者；國無道至死不變，即所謂「遯世不見知而不悔」，唯聖者能之，此是最難處。南北方之强，皆是氣之偏處，是要勝人；下面君子之强，是能自勝其氣質之偏。○雲峯胡氏曰：「流」字、「倚」字、「變」字，皆與「强」字相反。「不流」、「不倚」、「不變」，三「不」字有骨力，是之謂自强。南北以勝人爲强，其强也囿於風氣之中；君子以自勝爲强，其强也純乎義理，而出乎風氣之外。此變化氣質之功所以爲大也。

右第十章。此章言勇之事。

子曰：「素隱行怪，後世有述焉。吾弗爲之矣。

素，按《漢書》當作「索」。山客反。蓋字之誤也。《前漢·藝文志》：「孔子索隱行怪，後世有述焉，吾不爲之矣。」顔師古曰：「索隱，求索隱暗之事。」索隱行怪，言深求隱僻之理，而過爲詭古委切。異之行去聲。也。朱子曰：深求隱僻，如戰國鄒衍推五德之事，後漢讖緯之書，便是。○三山陳氏曰：詭異之行，如荀子所謂「苟難」者，於陵仲子、申屠狄、尾生之徒，是也。○格庵趙氏曰：深求隱僻之理，是求知乎人之所不能知；過爲詭異之行，是求行乎人之所不能行。然以其足以欺世而盗名，故後世或有稱述之者。此知之過而不擇乎善，行之過而不用其中，不當强而强者也。聖人豈爲之哉？朱子曰：索隱，是知者過之；行怪，是賢者過之。

「君子遵道而行，半塗而廢。吾弗能已矣。

遵道而行，則能擇乎善矣；半塗而廢，則力之不足也。此其知雖足以及之，而行有不逮，當强而不强者也。雙峯饒氏曰：此智足以擇乎中庸，而仁不足以守之。蓋君子而未仁者也。冉求自謂説夫子之道而力有不足，正夫子之所謂畫者。○雲峯胡氏曰：此「君子」亦是泛説。下文「君子依乎中庸」，方是説成德。已，止也。聖人於此非勉焉而不敢廢，蓋「至誠無息」，自有所不能止也。問：「半塗而廢，可謂知及之而仁不能守。」朱子曰：只爲他知處不親切，故守得不曾安穩，所以半塗而廢。若大智之人，一下知了，千了萬當。所謂「吾弗能已」者，只是見到了自住不得耳。

「君子依乎中庸，遯世不見知而不悔。唯聖者能之。」

不爲索隱行怪，則依乎中庸而已；不能半塗而廢，是以遯世不見知而不悔也。程子曰：「素隱行怪」，❶是過者也；「半塗而廢」，是不及者也；「不見知不悔」，是中者也。○朱子曰：此兩句結上文意。依乎中庸，便是「吾弗爲」之意；遯世不見知而不悔，便是「吾弗能已」之意。○陳氏曰：不見知而或悔，則將半塗而廢矣。**此中庸之成德，知**去聲。**之盡、仁之至，不賴勇而裕如者，正吾夫子之事而猶不自居也。故曰唯**與「惟」通。後倣此。**聖者能之而已。**雙峯饒氏曰：既曰「君子依乎中庸」，又曰「唯聖者能之」，何也？蓋言君子之依乎中庸，未見其爲難；遯世不見知而不悔，方是難處，故曰「唯聖者能之」。聖人德盛禮恭，雖處既聖之地，未嘗有自聖之心也。○蔡氏曰：此再辨知仁勇而總結之。索隱之知，非君子之知；行怪之行，非君子之仁；半塗而廢，非君子之勇。君子之知仁勇，則「依乎中庸，遯世不見知而不悔」者，是也。○雲峯胡氏曰：第五章爲知仁勇開端，❷則言知者賢者之過，愚者不肖者之不及；此章結之，則言聖者之中庸，首尾相應如此。兼之前此說「鮮能」、「不能」、「不可能」，此則結之曰「唯聖者能之」，又以見中庸非終不可能也。夫子不爲於彼，便自弗能已於此。即此弗能已處，

❶「素」，據正文當作「索」。
❷「五」，四庫本作「四」。

便見非夫子不能。○新安陳氏曰：依乎中庸，知仁兼盡；不見知而不悔，不待勇而自裕如也。

右第十一章。　子思所引夫子之言，以明首章之義者止此。蓋此篇大旨，以知、去聲。下同。**仁、勇三達德爲入道之門，故於篇首即以大舜、顔淵、子路之事明之。舜，知也；顔淵，仁也；子路，勇也。三者廢其一，則無以造**七到反。**道而成德矣。餘見**形甸反。**第二十章。**三山潘氏曰：中庸之道，至精至微，非知者不足以知之；至公至正，非仁者不足以體之；其爲道也，非須臾可離，非一蹴可到，故惟勇者然後有以自强而不息焉。大抵知仁勇三者，皆此性之德也。中庸之道，即「率性」之謂者也。非有是德，則無以體是道。○雲峯胡氏曰：自第二章至此，大要欲人由知仁勇以合乎中。知則能知此中，仁則能體此中，勇則能勉而進於此中。然夫子於舜之知，讚之也；於回之仁，許之也；於由之勇，抑而進之也。○雙峯饒氏曰：以上十章論道以中庸爲主，而氣質有過不及之偏，當爲第二大節。

君子之道費而隱。費，符味反。

費，用之廣也；雲峯胡氏曰：「費」字，當讀作「費用」之「費」，芳味切。《説文》：「散財用也。」**隱，體之微也。**朱子曰：道者，兼體用，該費隱而言也。費是道之用，隱是道之所以然而不見處。○或説形而下者爲費，形而上者爲隱。曰：形而下者甚廣，其形而上者實行乎其間，而無物不具，無處不有，故曰「費」。就其中形而上者，有非視聽所及，故曰「隱」。○陳氏曰：此章就費隱上説，申明首章「道不可離」之意。○雙峯饒氏曰：首章由體以推用，故先中而後和；此章由用以推體，故先費而後隱。蓋中間十章極論君子中庸之事，皆道之用故也。○新安陳氏曰：斯道廣大之用昭著於可見，而其體藏於用之中者，則隱微而不可見。

夫婦之愚，可以與知焉。及其至也，雖聖人亦有所不知焉。夫婦之不肖，可以能行焉。及其至也，雖聖人亦有所不能焉。天地之大也，人猶有所憾。故君子語大，天下莫能載焉；語小，天下莫能破焉。與，去聲。

君子之道，近自夫婦居室之間，遠而至於聖人天地之所不能盡，其大無外，其小無内，可謂費矣。然其理之所以然，則隱而莫之見也。朱子曰：莫能載，是無外；莫能破，是無内。如物有至小而可破作兩者，是中着得一物在；若曰無内，則是至小更不容破了。○勿軒熊氏曰：此章有「大」、「小」、「費」、「隱」四字。大處有費隱，小處亦有費隱。○新安陳氏曰：全段皆是説費，在不言之表而不可見者爲隱。**蓋可知可能者，道中之一事；及其至而聖人不知不能，則舉全體而言，聖人固有所不能盡也。**朱子曰：人多以至爲道之精妙處。若是精妙處有所不知不能，便與庸人無異，何足爲聖人？這至只是道之盡處。不知不能，是没緊要底事。他大本大根處元無欠缺。只是古今事變、禮樂制度，便也須學。○夫婦之與知能行，是萬分中有一分；聖人不知不能，是萬分中欠一分。○陳氏曰：可知可能道中之一事，是就日用間一事上論，如事親事長之類。○東陽許氏曰：聖人不能知行，非就一事上説，是就萬事上説。如孔子不如農圃，及百工技藝細瑣之事，聖人豈盡知盡能？若君子之所當務者，則聖人必知得徹，行得極。**侯氏曰：「聖人所不知，如孔子問禮問官之類；**《家語·觀周篇》：孔子謂南宮敬叔曰：「吾聞老聃博古知今，則吾師也。今將往矣。」敬叔與俱至周，問禮於老聃。○《左傳》：昭公十七年秋，郯子來朝，公與之宴。昭公問焉曰：「少昊氏鳥名官何故也？」郯子曰：「吾祖也，我知之。昔者黄帝氏以雲紀，故爲雲師而雲名；炎帝氏以火紀，故爲火師而火名；共工氏以水紀，故爲水師而水名；太皞氏以龍紀，故爲龍師而龍名。我高祖少昊摯之立也，鳳鳥適至，故紀於鳥，爲鳥師而鳥名。自顓頊以來，不能紀遠乃紀於近，爲民師而命以民事，則不能故也。」仲尼聞之，見於郯子而學之。既而告人曰：「吾聞之，『天子失官，學在四夷』，尤信。」**所不能，如孔子不得位、堯舜病博施**去聲。**之類。**」問：「以孔子不得位爲聖人所不能，禄、位、壽乃在天者，聖人如何能必得？」朱子曰：《中庸》明説「大德必得其位」，孔子有大德而不得其位，如何不是不能？　**憾謂人所憾**胡暗反。**於天地，如覆**敷救反，蓋也。後凡當釋爲覆蓋之義者並同。　**載生成之偏，及寒暑災祥之不得其正者。**朱子曰：道無所不在，無窮無盡，聖人亦做不盡，天地亦做不盡，此是此章緊要意思。○雙峯饒氏曰：此章就夫婦所知所能而推之以至於天地之大，先語小而後語大也；「大哉聖人之道」章從「發育萬物，峻極于天」而斂歸「禮儀三百，威儀三千」，先語大而後語小也。○新安陳氏曰：天覆而生物，地載而成物。以天地之無私，而生成之物或有偏而不均者。當寒而寒，當暑而暑，作善降祥，作不善降災，正也；乃有當寒而不寒，當暑而不暑，善而不祥，不善而不災者，是不得其正也，是皆人所不能無憾於天地者。

《詩》云：「鳶飛戾天，魚躍于淵。」言其上下察也。鳶，余專反。

《詩》，《大雅·旱麓》音鹿。**之篇。鳶，鴟**處脂反。**類。戾，至也。察，著也。**雙峯饒氏曰：察是自然昭著，便是誠之不可揜。**子思引此詩，以明化育流行，上下昭著，莫非此理之用，所謂「費」也；然其所以然者，則非見聞所及，所謂「隱」也。**問：「『鳶飛魚躍』，必氣使之然。」朱子曰：所以飛、所以躍者，理也。氣便載得許多理出來。若不就鳶飛魚躍上看，如何見得此理？問：「程子云『若説鳶上面更有天在，説魚下面更有地在』，是如何？」先生默然微誦曰：「天有四時，春秋冬夏，風雨霜露，無非教也；地載神氣，神氣風霆，風霆流形，庶物露生，無非教也。」便覺有竦動人處。○鳶飛可見，魚躍亦可見。而所以飛所以躍，果何物也？○鳶飛魚躍，費也。必有一箇什麼物事使得它如此，此便是隱。○問：「許多都説費處，却不説隱處，所謂隱者只在費中否？」曰：惟是不説，乃所以見得隱在其中。舊來多將聖人不知不能處做隱説，覺得下面都説不去。且如鳶飛天、魚躍淵，亦何嘗隱來？○鳶飛魚躍，無非道體之所在，猶言「動容周旋，無非至理；出入語默，無非妙道」。言其上下察也，此一句只是解上面。察者著也，言其昭著偏滿於天地之間，非「察察」之察。《詩》中之意本不爲此，《中庸》借此兩句形容道體。○「事地察」、「天地明察」，與此「上下察」、「察乎天地」，皆明著之意。○三山陳氏曰：有一物，必有一理。有已然者，必有所以然者。鳶則天而不能淵，魚則淵而不能天，此其用也，已然者也。是必有所以然者以爲之體。然體之隱，初不離於用之顯也。○温陵陳氏曰：中庸之道，只在日用之間而不可他求；雖曰日用之間，而有至微至隱者存焉。亦猶鳶魚之飛躍皆在目前，初不離性分之内。○潛室陳氏曰：凡説道之費處，其體之隱則在其中矣，故不言「隱」。非於費之外別有所謂隱也。使有隱可見，有隱可言，則非「體用一源，顯微無間」矣。○雙峯饒氏曰：此兩句引得妙。若以人來證也證不得，若引植物來證也證不得。蓋人有知識，植物又不動，須以動物證之。且如鳶魚何嘗有知識？但飛則必戾天，躍則必于淵，自然如此，又不是人教他，要必有使之然者。須於此默而識之。○問：「子思如何獨舉鳶魚而言？」蛟峯方氏曰：只且提起一二以示人。天下萬物皆如此，何獨鳶魚？○雲峯胡氏曰：《中庸》言「道」字，皆自率性之道說來。費，用之廣也，是說率性之道；隱，體之微也，是說天命之性。纔說費，隱即在其中；纔說率性之道，天命之性即在其中，非有二也。故近自夫婦居室之間，遠而至於聖人天地之所不能盡，而道無不在，即朱子所謂「天下無性外之物，而性無不在」者也。饒氏謂無性外之物，是「萬物統體一太極」；性無不在，是「一物各具一太極」是也。性無不在，費也；而性之所以爲性，則隱也。如鳶率鳶之性必飛，魚率魚之性必躍，於此見物物有自然之天，物物有天命之性。首章言天命之性、率性之道。自第二章以至第十章，無非率性之道，亦無非因其天命之性也。天地間無非是此性之著見處。造端乎夫婦，則是盡性之始事。朱子曰：「幽闇之中、衽席之上，或褻而慢之，則天命有所不行。」非知性命之理者，不足與語此。○新安陳氏曰：鳶飛魚躍，天機自動。鳶飛天，見此理之著於上；魚躍淵，見此理之著於下。詩人此二句，興體也，本以興君子之作成人才也。子思引之，借以言此理之昭著，非興也，亦非比喻也。理無形體，於有形體之物上見得無形體之理。偶引《詩》以鳶、魚二物指言之耳。捨鳶魚而言固不可，泥鳶魚而言亦不可。充滿天地，無一物不可見此理之昭著。如程子於「子在川上」章論道體，言「日往月來，寒往暑來，水流物生，皆道體之顯然者」是也。此「察」字實對首句「隱」字。體之隱者於此物上昭著出來，則隱而不可見者於此著察而可見矣。然其所以然之妙，則終非見聞所及。雖察也，而實隱也。故

程子曰：「此一節子思喫緊居忍反。**爲**去聲。**人處活潑潑**普活反。**地。讀者其致思焉。」**朱子曰：喫緊爲人處，是要人就此瞥地便見箇天理全體。活，只是不滯於一隅。○潛室陳氏曰：大要不欲人去昏默窈冥中求。道理處處平平，會得時多少分明快活！○問：「如何是喫緊爲人處？」雙峯饒氏曰：以道體示人也。觀鳶魚而知道之費而隱，猶觀川流而知道體之不息。○雲峯胡氏曰：道體每於動處見本自活潑潑地。聖賢教人，每欲人於動處用功，亦是活潑潑地。鳶飛魚躍，道之自然，本無一毫私意。勿忘勿助，學者體道之自然，亦着不得一毫私意。○新安陳氏曰：《章句》引程子説，蓋前面已説得文義分曉了。恐人只容易讀過，故引此語使讀者更加涵泳。又恐枝葉太繁，則本根漸遠，故引而不發，使學者於此致思焉。

君子之道，造端乎夫婦。及其至也，察乎天地。

結上文。朱子曰：君臣父子，人倫日用間無所不該。特舉夫婦而言，以見其尤切近處。○夫婦，人倫之至親至密者也。人之所爲，蓋有不可以告其父兄，而悉以告其妻者。人事之至近，而道行乎其間，非知幾謹獨之君子其孰能體之？○新安陳氏曰：總結上文，謂君子之道始乎夫婦居室之間。及其極至，則昭著乎天高地下之大。造端夫婦，結「夫婦與知、能行」及「語小莫能破」數句；察乎天地，結「聖人不能知、行」及「語大莫能載」，包到「鳶魚」「上下察」處，該括盡矣。人苟知道造端乎夫婦，則見道之不可離，而男女居室之間有不敢忽者矣。

右第十二章。子思之言，蓋以申明首章「道不可離」之意也。其下八章雜引孔子

之言以明之。雙峯饒氏曰：始言中和，以見此道管攝於吾心；次言中庸，以見此道著見於事物；此言費隱，以見此道充塞乎天地。知道之管攝於吾心，則存養省察之功不可以不盡，故以戒懼謹獨言之；知道之著見於事物，則致知力行之功，不可以不加，故以知仁勇言之；知道之充塞乎天地，則致知力行之功不可以不周，故自違道不遠以極於達孝。又曰：費隱，是申「道不可離」之意。然道不可須臾離，是無時不然；君子之道費而隱，是無物不有。無時不然，故德欲其久；無物不有，故業欲其廣。德欲其久，故敬以直内之功，由動而静，由静而動，不可有須臾間斷。戒謹不睹，恐懼不聞而慎獨是也。業欲其廣，故義以方外之功，自近而遠，若小若大，不可毫髮放過，造端夫婦，至達乎諸侯大夫及士庶人是也。○此章論道之費隱小大，以爲下七章之綱領。

子曰：「道不遠人。人之爲道而遠人，不可以爲道。

道者，率性而已，固衆人之所能知、能行者也，故常不遠於人。若爲道者厭其卑近以爲不足爲，而反務爲高遠難行之事，則非所以爲道矣。朱子曰：此三句是一章之綱，下面三節只是解此三句，然緊要處又在「道不遠人」一句。「人之爲道」之爲如「爲仁由己」之爲；「不可以爲道」如「克己復禮爲仁」之爲。○黄氏曰：「率性之謂道」，道何嘗遠人？此「人」字兼人己而言。自己觀之，便具此道；自人觀之，人亦具此道也。又曰：此指爲道之人己身而言。己之身便具此道，又豈可遠此身以爲道？○陳氏曰：此道常昭著於日用人事之間，初無高遠難行之事。若欲離人事而求之高遠，便非所以爲道。如老、莊言道在太極先之類，無非高遠。此三句語脉猶「道不可離，可離非道」之謂。○雙峯饒氏曰：「道不遠人」以道言也，「人之爲道而遠人，不可以爲道」以學道者言也。「遠人」之人是指衆人，「人之爲道」之人是指爲道之人。〇雲峯胡氏曰：上章言性無不在，其廣大也如此；此章言率性只在人倫日用之間，其篤實也又如此。〇東陽許氏曰：「人之爲道而遠人」，此「爲」字重，猶言「行道」；「不可以爲道」，此「爲」字輕，猶言謂之道。

「《詩》云：『伐柯伐柯，其則不遠。』執柯以伐柯，睨而視之猶以爲遠。故君子以人治人，改而止。睨，研計反。

《詩》，《豳悲巾反。風·伐柯》音哥。之篇。柯，斧柄；則，法也。睨，邪視也。言人執柯伐木以爲柯者，彼柯長短之法在此柯耳。然猶有彼此之別，彼列反。下同。故伐者視之猶以爲遠也。若「以人治人」，則所以爲人之道各在當去聲。人之身，初無彼此之別。故君子之治人也，即以其人之道還治其人之身，其人能改，即止不治。蓋責之以其所能知能行，非欲其遠人以爲道也。張子所謂「以衆人望人則易去聲。從」是也。程子曰：「執柯伐柯，其則不遠」，人猶以爲遠。君子之道本諸身，發諸心，豈遠乎哉？道初不遠於人之身。人之爲道而不近求之於其身，尚何所爲道？故有伐柯睨視之譬。知道之不遠人，則人與己本均有也，故「以人治人」。〇朱子曰：緊要處全在「道不遠人」一句。言人人本自有許多道理，只是不曾依得這道理，却做從不是道理處去。如人之孝，他本有此孝，他却不曾行得這孝，却亂行從不孝處去。君子治之，非是別討箇孝去治他，只是與他説你這箇不是，你本有此孝，却如何錯行從不孝處去。其人能改，即是孝矣。不是將別人底道理治他，我但因其自有者還以治之而已。及我自治其身，亦不是將他人底道理來治我，亦只是將我自有底道理自治我之身而已。所以説：「執柯伐柯，其則不遠。」執柯以伐柯，不用更别去討法則，只那手中所執者便是則。然執柯以伐柯，睨而視之猶以爲遠。若此箇道理人人具有，纔要做底便是，初無彼此之别。故《中庸》一書初間便説「天命之謂性，率性之謂道」，只是説人人各具此箇道理，無有不足故耳。從上頭説下來，只是此意。○「君子以人治人，改而止」，如水本東流，失其道而西流，從西邊遮障得歸來東邊便了。○陳氏曰：「能改即止」，不以高遠難行底責他，只把他能知能行底去治他。○蒙齋袁氏曰：不曰「我治人」而曰「以人治人」，我亦人耳。道不離吾身，亦不離各人之身。吾有此則，人亦有此則。以則取則，天則自然。非彼柯假此柯之比也。人有過焉，能改則止。若責人已甚，違天則矣。故曰：「忠恕，違道不遠。」○潛室陳氏曰：衆人，即「天生烝民」、「凡厥庶民」之謂。只將他共有底道理治他，乃天理人倫之類。若以蠢蠢昏昏者爲衆人，非張子意。○雲峯胡氏曰：衆人同此性，即同此當然之則。以衆人望人，不敢遽以聖人責人也。《章句》分三節，皆提起「不遠人」、「以爲道」一句。第一節言以人治人，皆欲其不遠人以爲道；第二節言己之施於人者，不遠人以爲道；第三節言雖聖人所以責之己者，亦不遠人以爲道也。○東陽許氏曰：柯有彼此之異，尚猶是遠；道在人身而不可離，又非柯之比。故教者只消就衆人自身所有之道而治之耳。行道者不假外求，治人者無可外加。

「忠恕違道不遠。施諸己而不願，亦勿施於人。

盡己之心爲忠，推己及人爲恕。違，去也，如《春秋傳》去聲。**「齊師違穀七里」之違，言自**

此至彼相去不遠，非背音佩。**而去之之謂也。**《左傳》哀公二十七年，晉荀瑤帥師伐鄭，次于桐丘。鄭駟弘請於齊，乃救鄭。及留舒，齊地。違穀七里，穀人不知。及濮，水名。智伯聞之，乃還，曰：「我卜伐鄭，不卜伐齊。」智伯，智襄子也，即荀瑤。**道，即其不遠人者是也。**此章以「道不遠人」爲綱領，故《章句》節節提掇。**施諸己而不願，亦勿施於人，忠恕之事也。**朱子曰：忠者盡己之心無少僞妄，只是盡自家之心不要有一毫不盡。須是十分盡得，方始是盡。若七分盡得，三分未盡，也是不忠。恕者推己及物各得所欲，知得我是要恁地，想人亦要恁地，而今不可不教他恁地。三反五折，便是推己及物。○問：「此只是恕，如何作忠恕説？」曰：忠恕兩箇離不得。方忠時未見得恕，及至恕時，忠行乎其間。「施諸己而不願，亦勿施於人」，非忠者不能也。○北溪陳氏曰：忠是就心説，是盡己之心無不真實者；恕是就待人接物處説，只是推己心之真實者以及人物而已。○東陽許氏曰：行道之方，惟在忠恕。自此行之則可至中庸之道，故曰「違道不遠」。「施諸己而不願，亦勿施於人」，推己之恕也。然非忠爲本，則亦無可推者矣。蓋忠以心之全體言，恕就每事上言。所接之事萬有不同，皆自此心而推。然應一事時盡己之心推之，則心之全體却又只在此。故恕非忠無以本，忠非恕不能行。二者相須，缺一不可。所以經以「施諸己」兩句總言「忠恕」，而《章句》亦曰：「施諸己而不願，亦勿施於人，忠恕之事也。」**以己之心度**徒洛反。**人之心，未嘗不同，則道之不遠於人者可見。故己之所不欲則勿以施於人，亦不遠人以爲道之事。**黄氏曰：此即己之身而得待人之道。待人之道不必遠求，不過推己以及人而已。**張子所謂「以愛己之心愛人則盡仁」是也。**問《論語》、《中庸》言忠恕不同。朱子曰：「盡己」、「推己」，此言

「違道不遠」是也，是學者事。忠恕工夫到底只如此，曾子取此以明聖人一貫之理耳。若聖人之忠恕，只説得「誠」字與「仁」字，「盡」字、「推」字用不得。若學者則須推。故程子曰：「以己及物，仁也；推己及物，恕也，違道不遠是也。」自是兩端説此只説「下學而上達」，是子思掠下教人處，《論語》則曰「一以貫之」。又曰：「勿」者，禁止之辭，豈非學者事？《論語》分明言「夫子之道」，豈非聖人事？○問：「到得忠恕已是道，如何云違道不遠？」曰：仁是道，忠恕正是學者下工夫處。「施諸己而不願，亦勿施於人」，子思之説，正是工夫。「夫子之道，忠恕而已矣」，却不是恁地。曾子只是借這箇説。「維天之命，於穆不已」，「乾道變化，各正性命」，便是天之忠恕；「純亦不已」，萬物各得其所，便是聖人之忠恕；「施諸己而不願，亦勿施於人」，便是學者之忠恕。○凡人責人處急，責己處緩。愛己則急，愛人則緩。若拽轉頭來，便自道理流行。○潛室陳氏曰：此因恕而言仁耳。恕是求仁之事，推愛己之心以愛人，恕者之事也；以愛己之心愛人，仁者之事也。「忠恕違道不遠」，轉一過即仁矣。故張子以仁言。○雙峯饒氏曰：道是天理，忠恕是人事。天理不遠於人事，故曰「道不遠人」；人事盡則可以至天理，故曰「忠恕違道不遠」。其理甚明。

「君子之道四，丘未能一焉。所求乎子，以事父未能也；所求乎臣，以事君未能也；所求乎弟，以事兄未能也；所求乎朋友，先施之未能也。庸德之行，庸言之謹，有所不足，不敢不勉，有餘不敢盡。言顧行，行顧言，君子胡不慥慥爾？」子、臣、弟、友四字絶句。

求，猶「責」也。道不遠人，凡己之所以責人者皆道之所當然也，故反之以自責而自脩焉。

黄氏曰：此即人之身而得治己之道。治己之道初不難見，觀其責人者而已。**庸，平常也。行者，踐其實；謹者，擇其可。德不足而勉，則行益力；言有餘而訒，**忍也，難也。**則謹益至。謹之至，則「言顧行」**去聲。「行顧」、「言行」之「行」同。**矣；行之力，則「行顧言」矣。慥慥，篤實貌。言君子之言行如此，豈不慥慥乎？贊美之也。凡此皆不遠人以爲道之事。**三山陳氏曰：人之言常有餘，行常不足。言顧行則言之有餘者將自損，行顧言則行之不足者將自勉。此章語若雜出，而意脉貫通，反復於人己之間者詳盡明切而有序，其歸不過致謹於言行以盡其實耳。**張子所謂「以責人之心責己則盡道」是也。**朱子曰：「未能一焉」固是謙辭，然亦可見聖人之心有未嘗滿處。「所求乎子，以事父未能也」，每常人責子必欲其孝於我，然不知我之所以事父者曾孝否乎？以我責子之心而反推己之所以事父，此便是則也。「所求乎臣，以事君未能也」，常人責臣必欲其忠於我，然不知我之所以事君者盡忠否乎？以我責臣之心而反之於我，則其則在此矣。又曰：事父未能，須要如舜之事父，方盡得子之道；事君未能，須要如周公之事君，方盡得臣之道。若有一毫不盡，便是道理有所欠缺，便非子與臣之道矣。無不是如此，只緣道理當然，自是住不得。○南軒張氏曰：此章大意謂道雖不遠人，而其至則聖人亦有所不能。而實亦不遠於人，故君子只於言行上篤實做工夫，此乃實下手處。○格庵趙氏曰：我之所望於人者，即我所當自盡之則。不是將他人道理來治我，蓋以得於天之所同然者而自治其身耳。○雙峯饒氏曰：「施諸己而不願」二句是恕之事。「君子道四」一節是忠之事，所以爲恕之本者也。忠爲恕之本，先論勿施於人而後反之以責其所以盡己者，語意尤有力。《大學》自「明明德於天下」而反推之至於誠意致知，《中庸》自獲上治民而反推之至於誠身明善，皆此意。○朱氏伸。曰：言「未能」者，欲先盡己也。能盡乎己，則恕可推矣。○雲峯胡氏曰：《論語》説忠恕是曾子借此二字形容聖人至妙處，此則是子思就此二字説歸聖道至實處。推愛己之心愛人，推己及物之恕也，而忠即行乎其間；以責人之心責己，發己自盡之忠也，而恕即不外乎此。君臣父子兄弟朋友之倫，人人性分之所固有者，而曰「丘未能一焉」，亦曰吾之反求諸己，未能如其所以責人者爾。學者之心常如聖人以爲未能，則必深體而力行之。惟恐庸言之不謹而言未能顧其行，惟恐庸德之未行而行未能顧其言，此皆盡己之心而恕之本也。饒氏謂夫子責己以勉人，前四語是責己，「庸德」以下是勉人。

右第十三章。「**道不遠人**」**者，夫婦所能；**「**丘未能一**」**者，聖人所不能：皆費也。而其所以然者，則至隱存焉。下章放**上聲，與「倣」同。**此。**雙峯饒氏曰：此章實承上章。上章説道如此費，恐人以闊遠求道，故此章説道不遠人。上章以費隱明道之體用，而此章以忠恕違道不遠繼之，以明學者入道之方，蓋即夫子告曾子以「一貫」，而曾子告門人以「忠恕」之意也。意子思得其傳於曾子，而於此發明之歟？○新安陳氏曰：「丘未能一」，固聖人謙辭，然實足以見聖人愈至而愈不自至之誠。如朱子所謂必如舜之事父、周公之事君方爲盡道，語其極，誠聖人所不敢自以爲能也。

君子素其位而行，不願乎其外。

素，猶「見形甸反。下同。**在」也。**如今人言「素來」之意。**言君子但因見在所居之位而爲其所當爲，無慕乎其外之心也。**此二句一章之綱，下文分應之。

素富貴，行乎富貴；素貧賤，行乎貧賤。素夷狄，行乎夷狄；素患難，行乎患難。君子無入而不自得焉。難，去聲。

此言素其位而行也。北溪陳氏曰：「素富貴，行乎富貴」，如舜之被袗衣鼓琴，若固有之是也。「素貧賤，行乎貧賤」，如舜之飯糗茹草，若將終身是也。「行乎夷狄」，如孔子欲居九夷，曰「何陋之有」是也。「行乎患難」，如孔子曰「天未喪斯文，匡人其如予何」是也。蓋君子無所往而不自得，惟爲吾之所當爲而已。○雙峯饒氏曰：四者之中，只有富貴是順境，三者皆逆境。問：「上言四事，下文『在上位』以下只暗說富貴貧賤，如何？」曰：人之處世，不富貴則貧賤，如夷狄、患難不常有之。素夷狄謂適然陷於夷狄，如蘇武、洪忠宣事。問：「『入』字是入四者之中否？」曰：「入」字闊。上四者特舉其概，隨其所在而樂存焉。○倪氏曰：順居一，逆居三，以見人少有不經憂患者。「君子居易俟命」，以能視順逆爲一也。

在上位不陵下，在下位不援上。正己而不求於人，則無怨。上不怨天，下不尤人。援，平聲。

此言「不願乎其外」也。陳氏曰：吾居上位則不陵忽乎下，吾居下位則不攀援於上，惟反自責於己，初無求取於人之心，自然無怨。蓋有責望於天而不副所望，則怨天；有求取於人而人不我應，則尤人。君子無責望於天之心，無求取於人之意，又何怨尤之有？此處見君子胸中多少灑落明瑩，真如光風霽月，無一點私累。

故君子居易以俟命，小人行險以徼幸。易，去聲。

易，平地也。易與險對。**居易，「素位而行」也；俟命，「不願乎外」也。**問：「『君子居易俟命』，與《大易》『樂天知命』似否？」潛室陳氏曰：居易俟命，學者事；樂天知命，聖人事。○格庵趙氏曰：君子胸中平易，所居而安，「素位而行」也；富貴貧賤惟聽天之所命，「不願乎外」也。**徼，**堅堯反。**求也。幸謂所不當得而得者。**朱子曰：言强生意智，取所不當得。○朱氏伸。曰：易者，中庸也；俟命者，待其分之所當得，故無怨尤。險者，反中庸也；徼幸者，求其理之所不當得，故多怨尤。

子曰：「射有似乎君子。失諸正鵠，反求諸其身。」正音征。鵠，工毒反。

畫胡卦反。**布曰正，棲皮曰鵠，皆侯之中、射之的也。**《詩》傳：「侯，張布而射之者也。正，設的於侯中而射之者也。大射則張皮侯而設鵠，賓射則張布侯而設正。」○雙峯饒氏曰：正乃是鴊字，小而飛最疾，最難射，所以取爲的。鵠取革置於中，正則畫於布以爲的。**子思引此孔子之言，以結上文之意。**陳氏曰：射有不中，只是自責，如君子行有不得，反求諸己。蓋以證上文正己而不求於人，是亦「不願乎其外」之意也。

右第十四章。子思之言也。凡章首無「子曰」字者，放此。雙峯饒氏曰：上章道不遠人是就身上説，此章素位而行是就位上説，比身放開一步。然位是此身所居之地，猶未甚遠。下章言行遠登高，卑近可以至於高遠，迤邐放開去。

君子之道，辟如行遠必自邇，辟如登高必自卑。

辟、譬同。新安陳氏曰：承上章言道無不在，而進道則有序；以君子之道提起，言凡君子之道皆當如此也。

《詩》曰：「妻子好合，如鼓瑟琴。兄弟既翕，和樂且耽。宜爾室家，樂爾妻帑。」好，去聲。耽，《詩》作「湛」，亦音耽。樂音洛。

《詩》，《小雅·常棣》之篇。鼓瑟琴，和也。翕，亦「合」也，耽，亦「樂」也。帑，與「孥」通。子孫也。

子曰：「父母其順矣乎！」

夫子誦此《詩》而贊之曰：人能和於妻子，宜於兄弟如此，則父母其安樂音洛。之矣。子思引《詩》及此語，以明「行遠自邇，登高自卑」之意。三山陳氏曰：「行遠自邇，登高自卑」，凡君子之道，其推行之序皆然。引《詩》以明之，特舉一事而言耳。○雙峯饒氏曰：「行遠自邇，登高自卑」說得闊，只引《詩》來形容却是切。惟「妻子好合，如鼓瑟琴」，故能「宜爾室家」；惟「兄弟既翕，和樂且耽」，故能「樂爾妻帑」。室家宜，妻帑樂，皆下面事；父母順，是上面事。欲上面順，須下面和始得。即「行遠自邇，登高自卑」之意。○新安陳氏曰：兄弟妻子之間，日用常行之事，道無不在，不可忽其爲卑近。雖高遠，實自於此。「堯舜之道，孝弟而已」，正此意也。子思引《詩》及夫子贊詩語，蓋偶指一事而言，非以自邇自卑之義爲止於此《詩》所云而已也。

右第十五章。雙峯饒氏曰：自「道不遠人」而下至此凡三章，皆近裏就實，學者所當用功。○東陽許氏曰：此章專言行道必自近始。未有目前日用細微處不合道，而於遠大之事能合道者也。君子之道，其理勢必當如此。故於「費隱」之後，十三章先言修己治人必恕以行之，而謹其庸德庸言，次十四章則言正己不求於外，此章則言自近及遠，是言凡行道皆當如是也。引《詩》本是比喻説，然於道中言治家，則次序又如此。

子曰：「鬼神之爲德，其盛矣乎？

程子曰：「鬼神，天地之功用，而造化之迹也。」朱子曰：功用只是論發見者，如寒來暑往，日往月來，春生夏長皆是。○風雨霜露、日月晝夜，此鬼神之迹也。○造化之妙不可得而見，於其氣之往來屈伸者足以見之。微鬼神則造化無迹矣。問：「何謂迹？」曰：鬼神是天地間造化，只是二氣屈伸往來。神是陽，鬼是陰，往者屈，來者伸，便有箇迹恁地。○北溪陳氏曰：造化之迹，以陰陽流行著見於天地間者言之。**張子曰：「鬼神者，二氣之良能也。」**朱子曰：「良能」是説往來屈伸，乃理之自然，非有安排措置。二氣則陰陽，良能是其靈處。○鬼神論來只是陰陽屈伸之氣，謂之陰陽亦可也。然必謂之「鬼神」者，以其良能功用而言也。○屈伸往來，是二氣自然能如此。一伸去便生許多物事，一屈來便無了一物，便是良能功用，便是陰陽往來。○雙峯饒氏曰：「造化之迹」指其屈伸者而言，「二氣良能」指其能屈能伸者而言。程子只説他屈伸之迹，不説他靈處，張子説得精。**愚謂以二氣言則鬼者陰之靈也，神者陽之靈也；**朱子曰：二氣謂陰陽對待各有所屬。如氣之呼吸者爲魂，魂即神也，而屬乎陽；耳目口鼻之類爲魄，魄即鬼也，而屬乎陰。○北溪陳氏曰：靈只是自然屈伸往來恁地活爾。**以一氣言則至而伸者爲神，反而歸者爲鬼，其實一物而已。**張子曰：物之初生，氣日至而滋息；物生既盈，氣日反而遊散。至之謂神，以其伸也；反之謂鬼，以其歸也。天地不窮，寒暑耳；衆動不窮，屈伸耳。鬼神之實，不越乎二端而已矣。○朱子曰：二氣之分，實一氣之運。以二氣言，陰之靈爲鬼，陽之靈爲神。以一氣言，則方伸之氣亦有伸有屈，其方伸者神之神，其既伸者神之鬼；既屈之氣亦有屈有伸，其既屈者鬼之鬼，其來格者鬼之神。○天地間如消底是鬼，息底是神；生底是神，死底是鬼。四時春夏爲神，秋冬爲鬼。人之語爲神，默爲鬼；動爲神，静爲鬼；呼爲神，吸爲鬼。○新安陳氏曰：二氣以陰陽之對待者言，一氣以陰陽之流行者言。**爲德，猶言性情功効。**朱子曰：性情乃鬼神之情狀。能使天下之人齊明盛服以承祭祀，便是功効。○視不見，聽不聞，是性情；體物而不可遺，是功効。○性情便是二氣之良能，功效便是天地之功用。人須是於良能功用上認取其德。鬼神之德，言鬼神實然之理。○蛟峯方氏曰：性情言其體，功効言其用。《易》曰「鬼神之情狀」，「情」即「性情」，「狀」即「功効」也。鬼神生長斂藏，是孰使之然？是他性情如此。若生而成春，長而成夏，斂而成秋，藏而成冬，便是鬼神之功効。

「視之而弗見，聽之而弗聞，體物而不可遺。

鬼神無形與聲，然物之終始莫非陰陽合散之所爲，新安陳氏曰：陰陽之合，爲物之始；陰陽之散，爲物之終。**是其爲物之體而物之所不能遺也。其言「體物」，猶《易》所謂「幹事」。**問「體物而不可遺」。朱子曰：只是這一箇氣，入毫釐絲忽裏去也是這陰陽，包羅天地也是這陰陽。有是理便有是氣，有是氣便有是理，無非實也。○天下豈有一物不以此爲體？天地之升降、日月之盈縮、萬物之消息變化，無一非鬼神之所爲者。是以鬼神雖無形聲而遍體乎萬物之中，物莫能遺也。○此三句指鬼神之德而言。視不見，聽不聞，無形聲臭味之可聞可見也；然却體物而不遺，則甚昭然而不可揜也。所謂「體物」者固非先有是物而後體之，亦非有體之者而後有是物。萬物之體即鬼神之德，猶云即氣而不可離也，可離則無物矣。所謂「不可遺」者，猶云無闕遺滲漏，蓋常自洋洋生活，不間乎晦明代謝也。物之聚散始終，無非二氣之往來伸屈，是鬼神之德爲物之體，而無物能遺之也。〇不見不聞，此正指隱處，如前後章只舉費以明隱。〇雙峯饒氏曰：前章詳於費而不及隱，引而不發之意也；此章推隱而達於費，以發前章未發之意也。然弗見弗聞已足以形容其隱矣，而復以體物而不可遺言者，明隱非空無之謂也。故下文言「微之顯」而復以「誠之不可揜」申之，明隱之所以不能不費者，正以其實理之不可揜故也。又曰：道是形而上者，鬼神是形而下者。此章即鬼神之費隱，以明道之費隱。言觀鬼神之體至隱而其用至費如此，則道之用所以至費者，豈非有至隱以爲之體乎？〇朱氏伸。曰：視弗見，聽弗聞，德之微也；體物不可遺，德之顯也。〇新安陳氏曰：鬼神爲物之體，故此曰「體物」；猶貞爲事之幹，故《乾卦·文言》曰「貞固足以幹事」。張子曰：「天體物而不遺，猶仁體事而無不在也。」味其語意，可互相發明。

「使天下之人齊明盛服以承祭祀，洋洋乎如在其上，如在其左右。齊，側皆反。

齊音齋。下「其齊」同。**之爲言「齊」也，所以齊不齊而致其齊也。**出《禮記·祭統》篇，謂齊其不齊之思慮以極致其齊也。**明，猶「潔」也。**明潔其心。〇陳氏曰：齊明是肅於内，盛服是肅於外，内外交致之功也。**洋洋，流動充滿之意。能使人畏敬奉承而發見**形甸反。下同。**昭著如此，乃其**

「體物而不可遺」之驗也。問：「『洋洋如在其上，如在其左右』，似亦是感格意思，❶是自然如此。」朱子曰：固是。然亦須自家有以感之始得。○雙峯饒氏曰：「使天下之人」，「使」字最好看，見得他靈處。○陳氏曰：「承祭祀」，如天子祭天地，諸侯祭社稷，大夫祭五祀，士祭其先之類。隨所當祭者誠敬以集自家精神，則彼之精神亦集，便「洋洋流動充滿」，如神在焉。○新安陳氏曰：此章自「體物而不可遺」以上所説鬼神，所包甚闊，凡天地造化、日月風雨、霜露雷霆、四時寒暑晝夜，潮水消長、草木生落，人生血氣盛衰，萬物生死，無非鬼神。自「使人齊明」以下，方是就無所不包之鬼神中提出所當祭祀之鬼神來説，見得鬼神隨祭而隨在，流動充滿，昭著發見，無所不在。所謂「體物而不可遺」者，豈不可驗之於此哉？○東陽許氏曰：「如在上，如在左右」，此是於祭祀時見體物不可遺處。所以《章句》言「乃其體物不可遺之驗」。○前以天地造化二氣一氣言，是言鬼神之全；後所謂「承祭祀」者，如天神地示人鬼及諸祀亦皆鬼神，却是從全體中指出祭祀者，使人因此識其大者。**孔子曰：「其氣發揚于上爲昭明，焄**音熏。**蒿，悽愴，**初亮反。**此百物之精也，神之著也。」**《禮記·祭義》篇，孔子答宰我問鬼神之語。**正謂此爾。**朱子曰：鬼神之露光景是昭明，其氣蒸上感觸人者是焄蒿，使人精神凜然竦然，如《漢書》所謂神君至，其風颯然之意，是悽愴。○問：「『鬼神』章首尾皆主二氣屈伸往來而言，而中間『洋洋如在其上』乃引『其氣發揚于上爲昭明、焄蒿、悽愴』，此乃人物之死氣，似與前後意不合，何也？」曰：死便是屈，感召

❶「亦」，原作「不」，今據《語類》卷六三改。

得來便是伸。祖宗氣只存在子孫身上，祭祀時只是這氣便自然又伸。自家極其誠敬，肅然如在其上是甚物？那得不是伸？此便是神之著也。

「《詩》曰：『神之格思，不可度思。矧可射思？』度，待洛反。射音亦。《詩》作「斁」。

《詩》，《大雅・抑》之篇。格，來也。矧，況也。射，厭也，言厭怠而不敬也。思，語辭。陳氏曰：言神明之來，視不見，聽不聞，皆不可得而測度，矧可厭斁而不敬乎？

「夫微之顯，誠之不可揜，如此夫！」夫，音扶。

誠者，真實無妄之謂。此「誠」字，指鬼神之實理而言。**陰陽合散無非實者，故其發見之不可揜如此。**延平李氏曰：《中庸》發明微顯之理於承祭祀時爲言者，只謂於此時鬼神之理昭然易見，令學者有入頭處爾。○朱子曰：鬼神只是氣之屈伸。其德則天命之實理，所謂「誠」也。○鬼神主乎氣，爲物之體；物主乎形，待氣而生。蓋鬼神是氣之精英。所謂「誠之不可掩」者，誠，實也，言鬼神是實有者也。屈是實屈，伸是實伸，合散無非實者，故其發見昭昭不可掩如此。○上下章恁地說，忽插一段「鬼神洋洋如在其上，如在其左右」在這裏，也是「鳶飛魚躍」意思，所以末梢只說「微之顯，誠之不可掩，如此夫」。○陳氏曰：此理雖隱微而甚顯，以陰陽之往來屈伸皆是真實而無妄，所以發見之不可揜如此。「《詩》云」三句，「視弗見，聽弗聞」意；「微之顯，誠之不可揜」，說「如在上，在左右」意。○雙峯饒氏曰：《中庸》「誠」之一字方見於此，蓋爲自此以後言誠張本也。後章「誠」字即此章「誠」字。但此章「誠」字是費之所以然處，以理言也；後章「誠」字是以貫衆費而有諸己處，以德言也。皆所謂隱也。○雲峯胡氏曰：「誠」者

《中庸》一書之樞紐，而首於此章見之。漢儒皆不識「誠」字。宋李邦直始謂「不欺之謂誠」，徐仲車謂「不息之謂誠」，至子程子始曰「無妄之謂誠」，子朱子又加以「真實」二字，誠之説盡矣。六經言「誠」自《商書》始。《書》但言鬼神享人之「誠」，而《中庸》直言鬼神之「誠」，其旨微矣。鬼神者，造化陰陽之氣；誠者，即造化陰陽之理也。實有是理則實有是氣，其體甚微，其用甚顯。視不見，聽不聞，微也，前之所謂隱也；體物而不可遺，顯也，前之所謂費也。前言「君子之道」，以人道言；此言「鬼神之德」，以天道言。人道其用也，故先言用之費，而體之隱者即在費之中；天道其體也，故先言體之微，而用之顯者亦不出乎微之外。言固各有當也。「體物而不可遺」，《章句》以爲「體物」猶《易》所謂「幹事」，木非幹不立，築非幹易傾，「幹」字釋「體」字最有力，此是指鬼神之顯處以示人。人之齊明盛服，鬼神未嘗使之而若有使之者。洋洋如在，鬼神精爽，直與人之齊明相接，《章句》謂此即其「體物而不可遺」之驗也。蓋前此所謂鬼神無所不包，此又就無所不包之中提出當祭祀之鬼神來説，是又指鬼神之最顯處示人。然此其顯也，必有所以顯者。末斷之曰「微之顯，誠之不可揜如此夫」，鬼神無聲無形，於天下之物如之何其體之，於天下之人又如之何其使之？顯然一至誠之不可揜如此也。凡物之終始莫非陰陽合散之所爲，而陰陽合散莫非真實無妄之理。後世此理不明，有𧶘鬼神於佛、老而競爲淫祀以徼福者，一何怪誕不經至此哉？嗚呼！使天下後世而皆知天命之性，則知佛氏之空者非性矣；皆知率性之道，則知老氏之無者非道矣；皆知鬼神之誠，則知後世淫祀之幻妄者非誠矣。朱子以爲憂之也深，而慮之也遠，信哉！〇新安陳氏曰：末二句又該貫上章首五句去，雖因祭祀而發，不止爲祭祀言也。視弗見，聽弗聞，鬼神之妙雖無形而難知，其爲體物而不可遺則顯著而可見。「微」字與「誠」字對，「顯」字與「不可揜」對。自其妙言之曰「微」，自其實言之曰「誠」。鬼神之德，誠而已矣。實有是理，故實有是陰陽之氣；實有是氣，則實有是鬼神。其所以爲物之體而不可遺，其所以洋洋如在之發見顯著而不可揜者，無非以其實故也。鬼神之德，豈有出於誠之外者哉？

右第十六章。不見不聞，隱也；體物如在，則亦費矣。此前三章以其費之小者而言，此後三章以其費之大者而言，此一章兼費隱、包大小而言。胡氏曰：此前三章說費之小處，言日用之間道無不在；此後三章說費之大處，言道之至近而放乎至遠。中間此一章以鬼神之微顯明道之費隱，而包大小之義，所以發上章未發之藴而貫前後六章之指，且爲下文諸章之論誠者張本也。○新安陳氏曰：前章非小也，以後章校之，則前章之身位與家，比後章之大關天下萬世則爲小耳。包大小者，體物而不可遺，總而言之，所該甚大；即一物言之，亦鬼神實爲之體，兹非小歟？以承祭祀，天子祭天地，大也；士庶所祭亦是祭祀，又非小歟？

子曰：「舜其大孝也與？德爲聖人，尊爲天子，富有四海之内，宗廟饗之，子孫保之。與，平聲。

子孫，謂虞思、陳胡公之屬。舜子孫不止乎此，故以「之屬」二字該之。○《左傳》哀公元年，夏后少康逃奔有虞，虞思於是妻去聲。之以二姚，二女也。姚，虞姓。而邑諸綸。邑名。有田一成，方十里。有衆一旅。五百人。○襄公二十五年曰：子産之言。「昔虞閼父爲周陶正以服事我先王。我先王賴其利器用也，與其神明之後也，庸以元女大姬配胡公，庸，用也。元女，武王之長女也。胡公，閼父之子，滿也。而封諸陳以備三恪。周封夏、殷二王後，又封舜後，皆以示敬而已，故謂之「三恪」。則我周之自出，至于今是賴。」○西山真氏曰：舜以聖德居尊位，其福禄上及宗廟，下延子孫，所以爲大孝。舜所知，孝而已，禄位名壽天實命之，非舜有心得之也。○宣氏曰：《書》、《孟子》論舜之孝，言孝之始，指事親之實也；《中庸》言孝之終，發明其功用之大也。○新安陳氏曰：孟子稱舜爲「大孝」，以親底豫天下化言；此稱舜爲「大孝」，以德爲聖人尊爲天子，富有四海之内，宗廟饗之，子孫保之言，何也？常人使人稱願然曰幸哉有子，如此尚謂之孝；舜德爲聖人而能尊富饗保如此，豈不可爲大孝乎？

「故大德必得其位，必得其禄，必得其名，必得其壽。

舜年百有十歲。《書·舜典》：「舜生三十徵庸，三十在位，五十載陟方乃死。」○問：「大德者必得位禄名壽，乃理之常。然獨孔子有德而不得位禄與壽，惟得聖人之名耳，此乃氣數之變。」仁山金氏曰：此所謂聖人所不能也。然爲教無窮，而萬世享之，子孫保之，此又大德必得之驗也。

「故天之生物，必因其材而篤焉。故栽者培之，傾者覆之。

材，質也。篤，厚也。栽，植也。氣至而滋息爲培，氣反而游散則覆。朱子曰：因其材而篤焉，是因其材而加厚。○物若扶植種在土中，自然生氣湊泊他；若已傾倒，則生氣無所附着，從何處來相接？如人疾病，若自有生氣，則藥力之氣依之而生氣滋長；若已危殆，則生氣流散而不復相湊矣。○永嘉薛氏曰：天人之應至難言也，而聖賢常若有可必之論，曰「積善之家必有餘慶，積不善之家必有餘殃」，今曰「大德」而謂之「必得其位」、「必得其祿與名壽」，聖賢何若是爲必然之論，而亦豈能盡取必於天哉？天之生物必因其材質而加厚焉，其本固者，雨露必滋培之；其本傾者，風雨必顛覆之。其培之也非恩之也，其覆之也非害之也，皆理之必然者也。○新安陳氏曰：以理言則必然，以數言則或不必然。理者其常而數者其變也。

「《詩》曰：『嘉樂君子，憲憲令德。宜民宜人，受祿于天。保佑命之，自天申之。』

《詩》，《大雅·假樂》音洛。**之篇。假，當依此作「嘉」。憲，當依《詩》作「顯」。申，重**去聲。**也。** 雙峯饒氏曰：栽培傾覆，只將天之生物喻天之眷聖人。「嘉樂君子，憲憲令德」，便是「栽」；「受祿」、「保佑」、「申之」，便是「培」。○東陽許氏曰：可嘉可樂之君子，其令善之德顯顯昭著，宜於人民，故受天之祿而爲天下之主。既受天祿矣，而天又保之佑之，復申重之，其所以反覆眷顧之者如此，又重明上文大德必得四者之一節也。

「故大德者必受命。」

受命者，受天命爲天子也。 問：「舜之大德受命，正是爲善受福。《中庸》却言天之生物栽培傾覆，何也？」朱子曰：只是一理。此亦非有物使之然，但物之生時自節節長將去，恰似有物扶持他；及其衰也，則自節節消磨將去，恰似有物推倒他，理自如此。惟我有受福之理，故天既佑之，又申之。董仲舒曰：「爲政而宜於民，固當受祿于天。」他說得自有意思。○陳氏曰：孔子德與舜同，而名位祿壽乃與舜反，何也？蓋有舜之德而必得其應者，理之常；有孔子之德而不得其應者，理之不得其常也。大抵聖人之生，實關天地大數。天地之氣，自伏羲至堯、舜正是長盛時節。堯、舜稟氣清明，故爲聖人；又得氣之高厚，所以得位得禄；又得氣之長遠，所以得壽。周衰以至春秋，天地之大氣數已微，雖孔子亦稟氣清明，本根已栽植，然適當氣數之衰，雖培擁之而不可得，所以不得禄位，僅得中壽。蓋理之不得其常也。○雲峯胡氏曰：前言父母之順，在於宜兄弟，樂妻帑，❶不過目前之事，費之小者也；此言孝之大，在於宗廟饗，子孫保，則極其流澤之遠，費之大者也。前言費之小，則曰居易以俟命，學者事也；此言費之大，則曰大德必受命，聖人事也。「栽者培之」，是言有德者天必厚其福，可爲「居易」者勸；「傾者覆之」，是言不德者天必厚其毒，可爲「行險」者戒矣。所引《詩》專爲「栽者培之」而言也。○新安陳氏曰：必者，決然之辭。「必得其位」至「必受命」六「必」字，皆是常理之必然者。此一句總結上文意。○東陽許氏曰：自「舜其大孝」至「子孫保之」一節，言舜之事實；自「故大德」至「必得其壽」一節，泛言理之必然；自「故天之生物」至「覆之」一節，言善惡之應所必至；後引《詩》又證有德之應如此，故以「大德者必受命」結之。

右第十七章。此由庸行去聲。之常，孝也。推之以極其至，新安陳氏曰：「大孝也」、「德爲聖人」以下，皆是推極其至。見道之用廣也。而其所以然者，則爲體微矣。後二章亦此意。

子曰：「無憂者，其惟文王乎？以王季爲父，以武王爲子，父作之，子述之。

❶「帑」，據上文當作「孥」。

此言文王之事。《書》言「王季其勤王家」，蓋其所作亦積功累魯水反。仁之事也。海陵胡氏曰：舜、禹父則瞽、鯀，堯、舜子則朱、均，所以惟文王爲無憂。○兼山郭氏曰：「憂勤」者，文王也；「無憂」者，後人之言文王也。○雲峯胡氏曰：文王父作子述，人倫之常也；舜之父子，人倫之變也。舜惟順於父母可以解憂，此所以曰「無憂者其惟文王」也。

「武王纘大王、王季、文王之緒，『壹戎衣』而有天下。身不失天下之顯名，尊爲天子，富有四海之内。宗廟饗之，子孫保之。大音泰。下同。

此言武王之事。纘，作管反。繼也。大王，王季之父也。《書》云：「大王肇基王迹。」《詩》云：「至于大王，實始翦商。」《書・武成》篇王若曰：「嗚呼，羣后！惟先王建邦啓土，公劉克篤前烈，至于大王肇基王迹，王季其勤王家。」○《詩・閟宮》篇：「后稷之孫，實維大王，居岐之陽，實始翦商。至于文武，纘大王之緒，致天之届，于牧之野。」緒，業也。戎衣，甲胄之屬。壹戎衣，《武成》文，言壹著陟畧反。戎衣以伐紂也。問：「『身不失天下之顯名』，與『必得其名』須有些等級不同。」朱子曰：看來也是有些異。如堯、舜與湯、武，真箇争分數有等級。只看聖人說「謂《韶》盡美矣，又盡善也，謂《武》盡美矣，未盡善也」處便見。○三山陳氏曰：周家之業，自大王遷岐從如歸市，是時人心天意已有爲王之基。武王一擐戎衣以有天下，此蓋天命人心之極不得而辭者。○蔡氏曰：大王雖未有翦商之志，然大王始得民心，王業之成實基於此。○問：「孔子於舜言『必得其名』，於武王言『身不失天下之顯名』，語意似有斟酌？」雙峯饒氏曰：「反之」不若「性之」之純，征伐不若揖遜之順。

「武王末受命。周公成文武之德，追王大王、王季，上祀先公以天子之禮。斯禮也，達乎諸侯大夫及士庶人。父爲大夫，子爲士，葬以大夫，祭以士；父爲士，子爲大夫，葬以士，祭以大夫。期之喪達乎大夫，三年之喪達乎天子，父母之喪無貴賤，一也。」「追王」之王，去聲。

此言周公之事。末，猶「老」也。追王，蓋推文武之意以及乎王迹之所起也。新安陳氏曰：「蓋」者疑辭，以意推之，觀《武成》稱大王、王季、文王可見矣。先公，組音祖。紺古暗反。以上至后稷也。《史記・周本紀》：后稷別姓姬氏。后稷卒，子不窋立。不窋卒，子鞠陶立。鞠陶卒，子公劉立。公劉卒，子慶節立，國於豳。慶節卒，子皇僕立。皇僕卒，子差弗立。差弗卒，子毀隃立。毀隃卒，子公非立。公非卒，子高圉立。高圉卒，子亞圉立。亞圉卒，子公叔祖類立。公叔祖類卒，子古公亶父立。「組紺」，即公叔祖類，乃大王之父也。上祀先公以天子之禮，又推大王、王季之意以及於無窮也。問：「組紺以上祀先公以天子之禮，所謂葬以士、祭以大夫之義。」朱子曰：然。《周禮》祀先王以衮冕，祠先公以鷩冕，則祀先公依舊止用諸侯之禮。鷩冕，諸侯之服，但乃是天子祭先公之禮耳，蓋不敢以天子之服臨其先公。鷩冕旒玉與諸侯不同。天子之旒十二玉，雖諸侯同是七旒，但天子七旒十二玉，諸侯七旒七玉耳。○新安陳氏曰：無窮，謂自大王以上及乎前無窮盡直至於后稷也。制爲禮法以及天下，使葬用死者之爵，祭用生者之禄。喪服自期居之反。以下，新安陳氏曰：上言葬祭禮，此言喪服禮。諸侯絶，大夫降。而父母之喪上下同之，推己以及人也。朱子曰：夏商而上，只是親親長長之意，到周又添得許多貴貴底禮數。如始封之君不臣諸父昆弟，封君之子不臣諸父而臣昆弟。期之喪天子諸侯絶，大夫降。然諸侯大夫尊同，則亦不絶不降；姊妹姪在諸侯者，亦不絶不降。此皆貴貴之義。上世想皆簡畧，未有許多降殺貴貴底禮數。凡此皆天下之大經，前世所未備，到得周公搜剔出來立爲定制，更不可易。○陳氏曰：周公推文、武、大王、王季之意，追尊其先王先公，又設爲禮法通行此意於天下，所謂推己以及人也。此章言文、武、周公能盡中庸之道。○山陰陸氏曰：經不言追王文王者，以上言「周公成文、武之德」，追王之意文王與焉故也。○新安王氏曰：追王之禮，夏商未有。武王晚而受命，初定天下，追王及於文考。至周公因文王之孝、武王之志，追王上及大王、王季。不言武王追王者，禮制定於周公故也。大王以上追王不及，而《武成》稱后稷爲「先王」，蓋史官刪潤之辭。然追王止於三王，而祀用天子之禮，則上及先公，蓋喪從死者，祭從生者，天下之達禮也。父爲大夫子爲士，葬以大夫而祭以士，非貶也；父爲士子爲大夫，葬以士而祭以大夫，非僭也。武王爲天子，則祭先公用天子之禮，其義當然。祭禮殺於下而上致其隆，喪禮詳於下而上有所畧。若夫父母之喪，則自天子至於庶人，賤無加隆，貴無降殺，孟子所謂「三代共之」者也。○潛室陳氏曰：伸情於父母，獨三年之喪上達於天子；其他各有限節等衰，不可盡伸也。○雲峯胡氏曰：周家自大王以至周公世世修德，古所無也。周公追王之禮特以義起，古所無也。所以《中庸》特表而出之。此段須看《章句》「推」字與「及」字。周公推文武之意以及大王王季，於是始行追王之禮；又推大王之意以及組紺以至后稷，於是祀以天子之禮。又推此及諸侯大夫士庶人使各得以行喪祭之禮，孝心上下融徹，禮制上下通行，此周公所以謂之「達孝」也。此章之末數「達」字，所以有下章之首一「達」字。○新安陳氏曰：三年之喪自庶人上達於天子，蓋以子於父母喪服無貴賤之分，一而已。末二句只是申明上二句。父母之喪，即三年之喪。朱子謂《中庸》之意只是主父母而言，未必及其他者也。

右第十八章。

子曰：「武王、周公，其達孝矣乎？

達，通也。承上章而言武王、周公之孝，乃天下之人通謂之「孝」，猶孟子之言「達尊」也。西山真氏曰：人君以光祖宗、遺後嗣爲孝。舜之孝如天之不可名，故曰「大」；武王、周公之孝，天下稱之無異辭，故曰「達」。○江陵項氏曰：舜爲人道之極，萬世仰之不可加也；周爲王制之備，萬世由之不能易也。此蓋古之盡倫盡制者，故舉之以爲訓也。○雙峯饒氏曰：「達孝」，是承上章三「達」字而言，言其孝不特施之家，又能達之天下。如「斯禮達乎諸侯大夫及士庶人」，是自上達下；「期之喪」至「達乎天子」，是自下達上。能推吾愛親之心而制爲喪制之禮以通乎上下，使人人得致其孝，故謂之「達孝」。如所謂「德教加於百姓，刑于四海」，此天子之孝是也。

「夫孝者，善繼人之志，善述人之事者也。

上章言武王纘大王、王季、文王之緒以有天下，而周公成文、武之德以追崇其先祖，此繼志述事之大者也。下文又以其所制祭祀之禮通于上下者言之。西山真氏曰：當持守而持守，固繼述也；當變通而變通，亦繼述也。○新安陳氏曰：祖父有欲爲之志而未爲，子孫善繼其志而成就之；祖父有已爲之事而可法，子孫善因其事而遵述之。

「春秋脩其祖廟，陳其宗器，設其裳衣，薦其時食。

祖廟，天子七，諸侯五，大夫三，適音的。**士二，官師**。《禮記・王制》：「天子七廟，三昭三穆，與大祖之廟而七；諸侯五廟，二昭二穆，與大祖之廟而五；大夫三廟，一昭一穆，與大祖之廟而三；士一廟；此謂諸侯之中士、下士，名曰官師者。若上士，則二廟。庶人祭於寢。」○《祭法》：「適士二廟一壇，曰考廟，曰王考廟，享嘗乃止。顯考無廟，官師一廟，曰考廟。王考無廟。」○問：「官師一廟得祭父母而不及祖，無乃不盡人情耶？」朱子曰：位卑則流澤淺，其理自然如此。又問：「今士庶人家亦祭三代，却是違禮？」曰：雖祭三代却無廟，亦不可謂之僭。古所謂廟，體面甚大，皆具門堂寢室，非如今人但以一室爲之。○官師，謂諸有司之長，止及禰，却於禰廟併祭祖。適士二廟祭祖祭禰，皆不及高曾。大夫一昭一穆，與太祖之廟而三。大夫亦有始封之君，如魯季氏則公子友，仲孫氏則公子慶父，叔孫氏則公子牙，是也。《王制》天子七廟，三昭三穆與太祖之廟而七，諸侯大夫士降殺以兩。而《祭法》又有適士二、官師一廟之文。大抵士無太祖，而皆及其祖考也。○新安王氏曰：先王先公，有廟有祧。廟則有司脩除，祧則守祧黝堊，此「脩其祖廟」也。**宗器，先世所藏之重器。若周之赤刀、大訓、天球、**音求。**《河圖》之屬也。**《書・顧命》：「越玉五重：陳寶、赤刀、大訓、弘璧、琬琰，在西序；大玉、夷玉、天球、《河圖》在東序。」赤刀，赤削也。武王誅紂時以赤爲飾。大訓，三皇五帝之書，訓誥亦在焉。文武之訓亦曰「大訓」。天球，鳴球，玉磬也。《河圖》，伏羲時龍馬負圖出於河。**裳衣，先祖之遺衣服，祭則設之以授尸也。**授尸使神依焉。**時食，四時之食**

各有其物，如春行羔豚、膳膏香之類是也。《周禮·天官冢宰》庖人：「凡用禽獸，春行羔豚，膳膏香，夏行腒鱐膳膏臊，行，猶用也。腒，音渠，乾雉也。鱐音搜，乾魚也。臊，犬膏，治腒鱐以犬膏也。秋行犢麛膳膏腥，冬行鱻羽膳膏羶。」犢，牛子。麛，音迷，鹿子。腥，雞膏。鱻，音鮮，魚也。羽，鴈也。羶，羊脂也。又《禮記·内則》篇亦云。○格庵趙氏曰：四時之食各有其物，以奉人者薦神，蓋以生事之也。羔，稚羊；豚，稚豕。嫩而肥，故春用之。香，謂牛膏也。調膳之物，各以物之所便而和之。○朱氏伸。曰：此以下倂前章論喪葬之禮，脩道之教也。

「宗廟之禮，所以序昭穆也；序爵，所以辨貴賤也；序事，所以辨賢也；旅酬下爲上，所以逮賤也；燕毛，所以序齒也。昭，如字。爲，去聲。宗廟之次，左爲昭，右爲穆，而子孫亦以爲序。有事於太廟，則子姓兄弟群昭群穆咸在，而不失其倫焉。格庵趙氏曰：左昭右穆者，死者之昭穆也；群昭群穆者，生者之昭穆也。宗廟之禮非特序死者之昭穆，亦所以序生者之昭穆。○新安陳氏曰：《王制》所謂三昭三穆，昭在左，左爲陽，昭者陽明之義；穆在右，右爲陰，穆者陰幽之義。以周言之，《書》於文王曰「穆考文王」，《詩》於武王曰「率見昭考」，父穆則子昭，父昭則子穆也。子孫亦以爲序，《祭統》所謂「昭與昭齒，穆與穆齒」是也。爵，公侯卿大夫也。事，宗祝有司之職事也。新安陳氏曰：宗，宗伯、宗人之屬；祝，大祝、小祝也。並見《周禮》。祭祀以任職事爲賢，次序與祭之職事，所以辨其人之賢也。旅，衆也。酬，導飮也。旅酬之

禮，賓弟子、兄弟之子各舉觶音至。飲器也。**於其長**上聲。下同。**而衆相酬。**祭將畢時行衆相酧之禮。**蓋宗廟之中以有事爲榮，故逮及賤者使亦得以申其敬也。**朱子曰：旅酧禮，下爲上交勸，先一人如鄉吏之屬升觶，或二人舉觶獻賓。賓不飲，却以獻執事。執事一人受之以獻於長。以次獻至于沃盥者，所謂逮賤也。○問「酧導飲也」。曰：主人酌以獻賓，賓酢主人曰酢。主人又自飲而復飲賓曰酧。其主人又自飲者，是導賓使飲也。賓受之奠於席前至旅而後舉。主人飲二杯，賓只飲一杯，疑後世所謂主人倍食於賓者此也。**燕毛，祭畢而燕，則以毛髮之色别**彼列反。**長幼爲坐次也。齒，年數也。**雲峯胡氏曰：序爵所以貴貴，賤者宜在所畧；旅酧下爲上，賤者亦得以伸其敬矣。序事所以賢賢，老者若在所簡；燕毛，則於老者獨加敬矣。禮意周浹如此，亦通乎上下而言也。○新安陳氏曰：辨貴賤，以爵序也；辨賢，以德序也；序齒，以齒序也。「逹尊三」亦見於祭禮中者如此。○東陽許氏曰：祭畢而燕，今不知其儀，亦於《楚茨》之詩見其大意，云「皇尸載起，神保聿歸」，然後言「諸父兄弟，備言燕私」。下章曰「樂具入奏」，説者謂祭時在廟，燕當在寢，故祭時之樂皆入奏於寢也。所謂燕禮其可知之仿佛若此。○「宗廟之禮」一節五事，禮意至爲周密。序昭穆，既明同姓之尊卑；序爵，是合同姓異姓之貴賤。蓋皆指助祭陪位者而言。至於序賢，則分别群臣之賢否。廟中奔走執事，必擇德行之優、威儀之美、趨事之純熟者爲之。賢者既有事，則不賢者亦自能勸。雖然，既以有事爲榮，則事不及之者豈不有耻？則又有序爵以安其心。執事者既榮，無事有爵而在列者，及賤而役於廟中者，皆得與旅酬，至此賢不賢皆恩禮之所逮。然此合同姓異姓而通言。至祭禮已畢，尸既出，異姓之臣皆退，獨燕同姓，是親親之禮又厚於踈遠者，見制禮之意文理密察，恩意周備，仁至義盡，而文章粲然。

「踐其位，行其禮，奏其樂。敬其所尊，愛其所親。事死如事生，事亡如事存。孝之至也。踐，猶履也。其，指先王也。所尊、所親，先王之祖考子孫臣庶也。始死謂之死，既葬則曰反而亡焉，皆指先王也。朱子曰：《記》曰：「反哭升堂，反諸其所作也；室婦入于室，反諸其所養也。」須知得這意，則所謂「踐其位，行其禮」等事行之自安，方見得「繼志述事」之事。○陳氏曰：事死如生，居喪時事；事亡如存，葬祭時事。此結上文兩節，皆「繼志述事」之意也。雙峯饒氏曰：「踐其位」三句，是善述事；「敬所尊」三句，是善繼志。○新安陳氏曰：善繼志、述事至於如此，所以爲「孝之至」也。

「郊社之禮，所以事上帝也；宗廟之禮，所以祀乎其先也。明乎郊社之禮、禘嘗之義，治國其如示諸掌乎？」

郊，祭天；社，祭地。不言「后土」者，省文也。朱子曰：《周禮》只説「祀昊天上帝」，不説祀后土，先儒説祭社便是。如「郊特牲而社稷大牢」，又如「用牲于郊牛二」，乃社于新邑，此乃明驗。五峯言無北郊，只社便是祭地，此説却好。○新安陳氏曰：首句提郊與社，則次句宜云「所以事上帝后土也」。今不然，乃省文。禘，天子宗廟之大祭，追祭太祖之所自出於太廟，而以太祖配之也。詳見《語》「問禘」章。太祖，即始祖也。嘗，秋祭也。四時皆祭，舉其一耳。禮必有義，對舉之互文也。

示，與「視」同。視諸掌，言易去聲。見也。此與《論語》文意大同小異，記有詳畧耳。此中言武王與周公能盡中庸之道。○朱子曰：游氏說郊社之禮，所謂惟聖人爲能饗帝；禘嘗之義，所謂惟孝子爲能饗親。意思甚周密。○譚氏曰：治道不在多端，在夫致敬之間而已。當其執圭幣以事上帝之時其心爲何如，當其奠斝以事祖宗之時其心爲何如？是心也，舉皆天理，無一毫人僞介乎其間，鬼神之情狀、天地萬物之理，聚見於此。推此心以治天下，何所往而不當？○雙峯饒氏曰：序昭穆、序爵、序事、序齒、下爲上，此親親、長長、貴貴、尊賢、慈幼、逮賤之道，便是治天下之經。敬其所尊，敬也；愛其所親，仁也；事死亡如生存，誠也。盡是三者，孝也。仁、孝、誠、敬，指心而言，是又治天下之本。一祭祀之間而治天下之道具於此，故結之曰：「明乎此者，治國其如示諸掌乎？」○雲峯胡氏曰：上文「孝之至也」，已結了「達孝」二字，此又別是一意。蓋上章與此章上文專以宗廟之禮言，此則兼以郊禘之禮言。周公制爲禮法，未嘗不通上下之情，亦未嘗不嚴上下之分。祭祀之禮，通上下得行；事上帝，惟天子得行之。故特先後而言之曰：此所以事上帝也，此所以祀乎其先也。名分截然不可犯也。「明乎郊社之禮」，胡爲先郊而後社？郊，祭天，惟天子得行之；社，則自侯國以至於庶人各有社，上下可通行也。「明乎禘嘗之義」，胡爲先禘而後嘗禘？大祭，惟天子得行之；嘗，宗廟之秋祭，上下可通行也。前章末言三年之喪庶人得以通乎天子，必有父也；此章末言郊禘之祭諸侯不得以通乎天子，必有君也。但言周公之制禮如此，而不足於魯之郊禘非禮，其意自見於不言之表，此所以爲聖人之言也。○張氏存中。曰：《禮記・王制》：「天子諸侯宗廟之祭，春曰礿，夏曰禘，秋曰嘗，冬曰烝。」此蓋夏殷之祭名。周則改之，春曰祠，夏曰礿，秋、冬同。《詩·小雅》曰：「禴、祠、烝、嘗，于公先王。」此乃周四時祭宗廟之名也。《祭統》所載與《王制》同。礿、禴同。

右第十九章。雙峯饒氏曰：以上八章，自第十二章至此，皆以道之費隱言，當爲第三大節。

哀公問政。

哀公，魯君，名蔣。

子曰：「文武之政，布在方策。其人存，則其政舉；其人亡，則其政息。

方，版也；策，簡也。葉氏少蘊。曰：木曰方，竹曰策。策大而方小。《聘禮》：「束帛加書，百名以上書於策，不及百名書於方。」《既夕禮》：「書賵於方，書遣於策。」蓋策以衆聯，方一而已。息猶滅也。有是君有是臣則有是政矣。

「人道敏政，地道敏樹。夫政也者，蒲盧也。夫音扶。

敏，速也。蒲盧，沈括以爲蒲葦是也。以人立政，猶以地種樹，其成速矣；而蒲葦又易去聲。下同。生之物，其成尤速也。言人存政舉其易如此。顧氏曰：以蒲葦喻政之敏，猶孟子以置郵喻德之速。

「故爲政在人，取人以身；修身以道，修道以仁。

此承上文「人道敏政」而言也。爲政在人，《家語》作「爲政在於得人」，語意尤備。人，謂

賢臣；身，指君身。道者，天下之達道；仁者，天地生物之心而人得以生者，所謂「元者善之長」上聲。**也。**此句見《易・乾》文言。○朱子曰：元、亨、利、貞皆是善，而元則爲善之長，亨、利、貞皆是那裏來；仁、義、禮、智亦皆善也，而仁則爲萬善之首，義、禮、智皆從這裏出爾。**言人君爲政在於得人，而取人之則又在脩身。**三山陳氏曰：爲政雖在得賢，然使吾身有所未修，則取舍不明，無以爲取人之則。**能仁其身，則有君有臣而政無不舉矣。**問：「仁亦是道，如何說脩道以仁？」朱子曰：道是泛說，仁是切要底。道是統言義理公共之名，仁是直指人心親切之妙。○問：「這箇『仁』字是偏言底？」曰：「仁者人也，親親爲大」，如此說則是偏言。○象山陸氏曰：仁，人心也。人者政之本，身者人之本，心者身之本。不造其本而從事其末，不可得而治矣。○西山真氏曰：道與仁非有二致，道者衆理之總名，仁者一心之全德。志乎道而弗他，知所向矣；仁則其歸宿之地，而用功之親切處也。○新安陳氏曰：「仁其身」三字精妙，以三字包括「脩身以道，脩道以仁」八字。脩道以仁，如志道據德而依於仁。脩身工夫至於以仁，可謂能仁其身，而身與仁爲一矣。能仁其身，則君身脩，是有君也；以身爲取人之準則，則得其人，是有臣也。有君有臣，則人存而宜乎政舉。此所以繳結上文，照應前「有是君有是臣則有是政」之說。○新安倪氏曰：此「仁」字以上文觀之，曰「脩身以道，脩道以仁」，是自身上說歸心上，兼「心之德，愛之理」而言。故《章句》曰：「仁者天地生物之心而人得以生者，所謂元者善之長也。」而真氏亦曰：「仁者，一心之全德。」以下文觀之，曰「仁者人也，親親爲大」，是又從身上說到親親上，方以愛之理言。故《章句》曰：「人指人身而言，具此生理自然便有惻怛慈愛之意。」而朱子亦曰：「是偏言。」詳玩之則可見矣。

「仁者，人也，親親爲大；義者，宜也，尊賢爲大。親親之殺，尊賢之等，禮所生也。殺，去聲。**人，指人身而言，具此生理，自然便有惻怛**當葛反。**慈愛之意，深體味之可見。**朱子曰：以「生」字說仁，生自是上一節事。當來天地生我底意，我如今須要自體認得。○西山真氏曰：人之所以爲人，以其有此仁也。有此仁而後命之曰人，不然則非人矣。○雙峯饒氏曰：「人」字之義難訓。但凡字須有對待，即其所對之字觀之，其義可識。孔子曰：「未能事人，焉能事鬼？」此「仁」字正與「鬼」字相對，❶生則爲人，死則爲鬼。仁是生底道理，所以以「人」訓「仁」。人若不仁，便是自絕其生理。○東陽許氏曰：「仁者人也」，此是古來第一箇訓字，言混成而意深密，深體味之，則具人之形必須盡乎仁。其所以盡仁，則不過盡人道而已。**宜者，分別**彼列反。**事理各有所宜也。禮，則節文斯二者而已。**朱子曰：宜，指事物當然之理，道理宜如此。節者，等級也；文者，不直截而回互之貌，是裝裹得好，如升降揖遜。○問：「『脩道以仁』繼以『仁者人也』，何爲下面又添說義禮？」曰：仁便有義，陽便有陰。親親仁之事，尊賢義之事。親之尊之，其中自有箇降殺等差，這便是禮。親親，在父子如此，在宗族如彼，所謂殺也；尊賢，有當事之者，有當友之者，所謂等也。○北溪陳氏曰：親親則有隆殺，三年與期、功、緦是也；尊賢亦有等級，如大賢爲吾師，次賢爲吾友是也。纔有隆殺等級，便有節文而禮生乎其間矣。禮，所以節

❶「仁」，四庫本及元胡炳文《四書通》作「人」。

文斯二者使無過不及之患。節則無大過，文則無不及也。○雙峯饒氏曰：等殺是人事，禮是天理。人事之輕重高下，皆天理有以節文之。

「在下位不獲乎上，民不可得而治矣。」

鄭氏曰：此句在下，誤重平聲。**在此。**

「故君子不可以不脩身。思脩身，不可以不事親；思事親，不可以不知人；思知人，不可以不知天。」

「爲政在人，取人以身」，故「不可以不脩身」；「脩身以道，脩道以仁」，故「思脩身不可以不事親」。事親即是以親親之仁事其親。**欲盡「親親」之仁，必由「尊賢」之義，故又當「知人」；**陳氏曰：知人有賢否之别，賢者近之，不肖者遠之。有師友之賢，則親親之道益明；與不肖處，則必辱其身以及其親矣。**「親親之殺，尊賢之等」，皆天理也，故又當「知天」。**程子曰：不知天，則於人之愚智賢否有所不能知，雖知之有所不盡，故「思知人不可以不知天」。不知人，則所親者或非其人，所由者或非其道，而辱身危親者有之，故「思事親不可以不知人」。故曰：不信乎友，不悦乎親矣。○朱子曰：此一節却是倒看，根本在脩身。然脩身得力處，却是知天。知天，是物格知至，知得箇自然道理。學若不知天，便記得此又忘彼，得其一失其二。未知天，見事頭緒多。既知天了，這裏便都定，這事也定，那事也定。○知天是起頭處。能知天，則知人、事親、脩身皆得其理矣。聞見之知，非真知也。只要知得到，信得及，如君之仁、子之孝之類，人所共知而多不能盡者，非真知故也。○三山陳氏曰：脩身而不本於事親，則施之無序，失爲仁之本矣；事親之仁不由尊賢之義，則善惡不明，失事理之宜矣；事親、知人而等殺不明，不知天理者也。《書》曰「天秩有禮」，故於此又當知天。所謂「秩」，即等殺也。自「禮所生也」以上，推其理之所由生；自「君子不可不脩身」以下，繹其義之所以貫。○雙峯饒氏曰：孔子對哀公之語至不可不知天處，其間項目雖多，然大意不過兩節而已。始言政之舉、息在乎人，而其下自「爲政在人」推之以至於「脩道以仁」，所以明爲政之本在於仁也。繼言仁義之等殺生乎禮，而其下自「君子不可不脩身」推而至於「不可不知天」，所以又明爲仁之端在於智也。故兩節各以「故」字承之，蓋爲下明善誠身張本。明善，智也；誠身，仁也。問：「章首專歸重於人而以人訓仁，下文又説義説禮，今又謂爲仁以智爲先，何也？」曰：義者仁之對，有箇仁自然有箇義，禮又節文斯二者。禮者天理自然之節文，不是人安排，故於事親知人歸宿於知天。然非智不能知，故末句發兩「知」字。前賢截從知天斷，朱子合作一章亦有深意。「九經」與「爲政」相應，前面説脩身、親親、尊賢，故後面九經節節發明。脩身也，尊賢也，親親也，只是此三者爲綱目；敬大臣，體羣臣，懷諸侯，乃自「尊賢之等」推之也；子庶民，來百工，柔遠人，乃自「親親之殺」而推之也。天下之達道五，便是脩身之道；天下之達德三，便是事親之仁，知天之智，只添得箇「勇」字。○雲峯胡氏曰：上文「脩道以仁」，即是率性之道；「知天」之「天」字，即是天命之性。但天命之性是渾然者，此從等殺上説是粲然者。然其粲然者，即其渾然者。亦非有二天也。

「天下之達道五，所以行之者三。曰君臣也，父子也，夫婦也，昆弟也，朋友之交也，五者，天下之達道也。知、仁、勇，三者，天下之達德也。所以行之者，一也。知，去聲。

達道者，天下古今所共由之路，即《書》所謂「五典」，孟子所謂「父子有親，君臣有義，夫婦有別，彼列反。長上聲。幼有序，朋友有信」是也。知，所以知如字。此也；仁，所以體此也；勇，所以强此也。「此」字，指五達道。體，謂以身體而躬行之。謂之「達德」者，天下古今所同得之理也。一，則誠而已矣。達道雖人所共由，然無是三德，則無以行之；達德雖人所同得，然一有不誠，則人欲間去聲。之，而德非其德矣。程子曰：「所謂誠者，止是誠實此三者。三者之外，更別無誠。」朱子曰：知底屬智，行底屬仁。勇是勇於知，勇於行。仁智了，非勇便行不到。○知仁勇，是做的事；誠，是行此三者真實的心。○蔡氏曰：達道本於達德，達德又本於誠。誠者，達道達德之本，而一貫乎達道達德者也。○西山真氏曰：道雖人所共由，然其智不足以及之，則君當仁、臣當敬之類，未必不昧其所以然。知及之而仁不能守，仁守之而勇不能斷，則於當行之理，或奪於私欲，或蔽於利害，以至蔑天常，敗人紀者多矣。德雖人所同得，然或不誠而勉强矯飾，則知出於術數，仁流於姑息，勇過於强暴，而德非其德矣，故行之必本於誠。一者，誠也。三者皆真實而無妄，是之謂誠。○雲峯胡氏曰：《虞書》曰「五教」，曰「五典」，未嘗列五者之目。至此則曰「天下之達道五」，始列其目言之。蓋曰「天叙有典」，是言天命之性不離此五者；曰「敬敷五教」，是言脩道之教不離此五者；此曰「達道」，是言率性之道不離乎此五者也。

「或生而知之，或學而知之，或困而知之。及其知之，一也。或安而行之，或利而行之，或勉强而行之。及其成功，一也。」强，上聲。

知之者之所知，行之者之所行，謂達道也。以其分扶問反。而言，則所以知者知去聲。下「知也」同。也，所以行者仁也，所以至於知之成功而一者勇也。知之透徹，行之成功，便是勇。以其等而言，則生知安行者知也，如舜之大知。學知利行者仁也，如顔子之克復爲仁。困知勉行者勇也。困知勉行，非勇則做不徹。○朱子曰：生知安行，主於知而言，不知如何行。安行者，只是安而行之，不用着力。然須是知得，乃能行得也。學知利行，主行而言。雖是學而知得，然須著意去力行，則所學而知得者不爲徒知也。○問：「諸説皆以生知安行爲仁，學知利行爲知，先生獨反是，何也？」曰：《論語》説「仁者安仁，知者利仁」，與《中庸》説知仁勇意思自别。生知安行，便是仁在知中；學知利行，便是仁在知外。既是生知必能安行，所以謂「仁在知中」；若是學知便是知得淺些子，須是力行方始到仁處，所以謂「仁在知外」。○生知安行，以知爲主；學知利行，以仁爲主；困知勉行，以勇爲主。○北溪陳氏曰：就知仁勇等級而言之，生知安行爲知，知主於知，就知上放重，蓋先能知之而後能行之也；學知利行爲仁，仁主於行，以行處爲重，故知得須是行得也；困知勉行爲勇，此氣質昏懦之人，昏不能知，懦不能行，非勇則不足以進道。○雙峯饒氏曰：生知安行，隱然之勇；學知利行，非勇不可到；困知勉行，全是勇做出來。蓋人性雖無不善，而氣稟有不同者，故聞道有蚤莫，與「早暮」同。行道有難易，去聲。然能自强如字。不息，則其至一也。陳氏曰：人性雖無不善而氣稟有不同。惟其有清濁厚薄之分，所以有知行三等之别。上等之人稟氣清明，所以義理昭著，不待教而後知，故曰生知；賦質純粹，所以安於義理，不待學習而能，故曰安行。此聖人地位也。其次者清多而濁少，於事物當然之理必待學而後知，故曰學知；賦質純多而駁少，蓋真知道理而篤好之如嗜欲然，故曰利行。此大賢地位也。又有一等人禀氣濁多而清少，須是困心衡慮，然後發憤以求知，故曰困知；賦質駁多而純少，未能利行，且須黽勉強力而爲之，故曰勉行。此又其次等人地位也。凡此皆其氣質之不同者，然本然之性無有不善。或生知，或學知，或困知，及已知處則一般；或安行，或利行，或勉行，及其行之成功則一般。至此爲能復其本然之初矣。**吕氏曰：「所入之塗雖異，而所至之域則同，此所以爲中庸。若乃企生知安行之資爲不可幾**平聲。**及，輕困知勉行謂不能有成，此道之所以不明不行也。」**雲峯胡氏曰：以其分而言，是説知行之屬有先後；以其等而言，是説氣質之屬有高下。至於知之成功而一，是知行之功足以變化氣質。天命之性本一也，至是則不見其氣質之不一者，惟見其天命之本一者矣。知行之不可不勇也如此夫！

子曰：「好學近乎知，力行近乎仁，知恥近乎勇。好、「近乎知」之「知」，並去聲。

「子曰」二字衍文。○此言未及乎達德而求以入德之事，朱子曰：上既言達德之名，恐學者無所從入，故又言其不遠者以示之，使由是而求之，則可以入德也。聖人之言淺深遠近之序，不可差欠如此。○西山真氏曰：既言三達德，又教以入德之路。夫知必上智，仁必至仁，勇必大勇，然後爲至。然豈易遽及哉？苟能好學不倦，則亦近乎智；力行不已，則亦近乎仁；以不若人爲恥，則亦近乎勇。蓋好學所以明理，力行所以進道，知恥所以立志。能於此三者用功，則三達德庶可漸至矣。**通上文三知爲知，**去聲。下「非知」同。**三行爲仁，則此三「近」者，勇之次也。**節齋蔡氏曰：三知主知，三行主仁，三近主勇。生知者，知之知也；學知者，仁之知也；困知者，勇之知也。安行者，仁之仁也；利行者，知之仁也；勉行者，勇之仁也。好學者，知之勇也；力行者，仁之勇也；知恥者，勇之勇也。**吕氏曰：「愚者自是而不求，自私者徇人欲而忘返，懦**奴卧、奴亂二反。**者甘爲人下而不辭。故好學非知，然足以破愚；力行非仁，然足以忘私；**朱子曰：仁則力行工夫多，知則致知工夫多。好學近乎知，力行近乎仁，意自可見。○三山陳氏曰：所謂「力行」「足以忘私」者，蓋世之怠惰不爲者，皆所以自便其所欲，故曰私。○問：「此章以力行言仁，前章服膺勿失，又以守言仁，何也？」雙峯饒氏曰：守也屬行。以擇爲知則當以守爲仁，以知爲知則當以行爲仁，各有所當。問：「守與行如何屬仁？」曰：仁者無私欲。心無私欲，然後能守能行。今人行不去，只是被私欲牽制；守不住，只是被私欲牽引耳。○問：「吕氏元本云『自私者以天下非吾事』，朱子改之曰『自私者徇人欲而忘返』，如何？」蛟峰方氏曰：吕公以公爲仁，有我爲不仁。力行雖未是仁，然足以去我。朱子以純乎天理爲仁，有欲便是不仁。力行足以去欲，故近仁。吕氏就愛上用上説仁，朱子就本體上説仁也。**知恥非勇，然足以起懦。」**朱子曰：知恥，如「舜，人也；我，亦人也」，舜爲法於天下，可傳於後世，我猶未免爲鄉人也，是則可憂也。既恥爲鄉人，進學安得不勇？○雲峯胡氏曰：達德自是人所同得之理，而此復以其近者言之，誘人之進也。蓋雖昏惰之極亦未有不進者，但患無恥耳。周子曰：「必有恥則可教。」侯氏曰：「知恥非勇也，能恥不若人則勇矣。」嗚呼彼悠悠者，豈非無恥之甚哉？○東陽許氏曰：「非知」、「非仁」、「非勇」，不曰「不是」知仁勇，蓋知仁勇，是德已至之定名。若好學、力行、知恥，亦知仁勇之事，但未全爾，此體貼三「近」字説。

「知斯三者，則知所以脩身；知所以脩身，則知所以治人；知所以治人，則知所以治天下國家矣。」

斯三者，指三「近」而言。人者，對「己」之稱。天下國家，則盡乎人矣。言此以結上文脩身之意，起下文九經之端也。雲峯胡氏曰：黄氏云：此章當一部《大學》。《大學》以脩身爲本，此章自首至此皆以脩身爲要。上文言脩身而曰「不可不知天」者，即《大學》逆推脩身之工夫至於格物致知者也；此言脩身而曰治人治天下國家者，即《大學》順推脩身之功効至於家齊國治天下平者也。

「凡爲天下國家有九經。曰脩身也，尊賢也，親親也，敬大臣也，體羣臣也，子庶民也，來百工也，柔遠人也，懷諸侯也。

經，常也。廣平游氏曰：經者其道有常而不可易，其序有條而不可紊。○三山陳氏曰：施之治天下國家可以常行而不變，故曰「經」。○倪氏曰：經者，常也，即所謂「庸」也。體，謂設以身處上聲。其地而察其心也。子，如父母之愛其子也。雲峯胡氏曰：羣臣相去踈遠，休戚不相知，必如以身處其地而察其心則可耳；庶民相去尤遠，休戚愈不可知，必如父母之愛其子乃可耳。「體」字、「子」字，皆心誠求之者也。柔遠人，所謂「無忘賓旅」者也。「無忘賓旅」，本齊桓公葵丘載書中語。○三山陳氏曰：遠人非四夷，乃商賈賓旅，皆是離家鄉而來，須寬恤之。若謂四夷，不應在諸侯之上。此列九經之目也。呂氏曰：「天下國家之本在身，故脩身爲九經之本。然必親師取友，然後脩身之道

進，故尊賢次之。三山陳氏曰：下文既有大臣，又有羣臣，而此先云尊賢者，非臣之之謂，正《書》所謂「能自得師」，《禮》所謂「當其爲師則不臣」者也。**道之所進莫先其家，故親親次之。由家以及朝**音潮。**廷，故敬大臣、體羣臣次之。由朝廷以及其國，故子庶民、來百工次之。由其國以及天下，故柔遠人、懷諸侯次之。此九經之序也。**問：「《中庸》九經先尊賢而後親親，何也？」程子曰：道孰先於親親？然不能尊賢，則不知親親之道。○陳氏曰：經有九，其實總有三件，三件合來其歸一件。蓋敬大臣、體羣臣，其本從尊賢來；子庶民、來百工、柔遠人、懷諸侯，其本從親親來。而親親尊賢之本，又從脩身來。**視群臣猶吾四體，視百姓猶吾子，此視臣視民之別**彼列反。**也。」**朱子曰：體羣臣，《章句》與呂説「體」字雖小不同，然呂説大意自好，不欲廢也。○新安陳氏曰：視臣猶四體，移之股肱大臣豈不可乎？朱子所訓不可易矣。觀下文「忠信重禄所以勸士」，釋云「待之誠而養之厚」，蓋以身體之而知其所賴乎上者如此也，則「體」字謂以身處其地而察之，可移易否乎？

「脩身則道立，尊賢則不惑，親親則諸父昆弟不怨，敬大臣則不眩，體群臣則士之報禮重，子庶民則百姓勸，來百工則財用足，柔遠人則四方歸之，懷諸侯則天下畏之。

此言九經之效也。道立，謂道成於己而可爲民表，新安陳氏曰：表，儀也。如《書》所謂「表正萬邦」之表。**所謂「皇建其有極」是也。**《書·洪範》：「五、皇極，皇建其有極。」**不惑，謂不疑於理；**新安陳氏曰：得賢以師資講明，故不疑於理。**不眩，**音縣。**謂不迷於事。**北溪陳氏曰：不惑，是理義昭著無所疑也；不眩，是信任專，政事舉，無所眩迷也。**敬大臣，則信任專而小臣不得以間**去聲。**之，故臨事而不眩也。來百工，則通功易事，農末相資，故財用足。**朱子曰：若百工聚，則事事皆有，豈不足以足財用乎？如織紝可以足布帛，工匠可以足器皿之類。○雙峯饒氏曰：「財用」是兩字，財是貨財，用是器用。一人之身，豈能百工之所爲備？如農夫之耕，農器缺一不可。農得用以生財，工得財以贍用，推此可見其餘。蓋農工相資，則上下俱足。**柔遠人，則天下之旅皆悅而願出於其塗，故「四方歸」。懷諸侯，則德之所施**去聲。**者博，而威之所制者廣矣，故曰「天下畏之」。**陳氏曰：報禮重，「君視臣如手足，臣視君如腹心」也。百姓勸，君待民如子，則民愛君如父母，「庶民子來」是也。○雲峯胡氏曰：道，即前五者，天下之達道立，是吾身於此五者各盡其道，而民皆於吾身取則也。《章句》以爲即是「皇建其有極」。皇極建而九疇叙，君道立而九經行，其旨一也。尊賢尤與脩身相關，脩身則道成於己，尊賢則見道分明而無疑。《章句》曰「此九經之效也」，道立是脩身之效，以下皆道立之效。

「齊明盛服，非禮不動，所以脩身也；去讒遠色，賤貨而貴德，所以勸賢也；尊其位，重其祿，同其好惡，所以勸親親也；官盛任使，所以勸大臣也；忠信重祿，所以勸士也；時使薄斂，所以勸百姓也；日省月試，既稟稱事，所以勸百工也；送往迎來，嘉善而矜不能，所以柔遠人也；繼絶世，舉廢國，治亂持危，朝聘以時，厚往而薄來，所以懷諸侯也。齊，側皆反。去，上聲。遠、好、惡、斂，並去聲。既，許氣反。省，悉井反。稟，彼錦、力錦二反。稱，去聲。朝音潮。**此言九經之事也。**北溪陳氏曰：九經之事，是做工夫處。齊，齊其思慮。明，明潔其心。齊明以一其內，盛服以肅其外，內外交相養也。齊明盛服，是靜而未應接之時；以禮而動，是動而已應接之時。動靜交相養也，如此所以脩身。○雲峯胡氏曰：齊明盛服，靜而敬也，即首章戒懼存養之事；非禮不動，動而敬也，即首章慎獨省察之事。**官盛任使，謂官屬衆盛，足任使令**平聲。**也。蓋大臣不當親細事，故所以優之者如此。忠信重祿，謂待之誠而養之厚，蓋以身體之而知其所賴乎上者如此也。既，讀曰「餼」。餼稟，稍**去聲。**食也。**《周禮・天官》宮正：「幾其出入，均其稍食。」○「內宰掌書版圖之法，以治王內之政令，均其稍食，分其人民以居之。」稍食，吏祿廩也。稍者，出物有漸之謂。○朱子曰：餼，牲餼也。如今官員請受有生羊肉。稟，即廩給折送錢之類是也。**稱事，如《周禮・稾**古老反。**人》職曰「考其弓弩以上下其食」是也。**《夏官》：「稾人掌受財于職金以齎音咨。其工，弓六物爲三等，弩四物亦如之。矢八物皆三等，箙亦如之。箙，盛矢器。春獻素，秋獻成，書其等以饗工。乘其事，試音考。其弓弩，以上下其食而誅賞。乃入工于司弓矢，及繕人。」稾，讀爲「芻稾」之「稾」。箭幹謂之稾。○新安陳氏曰：食必與事稱，有功不可負，無功不可濫。**往則爲**去聲。**之授節以送之，**朱子曰：遠人來，至去時有節以授之，過所在爲照，如漢之出入關者用繻，唐謂之「給過所」是也。**來則豐其委**去聲。**積**子賜反。**以迎之。**新安陳氏曰：委積，畜聚也。《周禮》遺人「掌牢禮委積」，註云：「委積，謂牢米薪芻給賓客。」又司徒註：「少曰委，多曰積。」**朝，謂諸侯見**形甸反。**於天子；聘，謂諸侯使大夫來獻。《王制》：「比**毗至反。**年一小聘，三年一大聘，五年一朝。」**比年，每年也。**厚往薄來，謂燕賜厚而納貢薄。**

「凡爲天下國家有九經，所以行之者一也。

一者，誠也。一有不誠，則是九者皆爲虛文矣。此九經之實也。三山潘氏曰：三德行之者一，所以實其德；九經行之者一，所以實其事。○雲峯胡氏曰：脩身不實，則欲得以間理；尊賢不實，則邪得以間正；親親不實，則踈得以間親。推之莫不皆然。○新安陳氏曰：《中庸》一書，「誠」爲樞紐。論誠雖「至誠者天之道」處而始詳，而「誠」之名已見於「鬼神」章「誠之不可掩」之一言，「誠」之意已兩見於三德九經「行之者一」之二言矣。誠之不可揜，以實理言；兩行之者一，皆以實心言也。

「凡事豫則立，不豫則廢。言前定則不跲，事前定則不困，行前定則不疚，道前定則不窮。

跲，其刼反。行，去聲。

凡事，指達道、達德、九經之屬。豫，素定也。跲，躓音致。**也。疚，病也。此承上文言凡事皆欲先立乎誠，如下文所推是也。**朱子曰：言前定，句句著實不脱空也。纔一語不實，便説不去。事前定則不困，閒時不曾做得，臨時自是做不徹，便至於困。行前定則不疚，若所行不前定，臨時便易得屈折枉道以從人矣。道前定則不窮，此一句又連那上三句都包在裏面，是有箇妙用千變萬化而不窮之謂，事到面前都理會得。○陳氏曰：上「凡事」一句，乃包達道、達德、九經而言；下「事前定」一句，乃指其事而言之也。○項氏曰：言誠而必言豫者，教人素學之也。知之素明，行之素熟，而後取之則不窮矣。○雲峯胡氏曰：上文言達道、達德、九經之所以行，此則總言凡事之所以立。蓋曰是誠也，非一朝一夕之故，戒懼慎獨養之者有素矣。如此則先立乎誠而後事可立，可立則可行矣。《章句》以「先立」二字釋前定，正與上二行字相應。○新安陳氏曰：四「前定」字，所以申明上「豫」字也。非以豫與前定爲誠，乃是所當豫、所當前定者，謂先立乎誠也。

「在下位不獲乎上，民不可得而治矣；獲乎上有道，不信乎朋友，不獲乎上矣；信乎朋友有道，不順乎親，不信乎朋友矣；順乎親有道，反諸身不誠，不順乎親矣；誠身有道，不明乎善，不誠乎身矣。

此又以在下位者推言素定之意。反諸身不誠，謂反求諸身，而所存所發未能真實而無妄也；朱子曰：反諸身，是反求於心；不誠，是不曾實有此心。如事親孝，須實有這孝之心；若外面假爲孝之事，裏面却無孝之心，便是不誠矣。○新安陳氏曰：「所存所發」，指心而言。所存，靜而涵養時也；所發，動而應接時也。**不明乎善，謂不能察於人心天命之本然，**此又推本從「天命謂性」之源頭處來。**而真知至善之所在也。**問：「凡事豫則立，言與事、行與道，皆欲先定於其初，則不跲不困、不疚不窮，斯有必然之驗。故自不獲乎上、不信乎朋友、不順乎親而推之，皆始於不誠乎身而已。然則『先立乎誠』，爲此章之要旨。而不明乎善，則不可以誠乎身矣。今欲進乎明善之功，要必格物以窮其理，致知以處其義。夫然後真知善之爲可好而好之，則如好好色；真知惡之爲可惡而惡之，則如惡惡臭。明善如此，夫安得而不誠哉？以是觀之，則《中庸》所謂『明善』，即《大學》致知之事，《中庸》之所謂『誠身』，即《大學》誠意之功。要其指歸，其理則一而已。」朱子曰：得之。○陳氏曰：此一節又推明誠不可不前定之意，須自誠身明善始。緊要在於明善。善者，天命率性之本然。須是格物致知，真知至善之所在。否則好善不能如好好色，惡惡不能如惡惡臭，雖欲誠身而身不可得而誠矣。故必明善乃能誠身。至於事親信友，獲上治民，無所往而不通，而達道達德九經凡事亦一以貫之而無遺矣。○雙峯饒氏曰：前言「思脩身不可以不事親」，此曰「身不誠不順乎親」。以入德之本言，則脩身必先事親；以成德之效言，則身誠然後親順。○雲峯胡氏曰：此以在下位者言，見得上文九經是在上位者。《中庸》之道，通上下皆當行也，故上言尊賢，此則言信乎朋友；上言親親，此則言順親；上言脩身，此則言誠身：其道一也。勉齋云：此一章當一部《大學》，誠身是包《大學》誠意、正心、脩身而言，心是所存，意是所發，故《章句》釋「誠身」必兼「所存所發」言之。上文曰「知天」，而此曰「明善」，善即天命之性，天命無有不善，學者當知夫至善之所在，是即《大學》所謂「格物致知」也。天不可不知，善不可不明，又見三德必以知爲先也。

「誠者，天之道也；誠之者，人之道也。誠者，不勉而中，不思而得，從容中道，聖人也；誠之者，擇善而固執之者也。中，並去聲。從，七容反。

此承上文「誠身」而言。誠者，真實無妄之謂，天理之本然也；誠之者，未能真實無妄，而欲其真實無妄之謂，人事之當然也。聖人之德，渾上聲。然天理，真實無妄，不待思勉而

從容中道，則亦天之道也。未至於聖，則不能無人欲之私，而其爲德不能皆實。故未能不思而得，則必擇善然後可以明善；問：「明善、擇善何者爲先？」朱子曰：譬如十箇物事，五箇善，五箇惡，須揀此是善，此是惡，方分明。○東陽許氏曰：擇善然後可以明善，擇者謂致察事物之理，明者謂洞明吾心之理，合外内而言之。擇善，是格物；明善，是知至。**未能不勉而中，則必固執而後可以誠身。此則所謂「人之道」也。**三山陳氏曰：善不擇，則有誤認人欲爲天理者矣；執不固，則天理有時奪於人欲矣。**不思而得，「生知」也；不勉而中，「安行」也。擇善，「學知」以下之事；固執，「利行」以下之事也。**《章句》兩「以下」字該困知勉行在其中。○朱子曰：「誠者天之道」，誠是實理自然，不假脩爲者也；「誠之者人之道」，是實其實理，則是勉而爲之者也。孟子言「萬物皆備於我」，便是誠；「反身而誠」，便是「誠之」。反身，只是反求諸己；誠，只是萬物具足無所虧欠。○問：「在天固有真實之理，在人當有真實之功。聖人不思不勉而從容中道，無非實理之流行，則聖人與天爲一，即天之道也。未至於聖人，必擇善而後能明是善，必固執然後能實是善，此人事當然，即人之道也。」曰：善。○北溪陳氏曰：天道人道有數樣分別。且以上天言之，「維天之命，於穆不已」，自元亨而利貞，貞而復元，萬古循環無一息之間，凡天下之物洪纖高下，飛潛動植，青黃白黑，萬古皆常然不易；又如日往月來，寒往暑來，萬古皆然，無一息之差繆：此皆理之真實處，乃天道之本然也。以人道相對，誠之乃人分上事；若就人論之，則天道流行賦予於人而人受之以爲性，此天命之本然者便是誠。故五峯謂「誠者命之道」。蓋人得天命之本然無非實理，如孩提知愛，及長知敬，皆不思而得，不學而能，即在人之天道也。

其做工夫處，則盡己之忠，以實之信，凡求以盡其誠實，乃人道也。又就聖賢論之，聖人生知安行，純是天理，徹內外本末皆真實無一毫之妄，不待勉而自中，不待思而自得。如人行路，須照管方行得路中，否則蹉向一邊去。聖人如不看路，自然路中行，所謂「從容中道」，此天道也。自大賢以下，氣稟不能純乎清明，道理未能渾然真實無妄。故知有不實，須做擇善工夫；行有不實，須做固執工夫。擇善是辨析衆理而求其所謂善，致知之功也；固執是所守之堅而不爲物所移，力行之功也。須是二者並進，乃能至於真實無妄，此人道也。○雙峯饒氏曰：不勉而中，安行之仁也；不思而得，生知之知也；從容中道，自然之勇也。或疑從容非勇。曰：今有百鈞於此，一人談笑而舉之，力有餘也；一人竭蹷而不能舉，力不足也。然則聖人之於道也，衆皆勉强而已獨從容，非天下之大勇而何？擇善近知，固執近仁，而勇在其中。論「誠」者則先仁而後知，以成德之序言也；論「誠之」者則先知而後仁，以入德之序言也。○雲峯胡氏曰：自此以前十六章言「誠之不可揜」，是以天道言誠；上文「誠身」，是以人道言誠。所以於此總兩者言之曰「誠者天之道，誠之者人之道」也。不勉而中者，安行之仁；不思而得者，生知之知；從容中道者，自然之勇。此以上皆言知仁勇，學者入德之事；此以下兼言仁知勇，聖人成德之事。《論語》曰「知者不惑，仁者不憂，勇者不懼」，學之序也；此以上見之，又曰「仁者不憂，知者不惑，勇者不懼」，德之序也。此以下見之。下章「盡性」，仁也；「前知」，知也；「無息」，勇也。「博厚」，仁也；「高明」，知也；「悠久」，勇也。「如地之持載」，仁也；「如天之覆幬」，知也；如「日月之代明，四時之錯行」，勇也。往往皆言仁知勇，而於此始焉。至論學知利行之事，擇善爲知，固執爲仁，又依舊先知而後仁，其所以開示學者至矣。

「博學之，審問之，慎思之，明辨之，篤行之。

此「誠之」之目也。學、問、思、辨，所以擇善而爲知，去聲。學而知如字。也；篤行，所以固執而爲仁，利而行也。程子曰：「五者廢其一，非學也。」朱子曰：五者無先後，有緩急。不可謂博學時未暇審問，審問時未暇謹思，謹思時未暇明辨，明辨時未暇篤行，五者從頭做將去，初無先後也。○陳氏曰：擇善，有博學、審問、慎思、明辨工夫，儘用功多；固執，只有篤行一件工夫。是擇善處真能知之，則行處功自易也。○雙峯饒氏曰：學必博，然後有以聚天下之見聞而周知事物之理；問必審，然後有以訂其所學之疑；思必謹，然後有以精研其學問之所得而自得於心；辨必明，然後有以別其公私義利是非真妄於毫釐疑似之間而不至於差繆。擇善至此，擇之可謂精矣。如是而加以篤行，則日用之間，由念慮之微以達於事爲之著，必能去利而就義，取是而舍非，不使一毫人欲之私得以奪乎天理之正，而凡學問思辨之所得者，皆有以踐其實矣。所執如此，其固爲何如！此學知利行以求至於誠者之事也。○項氏曰：學而又問，則取於人者詳；思而又辨，則求於心者精。如是而後可以行矣。

「有弗學，學之弗能弗措也；有弗問，問之弗知弗措也；有弗思，思之弗得弗措也；有弗辨，辨之弗明弗措也；有弗行，行之弗篤弗措也。人一能之，己百之；人十能之，己千之。

君子之學不爲則已，爲則必要其成，故常百倍其功。此困而知、勉而行者也，勇之事也。朱子曰：此一段是應上面「博學之」五句反說起，如云不學則已，學之弗能而定不休。如云「有不戰，戰必勝矣」之類也。○陳氏曰：學問思辨，智之事；篤行，仁之事；弗措，勇之事。○雙峯饒氏曰：達道有五，知此者曰知，行此者曰仁，勉於此者曰勇，實知實行而實勉者曰誠。博學審問慎思明辨以擇乎善，所以求實知也；篤行以固執之，所以求實行也；五「弗措」，所以求實勉之也。知之實，行之實，勉之實，則達德之實體立，而達道之實用行矣。

「果能此道矣，雖愚必明，雖柔必强。」

明者，「擇善」之功；强者，「固執」之效。朱子曰：雖愚必明，是致知之效；雖柔必强，是力行之效。○新安陳氏曰：自「人一能之」以下，乃子思子喫緊爲氣質昏弱者言。「果能此道」一句尤警策，只恐不能百倍其功耳。若真能於此五者下百倍於人之功，則學力之至到，决可變化氣質之昏弱矣。子思子豈欺我哉？呂氏曰：「君子所以學者，爲去聲。能變化氣質而已。德勝氣質，則愚者可進於明，柔者可進於强；不能勝之，則雖有志於學，亦愚不能明，柔不能立而已矣。蓋均善而無惡者性也，人所同也；昏明强弱之稟不齊者才也，人所異也。『誠之』者，所以反其同而變其異也。夫音扶。以不美之質求變而美，非百倍其功不足以致之。今以鹵音魯。莽莫古、莫後二反。滅裂之學《莊子·則陽》篇：「君爲政焉勿鹵莽，治民焉勿滅裂。昔予爲禾，耕而鹵莽之，則其實亦鹵莽而報予；芸而滅裂之，其實亦滅裂而報予。」鹵莽，不用心也。滅裂，輕薄也。或作或輟以變其不美之質，及不能變，則曰：『天質不美，非學所能變。』是果於自棄，其爲不仁甚矣！」新安陳氏曰：成己，仁也。進學不勇，卒也不能成己，是自棄其身於不肖之歸，非不仁而何？○朱子曰：某年十五六時，見呂與叔解得此段痛快，讀之未嘗不竦然警厲奮發。人若有向學之志，須是如此做工夫方得。○雲峯胡氏曰：前曰「鮮能」，曰「不可能」，此能百倍其功，則果能此道矣。雖愚必明，亦可謂知矣，充之而義精可也；雖柔必强，亦可謂仁矣，充之而仁熟可也。以此見得中庸非不可能，能之者在乎人，人之所以能之者在乎勇。

右第二十章。此引孔子之言以繼大舜、文、武、周公之緒，明其所傳之一致，舉而措之亦猶是爾。陳氏曰：此說孔子能盡中庸之道，子思引此以明道統之傳也。○雲峯胡氏曰：上章所述文、武、周公，皆是「舉而措之」之事；此引孔子之言謂「所傳一致」，使得「舉而措之」，則亦猶是耳。至第三十章曰「仲尼祖述堯舜，憲章文武」，則愈可見其所傳之一致焉。○新安陳氏曰：《論語·堯曰》篇歷叙堯、舜、禹、湯，武王之事而以孔子答子張問政繼之。子思此章，正此意也。**蓋包費隱，兼小大，以終十二章之意。**或問：「《章句》第十六章『兼費隱，包大小而言』，至此則曰『包費隱，兼小大』，何也？」雲峯胡氏曰：十六章則兼費隱而言，不言小大而包小大於其中；此章則兼小大而言，不言費隱而包費隱在其中。「兼」字、「包」字，各有攸當也。**章内語「誠」始詳，而所謂「誠」者，實此篇之樞紐**女九反。**也。**如户之有樞，如衣之有紐。○黄氏曰：《中庸》著一「誠」字鎖盡。○格庵趙氏曰：《中庸》一篇無非說「誠」。自篇首至十六章始露出「誠」字。然專說鬼神，是以天道言。至此章說許多事，末乃說誠身工夫，乃是人道。自此以下數章，分說天道、人道極爲詳悉。**又按，《孔子家語》亦載此章，而其文尤詳。「成功一也」之下，有：「公曰：『子之言美矣至矣，寡人**

實固不足以成之也。』」故其下復以「子曰」起答辭。今無此問辭而猶有「子曰」二字，蓋子思刪其繁文以附于篇，而所刪有不盡者，今當爲衍文也。「博學之」以下，《家語》無之，意彼有闕文，抑此或子思所補也歟？《家語》：哀公問政於孔子。孔子對曰：「文武之政，云云。其人亡，則其政息。天道敏生，人道敏政，地道敏樹。夫政也者，猶蒲盧也，待化以成。故爲政在於得人，取人以身，脩身以道，脩道以仁。云云。親親之殺，尊賢之等，禮所以生也。禮者，政之本也。是以君子不可以不脩身，云云。及其成功一也。」公曰：「子之言美矣至矣，寡人實固不足以成之也。」孔子曰：「好學近乎知，云云。知所以治人，則能成天下國家者矣。」公曰：「政其盡此而已乎？」孔子曰：「凡爲天下國家有九經，云云。懷諸侯則天下畏之。」公曰：「爲之柰何？」孔子曰：「齊明盛服，云云。爵其能，重其禄，同其好惡，所以篤親親也。云云。從容中道，聖人之所以定體也。誠之者，擇善而固執之者也。」公曰：「子之教寡人備矣，敢問行之所始。」孔子曰：「立愛自親始，教民睦也；立敬自長始，教民順也。教之慈睦而民貴有親，教以敬而民貴用命。民既孝於親，又順以聽命，措諸天下無所不可。」公曰：「寡人既聞此言也，懼不能果行而獲罪咎。」〇朱子曰：前輩多是逐段解去。某初讀時只覺首段合與次段首意相接。如云「政也者蒲盧也，故爲政在人，取人以身，脩身以道，脩道以仁」，便說「仁者人也，親親爲大；義者宜也，尊賢爲大」，都接續說去。❶又思「脩身」段後便繼以「天下之達道五」，知

❶「續」，原作「統」，今據《語類》卷六四改。

此三者段後便繼以「爲天下國家有九經」，亦似相接續。自此推去，疑只是一章。後讀《家語》方知是孔子一時間所説，乃是本來一段也。

自誠明謂之性，自明誠謂之教。誠則明矣，明則誠矣。

自，由也。德無不實而明無不照者，聖人之德所性而有者也，天道也；先明乎善而後能實其善者，賢人之學由教而入者也，人道也。朱子曰：此「性」字是「性之」也，此「教」字是「學知」也，與首章「天命謂性，脩道謂教」二字義不同。○葉氏曰：聖人全體無一不實，而明睿所照無一不盡，此自誠而明也；學者先明乎善無不精察，故踐履之際始無不實，此自明而誠也。謂之「性」者，全於天之賦予；謂之「教」者，成於己之學習。○雙峯饒氏曰：「自誠明謂之性」，指誠者而言；「自明誠謂之教」，指誠之者而言。**誠則無不明矣，明則可以至於誠矣。**朱子曰：「自誠明謂之性」，誠實然之理，此堯舜以上事；學者則「自明誠謂之教」，明此性而求實然之理。○以誠而論明，則誠明合而爲一；以明而論誠，則誠明分而爲二。○陳氏曰：下二句結上意。「可以至於誠」，「可以」，是做工夫處。○三山陳氏曰：自誠明者，由其内全所得之實理以照事物，如天開日明自然無蔽，此性之所以名，天之道也；自明誠者，由窮理致知去其私欲以復全其所得之實理，必由學而能，此教之所以立，人之道也。自誠明者，誠即明也，非曰誠而後至於明；自明誠者，尚須由明而後至於誠。雖然，及其成功一也。○勿軒熊氏曰：首章言性、道、教。「道」之一字前章備言。此但言「性」與「教」。誠明謂之性，生知安行之事，先仁而後知；明誠謂之教，學知利行之事，先知而後仁。○雲峯胡氏曰：此性即天命之性。

但天命之性，人物所同；此則「性之」者也，聖人所獨。此教即脩道之教。但教是聖人事，此則由教而入，學者事也。

右第二十一章。子思承上章夫子「天道」、「人道」之意而立言也。朱子曰：《中庸》言天道處，皆自然無節次；言人道處，皆有下工夫節次。○陳氏曰：此章兼天道、人道而言。自此以下十二章皆子思之言，以反覆推明此章之意。雙峯饒氏曰：此章大意是繳上章言「誠者天之道，誠之者人之道」。一向分兩路説去，則天人爲二也。到此章方合説，「誠則明矣，明則誠矣」，指人道可至於天道，合天人而一之也。下章「至誠盡性」章言天道，「致曲」章言人道，而末合之曰「唯天下至誠爲能化」。此下又分别天道、人道。

唯天下至誠爲能盡其性。能盡其性，則能盡人之性；能盡人之性，則能盡物之性；能盡物之性，則可以贊天地之化育；可以贊天地之化育，則可以與天地參矣。

天下至誠，謂聖人之德之實，天下莫能加也；朱子曰：「至誠」之至，乃「極至」之至，如「至道」、「至德」之比。○葉氏曰：至誠者，蓋聖人之全德無一之不實，極其至之謂，舉天下無以加，亘古今莫能及者也。盡其性者，德無不實，故無人欲之私，而天命之在我者察之由之，巨細精粗無毫髮之不盡也。新安陳氏曰：《章句》又推本「天命謂性」一句而言。天命之在我者，即天理之賦予於我而爲性者是也。「察之」，謂生知；「由之」，謂安行。乃借孟子所謂舜「察於人倫，由仁義行」之「察」、「由」二字用之，❶謂知之與行之皆無不盡也。**人物之性亦我之性，但以所賦形氣不同而有異耳；能盡之者，謂知之無不明，而處**上聲。**之無不當**去聲。**也。贊，猶「助」也。與天地參，謂與天地並立而爲三也。此自誠而明者之事也。**問：「盡性，即孟子『盡心』否？」朱子曰：盡心，是就知上說；盡性，是就行上說。能盡得真實本然之全體，是盡性；能盡得虛靈知覺之妙用，是盡心。「盡性」、「盡心」之「盡」，不是做工夫之謂，蓋言上面工夫已至，至此方盡得耳。○盡己之性，如在君臣則義，在父子則親之類；盡人之性，如「黎民於變時雍」；盡物之性，如「鳥獸魚鱉咸若」。○性只一般，人物氣稟不同。人雖稟得氣濁，本善之性終在，有可開通之理，是以聖人有教化去開通他，使復其善。物稟氣偏，無道理使開通，只是處之各當其理，且隨他所明處使之。他所明處亦只是這箇善，聖人便用他善底。如馬悍者用鞭策方乘得，此亦教化，是隨他天理流行發見處使之也。○「贊天地之化育」，人在天地間雖只是一理，然天人所爲，各自有分。人做得底，却有天做不得底。如天能生物而耕必用人，水能潤物而灌必用人，火能熯物而爨必用人，財成輔相皆人，非贊而何？○陳氏曰：此乃有德有位之聖人之事，惟堯、舜足以當之。○雙峯饒氏曰：此與首章一般。至誠盡性，便是「致中和」；贊化育，便是「天地位，萬物育」。○問：「盡己之性，可以兼知行言；盡人物之性，恐只是主知而言。且如人物之性，我如何行得他底？」曰：盡其性者，是知之行之無不盡之云也；盡人物之性者，知之無不明，處之無不當之云也。如「新民止

❶「二」，原作「三」，今據四庫本及《輯釋》改。

於至善」相似，不是民之自新止於至善，乃是新之止於至善。問：「如何盡人之性？」曰：如教以人倫，使之父子有親，君臣有義之類皆是。問：「如何盡物之性？」曰：如仲冬斬陽木，仲夏斬陰木；獺祭魚，然後漁人入澤梁；豺祭獸，然後田獵之類皆是也。○雲峯胡氏曰：天命之性本真實而無妄，故聖人之心真實無妄之至，始於本然之性爲能盡耳，非有所加也。盡兼知行而言。察之無不盡，故於人物之性知之無不明；由之無不盡，故於人物處之無不當。人物之性亦我之性，聖人之盡之，亦非有加也。天地能賦人物以性，不能使人物各盡其性；聖人能盡之，則可以贊天地之化育，而可以與天地參而爲三矣。○東陽許氏曰：兩章「性」字不同。前如孟子「性之」之性，是帶用說。此乃指性之體而言。

右第二十二章。言天道也。或疑此章以後言天道人道間見迭出。潛室陳氏曰：道理縱橫説之無盡，如何立定樣範？只合逐章體認，纔不費力處便是天道，著力處便是人道。

其次致曲。曲能有誠，誠則形，形則著，著則明，明則動，動則變，變則化。唯天下至誠爲能化。

其次，通大賢以下凡誠有未至者而言也。致，推致也；曲，一偏也。形者，積中而發外；形見。**著，則又加顯矣；明，則又有光輝發越之盛也。動者，誠能動物；變者，物從而變；化，則有不知其所以然者。**朱子曰：動是方感動他；變則已改其舊俗，然尚有痕迹在；化則都消化了，無復痕迹矣。○孟子「明則動」矣，未變也；顏子「動則變」矣，未化也。○北溪陳氏曰：自形著至變化，以致曲之效言。○新安陳氏曰：形著明相似而有漸，皆誠之全體呈露於大用者也。形著明是一類，動變化是一類。明者形著之盛，化者動變之妙。**蓋人之性無不同，而氣則有異，故惟聖人能舉其性之全體而盡之。其次則必自其善端發見**形甸反。**之偏，而悉推致之以各造**七到反。**其極也。**新安陳氏曰：當看「悉」字、「各」字。悉是一一推致，各是各要造極。**曲無不致，則德無不實，**新安陳氏曰：解「曲能有誠」一句，承「致曲」而言，曲無往而不致，則德無往而不實。偏曲者皆貫通乎全體矣。**而形著動變之功自不能已。積而至於能化，則其至誠之妙亦不異於聖人矣。**程子曰：「其次致曲」者，學而後知之也，而其成也與生而知之者不異焉。故君子莫大於學，莫害於畫，莫病於自足，莫罪於自棄。學而不止，此湯、武所以聖也。○朱子曰：至誠盡性，則全體著見；次於此者，未免爲氣質所隔。只如人氣質温厚，其發見多是仁；氣質剛毅，其發見多是義。隨其善端發見，便就上推致以造其極。非是止就其發見一處推致之也。如「充無欲害人之心而仁不可勝用，充無穿窬之心而義不可勝用」，此正是致曲處。如從惻隱處發，便就此發見處推致其極，從羞惡處發亦然，孟子謂擴充其四端是也。雲峯胡氏曰：曰「端」，則於其發之初即推之；曰「曲」，則於其發之偏悉推之也。○曲不是全體，只是一偏之善。就一偏之善能一一推之以致乎其極，則能貫通乎全體矣。○問：「『曲能有誠』，若屬上句，則曲是能有誠；若屬下句，則曲若能有誠。二意不知孰爲穩當？」曰：曲也是能有誠，但不若屬下句意。○問顔、曾以下皆是致曲。曰：顔子體段已具。曾子却是致曲，一一推之，至答一貫之時則渾全矣。○王氏曰：孟子曰：「至誠未有不動者，不誠未有能動者也。」蓋發明子思意也。動則變，使之改不善而從善也；變則化，使之遷善遠罪而不知爲之者也。變則改易之迹顯，化則陶染之功深。能化，雖與至誠相似。然至誠之化無待乎明而動，動而變，變而後化也。故「立之斯立，道之斯行，綏之斯來，動之斯和」，唯夫子能之。○新安陳氏曰：「唯天下至誠」與上章五字同。然上章是聖人之至誠，此章是大賢致曲有誠之極亦同乎聖人之至誠，所謂「及其成功一也」，故亦與聖人並稱「至誠」歟？○東陽許氏曰：此章重明自明而誠之意。「誠」以下皆言效驗。形、著、明，就己上説；動、變、化，就物上説。

右第二十三章。言人道也。

至誠之道可以前知。國家將興，必有禎祥；國家將亡，必有妖孽。見乎蓍龜，動乎四體，禍福將至，善必先知之，不善必先知之。故至誠如神。見音現。

禎祥者，福之兆；妖孽者，禍之萌。妖亦作「祅」。孽，魚列反。《説文》作「蠥」，云：「衣服歌謠草木之怪謂之妖，禽獸蟲蝗之怪謂之蠥。」○兆朕，萌芽，皆幾之先見者。**蓍，所以筮；龜，所以卜。四體，謂動作威儀之間，如執玉高卑、其容俯仰之類。**《左傳》定公十四年，邾隱公來朝，邾子執玉高，其容仰；公受玉卑，其容俯。子貢曰：「以禮觀之，二君皆有死亡焉。」是年定公薨。哀公七年，魯伐邾，以邾子益來。**凡此皆理之先見**形甸反。**者也。然唯誠之至極而無一毫私僞留於心目之間者，乃能有以察其幾**平聲。**焉。神，謂鬼神。**興國本無此四字。○問「至誠之道可以前知」。朱子曰：在我無一毫私僞，故常虛明自能見得。如禎祥妖孽與蓍龜所告，四體所動，皆是此理已形見，但人不能見耳。聖人至誠無私僞，所以自能見得。且如蓍龜所告之吉凶甚明，但非至誠人却不能見也。○格庵趙氏曰：惟誠之至者，無一毫之不實，則萬物兆朕無不形見。否則已然之事則不覺悟，尚何能察其幾哉？〇雙峯饒氏曰：聖人清明在躬，無一毫嗜欲之蔽，故志氣如神，便與明鏡相似，纔有些影來便知；衆人如昏鏡，所以無所知。〇雲峯胡氏曰：禎祥者，興之幾；妖孽者，亡之幾。蓍龜、四體，莫非善不善之幾。知幾其神，至誠者能之。即周子《通書》所謂「無欲故静虚，静虚則明，明則通」，亦即所謂「誠精故明，神應故妙，幾微故幽，誠、神、幾曰『聖人』」。但《通書》所謂神以妙用謂之神，此所謂神以功用謂之鬼神。言「誠」自第十六章始。彼言誠者鬼神之所以爲鬼神，此則言聖人之至誠，聖人之所以如鬼神也。此章與第十六章文不相屬，而意實相承云。〇新安陳氏曰：至誠之道可先事之未然而知其幾，蓋亦誠之明處。誠無不極而明無不照也祥。孽皆是幾，或見蓍龜，或動四體，善不善必先知之，至誠之人先知之也。能知幾如神明，蓋以理知之，非如術數揣測之知也。〇東陽許氏曰：至誠前知，亦必於動處見。所謂「幾者動之微」，吉凶之先見者也。聖人知來者如此，非有異也，故爲中庸。

右第二十四章。　言天道也。

誠者自成也，而道自道也。「道也」之道音導。

言誠者物之所以自成，而道者人之所當自行也。誠以心言，本也；道以理言，用也。朱子曰：誠者，是箇自然成就道理，不是人去做作安排底物事；道却是箇無情底道理，却須是人自去行始得。〇「誠者自成也」，是孤立懸空説這一句。蓋有是實理則有是天，有是實理則有是地，凡物都是如此，故曰「誠者自成」，蓋本來自成此物。到得「道自道」，便是有這道在這裏，人若不自去行，便也空了。問：「既説『物之所以自成』，下文又云『誠以心言』，莫是心者物之所存主處否？」曰：誠以心言，是就一物上説，凡物必有是心，有是心然後有是事。○誠者自成，如這箇草樹所以有許多根株枝葉條榦，皆是自實有底。如人便自有耳目鼻口，手足百骸，都是你自實有底。道雖是自然底道理，然却須是你自去做始得。○雲峯胡氏曰：此「誠」字即是「天命之性」，是物之所以自成；此「道」字是「率性之道」，是人之所當自行。物之所以自成，是全不假人爲；人之所當自行，爲之全在乎人。「誠以心言」本也，「道以理言」用也，專爲人之所當自行者而言，所以朱子曰「誠者自成」，且是懸空説此一句。蓋凡天下之物有此實理，方成此物。若人之所當自行者無此實心，如何能實此理？故《章句》提起「心」之一字言之。饒氏疑「誠者自成」不必添入一「物」字，誠即道也，似不必分本與用。殊不知程子曰：「誠者物之終始，猶俗語『徹頭徹尾』，不誠更有甚物也？」饒氏之病，正坐於便以誠爲己所自成而欠一「物」字。愚謂誠有以實理言者，有以實心言者以實理言，誠即道也，似不必分本與用；以實心言，必實有是心，然後能實有是理。况「誠者物之所以自成」，本下文「誠者物之終始」，泛指物之所以自成言也；「誠以心言」，本下文「不誠無物，君子誠之爲貴」，專指人之有以自成者言也。泛指在物者，則以物之所以自成者爲本，而以人之所當自行者爲用亦可；專指在人者，如下文《章句》所謂「人之心能無不實，乃爲有以自成，而道之在我者亦無不行矣」。若是則以心之誠爲本，而道之行爲用，又何疑之有？

誠者，物之終始。不誠無物，是故君子誠之爲貴。

天下之物皆實理之所爲，故必得是理然後有是物。所得之理既盡，澌盡。**則是物亦盡而**

無有矣。兩「盡」字，是釋「終始」之終字。**故人之心一有不實，則雖有所爲亦如無有，而君子必以誠爲貴也。蓋人之心能無不實，乃爲有以自成，而道之在我者亦無不行矣。**朱子曰：有是理則有是物，徹頭徹尾皆實理之所爲。未有無此理而有此物也。大意若曰：實理爲物之終始，無是理則無是物，故君子必當實乎此理也。○「誠者物之終始」，凡有一物，則其成也必有所始，其壞也必有所終。而其所以始者，實理之至而向於有也；其所以終者，實理之盡而向於無也。若無是理，則亦無是物矣。此誠所以爲物之終始，而人心不誠，則雖有所爲，皆如無有也。○誠則有物，不誠則無物。且如而今對人説話，若句句説實，皆自心中流出，這便是「有物」。若是脱空誑誕不説實話，雖有兩人相對説話，如無物也。又曰：且如草木自萌芽發生以至枯死朽腐歸土，皆是有此實理方有此物。若無此理，安得有此物？○「不誠無物」，以在人者言之，謂無是誠則無是物。如視不明則不能見是物，聽不聰則不能聞是物，謂之無物亦可。又曰：孝而不誠於孝則無孝，弟而不誠於弟則無弟，推此類求之可見。○問：「『誠者物之終始，不誠無物』，此二句是泛説；『君子誠之爲貴』，却説從人上去。先生於『不誠無物』亦以人言，何也？」曰：「誠者物之終始」固泛説。若「不誠無物」，這「不」字是誰「不」他？須有箇人「不」他方得。○「誠者物之終始」，是解「誠者自成」一句；「不誠無物」，已是説「自道」句了。蓋人則有不誠，理無不誠者，恁地看覺得前後文意相應。○北溪陳氏曰：「誠者物之終始」，此「誠」字以實理言；「不誠無物」、「誠之爲貴」，此二「誠」字以實心言。蓋有是理而後有是物，以造化言之，天地間萬物生成，自古及今無一物不實，皆是實理所爲。大而觀之，自太始至無窮，莫不皆然。就一物觀之亦然。以一株花論，春氣流注到則生花，春氣盡則花亦盡。就一花蘂論，氣實行到此則花開，氣實消則花謝。凡物之終始，皆是一箇實理如此。「不誠無物」，是就人心論，凡人做事自首徹尾純是一箇真實心，方有此事。若實心間斷，雖做此事如不做一般。如《祭義》云「其立之也敬以詘，至已徹而退，敬齊之色不絶於面」，此是祭之終始，皆一真實之心，則祭之爲物方成一箇物而非虛設。若季氏祭終而跛倚以臨祭，則是不誠，與不祭何異？

誠者，非自成己而已也，所以成物也。成己，仁也；成物，知也。性之德也，合内外之道也，故時措之宜也。知，去聲。

誠雖所以成己，然既有以自成，則自然及物而道亦行於彼矣。仁者體之存，知者用之發，是皆吾性之固有而無内外之殊。既得於己，則見形甸反。**於事者以時措之而皆得其宜也。**朱子曰：誠雖所以成己，然在我者真實無僞，自能及物。自成己言之，盡己而無一毫之私僞，故曰仁；自成物言之，因物成就各得其當，故曰知。○問：「成己合言『知』而言『仁』，成物合言『仁』而言『知』，何也？」曰：「克己復禮爲仁」，豈不是成己；「知周乎萬物」，豈不是成物？○成己成物之道無不備，故能合内外之道而得時措之宜，蓋融徹洞達、一以貫之而然也。○問：「『時措之宜』，是顔子閉户，禹稷纓冠之義否？」曰：亦有此意。須知、仁具，内、外合，然後有箇時措之宜。○雙峯饒氏曰：成己成物，己與物雖有内外之殊，而仁知之德則具於己性分之内，乃合内外而爲一底道理。○起頭説「誠自成」，其下説「成物」，説「道自道」，其下説「合内外之道」，見得誠不但成己，道不但自道，又能成物而合内外之道也。○知居仁先者以好學言，入德之知也；知居仁後者以成物言，成德之知也。○雲峯胡氏曰：子貢曰：「學不厭，知也；教不倦，仁也。」與此言仁、知若異。朱子以子貢之言主於知，子思之言主於行，故各就其所重而有賓主之分。蓋知主知，仁主行。學與教皆以知言，故先知後仁；知爲體，仁爲用，成己成物皆以行言，故先仁後知，仁爲體，知爲用。二者互爲體用，愈見其性中之所有而無内外之殊者矣。「時措」之時字即「時中」之時。性之德，是未發之中；時措之宜，是發而合乎時中之中。○譚氏曰：誠之體爲仁，誠之用爲知。誠之實理可據曰「德」，誠之實理可由曰「道」。○顧氏曰：外，成物也；内，成己也。分言之，則曰「成己仁也，成物知也」；合言之，則曰「性之德也，合内外之道也」。合者，兼總之意。○新安陳氏曰：深繹此章誠本自成己也，誠之爲道本自道於己也，此爲己之學也。天命之性，具此實理。誠者此理之實也。實有諸己，故曰「自成」。率性之道躬自行之，道者行此者也，躬行於己，故曰「自道」。言皆自己分内事也。誠者物之根榦，是乃事物之徹始徹終而無間斷者也。不誠，則心一虚僞，有物如無物矣。是以君子必鑒此而以「誠之爲貴」。此「誠之」字，如前章「誠之者」之「誠之」。誠之，正君子事也。誠固曰自成，然非徒自成己而已也。既自成己，則必成物。性者萬物之一原，非有我之得私也，立必俱立，成不獨成。成己所以爲仁，而體以立；成物所以爲知，而用以行。成己而不成物是有體而無用矣。仁知乃天命之性中固有之德也。成己之仁存於内，而道自行於己；成物之知發於外，而道亦行於彼。固無内外之殊，所以合内外而同一道也。誠亦成物，豈徒自成而已？道亦合内與外，豈徒自道而已？既能由體達用，由内合外，則見於隨時以舉而措之者，豈不皆得其宜也哉？由成己之仁發爲成物之知，則知固自仁中出，又能合乎時措之宜，則義又從是而生，而義亦自仁中出矣。仁也，知也，義也，一以貫之皆實理之條目也。

右第二十五章。　**言人道也。**

故至誠無息。

既無虛假，自無間去聲。**斷。**徒玩反。後凡言「間斷」音同。○陳氏曰：凡假僞底物，久則易間斷。真實自無間斷。○問：「『至誠無息』說天地得否？」雙峯饒氏曰：人之誠有至有不至，聖人誠之至，故可說「至誠」。天地只是誠，無至不至。○雲峯胡氏曰：首句上便有「故」字，承上章而言也。言「誠」自第十六章始，二十章至二十五章言「誠」莫詳焉。此章特因上章言至誠之功用，於是以「故」字先之。○新安陳氏曰：自「至誠無息」，至「博厚則高明」，言聖人之道。○東陽許氏曰：至誠無息，惟至誠所以無息。有虛假則間斷矣。惟無息，乃見誠之至；有息，則非至誠矣。

不息則久，久則徵，

久，常於中也；徵，知盈反。**驗於外也。**朱子曰：久然後有徵驗。只一日二日工夫，如何有徵驗？○問：「『至誠無息，不息則久』，果有分別否？」曰：不息，只如言「無息」。○北溪陳氏曰：道理真積力久，充實於内，自然著見於外。如「見面盎背」之類，是徵驗處。

徵則悠遠，悠遠則博厚，博厚則高明。

此皆以其驗於外者言之。鄭氏所謂「至誠之德，著於四方」者是也。朱子曰：此是言聖人功業著見。諸家多作進德節次說。只一箇「至誠」已該了，豈復有許多節次？不須說入裏面來。古註不可易。**存諸中者既久，**接上文「久則徵」説來。**則驗於外者益悠遠而無窮矣。**朱子曰：久，是就他骨子裏説鎮常如此之意；悠遠，是自今觀後見其無終窮之意。又曰：悠，是擬始以要終；久，是隨處而常在。○蛟峯方氏曰：悠，是其勢寬緩而不促迫；遠，是長遠。大率功效氣象之促迫者，便不長遠。如三代之治氣象寬緩，五霸之治氣象促迫，故三代之治長，五霸之治短。如地勢悠緩則其勢遠，斗峻則其勢絶，皆是惟「悠」故「遠」之義。**悠遠，故其積也廣博而深厚；博厚，故其發也高大而光明。**朱子曰：吕氏説有如是廣博，則其勢不得不高；有如是深厚，則其精不得不明。此兩句甚善。《章句》中雖用他意，然當初只欲辭簡，反不似他説得分曉。譬如爲臺觀，須大做根基，方始上面可以高大；又如萬物精氣蓄於下者深厚，故其發越於外者自然光明。○自徵則悠遠至博厚高明無疆，是皆功業著見如此，故云「德著於四方」。

博厚所以載物也，高明所以覆物也，悠久所以成物也。

「悠久」即「悠遠」，兼内外而言之也。三山潘氏曰：久，是久於内；悠，是久於外。○潛室陳氏曰：「不息則久」，是誠積於内；「徵則悠遠」，是誠積於外。下却變文爲「悠久」，則是兼上文内外而言。**本以悠遠致高厚，而高厚又悠久也。此言聖人與天地同用。**問：「以存諸中者言，則悠遠在高明博厚之前；以見諸用者言，則悠久在博厚高明之後。如何？」朱子曰：此所以爲悠久也。若始初悠久，末梢不悠久，便是不悠久矣。○北溪陳氏曰：初頭本是悠遠方能至於高厚，今又由高厚以至於悠遠也。物至久則成而不壞，不久則雖成而易壞。至此則與天地同用矣。此處似説得太高妙。然至誠之德在我能極其至，其功效氣象著見於天下自然如此。能盡其道者，惟堯舜爲然。蓋堯、舜在位日久，自有許多博厚高明悠久氣象也。○雙峯饒氏曰：此章承上二章而言，所以劈頭下箇「故」字。蓋盡性仁之至，前知知之至，而無息勇之至也。又自「無息」推之曰「不息則久，久則徵，徵則悠遠」，已自闔了「悠久」字在其中，言積之久則驗於外。悠有長之意，長而且遠，則博；長遠而不息，則所積者厚；博厚，則發達之盛而高且明。此推其無息之效，故其序如此。下一截指其成德而言，故先博厚、高明而後悠久。○不息則久，久字指誠而言，是在內。悠久，指功用而言。高明博厚皆是見之於外，便見得悠久是指外面底。○新安陳氏曰：自博厚所以載物至無爲而成，言聖人配天地之道。

博厚配地，高明配天，悠久無疆。

此言聖人與天地同體。 龜山楊氏曰：配，合也，與孟子「配義與道」之「配」同。○陳氏曰：同用以功言，同體以德言。○問：「此章以博厚居高明之前，後章以持載居覆幬之前，何也？」雙峯饒氏曰：博厚持載指仁而言，高明覆幬指知而言。以入德言則知先乎仁，以成德言則仁先乎知。此博厚持載之仁，所以居高明覆幬之前也。而悠久無疆，代明錯行，又仁知之勇也。○新安陳氏曰：悠久，即博厚高明之悠久，無疆即天地之無疆。

如此者，不見而章，不動而變，無爲而成。 見音現。

見，猶「示」也。不見而章，以配地而言也；不動而變，以配天而言也；無爲而成，以無疆而言也。 陳氏曰：「不見而章」，是不待有所示而功用自然章著，此處與地一般；「不動而變」，動則猶有形迹，至於不動，則如天之變化萬物無形迹，此處與天爲一般；「無爲而成」，有所爲而成，尚有形迹，無所爲而成，其功用至於悠久，自不見其形迹，此亦「悠久無疆」言之也。○問：「以『不見』指博厚，『不動』指高明易曉。『無爲而成』，與『悠久無疆』似不相貫。」雙峯饒氏曰：悠久，是貫天地而言。不見不動，便是無爲。惟其博厚、高明、悠久，所以能成物。不見而章，是「品物流形」；不動而變，是「雲行雨施」；無爲而成，是「各正性命」。○雲峯胡氏曰：無息便是久，久便自然證驗於外。不息則久，是存於中者久也；悠久成物，是驗於外者久也。凡功用豈無積之博厚、發之高明者？其博厚高明未必能久，無他，不自真積力久中來也。惟實於中者久，故證於外者亦久。內外此誠，內外悠久；終始此誠，終始悠久。朱子曰：「『博厚高明』，猶人之形體；悠久，猶人之元氣。」有旨哉！上章成己成物，「誠之」者之事；此悠久成物，「誠」者之事。曰成物，曰無疆，曰無爲而成，皆指悠久之成功而言，皆指博厚高明之悠久而言。○東陽許氏曰：不見不動，只是言聖人無爲。下句又總上二句。地未嘗有意於生物，而百穀草木禽獸昆蟲皆粲然可觀，是不見而章也；天未嘗有意變化萬物，而有生之類皆禀命於天，是不動而變也。

天地之道，可一言而盡也。其爲物不貳，則其生物不測。

此以下復以天地明「至誠無息」之功用。天地之道可一言而盡，不過曰「誠」而已。不貳，所以誠也。誠故不息，而生物之多有莫知其所以然者。節齋蔡氏曰：不貳，則無間斷，所以不息。○新安陳氏曰：不貳者，一也，一即誠也。惟其爲物誠一而不貳，所以不息，而其生物之多所以不可得而測度也。生物不測，下文「今夫天」以後詳言之。○自「天地之道可一言而盡」至「貨財殖焉」，專言天地之道。觀此及下文兩提起「天地之道」，可見上文皆是説聖人之道。

天地之道，博也，厚也，高也，明也，悠也，久也。

言天地之道誠一不貳，故能各極其盛而有下文生物之功。新安陳氏曰：「誠一不貳」，接上文説來，所以博極其博，厚極其厚，高明悠久，各極其盛，而有生物之功如下文所云也。

今夫天，斯昭昭之多。及其無窮也，日月星辰繫焉，萬物覆焉。今夫地，一撮土之多，及其廣厚，載華嶽而不重，振河海而不洩，私列反。萬物載焉。今夫山，一卷石之多。及其廣大，草木生之，禽獸居之，寶藏興焉。今夫水，一勺之多。及其不測，黿音元。鼉湯何反。蛟龍魚鼈生焉，貨財殖焉。夫音扶。華、藏，並去聲。卷，平聲。勺，市若反。

昭昭，猶「耿耿」，小明也，此指其一處而言之；及其無窮，猶十二章「及其至也」之意，蓋舉全體而言也。振，收也。如「玉振」之振。卷，區也。此四條皆以發明由其不貳不息以致盛大而能生物之意。然天地山川實非由積累魯水反。而後大，讀者不以辭害意可也。朱子曰：管中所見之天也是天，恁地大底也只是天。○問：「『天斯昭昭』是指其一處而言，『及其無窮』是舉全體而言。向來將謂天地山川皆因積累而後致。」曰：舉此全體而言，則其氣象功效自是如此。○三山陳氏曰：大意蓋言天地聖人皆具此實理，無有駁雜，無有間斷，故能有此功用耳。

《詩》云：「維天之命，於穆不已。」蓋曰天之所以爲天也。「於乎，不顯，文王之德之純。」蓋曰

文王之所以爲文也，純亦不已。於音烏。乎音呼。

《詩》，《周頌·維天之命》篇。於，歎辭。穆，深遠也。不顯，猶言豈不顯也。純，純一不雜也。引此以明「至誠無息」之意。黄氏曰：誠，便是「維天之命」；不息，便是「於穆不已」。**程子曰：「天道不已，文王純於天道亦不已。純則無二無雜，不已則無間斷先後。」**西山真氏曰：純是至誠無一毫人僞。維其純誠無雜，自然能不已。如天之春而夏，夏而秋，秋而冬，晝而夜，夜而晝，循環運轉一息不停，以其誠也聖人之自壯而老，自始而終，無一息之間，亦以其誠也。既誠，自然能不已。○雲峯胡氏曰：上文言聖人之至誠無息，而於天地之道曰不貳；此言天命之於穆不已，而於聖人之德則曰純，互而言之也。純則不貳，不貳所以誠，此文王之所以爲文也，此天之所以爲天也。○新安陳氏曰：子思引《詩》以明天地與聖人之道同一至誠無息而已。維天命之流行實深遠難測而萬古不已，釋之曰此天之所以爲天也，深意在「所以」字。天之所以爲天，惟在至誠無息焉耳。於乎，豈不顯著乎，文王之德之純一不貳也！又釋之曰：此文王之所以爲文也，深意亦在「所以」字。文王所以爲文，亦在至誠無息焉耳。遂揭「於穆不已」之「不已」字，與「之德之純」之「純」字，總紐之曰：「純亦不已」，下一「亦」字妙。文王惟其德之純也，故亦能如天道之「於穆不已焉」。文王之所以爲文，非把文王之謚來詠狀，乃是「文不在茲乎」之文。道之顯者謂之文。所謂「豈不顯」者，即此文之顯也。作如此分撥玩味，意了然矣。前之「不貳」，此之「純」，皆以至誠言。不已，即「無息」、「不息」也。聖人所以與天道合一者，此而已。自引《詩》至章末言聖人之道合乎天地之道。雖單言天，實以天包地；雖專言文王，實借一文王以證羣聖人也。

右第二十六章。言天道也。葉氏曰：言聖人與天地合德，所以爲天道。○新安倪氏曰：按饒氏以「哀公問政」章至此爲第四大節。

大哉，聖人之道！

包下文兩節而言。雙峯饒氏曰：道即「率性」之謂，雖天下之所共由，而非聖人不能盡，故獨舉而歸之聖人。亦猶前章言「君子之道」，以道雖愚夫愚婦之所可知可行，而非君子不能知不能行也。

洋洋乎，發育萬物，峻極于天！

峻，高大也。此言道之極於至大而無外也。朱子曰：洋洋是流動充滿之意。聖道發育，即春生夏長，秋收冬藏，便是「聖人之道」。不成須要聖人使他發育？峻極于天，只是充塞天地底意思。○陳氏曰：此一節言道體之大處，流動充滿乎天地之間而無所不在，蓋極於至大而無外也。○雙峯饒氏曰：發育萬物，以道之功用而言。萬物發生養育於陰陽五行之氣，道即陰陽五行之理。是氣之所流行也。峻極于天，以道之體段而言。天下之物，高大無過於天者。天之所以爲天，雖不過陰陽五行渾淪旁薄之氣，而有是氣必具是理，是氣之所充塞，即此理之所充塞也。此言道之大用全體極於至大而無外有如此者，即前章「語大，天下莫能載」之意也。

優優大哉，禮儀三百，威儀三千！

優優，充足有餘之意。禮儀，經禮也；威儀，曲禮也。格庵趙氏曰：經禮，如冠昏喪祭，朝覲會同之類；曲禮，如進退升降，俯仰揖遜之類。**此言道之入於至小而無間**去聲。**也。**問：「前既言

『大哉聖人之道』矣，而復以『優優大哉』冠於禮儀之上者，蓋言道體之大散於禮儀之末者如此？」朱子曰：得之。○禮儀，便是儀禮中士冠禮、諸侯冠禮、天子冠禮之類，大節有三百條。如始加，再加，三加，又如坐如尸，立如齊之類，皆是其中之小目有三千條。○陳氏曰：此一節言道體之小處，雖三千三百之儀而無物不有，蓋入於至小而無間也。○雙峯饒氏曰：三百三千，莫非天理自然之節文，何適而非此道所形見者，此言道雖至大，而其間節目至精至密極其至小而無内有如此者，即前章「語小，天下莫能破」之意也。然三千三百雖以道之至小者言，而上句乃以優優大哉發之，疑若語大而非語小者。蓋此章本以聖道之大爲言，然不合衆小，則無以成其大，如太山之高以衆土之積，滄海之深以衆流之會。使是道之中包含藴蓄容有一理之不備，亦何以見其爲大之實哉？此三千三百雖指至小而言，而其實乃所以形容其大也，安得不以「優優大哉」發之耶？

待其人而後行。

總結上兩節。陳氏曰：道之大處小處，皆須待其人而後行。○雙峯饒氏曰：必得如是之人，而後可行如是之道也。

故曰：苟不至德，至道不凝焉。

至德，謂其人。至道，指上兩節而言。凝，聚也，成也。朱子曰：「發育」、「峻極」，「三千」、「三百」，皆至道。苟非至德之人，則不能凝此道而行之。「凝」字最緊。若不能凝，更没些子屬自家。須是凝方得。又曰：道非德不凝，故下文遂言脩德事。○雙峯饒氏曰：德者，得是道於己也。道之小大各極其至，故曰至道；德之大小各極其至，斯爲至德。有是至德，然後足以凝聚是至道而爲己有。否則道自道，己自己，判然二物，豈復爲吾用也哉？

故君子尊德性而道問學，致廣大而盡精微，極高明而道中庸，温故而知新，敦厚以崇禮。

尊者，恭敬奉持之意；德性者，吾所受於天之正理。道，由也。温，猶「燖温」之温，火熟物曰燖。似廉、似林二切。**謂故學之矣，復時習之也。敦，加厚也。尊德性，所以存心而極乎道體之大也；道問學，所以致知而盡乎道體之細也。二者，脩德凝道之大端也。**朱子曰：「尊德性而道問學」一句是綱領。下五句上截皆是大綱工夫，❶下截皆是細密工夫。致廣大、極高明、温故、敦厚，此是尊德性；盡精微、道中庸、知新、崇禮，此是道問學。如程先生言「涵養須用敬，進學則在致知」。道之爲體其大無外，其小無內，無往而不在焉。故君子之學既能尊德性以全其大，便須道問學以盡於小。○黄氏曰：存心，則一念全，萬理具；致知，則逐物皆當理會。**不以一毫私意自蔽，不以一毫私欲自累，涵泳乎其所已知，敦篤乎其所已能，此皆存心之屬也。**朱子曰：致廣大，謂心胸開闊無此疆彼界之殊。極高明，謂無一毫人欲之私以累於此。纔汩於人欲，便卑汙矣。○雲峯胡氏曰：或疑「不以一毫私意自蔽」若可以移解高明，「不以一毫私欲自累」若可以移解廣大。愚謂二者雖總説尊德性，亦有先後之序。意者萌動之始，止可言蔽，一爲意所蔽，則廣大處已被窒塞了；欲則不止於意，而爲

---

❶「下」，《語類》卷六四作「此」。「五」，《四書通》作「四」。

物所昏，無所謂高明者矣，所以方可言「自累」。**析理則不使有毫釐之差，處**上聲。**事則不使有過不及之謬，理義則日知其所未知，節文則日謹其所未謹，此皆致知之屬也。**朱子曰：極高明，是言心；道中庸，是學底事。立心超乎萬物之表而不爲物所蔽累，❶是高明；及行事則恁地細密無過不及，是中庸。厚，是資質朴實；敦，是愈加厚重培其本根。有一般人實是敦厚純朴，然或箕踞不以爲非，便是不崇禮；若只去理會禮文而不敦厚，則又無以居之。所以「忠信之人可以學禮」。**蓋非存心無以致知，而存心者又不可以不致知。故此五句，大小相資，首尾相應。**東陽許氏曰：「大小相資，首尾相應」，大言上五節，小言下五節。首言尊德性道問學一句，尾言下四句。**聖賢所示入德之方，莫詳於此，學者宜盡心焉。**朱子曰：「尊德性」至「敦厚」，此上一截是渾淪處；「道問學」至「崇禮」，此下一截便是詳密處。道體之大者直是難守，細處又難窮究。若有上一截無下一截，只管渾淪，則茫然無覺；若有下一截而無上一截，只管要纖悉皆知，則又空無所寄。○陳氏曰：存心以極道體之大，應前「洋洋」一節；致知以盡道體之細，應前「優優」一節。○雲峯胡氏曰：讀此者，往往因陳氏謂存心是力行工夫，遂疑高明、温故知新屬知。殊不知《章句》但曰「存心」、「致知」，未嘗曰「力行」、「致知」。朱子不曰「尊德性所以力行」，而必曰「存心」，何也？《大學》補傳取程子或問十二節即致知之事，末後五節所以涵養本原之地，即存心之事也。若謂存心便是力行，下文有曰「非存心無以致知」，謂之「非力行無以致

❶「表」，原作「長」，今據四庫本及《語類》卷六四、《四書通》改。

知」可乎？ 大抵先要看本文「大」字與「尊」字。 道體至大，心體本亦至大。 尊之則能存此心之大，所以能極乎此道之大，恐未便説到力行處。 竊以爲存心不過是存其心體之本然者，致知是推極夫事理之當然者。 心體本自廣大，不以私意蔽之，即謂之「致」；心體本自高明，不以私欲累之，即謂之「極」。 已知者温之，而涵泳之味深；已厚者敦之，而持守之力固。 此皆存其心之本然者也。 然心之廣大自具精微之理，不學則於理便有毫釐之差；心之高明自有中庸之則，不學則於事易有過不及之謬。 「故」之中有無限新意，不學則不能知新，雖「温故」亦不能以「盡精微」。 「敦厚」之外有多少節文，不學則不能「崇禮」，雖「敦厚」亦不能以「道中庸」。 中庸即是精微之極致，究其極一而已矣。 凡此皆推極其事理之當然者也。 蓋道體極於至大而無外，非淺陋之胸襟所能容，所以不可不存夫心體之本然者；道體入於至細而無間，非粗踈之學問所能悉，所以不可不極夫事理之當然者。 要之，存心不大故用力，不自蔽，不自累足矣；涵泳乎此，敦篤乎此足矣。 不必於其中又分知與行。 若致知工夫，其中却自兼行而言，非十分細密不可也。 或曰：「書以《中庸》名，自第二章以後提起中庸言者凡七，皆孔子之言也。 中庸之道，在知與行。 子思於此以『道中庸』偏爲學問致知之事，何也？」愚謂首章子思所言，未發之中也，即此所謂德性是也。 「戒慎恐懼」，即此所謂「恭敬奉持」之意。 其引孔子言中庸，皆已發之中。 擇而行之，莫先於致知。 此以道中庸屬學問之事何疑？ 曰：「『尊德性』以下皆有『而』字，見得存心致知是兩事。 末於『敦厚』、『崇禮』不曰『而』，而曰『以』，何也？」愚謂下「而」字，則重在下股，謂存心不可以不致知；下「以」字，則重在上股，謂非存心無以致知也。

是故居上不驕，爲下不倍。國有道，其言足以興；國無道，其默足以容。《詩》曰：「既明且哲，以保其身。」其此之謂與？倍與「背」同。與，平聲。

興，謂興起在位也。《詩》，《大雅・烝民》之篇。朱子曰：「居上不驕」至「默足以容」，言小大精粗一齊理會過貫徹了後，盛德之效自然如此。○不倍，謂忠於上而不背叛。興，如「興賢」、「興能」之「興」。○「明哲」，只是曉天下事理。順理而行，自然灾害不及其身。今人以邪心讀《詩》，謂「明哲」是見幾知微，先占便宜，如楊雄説「明哲煌煌，旁燭無疆，遜于不虞，以保天命」，便是占便宜説話，所以他被這幾句誤。然「明哲保身」，亦只是常法。若到那舍生取義處，又不如此論。○尊德性，所以充其「發育」、「峻極」之大；道問學，所以盡其「三千」、「三百」之小。以其大小兼該，精粗不二，故居上居下有道無道，無所不宜。○新安陳氏曰：引《詩》以證「無道默容」，子思其亦有感於所逢之時而有是言歟？

右第二十七章。言人道也。雙峯饒氏曰：一篇之中，論問學之道，綱目備而首尾詳，無有過於此章者也。

子曰：「愚而好自用，賤而好自專，生乎今之世反古之道，如此者烖及其身者也。」好，去聲。烖，古「灾」字。

以上孔子之言，子思引之。反，復也。陳氏曰：愚者無德，賤者無位，當聽上之所爲。生今世而欲復古道，烖必及身，歎時不可爲。「自用」、「自專」，皆非「明哲保身」之道也。承上章末意而引此。○東陽許氏曰：「生乎今之世」以下，是通説上二句。蓋愚賤者不可作禮樂，則居今之世，當遵守當代之法。若欲反用古之道，即是改作矣，必獲罪於上，故曰「裁及其身」。

非天子不議禮，不制度，不考文。

此以下子思之言。禮，親疎貴賤相接之體也。《禮記》云：「禮也者，猶體也。」**度，品制。**「不制度」之制字活字作也。**文，書名。**朱子曰：「書名」，是字底名字，如「大」字喚做「大」字，「上」字喚做「上」字，「下」字喚做「下」字，易得差，所以每歲使大行人之屬巡行天下考過這字，是正與不正。○看此段先須識取聖人功用之大，氣象規模廣闊處。「非天子不議禮制度、考文」，是甚麽樣氣象，使有王者作，改正朔，易服色等事，一齊改換一番。其切近處，則自吾一念之微而無毫釐之差；其功用之大，則天地萬物一齊被他翦截裁成過。先須看取他這樣大意思方有益。

今天下車同軌，書同文，行同倫。行，去聲。

今，子思自謂當時也。軌，轍迹之度；倫，次序之體。三者皆同，言天下一統也。朱子曰：次序，如等威節文之類；體，如辨上下、定民志、君臣父子貴賤尊卑相接之體皆是。天子制此禮通上下共行之，故其次序之體、等威節文，皆如一也。○新安陳氏曰：「車同軌」與「制度」應，車亦制度之一端也；「書同文」與「考文」應，「行同倫」與「議禮」應。

雖有其位，苟無其德，不敢作禮樂焉；雖有其德，苟無其位，亦不敢作禮樂焉。

鄭氏曰：「言作禮樂者，必聖人在天子之位。」朱子曰：有位無德而作禮樂，所謂「愚而好自用」；有德無位而作禮樂，所謂「賤而好自專」；居周世而欲行夏殷禮，所謂「居今世反古道」。道即議禮制度、考文之事。議禮所以制行，故「行同倫」；制度所以爲法，故「車同軌」；考文所以合俗，故「書同文」。

子曰：「吾説夏禮，杞不足徵也；吾學殷禮，有宋存焉；吾學周禮，今用之，吾從周。」

此又引孔子之言。杞，夏之後。徵，證也。宋，殷之後。三代之禮，孔子皆嘗學之而能言其意。但夏禮既不可考證。殷禮雖存，又非當世之法。惟周禮乃時王之制，今日所用。孔子既不得位，則從周而已。朱子曰：言「有宋存焉」，便見杞又都無了。如今《春秋傳》中宋猶有些商禮在。○問：「前輩多以夫子損益四代之制以告顏子，而又曰吾從周，其説似相牴牾者。然以此章『吾學周禮，今用之，吾從周』之意觀之，則夫子之從周特以當時所用而不得不從耳，非以爲盡當從周。若答爲邦之問，乃其素志耳。」曰：得之。○雙峯饒氏曰：「無德」是「愚」，無「位」是「賤」，「作禮樂」是自用自專。問：「非天子不議禮制度考文，專指賤者而不及愚者，何也？」曰：此章爲在下位者言，故於賤者特詳，而末引孔子作箇樣子。問：「『今用之，吾從周』，想是不敢議禮，但從周而已？」曰：當世用周禮，吾亦從周禮，蓋有德無位，不敢作禮樂也。○雲峯胡氏曰：孔子所學周禮，即周公所制之禮。第十八、十九章言周公制周之禮，有其位而有其德也；此章言孔子從周之禮，有其德而無其位者也。章末數語較之《論語》有二疑。《語》曰「夏禮吾能言之，杞不足徵也；殷禮吾能言之，宋不足徵也」，此曰「杞不足徵」而「有宋存焉」，豈非以春秋之時杞去夏已遠，而宋去殷猶未遠歟；杞文獻不足，宋或典籍散逸而文籍猶有存歟；或先哲凋謝，而賢者猶有存歟！《語》曰「如用之則吾從先進」，此曰「今用之，吾從周」，豈不以周禮至春秋之時已非復周公制作之舊？「如用之」者，孔子設言其或用禮樂則如此；「今用之」者，孔子明言天下之所通用者今如此也。孔子雖不欲徇時俗之弊，而亦不敢不循時王之制，此所以爲孔子之時中也。

右第二十八章。承上章「爲下不倍」而言，亦人道也。

王天下有三重焉，其寡過矣乎？王，去聲。

吕氏曰：「三重，謂議禮、制度、考文。惟天子得以行之，則國不異政，家不殊俗，而人得寡過矣。」

上焉者雖善無徵，無徵不信，不信民弗從；下焉者雖善不尊，不尊不信，不信民弗從。

上焉者，謂時王以前，如夏商之禮雖善而皆不可考；文獻不足徵。下焉者，謂聖人在下，如孔子雖善於禮而不在尊位也。三山陳氏曰：上乎周爲夏商，禮非不善，然於今無可徵，民將駭而不信。下而不達，如孔子德非不善，然不得顯位以行之，民亦將玩而不信。○問：「程子以『上焉者』爲三王以前，『下焉者』爲五霸諸侯之事，朱子之説不同，何也？」蛟峯方氏曰：上焉者無徵，則夏商也，經已言之；下焉者不尊，舍孔子誰當之？若五霸則其善不足稱矣。故上焉者無徵，則當以時言；下焉者不尊，則當以位言。

故君子之道本諸身，徵諸庶民，考諸三王而不謬，建諸天地而不悖，質諸鬼神而無疑，百世以俟聖人而不惑。

此「君子」，指王天下者而言。其「道」即議禮、制度、考文之事也。本諸身，有其德也；徵諸庶民，驗其所信從也。建，立也，立於此而參於彼也。天地者，道也；鬼神者，造化之迹也。百世以俟聖人而不惑，所謂「聖人復起，不易吾言」者也。朱子曰：此「天地」只是道耳。謂吾建於此而與天地之道不相悖。○問：「鬼神只是龜從筮從，『與鬼神合其吉凶』否？」曰：亦是。然不專在此，只是合鬼神之理。○此段第一句第二句，是以人己對言；第三第六句，是以已往方來對言；第四第五句，是以隱顯對言。○雲峯胡氏曰：朱子謂先須識取聖人功用之大，及其氣象規模廣闊處，蓋大而議禮制度，小而考文，莫不有以新天下之視聽而能一天下之心。徵諸庶民而庶民合，建諸天地鬼神而天地鬼神合，前聖之已往、後聖之未來無不合者，其功用如此宏大悠遠，而其本領只在人主一身上。前章曰「有其德」，此曰「本諸身」，《章句》曰「本諸身」者，「有其德也」。前章言無德位而作禮樂，其終也灾必逮身；此言有德有位而作禮樂，其始也必本諸身。事有不本諸身而爲之者，其末也灾不逮身者鮮矣。○東陽許氏曰：「本諸身」以下六節，只是「本諸身」一句是致力處，下五節皆以爲徵驗爾。「君子之道」，即上三重。謂有位之君子行此三重之道，必本於此身之有德，則自有下五者之應。若下五者不應，是身無其德也，則用其力以脩德。

質諸鬼神而無疑，知天也；百世以俟聖人而不惑，知人也。

知天、知人，知其理也。朱子曰：此段說知天知人處，雖只舉後世與鬼神言，其實是總結上四句之義。○北溪陳氏曰：鬼神，天理之至也；聖人，人道之至也。惟知天理之至，所以無疑；惟知人道之至，所以不惑。

是故君子動而世爲天下道，行而世爲天下法，言而世爲天下則，遠之則有望，近之則不厭。

動，兼言、行而言；道，兼法、則而言。法，法度也；則，準則也。三山潘氏曰：行有成迹，故可效法。言只言其理如此，未有事迹可據，故人準則之。○陳氏曰：遠者悅其德之被，故有企慕之意；近者習其行之常，故無厭斁之心。○雲峯胡氏曰：上文言「質鬼神」、「俟百世」，要其終也。故申言「徵庶民」之意，原其始也。

《詩》曰：「在彼無惡，在此無射。庶幾夙夜，以永終譽。」君子未有不如此而蚤有譽於天下者也。惡，去聲。射音妬。《詩》作「斁」。

《詩》，《周頌·振鷺》之篇。射，厭也。所謂「此」者，指「本諸身」以下六事而言。陳氏曰：「在彼無惡」，是應「遠之則有望」；「在此無射」，是應「近之則不厭」；「庶幾」、「終譽」，是應「世爲天下道」三句意；「蚤有譽」，又總結「以求終譽」意。先師曰：永終譽，要其終而言；蚤有譽，由其始而言。蚤有譽尚易，永終譽尤難。君子之道，本不欲干譽也，自然有譽者，乃本諸身之驗，所謂「徵諸庶民」是也。○雲峯胡氏曰：引《詩》「在彼無惡，在此無射」，「以永終譽」，「徵諸民」也；「庶幾夙夜」，「本諸身」也。

右第二十九章。承上章「居上不驕」而言，亦人道也。新安倪氏曰：按番易李氏云：「《章句》取二十七章結語分屬後二章。以『愚好自用』章言『爲下不倍』，然有位無德，則『居上不驕』者也。以『三重』章言『居上不驕』，然下焉者雖善不尊，則『爲下不倍』者也。」安謂此二章皆平應『居上不驕，爲下不倍』二語，不必分屬二章。」李氏斯言，亦不爲無理；但聖賢立言，自有賓主。前章有位無德，不敢作禮樂，與章首「愚好自用」一句相應而相反，是固以居上而言。然全章除此語外，於賤者特詳實，則主「爲下不倍」而言也。此章「下焉者雖善不尊」，「不信」而「民不從」，以對「上焉者雖善無徵」，是固以爲下而言。然全章除此語外，於王天下之君子尤詳實，則主「居上不驕」而言也。以是觀之，何用必疑於《章句》之分屬哉？

仲尼祖述堯舜，憲章文武，上律天時，下襲水土。

祖述者，遠宗其道；憲章者，近守其法。律天時者，法其自然之運；襲音習。**水土者，因其一定之理：皆兼內外，該本末而言也。**朱子曰：「下襲水土」，是因土地之宜。所謂「安土敦乎仁」，無往而不安。○北溪陳氏曰：前言堯、舜、文、武、周公能體中庸之道，此言孔子法堯、舜、文、武以體中庸之道也。宗師堯、舜之道，堯、舜，人道之極也；效法文、武之法，三代，法度至周而備也。天時者，春夏秋冬之四時，聖人法其自然之運；水土者，東西南北之四方，聖人因其一定之理。朱子謂此「兼內外，該本末而言」。其律天時，如「不時不食」，「迅烈必變」；其襲水土，如「居魯逢掖，居宋章甫」，乃其事也。其律天時，如仕止久速皆當其可；其襲水土如用舍行藏，隨遇而安。乃其行也。行以內言，本也；事以外言，末也。蓋聖人能盡中庸之道，所以精處如此，粗處亦如此。○潛室陳氏曰：「祖述」者，法在其中；「憲章」者，道在其內。律天時者，大則顯晦屈伸，小則飲食寢處；襲水土者，大則坎止流行，小則採山釣水。細底道理爲「本」爲「內」，麤底道理爲「末」爲「外」。○雙峯饒氏曰：上二句言學之貫乎古今，下二句言學之該乎穹壤。○雲峯胡氏曰：「中」之一字，堯舜始發之。自堯、舜至文、武相傳，只是此中。「天時」、「水土」，亦只是此中。「於堯舜」曰「祖述」，於「文武」曰「憲章」，於「天時」曰「上律」，於「水土」曰「下襲」，便見夫子之時中。「遠宗其道」，法不在乎道之外；「近守其法」，道皆寓乎法之中。此「兼內外，該本末」而言也。律天時，如不時不食，是末；夫子聖之時，是本。襲水土，如居魯而逢掖，是末；安土敦乎仁，是本。此「兼內外，該本末」而言也。○蛟峯方氏曰：中庸之道，至仲尼而集大成，故此書之末以仲尼明之。

辟如天地之無不持載，無不覆幬。辟如四時之錯行，如日月之代明。辟音譬。幬，徒報反。

錯，猶「迭」也。陳氏曰：如四時之相交錯，寒往則暑來，暑往則寒來；如日月之更相代，日升則月沉，月升則日沉。**此言聖人之德。**雙峯饒氏曰：此章言孔子之德。「如地之無不持載」，謂乘載得天下許多道理無一之不盡；「如天之無不覆幬」，謂括得天下許多道理無一之或遺。「錯行」、「代明」，謂夫子之道無所不備，當剛而剛，當柔而柔，可仕而仕，可止而止，亦如寒暑之迭用、日月之互照。然持載如地，「博厚」之至也；覆幬如天，「高明」之至也；錯行代明如日月，「悠久」之至也。○新安陳氏曰：此所取譬，上二句以天地之定位言，下二句以陰陽之流行言。

萬物並育而不相害，道並行而不相悖。小德川流，大德敦化。此天地之所以爲大也。

悖，猶「背」音佩。**也。天覆地載，萬物並育於其間而不相害，四時日月錯行代明而不相悖。**北溪陳氏曰：天無不覆，地無不載。大化流行，萬物止其所而不相侵害也。四時錯行，日月代明，一寒一暑，一晝一夜，似乎相反，而實非相違悖也。**所以不害不悖者，小德之川流；所以並育並**

行者，大德之敦化。小德者，全體之分；大德者，萬殊之本。新安陳氏曰：小德，如言「小節」；大德，如言全體。此言天地造化之理。小德者，一本之散於萬殊者也；大德者，萬殊之原於一本者也。**川流者，如川之流，脉絡分明而往不息也；敦化者，敦厚其化，根本盛大而出無窮也。此言天地之道，以見**形甸反。**上文取譬之意也。**朱子曰：大德是敦那化底，小德是流出那敦化底出來。這便如忠恕，忠便是做那恕底，恕便是流出那忠來底。如中和，中便是大德敦化，和便是小德川流。只是一箇道理。○此言天地之大如此，言天地則見聖人矣。○黄氏曰：天命之性，即大德之敦化；率性之道，即小德之川流。大德敦化，是體；小德川流，是用。大德是心之本體。無許多大底，亦做不得小底出來。○雲峯胡氏曰：天能覆而不能載，地能載而不能覆，春夏生長，秋冬肅殺，日明乎晝，月明乎夜，是各得陰陽之偏。而聖人之德，則會夫陰陽之全。小德川流，是其粲然者也；大德敦化，是其渾然者也。渾然者所以並育並行，而粲然者已包於其中。粲然者所以「不害」、「不悖」，而亦不過自渾然中流出。故粲然者全體之分，即所謂「率性之道」，即所謂「時中」之中；渾然者萬殊之本，即所謂「天命之性」，即所謂「未發之中」。「大德敦化」四字，即是首章「大本」二字。《章句》以謂「根本盛大而出無窮」，即首章《章句》所謂「天下之理皆由此出」者也。始以天地喻夫子，終謂夫子即天地。且不曰「天地之大」，而曰「天地所以爲大」，夫子其即太極矣乎？

右第三十章。言天道也。東陽許氏曰：二十六章言聖人至誠與天地同道，自「天地之道可一言而盡」以下但言天地之盛大，則聖人之盛大自見。此章先言聖人與天地同道，自「萬物並育」以下亦但言天地之大，則聖人之大自見。前章則引《文王》之詩以結之，此章則以孔子之所行起之，二章相表裏，無非形容聖人之德也。

唯天下至聖爲能聰明睿知，足以有臨也；寬裕温柔，足以有容也；發强剛毅，足以有執也；齊莊中正，足以有敬也；文理密察，足以有別也。知，去聲。齊，側皆反。別，彼列反。

聰明睿知，生知如字。**之質。臨，謂居上而臨下也。其下四者，乃仁義禮智之德。文，文章也。理，條理也。密，詳細也。察，明辨也。**朱子曰：「仁義禮知」之「知」，與「聰明睿知」便是這一箇。禮知，是通上下而言；睿知，是擴充得較大。睿只訓通，對知而言。知是體，睿是深通處。文理密察，此是聖人於至纖至悉處無不詳審。且如一物初破作兩箇，又破作四片，若未恰好又破作八片，只管詳密。文是文章，如物之文縷；理，是條理。每事詳密審察，故曰「足以有別」。○陳氏曰：上一句包説下四句，方細破分仁義禮知説。仁則度量寬大，故曰「有容」；義則操執牢固，故曰「有執」；禮之施敬而已，故曰「有敬」；智足以分別事物，故曰「有別」。四者皆從「聰明睿知」中細破分條貫説來。○雙峯饒氏曰：《章句》以四者爲仁義禮智之德，如此則只是四德；於「溥博」之下又言五者之德，何也？此章專説小德。就五者而論，則「聰明睿知」又是小德之大德。聰屬耳，明屬目，睿知屬心，睿則能思，知則能知。思屬動，魂之爲也；知屬静，魄之爲也。心者，魂魄之合。魂能知來，有所未知則思索而知之，陽之靈也；魄能藏往，其已知則存而記之，陰之靈也。一陰一陽，相爲配對。○新安陳氏曰：唯至聖之德有此生知仁義禮智之體，故見於「有臨」、「有容」、「有執」、「有敬」、「有別」之用也。

溥博淵泉，而時出之。

溥博，周徧而廣闊也。淵泉，静深而有本也。朱子曰：泉，便有箇發達不已底意。○新安陳氏曰：泉之出，必有本原也。「溥博淵泉」四字，總詠狀上所列五德之體段。**出，發見**形甸反。下同。**也。言五者之德充積於中，**「溥博淵泉」。**而以時發見於外也。**新安陳氏曰：當用仁時則仁發見，當用義時則義發見之類。

溥博如天，淵泉如淵。見而民莫不敬，言而民莫不信，行而民莫不說。見音現。說音悦。

言其充積極其盛，而發見當其可也。新安陳氏曰：溥博則如昊天，淵泉則如深淵，非極其盛而何？見，言行皆發見也。民所以莫不「敬」、「信」、「悦」，以「當其可」也。當其可之謂「時」，是接上文「時出」字而發揮之。下文「莫不尊親」，極言其敬、信、説也。

是以聲名洋溢乎中國，施及蠻貊。舟車所至，人力所通，天之所覆，地之所載，日月所照，霜露所隊，凡有血氣者莫不尊親，故曰「配天」。施，去聲。隊音墜。

「舟車所至」以下，蓋極言之。配天，言其德之所及廣大如天也。新安陳氏曰：有是聖德之實，是以有是聖德之名。凡有血氣，人類也。尊之爲君，親之如父母，極覆載人所及處皆然，豈非德之所及廣大如天乎？此章言達而在上之大聖人，其盛德之全體大用如此，可謂極至而無以加矣。可以當此者，其惟堯、舜乎？

右第三十一章。承上章而言「小德」之「川流」，亦天道也。新安陳氏曰：非謂五者之德爲小也。蓋以此五者分别而言之，又以發用言。比下章之渾淪言之而純乎本體者，則此爲「小德之川流」，而下章爲「大德之敦化」，章章明矣。

唯天下至誠爲能經綸天下之大經，立天下之大本，知天地之化育。夫焉有所倚？夫音扶。焉，於虔反。

經、綸，皆治絲之事。經者，理其緒而分之；綸者，比毗至反。其類而合之也。經，常也。大經者，五品之人倫；大本者，所性之全體也。惟聖人之德極誠無妄，故於人倫各盡其當然之實，而皆可以爲天下後世法，所謂「經綸」之也。朱子曰：「經綸」是用，「立」、「本」是體。大本，即「中」也；大經，即「庸」也。「經綸」、「大經」，「立大本」，即是盡此中庸之道。○北溪陳氏曰：經是分疏條理，綸是牽連相合。大經，即君臣父子兄弟夫婦朋友之大倫；大本即是「中者天下之大本」一般。中乃未發之中，就性論。今所謂「大本」，以所性之全體論。如君是君，臣是臣，父是父，子是子，兄是兄，弟是弟，夫是夫，婦是婦，各有條理一定而不亂，故曰「經」；如君臣之相敬，父子之相親，夫婦之相唱和，兄弟之相友睦，朋友之相切磋琢磨，牽比其倫類自然相合，故曰「綸」。惟聖人極誠無妄，於人倫各盡其所當然之實，皆可爲天下後世之標準，故人皆取法之。○雙峯饒氏曰：如君君、臣臣，父父、子子，是「分」而「理」之；君仁於臣，臣敬其君，父慈其子，子孝其父，是「比」而「合」之也。其於所性之全體無一毫人欲之僞以雜之，而天下之道千變萬化皆由此出，所謂「立」之也。其於天地之化育，則亦

其極誠無妄者有默契焉，非但聞見之知而已。北溪陳氏曰：「知」字不可以聞見之知論，如肝膽相照一般。聖人之德極誠無妄，其於天地造化生育萬物之功，與之脗合交契，渾融一體，所謂「知」也。**此皆至誠無妄自然之功用，夫**音扶。**豈有所倚著**直略反。**於物而後能哉？**問「夫焉有所倚」。朱子曰：自家都是實理無些欠缺。「經綸」自「經綸」，「立本」自「立本」，「知化育」自「知化育」，不用「倚」靠別物事，然後能如此，如「爲仁由己，而由人乎哉」之意。日用間底都是君臣父子夫婦人倫之理，更不倚著人。只從此心中流行於經綸人倫處，便是法則。此身在這裏，便是立本。知天地化育，是自知得飽相似，何用靠他物？黄直卿云：便是不思不勉意思，謂更不靠心力去思勉他，這箇實理自然經綸、立本、知化育更不用心力。○問：「《中庸》兩處説『天下之至誠』，而其結語一曰『贊化育』，一曰『知化育』，贊與知如何分？」曰：盡其性者，是從裏面説將出去，故盡其性，則能盡人物之性，以「贊」化育也；「經綸」、「大經」，是從下面説上去，如「脩道之教」是也。立天下之大本，是静而無一息之不中處；知化育，則知天理之流行矣。○雙峯饒氏曰：「大經」是道，「大本」是性。性乃大經之本也。天地化育，是命，又大經大本之所自來也。○雲峯胡氏曰：首章由造化説聖人，故曰命，曰性，曰道，由體之隱達於用之費也。此章言聖人之所以爲造化，則曰道，曰性，而後曰命，由用之費而原其體之隱也。前曰「贊化育」，此曰「知化育」。「贊」云者，至誠之功有補於造化也；「知」云者，至誠之心無間於天地也。前章以時出之，是「小德之川流」，是「時中」之中；此章「大本」，是「大德」之「敦化」，是「未發」之中。首章曰「中者天下之大本」，此則加以「立」之一字。大本是所性之全體，本無一毫人欲之僞；立之者，聖人所性之全體無一毫人欲之僞以雜之也。「立」字不是用力字。

肫肫其仁，淵淵其淵，浩浩其天。肫，之純反。

肫肫，懇至貌，以「經綸」而言也；朱子曰：「肫肫其仁」者，人倫之間若無些仁厚意，則父子兄弟不相管攝矣。○鄭氏曰：「肫肫，懇誠貌。」程氏曰：「厚也。」吕氏曰：「純全之義。」一云：「渾厚無間斷之貌。」○北溪陳氏曰：「經綸」、「大經」，須加懇切詳細之功，不可有急迫躁切之意。○雙峯饒氏曰：「肫肫其仁」，如何以配「經綸」、「大經」？蓋「仁者，人也」。大經只是箇人道。人而不仁，何足以爲人？**淵淵，靜深貌，以「立本」而言也；浩浩，廣大貌，以「知化」而言也。**北溪陳氏曰：靜深，則有根本而不竭，故「以立本言」；此誠與天地同其大，故其生育變化與天地同其功，故「以知化言」。**其淵、其天，則非特「如」之而已。**潛室陳氏曰：「如天」、「如淵」，猶是二物；「其天」、「其淵」，即聖人便是天淵。○雙峯饒氏曰：肫肫其仁，是說道；淵淵其淵，是說性；浩浩其天，是說命。問：「性命如何分天淵？」曰：性是成之者性，指已定之理而言也；命是繼之者善，指理之流行而賦於物者言也。二者有動靜之分，故一屬地，一屬天。自聖人言之，則靜定而存主處即是性，應用而流行處即是命。其與天地之理一也，故曰「其淵」、「其天」。前章曰「如淵」、「如天」，猶是聖人與天地相比並；至此曰「其淵」、「其天」，則聖人與天地爲一矣。

苟不固聰明聖知達天德者，其孰能知之？「聖知」之知，去聲。

固，猶「實」也。鄭氏曰：「唯聖人能知聖人也。」玉淵張氏曰：上章云「凡有血氣者莫不尊親」，此云「苟不固聰明聖知達天德者其孰能知之」。上章言「小德」，條理分明，人所易見；此章言「大德」，無聲無臭，非聖人不能知也。○新安陳氏曰：上章言「至聖」，故以「聰明睿知」言。《書》曰：「睿作聖。」睿進一步即聖也。此章言「至誠」，見至誠即是至聖，故以「聰明聖知」言。變「睿」言「聖」，直指其爲聖人。唯至聖能知至誠也。此章述聖人至誠之功用，亦謂達而在上之聖人；而以「唯聖人能知聖人」結之，可以當此者，其唯以孔子而知堯舜乎？

右第三十二章。承上章而言「大德」之「敦化」，亦天道也。前章言至聖之德，此章言至誠之道。然至誠之道非至聖不能知，至聖之德非至誠不能爲，則亦非二物矣。此篇言聖人天道之極致，至此而無以加矣。朱子曰：「至誠」、「至聖」，只是以表裏言。至聖，是德之發見乎外者。故人見之，但見其「溥博如天」，至「莫不尊親」，此見於外者。至誠，則是那裏面骨子。聰明睿知，却是那裏發出去。至誠處，非聖人不自知也。○「至聖」一章說發見處，「至誠」一章說存主處。聖以德言，誠則所以爲德也。以德而言，則外人觀其表，但見其「如天」、「如淵」；誠所以爲德，故自家裏面却真箇是「其天」、「其淵」。惟其「如天」、「如淵」，故「日月所照，霜露所墜，凡有血氣者莫不知尊而親之」，謂自其表而觀之則易也；惟「其天」、「其淵」，故「非聰明聖知達天德者不足以知之」，謂自其裏而觀之則難也。又曰：此不是兩人事。上章是以聖言之，聖人德業著見於世，其盛大自如此；下章以誠言之，是就實理上說「其天」、「其淵」，實理自是如此。○葉氏曰：至聖，指發用神妙而言；至誠，指大經大本之實理而言。非至聖無以顯至誠之全體，非至誠無以全至聖之妙用，其實非二物也。

○新安倪氏曰：按饒氏以「大哉聖人之道」章至此爲五大節。

《詩》曰「衣錦尚絅」，惡其文之著也。故君子之道，闇然而日章；小人之道，的然而日亡。君子之道，淡而不厭，簡而文，溫而理。知遠之近，知風之自，知微之顯，可與入德矣。衣，去聲。絅，口迥反。惡，去聲。闇，於感反。

前章言聖人之德極其盛矣。此復自下學立心之始言之，而下文又推之以至其極也。葉氏曰：上二章極言孔子體天之德，與至聖至誠之功用，中庸之道至矣盡矣。子思又慮學者馳騖於高遠而忘下學之功夫，或失其指歸也，故此章復自下學立心之始務由至親至切者言之，以漸進於上達高妙至精至微不可擬議之地，蓋再叙入德成德之序也。**《詩》，《國風·衛·碩人》、《鄭》之《丰》，皆作「衣錦褧衣」。褧，絅同，禪衣也。**朱子曰：禪衣，所以襲錦衣者。「禪」字與「單」字同。沈括謂「絅」與「檾」同，是用檾麻織疏布爲之。**尚，加也。古之學者爲**去聲。**己，故其立心如此。尚絅，故闇然；衣錦，故有日章之實。淡、簡、溫，絅之襲於外也不厭而文且理焉，錦之美在中也。小人反是，則暴**蒲卜反。**於外而無實以繼之，是以的然而日亡也。**朱子曰：惡其文之著，亦不是無文，也自有文在。淡則不厭，簡則不文，溫則不理，而今却不厭而文且理，只緣有錦在裏面。○陳氏曰：衣錦而加絅衣以蔽之，衣錦者，美在其中；尚絅者，不求知於外。古之學者只欲此道理實得於己，不是欲求人知。惟其不求人知，所以闇然。雖曰闇然，而道理自彰著而不可揜。猶衣錦尚絅，而錦之文采自然著見於外也。○新安陳氏曰：君子爲己，不求人知，雖闇然若暗昧，而美實在中，自日著而不可揜，如尚絅而錦美在中，自不容揜於外也；小人爲人，惟求人知，雖的然分明表暴於外，而無實以繼之，日見其亡失泯没而已。君子小人之分，爲己爲人之不同耳。君子有若無，實若虛，有與實終不可揜；小人無爲有，虛爲盈，有與盈豈能有常？日亡必矣。常情淡薄無味則易厭，簡略則無文采，溫厚渾淪則無條理。君子之道雖淡而人不厭，雖簡而自有文，雖溫而自有條理。淡、簡、溫，皆「尚絅」、「闇然」意；不厭、文、理，皆「錦之美」實「在中」意也。**遠之近，見**形甸反。**於彼者由於此也；風之自，著乎外者本乎內也；微之顯，有諸內者形諸外也。有爲己之心，**本起語意說來。**而又知此三者，則知所謹而可入德矣。**朱子曰：知遠之近，是以己對物言之，知在彼之是非，由在我之得失；知風之自，是知其身之得失，由其心之邪正；知微之顯，又專指心說就裏來。○「知遠之近，知風之自」，據表而知裏也；「知微之顯」，由內以達外也。○陳氏曰：君子立心只是爲己，又能知道理之見於遠者自近始，故自近而謹之；著見於風化者由身始，故自身而謹之；有諸內者甚微，而見於外者甚顯，故自微而謹之。知此三者而致其謹，則可與之入德矣。○新安陳氏曰：下文言「謹獨」意已萌於此。**故下文引《詩》言「謹獨」之事。**雲峯胡氏曰：《中庸》分君子小人而言者凡二。第二章言君子中庸，小人反中庸，是其爲君子小人者可見於行事之際；此則言其所以爲君子小人者，已見於立心之始。淡而無味，其味最長；簡而無文，其文自章；溫不求其理，而無有不合於條理者。此君子爲己之學也，不求其文之著而自不能不著者也。小人則反是矣。《中庸》既舉其立心之始當如此，而又提起三「知」字，曰「知遠之近，知風之自，知微之顯」，而下文遂以慎獨戒懼之事繼之，即《章句》所謂「知其在我者，則戒慎恐懼而無時不中」者也。《章句》之旨融徹如此，學者不可不細玩。

《詩》云：「潛雖伏矣，亦孔之昭。」故君子內省悉井反。**不疚，無惡於志。君子之所不可及者，其唯人之所不見乎？**惡，去聲。

《詩》，《小雅·正月》之篇。再引《詩》。**承上文言「莫見乎隱，莫顯乎微」也。疚，病也。無惡於志，猶言「無愧於心」。此君子謹獨之事也。**三山陳氏曰：「潛雖伏矣」，即首章隱微意；「亦孔之昭」，即首章「莫見」「莫顯」意。言隱伏之間，理甚昭明。君子內省此處須無一毫疚病，方無愧於心。「君子所以不可及」，只是能於獨致其謹耳。上言入德之門，此以下言入德之事。此一節言人之所不見處，又申明首章「謹獨」意；下一節言己之所不見處，又申言首章「戒謹恐懼」意。○新安陳氏曰：人所不見，人所不知也。己之志向，己所獨知也。○東陽許氏曰：《詩》本言魚之潛於淵可謂伏藏之深，然亦甚昭然而易見，言禍亂之不可逃也；此借之以言幾之存於心者雖深而莫見顯乎隱微，言獨之不可不慎也。

《詩》云：「相在爾室，尚不愧于屋漏。」故君子不動而敬，不言而信。相，去聲。

《詩》，《大雅·抑》之篇。三引《詩》。**相，視也。屋漏，室西北隅也。**朱子曰：古人室在東南隅開門。東南隅爲突，西北隅爲屋漏，西南隅爲奧。人纔進便先見東南隅，却到西南隅，然後始到西北隅，此是深密之地。《曾子問》謂之「當室之白」，孫炎曰：「當室之日光所漏入也。」**承上文又言君子之戒謹恐懼，無時不然，不待言動而後敬信，則其爲己之功益加密矣。故下文引《詩》并**去聲。

言其效。朱子曰：潛雖伏矣，便覺有善有惡，須用察；相在爾室，只是教做存養工夫。○北溪陳氏曰：《抑》詩，即是首章「戒謹其所不覩，恐懼其所不聞」意。屋隅，❶人迹所不到之地，此處蓋己之所不睹，須是真實無妄，常加戒謹恐懼，方能無愧怍。君子爲己之功至此不待於動而應事接物方始敬，蓋於未應接之前無人處已無非敬矣。不待見於發言而後信實，蓋於未發言之前本來真實，無非信矣。○此處一節密一節。首章先説戒懼，後説謹獨，是從内面發出來；此處先説謹獨，後説戒懼，是從外面説入。○雲峯胡氏曰：上文引《詩》，但見學者有爲己之心。此兩引《詩》，方見學者有爲己之學。首章言慎獨，此言「人之所不見」，即是「獨」；「内省不疚」，即是「慎獨」。内省而少有一髮之疚，則是胸中猶有可惡之惡。故必無疚，然後無惡，此爲己之功也。首章言「戒慎不睹，恐懼不聞」，蓋動則有可睹，此「不動而敬」，即是「戒慎乎其所不睹」；言則有可聞，此「不言而信」，即是「恐懼乎其所不聞」。諸家以「敬」「信」爲民敬信，《章句》以爲己之「敬」、「信」，與下文「篤恭」相應，此又爲己之功益加密者也。首章先戒懼而後慎獨，由静時工夫説到吾心方動之幾；此章先慎獨而後戒懼，由動時工夫説到吾心至静之極。愈静愈敬，其爲己之功可謂密矣！○東陽許氏曰：不動敬，不言信，是信敬在言動之前。

《詩》曰：「奏假無言，時靡有争。」是故君子不賞而民勸，不怒而民威於鈇鉞。假、格同。鈇，方無切。

---

❶「隅」，原作「陋」，今據《四書纂疏》改。

《詩》，《商頌・烈祖》之篇。四引《詩》。奏，進也。承上文而遂及其效。言進而感格於神明之際，極其誠敬，無有言說而人自化之也。威，畏也。鈇，莝音剉。斫刀也。鉞，斧也。新安陳氏曰：其所以感人動物不待賞而民自勸，不待怒而民自畏者，以其自修有謹獨戒懼之本也。

《詩》曰：「不顯惟德，百辟其刑之。」是故君子篤恭而天下平。

《詩》，《周頌・烈文》之篇。五引《詩》。不顯，說見形甸反。二十六章，言豈不顯也。此借引以爲幽深玄遠之意。以爲真幽隱不顯。承上文言天子有不顯之德而諸侯法之，則其德愈深而效愈遠矣。朱子曰：「不顯」二字，二十六章者別無他義，故只用《詩》意。卒章所引，自章首「尚絅」之云與章末「無聲無臭」，皆有隱微深密之意，故知當別爲一義，與前章不同。篤，厚也。篤恭，言不顯其敬也。陳氏曰：篤恭，是申解「不顯」二字。雖無人之境亦恭，是篤厚其恭也。○東陽許氏曰：《章句》「篤恭，言不顯其敬也」，謂自厚於恭敬，未嘗見於言動之間。篤恭而天下平，乃聖人至德淵微自然之應，中庸之極功也。朱子曰：此章到「篤恭而天下平」，已是極處結局了。所謂「不顯其德」者，幽深玄遠無可得而形容，雖下面「不大聲以色」、「德輶如毛」，皆不足以形容，直是「無聲無臭」到無迹之可尋然後已。○北溪陳氏曰：篤恭，是「不顯惟德」意；天下平，是「百辟其刑」意。此章至此凡五引《詩》，一節密一節。首節說學須爲己，不求人知，第二節說致謹於人所不見處，三節說致敬於己所不見處，四節說不待言說而人自化，五節說「不顯」「篤恭」其功效有自然之應，乃中庸之極功也。○雲峯胡氏曰：此兩引《詩》，承上文「不動而敬，不言而信」而極其效也。惟其不言亦信，所以無言而人自信之，有不待賞罰而化者；惟其不動亦敬，故「篤恭」「不顯其敬」也而「天下」自「平」。篤恭而天下平，即首章「致中和而天地位，萬物育」也。特首章是致其中而後致其和，此之謂「篤恭」者，已致其和而益致其中也。爲己之功愈密，則德愈深而效愈遠如此。夫德顯而「百辟」「刑之」，宜也。「不顯」而「天下」自「平」，其妙殆有不可測者。要之中者「性之德」。不顯之德，即未發之中。戒慎恐懼，是於喜怒哀樂未發之時而敬也。此時而敬，是不顯其敬，此所以爲至德之淵微而有自然之應也。○新安陳氏曰：「不顯」「篤恭」，實原於「尚絅」「闇然」與慎獨戒懼深密之功。下文更三引《詩》，不過形容此「不顯」「篤恭」之妙而已。

《詩》云：「予懷明德，不大聲以色。」子曰：「聲色之於以化民，末也。」《詩》云：「德輶如毛。」毛猶有倫。上天之載，無聲無臭。至矣。輶，由、酉二音。

《詩》，《大雅·皇矣》之篇。六引《詩》。引之以明上文所謂「不顯之德」者，正以其不大聲與色也。古「以」、「與」字通用。又引孔子之言以爲聲色乃化民之末務。今但言不大之而已，則猶有聲色者存，是未足以形容「不顯」之妙。不若《烝民》之《詩》所言「德輶如毛」，七引《詩》。輶，輕也。則庶乎可以形容矣。而又自以爲謂之毛，則猶有可比者，倫，比也。是亦未盡其妙。不若《文王》之《詩》所言「上天之事，無聲無臭」，八引《詩》。然後乃爲「不顯」之至耳。蓋聲臭有氣無形，在物最爲微妙，而猶曰「無」之，故惟此可以形容「不顯」「篤恭」之

妙。非此德之外，又別有是三等然後爲至也。朱子曰：「無聲無臭」，本是說天道。彼其所引《詩》自說須是「儀刑文王」，然後「萬邦作孚」。詩人意初不在『無聲無臭上』也。《中庸》引之以結中庸之義，嘗細推之，蓋其意自言謹獨以修德，至《詩》曰「不顯惟德，百辟其刑之」，乃「篤恭而天下平」也。後面節節贊歎其德如此。故至「予懷明德」，以至「『德輶如毛』，毛猶有倫，『上天之載，無聲無臭』至矣」，蓋言夫德之至而微妙之極難爲形容如此。今爲學之始未知所有而遂欲一蹴至此，吾見其倒置而終身迷亂矣。○此章八引《詩》，一步退似一步，都用那般「不言」、「不動」、「不顯」、「不大」底字，直說到「無聲無臭」則「至矣」。○自「衣錦尚絅」以下，皆只暗暗地做工夫去。然此理自掩蔽不得，故曰「闇然而日章」；小人未曾做得，已報得滿地人知，故曰「的然而日亡」。「淡而不厭，簡而文，溫而理」，皆是收斂近裏。「知遠之近，知風之自，知微之顯」，一句緊一句，學者能如此收斂，雖未可便謂之德，亦可以入德矣。其下方言「不愧屋漏」，方能以慎獨涵養。其曰「不動而敬，不言而信」，蓋不動不言時已是敬信底人了，又引《詩》「不顯惟德」、「予懷明德」、「德輶如毛」言之，一章之中皆只是發明箇「德」字。然所謂「德」者，實無形狀，故以「無聲無臭」終之。○首章是自裏說出外面，蓋自天命之性說到天地位萬物育處；末章却自外面一節收斂入一節，直約到裏面「無聲無臭」處，此與首章實相表裏也。○雙峯饒氏曰：「上天之載，無聲無臭」，此便是未發之中，便是天命之性，蓋一篇之歸宿也。○王氏曰：此章是結尾，舉一篇工夫之要約而言之，所謂「藏於密」者也。○雲峯胡氏曰：此章當作四節看，節節意相承。第一節承上章極致之言，恐學者騖於高遠，引「尚絅」之詩言下學立心之始，結之以「知微之顯」。第二節承「知微之顯」之語，引「潛雖伏矣，亦孔之昭」以實之，自慎獨説歸戒慎恐懼，而結之以「不動而敬，不言而信」。第三節承「不動」「不言」之語，引《詩》云「無言」「不顯」以極其效如此。第四節承「不顯」之語，三引《詩》至於「無聲無臭」，以形容「不顯」之妙至如此。朱子又恐學者因「無聲無臭」之語而又騖於高遠也，故結之曰：「非此德之外，有此三等然後爲至也。」蓋所引之《詩》，似有等級。然其妙非杳冥昏默之謂，非虚無寂滅之謂也。故必提起「德」之一字言之。首章曰「道」，此章曰「德」。「道」字説得廣闊，「德」字説得親切。德者，得此道於心者也。首章開端一「天」字，❶原其所自也，此道之在我者無不本諸天也；此章結末一「天」字，要其所成也，德之成則能不失其道之在我而本諸天者也。至此則我本於天，天備於我，又不過即其初天命之性耳。是「無聲無臭」之天，即吾「不顯」之德；而「不顯之德」，即吾渾然未發之中者也。子思子首章獨提此一「中」字，即周子所謂「無極而太極」也；末又約而歸之於此，即周子所謂「太極本無極」也。子思始引夫子之言曰「中庸之德，其至矣乎」，衆人之所可至也；此言中庸之極功，故以「不顯」之「德」贊其至，聖人之所獨至也。然聖人之所以爲德之至者，不過敬之至而已。敬者，聖學之所以成始而成終也，故此書以慎獨戒懼始終焉。

右第三十三章。子思因前章極致之言，反求其本，復自下學爲己謹獨之事推而言之，以馴致乎「篤恭而天下平」之盛，又贊其妙至於「無聲無臭」而後已焉。蓋舉一篇之要而約言之。其反復芳復反。**丁寧示人之意至深切矣，學者其可不盡心乎？**黄氏曰：

❶「一」，原爲空格，今據四庫本及《四書通》補。

《中庸》始言戒懼謹獨，次言知仁勇，終之以誠，此數字括盡千古聖人教人之指。先師曰：《中庸》説下學處少，説上達處多。然説下學處雖少，而甚切。如二十章「明善」「誠身」、「擇善固執」一段，與二十七章「尊德性、道問學」一段，無非提綱挈領切要之言也。説上達處雖多，亦豈涣散無統，玄妙不可究詰之論哉？學者果能字字審察，句句精研，章章融會，由下學而上達焉，則程子所謂「始言一理，中散爲萬事，末復合爲一理」者，見其理皆實理而爲事之體，非高虚也，事皆實事而爲理之用，非粗淺也。所謂「其味無窮，皆實學」者，的非虚言矣。童而習之，今猶有白首紛如之嘆。吁，豈易言哉？○雲峯胡氏曰：右須看「極致」、「馴致」四字。「極致」者，上達之事也；「馴致」者，下學而上達之事也。天理不離乎人事。下學人事，即所以上達天理。雖其妙至於「無聲無臭」，然其本「皆實學也」。朱子教人之深意備見於篇首所採子程子之語，及此篇末之語，學者當合始終而參玩之，以求無負於朱子之教云。○新安倪氏曰：按饒氏以此章爲第六大節。

中庸或問

或問：「名篇之義，程子專以不偏爲言，吕氏專以無過不及爲説，二者固不同矣。子乃合而言之，何也？」曰：「『中』一名而有二義，程子固言之矣。今以其説推之，『不偏不倚』云者，程子所謂『在中』之義，朱子曰：在中，是言在裏面底道理，未動時恰好處。纔發時，不偏於喜則偏於怒，不得謂之在中矣。非以「在中」釋「中」字。未發之前無所偏倚之名也；無過不及者，程子所謂『中之道』也，道以由行之用言。見形甸反。諸行事各得其中之名也。蓋不偏不倚，猶立而不近四旁，心之體，地之中也；無過不及，猶行而不先不後，理之當，去聲。下「有當」同。事之中也。故於未發之大本，則取『不偏不倚』之名；於已發而時中，則取『無過不及』之義。語固各有當也。然方其未發，雖未有無過不及之可名，而所以爲無過不及之本體實在於是。及其發而得中也，雖其所主不能不偏於一事，然其所以無過不及者，是乃無偏倚者之所爲，而於一事之中亦未嘗有所偏倚也。新安陳氏曰：此以不偏不倚與無過不及交互發明，以見非截然而二。故程子又曰：『言和，則中在其中；言中，則含喜怒哀樂在其中。』而吕氏亦云：『當其未發，此心至虚，無所偏倚，故謂之中。以此心而應萬物之變，無往而非中矣。」是則二義雖殊，而實相爲體用。此愚於名篇之義，所以不得取此而遺彼也。朱子曰：未發之中是體，已發之中是用。○格庵趙氏曰：未發之中，只可言不偏不倚，却下不得過不及字；及發出來，此事合當如此，彼事合當如彼，方有箇恰好準則，無大過不及處。○曰：「『庸』字之義，程子以『不易』言之，而子以爲『平常』，何也？」曰：唯其平常，故可常而不可易。若驚世駭俗之事，則可暫而不得爲常矣。二說雖殊，其致一也。但謂之「不易」則必要平聲。於久而後見；不若謂之「平常」，則直驗於今之無所詭古委反。異，而其常久而不可易者可兼舉也。朱子曰：譬之飲食，五穀是常，自不可易。若珍異不常得之物，則可暫一食，焉能久乎？○北溪陳氏曰：程子以「不易」解「庸」字，亦是謂萬古常然而不可易。但其義未盡，不若「平常」字最親切，可包得「不易」字。蓋天下事物之理，惟平常，然後可以常而不易；若怪異之事，人所罕見，但可暫而不可常耳。平常、不易，本作一意看。況「中庸」之云，上與「高明」爲對，而下與「無忌憚」者相反。新安陳氏曰：「極高明而道中庸」，是中庸與高明對。「君子中庸，小人無忌憚」者「反中庸」。其曰「庸德之行，庸言之謹」，又以見形甸反。夫音扶。雖細微而不敢忽。則其名篇之義以「不易」而爲言者，又孰若「平常」之爲切乎？曰：「然則所謂『平常』，將不爲淺近苟且之云乎？」曰：不然也。所謂「平常」，亦曰事理之當然而無所詭異云爾。是固非有甚高難行之事，而亦豈同流合汙音烏。之謂哉？既曰「當然」，則自君臣父子日用之常，推而至於堯舜之禪時戰反。授、湯武之放伐，其變無窮，亦無適而非平常矣。朱子曰：中庸只是一箇道理，以其不偏不倚故謂之「中」，以其不差異可常行故謂之「庸」。未有中而不庸者，亦未有庸而不中者。惟中，故平常。○問：「堯舜禪授，湯武放伐，皆聖人非常之變，而謂之平常，何也？」曰：堯舜禪授、湯武放伐，雖其事異常，然皆是合當如此，便只是常事。如伊川説「經權」字，合權處便即是經。○曰：「此篇首章先明中和之義，次章乃及中庸之説。至其名篇乃不曰《中和》而曰《中庸》者，何哉？」曰：「中和」之中，其義雖精；新安陳氏曰：未發之中，乃古人所未言之精義。而「中庸」之中，實兼體用。且其所謂「庸」者，又有平常之意焉。則比之中和其所該者尤廣，而於一篇大指精粗本末，無所不盡。此其所以不曰《中和》，而曰《中庸》也。朱子曰：「中庸」該得「中和」之義。庸是見於事，和是發於心。「庸」該得「和」。○以性情言之謂之「中和」，以理言之謂之「中庸」，其實一也。○曰：「張子之言如何？」張子曰：學者如《中庸》文字輩，直須句句理會過，使其言互相發明。曰：其曰「須句句理會，使其言互相發明」者，真讀書之要法。不但可施於此篇也。○曰：「吕氏爲己爲人之説如何？」爲，並去聲。下「爲人」同。○藍田吕氏曰：爲己者，心存乎德行，而無意乎功名；爲人者，心存乎功名而未及乎德行，若後世有未及乎爲人而濟其私欲者。今學聖人之道，而先以私欲害之，則語之而不入，導之而不行，教之者亦何望哉？聖人之學，不使人過，不使人不及。立喜怒哀樂未發之中以爲之本，使學者擇善而固執之，其學固有序矣。學者盍亦用心於此乎？用心於此，則義理必明，德行必脩。與夫自輕其身，涉獵無本，徼幸一旦之利者，果何如哉？曰：爲人者，程子以爲欲見知於人者是也。呂氏以志於功名言之，而謂今之學者未及乎此，則是以爲人爲及物之事，而涉獵徼幸以求濟其私者，又下此一等也。殊不知夫子所謂「爲人」者，正指此下等人爾。若曰未能成己，而遽欲成物，此特可坐去聲。以不能「知所先後」之罪。原其設心，猶愛而公；視彼欲求人知以濟一己之私而後學者，不可同日語矣。至其所謂「立喜怒哀樂未發之中以爲之本，使學者擇善而固執之」者，亦曰欲使學者務先存養以爲窮理之地耳。而語之未瑩，烏定反，潔也。乃似聖人强上聲。立此中以爲大本，使人以是爲準而取中焉，則中者豈聖人之所强立，而未發之際，亦豈容學者有所擇取於其間哉？但其全章大指，則有以切中去聲。今時學者之病。覽者誠能三復而致思焉，亦可以感悟而興起矣。

或問：「『天命之謂性，率性之謂道，脩道之謂教』，何也？」曰：此先明性、道、教之所以名，以見形甸反。其本皆出乎天，而實不外於我也。天命之謂性，言天之所以命乎人者，是則人之所以爲「性」也。蓋天之所以賦與萬物而不能自已者，命也；吾之得乎是命以生而莫非全體者，性也。朱子曰：天之生此人，如朝廷之命此官；人之有此性，如官之有此職。○格庵趙氏曰：天於賦予處周流而不已，斯之謂「命」；人於禀受處該全而不偏，斯之謂「性」。故以命言之，則曰元亨利貞，而四時五行，庶類萬化，莫不由是而出；以性言之，則曰仁義禮智，而四端五典，萬物萬事之理，無不統於其間。黄氏曰：在天爲元亨利貞，在人爲仁義禮智，特殊其名以別天人之分耳。○天地而非元亨利貞，不能以行四時，生萬物；人而非仁義禮智，又何以充四端，制萬事哉？○北溪陳氏曰：若就造化論，則天命之大目只是元亨利貞。此四者就氣上論也得，就理上論也得。就氣上論，則物之初生爲元，於時爲春；物之發達爲亨，於時爲夏；物之成就爲利，於時爲秋；物之斂藏爲貞，於時爲冬。貞者，正而固也。自其生意之已定者而言，故謂之「正」；自其斂藏者而言，故謂之「固」。就理上論，則元者生理之始，亨者生理之通，利者生理之遂，貞者生理之固。人性之大目只是仁義禮智四者而已。得天命之元在我謂之仁，得天命之亨在我謂之禮，得天命之利在我謂之義，得天命之貞在我謂之智。人性之有仁義禮智，只是天地元亨利貞之理。真實一致，非引而譬之也。蓋在天在人雖有性命之分，而其理則未嘗不一；在人在物雖有氣禀之異，而其理則未嘗不同。此吾之性所以純粹至善，而非若荀揚、韓子之所云也。荀子論性，詳見《孟子·告子》篇《集註》。○朱子曰：論萬物之一原，則理同而氣異。○北溪陳氏曰：性與命本非二物，在天謂之命，在人謂之性。又曰：性命只是一箇道理，不分看則不分曉，不合看又離了不相干涉。須是就渾然一理中，看得界分不相亂。率性之謂道，言循其所得乎天以生者，則事事物物莫不自然各有當行之路，是則所謂「道」也。蓋天命之性，仁義禮智而已。循其仁之性，則自父子之親以至於仁民愛物，皆道也；循其義之性，則自君臣之分扶問反。以至於敬長上聲。尊賢，亦道也；循其禮之性，則恭敬辭讓之節文，皆道也；循其智之性，則是非邪正之分別，彼列反。下「有別」同。亦道也。蓋所謂「性」者無一理之不具，故所謂「道」者不待外求而無所不備；此言性與道之全體。所謂「性」者無一物之不得，故所謂「道」者不假人爲而無所不周。此言性與道之大用。雖鳥獸草木之生，僅得形氣之偏而不能有以通貫乎全體，然其知覺運動、榮悴秦醉反。開落，亦皆循其性而各有自然之理焉。至於虎狼之父子、仁。蜂蟻之君臣、義。豺牀皆反。獺他達反。之報本，禮。睢七余反。鳩之有別，智。則其形氣之所偏，又反有以存其義理之所得，《莊子·天運》篇：商太宰蕩問「仁」於莊子。莊子曰：「虎狼仁也。」曰：「何謂也？」莊子曰：「父子相親，何爲不仁？」○《化書》曰：「蜂有君，禮也；螻蟻之有君也，一拳之宮，與衆處之；一塊之臺，與衆臨之；一粒之食，與衆蓄之；一蟲之肉，與衆匝之；一罪無疑，與衆戮之。」○《禮記·月令》：「季秋之月，豺乃祭獸戮禽。」「孟春之月，魚上冰，獺祭魚。」○《詩傳》云：睢鳩，水鳥。今江淮間有之。生有定偶而不相亂，偶常並游而不相狎。故毛傳以爲「摯而有別」。「摯」字與「至」通，言其情意深至也。尤可以見天命之本然初無間去聲。隔，而所謂道者亦未嘗不在是也。是豈有待於人爲，而亦豈人之所得爲哉？朱子曰：性是體，道是用。道便是裏面做出底道理。○問：「鳥獸亦有知覺，但他知覺有通塞。草木亦有知覺否？」曰：亦有。如一盆花，得些水澆灌便敷榮，若摧折他便枯悴，謂之無知覺可乎？周茂叔窗前草不除去，云「與自家意思一般」，便是有知覺。只是鳥獸底知覺，不如人底；草木底知覺，又不如鳥獸底。○問：「虎狼蜂蟻之類雖得其一偏，然徹頭徹尾得義理之正。人合下具此天命之全體，而爲物欲氣稟所昏，反不能如物之能通其一處而全盡，何也？」曰：只有這一處通，便却專。人却事事理會得些，便却泛泛，所以易昏。○潛室陳氏曰：飛潛動植各一其性而不可換，便是「率」處。若飛者潛之，動者植之，即是違其性，非物之所謂「率性」矣。脩道之謂教，言聖人因是道而品節之，以立法垂訓於天下，是則所謂「教」也。蓋天命之性、率性之道，皆理之自然，而人物之所同得者也。人雖得其形氣之正，然其清濁厚薄之稟亦有不能不異者。是以賢知去聲。者或失之過，愚不肖者或不能及，而得於此者，亦或不能無失於彼，是以私意人欲或生其間，而於所謂性者不免有所昏蔽錯雜，「昏蔽」其天理，「錯雜」以人欲。而無以全其所受之正。性有不全，則於所謂道者，因亦有所乖戾舛尺淺反。逆而無以適乎所行之宜。惟聖人之心，清明純粹，「清明」以氣言，「純粹」以質言。天理渾上聲。然，無所虧闕。故能因其道之所在而爲之品節防範以立教於天下，使夫音扶。下同。過不及者有以取中焉。蓋有以辨其親疎之殺，所戒反。而使之各盡其情，則仁之爲教立矣；有以別彼列反。下同。其貴賤之等，而使之各盡其分，扶問反。則義之爲教行矣；爲之制度文爲，使之有以守而不失，則禮之爲教得矣；爲之開導禁止，使之有以別而不差，則知去聲。下「無知」同。之爲教明矣。夫如是，是以人無知愚，事無大小，皆得有所持循據守，以去上聲。其人欲之私，而復乎天理之正。推而至於天下之物，則亦順其所欲，違其所惡，去聲。因其材質之宜以致其用，制其取用之節以遂其生，皆有政事之施焉。此則聖人所以財成天地之道，而致其彌縫輔贊之功。然亦未始外乎人之所受乎天者而强上聲。爲之也。陳氏曰：因人生氣質之異，而有過不及之差。故於「性」有昏蔽而不能全，而所謂「道」者亦乖戾而失其本然也。聖人清明純粹見理分明，故因其性之自然者爲之品節而歸之中，使無過不及，以爲天下後世法，使萬世皆得以通行，是謂之「教」。○辨其親踈之殺，如爲之立五服，自斬衰至緦麻之類；別其貴賤之等，如爲之立君臣上下長幼之序；爲之制度文爲，如三千三百之儀，輕重踈密各有等級之不同；爲之開導禁止，如司徒教民以任卹睦婣之行，及糾民以不孝不弟之刑；因其材質之宜、制其取用之節，如教人春耕夏耘，秋斂冬藏，穿牛鼻，絡馬首之類。子思以是三言著於篇首，雖曰姑以釋夫三者之名義，然學者能因其所指而反身以驗之，則其所知豈獨名義之間而已哉？蓋有得乎「天命」之説，則知天之所以與我者無一理之不備，而釋氏所謂空者非性矣；有以得乎「率性」之説，則知我之所得乎天者無一物之不該，而老氏所謂無者非道矣；有以得乎「脩道」之説，則知聖人之所以教我者莫非因其所固有而去上聲。其所本無，背音佩。其所至難而從其所甚易，去聲。○新安陳氏曰：所固有，謂道；所本無，謂私欲。所至難，謂異端之空寂；所甚易，謂吾道之教。而凡世儒之訓詁詞章、管商之權謀功利、老佛之清浄寂滅與夫百家衆技之支離偏曲，皆非所以爲教矣。陳氏曰：釋氏以空爲宗，以未有天地之先爲吾真體；以天地萬物皆爲幻，人事都爲粗迹，盡欲屏除了一歸於真空。老氏以無爲宗，以道爲超乎天地形器之外。如云道在太極之先，却是説未有天地萬物之初，有箇虚空道理，都與人物不相干涉。不知道只是人事之理耳。又曰：老氏清虚厭事，釋氏屏棄人事。世儒或訓詁解析而理不明，或詞章綴緝而義不通。管商功利之徒，雖做得事業，亦只是權謀智術之私，而非胸中義理去做。皆非所謂教矣。○西山真氏曰：朱子論性、道、教，皆必曰仁義禮智。其視佛老以空寂爲「性」，以虚無爲「道」，管商以刑名功利爲「教」者，真妄是非不辨而明矣。**由是以往，因其所固有之不可昧者而益致其學問思辨之功，因其所甚易之不能已者而益致其持守推行之力，**朱子曰：因其所固有，謂今人把學問來做外面添底事看了。聖賢千言萬語，只是使人反其固有而復其性耳。因其所甚易，是日用常行合做底道理，是不可已者。非空守着這一箇物性。○新安陳氏曰：學問思辨，致知之事也；持守推行，力行之事也。**則夫天命之性、率性之道，豈不昭然日用之間，而脩道之教，又將由我而後立矣。○曰：「率性、脩道之説不同，孰爲是邪？」曰：程子之論「率性」，正就私意人欲未萌之處，指其自然發見**形甸反。下同。**各有條理者而言，以見道之所以得名。非指脩爲而言也。**程子曰：「生之謂性」，「人生而静」以上不容説，纔説性時，便已不是性也。此理，天命也。順而循之則道也。又曰：天降是於下，萬物流形各正性命者，是所謂「性」也；循其性，是所謂道也。此亦通人物而言。循性者，馬則爲馬之性，又不做牛底性；牛則爲牛底性，又不做馬底性。此所謂「率性」也。○朱子曰：程子説「『人生而静』以上」，是人物未生時，只可謂之「理」，未可名爲「性」，所謂「在天曰命」

也；「纔説性時」，便是「人生」以後，此理已墮在形氣之中，不全是性之本體矣，所謂「在人曰性」也。○程子説物物皆有箇道理，即此便是道。循性者，是循其理之自然。○道是性中分派條理。隨分派條理去，皆是道也。**呂氏「良心之發」以下至「安能致是」一節亦甚精密。但謂人雖受天地之中以生，而梏於形體，又爲私意小知**去聲。**所撓，故與天地不相似，而發不中**去聲。下並同。**節，必有以不失其所受乎天者然後爲道。則所謂「道」者又在脩爲之後，而反由教以得之，非復**扶又反，又也。後不及音者宜以意推之。**子思、程子所指人欲未萌、自然發見之意矣。**藍田呂氏曰：性與天道，本無有異。但人雖受天地之中以生，而梏於蕞爾之形體，常有私意小智撓乎其間，故與天地不相似，所發遂至乎出入不齊而不中節。如使所得於天者不喪，則何患乎不中節乎？故良心所發，莫非道也。在我者惻隱、羞惡、辭遜、是非，皆道也；在彼者君臣、父子、夫婦、昆弟、朋友之交，亦道也。在物之分，則有彼我之殊；在性之分，則合乎内外一體而已。是皆人心所同然，乃吾性之所固有。隨喜怒哀樂之所發，則愛必有差等，敬必有節文。所感重者，其應也亦重；所感輕者，其應也亦輕。自斬至緦，喪服異等，而九族之情無所憾；自王公至皂隸，儀章異制，而上下之分莫敢争。非出於性之所有，安能致是乎？○朱子曰：只是隨性去皆是道。呂氏説以人行道，若然，則未行之前，便不是道乎？○潛室陳氏曰：呂氏只就人性起，蓋不見天地大化。故其説性，説道，説教，皆不周普流通。此朱子所以不取。**游氏所謂「無容私焉則道在我」，楊氏所謂「率之而已」者，似亦皆有呂氏之病也。**廣平游氏曰：天之命萬物者道也，而性者具道以生也。因其性之固然而無容私焉，則道在我矣；若出於人爲，則非道矣。○龜山楊氏曰：性，天命也；命，天理也；道則性命之理而已。謂性有不善者，誣天也。性無不善，則不可加損也。無俟乎脩焉，率之而已。至於「脩道」，則程子「養之以福」、「脩而求復」如字。之云，却似未合子思本文之意。程子曰：民受天地之中以生，「天命之謂性」也。「人之生也直」，意亦如此。若以「生」爲「生養」之生，却是「脩道之謂教」也。至下文始自云能者養之以福，不能敗以取禍。又曰：脩道之謂教，此則專在人事，以失其本性，故脩而求復之，則入於學。若元不失，則何脩之有？獨其一條所謂「循此脩之，各得其分」，扶問反。而引舜事以通結之者，爲得其旨。故其門人亦多祖之。但所引舜事或非《論語》本文之意耳。程子曰：循此而脩之，各得其分，則「教」也。自「天命」以至於「教」，我無加損焉。此「舜有天下而不與焉」者也。○朱子曰：脩道雖以人事言，然其所以脩之者，莫非天命之本然，非人私智所能爲也。然非聖人有不能盡，故程子以舜事明之。○陵陽李氏曰：此又自其性之本然者而推言之。所引《論語》雖非本文之意，大率以爲一循其本然，非私智所能與耳。呂氏所謂「先王制禮」，「達之天下，傳之後世」者，得之。但其本說「率性」之「道」處已失其指，而於此又推本之，以爲率性而行雖已中節，而所稟不能無過不及，若能心誠求之，自然不中不遠。但欲達之天下，傳之後世，所以又當脩道而立教焉，則爲太繁複音福。而失本文之意耳。藍田呂氏曰：循性而行，無物撓之，雖無不中節者，然以稟於天者不能無厚薄昏明，則應於物者亦不能無小過小不及。故品節斯，斯之謂禮。閔子除喪而見孔子，予之琴而彈之，切切而言曰：「先王制禮，不敢過也。」子夏除喪而見孔子，予之琴而彈之，侃侃而言曰：「先王制禮，不敢不及也。」故心誠求之，雖不中不遠矣。然將達之天下，傳之後世，慮其所終，稽其所敝，則其小過不及者，不可以不脩，此先王所以制禮。**改本又以時位不同爲言，似亦不親切也。**藍田呂氏改本云：道之在人有時與位之不同，必欲爲法於後世，不可不脩。**○曰：「楊氏所論王氏之失，如何？」**龜山楊氏曰：臨川王氏云：「天使我有是之謂命，命之在我之謂性。」是未知性命之理。其曰「使我」正所謂「使然」也。使然者，可以爲命乎？以命在我爲性，則命自一物。若《中庸》言「天命之謂性」，性即天命也，又豈二物哉？如云「在天爲命，在人爲性」，此語似無病。然亦不須如此說。性命初無二理，第所由之者異耳。率性之謂道，如《易》所謂「聖人之作易，將以順性命之理」是也。**曰：王氏之言固爲多病，然此所云「天使我有是」者，猶曰「上帝降衷」云爾，豈真以爲有或使之者哉？其曰「在天爲命，在人爲性」，則程子亦云，而楊氏又自言之，蓋無悖於理者。今乃指爲王氏之失，不惟似同浴而譏裸**魯果反。裎，音呈。**亦近於意有不平而反爲至公之累矣。且以「率性之道」爲「順性命之理」，文意亦不相似。若游氏以「遁天倍**音佩。**情」爲「非性」，**廣平游氏曰：「惟皇上帝，降衷于下民」，則天命也。若遁天倍情，則非性矣。**則又不若楊氏「人欲非性」之云也。**龜山楊氏曰：天命之謂性，人欲非性也。**○曰：「然則呂、游、楊、侯，四子之說孰優？」曰：此非後學之所敢言也。但以程子之言論之，則於呂稱其深潛縝密。**上止忍反。**於游稱其穎悟**

温厚。謂楊不及游，而亦每稱其穎悟。謂侯生之言但可隔壁聽。今且熟復其言，究覈下革反。其意，而以此語證之，則其高下淺深亦可見矣。過此以往，則非後學所敢言也。

或問：「既曰『道也者，不可須臾離也，可離非道也，是故君子戒慎乎其所不睹，恐懼乎其所不聞』矣，而又曰『莫見乎隱，莫顯乎微，故君子慎其獨也』，何也？」曰：此因論「率性」之「道」以明由「教」而入者，其始當如此。蓋兩事也。其先言道不可離，而君子必戒謹恐懼乎其所不睹不聞者，所以言道之無所不在，無時不然，學者當無須臾毫忽之不謹而周防之，以全其本然之體也。又言「莫見乎隱，莫顯乎微」，而「君子必謹其獨」者，所以言隱微之間，人所不見而己獨知之，則其事之纖悉無不顯著，又有甚於他人之知者，學者尤當隨其念之方萌而致察焉，以謹其善惡之幾平聲。也。蓋所謂「道」者，率性而已。性無不有，故道無不在。大而父子君臣，小而動静食息，不假人力之爲而莫不各有當然不易之理，所謂「道」也。是乃天下人物之所共由，充塞先則反。天地，貫徹古今，而取諸至近則常不外乎吾之一心。循之則治，去聲。失之則亂，蓋無須臾之頃可得而暫離也。若其可以暫合暫離而於事無所損益，則是人力私智之所爲者，而非「率性」之謂矣。聖人之所「脩」以爲「教」者，因其不可離者而品節之也；君子之所由以爲學者，因其不可離者而持守之也。

三山陳氏曰：君子必欲存養持守以保全之者，正爲其不可離而去之，如飢食渴飲之不可無也。○新安陳氏曰：持守，指戒謹恐懼。是以日用之間，須臾之頃，持守工夫一有不至，則所謂「不可離者」雖未嘗不在我，而人欲間去聲。之，則亦判然二物而不相管矣。是則雖曰有人之形，而其違禽獸也何遠哉？是以君子戒慎乎其目之所不及見，恐懼乎其耳之所不及聞，瞭音了。然心目之間，常若見其不可離者，而不敢有須臾之間去聲。以流於人欲之私，而陷於禽獸之域。若《書》之言防怨而曰「不見形甸反。是圖」，《禮》之言事親而曰「聽於無聲，視於無形」，蓋不待其徵於色，發於聲，然後有以用其力也。《五子之歌》云：「一人三失，怨豈在明？不見是圖。」○《曲禮》曰「凡爲人子者，居不主奥，坐不中席」云云，「聽於無聲，視於無形」。○朱子曰：「不見是圖」，既是不見，安得有圖？只是要於未有兆朕，無可睹聞時，先戒懼耳。❶○「聽於無聲，視於無形」，只是照管所不到，念慮所不及處，正如防賊相似，須要塞其來路。夫音扶。既已如此矣，則又以謂道固無所不在，而幽隱之間乃他人之所不見而已所獨見；道固無時不然，而細微之事乃他人之所不聞而已所獨聞。是皆常情所忽以爲可以欺天罔人而不必謹者，而不知吾心之靈，皎如日月，既已知之，則其毫髮之間無所潛遁，又有甚於他人之知矣。又況既有是心，藏伏之久，則其見形甸反。下「以見」同。於聲音容貌之間，發於行事施爲之實，必

❶「耳」，原作「取」，今據《語類》卷六二、《四書纂疏》改。

有暴著而不可揜者，又不止於念慮之差而已也。朱子曰：隱微顯著未嘗有異，豈怠於顯而偏於獨哉？蓋獨者至用之源，而人所易忽。於此而必謹焉，則亦無所不謹矣。是以君子既戒懼乎耳目之所不及，則此心常明，不爲物蔽。而於此尤不敢不致其謹焉，必使其幾微之際，無一毫人欲之萌，而純乎義理之發，則下學之功盡善全美，而無須臾之間去聲。矣。二者相須，皆反躬爲去聲。己，遏人欲存天理之實事，蓋體道之功，莫有先於此者，亦莫有切於此者。故子思於此首以爲言，以見君子之學必由此而入也。朱子曰：「幾者，動之微」，是欲動未動之間。○陳氏曰：此兩節是做工夫處，見得聖賢體道之功甚密。○新安陳氏曰：體道者，以身任此道，如《文言》所謂「體仁」。曰：「諸家之説皆以『戒愼不睹，恐懼不聞』，即爲『謹獨』之意。子乃分之以爲兩事，無乃破碎支離之甚邪？」曰：既言「道不可離」，則是無適而不在矣；而又言「莫見乎隱，莫顯乎微」，則是要切之處，尤在於隱微也。既言「戒謹不睹，恐懼不聞」，則是無處而不謹矣；又言「謹獨」，則是其所「謹」者，尤在於「獨」也。是固不容於不異矣。若其同爲一事，則其爲言又何必若是之重平聲。複音福。邪？且此書卒章「潛雖伏矣」，「不愧屋漏」，亦兩言之，正與此相首尾。朱子曰：戒懼是未有事時，「相在爾室，尚不愧于屋漏」，「不動而敬，不言而信」之時；謹獨，便已有形迹了，「潛雖伏矣，亦孔之昭」。詩人言語只是大綱説；子思又就裏面別出這話來教人，又較緊密。○陳氏曰：「潛雖伏矣」一節，申明首章謹獨意；「不愧屋漏」一節，申明首章戒懼不睹不聞意。但諸家皆不之察。獨程子嘗有「『不愧屋漏』與『謹獨』是持養氣象」之言，其於二者之間特加「與」字，是固已分爲兩事，而當時聽者有未察耳。程子曰：要脩持他這天理則在德，須有「不言而信」者。言難爲形狀。養之則須直。「不愧屋漏」與「謹獨」，這是箇持養底氣象。曰：「子又安知『不睹』、『不聞』之不爲『獨』乎？」曰：其所「不睹」、「不聞」者，己之所不睹不聞也。故上言「道不可離」，而下言君子自其平常之處無所不用其戒懼，而極言之以至於此也。獨者，人之所不睹不聞也。故上言「莫見乎隱，莫顯乎微」，而下言君子之所謹者，尤在於此幽隱之地也。是其語勢自相唱和，去聲。各有血脉，理甚分明。如曰是兩條者皆爲謹獨之意，則是持守之功無所施於平常之處，而專在幽隱之間也。且雖免於破碎之譏，而其繁複偏滯而無所當去聲。亦甚矣。朱子曰：「其」之一字便見得是說己不睹不聞處。○不睹不聞，是提其大綱說；謹獨，乃審其細微。方不睹不聞，不惟人所不知，自家亦有所未知。若所謂獨，即人所不知，己所獨知，極是要戒懼。自來人說「不睹」、「不聞」與「謹獨」只是一意，無分別。則便不是「戒謹不睹，恐懼不聞」，非謂於睹聞之時不戒謹也。言雖不睹不聞之際亦致其謹，則睹聞之際其謹可知也。○陳氏曰：「莫見乎隱，莫顯乎微」，對「道不可須臾離，可離非道」句；「君子必慎其獨」，對「戒慎乎其所不睹，恐懼乎其所不聞」句。惟其「道不可須臾離，可離非道」，所以「戒慎其所不睹，恐懼其所不聞」；惟其「莫見乎隱，莫顯乎微」，所以必「慎其獨」。○曰：「程子所謂『隱微之際』，若與呂氏改本及游、楊氏不同，而子一之，何邪？」曰：以理言之，則三家不若程子之盡；以心言之，則程子不若三家之密。是固若有不同者矣。然必有是理然後有是心，有是心而後有是理。則亦初無異指也。合而言之，亦何不可之有哉？程子曰：人只以耳目所見聞者爲顯見，所不見聞者爲隱微。然不知理却甚顯也。且如昔人彈琴見螳螂捕蟬，而聞者以爲有殺聲。殺在心而人聞其琴而知之，豈非顯乎？人有不善，而自謂人不知之。然天地之理甚著，不可欺也。○藍田呂氏曰：此章明道之要不可不誠。道之在我，猶飲食居處之不可去，可去皆外物也。誠以爲己，故不欺其心。人心至靈，一萌之思，善與不善莫不知之，他人雖明，有所不與也。故慎其獨者，知爲己而已。○廣平游氏曰：人所不睹，可謂隱矣。而心獨知之，不亦見乎？人所不聞，可謂微矣。而心獨聞之，不亦顯乎？○龜山楊氏曰：獨非交物之時，有動于中，其違未遠也。雖非視聽所及，而其幾固已瞭然心目之間矣。其爲顯見，孰加焉？雖欲自蔽，吾誰欺？欺天乎？此君子必慎其獨也。○問：「程子舉彈琴殺心處，是就人知處言；呂、游、楊氏所説，是就己自知處言。《章句》是合二者而言否？」朱子曰：有動于中，己固先自知，亦不能揜人之知，所謂「誠之不可揜」也。○問：「『迹雖未形，幾則已動』，上兩句是程子意；『人雖不知，己獨知之』，下兩句是游氏意否？」曰：然。兩事只是一理，幾既動，則己必知之；己既知則人必知之。○曰：「他説如何？」曰：呂氏舊本所論「道不可離」者得之。但專以過不及爲離道，則似未盡耳。其論「天地之中」、「性與天道」一節，最其用意深處。然經文所指「不睹不聞」隱微之間者，乃欲使人戒懼乎此，而不使人欲之私得以萌動於其間耳。非欲使人虛空其心反觀於此，以求見夫音扶。所謂「中」者而遂執之，以爲應事之準則也。呂氏既失其指，而所引用「不得於言」、「必有事焉」、「參前倚衡」之語，亦非《論》、《孟》本文之意。至謂「隱微之間」有「昭昭而不可欺，感之而能應者」，則固心之謂矣。而又曰「正惟虛心以求，則庶乎見之」，是又别以一心而求此一心，見此一心也。豈不誤之甚哉？

藍田呂氏曰：「率性之謂道」，則四端之在我者，人倫之在彼者，皆吾性命之理，受乎天地之中，所以立人之道，不可須臾離也。絶類離倫，無意乎君臣父子者，過而離乎此者也。賊恩害義，不知有君臣父子者，不及而離乎此者也。雖過不及有差，而皆不可以行於世。故曰「可離非道」也。「非道」者，非天地之中而已。非天地之中而自謂有道，惑也。又曰：所謂「中」者，「性與天道」也。謂之有物，則「不得於言」；謂之無物，則「必有事焉」。不得於言者，「視之不見，聽之不聞」，無聲形接乎耳目而可以道也；必有事焉者，「莫見乎隱，莫顯乎微」，「體物而不可遺」者也。古之君子立則見其參於前，在輿則見其倚於衡，是何所見乎；「洋洋乎如在其上，如在其左右」，是果何物乎？學者見乎此，則庶乎能擇中庸而執之。隱微之間，不可求之於耳目，不可道之於言語。然有所謂昭昭而不可欺，感之而能應者，正惟虛心以求之，則庶乎見之。故曰：「莫見乎隱，莫顯乎微。」〇朱子曰：心者，人之所以主乎身者也，一而不二者也，爲主而不爲客者也，命物而不命於物者也。故以心觀物，則物之理得。今復有物以反觀乎心，則是此心之外，復有一心而能管乎此心也。然則所謂「心」者爲一耶，爲二耶？爲主耶，爲客耶？爲命物者耶，爲命於物者耶？若「參前倚衡」之云者，則爲忠信篤敬而發也。蓋曰忠信篤敬不忘乎心，則無所適而不見其在是云爾，亦非有以見其心之謂也。且身在此而心參於前，身在輿而心倚於衡，是果何理也耶？若楊氏「無適非道」之云，則善矣。然其言似亦有所未盡。蓋衣食作息、視聽舉履，皆物也；其所以如此之義理準則，乃道也。若曰所謂道者不外乎物，而人在天地之間不能違物而獨立，是以無適而不有義理之準則，不可頃刻去之而不由，則是中庸之旨也。若便指物以爲道，而曰人不能頃刻而離此，百姓特日用而不知耳，則是不惟昧於形而上上聲。下之別，筆列反。而墮於釋氏「作用是性」之失，且使學者誤謂道無不在，雖欲離之而不可得，吾既知之，則雖猖音昌。狂妄行亦無適而不爲道，則其爲害將有不可勝平聲。言者，不但文義之失而已也。龜山楊氏曰：夫盈天地之間，孰非道乎？道而可離，則道有在矣。譬之四方有定位焉，適東則離乎西，適南則離乎北，斯則可離也。若夫無適而非道，則烏得而離耶？故寒而衣，飢而食，日出而作，晦而息，耳目之視聽，手足之舉履，無非道也。此百姓所以日用而不知。○問：「龜山言飢食渴飲，手持足行，便是道。竊謂手持足履未是道，『手容恭，足容重』，乃是道也；目視耳聽未是道，視明聽聰，乃是道也。或謂不然，其說云手之不可履，猶足之不可持，此是天職。『率性之謂道』，只循此自然之理耳。不審如何？」朱子曰：不然。桀紂亦會手持足履，目視耳聽，如何便喚做道？若便以爲道，是認欲爲道也。伊川云：「夏葛冬裘，飢食渴飲，若著些私吝心，便是廢天職。」須看著些「私吝心」字。○衣食動作只是物，物之理乃道。將物喚做道則不可。且如這箇椅子有四隻脚，可以坐，此椅之理也。若除去一隻脚坐不得，便失其椅之理矣。「形而上爲道，形而下爲器」。就這形而下之器中，便有那形而上之道。若便將形而下之器作形而上之道，則不可。所謂「格物」，便是要就這形而下之器窮得那形而上之道理而已。飢而食，渴而飲，日出而作，日入而息，其所以飲食作息者，皆道之所在也。若便謂飲食作息者是道，則不可。與龐居士神通妙用，運水搬柴之類一般，亦是此病。如徐行後長，與疾行先長，都一般是行。只是徐行後長方是道，若疾行先長便不是道。豈可説只認得行處便是道？神通妙用，運水搬柴，須是運得水是，搬得柴是，方是神通妙用。若運得不是，搬得不是，如何是神通妙用？佛家所謂「作用是性」，便是如此。他都不理是和非，只認得這衣食作息，視聽舉履，便是道；儒家則須是就這上尋討道理，方是道。龜山云：「伊尹之耕于莘野，此農夫田父之所日用者而樂在是。」如此，則世之伊尹甚多矣。龜山説話大概有此病。○曰：「吕氏之書，今有二本。子之所謂『舊本』則無疑矣。所謂『改本』，則陳忠肅公所謂程氏明道夫子之言而爲之序者，子於石氏《集解》雖嘗辨之，而論者猶或以爲非程夫子不能及也，柰何？」曰：是則愚嘗聞之劉、李二先生矣。「舊本」者，吕氏太學講堂之初本也；「改本」者，其後所脩之别本也。陳公之序，蓋爲傳者所誤而失之。及其兄孫幾平聲。叟具以所聞告之，然後自覺其非，則其書已行而不及改矣。近見胡仁仲所記侯師聖語亦與此合。蓋幾叟之師楊氏，實與吕氏同出程門。師聖則程子之内弟。而劉、李之於幾叟，仁仲之於師聖，又皆親見而親聞之，是豈胸臆私見口舌浮辨所得而奪哉？若更以其言考之，則二書詳略雖或不同，然其語意實相表裏。如人之形貌昔腴音臾，肥也。今瘠，音夕，瘦也。而其部位神采初不異也。豈可不察而遽謂之兩人哉？又況改本厭前之詳而有意於略，故其詞雖約而未免反有刻露峭急之病。至於詞義之間失其本指，則未能改於其舊者尚多有之。校音教。之明道平日之言，平易去聲。從七容反。容而自然精切者，又不翅通作「啻」。施智反。碱砆音武夫，石之次玉者。之與美玉也。於此而猶不辨焉，則其於道之淺深，固不問而可知矣。

或問：「『喜怒哀樂之未發謂之中，發而皆中節謂之和。中也者天下之大本也，和也者天下之達道也。致中和，天地位焉，萬物育焉。』何也？」曰：此推本天命之性以明由教而入者，其始之所發端，中和。終之所至極，位育。皆不外於吾心也。蓋天命之性，萬理具焉。喜怒哀樂各有攸當。去聲。下「其當」同。方其未發，渾然在中，渾，上聲。後凡言「渾然」音同。無所偏倚，故謂之「中」；及其發而皆得其當，無所乖戾，故謂之「和」。謂之「中」者，所以狀性之德，道之體也。以其天地萬物之理無所不該，故曰「天下之大本」。謂之「和」者，所以著情之正，道之用也。以其古今人物之所共由，故曰「天下之達道」。蓋天命之性純粹至善，而具於人心者，其體用之全本皆如此，不以聖愚而有加損也。然靜而不知所以存之，則天理昧而大本有所不立矣；動而不知所以節之，則人欲肆而達道有所不行矣。

朱子曰：未發時是那靜有箇體在裏了。若靜而不失其體，便是天下之大本立焉；或失其體，則大本便昏了。已發時是那動有許多用。若動而不失其用，便是天下之達道行焉；或失其用，則達道便乖了。○大本不立，達道不行，則雖天理流行未嘗間斷，而在我者或幾乎息矣。惟君子自其不睹不聞之前，而所以戒謹恐懼者愈嚴愈敬，以至於無一毫之偏倚，而守之常不失焉，則爲有以致其中，而大本之立日以益固矣；尤於隱微幽獨之際，而所以謹其善惡之幾平聲。者愈精愈密，以至於無一毫之差謬，靡幼反。而行之每不違焉，則爲有以致其和，而達道之行日以益廣矣。潛室陳氏曰：戒懼於不睹不聞時，此則未發時工夫；謹獨於隱微時，此即已發時工夫。非戒懼何以見其致中，非謹獨又何以爲致和，血脉相承如此？○格庵趙氏曰：愈嚴愈敬，是自其未發之體而存養之；愈精愈密，是自其已發之用而省察之。致者，用力推致而極其至之謂。致焉而極其至，至於靜而無一息之不中，則吾心正而天地之心亦正，故陰陽動靜各止其所，而天地於此乎位矣；動而無一事之不和，則吾氣順而天地之氣亦順，故充塞無間，去聲。驩與「歡」通。欣交通，而萬物於此乎育矣。朱子曰：和則交感而萬物育矣。○新安陳氏曰：中者，心之德。吾之心通乎天地之心，正則俱正矣。吾氣順，和之驗也。以吾之和氣感召天地之和氣，順則俱順矣。此萬化之本原，一心之妙用，聖神之能事，學問之極功，新安陳氏曰：由位育推其本於致中和，故曰「萬化之本原」；自致中和極其功於位育，故曰「一心之妙用」。究極之，惟大聖人能與於此，乃聖神之能事。降聖人一等而論之，由教而入者，果能盡致中和之工夫，則其學問之極功，亦可庶幾乎此也。固有非始學所當議者。然射者之的，行者之歸，如射者志於中的，行者志於歸家。亦學者立志之初所當知也。故此章雖爲一篇開卷之首，然子思之言亦必至此而後已焉，其指深矣。○曰：「然則『中』、『和』果二物乎？」曰：觀其一體一用之名，則安得不二？察其一體一用之實，則此爲彼體，彼爲此用。如耳目之能視聽，視聽之由耳目，初非有二物也。陳氏曰：體用未嘗相離，有是體方有是用，有是用方見是體。○曰：「『天地位萬物育』，諸家皆以其理言，子獨以其事論。然則自古衰亂之世，所以病乎中和者多矣，天地之位，萬物之育，豈以是而失其常耶？」曰：三辰失行，山崩川竭，則不必天翻地覆然後爲不位矣；兵亂凶荒，胎殰卵殈，則不必人消物盡然後爲不育矣。《樂記》曰：「胎生者不殰而卵生者不殈。」殰音獨，内敗也。殈，呼壁、況狄二反，裂也。凡若此者，豈非不中不和之所致，而又安可誣哉？今以事言者，固以爲有是理而後有是事；彼以理言者，亦非以爲無是事而徒有是理也。但其言之不備，有以啓後學之疑，不若直以事言而理在其中之爲盡耳。曰：「然則當其不位不育之時，豈無聖賢生於其世，而其所以致夫音扶。下同。中和者乃不能有以救其一二，何邪？」曰：善惡感通之理，亦及其力之所至而止耳。彼達而在上者既曰有以病之，則夫災異之變，又豈窮而在下者所能救也哉？但能致中和於一身，則天下雖亂，而吾身之天地萬物不害爲安泰；春秋戰國時之孔孟是也。其不能者，天下雖治，去聲。而吾身之天地萬物不害爲乖錯。唐虞之四凶、有周之管蔡是也。其間一家一國莫不皆然。此又不可不知耳。朱子曰：尊卑上下之大分，即吾身之天地也；應變曲折之萬端，即吾身之萬物也。○黄氏曰：如達而在上，固是堯舜事業；窮而在下，只如在一鄉不擾，便是一鄉萬物育，在一家不擾，便是一家萬物育。曰：「二者之爲實事可也。而分中和以屬焉，將不又爲破碎之甚邪？」曰：世固未有能致中而不足於和者，亦未有能致和而不本於中者也。未有天地已位而萬物不育者，亦未有天地不位而萬物自育者也。特據其效而推本其所以然，則各有所從來而不可紊耳。○曰：「子思之言中和如此，而周子之言則曰『中者，和也，中去聲。後凡言「中節」音同。節也，天下之達道也』。周子《通書》中語。乃舉中而合之於和。然則又將何以爲天下之大本也邪？」曰：子思之所謂「中」，以未發而言也；周子之所謂「中」，以時中而言也。愚於篇首已辨之矣。學者涵泳而別筆列反。識之，見其並行而不相悖焉可也。朱子曰：「中庸」之中，是兼已發而中節、無過不及者得名。若不識得此理，則周子之言更解不得。○北溪陳氏曰：未發之中，是就性上論；已發之中，是就事上論。當喜而喜，當怒而怒，那恰好處無過不及，便是「中」。此「中」即所謂「和」也。所以周子曰「中也者，和也」，是指已發之中也。○曰：「程、吕問答如何？」曰：考之文集，則是其書蓋不完矣。然程子初謂「凡言『心』者皆指已發而言」，而後書乃自以爲「未當」。去聲。下「未當」同。向非吕氏問之之審，而不完之中又失此書，則此言之未當，學者何自而知之乎？以此又知聖賢之言固有發端而未竟者，學者尤當虛心悉意以審其歸，未可執其一言而遽以爲定也。藍田呂氏問曰：「先生謂凡言『心』者皆指已發而言，然則未發之前謂之無心可乎？竊謂未發之前，心體昭昭具在；已發乃心之用也。」程子曰：凡言「心」者指已發而言，此固未當。心一也，有指體而言者，「寂然不動」是也；有指用而言者，「感而遂通天下之故」是也。惟觀其所見何如耳。其說「中」字因過不及而立名，又似併指「時中」之中，而與「在中」之義少異。蓋未發之時在中之義，謂之無所偏倚則可；謂之無過不及，則方此之時未有中節不中節之可言也，無過不及之名亦何自而立乎？又其下文皆以不偏不倚爲言，則此語者亦或未得爲定論也。藍田呂氏曰：「中即性也。」程子曰：「中」也者，所以狀性之體段，猶稱天圓地方，而不可謂方圓即天地。中之爲義自無過不及而立名，而指中爲性可乎？○問：「渾然在中，恐是喜怒未發，此心至虛，都無偏倚，停停當當，恰在其中間，所謂獨立而不近四傍，心之體，地之中也？」朱子曰：在中者，未動時恰好處；時中者，已動時恰好處。才發時，不偏於喜，則偏於怒，不得謂之在中矣。然只要就所偏倚一事處之得恰好，則無過不及矣。蓋無過不及，乃無偏倚者之所爲；而無偏倚者，是所以能無過不及也。○如喜而中節，便是倚於喜矣。但在喜之中，無過不及，怒哀樂亦然，故謂之「和」。○問：「程子曰：『中所以狀性之體段，猶天之圓，地之方也，故謂天圓地方則可，謂方圓足以盡天地則不可。』晦翁謂喜怒哀樂未發則性也。愚意亦謂性與中一物耳。自天之所命則謂之性，自四者之未發則謂之中。若如程子所論，豈謂性是虛物，中是著實些箇，其不同或在此？」潛室陳氏曰：四者未發，當此境界，即是「人生而靜」處，故晦翁指此爲性。蓋發則爲情，非以中爲性也。中只是狀其未發之時體段如此。若便以中爲性，則是稱圓爲天，稱方爲地，而可乎？呂氏又引「允執厥中」以明未發之旨，則程子之説《書》也，固謂「允執厥中」所以行之。蓋其所謂「中」者，乃指「時中」之中，而非「未發」之中也。呂氏又謂「求之喜、怒、哀、樂未發之時」，藍田呂氏曰：「大人」「不失其赤子之心」，乃所謂「允執厥中」者。又曰：聖人之學以中爲大本。中者，無過不及之謂也。何所準則而知過不及乎？求之此心而已；此心之動，出入無時，何從而守之乎？求之喜、怒、哀、樂未發之時而已。則程子所以答蘇季明之問，又已有既思即是已發之説矣。凡此皆其決不以呂説爲然者。獨不知其於此何故略無所辨。學者亦當詳之，未可見其不辨而遽以爲是也。蘇氏問：「於喜、怒、哀、樂之前求中可否？」程子曰：不可。既思於喜、怒、哀、樂未發之前求之，又却是思也。既思即是已發。思與喜、怒、哀、樂一般，纔發謂之「和」，不可謂之「中」也。問：「呂氏言當求於喜、怒、哀、樂未發之前，信斯言也，恐無著莫，如之何而可？」曰：言存養於喜、怒、哀、樂未發之時則可，若言求中於喜、怒、哀、樂未發之前則不可。○朱子曰：程子「纔思即是已發」一句，能發明子思言外之意。蓋言不待喜、怒、哀、樂之發，但有所思即是已發。此意已極精微，説到未發界至十分盡頭，不可以有加矣。曰：「然則程子卒以赤子之心爲已發，何也？」曰：衆人之心，莫不有未發之時，亦莫不有已發之時，不以老稚賢愚而有別筆列反。也。但孟子所指赤子之心純一無僞者，乃因其發而後可見。若未發，則「純一無僞」又不足以名之，而亦非獨赤子之心爲然矣。是以程子雖改夫音扶。心皆已發之一言，而以「赤子之心」爲已發則不可得而改也。蘇氏問：「赤子之心爲已發，是否？」程子曰：已發而去道未遠也。曰：「大人不失其赤子之心，如何？」曰：取其純一近道也。○藍田吕氏曰：「喜怒哀樂之未發，則赤子之心當求其未發，此心至虛，無所偏倚，故謂之中。」程子曰：喜怒哀樂未發謂之中，赤子之心發而未遠乎中。若便謂之中，是不識大本也。○朱子曰：赤子之心動静無常，非寂然不動之謂，故不可謂之「中」。然無營欲知巧之思，故謂「未遠乎中」。未發之中本體自然，不須窮索。曰：「程子『明鏡止水』之云，固以聖人之心爲異乎赤子之心矣。然則此其爲未發者邪？」曰：聖人之心，未發則爲水鏡之體，既發則爲水鏡之用，亦非獨指未發而言也。蘇氏問：「赤子之心與聖人之心如何？」程子曰：聖人之心如明鏡止水。曰：「諸説如何？」曰：程子備矣。但其答蘇季明之後章，記録多失本真，答問不相對值。如「耳無聞，目無見」之答，以下文「若無事時須見須聞」之説參之，其誤必矣。朱子曰：子思只説喜怒哀樂，今却轉向見聞上去，所以説得愈多，愈見支離紛冗，都無交涉。此乃程門請問記録者之罪也。蓋未發之時，但爲未有喜怒哀樂之偏耳。若其目之有見，耳之有聞，則當愈益精明而不可亂，豈若心不在焉而遂廢耳目之用哉？蘇氏問：「當中之時，耳無聞，目無見否？」程子曰：雖耳無聞，目無見，然見聞之理在始得。其言静時，既有知覺，豈可言静？而引《復》以「見天地之心」爲説，亦不可曉。蓋當至静之時，但有能知覺者，而未有

所知覺也。故以爲静中有物則可，而便以纔思即是已發爲比則未可；以爲坤卦純陰而不爲無陽則可，而便以復之一陽已動爲比則未可也。所謂「無時不中」者，所謂「善觀者却於已發之際觀之」者，則語雖要切，而其文意亦不能無斷續。至於「動上求静」之云，則問者又轉而之他矣。蘇氏問：「中是有時而中否？」程子曰：何時而不中？以事言之，則有時而中；以道言之，何時而不中？曰：「固是所爲皆中。然而觀於四者未發之時，静時自有一般氣象，及至接事時又自別，何也？」曰：善觀者不如此，却於喜怒哀樂已發之際觀之。賢且説静時如何。曰：「謂之無物則不可，然自有知覺處。」曰：既有知覺，却是動也，怎生言静？人説「《復》其見天地之心」，皆以謂至静能見天地之心，非也。《復》之卦下面一畫便是動也，安得謂之静？自古儒者皆言静見天地之心，惟某言動而見天地之心。或曰：「莫是動上求静否？」曰：固是。然最難。○朱子曰：至静之時但有能知能覺者，而無所知所覺，此《易》卦爲純《坤》不爲無陽之象。若論《復》卦，則須以有所知覺者當之，不得合爲一説矣。故邵子亦云「一陽初動處，萬物未生時」，此至微至妙處，須虚心静慮方始見得。**其答「動」字、「静」字之問，答「敬何以用功」之問，答「思慮不定」之問，以至「若無事時須見須聞」之説，則皆精當。**去聲。○或曰：「喜怒哀樂未發之前，下『動』字，下『静』字？」程子曰：謂之静則可，然静中須有物始得。這裏便是難處，學者莫若自先理會得「敬」，能敬則自知此矣。或曰：「敬何以用功？」曰：莫若主一。○問：「某嘗患思慮不定，或思一事未了，他事如麻又生，如何？」曰：不可，此不誠之本。須是習能專一時便好。不拘思慮與應事，皆要求一。○或曰：「當静坐時，物之過乎前者，還見不見？」

曰：看事如何。若是大事，如祭祀前旒蔽明，黈纊充耳，凡物之過者不見不聞也；若無事時，目須見，耳須聞。旒音流，冕之前後垂者。黈，他口反，黄色，冕兩旁纊也。纊音曠，綿也，蓋以綿爲圜而其色黄，名曰「黈纊」也。○朱子曰：静中有物者，只是知覺不昧。或引程子語「纔有知覺便是動」爲問。曰：若云知寒覺暖，便是知覺已動。今未曾著於事物，但有知覺在，何妨其爲静？不成静坐便只是瞌睡？但其曰當祭祀時無所見聞，則古人之制祭服而設旒纊，雖曰欲其不得廣視雜聽而致其精一，然非以是爲真足以全蔽其聰明，使之一無見聞也。若曰履之有絇音劬。以爲行戒，尊之有禁以爲酒戒，然初未嘗以是而遂不行不飲也。新安陳氏曰：絇謂之拘，以絲爲之，著舄屨之頭以爲行戒。禁者，承酒尊之器。名「禁」者，以爲酒戒也。若使當祭之時，真爲旒纊所塞，先則反。後並同。遂如聾瞽，則是禮容樂節皆不能知，亦將何以致其誠意交於鬼神哉？程子之言決不如是之過也。至其答「過而不留」之問，則又有若不相值而可疑者。或曰：「當敬時，雖見聞，莫過焉而不留否？」程子曰：不説道「非禮勿視勿聽」，「勿」者禁止之辭，纔説「弗」字便不得也。○朱子曰：便是祭祀若耳無聞目無見，即其升降饋奠皆不能知其時節之所宜，雖有贊引之人，亦不聞其告語之聲。故前旒黈纊之説，亦只是説欲其專一於此而不雜他事之意，非謂奉祭祀時節無見聞也。大抵此條最多謬誤，蓋聽他人之問而從旁竊記，非唯未了答者之意，而亦未悉問者之情，是以致此亂道而誤人耳。然而猶幸其間紕篇夷反。漏顯然，尚可尋繹音亦。以別筆列反。其僞。獨微言之湮音因。没者遂不復傳，爲可惜耳。吕氏此章之説尤多可疑，如引「屢空」、「貨殖」及「心爲甚」者，其於彼此蓋兩失之。其曰由空而後見夫音扶。下同。中，是又前章虚心以求之説也，其不陷而入浮屠者幾希矣。幾，平聲。後凡言「幾希」、「庶幾」音同。蓋其病根正在欲於未發之前求見夫所謂中者而執之，是以屢言之而病愈甚。殊不知經文所謂「致中和」者，亦曰當其未發，此心至虚，如鏡之明，如水之止，則但當敬以存之而不使其小有偏倚。至於事物之來，此心發見，賢遍反。後凡言「發見」音同。喜怒哀樂各有攸當，去聲。則又當敬以察之而不使其小有差忒他得反。而已。未有如是之説也。且曰「未發之前」，則宜其不待著陟畧反。意推求而瞭音了。然心目之間矣。一有求之之心，則是便爲已發，固已不得而見之，況欲從而執之，則其爲偏倚亦甚矣，又何中之可得乎？且夫未發已發，日用之間固有自然之機，不假人力。方其未發本自寂然，固無所事於執；及其當發則又當即事即物隨感而應，亦安得塊苦怪、苦潰二反。然不動而執此未發之中邪？此爲義理之根本，於此有差，則無所不差矣。此吕氏之説，所以條理紊音問。亂，援引乖刺，郎葛反。而不勝平聲。其可疑也。程子譏之以爲不識大本，豈不信哉？藍田吕氏曰：人莫不知義理之當，無過無不及之爲中，未及乎所以中也。喜怒哀樂未發之前，反求吾心果何爲乎？「回也其庶乎？屢空」，惟空然後可以見乎中，而空非中也，必有事焉。喜怒哀樂之未發，無私意小知撓乎其間，乃所謂「空」。由空然後見乎中，❶實則不見也。若子貢聚聞見之多，其心已實，如貨殖焉，所蓄有素，所應有限，雖曰富有，亦有時而窮，故「億則屢」而未皆「中」也。「權然後知輕重，度然後知長短，物皆然，心爲甚」，則心之度物甚於權度之審，其應物當無毫髮之差。然人應物不中節者常多，其故何也？由不得中而執之，有私意小知撓乎其間，故義理不當，或過或不及，猶權度之法不精，則稱量百物不能無銖兩分寸之差也。此所謂性命之理出於天道之自然，非人私知所能爲也，故曰「喜怒哀樂之未發謂之中」。○朱子曰：孟子乃是論心自度，非是心度物。○欲執喜怒哀樂未發之中，不知如何執得？那事來面前只得應他，當喜便喜，當怒便怒，如何執得？ 楊氏所謂：「未發之時以心驗之，則中之義自見。」「執而勿失無人欲之私焉，則發必中節矣。」又曰：「須於未發之際能體所謂中。」其曰「驗之」、「體之」、「執之」，則亦吕氏之失也。其曰「其慟音洞。其喜，中固自若」，疑與程子所云「言和則中在其中」者相似。然細推之，則程子之意正謂喜怒哀樂已發之處，見得未發之理發見在此一事一物之中各無偏倚過不及之差，乃「時中」之中，而非「渾然在中」之中也。若楊氏之云「中固自若」，而又引莊周「出怒不怒」之言以明之，《莊子·庚桑楚》篇云：「敬之而不喜，侮之而不怒者，唯同乎天地者爲然。出怒不怒，則怒出於不怒矣；出爲無爲，則爲出於無爲矣。」則是以爲聖人方當

❶「由」，原作「曰」，今據《四書纂疏》及本書上文大字所引改。

喜怒哀樂之時，其心漠然同於木石，而姑外示如此之形，凡所云爲皆不復出於中心之誠矣。大抵楊氏之言多雜於佛老，故其失類如此。其曰「當論其中去聲。否，不當論其有無」，則至論也。龜山楊氏曰：但於喜怒哀樂未發之際以心驗之，則中之義自見。非精一焉能執之？○又曰：執而勿失無人欲之私焉，發必中節矣。發而中節，中固未嘗亡也。孔子之慟、孟子之喜，因其可慟可喜而已，於孔、孟何有哉？其慟也，其喜也，中固自若也。鑑之茹物，因物而異形，而鑑之明未嘗異也。莊生所謂「出怒不怒，則怒出於不怒；出爲無爲，則爲出於無爲」，亦此意也。若聖人而無喜怒哀樂，則天下之達道廢也。一横行於天下，武王亦不必恥也。故於是四者當論其中節不中節，不當論其有無也。○又曰：須是於喜怒哀樂未發之際能體所謂「中」，於喜怒哀樂已發之後能得所謂「和」。致中和，則天地可位，萬物可育矣。

或問：「此其稱『仲尼曰』，何也？」曰：首章夫子之意而子思言之，故此以下又引夫子之言以證之也。曰：「孫可以字其祖乎？」曰：「古者生無爵，死無謚」，神至反。正作「謚」。○二句出《禮記·郊特牲》篇。則子孫之於祖考亦名之而已矣。周人冠去聲。則字而尊其名，死則謚而諱其名，則固已彌文矣。然未有諱其字者也。故《儀禮》饋食之祝詞曰「適爾皇祖伯某父」，音甫。乃直以字而面命之。況孔子爵不應平聲。後凡言「不應」音同。謚，而子孫又不得稱其字以别筆列反。之，則將謂之何哉？若曰「孔子」，則外之之辭，而又孔姓之通稱；若曰「夫子」，則又當時衆人相呼之通號也。不曰「仲尼」而何以哉？問：「子思稱夫子爲『仲尼』。」朱子曰：昔人未嘗諱其字。程子云：「予年十四五，從周茂叔。」本朝先輩尚如此。伊川亦嘗稱明道字。○曰：「君子所以中庸，小人之所以反之者，何也？」曰：中庸者，無過不及而平常之理，蓋天命人心之正也。中庸之理，實自天命人性中來。唯君子爲能知其在我而戒謹恐懼以無失其當然，故能隨時而得中；小人則不知有此而無所忌憚，故其心每反乎此而不中不常也。○曰：「『小人之中庸』，王肅、程子悉加『反』字，蓋疊上文之語。然諸説皆謂小人實反中庸而不自知其爲非，乃敢自以爲中庸而居之不疑。如漢之胡廣，唐之吕温、柳宗元者，則其所謂『中庸』，是乃所以爲無忌憚也。如此則不煩增字而理亦通矣。」《漢書》：胡廣，字伯始。位至太傅。性温厚謹素，常遜言恭色。達練事體，明解朝章。雖無謇直之風，屢有補闕之益。故京師諺云：「萬事不理問伯始，天下中庸有胡公。」○《唐書》：吕温，字和叔，一字化光。從陸贄治《春秋》。貞元末擢進士第。後進户部員外郎。藻翰精富，一時推讓。性險躁譎詭好利，妄言宰相李吉甫陰事，憲宗貶均州，再貶道州，後徙衡州。○柳宗元，字子厚。少精敏絶倫。爲文章卓偉精緻，一時推仰。第進士博學宏詞科，授校書郎。後遭貶柳州刺史。曰：小人之情狀固有若此者矣，但以文勢考之則恐未然。蓋論一篇之通體，則此章乃引夫子所言之首章，且當略舉大端以分別筆列反。君子小人之趨向，未嘗遽及此意之隱微也；若論一章之語脉，則上文方言君子中庸而小人反之，其下且當平解兩句之義以盡其意，不應偏解上句而不解下句，又遽别生他説也。故疑王肅所傳之本爲得其正，而未必肅之所增，程子從之，亦不爲無所據而臆决也。程子曰：小人更有甚中庸？脱一「反」字。小人不主於義理則無忌憚，所以反中庸也。亦有其心畏謹而不中，亦是反中庸。語意有淺深則可，謂之「中庸」則不可。諸説皆從鄭本，雖非本文之意，然所以發明小人之情狀，則亦曲盡其妙而足以警乎鄉原亂德之姦矣。今存吕氏以備觀考，他不能盡録也。藍田吕氏曰：君子蹈乎中庸，小人反乎中庸者也。君子之中庸也，有君子之心又達乎時中；小人之中庸也，有小人之心反乎中庸，無所忌憚而自謂之時中也。時中者，當其可之謂也。「時止則止，時行則行」，當其可也。「可以仕則仕，可以止則止；可以速則速，可以久則久」，當其可也。曾子、子思易地則皆然，禹稷、顔回同道，當其可也。舜不告而娶，周公殺管蔡，孔子以微罪行，當其可也。小人見君子之時中唯變所適而不知當其可，而欲肆其姦心濟其私欲，或言不必信，行不必果，則曰「唯義所在」而已，然實未嘗知義之所在。有臨喪而歌，人或非之，則曰是惡知禮意？然實未嘗知乎禮意。猖狂妄行，不謹先王之法以欺惑流俗，此小人之亂德，先王之所以必誅而不以聽者也。

或問：「『民鮮能久』，或以爲民鮮能久於中庸之德，而以下文『不能朞月守』者證之，何如？」

曰：不然。此章方承上章「小人反中庸」之意而泛論之，未遽及夫音扶。下同。不能久也；下章自能擇中庸者言之，乃可責其不能久耳。兩章各是發明一義，不當遽以彼而證此也。且《論語》無「能」字，而所謂「矣」者，又已然之辭，故程子釋之以爲民鮮有此中庸之德，則其與「不能朞月守」者不同，文意益明白矣。朱子曰：「民鮮能久」，緣下文有「不能期月守」之説，故説者以爲「久於其道」之久。細考二章相去甚遠自不相蒙，只合依《論語》説。曰：「此書非一時之言也。章之先後又安得有次序乎？」曰：言之固無序矣。子思取之而著於此，則其次第行音杭。列决有意謂，不應雜置而錯陳之也。故凡此書之例，皆文斷而意屬。音燭。下同。讀者先因其文之所斷以求本章之説，徐次其意之所屬以考相承之序，則有以各盡其一章之意，而不失夫全篇之旨矣。陳氏曰：子思此書分章亦有次序，皆是相接續發明去。○新安陳氏曰：此數句乃讀中庸之要法。然程子亦有「久行」之説，則疑出於其門人之所記，蓋不能無差繆。與「謬」同音。而「自世教衰」之一條，乃《論語》解，而程子之手筆也。程子曰：中庸之爲德，民不可須臾離，民鮮有久行其道者也。○中庸，天下之至理。德合中庸，可謂至矣。自世教衰，民不興於行，鮮有中庸之德也。諸家之説固皆不察乎此。然吕氏所謂「厭常喜新，質薄氣弱」者，則有以切中去聲。學者不能固守之病。讀者徒諸「朞月」之章而自省悉井反。焉，則亦足以有警矣。藍田吕氏曰：中庸者，天下之所共知所共行，猶寒而衣，飢而食，渴而飲，不可須臾離也。衆人之情厭常而喜新，質薄而氣弱，雖知不可離而亦不能久也。惟君子之學，自明而誠，明而未至乎誠，雖心悦而不去。然知不可不思，行不可不勉，在思勉之分而氣不能無衰，志不能無懈，故有「日月至焉」者，有「三月不違」者，皆德之不可久者也。若至乎誠，則不思不勉至于常久而不息，非聖人其孰能之？侯氏所謂「民不識中，故鮮能久；若識得中，則手動足履無非中者」，則其踈闊又益甚矣。如曰「若識得中，則手動足履皆有自然之中而不可離」，則庶幾耳。河東侯氏曰：民不能識中，故鮮能久；若識得中，則手動足履無非中者，故能久。

或問：「此其言『道之不行』、『不明』，何也？」曰：此亦承上章「民鮮能久矣」之意也。三山陳氏曰：惟鮮能中庸者久，故知愚賢不肖，各隨氣質之偏而失焉。曰：「知去聲。愚之過不及，宜若道之所以不『明』也；賢不肖之過不及，宜若道之所以不『行』也。今其互言之，何也？」朱子曰：此正分明交互說。曰：測度待洛反。深微，揣楚委反。摩事變，能知君子之所不必知者，知去聲。者之過乎中也；昏昧蹇淺，不能知君子之所當知者，愚者之不及乎中也。知去聲。之過者，既惟知是務，而以道爲不足行，愚者又不知所以行也，此道之所以不行也。刻意尚行，去聲。驚世駭俗，能行君子之所不必行者，賢者之過乎中也；卑汚音烏。苟賤，不能行君子之所當行者，不肖者之不及乎中也。賢之過者，既唯行是務而以道爲不足知，不肖者又不求所以知也，此道之所以不明也。然道之所謂中者，是乃天命人心之正，當然不易之理，固不外乎人生日用之間。特行而不著，習而不察，是以不知其至而失之耳。故曰「人莫不飲食也，鮮能知味也」。知味之正，則必嗜時利反。之而不厭矣；知道之中，則必守之而不失矣。陳氏曰：人莫不飲食，是人間日用不可闕處，在人鮮能知其味。譬如道乃天之命於我，性之所固有底，不可以須臾離，是人不自求知之，所以行矣而不著，習矣而不察。

或問：「此其稱舜之大知，去聲。下文「之知」、「知者」音並同。何也？」曰：此亦承上章之意，言如舜之知而不過，則道之所以行也。三山陳氏曰：上章既嘆道之不行，此章遂以道之行者明之。知者過之，又鮮能知味，此道之所以不行也；若舜之大知，知而不過，則道行矣。蓋不自恃其聰明而樂音洛。取諸人者如此，則非知者之過矣；又能執兩端而用其中，則非愚者之不及矣。此舜之知所以爲大，而非他人之所及也。「兩端」之說，吕、楊爲優。藍田吕氏曰：兩端，過與不及。執其兩端，乃所以用其時中，猶持權衡而稱物，輕重皆得其平。故舜之所以爲舜，取諸人，用諸民，皆以能執兩端而不失中也。○龜山楊氏曰：執其兩端，所以權輕重而取中也，由是而用於民，雖愚者可及矣。程子以爲「執持」過不及之兩端「使民不得行」，則恐非文意矣。蓋當衆論不同之際，未知其孰爲過，孰爲不及，而孰爲中也，故必兼總衆説以執其不同之極處而求其義理之至當，去聲。然後有以知夫音扶。無過不及之在此而在所當行。若其未然，則又安能先識彼兩端者之爲過不及而不可行哉？蘇氏問：「舜『執其兩端』，註以爲過不及之兩端，是乎？」程子曰：是。曰：「既過不及，又何執乎？」曰：執，猶今之所謂「執持」使不得行也。舜猶持過不及使民不得行，而用其中使民行之也。

或問七章之說。曰：此以上句起下句，如《詩》之興虚應反。耳。或以二句各爲一事言之，則失之也。

或問：「此其稱回之賢，何也？」曰：承上章「不能朞月守」者而言。如回之賢而不過，則道之所以明也。蓋能擇乎中庸，則無賢者之過矣；服膺弗失，則非不肖者之不及矣。然則兹賢也，乃其所以爲知去聲。也歟？曰：「諸説如何？」曰：程子所引「屢空」，張子所引「未見其止」，皆非《論語》之本意。程子曰：顏子所以大過人者，只是得一善則拳拳服膺，與能「屢空」耳。○張子曰：顏子未至聖人而不已，故仲尼賢其進；未得中而不居，故惜夫「未見其止」也。唯吕氏之論顏子有曰：「隨其所至，盡其所得，據而守之，則拳拳服膺而不敢失，勉而進之，則既竭吾才而不敢緩，此所以恍惚先後而不可爲象，求見聖人之止欲罷而不能也。」此數言者乃爲親切確克角反。實，而足以見其深潛縝止忍反。密之意，學者所宜諷誦而服行也。但「求見聖人之止」一句，文義亦未安耳。藍田吕氏曰：如顏子者，可謂能擇而能守也。高明不可窮，博厚不可極，則中道不可識，故「仰之彌高，鑽之彌堅，瞻之在前，忽然在後」。察其志也，非見聖人之卓，不足謂之中。隨其所至，盡其所得，據而守之，則拳拳服膺而不敢失；勉而進之，則既竭吾才而不敢緩，此所以恍惚在前後而不可爲像，求見聖人之止「欲罷」而「不能」也。侯氏曰：「中庸豈可擇？擇則二矣。」其務爲過高而不顧經文義理之實也，亦甚矣哉！河東侯氏曰：中庸豈可擇？擇則二矣。此云「擇」者，如「博學之，審問之，明辨之」，「勉而中」，「思而得」者也。故曰「擇乎中庸」。

或問：「『中庸不可能』，何也？」曰：此亦承上章之意，以三者之難明中庸之尤難也。蓋三者之事，亦知、仁、勇之屬而人之所難，然皆必取於行而無擇於義，且或出於氣質之偏、事勢之迫，未必從七恭反。容而中節也。若曰中庸則雖無難知難行之事，然天理渾然，無過不及，苟一毫之私意有所未盡，則雖欲擇而守之，而擬議之間，忽已墮於過與不及之偏而不自知矣。此其所以雖若甚易去聲。而實不可能也。故程子以「『克己』最難」言之，其旨深矣。游氏以舜爲「絶學無爲」，而楊氏亦謂有能斯有爲之者，其違道遠矣。循天下固然之理，而行其所無事焉，夫音扶。何能之有？則皆老佛之餘緒。而楊氏下章所論不知不能爲道遠人之意，亦非儒者之言也。二公學於程氏之門，號稱高第，而其言乃如此，殊不可曉也已。程子曰：「克己」最難，故曰「中庸不可能也」。〇廣平游氏曰：其斯以爲舜，則絶學無爲矣。

〇新安陳氏曰：楊氏之說《或問》中已可見，茲不重出。餘見下章。

或問：「此其記子路之問強，何也？」曰：亦承上章之意，以明擇中庸而守之，非強不能；而所謂強者，又非世俗之所謂強也。蓋「強」者，力有以勝人之名也。凡人和而無節，則必至於流；中立而無依，則必至於倚。國有道而富貴，或不能不改其平素；國無道而貧賤，或不能久處上聲。乎窮約。非持守之力有以勝人者，其孰能反之？故此四者，汝子路之所當强也。南方之强，不及强者也；北方之强，過乎强者也。四者之强，强之中也。三山陳氏曰：南北之强雖不同，要之皆偏耳。至於汝之所當强者，此則理義之强，得强之中矣。子路好去聲。勇，故聖人之言所以長其善而救其失者類如此。曰：「和與物同，故疑於流而以不流爲强。中立本無所依，又何疑於倚而以不倚爲强哉？」曰：中立固無所依也。然凡物之情，唯强者爲能無所依而獨立。弱而無所依，則其不傾側而偃仆音赴。者幾希矣。此中立之所以疑於必倚，而不倚之所以爲强也。問：「言『中立而無依』，則必至於倚，如何是無依？」朱子曰：中立最難，譬如一物直立於此，中間無所依著，久之必倒去。問：「若要直立得住，須用强矯。」曰：大故要强立。○潛室陳氏曰：中立者，四邊虛則立不住，易得求倚。唯强有力者，不假倚自然中立。曰：「諸説如何？」曰：大意則皆得之。惟以矯爲「矯揉」之矯，以「南方之强」爲矯哉之强與顔子之强，以「抑而强」者爲子路之强與「北方之强」者，爲未然耳。藍田吕氏曰：「矯」之爲言，猶「揉木」也。木之性能曲能直，將使成材而爲器，故曲者直者皆在所矯。人之才有過有不及，將使合乎中庸，則過與不及皆在所矯。○河東侯氏曰：南方之强，顔子之强似之，故曰「君子居之」；北方之强，子路之强似之，故曰「而强者居之」。君子以自勝爲强，故曰「强哉矯」。

或問十一章「素隱」之説。曰：吕氏從鄭註以「素」爲「傃」，音素，鄉也。○吕氏曰：素，讀如「傃鄉」之傃，猶「素其位」之素也。固有未安。唯其舊説有謂無德而隱爲素隱者，於義略通。又以「遯世不見知」之語反之，似亦有據。但「素」字之義與後章「素其位」之素不應頓異，則又若有可疑者。獨《漢書·藝文志》劉歆虛今反。論神仙家流引此而以「素」爲「索」，顔氏又釋之以爲「求索隱暗之事」，則二字之義既明，而與下文「行怪」二字語勢亦相類，其説近是。蓋當時所傳本猶未誤，至鄭氏時乃失之耳。游氏所謂「離人而立於獨」，與夫「未免有念」之云，皆非儒者之語也。廣平游氏曰：遁世不見知而不悔者，疑慮不萌於心，確乎其不可拔也。非離人而立於獨者，不足以與此。若不遠復者，未免於有念也。

或問十二章之説。曰：道之用廣，而其體則微密而不可見，所謂「費而隱」也。即其近而言之，男女居室，人道之常，雖愚不肖亦能知而行之；極其遠而言之，則天下之大，事物之多，聖人亦容有不盡知盡能者也。然非獨聖人有所不知不能也，天能生覆敷救反。而不能形載，地能形載而不能生覆，至於氣化流行，則陰陽寒暑，吉凶災祥，不能盡得其正者尤多，此所以雖以天地之大而人猶有憾也。夫音扶。自夫婦之愚不肖所能知行，至於聖人天地之所不能盡，道蓋無所不在也。故君子之語道也，其大至於天地聖人所不能盡，而道無不包，則天下莫能載矣；其小至於愚夫愚婦之所能知能行，而道無不體，則天下莫能破矣。道之在天下其用之廣如此，可謂「費」矣。而其所用之體則不離去聲。乎此，而又非視聽之所及者，此所以爲「費而隱」也。子思之言至此極矣。然猶以爲不足以盡其意也，故又引《詩》以明之，曰「鳶飛戾天，魚躍于淵」，所以言道之體用上下昭著而無所不在也。「造端乎夫婦」，極其近小而言之；「察乎天地」，極其遠大而言也。蓋夫婦之際，隱微之間，尤見道不可離處。知其造端乎此，則其所以戒謹恐懼之實無不至矣。《易》首《乾》、《坤》而重《咸》、《恒》，胡登反。《詩》首《關雎》而戒淫泆，《書》記釐陵之反。降，《禮》謹大昏，皆此意也。朱子曰：造端乎夫婦，言至微至近處；及其至也，言極盡其量。夫婦則情意密而易於陷溺，不於此致謹，則私欲行於玩狎之地，自欺於人所不知之境，人倫大法雖講於師友之前，亦未保其不壞於幽隱之處。倘知造端之重，隱微之際，戒慎恐懼，則是工夫從裏面做出，以之事父兄、處朋友，皆易爲力而有功矣。〇曰：「諸説如何？」曰：程子至矣。張子以聖人爲夷惠之徒，既已失之。張子曰：聖人若夷惠之徒，亦未知君子之道；若知君子之道，亦不入於偏。又曰：「君子之道達諸天，故聖人有所不知；夫婦之智淆音淆，混濁也。諸物，故聖人有所不與。」去聲。則又析其不知不能而兩之，皆不可曉也已。曰：「諸家皆以夫婦之能知能行者爲道之費，聖人之所不知不能而天地有憾者爲道之隱，其於文義協矣。若從程子之説，則使章内專言費而不及隱，恐其有未安也。」曰：謂不知不能爲隱似矣。若天地有憾，鳶飛魚躍察乎天地，而欲亦謂之隱，則恐未然。且「隱」之爲言，正以其非言語指陳之可及耳，故獨舉「費而隱」常默具乎其中。若於費外別有隱而可言，則已不得爲隱矣。程子之云，又何疑邪？潛室陳氏曰：使所謂「隱」者而聖人不知不能，則聖人亦不足貴矣。謂小而莫能破者爲「隱」，則「小」之爲義非奥妙之謂也。謂之「費而隱」者，費中有隱，非費之外别有隱也。○曰：「然則程子所謂『鳶飛魚躍，子思喫緊爲人處，緊，居忍反。爲，去聲。與「必有事焉而勿正心」之意同活潑潑地』者，何也？」曰：道之流行發見於天地之間，無所不在，在上則鳶之飛而戾于天者此也，在下則魚之躍而出于淵者此也，其在人則日用之間人倫之際，夫婦之所知所能，而聖人之所不知不能者，亦此也，此其流行發見於上下之間者，可謂著矣。子思於此指而言之，惟欲學者於此默而識之，則爲有以洞見道體之妙而無疑。而程子以爲「子思喫緊爲人處」者，正以示人之意爲莫切於此也。其曰「與『必有事焉而勿正心』之意同活潑潑地」，則又以明道之體用流行發見充塞天地，亘居鄧反。古亘今，雖未嘗有一毫之空去聲。闕，一息之間斷。然其在人而見賢變反。諸日用之間者，則初不外乎此心。故必此心之存，而後有以自覺也。「『必有事焉而勿正心』，活潑潑地」，亦曰此心之存而全體呈露，妙用顯行，無所滯礙牛代反。云爾。非必仰而視乎鳶之飛，俯而觀乎魚之躍，然後可以得之也。程子曰：「鳶飛戾天，魚躍于淵，言其上下察也」，此子思開示學者切要之語也。孟子曰「必有事焉而勿正心」，其意亦猶是也。有得於此者，樂則生，生則烏可已也；無得於心者，役役於見聞知思，爲機變之巧而已。○朱子曰：「必有事焉而勿正心」者，乃指此心之存主處；「活潑潑地」者，方是形容天理流行無所滯礙之妙。

蓋以道之體用流行發見雖無間息，然在人而見諸日用者，初不外乎此心，故必此心之存，然後方見其全體呈露，妙用顯行，活潑潑地畧無滯礙耳。若見得破，則即此須臾之頃，此體便已洞然。○蛟峯方氏曰：《或問》中舊説程子所引『必有事焉』與『活潑潑地』兩句，皆是指其實體而形容其流行發見無所滯礙倚著之意。其曰『必』、曰『勿』者，非有人以必之勿之，蓋謂有主張是者，而實未嘗有所爲耳。今説則謂『必有事焉而勿正心』者，乃指此心之存主處，直謂必此心之存，而後有以自覺。二説不同，如何？」曰：程子「必有事焉」，謂鳶、魚之飛、躍必有所以然者，必有存主處；「勿正心」，謂無勉强期必，非有心著意也。「活潑潑地」，是指天理呈露處。此朱子舊説之意，就「鳶、魚」上言。今説却就看鳶、魚之人上言，謂就費視隱必自存其心，則道理躍如矣。朱子謂只從這裏收一收，這箇便在。朱子兩説皆精，但前説恐人無下手處，故改從後説之實。抑孟子此言固爲精密，然但爲去聲。學者集義養氣而發耳。至於程子借以爲言，則又以發明學者洞見道體之妙，非但如孟子之意而已也。蓋此一言雖若二事，然其實則「必有事焉」半詞之間已盡其意。善用力者，苟能於此超然默會，則道體之妙已躍如矣，何待下句而後足於言邪？聖賢特恐學者用力之過而反爲所累，故更以下句解之。欲其雖有所事而不爲所累耳，非謂必有事焉之外，又當別設此念以爲正心之防也。潛室陳氏曰：今做工夫人，心不曾放去，又多失於迫切；不做工夫人，心裏自在，又却都没一事。

曰：「然則其所謂『活潑潑地』者，毋乃釋氏之遺意邪？」曰：此但俚音里。俗之常談，釋氏蓋嘗言之，而吾亦言之耳，彼固不得而專之也。況吾之所言雖與彼同，而所形容實與彼異。若出於吾之所謂，則夫音扶。道之體用固無不在。然鳶而必戾于天，魚而必躍于淵，是君君、臣臣，父父、子子，各止其所而不可亂也。若如釋氏之云，則鳶可以躍淵，而魚可以戾天矣，是安可同日而語哉？問：「引君臣父子爲言，此吾儒之所以異於佛者，如何？」朱子曰：鳶飛魚躍，只是言其發見耳。釋亦言其發見，但渠言發見，却一切混亂。至吾儒須辨其理分，君臣父子皆定分也，鳶必戾于天，魚必躍于淵。且子思以「夫婦」言之，所以明人事之至近，而天理在焉。釋氏則舉此而絶之矣，又安可同年而語哉？○曰：「吕氏以下如何？」曰：吕氏分此以上論「中」，以下論「庸」，又謂「費則常道，隱則至道」，恐皆未安。藍田吕氏曰：此以上論「中」，此以下論「庸」。此章言常道之終始。費則常道，隱則至道。惟能盡常道，乃所以爲至道。謝氏既曰「非是極其上下而言」矣，又曰「非指鳶、魚而言」，蓋曰子思之引此《詩》，姑借二物以明道體無所不在之實，非以是爲窮其上下之極，而形其無所不包之量去聲。也。又非以是二物專爲形其無所不在之體，而欲學者之必觀乎此也。此其發明程子之意，蓋有非一時同門之士所得聞者。而又別以「夫子與點」之意明之，則其爲説益以精矣。但所謂「察見天理」者，恐非本文之訓，而於程子之意，亦未免小失之耳。上蔡謝氏曰：「鳶飛戾天，魚躍于淵」，非是極其上下而言，蓋真箇見得如此，此正是子思喫緊道與人處，若從此解悟，便可入堯舜氣象。又曰：「鳶飛戾天，魚躍于淵」，無些私意。「上下察」，以明道體無所不在，非指「鳶」、「魚」而言也。若指鳶、魚言，則上面更有天，下面更有地在。知「勿忘勿助長」，則知此；知此，則知「夫子與點」之意。又曰：「鳶飛戾天，魚躍于淵」，猶韓愈所謂「魚川泳而鳥雲飛」，上下自然，各得其所也。子思之意言「上下察」，猶孟子所謂「必有事焉而勿正」，察見天理，不用私意也。**游氏之説，其不可曉者尤多。如以「良知良能之所自出」爲道之「費」，則良知良能者不得爲道，而在道之外矣；又以不可知不可能者爲道之「隱」，則所謂道者乃無用之長**去聲。**物，而人亦無所賴於道矣。所引「天地明察」，似於彼此文意兩皆失之。至於所謂「七聖皆迷之地」，則莊生邪遁荒唐之語，尤非所以論中庸也。**《莊子·徐無鬼》篇：「黄帝將見大隗乎具茨之山，方明爲御，昌寓驂乘，張若、謵傷涉反，一音習。朋前馬，昆閽、滑稽後車，滑音骨。至于襄城之野，七聖皆迷，無所問途。」七聖者，方明一，昌寓二，張若三，謵朋四，昆閽五，滑稽六，及黄帝也。此六名皆寓言。迷，謂迷失具茨之道。○廣平游氏曰：唯費也，則良知良能所自出，故夫婦之愚不肖可以與知而能行焉；唯隱也，則非有思者所可知，非有爲者所可能，故聖人有所不知不能焉。蓋聖人者，德之成而業之大也，過此以往則神矣。無方也，不可知；無體也，不可能。此七聖皆迷之地也。《孝經》曰：「事父孝故事天明，事母孝故事地察。」蓋事父母之心，雖夫婦之愚不肖亦與有焉，及其至也，天地明察，神明彰矣，則雖聖人之德又何以加此？此中庸所以爲至矣。**楊氏以「大而化之」，「非智力所及」爲聖人不知不能；以「祁寒暑雨」，「雖天地不能易其節」爲「道之不可能」；而人所以「有憾」於天地，則於文義既有所不通，而又曰「人雖有憾」而「道固自若」，**

則其失愈遠矣。其曰「非體物而不遺者，其孰能察之」，其用「體」字、「察」字，又皆非經文之正意也。龜山楊氏曰：自「可欲」之「善」，至於「充實光輝」之「大」，致知力行之積也；「大而化之」至於「不可知」之「神」，則非智力所及也，德盛仁熟而自至焉耳。故及其至也，聖人有所不知不能焉。○祁寒暑雨之變，其機自爾，雖天地之大不能易其節也。夫道之不可能者如是，而人雖猶有憾焉，道固自若也。又曰：鳶飛魚躍非夫「體物不遺」者，其孰能察之？大抵此章若從諸家以聖人不知不能爲「隱」，則其爲說之弊必至於此而後已。嘗試循其説而體驗之，若有以使人神識飛揚，眩音縣。瞀茂、務二音。迷惑，而無所底止，底音旨，致也。字上無點。子思之意其不出此也必矣。唯侯氏不知不能之說，最爲明白。但所引「聖而不可知」者，孟子本謂人所不能測耳，非此文之意也。其他又有大不可曉者，亦不足深論也。新安陳氏曰：侯氏說已見《章句》。但其間未有「又如聖而不可知之神」之語，蓋侯氏亦以此爲聖人所不知之事，實則非也。朱子於《章句》已删去此語矣。

或問十三章之說：「子以爲『以人治人』爲『以彼人之道還治彼人』，善矣又謂『責其所能知能行』而引張子之說以實之，則無乃流於姑息之論，而所謂『人之道』者不得爲道之全也邪？」曰：上章固言之矣。夫婦之所能知能行者，道也；聖人之所不知不能而天地猶有憾者，亦道也。然自人而言，則夫婦之所能知能行者，人之所切於身而不可須臾離者也；

至於天地聖人所不能及，則其求之當有漸次，而或非日用之所急矣。然則責人而先其切於身之不可離者，後其有漸而不急者，是乃「行遠自邇，升高自卑」之序。使其由是而不已焉，則人道之全，亦將可以馴致。今必以是爲姑息而遽欲盡道以責於人，吾見其失先後之序，違緩急之宜，人之受責者將至於有所不堪，而道之無窮則終非一人一日之所能盡也。是亦兩失之而已焉爾。○曰：「『子』、『臣』、『弟』、『友』之絶句，何也？」曰：夫子之意，蓋曰我之所責乎子之事己者如此，而反求乎己之所以事父則未能如此也；所責乎臣之事己者如此，而反求乎己之所以事君則未能如此也；所責乎弟之事己者如此，而反求乎己之所以事兄則未能如此也；所責乎朋友之施己者如此，而反求乎己之所以先施於彼者則未能如此也。於是以其所以責彼者自責於「庸言」、「庸行」之間，蓋不待求之於他，而吾之所以自脩之則，具於此矣。今或不得其讀，音豆。而以「父」、「君」、「兄」、「之」四字爲絶句，則於文意有所不通，而其義亦何所當去聲。哉？朱子曰：此處主意立文，與《大學》「絜矩」一章相似，人多誤讀。○黄氏曰：或以「所求乎臣」一句而有疑，非也。古人「君」、「臣」字多通用。諸侯有土者多稱君，其下皆稱臣。凡卑之於尊，僕隸之於主，便有臣義。○曰：「諸説如何？」曰：諸家説《論語》者多引此章以明一以貫之之義，説此章者又引《論語》以釋「違道不遠」之意，一矛莫侯反，兵器，建於兵車，長二丈。一盾，食尹反，兵器，所以蔽身者。終不相謀，而牽合不置，學者蓋深病之。及深考乎程子之言，有所謂「動以天」者，然後知二者之爲忠恕，其跡雖同；而所以爲忠恕者，其心實異。非其知德之深，知言之至，其孰能判然如此而無疑哉？然「盡己」、「推己」，乃「忠」、「恕」之所以名，而正謂此章「違道不遠」之事。若「動以天」，而「一以貫之」，則不待盡己而至誠者自無息，不待推己而萬物已各得其所矣。曾子之言，蓋指其不可名之妙，而借其可名之粗以明之。學者默識於言意之表，則亦足以互相發明，而不害其爲同也。餘說雖多，大概放上聲。此。推此意以觀之，則其爲得失自可見矣。程子說，詳見《論語》「吾道一貫」章《集註》。○朱子曰：論著「忠」、「恕」名義，自合依子思「忠恕違道不遠」是也；曾子所說，却是移上一階說天地之忠恕。其實只一箇忠恕，須自看教有許多等級分明。○慶源輔氏曰：「違道不遠」者，學者之忠恕也；動以天者，聖人之忠恕也。曾子一貫之忠恕，雖借學者之事而言，其所以異者，只是「動以天耳」。所謂「動以天耳」者，蓋於己上已全盡了，不待推而自然及物也。如所謂「以己及物，仁也」。此則夫子之一貫，所謂「動以天」也。○陳氏曰：《中庸》說「忠恕違道不遠」，正是說學者之忠恕；曾子說「夫子之道忠恕」，乃是說聖人之忠恕。聖人忠恕是天道，學者忠恕是人道。「違道不遠」，如「齊師違穀七里」之違，非背音佩。下同。而去之之謂，愚固已言之矣。諸說於此多所未合，則不察文義而强上聲。爲之說之過也。夫音扶。下同。「齊師違穀七里，穀人不知」，則非昔已在穀而今始去之也，蓋曰自此而去以至於穀，纔七里耳。孟子所云「夜氣不足以存，則其違禽獸不遠矣」，非謂昔本禽獸而今始違之也，亦曰自此而去以入於禽獸不遠耳。蓋所謂道者，當然之理而已，根於人心而見賢遍反。諸行事，不待勉而能也。然唯盡己之心而推以及人，可以得其當然之實，而施無不當。去聲。不然，則求之愈遠而愈不近矣。此所以自是忠恕而往以至於道，獨爲「不遠」。其曰「違」者，非背而去之之謂也。程子又謂「事上之道莫若忠，待下之道莫若恕」，此則不可曉者。若姑以所重言之，則似亦不爲無理；若究其極，則忠之與恕初不相離，去聲。程子所謂「要除一箇除不得」，而謝氏以爲「猶形影」者，意可見矣。程子曰：「忠」、「恕」兩字，要除一箇除不得。○上蔡謝氏曰：忠、恕猶形影也，無忠做恕不出來。今析爲二事而兩用之，則是果有無恕之忠，無忠之恕，而所以事上接下者，皆出於强上聲。爲而不由乎中矣，豈「忠恕」之謂哉？是於程子他説殊不相似，意其記録之或誤；不然，則一時有爲去聲。下「正爲」同。言之，而非正爲「忠恕」發也。朱子曰：忠恕只是一件事，不可作兩箇看。○忠與恕不可相離一步。○陳氏曰：大概忠恕只是一物，就中截作兩片則爲二物。蓋存於中者既忠，則發出外來便是恕；應事接物處不恕，則是在我者心不十分真實。故發出忠的心，便是恕的事；做成恕的事，便是忠的心。張子二説皆深得之。但「虚者仁之原，忠恕與仁俱生」之語，若未瑩縈定反。耳。張子曰：所求乎君子之道四，是實未能，道何嘗有盡？聖人，人也，人則有限，是誠不能盡能也。聖人之心則直欲盡道，事則安能得盡？

如「博施濟衆，堯舜實病諸」，堯舜之心其施直欲至于無窮方爲博施，然安得若是；「脩己以安百姓」，是亦堯舜實病之，欲得人人如此，亦安得如此？又曰：虚者，仁之原；忠恕與人俱生。禮義者，仁之用。**呂氏改本太畧，不盡經意；舊本乃推張子之言而詳實有味。但「柯猶在外」以下爲未盡善。**

藍田吕氏曰：妙道精義，常存乎君臣父子夫婦朋友之間，不離乎交際酬酢應對之末，皆人心之所同然，未有不出於天者也。若絶乎人倫，外乎世務，窮其所不可知，議其所不可及，則有天人之分，内外之别，非所謂大而無外，一以貫之，安在其爲道也歟？執斧之柄而求柯於木，其尺度之則固不遠矣。然柯猶在外，睨而視之，始得其則；若夫治己治人之道，於己取之，不必睨視之勞而自得於此矣。故君子推是心也，其治衆人也，以衆人之所及知，責其所知，以衆人之所能行，責其所行，改而後止，不厚望也。其愛人也，以忠恕而已。忠者誠有是心而不自欺，恕者推待己之心以及人者也。忠恕不可謂之道，而道非忠恕不行，此所以言「違道不遠」者。其治己也，以求乎人者反於吾身，事父、事君、事兄、先施之朋友，皆衆人之所能；盡人倫之至，則雖聖人亦自謂未能，此舜所以盡事親之道，必至「瞽瞍底豫」者也。庸者，常道也。事父孝，事君忠，事兄弟，交朋友信，庸德也，必行而已；有問有答，有唱有和，不越乎此者，庸言也，無易而已。不足而不勉，則德有止而不進；有餘而盡之，則道難繼而不行。無是行也，不敢苟言以自欺，故言顧行；有是言也，不敢不行而自棄，故行顧言。若易之曰：「所謂則者猶在所執之柯，而不在所伐之柯，故執柯者必有睨視之勞，而猶以爲遠也。若夫以人治人，則異於是。蓋衆人之道止在衆人之身，若以其所及知者責其知，以其所能行者責其行，人改即止，不厚望焉，則不必睨視之勞，而所以治之之則，不遠於彼而得之矣。忠者，誠有是心而不自欺也；恕者推待己之心以及人也。推其誠心以及於人，則其所以愛人之道，不遠於我而得之矣。至於事父事君事兄交友，皆以所求乎人責乎己之所未能，則其所以治己之道，亦不遠於心而得之矣。夫四者固皆衆人之所能，而聖人乃自謂未能者，亦曰未能如其所以責人者耳，此見聖人之心『純亦不已』，而道之體用，『其大天下莫能載，其小天下莫能破』。舜之所以盡事親之道必至乎『瞽瞍厎豫』者，蓋爲去聲。此也。」如此，然後屬音燭。乎「庸者常道」之云，則庶乎其無病矣。且其曰「有餘而盡之，則道難繼而不行」，又不若游氏所引「恥躬不逮」爲得其文意也。廣平游氏曰：有所不足，不敢不勉，將以「踐言」也，則其行顧言矣；有餘不敢盡，「恥躬之不逮」也，則其言顧行矣。謝氏、侯氏所論《論語》之忠恕，獨得程子之意。上蔡謝氏曰：以天地之理觀之，忠譬則流而不息，恕譬則萬物散殊。知此，則可以知「一貫」之理矣。○河東侯氏曰：忠恕一也，性分不同。夫子，聖人也，故不待推。但程子所謂「天地之不恕」，亦曰天地之化生生不窮，特以氣機闔户臘反，閉也。闢，毗亦反，開也。有通有塞。故當其通也，天地變化草木蕃音煩，茂也。則有似於恕；當其塞也，天地閉而賢人隱，則有似於不恕耳。其曰「不恕」，非若人之閉於私欲而實有忮支義反。害之心也。謝氏推明其說，乃謂天地之有不恕，乃因人而然，則其說有未究者。蓋若以爲人不致中，則天地有時而不位；人不致和，則萬物有時而不育。是謂天地之氣因人之不恕而有似於不恕則可。若曰天地因人之不恕而實有不恕之心，則是彼爲人者既以忮心失恕而自絕於天矣，爲天地者反效其所爲以自已其「於音烏。穆」之「命」也。豈不誤哉？上蔡謝氏曰：程子云：「天地變化草木蕃，是天地之恕；天地閉賢人隱，是天地之不恕。」或言：「天地何故亦有不恕？」曰：天地因人者也。若不因人，何故人能與天地爲一？故有意必固我，則與天地不相似。游氏之説，其病尤多。至於道「無物我之間」，去聲。而忠恕「將以至於忘己」、「忘物」，則爲已違道而猶未遠也，是則老、莊之遺意，而遠人甚矣，豈《中庸》之旨哉？廣平游氏曰：夫道一以貫之，無物我之間。既曰忠恕，則已違道矣。然忠以盡己，則將以至忘己也；恕以盡物，則將以至忘物也。則善爲道者莫近焉，故雖違而不遠矣。楊氏又謂「以人爲道，則與道二」而遠於道，故戒人不可以爲道；如「執柯以伐柯」，則「與柯二」，故「睨而視之猶以爲遠」。則其違經背理又有甚焉。使經而曰「人而爲道則遠人，故君子不可以爲道」，則其説信矣；今經文如此，而其説乃如彼，既於文義有所不通，而推其意又將使道爲無用之物，人無入道之門，而聖人之教人以爲道者，反爲誤人而有害於道，是安有此理哉？既又曰「自道言之則不可爲，自求仁言之則忠恕者莫近焉」，則已自知其有所不通，而復爲是説以救之，然終亦矛盾而無所合。是皆流於異端之説，不但毫釐陵之反。之差而已也。龜山楊氏曰：「仁者人也，合而言之道也」，道豈嘗離人哉？人而爲道，與之二矣，道之所以遠。執柯以伐柯，與柯二矣，爲道之譬也。睨而視之猶以爲遠，「爲道而遠人」之譬也。執柯以伐柯，其取譬可謂近矣，睨而視之猶且以爲遠。況不能以近取譬乎？則其違道可知矣。「故君子以人治人，改而止」，以人治人，仁之也；改而止，不爲已甚也。蓋道一而已，仁是也。視天下無一物之非仁，則道其在是矣。然則道終不可爲乎？曰：自道言之，則執柯伐柯猶以爲遠也；自求仁言之，則唯忠恕莫近焉。故又言之以示進爲之方，庶乎學者可與入德矣。**侯氏固多疎闊，其引「顏子樂**音洛。**道」之説，愚於《論語》已辨之矣。至於四者未能之説，獨以爲若「止謂恕己以及人，則是聖人將使天下皆無父子君臣」矣，此則諸家皆所不及。**河東侯氏曰：爲道，如言顏子樂道同。又曰：父子之仁，天性也。君臣之義也。兄弟亦仁也，朋友亦義也。孔子自謂皆未能，何也？只謂恕己以及人，則聖人將使天下皆無父子君臣乎？蓋以責人之心責己，則盡道也。**蓋近世果有不得其讀，**音豆。**而輒爲之説曰：此君子以一己之難克，而天下皆可恕之人也。嗚呼，此非所謂「將使天下皆無父子君臣」者乎？侯氏之言，於是乎驗矣。**此評横浦張氏子韶之説。

或問十四章之説。曰：此章文義無可疑者，而張子所謂「當知無天下國家皆非之理」者，尤爲切至。張子曰：責己者當知無天下國家皆非之理，故學至於不非人，學之至也。**吕氏説雖不免時有小失，然其大體則皆平正慤**克角反。**實而有餘味也。**[一]藍田吕氏曰：「達則兼善天下」，「得志則澤加於民」，「素富貴行乎富貴者」也。「不驕」、「不淫」不足以道之也。「窮則獨善其身」，「不得志則脩身見於世」，「素貧賤行乎貧賤」者也。「不諂」、「不懾」不足以道之也。「言忠信，行篤敬，雖蠻貊之邦行矣」，「素夷狄行乎夷狄」者也。文王「内文明而外柔順，以蒙大難」，箕子「内難而能正其志」，「素患難行乎患難」者也。「愛人不親反其仁，治人不治反其智」，此「在上位」所以「不陵下」也；「彼以其富，我以吾仁；彼以其爵，我以吾義，吾何慊乎哉」？此「在下位」所以「不援上」也。陵下不從則罪其下，援上不得則非其上，是所謂「尤人」者也。「庸德之行，庸言之謹」，「居易」者也；「國有道不變塞焉，國無道至死不變」，「心逸日休」，「行其所無事」，如子從父命無所往而不受，「俟命」者也。若夫行險以徼一旦之幸，得之則貪爲己力，不得則不能反躬，是所謂「怨天」者也。故君子正己而不求於人，如射而已。射之不中，由吾巧之不至也，故「失諸正鵠」者，未有不「反求諸身」。如君子之治己，「行有不得」亦「反求諸身」，則德之不進，豈吾憂哉？

游氏說亦條暢，而「存亡」、「得喪」、去聲。**「窮通」好醜之說尤善。**

廣平游氏曰：「素其位而行」者，即其位而道行乎其中，若其素然也。舜之飯糗茹草若將終身，此非「素貧賤」而道「行乎貧賤」不能然也；及其爲天子被袗衣鼓琴若固有之，此非「素富貴」而道「行乎富貴」不能然也。飯糗、袗衣，其位雖不同，而此道之行一也。至於「夷狄」「患難」，亦若此而已。道無不行，則無入而不自得矣。蓋道之在天下，不以易世而有存亡，故無古今；則君子之行道不以易地而有加損，故無得喪。至於「在上位不陵下」，知「富貴」之非泰也；「在下位不援上」，知「貧賤」之非約也。此惟正己而不求於人者能之，故能「上不怨天，下不尤人」。蓋君子惟能循理，故「居易以俟命」。「居易」未必不得也，故窮通皆好。小人反是，故「行險以徼幸」。「行險」未必常得也，故窮通皆醜。學者要當篤信而已。**但楊氏以「反身而誠」爲「不願乎外」，則本文之意初未及此；而「詭遇」「得禽」，亦非「行險」「徼幸」之謂也。**龜山楊氏曰：君子居其位若固有之，無出位之思，「素其位」也；「萬物皆備於我，反身而誠，樂莫大焉」，何「願乎外」之有？故能「素其位而行」，無入而不自得也。「居易以俟命」，行其所無事也；「行險以徼幸」，不受命者也。「詭遇」而「得禽」者蓋有焉，君子不爲也。「射有似乎君子」者，射以容節比於禮樂爲善。內志正，外體直，然後持弓矢審固；持弓矢審固，然後可以言中。射而失正鵠者，未能審固也。如射者豈他求哉？反而求諸吾身以正吾志而已。此「君子居易」之道也。世之「行險以徼幸」者，一有失焉，益思所以詭遇也，則異於是矣。**侯氏所辨常總「默識」、「自得」之說甚當。近世佛者妄以吾言傅**音義與「附」同。**著其說，而指意乖剌，**郎葛反，戾也。**如此類者多矣，甚可笑也。**僧總老嘗問一士人曰：「《論語》云默而識之，識是識箇甚？子思言君子無入而不自得，得是得箇甚？」或者無以對。河東侯氏曰：是不識吾儒之道，猶以吾儒語爲釋氏用，在吾儒爲不成說話。既曰「默識」與「無入不自得」，更理會甚識甚得之事？是不成說話也。今人見筆墨須謂之「筆墨」，見人須謂之「人」，不須問「默而識之」是「默識」也。聖人於道猶是也。「庸言之信，庸行之謹」，是「自得」也，豈可名爲所得所識之事也？**但侯氏所以自爲說者却有未善。若曰「識者知其理之如此而已，得者無所不足於吾心而已」，則豈不明白真實而足以服其心乎？**

或問十五章之說。曰：章首二句承上章而言，道雖無所不在，而其進之則有序也。其下引

《詩》與夫子之言乃指一事以明之，非以二句之義爲止於此也。諸說惟吕氏爲詳實。然亦不察此而反以章首二言發明引《詩》之意，則失之矣。藍田吕氏曰：不得乎親，不可以爲人；不順乎親，不可以爲子。故君子之道，莫大乎孝；孝之本，莫大乎順父母。故仁人孝子欲順乎親，必先乎妻子不失其好，兄弟不失其和。室家宜之，妻孥樂之，致家道成，然後可以養父母之志而無違。「行遠」、「登高」者，謂孝子莫大乎順其親者也；「自邇」、「自卑」者，謂本乎妻子兄弟者也。故身不行道，不行於妻子；文王刑于寡妻，至于兄弟，則治家之道必自妻子始。

或問：「鬼神之說，其詳奈何？」曰：「鬼神」之義，孔子所以告宰予者，見賢遍反。**於《祭義》之篇，其說已詳，**問：「宰我曰：『吾聞鬼神之名，不知其所謂。』孔子曰：『氣也者，神之盛也；魄也者，鬼之盛也。』又曰：『衆生必死，死必歸土，是之謂「鬼」。骨肉斃于下陰爲野土，其氣發揚于上爲昭明、焄蒿、悽愴，此百物之精也，神之著也。』《或問》引之。」朱子曰：夫子答宰我鬼神說甚好。氣者神之盛也，魄者鬼之盛也。人死時魂氣歸于天，精魄歸于地，所以古人祭祀燎以求諸陽，灌以求諸陰。又問：「『其氣發揚于上』至『神之著也』，何謂也？」曰：人氣本騰上，這下面盡，則只管騰上去；如火之煙，這下面薪盡，則煙只管騰上去。○新安陳氏曰：又一條釋「昭明、焄蒿、悽愴」，已見本章《章句》下。**而鄭氏釋之亦已明矣。其以口鼻之嘘吸者爲魂，耳目之精明者爲魄，蓋指血氣之類以明之。**問：「陽魂爲神，陰魄爲鬼，《祭義》曰：『氣也者神之盛也。』而鄭氏曰：『氣，嘘吸出入者也，耳目之聰明爲魄。』然則陰陽未可言鬼神，陰陽之靈乃鬼神也，如何？」朱子曰：魄者形之神，魂者氣之神。魂魄是形氣之精英謂之「靈」，故張子曰「二氣之良能」。二氣即陰陽，而良能是其靈處。〇口鼻噓吸以氣言，目之精明以血言也。耳之精明亦何故以血言？　醫家以耳屬腎，精血盛則聽聰，精血耗則耳聵矣。氣爲魂，血爲魄。〇問：「眼，體也，眼之光爲魄；耳，體也，何以爲耳之魄？」曰：能聽者便是。如老人耳重目昏，便是魄漸要散。**程子、張子更以陰陽造化爲説，則其意又廣，而天地萬物之屈伸往來皆在其中矣。蓋陽魂爲神，陰魄爲鬼。是以其在人也，陰陽合，則魄凝魂聚而有生；陰陽判，則魂升爲神，魄降爲鬼。《易大傳》**去聲。**所謂「精氣爲物，遊魂爲變，故知鬼神之情狀」者，正以明此。而《書》所謂「徂**叢胡反，往也。**落」者，亦以其升降爲言耳。**《書·舜典》云：「二十有八載，帝乃徂落。」〇朱子曰：《周禮》言天曰神，地曰祇，人曰鬼，三者皆有神，而天獨曰「神」者，以其常常流動不息，故專以「神」言之。若人亦自有神，但在人身上則謂之「神」，散則謂之「鬼」耳。鬼是散而静了更無形，故曰「往而不來」。又問：「子思只是舉神之著者而言，何以不言鬼？」曰：鬼是散而静更無形，故不必言；神是發見，此是鬼之神，如人祖考氣散爲鬼矣，子孫盡精神以格之，則「洋洋如在其上，如在其左右」，豈非鬼之神耶？　魂者陽之神，魄者鬼之神，見《淮南子》註。〇天地陰陽之氣交合便成人。氣便是魂，精便是魄。到得將死，熱氣上出，所謂魂升；下體漸冷，所謂魄降。魂歸于天，魄降于地，而人死矣。〇陳氏曰：「鬼神」之義甚博，程子就「陰陽」二字發用之迹顯然可見者言之，張子亦言二氣自然能如此。大綱只是往來屈伸之謂耳。〇陰精陽氣聚而生物，乃神之伸也，而屬乎陽；魂遊魄降散而爲變，乃鬼之歸也，而屬乎陰。鬼神情狀大概不過如此。〇徂，是魂之升上；落，是魄之降下。〇張氏存中。曰：《禮記·祭義篇》之説朱子已及之，《易大傳》，即《繫辭》也，《或問》所引已明，此皆不重出。**若又以其往來者言之，則來者方伸而爲神，往者既屈而爲鬼。蓋二氣之分，實一氣之運，故陽主伸，陰主屈，而錯綜**子宋反。**以言，亦各得其義焉。**新安陳氏曰：「錯綜以言」，即朱子「神之神」、「神之鬼」一條，已載《章句》下。**學者熟玩而精察之，**葉氏曰：學者先看天地二氣之屈伸，若朝暮，若寒暑，若榮謝，大綱已明，却反驗之一身，自父母成育之始，及少長壯老之變，晝夜作息夢覺，熟體而精察之，無餘藴矣。**如謝氏所謂「做題目入思議」者，則庶乎有以識之矣。**上蔡謝氏曰：這箇便是天地間妙用，須是將來做箇題目入思議始得，講説不濟事。**曰：「諸説如何？」曰：呂氏推本張子之説，尤爲詳備。**藍田呂氏曰：鬼神者，二氣之往來爾。物感雖微，無不通於二氣。故人有是心雖自爲隱微，心未嘗不動。動則固已感於氣矣，鬼神安有不見乎？其心之動，又必見於聲色舉動之間，乘間以知之，則感之著者也。**但改本有「所屈者不亡」一句，乃「形潰反原」之意，張子他書亦有是説，**張子曰：形聚爲物，物潰反原。反原者，其遊魂爲變歟？○藍田呂氏曰：往者屈也，來者伸也。所屈者不亡，所伸者無息。**而程子數**音朔。**辨其非，《東見録》中所謂「不必以既反之氣復爲方伸之氣」者，其類可考也。**程子曰：近取諸身，百理皆具，屈伸往來之義，只於鼻息之間見之。屈伸往來只是理，不必將既屈之氣復爲方伸之氣。生生之理自然不息。如《復》言「七日來復」，其間元不斷續，陽以復生。物極必返，其理須如此。有生便有死，有始便有終。○若謂既返之氣，復將爲方伸之氣，必資於此，則殊與天地之化不相似。天地之化自然生生不窮，更何復資於既斃之形、既反之氣，以爲造化？近取諸身，其開闔往來見之鼻息，然不必須假吸復入以爲呼，氣則自然生。人氣之生，生於真元。天地之氣亦自然生生不窮。至如海水因陽盛而涸，及陰盛而生，亦不是將已涸之氣却生，水自然能生。往來屈伸，只是理也。盛則便有衰，晝則便有夜，往則便有來。○格庵趙氏曰：屈伸往來者，氣也；其所以屈伸往來者，理也。往而屈者，其氣已散；來而伸者，其氣方生。生生之理，自然不窮。若謂以既屈之氣復爲方伸之氣，則是天地間只有許多氣來來去去，其輪迴之説，而非理之本然也。**謝氏説則善矣，但「歸根」之云，似亦微有反原之累耳。**上蔡謝氏曰：動而不已，其神乎；滯而有迹，其鬼乎？往來不息，神也；摧仆歸根，鬼也。致生之故其鬼神，致死之故其鬼不神，何也？人以爲神則神，以爲不神則不神矣。知死而致生之不智，知死而致死之不神，聖人所以神明之也。○或問：「死生之説如何？」曰：人死時氣盡也。曰：「有鬼神否？」曰：余當時亦曾問明道先生，明道曰：「待向你道無來，你怎生信得及；待向你道有來，你但去尋討看。」此便是答的語。又曰：横渠説得來别。這箇便是天地間妙用，須是將來做箇題目入思議始得，講説不濟事。又問曰：「沈魂滯魄，影響底事如何？」曰：須是自家看破始得。張亢郡君化去，嘗來附語，亢所知事皆能言之。亢一日方與道士圍棊，又自外來，道士將一把棊子令將去問之，張不知數，便道不得。又如紫姑神不識字底把著寫不得，推此可以見矣。曰：「先王祭享鬼神則甚？」曰：是他意思别。三日齋，五日戒，求諸陰陽四方上下，蓋是要集自家精神，所以假有廟必於萃與涣言之。雖然如是，以爲有亦不可，以爲無亦不可。這裏有妙理，於若有若無之間須斷置得去始得。曰：「如此説，即是鶻突也。」

曰：不是鶻突，自家要有便有，要無便無始得。鬼神在虛空中辟塞滿，觸目皆是，爲他是天地間妙用。祖考精神，便是自家精神。○朱子曰：「歸根」本老氏語，畢竟無歸，這箇何曾動？此性只是天地之性，當初亦不是自彼來而入此，亦不是自往而復歸。如月影在這盆水裏，除了這盆水，這影便無了，豈是這月飛上天去歸那月？又如這花落，便無這花了，豈是歸去那裏，明年又復來生這枝上？**游、楊之説皆有不可曉者。**廣平游氏曰：道無不在，鬼神具道之妙用也，其德固不盛歟？夫欲知鬼神之德者，反求諸其心而已。神將來舍，則是神之格思也。若正心以度之則乖矣，所謂「不可度思」也；正心度之猶不可，又況得而忘之乎？所謂「不可射思」也。不可度，故「視不見，聽不聞」；不可射，故「如在其上，如在其左右」也。夫微之顯如此，以其「誠之不可揜」也。誠則物物皆彰矣，故不可揜。微之顯者，其理也；誠之不可揜，以其德言也。○龜山楊氏曰：鬼神之德，唯誠而已。誠無幽明之間，故其不可揜如此夫！「不誠」則「無物」，所謂「體物而不可遺」者，尚何顯之有？知此，其知鬼神矣。**唯「妙萬物而無不在」一語近是。**龜山楊氏曰：鬼神體物而不可遺，蓋其妙萬物而無不在故也。**而以其他語考之，不知其於是理之實果何如也。侯氏曰：「鬼神形而下者，非誠也；鬼神之德，則誠也。」按經文本贊鬼神之德之盛如下文所云，而結之曰「誠之不可揜如此」，則是以爲鬼神之德所以盛者，蓋以其誠耳。非以誠自爲一物，而別爲鬼神之德也。今侯氏乃析鬼神與其德爲二物，而以形而上下言之，乍讀如可喜者，而細以經文事理求之，則失之遠矣。程子所謂「只好隔**

壁聽」者，其謂此類也夫？音扶。○河東侯氏曰：只是鬼神，非誠也。經不曰「鬼神」而曰「鬼神之爲德，其盛矣乎」，鬼神之德，誠也。《易》曰：「形而上者謂之道，形而下者謂之器。」鬼神亦器也，形而下者也。學者心得之可也。○問：「鬼神之德如何？」朱子曰：此言鬼神實然之理，猶言人之德，不可道人自爲一物，其德自爲德。侯氏解「鬼神之爲德」，謂鬼神爲形而下者，鬼神之德爲形而上者，且如「中庸之爲德」，不成説中庸形而下者，中庸之德爲形而上者？○雙峯饒氏曰：「鬼神之爲德」，與「中庸之爲德」語意一般。所謂德，指鬼神而言也。**曰：「子之以『幹事』明『體物』，何也？」曰：天下之物，莫非鬼神之所爲也。故鬼神爲物之體，而物無不待是而有者。然曰「爲物之體」，則物先乎氣；必曰「體物」，然後見其氣先乎物而言順耳。**朱子曰：不是有此物時便有此鬼神，凡是有這鬼神了，方有此物。及至有此物了，又不能違乎鬼神也。體物，將鬼神做主，將物做賓，方看得出。**幹，猶木之有幹，必先有此而後枝葉有所附而生焉。「貞」之「幹事」，亦猶是也。**

或問十七章之説。曰：程子、張子、吕氏之説備矣。程子曰：「知天命」，是達天理也；「必受命」，是得其應也。命者，是天之付與，如「命令」之命。天之報應，皆如影響。得其報者，是常理也；不得其報者，非常理也。然而細推之，則須有報應。但人以淺狹之見求之，便爲差互。天命不可易也。然有可易者，唯有德者能之。如脩養之引年，世祚之祈天永命，常人之至於聖賢，皆此道也。○張子曰：德不勝氣，性命於氣；德勝其氣，性命於德。窮理盡性，則性天命，命天德。氣之不可變者，獨死生脩夭而已。故論死生則曰有命，以言其氣也；語富貴則曰在天，以言其理也。此大德所以必受命。○藍田吕氏曰：

天命之所屬，莫踰於大德。至於祿位名壽之皆極，則人事至矣，天命申矣。天之萬物其所以爲吉凶之報，莫非因其所自取也。植之固者，加雨露之養，則其末必盛茂；植之不固者，震風凌雨，則其本先撥。至于人事，則「得道者多助，失道者寡助」。是皆「因其材而篤焉，栽者培之，傾者覆之」者也。古之君子既有「憲憲」之「令德」，又有「宜民宜人」之大功，此宜受天祿矣，故天保佑之，申之以受天命。此「大德」所以「必受命」，是亦「栽者培之」之義與？又曰：命雖不易，惟至誠不息亦足以移之。此「大德」所以「必受命」。楊氏所辨孔子不受命之意，則亦程子所謂「非常理」者盡之。而侯氏所推以謂「舜得其常，而孔子不得其常」者，尤明白也。龜山楊氏曰：孔子當衰周之時，猶木之生非其地也，雖其雨露之滋，而牛羊斧斤相尋於其上，則是濯濯然也，豈足怪哉？○河東侯氏曰：舜，匹夫也，而有天下，此所謂「必得」者，「先天而天弗違也」；孔子，亦匹夫也，亦德爲聖人也，而不得者，「後天而奉天時」也。必得者，理之常也；不得者，非常也。得其常者，舜也；不得其常者，孔子也。至於顔、跖音隻。與孟子「蹠之徒」之蹠字通。壽夭之不齊，則亦不得其常而已。楊氏乃忘其所以論孔子之意，而更援老聃他談反。之言以爲顔子「雖夭而不亡者存」，則反爲衍説而非吾儒之所宜言矣。且其所謂「不亡」者，果何物哉？若曰天命之性，則是古今聖愚公共之物，而非顔子所能專；若曰氣散而其精神魂魄猶有存者，則是「物而不化」之意，猶有滯於冥漠之間，尤非所以語顔子也。龜山楊氏曰：顔、跖之夭壽不齊，何也？老子曰：「死而不亡曰壽。」顔雖夭，而不亡者猶在也。非夫知性知天者，其孰能識之？侯氏所謂孔子不得其常者善矣。然又以天於孔子「固已培之」，則不免有自相矛盾處。蓋德爲聖人者，固孔子之所以爲栽者也。至於祿也，位也，壽也，則天之所當以培乎孔子者，而以適丁氣數之衰，是以雖欲培之而有所不能及爾，是亦所謂「不得其常」者。何假復爲異説以汩音骨。之哉？河東侯氏曰：「天之生物必因其材而篤焉，栽者培之，傾者覆之」，非謂如孔子者也。孔子德爲聖人，其名與祿壽孰禦焉？「固以培之」矣。孟子所謂「天爵」者也，何歉於「人爵」哉？

或問十八章、十九章之説。曰：吕氏、楊氏之説於禮之節文度數詳矣。其間有不同者，讀者詳之可也。藍田吕氏曰：「期之喪達乎大夫」者，期之喪有二：有正統之期，爲祖父母者也；有旁親之期，爲世父母、叔父母、衆子昆弟、昆弟之子是也。正統之期，雖天子諸侯莫降；旁親之期，天子諸侯絶服，而大夫降，所謂尊不同故或絶或降也。大夫雖降，猶服大功，不如天子諸侯之絶服也。如旁親之期亦爲大夫，則大夫亦不降，所謂尊同則服其親之服也。諸侯雖絶服，旁親尊同亦不降，所不臣者猶服之，如始封之君不臣諸父昆弟，封君之子不臣諸父而臣昆弟，是也。「三年之喪達乎天子」者，三年之喪爲父爲母，適孫爲祖，爲長子，爲妻而已，天子達乎庶人一也。父在，爲母及妻雖服期，然本爲三年之喪，但爲父爲夫屈者也。故與齊衰期之餘喪異者有三：服而加杖，一也；十一月而練，十三月而祥，十五月而禫，二也；夫必三年而後娶，三也。周穆后崩，太子壽卒，叔向曰：「王一歲而有三年之喪二焉。」則包后亦爲三年也。〇宗廟之禮，所以序昭穆，別人倫也，親親之義也。父爲昭，子爲穆，父親也。親者邇，則不可不別也。祖爲昭，孫亦爲昭，祖爲穆，孫亦爲穆，祖尊也。尊者遠，則不嫌於無别也。故孫可以爲王父尸，子不可以爲父尸，此昭穆之别於尸者也。喪禮卒哭而祔，男祔于皇祖考，女祔于皇祖妣，婦祔于皇祖姑。《喪服小記》：「士大夫不得祔于諸侯，祔于諸祖父之爲士大夫者，亡則中一以上而祔，祔必以其昭穆。」此昭穆之别於附者也。有事於太廟，子姓兄弟亦以昭穆别之，群昭群穆不失其倫。凡賜爵，昭與昭齒，穆與穆齒，此昭穆之别於宗者也。序爵者，序諸侯諸臣與祭者之貴賤也，貴貴之義也。《詩》曰「相維辟公，天子穆穆」，此諸侯之助祭者也；「於穆清廟，肅雍顯相，濟濟多士，秉文之德」，此諸臣之助祭者也。序事者，别賢與能而授之事也，尊賢之義也。孰可以爲祭而詔相，孰可以爲祝而祝嘏，孰可以祼贊獻，孰可以執籩豆，至于執爵沃盥莫不辨其賢能之大小而序之也。旅酬下爲上者，使賤者亦得申其敬也，下下之義也。若特牲饋食之禮，賓弟子、兄弟弟子各舉觶於其長以行旅酬，於宗廟之中以有事爲榮也。燕毛者，既祭而燕，則尚齒也，長長之義也。毛，髮色也。以髮色别長少而爲之序也。祭則貴貴，貴貴則尚爵；燕則親親，親親則尚齒：其義一也。天下之大經，親親長長，貴貴尊尊而已；人君之至恩，下下而已。一祭之間，大經以正，至恩以宣，天下之事盡矣。〇龜山楊氏曰：祭有昭穆，所以别父子遠近長幼親疎之序也。故有事于太廟，則群昭群穆咸在而不失其倫焉，此宗廟之禮所以序昭穆也。尸飲五，君洗玉爵獻卿，尸飲七，以瑶爵獻大夫，尸飲九，以散爵獻士及群有司，此序爵而尊卑有等，所以辨貴賤也。玉帛，交神明也；祼鬯，求神於幽也。故天地不祼，則玉幣尊於鬯也，故太宰贊之。鬯則大宗伯涖之。祼則又卑於鬯也，故小宰贊之。若此類，所謂序事也。先王量德授位，因能授職，此「序事」所以「辨賢也」。饋食之終，酳尸之獻，下待群有司更爲獻酹，此「旅酹下爲上，所以逮賤也」。既終而以燕毛爲序，「所以序齒也」。序昭穆，親親也；序爵，貴貴也。序事，尚德也；旅酹逮賤，燕毛序齒，尚恩也。敬親者不敢慢於人，况其所尊乎；愛親者不敢惡於人，况其所親乎？「事死如事生」，若「餘閣」之奠是也；「事亡如事存」，若「齊必見其所祭者」是也。**游氏引《泰誓》、《武成》以爲文王未嘗稱王之證，深有補於名教。**廣平游氏曰：武王於《泰誓》三篇稱文王爲「文考」，至《武成》而柴望，然後稱文考爲「文王」，仍稱其祖爲「大王」、「王季」，然則周公追王太王、王季者，乃文王之德、武王之志也。故曰「成文武之德」。不言文王者，武王既追王矣；武王既追王而不及太王王季，以其未受命而其序有未暇也。《禮記・大傳》載牧野之奠，「追王大王亶父、王季歷、文王昌」，亦據《武成》之書以明追王之意出於武王也。世之説者，因《中庸》無追王文王之文，遂以謂文王自稱王，豈未嘗考《泰誓》、《武成》之書乎？君臣之分猶天尊地卑。紂未可去而文王稱王，是二天子也，服事商之道固如是耶？《書》所謂「九年大統未集」者，後世以虞、芮質厥成爲文王受命之始故也。當六國時，秦固以長雄天下，而周之位號微矣。辛垣衍欲帝秦，魯仲連以片言折之，衍不敢復出口，蓋名分之嚴如此。故以曹操之英雄，逡巡於獻帝之末而不得逞，彼蓋知利害之實也。曾謂至德如文王，一言一動順帝之則，而反盗虚名而昧天理乎？且武王觀政于商而須暇之五年，非僞爲也，使紂一日有悛心，則武王當與天下共尊之，必無牧野之事。然則文王已稱之名將安所歸乎？此天下之大戒，故不得不辨。**然歐陽、蘇氏之書，亦已有是説矣。**歐陽氏曰：孔子曰：「三分天下有其二以服事商。」使西伯不稱「臣」而稱「王」，安能服事於商乎？伯夷、叔齊讓國而去，顧天下皆不可歸，往歸西伯。當是時紂雖無道，天子在上，諸侯不稱臣而稱王，是僭叛之國也。彼二子者不非其父而非其子，此豈近於人情耶？由是言之，謂西伯稱王十年者，妄説也。《泰誓》稱十有一年，説者謂自文王受命九年及武王居喪三年并數之，是以聽虞、芮之訟謂之受命以爲元年。古者人君即位必稱元年。西伯即位已改元矣，中間不宜改元而又改元。至武王即位宜改元而反不改元，乃上冒先君之元年，并其居喪稱十一年。及其滅商而得天下，其事大於聽訟遠矣，又不改元。由是言之，謂西伯以受命之年爲元年者，妄説也。○格庵趙氏曰：按眉山二蘇氏説與歐陽氏殊不同。朱子所引未知何蘇氏也。當考。**郊禘呂、游不同。然合而觀之，亦表裏之説也。**藍田呂氏曰：事上帝者，所以立天下之大本，道之所由出也；祀乎其先者，所以正天下之大經，仁義之所由始也。「洋洋乎如在其上，如在其左右」，雖隱微之間恐懼戒謹而不敢欺，則所以養其誠心至矣。蓋以爲不如是，則不足以立身。身且不立，烏能治國家哉？○廣平游氏曰：祭祀之義，非精義不足以究其説，非體道不足以致其義。蓋惟聖人爲能饗帝，爲其盡人道而與帝同德；孝子爲能饗親，爲其盡子道而與親同心也。仁孝之至，通乎神明，而神祇祖考安樂之，則於「郊社之禮、禘嘗之義」，始可以言「明」矣。夫如是，則於爲天下國家也何有？○**曰：「『昭穆』之昭，世讀爲『韶』，今從本字，何也？」曰：「昭」之爲言「明」也，以其南面而向明也。其讀爲「韶」，先儒以爲晉避諱而改之。**晉避司馬昭諱。**然《禮》書亦有作「佋」**與「韶」同音。**字者，則假借而通用耳。曰：「其爲『向明』，何也？」曰：此不可以空言曉也。今且假設諸侯之廟以明之。蓋《周禮》「建國之神位」，「左宗廟」，則五廟皆在公宮之東南矣。其制則孫毓**余六反。**以爲外爲**

都宫，太祖在北，二昭二穆以次而南是也。孫毓曰：宗廟之制，外爲都宫，内各有寢廟，别有門垣，太祖在北，左昭右穆差次而南。蓋太祖之廟，始封之君居之。昭之北廟，二世之君居之；穆之北廟，三世之君居之。昭之南廟，四世之君居之；穆之南廟，五世之君居之。廟皆南向，各有門堂寢室而牆宇四周焉。太祖之廟百世不遷。自餘四廟，則六世之後每一易世而一遷。其遷之也，新主祔于其班之南廟，南廟之主遷于北廟，北廟親盡則遷其主于太廟之西夾室，而謂之「祧」。音「挑」。○朱子曰：古者始祖之廟有夾室，凡祧主皆藏之於夾室。凡廟主在本廟之室中皆東向。及其祫于太廟之室中，則惟太祖東向自如而爲最尊之位。群昭之入乎此者，皆列於北牖下而南向；群穆之入乎此者，皆列於南牖下而北向。南向者，取其向明，故謂之「昭」；北向者，取其深遠，故謂之「穆」。蓋群廟之列，則左爲昭而右爲穆；祫祭之位，祫音洽，大合祭也。則北爲昭而南爲穆也。曰：「六世之後，二世之主既祧，則三世爲昭而四世爲穆，五世爲昭而六世爲穆乎？」曰：不然也。昭常爲昭，穆常爲穆，禮家之説有明文矣。蓋二世祧，則四世遷昭之北廟，六世祔音附。昭之南廟矣；三世祧，則五世遷穆之北廟，七世祔穆之南廟矣。昭者祔，則穆者不遷；穆者祔，則昭者不動。朱子曰：遷毁之序，則昭常爲昭，穆常爲穆。蓋祔昭，則群昭皆動，而穆不移；祔穆，則群穆皆移，而昭不動。此所以祔必以班，尸必以孫，朱子曰：《儀禮》所謂「以其班祔」，《檀弓》所謂「祔于祖父」是也。

○古者立尸必隔一位，孫可以爲祖尸，子不可以爲父尸，以昭穆不可亂也。而子孫之列亦以爲序。《禮記·祭統》篇云：「夫祭之道，孫爲王父尸。王父，乃祖也。所使爲尸者，於祭者子行也，父北面而事之，所以明子事父之道也。」行音杭。若武王謂文王爲「穆考」，成王稱武王爲「昭考」，則自其始祔而已然。而《春秋傳》去聲。下同。以管、蔡、郕、霍，爲文之昭；邘、音于。晉、應、平聲。韓，爲武之穆，則雖其既遠而猶不易也。豈其交錯彼此若是之紛紛哉？格庵趙氏曰：后稷至文、武十五六世，文王於廟次爲穆，故謂其子爲昭。管、蔡、郕、霍者，文王之子也。武王於廟次爲昭，故謂其子爲穆。邘、晉、應、韓者，武王之子也。曰：「廟之始立也，二世昭而三世穆，四世昭而五世穆，則固當以左爲尊而右爲卑矣。今乃三世穆而四世昭，五世穆而六世昭，是則右反爲尊而左反爲卑矣，而可乎？」曰：不然也。宗廟之制，但以左右爲昭穆，而不以昭穆爲尊卑。故五廟同爲都宮，則昭常在左，穆常在右，而外有以不失其序；一世自爲一廟，則昭不見穆，穆不見昭，而內有以各全其尊。必大祫而會於一室，然後序其尊卑之次，則凡已毁未毁之主，又必陳而無所易。朱子曰：一昭一穆，固有定次。而其自相爲偶，亦不可易。但其散居本廟各自爲主而不相厭，則武王進居王季之位，而不嫌尊於文王。及其合食于祖，則王季雖遷，而武王自當與成王爲偶，未可以遽進而居王季之處也。唯四時之祫不陳毁廟之主，則高祖有時而在穆，其禮未有考焉。意或如此，則高之上無昭而特設位於祖之西，禰乃禮反。之下無穆而特設位於曾之東也與？羊諸反。曰：「然則『毁廟』云者，何也？」曰：《春秋傳》曰：「壞音怪。廟之道，易檐余廉反。可也，改塗可也。」説者以爲將納新主示有所加耳，非盡徹而悉去上聲。之也。朱子曰：改塗易檐，言不是盡除，只改其灰飾、易其屋檐而已。○新安陳氏曰：所引《春秋傳》，見《穀梁》文公二年。曰：「然則天子之廟其制若何？」曰：唐之文祖、虞之神宗、商之七世三宗，其詳今不可考。《書·舜典》云：「受終于文祖。」《大禹謨》云：「受命于神宗。」《商書·咸有一德》云：「七世之廟，可以觀德。」○新安陳氏曰：三宗，謂太甲廟號太宗，太戊號中宗，武丁號高宗，是也。獨周制猶有可言，然而漢儒之記又已有不同矣。謂后稷始封，文武受命而王，去聲。故三廟不毁，與親廟四而七者，諸儒之説也；朱子曰：韋玄成等書，謂王者始受命、諸侯始封之君，皆爲太祖。以下五世而迭毁。毁廟之主藏於太祖。周之所以七廟者，以后稷始封，文武受命，三廟不毁，與親廟四而已。謂三昭三穆與太祖之廟而七，文武爲宗不在數中者，劉歆虚今反。之説也。朱子曰：歆謂七者，其正法數可常數者。宗不在此數中，宗，變也。苟有功德則宗之，不可預爲設數。故於殷有三宗，周公舉之以告成王。由是言之，宗無數也。雖其數之不同，然其位置遷次宜亦與諸侯之廟無甚異者。但如諸儒之説，則武王初有天下之時，后稷爲太祖，而組音祖。紺古暗反。居昭之北廟，太王居穆之北廟，王季居昭之南廟，文王居穆之南廟，猶爲五廟而已。至成王時，則組紺祧，王季遷，而武王祔。至康王時，則太王祧，文王遷，而成王祔。至昭王時，則王季祧，武王遷，而康王祔。自此以上，上聲。亦皆且爲五廟，而祧者藏于太祖之廟。至穆王時，則文王親盡當祧，而以有功當宗，故別立一廟於西北而謂之「文世室」。於是成王遷，昭王祔，而爲六廟矣。至共音恭。王時，則武王親盡當祧，而亦以有功當宗，故別立一廟於東北謂之「武世室」。於是康王遷，穆王祔，而爲七廟矣。自是之後，則穆之祧者藏於文世室，昭之祧者藏於武世室，而不復藏於太廟矣。如劉歆之説，則周自武王克商，即增立二廟於二昭二穆之上，以祀高圉、音語。亞圉。如前遞遷至于懿王而始立文世室於三穆之上，至孝王時始立武世室於三昭之上，此爲少不同耳。格庵趙氏曰：父昭子穆而有常數者，禮也；祖功宗德而無定法者，義也。周於三昭三穆之外而有文武之廟，觀《春秋傳》稱襄王致文武胙於齊侯，《史記》稱顯王致文武胙於秦孝公，方是時文武固已遠矣，襄王、顯王猶且祀之，則其廟不毁可知矣。曰：「然則諸儒與劉歆之説孰爲是？」曰：前代説者多是劉歆，愚亦意其或然也。朱子曰：歆説得較是，他謂宗不在七廟中者，恐有功德者多，則占了那七廟數也。○格庵趙氏曰：若從諸儒之説，則王者不過立親廟四，與太祖爲五，其與諸侯五廟又何別乎？《商書》已云「七世之廟可以觀德」，則自昔有七廟矣，故朱子以歆説爲是。曰：「祖功宗德之説尚矣。而程子獨以爲如此，則是爲子孫者得擇其先祖而祭之也。子亦嘗考之乎？」曰：商之三宗、周之世室，見賢遍反。於經典皆有明文。而功德有無之實，天下後世自有公論。若必以此爲嫌，則秦政之惡去聲。夫音扶。子議父，臣議君，而除謚法者，不爲過矣。朱子曰：商之三宗，若不是別立廟只是親廟時，何不胡亂將三箇來立，如何恰曰取太甲、太戊、高宗爲之？那箇祖有功，宗有德，天下後世自有公論，不以揀擇爲嫌。所謂「名之曰幽厲，雖孝子慈孫百世不能改」，那箇好底自是合當祭祀，如何毀得？且程子晚年嘗論本朝音潮。廟制，亦謂太祖、太宗皆當爲百世不遷之廟。以此而推，則知前説若非記者之誤，則或出於一時之言，而未必其終身之定論也。程子曰：祖有功，宗有德，文武之廟永不祧也。所祧者文武以下廟。如本朝太祖、太宗皆萬世不祧之廟。河東閩浙皆太宗取之，無可祧之理也。曰：「然則大夫士之制奈何？」曰：大夫三廟，則視諸侯而殺色界反。下同。其二，然其太祖昭穆之位猶諸侯也。適音的。士二廟，則視大夫而殺其一；官師一廟，則視大夫而殺其二，然其門堂寢室之備猶大夫也。曰：「廟之爲數降殺以兩，而其制不降，何也？」曰：降也。天子之山節藻棁、複音福。廟重平聲。檐，與「簷」同。諸侯固有所不得爲者矣；諸侯之黝於九反。堊音惡。斲竹角反。礱，大夫有不得爲者矣；❶大夫之倉楹音盈。斲桷，音角，椽方曰「桷」。士又不得爲矣。曷爲而不降哉？格庵趙氏曰：山節，謂欂櫨刻爲山形，即今之斗栱；藻棁者，謂侏儒柱畫爲藻文，梁上短柱也。複廟者，上下重屋也；

❶「夫」，原作「大」，今據四庫本及《四書或問》改。

重檐，重承壁材也，謂就外檐下壁復安板檐，以辟風雨之洒壁。○黝，黑也；堊，白也。地謂之黝，牆謂之堊。斵，削也；礱，磨也。○倉楹者，蒼其柱也；斵桷者，磨其榱也。獨門堂寢室之合，然後可名於宫，則其制有不得而殺耳。蓋由命士以上，上聲。父子皆異宫。生也異宫，而死不得異廟，則有不得盡其事生事存之心者，是以不得而降也。曰：「然則後世公私之廟皆爲同堂異室，而以西爲上者，何也？」曰：由漢明帝始也。夫音扶。漢之爲禮略矣。然其始也，諸帝之廟皆自營之，各爲一處。雖其都宫之制、昭穆之位不復如古，然猶不失其獨專一廟之尊也。至於明帝不知禮義之正，而務爲抑損之私，遺詔藏主於光烈皇后更平聲。衣别室，而其臣子不敢有加焉。魏晉循之，遂不能革，而先王宗廟之禮始盡廢矣。降及近世諸侯無國，大夫無邑，則雖同堂異室之制尤不能備。獨天子之尊可以無所不致，顧乃梏姑沃反。於漢明非禮之禮而不得以致其備物之孝。蓋其别爲一室，則深廣之度或不足以陳鼎俎；而其合爲一廟，則所以尊其太祖者既褻而不嚴，所以事其親廟者又厭於甲反。而不尊，是皆無以盡其事生事存之心，而當世宗廟之禮亦爲虚文矣。朱子曰：更歷魏晉，下及隋唐，其間非無奉先思孝之君、據經守禮之臣，而皆不能有所裁正其弊，至使太祖之位下同孫祖，而更僻處於一隅，既無以見其爲七廟之尊，群廟之神則又上厭祖考而不得自爲一廟之主。❶以人情而論之，則生

❶「神」，原作「臣」，今據《晦菴集》卷六九《禘祫議》、《四書纂疏》改。

居九重，窮極壯麗，而没祭一室，不過尋丈之間，甚或無地以容鼎俎，而陰損其數，子孫之心宜亦有所不安哉！宗廟之禮既爲虚文，而事生事存之心有終不能自已者，於是原廟之儀不得不盛。然亦至于我朝音潮。下同。而後都宫别殿，前門後寢，始略如古者宗廟之制。是其沿襲音習。之變，不唯窮鄉賤士有不得聞，而自南渡之後，故都淪没，權宜草創，無復舊章，則雖朝廷之上，禮官博士、老師宿儒，亦莫有能知其原者。幸而或有一二知經學古之人，乃能私議而竊嘆之。然於前世則徒知譏孝惠之飾非，責叔孫通之舞禮。而於孝明之亂命，與其臣子之苟從，則未有正其罪者。《前漢書·叔孫通傳》：孝惠即位。惠帝乃高帝子也。乃謂通曰：「先帝園陵寢廟，❶群臣莫習。」徙通爲奉常，定宗廟儀法，又稍定漢諸儀法，皆通所論著也。惠帝爲東朝長樂宫，及間往數蹕煩民，作複道，方築武庫南，通奏事因請間曰：「陛下何自築複道高寢，衣冠月出遊高廟？子孫奈何乘宗廟道上行哉？」惠帝懼，曰：「急壞之。」通曰：「人主無過舉。今已作，百姓皆知之矣。願陛下爲原廟渭北，衣冠月出遊之，益廣宗廟大孝之本。」上乃詔有司立原廟。○《後漢書·明帝紀》：十八年秋八月壬子，帝崩於東宫前殿。年四十八。遺詔無起寢廟，藏主於光烈皇后更衣别室。掃地而祭，杅水脯糒而已。過百日，唯四時設奠。置吏卒數人，供給洒掃。勿開修道。敢有所興作者，以擅議宗廟法從事。《前書》曰：「擅議宗廟者，棄市。」於今之世，則又徒知論其惑異端徇流俗之爲陋，而不知本其

❶「園」，原作「圉」，今據四庫本改。

事生事存之心有不得伸於宗廟者，是以不能不自致於此也。朱子曰：不起寢廟，明帝固不得爲無失。然使章帝有魏顆之孝，其群臣有宋仲幾、楚子囊之忠，則於此别有處矣。況以一時之亂命而壞千古之彝制，其事體之輕重，又非如三子者之所正者而已耶？又曰：如李氏所謂署于七廟之室，而爲祠於佛、老之側，不爲木主而爲之象，不爲禘祫烝嘗之祀而行一酌奠之禮，楊氏所謂舍二帝三王之正禮，「而從一繆妄之叔孫通」者，其言皆是也。然不知其所以致此，則由於宗廟不立，而人心有所不安也。不議復此而徒欲廢彼，亦安得爲至當之論哉？**抑嘗觀於陸佃之議，而知神祖之嘗有意於此。然而考於史籍，則未見其有紀焉。若曰未及營表故不得書，則後日之秉史筆者即前日承詔討論之臣也，所宜深探遺旨，特書總序以昭示來世，而略無一詞以及之，豈天未欲使斯人者復見二帝三王之盛，故尼**女一反，止也。**其事而嗇**音色。正作「嗇」。**其傳耶？嗚呼，惜哉！**朱子曰：神祖慨然深詔儒臣討論舊典，蓋將以遠迹三代之隆，一正千古之繆。不幸未及營表，世莫得聞。秉筆之士又復不能特書其事以詔萬世。今獨其見於陸氏之文者，爲可考爾。**然陸氏所定昭穆之次，又與前説不同。**朱子曰：佃謂昭穆者父子之號。昭以明下爲義，穆以恭上爲義。方其爲父則稱昭，取其昭以明下也；方其爲子則稱穆，取其穆以恭上也。豈可膠哉？殊不知昭穆本以廟之居東居西，主之向南向北而得名，初不爲父子之號也。必曰父子之號，則穆之子又安可復爲昭哉？且必如佃説，新死者必入穆廟，而自其父以上穆遷於昭，昭遷於穆，祔一神而六廟皆爲之動，則其祔也又何不直祔於父，而必隔越一世以祔于其所未應入之廟乎？**而張琥**音虎。**之議，庶幾近之。**朱子曰：琥謂四時常祀，各於其廟，不偶坐而相臨，故武王進居王季之位，而不嫌尊於文王；及合食乎祖，則王季、文王更爲昭穆，不可謂無尊卑之序。讀者更詳考之，則當知所擇矣！

或問：「二十章『蒲盧』之説，何以廢舊説而從沈氏也？」曰：蒲盧之爲果蠃，魯果反。果蠃，細腰蜂也。他無所考，且於上下文義亦不甚通。惟沈氏之説，乃與「地道敏樹」之云者相應，故不得而不從耳。曰：「沈説固爲善矣。然《夏小正》十月『玄雉入于淮爲蜃』，時忍反，大蛤也。而其傳去聲。下同。曰：『蜃者，蒲盧也。』則似亦以蒲盧爲變化之意，而舊説未爲無所據也。」曰：此亦彼書之傳文耳。其他蓋多穿鑿不足據信，疑亦出於後世迂儒之筆，或反取諸此而附合之，決非孔子所見《夏時》之本文也。且又以蜃爲蒲盧，則不應二物而一名；若以蒲盧爲變化，則又不必解爲果蠃矣。况此等瑣碎既非大義所繫，又無明文可證，則姑闕之其亦可也，何必詳考而深辨之邪？〇曰：「達道達德有三知三行之不同，而其致則一何也？」曰：此氣質之異，而性則同也。生而知者，生而神靈，不待教而於此無不知也；安而行者，安於義理，不待習而於此無所咈音拂。也。此人之禀氣清明，賦質純粹，天理渾然無所虧喪去聲。者也。學而知者，有所不知則學以知之，雖非生知，而不待困也；利而行者，真知其利而必行之，雖有未安，而不待勉也。此得清之多而未能無蔽，得粹之多而未能無雜，天理小失而能亟反之者也。困而知者，生而不明，學而未達，困心衡與「橫」同。慮而後知之者也；勉强而行者，不獲所安，未知其利，勉力强矯而行之者也。此則昏蔽駁音剥。雜，天理幾平聲。亡，久而後能反之者也。此三等者其氣質之稟亦不同矣，然其性之本則善而已，故及其知之而成功也，則其所知所至無少異焉，亦復其初而已矣。曰：「張子、吕、楊、侯氏皆以生知安行爲仁，學知利行爲知，去聲。下文「則知」、「爲知」、「非知」、「明知」、「語知」並同。困知勉行爲勇，其説善矣。子之不從，何也？」曰：安行可以爲仁矣，然生而知之則知之大，而非仁之屬也；利行可以爲知矣，然學而知之則知之次，而非知之大也。且上文三者之目固有次序，而篇首諸章以舜明知，以回明仁，以子路明勇，其語知也不卑矣，夫音扶。豈專以學知利行者爲足以當之乎？故今以其分去聲。而言，則三知爲智，三行爲仁，所以勉而不息以至於知之成功之一爲勇；以其等而言，則以生知安行者主於知而爲智，學知利行者主於行而爲仁，困知勉行者主於强而爲勇；又通三近而言，則又以三知爲智，三行爲仁，而三近爲勇之次，則亦庶乎其曲盡也歟？○曰：「『九經』之説奈何？」曰：不一其内，則無以制其外；不齊其外，則無以養其内。静而不存，則無以立其本；動而不察，則無以勝其私。故「齊明盛服，非禮不動」，則内外交養而動静不違，所以爲脩身之要也。西山真氏曰：「齊戒」明潔以正其心，「盛服」儼然以正其容。心正則容正，故曰一其内所以正其外；容正則心亦正，故曰齊於外所以養其中。此内外交致其功也。静者未應物之時，動者應物之際。靜而存養，則有以全天理之本然；動而省察，則有以防人欲於將然。動靜兼用其力也。然蔽以一言，曰「敬」而已。內外動靜無不敬，身安得不脩乎？ 信「讒」邪，則任賢不專；徇貨「色」，則好去聲。賢不篤。賈捐之所謂「後宮盛色則賢者隱微，佞人用事則諍臣杜口」。蓋持衡之勢此重則彼輕，理固然矣。《前漢・賈捐之傳》：捐之，字君房，賈誼之曾孫也。元帝初元元年，珠崖又反，發兵擊之。珠崖在南方海中洲居。詰問捐之。捐之對，其畧曰：「至孝文皇帝閔中國未安，偃武行文。逸遊之樂絶，奇麗之賂塞。鄭衛之倡微矣。夫後宮盛色則賢者隱處，佞臣用事則諍臣杜口。」而元帝不行。 故去讒遠色，賤貨而一於貴德，所以爲勸賢之道也。三山陳氏曰：有好賢之心，而爲讒諂之人貨色之欲奪之，則好賢之心衰，而賢者去矣。故必去讒遠色，賤貨而惟德之爲貴，然後賢者肯爲我留也。 親之欲其貴，愛之欲其富，兄弟婚姻欲其無相遠，故尊位重禄同其好惡，所以爲勸親親之道也；大臣不親細事，則以道事君者得以自盡，故官屬衆盛足任使令，平聲。所以爲勸大臣之道也；三山陳氏曰：庶官無曠，則大臣得以總其凡於上，而以道佐人主；若官少不足以備任使，則大臣將親細務而不暇於佐主矣。 盡其誠而恤其私，則士無仰事俯育之累而樂音洛。趨事功，故忠信重禄，所以爲勸士之道也；三山陳氏曰：士者百官之總稱。待之以不誠，則士不肯盡其心。仕有時而爲貧，使仰事俯育之不給，則士之不肯盡其力。此勸之之道所以既先忠信，而又當重禄也。○格庵趙氏曰：苟無忠信而謂爵禄足以驕士，則士有守死而不食其禄者，所得不過庸士耳。人情莫不欲逸，亦莫不欲富，故時使薄斂，所以爲勸百姓之道也。三山陳氏曰：使民以時，而薄其歲斂，則民有餘力餘財，而樂於勸功矣。○新安陳氏曰：時使，不盡人之力；薄斂，不盡人之財。日省月試以程其能，既稟稱事以償其勞，則不信度、作淫巧者無所容，惰者勉而能者勸矣；爲去聲。之授節以送其往，待以委去聲。積子賜反。以迎其來，因能授任以嘉其善，不强上聲。其所不欲以矜其不能，則天下之旅皆悅而願出於其塗矣；朱子曰：因能授任以嘉其善，謂願留於其國者也。無後者續之，已滅者封之，西山真氏曰：繼絶如周武王立夏殷後，興滅如齊桓公封衛。治其亂使上下相安，持其危使大小相恤，朝聘有節而不勞其力，貢賜有度而不匱求位反，乏也。其財，貢，謂下貢上；賜，謂上賜下。則天下諸侯皆竭其忠力以蕃方煩反。亦作「藩」。屏也。屏，必郢反。衛王室，而無倍音佩。畔之心矣。凡此九經其事不同，然總其實不出乎脩身、尊賢、親親三者而已。敬大臣、體群臣，則自尊賢之等而推之也；子庶民、來百工、柔遠人、懷諸侯，則自親親之殺而推之也。至於所以尊賢而親親，則又豈無所自而推之哉？亦曰脩身之至，然後有以各當去聲。其理而無所悖耳。曰：「親親而不言任之以事者，何也？」曰：此親親尊賢並行不悖之道也。苟以親親之故，不問賢否而輕屬音燭。任之，不幸而或不勝平聲。焉，治之則傷恩，不治則廢法，是以富之貴之，親之厚之，而不曰任之以事，是乃所以親愛而保全之也；若親而賢，則自當置之大臣之位而尊

之敬之矣，豈但富貴之而已哉？觀於管蔡監古銜反。**商而周公不免於有過，及其致辟**毗亦反。**之後，則惟康叔、聃**他談反。**季，相與夾輔王室，而五叔者有土而無官焉，則聖人之意亦可見矣。**《書・蔡仲之命》篇云：「乃致辟管叔于商。」○《左傳》定公四年：「武王之母弟八人，周公爲太宰，康叔爲司寇，聃季爲司空，五叔無官，豈尚年哉？」五叔，謂管叔鮮、蔡叔度、成叔武、霍叔處、毛叔聃也。

曰：「子謂信任大臣而無以間去聲。**之，故臨事而不眩。使大臣而賢也則可，其或不幸而有趙高、朱异、**音異。**虞世基、李林甫之徒焉，**《史記》：趙高，秦始皇時人。二世時官至丞相。恃恩專恣，以私怨殺人。指鹿爲馬。殺二世望夷宮。子嬰殺之。○《南史》：朱异，字彦和。梁武帝時官至中領軍。貪財冒賄，欺罔視聽，蔑弄朝權，輕作威福。死，贈尚書左僕射。○《隋書》：虞世基，字茂世。隋煬帝朝官至金紫光禄大夫，參掌朝政。鬻官賣獄，賄賂公行。宇文化及弑逆，世基亦見害。○《唐書》：李林甫，唐玄宗朝官至中書令，封晉國公。性陰密，忍誅殺。排擠大臣，蕩覆天下。固寵市權，蔽欺天子耳目。死，賜太尉、揚州大都督。**則鄒陽所謂『偏聽生姦，獨任成亂』，范睢**許規反。**所謂『妬**都故反。**賢嫉**音疾。**能，御下蔽上以成其私，而主不覺悟』者，亦安得而不慮邪？」**《史記・鄒陽傳》：鄒陽者，齊人也。游於梁，以讒見禽。乃從獄中上書，其畧曰：「百里奚乞食於路，繆公委之以政；甯戚飯牛車下，而桓公任之以國。此二人者，豈借宦於朝，假譽於左右，然後二主用之哉？感於心，合於行，親於膠漆，昆弟不能離，豈惑於衆口哉？故偏聽生姦，獨任成亂。」○《范睢傳》：范睢，魏人也。秦昭王號爲應侯。說秦昭王曰：且夫三代所以亡國者，君專授政，縱酒馳騁弋獵，不聽政事，其所授者妬賢嫉能，御下蔽上以成其私，不爲主計，而主不悟，故失其位國。曰：不然也。彼其所以至此，正坐去聲。不知九經之義而然耳。使其明於此義，而能以脩身爲本，則固視明聽聰而不可欺以賢否矣。能以尊賢爲先，則其所置以爲大臣者，必不雜以如是之人矣。不幸而或失之，則亦亟求其人以易之而已。豈有知其必能爲姦以敗國，顧猶置之大臣之位，使之姑以奉行文書爲職業，而又恃小臣之察以防之哉？夫音扶。下同。勞於求賢，而逸於得人，任則不疑，而疑則不任，此古之聖君賢相去聲。所以誠意交孚，兩盡其道，而有以共成正大光明之業也。如其不然，吾恐上之所以猜倉才反，疑也。防畏備者愈密，而其爲眩愈甚；下之所以欺罔蒙蔽者愈巧，而其爲害愈深。不幸而臣之姦遂，則其禍固有不可勝平聲。言者；幸而主之威勝，則夫所謂偏聽獨任御下蔽上之姦，將不在於大臣而移於左右，其爲國家之禍尤有不可勝言者矣。嗚呼，危哉！曰：「子何以言『柔遠人』之爲『無忘賓旅』也？」曰：以其列於「懷諸侯」之上也。舊説以爲蕃方煩反。國之諸侯，則以遠先近而非其序。《書》言「柔遠能邇」，而又言「蠻夷率服」，則所謂「柔遠」亦不止謂服四夷也。況愚所謂授節委積者，比毗至反。長、上聲。遺維季反。人、懷方氏之官掌之，於經有明文耶！《周禮》比長，各掌其比之治。五家相受相和，親徙于國中及郊，則從而授之。若徙于他，則爲之旌節而行之。○遺人，掌邦之委積以待施惠，施，去聲。郊里之委積以待賓客，野鄙之委積以待羈旅。凡賓客、會同、師役，掌其道路之委積。凡國野之道，十里有廬，廬有飲食；三十里有宿，宿有路室，路室有委；五十里有市，市有候館，候館有積。○懷方氏，掌來遠方之民，致方貢，致遠物而送逆之。達之以節，治其委積、館舍、飲食。○曰：「楊氏之説有『虚器』之云者二，而其指意所出若有不同者焉，何也？」曰：固也是，其前段主於誠意，故以爲有法度而無誠意，則法度爲虚器，正言以發之也；其後段主於格物，故以爲若但知誠意而不知治天下國家之道，則是直以先王之典章文物爲虚器而不之講，反語以詰喫吉反。之也。此其不同審矣。但其下文所引明道先生之言，則又若主於誠意而與前段相應，其於本段上文之意則雖亦可以宛轉而説合之，然終不免於迂回而難通也。豈記者之誤邪？然楊氏他書，首尾衡讀如「横」。決亦多有類此者，殊不可曉也。

龜山楊氏曰：天下國家之大，不誠未有能動者也。雖法度彰明，無誠心以行之，皆虚器也。○九經行之者一，一者何？誠而已。然而非格物致知，烏足以知其道哉？若謂意誠便足以平天下，則先王之典章文物皆虚器也。故明道先生嘗謂有《關雎》、《麟趾》之意，然後可以行《周官》之法度，正謂此耳。

○曰：「所謂『前定』，何也？」曰：「先立乎誠」也。先立乎誠，則言有物而不躓音致。矣，事有實而不困矣，行有常而不疚矣，道有本而不窮矣。諸説惟游氏「誠定」之云得其要。張子以「精義入神」爲言，是則所謂「明善」者也。

廣平游氏曰：惟至誠爲能定，惟前定爲能變，故以言則必行，以事則必成，以行則無悔，以道則無方，誠定之效如此。○張子曰：「事豫則立」，必有教以先之。盡教之善，必精義以研之。精義入神，然後立斯立，動斯和矣。○曰：「在下獲上明善誠身之説奈何？」曰：夫音扶。在下位而不獲乎上，則無以安其位而行其志，故民不可治。然欲獲乎上，又不可以諛音臾。説音悦。取容也，其道在信乎友而已。蓋不信乎友，則志行去聲。不孚而名譽不聞，故上不見知。然欲信乎友，又不可以便平聲。佞苟合也，其道在悦乎親而已。蓋不悦乎親，則所厚者薄，而無所不薄，故友不見信。然欲順乎親，又不可以阿意曲從也，其道在誠乎身而已。蓋反身不誠，則外有事親之禮而内無愛敬之實，故親不見悦。然欲誠乎身，又不可以襲取强上聲。爲也，其道在明乎善而已。蓋不能格物致知以真知至善之所在，則好去聲。下「如好」同。善必不能如好好色，惡去聲。下「如惡」同。惡必不能如惡惡臭，雖欲勉焉以誠其身，而身不可得而誠矣，此必然之理也。故夫子言此，而其下文即以天道人道擇善固執者繼之，蓋擇善所以明善，固執所以誠身。擇之之明，則《大學》所謂「物格而知至」也；執之之固，則《大學》所謂「意誠而心正」、「身脩」也。知至，則反諸身者將無一毫之不實；意誠心正而身脩，則順親、信友、獲上、治民將無所施而不利，而達道、達德、九經凡事亦一以貫之而無遺矣。慶源輔氏曰：始則《大學》之次序，終則《中庸》之極功。曰：「諸説如何？」曰：此章之説雖多，然亦無大得失。惟楊氏「反身」之説爲未安耳。蓋「反身而誠」者，物格知至而反之於身，則所明之善無不實，有如前所謂「如惡惡臭，如好好色」者，而其所行自無内外隱顯之殊耳。若知有未至，則反之而不誠者多矣，安得直謂「但能反求諸身，則不待求之於外，而萬物之理皆備於我而無不誠」哉？況格物之功，正在即事即物而各求其理。今乃反欲離去聲。去事物而專務求之於身，尤非《大學》之本意矣。龜山楊氏曰：反身者，反求諸身也。蓋萬物皆備於我，非自外得，反諸身而已。反身而至於誠，則「利仁」者不足道也。曰：「誠之爲義，其詳可得而聞乎？」曰：難言也。姑以其名義言之，則真實無妄之云也；若事理之得此名，則亦隨其所指之大小而皆有取乎真實無妄之意耳。蓋以自然之理言之，則天地之間惟天理爲至實而無妄，故天理得誠之名，若所謂「天之道」、「鬼神之德」是也；以德言之，則有生之類，惟聖人之心爲至實而無妄，故聖人得誠之名，若所謂「不勉而中，去聲。不思而得」者是也；至於隨事而言，則一念之實亦誠也，一言之實亦誠也，一行去聲。之實亦誠也。是其大小雖有不同，然其義之所歸，則未始不在於實也。曰：「然則天理、聖人之所以若是其實者，何也？」曰：一則純，二則雜，純則誠，雜則妄，此常物之大情也。陳氏曰：凡物一色謂之「純」。夫音扶。下同。天之所以爲天也，沖漠無朕，直忍反，兆也。而萬理兼該無所不具。然其爲體則一而已矣，未始有物以雜之也。是以無聲無臭，無思無爲，而一元之氣，春秋冬夏，晝夜昏明，百千萬年，未嘗有一息之繆；靡幼反。天下之物，洪纖巨細、飛潛動植，亦莫不各得其性命之正以生，而未嘗有一毫之差，此天理之所以爲實而不妄者也。陳氏曰：天道流行，自古及今無一毫之妄，暑往則寒來，日往則月來，春生了便夏長，秋殺了便冬藏，元亨利貞，終始循環，萬古常如此，皆理之真實處。凡天下之物，洪纖高下，飛潛動植，青黄黑白，萬古皆常然不易。如以木葉觀之，缺者常缺，圓者常圓，脩者常脩，短者常短，無一毫差錯，便待人力十分安排譔造來終不相似，都是實理自然而然。若夫人物之生，性命之正，固亦莫非天理之實。但以氣質之偏，口鼻耳目四肢之好去聲。得以蔽之，而私欲生焉。是以當其惻隱之發而忮支義反。害雜之，則所以爲仁者有不實矣；當其羞惡去聲。之發而貪昧雜之，則所以爲義者有不實矣。此常人之心所以雖欲勉於爲善，而内外隱顯常不免於二致，其甚至於詐僞欺罔而卒墮於小人之歸，則以其二者雜之故也。惟聖人氣質清純，清屬氣，純屬質。渾然天理，初無人欲之私以病之，是以仁則表裏皆仁，而無一毫之不仁；義則表裏皆義，而無一毫之不義。其爲德也，固舉天下之善而無一事之或遺；而其爲善也，又極天下之實而無一毫之不滿。此其所以不勉不思，從七容反。容中去聲。下同。道，而動容周旋莫不中禮也。曰：「然則常人未免於私欲而無以實其德者，奈何？」曰：聖人固已言之，亦曰「擇善而固執之」耳。夫於天下之事，皆有以知其如是爲善而不能不爲，知其如是爲惡而不能不去，上聲。下同。則其爲善去惡之心固已篤矣。於是而又加以固執之功，雖其不睹不聞之間亦必戒謹恐懼而不敢懈，居隘反。則凡所謂私欲者，出而無所施於外，入而無所藏於中，自將消磨泯彌盡反。滅，不得以爲吾之病，而吾之德又何患於不實哉？是則所謂「誠之」者也。曰：「然則《大學》論小人之陰惡陽善，而以『誠於中』者目之，何也？」曰：若是者，自其天理之大體觀之，則其爲善也誠虛矣；自其人欲之私分扶問反。觀之，則其爲惡也何實如之，而安得不謂之「誠」哉？但非天理真實無妄之本然，則其誠也適所以虛其本然之善，而反爲不誠耳。問：「『誠於中形於外』，是實有惡於中便形見於外。然誠者真實無妄，安得有惡？有惡，不幾於妄乎？」朱子曰：此便是惡底真實無妄，善便虛了。誠只是實，而善惡不同。實有一分惡，便虛了一分善；實有二分惡，便虛了二分善。○新安倪氏曰：「誠」字有以實理言者，有以實心言者。以實理言，則惟天理得「誠」之名，而人欲不可以謂之「誠」；以實心言，則君子之實於爲善者固可以言「誠」，而小人之實於爲惡者亦可以言「誠」也。曰：「諸説如何？」曰：周子至矣，其上章以天道言，其下章以人道言，愚於《通書》之説亦既畧言之矣。周子《通書》曰：誠者，聖人之本。「大哉乾元，萬物資始」，誠之源也；「乾道變化，各正性命」，誠斯立焉，純粹至善者也。故曰：「一陰一陽之謂道，繼之者善也，成之者性也。」元亨誠之通，利貞誠之復。大哉《易》也，性命之源乎！○聖，誠而已矣；誠，五常之本、百行之源也，靜無而動有，至正而明達也。五常百行，非誠非也，邪暗塞也。故誠則無事矣。至易而行難。果而確，無難焉。故曰：「一日克己復禮，天下歸仁焉。」朱子説具《通書解》中。程子「無妄」之云至矣，程子曰：無妄之謂「誠」，不欺其次矣。○朱子曰：無妄是我無妄，故誠；不欺者對物而言，故次之。○問：「無妄誠之道，不欺則所以求誠否？」曰：無妄是自然之誠，不欺是著力去做底。無妄者，聖人也。謂聖人爲無妄則可，謂聖人爲不欺則不可。**其他說亦各有所發明。**程子曰：誠者天之道，敬者人事之本。敬者用也，敬則誠。又曰：主一之謂敬，一者之謂誠。敬則有意在。**讀者深玩而默識焉，則諸家之是非得失不能出乎此矣。曰：「學問思辨亦有序乎？」曰：學之博，然後有以備事物之理，故能參伍之以得所疑而有問；問之審，然後有以盡師友之情，故能反復**芳服反。後言「反復」音同。**之以發其端而可思；思之謹，則精而不雜，故能有所自得而可以施其辨；辨之明，則斷**都喚反。**而不差，故能無所疑惑而可以見**形甸反。**於行；行之篤，則凡所學問思辨而得之者，又皆必踐其實而不爲空言矣。此五者之序也。**陳氏曰：學不止於博覽群書，凡天下事事物物道理皆須一一理會，故曰「博」。問不可粗畧，須是詳審，凡事物之理紛紜交錯，輕重淺深，看端的可疑是何處然後問，乃能盡師友之情而疑可釋，故曰「審」。思不可泛濫而失之放蕩，須是謹思，則能精而不雜，然後實有得於心，實有所得，則可以辨別衆理，毫分縷析，自然精明不差。自學問思辨至此，見得道理真實分曉，然後篤力而行之，則可以踐其實而不爲空言。此五者不可廢一，然亦有次序。須從博學起，又須經四節目，道理方實，知所謂至善所在。知得端的確然不可易，然後守之方可牢固。**曰：「呂氏之說之詳，不亦善乎？」曰：呂氏此章最爲詳實。然深考之，則亦未免乎有病。蓋**

君子之於天下必欲無一理之不通，無一事之不能，故不可以不學，而其學不可以不博。及其積累魯水反。後言「積累」音同。而貫通焉，然後有以深造七到反。乎約，而一以貫之。非其博學之初已有造約之心，而姑從事於博以爲之地也。藍田吕氏曰：君子將以造其約，而不可以不博學以聚之。聚不博，則約不可得。「博學而詳説之，將以反説約也。」爲學之道，造約爲功。約即誠也。不能至是，則多聞多見徒足以飾口耳而已，語誠則未也。○朱子曰：人須是博學審問慎思明辨篤行，然後可到簡易田地。若不如此用工夫，一蹴便到聖賢地位，大段易了，古人何故如此博學審問慎思明辨篤行乎？孟子曰：「博學而詳説之，將以反説約也。」《語》云：「博我以文，約我以禮。」須是先博然後至約，如何便先要約得？人若先以簡易存心，不知博學審問謹思明辨篤行，將來便入異端去。至於學而不能無疑，則不可以不問。而其問也或粗畧而不審，則其疑不能盡决，而與不問無以異矣。故其問之不可以不審。若曰成心亡而後可進，則是疑之説也；非疑而問，問而審之説也。藍田吕氏曰：學者不欲進則已，欲進則不可以有成心。有成心則不可與進乎道矣。故成心存，則自處以不疑；成心亡，然後知所疑矣。小疑必小進，大疑必大進。蓋疑者不安於故，而進於新者也。如問之審，審而知，則進孰禦焉？學也，問也，得於外者也。若專恃此而不反之心以驗其實，則察之不精，信之不篤，而守之不固矣，故必思索山客反。以精之，然後心與理熟，而彼此爲一。然使其思也或太多而不專，則亦泛濫而無益；或太深而不止，則又過苦而有傷，皆非思之善也。故其思也，又必貴於能謹，非獨爲反之於身知其爲何事何物而已也。藍田吕氏曰：不致吾思以反諸身，則學問聞見非吾事也。故知所以爲性，知所以爲命，反之於我，何物也；知所以名仁，知所以名義，反之於我，何事也。故曰「思則得之，不思則不得」也。慎其所以思，必至于得而後已，則學問聞見皆非外鑠，是乃所謂「誠」也。其餘則皆得之。而所論變化氣質者，尤有功也。變化氣質之說見《章句》。○曰：「何以言誠爲此篇之樞紐也？」曰：誠者，實而已矣。「天命」云者，實理之原也，「性」其在物之實體，「道」其當然之實用，而「教」也者，又因其體用之實而品節之也。不可離者，此理之實也；隱之見，微之顯，實之存亡而不可揜者也。戒謹恐懼而謹其獨焉，所以實乎此理之實也；中庸云者，實理之適可而平常者也；過與不及，不見實理而妄行者也。費而隱者，言實理之用廣而體微也；鳶飛魚躍，流動充滿，夫天地位，萬物育，則所以極此實理之功效也。中和云者，所以狀此實理之體用也；豈無實而有是哉？「道不遠人」以下，至於大舜、文、武、周公之事，孔子之言，皆實理應用之當然；而鬼神之「不可揜」，則又其發見之所以然也。實理所發見。○陳氏曰：自天地以至人物，小者大者，皆是真實道理如此。聖人於此因以其無一毫之不實而至於如此之盛，其示人也亦欲其必以其實而無一毫之僞也。蓋自然而實者，天也；必期於實者，人而天也。說天道、人道諸章。「誠明」以下累章之意，皆所以反復乎此而語其所以。至於正大經而立大本，參天地而贊化育，則亦真實無妄之極功也。卒章「尚絅」之云，又本其務實之初心而言也。「内省」者，謹獨克己之功；「不愧屋漏」者，戒謹恐懼而無己可克之事，皆所以實乎此之序也。「時靡有争」，變也；「百辟刑之」，化也；「無聲無臭」，又極乎天命之性、實理之原而言也。蓋此篇大指，專以發明實理之本然，欲人之實此理而無妄。故其言雖多，而其樞紐不越乎「誠」之一言也。嗚呼，深哉！

或問「誠明」之説。曰：程子諸説，皆學者所傳録。其以内外、道行爲誠明，似不親切。程子曰：自其外者學之而得於内者，謂之明；自其内者得之而兼於外者，謂之誠。誠與明一也。又曰：孔子之道，發而爲行，如《鄉黨》之所載者，自誠而明也；由《鄉黨》之所載而學之以至孔子者，自明而誠也。及其至焉一也。唯「先明諸心」一條，以知語明，以行語誠，爲得其訓，乃《顔子好去聲。學論》中語，而程子之手筆也。亦可以見彼記録者之不能無失矣。程子曰：君子之學必先明諸心知所往，然後力行以求至，所謂「自明」而「誠」也。故學必盡其心，知其性，然後反而誠之，則聖人也。張子蓋以性、教分爲學之兩塗，而不以論聖賢之品第，故有「由誠至明」之語。程子之辨雖已得之，然未究其立言本意之所以失也。其曰「誠，即明也」，恐亦不能無誤。張子曰：自誠明者，先盡性以至于窮理也，謂先自其性理會來以至於理；自明誠者，先窮理以至于盡性也，謂先從學問理會以推達于天性也。○程子曰：張子言由明以至誠，此句却是；言由誠以至明，則不然。誠，即明也。

吕氏「性」、「教」二字得之，而於「誠」字以「至簡至易，去聲。行其所無事」爲説，則似未得其本旨也。且於「性」、「教」皆以「至於實然不易之地」爲言，則「至於」云者，非所以言「性之」之事；而「不易」云者，亦非所以申「實然」之説也。藍田吕氏曰：自誠明，「性之」者也；自明誠，「反之」者也。性之者，自成德而言，聖人之所「性」也；反之者，自志學而言，聖人之所「教」也。成德者至于實然不易之地，理義皆此出也。天下之理，如目睹耳聞，不慮而知，不言而喻，此之謂「誠則明」。志學者致知以窮天下之理，則天下之理皆得，卒亦至於實然不易之地，至簡至易，行其所無事，此之謂「明則誠」。然其過於游、楊則遠矣。廣平游氏曰：自誠明，由中出也，故可名於「性」；自明誠，自外入也，故可名於「教」。誠者因性，故無不明；明者致曲，故能有誠。○龜山楊氏曰：自誠而明，天之道也，故謂之「性」；自明而誠，人之道也，故謂之「教」。天人一道，而心之所至有差焉，其歸則無二致也，故曰：「誠則明矣，明則誠矣。」

或問：「至誠盡性諸説如何？」曰：程子以盡己之忠、盡物之信，爲盡其性，蓋因其事而極言之，非正解此文之意，今不得而録也。程子曰：盡己爲忠，盡物爲信。極言之，則盡己者，盡己之性也；盡物者，盡物之性也。信者，無爲而已。於天命有所損益，則爲僞矣。其論「贊天地之化育」，而曰不可以「贊助」言；論「窮理盡性以至於命」，而曰只窮理便是至於命，則亦若有可疑者。程子曰：贊者，參贊之義，「先天而天弗違，後天而奉天時」之類也。非謂「贊助」。只有一箇誠，何

「助」之有？又曰：如言「窮理以至於命」，以序言之不得不然。其實只是窮理，便能盡性至命也。蓋嘗竊論之，天下之理未嘗不一，而語其分扶問反。下同。則未嘗不殊，此自然之勢也。蓋人生天地之間，稟天地之氣，其體即天地之體，其心即天地之心。以理而言，是豈有二物哉？故凡天下之事雖若人之所爲，而其所以爲之者，莫非天地之所爲也。又況聖人純於義理而無人欲之私，則其所以代天而理物者，乃以天地之心而贊天地之化，尤不見其有彼此之間去聲。也。若以其分言之，則天之所爲固非人之所及，而人之所爲又有天地之所不及者，其事固不同也。但分殊之狀，人莫不知，而理一之致，多或未察。故程子之言發明理一之意多，而及於分殊者少，蓋抑揚之勢不得不然。然亦不無小失其平矣。唯其所謂「只是一理，而天人所爲各自有分」，乃爲全備而不偏，而讀者亦莫之省悉井反。也。程子曰：自人而言之，從盡其性至盡物之性，然後「可以贊天地之化育，可以與天地參矣」。言人盡性所造如是。若只是至誠，更不須論。所謂「人者天地之心」，及「天聰明」，止謂只是一理，而天人所爲各自有分。至於窮理至命、盡人盡物之説，則程、張之論雖有不同，然亦以此而推之，則其説初亦未嘗甚異也。蓋以理言之，則精粗本末初無二致，固不容有漸次，當如程子之論；若以其事而言，則其親疏遠近、淺深先後又不容於無別，筆列反。當如張子之言也。張子曰：二程解「窮理盡性以至於命」，只窮理便是至於命，亦是失於太快。此義儘有次序。須是窮理，便能盡得己之性；既盡得己之性，則推類又盡人之性；既盡得人之性，須是并萬物之性一齊盡得。如此然後至於天道也。其間煞有事，豈有當下理會了？學者須是窮理爲先，如此則方有學。今言「知命」與「至於命」儘有遠近，豈可以知便謂之至也？**呂、游、楊説皆善，而呂尤確**克角反。**實。楊氏「萬物皆備」云者，又前章格物誠身之意。然於此論之，則反求於身，又有所不足言也。胥失之矣。**藍田呂氏曰：至於實理之極，則吾生之所固有者不越乎是。吾生所有既一於理，則理之所有皆吾性也。人受天地之中，其生也具有天地之德。柔强昏明之質雖異，其心之所然者皆同。特蔽有淺深，故別而爲昏明；禀有多寡，故分而爲柔强。至於理之所同然，雖聖愚有所不異。盡己之性，則天下之性皆然，故能盡人之性。蔽有淺深，故爲昏明；蔽有開塞，故爲人物。禀有多寡，故爲强柔；禀有偏正，故爲人物。故物之性與人異者幾希。惟塞而不開，故知不若人之明；偏而不正，故才不若人之美。然人有近物之性者，物有近人之性者，亦繫乎此。於人之性開塞偏正無所不盡，則物之性未有不能盡也。己也，人也，物也，莫不盡其性，則天地之化幾矣。故行其所無事，順以養之而已，是所謂「贊天地之化育」者也。如堯命羲、和，「欽若昊天」，至於民之析、因、夷、隩，鳥獸之孳尾、希革、毛毨、氄毛，無不與知，則所贊可知矣。天地之化育猶有所不及，必人贊之而後備，則天地非人不立，故人與天、地並立爲三才，此之謂「與天地參」。○廣平游氏曰：「萬物皆備於我矣。反身而誠，樂莫大焉」，故「惟天下至誠爲能盡其性」；千萬人之性，一己之性是也，故「能盡其性，則能盡人之性」；萬物之性，一人之性是也，故「能盡人之性，則能盡物之性」。同焉皆得者各安其常，則盡人之性也；至於盡物之性，則和氣充塞，故「可以贊天地之化育」。夫如是，則天覆地載，教化各任其職，而成位乎其中矣。○龜山楊氏曰：性者，萬物之一源也。非夫體天德者，其孰能盡之？能盡其性，則人、物之性斯盡矣，言有漸次也。贊化育，參天地，皆其分内耳。又曰：孟子曰：「萬物皆備於我。」則數雖多，反而求之於吾身可也。故曰「盡己之性，則能盡人之性；盡人之性，則能盡物之性」，以己與人、物性無二故也。

或問「致曲」之説。曰：人性雖同，而氣稟或異。自其性而言之，則人自孩提，聖人之質悉以完具；以其氣而言之，則惟聖人爲能舉其全體而無所不盡，上章所言「至誠」、「盡性」是也。若其次，則善端所發，隨其所稟之厚薄，或仁或義，或孝或弟，通作悌。**而不能同矣。自非各因其發見之偏一一推之以至乎其極，使其薄者厚而異者同，則不能有以貫通乎全體而復其初。即此章所謂「致曲」，而孟子所謂「擴充其四端」者是也。**問：「既是四端，安得謂之曲？」朱子曰：四端先後互發，豈不是曲？若謂只有此一曲，則是夷、惠之偏，如何得該偏？聖人具全體一齊該了，而當用時亦只是發一端，如用仁，則義、禮、智如何上來得？問：「雖發一端，其餘只平鋪在，要用即用，不似以下人有先後間斷之意，須待擴而後充。」曰：然。**程子之言大意如此。**程子曰：人自孩提，聖人之質已完，只先於偏勝處發。或仁或義，或孝或弟，去氣偏處發，便是「致曲」；去性上脩，便是「直養」。然同歸于誠。**但其所論不詳，且以由基之射爲説，故有疑於專務推致其氣質之所偏厚，而無隨事用力悉有衆善之意。**《左傳》成公十六年：潘尫之黨黨，乃潘尫之子。尫，音汪。

與養由基楚善射者。蹲甲而射之，蹲，聚也。徹七札焉。以示王曰：楚共王。「君有二臣如此，何憂於戰？」呂錡射共王，中目。王召養由基，與之兩矢，使射呂錡，中項，伏弢。音滔，弓衣也。以一矢復命。○程子曰：曲，偏曲之謂，非大道也。「曲能有誠」，就一事中用志不分，亦能有誠。且如技藝上可見，如養由基射之類是也。○問：「程子說致曲先於偏勝處發，似未安，如此則專主一偏矣。」朱子曰：此說甚可疑，須於事上論，不當於人上論。**又以「形」爲參前倚衡、所立卓爾之意，則亦若以爲己之所自見，而無與**音預。**於人也。豈其記者之畧而失之與？**羊諸反。**至於明、動、變、化之說，則無以易矣。**程子曰：「誠則形」，誠然後便有物，如「立則見其參於前，在輿則見其倚於衡」，「如有所立卓爾」，皆若有物方見。如無形，是見何物也？「形則著」，又著見也；「著則明」，是有光輝之時也；「明則動」，誠能動人也。君子「所過者化」，豈非動乎？或曰：「變與化何別？」曰：變，如物方變而未化；化，則更無舊迹，自然之謂也。莊子言變大於化，非也。**若張子之說，以「明」爲「兼照」，「動」爲「徙義」，「變」爲「通變」，「化」爲「無滯」，則皆以其進乎内者言之，失其旨矣。蓋進德之序，由中達外，乃理之自然。如上章之說，亦自己而人，自人而物，各有次序，不應專於内而遺其外也。且夫**音扶。**進乎内之節目，亦安得如是之繁促哉？**張子曰：致曲不貳，則德有定體；體象誠定，則文節著見。一曲致文，則餘善兼照；明能兼照，則必將徙義；誠能徙義，則德自通變；能通其變，則圓神無滯。**游氏說亦得之。但說「致曲」二字不同，非本意耳。**廣平游氏曰：誠者不思不勉，直心而徑行也。其次則臨言而必思，不敢縱言也；臨行而必擇，不敢徑行也。故曰「致曲」，曲折而反諸心也。擬議之間鄙詐不萌，而忠信立矣，故「曲能有誠」；有諸中必形諸外，故「誠則形」；形於身必著於物，故「形則著」；誠至於著，則内外洞徹，清明在躬，故「著則明」；明則有以動衆，故「明則動」；動則有以易俗，故「動則變」。變則革汙以爲清，革暴以爲良，然猶有迹也；化則其迹泯矣，日用飲食而已。至於化，則神之所爲也，非天下之至誠，其孰能與於此？**楊氏既以「光輝發外」爲明矣，而又引「明則誠矣」，則似以明爲「通明」之明；既以「鶴鳴」、「子和」**去聲。**爲動矣，而又曰化非學問篤行所及，則似以化爲「大而化之」之化。此其文意不相承續，且於明動之間，本文之外，別生「無物不誠」一節以就至誠動物之意，尤不可曉。今固不能盡録，然亦不可不辨也。**龜山楊氏曰：能盡其性者，誠也；其次致曲者，誠之也。學問思辨而篤行之，致曲也。用志不分，故能有誠。誠於中，形於外，參前倚衡不可揜也，故形。形則有物，故著。著則光輝發於外，故明。明則誠矣。未有誠而不動，動而不變也。「鶴鳴在陰，其子和之」，非動乎？「曲能有誠」，誠在一曲也；「明則誠矣」，無物不誠也。至於化，則非學問思辨篤行之所及也，故唯天下至誠爲能化。

或問「至誠如神」之説。曰：吕氏得之矣。其論「動乎四體」爲「威儀之則」者，尤爲確實。藍田吕氏曰：至誠與天地同德。與天地同德，則其氣化運行與天地同流矣。興亡之兆、禍福之來，感於吾心，動於吾氣，如有萌焉，無不前知。況乎誠心之至，求乎蓍龜而蓍龜告，察乎四體而四體應，所謂「莫見乎隱，莫顯乎微」者也。此至誠所以達乎神明而無間，故曰「至誠如神」。「動乎四體」，如《傳》所謂「威儀之則以定命」者也。游氏「心合於氣，氣合於神」之云，非儒者之言也。且心無形，而氣有物，若之何而反以是爲妙哉？廣平游氏曰：至誠之道，精一無間，心合於氣，氣合於神，無聲無臭，而天地之間，物莫得以遁其形矣，不既神矣乎？程子「用便近二」之論，蓋因異端之説。程子曰：人固可以前知，然其理須是用則知，不用則不知。知不如不知之愈，蓋用便近二。所以釋子謂又不是野狐精也。如蜀山人、董五經之徒，亦有能前知者。程子曰：蜀山人不起念十年，便能前知。○又嵩前有董五經，隱者也。程子聞其名，謂其亦窮經之士，特往造焉。董平日未嘗出，是日不值。還至中途遇一老人負茶果以歸，且曰：「君非程先生乎？」程子異之。曰：「先生欲來信息甚大，某特入城置少茶果將以奉待也。」程子以其誠意，復同至其舍，語甚款，亦無大過人者。但久不與物接，心静而明矣。故就之而論其優劣，非以其不用而不知者爲真可貴，而賢於至誠之前知也。至誠前知，乃因其事理眹直忍反。兆之已形而得之，如所謂「不逆詐，不億不信」，而常「先覺者」，非有術數推驗之煩、意想測度待洛反。之私也，亦何害其爲「一」哉？

或問二十五章之説。曰：「自成」、「自道」，如程子説，乃與下文相應。程子曰：「誠者自成」，如至誠事親，則成人子；至誠事君，則成人臣。○學者不可以不誠。雖然，誠者在知道本而誠之耳。游、楊皆以「無待而然」論之，其説雖高，然於此爲無所當，去聲。下同。且又老、莊之遺意也。廣平游氏曰：誠者非有成之者，自成而已；其爲道，非有道之者，自道而已。自成自道，猶言自本自根也。〇龜山楊氏曰：「誠自誠」，「道自道」，無所待而然也。「誠者物之終始，不誠無物」之義，亦惟程子之言爲至當。然其言太略，故讀者或不能曉。請得而推言之：蓋誠之爲言，實而已矣。然此篇之言，有以理之實而言者，如曰「誠不可揜」之類是也；有以心之實而言者，如曰「反身不誠」之類是也。讀者各隨其文意之所指而尋之，則其義各得矣。所謂「誠者物之終始，不誠無物」者，以理言之，則天地之理至實而無一息之妄，故自古至今，無一物之不實，而一物之中，自始至終，皆實理之所爲也；以心言之，則聖人之心亦至實而無一息之妄，故從生至死，無一事之不實，而一事之中，自始至終，皆實心之所爲也。此所謂「誠者物之終始」者然也。苟未至於聖人，而其本心之實者猶未免於間斷，上去聲，下徒玩反。後並同。則自其實有是心之初，以至未有間斷之前，所爲無不實者。及其間斷，則自其間斷之後，以至未相接續之前，凡所云爲皆無實之可言，雖有其事，亦無以異於無有矣。如曰「三月不違」，則三月之間所爲皆實，而三月之後未免於無實。蓋不違之終始，即其事之終始也。「日月至焉」，則至此之時，所爲皆實，而去此之後未免於無實。蓋至焉之終始，即其物之終始也。是則所謂「不誠無物」者然也。以是言之，則在天者本無不實之理，故凡物之生於理者，必有是理方有是物。未有無其理而徒有不實之物者也。在人者或有不實之心，故凡物之出於心者，必有是心之實乃有是物之實。未有無其心之實而能有其物之實者也。程子所謂「徹頭徹尾」者蓋如此。程子曰：「誠者物之終始」，猶俗語「徹頭徹尾」，不誠更有甚物也？其餘諸說，大抵皆知誠之在天爲實理，而不知其在人爲實心。是以爲說太高，而往往至於交互差錯以失經文之本意。正猶知「愛」之不足以盡「仁」，而凡言仁者遂至於無字之可訓，其亦誤矣。呂氏所論子貢、子思所言之異亦善，而猶有未盡者。蓋子貢之言主於知，子思之言主於行，故各就其所重而有賓主之分，亦不但爲成德入德之殊而已也。藍田呂氏曰：子貢曰：「學不厭，智也；教不倦，仁也。」學不厭所以「成己」，此則成己爲仁；教不倦所以「成物」，此則成物爲智，何也？夫盡己性以成己，則仁之體也，推是以成物，則智之事也，自成德而言也；學不厭所以致吾知，教不倦所以廣吾愛，自入德而言也。此子思、子貢之言所以異也。○新安程氏曰：不厭不倦者，進德之事，子貢蓋主知而言，故以智爲體而仁爲用；成己成物者，成德之事，子思蓋主行而言，故以仁爲體而智爲用也。仁、智之所以相爲體用者，仁即乾之元，時之春；智即乾之貞，時之冬也。仁如元之始，春之生，義、禮、智皆仁之推。此仁之所以爲體，而智之所以爲用也；然智以知之，而後仁以行之，如貞下之起元，冬藏之蘊夫春生，此智之所以爲體，而仁之所以爲用也。楊氏說「物之終始」直以「天行」二字爲解，蓋本於《易》「終則有始，天行也」之說，假借依託無所發明。楊氏之言蓋多類此，最說經之大病也。又謂「誠則形而有物，不誠則輟陟劣反，止也。而無物」，亦未安。誠之有物，蓋不待形而有；不誠之無物，亦不待其輟而後無也。

其曰「由四時之運已，則成物之功廢」，蓋亦輟而後無之意。而又直以「天無不實之理」，喻夫音扶。下同。人有不實之心，其取譬也亦不親切矣。彼四時之運，夫豈有時而已者哉？龜山楊氏曰：其爲物終始，天行也。誠則形，形故有物，不誠而著乎僞，則有作輟故息，息則無物矣。由四時之運已，則成物之功廢，尚何終始之有？故以習則不察，以行則不著，以進德則不可久，以脩業則不可大，故「君子」唯「誠之爲貴」。

或問二十六章之説。曰：此章之説，最爲繁雜。如游、楊「無息」、「不息」之辨，恐未然。若如其言，則「不息則久」以下至何地位然後爲無息耶？廣平游氏曰：至誠無息，「天行健」也，若「文王之德之純」是也；未能無息而不息者，「君子」之「自彊」也，若顔子之「三月不違仁」是也。○龜山楊氏曰：無息者，誠之體也；不息，所以體誠也。○葉氏曰：雖變文云「不息」，若就聖人至誠言之，只是自然無息，不可以「不」字爲學者用力事也。游氏又以「得一」形容「不二」之意，亦假借之類也。字雖密而意則踈矣。《老子》云：「天得一以清，地得一以寧。」○廣平游氏曰：「其爲物不二」，天地之「得一」也。一則不已，故「載萬物」；雕刻衆形而莫知其端也，故「生物不測」。吕氏所謂「不已其命」、「不已其德」，意雖無爽，而語亦有病。蓋天道聖人之所以不息，皆實理之自然，雖欲已之而不可得。今曰「不已其命」、「不已其德」，則是有意於不已，而非所以明聖人天道之自然矣。藍田吕氏曰：天之所以爲天，不已其命而已；聖人之所以爲聖，不已其德而已。其爲天人德命則異，其所以不已則一。故聖人之道可以「配天」者，如此而已。又以積天之「昭昭」以至於「無窮」，譬夫音扶。下同。人之充其良心以至於與天地合德，意則甚善。而此章所謂「至誠無息」，以至於博、厚、高、明，乃聖人久於其道而天下化成之事，其所積而成者，乃其氣象功效之謂。若鄭氏所謂「至誠之德著於四方」者是已。非謂在己之德亦待積而後成也。故章末引文王之《詩》以證之，夫豈積累漸次之謂哉？若如吕氏之説，則是因無息然後至於誠，由不已然後純於天道也，失其旨矣。藍田吕氏曰：雖天之大，昭昭之多而已；雖地之廣，撮土之多而已。山之一卷，水之一勺，亦猶是矣。其所以高明博厚神明不測者，積之之多而已。今夫人之有良心也，莫非受天地之中。是爲可欲之善，不充之則不能與天地相似而至乎大。大而不化，則不能不勉不思與天地合德而至于聖。然所以至于聖者，充其良心德盛仁熟而後爾也。故曰過此以往，未之或知也。窮神知化，德之盛也。如指人之良心而責之與天地合德，猶指撮土而求其載華嶽振河海之力，指一勺而求其生蛟龍殖貨財之功，是亦不思之甚也。楊氏「動以天，故無息」之語甚善。龜山楊氏曰：誠「自成」，非有假於物也。而其動以天，故「無息」。其曰「天地之道，聖人之德」，「無二致焉」，顧方論聖人之事，而又曰「天地之道可一言而盡」，蓋未覺其語之更平聲。端耳。龜山楊氏曰：積而至於博厚高明，則覆載成物之事備矣，其用則不可得而見也。故配天、地、無疆言之，所以著明之也。然天地之道，聖人之德，其爲覆載成物之功則無二致焉，故又曰「天地之道可一言而盡也」。所謂一者誠而已，互相明也。精一而不二，故能生物不測。不誠，則無物矣。**至謂「天之所以爲天、文王之所以爲文，皆原於不已」，則亦猶吕氏之失也。**龜山楊氏曰：「誠」之一言足以盡之，不息之積也。若夫擇善而不能固執之，若存若亡而欲與天地合德，其可乎？故又繼之天之所以爲天、文王之所以爲文，皆原於不已。**大抵聖賢之言，内外精粗各有攸當，**去聲。**而無非極致。近世諸儒乃或不察乎此，而於其外者皆欲引而納之於内，於其粗者皆欲推而致之於精。若致曲之明動變化，此章之博厚高明，蓋不勝**平聲。**其煩碎穿鑿而於其本指失之愈遠。學者不可以不察也！**

或問二十七章之説。曰：程、張備矣。程子曰：自「大哉聖人之道」至「道不凝焉」，皆是一貫。○「德性」者，言性之可貴，與言「性善」，其實一也。○須是合内外之道，一天人，齊上下，下學而上達，極高明而道中庸。又曰：極高明而道中庸非二事。中庸，天理也。天理固高明。不極乎高明，不足以道中庸。中庸乃高明之極也。又曰：理則極高明，行之只是中庸也。○張子曰：天體物而不遺，猶人體事而無不在也。「禮儀三百，威儀三千」，無一物之非仁也；「昊天曰明，及爾出王。昊天曰旦，及爾游衍」，無一物之不體也。○不尊德性，則問學從而不道；不致廣大，則精微無所立其誠；不極高明，則擇乎中庸失時措之宜矣。○尊德性，猶「據於德」。德性須尊之。道，行也。問，問得者；學，行得者。猶「學問」也。尊德性，須是將前言往行，所聞所知，以參驗恐行有錯；致廣大，須盡精微，不得鹵莽；極高明，須道中庸之道。○致廣大、極高明，此則儘遠大，所處則直是精約。○「温故知新」，「多識前言往行」以畜德，繹舊業而知新，益思昔未至而今至之，緣舊所見聞而察來，皆其義也。**張子所論「逐句爲義」一條，甚爲切於文義，**張子曰：尊德性而道問學，致廣大而盡精微，極高明而道中庸，皆逐句爲一義。上言重，下言輕。**故吕氏因之。**藍田吕氏曰：道之在我者，德性而已。不先貴乎此，則所謂問學者不免乎口耳爲人之事而已。道之全體者，廣大而已。不先充乎此，則所謂精微者或偏或隘矣。道之上達者，高明而已。不先止乎此，則所謂中庸者同汙合俗矣。**然須更以游、楊二説足之，則其義始備耳。**廣平游氏曰：「懲忿窒欲」，「閑邪存誠」，此尊德性也。非學以聚之，問以辨之，則擇善不明矣。故繼之道問學。尊德性而道問學，然後能致廣大。尊其所聞，行其所知，充其德性之體使無不該徧，此致廣大也。非盡精微則無以極深而研幾，故繼之以盡精微，然後能極高明。始也未離乎方，今則無方矣；始也未離乎體，今則無體矣。離形去智，廓然大通，此極高明也。非道中庸則無踐履可據之地，不幾於蕩而無執乎？故繼之以道中庸。高明者，中庸之妙理；而中庸者，高明之實德也。其實非兩體也。○龜山楊氏曰：尊德性而後能致廣大，致廣大而後能極高明；道問學而後能盡精微，盡精微而後能擇中庸而固執之。入德之序也。○格庵趙氏曰：張子言「逐句爲義」，吕氏因之。游氏以逐句相承接爲説。楊氏以逐句上一節承上一節，下一節承下一節爲説。兼讀其義始備。**游氏分別**筆列反。**「至道」、「至德」爲得之。唯「優優大哉」之説爲未善。**廣平游氏曰：發育萬物，峻極于天，至道之功也；禮儀三百，威儀三千，至道之具也。洋洋乎，上際於天，下蟠於地也；優優大哉，言動容周旋中禮也。夫以三百三千之多儀，非天下至誠孰能從容而盡中哉？故曰「待其人然後行」。蓋盛德之至者，人也。故曰「苟不至德，至道不凝焉」。

至德非他，至誠而已矣。而以無方無體、離去聲。形去智爲「極高明」之意，又以人德、地德、天德爲德性廣大、高明之分，則其失愈遠矣。廣平游氏曰：尊其德性而道問學，人德也；致廣大而盡精微，地德也；極高明而道中庸，天德也。自人而天，則上達矣。楊氏之説亦不可曉。蓋道者，自然之路；德者，人之所得。故禮者，道體之節文。必其人之有德，然後乃能行之也。今乃以禮爲德，而欲以凝夫音扶。道，則既誤矣。而又曰：「道非禮則蕩而無止，禮非道則梏於儀章器數之末，而有所不行。」則是所謂「道」者，乃爲虛無怳惚元無準則之物，所謂「德」者，又不足以凝道而反有所待於道也，其諸老氏之言乎？誤益甚矣。龜山楊氏曰：道之峻極于天，道之至也；無禮以範圍之，則蕩而無止，而天地之化或過矣。「禮儀三百，威儀三千」所以體道而範圍之也。故曰「苟不至德，至道不凝焉」。所謂「至德」者，禮其是乎？夫禮，天所秩也。後世或以爲忠信之薄，或以爲僞，皆不知天者也。故曰「待其人然後行」。蓋道非禮不止，禮非道不行，二者常相資也。苟非其人，而梏於儀章器數之末，則愚不肖者之不及也，尚何至道之凝哉？

温故知新、敦厚崇禮，諸説但以二句相對，明其不可偏廢，大意固然。廣平游氏曰：温故而知新，所以博學而詳説之也；敦厚以崇禮，所以守約而處中也。○龜山楊氏曰：温故而知新，道問學之事也；敦厚以崇禮，道中庸之事也。然細分之，則温故然後有以知新，而温故又不可不知新；敦厚然後有以崇禮，而敦厚又不可不崇禮，此則諸説之所遺也。大抵此五句，承章首道體大小而言，故一句之內皆具大小二意。如「德性」也，「廣大」也，「高明」也，「故」也，「厚」也，道之大也；「問學」也，「精微」也，「中庸」也，「新」也，「禮」也，道之小也。尊之，道之，致之，盡之，極之，道之，溫之，知之，敦之，崇之，所以脩是德而凝是道也。以其於道之大小無所不體，故居上居下在治去聲。在亂無所不宜。此又一章之通旨也。

或問：「子思之時，周室衰微，禮樂失官，制度不行於天下久矣。其曰『同軌』、『同文』何也？」曰：當是之時，周室雖衰，而人猶以爲天下無二王。諸侯雖有不臣之心，然方彼此爭雄，不能相尚。下及六國之未亡，猶未有能更平聲。姓改物而定天下于一者也。則周之文軌，孰得而變之哉？曰：「周之車軌書文，何以能若是其必同也？」曰：古之有天下者，必改正朔，易服色，殊徽號，以新天下之耳目而一其心志。若三代之異尚，其見賢遍反。於書傳去聲。下同。者詳矣。軌者，車之轍迹也。周人尚輿，而制作之法領於冬官。其輿之廣六尺六寸，故其轍迹之在地者，相距之間廣狹如一，無有遠邇莫不齊同。凡爲車者必合乎此，然後可以行乎方內而無不通。不合乎此，則不惟有司得以討之，而其行於道路自將偏倚杌音兀。隉倪結反，不安也。而跬犬委反，半步也。步不前，亦不待禁而自不爲矣。古語所謂「閉門造車，出門合轍」，蓋言其法之同；而《春秋傳》所謂「同軌畢至」者，則以言其四海之內，政令所及者無不來也。文者，書之點畫形象也。《周禮》司徒教民道藝而書居其一。又有外史掌達書名於四方，而大行人之法，則又每九歲而一諭焉。其制度之詳如此，是以雖其末流海内分裂而猶不得變也。《周禮·地官·大司徒》：「以鄉三物教萬民而賓興之。三曰六藝：禮、樂、射、御、書、數。」○《春官·外史》：「掌書外令，掌四方之志，掌三皇五帝之書，掌達書名於四方。若以書使去聲。于四方，則書其令。」○《大行人》：「王之所以撫邦國諸侯者。歲徧存，三歲徧覜，音眺。五歲徧省，七歲屬象胥、諭言語、協辭命，九歲屬瞽史、諭書名、❶書名所以同其文，故使瞽史諭之。聽音聲。」必至於秦滅六國，而其號令法制有以同於天下。然後車以六尺爲度，書以小篆、隸書爲法，而周制始改爾。孰謂子思之時而遽然哉？三山陳氏曰：按魯穆公元年，子思作《中庸》，蓋周威烈王之十七年也。是時列國雖彊，猶用周制。至秦吞并後，始用六爲紀，而輿六尺，是改車之軌，損於周者六寸矣。又命李斯、程邈更制小篆、隸書，而後書之文始不同。

或問二十九章之説。曰：「三重」諸説不同。雖程子亦因鄭註，然於文義皆不通。程子曰：三重，即三王之禮。此即鄭註之説。唯吕氏一説爲得之耳。説見《章句》。至於「上」「下焉」者，則吕氏亦失之。惜乎其不因上句以推之，而爲是矛盾食允反。也。藍田吕氏曰：上焉者，謂上達之事，如性命道德之本。不驗之於民之行事，則徒言而近於荒唐。下焉者，謂下達之事，如刑名度數之

❶「諭」，原作「論」，今據四庫本改。

末。隨時變易，無所稽考，則臆見而出於穿鑿。二者皆無取信於民，是以民無所適從。曰：「然則上焉者以時言，下焉者以位言，宜不得爲一説。且又安知下焉者之不爲霸者事耶？」曰：以王去聲。天下者而言，則位不可以復上矣；以霸者之事而言，則其善又不足稱也。亦何疑哉？曰：「此章文義多近似，而若可以相易者，其有辨乎？」曰：有。「三王」以迹言者也，故曰「不謬」，言與其已行者無所差也；「天地」以道言者也，故曰「不悖」，言與其自然者無所拂也；「鬼神」無形而難知，故曰「無疑」，謂幽有以驗乎明也；後「聖」未至而難料，故曰「不惑」，謂遠有以驗乎近也。三山潘氏曰：通天下一理耳，無往不在，無時不然，是以達幽明、貫古今而無所不通。動，舉一身，兼行與言而言之也；道者，人所共由，兼法與則而言之也。法，謂法度，人之所當守也；則，謂準則，人之所取正也。遠者悦其德之廣被，平義反，及也。故企而慕之；近者習其行去聲。之有常，故久而安之也。

或問「小德」、「大德」之説。曰：以天地言之，則高下散殊者，小德之川流；「於音烏。穆不已」者，大德之敦化。以聖人言之，則「物各付物」者，小德之川流；「純亦不已」者，大德之敦化。以此推之，可見諸説之得失矣。曰：「子之所謂『兼内外，該本末而言』者，何也？」曰：是不可以一事言也。姑以夫子已行之迹言之，則由其書之有得夏時、贊《周易》也，由其行去聲。下同。之有不時不食也，迅雷風烈必變也，以至於仕止久速之皆當其可也，而其所以「律天時」之意可見矣；得夏時，出《記・禮運》篇。詳見《論語・八佾》篇「禘自既灌而往」章下。由其書之有序《禹貢》述《職方》也，由其行之有居魯而逢掖音亦。也，居宋而章甫也，以至於用舍上聲。行藏之所遇而安也，而其「襲水土」之意可見矣。述《職方》以除九丘，見《尚書序》。《職方》即《周禮・職方氏》也。○《記・儒行》篇：孔子曰：「丘少居魯，衣逢掖之衣，長居宋，冠章甫之冠。」逢掖，即深衣也。章甫，商之冠名。宋，商之後，故用其冠。若因是以推之，則古先聖王之所以迎日推筴，「筴」與「策」同。頒朔授民，而其大至於禪善，去聲。授放伐，各以其時者，皆「律天時」之事也；其所以體國經野，方設居方，而其廣至於昆蟲草木各遂其性者，皆「襲水土」之事也。使夫子而得邦家也，則亦何慊口點反。於是哉？頒朔，詳見《論語・八佾》篇「子貢欲去告朔之餼羊」下。○《史記・黄帝本紀》云「迎日推筴」，註：「策，數也。迎數之也。日月朔望未來而推之，故曰『迎日』。」○《周禮》云：「惟王建國，辨方正位，體國經野。」註：「體，猶分也。經，謂爲之里數。」○亡《虞書序》云：「帝釐下土，方設居方。」言帝舜理四方諸侯，隨方別其居方之法也。

或問「至聖」、「至誠」之説。曰：楊氏以「聰明睿知」爲君德者得之，而未盡。其「寬裕」以下則失之。蓋聰明睿知者，生知安行而首出庶物之資也；容、執、敬、别，則仁、義、禮、智之事也。龜山楊氏曰：《書》曰：「惟天生聰明時乂。」《易》曰：「知臨大君之宜吉。」則「聰明睿知」，人君之德也，故「足以有臨」；「寬裕温柔」，仁之質也，故「足以有容」；「發彊剛毅」「以致果」，故「有執」；「齊莊中正」「以直內」，故「有敬」；「文理密察」「理於義」，故「有別」。**「經綸」以下，諸家之說亦或得其文義。但不知「經綸」之爲致和，「立」、「本」之爲致中，「知」、「化」之爲窮理以至於命，且上於至誠者無所繫，下於焉有所倚者無所屬。**音燭。**則爲不得其綱領耳。游氏以上章爲言至聖之德，❶下章爲言至誠之道者得之。**廣平游氏曰：聰明睿知，聖德也；寬裕溫柔，仁德也；發彊剛毅，義德也；齊莊中正，禮德也；文理密察，智德也。溥博者，其大無方；淵泉者，其深不測。或容以爲仁，或執以爲義，或敬以爲禮，或別以爲智。惟其時而已。此所謂「時出之」也。夫然，故外有以正天下之觀，內有以通天下之志。是以見而民敬，言而民信，行而民悅。自西自東，自南自北，莫不心悅而誠服。此至聖之德也。「天下之大經」，❷五品之民彝也。凡爲天下之常道，皆可名於「經」，而民彝爲「大經」。「經綸」者，因性循理而治之，無汩其序之謂也。「立天地之大本」者，「建中于民」也。「淵淵其淵」，非特如淵而已；「浩浩其天」，非特如天而已。此至誠之道也。**其說自「德者其用」以下皆善。**廣平游氏曰：德者，其用也。有目者所共見，有心者所共知，故凡有血氣者莫不尊親。道者，其本也。非道同志一，莫窺其奧，故曰「苟不固聰明聖知達天德者，其孰能知之」。蓋至誠之道，非至聖不能知；至聖之德，非至誠不能爲。故其言之序相因如此。

---

❶「之」，原作「至」，今據《四書或問》、《四書纂疏》改。

❷「下」，原作「地」，今據《中庸輯略》卷下、《四書纂疏》改。

或問卒章之說。曰：承上三章既言聖人之德而極其盛矣，子思懼夫音扶。下同。學者求之於高遠玄妙之域，輕自大而反失之也，故反於其至近者而言之，以示入德之方，欲學者先知用心於內，不求人知，然後可以謹獨誠身而馴致乎其極也。「君子篤恭而天下平」，而其所以平者無聲臭之可尋，此至誠盛德自然之効，而中庸之極功也。故以是而終篇焉。蓋以一篇而論之，則天命之性、率性之道、脩道之教，與夫天地之所以位、萬物之所以育者，於此可見其實德；以此章論之，則所謂「淡而不厭，簡而文，温而理，知遠之近，知風之自，知微之顯」者，於此可見其成功。皆非空言也。然其所以入乎此者則無他焉，亦曰反身以謹獨而已矣。故首章已發其意，此章又申明而極言之，其旨深哉！其曰「不顯」，亦充「尚絅」之心以至其極耳。與《詩》之訓義不同。蓋亦假借而言，若《大學》「敬止」之例也。新安陳氏曰：《詩》意本謂「豈不顯」，此則真謂其幽潛不顯。如《詩》「敬止」爲語助詞，《大學》則謂無不敬而安所止也。「諸說如何？」曰：程子至矣。程子曰：不愧屋漏，便有箇持敬氣象。又曰：不愧屋漏，則心安而體舒。○尚不愧于屋漏，是敬之事。○聖人脩己以安百姓，篤恭而天下平。惟上下一於恭敬，則天地自位，萬物自育，氣無不和，四靈何有不至？此「體信達順」之道。聰明睿知，皆由此出。以此事天享帝。○道，一本也。知不二本，便是篤恭而平天下之道。又曰：君子之遇事無巨細，一於敬而已矣。簡細故以自崇，非敬也；飾私智以爲奇，非敬也。要之無敢慢而已。《語》曰：「居處恭，執事敬，雖之夷狄不可棄也。」然則執事敬者，固爲仁之端也。推是心而成之，則篤恭而天下平矣。○「毛猶有倫」，人毫釐絲忽終不盡。○《中庸》言道，只消道「無聲無臭」四字，總括了多少。○《中庸》之語，其本至於「無聲無臭」，其用至於「禮儀三百，威儀三千」；自禮儀三百、威儀三千，復歸於無聲無臭。此言聖人心要處。**呂氏既失其章旨，又不得其綱領條貫，而於文義尤多未當。**去聲。下「未當」同。**如此章承上文聖誠之極致，而反之以本乎下學之初心，遂推言之以至其極而後已也。而以爲皆言「德成反本」之事，則既失其章旨矣。**藍田呂氏曰：此章皆言德成反本，以盡中庸之道。**此章凡八引《詩》。自「衣錦尚絅」以至「不顯惟德」凡五條，始學成德踈密淺深之序也；自「不大聲色」以至「無聲無臭」凡三條，皆所以贊夫不顯之德也。今以「不顯惟德」通前三義而并言之，又以後三條者亦通爲進德工夫淺深次第，則又失其條理矣。**藍田呂氏曰：「不顯惟德，百辟其刑之」者，蓋要其所以「不動而敬，不言而信」，「不賞而勸，不怒而威」，豈有他哉？在德而已。○「德輶如毛」，謂之「德」者，猶「誠之」者也，未至乎「誠」也。若至乎誠，則與天爲一，無意無我，非勉非思，渾然不可得而名者也。聲臭之於形微矣，有物而不可見，猶曰無之，則上天之事可知矣。○「不動而敬，不言而信」，「不賞而勸，不怒而威」，則德孚於人，而忘乎言動矣。然猶有德之聲色存焉。至于「不大聲色」，然後可以入乎「無聲無臭」，而誠一於天。**至以「知風之自」爲知見聞動作皆由心出，以「知微之顯」爲知心之精微「明達暴著」，**藍田呂氏曰：以見聞之廣、動作之利推所從來，莫非心之所出，其「知風之自」歟？○心之精微至隱至妙，「無聲無臭」，然其理明達暴著，若懸日月，其「知微之顯」歟？以「不動而敬，不言而信」爲「人敬信」之，藍田吕氏曰：其中有本，不待言動而人敬信。以貨色、親長上聲。達諸天下爲「篤恭而天下平」，藍田吕氏曰：君子之善與人同，合内外之道則爲德。非特成己，將以成物。故君子言貨色之欲、親長之私，必達於天下而後已，豈非「篤恭而天下平」者哉？以德爲「誠之」之事而猶有聲色，至於「無聲無臭」然後誠一於天，則又文義之未當者然也。然近世説者乃有深取其「知風之自」之説，而以爲非大程夫子不能言者，蓋習於佛氏「作用是性」之談，而不察乎了翁序文之誤耳。學之不講，其陋至此，亦可憐也！朱子曰：吕氏却是「作用是性」之意，於學無所統攝。游氏所謂「無藏於中，無交於物，泊然純素，獨與神明居」，所謂「離人而立於獨」者，皆非儒者之言。廣平游氏曰：無藏於中，無交於物，泊然純素，獨與神明居，此「淡」也。然因性而已，故曰「不厭」。○「無聲無臭」，則離人而立於獨矣。「不失足於人，不失色於人，不失口於人」，則又審於接物之事，而非「簡」之謂也。廣平游氏曰：不失足於人，不失色於人，不失口於人，此「簡」也。然循理而已，故「文」。其論三「知」未免牽合之病。廣平游氏曰：欲治其國，先齊其家，「知遠之近」也。「人人親其親，長其長而天下平」，可不謂近矣乎？「欲齊其家，先脩其身」，「知風之自」也。《易》於《家人》曰：「風自火出，而君子以言有物，行有常。」不可謂所自乎？「欲脩其身，先正其心」，「知微之顯」也。夫道視之不見，聽之不聞，而常不離心術日用之間，可不謂「顯」矣乎？**其論「德輶如毛」以下，則其失與呂氏同。**廣平游氏曰：所謂「德」者，非甚高而難知也，甚遠而難至也。舉之則是，故曰「德輶如毛」。既已有所舉矣，則必思而得，勉而中，是人道而有對，故曰「毛猶有倫」。若夫誠之至，則無思無爲，從容中道，是天道也，故曰「上天之載，無聲無臭，至矣」。**楊氏「知風之自」，與呂氏舊本之説略同。**龜山楊氏曰：世之流風，皆有所自。清之隘，和之不恭，知其自此，則君子不由也。〇藍田呂氏曰：墨子兼愛，楊子爲我，其始未有害也。其風之末，則至於無君無父，而近於禽獸。伯夷之不屑就以爲清，柳下惠之不屑去以爲和，其風之末，不免乎隘與不恭，君子不由，則其端不可不慎也。故曰「差之毫釐，繆以千里」，其「知風之自」歟？**而其取證又皆太遠。要當參取呂氏改本，**去上聲。**其所謂見聞者，**呂説見上。**而益以言語之得失、動作之是非，皆知其有所從來而不可不謹，則庶乎其可耳。以「德輶如毛」爲「有德而未化」，則又呂、游之失也。**龜山楊氏曰：「德輶如毛」，未至於無倫，猶有德也而未化，非其至也。故「上天之載，無聲無臭」，然後爲至。**侯氏説多踈闊。惟以此章爲再叙入德成德之序者，獨爲得之也。**河東侯氏曰：自「衣錦尚絅」至「無聲無臭，至矣」，子思再叙入德成德之序也。

讀論語孟子法此朱子采二程子說。

程子曰：新安陳氏曰：程伯子諱顥，字伯淳，號明道先生；叔子諱頤，字正叔，號伊川先生。朱子先以明道、伊川爲别，次以伯子、叔子爲别，後以其學同，其説同，更不分别，總稱「程子」。河南人。**學者當以《論語》、《孟子》爲本。《論語》、《孟子》既治，則六經可不治而明矣。**朱子曰：《語》、《孟》工夫少，得效多；六經工夫多，得效少。○慶源輔氏曰：今之治二書，所患不精爾。果能熟讀精思，使其言皆出於吾之口，使其意皆出於吾之心，脉絡條理，始終洞然而無纖芥隱昧不明之處，則六經之言，固可以類推而無不明也。○新安陳氏曰：「既治」之治去聲，「不治」之治平聲。按鄒晉昭曰：此字本平聲，借用乃爲去聲。故陸氏於諸經中平聲者並無音，去聲者乃音直吏反。平聲者，脩理其事方用其力也；去聲者，事有條理已見其效也。今自此以後，亦依陸氏例云。○《語》、《孟》既治，學正識精，由是而治六經，根本正而易爲力矣。非謂真可不必治而自明也。**讀書者當觀聖人所以作經之意，與聖人所以用心，聖人之所以至於聖人，而吾之所以未至者、所以未得者。**慶源輔氏曰：聖人作經之意，不過欲發明此理以曉人，其所以用心而至爲聖人者，則二書固無不具也。至於吾之所以「未至」聖人之地、「未得」聖人之心者，亦惟用心與二書背戾而不合耳。○陳氏曰：到經明後，方知得作經之意；識聖人之心體，方知他所以用處。○新安陳氏曰：當味五箇「所以」字。**句句而求之，晝誦而味之，中夜而思之，平其心，易**以豉反。**其氣，闕其疑，則聖人之意可見矣。**朱子曰：平其心，只是放教虛平；易其氣，只是放教寬慢；闕其疑，只是莫去穿鑿。今人多要硬把捉教住，如何得？有箇難理會處便要刻畫百端討出來，枉費心力。少刻只説得自底，那裏見聖人意？○陳氏曰：平其心者，是虛其心如衡之平，不可先立一箇定説。纔先把一説爲主於中，便如秤盤先加一星了，到秤物時如何得銖兩之正？易其氣者，欲見得聖人真意時，須是和平其氣，雍容和緩，自然而得之，乃能默契。○雲峯胡氏曰：讀聖人之書者，當知聖人所以用心。然非自平其心不可也。朱子《易贊》有曰：「讀《易》之法，先正其心。」意亦類此。

又曰：凡看文字，須先曉其文義，然後可以求其意。未有不曉文義而見意者也。

又曰：學者須將《論語》中諸弟子問處便作自己問，聖人答處便作今日耳聞，自然有得。朱子曰：孔門問答，曾子聞得底話，顏子未必與聞；顏子聞得底話，子貢未必與聞。今却合在《論語》一書，後世學者，豈不幸事？但患自家不去用心。○新安陳氏曰：今學者看程朱先生語録，皆當以此法看之，視問辭如出吾口，聽答辭如入吾耳。**雖孔孟復**扶又反。**生，不過以此教人。若能於《語》、《孟》中深求玩味，將來涵養成甚生氣質！**朱子曰：有人言理會得《論語》，便是孔子；理會得七篇，便是孟子。初不以爲然，看來亦是如此。蓋《論語》中言語，真能窮究極其纖悉無不透徹，如從孔子肚裏穿過，孔子肝肺盡知了，豈不是孔子；七篇中言語真能窮究極其纖悉無不透徹，如從孟子肚裏穿過，孟子肝肺盡知了，豈不是孟子？○雲峯胡氏曰：氣質得於有生之初，此曰「甚生氣質」，何也？曰：生來氣質有好有不好，涵養成後，生氣質無不好者。此「生」字非自稟賦中來，乃自學問變化中來也。○新安陳氏曰：學之功至，愚者明，柔者强，偏駁者純粹。不特能變化氣質，謂無好氣質者，今生出此好氣質也。

程子曰：凡看《語》、《孟》，且須熟讀玩味，須將聖人言語切己，不可只作一場話説。人只看得此二書切己，終身儘多也。 朱子曰：《論》、《孟》不可只道理會文義得了便了，須子細玩味以身體之，見前後晦明生熟不同，方是切實。○二書若便恁地讀過，只一兩日可了；若要將來做切己事玩味體察，一日多看得數段，或一兩段爾。○讀《論》、《孟》須是切己，且如「學而時習之」，切己看時曾時習與否。句句如此求之，則有益矣。○或言：「看《論語》，見得聖人言行極天理之實而無一毫人欲之妄，學者之用功，尤當極其實而不容有一毫之妄。」曰：大綱也是如此，然就裏面詳細處須要十分透徹，無一不盡。○學者讀書，須要將聖賢言語體之於身，如「克己復禮」與「出門如見大賓」等事，須就自家身上體看，我實能克己與主敬行恕否？件件如此方有益。○慶源輔氏曰：讀書者能將聖人言語切己體察，則定無枉費工夫，一日當有一日之功；若欲只做一場話説，則是口耳之學耳。

又曰：《論》、《孟》只剩石證反。**讀著，**陟略反，語助辭。下同。**便自意足。學者須是玩味。若以語言解著，意便不足。** 朱子曰：讀書之法，先要熟讀，須是正看背看，左看右看，看得是了，未可便説道是，更須反覆玩味。○《論》、《孟》須是熟讀，一一記放心下，時時將來玩味，久久自然貫通。○慶源輔氏曰：學者須是將聖人言語，熟讀深思，晝夜玩味，則可以開發吾之知識，日就高明；涵養吾之德性，日就廣大，方始見得聖賢言近而指遠，故其意思自然厭飫飽足。若以語言解著，則意便死於言下，自然局促蹇淺，而有杇虛不足之意。

或問：「且將《語》、《孟》緊要處看如何？」程子曰：固是好，但終是不浹即協反。**洽耳。**朱子曰：聖人言語粗底做粗底理會，細底做細底理會，不消得揀擇。《語》、《孟》恁地揀擇了，史書及世間粗底書，如何看得？○問龜山與范濟美言學者當以求仁爲要。曰：須要將一部《論語》，粗粗細細齊理會過，自然有貫通處，却會得仁方好。近日學者病在好高，讀《論語》未問「學而時習」，便說「一貫」；讀《孟子》未言梁王問利，便說「盡心」；《易》未看六十四卦，便說《繫辭》。某解《語》、《孟》和訓詁註在下面，要人精粗本末，字字爲咀嚼過。○問：「《論語》，莫也須揀箇緊要底看否？」曰：不可，須從頭看，無精無粗，無淺無深，且都玩味得熟，道理自然出。曰：「讀書未見得切，須見之行事方切。」曰：不然。且如《論語》第一便教人學，便是孝弟求仁，便戒人巧言令色，便三省，也可謂甚切。○《論語》中有緊要底，有泛說底，今且要著力緊要底，便是揀別，此最不可。若如此，則《孟子》一部可刪者多矣。聖賢言語粗說細說，皆著理會教透徹。蓋道體至廣至大，故有說得易處，說得難處，說得大處，說得小處，若不盡見，必定有窒礙處。○慶源輔氏曰：人纔只將二書緊要處看，便只是要求近功速效，與天理已不相似。所謂「固是好」者，蓋姑取其向學求道之意耳。正使其有近功速效，亦必至於偏枯蹇澁，豈復有優游厭飫貫通浹洽之意？

程子曰：孔子言語句句是自然，孟子言語句句是事實。朱子曰：孔子言語，一似没緊要說出來，自是包含無限道理，無些滲漏。如云「道之以政，齊之以刑，道之以德，齊之以禮」數句，孔子初不曾著氣力，只似没緊要說出來，自是委曲詳盡，說盡道理。若孟子便用著氣力，依文按本，據事實，說無限言語方說得出，此所以爲聖賢之別也。○《論語》之書，蓋孔子大概使人優游厭飫，涵泳諷味；《孟子》之書，大概是要人探索力討，反己自求。故伊川曰「孔子句句是自然，孟子句句是事實」，亦此意也。如《論語》所言「出門如見大賓，使民如承大祭」，「非禮勿視、聽、言、動」之類，皆是存養底意思。《孟子》言性善，存心養性，見孺子入井之心，四端之發，若火始然、泉始達之類，皆是要體認得這心性下落，擴而充之。於此等語玩味，便自可見。○孔子教人，只言「居處恭，執事敬，與人忠」，含畜得意思在其中，使人自求之。到孟子便指出了性善，早不似聖人了。○《論語》多門弟子所集，故言語時有長長短短不類處；《孟子》疑自著之書，故首尾文字一體，無些子瑕疵，不是自下手，安得如此好？若是門弟子集，則其人亦甚高，不可謂「軻死不傳」。○《論語》不說心，只說實事；《孟子》說心，後來遂有求心之病。○問：「《論語》一書，未嘗說一『心』字；至《孟子》只管拈人心說來說去，曰『推是心』，曰『求放心』，曰『盡心』，曰『赤子之心』，曰『存心』。莫是孔門學者自知理會箇心，故不待聖人苦口；到孟子時，世變既遠，人才漸不如古，故孟子極力與言，要他從箇本原處理會否？」曰：孔門雖不曾說心，然答弟子問仁處，非理會心而何？仁，即心也，但當時不說箇「心」字耳。○或云《論語》不如《中庸》。曰：只是一理。若看得透，方知無異。《論語》是每日零碎問答，譬如大海也是水，一勺也是水，所說千言萬語皆是一理，須是透得，推之其他道理皆通。又曰：聖賢所說只一般，只是一箇「擇善固執之」，《論語》則說「學而時習之」，《孟子》則說「明善誠身」，下得字各自精細，真實工夫只一般。須是知其所以不同，方知其所謂同也。○孟子所謂「集義」，只是一箇「是」字；孔子所謂「思無邪」，只是一箇「正」字。不是便非，不正便邪。聖賢教人，只是求箇是底道理。

○孔子教人極直截，孟子較費力。孟子必要充廣，孔子教人合下便有下手處。○魯齋許氏曰：先儒説出體用，嘗謂孔孟未嘗言此，及子細讀之，每言無非有體有用者，如「忠告而善道之」。忠告，體也；善道之，用也。雖有善爲説辭者，無忠告之心則不可；雖有忠告之心，不能善道之則犯於訐直不能入。又如「居上不寬，爲禮不敬，臨喪不哀」。寬、敬、哀，其體也。體立而後用行。無此三者，則夫所行之得失，與夫繁文末節，皆無足觀矣。程子謂「學者當以《論》、《孟》爲本。《論》、《孟》既治，則六經可不治而明矣」。聖人所以作經之意，必有定見，然後沛然無所疑，非後世牽合勉强所可擬也。程子於《語》、《孟》中反覆致意，其旨深矣。有本有文，有體有用，聖人之言無所偏滯，傳之萬世無弊。先儒讀書精，察見聖人立言之意。

又曰：學者先讀《論語》、《孟子》，如尺度權衡相似，以此去量度待洛反。**事物，自然見得長短輕重。**朱子曰：《語》、《孟》只熟讀玩味，道理自不難見。且如老蘇輩只讀二書，便翻繹得許多文章出來。譬如攻城，四面牢壯，只消攻得一面破時，這城便是自家底了。如今學者若先讀得《語》、《孟》二書十分透徹，其他書都不費力，觸處便見。○慶源輔氏曰：尺度可以量長短，權衡可以稱輕重，理義可以別是非。能知道，則何書不可讀，何理不可究，何事不可處哉？○新安陳氏曰：理義可以別是非，如尺度可以量長短，權衡可以稱輕重也。

又曰：讀《論語》、《孟子》而不知道，所謂「雖多亦奚以爲」？朱子曰：人之爲學，若不從文字上做工夫，又茫然不知下手處；若是字字而求，句句而論，不於身心上著切體認，則又何益？且如説「我欲仁斯仁至矣」，何故孔門許多弟子，聖人竟不曾以「仁」許之？雖顔子之賢，而尚不能不違於三月之後，聖人乃曰「我欲斯至」，盍亦於日用體驗，我若欲仁其心如何，仁之至不至，其意又如何。又如説「非禮勿視聽言動」，盍亦每事省察，何者爲非禮，而吾又何以能勿視勿聽。若每日如此讀書，庶幾看得道理自我心而得，不爲徒言也。〇慶源輔氏曰：讀《語》、《孟》而不知道，則是口耳之學，未嘗著心玩味，未嘗至誠涵泳，未嘗切己體察也。故讀雖多，何益於事？

論語集註序說

《史記・世家》曰：新安陳氏曰：司馬遷《史記》有《孔子世家》。朱子纂其要於此。**孔子，名丘，字仲尼。**新安陳氏曰：孔子父禱於尼丘山而生孔子，故以爲名若字。**其先宋人。**孔子六世祖孔父嘉爲宋督所殺，紇遂遷于魯。**父叔梁紇，**下没反。**母顔氏。**名徵在。**以魯襄公二十二年庚戌之歲，十一月庚子，生孔子於魯昌平鄉陬邑。**陬，側鳩反。○新安倪氏曰：孔子之生，《左氏春秋》不書，但於哀公十六年，夏四月己丑書「孔丘卒」。杜預註：「魯襄二十二年生，至今七十三也。」《公羊》、《穀梁傳》皆於襄公二十一年書「孔子生」，乃己酉歲也。與《史記》、杜註皆不合。**爲兒嬉戲，常陳俎豆，設禮容。及長，**上聲。**爲委**去聲。**吏，料量**去聲。**平；**委吏，本作「季氏史」。《索隱》云：「一本作委吏。」與《孟子》合。今從之。《史記索隱》，司馬貞作。**爲司職吏，畜**許又反。**蕃**音煩。**息。**職見音現。《周禮》。牛人，讀爲「樴」，音特，又餘式、之式二反。義與「杙」同。杙，餘式反。蓋繫養犧牲之所。此官即孟子所謂「乘去聲。田」。雲峯胡氏曰：此以後多用《論語》證，以經證史也；此二事《論語》無所見，則證之《孟子》，亦以經證史也。○《周禮・地官・司徒上》：「牛人掌養國之公牛以待國之政令。凡祭祀共其享牛、求牛，以授職人而芻之。」注：「享牛，前祭一日之牛也；求牛，禱於鬼神祈求福之牛也。」「職讀爲『樴』，樴謂之『杙』，可以繫牛。樴人者，謂牧人、充人與？芻，牲之芻。牛人擇於公牛之中，而以授養之。」**適周，問禮於老子。**問：「何以問禮於老子？」朱子曰：老子曾爲柱下史，故知禮節文，所以孔子問之。聃雖知禮，然其意以爲不必盡行，行之反以多事，故欲絶滅之。**既反，而弟子益進。昭公二十五年甲申，孔子年三十五，而昭公奔齊，魯亂，於是適齊爲高昭子**齊大夫。**家臣，以通乎景公。**有聞韶、問政二事。**公欲封以尼谿之田，晏嬰不可，公惑之。**有「季孟」、「吾老」之語。問：「齊景公欲封孔子田，楚昭王欲封孔子地，晏嬰、子西不可。使無晏嬰、子西，則夫子還受之否？」朱子曰：既仕其國，則須有采地，受之可也。**孔子遂行，反乎魯。定公元年壬辰，孔子年四十三，而季氏彊僭，其臣陽虎作亂專政，故孔子不仕而退修《詩》、《書》、禮、樂，弟子彌衆。九年庚子，孔子年五十一，公山不狃以費畔季氏，召孔子，欲往而卒不行。**有答子路「東周」語。朱子曰：聖人欲往，是當他召聖人之時有這些好意思來接聖人。聖人當時亦接他好意思，所以欲往。然他這箇人，終是不好底人，所以終不可去。如陰雨蔽翳，重結不解，忽然有一處略略開霽，雲收霧斂，見得青天白日，這些自是好。**定公以孔子爲中都宰，一年四方則之，遂爲司空。又爲大司寇。十年辛丑，相**去聲。下同。**定公會齊侯于夾谷，齊人歸魯侵地。**鄆、汶陽、龜陰之田。**十二年癸卯，使仲由爲季氏宰墮**許規反，毀也。下同。**三都，收其甲兵。孟氏不肯墮成，圍之不克。**問：「成既不墮，夫子如何別無處置了便休？」朱子曰：不久夫子亦去魯矣。

若使聖人久爲之，亦須别有箇道理。**十四年乙巳，孔子年五十六，攝行相事，誅少**去聲。**正卯，與**音預。**聞國政，三月，魯國大治。**去聲。**齊人歸女樂以沮**在呂反，止也。**之，季桓子受之。郊，又不致膰**音煩，祭祀餘肉也。**俎於大夫。孔子行。**《魯世家》以此以上，皆爲十二年事。問：「設若魯亦致膰於大夫，則夫子果止乎？」朱子曰：也須去，只是不若此之速，必須别討一箇事故去。○胡氏曰：是時政在季氏。夫子攝行相事而已，非爲相也；與聞國政而已，非爲政也。定公素不能立，季孫既有所惑，其不足與有爲可知也，故不容於不行。**適衛，主於子路妻兄顏濁鄒家。**《孟子》作「顏讎由」。**適陳，過匡，匡人以爲陽虎而拘之。**有「顏淵後」及「文王既没」之語。**既解，還衛，主蘧伯玉家。見南子。**有「矢子路」及「未見好德」之語。**去適宋，司馬桓魋欲殺之。**有「天生德」語及微服過宋事。**又去適陳，主司城貞子家。居三歲而反于衛，靈公不能用。**有「三年有成」之語。**晉趙氏家臣佛肸以中牟畔，召孔子。孔子欲往，亦不果。**有答子路「堅白」語及荷蕢過門事。朱子曰：夫子於公山氏之召，却真箇要去做；於佛肸之召，但謂其不能浼我而已。**將西見趙簡子，至河而反。又主蘧伯玉家。靈公問陳，不對而行。復**扶又反。**如陳。**據《論語》，則絶糧當在此時。**季桓子卒，遺言謂康子必召孔子，其臣止之，康子乃召冉求。**《史記》以《論語》「歸與」之歎，爲在此時；又以《孟子》所記歎詞，爲主司城貞子時語。疑不然。蓋《語》、《孟》所記，本皆此一時語，而所記有異同耳。**孔子如蔡及葉。**失涉反。有葉公問答子路不對、沮溺耦耕、荷蓧丈人等事。《史記》云：於是楚昭王使人聘孔子。孔子將往拜禮，而陳、蔡大夫發徒圍之，故孔子絶糧於陳、蔡之間，有「慍見」及告子貢「一貫」之語。按是時陳、蔡臣服於楚，若楚王來聘孔子，陳、蔡大夫安敢圍之？且據《論語》絶糧，當在去衛如陳之時。**楚昭王將以書社地封孔子，令尹子西不可，乃止。**《史記》云「書社地七百里」，恐無此理。時則有接輿之歌。新安陳氏曰：《索隱》云：「古者二十五家爲里。里各立社。則書社者，書其社之人名於籍，蓋以七百里書社之人封孔子也。故冉求云『雖累千社而夫子不利』是也。」饒氏云：「書社，猶今人所謂『書會』也。蓋卿大夫所當得底地，謂之采地，如這箇却是君之所特與，故謂之『書社地』，言以此養其徒也。便如齊王欲中國授孟子室，養弟子以萬鍾相似。」**又反乎衛，時靈公已卒，衛君輒欲得孔子爲政。**有「魯衛兄弟」及答子貢「夷、齊」、子路「正名」之語。**而冉求爲季氏將，**去聲。**與齊戰有功，康子乃召孔子而孔子歸魯，實哀公之十一年丁巳，而孔子年六十八矣。**有對哀公及康子語。雲峯胡氏曰：讀此者要看太史公書法，又要看文公删後書法。如孔子在他國，皆不書年若干，惟他國反魯，及在魯，則歷歷書之，豈以在他國，則歲月無所考，故不書邪？然去魯適陳，太史公書曰「是歲魯哀公三年而孔子年六十矣」；又自楚反衛，太史公書曰「是歲也，孔子年六十三，而魯哀公六年也」。文公皆删之。至孔子晚年歸魯，文公乃特書曰「實哀公之十一年丁巳，而孔子年六十八矣」。言外慨歎之意，於書法可見也。**然魯終不能用孔子。孔子亦不求仕。**問：「孔子當周衰時可以有爲否？」朱子曰：聖人無不可爲之時也，便若時節變，聖人又自處之不同。問：「孔子豈不知時君必不能用己？」曰：聖人豈有逆料君能用我與否。到得後來，説「不復夢見周公」，與「吾已矣夫」，聖人自知其不可爲矣。**乃叙《書》傳**去聲。**《禮》記，**有杞宋損益從周等語。**删《詩》正樂，**有語太師及樂正之語。**序《易·彖》《繫》《象》《説卦》《文言》。**有「假我數年」之語。**弟子蓋三千焉，身通六藝者，七十二人。**弟子顔回最賢，蚤死，後唯曾參得傳孔子之道。**十四年庚申，魯西狩獲麟，**有莫我知之歎。**孔子作《春秋》。**有「知我」、「罪我」等語，《論語》請討陳恒事，亦在是年。**明年辛酉，子路死於衛。十六年壬戌，四月己丑，孔子卒。年七十三。葬魯城北泗上。弟子皆服心喪三年而去，惟子貢廬於冢上凡六年。孔子生鯉，字伯魚。先卒。伯魚生伋，**音急。**字子思。作《中庸》。**子思學於曾子，而孟子受業子思之門人。

何氏曰：何氏，名晏，字平叔。魏南陽人。**《魯論語》二十篇。《齊論語》别有《問王》、《知道》凡二十二篇。其二十篇中，章句頗多於《魯論》。《古論》出孔氏壁中，分「堯曰」下章「子張問」以爲一篇，有兩《子張》，凡二十一篇。篇次不與《齊》《魯論》同。**或問：「今之《論語》，其《魯論》與？」朱子曰：「以何晏所叙篇數考之，則信爲《魯論》矣。但據《釋文》，則其文字亦或有不同者，如以『必』爲瓜之類，豈何氏亦若鄭註就《魯論》篇章，而又雜以《齊》、《古》之文與？然《唐·藝文志》已不載《齊》、《古》篇目。陸氏蓋於諸家説中得之耳。

程子曰：《論語》之書成於有子、曾子之門人，故其書獨二子以「子」稱。程子曰：《論語》爲書，傳道立言，深得聖人之學者矣。如《鄉黨》形容聖人，不知者豈能若是？○問：「《論語》以何爲要？」曰：要在知仁。孔子說仁處最宜玩味。曰：「孔子說仁處甚多，尤的當是何語？」曰：皆的當，但其門人所至有不同，故其答之亦異。○朱子曰：程子之說，蓋出於柳宗元，其言曰：「諸儒皆以《論語》孔子弟子所記，不然也。孔子弟子曾參最少，又老乃死，而是書記其將死之言，則其去弟子之時甚遠，而當時弟子畧無存者矣。吾意孔子弟子嘗雜記其言，而卒成其書者，曾子弟子樂正子春、子思之徒也。故是書之記諸弟子必以字，而曾子不然。蓋其弟子號之云爾。而有子亦稱『子』者，孔子之歿，諸弟子嘗以似夫子而師之，後乃叱避而退，則固嘗有師之號矣。」凡此柳氏之言，其論曾子者得之；而有子叱避之說，則史氏之鄙陋無稽，而柳氏惑焉。以《孟子》攷之，當時既以曾子不可而寢其議，有子曷嘗據孔子之位而有其號哉？故程子特因柳氏之言，斷而裁之以爲此說，此所以不著柳說，而獨以程子爲據也。楊氏又謂此書首記孔子之言，而以二子之言次之，蓋其尊之亞於夫子，尤爲明驗。至於閔損、冉求亦或稱子，則因其門人所記而失之不革也與？

程子曰：讀《論語》有讀了全然無事者，有讀了後其中得一兩句喜者，有讀了後知好去聲。**之者，有讀了後直有不知手之舞之、足之蹈之者。**程子曰：《論語》之書，其辭近，其指遠。辭有盡，指無窮。有盡者可索之於訓詁，無窮者要當會之以神。譬諸觀人，昔日識其面，今日識其心，在我則改容更貌矣，人則猶故也。坐是故難讀。蓋不學操縵，不能安弦；不學博依，不能安《詩》；不學雜服，不能安《禮》。惟近似者易入也。彼其道高深博厚，不可涯涘也如此，儻以童心淺智窺之，豈不大有逕庭乎？方其脅肩諂笑、以言餂人者讀之，謂巧言令色寧病仁；未能素貧賤而恥惡衣惡食者讀之，豈知飯蔬飲水、曲肱而枕之未妨吾樂？注心於利末，得已不已而有顛冥之患者讀之，孰知不義之富貴真如浮雲；誨爾諄諄、聽我藐藐者讀之，孰知回不惰、師書紳，爲至誠服膺？過此而往，益高益深，可勝數哉？○朱子曰：學者須著實循序讀書，以《論語》爲先，一日只看一二段，莫問精粗難易，但只從頭看將去。讀而未曉則思，思而未曉則讀，反覆玩味，久之必自有得矣。今學者於《論語》二十篇中，尚不耐煩看得之，况所謂死而後已者又豈能辨得如此長遠工夫耶？○慶源輔氏曰：嗜之而飽饜充足，其樂有不可形容者，是以見於手舞足蹈也。○雲峯胡氏曰：讀《論語》者有此四等人，初是全無知者，第二是畧能知者，第三是知而好之者，第四是好而樂之者。

程子曰：今人不會讀書。如讀《論語》，未讀時是此等人，讀了後又只是此等人，便是不曾讀。程子曰：讀《論語》須有疑，然後能進，今人讀書元不知疑，所以不及古人。孔門弟子如子夏問「巧笑倩兮，美目盼兮」，直推至於「禮後」；樊遲問仁知，直推至於舉臯陶、伊尹而「不仁者遠」，始能無疑。今人多於言上認了，又安能疑？○問：「《論語》如何讀？」曰：這也使急不得，也不可慢。所謂急不得者，功効不可急；所謂不可慢者，工夫不可慢。○慶源輔氏曰：程子言雖近而意則切，使讀書者自知所以求益，不至虚費工夫。也須是熟讀涵泳，使之通貫浹洽，然後有日新之功。如是，則氣質變化，月異而歲不同矣。

程子曰：頤自十七八讀《論語》，當時已曉文義。讀之愈久，但覺意味深長。和靖尹氏曰：《論語》之書，迺集記孔子嘉言善行，苟能即其問答，如己親炙于聖人之門，默識心受而躬行之，則可謂善學矣。○延平李氏曰：人之持身當以孔子爲法。孔子相去千餘載，既不可得而親之。所可見者，獨《論語》耳。《論語》蓋當時門人弟子所記孔子言行也，每讀而味之，玩而繹之，推而行之，雖未至升堂入室，亦不失爲士君子也。○朱子曰：所謂深長意味，也別無説，只是涵泳久自見得。○《論語》讀著越見意思無窮。今日讀得些意思，明日讀又長得意思。○朱子曰：《論語》中程先生及和靖説，只於本文添一兩字甚平淡，然意味深長。須當子細看，要見得他意味方好。已下論解《論語》。○問：「謝氏説多過，不如楊氏説最實。」曰：尹氏語言最實，亦多是處。但看文字，亦不可如此先懷權斷於胸中，如謝氏説十分有九分過處，其間亦有一分説得恰好處，豈可先立定説？今且須虛心玩理。○《集註》中解有兩説相似而少異者，亦要相資；有説全別者，是未定也。○《論語集註》，如秤上稱來無異，不高些，不低些，自是學者不肯用工看。○問：「《集註》有兩存者，何者爲長？」曰：使某見得長底時，豈復存其短底？只爲是二説皆通，故并存之。然必有一説合得聖人之本意，但不可知爾。又曰：大率兩説，前一説勝。○某於《論》、《孟》逐字秤等，不教偏些小，學者將註處宜子細看。○《集註》添一字不得，減一字不得；不多一箇字，不少一箇字。○讀《集註》只是要看無一字閑，若意裏説做閑字，那箇正是緊要字。○《集註》至于訓詁，皆子細者，蓋要人字字思索到，莫要只作等閑看便了。○問：「註或用『者』字，或用『謂』字，或用『猶』字，或直言其輕重之意，如何？」曰：「者」、「謂」是恁地。直言者，直訓如此。「猶云」者，猶是如此。胡氏曰：「某，某也。」正訓也。「某，猶『某』也。」無正訓，借彼以明此也。「某之爲言『某』也。」前無訓釋，特發此以明其義也。爲言，謂其説如此也。引經傳文以證者，此字義不可以常訓通也。○《集註》於正文之下，正解説字訓文義，與聖經正意，如諸家之説有切當明白者，即引用而不没其姓名。如《學而》首章，先尹氏而後程子，亦只是順正文解下來，非有高下去取也。章末用圈而列諸家之説者，或文外之意而於正文有所發明，不容畧去；或通論一章之意，反覆其説，切要而不可不知也。○《集註》内載前輩之説於下句者，是解此句文義；載前輩之説於章後者，是説一章之大旨，及反覆此章之餘意。胡氏曰：字義難明者，各有訓釋。一章意義可以分斷者，逐節註之。一章之後又合諸節而通言之。欲學者先明逐字文義，然後明逐節旨意，然後通一章之旨意也。每章只發本章之旨者附註後，或因發聖人言外之意者别爲一段以附其後，亦欲學者先明本旨而後及之也。

論語集註大全卷之一

學而第一

此爲書之首篇，故所記多務本之意，朱子曰：此一篇都是先説一箇根本。○胡氏曰：此篇首取其切於學者記之，故以爲「多務本之意」。○新安陳氏曰：揭「君子務本」一句以爲首篇之要領。此説本於游氏，朱子已采入「賢賢易色」章下，於此又首標之。如首章以時習爲本，次章以孝弟爲爲仁之本，三章以忠信爲傳習之本，「道千乘」章以五者爲治國之本皆是，餘可以類推。**乃入道之門、積德之基，學者之先務也。凡十六章。**慶源輔氏曰：道者人之所共由，必有所從入；德雖在我之所自得，必積而後成。凡此篇所論務本之事，乃道所從入之門，而德所積累之基，學者必先務此，然後道可入而德可積矣。○朱子曰：《學而》，篇名也。取篇首兩字爲别，初無意義，但「學」之爲義，則讀此書者不可以不先講也。夫學也者，以字義言之，則己之未知未能而效夫知之能之之謂也；以事理言之，則凡未至而求至者皆謂之學，雖稼圃射御之微亦曰學，配其事而名之也。而此獨專之，則所謂學者果何學也？蓋始乎爲士者所以學而至乎聖人之事，伊川先生所謂「儒者之學」是也。蓋伊川先生之意曰：「今之學者有三，詞章之學也，訓詁之學也，儒者之學也。欲通道，則舍儒者之學不可。」尹侍講所謂「學者所以學爲人也。學而至於聖人，亦不過盡爲人之道而已」。此皆切要之言也。夫子之所志、顔子之所學，子思、孟子之所傳，盡在此書。而此篇所明，又學之本，故學者不可以不盡心焉。○今讀《論語》，且熟讀《學而》一篇。若明得一篇，其餘自然易曉。○《學而》篇，皆是先言自脩而後親師友。有朋自遠方來，在「時習之」後；而親仁，在「入孝出弟」之後；就有道而正焉，在「食無求飽、居無求安」之後；毋友不如己者，在「不重則不威」之後。今人都不去自脩，只是專靠師友説話。○覺軒蔡氏曰：《學而》名篇，專以學言。而所謂學者，果何所學耶？朱子首發明學之本，惟在全其本性之善而已。

子曰：「學而時習之，不亦説乎？ 説、悦同。

「學」之爲言「效」也。人性皆善，而覺有先後。後覺者必「效」先覺之所爲，乃可以明善而復其初也。 朱子曰：「學」之一字，實兼致知、力行而言。問：「『學之爲言效也』，『效』字所包甚廣？」曰：正是如此。博學、審問、謹思、明辨、篤行，皆學之事。○勉齋黄氏曰：「《集註》言學而《或問》以知與能並言，何也？」曰：言人之效學於人有此二者。先覺之人於天下之理，該洽貫通，而吾懵然未有所知也，於是日聽其議論，而向之未知者始有所知矣；先覺之人於天下之事躬行實踐，而吾倀然未有所能也，於是日觀其作爲，而向之未能者始能矣。大抵讀書窮理，要當盡聖賢之意，備事物之情，非吾好爲是詳複也，理當然也。世之學者，意念苟且，思慮輕淺，得其一隅，便以爲足，則其爲疎率也亦甚矣。學者觀於此，亦足以得養心窮理之要矣。曰：「若是，則學之爲言固無所不學也。今《集註》於此乃以爲『人性皆善』，必學而後能『明善而復其初』何也？」曰：學問之道固多端矣，然其歸在於全其本性之善而已。明善，謂明天下之理；復其初，則復其本然之善也。於《論語》之首章，首舉是以爲言，其提綱挈領而示人之意深矣。○雲峯胡氏曰：人性皆善，天命之性也；覺有先後，氣質之性也。必效先覺之所爲，或以「所爲」爲所行，殊不知「汝爲《周南》、《召南》」《集註》曰：「爲，猶『學』也。」《論語》曰：「爲之不厭。」《孟子》記夫子之言曰：「學不厭。」是以「學」字代「爲」字。《集註》於「十五志學」下曰：「念念在此而爲之不厭。」是以「爲」字釋「學」字。此曰「效先覺之所爲」，猶曰「學先覺之所學」也。《大學章句》釋「明明德」曰：「學者當因其所發而遂明之。以復其初。」此曰「明善而復其初」，是包《大學》許多工夫説。物格知至，即是「明善」；意誠心正身脩，即是「復其初」。○新安陳氏曰：此《論語》中第一箇「學」字。朱子挈要指以示人。後覺者必效先覺之所爲，所爲不過知行二者，效先覺之致知以知此理，又效先覺之力行以行此理，乃可以「明善而復其初」矣。明善者，明本性之善，以知言也；復其初者，復全本性之善，以行言也。學之道固多端，其要歸在復全本性之善而已。朱子所謂：「以己之未知而效夫知者以求其知，以己之未能而效夫能者以求其能，皆學之事也。」能指行而言。知、行皆從性分上用工。**習，鳥數**音朔。下同。**飛也。學之不已，如鳥數飛也。**朱子曰：《説文》「習」字從羽，從白，《月令》所謂「鷹乃學習」是也。○學是未理會得時便去學，習是已學了又去重學。非是學得了頓放在一處，却又去習也。只是一件事。如鳥數飛，只是飛了又飛。○問：「學是知，習是行否？」曰：知自有知底學，自有知底習；行自有行底學，自有行底習。如小兒寫字知得字合恁地寫，這是學；便須將心思量安排，這是習。待將筆去寫成幾箇字，這是行底學；今日寫一紙，明日寫一紙，又明日寫一紙，這是行底習。人於知上不習，便要去行，如何得？人於知上不習，非獨是知得不分曉，終不能有諸己。○學而時習之，此是《論語》第一句。句中五字雖有輕重虛實之不同，然字字皆有意味，無一字無下落。「學」之爲言「效」也，以己有所未知未能而效夫知者能者以求其知能之謂也。「而」字，承上起下之辭也。「時」者，無時而不然也。「習」者，重複温習也。「之」者，指其所知之理、所能之事而言也。言人既學矣，而又時時温習其所知之理、所能之事也。聖言雖約，而其指意曲折深密而無窮蓋如此。聖人之學與俗學不同。聖人教人讀書，只要知所以爲學之道；俗學讀書，便只是讀書，更不理會爲學之道是如何。○未知未能而求知求能之謂學，已知已能而行之不已之謂習。○胡氏曰：學之不已者，學與習非二事也。○厚齋馮氏曰：習，鳥鶵欲離巢而學飛之稱。學謂學之於己，習謂習其所學。時時而習，恐其忘也。凡曰「而」者上下二義。學一義也，習一義也。**說，喜意也。既「學」而又「時時習」之，則所學者熟而中心喜說，其進自不能已矣。**朱子曰：學要時習。習到熟後自然說喜，不能自已。今人所以便住了，只是不曾習，不見得好。此一句却係切己用功處。○學矣而不習，則表裏扞格，而無以致其學之之道；習矣而不時，則工夫間斷而無以成其習之之功。是其胸中雖欲勉焉以自進，亦且枯燥生澁而無可嗜之味，危殆杌隉而無可即之安矣。故既學矣，又必以時習之，則其心與理相涵，而所知者益精；身與事相安，而所能者益固。從容於朝夕俯仰之中，凡其所學而知且能者，必有自得於心而不能以語人者。是其中心油然悦懌之味，雖芻豢之悦於口，不足以喻其美矣。此學之始也。○學到「説」時，已是進了一步，只説後便自住不得。**程子曰：「習，**重平聲。**習也。**雙峯饒氏曰：「習」字訓「重」，故重險謂之「習坎」。**時復**扶又反。**思繹，浹洽於中，則『説』也。**」朱子曰：「浹洽」二字有深意，如浸物於水，水若未入，只是外面濕，内面依然乾，必浸之久，則透裏皆濕。習而熟，熟而説，脉絡貫通，程子所謂「浹洽」是也。○南軒張氏曰：學貫於時習。程子曰「時復思繹」，言學者之於義理當時紬繹其端緒而涵泳之也。**又曰：「學者將以行之也。時習之，則所學者在我，故悦。」**雲峯胡氏曰：時復思繹則習於心；將以行之，則習於身。○新安陳氏曰：上一條以知言，此一條以行言。采程子二説，以見學習當兼知行言也。**謝氏**名良佐，字顯道。上蔡人。**曰：「時習者，無時而不習。坐如尸，坐時習也；立如齊，**莊皆反。**立時習也。」**勿軒熊氏曰：「坐如尸，立如齊」，出《記·曲禮》。「如尸」註曰「視貌正」，「如齊」註曰「磬且聽」，❶謂祭祀時。○朱子曰：伊川之説則專在思索而無力行之功，如上蔡之説則專於力行而廢講究之義，似皆偏了。○新安陳氏曰：程子二條説學習兼知行言。謝氏此條，惟以時習於行言，亦姑以坐立起例，非止謂坐立時也。其言「時」字，亦與「時時」之意異。朱子姑采以備一説耳。

「有朋自遠方來，不亦樂乎？樂音洛。

---

❶「且」，原作「耳」，今據《禮記正義·曲禮上》改。

朋，同類也。自遠方來，則近者可知。程子曰：「以善及人而信從者衆，故可樂。」朱子曰：理義，人心所同然，非有我之得私也。吾獨得之，雖足以説矣，然告人而莫信，率人而莫從，是獨擅此理而人不得與於吾心之所同也。如十人同食，一人獨飽，而九人不下咽，吾之所説雖深，亦曷能達於外邪？今吾之學足以及人而信從者又衆，則將皆有以得其心之所同然者，而吾之所得不獨爲一己之私矣。吾之所知彼亦知之，吾之所能彼亦能之，則其懽欣宣暢，雖宮商相宣，律呂諧和，何足以方其樂哉？此學之中也。又曰：近者既至，遠者畢來，以學於吾之所學，而求以復其初。凡吾之所得而悦於心者，彼亦將有以得而悦之，則可以見夫性者萬物之一原，信乎其「立必俱立，成不獨成」矣。○善不是自家獨有，人皆有之。我習而自得，未能及人，雖悦未樂。○問：「以善及人而信從者衆，是樂其善之可以及人乎？是樂其信從者衆乎？」曰：樂其信從者衆也。大抵私小底人，或有所見則不肯告人，持以自多。君子存心廣大，己有所得，足以及人。若己能之，以教諸人而人不能，是多少可悶。今既信從者自遠而至，其衆如是，安得不樂？○信從者衆，足以驗己之有得。然己既有得，何待人之信從始爲可樂？須知己之有得，亦欲他人之皆得。然信從者但一二，亦未能愜吾之意；至於信從者衆，則豈不可樂？○問：「朋來之樂柰何？」曰：惟以程子之言求之，然後見夫可樂之實耳。且其「以善及人而信從者衆」之云纔九字爾，而無一字之虚設也。非見之明而驗之實，其孰能與於此？○南軒張氏曰：有朋自遠方來，則己之善得以及人，而人之善有以資己，講習相資，其樂孰尚焉？「樂」比於「説」爲發舒也。○新安陳氏曰：「以善」之「善」，即上一節「人性皆善」及「明善」之『善」。習説，則善方成己；朋來，則善方及人矣。**又曰：「説在**

心，樂主發散在外。」朱子曰：程子非以「樂」爲在外也，以爲積滿乎中而發越乎外耳。「悦」則方得於内而未能達於外也。○「説」是感於外而發於中，「樂」則充於中而溢於外。○慶源輔氏曰：「説」是自知自能而自悦，「樂」是人皆知皆能而我與人同樂。○雙峯饒氏曰：「説」與「樂」皆是在中底。今此「樂」字對上文「説」字而言，則是主發散在外言之。

「人不知而不愠，不亦君子乎？」愠，紆問反。

愠，含怒意。君子，成德之名。尹氏名焞，字彦明。河南人。**曰：「學在己，知不知在人，何愠之有？」**朱子曰：有朋自遠方來而樂者，天下之公也；人不知而愠者，一己之私也。以善及人而信從者衆則樂，不己知則不愠，樂、愠在物不在己，至公而不私也。○新安陳氏曰：己誠有所學，人之知不知何加損於己？朱子云：「爲學是爲己當然之事，譬如喫飯，乃是要自家飽，既飽何必問外人知不知？蓋與人初不相關也。」尹氏解此一節正意，故居先。○雙峯饒氏曰：朋是專主同類。人兼指衆人，上而君大夫亦是。**程子曰：「雖樂於及人，不見是而無悶，乃所謂君子。」**朱子曰：「樂」公而「愠」私，君子有公共之樂，無私己之愠。○雙峯饒氏曰：「説」之深，然後能「樂」；「樂」之深，然後能「不愠」。○雲峯胡氏曰：説是喜意，愠是含怒意。喜、怒、樂三者皆情也，皆性之發也。能復其性之善，而情無不善，「學」、「習」之功大矣。○新安陳氏曰：「不見是而無悶」，出《易·乾·文言》。不見是於人而無悶於心，引此語解不知不愠甚切。此條聯「樂」與「不愠」言，故居尹説之後。**愚謂及人而樂者順而易，**去聲。**不知而不愠者逆而難，故惟成德者能之。**問：「稍知爲己，則人知不知自不相干，何以言『逆而難』？」朱子曰：人待己平平亦不覺，但被人做全不足比數看待，心便不甘，便是「愠」。「愠」不是大故忿怒，只心有些不平便是愠。便是裏面動了。○人不見知，處之泰然，略無纖芥不平之意，非成德之君子，其孰能之？此學之終也。○今人有一善便欲人知，不知則便有不樂之意。不特此也，見人有善而人或不知之，初不干己事，而亦爲不平，况其不知己乎？此「不知不愠」所以難也。○問：「『不愠』之説孰爲得？」曰：程子得之。至論其所以然者，則尹氏爲尤切。使人之始學即知是説以立其心，則庶乎其無慕於外矣。○覺軒蔡氏曰：程子謂「不見是而無悶，乃所謂君子」，是不愠然後君子也；朱子謂「惟成德者能之」，則是君子然後不愠。以悦、樂兩句例之，則須如程子之説。朱子非正解本句，特統而論之耳。所以繼於尹氏、程子之後。○慶源輔氏曰：順謂理之順，逆謂理之逆。曰順曰逆，皆理也。但處其順者易，故及人而樂者猶可及；處其逆者難，故不見是而無悶，非成德之士安土樂天者，不能及也。**然德之所以成，亦曰學之正、習之熟、説之深而不已焉耳。**問：「《集註》言君子而復歸於學之正、習之熟、説之深，何也？」勉齋黄氏曰：學而至於成德，又豈有他道哉？其所自來者，亦不過是而已。非體之之實，孰能知之哉？○慶源輔氏曰：此章總言始學始終三者之序，有淺深而無二道也。又慮夫敏者躐等而進，怠者半途而止，昧者又或離析以求之，或失其正而陷於異端，故復發此義而使之正其始之所學，然後時習以熟之，則夫「説」之與「樂」可以馴致，初不待外求而得也。又曰：不極其至，則無以成其德，故又以此説終之。○雙峯饒氏曰：《集註》謂「德之所以成」，亦在乎「學之正、習之熟、説之深而不已焉」，此言極有意味。○此章六句，其工夫只在第一句上。其餘五句皆是效驗。○雲峯胡氏曰：此章重在第一節，而第一句「時習」

二字最重。故上文釋「習」字曰「學之正、習之熟、説之深」，而又曰「不已焉」，於此見朱子喫緊教人處。○新安陳氏曰：此推本所以爲成德之由，不過自學、習、説中來。然學必貴乎正，習必貴乎熟，説必貴乎深，而又加以不已焉，學之時習而説，乃後二節之本，亦「務本」之意。○**程子曰：「樂由説而後得，非樂不足以語君子。」**朱子曰：惟樂後方能進步，不樂則何道以爲君子？○新安陳氏曰：《集註》凡推説本章正意外之餘意，必加一圈以間隔之。此又以三節下三句發明餘意也。必由成己之説方可進於及人之樂，然非造於樂之地步，又不足以言成德君子也。夫學者所以學爲君子。學由説以進於樂而至於能爲君子，學之能事畢矣。朱子云：「《論語》首曰『學而時習之』，至『不亦君子乎』；終曰『不知命，無以爲君子』。此深有意。」蓋首篇首章，末篇末章，皆拳拳以君子望學者，宜乎朱子以爲深有意焉。

○有子曰：「其爲人也孝弟，而好犯上者鮮矣。不好犯上而好作亂者，未之有也。弟、好，皆去聲。鮮，上聲。下同。

有子，孔子弟子，名若。魯人。**善事父母爲孝，善事兄長**上聲。**爲弟。**新安陳氏曰：深意在「善」字上。善事之中有無限難能之事，未易言也。**犯上，謂干犯在上之人。**朱子曰：只少有拂戾，便是「犯上」，不必至凌犯乃爲「犯」。如疾行先長，亦是犯上。○干犯是小底亂，到得作亂則爲悖逆爭鬬之事矣。問：「人子之諫父母，或貽父母之怒，此不爲『干犯』否？」曰：此是孝裏面事，安得爲「犯」？然諫時又自下氣怡色，柔聲以諫，亦非凌犯也。**鮮，少也。作亂，則爲悖**音佩。**逆爭鬬之事矣。此**

言人能孝弟，則其心和順，少好犯上，必不好作亂也。

「君子務本，本立而道生。孝弟也者，其爲仁之本與？」平聲。

務，專力也。慶源輔氏曰：專用其力而爲之也。本，猶「根」也。仁者，愛之理、心之德也。爲仁，猶曰「行仁」。與者，疑辭，謙退不敢質言也。朱子曰：「仁者愛之理」，是偏言則一事；「心之德」，是專言則包四者。故合而言之則四者心之德，而仁爲之主；分而言之則仁是愛之理，義是宜之理，禮是恭敬辭讓之理，智是分別是非之理也。「仁者愛之理」，理是根，愛是苗。仁之愛猶糖之甜、醋之酸，愛是那滋味。愛雖是情，愛之理是仁也。仁者愛之理，愛者仁之事。仁者愛之體，愛者仁之用。愛之理自仁出也。然亦不可離了愛去説仁。昌黎「博愛之謂仁」，是指情爲性了；周子説「德，愛曰仁」，猶説「惻隱之心，仁之端也」，是就愛處指出仁。若「博愛之謂仁」，「之謂」便是把博愛做仁了。○仁便是本，仁更無本了。若説孝弟是仁之本，則頭上安頭，伊川所以將「爲」字屬「仁」字讀。蓋孝弟是仁裏面發出來底，乃推行仁道之本自此始爾；「仁」字則流通該貫，不專主於孝弟之一事也。仁就性上説，孝弟就事上説。仁如水之源，孝弟是水流底第一坎，仁民是第二坎，愛物是第三坎也。問：「爲仁只是推行仁愛以及物否？」曰：只是推仁愛以及物，不是就這上求仁。○勉齋黄氏曰：人之一心，虛靈洞徹，所具之理，乃所謂德也。於虛靈洞徹之中有理存焉，此心之德也，乃所謂仁也。義、禮、智亦心之德，而獨歸之仁，何也？義、禮、智者，德之一端，而仁者德之全體，以仁能包四者，故心德之名獨仁足以當之也。故仁之爲德，偏言之則與義、禮、智相對，而所主惟一事；專言之則不及義、禮、智，而四者無不包也。○諸葛氏泰。曰：

泥「愛」字則不知仁之體，捨「愛」字則不知仁之用。故即理以明體，于以見理具於愛之所未發；即愛以明用，于以見愛本於仁之所發見。無體何以有用，無仁何以能愛？因愛心之形而指其在中之理，故曰「愛之理」。《集註》於《孟子》首章又倒置其語曰「仁者心之德、愛之理」，何也？《論語》言「爲仁」是以偏言者言之，故以愛之理在先；《孟子》兼言仁義，則以專言者言之，故以心之德在先。然亦互相發明而非有二也。**言君子凡事專用力於根本。根本既立，則其道自生。**朱子曰：務本道生，是泛言以起下句之實，所以《集註》下一「凡」字。○本立則道隨事而生，如事親孝，故忠可移於君；事兄弟，故順可移於長。**若上文所謂孝弟，乃是爲仁之本。學者務此，則仁道自此而生也。**朱子曰：其爲人也孝弟，此説資質好底人，其心和順柔遜，必不好犯上，仁便從此生。○雲峯胡氏曰：上文是泛言爲仁，❶此節則專言君子。本立而道生，又是泛言君子之於凡事皆用力於根本。孝弟爲爲仁之本，又言君子之行仁，孝弟爲之本。**○程子曰：「孝弟，順德也。故不好犯上，豈復**扶又反。**有逆理亂常之事？**雙峯饒氏曰：孝弟，順德也。犯上是小不順底事，作亂是大不順底事。**德有本。本立則其道充大。孝弟行於家，而後仁愛及於物，所謂『親親而仁民』也。故爲仁以孝弟爲本，**新安陳氏曰：以上解此章正意。下句別是一意，又推本言之。**論性則以仁爲孝弟之本。」或問：「孝弟爲仁之本，此是由孝弟可以至仁否？」曰：「非也。**朱子曰：仁不可言「至」。仁是義理，不是地位。地位

❶ 「仁」，四庫本及《四書通》作「人」。

可言「至」。謂行仁自孝弟始，孝弟是仁之一事。謂之行仁之本則可，謂是仁之本則不可。蓋仁是性也，孝弟是用也。性中只有箇仁、義、禮、智四者而已，曷嘗有孝弟來？然仁主於愛，愛莫大於愛親，故曰『孝弟也者，其爲仁之本與』。」程子曰：「孝弟也者，其爲仁之本與」，非謂孝弟即是仁之本，蓋謂爲仁之本當以孝弟，猶「忠恕之爲道」也。○朱子曰：爲仁以孝弟爲本，事之本、守之本之類是也；論性則以仁爲孝弟之本，天下之大本之類是也。爲仁以孝弟爲本，「仁」字是指其周徧及物者言之；以仁爲孝弟之本，「仁」字是指其本體發用處言之。二程子釋經非諸儒所能及。伯子曰：「孝弟本其所以生，乃爲仁之本。」此語最深切。蓋推原孝弟之理，本於父母之所以生，所以爲行仁之本也。叔子曰：「孝弟，順德也。」「順德」二字，足以盡孝弟之義，而不好犯上作亂之意已具乎其中矣。讀者不可以不深思也。「性中只有仁、義、禮、智四者，曷嘗有孝弟來？」此語亦要體會得是。蓋天下無性外之物，豈性外别有一物名孝弟乎？但方在性中，則但見仁、義、禮、智四者而已，仁便包攝了孝弟，凡慈愛惻隱皆在所包，固不止孝弟也。猶天地一元之氣，只有水火木金土。言水而不曰江淮河濟，言木而不曰梧檟樲棘，非有彼而無此也。○問：「孝弟是爲仁之本，義禮智之本如何？」曰：義、禮、智之本皆在此。使事親從兄得宜者，行義之本也；事親從兄有節文者，行禮之本也；知事親從兄所以然者，智之本也。○孝弟固具於仁，以其先發，故是行仁之本。○仁是理之在心，孝弟是心之見於事，性中只有箇仁、義、禮、智，曷嘗有孝弟？見於愛親，便喚做孝；見於事兄，便喚做弟。如「親親而仁民，仁民而愛物」，都是仁，性中何嘗有許多般？只有箇仁。自親親至於愛物，乃是行仁之事，非是仁之本也。故仁是孝弟之本，推之則義爲羞惡之本，禮爲恭敬之本，智爲是非之本。自古聖賢相傳，只是理會一箇心，心是一箇性。性只有箇仁、義、禮、智，都無許多般樣，見於事自有許多般樣。○性中只有仁、義、禮、智，而孝弟本出於仁。論爲仁之工夫，則孝弟是仁中之最切緊處，當務此以立本而仁道生也。○孝弟是合當底事，不是要仁民愛物方從孝弟做去。或問：「如草木之有根，方始枝葉繁茂？」曰：固是。但有根本則枝葉自然繁茂，不是要得枝葉繁茂方始去培植本根。○問：「爲仁以孝弟爲本，即所謂『親親而仁民，仁民而愛物』，『孩提之童，無不知愛其親，及其長也，無不知敬其兄』，是皆發於心德之自然。故論性以仁爲孝弟之本，爲仁以孝弟爲本。」曰：是。道理都自仁裏發出，首先是發出爲愛，愛莫切於愛親，其次便到弟其兄，又其次便到事君以及於他，皆從這裏出。如水相似，愛是箇源頭，漸漸流出。○仁是性，發出來是情，便是孝弟。孝弟仁之用，以至仁民愛物，只是這箇仁。行仁自孝弟始，便是從裏面行將去，這只是一箇物事。○仁是性，孝弟是用，譬如一粒粟生出爲苗。仁是粟，孝弟是苗，便是仁爲孝弟之本。又如木有根，有榦，有枝葉。親親是根，仁民是榦，愛物是枝葉，便是行仁以孝弟爲本。○問：「子於『有子孝弟』之章，既以仁爲『愛之理』矣，於『巧言令色鮮矣仁』之章，又以爲『心之德』，何哉？」曰：仁者，五常之首也，而包四者；惻隱，仁之緒也，而貫四端。故仁之爲義，偏言之則曰「愛之理」，此章所言之類是也；專言之則曰「心之德」，後章所言之類是也。其實愛之理，所以爲心之德。○問：「既曰『本，猶根也』，然則孝弟，爲仁之本，仁爲孝弟之本，同乎否乎？」慶源輔氏曰：本之爲根則同，而其所以爲根則異。行仁以孝弟爲根，以其施於外者言也；論性以仁爲孝弟之根，以其發於内者言也。行仁不以孝弟爲根，則其施無序，而無以極夫仁民愛物之效；論性而不以仁爲孝弟之根，則其發無所，而無以充乎孝親弟長之實。○或問：「『其爲人也孝弟而好犯上者鮮矣』，晦翁謂『鮮』是『少』。若説『鮮矣』，則未以爲絶無。孝弟之人猶有犯上之意邪？」潛室陳氏曰：孝弟之人，資質粹美，雖未嘗學問，自是無世俗一等麤暴氣象。縱是有之，終是罕見。到得麤惡大過，可保其決無。言孝弟之人，占得好處多，不好處少。○雲峯胡氏曰：有子以孝弟爲行仁之本，而程子以仁爲孝弟之本。譬之木焉，有子就枝葉發端處説，程子就根本上説。程子之言，所以補有子之所不及也。○新安陳氏曰：言仁爲《論語》一書之大綱領。南軒張子嘗類聚《論語》中言仁處爲一編，名曰《洙泗言仁録》，此其首章云。

○子曰：「巧言令色，鮮矣仁！」

巧，好；令，善也。好其言，善其色，致飾於外，務以悦人，則人欲肆，而本心之德亡矣。新安陳氏曰：此章「仁」字以心之德言，乃專言之仁也。**聖人辭不迫切，專言「鮮」，則絶無可知。學者所當深戒也。**朱子曰：巧言亦不專爲譽人過實，凡辭色間務爲華藻以悦人視聽者皆是。○只争一箇爲己爲人，若「動容貌」、「正顔色」，是合當如此，亦何害？但做這樣務以悦人則不可。○只是心在時便是仁，若巧言令色一向逐外，則心便不在，安得謂之仁？○巧言令色求以説人，則失其本心之德矣。不待利己害人，然後爲不仁也。○人有此心，以其有是德也，此心不在，便不是仁。巧言令色，此雖未是大段姦惡底人，然心已務外，只求人悦，便到惡處亦不難。○容貌辭氣之間，正學者持養用力之地。然有意於巧令以説人之觀聽，則心馳於外而鮮仁矣。若是就此持養，發禁躁妄，動必温恭，只要體當自家「直内方外」之實事，乃是爲己之切，求仁之要，復何病乎？　又曰：小人訐以爲直，色厲内荏，則雖與巧言令色者不同，然考其矯情飾僞之心，實巧言令色之尤者，故聖人惡之。○問：「脩省言辭，誠所以立也；修飾言辭，僞所以增也。發原處甚不同。夫子所謂『巧令鮮仁』，推原而察巧令之病所從來，止是有所爲而然。如『未同而言』、『以言餂人』，❶『脅肩諂笑』、『以喜隨人』之類，皆有所爲也。」曰：有所爲之説甚善。

○**程子曰：「知巧言令色之非仁，則知仁矣。」**問：「夫子言鮮仁，程子直言非仁，何也？」朱子曰：夫子之言，辭不迫切，而意已獨至者也。程子懼讀者之不察，而於巧令之中求少許之仁，是以直斷以不仁，以解害辭之惑也。○聖門之學以求仁爲要，語其所以爲之者，必以孝弟爲先；論其所以賊之者，必以巧言令色爲甚。記語者所以引二者於首章之次，而其序如此。欲學者知仁之急，而識其所以當務，與其所可戒也。○勉齋黄氏曰：苟知心馳於外，務以悦人者之非仁，則反而求之，心存於内而無私當理者，即仁也。○雲峯胡氏曰：上章好犯上作亂是剛惡，此是柔惡。聖賢深惡焉。○東陽許氏曰：此章大意，似聖人觀人，然未嘗不警省學者。觀其辭甚嚴，蓋警省學者之意爲多。○知巧言令色之非仁，只就此句翻轉看，則知直言正色之爲仁。然此只就言色上論。蓋仁是心之德，延平先生所謂「當理而無私心」者也。凡欲動於中則心私矣。其接於事不當於理者，皆非仁也。夫致飾於外，不當理也；務以悦人，皆私心也。推此類而言之，則非禮之視聽言動，心私違理皆非仁。本註「人欲肆而本心之德亡」，雖就言色上言，而所

❶「餂」，原作「飾」，今據四庫本、孔本及《孟子·盡心下》改。

包者甚廣。又恐學者止於言色上致察，故著程子之説於圈外，使人隨事致察而立心以公也。

○曾子曰：「吾日三省吾身：爲人謀而不忠乎，與朋友交而不信乎，傳不習乎？」省，悉井反。爲，去聲。傳，平聲。

曾子，孔子弟子，名參，字子輿。南武城人。**盡己之謂「忠」，以實之謂「信」。**新安陳氏曰：程伯子云：「發己自盡爲忠，循物無違謂信。」《大學章句》已采之。《集註》乃采程叔子之説。勿齋程氏謂叔子之言爲切。○朱子曰：忠是就心上説，信是就事上説。○盡己之心而無隱，所謂忠也，以出乎内者言也；以事之實而無違，所謂信也，以驗乎外者言也。然未有忠而不信，未有信而不出於忠者，表裏之謂也。○發於心而自盡則爲忠，驗於理而無違則爲信。忠是信之本，信是忠之發。○忠信只是一事而相爲内外始終本末。有於己爲忠，見於物爲信。○問：「曾子忠信却於外面理會？」曰：此是「脩辭立其誠」之意。曰：「莫是内面工夫已到？」曰：内外只是一理。事雖見於外，而實在内。告子義外便錯了。○陳氏曰：從内面發出無一毫不盡是忠，發出外者皆以實是信。**傳，謂受之於師；習，謂熟之於己。曾子以此三者日省其身，**問：「曾子三省無非忠信學習之事。然人之一身大倫之目，自爲人謀、交朋友之外，得無猶有在所省乎？」朱子曰：曾子也不是截然不省别底，只是見得此三事上實有纖毫未到處，其他固不可不自省，特此三事較急耳。**有則改之，無則加勉。**朱子曰：曾子三省，看來是當下便省得纔有不是處便改，不是事過後方始去改，省了却休。也只是合下省得便與他改。○新安陳氏曰：《易·蹇卦·大象》曰：「山上有水蹇，君子以反身脩德。」程傳曰：「君子遇艱蹇，必自省於身，有失而致之乎？有所未善則改之，無慊於心則加勉。」《集註》二句之所本，蓋在此。有則改之，易知也；無則加勉，非深知曾子之心不及此。使自省而無失，只如此而已，則三失將又生矣，豈日省勉勉不已之誠心乎？「無則加勉」四字，可補本文意之所未盡。**其自治誠切如此，可謂得爲學之本矣。而三者之序，則又以忠信爲傳習之本也。**朱子曰：謀不忠則欺於人，言不信則欺於友，傳不習則欺於師。○三省固非聖人之事，然是曾子晚年進德工夫，蓋微有這些子查滓去未盡耳。在學者則當隨事省察，非但此三者而已。○爲人謀時，須竭盡自己之心，這箇便是忠。問：「如此則忠是箇待人底道理？」曰：且如自家事親有不盡處，亦是不忠。○爲他人謀一件事，須盡自家伎倆與他思量，便盡己之心。不得鹵莽滅裂，姑爲他謀。如烏喙是殺人之藥，須向他道是殺人，不得只説道有毒；如火須向他道會焚灼人，不得説道只是熱。○爲人謀而不忠，是主一事説；朋友交而不信，是汎説。人自爲謀必盡其心，到得爲他人謀便不子細，致悮他事，便是不忠。若爲人謀事，一似爲己爲盡心。○問：「爲人謀，交朋友，是應事接物之時。若未爲人謀，未交朋友之時，所謂忠信便如何做工夫？」曰：程子謂「舜雞鳴而起，孜孜爲善」，「若未接物時如何爲善？只是主於敬」。此亦只是存養此心在這裏，照管勿差失，便是「戒謹乎其所不睹，恐懼乎其所不聞，不動而敬，不言而信」處。○勉齋黄氏曰：爲人謀則必欲實盡其心，交朋友則必欲實踐其言，講學於師則必欲實用其力。蓋曾子天資醇厚，志學懇篤，其於《大學》既推明誠意之旨而傳之子思，又斷以誠身之義，至其自省又皆一本乎誠。蓋不極乎誠，則凡所作爲，無非苟簡滅裂，是豈足以盡人事之當然，而合天理之本然也哉？**○尹氏曰：「曾子守約，故動必求諸身。」**朱子曰：守約不是守那約，言所守者約爾。**謝氏曰：「諸子之學皆出於聖人，其後愈遠而愈失其真。**新安陳氏曰：如子夏傳田子方，其流爲莊周之類。**獨曾子之學專用心於内，故傳之無弊。觀於子思、孟子可見矣。惜乎其嘉言善行**去聲。**不盡傳於世也。其幸存而未泯**彌盡反，盡也。**者，學者其可不盡心乎？」**廣平游氏曰：此特曾子之省身者而已。若夫學者之所省，又不止此。事親有不足於孝，事長有不足於敬歟；行或愧於心，而言或浮於行歟；慾有所未窒，而忿有所未懲歟？推是類而日省之，則曾子之誠身，庶乎可以跂及矣。古之人所謂「夜以計過，無憾而後即安」者，亦曾子之意。○問：「三省忠信是聞一貫之後，抑未聞之前？」朱子曰：不見得。然未一貫前也要得忠信，既一貫後也要忠信，此是徹頭徹尾底。○問：「曾子三省之事，何故只就接物上做工夫？」南軒張氏曰：若是他人，合省之事更多在。曾子自省察，則只有此三者當省也。不是下爲己篤實工夫，不能如此。○雲峯胡氏曰：曾子早悟一貫之旨，晚加三省之功，愈可見其至誠不已之學。蓋其所省者，無非推己及人，因人反己之學，即其所謂忠恕者也。或以爲「一唯」在「三省」後，非矣。○新安陳氏曰：「吾道一貫」章及孟子「時雨化之」章，朱子訓釋非不明白，謂曾子於聖人泛應曲當處，已隨事精察而力行之，但未知其體之一耳。夫子知其真積力久，將有所得，是以呼而告之，曾子果能默契其旨，即應之速而無疑。孟子謂君子之所以教者五，其一即有如時雨化之，如農人種植之功，其力已盡，惟待時雨之至，即浡然奮發而收成。朱子以孔子之於顔曾當之。參二章以觀「三省」章，此正是隨察力行處。其悟一貫之旨而一唯，正是人力已盡而時雨化之之時，如何反以悟一貫爲早年事，加三省爲晚年事乎？

○子曰：「道千乘之國，敬事而信，節用而愛人，使民以時。」道、乘，並去聲。

道，治也。或問：「道之爲治，何也？」朱子曰：道者，治之理也。以爲政之心言也。「曷爲不言『治』？」曰：治者政教法令之爲，治之事也。夫子此言者心也，非事也。**千乘，諸侯之國，其地可出兵車千乘者也。**朱子曰：車乘之説，疑馬氏爲可據。馬説八百家出車一乘，包氏説八十家出車一乘。一乘甲士三人，步卒七十二人，牛馬兵甲芻糧具焉。恐非八十家所能給也。○此等處，只要識得古制大意，細微處亦不必大段費力考究。**敬者，主一無適之謂。**朱子曰：自秦以來無人識「敬」字。至程子方説得親切，曰「主一之謂敬」，「無適之謂一」，故此合而言之。身在是則其心在是，而無一息之離；其事在是，則其心在是，而無一念之雜。○覺軒蔡氏曰：敬該動静，主一亦該動静，此章「敬」字乃是主動而言。**敬事而信者，敬其事而信於民也。**問：「敬事而信，疑此『敬』是小心畏謹之謂，非主一無適之謂。」朱子曰：遇事臨深履薄而爲之不敢輕，不敢慢，乃是主一無適。○問：「如何信了方能節用？」曰：無信如何做事？如朝更夕改，雖商鞅之徒亦不可爲政。要之下面三事，須以「敬」、「信」爲主。○問「敬以事言而信則無不盡也」。曰：信是與民有信，期會賞罰不欺其民。淺言之，則魏文侯之期獵，商君之徒木，亦其類也。○胡氏曰：發於己敬，則施於民者信。**時，謂農隙**乞逆反。**之時。言治國之要在此五者，亦務本之意也。**朱子曰：古聖王所以必如此者，蓋有是五者而後上之意接於下，下之情方始得親於上，上下相關，方可以爲治。若無此五者，則君抗然於上，而民蓋不知所向。有此五者方始得上下交接。

〇勉齋黄氏曰：敬事而信，敬與信對也；節用而愛人，儉與慈對也。此皆治國之要道，故兩句言四事，而各以而字貫之。使民以時，又慈中之一事，故獨系於後。但言所存未及治具，故曰務本。〇慶源輔氏曰：《左傳》「農隙」，杜氏註謂「各隨時事之間」是也。〇前四章是爲學之本，此五者是治國之本。**〇程子曰：「此言至淺。**新安陳氏曰：謂平實而非甚高難行者。**然當時諸侯果能此，亦足以治其國矣。聖人言雖至近，上下皆通。此三言者，若推其極，堯舜之治**去聲。**亦不過此。**新安陳氏曰：近足治諸侯之國，極可致堯、舜之治，言近而指遠也。**若常人之言近，則淺近而已矣。」楊氏**名時，字中立，號龜山。延平人。程門高第。**曰：「上不敬則下慢，不信則下疑。下慢而疑，事不立矣。敬事而信，以身先之也。**《易》曰：**『節以制度，不傷財，不害民。』**《節》卦《彖傳》文。**蓋侈用則傷財，傷財必至於害民，故愛民必先於節用。然使之不以其時，則力本者不獲自盡，**新安陳氏曰：「力本」謂農事。**雖有愛人之心，而人不被其澤矣。然此特論其所存而已，未及爲政也。苟無是心，則雖有政不行焉。」**新安陳氏曰：「所存」謂爲政者之心，未及爲政之條目，如禮樂刑政、紀綱文章，乃爲政之條目也。楊氏此說本於伊川。伊川曰：「『敬事』以下論其所存，未及治具，故不及禮樂刑政。」**胡氏**名寅，字明仲，號致堂。建安人。**曰：「凡此數者，又皆以敬爲主。」**朱子曰：敬事而信是節用愛人、使民以時之本，敬又是信之本。要之本根都在敬上。若能敬，則下面許多事方照管得到。自古聖賢自堯、舜以來便說這箇敬字，孔子脩己以敬是最緊要處。**愚謂五者反**

復芳服反。亦作「覆」。**相因，各有次第。讀者宜細推之。**問「反復相因」。朱子曰：始須是敬，能敬方能信，能敬、信方能節用，能節用方能愛人，能愛人方能使民時，是下因乎上。然有敬於己而不信於人者，故敬了又須信；亦有信於人而自奢侈者，故信了又須節用；亦有儉嗇而不能愛人者，故節用了又須愛人；又有能愛人而妨農時者，故愛人又須使民時。使不以時，却是徒愛也。是上因乎下。須看能如此方能如此，又看能如此又不可不如此之意，反覆推之，方見曲折。○潛室陳氏曰：晦庵説五者反覆相因。如何是反覆相因處？蓋從「敬事而信」起，説作下去，是如此而後能如此。如人能敬則做事專一，自能信；既能信，則必欲所行孚於民，自然能節用；既能節用，自然不傷財而至於愛人；既能愛人，自然能使民以時。這是如此而後能如此，是自上而下相因如此。如自下面説作上來，則是如此而又不可不如此。如以敬去做事，便不敢苟簡胡亂去做，須要十分好方止；既得好，便不至於苟簡變更，這便是能信。然做此一事，時久或昏，或爲權勢所移，或爲利害所動，前日出一令既如此，今日又變了如彼，這便不是信，便有妨於敬。所以著別下工夫於信去補這敬。然只知信，或出一政堅如金石，行一令信如四時，更不可移易，此固是好。然而自家奢侈之心或有時而生，不能節用，要如此廣用，則是所令又反其所好，却有害於信，故又須著去節用方得。然只恁底節用，不知有箇中底道理，則或至於豚肩不掩豆，澣衣濯冠以朝，心下已有所吝嗇，則凡民有飢荒不能去發倉振廩，恤貧濟乏。至於築城鑿池，思患預防，不可已底事亦吝嗇了，不捐財以爲之。是知節用而不知所以愛人，則節用又成落空了。此節用所以不可不愛人。然既愛民，又須使民以時，如春來當耕，夏來當耘，秋來當斂，便當隨時使去做。至冬來閑隙之時方用他得。

不然則所謂「力本」者不獲自盡，雖有愛民之心，而民不被其澤矣。此自下相因而上如此。

○子曰：「弟子入則孝，出則弟。謹而信。汎愛衆，而親仁。行有餘力，則以學文。」「弟子」之弟，上聲；「則弟」之弟，去聲。

謹者，行去聲。下「德行」同。之有常也；信者，言之有實也。朱子曰：謹信，言行相顧之謂。汎，廣也。衆，謂衆人。問「汎愛衆」。朱子曰：人自是當愛人，無憎嫌人底道理。又問：「人之賢不肖，自家心中自須有箇辨別，但交接之際，不可不汎愛爾。」曰：他下面便説「而親仁」了。仁者自當親，其他自當汎愛。○汎愛不是人人去愛他，只如群居不將一等相擾害底事去聒噪他，及不自占便宜之類，皆是也。親，近也。仁，謂仁者。朱子曰：汎愛而不説親仁，又流於兼愛矣。○問「而親仁」。曰：此亦是學文之本領，蓋不親仁，則本末是非何從而知之？餘力，猶言「暇日」。以，用也。文，謂《詩》、《書》六藝之文。朱子曰：只是行此數事外有餘剩工夫，便可將此工夫去學文，非謂行到從容地位而後可學文也。○程子曰：「爲弟子之職，力有餘則學文。不修其職而先文，非爲去聲。己之學也。」尹氏曰：「德行，本也；文藝，末也。窮其本末，知所先後，可以入德矣。」洪氏名興祖，字慶善。丹陽人。曰：「未有餘力而學文，則文滅其質；有餘力而不學文，則質勝而野。」愚謂力行而不學文，則無以考聖賢之成法，識事理之當然，而所行或出於私意，非但失之於野而已。朱子曰：無弟子之職以爲本，學得文濟甚事？此言雖近，真箇行得亦自大段好。文是《詩》、

《書》六藝之文。古人小學便有此等。今皆無之，所以難。又曰：人須是知得古人之法方做不錯。若不學文，任意自做，安得不錯？只是不可先學文耳。○問：「行有餘力而後學文，夫豈以講切爲緩哉？」曰：書固不可以不讀，但比之行實差緩耳。不然則又何必言「行有餘力而後學」耶？○南軒張氏曰：入孝、出弟，謹行、信言，汎愛、親仁，皆在己切要之務。行有餘力，則以學文，非謂俟行此數事有餘力，而後學文也。言當以是數者爲本，以其餘力學文也。若先以學文爲心，則非篤實爲己者矣。文，謂文藝之事。聖人之言，貫徹上下。此章推言爲弟爲子之職，始學者之事；然充而極之，爲聖爲賢蓋不外是也。此數言先之以孝弟，蓋孝弟，人道之所先，必以是爲本，推而達之也。○雙峯饒氏曰：尹氏以「文」對「德行」，有本末先後之分，説得文字輕。洪氏以「文」對「質」言，不可偏勝，説得文字差重。朱子以「學文」爲致知，與「力行」爲對，謂所知不明，則所行不當理，發明文字甚重。三者互相發明。蓋但知文之爲輕，而不知其爲重，則將有廢學之弊，故不得不交致抑揚之意。○趙氏曰：德固不可一日而不脩，學亦不可一日而不講也。○雲峯胡氏曰：行有餘力者，謂六事之中，每行一事有暇，則便學文，非謂每日盡行此六事畢，然後學文也。若必欲盡行此六事，行之不給，則恐終無學文之時矣。又按，熊氏謂此章是小學，自孝弟忠信入，故先行而後文；「子以四教」是大學，自格物致知入，故先文而後行。蓋以「弟子」二字專爲小學之事。然則十五入大學者，獨非爲人弟爲人子者乎？大抵聖人教人力行，必以學文爲先，故爲弟子之職者，力有餘則便當以學文爲重。《集註》「力行而不學文」以下，正自該「子以四教」章之意在其中。○新安倪氏曰：文行二者，以本末之重輕言，則行爲重，故此章先行而後文，先本而後末也；以知行之先後言，則文爲先，故「四教」章先文而後行，先知而後行也。以二章參觀之，則文行之不可不並進可見矣。

○子夏曰：「賢賢易色，事父母能竭其力，事君能致其身，與朋友交言而有信，雖曰未學，吾必謂之學矣。」

子夏，孔子弟子，姓卜，名商。衛人。賢人之賢而易其好去聲。下同。色之心，好善有誠也。問：「伊川云『見賢而變易顏色』。《集註》何故取范氏『好色』之說？」朱子曰：孔子兩言「未見好德如好色」，《中庸》亦以「遠色」爲「勸賢」之事，已分曉了。變易顏色，有僞爲之者，不若易好色之心方見其誠也，故范說爲長。致，猶「委」也。委致其身，謂不有其身也。朱子曰：不有其身，是不爲己之私計也。四者皆人倫之大者，而行之必盡其誠，學求如是而已。雙峯饒氏曰：「賢賢」亦朋友之倫也。尊賢取友，雖均屬朋友之倫，而賢賢爲重，《集註》以四者言之，人倫莫重於君親，此以賢賢居先者，以好善有誠，方能行下三事也。《中庸》「九經」，以尊賢先親親亦此意。○新安陳氏曰：「易色」是誠於好賢，「竭力」是誠於事親，「致身」是誠於事君，「言信」是誠於交友。故子夏言有能如是之人，苟非生質之美，必其務學之至，雖或以爲未嘗爲學，我必謂之已學也。朱子曰：人固有資禀自好，不待學而自能盡此數者。然使其爲學，則亦不過學此數者耳。故曰：人雖以爲未學，而吾必以爲已學也。○南軒張氏曰：雖使未學，所行固學者之事也。○游氏名酢，字定夫。建安人。曰：「三代之學，皆所以明人倫也。能是四者，則於人倫厚矣。學之爲道，何以加此？子夏以文學名，而其言

如此，則古人之所謂學者可知矣。新安陳氏曰：可見子夏之文學，非事文藝之末，而重躬行之本也。**故《學而》一篇，大抵皆在於務本。」吴氏**名棫，字才老。建安人。**曰：「子夏之言，其意善矣，然詞氣之間，抑揚大過，其流之弊，將或至於廢學。必若上章夫子之言，然後爲無弊也。」**朱子曰：子夏此言被他説殺了，與子路「何必讀書」之説同，其流弊皆至於廢學。若「行有餘力則以學文」，「就正有道可謂好學」之類，方爲聖人之言。○天下之理有大小本末，皆天理之不可無者，故學者之務有緩急先後而不可以偏廢，但不可使末勝本，緩先急耳。觀聖人所謂「行有餘力則以學文」者，其語意正如此。若子夏之論，則矯枉過其正耳。○問：「夫子言『則以學文』，子夏言『吾必謂之學矣』兩章。」曰：聖人之言，由本及末，先後有序，其言平正無險絶之意。子夏則其言傾側而不平正，險絶而不和易，狹隘而不廣大，故未免有弊。然子夏之意欲人務本，不可謂之不是，但以夫子之言比之，則見其偏之若此也。○胡氏曰：以「未學」爲生質之美者，人固有得氣質之清粹，而所爲與理暗合。然質之美有限，而學之益無窮，故吴氏又慮其抑揚之有偏也。○勉齋黄氏曰：子夏此語與曾子三省，是皆心存乎誠，求造其極者也。然子夏務實行而抑文學，曾子務實行而兼傳習，則曾子之用功愈密，而用心愈弘，是則子夏之所不能及矣。

○子曰：「君子不重則不威，學則不固。

重，厚重；威，威嚴；固，堅固也。輕乎外者，必不能堅乎内，故不厚重，則無威嚴，而所學亦不堅固也。問：「既曰『君子』，何故有『不重』、『不威』？」朱子曰：此是説君子之道大概如此。○輕最害事，飛揚浮躁，所學安能堅固？○慶源輔氏曰：人不重厚，則見於外者必無威嚴，存於中者必不堅固，此表裏自然之符。

「主忠信。

人不忠信，則事皆無實，爲惡則易，去聲。**爲善則難，故學者必以是爲主焉。**廣平游氏曰：「忠信所以進德也」，如甘之受和，白之受采，故善學者必以忠信爲主。不言則已，言而必忠信也，故其言爲德言。不行則已，行而必以忠信也，故其行爲德行。止而思，動而爲，無往而不在是焉，則安往而非進德哉？○朱子曰：忠爲實心，信爲實事。○人若不忠信，如木之無本，水之無源，更有甚底？一身都空了。今當反看自身，能盡己心乎，能不違於物乎？若未盡己之心，而或違於物，則是不忠信。凡百處事接物，皆是不誠實，且謾爲之。如此四者，皆是脩身之要，就其中「主忠信」又是最要。若不主忠信，便正衣冠，尊瞻視，只是色莊，爲學亦是且謾爲學，交朋友未必盡情，改過亦未必真能改過，故爲人須是主忠信。○「主忠信」是誠實無僞朴實頭。「主」字最重，凡事靠他做主。○問：「主忠信，後於『不重不威』，何也？」曰：聖賢言爲學之序，須先自外面分明有形象處把捉扶竪起來。○陳氏曰：主與賓對。賓是外人，出入不常，主常在屋裏。主忠信，是以忠信常爲吾心之主。心所主者忠信，則其中許多道理都實。無忠信則道理都虛了。「主」字極有力。**○程子曰：「人道唯在忠信，不誠則無物。且『出入無時，莫知其鄉』者，人心也。若無忠信，豈復**扶又反。**有物乎？」**問：「伊川謂『忠信者，以人言之，要之則實理』何也？」朱子曰：以人言之，則爲忠信；不以人言之，則只是箇實理。如「誠者天之道」，則只是箇實理；如「惟天下之至誠」，便是以人言之。○西山真氏曰：《論語》只言「忠信」，子思、孟子始言「誠」。程子於此，乃合「忠信」與「誠」言之，蓋誠指全體言，忠信指人用力處言。盡得忠信即是誠。孔子教人，但就行處説，行到盡處自然識得本原；子思、孟子，則併本原發以示人也。○新安陳氏曰：不誠無物，「不」者，人不之也。人不誠實，則無此事物，《集註》所謂「人不忠信，則事皆無實」，即「不誠無物」之意。

「**無友不如己者。**

無、毋通，禁止辭也。友所以輔仁，不如己，則無益而有損。問：「必擇勝己者爲友，則勝己者必以我爲不如己而不吾友矣。」朱子曰：但不可求不如己者。乃其來也，又焉得而却之？我求勝己者爲友，不如己者又來求我，即「匪我求童蒙，童蒙求我」也。○朋友纔不如己，便無敬畏而生狎侮，豈能有益？○無友不如己者，與勝己者處也。○人交朋友，須求有益。若不如我者，豈能有益？○大凡師則求其賢於己者，友則求其勝者。至於不肖者，則當絕之。聖人此言，非謂必求其勝己者。今人取友見其勝己者則多遠之，而不及己者則好親之，此言乃所以救學者之病。

「**過則勿憚改。**」

勿，亦禁止之辭。憚，畏難也。自治不勇，則惡日長，上聲。**故有過則當速改，不可畏難而苟安也。程子曰：「學問之道無他也，知其不善，則速改以從善而已。」**廣平游氏曰：過而能改，善莫大焉。蓋能改一言之過，則一言善矣；能改一行之過，則一行善矣。若過而每不憚改者，其爲善可勝計哉？○朱子曰：最要在「速」字上著力，凡有過若今日不便改，過愈深，則善愈微。若從今便改，則善可自此而積。今人多是憚難過了日子。○雲峯胡氏曰：此「過」也，而《集註》以爲「惡日長」者，無心失理爲過，有心悖理爲惡，自治勇，則過可反而爲善；自治不勇，則過必流而爲惡。**○程子曰：「君子自脩之道當如是也。」**新安陳氏曰：提首句「君子」字總説全章四節。**游氏曰：「君子之道以威重爲質，**慶源輔氏曰：威由重生，先言「威」，便文耳。**而學以成之；學之道必以忠信爲主，而以勝己者輔之。然或吝於改過，則終無以入德，而賢者未必樂**音洛。**告以善道，故以『過勿憚改』終焉。」**龜山楊氏曰：正其衣冠，尊其瞻視，儼然人望而畏之，則重而有威矣。不重則易爲物遷，故學則不固。主忠信，求諸己也；尚友，取諸人也。取諸人以爲善，而友非其人，則淪胥而敗矣，故無友不如己者。合志同方，營道同術，所謂「如己」者也。聞善則相告，見不善則相戒，故能相勸而善也。過憚改，亦不足以成德矣。○勉齋黄氏曰：外重厚而内忠信，則其本立；友勝己而速改過，則其德進。○慶源輔氏曰：苟未至於聖人，孰能無過？儻或畏難而苟安，則過益以大，志益以惛，不惟勝己之友將舍我而去，而忠信之德亦無以自進矣，故以「過勿憚改」終焉。要之自始學至於成德，唯改過爲最急。○新安陳氏曰：君子之爲學，當以重厚爲質，尤當以忠信爲主，而輔之以勝己之友，終之以改過之勇焉。四者之中，「主忠信爲」尤重。能主忠信則念念事事無非誠實，必能實於重厚威嚴以堅其學，實於取友改過以進其學矣。

○曾子曰：「慎終追遠，民德歸厚矣。」

愼終者，喪盡其禮；追遠者，祭盡其誠。民德歸厚，謂下民化之，其德亦歸於厚。蓋終者，人之所易去聲。下同。**忽也而能謹之，遠者，人之所易忘也而能追之，厚之道也。故以此自爲，則己之德厚；下民化之，則其德亦歸於厚也。**龜山楊氏曰：孟子云「養生不足以當大事，惟送死可以當大事」，則大事，人子所宜愼也。故三日而殯，凡附於身者必誠必信，勿之有悔焉耳矣；三月而葬，凡附於棺者必誠必信，勿之有悔焉耳矣。夫一物不具，皆悔也。雖有悔焉無及矣，此不可不愼也。春秋祭祀，以時思之，所以追遠也；齊之日，思其居處，思其笑語，思其志意，思其所樂，思其所嗜。齊三日，乃見其所爲齊者，則孝子所以盡其心者至矣。以是而帥之，民德其有不歸厚乎？○朱子曰：謹終追遠，自是天理所當然，人心所不能自已者。自是上之人所當爲，不爲化民而爲之，能如此，則己德厚而民德亦化之而厚矣。○蘇說曰：忽略於喪祭，則背死忘生者衆而俗薄矣。○雲峯胡氏曰：古註云「愼終者，喪盡其哀。追遠者，祭盡其敬」。《集註》依伊川說以「禮」與「誠」易之。蓋喪罕有不哀者，而未必皆盡禮；祭罕有不敬者，而未必皆盡誠。薄俗往往然也。惟民生厚，民德本厚也；歸厚，不過復其本然者爾，豈有增益之哉？○東陽許氏曰：常人之情，於親之終，悲痛之情切，而戒愼之心或不及；親遠而祭，恭敬之心勝，而思慕之情或踈。君子存心，則加於此。送終既盡擗踊哭泣之情，又愼喪死之禮，如《禮記》「殯而附於身者必誠必信，葬而附於棺者必誠必信，勿之有悔」之類。祭遠者，既盡孝敬之意，又致追慕之情，如《禮記》所謂「祭死者如不欲生，霜露既降有悽愴之心，雨露既濡有怵惕之心」之類。如此，則過於常人，其德爲厚。上之人既如此，下民化之，其德亦歸于厚。○愼終，存哀中之敬；追遠，動敬中之哀。

○子禽問於子貢曰：「夫子至於是邦也，必聞其政。求之與，抑與之與？」「之與」之與，平聲。下同。

子禽，姓陳，名亢。音岡。陳人。子貢，姓端木，名賜。衛人。皆孔子弟子。或曰亢，子貢弟子，未知孰是。抑，反語辭。

子貢曰：「夫子温良恭儉讓以得之。夫子之求之也，其諸異乎人之求之與？」

温，和厚也。西山真氏曰：「和」兼「厚」字方盡「温」之義。「和」如「春風和氣」之「和」，「厚」如「坤厚載物」之「厚」。和，不慘暴也；厚，不刻薄也。良，易直也。易去聲。下同。朱子曰：《記》言「易直子諒之心」。易，平易、坦易；直，如白直無險詖。子諒，慈良也。恭，莊敬也。西山真氏曰：莊主容，敬主心。自中發外，故曰恭也。儉，節制也。朱子曰：儉非止儉約，只是不放肆常收斂之意。○西山真氏曰：節者自然之界限，制者用力而裁制。讓，謙遜也。西山真氏曰：謙謂不矜己之善，遜謂推善以歸人。五者，夫子之盛德光輝接於人者也。新安陳氏曰：夫子之盛德，無所不備，固不止此。此乃盛德之光輝發見於接人之際者。○林氏少穎。曰：形容聖人之盛德，必推其著見者言之。堯曰「欽明文思」，舜曰「濬哲文明，温恭允塞」，湯曰「齊聖廣淵」，文王曰「徽柔懿恭」，夫子曰「温良恭儉讓」，皆以其德之著者言之也。其諸，語辭也。人，他人也。言夫子未嘗求之，但其德容如是，故時君敬信，自以其政就而問之耳，非若他人必求之而後得也。朱子曰：子貢謂「夫子之求之」，此承子禽之言，借其「求」字而反言之以明夫子未嘗「求」，如孟子言伊尹以堯舜之道要湯也。**聖人過化存神之妙未易窺測。然即此而觀，則其德盛禮恭而不願乎外，亦可見矣。學者所當潛心而勉學也。**新安陳氏曰：「君子所過者化，所存者神」，出《孟子》。謂聖人身所經歷處，則人皆化；心所存主處，皆神妙無不通也。「德」言「盛」，「禮」言「恭」，出《易・繫辭》。「不願乎其外」，出《中庸》。○朱子曰：此五者皆謹厚謙退不自聖賢底意，故人皆親信樂告之。最要看此五字，是如何氣象，體之於我，則見得聖人有不求人而人自來問底意。今人却無非是求。學者且去理會不求底道理方好。**○謝氏曰：「學者觀於聖人威儀之間，亦可以進德矣。若子貢亦可謂善觀聖人矣，亦可謂善言德行矣。今去聖人千五百年，以此五者想見其形容，尚能使人興起，而況於親炙之者乎？」**朱子曰：此子貢舉夫子可親之一節耳。若論全體，須如「子温而厲，威而不猛，恭而安」。○雲峯胡氏曰：「温而厲，威而不猛，恭而安」，此夫子中和氣象也。子貢言「温」而不言「厲」，言「恭」而不言「安」，言「良儉讓」則見不猛而不見所謂威，皆未足以盡盛德之形容，不過以其得聞國政，姑以其光輝接物者言爾。必如子貢異時「綏來、動和」等語，乃足以見夫子過化存神之妙焉。按饒氏謂此即聖人中和氣象，又謂《集註》過化存神未易窺測之語，與謝説三「亦」字皆微寓抑揚之意。夫苟是中和氣象，則謝不當下「亦」字。以謝氏爲微寓抑揚之意，則其不足以盡中和之氣象明矣。饒氏前後二説自相反，不可不辨也。**張敬夫**名栻，號南軒。廣漢人。**曰：「夫子至是邦必聞其政，而未有能委國而授之以政者。蓋見聖人之儀刑而樂告之者，秉彝好德之良心也。而私欲害之，是以終不能用耳。」**慶源輔氏曰：好德之心固有而易發，私欲之害蔽深而難除，此所以夫子至是邦必聞其政，而未有能委國而授之以政者也。

○子曰：「父在觀其志。父没觀其行。三年無改於父之道，可謂孝矣。」行，去聲。

父在，子不得自專，而志則可知；父没，然後其行可見。故觀此足以知其人之善惡。新安陳氏曰：此爲父子志趣事爲之不同者言之。志者行之未形者，行者志之已形者也。然又必能三年無改於父之道，乃見其孝。不然，則所行雖善，亦不得爲孝矣。慶源輔氏曰：就事而言雖是，就心而言則不得爲孝矣。○尹氏曰：「如其道，雖終身無改可也；如其非道，何待三年？然則三年無改者，孝子之心有所不忍故也。」游氏曰：「三年無改，亦謂在所當改而可以未改者耳。」雲峯胡氏曰：不忍改，以心言；所當改，以事言；可未改，以時言。○延平李氏曰：道者是猶可以通行者也。三年之中，日月易過，若稍稍有不愜意處即率意改之，則孝子之心何在？有孝子之心者，自有所不忍耳。非斯須不忘極體孝道者，能如是耶？○朱子曰：「父在觀其志」，此一句已自有處變意思，必有爲而言。觀其文意，便是父在時其子志行已自有與父不同者。父在時子非無行，而其所主在志；父没時子非無志，而其所主在行。道，猶「事」也。言「道」者，尊父之辭。三年無改，是半上落下之事，雖在所當改，但遽改之，則有死其親之心，有揚親之過之意，須三年後徐改之便不覺。若大故不好底事，則不在此限矣。其不可改者，則終身不改，固不待言。其不可以待三年者，則又非常之變，亦不可以預言。善讀者推類而求之，或終身不改，或三年而改，或甚不得已則不待三年而改，顧其所遇之如何，但不忍之心，則不可無耳。存得不忍之心，則雖或不得已而改，亦不害其爲孝。尹氏説得孝子之心，未説得事。游氏則於事理上説得聖人語意出。○此章只是折轉説，上二句覷人之大概；下句就觀其行，細看其用心之厚薄如何。行雖善矣，父道可以未改而輕率改之，亦未善也。纔説三年無改，便是這事有未是處。若父道已是，何用説無改？終身行之可也。○大意不忍改之心是根本，而其事之權衡，則游氏之説盡之。○父在時，使父賢而子不肖，雖欲爲不肖之事，猶以父在而不敢爲。然雖無甚不肖之行，而其志可知矣。使子賢而父不肖，雖欲爲善事，而父有所不從，時有勉强而從父之爲者，此雖未見其善行，而要其志之所存，則亦不害其爲賢矣。至於父没，則己自得爲，於是其行之善惡可於此而見矣。○問：「志者志趣，其心之所趣者是也；行者行實，行其志而有成也。父在子不得專於行事，而其志之趣向可知，故觀其志；父没則子可以行其志矣，其行實暴白，故觀其行。然三年之間，疾痛哀慕其心方皇皇然，望望然，若父母之存而庶幾於親之復見，豈忍以爲可以得行己志，而遽改以從己志哉？存得此心，則於事有不得不改者，吾迫於公議不得已而改之，亦無害其爲孝矣。若夫其心自幸以爲於是可以行己之志，而於前事不如己意者，則遂遽改以從己之志，則不孝亦大矣。豈復論其改之當與不當哉？蓋孝子之處心，親雖有存没之間，而其心一如父在不敢自專，況謂之父道，則亦在所當改而可以未改者。三年之間，如白駒過隙，此心尚不能存，而一不如志，率然而改，則孝子之心安在哉？故夫子直指孝子之心，推見至隱而言，不必主事言也。若乃外迫公議，内懷欲改，而方且隱忍遷就以俟三年而後改焉，則但不失經文而已，大非聖人之意耳。」曰：此説得之。○或問：「『孟莊子之孝也，其他可能也，其不改父之臣，與父之政，是難能也』。與此同否？」曰：不同。此章是言父之所行有不善，而子不忍改，乃見其孝。若莊子之父獻子自是箇賢者，其所施之政、所用之臣皆是，莊子能不改之，此其所以爲難。○南軒張氏曰：若悖理亂常之事，孝子其敢須臾以寧？不曰「孝子成父之美，不成父之惡」乎？曰「父之道」，則固非悖理亂常之事也。○西山真氏曰：爲人子者，當隨所遇而裁之。自人君而言，則武繼文志，則終身無改；宣承厲之烈，則不待三年而改。若可繼雖不若文，而當改又不如厲，則所謂「三年無改」者也。三年之間，惟盡哀慕之誠，姑泯改爲之迹，不亦善乎？○東陽許氏曰：此章主於觀人，但上兩句觀志、行之大分。三年無改又是觀行中之一節。

○有子曰：「禮之用，和爲貴。先王之道斯爲美，小大由之。

禮者，天理之節文、人事之儀則也。朱子曰：節者，等級也；文者，不直截而回互之貌，是裝裹得好，如升降揖遜。天下有當然之理，但此理無形影，故作此禮文畫出一箇天理與人看，使有規矩，可以憑據，故謂之「天理之節文」。○勉齋黄氏曰：如天子之服十二章，上公九章，各有等數，此是「節」；若山龍華蟲之類爲飾，此是「文」。如冠如婚，此是「人事」。若冠禮裏有三加、揖讓升降處，此是「儀」；若天子冠禮則當如何，諸侯則當如何，各有則樣，此是「則」。○陳氏曰：天理只是人事中之理而具於心者也。天理在中而著於事，人事在外而根於中。天理其體，而人事其用也。「節文儀則」四字相對説。節則無太過，文則無不及。儀在外有可觀，則在内有可守。儀，謂容儀，有粲然可象底意，與「文」字相應；則，謂準則，有確然不易底意，與「節」字相應。必有「天理之節文」，而後有「人事之儀則」。○胡氏曰：「天理」其體，故先「節」而後「文」；「人事」其用，故先「儀」而後「則」。**和者，**從七容反。**容不迫之意。蓋禮之爲體雖嚴，然皆出於自然之理，故其爲用必從容而不迫，乃爲可貴。**新安陳氏曰：因用而遡其體，惟體出於自然之理，故其用以從容不迫爲貴。從容不迫，蓋從自然中來。**先王之道，此其所以爲美，**新安陳氏曰：「此」字貼「斯」字，指禮之和而言。**而小事大事無不由之也。**朱子曰：禮之用和爲貴，見君父自然用嚴敬，此是人情願，非由抑勒矯拂，是人心固有之同然者。不待安排便是「和」，纔出勉强便不是「和」。○和是自家合有底，發見出來無非自然。○禮主於敬，而其用以和爲貴。然敬而和著意做不得。纔著意嚴敬，即拘迫而不安；要放寬些，又流蕩而無節。須是真箇識得理之自然處，則事事物物上都有自然之節文，雖欲不如此不可得也。故雖嚴而未嘗不和，雖和而未嘗不嚴也。又曰：「和」便有樂底意思，故和是樂之本。○禮如此之嚴，分毫不可犯，何處有箇和？須知道吾心安處便是和，如入公門鞠躬，須是如此方安，不如此便不安，不安便是不「和」。以此見得禮中本來有箇「和」，不是外面物事。至嚴之中便是至和處，不可分作兩截看。○但不做作而順於自然便是「和」。和是嚴敬中順禮而安泰者也。❶○覺軒蔡氏曰：有子專以禮之用言，朱子兼以禮之體言。禮之用固貴於和，論禮之體則禮中本有自然之和，非禮之外又加從容也。

「有所不行，知和而和，不以禮節之，亦不可行也。」

承上文而言如此而復扶又反。下同。**有所不行者，以其徒知和之爲貴而一於和，不復以禮節之，則亦非復禮之本然矣。**新安陳氏曰：節，即「天理節文」中本然之節。**所以流蕩忘反而亦**

❶「禮」，四庫本及《語類》卷二二作「理」。

不可行也。朱子曰：禮之用和，是禮中之和；知和而和，是放教和。纔放教和，便是離却禮了。○**程子曰：「禮勝則離，故禮之用和爲貴，先王之道以斯爲美，而小大由之；樂勝則流，故有所不行者，知和而和，不以禮節之，亦不可行。」**新安陳氏曰：「禮勝則離，樂勝則流」，二句出《樂記》。此章本只論禮，未嘗論樂，程子特借「樂」字以言「和」字耳。○朱子曰：好就「勝」字上看，只争這些子。禮纔勝些子便是離了，樂纔勝些子便是流了。知其勝而歸之中，便是禮樂之正。○和固不可便指爲樂，是禮中之樂，如天子八佾、諸侯六、大夫四、士二，此樂之有節處，又是樂中之禮也。便見禮樂不相離。○天下之事嚴而不和者却少，和而不節之以禮者常多。又曰：如人入神廟自然敬肅，不是强爲之。禮之用自然有和意。禮之和處，便是禮之樂；樂有節處，便是樂之禮。○問：「從容不迫如何謂之『和』？」曰：只是説行得自然如此，無那牽强底意思便是「從容不迫」。那禮中自有箇從容不迫，不是有禮後更添箇從容不迫。若離了禮説從容不迫，便是自恣。又曰：只是立心要從容不迫不得。纔立心要從容不迫，少間便都放倒了。且如聖人恭而安，聖人只知道合著恭，自然不待勉强而安。纔説要安排箇「安」，便添了一箇。○問：「禮之體雖截然而嚴，然自然有箇撙節恭敬底道理，故其用從容和緩，所以爲貴。苟徒知和而專一用和，必至於流蕩而失禮之本。今人行事，莫是用先全禮之體，而後雍容和緩以行之否？」曰：是。○知和而和，却是一向去求和，便是離了禮。且如端坐不如箕踞，徐行後長者不如疾行先長者，到這裏更有甚禮？可知是不可行也。○問：「伊川曰『别而和』，『别』字如何？」曰：分雖嚴而情却通。○問：「上蔡謂『禮樂之道異用而同體』如何？」曰：禮主敬，敬則和，這便是他同體處。又曰：禮主於敬，樂主於和，此異用也。皆本之於一心，是同體也。○和是碎底敬，敬是合聚底和。蓋發出來無不中節，便是和處。○敬與和猶小德川流，大德敦化。○問：「先生常云『敬是合聚底和，和是碎底敬』，是以『敬』對『和』而言否？」曰：然。敬只是一箇敬，無二箇敬，二便不敬矣；和便事事都要和，這裏也恰好，那裏也恰好，這處也中節，那處也中節。若一處不和便不是和矣。「敬」是喜、怒、哀、樂未發之中，「和」是發而皆中節之和。纔敬便自然和，如敬在這裏坐，便自有箇氤氳磅礴氣象。凡恰好處皆是和。○問「禮樂之用相反相成」。曰：且如而今對面端嚴而坐，這便是禮。合於禮便是和。如君臣之間，君尊臣卑其分甚嚴，若以勢觀之，自是不和；然其實却是甘心爲之，皆合於理，❶而自和矣。○西山真氏曰：太嚴而不通乎人情，故離而難合；太和而無所限節，則流蕩忘反。所以有禮須用有樂，有樂須用有禮。此禮樂是就情性上說。○雙峯饒氏曰：有子論仁論禮，皆只說得下面一截。上面一截須待程子、朱子爲發明之。**范氏**名祖禹，字淳夫。成都人。**曰：「凡禮之體主於敬，而其用則以和爲貴。敬者，禮之所以立也；和者，樂之所由生也。若有子可謂達禮樂之本矣。」**朱子曰：自心而言，則心爲體，敬、和爲用；以敬對和而言，則敬爲體，和爲用。大抵體用無盡時，只管恁地推將去。○和固不可便指爲樂，然乃樂之所由生，「和」有「樂」底意思。**愚謂嚴而泰，和而節，此理之自然、禮之全體也。毫釐有差，則失其中正而各倚於一偏，其不可行均矣。**新安陳氏曰：嚴謂禮之體嚴，泰謂自然之理及從容不

❶「理」，四庫本及《語類》卷二二作「禮」。

迫，此指上一節；和謂「知和」之「和」，節謂「以禮節之」之「節」。此指下一節。程、范借「樂」字以形容「和」字。朱子要歸之論只言禮而不及樂的矣。「嚴而泰，和而節」，六字斷盡一章大意。○雲峯胡氏曰：《集註》前一節分體用，後一節獨説全體，何也？前章是因有子言用而推原其體，後總説禮之全體，則包前所謂體用者在其中矣。如天高地下，合同而化，便是「嚴而泰」；如四時陰陽冲和，有節氣有中氣，此便是「和而節」。此固自然之理，而禮之全體如此也。然禮之全體，嚴者未嘗不泰。人則有嚴而失其中者矣，未免倚於嚴之一偏，不可行矣。禮之全體，和者未嘗不節。人則有和而失其正者矣，未免倚於和之一偏，亦不可行矣。「一偏」字與「全體」字相反。夫其體之全也本如此，而人之偏也乃如此。人之於理，有毫釐之差則失之故也。

○有子曰：「信近於義，言可復也；恭近於禮，遠恥辱也；因不失其親，亦可宗也。」近、遠，皆去聲。

信，約信也。慶源輔氏曰：此「信」字本是「約信」。若只是「誠信」之信，則信是實理，豈有不近義者哉？○勉齋黄氏曰：「以實之謂信」，事之已見而以其實者也。約信，與人期約而求其實者也。○汪氏炎昶曰：《曲禮》云：「約信曰『誓』。」「約信」二字本此。義者，事之宜也。復，踐言也。恭，致敬也。禮，節文也。胡氏曰：信爲約信，恭爲致敬，皆指人之行此而言，非信、恭之本體也。○雲峯胡氏曰：義者心之制、事之宜，此獨曰「事之宜」；禮者天理之節文，此獨曰「節文」。蓋所謂信、恭者，非信、恭之本體，故所謂禮、義者，亦非指本體而言。《集註》未嘗輕下一字也。因，猶「依」也。宗，猶「主」

也。言約信而合其宜，則言必可踐矣；朱子曰：此言謹始之意，始初與人約，便須思量他日行得，方可諾之。若不度於義輕諾之，他日言不可復，便害信也。○如今人與人要約，當於未言之前先度其事之合義與不合義。合義則言，不合義則不言。言之則其言必可踐而行之矣。今不先度其事，且鶻突恁地說了，到明日却說這事不義不做，則是言之不可踐也。言而不踐，則是不信；踐其所言，又是不義。是不先度之故。**致恭而中**去聲**其節，則能遠恥辱矣；**朱子曰：恭只是低頭唱喏時，便看近禮不近禮。○如見尊長而拜，禮也。我却不拜，被詰問，則無以答，這便是爲人所恥辱。有一般人不當拜而拜之，便是諂諛，這則可恥可辱者在我矣。○近，猶「合」也。古人下字寬，亦大綱說。雖未盡合禮義，亦已近禮義了。○恭，凡致敬皆恭也。禮則辨其異。若與上大夫接，而用下大夫之恭，是不及也；與下大夫接，而用上大夫之恭，是過也。過與不及，必取辱矣。○雙峯饒氏曰：有子氣象從容，辭不迫切。於禮、義皆以「近」言。《集註》恐其寬緩，故直以「合義」、「中節」言之，不用其辭而用其意也。**所依者不失其可親之人，則亦可以宗而主之矣。**朱子曰：因之爲「依」，勢敵而交淺，如先主之依劉表是也；宗之爲「主」，彼尊我賤，而以之爲歸，如孔子之於司城貞子、蘧伯玉、顔讎由是也。依失其親，若未甚害；所宗而失其親，其害大矣。然今日依之，則後日有時而宗之，是以君子之有所因也，必求不失其親焉，則異日亦可宗主之矣。○因如「因徐辟」之因。因，猶「傍」也。親又較厚。宗則宗主之，又較重。當時羈旅之臣，所至必有主，須於其初審其可親者從而主之可也。**此言人之言行**去聲**交際，皆當謹之於始，**說上三句。**而慮其所終。**說下三句。**不然，則因仍苟且之間，將有不勝**平聲**其自失之悔者**

矣。問：「恐言是約信，行是致恭，交際是依人？」朱子曰：大綱如此，皆交際也。言可復便是行。○此章須用兩截看，上一截信近義，恭近禮，因不失親，是交際之初，合下便思慮到底；下一截言可復，遠恥辱，亦可宗，是久後無弊之效，當初便當思量到無弊處。○問注「因仍苟且」。曰：「因仍」與「苟且」一樣字。「因仍」猶「因循」，苟且，是且恁地做一般。○雲峯胡氏曰：此章皆謹始之意，與其悔於終，孰若謹之於始？○東陽許氏曰：約言必合於事之宜，防其過也；致恭必中於禮之節，無過不及也；因不失親，擇交之道也。上兩節欲明理，下一節要知人，則皆無失。上兩節言行是脩己之事，因親是知人之事。三者皆明理者能之。三事各開看，非相因之辭。

○子曰：「君子食無求飽，居無求安，敏於事而慎於言，就有道而正焉，可謂『好學』也已。」好，去聲。

不求安、飽者，志有在而不暇及也。朱子曰：食無求飽，居無求安，須是見得自家心裏常有一箇合當緊底道理，此類自不暇及。○新安陳氏曰：志在學，自不暇及於求安飽。**敏於事者，勉其所不足；謹於言者，不敢盡其所有餘也。**朱子曰：言易得多，故不敢盡；行底易得不足，故須敏。又曰：行常苦於不足，言常苦於有餘。○雙峯饒氏曰：「敏於事」之事，非特指行事而言。凡學問思辨窮理之事，皆「事」也。○新安陳氏曰：《中庸》曰：「有所不足不敢不勉，有餘不敢盡。」《集註》取以訓此。**然猶不敢自是，而必就有道之人以正其是非，則可謂好學矣。**朱子曰：不求安、飽，是其存心處；敏事、謹言，是其用工處。須就正方得。有許多工夫，不能就有道以正其是非也不得。無許多工夫，雖然就正有道，亦徒然。○此章須反覆看其意思如何。若只不求安飽，而不謹言敏行，有甚意思？若只謹言敏行，而不就正有道，則未免有差；若工夫不到，則雖親有道，亦無可取正者。聖人之言周遍無欠缺類如此。**凡言「道」者，皆謂事物當然之理，人之所共由者也。**朱子曰：「道」即「理」也。以人所共由則謂之「道」，以其各有條理而言則謂之「理」。○雲峯胡氏曰：《學而》篇言道者三。前兩「道」字泛，此一「道」字切。父之道，是父之所由；先王之道，是先王之所由。故《集註》獨於此釋之曰「人之所共由」。「道」猶「路」然，人所由者謂之非「路」不可，不若人之所共由者則大路也。○新安陳氏曰：此「有道」字，指有道之人。此人之身與道爲一，能由人所共由之道者也。**○尹氏曰：「君子之學能是四者，可謂篤志力行者矣。然不取正於有道，未免有差。如楊墨學仁義而差者也，其流至於無父無君。謂之『好學』可乎？」**朱子曰：楊氏以世人營營於名利，埋没其身而不自知，故獨潔其身以自高。然不知義者制事之宜，處人倫事物各當其所，乃合於義。今但知有己而已，使人皆如此潔身自爲，則天下事教誰理會？此便是「無君」。墨氏見世人自私自利不能及人，故欲兼天下而盡愛之。然不知仁者心無不溥遍，而施則有差等。心皆溥遍者仁也，其理一；施有差等者仁中之義也，其分殊。今親親與仁民同，是待親猶他人也，此便是「無父」。此學者所以必求正於有道也。○勉齋黄氏曰：尹氏所謂「篤志」，爲不求安飽而言也；所謂「力行」，爲敏事慎言而言也。以是四字而繼之以《集註》「不敢自是」之言，然後足以盡此章之旨。蓋此章謂之「好學」，非篤志力行不自是，亦無以見其所以爲好也。○雲峯胡氏曰：必無求，然後見其有好之之志；必敏慎，然後見其有好之之實；必取正有道，然後不差夫好之之路。

此足以見好學者之甚難得也。

○子貢曰：「貧而無諂，富而無驕，何如？」子曰：「可也。未若貧而樂，富而好禮者也。」樂音洛。好，去聲。

諂，卑屈也。驕，矜肆也。慶源輔氏曰：爲貧所困，則氣隨以歉而爲卑屈，故多求而「諂」；爲富所張，則氣隨以盈而爲矜肆，故有悖而「驕」。常人溺於貧富之中而不知所以自守，故必有二者之病。無諂無驕，則知自守矣，而未能超乎貧富之外也。凡曰「可」者，僅可而有所未盡之辭也。樂則心廣體胖而忘其貧，好禮則安處上聲。善，樂音洛。上同。循理，亦不自知其富矣。漢董仲舒策：孔子云：「天地之性，人爲貴。」明於天性，知自貴於物；知自貴於物，然後知仁義；知仁義，然後重禮節；重禮節，然後安處善；安處善，然後樂循理；樂循理，然後謂君子。○慶源輔氏曰：心廣體胖者，指其樂之之象；安處善、樂循理者，論其好禮之實。○新安陳氏曰：忘其貧，不自知其富，則超乎貧富之外矣。○東陽許氏曰：樂與好禮皆是心上言，故上面説「心廣」，下面説「樂循理」。心既廣大寬平，則體自然舒泰，此由内以達外。行事安於處善，蓋其心樂於循理也，此由外以原内也。「樂」一字全是心，故先言内；禮有節文於事上見，其好之則在心也，故先言外。然體既安舒，烏得有卑屈；心既樂循理，烏得有矜肆？却暗關上兩句，見得「未若」兩字意。子貢貨殖，音寔。蓋先貧後富而嘗用力於自守者，《家語》：「子貢家富累千金，好販，與時轉貨。」注云：「買賤賣貴以殖其貨。」故以此爲問。而夫子答之如此，蓋許其所已能，新安陳氏曰：可也，是許其已能自守而無諂無驕。而勉其所未至也。

新安陳氏曰：勉其更進於樂與好禮。○龜山楊氏曰：貧而無諂，則貧不至於濫。與夫貧而諂、富而驕，蓋有間矣。然孔子可之而未善也，故又以貧而樂、富而好禮告之。○朱子曰：富無驕、貧無諂，隨分量皆可著力。如不向此上立得定，是入門便差了。○貧則易諂，富則易驕。無諂無驕，是知得驕諂不好而不爲之耳。樂是他自樂了，不自知其爲貧也；好禮是他所好者禮而已，亦不自知其爲富也。○自無諂無驕者言之，須更樂與好禮方爲精極，不可道樂與好禮須要從無諂無驕上做去。蓋有人資質合下便在樂與好禮地位，不可更回來做無諂無驕底工夫。孔子意做兩人說。謂一般人無諂無驕，不若那一般人樂與好禮較勝他。子貢意做一人說。謂無諂無驕，不若更樂與好禮。又曰：今人未能無諂無驕，却便要到貧而樂、富而好禮，如何得？子貢却盡得無諂無驕底了，聖人更進得他貧而樂、富而好禮地位。○問：「子貢問貧無諂，富無驕，伊川諸說，大抵謂其貨殖非若後人之豐財，但此心未忘耳。今《集註》謂其先貧後富，則是亦嘗如後世生産作業矣。」曰：聖人既說貨殖，須是有些如此。看來子貢初年亦是把貧富煞當事了。○厚齋馮氏曰：無諂無驕，則知自守矣。然猶有所用力焉。力少不逮，則諂驕復形。樂且好禮，則貧富兩忘矣。蓋知樂天循理，而無復事於人事也。

子貢曰：「《詩》云：『如切如磋，如琢如磨。』其斯之謂與？」磋，七多反。與，平聲。

《詩》，《衛風·淇奧》於六反。**之篇。言治骨角者，既切之而復**扶又反。下同。**磋之；治玉石者，既琢之而復磨之。治之已精，而益求其精也。子貢自以無諂無驕爲至矣。聞夫子之言，又知義理之無窮，雖有得焉，而未可遽自足也。故引是《詩》以明之。**朱子曰：所謂義理無窮，不是説樂與好禮，自是説切磋琢磨精而益精耳。○子貢問無諂無驕，夫子以爲僅可。然未若樂與好禮，此其淺深高下亦自分明。子貢便説切磋琢磨，方是知義理之無窮也。○無諂無驕，隨事知戒，足以自守也。然未見其於全體用功而有自得處也。樂與好禮，乃見其心之所存，有非貧富之所能累者。此子貢所以有切磋琢磨之譬也。治骨角者，既切之而復磋之；治玉石者，既琢之而復磨之。皆先畧而後詳，先粗而後精之意。○子貢舉《詩》之意，不是專以此爲貧而樂、富而好禮底工夫，蓋見得一切事皆合如此，不可安於小成而不自勉也。○或問：「《大學》傳引此《詩》以『道學自脩』釋之，與此不同，何也？」曰：古人引詩斷章取義，姑以發己之志。或踈或密，或同或異，蓋不能齊也。○勉齋黄氏曰：若謂無諂無驕爲如切如琢，樂、好禮爲如磋如磨，則「告往知來」一句便説不得。子貢言無諂驕，夫子言未若樂與好禮，子貢便知義理無窮，人須就學問上做工夫，不可少有得而遽止。《詩》所謂如切磋琢磨，治之已精而益致其精者，其此之謂與？○西山真氏曰：凡製物爲器，須切琢成形質了，方可磋磨。既切琢了，若不磋磨，如何得他精細潤澤？

子曰：「賜也，始可與言《詩》已矣，告諸往而知來者。」

往者，其所已言者；來者，其所未言者。朱子曰：所已言，謂處貧富之道；所未言，謂學問之功。○勉齋黄氏曰：此章須是見得切磋琢磨在無諂無驕、樂與好禮之外，方曉得「所已言」、「所未言」。前之問答，蓋言德之淺深；此之引《詩》，乃言學之踈密。**○愚按，此章問答其淺深高下，固不待辯説而明矣。然不切則磋無所施，不琢則磨無所措，故學者雖不可安於小成而不求造**七到反。

道之極致，亦不可騖音務。**於虛遠而不察切己之實病也。**雲峯胡氏曰：常人二者之病，與學者切己之實病，當看兩「病」字。若只就貧富上説，貧者病諂，富者病驕，必除諂驕之病，然後可到樂與好禮地步；若就義理學問上説，則學者之病固多，必先除切己之實病，然後可求造道之極致也。○新安陳氏曰：切必貴磋，琢必貴磨，此正意也；必切方可加磋，必琢方可加磨，此餘意也。

○子曰：「不患人之不己知，患不知人也。」

尹氏曰：「君子求在我者，故不患人之不己知。不知人，則是非邪正或不能辨，故以爲患也。」朱子曰：若宰相不能知人，則用捨之際不能進賢退不肖；若學者不能知人，則處朋友之際不能辨益友損友。又曰：《論語》上如此言者有三。「不病人之不己知，病其不能也」，「不患莫己知，求爲可知也」。聖人之言雖若同，而其意皆别。病其不能者，言病我有所不能於道；求爲可知者，當自求可知之實，然後人自知之。雖然如此，亦不是爲昭灼之行以蘄人之必知。○見得道理明，自然知人。自家不識得道理破，如何知得他人賢否？○問：「知人是隆師親友？」曰：小事皆然。然學做工夫到知人地位已甚高。○慶源輔氏曰：人不知己，其病在人；己不知人，其病在己。君子之學爲己，不暇病人之病而病己之病也。○蔡氏曰：《學而》末章與首章人不知而不愠意實相關。《里仁》、《憲問》、《衛靈》篇又三致意焉。學必專求在己，庶無所慕於外也。○雲峯胡氏曰：始以「不知不愠」，終以此章，《學而》一篇終始也。始以「不亦君子乎」，終以「無以爲君子也」；始則結以「患不知人」，終則結以「不知言無以知人」，《論語》一書終始也。門人紀次，豈無意歟？○東陽許氏曰：此兩句平説，只是不必欲人知我，我却要知人。但兩

「知」字不同，上「知」只欲知己之善，下「知」却欲知人之善惡。專就學者言，則上句不患人不己知，便自可包後章患其不能之意在其中。便當明理脩身，自加精進，使有可知之實，則雖不求人知而人必知之矣。下句則凡尊師取友，與人交際往來，須知其善惡而趨避之，然後無損而有益。然此專以學者言，聖人則未嘗指定也。若推而言之，則上下皆可通。上句論其極，則雖居高位，其處己應事唯循天理，上不欺其君，下不病其民，內無愧於心，何必欲人盡知吾心也？否則有違道干譽之失矣。下句論其極，則仕而擇可宗之人，有位而舉賢才爲用，爲宰輔而進退百官，非知人之明其可乎？否則賢愚混淆，分朋傾軋，而亂亡至矣。

論語集註大全卷之二

爲政第二

凡二十四章。

子曰：「爲政以德，譬如北辰，居其所而衆星共之。」共音拱，亦作「拱」。

「政」之爲言「正」也，所以正人之不正也；新安陳氏曰：首訓「正」字，本夫子「政者正也，子率以正，孰敢不正」之意，蓋以政之理言。若第三章《集註》云「政謂法制禁令」，則指政之實事言也。「德」之爲言「得」也，行道而有得於心也。新安倪氏曰：祝氏附録本如此。他本作「得於心而不失也」。○胡氏《通》必主「得於心而不失」之説，膠於胡泳伯量所記，謂先生因執扇謂曰：「『德』字須用『不失』訓，如得此物，可謂得矣。纔失之，則非得也。」此句含兩意。一謂得於有生之初者，不可失之於有生之後；一謂得於昨日者，不可失之於今日。先師謂此説縱使有之，亦必非末後定本。深思細玩，終不如「行道而有得於心」之精當不可易也。朱子訓「德」字，蓋倣《禮記》「德者得也」，「禮樂皆得謂之有德」而言。初作「得於身」，後改「得於心」。夫「道」字廣大，天下所共由；「德」字親切，吾心所獨得。行道，行之於身也，未足以言德。必有得於心，則躬行者始心得之，心與理爲一，斯可謂之「德」。有次第，有歸宿，精矣。今日「得於心而不失」，則得於心者何物乎？方解「德」字，未到持守處，不必遽云「不失」。不比「據於德」註云：「『據』者，執守之意，得之於心而守之不失。」又云：「據德則道得於心而不失。」此兩「不失」字，乃自「據」字上説來。况上文先云「德」則「行道而有得於心」者也，其證尤明白。若遽云「不失」，則似失之急，又近於贅。《大學序》所謂「本之躬行心得」，「躬行」即「行道」，「心得」即「有得於心」也。以前後參觀之，而祝氏定本爲尤信。**北辰，北極。天之樞也。居其所，不動也。共，向也，言衆星四面旋繞而歸向之也。**邵子曰：地無石之處皆土也，天無星之處皆辰也。○朱子曰：北辰是天之樞紐，中間些子不動處，緣人要取此爲極，不可無箇記認，所以就其旁取一小星謂之「極星」。天之樞紐，似輪藏心。藏在外面動，心都不動。問極星動不動？曰：也動。只他近那辰，雖動不覺，如射糖盤子，北辰便是中央樁子，極星便是近樁點子。雖也隨盤轉，緣近樁子便轉得不覺。沈存中謂始以管窺極星，不入管，後方見極星在管弦上轉。《史記》載北辰有五星，太乙常居中，是「極星」也。辰非星，只是中間界分。極星亦微動。辰不動，乃天之中，猶磨之心也。○又曰：天圓而動，包乎地外；地方而静，處乎天中。故天形半覆地上，半繞地下，左旋不息。其樞紐則在南北之端焉。謂之「極」者，如屋脊謂之屋極也。南極入地三十六度，故周回七十二度常隱不見；北極出地三十六度，故周回七十二度常見不隱。北極之星，正在常見不隱七十二度之中，常居其所而不動。其旁則經星隨天左旋，日月五緯右轉，更迭隱見，有似於環繞而歸向之也。**爲政以德，則無爲而天下歸之。其象如此。**朱子曰：「德」字從心者，以其得之於心也。

「爲政以德」者，不是把德去爲政。是自家有這德，人自歸仰，如衆星共北辰。「北辰」者，天之樞紐，乃是天中央安樞處。天動而樞不動。「不動」者，正樞星位。樞有五星，其前一明者太子。其二最明者曰帝座，乃太一之常居也。其後一箇分外開得些子而不甚明者，極星也。惟此一處不動。衆星於北辰，亦是自然環向，非有意於共之也。○德與政非兩事。只是以德爲本，則能使民歸。○爲政以德，非是不用刑罰號令，但以德先之耳。○新安陳氏曰：爲政以德，本也；無爲而天下歸之，效也。無爲而天下歸之，本文未嘗明言此意。只是取象於北辰，其中含此意。北辰爲天之極，譬爲政以德之君，爲天下之極。居其所，譬人君之無爲。衆星共之，譬天下歸之也。○程子曰：「爲政以德，然後無爲。」朱子曰：不是塊然全無作爲，只是不生事擾民。德脩於己，而人自感化，不待作爲而天下自歸之，不見其有爲之迹耳。問：「是以德爲政否？」曰：不是欲以德去爲政。不必泥「以」字，只是「爲政有德」相似。○爲政以德，人自感化。然感化不在政事上，却在德上。蓋政者，所以正人之不正也。豈無所爲？但人所以歸往，乃以其德耳。故不待作爲而天下歸之，如衆星之共北極也。○慶源輔氏曰：爲政以德，非不爲也。循天下之理而行其所無事也。不能以德爲政而遽欲無爲，則是怠惰廢弛而已。范氏曰：「爲政以德，則不動而化，不言而信，無爲而成。所守者至簡而能御煩，所處上聲。者至靜而能制動，所務者至寡而能服衆。」慶源輔氏曰：范氏推廣程子之意併舉其效言之。

○子曰：「《詩》三百，一言以蔽之，曰『思無邪』。」

《詩》三百十一篇。言「三百」者，舉大數也。蔽，猶「蓋」也。朱子曰：蓋，如以一物蓋盡衆物。

思無邪，《魯頌·駉》古螢反。**篇之辭。**新安倪氏曰：此《詩》本美魯僖公牧馬之盛，由其心思之正。如美衛文公秉心塞淵，而騋牝三千之意也。作《詩》者未嘗以此論《詩》之旨。夫子讀《詩》至此而有合於心焉，是以取之。蓋斷章摘句云耳。**凡《詩》之言，善者可以感發人之善心，惡者可以懲創人之逸志。其用歸於使人得其情性之正而已。**朱子曰：情性，是貼「思」；正，是貼「無邪」。○問：「思無邪，莫是作《詩》者發於情性之正否？」曰：若《關雎》、《鹿鳴》、《文王》、《大明》等詩，固是情性之正；若《桑中》、《溱洧》等詩，謂之情性之正可乎？只是要讀《詩》者思無邪耳。○太史公説古《詩》三千篇，孔子删定爲三百。看來只是采得許多詩，夫子不曾删去，只是刊定而已。聖人刊定好底詩，便要人吟詠興發其善心；不好底，便要人起羞惡之心。皆要人思無邪。○問：「《集註》以爲『凡言善者足以感發人之善心，言惡者足以懲創人之逸志』，而諸家乃專主作《詩》者而言，何也？」曰：《詩》有善有惡，頭面最多。而惟「思無邪」一句足以該之。上至於聖人，下至於淫奔之事，聖人皆存之者，所以欲使讀者知所懲勸。○雙峯饒氏曰：諸家皆謂作《詩》者如此，獨《集註》以爲《詩》之功用能使學者如此。夫子恐人但知《詩》之有邪正，而不知《詩》之用皆欲使人之歸於正，故於其中揭此一句以示人。學者知此，則有以識讀《詩》之意矣。**然其言微婉，且或各因一事而發；求其直指全體，則未有若此之明且盡者。故夫子言「《詩》三百篇」，而惟此一言足以盡蓋其義。其示人之意，亦深切矣。**延平李氏曰：《詩》人興刺，雖亦曲折達心之精微，然必止乎禮義。夫子删而取之者以此爾。若不止於禮義，即邪也。故三百篇一言足以蔽之，只是思無邪而已。所以能興起感動人之善心，蓋以此也。○問「直指全體」。朱子曰：《詩》三百篇，皆要人無邪思。然但逐事無邪，惟此一言舉全體言之。○思無邪，只是要正人心。約而言之，三百篇只是一箇「思無邪」；析而言之，則篇中自有一箇「思無邪」。○「思無邪」一句，便當得三百篇之義了。三百篇之義，大概只要使人思無邪。若只就事上無邪，未見得實如何，惟是思無邪方得。思在人最深，思主心上。○聖人言《詩》之教，只要得人思無邪。其他篇篇是這意思，惟是此一句包説得盡。○「思」在「言」與「行」之先。思無邪，則所言所行皆無邪矣。○問：「聖人六經皆可爲戒，何獨《詩》也？」曰：固是如此。然《詩》因情而起則有思。欲其思出於正，故獨指「思無邪」以示教焉。○勉齋黄氏曰：直指則非微婉，全體則非一事。直指故明，全體故盡。此一言，所以辭約而義該也。○慶源輔氏曰：微，謂隱微；婉，謂委曲。《詩》人主於諷詠規諫。其言不直截説破，常有隱微委曲之意。

○程子曰：「『思無邪』者，誠也。」朱子曰：行無邪，未是誠；思無邪，乃可爲誠。是表裏皆無邪，徹底無毫髪之不正。世人有脩飾於外，而其中未必能正。惟至於思無邪，乃可謂誠。○雲峯胡氏曰：程子曰「『思無邪』者，誠也」，又曰「哲人知幾，誠之於思」。此是聖人事。夫子言《詩》之用，不應遽以聖人望人。《集註》所以引此者，蓋謂所思自然無邪，誠也，聖人事也；讀《詩》而可使之思無邪，誠之也，學者事也。《集註》引程子之言，即繼之以「學者必務知要」，益可見也。○新安陳氏曰：程子此説是論「誠」，非論《詩》。○東陽許氏曰：誠是實理。在人則爲實心，而君子不可不盡者也。程子指出此「誠」字以明「思無邪」之實。學者必使心之所思一於無邪，方能全乎人心之實理也。**范氏曰：「學者必務知要。知要則能守約，守約則足以盡博矣。『經禮三百，曲禮三千』，亦可以一言以蔽之，曰『毋不**

敬』。」《禮器》篇云：「禮有大，有小，有顯，有微。大者不可損，小者不可益；顯者不可掩，微者不可大也。經禮三百，曲禮三千，其致一也。」註：「經禮，《儀禮》也，如士冠禮、諸侯冠禮之類。此是大節，有三百條。曲禮，《禮記》也，如冠禮始加，再加，三加，坐如尸之類。此是小目，有三千餘條。」○《曲禮篇》首云：「毋不敬。」○雲峯胡氏曰：「執中」二字，是《書》五十八篇之要；「時」之一字，是《易》三百八十四爻之要。亦不可不知。

○子曰：「道之以政，齊之以刑，民免而無恥；道音導。下同。

道，猶「引導」，謂先之也。政，謂法制禁令也。齊，所以一之也。道之而不從者，有刑以一之也。免而無恥，謂苟免刑罰而無所羞愧。蓋雖不敢爲惡，而爲惡之心未嘗亡也。朱子曰：道齊之以政刑，則不能化其心，而但使之少革。到得政刑少弛，依舊又不知恥矣。問：「刑政莫只是伯者之事？」曰：專用政刑，則是伯者之爲矣。

「道之以德，齊之以禮，有恥且格。」

禮，謂制度品節也。新安陳氏曰：前訓「禮」字，云「天理節文、人事儀則」，是以「禮」字之理而言。此指五禮之文物而言。○胡氏曰：品，謂尊卑高下之差；節，謂界限等級之分。格，至也。言躬行以率之，則民固有所觀感而興起矣；而其淺深厚薄之不一者，又有禮以一之，則民恥於不善，而又有以至於善也。朱子曰：道之以德，是躬行其實以爲民先。必自盡其孝而後可以教民孝，自盡其弟而後可以教民弟。如宜其家人而後可以教國人，宜兄宜弟而後可以教國人也。○淺深厚薄之不一，謂其間資稟信向之不齊，雖是感之以德，自有太過不及底，故齊一之以禮。禮者，吉、凶、軍、賓、嘉五禮，須令他一齊如此，所謂賢者俯而就，不肖者企而及也。○人之氣質有淺深厚薄之不同，故感者不能齊一，必有禮以齊之。如《周官》一書，何者非禮？以至歲時屬民讀法之屬，無不備具者，正所以齊民也。○勉齋黄氏曰：義理，人心所同得，故善之當爲，不善之可惡，皆人心所同然者。教之以德禮，則示之以所同得者，故惡不善而進於善，有不待勉而從。若徒以政刑强之，彼但知君上之令不得不從，初不知吾心所有之理。尚不知不善之可惡，又安能進於善耶？○新安陳氏曰：以躬行之德率民，民觀感興起於下，化民之大本已立。但民之感發者，不免有淺深厚薄之不同。須以禮之制度品節齊一之，使淺薄者無不及，深厚者無太過，其未盡善者皆截然於禮焉。民耻於不善，此觀感於德之功；又至於善，乃齊一於禮之效也。**一說：格，正也。《書》曰：「格其非心。」○愚謂政者，爲治**去聲。下「輔治」、「出治」音同。**之具；刑者，輔治之法。德禮，則所以出治之本，而德又禮之本也。此其相爲終始，雖不可以偏廢，**新安陳氏曰：固不可無德禮，亦不可無政刑，所謂不可偏廢也。**然政刑能使民遠**去聲。**罪而已；德禮之效，則有以使民日遷善而不自知。**新安陳氏曰：《禮記·經解》篇云：「使民日遷善遠罪而不自知也。」《集註》本此句析之而分輕重焉。**故治民者不可徒恃其末，又當深探**平聲。**其本也。**新安陳氏曰：末，謂政刑；本，謂德禮。○朱子曰：有德禮，則政刑在其中。不可專道政刑做不好底，但不得專用政刑爾。聖人之意，只爲當時專用政刑治民，不用德禮，所以有此言。聖人爲天下，何曾廢政刑來？《集註》後面餘意，是說聖人謂不可專恃政刑。然有德禮而無政刑，又做不得。聖人説話，無一字無意味。○先之以法制禁令，是合下有猜疑關防之意，故民不從。又却齊之以刑，民不見德而畏威，但圖目前苟免於刑，而爲惡之心未嘗不在。先之以明德，則有固有之心者，必觀感而化。然稟有厚薄，感有淺深，又齊之以禮，使之有規矩準繩之可守，則民恥於不善，而又有以至於善。○雲峯胡氏曰：此篇首章曰「爲政以德」，政與德爲一。此章分「政」與「德」爲二。前章專言古之爲政者，皆自躬行中流出；此章則言後之爲政者，但知道之以法制禁令而不能躬行以率之也。故言政刑不如德禮之效如此，而《集註》以相爲始終合言於先，❶又以本末分言於後也。

○子曰：「吾十有五而志于學。

古者十五而入大學。「心之所之」謂之「志」。新安陳氏曰：心之所之，《說文》中語。此所謂「學」，即「大學之道」也。志乎此，則念念在此，而爲之不厭矣。朱子曰：孔子只十五歲時，便斷然以聖人爲志矣。今學者誰不爲學？只是不可謂之「志于學」。果能志于學，則自住不得。「志」字最有力。要如饑渴之於飲食。纔有悠悠，便是志不立。

「三十而立。

有以自立，則守之固，而無所事志矣。朱子曰：立，謂把捉得定，世間事物皆動搖我不得。如富貴、貧賤、威武不能淫、移、屈是也。志，方是趨向恁去求討未得。到此則得而守之，無所用志矣。志是要

❶「始終」，四庫本及上文《四書章句集註》、《四書通》作「終始」。

求箇道，猶是兩件物事；到立時，便是脚下已踏著了。然猶是守住。

「四十而不惑。

於事物之所當然皆無所疑，則知之明，而無所事守矣。朱子曰：既立矣，加以十年玩索涵養之功，而知見明徹無所滯礙也。蓋於事物之理，幾微之際，毫髮之辨無不判然於胸中，更不用守矣。

「五十而知天命。

天命，即天道之流行而賦於物者，乃事物所以當然之故也。知此，則知極其精，而不惑又不足言矣。朱子曰：不惑，是隨事物上見這道理合是如此；知天命，便是知這道理所以然。如父子之親，須是知其所以親。凡事事物物上，須知他本源來處。譬如一溪，先知得溪中有水，後知得水發源處。○又曰：天道流行，賦予萬物，莫非至善無妄之理而不已焉，是則所謂「天命」也。物之所得爲「性」，性之所具爲「理」，名殊而實一也。學至不惑而又進焉，則理無不窮，性無不盡，而有以知此矣。理以事別，性以人殊，命則天道之全，而性之所以爲性、理之所以爲理者也。自天命觀之，則理、性云者，小德之川流也；自理、性觀之，則天命云者，大德之敦化也。

「六十而耳順。

聲入心通，無所違逆，知之之至，不思而得也。和靖尹氏曰：六十而耳順，聞理即悟。○朱子曰：知天命，則猶思而得。到得耳順，則不思而得矣。聽最是人所不著力處。今聖人凡耳中所聞者，便皆是道理而無凝滯。到得此時，是於道理爛熟了。聞人言語更不用思量，纔聞言便曉也。○或問：「四十不惑，是知之明；五十知天命，是知極其精；六十耳順，是知之之至？」曰不惑，是事上知；知天命，是理上知；耳順，是事理皆通，入耳無不順。今學者致知，儘有次第節目。○慶源輔氏曰：所知至極而精熟，徹表徹裏，故聲纔入心便通，是非判然。其貫通神速之妙，更不待少致思而自得其理也。○陳氏曰：纔容少思而後得，則是內外有相扞格違逆，不得謂之順矣。如夫子聞滄浪之歌即悟自取之義，是耳順之證也。

「七十而從心所欲，不踰矩。」從，如字。

從，隨也。矩，法度之器，所以爲方者也。隨其心之所欲而自不過於法度，「安而行之」，「不勉而中」去聲。**也。**朱子曰：聖人表裏精粗無不昭徹。其體雖是人，其實只是一團天理。所謂「從心所欲不踰矩」，左來右去，盡是天理，如何不快活？**○程子曰：「孔子生而知者也。言亦由『學』而至，所以勉進後人也。立，能自立於斯道也；不惑，則無所疑矣。知天命，窮理盡性也；耳順，所聞皆通也；從心所欲不踰矩，則『不勉而中』矣。」又曰：「孔子自言其進德之序如此者，聖人未必然。但爲**去聲。**學者立法，使之盈科而後進，成章而後達耳。」**朱子曰：立，是物格知至而意誠心正之效，不止是用工處。不惑、知天命，是意誠心正而所知日進不已之驗。至耳順則所知又至極而精熟。聖人亦大約將平生爲學進德處分許多段說。十五志學，此學自是徹始徹終。到四十不惑，已自有耳順、從心所欲不踰矩意思，但久而益熟爾。年止七十，若更加數十歲，也只是這箇路，不是至七十歲便畫住了。**胡氏曰：「聖人之教亦多術，然其要使人不失其本心而已。**

欲得此心者，惟志乎聖人所示之學，循其序而進焉。至於一疵不存，萬理明盡之後，則其日用之間，本心瑩縈定反。然，隨所意欲，莫非至理。蓋心即體，欲即用；體即道，用即義；新安陳氏曰：「道」言渾淪之體，「義」言隨事適宜之用。聲爲律，而身爲度矣。」《史記・夏紀》：禹爲人敏給克勤，其德不違，其仁可親，其言可信，聲爲律，身爲度。○朱子曰：胡氏「不失其本心」一段極好，儘用子細玩味。聖人千言萬語，只是要人收拾得箇本心。日用之間，著力屏去私欲，扶持此心出來。理是心所當知，事是心所當爲，不要埋没了他。如脩齊治平，皆要此心爲之。此心皆自有許多道理，不待逐旋安排入來。聖人立許多節目，只要人剔括將自家心裏許多道理出來而已。○新安陳氏曰：「聲」即天地中和之聲，自然可以「爲律」；「身」即天地正大之體，自然可以「爲度」。以此形容「不踰矩」也。又曰：「聖人言此，一以示學者當優游涵泳，不可躐等而進；二以示學者當日就月將，❶不可半途而廢也。」慶源輔氏曰：亟者則「躐等而進」，怠者則「半途而止」。亟心亡，則能優游涵泳逐級而進；怠心亡，則能日就月將不極不止。聖人示學者實兼此二意。愚謂聖人生知安行，固無積累魯水反。之漸。然其心未嘗自謂已至此也。新安陳氏曰：苟自謂吾學已至，則便不是聖人。是其日用之間，必有獨覺其進，而人不及知者，故因其近似以自名，新安陳氏曰：自爲「立」與

❶「二」，四庫本及《四書纂疏》、《四書集編》作「一」。

「不惑」等名。**欲學者以是爲則而自勉，非心實自聖而姑爲是退託也。後凡言「謙辭」之屬，意皆放**上聲。**此。**問：「此章如何分知行？」朱子曰：志學亦是要行而以知爲重，立是本於知而以行爲重。志學言知之始，不惑、知命、耳順言知之至。立言行之始，從心不踰矩言行之至。○十五志學是一面學，一面力行。至三十而立，則行之效也。志學與不惑、知天命、耳順一類，是說知底意思；立與從心所欲一類，是說到底地位。○聖人也略有箇規模與人同。如志學也是衆人知學時。及其立與不惑也有箇迹相似。若必指定謂聖人必恁地固不得，若說聖人全無事乎學只空說也不得。但聖人自有聖人底事。○「志」字最要緊，直須結裏在從心不踰矩上。然又須循乎聖人爲學之序方可。○問：「自志學、而立至從心所欲，自致知誠意至治國平天下，二者次第等級各不同，何也？」曰：《論語》所云，乃進學之次第；《大學》所云，乃論學之規模。○勉齋黄氏曰：十年而後一進者，亦聖人之心至此而自信耳。學雖已至而未敢自信，必反覆參驗，見其必然而無疑，然後有以自信，此尤足以見聖人之所以爲聖人也。苟惟謂聖人謙辭以勉人，則皆架空之虚辭耳。故《集註》雖以勉人爲辭，而終以獨覺其進爲說。○雙峯饒氏曰：「矩」字尤爲此章之要。致知是要知此矩，力行是要踐此矩。立是守得此矩定，不惑是見得此矩明，知命是又識得此矩之所自來，耳順是見得此矩十分透徹，從心不踰是行得此矩十分純熟。矩者何？此心之天則是也。規、矩皆法度之器。規圓善於旋轉而無界限之可守，矩方則有廉隅界限截然一定而不易。智欲其圓，行欲其方，故以「矩」言之。矩即「義以方外」是也。胡氏謂體即道，用即義。「義」字正爲「矩」字而發。○雲峯胡氏曰：自堯、舜以至夫子，聖聖相傳，只傳此心。夫子年十五時，其心已自期於聖人；到七十時，其心猶不敢自謂是聖人。若心實自聖而姑爲是退託，豈聖人之心哉？要之志學者，此心所向之力；立者，此心所守之定；不惑者，此心所見之明；知天命者，心與理融，而洞其所以然；耳順者，理與心會，其順也自然而然；不踰矩者，此心此理渾乎爲一，而有莫測其然者矣。十年一進，聖人之心，聖人自知之，故即其近似以語學者，欲學者皆心夫聖人之心也。忘者不用其心，如何到聖處；助者亟用其心，亦如何便到聖處？○新安陳氏曰：聖人所志之學，大學也。大學之道，知行爲要。此章分知之始、知之至，行之始、行之至，朱子一條盡之矣。聖學自志學而始，至從心不踰矩而終。始終惟一心學也。心之所之謂之「志」，念念在道，大本立矣；心之所願謂之「欲」，從容中道，大用行焉。其中節次自志學而以序進，自有欲罷不能者。常人肆其心之所欲，皆私欲耳，烏知其所謂「矩」？賢人制其心之所欲，始能勉彊而不出於矩；聖人之心渾然天理，無一毫私欲之累，隨其心之所欲，皆天理大用之流行，自從容而不踰於矩。學者苟能卓然立志，以志乎聖人所志之學，循其序而知行並進焉，學與年俱長，德與年俱進，豈不能漸造於純熟之境，而於「希聖」其庶幾乎？

○**孟懿子問孝。子曰：「無違。」**

孟懿子，魯大夫，仲孫氏，名何忌。無違，謂不背音佩。**於理。**朱子曰：無違，通上下而言。三家僭禮，自犯違了。不當爲而爲，固爲不孝；若當爲而不爲，亦不孝也。詳味「無違」一語，一齊都包在裹。○或問「無違」。曰：未見得聖人之意在，且說不以禮。蓋亦多端，有苟且以事親而違禮，有以僭事親而違禮，自有箇道理，不可違越。○新安陳氏曰：「無違」二字，簡要而涵蓄，大有深意。

樊遲御。子告之曰：「孟孫問孝於我，我對曰『無違』。」

樊遲，孔子弟子，名須。魯人。御，爲去聲。孔子御車也。孟孫，即仲孫也。胡氏曰：三家皆魯桓公庶子。初以「仲」、「叔」、「季」爲氏，其後加以「孫」字。公子之子稱「公孫」也。「仲」改爲「孟」者，庶子自爲長少，不敢與莊公爲伯、仲、叔、季。公孫不敢祖諸侯也，故自以庶長爲「孟」。杜預作《公子譜》云：「仲慶父弑君，故改爲『孟』。」夫子以懿子未達而不能問，恐其失指而以從親之令爲孝，新安陳氏曰：恐其以從親之令爲「無違」，則失其本指。故語音御。樊遲以發之。新安陳氏曰：冀懿子得聞之也。

樊遲曰：「何謂也？」子曰：「生，事之以禮；死，葬之以禮，祭之以禮。」

生事、葬祭，事親之始終具矣。禮，即理之節文也。慶源輔氏曰：此「理」字，即指前「不背於理」之「理」字言也。禮是先王據事物之理品節之以成文者。人之事親，自始至終，一於禮而不苟，其尊親也至矣。是時三家僭禮，故夫子以是警之。然語意渾上聲。然，又若不專爲去聲。三家發者，所以爲聖人之言也。朱子曰：生事、葬祭之必以禮，聖人說得本闊，人人可用，不特爲三家僭禮而設。○陳氏曰：始終一以禮事親，則爲敬親之至矣。然若何而能一於禮？其中節文纖悉委曲，是多少事？皆不可不講。○莆田黃氏曰：若不以禮，便是不以君子之道待其親，便是違背於理。○胡氏曰：「人之欲孝其親，心雖無窮，而分去聲。則有限。得爲而不爲，謂苟簡儉陋者。與不

得爲而爲之，謂僭禮者。**均於不孝。所謂「以禮」者，爲其所得爲者而已矣。」**朱子曰：爲所得爲，只是合做底。大夫以大夫之禮事親，諸侯以諸侯之禮事親便是。○齊氏曰：説與何忌，孟僖子之子。昭七年，僖子從昭公如楚，病不能相禮，乃講學之。二十四年，僖子將卒，屬説與何忌於夫子，使事之而學禮焉。時孔子年三十四。樊遲爲孔子御，必在哀十三年魯以幣召還孔子後，時孔子年七十矣。僖子殁已久，而懿子猶問孝，可謂賢矣。僖子嘗令二子學禮，孔子不過即其垂殁所命以教其子爾。時三家習於僭，非不欲以尊親也，而不知適以陷其親於惡。使懿子不違其親之命，而悉以孔子所教生事而死葬祭之，則凡其所用皆親所得爲，而僖子之心慰矣，柰之何其不然也？聖人言不迫切而意深到，學者所宜細玩。○新安陳氏曰：孔子此言雖若告衆人，實警孟孫；雖警孟孫，仍可用於衆人。含蓄深切，所以爲聖人之言也。○東陽許氏曰：夫子曰生事葬祭皆以禮，《集註》亦曰「人之事親，始終一於禮而不苟」，此是就禮之中正處説，過於此不可，不及於此亦不可。夫子雖戒孟孫之僭，然當時於所當爲者豈皆盡善？則不及之意亦在其中，故又曰「語意渾然，又若不專爲三家發者」，謂推廣之無不包也。

○孟武伯問孝。子曰：「父母唯其疾之憂。」

武伯，懿子之子，名彘。音滯。**言父母愛子之心無所不至，唯恐其有疾病，常以爲憂也。**此正解經一句。**人子體此，而以父母之心爲心，則凡所以守其身者，自不容於不謹矣。豈不可以爲孝乎？**新安陳氏曰：此五句朱子發孔子言外之意，方見子之孝。凡所以守其身者，包涵甚闊。謹疾固是守身，不失身於不義，尤守身之大者。**舊説：人子能使父母不以其陷於不義爲憂，而獨**

以其疾爲憂，乃可謂孝。亦通。新安陳氏曰：前説爲佳。後説以衍餘意則可，以解正意則迂晦矣。○或問：「『父母唯其疾之憂』，何故以告武伯？」朱子曰：這許多所答，也是當時那許多人各有那般病痛，故隨而救之。又曰：其他所答固是皆切於學者，看此句較切。其他只是就道理上説如此，却是這句分外於身心上指出。若能知愛其身，必知所以愛其父母。○雙峯饒氏曰：非特有疾時憂，無疾時亦常憂其愛護之不謹而有以致疾，此見父母愛子之切處，不獨謹疾而已。○凡所以守其身，下一「凡」字，蓋不獨謹疾而已。愚謂已包後説之意在其中矣。○雲峯胡氏曰：夫子，聖人也，於疾且慎，況凡爲人子者乎？

○子游問孝。子曰：「今之孝者，是謂能養。至於犬馬皆能有養，不敬何以別乎？」養，去聲。別，彼列反。

子游，孔子弟子，姓言，名偃。吴人。**養，謂飲食供奉也。犬馬待人而食，亦若養然。言人畜**許六反。**犬馬，皆能有以養之。若能養其親而敬不至，則與養犬馬者何異？甚言不敬之罪，所以深警之也。○胡氏曰：「世俗事親，能養足矣。狎恩恃愛，而不知其漸流於不敬，則非小失也。子游聖門高第，未必至此，聖人直恐其愛踰於敬，故以是深警發之也。」**問：「犬馬不能自食，待人而食者也。故畜犬馬者必有以養之，但不敬爾。然則養其親而敬有所不至，不幾於以犬馬視其親乎？『敬』者尊敬而不敢忽忘之謂，非特恭謹而已也。人雖至愚，孰忍以犬馬視其親者？然幾微之間，尊敬之心一有不至，則是所以視其親者實無以異於犬馬而不自知也。聖人之言警乎人子未有若是之切者。」延平李氏曰：此一段恐當時之人習矣而不察，只以能養爲孝。雖孔門學者亦恐未免如此，故夫子警切以告之，使之反諸心也。苟推測至此，孝敬之心一不存焉，即陷於犬馬之養矣。○朱子曰：子游是箇簡易人，如洒掃應對便忽略了。如「喪致乎哀而止」，便見他節文有未至處。○或問：「父母至尊親，犬馬至卑賤，聖人之言豈若是之不倫乎？」曰：此設戒之言也。故特以尊卑懸絶之甚者明之，所以深著夫能養而不能敬者之罪也。○慶源輔氏曰：能養未必能敬，能敬則不至於不能養也。《記》曰「仁人之事親如事天」，可徒愛而不知敬乎？○雙峯饒氏曰：「是謂能養」，「皆能有養」，看兩箇「能」字，便見是説養親之人與養犬馬之人。言養親之人能養而不能敬，則與養犬馬之人無所分別，非謂父母與犬馬無别也。《集註》云「與養犬馬者何異」，即是「人」字。

○子夏問孝。子曰：「色難。有事弟子服其勞，有酒食先生饌，曾是以爲孝乎？」食音嗣。

色難，謂事親之際惟色爲難也。食，飯也。先生，父兄也。饌，飲食之也。曾，猶「嘗」也。蓋孝子之有深愛者必有和氣，有和氣者必有愉色，有愉色者必有婉容。新安陳氏曰：愉，悦也，色見於面者。婉，順也。容，舉一身之容儀言之。此三句《禮記·祭義》篇之文。色非可以僞爲也，惟深愛之心根於中，而後愉婉之色容見於外。其所以難者，乃有深愛和氣之難也。故事親之際，惟色爲難耳。服勞奉養，去聲。○此事親之常事。未足爲孝也。舊説承順父母之色爲難，亦通。新安陳氏曰：後説添「承順父母」字方可解。○問：「知敬親者其色必恭，知愛親者其色必和，此皆誠實之發見，不可以僞爲，故子夏問孝，孔子答之以『色難』。」朱子曰：此説亦好。○程子曰：「告懿子，告衆人者也；新安陳氏曰：事親以禮，人所通行。告武伯者，以其人多可憂之事。問：「如何見得？」朱子曰：觀聖人恁地説，則知其人如此。**子游能養而或失於敬，子夏能直義而或少温潤之色。各因其材之高下，與其所失而告之，故不同也。**」朱子曰：告懿子無違意思闊。若其他所告，則就其人所患説。然聖人雖是告衆人，若就孟孫身上看，自是大段切。雖專就一人身上説，若於衆人身上看亦未嘗無益。○子游見處高明，而工夫則踈；子夏較謹守法度，依本子做。觀「洒掃應對」之論，與「博學篤志」之説可見。惟高明而踈，故必用敬；惟依本做，故必用愛。子夏之病，乃子游之藥。若以「色難」告子游，以「敬」告子夏，則以水濟水，以火濟火，故聖人藥各中其病。○問：「如何見子夏直義處？」曰：觀其言「可者與之，不可者拒之」，孟子亦曰「北宮黝似子夏」，是箇持身謹規矩嚴底人。問：「嚴威儼恪非所以事親？」曰：太莊太嚴厲了。○問：「『子夏能直義而或少温潤之色』，『直義』莫是説其資之剛方否？」曰：只是於事親時無甚回互處。○問：「夫子答子游、子夏問孝，意雖不同，然自今觀之，奉養而無狎恩恃愛之失，主敬而無嚴恭儼恪之偏，儘是難。」曰：既知二失，則中間須自有箇處之之理。愛而不敬，非真愛也；敬而不愛，非真敬也。敬非嚴恭儼恪之謂，以此爲敬則誤矣，只把做件事小心畏謹便是敬。○問：「孔子答問孝四章雖不同，意則一。」曰：如何？曰：「彼之問孝，皆有意乎事親者。孔子各欲其於情性上覺察，不使之偏勝，則其孝皆平正而無病矣。」曰：如此看恰好。○勉齋黃氏曰：事親之道，非貴於聲音笑貌也。而以色爲難者，色非可以强爲也。非其真有深愛存乎其心，惟恐一毫拂其親之意者，安能使愉婉之狀貌見於顔面也哉？其告子夏者，所以發其篤於愛親之念也。或曰：「敬與愛，兩事常相反也。敬則病於嚴威，愛則病於柔順。今其告二子者如此，得無舉一而廢一乎？」曰：敬與愛皆事親之不能無也。父母，至親也，而愛心生焉；父母，至尊也，而敬心生焉。皆天理之自然，而非人之所彊爲也。然發之各有節，而行之各有宜。或過或不及，則二者常相病也。故聖人因其所偏者而警之，所以勉其不足而損其有餘也。四章問孝，其一則不辱其親，其二則不辱其身，三則敬，四則愛。學者於此四者而深體之，事親之大義盡於此矣。述《論語》者聚而次之，警人之意深矣。○新安陳氏曰：問孝四章，乃記者以類序次之。一則欲不違禮以事親，二則欲謹守身以不憂其親，三則欲其敬親，四則欲其愛親。學者合四章而深體之，事親之孝可得矣。聖人之言如化工隨物賦形。凡一部《論語》中，其教人不同，及問同答異者，皆如此。不但此四章也。

○子曰：「吾與回言終日，不違如愚。退而省其私，亦足以發，回也不愚。」

回，孔子弟子，姓顏，字子淵。魯人。不違者，意不相背，音佩。有聽受而無問難去聲。也。私，謂燕居獨處，上聲。非進見請問之時。發，謂發明所言之理。新安陳氏曰：發，如「發揮」、「發見」之發，非以言語發明之也。愚聞之師曰：朱子之師姓李氏。名侗，字愿中。號「延平先生」。「顏子深潛純粹，慶源輔氏曰：深潛，謂不淺露而德性淵宏；純粹，謂無瑕疵而氣質明淨。其於聖人體段已具。其聞夫子之言，默識心融，觸處洞然，自有條理，故終日言但見其不違如愚人而已。及退省悉井反。其私，則見其日用動靜語默之間，皆足以發明夫子之道，坦然由之而無疑，然後知其不愚也。」致堂胡氏曰：夫子久已知顏子之不愚。必曰退省其私者，以見非無證之空言，且以明進德之功，必由内外相符，隱顯一致，欲學者之謹其獨也。夫子與言終日，則所言多矣。今存者幾，惜哉！○朱子曰：默識心融，固是他功深力到，亦是天資高。顔子乃「生知」之次，比之聖人已具九分九釐，所争只一釐，孔子只點他這些，便與他相湊，他所以深領其言而不再問也。「融」字，如「消融」相似，如雪在湯中。若不融，一句只是一句，如何發得出來？如人喫物事，若不消只生在肚裏，如何滋益體膚？「退省其私」，私者他人所不知而回自知者，夫子能察之。如心之所安、燕居獨處之所爲、見識之所獨，皆是。與《中庸》「謹獨」之「獨」同。○不違如愚，不消説了；亦足以發，是聽得夫子説話便能發明於日用躬行之間。此夫子退而省察顔子之私如此。且如説非禮勿視、聽、言、動，顔子便真箇不於非禮上視、聽、言、動，《集註》謂「坦然由之而無疑」，是他真箇見得，真箇便去做。○退，非夫子退，乃顔子退也。發，啓發也。始也如愚人，似無所啓發。今省其私，乃有啓發。與「啓予」之啓不同。○顔子所聞，入耳著心，布乎四體，形乎動静，則足以發明夫子之言矣。○問：「顔子『不違』，與孔子『耳順』相近否？」曰：那地位大段高。不違是顔子於孔子説話都曉得，耳順是無所不通。○省其私，私不專在無人獨處之地。謂如人相對坐，心意默所趨向，亦是「私」。○問：「『亦足以發』，是顔子於燕私之際將聖人之言發見於行事否？」曰：固是。雖未盡見於行事，其理亦當有發見處。然燕私之際，尤見顔子踐履之實處。又曰：與之言，顔子都無可否，似箇愚底。及退而觀其所行，夫子與之言者一一做得出來不差，豈不足以發明夫子之道？如今人説與人做一器用，方與他説箇尺寸高低形製，他聽之全然似不曉底。及明日做得來，却與昨日所説底更無分毫不似。○南軒張氏曰：亦足以發，其「請事斯語」之驗與？默識心融，比於聖人耳順地位雖未幾及，而已同是一般趣味矣。○覺軒蔡氏曰：發者固是發明此理，疑亦有發見活潑潑之意。夫子再以「不愚」而信之，所以深喜之也。○慶源輔氏曰：默識是不待言説而自喻其意，心融是不待思惟而自與之爲一。觸處洞然自有條理者，謂如行自己家庭中，蹊徑曲折、器用安頓，條理次序，曉然在吾心目之間也。○雲峯胡氏曰：顏子之資鄰於生知，故無難疑答問，而自有以知夫子所言之理。顏子之學勇於力行，故雖燕居獨處，而亦足以行夫子所言之理。不曰「行」而曰「發」，此一「發」字最有力。夫子嘗曰：「語之而不惰者其回也歟？」「惰」則不「發」，「發」便不「惰」。孟子曰：「有如時雨化之者。」先儒以顏子當之。物經時雨便發，顏子一聞夫子之言，便足以發，故周子曰：「發聖人之蘊，教萬世無窮者，顏子也。」且不徒發之於人所共見之時，而能發之於己所獨知之地。顏子蓋真能發夫子約禮之教，而爲慎獨之學者也。

○子曰：「視其所以，

以，爲也。爲善者爲君子，爲惡者爲小人。朱子曰：大綱且看這一箇人是爲善底人，是爲惡底人。

「觀其所由，

觀，比「視」爲詳矣。由，從也。事雖爲善，而意之所從來者有未善焉，則亦不得爲君子矣。朱子曰：爲善底人，又須觀其意之所從來。若本意以爲己事所當然，無所爲而爲之，乃是爲己。若以爲可以求知於人而爲之，是意所從來已不善了。如齊桓伐楚固義也。然其意所從來，乃因怒蔡姬而伐蔡，蔡潰遂伐楚，則所爲雖是，而所由未是也。**或曰：由，行也。謂所以行其所爲者也。**

「察其所安，

察，則又加詳矣。厚齋馮氏曰：《穀梁傳》曰：「常事曰視，非常曰觀。」「觀」詳於「視」也。《易》曰：「仰以觀於天文，俯以察於地理。」「察」密於「觀」也。**安，所樂**音洛。下同。**也。所由雖善，而心之所樂者不在於是，則亦僞耳，豈能久而不變哉？**程子曰：視其所以，觀人之大概；察其所安，心之所安也。○朱子曰：意所從來處既善，又須察其中心樂與不樂。「安」是中心樂於爲善，自無厭倦之意。若中心所樂不在是，便或作或輟，未免於僞。○問：「以是察人，是節節看到心術隱微處，最是難事。亦必在己者能知言窮理，使心通乎道，而能精别是非，然後能察人如聖人也。」曰：於樂處便是誠實爲善，「如好好色，如惡惡臭」，不是勉彊做來。若以此觀人，亦須以此自觀，看自家爲善果是爲己，果是樂否。○所以，是所爲；所由，是如此做；所安，是所樂。譬如讀書是所爲，豈不是好事？然其去如此做，又煞多般。有爲己而讀者，有爲名而讀者，有爲利而讀者。須觀其所由從如何。其爲己而讀者固善矣，然或有出於勉彊者，故又觀其所樂。○問：「聖人於人之善惡如見肺肝，當不待如此著力。」曰：這也爲常人說，聖人固不用得如此。然聖人觀人，也著恁地詳細。如今人說一種長厚說話，便道聖人不恁地，只略略看便了。這箇若不見教徹底善惡分明，如何取舍？○問：「觀人之道，也有自善而入於惡，亦有事雖惡而心所存本好。」曰：這箇也自可見。須是如此看，方見好底鐵定是好人，不好底鐵定是不好人。又曰：初間纔看善惡便曉然。到觀其所由有不善，這又勝得當下便不是底。到察其所安有不善，這又勝前二項人。不是到這裏便做不好人看他，只是不是他心肯意肯，必不會有終。○「所安」是他平日存主習熟處。

他本心愛如此，雖所由偶然不如此，終是勉彊，畢竟所樂不在此，次第依舊又從熟處去。如平日愛踞傲，勉彊教他恭敬，一時之間亦能恭敬，次第依舊自踞傲了心方安。○勉齋黄氏曰：視其所以，兼君子小人視之；觀其所由，則先之爲小人者不復觀之矣，所觀者君子也；察其所安，則君子所由之未善者亦不復察之矣。察其所由之善，而欲知其安不安也。蓋所以既爲小人，何必復觀其所由；所由既未善，何必復察其所安？○勿軒熊氏曰：所由言意之所來，所安言心之所安。意是發端處，心是全體處。

「人焉廋哉，人焉廋哉？」

焉，何也。廋，匿也。重平聲。**言以深明之。○程子曰：「在己者能知言窮理，則能以此察人如聖人也。」**洪氏曰：此夫子觀人之法。「聽其言，觀眸子，人焉廋哉」，此孟子觀人之法。孟子之法，非有過人之聰明者不能。夫子之法，人皆可用，亦可以自考。○新安陳氏曰：在我者不明，則亦何以察人？《集註》引程子之言以補本文之意。知言，如孟子「我知言」。能知人言之是非，窮盡事物之理，則心如明鏡，方能知聖人觀人之法以察人也。

○子曰：「温故而知新，可以爲師矣。」

温，尋繹也。故者，舊所聞；新者，今所得。言學能時習舊聞而每有新得，則所學在我，而其應不窮，故可以爲人師。若夫音扶。**記問之學，則無得於心，**新安陳氏曰：與「每有新得」相反。**而所知有限，**新安陳氏曰：與「其應不窮」相反。**故《學記》譏其不足以爲人師，正與此意互相發也。**朱子曰：記問之學，温故而不知新，只記得硬本子，更不去裏面搜尋得道理。記得十件只是十件，記得百件只是百件，這箇便死殺了。知新則就温故中見得這道理愈精，勝似舊時。引而伸之，觸類而長之，則常活不死殺。《中庸》「温故而知新」，乃是「温故」重，此却是「知新」重。○温故方能知新。不温故而求知新，則亦不可得而求矣。○温故而知新，味其語意，乃爲温故而不知新者設。不温故固是間斷了，若果無所得，雖温得亦不足以爲人師。所以温故又要知新。❶惟温故而不知新，故不足以爲人師也。這語意在「知新」上。温故知新不是易底。新者只是故中底道理，時習得熟，漸漸發得出來。且如一理，看幾箇人來問，就此一理上一人與説一箇理，都是自家就此理上推究出來，所以其應無窮。且如記問之學，記得一事，更推第二事不去，記得九事，便説十事不出，所以不足爲人師。○問：「不離温故之中而知新，其亦下學上達之理乎？」曰：亦是漸漸上達之意。○道理即是一箇道理。《論》、《孟》所載是這一箇道理，六經所載也是這箇道理。但理會得了，時時温習，覺滋味深長，自有新得。○又曰：昔之所得雖曰既爲吾有，然不時加尋繹，則亦未免有廢棄遺忘之患，而無所據以知新矣。然徒能温故而不能索義理之所以然者，則見聞雖富，誦説雖勤，而口耳文字之外略無意見，如無源之水，其出有窮，亦將何以授業解惑而待學者無已之求哉？○尋繹其所已得，而每每有得於其所未得者。譬之觀人，昨日識其面，今日識其心，於以爲師，其庶矣乎！「可」云者，明未至此者不足以爲師，非以爲能如是而爲師有餘也。○范氏曰：温故者，月無忘其所能；知新者，日知其所無。

❶「故」，原作「得」，今據四庫本、孔本、陸本及《語類》卷二四改。

○子曰：「君子不器。」

器者，各適其用而不能相通。成德之士，體無不具，故用無不周，非特爲一才一藝而已。

程子曰：君子不器，無所不施也。若一才一藝則器也。○朱子曰：君子才德出衆。德，體也；才，用也。亦具聖人之體用，但其體不如聖人之大，用不如聖人之妙耳。○君子不器，是不拘於一。所謂體無不具，人心元有這許多道理充足。若慣熟時，自然看要如何，無不周徧。如夷清、惠和，亦只做得一件事。○問：「君子不器，君子是何等人？」曰：此通上下而言，是成德全才之君子。問：「子貢汝器也，喚做不是君子得否？」曰：子貢也是箇偏底，可貴而不可賤，宜於宗廟朝廷而不可退處，此子貢偏處。○南軒張氏曰：人之可以器言者，拘於才之有限者也。若君子則進於德，進於德則氣質變化，而才有弗器者矣。○勉齋黃氏曰：「各適其用不能相通」，以物言，舟之不可爲車之類也；以人言，優爲趙魏老不可以爲滕薛大夫是也。「用無不周」，見君子之不器；「體無不具」，原君子之所以不器也。○雲峯胡氏曰：士君子之心虛有以具衆理，是其體本無不具也。其心之靈足以應萬事，是其用可以無不周也。格致誠正脩齊治平，有以充此心之體而擴此心之用，所以不器。故凡局於器者，氣質之分量小；士君子之不器者，學問之功效大也。

○子貢問君子。子曰：「先行其言，而後從之。」

周氏曰：周氏，名孚先，字伯忱。毗陵人。**「先行其言者，行之於未言之前；而後從之者，言之於既行之後。」**問：「先行其言而後從之，苟能行矣，何事於言？」朱子曰：若道只要自家行得，說都不得，亦不是道理。聖人只説「敏於事而謹於言」，「敏於行而訥於言」，「言顧行，行顧言」，何嘗教人不言？○問：「先行其言，謂人識得箇道理了，可以説出來，却不要只做言語説過，須是合下便行將去。而後從之者，及行將去見得自家所得底道理步步著實，然後説出來，却不是杜譔臆度，須還自家自本至末皆説得有著實處。」曰：此説好。○南軒張氏曰：君子主於行，而非以言爲先也，故其言之所發，乃其力行所至而言隨之也。夫主於行而後言者爲君子，則夫易於言而行不踐者是小人之歸矣。○慶源輔氏曰：行之於未言之前，則其行專而力；言之於既行之後，則其言實而信。正君子進德修業之道也。○雙峯饒氏曰：君子行在言前，言隨行後，自然言行不相違矣。**○范氏曰：「子貢之患，非言之艱，而行之艱，故告之以此。」**朱子曰：只爲子貢多言，故云然。

○子曰：「君子周而不比，小人比而不周。」

周，普徧也；比，偏黨也。皆與人親厚之意，但周公而比私爾。朱子曰：「比」之與「周」，皆親厚之意。周則無所不愛，爲諸侯則愛一國，爲天下則愛天下，隨其親踈厚薄無不是此愛。若比則只是揀擇，或以利，或以勢，一等合親底他却自有愛憎，所以有不周處。又曰：大概君子心公而大，所以周普；小人心狹而常私，便親厚也只親厚得一箇。○周、比相去不遠，須分別得大相遠處。周則偏及天下，比則昵於親愛。無一人使之不得其所，便是「周」；但見同於己者與之，不同於己者惡之，便是「比」。君子好善惡惡皆出於公。用一善人於國於天下，則一國天下享其治；去一惡人於一鄉一邑，則一鄉一邑受其安。豈不是「周」？若小人於惡人則喜其合己，必親愛之；善人與己異，必傷害之。此「小人比而不周」

也。○君子立心自是周徧，好惡愛憎一本於公。小人惟偏比阿黨而已。○南軒張氏曰：君子小人之分，公私之間而已。周則不比，比則不周，天理人欲不並立也。君子於親踈遠近賢愚處之無不得其分，蓋其心無不溥焉，所謂「周」也；若小人則有所偏係而失其正，其所親暱皆私情也，所謂「比」也。○**君子小人所爲不同，如陰陽晝夜，每每相反。然究其所以分，則在公私之際，毫釐之差耳。故聖人於周比、和同、驕泰之屬，常對舉而互言之，欲學者察乎兩間，而審其取舍**上聲。**之幾**平聲。**也。**問：「取舍之幾，當在思慮方萌之初審察之否？」朱子曰：致察於思慮固是，但事上亦須照管，覺得思慮處失了，便著於事上看，便舍彼取此。○雲峯胡氏曰：君子小人公私相反，而聖人歷舉周比等之相似者言之。蓋相反者其情易知，相似者其幾未易察，故拳拳欲學者致審焉。○新安陳氏曰：《通書》曰：「幾善惡。」「幾」者，善惡所由分之微處也。上文「公私之際」即所謂「兩間」；「毫釐之差」即所謂「幾」。學者當審察於幾微處，而取其公舍其私。周比、和同、驕泰三章，皆當如此看。以此章居首，故於此包括言之。

○子曰：「學而不思則罔，思而不學則殆。」

不求諸心，故昏而無得；不習其事，故危而不安。朱子曰：學是學其事。如讀書是學，須精思其中義理方得；如做此事是學，須思此事道理如何。只恁低頭做，不思這道理，則所學者粗迹耳，故昧而無得。若只空思索，不傍事上體察，則無可據之地而終不安穩。須是「學」與「思」互相發明。○凡「學」字便兼「行」字意思。如講明義理，學也；纔效其所爲，便有行意。○「思」與「學」字相對説。學這事，便思這事。人説這事合恁地做，自家不曾思量這道理是合如何，則罔然而已。「罔」似今人説「罔兩」。既思得這事，若不去做這事便不熟，則臬兀不安。如人學射，雖習得弓箭裏許多模樣，若不曾思量這箇是合如何也不得。既思得許多模樣是合如何，却不曾去射，也如何得？○思則自當有得，如食之必飽耳。○問：「『學』謂視聖賢所言所行而效之也，『思』謂研窮其理之所以然也。徒學而不窮其理則罔。『罔』謂昏而無得，則其所學者亦粗迹耳。徒思而無踐履之實則殆。『殆』謂危而不安，則其所思者亦虛見爾。學而思，則知益精；思而學，則守益固。學所以致廣大，思所以盡精微。」曰：學不專於踐履，如「學以聚之」，正爲聞見之益而言。○慶源輔氏曰：「學」之義廣矣，雖不專謂習其事，然此之謂「學」則指習事而言耳。徒學而不求諸心，則内外不協，外雖勉强而中無意味，「故昏而無得」；徒思而不習其事，則理事爲二，理雖若有所得，事則扞格而無可即之安，「故危而不安」。○新安陳氏曰：學而思，則理益明而不局於粗淺；思而學，則理益實而不荒於高虛。**○程子曰：「博學、審問、慎思、明辨、篤行，五者廢其一，非學也。」**新安陳氏曰：五者，《中庸》誠之之目。程子之説，本以論《中庸》耳。朱子采之於此，以廣此章之意。○雲峯胡氏曰：朱子釋《中庸》，學問思辨屬「擇善」，知之事也；篤行屬「固執」，行之事也。此則以學爲習其事，是行之事；以思爲求諸心，是知之事。至若「學而時習之」，又引程子之言曰「時復思繹」，則思又是學習之事。若有不同者。要之專言學，則學兼知與行，思繹亦是學；分學與思，則「思」字屬知，「學」字屬行。《中庸》五者，朱子謂學與行是學之終始，問與辨是思之終始是也。

○子曰：「攻乎異端，斯害也已。」

范氏曰：「攻，專治也。故治木石金玉之工曰『攻』。新安倪氏曰：《周禮・考工記》有攻木之工、攻金之工。**異端，非聖人之道而別爲一端，如楊墨是也。其率天下至於無父無君，專治而欲精之，爲害甚矣。」**或問：「有以『攻』爲『攻擊』之攻，言異端不必深排者，如何？」朱子曰：正道、異端，如水火之相勝。彼盛則此衰，此强則彼弱。熟視異端之害而不一言以正之，亦何以祛習俗之蔽哉？觀孟子所以答公都子「好辨」之問則可見矣。○異端不是天生出來，天下只是這一箇道理，緣人心不正則流於邪說。習於彼必害於此，既入於邪必害於正。○問：「《集註》云：『攻，專治之也。』若爲學便當專治之，異端則不可專治也。」曰：不惟説不可專治，便略去理會他也不得。若是自家學有定止，去看他病痛却得。○楊氏爲我，拔一毛而利天下不爲；墨氏兼愛，至不知有父。如此等事，世人見他無道理，自不去學。○慶源輔氏曰：常言一事一件皆爲一端。異端，非聖人之道而別自爲一件道理也。楊氏以爲我爲義，而非聖人所謂「義」；墨氏以兼愛爲仁，而非聖人所謂「仁」。所以爲異端。○西山真氏曰：「異端」之名始見於此。孔子所指，未知爲誰。老聃、楊朱、墨翟皆與孔子同時，特以洙泗之教方明，其説未得肆耳。或謂孔子不闢異端，非也。如悖德悖禮之訓已是闢墨，潔身亂倫之訓已是闢楊矣。○胡氏曰：楊朱即莊周所謂楊子居者，與老聃同時。墨翟又在楊朱之前，宗師大禹而晏嬰學之者也。○新安陳氏曰：孔子之時，楊朱未肆，故《集註》下一「如」字。然則「異端」何所指乎？孔子謂鄉原德之賊，孟子謂其自以爲是而不可與入堯舜之道，則鄉原亦異端也。老聃正同時，而孔子於禮曰「吾聞諸老聃」，則老聃在當時未可以異端目之。今之《老子》書，先儒謂後人託爲之。蒙莊出而祖老氏，自此以後始爲虛無之祖，而爲異端不可辭矣。揚子雲曰：「非堯、舜、文王者爲他道」，故凡非聖人之道者皆異端云。○程子曰：「佛氏之言，比之楊、墨尤爲近理，所以其害爲尤甚。學者當如淫聲美色以遠去聲。之。不爾，則駸駸音侵。然入於其中矣。」汪氏炎昶。曰：程朱之時儒學亦有流於禪者，故《集註》有取於程說之痛切。今學者絶口於此，程朱之功爲多。○問：「何以只言佛而不及老？」朱子曰：老便是楊氏。孟子闢楊，便是闢老，如隱遁長往不來者，皆老之流。他本不是學老，所見與之相似。○楊、墨只是硬恁地做爲我兼愛，做得來也淡，不能惑人。佛氏最有精微動人處，初見他説出自有理，從他説愈深愈害人。問佛氏所以差。曰：劈初頭便錯了，如「天命之謂性」，他把這箇便都做空虚説了。吾儒見得都是實。○勿軒熊氏曰：韓愈云：「佛者夷狄之一法。」自後漢時流入中國，其初不過論緣業以誘愚民而已。後來却説心説性，雖聰明之士亦爲之惑。學者不可不力察而明辨也。○新安陳氏曰：程子之時，名公高材皆爲佛氏之言所陷溺。惟其近理，所以害甚。《集註》采此條，而《中庸序》亦曰「老、佛之徒出，則彌近理而大亂真矣」，皆所以闢異端也。

○子曰：「由，誨女知之乎！知之爲知之，不知爲不知，是知也。」女音汝。

由，孔子弟子。姓仲，字子路。魯之卞人。子路好去聲。勇，蓋有强上聲。其所不知以爲知者。故夫子告之曰：我教女以知之之道乎！但所知者則以爲知，所不知者則以爲不知，如此，則雖或不能盡知，而無自欺之蔽，亦不害其爲知矣。况由此而求之，又有可知之理乎？朱子曰：子路粗暴，見事便自説曉會得。如「正名」一節便以爲迂，和那箇知處也不知了。「知之爲知之，不知爲不知」，則無自欺之蔽，其知固自明矣。若不説出求其知，是使人安於所不知也。故程子説出此意，經意方完。既不失於自欺，又不失於自畫。○聖人只爲人將那不知者亦説是知，終至於知與不知終無界限了。若人能於其知者以爲知，於不知者以爲不知，而不强以爲知，此便是知了。只爲子路性勇，把不知者亦説是知，故爲他説如此。○問：「學者之於義理於事物，以不知爲知，用是欺人亦可矣，本心之靈庸可欺乎？但知者以爲已知，不知者以爲不知，則雖於義理事物之間有不知者，而自知則甚明而無蔽矣，故曰『是知也』。以此真實之心學問思辨，研究不舍，則知至物格意誠心正之事可馴致也。夫子以是誨子路，真切要哉！此章言之若易，而於學者日用間關涉處甚多。要當步步以是省察，則切身之用蓋無窮也。」曰：此説甚善。○南軒張氏曰：是知也，言是乃知之道也。○新安陳氏曰：强其不知以爲知，非惟人不我告，己亦不復求知，終身不知而後已。好勇者多喜自高，不服下人，故有此弊。此必子路初見孔子時，孔子以此箴之。後來「有聞未之能行，惟恐有聞」，及「人告以有過則喜」，則必改此失矣。然終有見義欠透徹處，是以知「食焉不避其難」之爲義，而不知食輒之食爲非義也，不知者以爲不知，則人必我告，己亦必自求知，豈非知之之道乎？

○子張學干禄。

子張，孔子弟子。姓顓孫，名師。陳人。**干，求也。禄，仕者之奉**符用反。**也。**雲峯胡氏曰：本文無「問」字，意編次者因夫子救子張之失，故先之以此五字，以見夫子爲子張干禄發。

子曰：「多聞闕疑，慎言其餘，則寡尤；多見闕殆，慎行其餘，則寡悔。言寡尤，行寡悔，禄在

其中矣。」「行寡」之「行」，去聲。

呂氏曰：呂氏，名大臨，字與叔。藍田人。「疑者，所未信；殆者，所未安。」程子曰：「尤，罪自外至者也；悔，理自内出者也。」新安陳氏曰：人以我爲尤，故曰「罪自外至」；我自知其非理而悔之，故曰「理自内出」。愚謂多聞、見者學之博，闕疑、殆者擇之精，謹言、行去聲。者守之約。新安陳氏曰：夫子分聞見、言行、疑殆對言之，朱子合而解之。學不博則無可擇。多聞多見，學既博矣，必於多中精以擇之，闕其所未信未安者，則非泛焉厖雜之博。擇之既精，然後加謹慎以言行其餘之已信已安者，而所守方得其約。「約」字與「博」字對，「約」字又自「精」字來，不精則其約也非切要之約而苟簡之約爾。「學之博」，「擇之精」，「守之約」，九字斷盡此一章。三者不可闕一。如此，則言必當而人不我尤，行必當而己無可悔矣。凡言「在其中」者，皆不求而自至之辭。新安陳氏曰：「禄在其中」，「餒在其中」，「仁在其中」，「直在其中」，「樂亦在其中」，其訓皆同。言此以救子張之失而進之也。朱子曰：此章是教人不以干禄爲意。蓋言行所當謹，非爲欲干禄而然也。若真能著實用功，則惟患言行之有悔尤，何暇有干禄之心耶？○「聞」是聞人之言，「見」是見人之行。聞亦屬自家言處，見亦屬自家行處。聞、見亦互相發，亦有聞而行者，有見而言者，不可泥看。聞見當闕其疑殆，然又勿易言易行之。○學本是要立身，不是要干禄。然言行能謹，人自見知，便有得禄之道。大概是令他自理會身己上事，不要先萌利禄之心。又曰：若人見得道理分明，便不爲利禄動。○禄固人之所欲，但要去干不得。然德行既脩，名聲既顯，則人自然來求，禄不待干而自得。○多聞多見，人多輕説過了，將以爲偶然多聞多見耳。殊不知此正是合用功處。不然，則聞見孤寡，不足以爲學矣。○出言或至傷人，故多尤；行有不至，已必先覺，故多悔。然此亦以其多少言之耳。言而多尤，豈不自悔；行而多悔，亦必至於傷人矣。○聖人只教他謹言行，因帶著禄説。聖人不教他干，但云得禄之道在其中，正是要抹殺了他「干」字。○又曰：人處己接物莫大於言行，聞見所以爲言行之資也。自寡聞見而積之多，多聞見而擇之精，擇之精而於言行猶曰必謹焉，其反身亦切至矣。猶曰僅足以寡尤悔而已，未敢必其絶無也。君子亦脩其在己而已。禄之得不得，非所計也，故曰「禄在其中」。本爲此而反得彼之辭，豈真教之以是干禄哉？○問「學干禄」章。曰：此是三截事。若人少聞寡見則不能參考得是處，故聞見須要多，若聞見已多而不能闕疑殆，則胡亂把不是底也將來做是了。既闕其疑殆，而又未能謹其餘，則必有尤悔。又問：「尤悔如何分？」曰：是大凡言不謹則必見尤於人，人既有尤，自家安得無悔；行不謹則己必有悔，己既有悔，則人安得不見尤？此只是各將較重處對説。又問：「禄在其中，只此便可以得禄否？」曰：雖不求禄，若能無悔尤，此自有得禄道理。若曰「耕也餒在其中矣」，耕本求飽，豈是求餒？然耕却有水旱凶荒之虞，則有時而餒。學本爲道，豈是求禄？然學既寡尤悔，則自可以得禄。如言「直在其中矣」，凡言「在其中矣」者，道理皆如此。○蔡氏曰：擇精守約固重，學博亦不可輕，聖人所以好古敏求，多聞擇從，多見而識，皆欲求其多也。不然，聞見孤寡，將何據以爲擇精守約之地耶？○新安陳氏曰：子張有務外求聞之失，故夫子教以反求諸内也。**○程子曰：「脩天爵，則人爵至。君子言行能謹，得禄之道也。子張學干禄，故告之以此，使定其心而不爲利禄動。若顏、閔則無此問矣。**新安陳氏曰：顏子終身簞瓢，閔子堅辭費宰，豈有此問？**或疑如此亦有不得禄者，孔子蓋曰『耕也餒在其中』，惟理可爲者爲之而已矣。」**雲峯胡氏曰：學干禄，即脩天爵以要人爵者。富貴在天，無可求之理；言行在我，有反求之道。學者惟當求其在我者，則禄將不求而自至，故「在其中」三字，正爲「干」字而發也。

○哀公問曰：「何爲則民服？」孔子對曰：「舉直錯諸枉，則民服；舉枉錯諸直，則民不服。」

哀公，魯君，名蔣。子兩反。**凡君問皆稱「孔子對曰」者，尊君也。錯，**倉故反。**捨置也。諸，衆也。程子曰：「舉錯得義，則人心服。」○謝氏曰：「好**去聲。**直而惡**去聲。**枉，天下之至情也；順之則服，逆之則去，必然之理也。**新安陳氏曰：《大學》云：「好人之所惡，惡人之所好，是謂拂人之性。」謝氏之論，蓋本於此。至情，即性之發也。**然或無道以照之，則以直爲枉，以枉爲直者多矣。是以君子大居敬而貴窮理也。」**新安陳氏曰：居敬窮理者，明吾心以照枉直之本，而居敬又爲窮理之本。本文無此意，乃謝氏推本之論也。大居敬，法《公羊傳》「君子大居正」之文。以居敬爲大，而又窮理爲貴也。○致堂胡氏曰：當時三家專魯，公安得擅舉錯之權哉？使公復問孰爲枉直而付舉錯之柄於夫子，夫子必有所處矣。民心既服，公室自張，何至乞師於越而卒以旅死哉？○朱子曰：當時哀公舉錯之權不在己，問了只恁休了。他若會問時，夫子尚須有説。○是便是直，非便是枉。○問：「哀公問何爲則民服，往往只是要得人畏服他。聖人却告之以進賢退不肖，乃是治國之大本，而人心自服者。蓋好賢而惡不肖，乃人之正情，若舉錯得義，則人心豈有不服？謝氏又謂若無道以照之，則以直爲枉、以枉爲直矣，君子大居敬而貴窮理。此又極本原而言。若人君無知人之明，則枉直交錯，而舉錯未必得宜矣。」曰：此説得分明。

○季康子問：「使民敬忠以勸，如之何？」子曰：「臨之以莊則敬，孝慈則忠，舉善而教不能則勸。」

季康子，魯大夫，季孫氏，名肥。莊，謂容貌端嚴也。臨民以莊，則民敬於己；孝於親，慈於衆，則民忠於己；善者舉之而不能者教之，則民有所勸而樂音洛。**於爲善。**朱子曰：「『莊』只是一箇字，『孝慈』是兩件事。孝是以躬率之，慈是以恩結之。孝是做箇樣子，慈則推以及人。二者須一齊有，民方忠於己。若只孝而不慈，或徒慈於衆而無孝於親樣子亦不得。善者舉之，不善者便棄之，民不能便勸。惟舉其善者而教其不能者，所以皆勸。○問：「康子之意必要使人能如此，聖人但告之以己所當爲而民自應者。方其端莊孝慈，舉善教不能，不是要民如此而後爲。做得自己工夫，則民有不期然而然者。」曰：也是如此。○吴氏曰：康子竊君之柄而專其國，廢父之命而殺其嫡，可謂不忠孝於君親矣；欲殺無道以就有道，可謂不慈於衆矣。在己事上接下皆非其道，而欲人盡道於己，難矣哉！○**張敬夫曰：「此皆在我所當爲，非爲**去聲。**欲使民敬忠以勸而爲之也。然能如是，則其應蓋有不期然而然者矣。」**慶源輔氏曰：凡聖賢之言與事其有木效感應處，皆當以此意推之，則庶幾無謀利計功之私矣。○新安陳氏曰：不期而然，乃自然之感應，何假於使之然哉？莊孝慈舉善而教，蓋不使之使也。

○或謂孔子曰：「子奚不爲政？」

定公初年，孔子不仕，故或人疑其不爲政也。新安陳氏曰：吴氏云夫子在魯不仕，其故有三：待賈而沽一也，季氏逐君二也，陽貨作亂三也。《史記》云：「季氏强僭離於正道，陽貨專政作亂，故孔子不仕。」《集註》因以爲定公初年事。然夫子不仕季氏，蓋以平子逐君。若謂「强僭離於正道」，則季氏數世皆然，而夫子何以又仕桓子乎？定五年季平子卒，桓子嗣立，家臣陽貨作亂，則定五年以前夫子不仕者以平子，而定五年以後不仕者以陽貨也。

子曰：「《書》云孝乎：『惟孝友于兄弟，施於有政。』是亦爲政，奚其爲爲政？」

《書》，《周書·君陳》篇。《書》云孝乎者，言《書》之言孝如此也。新安倪氏曰：《書》言孝友，而起語獨言「孝」者，友乃孝之推，孝可包友也。善兄弟曰友。《書》言君陳能孝於親，友於兄弟，又能推廣此心以爲一家之政。朱子曰：惟孝友于兄弟，謂孝然後友，友然後政，其序如此。能推廣此心以爲一家之政，便是齊家。緣下面有一箇「是亦爲政」，故不是國政。又曰：在我者孝，則人皆知孝；在我者弟，則人皆知弟。其政豈不行於一家？又曰：政，一家之事也。故不止是使之孝友耳。然孝友爲之本也。○此全在「推」字上。今人只是不善推其所爲耳。范氏言明皇友兄弟而一日殺三子，正以不能推此心也。○新安陳氏曰：孝友兄弟，行於家者；施於有政，行於國者。「居家理，故治可移於官」。《書》之本意不過如此，朱子特發出推廣以爲家政之意。孔子引之，言如此則是亦爲政矣，何必居位乃爲爲政乎？蓋孔子之不仕，有難以語音御。或人者，故託此以告之。要平聲。之至理，亦不外是。南軒張氏曰：孝於親，則必友於兄弟；孝友篤於家，則施於有政，亦是心而已矣。雖不爲政，而家庭間躬行孝友，爲政之道固在是矣。或人勉夫子以爲政之事，夫子告以爲政之道也。

○子曰：「人而無信，不知其可也。大車無輗，小車無軏，其何以行之哉？」輗，五兮反。軏音月。

大車，謂平地任載之車。輗，轅端横木，縛軛音厄。以駕牛者。小車，謂田車、兵車、乘去聲。車。軏，轅端上曲，鉤衡以駕馬者。車無此二者，則不可以行；人而無信，亦猶是也。

或問「人而無信，不知其可也」。朱子曰：人而無真實誠心，則所言皆妄。今日所言要往東，明日走在西去，這便是言不可行。○問：「先生但謂『車無此二者，則不可以行，人而無信亦猶是也』，而不及無信之所以不可行，何也？」曰：信是言行相顧之謂。人若無信，語言無實，何處行得？處家則不可行於家，處鄉黨則不可行於鄉黨。曰：「此與『言不忠信，雖州里行乎哉』之意同。」曰：然。○雙峯饒氏曰：「行之」之「行」指車言。人無信之不可行，亦猶是也。

○子張問十世可知也。

陸氏曰：「也，一作乎。」陸氏，名元朗，字德明。唐蘇州人。○王者易姓受命爲一世。新安陳氏曰：此與「三十年爲一世」之世不同。子張問自此以後十世之事，可前知乎？

子曰：「殷因於夏禮，所損益可知也；周因於殷禮，所損益可知也；其或繼周者，雖百世可知也。」

馬氏曰：馬氏名融，東漢扶風人。「所因，謂三綱五常；所損益，謂文質三統。」愚按：三綱，謂君爲臣綱，父爲子綱，夫爲妻綱。五常，謂仁、義、禮、智、信。文質，謂夏尚忠，商尚質，周尚文。朱子曰：質朴則未有文，忠則渾然誠確，無質可言矣。○忠只是朴實頭，白直做將去；質則漸有形質制度，而未有文采；文則就制度上事事加文采。然亦天下之勢自有此三者，非聖人欲尚忠、尚質、尚文也。夏不得不忠，商不得不質，周不得不文。彼時亦無此名字，後人見得如此，故命此名。三統，謂夏正建寅爲人統，商正建丑爲地統，周正建子爲天統。《前漢·律歷志》：天統之正始於子半，日萌色赤；地統受之於丑初，日肇化而黄，至丑半日芽化而白；人統受之於寅初，日孽成而黑，至寅半日生成而青。○朱子曰：康節分十二會，言天開於子，地闢於丑，人生於寅，蓋天運至子始有天，至丑始有地，至寅始有人，是天地人始於此，故三代即其始處建以爲正。○新安陳氏曰：正，謂正月也。不曰一月而曰正月，取王者居正之義。迭建以爲正月，故曰夏正、商正、周正。康節分十二會，詳見《皇極經世書》。三綱五常，禮之大體，三代相繼，皆因之而不能變。其所損益，不過文章制度小過不及之間。新安陳氏曰：損其過而益其不及。而其已然之迹，今皆可見。則自今以往，或有繼周而王去聲。者，雖百世之遠，所因所革，亦不過此，豈但十世而已乎？聖人所以知來者蓋如此，非若後世讖楚禁反。緯術數之學也。朱子曰：所因謂大體，所損益謂文爲制度。那大體是變不得底。○所因之禮是天做底，萬世不可易；所損益之文章制度是人做底，故隨時更變。○問：「夫子繼周而作，則忠質損益之宜如何？」曰：孔子有作，則併將前代忠質而爲之損益，却不似商只損益得夏，周只損益得二代。又問：「孔子監前代而損益之，及其終也，能無弊否？」曰：惡能無弊？○問：「其闕者宜益，其所多者宜損，固事勢之必然。但聖人於此處得恰好，其他人則損益過差了。」曰：聖人便措置一一中理，如周末文極盛，故秦興必降殺了。周恁地柔弱，故秦必變爲强戾。周恁地纖悉周緻，秦興一向簡易無情，直情徑行。皆事勢之必變。但秦變得過了。秦既恁地暴虐，漢興定是寬大。○繼周者秦，果如夫子之言否？看秦將先王之法一切掃除，然三綱五常不曾泯滅得。如尊君卑臣，損周室君弱臣强之弊，這自是有君臣之禮。如立法父子兄弟同室内息者有禁，這自是有父子兄弟之禮。天地之常經，自商繼夏，至秦繼周以後，皆變這箇不得。秦之所謂損益，只足損益得太甚耳。○此章「因」字最重，所謂損益亦只是要扶持箇三綱五常而已。如秦繼周，雖損益有所未當，然三綱五常終變不得。古人未嘗不尊君卑臣，秦人因之，但尊者益之而過尊，卑者損之而過卑耳；古人亦未嘗不德刑並用，秦人因之，但德則損之而又損，刑則益之而又益耳。○新安陳氏曰：讖緯，如「亡秦者胡」之讖，及赤伏符等，及諸經之緯書。術數，如望氣、厭勝、風角等皆是。○**胡氏曰：「子張之問，蓋欲知來。而聖人言其既往者以明之也。**夫音扶。**自脩身以至於爲天下，不可一日而無禮。天叙天秩，人所共由，禮之本也。**新安倪氏曰：《書》曰「天叙有典」、「天秩有禮」。三綱五常，即天叙之典、天秩之禮也。**商不能改乎夏，周不能改乎商，所謂天地之常經也。若乃制度文爲，或太過則當損，或不足則當**

益。益之損之，與時宜之，而所因者不壞，是古今之通義也。新安陳氏曰：天地之常經，以所因言，經也；古今之通義，以所損益言，權也。**因往推來雖百世之遠，不過如此而已矣。」**新安陳氏曰：綱常亘萬世而不易，制度隨時世而變易。❶觀三代之已往者如此，則百世之方來亦不過如此而已。❷

○子曰：「非其鬼而祭之，諂也；

非其鬼，謂非其所當祭之鬼。諂，求媚也。朱子曰：如天子祭天地，諸侯祭山川，大夫祭五祀，庶人祭其先，上得以兼乎下，下不得以兼乎上也。庶人而祭五祀，大夫而祭山川，諸侯而祭天地，此所謂「非其鬼」也。○問：「非其鬼而祭之，如諸侯僭天子，大夫僭諸侯之類。又如士庶祭其旁親遠族，亦是非其鬼否？」曰：是。又如今人祭甚麽廟神，都是非其鬼。問：「如用僧尼道士之屬，都是非其鬼。」曰：亦是。問：「旁親遠族不當祭，若無後者則如之何？」曰：這若無人祭，只得爲他祭。自古無後者，祭於宗子之家。○問：「土地山川之神，人家在所不當祭否？」曰：山川之神，季氏祭之尚以爲僭，况士庶乎？如土地之神，人家却可祭之。《禮》云：「庶人立一祀，或立户，或立竈。」户竈亦可祭也。又問：「中霤之義如何？」曰：古人穴居，當土室中開一竅取明，故謂之中霤。而今人以中堂名曰「中霤」者，所以存古之義也。又曰：中霤亦土地之神之類。五祀皆室神也。○厚齋馮氏曰：其，指祭者而言，謂非己所當祭者，

❶「時」，四庫本、孔本無此字。
❷「之」，四庫本作「時」。

蓋精誠神氣之不屬也，但欲諂之以希福耳。

「見義不爲，無勇也。」

知而不爲，是無勇也。 朱子曰：此處要兩下並看。就「見義不爲」上看，固見得知之而不能爲；若從源頭看下來，乃是知之未至，所以爲之不力。○勉齋黄氏曰：非鬼而祭，見義不爲，事非其類而對言之，亦告樊遲問知之意也。一則不當爲而爲，一則當爲而不爲。聖人推原其病之所自來，則曰「非鬼而祭」，有求媚要福之心也；「見義不爲」，無勇敢直前之志也。○新安陳氏曰：知義而不爲，是無浩然之氣以配道義故也。此章欲人不惑於鬼神之不可知，而惟用力於人道之所宜爲。他日夫子語樊遲曰：「務民之義，敬鬼神而遠之。」亦以「鬼神」對「義」而言，與此章意合。蓋嘗驗之天下之人，其諂瀆鬼神者，必不能專力於民義；其專力於民義者，必不諂瀆於鬼神。二者常相因云。○臨川吴氏曰：非其鬼，謂所不當祭者也；義者宜也，謂事理當然所當爲者也。非所當祭而祭之，是祭所不當祭者；見其當爲而不爲，是不爲其所當爲者。不當祭而祭，求媚而已；當爲而不爲，其懦可知。一過一不及也。夫子告樊遲曰：「務民之義，敬鬼神而遠之。」夫苟於鬼神知所遠，而於義知所務焉，庶乎其不至於祭所不當祭，而不爲所當爲矣。

論語集註大全卷之三

八佾第三

凡二十六章。通前篇末二章，皆論禮樂之事。

孔子謂季氏，八佾舞於庭，「是可忍也，孰不可忍也」。佾音逸。季氏，魯大夫季孫氏也。胡氏曰：古者有姓有氏。三家爲桓公之後，皆姬姓，又自以仲、叔、季分爲三氏也。佾，舞列也。天子八，諸侯六，大夫四，士二。每佾人數，如其佾數。天子八八六十四人，諸侯六六三十六人。餘倣此。或曰：每佾八人。六佾，六八四十八人。餘倣此。未詳孰是。《左傳》隱公五年九月，考仲子之宮，將萬焉。萬，舞名。公問羽數於衆仲。衆音終。對曰：「天子用八，諸侯用六，大夫用四，士二。夫舞所以節八音而行八風，故自八以下。」公從之。杜預註云：「人如佾數。」疏引服虔云：「每佾八人。」〇問：「八佾，舊說有謂上下通以八人爲佾者，何如？」朱子曰：是不可考矣。然以理意求之，舞位必方。豈其佾少而人多如此哉？季氏以大夫而僭用天子之禮樂。邢氏曰：僭於家廟舞之。孔子言其此事尚忍爲之，則何事不可忍爲？或曰：忍，容忍也。蓋深疾之之辭。洪氏曰：君子居是邦不非其大夫，而云爾者，正君臣之大義，《春秋》撥亂之意也。○雙峯饒氏曰：「忍」字有敢忍、容忍二義，而「敢忍」之義爲長。故《集註》以「容忍」居後。○趙氏曰：「敢忍」之「忍」，《春秋傳》所謂「忍人」是也；「容忍」之「忍」，《春秋傳》所謂「君其忍之」是也。○雲峯胡氏曰：前一「忍」字，指亂臣賊子之心而言；後一「忍」字，指《春秋》誅亂賊之法而言。○新安陳氏曰：自王政不綱，亂臣賊子無所忌憚，故敢於僭竊。殊不知君子畏義安分自不忍於心，豈問天吏之有無哉？以此言之，前説爲優。然自秉《春秋》之筆者言之，則後説亦足以寒亂賊之膽也。○東陽許氏曰：季氏以大夫而僭用天子之禮樂於廟庭，此事尚可敢忍爲之，何事不可敢忍爲之？此「忍」字就季氏上説。季氏以大夫而僭用天子之禮樂於廟庭，其罪不可勝誅，此事若可容忍而不誅，則何事不可容忍？此「忍」字就孔子上説。如此説則説得兩「可」字意出。**○范氏曰：「樂舞之數，自上而下，降殺**色界反。**以兩而已。故兩之間，不可以毫髮僭差也。**自八殺其兩而爲六。以下依此。**孔子爲政，先正禮樂，則季氏之罪不容誅矣。」謝氏曰：「君子於其所不當爲，不敢須臾處，**上聲。**不忍故也。而季氏忍此矣，則雖弑父與君，亦何所憚而不爲乎？」**朱子曰：爲人臣子，只是一箇尊君敬上之心，方能自安其分，不忍少萌一毫僭差之意。今季氏以陪臣而僭天子之佾，尚忍爲之，則是已絶天理，雖悖逆作亂之事亦必忍爲之矣。○問：「小人之陵上，其初蓋微僭其禮之末節而已；及充其僭禮之心，遂至於弑父弑君，此皆生於『忍』也。故孔子謂季氏八佾舞於庭，是可忍也。」曰：敢僭其禮，便是有無君父之心。○南軒張氏曰：季氏以陪臣而僭天子之舞，自睹其數而安焉。❶於此而忍爲，則亦何往而不忍也？亂臣賊子之萌，皆由於忍而已。忍則安之矣。○慶源輔氏曰：范氏就制度上説，故以「容忍」爲義，言不可容忍之甚也；謝氏就心上説，故以「敢忍」爲義，言其心既敢於此，則雖極天下之大惡亦敢爲之矣。○謝氏先論人心之本然，以見季氏之忍心僭逆；次又推極其忍心僭逆之害，使讀之者惕然有警於其心，而防微謹獨之意自有不容已者。

○三家者以《雍》徹。子曰：「『相維辟公，天子穆穆』，奚取於三家之堂？」徹，直列反。相，去聲。

三家，魯大夫孟孫、叔孫、季孫之家也。《雍》，《周頌》篇名。徹，祭畢而收其俎也。天子宗廟之祭，則歌《雍》以徹。是時三家僭而用之。相，助也。辟公，諸侯也。助祭之諸侯。**穆穆，深遠之意，天子之容也。**主祭者天子。**此《雍》詩之辭，孔子引之。言三家之堂非有此事，亦何取於此義而歌之乎？譏其無知妄作，以取僭竊之罪。**朱子曰：八佾，只是添人數，未有明文，故只就其事責之。《雍》徹，則分明歌天子之《詩》，故引《詩》以曉之曰：汝之祭亦有辟公之相助乎，亦有天子之穆穆乎？既無此義，焉取此詩？○雙峯饒氏曰：上章是罪其僭，此章是譏其無知。惟其無知，所以率意妄作，以取僭竊之罪。上章「是可忍也」，是言其不仁；此章「無知妄作」，是言其不知。惟其不仁不知，是以無禮無義。**○程子曰：「周公之功固大矣，皆臣子之分**去聲。**所當爲，**

❶「自」，四庫本作「目」。

西山真氏曰：子無父母，則無此身。己因父母而有此身，則事親自合盡孝。臣無君上，則無此爵位。己因君上而有此爵位，則事君自合盡忠。此只是盡其本分當爲之事，非過外也。**魯安得獨用天子禮樂哉？成王之賜、伯禽之受，皆非也。其因襲之弊，遂使季氏僭八佾，三家僭《雍》徹。故仲尼譏之。**」朱子曰：這箇自是不當用。便是成王賜周公，也是成王不是；若武王賜之，也是武王不是。《雍》詩自是成王之樂，餘人自是用他不得。武王已自用不得了，何況更用之於他人？又曰：使魯不曾用天子之禮樂，則三家亦無緣見此等禮樂而用之。○胡氏曰：按《禮記·明堂位》篇云：「成王以周公有大勳勞於天下，命魯公世世祀周公以天子之禮樂。」《祭統》云：「成王、康王追念周公之所以勳勞者而欲尊魯，故賜之以重祭。外祭則郊社是也，内祭則大嘗禘是也。」《禮運》曰：「魯之郊禘非禮也，周公其衰矣。」魯僭天子之制，三家僭魯，遂至於僭天子，程子所以追咎賜受皆非也。周公立爲經制，辨名分於毫釐間，將行之萬世而身没犯之，將行之天下而子孫違之，豈非周公之衰乎？○王氏曰：未嘗有天子之容，未嘗有辟公之相，魯爲諸侯之國，自不當用，而况於三家之陪臣乎？季氏非懵然不知其不當用，蓋一念之無君，由之而不自覺。則乾侯之避，豈待昭公而後知哉？《易》曰：「臣弑其君，子弑其父，非一朝一夕之故，其所由來者漸矣。」爲國者，其可不明禮分於平時。及其權歸而勢得，而後從而禁之，亦已晚矣。○厚齋馮氏曰：大夫不得祖諸侯，公廟之設於私家，非禮也，由三桓始也。唯三家皆祖桓公而立廟，故得以習用魯廟之禮樂而僭天子矣。夫天子之禮樂作於前，安然不以動其心，則凡不臣之事皆忍爲之矣。

○子曰：「人而不仁，如禮何；人而不仁，如樂何？」

游氏曰：「人而不仁，則人心亡矣，其如禮樂何哉？言雖欲用之，而禮樂不爲之用也。」朱子曰：人既不仁，自是與那禮樂不相管攝，禮樂亦不爲吾用矣；心既不仁，便是都不省了，自與禮樂不相干。禮樂須中和溫厚底人便行得。不仁之人，渾是一團私意，便不柰禮樂何。○勉齋黄氏曰：仁者，心之德。心之全德即仁也。游氏云「人心亡矣」，於「仁」之義最親切。○慶源輔氏曰：不仁則心無其德，雖謂之心亡可也。○新安陳氏曰：孟子云：「仁，人心也，放其心而不知求。」游氏説當本孟子之意觀之。

○程子曰：「仁者，天下之正理；失正理，則無序而不和。」朱子曰：程子説固好，但少疎，不見得仁。仁者，本心之全德。人若本然之良心存而不失，則所作爲自有序而和。若此心一放，只是人欲私心做得出來，安得有序，安得有和？仁只是正當道理，將正理頓在人心裏面，方説得箇「仁」字全。○問：「禮者，天理之節文；樂者，天理之和樂；仁者，人心之天理。人心若存得這天理，便與禮樂湊合得著；若無這天理，便與禮樂湊合不著。」曰：固是。若人而不仁，空有那周旋百拜，鏗鏘鼓舞，許多勞攘，當不得那禮樂。○問：「仁者，心之德也。不仁之人，心德既亡，方寸之中，絕無天理，平日運量酬酢，盡是非僻淫邪之氣，無復本心之正。如此等人，雖周旋於玉帛交錯之間，鐘鼓鏗鏘之際，其於禮樂判爲二物。若天理不亡，則見得禮樂本意皆是天理中發出來，自然有序而和。」曰：是。○慶源輔氏曰：仁、義、禮、智，皆正理也。此獨以「仁」言者，蓋謂專言之而包四者之「仁」也。○陳氏曰：禮樂無所不在，如兩人同行，纔長先少後便和順無爭。所以有爭，只緣少長之序亂了，又安得有和順底意？於此見禮先而樂後，無序則不必和。**李氏曰：**李氏，名郁，字光祖。昭武人。**「禮樂待人而後行。苟非其人，則雖**

玉帛交錯、鐘鼓鏗丘耕反。**鏘**，千羊反。**亦將如之何哉？」**朱子曰：游氏言心，程子言理。李氏言人，此「苟非其人，道不虛行」之意。蓋心具是理，所以存是心則在人也。○慶源輔氏曰：此章禮樂，正指玉帛鐘鼓言，故以李說終之。○雙峯饒氏曰：游氏說得「仁」字親切，而「禮」、「樂」二字欠分明；程子說得「禮」、「樂」二字有意義，而「仁」字不親切。必合二說而一之，然後仁與禮樂之義方備。程子「無序不和」，是說無禮樂之本；李氏「鐘鼓」、「玉帛」，是說徒有禮樂之文。亦必合二說而一之，然後「如禮樂何」之義方盡。《集註》用意精深，要人子細看。○程子「序」字「和」字是就理上說。若就心上說，則當言「敬」與「和」。不仁之人，其心不敬不和，無以爲行禮作樂之本。雖有禮之儀文，而儀文不足觀；雖有樂之音節，而音節不足聽。○勿軒熊氏曰：游氏兼禮樂之體用言，程子專指禮樂之體，李氏專指禮樂之用。**然記者序此於八佾、《雍》徹之後，疑其爲**去聲。**僭禮樂者發也。**新安陳氏曰：僭禮樂者，即人之不仁者也。本文無此意。但以次於前二章之後，故云然。

○林放問禮之本。

林放，魯人。見世之爲禮者專事繁文，而疑其本之不在是也。故以爲問。勉齋黃氏曰：「本」之說有二。其一曰仁、義、禮、智根於心，則性者禮之本也，故曰「中者天下之大本」。其一曰「禮之本」，禮之初也。凡物有本末，初爲本，終爲末，所謂「夫禮」，「始諸飲食」者是也。二說不同。《集註》乃取後說曰：「儉者物之質，戚者心之誠」，則便以儉、戚爲本。又取楊氏「禮始諸飲食」以證之。

子曰：「大哉，問！

孔子以時方逐末，而放獨有志於本，故大其問。蓋得其本，則禮之全體無不在其中矣。問「禮之全體」。朱子曰：兼文質本末言之。有質則有文，有本則有末。徒文而無質，如何行得？當時習於繁文，人但指此爲禮，更不知有那實處，故放問而夫子大之。想是此問，大段契夫子之心。○勉齋黄氏曰：得其本，則質文華實皆在其中。蓋文之與華，亦因質與誠而生也。有本則有末，末固具於本矣。如木有根本，則有枝葉華實；其本立，則此木全體枝葉華實皆在其中也。○雲峯胡氏曰：須看「在其中」三字。得禮之本，則雖不便是禮之全體，而全體在其中矣。

「禮與其奢也寧儉，喪與其易也寧戚。」易，去聲。

易，治也。《孟子》曰：「易其田疇。」在喪禮則節文習熟，而無哀痛慘怛當葛反。**之實者也。戚則一於哀而文不足耳。**朱子曰：治田須是治得無窒礙方是熟。若居喪而習熟於禮文，行得皆無窒礙，無那惻怛不忍底意，則哀戚必不能盡。○冠、昏、喪、祭皆是禮，故皆可謂「與其奢也寧儉」；惟喪禮獨不可，故言「與其易也寧戚」。易者，治也。言治喪禮至於習熟也。喪者，人情之所不得已。若習治其禮有可觀，則是樂於喪而非哀戚之情也。故《禮》云「喪事欲其縱縱爾」。**禮貴得中。**新安陳氏曰：此「禮」字兼吉凶言，中者無過不及也。**奢易則過於文，儉戚則不及而質，二者皆未合禮。**新安陳氏曰：謂未合禮之中。**然凡物之理，必先有質而後有文，則質乃禮之本也。**朱子曰：禮不過吉凶二者。上句汎以吉禮言，下句專以凶禮言。儉、戚，只是禮之本而已。及其用也，有當文時，不可一向以儉、戚爲是，故曰品節斯，斯之謂禮，蓋自有箇得中恰好處。○禮初頭只是儉，喪初頭只是戚。然初亦未有儉之名，儉是對後來奢而言，蓋追説耳。東坡説忠質文，謂初亦未有那質，只因後來文，便稱爲質。○南軒張氏曰：禮者，理也。理必有其實而後有其文。文者所以文其實也。若文之過，則反浮其實而失於理矣。夫禮而失於奢，寧過於儉也；喪而易焉，寧過於戚也。蓋儉與戚，其實則存；奢則遠於實，易則亡其實，其文雖備無益也。○勉齋黄氏曰：聖人因俗之弊，感放之意而爲是言，本非以儉戚爲可尚。特與其流於文弊，則寧如此耳。其言之抑揚，得其中正如此。○葉氏曰：論禮之中，雖以奢爲不遜、儉爲固，與其失之不遜，不若失之固猶爲近本也。是以用過乎儉，喪過乎哀，《易》以爲《小過》，謂過者小而得者大也。

○范氏曰：「夫音扶。祭與其敬不足而禮有餘也，不若禮不足而敬有餘也；喪與其哀不足而禮有餘也，不若禮不足而哀有餘也。禮失之奢，喪失之易，皆不能反本而隨其末故也。禮奢而備，不若儉而不備之愈也；喪易而文，不若戚而不文之愈也。儉者物之質，戚者心之誠，故爲禮之本。」楊氏曰：「禮始諸飲食，故汙烏瓜反。尊而抔蒲侯反。飲，爲之簠、簋、音甫、軌。籩、豆、罍、音雷。爵之飾，所以文之也。則其本儉而已。《記・禮運》篇云：「夫禮之初，始諸飲食。其燔黍捭音擘。豚，汙尊而抔飲，蕢苦恠反。桴而土鼓，猶若可以致敬於鬼神。」註云：「古未有釜甑，釋米捭肉加於燒石之上而食之耳。汙尊，鑿地爲尊也。抔飲，手掬之也。蕢，讀爲凷，謂摶土爲桴也。土鼓，築土爲鼓也。」喪不可以徑情而直行，爲之衰音催。麻哭踊音勇。之數，所以節之也。則其本戚而已。《記・檀弓下》：「禮有微情者，節哭踊。有以故興物者；衰絰之制。有直情而徑行者，戎狄之道也。」哭踊無節，衣服無制。周衰世方以文滅質，而林放獨能問禮之本，故夫子大之而告之以此。」朱子曰：楊氏謂「禮始諸飲食」，言禮之初本在飲食。然其用未具，安有鼎俎籩豆也。方其爲鼎俎之始，亦有文章，雕鏤繁而質滅矣。故云「與奢寧儉」。又曰：楊説「喪不可徑情而直行」，此一語稍傷那哀戚之意。其意當如上面「始諸飲食」之語，謂喪主於哀戚，而爲之哭泣擗踊所以節之，其本則戚而已。○慶源輔氏曰：祭與喪，皆禮也。范氏「與其」、「不若」之言，正與夫子所謂「寧」字義相宜，故引之爲説。禮失之奢，喪失之易，皆不能反本而流於末也。此常情之弊也。物，事也。禮而儉，則是事之未有文飾也；喪而戚，則是心之誠實自然也。故爲禮之本。○雙峯饒氏曰：放問禮之本，而夫子不告之以禮之大本，以其不切放故也。○雲峯胡氏曰：本有二，其末亦不同。「本根」之「本」，其末爲枝葉。枝葉出於本根而亦能芘其本根，可相有而不可相無。「本始」之「本」，末流必有失。禮始於儉，末也必奢，故曰「與其」，曰「寧」。孔子因末流之失，不得已而爲反本之論也。

○子曰：「夷狄之有君，不如諸夏之亡也。」

吴氏曰：「亡，古『無』字通用。」程子曰：「夷狄且有君長，上聲。不如諸夏之僭亂，反無上下之分去聲。也。」厚齋馮氏曰：諸夏，諸侯之稱。夏，大也。中國曰「夏」，大之也。○尹氏曰：「孔子傷時之亂而歎之也。無，非實無也。雖有之，不能盡其道爾。」鄭氏曰：《八佾》一篇，無非傷權臣之僭竊，痛名分之紊亂，其言與《春秋》相表裏。有疾之之辭，有鄙之之辭，有斥之之辭，有痛之之辭。「孰不可忍」，疾之也；「奚取於三家之堂」，斥之也；「人而不仁如禮樂何」，鄙之也；「夷狄之有君，不如諸夏之無」，痛之也。百世之下，誦其言，想其心，猶見其凛凛乎不可犯也。○問：「程氏註似專責在下者陷無君之罪，尹氏注似專責在上者不能盡爲君之道，何如？」朱子曰：只是一意。皆是説上下僭亂不能盡君臣之道，如無君也。○南軒張氏曰：夷狄雖政教所不加，然亦必有君長以統涖之，然後可立也。春秋之世，禮樂征伐自諸侯出，降而自大夫出，又降而陪臣竊國命，是以聖人傷歎以爲夷狄且有君，不如諸夏之無君也。夫諸夏者，禮樂之所由出也，今焉若此，其變亦甚矣。○新安陳氏曰：夏所以異於夷，以有君臣之分耳。今居中國，去人倫，反夷狄之不如，《春秋》所以作也。

○季氏旅於泰山。子謂冉有曰：「女弗能救與？」對曰：「不能。」子曰：「嗚呼！曾謂泰山不如林放乎？」女音汝。與，平聲。

旅，祭名。新安倪氏曰：祭山曰「旅」。《書》曰：「蔡蒙旅平。」「九山刊旅。」**泰山，山名，在魯地。禮，諸侯祭封内山川。季氏祭之，僭也。**《記・王制》：「天子祭天地，諸侯祭社稷，大夫祭五祀。天子祭天下名山大川：五嶽視三公，四瀆視諸侯，視者，視其牲器之數。諸侯祭名山大川之在其地者。」**冉有，孔子弟子，名求。**魯人。**時爲季氏宰。救，謂救其陷於僭竊之罪。嗚呼，歎辭。言神不享非禮，欲季氏知其無益而自止，又進林放以厲冉有也。**厲，激厲也。○朱子曰：天子祭天地，諸侯祭國内山川，只緣是他屬我，故我祭得他。若不屬我，則氣便不與之相感，如何祭得他？○南軒張氏曰：林放猶能問禮之本。泰山豈受非禮之祭？鬼神雖幽，不外乎理。人心猶所不安，神其享之乎？意當冉有爲其家臣時，適有旅祭事，故夫子欲其正救之。○陳氏曰：范氏説「有其誠則有其神」最好。誠只是真實無妄，雖以理言，亦以心言。須是有此實理，然後致其誠敬而副以實心，方有此神；若無此實理，雖有此實心，亦不歆享。如季氏不當祭泰山而冒祭，是無此實理矣。假饒盡其誠敬之心，亦與神不相干涉，神決不吾享矣。古人祭祀，須有此實理相關，然後七日戒，三日齋，以聚吾之精神。吾之精神既聚，則所祭者之精神亦聚，自有來格底道理。○雲峯胡氏曰：林放，一魯男子爾，猶知厭其禮之末者。泰山之神，獨不惡禮之僭者乎？夫子爲是言，豈林放請問之時，正季氏旅泰山之時歟，抑林放因季氏之旅而有是問歟？**○范氏曰：「冉有從季氏，夫子豈不知其不可告也？然而聖人不輕絕人盡己之心，安知冉有之不能救、季氏之不可諫也？既不能正，則美林放以明泰山之不可誣，是亦教誨之道也。」**問：「自『八佾舞』至『旅泰山』五段，皆聖人欲救天理於將滅。故其哀痛一切與《春秋》同意。」朱子曰：是。

○子曰：「君子無所爭，必也射乎？揖讓而升，下而飲，其爭也君子。」飲，去聲。

揖讓而升者，大射之禮，耦進三揖而後升堂也。胡氏曰：大射之禮，司射作三耦射。三耦出次西面揖，當階北面揖，及階揖，所謂「三揖而後升堂」也。**下而飲，謂射畢揖降，以俟衆耦皆降，勝者乃揖不勝者升取觶**音置。**立飲也。**胡氏曰：卒射北面揖，揖如升射。適次，反位，三耦卒射亦如之，所謂「射畢揖降以俟衆耦皆降」也。司射命設豐于西楹西。勝者之弟子洗觶酌奠于上。勝者袒決，遂執張弓；不勝者襲脱決拾，卻左手，右加弛弓於其上，遂以執弣，揖如始升射。及階，勝者先升堂少右，不勝者進北面坐，取豐上之觶，興立飲。卒觶，坐奠于豐下。興揖先降。所謂「勝者乃揖不勝者升取觶立飲」也。**言君子恭遜不與人爭，惟於射而後有爭。然其爭也雍容揖遜乃如此，則其爭也君子，**

而非若小人之争矣。非若小人尚氣角力之争也。○朱子曰：射有勝負，是相争之地，而猶若此，是不争也。畢竟爲君子之争，不爲小人之争，争得來也君子，語勢當如此。○慶源輔氏曰：「恭」與「遜」，皆禮之發也。恭主容，遜主事，争則恭、遜之反也。君子恭遜，則自無所争。獨於射，則皆欲中鵠以取勝，故不能無争。然其争也，升降揖遜，雍容和緩乃如此，是則所謂「禮樂未嘗斯須去身」者。「其争也君子」，謂其異於小人之争也。以是觀之，則信乎君子之真無所争矣。○或問：「孔子言射，曰『其争也君子』；孟子言射，曰『不怨勝己者，反求諸己』，此是全無争。」潛室陳氏曰：惟其不怨勝己者，其争也乃君子之争，而非小人之争。既謂「君子之争」，則雖争猶不争矣。君子之争者禮義，小人之争者血氣。○雲峯胡氏曰：「射有似乎君子」，此則謂射之争也君子。蓋君子於射，若不能不較勝負。然不勝者未嘗少有怨勝己之心，勝者亦略無一點喜勝之心，但惟見其相與雍容揖讓而已。豈不足以觀君子之氣象乎？

○子夏問曰：「『巧笑倩兮，美目盼兮，素以爲絢兮』，何謂也？」倩，七練反。盼，普莧反。絢，呼縣反。

此逸《詩》也。或謂即《衛風·碩人》所云「素以爲絢兮」一句，夫子所删也。朱子曰：此句最有意義，夫子方有取焉而反見删，何哉？且《碩人》四章，章皆七句，不應此章獨多一句而見删。必别自一詩而今逸矣。**倩，好口輔也。**新安陳氏曰：口輔，面頰也。《易》：「咸其輔。」《左傳》：「輔車相依。」**盼，目黑白分也。素，粉地，畫之質也；絢，采色，畫之飾也。言人有此倩盼之美質，而又加以華采之飾，**新安陳氏曰：《詩》無此句意，但下文「素以爲絢」中涵此意。**如有素地而加采色也。**雙峯饒氏曰:「巧笑」、「美目」二句,賦也;「素以爲絢」一句,比也。**子夏疑其反謂以素爲飾,故問之。**

子曰:「繪事後素。」繪,胡對反。

繪事,繪畫之事也。後素,後於素也。《考工記》曰:「**繪畫之事後素功。**」《周禮·冬官考工記》:「畫繢之事,青與赤謂之文,赤與白謂之章,白與黑謂之黼,黑與青謂之黻,五采備謂之繡。」「凡畫繢之事後素功。」**謂先以粉地爲質而後施五采,猶人有美質然後可加文飾。**申解逸《詩》意。

曰:「禮後乎?」子曰:「起予者,商也,始可與言《詩》已矣!」

禮必以忠信爲質,此「禮」字以儀文之禮言。**猶繪事必以粉素爲先。起,猶「發」也。起予,言能起發我之志意。**朱子曰:起予者,謂孔子言繪事後素之時,未思量到「禮後乎」處。而子夏首以爲言,正所以起發夫子之意。非謂夫子不能,而子夏能之以教夫子也。○聖人豈必待學者之言而後有所起發?蓋聖人胸中包藏許多道理,若無人叩擊,則無由發揮於外。一番説起則一番精神也。**謝氏曰:「子貢因論學而知《詩》,**見《學而》篇末章。**子夏因論《詩》而知學,故皆『可與言《詩》』。」○楊氏曰:「『甘受和,**去聲。**白受采,忠信之人可以學禮。苟無其質,禮不虛行。』此『繪事後素』之説也。**新安倪氏曰:《記·禮器》云:「甘受和,白受采,忠信之人可以學禮。苟無忠信之人,則禮不虛道。」道,猶「行」也。引此以解此章方可通。不然,「禮後乎」一句何以知忠信當先而禮文在後乎?白受采,可證「繪事後素」;而忠信可學禮,可解「禮後乎」。《集註》首云「禮必以忠信爲質」,亦本《禮器》。

孔子曰『繪事後素』，而子夏曰『禮後乎』，可謂能繼其志矣。新安倪氏曰：《學記》曰：「善教者使人繼其志。」謂師善教以引其端，使弟子繼師之志而開悟也。非得之言意之表者能之乎？商、賜可與言《詩》者以此。若夫音扶。玩心於章句之末，則其爲《詩》也固而已矣。新安倪氏曰：孟子云：「固哉，高叟之爲詩也！」爲，猶云「講治」。固，謂執滯不通。所謂『起予』，則亦『相長』上聲。之義也。」新安倪氏曰：《學記》云：「教學相長也。」謂教者與學者交相長益。○南軒張氏曰：「繪事後素」者，謂質爲之先而文在後也。子夏於此知禮文之爲後，可謂能默會之於語言之外矣。故夫子有「起予」之言。子夏在聖門文學之科，而其所得蓋如此，可謂知本矣。

○子曰：「夏禮吾能言之，杞不足徵也；殷禮吾能言之，宋不足徵也。文獻不足故也，足則吾能徵之矣。」

杞，夏之後；宋，殷之後。《史記·杞世家》：「東樓公者，夏后禹之苗裔也。」杞，國名。東樓公，謚號也。又《宋世家》：「微子開者，殷帝乙之長子，而紂之庶兄也。」微子，名啓。今云開者，避漢景帝諱也。徵，知陵反。證也。文，典籍也；獻，賢也。言二代之禮我能言之，而二國不足取以爲證，以其文獻不足故也。文獻若足，則我能取之以證吾言矣。朱子曰：孔子言：「我欲觀夏道，是故之杞而不足證也，吾得夏時焉；我欲觀商道，是故之宋而不足證也，吾得坤乾焉。」說者謂「夏時」爲《夏小正》，「坤乾」爲《歸藏》，聖人讀此二書必是大有發明處。《歸藏》之書今無傳。○問：「孔子能言夏、殷之禮而無其證，是時文獻不足，孔子何從知得？」曰：聖人自是生知聰明，無所不通。然亦是當時賢者識其大，不賢者識其小，孔子廣詢博問，所以知得。杞國最小，所以文獻不足。○問：「夏、殷之禮，杞、宋固不足徵。然使聖人得時得位，有所制作，雖無所徵而可以義起者，亦必將有以處之。」曰：夏、殷之禮，夫子固嘗講之。但杞、宋衰微，無所考以證吾言矣。若得時有作，當以義起者固必有以處之。○潛室陳氏曰：三綱五常，固不待取證。若其制度文爲隨時損益者何限？既無文獻可證，雖聖人不能意料臆説也。○雙峯饒氏曰：杞、宋二國，文獻雖皆不足，然以杞較宋，宋去殷近，尤有存者。杞去夏遠，且不能自振，想見尤甚。所以孔子又言「吾説夏禮，杞不足證；吾學殷禮，有宋存焉」。或問：「夏、殷之後，其文獻既皆不足，不知孔子於何考訂而能言之？」曰：殘編斷簡，當時豈無存者？聖人聰明睿知，得其一二，則可觸類以知其餘。況周之禮，實監二代而損益之。則周之文，亦可推之以知夏、殷忠質之變。但無徵不信，不信則民不從，故聖人雖能言之而終不敢筆之於書以示後世。若當時杞、宋可證，得聖人論著三代之禮，❶與周禮並存以爲百王損益之大法，豈不甚妙？惜乎杞、宋既不足以證二代之禮，其後周之文獻亦淪亡於戰國干戈，與暴秦坑焚之餘。三代禮樂之教，影滅無復遺響於後世，可歎也已。○胡氏曰：文獻不足，非全不可考，特有闕耳。○雲峯胡氏曰：夫子既能言之，猶曰「無徵不信」，其謹重如此。此凡三見。《禮運》以爲之杞得夏時，之宋得坤乾。《中庸》則以爲杞不足證，有宋存焉。合而觀之，蓋雖得夏時、坤乾之文，雖於

❶「三」，四庫本作「二」。

宋略有存焉者，然其爲文獻要皆缺略而不完也。故夫子論之。

○子曰：「禘自既灌而往者，吾不欲觀之矣。」禘，大計反。

趙伯循曰：伯循，名匡，唐河東人。「禘，王者之大祭也。王者既立始祖之廟，又推始祖所自出之帝，祀之於始祖之廟而以始祖配之也。朱子曰：以始祖配祭而不及群廟之主，不敢褻也。成王以周公有大勳勞，賜魯重祭。事見《禮記・明堂位》及《祭統》篇。故得禘於周公之廟，以文王爲所出之帝而周公配之，然非禮矣」。失之於僭，違不王不禘之法矣。灌者，方祭之始，用鬱紆勿反。鬯丑亮反。之酒灌地以降神也。朱子曰：鬱鬯者，禮家以爲釀秬爲酒，煮鬱金香草和之，其氣芬芳條暢也。○慶源輔氏曰：周之祭祀，先以鬱鬯灌地求神於陰。既奠，然後取血膋實之於蕭以燔之，以求神於陽也。魯之君臣，當此之時，誠意未散，猶有可觀。自此以後，則浸以懈居隘反。怠而無足觀矣。蓋魯祭非禮，孔子本不欲觀。至此而失禮之中又失禮焉，僭禘元已失禮，既灌懈怠爲又失禮。故發此歎也。慶源輔氏曰：僭祭之罪雖大，而其來已久。且國惡當諱。懈怠之失雖小，然却是當時主祭者切己之實病，不可不有以箴之。○謝氏曰：「夫子嘗曰：『我欲觀夏道，是故之杞而不足證也；我欲觀商道，是故之宋而不足證也。』又曰：『我觀周道，幽、厲傷之，由二王壞之。吾舍上聲。魯何適矣？』新安陳氏曰：魯在春秋時爲諸侯望國，周之典禮儒書在焉。『魯之郊禘非禮也，周公其衰矣。』以上並《禮運》文。考之杞、宋已如彼，考之當今魯事。又如此，孔子所以深歎也。」問：「禘之說，諸家多云魯躋僖公，昭穆不順，故聖人不欲觀，如何？」朱子曰：禘是於始祖之廟，推所自出之帝設虛位以祀之，而以始祖配，即不曾序昭穆。故周禘帝嚳，以后稷配之。王者有禘有祫，諸侯有祫而無禘。此魯所以爲失禮也。○或問：「《禮記・大傳》云：『禮不王不禘，王者禘其祖之所自出，以其祖配之。』又《喪服小記》曰『王者禘其祖之所自出』，又下云『禮不王不禘』，正與《大傳》同。則諸侯不得禘禮明矣。然則《春秋》書魯之禘，何也？」曰：成王追寵周公故也。❶《祭統》云：成王追念周公，賜之重祭，郊社禘嘗是也。魯之用禘，蓋以周公廟而上及文王，即周公之所出故也。○慶源輔氏曰：謝氏蓋併前章通論之。此二章及下章，❷或夫子一時之言，或記者以類次之也。

○或問禘之說。子曰：「不知也。知其說者，之於天下也其如示諸斯乎？」指其掌。

先王報本追遠之意莫深於禘，非仁孝誠敬之至不足以與去聲。此，非或人之所及也，而不王不禘之法，又魯之所當諱者，故以不知答之。示，與「視」同。指其掌，弟子記夫子言此而自指其掌，言其明且易也。蓋知禘之說，則理無不明，誠無不格，而治天下不難矣。聖人於此，豈真有所不知也哉？延平李氏曰：《記》曰：「魯之郊禘非禮也，周公其衰矣。」以其難言，

❶「寵」，四庫本、孔本作「念」。
❷「二」，四庫本、孔本作「三」。

故《春秋》皆因郊禘事中之失而書，譏魯自在其中。今曰「禘自既灌而往者，吾不欲觀之矣」，則是顛倒失禮，於灌而求神以至於終，皆不足觀，蓋歎之也。對或人之問，又曰「不知」，則夫子之深意可知矣。既曰「不知」，又曰「知其説者，之於天下也其如示諸斯乎」，指其掌，則非不知也，只是難言爾。原幽明之故，知鬼神之情狀，則燭理深矣，於天下也何有？○朱子曰：禘是祭之甚大甚遠者。若他祭與祫祭止於太祖，禘又祭祖之所自出，如祭后稷又推稷上一代祭之，周人禘嚳是也。○「禘」之意最深長。如祖考與己身未相遼絶，祭禮亦自易理會。至如郊天祀地，猶有天地之顯然者，不敢不盡其心。至祭其始祖，已自大段闊遠，難盡感格之道。今又推始祖所自出而祀之，苟非察理之精微，誠之極至，安能與於此？故知此，則治天下不難也。此尚明得，何況其他；此尚感得，何況其他？○自祖宗以來千數百年，只是這一氣相傳。德厚者流光，德薄者流卑。但法有止處，所以天子只是七廟。然聖人心猶不滿，故又推始祖所自出之帝以始祖配之，然已自無廟，只是附於始祖之廟。然又惟天子得如此，諸侯以下不與焉。故近者易感，遠者難格。若粗淺之人，他誠意如何得到那裏？不是大段見得道理分明，如何推得聖人報本反始之意如此深遠？非是將這事去推那事，只是知得此説時，則其人見得道理極高，以之處他事，自然沛然也。○天地、陰陽、生死、晝夜、鬼神，只是一理。若明祭祀鬼神之理，則治天下之理不外於此。七日戒，三日齋，必見其所祭者，故郊焉則天神格，廟焉則人鬼享，此可謂至微而難通者。若能如此，到得治天下，以上感下，以一人感萬民，亦初無難者。○問：「魯之郊禘，自成王之賜，伯禽之受不是了。後世子孫合如何而改？」曰：時王之命如何敢改？曰：「恐不可自改，則當請命於天王而改之否？」曰：是。○黄氏曰：

根於天理之自然謂之「仁」，形於人心之至愛謂之「孝」，真實無妄謂之「誠」，主一無適謂之「敬」。仁孝誠敬，凡祭皆然。交於神明者愈遠，則其心愈篤。報本追遠之深，則非仁孝誠敬之至莫能知之行之也。其爲説精微深遠，豈或人所能知，況又魯所當諱乎？以報本追遠之深，而盡仁孝誠敬之至，即此心而充之，事物之理何所不明，吾心之誠何所不格哉？○西山真氏曰：萬物本乎天，人本乎祖。我之有此身，出於父母也。父母又出於祖，祖又出於始祖，始祖又出於厥初得姓受氏之祖。雖年代悠遠，如自根而榦，自榦而枝，其本則一而已矣。故必推始祖之所自出而祭之，則報本反始之義無不盡矣。若非仁孝誠敬之極至，豈能知此禮而行之乎？蓋凡人於世之近者，則意其精神未散，或嘗逮事而記其聲容，必起哀敬之心而不敢忽。若世之遠者，相去已久，精神之存與否不可得而知，又素不識其聲容，則有易忽之意。故禘禮非極其仁孝、極其誠敬者，不能知其禮，不能行其事。苟能知此理矣，則其他事物之理又何難知之有？苟能感格矣，則推而格天地者，此誠而已；推而感之其他，則亦此誠而已。故曰「理無不明，誠無不格」，於治天下何難哉？○厚齋馮氏曰：《中庸》云：「明乎郊社之禮、禘嘗之義，治國其如示諸掌乎？」蓋夫子嘗爲郊社禘嘗發此語，至此復指其掌以示或人也。○雲峯胡氏曰：於禘而洞幽明之理者，理當無所不明矣；於禘而極感格之誠者，誠當無所不格矣。始曰「仁孝誠敬之至」，末獨曰「誠」，仁孝敬皆不可不誠；而誠之至者，仁孝敬當無不至也。

○祭如在，祭神如神在。

程子曰：「祭，祭先祖也；祭神，祭外神也。祭先主於孝，祭神主於敬。」新安陳氏曰：以下句

「祭神」，見上單一「祭」字，爲祭先祖也。**愚謂此門人記孔子祭祀之誠意。**朱子曰：孔子祭先祖，孝心純篤。雖死者已遠，因時追思，若聲容可接，得竭盡孝心以祀之。祭外神，如山川社稷五祀之類，與山林溪谷之神能興雲雨者，此孔子在官時也。盡其誠敬，儼然如神明之來格，得以與之接也。祭先主於孝，祭神主於敬，而如在之誠則一。○問：「人物在天地間，其生生不窮者理也，其聚而生散而死者氣也。氣聚在此，則理具於此。今氣已散而無矣，則理於何而寓邪？然吾之此身，即祖考之遺體。祖考之氣流傳於我而未嘗亡也。其魂升魄降，雖已化而無。然理之根於彼者既無止息，氣之具於我者復無間斷，吾能盡誠敬以祭之，此氣既純一而無所雜，則此理自昭晰而不可掩，此其苗脈之較然可覩者也。」曰：人之氣傳於子孫，如木之氣傳於實。此實之傳不泯，則其生木雖枯毁無餘，而氣之在此者猶自若也。此等處從實事上推之，自見意味。○問：「先生答廖子晦云：『氣之已散者既化而無有，根於理而日生者則固浩然而無窮。故上蔡言我之精神，即祖考之精神，蓋謂此也。』此是説天地氣化之氣否？」曰：此氣只一般。若説有子孫底引得他氣來，不成無子孫底便絶無了？如諸侯祭因國之在其地而無主後者，如太公封於齊便祭爽鳩氏之屬。蓋他先主此國來，禮合祭他。惟繼其國者則合祭之，非在其國者便不當祭，道理合如此。便有此氣，使無子孫，其氣亦未嘗亡也。要之通天地人只是這一氣，所以説「洋洋乎如在其上，如在其左右」，虚空逼塞無非此理。自要人看得活，難以言曉也。○問：「天地山川之屬，分明是一氣流通，而亦兼以理言之。上古聖賢則專以理言。」曰：有是理，必有是氣。問：「上古聖賢所謂氣，只是天地間公共之氣。若祖考精神，畢竟是自家精神。」曰：祖考亦只是這公共之氣。此身在天地間，便是理與氣凝聚底。天子統攝天地，負荷天地間事，與天地相關，這心便與天地相通。如諸侯不當祭天地，與天地不相關，便不能相通。聖賢道在萬世，功在萬世。今行聖賢之道，傳聖賢之心，便是負荷這物事，這氣便與他相通。如釋奠列許多籩豆禮儀，不成是無此氣，姑漫爲之？○問：「虛空中無非氣。死者既不可得而求矣。子孫盡其誠敬，則祖考即應其誠。還是虛空之氣自應吾之誠，還是氣只是吾身之氣？」曰：只是自家之氣。蓋祖考之氣，與己連續。○問：「非所當祭而祭，則爲無是理矣。若有是誠心，還亦有神否？」曰：神之有無，也不可必。然此處是以當祭者而言。若非所當祭底，便待有誠意，然這箇都已錯了。

子曰：「吾不與祭，如不祭。」與，去聲。

又記孔子之言以明之。言己當祭之時，或有故不得與而使他人攝之，慶源輔氏曰：有故，謂疾病，或不得已之事。**則不得致其如在之誠。故雖已祭，而此心缺然如未嘗祭也。○范氏曰：「君子之祭，七日戒，三日齊，**莊皆反。**必見所祭者，誠之至也。**《記・坊記》：「七日戒，三日齊，承一人焉以爲尸。」注云：承，猶「事」也。又《祭義》：「致齊於内，散齊於外。齊之日，思其居處，思其笑語，思其志意，思其所樂，思其所嗜。齊之日，❶乃見其所爲齊者。祭之日，入室僾音愛。然必有見乎其位。周還音旋。出户，肅然必有聞乎其容聲。出户而聽，愾音慨。然必有聞乎其歎息之聲。」**是故郊則天神格，廟則人鬼享，皆由己以致之也。有其誠則有其神，無其誠則無其神，可不謹乎？**朱

---

❶「之」，四庫本及《禮記・祭義》作「三」。

子曰：誠者，實也。有誠則凡事都有，無誠則凡事都無。如祭有誠意則幽明便交，無誠意便都不相接。○神明不可見，惟心盡其誠敬，專一在於所祭之神，便見得洋洋如在其上，如在其左右。然則神之有無，在此心之誠不誠。不必求之恍惚之間也。○胡氏曰：祭先所以感通者，吾身即所祭先祖之遺也。祭神所以感通者，吾身即所祭神之主也。因其遺，因其主，而聚其誠意，則自然感格，所謂「有其誠則有其神」也。○雙峯饒氏曰：范氏意是説有此誠時方有此神。若無此誠，則併此神無了，不特説神來格不來格也。『吾不與祭，如不祭』，誠爲實，禮爲虚也。」慶源輔氏曰：禮爲虚，非言凡禮皆虚，特指攝祭之禮而言耳。誠爲實，則指如在之誠意言也。○新安陳氏曰：范氏有其誠之誠，專指誠敬之實心言。非但指誠實之實理言。蓋古禮所祭，未有不合實理之神。此章本旨主於如在之誠，必盡如在之實心，斯見所祭之爲實有矣。

○王孫賈問曰：「與其媚於奧，寧媚於竈，何謂也？」

王孫賈，衛大夫。媚，親順也。室西南隅爲奧。竈者，五祀之一，夏所祭也。《禮記·月令》：孟春之月其祀户。孟夏祀竈。中央祀中霤。孟秋祀門。孟冬祀行。凡祭五祀皆先設主而祭於其所，然後迎尸而祭於奥，略如祭宗廟之儀。如祀竈則設主於竈陘，音刑。祭畢而更設饌於奥以迎尸也。朱子曰：陘，是竈門外平正可頓柴處。陘非可做好安排，故又祭於奥以成禮。五祀皆然。問：「五祀皆有尸，以誰爲之？」曰：今無可考。但墓祭以冢人爲尸，以此推之，祀竈之尸恐膳夫之類，祀門之尸恐閽人之類，祀山川則虞衡之類。《儀禮》周公祭泰山，召公爲尸。○問：「主與尸其別如何？既設主祭於其所，又迎尸祭於其奧，本是一神，以奧爲尊、以主爲卑何也？」曰：不是尊奧而卑主。但祭五祀皆設主於其處，則隨四時更易皆迎尸於奧。則四時皆然，而其尊有常處耳。○雙峯饒氏曰：五祀先設主席而祭於其所，親之也；後迎尸而祭於奧，尊之也。祭於其所近於褻，止祭於奧又非神所栖，故兩祭之，以盡求神之道也。**故時俗之語因以奧有常尊而非祭之主，竈雖卑賤而當時用事，**新安陳氏曰：奧，乃一室中最尊處。五祀皆迎尸於奧，雖有常尊。然户竈之類乃祭之主，而奧非祭之主也。以奧之尊，見竈爲卑賤。夏屬火。竈以火爨，夏祭主之。當夏之時，用夏之事。**喻自結於君，不如阿附權臣也。賈，衛之權臣，故以此諷孔子。**以奧比君，以竈比權臣。

子曰：「不然。獲罪於天，無所禱也。」

天即理也，其尊無對，非奧竈之可比也。逆理，則獲罪於天矣。豈媚於奧竈所能禱而免乎？朱子曰：獲罪於天，只是論理之當否，不是論禍福。問：「獲罪於蒼蒼之天，抑獲罪於此理？」曰：天之所以爲天者，理而已。天非有此道理不能爲天，故蒼蒼者即此道理之天。○慶源輔氏曰：凡物必有對。惟天則無所不包，惟理則無所不在，故尊而無對。○吴氏曰：天雖積氣，理寓氣中。逆理則得罪於天而禍及之矣。○新安陳氏曰：「天即理也」一句，是昭昭之天合人心之天言之。理原於天而具於人心。逆理則自欺此心之天，是即欺在天之天，而獲罪非自外至矣。**言但當順理，非特不當媚竈，亦不可媚於奧也。**朱子曰：緊要是「媚」字不好。○雲峯胡氏曰：纔説「媚」字便已非理，非理則獲罪於天矣。

○謝氏曰：「聖人之言，遜而不迫。使王孫賈而知此意，不爲無益；使其不知，亦非所以取禍。」朱子曰：王孫賈庸俗之人，見孔子在衛，將謂有求仕之意，欲孔子附己，故有「媚奥」與「媚竈」之言。彼亦雖聞有孔子之聖，但其氣習卑陋，自謂有權可以引援得孔子也。子曰「不然」者，謂媚奥與媚竈皆非也。天下只有一箇正當道理。循理而行便是天。若稍違戾於理，便是得罪於天，更無所禱告而得免其罪也。猶言違道以干進，乃是得罪於至尊至大者，可畏之甚。豈媚時君與媚權臣所得而免乎？此是遜辭以拒王孫賈，亦使之得聞天下有正理也。○南軒張氏曰：夫子謂苟獲罪於天，則媚奥、媚竈皆何所益？蓋胸中所存一有不直，則爲獲罪於天矣。夫欲求媚，是不直之甚者也。斯言即禱祠而論之，而所以答其意者亦無不盡矣。○西山真氏曰：聖人道大德宏如天地，故其發言渾渾乎如元氣之運。不曰媚奥竈之非，但言獲罪於天，無所禱也，亦如對陽貨但言「吾將仕矣」，其言渾然圭角不露。既非阿徇，又不違忤，此所以爲聖人之言也。常人之於權貴，非迎逢苟悦，則必激觸使怒。雖直言激觸者不失其正，然比之聖人氣象，猶未免陷於一偏。然此非勉强可及。苟欲師慕其萬一，惟敬以存養，使心平氣和，則庶乎其可近爾。程子謂讀《論語》者要識聖賢氣象，如此章之類，優游玩味，則其氣象可見矣。又曰：使王孫賈知此意，則必惕然自省平日所爲咈理得罪於天者已多，是乃開其悔悟之機也。如不知此意，亦不至觸之以招禍。○王孫賈，衛之權臣。觀聖人「獲罪於天」之語，則其儆之深矣。然他日稱衛靈公之不亡，則以其國有人之故，而王孫賈治軍旅亦與焉，蓋其人雖不善，至於治兵則其所長，此又憎而知其善之意，聖人之心至公如天地，此其一事也。

○子曰：「周監於二代，郁郁乎文哉，吾從周。」郁，於六反。

監，視也。二代，夏、商也。言其視二代之禮而損益之。郁郁，文盛貌。○尹氏曰：「三代之禮，至周大備，夫子美其文而從之。」問：「周監二代之制而損益之，其文大備，亦時使然也。聖人不能違時，烏得不從周之文乎？然亦少有不從處，如『行夏之時，乘商之輅』是也。」朱子曰：周之文固可從，而聖人不得其位，無制作之時，亦不得不從也。使夫子而得邦家，則將損益四代以爲百王不易之法，不專於從周矣。○聖人固當從時王之禮，周禮之盛又非有不可從。設使夫子得位有作，意其從二代者不能多於從周也。蓋法令既詳，豈可更略？略則姦宄愈滋矣。○問：「前輩多以夫子損益四代之制以告顏子，而又曰『吾從周』，其說似相牴牾。然《中庸》：『吾學周禮，今用之吾從周。』若答『爲邦』之問，乃其素志耳。」曰：得之。○南軒張氏曰：禮至周盛且備，不可有加，故夫子欲從周。使居制作之位，大體則從周，其間損益之宜，如夏時、殷輅、韶舞則有之矣。○慶源輔氏曰：先王之制，與氣數相爲始終而前後相爲損益，固非一人一日之所能致也。三代之禮，至周大備，則以氣數至此極盛，而前後相承互爲損益，至此始集其大成也。夫子美其文而從之，豈苟云乎哉？○新安陳氏曰：周之文，亦承夏忠、商質之後，風氣漸開，人文漸著，不得不然者。況武王、周公制作之初，參酌損益，良不苟矣。夫子得不從之？蓋從周盛時文質得宜之文，非從周末文勝質之文也。

○子入大廟，每事問。或曰：「孰謂鄹人之子知禮乎？入大廟，每事問。」子聞之曰：「是禮也。」大音泰。鄹，側留反。

大廟，魯周公廟。《公羊傳》文公十三年：周公稱「大廟」，魯公稱「世室」，群公稱「宮」。周公何以稱大廟于魯？封魯以爲周公也。周公拜乎前，魯公拜乎後，曰：「生以養周公，死以爲周公主。」拜，謂周公及其子伯禽始受封時，拜於文王廟也。**此蓋孔子始仕之時入而助祭也。**朱子曰：觀或稱鄹人之子，知其爲少賤之時。**鄹，魯邑名。孔子父叔梁紇，**下没反。**嘗爲其邑大夫。**朱子曰：呼「鄹人之子」，是與孔子之父相識者。**孔子自少以知禮聞，故或人因此而譏之。孔子言「是禮」者，敬謹之至，乃所以爲禮也。**朱子曰：是禮也，謂即此便是禮也。**○尹氏曰：「禮者，敬而已矣。雖知亦問，謹之至也，其爲敬莫大於此。謂之『不知禮』者，豈足以知孔子哉？」**朱子曰：入大廟每事問，知底更審問，方見聖人不自足處。執事不可不問，固然。然亦須知聖人平日於禮固已無不知，而臨事敬慎又如此也。又曰：平日講學，但聞其名而未識其器物，未見其事實，故臨事不得不問耳。○問：「『每事問』，尹氏謂『雖知亦問，敬慎之至』。問者所未知也。問所知焉，似於未誠。尹氏之説，聖人之心恐不如是。」曰：以石慶數馬，與張湯陽驚事相對觀之可見。雖知亦問，自有誠僞之别。兼或人謂夫子爲鄹人之子，則亦夫子始仕初入大廟時事。雖平日知其説，然未必身親行之而識其物也，故問以審之，理當如此。必不每入而每問也。然大綱節目，與其變異處，亦須問也。○南軒張氏曰：禮以敬爲主。宗廟之事嚴矣，其大體聖人固無不知也。至於有司之事，則容亦有所不知者焉。知與不知，皆從而問，敬其事也。或以爲不知禮，聖人告之以是禮也，所以明禮意之所存也。○覺軒蔡氏曰：聖人聰明睿知固無不知，然亦但知其理而已。若夫制度器數之末，掌之有司，容亦有所不知者。至若器物節文，已經講論，及今方見之，亦須問然後審也。○吴氏曰：邑大夫稱人，《春秋》書「人」者，《左傳》多云大夫，如文九年「許人」是也。傳稱「新築人仲叔于奚」亦此例。之子，少賤稱。《春秋》「仍叔之子」，《左傳》曰「弱」。他章「賊夫人之子」，皆謂父之子也。孟僖子病不能相禮，使二子學禮於夫子。齊黎彌曰：「孔某知禮而無勇。」則夫子以知禮聞可知矣。○陳氏曰：此章須於敬謹之至處玩聖人氣象。○厚齋馮氏曰：或者輒稱聖人以鄹人之子，而且以不知禮爲譏，自常人處之，其辭必厲，否則置之不足以辨。今語定氣和，如酬答之常，初不較其言之遜傲也。夫子之德量宏哉！○新安陳氏曰：於此略無不平之詞，尤可以觀聖人氣象。

○子曰：「射不主皮，爲力不同科，古之道也。」爲，去聲。

射不主皮，《鄉射禮》文；爲力不同科，孔子解禮之意如此也。皮，革也。布侯而棲革於其中以爲的，所謂「鵠」也。新安倪氏曰：侯以布，鵠以革。《考工記》曰：「梓人爲侯，廣與崇方，叄分其廣而鵠居一焉。」蓋方制其皮以爲鵠。鵠，小鳥而難中。以中之爲儁，故謂的爲鵠。科，等也。古者射以觀德，《禮記・射義》云：「射者所以觀盛德也。」但主於中去聲。下同。而不主於貫革，蓋以人之力有强弱不同等也。《記》曰：《樂記》篇。「武王克商，散軍郊射而貫革之射息。」正謂此也。《樂記》註：「散軍則不廢農事，郊射則不忘武備。射宫在郊，故曰郊射。貫革者，射穿甲革，所以主皮也。」周衰禮廢，列國兵争，復扶又反。尚貫革，故孔子歎之。○楊氏曰：「中可以學而能，力不可以强而至。聖人言古之道，所以正今之失。」朱子曰：夫子亦非是惡貫革之射。但是當時皆習於此，故言古人之道耳。如古人亦只是禮射不主皮，若武射依舊要貫革。若不貫革何益？○先王設射，謂弧矢之利以威天下，豈不願射得深中。如「不失其馳，舍矢如破」，「發彼小豝，殪此大兕」之類，皆是要得透。豈固以不主皮爲貴，而但欲畧中而已。蓋鄉射之時是習禮容，若以貫革爲貴，則失所以習禮之意。故謂若有人體直心正，持弓矢又審固，若射不貫革，其禮容自可取，豈可必責其貫革哉？此所以謂爲力不同科也。射之本意，也是要得貫革。只是大射之禮，本於觀德，不全是裸股肱决射御底人，只要内志正、外體直，取其中，不專取其力耳。○問：「古人射要如何用？」曰：其初也只是脩武備，聖人文之以禮樂。○勉齋黄氏曰：不主皮，未嘗以貫革爲非也。但取其中，而貫與不貫不論耳。雖矢不没而墜地，不害其爲中也。若主貫革，則唯有力者得射，世之能射者寡矣；不主貫革，則人皆可射也。○慶源輔氏曰：時平則射以觀德，世亂則射主貫革，二者固各有所宜。然貫革之射，可暫而不可常，武王之事是也。○新安陳氏曰：《儀禮·鄉射禮》曰：「禮射不主皮。」鄭氏註：「禮射謂以禮樂射，大射、賓射、燕射，是也。」夫子引《儀禮》之文，去上一「禮」字。若讀全句而味之，意自明白。蓋有禮射，有武射。治世行禮射，兵争則尚武射。此言「古之道也」，與「古者言之不出」，皆是言古者以見今之不古也。

○子貢欲去告朔之餼羊。去，起吕反。告，古篤反。餼，許氣反。

告朔之禮，古者天子常以季冬頒來歲十二月之朔于諸侯，諸侯受而藏之祖廟，月朔則以特羊告廟請而行之。餼，生牲也。魯自文公始不視朔，而有司猶供此羊，故子貢欲去之。

胡氏曰：《周禮》：「大史頒告朔于邦國。」《左氏傳》文公十六年疏云：「天子頒朔于諸侯，諸侯受之藏于祖廟，每月之朔以特牲告廟受而施行之，遂聽治此月之政。」竊意此周家所以一侯國，而侯國所以奉王命之常禮也。「餼」即特牲也。必於祖廟者，示不敢專且重其事也。魯自文公六年閏月不告朔，至十六年四不視朔，《左氏傳》疏云：「此後有不告朔者亦不復書，其譏已明，以後不復譏也。」然則定、哀之時，遂以不告朔爲常，故子貢以有司所供之羊爲徒費而欲去之，夫子遂責之也。大抵處事之際，有利害，有是非。主於利害，則見物而不見理；主於是非，則見理而不見物。子貢之説，豈初年貨殖之心猶未脱去歟？

子曰：「賜也，爾愛其羊，我愛其禮。」

愛，猶「惜」也。子貢蓋惜其無實而妄費。然禮雖廢，羊存猶得以識之識，音志，記也。記其爲告朔羊也。**而可復焉。若併去其羊，則此禮遂亡矣。孔子所以惜之。○楊氏曰：「告朔，諸侯所以稟命於君親，禮之大者。**新安陳氏曰：朔，受之天子，藏之祖廟，一禮行而尊君尊祖之大節得焉。**魯不視朔矣，然羊存則告朔之名未泯，而其實因可舉，此夫子所以惜之也。」**

朱子曰：愛禮存羊，須見得聖人意思大。常人只屑屑惜小費。聖人之心所惜者禮，所存者大也。○南軒張氏曰：夫子之意，以爲禮雖廢而羊存，庶幾後之人猶有能因羊以求禮者。是則羊雖虛器，固禮之所寓也。玩夫子之辭意，則子貢之欲去羊，其亦隘狹而少味矣。○勉齋黄氏曰：當時諸侯雖不告朔而羊尚在，是禮之大體雖亡，而猶有一節存也。有一節，則因此一節以復其大體。若去羊，則是併此一節之禮去之矣。○厚齋馮氏曰：是時諸侯固自紀元，而天子所存者僅正朔，此禮蓋甚重也。

○子曰：「事君盡禮，人以爲諂也。」

黃氏曰：黃氏，名祖舜，字繼道，三山人。「孔子於事君之禮，非有所加也，如是而後盡爾。時人不能，反以爲諂。故孔子言之，以明禮之當然也。」葉氏少藴。曰：如拜下之類，違衆而從禮，宜時人以爲諂也。○程子曰：「聖人事君盡禮，當時以爲諂。若他人言之，必曰：『我事君盡禮，小人以爲諂。』而孔子之言止於如此，聖人道大德宏，此亦可見。」胡氏曰：聖人事君盡禮，非自賢以駭俗，内交以媚君也。亦曰畏天命，畏大人而已矣。○趙氏曰：聖人必至禮而止，故曰盡。豈於禮之外又有加益哉？當時君弱臣强，事上簡慢，反以爲諂。○新安陳氏曰：按黃氏就「盡」字上深味之，程子就「人」字上深味之，於此見得聖人意思氣象，可爲味聖言之法。

○定公問：「君使臣，臣事君，如之何？」孔子對曰：「君使臣以禮，臣事君以忠。」

定公，魯君，名宋。二者皆理之當然，各欲自盡而已。此兩平言之，正意也。○呂氏曰：「使臣不患其不忠，患禮之不至；事君不患其無禮，患忠之不足。」此交互言之，不責人而責己，各盡所當然，所以足上正意也。尹氏曰：「君臣以義合者也，故君使臣以禮，則臣事君以忠。」新安陳氏曰：尹氏加一「則」字，以此章爲定公言，警君之意也。若爲臣言，則君雖不以禮，臣豈可以不忠？○朱子曰：爲君當知爲君之道，不可不使臣以禮；爲臣當盡爲臣之道，不可不事君以忠。君臣上下，兩盡其道，天下其有不治者哉？乃知聖人之言，本末兩盡。○問：「忠只是實心，人倫皆當用之，何獨於事君上説忠？」曰：父子、兄弟、夫婦，人皆自知愛敬；君臣以義合，人易得苟且。於此説忠，是就不足處說。○厚齋馮氏曰：以尊臨卑者易以簡，當有節文；以下事上者易以欺，當盡其心。君臣以義合，名分雖嚴，必各盡其道。三家之强，惟有禮可以使之。定、哀以吳、越謀伐則非禮矣，徒激其變，無益也。大抵聖人之言，中立不倚。異時答齊景公之問，亦曰「君君臣臣，父父子子」，景公曰「善哉」，必有以默動者矣。本末兩盡，含蓄不露，此聖人之言也。若乃孟子國人寇讎之喻，可以警其君而不可以諭其臣；責善則離之說，可以告其父而不可以訓其子。此聖賢之言，所以有辨也。

○子曰：「《關雎》樂而不淫，哀而不傷。」樂音洛。

《關雎》，《周南·國風》，《詩》之首篇也。淫者，樂之過而失其正者也；傷者，哀之過而害於和者也。《關雎》之詩，言后妃之德宜配君子，求之未得則不能無寤寐反側之憂，求而得之則宜其有琴瑟鐘鼓之樂。蓋其憂雖深而不害於和，其樂雖盛而不失其正，故夫子稱之如此。欲學者玩其辭，審其音，而有以識其性情之正也。朱子曰：此《詩》看來是宮中人作，所以形容到寤寐反側，外人做不到此。樂止於琴瑟鐘鼓，是不淫也。若沈湎淫泆則淫矣。憂止於展轉反側，是不傷也。若憂愁哭泣則傷矣。此是得性情之正。○問：「《關雎》樂而不淫，哀而不傷，是詩人性情如此，抑詩之詞意如此？」曰：是有那情性，方有那詞氣聲音。○《關雎》是樂之卒章，故曰「《關雎》之亂」。亂者，樂之卒章也，故《楚辭》有「亂曰」是也。前面須更有，但今不可考耳。○南軒張氏曰：哀樂，情之爲也，而其理具於性。哀而至於傷，樂而至於淫，是則情之流而性之汩矣。樂而不淫，哀而不傷，發不踰則，性情之正也。非養之有素者，其能然乎？○胡氏曰：觀《詩》之法，原其性情，玩其辭語，審其聲音而已。今性情難知，聲音不傳，惟辭語可玩味爾。然因其辭語，可以知其性情。至於播之長言，被之管弦，則聲音亦畧可見矣。○慶源輔氏曰：哀樂，情也；未發，則性也。由性之正，故發乎情亦正。○雙峯饒氏曰：自他《詩》觀之，言憂者常易至於悲傷。如《澤陂》之詩曰「有美一人，傷如之何？寤寐無爲，涕泗滂沱」是也。言樂者常易至於淫泆。如《溱洧》之詩曰「洧之外，詢訏且樂，惟士與女，伊其相謔，贈之以芍藥」是也。惟《關雎》之詩，最得性情之正。○雲峯胡氏曰：《集註》於「思無邪」曰「使人得其性情之正」，指凡《詩》之用而言；此則曰「有以識性情之正」，獨指《關雎》之詩而言。蓋樂不淫，哀不傷，是詩人性情之正也；如鄭衛之詩，樂過而淫，哀過而傷，則亦有非性情之正者矣。然讀者於此有所懲創，則亦可以得其性情之正。《集註》前後可以參看。○勉齋黄氏曰：先生晚年再改削《集註》，止於此章。

○**哀公問社於宰我。宰我對曰：「夏后氏以松，殷人以柏，周人以栗，曰『使民戰栗』。」**

宰我，孔子弟子，名予。魯人。**三代之社不同者，古者立社，各樹其土之所宜木以爲主也。**唐孔氏曰：「夏都安邑，宜松；商都亳，宜柏；周都豐鎬，宜栗。」○問：「以木造主，還是以樹爲主？」朱子曰：「只以樹爲社主，使神依焉，如今人説『神樹』之類。以木名社，如櫟社、枌榆社之類。○沙隨程氏曰：古者以木爲主。今也以石爲主，非古也。**戰栗，恐懼貌。宰我又言周所以用栗之意如此。豈以古者戮人於社，故附會其説與？**音余。○慶源輔氏曰：按《甘誓》曰：「用命賞于祖，弗用命戮于社。」蓋古者建國，左祖右社，左陽右陰。陰主殺，軍行載社主以行，弗用命則戮之於社也。

子聞之曰：「成事不説，遂事不諫，既往不咎。」

遂事，謂事雖未成而勢不能已者。孔子以宰我所對，非立社之本意，又啓時君殺伐之心。而其言已出，不可復扶又反。救，故歷言此以深責之，欲使謹其後也。○尹氏曰：「古者各以所宜木名其社，非取義於木也。宰我不知而妄對，故夫子責之。」問：「宰我所言尚未見於事，如何不可救？」朱子曰：此只責他易其言，未問其見於事與未見於事，所謂「斯言之玷不可爲也」。蓋欲使謹於言耳。○慶源輔氏曰：宰我在言語之科，然觀此戰栗之對，則失於鑿、流於妄者或不能免。大凡己所未曉之事而妄言以語人，不惟無益，而失己欺人之弊有不可勝言者。又況導人以殺戮之事哉？此夫子所以深責之也。

○子曰：「管仲之器小哉！」

管仲，齊大夫，名夷吾。相去聲。桓公，霸諸侯。器小，言其不知聖賢大學之道，故局量去聲。褊淺，規模卑狹，不能正身脩德以致主於王道。朱子曰：局量褊淺，是他容受不去了。容受不去，則富貴能淫之，貧賤能移之，威武能屈之矣。規模是就他設施處說。○器小，是以分量言。若以學問充之，小須可大。○問：「孔子見他一生全無本領，只用私意小智，僅能以功利自彊其國。若是王佐之才，必不如此，故謂之『器小』。」曰：是。○問：「須是如孟子言『居天下之廣居，立天下之正位，行天下之大道』，方是大器？」曰：是。○勉齋黃氏曰：局量，指心之蘊蓄；規模，指事之發見。心者器之體，事者器之用。不能正身脩德，則心之所向可知；不能致主於王道，則事之所就可知。局量褊淺，則規模必卑狹，未有不能正身脩德而能致主於王道者。○胡氏曰：「局量」、「規模」以器言，「褊淺」、「卑狹」以小言。

不知聖賢大學之道，所以器小也，本之不立也。不能正身脩德以致主於王道，器小之驗也，效之不至也。無是本，則無是效也。○東陽許氏曰：大學之道八事，先以脩身爲本，而後及家國天下。蓋見理既明，行事自然件件中節，不敢踰禮犯分。今管仲如此，只是格物致知工夫未到。見理不明，故爲所不當爲，踰禮犯分，凡事都要向上，不知反成小器。

或曰：「管仲儉乎？」曰：「管氏有三歸，官事不攝，焉得儉？」焉，於虔反。

或人蓋疑器小之爲儉。三歸，臺名，事見形甸反。**《説苑》。**劉向《説苑·善説》篇：齊桓公立仲父，致大夫曰：「善吾者入門而右，不善吾者入門而左。」有中門而立者，桓公問焉。對曰：「管子之知可與謀天下，其彊可與取天下，君恃其信乎？內政委焉，外事斷焉，民而歸之，是亦可奪也。」桓公曰：「善。」乃謂管仲：「政則卒歸於子矣。政之所不及，唯子是匡。」管仲故築三歸之臺，以自傷於民。○朱子曰：管氏有三歸，不是一娶三姓女，若此却是僭。此一段意，只舉管仲奢處以形容他不儉；下段所説，乃形容他不知禮處，便是僭竊。恐不可做三娶説。○厚齋馮氏曰：以歸民之左右與中，故臺謂之「三歸」。**攝，兼也。家臣不能具官，一人常兼數事，管仲不然。皆言其侈。**

「然則管仲知禮乎？」曰：「邦君樹塞門，管氏亦樹塞門；邦君爲兩君之好有反坫，管氏亦有反坫。管氏而知禮，孰不知禮？」好，去聲。坫，丁念反。

或人又疑不儉爲知禮。屏，音丙。**謂之「樹」。塞，猶「蔽」也。設屏於門以蔽內外也。**趙氏曰：古者人君別內外，於門樹屏以蔽塞之，蓋小牆當門中也。禮，天子外屏，諸侯內屏。大夫以簾，士以帷。**好，謂好會。坫在兩楹之間，獻酬飲畢則反爵於其上。此皆諸侯之禮而管仲僭之，不知禮也。**古註圖說：坫以木爲之，高八寸，足高二寸，漆赤中。○趙氏曰：古者諸侯與鄰國爲好會，主君獻賓，賓筵前受爵飲畢，反此虛爵於坫上，於西階上拜，主人於阼階上答拜。賓於坫取爵，洗爵以酢主人。主人受爵飲畢，反此虛爵於坫上，主人阼階上拜，賓答拜。是賓主飲畢反爵於坫也，大夫則無之。**○愚謂孔子譏管仲之器小，其旨深矣！或人不知而疑其儉，故斥其奢以明其非儉；或又疑其知禮，故又斥其僭以明其不知禮。蓋雖不復**扶又反。下同。**明言小器之所以然，而其所以小者於此亦可見矣。故程子曰：「奢而犯禮，其器之小可知。」蓋器大則自知禮而無此失矣。此言當深味也。**慶源輔氏曰：器大則天下之物不足以動其心，而惟義理之是行。○胡氏曰：奢者，器之小而盈也；犯禮者，器之盈而溢也。**蘇氏曰：**蘇氏，名軾，字子瞻。號東坡。眉山人。**「自脩身正家以及於國，則其本深，其及者遠，是謂『大器』。揚雄所謂『大器猶規矩準繩，先自治而後治人』者是也。**《揚子·先知》篇：或曰：「齊得夷吾而霸，仲尼曰小器。請問大器。」曰：「大器其猶規矩準繩乎？先自治而後治人之謂『大器』。」**管仲三歸反坫，桓公内嬖六人而霸天下，其本固已淺矣。管仲死，桓公薨，天下不復宗齊。」**《左傳》僖公十七年：齊侯之夫人三，王姬、徐嬴、蔡姬，皆無子。齊侯好内，多内寵。内嬖如夫人者六人，長衛姬，生武孟；少衛姬，生惠公；鄭姬，生孝公；葛嬴，生昭公；密姬，生懿公；宋華子，生公子雍。○新安陳氏曰：功業無本，宜仲僅可没身，公且蕘於亂也。**楊氏曰：「夫子大管仲之功而小其器，蓋非王佐之才，雖能合諸侯正天下，其器不足稱也。道學不明，而王霸之略混爲一途，故聞管仲之器小則疑其爲儉，以不儉告之則又疑其知禮。蓋世方以詭遇爲功而不知爲**去聲。**之範，則不悟其小宜矣。」**《孟子·滕文公下》篇：王良曰：「吾爲之範我馳驅，終日不獲一；爲之詭遇，一朝而獲十。」○問：「使仲器局宏闊，須知我所爲功烈如彼其卑，豈肯侈然自肆至於奢僭如此？」朱子曰：也不説道功烈卑時不當如此，便是功大亦不可如此。○奢而犯禮，是他裏面著不得。見此些小功業，便以爲驚天動地，所以肆然犯禮無所忌也。亦緣他只在功利上走，所以施設不過如此。才做到此，便不覺自足矣。古人論王霸，以爲王者兼有天下，伯者能率諸侯，此以位論固是如此。然使其正天下，正諸侯，皆出於至公而無一毫之私心，則雖在下位何害其爲王道？惟其摟諸侯以伐諸侯，假仁義以爲之，欲其功盡歸於己，故四方貢賦皆歸於其國，天下但知有伯而不復知有天子，此其所以爲功利之心而非出於至公也。在學者身上論之，凡日用常行，應事接物之際，纔有一毫利心，便非王道，便是伯者之習，此不可不省察也。○桓公伐楚，只去問他包茅與昭王不返二事。便見他只得如此休。據當時憑陵中夏，僭號稱王，其罪大矣，如何不理會？蓋纔説著此事，楚決不肯服，便事勢住不得。故只尋此年代久遠已冷底罪過，及些小不供貢事去問。想他見無大利害，決不深較，只要他稍退聽便收殺了。此亦是器小之故。纔是器小，自然無大功業。○如蘇氏説，見得不知大學本領，所以局量褊淺處。如楊氏説，見得不能致主王道，所以卑狹處。兼二説看，其義方備。○慶源輔氏曰：大其功，所以從衆而揚其善也；小其器，所以即事而名其實也。○才與器皆生於氣質，其所能爲者謂之「才」，其所能受者謂之「器」。仲之才雖足以合諸侯正天下，而其器之小不能大其受，局於氣，奪於私，是以奢而犯禮，苟免幸濟，而其所成就者亦如此之卑也。使仲而嘗學於聖人之門，知大學之道而從事焉，則其器之小者可以大，而其才之能爲者亦將光明盛大矣。○齊氏曰：器小，惜其度量不可以大受，雖勳勞如周公，猶且赤舄几几，自視欿然，況僅以其君伯乎？然則孔子何爲大其功？曰：功較之召忽則有餘，量較之周公則不足。大其功，爲天下幸；小其器，爲仲惜爾。○劉氏彭壽。曰：以霸者之功效計之，則仲亦得爲春秋之仁人；以王道之軌轍範之，則仲不免爲三王之罪人。此所以大其功而小其器。○歐陽氏玄。曰：器，如物之所受淺深限量，自有不可誣者。仲唯器小易盈，不能使己無三歸之奢，君無多嬖之溺，齊政不旋踵而衰，器之所受不過如是而止。使能擴而充之，則可以拓聖賢之業，載宇宙之量矣。○厚齋馮氏曰：齊桓入國，在魯莊九年，仲始獲用。三桓之僭魯，乃在昭、襄之世，距仲且百餘年，仲之僭奢，蓋先諸國之大夫也。夫子此章不與仲深矣。後百年而孟氏又斥之以曾西之所不爲。天下後世始知有王佐事業，而仲始卑，霸圖始陋。向微孔、孟之論，天地之正誼或幾乎熄矣！○雲峯胡氏曰：三代而後，中國未有霸，而仲輔其君先之；未有以大夫僭諸侯者，而仲塞門反坫先之。《春秋》正其綱，故責齊桓而不責管仲；《論語》紀其實，故責管仲而不責齊桓。蓋皆不知有大學之道者也。嗚呼！是時《大學》之書未出也。夫子而後，亦既有《大學》之書矣。然未聞有行大學之道者，何哉？

○子語魯大師樂曰：「樂其可知也：始作，翕如也；從之，純如也，皦如也，繹如也以成。」

語，去聲。大音泰。從音縱。

語，告也。大師，樂官名。時音樂廢缺，故孔子教之。翕，合也。從，放也。純，和也。皦，明也。繹，相續不絕也。成，樂之一終也。成，如《書》所謂「《韶》之九成」，《記》所謂「《武》之六成」是也。○謝氏曰：「五音六律不具，不足以言樂。翕如，言其合也。五音合矣，清濁高下如五味之相濟而後和，故曰『純如』；合而和矣，欲其無相奪倫，故曰『皦如』。然豈宮自宮而商自商乎？不相反而相連如貫珠可也，故曰『繹如也以成』。」朱子曰：味其語勢，蓋將正樂而語之之辭。○南軒張氏曰：周衰樂廢，蓋雖其聲音亦失之矣。聖人因其義而得其所以爲聲音者而樂可正也。○覺軒蔡氏曰：始作，樂之始也；成，樂之終也。始作翕如，則八音合矣；從之純如，則合而和也；皦如，則和而又有別也；繹如也以成，則別而又不失於和也。數言之間，曲盡作樂始終節奏之妙。大師而可與語此，其亦非常人也歟！○雙峯饒氏曰：此章有三節。「始作」是其初，「從之」以後是其中，「以成」是其終。翕合之餘有純和，純和之中有明白，明白之中無間斷，方是作樂之妙。○厚齋馮氏曰：純，所謂「八音克諧」是已；皦，所謂「無相奪倫」是已；繹，所謂「始終相生」是已。○新安陳氏曰：八音不合則不備，故始必翕合。然不可拘迫生澀，故從之欲其和。然和易以混而無別，故和中欲其皦然分明。然分明中又不可斷續，故又貴繹如，而樂於是終焉。自始至終，合而和，和而明，明而續，必兼此四節不可闕一，則樂之始終條理盡矣。

○儀封人請見曰：「君子之至於斯也，吾未嘗不得見也。」從者見之。出曰：「二三子何患於喪乎？天下之無道也久矣。天將以夫子爲木鐸。」「請見」、「見之」之「見」，賢遍反。從、喪，皆去聲。

儀，衛邑。封人，掌封疆之官。胡氏曰：封人，周官名。掌爲畿封而植之。《左氏傳》所謂潁谷封人、祭封人、蕭封人，皆此類。**蓋賢而隱於下位者也。**胡氏曰：封人有請見之心，則非若沮溺之狷介自高矣。自言其得見君子之多，則見其好賢有素而所聞不淺狹矣。雖其見聖人而請問之辭不傳，然意象和平，進退從容。出語門人，又深得其大致，則賢而隱於下位者也。**君子，謂當時賢者。至此皆得見之，自言其平日不見絶於賢者而求以自通也。**夫子行經衛邑，而封人因請見，故云然。**見之，謂通使得見。喪，謂失位去國，禮曰「喪欲速貧」是也。**意夫子失魯司寇，去魯歷聘時。○張氏存中。曰：「喪欲速貧」，出《禮記·檀弓》，詳見《孟子·滕文公上》篇。**木鐸，金口木舌，施政教時所振以警衆者也。**胡氏曰：《明堂位》言「振木鐸于朝」。○齊氏曰：木鐸，金口木舌。若金鐸則金口金舌。春用木，秋用金。文用木，武用金。時與事之不同也。**言亂極當治，**去聲。**天必將使夫子得位設教，不久失位也。封人一見夫子而遽以是稱之，其得於觀感之間者深矣。**朱子曰：這裏儘好看。如何從者見之後，便見得夫子恁地？這裏也見得儀封人高處。○問：「儀封人亦是據理而言。若其得位失位，則非所及知也。」曰：儀封人與夫子說話皆不可考。但此人辭氣最好，必是箇賢有德之人。一見夫子，其觀感之間，必有所見，故爲此言。前輩謂作者七人，以儀封人處其一以此。○慶源輔氏曰：聖人德容之盛，觀之者固當知所敬愛矣。然封人之贊夫子，則因所見而驗所聞，即其已然而得其將然，不惟有以見聖人之當乎天，而又有以知天之不能違乎聖人也。○新安陳氏曰：封人一見夫子，能知聖道之不終廢，世道之不終亂，天意之不終忘斯世，可謂「知足以知聖人」，且知天矣。**或曰：木鐸所以徇于道路，**《書》曰：「每歲孟春，遒人以木鐸徇于路。」**言天使夫子失位，周流四方以行其教，如木鐸之徇于道路也。**慶源輔氏曰：前説意實而味長，後説意巧而味短。○雙峯饒氏曰：夫子得位與不得位，封人所不能知。其所可知者，夫子道德如是，天將使振揚文教以開天下後世也必矣。或得位，或周流四方，皆在其中。○新安陳氏曰：後説與「喪」字及「天下之無道久」，皆不甚相應，朱子姑存之耳。

○子謂《韶》盡美矣，又盡善也；謂《武》盡美矣，未盡善也。

《韶》，舜樂；《武》，武王樂。美者，聲容之盛；善者，美之實也。朱子曰：美如人生得好，善則其中有德行也，實是美之所以然處。○慶源輔氏曰：聲容，樂之聲，舞之容也。美之實，謂其聲容之所以美。**舜紹堯致治，**去聲。**武王伐紂救民，其功一也。故其樂皆盡美。**胡氏曰：《韶》盡揖讓繼紹之美，《武》盡發揚蹈厲之美。**然舜之德，性之也，又以揖遜而有天下；武王之德，反之也，又以征誅而得天下。故其實有不同者。**朱子曰：美是言功，善是言德。問：「説揖遜征誅足矣，何必説性之、反之？」曰：也要就他本身處説。使舜當武王時，畢竟更彊似《大武》；使武王當舜時，必不及《韶》。○德有淺深，時又有幸不幸。舜之德既如此，又遇著好時節；武王德不及舜，又遇著不好時節，故盡美而未盡善。○樂觀其深矣，若不見得性之、反之不同處，豈所謂「聞其樂而知其德」乎？○樂便是德之影子。《韶》、《武》之樂，正是聖人一箇影子。要得因此以觀其心。○《韶》、《武》今皆不可考。但《書》稱「德惟善政」，至勸之以九歌，此便是作《韶》樂之本，所謂「九德之歌、九韶之舞」是也。武王之《武》，看《樂記》便見，蓋是象伐紂之事，所謂「南」者，自南而北伐紂也。氣象便不恁地和。《韶》樂只是和而已。

○程子曰：「成湯放桀，『惟有慙德』。武王亦然。故未盡善。堯舜、湯武，其揆一也。征伐非其所欲，所遇之時然爾。」朱子曰：舜性之，武王反之，自是有淺深。又舜以揖遜，武以征伐。征伐雖是順天應人，自是有不盡善處。今若要彊說舜、武同道也不得，必欲美舜而貶武王也不得。又曰：舜、武不同，正如孟子言伯夷、伊尹之於孔子不同，至謂得百里之地而君之，皆能以朝諸侯、有天下，行一不義、殺一不辜而得天下不爲，是則同也。舜、武同異正如此。故武之德雖比舜自有淺深，而治功亦不多爭。○問：「征伐固武王之不幸，使舜當之，不知如何？」曰：只恐舜是生知之聖，其德盛人自歸之，不必征伐耳。不然，事到頭也住不得。如文王亦然。且如殷始咎周，周人戡黎，祖伊恐，奔告于受，這事勢便自是住不得。若曰「奔告于受」，則商之忠臣義士，何嘗一日忘周？自是紂昏迷爾。○西山真氏曰：聖人於湯、武之事，每微有不足之意。如論樂則以《武》爲未盡善，論泰伯、文王皆稱其爲至德。此非貶湯、武也，惜其不幸而爲此不獲已之舉也。然恐後世遂以湯、武爲非，故曰「湯、武革命，順乎天而應乎人」。《論語》微有不滿之意者，恐後世亂臣賊子借湯、武之名以窺伺神器也；《易》發革命之義者，恐後世亂君肆行於上，無所憚也。聖人立言，爲後世慮，至深遠矣。

○子曰：「居上不寬，爲禮不敬，臨喪不哀，吾何以觀之哉？」

居上主於愛人，故以寬爲本。爲禮以敬爲本。臨喪以哀爲本。既無其本，則以何者而觀其所行之得失哉？ 朱子曰：居上而不寬，爲禮而不敬，臨喪而不哀，更無可據依以爲觀矣。寬、敬、哀，本也。其本既亡，雖有條教法令之施、威儀進退之節、哭泣擗踊之數，皆無足觀者。若能寬、敬、哀了，却就寬、敬、哀中考量他所行之是否。若不寬、不敬、不哀，則雖有其他是處，皆在不論量之限矣。○如寬便有過不及，哀便有淺深，敬便有至不至，須是有其本，方可就本上看他得失厚薄。○寬，有政教法度而行之以寬耳，非廢弛之謂也。如「敬敷五教在寬」，蓋寬行於五教之中也。○吾何以觀之，不是不去觀他，又不是不足觀。只爲他根源都不是了，更把甚麽去觀他？重在「以」字上。○南軒張氏曰：居上不寬，則失所以爲長人之本，其他雖有所爲，尚可觀乎；爲禮而不敬，臨喪而不哀，則繁文末節雖多，亦何以觀也？然寬非縱弛之謂，總其大綱，使人得以自效也。○雙峯饒氏曰：「以」字訓「用」，謂用寬、敬、哀三者觀之也。蓋有此三者，則其大體已得，方可就此觀其小節。若無此三者，則全體都不是，更把甚底去看他？

論語集註大全卷之四

里仁第四

凡二十六章。

子曰：「里仁爲美。擇不處仁，焉得知？」處，上聲。焉，於虔反。知，去聲。

里有仁厚之俗爲美。擇里而不居於是焉，則失其是非之本心而不得爲知矣。朱子曰：「擇」字因上句爲文。問：「此章謝氏引孟子『擇術』爲證，如何？」曰：聖人本語只是擇居，不是説擇術。古人居必擇鄉，遊必就士。又問：「今人數世居此土，豈宜以他鄉俗美而遽遷邪？」曰：古人危邦不入，亂邦不居。近而言之，若一鄉之人皆爲盜賊，吾豈可不知所避？○勉齋黃氏曰：居必擇鄉，居之道也。薰陶染習以成其德，賙恤保愛以全其生，豈細故哉？夫子稱子賤而歎魯多君子以此也。○勿軒熊氏曰：《學而》篇言「親仁」，此言「處仁」，後篇言「以友輔仁」，又言「居是邦，友其士之仁者」。居養見聞之助，薰陶漸染之益，皆資於人者也。○雲峯胡氏曰：《集註》「仁厚之俗」四字有斟酌。一里之中，安得人皆仁者？但有仁厚之俗則美矣。○新安陳氏曰：惻隱、羞惡、辭讓、是非，皆人之本心。是非之心，知之端也。不知，則失其是非之本心矣。

〇子曰：「不仁者不可以久處約，不可以長處樂。仁者安仁，知者利仁。」樂音洛。知，去聲。**約，窮困也；利，猶貪也，蓋深知篤好**去聲。**而必欲得之也。**雙峯饒氏曰：知者之於仁，如小人之貪利，皆深知篤好，必欲得之。**不仁之人，失其本心，久約必濫，久樂必淫。**南軒張氏曰：不仁者勉强而暫處則有之，差久則移於約樂，無所不至矣。〇雙峯饒氏曰：濫，如水之泛濫；淫，如水之浸淫。久約者爲飢寒所逼而不能自守，以至放蕩於禮法之外，如水之溢出外去，故曰「濫」；久樂者爲富貴所溺而不能自守，不知不覺至於驕奢，如水之浸入裏來，故曰「淫」。「濫」字是「窮斯濫矣」之「濫」，「淫」字是「富貴不能淫」之「淫」。〇吴氏曰：「約」與「豐」對，「樂」與「憂」對。對舉之，互文也。不仁者不可一日處。聖人之言，待人以厚，故以久長言之爾。〇雲峯胡氏曰：仁、義、禮、知皆吾本心，而仁統三者。仁一失，則三者俱失矣。所以於上章「焉得知」，則曰「失其是非之本心」。此於「不仁」，則直曰「失其本心」。《集註》之精密如此。〇東陽許氏曰：不仁者久約則憂患而諂諛卑屈之態生，苟且邪僻之行作；久富貴則佚樂而驕矜縱誕之氣長，踰節陵分之事興。約者日流於卑下，樂者日過於僭躐，是濫與淫意象。**惟仁者則安其仁而無適不然，知者則利於仁而不易所守。蓋雖深淺之不同，然皆非外物所能奪矣。**朱子曰：仁者温淳篤厚，義理自然具足，不待思而爲之，而所爲皆是義理，所謂「仁」也；知者知有是非而取於義理以求其是，而去其非，所謂「知」也。〇仁者安仁，如孟子説「動容周旋中禮者，盛德之至也；哭死而哀，非爲生者也；經德不回，非以干禄也；言語必信，非以正行也」。這只順道理合做處便做，更不待安排布置。○「深」謂仁者，「淺」謂知者。仁者之心便是仁。知者未能無私意，只是知得私意不是著脚所在，又知得無私意是好，所以千方百計亦要克去私意。○慶源輔氏曰：無適不然，無所往而不安也；不易所守，知而弗去是也。○胡氏曰：舜之飯糗茹草若將終身，被袗衣鼓琴若固有之，此安仁者之久處約、長處樂也；原憲環堵，閔損汶上，魯之季文子、齊之晏平仲，此利仁者之久處約、長處樂也。○雙峯饒氏曰：安仁者心與仁一，仁即我，我即仁，故曰「其仁」，即仁者之仁也；利仁者心與仁猶二，於仁猶有間，故曰「於仁」，猶未是仁，不過利於仁耳。**○謝氏曰：「仁者心無內外遠近精粗之間，**去聲。**非有所存而自不亡，非有所理而自不亂，如目視而耳聽，手持而足行也。知者謂之有所見則可，謂之有所得則未可，有所存斯不亡，有所理斯不亂，未能無意也。安仁則一，利仁則二。**朱子曰：上蔡見識直是高，諸解中未有及此者。○慶源輔氏曰：「存」言其體，「理」言其用。知者有所操存，其體斯不亡；有所經理，其用斯不亂。仁者則不待如此，一體一用，皆自然而然。○雙峯饒氏曰：心無內外遠近精粗之間，是説他仁熟處。他人於此處能存，於彼處或不能存；於此處能理，於他處或不能理。唯仁者內面如此，外面亦如此，遠近精粗無適不然。內，謂存處時；外，謂應事接物時。近，謂日用常行處；遠，謂非日用常行處。精，如治《詩》、《書》禮樂等事；粗，如治錢穀甲兵等事。「存」是心存，「理」是事理。**安仁者，非顏、閔以上**上聲。**去聖人爲不遠，不知此味也。諸子雖有卓越之才，謂之見道不惑則可，然未免於利之也。」**朱子曰：吾心渾然一理，「無內外遠近精粗」。須知非顏、閔以上不知此味，及到顏、閔地位知得此味，猶未到安處。○仁、知雖一，然世間人品所得自有不同。顔子、曾子，得仁之深者也；子夏、子貢，得知之深者也。○或問：「而今做工夫且須利仁。」曰：惟聖人自誠而明，合下便自安仁；若自明而誠，須是利仁。○勉齋黄氏曰：安仁，利仁，則所存者天理，故安於義命所當然，而物欲不能以累其心，所以處約樂之久而不爲之動也。○吴氏曰：《易・繫》、《論語》多以仁、知並言，樊遲亦再問仁、知。大抵學問不出知行，知主知而仁主行也。○雲峯胡氏曰：不仁者失其本心者也，安仁者本心非有所存而自不失，利仁者能存其本心而惟恐失之。嗚呼，安之者不可遽及，失之者可爲戒，而守之者可爲法矣！

○子曰：「惟仁者能好人，能惡人。」好、惡，皆去聲。

惟之爲言「獨」也。蓋無私心，然後好惡當去聲。**於理。程子所謂「得其公正」是也。**程子曰：仁者用心以公，故能好惡人。公最近仁。○朱子曰：程子之言約而盡。公者，心之正也；正者，理之得也。一言之中體用備矣。○公正，今人多連看。其實公自是公，正自是正，這兩箇字相少不得。公是心裏公，正自好惡得來當理。苟公而不正，則其好惡必不能皆當乎理；正而不公，則切切然於事物之間求其是而心却不公。此兩字不可少一。○程子只著「公正」兩字解這處。某怕人理會不得，故以「無私心」解「公」字，「好惡當於理」解「正」字。有人好惡當於理而未必無私心，有人無私心而未必好惡當於理。然惟公而後能正。「公」是箇廣大無私意，「正」是箇無所偏尚處。○胡氏曰：無私心，體也；好惡當於理，用也。○雙峯饒氏曰：「忠清」章論仁，是因事而原其心，故先言當理而後言無私心；「能好惡」是由心而達於事，故先言無私心而後言當於理。**○游氏曰：「好善而惡惡，**如字。**天下之同情。然人**

每失其正者，心有所繫牽於私。**而不能自克也。惟仁者無私心，所以能好惡也。**」朱子曰：好善而惡惡，天下之同情。若稍有些私心，則好惡之情發出來便失其正。惟仁者心中渾是正理，見人之善則好之，見不善者則惡之。或好或惡，皆因人之有善惡，而吾心廓然大公，絶無私繫，故見得善惡十分分明而好惡無不當理，故謂之能好能惡。○慶源輔氏曰：仁者心之德，純是義理。纔有纖毫私欲，便是不仁。不仁則其好惡自然與義理相違悖矣。○胡氏曰：好其所是，惡其所非，人之至情也。然有一毫私意雜乎其間，則憎而不知其善，愛而不知其惡者有矣。故好惡當理，惟仁者能之。仁者之心，渾然天理，無一毫私意。其心之所好，理之所當好；其心之所惡，理之所當惡也。○雲峯胡氏曰：好惡之心，人皆有之，獨仁者能之。《大學》曰：「唯仁人能愛人，能惡人。」皆須看「能」字。好惡當於理，始可謂之「能」。不然，非能好能惡也。

○子曰：「苟志於仁矣，無惡也。」惡，如字。

苟，誠也。如「苟日新」之苟。○胡氏曰：「苟」字有二義。有以苟且爲言者，苟合、苟美之類是也；有以誠實爲言者，此章及「苟子不欲」之類是也。**志者，心之所之也。其心誠在於仁，則必無爲惡之事矣。**朱子曰：方志仁時，便無惡；若間斷不志仁時，惡又生。○勉齋黄氏曰：人心不可兩用，志於此必遺於彼。所患者無其志耳。夫仁者，此心之全德。誠志於仁，則必先存此心天理之公，而去其人欲之私，惡念何自而生乎？○潛室陳氏曰：此是君子、小人分路。猶向東行人，一心向東去，無復有回轉向西之理。西行人亦然。○勿軒熊氏曰：《語》言志有三：曰志學，曰志道，曰志仁。仁則直指本心，尤親切矣。○新安陳氏曰：「苟志於仁」四字涵三意。志於仁，與「志於道」不同。仁是道德之精純。志是志向之堅定，而又加以誠焉，則於爲惡之事可保其必無矣。○**楊氏曰：「苟志於仁，未必無過舉也。然而爲惡則無矣。」**朱子曰：志於仁，則雖有過差不謂之惡；惟其不志於仁，是以至於有惡。此「志」字不可草草看。○慶源輔氏曰：過舉，謂或用意過當，或資質之偏，或氣壹之動志。無惡，則志爲之主也。志在於仁，則思慮自不到惡上矣。○《通書解》曰：「有心悖理爲惡，無心失理爲過。」

○子曰：「富與貴，是人之所欲也。不以其道得之，不處也。貧與賤，是人之所惡也。不以其道得之，不去也。惡，去聲。

不以其道得之，謂不當得而得之。或問：「君子而有以非道得富貴者，何也？」朱子曰：是亦一時不期而得之，非語其平日之素行也。○勉齋黃氏曰：博奕鬬狠，奢侈淫肆之類，皆所以取貧賤之道。不以其道者，謂無此等事，而爲水火盜賊，詿誤陷於刑戮之類，以致貧賤也。**然於富貴則不處，於貧賤則不去，君子之審富貴而安貧賤也如此。**程子曰：無道而得富貴，其爲可恥，人皆知之，而不處焉，惟特立者能之。○朱子曰：不以其道得富貴須是審。苟不以其道，決是不可受。不以其道得貧賤却要安。蓋我雖是不當貧賤，然當安之。不可於上面計較云我不當得貧賤，有汲汲求去之心。○問：「富貴不處，是安於義；貧賤不去，是安於命。蓋吾何求哉？」朱子曰：❶求安於義理而已。不當富貴而得富

---

❶「朱子曰」三字，原脱，今據《語類》卷二六及體例補。

貴則害義理，故不處；不當貧賤而得貧賤則自家義理已無愧，居之何害？富貴人所同欲，若不子細便錯了；貧賤人所同惡，自家既無愧義理，若更去其中分疏我不當貧賤便不是。○富貴不以道得之，如「孔子主我，衛卿可得」之類。○王氏曰：審有兩端，安只一路。○葉氏曰：富貴不苟處，則可以長處樂；貧賤不苟去，則可以久處約。

「君子去仁，惡乎成名？惡，平聲。

言君子所以爲君子，以其仁也。若貪富貴而厭貧賤，則是自離去聲。其仁而無君子之實矣，何所成其名乎？慶源輔氏曰：「貪」字與「審」字相反，「厭」字與「安」字相反。○雙峯饒氏曰：君子去仁，惡乎成名，是結上生下。○新安陳氏曰：名者實之賓。因「名」字而遡其實。

「君子無終食之間違仁，造次必於是，顛沛必於是。」造，七到反。沛音貝。

終食者，一飯之頃。造次，急遽苟且之時；顛沛，傾覆流離之際。蓋君子之不去乎仁如此，不但富貴貧賤取舍上聲。下同。之間而已也。朱子曰：杜預謂「草次之期」，言草草不成禮也，便是此意。《左傳》「過信爲次」，亦是苟且不爲久計之意。苟且是時暫處，非如大賓大祭之時。顛沛，如曾子易簀之時。○無終食違仁，是無時而不仁；造次顛沛必於是，是無處而不仁。○西山真氏曰：此章當作三節看。處富貴貧賤而不苟，此一節猶是麤底工夫。至終食不違，又是一節，乃存養細密工夫。然猶是平居暇日事，可勉而至。至於造次急遽之時，患難傾覆之際，若非平時存養已熟，至此鮮不失其本心。若能至此猶必於是仁，乃至細密工夫，其去安仁地位已不遠矣。然若無麤底根基，豈有遽能造於細密者？ 故必以審富貴安貧賤爲本，然後能進於此，乃用功之序也。○言君子爲仁，自富貴、貧賤取舍之間，以至於終食、造次、顛沛之頃，無時無處而不用其力也。然取舍之分去聲。明，然後存養之功密；存養之功密，則其取舍之分益明矣。朱子曰：此言内外大小皆當理會。外若不謹細行，則内何以爲田地根本？ 内雖有田地根本，而外行不謹，則亦爲之摇奪。如世間固有小廉曲謹，而臨大節無可取者；亦有外面界辨分明，而内守不固者。○慶源輔氏曰：取舍之分在外，審富貴安貧賤是也，而實有助於内。存養之功在内，所謂無終食造次顛沛之違是也，而實有益於外。故取舍明，則存養愈精密而無違缺之處；存養密，則取舍愈分明而無疑似之差。○雙峯饒氏曰：天下之所同欲者莫如富貴，所同惡者莫如貧賤，雖君子之心亦無以異於人也。然人之常情，欲之則必趨之，惡之則必避之，鮮有不因是而喪其所守者。惟君子則不然。於富貴未嘗不欲，而得之不以其道，則寧避之而不處；於貧賤未嘗不惡，而得之雖不以道，亦寧安之而不去。是何君子欲惡之與人同，而去取之與人異邪？ 誠以富貴雖可欲，而所欲有大於富貴者；貧賤雖可惡，而所惡有大於貧賤者。千乘萬鍾得之若可以爲榮，然義之不度而有害於吾本心之仁，則適足以爲辱；不得之若可以爲戚，然命之能安而無害於吾本心之仁，則乃所以爲樂。人能知此，而於二者之間審所擇焉，則天理人欲去取之分判然於中，而存養省察以全吾本心之仁者，自有不容已者矣。是以古之君子戰戰兢兢，静存動察，不使一毫慢易非僻之私得以留於其間，而有終食之違焉。造次之時，人所易忽也，而不敢忽；顛沛之地，人所易忘也，而不敢忘。必使此心之仁，無頃刻之間斷，無毫釐之空闕，而後爲至焉。此其所以動静周流，隱顯貫徹，而日用之間，無非天理之流行也。

〇子曰：「我未見好仁者，惡不仁者。好仁者無以尚之。惡不仁者其爲仁矣，不使不仁者加乎其身。好、惡，皆去聲。

夫子自言未見好仁者，惡不仁者。蓋好仁者，真知仁之可好，故天下之物無以加之；惡不仁者，真知不仁之可惡，故其所以爲仁者，必能絶去不仁之事而不使少有及於其身。此皆成德之事，故難得而見之也。朱子曰：好仁惡不仁，只是利仁事，却有此二等。然亦無大優劣。好仁者是資性渾厚底，惻隱之心較多；惡不仁者是資性剛毅底，羞惡之心較多。聖人謂我未見好仁惡不仁者，又從而解之曰，我意所謂好仁者須是無以尚之，惡不仁須是不使不仁者加乎其身。是好之篤、惡之切，非畧畧恁地知好惡底。〇好仁者，如好好色，舉天下之物無以加尚之。若有以尚之，則其好可移矣。若説我好仁，又却好財好色，便是不曾好仁。惡不仁者，如惡惡臭，惟恐惡臭之及其身。好好色、惡惡臭，皆是己身上事，非是專言好他人之仁，惡他人之不仁也。〇好仁惡不仁之人，地位儘高，直是難得。《禮記》「無欲而好仁，無畏而惡不仁者，天下一人而已」，正是此意。〇顔子、明道，是好仁；孟子、伊川，是惡不仁。〇惡不仁，終是兩件，好仁却渾淪了。學者未能好仁，且從惡不仁上做將去，庶幾堅實。又曰：好仁而未至，却不及那惡不仁之切底。蓋惡不仁底真是壁立千仞，滴水滴凍，做得事成。〇潛室陳氏曰：性各有偏重。顔子是好仁之人，豈不能惡不仁？然好仁意思勝如惡不仁；孟子是惡不仁之人，豈不能好仁？然惡不仁意思勝如好仁。故各於偏重處成就。〇蔡氏曰：論資質，則惡不仁者不如好仁者之渾然；論工夫，則好仁者不如惡不仁者之有力。要之皆成德之事。○雙峯饒氏曰：好仁者於好上重，惡不仁者於惡上重。惡不仁者未便是仁，因其惡不仁也，而後能爲仁，故曰「其爲仁矣」。「其」是將然之辭。既惡不仁，則亦將爲仁矣，是何也？以其惡之之深，不使不仁之事加於其身故也。

「有能一日用其力於仁矣乎？我未見力不足者。

言好仁惡不仁者，雖不可見。然或有人果能一旦奮然用力於仁，則我又未見其力有不足者。蓋爲仁在己，欲之則是，而志之所至，氣必至焉。故仁雖難能，而至之亦易去聲。下同。也。問：「一日用其力，將志氣合説如何？」朱子曰：用力説氣較多，志亦在上面了。志之所至，氣必至焉。夫志，氣之帥也；氣，體之充也。人出來萎萎衰衰，恁地柔弱，亦只是志不立。志立自是奮發敢爲，這氣便生。志在這裏，氣便在這裏。志與氣自是相隨。若真箇要求仁，豈患力不足？

「蓋有之矣，我未之見也。」

蓋，疑辭。有之，謂有用力而力不足者。蓋人之氣質不同，故疑亦容或有此昏弱之甚，欲進而不能者。但我偶未之見耳。蓋不敢終以爲易，而又歎人之莫肯用力於仁也。朱子曰：有一般人，其初用力非不切至，到中間自是欲進不能，所謂力不足者，中道而廢，正是説此等人。這般人亦未之見，可見用力於仁者之難得也。○此章言仁之成德雖難其人，然學者苟能實用其力，則亦無不可至之理。但用力而不至者，今亦未見其人焉。此夫子所以反覆而歎息之

也。慶源輔氏曰：此章三言「未見」而意實相承。初言成德者之未見，次言用力者之未見，末又言用力而力不足者之未見。無非欲學者因是自警而用力於仁耳。○雲峯胡氏曰：好仁惡不仁者，利仁之事；用力於仁者，勉行之事。皆未之見，可歎也。用力而未至者亦未之見，益可歎也。然不必謂世無其人，但謂我未見其人，猶有不絕望之意焉。其勉人也切，而待人也厚，可於此觀聖人之心矣。

○子曰：「人之過也，各於其黨。觀過，斯知仁矣。」

黨，類也。程子曰：「人之過也，各於其類。君子常失於厚，小人常失於薄；君子過於愛，小人過於忍。」尹氏曰：「於此觀之，則人之仁不仁可知矣。」朱子曰：君子過於厚與愛，雖是過，然亦是從那仁中來，血脉未至斷絕。若小人之過於薄忍，則仁之血脉已斷絕，謂之仁可乎？○人之過，不止於厚薄愛忍四者。伊川只是舉一隅耳。若君子過於廉，小人過於貪，君子過於介，小人過於通之類皆是。然亦不止此。但就此等處看，則人之仁不仁可見，而仁之氣象亦可識。故但言「斯知仁矣」。○劉氏云：周公使管叔監殷而管叔以殷畔，昭公不知禮而孔子以爲知禮，實過也。然周公愛其兄，孔子厚其君，是乃所以爲仁也。○觀過斯知仁，猶曰觀人之過，足知夫人之所存也。若於此而欲求仁之體，則失聖人本意矣。○慶源輔氏曰：人情於人之過失多不致察，故夫子發此歎耳。○蔡氏曰：聖經渾涵宏博，但曰人之過也各於其黨，而厚薄愛忍自無不包；但曰觀過，而觀人自觀自無不備；但曰斯知仁，而仁不仁皆在其中矣。○潛室陳氏曰：過於厚處，即其仁可知；過於薄處，即其不仁可知。觀其人之過，可以知其仁不仁矣。中含「不仁」字。○或曰：「聖人只說『知仁』，尹氏又說『人之仁不仁可見』，何也？」雙峯饒氏曰：他兒各於其黨兼君子小人而言，故下句亦作仁不仁説。要之上文雖兼兩邊，其意實重在這一邊。觀過知仁，恐只説這一邊好底。言雖過也，然因其過猶足以見其仁，如周公、孔子之過是也。若小人則無處不薄，無處不忍，何待其過然後知其不仁？○**吴氏曰：「後漢吴祐，謂掾**俞絹反。**以親故受汙穢之名，所謂『觀過知仁』是也。」**《後漢書》：吴祐順帝時遷膠東侯相。祐政唯仁簡，以身率物，吏人懷而不欺。嗇夫孫性，嗇夫，小吏也。私賦民錢市衣以進其父。父得而怒曰：「有君如是，何忍欺？」促歸伏罪。性慙懼詣閣，持衣自首。祐屏音丙。左右問其故。性具談父言。祐曰：「掾以親故受汙穢之名，所謂『觀過斯知仁』矣。」使歸謝父，還以衣遺去聲。之。**愚按，此亦但言人雖有過，猶可即此而知其厚薄。非謂必俟其有過而後賢否可知也。**勉齋黄氏曰：人雖有過，不可以其過而忽之。於此而觀其類，乃可以得其用心之微也。或謂與仁同功，其仁未可知；與仁同過，然後其仁可知。記禮者之意亦可取乎？曰：如此則是必欲得其人之過而觀之，然後知其仁，恐非聖人之意也。○雲峯胡氏曰：人之過，兼君子小人而言；觀過，獨指君子而言。仁者，人之本心也。君子不失其本心，故觀其無心之過，猶可知其本心之存。小人本心已亡矣，又何觀焉？

○子曰：「朝聞道，夕死可矣。」

道者，事物當然之理。苟得聞之，則生順死安無復扶又反。**遺恨矣。朝夕，所以甚言其時之近。**胡氏曰：夫子但以夕死爲可，而今兼「生順」言之者，惟其生順而後「死安」也。果能有所聞，必不肯置身於一毫不順之地矣。○新安陳氏曰：「生順死安」四字，本張子《西銘》「存吾順事，没吾寧也」。○

程子曰：「言人不可以不知道。苟得聞道，雖死可也。」又曰：「皆實理也，人知而信者爲難。死生亦大矣。非誠有所得，豈以夕死爲可乎？」程子曰：聞道，知所以爲人也。夕死可矣，是不虛生也。○朱子曰：道，只是事物當然之理，只是尋箇是處。若見得道理分曉，生固好，死亦不妨。夕死可矣，只是說便死也不妨，非謂必死也。○道誠不外乎日用常行之間，第恐知之或未真耳。若是知得真實，必能信之篤，守之固。幸而未死，則可以充其所知爲聖爲賢。萬一即死，亦不昏昧過了一生如禽獸然。是以爲人必以聞道爲貴也。○聖人非謂人聞道而必死，但深言道不可不聞耳。蓋將此二句來反之曰：若人一生而不聞道，雖長生亦何爲？人而聞道，則生也不虛，死也不虛；若不聞道，則生也枉了，死也枉了。○聞道不止知得一理，須是知得多，有箇透徹處。○潛室陳氏曰：此「聞」，非謂耳聞，謂心悟也，即程門所謂「一日融會貫通」處。爲學若不見此境界，雖皓首窮經亦枉過一生；若已到此境界，雖死無憾，亦不虛了一生也。○厚齋馮氏曰：人不知道，有愧於生。道罕得聞，人無不死。使誠聞道，雖死何憾？曰「可矣」，非謂必至於死也。○齊氏曰：子貢猶謂「性與天道不可得聞」，必如曾子之「唯」而後能聞爾。○雙峯饒氏曰：人不聞道，則動作云爲是非皆不知，冥行而已，枉在天地間做人。既聞道，方知爲子必不可不孝，爲臣必不可不忠，每事順理而行。生既順理，則俯仰無愧，其死方安。問：「如曾子得正而斃，方死而安。」曰：曾子唯聞道，所以須要易簀。曾元唯未聞道，惟知以姑息愛其親，故以幸至旦爲請。此章重在聞道，不在死生。○雲峯胡氏曰：道者，人之所以爲人之理；聞道者，此心真有得乎此理。朝聞道，朱子所謂「一旦豁然貫通」者也。苟無平日積累之勤，必無一朝頓悟之妙。謂之「人」，而昧其所以爲人之理，與禽獸草木同生死，可乎？不可乎？縱使有長生不死之説，亦復可乎？不可乎？「可矣」二字，令人惕然有深省處。

○子曰：「士志於道，而恥惡衣惡食者，未足與議也。」

心欲求道，而以口體之奉不若人爲恥，其識趣七住反，向也。**之卑陋甚矣，何足與議於道哉？○程子曰：「志於道而心役乎外，何足與議也？」**華陽范氏曰：志於道者，重内而忘外；恥惡衣惡食者，未能忘外也。徇其外而無得於内矣，夫豈足與議哉？○問：「志道如何尚恥惡衣食？」朱子曰：有這般半上落下底人，也志得不力。只名爲志道，及外物來誘則又遷變了。○問：「志於仁則能無惡，志於道乃猶有此病，何也？」曰：仁是最切身底道理。志於仁，大段是親切做工夫，所以必無惡；志於道，則説得來闊，凡人有志於學皆是也。若志得來汎而不切，則未必無恥惡衣食之事。○求安與飽者，猶以適乎口體之實也。此則非以其不可衣且食也，特以其不美於觀聽而自恧焉。若謝氏所謂「食前方丈則對客泰然，疏食菜羹則不能出諸其户」者，蓋其識致卑凡，又在求飽與安者下矣。○陳氏曰：志方求而未真有得，安保其無外役以分之？○西山真氏曰：志於道者，心存於義理也；恥衣食之惡者，心存於物欲也。理之與欲，不能兩立，故聖人以此爲戒也。學者必須於此分别得明白，然後可以進道。不然，則亦徒説而已。顔子一簞食，一瓢飲，不改其樂，此是不恥惡食；子路衣敝緼袍，與衣狐貉者立而不恥者，此是不恥惡衣。前輩有云：「咬得菜根，何事不可爲？」是亦此意。○葉氏曰：心一而已。役於物則害於道，篤於道則忘於物。天理人欲消長之機，聖人之所深辯，而學者之所當加察也。○王氏曰：「未」

字見聖人待人寬厚處。兩「何足」字是先儒鞭迫緊切處。○新安陳氏曰：内重而見外之輕，得深而見誘之小。斯人也，與之議道，則識高明而論精微。今云學道而尚羞惡衣食，則與不學無識之俗人何異？其内不重，得不深，可知矣。言此以厲爲士而識趣卑陋者也。

○子曰：「君子之於天下也，無適也，無莫也，義之與比。」適，丁歷反。比，必二反。

適，專主也。《春秋傳》去聲。**曰「吾誰適從」是也。**《左傳》僖公五年：晉侯使士蔿爲二公子築蒲與屈。士蔿退而賦曰：「狐裘尨音蒙。茸，以狐腋爲裘，貴者之裘也。尨茸，亂貌。言貴者之多也。一國三公，蒲，屈，大都耦國，故獻公與二公子鼎立爲三公。吾誰適從？」言城不堅，則爲二公子所怨；堅之，則爲固仇不忠，無以事君，故不知所適從。**莫，不肯也。比，從也。**勉齋黄氏曰：於天下，言於天下之事無不然，惟義之從，不可先懷適莫之念也。○謝氏曰：「適，可也；莫，不可也。無可無不可，苟無道以主之，不幾平聲。於猖音昌。狂自恣乎？此佛、老之學，所以自謂心無所住而能應變，而卒得罪於聖人也。聖人之學不然，於無可無不可之間有義存焉。然則君子之心果有所倚乎？」朱子曰：義是吾心所處之宜者，見事合恁地處則隨而應之，更無所執也。義當富貴便富貴，義當貧賤便貧賤，當生則生，當死則死，只看義理合如何。○慶源輔氏曰：道是體，義是用。聖人之學，以道爲主，而隨事汎應有義存焉。處物爲義，心無適莫，只看義合如何，雖若有所倚而實無所倚。道義變動不居，未嘗有所倚著故也。無適莫而不主於義，則猖狂妄行；無適莫而義之比，則步步著實也。○雙峯饒氏曰：心不可先有所主，當於事至物來，虚心觀理，惟是之從而已。老主虚，佛主空，自謂無所住著，似乎無適莫。然無義爲之據依，故至於猖狂自恣。問：「吾儒異於二氏者何在？」曰：吾儒則見虛空中辟塞皆是實理，故未應則無思無爲，而此理已具，已應則無適莫而惟義之從。○東陽許氏曰：無適莫者，有義爲之主。無可無不可者，義在可則可，義在不可則不可爾。心無住者，應事則可亦可，不可亦可也。何獨應變不同於聖人？其應常亦未嘗有同也。

○子曰：「君子懷德，小人懷土；君子懷刑，小人懷惠。」

懷，思念也。懷德，謂存其固有之善；懷土，謂溺其所處上聲。之安。懷刑，謂畏法；懷惠，謂貪利。君子小人趣向不同，公私之間而已矣。○尹氏曰：「樂音洛。善謂懷德。惡烏路反。不善，謂懷刑。所以爲君子；苟安懷土。務得，懷惠。所以爲小人。」問：「所貴乎君子者，正以其無所待於外而自脩也。刑者，先王所以防小人，君子何必以是爲心哉？」朱子曰：無慕於外而自爲善，無畏於外而自不爲非，此聖人之事也。若自聖人以降，亦豈不假於外以自脩飭？所以能「見不善如探湯」，「不使不仁者加乎其身」，皆爲其知有所畏也。所謂「君子」者，非謂成德之人也。若成德之人，則誠不待於懷刑也。但言如此則可以爲君子，如此則爲小人。○樂善惡不善，猶曰「好仁惡不仁」。必以刑言，則管仲所謂「畏威如疾」，申公巫臣所謂「慎罰務去之」之謂。大抵懷德之君子，不待懷刑而自安於善；懷土之小人，特欲全其所保而未必有逐利貪得之心。其爲善惡，亦各有深淺矣。○問：「此章君子小人所懷不同，與周比、和同相反者無異否？」雙峯饒氏曰：懷土、懷惠，固皆是爲利。然與那爲惡底小人，又似少異。但用心既殊，其終亦必至於相反。○雲峯胡氏曰：《論語》以君子、小人對言者甚多。

他章多指其所爲者言，此章則指其所思者言。所爲者，行事之著；所思者，心術之微也。○新安陳氏曰：懷德者，安於善；懷刑者，畏法而不敢爲不善。懷土者，自戀其所有；懷惠者，貪得人之所有。又此所謂「懷土」，與《易》所謂「安土」不同。《易》與「樂天敦仁」連言，有安分不外求之意；此則《集註》曰「溺其所處之安」，又曰「苟安」，其相去遠矣。○東陽許氏曰：德者，人得於天之善理，即《大學》所謂「明德」。君子常切思懷念念不忘，欲至於至善之地；小人不知有此，徇其欲心，惟思自逸，不能遷善以成德。君子常念刑法之可畏，而自守其身，不至於犯之；小人但思惠利之所在，不能擇義，惟務苟得，雖有刑法在前亦不顧。

○子曰：「放於利而行，多怨。」放，上聲。

孔氏曰：孔氏，名安國，西漢人。「放，依也。多怨，謂多取怨。」○程子曰：「欲利於己，必害於人，故多怨。」朱子曰：放於利而行，只是要便宜底人，凡事只認自家有便宜處便不恤他人，所以多怨。○勉齋黃氏曰：謂之「放」，則無一言一動不在於利也。謂之「多」，則其怨之者不但一二人而已。惟其放利，所以多怨。○雙峯饒氏曰：事事依利而行，則利己害人處必多，所以多怨。「多」字從「放」字上生。

○子曰：「能以禮讓爲國乎，何有；不能以禮讓爲國，如禮何？」

讓者，禮之實也。王氏曰：讓以心言，故曰「禮之實」。何有，言不難也。言有禮之實以爲國，則何難之有？不然，則其禮文雖具，亦且無如之何矣，而況於爲國乎？問：「讓者，禮之實也。莫是辭讓之端，發於本心之誠然，故曰讓是禮之實？」朱子曰：是。若玉帛交錯固是禮之文，而擎拳曲跽、升降俯仰，也只是禮之文，皆可以僞爲。惟是辭讓方是禮之實，這却僞不得。既有是實，自然是感動得人心。若以好争之心而徒欲行禮文之末以動人，如何感化得他？○先王之爲禮讓，正要朴實頭用。若不能以此爲國，則是禮爲虚文爾，其如禮何？○問：「禮者，自吾心恭敬至於事爲之節文，兼本末而言也；讓者，禮之實，所謂恭敬辭讓之心是也。君子欲治其國，亦須是自家盡得恭，方能以禮爲國。所謂『一家讓，一國興讓』，則爲國何難之有？不能盡恭敬辭讓之心，則是無實矣。雖有禮之節文，亦不能行，況爲國乎？」曰：且不柰禮之節文何，可以爲國？○雙峯饒氏曰：孟子告梁王，謂「上下交征利而國危」，又謂「後義先利，不奪不饜」，此正是不讓處，如何爲國？夫子是以春秋之時禮文雖在，然陪臣僭大夫，大夫僭諸侯，諸侯僭天子，故有爲而言。○雲峯胡氏曰：「能」字亦緊要。行禮非難，能讓爲難。常人雖欲讓，私欲害之，有欲讓而不能者。故《書》首稱堯爲「克讓」。讓者禮之實，能則實於讓。○新安陳氏曰：世人於辭受之際，始或虚讓，而卒也實受，非讓也。必以辭讓之實心，行辭讓之實事，始可以言讓。有禮之實，則爲國而有餘；無禮之實，則爲禮且不足，其不能爲國意蓋在言外也。

○子曰：「不患無位，患所以立；不患莫己知，求爲可知也。」

所以立，謂所以立乎其位者。朱子曰：猶言「不怕無官做，但怕有官不會做」。**可知，謂可以見知之實。○程子曰：「君子求其在己者而已矣。」**朱子曰：致君澤民之具，達則行之，無位非所患也。聖人所説只是教人不求知，但盡其在我之實而已。○南軒張氏曰：患所以立，求爲可知，爲己者之事也。

若有患無位與人莫己知之心，一毫之萌，則爲徇於外矣。不患莫己知而求爲可知，則君子爲己之學蓋可知矣。若曰使在己有可知之實，則人將自知之，則是亦患莫己知而已。豈君子之心哉？○勉齋黄氏曰：求諸己而在人者有不得，在我無憾矣；求諸人而在我者有不足，祇自愧而已。○慶源輔氏曰：人情惟患無位耳，君子則以立乎其位者爲患；人情惟患莫己知耳，君子則以無可知之實爲患。此正爲己之學也。

○子曰：「參乎，吾道一以貫之！」曾子曰：「唯。」參，所金反。唯，上聲。「參乎」者，呼荒故反。下同。曾子之名而告之。貫，通也。唯者，應之速而無疑者也。聖人之心，渾上聲。然一理，體一。而泛應曲當，去聲。用各不同。用殊。曾子於其用處，蓋已隨事精察而力行之，但未知其體之一爾。夫子知其真積力久，將有所得，新安倪氏曰：《荀子·勸學篇》「真積力久則入」，謂真誠之積，用力之久。是以呼而告之。曾子果能默契其指，即應之速而無疑也。朱子曰：一是一心，貫是萬事。看甚事來，聖人只這心應去。只此一心之理，盡貫衆理。○問：「未『唯』之前如何？」曰：未「唯」之前，見一事是一箇理；及「唯」之後，千萬箇理只是一箇。如事君忠是此理，事親孝交友信也是此理。以至精粗大小之事，皆此一理貫通之。曾子先只見得聖人千條萬緒都好，不知都是從這一心做來。及聖人告之，方知都是從這一箇大本中流出。如木千枝萬葉都好，都是從這生氣流注貫去也。○曾子工夫已到，千條萬緒，一一身親歷之，聖人一點他便醒。觀《禮記·曾子問》中問喪禮之變，曲折無不詳盡，便可見曾子是一一理會過來。○「一」對「萬」而言。不可只去一上尋，須去萬上理會。若見夫子語「一貫」，便將許多合做底都不做，只理會一，不知却貫箇甚底？貫如散錢，一如索子。曾子盡數得許多散錢，只無一索子。夫子便把這索子與之。今若没一錢，只有一條索子，亦將何以貫？今不愁不理會得一，只愁不理會得貫。理會貫未得便言一，天資高者流爲佛、老，低底只成一箇鶻突物事。○問：「《中庸》曰：『鳶飛戾天，魚躍于淵，言上下察也。君子之道，造端乎夫婦，及其至也，察乎天地。』此是子思在天舉一物，在地舉一物，在人舉夫婦。鳶與魚其飛、躍雖不同，其實一物爲之耳，夫婦之道亦不出乎此。是皆子思發明一貫之道也。孔子繫《易》辭，有曰『以言乎遠則不禦，以言乎邇則静而正，以言乎天地之間則備矣』，亦發明斯道也。」曰：所引《中庸》、《易傳》之言，以證一貫之理甚善。愚意所謂一貫者亦如是。○東陽許氏曰：一理貫萬事，固是説事物雖衆，只是一箇道理。此言「吾道一以貫之」，是就聖人應事處説。須要體認得聖人之心全是理，行出全是道，如此方是「吾道一以貫之」。若只説萬理一原，却只是論造化，與此章意不相似。

子出。門人問曰：「何謂也？」曾子曰：「夫子之道，忠恕而已矣。」

盡己之謂忠，推己之謂恕。而已矣者，竭盡而無餘之辭也。夫子之一理渾然而泛應曲當，此聖道之一貫。譬則天地之至誠無息而萬物各得其所也。新安陳氏曰：此就聖人分上移上一步，借天地之道之體用，以形容聖道之體用。自此之外，固無餘法，而亦無待於推矣。朱子曰：自此之外，固無餘法，便是那竭盡無餘之謂。○慶源輔氏曰：聖道之體用與天地一，則至矣，盡矣，不可以有加矣，故曰「自此之外固無餘法」。皆自然而然，莫之爲而爲，故曰「亦無待於推矣」。曾子有見於

此而難言之，故借學者盡己推己之目以著明之，欲人之易去聲。**曉也。** 河東侯氏曰：無恕不見得忠，無忠做恕不出來。誠有是心之謂「忠」，見之功用之謂「恕」。明道言「忠恕二字，要除一箇除不得」，正謂此也。○朱子曰：盡己之謂忠，推己及物之謂恕。「忠」、「恕」二字之意，只當如此說。曾子說夫子之道而以忠恕爲言，乃是借此二字綻出一貫。一貫乃聖人公共道理，盡己推己不足以言之。緣一貫之道難說與學者，故以忠恕曉之。○「一貫」自是難說。曾子借學者忠恕以形容一貫，猶所謂借粗以形容細。○忠恕則一，而在聖人在學者則不能無異，此正猶孟子言「由仁義行」與「行仁義」別耳。曾子所言忠恕，自衆人觀之，於聖人分上極爲小事。然聖人分上無非極致，蓋既曰「一貫」，則無小大之殊故也。猶天道至教，四時行，百物生，莫非造化之神。不可專以太虛無形爲道體，而形而下者爲粗迹也。○一是忠，貫是恕。體一而用殊。○忠只是一箇忠，一片實心做出百千箇恕來。○忠在一心上，恕則貫乎事物之間。只是一箇一，分着便各有一箇一。「老者安之」，是這一箇一；「少者懷之」，亦是這一箇一。莫非忠也。恕則自忠而出，所以貫之也。○夫子言「一貫」，曾子言「忠恕」，子思言「大德小德」，張子言「理一分殊」，只是一箇。在聖人分上日用千條萬緒，只是一箇渾淪真實底流行貫注他，更下不得一箇「推」字。曾子假借來說，貼出一貫底道理。要知天地是一箇無心底忠恕，聖人是一箇無爲底忠恕，學者是一箇着力底忠恕。學者之忠恕，乃是忠恕正名正位。固是一箇道理，在三者自有三樣。程子曰：「天地無心而成化，聖人有心而無爲。」此語極是親切。○忠在聖人是誠，恕在聖人是仁。仁與誠則說開了。惟忠、恕二字相粘，少一箇不得。○問：「夫子之道如太極，天下之事如物之有萬。物雖有萬而所謂太極者則一，太極雖一而所謂物之萬者未嘗虧也。至於曾子以『忠恕』形容一貫之妙，亦如今人以性命言太極也。不知是否。」曰：太極便是一。到得生兩儀時，這太極便在兩儀中；生四象時，這太極便在四象中；生八卦時，這太極便在八卦中。○覺軒蔡氏曰：盡己之謂忠，須是此心發得十分盡方是忠。若留得一分未盡，便不得謂之忠。推己之謂恕，須是推己心以及人如己心之所欲方足恕。若有一處推不到，便不得謂之恕。此是學者著力之忠恕也。下文程子曰：「維天之命，於穆不已。」「乾道變化，各正性命。」朱子曰：「譬則天地之至誠無息，而萬物各得其所。」此是天地聖人自然之忠恕也。學者誠能由著力之忠恕，亦可做到自然之忠恕，所謂「及其成功一也」。○新安陳氏曰：此曾子就聖人分上移下一步，借學者忠體恕用之名，以形容聖道之體用。**蓋至誠無息者，道之體也，萬殊之所以一本也；萬物各得其所者，道之用也，一本之所以萬殊也。以此觀之，「一以貫之」之實可見矣。**朱子曰：忠者，盡己之心無少僞妄，以其必於此而本焉，故曰「道之體」；恕者，推己及物各得所欲，以其必由是而之焉，故曰「道之用」。○忠即是實理。如「維天之命於穆不已」，亦只以這實理流行發生萬物，牛得之而爲牛，馬得之而爲馬，草木得之而爲草木。○一本是統會處，萬殊是流行處。在天道言之，一本是元氣之於萬物，有日月星辰昆蟲草木之不同，而只是一氣之所生；萬殊則是日月星辰昆蟲草木之所得以生者，一箇自是一箇模樣。在人事言之，則一理之於萬事，有君臣父子兄弟朋友、動息灑掃應對之不同，而只是此理之所貫；萬殊則是君臣父子兄弟朋友之所當於道者，一箇是一箇道理，其實只是一本。○慶源輔氏曰：《集註》又舉天地之體用而釋之，雖不言聖人之體用，然在其中矣，故直言「道之體」、「道之用」而已。亦不復明言天地也。○

萬殊之所以一本者，指用之出於體，謂萬殊之實出於一本也；一本之所以萬殊者，❶指體之散於用，謂一本之實散於萬殊也。指用之出於體，指體之散於用，則「一以貫之」之實可見矣。○西山真氏曰：天地與聖人，只是一「誠」字。天地只一誠而萬物自然各遂其生，聖人只一誠而萬事自然各當乎理。學者未到此地位，且須盡「忠恕」二字。誠是自然底忠恕，忠恕是着力底誠。孔子告曾子以「一貫」，本是言「誠」；曾子恐門人曉未得，故降下一等告以「忠恕」。要之忠恕盡處即是誠。○雙峯饒氏曰：「一以貫之」「之」字，指萬而言。萬者，一之對也。一是指道之總會處，萬是指道之散殊處。道之總會在心，道之散殊在事。以道之總會在一心者，貫道之散殊在萬事者，故曰「吾道一以貫之」。當看「道」字。問：「曾子答門人何不曰『一本萬殊』、『體立用行』之類，而曰『忠恕』，何也？」曰：不若「忠恕」兩字學者所易曉，便可用功。盡得忠，便會有這一；盡得恕，便會以貫之。一以貫之是自然底忠恕，忠恕是勉強底一以貫之。曾子之學主於誠身，故其告人便就行處説。○東陽許氏曰：上言「至誠無息」，是以天地之至誠無息，喻夫子之一理渾然；「萬物各得其所」，是以天地之生萬物各得其所，喻夫子之泛應曲當。下言「至誠無息者道之體」，是言夫子之心至誠無息乃道之體；「萬物各得其所」，是言夫子之應萬事各得其所爲道之用。**或曰：中心爲忠，如心爲恕。於義亦通。**朱子曰：「中心爲忠，如心爲恕」，見《周禮》疏。如，比也，比自家心推將去。仁與恕只争些子，自然底是仁，比而推之便是恕。○慶源輔氏曰：中心爲忠，謂中心所

❶「一一」，原脱，今據四庫本、孔本、陸本及《四書纂疏》補。

存本無一毫之不盡也；如心爲恕，謂如我之心而推之於外無彼此之間也。**○程子曰：「以己及物，仁也；推己及物，恕也。『違道不遠』是也。**朱子曰：「以己」是自然流出，不待安排布置；「推己」是著力，便有轉折。只是爭箇自然與不自然。○「以己及物」是大賢以上聖人之事。聖人是因我這裏有那意思便去及人。如因我之飢寒，便見得天下之飢寒，自然恁地去及他，便是「以己及物」。如賢人以下，知得我既是要如此，想人亦要如此，而今不可不教他如此，三反五折，便是「推己及物」。只是爭箇自然不自然。**忠恕一以貫之。忠者天道，恕者人道。忠者無妄，恕者所以行乎忠也。忠者體，恕者用，大本、達道也。此與『違道不遠』異者，動以天爾。」**朱子曰：天道是體，人道是用。「動以天」之「天」，只是自然。○問：「天道人道，初非以優劣言。自其渾然一本言之，則謂之『天道』；自其與物接者言之，則謂之『人道』耳。」曰：然。此與「誠者天之道，誠之者人之道」，語意自不同。○「忠」是未感而存諸中者，所以謂之「天道」；「恕」是已感而見諸事物者，所以謂之「人道」。忠是自然，恕是隨事應接，畧假人爲，所以有天人之辨。○問：「推程子『動以天』之說，則聖人之忠恕爲動以天，賢人之忠恕爲動以人矣。又以忠爲天道，恕爲人道，何也？且盡己推己，俱涉人爲，又何天人之分？」曰：彼以聖賢而分，此以內外而分。盡己雖涉乎人爲，然爲之在己，非有接於外也。從横錯綜，見其並行而不相悖，則於此無疑矣。又曰：《中庸》之言，則「動以人」爾。○潛室陳氏曰：忠恕是對立底道理，故以體用言。其體無妄，故曰天；其用推行，故曰人。○黄氏曰：以聖人比學者。聖人之忠是天之天，聖人之恕是天之人；學者之忠是人之天，學者之恕是人之人。必竟忠是體，近那未發，故雖學者亦有箇天；恕是用，便是推出外去底，故雖聖人亦有箇人。○陳氏曰：《中庸》以中爲大本，是專指未發處言之；此以忠爲大本，則是就心之存主眞實無妄處言之，徹首徹尾，無間於未發已發。程子只是借「大本」、「達道」四字言之，其意自不同。**又曰：『「維天之命，於**音烏。**穆不已」，忠也；「乾道變化，各正性命」，恕也。』**朱子曰：「維天之命，於穆不已」，此不待盡而忠也；「乾道變化，各正性命」，此不待推而恕也。○陳氏曰：天命，即天道之流行而賦於物者；不已，即無息也。此摘《詩》二句以言天地之道至誠無息，即天地之忠也。由乾道之變化以生萬物，而萬物各得其性命之正。此摘《易》二句以言萬物之各得其所，即天地之道之恕也。朱子謂「譬則天地之至誠無息而萬物各得其所」，及「至誠無息者道之體，萬物各得其所者道之用」等語皆是祖述程子此條而敷演之，皆是即天地之道以形容聖人之道，根源於程子而盡發於朱子，淵乎微哉！○曾子借忠恕以明一貫，是將一貫放下説；程子借天地以明忠恕，是將一貫提起説。**又曰：「聖人教人各因其才。『吾道一以貫之』惟曾子爲能達此，孔子所以告之也。**胡氏曰：渾然一理者，純亦不已，無毫髮之間斷，在學者則爲忠，在夫子則爲一，在天地則爲至誠無息也；泛應曲當者，酬酢萬變無不合乎理，在學者則爲恕，在夫子則爲貫，在天地則爲萬物各得其所也。一即體，貫即用。體隱而用顯，故用可見，學者之所能知；體不可見，非學之至者不能知也。以子出門人問觀之，當時侍坐非必一人，獨呼曾子語之，惟曾子爲能達此耳。**曾子告門人曰：『夫子之道，忠恕而已矣。』亦猶夫子之告曾子也。**新安陳氏曰：曾子之才能達一貫，故夫子以一貫告之；門人之才未達一貫，惟可告以忠恕，故曾子以忠恕告之。此所謂教人各因其才，所以曰亦猶夫子之告曾子也。**《中庸》所謂『忠恕違**

道不遠」，斯乃下學上達之義。」朱子曰：忠恕名義，自合依「違道不遠」，乃掠下教人之意，欲學者下學乎忠恕而上達乎道也。曾子却是移上一階説聖人之忠恕，到程子又移上一階説天地之忠恕，其實只是一箇忠恕，須自看教有許多等級分明。○或問：「曾子未知體之一處，莫是但能行其粗而未造其精否？」曰：不然。聖人所以發用流行處皆此一理，豈有精粗？緣他但見聖人之用不同，而不知實皆此理流行之妙，故告之曰「吾道一以貫之」。曾子遂能契之深而應之速。云「而已矣」者，謂聖人只是箇忠，只是箇恕，只是箇至誠不息，萬物各得其所而已。○子貢尋常自知識而入道，故夫子警之曰：「汝以予爲多學而識之者歟？」對曰：「然，非歟？」曰：「非也，予一以貫之。」蓋言吾之多識不過一理耳。曾子尋常自踐履入道，事親孝則真能行此孝，爲人謀則真箇忠，與朋友交則真箇信。故夫子警之曰：汝平日之所行者皆一理爾。惟曾子領畧於片言之下，故曰「忠恕而已矣」，以吾夫子之道無出於此也。又曰：夫子只以一貫語此二人，亦須是他承當得。想亦不肯説與領會不得底人。曾子是踐履篤實上做到，子貢是博聞强識上做到。○曾子父子相反。曾點天資高明，見得甚高，却於行上工夫踈畧；曾參天資本魯，合下不曾見得，却是日用間積累做工夫去。「一貫」之説，待夫子告之而後知。然一「唯」之後，本末兼該，體用全備。故傳道之任，不在其父而在其子；虛實之分，學者其必有以辨之。○潛室陳氏曰：聖人一心渾然天理，事物各當其可，猶一元之運，萬化自隨，初無着力處。至於學者，須是認得人己一般意思，却安排教入塗轍，須是下工夫方可。要知忠恕是一貫意思，一貫是包忠恕而言。忠恕是箇生底一貫，一貫是箇熟底忠恕。又曰：《易》所謂「何思何慮，殊塗而同歸，百慮而一致」者，正聖人一貫之説也。○雙峯饒氏曰：忠恕爲說，蓋有三焉。一謂忠爲天道，恕爲人道者，此以微而天理、顯而人事分忠恕也。而聖人人事之際，莫非天理之流行，非微顯一以貫之與？二謂忠者無妄，恕者所以行乎忠者，此以内而存心、外而行事分忠恕也。而聖人之行事，莫非此心之無妄實爲之，非内外一以貫之與？三謂忠者體，恕者用，大本、達道者，此以静而未發、動而已發分忠恕也。而聖人已發之和，皆未發之中實爲之，非動静一以貫之與？是三者各以兩端相爲對待，而以此貫彼，脉絡相因，亦猶忠之所以爲恕而恕之本乎忠也。○程子謂忠恕違道不遠，下學忠恕，所以上達一貫，此論不可易。曾子用功處，不必他求，只看《大學》所說便是。問：「《大學》所説如何是忠恕？」曰：脩身以上，忠之事也；齊家以下，恕之事也。問：「程子曰『以己及物仁也，推己及物恕也』，不言『忠』、『恕』而言『仁』、『恕』，何也？」曰：此先言仁、恕之别，且先教人識「恕」字之本義。然後言「一以貫之」之忠恕，與「違道不遠」之忠恕不同。蓋違道不遠之恕，正是推己及人之恕；而「一以貫之」之恕，則是「以己及人」之仁，與「推己及人」之恕有異。故曰「此與違道不遠異者，動以天爾」。○王氏曰：朱子之説，是言一貫，而忠恕在其中；程子之説，是言忠恕，而一貫在其中。朱子於夫子之意詳，程子於曾子之意詳。程子言「以己及物」一句，上應「無待於推」，下應「動以天爾」。○雲峯胡氏曰：曾子借學者之忠恕，以明夫子一貫之似；程子則即天地之忠恕，以明夫子一貫之真。末舉《中庸》「違道不遠」，專爲學者言也。本只是下學之事，未説到上達。因《論語》之一貫而及《中庸》之忠恕，則《中庸》之言，乃下學上達之義。蓋下學忠，所以上達聖人之一；下學恕，所以上達聖人之貫也。大抵不説出天地之忠恕，則人以一貫爲淺近而忽聖人之道以爲易；不説歸學者之忠恕，則人以忠恕爲高虚而畏聖人之道以爲難。此程子、朱子教人之意也。○新安陳氏曰：曾子之學固主於力行，然亦未嘗不先於致知。觀《集註》「隨事精察而力行之」之語，「精察」即致知也。況《大學》成於曾子。格物、致知，實《大學》之始教。又觀《記·曾子問》中禮之權變，曲折纖悉必講明之，豈有全不加意於致知而變化其氣質之魯者哉？

○子曰：「君子喻於義，小人喻於利。」

喻，猶「曉」也。義者，天理之所宜；利者，人情之所欲。○程子曰：「君子之於義，猶小人之於利也。惟其深喻，是以篤好。」去聲。**楊氏曰：「君子有舍生而取義者。以利言之，則人之所欲無甚於生，所惡**去聲。**無甚於死，孰肯舍生而取義哉？其所喻者義而已，不知利之爲利故也。小人反是。」**朱子曰：君子見得這事合當如此，那事合當如彼，但裁處其宜而爲之。○君子之於義，見得委曲透徹，故自樂爲；小人之於利，亦是於曲折纖悉間都理會得，故深好之。○喻義、喻利，不是氣稟如此。君子存得此心，自然喻義；小人陷溺此心，故所知者只是利。若説氣稟定了，則君子小人皆由生定，學力不可變。○南軒張氏曰：學者莫先於義、利之辨。蓋義者，無所爲而然也。凡有所爲而然，皆人欲之私，而非天理之存。此義、利之分也。朱子謂義者無所爲而然，此言可謂擴前聖之所未發。○象山陸氏曰：此章以義、利判君子、小人，學者於此當辨其志。人之所喻，由其所習；所習，由其所志。志乎義，則所習者必在於義，斯喻於義矣；志乎利，則所習者必在於利，斯喻於利矣。○雙峯饒氏曰：此指君子小人之已成者而言，所以於義與利之精微曲折，各能深曉。程子是説喻以後事，象山是説喻以前事。○王氏曰：篤好在喻後，志習在喻先。○陳氏曰：天理所宜者，只是當然而然，無所爲而然也；人情所欲者，只是不當然而然，有所爲而然也。○新安陳氏曰：君子喻義，未嘗求利。然義之所安，即利之所在，「義之和」之利自在其中。小人喻利，雖專求利，然嚮利必背義，不義之利，利愈得而害愈甚矣。要之義利之界限，學者先明辨其幾微，次必剛決其取舍，至深喻其趣味，則君子小人成天淵判矣。

○子曰：「見賢思齊焉，見不賢而内自省也。」省，悉井反。思齊者，冀己亦有是善；内自省者，恐己亦有是惡。雙峯饒氏曰：省，謂警省，非徒察也。○胡氏曰：「見人之善惡不同而無不反諸身者，則不徒羨人而甘自棄，不徒責人而忘自責矣。」程子曰：見賢便思齊，有爲者亦若是；見不賢而内自省，蓋莫不在己。○鄭氏南升。曰：見人之賢者，知其德行之可尊可貴，則必思我亦有是善，天之所賦未嘗虧欠，何以不若於人？必須勇猛精進，求其必至於可尊可貴之地。見不賢者，則知彼是情欲汩没，所以至此。必須惕然省察，恐己亦有是惡潛伏於内，不自知覺，將爲小人之歸。此言君子當反求諸身如此。○慶源輔氏曰：人心之明，賢否所不能遁。然徒見之而不反諸身以致思齊内省之誠，則無益於我，非爲己之學也。

○子曰：「事父母幾諫。見志不從，又敬不違。勞而不怨。」此章與《内則》之言相表裏。朱子全引《内則》之文以解此章。幾，微也。微諫，《坊記》曰：「微諫不倦。」所謂「父母有過，下氣怡色柔聲以諫」也。「所謂」以下，皆《内則》文。下倣此。○朱子曰：幾諫，只是漸漸細密諫。不要峻暴，硬要闌截。○問：「幾諫是見微而諫否？」曰：人做事，亦自有驀地做出來，那裏去討幾微處？○胡氏曰：子之事親主於愛，雖父母有過，不容不諫。然必由愛心以發乃可。故下氣怡色柔聲，皆深愛之形見者也。所以謂幾微而諫，不敢顯然直遂其己意也。**見志不從，又敬不違，所謂「諫若不入，起敬起孝，悅則復**扶又反。**諫」也。**朱子曰：又敬不違，敬已是順了，又須委曲作道理以諫。上不違微諫之意，恐唐突以觸父母之怒；下不違欲諫之心，務欲致父母於無過之地。見父母之不從，恐觸其怒遂止而不諫者，非也；務欲必諫，遂至觸其怒者，亦非也。**勞而不怨，所謂「與其得罪於鄉黨州閭，寧孰**與「熟」同。**諫。」**新安陳氏曰：不曰「苦諫」而曰「孰諫」，「孰」字有深味。純孰以諫，終欲諭父母於道而已。**父母怒不悅而撻**他達反。**之流血，不敢疾怨，起敬起孝」也。**問：「微諫者，下氣怡色柔聲以諫也。見得孝子深愛其親，雖當諫過之時，亦不敢伸己之直而辭色皆婉順也。見志不從，又敬不違，纔見父母心中不從所諫，便又起敬起孝使父母歡悅。不待父母有難從之辭色而後起敬起孝也。若或父母堅不從所諫，甚至怒而撻之流血，可謂勞苦，亦不敢疾怨，愈當起敬起孝。此聖人教天下之爲人子者，不惟平時有愉色婉容，雖遇諫過之時亦當如此。甚至勞而不怨，乃是深愛其親也。」朱子曰：推得也好。○西山真氏曰：起者，竦然興起之意。孰者，反復純孰之謂。不諫，是陷親於不義，使得罪於州閭。等而上之。諸侯不諫，使親得罪於國人；天子不諫，使親得罪於天下。是以「寧孰諫」也。怒撻之流血，猶不敢怨，況下於此乎？諫不入，起敬起孝；諫而撻，亦起敬起孝。孝敬之外，豈容有他念，亦豈容有一息忘乎？

○子曰：「父母在，不遠遊。遊必有方。」

遠遊，則去親遠而爲日久，定省悉井反。**曠而音問踈，不惟己之思親不置，亦恐親之念我不忘也。遊必有方，如己告云之東則不敢更適西，欲親必知己之所在而無憂，召己則必至而無失也。**慶源輔氏曰：詳味《集註》，非身歷心驗之，不能盡其精微曲折之意如此。事親者宜身體之。又曰：有親者遠遊固不可，近遊亦當有方。○問：「有不得已而遠遊，如之何？」雙峯饒氏曰：不遠遊是常法。不得已而遠出，又有處變之道。聖人言常不言變。**范氏曰：「子能以父母之心爲心則孝矣。」**朱子曰：父母愛子之心，未嘗少置；人子愛親之心，亦當跬步不忘。○胡氏曰：遠遊，特事之至近者爾。惟能即是而推之，則凡可以貽親之憂者皆不敢爲矣。范氏之説，深得其旨。○新安陳氏曰：朱子十四歲喪父韋齋先生，事母盡孝，所以發明此章，曲盡孝子之心。老杜曰「頗覺良工心獨苦」，信哉！

○子曰：「三年無改於父之道，可謂孝矣。」

胡氏曰：「已見賢遍反。**首篇，此蓋複**音福。**出而逸其半也。」**

○子曰：「父母之年，不可不知也，一則以喜，一則以懼。」

知，猶「記憶」也。胡氏曰：謂念念在此而不忘也。**常知父母之年，則既喜其壽，又懼其衰，而於愛日之誠自有不能已者。**南軒張氏曰：以年之盛衰，察氣之强弱而喜懼存焉，亦人子盡心於其親之一事也。○王氏曰：「愛日之誠」四字，於「懼」字旨意深切。○雲峯胡氏曰：人生百年曰「期」，而能百年者幾何人哉？始以其期言之，❶如年八十可喜也，而期者僅二十年可懼也；年九十尤可喜也，而期者僅十年尤可懼也。故可喜之中，政自有可懼者存焉。○新安陳氏曰：愛日者，懼來日之無多，惜此日之易過，而於事親之道有不及也。王安石詩：「古人一日養，不以三公換。」得「愛日」之意。

○子曰：「古者言之不出，恥躬之不逮也。」

言古者，以見形甸反。**今之不然。逮，及也。行**去聲。**不及言，可恥之甚。古者所以不出其言，爲**去聲。**此故也。○范氏曰：「君子之於言也，不得已而後出之。非言之難，而行之難也。人惟其不行也，是以輕言之。言之如其所行，行之如其所言，則出諸其口必不易矣。」**易，去聲。○朱子曰：此章緊要在「恥」字上。若是無恥底人，未曾做得一分，便說十分矣。范氏說最好。只緣胡亂輕易說了，便把行不當事，非踐履到底烏能及此？○人之所以易其言者，以其不知空言無實之可恥也。若恥，則自是力於行，而言之出也不敢易矣。○厚齋馮氏曰：古人言之必行。不能躬行而徒言之，是所恥也。後之學者，直講說而已。義理非不高遠，而吾躬自在一所，不知恥之，何哉？

○子曰：「以約失之者鮮矣。」鮮，上聲。

謝氏曰：「不侈然以自放之謂約。」慶源輔氏曰：「約」與「放」相反。約則守乎規矩之中，放則逸於

---

❶「始」，四庫本及《輯釋》、《四書通》作「姑」。

規矩之外。**尹氏曰：「凡事約則鮮失，非止謂儉約也。」**朱子曰：「約」有收斂近裏着實之意，非徒簡而已。或曰：「約恐失之吝嗇？」曰：這「約」字只是凡事自收斂。○此「約」字是實字。若「約之以禮」，「約其情」，則「約」字輕。○問：「以約失之者鮮，凡人須要檢束令入規矩準繩，便有所據守，方少過失。或是侈然自肆，未有不差錯。」曰：說得甚分明。○南軒張氏曰：凡人事事以節約存心，則有近本之意，雖未能皆中節而失則鮮矣。

○子曰：「君子欲訥於言而敏於行。」行，去聲。

謝氏曰：「放言易，去聲。**故欲訥；力行難，故欲敏。」**或問：「言懼其易，故欲訥。訥者，言之難出諸口也。行懼其難，故欲敏。敏者，力行而不惰也。」朱子曰：然。○致堂胡氏曰：敏、訥雖若出於天資，然可習也。言煩以訥矯之，行緩以敏勵之，由我而已。不自變其氣質，奚貴於學哉？○南軒張氏曰：言則欲訥，行則欲敏，蓋篤實自脩，無一毫徇外之意也。○雙峯饒氏曰：此即矯輕警惰之法。**○胡氏曰：「自『吾道一貫』至此十章，疑皆曾子門人所記也。」**

○子曰：「德不孤，必有鄰。」

鄰，猶「親」也。德不孤立，必以類應。故有德者必有其類從之，如居之有鄰也。朱子曰：德不孤，以理言；必有鄰，以事言。○問：「『鄰』是朋類否？」曰：然。非惟君子之德有類，小人之德亦自有類。○此言有德者聲應氣求，必不孤立，與《易》中「德不孤」不同。彼言敬義立則內外兼備，德盛而不偏孤。不孤，訓爻中「大」字。○新安陳氏曰：秉彝、好德，人心所同。同德相應，天理自然之合也。

〇子游曰：「事君數，斯辱矣；朋友數，斯疏矣。」數，色角反。

程子曰：「數，煩數也。」胡氏曰：「事君諫不行則當去，導友善不納則當止。至於煩瀆則言者輕，聽者厭矣。是以求榮而反辱，求親而反疏也。」范氏曰：「君臣、朋友，皆以義合，故其事同也。」勿軒熊氏曰：後篇言以道事君，不可則止，忠告而善道之，不可則止，皆此意也。〇新安陳氏曰：大倫中以人合者皆主義。義有可否之分，合則從，不合則去。不比父子兄弟以天合者皆主恩，恩則無可去之理。故君臣朋友之事同也。〇東陽許氏曰：事君交友之道，所當爲者固非一端。此章以君、友同言，又同一「數」字，所以專主諫争説。

論語集註大全卷之五

公治長第五

此篇皆論古今人物賢否得失。公冶長以下，在當時爲今人也；孔文子以下，古人也。蓋格物窮理之一端也。凡二十七章。胡氏以爲疑多子貢之徒所記云。以子貢方人，故疑其然。

子謂公冶長，「可妻也。雖在縲絏之中，非其罪也」。以其子妻之。妻，去聲。下同。縲，力追反。絏，息列反。

公冶長，孔子弟子。魯人，一云齊人。妻，爲之妻如字。也。縲，黑索也。絏，攣閭緣反。也。古者獄中以黑索拘攣罪人。長之爲人無所考，而夫子稱其可妻，其必有以取之矣。又言其人雖嘗陷於縲絏之中而非其罪，則固無害於可妻也。夫音扶。有罪無罪，在我而已，豈以自外至者爲榮辱哉？朱子曰：雖嘗陷縲絏而非其罪，則其平昔之行可知。非謂以非罪陷縲絏爲可妻也。○慶源輔氏曰：在我無得罪之道，而不幸有罪自外至，何足以爲辱；在我有得罪之道，雖或幸免其罪於外，何足以爲榮？ 故君子有隱微之過於暗室屋漏之中，則其心愧恥若撻于市；不幸而遇無妄之災，則雖市朝之刑、裔夷之竄，皆受之而無愧也。○雙峯饒氏曰：可妻，以其素行取之；縲絏非罪，以其一事言之。在縲絏則似不可妻，非其罪則無害於可妻也。○齊氏曰：匡章非孟子，遂爲不孝之子；公冶長非夫子，遂爲有罪之人。天下之不遇聖賢者衆矣！○東陽許氏曰：擇壻之意，全在「可妻也」上。下面却言長雖曾在縲絏，自是爲人所誣累，非長實有罪，則縲絏不足汙其行。

子謂南容，「邦有道不廢，邦無道免於刑戮」。以其兄之子妻之。

南容，孔子弟子，居南宮，名縚，音滔。又名适，字子容，謚神至反。正作「謚」。敬叔，孟懿子之兄也。魯人。不廢，言必見用也。以其謹於言行，去聲。故能見用於治去聲。朝，音潮。免禍於亂世也。事又見賢遍反。第十一篇。朱子曰：三復白圭，見其謹言。言行相表裏，謹言必能謹行矣。又曰：邦有道，是君子道長之時，南容必不廢棄；邦無道，是小人得志以陷害君子之時，南容能謹其言行，必不陷於刑戮。○新安陳氏曰：此章本不見謹於言行意，參以「三復白圭」章，故云。○或曰：「公冶長之賢不及南容，故聖人以其子妻長而以兄子妻容，蓋厚於兄而薄於己也。」程子曰：「此以己之私心窺聖人也。凡人避嫌者，皆内不足也。聖人自至公，何避嫌之有？況嫁女必量其才而求配，尤不當有所避也。配，合也。夫婦皆可以「配」言。若孔子之事，則其年之長上聲。幼、時之先後，皆不可知。惟以爲避嫌，則大不可。避嫌之事，賢者且不

爲，況聖人乎？」厚齋馮氏曰：免於刑戮，非必免於縲絏也。縲絏之不免，聖人所不能計，特計其能保首領耳。蓋世亂而刑戮易於陷之也，唯謹身免禍，庶保其妻子爾。

○子謂子賤，「君子哉，若人！魯無君子者，斯焉取斯」？焉，於虔反。

子賤，孔子弟子，姓宓，考之韻書，此字音密，又云姓也，通作「虙」，音伏。**名不齊。**魯人。**上「斯」斯此人，下「斯」斯此德。子賤蓋能尊賢取友以成其德者。**《說苑》：子賤爲單父宰，所父事者二人，所兄事者五人，所友者十一人，皆教子賤以治人之術。○朱子曰：居鄉而多賢，其老者吾當尊敬師事以求其益；其行輩與吾相若者，則納交取友，親炙漸磨，以涵養德性，薰陶氣質。○胡氏曰：《家語》云：「子賤少孔子四十九歲，有才智仁愛，爲單父宰，民不忍欺。」以年計之，孔子卒時，子賤方年二十餘歲。意其進師夫子，退從諸弟子遊，而切磋以成其德者，故夫子歎之如此。**故夫子既歎其賢，而又言若魯無君子，則此人何所取以成此德乎？因以見**賢遍反。**魯之多賢也。**朱子曰：《論語》中說「君子」，有說最高者，有大概說者，如言「賢者」之類，聖人於子賤、南宮适，皆曰「君子哉若人」，皆大概說。○南軒張氏曰：非特歎魯之多賢，言美質係乎薰陶之效如此也。**○蘇氏曰：「稱人之善，必本其父兄師友，厚之至也。」**雙峯饒氏曰：稱人善，已可言厚；又推本其父兄師友，乃厚之至也。

○子貢問曰：「賜也何如？」子曰：「女，器也。」曰：「何器也？」曰：「瑚璉也。」女音汝。瑚音胡。璉，力展反。

器者，有用之成材。夏曰瑚，商曰璉，周曰簠簋，音甫鬼。皆宗廟盛平聲。黍稷之器而飾以玉，器之貴重而華美者也。新安倪氏曰：按《明堂位》曰「夏后氏之四璉，殷之六瑚，周之八簋」，是商曰瑚、夏曰璉也。此因舊註，想因瑚在上，璉在下而誤耳。外方内圓曰簠，外圓内方曰簋。子貢見孔子以君子許子賤，故以己爲問，而孔子告之以此。然則子貢雖未至於「不器」，其亦器之貴者歟？程子曰：瑚璉可施禮於宗廟。如子貢之才可使於四方，可使與賓客言而已。○朱子曰：子貢畢竟只是器，非「不器」也。子貢是器之貴者，與賤器不同。然可貴而不可賤，宜於宗廟朝廷而不可退處，此子貢之偏處。○南軒張氏曰：瑚璉雖貴，終未免於可器也。賜能因其所至而勉其所未至，則亦何所限量哉？○雙峯饒氏曰：用之宗廟，故曰「貴」；盛黍稷，故曰「重」；飾以珠玉，故曰「華美」。子貢之才，可使從政爲卿大夫，是貴重也；而又有言語文章之可觀，是華美也。○胡氏曰：器者，各適其用而不能相通。此以爲有用之成材者，因下文瑚璉而加重其詞爾。○或問：「子貢未至於子賤之君子歟？」雲峯胡氏曰：子賤亦未便是不器之君子。特子賤能有所取以成德，可充之以至於不器；子貢雖有用之成材，尚有所局而未至於不器也。

○或曰：「雍也，仁而不佞。」

雍，孔子弟子，姓冉，字仲弓。魯人。佞，口才也。程子曰：有便佞之才者，多入於不善，故學不貴。○朱子曰：佞，是無實之辨。又曰：佞是捷給便口者，不是諂，是箇口快底人，却未問是不是，一時言語便抵當得去，譔得説話也好。如子路「何必讀書」之言，子曰「惡夫佞者」是也。仲弓爲人重厚簡

默，而時人以佞爲賢，故美其優於德而病其短於才也。慶源輔氏曰：仲弓從事於敬恕以求仁，又在德行之科，而夫子稱其可使南面，今或者又以不佞爲慊，則決非務外而事口者，故以爲重厚簡默也。人情徇外而不事内，求名而不務實，故以佞爲賢。

子曰：「焉用佞？禦人以口給，屢憎於人。不知其仁，焉用佞？」焉，於虔反。

禦，當也，猶「應答」也。給，辦也。憎，惡去聲。下同。**也。言何用佞乎？佞人所以應答人者，但以口取辦而無情實，徒多爲人所憎惡爾。**慶源輔氏曰：佞人恃口以禦人，浮淺躁妄，發言成文，雖若可聽，然其情實則未必如此。心口既不相副，自然招尤而取憎也。○新安陳氏曰：口才雖俗人所賢，而實正人所惡。**我雖未知仲弓之仁，然其不佞乃所以爲賢，不足以爲病也。再言「焉用佞」，所以深曉之。**厚齋馮氏曰：《左氏傳》云：「寡人不佞。」蓋以佞爲才。衛以祝鮀之佞治宗廟。然顔子「爲邦」之問，夫子則告之以「遠佞人」。蓋木訥者近仁，多言者數窮。佞多失言。不佞，不害其爲賢也。○新安陳氏曰：或人稱仲弓之仁而短其不佞，夫子不輕許仲弓以仁而反喜其不佞。**○或疑仲弓之賢，而夫子不許其仁，何也？曰：仁道至大，非全體而不息者不足以當之。如顔子亞聖，猶不能無違於三月之後；況仲弓雖賢，未及顔子，聖人固不得而輕許之也。**蔡氏曰：全體，是天理渾然無一毫之雜；不息，是天理流行無一息之間。「愛之理、心之德」六字，所以訓「仁」之義爲甚切；「全體」、「不息」四字，所以盡仁之道爲甚大。只此十字之約，不惟諸儒累千百言莫能盡，而前後聖賢所論「仁」字，溥博精深，千條萬緒，莫不總會於十字之中矣。○勉齋黄氏曰：「當理而無私心」，朱子據所聞於師者而言，此章即己之所見而言。「全體」二字，已足以該「當理無私心」之義；加以「不息」二字，又五字未盡之旨。蓋亦因其所已聞而發其所獨得，故「了文」、「文子」章雖引師説，而《或問》乃曰：「仁者心之德而天之理也。自非至誠盡性，通貫全體，無少間息，不足以名之。」則亦引前章之説，以釋後章之旨，亦足以見前説之義爲詳且密也。○陳氏曰：仁，惟此心純是天理，無一毫人欲之私，乃可以當其名。「全體」云者，非指仁之全體而言，乃所以全體之也。○西山真氏曰：仁者兼該萬善，無所不備，如人之頭目手足皆具，然後謂之人也。○雙峯饒氏曰：此「體」字當作活字看，即「君子體仁」之「體」。仁之體本全，故體此仁者不可以不全。○雲峯胡氏曰：全體而不息，如真、蔡之説，則仁之體本自渾全；如陳、饒之説，則是以人全體之。愚玩朱子之意，仁道至大，是説仁；全體而不息者，是説仁者之人，故著一「者」字。蓋「仁」只是人之本心，所貴乎仁者於此心本體無一毫之虧欠，又無一息之間斷也。○新安陳氏曰：胡氏《通》主仁者之人之説自是。程子曰「公而以人體之則爲仁」，此「體仁」之説也。曾子曰：「士不可以不弘毅。」「仁以爲己任」，弘也；「死而後已」，毅也。仁者本心之全德，必欲以身體而力行之，全體此仁即「弘」也；一息尚存，此志不容少懈，此不息即「毅」也。必如此始足以參透全體而不息者之語歟？

○子使漆雕開仕。對曰：「吾斯之未能信。」子説。説音悦。

漆雕開，孔子弟子，字子若。蔡人。**斯，指此理而言。信，謂真知其如此而無毫髮之疑也。未可開自言未能如此，**新安陳氏曰：未能真知此理而無毫髮之疑，則正當學時，未是學優而仕時。**未可**

以治人。故夫子説其篤志。程子曰：不先自信，何以治人？○朱子曰：「斯」之一字甚大，有所指而言。如事君忠、事父孝，皆是這箇道理。若自信得及，則雖欲不如此不可得；若自信不及，如何勉强做得？欲要自信得及，又須自有所得，於這箇道理上見得透，全無些子疑處方是信。○斯，只是這許多道理見於日用之間，君臣父子、仁義忠孝之理。於是雖已見得如此，却自恐做不盡，不免或有過差，尚自保不過，雖是知其已然，未能決其將然，故曰「吾斯之未能信」。**○程子曰：「漆雕開已見大意，故夫子説之。」**朱子曰：「大意」便是本初處。若不曾見得大意，如何下手做工夫；若已見得大意，而不下手做工夫亦不可。斯者，非大意而何？若推其極只是性，蓋「帝之降衷」便是。○陳氏曰：開於心體上未到昭晰融釋處，所以未敢出仕。其所見處已自高於世俗諸儒，但其下工夫不到頭，故止於見大意爾。**又曰：「古人見道分明，故其言如此。」**或問：「開未能自信，而程子以爲『已見大意』、『見道分明』，何也？」朱子曰：人惟不見其大者，故安於小；惟見之不明，故若存若亡，一出一入，而不自知其所至之淺深也。今開之不安於小如此，則非見乎其大者不能矣。卒然之間，一言之對，若目有所見而手有所指者，且其驗之於身又如此其切而不容自欺也，則其見道之明又爲如何？然曰「見大意」，則於細微容或有所未盡，曰「見道分明」，則固未必見其反身而誠也。○慶源輔氏曰：人惟見道不分明，故所言含糊不決。今開斷然以爲未能信，未可以仕而治人，故知其見道分明也。○胡氏曰：謂之見道分明者，凡毫釐之未信皆自知之也。**謝氏曰：「開之學無可考。然聖人使之仕，必其材可以仕矣。至於心術之微，則一毫不自得，不害其爲未信，此聖人所不能知而開自知之。**慶源輔氏曰：聖人明於知人，何不能知？但其未信之實毫釐纖悉處，與意味曲折，不若開自知之精耳。**其材可以仕，而其器不安於小成，他日所就其可量乎？夫子所以説之也。」**朱子曰：據他之材已自可仕，只是他不伏如此小用了，又欲求進。是他先見大意了，方肯不安於小成；若不見大意者，只安於小成耳。如人食藜藿，未食芻豢，只知藜藿之美。及食芻豢，則藜藿不足食矣。又曰：他是不肯便做小底，所謂「有天民者，達可行於天下而後行之者也」。○問：「開之未信，若一理見未透，即是未信否？」曰：也不止説一理。「行一不義，殺一不辜，得天下不爲」，須是真見得不義不辜處便不可以得天下。若説略行不義，略殺不辜，做到九分也未甚害，也不妨，這便是未信處。這裏更須玩味省察，體認存養，亦會見得決定恁地而不可不恁地，所謂脱然如大寐之得醒，方始是信處耳。○開所謂「斯」，是他見得此箇道理了，只是信未及。他眼前看得闊，只是踐履猶未純熟。他是見得箇規模大，不入這小底窠坐。曾點被他見得高，下面許多事皆所不屑爲，到他説時便都恁地脱洒。想見他只是天資高，便見得恁地，都不曾做工夫。○點見得高，却於工夫上有疎略處。開見處不如點，然有向進之意。點規模大，開尤縝密。○論資稟之誠慤，則開優於點。語其見趣超詣，脱然無毫髮之累，則點賢於開。然開之進則未已也。○慶源輔氏曰：器，言其志量也。所見者大，所知者明，則其志量自然不肯安於小成。其進進不已之意，不至於大而化，化而不知之神不止也。則他日所就，果可量乎？○胡氏曰：開得其大而不局於小。○雙峯饒氏曰：《集註》釋「悦」字有三。朱子謂悦其篤志，程子謂悦其已見大意，謝氏謂悦其不安於小成，其實相貫。惟其見大意，故不安於小成；惟其不安於小成，故篤志。○按：《程氏遺書》曰：「曾點、漆雕開已見大意。」《集註》采之，以曾點事在後，不欲學者躐之，故去上二字。○雲峯胡氏曰：已見大意，「已」字有意味。蓋漆雕開已見大意而未析其微，曾點已見大意而易略於細。使二子之學各有所進，則其已然者固如此，而其未然者當不止於此也。「已」字當如此看。

○子曰：「道不行，乘桴浮于海。從我者，其由與？」子路聞之喜。子曰：「由也好勇過我，無所取材。」桴音孚。從、好，並去聲。與，平聲。材，與「裁」同，古字借用。

桴，筏也。筏，房越反，編竹木爲之。程子曰：「『浮海』之歎，傷天下之無賢君也。子路勇於義，故謂其能從己。皆假設之言耳。此歎與「欲居九夷」同意。子路以爲實然，而喜夫子之與己，故夫子美其勇而譏其不能裁度待洛反。事理以適於義也。」慶源輔氏曰：聖人欲浮海，豈有憤世長往之意？其憂時閔道之心，蓋有不得已者。子路不惟今日遂以夫子爲必行而喜其與己，其平日所爲多傷於剛果而不能裁度以適義，如「率爾」之對、「迂也」之言，皆是也。夫子所以教之。○胡氏曰：得時行道，使天下無不被其澤，此聖人之本心。世衰道否，至於無所容其身，豈聖人之得已？乘桴浮海，雖假設之辭，然傷時之不我用也。如子路之勇於義，不以流離困苦而二其心，故謂其能從我，是皆憂深思遠而形於言也。子路不知夫子之本心，而喜夫子之與己，可謂「直情徑行」而無所忖度也。○汪氏炎昶。曰：《集註》「能」、「不能」字，是揚而抑之處。所能者稟賦之剛果，所不能者學力之未至也。○新安陳氏曰：既云「勇於義」，又云「不能裁度事理以適於義」，何也？蓋勇於義，是略見大意，能勇於行；不能裁度事理以適於義，是不能審察精義而有誤勇決行之者。故其仕於衛也，知食焉不避其難之爲義而死之，是勇於義。不知食出公之食爲非義，是不能裁度事理以適於義也。

○孟武伯問子路仁乎。子曰：「不知也。」

子路之於仁，蓋「日月至焉」者，或在或亡，不能必其有無，故以「不知」告之。

又問。子曰：「由也千乘之國，可使治其賦也。不知其仁也。」乘，去聲。

賦，兵也。古者以田賦出兵，故謂兵爲賦。《春秋傳》去聲。後凡言「春秋傳」者同。所謂「悉索所白反。敝賦」是也。《左傳》襄公八年：「悉索敝賦以討于蔡。」三十一年：「悉索敝賦以來會時事。」言子路之才可見者如此，仁則不能知也。朱子曰：仲由可使治賦，才也；不知其仁，以學言。

「求也何如？」子曰：「求也千室之邑，百乘之家，可使爲之宰也。不知其仁也。」

千室，大邑。百乘，卿大夫之家。宰，邑長、上聲。家臣之通號。

「赤也何如？」子曰：「赤也束帶立於朝，可使與賓客言也。不知其仁也！」朝音潮。

赤，孔子弟子，姓公西，字子華。魯人。○朱子曰：渾然天理便是仁，有一毫私意便是不仁。三子之心，不是都不仁，但是不純爾。○問：「三子雖全體未是仁，苟於一事上能當理而無私心，亦可謂之一事之仁否？」曰：不然。蓋纔説箇「仁」字，便用以全體言。若一事上能盡仁，便是他全體是仁了；若全體有虧，這一事上必不能盡仁。纔説箇「仁」字，便包盡許多事無不當理而無私了。所以三子當不得箇

「仁」字，聖人只稱其才。聖門工夫不過居敬窮理以修身也。由、求只是這些工夫未到，故夫子所以知其未仁。若能主敬以窮理，工夫到此，則德性常用，物欲不行而仁流行矣。○慶源輔氏曰：諸子之於仁，蓋亦勉焉而未能有諸己也。故或日一至焉，或月一至焉，能造其域而不能久耳。方其志氣清明，存養不懈，則是心存而有其仁；及私意横生，一有間斷，則是心亡而無其仁矣。將以爲有，則有時而無；將以爲無，則有時而有。既不能必其有無，則以不知告之。○勿軒熊氏曰：此與後篇「由可使有勇」、「求可使足民」、「赤願爲小相」章互見。兵財禮樂，乃國之大政，而三子之才皆足以當之，見聖門有用之學。然治事之才易見，本心之德難全，故夫子皆不許其仁。

○子謂子貢曰：「女與回也孰愈？」女音汝。下同。

愈，勝也。

對曰：「賜也何敢望回？回也聞一以知十，賜也聞一以知二。」

一，數之始；十，數之終。二者，「一」之對也。胡氏曰：十者數之終，以其究極之所至而言；二者一之對，以其彼此之相形而言。**顔子明睿**余例反。**所照，即始而見終；子貢推測而知，因此而識彼。「無所不説」**，音悦。**「告往」、「知來」，是其驗矣。**程子曰：子貢之知，亞於顔子，知至而未至之也。○朱子曰：「明睿所照」、「推測而知」，兩句當玩味。明睿所照，如明鏡在此，物來畢照；推測而知，如將些子火逐些子照去。○慶源輔氏曰：聞一知十，不是知一件，限定知得十件，只是知得周偏，始終無遺。聞一知二，亦不是聞一件，限定知得二件，只是知得通達，無所執泥。知得周偏，始終無遺，故無所不悦；知得通達，無所執泥，故告往知來。然「思」與「睿」亦非兩事，但有生熟之異。始則思而通，久則明睿生而物無遺照矣。又曰：惟是生知之聖人，則全體昭著，不待推廣。若夫學而知之者，則須居敬窮理，漸漸開明。固不能無淺深之異也。○胡氏曰：顏子之於吾言無所不説，可爲知十之驗；子貢之告諸往，而知來者，可爲知二之驗。又曰：聞一知十，豈有事可指哉？亦以況顏子明哲舉首見尾而已所不及耳。

子曰：「弗如也。吾與女弗如也！」

與，許也。○胡氏曰：子貢方人，夫子既語音御。**以「不暇」，又問其與回孰愈，以觀其自知之如何。聞一知十，上知**去聲。**之資，「生知」之亞也；聞一知二，中人以上之資，「學而知之」之才也。子貢平日以己方回，見其不可企**丘氏、去智二反。**及，故喻之如此。夫子以其自知之明，而又不難於自屈，**朱子曰凡人有不及人處多不能自知，雖知亦不肯屈服。如子貢自屈於顏子，可謂高明，夫子所以與其「弗如」之説。○慶源輔氏曰：自屈生於自知。自知之明，則不容於不自屈也。且自知之明則不安於已知，不難於自屈則不畫於已至，此夫子所以許之。**故既然之，又重**去聲。**許之，此其所以終聞性與天道，不特聞一知二而已也。**朱子曰：聖人之道，大段用敏悟曉得底。敏悟曉得時方擔荷得去。如子貢雖所行未實，然他却極是曉得，擔荷得去。使其見處更長一格，則所行自然又進一步。聖門自曾、顏而下，便用還子貢。❶如冉、閔非無德行，然終是曉不甚得，擔荷聖

❶「用還」，四庫本作「還用」，《語類》卷二八作「須遜」。

人之道不去。所以孔子愛呼子貢而與之語，意蓋如此。〇新安陳氏曰：孔門穎悟莫如顏子，子貢可以亞之，所以終得聞性與天道與一以貫之，豈局於聞一知二者哉？

〇宰予晝寢。子曰：「朽木，不可雕也；糞土之牆，不可杇也。於予與，何誅？」朽，許久反。杇音汙。與，平聲。下同。

晝寢，謂當晝而寐。朽，腐也。雕，刻畫也。杇，鏝莫官反。也。言其志氣昏惰，教無所施也。新安陳氏曰：志，謂心志；氣，謂血氣。志先惰，氣隨而昏，則教無施處。如朽木糞牆，雕杇之工無施力處也。與，語辭。誅，責也。言不足責，乃所以深責之。

子曰：「始吾於人也，聽其言而信其行；今吾於人也，聽其言而觀其行。於予與，改是。」行，去聲。

宰予能言而行不逮，故孔子自言於予之事而改此失，亦以重去聲。警之也。慶源輔氏曰：宰予以言語稱於聖門，而孟子亦以爲善爲説辭。然論喪則欲其短，論仁則病其愚，對社則失其義，至此晝寢而夫子深責之，且自言「於予之事而改此失」，則能言而行不逮可見矣。胡氏曰：「『子曰』疑衍文。不然，則非一日之言也。」〇范氏曰：「君子之於學，惟日孜孜，斃毗祭反。而後已，惟恐其不及也。宰予晝寢，自棄孰甚焉？故夫子責之。」胡氏曰：「宰予不能以志帥入聲。氣，居然而倦，是宴安之氣勝，儆戒之志惰也。古之聖賢未嘗不以懈惰荒寧爲懼，勤勵不息自彊，此孔子所以深責宰予也。聽言觀行，聖人不待是而後能，亦非緣此而盡疑學者。特因此立教以警群弟子，使謹於言而敏於行耳。」覺軒蔡氏曰：學者誠能立志以自彊，則氣亦從之，不至於昏惰，何有於晝寢？故學莫先於立志。○慶源輔氏曰：玩理以養心，則志不昏；以志而帥氣，則氣不惰。志不昏，氣不惰，則有受教之地，而聖人之教可得而施也。朽木不可雕，糞土之牆不可杇，正以喻其志氣昏惰而教無所施耳。聽言觀行，聖人明睿所照，不待是而後能；至誠與人，不逆於詐，故非緣此而盡疑學者。仁以體物，教人不倦，故因此立教以警群弟子也。

○子曰：「吾未見剛者。」或對曰：「申棖。」子曰：「棖也慾，焉得剛？」焉，於虔反。剛，堅彊不屈之意，最人所難能者，故夫子歎其未見。申棖，弟子姓名。魯人。慾，多嗜時利反。慾也。多嗜慾，則不得爲剛矣。問：「慾、欲何分別？」朱子曰：無心「欲」字虛，有心「慾」字實。二字亦通用。○程子曰：「人有慾則無剛，剛則不屈於慾。」謝氏曰：「剛與慾正相反。能勝物之謂剛，故常伸於萬物之上；爲物揜之謂慾，故常屈於萬物之下。自古有志者少，無志者多，宜夫子之未見也。棖之慾不可知，其爲人得非悻悻下頂反。自好去聲。者乎？」新安倪氏曰：《孟子集註》：「悻悻，怒意。」「自好，自愛其身也。」故或者疑以爲「剛」，然不知此其所以爲「慾」耳。程子曰：凡人有慾則不剛。至大至剛之氣，在養之可以至焉。○朱子曰：剛是堅强不屈，卓然有立，不爲物欲所累底人，故夫子以爲未見。○凡人纔貪一件物事，便被這物事壓得頭低了。纔有些慾，便被他牽引去，此中便無所主，焉得剛？○節齋蔡氏曰：范氏謂剛者天德，惟無慾者乃能之。神龍惟有慾，是以人得求其慾而制之，亦得而食之。聖人無慾，故天下萬物不能易也。蘇氏謂有志而未免於慾者，其志嘗屈於慾。惟無慾者能以剛自遂。某聞之師曰：剛者外雖退然自守而其中不詘於慾，悻悻者外雖有崛彊之貌而其中實有計較勝負之意，即此便是慾。聖人觀人，直從裏面觀出，見得他中無所主，只是色莊，便是慾了。○胡氏曰：剛則己大物小，凡天下之可欲者皆不足以動之，所謂伸於萬物之上是也；慾則己小物大，隨其意之所貪，俯首下氣以求之，所謂屈於萬物之下是也。所以相對而相反，有此則無彼也。○西山真氏曰：所謂「勝物」者，謂立志堅强，不爲外物所奪，凡榮辱得喪、禍福死生，皆不足以動之。如孟子所謂「富貴不能淫，貧賤不能移，威武不能屈」，此之謂「勝物」。非剛暴恃氣求以勝人之謂也。爲物掩之謂「慾」，言陷溺於物欲之中，不能自克，如爲物遮覆掩遏而不能出也。○雙峯饒氏曰：「悻悻」只是色厲底人，孟子所謂「諫於其君而不受則怒，悻悻然見於其面」是也。此等人外面雖似剛，其中心不過爲名，這便是「自好」，便是「慾」，即所謂「色厲而內荏」也。○厚齋馮氏曰：根之剛，乃血氣之剛；夫子所言，乃義理之剛也。血氣之剛，物慾得以屈之；惟義理之剛，則不爲外物所奪爾。○雲峯胡氏曰：孟子論浩氣曰「至大至剛」，此天地之正氣也。悻悻自好，客氣也。或人於申根惑其剛之似，而夫子識其不剛之真。

○子貢曰：「我不欲人之加諸我也，吾亦欲無加諸人。」子曰：「賜也，非爾所及也。」

子貢言我所不欲人加於我之事，我亦不欲以此加之於人，此仁者之事，不待勉强，上聲。

故夫子以爲非子貢所及。朱子曰：欲無加諸人，此等地位是本體明淨，發處盡是不忍之心，不待勉强，乃仁者之事。子貢未到此田地而遽作此言，故夫子謂非爾所及，言不可以躐等。○程子曰：「我不欲人之加諸我，吾亦欲無加諸人，仁也；施諸己而不願，亦勿施於人，恕也。恕則子貢或能勉之，仁則非所及矣。」愚謂「無」者自然而然，「勿」者禁止之謂，此所以爲仁、恕之別。必列反。○朱子曰：此章程子晚年仁熟，方看得如此分曉，説得如此明白。所以分「仁」、「恕」者，只是生熟難易之間爾。熟底是仁，生底是恕。自然底是仁，勉强底是恕。無計較無覩當底是仁，有計較有覩當底是恕。○雲峯胡氏曰：本文「無」字是子貢説，「勿」字是夫子説，程子是借夫子説恕之事，以見子貢所言是仁之事。

○子貢曰：「夫子之文章，可得而聞也；夫子之言性與天道，不可得而聞也。」

文章，德之見賢遍反。下同。乎外者，威儀文辭皆是也。慶源輔氏曰：威儀，德之見乎容貌者；文辭，德之見乎言語者。性者，人所受之天理；天道者，天理自然之本體。其實一理也。言夫子之文章日見乎外，固學者所共聞；至於性與天道則夫子罕言之，而學者有不得聞者。蓋聖門教不躐等，子貢至是始得聞之而歎其美也。問：「子貢是因文章中悟性天道，抑後來聞孔子説邪？」朱子曰：是後來聞孔子説。曰：「文章亦是性天道之流行發見處。」曰：固亦是發見處。然他當初只是理會文章，後來是聞孔子説性與天道。今不可硬做是因文章得。○陳氏曰：聖人教不躐等，平時只是教人以文章。到後來地位高，方語以性與天道爾。○新安陳氏曰：堯之文章，朱子釋以「禮樂法度」，與此不同者，堯達而在上，其文章見於治天下；夫子窮而在下，其文章惟見於吾身。在天下，故以「禮樂法度」言；在吾身，故以「威儀文辭」言也。○程子曰：「此子貢聞夫子之至論而歎美之言也。」王氏曰：此理在天，未賦於物，故曰「天道」；此理具於人心，未應於事，故曰「性」。即元亨利貞、仁義禮智是也。文章至顯而易見，此理至微而難言。○西山真氏曰：「文章」二字之義，五色錯而成文，黑白合而成章，文者粲然有文，章者蔚然有章。文章可聞，夫子平日以身教人，凡「威儀文辭」自然成文有章者皆是。所謂「吾無隱乎爾，吾無行而不與二三子者」是也。若「性與天道」，則淵奥精微，未可遽與學者言。恐其億度料想，馳心玄妙，反躐等而無所益，故罕言之。《論語》僅有「性相近」一語，亦已是兼言氣質之性，非言性之本。至於贊《易》方云「乾道變化，各正性命」，「一陰一陽之謂道，繼善成性」，方是正說性與天道。亦可謂罕言矣。子貢後來始得聞之而有此歎也。

○子路有聞，未之能行，唯恐有聞。

前所聞者，既未及行，故恐復扶又反。有所聞而行之不給也。○范氏曰：「子路聞善，勇於必行，門人自以爲弗及也，故著之。若子路可謂能用其勇矣。」朱子曰：子路不急於聞而急於行，此古人爲己之實處。如人之飲食，珍羞羅列，須喫盡方好。喫不盡，又增加亦徒然。○南軒張氏曰：有所聞而實未副，勇者之所恥也。唯恐有聞，則其篤於躬行可知。門人記此，亦可謂善觀子路者矣。然比之「得一善拳拳服膺而不失」者，則未免有强力之意耳。○慶源輔氏曰：人之有勇，多有用於非所當用者。子路之勇，用以力行，真能用其勇矣。○勿軒熊氏曰：子路勇於力行而致知工夫不及，所以死於孔悝之難。○或曰：此即子路「聞斯行之」之勇，門人以爲弗及而著之，夫子以爲兼人而退之，何也？雲峯胡氏曰：著之者，門人弗及其行之勇，推敬之辭也；退之者，夫子恐其徒事乎行之勇，陶成之術也。

好，去聲。

○子貢問曰：「孔文子何以謂之『文』也？」子曰：「敏而好學，不恥下問，是以謂之『文』也。」

孔文子，衛大夫，名圉。音語。**凡人性敏者多不好學，**恃其天資，多怠於學。**位高者多恥下問，**位高自驕，多恥問於卑下。**故謚法有以勤學好問爲「文」者，蓋亦人所難也。孔圉得謚爲「文」，以此而已。○蘇氏曰：「孔文子使太叔疾出其妻而妻**去聲。**之，疾通於初妻之娣。**大計反。**文子怒，將攻之。訪於仲尼。仲尼不對，命駕而行。疾奔宋。文子使疾弟遺室孔姞。**渠乙反。**其爲人如此而謚曰『文』，此子貢之所以疑而問也。**《春秋左氏傳》云：哀公十一年冬，衛太叔疾出奔宋。初疾娶于宋子朝。子朝，宋人，衛大夫。其娣嬖。子朝出，孔文子使疾出其妻出宋朝之女。而妻之。疾使侍人誘其初妻之娣寘於犂衛邑。而爲之一宮，如二妻。文子怒，欲攻之。仲尼止之。遂奪其妻。文子遂奪其女不嫁太叔疾。或淫于外州。外州人奪之軒以獻。奪太叔疾之軒車以獻於君。恥是二者，以奪妻、奪軒二事爲恥。故出。衛人立其弟遺，遺，疾之弟。使室孔姞。孔姞，文子之女，疾之妻也。使遺室之。孔文子之將攻太叔也，訪於仲尼。仲尼曰：「胡簋之事，胡簋，禮器也。夏曰胡，周曰簋。則嘗學之矣；甲兵之事，未之聞也。」退，命駕而行。**孔子不没其善，言能如此，亦足以爲『文』矣。非經天緯地之『文』**

也。」《史記謚法解》：「惟周公旦、太公望，嗣王業建功于牧野。終將葬，乃制謚，遂叙謚法。謚者，行之迹；號者，功之表；有大功則賜之善號以爲稱也。車服者，位之章也。是以大行受大名，細行受細名。行出於己，名出於人。名謂謚號。經緯天地文，道德博聞文，勤學好問文，慈惠愛民文，愍民惠禮文，賜民爵位文。」○朱子曰：此章因論謚而發。然人有一善之可稱，聖人亦必取之，此天地之量也。○問：「孔姞事如此不好，便敏學好問，濟得甚事？」曰：古謚法甚寬。所謂節以一惠，言只有一善亦取之。節者，節畧而取其一善也。孔文子固是不好，只敏學下問亦是他好處。周禮謚只有二十八字，不成説孔文子與文王一般？蓋人有善多者，則摘其尤善者一事以爲謚；亦有只有一善，則只取其一善以爲謚而隱其惡，如孔「文」子是也。惟無一善可稱而純於惡，然後名曰「幽、厲」耳。○如織布絹，經是直底，緯是横底。經天緯地，是一横一直皆是文理，故謂之文。裁成天地之道，輔相天地之宜，此便是經緯天地之文。○胡氏曰：日月星辰，風雨霜露，天文也；山嶽河海，草木花卉，地文也。微而鳥獸蟲魚，皆有文焉。舜在璿璣玉衡，以齊七政，經天之文也；封山濬川，若草木鳥獸，緯地之文也。天文粲乎上，地文陳乎下。聖人處乎中而經緯之，所以裁成輔相之以爲用也。○厚齋馮氏曰：《謚法》之爲文者六，而勤學好問居其一，殆取諸此歟？

○子謂子産，「有君子之道四焉：其行己也恭，其事上也敬，其養民也惠，其使民也義」。

子産，鄭大夫，公孫僑。音喬。**恭，謙遜也。敬，謹恪**克各反。**也。**慶源輔氏曰：首篇釋「恭」爲「莊敬」，此又釋爲「謙遜」者，恭敬、謙遜皆禮之端，緣此下文有「事上也敬」，故以「謙遜」釋「恭」，「謹恪」釋

「敬」。蓋謙遜乃恭之實，而於行己爲切；謹恪乃敬之實，而於事上爲宜也。**惠，愛利也。使民義，如「都鄙有章、上下有服、田有封洫、**忽域反。**廬井有伍」之類。**《左傳》襄公三十年：「鄭子皮授子産政。子産使都鄙有章，上下有服，田有封洫，廬井有伍。」杜氏註：「國都及邊鄙車服尊卑，各有分部。公卿大夫，服不相踰。封，疆也。洫，溝也。廬，舍也。九夫爲井，使五家相保。」○朱子曰：有章，是有章程條法；有服，是貴賤衣冠各有制度。鄭國人謂「取我田疇而伍之，取我衣冠而褚之」，是子産爲國時，衣服有定制，不敢著底皆收之囊中，故曰「取而褚之」。又曰：有章，是一都一鄙各有規矩；有服，是衣冠服用皆有等級高卑。「義」字有剛斷之意。其養民則惠，及使民則義，「惠」與「義」相反，使見得子産之政不專在於寬。就都鄙有章處，見得「義」字在子産上，不在民上。○或問：「四者亦有序乎？」曰：行己恭，則其事上非有容悦之私而能敬矣；惠於民而後使之以義，則民雖勞而不怨矣。○新安陳氏曰：事上之敬，即行己之恭之所推；使民之義，又所以濟其養民之惠也。**○吴氏曰：「數**上聲。下同。**其事而責之者，其所善者多也，『臧文仲不仁者三，不知**去聲。**者三』是也。**張氏存中。曰：《左傳》文公三年秋，八月丁卯：大事于大廟，躋僖公，逆祀也。僖是閔兄，嘗爲臣，位應在下。今躋居閔上，故曰「逆祀」。仲尼曰：「臧文仲不仁者三，不知者三。下展禽，展禽，柳下惠也。文仲知其賢而使在下位，不與立於朝也。廢六關，塞關、陽關之屬，凡六關。所以禁絶來遊而廢之。妾織蒲，以蒲爲席，是與民争利。三不仁也；作虚器，謂居蔡之室而山節藻梲也。有其器，無其位，故曰虚。縱逆祀，聽夏父弗忌躋僖公。祀爰居，爰居，海鳥也。三不知也。」又按《家語·顔回》篇曰：「置六關。」王肅云：「六關，關名。魯本無此關，文仲置之以税行客，故爲不仁。《傳》曰：『廢六關。』」未知孰是。姑併録之。**數其事而稱之者，猶有所未至也，『子産有君子之道四焉』是也。今或以一言蓋一人，一事蓋一時，皆非也。**」厚齋馮氏曰：自其立謗政，作丘賦，制参辟，鑄刑書言之，其所未盡者誠多也；自春秋之時言之，知君子之道者誠寡也。聖人之言，褒不溢美，貶不溢惡，稱其所長之多而所短自不能掩爾。○雲峯胡氏曰：《集註》於「使民義」，獨跡其實而言者。子産爲政三年，輿人頌之曰：「我有子弟，子産教之；我有田疇，子産植之。」及其卒也，孔子聞之曰：「古之遺愛也。」先儒云，子産精神全在「義」字上。夫民之所以頌之，夫子所以取之者，以其惠而能義。孟子所謂「惠而不知爲政」，姑指濟人一事而言爾。

○子曰：「晏平仲善與人交，久而敬之。」

晏平仲，齊大夫，名嬰。程子曰：「人交久則敬衰。久而能敬，所以爲善。」南軒張氏曰：聖人論《豫》之六二，「介于石，不終日，貞吉」，以爲「君子上交不諂，下交不瀆」爲「知幾」。蓋交道易以凌夷，非正其志者莫之能守也。交久而敬不衰，亦可謂善矣。聖人於人雖一善必録，天地之心也。○勉齋黄氏曰：朋友，人倫之一，可不敬乎？攝以威儀，相觀以善，一有不敬，則失朋友之道矣。惟其久而敬也，則愈久而愈親。拍肩執袂以爲氣合，酒食遊戲相徵逐，以爲生死不相背負，未有能全交者也。夫子美平仲之善，交友之道盡於此矣。○葉氏少蘊。曰：夫子在齊，與平仲處者八年，故知其如此。○新安陳氏曰：常人之交，初則敬，久則玩。久而玩，必不能全交；久而不替初心之敬，所以爲善交也。

○子曰：「臧文仲居蔡，山節藻棁，何如其知也？」棁，章悦反。知，去聲。

臧文仲，魯大夫，臧孫氏，名辰。魯孝公生僖伯彄，字子臧。辰，其曾孫，謚文。**居，猶「藏」也。蔡，大龜也。**古注：「蔡，國君之守龜，出蔡地，因以爲名。長尺有二寸。」**節，柱頭斗栱**音拱。**也。藻，水草名。棁，梁上短柱也。蓋爲藏龜之室，而刻山於節，畫**俗作「畵」。**藻於棁也。當時以文仲爲知，孔子言其不務民義而諂瀆鬼神如此，安得爲「知」？《春秋傳》所謂作「虚器」，即此事也。**朱子曰：卜筮事，聖人固欲人信之。然藏龜須自有合當處。今乃如此，是他心惑於鬼神，一向倒在卜筮上了，安得爲知？古説他僭，若是僭，便是不仁了。今只主不知言。大夫不藏龜，禮家乃因立此説。臧文仲在當時，人説是非常底人。孔子直見他不是處，便見得聖人微顯闡幽處。○南軒張氏曰：所貴乎知者，爲其明見理之是非也。方其時，世俗以小慧爲知，故於文仲有惑焉。夫子明之，使人知夫所謂知者在此而不在彼也。○新安陳氏曰：不務民義，本文無此意。然諂瀆鬼神者，必不務民義；務民義者，必不諂瀆鬼神。二者常相關。樊遲問知。子曰：「務民之義，敬鬼神而遠之。可謂知矣。」朱子蓋即答樊遲問知之意以斷臧文仲歟？**○張子曰：**張子，名載，字子厚，號横渠先生。長安人。**「山節藻棁爲藏龜之室，祀爰居之義，同歸於不知宜矣。」**朱子曰：三不知，皆是諂瀆鬼神之事。○《國語·魯語》：「海鳥曰爰居，止於魯東門之外三日。臧文仲使國人祭之。」文仲以爲神，故命人祭之。

○子張問曰：「令尹子文，三仕爲令尹無喜色，三已之無愠色。舊令尹之政必以告新令尹。何如？」子曰：「忠矣。」曰：「仁矣乎？」曰：「未知。焉得仁？」知，如字。焉，於虔反。

令尹，官名，楚上卿執政者也。子文，姓鬭，名穀奴口反。於音烏。菟。音徒。○《左傳》宣公四年：「初若敖娶於邧，音云。生鬭伯比。若敖卒，從其母畜於邧。淫於邧子之女，伯比私淫之。生子文焉。邧夫人使棄諸夢中，夢，音蒙。又如字。澤名也。虎乳之。邧子田，見之懼而歸，夫人以告。言其女私通伯比所生。遂使收之。楚人謂乳『穀』，謂虎『於菟』，故命之曰『鬭穀於菟』。以其女妻去聲。伯比，實爲令尹子文。」其爲人也喜怒不形，物我無間，去聲。知有其國而不知有其身，其忠盛矣。故子張疑其仁。勉齋黃氏曰：喜怒不形，釋三仕三已無喜愠；物我無間，釋舊政告新；知有其國而不知有其身，通釋上兩節。然其所以三仕三已而告新令尹者，未知其皆出於天理而無人欲之私也，是以夫子但許其「忠」而未許其「仁」也。或問：「令尹子文忠矣，孔子不許其仁，何也？」程子曰：此只是忠，不可謂之仁。若比干之忠見得時便是仁也。○問：「令尹子文之忠，若其果無私意，出於至誠惻怛，便可謂之仁否？」朱子曰：固是。然不消泥他事上說。須看他三仕三已還是當否。以舊政告新令尹，又須看他告得是否。只緣他大體既不是了，故其小節有不足取。如管仲之三歸反坫，聖人却與其仁之功者，以其立義正也。故管仲是天下之大義，子文是一人之私行耳。

「崔子弑齊君，陳文子有馬十乘，棄而違之。至於他邦，則曰『猶吾大夫崔子也』，違之。之一邦，則又曰『猶吾大夫崔子也』，違之。何如？」子曰：「清矣。」曰：「仁矣乎？」曰：「未知。焉得仁？」乘，去聲。

崔子，齊大夫，名杼。直吕反。齊君，莊公，名光。陳文子，亦齊大夫，名須無。十乘，四十匹也。違，去也。文子潔身去亂，不使弑逆之惡得汙其身。可謂清矣。然未知其心果見義理之當然而能脱然無所累乎，抑不得已於利害之私而猶未免於怨悔也？故夫子特許其「清」而不許其「仁」。《春秋》襄公二十五年：「夏五月乙亥，齊崔杼弑其君光。」《左傳》：齊棠公棠邑大夫。之妻，東郭偃之姊也。東郭偃，臣崔武子。棠公死，偃御武子以弔焉。見棠姜而美，遂取之，莊公通焉。驟如崔氏。以崔子之冠賜人。侍者曰：「不可。」公曰：「不爲，其無冠乎？」言雖不爲崔子，猶自應有冠。崔子因是又以其間去聲。伐晉也。間晉之難而伐之。曰：「晉必將報。」欲弑公以説於晉而不獲間。公鞭侍人賈舉而又近之，乃爲崔子間公。伺公間隙。五月，莒子朝于齊。甲戌，饗諸北郭。崔子稱疾不視事，欲使公來。乙亥，公問崔子。遂從姜氏。姜氏入于室，與崔子自側户出。公俯楹而歌，❶歌以命姜。侍人賈舉止衆從者，而入閉門。甲興。公登臺而請，弗許；請盟，弗許；請自刃於廟，弗許。皆曰：「君之臣杼，疾病不能聽命，近於公宮。謂崔子宮近公宮。或淫者詐稱公。陪臣干胡旦反。掫將侯反。有淫者，不知二命。」干掫行夜，行夜得淫人。受崔子命討之，不知他命。公踰牆，又射之中股。反隊，與「墜」同。遂弑之。愚聞之師曰：「當去聲。理而無私心則仁矣。」朱子曰：有人事當於理而未必無私心，有人無私心而處事又未必當於理。惟仁者内無私心，而外之處事又當於理。須表裏心事，一皆純乎天理而無一毫之私乃可。今以

❶「俯」，四庫本作「拊」。

是而觀二子之事，雖其制行去聲。之高若不可及，然皆未有以見其必當於理而真無私心也。子張未識仁體而悅於苟難，《荀子·不苟篇》曰：「君子行不貴苟難，唯其當之爲貴。」注：「當，謂合禮義也。」遂以小者二子之小善。信其大者，仁。夫子之不許也宜哉！讀者於此更以上章「不知其仁」、《雍也》「仁而不佞」，及「孟武伯問子路仁乎」。後篇「仁則吾不知」之語，《憲問》「克伐怨欲不行」。并與三仁微子、箕子、比干。夷齊之事「求仁得仁」。觀之。則彼此交盡，而仁之爲義可識矣。問：「陳文子之清、令尹子文之忠，使聖人爲之則是仁否？」程子曰：不然。聖人爲之，亦只是清、忠。○朱子曰：仁者心之德。聖人所以不許二子者，正以其事雖可觀，而其本心或有不然也。子文三仕三已，畧無喜愠，盡以舊政告之新尹。文子有馬十乘，棄之如敝屣然。此豈是易事？後人因孔子不許之以仁，便以二子之事爲未足道，此却不可。須當思二子所爲如此高絶，而聖人不許之以仁者因如何？便見得二子不可易及，仁之體段實是如何，切不可容易看。○二子忠清，只就事上説。若比干夷齊之忠清是就心上説。❶比干夷齊是有本底忠清，忠清裏有仁；二子之忠清，只喚做忠清。○問：「子文、文子之事，程子謂『聖人爲之亦只是清忠』。夫聖人無一事之非仁而乃云爾者，何也？」南軒張氏曰：程子之意，大要以爲此事只得謂之清忠。然在二子爲之，曰忠曰清而止矣。仁則未知也。在聖人事或有類此者，以其事言，亦只得謂之忠清；然而所以然者，則亦不妨其爲仁也。如伯夷之事，雖以清目之，亦

❶「是」，四庫本作「只」。

何害其爲仁乎？○胡氏曰：不知其仁，謂非全體不息者不足以當之也；仁則吾不知，謂仁則天理渾然，自無克伐怨欲之累，不行不足以言之也。殷有三仁，謂三人同出於至誠惻怛之意，故不咈乎愛之理而有以全其心之德也。夷齊之仁，謂皆求合乎天理之正而即乎人心之安也。夫全體者，無虧欠也；不息者，無間斷也。至於外若無虧欠間斷，而中之私意根萌猶在焉，亦不得謂之「仁」；必其見於事者皆當於理，而發於心者皆無所私，然後可以謂之「仁」也。○雙峯饒氏曰：《論語》言仁，有以德言者，有以事言者。如「雍也仁而不佞」，「問子路仁乎」，「克伐怨欲不行焉可以爲難」，❶皆是以德言；子文、文子「未知焉得仁」，夷齊「求仁得仁」，「殷有三仁」，皆是以事言。以德言，非全體而不息，不足以當之；以事言，則須當理而無私心，乃可以當之。顏子於仁，可言全體，仲弓便不可謂之全體。顏子三月不違，庶幾久而不息；「日月至焉」，能至而不能久，不可謂之「不息」。夷齊三仁，事當理而心無私，故皆可謂之仁；子文、文子之事，非特心未能無私，而事亦不當理，何以得爲「仁」乎？**今以他書考之。子文之相**去聲。**楚，所謀者無非僭王猾**户八反。**夏之事。**《左傳》莊公三十年：楚殺令尹子元，以鬭穀於菟爲令尹。僖公二十三年：楚成得臣伐陳，取焦夷，子文以爲功。使子玉爲令尹。子文爲令尹凡二十八年。注杜氏曰：按莊公三十年，楚成王立九年矣。僖公二十三年，即成王之三十六年也。楚自武王三十七年僭稱王，魯桓公之八年也。武王五十一年卒，子文王立。文王十三年卒，子堵敖立。堵敖五年卒，弟成王立。僖公

❶「難」，據《論語・憲問》及上下文當作「仁」。

元年，楚成王之十四年也。楚伐鄭，鄭即齊故也。五年，楚鬭穀於菟滅弦。六年，楚子圍許。許男面縛銜璧，乃釋之。十二年，楚人滅黃。十五年，楚人伐隨。二十年，隨以漢東諸侯叛楚。楚鬭穀於菟帥師伐隨，取成而還。二十一年，宋人以爲鹿上之盟，❶以求諸侯於楚，楚人許之。諸侯會宋公于盂。楚執宋公以伐宋，已而釋之。二十二年，楚人伐宋。宋公及楚人戰于泓。宋師敗績。公傷股。明年宋襄公死。二十三年，楚師伐陳，討其貳於宋也。此「僭王猾夏」之事也。**文子之仕齊，既失正君討賊之義，**上不能規正莊公，次不能討杼弒逆。**又不數歲而復**扶又反。**反於齊焉。**《左傳》襄公二十七年：宋向戌欲弭諸侯之兵以爲名。欲獲「息民」之名。如晉告趙孟，晉人許之。如楚，楚亦許之。如齊，齊人難之。陳文子曰：「晉、楚許之，我焉已？❷且人曰弭兵，而我弗許，則固攜吾民矣，將焉用之？」齊人許之。注杜氏曰：按襄公二十五年，崔杼弒齊君。是時陳文子出奔。二十六年不經見。二十七年，文子存弭兵之說。則文子自出奔復反於齊凡二年。**則其不仁亦可見矣。**朱子曰：仁者，心之德而天之理也。自非至誠盡性，通貫全體，如天地一元之氣，化育流行，無少間息，不足以名之。今子文仕於蠻荊，執其政柄，至於再三，既不能革其僭王之號，又不能止其猾夏之心。至於滅弦伐隨之事，至乃以身爲之而不知其爲罪。文子立於淫亂之朝，既不能正君禦亂，又不能先事而潔身。至於篡弒之禍已作，又不能上告天子，下請方

---

❶「以」，四庫本及《左傳》無此字。
❷「已」上，四庫本及《左傳》有「得」字。

伯，以討其賊。去國三年，又無故而自還，復與亂臣共事。此二者平日之所爲止於如此，其不得爲仁也明矣。然聖人之言，辭不迫切而意已獨至，雖不輕許而亦不輕絶也。學者因其言而反以求之，則於仁之理與人之所以得是名者，庶幾其可默識乎？○雲峯胡氏曰：子文知有楚而不知有周，以《春秋》尊王之義責之，不仁矣；文子知有己而不知有齊，以《春秋》討賊之義責之，不仁矣。○新安陳氏曰：論至此，則其事不當理而心之私可見矣。夫子只言「未知焉得仁」，而朱子直斷其爲「不仁」，蓋本章外究竟到底之斷案也。

○季文子三思而後行。子聞之曰：「再斯可矣。」三，去聲。

季文子，魯大夫，名行父。音甫。**每事必三思而後行，若使**去聲。下同。**晉而求遭喪之禮以行，亦其一事也。**《左傳》文公六年：「季文子將聘于晉，使求遭喪之禮以行。」杜注：「聞晉侯病故。」既而晉襄公果卒。**斯，語辭。程子曰：「爲惡之人，未嘗知有思。有思則爲善矣。然至於再則已審。三則私意起而反惑矣，故夫子譏之。」**朱子曰：天下之事以義理斷之，則是非當否，再思而已審；以私意揣之，則利害得喪，萬變而無窮。思止於再者，欲人之以義制事而不汩於利害之私也。○思之未得者，須著子細思，到思而得之方是一思。雖見得已是，又須平心更思一遍，如此則無不當。○問：「周公『仰而思之，夜以繼日』，所思豈止於三？」曰：橫渠云：「未知立心，惡多思之致疑；已知立心，惡講治之不精？講治之思，莫非術内，雖勤而何厭？」推此求之可見。○潛室陳氏曰：若爲學之道，則不厭思，此只爲應事言之耳。**○愚按，季文子慮事如此，可謂詳審而宜無過舉矣。而宣公簒**

初患反。立，文子乃不能討，反爲去聲。之使齊而納賂焉。豈非程子所謂私意起而反惑之驗歟？《左傳》文公十八年二月：公薨。文公二妃，敬嬴生宣公。敬嬴嬖而私事襄仲。宣公長而屬諸襄仲。襄仲欲立之，見於齊侯而請之。齊侯新立而欲親魯，許之。冬十月，仲殺惡，及視。惡，太子；視，其母弟。宣公元年夏：季文子如齊納賂以請會。會于平州，齊地。以定公位。篡立者，諸侯既與之會則不得討。臣子殺之，與弑君同，故公與齊會而位定。是以君子務窮理而貴果斷，都玩反。不徒多思之爲尚。問：「再斯可矣，只是就季文子身上行事處説。在學者窮索義理則思之，思之而又思之，愈深而愈精，豈可以數限？而君子物格之至者，萬事透徹，事物之來皆有定則，則從容以應之，亦豈待臨時方致其思？不審此語只是文子事，抑衆人通法皆當以『再』爲『可』耶？不容有越思耶？而程子又何故只就爲惡一邊説也？」朱子曰：物格知至者，應物雖從容，然臨事豈可不思？況未至此，豈可不熟思耶？故以再思爲衆人之通法。蓋至此則思已熟而事可決，過則惑矣。○雙峯饒氏曰：窮理，是思以前事；果斷，是思以後事。○陳氏曰：理之明，則是非判；斷之果，則從違決。○新安陳氏曰：務窮理，明也；貴果斷，決也。明於方思之初，決於既思之後。若不明不決而徒多思，則愈思而愈惑矣。

○子曰：「甯武子邦有道則知，邦無道則愚。其知可及也，其愚不可及也。」知，去聲。

甯武子，衛大夫，名俞。按《春秋傳》武子仕衛，當文公成公之時。文公有道，而武子無事可見，此其知之可及也；成公無道，至於失國，而武子周旋其間，盡心竭力，不避艱險，凡其所處，上聲。皆智巧之士所深避而不肯爲者，而能卒保其身以濟其君，此其愚之不可及也。《左傳》僖公二十八年：衛侯聞楚師敗，楚成王與晉文公戰于城濮，衛地也。楚師敗績。懼，出奔楚。初，晉侯將伐曹，假道于衛。衛弗許。晉伐衛，衛侯請盟。晉人弗許。衛侯欲與楚，國人不欲，故出其君以説于晉。衛侯聞楚敗，出居襄牛之地以避晉，而遂奔楚。遂適陳。使元咺奉叔武以受盟。元咺，衛大夫。叔武，衛侯弟。使攝君事以受盟于踐土。癸亥，王子虎盟諸侯于王庭。或訴元咺於衛侯曰：「立叔武矣。」其子角從公。公使殺之。咺不廢命，奉夷叔以入守。音狩。夷叔，即叔武。六月，晉人復衛侯。甯武子與衛人盟于宛濮，甯俞時從衛侯在外，故與衛人盟。衛侯先期入，甯子先。先入欲安喻國人。長牂音臧。守門以爲使去聲。也，與之乘而入。長牂與甯子共載而入國。公子歂犬、華仲前驅。❶歂，市專反。華，去聲。二子並衛大夫。衛侯遂驅。掩甯子未備。叔武將沐，聞君至，喜，捉髮走出，前驅射而殺之。公知其無罪也，枕去聲。之股而哭之。歂犬走出，公使殺之。元咺出奔晉。冬，會于温，討不服也。衛侯與元咺訟，甯武子爲輔。鍼其廉反。莊子爲坐，坐獄爲「坐」。士榮爲大士。治獄官也。《周禮》：「命夫、命婦不躬坐獄訟。」元咺又不宜與君對坐，故使鍼莊子爲坐，又使衛之忠臣及其獄官質正元咺。蓋今勘吏有罪，先驗吏卒之義。衛侯不勝。三子辭屈，故不勝。殺士榮，刖鍼莊子。謂甯俞忠而免之。執衛侯歸之于京師，寘諸深室。甯子職納橐饘焉。橐，音託，衣囊也。饘，音旃，糜也。甯俞以君在幽隘，故親以衣食爲己職，言其忠至，所慮者深。元咺歸于衛，立公子瑕。瑕，衛公子適也。〇僖公三十年夏，晉侯使醫衍酖衛侯。衍，醫名。晉文欲殺衛侯而罪不至死，故使醫因治疾而加酖毒。甯俞貨醫，甯子視衛侯衣食，得知其謀，乃以貨賂醫。使薄其酖。公爲去聲。

❶「犬」，原作「大」，今據四庫本、孔本、陸本及《左傳》改。

之請。魯僖公爲之請。納玉於王與晉侯，皆十瑴。與珏同。二玉相合曰「珏」。王許之。襄王許之。秋，乃釋衛侯。杜氏曰：「按《左氏》僖公二十五年，衛文公卒，子成公立。僖二十六年，即衛成公元年也。經稱『公會衛甯速盟于向』。甯速，莊子也。則莊子嘗逮事成公矣。至僖公二十八年，傳稱『甯武子與衛人盟于宛濮』。武子名俞，速之子，即成公即位之三年也。以此考之，甯莊子當死于成公二年左右，而後子俞爲大夫，則武子未嘗事文公。」《集註》謂武子仕衛當文公成公之時，與此少異。**○程子曰：「邦無道能沈晦以免患，故曰不可及也。**新安陳氏曰：朱子謂其不避艱險，程子以爲能沈晦者，蓋於艱險中能沈晦，非避事也。**亦有不當愚者，比干是也。」**朱子曰：邦無道時，全身退聽，人皆能之。武子不全身退聽却似愚。然又事事處置得去，且不表著其能，所以爲「愚不可及也」。又曰：武子九世公族，與國同休戚，却與尋常無干涉底人不同。○成公失國，若智巧之士，必且隱避不肯出。武子竭力其間，至誠懇惻，不避艱險，却能擺脱禍患，卒得兩全，非能沈晦，何以致此？若比以智自免之士，武子却似箇愚底人，但愚得來好。若使他人處之，縱免禍患，不失於此必失於彼。○他人於邦無道時，要正救者不免禍患，要避患者又却偷安。若武子之愚，既能韜晦以免患，又自處不失其正，此所以不可及。○問：「甯武子世臣，他人不必如此。」曰：然。又看事如何。若羈旅之臣，見幾先去則可；若事已爾，又豈可去？此事最難，當權其輕重。○雲峯胡氏曰：武子於衛爲公族，比干於紂爲父族，皆與國存亡者也。特衛成公之患在外，欲免之非沈晦不可；紂之惡在己，不諫之而諉於沈晦亦不可。程子所謂「亦有不當愚者」，最見時中之義。○新安陳氏曰：以「有道則見，無道則隱」，及稱南容「不廢免刑戮」，蘧伯玉「仕卷懷」等例之，則「有道而知」

當是發舒以自見，「無道則愚」當是韜晦而無爲。今證以武子之時與事，無事可見，反謂之「知」；盡忠濟難，反謂之「愚」。何也？蓋處有道而安常者易，處無道而濟變者難。武子當文公時，安常處順，知者行所無事，此可及之知也。當成公之失國，國家多事，而能竭忠冒險，保身全君，此知者所避而不敢爲，乃若愚而冒爲之，非真愚也。柳子厚曰：「甯武子邦無道則愚，知而爲愚者也，不得爲真愚。」是也。

○子在陳曰：「歸與歸與！吾黨之小子狂簡，斐然成章，不知所以裁之。」與，平聲。斐音匪。

此孔子周流四方，道不行而思歸之歎也。吾黨小子，指門人之在魯者。狂簡，志大而略於事也。斐，文貌。成章，言其文理成就有可觀者。裁，割正也。夫子初心欲行其道於天下，至是而知其終不用也。於是始欲成就後學，以傳道於來世。又不得中行之士而思其次，本《孟子》「不得中行而與之」一章說。以爲狂士志意高遠，猶或可與進於道也。但恐其過中失正而或陷於異端耳。故欲歸而裁之也。如曾點之狂，易流於老莊。問：「何故只思狂士，不及狷者？」朱子曰：狂底却有軀殼可以驅策，狷者只是自守得些便道是了，所謂「言必信，行必果」者是也。○成章，是有首有尾。雖狂簡非中，然却做得這箇道理成箇物事，不是半上落下。故聖人雖謂其「狂簡不知所裁」，然亦取其成一箇道理。大率孔門弟子，隨其資質，各能成就。如子路之勇，真箇成一箇勇；冉求之藝，真箇成一箇藝。言語德行之科，一齊被他做得成了。○成章，是做得成片段有文理可觀。蓋他狂也是做得箇狂人成。○問：「孔子欲歸而裁之，後來曾皙之徒，弔喪而歌，全似老、莊。聖人既裁之後，何故如此？」曰：裁之在聖人，聽不聽在他。○慶源輔氏曰：大凡學者易得有狂簡之病，非篤志爲己者不能免也。雖琴張、曾點，猶或墮於此失。「志意高遠」，即所謂「志大」也；「過中失正」，即其「畧於事」者也。大凡人之志意高遠，則勢利拘絆他不住，故或可與進於道。然溺於高遠，又有脱畧世故之弊，故過中失正而或陷於異端，是以不可不有以裁之而使歸於中正也。○徽庵程氏曰：狂簡者，志大而畧於事，宜其梗概疏率。乃能斐然成章者，蓋其禀氣英明，賦質堅勁，雖致廣大而不屑於精微，然其規模之廣大實非卑下者所能攀，雖極高明而不屑於中庸，然其志趣之高明實非平凡者所能企也。其立心制行，豈不斐然可觀？但各矜所自得，非得聖人以裁之，則廣大雖可觀而精微有未究，高明雖可喜而中庸有未協，且有琴張、曾晳、牧皮之「夷考其行而不掩焉」者矣。○新安陳氏曰：狂者易過中失正，得聖人裁之，則得中正矣。狂則必貴於裁，裁則不終於狂也。

○子曰：「伯夷、叔齊，不念舊惡，怨是用希。」

伯夷、叔齊，孤竹君之二子。《史記·列傳》索隱：「孤竹君，是殷湯所封。相傳至夷齊之父，姓墨胎氏，名初，字子朝。伯夷，名允，字公信。叔齊，名智，字公達。夷、齊，其謚也。《地理志》云：『孤竹城，在遼西令支縣。』」**孟子稱其「不立於惡人之朝，**音潮。**不與惡人言」，「與鄉人立，其冠不正，望望然去之，若將浼焉」。其介如此，**介，孤特而有分辨之意。**宜若無所容矣。然其所惡**烏路反。**之人，能改即止，故人亦不甚怨之也。○程子曰：「不念舊惡，此清者之量。」**去聲。**又曰：「二子之心，非夫子孰能知之？」**朱子曰：伯夷介僻，宜其惡惡直是惡之。然能不念舊惡，却是他清之好處。伯夷平日以隘聞，故特明之。○伯夷、叔齊不念舊惡，要見得他胸中都是義理。人之有惡，不是惡其人，是惡其惡耳。到他既改其惡，便自無可惡者。今人見人有惡便惡之，固是。然那人既改其惡，又從而追之，此便是因人一事之惡而遂惡其人，却不是惡其惡也。此與「不遷怒」一般。其所惡者，因其人可惡而惡之，而所惡不在我。及其能改，又只見他善處，不見他惡處。聖賢之心皆是如此。○南軒張氏曰：以夷、齊平日之節觀之，疑其狹隘而不容矣。今夫子乃稱其不念舊惡，何其宏裕也！蓋於其所爲亦率夫天理之常，而其胸中休休然初無一毫介於其間也。若有一毫介於其間，則是私意之所執而豈夷、齊之心哉？

○子曰：「孰謂微生高直？或乞醯焉，乞諸其鄰而與之。」醯，呼西反。

微生，姓；高，名。魯人。素有「直」名者。醯，醋也。人來乞時，其家無有，故乞諸鄰家以與之。夫子言此，譏其曲意徇物，掠力灼反。美市恩，不得爲直也。○程子曰：「微生高所枉雖小，害直爲大。」事有小大，理無小大。范氏曰：「是曰是，非曰非，有謂有，無謂無，曰『直』。聖人觀人於其一介之取予，通作「與」。而千駟萬鍾從可知焉。故以微事斷都玩反。之，所以教人不可不謹也。」朱子曰：如此予，必如此取。只看他小事尚如此，到處千駟萬鍾，亦只是這模樣。范氏云「害其所以養心者不在於大」，此語尤痛切。醯，至易得之物，尚委曲如此。若臨大事，如何得當？纔枉其小，便害其大，此皆不可謂誠實也。○問：「看孔子説『微生高』一章，雖一事之微，亦可見王霸心術之異處。一便見得皥皥氣象，一便見得驩虞氣象。」曰：然。○慶源輔氏曰：平心順理以應物則爲「直」，若有一毫計較作爲則不得爲「直」。知乞醯以應人之求爲不直，則知所以爲直矣。○厚齋馮氏曰：人謂申棖剛，夫子以慾知其非剛；人謂文仲知，夫子以居蔡知其不知；人謂微生高直，夫子以乞醯知其非直。夫子知人之道，於衆好之而必察蓋如此。

○子曰：「巧言，令色，足恭，左丘明恥之，丘亦恥之；匿怨而友其人，左丘明恥之，丘亦恥之。」足，將樹反。

足，過也。朱子曰：足者，謂本當如此，我却以爲未足而添足之，故謂之「足」。若本當如此，則是自足了，乃不是「足」。凡制字如此類者，皆有兩意。**程子曰：「左丘明，古之聞人也。」**或問：「左丘明非傳《春秋》者邪？」朱子曰：未可知也。先友鄧著作名世考之氏姓書曰：此人蓋左丘姓而明名，傳《春秋》者，乃左氏耳。○左丘明所恥巧言，《左傳》必非其所作。**謝氏曰：「二者之可恥，有甚於『穿窬』也。**慶源輔氏曰：此雖與「穿窬」事不類，然其心陰巧譎詐，以取悅媚，謀傾陷，則甚於穿窬。○陳氏曰：穿窬者之志，不過陰取貨財而止。若過諂以事人，匿怨而面友，其所包藏豈止於取貨財之謂邪？故可恥有甚於穿窬也。**左丘明恥之，其所養可知矣；夫子自言丘亦恥之，蓋『竊比老彭』之意，又以深戒學者使察乎此而立心以直也。」**朱子曰：匿怨，心怨其人而外與交也。孔門編排此書，已從其類，此二事相連。若微生高之心久而滋長，便做得這般可恥事出來。巧言、令色、足恭，與匿怨，皆不誠實者也。人而不誠實，何所不至？所以可恥。與上文「乞醯」之義相似。○勉齋黃氏曰：巧令足恭，諂人也，其可恥者卑賤而已；藏怨外交，姦人也，其爲險譎尤可恥。○雙峯饒氏曰：此上二章，皆是教學者立心以直。舉微生高，是要人微事亦謹；舉左丘明，是要人表裏如一。

○顔淵、季路侍。子曰：「盍各言爾志？」

盍，何不也。

子路曰：「願車馬，衣輕裘，與朋友共，敝之而無憾。」衣，去聲。

衣，服之也。裘，皮服。敝，壞也。憾，恨也。

顔淵曰：「願無伐善，無施勞。」

伐，誇也。善，謂有能。施，亦張大之意。勞，謂有功，《易》曰「勞而不伐」是也。《易・繫辭上》：子曰：「勞而不伐，有功而不德，厚之至也。」或曰：勞，勞事也。勞事非己所欲，故亦不欲施之於人。亦通。前説與上句，皆謙也；後説，恕也。○朱子曰：顔子是治箇「驕」字，子路是治箇「吝」字。顔子之志，不以己之長方人之短，不以己之能媿人之不能，是與物共。○問：「無伐善，無施勞，『善』與『勞』，如何分別？」曰：善，是自家所有之善；勞，是自家做出來底。○無伐善，是不矜己能；無施勞，是不矜己功。○南軒張氏曰：人之不仁，病於有己。故雖衣服車馬之間，此意未嘗不存焉。子路蓋欲克其私於事物間者，其志可謂篤，而用功可謂實矣。至於顔子則又宏焉。理之所在，何有於己？其於善也奚伐？爲吾之所當爲而已，其爲勞也奚施？蓋存乎公理而無物我之間也。學者有志於求仁，則子路之事亦未宜忽。要當如此用力以爲入德之塗，則顔子之事可以馴致矣。

子路曰：「願聞子之志。」子曰：「老者安之，朋友信之，少者懷之。」老者養之以安，朋友與之以信，少去聲。**者懷之以恩。一說：安之，安我也；信之，信我也；懷之，懷我也。亦通。**合二說其義方備。老者我養之以安，而後方安於我。○問：「孔子舉此三者，莫是朋友是其等輩，老者是上一等人，少者是下一等人，三者足以盡該天下之人否？」朱子曰：然。○黃氏曰：《集註》前說是作用，後說是效驗。後說與「綏斯來，動斯和」意思相類，自是聖人地位。但前說却有仁心自然、物各付物之意，有天地發生氣象。況顏子、子路皆是就作用上說，故前說爲勝。**○程子曰：「夫子安仁，顏淵不違仁，子路求仁。」**朱子曰：他人於微小物事，尚戀不能捨。仲由能如此，其心廣大而不私己矣，非意在於求仁乎？○子路、顏子、孔子，皆是將己與物對說。子路便是箇舍己忘私底意思。今若守定他這說，謂此便是求仁，不成子路每日都無事，只是如此？當時只因子路偶然如此說出，故顏子、孔子各就上面說去；使子路若別說出一般事，則顏子、孔子又就他那一般事上說。然意思却只如此。○趙氏曰：求仁，猶與仁爲二；不違仁，則身已居仁而常不去；安仁，則心即仁，仁即心，安而行之，無適非仁矣。**又曰：「子路、顏淵、孔子之志，皆與物共者也，但有小大之差**楚宜反。**爾。」**程子曰：顏子所言不及孔子。無伐善、無施勞，是他顏子性分上事。孔子言安之、信之、懷之，是天理上事。○朱子曰：子路有濟人利物之心，顏子有平物我之心，夫子有萬物得其所之心。○子路須是有箇車馬輕裘，方把與朋友共。如顏子只就性分上理會，無伐善，無施勞，車馬輕裘則不足言矣。然以顏子比之孔子，則顏子猶有箇善勞在。若孔子便不見有痕迹了。又曰：子路底淺，顏子底深。二子底小，聖人底大。子路底較粗，顏子底較細膩。然都是去得箇私意了，只是有粗細。○子路收斂細密，可到顏子地位；顏子底純熟又展拓開，可到孔子地位。○西山真氏曰：聖門學者誠實端慤，言者即其所行，行者即其所言。苟躬行有一毫未到，斷不敢輕以自許。子路爲人勇於爲善而篤於朋友，故所願如此。蓋「私」之一字，乃人心之深害。私苟未忘，雖於骨肉親戚之間，尚不能無彼此物我之分，況朋友乎？子路之言，雖只及朋友。然觀其用心，則其至公無私可見矣。顏淵之志，又大於子路。蓋視己之善如未有善，視己之勞若初無勞，觀其用心，雖至堯、舜地位亦歉然常若不足。子路所謂「車馬衣裘與朋友共」，特顏子善中之一善耳。夫子之言志，又大於顏淵。蓋二子猶未免於用意。若聖人則如天地然，一元之氣運之於上，而天地之間無一物不得其所，不待物物著力然後能之，又非二子所及。然今學者且當從子路學起，必如子路之忘私，然後方可進步。不然，則物我之私梗於胸中，如蟊賊，如戈戟然，又安能有善不伐、有勞不矜如顏子乎？況於聖人地位，又高又遠，非用力所可到。須德盛仁熟，從容中道，然後不期而自至耳。此非始學之事。故必先學子路之忘私而後可。**又曰：「子路勇於義者，觀其志，豈可以勢利拘之哉？亞於浴沂者也。**問：「浴沂地位恁高，程子稱子路言志『亞於浴沂』，何也？」朱子曰：子路學雖粗，然他資質也高。如「人告以有過則喜」「有聞未之能行，惟恐有聞」「見善必遷，聞義必徙」，皆是資質高，「車馬輕裘」都不做事看，所以亞於浴沂。故程子曰「子路只爲不達爲國以禮道理，若達便是這氣象也」。又問：「浴沂是自得於中而外物不能以累之。子路雖未至自得，然亦不爲外物所動矣。」曰：是。○胡氏曰：以氣象觀之，子路發於意氣者也，顏子循其性分者也，夫子則渾然天理者也。子路所以亞於浴沂，以其胸次洒落，非勢利所得拘。使無所滯礙，則曾皙之所至矣。聖人信不可及，顏子地位亦高。誠能先於貨利之間，慕子路之勇決而去其吝嗇之心，於求仁之方亦庶幾矣。○慶源輔氏曰：子路雖有曾點氣象，而其實亦有不同。曾點是知之事，子路是行之事。浴沂之智崇，共敝之行實。○新安陳氏曰：人心天理本自周流，特爲私欲間隔，故不得遂其與人同適之樂，與人同利之仁爾。子路之志，雖未能超然如曾點之灑落，然常人認物爲己，知有己不知有人，以子貢尚貨殖，以子夏而孔子尚不假蓋焉。❶子路自甘敝緼，而與人共其輕肥，私欲不間隔其天理之周流，得遂其與人同利之仁，豈不可亞於曾點與人同適之樂乎？**顏子不自私己，故無伐善；知同於人，故無施勞。**朱子曰：以善者己之所有，不自有於己，故無伐善；以勞事人之所憚，知同於人，故無施勞。**其志可謂大矣，然未免於有意也。**尚有勉行克治之意。**至於夫子，則如天地之化工付與萬物而己不勞焉，此聖人之所爲也。今夫羈**居宜反。**靮**音的。**以御馬而不以制牛。人皆知羈靮之作在乎人，而不知羈靮之生由於馬。聖人之化，亦猶是也。先觀二子之言，後觀聖人之言，分明天地氣象。凡看《論語》，非但欲理會文字，須要識得聖賢氣象。**」問夫子如化工，及「羈靮」之喻。朱子曰：這只是理自合如此。老者安之，是他自帶得安之理來；友信少懷，是他自帶得信之理、懷之理來。聖人爲之，初無形迹，如穿牛鼻、絡馬首都是天理如此，恰似他生下便自帶得此理來。○新安陳氏曰：子路物與人共而不爲己私者

❶「而」，四庫本作「見」。「假蓋焉」，四庫本、孔本、陸本作「改紛華」。

也。顏子善與人同而不爲己私者也。夫子則廓然大公，有造化物各付物之氣象，「不爲己私」不足以言矣。

○子曰：「已矣乎，吾未見能見其過而内自訟者也！」

「已矣乎」者，恐其終不得見而歎之也。「内自訟」者，口不言而心自咎也。人有過而能自知者鮮上聲。下同。矣，知過而能内自訟者爲尤鮮。能内自訟，則其悔悟深切而能改必矣。夫子自恐終不得見而歎之，其警學者深矣。南軒張氏曰：能見其過而内自訟，則懲創之深，省察之力，其必能舍舊而新是圖。若是，則於進德也孰禦？○勉齋黄氏曰：自訟而見於言，不若不言而自責於心之深切。○慶源輔氏曰：口不言而心自咎，最改過之機。蓋悔悟深切，則誠意所蓄根深力固，纔説出來意思便消散了。○厚齋馮氏曰：不曰「不見」，而曰「未見」，不敢絶天下於無人也。○雲峯胡氏曰：訟者欲勝人，内自訟則能勝己。

○子曰：「十室之邑，必有忠信如丘者焉，不如丘之好學也。」焉，如字，屬上句。好，去聲。

十室，小邑也。忠信如聖人，生質之美者也。夫子生知而未嘗不好學，故言此以勉人。言美質易去聲。得，至道難聞。學之至則可以爲聖人，不學則不免爲鄉人而已。可不勉哉？南軒張氏曰：聖人斯言，使學者知夫聖可學而至。雖有其質而不學，則終身爲鄉人而已。○勉齋黄氏曰：夫子自言「好學」，固是謙辭。然聖人惟生知，所以自然好學。學者一出一入而不加之意，正以其不能真知義理之切身故爾。○新安陳氏曰：忠信之質，聖人與人同耳。好學之至，則充極此美質而爲聖人；不好學，所以孤負此美質而不免爲鄉人。美質之不可恃，而學力之所當勉如此。○朱子答問云：「註疏之讀，不成文理。」按註疏音「焉」如「煙」，讀屬下文；故朱子既音如字，且云屬上句也。

马邑太守王仁恭率兵抵抗。可是他们俩抗击不利，吃了败仗。作为他们的上级，李渊肯定会受连累，一起被治罪，所以他非常忧虑。

李渊的二儿子李世民从小跟着父亲征战。小伙子年纪不大，但是有勇有谋，有担当，对天下形势看得也很透彻。他知道父亲在担心什么，就让旁边的人都退下，悄悄对李渊说：“现在皇上昏庸无道，百姓们被

压榨得都活不下去了，到处有人造反，晋阳城外都成了战场。下面有流寇盗贼作乱，上面有严酷的法规刑罚，您尽忠职守还要受惩罚，不如顺应民心，起兵反了，也许这是老天给咱们的机会。”李渊听了，吓得差点儿把手里的茶杯给扔了，说：“你——你怎么说这种话？我现在就把你抓起来，报告朝廷！”说着就假装取纸笔，要写检举信。李世民不慌不忙地说：“现在天下形势已经到了这个地步，我才敢说这样的话。如果您一定要告发我，那就告吧！”李渊拍拍李世民的肩膀说：“我怎么忍心告发你呢？你这孩子以后千万不要随便乱说话！被别人听见可不得了。”

第二天，李世民又来劝李渊：“如今盗贼日益增多，满天下都是，父亲您奉命讨贼，可是贼讨得完吗？世上哪有常胜将军，只要有一次平剿不利，还是要被治罪。而且现在外面都有传言说李氏将取代杨家得天下，您即使把贼匪全剿灭了，也不会受到奖励，反而会更危险！我昨天讲的才是咱们的出路，希望父亲大人不要再有疑虑了。”

李渊叹了口气说：“我想了一夜，你说得很是有理。好吧，咱们老李家的生死荣辱都赌在你身上了！”

不久，马邑城一个叫刘武周的校尉发动兵变，杀死了马邑太守王仁恭，自立为王。他还攻下了楼烦郡，占领了隋炀帝在山西的行宫——汾阳宫。刘武周和突厥勾结，打算举兵南下夺取天下。炀帝知道了大发雷霆，大骂李渊剿匪不利，要抓他治罪。李世民见情况紧急，就劝李渊赶紧起兵：“父亲，不能再等了，咱们举事吧！”手下的心腹部将们纷纷应和，都劝李渊马上起兵。李渊扫视了一下众人，重重地点了点头。

李渊以讨伐刘武周为借口开始招募军队，不到十天时间就召集了近万人。还派人秘密前往河东和长安分别召集他的儿子李建成、李元吉和女婿柴绍来太原会合。

隋炀帝的那两个眼线王威和高君雅见李渊到处招兵买马，俩人嘀嘀咕咕研究出了一个对策。他们想骗李渊父子到晋祠祈雨，借机除掉他们，以向隋炀帝邀功请赏。

两人小算盘打得挺好，只可惜世上没有不透风的墙，这件事被人秘密报告了李渊。李渊父子决定先发制人。李渊手下的官员

抢先告发王威、高君雅，把勾结突厥、引突厥兵入中原的罪名安在了他们身上，李渊把他俩抓了起来。谁知两天后突厥军队真的进攻晋阳了，王威、高君雅罪名得以“坐实”，李渊立刻名正言顺地把他们就地正法了。

一个多月后，李渊率领三万大军，打着“废昏立明，拥立代王，匡复隋室”的旗号，正式起兵了，说要废黜隋炀帝，拥立隋炀帝的孙子——留守长安的代王杨侑（yòu）为新皇。

其间李渊曾打算招抚瓦岗寨的李密。李密哪里肯，他还想自己当皇帝呢！他给李渊回信说：“我和兄长虽然不是同枝，但都姓李，五百年前是一家。我李密能力不行，可是天下英雄看得起我，都推举我为盟主。希望以后咱们互相扶持，同心协力，一起干番大事业。”李渊看完信，笑了，说：“这个李密真不知天高地厚。眼下我要攻打关中，如果马上和他决裂，就是又树了一个敌人，不如先吹捧他一番，让他替我牵制住东都的兵力，我就可以没有后顾之忧地西征长安了。等平定了关中，修整好队伍，养精蓄锐后，静看他和朝廷斗，两败俱伤后，咱们正好坐收渔翁之利。”

于是李渊回信说自己年纪大了没有雄心大志，能保住爵位、有块封地就心满意足了。他支持李密当盟主，支持李密平定天下。李密收到李渊的信开心得不得了，把信拿给身边的人显摆：“你们瞧唐公也推举我，看来天下很容易就能平定了！”

果然，李密在洛阳跟王世充激战，牵制住了东都的兵力。李渊一路西进，进军神速，短短几个月就已经攻入了长安城。

占据长安后，李渊宣布立代王杨侑为帝，即隋恭帝，而隋炀帝被他们“遥尊”为太上皇。李渊被封为唐王、大丞相、尚书令，李建成为唐王世子；李世民为京兆尹，改封秦公；李元吉为齐公。李氏父子完全控制了关中局势。

第二年，隋炀帝在江都被宇文化及勒死的消息传来，李渊就把小皇帝杨侑赶下台，自己做了皇帝。中国历史上那个熠熠生辉的盛世大唐开始逐渐成形。

人物介绍

李渊：唐朝开国皇帝。李渊出身于北周的贵族家庭，七岁袭封唐国公。隋末天下大乱时，李渊乘势从太原起兵，攻占长安。次年，接受隋恭帝的禅让后称帝，建立唐朝，定都长安。

历史关键点

隋代末年，农民起义遍及各地，使隋朝的统治力量大为削弱，一些贵族和地方官吏也乘机起兵，割据一方。驻守在军事重镇——太原的李渊家族就是其中一支重要的力量。胸怀大志的李渊不断遭到隋炀帝的猜忌，在儿子李世民的建议下，起兵反隋，很快攻占了长安，立炀帝之孙代王杨侑为皇帝，自己把持朝政。618年，李渊称帝，改国号“唐”，定都长安。不久后，统一了全国。